HISTORISCHES WÖRTERBUCH DER PHILOSOPHIE

HISTORISCHES WÖRTERBUCH DER PHILOSOPHIE

UNTER MITWIRKUNG VON MEHR ALS 700 FACHGELEHRTEN

IN VERBINDUNG MIT
GUENTHER BIEN, JÜRGEN FRESE, WILHELM GOERDT
OSKAR GRAEFE, KARLFRIED GRÜNDER, FRIEDRICH KAMBARTEL
FRIEDRICH KAULBACH, HERMANN LÜBBE, ODO MARQUARD
REINHART MAURER, LUDGER OEING-HANHOFF, WILLI OELMÜLLER
HEINRICH SCHEPERS, ROBERT SPAEMANN

HERAUSGEGEBEN VON
JOACHIM RITTER

VÖLLIG NEUBEARBEITETE AUSGABE
DES ‹WÖRTERBUCHS DER PHILOSOPHISCHEN BEGRIFFE›
VON RUDOLF EISLER

BAND 2: D-F

SCHWABE & CO · VERLAG · BASEL/STUTTGART

WISSENSCHAFTLICHE MITARBEITER DES HERAUSGEBERKREISES

In Münster: RAINER KUHLEN (seit 1967), REINHARD ROMBERG (seit 1971), CHRISTA SEIDEL (1969-1970), KLAUS PETER STERNSCHULTE (seit 1970), MATTHIAS WILDEN (1970).
In Bielefeld: KURT RÖTTGERS (seit 1970).
In Bochum: ULRICH DIERSE (seit 1970), UTE SCHÖNPFLUG (seit 1966).
In Gießen: CLAUS V. BORMANN (seit 1970).
In Konstanz: CHRISTINE BADURA (seit 1969), GOTTFRIED GABRIEL (seit 1967).
Beim Verlag in Basel: JAKOB LANZ (seit 1961).

ADMINISTRATIVE MITARBEITER

GERHILD ADAMS, Münster (seit 1968), INGE GERTISSER, Basel (seit 1968).

HIST. WB. PHILOS. 2

© 1972 BY SCHWABE & CO · BASEL
GESAMTHERSTELLUNG: SCHWABE & CO · BASEL
ISBN 3 7965 0115 X

VORBEMERKUNG

Der zweite Band des ‹Historischen Wörterbuchs der Philosophie› wird nunmehr vorgelegt, ohne daß sich wesentliche Korrekturen an den im ersten Band mitgeteilten Grundsätzen und Leitlinien als notwendig erwiesen haben. Inzwischen wurden die Arbeiten aufgenommen und kräftig gefördert, die große Zahl der Artikeltitel, Verweisungen und Verweisungsstichworte mit Hilfe elektronischer Datenverarbeitung für den vorgesehenen Index zu ordnen und zu gliedern. Dadurch wird zwar der Mangel, daß erst mit dem Index die Übersicht über die Nomenklatur im ganzen gegeben sein wird, nicht behoben. Dafür bitten wir erneut unter Hinweis auf Band 1, S. Xf. um Verständnis. Doch läßt sich das Fehlen einer Reihe von Begriffen und Termini insofern leicht erklären, als das gesuchte Wort entweder unter einem anderen Titel oder in Verbindung mit einem anderen Titelwort zu finden ist oder als Verweisungsstichwort ohne eigenen Artikel im Zusammenhang einer größeren Darstellung begegnet. ‹Abfall› wird unter ‹Fall, Abfall›, ‹Abendland› unter ‹Europa, Abendland›, ‹Böse› unter ‹Malum, schlecht, böse›, ‹Beobachtung› unter ‹Observatio, Beobachtung›, ‹Dichtung› unter ‹Kunst, Dichtung›, ‹Ehe› unter ‹Familie, Ehe›, ‹Erfindung› und ‹Entdeckung› unter ‹Inventio, Erfindung, Entdeckung› usf. behandelt. Für ‹Anfang› wird auf ‹Prinzip›, für ‹Basis› auf ‹Überbau› verwiesen. Andere Begriffe und Termini, für die ebenfalls nur ein Verweisungsstichwort steht, werden im Zusammenhang eines einem Gebiet oder einer Region zugeordneten Artikels erörtert, so ‹Methode der Wahrheitstafeln› unter ‹Aussagenlogik›, ‹Actus purus› unter ‹Akt/Potenz›, ‹Bourbakisten› unter ‹Algebra›.

Der Herausgeberkreis wiederholt die Bitte, Vorschläge zu Ergänzungen und Hinweise auf Lücken, vor allem auf Fehler, dem Verlag Schwabe & Co. (CH-4010 Basel, Steinentorstraße 13) mitzuteilen.

Der Dank der Herausgeber gilt der Deutschen Forschungsgemeinschaft, dem Verlag Schwabe in Basel, der Wissenschaftlichen Buchgesellschaft in Darmstadt und in besonderer Weise den Herren P. Janßen und H. Kamp vom Rechenzentrum der Universität Münster, die sich in kollegialem Entgegenkommen der Programmierung angenommen und Mitarbeiter des Herausgeberkreises in die Methoden der elektronischen Datenverarbeitung eingeführt haben.

Der Dank gilt den Autoren, die durch die Arbeit, die sie leisten, das Wörterbuch erst möglich machen und tragen, und neben den auf der Impressumseite genannten Mitarbeitern allen denen, die sich für längere oder kürzere Zeit in den Dienst dieses Wörterbuchs stellten, den Damen und Herren in Bielefeld: I. v. Hunnius; in Bochum: G. Biller, P. Laßlop, I. Linke, E. Lodemann, F. Rheinberg, M. Schmidt; in Gießen: H. Brelage, W. Franzen, I. Nagel, P. Probst; in Konstanz: J. Schneider, A. Veraart; in Münster: N. Adams, St. v. Beverfoerde, D. Friedrichs, Chr. F. Görlich, W. Knispel, K. Meschede, W. Nieke, S. Rükker, F. Steinbeck; für ihre Hilfe bei den Arbeiten im Rechenzentrum der Universität Münster: B. Görlich, L. Knispel-Lammers, I. Sternschulte. Er gilt den Universitätsbibliotheken in Bielefeld, Bochum, Gießen, Konstanz, Münster und Stuttgart für bewährte Hilfe, besonders in der Beschaffung schwer erreichbarer Texte, und der Phototechnischen Zentralstelle der Universität Münster.

Münster, im Herbst 1971   J. RITTER

Jedem Band des Wörterbuches werden am Schluß Verzeichnisse der Artikel und der Artikelautoren sowie häufig verwendeter Abkürzungen und Zeichen beigegeben. Nach dem Autorenverzeichnis sind Bemerkungen zur formalen Gestaltung des Werkes abgedruckt.

D

Da (das) hat als Begriff bei M. HEIDEGGER seine Funktion im Zusammenhang der «thematischen Analyse des In-Seins» [1]. «Das Seiende, das wesenhaft durch das In-der-Welt-sein konstituiert wird, *ist* selbst je sein ‹Da›. Der vertrauten Wortbedeutung nach deutet das ‹Da› auf ‹hier› und ‹dort›. Das ‹Hier› eines ‹Ich-Hier› versteht sich immer aus einem zuhandenen ‹Dort› im Sinne des entfernend-ausrichtend-besorgenden Seins zu diesem. Die existenziale Räumlichkeit des Daseins, die ihm dergestalt seinen ‹Ort› bestimmt, gründet selbst auf dem In-der-Welt-sein. Das Dort ist die Bestimmtheit eines inner*weltlich* Begegnenden. ‹Hier› und ‹Dort› sind nur möglich in einem ‹Da›, das heißt wenn ein Seiendes ist, das als Sein des ‹Da› Räumlichkeit erschlossen hat. Dieses Seiende trägt in seinem eigensten Sein den Charakter der Unverschlossenheit. Der Ausdruck ‹Da› meint diese wesenhafte Erschlossenheit. Durch sie ist dieses Seiende (das Dasein) in eins mit dem Da-sein von Welt für es selbst ‹da›» [2].

Anmerkungen. [1] M. HEIDEGGER: Sein und Zeit (⁹1960) 130. – [2] a. a. O. 132.   P. PROBST

Daimonion (δαιμόνιον) lassen PLATON und XENOPHON den *Sokrates* seine auf göttliche Eingebung zurückgeführte innere Stimme nennen, das göttliche Zeichen, welches ihn nach PLATON davon abhält, Unzweckmäßiges oder Ungerechtes, kurz: der Gottheit nicht Wohlgefälliges zu tun oder zu sagen, ihm aber niemals positiv zu etwas rät [1], während nach XENOPHON die Götter dem Sokrates durch dieses Zeichen auch raten, gewisse Dinge zu tun [2]. Die Gestalt eines bestimmten Dämons oder Gottes hat das D. des *Sokrates* nach diesen Berichten nicht [3].

In der kaiserzeitlichen platonischen Überlieferung, so bei PLUTARCH [4], MAXIMOS VON TYROS [5] und APULEIUS [6], nimmt das D. des Sokrates mehr und mehr die Gestalt eines bestimmten Dämons an und wird in die allgemeinen Spekulationen der Dämonenlehre einbezogen.

Anmerkungen. [1] PLATON, Apol. 31 c 4-32 a 3; 40 a 4-c 3; Eutyphr. 3 b 1-c 5; Euthyd. 272 e 1-4; Resp. IV, 496 c 3-5; Theait. 151 a 2-5; Phaidr. 242 b8-c 3. – [2] XENOPHON, Memorab. I, 4, 14-15; IV, 3, 12; 8, 5-6. – [3] Vgl. Anm. [1, 2] und dazu E. ZELLER: Die Philos. der Griechen² II/1 (1859) 62ff. – [4] PLUTARCH, De genio Socratis c. 20 u. ö. – [5] MAXIMOS, Diss. XIV, 3f. 6 (allgem. 1-7). – [6] APULEIUS, De deo Socratis passim, bes. c. 20. Opera, hg. THOMAS 3 (1970) 30, 11ff.

Literaturhinweise. W. SAUER: Das D. des Sokrates und seine Deutungen (1883). – O. GIGON: Sokrates (1947) 24ff. u. ö. – R. GUARDINI: Der Tod des Sokrates (1956) 58ff. u. ö.
F. P. HAGER

Dämonen. Das griechische Wort δαίμων, das ursprünglich Synonym für θεός sein kann [1], jedoch häufiger als einen individuellen Gott die Macht des Göttlichen bezeichnet [2], begegnet in der für die spätere D.-Lehre richtungweisenden Bedeutung eines *Mittlerwesens* zwischen Gott und Mensch erstmals bei PLATON [3]. Außer als göttliche Wesen neben Göttern und Heroen [4], vergöttlichte Menschenseelen [5] oder Geleit-D., welche die abgeschiedenen Seelen zum Gericht in den Hades führen [6], erscheinen die D. bei Platon als Mittler vor allem in der Erklärung des Wesens des Eros im ‹Symposion›: Danach sind die D. Dolmetscher zwischen Göttern und Menschen, sie vermitteln an die Götter von den Menschen Gebete und Opfer und von den Göttern an die Menschen Befehle und Vergeltung der Opfer, und auch alle Priesterkunst und Weissagung vollzieht sich durch ihre Vermittlung, weil die Götter nicht direkt mit den Menschen verkehren [7].

In der *älteren Akademie* unterscheidet PHILIPPOS VON OPUS entsprechend den fünf Elementen fünf verschiedene Gattungen von Lebewesen: Neben den Göttern mit ihrer feurigen Natur sowie den Menschen, Tieren und Pflanzen als Erdwesen kennt er drei Klassen von D., von denen die zwei höheren mit ätherischen bzw. mit Luftkörpern unsichtbar, die D. der dritten Klasse mit Wasser- oder Dunstleibern dagegen sichtbar sind. All diese D. vermitteln ähnlich wie bei Platon den Verkehr zwischen Göttern und Menschen und unterscheiden sich zudem von den Göttern als reinen Vernunftwesen dadurch, daß sie Schmerz- und Lustempfindungen zugänglich sind [8]. – Auch bei XENOKRATES stehen die D. vermittelnd zwischen Göttern und Menschen, sind durch göttliche Kraft und Langlebigkeit den Menschen überlegen, haben aber durch menschliche Leiden, ja sogar Sterblichkeit und Veränderlichkeit an der göttlichen Reinheit und Unbeschränktheit keinen Anteil. Neben guten gibt es auch böse D.: Ihnen, nicht den Göttern, gilt der apotropäische Kult, und von ihnen handeln viele unsittliche Sagen, die man fälschlich auf die Götter bezieht [9].

Die *stoische* Schule behält in allen Entwicklungsstadien den Glauben an die D., ja, es gibt sogar stoische Beweise für ihre Existenz, welche wahrscheinlich auf POSEIDONIOS zurückgehen [10], wobei Aufgabe und Wesen der guten wie der bösen D. in ähnlicher Weise bestimmt werden wie in der älteren Akademie [11] und die D. vielfach als abgeschiedene Seelen gelten [12].

Im *mittleren Platonismus*, so bei PLUTARCH, gewinnt die D.-Lehre, welche auch im Neupythagoreismus bekannt ist [13], um so größere Bedeutung, je mehr die Transzendenz der obersten Gottheit und der Götter überhaupt gesteigert wird. Neben der Vorsehung durch den Willen und das Denken des höchsten Gottes und der Fürsorge der himmlischen Götter für die sterblichen Wesen betont Plutarch besonders die Beaufsichtigung der menschlichen Handlungen durch die D. [14]. Im übrigen finden wir bei ihm wieder die bekannten Kennzeichnungen der D.: Sie sind für Lust und Unlust empfänglich, langlebig, aber sterblich und veränderlich, und es gibt auch böse D. [15]. Die D. wohnen auf und unter dem Monde [16], und ihnen, nicht den weit über die Welt erhabenen Göttern, wird die Weissagung, die Überwachung der gottesdienstlichen Handlungen sowie des Verkehrs zwischen Menschen und Göttern übertragen [17]. – Für MAXIMOS VON TYROS sind die D. als Vermittler zwischen der höchsten Gottheit und der Welt Untergötter von unsterblicher, aber leidensfähiger Natur und als Diener der Götter und Aufseher der Menschen das eigentliche Band der sinnlichen und der übersinnlichen Welt [18]. – APULEIUS mißt der D.-Lehre besondere Bedeutung bei, was sich in der Ausführlichkeit zeigt, mit der er Wesen, Wirken und Klassen der D. schildert [19], sowie in der sinnlichen Intensität, mit der er sich die Schutzgeister, so das Daimonion des Sokrates, ausmalt [20]. – Weitere Vertreter der mittelplatonischen D.-Lehre sind KELSOS [21] und ALBINOS [22].

PHILON VON ALEXANDRIEN identifiziert die guten D. mit seinen als platonische Ideen und reine Seelen zugleich verstandenen göttlichen Kräften einerseits und mit den *Engeln* der jüdischen Tradition andererseits und nimmt an, daß sie fern von der Erde und frei von Sinneslust, in reiner Geistigkeit verharrend, dem höchsten Gott als Boten und Vermittler für seinen Verkehr mit den Menschen dienen. Nur auf menschgewordene, in sterbliche Leiber herabgestiegene und vom Strudel des sinnlichen Lebens ergriffene Seelen läßt sich die Bezeichnung ‹böse D.› anwenden; diese sind nichts anderes als böse Menschenseelen [23].

PLOTIN präzisiert die Zwischenstellung der D. dahin, daß in der intelligiblen Welt (Eines, Geist, Seele) kein D. ist und daß auch die himmlischen Sphären bis zum Mond herab nur Götter enthalten, so daß die D. von der zweiten oder der innerweltlichen Seele ausgehende Kräfte sind, da die reine Seele nicht D., sondern nur Götter erzeugt [24]. Einem Zwischenreich zwischen der irdischen und der höheren Welt angehörend vereinigen die D. die Eigenschaften beider in sich: Sie sind ewig wie die Götter und schauen mit ihnen das Übersinnliche, aber sie sind Affekten unterworfen, haben einen Leib aus intelligibler Materie und können zum Zwecke des Erscheinens Feuer- und Luftleiber annehmen, haben Sinnesempfindung, erfahren Einwirkungen von anderen und verfügen über eine eigene Sprache [25]. Daneben kann Plotin den Begriff des Dämonischen allerdings auch wie schon PLATON auf den Eros als auf eine Tätigkeit der Seele des Menschen übertragen [26].

Weitreichende Nachwirkungen hat die D.-Lehre (besonders des Xenokrates) in der *Patristik*, in erster Linie bei den Apologeten des 2. Jh. gehabt, und zwar in dem Sinne, daß die heidnischen Götter vorwiegend als böse D. interpretiert werden, so bei TATIAN [27], JUSTINUS MARTYR [28], ATHENAGORAS [29], MINUCIUS FELIX [30], THEOPHILUS [31] und später bei AUGUSTIN [32].

Anmerkungen. [1] Vgl. K. H. ROLOFF: Art. ‹D.›, in: Lex. der alten Welt (1965) 683 A. – [2] Vgl. LIDDELL/SCOTT: Greek-Engl. Lex. 1 (Oxford ⁹1940ff.) 365f. – [3] Zum Beginn der eigentlichen D.-Lehre bei Platon vgl. bes. R. HEINZE: Xenokrates (1892, Neudruck 1965) 83ff. 89ff. – [4] PLATON, Phaidr. 246 e; Apol. 28 a; Resp. III, 392 a; Leg. IV, 717; VII, 801 e. 804 a. 818 c. 828 b. 848 a. 906 a; Apol. 27 d. – [5] Kratylos 398; Resp. VII, 540 b. – [6] Phaidon 107 d; Leg. IX, 877 a; X, 617 d/e, 620 d/e; Tim. 90 a. c. – [7] Symp. 202 eff. – [8] PHILIPPOS VON OPUS, Epinomis 984 e-985 c. – [9] XENOKRATES, Frg. 23-25 (HEINZE). – [10] SEXTUS EMP., Adv. math. IX, 86 und 71. – [11] SVF II, Nr. 1101–1105. – [12] Bes. bei POSEIDONIOS, vgl. SVF II, Nr. 1105. – [13] DIOG. LAERT. VIII, 32; OCELL. 3, 3; EKPHANTUS in STOB., Floril. 48, 64, S. 266; vgl. auch PLUT., Is. et Os. S. 360; Carm. aur. V, 3; STOB., Floril. 43, 134, S. 138 m.; 44, 40, S. 183 m. – [14] PLUTARCH, De fato 9, S. 572f., vgl. a. a. O. c. 2; De gen. Socr. c. 22, S. 591 b. – [15] De Is. et Os. 25f., S. 360f.; vgl. c. 30; Def. orac. 10 Schl. 12f. 16f. 20f. 38; De gen. Socr. 16, 22, S. 591 bff.; Romul. 28 Schl.; Def. orac. 13. – [16] De gen. Socr. 22; vgl. Def. orac. 13; De fac. lunae 28f., S. 943f. – [17] Def. orac. 13, 16, 38f., 48; Gen. Socr. 20, 24; De fac. lun. 30, 1, S. 944; Def. orac. 10, 13, 16; Is. et Os. 26. – [18] MAXIMOS TYRIOS, Diss. XIV, 8-9; XV, 1ff.; XVII, 12. – [19] APULEIUS, De Deo Socr. c. 4f. 6-13. 15. – [20] a. a. O. c. 16. 20. – [21] Vgl. ORIGENES, Contra Celsum V, 26. 34. 41; VII, 68; VIII, 2. 28. 33. 35. 54. 58. 60. – [22] ALBINOS, Didaskalikos c. 15. – [23] PHILON, De gigant. 6ff. (263ff. M.); De somn. I, 133ff. (641ff. M.), bes. 141; De plant. Noë 14ff. (331ff. M.); Conf. ling. 171ff. (431ff. M.). – [24] PLOTIN, Enn. III, 5, 6. – [25] Enn. III, 5, 6; VI, 7, 6; V, 8, 10; IV, 4, 43; IV, 3, 18. – [26] Enn. III, 5, 3-7. – [27] TATIAN, Adv. Graecos 12, 8. – [28] JUSTINUS MARTYR, Apol. 5, 21; 12, 14. – [29] ATHENAGORAS, Pro Christianis 26. – [30] MINUCIUS FELIX, Octavius 20ff., bes. 26f. – [31] THEOPHILUS, Ad Autolyc. I, 9f.; II, 8. – [32] AUGUSTIN, De civ. Dei I-X, bes. VIII-X.

Literaturhinweise. R. HEINZE s. Anm. [3] 78-123. – U. v. WILAMOWITZ: Der Glaube der Hellenen 1 (1931, Nachdruck 1955) 362ff. – M. P. NILSSON: Gesch. der griech. Relig., in: Hb. Altertumswiss. 5/1. 2 (²1955-1961) 1, 216f.; 2, Reg. – M. MÜHL: Die traditionsgesch. Grundlagen in Platons Lehre von den D. (Phaidon 107 d, Symposion 202 e). Arch. Begriffsgesch. 10 (1966) 241-270.

F. P. HAGER

Dämonisch, das Dämonische. Als Adjektiv und Adverb schließt sich ‹dämonisch› dem Bedeutungswandel des hier zugrunde liegenden Substantivs ‹Dämon› an. Neben diesem Geschehen, das in erster Linie die Religionsphilosophie und die Religionsgeschichte betrifft, kommt in der Epoche des *Sturm und Drang* der Brauch auf, mit ‹dämonisch› ein zuweilen die geistig-intelligible Natur des Menschen konstituierendes Moment zu bezeichnen. Zu dieser Zeit, in der die Lehre vom Genie ausgebildet wird, wird ‹dämonisch› zu einem äquivalenten Ausdruck für ‹genial›; der Kampf der Aufklärung gegen den Glauben an Dämonen erhält dadurch ein Korrektiv und Gegengewicht. Einen Anstoß zu diesem Wortgebrauch hat die Gestalt des Sokrates gegeben, die zumal mit HAMANNS ‹Sokratischen Denkwürdigkeiten› (1759) dem literarischen Bewußtsein plastischer erscheint. Sokrates' Daimonion wird von nun an als der Genius im Menschen und, entsprechend, der geniale Mensch als der dämonische verstanden: «Das Dämonion», schreibt HEGEL, «steht demnach in der Mitte zwischen dem Äußerlichen der Orakel und dem rein Innerlichen des Geistes; es ist etwas Innerliches, aber so, daß es als ein eigener Genius, als vom menschlichen Willen unterschieden, vorgestellt wird, – nicht als seine Klugheit, Willkür» [1]. Symptomatisch dafür ist auch die pleonastisch intensivierende Verbindung von ‹dämonisch› mit ‹Geist› und ‹Genie› durch GOETHE [2]. Durch die Gleichsetzung des D. mit dem Genialen gerät aber das D. vorwiegend in das Bedeutungsfeld des Praktischen im Sinne des künstlerisch Praktischen [3], wozu auch die Auffassung des Künstlers, namentlich des von dem Versifikateur unterschiedenen poetischen Genies [4] als Prometheus, der schaffend göttliches Leben auf die Erde verpflanzt [5], beiträgt. Diese Zuordnung ist jedoch keine ausschließliche. Bei der Anführung Napoleons, Byrons, Friedrichs und Peters des Großen als Menschen, in welchen das D. wirksam gewesen sei [6], oder bei der Deutung der Fähigkeit, den engen Kreis der banalen unmittelbaren Bedürfnisse zu erweitern oder ihn zu verlassen, als einer hohen dämonischen Freiheit [7], wird deutlich, daß auch eine moralisch und politisch praktische Produktivität anerkannt und mit dem Namen ‹dämonisch› belegt wird.

Während das mit dem schöpferischen dichterischen Genie identifizierte D. eine geistige Produktivkraft meint, die weder positiv noch negativ auf moralische Werte gerichtet ist, wird durch KIERKEGAARD und seit der Rezeption seines Werkes im deutschen Sprachraum die Bedeutung vorherrschend, nach welcher das D. sich auf das Verhalten des Menschen bezieht, der eigens, permanent und autonom, und zwar aus Angst vor dem Guten, letzten Endes wegen der Angst der Freiheit vor sich selber, das Böse fördert [8], wobei bereits das Verharren in der moralischen Neutralität des Poetischen und ästhetisch Relevanten als Sichbegeben in das Böse ausgelegt wird. P. TILLICH prägt das Wort von der «ästhetizistischen Dämonie», die durch die künstliche Erschaffung von Absolutheiten und Seinsverwurzelungen nicht überwunden werden könne [9]. Allerdings in dem schöpferischen Akt an sich, der dem Ästhetizismus noch nicht verfallen ist, sei das D. Grund und Tiefe, «aber es bricht nicht als dämonisch hervor; es trägt, aber es erscheint nicht, es ist gebunden an die Form» [10]. Ausdrücklich an Kierkegaards Ausführungen anknüpfend, gibt K. JASPERS folgende Definition: «Das D. als der trotzige Wille zum eigenen zufälligen Selbst ist ein Verzweifelt-man-selbst-sein-wollen» [11]. Das Sichverfangen in der Undurchsichtigkeit des D. und in dem verworrenen Glauben an dieses ist nach Jaspers, neben der Menschenvergötterung und dem Nihilismus, eine der miteinander eng zusammenhängenden Weisen des philosophischen Unglaubens bzw. des unphilosophischen und ungeläuterten Glaubens.

Anmerkungen. [1] HEGEL, Vorles. über die Gesch. der Philos. Jubiläums-A. 18, 99. – [2] GOETHE zu Eckermann (20. 6. 1831): «... der dämonische Geist seines Genies ...». – [3] Vgl. SCHILLERS 9. Brief ‹Über die ästhetische Erziehung des Menschen›. – [4] Vgl. LESSING, Briefe, die neueste Litt. betreffend, 103. Brief. – [5] O. WALZEL: Das Prometheussymbol von Shaftesbury zu Goethe (1910). – [6] GOETHE zu Eckermann (2. 3. 1831). – [7] FR. SCHILLER: Über das Erhabene. National-A. 21, 46; vgl. auch das in ‹Über die notwendigen Grenzen beim Gebrauch schöner Formen› über die ‹Freiheit des Dämons› Gesagte. a. a. O. 21, 27. – [8] S. KIERKEGAARD: Der Begriff Angst Kap. 4, § 2. – [9] P. TILLICH: Das D. Ein Beitrag zur Sinndeutung der Gesch. (1926). Ges. Werke 6, 69. – [10] a. a. O. 6, 52. – [11] K. JASPERS: Der philos. Glaube (1948) 111.   CHR. AXELOS

Dämonismus. Die religionsgeschichtliche Theorie, die sich zur Kennzeichnung ihrer Hypothesen des Wortes ‹D.› bedient, ist eine Spielart der Theorie des Animismus, der im Gegensatz zum Dynamismus den Geisterglauben als Ursprung der Religion versteht. Meist nimmt die Theorie des D. an, daß dieser primitive Geisterglauben die Voraussetzung zur Entwicklung des Polytheismus darstelle. – Vom D. ist die in der christlichen Dogmatik entwickelte *Dämonologie* zu unterscheiden, die terminologisch auf einer radikalen Abwertung des ursprünglichen Sinnes von δαίμων beruht und sich mit den in einem transzendenten Dualismus zu Gott stehenden teuflischen Mächten der gefallenen Engel befaßt.

Literaturhinweise siehe Art. ‹Animismus›.   G. LANCZKOWSKI

Dämonologie. Der Ausdruck ‹D.› tritt erst im Laufe des 18. Jh. auf: er findet sich in den zeitgenössischen philosophischen Lexika. Der Sache nach existiert jedoch D. bereits bei den *Babyloniern, Persern* und *Etruskern,* da wir von diesen entsprechende Zeugnisse einer ausgebildeten Exorzistenpraxis besitzen, welche immer eine mehr oder weniger reflektierte D. voraussetzt [1]. Wie die babylonisch-persische D. auf die Juden, so nahm die *hellenistisch-römische* D. und später auch die D. der germanischen Mythologie einen gewissen Einfluß auf das Christentum.

Im Alten wie im Neuen Testament gibt es Ansätze zu einer D.; in einigen Fällen sind sogar bestimmte Dämonen mit Namen genannt (z. B. Tob. 8, 3). Der Jahveglaube des Alten Testament identifiziert die Dämonen mit den Heidengöttern. Im übrigen werden die biblischen Aussagen zur D. nicht thematisch und bleiben daher innerhalb der Bibel selbst ohne weitere Reflexionen. Nur in den jüdischen Apokryphen bzw. Pseudoepigraphen kommt es schon um 200 vor bis 50 n. Chr. zu einer reich ausgebildeten D. [2]. Das Neue Testament enthält nur wenige Aussagen über Dämonen: sie gelten als Urheber von Magie (Mt. 24, 24), Krankheit und Besessenheit (Mt. 4, 24), und werden von Jesus durch sein bloßes Wort entmachtet. Diese Praxis, deren positiver Erfolg bei den Gläubigen als ein besonderes Zeichen für die Jüngerschaft betrachtet wird, hat bereits das 2. Jh. in den Taufritus übernommen [3]. In diesem Zusammenhang ergab sich auch der bis heute übliche Brauch der Beschwörung von Salz und Wasser.

Die griechischen Väter bauten die D. in die christliche Heilslehre ein. AUGUSTIN bringt die D. mit seiner Lehre von der civitas terrena in Zusammenhang. Ein besonderes Zeugnis für die D. in der altchristlichen Kirche sind die Schriften der Wüstenmönche, insbesondere die ‹Vita› des HEILIGEN ANTONIUS (ca. um 357 verfaßt). Dogmatische Aussagen zur D. machte nur das vierte *Lateran-konzil* (1215) sowie das *erste Vatikanum* (1870) [4]. Die D. hat jedoch darüber hinaus durch eine bis heute geübte Exorzistenpraxis im Christentum einen legitimen Platz [5].

Ähnlich wie das vierte Lateran-konzil lehrt auch die alt-protestantische Orthodoxie: «die bösen Engel haben in der ihnen anerschaffenen Weisheit und Gerechtigkeit nicht beharrt, sondern sind durch freiwilligen Abfall von Gott und der Regel des Rechten zu ständigen Feinden Gottes und der Menschen geworden, wofür sie mit ewigen Qualen gefoltert werden. Sie stehen unter dem Oberbefehl des Teufels, der sie durch Überredung und böses Beispiel zur Gemeinschaft derselben Sünde verführte» (HOLLAZ). Während noch LUTHER in seinem kleinen Katechismus den Exorzismus übernahm und dessen Beseitigung bei den Reformierten, z. B. in Sachsen, heftige Stürme erregte, werden Exorzismus und D. in der evangelischen Theologie der Aufklärung der Kritik unterzogen. J. S. SEMLER (1725–1791) deutet die entsprechenden Stellen des Neuen Testaments im Sinn der Akkommodationstheorie als Aussagen, mit denen sich Jesus und die Apostel den mythischen Vorstellungen ihrer Zeitgenossen aus pädagogischen Motiven angepaßt hätten [5a]. Nach Semler hat das richtig verstandene Christentum den Glauben an Teufel, Dämonen und böse Geister überwunden. Jesus erlöst nicht von dämonischer Gewalt, sondern befreit von der Herrschaft der Sünde, deren Existenz keinen teuflischen Anspruch an den Menschen legitimiert. Äußerungen von Besessenheit lassen sich als Manifestationen natürlicher Krankheitsbilder verstehen [5b]. In einer Reihe von Schriften, in denen Semler sich um richtige Einsicht in die christlichen Lehrwahrheiten bemüht und Kritik am Aberglauben und an unbegründeten kirchlichen Meinungen übt [5c], begegnet wiederholt der Begriff ‹D.›, den zum ersten Mal wohl Semlers Schüler BETKE in seiner 1760 in Halle verteidigten Dissertation verwendet hat [5d]. – Maßgebend für die protestantische Stellungnahme zur D. im 19. Jh. wurde die Kritik SCHLEIERMACHERS [6].

Diese Haltung erklärt sich vor allem aus der exzessiven Entwicklung, welche die D. innerhalb des katholischen Bereichs durch den frühneuzeitlichen *Hexenwahn* nahm. Zwar beschäftigten sich bereits einige Provinzialkonzilien der christlichen Antike und des Frühmittelalter mit dieser Erscheinung, und AUGUSTIN – wie nach ihm viele Theologen, so auch THOMAS VON AQUIN – schrieb den magischen Praktiken (Sortilegia) dämonische Kräfte zu, deren mitwissende Instrumente die Hexen seien [7]. Jedoch erst mit der im 13. Jh. einsetzenden Inquisition begann die systematische Behandlung der Magie im Rahmen einer D. *Johann XII.* und *Benedikt XII.* ergriffen entsprechende Disziplinarmaßnahmen. Eine besonders ergiebige Quelle für die Zauberpraktiken des Spätmittelalters ist das Werk eines Dominikaners des 15. Jh., der sog. ‹Formicarius› [8]. Die Bulle INNOZENZ VIII. ‹Summae desiderantes› (1487) eröffnete jene Periode, welche den berühmten ‹Hexenhammer› (Maleus maleficarum) der deutschen Dominikaner H. KRAMER und J. SPRENGER und die ‹Disquisitionum magicarum› des Jesuiten M. DEL RIO sowie das ‹Compendio dell'Arte esorcistica› des Minoriten F. M. MARGHI hervorbrachte. Wesentliche Beiträge zu einer gemäßigten D. lieferten die Bekämpfer des frühneuzeitlichen Hexenwahnes: J. WEIHER mit seinem Werk ‹De prestigiis daemonum› (1563) sowie FR. VON SPEE mit seiner ‹Cautio criminalis seu liber de processu contra sagas› (1631).

Ein besonderes Kapitel der D. ist neben dem Hexenwahn und teilweise in Zusammenhang damit der *Satanskult*. Der antike Schlangenkult (Ägypten, Delphi) breitete sich in christlichen Zeiten seit den Gnostikern des 2. Jh. (Ophiten bzw. Naassener) von Osten nach Westen bzw. von Süden nach Norden aus, so daß noch 1387 der König von Polen viele Schlangen töten lassen mußte, die in seinem Reich angebetet wurden. Dieser Kult hing eng mit den dualistischen Lehren des Ostens zusammen, die ins Paulikanertum (7. Jh.) und über die Bogomilen (10. Jh.) in die mittelalterlichen Sekten der Katharer und Albigenser eindrangen und offenbar auch auf den Orden der Templer übergegriffen hatten. 1022 wurde ein ganzes Domkapitel wegen Teufelskults verurteilt. Entsprechende Berichte liegen von JOACHIM VON FIORE (1202) und ALANUS DE INSULIS (1203) vor. Der Satanismus hatte offenbar im Mittelalter ein solches Ausmaß angenommen (der Chronist MATTHÄUS VON PARIS nennt die Sekte der Luciferianer in Mailand als Zentrum aller Häresien), daß GREGOR IX. sich zu einer entsprechenden Bulle ‹Vox in rama› veranlaßt sah. – Auch innerhalb des *Islams* gibt es bis heute Teufelsanbeter, z. B. die Sekte der Saafitischen Sunniten, deren D. lehrt, Gott habe dem Satan vergeben (vgl. eine ähnliche Auffassung bei den christlichen *Origenisten*, die 553 verurteilt wurde). In neuerer Zeit, besonders seit dem 18. Jh., sind rituell an den mittelalterlichen Hexensabbat sich anschließende ‹schwarze Messen› nachweisbar. Authentische Urkunden darüber stammen aus dem ursprünglichen Besitz des abgefallenen Priesters J. A. BOULLAN, der offenbar solche ‹Messen› abhielt, und wurden 1930 von dem Orientalisten Louis Massignon in der Vatikanischen Bibliothek hinterlegt.

Schon seit dem Hellenismus bemühten sich auch die *Philosophen* um eine D. als Lehre vom Wesen der Dämonen und deren Stellung in der Seinsordnung. Sie überwanden dadurch die älteren animistischen Vorstellungen durch eine rationale Reflexion. JAMBLICHOS lehrt in diesem Sinne eine Trias von Engeln, Dämonen und Heroen [9]. Bei anderen Autoren sind die Dämonen in der Rangordnung den menschlichen Seelen untergeordnet. Gelegentlich tritt der Ausdruck ‹Dämonen› auch als Sammelname für Geister auf [10]. Daher galt die D.

noch bis ins 18. Jh. als Gegenstand der speziellen Metaphysik.

Seit dem 19. Jh. entwickelte sich dann eine D. als wissenschaftliche Untersuchung des Geisterglaubens. Die damit zusammenhängenden Phänomene wurden seitdem sowohl mit historisch-kritischen Methoden wie auch unter psychologischem Aspekt analysiert, letzteres sogar unter Einschluß okkultistischer Experimente und Beobachtungen, die u. a. die Grundlage der heutigen Parapsychologie bilden und an deren Ergebnissen selbst bedeutende Naturwissenschaftler des 19. Jh. interessiert waren [11]. Nach dem 1856 unter Pius IX. promulgierten Dekret ‹De magnetismo›, das vor leichtsinniger Beschäftigung mit der D. warnte und Experimente nur im Rahmen wissenschaftlicher Forschung erlaubte, erlangte die christliche D. von neuem eine gewisse Legitimität [12]. Obwohl BULTMANN meint, daß der Dämonenglaube überholt sei, da sich eine D. im strengen Sinne aus Bibelzitaten nicht aufbauen läßt, wird auch in der neueren *evangelischen* Theologie die D. auf der Basis des altprotestantischen Bekenntnisses im Rahmen der Lehre von der Versöhnung (K. HEIM) bzw. der Erhaltung (H. VOGEL) behandelt. In der Tat ist der Gegenstand der D. unter biblischem Aspekt das Böse innerhalb des Heilsgeschehens. Der Kampf zwischen dem Reich Gottes und dem Reich des Bösen «wird zum Mittelpunkt neutestamentarischer Aussagen. Deshalb ist im neuen Testament eine Theologie ohne Satanologie nicht denkbar» [13]. K. BARTH warnt freilich vor allzu eindringlicher «vermeintlich realistischer ‹D.›». Die Dämonen verdienten vielmehr als Gott widerstehende Gewalten und Mächte des Chaos nur so etwas wie einen «kurzen scharfen Blick» [14].

Anmerkungen. [1] G. CONTENAU: La magie chez les Assyriens et les Babyloniens (Paris 1947). – [2] Vgl. u. a. Ä. Hen. VI; Jub. 10. – [3] Mk. 16, 17-18; vgl. L. DUCHESNE: Les origines du culte chrétien (Paris 1908) 292-342. – [4] H. DENZINGER: Enchiridion symbolorum (Rom ³³1965) 800. 3002. – [5] Rituale romanorum Tit. IX Kap. 1-3. – [5a] G. HORNIG: Die Anfänge der hist.-krit. Theol. (1961) 225; vgl. Art. ‹Akkommodation›. – [5b] Vgl. L. ZSCHARNACK: Lessing und Semler (1905) 339f.; K. AUER: Die Theol. der Lessingzeit (1929) 234ff., bes. 237; HORNIG, a. a. O. – [5c] J. S. SEMLER: Abfertigung der neuen Geister und alten Irrtümer in der Lohmannischen Begeisterung zu Kemberg nebst theol. Unterricht von dem Ungrunde der gemeinen Meinung von leibl. Besitzungen des Teufels ... (²1760) Vorrede und Anhang von Semler; Umständl. Untersuch. der dämonischen Leute oder so genannten Besessenen ... (1762); Versuch einiger moralischen Betrachtungen über die vielen Wundercuren und Mirackel in den älteren Zeiten ... (1767); Versuch einer bibl. D., oder Untersuchung der Lehre der heil. Schrift vom Teufel und seiner Macht (1776) Vorrede und Anhang von Semler; Sammlungen von Briefen und Aufsätzen über die Gassnerischen und Schröpferschen Geisterbeschwörungen ... 1. 2 (1776); darin Semlers Vorrede und Anm. – [5d] BETKE: De daemoniacis quorum in Evangeliis fit mentio (Diss. Halle 1760) unter Semlers Vorsitz verteidigt. – [6] FR. SCHLEIERMACHER: Der christl. Glaube (²1830) § 44f. – [7] AUGUSTIN, De civ. Dei XV; Doctr. christ. II, 21-25; De divin. daemon. VII; THOMAS VON AQUIN, Sent. 1, 2, dist. 3-7; S. theol. 1, q. 53-54. 114f. – [8] J. NIEDER: Formicarius (1438). – [9] JAMBLICHOS, bei STOB., Ecl. 1, 49. – [10] PROKLOS, In Plat. Resp. II, 271; In Crat. 1, 28. – [11] G. V. SCHIAPARELLI: Corrispondenza su Marte 2 (Pisa 1969). – [12] DENZINGER, a. a. O. 2823-2825. – [13] Christl. Relig., hg. O. SIMMEL/R. STÄHLIN (1957) 72. – [14] K. BARTH, Kirchl. Dogmatik 3/3 (1950) 612; 4/2 (1955) 252ff.

Literaturhinweise. O. EVERLING: Die paulinische Angelologie und D. (1888). – E. STAVE: Über den Einfluß des Parsismus auf das Judentum (Harlem 1898) 204-280. – J. HANSEN: Quellen und Untersuch. zur Gesch. des Hexenwahnes und der Hexenverfolgung im MA (1901). – FR. SCHMID: Die Zauberei und die Bibel. Z. kath. Theol. 13 (1902) 107ff.; J. TAMBORINO: De antiquorum daemonismo (1909). – FR. DÖLGER: Der kirchl. Exorzismus im altchristl. Taufritus (1909). – J. G. K. CH. KIESEWETTER: Gesch. des Occultismus (²1909). – E. RHODE: Psyche (⁴1907). – C. BREMOND:

Le diable (Paris 1924). – J. BERNHART: Mystik, Magie, D. (1925). – A. M. SUMMERS: The hist. of witchcraft and d. (London 1926). – K. BETH: Relig. und Magie bei den Naturvölkern (1927). – H. RAHNER: Pompa diaboli. Z. kath. Theol. 52 (1931) 239. – L. B. GILLON: De appetitu boni in angelo lapso iuxta veteres scholasticos. Angelicum (Rom) 23 (1946) 43-52. – J. N. HEBENSPERGER: Met. des Dämon. (1948). – J. KÖNN: Gott und Satan (1949). – G. GLOEGE: Kritik einer modernen D. Theol. Z. 6 (1950) 137-146. – G. BONOMO: Il ‹maleus malificarum›. Annali del Museo Pitré 1 (1950). – E. V. PETERSDORF: D. 1. 2 (1956/57). – M SCHMAUS: Kath. Dogmatik 2/1 (⁶1962) § 123f. – K. BARTH s. Anm. [14] 3/3, 608ff.

H. M. NOBIS

Dankbarkeit. Ein in ein einziges Wort gefaßter Begriff für D. war den Griechen der klassischen Zeit noch nicht geläufig. Wohl aber besaßen sie im Wort χάρις einen Begriff, der *Dank* und (charakteristischerweise) zugleich auch frei geschenkte Freundlichkeit oder Huld bedeutete. Einem Wohltäter gegenüber mindestens nicht undankbar, sondern freundlich zu sein, bis zur Vergeltung mit Gegengaben, war allgemein anerkannte sittliche Forderung [1]. Auch in der Verbindung, in die solches Verhalten mit der verbreiteten Verehrung der Chariten gebracht wurde [2], zeigt sich die Hochschätzung der D.; ja die Forderung, empfangene Wohltaten zu erwidern, galt als göttliches Gesetz [3]. Von SOKRATES wurde sie zu den «ungeschriebenen Gesetzen» gerechnet, die als von den Göttern gegeben überall gelten [4]. Das vergeltende Wohltun (ἀντευεργετεῖν, ἀνθυπηρετεῖν, ἀντευποιεῖν) stellte sich dabei als die positiv gerichtete Form des (auch auf Übles bezogenen) Vergeltens überhaupt (ἀντιποιεῖν) dar, dessen gewünschtes Ergebnis, das Vergeltungserleidnis (τὸ ἀντιπεπονθός), nach verbreiteter Anschauung ein Grundprinzip der Gerechtigkeit (δίκαιον) ausmacht [5]. Doch wurde solchem vergeltenden Wohltun nur insoweit der sittliche Wert echten Dankes zuerkannt, als es nicht dem Bestreben entspringt, durch die Ausgleichsleistung eine unangenehme Verpflichtung loszuwerden, sondern aus frei schenkender Güte hervorgeht [6].

Das vereinzelt schon früh (seit HIPPOKRATES) auftretende Wort εὐχαριστία für D. wurde erst nach ARISTOTELES allgemeiner gebräuchlich. Es bedeutete, ebenso wie unser ‹D.›, teils dankbare Gesinnung, teils Dankerweisung durch Wort oder Tat. In beiden Bedeutungen findet das Wort (und ebenso das Verbum εὐχαριστεῖν) im Neuen Testament häufig Verwendung, und zwar fast ausschließlich für D. gegen Gott [7]. PSEUDO-ANDRONICUS (2. Jh. nach Chr.) definiert εὐχαριστία als Wissen (ἐπιστήμη), wem und wann man Dank abstatten (χάριν ἀποδιδόναι), und wie und von wem man ihn annehmen solle [8].

Auch im Lateinischen fehlt anfänglich ein einzelnes Wort für D., nicht aber die Vorstellung von ihr. Sie kommt zum Ausdruck in Erörterungen über die Pflicht, Dank abzustatten (gratiam referre), die wir bei CICERO stark betont finden: «nullum enim officium referenda gratia magis necessarium est» [9]. Als Haltung wird die D. dabei insofern erfaßt, als das Dankabstatten als eine Form der benevolentia erscheint. Ähnlich faßt es SENECA als «amoris et amicitiae pars» in einem ganz diesem Thema gewidmeten Brief [10]. Senecas ‹De beneficiis› enthält eine ausgebreitete Kasuistik auch der Verpflichtung des gratiam referre. Immer wieder betont Seneca dabei, daß es auf die Gesinnung (animus) und auf die Willensintention ankomme [11].

Die Kirchenväter berühren die D. (εὐχαριστία) teils als solche gegen Menschen (GREGORIUS THAUMATURGUS, AMBROSIUS), teils im Sinne des Neuen Testaments als D. gegen Gott (BASILIUS, CHRYSOSTOMUS), ohne bedeutsame neue Gesichtspunkte zu bieten [12].

Unter mehrfacher Bezugnahme auf Aristoteles und Seneca erörtert THOMAS VON AQUIN ausführlich die D., für die er neben dem von ihm zweideutig (im Sinn von Dank und D.) verwendeten Wort ‹gratia› auch den nunmehr analog zu anderen Tugendbegriffen gebildeten Namen ‹gratitudo› gebraucht. Meist spricht er dabei von «gratia sive gratitudo», erläutert aber dann die gratitudo als «excellens gratia» [13]. Daß die so gefaßte D. eine virtus sei, wird als selbstverständlich vorausgesetzt. Thomas setzt sie mit drei anderen Tugenden, die sich gleich ihr ebenfalls mit der Einlösung eines für empfangene Güter Geschuldeten (debitum) befassen, in eine Reihe: Während die *religio* ein solches debitum gegen Gott, die *pietas* eines gegen die Eltern und die *observantia* eines gegenüber dem Staatsoberhaupt einlöst, ist es das Eigentümliche der «gratia sive gratitudo», daß sie «benefactoribus gratiam recompensat» [14]. Auch mit der *iustitia* wird die D. in Parallele gesetzt, insofern beide die Pflicht zu einer retributio zum Inhalt haben, die aber bei der iustitia «secundum debitum legale» erfolgt, während sie bei der «virtus gratiae sive gratitudinis» «fit ex solo debito honestatis, quam scilicet aliquis sponte facit» [15].

Eine ganz neue Bedeutung gewinnt bei ADAM SMITH die D. (gratitude). Sie erscheint hier zunächst nicht als eine Einzeltugend neben anderen, sondern bildet ein wesentliches Fundament in der Entstehung der sittlichen Wertungen und Forderungen überhaupt. Ausgangspunkt ist dabei die (schon aristotelische) Auffassung der D. als einer Form des Verlangens zu vergelten (to recompense), die als Verlangen nach Belohnung von Guttaten neben dem nach Ahndung (resentment) von Übeltaten durch Bestrafung steht. Die sittlichen Wertungen und Forderungen ergeben sich dann nach Smith wesentlich dadurch, daß wir als unparteiische Zuschauer neben einer unmittelbaren Billigung oder Mißbilligung der Antriebe der in bestimmten Situationen handelnden Personen mit den Gefühlen der D. und des Ahndungsverlangens der von deren Handlungen Betroffenen mitempfinden [16]. – Außer dieser ethischen Grundlegungsfunktion erscheint die D. bei Smith dann aber auch als Einzeltugend. Er bezeichnet die Pflichten der D. als vielleicht die heiligsten von all den Pflichten, die die wohltätigen Tugenden uns vorschreiben, betont indes, daß es für Art und Maß der D.-Leistung keine allgemeine Regel gebe [17].

KANT behandelt die D. wieder ausschließlich als Einzeltugend. Er definiert sie als «die *Verehrung* einer Person wegen einer uns erwiesenen Wohltat», wobei diese Verehrung als «Gefühl der Achtung gegen den Wohltäter» bestimmt wird. Indes unterscheidet Kant dann zwischen der «tätigen» und der «bloß affektionellen D.», welch letztere in einem «bloßen herzlichen Wohlwollen» gegen den Wohltäter besteht [18]. D. ist «Pflicht, d. i. nicht bloß eine Klugheitsmaxime», ja Kant bezeichnet sie (ähnlich wie Smith) als *heilige* Pflicht [19]. «Was die *Extension* dieser D. betrifft, so geht sie nicht allein auf Zeitgenossen, sondern auch auf die Vorfahren.» Über «die *Intension*, d. i. den Grad der Verbindlichkeit» zur D. bemerkt Kant, er sei «nach dem Nutzen, den der Verpflichtete aus der Wohltat gezogen hat, und der Uneigennützigkeit, mit der ihm diese erteilt worden, zu schätzen. Der mindeste Grad ist: *gleiche* Dienstleistungen dem Wohltäter» [20].

Die völkerpsychologische Verbreitung des Gefühls und der Forderung der D. hat WESTERMARCK untersucht [21]. Eine eingehende phänomenologische Beschreibung der D. hat in jüngster Zeit O. F. BOLLNOW geboten [22].

Anmerkungen. [1] THEOGNIS, 105-112; PINDAR, 2. pyth. Ode 17-24; DEMOSTHENES, Contra Lept. 6ff. 39ff. – [2] ARISTOTELES, Eth. Nic. 1133 a 1-5. – [3] PINDAR, 2. pyth. Ode 21-24. – [4] XENOPHON, Memorabilia IV, 4, 19-24. – [5] ARISTOTELES, Eth. Nic. 1132 b 21-1133 a 5; Rhetorik 1374 a 18-24. – [6] ARISTOTELES, Rhetorik 1385 a 17-24. – [7] Näheres bei W. BAUER: Wb. zum NT (⁵1958) sowie KITTEL-FRIEDRICH: Theol. Wb. zum NT (1933ff.). – [8] PSEUDO-ANDRONICUS, PERI PATHON p. 23, 17, hg. SCHUCHARDT. SVF III, 272. – [9] CICERO, De officiis I, 15, 47. – [10] SENECA, Ep. 81, 12. – [11] De beneficiis II, 31, 1: «Nam cum omnia ad animum referamus, fecit quisque, quantum voluit ... gratus quoque homo esse potest voluntate.» – [12] GREGORIUS THAUMATURGUS, Oratio panegyrica in Originem 3/4; AMBROSIUS, De officiis ministrorum I, 31; Lukaskommentar V, 74; BASILIUS, De gratiarum actione homilia; CHRYSOSTOMUS, Matthäuskommentar, zu 8, 4; Komm. zum Römerbrief, zu 1, 8 und 11, 6; zum Kolosserbrief, zu 3, 15. – [13] S. theol. II/II, q. 106, a. 1 c und ad 1. – [14] ebda 1 c. – [15] ebda ad 2. – [16] ADAM SMITH: The theory of moral sentiments (¹1759) part 2, sect. 1, chapt. 1. 2. 5. – [17] a. a. O. part 3, chapt. 6. – [18] I. KANT, Met. Sitten 2. T. ‹Anfangsgründe der Tugendlehre›. Akad.-A. 6, 454/55. – [19] ebda § 32. – [20] ebda § 33. – [21] E. WESTERMARCK: Origin and development of moral ideas; dtsch. Ursprung und Entwicklung der Moralbegriffe 1. 2 (1907/09) 2, 128-140; vgl. auch V. CATHREIN: Die Einheit des sittlichen Bewußtseins der Menschheit 1-3 (1914) Reg – [22] O. F. BOLLNOW: Neue Geborgenheit (1955) 121-139; vgl. auch R. GUARDINI: Tugenden (1963) 154-162.

H. REINER

Dann und nur dann, wenn – so wird gesagt, wenn zwischen zwei Aussagen Äquivalenz (s. d.) besteht, d. h. eine notwendige und hinreichende Bedingung (s. d.). Kürzer sagt man auch: «genau dann, wenn – so».

A. MENNE

Darstellung (exhibitio, Hypotypose)

I. ‹D.› bezeichnet im weitesten Sinn eine Methode der Wissenschaft, insofern Wissenschaft nach O. KÜLPE auf Gegenstandserkenntnis (Forschung) und Formulierung der gewonnenen Erkenntnis (D.) abzielt. «Es gehören deshalb zum Aufbau einer jeden Wissenschaft Methoden der Forschung und Methoden der D.» Jene werden in der Erkenntnistheorie, diese in der Logik festgestellt [1]. Im Bereich der physikalischen Wissenschaften begegnet der Begriff an zentraler Stelle, sei es in der Annahme einer realistischen Modelldarstellbarkeit der physikalischen Realität, sei es seit dem Ausgang des 19. Jh. auf konstruktiven Wege von den Voraussetzungen des symbolischen Denkens her [2]. In R. CARNAPS logischen Untersuchungen ist die symbolische Sprache der Logistik die Grundsprache des Konstitutionssystems (= der stufenweisen Ordnung der Gegenstände) und damit seine primäre «D.-Form» [3].

Der Begriff ‹D.› kann sich näherhin als Übersetzung des lateinischen ‹repraesentatio› (s. d.) auf seinen philosophischen Stellenwert im Rahmen der Ontologie und der verschiedenen Vorstellungstheorien berufen [4]; er wird in seiner deutschen Fassung bei KANT zum Terminus. Für die kritische Philosophie besteht die Realität und damit der Erkenntniswert eines Begriffes im Aufweis der ihm je korrespondierenden Anschauung, den die Urteilskraft zu leisten hat. Diesen Vorgang der «Versinnlichung» eines Begriffes nennt Kant seine D., Hypotypose oder exhibitio [5]. Handelt es sich dabei um einen Verstandesbegriff, so gibt es eine diesem Begriff wesensgemäß entsprechende Anschauung, und die D. ist schematisch [6]. Handelt es sich um einen Vernunftbegriff, dem keine Anschauung entsprechen kann, aber doch eine Anschauung unterlegt wird, die einem Verstandesbegriff entspricht, der mit jenem Vernunftbegriff nur die Form der Reflexion gemeinsam hat, dann ist die D. symbolisch [7]. Die Mathematik stellt nach Kant ihre Begriffe in der Anschauung a priori dar: sie konstruiert ihre Begriffe in der reinen Anschauung [8]. – Für E. HUSSERL stellen sich die Wesensmomente der Welt phänomenologisch dar [9]: Die «Empfindungsdaten» (stoffliches Moment), in der konkreten Einheit der Wahrnehmung durch «Auffassungen» (intentionales Moment) beseelt, haben «darstellende Funktion» bzw. führen zu dem, was wir «Erscheinung von» nennen [10]. – Dem *gestalttheoretischen* Denken ist das Geschehen an einem Teil von den inneren Strukturgesetzen des Ganzen bestimmt: Der Teil kann insofern als eine D. des Ganzen aufgefaßt werden [11]. – L. KLAGES stellt dem «Ausdrucksprinzip» das «D.-Prinzip» gegenüber, demzufolge die subjektive Ausdrucksbewegung durch «unbewußte Erwartung ihres anschaulichen Erfolges» modifiziert wird [12]. Im Anschluß an Klages hat der D.-Begriff im Rahmen der Ausdruckspsychologie und in Abhebung gegen den Ausdrucksbegriff seinen Ort [13].

Anmerkungen. [1] O. KÜLPE: Die Realisierung (1912) 7. – [2] Vgl. M. JAMMER: Die Entwicklung des Modellbegriffes in den physikalischen Wiss. Studium generale 18 (1965) 166-173.; H. POINCARÉ: On the foundations of geometry. The Monist 9 (1898) 1-43. – [3] R. CARNAP: Der logische Aufbau der Welt (²1961) 133. – [4] Vgl. N. HARTMANN: Grundzüge einer Met. der Erkenntnis (³1941) 77. – [5] exhibere = erweisen, betätigen, verwirklichen. – [6] Vgl. KANT, KrV B 176ff. – [7] KU § 59. – [8] Vgl. Akad.-A. 8, 191/92 Anm. – [9] E. HUSSERL: Ideen zu einer reinen Phänomenol. und phänomenol. Philos. (Den Haag 1950) 197. – [10] a. a. O. 94. – [11] Vgl. F. WEINHANDL: Die Gestaltanalyse (1927) 183ff.; O. SPANN, Kategorienlehre (1924) 56f. – [12] L. KLAGES: Grundlegung der Wiss. vom Ausdruck (⁵1936) 239ff. – [13] Vgl. Hb. Psychol. 5: Ausdruckspsychol. (1965) 223. 548.

J. NIERAAD

II. M. Kirschstein war 1928 zu dem Ergebnis gekommen, «daß bis zum Jahre 1774 eine Verwendung des terminus ‹Darstellung› für eine künstlerisch-dichterische Formung unbekannt war» [1]. Diese Äußerung ist in ihrer Ausschließlichkeit wohl kaum aufrechtzuerhalten, denn schon A. BUCHNER bezeichnet 1665 als «des Poeten Ambt»: «ein Thun darstellen / wie es ist / seyn soll / oder kan ...» [2]. Ebenso kann der D.-Begriff auch bei LENZ und HEINSE nachgewiesen werden [3]. Dennoch ist Kirschstein darin beizupflichten, daß *vor* Klopstock der Begriff ‹Vorstellung› geläufiger ist [4], während ‹D.› erstmals bei KLOPSTOCK in das Zentrum der Dichtungstheorie rückt. Für ihn verleiht D. einem Gedicht Lebendigkeit, sie macht sein Wesen aus; ohne D. muß ein Gedicht «als etwas seiner Art nicht angehöriges» angesehen werden [5]. Denn der «Zweck der D. ist Täuschung», zu der der Zuhörer vom Dichter hingerissen werden müsse [6]. Für die rechte D. stellt KLOPSTOCK sieben Regeln auf, deren erste verlangt: «Zeigung des Lebens, welches der Gegenstand hat» [7]. Die weiteren reichen vom «genau wahren Ausdruck der Leidenschaft» [8] bis zur «Heraushebung der eigentlichen innersten Beschaffenheit der Sache» [9]. Damit ist D. «Fachwort für eine besonders lebhafte Art des Schilderns» geworden [10]. Als Fachwort für die Tätigkeit des Schauspielers und des Theaters allgemein hatte es sich schon in der ersten Hälfte des 18. Jh. eingebürgert [11].

J. G. Herder und G. A. Bürger übersetzen den *Aristotelischen* Begriff der μίμησις mit ‹D.›. BÜRGER will ‹D.› dort einsetzen, «wo sonst das erbärmliche Wort Nachahmung in den Poetiken stand» [12]. Denn Nachahmung war bislang hauptsächlich stofflich, als Abbildung der Natur aufgefaßt; Bürger versteht den Begriff mehr formal, d. h. in Hinsicht auf die Art und Weise der D. [13]. Für HERDER gehen alle Regeln der Poetik des Aristoteles «aus dem Begriff der lebendigen D. selbst hervor, einer D. (μίμησις), die alle Seelenkräfte in uns beschäftigt, indem sie das Geschehene vor uns entstehen läßt, und es uns mit inniger Wahrheit zeigt» [14]. GOETHE sieht das «Höchste» der D. darin, «daß sie mit der Wirklichkeit wetteifert». Sie ist die Vermittlung zwischen «Innerem» und «Äußerem», d. h. der Geist sucht die dichterischen Schilderungen zu verlebendigen, so daß sie «für jedermann gelten können» [15]. Bei SCHILLER schon hat sich der Begriff zur Kennzeichnung allgemein-künstlerischer Gestaltung ausgeweitet [16]; die Schönheit der poetischen D. liegt für ihn in der «freien Selbsthandlung der Natur in den Fesseln der Sprache» [17]. Für C. F. v. RUMOHR ist D. die «möglichst klare und erfaßliche» Mitteilung eines künstlerischen Gegenstandes, der vorher bereits innerlich angeschaut, «aufgefaßt» ist [17a]. JEAN PAUL bezeichnet Stil als «Werkzeug der D.», d. h. des Schaffens eines von äußerer Wirklichkeit unabhängigen Kunstwerks [17b].

In den Poetiken des 18./19. Jh. spiegelt sich – auch unter dem Einfluß Kants – die schrittweise Adaptation des D.-Begriffes wider: Während noch Sulzer den Begriff nicht verwendet, widmet JEITTELES (1835) der D. einen eigenen Sachartikel [18]. D. ist hier «die eigenthümliche Art der Thätigkeit eines Künstlers, einen Gegenstand durch auf das Gefühlsvermögen wirkende Versinnlichung zur Anschauung zu bringen» [19].

In der Folgezeit weitet sich der Begriffsinhalt aus; Zeichen dafür ist, daß D. jetzt gern mit differenzierenden Beiwörtern versehen wird: ‹allegorische D.›, ‹symbolische D.›, ‹realistische D.› u. a. [20].

In *neuerer* Zeit haben E. Hirt und L. Klages den Begriff wieder in das Zentrum der Betrachtung zu rücken versucht. HIRT will mit den Begriffen ‹Bericht› und ‹D.› Gattungskriterien erarbeiten: Reine D. ist das Gesetz des Dramatischen, die Mischung von Bericht und D. kennzeichnet die erzählende Dichtung [21]. KLAGES gebraucht in der Unterscheidung von Ausdruck und D. den Begriff zur Charakterisierung allgemein menschlicher «Haltungen und Bewegungen» [22], ohne besondere Beschränkung auf den Bereich des Künstlerischen. Während Gebärden des Ausdrucks Mensch und Tier gemeinsam sein können, ist die D. allein dem Menschen eigen (z. B. träumerischer Blick, Verachtung, Überheblichkeit) [23]. H.-G. GADAMER leitet den Begriff der D. aus dem Spiels ab; das Sich-darstellen ist das wahre Wesen des Spiels [24]. Von daher kommt er zu einem umfassenden D.-Begriff und charakterisiert «die Seinsweise der Kunst insgesamt durch den Begriff der D., der Spiel wie Bild, Kommunion wie Repräsentation in gleicher Weise umfaßt» [25].

Anmerkungen. [1] M. KIRSCHSTEIN: Klopstocks Dtsch. Gelehrtenrepublik (1928) 173. – [2] AUGUST BUCHNER: Poet (1665, Nachdruck 1966) 32. – [3] B. MARKWARDT: Gesch. der dtsch. Poetik (1956) 2, 415. – [4] KIRSCHSTEIN, a. a. O. [1] 179. – [5] KLOPSTOCK, Dtsch. Gelehrtenrepublik. Werke 12 (1857) 310f. – [6] KLOPSTOCK, Von der D., a. a. O. 10, 194f. – [7] 196. – [8] 197. – [9] 198. – [10] TRÜBNERS Dtsch. Wb., hg. A. GÖTZE (1940) 2, 27. – [11] ebda. – [12] Zit. bei MARKWARDT, a. a. O. [3] 2, 438. – [13] CHR. JANENTZKY: G. A. Bürgers Ästhetik (1909) 109. – [14] J. G. HERDER, Kalligone, Werke, hg. B. SUPHAN 22, 147. – [15] GOETHE, Maximen und Reflexionen, hg. M. HECKER (1907) Nr. 510. – [16] FR. SCHILLER, Kallias. Werke, hg. G. FRICKE/H. G. GÖPFERT (1959) 5, 433. – [17] Vgl. a. a. O. 997-1001. – [17a] C. F. v. RUMOHR: Ital. Forsch. 1 (1827) 14ff.; vgl. D. JÄHNIG: Schelling. Die Kunst in der Philos. 2 (1969) 344 Anm. 50. – [17b] JEAN PAUL: Vorschule der Ästhetik (²1813) § 77. – [18] J. G. SULZER: Allg. Theorie der schönen Künste 1 (²1792, Nachdruck 1967); J. JEITTELES: Aesthet. Lex. (1835) Art. ‹D.› – [19] JEITTELES, a. a. O. 178. – [20] Vgl. MARKWARDT, a. a. O. [3] 4, 726f.; 5, 1002f. – [21] E. LÄMMERT: Bauformen des Erzählens (²1967) 212. – [22] L. KLAGES: Grundlegung der Wiss. vom Ausdruck (³1936) 242. – [23] a. a. O. 243. – [24] H.-G. GADAMER: Wahrheit und Methode (²1965) 110. – [25] a. a. O. 144.   U. THEISSMANN

Darstellungsformen oder ‹Darstellungsmodi› nennt H. WÖLFFLIN die «Grundformen», in welchen «die Kunst ihre Inhalte zur Darstellung» bringt [1]. Gegen den jeweiligen Darstellungsinhalt indifferent, sind die D. «an sich ausdruckslos» [2] und vorkünstlerisch. Sie «enthalten nur Möglichkeiten, aus denen erst, indem sie sich mit einem bestimmten Thema verbinden, Kunst entstehen kann» [3]. Grundsätzlich unterscheidet Wölfflin zwei einander ausschließende, im Gegensatz zwischen Renaissance- und Barockkunst exemplarisch vor Augen stehende «allgemeinste» D. [4], die er mit folgenden «Grundbegriffen» beschreibt: linear (plastisch) – malerisch; flächenhaft – tiefenhaft; geschlossene Form – offene Form (tektonisch – atektonisch); vielheitliche Einheit – einheitliche Vielheit; absolute Klarheit – relative Klarheit [5]. Der relative kunsthistorische Ort dieser D. ergibt sich aus der zwangsläufigen Gebundenheit des Künstlers an die begrenzten «optischen Möglichkeiten» [6] einer bestimmten Epoche, an die den D. zugrunde liegenden «Anschauungs-» oder «Sehformen» [7].

Anmerkungen. [1] H. WÖLFFLIN: Kunstgesch. Grundbegriffe. Das Problem der Stilentwicklung in der neueren Kunst (1915); zit. (³1918) 16. 14. 17. – [2] a. a. O. 245. – [3] Gedanken zur Kunstgesch. Gedrucktes und Ungedrucktes (1940, ⁴1947) 11 (Über Formentwicklung). – [4] a. a. O. [1] 14ff. (Die allgemeinsten D.) – [5] a. a. O. [3] 19 («Kunstgesch. Grundbegriffe» – Eine Revision [1933]). – [6] a. a. O. [3] 11. – [7] a. a. O. [1] 17. 257; a. a. O. [3] 16f. 19f.; zur ahistorischen Periodizität der D. kritisch N. HIMMELMANN-WILDSCHÜTZ: Der Entwicklungsbegriff der modernen Archäologie. Marburger Winckelmann-Programm (1960) 13-40.

Literaturhinweise. E. PANOFSKY: Das Problem des Stils in der bildenden Kunst (1915), in: Aufsätze zu Grundfragen der Kunstwiss. (1964) 23-31. – A. HAUSER: Philos. der Kunstgesch. (1958) 150ff.   W. KAMBARTEL

Darstellungsprinzip nannte L. KLAGES eine erstmals unter dem Titel ‹Das persönliche Leitbild› (1908), zunächst allein auf die Handschrift, später verallgemeinerte, aber nur auf den *menschlichen* Ausdruck gemünzte These. Hiernach soll der im Erlebnis des Anschauungsraums («Raumsymbolik») wurzelnde Darstellungsdrang des Menschen einem persönlichen (unbewußten) Leitbild folgen: «Jede willkürbare Bewegung des Menschen wird mitbestimmt von seinem persönlichen Leitbild» [1].

Anmerkung. [1] Sämtl. Werke 6 (1964) 597.

Literaturhinweise. R. KIRCHHOFF: Allgemeine Ausdruckslehre (1957). – Hb. der Psychol. 5 (Ausdruckspsychol.), hg. R. KIRCHHOFF (1965) Kap. 13. – Vgl. Anm. [1].   R. KIRCHHOFF

Darwinismus. Der Begriff ‹D.› wird gelegentlich zur Bezeichnung der gesamten Deszendenztheorie (Abstammungslehre) gebraucht, bedeutet aber im engeren Sinne die von CH. DARWIN (und A. R. WALLACE) entwickelte Theorie, durch welche die Evolution auf natürliche Auslese erblicher Varianten zurückgeführt wird [1]. Das die natürliche Auslese beherrschende Prinzip stellt nach DARWIN der «Kampf ums Dasein» dar. Diesen überstehen nur solche Organismen, die sich in ihren Eigenschaften an die Umweltkräfte angepaßt haben («survival of the fittest»). Im Gegensatz zu der älteren von J. de Lamarck vertretenen Theorie einer «Vererbung erworbener Eigenschaften» konnte Darwins Theorie immer mehr erhärtet werden und gilt heute allgemein als zutreffend. Nach der im 20 Jh. erfolgten Fundierung durch Vererbungsforschung, Selektionsexperimente und Revision des Artbegriffs wird meist die Bezeichnung ‹Neo-D.› verwendet.

Anmerkung. [1] CH. DARWIN: On the origin of species (London 1859); A. R. WALLACE: Darwinism (New York ²1890).

B. RENSCH

Dasein. CHR. WOLFF übersetzt ‹existentia› mit ‹D.›. Doch meist verwendet er die Ausdrücke ‹Existenz› oder ‹Wirklichkeit›. Er versteht unter existentia, die er auch im Sinne der Wechselbeziehung von Potenz und Akt als ‹actualitas› bezeichnet, die «Ergänzung der Möglichkeit» («complementum possibilitas») [1]. Möglich ist das widerspruchsfrei Denkbare; wirklich das, was sowohl in der ununterbrochenen Reihe der aufeinanderfolgenden Dinge seinen zureichenden Grund hat als auch vollständig bestimmt ist [2]. Die Identität der Begriffe ‹ens› und ‹possibile› läßt hinsichtlich des D. nur den Unterschied zwischen notwendig und zufällig Seiendem zu. A. G. BAUMGARTEN schließt sich diesen Definitionen an und umgrenzt existentia zusammenfassend als das Insgesamt der durchgängigen Bestimmungen eines Etwas, die sich aus seiner inneren Möglichkeit ergeben und miteinander verträglich sind, insofern sie jetzt dasind [3]. Im Rahmen dieser Lehre folgert nun J. H. LAMBERT aus dem Bewußtsein eines denkenden Wesens, daß es ist, unmittelbar den einfachen und klaren Begriff der Existenz, der zugleich den Begriff und Maßstab der Gewißheit gibt [4]. Was außer der bloßen Möglichkeit zum Existieren erfordert wird, ist das Einfache dieses Begriffes, «welches wir allerdings klar empfinden, aber nicht anders als durch solche Worte anzeigen können, die weiter nichts als Synonyma von dem Wort Existenz sind, oder diesen Begriff schon voraus setzen». Infolgedessen sind bei einem solchen Begriff «die Zirkel im Definieren nicht wohl zu vermeiden» [5].

Demgegenüber unterscheidet C. A. CRUSIUS «das wirkliche D. eines Dinges» von seiner Möglichkeit als «dem bloßen Sein in den Gedanken». Denn «das Wesen unseres Verstandes» nötigt uns, «wenn wir uns etwas als existierend vorstellen», «außer dem metaphysischen Wesen des Dinges auch noch ein ihm zukommendes ubi und quando hinzu zu denken» und es so als wirklich zu setzen. «Daher ist die Existenz dasjenige Prädikat eines Dinges, vermöge dessen es auch außerhalb der Gedanke[n] irgendwo und zu irgend einer Zeit anzutreffen ist» [6]. Demnach ist «das Kennzeichen der Wirklichkeit zuletzt allemal in unserm Verstande die Empfindung» [7], und zwar so, daß alles, was D. hat, nur gemäß dem synthetischen Kriterium des Nichtzutrennenden nach den universal geltenden Begriffen von Raum und Zeit als zum Verstand wesentlich gehörenden «abstracta der Existenz» [8] gedacht werden kann. Ebenso besteht nach M. MENDELSSOHN in unserem Verstande «zwischen Möglichkeit und Würklichkeit allezeit eine entsetzliche Kluft, indem wir niemals alle mögliche Bestimmungen eines Dinges verständlich erklären können, und daher das D. zufälliger Dinge nicht anders als aus der Erfahrung haben können» [9]. Doch was das Ich selbst angeht, so sind seine Empfindungen und Begriffe von unmittelbarer Evidenz für sein weiter nicht erklärbares D., das so «bloß ein gemeinschaftliches Wort für Wirken und Leiden» ist [10].

I. KANT nimmt den logischen Einwand gegen die Verwechslung von Begriff und Sache so auf, daß er die Ausnahmslosigkeit der Differenz von Begriff und D. eines Gegenstandes aufweist. Er hält zwar ebenfalls die durchgängige Bestimmung für ein Kriterium der Existenz, folgert jedoch aus der Allgemeinheit des Begriffes seine Irrealität. Alles, was existiert, hat eine besondere Beschaffenheit, aber aus dem bloßen Begriff eines Etwas im Sinne einer derartigen Sachbestimmtheit (Realität) kann das D. nicht erschlossen werden, weil das wirkliche Ding kein Prädikat mehr enthält als das mögliche [11]. Demnach vermehrt die Bestimmung des Begriffs das Objekt nicht, sondern drückt nur sein Verhältnis zum endlichen Erkenntnisvermögen aus [12], so daß die Modalitätskategorie D. nicht als complementum der Möglichkeit im Sinne eines Prädikats des Dinges zu erklären ist, sondern als «die Setzung des Dinges mit allen Prädikaten» [13]. Diese Setzung des Existentialurteils ist auf Wahrnehmungsgegebenheiten im Zusammenhange der Erfahrung restringiert und insofern subjektiv-synthetisch [14], weil «die Wahrnehmung ... der einzige Charakter der Wirklichkeit» ist und «unsere Erkenntnis vom D. der Dinge» nur soweit reicht wie sie [15]. Daher bezeichnet ‹D.› nicht das Denken der Merkmale eines Dinges in ihrem Verhältnis zu seinem Begriff, sondern die «absolute Position der Sache selbst» [16] mit ihren Bestimmungen nach Gesetzen des empirischen Zusammenhanges der Erscheinungen. Was das setzende Bewußtsein selbst betrifft, so schließt die «bloß intellektuelle Vorstellung der Selbsttätigkeit eines denkenden Subjekts» zwar unmittelbar seine Existenz in sich, aber «noch keine Erkenntnis desselben» [17] als Bestimmung seines D. in der Zeit. Doch weil mit dem Bewußtsein unserer Existenz unmittelbar das Sittengesetz als Faktum der reinen Vernunft verknüpft ist, haben wir «Veranlassung, uns völlig a priori in Ansehung unseres eigenen D. als gesetzgebend und diese Existenz auch selbst bestimmend vorauszusetzen» [18].

Gegen Kants Trennung der Bewußtseinsvermögen wendet sich F. H. JACOBI. Er will den Zwiespalt zwischen Denken und Leben überbrücken. Daher sucht er die Einseitigkeit eines bloßen Erklärens der Dinge zu vermeiden und «Menschheit wie sie ist, begriflich oder unbegreiflich, auf das gewissenhafteste vor Augen zu legen» [19], so daß er «das größeste Verdienst des Forschers» darin sieht, «D. zu enthüllen, und zu offenbaren» [20], d. h. sein ihm innewohnendes Lebensverständnis auszulegen. Auch Herder und Hamann lehnen die logischen Trennungen der Vernunftkritik ab. J. G. HERDER hält es für falsch, die Einwirkung von etwas auf jemanden und d. h. «die sinnlichste Empfindung unsres D. auf eine Verstandeshandlung» [21] zu bauen. Vielmehr gilt es, auf das lebendige «D. in und mit der Erfahrung» [22] zurückzugreifen. Denn in ihr offenbart das Sein sich selbst als «kräftiges D. zur Fortdauer» [23]. Als «das einzig-denkbare energische a priori» konstituiert es «durch sich Raum und Zeit», die «von außen seine Gestalt und Dauer messen und ordnen». Betrachtet man Raum und Zeit dagegen «als durch sich selbst gegebene Anschauungen», so heben sie «das wahre Prius des D. daurender energischer Kraft auf». Doch diese Kraft ist das «Maß der Realität eines D. von innen». Daher erfordert ihr «reeller» Begriff die Ersetzung der transzendentalen Ästhetik durch eine «Organik», die den Begriff des Raumes auf den des Ortes und diesen wiederum auf den des D. zurückführt [24]. Denn «D. (Da sein) heißt an einem Orte sein, ihn behaupten» [25]. Aus diesem Verständnis ergibt sich der «praktische Grundsatz»: «D. erkenne an, das sich, kraft seiner und deiner, organisch dir darstellt» [26], was zugleich besagt, daß die Existenz des Menschen «Werden» ist [27]. – J. G. HAMANN bezeichnet das Denken als den «zufälligsten und abstraktesten modum unserer Existenz» [28] und stellt dem verstandesmäßigen Erfassen der Wirklichkeit das den ganzen Menschen unausweichlich verpflichtende «Glauben» oder «Empfinden» gegenüber, in dessen Bereich gilt: «unser eigen D. und die Existenz aller Dinge außer uns muß geglaubt und kann auf keine andere Art ausgemacht werden» [29].

Zum Idealismus überleitend, verbindet S. MAIMON den Kritizismus Kants mit vorkritischen Gedanken zwecks eines ‹Koalitionssystems›, das die identische Wurzel von Anschauung und Verstand sucht. In dieser Absicht einer Überwindung der Subsumtionstheorie setzt er den Ursprung der Sinnlichkeitsformen in den Reflexionsbegriffen der Einerleiheit und Verschiedenheit an, durch deren Schematisierung die Anschauungen von Raum und Zeit entstehen. Infolgedessen bezieht er die drei unterscheidbaren D.-Arten: sinnliches D. außer bzw. in uns und intellektuales D. auf die drei Bestimmungen der Zeit: Zeitpunkt, Zeitfolge und Zeitdauer, von denen der bestimmte Zeitpunkt die Individualität alles D., die Zeitfolge seine mögliche Verschiedenheit und die Zeitdauer die Identität des Subjekts bedingt. Demnach ist die Zeit die Bedingung des D., wie umgekehrt das D. eines Gegebenen die Bedingung der empirischen Bestimmtheit der Zeit ist [30].

G. F. W. HEGEL wendet sich gegen Kants Theorie der Modalkategorien als Bestimmungen des Verhältnisses des Gedankens zum Gegenstand. Er wirft ihr vor, einerseits das D. aus dem Zusammenhang mit dem Begriff herauszunehmen, ohne es andrerseits als Prinzip verständlich machen zu können: «gerade jene Synthese des Begriffs und des Seins, oder die Existenz zu begreifen, d. h. sie als Begriff zu setzen, dazu kommt *Kant* nicht. Existenz bleibt ihm ein schlechthin Anderes, als ein Begriff» [31]. Um diesem Fehler zu entgehen, versteht Hegel das D. als «das einfache Einssein des Seins und Nichts» [32]. Als Resultat ihres aufgehobenen Widerspruchs ist es «Sein mit einer Bestimmtheit» [33] oder Qualität, die sich in Realität und Negation auseinanderlegt. In sich reflektiert in ein durch das Aufheben dieses Widerspruchs Vermitteltes ist es Daseiendes oder Etwas, das sowohl die Identität seiner mit sich selbst als auch die Beziehung auf sein Anderssein ist. Doch ist der Bezug als Vermittlung des Andersseins die Aufhebung desselben, insofern das äußerlich Andere so zur Bestimmtheit des Etwas wird, daß sich dieses gerade im Weghalten des Anderen erhält und durch Abgrenzung von ihm umgrenzt. Daher hat das Etwas sein Sein in der Grenze, die sein Sein nicht ist, und ist so endlich und vergänglich. Indem es aber vergeht, erfüllt es seine Bestimmung, in ein anderes Endliches überzugehen, wodurch es bei sich selbst ankommt. In diesem fortgesetzten Übergang erweist sich das Endliche als Progreß ins Unendliche, in dem das Endliche und das Unendliche sich gegenseitig verneinen und so ein jedes die Einheit seiner und des anderen erweist. In ihrer Einheit begreift das Unendliche sowohl sich selbst als auch das Endliche als aufgehobene Momente in sich. In ihm ist ausgeglichen, was im D. als der «Sphäre der Differenz» [34] noch ungleich ist. Im weiteren Verlauf der Explikation der Bewegtheit des Seins als Wesen unterscheidet Hegel von D. die Existenz. Als das Sein der seienden Dinge bestimmt sie sich als ungetrennte Einheit der unmittelbaren Beziehung des Einzelnen auf sich und anderes [35].

F. W. J. SCHELLING sucht die Transzendenz der Einheit des Ganzen alles Seienden nicht in die Immanenz einer in sich vollendeten Bewegung des begreifenden Denkens aufzuheben. Dieses Streben zur Bewahrung der reinen Unbedingtheit des Seins läßt ihn folgende Unterscheidungen machen: «Fast alle gebrauchen die Worte: Sein, D., Existenz, Wirklichkeit, beinahe ganz gleichbedeutend. Offenbar aber drückt das Wort Sein das reine, absolute Gesetztsein aus, dagegen D. schon etymologisch ein bedingtes, eingeschränktes Gesetztsein bezeichnet. ... Sein drückt das absolute, D. aber überhaupt ein bedingtes, Wirklichkeit ein auf bestimmte Art, durch eine bestimmte Bedingung, bedingtes Gesetztsein aus. Die einzelne Erscheinung im ganzen Zusammenhang der Welt hat Wirklichkeit, die Welt der Erscheinungen überhaupt D., das Absolutgesetzte aber, das Ich, ist» [36]. Der letzte Grund einer solchen Trennung wird zunächst in der gegensatzlosen Einheit von Sein und Erkennen als unfaßbarer Indifferenz des absoluten Wissens gesehen. Doch die spätere Untersuchung der Möglichkeit dieses Wissens fragt auch nach der identischen Hinsicht des Unterschiedes von Absolutem und Endlichem, veranlaßt die ekstatische Selbstnegation der Vernunft und führt damit zum reinen Daß als dem «bloß Existierenden» im Sinne des «noch begriffslosen Prius» [37].

J. G. FICHTE durchdenkt die Beziehung des Ich zum absoluten Sein neu. Um das D. erklären zu können, faßt er es als das Wirklichsein des Ich, insofern seine Reflexion auf ein ihm entgegengesetztes Prinzip geht [38]. Demnach ist es im Wissen begründet, dem «das (bestimmende) ewige Eine – jenseits alles Wissens ... – zugrunde liegt» [39]. Doch diese absolut faktische Evidenz genügt nicht, weil sie sich mit dem genetisch Unerforschten als Unerforschlichem begnügt. Daher gilt es, über das ursprünglich-synthetische Selbstbewußtsein als Prinzip von Wissen und Sein hinauszufragen. Aber indem nun die formale Reflexion in der Zweiheit von Subjekt und Objekt sich vernichtet, leuchtet das Absolute notwendig in der Form einer sich verstehenden Vergegenständlichung ein. So ist «das D. – des Seins – notwendig ein – Selbstbewußtsein seiner ... selbst, als bloßen Bildes, von dem absolut in sich selber seienden Sein» [40]. Es ist die Erscheinung des Seins im Sinne seiner Offenbarkeit in der einzig möglichen Weise eines sich verstehenden Wissens: «D. heißt eben nur Sein im Verstande, beides ist durchaus identisch» [41]. Aber indem das sich faktisch vorfindende Wissen sich handelnd reflektiert im Unterscheiden vom Sein, sieht es seinen Unterschied von schlechthinnigem Sein, ohne jedoch eine Einsicht in den genetischen Zusammenhang von Sein und Erscheinung zu gewinnen. Daraus ergibt sich als die Aufgabe der Wissenschaftslehre: «das D. werden zu sehen» [42]. Sie ist «Wissenschaft des D.» [43].

Das weitere Verständnis von D. ist gekennzeichnet durch Fichtes Trennung von endlichem D. und unbedingtem Sein, deren Übernahme in Anlehnung an Schelling und Auseinandersetzung mit Hegel zu verschiedenen Ergebnissen führt. L. FEUERBACH betont das Mißverhältnis der Logik Hegels zur sinnlichen Existenz und ersetzt die Nichtigkeit der Abstraktion, die bei dem Begriff des Seins an ihre Grenze stößt, durch «wirkliches Denken» [44], das «unter Sein ... sach- und vernunftgemäß D., ... Existenz» im Sinne des unmittelbaren Hierseins versteht [45]. Solches D. ist allein in der Empfindung zugänglich, die die «metaphysische Bedeutung» hat, «der wahre ontologische Beweis vom D. eines Gegenstands außer unserm Kopfe» zu sein [46]. – S. KIER-

KEGAARD bestreitet überhaupt die Möglichkeit einer systematischen Erklärung des D., um die Negativität des Unendlichen im D. offenzuhalten [47]. Denn aus Ewigem und Zeitlichem zusammengesetzt, ist das D. zugleich «das Spatiierende, das auseinanderhält» [48], und so ein beständiges Werden. Das Bewußtsein des Hineingestelltseins in diese Existenz drückt sich aus im leidenschaftlichen Streben des Einzelnen unter ethischer Verantwortung und aus paradoxem Glauben. – Auch für A. SCHOPENHAUER ist «das Problem des D. ... so groß ..., daß ... es alle andern Probleme und Zwecke überschattet» [49]. Denn die Vergänglichkeit alles Seienden in und mittels der Zeit verdeutlicht dem Menschen ebenso die Nichtigkeit alles D. wie die Vergeblichkeit allen Strebens: «Unser D. hat keinen Grund und Boden, darauf es fußte, als die dahinschwindende Gegenwart» [50]. Daher ist «als Zweck unsers D. in der Tat nichts Anderes anzugeben, als die Erkenntnis, daß wir besser nicht dawären» [51]. Allerdings ist die «existentia fluxa» [52] nie ganz der Erkenntnis zugänglich, weil sie nur die Erscheinung der Selbstbejahung des blinden Willens zum Leben ist, von dem nur das reine Subjekt des interesselosen Betrachtens und Denkens sich erlösen kann. Dagegen will FR. NIETZSCHE sich «mit unbewegtem Blicke ... dem furchtbaren Eisstrome des D.» anvertrauen [53]. Gegenüber jeder Lehre von einem vorgegebenen Zweck des D. rechtfertigt er es zunächst «nur als ästhetisches *Phänomen*» [54], weil allein der Künstler im Akt des Schaffens des schönen Scheins «das D. überhaupt lebenswert» macht [55]. Später führt die Besinnung auf die Möglichkeit der Ausbildung dieses Verhüllungsscheines zur Erkenntnis des im Wesen des selbstbezüglichen Lebens angelegten «perspektivischen Charakters des D.» [56] als «Willen zur Macht». Indem dieser Wille alles Seiende zwecks Lebenssteigerung auf die für ihn jeweilig maßgebliche Perspektive festlegt und sich in solch unaufhörlicher Bewegung begreifend bejaht und somit zum «Übermenschen» steigert, offenbart er sich als die «ewige Wiederkunft des Gleichen». So bringt Nietzsche «die beiden größten ... philosophischen Gesichtspunkte», den «des Werdens» und den «nach dem Werte des D. ... in entscheidender Weise zusammen» [57].

Die Ausrichtung der Philosophie an den Einzelwissenschaften führt im Durchgang durch bewußtseinstheoretische Fragen zu einer Verbindung deskriptiv-analytischer Beschreibung des Seienden mit einer Metaphysik der Erfahrungswelt, die den Begriff des D. wieder auf alles Seiende ausdehnt. Schon E. V. HARTMANN spricht von «D. und Bewußtsein» als Manifestationen der in Wechselbeziehung stehenden Attribute des Metalogischen, das des «labilen Gleichgewichts» des Spiels seiner Kräfte bedarf, «um ihnen als Seinsgrund zu subsistieren» [58]. – H. DRIESCH dagegen schickt seiner «Wirklichkeitslehre» den gleichsam methodischen Solipsismus der «Ordnungslehre» voraus, die vom Ursachverhalt des erlebend denkenden Ichs ausgeht. Dieses Ich bestimmt mittels Setzung irgendein beliebig Erlebtes als «Diesessein oder D.», das notwendig Sosein hat, so daß zwischen beiden theoretisch eine «völlige Reziprozität» besteht [59]. – Gegenüber diesem «Ordnungsmonismus» weist M. SCHELER sowohl auf die Vitalsphäre als auch das freie Personzentrum hin. Im Unterschied zu dem vom Geist des Menschen als der «Fähigkeit der Trennung von Wesen und D.» [60] erfaßten Gegenstandsein als dem identischen «Soseinskorrelat aller intellektiven Akte» [61] ist D. oder Realsein «Widerstandsein gegen die urquellende Spontaneität» [62] vitaler Bewegungsakte. Daher kann nur das Seiende als Gegenstand dem Bewußtsein relativ auf die erkennenden Akte und die Weltstellung seines Trägers immanent sein, während «das D. eines Dinges ... stets und notwendig jenseits des Wissens und Bewußtseins» bleibt und «als solches transintelligibel» ist [63]. – Gegen eine solche Spaltung des Erkenntnisgegenstandes in D. und Sosein wendet sich N. HARTMANN. Nach ihm hat jedes Seiende notwendig die Momente des Soseins und D. an sich, die sowohl aufeinander bezogen als auch in gewisser Weise unabhängig voneinander sind. Unter dem Moment des D. ist «das nackte ‹daß überhaupt es ist› zu verstehen» [64]. Allerdings gibt es in der Welt dieses allgemeine D. nur als abstrakten Grenzfall, so daß das D. nur gewichtig ist in der Realsphäre (= Existenz im engeren Sinn). Aber immer tritt das einzelne Seiende innerhalb jeder Seinssphäre in gewissen Beziehungen auf. Daher ist das D. unlösbar mit dem Sosein verknüpft, und es besteht zwischen ihnen ein kontinuierlicher Übergang. Im Ganzen des Seinszusammenhanges bilden sie eine synthetisch «fortlaufend verschobene Identität» [65]. Aber weil die unumkehrbare Richtung dieser durchgehenden Identität am D. der Welt ihre Grenze findet, «bleibt ein Rest von Übergewicht auf der Seite des D.» [66]. Vom D. hängt auch der Unterschied der idealen oder realen Seinssphäre ab, insofern das D. sich mit dem ontischen Grundmoment der Seinsweise differenziert. Deshalb fällt dem D. nach alles Seiende unter ein disjunktives Verhältnis.

K. JASPERS knüpft wieder am Verständnis des D. des Einzelnen an. Er «erhellt» D. als «das Umgreifende, als das ich lebendiges Wesen mit Anfang und Ende» und als solches «das ungeschlossene Ganze des je Gegenwärtigen» bin, «worin alles ist, was wirklich ist und das als gegenständlich bestimmte D. als ein ihm vorkommendes in sich schließt» [67]. Aus der Erkenntnis des objektiven D. auf ihren Ausgangspunkt und ihr Ziel in der Situation als der «Weise der Wirklichkeit des D.» [68] zurückkommend, wird das «subjektive D.» sich bewußt, «das jeweilige D.-Ganze eines besonderen Lebens in seiner Welt» [69], zugleich aber auch «die Gegenwärtigkeit eines umschließenden Ganzen aus seinem nie Gegenstand werdenden Grunde» [70] zu sein. Daher ist das «Drängen in die Welt, als D.-Verwirklichung und als Weltorientierung, der einzige Ausdruck des Ergreifens meiner selbst und des Suchens der Transzendenz» [71]. Denn «der Mensch ist als das D., in dem mögliche Existenz sich erscheint» [72]. Damit ist die anthropologische Grundhaltung der Philosophie der Neuzeit ebenso fraglich geworden wie die auf ihrem Boden ausgebildete Metaphysik. Ihre Überwindung versucht M. HEIDEGGER durch die Frage nach dem Sinn von Sein. Um diese Frage auszuarbeiten und zureichend zu klären, muß die Untersuchung des Subjekts in seinem faktischen Selbstvollzug ersetzt werden durch die existenziale Analytik des D. als In-der-Welt-sein. Denn D. ist «dadurch ontisch ausgezeichnet, daß es diesem Seienden in seinem Sein *um* dieses Sein selbst geht» [73]. In seinem Wesen durch die jemeinige Existenz bestimmt, ist sein geworfener Entwurf «auf dem Grunde seiner Existenzbestimmtheit» Seinsverständnis [74] im Horizont der Zeit, deren Explikation die Zeitlichkeit als das Grundgeschehen des ursprünglichen Ganzen des D. und «somit als Seinssinn der Sorge» [75] enthüllt. In diesem endlichen Vollzug ist das D. «sichhineinhaltend in das Nichts ... je schon über das Seiende im Ganzen hinaus» [76]. Diese Transzendenz in das Nichts wird zum «ekstatischen Innestehen in der Wahrheit des Seins» [77], sobald das Denken genötigt ist, auf sein Sichbehaupten in seiner Nichtigkeit und damit ein metaphysisches Begründenwollen zu verzichten [78]. Denn dann wird es von der «Lichtung des Sichverbergens (Zeit)» so «in seinen Brauch» genommen, daß es erfährt, daß das in sie gehörende Sein als sich «aus dem Entwurfbereich von Zeit» bestimmendes Anwesen das Da-sein angeht [79]. Daher trifft der Name ‹D.› «sowohl den Bezug des Seins zum Wesen des Menschen als auch das Wesensverhältnis des Menschen zur Offenheit (‹Da›) des Seins als solchen zugleich und in *einem* Wort» [80].

Anmerkungen. [1] CHR. WOLFF: Ontologia (1728) § 174; Vernünft. Gedanken von Gott ... (1719) § 226. – [2] Ontol. § 178. 226. – [3] Met. (1779) § 55 u. 298. – [4] J. H. LAMBERT: Neues Organon (1764) 1: Alethiologie §§ 71-73. – [5] a. a. O. § 24. – [6] C. A. CRUSIUS: Entwurf der notwendigen Vernunftwahrheiten (²1753) § 46. – [7] a. a. O. § 16. – [8] § 54. – [9] M. MENDELSSOHN: Abh. über die Evidenz (1764). Schriften 2 (1931) 306. – [10] Morgenstunden (1785). Werke (1819) 6, 69. – [11] KANT, KrV B 627. – [12] KrV B 266. – [13] Vorles. über Met., hg. PÖLITZ (1821) 40f.; vgl. Der einzig mögliche Beweisgrund ... (1763). Akad.-A. 2, 73-75. – [14] KrV B 286. – [15] KrV B 273. – [16] Beweisgrund, Akad.-A. 2, 75; vgl. KrV B 628-630. – [17] KrV B 277f. – [18] KrV B 430; vgl. auch KpV A 174f. – [19] F. H. JACOBI: Allwills Briefsammlung. Werke 1 (1812) 364. – [20] Über die Lehre des Spinoza a. a. O. 4/1 (1819) 72. – [21] J. G. HERDER: Kalligone 1. Teil (1800). Werke, hg. SUPHAN 22 (1880) 30. – [22] Verstand und Erfahrung (1799) a. a. O. 21 (1881) 69. – [23] a. a. O. 64. – [24] 67. – [25] 63. – [26] 142. – [27] 153. – [28] J. G. HAMANN: Zweifel und Einfälle (1776). Werke, hg. NADLER, 3 (1951) 191. – [29] Sokratische Denkwürdigkeiten (1759) a. a. O. 2 (1950) 73. – [30] S. MAIMON: Krit. Untersuch. über den menschl. Geist (1797) 179-189. – [31] HEGEL, Vorles. über die Gesch. der Philos. Werke, hg. GLOCKNER 19 (1941) 584. – [32] Wiss. der Logik 1. Teil (1812), hg. LASSON (1951) 96. – [33] Enzyklop. (1830) § 90. – [34] Logik a. a. O. 147. – [35] Enzyklop. § 123f.; vgl. Logik 2. Teil (1813) a. a. O. 100. – [36] F. W. J. SCHELLING: Vom Ich als Prinzip (1795). Werke, hg. K. F. A. SCHELLING 1/1 (1856) 209f. – [37] Philos. der Offenbarung a. a. O. 2/3, 167. – [38] J. G. FICHTE: Grundlage der gesamten Wissenschaftslehre (1794). Werke, hg. I. H. FICHTE 1 (1845) 278. – [39] Darstellung der Wiss.-Lehre von 1801, § 32 a. a. O. 2, 89. – [40] Die Anweisung zum seligen Leben (1806) a. a. O. 5, 442. – [41] Nachgelassene Werke, hg. I. H. FICHTE 1 (1834) 566. – [42] a. a. O. 569. – [43] 567. – [44] L. FEUERBACH: Grundsätze der Philos. der Zukunft (1843) § 44. – [45] a. a. O. § 26. – [46] § 33. – [47] S. KIERKEGAARD: Abschließende unwiss. Nachschrift (1846) 1. Teil. Dtsch. Werke, 16/1 (1957) 77. – [48] a. a. O. 111. – [49] A. SCHOPENHAUER: Parerga und Paralipomena 2 (1851) Kap. 22, § 271. – [50] a. a. O. Kap. 11, § 144. – [51] Die Welt als Wille und Vorstellung 2 (³1859) Kap. 48. – [52] Parerga ... Kap. 11, § 147 a. – [53] F. NIETZSCHE: Die Geburt der Tragödie (1872) 18. Werke, hg. SCHLECHTA 1, 101f. – [54] a. a. O. 1, 40. – [55] 1, 133. – [56] Die fröhliche Wiss. (1886), a. a. O. 2, 249. – [57] Der Wille zur Macht, Nr. 1058. Musarion-A. 19 (1926) 367; vgl. SCHLECHTA 3, 873. – [58] E. v. HARTMANN: Kategorienlehre 2 (²1923) 5f. – [59] H. DRIESCH: Ordnungslehre (²1923) 40. 52. – [60] M. SCHELER: Die Stellung des Menschen im Kosmos (1928, ⁶1962) 52. – [61] Erkenntnis und Arbeit (1926). Werke 8 (²1960) 363. – [62] ebda.; vgl. auch: Probleme einer Soziol. des Wissens (1926) a. a. O. 174. – [63] 227; vgl. auch: Idealismus-Realismus. Philos. Anz. 2 (1927/28) 269; Phänomenol. und Erkenntnistheorie. Werke 10 (²1957) 398f. – [64] N. HARTMANN: Zur Grundlegung der Ontologie (1935, ³1948) 92. – [65] a. a. O. 133. – [66] 140. – [67] K. JASPERS: Von der Wahrheit (1947) 53. – [68] Philos. 1 (³1956) 69. – [69] a. a. O. 65. – [70] Von der Wahrheit 53. – [71] Philos. 1, 65. – [72] a. a. O. 38; vgl. auch: Vernunft und Existenz (1935) 2. Vorles. – [73] M. HEIDEGGER: Sein und Zeit (1927, ⁹1960) 12; vgl. 7; Vom Wesen des Grundes (1929, ⁴1955) 37-39. – [74] Sein und Zeit 13. – [75] a. a. O. 436. – [76] Was ist Met.? (1929, ⁸1960) 35. – [77] Über den Humanismus (1947, ²1964) 54. – [78] Vgl. Einf. in die Met. (1953, ²1958) 124. – [79] Vorwort zu Richardson. Philos. Jb. 72 (1964/65) 400f. – [80] Was ist Met.? 13f.; vgl. auch NIETZSCHE, Werke, hg. SCHLECHTA 2, 475; zur Gesch. des Begriffes D.: HEIDEGGER, Über den Humanismus 14f.; NIETZSCHE, a. a. O. 2, 473-480.

Literaturhinweise. J. C. ADELUNG: Grammat.-krit. Wb. der Hochdtsch. Mundart (1793) Art. ‹D.›; J. und W. GRIMM: Dtsch. Wb. 2 (1860) 806f. – TRÜBNER, Dtsch. Wb. 2 (1939) 27f. – W. BIEMEL: Heideggers Begriff des D. Stud. cathol. 24 (1949) 113-129. – C. FABRO: Actualité et originalité de l'«Esse» thomiste. Rev. thomiste 56 (1956) 240-270 und 480-507. – E. GILSON: L'être et l'essence (Paris 1948). – D. HENRICH: Der ontol. Gottesbeweis (1960). – W. JANKE: Ontotheol. und Methodik. Philos. Rdsch. 12 (1964) 179-217. – TH. RÄBER: Das D. in der ‹Philos.› von K. Jaspers (1955). – W. SCHULZ: Über den philosophiegesch. Ort M. Heideggers. Philos. Rdsch. 1 (1953/54) 65-93. 211-232.

U. WIENBRUCH

Daseinsanalyse ist eine phänomenologisch-anthropologische Forschungsrichtung. Sie verdankt ihren Hauptanstoß der Daseinsanalytik M. HEIDEGGERS [1]. Nachdem zuerst A. STORCH (1930) [2] und H. KUNZ [3] Anregungen aus ‹Sein und Zeit› für die Bewältigung psychopathologischer Probleme entnahmen, begründete L. BINSWANGER [4] unter dem Titel ‹D.› einen eigenen Forschungszweig der Psychiatrie. Gegenüber der ‹fundamentalontologischen› Daseinsanalytik Heideggers geht es dabei nicht um eine Ausarbeitung der Frage nach dem Sinn von Sein, sondern Binswanger versucht, auf der Grundlage der von Heidegger herausgestellten Strukturen des In-der-Welt-seins (Existentialien) die empirisch gegebene Mannigfaltigkeit menschlicher Daseinsvollzüge ursprünglicher zu verstehen und wissenschaftlich begründeter zugänglich zu machen. Die D. entnimmt also der Ontologie Heideggers «das existentiale Apriori» als Fundament für eine empirisch ausgerichtete phänomenologische Anthropologie [5].

Mit dem Titel ‹D.› setzt sich Binswanger nicht nur gegen die Daseinsanalytik Heideggers ab, sondern zugleich auch gegen die *Psycho*analyse seines Lehrers FREUD. Daseins‹analyse› bedeutet Aufdeckung der menschlichen Selbstverborgenheit. Doch statt von einer wie auch immer verstandenen isolierten Psyche oder psychophysischen Subjektivität geht die D. von der Subjekt und Objekt umspannenden Struktur des In-der-Welt-seins aus. – Ihre Methode entstammt der Phänomenologie E. HUSSERLS, welche Binswanger schon früher [6] für die Psychopathologie fruchtbar zu machen versucht hatte. Gegenüber der kausal denkenden naturwissenschaftlichen und psychoanalytischen Forschung will sie eine ursprünglichere Erfahrungs- und Interpretationsebene freilegen. Die D. geht nicht hinter die Erscheinungen zurück, um sie zu erklären, sondern sucht sie aus sich selbst heraus in ihrem Seinssinn zu erschliessen. Sie fragt nicht nach den faktischen Bedingungen, sondern nach den Wesensbedingungen des Erscheinenden.

Nach dem großangelegten Versuch einer philosophischen Anthropologie [7] widmete sich Binswanger später in ausführlichen Fallstudien vor allem der Daseinsweise und dem ‹Daseinsgang› schizophrener Patienten. Den Beschreibungen der Räumlichkeit, Zeitlichkeit, Materialität usw. der ‹Welten›, in denen die Geisteskranken leben, folgte ein Aufsuchen der diese Welten konstituierenden Momente. Besondere Aufmerksamkeit wurde den Abwandlungen der «Konsequenz der natürlichen Erfahrung» geschenkt. Dabei näherte sich Binswanger in den letzten Schriften [8] unter dem Einfluß von W. SZILASI [9] wieder mehr HUSSERLschen Fragestellungen. Die Beziehungen zwischen D. und Phänomenologie sind dadurch erneut in Bewegung geraten [10].

Die D. ist in ihrem Problemansatz vielschichtig. Sie bedeutet: 1. einen Beitrag zur philosophischen Anthropologie; 2. den Versuch einer ontologischen Grundlegung der Psychiatrie als Wissenschaft; 3. für die psychopathologische Empirie die Erschließung neuer Beschreibungsmöglichkeiten aufgrund einer transzendental orientierten Erfahrungsweise; 4. psychotherapeutisch erstrebt sie einen Zugang zur Welt des Kranken, um ihn in *seiner* Sprache ansprechen und womöglich aus der Isolierung zurückholen zu können. – Ziel ist in jedem Falle – gegenüber den theoretischen Systemen der klassischen Psychiatrie – die Schaffung methodischer Voraussetzungen für eine lebendigere Begegnung mit dem Patienten.

In Kritik an Binswanger hat M. Boss [11] den Versuch unternommen, der D. eine neue Wendung zu geben. Einerseits stärker von der psychotherapeutischen Praxis ausgehend, andererseits in unmittelbarer Anlehnung an den Wortlaut von HEIDEGGERS Spätphilosophie überspielt er die (von Binswanger peinlich gehüteten) Grenzen zwischen Philosophie und Einzelwissenschaft und bezieht (unter Leugnung differenter Weisen des In-der-Welt-seins) alles Erscheinende unmittelbar auf die «Lichtung des Seins» [12].

Innerhalb der Psychiatrie ist die D. in steter Ausbreitung begriffen (KUHN, HÄFNER, BLANKENBURG u. a. [13]). In anderen Gebieten, wie Psychologie, Pädagogik und Geisteswissenschaften, hat sie bislang weniger Eingang gefunden. Vgl. aber für die Traumpsychologie D. v. USLAR [14], für die Geisteswissenschaften H. MALDINEY [15].

Anmerkungen. [1] M. HEIDEGGER: Sein und Zeit (¹1927). – [2] A. STORCH: Wege zur Welt und Existenz des Geisteskranken (1965). – [3] H. KUNZ: Die Grenze der psychopath. Wahninterpretationen. Z. ges. Neurol. Psychiat. 135 (1931) 671. – [4] L. BINSWANGER: Ausgewählte Vorträge und Aufsätze 1 (1947); 2 (1955); Der Mensch in der Psychiatrie (1957); Schizophrenie (1957). – [5] Hinsichtlich HEIDEGGERS Stellungnahme zu einer solchen Möglichkeit vgl. a. a. O. [1] 17. 45ff. 131. 183. 194. 200. 247. 301. – [6] L. BINSWANGER: Einführung in die Probleme der allgemeinen Psychol. (1922). – [7] Grundformen und Erkenntnis menschlichen Daseins (¹1942, ⁴1964): ein Werk, das den – umstrittenen – Versuch macht, Heideggers ontologische Interpetation der ‹Sorge› durch eine Phänomenologie der Liebe zu ergänzen. In ihm ist noch nicht von D., sondern von ‹Daseinserkenntnis› die Rede. Das Wort ‹D.› verwendet BINSWANGER – einer Anregung von WYRSCH folgend – erst ab 1943. Der Sache nach können aber bereits seine Studien ‹Über Ideenflucht› (1933) daseinsanalytisch genannt werden. – [8] Melancholie und Manie (1960); Wahn (1965). – [9] W. SZILASI: Einführung in die Phänomenol. Edmund Husserls (1959); Die Erfahrungsgrundlage der D. Binswangers, in: Philos- und Naturwiss. (1961) 97-114. – [10] K. P. KISKER: Die phänomenol. Wendung Ludwig Binswangers. Jb. Psychol. Psychother. med. Anthropol. 8 (1961) 142; J. M. BROEKMAN und H. MÜLLER-SUUR: Psychiatrie und Phänomenol. Philos. Rdsch. 11 (1964) 161; J. M. BROEKMAN: Phänomenol. Denken in Philos. und Psychiatrie. Conf. psychiat. 8 (1965) 165; W. BLANKENBURG: Der Verlust der natürlichen Selbstverständlichkeit (1969). – [11] M. BOSS: Psychoanalyse und Daseinsanalytik (1957). – [12] W. BLANKENBURG: Psychotherapie und Wesenserkenntnis. Jb. Psychol. Psychother. med. Anthropol. 12 (1965) 294. – [13] In den USA gibt es eine ‹American Ontoanalytic Association›. – [14] D. v. USLAR: Traum als Welt (1965). – [15] H. MALDINEY: Comprendre. Rev. Mét. Morale 66 (1961) 35.

Literaturhinweise. U. SONNEMANN: Die D. in der Psychotherapie, in: Hb. Neurosenlehre und Psychother. 3 (1959) 589-613. – D. CARGNELLO: Del naturalismo psicoanalitico alla fenomenologia antropologica della D. Da Freud a Binswanger. Arch. Filos. (1961) 127-198. – H. RUITENBEEK: Psychoanalysis and existential philosophy (New York 1962). – R. KUHN: D. und Psychiatrie, in: Psychiatrie der Gegenwart 1/2 (1963) 853-902.

W. BLANKENBURG

Daseinsfeld ist innerhalb der Philosophie O. JANSSENS (1883–1967) die methodologisch wie thematisch zentrale Kategorie, die, in der Auseinandersetzung mit der Phänomenologie einerseits und dem Neukantianismus andererseits entwickelt, eine Alternative sowohl zum Begriff ‹intentionales Bewußtsein› wie zum Begriff ‹transzendentales Subjekt› formuliert. ‹D.› soll den Bewußtseinsbegriff ersetzen und die aus ihm resultierenden Schematismen vermeiden; die Analyse des D. wird in der Folge aber auch gegen *Heideggers* Hermeneutik des Daseins kritisch geltend gemacht.

Ursprünglich aus Traditionen des Neukantianismus (*Rickert, B. Erdmann*) herkommend, wird Janssen entscheidend durch die Phänomenologie *Husserls* provoziert. Seine philosophische Erstschrift ‹Das Wesen der Gesetzesbildung› verwendet zwar schon den Begriff ‹Dasein›, aber noch unspezifisch für den Gesamtkomplex erfahrbarer Wirklichkeit [1]. Erst seine umfangreichen ‹Vorstudien zur Metaphysik› [2] unterziehen die phänomenologischen Konzepte von ‹Empfindung›, ‹Abschattung›, ‹Erlebnis›, ‹Intentionalität› usw. der Kritik, und zwar auf dem Wege subtiler Detailanalysen, die die phänomenologischen Grundbefunde gerade auf ihren Anspruch hin, unvoreingenommener Deskription des Gegebenen zu entstammen, überprüfen und insoweit selbst als phänomenologisch im prägnanten Sinne charakterisierbar sind, wenngleich Janssen das Prädikat ‹phänomenologisch› für sein Denken nur beiläufig und erst dann akzeptiert hat, als es infolge der diversen phänomenologischen Sezessionsbewegungen keine fixen Inhalte mehr einschloß [3]. Janssen zeigt, daß die vorurteilsfreie und schlichte Vergegenwärtigung der Sachverhalte von «intentionalen Akten», von «Konstituierung der Gegenstandswelt», von «Abschattung der Dinge im Erlebnisstrom», von «Subjekt-Objekt-Relation», vom «reinen Subjekt» u. ä. nichts bemerkt, daß die Vorstellung, Bewußtsein sei notwendig «Bewußtsein von etwas», vielmehr nach dem «Bilde eines Scheinwerfers ..., dessen Maschinerie sich in unserem Kopfe befindet» [4] bzw. nach dem Bild des Abzielens auf ein Objekt hin, «gleichsam als reckten sich wie auf einen Impuls des Ich Arme aus ihm heraus, die das Objekt ergriffen und festhielten» [5], analogisch gewonnen ist und jedenfalls eine Übertragung aus dem voluntativen Bereich darstellt. Auszugehen sei statt dessen von evident (d. h. tatsächlich, unzweifelhaft) Gegebenem oder Daseiendem, z. B. von einem Ton, einer Farbe «da draußen», einem Gefühl der Freude, der Liebe usw. sowie von der ihm zukommenden, aber von ihm unterschiedenen ideellen Bestimmtheit des Daseins. Für Janssen bedeutet ‹Dasein› mithin «die nicht weiter rückführbare ideelle Bestimmtheit eines Etwas, schlechthin ‹gegeben› oder ‹da› zu sein», die über dessen «wirkliche Existenz» nichts impliziert. «Mit dieser mageren Erklärung sagen wir einmal, daß wir den Gedanken an Existenzen, an Wirklichkeiten jedweder Observanz ausschließen wollen, und sodann, daß wir die Gegebenheit oder das Dasein dem Inbegriff jener Wesen zuführen, die wir ideelle nennen und die für uns, ehe wir sie tiefer durchdacht haben, das gemeinsame, bloß negative Merkmal einigt, daß sie eben allesamt keine Farben, Töne und Gerüche und überhaupt keine Qualitäten oder auch körperliche Dinge darstellen» [6]. Zur Abhebung des unselbständig ideellen Momentes ‹Dasein› gelangt Janssen über die Analyse tatsächlichen Nichtdaseins in Unterscheidung von «theoretischem» (d. h. nur begrifflich oder gedanklich zu fassendem) Nichtdasein [7]. Dasein bzw. Gegebensein als eigentümliche ideelle Bestimmtheit «eines Etwas selber» schließt nach Janssen nicht im mindesten die Relation auf ein Ich oder Subjekt im Sinne des «Daseins für» bzw. «Gegebenseins für» ein. Das Ich, als das ich mich selber unmittelbar erlebe, ist prinzipiell nicht anders da als irgendein Daseiendes; selbst sein unaufhebbares «Mitgegebensein» besagt noch keine Relationalität; erst die durch nichts ausweisbaren Vormeinungen, ein Gegebenes sei eo ipso Objekt für ein Subjekt, notwendig ein

Zweites gegenüber diesem und von ihm distanziert – Vorstellungen, «die wir den Verhältnissen des räumlichen Gegenüber entleihen» und die «ihre sinnliche Provenienz wie ein Gewicht hinter sich herschleppen» –, zwingen zur Verdoppelung des Ich und zur «philosophischen Erfindung» eines reinen Subjekts als eines letzten Beziehungspunktes [8].

Das jeweils Daseiende bildet einen Verflechtungszusammenhang, der bei aller Vielfalt der Übergänge (Modalitäten der Deutlichkeit, Undeutlichkeit usw.) begrenzt ist und der unbeschadet des stetigen Wechsels seiner inhaltlichen «Besetztheiten» im einzelnen eine durchgängige «Rahmenordnung» (Konstanz und Struktur) aufweist: das Feld des Daseienden. In den ‹Vorstudien› verwendet Janssen Termini wie ‹Zusammenhang›, ‹Sphäre›, ‹Kreis›, ‹Gebiet›, ‹Region› des Gegebenen oder Daseienden, in ‹Ideeller Aufbau und Metaphysik des Denkens› ist gelegentlich vom «‹Feld› des Gegebenseins oder des ‹Da›-seins» [9] die Rede, und erst in ‹Das erlebende Ich und sein Dasein› wird der Begriff ‹Gegebenheitszusammenhang› zugunsten des Begriffs ‹Feld des Daseienden› oder ‹D.› ausdrücklich fallengelassen [10]. Ist für die Preisgabe der Begriffe ‹Gegebenes› und ‹Gegebensein› zweifellos deren Mißdeutbarkeit im Sinne der Bewußtseinsphilosophie maßgeblich gewesen, so könnte sich die Einführung des ‹Feld›-Begriffs durch Janssens (kritische) Rezeption der Gestaltpsychologie (*Wertheimer*, *Köhler*, *Koffka*) und der Umwelttheorie *Uexkülls* nahegelegt haben [11]. Die «Verbindlichkeiten» des «reifen» menschlichen D., seine Zentrierung und Terminierung im Ich, sein unablässiges Hinausweisen über sich selbst, sei es auf aktuell Nichtdaseiendes (z.B. in der erinnernden Vorstellung, im bloßen «Begriff von etwas»), sei es auf prinzipiell («endgültig») Nichtdaseiendes (nämlich auf das lediglich metaphysischer Möglichkeitserwägung zugängliche «Wirkliche») [12], die Auszeichnung des menschlichen D. gegenüber anzusetzenden D. «niederer» Lebewesen, die Fragen seines «Entstehens», seines «Entschwindens» (im Zustand völliger Bewußtlosigkeit), seiner Veränderung (in den pathologischen Entfremdungszuständen bis hin zur Depersonalisation) und seiner Zeitlichkeit überhaupt [13] sind unentwegt Thema der Analysen Janssens.

Die Bedeutung dieser als Kritik des Bewußtseins fungierenden Topographie des D. dürfte vor allem darin liegen, daß sie Möglichkeiten phänomenologischer Deskription exemplifiziert, die die phänomenologische Schule selbst nicht wahrgenommen hat [14].

Anmerkungen. [1] O. JANSSEN: Das Wesen der Gesetzesbildung. Eine krit. Unters. (1910). – [2] Vorstudien zur Met. 1 (1921); 2 (1927). – [3] Vgl. z. B. Zur Phänomenol. des menschl. D. (1956); Philos. über sich selbst (1956), beide in: Ges. Abh. zur Frage des Seins (1963). – [4] Vorstudien 1, 249. – [5] a. a. O. 274. – [6] 217. – [7] 218ff.; vgl. Ideeller Aufbau und Met. des Denkens 1: Das behauptende Denken und seine ideelle Entfaltung (1929); Seinsordnung und Gehalt der Idealität (1950). – [8] Vorstudien 1, 297ff. – [9] Ideeller Aufbau und Met. ... 34. – [10] Das erlebende Ich und sein Dasein (1932) 144, Anm. 1; vgl. Dasein und Wirklichkeit (1938) 27, Anm. 28. – [11] Zum Verhältnis von ‹Umwelt› und ‹D.› vgl. Dasein und Wirklichkeit 109. – [12] Zu den Begriffen ‹Wirklichkeit› und ‹Metaphysik› vgl. Dasein und Wirklichkeit; Met. als Aufgabe, Abh. [3] 138-147; Von dem ‹Felde des Daseienden› und seiner Übersteigerung. Z. philos. Forsch. 18 (1964) 627-655. – [13] Vgl. Zeit und Gegenwart (1941), in: Gesammelte Abhandl. 104-137. – [14] Vgl. auch: Das erlebende Ich und sein Dasein; Dasein und Bewußtsein (1933); Dasein und Wirklichkeit; Zur Phänomenol. des menschl. D., Abh. [3] 7-39.

Literaturhinweise. G. LEHMANN: Die dtsch. Philos. der Gegenwart (1943) 395-397. – W. STEGMÜLLER: Hauptströmungen der Gegenwartsphilos. (1952) 123-131; (³1965) 91-94.

KONRAD GRÜNDER

Dauer (lat. duratio). Das Wort ‹D.› gehört bereits dem vorphilosophischen Sprachgebrauch an. ‹D.› meint hier zumeist ein bestimmtes Zeitintervall, oft im Hinblick auf ein innerhalb seiner ablaufendes Geschehen. Im besonderen wird D. dann dem zugesprochen, was in diesem Intervall unverändert bleibt. ‹D.› kann gelegentlich auch gleichbedeutend mit ‹Zeit› oder mit ‹Ewigkeit› verwendet werden. In philosophischen Texten hat ‹D.› oft die Funktion eines Gebrauchsbegriffs, der selbst nicht definiert wird, sondern zum umgangssprachlichen Hintergrund terminologischer Fixierungen gehört.

Im Bereich der griechischen Philosophie gibt es keinen eigenständigen Begriff der D.; das Wort χρόνος läßt sich in der Mehrzahl der Fälle sowohl mit ‹Zeit› als auch mit ‹D.› übersetzen. Erst im Hochmittelalter bildet sich eine Differenzierung heraus, die dem Bedürfnis eines gemeinsamen Oberbegriffs für «Zeit» und «Ewigkeit» entspringt. Bei THOMAS VON AQUINO ist duratio eine Bestimmung nicht der Wesenheit (essentia), sondern des Seins (esse), und zwar insofern, als das Sein auf ein mögliches Maß (mensura) hin betrachtet wird. ‹Duratio› dient hier gleichsam als Gattungsbegriff, unter den die drei verschiedenen Seinsstufen fallen, denen als Maß Zeit (tempus), das Aevum und Ewigkeit (aeternitas) zugeordnet sind. ‹Esse› und ‹duratio› können von Thomas daher auch als in diesem Rahmen vertauschbare Begriffe behandelt werden («esse sive duratio»; «esse, id est duratio» [1]). Auf die scholastische Diskussion dieser Begriffe blickt SUÁREZ in der «de durationibus rerum» handelnden Disp. met. 50 zurück. Für ihn, der sich in dieser Frage auch auf DUNS SCOTUS und OCKHAM stützt, besteht zwischen «duratio» und «existentia» kein realer, sondern nur ein begrifflicher Unterschied («durationem et existentiam non distingui ex natura rei, sed tantum ratione» [2]); die D. eines Dinges ist sein Beharren in der Existenz («dicitur durare res, quae in sua existentia perseverat» [3]). Von dieser realen D. zu unterscheiden ist eine nur imaginäre D., durch die die Vorstellung einer absoluten Zeit entworfen wird. – Diese Bestimmungen haben noch lange in der neuzeitlichen Philosophie überall dort nachgewirkt, wo die D. als das Verharren einer Sache in ihrem Dasein verstanden wird, so etwa bei DESCARTES [4], SPINOZA [5] und – angewandt auf das Bewußtsein – bei LOCKE [6].

Nach CRUSIUS wird «das Wort D. ... in zweyerley Verstande genommen, und man verstehet darunter entweder etwas absolutes, oder etwas relativisches. Wenn man unter der D. etwas absolutes verstehet: So ist sie nichts anders, als die Fortsetzung der Existenz durch mehr als einen Augenblick. ... Verstehet man aber unter der Dauer etwas relativisches: So ist sie das Zugleichseyn eines Dinges mit der Existenz eines andern» [7]. Auch KANTS Bestimmung («Durch das Beharrliche allein bekommt das Dasein in verschiedenen Teilen der Zeitreihe nacheinander eine Größe, die man D. nennt» [8]) läßt sich noch von hier aus verstehen. Gleichwohl wird der Begriff der D. in der Philosophie der Neuzeit immer mehr zum Gebrauchsbegriff oder aber zum abgeleiteten Begriff im Rahmen von Untersuchungen, die thematisch auf den Begriff der Zeit ausgerichtet sind und nur von diesem Begriff aus verständlich gemacht werden können. Das gilt besonders für die Frage, ob die Zeit durch die D. oder die D. durch die Zeit gemessen wird: Eine Zeittheorie, die der Zeit reale Existenz zuspricht, wird regelmäßig der ersten Alternative zuneigen, während eine Zeittheorie, die der Zeit reale Existenz abspricht, ihre Begriffe eher so definieren wird, daß sich die zweite Alternative ergibt.

Einen neuen und eigenständigen Begriff der D. prägt H. BERGSON und erhebt ihn zum Zentralbegriff seiner Philosophie. Bergson spricht der Wirklichkeit des Lebens und Erlebens, die aller anderen Wirklichkeit vorgeordnet ist, sowohl Zählbarkeit als auch Meßbarkeit und Räumlichkeit ab. Die Form dieser der Kausaldetermination nicht unterliegenden und nur in der «Intuition» erfaßbaren ursprünglichen Wirklichkeit bezeichnet er als wahre D. («durée pure, vraie, réelle»): «La durée toute pure est la forme que prend la succession de nos états de conscience quand notre moi se laisse vivre, quand il s'abstient d'établir une séparation entre l'état présent et les états antérieurs» [9]. Die D. ist weder ein homogenes Kontinuum, noch eine aus wohlunterschiedenen Elementen gebildete Mannigfaltigkeit. Jede eindeutig geordnete Sukzession und jede aus wohlunterschiedenen Elementen gebildete Mannigfaltigkeit ist bereits ein Artefakt des verräumlichenden und objektivierenden Verstandes; das gilt insbesondere für die als Ordnung der Sukzessivität verstandene homogene Zeit.

Anmerkungen. [1] THOMAS VON AQUIN, In phys. IV, lect. 20, nn 2. 6; S. theol. I, q. 10 passim. – [2] SUÁREZ, Disput. met. 50, 1, 5. – [3] a. a. O. 50, 1, 1. – [4] DESCARTES, Princ. philos. I, 55-57. – [5] SPINOZA, Ethica II, def. 5. – [6] LOCKE, Essay II, 14, § 3. – [7] CHR. A. CRUSIUS: Entwurf der notwendigen Vernunftwahrheiten (^{2}1753) § 55; vgl. auch schon CHR. WOLFF, Ontologia § 578; LEIBNIZ, Nouv. Ess. II, 14, 10ff. – [8] KANT, KrV B 226. – [9] H. BERGSON: Essai sur les données immédiates de la conscience (Paris 1889, ^{22}1924) 76.

Literaturhinweise. J. SIVADJIAN: La durée et le temps, in: Le temps (Paris 1938) 288-293. – G. BACHELARD: La dialectique de la durée (Paris 1950). – C. CARBONARA, in: Enciclop. filos. 1 (Venedig/Rom 1957) 1768-1776. – G. PFLUG: Henri Bergson. Quellen und Konsequenzen einer induktiven Met. (1959). – Vgl. Art. ‹Ewigkeit› und ‹Zeit›.
W. WIELAND

Deduktion (lat. deductio). ‹D.› nennt man die *Ableitung* einer Aussage (These) aus anderen Aussagen (Hypothesen) mit Hilfe der Regeln des logischen Schließens (logische Folgerung). Sind dabei die Hypothesen *wahre* Aussagen (z. B. Axiome), so ist die D. der These aus den Hypothesen ein – *deduktiver* – *Beweis* der These. In axiomatischen (= deduktiven) Theorien ist die D. das einzige Beweisverfahren. Auch bei beliebigen Regelsystemen (= Kalkülen) werden hypothetische Ableitungen einer Figur β aus anderen Figuren $a_1, ..., a_n$ (β ist hypothetisch ableitbar aus $a_1, ..., a_n$› wird symbolisiert «$a_1, ..., a_n \vdash \beta$») oft ‹D.› genannt und Ableitungen ohne Hypothesen bzw. mit ableitbaren Figuren als Hypothesen, entsprechend ‹Beweise› [1].

In der Theorie der Logikkalküle spielt das *D.-Theorem* (zum ersten Mal unabhängig voneinander bewiesen von A. TARSKI [2] und J. HERBRAND [3]) eine große Rolle. Es besagt, daß aus der hypothetischen Ableitbarkeit eines Aussageschemas B aus Aussageschemata $A_1, ..., A_n$ im fraglichen Logikkalkül die Ableitbarkeit des logisch zusammengesetzten Aussageschemas $(A_1 \wedge ... \wedge A_n) \to B$ gefolgert werden darf ($A_1, ..., A_n \vdash B$ impliziert $\vdash A_1 \wedge ... \wedge A_n \to B$). Diese Folgerung ist *keine logische*, sondern beruht auf ‹inhaltlicher› Einsicht, nämlich der Konstruktion von Ableitungen in Kalkülen, und führt daher ihrerseits zu keiner D. des D.-Theorems im Sinne der gegebenen Erklärung von ‹D.›; der *konstruktive* (und weder deduktive noch induktive) Beweis des Deduktionstheorems ist ein Beispiel für einen ‹unmittelbaren›, nicht auf Prämissen eines logischen Schlusses zurückgehenden – metamathematischen – Beweis.

Anmerkungen. [1] Vgl. H. B. CURRY: A theory of formal deducibility (Notre Dame, Ind. 1950); S. C. KLEENE: Introduction to metamathematics (Princeton 1952) ch. 5 (Formal deduction); D. PRAWITZ: Natural deduction. A proof-theoretical study (Uppsala 1965). – [2] A. TARSKI: Fundamentale Begriffe der Methodologie der deduktiven Wiss. I. Mh. Math. Phys. 37 (1930) 361-404. – [3] J. HERBRAND: Recherches sur la théorie de la démonstration. Travaux Soc. Sci. Lett. Varsovie, Cl. III 33 (1930) 1-128.
K. LORENZ

Deduktion, transzendentale. KANT gewinnt die Tafel der reinen Verstandesbegriffe (Kategorien) in einer systematischen Deduktion am Leitfaden der Urteilstafel der traditionellen Logik. Die Rechtmäßigkeit des Gebrauchs der völlig unabhängig von aller Erfahrung gewonnenen Kategorien ist aber durch diese *metaphysische Deduktion* nicht erwiesen; sie sichert nur den apriorischen Ursprung [1]. Für den Nachweis der Möglichkeit der Kategorien «als Erkenntnissen a priori von Gegenständen einer Anschauung überhaupt» und weiterhin aller Gegenstände, «die nur immer *unseren Sinnen* vorkommen mögen» [2], bedarf es vielmehr noch einer spezifischen Deduktion. Diese fragt im Sinne des «quid iuris», während eine Argumentation, die sich auf bloße Erfahrung stützen wollte, nur das «quid facti» betreffen würde. Mit dieser dem Recht entnommenen Analogie bezeichnet Kant präzise das in Frage stehende meritum causae: «Ich nenne daher die Erklärung der Art, wie sich Begriffe a priori auf Gegenstände beziehen können, die *t.D.* derselben und unterscheide sie von der empirischen Deduktion, welche die Art anzeigt, wie ein Begriff durch Erfahrung und Reflexion über dieselbe erworben worden, und daher nicht die Rechtmäßigkeit, sondern das Factum betrifft, wodurch der Besitz entsprungen» [3].

In der transzendentalen Logik ist das Urteil eine Funktion der Einheit unter unseren Vorstellungen als den allein uns unmittelbar gegebenen Modifikationen des empirischen Bewußtseins, näherhin: es verbindet die Vorstellungen zur objektiven Einheit der ursprünglichen synthetischen Einheit der Apperzeption, wodurch sie Erkenntnisse eines Objekts werden [4]. Diese Verbindung im Urteil ist objektiver Natur, weil in ihm eine das Denken zwingende apriorische Notwendigkeit wirksam ist, die beim Urteilen in der implizit vorliegenden Synthesis der Kategorien als reiner Verstandesbegriffe gründet. Die empirische Synthesis der Apprehension ist daher jederzeit der in der Kategorie enthaltenen Synthesis der Apperzeption gemäß [5]. Alle im Denken obwaltende Notwendigkeit wurzelt in dieser ursprünglichen, alle Erkenntnis bedingenden synthetischen Einheit, die «der höchste Punkt» ist, «an dem man allen Verstandesgebrauch ... heften muß» [6], über den nicht hinausgefragt werden kann.

Von gegenständlicher Erkenntnis kann nur gesprochen werden aufgrund der Vereinigung des Mannigfaltigen einer gegebenen Anschauung zum Objekt in Begriffen [7], in denen die Notwendigkeit der synthetischen Einheit der Apperzeption durch die Kategorien zum Ausdruck kommt. Denn Kategorien sind eine Ausfächerung der ursprünglichen Einheit der Apperzeption und begleiten sie «als ihr Vehikel» in jedem Verstandesurteil [8]. So erklärt sich die Nötigung, über empirische Vorstellungen als solche hinauszugehen und ihnen «ein Objekt» zu setzen, also «über ihre subjektive Realität» hinaus ihnen eine objektive beizulegen [9]. Am Verhältnis von Ursache und Wirkung ist die Einsicht in diesen Sachverhalt unschwer zu gewinnen [10]: Das Aufeinanderfolgen zweier Vorstellungen wird dadurch gegenständlich und notwendig, daß sie in der Kategorie von Ursache und Wirkung gedacht werden, deren Funktion darin besteht, das in ihnen als Einheit verbunden Mannigfaltige der vorliegenden Anschauung im Urteil für die Erkenntnis objektiv zu machen. Dieses Mannigfaltige erhält dadurch eine «Dignität», wie sie empirisch nicht einmal ausgedrückt werden kann, jedoch dem Kausalverhältnis innewohnt: die Wirkung ist *durch* die Ursache gesetzt und erfolgt *aus* ihr [11]. «Vermittelst des Begriffs der Ursache gehe ich wirklich aus dem empirischen Begriffe» von dem, was geschieht, heraus [12].

In dem Nachweis, daß die Funktion der Kategorien die für die Erkenntnis geforderte objektive Einheit der ursprünglichen Apperzeption bewirkt, ist das Ziel der t.D. erreicht und die gestellte quaestio iuris beantwortet: die Möglichkeit der Erkenntnis der Erfahrung als Natur beruht auf der objektiven Gültigkeit reiner Verstandesbegriffe. Alle überhaupt möglichen Wahrnehmungen, d. h. «was zum empirischen Bewußtsein immer» als Vorstellung gelangen kann, muß zum Zweck der Erkenntnis unter Kategorien stehen, von denen die Natur «als dem ursprünglichen Grunde ihrer notwendigen Gesetzmäßigkeit (als natura formaliter spectata) abhängt» [13]. Das gesuchte Verhältnis von empirischer Vorstellung und erkennbarem Gegenstand ist damit klargelegt.

Anmerkungen. [1] KANT, KrV B 159. – [2] ebda. – [3] B 117. – [4] B § 19. – [5] B 162 Anm. – [6] B 134 Anm. – [7] B 137. – [8] B 406. – [9] B 242. – [10] B 233f. – [11] B 124. – [12] B 750 Anm. – [13] B 164/165.   J. KLEIN

Definierbar sind Objekte bzw. Begriffe einer Theorie, wenn sie auf die Grundbegriffe der Theorie zurückführbar sind, etwa durch einen («definierenden») Ausdruck $D(G, H)$, der bei Vorgabe der Grundbegriffe $G = (G_1, ..., G_n)$ genau auf das zu definierende Objekt, angezeigt durch H, zutrifft. Die trivial definierbaren Grundbegriffe (durch $\wedge_x(Hx \leftrightarrow G_i x)$) werden meist ausgeschlossen, doch kann die Definierbarkeit jeweils aus den übrigen Grundbegriffen diskutiert werden. Die – häufige – spezielle Form von D: $\wedge_x(Hx \leftrightarrow D_o(G,x))$ («x» auch für mehrere Argumente von H) legt nahe, H (bzw. Hx) auch als definierbar durch $D_o(G,x)$ zu bezeichnen. Die Definierbarkeit hängt von der für D bzw. D_o zugelassenen Sprache L ab. So kann die L_1-Definierbarkeit eines L_2-definierten Begriffs diskutiert werden. – Ergebnisse und Fragestellungen für Theorien (α) je *eines* Modells oder (β) und (γ) von Modellklassen sind:

α) Besitzen die Grundbegriffe eines Modells eine nichttriviale Symmetriegruppe, so sind in jeder Sprache nur Invarianten dieser Gruppe definierbar. Ist die Gruppe trivial, so ist durch die Grundbegriffe «an sich» alles bestimmt, und die Definierbarkeit hängt nur von der Sprache ab. Die entsprechende Theorie ist am Prototyp der natürlichen Zahlen entwickelt worden: Mengen, Relationen und Funktionen, die aus Addition und Multiplikation in der Prädikatenlogik erster Stufe definierbar sind, heißen *arithmetisch* (definierbar). (GÖDEL 1931: dort der Beweis, daß die rekursiven Funktionen arithmetisch sind; Existenzsätze KLEENE 1943, MOSTOWSKI 1947.) Wird «alle», «es gibt» in bezug auf die arithmetischen Mengen oder Funktionen zugelassen, so ist *mehr* definierbar. Dieser Prozeß kann, sogar transfinit, iteriert werden, wobei im Falle des limes die Vereinigung alles vorher Definierbaren zu bilden ist; dabei vergrößert sich für gewisse ausgezeichnete limites der Bereich des Definierbaren *nicht*. Wird dabei eine *rekursive* Darstellung der Iterationsgrade vorausgesetzt, so erhält man die *hyperarithmetisch definierbaren* Mengen usw. (KLEENE 1955, ADDISON 1962). Die Zulassung jeweils schon definierbarer Darstellungen von Iterationsgraden führt nicht weiter (SPECTOR 1955). Die verzweigte oder prädikative Typentheorie (s. d.) liefert eine *Einschränkung*: die Wohlordnung der Darstellung soll jeweils vorher bewiesen sein (SCHÜTTE 1962, 1965). Die ohne Voraussetzung über die Darstellbarkeit der Iterationsgrade definierbaren Mengen (hier: nicht nur von Zahlen) heißen *konstruktibel* (GÖDEL 1939). Ob man diesen, im wohl weitesten Sinne konstruktiven, Bereich noch überschreiten kann durch die Definierbarkeit im Sinne der unverzweigten Stufenlogik, wird (1967) noch diskutiert.

β) Eine Modellklasse heißt *arithmetisch* (definierbar), wenn sie durch ein Axiomensystem erster Stufe beschreibbar ist. Zur strukturellen Charakterisierung solcher Modellklassen vgl. RASIOWA (1953).

γ) Zur Definierbarkeit von H in der durch $Ax(G,H)$, Grundbegriffe G und H, definierten Modellklasse weiß man: H ist undefinierbar, wenn es Modelle M_1, M_2 mit $M_1(G) = M_2(G)$, aber $M_1(H) \neq M_2(H)$ gibt (PADOA 1900/01). Für die Sprache der unverzweigten Typentheorie gilt: Ist H durch G eindeutig bestimmt (d. i. gilt $(Ax(G,H_1) \wedge Ax(G,H_2) \to H_1 = H_2)$, so gilt auch $Ax(G,H) \to H = Df(G)$ mit geeigneter Definition Df; TARSKI 1935). Für die Prädikatenlogik erster Stufe wurde eine Lücke geschlossen durch BETH (1953): Ist Ax erster Stufe, so bekommt $H = Df(G)$ die Form $\wedge_x(Hx \leftrightarrow Df_o(G,x))$ mit einem Df_o von *erster* Stufe.

Literaturhinweise. – *Bericht:* J. W. ADDISON: The theory of hierarchies, in: Logic, methodology and philos. of sci. (Stanford Univ. Press 1962) 26-37. – *Lehrbücher:* E. W. BETH: The foundations of math. (1959). – S. C. KLEENE: Introduction to metamath. (1952, ⁴1962). – K. SCHÜTTE: Predicative well-orderings, in: Formal systems and recursive functions (Amsterdam 1965). – A. TARSKI: Einige methodol. Unters. über die Definierbarkeit der Begriffe. Erkenntnis 5 (1935) 80-100.   G. HASENJAEGER

Definit, Definitheit

I. Im Rahmen der mathematischen Grundlagentheorie findet sich ein Definitheitsbegriff bereits 1908 bei E. ZERMELO: «Eine Frage oder Aussage $\mathfrak{E}$, über deren Gültigkeit oder Ungültigkeit die Grundbeziehungen des Bereiches vermöge der Axiome und der allgemeingültigen logischen Gesetze ohne Willkür entscheiden, heißt ‹definit›. Ebenso wird auch eine ‹Klassenaussage› $\mathfrak{E}(x)$, in welcher der variable Term x alle Individuen einer Klasse durchlaufen kann, als ‹definit› bezeichnet, wenn sie für *jedes einzelne* Individuum x der Klasse $\mathfrak{K}$ definit ist» [1]. Untersuchungen von H. WEYL [2] und A. FRAENKEL [3] erweisen die Definition Zermelos bald als weiterer Ausarbeitung bedürftig. Daraufhin versucht ZERMELO selbst 1929 eine «axiomatische» Präzisierung: Danach heißen ‹definit› in bezug auf ein System von Grundrelatoren genau die (allein) daraus prädikatenlogisch aufgebauten Aussagen bzw. Aussageformen. Dabei läßt Zermelo auch Quantifikationen 2. Stufe zu [4]. Demgegenüber besteht TH. SKOLEM in seiner kritischen Antwort auf Zermelos Vorschlag darauf, die definiten Ausdrücke jeweils auf die 1. Stufe zu beschränken [5].

Während es Zermelo, Fraenkel und Skolem zunächst vor allem um eine Bestimmung der in einem festgelegten sprachlichen Rahmen (der z. B. durch die in der Mengenlehre verwandten Grundprädikatoren gegeben ist) sinnvoll zusammengesetzten Ausdrücke geht, hat der spätere logische Gebrauch von ‹definit› effektive Entscheidungsverfahren im Blick. So verwendet R. CARNAP das Wort 1934 für arithmetische Ausdrücke, in denen keine «unlimitierten» (d. h. praktisch: nicht auf endliche Ziffernmengen beschränkten) Quantoren auftreten [6].

Für die auf dieser Basis formulierbaren zahlentheoretischen Aussagen läßt sich dann durch ein stets anwendbares effektives Verfahren entweder ein Beweis oder eine Widerlegung angeben.

Anmerkungen. [1] E. ZERMELO: Untersuch. über die Grundlagen der Mengenlehre I. Math. Ann. 65 (1908) 261-281. – [2] H. WEYL: Das Kontinuum. Krit. Untersuch. über die Grundlagen der Analysis (1918, ²1932, New York ³1960) Kap. 1 § 2 und S. 36. – [3] A. FRAENKEL: Der Begriff ‹definit› und die Unabhängigkeit des Auswahlaxioms. Sber. preuß. Akad. Wiss., Phys.-math. Kl. (1922) 253-257. – [4] E. ZERMELO: Über den Begriff der Definitheit in der Axiomatik. Fund. Math. 14 (1929) 339-344. – [5] TH. SKOLEM: Einige Bemerkungen zu der Abh. von E. ZERMELO: ‹Über die Definitheit in der Axiomatik›. Fund. Math. 15 (1930) 337ff. – [6] R. CARNAP: Logische Syntax der Sprache (1934) § 15.
Red.

II. Seit CARNAP heißt in der Logik ein Prädikat ‹definit› oder ‹entscheidbar› [1] genau dann, wenn im Bereich seiner sinnvollen Anwendbarkeit für jeden Fall durch ein endliches Verfahren festgestellt werden kann, ob das Prädikat zutrifft oder nicht. Im Kalkül der klassischen Quantorenlogik sind z. B. die Prädikate ‹... ist ein Axiom›, ‹... ist unmittelbar ableitbar aus ...› definit, während ‹... ist ableitbar› indefinit ist. Im klassischen Aussagenkalkül sind alle drei Begriffe definit. In der operativen und dialogischen Logik (s. d.) spricht man von wahrheitsdefiniten, beweisdefiniten, widerlegungsdefiniten und dialogisch-definiten Aussagen [2]. Im Anschluß an Carnap nennt CURRY ein formales System ‹definit› genau dann, wenn die Begriffe der korrekt gebildeten Formel (well formed formula), des Axioms und der unmittelbaren Folge definit sind.

Anmerkungen. [1] Vgl. Art. ‹Algorithmus› Nr. 3. – [2] Vgl. Art. ‹Logik, dialogische› Nr. 2.

Literaturhinweise. R. CARNAP: Logische Syntax der Sprache (1934). – H. B. CURRY: Outlines of a formal. philos. of math. (Amsterdam 1951). – P. LORENZEN: Metamath. (1962).
S. KÖRNER

Definition

I. – 1. Das Wort ‹*definitio*› ist die lateinische Übersetzung des griechischen ὁρισμός (Umgrenzung). Unter der Bezeichnung ὅρος tritt der Begriff bei PLATON auf, bei dem ὅρος jedoch ebenso wie bei EUKLID und später im Euklidkommentar des PROKLOS noch mit ὑπόθεσις wechselweise ohne Unterscheidung gebraucht wird [1]. Innerhalb der Philosophie findet sich seit ARISTOTELES jedoch ein verschiedener Gebrauch beider Termini. ὑπόθεσις bezieht sich auf die Existenz, ὅρος auf die Essenz von «Gegenständen», z. B. Zahlen [2]. Nach Aristoteles hat schon *Sokrates* stets zu bestimmen versucht, was ein jedes Ding sei: ἐζήτει τὸ τί ἐστιν [3]. Während für ANTISTHENES die D., bei ihm λόγος genannt, generell zur Bestimmung des Wesens dient: λόγος ἐστὶν ὁ τὸ τί ἦν ἢ ἔστι δηλῶν [4], unterscheidet ARISTOTELES erstmalig von einem ὅρος als λόγος τοῦ τί ἐστι einen λόγος ὀνοματώδης, kennt also neben einer «Wesensdefinition» noch eine «Nominaldefinition». Außerdem hebt er vom λόγος τοῦ τί ἐστιν noch einmal einen λόγος διὰ τί ἐστιν, die später so genannte definitio causalis bzw. genetica, ab, und zwar anhand von Beispielen, die sich auf die Konstruktion geometrischer und arithmetischer Gegenstände sowie die ursächlichen Bedingungen akustischer, astronomischer und metereologischer Erscheinungen beziehen [5]. Als eine vierte Art von D. erscheint schließlich bei ihm ein ὅρος διαιρετικός [6]. Hier handelt es sich um den später in der Rhetorik so genannten λόγος ὑπογραφικός, der auch bei MARIUS VICTORINUS als D. descriptiva auftritt (s. u.).

Nach ARISTOTELES wird er zunächst mittels der ἐπαγωγή gewonnen, welche durch anschließende διαίρησις kontrolliert wird. Die *Peripatetiker* sprachen dann im Anschluß an die aristotelische Unterscheidung zwischen λόγος τοῦ τί ἐστιν und διὰ τί ἐστιν von einem ὅρος οὐσιώδης und πραγματώδης [7]. Jener soll Wesensdefinition, dieser genetische D. sein. Der ὅρος οὐσιώδης wird bei einem byzantinischen Kommentator des Mittelalters näherhin bestimmt als Angabe des Komplexes «formarum accidentalium sine materia», sofern nach ihm das εἶδος einmal als οὐσία, d. h. substantia, aufgefaßt werden kann, ein anderes Mal als οὐσιώδης, d. h. als aliquid substantiale [8]; ὅρος πραγματώδης dagegen bedeutet in der späteren scholastischen Tradition einen Wechselbegriff zur Realdefinition [9].

Jede D. besteht nach ARISTOTELES aus Angabe der Gattungs- und Artmerkmale: ὁ ὁρισμὸς ἐκ γένους καὶ διαφορῶν ἐστίν [10]. In der mittelalterlichen Schullogik heißt es: «definitio fiat per genus proximum et differentias specificas» [11]. Dem *Mittelalter* standen im übrigen zwei Quellen für die D.-Lehre zur Verfügung: die damals dem Boethius zugeschriebene Schrift ‹De definitionibus liber› des MARIUS VICTORINUS [12] sowie die ‹Etymologien› des ISIDOR VON SEVILLA [13], die einen Auszug aus der Schrift des Victorinus bringen. Beide Werke kennen 15 Arten von D., von denen vier mit den von Aristoteles für eine wissenschaftliche D. zugelassenen Weisen übereinstimmen. Es sind dies die D. substantialis (οὐσιώδης), die notio (ἐννοηματική), D. qualitativa (ποιότης), die descriptio (ὑπογραφική), D. ad verbum (κατὰ λέξιν), D. per differentiam (κατὰ διαφοράν), D. per translationem (κατὰ μεταφοράν), D. per privantium contrarii (κατ' ἀφαίρεσιν τοῦ ἐναντίου), D. per imaginationem (κατ' ὑποτύπωσιν), D. per analogiam (κατ' ἀναλογίαν), D. per indigentiam pleni ex eodem genere (κατ' ἐλλειπὲς ὁλοκλήρου ὁμοίου γένους), D. per laudem (κατ' ἔπαινον), D. secundum quid (κατὰ τὸ πρός τι), D. per totum (κατὰ τὸ ὅλον), D. secundum rei rationem (κατ' αἰτιολογίαν).

Noch bei MELANCHTHON kommen alle von Isidor und Marius Victorinus überlieferten Weisen der Realdefinition im realistisch-scholastischen Sinne, jedoch teilweise schon in modifizierter bzw. differenzierter Form vor: neben der D. essentialis gibt es u. a. eine solche unter der Rücksicht der Teile (ex partibus) und der Wirkungen (ex effectibus) sowie der beiläufigen Erscheinungsweisen (ex accidentibus) [14]. Die D.-Lehre von ZABARELLA dagegen, der über Galilei einen großen Einfluß auf die Methodenbildung der neuzeitlichen Wissenschaft ausübte, ist nominalistisch: die D. realis ist nur mehr «simplex quaedam essentiae expressio una et individua». Für ihn hat die D. nicht mehr die Aufgabe, das Wesen eines Dinges zu bestimmen, denn ihr Verhältnis zur quidditas ist dasselbe wie dasjenige des Namens zu einer Sache. Der Unterschied besteht nur darin, ob wir eine Sache wissenschaftlich genau (distincte) oder nur allgemein verständlich (confuse) bezeichnen wollen: «nam si rem ipsam confuse conceptam significare volumus, nomine utimur et dicimus homo, si vero eandem distincte conceptam, id est ipsius quidditatem, utimur definitione et dicimus animal rationale». Es gibt daher für Zabarella kein Verfahren von der D. zur Wesenheit zu gelangen, und die Meinung derjenigen, welche in diesem Sinne annehmen, die D. sei ein «instrumentum ducens ad cognitionem quid est», bezeichnet er als eitel: «est enim definitio instrumentum quidem; non tamen notificandi quidditatem ignotam, sed solum significandi» [15]. GALI-

LEI, der die Aristotelische Lehre von der demonstratio quia und propter quid in der Kommentierung Zabarellas zu seinem «metodo risolutivo e compositivo» entwickelte, geht noch einen Schritt weiter, indem er die D. einer Sache zu einem bloßen Nomenklaturproblem macht: «ihr sollt also wissen, wie ich Euch auch oben gesagt habe, daß eine Erklärung der Begriffe (termini) willkürlich (libero) ist und daß es im Belieben (in potestà) eines jeden Technikers steht, sich in seiner Weise die Dinge, mit denen er sich beschäftigt, zu umschreiben und zu definieren. Dabei kann er nie irren.» Nur müsse man, fährt er fort, innerhalb der gleichen Abhandlung die einmal gewählten Bezeichnungen beibehalten [16].

2. Voraussetzung der weiteren Entwicklung war die Zweiteilung der D. in eine D. ex prioribus in actu und eine solche ex posterioribus, wie sie bereits AVERROES im 12. Jh. ausgeführt hatte und wie sie sich im Laufe des Spätmittelalters insbesondere bei den Averroisten des 16. Jh. immer mehr durchsetzte. In diesem Sinne unterscheidet PETRUS RAMUS nur zwei Arten von D.: eine D. perfecta und eine D. imperfecta. Die erstere ist als D. essentialis schon im nominalistischen Sinne von Zabarella «symbolum universale causae essentialis». Zu den «definitiones perfectae» gehört bei ihm auch die D. ex partibus physicis, die z. B. den Menschen aus Geist, Seele und Körper definiert. Die D. imperfecta dagegen ist identisch mit der scholastischen D. descriptiva, da sie eine Verbindung von wesentlichen Merkmalen einer Sache darstellt, welche als complexio propriorum die differentia specifica gegenüber einem genus proximum bildet, das entweder mit ihr gesetzt oder wenigstens mitgedacht werden muß [17]. Im gleichen Sinne teilt JUNGIUS die D. ein: «praedicabile compositum est, quod ex simplicibus praedicabilibus constat ut definitio et descriptio. Definitio ὁρισμός constat ex genere et differentia specifica ut animal rationale est definitio hominis, color visum disgregans est definitio alboris. Descriptio ὑπογραφή constat ex genere et pluribus accidentibus communibus, quae simul juncta unum quasi proprium constituant, quod sit loco differentiae specificae ignotae, ut avicula canora, pennas albo nigro citrino rubro colore variatas habens, rostro recto, vescens semine cannabis, est descriptio carduelis» [18]. Wie Ramus und Jungius so unterscheidet auch HOBBES zwei Arten von D.: diejenigen für Materie, Quantität, Bewegung usw., also für solches, für das man nach ihm keine Ursache einzusehen vermag, und diejenigen für Dinge, für die es eine einsichtige Ursache gibt: Körper, Bewegung, Größe, Gestalt *von bestimmter Beschaffenheit*. Im ersteren Falle können durch die D. nach HOBBES nur für die Dinge, «für die jene Namen gelten, klare und vollkommene Vorstellungen oder Begriffe im Geiste des Hörers geweckt werden»; im zweiten Falle muß die D. mittels Namen erfolgen, die die Ursache selbst oder der Erzeugung dieser Dinge angeben, d. h. mittels einer kausalen oder genetischen D. Indem für Hobbes die Beweismethode der Wissenschaft synthetisch ist, ist sie eine Synthesis von ersten unbeweisbaren Prinzipien, aus der man allgemeine Urteile bildet und mit deren fortschreitenden Zusammenstellung zu Syllogismen kommt. Jene ersten unbeweisbaren Prinzipien aber seien nichts anderes als die D. [19].

3. Die weitere Entwicklung der D.-Lehre geht dahin, daß bei LEIBNIZ ‹Nominal-D.› nun jede D. heißt, welche den Begriff einer Sache erhellt, ohne zu erklären, ob diese real möglich ist. Die Real-D. dagegen ist gemäß der averroistischen Unterscheidung entweder eine solche a priori oder a posteriori. Die letztere als eine bloße Beschreibung praktischer Gegebenheiten besteht aus einem genus proximum (z. B. für Quecksilber: Flüssigkeit) und den wesentlichen Eigenschaften, die getrennt auch anderen Gegenständen zukommen können (z. B. schwer, sehr flüchtig), jedoch in dieser eigentümlichen Zusammenstellung nur einen Gegenstand (das Quecksilber) charakterisieren. Diese D. ist aposteriorisch, weil wir die Möglichkeit dieser Sache (des Quecksilbers) erst erkennen, nachdem die Wirklichkeit durch Erfahrung bekannt sei. D. realis a priori heißt dagegen für Leibniz jede Anweisung, eine Sache in ihre Elemente aufzulösen bzw. daraus wieder aufzubauen. Er faßt also dasjenige, was teilweise noch in der Spätscholastik als D. descriptiva und D. causalis sowie D. genetica bezeichnet wurde, unter dem gemeinsamen Begriff der D. realis zusammen und unterteilt diese Definitionsart nach dem vorgegebenen Doppelschema in eine deskriptive aposteriorische und eine genetische apriorische D. Eine D. essentialis als vollkommene Realdefinition wäre nach Leibniz erst dann erreicht, wenn die Analysis bis auf die ursprünglichen Begriffe hin durchgeführt wird. Diese «definitio perfecta» – er gebraucht den gleichen Ausdruck wie Ramus – stellt aber für ihn einen Grenzfall dar, denn «für gewöhnlich sind wir damit zufrieden, uns der Realität gewisser Begriffe durch die Erfahrung zu versichern und sodann andere nach dem Vorbild der Natur zusammenzusetzen» [20].

Bei CHR. WOLFF bedeutet die Nominal-D. eine Aufzählung der wesentlichen Eigenschaften oder des Zweckes einer Sache zu ihrer weiteren Bestimmung. In ihr ist also die alte D. descriptiva aufgegangen. Sinn der Nominal-D. ist für ihn eine Begriffserklärung im Rahmen von Beweisen. Um die wesentlichen Eigenschaften einer Sache, die man definitorisch aufzählen soll, zu finden, müsse man, besonders, wenn es sich um körperliche Dinge handelt, die äußeren Bedingungen künstlich abändern, damit sich die Natur der Dinge zeige. So zeige sich z. B. beim Wachs, welches einmal in die Sonne und einmal in den Keller gebracht wird, daß die Weichheit keine wesentliche Eigenschaft an ihm ist. Das Experiment also dient Wolff dazu, die unveränderlichen Eigenschaften eines Dinges festzustellen. Aufgabe der Real-D. dagegen sei es, die Art und Weise anzuzeigen, wie eine Sache entstehe und möglich sei. Dadurch werde nämlich ihr Wesen erklärt. Denn das Wesen sei das erste, was man von einer Sache «gedenken kann und darin der Grund des Übrigen, so ihr zukommt, zu finden ist». Nun könne aber nichts eher von einer Sache gedacht werden, als wie sie entstanden oder dasjenige geworden sei, was sie sei. Daher verstehe man das Wesen einer Sache, wenn man wisse, wie sie geworden sei. Während es eine bloße *Wort*erklärung sei, wenn man die Uhr als eine Maschine definiere, welche Stunden anzeige – die alte D. causalis –, so erkläre man die *Sache*, wenn man zeige, aus was für Rädern und anderem sie besteht. Dazu sei es nötig anzugeben: 1. welche Dinge für ihr Entstehen notwendig seien und 2. was jedes Einzelne von ihnen zur Entstehung dieser Sache beitrage [21]. Auch bei BILFINGER heißt es im gleichen Sinne: «Realem illam [definitionem] dicimus, quae ipsam rei genesin exprimit, nominalem, quae characterem rei proprium et distinctivum, cuius ope agnosci et discerni potest ex omnibus aliis» [22].

Indem die D. realis sich bereits seit Hobbes auf die durch vorhergehende Analyse gewonnenen Elemente als causae eines Körpers oder eines Phänomenes bezog, verschmolz in ihr nach und nach die alte D. causalis und die D. genetica, während die D. descriptiva bei Wolff anstelle der Nominal-D. erscheint. Die sich vollziehende Umwandlung innerhalb des neuzeitlichen Denkklimas, welche dieser Entwicklung zugrunde liegt, spiegelt sich auch in den zeitgenössischen philosophischen Lexika, z. B. in demjenigen von CHAUVINUS, der im Artikel ‹definitio› u. a. die D. «homo est animal rationale» als D. «metaphysica *aut* logica» bezeichnet. Wenn er auch diese D.-Weise, die bei ihm eindeutig schon nominalistische Züge trägt, noch als «magis ex usu», also als sehr vorteilhaft bezeichnet, bemerkt er doch anschließend: «non omnibus tamen aridere certum est». Unter den Kritikern der traditionellen D.-Weise, die er dann in drei Gruppen einteilt, hebt er am Schluß vor allem diejenigen heraus, welche «rem quamlibet definiendam esse per genus et differentiam negant», und welche behaupten (asserunt), «res etiam singulares posse definiri»: offenbar also diejenigen seiner Zeitgenossen, welche wie Wolff, die traditionelle D. descriptiva an die Stelle der D. essentialis setzen wollen [23]. Diese Unsicherheit blieb aber mindestens noch bis in die 70er Jahre des 18.Jh. bestehen, denn noch die ‹Institutiones logicae› von HAVICHORST von 1776, auf welche auch LAMBERTS ‹Neues Organon› aufbaut, bemerken in einem Scholion: «definitio ab omnibus dividi solet in definitionem nominis et rei; sed diversus vocibus his significatus tribuitur. Alii sensum jam expositum subiciunt». Das sind offenbar die konservativen Scholastiker. «Alii dicunt definitionem nominis esse eam, per quam non patet, rem definitam esse possibilem; definitionem vero, quae modum exponit, quo aliquid fieri potest, realem adpellant». Damit sind die modernen konstruktiven Denker des 17. und 18.Jh. gemeint, insbesondere Hobbes, Leibniz und Wolff, welche gleichzeitig dadurch den vor allem für die Naturwissenschaften notwendigen Bedeutungswandel der alten definitionstheoretischen Begriffe vollzogen.

Anmerkungen. [1] PROCLI DIADOCHI in I EUCLIDIS Elementorum librum comm., hg. FRIEDLEIN (1873) 81, 26. – [2] ARISTOTELES, Anal. post. I, 10, 76 b 35. – [3] Met. XIII, 4, 1078 b 23. – [4] DIOG. LAERT. VI, 2f. – [5] ARIST., Anal. post. II, 10, 93 b 30; 7, 92 b 26; Top. I, 5, 101 b 39; VII, 5, 154 a 31; Met. VII, 4, 1030 a 14. – [6] Anal. post. II, 5, 91 b 35-39. – [7] Vgl. DIOG. LAERT. VII, 60. – [8] NIKEPHOROS BLEMMIDES, Epitome Physica. MPG 142, 1121 a-c. – [9] R. GOCLENIUS: Lexicon philosophicum ... (Francoforti 1613) s. v. ‹definitio›. – [10] ARIST., Top. I, 8, 103 b 15f. – [11] ARIST. latinus Top. VI, 5, 143 a 15; vgl. THOMAS VON AQUIN, S. theol. I, q. 3, a. 5 i. c. – [12] MARIUS VICTORINUS, De definitionibus liber. MPL 64, 901 d. – [13] ISIDOR VON SEVILLA, Etymol. II, 29. – [14] MELANCHTHON: Dialectica (Lugduni 1537). – [15] ZABARELLA, De methodis II, 13. – [16] GALILEI, Ed. nazionale 4, 631, 21ff. – [17] PETRUS RAMUS: Dialecticae libri (1555) 142. 144. – [18] J. JUNGIUS: Logica Hamburgensis (1638, Neudruck 1952) 9f. – [19] HOBBES, De corpore I, 1. 6. – [20] LEIBNIZ, Philos. Schriften, hg. GERHARDT 4, 422-426. 450; 7, 292-298. – [21] CHR. WOLFF: Dtsch. Logik (1719) § 41ff. – [22] G. B. BILFINGER: Dilucidationes philosophicae ... (1725) § 140; vgl. H. S. REIMARUS: Vernunftlehre (⁵1790). – [23] ST. CHAUVINUS: Lexicon philosophicum (Leovardiae 1713) s. v. ‹definitio›.

Literaturhinweise s. unter ‹Definition II›.   H. M. NOBIS

II. – 1. KANT unterscheidet in der ‹Kritik der reinen Vernunft› vier Arten der D. (Erklärung) im weiteren Sinne: *Explikation, Exposition, Deklaration* und *D. im engeren* Sinne [1]. Die Einteilung dieser D.-Arten erfolgt nach der Art der Begriffe, die definiert werden sollen. Die ersten beiden D.-Arten seien solche «gegebener» Begriffe – sie sind darum Analysen –, während durch die zweiten die Begriffe erst gebildet würden. In der ersten Gruppe werden *Explikationen* «empirisch gegebenen Begriffen» (Kants Beispiele: Gold, Wasser) und *Expositionen* «a priori gegebenen Begriffen» (Beispiele: Substanz, Recht u. a.) zugeordnet. Von einer Explikation verlangt Kant nur, daß sie die Unterscheidung des explizierten Begriffs von anderen sichert. Dies sei für die Verwendung empirischer Begriffe ausreichend. Durch eine Exposition werde zwar die Zerlegung des Begriffs in Merkmale, die zur vollständigen Erklärung hinreichen, angestrebt, es sei aber nie «apodiktisch gewiß», ob eine solche Zerlegung auch erreicht sei. Enthält diese überflüssige Merkmale, so spricht Kant auch von «Beschreibung (descriptio)» [2]. In der zweiten Gruppe unterscheidet Kant Begriffe, deren Realisation von «empirischen Bedingungen» abhängig ist (Beispiel: Schiffsuhr), und Begriffe, die «a priori konstruiert» werden, deren Realisation demgemäß «in der reinen Anschauung» geschieht. «*Deklaration*» verwendet er für Bildungen von Begriffen der ersten Art und «*Definition*» für solche der zweiten Art. Da nur die Begriffe der Mathematik von der zweiten Art seien, gebe es auch nur in dieser Wissenschaft D. im eigentlichen Sinne.

Die D. der Mathematik gehören nach Kant auch zu den *Real-D.* und *genetischen* D. [3]. Die Unterscheidung von auf Analyse beruhenden (*analytischen*) und begriffsbildenden (*synthetischen*) D. ist in der Folgezeit, wenn überhaupt, so doch nicht in so grundsätzlicher Weise und mit besonderer Hervorhebung der mathematischen D. gemacht worden. Erst FREGE vertritt wieder eine ähnliche Auffassung.

Anders als bei Kant werden die Termini ‹Deklaration› (declaratio = Erklärung im engeren Sinne) und ‹D.› z. B. von DROBISCH verwendet. Ohne Beschränkung auf gebildete Begriffe sagt er, daß eine Deklaration einen Begriff von allen anderen *unterscheide*, wozu auch negative Bestimmungen ausreichen könnten, während eine D. den *Inhalt* eines Begriffs vollständig angeben müsse [4].

HERBART versteht unter einer D. die «Angabe des Inhalts eines Begriffes, indem sie ihn in seine Merkmale zugleich zerlegt und daraus zusammensetzt» [5]. Die D. ist für ihn also beides, analytisch und synthetisch. Eine D. könne auch die Aufgabe haben, die «systematische Stelle eines Begriffs» unter den übrigen anzugeben. Dies geschieht nach Herbart am besten durch Angabe von genus proximum und differentia specifica. Er spricht in diesem Zusammenhang von «Begriffsbestimmung» [6]. Hierfür ist auch der Terminus ‹Determination› üblich [7] (vgl. außerdem FRIES [8]). FICHTE nennt die Angabe des «Ortes» eines Begriffs im System der Wissenschaften «Erörterung» [9].

BOLZANO, der wie FRIES [10], MAIMON [11] und andere ‹D.› und ‹Erklärung› synonym gebraucht, versteht unter der «Erklärung eines Begriffes ... die Angabe der Bestandteile, aus denen er zusammengesetzt ist» [12]. Er unterscheidet nicht wie Kant gegebene und willkürlich gebildete Begriffe. Alle Begriffe sind für ihn im platonischen Sinne vorhanden. Die Zerlegung eines Begriffs entspreche darum auch immer seiner Zusammensetzung, was von Bolzano durch die Forderung nach Umkehrbarkeit aller Erklärungen ausgesagt wird [13]. Die Zerlegung bzw. Zusammensetzung eines Begriffs durch eine Erklärung habe streng nach genus proximum und differentia specifica zu erfolgen. Einfache Begriffe lassen sich, so betont er im Anschluß an die Tradition, in dieser Weise nicht zerlegen und damit auch nicht erklären. Für jeden nicht-einfachen Begriff gebe es im Grunde genau eine objektive Erklärung. Träten verschiedene Erklärungen auf, so sei dies nur ein Zeichen dafür, daß die Zerlegung des Begriffs in letzte Bestandteile (einfache Begriffe), bzw. seine Zusammensetzung aus diesen, nicht erfolgt sei. Deshalb fällt für Bolzano die übliche Unterscheidung der D.-Arten fort [14]. Außerdem lehnt er es ab, in der Mathematik mit Erklärungen zu beginnen, was Kant ausdrücklich gefordert hat [15]. Nach Bolzano muß wenigstens ein ungefährer Plan vorliegen, damit der Zweck der Erklärungen auch einsichtig sei; aber auch wenn dieser vorliege, sei es oft nicht möglich, mit Erklärungen der Begriffe zu beginnen, sofern sich unter diesen auch einfache Begriffe befänden, z. B. der des Punktes. Um sich über solche Begriffe verständigen zu können, führt Bolzano «Bezeichnungen» (in einer unüblichen Verwendungsweise des Wortes) oder «Umschreibungen» ein [16]. Sie bestehen aus mehreren Sätzen, in denen das sprachliche Zeichen des zu bestimmenden einfachen Begriffs in verschiedenen Verbindungen vorkommt. Aus dem Vergleich dieser Sätze soll sich dann der Begriff «durch Abstraktion» gewinnen lassen.

Für MILL ist eine D. «ein Urteil, das die Bedeutung eines Wortes erklärt» [17], eine Analyse [18], die nicht notwendig nach genus proximum und differentia specifica vorgenommen werden muß [19]. Der Hauptzweck der wissenschaftlichen D. bestehe im Klassifizieren. Da Klassifikationen nie endgültig seien, sind nach Mill auch die D. der Veränderung unterworfen [20]. Im Grunde seien alle D. Nominal-D. (Worterklärungen). Es gebe zwar sogenannte D., die außer der Worterklärung noch mitbeinhielten, daß ein dem Wort entsprechendes Ding existiere oder existieren könne, und die man deshalb meine, als Real-D. von den Nominal-D. unterscheiden zu müssen (so z. B. Leibniz); aber jene seien gar keine D., weil D. nicht wahr oder falsch, sondern adäquat oder inadäquat seien, die sogenannten ‹Real-D.› aber außer einer eigentlichen D. noch eine Behauptung über wirkliche bzw. mögliche Existenz enthielten, die wahr oder falsch sein könne. Die Unterscheidung von Nominal-D. und Real-D. lehnt Mill deshalb ab [21].

Auch für WUNDT ist jede D. eine Worterklärung. Dennoch unterscheidet er Nominal- und Real-D., indem er unter der ersten eine bloße Gleichsetzung synonymer Ausdrücke versteht, unter der zweiten eine D., die «die systematische Stellung der Begriffe» berücksichtige. Deswegen sei für ihn nicht die Nominal-D., sondern nur die Real-D. Gegenstand logischer Untersuchung [22] (zur Verteidigung der Real-D. vgl. ferner LOTZE [23] und ZIEHEN [24], als Gegner z. B. SIGWART [25]).

2. Die Vertreter der in der Mitte des 19. Jh. aufkommenden Grundlagenforschung der Logik und Mathematik (SCHRÖDER, FREGE u. a.) betrachten wie Mill die D. als Nominal-D. [26], allerdings in einem anderen Sinne als Mill, indem sie, wie schon PASCAL, D. als willkürliche, sprachliche Abkürzungen verstehen, was MILL [27] und in seiner Nachfolge auch SIGWART [28] ausdrücklich ablehnen. Für MILL ist eine D. nicht willkürlich, sondern erfordert eine genaue Kenntnis der Dinge, denen das zu definierende Wort als Prädikator 1. bisher zugesprochen wurde und 2. zugesprochen werden soll. Vergleicht man die Ansicht Mills z. B. mit derjenigen FREGES [29], so stellt sich heraus, daß die unterschiedliche Auffassung dadurch bedingt ist, daß MILL *analytische D.* meint, obwohl er diese nicht klar von der synthetischen trennt, während FREGE als *eigentliche D.* nur *synthetische D.* anerkennt, wobei er insbesondere, ähnlich wie Kant, an D. in der Mathematik denkt. Als Termini verwendet Frege «zerlegende» und «aufbauende D.». Analytische D. sind auch nach seiner Meinung nicht willkürlich, weil sie die schon vorhandene Bedeutung eines Zeichens bestimmen sollen. Synthetische D. würden dagegen einem Zeichen überhaupt erst eine Bedeutung verleihen und sind für ihn deshalb willkürlich. Die Willkürlichkeit schließt allerdings bei Frege nicht aus, daß die jeweilige D. durch eine vorangegangene Analyse motiviert und sogar praktisch begründet ist. Jedoch liegt eine solche Begründung für ihn außerhalb eines jeden systematischen Aufbaus. Zur Terminologie ist zu bemerken, daß Frege gemäß seiner Unterscheidung von *Sinn* und *Bedeutung* von der D. eines Zeichens die Festsetzung seines Sinns *und* seiner Bedeutung (d. h. des Bezeichneten) verlangt [30]. Diese Festsetzung hat für den gesamten Aufbau eines Systems ein für allemal zu geschehen. *Bedingte D.* lehnt Frege deshalb ab [31].

3. Im Zusammenhang mit der Frage, was D. seien, wird auch die Frage Bolzanos neu erörtert, wie man sich über einfache Begriffe (Grundbegriffe) verständigen kann bzw. wie man die Bedeutung der Grundsymbole eines Systems, auf die alle anderen Symbole durch D. zurückführbar sein müssen, bestimmen kann. So hat HILBERT z. B. für die Geometrie fünf «Axiomgruppen» aufgestellt, als deren Grundbegriffe er ‹Punkt›, ‹Gerade›, ‹Ebene› und fünf zwischen Punkten, Geraden und Ebenen bestehende «Beziehungen» aufführt, z. B. die Beziehung der Kongruenz. Jede der Axiomgruppen soll je eine Beziehung durch die Gesamtheit ihrer den Namen der Beziehung enthaltenden Sätze (Axiome) definieren, und alle Axiomgruppen zusammen sollen die Begriffe ‹Punkt›, ‹Gerade›, ‹Ebene› definieren. Diese sogenannten ‹*impliziten D.*› gehören bei HILBERT mit zum systematischen Aufbau der Geometrie [32].

FREGE schlägt dagegen für die Verständigung über Wörter (Zeichen), deren «beizulegende Bedeutung logisch einfach ist», «Erläuterungen» vor: Erläuterungen sind für ihn «Winke», durch die man unerwünschte, schon vorhandene Bedeutungen zurückweise und auf die beabsichtigte Bedeutung hinweise. Im Unterschied zu Hilberts impliziten D. gehören die Erläuterungen nicht in den systematischen Aufbau der Mathematik und sind nach Frege von den eigentlichen D. streng zu unterscheiden [33]. Ein weiterer Unterschied besteht darin, daß, so Frege, durch eine Erläuterung einem Zeichen eine Bedeutung zugesprochen werden solle, während bei den impliziten D., so HILBERT, die inhaltliche Interpretation der Grundbegriffe gleichgültig sei, da es nur auf deren formale Eigenschaften ankomme [34]. Deshalb macht FREGE auch gegen Hilbert geltend, daß man hier nicht von ‹D.› sprechen könne, weil überhaupt keine Bedeutungsfestsetzungen vorlägen. Wie man sieht, stimmt Freges Begriff der Erläuterung weitgehend mit Bolzanos Begriff der Umschreibung überein. In ähnlicher Weise spricht RUSSELL von ‹explanations› (Erklärungen) [35].

Der Ausdruck ‹implizite D.› (définitions implicites) stammt von GERGONNE [36]. Er unterscheidet implizite und explizite (explicites) D. Eine implizite D. nennt er ein System von Aussagen, im Grenzfall eine einzige Aussage, in denen Wörter mit bekannter und solche mit unbekannter Bedeutung vorkommen. In Orientierung an der Auflösung von Gleichungssystemen fordert Gergonne, daß die Anzahl der Aussagen dieselbe sein muß wie die Anzahl der unbekannten Bedeutungen. Die unbekannten Bedeutungen ergäben sich dann aus dem Zusammenhang, in dem sie mit den bekannten Bedeutungen ständen. Von Freges Begriff der Erläuterung und

Bolzanos Begriff der Umschreibung unterscheidet sich auch dieser Begriff der impliziten D. dadurch, daß die impliziten neben den expliziten D. als gleichberechtigt angesehen werden. Außerdem soll in einer Erläuterung die Bedeutung *eines* Zeichens meist, in einer Umschreibung der Inhalt *eines* Begriffs immer, durch *mehrere* Sätze verdeutlicht werden. Da auch für die impliziten D. im Sinne Hilberts nicht gefordert wird, daß die Anzahl der unbekannten Bedeutungen mit derjenigen der Sätze übereinstimmt, unterscheiden sich die impliziten D. im Sinne Gergonnes auch von diesen. Wie Erläuterungen und Umschreibungen sind sie im Gegensatz zu den impliziten D. im Sinne Hilberts inhaltlich aufzufassen. Letztere impliziten D. werden zur Unterscheidung von denen Gergonnes auch «D. durch Postulate (Axiome)» genannt [37].

Im Anschluß an GERGONNE versteht man unter einer *expliziten D.* eine Festsetzung, daß ein bekannter, (meist) längerer Ausdruck (*Definiens*) durch einen neuen, (meist) kürzeren Ausdruck (*Definiendum*) ersetzbar sein soll und daß umgekehrt das Definiendum zugunsten des Definiens eliminierbar sein soll. Schreibtechnisch wird dies heute ausgedrückt, indem man das Gleichheitszeichen zwischen Definiendum und Definiens mit dem Index ‹Df.› oder mit einem vorangestellten Doppelpunkt versieht oder ‹Df.› hinter den Gesamtausdruck setzt. Der so gefaßte Begriff der expliziten D. umfaßt auch einen Teil der sogenannten ‹Gebrauchs-D.› (s. d.). Allerdings wird das Verhältnis dieser beiden D.-Arten zueinander nicht einheitlich bestimmt [38].

4. Das D.-Problem ist im Laufe seiner Geschichte unter den verschiedensten Gesichtspunkten angegangen worden, wobei es meistens verquickt war mit metaphysischen und vor allem erkenntnistheoretischen Fragen, wie z. B. nach dem Wesen der Begriffe (s. d.). Jedoch lassen sich in methodologischer Hinsicht drei Typen seiner Behandlung unterscheiden:

1. das D.-Problem als Problem des sprachlichen Aufbaus einer bestimmten Wissenschaft; vertreten z. B. durch FREGE für die Mathematik;
2. das D.-Problem als Problem des sprachlichen Aufbaus von Wissenschaft überhaupt; vertreten z. B. durch KANT, MILL und WUNDT unter vorwiegender Orientierung an Mathematik und Naturwissenschaften;
3. das D.-Problem als allgemeines, über den wissenschaftssprachlichen Rahmen hinausreichendes Problem der Angabe von Wortbedeutungen; vertreten z. B. durch den späten WITTGENSTEIN und die Ordinary Language Philosophy.

Charakteristisch für die ersten beiden Gruppen ist, daß von den meisten ihrer Vertreter häufig von ‹eigentlichen D.› o. ä. gesprochen wird, wobei im Vordergrund dieser Auffassung die Bewertung der Eignung und Bedeutung der D. für einen systematischen Aufbau der Wissenschaft steht (vgl. oben z. B. Herbart, Wundt und Frege). Doch schon von KANT [39] wird betont, daß das sinnvolle Reden sich nicht auf ein solches Reden beschränken lasse, das es der Mathematik gleichtue, indem es deren mit eigentlichen D. beginnenden systematischen Aufbau nachahme. Nach einer solchen Forderung, sagt Kant, stände «es gar schlecht mit allem Philosophieren». In einem stärkeren Maße als Kant orientiert sich der *Neukantianismus* und vor allem der *logische Empirismus* (Neopositivismus) in seinen Forderungen an das wissenschaftliche Sprechen an der Logik und den mathematischen Naturwissenschaften. Der logische Empirismus erklärt, zumindest in seiner Frühphase, daß überhaupt nur das wissenschaftliche ein sinnvolles Sprechen sei; so z. B. der frühe WITTGENSTEIN [40]. Der logische Empirismus bediente sich bei seinen Versuchen, eine solche «Wissenschaftssprache» aufzubauen, der von Frege und anderen Logikern entwickelten formalen (mathematischen) Logik, vor allem auch der Fregeschen (von Frege speziell für die Mathematik konzipierten) D.-Theorie. Allerdings wurde die von Frege selbst inhaltlich verstandene Theorie in eine formalistische uminterpretiert. Hier sind vor allem die Arbeiten von DUBISLAV zu erwähnen [41]. ‹Formalistisch› nennt er seine Theorie, weil sie D. als bloße ‹Substitutionsvorschriften› für Zeichen innerhalb eines Kalküls betrachte, wobei die inhaltliche Interpretation zunächst unberücksichtigt bleibe. Jedes Zeichen müsse sich durch Substitution auf gewisse Grundzeichen zurückführen lassen. Bei der Anwendung eines solchen formalen Kalküls auf einen Objektbereich sollen die Zeichen über ‹Deutungsvorschriften›, auch ‹Zuordnungs-D.› [42] genannt, eine inhaltliche Interpretation erhalten. CARNAP hat in ‹Der logische Aufbau der Welt› paradigmatisch zu zeigen versucht, daß sich Begriffssysteme zur Beschreibung der Welt unter ausschließlicher Benutzung der formalen Logik, expliziter D. und *Gebrauchs-D.* (s. d.) «konstituieren» lassen, und zwar auf der empirisch zu interpretierenden «Basis» von «Grundrelationen» («Grundbegriffen») und «Grundelementen», die in diesen Relationen stehen. Umgekehrt sei für alle wissenschaftlichen (= sinnvollen) Begriffe zu fordern, daß sie entsprechend auf diese Basis reduziert werden können [43]. Später hat Carnap die Idee der vollständigen Reduktion aufgegeben, indem er angesichts der sogenannten «Dispositionsbegriffe» (s. d.) auch *bedingte D.* (s. d.) als Reduktionsmöglichkeit anerkannt hat. In einem weiteren Schritt hat er dann die Bedeutungsfestlegung der «theoretischen Terme» durch Postulate (= implizite D. im Sinne Hilberts) und Zuordnungs-D. zugelassen, da sie sich im Gegensatz zu den «Beobachtungstermen» nicht durch *Hinweis-D.* (s. d.) interpretieren lassen [44]. Eine hiervon abweichende Auffassung haben z. B. BRIDGMAN und der Operationalismus mit ihrer Theorie der *operationalen D.* (s. d.) vertreten. Von hier führt über DINGLER auch eine Linie zu LORENZEN, der mit KAMLAH im Unterschied zu den Ansichten Carnaps und des logischen Empirismus einen Vorschlag zum Aufbau einer wissenschaftlichen Terminologie gemacht hat [45]. Vom frühen Carnap unterscheidet sich diese Auffassung dadurch, daß sie keinen *expliziten* Versuch unternimmt, alle Begriffe auf «Gegebenes» zurückzuführen. Vielmehr betont sie, daß der Rückgriff auf bereits verwendete Prädikatoren der Gebrauchssprache für den Aufbau einer wissenschaftlichen Terminologie unverzichtbar sei, und diese Sprachschicht nur insofern «hintergehbar» sei, als man – sie verwendend – Unterscheidungen sichern könne, die ihrerseits von der getroffenen Wort*wahl* als unabhängig einsichtig gemacht werden könnten. Im Unterschied zum späten Carnap will man eine Terminologie nicht als «theoretical framework» vorgegeben sein lassen, das seine Bedeutung erst durch nachträgliche Interpretation erhält, sondern die Terminologie müsse schrittweise aufgebaut werden, wobei die einzelnen Schritte in einer *inhaltlich* verständlichen Weise durchzuführen seien. Umgekehrt habe man sich zu vergewissern, daß die getroffenen Unterscheidungen notfalls (d. h. auf Verlangen) bis auf die Angabe von Beispielen und Gegenbeispielen zurückgeführt werden könnten [46].

Kamlah und Lorenzen sind insofern zu der oben genannten zweiten Gruppe zu rechnen, als auch sie das D.-Problem in erster Linie mit der Absicht angehen, durch die Fundierung des «vernünftigen Redens» *systematische Wissenschaft* zu ermöglichen.

Die dritte Gruppe, der vor allem der späte WITTGENSTEIN und die Vertreter der Ordinary Language Philosophy angehören, teilen mit dem logischen Empirismus die Abneigung gegenüber der Metaphysik. Sie glauben aber, deren Verwirrungen nicht durch den Aufbau einer wissenschaftlichen Sprache mit exakt definierten Termini begegnen zu können, da nicht einzusehen sei, wie eine solche Sprache als Beurteilungsmaßstab legitimiert werden könne. Vielmehr sind sie der Ansicht, daß die Scheinprobleme der Metaphysik ein Produkt der Abweichungen vom richtigen, d. h. «gewöhnlichen» Sprachgebrauch seien und deshalb durch Aufweisen dieses Sprachgebrauchs behoben werden müßten. D. hätten deshalb nicht die Aufgabe, eine «scharfe Begrenzung der Begriffe» zu liefern, wie Frege sagt [47], oder auf eine andere Weise «exakt» zu sein [48], sondern die D. eines Wortes habe dessen richtigen Gebrauch so zu beschreiben, daß jemand, dem diese Beschreibung zugänglich gemacht werde, es ebenfalls richtig zu gebrauchen lerne. Eine wichtige Modifikation dieser Auffassung Wittgensteins ist durch RYLES [49] Unterscheidung von ‹use› und ‹usage› eines Wortes beigebracht worden. Ryle versteht unter ‹usage› den faktischen Gebrauch eines Wortes, der in Wörterbüchern festgehalten werde und Gegenstand der Untersuchung von Linguisten, Soziologen u. a. sei, und unter ‹use› die Verwendung eines Wortes, die man danach beurteilen könne, ob sie im Hinblick auf die Erreichung eines Zieles richtig sei. Auf diese Unterscheidung gründet ABELSON [50] seine Auffassung der D.: D. hätten es nicht mit dem faktischen Wortgebrauch zu tun, sondern die Regeln anzugeben, nach denen ein Wort verwendet werden müsse, wenn der Zweck der Rede (des Textes), in der (dem) es vorkomme, erreicht werden solle. Da es verschiedene Rede- bzw. Textmöglichkeiten mit verschiedenen Zwecken gebe, gebe es auch verschiedene Möglichkeiten, den Gebrauch (use) eines Wortes korrekt zu definieren.

Anmerkungen. [1] I. KANT, KrV B 755ff. – [2] Logik, hg. JÄSCHE. Akad.-A. 9, 142f. – [3] a. a. O. 144. – [4] M. W. DROBISCH: Neue Darstellung der Logik (^{5}1887) 135ff. 137ff. – [5] J. F. HERBART, Werke, hg. G. HARTENSTEIN 1 (1850) 83. – [6] a. a. O. 83. 468f. – [7] Vgl. TH. ZIEHEN: Lehrb. der Logik (1920) 516. – [8] J. F. FRIES: System der Logik (^{3}1837) 84. 215f. – [9] J. G. FICHTE, Werke, hg. I. H. FICHTE I/1 (1845) 55. – [10] a. a. O. 208. – [11] S. MAIMON: Versuch einer neuen Logik (1794, Neuausgabe 1912) 252ff. – [12] B. BOLZANO: Wissenschaftslehre (= WL) (1837, Neuausgabe 1914) 91; vgl. Philos. der Math. oder Beiträge zu einer begründeteren Darstellung der Math. (1810). Neuausgabe (1926) 32. – [13] WL 122. – [14] Philos. der Math. 35 Anm. – [15] KANT, KrV B 759. – [16] BOLZANO, Philos. der Math. 38f. – [17] J. ST. MILL: System of logic (1843, ^{9}1875, Neudruck London 1898) I, 8, § 1. – [18] ebda. – [19] a. a. O. § 3. – [20] § 4. – [21] § 5. – [22] W. WUNDT, Logik 2 (^{3}1907) 42. – [23] H. LOTZE: Logik (^{2}1880) 201ff. – [24] TH. ZIEHEN: Lehrb. der Logik (1920) 534ff. – [25] CHR. SIGWART: Logik 1 (^{5}1924) 379ff. – [26] Vgl. z. B. E. SCHRÖDER: Vorles. über die Algebra der Logik 1 (1890) 86 Anm. – [27] MILL, a. a. O. [17] § 7. – [28] SIGWART, a. a. O. [25] 382. – [29] G. FREGE, Nachgelassene Schriften, hg. H. HERMES, F. KAMBARTEL und F. KAULBACH (1969) 224ff. – [30] Grundgesetze der Arith. 1 (1893) 45. – [31] Vgl. Art. ‹D., bedingte›. – [32] D. HILBERT: Grundlagen der Geometrie (^{7}1930) 2ff. – [33] M. STECK (Hg.): Unbekannte Briefe Freges über die Grundlagen der Geometrie und Antwortbrief Hilberts an Frege. Sber. Heidelberg. Akad. Wiss., math.-naturwiss. Kl. (1941) 2. Abh. 13f. – [34] a. a. O. 18. – [35] A. N. WHITEHEAD und B. RUSSELL: Principia Math. 1 (Cambridge ^{2}1925) 91. – [36] J. D. GERGONNE: Essai sur la théorie des définitions. Ann. Math. pures et appl. 9 (1818/19) 23. – [37] Vgl. z. B. W. DUBISLAV: Die D. (^{3}1931) 40. – [38] Vgl. Art. ‹Gebrauchs-D.›. – [39] KANT, KrV B 754f. 758f. – [40] L. WITTGENSTEIN: Tractatus logico-philos. (1921) 6.53. – [41] Vgl. bes. DUBISLAV, a. a. O. [37]. – [42] Vgl. z. B. H. REICHENBACH: Philos. der Raum-Zeitlehre (1928) 23ff. – [43] R. CARNAP: Der log. Aufbau der Welt (1928). – [44] Vgl. a. a. O. Einl. zu (^{2}1961) mit Lit. – [45] W. KAMLAH und P. LORENZEN: Log. Propädeutik (1967). – [46] Vgl. Art. ‹Denotation› und ‹Hinweis-D.›. – [47] G. FREGE: Grundgesetze der Arith. 2 (1903) 69. – [48] Vgl. Art. ‹Explikation›. – [49] Vgl. z. B. G. RYLE und J. N. FINDLAY: Use, usage and meaning. Proc. Arist. Soc. Suppl. 35 (1961) 223-242. – [50] R. ABELSON: An analysis of the concept of D., and critique of three traditional philos. views conc. its role in knowledge (Diss. New York 1957); Kurzfassung in: Encyclop. of Philos., hg. P. EDWARDS (New York/London 1967) 2, 314-324.

Literaturhinweise. TH. ZIEHEN s. Anm. [7] 518-523. – H. RICKERT: Zur Lehre von der D. (^{3}1929). – W. DUBISLAV s. Anm. [37]. – R. ROBINSON: D. (Oxford 1950, Nachdruck 1965). – R. ABELSON s. Anm. [50]. – D. P. GORSKI: Über die Arten der D. und ihre Bedeutung in der Wiss. Stud. zur Logik der wiss. Erkenntnis (Moskau 1964, dtsch. 1967) 361-433. – W. K. ESSLER: Wissenschaftstheorie 1: D. und Reduktion (1970).

G. GABRIEL

Definition, bedingte. *Bedingte Definitionen* (conditional definitions) sind D., die die Bedeutung eines Zeichens nur für einen bestimmten Gegenstandsbereich festlegen, wobei die Angabe dieses Bereichs durch eine der D.-Gleichung vorangestellte Bedingung geschieht. FREGE [1] hält solche D. in «strengen Wissenschaften», im Gegensatz zu PEANO [2], für unzulässig, weil sie nicht der Forderung genügen, die er an eine logisch genaue D. eines Begriffs (entsprechendes gilt für Beziehungen) stellt, nämlich für *jeden* Gegenstand festzulegen, ob er «unter den Begriff fällt oder nicht». Erst wenn dies geschehen ist, kann man nach Frege von einer *vollständigen* D. eines Begriffes sprechen.

Glaubte Frege noch, in den Wissenschaften ohne bedingte D. auskommen zu können, so meint CARNAP zeigen zu können, daß sich «Dispositionsbegriffe» (s. d.) nicht durch explizite, sondern nur durch bedingte D. einführen lassen [3]. Bedingte D. erlauben im Gegensatz zu expliziten D. [4] und Gebrauchs-D. (s. d.) die Elimination des definierten Ausdrucks nur in bestimmten Kontexten, nämlich nur in solchen Fällen, in denen die Bedingung erfüllt ist. Die Folge hiervon ist, daß Carnap – im Gegensatz zu seiner früher im ‹Wiener Kreis› vertretenen Ansicht [5] – Begriffe in der Wissenschaftssprache zulassen muß, die sich nicht mit Hilfe von Beobachtungsbegriffen eliminieren lassen. Jedoch ist seine Ansicht nicht unwidersprochen geblieben. Die Diskussion hierüber hält an [6].

Anmerkungen. [1] G. FREGE: Grundgesetze der Arith. 2 (1903) 69ff.; ferner: Lettera del Sig. G. Frege all'Editore. Rev. de Math. 6 (1896-1899) 53-59; Nachgel. Schriften, hg. H. HERMES, F. KAMBARTEL und F. KAULBACH (1969) 248. – [2] G. PEANO: Risposta. Rev. de Math. 6 (1896-1899) 60f. – [3] R. CARNAP: Testability and meaning. Philos. of Sci. 3 (1936) 440. – [4] Vgl. Art. ‹D.›. – [5] Vgl. z. B. CARNAP: Der log. Aufbau der Welt (1928, ^{2}1961). – [6] Vgl. hierzu: F. WILSON: D. and discovery (I). Brit. J. Philos. Sci. 18 (1967/68) 287-303.

G. GABRIEL

Definition, induktive. ‹Induktive D.› ist zunächst als Synonym für ‹D. durch Induktion› oder ‹rekursive D.› [1] in Gebrauch. Ferner versteht man unter einer induktiven D. eine D. eines (ein- oder mehrstelligen) Prädikators P folgender Art: P kommt einem Gegenstand x genau dann zu, wenn sich dieser Gegenstand in dem Kalkül K herstellen bzw. ableiten läßt; in der Form einer expliziten D. geschrieben: $x \varepsilon P \leftrightharpoons x$ ist in K ableitbar. Als Beispiel sei die induktive D. von «Ziffer» angegeben: $x \varepsilon$ Ziffer $\leftrightharpoons x$ läßt sich in dem aus den Regeln «$\Rightarrow |$» und «$z \Rightarrow |$» bestehenden Kalkül ableiten.

Anmerkung. [1] Vgl. Art. ‹D., rekursive›.

Red.

Definition, operationale. ‹Operationale D.› wird ein D.-Verfahren genannt, das BRIDGMAN [1] als das eigentliche D.-Verfahren von Begriffen ansieht. Obwohl er die Anwendung dieses Verfahrens nicht auf physikalische Begriffe beschränken will, wird es doch für diese hauptsächlich diskutiert. Bridgman geht davon aus, daß man Begriffe wie ‹Länge›, ‹Gleichzeitigkeit› usw. versteht, wenn man weiß, welche Operationen man ausführen muß, um eine bestimmte Länge, Gleichzeitigkeit usw. festzustellen. Im Falle des Begriffs ‹Länge› z. B. sind diese Operationen Längenmessungen. Die operationale D. dieses Begriffes besteht nach Bridgman demgemäß in der Angabe dieser Operationen. Er erklärt sogar, daß Begriffe «synonym» seien mit der Reihe (set) der ihnen entsprechenden Operationen. Später hat er seine Auffassung geändert und verbessert [2]. Vor allem hat er zwischen einem weiteren und einem engeren Begriff der operationalen D. unterschieden. Im ersten Fall besteht eine operationale D. in der Angabe *irgendwelcher* Operationen, z. B. auch rein verbaler, während im zweiten Fall die Operationen solche sind, die sich in der empirischen Wirklichkeit realisieren lassen, wie z. B. Meßoperationen. Ursprünglich fungierte der engere Begriff der operationalen D. bei Bridgman als Sinnkriterium. Alle Begriffe, die einer operationalen D. dieser Art nicht zugänglich seien, sollten als sinnlos eliminiert werden. Diese Ansicht gab er jedoch als unhaltbar auf und ließ sogar für die Physik Begriffe zu, die einer solchen D. noch entbehrten.

Anmerkungen. [1] P. W. BRIDGMAN: The logic of modern physics (New York 1928) 4ff. – [2] Operational analysis. Philos. of Sci. 5 (1938) 114-131.
Literaturhinweis. D. P. GORSKI: Über die Arten der D. und ihre Bedeutung in der Wiss. Stud. zur Logik der wiss. Erkenntnis (Moskau 1964, dtsch. 1967) 361-433, bes. 377-383. G. GABRIEL

Definition, rekursive. Von einer ‹rekursiven D.› oder ‹D. durch Induktion› spricht man in der Arithmetik, wenn unendlich viele Prädikatoren P_1, P_2, ... durch ein D.-Schema (s.d.) z. B. der folgenden Art
$x \, \varepsilon \, P_1 \leftrightharpoons a(x)$ (Rekursionsbeginn)
$x \, \varepsilon \, P_{n+1} \leftrightharpoons \beta(P_n, x)$ (Rekursionsschritt)
eingeführt werden. Auch Funktionsterme lassen sich entsprechend durch rekursive D.-Schemata bestimmen.
Red.

Definitionsschema. Ein D. ist ein sprachlicher Ausdruck, der eine (eventuell unendliche) Anzahl von definitorischen Festsetzungen trifft, und zwar so, daß diese aus ihm durch Ersetzung unbestimmt andeutender Symbole entstehen. G. GABRIEL

Defizienz (von lat. deficere, sich trennen von, abfallen; fehlen; versagen, [Recht] absprechen; griech. χρησμοσύνη, στέρησις, Mangel) ist in dialektischer Einheit mit dem Gegenteil verstanden von HERAKLIT und PYTHAGORAS [1] und wird bei DEMOKRIT zu Armut als Abfall und Häßlichkeit [2]. PLATO stellt vor die Wahl: Sein ist entweder Eins oder Alles; ist es dieses und jenes, fällt es unter die D. seiner selbst [3]. ARISTOTELES greift die Aporie auf und löst sie mit D. als στέρησις, «das jeweils im Subjekt Untergehende» [4]. THOMAS VON AQUIN bezieht D. in die Metaphysik des kreatürlichen Seins ein, mit dem tragenden Unterschied des defectus *negative* sumptus – so ist jede Kreatur fehl und mangelnd im Hinblick auf das Meist Gottes – und des defectus *privative* sumptus – sofern ihr fehlt, was sie an Gutem haben sollte; so wird der Mensch schuldig [5]. DESCARTES baut auf D. den ersten Gottesbeweis a posteriori auf [6]. – Der Phänomenologie bedeutet D. Unerfülltheit einer möglichen Sicht und rückt also in den Bereich der Illusion. J.-P. SARTRE erhöht D. (manque) zur eigentlichen Position, von der aus die Negation erst möglich wird. Der Entwurf *ist*, was den Dingen mangelt [7]. P. RICŒUR [8] hingegen gewinnt, durch die Möglichkeiten des Versagens (dénégation) hindurch, die ursprüngliche Bejahung kraft der Anerkennung der ἀρχή zurück.

Anmerkungen. [1] HERAKLIT, VS 22 B 65; PYTHAGORAS, VS 58 B 20. – [2] DEMOKRIT, VS 68 B 101. 102. – [3] PLATON, Soph. 245 c 1-6; Parm. 160 b 1. – [4] Phys. I, 9, 192 a 26-27; 3-6; Met. XI, 2, 1069 b 32-34. – [5] THOMAS, S. theol. I, 12, 4 ad 2. – [6] DESCARTES, III. Médit (A.-T.). Opera lat. 7, 34, 1. 10-52, 1. 20; vgl. M. GUÉROULT: Note sur la première preuve. Rev. philos. 91 (1966) 487-88. – [7] J.-P. SARTRE: L'être et le néant (1943) 129. – [8] P. RICŒUR: Négation et affirmation originaire, in: Aspects de la dialectique (1956) 101-124; dtsch. in: Sinn und Sein (1960).
G. MAINBERGER

Degeneration bezeichnet eine abnorme und meist die Lebenstüchtigkeit mindernde Ausbildung von Strukturen oder Organen oder eine Schwächung der gesamten Konstitution. Bei einzelnen Individuen kann sie in nichterblicher Form auftreten durch Krankheit oder mangelnden Gebrauch von Organen (z. B. Muskeln), in erblicher Form durch Mutationen und abnorme Genkombinationen oder durch Homozygotie (Gleicherbigkeit) schädigender Erbanlagen, was besonders häufig bei Inzucht auftritt. Wenn ganze Pflanzen- und Tierarten degenerieren, so ist dies meist durch eine Häufung schwächender oder schädigender Mutanten infolge mangelnder natürlicher Auslese bedingt. Eine solche regressive Entwicklung tritt besonders dann ein, wenn Organe oder Strukturen nicht genügend oder gar nicht mehr funktionell beansprucht werden (z. B. D. von Augen bei zunehmender Anpassung an das Leben in Höhlen; D. von Vogelflügeln bei zunehmendem Übergang zur Fortbewegung am Boden [1]). Auch der heutige Mensch ist von einer D. bedroht wegen stetiger und überwiegend schädlicher Mutation und mangelnder Auslese [2]. Degenerierende Organe bleiben oft noch in funktionslosen Resten erhalten (Rudimentation).

Soweit von einer D. ganzer Stammesreihen vor ihrem Aussterben gesprochen wird, ist damit gewöhnlich nur eine zunehmende und manchmal weitgehende Abweichung vom Gruppentypischen gemeint. Ob ein solches «Altern» von Stammesreihen ein regelhafter Vorgang ist [3], bleibt fraglich [4].

Anmerkungen. [1] CH. DARWIN: On the origin of species (London 1859) chapt. 14; A. N. SEWERTZOFF: Morphologische Gesetzmäßigkeiten der Evolution (1931) Kap. 10; B. RENSCH: Neuere Probleme der Abstammungslehre (1947, ²1954) Kap. 6 C. – [2] H. J. MULLER: Further studies bearing on the load of mutations in man. Acta genet. (Basel) 6 (1956) 157-168; TH. DOBZHANSKY: Man and natural selection. Amer. Scientist 49 (1961) 285-299; B. RENSCH: Homo sapiens. Vom Tier zum Halbgott (1959, ²1965) Kap. 6 B; G. WOLSTENHOLME (Hg.): Man and his future (London 1963) chapt. 6. – [3] R. S. LULL: Organic evolution (New York 1925); E. HENNIG: Von Zwangsablauf und Geschmeidigkeit in organischer Entfaltung. Rektoratsreden Tübingen 26 (1929); K. BEURLEN: Die stammesgesch. Grundlagen der Abstammungslehre (1927). – [4] RENSCH, a. a. O. [1].
B. RENSCH

Deismus und ‹*Deist*› (von lat. deus) sind Analogiebildungen zu ‹*Atheismus*› und ‹*Atheist*› und kommen bald nach diesen in der Mitte des 16. Jh. in Frankreich auf [1]. Sie bezeichnen, genau wie ‹*Theismus*› und ‹*Theist*›, dem Wortsinn nach nur den Glauben an das Dasein Gottes, gewöhnlich aber mehr. Sie waren ursprünglich Selbstbezeichnungen derjenigen, die *weder* Atheisten *noch* Anhänger eines ererbten Offenbarungsglaubens sein wollten, sondern beim Bekenntnis zur natürlichen Religion stehenblieben (ohne deshalb immer die Möglichkeit des Offenbarungsglaubens zu bestreiten). ‹Theismus› und ‹Theist› kamen um 1670 auf, gleichfalls mit dem Doppelsinn von Glauben an das Dasein Gottes und Beschränkung auf die natürliche Religion. ‹D.› und ‹Theismus› gingen lange nebeneinander her und wurden noch im späten 18. Jh. promiscue gebraucht. Da ‹Theismus› in der theologischen Polemik weniger vernutzt wurde, zogen einige Deisten diesen Terminus vor. DIDEROT versuchte zu differenzieren: Der Deist leugnet die Offenbarung, der Theist läßt sie zu [2]. KANT gab dieser Unterscheidung systematischen Charakter: Der Deist kennt nur eine transzendentale, der Theist auch eine natürliche Theologie [3].

Der D., eine theoretische Lehre mit weitreichenden praktischen Folgen, verbreitete sich im 17. und 18. Jh. über ganz Europa und strahlte auch nach Nordamerika aus; er kann als die «Religionsphilosophie der Aufklärung» gelten [4]. Die Deisten haben jedoch nirgends eine Schule mit kontinuierlicher Tradition und fester Lehre gebildet; sie waren meist voneinander isoliert und vertraten im einzelnen stark divergierende Meinungen. Die Geschichte des D. weist daher Lücken und Sprünge auf; kein einzelnes Werk ist für ihn in allen seinen Aspekten repräsentativ. Für die Begriffsgeschichte wirkt erschwerend, daß es vielfach an Selbstzeugnissen fehlt und wir auf die Berichte von Gegnern des D. angewiesen sind.

Der D. hat immer einen positiv-dogmatischen und einen negativ-kritischen Aspekt. Jener betrifft die natürliche, dieser die offenbarte Religion; beide gehören notwendig zusammen. Der Inhalt der natürlichen Religion, zu der sich die Deisten bekannten, war von Anfang an nicht fest umrissen. Allen Deisten gemeinsam war nur der rational fundierte Glaube an das Dasein Gottes; über seine Attribute herrschte niemals Einigkeit. P. VIRET kannte schon zwei Gruppen von Deisten; die eine folgte der stoischen, die andere der epikureischen Theologie [5]. Um 1620 wurde der D. mit dem Pantheismus *Giordano Brunos* gleichgesetzt, weil dieser jede Offenbarung ausschloß und die Leugnung der Offenbarung als Kennzeichen des D. angesehen wurde; in der Auseinandersetzung mit *Spinoza* wurde diese Reduktion noch einmal vorgenommen. Im 18. Jh. hielt man vielfach eine Spielart der Physikotheologie für den Kern des D.: Gott sei als ein vollkommener Konstrukteur zu denken, der in den Funktionsablauf der Weltmaschine nicht mehr einzugreifen brauche. Lord HERBERT stellte einen Kanon von fünf «Artikeln» auf, die jeder Religion zugrunde liegen sollten: Dasein Gottes, Pflicht zur Verehrung Gottes, Moralität als vornehmster Bestandteil der Verehrung, Reue über böse Taten, Ausgleich von sittlichem Verdienst und Wohlergehen in einem zukünftigen Leben [6]. Die meisten Deisten akzeptierten diesen Kanon, aber nicht alle; manche strichen aus moralphilosophischen Erwägungen den Artikel der jenseitigen Vergeltung. Der positiv-dogmatische Kern des D. konnte schwanken, weil er nie den Ausschlag gab; denn ähnliche Systeme der natürlichen Religion wurden auch von vielen Apologeten der Offenbarungsreligion vertreten, freilich als praeambula fidei.

Zum D. gehört unabdingbar die These von der Suffizienz der natürlichen Religion. Auf ihr beruht seine Kritik an der Offenbarungsreligion. Wegen dieser These wurden die Deisten seit P. MUSAEUS (1667) auch als *Naturalisten* bezeichnet; die Gleichsetzung hielt sich bis ins späte 18. Jh. Diese These scheint auch dort, wo wir kein Selbstzeugnis der Deisten besitzen, durch die polemisch gefärbten Berichte ihrer Gegner hindurch. Sie versteht sich aus der Situation Europas in der nachreformatorischen Zeit, in der sich die verschiedenen Kirchen und Sekten gegenseitig bekämpften und mit Hilfe der Staatsgewalt zu unterdrücken suchten. Die Ursache hierfür lag in der herrschenden Meinung, daß der Mensch die ewige Seligkeit in erster Linie durch den Glauben an eine historische Offenbarung und deren Auslegung durch die wahre Kirche erwerbe, nur in zweiter Linie durch die Erfüllung der göttlichen Gebote. Diese Meinung trieb immer wieder Intoleranz hervor, denn sie ließ die Forderung, einen bestimmten Glauben anzunehmen, als absolut und die zeitweilige Verletzung des natürlichen Rechts auf Glaubensfreiheit als unerheblich im Vergleich zu der Ewigkeit erscheinen, die auf dem Spiele stand. Auf die brennende Frage, wie verschiedene Formen des Offenbarungsglaubens koexistieren könnten, ohne das Recht der Menschheit zu bedrohen, gaben die Deisten die radikalste Antwort. Sie zerhieben den gordischen Knoten des Problems der Toleranz durch die These, daß der Mensch die ewige Seligkeit in erster Linie durch sein gutes Handeln, d. h. durch die Erfüllung der Gebote der natürlichen Religion, erwerbe, nur in zweiter Linie durch den Offenbarungsglauben. Diese These forderte eine Neubestimmung des Verhältnisses von Moral und Religion; in den mancherlei Versuchen, sie zu geben, liegt die Bedeutung des D. für die Geschichte der Philosophie. Wenn aber die natürliche Religion genügte, um das Heil des Menschen zu begründen, wozu dann die Offenbarungsreligion? Vielen Deisten erschien sie als entbehrliche, nur gesellschaftlich bedingte, durch ihr Angewiesensein auf Tradition gefährdete Zutat zur natürlichen Religion, manche leugneten sie ganz. Die Leugnung der Offenbarung ist aber in der Idee des D. nicht impliziert; zu Unrecht wurde sie zur Definition des D. erhoben. Im Verlauf des 18. Jh. setzte sich die Einsicht durch, daß der Offenbarungsglaube das gute Handeln zwar nicht *objektiv ermöglichen*, aber *subjektiv erleichtern* und die Offenbarungsreligion daher eine geschichtlich notwendige pädagogische Funktion für die Menschheit haben könne. So war es möglich, daß einzelne Deisten, vor allem in England, sich als «christliche Deisten» bezeichneten. Zum kritischen Aspekt des D. gehörte auch die Auseinandersetzung mit dem Kirchenglauben und der Bibel; sie trat zeitweise sogar in den Vordergrund. Die Deisten legten die Maßstäbe einer vernünftigen Moral an das Alte und das Neue Testament an und erhoben gegen viele Partien ihren Einspruch; sie gaben damit einen Anstoß zum historischen Verständnis der Bibel. In allen Phasen seiner Geschichte wurde der D. wegen einzelner untergeordneter Momente, die mit seiner Kritik an der Offenbarungsreligion zusammenhingen, fälschlich mit anderen Bewegungen gleichgesetzt; so mit dem Sozinianismus, Unitarismus, Indifferentismus, Skeptizismus, Freidenkertum und Atheismus.

Der D. geriet in eine Krise, als seine Forderung nach Religionsfreiheit zunehmend realisiert wurde, als HUME die weitverbreitete Ansicht von der zeitlichen Priorität des ethischen Monotheismus vor der polytheistischen Kultreligion als falsch erwies, LESSING den populären Einwänden gegen die Bibel seine Deutung der Offenbarung als abgestufter göttlicher *Erziehung des Menschengeschlechts* in der Geschichte entgegenstellte und schließlich KANT die Unmöglichkeit jeder rationalen

Theologie, die beanspruchte, theoretische Erkenntnis zu sein, einsichtig machte. Jedoch sind wesentliche Motive des D. in die Religionsphilosophie Kants eingegangen und haben durch sie weitergewirkt.

Anmerkungen. [1] Frühester Beleg bei P. Viret: Instruction Chrestienne (Genf 1564), zit. in meinem Vorwort zum Neudruck von G. V. Lechler: Gesch. des engl. D. (1841, ²1965) VIIIff. – [2] Diderot, Oeuvres, hg. J. Asśezat (Paris 1875-77) I, 13, 479. – [3] Kant, KrV B 659. – [4] E. Troeltsch: Der D. Ges. Schriften (1924) 4, 429. – [5] a. a. O. [1] IX. – [6] Lord E. Herbert von Cherbury: De veritate (London ³1645) 208ff.

Literaturhinweise. O. Ladendorf: Hist. Schlagwb. (1906) 47f. mit Hinweisen auf Lessing, Sämtl. Schriften, hg. Lachmann/ Muncker 5, 446f.; 12, 254ff. (‹Von Duldung der Deisten›) und Wieland, Sämtl. Werke (1853–1858) 30, 35ff. – G. V. Lechler vgl. Anm. [1]. – H. Scholz: Zur ältesten Begriffsgesch. von D. und Pantheismus. Preuß. Jb. 142 (1910) 318ff. – E. Troeltsch vgl. Anm. [4]. – R. N. Stromberg: Religious liberalism in 18th century England (Oxford 1954). – C. Welsh: A note on the meaning of D. Anglican theol. Rev. 38 (1956) 160ff. – H. Busson: Le rationalisme dans la littérature française de la Renaissance (Paris 1957). – A. R. Winnett: Were the Deists «Deists»? Church quart. Rev. 161 (1960) 70ff. G. Gawlick

Dekadenz. Der französische Ausdruck ‹décadence› (Verfall) erscheint zuerst im 17. Jh. und begegnet als ästhetische Kennzeichnung in Boileaus ‹Réflections critiques sur quelques passages du Rhéteur Longin› (1693), doch mit ethischem Einschlag, insofern der Verfall des Geschmacks als Moment der Auflösung der Gesamtkultur betrachtet wird. Seine prägnante Bedeutung gewinnt der D.-Begriff jedoch vor dem Hintergrund des Gesprächs über den Untergang des römischen Reiches [1]. Entscheidend ist dabei der Gebrauch des Wortes in Montesquieus ‹Considérations sur les causes de la grandeur des Romains et de leur décadence› (1774) und Gibbons Werk ‹History of the Decline and Fall of the Roman Empire› (1776). Subjektive D.-Erkenntnis als historisches Phänomen verbindet sich mit der objektiven, die sich auf die Kennzeichnung der eigenen Zeit richtet. Im gleichen Sinne hatte bereits Bossuet in seinem ‹Discours sur l'histoire universelle› (1681) [2] das Wort verwendet. D. ist hier das Phänomen einer von Gott gelenkten, natürlichen Weltordnung. Voltaire definiert den Begriff sowohl historisch als auch ästhetisch [3]. Rousseau dagegen, der den Begriff selten verwendet, erfaßt das Problem der D. in einer für die Folgezeit charakteristischen kulturphilosophischen Weise. Der Gegensatz von Natur und Kultur (Zivilisation) wird zum wichtigsten Inhalt des Begriffs. Die modernen kulturellen Werte werden negativ der Naturmäßigkeit der Antike und niederer Kulturstufen gegenübergestellt.

Seit Verlaine und Baudelaire bezeichnet der Begriff ‹D.› eine literarische Bewegung, deren Kennzeichen die Ablehnung der bürgerlichen Welt und ihrer ethisch-sozialen Normen einerseits, Exotismus, Perversion, Rausch, gesteigerte Sensitivität und Ästhetizismus andererseits sind. Diese Bewegung, die sich in der Zeitschrift ‹Le Décadent› (1886–89) ein Organ schafft, entsteht aus dem in ganz Europa verbreiteten Bewußtsein der Jahrhundertwende, das Ende einer Kulturepoche zu erleben.

In *Deutschland* findet sich der Begriff ‹D.› (auch als décadence) schon am Ende des 17. Jh., doch wird er in der heutigen Bedeutung erst von H. Bahrs in ‹Studien zur Kritik der Moderne› (1894) und durch das Werk Nietzsches vor allem seit 1888 eingeführt: «Wo in irgendwelcher Form der Wille zur Macht niedergeht, gibt es jedesmal auch einen physiologischen Rückgang, eine décadence» [4]. Der kulturphilosophische wie der ästhetische Bedeutungsgehalt vereinen sich in Nietzsches D.-Begriff. D. ist für ihn als zum Entwicklungsprozeß gehörend eine notwendige Konsequenz des Lebens, die den einzelnen Menschen ebenso wie die Epochen der Geschichte erfaßt und den Wiederaufstieg impliziert (ewige Wiederkehr des Gleichen). Negativ sind allein die zu überwindenden Folgen der D., d. h. die geistigen und künstlerischen Strömungen der Zivilisation. Eine Überwindungsmöglichkeit soll die von ihm konzipierte dionysische Kunst bieten. Erst durch Nietzsche wird ‹D.› zu einem europäischen Begriff, der das geistige Leben der Jahrhundertwende und des beginnenden 20. Jh. bestimmt. In Deutschland wird der Begriff vor allem literarisch bedeutsam (Rilke, Hofmannsthal, Th. Mann), kulturphilosophisch überwiegt der Begriff ‹Verfall›. Der Marxismus bezieht ‹D.› zunächst auf den ideologischen Verfallsprozeß in der Entwicklung der bürgerlichen Gesellschaft und überträgt den Begriff dann als Kennzeichen bürgerlicher Kulturentwicklung besonders auf die Literatur (Kafka, Joyce) und den «Formalismus» in der modernen Kunst [5].

Anmerkungen. [1] W. Rehm: Der Untergang Roms im abendländischen Denken (1930) 66. – [2] J. B. Bossuet, Oeuvres 9 (Paris o. J.) 516. 551. – [3] Voltaire: Essai sur les mœurs et l'esprit des nations. Oeuvres 15-18 (Paris 1829); La princesse de Babylon, a. a. O. 34, S. 176. – [4] Fr. Nietzsche: Antichrist. Musarion-A. 17, 186. – [5] G. Lukács: Die Zerstörung der Vernunft (1954); Wider den mißverstandenen Realismus (1958).

Literaturhinweise. O. Harnack: Décadence. Deutsche Revue 38/2 (1913). – E. R. Curtius: Entstehung und Wandlung des D.-Problems in Frankreich. Int. Mschr. Wiss. 15 (1921) 147-166. – E. v. Sydow: Die Kultur der D. (1922). – W. Rehm s. Anm. [1]. – H. Mayer: Über Realismus und D., in: Gesellschaft, Recht und Politik, Festschrift für W. Abendroth (1968) 257ff. S. Rücker

Dekas. Die Zehnzahl (δεκάς) spielt in der Zahlenspekulation der antiken Philosophie eine große Rolle: Bereits für die alten *Pythagoreer* war nach Aristoteles die D. die vollkommene Zahl, die die gesamte Natur der Zahlen umfaßt und die Gliederung des Kosmos bestimmt [1]; die D. enthält insbesondere auch die Tetraktys, die Gruppe der Zahlen 1–4, die zusammen 10 ergeben [2]. Platon soll, ebenfalls nach Aristoteles, seine Ideen-Zahlen auf die D., d. h. auf 10, beschränkt haben [3]. Sein Neffe Speusipp erblickt die Vollkommenheit der D. in ihren arithmetischen Eigenschaften und darin, daß ihre Elemente, die vier ersten Zahlen, allen geometrischen Verhältnissen zugrunde liegen [4]. Erhebliche Bedeutung hat die D. auch in der *neupythagoreischen* Literatur, unter anderem weil in ihren Elementen, den Zahlen 1–4, die harmonischen Grundkonsonanzen – Quart, Quint, Oktav, Doppeloktav – enthalten sind wie auch Punkt, Linie, Fläche, Körper [5] und weil alle Menschen, Griechen und Barbaren, bis 10 zählen und dann wieder zur Eins zurückkehren [6]. Bei Philon von Alexandrien schließlich kann die D. zum Symbol aller hervorragenden Dinge überhaupt (besonders aber der zehn Gebote) und sogar geradezu zum Synonym für Gott werden [7]. Das wirkt in den Spekulationen der Zahlenmystik bis in die Neuzeit fort.

Anmerkungen. [1] Aristoteles, Met. I, 5, 986 a 8ff. – [2] Problemata phys. XV, 3, 910 b 34ff. – [3] Phys. III, 6, 206 b 24-33; vgl. Met. 1084 a 12-17. a 25-b 2. – [4] Iamblichos, Theologoumena arithmeticae 82, 10ff. 83, 1ff. (de Falco). – [5] Sextus Emp., Adv. Math. VII, 94-100; Aetius 1, 3, 8; Theon 87, 5ff.; 93, 17ff.; Lukian, Vit. auct. 4. – [6] Iambl.: Theol. ar. 83, 7; Sextus Emp., Adv. Math. IV, 3; Philon, opif. 47; Anatolios S. 39 = Iambl., Theol. ar. 86, 3; vgl. Theon 93, 19; 99, 17; Photios 439 a 5; Hippol. Ref. 6, 23, 3; Aetius 1, 3, 8. – [7] Philon, De congr. qu. erud. gr. 89, 94, 103ff.; Decal. 20, 28ff.; De plant. 125.

Literaturhinweise. A. Delatte: Etudes sur la lit. pythagoricienne (Paris 1915) 249-268. – W. Burkert: Weisheit und Wis-

senschaft. Studien zu Pythagoras, Philolaos und Platon (1962) 36. 64. 443.
F. P. HAGER

Demiurg, von δῆμος, Volk, und ἔργον, Werk, bedeutet im klassischen Griechischen einen, der ein Gewerbe öffentlich treibt. Darum zuerst Bezeichnung für den Handwerker [1], in den dorischen Staaten Titel des höchsten Beamten [2]. – Philosophiegeschichtlich bedeutsam geworden ist der Gebrauch, den PLATO von diesem Wort gemacht hat. Auch er kennt es zunächst als Bezeichnung für den Handwerker [3], überträgt es aber schon im ‹Staat› [4] auf den Gestalter des Himmels, im ‹Timaios› auf den Gestalter des ganzen Kosmos [5]. Die dem Begriff inhärierenden Bedeutungsinhalte zweckbestimmten Ordnens und Gestaltens werden wichtiger Ansatz für eine unmythische, rationale Kosmologie, die mathematische und atomistische Vorstellungen zu verbinden sucht [6]. – Verhielt sich die griechische LXX-Übersetzung des Alten Testamentes ablehnend gegenüber dem Begriff des D. [7] als Gottesbezeichnung, so schließt sich PHILO um so enger dem Platonischen Gebrauch von ‹D.› an. Auch er versucht, die Weltschöpfung unter dem Bild des von einem Plan und Vorbild bestimmten Bauens und Gestaltens zu verstehen [8]. – Ausgiebigen Gebrauch vom Begriff des D. macht die jüdisch beeinflußte hermetische Mystik. Im Rahmen der POIMANDRES-Kosmogonie wird der νοῦς als Offenbarungshypostase des obersten Gottes mit dem D. identifiziert, dessen Werk es ist, den Schöpfungslogos hervorzubringen [9]. In einem anderen hermetischen Traktat begegnet die Gleichsetzung der Sonne mit dem D. [10], eine Vorstellung, die nach K. Reinhardt auf POSEIDONIOS zurückgeht [11]. – Unter direktem Einfluß Philos steht der Platoniker NUMENIOS VON APAMEIA (2. Jh. n. Chr.), wenn er vom ersten Gott als dem Seinsprinzip den zweiten, den D., und als dritten die Welt selber unterscheidet [12]. – Aber auch noch Impulse des gnostischen Denkens scheinen Numenios in seiner Auffassung von D. bestimmt zu haben. Die *Gnosis* versteht die Welt als Prozeß der unerfaßbaren Kraft. So kann dem D. in ihren Systemen entweder gar keine oder nur eine untergeordnete Rolle zufallen. So fehlt er beispielsweise im simonianischen System der μεγάλη ἀπόφασις [13]. Als von jüdischer Heterodoxie herkommend vollzieht die Gnosis ihre Absage an das Judentum in der Absage an den Schöpfergott [14]. Die valentinianische Gnosis behauptet diese Position, indem sie den D. als Urheber des Gesetzes dem Erlösergott Christus unterordnet [15]. – Auf das emanatistische Prozeßdenken muß es zurückgeführt werden, wenn es bei PLOTIN zu keiner eindeutigen Verwendung des Begriffes ‹D.› kommt. Einerseits kann der Geist (νοῦς) als ‹D.› bezeichnet werden [16]. An anderer Stelle ist es die Seele, der als Weltseele eine demiurgische Potenz zugeschrieben wird [17]. – In ähnlichen Vorstellungszusammenhängen bewegt sich die frühe und mittelalterliche *Kabbala*, wenn sie den ‹jozer bereschit› (hebr. = Bildner des Anfangs als Äquivalent für D.) als die spezielle Offenbarungshypostase des Schöpfergottes ansieht [18]. – Wie in anderen Bereichen der Systembildung des deutschen Idealismus gnostische Vorstellungen aufleben, so begegnet bei GOETHE [19] und SCHELLING [20] zwar nicht das Wort, aber die Vorstellung von einer demiurgischen Macht.

Anmerkungen. [1] Odyssee 17, 383; 19, 135; HERODOT 7, 31. – [2] THUKYDIDES 5, 47; POLYBIOS 23, 5. 16. – [3] Resp. 529 d (als Bezeichnung für Daidalos). 596 b. 597 d. – [4] 530 a. – [5] Tim. 28 a. c. 29 a. 31 a. – [6] Zur Bedeutung der Atomistik s. JULIUS STENZEL: Plato und Demokritos, in: Kl. Schriften zur griech. Philos. (1956) 60ff. – [7] LXX gebrauchen ΚΤΙΖΕΙΝ und ΠΟΙΕΙΝ; auch im NT ‹D.› nur Hebr. 11, 10. – [8] De opif. mun. c. 5; ‹D.› ebda c. 10. 48. 61. – [9] POIM. 11 und 13. – [10] Traktat 16, 4. – [11] K. REINHARDT: Kosmos und Sympathie (1926) 372. – [12] Texte überliefert bei EUSEB, Praep. Evang. XI, 22, 3; 18, 8; 18, 6. – [13] HIPPOLYT, Ref. VI, 9, 3–18, 7. – [14] ORIGENES, Contra Celsum VI, 28. – [15] PTOLEMAIOS an die Flora; Epiph. panar. 33, 7. – [16] Enn. II, 3, 18; dazu R. INGE: The philos. of Plotinus 2 (London 1929) 128. – [17] Enn. VI, 9, 1. – [18] G. SCHOLEM: Zur Entwicklungsgesch. der kabbalistischen Konzeption der Schechina. Eranos-Jb. 1952 (1953) 45ff.; Ursprung und Anfänge der Kabbala (1962) 184ff. – [19] GOETHE, Dichtung und Wahrheit 8. Buch. – [20] SCHELLING, Über die Gottheiten von Samothrake. Werke 8 (1861) 365f.
W. ULLMANN

Demokratie

I. Das Wort begegnet zuerst bei HERODOT, zweimal in substantivischer (δημοκρατία) [1] und zweimal in verbaler [2] Verwendung; es findet sich jedoch nicht in der berühmten Verfassungsdiskussion der persischen Großen, in der bei Herodot [3] ein Stück politischer Reflexion aus dem Perikles-Kreis faßbar wird. In einem Rede-Agon zwischen Otanes, Megabyzos und Dareios werden hier in einer Erörterung, die eine ausgebildete Verfassungslehre verrät, die Vorzüge und Nachteile der Volksherrschaft (δῆμος, τὸ πολύ, τὸ πλῆθος), der Oligarchie und Monarchie zur Sprache gebracht. Zum Lob der D., des πλῆθος ἄρχον [4] führt Otanes aus, daß sie erstens den allerschönsten Namen habe: die Gleichheit vor dem Gesetz (Isonomie), und daß sie zweitens frei sei von allen Gefahren der negativ (als Tyrannis) verstandenen Alleinherrschaft (Selbstüberhebung und Neid, Zerstörung der altüberlieferten Ordnungen, Ausschweifungen und Töten von Untertanen ohne Richterspruch); ihre positiven Vorzüge sind: Besetzung aller Ämter durch Los, die Rechenschaftspflicht der Amtsträger, alle Beschlüsse werden der Gesamtheit vorgelegt. Herodot stellt die drei genannten Verfassungen in ihrer besten Form zur Diskussion: «Drei Verfassungen sind möglich; nehmen wir sie alle in der besten Form an, also die vollkommenste Demosherrschaft, die vollkommenste Oligarchie und die vollkommenste Monarchie ...» [5], und deutet damit implizit die Möglichkeit von drei Entartungsformen an, ohne diese terminologisch auseinanderzuhalten.

Dies geschieht bei PLATON im ‹Politikos› [6], wo als Unterscheidungskriterium die Bindung ans Gesetz bzw. die Gesetzlosigkeit eingeführt wird. Von den sechs sich so ergebenden Verfassungsformen wird dann noch als siebente die wahrhaft vollkommene Regierung «des mit Vernunft herrschenden königlichen Mannes» ausgesondert [7]. Während so die Königsherrschaft von der Tyrannis und die Aristokratie von der Oligarchie geschieden werden, kennt Platon für die beiden Formen der Volksherrschaft (ἀρχὴ πολλῶν) keine sie unterscheidenden Bezeichnungen. Die im ‹Politikos› [8] definierte Fehlform der gesetzlosen Mehrheitsregierung entspricht in ihrer Bewertung der D. als der dritten Erscheinung der ungerechten Verfassungen im Fünferschema der ‹Politeia› [9]. Sie entsteht dort aus der Oligarchie und schlägt um in die Tyrannis [10].

ARISTOTELES, der in seiner folgenreichen Verfassungsdiskussion [11] im Rückgriff auf den ‹Politikos› ein Sechs-Verfassungs-Schema (gewonnen durch Kombination des numerischen Prinzips des zahlenmäßigen Verhältnisses der Regierenden zu den Regierten mit dem normativen der Intention der Herrschaftsausübung) vorführt, unterscheidet die Arten der Mehrheitsherrschaft so: Wenn das Volk die Polis zum gemeinsamen Nutzen aller verwaltet, so spricht man von einer Politie [12]; die D. ist als die Herrschaftsausübung ausschließlich zugunsten der Regierenden deren Fehlform (παρέκβασις) [13]. Die normativen Voraussetzungen dieser Gliederung werden im weiteren in verschiedenen Argumentationsschritten durch stärkere Berücksichtigung konkreter sozialer Gegebenheiten aufgewiesen, wobei die Unterscheidung zwischen D. und Politie zum Teil wieder zurücktritt. Eine D. liegt demnach dann vor, wenn in der Polis sämtliche frei und einheimisch Geborenen (es wird das zugleich die große Zahl der Unbegüterten sein) in gleicher Weise zu allen politischen Funktionen zugelassen werden [14]; in ihr nehmen daher alle an allem teil [15]. D. kann dabei wertungsmäßig zuweilen die Bedeutung von Pöbelherrschaft annehmen. (Die später hierfür gebräuchliche Bezeichnung Ochlokratie kennt Aristoteles freilich noch nicht.) Auf einer semantischen Skala eingetragen steht also ‹D.› bei Aristoteles zwischen ‹Politie› und ‹Ochlokratie› mit je nach dem Kontext verschiedener Annäherung an eines dieser Extreme. Wenn heute zuweilen emphatisch von der D. im alten Griechenland gesprochen wird, meint man zumeist eine Verfassungsform, die dort eher als Politie (nach Aristoteles eine Mischung aus D. und Aristokratie) bezeichnet worden ist; und wenn umgekehrt den griechischen Philosophen bisweilen eine gewisse D.-Feindlichkeit angelastet wird, so bezieht sich das auf ochlokratie-kritische Stellen [16]. Entscheidend ist, an welche Mehrheit (πλῆθος, τὸ πολύ, οἱ πλείονες) jeweils konkret als Subjekt der Herrschaftsausübung gedacht ist: an die Gesamtheit der qualifizierten Vollbürger, an das Volk oder an die (unbegüterte) Masse [17]. Auf der am meisten durchreflektierten Stufe seiner Verfassungstheorie [18], die von den für ein Gemeinwesen konstitutiven politischen Funktionen (Beratung, Verwaltung, Rechtspflege) ausgeht, unterscheidet Aristoteles von der eigentlichen D. das spezifisch demokratische Element (τὸ δημοκρατικόν, δημοτικόν), das auch den anderen Verfassungstypen beigegeben sein kann. Vornehmlicher Maßstab dafür ist der Umfang der Befugnisse des Rates. CICERO spricht für den Fall, daß die Beschlußkompetenz über die politischen Angelegenheiten eines Staates bei der Gesamtheit der Bürger liegt, von der civitas popularis: «Illa autem est civitas popularis, in qua in populo sunt omnia» [19].

Anmerkungen. [1] HERODOT VI, 43, 3 und 131, 1. – [2] IV, 137; 3; VI, 43, 3. – [3] III, 80-82. – [4] Vgl. VI, 43, 3. – [5] III, 82, 1. – [6] PLATON, Politikos 302 b. – [7] a. a. O. 294 a 7. 302 c 9. 303 b 4. – [8] 302 d 7. – [9] PLATON, Resp. VIII, 10-13, 555 b 9. [10] Vgl. a. a. O. 558 c 8ff. – [11] ARISTOTELES, Pol. III, 6ff. – [12] Pol. 1278 b 37ff. – [13] 1279 b 6. – [14] 1290 b 17; vgl. 1279 b 18, 37, 40. – [15] 1228 b 32; zu den Untertypen der demokrat. Verfassung vgl. Pol. 1291 b 30-1292 a 38; 1292 b 22-1293 a 10. – [16] 1293 b 33, 1294 a 31. – [17] Vgl. 1317 a 24ff.; E. BARKER: The politics of Arist. (Oxford 1946 u. ö.) LXVff. – [18] ARIST., Pol. IV, 14ff. – [19] CICERO, De rep. II, 26, 42.

Literaturhinweise. E. J. SCHÄCHER: Die D. bei Aristoteles (1967). – CHR. MEIER: Entstehung des Begriffs D. (1970) 7-69.

G. BIEN

II. Seit der Aristotelesrezeption in der Hochscholastik begegnet ‹D.›, ähnlich wie ‹Aristokratie›, als ein Wort der *Gelehrtensprache* [1], das in der theoretischen Erörterung einen Herrschaftstyp bezeichnet. Der locus classicus für D. ist der aristotelische Traktat über die Staatsformen [2], der in der politischen Wissenschaft behandelt wird; daneben tritt seit CONRING [3] und PUFENDORF [4] die «natürliche Rechtsgelehrsamkeit», das philosophische Staatsrecht als Ort von Untersuchungen über Art und Rechtscharakter demokratischer Regierungsformen. Bis zum 18.Jh. liegt der Schwerpunkt der Bedeutung noch ganz im aristotelischen Sinne in der Bezeichnung der Staatsform. Dabei wird sowohl die positive (D. als gute Staatsform, mit politia gleichgesetzt) als auch die negative Bedeutung (D. als Entartungsform) tradiert. Nach PUFENDORF gehört die D. zu den «civitatis regularis tres formae» (den drei rechtmäßigen Staatsformen), in ihr ist «summum imperium ... penes concilium ex universis Patribus familiae constans» (die höchste Gewalt ... bei der Versammlung hat die Gesamtheit der Familienväter) [5]. MICRAELIUS dagegen bezeichnet 1653 die D. als «forma reipublicae a pura politia aberrans (von der reinen Politie abweichende Staatsform) [6]. Zweifel an der Realisierbarkeit der Volksherrschaft außerhalb kleinster politischer Ordnungen und negative Akzentuierung des Begriffs überwiegen noch bei Rousseau und Kant. Nach ROUSSEAUS berühmtem Wort ist die D. eine Staatsform für Götter: «S'il y avait un peuple de dieux, il se gouvernerait démocratiquement. Un gouvernement si parfait ne convient pas à des hommes» [7]. Und KANT erklärt die D. zu einem «Despotism», weil in ihr Freiheit und repräsentative Regierungsart unmöglich seien [8].

Eine Fortbildung der Theorie knüpft an die Gleichsetzung von D. und Politie und an die von hierher nahegelegte Gleichsetzung des Demokratischen mit dem Republikanischen an [9]. Innerhalb eines so gewonnenen weiteren D.-Begriffs unterscheidet WALCH (1726) ‹democratia pura›, ‹democratia temperata regie› und ‹democratia temperata aristocratice» [10]. D'ARGENSON unterscheidet eine «démocratie fausse» und eine «démocratie légitime»; die gesetzliche Form der eigentlichen D. wird durch Wahlen und Abgeordnete verwirklicht [11].

Über den geschilderten politisch-theoretischen Sprachgebrauch hinaus tritt das Wort ‹D.› vor der Literatur der Aufklärung in Urkunden und offiziellen Dokumenten sowie zur Bezeichnung *faktisch vorhandener Verfassungs- und Regierungsformen* nur vereinzelt auf. Einer der in der frühen Neuzeit seltenen Belege dieser Art findet sich in LUTHERS Tischreden, wo die Schweiz und Dithmarschen als Beispiele für die D. genannt werden: «democratia, ubi plures regunt, als in Schweitzen und Dytmars, Oligarchia, als in Erfurdt». In der deutschen Nachschrift lautet der Zusatz zu ‹democratia›: «wo der gemeine Mann regiert» [12]. Schon 1647 wird eine der Keimzellen der amerikanischen D., das von ROGER WILLIAMS gegründete Gemeinwesen in den ‹Colonial Records of Rhode Island› als «demokratisch» charakterisiert: «It is agreed ... that the forme of Government established in Providence Plantations is Democraticall» [13]. Etwa von den dreißiger Jahren des 18. Jh. an wird es gebräuchlich, von Staaten wie Holland und der Schweiz als ‹Demokratien› zu sprechen, wobei freilich die Bezeichnung ‹Republiken› noch sehr viel häufiger verwendet wird und bis zum Ende des 18.Jh. vorherrschend bleibt.

Die auffälligste Erweiterung des D.-Begriffs vor 1789 findet sich in den ‹Considérations› des Marquis D'ARGENSON, wo ein gesellschaftlicher D.-Begriff entwickelt wird, das Königtum als Schrittmacher einer demokratischen, egalitär-antifeudalen Entwicklung und der Adel als ihr Gegner gesehen werden [14]. D. wird hier – vom verfassungspolitischen Verständnis gelöst – zur geschichtsphilosophischen Chiffre für bürgerlichen Aufstiegswillen und Verlangen nach sozialer Gleichheit schlechthin.

Die Jahre 1780 bis 1800 sind für das moderne Verständnis von D. von entscheidender Bedeutung. Die heutigen Wortbedeutungen sind im wesentlichen in jener Zeit entwickelt und verbreitet worden. ‹D.› wird jetzt aus einem Wort der Gelehrtensprache endgültig zu einem allgemein verwendeten, jahrzehntelang heftig umkämpften *politischen Begriff*, der ebenso der Selbstdarstellung bestimmter Parteirichtungen wie der Kennzeichnung von Verfassungsinstitutionen dient. Ein Vorspiel zu der mit der Revolution einsetzenden Politisierung des Begriffs bildet das Auftauchen des Wortes ‹Demokrat› in den achtziger Jahren des 18. Jh. in den Niederlanden. In Deutschland wird dann das Drama der Französischen Revolution als Kampf zwischen «Aristokraten» und «Demokraten» empfunden [15]. So konstatiert CAMPE, daß «in den letztverflossenen Jahren ... die Freunde der Alleinherrschaft und des Adels das Wort Democrat zu einem Schimpfworte gemacht» haben [16]. Während im englischen Sprachbereich die Ablehnung der D. bis ins 19. Jh. hinein eindeutig überwiegt [17], schwankt in den von den Revolutionskriegen erfaßten Ländern der Sprachgebrauch zwischen Zustimmung und feindseliger Ablehnung. So erklärt in Frankreich der schwärmerischbegeisterte FAUCHET die D. zur von Gott sanktionierten Regierungsform. Christus starb «pour la démocratie de l'univers» [18]. Ähnlich begeistert man sich in Italien für ‹governo democratico›, ‹educazione democratica›, ja ein Theaterstück proklamiert die ‹Demokratisierung des Himmels› [19]. Im Gegensatz dazu sieht sich 1796 SCHELLING dem schlimmen Verdacht ausgesetzt, «ob ich Demokrat, Aufklärer, Illuminat usw. sei» [20]. Bemerkenswert ist, daß in Deutschland - anders als in Frankreich - neben der vorherrschenden Bedeutung des ‹freiheitlich Gesinnten› auch noch der objektive Sinn des ‹in einer D. Lebenden›, des ‹Freibürgers› oder ‹Freiländers› fortexistiert [21].

Der Bedeutungswandel, der bewirkt, daß ‹D.› und ‹demokratisch› nicht mehr auf die Staatsform bezogen werden, sondern als Ausdruck sozialer und politischer Kräfte erscheinen, setzt sich während der Französischen Revolution definitiv durch: ‹D.› ist damit zum *Tendenz- und Bewegungsbegriff* geworden. Der neue Sprachgebrauch wird im 19. Jh. allgemein; ein Zeichen für die historische und ideologische Ausweitung ist die Entstehung des Zeitworts ‹demokratisieren›, das 1813 in CAMPES Verdeutschungsbuch auftritt [22].

Die theoretische Diskussion ist im 19. Jh. einerseits dadurch gekennzeichnet, daß D. im nachrevolutionären Europa als *mögliche Gestaltungsform großer Staaten*, mithin als eine die Gegenwart unmittelbar bestimmende politische Macht empfunden wird. Die zunehmende Orientierung der Theorie an der demokratischen Praxis bewirkt andererseits eine Verschiebung des D.-Verständnisses: D. wird zu einer Verfassungsform, die der Monarchie und Aristokratie als Alternative gegenübersteht, zu einem den modernen Verfassungen im ganzen inhärierenden politischen *Element*. Entgegen der bisherigen Fixierung auf die direkte D. entwickelt sich im Vormärz der Gedanke einer beschränkten oder *repräsentativen* D. [23]. Die reine oder direkte wird der gemäßigten oder repräsentativen D. gegenübergestellt. Nach TOCQUEVILLES Amerikabuch (1835) tritt vor allem das Beispiel der Vereinigten Staaten, die D. als großer Flächenstaat, als gesellschaftlich differenziertes Gemeinwesen in den Mittelpunkt der Erörterungen: «Die D. als eigentliche Volksherrschaft hat ihr Feld in Amerika», bemerkt der ‹Brockhaus› von 1838 [24].

Die Debatte über die Vereinbarkeit von D. und Königtum führt in den fünfziger Jahren bei BLUNTSCHLI zu der Empfehlung, die Monarchie möge das demokratische Element anerkennen und so als sichere Stütze in einer Repräsentativverfassung an sich binden [25]. In ähnlicher Weise verlangt schon das *demokratische Prinzip* ROTTECKS keineswegs die volle Realisierung der politischen D. als Staatsform, vielmehr wird eine betont freundliche Haltung gegenüber der Monarchie eingenommen, die Hand in Hand geht mit der Abwehr der jakobinischen Radikal-D. Nach Rotteck ist D. in jeder Gesellschaft als ein von der Volksgesamtheit konstituierter Rechtsboden immer vorhanden. Im Unterschied zum republikanischen ziele das demokratische Prinzip nicht auf die Staatsform, sondern auf die Rechtsgleichheit, die durchaus neben einem ungleichen Wahlrecht bestehen könne [26].

Das bürgerliche 19. Jh. löst sich sowohl von der pragmatischen Absicht wie von der zyklischen Orientierung früherer Untersuchungen über die Volksherrschaft. Die D. erscheint nicht mehr als ein Verfassungszustand, der andere Formen zur Voraussetzung hat und eines Tages von anderen abgelöst werden wird, sondern als *Endpunkt der Geschichte*, auf den die «historische Tendenz» schon seit Jahrhunderten - angefangen von der «altgermanischen Freiheit» und vom freiheitlichen angelsächsischen Protestantismus - hinzielt [27]. In England entwirft J. ST. MILL gegen die «geläufige Vorstellung» das Bild einer D., «in der Alle vertreten sind und nicht blos die Majorität, ... die allein gleich, allein unparteiisch, allein die Regierung Aller durch Alle und der einzige wahre Typus der D. ist ... frei von den größten Übelständen der fälschlich sogenannten D. ...» [28].

Die soziale Frage mit ihrer ungeahnten Sprengkraft verhindert jedoch, daß die Entwicklungsgeschichte des D.-Begriffs in der problemlosen Verzahnung bürgerlich-liberaler Hoffnungen, Interessen und Geschichtsideologien zu ihrem Ende kommt. Im ‹Brockhaus› von 1851/55 wird die Dichotomie der Forderungen nach politischer und nach materieller und sozialer Gleichheit registriert [29]. Das Vorspiel der ‹sozialen D.› in der Zweiten Republik in Frankreich leitet über zum revolutionären Marxismus, der in der reinen, politischen D. eine *Vorstufe* sieht, die bekämpft und überwunden werden muß, sobald sie erreicht ist.

Aus anderen Motiven distanzieren sich Kierkegaard, Nietzsche und J. Burckhardt von D.: KIERKEGAARD sieht in der D. die total politisierte Gesellschaft heraufziehen, die «jeden zu positiver Teilnahme» verpflichtet, «sogar den, der es sich auf das inständigste verbittet, mit in der Regierung zu sein» [30]. Für NIETZSCHE ist Demokratisierung in Europa zwar unaufhaltsam [31]; die «demokratischen Einrichtungen» seien «Quarantäne-Anstalten gegen die alte Pest tyrannenhafter Gelüste: als solche sehr nützlich und sehr langweilig» [32], aber zugleich «die historische Form vom Verfall des Staates» [33]. Nach BURCKHARDT bedroht die D. die Unabhängigkeit der Einzelnen; er nennt sie eine «Weltanschauung», in der «die Macht des Staates über den Einzelnen nie groß genug sein kann, so daß sie die Grenzen zwischen Staat und Gesellschaft verwischt» [34].

Im 20. Jh. stehen ein westlich-liberaler, an der kapitalistischen Wirtschaftsordnung und an persönlichen Freiheitsrechten festhaltender, und ein relativierter, marxistischer, auf die Vollendung im Sozialismus und Kommunismus vorausweisender D.-Begriff - terminologisch seit dem Zweiten Weltkrieg oft in die emphatisch-pleonastische Neubildung ‹Volks-D.› gefaßt - einander gegenüber.

Anmerkungen. [1] R. P. PALMER: Notes on the use of the word ‹Democracy› 1789-1799. Polit. Sci. Quart. 68 (1933) 204; auch die Amerikaner kannten zu Beginn ihrer Geschichte ‹democracy› nur als gelehrtes Wort: G. H. BLANKE: Der amer. D.-Begriff in wortgesch. Beleuchtung. Jb. Amerikastud. 1 (1956) 41. – [2] ARISTOTELES, Pol. III, 7, 8. – [3] H. CONRING: De politia (1680). – [4] S. PUFENDORF: De jure naturae et gentium libri octo (Londae 1673) VII, 5, § 4. – [5] S. PUFENDORF: De officio hominis et civis juxta legem naturalem libri duo (1709), cap. 8, § 3. – [6] MICRAELIUS: Lex. philosophicum (1653) 306f. – [7] J.-J. ROUSSEAU, Du contrat social III, 4. – [8] I. KANT: Zum ewigen Frieden (1795) 1. Definitivart. – [9] CH. BESOLD: Discursus politici (1641) 3, 39. – [10] J. G. WALCH: Philos. Lex. (1726) 483ff. – [11] Marquis D'ARGENSON: Considérations sur le gouvernement ancien et présent de la France (Iferten [Yverdon] 1764) 6f. – [12] M. LUTHER, Weimarer A. 4 (1916) 4342; vgl. W. ELERT: Morphologie des Luthertums 2 (²1958) 326. – [13] BLANKE, a. a. O. [1] 41f.: Zitat aus: Dict. of Americanisms on hist. principles (Chicago 1951). – [14] D'ARGENSON, a. a. O. [11] 110f. – [15] Vgl. G. P. GOOCH: Germany and the French revolution (London 1920). – [16] J. H. CAMPE: Wb. zur Erklärung und Verdeutschung der unserer Sprache aufgedrungenen fremden Ausdrücke (1813) s. v. – [17] BLANKE, a. a. O. [1] 43f. – [18] CL. FAUCHET: Sermon sur l'accord de la relig. et de la liberté prononcé le 4 février 1791 (Paris 1791) 6ff. – [19] PALMER, a. a. O. [1] 220ff. – [20] SCHELLING schreibt in einem Brief an Hegel von einer Hofmeisterstelle, die ihm nicht ohne weiteres geben will; vgl. Briefe von und an HEGEL, hg. J. HOFFMEISTER 1 (1952) 35. – [21] So noch OERTEL: Gemeinnütziges Fremdwb. zur Erklärung und Verdeutschung der in unserer Sprache vorkommenden fremden Wörter und Ausdrücke (1830) 228; ähnlich früher HEINSIUS: Volkstümliches Wb. der Dtsch. Sprache 1 (1818) 742. – [22] CAMPE, a.a.O. [16] 253. – [23] K. H. L. PÖLITZ: Staatswiss. im Lichte unserer Zeit 1 (1823) 440ff. – [24] BROCKHAUS: Conversations-Lex. 1 (1838) 914. – [25] J. C. BLUNTSCHLI: Art. ‹D.›, in BLUNTSCHLI/BRATER: Dtsch. Staatswb. (²1857-1870) 712. – [26] C. VON ROTTECK: Art. ‹Demokratisches Princip›, in: ROTTECK/WELCKER: Staats-Lex. 3 (1846) 712ff. – [27] So G. G. GERVINUS: Einl. in die Gesch. des 19.Jh. (1853) 41f. – [28] J. ST. MILL: Betrachtungen über Repräsentativregierung. Dtsch. Werke 8 (1873, Neudruck 1968) 118f. – [29] BROCKHAUS: Allg. dtsch. Real-Encyclop. für gebildete Stände 4 (1852) 687. – [30] S. KIERKEGAARD, Dtsch. Werke, hg. HIRSCH 7, 540. – [31] F. NIETZSCHE, Musarion-A. 9, 321. – [32] a. a. O. 9, 333. – [33] 8, 333. – [34] J. BURCKHARDT, Werke, hg. DÜRR 7, 152.

Literaturhinweise. W. HASBACH: Die moderne D. (²1921). – J. BRYCE: Moderne D. 1-3 (1923-1926). – H. KELSEN: Vom Wesen und Wert der D. (²1929). – R. P. PALMER s. Anm. [1]. – G. H. BLANKE s. Anm. [1]. – G. BURDEAU: La démocratie. Essai synthétique (1956). – G. SARTORI: Democrazia e definizioni (²1958). – M. HÄTTICH: D. als Herrschaftsordnung (1967). – U. MATZ (Hg.): Grundprobleme der D. Wege der Forsch. 141 (im Erscheinen). H. MAIER

Demokratie, christliche (frz. démocratie chrétienne, ital. democrazia cristiana). ‹c.D.› bezeichnet eine politische Bewegung, die vornehmlich aus dem Katholizismus hervorgegangen ist und vor allem seit dem Zweiten Weltkrieg in zum Teil großen und erfolgreichen christlich-demokratischen Parteien kontinentaleuropäischer und lateinamerikanischer Länder Gestalt gewonnen hat; hierzu gehören die Democrazia Cristiana (DC) in Italien, der Mouvement Républicain Populaire (MRP) in Frankreich und die Christlich-Demokratische Union (CDU) in Deutschland.

Der Ausdruck ‹démocratie chrétienne› tritt vereinzelt schon in der *Französischen Revolution* auf, hat aber dort noch keine ausgeprägt politische, sondern eine vornehmlich religiöse Bedeutung. Er bezeichnet die urkirchliche Verfassung der Christenheit, wie sie nach Ansicht der radikalen Schwärmergruppen von Christus verkündigt worden ist und nach ihrem Willen in der Revolution erneuert werden soll. Das Wort gewinnt dann zwischen 1830 und 1848 in den Kreisen romantischer Sozialisten und katholischer Republikaner eine mehr soziale und politische Bedeutungsnuance. So versteht OZANAM c.D. als Entwurf einer sozialen Neuordnung. Auch in Deutschland wird 1848 auf der ersten Generalversammlung der katholischen Vereine in Mainz der «rechte christliche Demokratismus» verlangt [1].

Europäische Verbreitung hat der Begriff ‹c.D.› nach 1891 gefunden, als sich im Anschluß an die Enzyklika ‹Rerum Novarum› in zahlreichen Ländern sozialpolitische Studienkreise bildeten. Seit 1894 erscheinen in Frankreich die Zeitschriften ‹La Démocratie chrétienne› und ‹Sillon›. Die Démocrates chrétiens umschreiben ihre politische Richtung mit den Worten ‹Dieu›, ‹Famille›, ‹Propriété›, ‹Travail›, ‹Patrie›. Zum führenden Theoretiker der c.D. wird der Pisaner Universitätsprofessor G. TONIOLO. In der Enzyklika ‹Graves de communi› (1901) schränkt Papst LEO XIII. die c.D. als eine «benefica in populum actio christiana» auf eine rein sozial-karitative Bedeutung ein [2]. Damit ist den weiterzielenden politischen Absichten der französischen Démocratie chrétienne der Weg verlegt. In noch schärferer Weise verhindert PIUS X. durch die Verurteilung des ‹Sillon› eine Festlegung der katholischen Kirche auf die demokratische Regierungsform. Dementsprechend bleibt das Wort historisch zunächst auf die kurzlebige christlich-demokratische Bewegung von 1891 bis 1901 fixiert.

Nach der Niederlage des Faschismus und des Nationalsozialismus erweist sich die c.D. als die den Bedingungen des demokratischen Neubeginns angepaßte Formel, welche ein erfolgreiches *parteipolitisches Engagement* der Katholiken in Italien und Frankreich und der beiden Konfessionen in Deutschland ermöglicht. Von diesem Erfolg her wird der Ausdruck ‹c.D.› gebräuchlich zur Bezeichnung der religiös-politischen und religiös-sozialen Bewegungen des 19. und 20.Jh., die auf einen Ausgleich zwischen Kirche und Demokratie oder auf die Entwicklung einer christlichen Sonderform der Demokratie abzielen. In diesem Sinne hat das Wort ‹c.D.› in den romanischen und angelsächsischen Ländern die älteren Begriffe ‹liberaler Katholizismus› und ‹sozialer Katholizismus› verdrängt oder in sich aufgenommen.

Anmerkungen. [1] K. BACHEM: Vorgesch., Gesch. und Politik der Dtsch. Zentrumspartei 1 (1927) 10. – [2] Acta Sanctae Sedis (1900/01) 387.

Literaturhinweis. H. MAIER: Revolution und Kirche. Studien zur Frühgesch. der c.D. 1789-1901 (²1965). H. MAIER

Demonstrabel/probabel (beweisbar). Beweisbarkeit nennt man die Möglichkeit, den Beweis einer Aussage durchzuführen. Die Lehre von der Beweisbarkeit und dem Beweis ging aus der ‹Analytica posteriora› des ARISTOTELES, vermittelt durch die Kommentatoren, auf die *Scholastiker* über, die sie auf die Theologie und die aufkommenden neuen Wissenschaften anzuwenden versuchten. Soll eine Aussage beweisbar sein, muß sie zwei Hauptbedingungen genügen. Erstens muß sie vom Notwendigen handeln (de materia necessaria). Das gab Anlaß zu Diskussionen über die Möglichkeiten des Beweises im Bereich des Kontingenten. Einigen genügten schließlich die notwendigen Relationen zwischen den Wesenheiten und ihren Eigentümlichkeiten oder die zwischen einem Accidens und seinen Derivaten, wie beispielsweise zwischen der Quantität und ihren Proprietäten. Frucht des Beweises ist die sichere Zustimmung, und deshalb hat die Wissenschaft es mit dem Allgemeinen, Notwendigen und Ewigen zu tun [1]. OCKHAM hat die Unterscheidung zwischen ‹demonstrabel› und ‹probabel› ausgebaut. Nach ihm müssen demonstrable Aussagen den strengen Regeln der aristotelischen Beweislehre genügen, während man bei probablen Aussagen Anleihen machen darf, so z. B. wenn man genötigt ist,

Erfahrungen oder Offenbarungstatsachen als Prämissen zuzulassen [2]. Die zweite Bedingung der demonstrabilitas postuliert die Existenz eines Mittelbegriffes, schließt also alle selbstevidenten und unbezweifelbaren Sätze aus, da sie im strengen Sinn unbeweisbar sind, wenngleich sie durch eine reductio ad impossibile mit Hilfe eines äußeren Mittels (medium extrinsecum) bewiesen werden können [3].

In der *Renaissance* nannte man die Beweismittel ‹loci›. Eine Aussage galt als beweisbar einerseits mittels einer demonstratio quia, wenn man vom locus effectorum, von den Wirkungen, ausgeht, andererseits mittels einer demonstratio propter quid, wenn man den locus causarum, die Ursache, kennt. Allerdings werden Ursache und Wirkung, je nachdem ob sie in der Metaphysik, Physik, Mathematik oder Ethik vorkommen, analog verstanden und fordern daher eine jeweils verschiedene Auslegung [4].

Anmerkungen. [1] JUAN DE SANTO TOMAS: Ars logica (1631/32, Neu-A. 1930) 781-783. – [2] D. WEBERING: Theory of demonstration according to William Ockham (1953) 176. – [3] THOMAS VON AQUIN: In Post. Analytic. (1955) 322ff. – [4] P. FONSECA: Inst. dialectic. (1964) 456-464.

Literaturhinweise. O. BENNETT: The nature of demonstrative proof according to the principles of Aristotle and St. Thomas (Washington 1943). – M. MIGNUCCI: La teoria aristotelica della scienza (Florenz 1965). V. MUÑOZ DELGADO

Demut als Tugend ist der *antiken* Ethik fremd; ταπεινός und ‹humilis› haben den Sinn ‹niedrig, von knechtischer Gesinnung› (vgl. jedoch bei PLATON ταπεινὸς καὶ κεκοσμημένος, niedrig und bescheiden [1]).

In der LXX begegnet D. als Bescheidenheit und Selbsterniedrigung vor Menschen nur in der jüngeren Weisheitsliteratur, sonst bezeichnet sie das Verhältnis des Menschen zu Gott. Die Niedrigen und Armen sind im *Alten Testament* die eigentlich Frommen und Demütigen. Während D. im Griechischen auf dem Hintergrund menschlicher Freiheit einen negativen Sinn hat, wird sie in der LXX als rechte Stellung gegenüber der Transzendenz Gottes positiv gewertet. Im *Neuen Testament* hört angesichts des hereinbrechenden Reiches alle religiöse Relevanz menschlicher Frömmigkeit auf. Die D. des Zöllners ist Beurteilung der sündigen Situation des Menschen und rechten Verhaltens vor Gott [2]. Im Christushymnus (Phil. 2, 6–11) und der vorausgehenden Paränese geht es bei der D. um Selbstlosigkeit und Einfügung in die übergeordnete Einheit der Gemeinde; Vorbild ist die Selbstentäußerung Christi. D. ist im Neuen Testament Dienen, ein Korrelat der Gnade, Gegensatz zu jeder Form des καύχημα (sich rühmen). D. ist nicht eine seelische διάθεσις (Verfassung, Zustand) (Bultmann), sondern das Sein des Menschen vor Gott, das zur Recht- und Selbstlosigkeit im Dienst am Nächsten wird. Religion und Ethik können nicht getrennt werden.

Erst im *apostolischen* Zeitalter wird D. zu einer christlichen Tugend. Schon bei HERMAS ist sie verdienstlich; bald verbindet sie sich mit asketischen Tendenzen. Aus dem eschatologischen Kerygma wird innerweltliche Ethik, ja Selbsterniedrigung im Bußakt. ORIGENES entwickelt eine Theologie der D.; μετριότης (Bescheidenheit) ist für ihn die Tugend schlechthin in der Nachfolge des «magister humilitatis»; sie verbindet sich mit Fasten und geistiger Askese, wird zur Armut des Geistes, zum Verdienst und gehört zur Menschenwürde. Humilitas wird allgemein in der alten Kirche die christliche Haupttugend. AUGUSTIN nennt in seiner umfassenden D.-Theologie Christus den «doctor humilitatis» [3] und setzt die D.-Lehre wieder mit dem Erlösungsgeschehen in Verbindung. Humilitas in der Bedeutung von «nolle in se laudari» ist bei Augustin der superbia entgegengesetzt; dieser Gegensatz ist zentral für die Bestimmung des Wesens der Sünde [4]. CLEMENS und ORIGENES sehen D. als griechische Tugend an, bei AUGUSTIN gilt sie als spezifisch christlich, für THOMAS gehört sie zur Kardinaltugend der temperantia [5], bei BONAVENTURA [6] und den Franziskanern wird sie wieder auf den Glauben an Christus gegründet. Die alte Frage des Verhältnisses von D. zur magnanimitas löst THOMAS, indem er die aristotelische magnanimitas auf den Bereich der Natur, christliche D. auf den der Übernatur bezieht. In der Geschichte des Mönchtums wird D. zur Reflexion des Menschen über seine Sündhaftigkeit und zur willentlichen Selbsterniedrigung [7]; sie wird Sinn und Ziel aller Askese, Mitte monastischer Belehrung und findet ihren Ausdruck in der mönchischen Gehorsamspflicht.

Der Humilitas-Begriff *Augustins*, *Bernhards*, *Taulers* und der ‹Theologia deutsch› wirkt in der Theologie des jungen LUTHER stark nach in der «resignatio ad infernum», der «annihilatio» und in der «theologia crucis» als dem prägnantesten Ausdruck für alles, was in Luthers Denken mit der «humilitas fidei» zusammenhängt. D. ist Seinsweise des ganzen Menschen vor Gott [8]. «Rechte D. weiß niemals, daß sie demütig ist» [9]. – Für GEULINCX ist D. die wichtigste der vier Kardinaltugenden, die verlangt, daß man in reiner Liebe zur Vernunft an sich selbst überhaupt nicht mehr denkt [10]. – SPINOZA hat in seiner Ethik in der Lehre von den Affekten die D. bestimmt als «tristitia orta ex eo, quod homo suam impotentiam sive imbellicitatem contemplatur» (Traurigkeit, die dadurch entsteht, daß der Mensch sein Unvermögen oder seine Schwäche betrachtet) [11]. In betonter Weise stehen Stolz (pride) und D. (humility) bei HUME an der Spitze der mit dem Selbst verknüpften Affekte [12]. – J. L. MOSHEIM, an der Grenze von Orthodoxie, Aufklärung und Pietismus, formuliert sehr charakteristisch: «D. ist ein gläubiger und lebendiger Vorsatz des wiedergeborenen Willens, den angeborenen Hochmut des Herzens oder die große Meinung von unsern Vorzügen und Verdiensten durch den Glauben und die Vernunft bis auf den Tod zu verfolgen» [13]. – In der *Aufklärung* wird D. zur Tugend der Bescheidenheit, sie ist die «Fertigkeit zur möglichen Betrachtung der Vorzüge anderer» (A. J. BAUMGARTEN), «ein billiger Richter eigener und fremder Vollkommenheiten, nicht dem zuwider, durch lobwürdige Taten nach Ehre zu streben» (GOTTSCHED).

Erst bei KANT erhält D. wieder philosophische Tiefe. «Das Bewußtsein und Gefühl der Geringfügigkeit seines moralischen Werts in Vergleichung mit dem Gesetz ist die D. (humilitas moralis)», die sich wohl davor bewahrt, durch «Vergleichung mit anderen Menschen» und durch das Bestreben, sie zu übertreffen, zum Hochmut zu werden [14]. Sie ist Selbsteinschätzung der eigenen inneren Würde als sittliches Wesen. – Im Entwurf einer Antwort auf Jacobis ‹Sendschreiben› wendet sich FICHTE gegen unwürdige D., die «Falschheit gegen sich selbst» ist [15], und kritisiert hier die «unablässige Selbstprüfung unseres Wesens», die «Vorbereitungen zu einer Generalbeichte»: «Lasset uns selig sein in der einfachen Treue gegen das Göttliche in uns, demselben folgen, wie es uns zieht, und weder durch eigene Werkheiligkeit noch durch Selbstzerknirschung uns allerlei ankünsteln, das nicht aus ihm ist» [16]. – Bei HEGEL ist D. von philosophischem Geist durchdrungen: «Das Wirken und Leben in der

Objektivität ist das wahrhafte Bekenntnis der Endlichkeit, die reale D.» [17]. Am Schluß der Vorlesungen über Religionsphilosophie (zuletzt 1831) heißt es: «die wahre D. besteht darin, den Geist in die Wahrheit zu versenken, in das Innerste, den Gegenstand allein nur an sich zu haben, so verschwindet alles Subjektive, das noch im Empfinden vorhanden ist» [18].

Für NIETZSCHE sind Armut, D. und Keuschheit «gefährliche und verleumderische Ideale»; von seinem Standpunkt aus können D. oder «Ergebung in Gottes Willen» oft nichts anderes sein als «Deckmäntel für feige Furchtsamkeit, dem Geschick mit Entschiedenheit entgegen zu treten» [19]. – In der neueren Philosophie hat SCHELER in seiner ‹Rehabilitierung der Tugend› eine Phänomenologie der D. gegeben. Von den durch die Erscheinung Christi hervorgebrachten Tugenden verkörpert die D. für ihn «sowohl gegenüber der antiken als der modern-bürgerlichen Tugendhaltung die tiefste Paradoxie und die stärkste Antithese»; sie ist die «innere seelische Nachzeichnung der einen großen Bewegung des Christlich-Göttlichen», das sich von seiner Hoheit in die Knechtschaft begibt [20]. – N. HARTMANN hat D. im spannungsreichen Gegenüber zum Stolz als «Bewußtsein unendlichen Zurückbleibens, bei dem aller Vergleich versagt», als «Distanzgefühl, das erdrückt und zugleich erhebt», beschrieben [21]. Im Gegensatz zur katholischen Ethik (*V. Cathrein*, *Mausbach-Ermecke*, *Schilling*, *O. Zimmermann*, die Thomas folgen, *J. B. Hirscher*, *F. Tillmann*, *Stelzenberger*, *Häring*, die sich mehr an das Neue Testament anschließen) wird D. in der evangelischen Ethik wenig behandelt [22], weil die evangelische Theologie heute weithin mehr einer ‹Situationsethik› zuneigt.

Anmerkungen. [1] PLATON, Leg. IV, 716 a. – [2] Luc. 18, 9ff. – [3] AUGUSTIN, De virg. 31-57. – [4] AUGUSTIN, In Ps. 31, enarr. II ,18; In Ps. 33, serm. II, 4-5. – [5] THOMAS VON AQUIN. S. theol. II/II, 129. 143. 155. 161. – [6] BONAVENTURA, De perf. vitae II. – [7] CASSIANUS, De inst. rom. 39; BENEDICT, Reg. mon. VII; BERNHARD VON CLAIRVAUX, De grad. hum. 1, 2. – [8] M. LUTHER, Weimarer A. 7, 553f.; 56, 68ff. – [9] a. a. O. 7, 560. 562. – [10] A. GEULINCX, Ethik 1, 2, § 1. – [11] B. SPINOZA, Ethik III, prop. 55. 59. 26; IV, 53. – [12] D. HUME, A treatise on human nature II, 1, sect. 1-12. – [13] J. L. MOSHEIM: Sittenlehre der heiligen Schrift (1746) 4, 370-413. – [14] KANT, Akad.-A. 6, 435. – [15] J. G. FICHTE, Werke, hg. I. H. FICHTE 11, 393. – [16] a. a. O. 11, 394. – [17] HEGEL, Werke, hg. GLOCKNER 15, 206. – [18] a. a. O. 16, 553. – [19] NIETZSCHE, Musarion-A. 18, 163; 1, 67. – [20] M. SCHELER, Werke (1955) 3, 17. 33-147. – [21] N. HARTMANN: Ethik (1949) 476f. – [22] Vgl. aber R. ROTHE: Theol. Ethik (1870) 3, § 651; A. RITSCHL: Rechtfertigung und Versöhnung (1874) 3, § 65; K. BARTH, Kirchl. Dogmatik III/4, 764f.

W. SCHÜTZ

Denkart, Denkungsart sind seit dem 18. Jh. in der Bedeutung von Art und Weise des Denkens, Charakter, Gesinnung u. a. gebräuchlich und können sich sowohl auf Denkungsarten als Vermögen ganzer Völker und Jahrhunderte [1] als auch auf Denkungsarten einzelner Menschen beziehen. Beide Begriffe sind in der Funktion weitgehend austauschbar, wobei die Bedeutungen von ‹Denkart› als Eigenart der Denkformen und von ‹Denkungsart› zur Kennzeichnung des subjektiven Vermögens überwiegen.

Bei KANT kann man den Versuch einer genaueren Differenzierung konstatieren. In der Vorrede zur 2. Auflage der ‹Kritik der reinen Vernunft› spricht er im Zusammenhang der «Kopernikanischen Wende» von der «Revolution der Denkart», als der Anwendung der naturwissenschaftlichen Methode auf die Philosophie [2]. ‹Denkart› meint also eine «Verfahrensart» [3]. In den Schriften zur praktischen Philosophie und besonders in ‹Religion innerhalb der Grenzen der bloßen Vernunft› verwendet Kant zur Bezeichnung einer moralischen Eigenschaft ausschließlich ‹Denkungsart›. Wenn ein Mensch «den obersten Grund seiner Maximen, wodurch er ein böser Mensch war, durch eine einzige unwandelbare Entschließung umkehrt (...): so ist er so fern, dem Prinzip und der Denkungsart nach, ein fürs Gute empfängliches Subjekt» [4]. Der «Revolution der Denkart» entspricht also die «Revolution für die Denkungsart» [5].

Diese Differenzierung wurde jedoch nicht aufgenommen, so daß Kantianer wie C. L. REINHOLD den «Versuch einer Darstellung der Denkart des gemeinen und gesunden Verstandes über einige Hauptpunkte der moralischen Angelegenheiten» unternehmen, ohne in den Bedeutungen zu unterscheiden [6]. G. E. SCHULZE und J. G. HERDER betonen den «ungemeinen Einfluß der Sprache auf die menschliche Denkungsart und Erkenntniß» [7], wobei Herder besonders auf die wechselseitige Abhängigkeit von Denkungsart und Sprache hinweist [8]. CHR. GARVE untersucht die Bedingungen, die zur Bildung einer subjektiven Denkungsart führen. ‹Denkungsart› bzw. ‹Denkart› rücken in der Bedeutung dann in die Nähe von ‹Lebensanschauung› und ‹Art des Denkens in praktischer Hinsicht›, so bei W. T. KRUG: «Die Denkart des Menschen macht immer einen Hauptzug in seinem Charakter aus. Die Denkart der in einem gewissen Zeitalter lebenden Mehrheit von Menschen heißt auch der Geist dieses Zeitalters oder kurzweg der Zeitgeist» [9]. Diesen engen Zusammenhang von ‹Denkart›, ‹Denkungsart› und ‹Charakter› betont auch G. CH. LICHTENBERG, wenn er vom «Knochengebäude unserer Denkungsart» und vom «Knochengebäude des Charakters» [10] spricht.

Anmerkungen. [1] CHR. MEINERS: Vermischte philos. Schriften (1775) 1, darin: ‹Einige merkwürdige Züge aus der Denkungsart ...›, 164ff.; vgl. Beytrag zur Geschichte der Denkart des ersten Jh. nach Christi Geburt (1782). – [2] KANT, KrV B XIII. XIV. – [3] KrV B XIX. – [4] Akad.-A. 6, 47f – [5] a. a. O. 6, 47. – [6] C. L. REINHOLD: Verhandlungen über die Grundbegriffe und Grundsätze der Moralität (1798) 3ff. – [7] G. E. SCHULZE: Grundriß der philos. Wiss. (1788) 1, 176; vgl. Grundsätze der allg. Logik (³1817) 182ff. – [8] J. G. HERDER: Fragmente. Werke, hg. SUPHAN 1, 400f. – [9] W. T. KRUG: Allg. Handwb. der philos. Wiss. (1827) 1, 480. – [10] G. CH. LICHTENBERG: Vermischte Schriften (1844) 131.

Literaturhinweis. B. LIEBRUCKS: Sprache und Bewußtsein 4: Die erste Revolution der Denkungsart (1968).

R. KUHLEN/H. THIEME

Denken

I. – A. «Nur die Philosophie ist das freie, unbeschränkte, reine D. ... Die Geschichte der Philosophie ist die Geschichte des Gedankens» [1]. «Aber denken kann ich, was ich will, wenn ich mir nur nicht selbst widerspreche. ... Sich einen Gegenstand denken und einen Gegenstand erkennen, ist also nicht einerlei» [2]. «Die Wissenschaft denkt nicht.» «Das D. ist ein Erhören, das erblickt» [3].

Diese Zitate aus HEGEL, KANT und HEIDEGGER zeigen die Notwendigkeit zu klären, was jeweils unter ‹D.› gedacht wird, wenn man die geschichtlich sich wandelnde, aber immer auch von ihrer Tradition bestimmte Sprache der Philosophie und damit ihr D. und ihre Gedanken verstehen will. Oft knüpfen sich umfassende Theorien an die jeweilige Bedeutung von ‹D.›; oft werden aber nur auch schon umgangssprachlich gegebene Bedeutungen von ‹D.› festgehalten, begrifflich gefaßt und in der philosophischen Sprache verwendet. Die Erklärung G. F. MEIERS, «das Wort, denken, brauchte man nicht, denn es will nichts weiter sagen, als bewußtseyn» [4] ist ein Extrem. ‹D.› ist sicher ein Grundwort der philosophischen Sprache.

Aber es ist kein von der Philosophie geprägter Terminus wie etwa ‹Ideologie›, sondern ein Grundwort auch der Umgangssprache, das schon in ihr in vielfachem Sinn gebraucht wird. Wie die deutschen Wörterbücher verzeichnen, bedeutet ‹D.› nicht nur: «Vorstellungen mit Bewußtsein haben», sondern auch «sich erinnern», «nachdenken», «Begriffe bilden», «urteilen», «gesinnt sein», «Absicht haben», «vorhaben», «willens sein» usw. [5]. Diese Vieldeutigkeit kann philosophische Relevanz haben, etwa die These stützen, auch der Wille habe wie das Gefühl und die Erinnerung des Menschen, «seine Wurzel im D.» [6].

Andererseits sind aber auch die philosophischen Begriffe des D. in die Umgangssprache eingegangen: Die genannten Bestimmungen des D. als «Bewußtsein» oder als «Vorstellungen mit Bewußtsein haben» stammen offensichtlich aus der Philosophie Descartes'. Wie die deutsche Schulphilosophie seiner Zeit steht auch KANT in dieser cartesianischen Tradition, wenn er erklärt: «Der Mensch indem er sich seiner bewußt (ihm selbst Object) ist, denkt» [7].

Da Kants Sprache gerade im Begriffsfeld von ‹D.› die bisherige Tradition aufgenommen und zum Teil umgeprägt, aber auch nachhaltig und bis zur Gegenwart hin das philosophische D. und Sprechen bestimmt hat, soll sein einschlägiger Sprachgebrauch, nicht schon seine Theorie übers D., einleitend vorgestellt werden, um die anstehende begriffsgeschichtliche Aufgabe zu präzisieren. Wenn D. für ihn «die Vorstellung seiner selbst mit Bewußtsein» [8], also Selbstbewußtsein, besagt, dann sind auch die Arten unserer Erkenntnis, die Kant in seiner ‹Logik› [9] nach dem Grad ihres «objektiven Gehaltes» unterscheidet, dem D. zu subsumieren, sofern sie Selbstbewußtsein einschließen, also wenigstens: «mit Bewußtsein etwas kennen, d. h. erkennen (cognoscere)», «etwas verstehen (intelligere), d. h. durch den Verstand vermöge der Begriffe erkennen oder concipiren», «etwas durch die Vernunft erkennen oder einsehen (perspicere)» und «etwas begreifen (comprehendere), d. h. in dem Grade ... erkennen, als zu unserer Absicht hinreichend ist». Da Kant die niedrigsten Grade der Erkenntnis, d. h. «vorstellen (repraesentare)», «wahrnehmen (percipere)», «etwas kennen (noscere)», hier auch den Tieren zuschreibt, dürften sie wohl nicht dem D. zuzuordnen sein, zumal er das spontane Erfassen des Denkbaren («cogitabile») vom sinnlichen, rezeptiven Aufnehmen des von den Dingen zu Gebenden («dabile») oder vom «Spürbaren» unterscheidet [10]. Traditionsgemäß bestimmt Kant die Leistung des D. auch dadurch, daß es im Unterschied zur sinnlichen Anschauung aufs Allgemeine geht: «Etwas sich durch Begriffe d. i. im allgemeinen vorstellen, heißt denken» [11].

Doch brauchen die genannten Arten des Erkennens wie Wahrnehmen (s. d.) oder Verstehen (s. d.), obwohl sie zum Begriffsfeld von ‹D.› gehören, im folgenden nicht thematisch behandelt zu werden, wiewohl sich mitunter Überschneidungen nicht vermeiden lassen. Das gilt vor allem für die zentral zum Begriffsfeld von D. gehörenden Ausdrücke ‹urteilen› (Art. ‹Urteil›) und ‹schließen› (s. d.) bzw. ‹folgern› (Art. ‹Folgerung›), denn, wie auch Kant erklärt, «geschieht alles D.» durch «Begriffe, Urteile und Schlüsse» [12].

Die Unterscheidung dieser drei Tätigkeiten des Intellekts, nämlich Begriffsbildung, Urteilen, Schließen, geht über die Scholastik auf Aristoteles zurück. Kant konnte alle drei als D. bezeichnen, weil nach einer Bestimmung der Schulphilosophie ‹D.› (cogitatio) «oft für jede Tätigkeit des Intellekts gebraucht wird» [13]. «Eigentlich» – so heißt es bei MICRAELIUS – bezeichnet ‹D.› «das Erforschen der Wahrheit aus vielem durch Hin- und Hergehen» (inquisitio veritatis per discursum ex multis). Diese «eigentliche Bedeutung» von D. als «discurrere» oder «ratiocinari» – beides gebrauchen die Schulphilosophie und die ältere Scholastik synonym – wird auch in ZEDLERS ‹Universallexikon› (1734) vermerkt: «D. ... bedeutet eigentlich nach dem Griechischen durch Zu- und Abnehmen eine gewisse Summe finden, wie im Rechnen geschieht; es heißt aber auch aus etlichen gewissen Sätzen einen Schluß machen» [14]. KANT hat – vermutlich als erster – diskursives und schließendes D. (discursus und ratiocinatio) terminologisch voneinander abgehoben: ratiocinatio bezeichnet den Schluß [15], also die dritte Tätigkeit des Intellekts; «die diskursive Erkenntnis» «durch Begriffe, mithin auch durch lauter Prädikate», also die traditionell zweite Tätigkeit des Intellekts, «heißt D.» [16].

Kants Schlüsselstellung im philosophischen Sprachgebrauch von ‹D.› kann endlich durch folgende ungewöhnliche Bemerkung unterstrichen werden: «Das D. ist ein Sprechen und dieses ein höhren» [17]. Während der erste Teil dieses Satzes auf die einschlägige traditionsreiche Lehre Platons verweist, kann zu seinem zweiten Teil, in dem dieses (innere) Sprechen nicht nur als durchs Hören auf die Sprache ermöglicht, sondern selber als Hören bezeichnet wird, nur bemerkt werden, dass er nicht von Heidegger, sondern von Kant stammt.

Wie Kants Sprachgebrauch von D. die lateinische Terminologie voraussetzt, so verweist der ältere Gebrauch des deutschen Wortes ‹D.› oder ‹gedenken› oft auf die entsprechenden lateinischen oder griechischen Wörter. Dem Satz MEISTER ECKHARTS: «Got gedenket niht dan sîn wesen», entspricht seine lateinische Formulierung: «Deus ... non cogitat nisi suum esse» [18]. Und wenn er im Rahmen der aristotelischen Einteilung der Kräfte oder Teile der Seele schreibt: «Ein ander kraft ist in der sêle, dâ mite si gedenket» [19], so verweist hier ‹D.› auf griechisch νοεῖν. Nach GRAFF entspricht althochdeutsch ‹dankjan›, ‹denkjan› primär dem lateinischen ‹cogitare›, aber es dient auch zur Übersetzung von ‹meditari›, ‹considerare›, ‹deliberare› usw. [20]. WULFILAS Bibelübersetzung gebraucht gotisch ‹þagkjan› für griechisch βουλεύεσθαι, λογίζεσθαι [21].

Was in solcher Weise schon die Sprachgeschichte nahelegt, dem Sinn der griechischen und lateinischen Entsprechungen zu ‹D.› nachzugehen, soll im folgenden im Abzielen auf eine philosophische Begriffsgeschichte geschehen. Zwar könnte diese durch die Frage bestimmt sein, ob sich in der langen Geschichte der Unterscheidung des D. von sinnlicher Wahrnehmung nicht eine fortschreitende Differenzierung in der Bestimmung der Gegenstände des D., seiner Spontaneität und Reflexivität sowie seines Verhältnisses zum Sprechen und zur Sprache zeigen läßt – ebenso aber auch eine differenziertere Fassung des materialistischen Argumentes, daß D. «alle Stufen und Formen der menschlichen höheren Gehirntätigkeit bezeichnet» [22] –, aber die erste Aufgabe bleibt die Zusammenstellung des Materials. Der folgende Überblick bleibt lückenhaft. Besonders das außereuropäische D. über D., aber auch die einschlägigen Bestimmungen der jüdisch-arabischen Philosophie, können nicht berücksichtigt werden.

Anmerkungen. [1] HEGEL, Einl. Gesch. Philos., hg. HOFFMEISTER (³1959) 82f. – [2] KANT, KrV B XXVI, Anm. und B 146. – [3] M. HEIDEGGER: Was heißt Denken? (1954) 4; Der Satz vom Grund (1957) 86. – [4] G. F. MEIER: Vernunftlehre (²1762) § 154. – [5] Vgl. z. B. CHR. ADELUNG: Versuch eines vollst. grammatisch-krit. Wb. der hochdtsch. Mundart ... (1774); J. und W. GRIMM: Dtsch. Wb. 2 (1860) s. v. ‹D.›. – [6] HEGEL, a. a. O. [1] 82. – [7] KANT, Opus postumum. Akad.-A. 22, 48. – [8] a. a. O. 22, 89. – [9] Logik VIII. Akad.-A. 9, 64f. – [10] Opus postumum. Akad.-A. 22, 22f. 28. 32. 90 usw. – [11] Preisschrift über die Fortschritte der Met. Beilagen Nr. 1. Akad.-A. 20, 325. – [12] Logik V. Akad.-A. 9, 33. – [13] MICRAELIUS: Lex. Philos. (²1662, Nachdruck 1966) s. v. ‹cogitatio›. – [14] ZEDLER: Universallex. 7 (1734) s. v. ‹D.›. – [15] Vgl. KANT, Logik § 86. Akad.-A. 9, 133f. und Nova dilucidatio, Sectio I, Prop. III, Schol. Akad.-A. 1, 391. – [16] Zitatzusammenstellung aus: Preisschrift über die Fortschritte der Met. Beilagen Nr. 1. Akad.-A. 20, 325 und Proleg. § 46. Akad.-A. 4, 333. – [17] Opus postumum. Akad.-A. 21, 103. – [18] MEISTER ECKHART, Dtsch. Werke, hg. J. QUINT 1, 130, 6–8; dort Anm. 3 der entsprechende lat. Text aus ‹Rechtfertigungsschrift›, hg. G. THÉRY, Dtsch. Werke 1, II, art. 48. – [19] 151, 8. – [20] E. G. GRAFF: Ahd. Sprachschatz oder Wb. der ahd. Sprache 5 (1840) 150ff.: s. v. ‹dankjan›, ‹denkjan›. – [21] WULFILA-Bibel, hg. W. STREITBERG (⁴1965) Register. – [22] R. KLAPPENBACH und W. STEINITZ: Wb. der dtsch. Gegenwartssprache 1 (1964) s. v. ‹D.›.

B. – 1. Nach dem Zeugnis des ARISTOTELES haben «die Alten das D. (τὸ φρονεῖν, auch τὸ νοεῖν) und das Wahrnehmen (τὸ αἰσθάνεσθαι) gleichgesetzt» [1]. K. v. Fritz zeigt entsprechend in seinen Untersuchungen über die Worte νοῦς und νοεῖν bei HOMER und den Vorsokratikern die enge Beziehung auf, die für die alte griechische Sprache zwischen D., Sehen und Hören besteht [2]. Dies gilt für die Sprache HOMERS [3] wie für XENOPHANES [4], auch noch für HERAKLIT [5] und EMPEDOKLES [6]. Nach v. Fritz läßt sich die Nähe von D. und Wahrnehmen trotz Abhebung des D. von der rein sinnlichen Wahrnehmung dadurch bezeichnen, daß νοεῖν zwar nie den (diskursiven) Prozeß des D. selber meint, wohl aber «als eine Art geistiger Wahrnehmung» aufgefaßt wird [7].

Den Wendepunkt in der Geschichte der vorsokratischen Philosophie und den Beginn einer philosophischen Thematisierung des D. kann man bei PARMENIDES sehen. Dies hat PLATON erkannt, wenn er zwar alle alten Philosophen und Dichter der Bestimmung von Erkenntnis (ἐπιστήμη) als Wahrnehmung (αἴσθησις) [8] zustimmen sieht, doch Parmenides allein davon ausnimmt [9]. Vielleicht könnte man noch auf HERAKLITS Ausspruch verweisen: ξυνόν ἐστι πᾶσι τὸ φρονέειν (gemeinsam ist allen das D.) [10]. Doch scheint es Heraklit hier, wenn man den Zusammenhang der Fragmente B 112 und B 114 hinzunimmt, weniger auf eine Thematisierung des D. als auf eine Bestimmung von Weisheit anzukommen, die in der Einsicht in das Gemeinsame des alles durchwaltenden göttlichen Gesetzes besteht, wobei diese Einsicht in der Weise einer unmittelbaren Anschauung erfolgt [11]. PARMENIDES lehrt mit aller Schärfe den Unterschied zwischen der Wahrheit (ἀλήθεια) und den Meinungen der Sterblichen (βροτῶν δόξαι), die keine wahre Gewißheit haben [12]. Als Weg des Suchens ist allein zu denken (νοῆσαι): ὅπως ἔστιν τε καὶ ὡς οὐκ ἔστι μὴ εἶναι («daß Ist ist und daß Nichtsein nicht ist» bzw. «daß [etwas] ist und daß nicht zu sein unmöglich ist») [13], «denn dasselbe ist D. und Sein» (τὸ γὰρ αὐτὸ νοεῖν ἐστίν τε καὶ εἶναι [14]. Die Verbindung des D. mit dem Sein macht die Möglichkeit von wahrem D. und d. h. die Möglichkeit, Seiendes auszusagen, aus. So kann über alle Schwierigkeiten der Interpretation hinweg der umstrittene Abschnitt verstanden werden: ταὐτὸν δ'ἐστὶ νοεῖν τε καὶ οὕνεκέν ἐστι νόημα· οὐ γὰρ ἄνευ τοῦ ἐόντος, ἐν ὧι πεφατισμένον ἐστίν, εὑρήσεις τὸ νοεῖν (dasselbe ist D. und die Ursache des D., denn nicht ohne das Seiende, worin es sich entfaltet, wirst du das D. finden) [15]. Wie das Seiende nach Fragment 3 als einzig Denk-Mögliches vor der Instanz des D. bleibt, so verbürgt hier die Identität des Seienden die Wahrheit des D. [16]. Weicht der Mensch von dieser Identität von D. und Sein ab, so befindet er sich auf dem Weg der Meinung (δόξα), wo der Irrtum herrscht [17]. In der Unterscheidung des rechten Weges versteht Parmenides das D. nicht nur als das unmittelbare intuitive Erfassen des Seins, sondern er war – nach der Formulierung von v. Fritz – «der erste, der bewußt logisches Schließen in die Tätigkeit des νόος einbezog» [18].

Anmerkungen. [1] ARISTOTELES, De anima 427 a 21f. – [2] K. v. FRITZ: Die Rolle des Nus. Nus und Noein in den homerischen Gedichten; Nus und Noein und ihre Ableitungen in der vorsokratischen Philos. (1943/45/46), jetzt in: Um die Begriffswelt der Vorsokratiker, hg. H.-G. GADAMER (1968) 246-363; vgl. die weiterführenden und zum Teil v. Fritz kritisierenden Abh.: G. PLAMBÖCK: Erfassen – Gegenwärtigen – Innesein. Aspekte homerischer Psychol. (Diss. Kiel 1959); W. LUTHER: Wahrheit, Licht und Erkenntnis in der griech. Philos. bis Demokrit. Ein Beitrag zur Erforsch. des Zusammenhanges von Sprache und philos. D. Arch. Begriffsgesch. 10 (1966) 1-240. – [3] v. FRITZ, a. a. O. 265ff. 275f. – [4] a. a. O. 288ff. – [5] 299f. – [6] 322f. 332ff. – [7] 265ff. – [8] PLATON, Theait. 151 e ff. – [9] Theait. 152 e 2-5; vgl. v. FRITZ, a. a. O. [2] 304ff. sowie Theol. Wb. zum NT, hg. G. KITTEL 4 (1942) 947f. – [10] HERAKLIT bei DIELS/KRANZ B 113. – [11] Vgl. v. FRITZ, a. a. O. 297ff. – [12] PARMENIDES bei DIELS/KRANZ B 1, 28-30. – [13] B 2, 2-3, dtsch. nach W. KRANZ in: DIELS/KRANZ, (⁶1951); vgl. U. HÖLSCHER: Parmenides. Vom Wesen des Seienden (1969) 79f. – [14] B 3. – [15] B 8, 34-36; zur Übersetzung vgl. v. FRITZ, a. a. O. [2] 307ff. – [16] Vgl. HÖLSCHER, a. a. O. [13] 98f. – [17] B 50ff. – [18] v. FRITZ, a. a. O. [2] 315; vgl. LUTHER, a. a. O. [2] 90-119.

2. In seiner Spätphilosophie führt PLATON das Wesen der Sophistik auf die Aporien der Philosophie des Parmenides zurück [1]. Dadurch daß Parmenides das D. so strikt an das Sein gebunden hat, wird es widersprüchlich, vom «Scheinen» (φαίνεσθαι und δοκεῖν) und vom «unwahren» Reden und Meinen (ψευδῆ λέγειν ἢ δοξάζειν) [2] zu sprechen, denn οὔτε φθέγξασθαι δυνατὸν ὀρθῶς οὔτ' εἰπεῖν οὔτε διανοηθῆναι τὸ μὴ ὂν αὐτὸ καθ' αὑτό (es [ist] gar nicht recht möglich, das Nichtseiende für sich selbst auszusprechen oder davon zu reden oder es zu durchdenken) [3]. Eine totale Trennung zwischen Sein und Nichtsein als dem Schein würde alles gleich wahr und gleich falsch erscheinen lassen [4]. Ebenso verwirft aber Platon genauso entschieden die Identifizierung von Bewegung und Sein bei den Herakliteern, wonach Wahrnehmung (αἴσθησις) und Erkenntnis (ἐπιστήμη) dasselbe wären [5], denn wenn alles in Bewegung ist und nichts beharrt, läßt sich auch nichts benennen und als etwas aussagen [6]. Vielmehr sieht sich Platon in der Mitte zwischen beiden [7].

Im ‹Phaidon› antwortet er auf die Frage, wann die Seele die Wahrheit erfasse (πότε ... ἡ ψυχὴ τῆς ἀληθείας ἅπτεται) [8], daß dies nicht durch den Leib und die sinnliche Wahrnehmung (αἴσθησις) geschehe, sondern daß «ihr im Überlegen», wenn überhaupt irgendwo, etwas vom Seienden offenbar wird» (ἐν τῷ λογίζεσθαι εἴπερ που ἄλλοθι κατάδηλον αὐτῇ γίγνεταί τι τῶν ὄντων) [9]. Das Wesen (οὐσία) einer Sache erkennt man, indem man über sie nachdenkt (αὐτὸ ἕκαστον διανοηθῆναι) [10]. Dies aber vermag am reinsten, wer «mit dem D. selbst» (αὐτῇ τῇ διανοίᾳ), ohne irgendeine sinnliche Wahrnehmung «beim vernünftigen Überlegen» (μετὰ τοῦ λογισμοῦ) hinzuzuziehen, sich einem jeden Ding selbst in seiner Reinheit zuwendet (αὐτὸ καθ' αὑτὸ εἰλικρινὲς ἕκαστον), sozusagen ganz ohne den Leib, weil «der Leib die Seele verwirrt und sie die Wahrheit und vernünftige Einsicht nicht erlangen läßt, solange er mit ihr Gemeinschaft hat» (ὡς ταράττοντος καὶ οὐκ ἐῶντος τὴν ψυχὴν κτήσασθαι ἀλήθειάν τε καὶ φρόνησιν ὅταν κοινωνῇ) [11]. Daher wendet nach Platon die Philosophie die Seele auf sich selbst zurück, es entsteht so etwas wie ein Selbstbewußtsein, dadurch daß sie das Seiende nur durch sich selbst denkt, obwohl dieses Selbstbewußtsein noch nicht modern gedacht ist, sondern an den Ideen sein ontologisches Maß hat: αὐτὴν δὲ εἰς αὑτὴν συλλέγεσθαι καὶ ἁθροίζεσθαι παρακελευομένη, πιστεύειν δὲ μηδενὶ ἄλλῳ ἀλλ' ἢ αὐτὴν αὑτῇ, ὅτι ἂν νοήσῃ αὐτὴ καθ' αὑτὴν αὐτὸ καθ' αὑτὸ τῶν ὄντων (sie [die Philosophie] ermahnt sie [die Seele], sich auf sich selbst zurückzuziehen und sich zu sammeln und nichts anderem Glauben zu schenken als nur sich selbst, wenn sie selbst an sich etwas von den Dingen an ihnen selbst denkt) [12]. Wie die Wahrnehmung es mit der sinnlichen Vielfalt zu tun hat, so das D. mit den Ideen: καὶ τὰ μὲν [τὰ πολλά] δὴ ὁρᾶσθαί φαμεν, νοεῖσθαι δ' οὔ, τὰς δ' αὖ ἰδέας νοεῖσθαι μέν, ὁρᾶσθαι δ' οὔ (und von dem ersteren [den vielen Dingen] sagen wir, daß es gesehen, nicht aber gedacht wird; von den Ideen aber wiederum, daß sie gedacht, nicht aber gesehen werden) [13]. In den *späten Dialogen* kann Platon das D. (διάνοια) als «das innere Gespräch der Seele mit sich selbst» (ἐντὸς τῆς ψυχῆς πρὸς αὑτὴν διάλογος) bezeichnen [14]. D. (διανοεῖσθαι) ist dasselbe wie διαλέγεσθαι, sich unterreden, die Vorform der Dialektik [15].

Platon gebraucht zwar die Verben, die sich im Deutschen mit ‹denken› übersetzen lassen: νοεῖν, φρονεῖν, λογίζεσθαι, weitgehend synonym und ebenso die entsprechenden Substantive: νοῦς, φρόνησις, λογισμός. Dies wird deutlich in der Darstellung der verschiedenen Seelenteile und Lebensweisen in der ‹Politeia› und im ‹Philebos›: So bezeichnet Platon den vernünftigen Seelenteil τὸ μὲν ᾧ λογίζεται λογιστικόν ... τῆς ψυχῆς (das Überlegungsvermögen der Seele, wodurch sie überlegt) [16], an anderer Stelle jedoch ἐν ᾧ τὸ φρονεῖν ἐγγίγνεται (worin das D. stattfindet) [17]. Die entsprechende Lebensweise nennt er τὸ φρονεῖν καὶ τὸ νοεῖν καὶ λογίζεσθαι τὰ δέοντα (das Bedenken, Einsehen und Überlegen des Nötigen) [18] oder auch zusammenfassend τὸν τοῦ νοεῖν καὶ φρονεῖν βίον (die Lebensweise des vernünftigen D.) [19]. Während aber νοεῖν und φρονεῖν bei Platon fast völlig auswechselbar sind, gewinnt λογίζεσθαι eine eigene Bedeutung, die später in der lateinischen Tradition als ‹ratiocinari› und ‹computare› wirksam wird. Platon bestimmt als Voraussetzung und Vorübung für die Dialektik die Beschäftigung mit den mathematischen Fächern, weil sie die Seele auf das Gemeinsame und das Seiende lenken, und er nennt diese Beschäftigung λογίζεσθαι καὶ ἀριθμεῖν (Rechnen und Zählen) [20]. Konsequent gibt Platon daher auch als Mittel gegen die Täuschung durch Nachahmung an: das Messen (τὸ μετρεῖν), das Wägen (τὸ ἱστάναι) und das rechnerische D. (τὸ ἀριθμεῖν, synonym gebraucht mit τὸ λογίζεσθαι) [21].

Ausdrücklich und thematisch bestimmt Platon im Liniengleichnis der ‹Politeia› das Verhältnis von διάνοια (diskursives D., Nachdenken, Reflexion) und νοῦς oder νόησις (Einsicht) genauer [22]. Beide Vermögen beziehen sich auf den Bereich des Einsehbaren (τὸ νοητοῦ γένος). Während aber das diskursive D. (διάνοια) von Voraussetzungen ausgeht, die es als bekannt und ohne Beweis annimmt, und so zu Ergebnissen in Geometrie, Mathematik und ähnlichen Wissenschaften gelangt, berührt (ἅπτεται) die Einsicht (νοῦς) in den Voraussetzungen auf deren Ursprung zurückgehend den voraussetzungslosen Anfang des Alls, ist also das D. des Guten selbst [23]. Wie G. Krüger diesen Abschnitt interpretiert, «hat Platon unter διάνοια das diskursive D. verstanden, das sich in ‹Gedankengängen› (z. B. Beweisketten oder Schlüssen) hin- und herbewegt, während der νοῦς die Einsicht ist, die als geistige Anschauung ihren Gegenstand als Ganzes ‹anrührt› und bei ihm ruhig verweilt» [24]. Dieses Zurückgehen in den Voraussetzungen bis zum voraussetzungslosen Anfang nennt Platon Dialektik [25], und sie wird vollzogen, indem die Seele «die Methode mit Hilfe der Ideen selbst und durch sie hindurch verfolgt» (αὐτοῖς εἴδεσι δι' αὐτῶν τὴν μέθοδον ποιουμένη) [26].

Das Problem der *Spätdialoge* Platons ist, daß die Ideen von dem ewigen unwandelbaren eleatischen Sein unterschieden werden müssen, weil sonst Erkenntnis so wenig möglich ist wie bei bloßer Wahrnehmung der sinnlichen Vielfalt. Doch lehnt Platon im Dialog ‹Parmenides› die mögliche Auskunft ab, ob «nicht etwa jede dieser Ideen nur ein Gedanke ist» (μὴ τῶν εἰδῶν ἕκαστον ᾖ τούτων νόημα), welcher nur in den Seelen vorkommt [27]. Denn für Platon ist der Gedanke eben nicht nur Gedanke, sondern Gedanke von etwas Bestimmtem, «was eben jener Gedanke als an allen Dingen befindlich denkt, als eine bestimmte Idee» (ὃ ἐπὶ πᾶσιν ἐκεῖνο τὸ νόημα ἐπὸν νοεῖ, μίαν τινὰ οὖσαν ἰδέαν) [28].

Zusammenfassend mag man sagen, daß Platon die Tätigkeit des D. ganz in den Ideen begründet sieht, an denen auch diese sichtbare Wirklichkeit teilhat, weshalb sie vernünftig gedacht werden kann. Der einzelne Mensch kann das Allgemeine, die Idee, denken, weil durch die Anamnesis ein Vorwissen in ihm geweckt wird, das ihn die sichtbaren Dinge am Maß der Ideen sehen läßt.

Anmerkungen. [1] PLATON, Soph. 236 c ff. – [2] Soph. 236 e. – [3] Soph. 238 c 8f. – [4] Vgl. Soph. 249 a/b. – [5] Theait. 179 c ff. – [6] Theait. 182 c-e. – [7] Theait. 180 e 6. – [8] Phaid. 65 b 9. – [9] Phaid. 65 c 2f. – [10] Phaid. 65 e 2-4. – [11] Phaid. 65 e 6-66 a 6; vgl. J. HIRSCHBERGER: Die Phronesis in der Philos. Platons vor dem ‹Staat› (1932). – [12] PLATON, Phaid. 83 a 7-b 2. – [13] Resp. 507 b 9f. – [14] Soph. 263 e 3-5; vgl. Theait. 189 e 4-190 a 6. – [15] Theait. 189 e 8f. – [16] Resp. 439 d 5f. – [17] Resp. 572 a 6. – [18] Phileb. 21 a 14f.; vgl. Phileb. 11 b 7f. – [19] Phileb. 33 b 3f.; vgl. 21 d 6f., 13 e 4 sowie Resp. 505 b. – [20] Resp. 522 e 2; vgl. den ganzen Abschnitt 522 c-532 b. – [21] Resp. 602 d 6-9. – [22] Resp. 509 d ff. – [23] Resp. 532 b 1. – [24] G. KRÜGER: Anm. zu Platon. Der Staat (1950) 544. – [25] PLATON, Resp. 532 b 4; vgl. 511 b 4. – [26] Resp. 510 b 8f. – [27] Parm. 132 b 3-5. – [28] Parm. 132 c 3f.

3. ARISTOTELES führt die platonische Einteilung des D. weiter. Doch terminologisch klar ist allenfalls, daß Einsicht und Vernunft (in Übersetzungen oft auch: intuitiver Verstand), also das Erfassen der Prinzipien, mit νοῦς oder νοεῖν bezeichnet werden (ohne daß νοεῖν immer dies bedeuten müßte): ὁ νοῦς τῶν ἀρχῶν (die Einsicht erfaßt die Prinzipien) [1]. Die anderen Begriffe, die den Vollzug des Denkens umschreiben: διάνοια, λογισμός, ἐπιστήμη μετὰ λόγου, φρόνησις, σοφία sowie die entsprechenden Verben, gebraucht Aristoteles nicht spezifisch, sondern umschreiben zumeist alle die schlußfolgernd beweisende Form des wissenschaftlichen D. bzw. das zielgerichtete Streben der sittlichen Einsicht [2]. Das diskursive D. hat also seinen Ort in der bestimmten Wissenschaft, der ἐπιστήμη διανοητική [3] oder μάθησις διανοητική [4] («diskursive Wissenschaft» bzw. «diskursives Lernen»), deren Verfahren in der ‹Zweiten Analytik› beschrieben wird, bzw. in den dianoetischen oder Verstandestugenden [5]. Diese grundsätzliche Trennung zwischen diskursivem D. und Ver-

nunft mag verdeutlicht werden durch zwei Bemerkungen von Aristoteles an verschiedener Stelle: Οὐ γάρ ἐστι τὸ ψεῦδος καὶ τὸ ἀληθὲς ἐν τοῖς πράγμασιν ..., ἀλλ' ἐν διανοίᾳ, περὶ δὲ τὰ ἁπλᾶ καὶ τὰ τί ἐστιν οὐδ' ἐν διανοίᾳ (Denn das Falsche und das Wahre sind nicht in den Gegenständen ..., sondern in der Überlegung, aber bei den einfachen Dingen und den «Was» gibt es das Wahre und das Falsche nicht einmal im D.) [6]. Ἡ μὲν οὖν τῶν ἀδιαιρέτων νόησις ἐν τούτοις περὶ ἃ οὐκ ἔστι τὸ ψεῦδος (Das D. der ungeteilten Begriffe gehört zu dem Gebiet, wo es keinen Irrtum gibt) [7]. Diese Einteilung des D. unterscheidet sich nicht von der Platons, verschärft sie jedoch entsprechend dem deutlicheren Wissenschaftsbegriff des Aristoteles.

Dagegen tritt die Bedeutung von λογίζεσθαι bzw. λογισμός als Rechnen [8] entsprechend der geringen Rolle, die die Mathematik bei ihm spielt, zurück. Aristoteles vergleicht sogar den Wortgebrauch in der sophistischen Disputierkunst abfällig mit dem Umgang mit Rechensteinen (καθάπερ ἐπὶ τῶν ψήφων τοῖς λογιζομένοις) [9]. Eine gewichtigere Bedeutung erhält λογίζεσθαι allerdings als Vollzugsweise der sittlichen Einsicht (φρόνησις) in der Abwägung des Richtigen: denn «Wollen und Abwägen ist dasselbe» (τὸ γὰρ βουλεύεσθαι καὶ λογίζεσθαι ταὐτόν), und es ist Sache des abwägenden Seelenteils (τὸ λογιστικόν) [10].

In ‹De anima› untersucht Aristoteles, was das D. ist und wie es zustande kommt. Und zwar betrachtet er es als ein bestimmtes Seelenvermögen (δύναμις ψυχῆς), das Denkvermögen (διανοητικόν) neben dem Ernährungs- und Wahrnehmungsvermögen [11]. Das Denkvermögen, das er auch «Geist und theoretisches Vermögen» (ὁ νοῦς καὶ ἡ θεωρητικὴ δύναμις) [12] oder «Denkseele» (ἡ ψυχὴ νοητική) [13] nennt, ist eine besondere Seelengattung, abtrennbar und im Gegensatz zu den anderen Seelenvermögen leidensunfähig (ἀπαθές) [14]. Ὥστε μηδ' αὐτοῦ εἶναι φύσιν μηδεμίαν ἀλλ' ἢ ταύτην ὅτι δυνατός. ὁ ἄρα καλούμενος τῆς ψυχῆς νοῦς (λέγω δὲ νοῦν ᾧ διανοεῖται καὶ ὑπολαμβάνει ἡ ψυχή) οὐδέν ἐστιν ἐνεργείᾳ τῶν ὄντων πρὶν νοεῖν (So besitzt es keine andere Natur als diese, daß es Vermögen ist. Der sogenannte Geist der Seele (ich nenne Geist das, womit die Seele nachdenkt und vermutet) ist der Wirklichkeit nach, bevor er denkt, nichts von den Dingen) [15]. Man kann sagen, ohne zu sehr zu modernisieren, daß Aristoteles D. schon als bloße Tätigkeit des Bewußtseins begriff und daß er bereits die Spontaneität des D. beschreibt. D. ist im Gegensatz zur Wahrnehmung von seinem Gegenstand unabhängig: Διὸ νοῆσαι μὲν ἐπ' αὐτῷ, ὁπόταν βούληται, αἰσθάνεσθαι δ' οὐκ ἐπ' αὐτῷ· ἀναγκαῖον γὰρ ὑπάρχειν τὸ αἰσθητόν (Deshalb hat man das D. in seiner Gewalt, wenn man will, nicht aber das Wahrnehmen, denn das Wahrnehmbare muß da sein) [16]. Aristoteles hat die Trennung zwischen Wahrnehmen und D. konsequent durchgeführt und kritisiert die früheren Philosophen, die beides gleichsetzen [17]. Während «die Wahrnehmung der eigentümlichen Gegenstände immer wahr [ist], kann das Nachdenken auch falsch sein» (ἡ μὲν γὰρ αἴσθησις τῶν ἰδίων ἀεὶ ἀληθής, ... διανοεῖσθαι δ' ἐνδέχεται καὶ ψευδῶς) [18]. Denn die Wahrnehmung hat es mit den äußeren Gegenständen zu tun [19], das D. mit seiner eigenen Tätigkeit. Deshalb ist D. nun auch zu unterscheiden von Wissen, zumal vieles zugleich gewußt, aber nicht zugleich über vieles nachgedacht werden kann [20].

Wie nun das D. zustande kommt und inwieweit es doch von den Gegenständen affiziert wird bzw. reine Tätigkeit des Denkens selber ist, untersucht Aristoteles im 4. und 5. Kapitel des 3. Buches von ‹De anima› [21]. Diese Überlegungen führen ihn zu der wirkungsträchtigen Unterscheidung von νοῦς παθητικός und νοῦς ποιητικός [22]. Der νοῦς παθητικός [23] wäre danach das rezeptive Denkvermögen, das «der Möglichkeit nach irgendwie die denkbaren Dinge ist» (δυνάμει πώς ἐστι τὰ νοητά) [24]. Vom νοῦς ποιητικός, welchen Ausdruck Aristoteles selbst nicht wörtlich verwendet [25], gilt dagegen nicht, daß er bald denkt und bald nicht denkt (οὐχ ὁτὲ μὲν νοεῖ ὁτὲ δ' οὐ νοεῖ) [26], sondern er ist reine Spontaneität des D., dauernde Tätigkeit [27].

Nach Aristoteles ist die Funktion des D. das Begreifen des Allgemeinen und unterscheidet sich dadurch von der sinnlichen Wahrnehmung. Wahrscheinlich geht diese Vorstellung auf ALKMAION zurück, für den der Mensch sich dadurch von den Tieren unterscheidet, daß er allein begreift (ξυνίησι), während die übrigen Lebewesen zwar wahrnehmen, aber nicht begreifen [28]. Nach dessen Lehre, die von PLATON referiert wird [29], bis zu HIPPOKRATES wirkt [30] und die ARISTOTELES wieder aufnimmt [31], entsteht das D., wenn im unablässigen Strom der Sinneseindrücke und Erinnerungen ein Ruhezustand eintritt: τῷ γὰρ ἠρεμῆσαι καὶ στῆναι τὴν διάνοιαν ἐπίστασθαι καὶ φρονεῖν λεγόμεθα (denn vermöge des Ruhens und Stehens sagen wir, daß die Denktätigkeit etwas weiß und begreift) [32]. Das Allgemeine (καθόλου) kristallisiert sich aus vielen durch die Erfahrung gewonnenen Gedanken (ἐκ πολλῶν τῆς ἐμπειρίας ἐννοημάτων) [33], und dies Allgemeine ist Gegenstand des Erkennens und D.: ᾗ γὰρ ἕν τι καὶ ταὐτόν, καὶ ᾗ καθόλου τι ὑπάρχει, ταύτῃ πάντα γνωρίζομεν (denn wir erkennen alles nur insoweit, als es ein Eines und Identisches und etwas Allgemeines gibt) [34]; εἰ μὲν οὖν μηδέν ἐστι παρὰ τὰ καθ' ἕκαστα, οὐθὲν ἂν εἴη νοητὸν ἀλλὰ πάντα αἰσθητὰ καὶ ἐπιστήμη οὐδενός (wenn es nun nichts neben den Einzeldingen gäbe, wäre nichts gedacht, sondern alles nur sinnlich wahrgenommen, und es gäbe von nichts eine Wissenschaft) [35]. Darum gilt es, als das Allgemeine der sinnlich wahrnehmbaren Dinge (αἰσθηταὶ οὐσίαι) deren Prinzipien (ἀρχαί) zu suchen [36].

Diese Fragestellung führt Aristoteles in ‹Metaphysik› Λ auf den ersten Ursprung des bewegten Seins, den unbewegten Beweger [37]. Er beschreibt diesen Ursprung als das Ziel allen Strebens als D.: ἀρχὴ γὰρ ἡ νόησις (denn der Ursprung ist das D.) [38]. Da aber dieser Ursprung nicht durch etwas Fremdes, außer ihm Seiendes, bestimmt sein darf, hat dieses D. sich selbst zum Gegenstand: αὐτὸν ἄρα νοεῖ, εἴπερ ἐστὶ τὸ κράτιστον, καὶ ἔστιν ἡ νόησις νοήσεως νόησις (sich selbst also denkt es, wenn es das Oberste ist, und es ist das Denken Denken des Denkens) [39]. Daß der Geist sich selbst denkt und darum in dauernder Tätigkeit ist, macht ihn zu etwas Göttlichem; der Gipfel des D. ist also für Aristoteles seine selbstgenügsame Schau in der Theorie: νοητὸς γὰρ γίγνεται θιγγάνων καὶ νοῶν, ὥστε ταὐτὸν νοῦς καὶ νοητόν ... καὶ ἡ θεωρία τὸ ἥδιστον καὶ ἄριστον (Er wird nämlich ein Gedachter, wenn er etwas berührt und denkt, so daß Geist und Gedachtes dasselbe sind ... und die Theorie ist das Erfreuendste und Beste) [40].

Anmerkungen. [1] ARISTOTELES, Anal. post. 100 b 12; vgl. 88 b 36. 85 a 1; Eth. Nic. (= EN) 1141 a 7f., 1142 a 25f. – [2] z. B. Anal. post. 100 b 5ff., vgl. 89 b 7-9; EN 1139 a 12f. u. 29ff. – [3] Met. 1025 b 6. – [4] Anal. post. 71 a 1. – [5] EN 1103 a 2ff.; vgl. 1139 a 3ff. – [6] Met. 1027 b 25-28. – [7] De an. 430 a 26f. – [8] z. B. Anal. post. 88 b 12. – [9] Soph. El. 165 a 9f. – [10] EN

1139 a 12f.; vgl. 1140 a 29f. 1142 b 1f. 1117 a 21. – [11] De an. 413 b 11ff.; vgl. Buch 2, c. 2 u. 3. – [12] De an. 413 b 24-27. – [13] De an. 429 a 28. – [14] De an. 429 a 15; vgl. 417 b 2ff. – [15] De an. 429 a 21-24. – [16] De an. 417 b 23-25. – [17] De an. 427 a 21f. 427 b 6f.; vgl. Buch 1, c. 2ff. – [18] De an. 427 b 12f. – [19] De an. 417 b 27. – [20] Top. 114 b 34-36. – [21] De an. 429 b 22ff. – [22] De an. Buch 3, c. 5. – [23] De an. 430 a 24f. – [24] De an. 429 b 30; vgl. 429 b 6. 429 a 21ff. – [25] Vgl. De an. 430 a 15. – [26] De an. 430 a 22. – [27] De an. 430 a 17f. – [28] DIELS/KRANZ Bd. 1, zu ALKMAION B 1 a. – [29] PLATON, Phaid. 96 b 5ff. – [30] HIPPOKRATES, De morbo sacro 14, VI 388 L.; vgl. die Belege bei DIELS/KRANZ Bd. 1, zu ALKMAION A 11. – [31] ARISTOTELES, Anal. post 100 a 3ff.; Phys. 247 b 1ff.; Met. 980 a 27ff. – [32] Phys. 247 b 11f. – [33] Met. 981 a 5f.; vgl. Anal. post. 100 a 6f. – [34] Met. 999 a 28f. – [35] Met. 999 b 1-3. – [36] z. B. Met. XII, 1. – [37] Met. XII, 7, 1072 a 25ff. – [38] Met. 1072 a 30. – [39] Met. 1074 b 33-35. – [40] Met. 1072 b 20-24; vgl. zum Problem insgesamt K. OEHLER: Die Lehre vom noetischen und dianoetischen D. bei Platon und Aristoteles (1962).

4. Die *Stoa* betont die von der sinnlichen Wahrnehmung ausgehende Seite des D. Die Grundbegriffe der stoischen Erkenntnislehre faßt DIOKLES MAGNES wie folgt zusammen, wobei er auch den Ort des D. und seinen wesentlichen Bezug zum Sprechen heraustellt: Ἀρέσκει τοῖς Στωικοῖς τὸν περὶ φαντασίας καὶ αἰσθήσεως προτάττειν λόγον ... καθότι τὸ περὶ συγκαταθέσεως καὶ περὶ καταλήψεως καὶ νοήσεως λόγος ... οὐκ ἄνευ φαντασίας συνίσταται, προηγεῖται γὰρ ἡ φαντασία, εἶθ' ἡ διάνοια ἐκλαλητικὴ ὑπάρχοντα, ὃ πάσχει ὑπὸ τῆς φαντασίας, τοῦτο ἐκφέρει λόγῳ (Die Stoiker halten es für angemessen, die Lehre von der Vorstellung und Wahrnehmung voranzustellen, ... weil die Lehre von der Zustimmung sowie von der Ergreifung und dem Denken nicht ohne Vorstellung besteht. Denn der Vorstellung kommt der Vorrang zu, dann folgt das Denkvermögen, das als ein Vermögen der Aussprache dasjenige, was von der Vorstellung empfängt, durch das Wort kundgibt) [1].

PHILONS Auffassung vom D. ist geprägt von der Stoa, nur daß er die göttliche Herkunft der Vernunft betont. Die Denkkraft (διάνοια), für ihn identisch mit der Vernunft (νοῦς), ist θειότατον [bzw. τὸ οὐράνιον] τῶν ἐν ἡμῖν (der göttliche [bzw. himmlische] Teil in uns) [2]. Sie ist göttlicher Art, weil Gottes Ebenbild: θεοειδὴς ὁ ἀνθρώπινος νοῦς πρὸς ἀρχέτυπον ἰδέαν, τὸν ἀνωτάτω λόγον, τυπωθείς (Die menschliche Vernunft ist gottförmig, geprägt in Übereinstimmung mit der archetypischen Idee, dem Wort, das über allem ist) [3], und daher ist ihr Ziel, sich in der Ekstase wieder mit Gott zu vereinen [4].

Für PLOTIN ist D. innerhalb der Seinshierarchie: Eines, Geist, Seele, Materie (Sinnlichkeit) allein Begriff des Geistes und der Seele (νοῦς und διάνοια). Das *Eine* ist «Quelle des Lebens, des Geistes, Prinzip des Seins, Grund des Guten und Wurzel der Seele» [5], ist selber aber nicht-denkend [6]. Im *Geist* zerteilt sich das Eine in die Zweiheit von Denken und Gedachtem: ἔστι μὲν οὖν καὶ αὐτὸς [ὁ νοῦς] νοητόν, ἀλλὰ καὶ νοῶν, διὸ δύο ἤδη (Er [der Geist] ist gewiß auch selbst das Gedachte, jedoch auch das Denkende, und somit bereits Zweiheit) [7]. Der νοῦς denkt das Seiende und ist es zugleich: τὸ γὰρ ὄν ... οὐδὲ οὐ νοοῦν· νοῦς δὴ καὶ ὂν ταὐτόν. οὐ γὰρ τῶν πραγμάτων ὁ νοῦς, ὥσπερ ἡ αἴσθησις τῶν αἰσθητῶν, προόντων, ἀλλ' αὐτὸς [ὁ] νοῦς τὰ πράγματα (Denn das Seiende ist ... auch kein Nicht-Denkendes; also ist Geist und Seiendes dasselbe. Denn der Geist richtet sich nicht auf seine Gegenstände, wie die Sinneswahrnehmung auf das Sinnliche, als auf etwas vorher Vorhandenes, sondern der Geist ist selbst seine Gegenstände) [8]. In der *Seele* als Bild des Geistes (εἰκὼν νοῦ) [9] tritt die Einheit von Denken und Sein auseinander; die Seele hat die Außendinge (τὰ ἔξω) zu erforschen, im Gegensatz zum Geist, der nur das, was in ihm ist (τὰ ἐν αὐτῷ) betrachtet. Von der diskursiven Denkweise (διάνοια) der Seele gilt daher: ὅτι ψυχὴν δεῖ ἐν λογισμοῖς εἶναι· ταῦτα δὲ πάντα [μνήμη, φαντασία, κανὼν τοῦ ἀγαθοῦ] λογιζομένης δυνάμεως ἔργα (daß die Seele sich in Überlegungen ergehen können muß, und alle diese Tätigkeiten [Erinnerung, Vorstellung, Maßstab des Guten] sind Funktionen eines Überlegungsvermögens) [10]. «Λογισμός ist die in der Zeit und in das Nacheinander des Zu-Denkenden gebundene ‹Überlegung›, sie folgert das Eine aus dem Anderen, da sie wesenhaft ‹Durch-D.›: διάνοια ist» [11].

Als Zusammenfassung der griechischen antiken Bestimmungen zum Begriff des D. mag die Aufzählung der fünf Seelenvermögen bei JOHANNES DAMASCENUS gelten: τῆς ψυχῆς εἰσι δυνάμεις πέντε· νοῦς, διάνοια, δόξα, φαντασία, αἴσθησις. νοῦς ἐστι νοερὰ αἴσθησις, καθ' ἣν δύναται αὐτοπτικῶς ὁρᾶν τὰ πράγματα, καὶ δίχα ζητήσεων. διάνοιά ἐστι δύναμις τῆς ψυχῆς, καθ' ἣν μετὰ συλλογισμοῦ δύναται γινώσκειν τὰ πράγματα· διὸ καὶ λέγεται διάνοια, παρὰ τὸ ὁδόν τινα διανοίγειν (Es gibt fünf Vermögen der Seele: Geist, D., Meinung, Vorstellung, Wahrnehmung. Geist ist das intellektuelle Wahrnehmen der Seele, gemäß dem man unmittelbar und ohne Untersuchungen die Dinge betrachten kann. D. ist das Vermögen der Seele, gemäß dem man mittels Schlußfolgerung die Dinge erkennen kann; daher wird es auch D. [dianoia] genannt, weil es dem Öffnen [dianoigein] eines Weges gleicht) [12].

Anmerkungen. [1] DIOGENES LAERTIUS VII, 49; vgl. A. BONHÖFFER: Epiktet und die Stoa (1890, Nachdruck 1968); BEHM, Art. ΝΟΕΩ ΚΤΛ., in: Theol. Wb. zum NT, hg. G. KITTEL 4 (1942) 961. – [2] PHILON, Quod Deterius Potiori insidiari solet 29 bzw. De Gigantibus 60; vgl. H. SCHMIDT: Die Anthropol. Philons von Alexandrien (Diss. Leipzig 1933) 50. 139ff.; vgl. Theol. Wb. zum NT a. a. O. [1] 4, 962. 954. – [3] PHILON, De Specialibus Legibus III, 207. – [4] Vgl. Theol. Wb. zum NT a. a. O. [1] 4, 954. – [5] PLOTIN, z. B. Enn. III, 9, 9, 1f.; vgl. P. HADOT: Etre, vie, pensée chez Plotin et avant Plotin. Sources de Plotin. Entretiens sur l'antiquité classique (Paris 1960). – [6] Enn. VI, 7, 37, 1-31. – [7] Enn. V, 4, 2; vgl. III, 8, 9; V, 1, 4. – [8] Enn. V, 4, 2; vgl. V, 5, 1ff. – [9] Enn. V, 1, 3, 7-9; vgl. W. BEIERWALTES: Plotin über Ewigkeit und Zeit (1967) 50ff. – [10] Enn. V, 3, 3; vgl. V, 1, 3. – [11] BEIERWALTES, a. a. O. [9] 57. – [12] JOHANNES DAMASCENUS, Frg. MPG 95, 232 b.

C. Mit ‹cogitare› bzw. ‹cogitatio› besitzt die lateinische Sprache einen Ausdruck, der weithin im gleichen Sinn wie das deutsche Wort ‹D.› gebraucht wird, obwohl keine etymologische Verwandtschaft besteht. Er bezeichnet nämlich einmal, und zwar vornehmlich in der philosophischen Sprache, allgemein die intellektuelle Tätigkeit des Menschen, dann in engerer Bedeutung «betrachten» und «überlegen», ferner aber auch «im Sinne haben» (in animo habere) als «beabsichtigen», etwas zu tun «gedenken», schließlich auch «ausdenken» und im Gedanken vorstellen (fingieren). Eine Parallele zum Deutschen – und ein Unterschied zu griechisch νοεῖν und φρονεῖν – liegt endlich in der Wortbildung ‹cogitator›, Denker [1].

Vor DESCARTES ist ‹cogitare› zwar nicht wie griechisch νοεῖν und φρονεῖν ein zentraler Begriff der philosophischen Sprache, an den die Theorien des Erkennens oder der Tätigkeiten des Geistes anknüpften. Deren Grundbegriffe sind vielmehr ‹ratio› und ‹intellectus›, Verstand und Vernunft (s. d.), die Erleuchtung (s. d.) oder Illumination der Vernunft, die Abstraktion (s. d.) des Verstandes oder auch das Erkennen (s. d.) und sein

Resultat, die Wissenschaft (s. d.). Aber schon als allgemeine Bezeichnung der verschiedenen intellektuellen oder theoretischen Tätigkeiten des Geistes gehört ‹cogitare› zum Grundbestand der lateinischen philosophischen Sprache, die im übrigen – Zeichen ihrer theoretischen Potenz – eine Fülle von Bezeichnungen für verschiedene Arten intellektueller Tätigkeiten besitzt, z. B. ‹intellegere›, ‹cognoscere›, ‹noscere›, ‹scire›, ‹considerare›, ‹contemplari›, ‹concipere›, ‹apprehendere›, ‹comprehendere›, ‹pensare› (das in den romanischen Sprachen die Bezeichnungen für D. gegeben hat) usw. Da das deutsche Wort ‹D.› auch als Übersetzung von ‹ratiocinari› und ‹meditari› auftritt, ‹ratiocinari› seinerseits λογίζεσθαι übersetzt, sollen der Skizze des Sprachgebrauchs von ‹cogitare› in der antiken und mittelalterlichen Philosophie einige Bemerkungen über den Gebrauch von ‹ratiocinari› und ‹meditari› sowie der entsprechenden Substantive vorausgeschickt werden.

Anmerkung. [1] Vgl. Thesaurus linguae lat. s. v. ‹cogitatio, cogito, cogitator›.

1. ‹Ratiocinari› wird von CICERO einmal in der wohl schon älteren Bedeutung von «rechnen» und «überlegen» gebraucht, gewinnt aber in seiner Ausbildung einer philosophisch-rhetorischen Sprache auch die Bedeutung von «argumentieren», «schließen», «folgern» [1]. Für das Substantiv ‹ratiocinatio› zeichnet sich schon bei Cicero eine terminologische Fixierung ab. Einmal wird die ratiocinatio als Ursache menschlicher Handlungen von naturhaften «Impulsen», wie Affekten, abgehoben und als «diligens et considerata faciendi aliquid aut non faciendi excogitatio» (sorgfältiges und überlegtes Ausdenken, etwas zu tun oder nicht zu tun) bestimmt [2]. Zum anderen wird die ratiocinatio, abgehoben von Induktion, Terminus für den syllogistischen Schluß, wie er in der Rhetorik adaptiert wird: «ratiocinatio est oratio ex ipsa re probabile aliquid eliciens quod expositum et per se cognitum sua se vi et ratione confirmet» (syllogistisches Schließen ist eine Argumentationsform, die etwas Probables aus der Sache selbst hervorholt, das, dargelegt und durch sich erkannt, sich durch seine Macht und Einsichtigkeit beweist) [3]. ISIDOR VON SEVILLA wiederholt diese Bestimmung, indem er zugleich in genauer Interpretation das von Cicero Gemeinte erläutert, es gäbe zwei Modi der ratiocinatio, das Enthymem (s. d.) und Epicheirem (s. d.) [4]. Nach QUINTILIAN wird «der Name ratiocinatio weder uneigentlich noch ungebräuchlich» dann verwendet, «wenn aus einem anderes geschlossen wird» (si ex alio aliud colligitur) [5], und MARTIANUS CAPELLA bestimmt ausdrücklich ‹ratiocinatio› als Terminus für die Bezeichnung des aristotelischen Syllogismus: «Hoc totum, quod constat ex duobus sumptis et illatione, ratiocinatio a nobis, a Graecis συλλογισμός appellatur. Est ergo ratiocinatio ex duobus pluribusve concessis ad id, quod non conceditur, necessaria perventio» (Dieses Ganze, das aus zwei angenommenen Prämissen und der Folgerung besteht, wird von uns ‹ratiocinatio›, von den Griechen ‹Syllogismus› genannt. Ratiocinatio ist also das notwendige Hinkommen von zwei oder mehreren zugestandenen Sätzen zu dem, was anfangs nicht zugestanden wurde) [6].

Dieser Sprachgebrauch verschwindet aus der lateinischen philosophischen Sprache nicht mehr [7], obwohl der Gebrauch des Verbums ‹ratiocinari› in der allgemeinen Bedeutung von «schließen» und «diskursivem D.» häufiger und wichtiger wurde. Eine klare, freilich noch bei ihm exzeptionelle Bestimmung von ‹ratiocinari› und ‹ratiocinatio› im Sinne des diskursiven D. gibt AUGUSTINUS: «ratiocinatio autem [est] rationis inquisitio, id est, aspectus illius, per ea quae aspicienda sunt, motio» (diskursives D. aber ist das Forschen des Verstandes, d. h. die Bewegung seines Hinblickens durch das hin, was zu erforschen ist) [8].

In diesem für den Sprachgebrauch des Mittelalters maßgeblich gewordenen Sinn heißt es z. B. bei THOMAS VON AQUIN: «ratiocinari autem est procedere de uno intellecto ad aliud, ad veritatem intelligibilem cognoscendam» (diskursives D. aber ist das Vorgehen von einem Eingesehenen zu einem anderen, um intelligible Wahrheit zu erkennen) [9]; oder «ratiocinari autem proprie est devenire ex uno in cognitionem alterius» (diskursives D. aber heißt eigentlich, aus einem zur Erkenntnis eines anderen gelangen) [10]. Die Übersetzung von ‹ratiocinari› an diesen Stellen mit «diskursives D.» oder «denkend Hin- und Hergehen» ist deshalb berechtigt, weil Thomas ‹discurrere› gleichfalls als «von einem zur Erkenntnis eines anderen gelangen» (discurrere proprie est ex uno in cognitionem alterius devenire) bestimmt [11].

Diesem synonymen Gebrauch von ‹discurrere› und ‹ratiocinari› (und der entsprechenden Substantive) stehen bei Thomas zwar zumindest Ansätze zu einer Differenzierung entgegen. Während nämlich ‹ratiocinatio› auch synonym mit ‹syllogismus› gebraucht wird [12], ‹ratiocinari› also «schließen» bedeutet, unterscheidet sich diskursives D. von der intellektuellen Intuition (s. d.) Gottes und der reinen Geister schon dadurch, daß dem intuitiven Erkennen auch jener «Diskurs» nicht zukommt, in einem Akt das Erkenntnismedium, also Begriffe oder species intelligibiles, in einem weiteren Akt die durch sie begriffene Sache zu erkennen [13].

Aber das ist nicht die bei Thomas übliche Terminologie. In Aufnahme und Ergänzung der aristotelischen Unterscheidung der Tätigkeiten des Intellekts [14] werden angeführt: die «intelligentia indivisibilium» (ἀδιαιρέτων νόησις, Einsicht in Unteilbares), auch «simplex intelligentia» oder «formatio quidditatum» genannt [15], das Verbinden und Trennen des Eingesehenen in der Aussage («compositio et divisio, σύνθεσις καί διαίρεσις) und endlich das Schließen oder Folgern als «discurrere» oder «ratiocinari» [16]. Von dieser Unterscheidung her wird dem intuitiven Erkennen Gottes und der reinen Geister sowohl «consideratio ratiocinativa vel discursiva» als auch «intellectio per modum intellectus componentis et dividentis» abgesprochen [17]. Entsprechend dieser Terminologie, die den Diskurs als Schließen faßt, wird dann auch erklärt, die ersten Prinzipien, die sicher «componendo», also in «verbindender» Aussage erkannt werden, würden «absque discursu», nicht-diskursiv erkannt [18].

Diese Terminologie, die in der modernen oft von Kants Sprachgebrauch bestimmten Thomasinterpretation von Bedeutung und kontrovers ist [19], hat sich bis in die vorkantische Schulphilosophie hinein erhalten. «Ratiocinatio quaerit et discurrit» (Schließen sucht und geht vom einem zum anderen über) heißt es etwa bei NIKOLAUS VON KUES [20]. Auch die Einteilung der Tätigkeiten des Intellekts bleibt in der aristotelischen Schulphilosophie erhalten. So nennt EUSTACHIUS A S. PAULO «simplex apprehensio», als zweite Tätigkeit «iudicium» (Urteil), das früher die schließende «Beurteilung» bezeichnete, und «enunciatio» sowie als dritte Tätigkeit «discursus sive argumentatio», was auch als «ratiocinando colligere» beschrieben wird [21]. J. JUN-

GIUS nennt entsprechend «Notio sive Conceptus», «Enunciatio» und «Dianoea sive Discursus» [22], und ausdrücklich wird an anderer Stelle die Synonymität von «Discursus sive Argumentatio sive Ratiocinatio» betont, die «heute von vielen auch Dianoea genannt» würde [23]. KANT hat dann diskursives D. und schließendes D. (ratiocinatio) terminologisch unterschieden (s. o. A).

Anmerkungen. [1] Vgl. FORCELLINI, Lexicon totius latinitatis; LEWIS/SHORT: A Latin dictionary s. v. ‹ratiocinatio›. – [2] CICERO, De invent. II, 4, 18. – [3] a. a. O. I, 34, 57. – [4] ISIDOR, Etym. II, 9. – [5] QUINTILIAN, Institutio VIII, 4, 16. – [6] MARTIANUS CAPELLA, De nuptiis IV, 126. – [7] Vgl. GEORGIUS TRAPEZUNTIUS, De re dialectica, zit. nach PRANTL, IV, 1969; CHAUVIN: Lexicon Philos. (1713) s. v. ‹ratiocinatio› und ‹discursus›. – [8] AUGUSTIN, De quantitate an. XXVII, 53. – [9] THOMAS, S. theol. I, 79, 8. – [10] a. a. O. I, 83, 4. – [11] De ver. 8, 15. – [12] In Post. Anal. I, XLIII (390). – [13] De ver. 2, 3, 3. – [14] ARISTOTELES, De an. III, 6, 430 a 26ff. – [15] Vgl. THOMAS VON AQUIN, z. B. De ver. 15, 1, 4; 14, 1. – [16] In de an. 3, 11 (746-763); 1 Sent. 19, 5, 1, 7; De Trin. 5, 3; In de interpret. Prooem. (1); In Post. Anal. Prooem. (4). – [17] S. contra gent. I, 57. 58. – [18] In de div. nom. IV, 7 (376); De ver. 8, 15. – [19] Vgl. K. RAHNER: Geist in Welt (²1957) 39ff. – [20] CUSANUS, Apologia doct. ign. Philos. Theol. Schriften, hg. GABRIEL I, 548. – [21] EUSTACHIUS A S. PAULO, S. Philos. I. Pars, Dialectica, Praef. – [22] J. JUNGIUS, Logica Hamburgensis, hg. R. W. MEYER (1957) 1, 4f. – [23] a. a. O. 115, 8ff.

2. ‹Meditari› wird ursprünglich weithin synonym mit ‹cogitare› gebraucht. Das erklärt die Übersetzung mit ‹D.›. Die Einbürgerung des Fremdwortes ‹Meditation› (s. d.) zeigt aber an, daß ‹meditari› und ‹meditatio› in der philosophischen und theologisch-mystischen Tradition eine besondere Bedeutung gewonnen haben, nach der sie intensives Nachdenken und tiefes Betrachten meinen, das nicht etwas ins Werk zu Setzendes ausdenkt, sondern den Meditierenden gewissermaßen in die zu betrachtende Sache versetzt und ihn durch die Betrachtung bereichert oder bestärkt. Unter Hinweis darauf, daß im Anschluß vor allem an SENECA [1] Philosophie als «meditatio mortis» bestimmt [2] und Meditation von AUGUSTINUS als «das D. des Liebenden» (amantis cogitatio) verstanden wurde [3], kann hier nur die Abhebung der meditatio von der cogitatio dargelegt werden, die sich in den für die Bedeutung von ‹Meditation› weithin maßgeblich gewordenen Ausführungen der Viktoriner findet.

Während HUGO VON ST. VIKTOR, nach dem «es vor allem zwei Dinge sind, durch die man zur Wissenschaft gebildet wird, nämlich Lesung (lectio) und Meditation» [4], die cogitatio als «vorübergehendes Berühren des Geistes durch den Begriff der Sache» bestimmt, «indem die Sache sich durch ihr Bild dem Geist darbietet» (praesentatur), faßt er die Meditation als «ständiges und scharfsinniges wiederholtes Erwägen des D., das etwas Eingewickeltes zu entfalten sich bemüht oder forschend in Verborgenes eindringen will» (meditatio est assidua et sagax retractatio cogitationis, aliquid vel involutum explicare nitens, vel scrutans penetrare occultum) [5]. RICHARD VON ST. VIKTOR bestimmt ähnlich: D., das aus der Einbildungskraft seine Anstöße nimmt, «ist der nicht durch eine Absicht geleitete Hinblick des Geistes, der zur Abschweifung neigt» (cogitatio autem est improvidus animi respectus ad evagationem pronus) [6]. Die Meditation ist hingegen «der durch Absicht bestimmte Blick des Geistes, der sich in der Erforschung der Wahrheit nachhaltig engagiert» (meditatio est providus animi obtutus in veritatis inquisitione vehementer occupatus) [7]. Die höchste Form des Hinblickes des Geistes ist bei Hugo und Richard die Kontemplation (s. d.).

Wie die Aufnahme dieser Bestimmungen z. B. bei THOMAS VON AQUIN [8] und im 17. Jh. bei MICRAELIUS [9] zeigt, hatten sie eine lange Wirkungsgeschichte. Auch DESCARTES' ‹Meditationen›, die sich dadurch von der Sammlung seiner ‹Cogitationes privatae› unterscheiden, fordern vom Leser in diesem Sinn «ernsthaftes Meditieren und aufmerksames Betrachten» [10]. Noch KANT scheint von dieser Tradition bestimmt zu sein, wenn er erklärt, «das Meditieren», als «ein methodisches D.» müsse «alles Lesen und Lernen begleiten» [11].

Anmerkungen. [1] SENECA, Ep. 54 und 70. – [2] Vgl. z. B. CASSIODOR, Inst. II, 3, 5. – [3] AUGUSTIN, In Psalm. 118, 19. – [4] HUGO VON ST. VIKTOR, Didasc. I, 1. MPL 176, 741. – [5] In Ecclesiasten Homiliae I. MPL 175, 116. – [6] RICHARD VON ST. VIKTOR, Benjamin Maior I, 4. MPL 196, 67. – [7] ebda.; vgl. J. EBNER: Die Erkenntnislehre Richards von St. Viktor, in: Beitr. zur Gesch. der Philos. des MA, hg. BAEUMKER 19 (1917) H. 4. – [8] THOMAS, S. theol. II/II, 180, 3, 1. – [9] MICRAELIUS: Lex. Philos. (²1662) s. v. ‹cogitatio›. – [10] DESCARTES, Med. II Resp. Werke, hg. ADAM/TANNERY 7, 156. – [11] KANT, Logik § 120. Akad.-A. 9, 150.

3. Wie sehr CICEROS Ausbildung einer lateinischen philosophischen Sprache «klassische», fortan maßgebliche Bedeutung zukommt, ist auch seinem Gebrauch von ‹cogitare› und ‹cogitatio› zu entnehmen. Verstand (ratio) und D. (cogitatio) zeichnen den Menschen vor allen anderen Sinneswesen aus [1]. Die «Seelentätigkeiten» (motus animorum) sind cogitationes und appetitus (Strebungen). Während diese «zum Handeln antreiben», gilt als allgemeine Bestimmung der intellektuellen Tätigkeit: «cogitatio in vero exquirendo maxime versatur» [2]. Daher bedeutet «Leben» für den gebildeten und kultivierten Menschen D. [3], und menschliche Geist nährt sich von «Lernen und D.» [4].

Wichtiger als Ciceros Bemerkungen über das Problem des Verhältnisses von D. und sinnlicher Wahrnehmung, das er anläßlich der Frage berührt, ob der Begriff Gottes (species dei) durch D. oder durch die Sinne erfaßt werde [5], sind seine Ausführungen über das, was D. zu leisten vermag. Seine Leistung ist das Erfinden, und Cicero bestimmt auch die rhetorische Invention als «Ausdenken (excogitatio) wahrer oder wahrscheinlicher Dinge, die eine Sache probabel machen» [6]. D. kann aber auch bloßes D. im Sinne von Fingieren sein, wie z. B. die Hoffnung als Göttin gedacht wird [7]; dagegen ist das Gesetz «nicht von Menschen ausgedacht», sondern «etwas Ewiges» [8]. Besonders bemerkenswert ist Ciceros Lehre von einem Maximum des Denkbaren. Denn es gibt nicht nur nichts Besseres, Vorzüglicheres und Schöneres als die Welt, sondern es kann auch irgend etwas Besseres «nicht einmal gedacht werden» (sed ne cogitari quicquam melius potest) [9]. Nachdem AUGUSTINUS und BOETHIUS das, was Cicero von der Welt behauptet hatte, auf Gott, das höchste Gut, bezogen hatten, «als welches Besseres weder sein noch gedacht (cogitari) werden könne» [10], wird bekanntlich die Beschreibung Gottes als «id quo maius cogitari nequit» (das, als was Größeres nicht gedacht werden kann) Ausgangspunkt von ANSELMS «ontologischem» Gottesbeweis (s. d.).

Wie CICERO als Klassiker der lateinischen Sprache, so hat AUGUSTINUS als jahrhundertelang anerkannte Autorität den Sprachgebrauch von ‹cogitare› in Theologie und Philosophie des Mittelalters bestimmt. Mit Cicero unterscheidet er D. und Streben oder Wünschen (cupere), betont aber, daß «wir zwar alles denken, was wir erstreben, aber nicht alles erstreben, was wir denken» [11].

Sofern aber das D. willentlich ist und den Willen einschließt [12], gilt: «Alle Werke, seien sie gut oder böse, gehen vom D. aus (a cogitatione procedunt): «Im D. ist ein jeder unschuldig, im D. schuldig» [13].

Im Rahmen seiner Erkenntnislehre, nach der auch die sinnliche Wahrnehmung Sache der nicht unmittelbar vom Körperlichen affizierbaren Seele ist, betont Augustinus die Aktivität des D., wobei er die alte Bedeutung von ‹cogitare› als ‹fingieren› aufnimmt: «figuram sibi fingit cogitatio, quae graece sive phantasia sive phantasma dicitur» (Das D. bildet sich eine Gestalt, die griechisch ‹Phantasie› oder ‹Phantasma› heißt) [14]. Selbstvergessen verkennt die Seele freilich zunächst ihre eigene Aktivität, glaubt gar, «nur Körperliches könne gedacht werden»[15], und zwar durch Bilder, die von den Körpern in die Seele eintreten [16]. Aber vieles wird doch unkörperlich und intelligibel gedacht wie vor allem die Wahrheit: von welchem Körper aber soll welches Abbild der Wahrheit in den Sinn und in die Seele kommen? [17]. Die damit gegebene Forderung der Rückkehr in sich selbst formuliert Augustinus auch mit den Worten: «sevocare mentem a sensibus et cogitationem a consuetudine abducere» (den Geist von den Sinnen abrufen und das D. von der Gewohnheit wegführen) [18].

Wie diese Formulierung für DESCARTES Programm seiner ‹Meditationen› wurde, so entspricht sein «cogito ergo sum» AUGUSTINS: «se ... cogitare, quis dubitet? Quandoquidem etiam si ... dubitat, cogitat» [19]. Hier bedeutet ‹cogitare› das geistige aktuelle Betrachten von Gegenwärtigem. In diesem Sinn, den ISIDOR VON SEVILLA mit der Formulierung «cogitatio praesentia complectitur» (D. erfaßt Gegenwärtiges) fixierte [20], unterscheidet AUGUSTINUS auch «nosse» (kennen, wissen) von «cogitare» [21]; denn zwar weiß der Geist sich immer, wie man das weiß, was man im Gedächtnis hat, ohne es aktuell zu betrachten, aber der Geist bedarf zur ausdrücklichen Erkenntnis des D., das ihn selbst «gewissermaßen in seinen Anblick stellt» (in conspectu suo ponere) [22]. Andererseits kennt Augustinus jedoch auch ein D., das nicht Gegenwärtiges anblickt, sondern etwas nur vorstellt, ohne seiner Wahrheit und Wirklichkeit zuzustimmen. Diese Bedeutung hat D. in seiner Bestimmung des Glaubens als «cum assensione cogitare» (mit Zustimmung denken) [23].

Richtet sich im D. aber der Anblick des Geistes auf ihm Gegenwärtiges, das durch solches D. von anderem unterschieden wird [24], dann wird das D. von dem, was wir wissen, geformt, und dieses «geformte D.» (formata cogitatio) [25] oder dieser Gedanke ist das «verbum mentis», das «Wort des Geistes» (s. d.), dessen «Zeichen» das gesprochene äußere Wort ist [26]. So ist D. in diesem Sinn zugleich «Sprechen» wie auch «Schauen» [27]. Diese Ausführungen Augustins zeigen auch, daß von der Grundform ‹cogitare› her D. als Akt vom Gedanken als immanentem Resultat des Aktes (νόημα, verbum mentis, bei Descartes: idea) und vom Gedachten als der intendierten Sache (νοητόν) nicht eindeutig unterschieden werden kann, da ‹cogitare› und ‹cogitatum› mehrdeutig bleiben.

Augustinus hat endlich die von VARRO stammende, auch von PAULUS FESTUS angeführte [28] Etymologie von ‹cogito› übernommen, nach der es die Intensivform von ‹cogo› (zusammenbringen, sammeln) sei [29]. Während das D. nach den ‹Konfessionen› sammelt und bemerkt, was sich im Gedächtnis befindet, deutet AUGUSTINUS in ‹De Trinitate› den Namen ‹cogitare› als «Zusammenbringen» von Gedächtnis, innerer Schau und Wollen [30]. Da in der erstgenannten Deutung D. als «colligere» (sammeln) gefaßt wird, «colligere» aber auch «schließen» bedeutet, wurde später die eigentliche Bedeutung von «cogitare» im diskursiven D. gesehen, das Augustinus auch als «volubiles cogitationes ab aliis in alia euntes et redeuntes» (in Bewegung befindliche Gedanken, die vom einen zum anderen hin und hergehen) [31] charakterisiert.

Die Auffassung, ‹cogitare› bezeichne eigentlich diskursives D., charakterisiert den Sprachgebrauch der mittelalterlichen Scholastik, der wohl an THOMAS VON AQUIN exemplifiziert werden kann. Nach ihm kann ‹cogitare› «in dreifacher Weise» gebraucht werden [32]: Die «eigentlichere» Bedeutung besagt «forschende Betrachtung des Intellekts» (consideratio intellectus, quae est cum quadam inquisitione); denn «cogitare» besage «co-agitare» (zusammentreiben) und das heiße «von einem zum anderen gehen und eines mit dem anderen vergleichen» [33]. Weil D. (cogitatio) «eigentlich im Erforschen der Wahrheit besteht» [34], gibt es «ohne Zweifel in Gott eigentlich kein D.» (sine dubio cogitatio in Deo proprie non est) [35]. Daher wird das von ARISTOTELES als νόησις νοήσεως beschriebene Selbsterkennen des göttlichen Erkennens im Mittelalter nicht als D., sondern als «intelligentiae intelligentia» (Wilhelm von Moerbeke) gefaßt.

Daneben kann ‹cogitare› aber auch «allgemein jedes beliebige aktuelle Betrachten des Intellekts» bezeichnen (qualiscumque actualis consideratio intellectus) [36]. In diesem Sinn kann man z. B. «denken, man sei nicht oder sei einmal gewesen». «Niemand aber kann mit Zustimmung (cum assensu) denken, er sei nicht: indem man etwas denkt, perzipiert man nämlich, daß man ist» (in hoc enim quod cogitat aliquid, percipit se esse) [37].

Drittens wird ‹cogitare› endlich auch vom Akt der Urteilskraft (s. d.) gesagt, die als «vis cogitativa» oder «ratio particularis» u. a. das sinnlich Erfaßte in seiner Nützlichkeit oder Schädlichkeit beurteilt, was beim Menschen nicht instinktiv, sondern durch ein Folgern, also ein D. geschieht [38]. Vielleicht besteht auch eine Verbindung zwischen dieser Lehre von der Urteilskraft und der freilich in anderem Zusammenhang stehenden These, daß D. «auch sinnliche Perzeptionen ... und Vorstellungen ... in sich befassen kann» (sub cogitatione comprehendi possunt et perceptiones sensuum ... et imaginationes) [39].

Diese Bedeutungen von ‹cogitare› finden sich mit nur geringfügigen neuen Akzenten noch in der vorcartesianischen Schulphilosophie, zusammengefaßt etwa von R. GOCLENIUS [40]. Nach ihm ist D. «allgemein die Betätigung der höchsten Seelenkraft, im besonderen [aber] die Tätigkeit des Verstandes» als «Diskurs» und «Weg von den Sätzen zu den Konklusionen». Nach platonischer Lehre bedeute D. «inneres Gespräch» (sermo interior), das die Seele bei sich über das führe, was sie betrachtet (considerat). Während alle diese Bedeutungen wie auch Ausführungen über die «cogitativa facultas» als «ratio particularis» oder über den Unterschied von D. und oft Übung (exercitatio) einschließender Meditation sich im Rahmen traditioneller Bestimmungen halten, weist die Unterscheidung von «cogitatio recta», die auf Dinge außerhalb der Seele geht, und «cogitatio reflexa», die das D. der Seele über sich selber bezeichnet, auf Descartes' Lehre vor. Ist nämlich die Erkenntnis der Dinge außerhalb der Seele nachträglich und durch die Selbsterkenntnis der Seele diskursiv vermittelt, dann ist D. grundlegend «cogitatio reflexa».

In solcher Weise erhalten sich die Bedeutungen von «cogitare» auch im Kontext durchaus verschiedener

Theorien über Vernunft und Verstand und ihrer Erkenntnis relativ konstant, was zeigt, daß «cogitare» eben nicht ihr zentraler Inhalt ist. Doch ist auch schon bei NIKOLAUS VON KUES von einem D. des D. (cogitationum cogitatio, cogito de cogitatione) [41] die Rede. Auch mit dieser Formulierung weist er auf die neuzeitliche Philosophie besonders des Deutschen Idealismus vor, und GOETHE hätte auch ihm die ‹Zahme Xenie› widmen können: «Ich hab es klug gemacht, ich habe nie übers Denken gedacht» [42].

Anmerkungen. [1] CICERO, De leg. I, 7, 22. – [2] De off. I, 132. – [3] Tusc. V, 111. – [4] De off. I, 105. – [5] Vgl. De nat. deorum I, 105; De fin. I, 21; De div. II, 137. – [6] De invent. I, 9. – [7] De nat. deorum III, 47. – [8] De leg. II, 8. – [9] De nat. deorum II, 18. – [10] Vgl. AUGUSTIN, De doct. christ. I, 7; De lib. arb. II, 6, 14; Conf. VII, IV; BOETHIUS, De consol. philos. III, 10, 7. – [11] AUGUSTIN, Contra duas ep. Pel. II, 8, 18. – [12] Vgl. De Trin, XI, 3, 6. – [13] Enn. in Psalm. 118, serm. 24. – [14] Soliloq. 20, 34; vgl. dazu und insgesamt zum Sprachgebrauch Augustins G. VERBEKE: Pensée et discernement chez saint Augustin. Quelques réflexions sur le sens du terme ‹cogitare›. Recherches Augustiniennes 2 (Paris 1962) 59-80. – [15] Ep. 118, 26. 28; vgl. Conf. V, 14; VII, 1. – [16] Ep. 118, 28. – [17] a. a. O. 27. – [18] Ep. 137, 5. – [19] De Trin. X, 10, 14; vgl. die Zusammenstellung der einschlägigen Texte bei E. GILSON: Descartes, Discours de la méthode, texte et commentaire (³1947) 295f. – [20] ISIDOR, Diff. II, 87. – [21] AUGUSTIN, De Trin. X, 4, 7; XIV, 6, 9. – [22] ebda. XIV, 5, 6. – [23] De praedest. sanct. 2, 5; vgl. zu «cogitare absentia» De Trin. X, 10, 16. – [24] De Trin. X, 12, 19; XIV, 6, 9. – [25] a. a. O. XV, 10, 19. – [26] XV, 11, 20. – [27] XV, 10, 18. – [28] Vgl. die Belege in Thesaurus ling. lat. s. v. ‹cogito› und ‹cogitatio›. – [29] AUGUSTIN, Conf. X, 11. – [30] De Trin. XI, 3, 6. – [31] a. a. O. XV, 16, 26. – [32] THOMAS, S. theol. II/II, 2, 1. – [33] De ver. 14, 1 ob. 2. – [34] De ver. I, 34, 1, 2. – [35] I. Sent. 27, 2, 1, 3. – [36] S. theol. II/II, 2, 1. – [37] De ver. 10, 12, 7. – [38] S. theol. II/II, 2, 1; I, 78, 4. – [39] S. theol. II/II, 180, 3, 1. – [40] R. GOCLENIUS: Lex. philos. (1613) s. v. cogitatio. – [41] NIKOLAUS VON KUES: Propos. de virtute ipsius non aliud VIII; De ludo globi, in: Philos. Theol. Schriften, hg. GABRIEL III, 252; vgl. ähnlich AUGUSTIN, De Trin. XV, 9, 16. – [42] GOETHE, Zahme Xenien VI.

D. – 1. DESCARTES sah es als seine Aufgabe an, die neue Naturwissenschaft im Unterschied zur Experimentalphysik Galileis als eine mechanistisch «alle Phänomene» erklärende umfassende theoretische Physik metaphysisch zu begründen und dabei zugleich die alten metaphysischen Fragen nach Gott und Geist methodisch neu und endlich wissenschaftlich zu beantworten. Nach E. Gilson war es seine vielleicht «tiefste ... Einsicht, begriffen zu haben, daß einer Physik der reinen Ausdehnung eine Metaphysik des reinen D. (de la pure pensée) entsprechen müßte» [1].

Wie zentral die zumeist mit ‹D.› übersetzten Begriffe «cogitare» und «cogitatio» für Descartes sind, ist schon dem «Ersten Prinzip» seiner Philosophie zu entnehmen: «Ego cogito, ergo sum» [2]. Zu ihm führt das methodische Experiment des universalen Zweifels und die anschließende Negation aller Vorurteile; denn mögen auch alle Inhalte des Bewußtseins falsch sein, so ist doch die in jedem Zweifel und Verneinen mitgegebene Tatsache des Bewußtseins nicht zu bezweifeln und zu verneinen, und da das Bewußtsein die Unmöglichkeit erkennt, zu denken, ohne zu sein (pour penser il faut être) [3], findet es in dem genannten Prinzip als einer «notwendigen Wahrheit» [4] das unerschütterliche Fundament seiner Philosophie.

Daß Descartes in seiner so begründeten Philosophie «alle Tätigkeiten des Willens, des Intellekts, der Einbildungskraft und der Sinne» «cogitationes» nennt [5], ist zwar nicht schlechthin neu. Wichtiger aber als der vereinzelt sehr weite scholastische Sprachgebrauch von ‹cogitare› ist dafür die Erklärung FR. BACONS: «Nam et qui meminit, aut etiam reminiscitur, cogitat; et qui imaginatur, similiter cogitat; et qui ratiocinatur, utique cogitat» (Denn auch wer einer Sache eingedenk ist oder sich erinnert, denkt; und wer sich etwas vorstellt, denkt gleichfalls; und wer Schlüsse zieht, denkt ebenso) [6]. Aber erst DESCARTES betont, daß diese Akte und ihre Inhalte «cogitationes» genannt werden, weil wir uns ihrer «unmittelbar bewußt sind» (immediate conscii) [7]: «Cogitationis nomine, intelligo illa omnia, quae nobis consciis in nobis fiunt, quatenus eorum in nobis conscientia est» (Unter dem Namen ‹cogitatio› verstehe ich alles das, was, indem wir uns dessen bewußt sind, in uns geschieht, sofern in uns ein Bewußtsein davon ist) [8]. Die für uns geläufige Übersetzung von ‹conscientia› mit ‹Bewußtsein› (s. d.) hat Chr. Wolff eingebürgert. Daraus aber, daß Descartes einerseits lehrt, der Geist könne ebensowenig ohne Bewußtsein (sine cogitatione) wie der Körper ohne Ausdehnung sein [9], andererseits aber zugleich eine sicher nicht stets gegebene Reflexion über das Bewußtsein behauptet (conscium esse est quidem cogitare et reflectere supra suam cogitationem) [10], ergibt sich die Berechtigung, bei ihm zwischen Bewußtsein und ausdrücklichem, reflektiertem Selbstbewußtsein zu unterscheiden: Der universale Zweifel führt das zunächst an die Dinge der Welt verlorene Bewußtsein zum Selbstbewußtsein, das seines Seins absolut gewiß ist.

Eine Bestätigung der Wiedergabe von ‹cogitatio› durch ‹Bewußtsein› liegt auch darin, daß Descartes unter cogitatio nicht «etwas Allgemeines» verstanden wissen will, das die verschiedenen Modi der Bewußtseinszustände unter sich begreift, sondern «eine partikuläre Natur», die als Bewußtsein das Wesensattribut der «res cogitans», des bewußten Seienden, ist: «cogitatio sive natura cogitans» [11]. Aber Descartes gebraucht ‹cogitatio› in noch anderen genau zu unterscheidenden Bedeutungen: «cogitatio interdum pro actione, interdum pro facultate, interdum (sumi solet) pro re in qua est facultas» (‹Bewußtsein› oder ‹D.› pflegt gebraucht zu werden bald für den bewußten Akt, bald für die Fähigkeit zu ihm, bald für die Substanz, in der diese Fähigkeit ist) [12]. Wichtiger als die Angabe, ob zwischen der res cogitans, ihrem Wesensattribut und ihren Fähigkeiten und Akten eine nur gedankliche oder modale Unterscheidung vorliegt, ist die Tatsache, daß nach Descartes die res cogitans im Unterschied einmal vom völlig trägen Körper (res extensa), zum anderen von Gott, der in seiner Unendlichkeit Sein und Tätigkeit in absoluter Identität ist [13], bewußtes Sein mit der zwar in verschiedener Weise, aber doch stets auch aktuierten Fähigkeit zu bewußten Akten ist. J. CLAUBERG dürfte daher Descartes richtig interpretieren, wenn er die cogitatio als «erstes und hauptsächlichstes Attribut des Geistes» bestimmt oder als «jene Kraft und inneres Prinzip des D. (principium internum cogitandi), das niemals müßig ist, immer mit irgendeiner Tätigkeit befaßt ist» [14].

In solchem D. als bewußter Tätigkeit und als Bewußtsein liegt der Wesensunterschied zwischen Mensch und Tier. Auch einer noch so vollkommenen Maschine, die «vieles besser zu verrichten vermag als wir», kann man nicht Bewußtsein eingeben. Zeichen dafür ist die Tatsache, daß man sich mit ihr nicht sinnvoll unterhalten kann. Sie hat auch keine eigenen Gedanken, die mitzuteilen und auszutauschen Sinn eines Gespräches ist (déclarer aux autres nos pensées). Selbst wenn eine solche Maschine programmiert wäre, Wörter von sich zu geben, so wäre doch ein vorprogrammiertes Reden gerade kein Gespräch [15].

Die nicht nur im freien Wollen, sondern auch im D., das nach DESCARTES sich Ideen «bildet» [16] und dabei auch die sog. eingeborenen Ideen «erwirbt» [17], gegebene Aktivität des Geistes wurde freilich im *Okkasionalismus* angesichts der Betonung der All- oder Alleinwirksamkeit Gottes zum Problem. Wie ein Abschwächen oder gar ein Bestreiten der menschlichen Eigentätigkeit auch die Bestreitung der Aktivität oder Spontaneität des D. fraglich erscheinen läßt, zeigt etwa die Scheu MALEBRANCHES, von den geschaffenen Geistern einfachhin zu sagen, sie seien «denkende Substanzen»; «vielleicht» müßte «die genauere Definition» lauten: «substances qui aperçoivent ce qui les touche» [18].

Da nach DESCARTES die «bewußten Akte» (actus cogitativi) wie Einsehen, Wollen, Imaginieren, Fühlen usw. unter den Begriff «cogitatio» fallen [19], stellt sich ihm endlich die Aufgabe, diese bewußten Akte zu klassifizieren (Cogitationes in certa genera distribuere) [20]. In der ‹Dritten Meditation› hebt Descartes, bestimmt durch den Argumentationszusammenhang, das Erfassen (apprehendere) von Ideen, von Urteilen, von Wollungen oder Affekten ab [21]. Aber wichtiger als diese Klassifizierung ist die Unterscheidung der eigentlichen Erkenntnisfunktionen.

Während Descartes in der ‹Sechsten Meditation› nur die «reine Einsicht» (pura intellectio) von der sinnlich-anschaulichen Imagination abhebt [22], unterscheidet er im ‹Entretien avec Burman› und schon im frühen Briefwechsel [23] zwischen «Intellektion, Konzeption und Imagination» und betont selbst «die große Bedeutung dieser Distinktion» [24]. Danach ist Imaginieren das Bilden und Formen von Figuren, die un uneigentlich «Ideen» heißen könnten, im Gehirn, sofern das nicht äußere Dinge wie beim Fühlen (sentire) tun, sondern der Geist es «gewissermaßen bei geschlossenen Fenstern» selbst tut [25]. Geistiges Vernehmen (intelligere, savoir) wird in Wiederholung einer alten Bestimmung als «Berühren mit dem Geist» (mente attingere, toucher de la pensée) bestimmt [26]. Was in solcher Weise denkend berührt wird, sind aber nicht erstlich die vom Geist gebildeten Ideen, die nach der Terminologie der ‹Regulae› in einer «Intuition» (s. d.) oder in ihrer Verknüpfung in einer «Deduktion» (s. d.) als fortlaufender Intuition erfaßt werden [27], sondern erstlich berührt der erkennende Geist die ihm präsente und seinen Akten vorgegebene Realität wie die seines eigenen Seins und die in ihm sich widerspiegelnde, in ihm zu sehende Realität und Gegenwart des unendlichen göttlichen Seins. Was das Bewußtsein in solchem Berühren erkennt, kann es sich auch vorstellen (repraesentare), in einem Konzept oder einer Idee (s. d.) sich einformen. Darin besteht das vermutlich von Descartes erstmals derart vom Einsehen (intelligere) unterschiedene Konzipieren (concipere, concevoir) [28], das auch die eingeborenen Ideen bildet und durch die Bildung der Ideen die erkannte Sache «objektiv», d. h. als vorgestellte und «gedachte» (cogitata), ins Bewußtsein stellt [29]. Solches Konzipieren braucht schließlich kein völliges Begreifen (comprehendere, comprendre) zu sein, wie man ja auch ein Gebirge wohl berühren, aber nicht umfassen oder begreifen kann: «car comprendre, c'est embrasser de la pensée» [30]. Gerade auch das D. selber, als «chose qui pense» genommen, können wir nicht vollständig begreifen, denn es kann «in der Seele wie im Körper viele Eigenschaften geben, von denen ich keine Idee habe» [31].

Anmerkungen. [1] E. GILSON: Etudes sur le rôle de la pensée médiévale dans la formation du système cartésien (²1951) 293. – [2] DESCARTES, Princ. I, 7. Werke, hg. ADAM/TANNERY (= A/T) 8 (1), 7; Discours IV. A/T 6, 32; Recherche. A/T 6, 33 u. ö. – [3] Discours IV. A/T 6, 33 u. ö. – [4] Med. A/T 7, 25. – [5] Med. Resp. II. A/T 7, 160; vgl. Princ. I, 9. A/T 8 (1), 7. – [6] FR. BACON, De augment. scient. II, 13. Werke, hg. SPEDDING ... HEATH I, 528. – [7] DESCARTES, Med. Resp. II. A/T 7, 160. – [8] Princ. I, 9. A/T 8 (1), 7. – [9] Entretien. A/T 5, 150. – [10] a. a. O. 149. – [11] An Arnauld, 29. Juli 1648. A/T 5, 221. – [12] Med. Resp. III. A/T 7, 174. – [13] Entretien. A/T 5, 166. 154. – [14] J. CLAUBERG: De cognitione Dei et nostri exercitationes IV, 10. – [15] DESCARTES, Discours V. A/T 6, 56-59. – [16] Vgl. z. B. A/T 3, 64. 272; 7, 13. 133. 371 usw. – [17] Med. III. A/T 7, 45. – [18] MALEBRANCHE, Réponse à M. Régis I, 14. – [19] DESCARTES, Med. Resp. III. A/T 7, 176. – [20] Med. III. A/T 7, 37. – [21] Ebda. – [22] Med. VI. A/T 7, 72f. – [23] Entretien. A/T 5, 154; An Mersenne, 27. Mai 1630. A/T 1, 152; vgl. dazu L. OEING-HANHOFF: Der Mensch in der Philos. Descartes', in: Die Frage nach dem Menschen. Festschrift für M. Müller, hg. H. ROMBACH (1966) 375-409. – [24] Entretien. A/T 5, 154. – [25] a. a. O. 162. – [26] A/T 1, 152; 7, 371. – [27] Vgl. Regulae III. A/T 10, 368ff. – [28] Vgl. auch Entretien. A/T 5, 165. – [29] Med. III. A/T 7, 41; Resp. I. A/T 7, 102. – [30] A/T 1, 152; vgl. zur traditionellen Bestimmung von ‹comprehendere› z. B. THOMAS VON AQUIN, S. theol. I, 12, 7; II/II, 28, 3, 3. – [31] An Gibieuf, 19. Januar 1642. A/T 3, 478.

2. «Ecrire contre ceux qui approfondissent trop les sciences: Descartes», ist nicht unwesentlicher Teil des Programms PASCALS [1]. So hat er zwar Descartes' metaphysische Darlegungen über das D. nicht vertieft, wohl aber hat er Descartes' «Unterscheidung der materiellen und geistigen Natur» [2] zugestimmt: «je ne puis concevoir l'homme sans pensée» [3], – «la matière est dans une incapacité naturelle, invincible de penser» [4]. Pascal ergänzt Descartes' Ausführungen über «denkende» Maschinen durch den Hinweis, daß die Wirkungen der Rechenmaschine sich zwar mehr dem D. nähern als alles, was Tiere tun, daß die Maschine aber nichts tut, was sagen lassen könnte, sie habe Willen wie die Tiere [5]. Pascal verzichtet auf ein Vertiefen auch der Metaphysik, weil sie – und damit Descartes als Metaphysiker – «unnütz und unsicher» bleibt [6]. Ihre Beweise überzeugen höchstens «eine Stunde» lang [7]. Und was wir für wahr halten, ist doch weniger durch den Verstand (l'entendement) vermittelt als vielmehr, mag das auch «gegen die Natur» sein, durch den Willen [8]. «Notre propre intérêt est encore un merveilleux instrument pour nous crever les yeux agréablement» [9].

Gleichwohl gilt: «L'homme est visiblement fait pour penser; c'est toute sa dignité» [10]. Die Ordnung des D. erforderte, mit dem D. über sich, seinen Schöpfer und sein Ziel anzufangen. Aber daran denkt die Welt nicht, sondern an Tanzen, Spielen, Sich-Schlagen usw., ohne an das zu denken, was Menschsein heißt [11].

Derart ist das D. des Menschen, der ein «denkendes Schilfrohr» (un roseau pensant) ist [12], «dumm» [13]. «Zufall gibt die Gedanken, und Zufall nimmt sie» [14]. Aber auch unser Zustand, daß wir «unfähig sind, sicher zu wissen und absolut unwissend zu sein» [15], hebt die Forderung nicht auf: «Travaillons donc à bien penser: voilà le principe de la morale» [16].

Aber auch das D. ist durch die Sünde verdorben: «nous sentons une image de la vérité, et ne possédons que le mensonge» [17], und es zeigt die «nature corrumpue» an, daß der Mensch nicht durch Vernunft handelt, die sein Sein ausmacht [18]. So bedarf es auch zum rechten D. der göttlichen Gnade, die das Innerste des Menschen, sein «Herz», ergreift, das sowohl dem diskursiven D. (raisonnement, discours) [19], dessen Methode Pascal in der Orientierung am synthetischen geometrischen Verfahren beschrieben hat, wie auch den einzelnen Willensentscheidungen zugrunde liegt. Das so neugeschaffene Herz ist Ort vor allem des Glaubens, zu dem Pascal führen will: «Voilà ce que c'est que la foi: Dieu sensible au cœur, non à la raison» [20].

Anmerkungen. [1] PASCAL, Pensées (= Pens.) 76 (Numerierung nach BRUNSCHVICG). – [2] De l'esprit géométrique II. Werke, hg. J. CHEVALIER (1954) 600. – [3] Pens. 339; vgl. 469. – [4] De l'esprit géom. a. a. O. [2] 599. – [5] Pens. 340. – [6] a. a. O. 78. – [7] 543. – [8] De l'esprit géom. a. a. O. [2] 592. – [9] Pens. 82. – [10] a. a. O. 146. – [11] ebda. – [12] 347. 348. – [13] 365. – [14] 370. – [15] 72. – [16] 347. – [17] 434. – [18] 439. – [19] 282. 274; De l'esprit géom. a. a. O. [2] 592f. – [20] Pens. 278.

3. Während die menschliche Freiheit bei Pascal gegenüber der göttlichen Gnade zu verschwinden droht [1], wird sie als Willensfreiheit in SPINOZAS Pantheismus ausdrücklich negiert [2]. Dieser Absage an die sich gerade in der Neuzeit verstärkt ihrer Freiheit bewußt werdende Subjektivität entspricht es im Bereich des D., daß «Spinoza keinen Begriff vom Ich hat» [3], daß auch «das göttliche D. aus jedem Bezug auf ein erkennendes *Subjekt* losgelöst ist» [4]. Das ergibt sich aus Spinozas Lehre vom D.

Die ‹Ethik› gibt keine Definition von ‹cogitare› oder ‹cogitatio›. Spinoza bestimmt die cogitatio grundlegend durch ihren ausschließenden Gegensatz zur Ausdehnung. Wie diese schließt sie nicht den Begriff einer anderen Sache ein [5]. Was ‹cogitatio› meint, erhellt auch aus der Angabe ihrer besonderen Weisen wie Einsicht (intellectus), Liebe, Begehren oder Affekte der Seele [6]. Die von solchen Modi «abgelöste» «absoluta cogitatio» [7] ist eines der Attribute Gottes: «Gott ist res cogitans» [8].

Die der res cogitans eigene «Tätigkeit» ist das Bilden einer Idee oder eines Konzeptes [9]. Resultat dieser Tätigkeit ist (ähnlich wie im Scotismus) wie die Idee so das Erkennen: «idea sive cognitio» [10]. Dieser Modus der cogitatio liegt den übrigen Modi wie Liebe und Begehren fundierend zugrunde [11], folgt aber selber der Tätigkeit des D. Daher gehört der aktuelle göttliche Intellekt, der nichts neben der Idee, d. h. diese selbst ist [12], zur natura naturata als Folge der usprünglichen natura naturans [13]. Des weiteren zeigt sich der menschliche Geist «als Teil des Intellektes Gottes». Wenn es daher heißt, der menschliche Geist erfasse dieses oder jenes, heißt das «nichts anderes, als daß Gott ... diese oder jene Idee hat» [14]. So ist der menschliche Geist gewissermaßen der göttliche Intellekt selbst, «der seine Göttlichkeit ... vergessen hat» [15].

Das Wissen aber ist nach der berühmten Formel: «Simulac enim quis aliquid scit, eo ipso scit se id scire, et simul scit se scire quod scit» (zugleich damit, daß jemand etwas weiß, weiß er nämlich eben dadurch, daß er das weiß, und zugleich weiß er, daß er weiß, was er weiß) [16], Wissen des Wissens oder «idea ideae» [17]. So gibt es bei Spinoza durchaus eine Reflexivität des Wissens und in diesem Sinne Selbstbewußtsein. Aber ist Selbstbewußtsein nicht, statt bloß solches Wissen des Wissens zu sein, das Wissen des wissenden Ich um sich?

So hat, wie W. Cramer geltend macht, Spinoza in seiner Theorie des D. das «denkende Ich unterschlagen» [18], dessen Selbstbewußtsein, das den Denkenden, das D. und das Gedachte in sich begreift, Bedingung des Wissens des Wissens ist. Spinoza aber hat die mit D. angemessen zu übersetzende cogitatio als vom Ich unabhängige «reine Repräsentation des Intelligiblen» verstanden, weshalb Gott «in seiner absoluten Natur» zwar «D. an sich» sein mag, aber ursprünglich «keineswegs ein D. für sich» ist [19].

Anmerkungen. [1] Vgl. PASCAL, Ecrits sur la grâce, Troisième Ecrit. Werke, hg. J. CHEVALIER (1954) 1003. – [2] SPINOZA, Eth. II, Prop. 48. – [3] W. CRAMER: Spinozas Philos. des Absoluten (1966) 95. – [4] V. DELBOS: Le spinozisme (Paris †1964) 45. – [5] SPINOZA, Epist. IV. Werke, hg. BRUDER 2, 150f. – [6] Eth. I, Prop. 31, Dem.; II, Ax. III. – [7] Eth. I, Prop. 21, Dem.; Prop. 31, Dem. – [8] Eth. II, Prop. 1. – [9] Eth. II, Def. III. – [10] Eth. II, Prop. 20. – [11] Eth. II, Ax. III. – [12] Eth. II, Prop. 49, Dem. Cor. – [13] Eth. I, Prop. 31. – [14] Eth. II, Prop. 11, Cor. – [15] CRAMER, a. a. O. [3] 97. – [16] SPINOZA, Eth. II, Prop. 21, Schol. – [17] ebda. – [18] CRAMER, a. a. O. [3] 102. – [19] DELBOS, a. a. O. [4] 45. 75.

4. LEIBNIZ, der im Gegensatz zu Spinoza das Universum als Vielheit von aktiven Monaden begreift, unterscheidet sich von Descartes grundlegend durch seine Methodenlehre, in der die Synthese den höheren Rang gegenüber der Analyse (s. d.) einnimmt. Daher macht er gegen Descartes' «Ego cogito» geltend, es sei nicht schlechthin das erste Prinzip aller Wissenschaften. In der notwendigen Unterscheidung zwischen Vernunft- und Tatsachenwahrheiten muß «das Prinzip der Kontradiktion oder des Identischen» als «erste Vernunftwahrheit» angesehen werden. «Erste Tatsachenwahrheiten» aber gibt es viele, da sie nicht nur im «Ego cogito» bestehen; denn «im Begriff ‹cogitans› liegt der Bezug auf ein Objekt, das gedacht wird» [1], und so gehört zu den ersten Tatsachenwahrheiten auch alles, was von mir gedacht wird: mein Gedachtes als solches: «non tantum autem mei cogitantis, sed et mearum cogitationum conscius sum» [2].

Leibniz kennt von ‹cogitare› bzw. ‹penser› einen «mehr allgemeinen» und einen mehr spezifischen Sinn und bemerkt, auch im eigenen Gebrauch darauf nicht immer geachtet zu haben [3]. Im weiteren Sinn kann D. auch die unbewußten Perzeptionen einschließen. In diesem Sinn heißt es: «cogitans est repraesentans» [4]. Im engeren Sinn ist D. die bewußte Apperzeption (s. d.), die nur den geistigen Wesen zukommt [5] und «conscience ou la connaissance reflexive de cet état intérieur» besagt [6]. Eine entsprechende Bestimmung von cogitans lautet: «Cogitans est, quod est conscium suarum actionum seu habet actum reflexivum» [7].

Auch mit dieser Unterscheidung, vor allem aber mit der damit verbundenen These, auch Tiere besäßen eine wahrnehmende Seele [8], distanziert sich Leibniz von Descartes. Seiner Überzeugung nach ist nicht erst vernünftiges Bewußtsein, sondern auch schon das Perzipieren der Tiere «mechanisch nicht zu erklären» [9]. Gegen Descartes' Bestimmung der cogitatio auch als Wesensattribut des Geistes bestimmt Leibniz endlich das D. eindeutig als Akt, nicht als Wesen der Seele [10]. Wie schon bei Aristoteles und Augustinus wird D. daher vom habituellen Wissen unterschieden [11].

Wird ‹D.› im engeren Sinn zur Bezeichnung der «reflexiven Akte» gebraucht, «qui nous font penser à ce qui s'appelle Moy, et à considerer que cecy ou cela est en Nous: et c'est ainsi, qu'en pensant à nous, nous pensons à l'Etre ... et à Dieu» [12], dann bleibt es freilich noch eine allgemeine, viele geistige Erkenntnisakte umfassende Bezeichnung. Leibniz gebraucht ‹cogitatio› auch schlechthin synonym mit ‹cognitio› (z. B. cognitio intuitiva – cogitatio intuitiva; cognitio symbolica – cogitatio symbolica) [13]. Daher dürfte die alte Bestimmung, daß ‹D.› jedes aktuelle geistige Betrachten bezeichnet, für Leibnizens Sprachgebrauch zutreffen. Daß ‹D.› für ihn nicht primär oder gar ausschließlich das diskursive D. bezeichnet, das er als «transitus cogitantis» faßt [14] und synonym mit «ratiocinari» gebraucht, zeigt schon die Rede von der «cogitatio intuitiva», weshalb Leibniz auch – im Unterschied etwa zu Thomas von Aquin – von einer «cogitatio divina» sprechen kann [15].

Endlich muß auf Leibnizens Bedeutung für Theorie und Normierung des diskursiven D. hingewiesen werden, die in seiner Lebensarbeit an der «Ars combinatoria» (s. d.) und der zu ihr gehörenden «Characteristica universalis» (s. d.) liegt. Diese «Ars Magna cogitandi» [16], deren Gegenstand «das Denkbare im allgemeinen» ist [17], soll ein vollständiges «Alphabet der menschlichen Gedanken» [18] geben, das in der «Characteristica universalis» durch ein System von Zeichen repräsentiert wird, um so alle logischen Operationen rechnerisch durchführen zu können und kombinatorisch neue Wahrheiten zu finden. Unter der Devise: «calculemus» [19] wird das diskursive D. im ursprünglichen Wortsinn von «ratiocinari» ein Rechnen.

Während Leibnizens Bemühungen um eine Verbindung von metaphysischer Analyse der Gedanken mit Logik, Mathematik und «Sprachanalyse» (analysis linguarum) [20] wenig bekannt wurden – immerhin gibt J. H. LAMBERT in seinem ‹Neuen Organon› (1764) neben der «Dianoiologie» eine «Semiotik oder Lehre von der Bezeichnung der Gedanken und Dinge» [21] –, nimmt die deutsche Schulphilosophie seinen Sprachgebrauch von ‹cogitare›, besonders die Abhebung des D. vom unbewußten Perzipieren, auf. Nicht «dunckele und undeutliche Empfindungen», wie man sie im Schlafe haben mag, sind «Gedancken»; denn zu ihnen ist «insgemein ... das Bewußtseyn erfordert» [22]. Auch in seinen lateinischen Schriften definiert CHR. WOLFF so: «Cogitatio igitur est actus animae, quo sibi rerumque aliarum extra se conscia est» (D. ist also der Akt der Seele, wodurch sie sich ihrer und der anderen Dinge außer ihr bewußt ist) [23]. Ähnliche Bestimmungen finden sich schon bei CHR. THOMASIUS, dann z. B. bei G. B. BILFINGER oder CHR. A. CRUSIUS [24].

Anmerkungen. [1] LEIBNIZ, Opuscules et fragments, hg. L. COUTURAT (= OpC.) (Nachdruck 1961) 361. – [2] Animadversiones in part. gen. Princ. Cart. I, 7. Philos. Schriften, hg. GERHARDT (= Gerh.) 4, 357. – [3] Nouveaux Essais, hg. A. ROBINET und H. SCHEPERS. Akad.-A. VI, 6 (= NE) 210. – [4] OpC. 331. – [5] Principes de la Nature et de la Grâce. Gerh. 6, 600. – [6] ebda.; vgl. Monadol. 14. Gerh. 6, 608. – [7] OpC. 438. – [8] Gerh. 6, 600. 609. – [9] Gerh. 6, 609. – [10] NE 161. – [11] NE 86f. – [12] Monadol. 30. Gerh. 6, 612. – [13] Meditationes de Cognitione. Gerh. 4, 422ff. – [14] OpC. 495. – [15] OpC. 528. – [16] OpC. 429. – [17] OpC. 512. – [18] OpC. 430, 435. – [19] Scientia Generalis Characteristica. Gerh. 7, 200. – [20] OpC. 351. – [21] J. H. LAMBERT: Neues Organon ... (1764) Teil 2, Semiotik § 12. – [22] CHR. WOLFF: Vernünfftige Gedancken von den Kräfften des menschlichen Verstandes (1713, zit. ²1719) Cap. I, § 2. – [23] Psychol. empirica ... (1732) § 23. – [24] CHR. THOMASIUS: Einl. zu der Vernunfft-Lehre (1691, Nachdruck 1968) 101f.; G. B. BILFINGER: Dilucidationes philosophicae de Deo, anima humana ... (1725) § 240; CHR. A. CRUSIUS: Entwurf der nothwendigen Vernunft-Wahrheiten ... (1745, Nachdruck 1963) § 426.

5. Während Descartes zugleich mit der Aufnahme des durch die neue Naturwissenschaft gestellten Problems des methodisch wissenschaftlichen D. die Tradition der Metaphysik fortführt, übernimmt die *englische Philosophie* das empiristische Programm BACONS, indem sie wie dieser aus einer «innigen Verbindung der Erfahrung mit der Vernunft, welche bisher noch nicht stattgefunden hat ... nun Alles» erwartet [1].

Gemäß seinem entscheidenden Begriff des D. als ratiocinatio ist Philosophie für HOBBES «durch recta ratiocinatio erworbene Erkenntnis *(acquisita cognitio)* der Wirkungen oder Erscheinungen aus ihren erkannten Ursachen» [2]. Recta ratiocinatio, als methodisches und das heißt mittels *mathematischer Methode* abgesichertes D., erzeugt Erkenntnis, die zum Ziel Macht hat: «Scientia propter potentiam» [3]. Die Logik, mit der ‹De corpore›, der erste Teil des Systems ‹Elementa philosophiae›, beginnt, heißt demgemäß auch «Computatio»: D. ist Rechnen (Per ratiocinationem autem intelligo computationem) als addierendes und substrahierendes Operieren des Geistes (Recidit itaque ratiocinatio omnis ad duas operationes animi, *additionem* et *substractionem*) [4] mit Begriffen bzw. Namen [5]. Hobbes verdeutlicht dies noch durch folgende Begriffe: «Rem autem quamcumque addimus vel adimimus, id est, in rationes referimus, eam dicimur *considerare*, Graece λογίζεσθαι, sicut ipsum computare sive ratiocinari συλλογίζεσθαι nominant» (Was aber für eine Sache wir auch immer hinzufügen oder wegnehmen, d. h. in Beziehungen setzen, so heißt das, wir überlegen sie, griechisch λογίζεσθαι, so wie sie das Rechnen oder Schließen selbst συλλογίζεσθαι nennen) [6].

Zu der im Cartesianismus viel diskutierten Frage, ob das D. Wesen bzw. Attribut oder Tätigkeit der Seele sei [7], nimmt LOCKE eindeutig Stellung: «Thinking is the Action, not the Essence of the Soul» [8], und er versteht D. allgemein als verbindende Beschäftigung des Geistes mit ideas (Begriffe, Vorstellungen). Idea (auch: phantasm, notion, species, character) ist «the *object* of the understanding when a man thinks» [9]. Locke muß erklären, wie Begriffe – nicht Worte – im Geist entstehen, wenn dieser zunächst als «empty cabinet» angesehen wird [10]. Die Bildung von simple ideas wird durch *experience* erklärt. Erfahrung ist zusammengesetzt aus *sensation* (observation «about external sensible objects») und *reflection* (observation «about the internal operations of our minds»): «These two are the fountains of knowledge, from whence all the ideas we have ... do spring» [11]. Reflection – der wolffianisch beeinflußte Übersetzer und Kommentator POLEY übersetzt 1757 mit «Überdenken» [12] – ist Oberbegriff für alle Verstandesoperationen wie «*perception, thinking, doubting, believing, reasoning, knowing, willing*» usw. [13] und kommt damit dem cogitatio-Begriff Descartes' nahe. Ist *perception* noch weitgehend passiv, also für Locke noch nicht im eigentlichen Sinne aktives D., denn «thinking in the propriety of the English tongue, signifies that sort of operation in the mind about its ideas, wherein the mind is active» [14], so ist sie doch «the first operation of all our intellectual faculties, and the inlet of all knowledge» [15]. Die weiteren Stufen der *retention* (Behaltungskraft) – aufgeteilt in *contemplation* (keeping the ideas) und *memory* (the storehouse of our ideas) [16] –, des *discerning* (auch: distinguishing, judgment) [17], der *composition* [18] sind nicht mehr rein passiv. Die schöpferische Tätigkeit des Geistes wird dann deutlich an der Fähigkeit zur Bildung von «complex ideas» [19]. Der Verstand kann «abstract general ideas» bilden, die nach der nominalistischen Auffassung «belong not to the real existence of things; but are the inventions and creatures of the understanding, made by it for its own use» [20].

BERKELEY schließt ausdrücklich an Lockes Auffassung an, daß D. es nur mit ideas zu tun habe [21], wenn er auch dessen Theorie von den abstract (complex) ideas als scholastischen Restbestand kritisiert [22]. Dabei stellt er schon in den ‹Philosophical Commentaries› und später in den ‹Principles› die «immaterial hypothesis» [23] an die Stelle des cartesianischen Dualismus: «according to my Doctrine all things are entia rationis i. e. solum habent esse in Intellectu» [24]. Dieses aktive denkende Prinzip ist gnoseologische und ontologische Bedingung aller Dinge: «Their esse is *percipi*, nor is it possible they should have any existence, out of the minds or thinking things which perceive them» [25]. Berkeley behält zwar Lockes Trennung von sense und reflection bei [26], der umfassendere Begriff ist aber für ihn der der Perzeption (bzw. der Einheit von percipiens und perceptum), wodurch «that what I see, hear and feel doth exist» [27].

HUMES «geistige Geographie» [28], wie er seine ‹Untersuchung über den menschlichen Verstand› nennt, teilt alle Auffassungen (perceptions) des Geistes in zwei Klassen ein: *Gedanken* (thoughts) bzw. Vorstellungen (ideas) und *Eindrücke* (impressions) [29]. Scheint nach geläufiger Meinung das D. eine «unbegrenzte Freiheit» zu besitzen, so erweist es sich doch bei näherer Prüfung, daß «all this creative power of the mind amounts to no more than the faculty of compounding, transposing, augmenting, or diminishing the materials afforded us by the senses and experience» [30]. Es ist also auf Grund des erkenntnistheoretischen Vorrangs der impressions [31] unmöglich «to *think* of any thing, which we have not antecedently *felt*, either by our external or internal senses» [32].

Die Gegenstände der menschlichen Vernunft lassen sich für Hume einteilen einmal in «*Relations of Ideas*» (Sätze der demonstrativen Wissenschaften), die zu entdecken sind «by mere operation of thought», und anderseits in «Matter of Facts», deren Evidenz in der Beziehung von Ursache und Wirkung besteht und nicht durch «reasonings a priori», sondern allein durch Erfahrung festgestellt werden kann [33].

Die Orientierung an Erfahrung, Sinnen und Eindrükken der englischen Philosophie von Hobbes bis Hume verhindert im Sinne der Devise BERKELEYS «Eternally banishing Metaphysics &c & recalling Men to Common Sense» [34] einerseits metaphysische Spekulation, reduziert aber andererseits D. weitgehend auf Ordnen und Verbinden von vorgegebenem Material, d. h. in der Sprache Kants auf *Synthesis a posteriori*.

Anmerkungen. [1] F. BACON, Novum Organum I, 95; dtsch. A. T. BRÜCK (1830, Nachdruck 1962) 74. – [2] TH. HOBBES, Elementa philos. I, 1, 2 = Opera 1, hg. W. MOLESWORTH (²1966) 2; vgl. 58f. – [3] a. a. O. I, 1, 6 = 1, 6. – [4] I, 1, 2 = 1, 3. – [5] I, 2, 5 = 1, 15. – [6] I, 1, 3 = 1, 5. – [7] Vgl. den Bericht über diese Kontroverse bei J. N. HARTSCHMID: Immortalitas animae humanae (Argentorati 1699) 128-132. – [8] J. LOCKE: An essay conc. human understanding II, 19, 4; vgl. II, 23, 30; IV, 2, 2. 3. – [9] Introduction 8; vgl. IV, 1, 1. – [10] I, 1, 15. – [11] II, 1, 2. – [12] H. E. POLEY: Versuch vom menschlichen Verstande, aus dem englischen und mit Anm. versehen (1757) II, 1, 4. – [13] LOCKE, a. a. O. [8] II, 1, 4; vgl. II, 6. – [14] II, 9, 1. – [15] II, 9, 15. – [16] II, 10, 1ff. – [17] II, 11, 1ff. – [18] II, 11, 6. – [19] II, 12, 1. – [20] II, 11, 3, 11ff.; vgl. S. J. SCHMIDT: Sprache und D. als sprachphilos. Problem von Locke bis Wittgenstein (Den Haag 1968). – [21] G. BERKELEY, Philos. Commentaries (= PhC) 50 nach der Ordnung der Works 1, hg. a. die A. LUCE/T. E. JESSOP = Nelson-A. (London 1948). – [22] Vgl. die ganze Einl. zu: The principles of human knowledge. Works 2 (1949) (= Princ.). – [23] PhC 19. – [24] PhC 474; vgl. 437. 437 a. 578. – [25] Princ. 3; vgl. PhC 429; Princ. 23. – [26] Vgl. Princ. 1. 25. 36. – [27] Princ. 40. – [28] D. HUME: An enquiry conc. human understanding Sect. I, 8, hg. L. A. SELBY-BIGGE (London ²1902, Nachdruck 1963) (= SB) 13. – [29] a. a. O. II, 12 = SB 18. – [30] II, 13 = SB 19. – [31] ebda. – [32] VII/I, 49 = SB 62. – [33] IV/I, 20-23 = SB 25ff. – [34] BERKELEY, PhC 751.

E. – 1. Im letzten Abschnitt der ‹Kritik der reinen Vernunft›, der ‹Geschichte der reinen Vernunft›, typologisiert KANT die Geschichte der Philosophie in die der «*Sensual*»- und «*Intellektualphilosophen*» [1]. Dieses geschichtliche Interpretament auch zur systematischen Beschreibungsfigur der Vernunft selbst gemacht zu haben und zugleich im Begriff der Vernunft, wenn auch nicht als Objekt des Erkennens, wohl aber als *Noumenon*, die Themen der Metaphysik präsent gehalten zu haben, ist die Leistung der *Transzendentalphilosophie*, wodurch sie zum einen die rationalistischen und empiristischen Behandlungen des D. ab Descartes zu einem gewissen Abschluß bringt und zum andern die Dimensionen des Begriffs ‹D.› derart erweitert, daß die idealistische Philosophie daran anschließen konnte. «Selbst denken, in der Stelle jedes andern denken, jederzeit mit sich einstimmig zu denken … Das Bewußtseyn seines Vermögens und seines Berufs, selbst zu denken, ist Aufklärung» [2]. Dieser Revolution der *Denkungsart* als «Selbstdenken» entspricht die Revolution der *Denkart*, die kopernikanische Wende der Philosophie, die in der Einsicht besteht, «daß die Vernunft nur das einsieht, was sie selbst nach ihrem Entwurfe hervorbringt» [3]. Transzendentalphilosophie ist wesentlich «*Autonomie* der reinen Vernunft sich selbst *synthetisch* a priori (das Subject zum Object) zu machen dadurch verhütet wird daß die transc Principien nicht *transcendent* d. i. die Erscheinungen nicht Objecte an sich und ausser unsrem D. werden» [4]. Transzendentalphilosophie «ist das D. was vor allem Erkeñen und lehren cognitio doctrina Setzen vorher geht» [5].

D. ist nicht Reproduktion, sondern Produktion von Wirklichkeit. Die Möglichkeit des Entwurfs ist bedingt durch die Aufgliederung in zwei ganz heterogene, aber aufeinander angewiesene Erkenntniskräfte: den Verstand, der im D. Begriffe als Möglichkeit setzt, und die Anschauung a priori, die unter den Bedingungen von Raum und Zeit Objekte sinnlich gegenständlich macht [6]. D. heißt in der Auseinandersetzung mit dem Widerspruchsprinzip der Schulphilosophie zunächst nur, etwas als möglich setzen (s. die Kritik am ontologischen Argument [7] und die Kritik am cartesianischen «cogito» und allgemein am «ich denke» [8]). D. kann man, was man will, solange es nicht sich widersprechend ist. Erkenntnis wird erst daraus, wenn ihm etwas in der Anschauung korrespondiert: «Ohne Sinnlichkeit würde uns kein Gegenstand gegeben, und ohne Verstand keiner gedacht werden. Gedanken ohne Inhalt sind leer, Anschauungen ohne Begriffe sind blind» [9].

Der *transzendentalen Logik* geht es in Absetzung von der allgemeinen darum, Begriffe zu finden, «die sich a priori auf Gegenstände beziehen mögen, nicht als reine oder sinnliche Anschauungen, sondern bloß als Handlungen des reinen D.» [10]. Die cartesianische Erkenntnisposition «einer von der Welt isolierten, denkenden Substanz» [11] ist damit für Kant aufgehoben. D. in spontan gebildeten reinen Begriffen der Synthesis konstituiert Welt. Diese Begriffe als «Prädicate möglicher Urtheile» [12] sind dann als Transzendentalbegriffe legitimiert, wenn angenommen werden kann, daß deren Einteilung «systematisch aus einem gemeinschaftlichen Princip, nämlich dem Vermögen zu *urtheilen*, (welches eben so viel ist, als das Vermögen zu denken,) erzeugt und nicht rhapsodistisch» ist [13]. Die so gefundenen Kategorien, abgesichert in der transzendentalen Deduktion, sind «nur Regeln für einen Verstand, dessen ganzes Vermögen im D. besteht, d. i. in der Handlung, die Synthesis des Mannigfaltigen, welches ihm anderweitig in der Anschauung gegeben worden, zur Einheit der Apperception zu bringen, der also für sich gar nichts *erkennt*, sondern nur den Stoff zum Erkenntnis, die Anschauung, die ihm durchs *Objekt* gegeben werden muß, verbindet und ordnet» [14]. D. ist also für Kant *Verbinden, Ordnen, Urteilen, Handeln*, die *reine Synthesis a priori der transzendentalen Apperzeption.* Dieser Bestimmung – in der Bevorzugung des D. als Urteilen – hat sich die an Kant unmittelbar anschließende Diskussion zu eigen gemacht, so etwa deutlich durch die Wörterbücher zu Kant (C. CHR. E. SCHMID, PH. U. MAHLER, G. S. A. MELLIN) [15] und u. a. durch die Schriften J. H. ABICHTS, L. H. JAKOBS, J. G. BUHLES, J. WEBERS, J. G. E. KIESEWETTERS, S. MAIMONS, aber auch F. H. JACOBIS [16].

Für KANT ist damit im Bereich der theoretischen Vernunft geklärt, daß der Gebrauch der Vernunft nur hypothetisch, d. h. regulativ oder heuristisch ist, da das Vernunftallgemeine, die Idee, nicht anders als problematisch angenommen werden kann. Die «systematische Einheit», die die Vernunft dem Verstand supponiert, ist nur als Problem aufgegebene «*projektierte* Einheit» [17], der «kein Schema in der *Anschauung*» entsprechen kann, zu der sich aber ein «*Analogon* eines solchen Schemas» «bestimmt gedenken» läßt [18]. Kant spricht in diesem Zusammenhang von dem spekulativen «Interesse der Vernunft», subjektive Grundsätze oder «*Maximen* der Vernunft» zu denken [19], die – in der Sprache moderner Wissenschaftstheorie gesagt – als Hypothesen niemals verifiziert, aber auch niemals falsifiziert werden können. Die Vernunftideen, in denen die prinzipielle Unendlichkeit und Unvollendbarkeit des D. deutlich wird, verhindern die Fixierung und Identifizierung des Verstandes auf einen und mit einem erreichten Erkenntnisstand (ignava ratio) [20].

Zugleich wird im Vernunftbegriff das «D. des Übersinnlichen» präsent gehalten [21]: «Es ist nicht ein cognoscibile als Intelligibele sondern x weil es außer der Form der Erscheinung ist aber doch ein cogitabile (und zwar als *nothwendig denkbar*) was nicht gegeben werden kañ aber doch gedacht werden muß weil es in gewissen anderen Verhältnissen die nicht sinnlich sind vorkommen kañ. Das Ding an sich ist das *Denkbare* (cogitabile) durch Begriffe» [22]. Diese Einschränkung der Beschränkung des Verstandes in der Erweiterung der Objekte des D. wird zunächst in der Auflösung der dritten Antinomie wichtig. Innerhalb des Entwurfs des transzendentalen Idealismus ist es möglich, einen transzendentalen Begriff von *Freiheit* zu *denken*, der dem intelligiblen Charakter des Menschen Rechnung trägt und zugleich die durchgängige Kausalität in der Erscheinung anerkennt: «Dieser intelligible Grund ficht gar nicht die empirischen Fragen an, sondern betrifft etwa bloß das D. im reinen Verstande; und obgleich die Wirkungen dieses D. und Handelns des reinen Verstandes in den Erscheinungen angetroffen werden, so müssen diese doch nichts desto minder aus ihrer Ursache in der Erscheinung nach Naturgesetzen vollkommen erklärt werden können» [23]. Freiheit, in der ‹Kritik der reinen Vernunft› «nur als transzendentale Idee behandelt, wodurch die Vernunft die Reihe der Bedingungen in der Erscheinung durch das Sinnlichunbedingte schlechthin anzuheben denkt» [24], erhält im Bereich der praktischen Vernunft, deren Begriffe und Prinzipien völlig a priori sind, objektive Realität. Indem «die praktische Vernunft sich in eine Verstandeswelt hinein *denkt*», gewinnt sie den «Standpunkt», «um sich selbst als praktisch zu denken» [25]. Von diesem Standpunkt aus, dem das «Faktum» des Sittengesetzes bewußt ist, ist die *Kategorie* der Kausalität aus Freiheit – auch praktische Vernunft kann nicht anders als in Kategorien denken [26] – nicht nur als Denkmöglichkeit, sondern auch als eine den Willen frei verursachende Wirklichkeit gesichert.

Wenn Kant im Zusammenhang mit teleologischen Überlegungen (Organismus, Zweck, Endzweck), z. B. im § 77 der ‹Kritik der Urteilskraft›, die Denkmöglichkeit eines «anderen Verstandes», eines «intellectus archetypus» erörtert, der als «Synthetisch-Allgemeiner» in spontaner intellektueller Anschauung intuitiv und nichtdiskursiv eins Ganzes anschaut, in dem die Teile schon enthalten sind, so ist für HEGEL Kant hier auf die «Erfahrung von dem D. eines nicht discursiven Verstandes» geführt worden und spricht damit die «Idee der Vernunft» aus, doch hat er sich für die «Erscheinung derselben [sc. der Vernunft] als Erkenntnisvermögen» entschlossen und «die Nothwendigkeit, das Vernünftige, eine anschauende Spontaneität zu denken, verachtet» [27].

Anmerkungen. [1] KANT, KrV B 881. – [2] Akad.-A. 15/2, 820. 822, Nr. 1508. – [3] KrV B XIII. – [4] Opus postumum. Akad.-A. 21, 115, 18-21. – [5] a. a. O. 89, 1f. – [6] KrV B 74f.; KU § 76. – [7] KrV B 620-630, bes. 628f. – [8] B 405, B 158 Anm., B 428ff. – [9] B 75. – [10] B 81; vgl. B 304. – [11] F. KAULBACH: Immanuel Kant (1969) 159. – [12] KANT, KrV B 94; vgl. B 93. – [13] B 106. – [14] B 145. – [15] C. CHR. E. SCHMID: Wb. zum leichten Gebrauch der Kantischen Schriften ... (³1795) s. v. ‹D.› 160-163; vgl. Anhang: Einige Bemerkungen über den Empirismus und Purismus in der Philos. ... 539-590, bes. 561; G. S. A. MELLIN: Encyclop. Wb. der krit. Philos. 2/1 (1799) 53f.; PH. U. MAHLER: Wb. zur Kritik der reinen Vernunft und zu den philos. Schriften von Herrn Kant (1788) 49. – [16] J. H. ABICHT: Philos. der Erkenntnisse (1791) § 47, Anm. 2; L. H. JAKOB: Grundriß der allg. Logik und krit. Anfangsgründe der allg. Met. (1791, ⁴1800) §§ 77ff. § 186; J. G. BUHLE: Einl. in die allg. Logik und die Kritik der reinen Vernunft (1795) § 29ff., vgl. Entwurf der Transcendentalphilos. (1798) 65; J. WEBER: Versuch, die harten Urtheile über die Kantische Philos. zu mildern (1796) 3. 14; J. G. E. KIESEWETTER: Grundriß einer allg. Logik nach Kantischen Grundsätzen 1 (1796, ³1802) § 12; F. H. JACOBI, Werke 2 (1815) 3-125, bes. 51f.; S. MAIMON: Versuch einer neuen Logik oder Theorie des D. (1794; Nachdruck 1970) 186. 306. – [17] KANT, KrV B 675. – [18] B 693. – [19] B 694. 714. – [20] B 717. – [21] KpV. Akad.-A. 5, 141. – [22] Opus postumum. Akad.-A. 22, 23f. – [23] KrV B 573f. – [24] B 586. – [25] Grundlegung zur Met. der Sitten. Akad.-A. 4, 458; vgl. KpV. Akad.-A. 5, 96-99. – [26] KpV. 5, 103. 114-118. – [27] Vgl. HEGEL, Glauben und Wissen. Hist.-krit. A., hg. H. BUCHNER/O. PÖGGELER 4 (1968) 341.

2. Hatte KANT am cartesianischen «cogito» kritisiert, daß man aus diesem keine Prädikate wie ‹Sein›, ‹Substanz› oder ‹Unsterblichkeit› ableiten dürfe, da ‹cogito› kein Begriff, sondern nur das alle Begriffe = Denkhandlungen Begleitende sei [1], und hatte er damit die Einheit des Selbstbewußtseins als «synthetische Einheit der Apperzeption» [2] auf einen Verstand beschränkt, dem eine intellektuelle Anschauung unmöglich ist, so greift FICHTES ‹Wissenschaftslehre› hier die Kantische Fragestellung auf. Fichte setzt als höchstes Subordinationsprinzip das «Princip der Subjectivität überhaupt» [3] und faßt deren «Thathandlung» in die Formel: «Ich bin schlechthin, d. i. ich bin schlechthin, weil ich bin; und ich bin schlechthin, was ich bin» [4]. Darauf ist alles D. gegründet: «Man kann gar nichts denken, ohne sein Ich, als sich seiner selbst bewußt, mit *hinzu* zu denken; man kann von *seinem* Selbstbewußtseyn nie abstrahiren» [5]. Die Setzung von Ich und Nicht-Ich durch das Ich und im Ich [6] ist Fundament alles D.; als «*ein ursprünglich* in unserm Geiste *vorkommendes Faktum*» [7] aber selbst «*kein D.*, kein *Anschauen*, kein *Empfinden*, kein *Begehren*, kein *Fühlen*, u.s.f. sondern es ist die *gesammte* Thätigkeit des menschlichen Geistes, die keinen Namen hat, die im Bewußtseyn nie vorkommt, die *unbegreiflich* ist» [8]. Am ehesten zu fassen ist dieses Unbegreifliche durch das «Schweben» der *produktiven Einbildungskraft* [9]. Doch dieses Schweben der Einbildungskraft wird fixiert «durch [die] Spontaneität der Reflexion selbst» [10]. Fichte faßt dann den Vollzug der Reflexion

zusammen als «die Thätigkeit zur Selbstbestimmung, Bestimmung eines fixierten Produkts der Einbildungskraft im Verstande durch die Vernunft: mithin ein *D.* Das Anschauende bestimmt sich selbst zum D. eines Objekts. Insofern das Objekt durch das D. bestimmt wird, ist es ein Gedachtes» [11].

In seinen frühen Schriften schließt SCHELLING noch ganz an Fichtes Bestimmung der transzendentalen Subjektivität an als des «letzten Punktes der Realität», wodurch «alles, was gedacht wird, zur Realität, und das D. selbst zur Form der Einheit und Unwandelbarkeit gelangt» [12]. «Beim Unbedingten muß das Princip seines Seyns und das Princip seines D. zusammenfallen». Insofern ist die letzte Antwort auf die Frage nach den Prinzipien für Schelling: «Ich bin, weil Ich bin»; denn «mein Ich enthält ein Seyn, das allem D. und Vorstellen vorhergeht. Es ist, indem es gedacht wird, und es wird gedacht, weil es ist; desswegen, weil es nur insofern ist und nur insofern gedacht wird, als es sich selbst denkt ... Es bringt sich durch sein D. selbst – aus absoluter Causalität – hervor» [13]. Er kritisiert insofern ebenso den cartesianischen wie den kantischen Ansatz beim «Ich denke», weil dadurch das Denkende entweder zum «logischen Objekt» oder zum «bloßen Ausdruck der Einheit der Apperzeption» würde; vielmehr ist das «absolute Ich», in welchem D. und Sein zusammenfallen, als «reines Ich in intellectualer Anschauung als absolute Realität bestimmt» [14]. In seiner *Identitätsphilosophie* bezeichnet Schelling das Selbstbewußtsein als die Identität von «Subjekt und Objekt des D.», d. h. als «die Fertigkeit, sich in diesem Akt anzuschauen, sich als Gedachtes und als Denkendes zu unterscheiden und in dieser Unterscheidung wieder als identisch anzuerkennen» [15]. Diese Identität wird hervorgebracht durch die intellektuelle Anschauung, ohne die «das Philosophiren selbst kein Substrat [hat], was das D. trüge und unterstützte». «Die intellektuelle Anschauung ist das Organ alles transcendentalen D. Denn das transcendentale D. geht eben darauf, sich durch Freiheit zum Objekt zu machen, was sonst nicht Objekt ist ..., so daß das Produciren des Objekts und das Anschauen selbst absolut Eines ist» [16].

In der *Spätphilosophie* der Mythologie und Offenbarung wird die Frage von D. und Sein auf den drei Ebenen des *reinen D.*, der rein rationalen oder *negativen Philosophie* und der *positiven Philosophie* als «Programm des Selbstgeschehens des D.» behandelt: «Diese drei Ebenen nehmen ihren Unterschied von der unterschiedlichen Stellung des D., d. h. von der unterschiedlichen Beziehung des D. aufs Sein. Auf der ersten denkt das D. unmittelbar seinen Inhalt, auf der zweiten entfaltet es ihn als die universale Möglichkeit seiner selbst und darin dessen, was sein kann, auf der dritten wird ihm diese seine Möglichkeit der begreifende Begriff der wirklichen Wirklichkeit, die es als D. gerade nicht mehr aus sich ableiten kann, um die es ihm indessen letztlich einzig geht, und die es entgegenzunehmen und im Entgegennehmen begreifend in sich zu setzen vermag» (K. Hemmerle) [17].

Schon mit der ‹Differenzschrift› von 1801 wird die HEGEL eigentümliche und sich bis in die Spätzeit durchhaltende Methode deutlich, die ihm vorangehenden Philosophien als notwendige Stufen der Entwicklung des Geistes zu begreifen, die sich mit ihm vollendet. So sieht er in dem Fichteschen Prinzip des «reinen D. seiner selbst, die Identität des Subjekts und des Objekts» postuliert, aber nur von der Seite des Subjekts aus vollzogen [18]; Schellings Identitätsphilosophie setze nur die Identität von D. und Sein und habe, in Verkennung des Spezifischen der neueren Philosophie – der Entzweiung –, Reflexion und Wissen damit ganz vernichtet [19]. Trotz der Anerkennung der spekulativen Intention des Philosophierens seit Kant kann er dieses dennoch nur als *Reflexion* bezeichnen, also als die Form des D., die sich der vernünftigen, und das heißt denkenden Beziehung aufs Absolute nicht bewußt ist: «Wird das D. nicht als die absolute Thätigkeit der Vernunft selbst gesetzt ..., sondern gilt D. nur für ein reineres Reflektiren ..., so kann ein solches abstrahirendes D. aus dem Verstande nicht einmal zur Logik heraus kommen ..., vielweniger zur Philosophie» [20]. Hegels D. ist der Versuch, unter Anerkennung des kritischen Standpunktes und im Bewußtsein der Geschichte, das Absolute im Gedanken begreiflich zu machen.

D. ist für Hegel in der nicht philosophisch bestimmten Allgemeinheit jede Hervorbringung des menschlichen Geistes – also auch Anschauung, Erinnerung, Gefühl, Wille, Verstand usf. [21]. «Das D. [ist] das Wesentliche, Allgemeine, von dem alles Andere produziert wird» [22]. Auch «Staat, Religion, Wissenschaften, Künste usw. sind ... Produktionen, Wirkungen des Gedankens», aber alle diese Entäußerungen sind an Gegenstände gebunden und mit Besonderem, Sinnlichem vermischt [23]. Der sich so äußernde Gedanke erscheint als «abgegrenzter Gedanke» [24]. Die Philosophie betrachtet demgegenüber «das Wesen des Gegenstandes, und dies Wesen ist der Gedanke selbst» [25]. Philosophie ist in der Beziehung des D. auf sich selbst «das D. des D.» [26], das allgemein als die Fähigkeit verstanden wird, in Form des Begriffs, in der Sprache als «Werk des Gedankens» [27], das Allgemeine zu produzieren: «Etwas als *Allgemeines* setzen, – d. i. es als Allgemeines zum Bewußtsein bringen – ist bekanntlich D.» [28]. Daher ist das D. gegen die bloße wahrnehmende Vorstellung abzugrenzen, weil die letztere es nur mit dem Unwesentlichen und Einzelnen zu tun hat, während das D. auf das Allgemeine ausgeht. Das Allgemeine ist ein Ergebnis der Kraft des Zusammenfassens; daher kehrt auch bei Hegel der Hinweis wieder, daß das D. ein Verbinden, ein «Auffassen und Zusammenfassen des Mannigfaltigen in der Einheit» ist [29].

Mit der Religion hat Philosophie den Inhalt, die absolute Idee, gemeinsam. Aufgabe ist es, die Form des Begriffs so zu vollenden, daß der Inhalt der Religion denkend erfaßt und bewahrt werden kann [30]. Mit den nichtphilosophischen Wissenschaften, deren Erkenntnismittel Erfahrung und Räsonnement sind, hat Philosophie die Methode des ‹Selbstdenkens› gemeinsam, die in der Erfahrung das Allgemeine, das Gesetz, aufsuchen läßt. Indem sie die «*Einzelnheiten* der Erscheinung» denkend in «allgemeine Bestimmungen, Gattungen und Gesetze» umwandeln, bereiten sie «jenen Inhalt des Besonderen dazu, in die Philosophie aufgenommen werden zu können». Die Philosophie hebt im Aufnehmen dieses Inhalts «durch das D. die noch anklebende Unmittelbarkeit» auf und gibt ihm «die wesentlichste Gestalt der *Freiheit* (des *Apriorischen*) des D. und die *Bewährung* der *Notwendigkeit*» [31]. Das «Bedürfnis der Philosophie» kann darin bestimmt werden, daß es also in allen Tätigkeiten des menschlichen Bewußtseins den Geist tätig sieht, sich aber erst dann befriedigt fühlt, wenn der Geist «im *Gegensatze* oder bloß im *Unterschiede* von *diesen Formen* seines Daseins und seiner Gegenstände, auch seiner höchsten Innerlichkeit, *dem D.*, Befriedigung verschaffe und das D. zu seinem Gegenstande gewinne. So kommt er *zu sich selbst*, im tiefsten Sinne des Wortes, denn sein Prinzip, seine unvermischte Selbstheit ist das D.» [32].

Hegel anerkennt als das Epochemachende der Philosophie seit Descartes und Kant die Einsicht, daß D. Tätigkeit des Subjekts ist: «Das D. als *Subjekt* vorgestellt ist *Denkendes*, und der einfache Ausdruck des existierenden Subjekts als Denkenden ist *Ich*» [33]. «Indem im Nachdenken ebensosehr die wahrhafte Natur zum Vorschein kommt, als dies D. *meine* Tätigkeit ist, so ist jene ebensosehr das *Erzeugnis meines* Geistes, und zwar als denkenden Subjekts, Meiner nach meiner einfachen Allgemeinheit, als des schlechthin *bei sich seienden* Ichs, – oder meiner *Freiheit*» [34]. Diese Verteidigung der Subjektivität bedeutet aber keine Anerkennung der schlechten Subjektivität, die sich in den Formen des Meinens, des Gefühls, der Begeisterung, der Einbildungskraft oder der intellektuellen Anschauung äußert, sondern D. der Subjektivität bedeutet, «das *besondere* Meinen und Dafürhalten fahren zu lassen und die *Sache* in sich walten zu lassen» [35]. D. als Waltenlassen einer Sache selbst wird ermöglicht durch die «Dialektik des Begriffs»: «Diese Dialektik ist dann nicht *äußeres* Tun eines subjektiven D., sondern die *eigene Seele* des Inhalts, die organisch ihre Zweige und Früchte hervortreibt» [36]. Im D. entwickelt sich das Selbstbewußtsein als «denkendes Bewußtsein überhaupt», «denn nicht als *abstraktes Ich*, sondern als Ich, welches zugleich die Bedeutung des *Ansichseins* hat, sich Gegenstand sein, oder zum gegenständlichen Wesen sich so verhalten, daß es die Bedeutung des *Fürsichseins* des Bewußtseins hat, für welches es ist, heißt *denken*». Im D. ist die Hegelsche Bestimmung von Freiheit ‹im Andern bei sich selbst sein› erfüllt: «Im D. bin Ich *frei*, weil ich nicht in einem Andern bin, sondern schlechthin bei mir selbst bleibe und der Gegenstand, der mir das Wesen ist, in ungetrennter Einheit mein Fürmichsein ist; und meine Bewegung in Begriffen ist eine Bewegung in mir selbst» [37]. Indem so der Geist im D. sich selbst zum Gegenstand macht und insofern in der «Einheit des Seins und des Denkens» da ist [38], kommt er als ein freier in sich zurück: «Dieses Vermögen, diese Kraft, im Negativen seiner selbst bei sich zu sein, ist auch die Freiheit des Menschen.» Die Bestimmung der Negativität kennzeichnet die Bewegung oder Entwicklung des Geistes als «eine Entfremdung, eine Entzweiung; aber es ist die Natur des Geistes, der Idee, sich zu entfremden, um sich wiederzufinden». Erst über diese Entwicklung wird der Geist im Element des D. «sein Eigentum»: «Nur das D. ist die Sphäre, wo alle Fremdheit verschwunden und so der Geist absolut frei, bei sich selbst ist. Dies Ziel zu erreichen, ist das Interesse der Idee, des D., der Philosophie» [39].

Die Entwicklung «von dem Sichselbst-Finden des Gedankens» [40] wird von Hegel sowohl spekulativ als auch geschichtlich gesehen. Das hat zur Konsequenz, daß Philosophie einmal System ist als «die Darstellung der Entwicklung des Gedankens, wie er an und für sich, ohne Beiwesen ist», und andererseits Geschichte als «diese Entwicklung in der Zeit» [41]. Stellt die ‹Phänomenologie› die Entwicklung des Geistes von der sinnlichen Gewißheit des Dieses bis zum absoluten Wissen dar, und ist die ‹Logik› als «System der reinen Vernunft ... das Reich des reinen Gedankens» [42], so ist die Geschichte des D. identisch mit dem System des D. Die Beschäftigung mit Geschichte der Philosophie befriedigt also nicht die «abstrakte historische Tendenz, sich mit leblosen Gegenständen zu beschäftigen», sondern ist Philosophie selber. Geschichte des D. ist nicht bloße Rekapitulation, sondern enthält *das* D.: «es ist also keine eigentliche Geschichte, oder es ist eine Geschichte, die zugleich keine ist» [43]. Der Vernunft stellt sich jede Philosophie dar «als eine notwendige Denkbestimmung der Idee» [44]. Deren immanente Entfaltung in der ‹Logik› ermöglicht es daher, die Geschichte der Philosophie, statt sie nur rein historisch als «Gallerie der Meinungen» anzusehen, als philosophische Wissenschaft darzustellen.

Anmerkungen. [1] Kant, KrV A 346. – [2] a. a. O. B 134f. – [3] Brief J. G. Fichtes an K. L. Reinhold vom 28. April 1795. Akad.-A. III/2, 314f. – [4] Grundlage der gesammten Wissenschaftslehre (1794). Akad.-A. I/2, 260. – [5] ebda. – [6] 285. – [7] 362. – [8] Brief an Reinhold vom 2. Juli 1795. Akad.-A. III/2, 344. – [9] Wissenschaftslehre a. a. O. [4] 367f. – [10] 373. – [11] 380. – [12] F. W. J. Schelling: Vom Ich als Princip der Philos. oder über das Unbedingte im menschlichen Wissen (1795). Werke, hg. K. F. A. Schelling 1, 162. – [13] a. a. O. 167. – [14] 207f. 204ff.; vgl. 168. 181. – [15] System des transcendentalen Idealismus (1800). Werke 3, 365. – [16] a. a. O. 369. – [17] K. Hemmerle: Gott und die Idee d. nach Schellings Spätphilos. (1968) 30. – [18] G. W. F. Hegel: Differenz des Fichte'schen und Schelling'schen Systems der Philos. (1801). Werke 4, hg. H. Buchner/O. Pöggeler (1968) 6f.; vgl. 63. – [19] a. a. O. 63f. – [20] 18. – [21] Vgl. Einl. in die Gesch. der Philos. von 1823 (= EGPh), hg. J. Hoffmeister (³1940, 1959) 82. – [22] a. a. O. 82; vgl. 97. – [23] 82; vgl. 82ff. – [24] 83. – [25] ebda. – [26] Die Vernunft in der Gesch., hg. J. Hoffmeister (⁵1955) 29. – [27] Enzyklopädie der philos. Wiss. (1830) (= Enzyk.) § 20. – [28] Grundlinien der Philos. des Rechts (= RPh) § 211; vgl. § 21. – [29] Philos. Propädeutik I, § 6; II, § 2. Werke, hg. H. Glockner 3, 35f. 114. – [30] EGPh 191f. – [31] Enzyk. § 12. – [32] Enzyk. § 11; vgl. EGPh 219. – [33] Enzyk. § 20. – [34] § 23. – [35] ebda. – [36] RPh § 31. – [37] Phänomenol. des Geistes (1807), hg. J. Hoffmeister (⁶1952) 151f. – [38] a. a. O. 530. – [39] EGPh 110f. – [40] a. a. O. 81 Anm. – [41] 119. – [42] Wissenschaft der Logik (²1831), hg. G. Lasson (1967) I, 31. – [43] EGPh 133. – [44] a. a. O. 145.

3. Gegen den Reflexionscharakter des D. der Aufklärung und besonders Kants sowie später Fichtes, in dem D. als reine Spontaneität und in der unendlichen Freiheit seiner Operationen begriffen wird, richtet sich die Opposition von Hamann, Herder und Schleiermacher, die die unaufhebbare Gebundenheit des D. an die *Sprache* betonen.

Hamann kritisiert den «Purismus» von Kants Vernunftkritik, der die Vernunft von Sprache unabhängig machen will [1]. Er lehnt Kants Trennung zwischen Sinnlichkeit und Verstand ab, wonach durch jene die Gegenstände *gegeben*, durch diesen *gedacht* werden: denn «das ganze Vermögen zu denken beruht auf Sprache» [2], und daher «gibt uns die schlechte Busenschlange der gemeinen Volkssprache das schönste Gleichnis für die hypostatische Vereinigung der sinnlichen und verständlichen Naturen» [3].

Auch Herder kritisiert an Kant, daß er in seiner Vernunftkritik gerade das Mittel, durch das Vernunft ihr Werk vollbringt, nämlich Sprache, übersieht: «Die menschliche Seele denkt *mit Worten;* sie äußert nicht nur, sondern sie bezeichnet sich selbst auch und ordnet ihre Gedanken mittelst der *Sprache*» [4]. Darum ist die Aufgabe, statt die Vernunft zu transzendieren, nach ihrem Ursprung in der Sprache zu fragen, und so statt der «Kritik der Vernunft» eine «Physiologie der menschlichen Erkenntnißkräfte» [5] zu leisten.

Am deutlichsten hat Schleiermacher in seiner ‹Dialektik› die vorgegebene Begründung des D. in der Sprache beschrieben. Er untersucht in der ‹Dialektik› das «reine D.». Nach ihm gibt es keinen Akt des Bewußtseins als Anfang des reinen D., «denn die Selbständigkeit des reinen D. ist an den Besitz der Sprache gebunden» [6]. Allem D. liegt zugrunde das Wissenwollen: «weil jedes D., auch das D. um des Genusses und um der Praxis willen, ein Sprechen werden muß, so liegt auch in jedem D. die Richtung auf das Wissen ... D. und Sprechen ist so eins, daß man es nur als Inneres und Äußeres unterscheiden kann, ja auch innerlich ist jeder Gedanke schon Wort» [7]. «Alles wirklich bestimmte D.» bewegt sich für Schleiermacher nur in dem Zusammentreffen von organischer Funktion (der Mannigfaltigkeit der sinnlichen Eindrücke) und intellektueller Funktion (dem bloßen Denkenwollen) [8]. «Das Hauptzeugnis für uns ist schon dieses, daß kein wirkliches D. ohne Sprache ist» [9]. In diesem Zusammentreffen der beiden Momente, worin immer eine Differenz im D. mitgesetzt ist, weshalb eben Dialektik als Verfahren zur Beendigung des Streites nötig ist [10], «ist alles vermittelt durch die Sprache». Denn «das Sprechen ist das Dasein des D.» [11]. In ihm liegt die Beziehung des D. auf Sein und damit auf Wissen [12].

Etwa zur gleichen Zeit ist W. v. HUMBOLDT an dem Verhältnis von D. und Sprache interessiert, allerdings weniger in spekulativer, sondern eher in historisch-genetischer Absicht: «Die Sprache ist das bildende Organ des Gedankens» [13]. «Die intellectuelle Thätigkeit und die Sprache sind daher Eins und unzertrennlich von einander ... Die intellectuelle Thätigkeit ist an die Nothwendigkeit geknüpft, eine Verbindung mit dem Ton einzugehen, das D. kann sonst nicht zur Deutlichkeit gelangen, die Vorstellung nicht zum Begriff werden» [14]. An früherer Stelle verdeutlicht Humboldt diese Überlegung: «Das Wesen des D. besteht im Reflectiren, d. h. im Unterscheiden des Denkenden von dem Gedachten». Dazu muß der Geist das Vorgestellte in einer gegenständlichen Einheit sich entgegenstellen, denn «kein D., auch das reinste nicht, kann anders, als mit Hülfe der allgemeinen Formen unsrer Sinnlichkeit geschehen.» «Die sinnliche Bezeichnung der Einheiten nun ... heißt ... Sprache» [15]. Indem Humboldt den Unterschied von D. und Sprache in dem von Subjektivität und Objektivität faßt und «wahres D.» in der Versetzung von Subjektivität in Objektivität und umgekehrt begreift, was nur mittels Sprache geschieht, unterscheidet er auch noch zwischen D. in Einsamkeit für sich und D. als Mitteilung, beides in Sprache: «Ohne daher irgend auf die Mittheilung zwischen Menschen und Menschen zu sehn, ist das Sprechen eine nothwendige Bedingung des D. des Einzelnen in abgeschlossener Einsamkeit. In der Erscheinung entwickelt sich jedoch die Sprache nur gesellschaftlich» [16]. Denn «zwischen Denkkraft und Denkkraft ... ist die einzige Vermittlerin die Sprache, und so entsteht auch hier ihre Nothwendigkeit zur Vollendung des Gedanken» [17]. Weil das D. derart in Sprache im historischen Zusammenhang Gestalt annimmt, ergibt sich daraus die Notwendigkeit einer vergleichenden Sprachwissenschaft, die Humboldt zusammen mit anderen einleitet.

Anmerkungen. [1] J. G. HAMANN, Werke, hg. J. NADLER 3, 284. – [2] a. a. O. 286. – [3] 287. – [4] J. G. HERDER, Werke, hg. B. SUPHAN 21, 19. – [5] a. a. O. 41. – [6] F. SCHLEIERMACHER, Dialektik, hg. I. HALPERN 73. – [7] a. a. O. 86f. – [8] 111f. – [9] 113. – [10] 3f. – [11] 114. – [12] 125f. 99. 64ff. – [13] W. v. HUMBOLDT, Über die Verschiedenheiten des menschlichen Sprachbaues § 35. Akad.-A. 6, 151; vgl. 179. – [14] a. a. O. § 35 = 152. – [15] Über D. und Sprechen. Akad.-A. 7, 581f. – [16] Über die Verschiedenheiten ... a. a. O. § 41 = 155. – [17] a. a. O. § 47 = 160; vgl. dazu J. SIMON: Die Kategorien im ‹gewöhnlichen› und im ‹spekulativen› Satz. Wiener Jb. Philos. 3 (1970) 9ff.

F. In den verschiedensten *nachidealistischen* philosophischen Ansätzen, die sich zumeist kritisch gegen die Wiederholung der metaphysischen Tradition im Idealismus wenden, wird die Totalität des Problems und des Begriffs ‹D.› reduziert auf Teilprobleme und auf spezielle Begriffsinhalte. Dies begünstigt auch die Aufnahme des Denkproblems durch die verschiedensten Einzelwissenschaften, die für sich legitim einen jeweils verengten Denkbegriff aufnehmen. Von dieser Verengung ist auch die Philosophie nicht ausgeschlossen.

1. F. ENGELS, der 1886/88 retrospektiv sein und Marx' Verhältnis zu Hegel überschaut, anerkennt «die wahre Bedeutung und [den] revolutionären Charakter der Hegelschen Philosophie ..., daß sie der Endgültigkeit aller Ergebnisse des menschlichen D. und Handelns ein für allemal den Garaus machte» [1]. «Die Wissenschaft vom D. ist also ... die Wissenschaft von der geschichtlichen Entwicklung des menschlichen D.» [2]. Doch neben dieser Anerkennung steht, daß MARX schon in den ‹Ökonomisch-philosophischen Manuskripten› (1844) Hegel vorwirft, daß er «die ganze Entäußerungsgeschichte und die ganze Zurücknahme der Entäußerung ... als die Produktionsgeschichte des abstrakten, i. e. absoluten D., des logischen spekulativen D.» begreift [3]. Hegel fasse damit zwar das Wesen der Arbeit als Selbsterzeugung des Menschen, aber nur als abstrakt geistige Tätigkeit: «Die Entfremdung des Selbstbewußtseins gilt nicht als Ausdruck, im Wissen und D. sich abspiegelnder Ausdruck der wirklichen Entfremdung des menschlichen Wesens» [4]. In der zweiten ‹These über Feuerbach› formuliert Marx: «In der Praxis muß der Mensch die Wahrheit, i. e. Wirklichkeit und Macht, Diesseitigkeit seines D. beweisen» [5]. Denn, so konstatiert er in der ‹Deutschen Ideologie›: «die ihre materielle Produktion und ihren materiellen Verkehr entwickelnden Menschen ändern mit dieser ihrer Wirklichkeit auch ihr D. und die Produkte ihres D.» [6].

Die Feststellung in der ‹Deutschen Ideologie›, «die unmittelbare Wirklichkeit des Gedankens ist die Sprache», bedeutet für Marx, das Problem, «aus der Welt des Gedankens in die wirkliche Welt herabzusteigen», als das Problem zu verstehen, «aus der Sprache ins Leben herabzusteigen» [7]. Dieses Verhältnis von D. und Sprache wird von STALIN unter Anknüpfung an diese Stelle prinzipiell bezeichnet: «Welche Gedanken auch immer und wann auch immer im Kopf des Menschen auftauchen mögen, können sie nur auf der Basis sprachlichen Materials, sprachlicher Termini und Phrasen auftauchen ... Bloße Gedanken, frei von ‹natürlicher Sprachmaterie›, gibt es nicht» [8]. Doch steht für Stalin im Gegensatz zu Marx die Sprache nicht in Verbindung mit dem Klassencharakter der Gesellschaft, sondern ist «als Verbindungsmittel in einer Gesellschaft einheitlich» [9].

1893 schreibt ENGELS an F. Mehring, daß ein Denker, der von den ihn bewegenden «eigentlichen Triebkräften» absieht, indem er «mit bloßem Gedankenmaterial» arbeitet, «das er unbesehen als durchs D. erzeugt hinnimmt und sonst nicht weiter auf einen entfernteren, vom D. unabhängigen Ursprung untersucht», sich in «Ideologie» (s. d.) und «falschem Bewußtsein» verfängt [10]. Die Verwirklichung des Menschen und die Möglichkeit der Erkennbarkeit dieses Prozesses vollziehen sich – so faßt Habermas diese Seite des Marxschen Denkens in der Unterscheidung von der idealistischen Philosophie zusammen – «nicht im Medium des D., sondern des Arbeitens» [11]. In den methodisch wichtigen Bemerkungen der Einleitung zu den ‹Grundrissen der Kritik der Politischen Ökonomie› (1857-58) wird zwar deutlich, daß auch MARX seine eigene politisch-ökonomische Arbeit wie ‹Das Kapital› nicht anders als ein «Gedankenganzes ... ein Produkt des denkenden Kopfes, der sich die Welt in der ihm einzig möglichen Weise aneignet», begreifen kann. Aber im ausdrücklichen Gegensatz zu Hegel heißt dies für Marx nicht, «das Reale als Resultat des ... D. zu fassen», sondern bedeutet «nur die Art für das D. ..., sich das Konkrete anzueignen, es als ein geistig Konkretes zu reproduzieren» [12].

Anmerkungen. [1] ENGELS, MEW 21, 267. – [2] MEW 20, 330. – [3] MARX, MEW, Erg.-Bd. 1, 572. – [4] a. a. O. 575. – [5] 3, 5. – [6] 27. – [7] 432. – [8] J. STALIN, Marxismus und Fragen der Sprachwiss., hg. H. P. GENTE (1968) 52f. – [9] a. a. O. 38. – [10] ENGELS, MEW 39, 97. – [11] J. HABERMAS: Erkenntnis und Interesse (1968) 44. – [12] MARX, MEW 13, 632.

2. Für SCHOPENHAUER besteht der Haupttirrtum Kants darin, «daß er das Verhältnis zwischen Empfindung, Anschauung und D. falsch gefaßt» habe [1]. D., auch Reflexion, als «Beschäftigung des Intellekts mit Begriffen» [2] ist «bloße Abstraktion aus der Anschauung, giebt keine von Grund aus neue Erkenntniß» [3]: «Genau genommen hat alles D., d. h. Kombiniren abstrakter Begriffe, höchstens *Erinnerungen* aus dem früher Angeschauten zum Stoff, und auch noch indirekt, sofern nämlich Dieses die Unterlage aller Begriffe ausmacht: ein wirkliches, d. h. unmittelbares Erkennen hingegen ist allein das Anschauen, das neue frische Percipiren selbst» [4]. Diesen Primat der Anschauung drückt Schopenhauer auch durch die Begriffe der Intuition oder der intellektualen Anschauung aus, womit er aber nicht die «reichsunmittelbare Vernunft» der Jacobi, Fichte, Schelling (und für ihn vor allem Hegel) erneuern will.

Mit gleichen Begriffen, außerdem «unmittelbares Wissen, immanente Logik» [5], hält E. VON HARTMANN in seiner ‹Philosophie des Unbewußten› auch im D. am Moment des Unbewußten fest. Am Beispiel der Mathematik werden die unterschiedlichen Methoden des deduktiv-diskursiven und des intuitiven D. verdeutlicht. Hartmann hält gegenüber der Deduktion – verstanden «bloß als Wirkung eines todten Mechanismus» [6] – an dem Vorrang der Intuition fest, denn beide haben zwar dieselben logischen Glieder, aber im ersten Fall diskursiv nacheinander, was im zweiten Falle intuitiv in einem Zeitpunkt zusammengedrängt erscheint, denn «der eigentliche Prozeß [ist] in jedem, auch dem kleinsten Schritte des D. intuitiv und unbewußt», und erst das letzte Glied fällt ins Bewußtsein [7].

Ist bei Hartmann noch ein Korrespondenzverhältnis beider Denkweisen festzustellen, so brechen sie bei BERGSON auseinander. In der Auseinandersetzung mit dem Evolutionismus und dem Darwinismus kommt Bergson zu der für ihn grundlegenden Einsicht, daß «unser D. in seiner rein logischen Form unfähig ist, das wahre Wesen des Lebens, den tiefen Sinn der Entwicklungsbewegung vorzustellen» [8]. Die Lebensphilosophie will keine Totalkritik des mathematisch-logischen D. sein, sie behauptet aber, daß in der menschlichen Entwicklungslinie «um unser begriffliches D. eine schwankende Nebelschicht stehen geblieben» ist [9], die sich unserer Einsicht entzieht: «Beide Untersuchungen vielmehr – Erkenntnistheorie und Lebenstheorie – müssen sich verbünden und in kreisendem Prozeß einander ins Unendliche vorwärts treiben» [10]. Auf Grund dieser Einsicht in die «impuissance de la pensée conceptuelle» macht Bergson den Begriff der Intuition zur grundlegenden philosophischen Kategorie, die jedoch nicht jenseits der Zeit, sondern in der Dauer und Bewegung die Wirklichkeit erfaßt [11]: «penser intuitivement est penser en durée» [12]. Zwischen Lebensphilosophie und Existentialismus einerseits sowie einer christlich religiösen Metaphysik andererseits widmet M. BLONDEL dem Problem des D. eines seiner Hauptwerke: ‹La Pensée› [13]. Er beschreibt das D. unter Anknüpfung an die philosophische Tradition, z. B. Platon und Pascal, in seiner diskursiven und intuitiven Form [14] und bezeichnet das eine als «abstrahierendes und ideales D.» oder auch einfach als «abstraktes D.», das andere als «assimilatorisches und umfassendes D.» oder auch als «konkretes D.» [15]; in einer früheren allgemeinen Unterscheidung nennt er die beiden Denkweisen «noetisches und pneumatisches D.» (pensée noétique et pensée pneumatique) [16]. Das Ziel des D., die Einheit, ist aber nur möglich, wenn es «ein reines und vollkommenes D. gibt, das D. an sich, das ‹Denken des Denkens› als eigentliche Wirklichkeit und absolute Vollkommenheit des Geistes» [17]; dies ist aber nicht aus den beiden Denkweisen selbst zu erreichen, sondern nur, wenn man sich «mit der innersten Wahrheit des göttlichen D. selber zusammenschließt» [18].

Die zweite Kritik SCHOPENHAUERS an Kant besteht darin, daß das Kantische «Ich denke» als das alle Vorstellungen Begleitende und «dem Bewußtseyn Einheit und Zusammenhang» Gebende durch den Begriff des metaphysisch überhöhten Willens ersetzt werden soll, der als unbewußter, schlechthin unwandelbarer und identischer «Prius des Bewußtseyns» ist [19]. Unter diesem Eindruck ist auch für NIETZSCHE im Zusammenhang der Arbeiten zur ‹Geburt der Tragödie› «unser D. nur ein Bild des Ur-Intellects, ein D. durch die Anschauung des *einen* Willens entstanden, der sich seine Visionsgestalt denkend denkt. Wir schauen das D. an wie den Leib – weil wir Wille sind» [20]. Nietzsches Kritik an dem kausalen, schließenden, logischen D. ist Kritik an der bis auf Sokrates zurückgeführten «tiefsinnigen *Wahnvorstellung* ..., daß das D., an dem Leitfaden der Causalität, bis in die tiefsten Abgründe des Seins reiche, und daß D. das Sein nicht nur zu erkennen, sondern sogar zu *corrigiren* im Stande sei» [21]. In Wirklichkeit sei «D., Schließen und alles Logische» nur «Außenseite» und «Symptom viel innerlicheren und gründlicheren Geschehens» [22].

Der *Neukantianismus* setzt sich erneut mit dem durch Kant gestellten Problem des Verhältnisses von D. und Anschauung auseinander. In COHENS ‹Logik der reinen Erkenntnis› wird «die Vorstellung der Dualität von Anschauung bzw. Sinnlichkeit und D. aufgegeben, ja affirmativ ausgeschlossen und dafür die Vorstellung des Ursprungs der Erzeugung der Erkenntnis in der gesetzmäßigen Einheit des Bewußtseins, welche nunmehr mit der Einheit des D. identisch ist – in der Lehre von den Urteilen der Denkgesetze – ausgebaut» [23]: «Wir fangen mit dem D. an. Das D. darf keinen Ursprung haben außerhalb seiner selbst, wenn anders seine Reinheit uneingeschränkt und ungetrübt sein muß ... Mithin muß die Lehre vom D. die Lehre von der Erkenntnis werden» [24]. P. NATORP verschärft den Cohenschen Ausgangspunkt noch, indem er auch die Rede von einem «Ursprung ... des Logischen» noch ablehnt [25]. Für ihn «entfällt nun ganz die Frage nach einem dem D. und zu denken ‹Gegebenen› ... Es gibt für das D. kein Sein, das nicht im D. selbst gedacht würde. D. heißt nichts anders als: setzen, daß etwas sei; und was außerdem und vordem dies Sein sei, ist eine Frage, die überhaupt keinen angebbaren Sinn hat» [26]. D. nach «sicheren

Gesetzen der Synthesis» besteht in «einem unendlichen Prozeß der ‹Begrenzung des Unbegrenzten›» [27]. Dieser prozessuale Charakter des D. sei mit dem Platonischen Anhypotheton ausgedrückt, womit das «Gesetz des ‹Logos› selbst, das Urgesetz ‹des Logischen›, oder das Gesetz des reinen D.» begriffen sei [28].

Anmerkungen. [1] A. SCHOPENHAUER: Die Welt als Wille und Vorstellung (1818) (= WWV). Werke, hg. J. FRAUENSTÄDT/ A. HÜBSCHER 2, 563. – [2] Über die vierfache Wurzel des Satzes vom zureichenden Grund (1813). Werke 1, 101. – [3] WWV. Werke 2, 564; vgl. 55. – [4] 3, 79. – [5] E. v. HARTMANN: Philos. des Unbewußten (¹1869) 243. – [6] a. a. O. 244. – [7] 246f. – [8] H. BERGSON: L'évolution créatrice (1907). Oeuvres der Edition du centenaire, hg. A. ROBINET/H. GOUHIER 489. – [9] a. a. O. 492. – [10] 493. – [11] La pensée et le mouvant. Essais et conférences (1934) a. a. O. 1271f. – [12] 1275. – [13] M. BLONDEL: La pensée 1. 2 (Paris 1934); dtsch. Das Denken, übers. R. SCHERER (1953). [14] a. a. O. 2, 7ff. – [15] 2, 35. 37. – [16] 1, 267ff., bes. 269. – [17] 2, 3. – [18] 2, 291. – [19] SCHOPENHAUER, WWV. Werke 3, 153; vgl. 224ff. – [20] F. NIETZSCHE, Fragmente (1870/71). Musarion-A. 3, 334. – [21] Die Geburt der Tragödie (1870/71). 3, 102. – [22] Philos. (zwischen 1882-88). 16, 55. – [23] W. FLACH, in: H. COHEN, Das Prinzip der Infinitesimalmethode und seine Gesch. (1883, neu hg. W. FLACH 1968) 30. – [24] H. COHEN: Logik der reinen Erkenntnis (1902, zit. ²1914) 12. – [25] P. NATORP: Die log. Grundlagen der exakten Wiss. (1910) 26. – [26] 48. – [27] 10. 13. – [28] 15f.

3. Die Tradition des ratiocinari = computare bzw. des cogitare = calculare wird in Anknüpfung an die ‹Mathesis universalis› (s. d.) und in Kritik am Idealismus durch BOLZANOS ‹Wissenschaftslehre› (1837) weitergeführt, die dann direkt zu Boole, Frege, Russell, aber auch Husserl, später: Wittgenstein, Scholz und Carnap weiterleitet. Kritisiert Bolzano Fichtes Begriff der Wissenschaftslehre, so scheint ihm durch Hegels Bestimmung der Logik als der Identität von D. und Gedachtem sogar «alles vernünftige D. vernichtet» [1]: «Der Gedanke einer Sache, und sie, die Sache selbst, welche durch diesen Gedanken gedacht wird, sind meines Erachtens immer verschieden; sogar in dem Falle noch, wenn die Sache, worüber wir denken, selbst ein Gedanke ist» [2]. Mit seiner «Lehre über die Wahrheiten an sich» [3] richtet sich Bolzano gegen den Subjektivismus der Kantianer: «Nur wenn man glaubt, daß es außer den Dingen an sich und unserm D. derselben kein Drittes, nämlich keine *Wahrheiten an sich*, die wir durch unser D. bloß *auffassen*, gebe; dann wird begreiflich, wie man geneigt sein könne, die logischen Formen für etwas nur unserem D. Anklebendes zu halten» [4].

Hatte schon CH. S. PEIRCE in der Ablehnung jedes intuitiven D. die These vertreten: «Das einzige D., das also möglicherweise erkannt wird, ist D. in Zeichen. Aber D., das nicht erkannt werden kann, existiert nicht. Alles D. muß daher notwendigerweise in Zeichen sein» [5], so sind auch für FREGE, der in seiner ‹Begriffsschrift, eine der arithmetischen nachgebildete Formelsprache des reinen D.› (1879) bewußt an Leibniz' Versuch einer philosophischen Universalsprache angeschlossen hatte, die Zeichen «für das D. von derselben Bedeutung wie für die Schiffahrt die Erfindung, den Wind zu gebrauchen, um gegen den Wind zu segeln» [6]. Wenn auch die «Sprache das D. ... erst möglich» macht [7], so impliziert das keinen Primat der Sprache. Logik hat «das D. von den Fesseln der Sprache zu befreien, indem sie deren logische Unvollkommenheiten aufweist» [8]. Erst dann erscheint das eigentliche «Logische». Man kann «nicht das D. aus dem Sprechen ableiten, sondern das D. erscheint dann als das Erste, und die an der Sprache bemerkten logischen Mängel können wir nicht dem D. zur Last legen» [9]. Der «Kampf mit der Sprache» [10], die Reinigung von jedem Psychologismus und die Konstruktion einer künstlichen Begriffsschrift, die die Arbitrarität der jeweiligen natürlichen Sprache vermeidet, sollen das D. für die Aufgabe vorbereiten, die für Frege in einer eigentümlichen Rücknahme der Kantischen Transzendentalphilosophie darin besteht, Gedanken, die, wie z. B. Naturgesetze, «unabhängig von unserer Anerkennung wahr sind» [11], nicht hervorzubringen, sondern zu erfassen: «D. ist Gedankenfassen. Nachdem man einen Gedanken gefaßt hat, kann man ihn als wahr anerkennen (urteilen) und diese Anerkennung äußern *(behaupten)*» [12].

«Logische Klärung der Gedanken» [13] ist nach dem ‹Tractatus› WITTGENSTEINS Aufgabe der Philosophie; er will «dem D. eine Grenze ziehen», «oder vielmehr – nicht dem D., sondern dem Ausdruck der Gedanken: Denn um dem D. eine Grenze zu ziehen, müßten wir beide Seiten dieser Grenze denken können (wir müßten also denken können, was sich nicht denken läßt)» [14]. Jenseits des logisch zu Denkenden gibt es nichts Sagbares: «Was wir nicht denken können, das können wir nicht denken; wir können also auch nicht *sagen*, was wir nicht denken können» [15], und er stimmt damit mit dem Wissenschaftsideal des «Wiener Kreises» überein: «Daß die Logik a priori ist, besteht darin, daß nicht unlogisch gedacht werden *kann*» [16]. W. Stegmüller faßt das Programm des modernen Empirismus in der Formel zusammen: «Es ist unmöglich, durch reines Nachdenken und ohne empirische Kontrolle (mittels Beobachtungen) einen Aufschluß über die Beschaffenheit und über die Gesetze der wirklichen Welt zu gewinnen» [17].

In seiner Spätphilosophie nimmt Wittgenstein mit Bezug auf Untersuchungen über die normale Sprache statt einer reinen Logik den «Kampf gegen die Verhexung unsres Verstandes durch die Mittel unserer Sprache» [18] auf. Anders als in der ‹hard analysis› der Wissenschaftssprache des logischen Atomismus wird in der ‹soft analysis› «die natürliche Sprache als unentrinnbares faktisches Apriori des D. thematisiert» [19]: «D. ist kein unkörperlicher Vorgang, der dem Reden Leben und Sinn leiht, und den man vom Reden ablösen könnte» [20]. Mit Hilfe der Sprachspieltheorie soll alles philosophische abstrakte D. als Herausfallen aus dem normalen Sprechverhalten in Lebensformen kritisiert, und zugleich sollen durch Annahme der Umgangssprache als letzter Metasprache die Semantikprobleme gelöst werden.

Weitgehend unbehindert von den sprachanalytischen Argumenten entwickelt sich seit der Jahrhundertwende bis zur Gegenwart die zunehmende Formalisierung und Mathematisierung der Leistungen des Denkens.

Die programmatischen Antizipationen der Einleitung zu WHITEHEADS und RUSSELLS ‹Principia Mathematica›: «with the aid of symbolism, deductive reasoning can be extended to regions of thought not usually supposed amenable to mathematical treatment» [21], scheinen in der Gegenwart durch die Kybernetik eingelöst zu werden.

Das Problem, das sich der *Kybernetik* (s. d.) seit ihren Anfängen stellte und das sich in Veröffentlichungstiteln widerspiegelt: ‹Can a machine think?› (A. M. TURING), ‹Les machines à penser› (L. COUFFIGNAL), ‹So denken Maschinen› (I. ADLER), wird heute zunehmend seiner zuweilen metaphysischen bzw. normativen Tendenz entleert.

Jeder kybernetischen Theorie liegt die Annahme zugrunde, daß D. «ein Prozeß der Aufnahme, Umwandlung und Speicherung von Informationen» in Zeichen ist [22], der auf Grund der «Modellstruktur» des D. (internes Modell der Außenwelt) in kybernetischen Modellen, wie Nachrichtenübertragungskanal, Regelkreissystem, Lernmatrix [23], mit Hilfe von Rechnern simuliert oder effektiver gestaltet werden kann und für den «gewisse Sätze der Informationstheorie gelten» [24]. Da Rechner allgemein im Binärsystem arbeiten, sind diese geeignet, die für die Weiterleitung von Informationen wichtigen Vorgänge zu modellieren. Die sich damit befassende *Biokybernetik* und *Bionik* abstrahieren von der Komplexität der biochemischen und bioelektrischen Vorgänge, können aber in einem mathematisch-logisch definierten System Informationsprozesse des Gehirns, und das heißt hier D., simulieren (McCulloch-Pittsche Theorem) [25].

Es ist nicht zu verkennen, daß die kybernetische Fragestellung das traditionell philosophische Problem des Verhältnisses von Geist–Materie, D.–Sein als nicht mehr sinnvoll ansieht. Die Affinität zu neopositivistischen, aber auch neueren anthropologischen Forschungsergebnissen, die ebenfalls den alten Dualismus als ‹erledigt› ansehen, ist unverkennbar. Wenn STACHOWIAK z. B. die Bestimmung des D. als eines «verinnerlichten Probe- bzw. Ersatzhandelns» aufnimmt und D. nur hinsichtlich seiner Operationalität untersucht [26], so steht das im Zusammenhang mit dem in den dreißiger Jahren von V. v. WEIZSÄCKER, A. GEHLEN und anderen entwickelten Handlungsbegriff. Handeln, das in Antizipation des ‹feed-back› der Kybernetik als komplexe, ständig rückmeldende Kreisbewegung verstanden wird, ersetzt das Anthropologicum ‹D.› bzw. löst es aus seiner Isolierung [27]. Die Kybernetik will also, nach STACHOWIAK, «den zeitgenössischen Erkenntnistheoretiker aus der Verlegenheit befreien, in welche ihn die zweitausendjährige Dichotomisierung in die hypostasierten Superkategorien des ‹D.› und des ‹Seins› versetzt haben» [28].

Unbestritten dürfte heute sein, daß sich alles schematische, algorithmische D. auf Turing-Maschinen übertragen läßt, «daß es keine logisch definierte Aufgabe gibt, welche der Mensch lösen kann, Automaten jedoch nicht» [29]. Ebenso weiß man seit den Arbeiten TURINGS, GÖDELS und CHURCHS, daß der Versuch, «alles D. auf schematisches D. zu reduzieren», gescheitert ist [30]. D. kann also nach dem Vorschlag von KLAUS als eine Konjunktion von algorithmischem, chaotischem und schöpferischem D. angesehen werden [31]. Schöpferisches D. könnte «eine besondere Form der Anwendung der Trial-and-error-Methode» sein [32], die die Möglichkeit des Irrtums einschließt, die aber darauf abzielt, sich durch Findung eines dem jeweiligen Problem adäquaten Algorithmus vorläufig zu ersetzen, bis ein bislang noch nicht schematisierbares Denkproblem auftaucht. Die Trial-and-error-Methode könnte «zu neuen Denkweisen» führen, «die mehr leisten als deduktive Ableitungen aus schon bekannten Voraussetzungen» [33]. Entscheidend für den Fortschritt kybernetischer Forschung ist es, daß es gelingt und schon gelungen ist, «lernende» und sich selbst optimierende Maschinen zu entwickeln: «Die Konstruierbarkeit von Trial-and-error-Maschinen läßt nun aber auch die maschinelle Imitierbarkeit des Schöpferischen zu» [34]: «erst die heute [1965] verfügbaren Informationswandler eröffnen den Weg zur Nachbildung nicht nur deduktiv-logischer, sondern auch induktiv-stochastischer Denkprozesse und der im eigentlichen Sinne kreativen Funktion menschlichen D.» [35].

Anmerkungen. [1] B. BOLZANO: Wissenschaftslehre (1837) § 394. – [2] a. a. O. § 7. – [3] J. DANĚK: Weiterentwicklung der Leibnizschen Logik bei Bolzano (1970) 84. – [4] BOLZANO, a. a. O. [1] § 129; vgl. §§ 19. 21. 50. 54. – [5] CH. S. PEIRCE: Fragen hinsichtlich gewisser Vermögen, die man für den Menschen in Anspruch nimmt (1868). Schriften 1, hg. K.-O. APEL (1967) 175; vgl. 157ff. 223. – [6] G. FREGE: Über die wiss. Berechtigung einer Begriffschrift (1882), in: Begriffschrift und andere Aufsätze, hg. I. ANGELELLI (²1964) 107. – [7] Logik (1897). Nachgelassene Schriften (= NS), hg. H. HERMES/F. KAMBARTEL/F. KAULBACH (1969) 155. – [8] a. a. O. 161; vgl. B XIIf. – [9] Erkenntnisquellen ... (1924/25). NS 289. – [10] Ebda.; vgl. Logik. NS 155. – [11] NS 145. – [12] Einl. in die Logik (1906). NS 201; vgl. 144ff. 189f. 223. 288f. – [13] L. WITTGENSTEIN: Tractatus logico-philosophicus (¹1921) 4.112. – [14] a. a. O. Vorrede. – [15] 5.61; vgl. 7. – [16] 5.4731. – [17] W. STEGMÜLLER: Hauptströmungen der Gegenwartsphilos. (⁴1969) 346. – [18] L. WITTGENSTEIN: Philos. Untersuch. (dtsch. 1967) § 109. – [19] H. LÜBBE: Wittgenstein – ein Existentialist? Philos. Jb. 69 (1962) 324. – [20] WITTGENSTEIN, a. a. O. [18] § 339. – [21] A. N. WHITEHEAD und B. RUSSELL: Principia Mathematica (Cambridge ²1960) 3. – [22] G. KLAUS: Kybernetik und Erkenntnistheorie (1966) 206; vgl. 203-321: Kap. 7 ‹Bewußtsein-D.-Subjektivität: Kybernetisch betrachtet›. – [23] Vgl. K. STEINBUCH: Automat u. Mensch (1961, ⁴1971, zit. ³1965) 13. 193f.; vgl. H. FRANK: Kybernetische Grundlagen d. Pädagogik 1 (²1969). – [24] H. STACHOWIAK: D. und Erkennen im kybernetischen Modell (Wien/New York 1965) 3; vgl. C. E. SHANNON/W. WEAVER: The math. theory of communication (Urbana 1949). – [25] A. F. MARFELD: Kybernetik des Gehirns. Ein Kompendium der Grundlagenforsch. einschließlich Psychol. und Psychiat., Verhaltensforsch. und Futurol. (1970) 387-412; hier: 410f.; vgl. F. ROSENBLATT: Principles of neurodynamics, perceptions and the theory of brain mechanisms (Washington 1962); C. CHERRY: Kommunikationsforsch. – eine neue Wiss. (dtsch. ²1967) bes. 77ff.; B. HASSENSTEIN: Biol. Kybernetik (²1967); G. FÄRBER: Kybernetik und Biologie, in: Philos. und Kybernetik, hg. K. STEINBUCH/ S. MOSER (1970) 26-35. – [26] STACHOWIAK, a. a. O. [24] 2. – [27] Vgl. A. GEHLEN: Anthropol. Forsch. (1961) 12ff. – [28] STACHOWIAK, a. a. O. [24] 186; vgl. G. GÜNTHER: Das Bewußtsein der Maschinen. Eine Met. der Kybernetik (²1963) 15.33. – [29] STEINBUCH, a. a. O. [23] 344; vgl. A. M. TURING: Computing machinery and intelligence. Mind 59 (1950) 433-460. – [30] KLAUS, a. a. O. [22] 257. – [31] 257ff.; vgl. G. KLAUS: Schematische und schöpferische geistige Arbeit in kybernetischer Sicht. Dtsch. Z. Philos. 9. 1 (1961) 166-183. 344-357. – [32] a. a. O. [22] 263. – [33] 270. – [34] 281. – [35] STACHOWIAK, a. a. O. [24] III; vgl. A. NEWELL und H. SIMON: GPS – a program that simulates thought, in: Computers and thought, hg. E. FEIGENBAUM/J. FELDMANN (New York 1963) 279-296.

G. In seinen ‹Logischen Untersuchungen› analysiert HUSSERL das Bewußtsein als Intentionalität, als Gerichtetsein auf seine Gegenstände [1]. Die intentionalen Akte, in denen sich entsprechend Erkenntnis vollzieht, unterscheidet er als «*eigentliche und uneigentliche Denkakte*»: «Die uneigentlichen Denkakte wären die Bedeutungsintentionen der Aussagen und in naturgemäß erweiterter Fassung ... alle signifikativen Akte ... Die eigentlichen Denkakte wären die entsprechenden Erfüllungen; somit ... alle Anschauungen überhaupt» [2]. In den ‹Ideen› führt er seinen Ansatz bei der Intentionalität weiter durch. Husserl unterscheidet jetzt «bei allen intentionalen Erlebnissen die beiden Seiten, Noesis und Noema, prinzipiell» [3]: Der Differenzierung im Akt (der «Noesis») entspricht eine korrelative auf seiten des Gegenstandes in seinen Gegebenheitsweisen (als «Noema») [4]. Die Aufgabe ist nun die Erforschung der «noetisch-noematischen Strukturen» [5].

Während die Bestimmung des Bewußtseins als Intentionalität durch Husserl den cartesianischen Ansatz beim «cogito» kritisiert, indem sie ihn phänomenologisch, nicht metaphysisch interpretiert, kreist HEIDEGGERS ganze philosophische Bemühung darum, die Einseitigkeit im Begriff des D. zurückzunehmen und D. zurückzuführen auf die ursprünglichere Frage nach dem Sein. In ‹Sein und Zeit› gibt es zwar keinen nennenswerten Gebrauch, dafür aber eine signifikante Vermeidung des Terminus ‹D.›. Heidegger übersetzt nämlich das griechische νοεῖν nie mit ‹D.›, sondern immer mit ‹Vernehmen›: νοεῖν (bzw. sein Gegenstück λέγειν) besage bei den Griechen nichts anderes als «das schlichte Vernehmen von etwas Vorhandenem in seiner puren Vorhandenheit» [6]. Nach Heidegger ist das Vernehmen schon bei Parmenides und dann in der gesamten ontologischen Tradition zum «Leitband der Auslegung des Seins» geworden [7]. «Sein ist, was im reinen anschauenden Vernehmen sich zeigt» [8]. Gerade diese Position will Heidegger, im Rahmen seiner Wiederholung der Seinsfrage, erschüttern. Dazu gehört der Nachweis, daß das Vernehmen seinerseits nur möglich ist auf dem Grunde des durch «Sorge» bestimmten In-der-Welt-seins [9]. Dann aber ist das D. etwas Abgeleitetes und Sekundäres: «‹Anschauung› und ‹D.› sind beide schon entfernte Derivate des Verstehens» [10]. Das alltägliche In-der-Welt-sein (bzw. dessen Zeitlichkeit) «ermöglicht die Modifikation der Umsicht zum hinnehmenden Vernehmen und dem darin gründenden theoretischen Erkennen» [11].

Erst nach der ‹Kehre› wird D. im positiven Sinne zu einem wichtigen Begriff der Heideggerschen Philosophie, ja geradezu zu einem der Schlüsselworte der ‹seinsgeschichtlichen› Konzeption [12]. In der 1935 gehaltenen Vorlesung ‹Einführung in die Metaphysik› [13] stellt Heidegger die Frage nach dem Verhältnis von «Sein und D.» [14] und kommt dabei zu dem Ergebnis: «Wir müssen in der scheinbar gleichgültigen Scheidung *Sein und D.* jene Grundstellung des Geistes des Abendlandes erkennen, der unser eigentlicher Angriff gilt» [15]. Denn bald nach Heraklit und Parmenides, die Sein und D. (φύσις-λόγος bzw. εἶναι-νοεῖν) noch als zusammengehörig dachten [16], setzte - «noch bei den Griechen selbst» [17] - der Verfallsprozeß ein, in dem das Sein zugunsten des Seienden in Vergessenheit geriet [18] (bzw. sich selbst entzog) und das D., sich verselbständigend und autonom setzend, zum bloßen Vorstellen und Aussagen degenerierte [19], zur Domäne von Logik und Wissenschaft wurde [20] und schließlich, in Form der Technik, die totale Beherrschung des Seienden betrieb [21]. Demgegenüber ist es - im «Zeitalter der Vollendung des Nihilismus» [22] - an der Zeit, die «Mißdeutung des D.» und den «Mißbrauch des mißdeuteten D.» zu überwinden «durch ein echtes und ursprüngliches D.» [23]. «Überwindung der überlieferten Logik heißt nicht Abschaffung des D. und Herrschaft bloßer Gefühle, sondern heißt ursprünglicheres, strengeres, dem Sein zugehöriges D.» [24]. Dazu erinnert Heidegger «an den ursprünglichen Wesenszusammenhang des dichterischen und denkerischen Sagens». Denn auch im dichterischen Sagen wird «das Sein des Seienden im Ganzen» genannt [25], die Griechen hatten diese «dichtend-denkende Grunderfahrung des Seins» [26]. In schroffer Trennung von der Wissenschaft ist für Heidegger «in derselben Ordnung der Philosophie und ihr D. nur mit der Dichtung». «Im Dichten des Dichters und im D. des Denkers wird immer soviel Weltraum ausgespart, daß darin ein jeglich Ding, ein Baum, ein Berg, ein Haus, ein Vogelruf die Gleichgültigkeit und Gewöhnlichkeit ganz verliert» [27]. Trotz der gleichen Herkunft des «Sagen[s] des Denkers» und des «Nennens des Dichters» sind sie aber doch voneinander geschieden: «Weil jedoch das Gleiche nur gleich ist als das Verschiedene, das Dichten und das D. aber am reinsten sich gleichen in der Sorgsamkeit des Wortes, sind beide zugleich am weitesten in ihrem Wesen getrennt. Der Denker sagt das Sein. Der Dichter nennt das Heilige» [28].

Diese bereits 1935 entfaltete Konzeption ist bis hin zu Heideggers jüngsten Schriften erhalten geblieben und weiter ausgeführt worden [29]. Immer wieder stellt Heidegger dem «exakten», «lediglich in das Rechnen mit dem Seienden» und seiner «Gegenständlichkeit» gebundenen Denken [30], das in der Form der neuzeitlichen Wissenschaft nur eine Sonderform der Metaphysik ist, die das Sein «bloß in der Seiendheit des Seienden denkt» [31], ein anderes, nämlich das «wesentliche D.» [32] gegenüber, «das anfänglich die Wahrheit des Seins denkt» [33]. Dabei ist «aber das Sein ... kein Erzeugnis des D. Wohl dagegen ist das wesentliche D. ein Ereignis des Seins» [34], welches «den Menschen für die Wahrheit des Seins in den Anspruch nimmt» [35]. Darin sieht Heidegger auch den Zusammenhang von D. und Danken begründet: «das anfängliche D. ist der Widerhall der Gunst des Seins» [36]. D. in diesem Sinne erscheint so bei Heidegger als Gegenbegriff zum D. der Metaphysik und der Wissenschaft: es steht fest, «daß wir noch nicht eigentlich denken, solange wir nur metaphysisch denken» [37], und es steht fest, «daß die Wissenschaft ... nicht denkt» [38]. Es bedarf daher «der Preisgabe des bisherigen D. an die Bestimmung der Sache des D.» [39], d. h. des «Schritts zurück aus der Philosophie in das D. des Seyns» [40].

In anderer Weise wendet sich ADORNOS ‹Negative Dialektik› ebenso total gegen die Geschichte des D. in Metaphysik und Wissenschaft. Die Schwierigkeit, die notwendige Tendenz des D. zur Identifikation nicht im Szientismus, aber auch nicht in einem System des absoluten Wissens zu verfestigen, das geheime und zu rettende Telos der Identifikation, die Nichtidentität, in begrifflosen Ausdrücken des Seins oder aus Resignation in einem Irrationalismus enden zu lassen, ist für Adorno nur durch nicht sich verfestigende und nicht sich verflüchtigende Denkmodelle zu lösen [41]: «D. braucht nicht an seiner eigenen Gesetzlichkeit sich genug sein zu lassen; es vermag gegen sich selbst zu denken, ohne sich preiszugeben; wäre eine Definition von Dialektik möglich, so wäre das als eine solche vorzuschlagen. Die Armatur des D. muß ihm nicht angewachsen bleiben; es reicht weit genug, noch die Totalität seines logischen Anspruchs als Verblendung zu durchschauen» [42].

Anmerkungen. [1] E. HUSSERL: Logische Untersuch. II/1 (⁵1968) 376f. - [2] a. a. O. II/2 (⁴1968) 193; vgl. 187ff. - [3] Ideen ... 1. Husserliana 3 (1950) 234. - [4] a. a. O. 226ff. - [5] 241ff.; vgl. E. TUGENDHAT: Phänomenol. und Sprachanalyse. Hermeneutik und Dialektik II, hg. R. BUBNER u. a. (1970) 3ff. - [6] M. HEIDEGGER: Sein u. Zeit (⁷1960, ¹1927) 25. - [7] a. a. O. 25f. - [8] 171. - [9] Vgl. bes. § 41. - [10] 147; vgl. 96. - [11] 335. - [12] Vgl. z. B. Die Met. als Gesch. des Seins (entstanden 1941), in: Nietzsche 2 (1961) 399-454. - [13] Einf. in die Met. (publ. 1953). - [14] Vgl. a. a. O. Kap. IV, 3. - [15] S. 89. - [16] Vgl. 96ff. (zu Heraklit); 104ff. (zu Parmenides). - [17] 111. - [18] Vgl. 19. - [19] Vgl 91ff.; 141ff. - [20] Vgl. 91ff. - [21] Vgl. 148. - [22] Vgl. 155. - [23] 93. - [24] 94; vgl. bereits: Was ist Met.? (¹1929, ⁹1965) 28. 30. 36f. - [25] Einf. in die Met. 126f.; vgl. 11. - [26] Ebda. - [27] 20. - [28] Was ist Met.? Nachwort 51. - [29] Vgl. bes. Was heißt D.? (Vorles.); Was heißt D.? (Vortrag), in: Vorträge und Aufsätze (1954) 129-143; Aus der Erfahrung des D. (1954); Bauen, Wohnen, D., in: Vorträge und Aufsätze (1954) 145-162; Grundsätze des D., in: Jb. Psychol. Psychother. 6 (1958) 33-41; Das Ende der Philos. und die Aufgabe des D., in: Zur Sache des D. (1969) 61-80: Nachwort zu (⁴1943) von: Was ist Met.? (⁹1965) u. a. m. - [30] Was ist Met. 48. - [31] a. a. O. - [32] 49; vgl. 50. - [33] ebda.; vgl. 47. - [34] 47. - [35] 50. - [36] 49. - [37] Was heißt D.? (Vorles.) 40. - [38] a. a. O. 4. - [39] Das Ende der Philos. ... 80. - [40] Aus der Erfahrung des D. 19. - [41] TH. W. ADORNO: Negative Dialektik (1966) 14f. 103ff. 150. 37. - [42] a. a. O. 142.

C. V. BORMANN/R. KUHLEN/L. OEING-HANHOFF

II. Während ‹D.› in der Umgangssprache auch im Sinne von «dafürhalten» (glauben, meinen), «sich eines Vorsatzes erinnern» (drandenken) oder «überlegen» (nachdenken) verstanden wird, bezeichnet der *psychologische* Terminus in der Regel Prozesse, welche von einer Problemsituation ausgehen und zu deren Lösung beitragen. Ein Problem liegt dann vor, wenn Schwierigkeiten nicht unmittelbar und mit den dem Individuum gewohnten Mitteln behoben werden können. Diese allgemeine funktionale Begriffsbestimmung ist dem naheliegenden Versuch vorzuziehen, D. im Hinblick auf besondere *Erlebnisformen* zu charakterisieren. Definitionen, die z. B. auf «letzte Erlebniseinheiten» [1] abzielen, bleiben widersprüchlich, da sich keine intersubjektiven Kriterien für deren Identifikation angeben lassen. – Doch auch innerhalb einer funktionalen Betrachtungsweise sind mehrere Definitionsansätze möglich. Sie unterscheiden sich u. a. in den Annahmen über die Rolle des bewußten Erlebens im Denkprozeß und über Art und «Lokalisation» der Vorgänge. So kann D. z. B. als «innerer Vorgang» verstanden werden, der «auf das Erfassen und die erkennende Bewältigung der Umwelt gerichtet ist» [2]. Der Erkenntnisprozeß bleibt dabei nicht der momentanen Situation verhaftet, sondern vollzieht sich an deren – vielfach symbolischen – Repräsentation im Bewußtsein. Dieser Erlebnisaspekt tritt nahezu vollständig in den Hintergrund, wenn D. als «Reflex mit gehemmtem Endglied» [3], d. h. als Prozeß ohne zugeordnete Ausführungshandlung betrachtet wird. An die Stelle der Handlung rücken implizite Reaktionen meist sprachlicher Art. D. wird damit zu einer Funktion der Sprache bzw. des «zweiten Signalsystems» [4]. Im Extremfall wird es mit diesen Formen subvokalen sprachlichen Verhaltens gleichgesetzt [5]. Je nach der Art der Betrachtungsweise gilt D. als zentrales oder peripheres Phänomen [6]. Die zweite Auffassung liegt immer dann nahe, wenn versucht wird, den Prozeß ausschließlich über seine internen (neuromuskulären) Begleiterscheinungen zu verstehen [7]. Mehr oder minder unabhängig davon orientieren sich jedoch die verschiedenen Definitionsvorschläge auch an unterschiedlichen Aspekten des Lösungsverlaufes. Handelt es sich bei der Lösung z. B. lediglich um eine Reaktivierung bekannter Lösungswege und -arten, spricht man von *reproduktivem* D. *Produktives* D. ist demgegenüber vor allem durch die relative Neuartigkeit des verwendeten Lösungsverfahrens ausgezeichnet. – Daneben sind Unterscheidungen etwa nach dem Abstraktionsniveau, auf dem der Denkprozeß abläuft (konkretes vs. abstraktes D.), nach der Größe der Denkschritte (synthetisches vs. analytisches D.) oder nach der Zentrierung des Prozesses (D. nach dem Lust- oder Realitätsprinzip [8]) möglich. Geläufiger ist indessen die Qualifikation des D. im Hinblick auf logische Kategorien (logisches vs. alogisches bzw. prälogisches D.), die sich auch zur Kennzeichnung bestimmter Stufen der Denkentwicklung verwenden läßt [9].

Anmerkungen. [1] K. Bühler: Tatsachen und Probleme zu einer Psychol. der Denkvorgänge 1: Über Gedanken. Arch. ges. Psychol. 9 (1907) 297ff. – [2] R. Meili: D., in: R. Meili und H. Rohracher: Lehrb. der exp. Psychol. (1963) 156. – [3] I. M. Setschenow, zit. nach L. Pickenhain: Grundriß der Physiol. der höheren Nerventätigkeit (1959) 119. – [4] I. P. Pawlow, Sämtl. Werke (1953). – [5] J. B. Watson: Behaviorism (Chicago 1930). – [6] R. Bergius (Hg.): Hb. der Psychol. 1/2: Lernen und D. (1964) Einl. – [7] E. Jacobson: The electrophysiol. of mental activities. Amer. J. Psychol. 44 (1932) 677ff. – [8] S. Freud: Formulierungen über die zwei Prinzipien des psychischen Geschehens. Werke 8 (1941ff.) 230ff. – [9] J. Piaget: Psychol. der Intelligenz (1948).

Literaturhinweise. G Humphrey: Thinking. An introduction to its experimental psychology (London 1951). – Ch. E. Osgood: Method and theory in experimental psychology (New York 1953). – R. Meili und H. Rohracher s. Anm. [2]. – R. Bergius s. Anm. [6]. – C. F. Graumann (Hg.): D. (1965).

K. Foppa

Denken, appellierendes. Der Ausdruck ‹a.D.› bezeichnet eine Weise der philosophischen Aussage, in der es nicht um die Mitteilung eines gegenständlichen Sachverhaltes geht, sondern bei der durch die Mitteilung im Empfänger ein bestimmtes Verhalten evoziert werden soll. In diesem Sinne ist der Begriff von K. Jaspers geprägt worden. Für ihn unterscheidet sich philosophisches Denken damit überhaupt von der Weltorientierung durch die Wissenschaften. Ihnen gegenüber meint der philosophische Gedanke in der gegenständlichen Mitteilung ein Jenseits des Gegenständlichen (Transzendenz). Seine Aussage deutet als Chiffre die Wirklichkeit überhaupt, und sie kann deshalb nur vernommen werden, wo sie zum Appell wird, auf das in der Chiffre Gemeinte hin zu transzendieren.

Jaspers findet ausgehend von dieser Unterscheidung in den philosophischen Lehren und Systemen der Philosophiegeschichte eine Verbindung von gegenständlicher Belehrung und Appell. Erst seit dem Beginn des Reflexionszeitalters werden beide Aussageweisen unterschieden und müssen es, weil Wissenschaft und Philosophie, gegenständliches und transzendierendes Denken nicht mehr koinzidieren. Der Ursprung dieses Gedankens ist zu suchen einerseits in der *kantischen* Unterscheidung von Welt der Erscheinung und intelligibler Welt, andererseits bei *S. Kierkegaard*, der seinerseits auf Sokrates verweist, tatsächlich aber vom christlichen Gedanken der erwecklichen Predigt bestimmt ist. Wird dieser bei Kierkegaard so abgewandelt, daß der Philosoph, statt objektive Wahrheit mitzuteilen, im Menschen die «Leidenschaft der Innerlichkeit», das «unendliche Interesse am Selbst», zu erwecken und damit den Grund des Glaubens zu legen habe, so hält sich Jaspers in kantischen Bahnen: Ziel des Appells ist, daß das Selbst («Existenz») in unbedingtem Handeln sich ergreift, sich als Freiheit erfährt, in Kommunikation mit Existenz tritt und so Transzendenz als Grund und Halt des Seinsbewußtseins zur Gegebenheit bringt.

Literaturhinweise. K. Jaspers: Philos. (³1956) 1, 320ff.; 3, 157ff. – K. Jaspers, hg. P. A. Schilpp (dtsch. 1957) 101ff.

W. Lohff

Denkform. Das Wort ‹D.› tritt erstmals 1787 bei G. A. Tittel in kritischer Auseinandersetzung mit der *Kategorienlehre Kants* auf. D. als «reine Erzeugung des Verstandes» verschleiern die Aufdeckung der Begründungszusammenhänge von Erkenntnis. Derartige «im Gehirn rein gesponnenen Begriffe» sind als «Regulativ für die Gegenstände» unbrauchbar [1]. 1790 weist M. G. U. Brastberger den Ansatz von Kants Theorie der Gedankenformen mit dem Argument zurück, D. ließen sich aus dem subjektiven Vermögen des vorstellenden Subjekts nicht ableiten; die «Entstehung der Urbegriffe» des Verstandes müsse vielmehr auf eine «verborgene objektive Kraft» bezogen bleiben. Demgegenüber stellt sich F. G. Born 1791 auf Kants Standpunkt und zeigt, daß D. im selbständigen, ursprünglichen Bewußtsein als dessen logische Funktionen gründen und die synthetische Einheit der Apperzeption ermöglichen [2]. 1799 verschärft J. G. Herder die Kritik an Kant, indem er im Schematismus reiner Verstandesbegriffe mit «ihren reinen Anschauungen und D.en a priori eine bestandlose Dichtung» sieht [3].

J. G. FICHTE benutzt das Wort ‹D.› zunächst ganz im Sinne Kants zur Interpretation des Verhältnisses von Gedanken- und Anschauungsformen. Erst in den Vorlesungen zur transzendentalen Logik von 1812 geht er über diese Position hinaus, wenn er den «niederen D.» eine «absolute D.» entgegenstellt und deren «Bewußtsein» als die «absolut verstehende, intellektuelle Anschauung, Evidenz, Klarheit» und den «Grund alles andern Verstehens» definiert. Damit will Fichte durch die absolute D. einen von Kant abweichenden Deduktionsgrund der Kategorien gewinnen, die Form des Denkens als «Form des Dinges» konstruieren und das Ding als Produkt des Denkens verstehen [4].

Ein Absolutsetzen der D. findet sich auch bei A. SCHOPENHAUER, für den die «wirklichen, unveränderlichen, ursprünglichen» D. «Grundbaß der Vernunft» sind [5]. Der Terminus ‹D.› spielt in den ersten Jahrzehnten des 19. Jh. eine zentrale Rolle zur Bezeichnung der formalen Seite des Denkens. In diesem Sinne klassifizierte bereits 1794 S. MAIMON die D. als Denkgesetze, sofern sie auf die «durchs Denken bestimmbaren Objekte überhaupt» bezogen sind. Die Logik kann das reziproke Verhältnis von D.en und Kategorien dann verdeutlichen, wenn sie zwischen «ursprünglichen» und «abgeleiteten» D. unterscheiden lernt [6].

1803 verschafft G. E. A. MEHMEL den D. als «Produkten einer freien Absonderung» innerhalb der Logik eine absolute Stellung [7]. Im Anschluß daran bestimmt W. T. KRUG die Logik direkt als «Wissenschaft der D.» oder «D.-Lehre» als im Sinne seiner ‹Fundamentalphilosophie› als denjenigen Teil der «urwissenschaftlichen Grundlehre», durch den sich das System der theoretischen Philosophie wesentlich konstituiert. Die D. gründen in der ursprünglichen «Einrichtung des menschlichen Geistes» und ermöglichen Erkenntnis; dennoch bleibt das «Hinüberspringen von der bloßen D. auf ein reales Objekt des Denkens immer und ewig ein salto mortale der philosophischen Vernunft» [8].

F. SCHLEIERMACHER bestimmt das Verhältnis von D. und Seinsformen auf der Basis des Identitätsdenkens. Dieses überwindet die abstrakte Entgegensetzung von D. als der für sich gesetzten intellektuellen Tätigkeit und dem Denkstoff als dem bloßen «Organischaffiziertsein» aus stofflich verworrener Mannigfaltigkeit. «Wirkliches» Denken gründet im «Füreinandersein» beider Funktionen, die zur «Totalität der Einheit» in der Weise zusammengebracht werden müssen, daß die «Totalität des Wissens» einer «Identität der absoluten Einheit des Seins» entspricht [9].

Auch J. F. FRIES behandelt die Logik als Lehre von den D., und zwar im Sinne einer Kritik der erkennenden Vernunft. Dabei geht es um den Aufweis der «anthropologischen Bedeutung» der D.en und eine Bestimmung ihres Stellenwerts im «Ganzen unserer Erkenntnis». Das Wissen um die D.en, aus denen sich die «Gesetze der demonstrativen Logik» ableiten lassen, ist Bedingung für die Möglichkeit, Einsicht in den Bildungsprozeß von Wissenschaft zu erlangen [10].

Diese anthropologische Konstruktion der Lehre von den D. weist E. REINHOLD 1827 zurück, indem er die Logik von der «transzendentalen Geisteslehre» abgrenzt und damit aus ihr alle metaphysischen und empirisch-psychologischen Implikate eliminiert. Logik hat es ausschließlich mit vollständiger «Einsicht in das Wesen der allgemeinen D.en» zu tun, die unter Ausschluß transzendentaler Fragestellung durch «bloße Reflexion auf das in unserm natürlichen Selbstbewußtsein sich Offenbarende» erlangt werden soll [11].

Die Auseinandersetzung um die Funktion der D.en innerhalb der Logik bringt schon G. W. F. HEGEL zu einem klärenden Abschluß. Er verweist die «objektiven D.» in die «vormalige Ontologie». Sie repräsentieren in der traditionellen Logik einen durchaus selbständigen Inhalt von der Art einer «Partie des Aristotelischen Organon de categoriis». Die Abstraktheit der transzendentalen Logik in bezug auf die Herleitung der reinen Verstandesbegriffe kann durch eine objektive Logik aufgehoben werden, welche die D.en frei von ihren metaphysischen Substraten an und für sich selbst betrachtet. Auf Grund dialektischen Vorgehens sind D. nicht mehr nur leere und tote logische Formen, sondern solche des «Seins und Wesens». Sie können als lebendige, konkrete Einheiten gefaßt werden, da zum Gegenstand nunmehr die Sache selbst und nicht allein die bloße Form der Erkenntnis geworden ist. Hegel bringt die D.en aus dem engeren Bereich der Logik heraus und weist ihnen einen festen Platz im System der Philosophie selbst zu. In der Definition von «geistigen Formen» gründen die D. zunächst in der menschlichen Sprache und begründen die wissenschaftliche Bildung; letztlich sind sie «mit der Bildung einer Zeit und eines Volkes überhaupt gemeinschaftlich» [12].

1928 erarbeitet H. LEISEGANG eine «D.en-Forschung» und überführt die Lehre von den D. aus dem logischen in den ontologischen Bereich. Durch die «Aufhellung des Ursprungs der D.en» soll der Zusammenhang von Logik und Metaphysik zugunsten einer metaphysischen Vorrangigkeit nachgewiesen werden. D. sind bestimmbar als Abstraktionen von Gesetzmäßigkeiten des Seienden und also abhängig von den Denkinhalten. Ihre Erforschung paßt sich dem Vorhandensein verschiedener Logiken an und macht die jedem Gegenstandsbereich immanente eigene logische Struktur in Form von Denkmodellen sichtbar. Sie erschließt D.en nach streng philologischer Methode und kann auf diese Weise geistesgeschichtliche Zusammenhänge aufdecken sowie Kriterien für eine Typologie alles philosophischen Denkens gewinnen, in die folgende D. eingeschlossen sind: 1. der Gedankenkreis, 2. der Kreis von Kreisen, 3. die Begriffspyramide, 4. die euklidisch-mathematische D. und 5. die D. der Antinomien [13]. Diese D.en-Lehre erweitert sich zur Weltanschauungstypologie und bezieht die Darstellung von Lebensformen ein [14]. Die in ihr liegende Möglichkeit, einem logischen oder historischen Relativismus und Subjektivismus zu verfallen, wird zum Gegenstand der Kritik, die auf eine Logik der Typen abzielt und sich mit der Darstellung von Typen der Logik nicht begnügt [15].

In Anlehnung an die phänomenologischen Analysen *Heideggers* und die anthropologisch-existentielle Systematik von *Jaspers* sucht H. STOFFER 1956 vom Boden der Polylogik aus die Logiken der D.en zu ermitteln und zu systematisieren, um damit die Konsequenzen logischen Relativierens durch logisch oder psychologisch orientierten Typologismus aufzufangen [16].

Demgegenüber hatte N. HARTMANN die kategoriale Stellung der D.en durch ihre ontologische Fundierung als Formen «des welterfassenden Bewußtseins, Formen der Auffassung und des Weltbildes» hervorgehoben. Sie bleiben in den Gesamtprozeß der kategorialen Entfaltung des menschlichen Weltbewußtseins eingebettet. Durch die ontologische Wende erfaßt die Kategorialanalyse den Erkenntnis- und Wahrheitsanspruch der D.en, den die relativierende Typologie außer acht läßt [17].

Gegenwärtig besitzt der Terminus ‹D.› keine begrifflich präzise Fassung mehr. Er wird unkritisch zur Kennzeichnung verschiedenartigster Sachverhalte benutzt und dient vor allem der Beschreibung von Denkstilen, Denkhaltungen, Denktechniken oder Denkmethoden [18].

Anmerkungen. [1] G. A. TITTEL: Kantische D. oder Kategorien (1787) 34. 102. 109f. – [2] M. G. U. BRASTBERGER: Untersuch. über Kants KrV (1790); F. G. BORN: Versuch über die ursprünglichen Grundlagen des menschl. Denkens und die davon abhängigen Schranken unserer Erkenntnis (1791) 156ff. 160f. 219f. – [3] J. G. HERDER: Metakritik zur KrV. Werke 37 (1853) 123. 131. 310f. – [4] J. G. Fichte, Werke 2 (1965) 57. 189; Nachgelassene Werke 1 (1834) 132. 136f. – [5] A. SCHOPENHAUER, Werke 2 (1938) 566ff. – [6] S. MAIMON: Versuch einer neuen Logik oder Theorie des Denkens (1794) 5f. 7ff. 131f. – [7] G. E. A. MEHMEL: Versuch einer vollständigen analytischen Denklehre als Vorphilos. und im Geiste der Philos. (1803) 2. – [8] W. T. KRUG: Allg. Handwb. der philos. Wiss. 5 (1829) 68f.; vgl. 1 (1827) 492; System der theoretischen Philos. 1 (1806) 26. 81. 90f. und 2 (1808) 87f.; Fundamentalphilos. oder urwiss. Grundlehre (1803) 131; (^{2}1819) 293. 301. – [9] F. Schleiermacher, Werke III, 4/2 (1839) 59. 94. 423. 494. 500ff. 504ff. 515. – [10] J. F. FRIES: System der Logik (^{2}1819) 5. 10ff. 68ff. 72; vgl. 97. 141. 289f. 323. 337ff. 365. – [11] E. REINHOLD: Die Logik oder die allg. Denkformenlehre (1827) IVff. 66ff. 72f. 359f. – [12] G. W. F. HEGEL, Werke, hg. GLOCKNER 3, 306f.; 8, 124f.; 17, 87f.; Wiss. der Logik, hg. G. LASSON, 1, 9. 46 und hg. W. WIELAND, 1. Bd., 1. Buch, 4; vgl. Enzyklop. der philos. Wiss. im Grundrisse, hg. F. NICOLIN/ O. PÖGGELER 151. 452; Einl. in die Gesch. der Philos., hg. J. HOFFMEISTER 41. – [13] H. LEISEGANG: Denkformen (^{2}1951) 14ff. 18ff. 25f. 44-60. 446. 451ff. – [14] Vgl. E. SPRANGER: Lebensformen (1921). – [15] Vgl. G. MÜLLER: Kritik der Leisegangschen Denkformen. Z. philos. Forsch. 9 (1955) 663ff.; E. ROGGE: Axiomatik alles möglichen Philosophierens (1950) 37f. 79f.; A. SCHÜTZ: Logika és logika (1941); F. POZSONYI: Relativismus und nichtaristotelische Systeme in der modernen Logik. Athenaeum 29 (1943) 15ff. – [16] H. STOFFER: Die modernen Ansätze zu einer Logik der Denkformen. Z. philos. Forsch. 10 (1956) vgl. 447ff. 453ff. 463ff. 601ff. 607ff. 611ff. – [17] N. HARTMANN: Der Aufbau der realen Welt. Grundriß der allg. Kategorienlehre (^{2}1949) 1-40. – [18] Vgl. dazu auch: K. JASPERS: Psychol. der Weltanschauungen (^{5}1960) 76ff.; W. G. WAFFENSCHMIDT: Denkformen und Denktechnik (1961); H. SCHÜLING: Denkstil. Beschreibung und Deutung der Denkformen (1964); J. SCHUMACHER: Philos. und Philosophieren für Naturwissenschaftler (1963) 21-24. H. G. MEIER

Denkgesetz. Als D. werden in der Psychologie gelegentlich durchgängige Charakteristika oder Regelhaftigkeiten des Denkprozesses bezeichnet, die unabhängig vom konkreten Problem zu beobachten und in allgemeinen Sätzen zu formulieren sind. Beispiele solcher «Gesetze» für das reproduktive Denken und den dabei ablaufenden Vorgang sind die Gesetze der Komplexergänzung und der sog. Wissensaktualisierung: «1. Ein gegebenes als einheitlich Ganzes wirkendes *Komplexstück* hat die Tendenz, die Reproduktion des ganzen Komplexes herbeizuführen. 2. Ein einen Komplex seinem ganzen Bestande nach antizipierendes *Schema* hat die Tendenz, die Reproduktion des ganzen Komplexes herbeizuführen. 3. Die auf die Ergänzung eines schematisch antizipierten Komplexes gerichtete Determination begründet die Tendenz zur Reproduktion des ganzen Komplexes» [1]. Da es sich dabei nicht um Gesetze im strengen Sinne handelt, denen beobachtbare Regelhaftigkeiten entsprechen, sondern um apodiktisch formulierte *Annahmen* über den zu beschreibenden Prozeß, nimmt man in der neueren Denkpsychologie von derartigen Formulierungen Abstand.

Anmerkung. [1] O. SELZ: Über die Gesetze des geordneten Denkverlaufes. Eine experimentelle Untersuchung (1913) 128.

Literaturhinweise. G. HUMPHREY: Thinking. An introduction to its experimental psychol. (London 1951). – R. BERGIUS (Hg.): Hb. der Psychol. 1/2: Lernen und Denken (1964). – C. F. GRAUMANN (Hg.): Denken (1965). K. FOPPA

Denkökonomie. Das Prinzip der D., eine Sonderform des allgemeiner formulierten Ökonomieprinzips der «Ausschaltung zweckloser Tätigkeit» [1] bzw. des «Prinzips des kleinsten Kraftmaßes» [2], rückte mit den Untersuchungen MACHS [3], zu denen dieser durch den Nationalökonomen E. *Hermann* angeregt worden sein will (vgl. auch das Prinzip der «reinen Ökonomik» K. MENGERS, ST. JEVONS u. a.) [4], in den Mittelpunkt wissenschaftstheoretischen Interesses vor allem bei R. AVENARIUS [5] und H. CORNELIUS [6]. MACH begründete in ihm die Definition der Wissenschaft als einer Minimumaufgabe, welche darin besteht, «möglichst vollständig die Tatsachen mit dem geringsten Gedankenaufwand darzustellen» [7].

Als Einfach(st)heitsforderung findet sich das Prinzip der D. bereits bei W. VON OCCAM (vgl. das «Occamsche Rasiermesser-Prinzip»: «entia non sunt multiplicanda praeter necessitatem»), KOPERNIKUS, GALILEI, KEPLER, NEWTON und andern vorgeformt [8]. M. MENDELSSOHN stellt es «dem Weltweisen, so wie dem Mathematiker frey, diejenige von allen gleichgeltenden Erklärungen vorauszusetzen, die ihn den kürzesten Weg zu seinem Zwecke leitet» [9]. Für KANT ist die «Ersparung der Principien nicht bloß ein ökonomischer Grundsatz der Vernunft, sondern inneres Gesetz der Natur» [10], nicht ein «bloß ökonomischer Handgriff der Vernunft, um sich so viel als möglich Mühe zu ersparen», sondern die Idee einer objektiven Einheit [11]. In der KIRCHHOFFschen Formulierung, daß es Aufgabe der Mechanik sei, die in der Natur ablaufenden Bewegungen «vollständig und auf die einfachste Weise zu beschreiben» [12], erlangte das Prinzip der D. dann Berühmtheit.

Es blieb in seiner wissenschaftsbeschreibenden Funktion bereits im Lager der *Empiriokritizisten* [13], später auch der *Physiker* [14] und sogar der *Neopositivisten* keineswegs unwidersprochen: So wendet sich z. B. M. SCHLICK gegen Avenarius und Mach, sofern sie von «unseren Vorstellungs- und Willensprozessen» reden; die wahre Ökonomie des Denkens aber sei ein *logisches* Prinzip, das sich auf das Verhältnis der Begriffe zueinander beziehe [15]. In seiner wissenschaftsbegründenden Funktion unterzogen es insbesondere HUSSERL [16] und NELSON [17] scharfer Kritik. P. NATORP hatte der D. «zwar ihr gutes Recht in der gesetzmäßigen Darstellung der Naturtatsachen» zuerkannt, jedoch nicht in Entscheidungen, «wo es sich um die Voraussetzungen handelt, die allein a priori heißen dürfen, nämlich die, welche überhaupt nur eine Naturwissenschaft möglich machen» [18]. Ähnlich urteilen auch LOTZE [19] und HÖNIGSWALD [20]. BUNGE [21] dehnte diese Kritik neuerlich von seiten der Wissenschaftstheorie auf das Prinzip der Einfach(st)heit [22] überhaupt aus.

Anmerkungen. [1] E. MACH: Die Leitgedanken meiner naturwiss. Erkenntnislehre und ihre Aufnahme durch die Zeitgenossen. Phys. Z. 11 (1910) 600. – [2] R. AVENARIUS: Philos. als Denken der Welt gemäß dem Prinzip des kleinsten Kraftmaßes. Prolegomena zu einer Kritik der reinen Erfahrung (1876, ^{3}1917) 29. – [3] E. MACH: Die Gestalten der Flüssigkeit (1868), in: Populärwiss. Vorles. (^{4}1910), 1ff.; Die Gesch. und die Wurzel des Satzes von der Erhaltung der Arbeit (1871, ^{2}1909); Die ökonomische Natur der phys. Forsch. (1882), in: Populärwiss. Vorles. 217ff.; Die Ökonomie der Wiss., in: Die Mechanik histor.-krit. dargestellt (1883, ^{9}1933, Nachdruck 1963) 457ff.; Die Ökonomie der Wiss., in: Die Prinzipien der Wärmelehre hist.-krit. entwickelt (1896) 391ff. – [4] Vgl. MACH, a. a. O. [1]. – [5] R. AVENARIUS: Kritik der reinen Erfahrung (1888-1900). – [6] H. CORNELIUS: Psychologie als Erfahrungswissenschaft (1897). – [7] MACH, a. a. O. [3] 465. – [8] Vgl. a. a. O. 469. – [9] M. MENDELSSOHN, Philos. Schriften (1783) 1, 150. – [10] KANT, KrV B 678. – [11] KrV B 681. – [12] G. KIRCHHOFF: Vorles. über math. Phys. 1: Mechanik (1876) 1. – [13] J. PETZOLDT: Maxima, Minima und Ökonomie. Vjschr. wiss. Philos. 14 (1890) 206-239. 354-366. 417-442. – [14] M. PLANCK: Die Einheit des phys. Weltbildes (1909), in: Wege zur phys. Erkenntnis 1 (³1943) 25. – [15] M. SCHLICK: Allg. Erkenntnislehre (²1925) 91. – [16] E. HUSSERL: Log. Untersuch. 1: Prolegomena zur reinen Logik (1900, ⁴1928) 192ff.; vgl. hierzu Brief HUSSERLS an Mach vom 18. 6. 1901, in: K. D. HELLER: E. Mach. Wegbereiter der modernen Phys. (1964) 61ff. – [17] L. NELSON: Ist metaphysikfreie Naturwiss. möglich? Abh. Fries. Schule NF 2 (1908) 276ff. – [18] P. NATORP: Die log. Grundlagen der exakten Wiss. (1910) 322. – [19] H. LOTZE: Logik (1912) 407ff. – [20] R. HÖNIGSWALD: Zur Kritik der Machschen Philos. (1903) 40ff. – [21] M. BUNGE: The myth of simplicity. Problems of sci. philos. (Englewood Cliffs, N.Y. 1963). – [22] Vgl. H. DINGLER: Über den Begriff der ‹Einfachstheit› in der Methodik der Phys. und der exakten Wiss. Z. Phys. (1920); Relativitätstheorie und Ökonomieprinzip (1922).

Literaturhinweise. W. WUNDT: Logik 1 (1880, ⁴1919) 385ff.; 2 (1883, ⁴1920) 297ff. – F. KALLFELZ: Das Ökonomieprinzip bei E. Mach. Darstellung und Kritik (1929). – J. THIELE: Zur Wirkungsgesch. der Schriften E. Machs. Z. philos. Forsch. 20 (1966) 118-130. – G. KÖNIG: Der Wissenschaftsbegriff bei Helmholtz und Mach, in: A. DIEMER (Hg.): Stud. zur Wissenschaftstheorie 1: Beitr. zur Entwicklung ... im 19.Jh. (1968) 90-114.   G. KÖNIG

Denkprojekt. Unter diesem Titel entwirft S. KIERKEGAARD in den ‹Philosophischen Brocken› [1] das christliche Heilsereignis als Gegensatz zur «sokratischen» Anamnesis Platons, der auf dem Grunde seiner Annahme, der Lernende besitze schon die Wahrheit, dem Lehrer und dem Augenblick seines Lehrens bloß eine veranlassende Funktion zugestehen darf. Der antithetischen Hypothese zufolge hat der Augenblick entscheidende Bedeutung. Danach muß der Empfänger vorher in der Unwahrheit sein, der Mitteilende aber die Wahrheit selbst und mit ihr sogar die Bedingung für ihr Verständnis herbeibringen. Die Unwahrheit kann, als solche des von Gott Geschaffenen, nur Sünde, der die Wahrheit ursprünglich Schenkende nur der versöhnende, erlösende und richtende Gott sein, der die Umkehr, Reue und Wiedergeburt des Menschen erwirkt.

Anmerkung. [1] S. KIERKEGAARD, Philos. Brocken Kap. I.
M. THEUNISSEN

Denkpsychologie. Die D. versucht 1. durch experimentelle Analyse des Lösungsvorgangs zu allgemeinen Aussagen über Bedingungen und Determinanten des Denkprozesses zu gelangen, und/oder 2. durch phänomenologische Analyse die «Struktur des denkenden Verhaltens in seinen Grundzügen» zu erfassen [1]. Während ursprünglich (vor allem in den ersten Arbeiten der Würzburger Schule) dieser zweite, strukturelle Aspekt im Vordergrund stand, und man das zentrale Problem in einer «Erforschung der Bewußtseinsvorgänge bei einfachen Denkprozessen» und in der Darstellung ihrer «elementaren Gebilde» sah [2], die man in Anlehnung an die Logik in Begriff, Urteil und Schluß zu finden meinte, verlagerte sich das Schwergewicht bald auf eine funktionale Betrachtung des Prozesses. Die Betonung des Erlebnisaspektes trat zugunsten der Untersuchung des Lösungs- und Leistungsverhaltens und seiner Abhängigkeit von der Eigenart der Problemsituation, des Probanden usw. zurück [3].

Mit der psychologischen Analyse des Denkverlaufes wurde verhältnismäßig spät begonnen, da man seine Erforschung nicht als eine Aufgabe der Psychologie ansah [4]. Aber auch die methodischen Schwierigkeiten, die sich einer Beobachtung der rasch ablaufenden, häufig nicht klar formulierbaren Lösungsschritte entgegenstellten, verhinderten bis etwa 1900 die Entwicklung einer selbständigen D. Tatsächlich ist das Methodenproblem auch gegenwärtig nicht gelöst. Im wesentlichen verfügt man über drei Gruppen von Methoden: 1. Die Methode der *experimentellen Selbstbeobachtung* (Introspektion, systematischen «Selbstwahrnehmung») verlangt vom Probanden die nachträgliche Schilderung seiner Erlebnisse während der Lösung einer meist einfachen Aufgabe (z. B. einen übergeordneten Begriff zu einem vorgegebenen Reizwort zu finden). Das Verfahren wurde erstmals von K. MARBE [5], etwas später, aber unabhängig von ihm, auch von A. BINET [6] angewendet und bildete die Grundlage der klassischen Untersuchungen der *Würzburger* Schule [7]. Seiner verschiedenen Mängel wegen [8] wird jedoch häufiger die 2. Methode des *lauten Denkens* (réflexion parlée) eingesetzt, welche auf E. CLAPARÈDE [9] zurückgeht, ihre Verbreitung aber vor allem K. DUNCKERS wichtiger Studie zur ‹Psychologie des produktiven Denkens› [10] verdankt: Der Proband muß *während* des Denkprozesses aussprechen, was ihm «in den Sinn kommt». Da dies keine Reflexion des Denkenden auf den Denkprozeß voraussetzt, bleibt die Versuchsperson unmittelbar auf die Sache gerichtet, läßt sie nur gleichsam «zu Worte kommen» [11]. So wenig dadurch freilich gewährleistet ist, daß alle entscheidenden Denkphasen formuliert werden, besteht keine andere Möglichkeit, unmittelbaren Aufschluß über einzelne Lösungsschritte zu erhalten, wenn diese nicht in Handlungen umgesetzt werden müssen. Deshalb werden für Denkexperimente häufig Probleme gewählt, welche darüber hinaus 3. exakte *Verhaltens- oder Leistungsanalysen des Lösungsprozesses* gestatten [12]. Besonders geeignet sind dafür Denkaufgaben, deren Lösung eine Sequenz einzelner Handgriffe erfordert, wie dies z. B. beim «Turm von Hanoi» der Fall ist [13]. Derartige Probleme ermöglichen nicht nur genaue Beobachtungen über Art und Häufigkeit von Fehlern, über die zeitliche Struktur des Lösungsprozesses, über Lösungsstrategien usw., sondern auch die Formulierung von Algorithmen solcher Lösungen. Die Lösungsgesamtzeit, die Lösungsqualität, Art der Fehllösung, Art und Anzahl der nötigen Zusatzinformationen (Lösungshilfen) usw. und ihre Abhängigkeit von verschiedenen Aspekten der Problemsituation lassen sich hingegen auch bei «reinen» Denkaufgaben bestimmen und – mit Hilfe geeigneter Analysemethoden (Faktorenanalyse) – auf Grunddimensionen (Faktoren) intellektueller Leistung zurückführen [14].

Vielfach begnügt man sich jedoch mit der Analyse isolierter Aspekte des Denkprozesses und untersucht z. B. das Entscheidungsverhalten [15] oder den Organisationsprozeß bei der Begriffsbildung [16]. Durch die Entwicklung *elektronischer Datenverarbeitungsanlagen* und selbstorganisierender Systeme, d. h. lernender Automaten, sind der denkpsychologischen Forschung in den letzten Jahren neue Möglichkeiten erschlossen worden. Indem man Lösungsprozesse, globale Leistungscharakteristika oder Protokolle lautdenkender Probanden in der jeweiligen Programm-Sprache «nachbildet», hofft man Aufschluß über die notwendigen Bedingungen der Lösungsfindung zu gewinnen [17]. Umgekehrt kann man bei dieser *Simulation* des Denkprozesses von bestimmten theoretischen Vorstellungen ausgehen und aus der Entsprechung von Beobachtungsprotokoll und «Simulationsprotokoll» (nach dem TURING-Kriterium [18], das erfüllt ist, wenn beide von einem unabhängigen Beobachter nicht unterschieden werden können) Rückschlüsse auf die Angemessenheit der theoretischen Voraussetzungen zu ziehen versuchen. Dieses Verfahren läßt sich allerdings so lange nicht ohne weiteres anwenden, als die verschiedenen Denktheorien nicht präzise formuliert sind. Besondere Bedeutung kommt dabei der Konzeption der Steuerung bzw. Richtungsbestimmtheit des Denkprozesses zu. Im allgemeinen wird von einem der drei folgenden Modelle ausgegangen:

a) Die Richtung des Denkablaufes ist durch bestehende, d. h. früher gestiftete Verknüpfungen (Assoziationen) zwischen angenommenen Elementen des Prozesses (Vorstellungen, implizite Reaktionen usw.) bestimmt (*Assoziationstheorien des Denkens*). Weder braucht dabei die Beziehung der einzelnen Glieder in deren unmittelbarer Assoziation zu liegen, noch muß es sich um Verknüpfungen zwischen Vorstellungen, «Gesamtvorstellungen», Gedanken oder ähnliches handeln. Das Prinzip des Modells bleibt auch dann erhalten, wenn man die Elemente des Denkvorganges über «Vermittlungsträger» miteinander verbunden sieht (Vermittlungstheorie [19]): Im einfachsten Fall stehen zwei Elemente A und C in dieser vermittelten Beziehung zueinander, wenn A unmittelbar nur mit B, B jedoch mit C assoziiert ist. Faßt man A, B und C als subvokal artikulierte Bezeichnungen auf, die Gedanken zugeordnet sind, wird verständlich, daß der Denkprozeß als Kette miteinander assoziativ verknüpfter Reaktionen oder als Serie bedingter Reflexe im Bereich des zweiten Signalsystems [20] behandelt werden kann. Mit jeder assoziationstheoretischen Betrachtung ist freilich lediglich die Sequenz der Einzelglieder, nicht aber die Richtung des gesamten Prozesses erklärt: Da nicht angenommen werden kann, daß jedes Element nur mit ein einziges anderes Element assoziiert ist, müssen in jeder Phase der Problemlösung zahlreiche «Assoziationswege» existieren, von denen keiner im Hinblick auf die angestrebte Lösung von vornherein ausgezeichnet ist. Die Selektivität (Zielgerichtetheit) des Prozesses fordert deshalb die Annahme assoziationsfremder Steuerungsprinzipien, wie etwa Apperzeption [21] oder determinierende Tendenz [22].

b) Der Denkvorgang kann aber auch als *dynamisches Geschehen* aufgefaßt werden, dessen Richtung durch die strukturelle Eigenart des Problems determiniert ist (*Feldtheorie des Denkens*). Als Ausgangspunkt des Lösungsprozesses gilt die Erfassung der strukturellen Unvollständigkeit einer Situation, welche ein Erlebnis der Spannung bewirkt, dem je nach Problemlage unterschiedliche Handlungsvektoren entsprechen. Diese erzwingen eine *Umstrukturierung* der problematischen Ursprungssituation, wobei die Organisation des Feldes in einem Moment der ‹Einsicht› in die Relation der Problembezüge so einfach zu werden strebt, wie die gegebenen Bedingungen es zulassen (Prägnanzprinzip [23]). Über die Determination der Abfolge der einzelnen Lösungsschritte ist damit nichts ausgesagt, die Prozeßphasen sind vielmehr nur in ihrer Relation zum Ziel allgemein bestimmt: Sie weisen «nach rückwärts Lösungscharakter, nach vorwärts Problemcharakter» auf [24].

c) Schließlich läßt sich die Gerichtetheit des Denkprozesses auf eine (schematische) *Antizipation* der Lösung zurückführen, durch die der Einsatz der einzelnen Lösungsoperationen gesteuert wird. Diese «intellektuellen Operationen» (z. B. der Wissens- und Mittelaktualisierung [25]) lassen sich auch als Methoden der schrittweisen Informationsverarbeitung verstehen [26]), wobei der Denkfortschritt in der abwechselnden Formulierung und Prüfung von Hypothesen über den weiteren Lösungsweg begründet ist. Damit ist zwar der Lösungsprozeß wiederum nur in sehr allgemeiner Weise bestimmt, seine hypostasierte Gliederung zeigt aber eine gewisse Affinität zur allgemeinen Struktur von Rechenprogrammen für elektronische Datenverarbeitungsanlagen, so daß sich derartige Operationsmodelle vor allem im Zusammenhang mit Simulationsversuchen anbieten.

Die Mannigfaltigkeit denkpsychologischer Theorien erschöpft sich jedoch nicht in diesen drei «Steuerungsmodellen». Denktheorien unterscheiden sich u. a. auch in ihren Annahmen über die Lokalisation des Denkprozesses innerhalb der psychischen Organisation (zentrale versus periphere Denktheorien [27]) oder in der zeitlichen Perspektive, unter der sie den Vorgang betrachten (aktuelle versus genetische Denktheorien [28]). Unabhängig davon sieht sich die D. einer Reihe von ungelösten Problemen gegenüber, so vor allem der Frage nach dem Verhältnis von Denken und Sprache [29], aber auch nach der Relation von D. und Logik [30]. Diese Fragen weisen über den engeren Rahmen einer empirischen D. hinaus und machen die Notwendigkeit philosophischer Reflexion deutlich. In diesem Sinne ist D. «unbeschadet ihrer Einstellung auf ‹Tatsachen› [als] philosophische Prinzipienwissenschaft» zu verstehen, an deren Problemen «sich das Schicksal der Psychologie als methodisch selbständiger Wissenschaft» entscheidet [31].

Anmerkungen. [1] C. F. GRAUMANN: Phänomenol. und deskriptive Psychol. des Denkens, in: R. BERGIUS (Hg.): Hb. der Psychol. 1/2: Lernen und Denken (1964) 493ff. – [2] A. MESSER: Exp.-psychol. Untersuch. über das Denken. Arch. ges. Psychol. 8 (1906) 1ff. – [3] W. E. VINACKE: The psychol. of thinking (New York 1952). – [4] W. WUNDT: Vorles. über die Menschen- und Tierseele (²1892). – [5] K. MARBE: Exp.-psychol. Untersuch. über das Urteil (1901). – [6] A. BINET: L'étude exp. de l'intelligence (Paris 1903). – [7] G. HUMPHREY: Thinking. An introd. to its exp. psychol. (London 1951). – [8] HUMPHREY, a. a. O. – [9] E. CLAPARÈDE: La genèse de l'hypothèse. Arch. Psychol. 24 (1933) 155. – [10] K. DUNCKER: Zur Psychol. des produktiven Denkens (1935). – [11] a. a. O. – [12] W. S. RAY: Complex tasks for use in human problem-solving research. Psychol. Bull. 52 (1955) 134ff. – [13] F. KLIX u. a.: Die algorithmische Beschreibung des Lösungsprozesses einer Denkanforderung. Z. Psychol. 168 (1963) 123ff. – [14] R. MEILI: Sur la nature des facteurs d'intelligence. Acta psychol. 6 (1949) 40ff. – [15] J. S. BRUNER u. a.: A study of thinking. An analysis of strategies in the utilizing of information for thinking and problem solving (New York 1956). – [16] E. B. HUNT u. a.: Order of consideration of different types of concepts. J. exp. Psychol. 59 (1960) 220ff. – [17] E. A. FEIGENBAUM und J. FELDMAN (Hg.): Computers and thought 2: Simulation of cognitive processes (New York 1963) 269ff. – [18] T. M. TURING: Computing machinery and intelligence, in: E. A. FEIGENBAUM und J. FELDMAN, a. a. O. [17] 11ff. – [19] CH. E. OSGOOD: Method and theory in exp. psychol. (New York 1953). – [20] I. P. PAWLOW: Sämtl. Werke (1953). – [21] W. WUNDT: Grundriß der Psychol. (¹³1918). – [22] N. ACH: Über die Willenstätigkeit und das Denken (1905). – [23] M. WERTHEIMER: Productive thinking (New York ²1959). – [24] DUNCKER, a. a. O. [10]. – [25] O. SELZ: Über die Gesetze des geordneten Denkverlaufes (1913). – [26] E. B. HUNT: Concept learning. An information processing problem (New York/London 1962). – [27] BERGIUS, a. a. O. [1] Einl. – [28] J. PIAGET: Psychol. der Intelligenz (1948). – [29] L. S. VYGOTSKY: Thought and language (New York 1962). – [30] PIAGET, a. a. O. [28]. – [31] R. HÖNIGSWALD: Die Grundlagen der D. (²1925) III.

Literaturhinweise. G. HUMPHREY s. Anm. [7]. – W. E. VINACKE s. Anm. [3]. – D. M. JOHNSON: The psychol. of thought and judgment (New York 1955). – F. C. BARTLETT: Thinking. An exp. and soc. study (London/New York 1958). – R. MEILI: Denken, in: R. MEILI und H. ROHRACHER: Lehrbuch der exp. Psychol. (1963) 156ff. – R. BERGIUS s. Anm. [1]. – C. F. GRAUMANN (Hg.): Denken (1965).

K. FOPPA

Denominatio. Das aristotelische παρώνυμον (wortverwandt) [1] wurde von VICTORINUS durch ‹denominativum› übersetzt und bezieht sich zunächst auf die Nomina, die sich durch einen Wechsel der Endung unterscheiden, wie etwa der grammaticus nach der grammatica benannt wird. Diese Unterscheidung verband sich mit derjenigen in absolute und konnotative Termini, insofern man die denominativen Termini als Sonderfall der konnotativen und relativen ansehen kann. So bezeichnen sie sowohl die Form wie auch das Subjekt dieser Form, d. h. sie haben ebenso formale wie materiale Bedeutung. Darüber hinaus unterschied man die Funktion einer D. *essentialis*, die beispielsweise ‹rationalis› zukommt, von der einer D. *accidentalis* etwa bei ‹album› [2].

Eine andere Bedeutung der D. zeigt sich an, wenn DURANDUS DE S. PORCIANO sagt, daß «ens rationis» eine D. *extrinseca* sei, abgeleitet aus der Tätigkeit der Vernunft. In diesem Sinn spricht man von einer D. *intrinseca*, die sich herleitet aus einer Form oder Qualität, die innerhalb des Subjekts ist, dabei kann sie innerlich sein durch Identität, so wenn ‹Mensch› aus der Form ‹Menschheit› hervorgeht, oder aber durch Inhärenz, wie z. B. die Mauer ‹weiß› genannt wird aufgrund der ihr eigenen Weiße. Von einer D. extrinseca spricht man, wenn sie zurückgeht auf eine dem benannten Objekt äußere und von ihm verschiedene Form, z. B. wenn man einen Tisch ‹gesehen› oder ‹bekannt› nennt und sich dabei einer Benennung bedient, die sich aus seinem Gesehen- bzw. Erkanntwerden herleitet. Die Seinsform dieser D. extrinseca war sehr umstritten: für viele war sie ein «ens mere rationis», für andere ein «ens reale», wieder andere sahen nur in der «forma denominans» etwas Reales, der auf seiten des benannten Objekts nur ein Gedankending entsprach. Deshalb unterschieden letztere drei Elemente der D. extrinseca, nämlich die benennende Form, z. B. den Verstand, das Sehen; dann das benannte Ding, z. B. den Tisch; und schließlich die Benennung selbst, die erst daraus hervorgeht, daß beispielsweise der Tisch als ein Gesehenes oder Erkanntes bezeichnet wird [3].

Anmerkungen. [1] ARIST., De cat. 1 a 12. – [2] PEDRO MARGALHO: Logices utriusque scholia (1520, Neu-A. 1965) 96. 106-108; PEDRO DE FONSECA: Inst. Dialectic. (1564, Neu-A. 1964) 72-74. – [3] C. PRANTL, Gesch. der Logik im Abendlande 3, 292; Collegium Ripense: Cursus philos. 1 (1716) 218ff.; JUAN DE S. TOMAS: Ars logica (1631/32, Neu-A. 1930) 285-289. V. MUÑOZ DELGADO

Denotation (engl. denotation). J. ST. MILL [1] versteht unter der «Denotation eines Namens» die Gegenstände, denen der Name als Prädikator zukommt. Ein Eigenname (singular name) bezeichnet (denotes) für ihn deshalb genau einen Gegenstand, ein Allgemeinname (general name) 1. mehrere Gegenstände und, wie Mill in einer unerlaubten Gleichsetzung meint, 2. die Klasse dieser Gegenstände. Beide Fälle werden heute sachlich unterschieden, jedoch nicht immer terminologisch [2]. Ausschließlich im Sinne von 1. gebraucht MARTIN den Terminus [3]. Eine 3. Verwendungsweise des Terminus ist dadurch entstanden, daß RUSSELL ihn als Übersetzung von ‹Bedeutung› (s. d.) im Sinne Freges eingeführt hat [4].

Im Anschluß an den homonymen Wortgebrauch bei Mill spricht man von «denotativen Definitionen» eines Prädikators in folgenden Fällen:

1. die nicht notwendig vollständige Aufzählung der Gegenstände, denen der Prädikator zukommt;
2. die nicht notwendig vollständige Aufzählung der Unterklassen der Klasse der Gegenstände, denen der Prädikator zukommt [5].

So kann z. B. der Prädikator ‹Mensch› denotativ definiert werden: 1. durch eine Aufzählung menschlicher Individuen und 2. durch eine Aufzählung von Sorten von Menschen. Geschieht die Aufzählung im 1. Fall nicht durch verbale Nennung der Beispiele, sondern durch das Ausführen hinweisender Gesten, so spricht man von ‹Hinweisdefinition› (s. d.).

Anmerkungen. [1] J. ST. MILL, System of Logic I, 2, §§ 3-5. – [2] Vgl. R. ROBINSON: Definition (Oxford 1950, Nachdruck 1965) 109. – [3] R. M. MARTIN: Truth and denotation (London 1958) 99f. – [4] B. RUSSELL: On denoting. Mind 14 (1905) 479-493, bes. 483. – [5] Vgl. ROBINSON, a. a. O. [2] 108ff.; vgl. Art. ‹Connotatio›.
G. GABRIEL

Deontologie (bzw. deontologische Ethik: von griechisch τὸ δέον, das Erforderliche, die ‹Pflicht›). Im Unterschied zu J. BENTHAMS erstmaligem Gebrauch des Begriffs als Terminus für die Pflicht und Selbstinteresse harmonisierende Lehre vom Nützlichen, Geeigneten [1], bezeichnet ‹D.› heute diejenige Form normativer Ethik, dergemäß sich Verbindlichkeit und Qualität moralischer Handlungen und Urteile aus der Verpflichtung zu bestimmten Verhaltensweisen bzw. Handlungsmaximen herleiten – prinzipiell unabhängig von vorgängigen Zwecken und möglichen Konsequenzen des Handelns. Dadurch ist die D. jeder «teleologischen» Ethik entgegengesetzt. Sie kann als *Akt*-D. den Bezug auf die jeweilige Situation [2] oder als *Regel*-D. auf allgemeine Regeln moralischen Handelns [3] als maßgebend für die Verpflichtungserfahrung und Entscheidung ansehen bzw. beide Aspekte zu verbinden suchen [4]. Exemplarische Repräsentanten der deontologischen Ethik sind *I. Kant* und im 20. Jh. *W. D. Ross*.

Anmerkungen. [1] J. BENTHAM: Deontology or the sci. of morality 1. 2 (1834) bes. 2. Kap. – [2] E. F. CARRITT: The theory of morals (1928). – [3] KANT: Grundlegung Met. Sitten (^{2}1786); KpV (1788); W. D. ROSS: The right and the good (1930); Foundations of ethics (1939). – [4] K. JASPERS: Philos. (^{1}1932) 2, 329ff. 354ff.

Literaturhinweise. C. D. BROAD: Five types of ethical theory (1930) 206ff. – P. H. NOWELL-SMITH: Ethics (1954) 216ff. – T. E. HILL: Contemporary ethical theories (1960) 321ff. – W. K. FRANKENA: Ethics (1963) 13ff. – R. T. GARNER und B. ROSEN: Moral philos. (1967) 83ff. H. FAHRENBACH

Dependenzgesetze. Sie formulieren nach der Ontologie N. HARTMANNS [1] das Verhältnis der ontischen Schichten und haben ihre Mitte in dem kategorialen Grundgesetz, dem Gesetz der Stärke, welches besagt, daß die kategoriale Abhängigkeit stets von unten nach oben waltet. Die niederen sind durchgehend die stärkeren Kategorien. Das zweite D., das Gesetz der Indifferenz, besagt, daß die niederen gegen die höheren Kategorien indifferent sind. Drittens besagt das Gesetz der Materie, daß die niederen für die höheren Kategorien Materie der Formung (Überbauung/Überformung) sind. Viertens besagt das Gesetz der Freiheit, daß die höhere Schicht in ihrem Novum – der neu auftretenden Kategorie – autonom gegenüber den sie tragenden und bedingenden Schichten und ihren Kategorien ist. Der Schwerpunkt der Ontologie liegt nach Hartmann in eben diesen Dependenzgesetzen und hat seine Bedeutsamkeit auch für die Ethik und für das geistige Sein. Weiterhin ist auf die analoge Struktur der D. zu den Methodengesetzen hinzuweisen, die für das System dieser Ontologie entscheidend ist.

Anmerkung. [1] N. HARTMANN: Der Aufbau der realen Welt (^{2}1949) Kap. 55.

Literaturhinweise. C. T. FREY: Grundlagen der Ontol. N. Hartmanns (1955). – H. HÜLSMANN: Die Methode in der Philos. N. Hartmanns (1959). H. HÜLSMANN

Depersonalisation. Erlebnisse der D. werden bei J.-E. MEYER wie folgt beschrieben: «Meine Seele ist tot, das Ich ist ganz verschwunden. Ich sehe und sehe doch nicht, ich höre und höre doch nicht, es ist alles wie ein Traum – das sind Erlebnisweisen der D. und der Entfremdung der Wahrnehmungswelt» [1]. Diese Erlebnisse können auftreten sowohl bei gesunden sensiblen Menschen als auch im Verlauf seelischer Entwicklungsstörungen, bei Hirnkrankheiten und im Rahmen endogener Psychosen, insbesondere bei Depressionen. Ihre wesentlichen Grundlagen bestehen in einer Veränderung des Selbstbewußtseins und der Persönlichkeit [2]. Ihre Hauptmerkmale sind: traumhaftes, unwirkliches Erleben, Erschwerung der Kommunikation mit der Umwelt, Isolierung des Ich. Phänomenologisch ergeben sich Beziehungen zur mystischen Versunkenheit. In der Dichtung finden sich D.-Schilderungen z. B. bei ANNETTE VON DROSTE-HÜLSHOFF [3] und FRIEDRICH HEBBEL [4].

Anmerkungen. [1] J.-E. MEYER: Die Entfremdungserlebnisse (1959). – [2] P. SCHILDER: Selbstbewußtsein und Persönlichkeitsbewußtsein (1914). – [3] A. CLAUS: Über D., nihilistische Wahnideen, Spielbilder, Doppelgänger und Golem im Werke Annettens von Droste-Hülshoff. Mschr. Psychiat. 125 (1953) 398. – [4] K. HAUG: D. und verwandte Erscheinungen. Hb. Geisteskr. Erg.-Bd. 1 (1939).

Literaturhinweise. K. OESTERREICH: Die Entfremdung der Wahrnehmungswelt und die D. J. Psychol. Neurol. 7 (1906) 253; 8 (1906/07) 16; 9 (1907) 15. – E. STÖRRING: Die D. Arch. Psychiat. 98 (1933) 462. – W. MAYER-GROSS: On D. Brit. J. med. Psychol. 15 (1935) 103. – H.-J. SHORVON: The D. syndrome. Proc. roy. Soc. med. 39 (1946) 779. – E. KRAPF: Sur la D. Encéphale 40 (1951) 217. – D., hg. J.-E. MEYER, in: Wege der Forsch. 122 (1968). B. PAULEIKHOFF

Depression. Das Wort ‹D.› leitet sich ab von dem lateinischen Verb ‹deprimere› (herabdrücken). Der Begriff hat sich im 19. Jh. als Synonym für ‹Melancholie› eingebürgert. Die moderne Klassifikation depressiver Verstimmungen geht auf E. KRAEPELIN [1] zurück. Die krankhafte Schwermut kann als endogene oder reaktive D. in Erscheinung teten. Die reaktive D. ist Ausdruck einer motivierten und nacherlebbaren Verzweiflung, die ein nach Intensität und Dauer krankhaftes Ausmaß erreicht. Die endogene D. gehört (mit der Schizophrenie) zu den Psychosen, die sich ohne erkennbares Motiv aus «inneren», anlagemäßig präformierten Voraussetzungen manifestieren. In Einzelfällen können Krankheitsphasen durch exogene Noxen bzw. pathogene situative Konstellationen provoziert werden. Im Unterschied zur reaktiven D. ist für die endogene Verstimmung (manisch-depressive Krankheit oder Zyklothymie) das Auftreten einer leibnah erlebten, vitalen Traurigkeit charakteristisch. Die Erkrankung ist meist von gedanklicher und psychomotorischer Gehemmtheit begleitet, seltener sind ängstlich-agitierte Formen. Schwere D. können mit wahnhaften Erlebnisinhalten einhergehen (so mit einem Schuld-, Verarmungs- oder auch hypochondrischen Wahn). Die Erkrankung verläuft in voneinander gut abgesetzten Phasen, wobei es im Intervall meist zu einer Restitutio ad integrum kommt.

Anmerkung. [1] E. KRAEPELIN: Psychiat. (1897).

Literaturhinweise. E. BRAUN: Manisch-depressiver Formenkreis. Fortschr. Neurol. 12 (1940) 389. – H. J. WEITBRECHT: Zyklothymie. Fortschr. Neurol. 17 (1949) 437; Depressive und manische endogene Psychosen, in: Psychiatrie der Gegenwart (1960). – H. TELLENBACH: Melancholie (1961). – N. PETRILOWITSCH: Zyklothymie. Endogene Psychosen vom depressiven und manischen Typ. Fortschr. Neurol. 32 (1964) 561. – K. SCHNEIDER: Klin. Psychopathol. (⁷1966). N. PETRILOWITSCH

Desappropriatio und **expropriatio (sui)** sind bevorzugt Begriffe der aszetisch-mystischen Theologie. Im Mittelalter dringt der juristische Ausdruck ‹appropriatio› (Aneignung) in die religiöse Sprache ein und meint zunächst die Sünde eigenen Besitzens, dann vor allem in der Mystik je nach dem Objekt der «Aneignung» (Ich – Gott) entweder die Selbstbefangenheit des gefallenen, d. h. von Gott getrennten und in sich selbst isolierten Menschen [1] oder den Prozeß der unio mystica, der Konformität der Seele mit Gott. ‹Appropriatio› hat also die Funktion einer vox media und steht damit dem Begriff ‹Eingenommenheit› (occupatio) der deutschen Mystik sehr nahe, der ebenfalls den sündigen Rückbezug des Selbst auf sich wie die Versenkung im Göttlichen ausdrücken kann [2].

Als erster Komplementärbegriff zu ‹appropriatio› und ‹appropriare› taucht ‹expropriare› auf. Bezeichnenderweise wird hier *nicht* ein rechtssprachlicher Ausdruck spiritualisiert; ‹expropriare› entsteht allein im theologischen Bereich und meint die Wiedereingliederung des verabsolutierten proprium in den ordo Gottes und der Gemeinschaft («ent-eigentlichen»). In der italienischen Franziskanermystik des 13. Jh., besonders im ‹Trattato› JACAPONE DA TODIS, spielen ‹expropriatio› und das nun meist reflexiv gebrauchte ‹se expropriare› erstmals eine bedeutsame Rolle. Auch die aszetische Literatur in der Volkssprache verzeichnet zur gleichen Zeit die italienisierten Ausdrücke ‹espropriato› («ent-eigentlicht») und ‹espropriazione› («Ent-eigentlichung»).

Die Ableitungen ‹desappropriatus› und ‹D.› finden sich erst seit dem 15. Jh. [3], und zwar zunächst offenbar als juristische Begriffe («(freiwillige) Enteignung»), wenig später auch in ihrer spezifisch mystischen Verwendung, wo ‹D.› die Entselbstung, d. h. das Aufgeben der Ichbezogenheit, in allen ihren Formen meint.

Die europäische Mystik vor allem des 13. bis 17. Jh. hat – vorbereitet durch die griechischen und lateinischen Väter – eine Fülle von Bezeichnungen für die Erfassung zweier Hauptpole mystischer Theologie – *Selbstbefangenheit* und *Entselbstung* – entwickelt, die sich innerhalb der aus dieser Polarität erwachsenden beiden Begriffsbereiche oft nur sehr geschichtlich noch weiter semantisch differenzieren lassen; z. B.: ‹Eigenliebe›, ‹Eigenwille›, ‹Eigensinn›, ‹Eigennutz›, ‹Eigenschaft›, ‹Eigenheit›, ‹Selbstheit›, ‹Ichheit›, ‹Meinheit›, ‹Seinheit› usw. In diesem fast nur aus zweigliedrigen Komposita gebildeten Begriffskomplex spielen ‹selbst› (αὐτός; sui ipsius), ‹eigen› (ἴδιος; privatus, proprius, particularis) und seit dem 15. Jh. auch ‹ich› (ego) als wortbildende und damit gruppierende Elemente eine wichtige Rolle. Von ihnen kommt ‹proprius› sowohl in der romanischen wie in der es als ‹eigen› übernehmenden rheinisch-flämischen Mystik [4] die größte Bedeutung zu.

Die Lehre von der *Entselbstung* ist voll entwickelt zum ersten Mal in der deutschen Dominikanermystik des 14. Jh. (ECKHART, SEUSE und vor allem TAULER) zu finden, ohne jedoch einen abstrakten Oberbegriff wie ‹Eigenschaft› im Bereich der Selbstbefangenheit geprägt zu haben; ‹Entselbstung› ist eine Schöpfung der Goethezeit.

Mit den folgenden Termini versuchen die rheinischen Mystiker die Entselbstung zu begreifen: ‹Abstreifen› (des Gewandes des homo vetus), ‹Sterben› [5], ‹(Selbst-)Armut› [6]; ‹(Selbst-)Verlorenheit› [7], ‹(Selbst-)Vergessenheit› [8], ‹(Selbst-)Verleugnung› [9], ‹(Selbst-)Verachtung› [10], ‹(Selbst-)Verzicht› [11]; ‹(sich selbst) Entfremden› [12], ‹(sich selbst) Entwerden› [13], ‹Entsagen› [14], ‹Entmenschen› [15], ‹Entgangenheit› [16],

‹Entzogenheit› [17]. Wichtigster Begriff ist ‹(Selbst-) Vernichtung› (vernüten, vernihten, vernihtunge sîn selbes) [18]. Alle Begriffe vermischen sich mit der traditionellen christlichen Tugend der *Demut* (humilitas).

Vorbedingung und Bestandteil der Selbstvernichtung sind *Gelassenheit* [19] und *Abgeschiedenheit* [20], die Absagen an die Aktivität weltlichen Geschehens und die Auflösung der Verhaftung an alles Kreatürliche, die erst das Absterben des Ich und das *Versinken* [21] im Abgrund der Göttlichkeit möglich machen.

So abhängig von romanischen Vorbildern die Terminologie der deutschen Mystik im Bereich der Selbstbefangenheit zunächst ist, so originell ist sie von Anfang an im Bereich der Entselbstung. Die Prägung des abstrakten Oberbegriffs, der der proprietas (Eigenschaft, Eigenheit) unmittelbar gegenüberstehenden und sie aufhebenden D., bleibt jedoch eine eigene Leistung der romanischen Spiritualität. Die Tatsache, daß gerade er *nie* germanisiert wurde, während sich sonst für fast alle Termini Entsprechungen finden, zeigt die Selbständigkeit germanischer wie romanischer Mystik gerade in diesem Punkt und den romanischen Ursprung der ‹eigen›(proprius)-Komposita.

Die Latinisierung und Romanisierung der anderen Begriffe vollzieht sich – soweit diese nicht schon existieren – vom 14. bis zum 17.Jh. (despoliatio, mortificatio, abnegatio, renuntiatio, alienatio, annihilatio), wobei im 16. und 17.Jh. eine stärkere eigenschöpferische Begriffsbildung im Spanischen und Französischen zu beobachten ist, zu der vor allem das Präfix ‹de(s)-› herangezogen wird. Die spanische Mystik liebt das seit Pseudo-Dionys bekannte Bild der geistigen Bloßheit [22] und des Ablassens (desnudez y dejamiento de todo [23]), der Loslösung (desasimiento, desoccupación [24]) vom Natürlichen in allen seinen Formen.

In der Reformation entsteht durch Rückübersetzung ‹Absterbung› [25].

Der französische Aszetismus des 17.Jh. versucht eine stärkere Differenzierung der einzelnen Wörter des Begriffsfeldes: ‹dépouillement›, ‹dégagement› (désengagement), ‹désistance›, ‹désapplication›, ‹désoccupation› und ‹dépossession› [26] repräsentieren als Ablösung vom Weltlichen und Äußerlichen die Vorstufen der eigentlichen haine de soi (Selbsthaß), der désappropriation und des dénuement de soi-même, d. h. der Entselbstung des seelischen, besonders des spirituellen Lebens.

Anfang des 17.Jh. erscheinen ‹désapropriement› als seltene Nebenform zu ‹désappropriation› [27] und vereinzelt das neue rechtsprachliche Kompositum ‹exproprié› [28]. Kurze Zeit später lassen sich ‹expropriation› und ‹exproprier› in ihrer mystischen Bedeutung, d. h. synonym zu ‹désappropriation› und ‹désapproprier› nachweisen [29].

Die Polysemie von ‹désappropriation› und ‹désapropriement› als juristische und theologische Termini durchzieht trotz des Niedergangs der Spiritualität nach 1700 das ganze 18. Jh. [30]. Beide scheinen in der Rechtssprache jedoch nur die *freiwillige Enteignung* zu meinen [31]. Das fast vergessene ‹expropriation› wird 1789 zu neuem Leben erweckt, als man mit ihm die gewaltsame Enteignung bezeichnet.

In seiner ehemals mystischen Bedeutung wird säkularisiertes ‹désappropriation› (Entpersönlichung) im 20. Jh. synonym zu ‹dépersonnalisation› und ‹désindividualisation› gebraucht [32].

Die schon von MARX und ENGELS angedeutete «Identität merkantilischer und individueller oder auch allgemein menschlicher Beziehungen» [33], die in den modernen westeuropäischen Sprachen durch die Polysemie vieler ökonomischer Termini (Wert, Interesse, Austausch), besonders der ‹proprius›-Derivate, zum Ausdruck kommt, scheint im Begriff der D. eine Bestätigung zu finden. Eine endgültige sozialpsychologische Klärung dieses Fragenkomplexes steht noch aus.

Als gesichert darf gelten, daß viele Begriffe der marxistischen Gesellschafts- und Wirtschaftstheorie (Entfremdung, Expropriation, Proprietät) ihren Ursprung in der mystischen Spiritualität des späten Mittelalters (Italien, Deutschland) und der beginnenden Neuzeit (Spanien, Frankreich) haben. Diese Begriffe lassen sich wie der in ihnen zutage tretende *Individualismus* als Reflexe eines gesellschaftlich-ökonomischen Umwandlungsprozesses begreifen, in dem die feudale Produktionsweise durch den einsetzenden Frühkapitalismus zersetzt wird. Die europäische Mystik aszetisch-dualistischer Ausprägung folgt recht genau der Reihenfolge, die der wirtschaftliche Aufschwung der einzelnen Länder vorgibt (Italien, Deutschland, Spanien, Frankreich).

So finden von der Begriffsgeschichte her die Thesen, die den Beginn des Frühkapitalismus in das im Gefolge der Kreuzzüge aufblühende Städtewesen des 12./13. Jh. legen [34], ihre Bestätigung. Eine kritischere Haltung scheint gegenüber den Theorien angebracht, die den Anfang dieser Entwicklung erst im 16. Jh. – insbesondere im Zusammenhang mit der «innerweltlichen Askese» des Calvinismus – sehen [35].

Anmerkungen. [1] Vgl. Art. ‹Eigenschaft› II. – [2] H. SEUSE, Dtsch. Schriften, hg. BIHLMEYER 188, 5. 23, 6. – [3] DU CANGE, Gloss. mediae et infimae latinitatis 3, 76. – [4] Vgl. Art. ‹Properheit›. – [5] J. TAULER, Predigten, hg. VETTER 410, 8. – [6] a. a. O. 23, 14. – [7] 201, 2. – [8] 423, 30. – [9] 364, 13. – [10] 206, 28. – [11] 46, 18. – [12] MEISTER ECKHART, Predigten, hg. QUINT 1, 278, 7. – [13] a. a. O. 281, 9. – [14] SEUSE, a. a. O. [2] 438, 3. – [15] a. a. O. 337, 22. – [16] 94, 27. – [17] 127, 34. – [18] TAULER, a. a. O. [5] 251, 26 u. passim. – [19] a. a. O. 28, 6. – [20] ECKHART, Von dem abegescheidenheit a. a. O. [12] 1, 400-468. – [21] TAULER, a. a. O. [5] 214, 15. – [22] Deutsche Mystiker 2, hg. PFEIFFER (²1924) 393, 30. – [23] TERESA VON AVILA, Obras, hg. SILVERIO 4, 35. – [24] LUIS DE GRANADA, Adiciones al memorial Crist. II, 10, § 1. – [25] S. FRANCK: Weltbuch (1534) 124 a. – [26] H. BREMOND: Hist. litt. du sentiment relig. en France 2, 335f.; 3, 2, 152. – [27] LAURENT DE PARIS: Le Palais de l'Amour divin (1602) 883. – [28] RANDLE-COTGRAVE, A French-English Dict. (1611) s. v. – [29] ET. BINET, Oeuvres (Rouen 1620) 849ff.; vgl. BREMOND, a. a. O. [26] 9, 49. – [30] J. N. GROU: Caractère de la vraie dévotion (Paris 1788). – [31] F. BRUNOT, Hist. de la langue franç. 6, 1, 235. – [32] CH. DU BOS, Journal (février 1926) 4, 34. – [33] K. MARX und F. ENGELS, Dtsch. Ideol. MEW 3, 212. – [34] L. BRENTANO: Die Anfänge des modernen Kapitalismus (1916). – [35] M. WEBER: Die prot. Ethik und der Geist des Kapitalismus, in: Ges. Aufsätze zur Religionssoziol. 1 (1920, ⁴1947); F. BORKENAU: Der Übergang vom feudalen zum bürgerlichen Weltbild (Paris 1934); R. H. TAWNEY: Relig. and the rise of capitalism (London 1937).

Literaturhinweise. A. V. HARNACK: Lb. der Dogmengesch. 3 (²1890) 374-391. – Dict. de spiritualité ascétique et mystique 3 (1957) c. 518-529. 455-502. 550-591; 1 (1937) c. 67-110. – J. L. GORÉ: La notion d'indifférence chez Fénelon et ses sources (Paris 1958). – R. SPAEMANN: Reflexion und Spontaneität. Studien über Fénelon (1963). – L. KOLAKOWSKI: Chrétiens sans Eglise (Paris 1969). – G. KLAUS/M. BUHR: Philos. Wb. (Berlin ⁶1969) Art. ‹Entäußerung›. – A. M. HAAS: Nim dîn selbes war. Stud. zur Lehre von der Selbsterkenntnis bei Meister Eckhart, Johannes Tauler und Heinrich Seuse, in: Dokimion. Neue Schr.reihe zur Freiburger Z. Philos. u. Theol. 3 (Fribourg 1971). H.-J. FUCHS

Desiderium naturale (natürliches Verlangen) ist Schlüsselwort einer etwa 1924–1964 geführten Diskussion katholischer Theologen über das Verhältnis des «Natürlichen» zum «Übernatürlichen». Die Grundfragen waren, ob und wie das «natürliche Verlangen» nach der nur durch übernatürliche Selbstmitteilung Gottes möglichen Gottesschau diese Möglichkeit selbst erweist, und ob und vermittels welcher Vermögen das D.n. den Menschen auf dieses Ziel hin ausrichtet. Die Diskussion befaßte sich weitgehend mit der Auslegung einschlägiger Texte des THOMAS VON AQUIN. Zugleich wurde D.n. im Zusammenhang mit einer dynamischen Auslegung des menschlichen Geistes Leitwort der transzendentalen Entfaltung thomistischer Philosophie und neuerdings Brücke zu BULTMANNS ‹Vorverständnis› [1]. Hier soll weniger die oft dargestellte spät- und nachmittelalterliche Auslegungsgeschichte des D.n. behandelt als das Ineinander der mit diesem Stichwort gekennzeichneten philosophisch bedeutsamen Traditions- und Motivströme verfolgt werden. Dabei bleibt jener Anwendungsbereich des Wortes ‹D.n.› außer Betracht, der die sinnlichen Strebungen betrifft.

Anmerkungen. [1] Vgl. R. BULTMANN: Glauben und Verstehen 2 (²1958) 231f.

Literaturhinweise. G. DE BROGLIE: De la place du surnaturel dans la philos. de s. Thomas. Rech. Sci. relig. 14 (1924) 193-246. 481-496; 15 (1925) 5-53. – A. R. MOTTE: Désir naturel et béatitude surnaturel. Bull. thomiste 3 (1932) 651-676. – P. M. DE CONTENSON: Surnaturel. Bull. thomiste 8/3 (1953) 794-804; vgl. 8/4 (1953) 1236-1238; 10/2 (1958) 462-468. – K. RAHNER: Natur und Gnade. Schriften zur Theol. 4 (1960) 209-236.

1. *Die Ursprünge und Grundmotive*, die zum Begriff des D.n. führen, finden sich in der antiken Philosophie. Nach PLATON ist der Eros ein Begehren des Guten und Schönen [1], der Einsicht [2], das Wollen des Glücks [3], wie es dem Menschsein entspricht [4]. – Bei ARISTOTELES bestimmt das Motiv des ‹Ausseins auf ...› den Bewegungszusammenhang des Kosmos. «Es besteht etwas Göttliches und Gutes und Erstrebenswertes. Dann sprechen wir von etwas, was ihm entgegen liegt, und von etwas, das seiner eigenen Natur nach jenes [Erstrebenswerte] ursprünglich erstrebt und darauf aus ist» (ἐφίεσθαι καὶ ὀρέγεσθαι) [5]. In diesem Zusammenhang verstehen wir die ‹Definition› des Guten zu Beginn der ‹Nikomachischen Ethik›: «... das, wonach alles trachtet» (οὗ πάντ' ἐφίεται) [6]. Das wirklich Gute wird «von Natur gewollt» [7], so vor allem das Wissen, wie der erste Satz der ‹Metaphysik› sagt: «alle Menschen trachten von Natur nach Wissen» (πάντες ἄνθρωποι τοῦ εἰδέναι ὀρέγονται φύσει) [8]. – ASPASIOS bezieht die Einleitungssätze der ‹Nikomachischen Ethik› auf ein alle Seinsstufen durchziehendes «Aussein auf ... (ὀρέγεσθαι) von der (eigenen) Natur her» [9]. – ALEXANDER VON APHRODISIAS identifiziert die Einleitungsaussage der ‹Metaphysik› mit einem «Lieben der Erkenntnis von Natur aus» [10] und spricht in diesem Zusammenhang von dem menschlichen «Aussein (ὄρεξις) auf die Wissenschaft gemäß der Natur» [11]. Dieses bestimmt er im Hinblick auf die ‹Nikomachische Ethik› als Fall eines die ganze Natur durchherrschenden «angeborenen Ausseins auf ...» [12].

Nach PLOTIN führt das allgemeine Schauverlangen [13] der Natur [14], das von den unbeseelten Dingen als am Eidos teilhabenden über die Seele auf den Nous sich richtet [15], über das «Gefilde der Wahrheit» [16], den Bereich des Nous, hinaus, strebt doch jede Seele nach dem Guten [17]. – PROKLOS schreibt allen Seienden «quandam secundum naturam ὠδίνα» (Geburtswehen) im Hinblick auf die allererste Ursache, « naturalem circa unum ὠδίνα», zu [18]. Um zu zeigen, daß das ihr von Natur eigene Trachten (ἡ κατὰ φύσιν ὄρεξις) der höheren Seele auch wirklich irgendwann die Wahrheit erreicht [19], übernimmt Proklos den traditionellen Gedanken, daß nichts, was der Natur gemäß ist, umsonst sei [20] (vgl. ARISTOTELES: ἡ φύσις οὐδὲν μάτην ποιεῖ [21]) – ein Gesichtspunkt, den schon CICERO auf die « cupiditates naturales» angewandt hatte [22]. PROKLOS identifiziert das Eine und das Gute, οὗ πάντα ἐφίεται, mit Gott [23]. – PSEUDO-DIONYSIUS kann wahrscheinlich aufgrund der innerkirchlichen Eros-Agape-Diskussion nicht so unbefangen wie sein Vorbild Proklos vom «natürlichen Verlangen» [24] reden. Doch kann auch er die auf die Schau des Guten gerichtete Sehnsucht der Geister κατὰ φύσιν ἐφέσεις τῶν νῶν nennen, was JOANNES SARACENUS um 1167 mit «secundum naturam desideria mentium» übersetzt [25]. Hingegen fügt JOHANNES SCOTUS ERIUGENA mit Berufung auf *Gregor von Nyssa* unbefangen das natürliche Verlangen, die Bewegung der menschlichen Natur, in seine Gott-Natur-Metaphysik ein [26]. Die bisher angedeuteten Motive des natürlichen Verlangens nach dem Guten, dem Glück, dem Wissen, der Schau Gottes gelangen in verschiedenen Strömen ins Mittelalter, wo sie wieder zusammenfließen.

Anmerkungen. [1] PLATON, Symp. 202 d 2; vgl. Phil. 22 b 4-8. – [2] Symp. 203 d 6f. – [3] 204 e 7; 205 a 1f. – [4] 205 e 4ff.; 206 a 1ff. – [5] ARISTOTELES, Phys. I, 9, 192 a 16-19. – [6] Eth. Nic. (= EN) I, 1, 1094 a 3. – [7] EN III, 6, 1113 a 21. – [8] Met. I, 1, 980 a 21. – [9] ASPASIOS, In Eth. Nic. I, 1, hg. HEYLBUT (1889) 4, 1. 5. 7. 8. – [10] ALEX. APHR., In Met. I, 1, hg. HAYDUCK (1891) 1, 6f. – [11] a. a. O. I, 2, S. 9, 21. – [12] I, 2, S. 14, 10ff. – [13] PLOTIN, Enn. III, 8, 1, 2 (HENRY/SCHWYZER). – [14] ebda. Z. 22; vgl. W. HIRSCH: Das ontol. Fundament der Ethik Plotins, in: Sein und Ethos, hg. ENGELHARDT (1963) 111-128. – [15] PLOTIN, Enn. I, 7, 2. – [16] a. a. O. I, 3, 4, 11; vgl. I, 7, 1, 22. – [17] I, 6, 7, 1f.; III, 5, 3, 36f.; vgl. I, 8, 2, 3; VI, 5, 1, 8ff. (HARDER/BEUTLER/THEILER IIa, 46); VI, 8, 13, 12ff. (a. a. O. IVa, 36). – [18] PROKLOS, In Parm. VII. Plato Latinus 3 (London 1953) 54, 5ff.; zum Wortgebrauch bei PLATON und PLOTIN vgl. a. a. O. 87f. Anm.; zur *christl.* Verwendung GREGOR VON NAZIANZ, Poemata dogmat. 30, 8. MPG 37, 507; dazu B. DELFGAAUW: Gregor von Nazianz: Antikes und christl. Denken, in: Eranos-Jb. 1967 (Zürich 1968) 113-163, bes. 114. 148. 161 Anm. 27. – [19] De providentia 42; vgl. 41, hg. BOESE, Tria opuscula (1960) 150f.; vgl. De malorum subsistentia 59, a. a. O. 261, 30. – [20] De provid. 37, a. a. O. 146f., 15f. – [21] Vgl. BONITZ, Index Arist. 836 b 28-37; EN I, 1, 1094 a 21. – [22] CICERO, De fin. I, 13 (45) f. – [23] PROKLOS, Inst. theol. 113. In Platonis Theologiam (1618, Nachdruck 1960) 462; lat. von WILHELM VON MOERBEKE, hg. C. VANSTEENKISTE, in: T. Philos. (Gent) 13 (1951) 495. – [24] Vgl. PROKLOS, In Parm. a. a. O. [18] 44, 32f. – [25] Ps.-DIONYS., De div. nom. 3, § 3. Dionysiaca I, 142, 1; vgl. 4, § 19. a. a. O. 235f. – [26] JOH. ERIUGENA, De div. nat. V, 26. 34. MPL 122, 919. 952.

Literaturhinweise. A. ARNOU: Le désir de Dieu dans la philos. de Plotin (Paris 1920). – W. HIRSCH s. Anm. [14]. – W. BEIERWALTES: Proklos. Grundzüge seiner Met. (1965).

2. *Das D.n. als Verlangen nach dem Glück* beruht auf der *stoischen* Verbindung von Physik und Ethik. MICHAEL VON EPHESUS nennt im Referat über die Stoiker das Im-Stande-des-Glücks-sein (τὸ εὐδαιμονεῖν) als Ziel der φυσικὴ ὄρεξις [1]. EPIKUR unterscheidet die ἐπιθυμίαι φυσικαί in notwendige und nicht notwendige, die ersteren wiederum in solche, die für das Glück (εὐδαιμονία), und solche, die für den Körper notwendig sind [2]. CICERO übernimmt kritisch die Unterscheidung Epikurs und schlägt als Übersetzung für den Gattungsbegriff statt «cupiditates naturales» «desideria naturae» vor [3]. Aus dem Wirrwarr dieser Unterscheidungen hebt sich heraus, was die Stoiker ὁρμή nennen und Cicero mit «naturalis appetitio» wiedergibt; er läßt diese auf «das, was der Natur gemäß ist», auf «das, auf das sich alles bezieht», gerichtet sein [4]. EUSEBIUS setzt an die Stelle des philosophischen Terminus εὐδαιμονεῖν den biblischen μακάριος εἶναι, wenn er sagt, daß «wir alle auf natürliche Weise auf das Glücklichsein aus sind» [5]. BASILIUS stellt einen neuplatonischen Zusammen-

hang her [6], bezieht sich aber auch auf die von ihm als ‹schön› befundene aristotelische Definition des Guten [7]. AUGUSTINUS fand in Ciceros ‹Hortensius› den zum eigenen Philosophieren begeisternden Ansatz: Keiner kann die Gewißheit jenes philosophischen Ausgangspunktes anzweifeln: «beati certe ... omnes esse volumus» [8]. Dem Mittelalter überliefert er das auch von SENECA [8a], CHALCIDIUS [9] und GREGOR VON NYSSA [10] angedeutete Problem, daß *alle* Menschen die ‹beatitudo› wollen bzw. lieben, diese aber auf verschiedenen Wegen anstreben [11]. Das Streben nach Glück ist in der Natur des Menschen begründet [12]. Nach BOETHIUS offenbart sich im Glücksstreben des Menschen die Kraft der Natur [13] und in dieser die göttliche Lenkung [14]. HONORIUS VON AUTUN faßt den *theologischen* Grundgedanken *Augustins* zusammen: Nach dem freiwilligen Sündenfall blieb der naturhafte Wille zum Glück bestehen. Der Mensch kann aber den Weg zum Glück durch die Gerechtigkeit nur aus Gnade finden [15]. PETRUS LOMBARDUS zitiert die augustinische Erfahrung der Differenz zwischen Grundwollen und faktischem Wollen als Schulfrage «hinsichtlich des Glücks, ob alle es wollen und ob sie wissen, was das wahre Glück sei» [16]. STEPHAN LANGTON fragt, «ob alle glücklich sein wollen, was ja so zu sein scheint, weil jeder Mensch von Natur zum Glück hinstrebt» [17]. Er schreibt dieses allgemeine Glücksverlangen dem «appetitus» zu, den er vom Willen unterscheidet [18], WILHELM VON AUXERRE dem «Naturwillen» [19]. Die Aussage AUGUSTINS, daß der Begriff des Guten uns eingeprägt sei [20], ergänzt WILHELM durch «naturaliter» und folgert: «... also auch das Streben nach dem Guten: also ist uns von Natur aus am meisten das Streben nach dem ersten und höchsten Guten eingeprägt: also erstreben wir von Natur aus das höchste Gute ...» [21]. Natur, augustinisch verstanden, schließt die Ausrichtung des Menschen auf Gott ein und wird durch die Gnade, die *wirksam* auf dasselbe Ziel hinordnet, vollendet [22]. Auch der erste Satz der ‹Metaphysik›, den Wilhelm ohne Quellenangabe zitiert, taucht im augustinischen Zusammenhang der Neugierde auf [23], führt aber in einer ausführlichen Diskussion zu einer Rechtfertigung des Strebens nach Wissen um seiner selbst willen als der natürlichen Tendenz des Intellekts [24], «weil die Natur der Gnade nicht widerspricht, sondern der Weg zu ihr ist» [25]. Wilhelm scheint das Wissensverlangen als Verlangen der Seele bzw. des Intellekts nach Erfüllung zu verstehen, also als eine Weise des Glücksverlangens, ohne den augustinischen und den aristotelischen Ansatz ausdrücklich zu vermitteln. HUGO VON ST. CHER führt in seinem Sentenzenkommentar die an Augustinus anknüpfende Überlegung Wilhelms weiter, wie Menschen das Glück anstreben können, ohne die Gottesschau anzustreben, in der das Glück besteht: «In derselben Weise nämlich, in der sie das Glück erstreben, erstreben sie die Erkenntnis, d. h. schlechthin, nicht auf persönliche Weise» [26], wie ein anonymer Sentenzenkommentar ergänzt: «... schlechthin, d. h. von Natur» [27]. Das dem Motiv des Glücksstrebens untergeordnete Motiv des Wissensverlangens muß nun eigens herausgehoben werden.

Anmerkungen. [1] MICHAEL VON EPHESUS, In Eth. Nic. X, 8, hg. HEYLBUT (1892) 599, 6. 10; vgl. CICERO, De nat. deorum II, 45 (115). 61 (153); EPIKTET, Diss. I, 21, 2. – [2] EPIKUR, Ep. ad Menoeceam 127, 7; vgl. Ratae Sententiae 29. – [3] CICERO, De fin. II, 9 (26f.).; vgl. I, 13 (45) f. – [4] De fin. IV, 14 (39). 13 (32); vgl. KLEANTHES, SVF I, 566; PHILO, Abr. 275; MUSONIUS bei STOB., Ecl. II, 31, 126; AUGUSTIN, Ep. 118, 3 (12). Corp. scriptorum eccl. lat. (= CSEL) 34, II, 678, 11; Ps.-ALEXANDER, In Met. XI 7, S. 660, 17ff. – [5] EUSEBIUS, In Ps. 1, 1. MPG 23, 76 c. – [6] BASILIUS, Homil. in Ps. 1, 3. MPG 29, 216 b; zit. von ALBERT DEM GROSSEN, Sent. 4, d. 49, a. 7 sol.; vgl. Regulae fus. tractat. 2. MPG 31, 912 a; Homil. in martyrem Julittam. MPG 31, 256 a; De spiritu sancto IX, 22. MPG 32, 10 b. – [7] Homil. in Ps. 44, 2. MPG 29, 392 a; vgl. In Ps. 114, 7. MPG 29, 484 c. – [8] AUGUSTIN, De trin. XIII, 4 (7). MPL 42, 1019; vgl. M. TESTARD: St. Augustin et Cicéron 2: Répertoire des textes (Paris 1958) 131. – [8a] SENECA, De vita beata 1, 1. – [9] CHALCIDII Comm. in Tim. 165, hg. WASZINK (London/Leiden 1962) 196, 18ff. – [10] GREGOR VON NYSSA, De beatitudinibus or. V. MPG 44, 1249 c. – [11] Vgl. AUGUSTIN, Enarr. in Ps. 32 n. 15. MPL 36, 293; In Ps. 118 sermo 1 nr. 1. MPL 37, 1502; Ep. 130, 4 (9). CSEL 44, 50, 11ff.; Opus imperf. c. Julianum VI, 11. MPL 45, 1521; bes. De trin. XIII, cc. 3-5. 8. MPL 42, 1018-1020. 1022. – [12] Vgl. AUGUSTIN, De civ. Dei XII, 1, 3. MPL 41, 349f.; De trin. VIII, 3 (5). MPG XIII, 20 (25). MPL 42, 1034. – [13] BOETHIUS, Consol. III, 2, 20. – [14] a. a. O. III, 12, 17. – [15] HONORIUS VON AUTUN, De libero arbitrio c. 6. MPL 172, 1226 a. – [16] PETRUS LOMBARDUS, Sent. 4, d. 49, c. 1. Ed. Quaracchi 2, 1028. – [17] STEPHAN LANGTON, Quaestiones, zit. nach New Scholast. 3 (1929) 144. – [18] Vgl. L. B. GILLON: Béatitude et désir de voir Dieu au MA. Angelicum (Rom) 26 (1949) 13. – [19] WILHELM VON AUXERRE, S. aurea, hg. PIGOUCHET (Paris 1500) III, tr. 20, q. 3, f. 222 rb va. – [20] AUGUSTIN, De trin. VIII 3 (4). MPL 42, 949. – [21] W. v. AUXERRE, a. a. O. q. 1, f. 221 va; vgl. tr. 7, c. 1, q. 4, f. 154 vb. – [22] a. a. O. II, tr. 14, q. 2, f. 69 rb; vgl. III, tr. 7, c. 1, q. 3, f. 154 rb va; vgl. R. GUINDON: Béatitude et théol. morale chez S. Thomas d'Aquin. Origines-Interprét. (Ottawa 1956) 50f. – [23] AUGUSTIN, De lib. arb. II, 19 (53). MPL 32, 1269; vgl. De vera relig. 52 (101). MPL 34, 167. – [24] W. v. AUXERRE, S. aurea II, tr. 19, c. 1, q. 2, f. 75. – [25] a. a. O. III, tr. 20, q. 1, f. 222v a. – [26] zit. nach GILLON, Béatitude et désir ... a. a. O. [18] 18. – [27] a. a. O. 19.

Literaturhinweise. E. GILSON: Introduction à l'étude de S. Augustin (Paris ²1949). – L. B. GILLON s. Anm. [18] 3-30. 115-142. – R. GUINDON s. Anm. [22]. – M. TESTARD s. Anm. [8]. – H. DEHNHARD: Das Problem der Abhängigkeit des Basilius von Plotin. Quellenuntersuch. zu seinen Schriften De spiritu sancto (1964).

3. *Das D.n. als Wissensverlangen* darstellen, hieße weitgehend die Wirkungsgeschichte des ersten Satzes der aristotelischen ‹Metaphysik› schreiben: «Alle Menschen sind von Natur auf das Wissen aus» [1]. CICERO gibt das lateinische Echo vor einem Hinweis auf Theophrast: «... natura inest in mentibus nostris insatiabilis quaedam *cupiditas veri videndi*» [2]. ORIGENES entfaltet das Motiv im Sinne einer christlich gedeuteten Erostradition. In RUFINS Übersetzung von ‹Peri archon› findet sich ein Text, der das mittelalterliche Argument aus dem D.n. (vgl. unten Abs. 5ff.) vorwegzunehmen scheint. Das dem (gläubigen) Wahrheitsucher vertraute, im Geiste empfangene «veritatis dei et rerum causas noscendi proprium ac *naturale desiderium*» kann nicht unerfüllt bleiben. Sonst wäre der «amor veritatis» unserem Geist vom Schöpfer «frustra» eingegeben [3]. In der folgenden Bezugnahme auf PAULUS (Phil. 1, 23) ist «desiderium» Übersetzung von ἐπιθυμία [3a]. ORIGENES selbst wählt in einem Text mit ähnlicher Gedankenführung πόθος [3b], was auch dem Sprachgebrauch des CELSUS entspricht [3c]. In der Aufstiegsterminologie des GREGOR VON NYSSA überwiegt ἐπιθυμία gegenüber πόθος, ἔφεσις, ἔρως und ὄρεξις. Er spricht von einer unersättlichen «Begierde nach der Schau des wesenhaft Guten», die der menschlichen Natur «verwesentlicht» wird [4], von der «begehrenden Bewegung unserer Seele hin zu der unsichtbaren Schönheit» [5]. Diese Bewegung hat erotischen Charakter und ist von Hoffnung in Gang gehalten. Gottes Gewährung seiner Schau stürzt den Menschen in die Dialektik von Erfüllung und ungestillter Sehnsucht [6]. In der augustinischen Tradition des Mittelalters taucht das Thema wieder auf, so bei WILHELM VON ST. THIERRY: «Dem Menschen ..., der nach dem Ebenbild Gottes geschaffen ist, wohnt ein natürliches Verlangen (naturalis

appetitus) der Erkenntnis Gottes und des eigenen Ursprungs inne ...» [7]. Nach 1230 dringen die Kommentare des AVERROES in lateinischer Übersetzung ins Abendland [8]. In seinem großen Kommentar zur ‹Metaphysik› sagt er von den Aporien über den Nous [9]: «... ista quaestio est nobilissima omnium, quae sunt de Deo, scilicet scire, quid intelligit, et est *desiderata* ab omnibus *naturaliter*» [10]. ALBERT DER GROSSE benutzt diese Formulierung als Argument für die unmittelbare Gottesschau der Seligen [11]. Zu Beginn des großen Metaphysikkommentars (zu α) begründet AVERROES die Erkenntnismöglichkeit der Wahrheit mit dem «signum..., quod habemus *desiderium* ad sciendum veritatem». Daß dieses Verlangen aber nicht «otiosum» sein kann, ist nach allgemeiner Überzeugung darin begründet, «quia nulla res est otiosa in fundamento *naturae* et creaturae», bzw. darin, daß «die Natur nicht ‹otiose› handle» [12].

Anmerkungen. [1] ARISTOTELES, Met. I, 1, 980 a 21. – [2] CICERO, Tusc. disp. I, 19 (44); vgl. De fin. II, 14 (46); IV, 7 (18); V, 18 (48); mit Hinblick auf die platonisch-aristotelische Tradition IV, 2 (4). – [3] ORIGENES, De principiis II, 11, 4, hg. KOETSCHAU (1913) 187, 11-18. – [3a] a. a. O. 5, S. 188, 1f. – [3b] Vom Martyrium 47. Werke 1, hg. KOETSCHAU (1899) 43, 1-5. – [3c] Vgl. ORIGENES, Contra Celsum V, 14. Werke 2, hg. KOETSCHAU (1899) 15, 6f.; VIII, 49f., S. 263, 29; 265, 7-10. – [4] GREGOR VON NYSSA, De beatitudinibus or. VI. MPG 44, 1269 d. 1272 a; vgl. De vita Moysis I, hg. JAEGER-LANGERBECK 7, 1 (Leiden 1964) 4, 5-5, 4; Contra Eunomium I, 290f., hg. JAEGER 1 (Leiden 1960) 112, 7-20; III, t. 6, 73f., hg. JAEGER 2 (1960) 211, 28-212, 14. – [5] In Cantica Canticorum or. I, hg. JAEGER 6 (Leiden 1960) 22, 14f. – [6] De vita Moysis II, a. a. O. 112, 16-116, 19. – [7] WILH. V. ST. THIERRY, Aenigma fidei. MPL 180, 417 d; vgl. De nat. et dignitate amoris 1. MPL 184, 379-381. – [8] AVERROES (Ibn Rušd), In Arist. librum II (α) Metaphysicorum Commentarius. Die lat. Übers. des MA auf handschriftlicher Grundlage mit Einl. und problemgesch. Studie, hg. G. DARMS (1966) 24ff. – [9] ARIST., Met. XII, 9, 1074 b 15. – [10] AVERROES, Comm. in Met. XII, 51 (Venedig 1562, Nachdruck 1962) fol. 335 d. – [11] ALBERT DER GROSSE, De resurrectione tr. 4, q. 1, a. 9, § 1. Ed. Coloniensis 26 (1958) 328, 34-36. – [12] AVERROES, Comm. I, 1, 20-24. 65, hg. DARMS 53f. 56.

Literaturhinweise. H. CROUZEL: Origène et la ‹connaissance mystique› (Paris 1961). – J. GAITH: La conception de la liberté chez Grégoire de Nysse (Paris 1953) 200-206.

4. Die zunächst bis JOHANNES SCOTUS ERIUGENA verfolgte *ontologische* Deutung des D.n. begegnet in der ersten Hälfte des 12. Jh. bei THIERRY VON CHARTRES, der in einer eigentümlichen Kombination platonischer, aristotelischer und neuplatonischer Denkelemente die trinitarische Bedeutung des Heiligen Geistes als «conexio» mit der Analogie zu erläutern sucht: «Omne namque quod est, ad esse naturaliter tendit ... Omne ergo, quod est, unum esse desiderat» [1]. So schafft die Einheit, die sich in der Materie präsentiert, einen «Geist» (spiritus), dem die «substantiale Bewegung» von der Entzweiung (Materie und Form) zum von Natur angestrebten und geliebten Sein und Einssein zukommt [2]. Ähnlich versucht ein christlicher Autor um 1200 [3], das Weltbild seiner ungenannten Hauptquellen Johannes Scotus Eriugena und Avicenna christlich zu legitimieren. Er übernimmt weitgehend Avicennas aristotelisch-neuplatonische Sphärenlehre, in der das «desiderium» eine entscheidende Rolle spielt [4]. In dem einschlägigen Kapitel der ‹Metaphysik› AVICENNAS [5] ist von einem «D.n.» der Körper nach ihrem natürlichen Ort die Rede. Der stark von Avicenna beeinflußte DOMINICUS GUNDISSALINUS spricht von einem «naturaliter appetere», das sowohl «auf das Wohl des Fleisches» als auch «des Geistes» ausgerichtet ist [6]. Er begründet die Vereinigung von Materie und Form ähnlich wie Thierry von Chartres, jedoch ohne trinitarischen Bezug [7]. AVERROES glaubt, von einem «appetitus naturalis» bzw. «D.n.» der Materie nach allen Formen sprechen zu können [8]. ALBERT DER GROSSE kritisiert ihn und präzisiert selbst, der von Aristoteles angeführte «appetitus materiae» sei ein solcher, den Akt des geistigen Bewegers zu empfangen [9]. THOMAS VON AQUIN löst das kosmologische Problem durch eine analoge Definition, die bereits auf die Potentialität der Materie zutrifft: «Nihil est igitur aliud appetitus naturalis quam ordinatio aliquorum *secundum propriam naturam* in suum finem» [10]. Auf diesem Hintergrund läßt sich der Ort des D.n. des endlichen Geistes, das mit der entsprechenden Erkenntnis verbunden ist, bestimmen [11] und als Fundierung der Freiheit aufzeigen [12].

Anmerkungen. [1] THEODERICI CARNOTENSIS commentum super Boethium De trinitate (‹Librum hunc ...›) II, 37, hg. N. HARING, in: Arch. Hist. doct. et litt. MA 35 (1960; Paris 1961) 80-134, zit. 102. – [2] Comm. II, 42, a. a. O. 103. – [3] De causis primis et secundis et de fluxu qui consequitur eas, in: AVICENNA: Opera philos. (Venedig 1508; Nachdruck Löwen 1961) fol. 64v-67v, krit. hg. R. DE VAUX: Notes et textes sur l'Avicennisme latin aux confins des 12e-13e siècles (Paris 1934) 88-140; vgl. 36. – [4] a. a. O. 118ff. – [5] AVICENNA, Met. tr. 9, c. 3. Ed. Venedig fol. 103 v. 104 r; vgl. Livre des directives et remarques, frz. A.-M. GOICHON (Beirut/Paris 1951) 481; ALGAZEL, Met. I, tr. 4, hg. J. T. MUCKLE (Toronto 1933) 100, 1-102, 1. – [6] DOMINICUS GUNDISSALINUS, De divisione philosophiae, hg. L. BAUR, in: Beiträge zur Gesch. der Philos. [und Theol.] des MA IV/2-3 (1903) 4, 2f. – [7] De unitate, hg. P. CORRENS, in: Beiträge ... I/1 (1891) 4, 17-19. – [8] AVERROES, Comm. in Phys. I, 81 (Venedig 1562, Nachdruck 1962) fol. 46 d/e. – [9] ALBERT DER GROSSE, Phys. I, tr. 3, c. 17. Opera, hg. BORGNET 3, 88 b. – [10] THOMAS VON AQUIN, In Phys. I, 15, 138. – [11] S. contra gent. II, 55; vgl. Quaestio disp. De an. 14 c. – [12] Vgl. S. theol. I/II, 10, 1 ad 1.

5. *Die Anfänge des Arguments für die Gottesschau aus dem D.n.* liegen in der ersten Hälfte des 13. Jh., in dem die Tragweite des D.n. untersucht wird, um zwei entgegengesetzte Gefahren abzuwehren: die – 1241 von der Universität Paris ohne Quellenangabe verurteilte [1] – Ablehnung der Unmittelbarkeit der verheißenen Gottesschau und eine philosophische Eschatologie, welche die Schau des göttlichen Wesens als ‹natürlichen› Vollzug einer spekulativ geübten Seele nach ihrer Befreiung vom Körper ansah. Die erste und akutere Gefahr erwuchs aus Einflüssen der ‹griechischen› Theophanienlehre, die durch die Dionysius-Übersetzungen und eigenen Schriften des Johannes Scotus Eriugena ins Abendland drang, und der Erkenntnislehre Avicennas; die zweite – abgesehen von David von Dinant zunächst im Hintergrund bleibende – Gefahr aus dem vielfältig vermittelten Umgang mit Aristoteles. Besonders deutlich, wenn auch uneinheitlich, reagiert WILHELM VON AUVERGNE auf die angedeutete Situation. In ‹De retributionibus sanctorum› (nach 1228) scheint er einen Beweis aus der «Potentialität» der «menschlichen Natur» auf eine höchste Erfüllung führen zu wollen [2]. In der späteren Schrift ‹De anima› beruft er sich auf den ersten Satz der aristotelischen ‹Metaphysik›, versucht aber zugleich, der Übernatürlichkeit der letzten menschlichen Erfüllung gerecht zu werden. Damit formuliert er zum ersten Mal das klassische *theologische* Argument für die Möglichkeit der Gottesschau: «Entweder gibt es für die Geisteskraft ein geistig Einsehbares, dessen Erkenntnis sein natürliches Verlangen («*desiderium* eius *naturale*») erfüllt ... oder nicht ...». Die weit ausgeführte Beweisführung schließt: «Offenbar ist der Schöpfer jenes einzige und alleinige Gut, durch dessen entsprechende Mitteilung und vollkommenes Erlangen bzw. vollkommenen Besitz die Seelen der Menschen vervollkommenbar und beglückbar sind.» Gegenüber dem Mißverständnis, daß durch eine solche Aussage die Fähigkeit des Menschen,

aus eigenen Kräften zu Gott zu gelangen, behauptet werde, präzisiert er: Das Glück der Gottesschau «ist für sie [die Seelen] *von Natur* erreichbar, zumindest in der Weise des *Empfangens;* es ist offenbar, daß es für sie nicht in der Weise des *Bewirkens* erreichbar ist» [3]. Die theologische Problematik des D.n. wird in einer Quaestio disputata des ALEXANDER VON HALES thematisch, die sich wie ein Kommentar zur augustinischen Formel: «homines appetunt beatitudinem» darbietet [4]. Er betont, daß die Natur aus sich unfähig ist, das Ziel ihrer Tendenz zu erreichen [5]. In einer dialektischen Formulierung bestimmt er die Tendenz der geistigen Kreatur: «Sie allein hat zu ihm [dem höchsten Gut] eine Neigung als von ihm beglückbar; und daher sagt man von ihr allein, sie verlange nach dem Glück wegen ihrer Eignung (convenientia) und wegen ihres Mangels; denn Eignung und Mangel bewirken das Verlangen ...» [6]. Die ‹Summa fratris ALEXANDRI› bringt den «appetitus felicitatis» oder «beatitudinis ... in ratione communi» in die Nähe der «lex naturalis» [7]. JEAN DE LA ROCHELLE antwortet in seinem ‹Tractatus de anima et virtutibus› auf die Frage nach der Freiheit und ihrem Vermögen, die im D.n. erstrebte Vollendung zu erreichen: Das Vermögen von seiten der Freiheit liegt vor, das Vermögen im Hinblick auf die zu erlangende Sache und die vermittelnde Kraft (Glück und Gnade) fehlen dem Menschen [8]. Der frühe Dominikanertheologe ROLAND VON CREMONA variiert im dritten Teil seiner ‹Summa› [9] das Thema ‹desiderium› in vielfältiger Weise. «Jede Kraft hat ihr ‹naturale desiderium›.» So haben die Kräfte der Seele das Verlangen nach den Tugenden [10]. Das Gute und damit das von Natur erstrebte unmittelbare Ziel der theoretischen Vernunft, der höchsten und unzerstörbaren Kraft der Seele, ist (nach Aristoteles) die unzerstörbare Wahrheit und ihr letztes Ziel «die Erkenntnis der höchsten Wahrheit» [11]. Das gilt insbesondere für die «durch den Glauben geistlich gewordene Vernunft» [12]. ALBERT DER GROSSE argumentiert in seinem frühen Traktat ‹De resurrectione› (vor 1246) zugunsten der Unmittelbarkeit der verheißenen Gottesschau mit der auf die «erste Wahrheit» gerichteten Erkenntnisdynamik, die nicht «vana» sein kann [13], mit dem aristotelischen Metaphysikverständnis und dessen Zuspitzung durch Averroes [14]. Nach BONAVENTURA läßt das dem Geist eingeborene Verlangen nach Weisheit, Glück, Frieden und dem Wahren auf ein ursprüngliches Wissen um Gott als Weisheit, höchstes Gut, endgültig befriedendes, unwandelbares Seiendes und erstes Wahres schließen [15]. Letztlich ist dieses natürliche Streben darin begründet, daß die Vernunftseele Bild und Gleichnis Gottes [16] und – metaphysisch ausgelegt – auf die Beseligung durch Gott [17], auf die Schau des ersten Ursprungs [18] angelegt ist. Bonaventura faßt zusammen: «... cognitio huius veri innata est in mente rationali, in quantum tenet rationem imaginis, ratione cuius insertus est sibi naturalis appetitus et notitia de memoria illius ad cuius imaginem facta est, in quantum naturaliter tendit ut in illo possit beatificari» [19]. Zum *konkreten* Erkennen und Erstreben des Guten bedarf der Mensch der Gnade Gottes [20].

Anmerkungen. [1] H. DENIFLE: Chartularium Universitatis Parisiensis 1 (Paris 1889) Nr. 128, S. 170. – [2] GILLON, a. a. O. [18 zu 2] 19ff.; Text zusammenhängend bei P. M. DE CONTENSON: La théol. de la vision de Dieu au début du 13e siècle. Le ‹De retributionibus sanctorum› de Guillaume d'Auvergne et la condamnation de 1241. Rev. Sci. philos. et théol. 46 (1962) 409-444, zit. 412 Anm. 11. – [3] Zit. nach GILLON, a. a. O. 28f.; vgl. JEAN DE LA ROCHELLE bei GILLON, a. a. O. 118 Anm. 1. – [4] Vgl. GUINDON, a. a. O. [22 zu 2] 68. – [5] a. a. O. 70 Anm. 24. – [6] 71 Anm. 26. – [7] ALEXANDER VON HALES, S. univ. theol. I, inq. 1, tr. 1, q. 1, c. 2, a. 1 ad 3. Ed. Quaracchi (= QR) 1, 44 b; III/II, inq. 2, q. 1, c. 1 ad 1. QR 4, 339 b; vgl. ad 4. QR 340 b. – [8] GUINDON, a. a. O. 87 Anm. 70. – [9] Summae Magistri Rolandi liber tercius, hg. A. CORTESI. Monumenta Bergomensia 7 (Bergamo 1962). – [10] a. a. O. q. 90, S. 275. – [11] a. a. O. q. 87, S. 266f. – [12] q. 107, S. 328. – [13] ALBERT DER GROSSE, De resurrect. tr. IV, q. 1, a. 9, § 1, arg. s. c. 7. Ed. Coloniensis 26 (1958) 328, 27-32. – [14] a. a. O. arg. s. c. 8, S. 328, 33-36; vgl. Super ethica commentum et quaestiones I, lect. 1 (9). Ed. Coloniensis 14/I/1 (1968) 7, 18-54; lect. 2 (12), 10, 8-31. – [15] BONAVENTURA, Quaest. de mysterio Trinitatis q. 1, arg. 6-9. QR 5, 46 a. – [16] Sent. 2, d. 26, a. 1, q. 1. QR 2, 394ff.; 4, d. 49, q. 2 concl. QR 4, 1003 b. – [17] Quaest. de mysterio Trin. q. 4, a. 1 ad 7. QR 5, 82 b. – [18] a. a. O. q. 8 concl. QR 5, 114 b. – [19] q. 1, a. 1 concl. QR 5, 49 a. – [20] Sent. 2, d. 28, a. 2, q. 1 ad 2. 3. QR 2, 683 a; vgl. 3, d. 27, a. 2, q. 2 concl. QR 3, 606 b.

6. Eine *philosophische Phänomenologie des D.n.* und zugleich eine Deutung seiner *theologischen Funktion* gibt THOMAS VON AQUIN. Den ontologischen Horizont formuliert er mit Berufung auf Boethius: «... ultimum *desideratum* ab omnibus est esse perfectum, secundum quod est possibile[!] in *natura illa*» [1]. Thomas war immer überzeugt und versuchte zu überzeugen, daß die Erfüllung der Geistnatur des Menschen in der endgültigen Gottesschau liege. Er scheint aber seine Meinung in der Frage geändert zu haben, welcher Phänomenansatz des D.n. die überzeugendere Verweiskraft auf dieses vollkommene Sein habe. Vereinfacht läßt sich wohl sagen, daß Thomas im Sentenzenkommentar und in den ‹Quaestiones disputatae de veritate› vorwiegend vom Willensphänomen des Glücksverlangens (*augustinischer* Ansatz) und in den Summen vom Vernunftphänomen des Wissensverlangens (*aristotelischer* Ansatz) ausgeht. Es handelt sich allerdings nie um das Verlangen einer isolierten Potenz, sondern immer um Weisen, wie sich das Verlangen des ganzen geistbegabten Menschen zeigt [2]. Dieses Sich-Zeigen mit seinem Verweischarakter auf die Erfüllung und nicht eine formale Argumentation ist das immer neu aufgenommene Thema des Thomas. Dennoch ist in der analogen Grundstruktur des D.n. bereits das ‹Argument› impliziert: «Naturale desiderium nihil est aliud quam inclinatio inhaerens rebus ex ordinatione primi moventis, quae non potest frustrari» (das D.n. ist nichts anderes als die den Dingen aus der Anordnung des ersten Bewegers inhärierende Neigung, deren Erfüllung nicht vereitelt werden kann) [3]. Die Grundstruktur des Arguments ist stets: *Obersatz* als Ergebnis des phänomenologischen Aufweises eines D.n. – *Untersatz* (explizit oder implizit): «Impossibile est autem naturale desiderium esse vanum» [4] bzw. «inane» [5], gelegentlich mit der aristotelischen Begründung: «natura enim nihil facit frustra» [6] – *Folgerung:* Die Erfüllung, auf die das phänomenologisch aufgewiesene D.n. verweist, ist als Ziel des betreffenden Seienden – vor allem des Menschen – möglich [7]. Mehr als die Möglichkeit der Erfüllung kann und braucht nicht gefolgert zu werden, um die Nicht-Sinnlosigkeit einer Naturtendenz zu wahren. Im Gegensatz zu vielen neuscholastischen Auslegern geht es Thomas nicht um einen Beweis, sondern um ein ‹Zeichen› für die Unzerstörbarkeit der menschlichen Seele [8], vor allem um die ‹Evidenz› der Bestimmung des letzten menschlichen Zieles [9], auch um die Befreiung von einer äußersten Existenzangst [10] und schließlich um die intellektuelle Vorbereitung zur Annahme der göttlichen Verheißung [11]. Dieses Darstellungsziel wird weniger in den argumentierenden Kurzfassungen der ‹Summa theologiae› [12], des ‹Compendium theologiae› [13] und des Kommentars zum Mat-

thäusevangelium [14] deutlich als in den langen Kapiteln der ‹Summa contra gentiles› [15]. Der Gedankengang setzt mit einer Analyse vielfältiger Aspekte des menschlichen Fragens und der teleologischen Bedingungen seiner Möglichkeit ein. Verschiedene aristotelische Ansätze – das Wahre als Gut der Vernunft; das Staunen als Anfang des Philosophierens; das Fragen nach den Ursachen, das erst in der Erkenntnis der ersten Ursache zur Ruhe kommt; der spekulative Charakter des menschlichen Glücks – werden verbunden [16]. Die Leitfrage, welcher Art die beglückende Erkenntnis der ersten Ursache sein müsse, bestimmt die weiteren Stationen der Gedankenfolge: Ausschluß von Glücksangeboten, die über sich hinausweisen, als letztes Ziel [17]; Ungenügen der verschiedenen Wissensweisen und des Glaubens [18]; dabei ausführliche Auseinandersetzung mit den Aristoteleskommentatoren [19]; kritische Interpretation des augustinischen Weges über die Selbstpräsenz der Seele [20]. Den Abschluß der vorwiegend philosophisch argumentierenden Kapitel bildet eine zusammenfassende Widerlegung aller Versuche, ein innerweltlich vollkommenes Glück anzunehmen [21]. Dabei zeigt sich bereits, daß das D.n. zu keiner existenziellen Lösung führt, wenn es nicht in die philosophisch unerreichbare Hoffnung umschlägt [22]. Die folgenden Kapitel [23] sind von der Dialektik beherrscht, daß es möglich sein muß, zu der vollkommen beglückenden Schau Gottes zu gelangen, zu der zu gelangen uns aus eigener Kraft unmöglich ist.

Anmerkungen. [1] THOMAS VON AQUIN, In Sent. 4, d. 49, q. 1, a. 2, qa. 1 sol. – [2] Vgl. M. SECKLER: Instinkt und Glaubenswille nach Thomas von Aquin (1961) 137; vgl. 140ff. u. ö. – [3] Vgl. THOMAS, In Eth. Nic. I, 2, 21. – [4] Vgl. Comp. theol. 104. – [5] Vgl. S. theol. I, 75, 6 c. – [6] Vgl. S. contra gent. III, 48. – [7] Vgl. a. a. O. 51. – [8] S. theol. I, 75, 6 c. – [9] a. a. O. I/II, 3, 8 c. – [10] S. contra gent. III, 48. – [11] Vgl. a. a. O. 51. – [12] S. theol. I/II, 3, 8. – [13] Comp. theol. 104. – [14] Super Evangelium S. Matthaei lectura V, 434. – [15] S. contra gent. III, 25-63. – [16] a. a. O. 25. – [17] 26-36. – [18] 37ff. – [19] 41ff. – [20] 46. – [21] 48. – [22] III, 48, 2261; IV, 54, 3923. – [23] III, 49ff.

Literaturhinweise. W. R. O'CONNOR: The eternal quest. The teaching of St. Thomas Aquinas on the natural desire for God (New York 1947). – H. LAIS: Die Gnadenlehre des hl. Thomas in der S. contra gent. und der Kommentar des Franziskus Sylvestris von Ferrara (1951) 30-68. – M. SECKLER s. Anm. [2]. – P. ENGELHARDT: Zu den anthropol. Grundlagen der Ethik des Thomas von Aquin. Der Enthüllung des maß-gebenden Lebenszieles durch das D.n., in: Sein und Ethos (1963) 186-212. – S. DOCKX: Du désir naturel de voir l'essence divine selon s. Thomas d'Aquin. Arch. Philos. 27 (1964) 49-96. – E. GILSON: Sur la problématique thomiste de la vision béatifique. Arch. Hist. doct. et litt. MA 39 (1964; Paris 1965) 67-88.

7. Mit HEINRICH VON GENT wird das D.n. Gegenstand *theologischer Selbstreflexion und Argumentation*. Er versteht den «appetitus naturalis sciendi» im Rahmen einer ausführlichen wissenschaftstheoretischen Einleitung in die Theologie [1] als jeder aktuellen Erkenntnis vorangehende Ausrichtung der Vernunftpotentialität auf Erfüllung überhaupt [2], auf jegliche Erfüllung, auch die durch das «Übernatürliche» [3]. Die «große Verwirrung der Philosophen» besteht darin, daß ihnen das über alles wissenschaftlich Erreichbare hinausgehende Verlangen bewußt wird, sie aber entweder die Grenzen des dem Menschen Erkennbaren zu eng steckten oder aber die transzendente Wesenserkenntnis «in diesem Leben» und «ex puris naturalibus» zu erreichen vorgaben, statt sich der Erfüllungsmöglichkeit «ex dono alterius» zu öffnen [4]. «Weil nun der Mensch von Natur darauf hingeordnet ist, das zu erreichen, was die natürliche Vernunft überschreitet ..., war es notwendig, daß dies dem Menschen durch die Vorsehung Gottes ... offenbart wurde» [5].

Denn der auf die Gottesschau als auf seine vornehmste Tätigkeit hingeordnete Mensch «wäre umsonst», wenn er mit seinem Vernunftvermögen nicht Gottes Wesen erkennen könnte. Diese «Möglichkeit des Erkennens zeigt das natürliche Verlangen (D.n.), das Wahre zu wissen, das nicht aufhören kann, bis er [der Mensch] zur vollkommenen Erkenntnis des ersten Wahren gelangt ..., dessen vollkommene Erkenntnis er in keiner Weise in der Gegenwart ersehnen würde, wenn er es nicht auf irgendeine Weise auch in der Gegenwart erfassen würde ...» [6].

Nach DUNS SCOTUS kann nur der *Theologe* rechtmäßig das D.n. als Argument für die Hinordnung der Seele auf die Gottesschau verwenden [7]. Dennoch folgert die *philosophische* « ratio ... de desiderio naturali» mit Recht, « daß Gott das natürliche Ziel des Menschen ist, das aber» – so fügt der Theologe hinzu – «nicht auf natürliche, sondern auf übernatürliche Weise zu erreichen ist» [8]. In dem ständigen Über-sich-hinaus von Wille und Vernunft *zeigt* sich eine « inclinatio naturalis» zum unendlichen Gut [9], zum unendlichen Seienden [10] und darin zu Gott, der sich uns als Gegenstand geben will. Natürlich ist die Hinneigung der Potenz zum erfüllenden Gegenstand übernatürlich – besonders im ‹status iste› – die Bewegung von seiten des Gegenstandes, durch welche die Potenz den Gegenstand auch tatsächlich erreicht [10a]. Klar unterscheidet Duns Scotus zwecks Prüfung der Argumente das (sich nicht unmittelbar zeigende) « desiderium mere naturale» und das «D.n.» als « actus elicitus secundum rectam rationem», also als das bewußte, vernunft- und damit naturgemäße Verlangen [11]. Die Kritik wird besonders scharf, wo das Argument als ein solches der « natürlichen Vernunft» für ein übernatürliches Faktum wie «die allgemeine Auferstehung der Menschen» überfordert wird [12]. Wenn man sich nicht mit «persuasiones probabiles» [13] begnügen will, muß man die genannte Unterscheidung anwenden und wird erkennen, daß «jedes Beweismittel aus dem D.n. unwirksam» ist. Der Beweis aus der «bloßen Naturneigung» setzt den Beweis dessen voraus, was er beweisen will: nämlich das Vermögen der betreffenden Natur, das Ziel dieses Verlangens zu erreichen; der Beweis aus dem D.n. als «actus elicitus» setzt den viel schwerer zu führenden Beweis voraus, daß die es auslösende Erkenntnis «richtig» ist [14]. Die theologische Diskussion bis zur Gegenwart ist von den Unterscheidungen des Duns Scotus bestimmt gewesen: D.n. intellectus et voluntatis, innatum et elicitum, desiderium absolutum et conditionatum [15]. Sie brachte begriffsgeschichtlich nichts wesentlich Neues.

Anmerkungen. [1] HEINRICH VON GENT, S. quaestionum ordinariarum aa. 1-20 (Paris 1520, Nachdruck New York/Löwen/Paderborn 1953) I, fol. 1-122. – [2] a. a. O. a. 4, q. 4 resp. fol. 32r. – [3] q. 5, arg. 1 in opp. fol. 32v. – [4] resp., fol. 33v. – [5] a. 19, q. 2 ad 2 in opp. fol. 118v. – [6] a. 24, q. 1 resp. fol. 137v. – [7] DUNS SCOTUS, Ordinatio prol. p. 1, nn. 23. 28, hg. BALIC 1 (Vatikan 1950) (= BV) 15, 3-6, 17, 3-14. – [8] a. a. O. n. 32. BV 19, 8-11. – [9] 1, d. 2, p. 1, q. 2, n. 130. BV 2 (1950) 205, 8-206, 5; vgl. Oxon. 4, d. 49, q. 10 schol. Ed. Vivès 21, 318f. – [10] Ord. a. a. O. n. 136. BV 2, 208, 8-15. – [10a] Rep. Par. 4, d. 49, q. 10, n. 7-9. Vivès 24, 673f.; Ord. prol., p. 1, n. 90-92. BV 1, 54-56; Quodl. q. 14, n. 11. Vivès 26, 40 a. – [11] Oxon. 4, d. 49, q. 8 schol. (e). Vivès 21, 304f.; vgl. Quaest. subt. super Met. I, q. 2 schol. 2f. Vivès 7, 42 a-45 a. – [12] Oxon. 4, d. 43, q. 2. Vivès 20, 34-59. – [13] Schol. (s.) Vivès 20, 56 b. – [14] (x). Vivès 20, 57f.; vgl. Ord. 1, d. 3, p. 1, q. 3, n. 124. BV 3 (1954) 77, 1-5; Rep. Par. 4, d. 49, q. 7 schol. Vivès 24, 654 b. – [15] Vgl. 3, d. 26 schol. (d). 15, 343 a; Rep. Par. 4, d. 49, q. 9 schol. 1. 24, 659f.

Literaturhinweise. A. WOLTER: Duns Scotus on the natural desire for the supernatural. New Scholast. 23 (1949) 281-317. – C. O. HUALLACHAIN: On recent studies of the opening question of Scotus's Ordinatio. Franciscan Stud. 15 (1955) 1-29. – W. HOERES: Der Wille als reine Vollkommenheit nach Duns Scotus (1962). – K. FORSTER: Die Verteidigung der Lehre des hl. Thomas von der Gottesschau durch Johannes Capreolus (1955) 320ff.

8. Im Übergang vom Mittelalter zur *Neuzeit* wird das D.n. noch einmal *Leitmotiv und Wesensbestimmung des Geistes*. Die Einleitungssätze der ‹Docta ignorantia› des NIKOLAUS VON KUES fassen die neuplatonisch-augustinisch-avicennische Tradition zusammen: «Divino munere omnibus in rebus naturale quoddam desiderium inesse conspicimus, ut sint meliori quidem modo, quo hoc cuiusque naturae patitur conditio, atque ad hunc finem operari instrumentaque habere opportuna, quibus iudicium cognatum est conveniens proposito cognoscendi, ne sit frustra appetitus et in amato pondere propriae naturae quietem attingere possit» (wir werden gewahr, daß durch göttliches Geschenk allen Dingen eine gewisse natürliche Sehnsucht innewohnt, auf die bestmögliche Weise, welche die Verfaßtheit der Natur eines jeden zuläßt, zu sein, und daß sie auf dieses Ziel hin tätig sind und die dazu geeigneten Werkzeuge haben – ihnen ist ein der Aufgabe des Erkennens entsprechendes Urteil(svermögen) angeboren –, damit ihr Streben nicht vergebens sei, sondern in dem geliebten Gegenstand durch die Schwerkraft der eigenen Natur seine Ruhe erlangen könne) [1]. Das D.n. des Geistes, das um sich als «coincidentia sciencie et ignorancie» [2] weiß, versteht sich als «docta ignorantia». Diese Bewegung des Geistes ist zugleich die Bewegung der Welt zu ihrem Ziel in Gott. Die Bedingung der Vollendung ist die Identität von Mensch und Gott in Jesus Christus [3], die der Heilige Geist als «conexio» [4] wirkt [5]. Dies Geschehen der sich mitteilenden Liebe ist wiederum die Bedingung der im Geiste des Menschen von der Welt her aufsteigenden Sehnsucht nach der Vollendung [6].

Ohne unmittelbare historische Anknüpfung, aber in augustinischer Inspiration, vielleicht angeregt durch BERNHARD VON CLAIRVAUX [7], taucht die Sache des D.n. in M. BLONDELS Dialektik von «volonté voulante» und «volonté voulue», von Grundwollen und konkretem Ziel auf [8]. Im Zusammenhang der durch die ‹Action› von 1893 wesentlich mitangeregten theologischen Diskussion über das D.n. stellte Blondel nachträglich die Entsprechung seiner Grundintuition zum «Dynamismus, den das III. Buch der Summa contra Gentiles (des Thomas von Aquin) darlegt» [9], zum «desiderium inefficax naturae» [10], zur «voluntas ut natura» [11] her. Die transzendentale Phänomenologie Blondels, die transzendentale Methode Kants und die neuplatonisch-mystischen Aufstiegslehren arabischer Denker des Mittelalters [12] waren Faktoren, die J. MARÉCHAL dazu führten, das D.n. als ontologische Realitätsbedingung menschlichen Erkennens in die moderne Diskussion zu bringen [13]. Ein weiterer konsequenter Schritt wäre, das D.n. mit den Grundbefindlichkeiten der Existenz(philosophien) zu konfrontieren.

Anmerkungen. [1] CUSANUS, De docta ignorantia I, 1 (2); vgl. De pace fidei VI (16), hg. KLIBANSKY/BASCOUR (1959) 15, 7f.; De venatione sapientiae, prol. (1), hg. WILPERT (1964) 2; Idiota de sapientia I, 15ff. – [2] Brief an Aindorffer, in: E. VANSTEENBERGHE: Autour de la Docte Ignorance. Beiträge zur Gesch. der Philos. des MA 14/2-4 (1915) 112. – [3] Predigt ‹Dies Sanctificatus› (1439), dtsch. E. HOFFMANN/R. KLIBANSKY, in: N. v. CUES, Die Kunst der Vermutung. Auswahl aus den Schriften, hg. H. BLUMENBERG (1957) 364f.; Docta ignorantia, bes. III, 4. – [4] a. a. O. I, 9 (26); vgl. THIERRY VON CHARTRES, oben Abs. 4. – [5] CUSANUS, Docta ignorantia III, 5. – [6] De pace fidei XIII (44), a. a. O. [1] 41, 9ff. – [7] Vgl. G. POLZER: Platons ‹Philebos› in Blondels ‹Action›. Parusia. Festgabe J. Hirschberger (1965) 482 Anm. 76. – [8] Vgl. M. BLONDEL: Die Aktion (1893). Versuch einer Kritik des Lebens und einer Wiss. der Praktik; dtsch. R. SCHERER (1965) 345; Das Denken, dtsch. R. SCHERER 2 (1956) 224ff.. – [9] Le problème de la philos. cath. (Paris 1932) 146, zit. nach P.-A. LIÉGÉ (Lit. 1950) 244. – [10] Das Denken, a. a. O. [8] 411. – [11] Beitr. BLONDELS zum Stichwort ‹volonté› in: Lalande⁹ 1218, zit. nach Polzer, a. a. O. [2] 482. – [12] Vgl. Mélanges Joseph Maréchal (Paris 1950) 1, 6ff.; L. GARDET: La pensée relig. d'Avicenne (Ibn Sina) (Paris 1951) 167. 182ff. – [13] Vgl. J. MARÉCHAL: Le point de départ de la mét. 5 (Brüssel/Paris ²1949) 412ff.

Literaturhinweise. R. HAUBST: Die Christologie des Nikolaus v. Kues (1956) 51-58. – G. POLZER s. Anm. [7] 471-485. – P.-A. LIÉGÉ: Saint Thomas d'Aquin et Blondel. Désir naturel de voir Dieu et appel au surcroît divin. Rev. Sci. philos. et théol. 34 (1950) 244-248.
P. ENGELHARDT

Designator. Ein D. ist die Entsprechung eines Designatums (s. d.) auf der Ausdrucksebene [1].

Anmerkung. [1] Vgl. R. CARNAP: Meaning and necessity (Chicago 1947) 6f.
G. GABRIEL

Designatum. Unter dem D. eines sprachlichen Ausdrucks wird meist seine *extensionale* Bedeutung verstanden, d.h. das von diesem Ausdruck bezeichnete konkrete oder abstrakte Objekt. In dieser Verwendung ist ‹D.› synonym mit ‹Nominatum›. So gebraucht z. B. R. CARNAP den Terminus im Falle der Individuenkonstanten. Er kennt allerdings auch eine *intensionale* Verwendung, indem er beispielsweise als D. eines Satzes nicht seinen Wahrheitswert, sondern seinen Inhalt (proposition) ansieht [1]. Diesen schwankenden Wortgebrauch hat Carnap später dadurch präzisiert, daß er ‹designatum› (Extension) und ‹L-designatum› (Intension) von Ausdrücken unterschied [2]. So ist z. B. die Klasse der Menschen das D. und die Eigenschaft, ein Mensch zu sein, das L-D. des Terminus ‹Mensch›.

Anmerkungen. [1] R. CARNAP: Introduction to semantics (Cambridge, Mass. ²1946) 18. – [2] Meaning and necessity (Chicago 1947) 166f. Anm.
G. GABRIEL

Desintegration ist der Gegenbegriff zu Integration; man findet ihn vor allem in der *psychologischen* Typenlehre seit E. R. Jaensch, den Charakterlehren von Allport und Lersch, auch bei Krueger und Wellek (hier unter den Namen ‹Destrukturierung› und ‹Strukturzerfall›), ferner in der Soziologie und Sozialpsychologie im Rahmen einer Theorie der Vergesellschaftung.

In seiner Integrationstypologie hatte JAENSCH [1] zunächst den Desintegrierten als Endglied der Integrationsreihe am Gegenpol zum Außenintegrierten (I_a oder I_1) angenommen, dann aber den hypothetischen Charakter einer solchen Strukturform erkannt, den D.-Typus nur als einen Annäherungsbegriff (nach dem Prinzip des Idealtypus) angesetzt, der in concreto nicht verwirklicht werden könne, da radikale D. eine völlige lebensunfähige Desorganisation bedeuten würde. Konkret wurde hiernach an die Stelle des Desintegrierten der vom I_1 nächst entfernteste Typ der Integrationsreihe, der Innenintegrierte (I_i oder I_3) gerückt. ALLPORT [2] und LERSCH [3] sehen in der D., KRUEGER [4] und WELLEK [5] in der Destrukturierung eine Gegenbewegung der Entwicklung zur Personwerdung, die auch psychopathologische Gründe und Hintergründe haben kann. Ähnliche Gedanken finden sich bereits bei W. MCDOUGALL [6], der mangelnde Integration als Zeichen unvollkommener Persönlichkeitsentwicklung interpretiert. Im psychopathologischen Bereich fußt besonders die Deutung der hysterischen Anästhesien durch P. JANET [7] auf der D. (désagrégation) der Person, besonders ihrer Wahrnehmungsfunktionen.

Anmerkungen. [1] E. R. JAENSCH: Grundformen menschl. Seins (1929). – [2] G. W. ALLPORT: Persönlichkeit (1949). – [3] PH.

LERSCH: Aufbau der Person (⁷1956). – [4] F. KRUEGER: Über Entwicklungspsychol., in: Arbeiten zur Entwicklungspsychol. 1/1 (1915). – [5] A. WELLEK: Die Polarität im Aufbau des Charakters (³1966). – [6] W. MCDOUGALL: The energies of men (London ³1935) Kap. XXIV: Personality. – [7] P. JANET: L'automatisme psychol. (Paris 1889) 305ff. A. WELLEK

Désintéressement. Im 13. Jh. taucht ‹*interesse*› in der Sprache des italienischen Bank- und Handelswesens zur Bezeichnung des Zeitraums auf, der zwischen dem Entleihen und der Rückgabe des Geldes liegt. Über die Bedeutungen «Schaden, der dem Gläubiger in diesem Zeitraum entsteht», «Entschädigung», «Entschädigung in Form von Zinsen», «Zinsen» (euphemistisch), «eigener Vorteil und Nutzen» (allgemein) bezeichnet es seit dem Anfang des 16. Jh. (MACHIAVELLI, GUICCARDINI) auch die Geisteshaltung, die nur das Verfolgen des eigenen Vorteils kennt und der zur Realisierung ihrer Ziele jedes Mittel, insbesondere Lüge und Heuchelei, recht ist. Dies ist nur möglich durch eine *Rationalisierung* des gesamten geistig-seelischen Habitus. Diese gesteigerte Rationalisierung entwickelt sich jedoch nicht nur im Kaufmannsgeist des gewerbetreibenden *Bürgertums*, sondern noch stärker in den «zivilisierten» Umgangsformen und der diplomatischen Kunst innerhalb der *höfischen Gesellschaft* der Renaissance (CASTIGLIONE) [1]. ‹Interesse› ist also in dieser Bedeutung im wesentlichen *Reflexionsbegriff*.

In der theologischen Terminologie taucht ‹Interesse› wenig später im Spanischen bei IGNATIUS VON LOYOLA und im franziskanischen Aszetismus der ersten Hälfte des 16. Jh. auf: «salir de su proprio amor, querer y interesse» (sich von seiner Eigenliebe, seinem Eigenwillen und seinem Eigeninteresse loslösen) [2].

Neben die ‹cupiditas› und die ‹superbia› der Bibel und der Väter, die ‹voluntas propria› der monastischen Theologie, den ‹amor proprius› und die ‹proprietas› der mittelalterlichen Mystik tritt nun der ‹propio interés› als spezifisch neuzeitlicher Terminus für die Erfassung des Bösen [3]. Durch ihn rückt das Problem der *Motivation* (intención) in den Mittelpunkt ethischer Betrachtung.

Eine teilweise parallele semantische Entwicklung zeigt der griechische Reflexionsbegriff λογισμός, der in klassischer Zeit bevorzugt im materiell-ökonomischen Bereich das Kalkül und das berechnende Denken in Richtung auf das – in Opposition zum καλόν (honestum) stehenden – συμφέρον (utile) ausdrückt [4]. Die griechische Väterliteratur verwendet λογισμός allgemein als Bezeichnung aller den aktuellen Tatsünden (peccata) zugrunde liegenden Gedankensünden (vitia) [4a].

Anfang des 17. Jh. entstehen ‹desinterés› und ‹desinteresado› als Ausdrücke für die Uneigennützigkeit in Handeln, Denken und Fühlen [4b]. Die semantische Weite des Interesse-Begriffs erlaubt die Anwendung auf alle Gebiete des menschlichen Lebens. Dem ‹amor interesado› als Bezeichnung einer Gläubigkeit aus Hoffnung auf die eigene Seligkeit oder aus Furcht vor der Verdammnis steht der ‹amor desinteresado (perfecto)› gegenüber, die Gottesliebe, die Gott liebt, nur weil Gott es selbst will.

In der ersten Hälfte des 17. Jh. wird der Begriff als ‹D.› ins Französische übernommen. In profanem Gebrauch, der sich etwa zur selben Zeit wie der religiöse nachweisen läßt, spielt das Wort ‹D.› in den zahlreichen, von neuplatonischem Gedankengut der italienischen Renaissancephilosophie beeinflußten Diskussionen um die Möglichkeit der Uneigennützigkeit vor allem in Freundschaft und Liebe eine Rolle [5].

Es fungiert noch mehr als Schlüsselbegriff in den für das 17. Jh., insbesondere den *Quietismus* (MOLINOS, FALCONI, MALAVAL, PETRUCCI) charakteristischen Polemiken über das Wesen der reinen Gottesliebe (CAMUS – SIRMOND; LAMY – MALEBRANCHE; FÉNELON – BOSSUET). Im Gegensatz zur ‹désappropriation› und den ihr nahestehenden Begriffen aus dem Begriffsbereich der Entselbstung bezeichnet ‹D.› weniger den zu durchlaufenden Prozeß als den anzustrebenden Zustand. So erklärt sich die Funktion des D.-Begriffs als ethische Kategorie.

Ihre ausgeprägteste Form findet die Idee des D. bei FÉNELON. Der amour pur et désintéressé schließt zweierlei aus: einmal die mehr bewußte Reflexion auf das eigene Seelenheil in Hoffnung oder Furcht (amour mercenaire) oder auf die eigene geistliche Vollkommenheit (avarice spirituelle), zum andern die zunächst häufig unbewußt bleibende, d. h. *nicht* intendierte und unvorhergesehen hervorbrechende Reflexion über den in der spirituellen Perfektion erlangten Selbstwert (orgueil spirituel). Die Definition des Eigeninteresses (*intérêt propre*) als Doppelheit einer Antriebs- wie Selbstwerterlebnis begleitenden *Selbstreflexion* [6], als Selbst-Wollen und als Selbst-Genuß, ist eine der originalsten Leistungen Fénelons.

Erst im absoluten Gehorsam und in totaler Verzweiflung wird das D., die Aufhebung des Ich als eines reflektierenden Selbst erreicht [7].

Im spirituellen Sprachgebrauch und ganz besonders bei Fénelon erweitert sich damit der D.-Begriff über das Ethische hinaus zu einer psychologisch vertieften, die ganze Existenz umgreifenden Kategorie, der «Selbstvergessenheit» [8] als Überwindung der Reflexion.

Der Objektbereich des D. zeigt also eine für das abendländische Denken charakteristische dreifache Abstufung: 1. In der *aristokratischen Individualethik* der höfischen Gesellschaft umfaßt das D. all das, was im Gegensatz zum eindeutig Materiell-Nützlichen (utile) steht; es wird so synonym zu ‹générosité› und ‹magnanimité› (Seelengröße). 2. Wesentlich mehr eingeschränkt erlaubt das D. innerhalb des *neuplatonisch* orientierten Denkens nur noch die ‹interesselose› Freude am geliebten Wesen (amour pur). 3. Der theozentrisch-dualistische Radikalismus der *Mystik* und des *Quietismus* versucht im D. jedes eudämonistisch-ichhafte Element des der Gottesliebe untergeordneten psychischen Geschehens zu eliminieren.

Anmerkungen. [1] N. ELIAS: Über den Prozeß der Zivilisation. Soziogenetische und psychogenetische Untersuch. 1 (²1969) 104. – [2] IGNATIUS VON LOYOLA, Ejercicios espirituales Nr. 189. – [3] FRANCISCO DE OSUNA, Ley de amor santo cap. 32. – [4] ARISTOTELES, Rhet. II, 12, 1389 a 34. – [4a] MAXIMUS CONFESSOR, Cap. de charitate cent. III, 56. MPG 90, 1033 b. – [4b] J. COROMINAS: Breve dicc. etimol. de la lengua castell. (1961) 331. – [5] LA BRUYÈRE, Caractères IV, 41. – [6] FÉNELON, Oeuvres 6, 126. – [7] R. SPAEMANN: Reflexion und Spontaneität. Studien über Fénelon (1963) 71. – [8] J. TAULER, Predigten, hg. VETTER 423, 30.

Literaturhinweise. G. JOPPIN: Fénelon et la mystique du pur amour (Paris 1928). – H. BREMOND: La querelle du pur amour au temps de Louis XIII. Antoine Sirmond et Jean-Pierre Camus (Paris 1932). – Dict. de spiritualité ascétique et mystique 3 (1957) c. 550–591. – J. L. GORÉ: La notion d'indifférence chez Fénelon et ses sources (Paris 1958). H.-J. FUCHS

Despotie, Despotismus

I. «Despotie bedeutet eigentlich nichts weiter als eine Herrschaft, und zwar eine auf Haus- oder Grund-Eigenthum beruhende Herrschaft, von dem Wort δεσπότης,

Herr, Gebieter, Eigenthümer hergenommen, wogegen an und für sich nicht das geringste einzuwenden ist. Seine jetzige gehässige Nebenbedeutung mag es von Usurpatoren in Republiken erhalten haben, welche die anvertraute Gewalt zur eigenen machen, das Gemeinwesen gleichsam in ein Hauswesen verwandeln wollen.» C. L. VON HALLERS Definition von 1816 [1] gibt richtig die ursprüngliche griechische Bedeutung des Begriffs und zugleich die Gründe seiner späteren kritisch-polemischen Funktion (Differenz von Öffentlich und Privat, von Staat und Haus, von Regent und Vater, von Recht und Wohlwollen, von Freiheit und Unfreiheit) wieder. «Despot hieß bei den Griechen nichts weiter als ein Hausvater oder Vorsteher einer Familie» [2], freilich, so muß präzisierend und korrigierend hinzugefügt werden: insofern er in einem Verhältnis der Herrschaft über seine Sklaven stand. Aristoteles behandelt deshalb Begriff und Gegenstand der D. im «ökonomischen» Teil seiner ‹Politik›.

Anmerkungen. [1] C. L. VON HALLER: Restauration der Staatswiss. (Winterthur 1816, ²1820) 499. – [2] a. a. O. 456.

1. Die Haushaltungslehre (οἰκονομία) in der ‹Politik› des ARISTOTELES [1] hat, da die vollkommene Hausgemeinschaft (οἰκία τέλειος) aus Freien und Unfreien besteht [2], drei Teile: Sie behandelt das Verhältnis des freien Bürgers a) als Ehemann zur Gattin (unter dem Titel γαμική), b) als Vater zu seinen Kindern (unter dem Titel πατρική o. τεκνοποιητική), c) als Herr (δεσπότης) zu seinen Sklaven (δεσποτική, δεσποτεία) [3]. Da der Sklave ein «belebtes Besitzstück» (κτῆμα ἔμψυχον) [4] ist, kann die Lehre vom Herrenstand auch als Teil der Theorie der Güter- und Besitzverwaltung (κτητική) vorgetragen werden [5]. Die «despotische Herrschaft» (δεσποτικὴ ἀρχή), sofern sie die Herrschaft eines «Herrn von Natur» über einen «Sklaven von Natur» ist, hat wesentlich den Nutzen des Herrn im Auge, den des Beherrschten zwar auch, aber nur «zufällig» (κατὰ συμβεβηκός) [6].

Die feste Bezeichnung für die «Gesellschaft zwischen Herr und Knecht» in der späteren lateinisch-aristotelischen Schulphilosophie ist ‹societas herilis› [7], die entsprechende Herrschaft heißt ‹herile imperium› oder ‹potestas herilis›, der Herr und die Herrin heißen ‹herus› und ‹hera› [8]. Ist der subiectus nicht nur ein auf Zeit gedungener famulus (KANT: «Gesinde» [9]), sondern ein Sklave (servus), so gilt nach G. ACHENWALL: «Herus servi est despota (KANT zur Stelle: «absoluter Herr» [10]) et speciatim dici solet dominus (KANT z. St.: «Eigenthumsherr» [11])».

Die skizzierte «ökonomische Verhältnislehre» hat bei ARISTOTELES die Funktion, die Besonderheit des freien griechischen Hauses in den freien griechischen Republiken gegenüber den barbarischen, notwendigerweise tyrannischen Königsregimentern in den asiatischen Großreichen zu betonen: Dort ist auch die Herrschaft des Vaters über seine Söhne [12] und die des Mannes über seine Frau [13] despotisch, während bei den Griechen jene königlich [14], diese aristokratisch [15] bzw. politisch, d. h. nach der Art der Herrschaft in einem Freistaat [16], organisiert ist. In der Freundschaftslehre der ‹Nikomachischen Ethik› [17] werden die die Hausgemeinschaft konstituierenden Freundschaftsverhältnisse in Parallele gesetzt zu den öffentlich-politischen Herrschaftsverhältnissen. Nach der dort und in der ‹Politik› [18] vorgetragenen Theorie gibt es drei gute Verfassungen: das Königtum, die Aristokratie und die Timokratie (bzw. Politie, Republik), sowie drei Entartungen: die Tyrannis, die Oligarchie und die Demokratie (im Sinne von Ochlokratie oder Pöbelherrschaft). Die (legitime) Despotie im Hause wird dabei in Entsprechung gebracht zur (illegitimen) politischen Form der Tyrannis. Die Tyrannis kann als D. beschrieben werden: Sie ist die despotische Form der Alleinherrschaft über eine politische Gemeinde oder bürgerliche Gesellschaft (μοναρχία δεσποτικὴ τῆς πολιτικῆς κοινωνίας) [19]. Umgekehrt gilt: Die D. ist eine *tyrannische* Herrschaft des Herrn über seine Sklaven [20]. Auch diese Verfassungstheorie hat die Funktion, mit Nachdruck die Differenz der eigentlichen auf Freiheit und Gleichheit beruhenden politischen Verfassungen der Griechen von der häuslichen und barbarischen D. zu unterstreichen, wie die wiederholte Erinnerung von den ersten platonkritischen Sätzen der ‹Politik› an deutlich machen [21]. Gegen Platon wird sodann festgehalten, daß man Herr oder Despot nicht ist aufgrund eines bestimmten Wissens, sondern durch die entsprechende soziale Position [22]. Auch die Oligarchie kann den Charakter einer D. tragen [23].

Insgesamt ist für die griechische Verwendung des D.-Begriffs festzuhalten: «Δεσπότης ist der Herr im Verhältnis zum Sklaven [24], die Seele im Verhältnis zu ihrem Leibe [25] und umgekehrt die Herrschaft der Sinne über den Geist [26], der Eigentümer im Verhältnis zu seinem Eigentum [27] ... die Götter sind δεσπόται der Menschen ..., weil sie kein Gesetz über sich haben» [28]. Wird der Begriff oft scheinbar neutral und ohne weiteren Zusatz gebraucht [29], so wird die unumschränkte Herrschaft eines Fürsten häufig auch mit dem Zusatz ‹tyrannisch› (τυραννική) unterstrichen. In diesem Sinne unterscheidet PLATON die Gesetzgebung eines Tyrannen und Despoten (τύραννον καὶ δεσπότην) von der «verständiger Väter und Mütter» [30]. Später wurden die römischen Eroberer ‹Despoten› genannt [31]. Bei AISCHYLOS findet sich bereits der in der Folgezeit so bedeutend gewordene Gegensatz von D. und Anarchie [32].

In der griechischen Patristik behielt ‹D.› die Bedeutung Herrschaft: Gottes Herrschaft ist eine δεσποτεία; Gott ist der Herr (δεσπότης) [33]. Das Modell für diesen Sprachgebrauch ist jedoch nicht die politische Tyrannis, sondern die Verwaltung des königlichen Hausvaters: Gottes Fürsorge für die Welt insgesamt, die Vorsehung, ist «Ökonomie».

Im byzantinischen Kaiserreich galt δεσπότης bis ins 12. Jh. als Kaisertitel, danach auch als Titel für den Herrscher eines Teilgebiets [34], für einen Bischof usw. Von hier aus wird δεσπότης gelegentlich auch im Westen als Herrschertitel gebraucht (für Otto III.) [35]. Auch rumänische und andere östliche Fürsten werden δεσπόται genannt [36]. Noch bis ins 18. Jh. ist ‹Despot› in Wörterbüchern, Lexika und Geschichtswerken die Bezeichnung für griechische und türkische Herrscher; erst langsam verbindet sich damit die Bedeutung der absoluten Willkürherrschaft [37]. Im frühen 15. Jh. tritt ‹dispot› erstmals als Fremdwort in deutschen Texten auf [38].

Durch die Aristotelesrezeption des Mittelalters wird D. im antiken Sinn wieder lebendig, so bei NICOLAUS VON ORESME [39], THOMAS VON AQUIN, der Aristoteles 1254 b 4f. zitiert [40] und D. auch sonst im Anschluß an Aristoteles interpretiert [41], vor allem aber bei MARSILIUS VON PADUA [42]: In der Auseinandersetzung Ludwigs des Bayern mit dem Papst vertritt er den autonomen, weltlichen Staat, der den Einfluß der Kirche ausschließt. Die D. ist der freien Staatsführung entgegengesetzt. Sie ist Machtausübung aus eigener Autorität, Unwissenheit und Hinterlist [43].

J. G. WALCH nennt diejenige Form der Monarchie ein «despotisches Reich», in der der König «völlige Gewalt hat nicht nur über die Verrichtungen der Unterthanen, sondern auch über alle Güter im Lande, dergestalt, daß solche Güter nicht den Unterthanen, sondern dem König eigenthümlich zustehen» [44].

Anmerkungen. [1] ARISTOTELES, Pol. I 3ff. – [2] a. a. O. 1253 b 4. – [3] 1253 b 4-11. 1259 a 37ff. – [4] 1253 b 33. – [5] 1253 b 23ff. – [6] 1278 b 33ff. – [7] z. B. JOHANNES A FELDEN: Elementa iuris universalis (1644) 2f. – [8] G. ACHENWALL: Jus naturale 2 (1763), abgedruckt bei KANT, Akad.-A. 19, 237. 357f.; weitere Bezeichnungen bei VON HALLER, a. a. O. [1 zu I] 456 Anm. 15. – [9] ACHENWALL bei KANT, Akad.-A. 19, 357, Refl. 7399. – [10] a. a. O. 358, Refl. 7402. – [11] ebda., Refl. 7403. – [12] ARIST., Eth. Nic. (= EN) 1160 b 27. – [13] Pol. 1252 b 5. – [14] EN 1160 b 24-27. 1161 a 10; Pol. 1259 b 1. – [15] EN 1161 a 22ff. – [16] Pol. 1259 b 1. – [17] EN VIII, 12, 1160 a 31ff. – [18] Pol. III, 6. 7. – [19] Pol. 1279 b 16. 1292 a 16. 19. 1295 a 16. – [20] EN 1160 b 29. – [21] Pol. 1252 a 8ff. 1253 b 18. 1254 b 5. 1255 b 16. 1278 b 18; vgl. EN 1134 b 8. 1138 b 7. – [22] Pol. 1255 b 20-22. – [23] Pol. 1306 b 3. – [24] z. B. AISCHYLOS, Persae 169; PLATON, Parm. 133 e /d;Leg. 757 a. – [25] PLATON, Phaidon 80 a; Tim. 34 c; ARIST., Pol. 1254 b 4. – [26] PHILO, De op. mundi 165. – [27] XENOPHON, Mem. 2, 7, 13; SOPHOKLES, Phil. 292. – [28] E. ZELLER: hegemonía und despoteía bei Xenophanes, in: Kleine Schr., hg. O. LEUZE (1910/11) 1, 454; PARMENIDES 134 D; XENOPHON, Anab. III, 2, 13; EURIPIDES, Hipp. 88. – [29] THUKYDIDES 6, 76f.; 6, 80; PINDAR, Olymp. 1, 22; AISCHYLOS, Choeph. 53. 82; Agam. 32. – [30] PLATON, Leg. 859 a. – [31] PHILO 2, 568. – [32] AISCHYLOS, Eum. 527. 696. – [33] Belege bei LAMPE: A Patristic Greek Lexikon (Oxford 1961) 399. – [34] G. OSTROGORSKY: Urum – Despotes. Die Anfänge der Despotenwürde in Byzanz. Byzantinische Z. 44 (1951) 448-460. – [35] ARNOLD: Libri de St. Emmeram, MG SS 4 (Neudruck 1966) 566. – [36] Vgl. F. GODEFROY: Dict. de l'ancienne langue française 2 (1938) 635. – [37] R. KNOLLES: The generall history of the Turkes (1603, 1638) 112; J. SELDEN: Titles of honor (1614) 122; R. GREENE: The life and complete works, hg. A. B. GROSART (New York 1964) 7, 27; TH. BLOUNT: Glossographia (1656, Neudruck Menston 1969); E. PHILIPPS: The new world of English words (1658, Neudruck Menston 1969); E. CHAMBERS: Cyclopedia (London ²1738); J. CH. WÄCHTLER: Commodes Manual, oder Handbuch (⁴1722) 143; J. H. ZEDLER: Großes vollständiges Universal Lexikon 7 (1734) 659. – [38] W. KURRELMEYER: German lexicography. Modern language notes 35 (1920) 407f. – [39] NICOLAUS VON ORESME: Übers. von Aristoteles' Politik (Ausg. 1489) fol. 80 a. – [40] THOMAS VON AQUIN, S. theol. I, 81, 3 ad 2; I/II, 9, 2 ad 3; I/II 17, 7; I/II 56, 4 ad 3; I/II 58, 2. – [41] Quaestiones disputatae de virtutibus 1, 4 ad 11; Opusculum de regimine 1, 10; 2, 8; 3, 8. 11. 22; Expositio in 8 libros politicorum 1, 1 c; 1, 2 e; 1, 5 a; 3, 5f.; 3, 16 a; S. contra gent. 3, 130. – [42] MARSILIUS VON PADUA: Defensor pacis (1324), hg. R. SCHOLZ, in: Fontes juris Germaniae antiqui 8 (1932) 67, 6-15. – [43] a. a. O. 102, 12-17; 138, 19ff. – [44] J. G. WALCH: Philos. Lex. (1726) Sp. 491.

2. Auch HOBBES ist noch die aristotelische, zunächst auf die Hausgemeinschaft bezogene Bedeutung von δεσπότης als Herr über seinen Knecht bekannt. Zugleich überträgt er aber diese Bezeichnung auf das Verhältnis einer durch «Eroberung oder Sieg im Krieg» errungenen Herrschaft, die er von der durch Erbfolge erlangten Herrschaft unterscheidet. Beide gleichen sich aber in den daraus resultierenden Rechten: Der Souverän regiert als Herr unumschränkt über die Besiegten als Knechte ebenso wie der rechtmäßige Monarch. In dem Vertrag, den beide Parteien schließen, unterwirft sich der Besiegte dem Herrn und erhält dafür Leben und Sicherheit garantiert [1]. In Frankreich wurde der Begriff ‹D.› durch den Übersetzer von Hobbes, S. DE SORBIÈRE, bekannt gemacht [2]. LOCKE vergleicht väterliche, politische und despotische Gewalt. Bei ihm ist D. aber die völlig willkürliche Macht, die durch keinen Vertrag erworben wird. Sie ist der «fortgesetzte Kriegszustand», der Zustand der absoluten Unterwerfung und Rechtlosigkeit

[3]. FÉNELON sucht sowohl den Despotismus (Ds.) des Fürsten, der nicht mehr die Gesetze ausführt und die Rechte der Menschheit verletzt, als auch den Ds. des Volkes und dessen exzessive Freiheit, die sich gegen sich selbst richtet, zu vermeiden. Eine weise Regierung liegt in der Mitte zwischen den beiden Extremen von Ds. und Anarchie und in einer gemäßigten Freiheit (liberté modérée) [4].

D. und Ds. bleiben im ganzen 18. Jh. ein bevorzugtes Thema der politischen Theorien. DIDEROT sieht das Gefährliche des Ds. gerade in «einer gerechten, milden, aufgeklärten, aber willkürlichen Herrschaft,» da er den Geist unterdrückt, die Völker in Unwissenheit verharren und ihre Rechte vergessen läßt [5]. CONDORCET versteht unter Ds. die Unterjochung (oppression) eines Volkes durch einen Einzigen mit Hilfe einer militärischen Macht [6]. Der Ds. gehört der dritten Epoche der Weltgeschichte an, in der Reiche durch Invasion und Eroberung entstehen. Oft geht, wie im Mittelalter, die geistige Unterdrückung, der Aberglaube, mit dem Ds. einher («tyrannie sacerdotale et despotisme militaire») [7]. Beide werden erst in der Epoche der Aufklärung und mit dem Aufkommen der Wissenschaft überwunden [8]. VOLTAIRE kennt noch verschiedentlich die alte Bedeutung von ‹D.› [9] und ist sich, indem er auf diese zurückgeht, zugleich des neuen Sinns von Ds. als absoluter, willkürlicher Herrschaft eines Einzelnen ohne Gesetz und Recht bewußt [10]. Der Ds. ist eine Abart der Monarchie ebenso wie die Anarchie ein Mißbrauch der Republik ist [11]. MONTESQUIEU unterscheidet, in Kritik am überkommenen aristotelischen System, drei bzw. vier Regierungsformen je nach der in ihnen ausgeübten Herrschaft (in der Republik besitzt das Volk die höchste Gewalt; in der Monarchie regiert ein Einziger nach festen, ein für allemal angeordneten Gesetzen; in der D. regiert dieser Einzige nach Willkür und Laune [12]) bzw. nach den ihnen zugrunde liegenden Prinzipien (Monarchie: Ehre, Aristokratie: Mäßigung oder Selbstzucht, Demokratie: Tugend, Despotie: Furcht oder Terror. – Erst durch den Aufweis solcher Momente hat er in die überkommene antike Verfassungstypik etwas Neues und Neuzeitliches gebracht [13]). In der D. sind alle gleich in der Sklaverei, sie leben in der Furcht vor den Tyrannen. Ihr Schicksal ist die völlige Abrichtung auf instinktiven Gehorsam und Unterwerfung [14]. Das Gesetz liegt allein im Willen des Fürsten [15]. Die bürgerliche Sklaverei, in der der Mensch mit seinem Leben und Eigentum einem Herrn zu eigen ist, ist im Ds. permanent und für alle Untertanen gleichermaßen, da im Ds. die Sklaverei nicht, wie in Republiken und Monarchien, nur für einen besonderen Stand gilt [16]. Sowohl Demokratie als auch Monarchie können ins Verderben geraten, wenn das Volk die Körperschaften des Staates ihrer rechtmäßigen Funktionen beraubt bzw. wenn der Monarch alle Rechte und Privilegien aufhebt. Dies führt zum Ds. aller oder eines Einzigen [17]. Die D. ist die fortdauernde Ausartung einer guten Regierungsform [18]; sie ist dem Untergang geweiht und kann sich nur durch Absonderung von den übrigen Staaten am Leben erhalten [19].

Gegenüber dieser Ablehnung eines jeden Ds. versuchte der Physiokrat LE MERCIER DE LA RIVIÈRE eine Form des Ds. zu verteidigen, der in die damalige Zeit heftige Diskussionen auslöste. Der Ds. in seinem gewöhnlichen Verständnis, die Willkürherrschaft (despotisme arbitraire) wird auch von ihm verworfen [20]. Diesem gegenüber steht aber der «despotisme légal», der für die Untertanen nützlich und notwendig und für den

Souverän vorteilhaft ist. Er hält sich an unumstößliche Gesetze und garantiert Ordnung und Sicherheit. Damit aber die Schutzfunktion gegenüber den Untertanen erfüllt werden kann, ist es notwendig, alle Macht in einer Spitze zu vereinigen: die «autorité tutelaire» kann nicht geteilt werden, da sie sonst nicht Freiheit und Eigentum schützen kann. Dies ist der einzige und wahre Ds. Er allein garantiert geordnete Beziehungen der Untertanen untereinander und liegt deshalb im Interesse aller Menschen [21].

ROUSSEAU, der unter einem Despoten den sich über alle Gesetze stellenden Usurpator der höchsten Gewalt versteht [22], lehnt auch den legalen Ds. der Physiokraten ab, da er kein Mittel sieht, das den Mißbrauch auch dieses Ds. verhindern könnte. Darin widerspricht er V. DE RIQUETI, Graf von MIRABEAU, der den legalen Despotismus als Regierung nach einem «allgemeinen, auf alle Fälle anwendbaren Gesetz», so daß er auch aller Diskussion über den Inhaber der Macht enthoben sei, definiert hatte [23]. Menschen und Gesetze stehen nach ROUSSEAU in einem dauernden Widerstreit, ein Mittelding zwischen «strenger Demokratie und völligem Hobbismus» kann es für ihn nicht geben. Der immer mögliche Bürgerkrieg zwischen Untertanen und Obrigkeit bleibt das Problem eines jeden Staates [24]. Der jüngere MIRABEAU, H. G. DE RIQUETI, hat in seinem ‹Essai sur le despotisme› (1773) den Ds. mit «pouvoir absolu», «tyrannie» und «autorité arbitraire», den Feinden jeder freiheitlichen Verfassung, die die Gesellschaft den Individuen gewähren muß, gleichgesetzt [25]. Ds. und Anarchie sind beide unvereinbar mit der wahren Freiheit des Einzelnen und der Öffentlichkeit; aber entgegen der im 18. und frühen 19. Jh. weithin geltenden Auffassung, daß sich Ds. und Anarchie als extreme politische Erscheinungen wechselseitig bedingen und in gleichem Maße unheilvoll sind [26], ist für Mirabeau der Ds. noch weitaus furchtbarer, weil er ohne Unterlaß zunimmt und von der gesamten staatlichen Macht unterstützt wird, weil er die Menschen verdummt und einschläfert und deshalb nur mit größter Anstrengung beseitigt werden kann [27]. Diese Beurteilung des Ds. teilt Mirabeau mit M. GODWIN, der im Ds. ein weit größeres Maß an Schrecken, Unterdrückung und Dauerhaftigkeit sieht als in der Anarchie. Nur weil die manche Verirrungen der Menschheit sofort mit verstärkter Tyrannei beantwortete und der Vernunft nicht ihren freien Lauf ließ, erschien die Anarchie als so furchtbar [28]. Auch die Form eines «tugendhaften Ds.» ist für Godwin nicht annehmbar, da der Monarch als einzelner an der Spitze des Staates, selbst wenn er gut ist, nie die vielfältigen Interessen des Volkes kennen und seine Bedürfnisse erfüllen kann [29].

Ds. wird im 18. Jh. allgemein mit Sklaverei, Unmündigkeit des Volkes und Barbarei (oder zumindest der Tendenz dazu [30]) gleichgesetzt. Kirchlicher und ziviler Ds., hierarchische Prinzipien in Kirche und Gesellschaft an Stelle von Gleichheit der Bürger, dogmatische Anordnung der Glaubensinhalte und paternalistisches System entsprechen sich [31], so daß KANT z. B. auch von einem «geistlichen Ds.» spricht [32]. Überall dort, wo die Untertanen von der Regierung oder Gesetzgebung ausgeschlossen sind und alle Macht in einem einzigen Willen zusammengefaßt ist, der an keine geschriebenen Regeln, an Verantwortung gegenüber dem Volk oder Kontrollinstanzen gebunden ist, sondern nur nach eigener Willkür und persönlichem Gutdünken regiert oder sich seine Gesetze selbst gibt, liegt eine despotische Verfassung vor

[33]. Bei aller Kritik am Ds. sieht GOETHE jedoch die Möglichkeit, daß sich in einer D. auch «große Charaktere» bilden können, wie es etwa im Alexanderreich der Fall war, wenn auch die für eine D. kennzeichnende «geistige und körperliche Unterwürfigkeit» «dem Sinne der Westländer niemals eingehen kann» [34]. Als Anschauungsobjekte erscheinen bei Goethe wie auch bei den anderen Autoren besonders die Regierungen des Orients und die des Mittelalters. Mehr und mehr wurde jedoch am Ende des 18. Jh. der Vorwurf des Ds. auch offen gegen den zeitgenössischen Absolutismus erhoben. Der Kampf gegen den Ds. bedeutete in der Französischen Revolution immer Kampf gegen die absolutistische Monarchie und die Aristokratie.

ROBESPIERRE kennt nur zwei politische Parteien: die der Freiheit, die vom Volke vertreten wird, und die des Ds. und der Tyrannei [35]. Der Ds. setzt an die Stelle der Gerechtigkeit und der menschlichen Vernunft ein Recht und eine Vernunft, die nur für ihn selbst gemacht sind, er korrumpiert die Gedanken, Gefühle und Sitten der Menschen [36]. Gegenüber der Verderbnis der Regierungen des ancien régime will Robespierre die Tugend als das «principe fondamentale du gouvernement démocratique ou populaire» einrichten, jene «vertu publique», die nichts anderes ist als die Liebe zum Vaterland und seinen Gesetzen [37]. Alles, was unmoralisch ist, ist «contre-révolutionnaire». Schwachheit, Fehler, Vorurteile sind Kennzeichen der Monarchie [38]. Zur Durchsetzung der Tugend aber ist der Terror notwendig, denn ohne diesen, ohne die «justice prompte, sévère, inflexible», ist die Tugend ohnmächtig. Hierin können die Revolutionäre von den Despoten lernen: Sie müssen den Ds. der Freiheit ausüben: «Le gouvernement de la révolution est le despotisme de la liberté contre la tyrannie» [39]. Die Unterdrücker zu bestrafen, ist Milde, ihnen zu verzeihen, ist Barbarei [40].

In der Kritik an der Revolution hat B. CONSTANT festgestellt, daß sowohl die Herrschaft Robespierres als auch die Napoleons Ds., «die unaufhörliche und umfassende Gegenwart einer gräßlichen Regierung», gewesen seien [41]. CHATEAUBRIAND sucht den Ds. in gewissem Maße dadurch zu retten, daß er ihm die Entstehung von Zivilisation und physischer Sicherheit zuschreibt, in der die Menschen sich nicht mehr ganz um die «affaires publiques» zu kümmern brauchen und sich stattdessen ihrem eigenen Wohlergehen widmen können [42]. Der Ds. bändigt die Massen und befreit in gewissen Grenzen den Einzelnen, während die Anarchie die Massen entfesselt und die Individuen unterjocht [43].

Anmerkungen. [1] TH. HOBBES, Leviathan II, 20; vgl. De corpore 58. – [2] Vgl. Mémoires de Michel de Marolles (1656f.). Nouvelle éd. (Amsterdam 1755) 2, 416; 3, 1ff.; vgl. P. BAYLE, Oeuvres diverses (Den Haag 1727-31, Neudruck 1964-68) 3, 620-626. – [3] J. LOCKE: Two treatises of government (1690) II, 15, hg. TH. J. COOK (New York ⁴1961) 209f. – [4] FÉNELON, Oeuvres complètes, éd. Saint-Sulpice (Paris 1848-52) 10, 210. – [5] DIDEROT, Philos. Schriften, hg. TH. LÜCKE (1961) 2, 74. 113. 430. 471; vgl. LA BRUYÈRE, Oeuvres, hg. G. SERVOIS (Paris 1865-78) 1, 364. – [6] CONDORCET, Esquisse d'un tableau hist. des progrès de l'esprit humain (1794), dtsch. hg. W. ALFF (1953) 81. – [7] a. a. O. 166. 185. 243. 253. 337. – [8] 325. – [9] VOLTAIRE, Oeuvres, hg. BEUCHOT (Paris 1829-40) 16, 484; 45, 20; 48, 545. – [10] a. a. O. 20, 518f. – [11] 39, 431f.; 45, 20. – [12] MONTESQUIEU, De l'esprit des lois (1748) II, 1. – [13] So K. WEIGAND, in: MONTESQUIEU, Vom Geist der Gesetze (1965) 29; Aufweis der Herrschaftsprinzipien: L'esprit des lois III. – [14] a. a. O. [12] III, 8-10. – [15] V, 16. – [16] XV, 1. – [17] VIII, 6. – [18] VIII, 10. – [19] IX, 4. – [20] S. LE MERCIER DE LA RIVIÈRE: L'ordre naturel et essentiel des sociétés politiques (London, Paris 1767), hg. E. DEPITRE (Paris 1910) 128. – [21] a. a. O. 98f. 119. 129ff. 138-143. 148ff.; vgl. A. DE TOCQUEVILLE: L'ancien régime et la révolution (1856) III, 3; C. SCHMITT:

Die Diktatur (1921) 111ff. – [22] ROUSSEAU, Du contrat social III, 10. – [23] Brief an Mirabeau vom 26. 7. 1767, in: J. J. Rousseau, ses amis et ses ennemis, correspondance, hg. STRECKEISEN-MONTOU (Paris 1865) 2, 364f.; vgl. I. FETSCHER: Rousseaus politische Philos. (²1968) 256f. – [24] ebda.; vgl. Correspondance générale de J. J. Rousseau, hg. TH. DUFOUR (Paris 1924-1934) 17, 155ff. – [25] Esprit de MIRABEAU (Paris 1797) 1, 61; 2, 151. – [26] A. RIVAROL, Oeuvres choisies, hg. M. DE LESCURE (Paris o. J.) 1, 271. 276; Abbé SIEYÈS: Polit. Schriften (1796) 2, 371; J. BENTHAM, Works (1838-1843) 5, 222; A fragment of government. An introduction to the principles of morals and legislation, hg. W. HARRISON (Oxford 1948) 130; J. GÖRRES: Über Grundlage, Gliederung und Zeitenfolge der Weltgesch., hg. M. A. STRODL (1880) 83; A. FERGUSON: An Essay on the hist. of the civil society (1767), hg. D. FORBES (Edinburgh 1966) 72f. 127; F. SCHLEGEL, Krit. A. (1962ff.) 14, 232; vgl. aber 7, 25! – [27] MIRABEAU, a. a. O. [25] 1, 110f. – [28] W. GODWIN: Enquiry conc. political justice (London 1793) 2, 548f.; vgl. 2, 736ff. – [29] a. a. O. 2, 408-412. – [30] Vgl. ADDISON, in: The Spectator No. 287, hg. D. F. BOND (Oxford 1865) 3, 21f. – [31] MIRABEAU, a. a. O. [25] 1, 19ff.; F. CH. J. FISCHER: Ueber die Gesch des Ds. in Teutschland (1780) bes. 31. 59. 89f. 116f. – [32] KANT, Akad.-A. 6, 175; vgl. HAMANN, Sämtl. Werke, hg. NADLER 3, 284. 297. – [33] KANT, a. a. O. 6, 319. 339; FICHTE, Sämtl. Werke, hg. I. H. FICHTE (1845/46) 3, 160; 7, 175f.; E. BURKE, Works (London 1887) 1, 30f. 446. 458f.; F. SCHLEGEL, a. a. O. [26] 2, 189f.; 13, 122. 151. – [34] GOETHE, Noten und Abh. zum West-östlichen Diwan. Hamburger A. 2, 147. 169ff. 236ff. – [35] ROBESPIERRE, Oeuvres, hg. LAPONNERAYE/CARREL (Paris 1840) 1, 46. 51. – [36] a. a. O. 1, 383f.; 3, 366. – [37] 3, 544. – [38] 3, 545f. – [39] 3, 550. – [40] 3, 553. – [41] B. CONSTANT: De l'esprit de conquête et de l'usurpation (1814) II, 15, dtsch. hg. H. ZBINDEN (1942) 145f. – [42] CHATEAUBRIAND, Oeuvres compl. (Paris 1859-1861) 6, 179; 9, 129f. – [43] Mém. d'outre-tombe XXIII, 12 (Paris 1951) 1, 953.

3. Insgesamt läßt sich sagen: Alle systematischen Verfassungsdiskussionen und damit alle kategorialen und nicht nur beiläufigen Verwendungen des D.-Begriffs bis zum Ausgang des 18. Jh. bewegen sich im Horizont der aristotelischen Definitionen oder können ohne Schwierigkeit auf diese zurückgeführt werden; dies letztere geschieht – fast immer im Zusammenhang mit einer Kritik der Einteilung Montesquieus – leicht dadurch, daß man die despotische Regierung als «Mißbrauch der Monarchie» oder als deren «ausgeartete Form» definiert, wie es z. B. bei HERZBERG [1] und K. VON ROTTECK geschieht. Letzterer hält fest: Montesquieus Ds. ist «nichts anderes als die Ausartung der Monarchie, welche man sonst auch Tyrannei nennt» [2]. Von der Tyrannis unterscheidet die D. dagegen ausdrücklich K. W. F. SOLGER: D. ist «Ausartung der Monarchie», sofern «der Monarch als Person selbst schon angesehen wird, als den [spekulativ gemeinten] Begriff in sich schließend. Wo aber in der Monarchie der Regent bloß als Privatperson handelt, ist er Tyrann» [3]. In anderer Richtung, nämlich nicht im Sinne Aristoteles', sondern Kants kritisiert J. A. EBERHARD Montesquieus D.-Begriff: «Eigentlich ist der Ds. keine eigene Regierungsform, er ist die Verderbung der Regierung in allen Formen. Die Unvernunft haut den Baum um, dessen Früchte sie genießen will [4], sie mag die Unvernunft des Volks, der Aristokraten oder des Monarchen seyn. Der Despot, er mag der vielköpfige Despot einer Demokratie, oder Einköpfige einer Monarchie seyn, wird also in seinen Handlungen nicht durch die Betrachtung des öffentlichen Wohls geleitet» [5]. G. W. F. HEGEL arbeitet, bevor er die ältere Theorie grundsätzlich verabschiedet [6], im sogenannten ‹System der Sittlichkeit› [7] und in der ‹Philosophischen Propädeutik› [8] mit dem unverändert übernommenen aristotelischen Dreier- bzw. Sechser-Schema: Die D. ist die Fehlform der Monarchie. An Aristoteles und Montesquieu orientiert ist I. D. PLANTS ‹Publizistische Übersicht aller Regierungsarten sämtlicher Staaten und Völkerschaften auf der Erde› von 1788.

Die «D.en oder die despotischen Staaten, gesetzfreie Staaten» sind (wie die von ihnen unterschiedenen Tyrannien) «Ausartungen der unumschränkten Monarchien oder Aftermonarchien»; er nennt 59 geschichtliche Beispiele aus Europa (im 18. Jh. nur noch die Türkei), Asien und Afrika [9].

Die realen und begriffsgeschichtlich sich niederschlagenden Transformationen des alteuropäisch-aristotelischen Verfassungswesens ist am besten bei KANT zu fassen. Kant unterscheidet [10] zwischen der *Form der Beherrschung* (forma imperii) und der *Form der Regierung* (forma regiminis). Zu *jener* gehören die alten Formen Autokratie (d. h. Monarchie), Aristokratie und Demokratie, «in *dieser* Beziehung ist ein Staat entweder *republikanisch* oder *despotisch*». Als Kriterium dient Montesquieus, von diesem in seiner Verfassungstheorie freilich selbst nicht verwandte Prinzip der Gewaltenteilung. «Der Republikanism ist das Staatsprincip der Absonderung der ausführenden Gewalt (der Regierung von der gesetzgebenden; der Ds. ist das der eigenmächtigen Vollziehung des Staates von Gesetzen, die er selbst gegeben hat, mithin der öffentliche Wille, sofern er von dem Regenten als sein Privatwille gehandhabt wird» [11]. Es ist nicht mehr von der D. als einer statutarischen Staatsform die Rede, sondern vom Ds. als einer geschichtsphilosophischen Bewegungskategorie: Die Konstitution soll hinentwickelt werden vom Ds. weg in Richtung auf Republikanismus, da dieser allein «aus dem reinen Quell des Rechtsbegriffs entsprungen ist» und «aus der Idee des ursprünglichen [bürgerlichen] Vertrags hervorgeht» [12]. «Eine Regierung, die auf dem Prinzip des Wohlwollens gegen das Volk als eines Vaters gegen seine Kinder errichtet wäre, d. i. eine väterliche Regierung (imperium paternale), wo also die Unterthanen als unmündige Kinder, die nicht unterscheiden können, was ihnen wahrhaftig nützlich oder schädlich ist, sich bloß passiv zu verhalten genöthigt sind, um, wie sie glücklich sein sollen, bloß von dem Urtheile des Staatsoberhaupts und, daß dieser es auch wolle, bloß von seiner Gütigkeit zu erwarten: ist der größte denkbare Ds. (Verfassung, die alle Freiheit der Untertanen, die alsdann gar keine Rechte haben, aufhebt)» [13]. Jede Verfassung ohne Repräsentation ist despotisch und gewalttätig [14]. Insbesondere jedoch gilt: «Unter den drei Staatsformen ist die Demokratie im eigentlichen Verstande des Worts notwendig ein Ds., weil sie eine exekutive Gewalt gründet, da alle über und allenfalls auch wider Einen (der also nicht miteinstimmt), mithin Alle, die doch nicht Alle sind, beschließen; welches ein Widerspruch des allgemeinen Willens mit sich selbst und mit der Freiheit ist» [15]. In der ‹Anthropologie› hat Kant in Analogie zu den vier syllogistischen Figuren der logischen Urteilstheorie durch eine Kombination der drei für jede Politik entscheidenden Faktoren «Freiheit, Gesetz und Gewalt» die vier notwendigen Formen Anarchie, Despotismus, Barbarei und Republik apriorisch konstruiert; der Ds. ist demnach «Gesetz und Gewalt ohne Freiheit» [16]. Kant gibt zu, daß unter einer despotisch-paternalen Regierung das Wohl der Staatsbürger und ihre Glückseligkeit viel behaglicher und erwünschter ausfallen können als in einer Republik [17], doch kommt es nicht *darauf* an, sondern auf die Realisierung der höchsten Übereinstimmung der Verfassung mit dem Rechtsprinzip. Der Ds. verhindert eben dies und vor allem die Aufklärung überhaupt [18].

Alle Diskussionen des Verfassungsproblems nach Kant lassen sich beschreiben als der Versuch, seine Begriffe und Kategorien in ein Verhältnis zu den von Aristoteles und Montesquieu überkommenen zu bringen (sofern sich die Votanten nicht einfach einer von diesen Positionen anschließen). Letztlich an Kant orientiert [19] bleibt A. H. L. HEERENS Überlegung ‹Über den Charakter der despotischen Verfassung, und der Staatsverfassungen überhaupt› [20]. Kants «Aufweis der Grundlosigkeit der bisherigen und zur Mode gewordenen [d. h. aristotelischen] Einteilung der Staatsverfassungen» wird klassisch genannt; seine ausschließliche Orientierung an der Gegebenheit des Repräsentationssystems findet dagegen keinen Beifall. Heeren selbst unterscheidet die Regierungsweisen entsprechend des in ihnen beobachteten Verhältnisses zwischen der Regierung und dem Volke dreifach als D., Autokratie und Republik. «Die despotische Verfassung besteht in demjenigen anerkannten [d. h. rechtlich fixierten] Verhältnisse zwischen dem Regenten und dem Volk, wo der Regent nicht nur der Repräsant und Vollzieher des allgemeinen Willens, sondern auch (nach seinem Gutdünken) des Privatwillens der Einzelnen ist. Die despotische Verfassung als solche schließt also die persönliche Freiheit der Untertanen aus, sie sind Sklaven oder Knechte des Regenten». Es kommen also weder ihre Bürger- noch, was schwerer wiegt, ihre Menschenrechte zur Geltung [21].

C. G. SUAREZ arbeitet einerseits ungebrochen mit dem älteren System (Demokratie, Aristokratie, eingeschränkte, uneingeschränkte Monarchie) und handelt, wie man es in der praktischen Philosophie zuvor immer getan hatte, jede Verfassung a) nach ihren Vorteilen und b) nach ihren Gefahren ab. Die Gefahr der Monarchie ist ihr Hang zum Ds. [22]. An Kants Aufklärungsschrift, freilich nicht an seiner Verfassungslehre denkt man bei dem nach seiner Meinung «wesentlichen Unterschied zwischen dem souveränen Gesetzgeber und dem Despoten. Der Despot sagt: Räsoniere nicht. Der Souverän sagt: Räsonieren magst du, aber gehorche» [23]. (In dieser Tradition steht noch die These G. VON HERTLINGS, daß der in der Neuzeit aufgekommene Begriff «aufgeklärter Ds.» in sich widersprüchlich sei [24].) Ganz unkantisch ist dagegen eine andere Abhebung des Despoten vom Souverän: Jener sieht die Untertanen als sein Eigentum an, dieser sieht sich in der Rolle eines fürsorgenden Vaters seiner Bürger (Kant: «Größter denkbarer Ds.»). Nach FR. SCHLEIERMACHER besteht der Unterschied zwischen dem «wahren König» und dem Despoten (der Form nach) darin, daß jener «seinen Untertanen das Recht der Petition zugesteht» [25]. Im Sinne Kants, jedoch mit zusätzlicher Unterscheidung der Tyrannis, schreibt sein Schüler J. B. ERHARD: Die Regierungsart, in der die vier Gewalten vereinigt sind, ist «despotisch, und es gibt daher despotische Monarchie, Aristokratie und Demokratie. Insofern diese Verfassung als wider den Willen der Untergebenen durch bloße Gewalt behauptet, angesehen wird, heißt sie tyrannisch. Die absolute Demokratie, wo Alles durch die Majorität entschieden wird, ist daher sowohl eine tyrannische Verfassung, weil sie ursprünglich durch bloße Gewalt über die Minorität entstehen muß, als auch eine despotische, weil keine Verteilung der Gewalt darin stattfindet» [26]. Der Ds. ist dagegen «aufgehoben, sobald die gesetzgebende und vollziehende Gewalt getrennt sind» [27].

Dieses für den an Kant ausgerichteten deutschen liberalen Konstitutionalismus kennzeichnende Gewaltenteilungspostulat haben in Form einer Auseinandersetzung mit Kants philosophischem Entwurf ‹Zum ewigen Frieden› J. G. Fichte, der durch seine Mitarbeit am Allgemeinen Preußischen Landrecht bekannte E. F. Klein und Fr. Schlegel kritisiert. SCHLEGEL [28] nahm vor allem Anstoß an Kants These vom notwendigen Ds. der Demokratie (seine Gegenthese: «Der Republikanismus ist notwendig demokratisch» [29]). Er interpretiert neu: Entscheidend ist das Verhältnis des allgemeinen zum partikularen Willen; im Ds. ist nicht der allgemeine, sondern ein einzelner Wille Grund der bürgerlichen Gesetze [30]; despotisch ist jeder Staat, der einen besonderen Zweck hat [31]. Immerhin: «Die beiden reinen Arten aller denkbaren politisch notwendigen oder möglichen Formen sind der Republikanismus und der Ds.» [32]. Eine despotische Regierung ist – hier kehren die Aristotelischen «Abarten» der guten Verfassungen wieder – «entweder tyrannisch, oligarchisch oder ochlokratisch». Nicht die Demokratie, wie Kant gemeint hatte, sondern die «Ochlokratie ist der Ds. der Mehrheit über die Minorität» [33]. «Der absolute Despotismus ist nicht einmal ein Quasistaat, vielmehr ein Antistaat, und ... doch ein ungleich größeres politisches Übel, als selbst Anarchie». Diese ist entweder ein fließender Ds. oder permanente Insurrektion [34]. Überraschend klingt der Aphorismus, nur derjenige Staat verdiene Aristokratie genannt zu werden, «in welchem wenigstens die kleinere Masse, welche die größere despotisiert, eine republikanische Verfassung hat» [35]. FICHTE [36] und KLEIN erheben Einwände gegen die Betonung der Gewaltenteilung als Kriterium für Republikanismus und Ds.: «In der Tat liegt auch der Ds., welchen Kant von der Vereinigung der gesetzgebenden und ausübenden Gewalt besorgt, nicht in dieser Vereinigung selbst, sondern nur in den Mißbräuchen, welche aus dieser Vereinigung entstehen können» [37]. Nach Fichte ist eine Verfassung, «wo die Verwalter der öffentlichen Macht keine Verantwortlichkeiten haben ... eine D.» [38].

K. H. L. PÖLITZ verwendet den Begriff ‹Ds.› sowohl im Sinne der Staatsform wie auch der Regierungsweise; in jenem Sinn ist er neben Usurpation und Tyrannei eine «Ausartung der monarchischen Regierungsform»; Despot ist demnach – ähnlich wie bei Heeren – «der, unter welchem den Mitgliedern des Staates weder der Besitz ihrer Menschenrechte (der persönlichen Freiheit, des Eigentums usw.) noch ihre Bürgerrechte (z. B. wie in den afrikanischen Raubstaaten) gesichert ist» [39]; in diesem Sinn ist er – wie bei Kant – als Willkürherrschaft der Gegenbegriff zum Republikanismus [40]. BLUNTSCHLI erinnert, um diese beiden Aspekte unverwechselbar zu machen, noch einmal an die sprachliche Unterscheidungsmöglichkeit zwischen Ds., der in jeder Staatsform sich finden kann und «in der Mißachtung der Rechte anderer» besteht, und D. als bestimmter Staatsform, «in welcher *ein* Herr alle öffentliche Gewalt ausschließlich in sich vereinigt und alles nach seiner Willkür bestimmt. Sie kann notwendig und nützlich sein, aber nur unter der Voraussetzung eines tiefstehenden, passiven und unfreien Volkes. Sie kann aber auch die bloße Entartung der Monarchie in Willkürherrschaft sein» [41]. K. V. ROTTECK arbeitet ebenfalls beide Aspekte scharf heraus, ohne jedoch sprachlich zwischen D. und Ds. zu differenzieren: «Die D. ist entweder nichts anderes als die Ausartung der Monarchie, welche man sonst auch Tyrannei nennt, oder aber die in allen Staatsformen mögliche Herrschaft des Privatwillens der Regenten, im Gegensatz der Herrschaft des staatsgesellschaftlichen Gesamtwillens. In erster Bedeutung ist D. keine Hauptform und in letzter kein Seitenstück zur Monarchie, Aristokratie und Demokratie, sondern, ohne Unterschied der speziellen äußeren Form, bloß der allgemeine Gegensatz der Republik» [42]. Diese letztere Bestimmung ist freilich nicht erschöpfend: Eine ausführliche Einteilung der Staatsverfassungen nach «inneren Teilungsgründen», d. h. nach ihrer Angemessenheit oder Nichtangemessenheit zu der durch sie zu realisierenden Idee («Herrschaft des wahren Gesamtwillens»), ergibt die drei Möglichkeiten republikanisch, despotisch, monarchisch [43]. D. in diesem Sinne kennt viele Erscheinungsformen; zwei Unterarten sind Theokratie und Sultanismus. Im Sinne von Kants Entgegensetzung von Ds. und Republikanismus, aber dessen Thesen verschärfend heißt es in Rottecks ‹Allgemeiner Geschichte›: Es ist «klar, daß Monarchie und Aristokratie sowohl republikanisch als despotisch sein können, weil in beiden entweder bloß die vollziehende, oder die gesamte Staatsgewalt den Machthabern zukommt. Die Demokratie aber – was zwar paradox klingt – kann nicht wohl anders als despotisch sein, weil eine Verfassung, worin das ganze Volk die exekutive, und nur ein Teil desselben, oder eine einzelne Person die gesetzgebende Gewalt hätte, nicht wohl gedacht werden kann, daher in allen Demokratien eine Vereinigung der Gewalt in den Händen des Volkes, und sonach eine D. gegen jeden Einzelnen Platz greift» [44]. K. Th. Welcker hatte zuvor schon die drei sonst nach Vernunftprinzipien unterschiedenen Formen D., Theokratie und Rechtsstaat drei historischen Perioden zugeordnet; die D. entspricht demnach der Periode der Kindheit, ihr Prinzip ist die Sinnlichkeit [45]. In E. Chr. Dahlmanns und in H. v. Treitschkes ‹Politik› spielt der D.-Begriff keine zentrale Rolle; der letztere verwendet ihn nur an zwei Stellen im Zusammenhang eines (kritischen) Aristotelesreferates [46]. Die alte Staatsformenlehre scheint noch einmal durch in M. Stirners Gleichsetzung jedes Staates mit D.: «Jeder Staat ist eine D., sei nun Einer oder Viele der Despot, oder seien, wie man es sich wohl von einer Republik vorstellt, auch Alle die Herren, d. h. despotiere Einer den Anderen» [47].

Der Begriff ‹Ds.› wird von da ab politisch (oder genauer: verfassungstheoretisch) unspezifisch verwandt zur Kennzeichnung einer bestimmten Bewußtseinslage. Nach W. Marr ist Ds. «die natürliche Folge der Autorität» [48]; er hat seinen Ursprung und Haltepunkt in deren Anerkennung, d. h. in der menschlichen Selbstentäußerung. Varnhagen v. Ense charakterisiert den Ds. als «Ruhe», die verloren ist, sobald die «Bewegung», d. h. das Streben nach Freiheit eintritt [49]. E. Kapp bekämpft gefährlichen «constituirten Ds.», der sich «unter der gleißenden Firma des Volkswillens versteckt» [50]. Horkheimer und Adorno führen die «rätselhafte Bereitschaft» der Massen, in den Bann eines jeglichen Ds. zu geraten, auf deren technologische Erziehung zurück [51].

Anmerkungen. [1] E. F. v. Herzberg: Abh. über die beste Regierungsform, in: Acht Abhandlungen ... (1789) 2. 7f.; ohne verfassungstheoretisch-systematische Bedeutung ist der Art. ‹Despotismus› in dem polemischen, unter Herzbergs Namen veröffentlichten, ihm aber nur unterschobenen ‹Neuen Wörterbuch der Politik› (Warschau 1796) 17-19. – [2] K. von Rotteck: Lb. des Vernunftrechts und der Staatswiss. 2 (²1840, Nachdruck 1964) 187. – [3] K. W. F. Solger: Philos. des Rechts und Staats, in: Nachgelassene Schr. und Briefwechsel, hg. L. Tieck/Fr. von Raumer (1826) 352. – [4] So wörtlich auch Montesquieu, vgl. dtsch. K. Weigand (1965) 157. – [5] J. A. Eberhard: Über Freyheit des Bürgers und die Principien der Regierungsformen in: Vermischte Schr. 1 (1784) 20; dasselbe fast wörtlich auch in: Über Staatsverfassungen und ihre Verbesserung 1 (1793) 76. – [6] G. W. F. Hegel, Grundl. der Philos. des Rechts § 273. Werke, hg. Glockner 7 (⁴1964) 371f. – [7] System der Sittlichkeit, hg. G. Lasson, in: Philos. Bibl. 144 a (Nachdruck 1967) 90. – [8] Werke, hg. Glockner 3 (1949) 72-74: § 28. – [9] I. D. Plant: Publizistische Übersicht ... (1788) III. VIIf. – [10] Kant, Zum ewigen Frieden. Akad.-A. 8, 349ff. – [11] a. a. O. 352; vgl. die schöne Neuinterpretation des alten Bildes vom Staatsschiff im gleichen Zusammenhang Akad.-A. 19, 510, Refl. 7764. – [12] Zum ewigen Frieden a. a. O. 350f. – [13] Über den Gemeinspruch: Das mag in der Theorie richtig sein ... Akad.-A. 8, 290f.; vgl. 6, 316f.; zur Interpretation: H. Maier: Die ältere dtsch. Staats- und Verwaltungslehre (1966) 231f. – [14] Kant, a. a. O. 8, 353. – [15] 352. – [16] 7, 330. – [17] 6, 330. – [18] 19, 251, Refl. 7774. – [19] Vgl. Rotteck, a. a. O. [2] 188. – [20] A. H. L. Heeren: Über den Charakter ..., in: Ideen über die Politik, den Verkehr und den Handel der vornehmsten Völker der alten Welt 1 (1805) Beylage V, 978-986. – [21] a. a. O. 982. – [22] C. G. Suarez: Vorträge über Recht und Staat, hg. H. Conrad/G. Kleinheyer (1960) 89. 475f. 609. – [23] a. a. O. 587. – [24] Art. ‹D.›, Staatslex. 1 (³1908) 1202. – [25] Fr. Schleiermacher: Über die Begriffe der verschiedenen Staatsformen. Werke III/2 (1838) 283. – [26] J. B. Erhard: Über freiwillige Knechtschaft und Alleinherrschaft; über Bürger-, Ritter- und Mönchsthum (1821) 113. – [27] a. a. O. 114. – [28] Fr. Schlegel: Versuch über den Begriff des Republikanismus, zuerst in: Deutschland 3 (1796), zit. nach J. Baxa (Hg.): Gesellschaft und Staat im Spiegel dtsch. Romantik (1924) 27-49. – [29] a. a. O. 36. – [30] 31. – [31] 34 Anm. – [32] 47. – [33] 40. – [34] 49. – [35] Romantische Frg. a. a. O. 50. – [36] J. G. Fichte, Rez.: Zum ewigen Frieden. Ein philos. Entwurf von I. Kant. Philos. J. 4 (1796) 81-92. Werke, hg. I. H. Fichte 8, 427-436; Grundlage des Naturrechts. Einl. III. Über das Verhältnis der gegenwärtigen Theorie des Rechts zu der Kantischen a. a. O. 3, 12ff. – [37] E. F. Klein: Über das Verhältnis der gesetzgebenden zur richterlichen Gewalt. Deutschland 2 (1796) 323-328. – [38] a. a. O. 160. – [39] K. H. L. Pölitz: Die Staatswiss. im Lichte unserer Zeit 1 (²1827) 457. – [40] a. a. O. 445. – [41] J. C. Bluntschli: Staatswörterbuch 1 (1869) 471ff. – [42] Rotteck, a. a. O. [2] 187. – [43] 192. – [44] Allg. Gesch. vom Anfang der hist. Kenntniß bis auf unsere Zeiten 1 (⁸1832) 237. – [45] K. Th. Welcker: Die letzten Gründe von Recht, Staat und Strafe (1813, Nachdruck 1964) 13-21. 145-157; zur Kritik an dieser Historisierung vgl. Rotteck, a. a. O. [2] 2, 190. – [46] H. v. Treitschke: Politik (³1911) 2, 4ff. – [47] M. Stirner: Der Einzige und sein Eigentum (1845), zit. Reclam-A. (1893) 228f. – [48] W. Marr: Anarchie oder Autorität (1852) 86. – [49] K. A. Varnhagen v. Ense: Tagebücher 11 (1869) 94. – [50] E. Kapp: Der constituirte Ds. und die constitionelle Freiheit (1849) 66. – [51] Th. W. Adorno und M. Horkheimer: Dialektik der Aufklärung (Amsterdam 1947) 8; vgl. G. Bien: Philos. Jb. 79 (1972) 1ff.
G. Bien/U. Dierse

II. Max Weber verwendet ‹Despotismus› (D.) gelegentlich als unspezifischen Ausdruck zur Bezeichnung politischer Gewaltausübung, die interne Schranken des Machtgebrauchs (Gewaltbegrenzung) prinzipiell nicht kennt oder durchbricht (orientalischer D., Tyrannis, ochlokratischer D., aufgeklärter D.). Der Terminus bedarf der begrifflichen Klärung im Rahmen der Herrschaftstheorie Max Webers. Den Grundtypen legitimer Herrschaft gegenüber stehen Gewaltstrukturen des politischen Verbandes, bei denen von seiten der Herrschenden grundsätzlich ein Legitimitätsanspruch verschmäht und auf seiten der Beherrschten die Fügsamkeit nicht an der Vorstellung vom Bestehen einer legitimen Ordnung und Herrschaft orientiert wird.

Den soziopolitischen Legitimitätskategorien sind in mehr oder minder scharfem Kontrast entgegengesetzt die *illegitimen* Herrschaftsformen: 1. cäsaristische Herrschaft usurpatorischer absoluter Gewalt; 2. plebiszitäre Herrschaft pseudodemokratischer Demagogie; 3. militaristische Gewaltherrschaft; 4. zivilistisch-kommissarische Partei- und Polizeidiktatur; 5. mafiotischer Terrorismus im totalen Zwangsverband.

Dabei ist ein Mehrfaches zu beachten. Überschreitung der Legitimitätsschranken wie Aufrichtung einer von vornherein illegitimen Herrschaft können – juristisch wie soziologisch – *nachträglich* via facti durch legitimatio subsequens in Legitimität erwachsen und verbreitetes Einverständnis finden. Das gilt speziell für die *charismatische* Gewaltstruktur als autoritäre Monokratie, die ihrer genuinen Strukturidee nach zwar legitim verstanden sein will, in der jedoch der Keim zu einem autoritativen D. schrankenloser Herrengewalt gelegt ist und die daher – je fragwürdiger ihre Basis und je bedenklicher sie in der Wahl ihrer Mittel wird – leicht auf den Weg der Pseudolegitimität geraten kann und alsdann ständig vor der Öffentlichkeit um Indemnität ringen muß. Die definitive Erschütterung des Legitimitätsglaubens hat dann zur Voraussetzung, daß bei gröblicher Diskrepanz zwischen der auf dem Sendungsgedanken ruhenden Legitimitätsvorstellung und der realen Herrschaftsausübung und Erfolgschance dieses Auseinanderklaffen eklatant ins öffentliche Bewußtsein tritt. Auch die formal-legale *parlamentarische* Parteienherrschaft kann – besonders unter despotischen Massenführern – zu einem rücksichtslosen Majoritätenabsolutismus mit der Anmaßung ausarten, alles jeweils zweckdienlich Erscheinende in Gesetz und Recht zu verwandeln. Daneben hat die Gegenwart ersichtlich die Wiederbelebung der Herrschaftsform eines manipulierten *Prinzipats* bewirkt: eines abgemilderten cäsaristischen Absolutismus ohne eigentlichen Terrorismus, mit nur gelegentlicher plebiszitärer oder pseudoplebiszitärer Gebarung und unter Aufrechterhaltung, wenn auch entscheidender politischer Entmachtung etablierter Institutionen des Rechtsstaats und der Demokratie. Der Legitimitätsanspruch ist zwar absolut, doch wird immer erneut versucht, ihm eine politisch-soziale Basis zu verschaffen und auf diesem Wege und durch demonstrable Erfolge bei der Gewährleistung von Frieden, Ordnung und Sicherheit eine jedenfalls zeitweilige Tolerierung zu erreichen. Was schließlich die *sozial-revolutionäre* Herrschaft anlangt, so kann sie möglicherweise aus illegitimen und irrationalen Anfängen unmittelbarer Gewaltanwendung und nach Passieren verschiedenartiger revolutionärer Übergangsformen sich auf Grundlage einer rational-theoretischen Begründung den Übergang zu einer rationalen Herrschaftsform zwecks Verwirklichung *material-rationaler* Postulate ebnen. Die etwaige Legitimität einer derartigen Herrschaftsform wäre bedingt durch die Zustimmung, die die Art der grundlegenden material-rationalen Prinzipien der Menschenwürde, Sozialgestaltung und Verbandsstruktur finden würde.

Hiervon ausgehend kann nunmehr der *Begriff des D.* präziser bestimmt werden. Er umfaßt sowohl Herrschaftsweisen, die infolge Ignorierung oder Durchbrechung der inhärenten Legitimitätsschranken aus genuin legitimen Herrschaftsformen hervorgegangen sind, als auch solche politische Gewaltausübung, die von Anfang an illegitimen Formen der Herrschaft zuzuordnen ist. Er kann im Falle nicht zu krasser Ausübungsformen – je nach innerer und äußerer Bedingungskonstellation – wenigstens partiell oder temporär mit Erfolg um öffentliche Anerkennung bemüht sein. Auf der Grundlage internationaler Anerkennung mundialer politischer Menschenrechte für Individuen, Gruppen und Völker ruft der D., sobald er als solcher im öffentlichen Bewußtsein enthüllt ist, alsbald die Ausübung des Widerstandsrechts durch Auflehnungshandlungen auf den Plan.

Literaturhinweise. MAX WEBER: Wirtschaft und Gesellschaft (⁵1971); Ges. polit. Schriften (³1971); Staatssoziol. (²1966); Rechtssoziol. (³1967). – JOHS. WINCKELMANN: Legitimität und Legalität in M. Webers Herrschaftssoziol. (1952). – O. BRUNNER: Bemerkungen zu den Begriffen ‹Herrschaft› und ‹Legitimität›, in: Festschr. Hans Sedlmayr (1962) 116-133. – R. BENDIX: M. Weber – Das Werk (1964); dazu JOHS. WINCKELMANN: M. Weber – Das soziol. Werk. Köln. Z. Soziol. 17 (1965) 743-790. – K. LOEWENSTEIN: M. Webers staatspolit. Auffassungen in der Sicht unserer Zeit (1965). – JOHS. WINCKELMANN: M. Webers Verständnis von Mensch und Gesellschaft, in: Gedächtnisschr. Univ. München (1966) 195-243. – G. ABRAMOWSKI: Das Geschichtsbild M. Webers (1966). JOHS. WINCKELMANN

Destruktion wird im allgemeinen auch in philosophischen Texten im üblichen gemeinsprachlichen Sinn gebraucht; die Funktion eines philosophischen Begriffs erhält das Wort vor allem bei Heidegger und durch die Psychoanalyse.

I. Der geplante, jedoch nicht erschienene zweite Teil von M. HEIDEGGERS ‹Sein und Zeit› sollte den Titel tragen: «Grundzüge einer phänomenologischen D. der Geschichte der Ontologie am Leitfaden der Problematik der Temporalität» [1]. Nach der «Interpretation des Daseins auf die Zeitlichkeit» und der «Explikation der Zeit als des transzendentalen Horizontes der Frage nach dem Sein» [2] sollte vom Standpunkt des neugewonnenen Sinnes von Sein aus die Geschichte der Ontologie, d. h. die Geschichte der bisherigen Auskünfte über das Sein, geprüft und destruiert werden. Auf Geschichte sah sich die Seinsfrage verwiesen, weil die Frage nach dem Sein als Modus zu einem Seienden gehört, welches seinerseits durch Zeitlichkeit und Geschichtlichkeit bestimmt ist [3]. Es gilt für Heidegger so gegenüber dem Verfallen an die Tradition, die die Geschichtlichkeit des Daseins gerade entwurzelt [4], die elementarsten Bedingungen allererst wiederherzustellen, «die einen positiven Rückgang zur Vergangenheit im Sinne einer produktiven Aneignung ihrer allein ermöglichen» [5]. Es bedarf «der Auflockerung der verhärteten Tradition und der Ablösung der durch sie gezeitigten Verdeckungen» [6]. Bezüglich der Seinsfrage ergibt sich die Aufgabe einer «D. des überlieferten Bestandes der antiken Ontologie auf die ursprünglichen Erfahrungen, in denen die ersten und fortan leitenden Bestimmungen des Seins gewonnen wurden» [7].

Obwohl Heidegger mehrfach betont, daß die geforderte D. keiner negativen, sondern einer positiven Absicht entspringe [8], daß es ihr also nicht um «Abschüttelung der ontologischen Tradition» gehe [9], sollte im zweiten Teil von ‹Sein und Zeit› vermutlich gezeigt werden, daß, warum und wie die abendländische Philosophie den Sinn von Sein nicht zureichend bestimmt habe. Die in ‹Sein und Zeit› intendierte Wiederholung der Seinsfrage motiviert sich gerade aus dem Verdacht, die bisherige Ontologie habe Sein immer nur als Anwesenheit, also nur aus *einem* Zeitmodus – dem der Gegenwart –, statt aus allen dreien verstanden [10].

Inhaltlich sollte die D. in drei Schritten durchgeführt werden an den Lehren von Kant, Descartes, Aristoteles [11]. Sieht man von dem kurzen Exkurs über Descartes im ersten Teil von ‹Sein und Zeit› ab [12], so hat Heidegger von der geplanten D. im Grunde nur die erste Phase geliefert, und auch diese nicht mehr im Rahmen von ‹Sein und Zeit›, sondern in seinem ersten Kantbuch [13]. Seine späteren Arbeiten – nach der ‹Kehre› – intendieren und vollziehen zwar auch den Rückgang in die Geschichte der abendländischen Philosophie, insbesondere in die der Metaphysik, begreifen deren Verdeckungen und Verstellungen jedoch nicht mehr als solche menschlicher Seinsentwürfe, sondern als vom Sein selbst geschickte Verborgenheit, Vergessenheit und Irre [14]. Demgemäß billigt der spätere Heidegger jener für ‹Sein und Zeit› geplanten D. zwar eine gewisse Notwendigkeit zu, sieht jedoch ihre grundsätzliche Grenze darin, daß sie «noch nicht seinsgeschichtlich gedacht» gewesen sei [15]. An die Stelle der D. tritt die Überwindung und «Verwindung» der Metaphysik [16].

Anmerkungen. [1] M. HEIDEGGER: Sein und Zeit (1927) 39. – [2] a. a. O. VII. – [3] 20f.; ausgeführt 301-404. – [4] Vgl. 21. – [5] ebda. – [6] 22. – [7] ebda. – [8] 22f. – [9] 22; vgl. 23. – [10] Vgl. 25f. – [11] Vgl. 40. – [12] Vgl. §§ 19-21. – [13] Vgl. Kant und das Problem der Met. (1929). – [14] Vgl. dazu exemplarisch etwa: Die Met. als Gesch. des Seins (entstanden 1941), in: Nietzsche 2 (1961) 399-454; Brief über den Humanismus (1947). – [15] Nietzsche 2, 415. – [16] Vgl. z. B. Überwindung der Met., in: Vorträge und Aufsätze (1954) 71-99.

Literaturhinweise. O. PÖGGELER: Der Denkweg Martin Heideggers (1963). – M. MÜLLER: Existenzphilos. im geistigen Leben der Gegenwart (³1964).
W. FRANZEN

II. In der Psychoanalyse hat S. FREUD (erstmals in ‹Jenseits des Lustprinzips›) ‹D.› verwendet zur Kennzeichnung der Aggressionstriebe: «Wir nehmen an, daß es zwei wesensverschiedene Arten von Trieben gibt, die Sexualtriebe..., den *Eros*, ... und die Aggressionstriebe, deren Ziel die D. ist» [1]. Das dualistische Verhältnis von Eros und D.-Trieb im Es beinhaltet zugleich die Scheidung zwischen den libidinösen Ich- und Objekttrieben und den nicht durch Libido definierten Aggressionstrieben, die als externe Ableitung des Todestriebs verstanden werden. Freud hat beide jedoch als immer faktisch amalgamiert betrachtet. Im Es «wirken die organischen *Triebe*, selbst aus Mischungen von zwei Urkräften (Eros und D.) in wechselnden Ausmaßen zusammengesetzt ...» [2]. Der D.-Trieb kann in dieser Verbindung produktiv wirken. Die libidinösen Triebe sind immer mit einem Quantum D.-Trieb legiert als Durchsetzungsenergie, durch die das Triebziel erreichbar oder auch modifiziert wird [3].

Über den Rahmen der an Freud anschließenden psychoanalytischen Diskussion hinaus ist der Begriff der D. von H. MARCUSE aufgenommen und in philosophisch-soziologischem Bereich verwendet worden. Marcuse unternimmt den spekulativen Versuch, den «*gemeinsamen Ursprung* der zwei Grundtriebe» [4] zu rekonstruieren; ihren Dualismus erklärt er als geschichtlich und als geschichtlich aufhebbar. Freud habe dagegen in seiner dualistischen Trieblehre die in der Entwicklung des Individuums und der Kultur auftretende D. perpetuiert. Der Todestrieb – und extravertiert der D.-Trieb – «ist ein Ausdruck des ewigen Kampfes gegen Leiden und Unterdrückung» [5] sowie der Spannungsvermeidung mit der Chance der Überwindung durch positive Aufhebung der Spannung. Intendiert ist das Ende der D. durch Befriedigung des Triebanspruchs und damit Lösung der Spannung, aus der D. hervorging und zu deren Überwindung sie beitrug, in Form des Leistungs- und Realitätsprinzips.

Für M. HORKHEIMER und TH. W. ADORNO impliziert – anders als in H. Marcuses psychoanalytischer Ableitung der D. – gesellschaftlicher Fortschritt die D. und reproduziert die Gesellschaft sich durch D.: «Das Destruktive des Fortschritts» [6] entsteht als Zunahme von Herrschaft und Herrschaftswissen: «Nicht bloß die ideelle, auch die praktische Tendenz zur Selbstvernichtung gehört der Rationalität seit Anfang zu» [7].

Anmerkungen. [1] S. FREUD, Werke (1940f.) 15, 110. – [2] a. a. O. 17, 128. – [3] Vgl. 13, 66; 17, 76. – [4] H. MARCUSE: Eros und Kultur (1957) 111. – [5] a. a. O. 35. – [6] M. HORKHEIMER und TH. W. ADORNO: Dialektik der Aufklärung (Amsterdam 1947) 7. – [7] a. a. O. 11.
R. ROMBERG

Determination ist die endgültige Festlegung des Schicksals eines Keimbereiches. Die Verwendung dieses Begriffes in der *Embryologie* nimmt ihren Ausgang von den «Determinanten» WEISMANNS (1834-1914), die ihren Sitz in den Chromosomen der Zellkerne haben und verantwortlich sind für die Ausgestaltung der Zellen. Für die endgültige D. jeder einzelnen Zelle im sich bildenden Embryo müssen im Ei gesonderte Determinanten vorhanden sein (Präformation). Etwas Ähnliches versteht ROUX (1850-1924) [1] unter dem «D.-Komplex», der substantiell durch die Vererbungsstruktur, d. h. das Keimplasma, präsentiert wird. Der D.-Komplex oder die D. ist «die Gesamtheit derjenigen Faktoren, welche die Art (Qualität, Besonderheit) des Geschehens, also auch seiner Produkte, bestimmen, zumeist im voraus verursachen.» «Der D.-Komplex eines Individuums stellt somit die ganze Präformation desselben, anfangs im unentwickelten und später in mehr oder weniger entwickeltem Zustand dar» (Mosaikentwicklung). Schon durch die klassischen Experimente von DRIESCH (1867-1941) [2], in denen sich zeigte, daß die frühen Blastomeren (durch Furchung entstandene Zellen) im Experiment mehr leisten können als in der Normalentwicklung, wurde die Allgemeingültigkeit der präformistischen Vorstellungen von Weismann und Roux erschüttert. Die Drieschschen Versuche bewiesen, das das Schicksal der frühen Blastomeren des Seeigel-Keimes noch nicht endgültig festgelegt ist, sondern daß eine große Regulationsfähigkeit besteht. Im weiteren Verlauf der Entwicklung kommt es zu einer allmählichen Einschränkung der Differenzierungsmöglichkeiten, wodurch die Fähigkeit zur Regulation abnimmt und die Entwicklung unabhängig von der Umgebung in der einmal eingeschlagenen Richtung weitergeht. Die Zellen sind determiniert. KÜHN (1965) versteht unter D. die «Herstellung eines Funktionszustandes, der auf einen bestimmten Entwicklungsvorgang hinzielt». Dabei handelt es sich um äußerlich nicht sichtbare Vorgänge im Blastem (aus undifferenzierten Zellen bestehendes Bildungsgewebe). Durch isolierte Aufzucht bestimmter Keimteile läßt sich zwar deren D.-Zustand prüfen, wie es aber zu seiner Ausbildung kommt, ist trotz zahlreicher entwicklungsphysiologischer Untersuchungen noch unbekannt. Der Zeitpunkt, zu dem die endgültige D. erfolgt, ist bei den einzelnen Arten sehr verschieden (Mosaikeier, Regulationseier). Die D. kann stabil oder labil sein. Während seiner Entwicklung kann ein Keim Phasen durchlaufen, die einer typischen Mosaikentwicklung gleichen, die dann abgelöst werden durch Phasen, in denen er eine große Regulationsfähigkeit zeigt. Eine absolut endgültige D. ist sehr selten. Sowohl begrifflich als auch vom Objekt her sind Differenzierung und D. häufig nicht voneinander zu trennen. Wegen der Schwierigkeiten, die hinsichtlich dieser Abgrenzung und der experimentellen Analyse bestehen, wird deshalb von vielen Embryologen auf die Verwendung des Begriffes ‹D.› ganz verzichtet.

Anmerkungen. [1] W. ROUX: Terminol. der Entwicklungsmech. der Tiere und der Pflanzen (1912). – [2] H. DRIESCH: Entwicklungsmech. Studien 1. Z. wiss. Zool. 53 (1891) 160.

Literaturhinweise. A. WEISMANN: Das Keimplasma, eine Theorie der Vererbung (1892). – A. KÜHN: Vorles. über Entwicklungsphysiol. (²1965).
H. ENGLÄNDER

Determination, Determinanten, außerkausale, überkausale. Die Ausdrücke ‹a.D.› und ‹ü.D.› hat N. HARTMANN geprägt [1]. Gemäß seiner ursprünglichen Fassung der kategorialen Schichtungs- und Dependenzgesetze hat er niedere und höhere D. unterschieden und von den höheren gesagt, daß sie sich als «neue Formung» über den niederen als ihrer «Materie» erheben und ihnen ein «Plus an Determination» hinzufügen [2]. Nach Hartmanns Naturphilosophie ist die *Kausalität* der elementarste Determinationstypus in der realen Welt [3]. Aber schon im *anorganischen* Bereich sind außerkausale Determinationsweisen, z. B. Naturgesetzlichkeit und Wechselwirkung, aufweisbar [4]. Die in der *belebten* Natur auftretenden Prozesse erhalten ihre Besonderheit durch das Ineinandergreifen von «mehreren Formen organischer Zentral- und Ganzheitsdetermination» [5]. Hartmann hat es nachdrücklich abgelehnt, den nexus organicus als nexus finalis zu deuten, zugleich aber betont, daß er einen «überkausalen Faktor» in sich schließt und darum nicht dem Begriff der Ganzheitskausalität unterstellt werden kann [6]. Am *Seelischen* taucht eine «innere Determinationsweise» auf, die «sich selbständig über die des Organismus erhebt» und sich nicht auf die «psychische Kausalität» zurückführen läßt [7]. Den Schwerpunkt der Untersuchungen Hartmanns bildet die Kennzeichnung der dem *geistigen* Sein eigentümlichen a.D. Er weist darauf hin, daß das *Denken* des Menschen durch *logische* Prinzipien bestimmt werden kann, die ursprünglich Gesetze des idealen Ansichseins und somit von den das Psychische formenden Determinationstypen durchaus verschieden sind [8]. Im Hinblick auf das Problem der Willensfreiheit hat Hartmann den *Finalnexus*, der im Wollen von Zwecken und Mitteln und in ihrer Realisierung wirklich wird, ausführlich behandelt. Er findet seine Erfüllung in Willenshandlungen, die neue D. in die durch niedere D.-Komplexe bestimmten Geschehensabläufe hineintragen und sie dadurch in die dem vorgesetzten Zwecke entsprechende Richtung umlenken [9]. Die Zwecksetzung selbst vollzieht der Mensch unter dem Einfluß ihm bewußter *Werte*. Dieser Einfluß besteht nicht in einem «realen Zwang», sondern in einem Anruf, der von dem mit den Werten verbundenen *Seinsollen* ausgeht [10]. Von hier aus kommt Hartmann zu der Aussage, daß die Werte nur dann das reale Geschehen bestimmen können, wenn ihre Forderungen vom Willen des Menschen aufgegriffen werden. Das aber setzt voraus, daß es eine «*D. höherer Ordnung im Wesen der Person*» gibt. Gilt schon von dem Sollen, daß es in überkausaler Weise den Willen bestimmt, so gilt dies erst recht von der «personalen D.» [11]. Diese Gedanken leiten unmittelbar zum Problem der *Willensfreiheit* hin. Sie verwirklicht sich in Akten der Selbstbestimmung, in denen sich der Mensch – ohne die in ihm sich schneidenden Determinationen psychischer, organischer und anorganischer Herkunft aufzuheben – angesichts einer durch den Anruf von Werten gebildeten Alternative kraft der ihm innewohnenden personalen D. für ein Verhalten willentlich entscheidet [12].

Hartmann hat anerkannt, daß *Kant* «zuerst das Freiheitsproblem in Schärfe gestellt hat» [13]. Seine Lehre von den niederen und höheren D. ist vorgebildet in KANTS Unterscheidung von «*empirischen Bestimmungsgründen*» und «*reinen Bestimmungsgründen a priori*» [14]. Der erste Begriff meint die sinnlichen Antriebe, die den menschlichen Willen affizieren können, der zweite Begriff das Sittengesetz, das den Willen bestimmen soll [15]. Darauf baut sich die von HARTMANN häufig erwähnte Aufgliederung der Freiheit in *negative* und *positive Freiheit* auf. KANT hat die «Freiheit im negativen Verstande» als «Unabhängigkeit von den bestimmenden Ursachen der Sinnenwelt» gekennzeichnet und den Ausdruck «Freiheit im positiven Verstande» auf die «Autonomie der reinen praktischen Vernunft» bezogen, d. h. auf ihr Vermögen, «ursprünglich gesetzgebend» zu sein und dem Menschen das Sittengesetz zu geben [16]. HARTMANN hat Kants Begriff der negativen Freiheit nicht übernommen und seinen Begriff der positiven Freiheit gemäß dem zuvor Gesagten so umgebildet, daß er unter die Formel «Plus an Determination» fällt [17].

Hartmann hat mehrfach auf Chr. Wolffs Ontologie hingewiesen. WOLFF hat hier, einer alten Tradition folgend, zwischen wirkender, vorbildlicher, finaler, formaler und materialer Ursache unterschieden und überdies ausgesprochen, daß causae impulsivae dem Wollen zugrunde liegen. Eigens hat er hervorgehoben, daß an dieser Einteilung offenbar wird, in wieviel verschiedenen Weisen die Aktualität eines Dinges von anderen abhängt [18]. Daß von hier aus die Frage, ob es in ihrer Bestimmungsweise von einander verschiedene Determinanten gibt, erörtert werden kann, läßt sich daraus ersehen, daß Wolff das Wort ‹determinare› in seiner Ontologie auf die causa efficiens, causa impulsiva und causa formalis und in späteren Werken auch auf die causa finalis und die motiva (die nunmehr die Stelle der causae impulsivae einnehmen) bezogen hat [19].

Bei Wolff findet sich die Bemerkung, daß viele nur die causa efficiens als causa bezeichnen [20]. HARTMANN hat sich dieser weit verbreiteten Sprechweise angeschlossen und sie seinen Erwägungen über a.D. und ü.D. zugrunde gelegt. In alter Terminologie ließe sich sein Problem so fassen: Sind D. aufweisbar, die von den Wirkursachen wesentlich verschieden sind? Damit wird der Bezug sichtbar, der Hartmanns Problemstellung mit Fragen verbindet, die sich schon bei PLATON ankündigen und denen ARISTOTELES ausführlich nachgegangen ist.

Anmerkungen. [1] Die vornehmlich berücksichtigten Werke N. HARTMANNS werden mit Kapitelzahl und den Buchstaben der Kapitelabschnitte zitiert. – [2] Ethik (1926, ⁴1962) 70 b. 71 b/c; Der Aufbau der realen Welt (1940, ³1964) 31 c/d. 60 c-f; Neue Wege der Ontologie (1942, ⁴1964) S. 56ff. – [3] Philos. der Natur (1950) 27 d. – [4] a. a. O. 29 a. 32 b. 32 c-e. 37 b/c. – [5] Teleologisches Denken (1951) 9 c; Philos. ... [3] 63 b-g. – [6] a. a. O. 52 d. 63 d; Der Aufbau ... [2] 60 e. – [7] Ethik [2] 71 b; Möglichkeit und Wirklichkeit (1938, ⁴1964) 25 a; Der Aufbau ... [2] 31 c. – [8] Zur Grundlegung der Ontologie (1935, ⁴1965) 48 a-d; Möglichkeit ... [7] 36 a; Der Aufbau ... [2] 27 e; Philos. ... [3] 36 d; Kleinere Schriften 3 (1958) S. 337. – [9] Ethik 20 c-f. 70 c-f; Der Aufbau ... [2] 60 e. 61 c/d; Teleolog. Denken [5] 12 a-c. – [10] Ethik 6 e. 17 d. 19 b-c. 65 b. 82 d; Teleolog. Denken 6 e. 11 e/f. – [11] Ethik 74 c. 77 e. 81 b. – [12] a. a. O. 68 d. 69 b-e. 72 c. 82 c-h. 83 b-e; Möglichkeit ... [7] 26 d/e; Teleolog. Denken [5] 12 a-c. – [13] Ethik 66 a. – [14] KANT, KpV. Akad.-A. 5, 39. 63. 92. – [15] Grundlegung Met. Sitten. Akad.-A. 4, 453ff. 458; KpV a. a. O. 72f. 80f. 92ff. 118. – [16] Grundlegung ... a. a. O. 446f. 450. 453. 454f.; KpV a. a. O. 28ff. 31f. 33; Met. Sitten. Akad.-A. 6, 213f. 221; vgl. 3. Antinomie KrV B 476. 561f. 581f. – [17] HARTMANN, Ethik [2] 67f. 68 a. 69 c. 82 c; anders: 82 e-h. – [18] CHR. WOLFF: Philos. prima sive Ontologia (²1736, Nachdruck 1962) §§ 951. 940; vgl. §§ 886. 897. 932. 944. 948. – [19] Ontologia §§ 886. 902. 940. 944-947; Psychol. rationalis (1734) §§ 517-519. 527; Philos. practica universalis (1738/39) 1, § 48; 2, §§ 277. 345. 378. 385. 733-736. 740. 742. 747. – [20] Ontologia §§ 888. 951.

Literaturhinweise. O. J. MOST: Die D. des seelischen Lebens (1939). – G. v. BREDOW: Das Sein der Freiheit (1960). – H. THEISEN: Determination und Freiheit bei N. Hartmann (Diss. Münster 1962). – W. LICHTER: Die Kategorialanalyse der Kausaldetermination. Eine krit. Untersuchung zur Ontologie N. Hartmanns (1964). – J. B. FORSCHE: Zur Philos. N. Hartmanns. Die Problematik von kategorialer Schichtung und Realdetermination (1965). – I. PAPE: Tradition und Transformation der Modalität 1: Möglichkeit-Unmöglichkeit (1966). – H. HEIMSOETH: Transzendentale Dialektik. Ein Komm. zu Kants KrV. 2. Teil (1967). – O. J. MOST: N. Hartmanns Begriff der a.D. und seine geschichtl. Ursprünge. Arch. Begriffsgesch. 12 (1968) 232-251.

O. J. MOST

Determinismus/Indeterminismus

I. Unter dem Einfluß der Naturwissenschaften entsteht in der Philosophie des 17.Jh. die Vorstellung, daß alles, was in der Welt geschieht, auch menschliche Handlungen, durch unabänderliche Naturgesetze bestimmt sei. Damit stellte sich die Frage nach dem Verhältnis solcher kausalen Determinierung und der Entscheidungs- und Willensfreiheit des Menschen. Geht man davon aus, daß menschliche Handlungen ausschließlich von Naturgesetzen bestimmt und damit erklärbar seien, so kann der Mensch in seinen Entscheidungen nicht frei und für seine Taten nicht wirklich verantwortlich sein. Hält man aber an der Entscheidungsfreiheit und Verantwortlichkeit des Menschen fest, so muß es neben den mechanischen Naturgesetzen noch Selbstbestimmungsmöglichkeiten geben. Aus der Stellungnahme zu dieser Frage entwickelte sich die Problematik des Indeterminismus und D. Diese Bezeichnungen sind allerdings erst seit der zweiten Hälfte des 18. Jh. üblich; eine der frühesten Behandlungen des Problems unter dem Titel ‹D.› bietet CH. W. SNELL 1789 [1].

Allerdings gibt es auch schon in Antike und Mittelalter verschiedene Lehren, die die Problematik des D. beinhalten [2]. ARISTOTELES' Auseinandersetzung mit der Frage nach der Wahrheit und Falschheit der Aussagen über zukünftige Ereignisse hat in der zeitgenössischen Philosophie besondere Beachtung gefunden [3]. Auch die *Stoiker* beschäftigten sich intensiv mit Fragen des logischen D., nicht zuletzt wegen ihres Interesses für die Weissagungen der Seher [4]. Die *christlichen* Denker versuchten, die Willensfreiheit und Verantwortlichkeit des Menschen angesichts göttlicher Vorhersehung zu retten, indem sie sich auf den Unterschied von Zeitlichkeit und Ewigkeit beriefen: «Was für die Menschen zukünftig ist, ist für Gott ein Moment des für ihn ewig Gegenwärtigen» [5]. Im selben Sinne beantworten THOMAS VON AQUIN und BONAVENTURA die Frage nach dem Verhältnis von Willensfreiheit und Prädestination [6]. Nach OCKHAM dagegen kennt Gott nicht allein aufgrund seiner ewigen Gegenwart das Zukünftige, sondern durch die göttliche Substanz selbst [7].

Das Neue in der Einstellung der Philosophie des 17. Jh. zur D.-Problematik besteht darin, daß man den menschlichen Willen nicht mehr allein durch Gott und das von ihm abhängige moralisch Gute, sondern durch die Naturgesetze bestimmt sieht. Nur wenige Deterministen verzichten völlig auf Freiheit und Verantwortung der Handlungen (z. B. SPINOZA); die meisten versuchen ihre Theorie so zu formulieren, daß sich kausale Determinierung und verantwortliches Handeln vereinbaren lassen. So führt HOBBES zwar alle Geschehnisse auf physikalische Gesetzmäßigkeiten zurück, verteidigt aber dennoch die Freiheit des Willens, die er nicht als Gegensatz zu naturgesetzlicher Notwendigkeit versteht, sondern als «absence of all the impediments to action that are not contained in the nature» [8]. Was man als notwendig bezeichnet, ist nach HUME die Beständigkeit und Regelmäßigkeit innerhalb von Zusammenhängen. Diese Eigenschaften widersprechen keinesfalls der menschlichen Freiheit, sondern sind deren Voraussetzungen, wie das unfreie Handeln der Geisteskranken zeigt [9]. («Every object is determined by an absolute fate to a certain degree and direction of its motion» [10].) Noch weiter geht SPINOZA mit der Behauptung, daß die Notwendigkeit als Gegensatz zur Zufälligkeit die einzige und eigentliche Freiheit sei [11]. Diese Anerkennung von Freiheit schließt aber gleichzeitig die Leugnung jedes unbedingten und freien Willens ein mit der Konsequenz, «daß Gott allein die wirkende Ursache aller Dinge ist und sein muß, und daß alle Willensakte von ihm bestimmt werden» [12]. Während DESCARTES in der vierten Meditation die totale Unbeschränktheit der Entscheidungsfreiheit verteidigt, versucht LEIBNIZ Determination und Willensfreiheit durch die Unterscheidung von absoluter und hypothetischer Notwendigkeit zu vereinbaren. Mit Descartes gibt Leibniz zu, daß die Zukunft determiniert sei, doch ist für ihn diese «Bestimmung» «mit der Zufälligkeit keineswegs unverträglich» [13], da nur die Vernunftwahrheiten absolut notwendig, die Tatsachenwahrheiten dagegen nur hypothetisch notwendig seien [14]. Sein Determinationsbegriff schließt Kontingenz und Freiheit ein; der menschliche Wille ist dadurch frei, daß er nur von sich selbst abhängig ist, was Leibniz durch die ‹Fensterlosigkeit› der Monaden erklärt, die als Substanzträger sich allen äußeren Einflüssen entziehen und nur nach den ihnen immanenten Gesetzen handeln [15].

CHR. WOLFF hat dieses Konzept des durch sich selbst bestimmten Willens und freien Handelns übernommen: «actiones liberae per easdem rationes finales determinantur, per quas determinantur liberae» [16]. Auch in die Popularphilosophie sind diese Gedanken Leibniz' eingegangen; so verteidigt z. B. G. F. MEIER die Leibnizsche Lösung des Theodizeeproblems gegen die Einwände Böldickes, indem er den Satz vom determinierenden Grunde und die Auffassung von der hypothetischen Notwendigkeit der freien Handlungen übernimmt [17]. CH. A. CRUSIUS kritisiert die Leibniz-Wolffsche D./Indeterminismus-Auffassung, indem er Determination als eine ontologische Kategorie aller «Dinge» und als eine mögliche Art eines Dinges zu existieren bestimmt [18]. «Freiheit» wird auch unter den Begriff der Determination subsumiert, da die «Freyheit alle die inhärirenden Determinationen an sich hat, welche zu einer vollständigen Kraft gehören» [19]. Die entscheidende, zu Kant überleitende Wendung liegt in der Trennung von «physicalischem und moralischem» Zwang [20]. Der moralische Zwang, als Determination des Willens, ist mit der Freiheit vereinbar, weil er «mit Beyhülfe der moralischen Natur des Menschen selbst bewerkstelliget» [21] wird. Diese moralische Natur ist die Fähigkeit, «vorausgesetzte» oder sich selbst gesetzte «Endzwecke» zu befolgen [22].

Unter dem Eindruck des mechanischen D. in den Naturwissenschaften [23] und der radikalen Anwendung des D. auf Anthropologie, z. B. bei LA METTRIE [24], und Gesellschaftstheorie, z. B. bei HOLBACH [25], ist für KANT in der Auflösung der dritten Antinomie der transzendentale Idealismus die einzige Möglichkeit, Freiheit als noumenales Vermögen aus der kausalen Determination herauszulösen [26]. Kant löst das D./Indeterminismus-Problem theoretisch dadurch, daß es kein Widerspruch sei, Freiheit *und* Kausalität zu *denken*. Im Bereich der praktischen Vernunft ist Freiheit und D. kein Gegensatz. Da «Determinism» «die Bestimmung der Willkür durch innere hinreichende Gründe» [27] ist, kann Freiheit nicht als «Indeterminism», sondern nur als Determination durch das moralische Gesetz verstanden werden. Dieses moralische Gesetz ist als Endzweck von keiner Ursache mehr abhängig; somit ist die Gefahr des «Prädeterminism» [28], der die Freiheit als «absolute Spontaneität» [29] leugnet, gebannt. Freiheit und Determination als Selbst-Determination werden identisch.

Im System der Sittenlehre von 1798 löst FICHTE das D./Indeterminismus-Problem durch den Kantischen Begriff der Zeit als Anschauungsform: Zwar «sind alle freien Handlungen von Ewigkeit her, d. i. außer aller Zeit durch die Vernunft prädestiniert ... aber die Zeitfolge und der Zeitinhalt ist nicht prädestiniert, aus der hinreichenden Ursache, daß die Zeit nichts Ewiges und

Reines, sondern bloß eine Form der Anschauung endlicher Wesen ist» [30]. «Das bloß Subjektive, die Selbstbestimmung, ist nicht prästabiliert, darum sind wir freihandelnd» [31]. Man erkennt in den frühen Schriften den Versuch einer Synthese von Leibniz und Kant: «Prädetermination und Freiheit sind vollkommen vereinigt» [32]. In der späten Staatslehre distanziert sich Fichte noch einmal, wie schon vorher Kant in der teleologischen Urteilskraft, von der geläufigen D.-Auffassung, daß alles «natürlich, d. h. mechanisch zu erklären» sei [33]. Andererseits wagt Fichte aber auch nicht, Freiheit wie Kant aus der Partizipation am sittlich Guten zu erklären, denn das «Meiste kommt zustande ohne diese Rückführung auf das sittliche Gesetz» [34]. Um der Antinomie – Freiheit «nicht der Natur, aber nicht aus dem sittlichen Gesetze» [35] – zu entgehen, erneuert Fichte in Annäherung an Theodizee-Gedanken die alte Idee «eines göttlichen Weltplanes zur sittlichen Bildung des Menschengeschlechts» als «Vorsehung» und «Wunder» [36], zwar nicht als «Eingriff Gottes», sondern als «schlechthin qualitatives Sein seiner Erscheinung» [37]. Dies sei Bedingung für die «Entwicklung der Freiheit» und der «Vollkommnung des Menschengeschlechts» [38] in der Gesellschaft und Geschichte. Eine mechanisch-deterministische Auffassung könne die Geschichte nicht erklären. – SCHELLING kritisiert sowohl den Indeterminismus als den D.; die Zufälligkeit des einen könne ebensowenig die Freiheit retten wie die empirische Notwendigkeit des anderen [39]. – Nach HEGEL hat der D. zwar der «abstrakten Selbstbestimmung» der damaligen Zeit «den Inhalt entgegengehalten» [40], doch bleibe er, da er für jede Bestimmung eines Objekts die eines andern Objekts angebe, «gleichfalls indifferent» und «selbst auch so unbestimmt, ins Unendliche fortzugehen» [41].

Wie Hegel kritisieren auch MARX und ENGELS den starren D., der durch Leugnung der Zufälligkeit in einer «theologischen Naturauffassung» [42] beharre. Es gibt keine «Ur-D. von Ewigkeit her» [43]; vielmehr müsse man ähnlich wie *Darwin* in der Biologie in «den unendlichen zufälligen Verschiedenheiten» [44] das Prinzip der Wechselwirkung erkennen; «Wechselwirkung sei die wahre causa finalis der Dinge» [45]; als Notwendiges setze sich in dieser Wechselwirkung die ökonomische Bewegung durch [46], deren Gesetzmäßigkeiten es zu erkennen gilt. Freiheit liegt also «nicht in der geträumten Unabhängigkeit von den Naturgesetzen, sondern in der Erkenntnis dieser Gesetze und in der damit gegebnen Möglichkeit, sie planmäßig zu bestimmten Zwecken» [47] zu gebrauchen. – In dem Bestreben, marxistische Lehren breiten Kreisen zugänglich zu machen, vereinfacht KAUTSKY nach dem Vorbild Lafargues [48] den dialektischen D. trotz dem Bestreben, die «Kathedersozialisten» [49] abzuwehren, zu einem «ökonomischen D.» [50]. Das Ziel ist es, eine «allgemeine Regel» zu entwickeln, die den «Zusammenhang zwischen den Satzungen der Moral und den gesellschaftlichen Bedürfnissen» [51] genau beschreibt. – LENIN hingegen erneuert unter «Anerkennung der objektiven Gesetzmäßigkeit ... in der Natur» [52] den dialektischen D. auch in bezug auf Gesellschaft, die als ein «naturgeschichtlicher Prozeß» [53] zu erklären sei. Diese Auffassung ist im Marxismus-Leninismus noch heute gültig und erhebt den Anspruch, mit den Ergebnissen der neuesten naturwissenschaftlichen Forschung vereinbar zu sein: «D. ... ist die Anerkennung der Existenz objektiver Zusammenhänge, die Orientierung auf die Erforschung neuer Zusammenhänge und die Ablehnung des Indeterminismus» [54].

SCHOPENHAUER lehnt den D. rigoros ab; er gehe von falschen Voraussetzungen aus, indem er die «Freiheit im operari, die Nothwendigkeit im esse» suche und die Welt zu einem «Spiel mit Puppen» mache. Diese «Absurdität» kann für ihn nur durch die Erkenntnis überwunden werden, «daß schon das Seyn und Wesen aller Dinge die Erscheinung eines wirklich freien Willens ist, der sich eben darin selbst erkennt; denn ihr Thun und Wirken ist vor der Nothwendigkeit nicht zu retten» [55]. – NIETZSCHE bezeichnet den D. als einen «modus, unsere Wertschätzungen eskamotieren zu dürfen, nachdem sie in der mechanisch gedachten Welt keinen Platz haben» [56]. – Nach F. BRENTANO ist der Indeterminismus die Lehre von der Unfreiheit des Willens; er sei eine «logische Unmöglichkeit», da er das nicht notwendig determinierte Geschehen konsequenterweise zum absolut Zufälligen erklären muß und daher zu einem inneren Widerspruch führt [57]. Die kritische Analyse des Indeterminismus führt Brentano dennoch «zur Anerkennung der Freiheit in dem Sinne, daß die Erkenntnis der Vorzüglichkeit einen Einfluß auf unser Vorziehen und Wählen gewinnen kann» [58]. – Die Kausalität als Voraussetzung der Verantwortlichkeit behauptet M. SCHLICK [59]. W. JAMES, ein Kritiker des D. in jeder Form, bezeichnet die Richtung, in der behauptet wird, Freiheit sei nur begriffene Notwendigkeit, als «soft determinism» im Gegensatz zum «hard determinism», der nach James in der Behauptung der Unfreiheit des Willens konsequenter ist [60].

In der zeitgenössischen Philosophie gewann das Problem des D. viele neue Aspekte. Schlüsselbegriffe wie ‹Wille›, ‹Motivation der Handlungen› und dergleichen, worauf die meisten Theorien in der Geschichte des D. basieren, werden heute als Konstruktionen betrachtet, die keiner Realität entsprechen [61]. Die Leugnung der freien Entscheidungsmöglichkeit und die Auffassung, daß alles absolut notwendig geschieht, wird als ‹metaphysischer D.› bezeichnet im Gegensatz zum wissenschaftlichen D. Wie schon G. E. L. MOORE [62] ist auch M. R. AYER der Auffassung, daß der metaphysische D. auf einem Mißverständnis des Begriffes der Möglichkeit beruhe [63]. Während im allgemeinen die Vorstellung einer mechanischen Determiniertheit aufgegeben wurde, nicht zuletzt unter dem Einfluß der modernen Physik, gibt es in der neueren Philosophie Richtungen, die, durch die Psychoanalyse inspiriert, eine neue Art von D. repräsentieren oder, im marxistischen Bereich, den D. in einen dialektischen umwandeln.

Anmerkungen. [1] CH. W. SNELL: Über D. und moralische Freiheit (1789). – [2] Quellen zu diesen Theorien sind: CICERO, De fato; LUCRETIUS, De rerum natura. – [3] ARISTOTELES, De interpretatione 1865ff.; vgl. R. J. BUTLER: Aristoteles' sea fight and three-valued logic. Philos. Rev. 64 (1955) 264-274. – [4] SVF Index s. v. HEIMARMÉNE, SYNHEIMARMÉNON. – [5] BOETHIUS, De consolatione philosophiae V, 3. – [6] THOMAS VON AQUIN, S. theol. I, q. 14, a. 13 i. c.; BONAVENTURA, Opera omnia (Quaracchi 1882-1902) I Sent. 39, 23 conclusio. – [7] The Tractatus de praedestinatione et de praescientia Dei et de futuris contingentibus of W. OCKHAM, hg. PH. BOEHNER (New York 1945) 15. – [8] HOBBES, Works, hg. MOLESWORTH (London 1840) 4, 273. – [9] HUME, Philos. works (Boston/Edinburgh 1854) 2, 154. – [10] a. a. O. 149. – [11] SPINOZA, Brief an G. H. Schuller, hg. O. BAENSCH u. a. (⁷1914) 3, 235. – [12] a. a. O. 1, 77. – [13] LEIBNIZ, Philos. Schriften, hg. GERHARDT 6, 123. – [14] a. a. O. 6, 37. – [15] 6, 334f. – [16] CHR. WOLFF: Philosophia practica universalis (1738) I, § 47; vgl. § 48. – [17] G. F. MEIER: Beurtheilung des abermaligen Versuchs einer Theodicee (1747) 18. 48. 52. – [18] CH. A. CRUSIUS: Entwurf der notwendigen Vernunftwahrheiten, wiefern sie den zufälligen entgegengesetzt werden (1753, Neudruck 1963) §§ 23. 24. – [19] a. a. O. § 83. – [20] § 132. – [21] ebda. – [22] § 131. – [23] Vgl. W. HEISENBERG: Das Naturbild der heutigen Physik (1955) 81ff. – [24] J. O. DE LA METTRIE: L' homme machine suivi de l'Art de jouir, hg. M. Solovine (Paris 1921). – [25] P. H. D. d'Holbach: Système de la nature ou des loix du monde physique & du monde moral (London 1770). – [26] Kant, KrV B 472. 518. 561 u. a. – [27] Akad.-A. 6, 49 Anm. – [28] ebda. – [29] KrV B 474. – [30] J. G. Fichte, Werke, hg. I. H. Fichte 4, 228. – [31] a. a. O. 101. – [32] 228. – [33] 466. – [34] 462. – [35] 463. – [36] 466. – [37] 472. – [38] ebda. – [39] F. W. J. Schelling, Werke, hg. K. F. A. Schelling 7, 383. – [40] Hegel, Werke, hg. Glockner 7, 67. – [41] a. a. O. 5, 183. – [42] K. Marx und F. Engels, MEGA 20, 488. – [43] a. a. O. 489. – [44] ebda. – [45] 499. – [46] Vgl. K. Marx und F. Engels: Ausgewählte Briefe (1953) 502f. – [47] a. a. O. [42] 20, 106. – [48] P. Lafargue: Le déterminisme économique de Karl Marx (Paris 1909). – [49] Vgl. K. Kautsky: Bernstein und das sozialdemokratische Programm. Eine Antikritik (1899) 7. – [50] Die materialistische Geschichtsauffassung (1927) 1, 19. – [51] Ethik und materialistische Geschichtsauffassung (1906) 59. – [52] W. I. Lenin: Materialismus und Empiriokritizismus. Dtsch. Werke 14 (1927) 152. – [53] Ausgewählte Werke (1960) 1, 29f. – [54] H. Hörz: Der dialektische Determinismus in Natur und Gesellschaft (^{3}1969) 22; vgl. L. Kolakowski: Der Mensch ohne Alternative (Neuausgabe 1967) 95ff. – [55] A. Schopenhauer, Werke, hg. Hübscher 3, 365. – [56] Nietzsche, Werke, hg. Schlechta 3, 615. – [57] F. Brentano: Grundlegung und Aufbau der Ethik, hg. F. Mayer-Hillebrand (1952) 285. 289. – [58] a. a. O. 303. – [59] M. Schlick: Fragen der Ethik (1930) 114. – [60] W. James: Das Dilemma des D., in: Der Wille zum Glauben (1899) 125. – [61] G. Ryle: The concept of mind (London 1949, ^{6}1955) 62ff. – [62] G. E. Moore: Ethics (London ^{2}1958) 122f. – [63] M. R. Ayer: The refutation of determinism (London 1968) 12ff.

Literaturhinweise. G. Mottier: Déterminisme et liberté. Cahiers de Philos. 26 (1948). – C. D. Broad: Determinism, indeterminism and libertarianism, in: Ethics and the hist. of philos. (London 1952). – D. M. MacKay: On the logical indeterminacy of a free choice. Mind NS 69 (1960). – D. Ross: Indeterminacy and indeterminism, in: Foundations of ethics (Oxford 1960) 31–40.

R. Kuhlen/Ch. Seidel/N. Tsouyopoulos

II. Die Newtonschen Gesetze sind deterministisch. Wenn für ein beliebiges System von Körpern alle Zustandsgrößen im Zeitpunkt t_1 bekannt sind, so lassen sich mittels der mechanischen Gesetze alle Zustandsgrößen in einem beliebigen früheren oder späteren Zeitpunkt t_2 berechnen. Daß die Zustandsgrößen niemals vollständig und absolut genau bekannt sein können, wurde lange Zeit als bloße menschliche Unzulänglichkeit bezeichnet. Durch Fortschritt der Meßtechnik hoffte man, die Zustandsgrößen immer genauer bestimmen zu können. Man nahm an, es bestehe eine Konvergenz der Meßresultate, die auf eine immer genauere Erfassung der an-sich-seienden Werte hinweise [1]. Von der Voraussetzung her, daß alle Naturgesetze mechanischer Art seien und die Welt eine große «Weltmaschine» darstelle [2], ergab sich der Gedanke einer vollständigen Determiniertheit der Welt. Laplace hat dies durch die Vorstellung einer übermenschlichen Intelligenz illustriert: «Ein Geist, der für einen Augenblick alle Kräfte kennen würde, welche die Natur beleben, und die gegenseitige Lage aller Wesenheiten, aus denen die Welt besteht, müßte, wenn er umfassend genug wäre, um alle diese Daten der mathematischen Analyse unterwerfen zu können, in derselben Formel die Bewegung der größten Himmelskörper und der leichtesten Atome begreifen, nichts wäre ungewiß für ihn, und Zukunft und Vergangenheit läge seinem Auge offen da» [3].

Außer den deterministischen Gesetzen kennt man seit dem 17. Jh. statistische Gesetze. Die Aufstellung der ersten Sterbestatistiken [4] wurde als Beweis für die Determiniertheit auch der Lebensvorgänge angesehen. Tatsächlich kann aber ein statistisches Gesetz immer nur Aussagen über eine Gesamtheit (Kollektiv) machen, niemals jedoch über den Einzelfall, der also indeterminiert bleibt. In der Physik wurden statistische Gesetze zuerst in der kinetischen Gastheorie verwendet, allerdings so, daß an der grundsätzlichen Geltung der mechanischen, also deterministischen Gesetze festgehalten wurde. Demgegenüber hat die *Quantenphysik* zu statistischen Gesetzen geführt, die nicht auf deterministische Gesetze zurückgeführt werden können. Das Gesetz des radioaktiven Zerfalls ist von dieser Art. Für die kinetische Gastheorie konnte man noch die Annahme festhalten, daß alle Vorgänge an sich determiniert seien und die statistische Betrachtung nur auf Grund unserer Unwissenheit geboten sei. Diese Annahme hat anscheinend für die quantentheoretischen Gesetze keinen Sinn mehr. Die Heisenbergsche Unbestimmtheitsrelation, die am klarsten den Grund für die statistische Natur der quantentheoretischen Gesetze zum Ausdruck bringt, sagt aus, daß z. B. bei einem einzelnen Elektron nicht mehr alle Zustandsgrößen gleichzeitig festgestellt werden können, weil z. B. Ort und Impuls nicht gleichzeitig in einem einzigen Versuch hinreichend genau gemessen werden können. Heisenberg führt diese Unbestimmtheit darauf zurück, daß man bei mikrophysikalischen Objekten niemals von der Einwirkung des Meßprozesses auf diese Objekte absehen kann. Er schreibt: «An der scharfen Formulierung des Kausalgesetzes: wenn wir die Gegenwart genau kennen, können wir die Zukunft berechnen, ist nicht der Nachsatz, sondern die Voraussetzung falsch. Wir können die Gegenwart in allen ihren Bestimmungsstufen prinzipiell nicht kennen lernen» [5]. Bereits H. Bergmann hat gegenüber den logisch unzulänglichen Schlußfolgerungen Heisenbergs festgestellt, daß wir bei einer Implikation aus der Ungültigkeit des Vordersatzes nicht auf die Ungültigkeit der Implikation, d. h. des Kausalprinzips, schließen können [6]. K. Hübner [7] und P. Mittelstaedt [8] haben neuerlich darauf hingewiesen, daß das Kausalprinzip in der Heisenbergschen Formulierung bei genereller Ungültigkeit der Prämisse sogar richtig, obzwar unanwendbar ist. J. v. Neumann hat einen Beweis dafür gegeben, daß innerhalb des Formalismus der Quantentheorie keine verborgenen Parameter widerspruchsfrei hinzugefügt werden und also zur Rettung des Determinismus nicht herangezogen werden können [9]. Demgegenüber wurde der bis heute umstrittene Versuch unternommen, für die Quantenprozesse eine neue Theorie mit verborgenen Parametern aufzustellen und auf diese Weise im Prinzip die Determiniertheit aufrecht zu erhalten [10].

Es lassen sich folgende Positionen feststellen:
1. Alle an-sich ablaufenden Vorgänge sind determiniert. Alle statistischen Gesetze müssen auf deterministische zurückgeführt werden. Dieser Meinung waren z. B. Planck und Einstein. Planck sucht die Diskrepanz zwischen Meßungenauigkeit und strenger Determiniertheit zu lösen, indem er zwischen die Erfahrung und die Realität eine Modellwelt, das «physikalische Weltbild» setzt [11].
2. Die Gesetze der an-sich-seienden Wirklichkeit sind unerkennbar. Für uns aber steht fest, daß es statistische Gesetze gibt, die nicht auf deterministische zurückführbar sind. Die Quantentheorie läßt sich nicht durch verborgene Parameter ergänzen [12].
3. Schon für die klassische Physik läßt sich die Determiniertheit nicht beweisen wegen der prinzipiellen Meßungenauigkeiten. Eine Vorausberechenbarkeit ist schon in der Newtonschen Mechanik streng genommen unmöglich [13]. Es wird dann häufig gefordert, alle deterministischen Gesetze auf statistische Gesetze zurückzuführen.
4. Alle experimentell festgestellten Gesetzmäßigkeiten sind aus methodischen Gründen deterministisch. Die

statistischen Gesetze sind für diejenigen Gesamtheiten von Objekten deterministisch, für die sie experimentell ermittelt wurden. Über die Einzelobjekte können sie gar nichts aussagen [14]. Es gibt eben Vorgänge, die sich einer experimentellen Erforschung und damit einer deterministischen gesetzmäßigen Beschreibung entziehen, wie z. B. die einzelnen mikrophysikalischen Objekte [15], ebenso wie sich ja auch das einzelne historische Ereignis einer gesetzmäßigen Erfassung entzieht.

Insgesamt kann heute festgestellt werden, daß eine durchgehende Determiniertheit der Welt, so wie sie an sich ist, weder bewiesen noch widerlegt werden kann. Die Identifizierung von D. mit der Gültigkeit des Kausalprinzips kann zu Mißverständnissen führen. Es gibt deterministische Gesetze, die keine Kausalgesetze sind (z. B. Nachbarschaftsgesetze), und es gibt statistische Gesetze, die einen Kausalzusammenhang beschreiben.

Die häufig in Zusammenhang mit diesem Problem gesehene Frage der Willensfreiheit hat mit dessen naturwissenschaftlicher Seite nichts zu tun, vor allem wenn man die empirische Unentscheidbarkeit des Problems im Auge behält.

Anmerkungen. [1] Vgl. B. BAVINK: Die Bedeutung des Konvergenzprinzips für die Erkenntnistheorie der Naturwiss. Z. philos. Forsch. 2 (1947) 111-139. – [2] Vgl. H. DINGLER: Der Glaube an die Weltmaschine und seine Überwindung (1932). – [3] P. S. DE LAPLACE: Essai philos. sur les probabilités (Paris 1814). – [4] E. HALLEY: First life insurance tables. Nachdruck in: The World of Math. 3 (New York 1956) 1437-1447. – [5] W. HEISENBERG, Z. Physik 43 (1927) 97. – [6] H. BERGMANN: Der Kampf um das Kausalgesetz in der jüngsten Phys. (1929). – [7] K. HÜBNER, Philos. naturalis 9 (1965) 3. – [8] P. MITTELSTAEDT: Philos. Probleme der modernen Phys. (²1966) 153. – [9] J. v. NEUMANN: Math. Grundlagen der Quantenmechanik (1932). – [10] D. BOHM: A suggested interpretation of the quantum theory in terms of ‹hidden variables›. Phys. Rev. 85 (1952) 166. – [11] M. PLANCK: Die Kausalität in der Natur; D. und Indeterminismus, in: Vorträge und Erinnerungen (1949) 250-269. – [12] NEUMANN, a. a. O. [9]. – [13] M. BORN: Bemerkungen zur statistischen Deutung der Quantenmechanik, in: W. Heisenberg und die Phys. unserer Zeit (1961); Die Grenzen des phys. Weltbildes, in: Phys. und Politik (1960) 33ff. – [14] Die Thesen von D. I. BLOCHINZEW u. a. ref. G. A. WETTER: Philos. und Naturwiss. in der Sowjetunion (1958) 30. – [15] G. FREY: Erkenntnis der Wirklichkeit. Philos. Folgerungen der modernen Naturwiss. (1965) 75f.

Literaturhinweise. M. BUNGE: Foundations of physics (New York 1967) 291ff. – H. GROOS: Willensfreiheit und Schicksal? (1939) 158ff. – P. A. HEELAN: Quantum mechanics and objectivity (Den Haag 1965). – W. HEISENBERG: Physik und Philos. (1959). – P. MITTELSTAEDT s. Anm. [8] Kap. V. – E. NAGEL: The structure of sci. (London ²1968) 277-335. – R. SCHILLER: Deterministic interpretation of quantumtheory. Boston Stud. Philos. of Sci. (Dordrecht 1963). – Symposium: Dterminism. J. Philos. 54 (1957).

G. FREY

Deutung. In GRIMMS deutschem Wörterbuch wird ‹D.› (mhd. diute, bediutunge) im Sinne von Ausdeutung und Auslegung – in Analogie zu ‹deuten› und ‹interpretari› – mit dem lateinischen Wort ‹*interpretatio*› erläutert [1]. Das ist der Begriffsgeschichte angemessen, wie z. B. LUTHERS Vulgataübersetzung bezeugt, die für ‹interpretari› und ‹interpretatio› ‹deuten› und ‹D.› einsetzt. Dabei treten noch Strukturmomente und sachliche Verwandtschaften beider Begriffe hervor, die ihre Überlieferung bald verdeckte. Interpretation entwickelte sich zu einem regelgebundenen Verfahren der philologischen, biblischen und juristischen Hermeneutik, während D. im Gegensatz dazu dem spekulativen Meinen und Fürwahrhalten zugeordnet wurde. Dieser Unterscheidung folgt noch J. WACH mit einer unhaltbaren Gegenüberstellung von Verstehen und D. [2], und erst die theologische und philosophische Hermeneutik in der Nachfolge HEIDEGGERS (BULTMANN, EBELING, FUCHS, GADAMER) klärten die hermeneutische Implikation und das Verhältnis von Verstehen, D. und Interpretation. Indem sie HEIDEGGERS Existenzialanalyse von Verstehen und Auslegung [3] – eine Entwicklung, die ihre Entsprechung in der Literaturwissenschaft fand [4] – zum hermeneutischen Prinzip wissenschaftlichen Verstehens erhob [5], befreite sie dieses von den undurchschauten D.-Hypothesen der Romantik und der Hermeneutik DILTHEYS und wußte auch ihr philologisches Modell [6] mit dem hermeneutisch angemessen verstandenen D.-Schema *Geist und Buchstabe* [7] zu kritisieren. Das führte zu einer Absage an SCHLEIERMACHERS und DILTHEYS Ideen einer *psychologischen Interpretation* [8], und ihre Konsequenzen erstreckten sich auch auf die vielfältigen Kanones der *grammatischen Interpretation,* die aus der antithetischen Gegenüberstellung eines *sensus litteralis* und eines *sensus spiritualis* hervorgegangen sind.

Wenn die Kritik dieser Grundlegung der Interpretation und D. [9] demgegenüber auf dem *Kanon der hermeneutischen Autonomie des Objekts* (BETTI) und auf Verfahren beharrt, die Textschichten und Sachverhalte untersuchen, deren Bedeutungen rekonstruiert und allgemein eingesehen werden können, so hat sie im Positiven recht, sofern Strukturanalysen von dem Sinn eines Textes oder von der Wahrheit eines Sachverhaltes absehen können und auch dann noch möglich sind, wenn die *Kohärenz des Sinnes* (GADAMER), deren Antizipation eine D. konstituiert [10], nicht durch ein inhaltliches Vor- und Einverständnis getragen ist. Im Hinblick auf die Geschichtlichkeit des Verstehens werden jedoch der heuristische Wert von Strukturanalysen und ihr Anspruch auf Objektivität historischer Erkenntnis [11] fragwürdig und erweisen das wahre Verhältnis von Strukturanalyse und D.

Auch Verfahren der Interpretation, die von D. abzusehen behaupten, werden von Intentionen geleitet, die ihren Grund in antizipierten D. haben; es wird sich stets zeigen lassen, daß jedes explizite Verstehen in einem *Vorverständnis* begründet ist, welches die Fragestellung und die Möglichkeiten ihrer Entfaltung vorgibt [12]. Dieses *Vorverständnis* wiederum hängt von einem *Lebensverhältnis zu der Sache* ab (BULTMANN), um die es der Interpretation geht, und wenn dieses Lebensverhältnis fehlt, zerfällt der einheitliche Vorgang des Verstehens, D. verlieren ihren Sinn und Strukturanalysen ihren Erkenntniswert. Es ist die Geschichtlichkeit des Verstehens selbst und nicht die Unzulänglichkeit der Methoden, die aller D. ihr Ziel und Zeitmaß einräumt.

Anmerkungen. [1] J. und W. GRIMM: Dtsch. Wb. 2 (1860) 1040ff. – [2] J. WACH: Das Verstehen 2 (1929) 5ff. – [3] M. HEIDEGGER: Sein und Zeit (⁸1957) 148ff. – [4] E. STAIGER: Die Kunst der Interpretation (1955); vgl. R. WELLEK und A. WARREN: Theory of lit. (New York 1942ff.). – [5] R. BULTMANN: Das Problem der Hermeneutik, in: Glauben und Verstehen 2 (1952) 211ff.; H.-G. GADAMER: Wahrheit und Methode (1960). – [6] GADAMER, a. a. O. 226ff. – [7] G. EBELING: Art. ‹Geist und Buchstabe› RGG³ 2, 1290ff.; vgl. H. NÜSSE: Die Sprachtheorie Friedrich Schlegels (1962) 88ff. – [8] FR. SCHLEIERMACHER: Hermeneutik, hg. H. KIMMERLE (1959); W. DILTHEY: Ideen über eine beschreibende und zergliedernde Psychol. Ges. Schriften 5 (1924) 139ff. – [9] E. BETTI: Die Hermeneutik als allgem. Methodenlehre der Geisteswiss. (1962). – [10] GADAMER, a. a. O. [5] 275ff. und Art. ‹Verstehen› RGG³ 6, 1381ff. – [11] BETTI, a. a. O. [9] 22ff.; vgl. BULTMANN: Gesch. und Eschatologie (²1964) 123ff. – [12] BULTMANN, a. a. O. [5] 217ff.; GADAMER, a. a. O. [5] 250ff.

Literaturhinweise. H. FREYER: Theorie des objektiven Geistes (1923, Nachdruck 1966). – J. WACH: Das Verstehen 1-3 (1926-1933). – E. BETTI: Teoria generale della interpretazione (1955);

dtsch. Allgemeine Auslegungslehre als Methodik der Geisteswiss. (1967). – H.-G. GADAMER: Wahrheit und Methode (1960, ²1965).
H. ANTON

Devotio moderna. ‹Devotio› (im religiösen Sprachgebrauch der Römer: Weihung, Gelöbnis, bei christlichen Schriftstellern, z. B. LAKTANZ: Frömmigkeit, Andachtsübung) erhält in der zweiten Hälfte des 14. Jh. den Zusatz ‹moderna›, analog zur via moderna der Universitäten, und bezeichnet eine rasch wachsende neue Bewegung zur Vertiefung und Verinnerlichung des religiösen Lebens in Reaktion gegen Verfestigungen der theologischen Schulwissenschaft und Entartungen der Klosterorden. Auf die geistlichen Tagebücher ihres Initiators GEERT GROOTE gehen die unter dem Namen des Letztredaktors THOMAS VON KEMPEN tradierten ‹De imitatione Christi libri IV› zurück. G. Groote wurde von seinen Schülern als Begründer der D.m. angesehen. So schreibt J. BUSCH: «Magister Gerardus Magnus primus fuit huius nostre reformacionis pater et totius moderne devocionis origo» [1]. Die D.m. wird praktisch wirksam a) in den weit über die Niederlande und Deutschland verbreiteten Bruder- und Schwesternschaften des gemeinsamen Lebens, Zentren der karitativen Zuwendung, der Volksunterweisung, der Schreibkunst, des frühen Buchdrucks, b) in der streng monastischen Windesheimer Kongregation [2]. Dem Humanismus zwar durch die Rückfrage nach biblisch-patristischen Quellen, durch neue Schätzung und Beobachtung des Einzelmenschen, durch starkes Bildungsstreben und durch fast stoische ethische Maßstäbe verbunden, erweist sie sich in ihrer Bestimmtheit durch augustinisch-neuplatonische Tradition, voluntaristische bernhardinische Mystik und spekulatives Eckhartsches Gedankengut als mittelalterlich geprägt. Doch werden ihr wichtige Grundlagen allgemeiner Bildung im Bürgertum, ein neuer Typ erbaulicher biographischer Literatur und Vorformen des Pietismus und Puritanismus verdankt. Ihre minutiöse Meditationstechnik beeinflußt Ignatius von Loyola. An der Stelle der docta ignorantia des Cusanus tritt als Lebenseinstellung der D.m. die sacra ignorantia, die simplicitas, das amo nesciri [3]. Auf die Geistesbewegungen des 15. und 16. Jh. wirkt sie besonders durch GABRIEL BIEL, WESSEL GANSFOORT, JOHANNES VEGHE, ERASMUS, HEGIUS, AGRICOLA, K. CELTIS, MUTIANUS, MURMELLIUS weiter.

Anmerkungen. [1] Chronicon Windeshemense, hg. K. GRUBE, in: Geschichtsquellen der Prov. Sachsen 19 (1886) 47. – [2] J. BUSCH: Liber de origine devotionis modernae, in: Chron. Windesh. a. a. O. 245-375. – [3] Vgl. R. STADELMANN: Vom Geist des ausgehenden MA 2 (1929) 74-79: ‹Das Nichtwissen in der Anschauung der D.m.›; J. HUIZINGA: Der Herbst des MA (⁷1953) bes. Kap. 12-14.

Literaturhinweise. E. DE SCHAEPDRIJVER: La «Devotion moderne». Nouv. Rev. Théol. 54 (1927) 742-772. – R. R. POST: De moderne Devotie (Amsterdam ²1950). – M. A. LÜCKER: M. Eckhart und die D. Stud. und Texte zur Geistesgesch. des MA 1 (Leiden 1950). – S. AXTÉRS: Geschiedenis van de Vroomheid in de Nederlanden 3: De moderne Devotie (Antwerpen 1956). – Courants relig. et humanisme à la fin du 15e et au début du 16e siècle. Colloque de Strasbourg (Paris 1959). – L. W. SPITZ: The relig. renaissance of the German humanists (Cambridge/Mass. 1963).
G. HEINZ-MOHR

Dezision, Dezisionismus. Lateinisch ‹decisio› (decidere = abschneiden) bezeichnet als juristischer Terminus die rechtsverbindliche Entscheidung eines Streitfalles durch Gesetz oder Richterspruch (Quinquaginta decisiones = eine Sammlung von Konstitutionen Justinians, durch die bei den Kodifikationsarbeiten aufgetretene rechtswissenschaftliche Zweifelsfragen gesetzlich geregelt wurden; Decisiones Rotae Romanae = Urteile des päpstlichen Gerichts Sancta Romana Rota). Daher englisch ‹decision› und französisch ‹décision› = Beschluß, Urteil, Bescheid.

Das in der deutschen Rechtssprache ungebräuchliche Wort ‹Dezision› (D.) führte C. SCHMITT [1] ein, um gegenüber dem juristischen Positivismus und dessen Dogma der Lückenlosigkeit der Rechtsordnung, d. h. der Behauptung der Möglichkeit, mit den juristischen Erkenntnismitteln jede notwendige Rechtsentscheidung aus dem vorhandenen Rechtsstoff zu deduzieren, das auch für jeden individuellen Rechtsverwirklichungsakt konstitutive, normativ nicht ableitbare voluntative Entscheidungsmoment herauszuheben: «Jede konkrete juristische Entscheidung enthält ein Moment inhaltlicher Indifferenz, weil der juristische Schluß nicht bis zum letzten Rest aus seinen Prämissen ableitbar ist ... Von dem Inhalt der zugrundeliegenden Norm aus betrachtet ist jenes konstitutive, spezifische Entscheidungsmoment etwas Neues und Fremdes. Die Entscheidung ist, normativ betrachtet, aus einem Nichts geboren. Die rechtliche Kraft der D. ist etwas anderes als das Resultat der Begründung» [2]. In «absoluter Reinheit» zeige sich die D. als «spezifisch-juristisches Formelement» im *Ausnahmefall*, wenn mittels souveräner Entscheidung «erst die Situation geschaffen werden muß, in der Rechtssätze gelten können», nämlich: Ordnung im Sinn «faktischer Normalität» [3]. In dieser Steigerung sprengt der D.-Begriff den Begriff der Rechts-Ordnung auf, und tritt das Bedeutungselement normativ nicht informierter, bloß entschlossener *Aktion* in den Vordergrund. Als ‹Dezisionismus› (Dms.) oder ‹Entscheidungsdenken› bezeichnet Schmitt im Unterschied zum Normativismus oder Gesetzesdenken diejenige Denkart, in der als «die letzte, rechtswissenschaftlich gefaßte Vorstellung» nicht eine Norm, sondern eine D. erscheint [4]. So spricht er vom Dms. *Hobbes'* («Autoritas, non veritas facit legem») und der Gegenrevolutionäre *De Maistre* und *Donoso Cortés*, sofern diese den Staat nach dem Wegfall der monarchischen Legitimität im tradierten Sinne «auf eine reine, nicht räsonierende und nicht diskutierende, sich nicht rechtfertigende, also aus dem Nichts geschaffene absolute Entscheidung» reduzieren [5]. Später hat Schmitt den Gegensatz von Dms. und Normativismus durch die Konfrontation mit seiner Neuentdeckung des «konkreten Ordnungsdenkens» relativiert und den juristischen Positivismus als Verbindung der nunmehr als komplementäre Größen gedeuteten Denkweisen von Normativismus und Dms. verstanden [6].

Vor allem im Hinblick auf Schmitts Souveränitätslehre («Souverän ist, wer über den Ausnahmezustand entscheidet»), seinen Verfassungsbegriff («Verfassung als Gesamtentscheidung über Art und Form der politischen Einheit») und seinen Begriff des Politischen («Freund-Feind-Entscheidung») wurde Dms. dann zur kritischen Formel für Schmitts eigene, das Daß der Entscheidung über das Wie erhebenden Denkweise. So apostrophierte H. HELLER Schmitts «konstitutionelles Unverständnis für das normative Element der Staatsverfassung» [7].

In seiner Analyse des Schmittschen Begriffs des Politischen prägte K. LÖWITH [8] den Dms.-Begriff zur geistesgeschichtlichen Kategorie, die alle durch das «Pathos der Entscheidung für die nackte Entschiedenheit» gekennzeichneten, radikal auf einen äußersten Punkt ausgehenden Überlieferungsdestruktionen, also neben dem politischen Dms. auch den philosophischen in der «Philosophie der entschlossenen Existenz» und den theologischen in der dialektischen Theologie erfaßt. Mit stärkerer Betonung der gesellschaftlichen Situationsbedingtheit begreift CH. Graf v. KROCKOW unter Dms. die Formalisierung und Verabsolutierung der Entscheidung, des Kampfes bzw. der Entschlossenheit bei *Schmitt, Heidegger* und *E. Jünger* [9]. Auf dieser Linie dient der Dms.-Begriff vornehmlich zur Bezeichnung eines Entscheidung und unmittelbare Aktion zum Prinzip erhebenden Radikalismus als eines spezifisch deutschen Phänomens auf dem «Weg in die Diktatur» [10]. Wieder stärker auf den Ansatz zu der Begriffsbildung bei Schmitt führt die Verwendung bei J. HABERMAS zurück, der unter wissenschaftstheoretischem Gesichtspunkt in dem durch die These, «daß lebenspraktisch relevante Entscheidungen ... durch wissenschaftliche Reflexion niemals ersetzt oder auch nur rationalisiert werden können», charakterisierten Dms. eine zwangsläufig auftretende Komplementärerscheinung zu einer positivistisch beschränkten Wissenschaft sieht [11]. Ohne diesen negativen Akzent nennt H. LÜBBE eine Entscheidung dann ‹D.›, «wenn sie in einer Situation unter Zeitdruck und entsprechendem Handlungszwang fällt, bevor noch die ‹Gründe›, das heißt Zweck-Mittel-Relationskenntnisse beieinander waren, die sie im materiellen Sinne zur ‹richtigen›, erfolgssicheren Entscheidung hätten machen können», und er begreift *Kants* «Primat der praktischen Vernunft» als «moralisch-praktischen Dms.», insofern der Mensch die Praxis nie total systematisieren und theoretisch bewältigen kann und deshalb «in der existenziellen Notsituation der Ungewißheit und Unsicherheit des Weges zum Ziel des höchsten Gutes» zur dezisionistischen Unterwerfung unter die formale moralische Forderung der Gemeinverträglichkeit seiner Handlungen gezwungen ist [12].

Anmerkungen. [1] C. SCHMITT: Die Diktatur (²1928) Vorr.; Polit. Theol. (²1934); Über die drei Arten des rechtswiss. Denkens (1934). – [2] Polit. Theol. 41f. – [3] a. a. O. 19f. – [4] Drei Arten 7. – [5] Polit. Theol. 44. 66. 83. – [6] Drei Arten 29ff. – [7] H. HELLER: Staatslehre (Leiden 1934) 264; vgl. auch R. SMEND: Staatsrechtl. Abh. (²1968) 514f. – [8] K. LÖWITH: Ges. Abh. (1960) 93ff. – [9] CH. Graf v. KROCKOW: Die Entscheidung (1958). – [10] So R. DAHRENDORF: Gesellschaft und Demokratie in Deutschland (1965) 418; H. PLESSNER: Die verspätete Nation (³1962) 15. – [11] J. HABERMAS: Theorie und Praxis (1963) 242f. – [12] H. LÜBBE: Dezisionismus in der Moral-Theorie Kants, in: Epirrhosis. Festgabe C. Schmitt (1968) 567-578. HASSO HOFMANN

Dharma. Im *Hinduismus* umfaßt ‹D.› – in diesem Sinne spätestens seit den frühen Upanischaden [1] gebräuchlich – die Bereiche von Moral, Rituellem, Sitte und Recht. Von den heutigen Indern wird der Terminus englisch mit ‹religion› wiedergegeben. Der gesamte D. ist in der Tat insofern religiös qualifiziert, als er seine Frucht erst nach dem Tode bringt, und zwar, wie die meisten Lehren glauben, in der Form befristeter Wiedergeburt in glücklichen Existenzen. Der D. hat keine ihm übergeordnete metaphysische Grundlage. Seine konkrete Bestimmtheit ergibt sich aus dem Veda. Sein Wirken ist automatisch. ‹D.› kann ferner sowohl die Verhaltensnorm als auch das dieser entsprechende Verhalten selbst als auch schließlich das unmittelbare Resultat dieses Verhaltens (das dadurch entstandene Karman) bezeichnen: Der D. ist gewissermaßen eine immaterielle Substanz, die man durch das entsprechende Verhalten in sich aufnimmt und die einem so lange anhaftet, bis sie durch die entsprechende Existenz aufgezehrt wird [2]. Gegenbegriff zu ‹D.› in diesem Sinne ist ‹Adharma› (Unrecht).

Der *buddhistische* D.-Begriff unterscheidet sich vom hinduistischen dadurch, daß die rituelle Seite zugunsten der moralischen [3] verschwindet. Ferner können mit ‹D.› außer den Normen menschlichen Verhaltens offenbar auch Gesetze, denen Seiendes im allgemeinen unterworfen ist, bezeichnet werden, so z. B. das Gesetz des Entstehens in Abhängigkeit (von anderem) (pratītyasamutpāda) [4]. Darüber hinaus kennt der Buddhismus noch weitere Verwendungen des Terminus ‹D.›, die sich an die im vorigen besprochenen Bedeutungen nicht ohne weiteres anschließen lassen. Erwähnenswert ist insbesondere der Gebrauch von ‹D.› in der Bedeutung ‹Lehre›, speziell im Sinne der buddhistischen Lehre [5]. Philosophisch wichtig ist die häufige Verwendung von ‹D.›, insbesondere im Plural, im Sinne von ‹Gegebenheit(en), Daseinselement(en)›. Die Theorie dieser Daseinselemente ist, vorbereitet durch die schon für den ältesten Buddhismus charakteristische Betonung der Vergänglichkeit alles Irdischen, vor allem von den Hīnayāna-Schulen ausgebildet worden, insbesondere von den Sarvāstivādins. Nach dieser Theorie besteht das gesamte irdische Dasein ausnahmslos aus Komplexen von Daseinselementen (dharmāḥ), d. h. verselbständigten, dinghaft gedachten Eigenschaften (vgl. unten) und Zuständen, die vor allem durch ihre Unbeständigkeit gekennzeichnet sind, ja, nach Ansicht mancher Schulen grundsätzlich nur die Dauer eines winzigen Augenblicks (kschana) haben; einen diesen wechselnden Eigenschaften und Zuständen zugrundeliegenden festen Kern, eine sie tragende beharrliche Substanz, gibt es weder beim Menschen noch bei den Dingen [6].

‹D.› hat auch die Bedeutung ‹Eigenschaft› und kommt in diesem Sinne in *philosophischen* Texten sowohl in ontologischen als auch in logischen Zusammenhängen vor. Der Gegenbegriff von ‹D.› in diesem Sinne ist ‹Dharmin›, ‹Eigenschaftsträger›, d. h. Substanz oder (logisches) Subjekt [7].

Anmerkungen. [1] z. B. Chāndogya-Upanischad II, 231. – [2] P. HACKER: D. im Hinduismus. Z. Missions- u. Relig.wiss. 49 (1965) 93ff. – [3] M. und W. GEIGER: Pāli Dharma (1920) 19ff. – [4] a. a. O. 10ff. – [5] a. a. O. 33ff. – [6] E. FRAUWALLNER: Die Philos. des Buddhismus (²1958) 64f. 96ff. – [7] z. B. KUMĀRILA (Anfang 7. Jh. n. Chr.), Ślokavārttika IV, 152; DHARMAKĪRTI (ca. 600-660), Pramāṇavārttika-svavṛtti, hg. GNOLI, p. 1, 10ff.

Literaturhinweise. – Hinduismus: P. HACKER s. Anm. [2]; Der D.-Begriff des Neu-Hinduismus a. a. O. 42 (1958) 1ff. – *Buddhismus:* M. u. W. GEIGER s. Anm. [3]. – T. STCHERBATSKY: The central conception of Buddhism and the meaning of the word D. (London 1923). – H. v. GLASENAPP: Zur Gesch. der buddhistischen D.-Theorie. Z. dtsch. morgenländ. Ges. 92 (1938) 383ff.
L. SCHMITHAUSEN

Diagnose (von griech. διαγιγνώσκειν, genau erkennen, unterscheiden [1]) ist ein vor allem *medizinischer* Terminus, und bezeichnet das Erkennen einer Krankheit als solcher – allgemein: das Erkennen einer anomalen Erscheinung.

Begriff und Art der D. haben eine lange Geschichte. Die althippokratischen Ärzte setzten stets eine Erkrankung des *ganzen* Menschen (nicht primär eines Organes oder Teiles per se) auf «humoraler» Basis, im Rahmen makrokosmisch-mikrokosmischer Wechselbeziehungen, voraus. Die beobachteten Symptome deuteten sie, in vorgefaßter Meinung, als «Zeichen». Ihre Krankengeschichten (also die schriftlich «geronnene» D.) sind demzufolge de facto subjektiv-selektiv, obwohl sie scheinbar nach Objektivität streben (HIPPOKRATES ‹Epidemien›). Ihre diagnostischen Mittel, die ohnehin begrenzt waren, wurden entsprechend subjektiv eingesetzt

(Puls- und Harn*deutung* statt -messung, qualitative statt quantitative Betrachtung). Ihre D. tendierte eher zur Prognose und war im Grunde nahezu identisch mit dieser [2]; sie war außerdem eine Kran*ken*-D., keine Krank*heits*-D.

Die hippokratisch-galenische Medizin herrschte mindestens bis zur Renaissance. Frühestens seit dieser begann, mit der Kasuistik und Observationes-Literatur der Medizin, ein Wandel der D. Nun stand die unvoreingenommene Beobachtung der Krankheitsanzeichen im Vordergrund. Aber das Problem war jetzt, von der übertriebenen und regellosen Symptombeobachtung und -beschreibung (Symptom = Krankheit) weg und zu einer naturwissenschaftlich fundierten, nosologisch ausgerichteten Diagnostik zu kommen. Die Grundlagen dazu wurden mit Hilfe der pathologischen Anatomie einerseits und chemisch-physikalischer Untersuchungsmethoden andererseits (quantitative Analyse; Auskultation und Perkussion; Blutdruckmessung usw.) seit dem Ende des 18. Jh. vor allem in der Pariser und Wiener klinischen Medizin geschaffen. Erst seitdem kann die ärztliche D. als das Erkennen von etwas, das *ist* (und nicht von etwas, das gemutmaßt wird oder das angeblich sein wird), gelten.

In der *Psychologie* versteht man unter D. die Klassifikation eines Individuums an Hand beobachteter Merkmale. Die Klassifikation wird dabei als Meßvorgang aufgefaßt, der mit Hilfe von Meßinstrumenten (Tests) präzisiert werden kann. Sie erfolgt entlang bestimmter Urteilsdimensionen, die eine quantitative Einstufung des beobachteten Merkmals erlauben, und beruht auf der Annahme, daß das zu diagnostizierende Individuum auf einer Anzahl von Dimensionen lokalisierbar ist, d. h. daß es eine Anzahl von Eigenschaften in bestimmtem Ausmaß hat [3]. Ausgehend von einer «naiv-realistischen Abbildtheorie» [4] versucht die D. der konservativen psychologischen Diagnostik ein genaues Bild des Beurteilten zu geben. Problematisch scheint dabei nur das Verhältnis von Urteil (D.) zu Beurteiltem. Eine neue Entwicklung der psychologischen Diagnostik faßt die D. weniger als Ergebnis eines (für sie fragwürdigen) Erkenntnisvorgangs auf, sondern nur von ihrer Funktion als Ausgangspunkt für Prognosen und Beratungen, also mehr pragmatisch und auf ihren Nutzen für die Praxis bezogen. Das Kriterium für eine gute D. wird somit nicht deren «Richtigkeit», die letztlich nicht überprüfbar ist, sondern ihre «Brauchbarkeit» für Prognosen. Damit wird in der neueren Diagnostik für die D. als *Aussage* das Verhältnis von Urteil zu Urteilendem zum Problem.

Anmerkungen. [1] Das Verb z. B. bei HIPPOKRATES, De articulis 58; das Substantiv DIAGNOSIS z. B. bei HIPPOKRATES, De vuln. capitis 10. – [2] z. B. HIPPOKRATES, Epidemien I, 10; De articulis 58. – [3] H. HÖRMANN: Die Beziehung zwischen psychol. Diagnostik und Grundlagenforsch. Ber. 25. Kongr. dtsch. Ges. Psychol. (1967) 101-131. – [4] a. a. O. 101.

Literaturhinweise. J. GALDSTON: Diagnosis in historical perspective. Bull. Hist. Med. 9 (1941) 367-384; O. TEMKIN: Historische Analyse der Krankengeschichte, in: Studien zum «Sinn»-Begriff in der Medizin, Kyklos 2 (1929) 43-66. F. KUDLIEN

Diakrisis/Synkrisis (διάκρισις/σύγκρισις, Trennung, Vereinigung) werden von GOETHE 1. in engerem Sinn als Termini technici der Farbenlehre [1], 2. in weiterem Sinn als Synonyma für ‹Diastole› und ‹Systole› gebraucht [2].

1. – a) In dem von Goethe in den historischen Teil der *Farbenlehre* aufgenommenen Abschnitt aus dem ‹Timaios› [3] beschreibt PLATON den Wahrnehmungsvorgang als Zusammenwirken der von den Körpern und dem Sehstrahl ausgehenden Teilchen. Danach wird das Weiße durch die kleineren, den Sehstrahl «entbindenden» (διακρίνειν), das Schwarze durch die größeren, ihn «sammelnden» (συγκρίνειν) Teilchen hervorgerufen [4]. D. und S. des Auges bilden für GOETHE den von Platon erkannten «Hauptpunkt der ganzen Farben- und Lichtschatten-Lehre» [5], der auf die «unmittelbare Verwandtschaft des Lichtes und des Auges» und auf die «Selbsttätigkeit» des Auges, sein «Gegenwirken gegen das äußre Sichtbare» hinlenkt [6]. – b) Durch die antike Theorie der Farbenentstehung aus den Gegensätzen Schwarz und Weiß und ihrer Mischung [7] sieht sich Goethe ebenfalls gestützt. In den Wörtern κρᾶσις und σύγκρισις anstelle von μίξις scheint sich ein «Vorgefühl» [8] des im übrigen nicht «zart genug» [9] ausgesprochenen Prinzips solcher Mischung anzudeuten: Wechselwirkung, Steigerung.

2. Synonym mit ‹Diastole› und ‹Systole› bezeichnen die Begriffe die «Grundeigenschaft der lebendigen Einheit» [10]: Trennung und Vereinigung. In ihrem Wechsel sieht Goethe eine Gesetzmäßigkeit, unter der alles Leben steht und die sich überall zeigen muß.

Anmerkungen. [1] GOETHE, Leopoldina-A. (LA) I/6, 72 (vgl. I/3, 441; II/6, 590). 281. 292; II/6, 13; I/6, 6. 73. 167; I/7, 4; *Synkrisis*: I/6, 36; II/3, 17. Weimarer A. II/5², 420. – [2] 23. Nov. 1801 an *Jacobi.* LA I/4, 217. – [3] PLATON, Timaios 67 c-68 c; GOETHE, LA I/6, 6 f. – [4] K. GAISER: Platons Farbenlehre, in: Synusia, Festgabe W. Schadewaldt (1965) bes. 175-185. – [5] GOETHE, LA I/6, 72; I/7, 4. – [6] LA I/4, 18; Zahme Xenien VI; VIII (Nachlaß); LA I/6, 72f.; I/4, 25; I/3, 436f. – [7] LA I/6, 73; PLATON, Timaios 68 a-d; GOETHE, LA I/6, 6f.; ARISTOTELES, De sensu 3, 439 b 18-440 b 22; 4, 442 a 12-29; GOETHE, LA I/6, 13-15; ARISTOTELES/THEOPHRAST, De coloribus 792 a 3-792 b 32; GOETHE, LA I/6, 19-21. – [8] LA I/6, 36 (Riemer); *Krasis*: ARIST./THEOPHRAST, a. a. O. 792 a 3, u. a.; GOETHE, LA I/6, 19; *Synkrisis*: nicht nachgewiesen, vgl. C. PRANTL: Arist. über die Farben. Erläutert durch eine Übersicht der Farbenlehre der Alten (1849). – [9] GOETHE, LA I/6, 73. – [10] Maximen und Reflexionen, hg. M. HECKER (1907) Nr. 571. 572; LA I/4, 217.

W. MALSCH

Dialekt (von griech. διάλεκτος, die im Umgang gesprochene Sprache [erg.: φωνή]) bezeichnet heute jede eigenständige Mundart, darüber hinaus aber auch die landschaftliche Einfärbung der Hochsprache. Das Wort wird in der lateinischen Form ‹dialectus› zuerst 1634 zur Bezeichnung für die Volkssprache im Sinne einer landschaftlich abgrenzbaren Teilsprache verwendet [1]. Die Eindeutschung ‹Dialect› ist seit 1642 nachzuweisen [2]. Die Pluralform erscheint erstmals bei HERDER [3]. Das bedeutungsgleiche ‹Mundart› wurde 1640 als Ersatzwort für ἰδίωμα bzw. ‹dialectus› von PH. VON ZESEN geprägt [4] und vor allem durch SCHOTTELIUS durchgesetzt [5].

Anmerkungen. [1] F. VON SPEE: Trutznachtigall (Neuausgabe 1936) Vorwort 6. – [2] J. P. TITZENS: Zwey Bücher von der Kunst Hochdeutsche Verse und Lieder zu machen (1642) ohne Seitenzahlen. – [3] HERDERS sämtliche Werke, hg. SUPHAN (1877) 1. – [4] PH. VON ZESEN: Hoch-Deutscher Helikon (⁴1656) XV. – [5] JUSTUS GEORG SCHOTTELIUS: Ausführliche Arbeit. Von der Teutschen HaubtSprache (1663, Neudruck 1967).

Literaturhinweise. H. SCHULZ: Dtsch. Fremdwb. 1 (1913) 141. – E. LESER: Fachwörter zur dtsch. Grammatik von Schottel bis Gottsched. Z. dtsch. Wortforsch. 15 (1914) 6f. – K. KAISER: Mundart und Schriftsprache (1930). – F. KLUGE: Etymol. Wb. (²⁰1967) 130.

J. HARTIG

Dialektik

I. *Die Geschichte der D. im Überblick bis Kant.* – 1. D. (διαλεκτικὴ ἐπιστήμη) ist bei PLATON die aus der Diskussion gegenteiliger Meinungen erwachsende Theorie des Wissens. Sie befaßt sich in der Art einer Disziplin mit der Analyse und Synthese von Begriffen [1] und dient vornehmlich der Erkenntnis des Seienden, um die *Ideen* zu begreifen [2]. Bei ARISTOTELES ist die D. der sowohl hinsichtlich der Entstehungszeit wie hinsichtlich der Anknüpfung an die Diskussionspraktik der Platoniker ursprünglichste (in der ‹Topik› enthaltene) Teil der Logik. Die spätere Einordnung der D. in das Gesamtwerk des ‹Organon› bedingte ihre Verschiebung an dessen Ende. Dadurch ist die D. schon bei Aristoteles doppeldeutig.

Die Diskussion späterer Logiker geht hauptsächlich um folgende Fragen: 1. in welchem Verhältnis die D. zur Analytik stehe, 2. ob die D. die Logik als ganze umfasse und 3. ob die als ihr Inhalt bezeichnete «Wahrscheinlichkeit» als das mindestens oder als das bloß Wahrscheinliche zu verstehen sei.

Anmerkungen. [1] PLATO, Sophistes 253 d f. – [2] Phileb. 58 a; Resp. 511 b. 543 b; Phaidr. 265f. 276 e.

2. Die ursprüngliche, noch nicht durch Rücksichtnahme auf die spätere Einordnung in das Gesamtwerk des ‹Organon› bestimmte Bedeutung der D. bezeichnet diese als eine «Methode, mittels derer wir über jedes vorgelegte Problem ἐξ ἐνδόξων argumentieren können» [1]. Dabei sind die ἔνδοξα, trotz der später üblichen Übersetzung als «probabilia» (Wahrscheinliches), als die im Gegensatz zu den sophistischen Trugschlüssen hinreichend glaubwürdigen Ansichten «in der Meinung» zu verstehen, «welche allen oder den meisten oder den Sachkundigen richtig erscheinen» [2]. Sie sind also mindestens wahrscheinlich und bedürfen der Begründung. Ihr Gegensatz ist allein die sophistische Argumentation, nicht der Beweis. Die dialektische Argumentation erfolgt aus den ἔνδοξα, indem gewisse τόποι, d. h. allgemeine Gesichtspunkte rationalen Denkens, wie z. B. die Gleichheit und Verschiedenheit, die Verbundenheit, die Getrenntheit und die Begleitumstände, herangezogen werden, um mittels ihrer die über eine bestimmte Frage bestehenden Meinungen zu bejahen oder zu verneinen. Dabei sind die Mittel der logischen Entscheidung ex quibus (ἐξ ὧν) von den inhaltlichen Fragestellungen de quibus (περὶ ὧν) unterschieden [3]. Die formalen Mittel der dialektischen Entscheidung bestehen in der Auffindung allgemeiner Gesichtspunkte (τόποι) – als deren hauptsächlichste Arten Akzidens, Gattung, Proprium und Definition genannt werden [4] –, welche ein hinreichend sicheres Urteil über die dem betreffenden Gesichtspunkt untergeordnete Fragestellung erlauben. Dabei werden formale Schlüsse zusammen mit inhaltlichen Überlegungen angewandt. Als Inhalt dialektischer Fragestellungen dagegen sind, in Anlehnung an die Diskussionspraktik der Platoniker, alle einer näheren Prüfung bedürftigen Gedankenverknüpfungen verstanden, die also nicht als Sätze von vornherein hinsichtlich ihrer Bejahung oder Verneinung eindeutig sind, sondern als Fragen der Prüfung bedürfen, ob sie zu bejahen oder zu verneinen sind. Die D. setzt damit zunächst die Möglichkeit eines Widerspruchs in der Beantwortung der gestellten Fragen voraus, sofern diese nicht aus sich selbst in dem einen oder anderen Sinne zu beantworten sind. Aber in ihrem Ergebnis schließt sie den Widerspruch aus [5]. In diesem Stadium umfaßt die D. bei ARISTOTELES grundsätzlich die gesamte Logik. Sie befaßt sich mit der Auffindung eines für die Entscheidung einer gestellten Frage geeigneten τόπος und mit der Schlußfolgerung aus diesem.

Anmerkungen. [1] ARISTOTELES, Topica I, 1, 100 a 18-20. – [2] a. a. O. 100 b 21-22. – [3] I, 4, 101 b 11-15. – [4] 101 b 14-25. – [5] 100 a 20-21.

3. Mit der späteren Ausbildung der rein formalen Schlüssigkeit in den ‹Analytica› erfährt die D. bei ARISTOTELES folgerichtig eine grundsätzliche Umdeutung. Die Logik ist hier – nach der Terminologie der späteren Schultradition – in einen rein formalen und einen zugleich materialen Zweig unterteilt. Der rein formale Zweig (Analytica priora) untersucht die Schlüssigkeit in sich, ohne Rücksicht auf die Besonderheit des Gemeinten. Der zugleich materiale Zweig (Analytica posteriora und Topica) dagegen untersucht die Schlüssigkeit hinsichtlich der Besonderheit des Gemeinten. Demzufolge unterscheidet Aristoteles zunächst drei Arten von Sätzen: Der *syllogistische* Satz bejaht oder verneint ein Prädikat von einem Subjekt schlechthin. Der *demonstrative* Satz bejaht oder verneint aus einem hinreichend sicheren Grunde, so daß aufgrund der zweifelsfreien Voraussetzung auch die aus ihr abgeleitete Folgerung bewiesen ist. Der *dialektische* Satz fragt, ob die ἔνδοξα zu bejahen oder zu verneinen seien [1]. Damit gehören der D. oder ‹Topica› nur solche Fragestellungen an, die nicht rein formal aus sich selbst entscheidbar und im strengen Sinne beweisbar sind. Die ἔνδοξα sind demzufolge nicht mehr das mindestens, sondern nur das bloß Wahrscheinliche. Aber sie sind doch noch wahrscheinlich, im Unterschied zu den nicht mehr wahrscheinlichen sophistischen Argumenten.

Anmerkung. [1] ARISTOTELES, Anal. pr. I, 1, 24 a 22-b 12.

4. Die von den *Kommentatoren* des Aristoteles erörterte Frage, in welchem Verhältnis die D. zur Analytik bzw. zur Logik stehe, ist durch zwei verschiedenartige Voraussetzungen bestimmt. Einmal ist bei ARISTOTELES λογικῶς gleichbedeutend mit διαλεκτικῶς das im Unterschied zur Analytik nur als wahrscheinlich zulässig Gefolgerte [1]. Zum andern werden Logik und Analytik gleichgesetzt und von der D. unterschieden. Die Frage nach dem Verhältnis der D. zur Analytik lautet demzufolge, welche Stellung den ‹Topica› im Gesamtwerk des ‹Organon› zukomme. Nach der üblichen, namentlich von ALEXANDER APHRODISIENSIS vertretenen Auffassung ist die D. ein material bedingter Sonderfall der formalen Logik und den beiden ‹Analytica› nachzustellen [2]. Nach einer anderen, namentlich von ANDRONIKUS und ANDRASTUS vertretenen Auffassung ist die D. (Topica) zwischen der Kategorienschrift und den ‹Analytica priora› einzuordnen. Begründet wird diese Auffassung durch die Benennung der ‹Categoriae› als ‹Protopica› und durch die Regel, daß methodisch von dem Einfacheren zum Komplizierteren vorzugehen sei [3].

Anmerkungen. [1] ARISTOTELES, Anal. post. I, 21, 82 b 35; I, 22, 84 a 7. – [2] ALEXANDER APHRODISIENSIS, In Arist. Top. libros (1891) 1ff. 74. – [3] SIMPLICIUS, In Arist. Cat. (1907) 15f. 379.

5. Die Unterscheidung von D. und Analytik bzw. Logik ist von späteren Logikern vielfach übergangen worden. Nachdem im frühen Mittelalter das gesamte trivium als ‹Logik› benannt worden war (grammatica + rhetorica + dialectica = logica) [1], wurde bis um 1500 die gesamte Logik vorwiegend als ‹D.› bezeichnet. Die enge Verknüpfung des Lehrvortrags der D. mit dem der Rhetorik läßt einmal die verbreitete, aber umstrittene Ausdeutung der D. als «quasi duorum sermo vel ratio, scilicet opponentis et arguentis in disputando» (etwa als Rede oder Überlegung zweier Personen, d. h. des Opponenten und des Wortführers im Disput) [2]

verständlich werden. Zum andern wurde, namentlich von den Humanisten, die aristotelische mit der ciceronischen Auffassung der D. vermengt. Beide Auffassungen führen jedoch zu wesentlich verschiedenen Resultaten. Nach der Auffassung der namentlich an *Alexander* orientierten ‹Altaristoteliker› dient die D. lediglich dazu, solche Fragen zu klären, die nicht rein formal lösbar sind, sondern der Abwägung der für und wider eine bestimmte Antwort vorgetragenen Argumente bedürfen, um eine annehmbare Folgerung zu begründen. Die D. stellt damit nur einen material bedingten Sonderfall der rein formalen Logik dar, wie übrigens auch die aus zweifelsfreien Voraussetzungen folgernde Beweislehre und die aus falschen Voraussetzungen folgernde Sophistik [3]. Nach der Auffassung der namentlich an *Cicero* orientierten ‹Rhetoridialektiker› dagegen ist die Topik die systematische Voraussetzung der gesamten Logik. Denn in ihr gilt es, in den loci die problembedingten Erkenntnismittel der Argumentation zu finden. Sie sollen allgemeine inhaltliche Gesichtspunkte angeben, aus denen eine gestellte Frage nicht nur formal richtig, sondern zugleich sachlich wahrscheinlich zu beantworten ist [4]. Gegenüber dieser *inventio*, als der Findung des dialektischen τόπος, gilt das *iudicium*, die aus dem τόπος gezogene Folgerung, als relativ unbedeutend, weil selbstverständlich. Mit dieser Ausdeutung der D. ist die aristotelische Lehre in ihr Gegenteil verkehrt, weil bei Fortfall der ‹Analytica posteriora› die als Wahrscheinlichkeitslehre verstandene D. die Aufgaben der Beweislehre mit übernimmt.

Anmerkungen. [1] Vgl. C. PRANTL, Gesch. der Logik im Abendlande II², 13. 27. 38 u. ö. – [2] PETRUS HISPANUS, Summulae logicales tract. I. – [3] z. B. LAUR. MAIOLUS: Epiphyllides in dialecticis (1497) b 1 v. – [4] R. AGRICOLA: De inventione dialectica (1528) 1, 1ff.; vgl. W. RISSE: Die Logik der Neuzeit (1964) 1, 18ff.

6. Aufgrund der Überlegung, daß die Logik wesentlich formal und nicht material operieren und einwandfrei und nicht nur wahrscheinlich richtige Folgerungen herleiten solle, ist seit dem 17. Jh. die Benennung der Logik als ‹D.› aufgegeben worden. Wohl aber ist, in mehr oder weniger abgeschwächter Fassung, die Einteilung der Logik in die beweiskräftige Analytik und die nur wahrscheinlich richtige Folgerungen herleitende D. beibehalten worden [1]. Dabei wird die herkömmliche Auffassung der Wahrscheinlichkeit, sie sei das subjektiv für glaubwürdig Gehaltene, in zwei Hinsichten präzisiert. Einmal definiert CHR. WOLFF das Wahrscheinliche im Unterschied zum Wahren und Gewissen als das objektiv aus nicht völlig zureichenden Gründen Eingesehene [2]. Zum andern versteht LEIBNIZ das Wahrscheinliche als das im Falle unzureichender Gründe am meisten Vernunftgemäße. Dieses ist zugleich das Leichtere und Sicherere, das wegen der geringeren Anzahl seiner Voraussetzungen häufiger einzutreten pflege [3]. Damit wird die Wahrscheinlichkeit auf die relative Häufigkeit zurückgeführt [4]. Die Auffassung der D. als der «Logik des Scheins» durch KANT [5] ist in der älteren Schultradition nicht belegbar.

Anmerkungen. [1] Vgl. G. TONELLI: Der hist. Ursprung der kantischen Termini ‹Analytik› und ‹Dialektik›. Arch. Begriffsgesch. 7 (1962) 120-139. – [2] CHR. WOLFF: Philos. rationalis (1728) § 577f. – [3] G. W. LEIBNIZ, Philos. Schriften, hg. GERHARDT 7, 44. 57; Opuscules et fragments, hg. COUTURAT 515. – [4] Opuscules ... a. a. O. 569f. – [5] KANT, KrV B 349. W. RISSE

II. *Die D. in der Antike bis Quintilian.* – 1. Das Bedürfnis, das gewöhnliche Gespräch (ἡ διάλεκτος) zur Kunst der Gesprächsführung (διαλεκτική [sc. τέχνη oder ἐπιστήμη]) zu formieren, entsteht, wenn ohne methodische Zurüstung komplizierte theoretische Einsichten nicht nachvollziehbar oder Interessenkonflikte nicht auflösbar erscheinen. In der Absicht, die allem Augenschein widersprechende Lehre des PARMENIDES plausibel zu machen [1], wurde ZENON der Erfinder der D. [2], der «eleatische Palamedes», der so kunstvoll disputierte (τέχνῃ λέγειν), «daß seinen Zuhörern dasselbe gleich und ungleich, einfach und mannigfaltig, bewegt und unbewegt erschien» [3]. Neben der eleatisch-theoretischen Variante entwickeln die *Sophisten* jene D., die der methodischen Vorbereitung für die spätere Praxis des Rhetors dienen soll. Mit seinem Angebot von «Antilogien» erkannte PROTAGORAS als erster die Möglichkeit, für Honorar unter Schülern zu disputieren [4]. HIPPIAS VON ELIS betätigte sich, das gilt unserer Nachricht für einerlei, als Volksredner und damit als Dialektiker (δημηγορῶν τε καὶ διαλεγόμενος) [5]. In der Palamedesapologie des GORGIAS, der frühesten sophistischen Originalstelle, erscheint der Dialektiker als Verteidiger, der vor Gericht gegen die Vorwürfe des Anklägers argumentiert (πρὸς τὸν κατήγορον διαλεχθῆναι) [6].

Anmerkungen. [1] PLATON, Parm. 128 b. – [2] ZENON bei DIELS, Frg. der Vorsokratiker (= VS) 29 A 1. – [3] PLATON, Phaidr. 261 d. – [4] PROTAGORAS, VS 80 A 2. – [5] HIPPIAS, VS 86 A 2. – [6] GORGIAS, VS 82 B 11 a, § 22.

2. In seiner Anknüpfung bestätigt PLATON die Formierung der «Dialektos» zur «dialektischen Kunst» ebenso wie das praktische Interesse an diesem Schritt. Ebendies nötigt ihn aber zur Distanzierung vom sophistischen D.-Begriff: Seine These, die Sophisten hätten sich mehr der sogenannten Rednerkunst (καλουμένῃ ῥητορική) als der sachlichen Gesprächsführung (διαλέγεσθαι) gewidmet [1], macht deutlich, daß sie ihrem Anspruch auf Kunstmäßigkeit nur verbal nachgekommen sind. Darüber entging ihnen, daß es zweierlei ist, demagogische Reden zu halten (δημηγορεῖν) und in der Weise des διαλέγεσθαι Rechenschaft zu geben und zu fordern (λόγον τε δοῦναι καὶ δέξασθαι) [2]. Aus diesem Einwand entwickelt Platon die Unterscheidung zwischen D. und Eristik: Die Kunst des Widerspruchs (ἀντιλογικὴ τέχνη) genügt nur vermeintlich den Ansprüchen des διαλέγεσθαι, in Wahrheit ist sie bloßer Streit (ἐρίζειν) um Worte, der sich in seiner Argumentation unfähig zeigt, den Sinn der Worte zureichend zu differenzieren (τὸ μὴ δύνασθαι κατ' εἴδη διαιρούμενοι τὸ λεγόμενον ἐπισκοπεῖν) [3]. Ohne diese Unterscheidung von der Eristik wäre der Kunstcharakter der D. nicht zu begründen. Um ihrer kunstmäßigen Reinheit willen verzichtet D. auf den Beifall der unkritischen Menge und fordert allein die Zustimmung des direkten Gesprächspartners ein: «mit der Menge aber führe ich kein dialektisches Gespräch» (τοῖς δὲ πολλοῖς οὐδὲ διαλέγομαι) [4]. Platons Protest gegen die durch Lenkbarkeit der Unkritischen begünstigte sophistische Verabsolutierung des Interesses hat sich ein methodisches Organon geschaffen, dessen Umsetzung in die Praxis nach dem Verzicht auf Beteiligung der Menge allerdings nur in einer hierarchisch strukturierten Polis möglich wird. Dem entspricht der theoretische Sinn der D., «die sinnliche Gewißheit und die auf ihr fußende Meinung als Schein zu enthüllen und das Denken ... auf sich selbst zu stellen ...» [5]. So gilt es für den Dialektiker, «ohne alle Wahrnehmung nur mittels des Wortes und Gedankens zu dem selbst vorzudringen, was jedes ist, und nicht eher [abzulassen], bis er, was das Gute selbst ist, mit der Erkenntnis gefaßt hat ...» [6]. Dank «Erklärung des Seins

und Wesens eines jeden» [7] steht D. – erst hier als substantivischer Terminus eingeführt – «wie der Sinn über allen Kenntnissen» [8]. Die Kenntnis einer derart legitimierten Wesenswissenschaft wird zur notwendigen Bedingung der Übernahme politischer Ämter [9]. D. ist das Mittel philosophischer Politik, den Sinn der Ideenlehre zu vollstrecken. Theoretische und praktische Suprematie fordern sich gegenseitig. Platon verlangt daher Unterwerfung der Rhetorik unter D., damit der Rhetor, nicht mehr austauschbarer Agent, dafür einsteht, «den Göttern Wohlgefälliges» zu reden «und ihnen wohlgefällig alles nach Vermögen auszurichten» [10]. Praxis gewordene D. ist heilsrelevante Praxis.

Anmerkungen. [1] PLATON, Gorg. 448 d. – [2] Prot. 336 b-c. – [3] Resp. 454 a. – [4] Gorg. 474 a-b. – [5] H.-G. GADAMER: Hegel und die antike Dialektik. Hegel-Studien 1 (1961) 176. – [6] PLATON, Resp. 532 a (dtsch. nach SCHLEIERMACHER). – [7] a. a. O. 534 b. – [8] 534 e. – [9] 534 d. – [10] Phaidr. 270 e-273 e.

3. Nun ist der ‹Politeia› aber nicht entgangen, daß nach der Überwindung der sophistischen Komponente von D. der Mangel der eleatischen auch ihr eigener geblieben ist. D. hatte sich auf einer zur schlechthin negierten alltäglichen Praxis disparaten Stufe angesiedelt, mithin darauf verzichtet, geschichtlich schon Verwirklichtes in den Dienst ihrer eigenen Vermittlung zu stellen. PLATONS ‹Politeia› entwickelte bloß einen «Staat im Himmel» [1], vor dessen Zugriff Sophistik sicher ist. Dies praktische Versagen der D. nötigt Platon zur Korrektur ihrer Theorie. Zur besseren Vermittlung von «Sichtbarem» (ὁρατόν) und «Denkbarem» (νοητόν) ergänzt Platon die D. um die Methode der Dihairesis, die Kunst der Unterscheidung nach Selbigkeit und Verschiedenheit [2], um als Kritik des Details durch Zuordnung in den Kontext eines Ganzen differenzierend in jenen Bereich einzudringen, aus dem sich D. durch ihr Totalverdikt zunächst selber ausgeschlossen hatte. Um einen Ansatz zu gewinnen, interpretiert Platon die als scheinhaft negierte alltägliche Praxis am Modell der Mimesis, wenn anders die Gesellschaft ihre sittlichen Ansprüche besser oder schlechter «darzustellen» pflegt. Dies Modell gestattet, den Sophisten, «der die Gestalt der Gerechtigkeit und der gesamten Tugend nachahmt», durch Differenzierung den «Nichtwissenden» bloßzustellen: neben den Vortäuschungen Einfältiger verstellen sich wider besseres Wissen jene Klugen, von denen «der eine ... öffentlich und in langen Reden vor dem Volke sich zu verstellen versteht; der andere ... unter wenigen und in kurzen Sätzen seinen Mitunterredner zwingt, sich selbst zu widersprechen» [3]. Jener ist nicht Staatsmann (πολιτικός), sondern Demagoge, dieser nicht Weiser, sondern dessen Schein, eben Sophist, der Theorie als eristische Spielerei präsentiert [4]. Die Verschiedenheit von Sophistik und Demagogie bewegt sich innerhalb der Selbigkeit bewußter Verstellung. D. durchschaut den sonst verschleierten Zusammenhang von bloß eristischer Theorie und durch sie unbehelligter demagogischer Praxis, während die Dihairese zugleich dem wahren Staatsmann seine realen Chancen in der Polis nachwies. Damit bekräftigt D., daß sie als kritische Methode praktisch werden will. Folgerichtig realisiert sich D. in den ‹Nomoi› zur politischen Institution, der «nächtlichen Versammlung erfahrener Greise» [5], die unter Androhung der Todesstrafe [6] darüber wachen, daß politische Praxis die Prinzipien der im zehnten Buch explizierten natürlichen Theologie respektiert. Zum Dogma positivierte D. wird allein ihr selbst verantwortliche Gewalt. Redlicherweise hat Platon den Begriff ‹D.› in den ‹Nomoi› nicht mehr verwendet.

Anmerkungen. [1] PLATON, Resp. 592 b. – [2] Sophist. 253 d. – [3] a. a. O. 268 a-b. – [4] 234 a. – [5] Leges 960 c ff. – [6] a. a. O. 909 a.

4. Im ‹Organon›, dessen Generalthema D. ist, bestätigt ARISTOTELES den platonischen Sinn der D., Theorie und Praxis zu vermitteln, dadurch bedingt, daß Medium beider Sphären ein und dieselbe natürliche Sprache ist. Indem aber Platon in dieser formalen Gemeinsamkeit auch inhaltliche Identität sah, löste er den der griechischen Theorie eigenen Widerspruch zwischen ihrer Rhetorikstruktur und Stringenzverpflichtung mit solcher Radikalität auf, daß der Theorie nur die Wahl zwischen völliger Machtergreifung und offenem Defätismus blieb. Zur fälligen Korrektur einer Ortsbestimmung der D. diskutiert Aristoteles deren Problematik aufgrund seiner Unterscheidung analytik- und topikgeregelter Gespräche. Erstere deduzieren in stringenten Beweisketten aus ersten und wahren Sätzen Syllogismen über immer Gleichbleibendes, während die von diesem methodischen Zwang befreite D. als Topik thematisiert, worüber man geteilter Meinung sein kann [1]. Letzterer Gesprächsform steht es frei, nach Maßgabe der Situation ein beliebiges Glied aus einer Satzkette herauszugreifen [2], ohne die Mittelglieder ausschöpfen zu müssen [3]. Diese Differenzierungen, die der D. bessere Vermittlungschancen eröffnen, weil sie diese genau zwischen theoretischer Wissenschaft und rhetorischer Praxis ansiedeln, nötigen, den Begriff der D. im Verhältnis zu diesen Seiten näher zu bestimmen.

Anmerkungen. [1] ARISTOTELES, Anal. pr. I, 1, 24 a 22-b 15. – [2] Anal. post. I, 2, 72 a 9f. – [3] a. a. O. I, 19, 81 b 18ff.

5. Sofern griechische Theorie zur Erklärung der Phänomene davon ausgeht, wie man von ihnen spricht, stützt sich die dem wissenschaftlichen Schliessen vorhergehende Tatbestandsaufnahme [1] auf «exoterische Reden» vortragende Rhetorik [2]. Entsprechend vermag D. auch ohne Kenntnis des Wesens entscheidende Differenzierungen zu bemerken [3], d. h. zu definieren [4]. Als reflektierendes Sichvortasten (πειραστική) [5] trifft D. Vorentscheidungen über ethische, logische und physikalische Sätze, da Topik als ihr zugrunde liegende Logik ein Arsenal unspezifischer Argumentationsformen bereithält [6]. Zugleich versichert damit D. die theoretische Wissenschaft, die diese Ansätze im Blick auf die Wahrheitsfrage stringent zu Ende führt, der Faktizität ihrer Inhalte [7].

Anmerkungen. [1] ARISTOTELES, Anal. pr. I, 30, 46 a 9ff. – [2] W. WIELAND: Aristoteles als Rhetoriker und die exoterischen Schriften. Hermes 80 (1958) 323-346. – [3] ARIST., Met. XIII, 4, 1078 b 25ff. – [4] Top. I, 18, 108 b 4-6. – [5] a. a. O. IX, 11, 172 a 28. – [6] Rhet. I, 2, 1358 a 2-35. – [7] a. a. O. [1].

6. Diese hermeneutische Struktur der theoretischen Wissenschaft erkennt der im alltäglichen Gespräch sich manifestierenden Meinung (Doxa) einen Rang zu, der der Vermittlungsaufgabe der D. die notwendige Entlastung verschafft. In der Tat steht im Zentrum der Bestimmung des Verhältnisses von D. und Rhetorik die Differenzierung des Begriffs der Doxa, in deren Sphäre ARISTOTELES im Gegensatz zu Platons «ortsloser» (ἄτοπος) Theorie durchaus «Örter» als Quelle vernünftiger Argumentation vorfindet. Dialektische Schlüsse leiten sich aus den ἔνδοξα her, die keineswegs im Sinne erkenntnistheoretisch bedingter Übersetzung mit «Wahrschein-

lichem, bloß Meinungsmäßigem» nur eine gnoseologia inferior begründen, sondern das öffentlich Anerkannte widerspiegeln, das bei Allen, den Meisten oder den Weisen in Beifall steht [1]. In der Erwartung, daß solcher Beifall nicht ohne nachprüfbare Argumente bestehen bleibt, räumt Aristoteles der Doxa den Subjektcharakter des Urteilsfähigen ein, so daß das Unwahrscheinliche (ἄδοξον) zum Kriterium der Unmöglichkeit einer These wird [2], sobald sie sich als «paradox» [3] erweist. Damit ist der Gegensatz von Überzeugung und Überredung in die Doxa selbst hineinverlegt und die Unterscheidung zwischen Rhetorik und Eristik grundgelegt. Wenn Aristoteles nicht das Niveau der D. senkt, sondern das der Doxa hebt, so widerspricht er Platons totalem Mißtrauen, das D. zum Mittel ohne Vermittlungsfähigkeit entkräftete.

Anmerkungen. [1] ARISTOTELES, Top. I, 1, 100 b 21ff. – [2] a. a. O. IX, 17, 176 a 31. – [3] IX, 12, 173 a 7.

7. Da D. ohne ihre Ausführung nicht D. wäre, gehört zur Darstellung ihres Begriffs die Explikation ihrer abstrakten Kriterien und deren Applikation als Topik. Durch Reflexion auf Argumentationsformen, die alltäglichen Gespräche über praktische Probleme, die weder wissenschaftlich noch durch Fachkompetenz [1] zu entscheiden sind, immer schon zugrunde liegen, entwickelt die Topik Kriterien, doxahafte Thesen kritisch zu prüfen (ἐξεταστική) [2]. «Örter» solcher Argumentation systematisieren sich aufgrund vollständiger Disjunktion der Verknüpfungen eines Subjekts mit einem Prädikat: Akzidens, Genus, Proprium, Definition [3]. – Die Rücksicht auf das Akzidens als Eigenschaft, die sich zufällig zu bestimmter Zeit als zugehöriger Umstand mit einem Subjekt verbindet, vermeidet das rigorose Abstrahieren von der Frage, unter welchen Bedingungen dies oder jenes für wen besser ist [4], und erleichtert die Entscheidung bei Alternativen: Überfluß, Akzidens des Gutlebens, ist der Notwendigkeit, dem bloßen Überleben zugehörig, vorzuziehen [5], und ebenso unspartanisch gebührt der Gerechtigkeit, der es jederzeit bedarf, der Vorrang vor der Tapferkeit, der es nur zu bestimmter Zeit bedarf [6]. Gesellschaftlich bedingte Vorurteile wie dies, der Enterbte sei notwendig sittlich korrupt, vertauschen das Akzidens mit dem Proprium [7], der spezifischen Eigenart, die ausschließlich und umkehrbar den Individuen einer bestimmten Gruppe notwendig zukommt. – Örter aus der Gattung (γένος) als der mehreren Arten (εἴδη) zukommenden Eigenschaft gestatten die Prüfung, ob die Arten von ihrer Gattung (genus proximum) isoliert sind oder ob die differentia specifica der Arten unterschlagen ist. Die Bestimmung der Gerechtigkeit als eines Gleichheit herstellenden oder Gleiches zuteilenden Verhaltens abstrahiert von ihrer Gattung, der Tugend (ἀρετή) [8], beschränkt also Gerechtigkeit auf kommutatives Formalrecht. Dagegen widerspricht es bürgerlichem Ethos, angesichts der gemeinsamen Gattungszugehörigkeit der Tugenden Einsicht, Gerechtigkeit und Tapferkeit deren spezifische Differenz zu übergehen [9]. – Die klare Definition macht Tarnung durch Homonymien unwirksam: Wer in einer Situation vom Gebotenen spricht, präzisiert nicht, ob er das bestimmten Interessen Dienliche oder das sittlich Gute meint [10], und wer die Homonymie von εὔψυχος («gut in der Seele» und «beherzt, tapfer») zu nutzen weiß [11], kann die für den Schluß von militärischer Tugend auf Sittlichkeit vielleicht bestehende Beweislücke überspringen. – Dialektische Topik klärt das Selbstverständnis konkreter Praxis und vermittelt insbesondere durch Örter aus dem Akzidens in nicht dezisionistischer Weise theoretisch begründete Entscheidungen. Folgerichtig bewährt sich dann Topik auch als kritische Prüfung bestimmter Theoreme: Die Anamnesislehre mißachtet das Akzidens des Zeitumstandes, sofern aus der Vergangenheit schöpfende Erinnerung nicht mit dem auf Gegenwart und Zukunft gerichteten Wissen zusammenfällt [12]. Der Sinn dieser Kritik wird deutlich, wenn das Gedächtnis seiner Gattung, dem actus und nicht dem habitus, zugeordnet wird [13]: Wissen wäre sonst endgültiges Festhalten an einmal dogmatisierter Erinnerung.

Anmerkungen. [1] ARISTOTELES, Top. IX, 9, 170 a 20-39. – [2] a. a. O. I, 2, 101 b 3. – [3] I, 8, 103 b 1-19. – [4] III, 1, 116 a 21f. – [5] III, 2, 118 a 6-8. – [6] III, 2, 117 a 34ff. – [7] II, 6, 112 b 15-20. – [8] VI, 5, 143 a 15-19. – [9] I, 16, 108 a 1-3. – [10] II, 3, 110 b 10. – [11] II, 6, 112 a 32ff. – [12] II, 4, 111 b 24-31. – [13] IV, 5, 125 b 15-19.

8. ARISTOTELES hat D. zwischen den apodeiktischen Schlüssen der Philosophie und den eristischen der Sophistik angesiedelt [1]. Einerseits bezeichnen Philosophie und D. die Analyse der Topoi als ihr gemeinsames Werk [2], verdankt D. ihr Gepräge der Philosophie, sofern sie aus «allgemeinen Gründen», d. h. aus der Metaphysik argumentiert [3]; andererseits ist D. eine Spielart von Eristik [4], wenn sie nicht in Muße, der Zeitlichkeitsstruktur der Theorie, nachdenkt, sondern in direktem Wortkampf ihre Thesen verficht [5]. D. ist das Mittel, theoretisch fundiert [6] Eristik bloßzustellen, jenes platonische Ziel, das die ‹Sophistischen Widerlegungen› als neuntes Buch der Topik verwirklichen. Der eristische Schluß etwa, Koriskos sei von Sokrates, einem Menschen, verschieden, daher kein Mensch, da mit Mensch verbunden sei, wovon sich Koriskos unterscheide, übergeht, daß ‹Mensch› der Sokrates und Koriskos gemeinsame Gattungsbegriff ist [7]. – Mit dem Schlußwort der ‹Sophistischen Widerlegungen›, daß dialektische Topik erstmals die Voraussetzungen für kunstmäßige Rhetorik [8], also für die Unterscheidbarkeit von Rhetorik und Eristik geschaffen habe, widerspricht Aristoteles sowohl der platonischen Überanstrengung als auch der sophistischen Unterschätzung dieses Anspruchs. – Folgerichtig betont Aristoteles im ersten Satz seiner ‹Ars rhetorica› die Strukturgleichheit von Rhetorik und D., die formal darin begründet ist, daß beide Seiten weder wie Philosophie das notwendig Unveränderliche noch das in die Kompetenz spezialisierter Künste Fallende thematisieren, sondern sich dem widmen, worüber man zu beraten pflegt [9]. Inhaltlich beruht die Vermittlung darauf, daß die künstlichen Überzeugungsmittel (πίστεις ἔντεχνοι) die Epicheireme sind, und zwar entweder dialektisch effektvolle Beispiele oder Enthymeme, die rhetorischen Syllogismen, deren Elemente (στοιχεῖα) wiederum die Topoi sind [10]. Enthymeme aber bilden das Hauptstück der Rhetorik [11], die mit Hilfe der Topik die Methoden des *Korax* und *Protagoras*, die schwächere Position illegitim zu stärken, entlarvt: Proprium und Akzidens vertauscht, wer von dem unter bestimmten Umständen Wahrscheinlichen auf das schlechthin Wahrscheinliche schließend argumentiert, einen Schwächling könne man nicht der Körperverletzung beschuldigen, da dies unwahrscheinlich sei, einen Kräftigen aber ebensowenig, da dieser, weil es bei ihm durchaus wahrscheinlich sei, damit rechnen muß, einschlägig verdächtigt zu werden [12]. Dialektische Topik dient nicht der Findung von Mitteln zu beliebigen Zwecken, sondern von Mitteln zur kritischen Prüfung der Sachlichkeit gesetzter Zwecke.

Anmerkungen. [1] ARISTOTELES, Top. VIII, 162 a 15ff. – [2] a. a. O. VIII, 1, 155 b 7f. – [3] VIII, 14, 164 b 18f. – [4] Vgl. IX, 34, 183 b 1f. – [5] IX, 18, 177 a 6-8. – [6] VIII, 5, 159 a 33 .– [7] IX, 5, 166 b 27-36. – [8] IX, 34, 183 b 34-184 b 8. – [9] Rhet. I, 2, 1356 b 37ff. – [10] a. a. O. II, 22, 1396 b 20ff. – [11] I, 1, 1354 a 14f. – [12] II, 24, 1402 a 14-28.

9. Die Soziophobie der *Stoiker*, deren Ethik auf das natura duce vivere setzt, bestimmt auch deren unpolitischen D.-Begriff. Die zur Logik als Lehre von den Regeln (κανόνες) gehörige D. bestimmen die Stoiker als die Kunst, richtig zu fragen und zu antworten [1], und zwar im Anschluß an die Schüler des *Euklid von Megara*, die ebendeshalb erstmals ‹Dialektiker› hießen [2]. Sinn solcher Formierung der Disputation ist es, in kurzen Sätzen Rechenschaft zu gewähren und zu fordern, während Rhetorik in ausführlicher Darstellung «gut spricht» [3]. Daher ZENONS Bild, daß der zur Faust geballten Hand die stringente Intensität dialektischer Gedankenführung entspräche und der aufgespreizten Hand das weite Ausholen der Rhetorik [4]. Damit ist aber die aristotelische Analogie von D. und Rhetorik nur formal bestätigt: die zu Kunstprosa verkümmerte Rhetorik der Stoiker [5] erscheint CICERO als Mittel, die Freude am Reden ein für allemal zu verderben [6]. – Als «Grundlagenforschung» thematisiert D. das Bezeichnete (σημαινόμενα) und den Sinn der bezeichnenden Wörter (σημαίνοντα) – als etymologische Worterklärung aus der Bedeutung der Buchstaben, als Flexionslehre und Syntax [7]. Nun ist aber D. insofern bloß formal, als sie ohne Verbindung mit Physik und Ethik nichts vermag [8]. Sofern das Hauptlehrstück der stoischen Physik die Vorsorge der Götter für die Welt ist [9], wird daher D. zur Logik der natürlichen Theologie. Für die Ethik wird D. als Moment der Tugend relevant, sofern sie als methodisches Rüstzeug vorschnelle Zustimmung und übereiltes Nachgeben vor Eindrücken des Wahrscheinlichen verhindert und damit den Weisen vor der Verunsicherung schützt, angenommene Vorstellungen aus Vernunftgründen wieder korrigieren zu müssen [10]. Daher gilt den Stoikern um ihrer (unpolitischen) Selbstbehauptung willen allein der Weise als Dialektiker [11].

Anmerkungen. [1] DIOGENES LAERTIOS (= D.L.) VII, 48. – [2] D.L. II, 106. – [3] SVF II, 294. – [4] ZENON, SVF I, 75. – [5] Vgl. D.L. VII, 59. – [6] CICERO, De fin. IV, 7. – [7] D.L. VII, 43f. – [8] SVF II, 125. – [9] D.L. VII, 147. – [10] D.L. VII, 46f. – [11] SVF II, 124.

10. Die *epikureische* Distanzierung von D.-Begriff der Stoiker hat mit diesen den nacharistotelischen Rückzug aus der politischen Öffentlichkeit gemeinsam: Die intensive Sicherung des Gutlebens im Garten trägt nicht die Politik, sondern die Physik. Als deren Logik tritt bei EPIKUR an die Stelle der D. die Kanonik [1], vor der die Dialektiker als Vielverderber (πολύφθοροι) erscheinen [2], da D. ihre Aufmerksamkeit den natürlichen Fundamenten und Kriterien der Physik entzieht – der sinnlichen Vorstellung und der alltäglichen Sprache [3], die den Sinn zu deutender Phänomene schon vorausgelegt hat und daher der Physik zum Ausgangspunkt begrifflicher Erklärung dient [4]. Daß Stoa und Epikur einmütig die aristotelische Verquickung von D. und Topik vergessen haben, blieb nicht ohne Folgen für die Rezeption dieser Begriffe in der *römischen* Welt.

Anmerkungen. [1] DIOGENES LAERTIOS (= D.L.) X, 30. – [2] D.L. X, 8; vgl. CICERO, De fin. II, 18. – [3] D.L. X, 31. – [4] D.L. X, 72.

11. CICERO hat an die stoischen Definitionen angeknüpft und bestimmt D. als die Wissenschaft, die Beschaffenheit der Dinge zu beurteilen und methodisch zu disputieren [1], da ohne diese Voraussetzung die präzise Formulierung nicht möglich wäre (consuetudo dicendi non satis acuta) [2]. Als entscheidende Richterin über Wahr und Falsch [3] ist D. die «veri et falsi iudicandi scientia, et arte quadam intellegendi quid quamque rem sequatur et quid sit cuique contrarium» [4]. Zugleich spiegelt sich bei Cicero ein Spektrum divergierender römischer Urteile über D. wider. So ist es «contra officium», sich durch Beschäftigung mit D., die den mit der veri investigatio befaßten Künsten zugeordnet ist, von politischem Handeln abhalten zu lassen [5]. Man mißtraut der Störung durch dialektische Fangfragen (dialecticae captationes) und zieht den rhetorischen Disput in fortlaufender Rede dem dialektischen vor [6]. Von der D. ist keinerlei Förderung für die Rhetorik zu erwarten: disputare und disserere werden zu Gegenbegriffen des dicere [7]. Andererseits wird beiden Seiten der nämliche Inhalt zugewiesen: Wahr und Falsch, Wahrscheinlich und Unglaubwürdig zu unterscheiden ist die Sache des Dialektikers in der Weise des «anguste disserere» wie des Rhetors in der Weise des «late expromere» [8]. Ohne D. als gedrängte und bündige Beredsamkeit (contracta et adstricta eloquentia) ist jene «iusta eloquentia» als ausführliche D. (dialectica dilatata) nicht erreichbar [9]. Indes bleiben diese Worte unverbindlich, wenn anders Cicero die lange Zeit vergessene ‹Topik› des Aristoteles in Kurzfassung neu schreibt [10], aber nicht wie dieser in der Weise dialektischer Kritik vermittelt, nachdem sich D. ohnehin durch ihre Esoterik (dialecticorum verba nulla sunt publica, suis utuntur) [11] der Chancen des Eingreifens begeben hat.

Anmerkungen. [1] CICERO, De fin. II, 18. – [2] a. a. O. III, 41. – [3] Acad. II, 91. – [4] De legibus I, 62. – [5] De off. I, 19. – [6] De fin. II, 17. – [7] Brutus 118f. – [8] ebda. 139. – [9] ebda. 309. – [10] Epist. ad fam. VII, 19. – [11] Acad. I, 25.

12. Das Ziel seiner ‹Topik› präzisiert CICERO durch eine begriffsgeschichtliche Reminiszenz: Als erster habe Aristoteles das iudicare und invenire als die beiden Grundformen, in die jede sorgfältige Erörterung zerfalle, begriffen; die Stoiker hätten nur das iudicare, das sie D. nennen, gepflegt, hingegen Topik als ars inveniendi völlig vernachlässigt, obgleich diese zum Gebrauch nützlicher sei und in der natürlichen Reihenfolge vorausgehe [1]. Wenn sich dagegen Cicero ebenso einseitig der ars inveniendi als «excogitatio rerum verarum aut veri similium, quae causam probabilem faciant» [2] zuwenden will, so folgt er den Stoikern jedoch in ihrer nicht-aristotelischen Trennung. Im Sinne der Jagdmetapher (wo steht das Wild?) gilt es, den Ort zu kennen, wo Argumente sich aufspüren (investigare) lassen [3]. Demgemäß definiert Cicero «locum esse argumenti sedem; argumentum autem orationem, quae rei dubiae faciat fidem» [4]. Wenn sich diese Örter zur Explikation eines Falles hilfreich einstellen (occurrere) wie Buchstaben zur Niederschrift eines Wortes [5], so ist in der Tat Topik als Kunst kritischer Prüfung zur Kunst der Findung zweckdienlicher Argumente verkümmert. So stellt Cicero etwa fünfzehn Örter zusammen, die Argumente zur Diffamierung eines Menschen finden lassen, zum Beispiel: Was wird geschehen, wenn andere dasselbe tun? [6]. Die dem Juristen *G. Trebatius Testa* gewidmete ‹Topik› Ciceros ist daher «keine philosophische Abhandlung, sondern eine Art Rezeptbuch» [7]. Für derart selbstgenügsame Kunst der Findung sagt die D. der Griechen als Kunst, zwischen vera und falsa zu unterscheiden, nichts darüber aus, wie das verum gefunden wird [8]. Allenfalls formal

konvergieren noch dialektische Konklusionen mit rhetorischen: «sed ne eae quidem ... ad hanc institutionem necessariae» [9].

Anmerkungen. [1] Cicero, Top. 6. – [2] De inventione I, 9. – [3] Top. 7. – [4] Top. 8. – [5] De orat. II, 130; vgl. De part. orat. 5. – [6] De inventione I, 101-106; vgl. II, 48-52. – [7] Th. Viehweg: Topik und Jurisprudenz (1953) 11. – [8] Cicero, De orat. II, 157. – [9] Top. 56.

13. Quintilian akzeptiert Ciceros Unterscheidung der Topik als ars inveniendi von der D. (κριτική) als ars iudicandi [1]. Damit wird Topik endgültig auf ihre Beziehung zu einer zudem von Kritik verschonten Rhetorik eingeschränkt. Zwar sieht Quintilian noch eine formale Gemeinsamkeit von Rhetorik und D., sofern beide nach Analogie geometrischer Syllogismen schließen [2], aber D. taugt nicht für den Kampf auf dem Forum [3], da die subtilen Untersuchungen dialektischer Disputation dem Redner kaum dazu verhelfen, die meist illiteraten Richter zu überzeugen [4]. Daß aber den Praktikern auf dem Forum selbst rhetorische Topik noch zu «theoretisch» erschien, zeigt Quintilians Klage über den üblichen Verzicht auf solche Übungen in den Rhetorikschulen [5]. Ferner muß er mit seiner Definition der Topoi zugleich dem Niveauverlust der Topik wehren, von der nur noch «Gemeinplätze» zu primitiver Verunglimpfung erwartet werden: «locos appello non, ut vulgo nunc intelleguntur, in luxuriem et adulterium et similia, sed sedes argumentorum, in quibus latent, ex quibus sunt petenda» [6]. Aber auch diese Differenzierung verhindert nicht, daß rhetorische Topik, zum «Gedanken-Reservoir» erstarrt, sich allein noch «rahmenmäßigen Such-Formeln» widmet, die zum Finden eines passenden Gedankens führen können» [7]. Nachdem damit Quintilian Ciceros Positivierung der Topik folgenreich verfestigte, muß sich allerdings redliche D. fragen, inwieweit sie an diesem Prozeß selber mitgewirkt hat.

Anmerkungen. [1] Quintilian, Inst. orat. V, 14, 28. – [2] a.a.O. I, 10, 37. – [3] XII, 2, 13f. – [4] V, 14, 28f. – [5] II, 1, 9. – [6] V, 10, 20. – [7] H. Lausberg: Hb. der lit. Rhetorik (1960) § 260.

Literaturhinweise. R. Volkmann: Die Rhetorik der Griechen und Römer in systematischer Übersicht (1885). – W. Wallies: Die griech. Ausleger der aristotelischen Topik (1891). – E. Hambruch: Logische Regeln der platonischen Schule in der aristotelischen Topik (1904). – F. Schupp: Zur Gesch. der Beweistopik in der älteren griech. Gerichtsrede. Wiener Stud. 45 (1926/27) 17-28. 173-185. – F. Solmsen: Die Entwicklung der aristotelischen Logik und Rhetorik. Neue philos. Untersuch. 4 (1929). – W. Müri: Das Wort D. bei Platon. Mus. helv. (Basel) 1 (1944) 153-168. – B. Liebrucks: Zur D. des Einen und Seienden in Platons ‹Parmenides›. Z. philos. Forsch. 2 (1947) 244-258. – P. Wilpert: Aristoteles und die D. Kantstudien 48 (1956/57) 247-257. – W. Bröcker: D., Positivismus, Mythologie (1958). – W. Grimaldi: The Aristotelian Topics. Traditio 14 (1958) 1-16. – W. Wieland: Zur Problemgesch. der formalen Logik. Philos. Rdsch. 6 (1958) 71-93. – E. Braun: Zur Einheit der aristotelischen Topik (Diss. Köln 1959). – G. Tonelli: Der hist. Ursprung der kantischen Termini ‹Analytik› und ‹D.›. Arch. Begriffsgesch. 7 (1962) 120-139. – W. Wieland: Die aristotelische Physik (1962). – W. Hennis: Politik und praktische Philos. Eine Studie zur Rekonstruktion der polit. Wiss. (1963). – W. A. de Pater: Les Topiques d'Aristote et la dialectique platonicienne (Fribourg 1965). A. Müller

III. *Die D. von Boethius bis Jungius.* – 1. Boethius hat – und schon deshalb verdient er hier Beachtung – selber bereits eine Begriffsgeschichte von ‹D.› skizziert: Während Platon die Fähigkeit, eines in vieles, die Gattung in die Arten, zu teilen und vieles in eines zusammenzuschließen, ‹D.› genannt habe, bezeichne Aristoteles die Fähigkeit, im Bereich des Probablen Schlüsse zu ziehen, als ‹D.› Die alten Peripatetiker hätten dann die Disziplin, die sorgfältiges Erörtern lehre und die Cicero als «disserendi ratio diligens» definiere, ‹Logik› genannt, indem sie ihr Invention und Beurteilung zuschrieben. Die Stoiker endlich hätten für eben diese, freilich auf das Urteilen beschränkte Disziplin der vernünftigen Erörterung den Namen ‹D.› gebraucht [1].

Wohl im Gegenzug zu der von Petrus Ramus entworfenen phantastischen Geschichte der D. [2] gibt Chauvin zu Beginn der Neuzeit in seinem ‹Lexicon philosophicum› eine der boethianischen ähnliche, freilich um die eleatische, megarische und epikureische D. bereicherte Aufstellung, der er die Feststellung vorausschickt: «Variis autem modis verbum illud usurpatur» [3].

In vielfachem Sinn, aber vermutlich ohne entsprechende Versuche zu begriffsgeschichtlicher Differenzierung, wurde das Wort ‹D.› auch im *Mittelalter* gebraucht. Am häufigsten ist die durch den stoischen Sprachgebrauch ermöglichte, von Cicero vorgegebene [4] Gleichsetzung von D. und Logik, die sich von Cassiodor an («Logica, quae et dialectica dicitur» [5]) immer wieder bis hin zu Ramus [6] und Descartes' ‹Regulae› [7] findet. Besonders seit der unmittelbaren Bekanntschaft mit den aristotelischen Texten wird aber der Ausdruck ‹D.› auch für die Topik vorbehalten und als Teil der Logik gefaßt. Wenigstens gelegentlich wird ‹D.› jedoch ebenfalls in der von Boethius genannten platonischen Bedeutung gebraucht. So «kreist» D. nach Scottus Eriugena erstlich um die (göttliche) Wesenheit, «aus der alle Teilung und Vervielfältigung beginnt», «steigt durch die allgemeinsten Gattungen ... bis zu den besondersten Arten hinab» und hört nicht auf, «über dieselben Stufen ... in eben diese Wesenheit zurückzugehen». Die so bestimmte D. wird hier zugleich als «Scientia bene disputandi» und «Mater artium» bezeichnet [8]. Sie ist vom Schöpfer begründet, nicht von menschlicher Fertigkeit gemacht, wird nicht erfunden, sondern aufgefunden [9]. D. ist in diesem Sinne mehr als formale Argumentationskunst; Scottus Eriugena nennt sie auch «vera rerum contemplatio» [10].

Bei Gleichsetzung mit der Logik wird D. ebenfalls mit Cicero als «ars bene disserendi» definiert [11]. So formuliert z. B. noch Ramus: D. «est ars bene disserendi, eodemque sensu logica dicta est» [12]. Melanchthon schlägt als Übersetzung von ‹D.› den Ausdruck ‹Unterredkunst› vor [13]. Selbstverständlich sind aber nicht die Wörter als bloße Laute, sondern sofern sie Gedanken ausdrücken, Gegenstand der D., wie Eustachius a S. Paulo bemerkt [14].

Zugleich findet sich im Mittelalter [15] und in der beginnenden Neuzeit [16] häufig die Bestimmung der D. oder Logik als «ars artium» (bei Albertus Magnus «ars generalis» [17]) und «disciplina disciplinarum» (oder «scientia scientiarum»). Sie geht auf Augustinus zurück, der die D. «disciplina disciplinarum» genannt und geschrieben hatte: «Haec docet docere, haec docet discere; in hac se ipsa ratio demonstrat atque aperit quae sit, quid velit, quid valeat. Scit scire; sola scientes facere non solum vult, sed etiam potest» (Diese lehrt lehren, diese lehrt lernen; in ihr zeigt die Vernunft selbst sich und offenbart, was sie ist, was sie will, was sie wert ist. Sie weiss Wissen; sie allein will nicht nur wissend machen, sondern vermag es auch) [18]. Augustinus hat auch Ciceros Bestimmung, D. urteile über wahr und falsch (s. o. II, 11), aufgenommen [19] und dem Mittelalter vermittelt: «... dialectica, cui ... omnis veritatis seu falsitatis discretio ita subiecta est, ut omnis philosophiae principatum dux universae doctrinae atque regimen possideat» (... die D., der ... alle Unterscheidung zwischen

Wahrheit und Falschheit so untersteht, daß sie als Führerin den Vorrang vor der ganzen Philosophie und die Herrschaft über die gesamte Lehre besitzt), heißt es bei ABAELARD [20].

Wenn D. derart Vernunft manifestiert und verwirklicht und die ganze Philosophie entscheidend bestimmt, dann kann D., die in der Frühzeit der Scholastik nur im Rahmen der insgesamt die Philosophie darstellenden artes liberales (s. d.) gelehrt wurde, selbst als Philosophie gelten, zumal CASSIODOR und ISIDOR VON SEVILLA auch die Philosophie selbst als «ars artium et disciplina disciplinarum» bestimmt hatten [21]. So bezeichnet ‹D.› im *11. Jahrhundert* nicht lediglich das Verfahren des Argumentierens und Denkens, «elle [la dialectique] devient la connaissance elle-même, en tant qu'elle est œuvre de raisonnement» [22]. Die so verstandene D. spielte BERENGAR VON TOURS, der bekannteste der auch «philosophi» genannten [23] Dialektiker, gegen die religiösen Autoritäten aus: «Maximi plane cordis est, per omnia ad dialecticam confugere, quia confugere ad eam ad rationem est confugere, quo qui non confugit, cum secundum rationem sit factus ad imaginem Dei, suum honorem reliquit» (Offenbar ist es Zeichen eines sehr großen Herzens, durch alles zur D. zu fliehen; denn bei ihr Zuflucht suchen heißt bei der Vernunft Zuflucht suchen. Wer aber nicht dort Zuflucht sucht, gibt seine Ehre auf, da er gemäß der Vernunft zum Bild Gottes geschaffen ist) [24]. Dieses große Wort erinnert an PLATONS «Flucht in die Logoi» [25] und weist vor auf HEGELS ähnliche Position: «Und wenn die Theologie selbst ist, die zu dieser Verzweiflung (daß man Gott nicht erkennen könne) gekommen ist, dann muß man sich eben in die Philosophie flüchten» [26].

Es charakterisiert den Rang der frühmittelalterlichen Kontroverse zwischen Dialektikern und Antidialektikern, daß PETRUS DAMIANI auf Berengar zu antworten verstand, indem er die Philosophie «ancilla theologiae» (s. d.) nannte, vor allem aber das künstliche Licht der Philosophie gering zu achten lehrte gegenüber der im Glauben gegebenen Sonne göttlicher Wahrheit: «Quis enim accendit lucernam ut videat solem?» (Wer zündet nämlich eine Laterne an, um die Sonne zu sehen?) [27]. AMBROSIUS' Ablehnung der D. war im Vergleich zu dieser Argumentation autoritär: «Sed non per dialecticam placuit Deo salvum facere populum suum» (Aber es hat Gott gefallen, nicht durch die D. sein Volk zum Heil zu führen) [28], welches Wort in die von NIKOLAUS VON KUES erzählte Geschichte umgeprägt wurde, Ambrosius habe in die Litanei die Bitte eingefügt: «A dialecticis libera nos domine» [29].

Wie sehr aber im *12. Jahrhundert* die traditionellen Bestimmungen der D. als «ars disserendi» und «ars discernendi verum a falso» vorherrschen, ist der von de Rijk vorgelegten ‹*Logica Modernorum*› zu entnehmen [30]. Sie zeigt zugleich, wie man auf Grund der Aristoteles-Rezeption D. und Logik dissoziiert und wie D. als der «Teil der Logik» verstanden wird, in dem «aus Probablem» geschlossen wird. Dabei wird die so verstandene D. auch als «dualis sermo qui fit inter opponentem et respondentem» oder als «ars dubitandi» definiert [31], d. h. als Kunst, Probleme und Fragen zu erörtern [32].

Im *13. und 14. Jahrhundert* dürfte die engere Bedeutung von ‹D.› als Topik vorherrschen. THOMAS VON AQUIN nennt «die Topik oder D.» den «inventiven Teil der Logik» [33] und bestimmt D. gelegentlich auch als «scientia bene disputandi» [34]. BONAVENTURA führt bei der Aufzählung des Triviums die Logik, nicht, wie früher meistens üblich, die D. an [35]. Im wohl wichtigsten Logik-Lehrbuch des 13. Jh., den ‹Summulae Logicales› des PETRUS HISPANUS ist freilich einleitend noch von der D. als «ars artium» die Rede [36], wohingegen etwa OCKHAM und W. BURLEIGH in ihren Lehrbüchern von ‹Logik› sprechen [37].

Der Rückgriff der Humanisten auf Cicero führte aber wieder zur Gleichsetzung von D. und Logik. R. AGRICOLAS ‹De inventione dialectica› (1480) wollte diese an die Stelle steriler scholastischer Logik setzen. In der spanischen Scholastik werden ‹D.› und ‹Logik› wieder synonym gebraucht, wie die bekanntesten einschlägigen Titel, P. DA FONSECAS ‹Institutiones Dialecticae› (1564) und F. TOLETUS' ‹Commentaria ... in universam Aristotelis logicam› (1572), zeigen. Vermutlich machten erst die neuen Bedeutungen, die Kant und Hegel dem Ausdruck ‹D.› gaben, einen synonymen Gebrauch von ‹D.› und ‹Logik› unmöglich, wenn ihn auch schon die Kritik der neuzeitlichen Philosophie an der aristotelischen D. zurückdrängte. Die wohl letzte bedeutende D., die in der Tradition der aristotelischen Topik steht, wird von J. JUNGIUS in der ‹Logica Hamburgensis› (1638) als ein Teil der «speziellen Logik» dargestellt.

Anmerkungen. [1] BOETHIUS, In Top. Cic. I. MPL 64, 1045. – [2] RAMUS, Dialectique (1555) Vorwort, zit. bei W. J. ONG: Ramus, method, and the decay of dialogue (Cambridge, Mass. 1958) 47f. – [3] CHAUVIN: Lexicon Philos. (1714) s. v. ‹D.›. – [4] Vgl. CICERO, De orat. II, 38 mit De fato I. – [5] CASSIODOR, Inst. II, 17. – [6] PETRUS RAMUS: Dialecticae lib. duo ... (1573) 1. – [7] DESCARTES, Regulae X. Werke, hg. ADAM/TANNERY (A/T) 10, 406 (Dialectica); Discours II. A/T 6, 17 (Logique). – [8] SCOTTUS ERIUGENA, De div. nat. V, 4. MPL 122, 869f. – [9] a. a. O. IV, 4 = 749. – [10] I, 44 = 486. – [11] CICERO, De orat. II, 38; PETRUS DAMIANI, De div. omnipot. 11. MPL 145, 612; JOHANN V. SALISBURY, Metalog. I, 10. MPL 199, 837; HUGO VON ST. VICTOR, Didasc. II, 30; PETRUS DA FONSECA: Inst. Dial. (Ingolstadt 1611) I, 1 = S. 1f. – [12] RAMUS, a. a. O. [6]. – [13] MELANCHTHON, Erotem. Dial. I (Unde nomen est Dialectices?) – [14] EUSTACHIUS A S. PAULO: S. philos. (Coloniae 1686) 7 = I Pars, Dialecticae seu Logicae Philos. q. II. – [15] BERENGAR VON TOURS, De sacra coena, hg. A. F. und F. TH. VISCHER 101, zit. nach UEBERWEG/GEYER[12] 186; PETRUS HISPANUS, Summulae Logicales I, 1. – [16] DA FONSECA a. a. O. [11] S. 2; MELANCHTHON, a. a. O. [13] (circa quas res versatur Dialectica). – [17] ALBERTUS MAGNUS, Lib. II. Topic. I, 1. Werke, hg. JAMMY 1, 695. – [18] AUGUSTIN, De ordine XIII, 38. – [19] Contra Cresconium I, 15, 19. MPL 43, 457. – [20] ABAELARD, Dialectica, hg. de RIJK 470. – [21] CASSIODOR, Inst. II, 5; ISIDOR, Etym. II, 24. – [22] A. FOREST, F. VAN STEENBERGHEN und M. DE GANDILLAC: Le mouvement doctrinal du 11e au 14e siècle (1956) 35. – [23] Vgl. UEBERWEG/GEYER[12] 181; J. A. ENDRES: Die Dialektiker und ihre Gegner im 11. Jh. Philos. Jb. 19 (1906) 22. – [24] BERENGAR, a. a. O. [15]. – [25] PLATON, Phaedo 99 e. – [26] HEGEL, Die Vernunft in der Geschichte, hg. J. HOFFMEISTER ([5]1955) 42. – [27] PETRUS DAMIANI, De s. simplicitate ... VIII. MPL 145, 701. – [28] AMBROSIUS, De fide ad Gratianum I, V, 42. MPL 16, 537. – [29] CUSANUS, Apologia doct. ignor. Heidelberger Akad.-A. 2, 21. – [30] L. M. DE RIJK, Logica Modernorum, Vol. II, cap. 1 und 2; vgl. Index verborum et rerum s. v. ‹dialetica› und ‹logica›. – [31] a. a. O. II, 2, 123; II, 1, 399; II, 2, 147. – [32] Vgl. zum mittelalterlichen Wortgebrauch von ‹dubitare› E. GILSON: Réalisme thomiste et critique de la connaissance (Paris 1947) 57. – [33] THOMAS VON AQUIN, In Post. Anal., Prooem (6). – [34] III. Sent. 33, 3, 1, sol. 4. – [35] BONAVENTURA, De reductione artium 4. – [36] PETRUS HISPANUS, a. a. O. [15]. – [37] W. OCKHAM, S. logicae; W. BURLEIGH, De puritate artis logicae.

2. In der Geschichte der *aristotelischen D. oder Topik* bildet BOETHIUS einen Knotenpunkt, weil er die aristotelische und ciceronische Topik rezipiert und die weitere Geschichte der D. maßgeblich bestimmt hat. So wurden seine Differenzierungen der in der Topik gelehrten *Topoi* – die allgemeine Bestimmung von Topos (s. d.) oder Locus als «sedes argumenti», d. h. «Ort» oder Fundgrube für ein Argument, übernahm er von Cicero (s. o. II, 11) – fast ständig wiederholt oder wenigstens disku-

tiert. Das gilt vor allem für die Unterscheidung der Loci in allgemeine Maximen (Locus maxima), auch «Regeln» und «dialektische Axiome» genannt, und in die den Maximen zugrunde liegenden Begriffe (locus differentia maximae) [1]. Diese Unterscheidung übernahmen u. a. WILHELM VON SHYRESWOOD [2], PETRUS HISPANUS [3], P. DA FONSECA [4] und J. JUNGIUS [5]. Vermutlich weil D. in solcher Weise über Maximen handelt, nennt SCOTTUS ERIUGENA die von ihm freilich nicht primär von Aristoteles her verstandene D. auch «communium animi conceptionum rationabilium diligens investigatrixque disciplina» (eine gründliche und erforschende Wissenschaft der allgemeinen vernünftigen Grundsätze der Seele) [6].

Hinsichtlich ihres Gebrauchs unterscheidet BOETHIUS Maximen, die in die dialektischen Syllogismen oder Argumentationen eingehen, von solchen, die ihnen äusserlich bleiben [7], oder, wie JUNGIUS formuliert, zwischen «konstitutiven» und «dirigierenden» Maximen [8]. So kann die Maxime: «ein längerwährendes Gut ist besser als das von kürzerer Dauer», als Obersatz einen Syllogismus konstituieren, mit dem die Frage, ob Monarchie besser sei als Konsulat, probabel entschieden wird. Die Maxime: «wem die Art zukommt, dem kommt auch die Gattung zu», geht jedoch nicht konstitutiv in den dialektischen Syllogismus ein.

Diese Unterscheidung ist einmal für das historische Verständnis der ‹Topik› des ARISTOTELES bedeutsam; denn die nicht in die Syllogismen eingehenden Maximen, die sich in ihr finden [9], sind durch die später aus ihnen entwickelte Syllogistik der Analytiken überflüssig geworden und markieren so eine Grenze in der Entwicklung der aristotelischen Lehre. Zum anderen hat ABAELARD, anknüpfend an die boethianische Lehre, die nicht in den Syllogismus eingehenden Maximen dienten der «Stärke» oder Schlüssigkeit der Argumentation [10], eine von der aristotelischen Klassenlogik verschiedene Konsequenzenlehre entwickelt, in deren Rahmen die genannte dirigierende Maxime: «wem die Art zukommt, dem kommt auch die Gattung zu», in der Tat die Schlüssigkeit der Argumentation: «Sokrates ist Mensch, also ist Sokrates Sinneswesen», garantiert. Daher bestimmt Abaelard locus (im Sinne der Maxime) als «vis inferentiae» [11]. Wenn auch der Traktat über die Loci – so erklärt später DA FONSECA [12] – «hauptsächlich» den einfachen Syllogismen zugeordnet ist, so «dient er doch allen Gattungen von Argumentationen». Im selben Sinn spricht JUNGIUS von der Verschiedenheit dialektischer Argumentationen, zu denen neben dem dialektischen Syllogismus u. a. die «dialektische unmittelbare Folgerung», der «dialektische Sorites» (s. d.) und die «dialektische Induktion» gehörten [13].

Die als den verschiedenen Maximen zugrunde liegenden Begriffe verstandenen Loci, später auch «tituli» und «notae» genannt [14], wurden von BOETHIUS in innere, wie Definition, Gattung, Art, Eigentümlichkeit usw., und äußere Loci, wie Autorität, Größeres, Kleineres, Entgegengesetztes usw., unterschieden. Tabellarische Übersichten über Zahl und Einteilung dieser Loci geben neben Boethius [15] etwa PETRUS HISPANUS [16], R. AGRICOLA [17] oder DA FONSECA [18]. Mit Hilfe dieser Gesichtspunkte, unter denen Subjekt und Prädikat der Frage zu betrachten sind, kann ein dialektischer Syllogismus gewonnen werden, der etwa die Frage – ein von ARISTOTELES stammendes Beispiel [19] – beantwortet: Kann man Gott unrecht tun? Man kann nämlich aus der Definition von Unrechttun und aus einem Proprium Gottes argumentieren: Unrechttun ist mit Absicht jemanden schädigen. Gott ist es eigen, nicht geschädigt werden zu können, also ... [20].

‹Locus› kann in der aristotelischen Tradition der D. endlich auch Vorschrift (canon, praeceptum) bedeuten [21]; und da es naheliegt, aus dem aristotelischen Topos der Undeutlichkeit [22] Disputationsregeln zu entnehmen (wie: Gebrauche keine homonymen Wörter und keine Metaphern; schikaniere den, der in der Diskussion in Metaphern redet, indem du seine Metaphern wörtlich nimmst), dürfte auch diese Bestimmung von locus ebenso wie die vorgenannten zum genauen Verständnis des aristotelischen Textes beitragen und den Topos bestätigen: Verachtet mir die Wirkungsgeschichte nicht! [23]

Die u. a. bei ERASMUS, VIVES, MELANCHTHON [24] zu findende Bestimmung von loci (communes) als «praecipua capita» und «indices» – auch bei AGRIPPA VON NETTESHEIM heißt die Inhaltsangabe «Loci communes sive capita tractandorum» [25] – gehört hingegen nicht zur aristotelisch-boethianischen Tradition. In ihr bezeichnen «loci communes» vornehmlich (nicht ausschließlich) die in ihrer höchsten Allgemeinheit auf alle «Künste und Wissenschaften» bezogenen Maximen, «loci proprii» hingegen die einer Wissenschaft zugehörigen Maximen [26]. Die Bedeutung von ‹locus› als Hauptstück oder Kapitel einer Wissenschaft stammt jedoch aus der Stoa: Apollodor hat nach DIOGENES LAERTIUS, der diesen Sprachgebrauch auch selber übernimmt, die «Teile» einer Doktrin ‹Topoi› genannt [27].

Anmerkungen. [1] BOETHIUS, De diff. Top. II. MPL 64, 1185f. – [2] WILHELM VON SHYRESWOOD, Introductiones in logicam, hg. M. GRABMANN, in: Sber. Bayr. Akad. Wiss., philos.-hist. Abt. (1937, 10) IV, S. 57. – [3] PETRUS HISPANUS, Summulae Logicales, hg. BOCHEŃSKI (Turin 1947) 5. 07. – S. 381ff. – [4] P. DA FONSECA, Inst. Dial. (Ingolstadt 1611) VII, 10 = S. 381ff. – [5] J. JUNGIUS, Logica Hamburgensis, hg. R. W. MEYER (1957) V, 3, 14f. = S. 254. – [6] SCOTTUS ERIUGENA, De div. nat. I, 27. MPL 122, 475. – [7] BOETHIUS, a. a. O. [1] und In Top. Cic. I. MPL 64, 1051f. – [8] JUNGIUS, a. a. O. [5] V, 5, 4 = S. 257. – [9] ARISTOTELES, Topik, z. B. II, 1, 109 a 13-17; 4, 111 a 27ff. – [10] BOETHIUS, a. a. O. [7]. – [11] ABAELARD, Dialectica, hg. DE RIJK (1956) 253; vgl. zum gegebenen Beispiel: Dialectica Monacensis IV; Logica Modernorum a. a. O. [30 zu 1] II, 2, 529. – [12] FONSECA, a. a. O. [4] VII, 13 = S. 393. – [13] JUNGIUS, a. a. O. [5], V, 1, 9 = S. 246. – [14] Ebd. V, 3, 16 = S. 254. – [15] BOETHIUS, De diff. Top. III. MPL 64, 1201ff. – [16] PETRUS HISPANUS, a. a. O. [3] S. 46-56. – [17] R. AGRICOLA, De inventione dialectica, hg. ALARDUS AEMSTELREDAMUS (Köln 1539) 25. 174. – [18] FONSECA, a. a. O. [4] VII, 11 = S. 388f. – [19] ARISTOTELES, Topik II, 2, 109 b 33ff. – [20] Vgl. auch das entsprechende Beispiel für einen aus dem locus «Definition» gewonnenen dialektischen Syllogismus bei BOETHIUS, In Top. Cic. I. MPL 64, 1059. – [21] JUNGIUS, a. a. O. [5] V, 3, 16 = S. 254. – [22] Vgl. ARISTOTELES, Topik VI, 2, 139 b 19ff. – [23] Vgl. H.-G. GADAMER: Wahrheit und Methode (²1965). – [24] Vgl. dazu E. METNER: Topos und Commonplace, in: Strena Anglica Festschrift O. Ritter (1956) 196. – [25] AGRIPPA: De incertitudine et vanitate scientiarum ... (o. O. 1532) Überschrift des Inhaltsverzeichnisses. – [26] FONSECA, a. a. O. [4] VII, 12 = S. 390. – [27] DIOG. LAERT. VII, 39. 43.

3. Das *Verhältnis der D. zur Analytik* bestimmt BOETHIUS, Cicero folgend, dahingehend, daß der D. die Invention, der Analytik das Urteilen zukomme [1]. Demgemäß bestimmt ISIDOR die Topik als «disciplina inveniendorum argumentorum» [2]. Da aber Gegenstand der Topik ebenfalls der dialektische Syllogismus ist [3], wird das aus den loci gefundene Argument auch als der «Mittelbegriff» im Syllogismus bestimmt [4]. Demgemäß besteht die von der D. geleistete Invention im Aufstellen einer durch probable Prämissen ausgewiesenen probablen Ansicht (opinio).

Diese probablen Ansichten, die insgesamt das umfassen, was sich der Invention von D., Rhetorik und

Poetik verdankt [5], sowie auch das als probabel geltende Überlieferte, bedürfen aber noch einer wissenschaftlichen Beurteilung. So läßt sich ja auch die angeführte Frage, ob man Gott unrecht tun könne, aus denselben loci genau entgegengesetzt, aber doch auch probabel entscheiden: Unrechttun ist jemandem vorenthalten, was man ihm schuldet; Gott kann man die ihm geschuldete ehrfürchtige Anerkennung vorenthalten, also ... Daher ist die durch den dialektischen Syllogismus gewonnene probable Ansicht nach THOMAS VON AQUIN zwar «Weg zur Wissenschaft», aber nicht schon diese selbst [6].

Vollendete Wissenschaft wird erst erlangt, indem die probablen Ansichten in der judikativen Analyse (s. d. 1 u. 4) auf demonstrative, d. h. wahre und notwendige Prämissen zurückgeführt werden. Offensichtlich entspricht dieser Weg zur Wissenschaft genau der scholastischen Disputation, in der eine Frage nach den Argumenten des Opponenten und des Respondenten vom Magister in einer «determinatio» wissenschaftlich beurteilt wurde [7]. Daher gehören auch die zahlreichen Argumentationen pro und contra, die der wissenschaftlichen Beantwortung einer scholastischen «Quaestio» vorausgehen, zur D.

Daß in solcher Weise nicht nur die Lehre über probables Argumentieren, sondern auch der Gebrauch (usus) und die Anwendung dieser Doktrin oder Kunst Sache der D. ist, unterscheidet nach ALBERTUS MAGNUS [8] und THOMAS VON AQUIN [9] die D. von der ‹Analytik›. Denn die ‹Analytiken› lehren nur den demonstrativen Syllogismus und seine allgemeinen Bedingungen, ihn zu gebrauchen und anzuwenden aber ist «Sache der Philosophie und der Einzelwissenschaften» [10]. Weil D. aus probablen Ansichten argumentiert, ohne z. B. die Angemessenheit einer probablen Definition an der Sache zu überprüfen und ohne die Rede über Sachen von den Sachen selbst her auszuweisen, bleibt auch die angewandte, nicht nur die lehrende D. («dialectica utens – dialectica docens») im Bereich der «Intentionen», der Begriffe und Sätze, die Gegenstand der Logik sind [11]. Zwar kann D. so über «alles» handeln [12], aber eben nur aus anerkannten Ansichten, nicht aus eigener Einsicht in die Sache, die auch Kritik am Anerkannten muß leisten können. Daher ist es «die eine D. in den spekulativen Wissenschaften, die für jegliche Invention zuständig ist; die judikativen demonstrativen Wissenschaften aber sind je nach ihrem Gegenstand verschieden» [13]. Von der praktischen Philosophie ist hier nicht die Rede. Das könnte darin begründet sein, daß diese in der aristotelischen Tradition vom anerkannten Ethos ausgeht und es nicht derart rationalisieren zu können beansprucht, daß es auf notwendige, stets gültige Prinzipien zurückgeführt oder aus ihnen hergeleitet werden könnte. Daher kann die D. als Methode praktischer Philosophie gelten [14], zumal die in der Praxis ohnehin stets nur partiell mögliche Kritik vom Anerkannten her auszugehen hat. Die Unterscheidung von Lehre und Anwendung der D. stellt aber die Frage, ob die Aufgabe, «das Selbstverständnis konkreter Praxis zu klären» (s. o. II, 6). nach Aristoteles nicht eher der praktischen Philosophie als «angewandter D.» zukommt als der ‹Topik›, deren Sache es primär zu sein scheint, dialektisches Argumentieren zu «lehren».

Zum Verhältnis von D. und Analytik bleibt um des Verständnisses der weiteren Problemgeschichte willen noch zu bemerken, daß die in der scholastischen Methodologie übliche Zuordnung der Invention zur D. und der Beurteilung zur Analytik unverkennbar einseitig ist; denn sowohl der probable wie der demonstrative Syllogismus erfordern Invention und Beurteilung. Besonders müssen ja offensichtlich gerade auch die eine probable Ansicht im syllogistischen Urteil beweisenden demonstrativen Prämissen erst «gefunden» werden. Für die Invention demonstrativer Prämissen und letztlich der einer Wissenschaft eigenen Wissenschaftsprinzipien gab es aber in der Scholastik keine Methode, wenn man von der schon in ihrer Zeit umstrittenen «ars magna» (s. d.) R. LULLS und dem noch zu nennenden Versuch DA FONSECAS, auch diese Aufgabe der D. zuzuschreiben, absieht. Eben diese Lücke sollte DESCARTES' Analyse (s. d. 2 u. 4) füllen, da sie «methodische Invention» der Wahrheit lehrt [15].

Anmerkungen. [1] BOETHIUS, In Top. Cic. I. MPL 64, 1047; De diff. top. a. a. O. 1174. – [2] ISIDOR, Etym. II, 30. – [3] Vgl. ARISTOTELES, Topik I, 1, 100 a 22ff. – [4] BOETHIUS, In Top. Cic. I. MPL 64, 1050f. Vgl. PETRUS HISPANUS, a. a. O. [3 zu 2] 5. 02. – [5] Vgl. THOMAS VON AQUIN, In Post. Anal. Prooem. (6). – [6] S. theol. III, 9, 3, 2; vgl. ALBERTUS MAGNUS, In Top. I, 1 Prooem. Opera, hg. JAMMY 1, 569f. – [7] Vgl. M.-D. CHENU: Introduction à l'étude de saint Thomas d'Aquin (Paris 1950) 71ff. – [8] ALBERTUS MAGNUS, a. a. O. [6]. – [9] THOMAS, In Met. 4, 4 (576) und In Post. Anal. 1, 20 (171). – [10] In Met. 4, 4 (577). – [11] In Post Anal. 1, 20 (171); vgl. die Diskussion dieser These bei EUSTACHIUS A S. PAULO, a. a. O. [14 zu 1]. – [12] THOMAS, In Met. 4, 4 (573). – [13] S. theol. I/II, 57, 6, 3. – [14] Vgl. G. BIEN: Das Theorie-Praxis-Problem und die politische Philos. bei Platon und Aristoteles. Philos. Jb. 76 (1968/69) 264–314, bes. 299f. – [15] DESCARTES, Med. II. Resp. A/T 7, 155.

4. Der Kritik DESCARTES' an der zur Invention der Wahrheit untauglichen Syllogistik [1] war die Kritik der *Humanisten* an der Scholastik, besonders an ihrer spitzfindigen und zudem um ihrer selbst willen – nicht als Instrument der anderen Wissenschaften – betriebenen Logik vorausgegangen: ‹In Pseudodialecticos› ist Titel einer einschlägigen Schrift von L. VIVES [2]. Daß die Humanisten aber schon um Ciceros und der Rhetorik willen an der D. festhielten, zeigt eindrucksvoll R. AGRICOLAS ‹De inventione dialectica›.

Die hier angestrebte erneute Verbindung von D. und Rhetorik kommt darin zum Ausdruck, daß Agricola das Probable, von dem D. handelt, nicht dem notwendig Wahren oder dem demonstrativ Bewiesenen entgegensetzt: «nobis erit probabile, quod apte consentaneeque de re proposita dicatur» (Uns gilt als probabel, was passend und angemessen über eine vorgelegte Sache gesagt wird) [3] – und das kann sowohl das notwendig Wahre wie auch etwa das «unwahrscheinliche» Fabelgebilde der Dichter sein [4]. Konsequenterweise behauptet Agricola dann von der D., was die Scholastiker von der Analytik erklärt hatten, daß nur die Lehre von der dialektischen Invention, aber nicht mehr ihre Anwendung, Sache der D. sei [5]. So ist hier die D. Instrument und Weg aller Wissenschaften [6].

Im einzelnen ist noch bemerkenswert, daß Agricola die allgemeinen dialektischen Maximen als «unnütz» ablehnt [7]. Auch darin artikuliert sich eine Kritik an Aristoteles und der Scholastik, und für diese Ablehnung beruft sich Agricola (was historisch nicht haltbar ist) [8] auf Cicero. Aber diese Verwerfung der Maximen hält Agricola nicht konsequent durch [9], wie er übrigens auch in Materien, die der sensus communis liefere, der D. selber, und nicht den verschiedenen Wissenschaften, die Anwendung zugesteht [10].

Agricolas neue Deutung der D. förderte eine erneute Beschäftigung mit der D. auch auf seiten der Aristoteliker. Fruchtbar wurden diese Bemühungen vor allem in der Ausarbeitung einer theologischen Topik oder Argumentationslehre, die MELCHIOR CANO und seinem (erst posthum 1563 erschienenen) Werk: ‹De locis theologicis› zu verdanken ist, und in einer gegenüber der Hochscholastik neuen Fassung der Lehre von der dialektischen Invention in der spanischen Scholastik. PETRUS DA FONSECA sucht nämlich die genannte Lücke in der scholastischen Methodologie dadurch zu schließen, daß er der D. die Invention auch notwendiger Argumente zuschreibt: «... hac in parte non solum tradenda est methodus exquirendi argumenta probabilia, sed etiam necessaria» (In diesem Teil ist die Methode zu behandeln, nicht nur probable Argumente zu finden, sondern auch notwendige) [11]. Dafür glaubt Fonseca sich auf Aristoteles berufen zu können [12]. Freilich geben nach ihm nicht alle loci notwendige Argumente her, sondern nur die der Wirkungen, der Ursachen und der Definition [13]. Wie man aber z. B. eine nicht nur probable, sondern wissenschaftlich an der Sache selbst ausgewiesene Definition findet und nach welcher Methode sie zu überprüfen wäre, wird auch von Fonseca nicht geklärt. Gleichwohl fand diese seine Lehre nachhaltige Beachtung. Bei aller zu seiner Zeit üblichen Kritik an der aristotelischen D. erklärt noch LEIBNIZ: «Für Beweise gibt es einen locus: die Definition» [14], und auch A. RÜDIGER hält an der Lehre vom demonstrativen Gebrauch einiger loci fest [15].

Anmerkungen. [1] Vgl. z. B. DESCARTES, Regulae X. A/T 10, 406. – [2] L. VIVES, In Pseudodialecticos. Opera (Basel 1565) 1, 272–286, bes. 281. – [3] AGRICOLA, a. a. O. [17 zu 2] II, 2 = S. 192f. – [4] ebda. – [5] II, 7 = S. 210. 212. – [6] II, 7 = S. 210; II, 28 = S. 363. – [7] I, 29 = S. 175f. – [8] Vgl. dazu die Bemerkungen des Hrsg. a. a. O. S. 177. – [9] Vgl. II, 28 = S. 363. – [10] ebda. – [11] FONSECA, a. a. O. [11 zu 1] VII, 11 = S. 380. – [12] ebda. – [13] VII, 5 = S. 370ff. – [14] LEIBNIZ, Diss. de arte comb., Probl. II. Philos. Schriften, hg. GERHARDT 4, 69f. – [15] A. RÜDIGER: De sensu veri et falsi (²1722) IV, 4, §§ 6ff. = S. 572f.

5. FR. BACON eröffnet die Kritik der *neuzeitlichen Philosophie* an der aristotelischen D. In der Absicht, das aristotelische ‹Organon› durch sein ‹Novum Organon› zu ersetzen, stellt er an die Stelle der D. eine «Topica particularis», die mit der Registrierung von Beobachtungen unter bestimmten «Gesichtspunkten» und «Titeln» der Erfindung einer neuen Naturwissenschaft dient. Die traditionelle topische Invention wird abgelehnt: «Inventio argumentorum inventio proprie non est. Invenire enim est ignota detegere, non ante cognita recipere aut revocare» (Die Erfindung von Argumenten ist nicht eigentlich Erfindung. Erfinden heißt nämlich Unbekanntes aufdecken, nicht bereits Bekanntes aufnehmen oder zurückrufen). Im Grunde seien die loci inventionis nur mnemotechnische Hilfsmittel, es komme aber auf die «inventio artium et scientiarum» an [1].

Während GASSENDI die humanistische Kritik wiederholt, die loci seien zur Invention unnütz [2], hat DESCARTES, der schon früh verächtlich über die «dialectici loci» sprach [3], die D. aufs schärfste kritisiert: Diese Kunst, die selbst Knaben innerhalb weniger Tage erlernen könnten, ermögliche durch ihre loci, über jede Sache zu schwätzen, für jede Meinung, und sei sie auch noch so unwahrscheinlich, zwar nicht solide, aber zahlreiche Argumente beizubringen und in der Disputation auf beliebige Einwände zu antworten. Aber weil alles das nichts mit Wissenschaft zu tun habe, sei diese Kunst äußerst schädlich, denn sie mache hochmütig und verderbe die Vernunft [4].

Fortan wurde die D., für die als «doctrina medii inveniendi» G. B. VICO sich nochmals einsetzte [5], kaum noch gelehrt. Fast nur ehrenhalber wird sie in der ‹Logique de Port-Royal› erwähnt, «solide Erkenntnis» sei mit Hilfe ihrer «Methode» nicht zu erreichen [6]; und in der ersten Hälfte des 18. Jh. fragt sich N. H. GUNDLING in der Darstellung dieser «Pseudomethode», warum die Juristen noch so viel Aufhebens von den loci topici machten, und er antwortet: «... ist in einer disciplin noch albernes Zeug auszurotten übrig, so gewiß vor andern in der Juristerey» [7].

KANT bemerkt dann von der «Topik des Aristoteles», an deren Stelle er seine «Transzendentale Topik» setzt, daß sich ihrer «Schullehrer und Redner bedienen konnten, um unter gewissen Titeln des Denkens nachzusehen, was sich am besten für seine vorliegende Materie schickte, und darüber mit einem Schein von Gründlichkeit zu vernünfteln oder wortreich zu schwatzen» [8]. In gleicher Weise, und d. h. wieder im Sinne Descartes', urteilt endlich HEGEL: «Diese Örter sind so gleichsam ein Schema von Mancherlei, um danach einen Gegenstand zu betrachten, ihm nachzuforschen; – eine Arbeit, die besonders für die Bildung von Rednern und das Schwatzen sehr zweckmässig schien» [9].

Die *neuen* Bedeutungen, die Kant und Hegel dem Wort ‹D.› gaben, haben seine ältere Tradition so sehr aus dem Bewußtsein verdrängt, daß es noch mancher Anstrengung des historischen Verstehens bedarf, um die Geschichte dieses aristotelischen Lehrstückes, das nach dem Ende des Systemgedankens und dem Verzicht einer hermeneutischen Philosophie auf mathematische Exaktheit vielleicht auch erneut sachliches Interesse verdient, in der zu wünschenden Vollständigkeit und Ausführlichkeit zu überblicken.

Anmerkungen. [1] BACON, De augm. sci. V, 2f.; vgl. Nov. Org. II, 11ff. – [2] GASSENDI, Exercitationes Paradoxicae II, 7. – [3] DESCARTES, A/T 10, 164f. 168. – [4] An Voetius, A/T 13 (2), 50-55. – [5] G. B. VICO, De nostri temp. stud. rat. III. – [6] La logique ou l'art de penser (Amsterdam 1675) III, 17f. – [7] N. G. GUNDLING: Philos. Discourse Erster Theil ... (1739) 390. – [8] KANT, KrV A 268f. – [9] HEGEL, Vorles. zur Gesch. Philos. Werke, hg. GLOCKNER 18, 409.

Literaturhinweise. E. THIONVILLE: De la théorie des lieux communs dans les Topiques d'Aristote et des principales modifications qu'elle a subies jusqu'à nos jours (Paris 1855). – A. ENDRES s. Anm. [23 zu 1]; A. LANG: Die loci theologici des Melchior Cano und die Methode des dogmatischen Beweises (1925). – J. ISAAC, La notion de dialectique chez S. Thomas, R. S. PhTh XXXIX (1950), 481-506. – E. MERTNER s. Anm. [24 zu 2]. – L. OEING-HANHOFF: Die Methoden der Met. im MA, in: Die Met. im MA, hg. P. WILPERT (1963) 71-91; Descartes und der Fortschritt der Met. (darin: Dialektische Invention und Aufriß einer Geschichte der Topik), Habil.-Schrift (Münster 1961, Ms.). – W. VEIT: Toposforsch. Ein Forschungsbericht. Dtsch. Vjschr. Litwiss. 37 (1963) 120-163. – S. DECLOUX, La dialectique chez saint Thomas d'Aquin. Stud. gen. 21 (1968) 258-273.

L. OEING-HANHOFF

IV. *Die D. von Kant bis zur Gegenwart.* – 1. 1. KANT gliedert die ‹Kritik der reinen Vernunft› gemäß der traditionellen Einteilung der Logik in Analytik und D. [1], wobei die Analytik den Analytiken, die D. der Topik des Aristoteles entspricht. Indem Kant den kritischen Wert der Logik hervorhebt, wird der Begriff ‹D.› prägnant umgedeutet.

‹D.› heißt bei Kant doppeldeutig einerseits das Verfahren der Vernunft, durch das sie sich in Widersprüche verwickelt, andererseits das Verfahren, eben diese Widersprüche aufzudecken: «Kritik des dialektischen Scheins» [2].

Die Logik der Wahrscheinlichkeit der Topik nennt Kant ebenso wie die Analytik eine Logik der Wahrheit, nur aus unzureichenden Gründen [3], wohingegen die

D. als eine «Logik des Scheins» (illusio) [4] begriffen wird, also eher dem aristotelischen Begriff der Eristik entspricht als dem der Topik. Im Unterschied zu den sophistischen Trugschlüssen, die aus der Täuschungsabsicht des Sophisten entspringen, hat es jedoch die D. Kants mit Sätzen zu tun, die in ihren Widersprüchen aus der Natur der Vernunft hervorgehen [5], die aufgeklärt werden können, sich aber damit nicht erledigen. Das Ziel einer Kritik der reinen Vernunft kann daher bloß sein, diesen Schein aufzudecken und zu verhüten, daß er betrüge [6].

Vor Kant wurden theoretisch relevante Widersprüche auf einander bekämpfende Gruppen bezogen (so daß der Anschein entstehen konnte, eine Meinung sei richtig und die andere verfalle einer logischen D.); Kant erhöht die sich widersprechenden Argumente der streitenden Parteien zu logisch unanfechtbaren Antithesen und objektiviert so den unendlichen Disput der Gelehrtenwelt; Widersprüche entstehen aus der Vernunft selbst, der Parteienstreit beruht in Wahrheit auf einem Streit der Vernunft mit sich selbst: «Die Einwürfe, die wir zu fürchten sein möchten, liegen in uns selbst. Denn spekulative Vernunft in ihrem transzendentalen Gebrauch ist an sich dialektisch» [7]. Damit wird D. als geschichtliche Erscheinung zu einer zwar täuschenden, aber natürlichen Ausdrucksform der Vernunft [8].

Anders als die logische D., die es bloß mit der Form nach falschen Schlüssen zu tun hat, die durch bloße Berichtigung beseitigt werden können [9], entsteht die «transzendentale D.» aus einem Gebrauch von Vernunftbegriffen über die Grenze menschlicher Erfahrungsmöglichkeiten hinaus, d. h. wenn von bloß formalen Prinzipien der Verstandeserkenntnis ein materialer Gebrauch gemacht wird und so die bloß logischen Grundsätze als Organon zur Ausweitung der Erkenntnisse über die Grenzen möglicher Erfahrung hinaus gebraucht werden [10]. Auf diese Weise entstehen die drei Formen transzendenter Urteile [11]: Paralogismen, Antinomien, Ideale. Die Paralogismen haben ihren Ursprung darin, daß vom transzendentalen Begriff des Subjekts auf dessen absolute Einheit geschlossen wird (die Widersprüche der psychologia rationalis). Die Antinomien entstehen dadurch, daß von der Reihe der Bedingungen auf den Begriff der absoluten Totalität geschlossen wird (die Widersprüche der cosmologia rationalis). Die theologia transcendentalis endlich schließt von der Totalität der Bedingungen, Gegenstände zu denken, auf die absolute Einheit der Bedingungen der Möglichkeit der Dinge überhaupt.

Die sich widersprechenden Sätze stehen in dialektischer Opposition, die (im Gegensatz zur analytischen, bei der einer der Sätze wahr, der andere falsch sein muß) mehr enthält als die bloße Opposition und bei der folglich beide Sätze falsch sein können [12].

Der Fehler aller drei dialektischen Systeme entsteht aus einem Mißbrauch der Vernunftideen, die zu regulativem, nicht aber zu erkenntniskonstitutivem Gebrauch dienen können [13], weil ihnen, wie es Bedingung von Erkenntnis ist, gar kein Gegenstand der Erfahrung entspricht; es handelt sich bei ihnen um bloß problematische Begriffe. Der Schluß vom Bekannten und Erkennbaren auf das Unbekannte ergibt zwar den Schein einer objektiven Realität, erweitert aber niemals die Erkenntnis über die Realität selbst. Da also der Nutzen der transzendentalen D. in der Verhinderung der Illusion der Vernunftschlüsse nur negativ ist [14], gibt es keinen Kanon der Vernunft im spekulativen Gebrauch, keine Richtlinien des richtigen Gebrauchs [15], sondern nur eine «Disziplin» [16].

Als bloß regulative Prinzipien können die widersprechenden Grundsätze sehr wohl nebeneinander bestehen [17], indem z. B. in der Naturwissenschaft der absolute Determinismus aller Erscheinungen angenommen wird, zugleich aber für die Moral die Möglichkeit der Freiheit offengehalten wird, was sich nur dann widerspricht, wenn Sätze als Aussagen über Dinge an sich genommen werden [18]. So verweist die Lösung der Antinomien der theoretischen Vernunft auf die praktische.

Im Bereich der praktischen Philosophie unterscheidet Kant eine natürliche D. von der der praktischen Vernunft. Unter der natürlichen D. versteht er den Hang, gegen die strengen Gesetze der Pflicht zu vernünfteln und aus Bequemlichkeit Ausnahmen zu erfinden [19]. Sie ist ebenso wie die rein logische D. durch Aufklärung zu beseitigen. Die D. der praktischen Vernunft ergibt sich dagegen aus dem Bestreben der Vernunft, ein höchstes Gut als die absolute Totalität der Bedingungen zu dem gegebenen Bedingten zu bestimmen [20].

Daß nicht alle widersprechenden Urteile, die auftreten, notwendigerweise als dialektisch zu deuten sind, lehrt die ‹Kritik der ästhetischen Urteilskraft›. Die sich widersprechenden Geschmacksurteile verschiedener Individuen können nicht dialektisch sein, weil das Geschmacksurteil keinen Anspruch auf Allgemeinheit hat; die D. der ästhetischen Urteilskraft tritt vielmehr erst in der «Kritik des Geschmacks» auf, insofern diese allgemeine Prinzipien des Geschmacksurteils zu bestimmen unternimmt [21].

Indem Kant aus Widersprechendem jeweils ein Drittes hervorgehen läßt (in das die Widersprüche allerdings nicht eingehen und dessen Existenz als regulative Ideen der theoretischen und als Postulate der praktischen Vernunft auch nur gefordert ist), präformiert er den dialektischen Dreischritt, ohne daß dieser den Namen D. erhielte. Die auffällige Dreiheit der Elemente rückt Kant selbst ins Bewußtsein: Die Trichotomie sei nicht zufällig, sondern hänge mit der synthetischen Methode zusammen, wobei aus Bedingung und Bedingtem der Begriff der Vereinigung des Bedingten mit seiner Bedingung entspringe – oder aus Form und Inhalt die Idee [22]. Wenn aber die Begriffe von Bedingung und Bedingtem Realitätsbezug haben, so hat der Begriff der Vereinigung beider keinen Realitätsbezug, sondern lediglich Geltungsbezug auf die Verstandesbegriffe.

Darüber hinaus hat die D. der Vernunft auch ihren positiven Aspekt; sie nötigt die Vernunft, über die Widersprüche hinauszuschreiten zu einer Kritik der Vernunft, die die Quelle der Widersprüche erhellt und zugleich die Sphäre des menschlichen Erkenntnisvermögens absichert und von der Sphäre der Dinge an sich scheidet, über die wir nichts wissen können [23].

Anmerkungen. [1] Vgl. G. TONELLI: Der hist. Ursprung der kantischen Termini ‹Analytik› und ‹D.›. Arch. Begriffsgesch. 7 (1962) 120-139. – [2] KANT, KrV B 86. – [3] a. a. O. B 349f. – [4] B 86. 170. 349. – [5] B XXXI. 449. – [6] B 354. – [7] B 805. – [8] B 775. – [9] B 390. – [10] B 85f. – [11] B 390-398. – [12] B 532. – [13] B 672. – [14] A 383. – [15] B 170f. – [16] B 824f. – [17] B 644f. – [18] B 644. – [19] Akad.-A. 17. 4, 405. – [20] KpV 194. – [21] KU 231f. – [22] KU LVII Anm. – [23] KpV 193; KrV B 708.

Literaturhinweise. R. KRONER: Von Kant bis Hegel (1921-1924, ²1961). – A. M. DEBORIN: Studien zur Gesch. d. D. I. K. Marx-Engels-Archiv I (1925) 7-81. – R. ODEBRECHT: Form und Geist (1930). – E. WIND: Das Experiment und die Met. Zur Auflösung der kosmol. Antinomien (1934). – N. ROTENSTREICH: Kant's dialectic. Rev. Met. 7 (1954) 389-421. – P. CHIOCHI: La dialettica in Kant. Riv. filos. 49 (1958) 254-283. – F. DELEKAT: Immanuel Kant (1966). – H. HEIMSOETH: Transzendentale D. 1-4 (1966ff.). – P. HEINTEL: Die D. bei Kant. Stud. gen. 21 (1968) 450-470. – J.-R. BITTNER: Über die Bedeutung der D. I. Kants (Diss. Heidelberg 1970).

1. 2. FICHTE verwendet das Wort ‹D.› zunächst nicht. Aber die bereits bei Kant deutlich gewordenen Ansätze desjenigen Verfahrens, das bei Hegel später D. heißt, werden von Fichte konsequent zu einer heuristischen Methode zum Auffinden von Problemlösungen unter dem Namen eines synthetischen Verfahrens ausgestaltet. In der ‹Grundlage der gesamten Wissenschaftslehre› (1794) ist diese Methode explizit entwickelt.

Der Grundsatz der Identität begründet die Grundsätze des Gegensetzens und des Grundes; durch sie wird das synthetische Verfahren ermöglicht [1]. Aus der absoluten Thesis (Ich bin) und der ihr entgegengesetzten Antithesis, in der dem Ich ein Nicht-Ich entgegengesetzt wird, entwickelt sich die Grundsynthesis, der Ausgangspunkt aller weiteren Synthesis. Das Verfahren, mit der im Verglichenen das Unterscheidende herausgearbeitet wird, heißt bei Fichte antithetisch, auch analytisch [2]. Das synthetische Verfahren besteht in der Darstellung des Gleichen im Entgegengesetzten. Wie aber Gleiches nur im Entgegengesetzten und Entgegengesetztes nur im Gleichen entdeckt werden können, so bedingen sich antithetisches und synthetisches Verfahren und bilden eine Einheit, die nur durch Reflexion getrennt wird [3]. In der Grundsynthesis von Ich und Nicht-Ich kommt Fichte zu dem Begriff der Teilbarkeit von Ich und Nicht-Ich [4]. Der synthetische Satz hieße dann etwa: Das Ich setzt dem teilbaren Ich ein teilbares Nicht-Ich entgegen. Weil der Begriff der Teilbarkeit ein niederer Begriff als der des Ich ist, handelt es sich in diesem Falle um eine «deszendente» D. [5]. Das Aufsuchen des Verbindenden von Thesis und Antithesis heißt Reflexion [6]. Die Reflexion hätte zunächst analytisch zu sein, indem sie entgegengesetzte Merkmale im Begriff entwickelt [7]. Da aber Antithesis und Synthesis nur in der Reflexion auf sie unterschieden werden, hätte sie auch zugleich synthetisch zu sein.

Aus der Grundsynthesis soll sich die gesamte Wissenschaftslehre dialektisch («synthetisch») entwickeln lassen [8]. Da in der Grundsynthesis nicht mehr als zwei Entgegengesetzte vereinigt werden, setzt das voraus, daß in der Synthesis selbst etwas entsteht, das in erneuter Entgegensetzung die Notwendigkeit weiterer Synthesis bedingt [9]. Dieses Neue ist die Realität, die die Entgegengesetzten dadurch erhalten, daß die produktive Einbildungskraft sie unter dem Zwang zur Vereinigung und zugleich in der Unmöglichkeit derselben als bloß Gedachtes anschaut [10]. In dem Begriff der so gefaßten Anschauung entfernt sich Fichte so weit von Kant, daß dieses Ergebnis Fichtescher D. unter den Kantischen (negativen) Begriff der D. fiele.

So ist bei Fichte einerseits die traditionell-logische und auch kantische Trennung von Analytik und D. fortgefallen, indem antithetisches und synthetisches Verfahren einander bedingen und letztlich eins sind, andererseits übernimmt er das Ich (Kant: Vernunft) als Ursprung der D., wobei sie sich zunächst in der Sphäre reiner Idealität bewegt.

Der spätere Fichte gebraucht dann das Wort ‹D.› für seine Methode der Wahrheitsfindung. Sie ist die Methode, vermittels «Konstruktion» zu der letztmöglichen Evidenz zu kommen, die den Menschen ergreift [11]. ‹D.› nähert sich nun der Bedeutung von ‹Einbildungskraft› im transzendentalphilosophischen Sinne.

Anmerkungen. [1] FICHTE, Werke, hg. F. MEDICUS 1 (1911) 318. – [2] a. a. O. 1, 307. – [3] 1, 308. – [4] ebda. – [5] 1, 313. – [6] 1, 318. – [7] ebda. – [8] ebda. – [9] 1, 417. – [10] 1, 420. – [11] 6 (1912) 204·

Literaturhinweise. T. I. OISERMAN: Die D. in der Philos. J. G. Fichtes, in: Wissen und Gewissen, hg. M. BUHR (1962) 99-126. – G. STIEHLER: Fichtes dialektischer Idealismus – seine synthetische Methode, in: M. BUHR, a. a. O. 127-157. – G. GURVITCH: D. und Soziol. (1965) 76-91. – H. RADERMACHER: Fichte und das Problem der D. Stud. gen. 21 (1968) 475-502.

1. 3. SCHELLINGS Stellung in der Geschichte des D.-Begriffs ist ambivalent: Einerseits weicht er von der Strenge der D.-Auffassung als dem Grundprinzip des Denkens, die Fichte mit Hegel verbindet, ab, andererseits ist er der erste, der das Verfahren des Dreischritts mit dem Worte ‹D.› bezeichnet.

Die D. des Denkens erscheint bei ihm dadurch bedingt, daß das endliche menschliche Denken das Absolute nur in seiner Aufspaltung in Polaritäten zu fassen vermag. So ist Fichtes Dreischritt von These – Antithese – Synthese zwar eine richtige, doch reflektorische und daher einseitige Kennzeichnung der Methode der Philosophie. Die absolute Methode würde alles in eins denken, und auch die Unterscheidung von analytischer und synthetischer Methode wäre in ihr belanglos [1]. Ein Denken, das den irdischen Anflug abstreifen und das Absolute unmittelbar intellektuell anschauen könnte, wäre undialektisch-ekstatisch. Das menschliche, dialektische Denken befindet sich zwar auf dem Wege dorthin, kommt aber nie dort an; es ist lediglich als Propädeutik für die intellektuelle Anschauung des Absoluten aufzufassen. Diese selbst würde die Aufspaltung des Absoluten in Gegensätze als eine Illusion der endlichen Vernunft durchschauen. Das nimmt aber auch der D. Schellings die logische Notwendigkeit, die sie bei Fichte und Hegel hat. Zugleich verläßt er die eher methodologische Auffassung Fichtes der D. als Subjekt-Objekt-D., indem die D. in der Objektwelt, so wie sie dem endlichen Denken erscheint, auftritt: D. wird zum ontologischen Prinzip. Daher kann man bei Schelling den Ausgangspunkt aller späteren sogenannten Realdialektik suchen.

Während Schelling vor 1803 mit Fichtes Begriff des synthetischen Verfahrens operiert, führt er in den ‹Vorlesungen über die Methode des akademischen Studiums› das Wort ‹D.› für die Methode der Philosophie ein: «Ohne dialektische Kunst ist keine wissenschaftliche Philosophie!» [2]. Die Absicht der Philosophie, «alles als eins darzustellen» und in Reflexionsformen zu einem Ausdruck des Urwissens zu kommen, läßt ihre Methode als D. von Spekulation und Reflexion erscheinen. Der bloß reflektierende Verstand kommt nicht über den Widerspruch hinaus; die Vernunft und die Einbildungskraft dagegen sind Emanationen des Absoluten, an das sie allein in freier Spekulation heranreichen, in der die D. zur Ruhe kommt. Ebenso sind die Dinge einseitige Gestalten des einen Identischen, so daß jegliches zum Ausgang der Spekulation werden kann, die von der beschränkten Einseitigkeit des Einzelnen abstrahiert. Die Aufspaltung der Welt in Dualitäten ist zugleich ein Problem des modernen Bewußtseins, die es in einer Philosophie aufzuheben gilt, die alle Gegensätze hinter sich läßt. Die D. als Propädeutik der intellektuellen Anschauung kann als Kunstlehre der Philosophie zwar geübt werden, ohne in ihrem Verweisungscharakter auf das Absolute erlernbar zu sein. Die Kunstlehre der Philosophie, die auch ‹Logik› genannt werden könnte, gibt es noch nicht, da auch Kants transzendentale Logik die Anforderungen, die an diese zu stellen wären, nicht erfüllt. Eine solche dialektische Logik bleibt bei Schelling Aufgabe für die Zukunft.

Anmerkungen. [1] F. W. J. SCHELLING, Werke, hg. K. F. A. SCHELLING I/4, 399. – [2] a. a. O. I/5, 267.

Literaturhinweise. D. V. USLAR: Die innere Bewegung der absoluten Identität bei Schelling. Stud. gen. 21 (1968) 503-514. – W. HARTKOPF: Die D. in Schellings Frühschriften. Z. philos. Forsch. 23 (1969) 3-23. 227-248. – H. HOLZ: Die Struktur der D. in den Frühschriften von Fichte und Schelling. Arch. Gesch. Philos. 52 (1970) 71-90.
K. RÖTTGERS

1.4. Das Verständnis der D. HEGELS ist das seiner Philosophie, der Form und Methode des Philosophierens nicht bloß ein Äußeres ist. D. ist nicht als formale Methode, sondern als «Gang der Sache selbst» zu begreifen. Nur so ist das Mißverhältnis zwischen den vereinzelten expliziten Äußerungen Hegels zur D. und der grundsätzlichen Bedeutung der D. für sein Denken zu verstehen. D. stellt sich dar in der dialektisch-prozessualen Entwicklung seiner Philosophie.

Das Hegels theologische *Jugendschriften* beherrschende Problem der Positivität christlicher Religion kann als Index für den ursprünglichen und nicht aufgegebenen Kontext der D. aufgefaßt werden [1]. Diese Positivität wird nicht als abstrakte Setzung akzeptiert, sondern ist unumgänglicher Ausgangspunkt der Betrachtung des geschichtlichen Prozesses, in dem die Vermittlung der Vernunft in der Geschichte geleistet werden soll [2]. In der christlichen Religion wird für Hegel die Einheit des Lebens in der Liebe als Wirklichkeit erkennbar [3]. Die Philosophie darf daher – und dies ist der «Quell des Bedürfnisses der Philosophie» seit der ‹Differenzschrift› – die in der neueren Zeit entstandene Trennung von Subjekt und Objekt, Reflexion und Gegenstand weder leugnen noch zugunsten eines der Entgegengesetzten beseitigen, wie es in der Reflexionsphilosophie Kants und Fichtes geschehen ist [4]: «Die Aufgabe der Philosophie besteht aber darin, ... die Entzweiung in das Absolute, – als dessen Erscheinung; das Endliche in das Unendliche, – als Leben zu setzen» [5]. Das Problem der D. ist also verknüpft mit Hegels Theorie der Entzweiung und ihrer «Aufhebung».

In den Schriften der *Jenenser Zeit* und besonders in der späteren ‹Rechtsphilosophie› stellt sich für Hegel unter dem Einfluß des Studiums der englischen politisch-ökonomischen Gesellschaftstheorien und unter dem Eindruck der Französischen Revolution das Problem der Verwirklichung von Individualität innerhalb der entwickelten bürgerlichen industriellen Gesellschaft, in der im Begriff der Arbeit die Idee der Freiheit in ihrer Wirklichkeit als Unabhängigkeit von Naturgegebenheiten und in deren freier Verfügbarkeit gefaßt wird [6]. Der Gefahr des Verlustes der Individualität in dieser Arbeitsgesellschaft, das als «sich in sich bewegende Leben des Toten» [7] ist, stellt Hegel die Organisation des Ganzen im Staat gegenüber, der rein negativen Tendenz der blinden Abhängigkeit in der Beziehung auf Arbeit begegnet. Der Staat ist in seiner Bestimmung als Träger der Sittlichkeit und als «sittliches Universum» die Aufhebung und damit Bewahrung auf einer höheren Stufe der für sich vereinzelt abstrakten Gegensätze von Legalität und Moralität, Familie und bürgerlicher Gesellschaft. Die D. ist so das Instrument, die Idee der Freiheit in ihrem Begriff und in ihrem Dasein zu erkennen und darzustellen, doch darf sie zugleich nicht losgelöst von dem spekulativen Hintergrund gesehen werden, wie ihn Hegel vor allem in der ‹Phänomenologie des Geistes› und ‹Logik› entwickelt hat.

In der Vorrede zur ‹*Phänomenologie*› stellt Hegel die dialektische Bewegung des spekulativen Satzes dar [8]. Gegen die Vorstellung der traditionellen Logik (besonders der Analytik), die das Subjekt den Prädikaten entgegensetzt, stellt Hegel den immanenten Bezug von Subjekt und Prädikat (Objekt), das Sichauflösen des Satzes. Das vorstellende Denken erleidet einen Gegenstoß von dem Prädikat, das eigentlich die Substanz selbst ist, der es am gewohnten Fortlaufen hindert [9]. Der identische Satz, der aus der die Satzform zerstörenden Einheit des Begriffes resultiert, ist der Vollzug der Erhellung der Sache selbst. Die dialektische Bewegung des Satzes – der eigentliche Gegenstand – ist Ausdruck des Spekulativen. Nicht zufällig steht diese Überlegung in dem Zusammenhang, der die Anstrengung des Begriffs, die Aufmerksamkeit auf den den Begriffen immanenten Rhythmus als das Entscheidende beim Studium der Wissenschaft herausstellt. Diese «wissenschaftliche Haltung» hat sowohl die Naivität des materiellen Denkens und die Eitelkeit des sich über jeden Inhalt erhaben dünkenden Raisonnements überwunden. Vielmehr «gehört im begreifenden Denken das Negative dem Inhalt selbst an und ist sowohl als seine *immanente* Bewegung und Bestimmung, wie als *Ganzes* derselben das *Positive*» [10]. Das Absolute, das die Reflexion und die Arbeit des Negativen als positives Moment enthält, hat als Geist und Ganzes der Bewegung das Ich schon immer mit sich vermittelt. Die Formen des dialektischen Verhältnisses des Bewußtseins zu seinem Gegenstand, dessen Wahrheit sich von Gestalt zu Gestalt immer mehr entzieht bzw. nähert, führen zum absoluten Wissen, zum sich als Geist wissenden Geist, der die Er-Innerung seiner früheren Gestalten in sich aufbewahrt. Die D. Hegels setzt daher in sich den Begriff des Absoluten voraus; sie kann ohne ihn nicht auskommen.

Während die ‹Phänomenologie› dieses Absolute in seinem Werden beschreibt, sucht die ‹Logik› als «das Reich des reinen Gedankens» [11] das Absolute in seiner dialektischen Entwicklung auf den Begriff zu bringen. Wie auch in anderen Schriften wird das Problem der D. in der Logik dargestellt als Problem des Anfangs des Philosophierens. Der Anfang des Denkens impliziert durch die ihm immanente D. den Fortgang über ihn hinaus, der sich als Rückgang in den Grund des Anfangs erweist. Die Linie dieser Bewegung wird zum Kreis, der den Anfang als das schon am Anfang Vermittelte zeigt. Der Begriff ist das Resultat dieser Bewegung, die die Unmittelbarkeit des Anfangs aufhebt. Die Bewegung des «Logischen» enthält für Hegel drei Momente: 1. das abstrakte oder verständige Moment, welches die Inhalte als für sich bestehende nimmt und dadurch absolut setzt, 2. das dialektische oder negativ-vernünftige Moment («das eigene Sichaufheben solcher endlichen Bestimmungen und ihr Übergehen in ihre entgegengesetzte»), 3. das spekulative oder positiv-vernünftige Moment [12]. In ihrer Vernunftbestimmtheit hebt sich Hegels D. von der Verstandes-D. des Skeptizismus ab, die sich dem richtigen «Vorsatze ..., nur die eigene Tat für das Wahre zu halten» [13], verpflichtet, aber in der Verstandeshaltung und dem «subjektiven Schaukelsystem von hin- und herübergehendem Räsonnement» bei der D. der Sophistik verharrt [14].

Die wahre D., die «die eigene, wahrhafte Natur der Verstandesbestimmungen, der Dinge und des Endlichen überhaupt» [15] ist und damit über diese hinausgeht und ihnen zugleich immanent ist, ist nicht eine äußerliche Erhebung über die endlichen Bestimmungen, sondern begreift in ihrer doppelten Negation die Einheit des Vorhergehenden und des diesem Entgegengesetzten: «Das Einzige, *um den wissenschaftlichen Fortgang zu gewinnen*, und um dessen ganz *einfache* Einsicht sich wesentlich zu bemühen ist, – ist die Erkenntnis des logischen Satzes, daß das Negative ebenso sehr positiv ist, oder daß das sich Widersprechende sich nicht in Null, in das abstrakte Nichts auflöst, sondern wesentlich nur in die Negation seines *besonderen* Inhalts, oder daß eine solche Negation nicht alle Negation, sondern die *Negation der bestimmten Sache*, die sich auflöst, somit bestimmte Negation ist; daß also im Resultate wesentlich das enthalten ist, woraus es resultiert ...» [16].

So sehr das Verfahren der D. also durch ihre Negativität bestimmt ist, so wenig schließt es sich, wie bei Kant, von der Einheit der einander Entgegengesetzten und von dem Positiven im Negativen aus. Das Fortschreiten zum Positiven, das «Prinzip aller natürlichen und geistigen Lebendigkeit überhaupt» [17], kennzeichnet erst die D. als spekulative D. Dieses resultierende Positive oder die Identität oder das Absolute nennt Hegel in der ‹Differenzschrift› und der ‹Logik› die «Identität der Identität und der Nichtidentität» [18] oder in der Formulierung des Systemfragments: die «Verbindung der Verbindung und der Nichtverbindung», die das Leben ist [19]. Festzuhalten ist aber immer, daß Hegel das Absolute nicht als fixierten Endpunkt der logischen Bewegung, sondern als deren reine Darstellung auffaßt. Die Methode der Darstellung ist die Bewegung des Begriffs, also keine äußerliche Form des Inhalts. Der Anfang der Methode in abstrakter Allgemeinheit ist ein Vorgefundenes und so Unmittelbares, das als bloßes «an sich» seinen Fortgang als Negation seiner selbst bereits in sich hat. Der Anfang enthält das Ganze in sich wie die Knospe die Frucht. In den Bildern des Keimes des Lebendigen und des Triebes bricht die organologische Metaphorik durch, wie sie in der Vorrede zur ‹Phänomenologie› breit entfaltet ist [20]. Die der Entwicklung immanente Teleologie bestimmt den Anfang wie jedes Moment der Entwicklung, und es ist eine Künstlichkeit des Subjekts, sich dieser Entwicklung nicht freizugeben und auf der Fixiertheit der Momente zu beharren. Die Subjektivität arbeitet sich erst aus dem objektiven Sichbestimmen, die Negation des Unmittelbaren ist, heraus. In diesem Tun übernimmt sie die Geduld und Arbeit der Objektivität. Die Arbeit des Individuums ist so zugleich die Verwirklichung des Absoluten.

Indem die Unmittelbarkeit sich gegen sich selbst absetzt, negiert sie sich. Das Negative ist wesentlich das Negative des Ersten, durch das Erste vermittelt, nicht das leere Nichts. Als bestimmte Negation ist sie der Wendepunkt des Denkens. Als das Andere eines Andern ist diese Bestimmung zugleich vermittelnd. Das Anerkennen des Anderen und die Fähigkeit, im Anderen zugleich bei sich selbst zu sein, ist für Hegel das Prinzip der Subjektivität und Freiheit. Hegel kommt es darauf an, daß die Wahrheit und das Wesen der Dinge in dem Satze «Alle Dinge sind an sich selbst widersprechend» [21] gesehen wird. Hegels Spott gilt Kants «Zärtlichkeit für die Dinge», die ihm zu schade dafür sind, daß sie sich widersprechen sollen [22]. Von daher ist es zu verstehen, daß Hegel das Wesen der spekulativen D. darin sieht, daß sie «der geregelte, methodisch ausgebildete Widerspruchsgeist [ist], der jedem Menschen innewohnt, und welche Gabe sich groß erweist in Unterscheidung des Wahren vom Falschen» [23]. Der so verstandene Widerspruch ist als das Prinzip aller Selbstbewegung tiefer und wesenhafter als die abstrakte Identität; an ihn sich zu halten, aber sich nicht von ihm beherrschen zu lassen, bedeutet, sich an das Leben selbst zu halten. Gerade die an der Verstandesidentität orientierte Philosophie liefert sich dem abstrakten Widerspruch wehrlos aus. Die geforderte «Aufhebung» des Widerspruchs ist in der absoluten Negativität, der Negation der Negation gegeben [24]. Die Wiederherstellung der ersten Unmittelbarkeit im konkreten Begriff, das Sich-Setzen des Allgemeinen im Begriff, das Sich-Abrunden der Entwicklung geschieht in einer Triplizität (die bereits für Kant wesentlich ist), oder aber, wenn die Negativität in ihrer gedoppelten Bedeutung und Beziehung genommen wird, als Quadruplizität [25]. Hier tritt der Inhalt in die Betrachtung ein: Die Methode erweitert sich zum System der Totalität.

Anmerkungen. [1] G. LUKÁCS: Der junge Hegel (1948); G. ROHRMOSER: Subjektivität und Verdinglichung (1961). – [2] G. W. F. HEGEL: Theol. Jugendschriften, hg. H. NOHL (1907) 141ff. – [3] a. a. O. 347. 379. 383. 268. – [4] Glauben und Wissen ..., Werke, hg. GLOCKNER (= WG) 1, 277ff. – [5] a. a. O. 1, 49. – [6] Vgl. J. HABERMAS: Arbeit und Interaktion. Bemerkungen zu Hegels Jenenser Philos. des Geistes; in: Natur und Gesch. Festschrift K. Löwith (1967) 132ff. – [7] HEGEL, Realphilos. I, hg. J. HOFFMEISTER (1932) 240. – [8] WG 2, 55ff.; vgl. W. SCHULZ: Das Verhältnis des späten Schelling zu Hegel. Z. philos. Forsch. 8 (1954) 339ff.; E. HEINTEL: Die beiden Labyrinthe der Philos. 1 (1969) 310ff. – [9] Vgl. WG 2, 58. – [10] 2, 55. – [11] 4, 45. – [12] Enzyklop.³ §§ 79ff., vgl. 386 Z.; WG 4, 17. – [13] WG 2, 72. 163ff.; 18, 539; Enzyklop. § 81. – [14] Enzyklop. § 81; auch WG 4, 118; 18, 36ff. 43. – [15] Enzyklop. § 81. – [16] WG 4, 51; vgl. HEINTEL, a. a. O. [8] 263ff. – [17] WG 4, 54. – [18] WG 1, 124; vgl. 4, 511ff. 525. – [19] Theol. Jugendschriften, a. a. O. [2] 348. – [20] WG 2, 12. 18f. – [21] 4, 545. – [22] 19, 582. – [23] Nach J. P. ECKERMANN: Gespräche mit Goethe. Aufzeichnungen vom 18. 10. 1827. – [24] HEGEL, WG 4, 130ff. 139; 5, 88; 15, 451; 17, 384. – [25] WG 5, 343ff.; von dieser Doppeldeutigkeit geht die Interpretation J. VAN DER MEULENS aus: Hegel. Die gebrochene Mitte (1958).

Literaturhinweise. J. MCTAGGART: Stud. in the Hegelian dialectic (Cambridge 1896, New York ²1964). – W. PURPUS: Zur D. des Bewußtseins nach Hegel (1908). – H. GLOCKNER: Der Begriff in Hegels Philos. Versuch einer log. Einl. in das metalog. Grundproblem des Hegelianismus (1924). – R. KRONER: Von Kant bis Hegel 2 (1924). – B. HEIMANN: System und Methode in Hegels Philos. (1927). – H. FISCHER: Hegels Methode in ihrer ideengesch. Notwendigkeit (1928). – N. HARTMANN: Die Philos. des dtsch. Idealismus 2 (1929). – H. MARCUSE: Hegels Ontologie und die Grundlegung einer Theorie der Geschichtlichkeit (1932). – G. GÜNTHER: Grundzüge einer neuen Theorie des Denkens in Hegels Logik (1933). – N. HARTMANN: Hegel und das Problem der Real-D. Bl. dtsch. Philos. 9 (1935) 1-27. Neuausgabe in: Kleinere Schriften 2 (1957) 323-346. – A. DÜRR: Zum Problem der Hegelschen D. und ihrer Formen (1938). – W. AXMANN: Zur Frage nach dem Ursprung des dialekt. Denkens bei Hegel (1939). – E. JUNG: Entzweiung und Versöhnung in Hegels Phänomenol. des Geistes, hg. H. RÖCKEL (1940) 75ff.: Gedanken zur Hegelschen D. – J. HYPPOLITE: Genèse et structure de la Phénoménologie de l'esprit de Hegel (Paris 1946). – I. A. ILJIN: Die Philos. Hegels als kontemplative Gotteslehre (1946). – A. KOJÈVE: Introduction à la lecture de Hegel (Paris 1947). – K. LÖWITH: Von Hegel zu Nietzsche (1950). – E. BLOCH: Subjekt-Objekt. Erläuterungen zu Hegel (1951). – E. CORETH: Das dialekt. Sein in Hegels Logik (1952). – H. MARCUSE: Reason and revolution (London 1955). – J. RITTER: Hegel und die frz. Revolution (1957). – E. HEINTEL: Hegel und die analogia entis (1958). – J. SCHWARZ: Die Denkform der Hegelschen Logik. Kantstudien 50 (1958/59) 37-76. – L. LANDGREBE: Das Problem der D. Marxismus-Stud. 3 (1960) 1ff. – H.-G. GADAMER: Hegel und die antike D. Hegel-Stud. 1 (1961) 173-199. – M. ROSSI: Drei Momente der Hegelschen D.: Ihre Entstehung, ihre Formulierung, ihre Auflösung. Hegel-Jb. (1961) 11ff. – W. KERN: Neue Hegel-Bücher. Scholastik 37 (1962) 85-114. 550-578; 38 (1963) 62-90. – R. GARAUDY: Dieu est mort. Etude sur Hegel (Paris 1962). – TH. W. ADORNO: Drei Studien zu Hegel (1963). – U. GUZZONI: Werden zu sich. Eine Untersuchung zu Hegels ‹Wissenschaft der Logik› (1963). – M. HEIDEGGER: Hegels Begriff der Erfahrung. Holzwege (⁴1963). – R. HEISS: Die großen Dialektiker des 19. Jh. (1963) 11-196. – K. LENK: D. und Ideologie. Arch. Rechts- u. Soz.-Philos. 49

(1963) 303-318. – I. ERDEI: Der Anfang der Erkenntnis (A megismerés kezdete). Krit. Analyse des 1. Kap. der Hegelschen Logik (Budapest 1964). – G. RALFS: Hegels dialekt. Methode, in: Lebensformen des Geistes (1964) 170-213. – G. STIEHLER: Die D. in Hegels ‹Phänomenol. des Geistes› (1964). – H. F. FULDA: Das Problem einer Einl. in Hegels ‹Wiss. der Logik› (1965). – W.-D. MARSCH: Gegenwart Christi in der Gesellschaft. Eine Stud. zu Hegels D. (1965). – M. RIEDEL: Theorie und Praxis im Denken Hegels (1965); Studien zu Hegels Rechtsphilosophie (1969) 75ff. TH. W. ADORNO: Negative D. (1966). – H. F. FULDA: Zur Logik der Phänomenol. von 1807. Hegel-Stud., Beih. 3 (1966). – H. HÜLSMANN: Der spekulative oder dialekt. Satz. Zur Theorie der Sprache bei Hegel. Salzburger Jb. Philos. 10/11 (1966/67) 65-80. – G. ROHRMOSER: Atheismus und D. bei Hegel. Stud. gen. 21 (1968) 916-933. – W. BECKER: Hegels Begriff der D. und das Prinzip des Idealismus. Zur systemat. Krit. der log. und der phänomenol. D. (1969); Idealistische und materialistische D. Das Verhältnis von ‹Herrschaft und Knechtschaft› bei Hegel und Marx (1970). – G. KRÜGER: Die dialekt. Erfahrung des natürlichen Bewußtseins bei Hegel, in: Hermeneutik und D. Festschrift H.-G. Gadamer (= H.u.D.) 1 (1970) 285-303. – W. BEIERWALTES: Hegel und Proklos, in: H.u.D. 2 (1970) 243-272. – O. NEGT (Hg.): Aktualität und Folgen der Philos. Hegels (1970). – A. SARLEMIJN: Hegelsche D. (1971). H. K. KOHLENBERGER

1.5. Der späte SCHELLING ist einer der ersten, der zu einer fundierten Hegelkritik kommt. In der ‹Philosophischen Einleitung in die Philosophie der Mythologie› wird diese aufgehängt an einer Kritik des Hegelschen Gebrauchs des Wortes ‹D.›. Schellings Ziel ist es, die Platonische D. gegen die Hegels ins Feld zu führen. Er geht aus von einer speziellen Konzeption des Induktionsbegriffs. Schellings Verständnis von «Induktion» rekurriert nicht auf Empirie, sondern auf Denkerfahrungen, die das Mögliche zum Gegenstand haben. «Das Hindurchgehen durch die Voraussetzungen, die als bloße Möglichkeiten enthalten was erst im Princip als Wirklichkeit gesetzt wird» [1], ist insofern als Induktion zu bezeichnen, als es anders als das deduktive Verfahren nicht vom Prinzip ausgeht. Nur diese Induktion gewährleistet die Entdeckung des Prinzips, weil sie allein über eine Vollständigkeit der Voraussetzungen verfügt, die die Empirie nie erreicht. Ist das Prinzip einmal gefunden, so kann die Methode der Philosophie deduktiv sein. Die induktive Methode hält nun Schelling für identisch mit Platons D. [2]. Die Möglichkeiten, durch die das Denken sich fortbewegt, sind Subjekt, Objekt und Subjekt-Objekt [3]. Dabei vollzieht sich die Auffindung der Voraussetzungen in einem imaginären Gespräch. Der Fortgang der D. resultiert aus einer Anfechtung der stillschweigenden Annahme, diese Voraussetzungen seien Prinzipien, um sie als bloße Voraussetzungen, Stufen zum allein Unbedingten zu degradieren. Das Unbedingte, als letzte Stufe der D., ist dasjenige, das nicht mehr vorausgesetzt wird. Das Setzen der Voraussetzungen als mögliche Prinzipien ist die positive Seite der D., Bedingung der Verneinung, daß sie Prinzipien seien; die negative Seite der D. aber besteht in der Setzung des Folgenden als bedingt durch die Negation auf der vorhergehenden Stufe [4]. Die positive Seite der D. wurde in der Hegelschen D. vernachlässigt. Die positive Seite der D. ist die Logik als Lehre der Erfindung möglicher Prinzipien, die negative Seite der D. die Aufhebung, der die Logik überschreitende Teil der D. (Von hier aus wird deutlich, warum Schelling die früher von ihm geforderte dialektische Logik nicht in der Hegelschen Logik erblicken konnte.) Im Hinblick auf die dialektische Gesamtbewegung erscheint die primäre Setzung als bloß hypothetische, versuchsweise. Damit wird D. zu einer Experimentalform des Denkens: «Die dialektische Methode besteht darin, daß die nicht willkürlichen, sondern vom Denken selbst diktierten Annahmen gleichsam dem *Versuch* unterworfen werden» [5]. In dieser Form wird auch die aristotelische Konzeption der D. als πειραστική integrierbar in Schellings Theorie. Deshalb ist die D. auch nicht, wie Hegel sie behandelte, eine demonstrative, sondern eine Wahrheit erzeugende Methode [6].

Anmerkungen. [1] F. W. J. SCHELLING, Werke, hg. K. F. A. SCHELLING 11 (= II/1), 321. – [2] Vgl. PLATON, Resp. VI. – [3] SCHELLING, a. a. O. 324. – [4] 327. – [5] 329. – [6] 330.

Literaturhinweise. J. HABERMAS: Das Absolute und die Gesch. (Diss. Frankfurt 1954). – E. OESER: Die antike D. in der Spätphilos. Schellings (1965). K. RÖTTGERS

1.6. Im Anschluß an Plato begreift SCHLEIERMACHER D. als Methode, mit Hilfe entwickelter anerkannter Spielregeln aus einem diffusen Konglomerat einander widersprechender Meinungen zu Ergebnissen zu gelangen, auf die sich die streitenden Subjekte in selbsttätiger Einsicht verpflichten lassen. Das Modell, an dem sich D. zunächst rein formal zu bewähren hat, beschreibt in Übereinstimmung mit dem Platonischen διαλέγεσθαι die Situation des Gesprächs. «Den Ausgangspunkt eines Gesprächs bildet immer eine Verschiedenheit der Vorstellungen» [1]. Der D. kommt die Aufgabe zu, die Regeln für den Prozeß der Herstellung einer gemeinsamen Auffassung der disputierenden Parteien zu erarbeiten. Damit D. nicht die «Kunst des Scheins» besorge, gehört gemäß der Forderung Platos zu ihrer Bestimmung das Herausarbeiten und Geltenlassen allein solcher Lösungen, «die nur auf Wahrheit gegründet sind und durch diese auf ihren gehörigen Erfolg rechnen werden» [2]. Schleiermacher knüpft an Aristoteles' topische Methode an und bestimmt diese als Kunst der Erörterung des Für und Wider von Argumenten zum Zwecke gemeinsamer Anerkennung der Wahrheit [3]. Die Lehre von der D. als Wissenschaft hat zunächst die Aufgabe, den Begriff des Denkens zu klären und in seinen verschiedenen Funktionen zu beschreiben, denn «D. ist Darlegung der Grundsätze für die kunstmäßige Gesprächsführung im Gebiet des reinen Denkens». ‹Denken› bezeichnet hier den sprachlich vermittelten Prozeß der Gedankenentwicklung, das Vorstellen und die Phantasie [4]. Es ist umfassende Reflexion der geistig und sinnlich zu bewältigenden Probleme und Phänomene. – Schleiermacher unterscheidet drei Typen des Denkens:

a) Das «geschäftliche Denken» verfährt nach dem Prinzip der Zweckrationalität. Der «geschäftlich» Denkende strebt eine Veränderung seiner Verhältnisse zu seiner natürlichen und sozialen Umwelt an: Sein intellektuelles Interesse ist in ökonomischer Zweckrationalität auf die Errichtung oder Erweiterung der Herrschaft über die Natur, in politischer Zweckrationalität auf die Errichtung oder Erweiterung der Herrschaft über den Menschen angelegt. Wahrheit im Sinne von allgemeiner Geltung und Gemeinsamkeit vermag dieses Denken nur scheinhaft zu konstruieren.

b) Das künstlerische Denken aktualisiert sich in dem, was denkend und bildend festgehalten wird als dasjenige, ‹was gefällt›. Als momentaner Akt des Subjekts entbehrt es des Ziel- und Prozeßcharakters und erfüllt sich im gegenwärtigen «Wohlgefallen».

c) Das «reine Denken» hat seinen Zweck nicht außerhalb seiner selbst, sondern ist «um des Denkens willen gesetzt». Es beschränkt sich nicht auf die momentane Aktion des Subjekts und dessen zeitliches Erfülltsein. Denken ist als «reines Denken», und nur dieses ist für die Kunst der D. relevant, Denken um des Wissens willen. «Wille und Idee des Wissens sind die lebendige Kraft, die beständig in Tätigkeit ist und sich im wirklichen Bewußtsein geschichtlich realisieren will» [5]. Das «Wissenwollen» bildet die Bedingung der Möglichkeit dafür, daß die im Gespräch vereinigten Individuen aus der Situation des Meinungsstreites zu einem Standpunkt der Gemeinsamkeit gelangen können.

Weder die nur den Einzelinteressen dienende Konstruktion einer Scheintotalität noch die individuelle Isolation des Verharrens im ästhetisch Gegenwärtigen führt zum umfassenden Wissen, sondern einzig der Prozeß des Miteinandersprechens.

Zu Beginn des Dialogs liegen die miteinander sprechenden Individuen noch im Streit, weil die dialogische Ausgangssituation bestimmt ist von subjektiven Meinungen, Vorstellungen und Bildern, die Produkte einer vorerst überwiegend sinnlichen Erfassung der Gegenstände als Phänomene darstellen und Erkenntnisleistungen der physischen «Organisation» des Subjektes sind. Erst im Verlauf des Dialogs entfaltet sich die intellektuelle Funktion des Denkens und unterwirft die bis dahin mehr hermeneutisch erfaßte ‹Lebenswelt› einer strengen Reflexion, die dann den Weg zu höheren Graden der Allgemeinheit und zur Gemeinsamkeit von Sprachhandlungen bereitet. Auf dieser höheren Stufe der Beherrschung der Kunst der D. sind die Ansätze für die Vermittlung von Denken und Sprechen, Sein und Denken, Praxis und Theorie durch das Subjekt markiert. Denken wird zum wirklichen, handelnden Vollzug eines individuellen Subjekts [6].

D. wird so zur Theorie der Kommunikation, in der sich der platonische Eros als Liebe zu Erkenntnis und Wissen zugleich inhaltlich-material und organisatorisch abbildet. Unter der Bedingung des Funktionierens der von ihr nach den Kriterien der Kommunikation organisierten Sprachhandlungen erreicht D. bei den Beteiligten daher zweierlei: erstens die Aufhebung der sprachlichen, kulturellen, umweltbedingten, kurz biographischen Bedingungen für die Entfremdung untereinander und zweitens die Ermittlung von Resultaten, über deren allgemeine Geltung Konsensus erzielt werden kann [7].

Da Schleiermacher nicht nur über die Stellung des Subjekts zum Erkenntnisobjekt, sondern auch über diejenige der Subjekte zueinander reflektiert, muß er nach dem Kriterium der Identität des einen mit dem anderen fragen [8]. Als dieses Kriterium ermittelt er die Sprache. Kommunikation ist dauerhaft nur möglich in dem Maße, in dem es der dialektischen Erkenntnistheorie gelingt, für die in den dialogischen Urteilen repräsentierte Mannigfaltigkeit eine exakte und kontrollierte Sprache als «allgemeines Bezeichnungssystem» als Vermittlungsapparat bereitzustellen. Dann ist die Möglichkeit gegeben, im Dialog eine Einigung auf identische Inhalte zu erreichen. Für Schleiermacher gelten die Appellative als eigentlicher Kern der Sprache, weil sie Namen für ein Verfahren der Gewinnung allgemeiner Typen sind [9]. Sie suchen im Prozeß der Reflexion der sich darin qualitativ verändernden Gegenstände des «tätigen Lebens» eine Identität herzustellen, «inwiefern ein Gegenstand gesetzt ist und inwiefern er sich in verschiedenen Momenten verändert» [10]. Diese Sprachleistung gewährt hinlänglich das, was Schleiermacher «die Identität des Prozesses» nennt. Sie muß freilich auf jeder geschichtlichen Stufe des Dialogs neu überprüft werden, so daß die Aufhebung des logischen Widerspruchs von Praxis und Theorie, von Alltagssprache und exakter Zeichensprache von einem Verfahren abhängt, das wir modern als kritische Sprachanalyse oder Sprachkritik bezeichnen können.

Die sprachkritische Fixierung der Identität von Sein und Denken ist total freilich nie zu erreichen, sie bleibt fortdauernd Aufgabe. Der permanente Versuch des philosophischen Bewußtseins, alle Mannigfaltigkeit aufzuheben, hat den Charakter von Utopie. Indem Schleiermacher die Theorie der D. um ein theologisches Komplement erweitert, gibt er den «transzendenten Grund» an, in dem die Totalität von Denken und Sein, Vernunft und Welt der Idee nach realisiert ist: «Denn die Idee der Gottheit hat zu jedem einzelnen Denken dasselbe Verhältnis wie zum gesamten Komplexus des Wissens. Sie ist Grund des einzelnen Denkens wie des ganzen» [11]. Da die denkende Vernunft jedoch nicht Vernunft a priori ist, sondern in der lebendigen Welt selbst angesiedelt ist, bleibt der theologische Aspekt der Erkenntnistheorie Schleiermachers methodisch ohne besonderen Belang.

Philosophiegeschichtlich markiert seine Philosophie der D. einen Übergang von der Transzendentalphilosophie zur phänomenologisch-hermeneutischen Beschreibung des «tätigen Lebens», der «Lebenswelt».

Anmerkungen. [1] F. SCHLEIERMACHER: D., hg. R. ODEBRECHT (1942) 48. – [2] ebda. – [3] F. KAULBACH: Schleiermachers Idee der D. Neue Z. systemat. Theol. u. Religionsphilos. 10 (1968) 225-260, zit. 228. – [4] SCHLEIERMACHER, a. a. O. 5. – [5] 317. – [6] KAULBACH, a. a. O. 248. – [7] a. a. O. 235. – [8] Vgl. SCHLEIERMACHER, a. a. O. 371; KAULBACH, a. a. O. 255. – [9] KAULBACH, a. a. O. 258. – [10] SCHLEIERMACHER, a. a. O. 372.–[11] a.a.O. 307.

Literaturhinweise. G. WEHRUNG: Die D. Schleiermachers (1920). – W. DILTHEY: Das Leben Schleiermachers 2/1: Schleiermachers System als Philos., hg. M. REDECKER (1966). – F. KAULBACH s. Anm. [3].
J. DEBUS

2.1. SCHOPENHAUER versteht unter D. «die Kunst des auf gemeinsame Erforschung der Wahrheit, namentlich der philosophischen, gerichteten Gespräches» [1] und erneuert die Tradition der Lehren der aristotelischen Topik unter dem Titel einer «eristischen D.» [2] als einer «Lehre vom Verfahren der dem Menschen natürlichen Rechthaberei» [3]. Analog zu Machiavellis Kunstlehre der Machtbehauptung soll D. helfen, im Argumentationskampf beliebige Behauptungen durchzusetzen [4]. Im einzelnen analysiert Schopenhauer 38 Kunstgriffe [5].

Anmerkungen. [1] A. SCHOPENHAUER, Die Welt als Wille und Vorstellung (=WWV) II (1844), Kap. 9. Werke hg. HÜBSCHER 3 (²1949) 112. – [2] Eristische D. (verfaßt zwischen 1822 und 1831). Werke, hg. DEUSSEN 6 (1923) 391-428; Resultate selbstkrit. ref. in Parerga 2 (1851) § 26, a. a. O. [1] 6 (²1947) 25-34; zum Thema ‹Überredungskunst› zuerst WWV 1 (1819) a. a. O. [1] 2 (²1949) 58f. mit Tafel. – [3] Werke, hg. DEUSSEN 6, 395. – [4] a. O. 397. 403. 404. – [5] 407-428; vgl. K. O. ERDMANN: Die Kunst recht zu behalten. Methoden und Kunstgriffe des Streitens und andere Aufsätze (²1924) bes. 34-145.

2.2. Während Hegels Schule dessen D. kommentiert, glättet und ausbaut [1], formiert sich gegen das dialektische Philosophieren von zwei Seiten Widerstand, der schließlich im öffentlichen Bewußtsein allgemein durchdringt und zwischen 1848 und 1918 die D. unter einem Berg von Mißverständnissen nahezu vollständig verschüttet. Die D.-Kritik geht teils von einer «positiven» Philosophie des «Lebens» (Schopenhauer, später Schelling, Weisse, I. H. Fichte, Kierkegaard, Feuerbach), teils von einer Neubegründung der formalen Logik (Bolzano, Trendelenburg) aus. – Dem späten Schelling folgend [2] zentriert C. H. WEISSE [3] seine Umbildung des Hegelschen D.-Begriffs um Ausdrücke wie ‹Wirklichkeit› und ‹Leben› [4]: Während sich in Hegels «Hypostasierung der Kategorien» «der unendlich reiche Inhalt der Welt zur Methode verflüchtige» [5], soll in Weisses D. vor allem «die reiche Welt der Kunst» [6] rehabilitiert werden. Ähnlich wie Kierkegaard [7] den «lebendigen, existierenden Denker» gegen die «Selbstbewegung des Begriffs» [8] zum Subjekt der D. macht, betrachtet Weisse allein das erkennende Individuum als im dialektischen Prozeß vorgehend [9]. Die von ihm empfohlene Methode hat Weisse als «genetische» der Hegelschen D. (ähnlich wie Trendelenburg) gegenübergestellt [10]; historische Realphilosophie und dialektische Logik verhalten sich zueinander wie Sache zu Denken, Wirklichkeit zu Begriff, Freiheit zu Notwendigkeit [11]. Damit ist in vorgeblicher Korrektur Hegelscher «Fehler» ein Punkt weitgehenden Mißverständnisses von Hegels D. erreicht. Das zeigt auch I. H. FICHTES [12] Konfrontation einer «positiven D.» mit Hegels bloß negativer Begriffs- und Widerspruchs-D. [13]: Die «positive D.» soll, ausgehend von der Liebe als dem «inneren Puls der Welt», vom Organischen und vom Wirklichen [14], das «Individuelle» und den «Genius» verstehen helfen [15], die Hegel dem Allgemeinen geopfert habe.

Anmerkungen. [1] Bes. H. F. W. HINRICHS: Die Genesis des Wissens 1 (1835); J. K. F. ROSENKRANZ: Krit. Erläuterungen des Hegelschen Systems (1840); J. E. ERDMANN: Grundriß der Logik und Met. (1841); K. FISCHER: System der Logik und Met. oder Wissenschaftslehre (1852); J. K. F. ROSENKRANZ: Wiss. der logischen Idee (1858/59); C. L. MICHELET: Hist.-krit. Darstellung der dial. Methode Hegels (1888). – [2] N. HARTMANN: Der Spätidealismus und die Hegelsche D. (1937) 35. 43. – [3] C. H. WEISSE: Über den gegenwärtigen Standpunkt der philos. Wiss. in bes. Beziehung auf das System Hegels (1829); Über das Verhältnis des Publikums zur Philos. in den Zeitpunkte von Hegels Abscheiden ... (1832); Grundzüge der Met. (1835); Das philos. Problem der Gegenwart (1842). – [4] HARTMANN, a. a. O. [2] 20. 83. – [5] 47. 70. 79. 95. – [9] 70. – [10] 96. – [11] 50. 79. – [12] 93f. – 35f. – [6] 21. – [7] 40. – [8] 35. 43. – [9] 37. – [10] 59. – [11] 53–56. – [12] I. H. FICHTE: Beiträge zur Charakteristik der neueren Philos. (1829); Über Gegensatz, Wendepunkt und Ziel heutiger Philos. (1832-36); Grundzüge zum System der Philos. (1833-46); Über die Bedingungen eines spekulativen Theismus; in einer Beurteilung der Vorrede Schellings zu dem Werke von Cousin ... (1835); Ontologie (1836); De principiorum contradictionis, identitatis, exclusi tertii in logicis ... (1840); Über den gegenwärtigen Standpunkt der Philos. (1843); Grundsätze für die Philos. der Zukunft (1847). – [13] HARTMANN, a. a. O. [2] 127. – [14] 131. – [15] 147f.

2.3. Am Ende seiner ‹Wissenschaftslehre› [1] kritisiert BOLZANO an Hegels D. vor allem die Unschärfe ihrer Umprägung der Umgangssprache [2] und weist Rosenkranz' These zurück, isoliert falsche Behauptungen könnten in einem dialektischen Kontext (im «Kreise systematischer Totalität») wahr werden [3]. Hegels D. erlaube, Beliebiges zu konstruieren, und verdiene daher als Wortspielerei «den Namen des Faselns» [4].

Mit gleicher Tendenz analysiert TRENDELENBURG [5] Hegels Verwendung der für D. relevanten Begriffswörter ‹Negation›, ‹Identität›, ‹Wechselwirkung›, ‹Unmittelbarkeit› und ‹Zusammenhang› [6]. Seine Einwände gegen Hegels Verfahren konvergieren in dem Vorwurf, Hegel sei nicht in der Lage, mit rein logischen Mitteln seine Grundbegriffe einzuführen [7], sondern müsse «das dialektische Räderwerk» durch unterschobene Anleihen bei anschaulichen Vorstellungen [8] «in Gang halten» [9]. Welche von der Abstraktion vernachlässigten Anschauungen jeweils aktualisiert werden, ist nicht voraussehbar: die scheinbar notwendige dialektische Entwicklung bleibt auf zufällige Einfälle angewiesen [10]. Dadurch wird dem Anspruch der D. auf Voraussetzungslosigkeit der Grund entzogen [11]. Ausdrücklich hat Trendelenburg [12] der These E. v. HARTMANNS [13] zugestimmt, D. beruhe «legitimationslos» allein auf ihrer eigenen Versicherung [14]. Ihre Logik des oszillierenden und homogenisierenden ‹Weder Noch› und ‹Sowohl Als auch› [15] wird mit Mystik und Ideenflucht verglichen [16].

Anmerkungen. [1] B. BOLZANO: Wissenschaftslehre 4 (1837) 647-656 (§ 718). – [2] a. a. O. 648. 651. – [3] 653f. – [4] 656. – [5] A. TRENDELENBURG: Log. Untersuch. (1840, zit. ³1870) 1, 36–129: III. Die dial. Methode; vgl. Die logische Frage in Hegels System (1843). – [6] Log. Untersuch. 1 (³1870) 45-71. – [7] a. a. O. 45. – [8] 47. 70. 79. 95. – [9] 70. – [10] 96. – [11] 50. 79. – [12] 93f. – [13] E. v. HARTMANN: Über die dial. Methode. Hist.-krit. Untersuch. (1868). – [14] a. a. O. 122. – [15] 37. – [16] 123.

2.4. L. FEUERBACH gliedert sein religionskritisches Hauptwerk gemäß der klassischen Schematik von Analytik («Auflösung der Religion in ihr Wesen») und D. («Auflösung derselben in ihre Widersprüche»)[1]. Gegen Hegels Auflösung von Widersprüchen im Begriff macht er geltend: «Das Mittel, entgegengesetzte oder widersprechende Bestimmungen auf eine der Wirklichkeit entsprechende Weise in einem und demselben Wesen zu vereinigen, ist nur – die Zeit» [2]. Die individualistische Struktur der D. des deutschen Idealismus soll überwunden werden: «Die wahre D. ist kein Monolog des einsamen Denkens mit sich selbst, sie ist ein Dialog zwischen Ich und Du» [3].

Anmerkungen. [1] L. FEUERBACH: Das Wesen des Christentums (1841, ²1843), hg. BERGNER (1957) 47. – [2] Grundsätze der Philos. der Zukunft (1843) § 47; zuletzt in: Kleine Schriften, hg. LÖWITH (1966) 208; vgl. Das Wesen ..., hg. BERGNER (1957) 84. – [3] Grundsätze ... § 62. Kleine Schriften, hg. LÖWITH (1966) 218.

3.1. K. MARX gilt weithin als maßgebender Urheber eines D.-Begriffs; dennoch identifizieren die bisherigen Rekonstruktionsversuche seine D. a limine mit der der ‹Logik› *Hegels* [1] und/oder der von ENGELS entwickelten [2], ohne untersucht zu haben, wie sich in den Texten von Marx darstellt, was er selbst ‹D.› nennt (vgl. unten 1c und 3)

1. Abhebbarkeit, Grenzen und Sinn der D. bei Marx. – a) Marx hielt eine isolierende Thematisierung von D. für möglich [3]: Nachdem er Herbst 1857 begonnen hatte, die Resultate seiner ökonomiekritischen Forschungen in einer durch erneute Beschäftigung mit Hegels ‹Logik› nahegelegten Methode [4] zu bearbeiten [5], sah er sich genötigt, die in der allgemeinen und wissenschaftlichen Öffentlichkeit nicht selbstverständlich geltenden Regeln dialektischer Methodik zu legitimieren: Anfang 1858 plante er, «in 2 oder 3 Druckbogen» D. «dem gemeinen Menschenverstand zugänglich zu machen» [6], und noch 1868, angestoßen durch *E. Dührings* ‹Natürliche D.› (1865) [7], kündigte er an, er werde nach der Ökonomie «eine ‹D.› schreiben» [8]. Als Hegelkritik konzipiert, sollte sie seine früheren (1843/44) Versuche [9] fortführen, der Ökonomiekritik eine D.-Kritik anzuschließen [10]. Marx wollte die «mystifizierte Form» [11] der Hegelschen D. «abstreifen» [12] und ihren «rationellen Kern» [13], ihre «rechten Gesetze» [14] und «allgemeinen Bewegungsformen» rekonstruieren, die Hegel «zuerst in umfassender und bewußter Weise dargestellt hat» [15]. Dabei sollte sich zeigen, daß «D. unbedingt das letzte Wort aller Philosophie ist» [16]. Marx' D.-Abriß [17] blieb vermutlich ungeschrieben. – Außer pauschalen Abgrenzungen gegen Hegels D. finden sich in den veröffentlichten Marx-Texten nur theoretisch wenig ergiebige direkte Charakterisierungen von D. [18]: Noch «hegelianisch» sind die metaphorisch überladenen mythischen Bestimmungen in den Vorarbeiten zur Dissertation (1839/40): «Tod und Liebe sind die Mythe von der negativen D.»; sie ist «der reißende Strom, der die Vielen und ihre Grenze zerbricht, der die selbständigen Gestalten umwirft, alles hinabsenkend in das eine Meer der Ewigkeit», «der Tod, aber zugleich das Vehikel der Lebendigkeit», «das innre einfache Licht, das durchdringende Auge der Liebe, die innre Seele, die nicht erdrückt wird durch den Leib der materialischen Zerspaltung, der innre Ort des Geistes» [19]. Nicht viel konkreter proklamiert Marx 33 Jahre später eine D., die «in dem positiven Verständnis des Bestehenden zugleich auch das Verständnis seiner Negation, seines notwendigen Untergangs einschließt, jede gewordne Form im Flusse der Bewegung, also auch nach ihrer vergänglichen Seite auffaßt, sich durch nichts imponieren läßt, ihrem Wesen nach kritisch und revolutionär ist» [20].

Obwohl keine Dokumente von Marx' Reflexionen über D. vorliegen, kann man nicht sagen [21], er habe seine Methode nicht reflektiert. Die Texte seiner Kritik der politischen Ökonomie sind durchzogen von zahlreichen reflexiven Bemerkungen, die zeigen, daß er glaubte, er habe hier die «Herausarbeitung» einer nicht-idealistischen Methode der «Gedankenentwicklung» [22] schon geleistet. Es ist daher nötig, den Gehalt von D. bei Marx aus ihrer Anwendung in den ökonomiekritischen Texten zu rekonstruieren. Das Postulat dieses von Engels (1859) angeregten [22] Verfahrens ist in der Marxliteratur zwar grundsätzlich akzeptiert [23], doch stehen zureichende und umfassende Untersuchungen noch aus [24].

b) Angesichts der verwirrenden Mißverständnisse, die sich in der Marxliteratur an den D.-Begriff knüpfen, ist zunächst auszugrenzen, was D. bei Marx *nicht* ist [25]:

α) D. ist *nicht* «*Realdialektik*» [26], d. h. nicht Wesen und Verlaufsgesetz wirklicher (natürlicher und/oder geschichtlicher) Bewegung(en), auch nicht «Logik» von Produktions-, politischen und ideologischen Prozessen. D. ist vielmehr «Methode des Bearbeitens» [27], «Form der Darstellung» [28], Prozeß der «Begriffsentwicklung» [29] und wird ausdrücklich abgehoben von der «wirklichen Bewegung» [30] des Geschichtsprozesses [31]: D. stellt «die innere Organisation der kapitalistischen Produktionsweise, ... in ihrem idealen Durchschnitt dar», nicht «die wirkliche Bewegung» [32]. Die «D. der Begriffe» [33], ihr «Enstehungsprozeß» [34] und ihre «ideelle Verwandlung» [35] sind zwar «idealer Ausdruck» [36] (Widerspiegelung, Übersetzung [37]) der durch Konflikte [38] in «realen Verhältnissen» [39] hervorgerufenen Bewegung, doch folgt daraus nicht die Übertragbarkeit dialektischer «Gesetze» auf die Realität [40]: Die als «Konstruktion a priori» [41] erscheinende «idealistische Manier der Darstellung» [42] ist nur vertretbar, wenn ihre «Grenzen» [43] gegen den wirklichen Prozeß genau bestimmt und nicht überschritten werden. Schon Engels erkannte die D., «die Marx' Kritik der politischen Ökonomie zugrunde liegt», als «Form der Gedankenentwicklung» [44].

Das geschichtsontologische Mißverständnis der Marxschen D. hat einen Anlaß in vereinzelter metaphorischer Verwendung des Wortes ‹Widerspruch› zur Kennzeichnung struktureller Konflikte («Antagonismen») [45]. Gelegentliche Erwähnungen von «Gesetzen» der Hegelschen D. – wie: Umschlag «quantitativer Veränderungen» in «qualitative Unterschiede» [46] und: «Negation der Negation» [47] – bleiben theoretisch unverbindliche Aphorismen [48].

β) D. ist *nicht* ein Verfahren der *empirischen* Forschung: Diese «hat den Stoff sich im Detail anzueignen, seine verschiedenen Entwicklungsformen zu analysieren und deren innres Band aufzuspüren. Erst nachdem diese Arbeit vollbracht, kann die wirkliche Bewegung entsprechend dargestellt werden». D. ist Darstellungs- und nicht «Forschungsweise» [49].

γ) D. ist *nicht* eine Methode systematisch-*deduktiver* Darstellung. Scharf lehnt Marx *Proudhons* Versuch ab, die Kategorien der politischen Ökonomie gemäß dialektischer Logik aus einer geschichtslosen «Vernunft der Menschheit» abzuleiten und zu einem System zusammenzufügen [50]. Gegen *Lassalles* Unternehmen, «die politische Ökonomie hegelsch vorzutragen», macht Marx geltend, «daß es ein ganz andres Ding ist, durch Kritik eine Wissenschaft erst auf den Punkt [zu] bringen, um sie dialektisch darstellen zu können, oder ein abstraktes, fertiges System der Logik auf Ahnungen eben eines solchen Systems anzuwenden» [51].

δ) D. ist *nicht* eine Darstellungsmethode der Sozial- oder Ideologiehistorie [52]. Immer wieder betont Marx den Unterschied zwischen dialektischer und *historischer* Methode: Die «Momente der Bewegung des Kapitals» sind als «aus seinem inneren Wesen hervorgehend» [53], aus dem «Leben des Stoffs» [54] zu erklären, nicht aus ihrer geschichtlichen Entstehung [53]. «Es ist ... nicht nötig, um die Gesetze der bürgerlichen Ökonomie zu entwickeln, die wirkliche Geschichte der Produktionsverhältnisse zu schreiben»; umgekehrt bietet «die richtige Anschauung ... derselben als selbst historisch gewordner Verhältnisse ... den Schlüssel für das Verständnis der Vergangenheit» [55]. In Analogie: «In der Anatomie des Menschen ist ein Schlüssel zur Anatomie des Affen» [56]. Für die dialektische Darstellung der Kategorien folgt daraus, daß für deren Abfolge historische Gesichtspunkte nicht maßgebend sein können [57]. Engels' Identifizierung dialektischer mit historischer Methode bleibt verfahrenstechnisch folgenlos, wenn er D. interpretiert als «der historischen Form» entkleidetes «Spiegelbild ... des historischen Verlaufs», «korrigiert nach Gesetzen, die der wirkliche geschichtliche Verlauf selbst an die Hand gibt, indem jedes Moment auf dem Entwicklungspunkt seiner vollen Reife, seiner Klassizität betrachtet werden kann» [58].

c) Marx kennt D. nur als Verfahren der Rekonstruktion des kategorialen Systems einer klassenbezogenen Sozialwissenschaft, als Methode der Kritik der politischen Ökonomie, als Form der Ideologiekritik [59]. (Marx übt Ideologiekritik nicht im Sinne der Wissenssoziologie [60], sondern streng «textimmanent».) Zwar sind damit die Grenzen für die «Anwendung» von D. eng gezogen, doch ihre Erkenntnisansprüche nicht eingeschränkt. Marx nimmt an, daß (auf Grund der Verschränkung von Produktion und Reflexion [61]) kritische Reflexion der theoretischen Konstruktionen konsequenter Ideologen – wie *Ricardo* [62] – zugleich den realen Produktionsprozeß wissenschaftlich adäquater darstellt: Ideologiekritik wird Prozeßdarstellung. Marx' Sozialtheorie konstituiert sich als Kritik theoretischer Texte. Sie ist als «Kritik der ökonomischen Kategorien ... zugleich Darstellung des Systems» [63] des Produktionsprozesses [64]. (Offen bleibt hier, ob wissenschaftshistorisch und sachlich relevant ist, daß Marx D. im Kontext einer Analyse gerade des *kapitalistischen* Produktionsprozesses entwickelt [65].)

2. Implizit vorausgesetzte Bedingungen der Möglichkeit der D. bei Marx. – Die skizzierte Auffassung von D.

(Prozeßdarstellung als Ideologiekritik) steht in einem Rahmen, der in einer Reihe ontologischer, anthropologischer, sozial- und geschichtsphilosophischer Sätze abgesteckt werden kann. (Vielfach wird auch dieser Rahmen, d. h. die «ontologische» Begründung der Möglichkeit dialektischer Darstellung ‹D.› genannt.)

Jedes Gegebene ist Teil eines «konkreten, lebendigen Ganzen» (System, z. B. Organismus, Gesellschaft), das sich dadurch zu «einer reichen Totalität von vielen Bestimmungen und Beziehungen» [66] entwickelt, daß es seine Möglichkeiten sukzessive aus sich heraus setzt (sich vergegenständlicht, sich darstellt), sich «als eine fremde Macht gegenübertritt» [67] (sich verselbständigt und sich entfremdet), dann jeweils «auf sich selbst als Fremdes» [68] sich bezieht und dadurch zwischen sich und seinen verschiedenen Momenten («Organen») «Wechselwirkung» und «Bewegung» erzeugt, die schließlich die isolierten Momente zu einer umfassenden «Einheit des Mannigfaltigen» («konkrete Totalität») integrieren.

Dieses allgemeine Axiom gilt in entsprechender Konkretisierung für die Geschichte der menschlichen Gesellschaften: Der Mensch ist nicht wie das Tier in einen unüberschreitbaren («natürlichen») Selbstreproduktionszusammenhang eingefügt [69], sondern gezwungen, die Bedingungen seiner Selbsterhaltung im Stoffwechsel mit der Natur (diese frei formierend) zu schaffen (Arbeit) und gegen seinesgleichen zu behaupten (Kampf, Herrschaft) [70]. Was der Mensch «ist», steht nicht vom Anfang seiner Geschichte an fest: Die Totalität menschlicher Handlungsmöglichkeiten (d. i. «der Mensch») verwirklicht sich sukzessive in einem gesellschaftlichen Prozeß der Vergegenständlichung (Darstellung) einzelner ihrer Momente als Aneignung [71] und Formierung (natürlichen oder produzierten) Materials (Produktion). (Die «Selbsterzeugung des Menschen» als Prozeß der Vergegenständlichung, d. h. den Menschen als Resultat seiner Arbeit begriffen zu haben, ist für Marx «das Große» an Hegels «D. der Negativität» [72].)

Jede Vergegenständlichung ist Produktion und Reflexion zugleich [73]: Indem sich der Mensch durch Entäußerung eines Moments der Totalität seiner Möglichkeiten «werktätig ... verdoppelt», kann er sich «in einer von ihm geschaffnen Welt» [74] anschauen und seine Persönlichkeit als Macht wissen [75]. Im Produzieren und im Produkt erscheint der Mensch sich selbst. «Unsere Produktionen wären» (unter idealen Bedingungen sozialer Wechselseitigkeit) «ebenso viele Spiegel, woraus unser Wesen sich entgegenleuchtete» [76].

Zwischen Totalität («Wesen») und ihrer partiellen Entäußerung im Produkt («Erscheinung») entsteht eine (im Bedürfnis erfahrbare) Spannung (metaphorisch: «Sichselbstwidersprechen» [77]), die sich aufzulösen sucht durch neue Realisierung oder durch Verselbständigung, Isolierung des momentanen Resultats gegenüber der anfänglichen Totalität der Prozeßmöglichkeiten dergestalt, daß pars pro toto genommen wird: die Spannung zwischen Realisiertem und Noch-nicht-Realisiertem nimmt ab.

Wie sich die Produkte zu Dingen, so verselbständigen sich die zunächst in sozialer Produktion gebundenen Selbstreflexionen durch Verknüpfung mit sprachlichen Produkten [78] zu einer (von der Basis ursprünglicher Einheit von Produktion und Reflexion abgehobenen) Sphäre bloßer Reflexion: «Bewußtsein» [79] als «selbstredendes Dasein» von Gesellschaft [80]. Unter Bedingungen von Arbeitsteilung wird jede gesellschaftliche Tatsache (Handlung, Beziehung) auf der als Legitimationsraum jeweiliger Produktionsverhältnisse dienenden Bühne des öffentlichen Bewußtseins «gesellschaftlich gültig», «objektiv» [81] in der Rolle einer (ideologischen) Kategorie so dargestellt, daß das kategorial identifizierte Faktum aus seinem Entstehungsprozeß herausfällt. Die Kategorien sind nicht etwa «willkürliche, vom sozialen Lebensprozeß ablösbare definitorische Veranstaltungen» [82], sondern «Gedankenformen für Produktionsverhältnisse» [83], in denen Menschen handeln und sich in ihren Beziehungen verstehen: Unter Bedingungen der Entfremdung ist gesellschaftliches «Sein» Leben im ideologischen Schein der Kategorien des «Bewußtseins». Gesellschaftlich-geschichtliche Resultate des sich realisierenden (aber noch unausgeschöpften) menschlichen Potentials erscheinen, gespiegelt in Beschreibungen ihrer partiellen Realisierung, als ihr eigener Anfang, Voraussetzung, Bedingung, unüberschreitbare Grenze – als «Natur» [84].

Zwischen der geschichtsphilosophischen Elementarformel «Jede konkrete geschichtliche Totalität erscheint gesellschaftlich zunächst als partielle Realisierung der in ihr enthaltenen Möglichkeiten in einem Produkt bzw. in einer Relation» und der ideologiekritischen Kernthese «Jedes konkrete gesellschaftliche Ding oder Verhältnis erscheint ideologisch zunächst als – seine Aspekte verkürzende – Spiegelung in einer Kategorie» besteht Isomorphie. Beide «Elemente» enthalten als «ontologische» Grundfigur: «(Ganzes) *erscheint zunächst als* (Teil)».

3. *D. als Darstellungsmethode der Ideologiekritik bei Marx.* Gegenüber der Grundsituation des borniertem («falschen») Bewußtseins wird die Aufgabe des dialektischen Verfahrens nun genauer definierbar als Kritik der verschleiernden Funktion der Kategorien, als Auflösung der Verflechtung von gesellschaftlichen mit sprachlichen Bornierungen – mit dem Ziel, gegen alle Tendenzen der Verselbständigung und Entfremdung Prozessualität permanent zu behaupten, d. h. die ideologischen Grenzen der Vergegenständlichung immer wieder theoretisch zu überschreiten. D. kehrt Verselbständigung um. Dialektische Darstellung intendiert, die durch ideologische Legitimation entwicklungshemmender Herrschaftsverhältnisse verzerrten Bilder von Möglichkeiten der Selbstaneignung des Menschen in Produktion und Reflexion wiederherzustellen (kritische Rekonstruktion) und auszumalen (utopische Projektion) [85]. Marx versteht diese Funktion dialektischer Kritik im Orientierungshorizont der politischen Praxis des sich revolutionsbezogen organisierenden Proletariats (Sozialismus).

Der damit vorläufig umschriebene Marxsche D.-Begriff ist im Kern bereits im Programm der ‹Deutschfranzösischen Jahrbücher› (1843) enthalten: Aufklärende Kritik darf das Mögliche nicht dogmatisch postulieren, sondern allein aus dem Konflikt der politischsozialen Wirklichkeit mit ihrem «sich selbst unklaren Bewußtsein» «entwickeln» [86]: «man muß diese versteinerten Verhältnisse dadurch zum Tanzen zwingen, daß man ihnen ihre eigene Melodie vorsingt!» [87].

Unterscheidbare «dialektische» Verfahren der Ideologiekritik sind Techniken der Erzeugung charakteristischer a) Satzformen, b) Textstrukturen und c) Systemgefüge:

a) Marx versucht, die Spiegelung von Prozessen und Relationen in Kategorien von Systemen und Strukturen, die sie als Dinge erscheinen lassen, rückgängig zu machen durch Einsetzen dieser Kategorien (Erscheinungsformen) in eine *Satzform*, die gerade diese Spiegelung beschreibt (spiegelt), die also nicht das Resultat, sondern den Prozeß der Vergegenständlichung reflektiert und damit sowohl den Anfang als auch das Resultat als geschichtlich variabel darstellt. Der so fungierende «dialektische Satz» hat die Form: «(problematischer, zu analysierender Bestand) *erscheint zunächst als* (ideologische Kategorie)» [88]; z. B.: «Zunächst erscheinen (die Subjekte des Austauschprozesses) als (Eigentümer von Waren)» [89]. Die Verwendung der dialektischen Satzform intendiert, die Bornierungen des normalen («prädikativen») Sprechens aufzubrechen durch die ausdrückliche Einfügung des Prozeßmomentes («zunächst», «jetzt» u. a.) und der Differenz von noch verhülltem Wesen und vorfindlicher Erscheinungsform («erscheint als») in die Satzstruktur. Synonym für «erscheinen» werden u. a. «figurieren», «repräsentiert werden», «sich darstellen», «funktionieren» gebraucht; synonym für «ideologische Kategorie» kommen u. a. vor: «Begriff», «Form», «Gestalt», «Figur», «Charakter», «Rolle», «Hülle», «Schleier», «Funktion».

b) Dialektische Argumentation ist durch spezifische Verkettung dialektischer Sätze zu dialektischen *Textstrukturen* charakterisiert. (Von deren erster Darstellung (ENGELS 1859) [90] bis zu ihren Analysen durch ZELENÝ [91] und REICHELT [92] sind sie kaum mehr als andeutungsweise aufgeklärt worden.) Konkret besteht das gegen den entprozessualisierenden ideologischen Schein gerichtete dialektische Verfahren in einem «Gegeneinander-Ausspielen» der Begriffsrollen in einer prozessierenden Totalität so lange, bis eine Totalität und Tendenz adäquat repräsentierende Darstellung gewonnen ist. Derselbe soziale Gegenstand (Handlung, Verhältnis) wird durch eine Reihe begrifflicher Darstellungen in seinen phänomenalen «Metamorphosen» verfolgt, wobei Widersprüche zwischen historisch vorgefundenem Faktum und Begriff [93] oder zwischen den Darstellungsweisen [94] die «Entwicklung» eines weiteren Begriffs fordern, der sich die widersprechenden Momente («Extreme») zu integrieren, d. h. zu «vermitteln» vermag, z. B.: «Aus dem Widerspruch der allgemeinen Charaktere des Werts mit seinem stofflichen Dasein in einer bestimmten Ware etc. – diese allgemeinen Charaktere sind dieselben, die später im Geld erscheinen – ergibt sich die Kategorie des Geldes» [95]. (Der dialektische Satz kann daher auch die Form «(x) verwandelt sich in (Kategorie)» oder abgekürzt «(x) wird (Kategorie)» annehmen.) In der Fassung [96] der mehrfach überarbeiteten, theoretisch zentralen Analyse der «Wertform», die Marx wegen ihrer besonders «scharfen»(!) D. «schwerverständlich» nannte [97], entwickelt Marx die gegensätzlichen kategorialen Bestimmungen der Wertform dergestalt, daß in intensiver Metaphorik der Ware das «Interesse» unterstellt wird [98], sich wie ein Individuum, das seine prekäre personale Identität nur über die Erfüllung der Anforderungen gegensätzlicher Rollen in wechselnden sozialen Beziehungen integrieren kann, in einem Interaktionsprozeß als es selbst zu repräsentieren: Das Phänomen als Person enthüllt sein in sich widerspruchsvolles Wesen durch Spiegelung an seinesgleichen. Unvereinbare abstrakte Rollen (kategoriale Bestimmungen) reflektieren sich ineinander und identifizieren damit das zu entwickelnde konkrete Wesen. Die Personifizierung des Darzustellenden erlaubt, mittels der inneren Logik personaler Selbstdarstellung den dialektischen Darstellungsprozeß zu motivieren und zu strukturieren [99]: Zweck der fingierten Selbstenthüllung ist zugleich Ziel der Analyse [100]. Die meisten Passagen, in denen Marx dieses ihm selbst anstößige [101], D. als Dialogik metaphorisch wiederherstellende Verfahren offen übt, hat er bei späterer Bearbeitung [102] weitgehend entmetaphorisiert. Dadurch wurde das einzige die Satzbildung übergreifende Verfahren nicht durch ein rationaleres ersetzt, sondern nur der Selbstkontrolle entzogen.

c) Im *Gefüge* des dialektischen Systems verhalten sich große Textkomplexe (z. B. die Bücher des ‹Kapital›) zueinander wie einzelne Sätze im dialektisch entwickelten Kontext [103]: Die ökonomische Wirklichkeit wird zunächst dargestellt «als unmittelbarer Produktionsprozeß» (1. Buch), dann als Zirkulationsprozeß (2. Buch), beide Darstellungen erweisen sich als unzureichend, die Darstellung der Einheit beider Prozesse (3. Buch) führt zu «schrittweiser» Rekonstruktion konkreterer Formen der «wirklichen Bewegung» [103]. Aber erst am Ende des gesamten dialektischen Darstellungsprozesses (der außer den im Grundriß fertiggestellten Büchern des ‹Kapital› noch Staat, auswärtigen Handel, Weltmarkt und Krisen [104] behandeln sollte) wären Sätze formulierbar geworden, die einzelne Handlungen der Wirtschaftssubjekte (die «Oberfläche der Gesellschaft») beschreiben [103]. Zur Ausarbeitung dieser Stufe dialektischer Gesellschaftstheorie ist Marx nicht mehr gekommen.

Anmerkungen. [1] Zuletzt H. REICHELT: Zur logischen Struktur des Kapitalbegriffs bei Karl Marx (1970) 15. 75ff. – [2] H. FLEISCHER: Marx and Engels (1970) 150; vgl. G. SCHÄFER: Zum Problem der D. bei K. Marx und W. I. Lenin. Studium gen. 21 (1968) 934ff., vgl. Anm. [24]. – [3] Dagegen I. FETSCHER: Vorwort zu Reichelt, a. a. O. [1] 10; REICHELT, a. a. O. [1] 75. 264f. – [4] K. MARX, MEW 29, 260. – [5] Grundrisse der Krit. der polit. Ökonomie (1953) (= G). – [6] MEW 29, 260. – [7] MEW 32, 18. 538. – [8] a. a. O. 547. – [9] Vor allem: Ökonom.-philos. Ms. (1844). MEW Erg.Bd. 1, 468ff. 568-588. – [10] G 22f. – [11] MEW 23, 27. – [12] MEW 32, 547. – [13] MEW 23, 27. – [14] MEW 23, 547. – [15] MEW 23, 27. – [16] MEW 29, 561. – [17] MEW 36, 3. – [18] FLEISCHER, a. a. O. [2] 143. – [19] MEW Erg. Bd. 1, 228, halbiert zit. SCHÄFER, a. a. O. [2] 943. – [20] MEW 23, 28. – [21] J. HABERMAS: Theorie und Praxis (1963) 203; vgl. Erkenntnis und Interesse (1968) 59-87. – [22] MEW 13, 474. – [23] Stellvertretend J. Y. CALVEZ: Karl Marx (1964) 303; zuletzt FLEISCHER, a. a. O. [2] 150. – [24] Übereinstimmend REICHELT, a. a. O. [1] 13f. 18; SCHÄFER, a. a. O. [2] 937 – trotz J. ZELENÝ: Die Wissenschaftslogik bei Marx und ‹Das Kapital› (1962; dtsch. 1968) und L. ALTHUSSER, E. BALIBAR, R. ESTABLET, J. RANCIÈRE und P. MACHEREY: Lire le Capital 1. 2 (Paris 1965). – [25] Viele der im folgenden korrigierten Urteile über Marx' D. sind zusammengestellt bei K. BEKKER: Marx' philos. Entwicklung, sein Verhältnis zu Hegel (1940) 26-32. 100-130. – [26] BEKKER [25] folgend K. LENK: D. bei Marx. Soziale Welt 19 (1968) 285. – [27] MEW 29, 260. – [28] G 945; Das Kapital I (^{1}1867) (= K^1) VIII. – [29] G 405; vgl. MEW 32, 538. – [30] G 217. – [31] G 405. – [32] MEW 25, 839. – [33] G 29. – [34] G 217. – [35] G 862. – [36] G 217; vgl. auch K^1 34. – [37] MEW 23, 27. – [38] MEW 13, 9. – [39] G 11. – [40] G 862. – [41] MEW 23, 27. – [42] G 69. – [43] G 29. 945. – [44] MEW 13, 474. – [45] z. B. a. a. O. 9. – [46] MEW 23, 327. – [47] a. a. O. 791. – [48] FLEISCHER, a. a. O. [2] 143. – [49] MEW 23, 27; vgl. MEW 32, 686. – [50] MEW 4, 25-144. – [51] MEW 29, 275; vgl. 403f. – [52] REICHELT, a. a. O. [1] 126-136. – [53] G 354. – [54] MEW 13, 475. – [55] G 364. – [56] G 26. – [57] G 28. – [58] MEW 13, 475. – [59] MEW 29, 550. – [60] Stellvertretend K. MANNHEIM: Ideologie und Utopie (^{3}1952). – [61] K^1 38ff.; MEW 25, 152. – [62] G 844. – [63] MEW 29, 550. – [64] Vgl. H.-J. KRAHL: Zur Wesenslogik der Marxschen Warenanalyse. Neue Kritik 55/56 (1970) 19. 32. – [65] G 6-31, bes. 25f.; SCHÄFER, a. a. O. [2] 937. – [64] KRAHL, a. a. O. [64] 18-44. – [66] G 21ff. 189. – [67] MEW 3, 245. – [68] G 353. – [69] MEW Erg.Bd. 1, 516. – [70] MEW 3, 20ff. – [71] G 763. – [72] MEW Erg.Bd. 1, 574. – [73] So schon HEGEL: Phänomenol., hg. HOFFMEISTER (1952) 559; von MARX exzerpiert, in: Werke, hg. LIEBER 1 (1962) 964. – [74] MEW Erg.Bd. 1, 517. – [75] a. a. O. 462. – [76] 463. – [77] MEW 3, 6. – [78] G 390; MEW 19, 363. – [79] MEW 3, 26. 30. – [80] G 390. – [81] MEW 23, 90. – [82] SCHÄFER, a. a. O. [3] 954. – [83] MEW 23, 90. – [84] G 613. 906. 909; K. MARX: Resultate des unmittelbaren Produktionsprozesses (1969) 32; MEW 23, 86; K^1 774; MEW 25, 832-839. –

[85] H. LEFÈBVRE: Probleme des Marxismus, heute (1958, dtsch. 1965) 53. – [86] MEW 1, 344ff. – [87] a. a. O. 381. – [88] Diese von MARX durchgängig verwendete Satzform begegnet bei HEGEL vereinzelt, z. B. Phänomenol., a. a. O. [73] 156, 4ff. v. o. – [89] G 902. – [90] MEW 13, 475ff.; vgl. oben unter 1. – [91] a. a. O. [24] 51-66. 75-94. – [92] a. a. O. [1] 126ff. – [93] G 916. – [94] Resultate, a. a. O. [84] 109. – [95] MEW 29, 315; vgl. G 64f. – [96] K¹ 15-34. 35 (n. 24). – [97] K¹ VIIf.; vgl. auch 15. 19. – [98] 19f. – [99] 16-23. 26. 30. – [100] REICHELTS Interpretationen z. Begriff ‹Charaktermaske› können als Versuch einer Begründung dieser Technik gelesen werden a. a. O. [1] 59-62. – [101] G 69. – [102] K¹ 764-784; MEW 23, 62-85. – [103] MEW 25, 33. – [104] MEW 13, 7; vgl. u. a. G 28. 138f. 186-190; MEW 29, 312. 551. 572; vgl. R. ROSDOLSKY: Zur Entstehungsgesch. des Marxschen ‹Kapital› (1969) 24-98.

Literaturhinweise. K. KORSCH: Marxismus und Philos. (¹1923, Neu-Ausg. 1966) 126-136. 165-177; Geleitwort zu Karl Marx: Das Kapital (1932) 21-27. – H. LEFÈBVRE: Der dial. Materialismus (¹1940, dtsch. 1966) 62-91. – O. MORF: Das Verhältnis von Wirtschaftstheorie und Wirtschaftsgesch. bei Karl Marx (1951, ²1970) T. ‹Geschichte und D. in der polit. Ökonomie›. – M. M. ROSENTHAL: Die D. in Marx' ‹Kapital› (1955, dtsch. 1957, ²1959) T. ‹Die dial. Methode der polit. Ökonomie von Karl Marx›. – A. SCHMIDT: Der Begriff der Natur in der Lehre von Marx (1962). – L. ALTHUSSER: Für Marx (1962/63, dtsch. 1968) 52-167. – K. KOSÍK: Die D. des Konkreten (1963, dtsch. 1967) 150-211. – G. DELLA VOLPE: Der Schlüssel zur hist. D., in: Moral und Gesellschaft (1968) 82-105. – W. EUCHNER und A. SCHMIDT (Hg.): Kritik der polit. Ökonomie heute. 100 Jahre ‹Kapital› (1968) bes. 9-80 (R. ROSDOLSKY, A. SCHMIDT, O. NEGT). – A. SCHMIDT (Hg.): Beiträge zur marxist. Erkenntnistheorie (1969) bes. 73-175 (J. ZELENÝ, E. W. ILJENKOW, H.-G. BACKHAUS, H. LEFÈBVRE). – K. HARTMANN: Die Marxsche Theorie (1970). – Weitere Lit. vgl. Anm. [1, 2, 21, 23-26, 64, 85, 104].

3.2. FR. ENGELS vertritt zunächst Marx' Auffassung von D. als Methode und «Form der Gedankenentwicklung» [1] ideologiekritischer Gesellschaftstheorie: Dialektische Kritik hat die in der bürgerlichen Ökonomie verdinglicht erscheinenden sozialen Verhältnisse [2] prozessual darzustellen. Ihre Methode rekonstruiert Engels als über vier Stufen verlaufenden Prozeß: Zergliederung eines historisch vorgefundenen «einfachen» sozialen Verhältnisses in seine «zwei Seiten», Betrachtung «jeder dieser Seiten für sich»; Betrachtung der «Art ihres gegenseitigen Verhaltens, ihrer Wechselwirkung» und ihrer Widersprüche; Verfolgung der praktischen Entwicklung und Lösung dieser Widersprüche «durch Herstellung eines neuen Verhältnisses» [3].

Politisch provoziert durch L. *Büchners* «Anmaßung, die Naturtheorie auf die Gesellschaft anzuwenden und den Sozialismus zu reformieren» [4], arbeitete Engels zwischen 1873 und 1882 an einer materialistischen D., die (an eine von Engels seit 1858 [5] in der Naturwissenschaft gesehene Tendenzen einer «Rückkehr zur D.» [6] anknüpfend) Marx' Sozial- und Geschichtsphilosophie in einen Rahmen einspannt, der thematisch und im Anspruch Hegels ‹Logik› entspricht, dem umfassenden «Kompendium» der «durch und durch revolutionären» D. [7]. Trotz antisystematischer Vorsätze [8] wächst sich seine *Dühring*kritik zu einer konkurrierenden «Weltanschauung» [9] aus. In dieser Wendung verwandelt sich D. aus kritischer Methodologie in prozessualistische Ontologie. Aus der von Marx als Methode der Ideologiekritik geübten D. wird zunächst diffus eine «alles Dogmatische auflösende Methode» [10], deren «Grundgedanke, daß die Welt nicht als ein Komplex von fertigen Dingen zu fassen ist, sondern als ein Komplex von Prozessen» [11], sich gegen in empiristischer Forschungspraxis und klassifikatorischer Begriffsbildung borniertere Naturwissenschaften richtet [12]. Gegen diese kann D. wissenschaftskritisch zeigen, wie «die als unversöhnlich und unlösbar vorgestellten polaren Gegensätze, die gewaltsam fixierten Grenzlinien und Klassenunterschiede» in ihrer «Starrheit ... erst durch unsere Reflexion in die Natur hineingetragen» werden [13] und wie der Fortgang der wissenschaftlichen Entwicklung selbst zur Auflösung unhaltbarer Fixierungen treibt [14]. Da die Resultate der sich selbst überwindenden Naturwissenschaft und der dialektischen Wissenschaftskritik derart übereinstimmen, glaubt Engels, in der D. «das *Analogon* und damit die Erklärungsmethode ... für die in der Natur vorkommenden Entwicklungsprozesse, für die Zusammenhänge im ganzen und großen, für die Übergänge von einem Untersuchungsgebiet zum anderen» gefunden zu haben [15]. Mit dieser Analogisierung wird D. zur «Wissenschaft des Gesamtzusammenhanges» [16].

Weit über diese Bestimmung hinaus greift Engels, wenn er daraus, daß «wir sofort in Widersprüche» geraten, «sobald wir die Dinge in ihrer Bewegung, ihrer Veränderung, ihrem Leben, in ihrer wechselseitigen Einwirkung aufeinander *betrachten*», schließt, daß «die Bewegung selbst ... ein Widerspruch», «die fortwährende Setzung und gleichzeitige Lösung dieses Widerspruchs *ist*», daß Widerspruch «in den Dingen und Vorgängen selbst objektiv vorhanden» ist [17]. Bei Marx als Charaktere von Klassenkampf, Kritik und Revolution in Permanenz fungierende Kategorien kehren bei Engels wieder als Eigenschaften einer sich ewig bewegenden Natur. Aus Analogie und Metapher wird vollständige Identifikation, wenn Engels feststellt, «daß es in der Natur ... dialektisch ... hergeht, daß sie ... eine wirkliche Geschichte durchmacht» [18].

Engels definiert D. als «die Wissenschaft von den allgemeinen Bewegungs- und Entwicklungsgesetzen der Natur, der Menschengesellschaft und des Denkens» [19]. ‹D.› heißt jedoch nicht nur diese (zuerst von Hegel «entwickelte» [20]) Wissenschaft (D. als Methode), sondern auch deren Gegenstand und Ursprung (D. als Seinsgesetz): Die «subjektive D.» des Denkens («Begriffs-D.») ist Abbild (Spiegelbild, Widerspiegelung, Widerschein, Reflex, Ausdruck [21]) der «objektiven D.» der «Dinge» in der «realen» oder «Außenwelt», in Natur- und Gesellschaftsgeschichte [22]. Engels skizziert kein Verlaufsmodell des Abbildungsprozesses zwischen «subjektiver» und «objektiver» D.

Zur Beschreibung «dialektischer» Phänomene benutzt Engels vier Kategoriengruppen: *Zusammenhang* (Verkettung, Wechselwirkung); *Gegensatz* (Widerstreit, Widerspruch); *Bewegung* (Prozeß, Geschichte, Umbildung, Entwicklung, Aufstieg vom Niederen zum Höheren, Fluß; Leben, Entstehen und Vergehen, fort- und rückschreitende Veränderung, Kreislauf); *Dauer* (ohne Ende, unaufhörlich, fortwährend, rastlos, stetig, ewig). D. ist (objektiv) der Zusammenhang unaufhörlicher Bewegung aus/in Gegensätzen und (subjektiv) dessen Reflexion [23].

Als «allgemeinste» oder «Hauptgesetze» der D., abstrahiert aus der Geschichte der Natur, der menschlichen Gesellschaft und des Denkens [24], nennt Engels drei [25]:

1. «Umschlagen von Quantität in Qualität und umgekehrt»;
2. «Gegenseitiges Durchdringen der polaren Gegensätze und Ineinander-Umschlagen, wenn auf die Spitze getrieben»;
3. «Entwicklung durch den Widerspruch oder Negation der Negation – Spirale Formen [26] der Entwicklung.»

Haben einmal «Natur- und Geschichts-Wissenschaft die D. in sich aufgenommen» [27], dann wird jede «über den anderen Wissenschaften stehende Philosophie», «jede besondere Wissenschaft vom Gesamtzusammenhang überflüssig» [28] – «außer der reinen Lehre vom Denken» [29] «und seinen Gesetzen – die formelle Logik und die D. Alles andere geht auf in die positive Wissenschaft von Natur und Geschichte» [30]. Der Sieg der D. in den Wissenschaften wird so zugleich ihr Untergang als Weltanschauung: Der Philosophie «bleibt dann nur noch das Reich der reinen Gedankens», und D. reduziert sich auf «die Lehre von den Gesetzen des Denkprozesses» [31].

Anmerkungen. [1] ENGELS, MEW 13, 474. – [2] a. a. O. 475f. – [3] 475. – [4] 20, 472. – [5] 29, 337ff. – [6] 20, 307. 472. – [7] 334; 21, 269. – [8] 20, 8. 574. – [9] 8; 21, 263f. – [10] 269. – [11] 293. – [12] 20, 13f. 346. 475f. – [13] 14; vgl. 320. 472. 475. 482. 535. – [14] 84. 320. 472. 475. – [15] 330f. – [16] 307. 348. 528. – [17] 112. – [18] 19, 205; 20, 22. 607. – [19] 132; vgl. 11. 22f. 131. 133. 348. 353. 475. 529f.; 21, 293. – [20] 20, 11. – [21] 11. 20ff. 475. 481. 493. 515. 583; 21, 268. 293; 38, 204. – [22] 20, 481. 529. 574. – [23] Bd. 20, passim. – [24] 307. 348f. 353. 357. – [25] 307. 348; vgl. 481. – [26] 307, korrigiert aus «Form» nach Faksimile-Ms. 309. – [27] 480. – [28] 24. – [29] 480. – [30] 24. – [31] 21, 306.

Literaturhinweise. A. SCHMIDT: Der Begriff der Natur in der Lehre von Marx (1962) 41-50. 150-154. – G. A. WETTER: Die Umkehrung Hegels (1963). – H. FLEISCHER: Marx und Engels. Die philos. Grundlagen ihres Denkens (1970) 134-142. 150-156. –
J. FRESE

4. Steht der *Neukantianismus* dem D.-Begriff anfänglich vorsichtig gegenüber, so wird durch P. NATORP eine Beschäftigung mit der Platonischen D. gefördert [1], wobei diese zunächst methodologisch interpretiert wird. Den Beginn neuen Interesses für die D. bildet die Philosophie A. LIEBERTS, für die Gedanke und Begriff der D. konstitutiv sind, «wie denn die D. die Methode des philosophischen Denkens schlechthin ist» [2]. Die Adaption Platons führt beim frühen N. HARTMANN zu einem Platonismus der Begriffe [3], in dem der dialektischen Methode wieder ein fester Platz unter den Methoden der Philosophie zugewiesen wird. Von der Natorpschen Platondeutung und ihrem D.-Begriff geht auch R. HÖNIGSWALD aus [4]. Während die «Badische Schule», H. Rickert vor allem, der D. polemisch gegenübersteht (wobei nicht Platon, sondern Hegel gemeint ist), kommt J. COHN zu einer ‹Theorie der D.› [5] als einer «Formenlehre der Philosophie». Deren Probleme formuliert er in drei Grundsätzen: 1. «Es gibt wesentliche D.en, d. h. Gegenstände, die sich nur durch im engeren Sinne dialektische Gedankengänge erkennen lassen». 2. «Alle schlicht logischen und alle unwesentlich dialektischen Gedankengänge stellen sich, wenn das in ihnen Gedachte vollständig durchgedacht ist, als Teile wesentlich dialektischer Gedankengänge heraus». 3. «Alle dialektologischen Begriffe sind dialektisch. Der adäquate Ausdruck der Theorie der D. ist die D. der D.» [6]. Zwar ist der einzelne Gedankengang bereits in sich dialektisch, doch wird die Fülle des dialektisch zu denkenden Gegenstandes erst durch eine Mehrheit von dialektisch aufeinander bezogenen Gedankengängen darstellbar. «Jedes Urteil, das einen in sich vollständigen Wahrheitsgehalt zu haben beansprucht, erweist sich als ein Stadium in einem dialektischen Prozeß» [7]. D. ist für J. Cohn ein rein theoretisches Verfahren: Es gibt keine D. der Praxis, sondern nur eine Theorie über Praxis, und es gibt keine D. von Theorie und Praxis, sondern nur eine Theorie über das Verhältnis von Theorie und Praxis [8]. Elemente des Marburger und des Badischen Neukantianismus vereinigt die «kritische D.» von S. MARCK [9]. Er definiert D. als «jede Auffassung des Denkens als eines sich durch Satz und Gegensatz vorwärtsentwickelnden Prozesses» [10]. Die Wiederbelebung der D. im Neukantianismus blieb zunächst in einem Rahmen, der philosophiehistorisch durch Kant- und Fichteinterpretationen legitimiert werden konnte (Lask). Über diesen Stand geht R. KRONER hinaus durch einen Rekonstruktionsversuch des selbst wieder als dialektisch gesehenen Weges der D. ‹Von Kant bis Hegel› [11], wobei die Geschichte des Neukantianismus deutlich als Folie dient [12]. Weltanschauliche Motive zur Begründung einer neuen Metaphysik, Kultur- und Lebensphilosophie [13] im Schatten der Katastrophe von 1918 bestimmen (ähnlich wie bei A. Liebert) auch Kroners Auffassung der D., die nun offen irrationalistisch gedeutet wird: D. ist «der zur Methode, der rational gemachte Irrationalismus selbst» – «dialektisches Denken rational-irrationales Denken» [14]. «Erst Hegel hat das Leben ins Denken einbezogen, die Differenz beider zu einer dem Denken selbst immanenten und in ihm zu hebenden gemacht, ... den Dualismus von Leben und Denken in seiner ganzen Härte und Schärfe als Zerrissenheit des Denkens in sich selbst, als Widerspruch erfaßt, dessen Lösung die ‹Lebensfrage› für die Philosophie bedeutet» [15]. In diesem Sinne akzeptiert Kroner Hegels D. der Selbstbewegung des Begriffs sowohl in ihrer logischen als auch in ihrer naturphilosophischen Ausprägung [16].

Anmerkungen. [1] P. Natorp: Platos Ideenlehre (1903, ²1921). – [2] A. LIEBERT: Wie ist krit. Philos. überhaupt möglich? (1919) 77. – [3] N. HARTMANN: Platos Logik des Seins (1909); Systemat. Methode. Logos 3 (1912). – [4] R. HÖNIGSWALD: Grundlagen der Denkpsychol. (²1925); Philos. und Kultur (1967); Grundfragen der Erkenntnistheorie (1931). – [5] J. COHN: Theorie der D. (1923). – [6] a. a. O. 129f. – [7] 241. – [8] 335. – [9] S. MARCK: Die D. in der Philos. der Gegenwart 1. 2 (1929/31). – [10] Hegelianismus und Marxismus (1922) 5. – [11] R. KRONER: Von Kant bis Hegel 1 (1921); 2 (1924). – [12] Vgl. KRONERS Rickertkritik: Anschauung und Denken. Krit. Bemerkungen zu Rickerts heterothetischem Denkprinzip. Logos 13 (1923) 90-127; seine Lask-Kritik a. a. O. [11] 1, 321f. 440ff. – [13] H. LEVY: Die Hegel-Renaissance in der dtsch. Philos. mit bes. Berücksichtigung des Neukantianismus (1927) 81. – [14] KRONER, a. a. O. 2, 271f. – [15] 214. – [16] 1, 566f.
Red.

5.1. Die erste Generation der Engels-Schüler hatte D. entweder als allgemeines Entwicklungsschema für Natur- und Sozialgeschichte ontologisch verstanden (K. KAUTSKY) oder als «Fallstrick» positivistisch kritisiert (E. BERNSTEIN). Wie in der allgemeinen philosophischen Öffentlichkeit, so hing auch in der marxistischen Literatur die Erneuerung des Interesses an D. zusammen mit Entwicklungen im Neukantianismus: Der einen kantianischen Marxismus entwickelnde M. ADLER war einer der ersten, die sich um ein vertieftes Verständnis von D. bemühten [1]. D. erscheint bei ihm als Methode des wirklichen Denkens in seinem ganzen Umfang im Gegensatz zur formalen Logik, die nur die diskursiven Operationen erfaßt [2]. D. wird sodann als Methodik dialektischer Denkgesetze von jeder Metaphysik antagonistischer Seinsgesetze (Hegel, Engels) streng unterschieden [3]. Insbesondere sind D. und Evolutionstheorie zu trennen: D. ist nicht Übertragung eines allgemeinen Entwicklungsgesetzes auf das Denken, sondern umgekehrt hat der Entwicklungsgedanke seinen Ursprung in der Selbstreflexion des Denkens [4]. D. als Methode ist Selbstvergewisserung des wirklichen Denkens über seine nicht sukzessiv darstellbaren und logisch kontrollierbaren Akte mit dem Zweck, diese Momente zu disziplinieren, wissenschaftlich anzuwenden und dadurch erkenntnistheoretisch zu legitimieren [5]. Sie zeigt, daß Denken stets «von einer Totalität des Gedachten ausgeht, die in den Urteilen und Begriffen sich selbst unterscheidet und auseinanderlegt, wobei aber immer nur ein Teil des ganzen Inhalts zum Ausdruck gelangen kann»

[6], daß es daher «jede seiner Bestimmungen begrenzt (verstandesmäßig) nur denken kann, indem es zugleich das durch diese Begrenzung Ausgeschiedene denkt, daß also alle Bestimmungen unseres Denkens Reflexions-, Beziehungsbegriffe sind, die nur durch Beziehung auf dasjenige ihre Bestimmtheit gewinnen, was sie gleichzeitig durch diese Bestimmung aus ihrer Aussage ausschließen» [7]. «Treibende Kraft in der Bewegung des Denkens» ist «die Negativität», die «beziehentliche Abhebung in Gegensätzen und Vereinigung dieser zu höheren Einheiten, Differenzierung der scheinbaren Einfachheit und Integrierung der aus ihr hervorgeholten Mannigfaltigkeit» [8]. So gesehen ist Denken «Vermittelung» [9], «durchgängige Inbezugsetzung» [10], gegensätzliche Bewegung als «Übergehen und Auseinanderhervorgehen» [11] «von einer Denkbestimmung zu einer anderen» [12]. D. ist aber «nicht nur das immanente Hinausgehen des Denkens über jede seiner Bestimmungen, sondern auch des Denkens über sich selbst zum Tun, das stete Umschlagen des Gedankens in die Aktion. Als Begreifen der menschlichen Praxis wird sie zum Eingreifen in diese Praxis» [13].

Anmerkungen. [1] Ausführlich zuerst A. M. ADLER: Marx als Denker. Zum 25. Todesjahre von Karl Marx. Anhang. Marx und die D. (¹1908) 82-96. – [2] a. a. O. 86. – [3] 84f. 88f. – [4] 89-96. – [5] 88. – [6] 86. – [7] 87. – [8] 93. – [9] 88. – [10] 90. – [11] 86. – [12] 85; vgl. auch ADLERS D.-Darstellung in: Marxistische Probleme (1920) 76ff. 82f. – [13] a. a. O. 96.   J. FRESE

5.2. Schon in LENINS frühen Schriften (1894-1899) finden sich Versuche, anhand einer Interpretation des ‹Kapital› die Marxsche dialektische Methode von der Hegels [1] zu unterscheiden. Gegenüber dieser und in kritischer Wendung gegen die Herabsetzung der D. unter den zeitgenössischen Marxisten ist sie für Lenin «wissenschaftliche Methode der Soziologie» [2]; ihre Aufgabe besteht darin, «den wirklichen historischen Prozeß richtig und exakt darzustellen» [3], nicht aber in dem Versuch, «irgendetwas mit Hilfe von Triaden beweisen zu wollen» [4]. Untersuchungsobjekt der dialektischen Methode ist nicht die Analyse der «ideologischen gesellschaftlichen Verhältnisse», sondern jenes Totalitätsprinzip, das die reelle Basis der Gesellschaft darstellt: die «Produktionsverhältnisse, ... die die gegebene Gesellschaftsformation bilden» [5] und in denen «die Erklärung für alle Erscheinungen des gesellschaftlichen Lebens, der menschlichen Ideen und Gesetze» liegt [6]. Später wiederholt er (immer im Blick auf Marx), daß die dialektische Methode die gesellschaftliche «Bewegung allseitig» betrachtet, deren «wirklichen historischen Inhalt» sucht und von da aus deren «unvermeidliche Folgen» bestimmt [7]. In ‹Materialismus und Empiriokritizismus› entwickelt Lenin die Idee eines materiellen Substrats als individualisierendes Element der Abstraktion und damit als Voraussetzung dialektischer Naturerkenntnis. Lenin beschränkt sich dabei auf die Festlegung des «erkenntnistheoretischen» Begriffs der «Materie» als «unabhängig von menschlichem Bewußtsein» [8] im Gegensatz zum «naturwissenschaftlichen» Begriff [9]. Diese Unterscheidung erlaubt ihm, in der Frage der Naturerkenntnis der D. eine bloß gnoseologische Rolle zuzuschreiben; er kritisiert damit indirekt eine D. der Natur, die sich als «philosophische Verallgemeinerung» naturwissenschaftlicher Resultate darstellt, und bekämpft ausdrücklich den «physikalischen Idealismus», in dem «die Materie verschwindet» und «die Vernunft der Natur die Gesetze vorschreibt» [10], gibt aber keine dialektische Theorie des naturwissenschaftlichen Begriffs und Gesetzes.

In den ‹Philosophischen Heften› wird D. zu einer allgemeinen Lehre von den Bestimmungen der «Selbstbewegung der Welt»; zu der die D. der bürgerlichen Gesellschaft ... nur als ein «spezieller Fall der D.» [11] gehört; Lenin begreift diese als eine über das Empirische erhobene Bewegung, deren «Abbildung durch das Denken, ... durch die Empfindung ... immer eine Vergröberung, ein Abtöten» bedeutet [12].

Anmerkungen. [1] LENIN, Werke 1 (1963) 160. – [2] a. a. O. 158. – [3] 156. – [4] 157. – [5] ebda. – [6] 2 (³1963) 8. – [7] 8 (1958) 323. – [8] 14 (1968) 261. – [9] a. a. O. 261. 282. – [10] 310-311. – [11] 38 (1964) 340. – [12] a. a. O. 246; vgl. Zur Frage der Dialektik a. a. O. 38, 338-344.

Literaturhinweise. G. LUKÁCS: Lenin. Studien über den Zusammenhang seiner Gedanken (1924, ²1967). – H. LEFÈBVRE: Pour connaître la pensée de Lénine (1957). – W. GOERDT: Die «allseitige universale Wendigkeit» (gibkost) in der Dialektik V. I. Lenins (1962). – K. G. BALLESTREM: Die sowjetische Erkenntnismet. und ihr Verhältnis zu Hegel. Sovietica (1968). – G. SCHÄFER: Zum Problem der D. bei K. Marx und W. I. Lenin. Stud. gen. 21 (1968) 934-962. – L. ALTHUSSER: Lenine devant Hegel. Vortrag vor dem 9. Hegel-Kongreß, Paris 1969. Hegel-Jb. 1968/69 (1970) 45-58. – P. GRUJIĆ: Hegel und die Sowjetphilos. der Gegenwart (1969).

5.3. Nach G. LUKÁCS hat die «revolutionäre D.» [1] das «Faktum des Verändertseins» als Totalitätsänderung zu begreifen [2]. Diese erscheint den «Bewußtseinsformen der Unmittelbarkeit», dem «Verstand», dem Denken «bloßer Tatsachen» als unbegreifbare «Katastrophe» [3]. Die Rationalität solcher Änderungen zeigt sich allein einem dialektischen Denken, das «über die starre Abgeschlossenheit seiner Gegenstände gegeneinander» hinausgeht und «die Dinge» «restlos» «in das System ihrer Beziehungen eingehen» läßt [4].

Zentrale dialektische Kategorie ist für Lukács «Totalität». Sie ist «methodische Herrschaft des Ganzen über die einzelnen Momente», «Begriff und Wahrheit» der Teile [5]. Als solche besitzt sie ein von den isolierten Tatsachen qualitativ verschiedenes Leben im Sich-selbstsetzen, -produzieren und -reproduzieren [6] eines Ganzen. Der Weg zur Totalitätsbetrachtung ist die methodische Darstellung der der Sache innewohnenden dialektischen Beziehungen zwischen «Schein» und «Wesen». «Schein» ist die «isolierte» [7] Existenzform der Tatsachen für den «anschauenden» Verstand, während «Wesen» als die «konkrete Einheit des Ganzen» verstanden wird [8]. Die innere Bewegung der Sache läuft vom «Schein» zum «Wesen», indem jener als «Funktion des Ganzen» und als «geschichtliches Geschehen» begriffen wird; und vom «Wesen» zum «Schein», indem «Wesen» sich im «Schein» «gegenständlich» ausdrückt. Objekt der D. ist also «der dialektische Prozeß der sich ständig aufhebenden Unmittelbarkeit» [9], der sie als «Gegenständlichkeit» des konkreten Ganzen bestimmt.

Das Hinausgehen über die Unmittelbarkeit der Empirie ist so wirkliche «Erzeugung des Objekts» [10], bleibt aber zugleich Bewußtseinsänderung, sofern die verdinglichte Form der Unmittelbarkeit Produkt des «anschauenden» Verstandes und so deren Aufhebung «Selbsterkenntnis des Gegenstandes» und Erfassung der «Gegenstände der Empirie als Momente der Totalität» [11] ist, damit «gedankliche und geschichtliche Genesis ... zusammenfallen» [12].

Wenn Bewußtseinsänderung gleichbedeutend ist mit Wirklichkeitsänderung, so wird die Identität von Subjekt und Objekt vorausgesetzt. Bezogen auf Menschen, die «Totalität» [12] und zur Totalitätserfassung fähig sind [13], wird dieses Subjekt-Objekt als das Proletariat in seinem «Klassenbewußtsein» begriffen [14]. Die dialektische Erkenntnis ist noch nicht die praktische «Lösung der Widersprüche»; aber revolutionäre Praxis ist nur möglich in solcher Totalitätserkenntnis: «sie zeigt den realen Weg zur Aufhebung». Aus der «anschauenden Betrachtung» der Tatsachen kann nur eine subjektiv-individuelle Ethik entstehen; in einem auf Totalitätsanschauung eines einzelnen Objekts sich stützenden Handeln dagegen «ist die Intention auf Veränderung des Ganzen vorhanden» [15]: «in der dialektischen Totalität tragen die Einzelmomente die Struktur des Ganzen an sich» [16]. So wird für Lukács D. zu einem Problem des «umwälzenden Handelns». Jeder Versuch, D. auf eine Realität zu übertragen, in der das identische Subjekt-Objekt nicht vorhanden ist, ruft notwendigerweise eine «kontemplative», nicht-dialektische Erkenntnis hervor [17]. Der Historische Materialismus als «Zuendedenken» der «scheinbar autonomen Systeme (Ökonomie, Recht, Staat usw.) als bloßer Momente eines umfassenden Ganzen» [18] beschränkt sich so auf «die Selbsterkenntnis der kapitalistischen Gesellschaft» [19] – die einzige Gesellschaftsform, der ein konkretes Totalitätsprinzip («Antagonismus der Produktionskräfte und Produktionsverhältnisse») [20] und demzufolge eine «zusammenhängende Einheit» zugrunde liegt [21]. Kapitalistische Gesellschaft und ihr exklusives Totalitätsprinzip bilden so das «reelle und materielle Substrat» der dialektischen Methode [22].

Anmerkungen. [1] G. LUKÁCS: Gesch. und Klassenbewußtsein (1923) 14. – [2] a. a. O. 170. – [3] ebda. – [4] ebda. – [5] 22. – [6] 29. – [7] 19. – [8] ebda. – [9] 190. – [10] 172. – [11] 178. – [12] 171; vgl. 192. – [13] 46. – [14] 51; vgl. 40. – [15] 192. – [16] 217. – [17] Vgl. 217. – [18] 236. – [19] 237; vgl. 230. 235. – [20] 23. – [21] 67. – [22] 23; vgl. 67. –   J. RODRÍGUEZ-LORES

5.4. In erklärter Übereinstimmung mit G. Lukács und gegen jede idealistische und vulgärmaterialistische Deutung faßt K. KORSCH D. als «die Methode der neuen Wissenschaft und Praxis der proletarischen Klasse» [1]: «Die materialistische Dialektik bildet ... die notwendige methodische Grundlage für den ‹wissenschaftlichen Sozialismus›, als den ‹theoretischen Ausdruck› des geschichtlichen Befreiungskampfes der proletarischen Klasse» [2]. Im Unterschied zur idealistischen Auffassung der D., in der die Gegensätze nur ihren ideologischen Ausdruck und Ausgleich im Begriff finden, wird der «theoretische Ausdruck» als praktisches Moment begriffen. Der «wissenschaftliche Sozialismus» führt so zur Praxis, «der revolutionären proletarischen Klassenaktion» [3] als «‹proletarische D.›» [4], als Theorie, die zugleich Praxis ist [5].

Bei E. BLOCH bedingen ursprünglich mystische, lebensphilosophische und expressionistische Motive in marxistischer Umsetzung eine «dialektisch-materielle Tendenzwissenschaft» [6] in der Beziehung auf die materialistische, dialektische Prozeßgesetzlichkeit, mit dem Novum an der Front [7]. D. bezieht sich so auf die noch offenen Prozesse in Natur und Geschichte und spezifiziert sich erst in diesen: «Daher wächst die D., obwohl in allem Geschehen wirksam, mit dem Fortgang der menschlichen Geschichte» [8]. D. ist so das «Organon der Prozesse» [9], die das ausstehende Totum in Natur und Geschichte zu seiner Bestimmung bringen.

Anmerkungen. [1] K. KORSCH: Marxismus und Philos. (³1966) 176. – [2] a. a. O. 170. – [3] 166. – [4] 167. – [5] 133. – [6] E. BLOCH: Philos. Aufsätze (1969) 494. – [7] a. a. O. 555. – [8] Philos. Grundfragen I (1961) 63. – [9] Philos. Aufsätze [6] 512.   Red.

5.5. B. BRECHT bestimmt D. [1] (gegen Natur-D. [2]) als «große Methode» [3] des «eingreifenden Denkens» [4], die ihren Ausgang nimmt von Grunderfahrungen, wie «Dinge sind Vorkommnisse. Zustände sind Prozesse. Vorgänge sind Übergänge» [5] und «Leben heißt für den Menschen: die Prozesse organisieren, denen er unterworfen ist» [6]. D. ist «jene Einteilung, Anordnung, Betrachtungsweise der Welt» [7], «welche in einheitlich auftretenden Formationen wachsende Gegensätze aufspürt» [8], das Interesse «auf Veränderungen, Umwälzungen, Entwicklung» lenkt [9] und damit «Fragen zu stellen [lehrt], welche das Handeln» [10] und das Eingreifen ermöglichen [11]. Praktisch wird die «Denkmethode» D. [12] – vor allem in ihrer Anwendung [13] – als Methode der Ideologiekritik: Sie faßt die ideologischen Sätze da, «wo sie als ein Verhalten wirken, also nicht nur einseitig als Spiegelungen, Ausdrücke, Reflexe» (wie im vulgärmarxistischen Epiphänomenalismus [14]), fügt sie in den Prozeß der zugehörigen Praxis ein und löst so deren Starre auf [15].

Anmerkungen. [1] Seit 1929 wiederholt, (vor allem) an K. Korsch anschließend; vgl. bes.: B. BRECHT: Notizen zur Philos. 1929-1941: (II) Über D.; (III) Über eingreifendes Denken. Werke 20 (1967) 146-178; Me-ti. Buch der Wendungen a. a. O. 12 (1967) 417-585. – [2] 20, 151f.; 12, 532. – [3] Formel für D. in: Me-ti, a. a. O. [1] passim, bes. 459. 475. 493ff. 500f. 526f. 532f. 548f. 552f. – [4] 20, 146. 149. 158-178. – [5] 12, 527. – [6] 20, 144. – [7] 20, 170; vgl. 150. 152. – [8] 20, 150; vgl. 12, 505. – [9] 20, 150; vgl. 171; 12, 475. 505. 527. – [10] 12, 475. – [11] 20, 170; vgl. Anm. [3]. – [12] 20, 152. – [13] 20, 157. – [14] 20, 173. – [15] 20, 152.   J. FRESE

5.6. Die von Stalin (seit 1931) unterstützten «amtlichen» Philosophen M. B. MITIN und P. JUDIN [1] betonen (mit Deborin) gegen die «Mechanisten» (Bucharin) die Bedeutung des «ersten Grundgesetzes» der D. (Übergänge, dialektische Sprünge von Quantität in Qualität). Den «Deborinisten» werfen sie vor, D. lediglich als Methodologie zu verstehen und damit die objektive Wirklichkeit einem apriorischen System zu unterwerfen. Deborin betone die Versöhnung und die Einheit der Gegensätze als absolut, wohingegen gerade der «Kampf der Gegensätze» absolut sei.

Bis zum Erscheinen von STALINS ‹Über dialektischen und historischen Materialismus› (1938) galten die drei «Grundgesetze der D.» in der Fassung von Engels. Stalin führte als Grundzüge der marxistischen dialektischen Methode vier Thesen an, die aus einigen «Elementen der D.» (Lenin) und zwei «Grundgesetzen der D.» (unter Weglassung des Grundgesetzes der Negation der Negation) bestehen: 1. allgemeiner Zusammenhang zwischen den Erscheinungen in Natur und Gesellschaft; 2. Bewegung und Entwicklung in Natur und Gesellschaft; 3. Entwicklung als Übergang quantitativer Veränderungen in qualitative; 4. Entwicklung als Kampf der Gegensätze.

In seinen ‹Linguistik-Briefen› 1950 ging Stalin von der Unterscheidung zwischen antagonistischen und nicht-antagonistischen Widersprüchen zur Lehre von der Verschiedenartigkeit dialektischer Sprünge weiter: außer revolutionären gibt es auch allmähliche «dialektische» Sprünge oder Übergänge. Die Revidierung der Basis-Überbau-Theorie in den ‹Linguistik-Briefen› löste ab 1951 eine Diskussion über formale und dialektische Logik aus, deren Ergebnis die Anerkennung der formalen Logik war. Die nach Stalins Tod (1953) und besonders nach dem XX. Parteitag der KPdSU (1956) erfolgte Neuorientierung der D.-Diskussion ist charakterisiert durch:

1. Rückkehr zu den drei «Grundgesetzen» der materialistischen D. Das Gesetz der Negation der Negation wird «rehabilitiert» (1956).

2. Ausbau einer Kategorienlehre unter Berufung auf Lenin. Da außer in den Anmerkungen Lenins zu Hegels ‹Wissenschaft der Logik› keine präzisen Anhaltspunkte für den Aufbau eines Kategoriensystems bei den «Klassikern» zu finden sind, besteht hier ein großer Spielraum philosophischer Reflexion.

3. Akzentuierung des (Leninschen) Prinzips der Einheit von D., Logik und Erkenntnistheorie; besondere Betonung des Prinzips der Einheit von Logischem und Historischem; Anwendung der D. auf die Erkenntnistheorie.

4. Vielfältige Anregungen ergeben sich aus der Diskussion über Probleme der modernen Naturwissenschaft (Relativitätstheorie, Quantenmechanik, Thermodynamik, Biologie und Psychologie).

Seit 1960 erfährt dann die D. im Bereich des Marxismus-Leninismus eine weitere wesentliche Umgestaltung durch das Eindringen kybernetischer [2] und mathematischer Denkweisen [3]; so wird besonders eine Verbindung der D. mit den spieltheoretischen Aspekten der Kybernetik gesucht, wobei die Spieltheorie als mathematische Theorie des dialektischen Widerspruchs [4] und der sozialen Konfliktsituationen genommen wird [5].

Je nach Betonung der «Gesetzmäßigkeiten» oder eines der «Grundgesetze» werden unterschiedliche Definitionen von D. gebraucht. Die Gesetze des Übergangs der Quantität in Qualität und der Negation der Negation führen zur Deutung der D. als Theorie der fortschreitenden Entwicklung vom Einfachen zum Zusammengesetzten und vom Niedrigeren zum Höheren. Schließlich wird Engels Umschreibung der D. als «Wissenschaft von den allgemeinen Bewegungs- und Entwicklungsgesetzen der Natur, der Menschengesellschaft und des Denkens» festgehalten [6].

Anmerkungen. [1] Vgl. G. A. WETTER: Der dial. Materialismus. Seine Gesch. und sein System in der Sowjetunion (⁵1960); H. DAHM: Die D. im Wandel der Sowjetphilos. (1963). – [2] H. DAHM: Kybernetik als Problem kommunistischer Philos., in: Wiss. in kommunistischen Ländern, hg. D. GEYER (1967) 49–81. – [3] B. S. GRJAZNOV: Kybernetika i filosofija, in: Dialektičeskij materializm i voprosy estestvoznanija, hg. B. V. BIRJUKOVA u. a. (Moskau 1964) 197ff. – [4] G. KLAUS (Hg.): Wb. der Kybernetik (1968) 142. – [5] a. a. O. 598. – [6] F. ENGELS: Anti-Dühring (1878). MEW 20, 132.

Literaturhinweise. R. AHLBERG: ‹Dial. Philos.› und Gesellschaft in der Sowjetunion (1960). – G. A. WETTER s. Anm. [1]. – H. DAHM s. Anm. [1]. – I. FETSCHER: Aktuelle Tendenzen im philos. Revisionismus. Osteurop. Rdsch. 13 (1967); zur gegenwärtigen Philos.-Diskussion im Ostblock, in: Wiss. in kommunistischen Ländern, hg. D. GEYER (1967). – W. GOERDT: Die Sowjetphilos. Wendigkeit und Bestimmtheit – Dokumente (1967). – G. STIEHLER: Der dial. Widerspruch. Formen und Funktionen (²1967). Die marxistisch-leninistische D. – Instrument unseres Klassenkampfes. Einheit 24 (1969) 161–173.

5.7. In MAO TSETUNGS D.-Theorie werden Existenz und «gesetzmäßiges Wirken» von Widersprüchen absolut gesetzt: «Es gibt kein Ding, das nicht Widersprüche in sich trüge; gäbe es keine Widersprüche, dann gäbe es keine Welt» [1]. «Die Bewegung der Widersprüche existiert im Entwicklungsprozeß eines jeden Dings von Anfang bis Ende» [2]; dabei wird besonders die Rolle der «Hauptwidersprüche» betont: «Im Entwicklungsprozeß eines komplizierten Dings sind ziemlich viele Widersprüche existent, von denen stets einer der Hauptwiderspruch ist; aufgrund seiner Existenz und Entwicklung bestimmt und beeinflußt er die Existenz und Entwicklung der anderen Widersprüche» [3].

Obwohl Mao, wie der Marxismus überhaupt, vom Primat der Produktivkräfte, der Praxis als der ‹Basis› ausgeht, gilt für ihn zugleich, daß die Produktionsverhältnisse, die Theorie und der Überbau «unter bestimmten Bedingungen ihrerseits die hauptsächliche, bestimmende Rolle spielen» [4]. Für seine Auffassung der D. wird ferner besonders der Begriff der permanenten Revolution wichtig [5].

Anmerkungen. [1] MAO zhuxide sipian zhexue lunwen (Vier philos. Aufsätze des Vorsitzenden Mao) (Peking 1964) 31. – [2] a. a. O. 30. – [3] 50. – [4] 57. – [5] H. KUHN: Nachwort zu Mao Tsetung: Über Praxis und Widerspruch (1968) 74ff.

Literaturhinweise. MAO ZEDONG: Bianzhengfa weiwulun (Der dial. Materialismus), in: Minzhu (Shanghai März 1940). – MAO TSE-TUNG: Ausgewählte Schriften, hg. T. GRIMM (1963). – S. R. SCHRAM: The political thought of Mao Tse-tung (New York/Washington/London ³1965). – J. SCHICKEL: D. in China. Mao Tse-tung und die Große Kulturrevolution, in: Kursbuch 9 (1967) 45ff. – G. BLUMER: Die chinesische Kulturrevolution 1965/67 (1968) 389ff. – Zhongguo Xinwen. Sondernummer 3 (London 1969).

5.8. Seit ungefähr 1960 haben Philosophen in Polen, der Tschechoslowakei, Jugoslawien und Deutschland einen D.-Begriff entwickelt, der anthropologische und ethische Motive (vielfach im Anschluß an Heideggers Phänomenologie und Hermeneutik der Existenz) mit marxistischen Thesen verknüpft.

So bestimmt K. KOSÍK D. als «Destruktion der Pseudokonkretheit» [1] und der Selbstverständlichkeit der «alltäglichen Umgebung» [2]; zur verborgenen Wahrheit [3], «zur ‹Sache selbst›» kann nur D. «durchdringen» [4]: Wesen aller geschichtlichen Erscheinungen ist deren «Totalität», formal bestimmbar [5] als komplex [6] strukturiertes [7] und in der Interaktion seiner Teile sich bildendes [8] System [9]. Inhaltlich ist Totalität «das authentische Subjekt» [10], das «vom Menschen in der Geschichte enthüllt wird» [11] als «Praxis der Menschheit» [12], «Realisierung der Freiheit» [13] und Bildung der «vernünftigen Wirklichkeit» [14]. Nur im Maße der objektiven Verwirklichung der Freiheit (Emanzipation) kann sich D. bilden [15] als «Methode der ... gedanklichen Reproduktion ... der gesellschaftlichen Erscheinungen aus der praktischen gegenständlichen Aktivität des historischen Menschen» [16]. Entscheidend ist, daß der D. «die Totalität der Welt» und der in der «existierende Mensch» [17] ihre Wahrheit zeigen als die eines Ganzen, «aus welchem *beliebige* Fakten ... rational begriffen werden können» [18]. – Für viele Autoren um die jugoslawische Zeitschrift ‹Praxis› [18a], z. B. M. ŽIVOTIĆ [18 b], wird die Kategorie der «Totalität» zu «einer Form des Suchens nach den historischen Möglichkeiten einer Humanisierung der Welt» [19] im Sinn einer «Verwirklichung der Werte des Guten, Schönen und Menschlichen» [20], und als «Forderung nach Realisierung der authentischen Welt» [21] gegen «die einsame Masse» [22], «Technokratie und Bürokratismus» [23]. In der Betonung des Programmatischen [24], der Werte [25], der Zielvorstellungen und der Projektionen [26] wird der Mensch als das, «was er sein soll», zum Maßstab für D. [27].

M. MARKOVIČ verteidigt den existenzialistischen («humanistischen») D.-Begriff gegen die von Phänomenologie, Positivismus, Pragmatismus und linguistischer Analyse ausgehende Skepsis [28]. Gegen Lukács und Sartre [29] hält er an einer D.-Theorie fest, die auch für den Bereich der Naturwissenschaften relevant ist; D. ist «eine allgemeine Struktur der menschlichen Praxis, die zur Veränderung der Natur und zur Formierung einer Theorie führt» [30]. «Diese dialektische Struktur des menschlichen Denkens und Handelns setzt das Bestehen einer isomorphen Struktur des materiellen Wesens voraus (der Natur, des objektiven Gesellschaftslebens, unseres eigenen Körpers)» [31]. Politische D. wird als «objektive Struktur des Geschichtsprozesses» und als «Selbstbewegung» verstanden, die den «Kampf verschiedener Tendenzen, Auffassungen und Projekte» voraussetzt [32]. Allgemein bezeichnet ‹D.› «*die Struktur methodologischer Prinzipien* aller theoretischen Untersuchung und praktischer Aktion, die gerichtet sind auf die vollkommene Emanzipation des Menschen und die Humanisierung der Natur und der gesellschaftlichen Umwelt» [33].

Anmerkungen. [1] K. KOSÍK: Die D. des Konkreten (1967) 17; vgl. Die D. der Moral und die Moral der D. (1964), in: Moral und Gesellschaft (1968) 20. – [2] a. a. O. 9. – [3] 11. – [4] 19. – [5] 34-45. – [6] 40. – [7] 37. – [8] 44. – [9] 39f. – [10] 20. – [11] 247. – [12] 193. – [13] 104. – [14] 103. – [15] 103. – [16] 34. – [17] 247. – [18] 37. – [18a] G. PETROVIĆ (Hg.): Revolutionäre Praxis. Jugoslawischer Marxismus der Gegenwart (1969). – [18b] Die D. der Natur und die Authentizität der D. a. a. O. [18a]. 141-156. – [19] 153. – [20] 150. – [21] 144. – [22] 144. – [23] 154. – [24] 144. – [25] 150. – [26] 153. 155. – [27] 147. – [28] M. MARKOVIĆ: D. der Praxis (1968) 46. – [29] a. a. O. 46-51. – [30] 49. – [31] 52. – [32] 110. – [33] 52; vgl. P. VRANICKI: Über D. (1963), in: Mensch und Geschichte (1969) 77-87.   Red.

6. In der neueren *italienischen* Philosophie gibt es drei Formen des Gebrauchs von ‹D.›: Die eine schließt sich in Auseinandersetzung mit dem Idealismus an die antike Bedeutung des Wortes an, die andere übernimmt mit Vorbehalten den Hegelschen, die dritte den marxistischen Begriff.

Für A. ROSMINI ist D. die der sinnlichen Erfahrung nachgeordnete «Kunst des Vernunftgebrauchs mit Hilfe von Wörtern» [1]. – Der Hauptfehler der Hegelschen D. liegt nach V. GIOBERTI darin, daß das Absolute pantheistisch in einen unendlichen dialektischen Prozeß einbezogen wird. D. als beständige Harmonie und Versöhnung der Gegensätze ist nur möglich, wenn ihr Prinzip von den Gegensätzen wesentlich verschieden ist; der göttliche Schöpfungsakt, dem die Gegensätze ihr Dasein verdanken, beinhaltet zugleich ihre Harmonie. – Unter dem Eindruck des Neuidealismus wendet sich G. CALOGERO gegen die D. als Logik des Widerspruchs und des alternativen Wechsels von Affirmation und Negation und bestreitet ihren universellen Anspruch als Denkinstrument. Sie wird statt dessen als eines der Prinzipien der Logik und als «Notwendigkeit des Andersartigen» bestimmt [2] und bildet neben dem Prinzip der Identität eine der «komplementären Strukturen in der Präsenz des Ich» [3]. Die Logik und mit ihr die D. verlieren ihre autonome erkenntnistheoretische Bedeutung und werden dann der Ethik insofern untergeordnet, als der (moralische) Wille zur Verständigung die Wahl der logischen Mittel beeinflußt. So verstanden sind Logik und D. vor allem Regeln der Gesprächsführung; das führt Calogero folgerichtig zu einer Philosophie des Dialogs [4], die der ebenfalls auf den Begriff der Andersartigkeit gegründeten «D. des Dialogs» bei P. P. OTTONELLO ähnelt [5].

Das Bewegungsmodell der D. als These–Antithese–Synthese wurde vor allem durch B. SPAVENTA in die italienische Philosophie eingeführt. Es wird von B. CROCE als «D. der Gegensätze» interpretiert [6], der eine «D. der Unterschiede» an die Seite treten soll [7]. Das bedeutet eine Einschränkung des Anwendungsbereichs der Hegelschen D. Die Analyse der kategorialen Begriffe ergibt nach Croce zwei grundsätzlich verschiedene Wortgruppen: Begriffe, die sich gegensätzlich zueinander verhalten (wahr/falsch, gut/schlecht usw.) und in der Hegelschen Synthese aufgehoben werden können, und Begriffe, die voneinander verschieden sind, sich aber nicht negieren (wahr/schön, gut/nützlich). Auf solche Begriffe kann die D. der Gegensätze nicht angewandt werden; sie ergeben sich aus der Einheit des Begriffs durch Selbstunterscheidung, so in Unterklassen einer Klasse und bilden – ohne sich gegenseitig aufzuheben – einen zyklisch strukturierten stufenartigen Organismus. Den Stufen in einem Begriff entspricht die Stufenfolge der Kulturen in der realen Geschichte. Croce versteht D. als Beziehung zwischen Begriffen, verneint die Möglichkeit einer D. der Natur und sucht die revolutionären Konsequenzen der Anwendung der D. der Gegensätze auf den Bereich der Geschichte (Marxismus) zu umgehen. – G. GENTILE unternimmt eine Reform der Hegelschen D., indem er von der «Gleichsetzung des Hegelschen Werdens mit dem Denkakt» [8] und von der Aufhebung aller Empirie im Denken ausgeht. Die Beziehungen zwischen den Begriffen erscheinen so selbst als Begriffe, und die D. als «Wissenschaft von der Beziehung» wird nicht mehr als «D. des Gedachten», sondern als «D. des Denkens» verstanden [9]. Der dialektische Prozeß des reinen Denkaktes umfaßt als seine Momente Subjektivität, Objektivität und die Synthese von Subjekt und Objekt. Ohne die von Hegel aufgewiesene formale Struktur des dialektischen Prozesses aufzuheben, unterscheidet Gentile die D. des Geistes von der D. der Natur und hebt die letztere auf. – Von verschiedenen Autoren wurde die Anwendbarkeit der D. in verschiedenen Disziplinen (Ethik, Logik, Ästhetik) untersucht; dabei ging ihr ursprünglicher Sinngehalt verloren. D. beschränkt sich auf die Bedeutung, die sie als «gelebter Widerspruch» [10], «Verschiedenheit, Bewegung» [11], «schöpferische Geschichtlichkeit» [12] haben kann.

A. LABRIOLA verteidigt die D. gegen den Empirismus [13] als «genetische Methode», die «sowohl den realen Inhalt der werdenden Dinge wie auch die formallogische Technik, sie im Werden zu begreifen, einschließt» [13a] und «zur Interpretation der Geschichte» und der Natur als geschichtlicher Erscheinung [13b] und Produkt der Praxis dient [13c].

Nach A. GRAMSCI ist die D. nicht ein Teilbereich der formalen Logik, sondern «selbst eine Logik, eine Theorie der Erkenntnis» [14], das «Mark der Geschichtsschreibung und der politischen Wissenschaften» [15]. Sie wurde von ihm als «allgemeine Philosophie» des Marxismus genommen, «in der die allgemeinen Begriffe der Geschichte, Politik und Ökonomie in organischer Einheit verknüpft sind» [16] und in der auch «eine Theorie der Naturwissenschaften ... ihre Stellung finden muß» [17]. Als «allgemeine Philosophie» oder «Gnoseologie» [18] hat D. die «Entwicklung der Widersprüche zwischen Mensch und Materie (Natur – materielle Produktivkräfte)» [19], die historisch konkret hergestellte Einheit von «Sein und Denken, Mensch und Natur, Aktivität und Materie, Subjekt und Objekt» [20], d. h. den «wirkenden Menschen» [21], «uns selbst, unsere Bedürfnisse und unsere Interessen» zum Gegenstand [22]. Doch erfaßt sie nicht nur die Verhältnisse innerhalb der kapitalistischen Gesellschaft, sondern den allgemeinen geschichtlichen Produktionsprozeß der Gesellschaft und der Natur überhaupt [23] als allgemeingültige Struktur der Welt in einem Monismus auf der Basis der «realen, unreinen Tat» [24]. Die Grundbestimmungen dieses dialektischen Prozesses sind «Wechselwirkung» und die «These-Antithese-Synthese»-Bewegung. Die erste drückt die in der Geschichte jeweils erreichten konkreten Einheiten Mensch-Materie aus, die zweite den auf den

«Geist» hin fortschreitenden Aufhebungsprozeß aller auf Grund der gesellschaftlichen Spaltung unvollkommenen Einheiten. Wechselwirkung bezeichnet die synchronische Struktur des geschichtlichen Seins als «blocco storico» in konkreter geschichtlicher Synthese von «Basis» und «Überbau» [25]. Solange es keine «vereinigte Gesellschaft» gibt, entwickelt sich die geschichtliche Realität auf der Basis des Widerspruches. Kategorie dieser dialektischen Entwicklung ist das «Werden» «in einer concordia discors» [26]. Das dialektische Gesetz des Werdens in der Klassengesellschaft hat als Negation der Negation den geschichtlichen Klassenkampf zum Inhalt: die unterdrückte Klasse versucht einen neuen «blocco storico» durchzusetzen [27].

In der jüngeren marxistischen Literatur wird die Tragweite der marxistischen D. vielfach eingeschränkt. G. DELLA VOLPE sieht in ihr eine aristotelisches und platonisches Gedankengut vereinigende induktiv-deduktive Methode, den «Zirkel konkret–abstrakt–konkret» [28], der die objektiven geschichtlichen Gegensätze in der «Einheit der Gegensätze oder Widersprüche» erfaßt und so beherrscht [29]. D. ist «wissenschaftliche Logik des Heterogenen» [30]. In der Kritik der Hegelschen «Hypostase» und der metaphysischen D. der Natur werden die ontologischen Kategorien [31] ersetzt durch eine «gegenseitige Funktionalität von Denken und Materie» [32]. E. PACI versucht, die Phänomenologie Husserls mit der marxistischen D. zu verbinden, und kommt dabei zu einem an Whitehead angelehnten Relationalismus, mit dem die D. der Relation L. ACTIS PERINETTIS [33] verwandt ist. F. VALENTINI führt die kritische Auseinandersetzung mit den neoidealistischen Reform der Hegelschen D. zu einer an Marx anschließenden «rigoros realistischen Konzeption der D.» [34] als «in den Gegenständen aufweisbarer Struktur» [35], derzufolge die D. weder als universales Gesetz der Wirklichkeit noch als allgemeingültige Methode begriffen werden kann.

Anmerkungen. [1] A. ROSMINI: Logica e scritti inediti vari, hg. E. TROILO 1. 2 (Mailand 1942-43) 2, 44; vgl. Saggio storico-critico sulle categorie e la dialettica (= D.) (Turin 1883) 527. – [2] G. CALOGERO: Logica, gnoseologia, ontologia (Turin 1948) 53. – [3] a. a. O. 50. – [4] Filos. del dialogo (Mailand 1962). – [5] P. P. OTTONELLO: Dialogo e silenzio (Mailand 1967). – [6] B. CROCE: Saggio sullo Hegel (Bari ⁵1967) Kap. I. – [7] a. a. O. Kap. IV. – [8] G. GENTILE: La riforma della D. Hegeliana (Florenz ³1954) VII. – [9] a. a. O. 5. – [10] E. CENTINEO: La D. della vita morale (Palermo 1955) 61. – [11] L. SICHIROLLO: Logica e D. (Mailand 1957) 11. – [12] M. CIARDO: Esteticità della D. nella vita dello spirito (Pisa 1956) 7. – [13] A. LABRIOLA: Discorrendo dei socialismo e di filosofia, in: La concezione materialistica della storia, hg. E. GARIN (1965) 232. – [13a] MARX/ENGELS: Corrispondenza con italiani (1964) 537f. – [13b] a. a. O. [13] 216f.; vgl. 72. 76. – [13c] 85. – [14] A. GRAMSCI: Il materialismo storico e la filos. di Benedetto Croce (Turin ⁸1966) 151. – [15] a. a. O. 132. – [16] 129; vgl. 132. – [17] 128. – [18] 129. – [19] 95f. – [20] 55f. – [21] 55. – [22] 41. – [23] 160. – [24] 45. – [25] 144f. – [26] 31. – [27] Note sul Machiavelli sulla politica e sullo stato moderno (Torino 1966) 71; a. a. O. [14] 85. – [28] G. DELLA VOLPE: Critica dell'ideologia contemporanea. Saggi di teoria dial. (Rom 1967) 24. – [29] a. a. O. 44. – [30] G. DELLA VOLPE: La logica come sci. positiva (1956). – [31] G. DELLA VOLPE: Hegel und das wiss. Gesetz, in: G. HARIG/J. SCHLEIFSTEIN (Hg.): Naturwiss. und Philos. (1960) 427. – [32] a. a. O. 426. – [33] L. ACTIS PERINETTI: D. della relazione (Mailand 1959). – [34] F. VALENTINI: La controriforma della D. (Rom 1966) 145. – [35] a. a. O. 140.

Literaturhinweise. G. CAPONE BRAGA: Della D. (Turin 1955). – G. GIANNANTONI: Dell'uso e del significato di ‹dialettica› in Italia. Rass. Filos. 7 (1958) 109-149. – C. VIGNA: La D. gentiliana. G. crit. Filos. ital. 43 (1964) 362-392. – N. BOBBIO: Nota sulla D. in Gramsci. Società 14 (1958) 21-34; auch in: Studi Gramsciani. Atti del convegno tenuto a Roma nei giorni 11-13 gennaio 1958 (Rom ²1969) (= StG) 73-86. – N. VACCARO: La D. quantità-qualità in Gramsci. StG 323-335. – C. LUPORINI: La metodologia filos. del marxismo nel pensiero di Antonio Gramsci. StG 37-46. – K. KOSÍK: Gramsci et la philos. de la praxis, in: Praxis 3 (1967) H. 3. – M. TRONTI: Tra materialismo dial. e filos. della prassi; Gramsci e Labriola, in: La città futura. Saggi sulla figura ed il pensiero di Antonio Gramsci (Mailand 1959) 141-162. – J. RODRÍGUEZ-LORES: Die Grundstruktur des Marxismus. Gramsci und die Philos. der Praxis (1971); Marxismus und Wiss. (1972).

W. BÜTTEMEYER/J. RODRÍGUEZ-LORES

7.1. Die Geschichte des D.-Begriffs in *Frankreich* seit 1945 wird vor allem durch L. Goldmann, G. Gurvitch, M. Merleau-Ponty und J.-P. Sartre bestimmt. Zentrale Kategorie und gleichzeitig Differenzpunkt ihrer D.-Begriffe ist «Totalität».

J.-P. SARTRES ‹Kritik der dialektischen Vernunft› will sich einerseits (genitivus objectivus) von der dialektisch-materialistischen Metaphysik im Marxismus und auch (wie Hegel und Lukács) vom analytischen und «positivistischen» Verstand distanzieren; andererseits will sie (genitivus subjectivus) ihre Begründung in sich selbst auffinden. Sartre bemüht sich, eine Definition der dialektischen Grundkategorie der geschichtlichen «Totalität» innerhalb der sozial-geschichtlichen Realität zu gewinnen; er richtet sich gegen die Übertragung der D. auf die Natur. So sieht er eine Dualität des Seins und des Erkennens, eine D. gegenüber einer «Anti-D.», die sowohl die Natur (als «außermenschliche Realität») und die Wissenschaft (als «analytisch-positivistisches» Denken) wie auch einen Teil des historischen Seins umfaßt.

Die «Totalität» ist eine Kategorie allein «des Historischen Seins und des Denkens dieses Seins» [1]. Das konkrete Prinzip der Erkennbarkeit und die Strukturierung der Totalität sind die «Produktionsverhältnisse» [2] und letzten Endes der «Mensch selbst», als Totalität und Subjekt von «Bedürfnissen, Arbeit, Befriedigung der Bedürfnisse unter den gegebenen historischen Bedingungen» [3]. Der dialektische Prozeß besteht in der «Organisation, ... Reorganisation und Umgestaltung der Gesellschaft vom Ganzen aus» [4]. Rationale Begreifbarkeit dieses Prozesses ist insofern gegeben, als die Menschen unter den Bedingungen der Geschichte, der Wirtschaft, «unter der Herrschaft des Mangels und der Notwendigkeit» leben [5]; rational begreifbar ist somit nur das Handeln des in der Wirtschaft «situierten» Menschen. Das Totalitätsprinzip ist die «menschliche Totalität eines jeden Individuums»; jenes «Sich-selbst-bestimmen» (die D.) ist «nichts anderes als die Praxis» [6]. Die D. wird allgemein bestimmt als eine Logik des Handelns, als «menschlich» [7], denn nur in der menschlichen Totalität liegt «das Ziel der Erkenntnis des Ganzen durch seine Teile hindurch, die ihm unterliegen und es zugleich hervorbringen» [8]. Die phänomenologische Untersuchung dieser Bestimmung liegt der ‹Kritik der dialektischen Vernunft› zugrunde; sie will Zurückführung der D. der Geschichte auf ihre anthropologische Grundlage sein; sie untersucht und begründet die dialektische Vernunft in ihrer unmittelbarsten praktischen Erscheinung, die individuelle Praxis ist; ihre Grundthese lautet: «Die ganze historische D. beruht auf der individuellen Praxis» [9]. Dabei versucht Sartre die marxistischen Grundbegriffe (Arbeit, Praxis, Fetischismus, Verdinglichung) durch existentielle (Situation, «projet», Transzendenz) zu erfassen. Der Mensch macht in der die Welt «enthüllenden» Praxis die erste «dialektische Erfahrung als Totalisierung»: die (geistige) «Negation», das «Nichts», als «Tat der Freiheit», als innerlicher Vorgang («projet» oder «freie Wahl»), der sich veräußerlicht (Einwirken auf die Welt), der zusammen mit dem entsprechenden Handeln die Welt «übersteigt» und Subjektives in Objektives verwandelt. In der Struktur der individuellen Praxis kann man schon die Grundstruktur der historischen D. erkennen, da «die Aktion durch sich selbst negierende Aufhebung eines Widerspruchs, Bestimmung einer gegenwärtigen Totalisierung durch eine zukünftige Totalität, reale und wirksame Bearbeitung der Materie ist» [10]. Eine wesentliche dialektische Bestimmung der Praxis ist das «Bedürfnis», die «totalisierende Beziehung» des Menschen «zu dem materiellen Komplex, von dem er ein Teil ist», die «die erste Negation einer Negation und die erste Totalisierung» beibringt [11].

In der Erfahrung des «Anderen» erfährt sich der Einzelne als «Bezwingung» von außen: in der Art, wie die anderen ihre Bedürfnisse überschreiten, erkennt der Einzelne seine eigene «Autonomie» wieder an, aber als «Autonomie» der anderen, als «unerbittliches Gesetz»; hierbei erscheint nun die D. als Logik einer den Einzelnen fremden Totalisierung, die «allen äußerlich, weil innerhalb eines jeden ist [12]; als Totalisierung also über den Individuen, aber gleichzeitig ohne transzendenten «Totalisator». Zuerst als «Freiheit» («sie ist nichts anderes als wir selbst») und dann als «Notwendigkeit» («sie ist die Einheit all dessen, was uns bedingt») [13] bestimmt, erscheint letztlich die dialektische Vernunft als Rationalität, die das Werk des konkreten Menschen ist, und als ontologische überindividuelle Struktur der Gesellschaft, die aber kein Hyperorganismus idealistischer Ganzheitsphilosophie ist. Die letzte dialektische Totalität («die eine Geschichte») ist also keine fertige Sache, sondern ein Akt: die «Resultante» der individuellen Praxis und die «totalisierende Kraft», die keine «transzendente Totalität» ist, sondern die «Einheit des zerstreuenden Gewimmels und der Integration» von Millionen individueller Handlungen [14]. Diese Lehre von einer sich allen Einzelnen entziehenden D. als «Totalisierung der konkreten Totalisierungen» nennt Sartre «dialektischen Nominalismus» [15]. Dieser Schritt gelingt ihm, wenn er die Struktur der individuellen Praxis in der gesellschaftlichen und geschichtlichen Praxis der «organisierten Gruppe» auffindet. Dann schlägt die strukturelle Anthropologie in Geschichte um, denn dann wird der Klassenkampf zu einer «conception totalisante de la société» [16]. Dazu sind aber die Klassen mit ihrem «serienhaften» Charakter unfähig, mit ihrem unfreien, «praktisch-inertem», von den ökonomischen Verhältnissen aufdiktierten Handeln («passiver Aktivität»); dazu sind nur die immer wieder neu zu bildenden Gruppen imstande. D. existiert nicht in den Dingen, sie beschränkt sich auf das Handeln des Individuums und der organisierten Gruppe. Als D. des Handelns läßt sie die ontologischen Bestimmungen des Seins offen.

Anmerkungen. [1] J.-P. SARTRE: Existentialismus und Marxismus. Eine Kontroverse zwischen Sartre, Garaudy, Hyppolite, Vigier und Orcel (dtsch. 1965) 19. – [2] a. a. O. 20f. – [3] ebda. – [4] 31. – [5] Kritik der dial. Vernunft (dtsch. 1967) 38. – [6] Existentialismus ... a. a. O. [1] 30. – [7] 36. – [8] ebda. – [9] Kritik ... a. a. O. [5] 84. – [10] ebda. – [11] ebda. – [12] 40. – [13] ebda. – [14] 37. – [15] 39. – [16] Critique de la raison dialectique (Paris 1960) 740.   J. RODRÍGUEZ-LORES

7.2. D. ist für MERLEAU-PONTY «Ausdruck oder Wahrheit einer Erfahrung, in der die Wechselbeziehung der Subjekte untereinander und mit dem Sein bereits vorgängig» (in einem «gemeinsamen Lebensfeld») «etabliert ist» [1]. D. ist «ein Denken, das das Ganze nicht konstituiert, sondern sich in ihm situiert» [2]. Die «Abenteuer» der D. sind Selbsttäuschungen, die sie unumgänglich durchlaufen muß, um alle ihre Zentren und Zugänge zu erkunden [3]. Auf diesem Weg ist D. die «in unausgleichbaren Entwürfen aufleuchtende Wahrheit» [4]. Folgenschwer täuscht sich D. über die revolutionäre Machbarkeit der Zukunft: Zwar ist jeder politische Akt ins Ganze der Geschichte verstrickt, doch liefert diese Totalität «keine Regel, der wir uns anvertrauen könnten, weil sie stets bloß Meinung ist» [5].

Anmerkungen. [1] M. MERLEAU-PONTY: Die Abenteuer der D. (dtsch. 1968) 246. – [2] Zit. nach H. H. HOLZ: Situierung eines Denkers. Bemerkungen zu M. Merleau-Ponty, in: Festschr. zum 80. Geburtstag von G. Lukács, hg. F. BENSELER (1965) 323. – [3] MERLEAU-PONTY, a. a. O. [1] 246. – [4] 247. – [5] ebda.

7.3. Im Anschluß an Lukács beginnt L. GOLDMANN 1945 sein «System der dialektischen Philosophie» [1] mit einer «Klärung der dialektischen Fragestellung» [2] bei Kant, der als erster (nach Spinoza) «wieder die Totalität als Hauptkategorie ... erkennt» [3]. Diese erscheint erreichbar «nur in der Tat, welche sowohl die Gemeinschaft, das Wir, wie auch den Zusammenhang der Welt erschafft» [4]. Zwischen Individualismus und Totalitarismus [5] will Goldmann in der Nachfolge von Kant, Hegel, Marx und Lukács [6] Welt und Gemeinschaft als Ganzes betrachten, «dessen Teile ihrer Möglichkeit nach schon die Zusammensetzung im Ganzen voraussetzen» (Kant), «wo aber die Selbständigkeit der Teile und die Wirklichkeit des Ganzen nicht nur versöhnt sind, sondern auch die gegenseitige Voraussetzung bilden» [7].

Seit 1947 versucht Goldmann – J. Piagets Denkpsychologie aufnehmend [8] – zu einer empirischen und erkenntnistheoretischen Fundierung der D. [9] als einer «Logik der Totalitäten» zu gelangen [10]. In dieser wird als «Mittelpunkt und Grundlage des dialektischen Denkens» [11] der (mit Ganzheit, Gestalt, Form, Wesen synonyme [12]) Begriff der Totalität immer mehr durch den der Struktur ersetzt: Totalität ist kohärente Gesamtstruktur [13]. Dynamische, verstehbare Strukturen sind Gegenstand der D. [14]. D. «oszilliert» [15] zwischen ihren korrelativen Aspekten [16]: immanentem Detailverstehen und soziologisch-historischer Gesamterklärung [17]. D. als «verstehend-erklärende Strukturbeschreibung» [18] verfährt im Gegensatz zum unhistorisch-formalistischen Strukturalismus wesentlich genetisch [19]: Einmal wird jede Struktur als dynamische Totalität gesehen, deren konstitutive Elemente (Individuen, Gruppen u. ä.) in jeder Situation um das Primat über die anderen oder das Ganze kämpfen [20]; d. h. jede Struktur ist intern labil. Zum anderen werden Strukturen interpretiert als auf Dauer gestellte Lösungen von Problemen, die den Menschen durch ihre Beziehungen zur sozialen Umwelt und zur Natur aufgegeben sind. Ändert sich die strukturell entproblematisierte Situation, so kann die Struktur ihre Funktion innerhalb der umfassenderen (gesellschaftlichen) Struktur nicht mehr erfüllen, verliert ihren rationalen (d. h. problemlösenden) Charakter und muß ersetzt werden. Die Verklammerung von Struktur und Funktion bildet den Motor der Geschichte [21] als einer D. von Strukturierung und Destrukturierung [22].

Anmerkungen. [1] L. GOLDMANN: Mensch, Gemeinschaft und Welt in der Philos. Kants. Stud. zur Gesch. der D. (1945) 5. – [2] ebda. [3] 24f. – [4] 39. – [5] 39-42. – [6] 123. – [7] 42. – [8] J. PIAGET: La psychol. de l'intelligence (1947); Epistémol. génétique (1950); Traité de logique (1949); vgl. L. GOLDMANN: Dial. Untersuch. (1966) 121. 133-166. – [9] a. a. O. 166. – [10] 141. – [11] Weltflucht und Politik. Dial. Stud. zu Pascal und Racine (1967) 75. – [12] L. GOLDMANN: Dial. Untersuch. (1966) 285. 288. – [13] a. a. O. 55. 74. 121f. 126. – [14] Die Marxistische Erkenntnistheorie und ihre Anwendung auf die Gesch. des marxistischen Denkens. Paper: Fifth World Congress of Sociol. (1962), zit.

nach K. LENK (Hg.): Ideologie (²1964) 139. – [15] a. a. O. [12] 25. – [16] a. a. O. [14] 139. – [17] a. a. O. [12] 25. – [18] Der christliche Bürger und die Aufklärung (1968) 20. – [19] Einl. zur 2. Aufl. von Sci. humaines et philos. (1966), zit. nach G. SCHIWY: Der franz. Strukturalismus (1969) 182-185. – [20] a. a. O. [12] 229. – [21] a. a. O. [19] 183. – [22] a. a. O. [14] 139f.

7.4. G. GURVITCH will D. «von jeder Bindung an eine vorgängige philosophische Position befreien» [1], versucht jedoch, an die allen «authentischen Auffassungen» von D. gemeinsamen Punkte anzuknüpfen [2]: 1. Als reale Bewegung und als Methode bezieht sich D. auf Totalitäten und deren konstitutive Elemente. 2. D. als Methode destruiert Abstraktionen (Negation). 3. D. ist im Realen wie im Begrifflichen Kampf gegen Stabilisierungen. 4. D. ist Ausdruck und Betonung von Komplexitäten und Konflikten [3]. Zusammenfassend definiert Gurvitch D. als den Weg, den menschliche Totalitäten einschlagen, um Widerstände zu erkennen und zu überwinden [4]. D. wird schließlich als Methode, Bornierungen zu zerstören und Erfahrungshorizonte zu erweitern, Basis eines realistischen «Hyperempirismus» [5].

Anmerkungen. G. GURVITCH: D. und Soziol. (1965) 34. – [2] a. a. O. 35. – [3] 35-38. – [4] 39. – [5] 223-229. J. FRESE

7.5. Die Autoren der 1947 gegründeten Zeitschrift ‹Dialectica› (leitend: F. GONSETH, G. BACHELARD, P. BERNAYS) intendieren eine «philosophie ouverte» (GONSETH), nach der es keine Instanz gibt, die Authentizität von Urteilen und Kohärenz von Zusammenhängen verbürgt. Diese Lücke soll eine D. ausfüllen, deren formalen Begriff Gonseth am Beispiel der Geometrie gewinnt. Disparate Theorien zur Grundlegung der Mathematik erfordern eine dialektische Synthese, einen höheren «horizon de réalité» (Synthesis der axiomatischen und intuitionistischen Theorie). Die Erfahrung der «horizontweitenden» D. motiviert die Forderung einer engeren Verbindung natur- und geisteswissenschaftlicher Forschung. Wirklichkeit bestimmt sich als dialektisches Spiel von Subjekt und Objekt, von Theorie und Erfahrung. Das spekulative, subjektive Moment in der dialektischen Denkweise wird korrigiert durch Experiment, Iterierung, maximale Selbstkontrolle, Wechsel der Voraussetzungen und Einbettung des jeweils anstehenden Problems in dessen Vorgeschichte und Zweckbestimmung. Außer dem synthetischen wird (wie von Popper) der experimentelle Charakter der D. betont [1].

Anmerkung. [1] Vgl. F. GONSETH: Expérience et dialectique. Stud. gen. 21 (1968) 963-992.

8. Die D. im Sinne der «Frankfurter Schule» (Horkheimer, Adorno, Herbert Marcuse, Habermas) bestimmt sich als die D. der Nichtidentität.

Sie richtet sich gegen alle geschlossenen Systeme, deren Immanenzzusammenhang auf einer Totalität von Identitätssetzungen beruht. Zentrale Kategorie der «negativen D.» TH. W. ADORNOS ist «Nichtidentität». Die Nichtidentität des «Besonderen» ist «seine Unauflöslichkeit im Oberbegriff» [1]. Mit dieser Anerkennung des Vorrangs des «Besonderen» gegenüber dem Begriff ersetzt Adorno die Totalitätskategorie durch die der dialektischen Kontradiktion: Das Ganze ist das «Unwahre». Der Widerspruch ist das Nichtidentische selbst, aber nur insofern dieses als «Identität» erscheint: «das Nichtidentische unter dem Aspekt der Identität» [2]. Der «Widerspruch» ist also keine absolute Eigenschaft der Sache, sondern die geschichtliche Existenz des Nichtidentischen in einer nach dem Identitätsprinzip organisierten Gesellschaft: «Widerspruch ist Nichtidentität im Bann der Gesetze» [3]. Herrschaft prägt die objektive Welt (Klassenstruktur) wie die Welt des Begriffs (Identitätszwang). Deshalb kann die Einheit des Denkens allein in dem liegen, was es in seiner Zeit negiert.

Für H. MARCUSE ist die «Negativität» des Ganzen das Prinzip seines «Inhalts und [seiner] Bewegung» [4]. In dieser negativen D. der «negativen Totalität» verschwinden Vergangenheit und Zukunft [5]. Das Fehlen der Vermittlungskategorie in der geschichtlichen Negation führt Marcuses Theorie der Revolution zu einer Position der Transzendenz. ADORNOS ‹Negative D.› reduziert sich auf eine «Kritik des universalen Verblendungszusammenhangs», der das Besondere «affiziert» und auflöst; so geht sie mit dem zu kritisierenden und sie selber erzeugenden gesellschaftlichen Ganzen zugrunde: «D. ist das Selbstbewußtsein des objektiven Verblendungszusammenhangs, nicht bereits diesem entronnen» [6]. Ihre Aufgabe besteht darin, kritisch den «Bann» des Ganzen zu brechen, aber seine Negation setzt kein Positives, kein neues Ganzes, in dem das Besondere neu interpretiert werden könnte. Da «das Ganze der Bann, das Negative ist, so bleibt die Negation der Partikularitäten, die ihren Inbegriff an jenem Ganzen hat, negativ» [7]. Das Positive der befreiten Partikularitäten besteht nur in der «bestimmten Negation», in der «Kritik» [8].

D. gewinnt damit das Maß ihrer Kritik an der «immanenten Differenz» der Phänomene von dem, was sie von sich aus zu sein beanspruchen. Wenn etwa Hegel Vernunft und Wirklichkeit identifiziert, so fordert er die Angleichung der gesellschaftlichen Realität an die Vernunft, die damit kritische Instanz wird. Konkret wird hier zum Maß die Idee einer befreiten und vernünftigen Gesellschaft, die sich in historischer Anamnese, im Rückgang auf die kritische Tradition der europäischen Aufklärung erschließt. Das identifizierende Subjekt des Idealismus entlarvt sich als das verinnerlichte der Gesellschaft, deren Verfassung die tatsächliche Ohnmacht des Geistes ausdrückt. Die Argumente, mit denen die Autoren der Frankfurter Schule traditionellen Theorien begegnen, fließen in der Kritik der eingeschränkten, der «instrumentellen Vernunft» (HORKHEIMER) zusammen. Kritik, die ehedem ihre Kraft aus der Emanzipation schöpfte, wird zum Instrument ihrer Verhinderung in der bürgerlichen Welt und zum Mittel der Selbsterhaltung und der Reproduktion jener Bedingungen, die den «vorgeschichtlichen» Zustand der Menschheit verlängern. Die Festigkeit von D. beruht auf der sich durchhaltenden Geltung des Tauschprinzips. Damit bleibt auch das Interesse an dessen Aufhebung bestehen. Allerdings existiert keine Klasse mehr, an deren Zustimmung man sich halten könnte. Die Praxis ist verstellt. Die Auseinandersetzung mit diesem Faktum wird zum ersten Erfordernis dialektischen Denkens. Der naheliegende Einwand des Rückfalls hinter Marx wird von ADORNO mit dem Hinweis zurückgewiesen, daß der «Unterbau» sich den «Überbau» bereits weitgehend einverleibt habe. Dennoch erhalten sich einzig im Überbau gegenüber dem unwahren Ganzen Reste von Spontaneität und Freiheit. Sie bleiben als alleiniges Movens objektiver D. übrig. So erscheint es plausibel, wenn Adorno die moderne Kunst, sofern sie ihre Selbstreflexion in die Darstellung aufnimmt, als gleichberechtigte Kritik neben die dialektische Theorie stellt.

J. HABERMAS fordert, D. habe «aus den geschichtlichen Spuren des unterdrückten Dialogs das Unterdrückte» zu rekonstruieren [9]. Dabei wird D. «als die sprachliche Kommunikation gefaßt, welche die sokratische Gegenseitigkeit des zwanglosen Dialogs mündiger Menschen den repressiven Verhältnissen der Naturgeschichte erst abringen muß, D. ist die Gegenwehr der in Situationen der Herrschaft noch nicht entbundenen Mündigkeit gegen die Unterdrückung des Dialogs» [10]. In einer in ihren Intentionen erkennbaren [11] «Theorie der kommunikativen Kompetenz» kristallisiert sich die von Habermas gemeinte D. um Versuche einer Rekonstruktion idealer Bedingungen für Gruppenstruktur, Dialogsituation, Ichidentität und Satzwahrheit.

Anmerkungen. [1] TH. W. ADORNO: Negative D. (1966) 46. – [2] a. a. O. 15. – [3] 16. – [4] H. MARCUSE: Vernunft und Revolution (1962) 35. – [5] Kultur und Gesellschaft (1965) 47. – [6] ADORNO, a. a. O. [1] 396. – [7] 159. – [8] 159. – [9] J. HABERMAS: Erkenntnis und Interesse (1965), in: Technik und Wiss. als Ideol. (1968) 164. – [10] Rez. K. Heinrich (1964), in: Zur Logik der Sozialwiss. Materialien (1970) 325. – [11] z. B. Der Universalitätsanspruch der Hermeneutik, in: Hermeneutik und D. Festschrift H.-G. Gadamer 1 (1970) 73-103; Vorbereitende Bemerkungen zu einer Theorie der kommunikativen Kompetenz, in: J. HABERMAS/ N. LUHMANN: Theorie der Gesellschaft ... (1971) 101-141. Red.

9. Ein Programm N. HARTMANNS [1] erfüllend, versucht H. WEIN [2], Hegels D. in die Sprache einer nichthegelschen «Real-D.» [3] zu übersetzen [4]: D. wird ersetzt durch phänomenologische Deskriptionen [5] «dynamischer Systeme von gegenläufigen, sich wechselseitig regulierenden, komplementierenden, kompensierenden Prozessen» [6] im Bereich menschlichen Verhaltens [7]. Solche als Prozeßgestalten gefaßte Handlungsgefüge [8], «Einungen» [9] verschiedener Momente (Individuen, Handlungen, Gruppen) zu «Ganzen», in denen die Momente «aufgehoben» sind [10], identifiziert Wein mit Einheiten, die in der Tradition von Hume, Montesquieu, Herder [11], Hegel und Dilthey als Volks-, Zeit-, Gemein- [12] und objektiver Geist bezeichnet wurden. Derartige Kulturgebilde sind «Realstrukturen» [13], zu denen Menschen in dialektische Verhältnisse treten [14]: Zwischen System und Individuum herrschen Wechselwirkung, Interdependenz, Komplementarität [15] und Realrepugnanz [16]. Diese «dialektischen» Relationen ordnen Glieder (Momente) zu synthetischen Einheiten [17]. Die Ganzheitskategorie (Einheit, Zusammenhang, Synthese, System, Struktur, Ordnung usw.) [18] wird von Wein stets als Resultat (System) und Prozeß (Vermittlung) zugleich beschrieben [19]. Wein sucht so Prozessualismus und Strukturalismus zu vermitteln. Gegen Hegel betont er, daß es der dialektischen Anthropologie nicht um Sätze geht, die sich «widersprechen» [20], sondern allein um die Nachbildung von realen dynamischen Strukturen (Widerstreit, Wechselwirkung) [21] in der dialektischen «Bewegung» der Begriffe [22]. Entscheidender Differenzpunkt zu Hegel wird die These, daß D. immer nur partikulare Systeme und Prozesse, nie aber die Einheit aller Erfahrung abbilden könne [23]. Dies leisten zu können, war Hegels Illusion [24]. «Das Totale ... kann ... allein eines Gottes Sache sein» [25].

Anmerkungen. [1] N. HARTMANN: Hegel und das Problem der Real-D. Bl. dtsch. Philos. 9 (1935/36) 1ff. – [2] H. WEIN: Real-D. Von hegelscher D. zu dial. Anthropol. (1957, ²1964). – [3] Wortprägung (verbreitet?) durch J. BAHNSEN: Der Widerspruch im Wissen und Wesen der Welt. Prinzip und Einzelbewährung der Real-D. 1. 2 (1880/81). – [4] WEIN, a. a. O. [2] 125. – [5] 114.– [6] 93. – [7] 18. – [8] 90. – [9] 86. – [10] 84. – [11] 51. – [12] 53. – [13] 19. – [14] 56. – [15] 41. 56. – [16] 86. 114. – [17] 90. – [18] 98ff. – [19] 84. 86. 90. 92f. – [20] 115. – [21] 110. 114f. – [22] 115. – [23] 116f. – [24] 117. – [25] 106. J. FRESE

10. K. R. POPPER [1] versteht D. als Beschreibungsmodell des wissenschaftlichen Fortschritts ähnlich der «Trial-and-error-Methode»: für beide ist der Widerspruch Anzeichen der Beschränktheit einer Theorie. Widersprüche treiben die wissenschaftliche Entwicklung jedoch nur so lange weiter, als sie als «Defekte» angesehen werden. Sobald sie geduldet werden, muß der wissenschaftliche Fortschritt zum Stillstand kommen; denn aus kontradiktorischen Aussagen kann jeder beliebige Schluß abgeleitet werden. Nach Popper umgeht Hegel Kants Widerlegung des Dogmatismus in der Metaphysik durch Konstruktion einer «dialektischen Vernunft», die weder dem Axiom der Widerspruchsfreiheit unterworfen noch durch Kants Aufweis der Antinomien der reinen Vernunft betroffen sein soll. Hegel stelle damit nicht nur den Dogmatismus wieder her, sondern mache ihn unangreifbar. Popper kritisiert insbesondere Hegels Identifizierung der Weltgeschichte mit der dialektischen Selbsthervorbringung des absoluten Geistes: Der Begriff des Widerspruchs, der im Denken seinen Platz hat, darf nicht auf Strukturen der Wirklichkeit bezogen werden, die zwar als Polaritäten, nicht aber als kontradiktorische Fakten faßbar sind. – H. ALBERT identifiziert Poppers «kritischen Rationalismus» mit der «dialektischen Methode», die er schon in der vorsokratischen D. der Eleaten verwirklicht sieht [2].

E. TOPITSCH [3] betrachtet Hegels D. als ein Denkmodell, dessen Wurzeln in vorwissenschaftlichen Weltdeutungen liegen, vor allem im «gnostischen» Erlösungsschema, das den Weltprozeß als ursprüngliche Einheit beschreibt, die in eine Vielzahl von Individuen aufgespalten, schließlich wieder hergestellt wird. Neben diesem ekstatisch-kathartischen Motiv von Fall und Erlösung steht die organisch-teleologische Vorstellung von einem zunächst unvollkommenen Weltgrund, der sich in den Epochen der Weltgeschichte zum Absoluten entwickelt. Hegels D. sei so ein wissenschaftlich unbrauchbares, nicht falsifizierbares Heilsschema, eine mit beliebigen Inhalten besetzbare «Leerformel».

Anmerkungen. [1] K. R. POPPER: What is dialectic? Mind 49 (1940); wiederabgedruckt in: Conjectures and refutations (London 1963) 312-335; dtsch. Übers. in: E. TOPITSCH (Hg.): Logik der Sozialwiss. (1967) 262–290; vgl. Die offene Gesellschaft und ihre Feinde (1958) Bd. 2: Falsche Propheten. Hegel, Marx und die Folgen. – [2] H. ALBERT: Traktat über krit. Vernunft (1968) 44. – [3] E. TOPITSCH: Über Leerformeln. Zur Pragmatik des Sprachgebrauches in Philos. und polit. Theorie, in: Probleme der Wissenschaftstheorie. Festschrift V. Kraft, hg. E. TOPITSCH (1960) 233-264; Sozialphilos. zwischen Ideol. und Wiss. (1966) bes. 15-52: Begriff und Funktion der Ideol.; 261-296: Marxismus und Gnosis: 297-327: Entfremdung und Ideol. Zur Entmythologisierung des Marxismus.

Literaturhinweis. R. SCHAEFER: Zur Verwendung des Begriffs ‹D.› in der Philos. der Gegenwart (Diss. Bochum 1971). Red.

V. Für die *neuere Theologie* gewann der Begriff ‹D.› an Bedeutung durch KIERKEGAARD, der ihn in Opposition gegen Hegel neu als «qualitative D.» bestimmte und zu einer Kategorie nicht der Logik, sondern des Lebens und der Existenz machte: «Beinahe jede Leidenschaft hat ihre D.» [1]. Kierkegaard – der der Hegelschen Fassung des Begriffs als bloßer «Mediation» mißtraute – hebt als D. den radikalen Gegensatz zwischen den verschiedenen Stadien der Existenz hervor, zwischen dem ästhetischen, ethischen und religiösen [2], zwischen denen es nur den ‹Sprung› als unbegründeten und unbegründbaren ‹Entschluß› gibt, in dem der Mensch seine Existenz ergreift [3]. – D. gehört zum Wesen des christlichen Glaubens; sie liegt vor allem darin, daß der Mensch in seinem Gottesverhältnis objektiv nie weiter als bis zur Ungewißheit kommen kann. Kierkegaard akzentuiert mit dem Wort das «Paradox» des Glaubens, daß es hier nichts zu «verstehen», sondern mit «Gedankenleidenschaft» «gegen den Verstand» zu glauben und «kraft des Absurden zu existieren» gilt [4]. Der dialektische Widerspruch des Glaubens mutet dem Glaubenden zu, nun durch die Verzweiflung zu Gott zu kommen.

Die nach dem Begriff benannte «dialektische Theologie», besonders K. BARTH, F. GOGARTEN und R. BULTMANN nehmen das Wort auf. Sein theologischer Kontext ist die Theologie des frühen BARTH: Gott ist weder Naturkraft noch Seelenkraft, sondern die Krisis aller Kräfte, der ganz Andere, im Verhältnis zu dem der Mensch nichts ist; Gottes Welt unterscheidet sich qualitativ und radikal von dieser Welt der Sünde und der Gegensätze [5]. Menschliches Denken und Reden wird diesem Anderen nur dann gerecht, wenn es «dialektisch» wird, d. h. wenn es das anzielt, was «zwischen Position und Negation» seinen Ort hat; denn Gottes Wahrheit liegt «jenseits von allem Ja und Nein» [6]. Wie schon bei Kierkegaard selbst steht ‹D.› bei Barth und später bei Bultmann in engem Konnex mit dem ebenfalls Kierkegaardschen Begriff der «indirekten Mitteilung» [7].

Angegriffen von PETERSON [8], gibt BULTMANN zu dem fraglichen Begriff eine ausführliche Erörterung: Eine Theologie, die dem «Ernst» ihrer Sache entsprechen will, muß in Permanenz «die Ungleichheit ihres Redens mit dem göttlichen Reden» kenntlich machen; die D. liegt in dem «beständigen Vorbehalt, daß es so nicht gemeint sei» [9]. Später wendet Bultmann den Begriff anders: Theologische Sätze sind dialektisch deshalb, weil sie nicht eine allgemeine Wahrheit aussagen, sondern erst durch je meine Anerkennung «wahr» sind; ihre Wahrheit muß «immer aufs neue gewonnen» werden. Die D. der Theologie liegt deshalb in der nicht ablösbaren «Geschichtlichkeit» der Existenz; und die «dialektische Interpretation» des Neuen Testaments ist nichts als das «geschichtliche Verstehen» [10].

Im Anschluß an den systematisch-theologischen Sprachgebrauch wird D. zur *exegetischen und theologiegeschichtlichen Interpretationskategorie*, vornehmlich im Zusammenhang der Gottes-, Offenbarungs-, anthropologischen und ethischen Thematik und hier jeweils der speziellen Fragestellung ‹Gesetz und Evangelium›: so etwa, in offenkundigem Anschluß an Barths ‹Römerbrief› und die Neukonstitution der Theologie als dialektischer, aber weithin ohne jede präzise Begriffsreflexion und -bestimmung, für *Paulus* (die neuere protestantische Paulus-Exegese wie die dogmatische Paulus-Berufung weithin), für *Luther* (W. ELERT: ‹Realdialektik› gegen bloße ‹Verbaldialektik› [11]) und für andere.

Anmerkungen. [1] S. KIERKEGAARD: Entweder/Oder 1 (dtsch. 1956) 171. – [2] Vgl. V. LINDSTRÖM: Stadiernas teologi. En Kierkegaard-studie (1943). – [3] G. SCHOLTZ: Sprung. Zur Gesch. eines philos. Begriffs. Arch. Begriffsgesch. 11 (1967) 226ff. – [4] KIERKEGAARD, Unwissenschaftliche Nachschrift 2 (1958) 273-330, bes. 281. – [5] Vgl. insges. K. BARTHS ‹Römerbrief› (²1922) und H. HERRIGEL: Zum prinzipiellen Denken. Zwischen den Zeiten (= ZdZ) 6 (1924) 3-18. – [6] K. BARTH: Gesammelte Vorträge (1924) 84. 171-172. – [7] a. a. O. 171; R. BULTMANN, ZdZ 4 (1926) 47. – [8] E. PETERSON, ZdZ 3 (1925) 294. – [9] BULTMANN, ZdZ 4 (1926) bes. 46. 43. – [10] Glauben und Verstehen 1 (²1954) 114-120. 129. 133. – [11] Vgl. W. ELERT: Zwischen Gnade und Ungnade (1948) 132-169; vgl. L. PINOMAA: Das Gesetz und seine D. in Luthers Galaterbriefvorlesung. Festschrift F. Lau (1967) 252-263.

Literaturhinweise. W. LÜTTGE: Dialektische Theol. (1925). – B. DÖRRIES: Der ferne und der nahe Gott (1927). – H. W. SCHMIDT: Zeit und Ewigkeit (1927). – W. WIESNER: Das Offenbarungsproblem in der dialektischen Theol. (1930). – TH. SIEGFRIED: Das Wort und die Existenz 1-3 (1930-1933). – A. SANNWALD: Der Begriff der D. und die Anthropol. (1931). – H. RUST: D. und krit. Theol. (1933). – H. U. V. BALTHASAR: Analogie und D. Divus Thomas 22 (1944) 171-216. – H. LEISEGANG: Hegel, Marx, Kierkegaard (1948). – H. DIEM: Die Existenz-D. von S. Kierkegaard (1950). – G. WINGREN: Die Methodenfrage der Theol. (1957). – J. MOLTMANN (Hg.): Die Anfänge der dialektischen Theol. 1. 2 (1963). – L. PINOMAA s. Anm. [11]. – G. SAUTER: Die dialektische Theol. und das Problem der D. in der Theol. Stud. gen. 21 (1968) 887-915.
L. PINOMAA

Diallele (δι'ἀλλήλων, durch einander) heißt die Zirkeldefinition, bei der das zu Definierende zur Definition verwendet wird; sie ist damit in der logischen Form dem «circulus vitiosus», dem Beweis durch das zu Beweisende selbst, gleich. Die *Stoiker* verstehen unter διάλληλος λόγος Sätze wie: «Wo wohnt Theon? Da, wo Dion. Wo wohnt Dion? Da, wo Theon» [1]. Der Skeptiker SEXTUS EMPIRICUS bezeichnet die Beziehung zwischen Kriterium und Beweis als D.: καὶ οὕτως ἐμπίπτουσιν εἰς τὸν διάλληλον τρόπον τό τε κριτήριον καὶ ἡ ἀπόδειξις, ἐν ᾧ ἀμφότερα εὑρίσκεται ἄπιστα [2]. («So geraten das Kriterium und der Beweis in die D., in der sich beide als unglaubwürdig erweisen» [3].)

Anmerkungen. [1] C. PRANTL: Gesch. der Logik im Abendlande (1927) 1, 492. – [2] Outlines of Pyrrhonism (Cambridge, Mass. 1955) griech./engl. 1, 68, hyp. 117. – [3] Grundriß der pyrrhonischen Skepsis, dtsch. M. HOSSENFELDER (1968) 120.
EISLER (red.)

Dialog, dialogisch. Für die D.-Philosophie des 20. Jh. bedeutet ‹D.› ein Gespräch, das durch wechselseitige Mitteilung jeder Art zu einem interpersonalen «Zwischen» [1], d. h. zu einem den Partnern gemeinsamen Sinnbestand führt. – In der Antike und im Mittelalter war ‹D.› primär ein literarischer Gattungsbegriff [2], wenn auch die D.-Form vor allem bei PLATON dessen Deutung des Denkens als «Rede der Seele mit sich selbst» [3] und seine Konzeption der Dialektik voraussetzt [4]. Für die Ausprägung des Begriffes im Sinn der D.-Philosophie war jedoch nicht das vornehmlich kosmozentrische Denken der griechisch-römischen Antike bestimmend, sondern der jüdisch-christliche «Personalismus» einerseits [5] und anderseits die fortschreitende methodische und existentielle Problematisierung des «Anderen» in der Folge des cartesischen «ego cogito». Diese doppelte Herkunft kennzeichnet sowohl die Ansätze zu einem dialogischen Denken im 18. und 19. wie dessen Ausgestaltung in den zwanziger Jahren des 20. Jh.

1. Nach Descartes' prinzipieller Unterscheidung zwischen denkender und ausgedehnter Substanz stellten besonders *englische* Philosophen und Psychologen die Frage, wie ich in einem fremden, von mir wahrgenommenen Körper einen anderen Menschen, d. h. ein anderes denkendes Ich, erkennen könne, und antworten darauf z. B. mit der These, meine Erkenntnis des Anderen beruhe auf einem Analogieschluß vom eigenen auf das fremde Ich [6].

Im Gegensatz dazu überdenkt F. H. JACOBI die Fragestellung als erster im Sinne des dialogischen Denkens: «Quelle aller Gewißheit: *Du* bist, und *Ich* bin» [7]. Der Gleichursprünglichkeit beider *Gewissheiten* entspricht die Gleichursprünglichkeit des *Seins* von Ich und Du: «Von Tag zu Tage geht es mir heller auf, daß ein Geist dem anderen sey notwendiges Organ sey; daß Gefühl des Anderen sey die Schöpfung aus Nichts» [8]. Jacobi wendet sich, ähnlich wie J. G. HAMANN [9] und W. v. HUMBOLDT [10], die ihm hierin nahestehen, gegen die Transzendentalphilosophie Kants als eine Philosophie des bloßen Ich, die in konsequenter Durchführung «Nihilismus» sei [11].

Wenn J. G. FICHTE in seiner ‹Grundlage des Naturrechts› von 1796/97 eine Interpersonaltheorie der «Wechselwirkung durch Intelligenz und Freiheit» [12] entwirft und 1797 Kants «Ich der reinen Apperzeption» verteidigt, weil es nicht das individuelle sei, sondern schon den notwendigen Bezug zu einem Du einschließe [13], so zeigt dies, wie Fichtes Transzendentalphilosophie beim «reinen Ich» im Sinne des Subjekt-Objekts, also bei einer *Beziehung* zur Andersheit ansetzt und einem dialogischen Denken nicht mehr fernsteht. Besonders ‹Die Anweisung zum seligen Leben› (1806) weist dialogische Formulierungen auf. Dennoch kann Fichte nicht als dialogischer Denker gelten [14], weil seine Begriffe von Person und «Interperson» letztlich undialektisch bleiben.

F. SCHLEIERMACHERS Konzept vom dialogischen Gegenüber in der Begegnung individueller Subjekte nähert D. und Dialektik einander an. Innerhalb der Dialektik als der «Kunst der Gesprächsführung» sind die Menschen als «Redende» das «vordringlich Wirkliche». «Der D. ist eine Geschichte der sprechenden Subjekte, an dessen Anfang der Streit und an dessen Ende die Übereinkunft und zugleich das Wissen der im Gang dieser Geschichte Verbundenen steht» [15]. In der «communicatio» des Gesprächs erschließt sich unser Menschsein, in dem scheiternden Streit des D. die Wirklichkeit der Transzendenz [16]. Folgender dialektischer Entwicklungsgang führt zum D.: Die subjektiven Perspektiven des Einzelnen von der Welt und vom Anderen wandeln sich gleichsam aus der «Privatmeinung» in den Anschauungsbereich des Gemeinsamen und Allgemeinen. Die organisch-funktionell bedingten Perspektiven werden von solchen intellektueller Funktionen abgelöst. Subjektive Perspektiven und Reflexionen über den eigenen Standpunkt und der daraus resultierende Übergang zu einem höheren, den Rückblick ermöglichenden Standpunkt bilden die dialektische Kette, die Basis von D.en ist.

Den Schritt zu einer dialektischen Sicht des Ich als Moment der Wir-Wirklichkeit von «Geist» tut HEGEL: «*Ich*, das *Wir*, und *Wir*, das *Ich* ist» [17]. Sein Geistbegriff unterscheidet sich jedoch zugleich dadurch grundsätzlich von der Kommunikationseinheit des Dialogischen, daß Hegel diese Einheit nicht als *Verhältniseinheit* pluraler Freiheiten, sondern als Subjekt und Objekt übergreifendes, absolutes, «göttliches» *Subjekt* begreift.

An Hegels Dialektik setzt die Kritik von L. FEUERBACH an: «Die wahre Dialektik ist kein Monolog des einsamen Denkers mit sich selbst, sie ist ein D. zwischen Ich und Du.» – «Das höchste und letzte Princip der Philosophie ist daher die Einheit des Menschen mit dem Menschen» – und zwar mit dem konkreten, sinnlich anschaubaren Menschen, der zugleich «das wesentlichste Sinnesobjekt» und in der Einheit mit dem Du «Gott» ist: «Der Mensch für sich ist Mensch (im gewöhnlichen Sinn); Mensch mit Mensch – die Einheit von Ich und Du – ist Gott» [18]. Indem Feuerbach sich gegen den Geist im Sinne Hegels als Mystifizierung wendet, gibt er der konkreten dialogischen Einheit unmittelbar als solcher religiöse und theologische Bedeutung.

Um die Ausschaltung dieser Konstruktion, unter Bewahrung von Feuerbachs Wirklichkeitserfassung, geht es S. KIERKEGAARD. Die epochale Kategorie «der Einzelne sein» soll im strengen Sinn als die entscheidende Voraussetzung für die oberste Wesensbeziehung verstanden werden: Gott «will den Einzelnen, nur mit dem Einzelnen will er sich einlassen, gleichgültig, ob der Einzelne hoch oder gering, ausgezeichnet oder erbärmlich ist» [19]. Zwar fordert Kierkegaard, daß der Mensch auch in seinem zwischenmenschlichen Verhalten als Einzelner handle. Dies setzt aber sein wesentliches Einzelnsein in der Beziehung auf Gott voraus. Das wesentliche Selbstsein wird in der gültigen Beziehung zum menschlichen Du vorausgesetzt, nicht in ihr konstituiert, «so großartig er [Kierkegaard] auch von der Nächstenliebe zu predigen weiß» (Buber) [20].

2. Die neue Sicht des Du kommt im 20. Jh. erstmals zum vollen Durchbruch mit H. COHENS ‹Religion der Vernunft aus den Quellen des Judentums› (1919). Wenig später erscheinen, unabhängig voneinander und doch in erstaunlicher Übereinstimmung bei allen charakteristischen Unterschieden, die Schriften der eigentlichen «Dialogiker»: F. EBNERS «pneumatologische Fragmente» unter dem Titel ‹Das Wort und die geistigen Realitäten› (1921), F. ROSENZWEIGS ‹Der Stern der Erlösung› (1921) und M. BUBERS ‹Ich und Du› (1923). EBNER «geht aus von der Erfahrung der ‹Icheinsamkeit› in jenem existentiellen Sinn, den sie in unserer Zeit gewonnen hat ... Von hier aus vertieft er sich, Hamanns Spuren folgend, aber die Einsichten stärker aneinander bindend, in das Mysterium der Sprache als der ewig neuen Setzung des Verhältnisses zwischen dem Ich und dem Du. Er bekennt sich, direkter als Kierkegaard, als einer, der das Du im Menschen nicht zu finden vermochte» (Buber) [21]. Vom D. ist bei Ebner unmittelbar weniger die Rede als vom Wort als der Realität schlechthin, die er von der biblischen Logoslehre her christologisch versteht. Sein an sich antisystematisches Denken gewann durch F. GOGARTENS ‹Ich glaube an den dreieinigen Gott› rasch Einfluß auf die Theologie. Anders versucht F. ROSENZWEIG, der spekulativste unter den Dialogikern, aus guter Kenntnis Kants und Hegels heraus, aber in entschiedener Distanzierung zu ihnen, jüdischen Glauben und Kult von einem «Neuen Denken» [22] her am Leitfaden der Sprache zu durchdringen. M. BUBER hat dem dialogischen Denken die zugänglichste und auch die phänomenal reichste Ausgestaltung gegeben. Die grundlegende Unterscheidung von Ich-Du-Welt und Ich-Es-Welt, die Analyse der Zeitlichkeit der Begegnung als «Gegen-wart», der Begriff des dialogischen Wirkens als «Passion und Aktion in einem» [23], die versuchte Einbeziehung der Natur und der Gegenstandswelt in die Beziehungswelt, vor allem der Begriff des «Zwischen» als des in Gegenseitigkeit der Freiheiten ereignishaft konstituierten Sinnes [24] sind originale Leistungen Bubers. Hand in Hand mit dem phänomenologischen Aufweis des Dialogischen als der Wirklichkeit im eigentlichen Sinne geht es ihm wie den anderen Dialogikern um die «Verwirklichung» [25]: Das Dialogische als Prinzip von Ethik und Pädagogik wird später in eigenen Schriften entfaltet [26]. Freilich wird gerade am Beispiel des «Zwischen» die den Dialogikern gesetzte Grenze sichtbar, die wohl notwendig damit gegeben ist, daß sie sich in scharfem Gegensatz zur systematischen Philosophie, vor allem zur Transzendentalphilosophie und zum Denken Hegels, verstehen. Ihre Phänomenologie geht daher allzu leicht in die Bezeugung von existentiellen und gläubigen Gewißheiten über, die sie denkerisch nicht einzuholen vermögen. – Dasselbe dürfte auch für die ebenfalls schon 1918 einsetzenden Bemühungen von G. MARCEL gelten [27] und für die vielseitigen Untersuchungen von E. ROSENSTOCK-HUESSY, dessen Entwürfe für die ‹Angewandte

Seelenkunde› (1924) schon Rosenzweig beeinflußten [28].

Obwohl das Gespräch des dialogischen Denkens mit der systematischen Philosophie sich erst anbahnt, ist es diesem Denken, das auf Theologie [29] und Pädagogik [30] einen wachsenden Einfluß ausübt, zu verdanken, daß der D.-Begriff ontologische, religionsphilosophische, ethische, pädagogische und darüber hinaus auch gesellschafts- und geschichtsphilosophische Relevanz gewonnen hat. Neuerdings wurde er ebenfalls von der formalen (z. B. ‹operativen›) Logik aufgenommen sowie zur philosophischen Interpretation mehrwertiger Logiken herangezogen [31].

Anmerkungen. [1] M. BUBER: Werke 1 (1962) 271f. 405; Antwort, in: Martin Buber, hg. P. A. SCHILPP/M. FRIEDMANN (1963) 604f. – [2] Vgl. R. HIRZEL: Der D. Ein lit.-hist. Versuch 1. 2 (1895, Nachdruck 1963). – [3] PLATON, Soph. 263 e 3-5. – [4] Vgl. G. W. F. HEGEL, Werke, hg. GLOCKNER 14, 222-247. – [5] Vgl. H. COHEN: Rel. der Vernunft aus den Quellen des Judentums (²1959); R.BERLINGER: Augustins dialogische Metaphysik (1962); J. B. METZ: Christliche Anthropozentrik (1962). – [6] Vgl. P. LAIN ENTRALGO: Teoria y realidad del otro 1. 2 (1961). – [7] F. H. JACOBI: Fliegende Blätter, Werke 6 (Nachdruck 1968). 292. – [8] a. a. O. 177. – [9] Vgl. J. G. HAMANNS Briefwechsel mit F. H. JACOBI. Jacobis Werke IV/3 (Nachdruck 1968). – [10] Vgl. W. v. HUMBOLDT: Über den Dualis (1827). Werke 3 (Nachdruck 1963) 113-143. – [11] F. H. JACOBI: Sendschreiben an Fichte. Werke 3 (Nachdruck 1968) 44. – [12] J. G. FICHTE, Werke, hg. I. H. FICHTE 3, 44. – [13] a. a. O. 1, 476. – [14] Vgl. H. DUESBERG: Person und Gemeinschaft (1970) (Fichte und Buber); anders R. LAUTH: Le problème de l'interpersonnalité chez J. G. Fichte. Arch. Philos. 25 (1962) 325-344; Ethik (1969); E. SIMONS: Philos. der Offenbarung (1966). – [15] F. KAULBACH: Schleiermachers Idee der Dialektik. Neue Z. systemat. Theol. u. Relig.-Philos. 10 (1968) 225-260. 245. – [16] F. SCHLEIERMACHER, Dialektik, hg. R. ODEBRECHT (1942) XXf. – [17] G. W. F. HEGEL, Phänomenol., hg. HOFFMEISTER (1952) 140. – [18] L. FEUERBACH, Grundsätze der Philos. der Zukunft. Werke, hg. JODL 2 (1959) 319 (Nr. 62f.). 304 (Nr. 41). 318 (Nr. 60). – [19] S. KIERKEGAARD, Der Einzelne. Werke, hg. HIRSCH 33 (1964) 96ff. – [20] BUBER, Zur Geschichte des dialogischen Prinzips a. a. O. [1] 294. – [21] FEUERBACH, a. a. O. [18] 296. – [22] Vgl. F. ROSENZWEIG: Das neue Denken. Kleinere Schriften (1937) 373-398. – [23] BUBER, a. a. O. [1] 85. – [24] Vgl. a. a. O. [1]. – [25] Vgl. den Untertitel von BUBERS vordialogischer Schrift ‹Daniel. Gespräche von der Verwirklichung› (1913). Werke 1. – [26] BUBER, Werke 1: Zwiesprache: Die Frage an den Einzelnen; Bilder von Gut und Böse; Reden über Erziehung. – [27] G. MARCEL: Journal métaphysique (Paris 1927). – [28] Jetzt in: E. ROSENSTOCK-HUESSY: Die Sprache des Menschengeschlechts 1 (1963); 2 (1964). – [29] Vgl. B. LANGEMEYER: Der dialogische Personalismus in der evang. und kathol. Theologie (1963). – [30] B. GERNER (Hg.): Begegnung. Ein anthropol.-pädag. Grundereignis. Wege der Forschung 231 (1969). – [31] G. GÜNTHER: Idee und Grundriß einer nicht-Aristotelischen Logik 1 (1959); P. LORENZEN: Metamath. (1962); W. KAMLAH und P. LORENZEN: Logische Propädeutik (1967); vgl. K. LORENZ: D.-Spiele als semantische Grundlage von Logikkalkülen. Arch. math. Logik 11 (1968) 32-55. 73-100; vgl. Art. ‹Logik, dialogische›.

Literaturhinweise. B. LANGEMEYER s. Anm. [29]. – H. L. GOLDSCHMIDT: Dialogik. Philos. auf dem Boden der Neuzeit (1964). – M. THEUNISSEN: Der Andere. Studien zur Sozialontologie der Gegenwart (1966). – B. CASPER: Das dialogische Denken. Eine Untersuchung der relig.-philos. Bedeutung F. Rosenzweigs, F. Ebners und M. Bubers (1967). – J. BÖCKENHOFF: Die Begegnungsphilos. Ihre Charaktere – ihre Aspekte (1970). – B. WALDENFELS: Das Zwischenreich des D. Sozialphilos. Untersuch. in Anschluß an Edmund Husserl. Phaenomenologica 41 (Den Haag 1970). – G. GÜNTHER s. Anm. [31]. J. HEINRICHS

Diametral wird gelegentlich der polare Gegensatz (s. d.) genannt, der zwischen zwei Begriffen besteht, die sich als entgegengesetzte Enden einer Skala auffassen lassen: kalt – warm, hell – dunkel. A. MENNE

Dianoetisch/ethisch. Die von ARISTOTELES eingeführte und für seine Ethik konstitutive Einteilung der Tugenden in dianoetische und ethische [1] beruht auf der Zweiteilung der Seele in ein irrationales Strebevermögen und ein rationales Element, während das platonische System der Kardinaltugenden auf der Seelendreiteilung basierte. Von den für die Akademie typischen -ικός-Bildungen [2] ist διανοητικός im ‹Timaios› (89 a 2) belegt, und auch ἠθικός scheint aus der Akademie zu stammen: Die auf XENOKRATES [3] zurückgeführte Einteilung der Philosophie in Logik, Physik und Ethik liegt in der frühen ‹Topik› wohl schon vor [4]. ARISTOTELES zitiert die ‹Nikomachische Ethik› als τὰ ἠθικά [5], während er innerhalb dieser von «politischer Untersuchung» spricht, so daß ein von ihm hergestellter Zusammenhang zwischen dem Titel ‹Ethik› und den ethischen Tugenden wohl nicht behauptet werden kann. ‹Dianoetisch› gehört zu διανοεῖσθαι, διάνοια, der Tätigkeit des rationalen Seelenelements, dessen Werk gemäß der Tugend die Wahrheit ist [6]. ‹Ethisch› gehört zu ἦθος (moralischer Charakter) [7]. Über die (etymologisch richtige) Ableitung von ἔθος [8] werden das akademische Erbe und der griechische Sprachgebrauch in die zentrale aristotelische Lehre vom Habituscharakter (ἕξις) der ethischen Tugenden übernommen, insofern als diese durch Gewöhnung entstehen [9]. Die Behandlung der ethischen Tugend und einzelner ethischer Tugenden geht der Erörterung der dianoetischen Tugenden voraus und ist ausführlicher [10]. Die psychologisch primitive Dihärese der Seele ist der Ausdruck für die Form der Teilhabe der ethischen Tugenden am Logos. Das irrationale Seelenelement kann auf das rationale hören und ist auf Gehorsam gegenüber diesem angelegt [11]. Die Behandlung der dianoetischen Tugenden wird mit der Frage nach dem richtigen Logos eingeleitet, welcher die ethische Tugend als Mitte (μεσότης) konstituiert [12]. Der Vermittlung dienen die dianoetische Tugend φρόνησις (Klugheit) [13] und die προαίρεσις (Vorzugswahl) [14]. Die aristotelische Zweiteilung der Tugenden findet weder im Peripatos noch in den hellenistischen Philosophiesystemen eine Nachfolge.

Anmerkungen. [1] ARISTOTELES, Eth. Eud. (= EE) II, 1, 1219 b 27-1220 a 12; II, 4, 1221 b 27-34; Eth. Nic. (= EN) I, 13, 1102 b 30-1103 a 10; II, 1, 1103 a 14-18; VI, 2, 1138 b 35-1139 a 5. – [2] Vgl. A. AMMANN: -ikos bei Platon (Diss. Bern 1953). – [3] XENOKRATES, Frg. 1 (HEINZE); DEMOKRIT, Frg. 4 a ist wohl kein früherer Beleg: DIELS, VS II¹², 130. – [4] Vgl. ARIST., Top. I, 14, 105 b 20f. – [5] Vgl. BONITZ, Index Arist. 315 b 11ff. – [6] Vgl. EE II, 4, 1221 b 29f.; EN VI, 2. – [7] Vgl. EN VI, 2, 1139 a 1. 33-35. – [8] EN II, 1, 1103 a 17f.; vgl. PLATON, Leg. VII, 792 e 2. – [9] Vgl. EN II, 1-6; III, 7/8. – [10] Vgl. EN: eth.: II-V; dianoet.: VI. – [11] Vgl. [1]. – [12] Vgl. EN VI, 1/2. – [13] Vgl. EN VI, 5. 8-13. – [14] Vgl. EN II, 4-6; VI, 2.

Literaturhinweise. ARISTOTE, L'Ethique à Nicomaque. Introd. trad. et comm. par R. A. GAUTHIER et J. Y. JOLIF 1-3 (Louvain/Paris 1958/59) 2, 98-108. – ARISTOTELES, Dtsch. Werke, hg. E. GRUMACH 6: EN übers. und komm. F. DIRLMEIER (⁴1967) 294-296. E. A. SCHMIDT

Dianoiologie. Für J. H. LAMBERT ist in Anknüpfung an Chr. Wolff die D. die erste der vier Wissenschaften zur Scheidung von «Irrthum und Schein» (D., Alethiologie, Semiotik, Phänomenologie) [1]. Diese Bestimmung der Logik oder Denklehre übernimmt W. T. KRUG für die erste Disziplin des Systems der theoretischen Philosophie. Die D. «soll eine Wissenschaft von der ursprünglichen Gesetzmäßigkeit des menschlichen Geistes in Ansehung derjenigen Tätigkeit seyn, welche das Denken genannt wird» [2]. SCHOPENHAUER hingegen trennt die D., «welche, als Resultat der Forschungen seit Cartesius, bis vor Kant gegolten hat» [3], von der Logik. Die D. ist der erste Teil der «philosophia prima», untersucht die «primären, d. i. anschaulichen Vorstellungen» und ist damit «Verstandeslehre», während die Logik «Vernunftlehre» ist [4]. Dogmatismus entsteht für Schopenhauer dann, wenn man «eine Ontologie konstruierte, wo [man] bloß zu einer D. Stoff hatte» [5]. O. LIEBMANN dagegen nennt die logischen Denkgesetze noch «dianologische Gesetze» [6]. Hierbei ist, wie bei der Begriffsbildung der ‹D.› überhaupt, die antike Unterscheidung von dianoetischer und noetischer Erkenntnis wirksam.

Anmerkungen. [1] J. H. LAMBERT: Neues Organon (1764). Philos. Schriften, hg. H.-W. ARNDT 1 (1965) Vorrede. – [2] W. T. KRUG: System der theoretischen Philos. 1 (1806, ²1819) 16. – [3] A. SCHOPENHAUER, Werke, hg. HÜBSCHER 5, 83f. – [4] a.a.O. 6, 19. – [5] 3, 327f. – [6] O. LIEBMANN: Zur Analytik der Wirklichkeit (³1900) 251f.
R. KUHLEN

Diätetik (griech. τὰ ὑγιεινά, lat. diaetetica) ist ein Lehrgebiet der alten Medizin mit dem Anspruch, die δίαιτα, d. h. die Lebensumstände und die Lebensweise des Menschen, zu beurteilen und im Interesse seiner individuellen Gesundheit nach Regeln zu ordnen. Die zentrale Stellung der D. im medizinischen Fächerkanon beruht auf der *hippokratischen* Theorie der Selbstheilkraft der Natur. In der D. ist der Arzt vornehmlich Führer der Gesunden. Das Ideal des Lebens nach dem rechten Maß allein der Gesundheit muß sich jedoch mit den gesellschaftlichen Ansprüchen an den Menschen immer wieder arrangieren [1]. Wenn die Gesundheit verabsolutiert wird, entsteht die Gefahr einer tyrannischen Verarmung des Lebens [2], so daß das Problem des rechten Maßes auch ethisch diskutiert werden muß [3].

Der Lehrgegenstand der D. wurde schon im ‹Corpus Hippocraticum› als das System der «sex res non naturales» dargestellt, das sind die Faktoren, welche die körperliche Natur des Menschen gleichsam von außen bestimmen und beeinflussen und darum der planenden Lebensgestaltung zugänglich sind: Licht und Luft, Speise und Trank, Bewegung und Ruhe, Schlaf und Wachen, Absondern und Ausscheiden, seelische Affekte. Mit der Lehre von diesen sechs Faktoren bleibt auch die Benennung ‹D.› bis ins 19. Jh. hinein lebendig.

Die *Neuzeit* bringt den Gedanken der Lebensverlängerung als bestimmendes Motiv diätetischer Daseinsgestaltung hinzu [4]. Diese Richtung, im 18. Jh. als ‹Makrobiotik› bezeichnet, findet ihren Höhepunkt in C. W. HUFELAND, der die traditionelle Verbindung von D. und Ethik erneuert: «nicht blos die Menschen gesünder und länger lebend, sondern auch durch das Bestreben dazu, besser und sittlicher zu machen» [5]. Unter Berufung auf Hufeland stellt auch KANT seinen «Grundsatz der D.» auf. Sie ist als Heilkunde dann philosophisch, wenn sie lehrt, allein durch «die Macht der Vernunft» über die «sinnlichen Gefühle ... Meister zu sein» [6]. Im Zuge der Orientierung der Medizin an den exakten Naturwissenschaften in der zweiten Hälfte des 19. Jh. verliert sich mit der Sache auch der Name ‹D.›. Das Wort ‹Diät› überlebt in eingeschränkter Bedeutung (Gesundheitsernährung).

Im überkommenen Zusammenhang von D. und Affektenlehre ist im 18. Jh. von «Seelen-D.» die Rede [7]. E. v. FEUCHTERSLEBEN, mit der antiken D. wohlvertraut [8], löst sich mit seiner ‹D. der Seele› (1838) aus dieser Tradition, indem er von der Moral als der «Lehre von den Mitteln ..., wodurch die Gesundheit der Seele selbst bewahrt wird» [9], die Seelen-D. unterscheidet, die darauf abzielt, daß der «Geist eine Herrschaft über den Körper erringe, kraft welcher dieser durch jenen in seiner Integrität und Lebensenergie erhalten werde» [10]. Es geht Feuchtersleben letztlich nicht um Gesundheit, sondern um Weisheit in Gestalt einer aus der Selbstbetrachtung gewonnenen Regel und Richtschnur des besonnenen Umgangs mit sich selbst.

Anmerkungen. [1] Vgl. L. EDELSTEIN: Antike D. (1931); Wiederabdruck, in: Medizinhist. J. 1 (1966) 162ff. – [2] Typisch dafür HERODIKOS VON SELYMBRIA, vgl. PLATON, Resp. 406 a-b. – [3] Vgl. W. JAEGER: Paideia. Die Formung des griech. Menschen 2 (³1959) 35ff. – [4] L. CORNARO: Trattato della vita sobria (Venedig 1558). – [5] C. W. HUFELAND: Die Kunst das menschl. Leben zu verlängern (¹1797) XIII. – [6] KANT: Der Streit der Fakultäten (1798). Akad.-A. 7, 100f. – [7] F. A. MAI: Med. Fastenpredigten oder Vorles. über Körper- und Seelen-D. zur Verbesserung der Gesundheit und der Sitten (1793). – [8] E. v. FEUCHTERSLEBEN: Über das erste hippokratische Buch von der Diät (1835). – [9] Zur D. der Seele (1838) Kap. 1. – [10] a. a. O. Kap. 11; vgl. F. KIRCHNER: D. des Geistes (²1886); H. KLENCKE: D. der Seele (²1873); F. SCHOLZ: D. des Geistes (²1892).

Literaturhinweise. J. MARCUSE: D. im Alterthum (1899). – L. EDELSTEIN s. Anm. [1]. – W. JAEGER: Vergessene Fragmente des Peripatetikers Diokles von Karystos. Abh. Berl. Akad. Wiss. (1938); s. Anm. [3]. – H. SCHIPPERGES: Lebendige Heilkunde (1962). – E. SEIDLER: Gesch. der Pflege des kranken Menschen (1966). – W. SÜNKEL: D. Zur kategorialen Vorgesch. der Gesundheitserziehung, in: F.-J. HOLTKEMPER u. a. (Hg.): Pädagog. Blätter. H. Döpp-Vorwald zum 65. Geburtstag (1967).
W. SÜNKEL

Dichotomie (διχοτομία, Zweiteilung). Bei PLATON ist unter den von ihm eingeführten und angewandten Begriffseinteilungen die am meisten bevorzugte die D., d. h. der methodische Nachweis notwendiger logischer Verbindungen zwischen allgemeineren und spezielleren Begriffen durch fortschreitende Zweiteilung der Begriffe vom obersten Gattungsbegriff durch die Mittelbegriffe (Mittelglieder, Arten) bis zum untersten Artbegriff, welcher nicht mehr weiter teilbar sein soll, zum Zwecke der Definition des Wesens dieses untersten Artbegriffs: Durch D. werden im Dialog ‹Sophistes› der Sophist (und als propädeutisch-anzügliches Beispiel der Angler) sowie im ‹Politikos› der Politiker (und die Webkunst) in ihrem Wesen näher bestimmt, indem sie unter die sie umfassenden und kennzeichnenden allgemeineren Gattungs- und Artbegriffe eingeordnet werden [1]. Die Regeln, die Platon allgemein zum Gebrauch der Begriffseinteilung (Dihairesis) angibt, gelten auch für die D. [2].

Der Wert der D. wie der Dihairesis im Ganzen der platonischen Philosophie ist strittig: Während etwa C. Prantl [3], J. Stenzel [4] und I. M. Bocheński [5] in dieser Methode einen wesentlichen Bestandteil der platonischen Dialektik, ja die wichtigste Errungenschaft Platons in der Logik erblicken und ihnen J. Stenzel und K. Gaiser im Zusammenhang mit der Lehre von den Ideen-Zahlen größte Bedeutung zumessen [6], können andere Interpreten der D. und Dihairesis bei Platon nur eine episodische Rolle und den Charakter eines Experiments zuerkennen [7].

Anmerkungen. [1] PLATON, Sophistes 218 d-231 e. 235 b ff. 264 c ff.; Politikos 258 b-267 c. 279 c ff. – [2] Vgl. dazu und zur späteren Anwendung Art. ‹Dihairesis›. – [3] C. PRANTL: Gesch. der Logik im Abendlande 1 (1855, ²1957) 80ff. – [4] J. STENZEL: Studien zur Entwicklung der platonischen Dialektik von Sokrates zu Aristoteles (²1931, ³1961) 47-122. – [5] I. M. BOCHEŃSKI: Formale Logik (1956) 42-46. – [6] J. STENZEL: Zahl und Gestalt bei Platon und Aristoteles (1924, ³1959) 11ff. 24ff. 61ff.; K. GAISER: Platons ungeschriebene Lehre (1963) 125ff. – [7] H. BONITZ: Platonische Studien (³1886) 182-184; H. GAUSS: Handkomm. zu den Dialogen Platos III/1 (1960) 65ff. 188ff. 248ff.

Literaturhinweise. Vgl. Anm. [3-7] und Lit. zum Art. ‹Dihairesis›.
F. P. HAGER

Dichterweihe (analog zu Priesterweihe u. ä. gebildet), bezeichnet die Berufung des Dichters durch die Gottheit. Geprägt wurde der Begriff wohl in der klassischen Philologie im Zusammenhang mit HESIODS Berufungsszene [1], dem ältesten Zeugnis in der europäischen Literatur. Er gehört in die Dichtungstheorie und damit in die Literaturwissenschaft, das Motiv hat seinen Ort im Zusammenhang von Äußerungen der Dichter über Ursprung und Wesen ihrer Kunst. Die Weihung vollziehen meist die Musen (daher auch gelegentlich ‹Musenweihe›); Hauptsymbole sind der Lorbeer und das Wasser, beides mantischer Herkunft. Abwandlungen des Motivs, durch stilkritische Absichten oder das gewandelte Gesicht der Epoche bedingt, sind häufig: während Hesiod z. B. noch von einem Erlebnis berichtet, begegnet bei KALLIMACHOS [2] bereits das Traummotiv, sehr wahrscheinlich auch das Wassersymbol anstelle des Lorbeers. In den sich herausbildenden Symbolkreis gehören auch die Vorstellungen vom Dichterberg (Helikon, Parnaß), der Dichterquelle (Hippoukrene) und dem Dichterroß (Pegasus). In der *römischen* Dichtung bieten weitere Beispiele vor allem ENNIUS [3], VERGIL [4], PROPERZ [5] – alle mit charakteristischen Umgestaltungen. Die Tradition hat über das Mittelalter (BOETHIUS, CAEDMON, DANTE) und die Renaissance bis in die Neuzeit fortgewirkt. Zu unterscheiden ist die D. von der Dichterkrönung (‹poeta laureatus›).

Anmerkungen. [1] Theog. 22ff. – [2] Fr. 2 Pf. – [3] Ann. I und VII (Vahlen). – [4] Ecl. 6, 64ff. (von Gallus). – [5] 3, 3.

Literaturhinweise. K. LATTE: Hesiods D. Antike und Abendland 2 (1946) 152-163. – E. R. CURTIUS: Europäische Lit. und lat. MA (³1961). – A. KAMBYLIS: Die D. und ihre Symbolik (1965) mit Lit.   A. KAMBYLIS

Didaktik (von griech. διδάσκειν, lehren; passiv: lernen; substantivisch: Lehre, Schule, Unterricht; adjektivisch: lehrbar u. ä.) tritt – in der Form ‹Didactica› – als pädagogischer Terminus zuerst 1613 in einem Bericht über die pädagogischen Vorschläge W. RATKES (1571 bis 1635) auf [1], während verwandte Ausdrücke ohne terminologischen Anspruch schon im Mittelalter, z. B. bei HUGO VON ST. VICTOR (1096–1141), begegnen: «eruditio didascalia» oder «Didascalicon» [2]. RATKE und seine Zeitgenossen übersetzten ‹D.› mit ‹Lehrart› oder ‹Lehrkunst› im Sinne einer methodischen Anweisung für das Unterrichtsverfahren [3].

Eine umfassende Bedeutung erhält ‹D.› dann in der ‹Didactica magna› des J. A. COMENIUS (1657) [4]. Er behandelt die Fragen des Lehrens und Lernens im Rahmen einer theologisch-spekulativen ordo-Lehre, der gemäß der Mensch durch «Unterricht» zur Wiederherstellung der in der Bibel und der «unzerstörten» Natur offenbarten, zugleich aber vernünftig einsehbaren göttlichen Weltordnung befähigt werden soll (Pampaidia). Den normativen Aufbauprinzipien des Makrokosmos, der Schöpfung im ganzen, entsprechen diejenigen des Mikrokosmos, der rechten Menschwerdung und des Menschseins. Von diesen Voraussetzungen aus leitet Comenius die Ziele und Inhalte des Unterrichts, die Theorie des Schulaufbaus und die Unterrichtsmethoden ab. Indem er aber auch Erziehung zur «Tugend» und zur «Frömmigkeit» als «Lehre», als «Unterricht» versteht, wird die Didactica magna zur Pädagogik schlechthin, zur «allgemein gültigen Kunst, alle alles zu lehren».

Während der durch die D. des Comenius umrissene Fragenkomplex in der Folgezeit, wiewohl unabhängig von dessen theologischen Voraussetzungen, intensiv durchdacht und in der pädagogischen Denkentwicklung von ROUSSEAU über PESTALOZZI, HERBART, HUMBOLDT, SCHLEIERMACHER und HEGEL Fragestellungen und Einsichten entwickelt wurden, die bis heute die didaktische Reflexion bestimmen, gewinnt der Begriff D. erst in O. WILLMANNS ‹D. als Bildungslehre› (1882/88) wieder zentrale Bedeutung [5]. D. einerseits, Pädagogik als Erziehungstheorie andererseits sind für Willmann die Hauptdisziplinen der Erziehungswissenschaft. «Der Gegenstand der D. ist die Bildungsarbeit, ... sowohl in ihrer kollektiven Gestalt, dem Bildungswesen, als in ihren individuellen Erscheinungen, dem Bildungserwerb, wie er durch den einzelnen geschieht ...» [6]. Wie Schleiermacher sieht Willmann, daß die Inhalte der Bildung den großen geistigen «Mächten» entstammen und wie diese geschichtlichem Wandel unterworfen sind. Herbart folgend, betont Willmann gegenüber dem didaktischen Scientismus, der die Inhalte der Bildung als Propädeutika der Fachwissenschaften ansieht oder sie aus letzteren direkt abzuleiten versucht, den Primat pädagogischer Kriterien, die bei ihm – als in zunehmendem Maße bewußt katholischem Denker – wesentlich durch bestimmte ethisch-religiöse Vorentscheidungen determiniert sind. Willmann entwickelt sein System aus einer kritischen Rezeption des als paedagogia perennis verstandenen «didaktischen» Denkens seit der Antike. Die abendländische Kulturentwicklung erscheint als kontinuierlich, ihre Elemente werden in einer «organischen» Synthese vereint und bilden in elementarer Konzentration den verbindlichen Kanon allgemeiner Bildung.

Die Erschütterung dieses Vertrauens in die Kulturtradition ist das Stimulans des didaktischen Denkens der Pädagogik in der *Dilthey-Nachfolge* («geisteswissenschaftliche Pädagogik»). E. WENIGER bestimmt hier den Begriff D. einerseits in einem weiten Sinne als Erforschung der «Gesamtheit des unterrichtlichen Tuns, in dem als in einem Teile der Erziehungswirklichkeit Lehre und Überlieferung an eine nachwachsende Generation» [7] vor sich gehen, in einem engeren Sinne als «Theorie der Bildungsinhalte und des Lehrplans» [8]. Aus der grundsätzlichen Abhängigkeit aller Unterrichtsmethoden von inhaltlichen Vorentscheidungen folgert er den wissenschaftslogischen «Primat der D.» (im engeren Sinn) im Verhältnis zur Methodik. Die Analyse gegebener Unterrichtssysteme und Lehrpläne erfolgt hermeneutisch als Frage nach den historischen Ursprüngen bestimmter Auswahlentscheidungen und nach den Interessen und Konstellationen der jeweils daran beteiligten kulturellen, gesellschaftlichen und politischen «Mächte». Zugleich entwickelt diese D. aus der kritischen Rezeption der Geschichte des pädagogischen Denkens und der pädagogischen Erfahrung «eigenständige» Kategorien für die Beurteilung und die Gestaltung neuer Lehrpläne» («Vorwegnahme der Zukunft», «Transposition» in das Elementare u. a.).

J. DERBOLAV hat diesen Ansatz weiterzuführen versucht, indem er D. als theoretische Grundlegung der in der pädagogischen Praxis zu vollziehenden Vermittlung von Wissen und Gewissen, «Unterricht» und «Erziehung» bestimmt [9]. D. erforscht und bestimmt danach für Lehrplangestaltung und Unterricht die bereichsgebundenen «Bildungskategorien», in denen der jeweilige «Motivationssinn» (z. B. Gerechtigkeit) eines bestimmten Sachwissens (z. B. um historische Rechtsordnungen) oder Könnens zur Sprache kommt.

Neuere Konzeptionen (‹Berliner Schule›: P. HEIMANN, W. SCHULZ u. a.) bestimmen D. heute wieder umfassend als «Wissenschaft des Unterrichts» und bemühen sich um die Einbeziehung ideologiekritischer und empirischer Methoden [10]. Daneben trifft man auf noch weitere

Begriffsbestimmungen von D. als «Wissenschaft und Lehre vom Lehren und Lernen überhaupt in allen Formen und auf allen Stufen» [11] (J. Dolch, G. Hausmann).

Anmerkungen. [1] Ratichianische Schriften, hg. P. Stötzner (1893) 1, 33. – [2] Hugo von St. Victor, MPL 176, 739, übers. in Bibl. der katholischen Pädagogik 3 (1890) 157ff. und in Slg. der bedeutendsten pädag. Schriften, hg. J. Freundgen 23 (1896). – [3] a. a. O. [1] 2, 33. – [4] J. A. Comenius: Große D., übers. und hg. A. Flitner (²1960). – [5] O. Willmann (⁶1957). – [6] a. a. O. 63. – [7] E. Weniger: Sachwb. der Deutschkunde, zit. U. Peters u. a. (1930) Sp. 250 Art. ‹D.›. – [8] E. Weniger: D. als Bildungslehre (¹1930, ⁶/⁸1965) Teil 1: ‹Theorie der Bildungsinhalte und des Lehrplans›. – [9] J. Derbolav: Versuch einer wissenschaftstheoretischen Grundlegung der D. Z. Pädagogik 2. Beih. (³1964) 17–45. – [10] P. Heimann: D. als Theorie und Lehre. Dtsch. Schule (1962) 407–427; P. Heimann, G. Otto und W. Schulz: Unterricht (1965). – [11] J. Dolch: Grundbegriffe der pädag. Fachsprache (⁵1965) 45f.

Literaturhinweise. O. Willmann: Die D. als Programm, als Versuchs- und Studiengebiet, als Wiss. (1903), in: Kleine pädag. Schriften (1959) 75–85. – G. Hausmann: D. als Dramaturgie des Unterrichts (1959) bes. Kap. 1. 2. – W. Klafki: Das Problem der D. (1961), in: Studien zur Bildungstheorie und D. (⁸/⁹ 1966) 72–80.
W. Klafki

Differentia numerica meint die Verschiedenheit von Exemplaren derselben Art und wurde im Mittelalter bei Thomas von Aquin als ‹differentia secundum numerum› bezeichnet [1]. Diese Exemplare unterscheiden sich nicht durch die Wesenform, wohl aber durch notae individuantes. Der Grund für die D.n. und für die notae individuantes wird bei Thomas in der Materie und ihren verschiedenen Dispositionen gesehen [2], weshalb nach ihm die D.n. auch ‹distinctio materialis› [3] oder ‹diversitas materialis› [4] genannt wird. – Bei Chr. Wolff wird die D.n. definiert als «determinationes individui propriae» [5].

Anmerkungen. [1] S. theol. I, q. 62, a. 6 ad 3; S. contra gent. II, 83. – [2] S. theol. I, q. 85, a. 7 ad 3. – [3] S. theol. I, q. 47, a. 2 c. – [4] S. contra gent. III, 92. – [5] Ontologia § 239.
O. Muck

Differenz (διαφορά, Unterschied) meint bei Aristoteles und Porphyrios zunächst die ‹differentia specifica› (s. u.). Dennoch hat D. bei Aristoteles die weitere Bedeutung des Andersseins von Dingen, die jedoch etwas gemeinsam haben: Διάφορα λέγεται ὅς´ ἕτερά ἐστι τὸ αὐτό τι ὄντα, μὴ μόνον ἀριθμῷ, ἀλλ᾽ ἢ εἴδει ἢ γένει ἢ ἀναλογίᾳ [1]: «Unterschieden nennt man, was anders ist und doch etwas gleich hat, nicht nur der Zahl, sondern auch der Art oder der Gattung oder einem Verhältnis nach.» In Auslegung dieser Stelle werden bei Thomas von Aquin [2] und später [3] auseinandergehalten:
1. die *differentia accidentalis communis* als Unterschied verschiedener veränderlicher Zustände desselben Individuums (Sokrates als Kind und als Erwachsener);
2. die *differentia numerica* (s. d.). Sie wird als differentia accidentalis propria angesprochen, wenn der Unterschied in Akzidentien besteht, die dauernd mit dem Individuum verbunden sind (Menschen verschiedener Hautfarbe); 3. die *differentia specifica* als Unterschied von Arten derselben Gattung. Diese wird als differentia propriissima bezeichnet oder auch als differentia essentialis, weil sie den Wesensgehalt der Artbegriffe betrifft;
4. Die *diversitas*, als Unterschied von Gattungen die nicht mehr in einem univoken Begriff übereinkommen, sondern nur in einem analogen (z. B. Quantität und Qualität). Hier wird mit Thomas von Aquin nicht mehr im eigentlichen Sinn von D. gesprochen: «differens omne est diversum, sed non convertitur. ... differens autem dicitur, quod aliquo alio differt» [4].

Im Zusammenhang der Auseinandersetzung mit dem Deutschen Idealismus erhielt das Wort ‹D.› die Bedeutung von «Nicht-Identität» und wird z. B. von E. Coreth [5] verwendet teils im Sinn von Distinktion, vor allem aber auch im Sinn von Vielheit begründender Verschiedenheit. So dient der Ausdruck ‹Identität und D.› zur Neuformulierung des Problems des Einen und Vielen auf dem Boden des transzendentalphilosophischen Ansatzes [6].

Bei M. Heidegger erhält in Anschluß an E. Husserl und in Abhebung von ihm [7] D. den Sinn des Unterschiedes zwischen Sein und dem in ihm ermöglichten Seienden. In Anspielung auf λόγος, Verstehen, und ὄν, Seiendes, wird dieser Unterschied von Heidegger anfangs als «Unterschied von Sein und Seiendem» «ontologische D.» genannt [8], später spricht er einfach von der «D. zwischen dem Sein und dem Seienden» [9]. Von hier aus wurde der viel kritisierte Versuch unternommen, eine Parallele zum Unterschied von ens und esse bei Thomas von Aquin zu sehen: «ens sumitur ab actu essendi» [10]. Wenn auch dort streng zwischen ens und esse unterschieden und das ens als vom esse begründet aufgefaßt wird, geht bei Heidegger das Anliegen der ontologischen D. vor allem auch auf eine denkende Erfahrung des geschickhaften Charakters des Sichzeigens des Seins im Seienden.

Im Anschluß daran wurde eine Vielzahl von ähnlichen Formulierungen geprägt, etwa «logische D. von Grund und Gegenstand» (L. Gabriel) [11]. E. Heintel versucht typische Weisen der Frage nach der ἀρχή zu kennzeichnen durch «ontische D.», «ontologische D.» und «transzendentale D.» [12].

Anmerkungen. [1] Aristoteles, Met. V, 9, 1018 a 12. – [2] Thomas von Aquin, In V Met. 1. 12, n. 916f. – [3] J. Gredt: Elementa Philos. aristotelico-thomisticae (Freiburg ⁷1937) n. 156. – [4] Thomas, a. a. O. [2] n. 916. – [5] E. Coreth: Met. (²1964) § 27, S. 205f. – [6] E. Coreth: Identität und D. Gott in Welt, Festschrift K. Rahner (1964) 1, 158-187. 175f. – [7] M. Theunissen: Intentionaler Gegenstand und ontologische D. Philos. Jb. Görres-Ges. 70 (1963) 344-362. – [8] M. Heidegger: zuerst in: Vom Wesen des Grundes (¹1929, ³1949) 15. – [9] z. B.: Identität und D. (1957). – [10] Thomas, De veritate q. 1, a. 1 c. – [11] L. Gabriel: Integrale Logik. Z. philos. Forsch. 10 (1956) 44-62. 57. – [12] E. Heintel: Hegel und die Analogia entis (1958).

Literaturhinweise. Max Müller: Existenzphilos. im geistigen Leben der Gegenwart (1949, ²1958). – O. Pöggeler: Der Denkweg M. Heideggers (1963). – W. J. Richardson: Heidegger. Through phenomenology to thought (Den Haag 1963). – E. Coreth: Das fundamentalontologische Problem bei Heidegger und Hegel. Scholastik 29 (1954) 1-23. – G. Siegwerth: Das Schicksal der Met. von Thomas zu Heidegger (1960).
O. Muck

Differenz, ontologische. ‹o. D.› bezeichnet bei M. Heidegger den «*Unterschied von Sein und Seiendem*» [1]. Der Begriff ist für ‹Sein und Zeit› (1927) noch nicht ausdrücklich belegt, aber in zeitlich und sachlich engem Zusammenhang damit in der Schrift ‹Vom Wesen des Grundes› (1929) ausgearbeitet: «Die ontologische Differenz ist das Nicht zwischen Seiendem und Sein» [2]. Zur Erläuterung dieses Begriffs verweist Heidegger selbst auf die mit der vorgenannten Schrift gleichzeitig entstandene Vorlesung ‹Was ist Metaphysik?› [3]. Die «Grundfrage der Metaphysik» lautet: «Warum ist überhaupt Seiendes und nicht vielmehr Nichts?» [4]. Das ist die Frage: «Woher kommt es, daß überall Seiendes den Vorrang hat und jegliches ‹ist› für sich beansprucht, während das, was nicht ein Seiendes ist, das so verstandene Nichts als das Sein selbst, vergessen bleibt?» [5]. Zur Ortsbestimmung dieser Frage bemerkt Heidegger: «Die Frage: ‹Was ist Metaphysik?› wurde in einer philosophischen Antrittsvorlesung vor allen versammelten Fakultäten erörtert. Sie stellt sich darum in den Kreis aller Wissenschaften und spricht zu diesen ... Das Vorstellen der Wissenschaften geht überall auf das Seiende und zwar auf gesonderte Gebiete des Seienden ... Sie meinen, mit dem Vorstellen des Seienden sei der ganze Bezirk des Erforschbaren und Fragbaren erschöpft, außer dem Seienden gäbe es ‹sonst nichts› ... Im Gesichtskreis des wissenschaftlichen Vorstellens, das nur das Seiende kennt, kann sich dagegen dasjenige, was ganz und gar kein Seiendes ist (nämlich das Sein), nur als Nichts darbieten. Darum fragt die Vorlesung nach ‹diesem Nichts› ... Sie fragt: wie steht es mit diesem ganz Anderen zu jeglichem Seienden, mit dem, was nicht ein Seiendes ist? Dabei zeigt sich: das Dasein des Menschen ist in ‹dieses› Nichts, in das ganz Andere zum Seienden, ‹hineingehalten›» [6]. Der Begriff ‹o.D.› ist nach ‹Sein und Zeit› in fast allen Schriften Heideggers zu belegen [7].

Anmerkungen. [1] M. HEIDEGGER: Vom Wesen des Grundes (⁴1955) 15. – [2] a. a. O. 5. – [3] ebda. – [4] Was ist Metaphysik? (⁸1960) 21. – [5] a. a. O. 23. – [6] Zur Seinsfrage (²1959) 37f. – [7] Stellennachweise bei H. FEICK: Index zu Heideggers ‹Sein und Zeit› (1961) s. v. ‹Sein und Seiendes›.

Literaturhinweise. W. MARX: Heidegger und die Tradition. Eine problemgesch. Einf. in die Grundbestimmungen des Seins (1961) 131-135. – O. PÖGGELER: Der Denkweg Martin Heideggers (1963) 145-162. – F. WIPLINGER: Wahrheit und Geschichtlichkeit. Eine Untersuch. über die Frage nach dem Wesen der Wahrheit im Denken Martin Heideggers (1961) 91-146.   P. PROBST

Differenzierung

I. Unter D. versteht man in der *Embryologie* sowohl das Verschiedenwerden von Zellen während der Ontogenese als auch die davon herrührende Zunahme der Mannigfaltigkeit der Zelltypen in einem Zellverband (Gewebe oder Organ). Die zu Beginn der Entwicklung genetisch gleichwertigen Zellen differenzieren sich in verschiedener Richtung und verändern dabei ihre Gestalt und ihre Funktion. Durch ein komplexes Wechselspiel zwischen Genom (Chromosomenbestand einer Zelle) und Plasma werden während der aufeinander folgenden Phasen der Keimentwicklung in den einzelnen Zellkernen unterschiedliche Gene aktiv, was zu verschiedenartiger genetischer Information an das Plasma führt und damit ein Differentwerden der Zellen zur Folge hat. Dabei ist die D. der Zelle in hohem Maße abhängig von ihrer Lage im Zellverband bzw. im Gesamtkeim. Der Ablauf und der Grad der gegenseitigen Beeinflussung sowohl zwischen Kern und Plasma als auch zwischen den einzelnen Zellen wird ebenfalls von Genen gesteuert.

ROUX (1850-1924) unterschied schon 1881 [1] eine *autonome* D.-Möglichkeit, worunter er eine Entwicklung der Zellen unabhängig von der Umgebung verstand, von einer *abhängigen* D., bei der die Veränderung der Zellen oder Zellkomplexe auf Faktoren beruht, die außerhalb derselben liegen. Als Beispiel für autonome D. diente ihm der «Halbembryo», den er erhielt, nachdem er eine Blastomere (durch Furchung entstandene Zelle) des Zweizellstadiums des Froschkeimes mit einer heißen Nadel zerstört hatte. Da hier «die differenzierende Mitwirkung der anderen Eihälfte zur Entwicklung einer durch die Selbstteilung des Froscheies gebildeten und abgegrenzten Eihälfte eine große Entwicklungsstrecke weit nicht erforderlich» ist, zog er den Schluß, daß auch in der Normogenese jede Blastomere des Zweizellstadiums für die Bildung eines halben Organismus allein zuständig sei [2]. Die Versuche DRIESCHS (1867-1941) an Seeigeleiern und die Schnürungsexperimente SPEMANNS (1869-1941) an Amphibienkeimen [3] zeigten aber, daß gerade die D.-Leistungen der frühen Furchungszellen bei vielen Tierarten abhängig sind von Einflüssen, die von den Nachbarzellen ausgehen. Autonome D. im Sinne von Roux findet sich aber bei einer Reihe wirbelloser Tiere (Mollusken, Tunicaten), bei denen sich einzelne Keimplasmabezirke der Eizelle unabhängig voneinander zu ganz bestimmten Organen oder Organkomplexen differenzieren, wie durch Defektversuche bewiesen werden konnte. Ein solcher Entwicklungsmodus wird als Mosaiktyp bezeichnet im Gegensatz zum Regulationstyp, der für die Amphibien- und Seeigelontogenese charakteristisch ist. Zwischen beiden Typen besteht kein grundsätzlicher Unterschied: Bei den Mosaikeiern ist das endgültige Schicksal eines Eibezirkes schon sehr frühzeitig festgelegt, während bei den Regulationseiern die Determination in späteren Entwicklungsphasen erfolgt. Eine Klärung der unterschiedlichen D.-Möglichkeiten (autonom oder abhängig) einzelner Blasteme (aus undifferenzierten Zellen bestehendes Bildungsgewebe) konnte von SPEMANN [4] in einer Reihe genial durchdachter Experimente erbracht werden. Sein erstes Objekt war die Entwicklung des Wirbeltierauges. Die Linse entsteht aus der Epidermis, die Retina geht aus einer Ausstülpung des Vorderhirns hervor. Spemann explantierte aus Keimlingen in frühen Stadien präsumptives linsenbildendes Zellmaterial. Nach dessen Entfernung differenzierten sich Epidermiszellen aus der Nachbarschaft zu einer normalen Linse. Die Augenblase hatte Zellen, die normalerweise Epidermis gebildet hätten, veranlaßt, zur Linse zu werden. Ähnliche Ergebnisse erbrachten weitere Experimente SPEMANNS und HOLTFRETERS. Gastrulaektoderm (äußere Schicht des Becherkeims von Vielzellern), das sich in der Normogenese zu Neuralrohr differenziert hätte, kann diese D.-Leistung nicht vollbringen, wenn es isoliert aufgezogen wird. Es bedarf dazu eines Induktors. Dieser ist in der Normalentwicklung das Chordamesoderm, das durch die Gestaltungsbewegungen während der Gastrulation unter das präsumptive Neuralplattengebiet verlagert wird und mit ihm in Kontakt kommt. Diesen beiden Beispielen für eine abhängige D. eines bestimmten Keimbereiches steht die Selbst-D. der oberen Urmundlippe gegenüber. Wird Material dieses Bereiches in eine Gastrula eingepflanzt, so ist der transplantierte Zellkomplex zu autonomer Gestaltungsbewegung fähig, er beginnt in das Innere des Keimes einzuwandern und das Ektoderm zu unterlagern. Außerdem differenziert er sich sowohl nach Transplantation in einen anderen Keim als auch isoliert aufgezogen zu Chorda und Muskulatur in der gleichen Weise wie bei normaler Lage im Keimverband.

Die Fähigkeit eines Blastems, eine ganz bestimmte D.-Leistung durchzuführen, wird als D.-Tendenz bezeichnet. Dabei kann diese Tendenz schon Teilen der Eizelle oder frühen Furchungsstadien zukommen (Mosaikeier); es besteht aber auch die Möglichkeit, daß von einem Induktor bestimmte D.-Tendenzen ausgelöst werden. Ein Induktor ist aber nicht omnipotent, sondern er kann in dem von ihm beeinflußten Blastem nur die D.-Tendenzen hervorrufen, für die der betreffende Keimteil zum Zeitpunkt der Induktion kompetent ist. Viele Experimente haben erwiesen, daß sich die *Kompetenzverhältnisse* und damit die D.-Leistungen der einzelnen

Keimbezirke während der Entwicklung in hohem Maße ändern.

Anmerkungen. [1] W. Roux: Der Kampf der Teile im Organismus (1881); Beiträge zur Entwicklungsmech. des Embryos I. Z. Biol. 21 (1885), Sonderdruck S. 6. – [2] W. Roux: Die Entwicklungsmech., ein neuer Zweig der biol. Wiss. (1905). – [3] H. Driesch: Entwicklungsmech. Studien I. Z. wiss. Zool. 53 (1891) 160. – [4] H. Spemann: Exp. Beiträge zu einer Theorie der Entwicklung (1936).

H. ENGLÄNDER

II. Unter D. versteht man allgemein die Ausgliederung von unterschiedlichen Teilen in einem einheitlichen Ganzen. Die ausgebildeten Teile können zu mehr oder minder selbständigen Unterganzen mit eigener Funktion werden. Der Begriff ‹D.› weist in der *Psychologie* vier verschiedene Bedeutungsaspekte auf:

a) D. setzt phänomenal keine im Erlebnis explizit gehabte Gliederung oder Gestaltung voraus, wohl aber vice versa: Gliederung ist ein Spezialfall von D. Diese Auffassung stellt eine Umkehrung der Krueger-Brunswikschen Definition der Gestalt «als Spezialfall von (erlebter) Ganzheit» [1] dar. D. kann stimmungshaft-physiognomisch, diffus farbenartig, verschwommen und doch nuancen- und tönungsreich und mit größter Eindringlichkeit, zustandshaft werden. Ebenso wie die erlebten Gestalten im Grade (Niveau) der Gestaltung variieren die diffusen Komplex- oder Ganzqualitäten (zum Teil auch Anmutungsqualitäten genannt) von geringer zu hoher D. Nach ersten Ansätzen bei E. L. Thorndike [2] und O. Weininger [3] hat die Leipziger Psychologenschule unter F. Krueger ab 1903, anschließend W. Stern und vor allem H. Werner die D. des Erlebens ohne Gliederung oder Gestaltetheit zu einer Grundtatsache der Psychologie erhoben (bei H. Volkelt 1914: «ein Ganzes ohne Teile» [4], d. h. ohne abgesetzte Glieder und trotzdem differenziert).

b) Funktionale D. als Funktion der Auffassung (cognition), d. h. des Wahrnehmens und des verarbeitenden Denkens, ist eine Leistung des «Wahrnehmungssystems» als eines vorwiegend erworbenen Bezugssystems, so z. B. Abhebung einer Figur von ihrem Grund bei Gestalten nach J. J. Gibson [5]. Andere Autoren trennen diese bewußte Leistung als *Diskrimination* oder *Identifikation* von der vorbewußten D. des Wahrnehmungsbildes, so R. Francès [6]. Ähnlich faßt K. Lewin für die Handlungspsychologie den Begriff der D. des Feldes in seiner «Topologischen Psychologie» [7], desgleichen die Lerntheorie im Begriff der «Reiz-D.».

c) Betrachtet man die psychischen Funktionen bzw. Fähigkeiten und Dispositionen als einen organisierten Verband oder ein Gefüge nach dem Muster der Biologie, wie in der Strukturtheorie von F. Krueger [8], so lassen sich verschiedene Grade, Arten und Eigenarten der D. dieses Gefüges, d. h. der Differenzier*heit* und Strukturiertheit aufweisen. Das Studium dieser Verschiedenheiten führt zu eigenen psychologischen Disziplinen, der Individualpsychologie bzw. Charakterologie oder Persönlichkeitspsychologie im engeren Sinn, einschließlich der Typologie. Als Sammlung oder Dach dieser theoretischen Bemühungen wurde 1900 von W. Stern die ausdrücklich so genannte ‹Differentielle Psychologie› begründet [9]. Ihr wurde als wissenschaftliche Methode zunächst die Typologie zugewiesen, unter die sich auch Klassenunterschiede wie der der Geschlechter subsumieren lassen (so seit Weininger [10]). In der Psychologie C. G. Jungs wird der Begriff ‹D.› gleichgesetzt mit ‹Individuation› im Sinne der Bildung und «Besonderung» von Einzelwesen mit individuellen Eigenheiten. Individuation wird verstanden als D.-Prozeß, der die Entwicklung der individuellen Persönlichkeit zum Ziele hat [11].

Der Vergleich mit der Biologie, zumal der Evolutionstheorie und Stammesgeschichte, lehrt, daß D. des psychophysischen Organismus oder der «Struktur» deren Haltbarkeit, Niveau und Reichtum allein nicht ausmacht. D. muß ihren Gegenhalt an der Festigkeit oder Geschlossenheit des Ganzen – nach Krueger und Wellek – oder durch «Zentralisation» und gleichfalls Geschlossenheit» – nach H. Werner – gewinnen: «... zunehmende D. ... würde zu ... immer absonderlicher werdenden bizarren Gestalten führen ..., wenn dieser D. nicht eine Vereinheitlichung durch Subordination der Teile (Goethe) gegenüberstände ... Diese Zentralisation bedeutet für jedes organische (auch psychische) Gebilde: Organisation der differenzierten Teile (Glieder) zum Zwecke einer totalen Geschlossenheit ...» [12]. Ähnliche Überlegungen finden sich schon bei H. Spencer, der dem Prozeß der D. in der Entwicklung den Prozeß der Integration gegenüberstellt [13].

Nach Wellek [14] bestehen drei Bedingungen der Strukturiertheit: D., Gefügtheit (Festigkeit) und Verfügungsfreiheit, d. h. Unspezialisiertheit oder Plastizität. Mühle und Wellek [15] nehmen eine allgemeine Abhängigkeit der D. des Verstehens, zumal Ausdrucksverstehens, von der D. der verstehenden Person an im Sinne des Homogeneitätsprinzips des Erkennens nach Weininger [16].

d) Das Gesagte bestätigt sich in der Entwicklungspsychologie. Schon Dilthey [17] setzt Entwicklung gleich mit «zunehmender Artikulation». Diese bedeutet einen «fester» werdenden und doch bildsam bleibenden Zusammenhalt der Teile, eine D. bei gleichzeitiger «Herstellung höherer Verbindungen» (so bei Krueger [18]). Nicht allein biologisch, auch im Psychologischen führt der Weg der Entwicklung zu immer höherer D., und dies sowohl in der Phylo- und Ontogenese im Sinne von Haeckel als auch in der Aktualgenese nach F. Sander [19], wobei jedoch nach Werner und Wellek die genannten Einschränkungen gelten. Extreme D. ohne gleichzeitig zunehmende Integration führt zu Entformung und Zerfall, bei zu starker Festlegung im Sinne der Spezialisierung aber zur Erstarrung und in eine Sackgasse der Entwicklung («gefährliches Spezialistentum» nach P. Buchner [20]). «‹Spezialisierung› ist ein Sonderfall von D. ... und nicht mit dieser gleichzusetzen, nämlich ... jene besondere Art von D., die [der Zoologe] P. Buchner als ‹entwicklungsfeindlich› herausgestellt hat. Da es also auch Differenziertheit ohne (oder doch ohne durchgreifende) Spezialisierung gibt – z. B. gerade beim Menschen, wenn auch nicht in dem Maße, wie etwa A. Gehlen [21] meint –, so ist die weithin übliche Gleichsetzung von Unspezialisiertheit und ‹Primitivität› entwicklungstheoretisch verkehrt» (Wellek [22]).

Nach Werner ist «das Grundgesetz zunehmender D. *und* hierarchischer Zentralisierung» gleicherweise für die biologische wie die psychologische Entwicklung gültig dank dem hierarchischen Bau unserer Psyche» [23]: «Die Begriffspaare: komplex (synkretisch) – geschieden, diffus (global) – gegliedert, verschwommen – prägnant, unbestimmt – bestimmt deuten alle eine Entwicklungslinie an, die sich als zunehmende D. bezeichnen läßt» [24].

Schon Weininger beschrieb die oben unter a) definierte Form des diffusen, ungestalteten Erlebens als «Henide» und diese wiederum als primitive, urtümliche Erlebnisform, die in der Entwicklung zu fortschreitender D. gelange [25]. Er vermutet bereits, daß «der Parallelismus zwischen Phylo- und Ontogenese, das ‹biogenetische Grundgesetz›» durch einen weiteren «Parallelprozeß» Aufhellung finden könne «in der Entwicklung von der Henide zum differenzierten Inhalt» [26]. Ohne Kenntnis dieser nur angedeuteten Vorläuferschaft wurde dieser Gedanke in der Leipziger Ganzheitspsychologie durch SANDER als Theorie der «Aktualgenese» mit experimenteller Methodik entwickelt [27]. Aber schon 1912/14 zeigte in den Anfängen dieser Schule H. VOLKELT in einer bahnbrechenden Untersuchung ‹Über die Vorstellungen der Tiere› den Aufstieg der tierischen und menschlichen Verhaltens- und Erlebnisweisen von primitiver «Ungeformtheit» und «Undifferenziertheit» zu fortschreitender «Geformtheit» und «D.» [28]. VOLKELT beruft sich auf KRUEGER (1915) und auf THORNDIKE, den er zitiert [29]: «In human mental life we have accurate, discriminated sensations and perceptions, realised as such; ... what the phenomena in animals ... show, is that they have neither.» Die Dingeindrücke der Tiere «are not the hard-and-fast, well-defined ‹things› of human life.»

In Übereinstimmung damit wurde in der Leipziger Typologie der Typus des «Gefühlsganzheitlichen» (WELLEK) als der genetisch frühe dem Analytiker oder «Einzelheitlichen» (SANDER) als dem genetisch späteren gegenübergestellt – ohne ausdrückliche typologische Formulierungen von VOLKELT 1926 [30], von SANDER 1928 [31], ausdrücklich von WELLEK 1938 [32] mit Anwendung auf die von ihm gefundenen Typen des Gehörs. Hier ist E. R. JAENSCH mit seiner Integrationstypologie nachgefolgt [33]. Von WERNER angeregt, wurde dieser Ansatz neuerdings von dessen Schüler WITKIN neu aufgegriffen und vor allem experimentell weiter ausgeführt. Hier wird die alte Typenpolarität als «feldabhängig» gegen «feldunabhängig» neu aufgefaßt und auf den Grad des erlebten Subjekt-Objekt-Gegensatzes oder die «self-non-self-differentiation» bezogen, die sich weiter auf soziale Attitüden (bei JAENSCH «Umweltkohärenz» bzw. «Querschnitt- gegen Längsschnitteinheit») überträgt wie auch auf «selfconsistency» und «Identität» der Person [34]. Als «differentiation hypothesis» wird von WERNER und WITKIN die Annahme eingeführt, daß die feldabhängige Form als die urtümliche durch fortschreitende D. zur feldunabhängigen entwickelt werde und daß der Grad der D. nicht bloß ein Maß für den Entwicklungsstand, sondern auch unabhängig vom Lebensalter für die Individualität wie auch für das Geschlecht charakteristisch sei [35]. So gesehen, bedeutet D. einen inhomogenen Zustand, größere Spezifität von Funktionen und somit relative Unabhängigkeit von «Subsystemen» (nach ASHBY) oder von Gliedstrukturen nach KRUEGER und WELLEK, was hier D. mit Gliederung gleichsetzen heißt. Dabei können nach WITKIN verschiedene Formen der D. der Subsysteme gegen einander vorkommen; dies faßt er als Weisen der Integration, die demnach mit D. nicht identisch ist, vielmehr der «Zentralisation» WERNERS entspricht [36].

Anmerkungen. [1] E. BRUNSWIK: Prinzipienfragen der Gestalttheorie, in: Beiträge zur Problemgesch. der Psychol. (1929) 90. – [2] E. THORNDIKE: Animal intelligence. Psychol. Rev. Monogr. Suppl. 8 (¹1898). – [3] O. WEININGER: Geschlecht und Charakter (1903). – [4] H. VOLKELT: Über die Vorstellungen der Tiere (1914) 69. – [5] J. J. GIBSON: The senses considered as perceptual system (New York 1966); Invariant properties of changing stimulation as information for perception, in: F. KLIX (Hg.): Psychol. Stud. zur Informationsverarbeitung beim Menschen (1968). – [6] R. FRANCÈS: Neue Entwicklungen in der Theorie der Wahrnehmung. Arch. ges. Psychol. 117 (1965) 145ff. – [7] K. LEWIN: A dynamic theory of personality (New York 1935). – [8] F. KRUEGER: Zur Philos. und Psychol. der Ganzheit, hg. E. HEUSS (1953). – [9] W. STERN: Psychol. der individuellen Differenzen (1900). – [10] WEININGER, a. a. O. [3]. – [11] C. G. JUNG: Psychol. Typen (⁹1960) 477f. – [12] H. WERNER: Einf. in die Entwicklungspsychol. (³1953) 29. – [13] H. SPENCER: Die Prinzipien der Psychol., dtsch. (nach der 3. Aufl.) von B. VETTER (1882) 344. – [14] A. WELLEK: Das Problem des seelischen Seins (²1953) 85. – [15] G. MÜHLE und A. WELLEK: Ausdruck, Darstellung, Gestaltung. Stud. gen. 5 (1952) 119. – [16] WEININGER, a. a. O. [3] 134ff. – [17] W. DILTHEY: Ideen über eine beschreibende und zergliedernde Psychol. Sber. Preuß. Akad. Wiss. (1894) 1392f. – [18] F. KRUEGER: Über psychische Ganzheit, in: Neue psychol. Stud. I/1 (1926) 52; Neudruck a. a. O. [8] 70. – [19] F. SANDER: Exp. Ergebnisse der Gestaltpsychol. Ber. 10. Kongr. exp. Psychol. (1928). – [20] P. BUCHNER: Spezialisierung und Entwicklung (1940) bes. 25. – [21] A. GEHLEN: Der Mensch (1940). – [22] WELLEK, a. a. O. [14] 85. – [23] WERNER, a. a. O. [12] 33. 37. – [24] a. a. O. 37. – [25] WEININGER, a. a. O. [3] 125. 127. 245. – [26] a. a. O. 522. – [27] Vgl. SPENCER, a. a. O. [13]; dazu A. WELLEK: Die Wiederherstellung der Seelenwiss. (1950) 65. – [28] VOLKELT, a. a. O. [4] 93. 98. 102. 106. 108. 111ff. 118. – [29] a. a. O. 67; E. THORNDIKE: Animal intelligence (New York 1911) 119f. – [30] H. VOLKELT: Fortschritte der exp. Kinderpsychol. Ber. 9. Kongr. exp. Psychol. (1926) 136f. – [31] SANDER, a. a. O. [19] 34. – [32] A. WELLEK: Das absolute Gehör und seine Typen (1938, ²1970) 277ff. – [33] E. R. JAENSCH: Grundformen menschl. Seins (1929). – [34] H. A. WITKIN u. a.: Psychol. differentiation (New York 1962) 1ff. 5f.; JAENSCH, a. a. O. [33]. – [35] WITKIN, a. a. O. [34] 15ff. 222ff. – [36] a. a. O. 10f. 19f.; WERNER, a. a. O. [12].

Literaturhinweise. E. THORNDIKE s. Anm. [2]. – W. STERN s. Anm. [9]; Die Differentielle Psychol. in ihren methodischen Grundlagen (²1911). – F. KRUEGER: Über Entwicklungspsychol., ihre sachliche und gesch. Notwendigkeit (1915); s. Anm. [18]. – H. WERNER s. Anm. [12]. – A. WELLEK s. Anm. [14]. – H. A. WITKIN u. Mitarb. s. Anm. [34]. – F. SANDER und H. VOLKELT: Ganzheitspsychol. (1962, ²1967); darin Neudruck von VOLKELT [30] und SANDER [19].
A. WELLEK

Dihairesis (διαίρεσις, Division) ist die von PLATON erstmals in vollem Umfange und mit philosophischer Zielsetzung angewandte Methode der Begriffseinteilung, welche die Definition eines bestimmten Begriffes durch seine Einordnung unter höhere, ihn umfassende und bestimmende Begriffe ermöglichen soll. Auf diese Weise werden in den Dialogen ‹Sophistes› und ‹Politikos› die Begriffe des Sophisten und des Politikers durch Einordnung unter ihre Oberbegriffe ihrem Wesen nach bestimmt und erklärt [1]. – Die D. ist in Platons Dialektik das Gegenstück zur Zusammenführung (συναγωγή) mehrerer spezieller Begriffe unter einen sie umfassenden allgemeineren Begriff und zur stufenweisen hypothetischen Zurückführung (ἀναγωγή) der spezielleren unter immer allgemeinere Begriffe [2], denn die D. besteht wesentlich darin, die Unterschiede auszudrücken, durch welche sich eine Gattung in ihre Arten oder ein allgemeinerer Begriff in speziellere Begriffe zergliedert [3], wobei nicht willkürliche Unterscheidungen in die Dinge hineingetragen werden dürfen, sondern die in ihnen selbst liegenden, natürlichen Gliederungen der Gattungsbegriffe bis hin zum untersten, nicht weiter teilbaren Artbegriff (ἄτμητον εἶδος) aufgesucht werden müssen [4]. Dabei ist nach Platon zu beachten, daß nur nach wirklichen Artunterschieden, nicht nach beliebigen Teilen oder nach bloß quantitativer Verschiedenheit eingeteilt wird und daß in der Einteilung die Mittelglieder nicht übersprungen werden, durch welche die niedrigeren Arten mit den höheren zusammenhängen, d. h. daß ein stetiger Fortgang vom Allgemeinen zum Besonderen die richtige Bestimmung der Arten sichert [5]. Der eigentliche Zweck der D. ist daher neben der Wesensbestimmung der untersten unteilbaren Art der, durch eine vollständige und methodische Aufzählung der Arten und Unterarten den ganzen von einem obersten Gattungsbegriff umfaßten Bereich begrifflich auszumessen und alle Unterteilungen der Begriffe bis zu dem Punkt hin aufzusuchen, wo die regelmäßige Gliederung des Begriffs aufhört und die unbestimmte Mannigfaltigkeit der Erscheinung beginnt, wodurch das gegenseitige Verhältnis der Begriffe untereinander erst richtig festgestellt werden kann [6]. Um der Stetigkeit des Fortgangs und der Vollständigkeit aller Zwischenglieder willen bevorzugt Platon meistens die einfachste Einteilung, nämlich die fortschreitende Zweiteilung, die *Dichotomie* (s. d.), und wo diese nicht anwendbar ist, die dieser am nächsten kommende Einteilung [7].

Obwohl ARISTOTELES der Ansicht ist, daß die D. der Gattungs- und Artbegriffe für seine Syllogistik nicht viel bedeutet, da sie bloß postuliert und das Allgemeine zum Mittelbegriff macht [8], und obwohl er nicht glaubt, daß man durch die D. eine Definition beweisen könne, da die D. den Begriff gar nicht treffe [9], erkennt er doch den Wert der D. beim Aufsuchen der Begriffsbestimmung, indem er feststellt, daß zur Aufzählung, Vollständigkeit und richtigen Ordnung der wesentlichen Merkmale des zu Definierenden das beste Hilfsmittel beim Herabsteigen vom Allgemeinen zum Besonderen die stetig fortschreitende Einteilung, beim Aufsteigen zum Allgemeinen die ihr entsprechende stufenweise Zusammenfassung ist, wobei er beide Operationen als D. versteht und für ihre Durchführung ähnliche Regeln wie bereits Platon aufstellt [10].

Die *Stoiker* unterscheiden neben der D., welche sie als «Einteilung der Gattung in die zugehörigen Arten» definieren, auch noch eine Antidihairesis als Einteilung der Gattung in kontradiktorisch Entgegengesetztes, eine Hypodihairesis als nach unten fortgesetzte D., sowie den μερισμός (Scheidung) als Einteilung der Attribute nach den Substanzen, an welchen sie vorkommen können [11].

Eine besondere metaphysische Bedeutung erlangt die D. bei PHILON VON ALEXANDRIEN, welcher im Rahmen einer Genesis-Allegorese eine Weltschöpfung durch dichotomische D. vertritt, die das göttliche Denken, der Logos, bis zu den unteilbaren untersten Einheiten hin ständig vollzieht: Der göttliche Logos und nach der Analogie auch der menschliche Geist, die beide selbst monadenhaft unteilbar sind, zerlegen fortwährend – schöpferisch bzw. nachvollziehend – die Wirklichkeit in ihre letzten Glieder [12].

Die Seinsdihairesis, d. h. die Unterteilung einer obersten Gattung in ihre Arten und Unterarten meist im Sinne einer Einteilung des Gesamtseins in die verschiedenen Arten und Stufen des Lebens, hat überhaupt in der platonischen Schultradition bis in die spätesten Zeiten eine Rolle gespielt, vor allem aber im mittleren Platonismus, so bei ALBINOS [13] und MAXIMOS VON TYROS [14] sowie unter dem Einfluß dieser Tradition bei SENECA [15].

Bei PLOTIN steht die D. nicht im Mittelpunkt seiner metaphysischen Betrachtungsweise, höchstens daß er einmal das ganze von der göttlichen Vernunft umfaßte Sein sowie das Weltzoon als Gattung des Lebewesens in die verschiedenen Arten unterteilen kann [16], wobei aber eine solche D. nach ihm nur von der menschlichen Vernunft, nicht vom göttlichen Geist, der alles zusammenschaut, nacheinander vorgenommen wird [17].

Anmerkungen. [1] PLATON, Sophistes 218 d-231 e, 235 b ff., 264 c ff.; Politikos 258 b-267 c; 279 c ff. – [2] Phaidros 265 d ff.; Sophistes 253 b ff.; Philebos 16 d ff. – [3] Phaidros 265 e; Politikos 285 a. – [4] Phaidros 265 e. 273 d. 277 b; Politikos 287 c; Resp. V, 454 a. – [5] Politikos 262 a ff., bes. 262 b-264 a. – [6] Philebos 16 c ff.; vgl. Anm. [3]. – [7] Politikos 287 c; Philebos 16 d. – [8] ARISTOTELES, Anal. pr. I, 31, 46 a 31-b 37. – [9] Anal. post. II, 5, 91 b 12-92 a 5. – [10] Anal. post. II, 13, 96 b 15-97 b 25; Top. VI, 5, 6; De part. anim. I, 2, 3. – [11] DIOG. LAERT. VII, 61f.; SVF II, 215, 1-10. – [12] PHILON, Quis rer. div. heres 129-236, bes. 130ff. 207ff. 215ff. 230ff. – [13] ALBINOS, Didaskalikos 156, 21ff. (HERMANN).– [14] MAXIMOS TYRIOS, Dial. XI, 8 a ff. (HOBEIN, 17 Deubner).– [15] SENECA, Ep. 58, § 8ff., bes. § 16f. – [16] PLOTIN, Enn. III, 3, 1, bes. 9-25. 20. – [17] Enn. IV, 4, 1, 16ff.

Literaturhinweise. J. STENZEL: Zahl und Gestalt bei Platon und Aristoteles (1924, ³1959); Studien zur Entwicklung der platonischen Dialektik von Sokrates bis zu Aristoteles (²1931, ³1961). – W. THEILER: Die Vorbereitung des Neuplatonismus (1934, ²1964). – K. GAISER: Platons ungeschriebene Lehre (1963) 125ff. – H. J. KRAEMER: Der Ursprung der Geistmet. (1964). – A. MÜLLER: Platons Philos. als krit. Distanzierung von der mythischen Dichtung (Diss. Münster 1967) 193-200; zur D. als Organon politischer Kritik vgl. bes. 199f.   F. P. HAGER

Dikäologie oder Rechtslehre nennt W. T. KRUG den ersten Teil der drei Wissenschaften innerhalb des Systems der praktischen Philosophie. Die D. zerfällt in ein reines und angewandtes Naturrecht, auf Grund der Trennung in theoretisch- und praktisch-philosophische Wissenschaft. Zum reinen Naturrecht gehören Privatrecht und Öffentliches Recht, zum angewandten Naturrecht Familienrecht und Kirchenrecht [1].

Anmerkung. [1] W. T. KRUG: System der praktischen Philos. 1: Rechtslehre (1817, ²1830).   R. KUHLEN

Dike wird etymologisch verschieden abgeleitet: von δικεῖν, werfen (δίκη danach der Loswurf, der «treffende Entscheid», vgl. Ehrenberg [1]); von δείκνυμι, zeigen (δίκη danach die Weisung, vgl. Berneker [2]); auch von δίχα, zwiegeteilt (δίκη danach Auseinandersetzung, Zuteilung). Das Wort hat sowohl mythisch-poetische als auch philosophische und soziologisch-juristische Bedeutung.

Die *Gottheit* D., Tochter des Zeus mit Themis, Schwester der Eunomia und Eirene (HESIOD), ist «göttliche Gerechtigkeit»; Beisitzerin des richtenden Zeus, vollstreckt sie seine Sprüche. Nach den Orphikern Totenrichterin, waltet sie auch am Hadestor (vgl. Ehrhardt [3]). PARMENIDES nennt sie «gute Fügung». Bei SOLON und HERODOT «göttliche Vergeltung», hilft sie den Bluträchern (AISCHYLOS) und schützt zu Unrecht Verfolgte (SOPHOKLES). Als Hore ist sie eine lichtende, Unordnung aufspürende kosmische Ordnungsmacht (HERAKLIT). Sie schützt die Satzung der Polis, die sie verläßt, wo Rechtschaffenheit (δικαιότης), Gerechtigkeit (δικαιοσύνη) und Rechttun (δικαιοῦν) mißachtet sind. Mit dem Streit (Eris) unlöslich verknüpft (HERAKLIT), ist sie bei EURIPIDES menschlich-umstrittene, erst bei PLATON göttlich-vollkommene Gerechtigkeit.

Der *Begriff* D. bedeutet anfangs, was (konkret) jemand «zukommt», dann (abstrakt) «das Zukommende» (τὸ δίκαιον). Es ist das einem Jeglichen (Gott, Mensch, Tier, Ding) als das Seinige wesenhaft Eigene, Gebührende, Geschuldete und das vom «Rechten» (Gerechten = ὁ δίκαιος) zu Beanspruchende, zu Fordernde. Rechtlich bedeutet es bei HOMER «verstatteten Zugriff» (vgl. H. J. Wolff [4]), aber auch persönlichen Anspruch; bei HESIOD richterliche Sprüche (δίκαι), die richtig (gerade) oder falsch (schief) ausfallen können. Als gesetzlich (νόμῳ) oder natürlich (φύσει) «Rechtes» (Gerechtes) ist δίκη Inbegriff sozial ausgleichender Macht (SOLON), richtender Geschichte (HERODOT), adligen Brauchs (THEOGNIS), politischer Rechtskunde (bei den *Sophisten*). Dreifach: als Anspruch, Gebühr und Sühne im *soziologischen* Sinn; als Prozeß, Strafe und

Buße im *juristischen* Sinn; als Gerechtigkeit und Sozialtugend (ἀρετή) im *philosophischen* Sinn, entfaltet sich vom Grundwort δίκη her die Sprache des griechischen Rechtsdenkens und der Rechtspflege: Gericht (δικαστήριον), Rechtskunde (δικανικὴ τέχνη), Richter (δικαστής) mit den Verneinungsformen ἀδικία, Ungerechtigkeit, ἀδικεῖν, Unrechttun, ἄδικος, ungerecht, ἀδίκημα, Verbrechen.

Anmerkungen. [1] V. EHRENBERG: Die Rechtsidee im frühen Griechentum (1921) 71ff. – [2] E. BERNEKERIU: Der kleine Pauly, Lex. der Antike 2 (1965) 24–26: Art. ‹D.›. – [3] A. EHRHARDT: D. am Tor des Hades. Studi mem. E. Albertario (1950) 2, 547f. – [4] H. J. WOLFF: Beiträge zur Rechtsgesch. Altgriechenlands (1961) 249.

Literaturhinweise. R. HIRZEL: Themis, D. und Verwandtes (1907). – E. WOLF: Griech. Rechtsdenken 1 (1950). – K. LATTE: Antike und Abendland 2 (1946) 63. – Vgl. Anm. [1].

E. WOLF

Diktatur meint im alten deutschen Staatsrecht bis 1806 die Übergabe der Beratungsvorlagen an den Reichstag durch den Reichsdiktator (den Sekretär des Mainzer Kurfürsten), der sie den Kanzlisten der Reichsstände diktierte [1], und hernach entsprechend die amtliche Mitteilung von Schriftstücken durch das Bundespräsidium an die Frankfurter Bundesgesandtschaften [2]. In der politischen Literatur steht ‹D.› zunächst nur für das Amt des römischen Diktators, das man wie MACHIAVELLI, der es nach Livius die in Notlagen erteilte Vollmacht zu Beschlußfassung ohne Beratung und Vollzug ohne Einredemöglichkeit nennt [3], als eine der römischen Republik eigentümliche Einrichtung versteht. Von ROUSSEAU als Suspension der legislativen Autorität gedeutet [4], wird D. in der Französischen Revolution mit der *D. der Jakobiner* zum allgemeinen Begriff zeitweiliger Aufhebung rechtlicher Schranken, besonders der Aufhebung der unter dem Terminus ‹Republikanismus› als das Prinzip verfassungsmäßiger Ordnung begriffenen Trennung von Legislative und Exekutive. Nach *Napoleon* erscheint das Wort dann als Bezeichnung einer selbständigen Herrschaftsform: F. SCHLEGEL, der die D. in seinem ‹Versuch über den Begriff des Republikanismus› 1796 als republikanisches Notrechtsinstitut, nämlich als Ausnahme von der Gewaltenteilung und transitorischen Zustand definiert und die Formel ‹dictatura perpetua› als widersinnige Bezeichnung bloßer Despotie verworfen hatte [5], sagt 1828: «Der gewöhnliche und natürliche ... Übergang aus der Volks-Anarchie, wenn sie ... sich in sich selbst erschöpft hat, ist der zur absoluten Herrschaft, oder der immerwährenden D., unter was immer für einer Form, aber ohne ... göttliche Sanction» [6]. Im Hinblick auf die *cäsaristische* D. wird die Unbeschränktheit der Herrschaft nicht mehr als verfassungsrechtliche Ausnahmeermächtigung, sondern als Antwort auf die aus dem Umsturz der bestehenden Ordnung resultierende Anarchie verstanden, der Ausnahmecharakter der D. nicht mehr normativ, sondern historisch begriffen, wobei der Hinweis auf den Legitimitätskonflikt den Rahmen der erinnerten antiken Vorstellung vom Kreislauf der Herrschaftsformen sprengt: Dauernde D. ist mangels traditionaler Legitimität weniger als Monarchie, aber – als notwendige Antwort auf die Anarchie – auch etwas anderes als bloße Tyrannei. Das meist geschichtsphilosophisch unterlegte Attribut der Notwendigkeit, nicht verfassungsrechtliche Legitimation und Limitierung, unterscheidet jetzt D. von beliebiger Despotie, nachdem A. COMTE die revolutionäre Machtkonzentration des modernen Staates in der 55. Lektion des ‹Cours de Philosophie positive› (1841) vor dem Hintergrund seines geschichtsphilosophischen Dreistadiengesetzes als eine Art ständiger weltlicher D. im Übergang von der theologisch-militärischen zu der wissenschaftlich-industriellen Epoche bestimmt und als unvermeidliche Folge sowohl wie als «unentbehrliches Korrektiv» der «desorganisation spirituelle» des 14. Jh. gedeutet hatte [7]. Das Begriffselement der Erhaltung wird zur Niederhaltung und richtet sich nicht so sehr gegen exogene Störungen des politischen Systems als wider eine permanente systemimmanente Bedrohung. Angesichts der Folgen der als Aufstand gegen die Schöpfungsordnung interpretierten Französischen Revolution sieht J. DONOSO CORTÉS unausweichlich die Wahl «zwischen der D. des Aufruhrs und der D. der Regierung» gestellt [8]. Mit Blick auf Frankreich unter Louis Napoleon bezeichnet K. FRANTZ die D. als die *wesentliche Form* eines Staatswesens, in dem mangels gemeinsamer Staatsanschauung infolge Zerstörung der Substanz des alten Staatslebens weder der Restauration noch Parlamentarismus Ordnung zu stiften vermag: Herrschaft *eines* Mannes, die sich nicht «kraft Legitimität oder sonst einer moralischen Idee», sondern «im Namen physischer Notwendigkeit» gewaltsam durchsetzt [9]. ‹D.› nennt B. BAUER die *repressive* Herrschaft des «neuen Kaisertums», welches in der abermaligen Zeitenwende als «notwendige Ergänzung» des auf die Spitze getriebenen Individualismus den Zustand der «Unpolitik» und des «Nivellement» aufrechterhält, «bis das anarchische Gewühl neue Lebensformen schafft» [10]. In der Formel der «*revolutionären D. des Proletariats*», welche die Periode der Umwandlung der kapitalistischen zur kommunistischen Gesellschaft politisch ausdrückt, nimmt K. MARX [11] das Begriffselement der Repression in sozialökonomischer Deutung auf: D. ist für ihn weder ein Notrechtsinstitut noch eine bestimmte Herrschaftsform, sondern der Inbegriff von Klassenherrschaft. D. des Proletariats heißt: «Ablösung der bürgerlichen durch die proletarische D.» [12]. Diese schließt – so wenig wie jene – den Bestand demokratischer Herrschaftsformen aus. Im Gegenteil: Die «spezifische Form für die D. des Proletariats» ist nach F. ENGELS die «demokratische Republik» [13]. Demgegenüber war LENIN unter den Bedingungen des zaristischen Rußland gezwungen, die als Mehrheitsherrschaft gemeinte D. des Proletariats in eine D. der kommunistischen Partei umzudeuten. Als unbeschränkte Machtvollkommenheit der revolutionären Vollzugsorgane verstanden, gewinnt der D.-Begriff seine frühere Bedeutung in machttechnischer Zuspitzung zurück: «Die D. ist eine sich unmittelbar auf Gewalt stützende Macht, die an keine Gesetze gebunden ist» [14].

Den wegen der sogenannten D. des Reichspräsidenten nach Artikel 48 der Weimarer Verfassung [15] damals aktuellen Versuch, die Erscheinungsformen der D. zum *juristischen* Begriff zu bringen, unternahm C. SCHMITT [16] mit der Unterscheidung zwischen kommissarischer D. (= unbedingte Aktionskommission eines pouvoir constitué bei Suspension der bestehenden, aber partiell gestörten Rechtsordnung zum Zwecke ihrer Wiederherstellung) und souveräner D. (= unbedingte Aktionskommission eines pouvoir constituant im absoluten Ausnahmezustand, der neue grundlegende Entscheidungen erfordert). Ähnlich unterscheidet G. E. KAFKA zwischen verfassungsmäßiger und revolutionärer D. [17]. Doch erweisen sich diese scheinbar prinzipiellen Differenzierungen als fragwürdig, insofern die Verleihung diktatorischer Vollmachten in der Ausschaltung liberaldemokratischer Kontrollmechanismen besteht, einem Vorgang, der zumindest bei Strukturkrisen die Entwicklungstendenz vom Notinstitut zum Herrschaftssystem hat [18]. Unter diesem Aspekt gerät der D.-Begriff schlechthin in Antithese zum Begriff des Rechtsstaats und der Demokratie und wird zum Inbegriff totalitärer Herrschaft [19].

Anmerkungen. [1] J. St. Pütter: Institutiones Iuris Publici Germanici (^{2}1776) 140f. – [2] J. L. Klüber: Öffentliches Recht des teutschen Bundes und der Bundesstaaten (1817) 227. – [3] Machiavelli, Discorsi I, 33. – [4] Rousseau, Contrat social IV, 6. – [5] F. Schlegel, Prosaische Jugendschriften, hg. J. Minor 2 (1882) 60. – [6] Philos. des Lebens (1828) 408. – [7] A. Comte: Cours de philos. positive 5 (Paris ^{4}1877) 346ff. 424ff. – [8] J. Donoso Cortés: Rede über die D. vom 4. 1. 1849, dtsch. H. Abel (1920). – [9] K. Frantz: Louis Napoleon (1852, Nachdr. 1960). – [10] B. Bauer: Rußland und das Germanenthum (1853) I, 80; II, 75ff. – [11] Marx, Marx-Engels-Gesamt-A. (1956ff.) (= MEW) 19, 28. – [12] M. Adler: Die Staatsauffassung des Marxismus (1922, Nachdr. 1964) 191. – [13] Engels, MEW 22, 235; vgl. K. Kautsky: Die D. des Proletariats (1918). – [14] W. I. Lenin, Werke (dtsch.) 28 (1959) 234; vgl. L. Trotzki: Terrorismus und Kommunismus (1920). – [15] Vgl. R. Grau: Die D.-Gewalt des Reichspräsidenten und der Landesregierungen auf Grund des Art. 48 der Reichsverfassung (1922). – [16] C. Schmitt: Die D. (^{2}1928). – [17] G. E. Kafka: Art. ‹D.› in: Staatslex.^{6} 2, 907ff. – [18] Vgl. C. J. Friedrich: Der Verfassungsstaat der Neuzeit (1953) 668ff. – [19] Vgl. O. Stammer: Demokratie und D. Hess. Hochschulwochen für staatswiss. Fortbildung 8 (1955) 182ff.

Literaturhinweise. F. Bandel: Die Römischen D.en (Diss. Breslau 1910). – C. Schmitt: Die D. (^{2}1928). – A. Cobban: Dictatorship (New York/London 1939). – E. Fraenkel: The dual state (New York 1941). – C. L. Rossiter: Constitutional dictatorship (Princeton 1948). – W. v. Simson: Demokratie und D. in ihren völkerrechtlichen Beziehungen. Die Friedens-Warte 53 (1955/56) 201ff. 330ff. – G. W. F. Hallgarten: Dämonen oder Retter? (1957). – C. J. Friedrich: Totalitäre D. (1957). – K. D. Bracher: Art. ‹D.› in: Staat und Politik, hg. E. Fraenkel und K. D. Bracher (^{2}1959) 59ff. – M. Duverger: De la dictature (dtsch. 1961). – E. Sterling: Der unvollkommene Staat (1965).

Hasso Hofmann

Dilemma heißen in der antiken Logik die folgenden Schlußweisen:

1. (positives D.) a) *((p oder non-p) und (wenn p dann q) und (wenn non-p dann q)) ergo q;* b) *((p oder non-p) und (wenn p dann q) und (wenn non-p dann r) und non-r) ergo q.*

2. (negatives D.) *((wenn q dann (m oder n)) und (wenn m dann r) und (wenn n dann s) und non-r und non-s) ergo non-q.*

Beispiele zu 1. gibt Servius [1], der das Wort ‹D.› als terminus technicus verwendet: Es gibt nur zweierlei, ruhmvoll siegen oder ehrenvoll sterben; soll ersteres sein, dann kämpfen, soll letzteres sein, dann kämpfen. Ergo: kämpfen. Beispiele zu 2. findet man bei Euklid

[2]: Wenn $a \neq b$, dann $a < b$ oder $a > b$. Wenn $a < b$, dann folgt die Unmöglichkeit p, wenn $a > b$, ebenfalls. Ergo: non-$(a \neq b)$ bzw. $a = b$.

Die logische Stringenz des D. setzt die Gültigkeit des Tertium non datur «*p oder non-p*» voraus. Gestützt auf Verallgemeinerungen des Tertium non datur auf mehr als eine Aussage, erhält man bei n Aussagen 2^n-Lemmata (Polylemmata); z. B. ist *(p und q) oder (p und non-q) oder (non-p und q) oder (non-p und non-q)* der Kern eines 2^2-Lemma bzw. Tetralemma, das in der griechischen philosophischen Literatur besonders häufig auftritt. Polylemmata findet man z. B. formal voll durchgeführt bei Sextus Empiricus [3], gut kenntlich bei Aristoteles [4], Platon [5], Cicero [6].

Anmerkungen. [1] In Verg. Aen. II, 675; X, 449. – [2] Elementa I, 6 u. oft. – [3] Pyrrh. hypot. II, 86. – [4] De interpret. 13, 23 a 21-26; De cat. 2, 1 a 20-b 9. – [5] Sophist. 261 d. – [6] De nat. deorum II, 1.

Literaturhinweise. I. M. Bocheński: Ancient formal logic (Amsterdam 1951). – B. Mates: Stoic logic (Berkeley 1961). – J. Mau, in: Naturphilos. bei Aristoteles und Theophrast, hg. J. Düring (1969) 133-146.

J. Mau

Dilettantismus. Der Ausdruck ‹D.› (nach lat. delectari, ital. dilettarsi, sich ergötzen, gebildet) ist 1774 bei Schubart in der deutschen Form ‹Dilettant› belegt.

Der Begriff des D. wird in Deutschland geprägt in den Vorarbeiten Goethes und Schillers zu einer klassischen Kunstlehre. Ihren Bemühungen, das Wesen des wahren Künstlers zu umgrenzen, gehen voraus die Versuche von K. Ph. Moritz, den Künstler (Genie) vom Nichtkünstler (Liebhaber) zu trennen. Bei Moritz kommt das Wort ‹D.› noch nicht vor, der Sache nach aber handelt er vom D. im Roman ‹Anton Reiser› (1785/90) und in den Schriften ‹Über die bildende Nachahmung des Schönen› (1788) und ‹Warnung an junge Dichter›. Moritz unterscheidet zwischen einem falschen und einem echten Bildungstrieb. Die *echte* Bildungskraft erhält den «*allerersten* Moment ihres Anstoßes durch sich selber und nicht durch die Ahndung des Genusses von ihrem Werke» [1], während dagegen im *falschen* Bildungstrieb das Empfindungsvermögen vorherrschend wirksam ist [2].

In der Auseinandersetzung mit der dichterischen Produktion ihrer Zeit bestimmen Goethe und Schiller den Begriff des D. [3]. Wie für Moritz so liegt auch für Goethe das Mißverhältnis zwischen der inneren Neigung zu künstlerischem Hervorbringen und dem wirklichen poetischen Vermögen dem D. zugrunde [4]. Auf welche Weise aus dem Liebhaber der Dilettant wird, zeigt Schiller in seinem Aufsatzfragment ‹Über den D.›: «Weil der Dilettant seinen Beruf zum Selbstproduzieren erst aus den Wirkungen der Kunstwerke auf sich empfängt, so verwechselt er diese Ursachen und Motive, und meint nun den Empfindungszustand, in den er versetzt ist, auch produktiv und praktisch zu machen ...» [5]. Die von Goethe und Schiller gemeinsam ausgearbeiteten Schemata ‹Über den D.› mit ihren Rubriken ‹Nutzen und Schaden für das Subjekt› und ‹Nutzen und Schaden für das Ganze› machen die *erzieherische* Absicht deutlich, die Kunst von den verantwortungslosen Produktionen der Unbegabten rein zu erhalten [6] und zugleich den in der Ausbildung befindlichen jungen Künstlern «falsche Tendenzen» [7] in ihrem Streben bewußt zu machen. Der D. ist den Dichtern des 19. und 20. Jh. immer wieder zum Problem geworden (Grillparzer, Keller, Hofmannsthal, Bourget, H. Mann). Für R. Musil unterscheidet sich der Dichter vom Dilettanten durch das Vermögen der Ironie. Der Dichter, so heißt es im Vortrag ‹Der Dichter und diese Zeit› (1936), sei fähig, auch das darzustellen, was er als Privatperson haßt, «während sich der Dilettant durch ein beständiges Gefühl auszeichnet und darum auch leicht von Zeiten der Eingeistigkeit in die Höhe getragen wird» [8]. – Im «Glasperlenspiel» seines gleichnamigen Romans (1943) hat dann H. Hesse in der Gegenbewegung zur «dilettantischen Überproduktion» [9] des «feuilletonistischen Zeitalters» geradezu eine höhere, nämlich mathematisch-spielerische Form des D. geschaffen [10].

Anmerkungen. [1] K. Ph. Moritz: Schriften zur Ästhetik und Poetik (1962) 81. – [2] a. a. O. 80. – [3] Vgl. Goethe: Lit. Sansculottismus; Epoche der forcierten Talente; Diderots Versuch über die Malerei; Der Sammler und die Seinigen (8. Brief); Schiller: Über naive und sentimentalische Dichtung. – [4] Goethe, Hamburger A. (= HA) 10, 432. – [5] Schiller, National-A. (= NA) 21, 60. – [6] a. a. O. 61; Goethe, HA 13, 522; vgl. die Schemata: Lyrische Poesie, Pragmatische Poesie, Schauspielkunst NA 21, Anhang. – [7] Goethe, HA 10, 432. – [8] R. Musil: Tagebücher, Aphorismen, Essays und Reden, hg. Frisé (1955) 916. – [9] H. Hesse: Das Glasperlenspiel (1952) 94. – [10] a. a. O. 84. 85. 93. 107.

Literaturhinweise. R. Kassner: Der D. (1910). – G. Baumann: Goethe: ‹Über den D.›. Euphorion 46 (1952) 348ff. – Vgl. Anm. in Schiller, NA 21. – H. R. Vaget: Der Dilettant. Eine Skizze der Wort- und Beleuchtungsgesch. Jb. dtsch. Schillerges. 14 (1970) 131-158. E. Krückeberg

Ding. Für die Alltagsansicht und die naiv realistische Philosophie ist das D. (griech. χρῆμα, πρᾶγμα, auch ὑποκείμενον; lat. ‹res›; dtsch. im engeren Sinne ‹D.›, in weiterer Bedeutung ‹Sache›) als das individuelle, materielle Substrat von Eigenschaften und als Ursache der Affektion geschichtslos selbstverständlich; aber die problemgeschichtliche Analyse zeigt, daß diese Vorstellung *geworden* ist.

Den *Vorsokratikern* darf sie nicht unterlegt werden. Dies gilt trotz der Eidolontheorie des Erkennens bei Demokrit und Leukipp [1], die grundlegend wurde für die Typosislehre der Stoiker [2] und die Diskussionen der Kyrenaiker über das D. der Außenwelt als «das unbekannte Substrat und die Ursache der Affektion» [3]. Wenn man die ὄντα im Spruch des Anaximander (B 1) mit «D.» oder «seiende D.» (Diels) übersetzt, so ist die Vorstellung des aristotelischen Hypokeimenon und erst recht die eines rein faktischen D. fernzuhalten (wie M. Heidegger richtig sieht [4]).

Äußerlich betrachtet schwankt Platons Sprachgebrauch für πρᾶγμα zwischen Einzel-D. und Idee [5]. Man schloß daraus, Platons Denken schwanke zwischen der Respektierung der «natürlichen», d. h. der technomorphen D.-Ansicht und der Übertragung der D.-Charaktere auf die Idee. Aber im Zusammenhang der Ideenlehre gibt es weder ein metaphysisch autonomes Hypokeimenon noch eine bloß transzendente und insofern immer noch dinganaloge Idee. Deren Zugleich von Immanenz und Transzendenz, ihre Symploke mit allen anderen Ideen ist nur durch die Korrektur der technomorphen Denkweise erreichbar, obwohl die technomorphe Terminologie tatsächlich vielfach in ihrem Zusammenhang auftritt [6]. Die von Platon bereits im ‹Phaidon›, vor allem aber im ‹Sophistes› und ‹Parmenides› gedachte *Überdinglichkeit* der Idee wird auch verfehlt, wenn man sie neukantianisch der Alternative unterwirft: «Ideen bedeuten nicht D., sondern Methoden» [7].

Die für die D.-Vorstellung charakteristische ontologische Autarkie des Hypokeimenon kennt auch Aristoteles *nicht* – trotz der Chorismospolemik [8], trotz der Auszeichnung der ersten vor der zweiten οὐσία [9] und trotz der Neigung, wenigstens in bestimmten Phasen der Untersuchung, das sinnliche Dieses-Da oder das materielle Hypokeimenon zum Prototyp der Ousia zu machen. Die platonisierende Metaphysik des Eidos, der Morphe und des Nous verhindert, daß diese Ansätze das Wesen der aristotelischen Philosophie ausmachen. Doch hat Aristoteles den für die D.-Ontologie der Tradition charakteristischsten Lehrpunkt entwickelt: die Differenz von ὑποκείμενον (Substrat, Substanz) und συμβεβηκός (Akzidens).

Die *Stoa* lehnt allgemeine Wesenheiten ab [10] und entwickelt in ihrem pantheistischen Materialismus die Vorstellung der res als Substrat weiter, ohne sie von der Allnatur zu isolieren. Naiv realistisch sieht sie im D. als dem Ursprung der Affektion den Garanten der Wahrheit [11].

Die Folgezeit bis Kant einschließlich ist problemgeschichtlich charakterisiert durch die ständige Vermischung des stoischen Seinsentwurfs mit platonischer Ideenlehre, aristotelischer Formmetaphysik und christlichen Motiven. Selbst die Großen (Augustin, Anselm, Thomas) gelangen nicht zu einer einhelligen Systematik, wie sie Plotin durch seine Kritik an der stoischen Affektionslehre und durch seine Ableitung der Natur-D. aus Psyche und Nous erreicht hatte. Der ‹Liber de causis› vermittelte diese Weltansicht dem *Mittelalter;* da außerdem die augustinische Fassung der Ideenlehre allenthalben, z. B. auch bei Thomas von Aquin, gilt, bewährt es sich fast immer, den mehrdeutigen res-Begriff des Mittelalters von der Ideenlehre her zu deuten, wenn auch die D.-Vorstellung unkorrigiert mitunterläuft. Johannes Eriugena, die Schule von *Chartres* und Meister Eckhart setzen Plotins Modalanalysen fort und bereiten über Cusanus den Idealismus der Neuzeit vor.

Im 14. Jh. gerät der res-Begriff in eine Krise, die den Gang der neuzeitlichen Philosophie wesentlich bestimmt hat: Einerseits erhält das als von sich aus individuell gedachte Einzel-D. nach der Ablehnung realer Universalien und des intellectus agens erhöhte Bedeutung als Affektionsgrund; allein die vom Objekt direkt verursachte intuitive Erkenntnis vergewissert uns nach Wilhelm von Ockham über Sein oder Nichtsein [12]. Andererseits zersetzt sich die ontologische Tiefenstruktur der res. Es wird problematisch, wie wir von der Eigenschaft *B* auf die Substanz *A* schließen können, wobei unterstellt wird, es handle sich bei Akzidens und Substanz je um eine alia res [13]. Die Nichtnotwendigkeit dieses bisher als einsichtig angesehenen Zusammenhangs wird am theologischen Beispiel der Transsubstantiation demonstriert.

Für die frühe *Neuzeit* ergibt sich daher folgendes Bild: Während die von Suárez bestimmte Schulphilosophie bis Chr. Wolff und Baumgarten die sachliche Bedeutung der spätmittelalterlichen Kritik am D.-Begriff verkennt, versucht Cusanus (und nach ihm G. Bruno und Leibniz) die res wieder in die Geist- und Ideenmetaphysik zu integrieren, wobei er die im Nominalismus erreichte Einsicht in die Individualität der D. festhält, aber die Vorstellung ontologischer Autarkie durch die Lehre von der universalen Interdependenz (omnia in omnibus) ersetzt. Descartes reduziert die menschliche Erfahrung der D. auf res extensae; er legt ihren sinnlichen Erscheinungsreichtum auf die subjektive Seite und beläßt ihnen selbst nur, was mathematisch faßbar ist: Quantität und Bewegung. Gleichzeitig bezweifelt die skeptische Tradition (Montaigne, auch Pascal, Hume), daß der D.-Begriff mehr sei als ein subjektiver Gewaltstreich zur Übersichtlichmachung der an sich unübersichtlichen Realität.

HUMES Assoziationsgesetze lösen das Problem der Wißbarkeit des Zusammenhangs von D. und Eigenschaften nicht. KANT sieht dies und sucht in den synthetischen Urteilen a priori die Möglichkeitsbedingung des Zusammenhangs von D. und Eigenschaft. D. ist dann nicht mehr deren ontologischer «Träger», sondern Erscheinung, der die apriorische Urteilsfunktion des transzendentalen Ego zugrunde liegt [14]. Daß Kants Philosophie dennoch an der D.-Vorstellung orientiert bleibt, daß er außer dem D. der Erfahrung (= Erscheinung) das unerfahrbare D. an sich annimmt und ihm die alte Funktion der Affektion zuweist – diese Inkonsequenzen trieben die nachkantische Philosophie weiter.

FICHTE setzt ein mit der Kritik an der unhaltbaren Lehre vom D. an sich [15]. Er bricht – so konsequent wie Plotin – mit der Affektionslehre [16] und überhaupt mit der der «gemeinen Logik» zugrunde liegenden D.-Vorstellung: Kein D. «kann etwas anderes sein als ein im Ich Gesetztes» [17]. Daher kritisiert Fichte die dem D.-Begriff von der Stoa her anhaftende Tendenz, Ich und Gott dem angeblich höheren Begriff des D. unterzuordnen [18].

HEGEL führt Fichtes und Schellings Kritik an der Verdinglichungstendenz der Ontologie des 18. Jh. fort; ihre Theorie der «Seelenvermögen» mache das Ich zu einem «Seelen-D.». Er analysiert in der ‹Phänomenologie› [19] und in der ‹Logik› [20] die Dialektik des Verhältnisses von D. und Eigenschaften als eine Phase im Zusichkommen des Wissens. Das Kantische D. an sich ist ihm ein unvollständiger Gedanke, eine «sehr einfache Abstraktion». Bei Hegel kommt es zu einer terminologischen Distinktion von ‹D.› und ‹Sache› [21].

War zu Beginn der Neuzeit für Cusanus das kompakt erscheinende D. nur das Aufscheinen der einenden Kraft des Verstandes in der Andersheit der Sinnlichkeit, so ist für NIETZSCHE der von Kant systematisch entwickelte subjektive Ursprung der D.-Kategorie das Signum der Falschheit; sie ist ein anmaßender, sachlich nicht zu rechtfertigender Anthropomorphismus [22].

HEIDEGGER kritisiert an der europäischen Philosophie, sie habe das D. als D. verfehlt, weil sie es mit Platon als Gegenstand des Herstellens oder mit Descartes und Kant als Gegenstand des Vorstellens fasse [23].

Anmerkungen. [1] DIELS, Frg. der Vorsokr. 67 A 29. – [2] SVF II, 150, 13ff. (n. 458). – [3] Vgl. SEXT. EMP., Adv. math. VI, 191. – [4] M. HEIDEGGER: Holzwege (1949) 305. 306-310. – [5] Einige Belege bei F. AST: Lex. Platonicum (1835-1838) 162-163; vgl. P. NATORP: Platons Ideenlehre (²1922) s. v. ‹D.› im Sachregister. – [6] Anders M. HEIDEGGER: Vorträge und Aufsätze (1954) 166; zur Sache vgl. J. HIRSCHBERGER: Gesch. der Philos. 1 (⁸1965) 97-101; zum Problem des Techne-Denkens a. a. O. 64-66. 78f. – [7] NATORP, a. a. O. [5] 221. – [8] ARISTOTELES, Met. I, 6. 9; XIII, 9 u. ö. – [9] De cat. c. 5. – [10] SVF II, 123 (n. 359-364). – [11] a. a. O. II, 21-26; I, 17-19 (n. 56-62). – [12] W. v. OCKHAM, 1 Sent. Prol. q. 1 Z. – [13] NIKOLAUS VON AUTRECOURT, Texte, hg. J. LAPPE, in: Beiträge zur Gesch. der Philos. des MA 6/2 (1908). – [14] Vgl. KANTS Deduktion der Kategorien und insbesondere die Lehre von den Grundsätzen in der KrV; dazu M. HEIDEGGER: Die Frage nach dem Ding (1962). – [15] J. G. FICHTE, Rezension des Aenesidemus. Werke, hg. MEDICUS 1, 147. – [16] a. a. O. 6, 128 u. ö. – [17] 1, 293. – [18] 1, 384. – [19] HEGEL, Werke, hg. GLOCKNER 2, 98. – [20] a. a. O. 4, 602ff. – [21] 3, 314-315; 4, 30ff. – [22] FR. NIETZSCHE, Werke, hg. SCHLECHTA 3, 369. 487. 534-535. 540. 555. – [23] M. HEIDEGGER: Das Ding, in: Vorträge und Aufsätze (1954) 129-144; vgl. Anm. [14].

K. FLASCH

Ding an sich

I. In der *vorkantischen* Philosophie von Descartes bis Hume charakterisiert der Terminus ‹D.a.s.› dasjenige Etwas, das – als das eigentlich Seiende – nur in den Akten des von jeglicher Sinneswahrnehmung freien reinen Denkens zu erfassen ist. In diesem Sinne vertritt auch noch KANT in ‹De mundi sensibilis atque intelligibilis forma et principiis› (1770) den Standpunkt, daß wir mittels der Sinne die Dinge in ihrer Erscheinungsform, mittels des Verstandes jedoch in ihrem Ansich erkennen [1]. Seit der ‹Kritik der reinen Vernunft› (1781) jedoch wird der Terminus für Kant zum Grund- und Grenzbegriff des *transzendentalen Idealismus;* denn Erkenntnis im strengen und wissenschaftlichen Sinne gibt es nun für ihn nur von Gegenständen einer möglichen sinnlichen Anschauung, wenn auch dabei immer vorausgesetzt wird, «daß wir eben dieselben Gegenstände auch als D.a.s. selbst, wenn gleich nicht *erkennen,* doch wenigstens müssen *denken* können. Denn sonst würde der ungereimte Satz daraus folgen, daß Erscheinung ohne etwas wäre, was da erscheint» [2].

Das D.a.s. ist für Kant einmal «der gänzlich unbestimmte Gedanke von Etwas überhaupt» [3], ein «Etwas = x, wovon wir gar nichts wissen, noch überhaupt (nach der jetzigen Einrichtung unseres Verstandes) wissen können» [4]. In dieser Bedeutung meint ‹D.a.s.› ein «Noumenon im negativen Verstande», ein Ding, «*sofern es nicht Objekt unserer sinnlichen Anschauung ist ...*» [5]. Das D.a.s. ist also hier der absolute *Grenzbegriff* aller theoretischen Verstandeserkenntnis; an anderen Stellen jedoch wird es als Seins- und Bestimmungsgrund der Erscheinung erklärt, als das der Erscheinung zugrunde Liegende, das sich als solches jedoch jedem rationalen Zugriff entzieht [6]. Das D.a.s. wird hier als *Noumenon* «in *positiver* Bedeutung» verstanden, sofern wir nämlich außer unserer menschlichen, sinnlichen Anschauung noch eine andere, die *intellektuelle,* annehmen und das Noumenon in positiver Bedeutung als «*Objekt* einer nicht sinnlichen Anschauung» verstehen [7]. Hinter den Erscheinungen sind «die Sachen an sich selbst (obzwar verborgen) ... von deren Wirkungsgesetzen man nicht verlangen kann, daß sie mit denen einerlei sein sollten, unter denen ihre Erscheinungen stehen» [8].

Diese *beiden* Bedeutungen des Terminus ‹D.a.s.› widersprechen einander nicht; denn es handelt sich hier nicht um einen ontischen Dualismus, sondern um eine transzendentalphilosophische Unterscheidung. Das zeigt sich besonders bei der Reflexion auf unser eigenes Ich: Ohne die kritische Unterscheidung von D.a.s. und Erscheinung wäre kaum zu verstehen, wie der eine und selbe Erfahrungsgegenstand, nämlich unser Ich, einmal kausalbedingt in seinen Aktionen, zum anderen frei in seinem Wollen sein könnte: «Denn daß ein *Ding in der Erscheinung* (das zur Sinnenwelt gehörig) gewissen Gesetzen unterworfen ist, von welchen ebendasselbe als *Ding* oder Wesen *an sich* selbst unabhängig ist, enthält nicht den mindesten Widerspruch; daß er [der Mensch] sich selbst aber auf diese zwiefache Art vorstellen und denken müsse, beruht, was das erste betrifft, auf dem Bewußtsein seiner selbst als durch Sinne affizierten Gegenstandes, was das zweite anlangt, auf dem Bewußtsein seiner selbst als Intelligenz, d. i. als unabhängig im Vernunftgebrauch von sinnlichen Eindrücken (mithin als zur Verstandeswelt gehörig)» [9].

Anmerkungen. [1] KANT, Akad.-A. 2, 392. – [2] KrV B XXVIf. – [3] a. a. O. A 253. – [4] A 250; vgl. Grundlegung Met. Sitten Akad.-A. 4, 451. – [5] KrV B 307. – [6] B 344; A 613/B 641f. u. a. – [7] B 307. – [8] Akad.-A. 4, 459. – [9] a. a. O. 4, 457.

Literaturhinweise. W. WINDELBAND: Über die verschiedenen Phasen der Kantischen Lehre vom D.a.s. Z. wiss. Philos. 1 (1877). – A. THOMSEN: Bemerkungen zur Kritik des Kantischen Begriffes des D.a.s. Kantstudien (=Kst.) 8 (1903). – E. ADICKES: Kant und das D.a.s. (1924). – N. HARTMANN: Diesseits von Idealismus und Realismus. Kst. 29 (1924). – H. HEIMSOETH: Met. Motive in der Ausbildung des krit. Idealismus. Kst. 29 (1924) 121-159; Persönlichkeitsbewußtsein und D.a.s. in der Kantischen Philos. Kant-Festschrift der Albertus-Univ. Königsberg (1924). – M HEIDEGGER: Kant und das Problem der Met. (1929). – H. F. HALLETT: On things in themselves. Philosophy 14 (1939). – G. A. SCHRADER: The thing in itself in Kantian philos. Rev. Met. II/7 (1948/49) 30-44. – R. DAVAL: La mét. de Kant (1951). – G. MARTIN: I. Kant. Ontologie und Wissenschaftstheorie (1951); Die Probleme einer ontol. Kantinterpretation. Kst., Erg.-H. 81 (1961). – H. HERRING: Das Problem der Affektion bei Kant. Kst. Erg.-H. 67 (1953) mit Lit. H. HERRING

II. Der Gegensatz zwischen Erscheinung und D.a.s. wurde dann zum vieldiskutierten Problem der *Kantinterpretationen*. Schon F. H. J. JACOBI sucht 1787 mit dem Argument der Subjektivität aller Kategorien die Annahme des D.a.s. zu widerlegen: Die Gesetze unseres Anschauens und Denkens haben keine «wahrhafte objektive Bedeutung» und können deshalb keinen Aufschluß über die D.a.s. geben [1]. Diese Kritik nimmt 1792 G. E. SCHULZE (genannt AENESIDEMUS) auf: der Begriff des D.a.s. überschreite die Grenzen des menschlichen Wissens und der philosophischen Vernunft [2]. Eine Uminterpretation versuchten K. L. REINHOLD [3], I. S. BECK [4] und S. MAIMON [5], um die scheinbaren Widersprüche mit der transzendentalen Analytik aufzulösen.

Im deutschen Idealismus wird dann im allgemeinen der Begriff des D.a.s. ad absurdum geführt. Rigoros verweist FICHTE ihn in den Bereich des dogmatischen Idealismus und versucht ihn zu destruieren, indem er ihn zum nicht-möglichen Setzungsprodukt des Ich erklärt: «Das D.a.s. ist etwas für das Ich, und folglich im Ich, das doch nicht im Ich sein soll: also etwas Widersprechendes» [6]. Das D.a.s. sei Noumenon, ein bloßer Gedanke ohne Realität, rein «durch die Empfindung begründet» [7]. Nach SCHELLING sind die D.a.s. «Ideen in dem ewigen Erkenntnißakt» [8], nur nach den subjektiven Bestimmungen wahr; ihr Ansich sei die absolute Identität von Subjekt und Objekt [9]. SCHOPENHAUER sieht zwar in der Unterscheidung von Erscheinung und D.a.s. Kants größtes Verdienst [10], greift aber seine Prämissen an [11], die er widerlegt zu haben glaubt: Das D.a.s. sei «nachgewiesen, da, wo es unmittelbar liegt, im Willen, der sich Jedem als das Ansich seiner eigenen Erscheinung unmittelbar offenbaret». Nur der Wille sei frei vom Satz des Grundes und damit von aller Notwendigkeit [12]; deshalb sei er «der Gehalt aller Erscheinung», das D.a.s. [13]. Auch für HEGEL hat der Begriff im Kantischen Sinne keine Relevanz, er charakterisiert ihn als «Gedankending ... der leeren Abstraktion selbst» [14], als «abstrakten von allem Inhalt abgeschiedenen Schatten» [15], als «das einfache Reflektirt-seyn der Existenz in sich» [16].

Während HEINE die Unterscheidung von Phänomen und D.a.s. für den «Mittelpunkt» der Kantischen Philosophie hält, die die Grenzen und den Kompetenzbereich der menschlichen Vernunft erst abgesteckt habe [17], lehnt NIETZSCHE unter Berufung auf den subjektiven Standpunkt der Vernunft und auf die psychologische Ableitung des Glaubens an Dinge das D.a.s. als eine contradictio in adjecto ab [18]. Es verhindere nur die Erkenntnis der wahren «Realität» des «Scheins» [19] und der «Grundwahrscheinlichkeiten» und sei im Grunde nur die Fiktion eines «Subjekts an sich» [20].

Auch in den Deutungen des *Neukantianismus* bleibt die Vorstellung eines D.a.s. ein unlösbares Problem der Kantischen Philosophie: ausgehend von O. LIEBMANN [21] und F. A. LANGE [22] deutet die Marburger Schule Kant als Wissenschaftstheoretiker; seine Metaphysik und damit auch das D.a.s. fallen dieser Interpretation zum Opfer. Repräsentativ dafür deutet H. COHEN das D.a.s. als ein «Symptom des Mißverstehens der transcendentalen Frage»: im Kantischen Sinne dürfte es analytisch und könne es synthetisch nicht sein [23]. Allerdings hält Cohen noch an dem Terminus fest und unterlegt ihm die Bedeutung der «Erfahrung selbst als Ganzes und somit als Ding ... als Gegenstand gedacht» [24]. P. NATORP verzichtet dann konsequent auf den Begriff [25]. W. WINDELBAND bemüht sich in einer frühen Arbeit um die wissenschaftliche Auslegung des D.a.s. [26]; später nennt er es ein «postuliertes Nichts, dem keine sachliche Bestimmung und keine formale Beziehung zugesprochen werden kann» [27]. Unter den Neukantianern verteidigt nur A. RIEHL den Begriff als «Forderung der ‹Denkökonomie›», er ist für ihn «die einfachste Hypothese, die Verknüpfung der Wahrnehmungen verschiedener Subjekte zu einem übereinstimmenden Urteile zu erklären» [28]. E. ADICKES dagegen sucht zu einer Lösung der Widersprüche durch den Verzicht auf den «ganz unkantischen Zweifel an der Existenz der D.a.s.» zu gelangen; lediglich das Wissen um die D.a.s., nicht aber um ihre transsubjektive Existenz habe Kant geleugnet [29].

In den Arbeiten von E. v. Hartmann, H. Heimsoeth, N. Hartmann und G. Martin wird die Realität des D.a.s. wieder thematisiert. So insistiert z. B. E. v. HARTMANN gegen Kant auf der «mittelbaren Erkennbarkeit» des D.a.s., um seine Geltung für eine neue Metaphysik zu bewahren [30].

N. HARTMANN deutet die dem Begriff des D.a.s. immanenten Aporien nicht als Konsequenz des Systems, sondern als «Konsequenz des Problems» [31] und betont, daß der «eminent kritische Grundbegriff» des D.a.s. «als These eines Ansich-seienden oder Transzendenten überhaupt» zum «natürlichen Bewußtsein» gehöre [32]. In enger Bindung an N. Hartmann führt H. HEIMSOETH gegen das «Ausweichen vor allen metaphysischen Problemen» der erkenntnis- und wissenschaftstheoretischen Deutungen [33] den Gegensatz von Erscheinung und D.a.s. auf die erkenntnismetaphysische Gegenüberstellung des endlichen und des unendlichen Subjekts in ihrem Verhältnis zur Welt der dinglichen Realität zurück [34]. G. MARTIN geht von der Prämisse aus, daß die Unterscheidung von Erscheinung und D.a.s. zwar von Kant als eine «bloß problematische» vorgenommen sei; dabei sei aber die Möglichkeit der objektiven Realität des Ansich-seins schon berücksichtigt [35].

Anmerkungen. [1] F. H. J. JACOBI, Werke (1815) 2, 307. – [2] Vgl. AENESIDEMUS, hg. A. LIEBERT (1911) 21. – [3] K. L. REINHOLD: Versuch einer neuen Theorie der menschl. Vorstellungsvermögen (1789) §§ 17. 22. – [4] I. S. BECK: Erläuternder Auszug aus den crit. Schriften des Herrn Prof. I. Kant (1793ff.). – [5] S. MAIMON: Versuch einer neuen Logik (1794, ³1912) 344ff. – [6] J. G. FICHTE, Werke, hg. I. H. FICHTE 1, 283. – [7] a. a. O. 483. – [8] F. W. J. SCHELLING, Werke, hg. K. F. A. SCHELLING 2, 65. – [9] a. a. O. 67f. – [10] A. SCHOPENHAUER, Werke, hg. HÜBSCHER 2, 494. – [11] a. a. O. 597. – [12] ebda. – [13] 337. – [14] HEGEL, Werke, hg. GLOCKNER 4, 27. – [15] a. a. O. 42. – [16] 604. – [17] H. HEINE, Werke, hg. E. ELSTER 4, 254ff. – [18] NIETZSCHE, Musarion-A. 6, 41; 20, 7; 15, 23. – [19] a. a. O. 16, 46. – [20] 19, 52. – [21] O. LIEBMANN: Kant und die Epigonen (1865). – [22] F. A. LANGE: Die Gesch. des Materialismus und Kritik seiner Bedeutung in der Gegenwart (1866). – [23] H. COHEN: Kants Theorie der Erfahrung (²1885) 503. – [24] ebda. – [25] Vgl. G. MARTIN: I. Kant. Ontologie und Wissenschaftstheorie (⁴1969) 160. – [26] W. WINDELBAND: Über die verschiedenen Phasen der kantischen Lehre vom D.a.s. Vjschr. wiss. Philos. 1 (1877) 244-266. – [27] Einl. in die Philos. (1914) 227. – [28] A. RIEHL: Der philos. Kritizismus (1925) 2, 39. – [29] E. ADICKES: Kant und die Als-Ob-Philos. (1927) 65; vgl. 175. – [30] E. v. HARTMANN: Das D.a.s. und seine Beschaffenheit (1871) 124f. – [31] N. Hartmann: Diesseits von Idealismus und Realismus. Kantstudien 29 (1924) 190. – [32] Grundzüge einer Met. der Erkenntnis (²1949) 228; vgl. 237. – [33] H. Heimsoeth: Met. Motive in der Ausbildung des krit. Idealismus. Kantstudien 22 (1924) 121. – [34] a. a. O. 123. – [35] Martin, a. a. O. [25] 170.

Literaturhinweise. H. Heimsoeth: Persönlichkeitsbewußtsein und Ding-an-sich. Stud. zur Philos. Immanuel Kants (1956) 227-257. – G. Shaw: Das Problem des D.a.s. in der engl. Kantinterpretation. Kantstudien Erg.-H. 97 (1969). Ch. Seidel

Dingmystik. Mit diesem Interpretationsbegriff wird vor allem von W. Rehm das Verhältnis *Rilkes* zu den von ihm bedichteten Dingen gefaßt. Es gibt nach Rehm eine mit *Goethe* anhebende literarische und in *Rilke* gipfelnde Tradition der Dingerfahrung, der das Ding mehr und mehr zu einem eigenständigen Gegenstand wird, dessen auf Gott zugeordnetes Wesen gerade sich nicht dem funktionalen Zugriff erschließt, sondern allein der schauenden Achtsamkeit des Menschen [1]. Unter Ding wird dabei der ganze Bereich des Seins verstanden: Gegenstände des alltäglichen Lebens, Landschaften, Menschen, Stimmungen. Diese Dingverehrung und -demut wird schließlich bei Rilke zur D., «in der die Dinge sich sozusagen völlig verselbständigen, magisch aus dem allgemeinen Lebenszusammenhang herauszutreten scheinen und ihr eigenes beseeltes und doch im Erkanntwerden durch den Menschen erst sich vollendendes Leben führen» [2]. Dadurch werden die Dinge erlöst. Ihr «Sinn ist gleichsam die Antwort, die das Ding dem Herzen gibt. Ist er da, so gehört er zum Sein des Dinges, aber das Herz mußte ihn erst ins Dasein locken (Rilke)» [3]. Dies impliziert gesteigerte Rezeptivität des Dichters: «Der Dichter wohnt in der Mitte der Dinge und verwandelt sich in sie» [4]. Je dinghafter der Mensch wird, je mehr er sich verdinglicht, «desto näher [ist] er am Tode, desto reifer am Tode. Völlige Dingerfüllung ist Todesreife» [5]. Indem der Dichter zum Diener der Dinge wird, sie bedichtet, bewahrt er sie auf; er wird vielleicht zum letzten «Künder der schwindenden Dinge überhaupt» [6]. Rilkes «Dingdichtung [ist] Todesdichtung» [7].

Anmerkungen. [1] W. Rehm: Wirklichkeitsdemut und D. Logos 19 (1930) 297ff. – [2] a. a. O. 313. – [3] 330. – [4] 341. – [5] 343. – [6] 348. – [7] 355.

Literaturhinweis. W. Rehm s. Anm. [1]; jetzt auch in: Der Dichter und die neue Einsamkeit (1969) 78-152. H. Brinkmann

Direkte Aktion (action directe) ist der Name eines politischen Handlungsmodells, das Programm und Politik des *revolutionären Syndikalismus* beherrscht, einer um 1890 in Frankreich in Opposition zu den sozialistischen Parteien entstandenen gewerkschaftlichen Bewegung, die die sozialistische Klassenkampflehre mit dem Antietatismus des Anarchismus (besonders Proudhons und Bakunins) verknüpft [1].

So fordert F. Pelloutier [2] von den Gewerkschaften, sich außerhalb der geltenden Ordnung zu stellen, um sie zerstören zu können, d. h. gar nicht erst nach Handlungsmöglichkeiten innerhalb des Bestehenden zu fragen. Er setzt die d.A. der indirekten parlamentarischen entgegen: passiver Widerstand, Boykott, Sabotage, Straßendemonstrationen und schließlich Generalstreik. Der Gewerkschaftsführer V. Griffuelhes [3] geht in seiner ‹Taktik spontaner Handlungen› davon aus, daß die parlamentarisch agierende Bürokratie der sozialistischen Partei im Gesetzgebungswege kaum jene Reformen erreichen werde, die der revolutionäre Syndikalismus durch d.A. gegen Unternehmer und Staat erzwingen könne.

Außerhalb der Gewerkschaften und ohne nennenswerten Einfluß auf diese erweitern Intellektuelle um die Zeitschrift ‹Mouvement socialiste› (1899–1914) die syndikalistischen Auffassungen über d.A. zu einem philosophisch begründeten System. Neben Berth und Lagardelle ist G. Sorel [4] der bedeutendste dieser «neuen Schule». Nach ihm hat die bürgerliche Gesellschaft die Kraft verloren, ihre Konflikte auszutragen und dadurch sich selbst zu erneuern; sie hat das Gesetz des natürlichen Lebens, die «condition antagoniste», verleugnet und damit die Moral untergraben, die zu ihrer permanenten Regeneration des Kampfes bedarf. Träger einer neuen Moral ist das gewaltgewohnte Proletariat, für das im unmittelbaren Kampf gegen die bürgerliche Klasse die d.A. in der Gestalt des Generalstreiks zum handlungsleitenden «Mythos» geworden ist [5].

Begriff und Sache der d.A. sind im letzten Jahrzehnt mehrfach wiederaufgegriffen worden, so in der ‹Situationistischen Internationale› und der ‹Subversiven Aktion› [6], bei E. Guevara, R. Debray und D. Cohn-Bendit [7]. Motive der Theorie der d.A. kehren auch in der Philosophie Sartres wieder [8].

Anmerkungen. [1] N. F. Grube: Die Theorie des frz. revolutionären Syndikalismus (Diss. Freiburg 1927). – [2] F. Pelloutier: L'anarchisme et les syndicats ouvriers (Paris 1895); Hist. des Bourses du Travail (Paris 1902). – [3] E. Naef: Geistige Kräfte der freien frz. Gewerkschaftsbewegung in der ersten Hälfte des 20. Jh. (1953) 50ff. – [4] M. Freund: G. Sorel (1932). – [5] Hans Barth: Masse und Mythos (1959) 66-104. – [6] A. Goeschel (Hg.): Richtlinien und Anschläge (1968). – [7] O. Rammstedt: Anarchismus (1969) 24-27. – [8] G. A. Zehm: Hist. Vernunft und d.A. (1964). J. Debus

Disciplina, doctrina. Wie der korrespondierende Terminus ‹doctrina› gehört ‹disciplina› in das Wortfeld von Unterweisung, Schule (vgl. doctor – discipulus). Seine antike etymologische Herleitung aus ‹discere› ist unzutreffend [1], zutreffend die Herleitung von ‹doctrina› aus ‹docere› [2]. Das in der Antike entfaltete Bedeutungsspektrum der beiden zum Sprachbereich der gesamten Latinität gehörenden Termini bleibt in seinem Grundbestand gleich und erfährt in Spätantike und Mittelalter zusätzliche Erweiterungen; der Grundbestand ist reduzierbar auf die drei Hauptbedeutungen Vorgang, Inhalt, Ergebnis einer Ausbildung, die primär Wissen vermittelt. Im Rahmen der hier in erster Linie zu betrachtenden zweiten Hauptbedeutung dienen beide Termini seit Cicero [3], synonym mit ‹ars›, zur Bezeichnung von den Griechen übernommenen Bildungskanons im ganzen, der ἐγκύκλιος παιδεία; ‹artes liberales› wird häufiger verwandt als ‹disciplinae liberales›; ‹liberales doctrinae› begegnet selten. ‹disciplina› und ‹doctrina› bezeichnen ferner die einzelnen Wissensgebiete dieses Kanons; synonym stehen sie für μάθημα im Sinn von Schulfach; ebenso synonym stehen ‹ars› und ‹disciplina› für τέχνη (Kunst) wie für ἐπιστήμη (Wissen, Wissenschaft). – Die Bedeutung von ‹Disziplin› (Zucht) und ‹Doktrin› (Lehre) im heutigen Sprachgebrauch wird durch die lateinische Tradition bestimmt und geprägt.

Anmerkungen. [1] Thesaurus ling. lat. 5 s. v. – [2] a. a. O. 5 s. v. – [3] Cicero, De fin. 2, 68. G. Jüssen / G. Schrimpf

I. *Disciplina* (Di.). – Die begriffliche Entwicklung, aufgrund deren ‹Di.› zur Ausbildung des mittelalterlichen Wissenschaftsbegriffes beiträgt, vollzieht sich weitgehend innerhalb des Kanons der freien Künste (artes liberales s. d.). Zwar bleibt ‹Di.› stets synonym mit ‹ars›, grenzt sich daneben allmählich aber auch etwas dagegen ab. Das wird möglich, weil ‹Di.› auch außerhalb des Kanons ἐπιστήμη, das Wissen und Wissenschaft bedeuten kann, wiedergibt; dadurch, daß für Wissen eher ‹scientia› verwendet wird [1], gewinnt ‹Di.› allmählich auch die Bedeutung von Wissenschaft, stets jedoch mit pädagogisch-schulischem Beigeschmack, der es in der Nähe der freien Künste hält. In diesem Sinn nennt MACROBIUS die Philosophie «disciplina disciplinarum» und übersetzt damit deren griechische Definition als ἐπιστήμη ἐπιστημῶν [2]. Bei BOETHIUS wird die Abgrenzung gegenüber ‹ars› zum ersten Mal greifbar. Er faßt die vier mathematischen Fächer des Bildungssystems als «hae sc. quattuor disciplinae» [3] mit dem von ihm neugebildeten Terminus «quadruvium» [4] zusammen und setzt sie damit den drei verbleibenden Fächern als Einheit entgegen. Er sieht zweitens ihren Konvergenzpunkt in ihrer Methode, die er mit dem ebenfalls neugebildeten Terminus «disciplinaliter» [5] als stringent [6] kennzeichnet. Er weist ihnen schließlich propädeutische Funktion für jede begrifflich operierende Wahrheitserkenntnis zu [7], indem er sie als die mathematische Wissenschaft in den größeren Zusammenhang der theoretischen Wissenschaft einordnet, wo sie die unmittelbare Vorstufe der reinen Wahrheitserkenntnis sind [8]. CASSIODOR vollendet die Abgrenzung, indem er unter Berufung auf Plato und Aristoteles und in Anlehnung an die aristotelische Unterscheidung von τέχνη und ἐπιστήμη [9] die mathematischen Fächer konsequent als «disciplinae», die übrigen drei als «artes» bezeichnet; die artes befassen sich mit kontingenten, die Di. mit notwendigen Inhalten [10]. Folgerichtig bestimmt er die Philosophie als «ars artium et disciplina disciplinarum» [11]. Bei MARTIANUS CAPELLA wird die Unterscheidung wieder unscharf [12], ISIDOR VON SEVILLA tradiert sie [13].

Anmerkungen. [1] CICERO, De off. 2, 5; SENECA, Ep. 89, 5. – [2] MACROBIUS, Sat. 1, 24, 21; Themistios Sophistes, Orat. (23) 299 d. – [3] BOETHIUS, Inst. arith. 1, 1, hg. FRIEDLEIN 10, 7. – [4] ebda. – [5] De trin. 1, 2, 17 (STEWART-RAND). – [6] Quomodo substantiae 14-17 (ST.-R.). – [7] Inst. arith. 1, 1, hg. FRIEDLEIN 9, 6-13. – [8] De trin. 1, 2, 5-21 (ST.-R.). – [9] ARISTOTELES, Eth. Nic. VI, 3. – [10] CASSIODOR, Inst. 2, 3, 20. – [11] a. a. O. 2, 3, 5. – [12] MARTIANUS CAPELLA, De nupt. 5, 438. – [13] ISIDOR, Etymol. I, 1.

Im Sprachgebrauch des mittelalterlichen Wissenschaftsbetriebs erscheint ‹Di.› vor allem in vier Bedeutungen. Erstens bezeichnet es die freien Künste, gehört in dieser Verwendung jedoch nur so lange zum wissenschaftlichen Vokabular, wie diese an den Universitäten unterrichtet werden. Zweitens kennzeichnet es die einzelnen Fächer des Bildungskanons als Unterrichtsfächer und verblaßt allmählich zur Bezeichnung jeden beliebigen Unterrichtsfachs; gelegentlich tritt seine latente Nebenbedeutung «wissenschaftliches Unterrichtsfach» zutage; so wenn THIERRY VON CHARTRES von «speculativae disciplinae» [1], THOMAS VON AQUIN von «philosophicae disciplinae» [2] spricht. Drittens findet man ‹Di.› zusammen mit ‹disciplinaliter› in mehr wissenschaftstheoretischer Bedeutung zur Bezeichnung der Fächer, die sich durch methodische Stringenz auszeichnen. Schließlich begegnet es in der Bedeutung von Wissenschaft überhaupt. Über die beiden letztgenannten Bedeutungen beeinflußte es die Bildung des mittelalterlichen Wissenschaftsbegriffs. Nur ihrer Entwicklung gehört hier Beachtung.

Vor allem im 9. Jh. wird ‹Di.› in der Bedeutung Wissenschaft verwendet, da ALKUIN die sieben freien Künste als Kosmos der weltlichen Wissenschaften, über die allein der Weg zur Weisheit führt, zum verbindlichen Unterrichtsgegenstand im Karolingerreich gemacht hat [3]; ‹disciplinae liberales› begegnet in diesem Jh. häufiger als ‹artes liberales›. Den mit dem Terminus verknüpften Wissenschaftsanspruch reflektierend reduziert ERIUGENA die freien Künste auf fünf Fächer: Logik und die vier mathematischen Fächer [4], und deutet Di. im Sinn von Wissenschaftsfähigkeit als eine Natur des menschlichen Geistes auszeichnende Potenz [5].

In der wissenschaftstheoretischen Diskussion gewinnen ‹Di.› und ‹disciplinaliter› weitgehend im Rahmen der Rezeption von Boethius' opuscula sacra Bedeutung, vor allem also in den Schulen von St. Viktor und Chartres. Die Schulglosse des 9. Jh. nimmt die von Boethius durch Einengung des Bedeutungsumfangs von ‹Di.› auf das Quadrivium ermöglichte Synonymität mit den mathematischen Fächern, ihre propädeutische Funktion für jede Wahrheitserkenntnis und die in ihrer Methode liegende Auszeichnung schlicht zur Kenntnis [6]. In *St. Viktor* akzentuiert HUGO ‹Di.› mehr im Sinn der Cassiodorschen Abgrenzung gegenüber ‹ars›, nämlich in der Bedeutung theoretische Wissenschaft von notwendigen Inhalten [7], und sprengt nur gelegentlich die Bedeutungseinengung auf das Quadrivium. Daneben zeigt sich bei ihm die Tendenz zu weiterer Bedeutungseinengung durch Bedeutungsverlagerung; er sieht die methodische Stringenz beispielhaft in der Logik, dann auch in Geometrie und Astronomie gegeben und scheint ‹Di.› auf die Bezeichnung dieser Fächer reduzieren [8] und es sonst durch ‹scientia› ersetzen zu wollen [9]. In *Chartres* ersetzt THIERRY das Gegensatzpaar ars – Di. durch operatio – scientia [10]; Di. deutet er als «vis animae», die in der Fähigkeit besteht, durch Abstraktion die Natur eines Gegebenen zu erfassen und durch logische Schlüssigkeit zu unbezweifelbaren Sätzen zu kommen [11]. Indem er diese Fähigkeit als Instrument der Wahrheitserkenntnis versteht [12], aktualisiert er die mit Di. verbundene propädeutische Funktion, verlagert sie aber von den mathematischen Fächern auf das Feld der Logik. GILBERT PORRETA rezipiert daher vor allem die mit ‹disciplinaliter›, wofür häufiger ‹doctrinaliter› begegnet, anvisierte Methode, reduziert sie auf eine Abstraktionslehre und sieht ihre propädeutische Funktion in der Schaffung einer methodisch gesicherten begrifflichen Basis für den Aufbau einer Wissenschaft [13]; ‹mathematica Di.› wird synonym mit ‹logica Di.› [14]. Folgerichtig nennt CLARENBALDUS VON ARRAS die Begriffe «elementa disciplinalia» und gibt Aristoteles' ἐπιστημονικαὶ ἀρχαί als «disciplinalia principia» wieder; terminologisch tritt bei ihm an die Stelle der boethianischen ‹Di.› und der porretanischen ‹logica Di.› die «scientia demonstrativa» [15], die er als notwendige Ergänzung der Abstraktionslehre Gilberts erkennt. Die in Chartres vollzogene Ersetzung von ‹Di.› durch ‹scientia› und die Fixierung der mit ‹disciplinaliter› gekennzeichneten Methode auf das für ursprünglicher gehaltene Feld der Logik erfahren bei GUNDISSALINUS ihre letzte Konsequenz; er bezeichnet die syllogistisch verstandene Logik als «scientia logicae» [16] und kennzeichnet wieder die Methode der mathematischen Fächer mit «disciplinalis» [17], in das ein leichter Unterton von intellektuellem Ethos eingeht. Boethius' Termini sind also in ihrer wissenschaftstheoretischen Bedeutung allmählich aus dem Sprachgebrauch der mittelalterlichen Wissenschaftssprache wieder eliminiert worden. Ob Gundissalinus' Sprachregelung auf historischen Berührungen mit Chartres beruht, ist ungeklärt.

‹Di.› und ‹disciplinaliter› begegnen noch einmal bei THOMAS; er schränkt die Bedeutung von ‹Di.› auf den

Prozeß des Wissenschaftserwerbs ein und anerkennt die Beispielhaftigkeit der mit ‹disciplinalis› gekennzeichneten demonstrativen Methode für die mathematischen Fächer, weil man in ihnen mit dieser Methode am leichtesten zu sicheren Ergebnissen kommt, betont aber die Notwendigkeit ihrer Anwendung auch in den übrigen Wissenschaften [18]. In Thomas' methodologisches Vokabular gehen die beiden Termini nicht ein; hier hat sich die Sprachgebung ‹scientia›, ‹demonstrative› durchgesetzt. Es ist nicht ausgeschlossen, daß in der wissenschaftstheoretischen Diskussion Boethius' Einfluß in dem Ausmaß abnahm wie der des Aristoteles zunahm.

Anmerkungen. [1] THIERRY VON CHARTRES, Lectura, Prol. 21. Arch. Hist. doct. litt. M.A. 25. – [2] THOMAS VON AQUIN, S. theol. I, 1 corp. – [3] ALKUIN, Disp. de vera philos. MPL 101, 853 c-854 a. – [4] ERIUGENA, De div. nat. V, 4. MPL 122, 868 d-870 c. – [5] a. a. O. IV, 7. MPL 767 a-770 b. – [6] E. K. RAND: Johannes Scottus. Quellen und Untersuch. zur lat. Philol. des MA I/2 (1906) 35. 51. – [7] HUGO VON ST. VIKTOR, Didasc. II, 1. MPL 176, 751 d-752 a. – [8] a. a. O. II, 7. MPL 176, 755 c; II, 16. MPL 176, 757 c/d. – [9] III, 3. MPL 176, 768 a. – [10] THIERRY, Lectura a. a. O. II, 17 – [11] Glossa II, 7 a. a. O. 23; De hebd. 6 ebda. – [12] Lectura II, 29. – [13] GILBERT PORRETA, In Boeth. lib. I De trin. I, 2, 30-33. 38-41 (HÄRING). – [14] In Boeth. De hebd. 1, 14. 16 (HÄRING). – [15] CLARENBALDUS, Expos. in Boeth. De hebd. 2, 14; 1, 2 (HÄRING). – [16] GUNDISSALINUS, De div. philos. p. 39 (BAUR). – [17] a. a. O. 34. – [18] THOMAS, In Boeth. De trin. lect. II, q. 2, a. 1.

Literaturhinweise. H. I. MARROU: ‹Doctrina› et ‹Di.› dans la langue des pères de l'église. Arch. lat. med. aev. 9 (1934) 5-25. – M.-D. CHENU: Di. Rev. Sci. philos. théol. 25 (1936) 686-692. – O. MAUCH: Der lat. Begriff DI. Eine Wortuntersuch. (Fribourg 1941). – Art. ‹Di.›, Reallex. Antike und Christentum 2, 1213-1229 (V. MOREL).   G. SCHRIMPF

II. *Doctrina* (Do.). – a) Schon in der *klassischen Latinität* ist eine Differenzierung von Do. gegenüber Di. erkennbar: 1. Das Bedeutungsfeld von ‹Do.› ist präziser in einem rein intellektuellen Sinne bestimmt [1]. – 2. Neben der geistigen Arbeit an einem bestimmten Gegenstand [2] und deren objektivem Inhalt bezeichnet ‹Do.› auch das subjektiv-habituelle Ergebnis. So kann Do. einerseits in anthropologischer Perspektive als ein Moment von Kultur das notwendige Korrelat zu naturwüchsigen Konstanten (ingenium, natura) darstellen [3]. Andererseits tritt in methodischer Hinsicht Do. als Ausdruck einer theoretisch-wissenschaftlichen Einstellung in den Gegensatz zu bloßer Empirie [4]. – 3. Es ist für CICERO signifikant, daß er den Terminus auch im Sinne einer moralisch-politischen Doktrin verwendet [5]. – 4. Schon seit der klassischen Latinität bezeichnet ‹Do.› ebenso den Unterricht philosophischer Schulen und dessen Lehrinhalte (Do. Academicorum, Do. Pythagorae [6]) wie auch einzelne Lehrstücke, z. B. die Logik [7] oder die Kategorienlehre (Do. praedicamentorum als Übersetzung von κατηγοριῶν διδασκαλία bei BOETHIUS [8]).

b) – 1. Eine zu der vorgenannten (a4) parallele Bedeutungsentwicklung zeigt sich *im christlichen Bereich*, wo ‹Do.›, als Übersetzung des neutestamentlichen διδαχή-διδασκαλία verwendet, zunächst die Glaubensunterweisung und «-lehre» und dann deren Inhalt bezeichnet [9]. Bei den Kirchenvätern gewinnt diese inhaltliche Bedeutung von ‹Do.› allmählich die Oberhand, während der Sinn von Unterricht/Unterweisung zurücktritt [10]. – 2. So steht der Terminus ohne jede Differenzierung des theologischen Aspekts vom philosophischen vor allem auch für die Lehre der Kirche, von der die Kirchenväter jetzt sprechen, wie Cicero von der Do. einer Philosophenschule sprach [11]; ebenso wird der Terminus für einzelne Lehrstücke, z. B. die Trinitätslehre, verwandt [12]. – 3. Entsprechend heißen auch konträre, d. h. heterodoxe, häretische oder nicht-christliche Positionen ‹Do.›, wobei der Terminus hier in Relation zu der «sana Do.» [13] der Natur der Sache nach eher im Plural erscheint [14]. – 4. Wie gebräuchlich der Terminus im christlichen Kontext geworden ist, zeigt die Selbstverständlichkeit, mit der ihn AUGUSTINUS z. B. in ‹De doctrina christiana› verwendet. – 5. Diese spezifische Signifikanz von ‹Do.› im christlichen Bereich, die ein intellektuelles Moment am Glauben, nämlich die Möglichkeit seiner theoretischen Vermittlung, akzentuiert, zeigt sich besonders deutlich, wenn man die Gegenprobe macht: Im Vokabular der heidnischen Religion findet der Terminus keinerlei Verwendung [15].

c) Auf dem Hintergrund des tradierten antik-patristischen Bedeutungsbestandes ergeben sich im *Mittelalter* vor allem folgende Entwicklungen: 1. Der klassische Gegensatz Do. – natura findet sich im 9. Jh. bei JOHANNES SCOTTUS ERIUGENA, aber in aufschlußreicher Neubesetzung der Termini: Die rationale Methode der christlichen Wissenschaft (Do.) allein kann dem menschlichen Geist dazu verhelfen, sich das seiner metaphysischen Natur immer schon eigene, aber jetzt (post lapsum) faktisch nur latente Wissen neu anzueignen [16]. Die Bedeutsamkeit dieser Umbesetzung zeigt ihre Rezeption durch die Schule von Sankt Viktor [17], deren allerdings unscharfer Reflex sich noch in der Enzyklopädie des VINZENZ VON BEAUVAIS im 13. Jh. findet [18]. Diese trägt in ihrem zweiten Teil den bezeichnenden Titel ‹Speculum doctrinale›. Hier ist jedoch der Bedeutungsumfang von ‹Do.› so erweitert, daß die Gegenüberstellung zu ‹natura› ihren präzisen Sinn verliert. – 2. In dem mit der Entwicklung der Scholastik identischen Prozeß der Verwissenschaftlichung auch der Theologie wird der in b5 genannte theoretisch-intellektuelle Aspekt von ‹Do.› so forciert und damit auch isoliert, daß ihm gegenüber schon im 12. Jh. eigens auf die christliche Praxis als gleichwichtigen Faktor hingewiesen werden muß [19]. Im 13. Jh. bezeichnet WILHELM VON AUVERGNE Do. und exempla ausdrücklich als jene zwei Fenster (duae fenestrae), durch die dem Menschen das Licht der christlichen Wahrheit vermittelt wird [20]. – 3. Der theoretische Anspruch von Do. erreicht seinen Höhepunkt bei THOMAS VON AQUIN, der den Terminus «sacra Do.» zur Bezeichnung der Theologie als Wissenschaft verwendet. Dennoch wird hier ‹Do.› nicht einfach durch ‹scientia› ersetzt. Denn insofern bleibt eine notwendige Differenz zwischen diesen beiden Termini im Hinblick auf Theologie festzuhalten, als zu deren Gegenstand auch die kontingenten Fakten der Heilsgeschichte gehören, die als solche nicht Subjekt von Wissenschaft im aristotelischen Sinne sein können [21]. – 4. Bei JOHANNES DUNS SCOTUS steht der Terminus zwar noch für den Inhalt der Offenbarung, insofern dieser durch die Kirche tradiert wird, aber zur Bezeichnung der Theologie als Wissenschaft ist er jetzt entbehrlich geworden [22] und gewinnt in der nachfolgenden Zeit keine Relevanz mehr. Einer der Gründe hierfür mag in folgendem liegen: Zwar bedeuten beide Termini, ‹scientia› wie ‹Do.›, Wissenschaft im Sinne des habitus, aber ‹Do.› konnotiert zusätzlich etymologisch wie terminologisch immer auch die Genese dieses habitus durch Wissensvermittlung. Aufgrund dessen hat der Terminus ‹scientia› wohl eine größere Affinität zum neuzeitlichen Verständnis von Wissenschaft als eines abstrakten Systems von Sätzen, dessen konkrete Vermittlung auch terminologisch außerhalb ihres Begriffes liegt.

Anmerkungen. [1] Vgl. MARROU, a. a. O. [Lit. zu I] 9. – [2] CICERO, De orat. 2, 1; 3, 85. – [3] Brut. 111; vgl. MARROU, a. a. O. 15. – [4] CICERO, Brut. 44. – [5] Leg. II, 39: Diskussion der platonischen Theorie des Zusammenhangs zwischen moralischem und politischem Verfall. – [6] Brut. 120; Tusc. 4, 2. – [7] AUGUSTIN, De civ. Dei VIII, 7. – [8] BOETHIUS, In Isag. II, 1, 5. Corp. script. eccl. lat. (= CSEL) 48, 151. – [9] MARROU, a. a. O. 12f. – [10] 14. – [11] AUGUSTIN, De doct. christ.; Enarr. in Ps. 31, 18. – [12] OROSIUS, Common. 3. CSEL 18, 155. – [13] PAULUS, z. B. 2. Tim. 4, 3. – [14] Vgl. Thesaurus ling. lat. 5 s. v. – [15] Vgl. MARROU, a. a. O. 15. – [16] ERIUGENA, De div. nat. IV, 7. MPL 122, 767. – [17] HUGO VON ST. VIKTOR, Didasc. 1, 1. MPL 176, 742 d. – [18] VINZENZ VON BEAUVAIS, Spec. doct. 1, 23. – [19] WILHELM VON ST. THIERRY, Spec. fid. 56, hg. DAVY 72. – [20] WILHELM VON AUVERGNE, Opera omnia (Paris 1674) 1, 472, 1. – [21] THOMAS VON AQUIN, S. theol. I, 1; ‹sacra Do.› begegnet bereits im 9. Jh. bei FLORUS VON LYON, MPL 119, 103 a, und ANASTASIUS BIBLIOTHECARIUS, Monumenta Germaniae hist., Epp. 7, 403. – [22] DUNS SCOTUS, Ord. Prol. 1, 9. unic., sol.

Literaturhinweise. H. I. MARROUS s. [Lit. zu I]. – Thesaurus ling. lat. 5 s. v.
G. JÜSSEN

Disjunkt nennt man in der Logik Begriffe, deren Umfänge kein Element gemeinsam haben, die aber einen gemeinsamen Oberbegriff besitzen, z. B. Apfel – Kirsche: Obst. Die den Begriffen entsprechenden Begriffsumfänge stehen im Verhältnis der *Fremdheit* (s. d.).
A. MENNE

Disjunktion. Der Terminus ‹D.› bezeichnet:
1. das Verhältnis disjunkter Begriffe [1];
2. nach einem weit verbreiteten Sprachgebrauch die Adjunktion (s. d.);
3. die aussagenlogische Verbindung der Kontravalenz (s. d.), der in der Umgangssprache das ausschließende ‹oder› (‹entweder – oder›, lat. ‹aut›) entspricht. Im Unterschied zur Adjunktion spricht man in diesem Falle auch von strenger, starker, großer oder ausschließender D. bzw. großer, strenger oder ausschließender Alternative;
4. gelegentlich auch im Anschluß vor allem an den französischen Gebrauch von ‹disjonction› die Exklusion (s. d.) [2].

Der lateinische Name geht auf die Gruppe «Cornificius» [3] zurück. GELLIUS hat «disiunctivum proloquium» [4]. BOETHIUS hat die D. (im Sinne von Nr. 3) als Unterart des hypothetischen Urteils [5]; auch PETRUS HISPANUS ordnet die D. (im Sinne von Nr. 2) so ein [6], wie auch die meisten Scholastiker. Bei KANT steht das disjunktive Urteil gleichberechtigt neben dem kategorischen Urteil und dem hypothetischen Urteil [7].

Anmerkungen. [1] Siehe Art. ‹Disjunkt›; vgl. dazu auch F. UEBERWEG: System der Logik (⁴1874) 110; C. SIGWART: Logik (1873) 1, 312ff.; TH. ZIEHEN: Lehrbuch der Logik (1920) 563f. 570. – [2] Vgl. I. M. BOCHEŃSKI: Précis de logique mathématique (Bussum 1949) 17. – [3] Nach R. EUCKEN: Gesch. der philos. Terminol. (1879) 51. – [4] AULUS GELLIUS, Noctium Atticorum libri XX, hg. M. HERTZ und C. HOSIUS, 2 Bde. (1903) V 11, 8. – [5] BOETHIUS, De Syllogismo hypothetico. MPL 64, 875 A/B. – [6] PETRUS HISPANUS, Summulae Logicales, hg. I. M. BOCHEŃSKI (Turin 1947) 1, 22f. – [7] KANT, KrV B 95ff.; Logik, hg. G. B. JÄSCHE (1800) 163ff.
A. MENNE

Disjunktor heißen Zeichen für die strenge logische Disjunktion (s. d.) zweier Aussagen p und q (z. B. v̇). Entsprechend der älteren Verwendung von ‹Disjunktion› für ‹Adjunktion› (s. d.) wird ‹D.› häufig auch statt ‹Adjunktor› gesagt.
Red.

Diskriminationslernen, ein Ausdruck aus der reflexologischen und behavioristischen Lerntheorie, meint Lernen dadurch, daß man auf verschiedene Reize mit unterschiedlichen Antworten reagiert.
R. BERGIUS

Diskussion meint die öffentliche Erörterung. Zentrale Bedeutung gewann der Begriff im Frühliberalismus, wo er die Form der Herrschaft der öffentlichen Meinung bezeichnete [1]. Für GUIZOT ist die allgemeine, öffentliche, freie D. *das* Merkmal des die Herrschaft des Rechts verbürgenden Repräsentativsystems [2]. Mit Blick auf jene Koppelung von D. und Herrschaft der öffentlichen Meinung hat man das Repräsentativsystem als «government by discussion» [3], «régime de debat et de libre discussion» [4] charakterisiert. Doch hatte D. die doktrinäre Bedeutung als Kreationsprozeß von Wahrheit und Recht schon verloren und erschien stattdessen als Mittel der Integration und Kontrolle [5], als C. SCHMITT [6] in seiner Kritik des Parlamentarismus den Glauben an die gewaltüberwindende und wahrheiterzeugende Kraft der D. als dessen metaphysischen Kern behauptete und der ihm infolge der Unglaubwürdigkeit des Prinzips einer sinnentleerten und nur noch als Verzicht auf ein definitives Resultat erscheinenden «ewigen» D. (die Kritik von J. DONOSO CORTÉS [7] aufnehmend, der sie als Mittel liberaler Begriffsverwirrung und Verhinderung der Tat angegriffen hatte) den Begriff der Entscheidung entgegensetzte. Die heutige, neuaufklärerische Parlamentarismuskritik hingegen – weit davon entfernt, den Rationalisierungseffekt von D. zu bezweifeln – opponiert wegen des angeblichen Wegfalls der notwendigen politischen und gesellschaftlichen Voraussetzungen der Herrschaftsrationalisierung durch D., d. h. wegen des fehlenden Mediums einer politisch fungierenden Öffentlichkeit, die das Parlament übergreift [8].

Anmerkungen. [1] Vgl. L. GALL: Benjamin Constant (1963) 57ff. – [2] F. P. G. GUIZOT: Hist. des origines du gouvernement représentatif en Europe (Bruxelles 1851) 2, 10f. – [3] H. LASKI: The foundations of sovereignty (New York 1921) 36. – [4] A. ESMEIN: Elements de droit constitutionnel (Paris ⁵1909) 274. – [5] J. ST. MILL: Considerations on representative government (London 1861). – [6] C. SCHMITT: Die geistesgesch. Lage des heutigen Parlamentarismus (³1961). – [7] J. DONOSO CORTÉS: Der Staat Gottes, hg. L. FISCHER (Nachdr. 1966) 193f. – [8] Vgl. J. HABERMAS: Strukturwandel der Öffentlichkeit (⁴1969).
HASSO HOFMANN

Disposition (lat. dispositio, griech. διάθεσις)

I. D. wird von ARISTOTELES allgemein als «Ordnung von etwas, das Teile hat», definiert: διάθεσις λέγεται τοῦ ἔχοντος μέρη τάξις [1]. Das übernimmt THOMAS VON AQUIN in leichter Abwandlung: D. sei «Ordnung der Teile bei dem, das Teile hat» (ordo partium in habente partes) [2]. In der Schulterminologie bezeichnet ‹D.› die methodische Anordnung des systematisch zu behandelnden Stoffes. Die Breite in der Verwendung dieses Begriffes macht eine einheitliche Übersetzung schwierig. ARISTOTELES spricht vom Verhalten und von der Anlage der Lebewesen (ὕλη τῶν ζῴων ... καὶ αἱ ἕξεις καὶ διαθέσεις) [3]. In der ‹Nikomachischen Ethik› werden im Zusammenhang der Erörterung des Mittelmaßes drei D. unterschieden, von denen zwei, die des Zuviel und die des Zuwenig, schlecht, eine aber die Tugend des Mittelmaßes sei [4]. In Geldsachen werden neben Verschwendung, Sparsamkeit und dem Freien geziemender Freigebigkeit noch «andere Weisen des Verhaltens» (ἄλλαι διαθέσεις) [5] genannt. PLATON spricht von der Einrichtung einer Verfassung [6], von Testament und testamentarischer Verfügung als D. [7]. Aber zugleich findet sich bei ihm tendenziell die terminologische Festlegung von ‹D.›, die dann für die Geschichte dieses Begriffs entscheidend wird. Im ‹Phaidros› wird gesagt, daß D. als Anordnung in der Redekunst zur «Erfindung» (εὕρεσις, Findung) gehöre, und zwar sei D. das Wichtigere, und nur da, wo von etwas gehandelt werde, das schwer zu finden sei, müsse zuerst die Erfindung gelobt werden [8]. Im ‹Philebos› wird die Frage, ob Lust (ἡδονή) oder Besonnenheit und vernünftiges Denken als höchstes Gut für den Menschen zu gelten habe, inhaltlich als die Frage nach der D. der Anlage und Haltung der Seele (ἕξιν ψυχῆς καὶ διάθεσιν) bestimmt, mit der dem Menschen gewährt würde, glücklich zu sein [9]. So wird ‹D.› einmal zum festen Bestand der Rhetorik mit ‹inventio›, ‹elocutio›, ‹memoria›, ‹pronunciatio›; ihr fällt die Aufgabe zu, «inventa non solum ordine sed etiam momento quodam atque judicio dispensare atque componere» (das Gefundene nicht allein nach der äußerlichen Reihenfolge, sondern nach seiner Überzeugungskraft abzuwägen und anzuordnen) [10]. Generell gilt für D. in der Geschichte der Rhetorik: «Die D. ist die Ordnung der in der inventio (Erfindung) gefundenen Gedanken im Hinblick auf die der eigenen Partei dienende utilitas ... Die Grundfunktion der D. ist die Aufteilung eines Ganzen» [11]. Das geht noch in die Barockpoetik, so bei M. OPITZ, als «abtheilung der dinge von denen wir schreiben wollen» [12] und im Ende des 18. Jh. als Anlage in der Unterscheidung von Ausführung und Ausarbeitung in die Theorie des künstlerischen Schaffens ein [13]. Obwohl bei THOMAS VON AQUIN im Metaphysik-Kommentar D. als Ordnung der Teile in einem, das Teile hat, nach den Modi der Ordnung im Raume, der Ordnung der Potenz und der nach Begriff und Gestalt gegliedert wird, was u. a. MICRAELIUS aufnimmt, der für die Rede die D. der Worte als σύνθεσις ὀνομάτων von der der Sachen als oeconomia unterscheidet [14], zeigt sich doch die Tendenz, ‹D.› überwiegend im Sinne von ‹habitus› (Verhalten) für naturgegebene bestimmte D. zu etwas, für ‹Anlage› zu gebrauchen. So spricht THOMAS von der dispositio activa und passiva als Anlage zum Tun und zum Leiden [15], von einer dispositio habitualis, der habituell gewordenen Anlage [16], aber auch von bestimmten dispositiones, so von einer dispositio contumeliativa, Anlage zur Schmähsucht [17].

Solche Festlegung auf Haltung und Anlage wird nicht nur durch die platonische und aristotelische Verknüpfung von ‹D.› mit ἕξις allgemein vorgezeichnet. Sie entspricht dem, daß für ARISTOTELES D. durch das Wesen von dem bestimmt wird, dessen D. sie ist: Die je besten D. von Dingen folgen im Range einander im gleichen Abstand, den die Dinge haben, denen die D. beigelegt werden. Da der Seele an sich und für uns mehr Ehre gebührt als dem Besitz und dem Leibe, so verhalten sich bei diesen auch die D. analog [18]. D. ist Anordnung im Verhalten, das der Natur und dem Wesen von dem folgt, dessen D. sie jeweils ist. Sie verweist als auf ihren Grund und ihr Maß auf dessen Natur und Wesen. Sie ist in diesen angelegt. THOMAS hat in diesem Sinne gesagt, daß D. in einem eigentümlichen und besonderen Sinn vor allem das meine, was sich «wie ein Unvollendetes in der Bewegung zu Vollendetem verhält» [19]. Insbesondere tritt bei den Wesen, die zur Bildung einer «zweiten Natur» fähig sind, neben die natürliche Anlage eine durch Einübung und Gewohnheit erworbene D. als ein ὅμοιον τῇ φύσει [19a].

Zu einem zentralen Problem wird D. im Zusammenhang der Frage, ob die Seele eine tabula rasa sei oder ob man für sie angeborene Ideen annehmen müsse. LEIBNIZ sucht seine Lösung im Sinne der angeborenen Ideen und Wahrheiten, indem er diese als Neigungen, als D. (Anlagen), als Habitualitäten oder als natürliche Möglichkeiten und nicht als Handlungen versteht (les idées et les verités nous sont innées, comme des inclinations, des dispositions, des habitudes ou des virtualités naturelles, et non pas comme des actions) [20]. Ohne diese Annahme müßte man nicht nur alle Wahrheiten, an die man niemals gedacht hat, sondern auch diejenigen preisgeben, die man zwar schon gedacht hat, an die man aber gegenwärtig nicht mehr denkt [21]. Als latente D. und Anlagen bleiben in der Seele und im Leibe Spuren (traces) vergangener Eindrücke (impressions), deren man sich nicht bewußt ist und die das Gedächtnis dann hervorruft, wenn dafür Anlaß und Anstoß gegeben werden [22]. Die Annahme von natürlichen, aber auch von erworbenen habituellen D. (naturelles ou acquises) macht es verständlich, ohne daß man dafür auf die Anamnesislehre Platons zurückgreifen muß, daß «wir durchaus Dinge wissen, an die wir nicht denken» [23]. Zugleich wird deutlich, daß die Seele «mehr als eine tabula rasa» (plus que Tabula rasa) [24] ist. Die Sinne genügen dem Geist nicht, sie sind aber notwendig, um die angeborenen Wahrheiten als D. hervorzurufen und die Aufmerksamkeit auf sie zu lenken. Das Lehrstück von den D. als natürlichen und erworbenen Anlagen gibt die Begründung für den Satz, der in der Mitte des Systems von Leibniz und seiner Wirkungsgeschichte steht, daß «nichts in der Seele ist, das nicht durch die Sinne kommt, ausgenommen die Seele selbst und ihre Affektionen» [25].

Im Ausgang von Leibniz definiert CHR. WOLFF D. allgemein als «possibilitas acquirendi potentiam agendi, vel patiendi» [26]. Das führt dazu, daß D. als Fertigkeiten verstanden werden. KANT spricht so von Naturanlagen im Bewußtsein, auch von Angewohnheiten im Gemüt, speziell von D. und von habituellem D. [26a]. Mit der Wende zur ästhetischen Begründung der schönen Künste auf Fühlen und Empfinden geht D. als Anlage der Seele (und nicht mehr im Sinn des rhetorischen D.-Begriffs) bei BAUMGARTEN in die *Ästhetik* ein: Mit der dispositio acute sentiendi, mit der dispositio naturalis ad imaginandum und der dispositio ad perspicaciam usf. wird die dispositio poëtica zur (subjektiven) Voraussetzung des künstlerischen Schaffens [27]: Die Künste setzen «die natürliche dispositio (Anlage) der ganzen Seele zum schönen Denken» (dispositio naturalis animae totius ad pulchre cogitandum) [28] voraus [29].

Von DESCARTES her gehören zum Begriff und zur Theorie der D. die Versuche, sie physiologisch als «ideae materiales» [30], als «Spuren» [31], als Nervenschwingungen (HARTLEY, PRIESTLEY) und als «dispositions des fibres ou des esprits» [32], als dauernde Eindrücke im Nervensystem [33] zu deuten. Diese Deutungsversuche werden in der Psychologie und Physiologie des 19. Jh. wieder aufgenommen, während der Begriff ‹D.› in der deutschsprachigen Philosophie seit der Mitte des 18. Jh. durch ‹Anlage› verdrängt wird [34].

Anmerkungen. [1] ARISTOTELES, Met. 1022 b 1. – [2] THOMAS VON AQUIN, In Met. Arist. Comm. Nr. 1058. – [3] ARIST., Parva nat. 477 b 18. – [4] Eth. Nic. 1108 b 11-13. – [5] a. a. O. 1107 b 16. – [6] PLATON, Leg. VI, 710 b. – [7] Leg. XI, 922 b. – [8] Phaidr. 236 a. – [9] Phileb. 11 d. – [10] CICERO, De orat. I, 31. 141; vgl. II, 350; De inventione I, 9. – [11] H. LAUSBERG: Hb. der lit. Rhetorik (1962) § 443. – [12] M. OPITZ: Buch von der Dtsch. Poeterey, in: Poetik des Barock, hg. M. SZYROCKI (1968) 20. – [13] J. G. SULZER: Allg. Theorie der schönen Künste 1 (1771) 55f. – [14] J. MICRAELIUS: Lexicon philosophicum (Stettin 1662, Neudruck 1966) 393. – [15] THOMAS, III Sent. 34, 2, 1, 1c. – [16] S. theol. I/II, 49, 3 ad 3. – [17] a. a. O. II/II, 2 ad 3. – [18] ARIST., Pol. 1323 b 13ff. – [19] THOMAS, II Sent. 24, 3, 6 ad 6. – [19a] ARIST., Rhet. I, 11, 1370 a 7. – [20] LEIBNIZ, Nouv. Ess. Akad.-A. 6/6, 52. – [21] ebda. – [22] a. a. O. 140. – [23] 80f. – [24] 106; vgl. 110. – [25]

111. – [26] Chr. Wolff: Psychol. empirica (1738) § 426. – [26a] Nach G. Funke in Art. ‹Fertigkeit›. – [27] A. G. Baumgarten: Aesthetica §§ 30. 31. 32. 34. 35. – [28] a. a. O. § 28. – [29] Vgl. A. Nivelle: Kunst und Dichtungstheorien zwischen Aufklärung und Klassik (1960) 22. – [30] R. Descartes, Princ. Philos. IV. Werke, hg. Adam/Tannery 8, 322ff. – [31] a. a. O. 10, 19ff.; vgl. Leibniz, a. a. O. [20] 6/6, 55. – [32] Ch. de Bonnet, Ess. de psychol. ch. 6; Ess. analyt. § 54ff. – [33] E. B. de Condillac, Traité des sensations I, 2, § 6 . – [34] Vgl. Art. ‹Anlage I›.

J. Ritter

II. Der Begriff ‹D.› löst den starren und binnenhaften Vermögensbegriff der älteren Psychologie ab. In den ersten umfassenden *wissenschaftlich-psychologischen* Abhandlungen wird ‹D.› synonym mit dem später gebräuchlicheren Terminus ‹Spur› oder ‹Engramm› verwendet. Lipps verwirft in Übereinstimmung mit Wundt [1] den Begriff ‹Spur›, weil der Ausdruck seines Erachtens zu wenig den Aspekt der Wiederbelebungsmöglichkeit des in der Spur gespeicherten Bewußtseinsinhaltes betone. Dies scheint ihm der Begriff ‹Vorstellungs-D.› in weitaus glücklicherer Weise zu tun [2]. Während Lipps D. rein psychologisch versteht («D. birgt in sich latente Vorstellungskraft oder Bewegungsenergie») [3], trifft man bei Th. Ziehen bereits auf recht konkrete Überlegungen, wie D. oder Spur physiologisch zu denken sei: Er stellt sich D. als Struktur von Molekülen in Ganglienzellen vor, eine «latente D., die auf bestimmte Vorstellungen abgestimmt ist» [4].

Bei W. Stern, der den Begriff 1911 in seine ‹Differentielle›, 1935 in seine ‹Allgemeine Psychologie› [5] einführt, erhält ‹D.› eine wesentlich umfassendere Bedeutung im Sinne des potentiellen psychischen Erlebens allgemein: Die D. bilden «gleichsam den potentiellen Untergrund: die Voraussetzung, Bereitschaft, Gerichtetheit ... für das Eintreten aktueller Tatbestände» [6]. D. sind «Möglichkeiten mit Spielraumbreite», «sie vermögen sich aus der Potentialität und Vieldeutigkeit nur dadurch in Aktualität und Eindeutigkeit umzusetzen, daß die Umweltsituation ihnen Anstoß oder Material dazu bietet» [7] (Konvergenztheorie).

D. als angelegte und erworbene Bereitschaften nehmen einen zentralen Platz in der Strukturtheorie F. Kruegers ein: Struktur ist ein Gefüge von D., Struktur und D. sind bei Krueger transphänomenal [8].

D. als quasi hinter dem Verhalten wirkende Kräfte, als habituelle Bereitschaften zu aktuellem Verhalten, stehen in der deutschen *Charakterologie* in enger Verbindung mit dem Eigenschaftsbegriff. So bei P. Lersch: «Die Bestimmungen solcher D. geschieht durch die Eigenschaftsbegriffe» [9]. Charakter ist bei Lersch das Insgesamt seelischer D. ‹Eigenschaft› und ‹D.› sind da gleichzusetzen, wo ‹Eigenschaft› als Bereitschaft zu Erleben und Verhalten definiert wird [10].

Ein *engerer* D.-Begriff findet sich bei W. McDougall (D. ist das Insgesamt der angeborenen instinktiven Kräfte) und bei G. W. Allport, für den angeborene D. «das Rohmaterial für die Entwicklung der Persönlichkeit darstellen» [11]. Sie umfassen drei Gruppen von Faktoren: 1. Instinkte, 2. Erbe, 3. Möglichkeiten, Erwachsenheit zu erreichen.

In der neueren *behavioristischen* Psychologie B. F. Skinners werden Begriffe wie ‹D.›, ‹Motivation›, ‹Stimmung›, ‹Gefühl›, auch ältere behavioristische Konzeptionen wie ‹Erregungspotential› und ‹Gewohnheitsstärke› [12] als irrelevant für eine funktionelle Analyse des Verhaltens verworfen. An ihre Stelle will Skinner nur eine Betrachtung der ihnen zugeschriebenen Auswirkungen auf das beobachtbare Verhalten zulassen: die Veränderung der Wahrscheinlichkeit bestimmter Reaktionen eines Organismus. Dabei ist für ihn die Frage von nebensächlicher Bedeutung, ob solche «inneren» Zustände existieren oder nur Konstrukte sind [13].

Anmerkungen. [1] W. Wundt: Grundzüge der physiol. Psychol. 3 (⁵1902) 330. – [2] Th. Lipps: Grundtatsachen des Seelenlebens (1883) 77ff. – [3] a. a. O. 107. – [4] Th. Ziehen: Leitfaden der physiol. Psychol. (¹²1924) 109ff. – [5] W. Stern: Die differentielle Psychol. in ihren methodol. Grundlagen (1911); Allg. Psychol. (¹1935). – [6] a. a. O. 111. – [7] 111f. – [8] F. Krueger: Zur Philos. und Psychol. der Ganzheit, hg. E. Heuss (1953). – [9] P. Lersch: Aufbau der Person (¹⁰1962) 60. – [10] Vgl. F. Merz: Über die Definition von Eigenschaftsbegriffen. Jb. Psychol. Psychother. 5 (1958) 60-72; C. F. Graumann: Eigenschaften als Problem der Persönlichkeitsforsch., in: Hb. der Psychol. 4 (1960) 87ff. – [11] G. W. Allport: Werden der Persönlichkeit (dtsch. 1958) 31. – [12] C. L. Hull: Principles of behavior (New York 1943). – [13] B. F. Skinner: Sci. and human behavior (New York ³1966).

J. Pongratz

Dispositionsbegriff (dispositional concept) heißt eine Eigenschaft von oder Beziehung zwischen Gegenständen, die nicht ständig, sondern nur unter besonderen Bedingungen in Erscheinung tritt; die Disposition dazu, sich unter diesen Bedingungen in der durch den D. gekennzeichneten Weise zu verhalten, ist jedoch immer vorhanden [1]. Beispiele: Porzellan ist *zerbrechlich;* Zucker ist *löslich* in Wasser.

In einem empiristischen System müssen die undefinierten Grundprädikate beobachtbare Eigenschaften und Relationen bezeichnen [2]. Diejenigen Begriffe, die sich im Sinne von Carnaps Konstitutionstheorie unter Benutzung einer extensionalen Sprache durch diese Grundbegriffe definieren lassen [3], kann man als *Beobachtungsbegriffe* auffassen. Für die D. zeigte Carnap, daß sie keine solchen Beobachtungsbegriffe sind, sondern nur durch *Reduktionssätze* in das empiristische System eingeführt werden können [4]. So kann das Prädikat «löslich in Wasser» folgendermaßen eingeführt werden: Wenn irgendein Gegenstand x zu irgendeinem Zeitpunkt t in Wasser getan wird, so ist x in Wasser löslich dann und nur dann, wenn x sich zum Zeitpunkt t auflöst. Hier wird das Prädikat «löslich in Wasser» zurückgeführt auf die Prädikate «in Wasser tun» und «auflösen». Es besteht daher zwischen Beobachtungsbegriffen und D. ein Gegensatz, der allerdings auf der Annahme beruht, daß die als Grundbegriffe in Frage kommenden Eigenschaften und Relationen scharf eingeteilt werden können in beobachtbare und andere. Diese Voraussetzung kann jedoch bestritten werden; daraus ergibt sich die Notwendigkeit, die D. so zu relativieren, daß man sagt, eine Eigenschaft sei ein D. *in bezug auf* eine Sprache (ein System) L [5]. Eine Weiterentwicklung und Verallgemeinerung der D. stellen die *theoretischen Begriffe* (theoretical concepts) dar [6], die durch *Korrespondenzregeln* eine empirische Deutung erhalten [7].

Anmerkungen. [1] R. Carnap: Testability and meaning. Philos. Sci. 3 (1936) 440. – [2] W. Stegmüller: Hauptströmungen der Gegenwartsphilos. (³1965) 461. – [3] R. Carnap: Der log. Aufbau der Welt (1928) 46-47. 51. – [4] Carnap, a. a. O. [1] 441-448. – [5] A. Pap: Reduction sentences and disposition concepts, in: The philos. of R. Carnap, hg. P. A. Schilpp (1963) 588-591; R. Carnap: A. Pap on dispositions a. a. O. 950 (Antwort). – [6] R. Carnap, The methodological character of theoretical concepts. Minn. Stud. Philos. Sci. 1 (1956) 38-76. – [7] Stegmüller, a. a. O. [2] 463-464.

Literaturhinweise. R. Carnap s. Anm. [1] 3, 419-471; 4 (1937) 1-40. – A. Burks: Dispositional statements. Philos. Sci. 22 (1955) 175-193. – A. Pap: Disposition concepts and extensional logic. Minn. Stud. Philos. Sci. 2 (1958) 196-224; vgl. Anm. [5] 588-591. – W. Sellars: Counterfactuals, dispositions, and the causal modalities. Minn. Stud. Philos. Sci. 2 (1958) 225-308.

K. Brockhaus

Dissoziation (von lat. dissociare, vereinzeln, trennen, auflösen) ist ein Begriff der physikalischen Chemie, der in ähnlicher Bedeutung auch in der *Psychologie* (D. des Bewußtseins, Zerfall von Vorstellungsverbindungen), in der *Psychopathologie* (D. der Persönlichkeit z. B. bei Schizophrenen) und der *Soziologie* (soziale D.) gebraucht wird.

In der *physikalischen Chemie* unterscheidet man – seit den Beobachtungen anomaler Gasverdichtungen durch H. E. St-Claire Deville [1], der auch den Ausdruck ‹D.› geprägt hat – die *thermische* D., d. h. den Zerfall von Molekülen in die Atome bei starker Erhitzung, wobei ein dynamisches Gleichgewicht entsteht, und – entsprechend der Theorie von S. Arrhenius [2] – die *elektrolytische* D., bei der Elektrolyte in wässeriger Lösung in elektrisch geladene Bruchstücke (Ionen = Wandernde) zerfallen, die unter dem Einfluß von Gleichstrom zum positiven oder negativen Pol wandern.

Anmerkungen. [1] C. R. Acad. Sci. (Paris) 42 (1856) 894. – [2] Z. phys. Chem. 1 (1887) 631.

Literaturhinweis. J. Eggert, L. Hock und G. Schwab: Lehrb. der phys. Chem. in elementarer Darstellung (⁸1960).

G. Kerstein

Distanz/Distanzlosigkeit, ästhetische. Der Begriff der Distanz (D.) wurde in modernen Theorien ästhetischer Wertung, vor allem in der Literaturästhetik wichtig [1]. Diese geht allgemein davon aus, « daß D. zum Wesen der Dichtung gehört » [2] und daß «in diesem Abstand gerade ihr ganzes Existenzrecht beruht » [3]; sie stelle deshalb ein Kriterium dar, mit dessen Hilfe man zumindest eine grobe Unterscheidung von guten und schlechten Werken, von Kunst- und Kitschgenuß treffen könne.

W. Müller-Seidel meint, daß D. zwischen der («höheren» poetischen Gestalt und der «kunstlosen Mitteilung im alltäglichen Leben » [4] für wertvolle Dichtung konstitutiv sei. Wenn auch die Größe der D. kein Zeichen für künstlerische Größe des Werkes sei, so gelte dennoch häufig: Schlechte Werke «verringern den Abstand zum Leben, bis die Kunstgestalt in der Erlebnisaussage versinkt » [5]. Relevanter ist die D., die vom Künstler gefordert wird, der sich von seinem Gegenstand und von seinem eigenen Fühlen in D. halten soll, um das Darzustellende in seiner Eigengesetzlichkeit auffassen zu können. Für H. Broch ist dem Künstler eine «unbedingte Unterwerfung unter das Objekt aufgetragen, das Belauschen des Objektes (gleichgültig ob dieses sich als äußeres oder inneres präsentiert), das Aufspüren der Objektgesetzlichkeiten » [6]. Analog müsse der Kunstgenuß des Rezipienten ein Genuß des Erkennens und des Überlegens sein: « Das Kunstwerk fordert ... Anstrengung, D. und Überlegung, das stört und unterbricht das Lustgefühl; es dämpft jedenfalls die Stärke des Gefühls » [7]. Für L. Giesz tritt im ästhetischen Genuß « jener Hiatus ... ein, der als ästhetische D. bezeichnet wird oder als das Moment der Kontemplation » [8]. Damit ist eine « Fernstellung von Ich und Gegenstand » als «stellungnehmende Freiheit » [9] gemeint. Distanzlosigkeit (Dl.) dagegen sei typisch für den Umgang mit Kitsch, den Giesz als einen « Selbstgenuß » definiert [10].

Gegen die ästhetische Kategorie der D. und ihren normativen Stellenwert in der Wertungs- und Kunsttheorie sind in jüngster Zeit Bedenken vorgebracht worden. So polemisiert D. Wellershoff gegen die «Tendenz der modernen Ästhetik », «garantiert keine außerrationalen Erlebnisse » zuzulassen [11].

In den Begriffen der D. und der Dl. werden Positionen aufgenommen und abgewandelt, die für die Frühklassik (J. Ch. F. Bährens, M. Herz, J. G. Hoche, K. Ph. Moritz) [12] und für die klassisch-romantische Ästhetik typisch sind. Fr. Schiller fordert in der Rezension ‹Über Bürgers Gedichte›, daß ein Dichter sich ja in Acht nehme, «mitten im Schmerz den Schmerz zu besingen. So, wie der Dichter selbst bloß leidender Teil ist, muß seine Empfindung unausbleiblich von ihrer idealischen Allgemeinheit zu einer unvollkommenen Individualität herabsinken. Aus der sanfteren und fernenden Erinnerung mag er dichten, und dann desto besser für ihn, je mehr er an sich erfahren hat, was er besingt; aber ja niemals unter der gegenwärtigen Herrschaft des Affects ». Der Dichter müsse erreichen, «sich selbst fremd zu werden, den Gegenstand seiner Begeisterung von seiner Individualität loszuwickeln, seine Leidenschaft aus einer mildernden Ferne anzuschauen » [13]. Der ästhetische Genuß setzt für K. Ph. Moritz «eine völlige Uneigennützigkeit des Gemüths » [14] und eine «vorhergegangene ruhige Betrachtung der Natur und Kunst » [15] voraus. Für Goethe wirkt der distanzlosen Hingabe an den Kunstgegenstand «treues Anschauen » und «liebevolles Beharren » entgegen [16]; der «vollendete Kenner » soll sich «den Gegenständen unterordnen » [17]; dies könne nur in einer distanzierenden Betrachtungsweise, nicht durch Hingabe an den Stoff des Kunstwerks geschehen [18]. Dagegen gilt den Ästhetikern des deutschen Klassizismus und der Empfindsamkeit im Sinne von dem, was später ‹Dl.› meint, als größter künstlerischer Fehler, wenn der Künstler « affectiert », d. h. wenn er die Gefühle, die er darstellt, im Augenblick des Schaffens nicht selbst erlebt und voll auskostet: « Wer den Trieb und die Hitze einer Leidenschaft in seiner Brust fühlet, der darf sich nicht lange besinnen, was für einen Schwung er dem Ausdruck geben wolle, die Natur wird ihm auf der Stelle mit den Gedanken auch die Wörter einflößen, und seine Rede in dem Munde also formieren, wie sie seiner Regung gemäß und gleichsam eigen ist » (J. J. Breitinger) [19]. Mit diesen Überlegungen steht Breitinger in der Tradition der theoretischen Rhetorik (Affektenlehre) [20]. Es gilt für ihn: «Wer nun auf diese Weise sich niehmals vorsetzet, mit frostigem Sinn andere zu bewegen, sondern durch eine lebhafte und entzükkende Vorstellung der Sachen zuerst seine eigene Einbildung, und durch dieselbe das Gemüthe in die erforderliche Hitze treibet, eh er andere entzünden will, der wird auch den natürlichen Ausdruck der Leidenschaften allemahl glücklich treffen » [21]. G. F. Meier schreibt: « Wenn man jemanden rühren will, so muß man selbst gerührt und erhitzt seyn » [22]. Und Sulzer fordert vom Dichter, daß er «sich mit dem hartnäckigsten Fleiß » übe, «alles was er auszudrücken hat, selbst wohl zu empfinden, und wage sich an keine Schildrung der Leidenschaft, bis es ihm gelungen ist, sich selbst in dieselbe zu setzen » [23].

Anmerkungen. [1] Vgl. J. Schulte-Sasse: Lit. Wertung (1971) 13-16. – [2] W. Müller-Seidel: Probleme der lit. Wertung (1965) 77. – [3] G. Simmel: Die Probleme der Geschichtsphilos. (1905) 168. – [4] Müller-Seidel, a. a. O. [2] 77. – [5] 78. – [6] H. Broch: Einige Bemerk. zum Problem des Kitsches, in: Dichten und Erkennen (1955) 304. – [7] J. Elema: Der Kitsch als Randerscheinung der Kunst. Orbis litterarum 21 (1966) 27. – [8] L. Giesz: Phänomenol. des Kitsches (1960) 36. – [9] a. a. O. 39. – [10] 41. – [11] D. Wellershoff: Eine Dame ohne Unterleib oder die moderne Ästhetik der D., in: Lit. und Veränderung. Versuche zu einer Metakritik der Lit. (1969) 111f. – [12] Vgl. J. Schulte-Sasse: Die Kritik an der Trivialitt. seit der Aufklärung. Stud. zur Gesch. des modernen Kitschbegriffs (1971). – [13] F. Schiller:

Über Bürgers Gedichte. National-A., begründet von J. PETERSEN (1941ff.) 22, 256. – [14] K. PH. MORITZ: Schriften zur Ästhetik und Poetik, hg. H. J. SCHRIMPF (1962) 201. – [15] a. a. O. 86. – [16] J. W. GOETHE, Jubiläums-A., hg. E. v. D. HELLEN (1902-04) 36, 232. – [17] a. a. O. 33, 119. – [18] Vgl. SCHULTE-SASSE, a. a. O. [12]; E. M. WILKINSON: Über den Begriff der künstlerischen D. Von Schiller und Wordsworth bis zur Gegenwart. Dtsch. Beitr. zur geist. Überl. 3 (1957) 71ff. – [19] J. J. BREITINGER: Crit. Dichtkunst 1 (1740) 355f. – [20] Vgl. K. DOCKHORN: Macht und Wirkung der Rhet. Vier Aufsätze zur Ideengesch. der Vormoderne (1968) 125f. – [21] BREITINGER, a. a. O. [19] 364; vgl. 368. 370ff. – [22] G. F. MEIER: Anfangsgründe aller Schönen Wiss. 3 (²1759) 145. – [23] J. G. SULZER: Allg. Theorie der Schönen Künste 2 (²1775) 152.

Literaturhinweise. J. SCHULTE-SASSE s. Anm. [1] und [12]. – E. M. WILKINSON s. Anm. [18].   J. SCHULTE-SASSE

Distanz, soziale, einer der Lieblingsbegriffe G. SIMMELS, meint die positionelle Entfernung im sozialen Raum, und zwar in der vertikalen Dimension, d. h. in der Hierarchie, wie in der horizontalen, d. h. auf derselben hierarchischen Ebene; der Begriff ist also mit denen der Herrschaft und der Fremdheit in Beziehung zu setzen [1]. In der Sphäre des Menschen sagt er daher auch immer etwas über die Gebrochenheit, mindestens über die Vermitteltheit von Beziehungen aus [2]. Einmal gibt s.D. Raum zur Übersicht (Voraussicht), ermöglicht also überhaupt erst, ein Verhältnis zu gewinnen; zum anderen entfernt sie – per definitionem – und entwickelt «Diffamierung», d. h. diffamiert de facto: Soziologische Untersuchungen zeigen, daß in der Gesellschaft je nur die anliegenden Schichten einigermaßen bekannt sind, bei mittlerer Lage des Urteilenden die höhere und die direkt darunter liegende; die höhere wird ironisiert, die niedere mit überlegenem Wohlwollen registriert. «Rangneid» richtet sich vornehmlich auf die Nächst-Höheren. s.D. *schafft* Unterschiede ebenso, wie sie aus Unterschieden resultiert, ein auch analytisch nur schwer auseinanderlegbares Phänomen; der Versuch, s.D. abzubauen, stößt meist auf negative Sanktionen, die den alten Abstand wiederherstellen, wenn nicht verstärken. s.D ist aber auch zur Aufrechterhaltung zwischenmenschlicher Beziehungen notwendig: Ohne s.D. wird der anthropologisch offenbar notwendige Raum der Intimität tangiert, dies besonders bei Mißachtung der s.D. in horizontaler Richtung.

Anmerkungen. [1] Vgl. G. SIMMEL: Soziol. (1922) 469f. – [2] Vgl. a. a. O. 192. 479. 483.

Literaturhinweise. M. SCHELER: Wesen und Formen der Sympathie (³1948); Das Ressentiment im Aufbau der Moralen, in: Vom Umsturz der Werte. Abh. und Aufsätze (⁴1955). – G. SIMMEL: Soziol. (⁴1958). – A. VIERKANDT: Kleine Gesellschaftslehre (1949; 1961). – L. v. WIESE: System der allg. Soziol. (³1955); (Hg.): Abhängigkeit und Selbständigkeit im sozialen Leben (1951). – A. SCHÜTZ: Der sinnhafte Aufbau der sozialen Welt (1932; 1964).   D. CLAESSENS

Distanzierung bezieht sich einerseits auf den Abstand allein, der in räumlicher, zeitlicher oder sonstig systematischer (sozialer, biotischer, chemischer, physikalischer) Hinsicht über die Schaffung von Unterschied gewonnen wird oder festgestellt werden kann. Insoweit ein aktives Moment insbesondere des Widerstandes gegen die Umwelt gemeint ist, muß aber der qualifizierende Akt, der über die Feststellung von Unterschieden Klassifikationen schafft, unterschieden werden vom Akt der D., den ein Lebewesen gegenüber der Umwelt selbst vornimmt. Stellt schon die Frage nach der Berechtigung (Legitimation) einer Unterschiede schaffenden Behauptung erhebliche wissenstheoretische Probleme, so erhöht sich der theoretische Anspruch bei der Frage nach der Deutung von D. im Bereich des Lebenden. Das Zwischenlegen von *Distanz* muß hier als Tendenz verstanden werden, die im Bemühen um *Anpassung* mobilisierten Kräfte sozusagen zur Ruhe zu bringen, um das Vorhandene auszubilden oder Neues zu schaffen. Insofern enthält der Begriff der D. eine individual- oder gruppennarzißtische Komponente: Die Ausbildung der Eigenart wird durch Entfernung vom Anderen gefördert (wie es ähnlich in breiter evolutionstheoretischer Ausfallung H. MILLER beschreibt [1]). Der von ihm verwendete Begriff der ‹Insulation› meint Vergruppung von Lebewesen mit dem Erfolg (nicht: Ziel!) eines Schutzes gegen den von außen kommenden Druck auf unbedingte Anpassung. Entsprechend sah bereits ALSBERG den Menschen als ein Wesen, das die Chance der D. vom Feind durch Werkzeuganwendung ergriffen und zum «Körperausschaltungsprinzip» entwickelt hat [2]. D. wird so Mittel, aus Instinkt zur Vernunft zu kommen, Natur zu bewältigen, den «künstlichen Menschen» [3] als Gegenpart zu entwickeln. Insofern ist D. Gegenbegriff zu «emotionale Besetzung» (bei TALCOTT PARSONS: Instrumentalität versus Expressivität [4]).

Anmerkungen. [1] H. MILLER: Progress and decline. The group in evolution (Los Angeles 1964). – [2] P. ALSBERG: Das Menschheitsrätsel (1922). – [3] H. SCHELSKY: Der Mensch in der wiss. Zivilisation (1961) 13; neu in: Auf der Suche nach Wirklichkeit (1965) 446. – [4] T. PARSONS und E. A. SHILS (Hg.): Toward a general theory of action (New York 1951).

Literaturhinweise. P. ALSBERG s. Anm. [2]. – G. SIMMEL: Soziol. (⁶1958). – A. GEHLEN: Die Seele im technischen Zeitalter. Sozialpsychol. Probleme in der industriellen Ges. (⁶1963); Der Mensch. Seine Natur und seine Stellung in der Welt (⁷1962); Urmensch und Spätkultur (²1964). – H. MILLER s. Anm. [1].   D. CLAESSENS

Distinctio formalis. Der Sache nach geht die D.f. zurück auf BONAVENTURA [1]. MATTHAEUS VON AQUASPARTA wendet den Terminus ‹formaliter› in diesem Sinne an. Bereits *vor* Duns Scotus lehrten in Oxford viele die D.f. [2], sein Zeitgenosse ALEXANDER ALEXANDRIAE hat sie thematisch behandelt und erkenntnistheoretisch begründet. Durch SCOTUS wurde sie systematisch entwickelt und weitgehend angewendet. Durch seine entschiedene Stellungnahme wurde sie zu einem Charakteristikum seiner Schule.

Die D.f. darf nicht mit der distinctio realis metaphysica oder mit der distinctio rationis perfecta identifiziert werden. Sie wird angenommen, wo verschiedene formalitates, quidditates, begrifflich gefaßte Gehalte, in einem Ding verwirklicht sind, wenn «unum non est de formali ratione alterius» [3]. Sie wird als «ex natura rei» aufgefaßt, insofern diese Verschiedenheit der formalitates nicht durch den Intellekt gebildet wird: «differentia quae ponitur praecedere omnem actum intellectus» [4]. Formalitas ist hier wohl aufzufassen als objektiver Grund für den im Begriff formaliter intendierten Gehalt.

Anmerkungen. [1] B. JANSEN: Beiträge zur gesch. Entwicklung der D.f. Z. kath. Theol. 53 (1929) 317-344. 517-544. – [2] L. MEIER: Wilhelm von Nottingham (†1336), ein Zeuge für die Entwicklung der D.f. an der Univ. Oxford. Philos. perennis 1 (1930) 247-266. – [3] DUNS SCOTUS, Reportata Parisiensia I, d. 45, q. 2. – [4] Op. oxon. Sent. I, dist. 2, q. 7.

Literaturhinweise. P. MINGES: Die D. f. des Duns Scotus. Theol. Quartalschr. 90 (1908) 409-436. – Z. VAN DE WOESTYNE: Cursus philos. 1 (Mecheln 1921). – B. JANSEN: Die D. f. bei den Serviten und Karmeliten des 17. Jh. Z. kath. Theol. 61 (1937) 595-601. – J. GRAJEWSKI: The formal distinction of Duns Scotus (Washington D.C. 1944). – C. NINK: Ontologie (1952) 11-16. 228f. – E. GILSON: Johannes Duns Scotus (frz. Paris 1952; dtsch. 1959).   O. MUCK

Distinctio rationis, gedanklicher oder auch logischer Unterschied, wird gewöhnlich in der scholastischen Terminologie eine solche Distinktion genannt, die in der Weise unserer abstraktiven begrifflichen Auffassung begründet ist. Hier wird dieselbe Sache durch verschiedene Begriffe vergegenwärtigt. Sie ist eine D.r. *ratiocinantis*, wenn von der Sache her keinerlei Ansatz für die Unterscheidung gegeben ist (synonyme Ausdrücke). Sie ist eine D.r. *ratiocinatae* oder *virtualis* oder D.r. *cum fundamento in re*, wenn von der Sache her ein Anlaß für die Unterscheidung verschiedener Gehalte gegeben ist. Sie wurde von manchen Suarezianern «metaphysisch» genannt [1]. Das Fundament wird weiter abgestuft. Ein fundamentum perfectum liegt vor, wenn die unterschiedenen Gehalte in anderen Seienden getrennt vorkommen können, sich also zueinander kontingent verhalten. Die D.r. wird dann *completa*, *perfecta* oder *maior* genannt (z. B. zwischen ‹dreieckig› und ‹gleichseitig›). Das fundamentum imperfectum, dem zwei Arten der D.r. *incompleta* oder *imperfecta* entsprechen, kann so sein, daß nur der eine von beiden Gehalten den anderen notwendig zur Folge hat (D.r. *minor*, z. B. zwischen Mensch und Lebewesen) oder daß beide einander notwendig einschließen (D.r. *minima*, z. B. zwischen ens und unum).

Anmerkung. [1] L. DE RAEYMAEKER: Met. generalis (Löwen 1931) 49.   O. MUCK

Distinctio realis, sachlicher Unterschied, wird in der scholastischen Terminologie gewöhnlich eine solche Distinktion genannt, die nicht nur in der Weise unserer abstraktiven begrifflichen Auffassung begründet ist. Die D.r. wurde in der Zeit nach Thomas von Aquin häufig verstanden als distinctio «inter rem et rem» (AEGIDIUS ROMANUS und seine Schule) [1] und von SUÁREZ als «distinctio rei a re» angesprochen [2]. In der Scholastik hatte sich im Laufe der Zeit folgende Terminologie entwickelt: Die D.r. ist *negativ* (zwischen wirklichem und nur möglichem Seienden) oder *positiv* (zwischen Realitäten, z. B. zwischen Sokrates und Platon). Diese ist *absolut* (D.r. im Sinne von Suárez, D.r. maior), wenn sie zwischen individuell bestimmten Dingen [3] besteht, die beide selbständig existieren können [4]. Sie ist *modal*, D.r. minor, wenn sie zwischen einer Realität und einer ihrer Beschaffenheiten besteht, die nicht einen neuen Seinsgehalt hinzufügt, sondern nur die Existenzweise modifiziert [5]. Diese Arten von D.r. werden zusammengefaßt als Formen der D.r. *physica*, da das Unterschiedene irgendwie der Erfahrung zugänglich ist [6]. Von ihr wird vor allem im Thomismus eine D.r. *metaphysica* unterschieden, die nicht zwischen Dingen, sondern zwischen inneren realen Gründen der Dinge herrscht. Diese Gründe sind nur der metaphysischen Analyse zugänglich, und die Annahme ihrer Identität führt zu einem Widerspruch (z. B. esse und essentia, allgemeiner actus und potentia).

Anmerkungen. [1] L. DE RAEYMAEKER: Met. generalis (Löwen 1931) 277. – [2] FR. SUÁREZ, Disp. met. VII, 1, 1. – [3] W. HOERES: Wesenheit und Individuum bei Suárez. Scholastik 37 (1962) 182. – [4] SUÁREZ, a. a. O. VII, 2, 22. – [5] a. a. O. VII, 1, 17. – [6] W. BRUGGER: Theol. naturalis (Barcelona ²1964) n. 296, S. 276.   O. MUCK

Distinktion (διορισμός διάκρισις, distinctio, Unterscheidung). Die Tätigkeit des Unterscheidens gehört zum menschlichen Denken und Philosophieren und wird gelegentlich durch Verwendung des Wortes ‹Unterscheidung› als solche bezeichnet. In der scholastischen Methode und der ihr zugehörigen Disputation wird die D. methodisch zur Behebung von Schwierigkeiten verwendet. Vom 12. Jh. an (bei PETRUS CANTOR) [1] treten ‹Distinctiones› als eigene Literaturgattung auf, zunächst mit dem Charakter bibeltheologischer Wörterbücher. Vermutlich erst im Zusammenhang mit der Gotteslehre (Trinität) kam es zu einer Unterscheidung von Arten der D., gelegentlich noch nicht unter Verwendung des Wortes ‹distinctio›. So heißt es bei THOMAS VON AQUIN: «pluralitas rationis quandoque reducitur ad aliquam diversitatem rei ... quandoque vero ... ad unitatem rei, quae diversimode intelligibilis est» [2], aber auch deutlicher: «duplex distinctio: una secundum rem; alia secundum rationem tantum» [3]. Im Zusammenhang der Trinitätslehre spricht er von einer «realis distinctio», die in einem Gegensatz gründet [4]. Bezüglich der D. von esse und essentia in den geschaffenen Dingen wird bei ihm wohl eine distinctio realis angenommen, aber nicht deutlich ausgedrückt [5]. In der Franziskaner-Schule wurde die *distinctio formalis* entwickelt [6]. Anlaß für eine thematische Entfaltung der Lehre von der D. dürfte der Versuch der Schulen des Spätmittelalters gewesen sein, die Lehre ihrer klassischen Autoren genau darzustellen. So kam es zu weiteren Aufgliederungen der *distinctio realis* und der *distinctio rationis*. Diesen Einteilungen liegt die Auffassung zugrunde, daß die D. die Verneinung der Identität ist: «distincta enim sunt quorum unum non est aliud» [7]. Eine solche Nicht-Identität ist entweder von der Sache her gegeben oder nur durch die Weise begründet, wie wir die Dinge in unserem Denken vergegenwärtigen. In besonderer Weise wurden diese Arten der D. von SUÁREZ herausgearbeitet und dabei der Begriff der *distinctio modalis* eingeführt. Diese D. ist zwar «ex natura rei», aber nicht so groß wie die «inter duas res» und liegt immer vor «inter rem aliquam et modum eius» [8]. Ähnlich nimmt DESCARTES [9] an: distinctio realis (zwischen Substanzen), distinctio modalis (zwischen Substanz und einem ihrer Zustände oder zwischen zweien ihrer Zustände) und distinctio rationis (zwischen Substanz und einer ihrer Bestimmungen, ohne welche sie nicht gedacht werden kann, oder zwischen zwei solchen Bestimmungen einer Substanz).

Anmerkungen. [1] M. GRABMANN: Die Gesch. der Scholastischen Methode 2 (1911) 483f. – [2] THOMAS VON AQUIN, De veritate q. 3, a. 2 ad 3. – [3] S. theol. I, q. 41, a. 4 ad 3. – [4] S. theol. I, q. 28, a. 3 c. – [5] H. MEYER: Thomas von Aquin (1938) 111-114; L. DE RAEYMAEKER: Met. generalis (Löwen 1931) 271-285. – [6] B. JANSEN: Beiträge zur gesch. Entwicklung der distinctio formalis. Z. kath. Theol. 53 (1929) 321. – [7] THOMAS VON AQUIN, S. contra gent. I, 71. – [8] FR. SUÁREZ, Disp. met. disp. VII, 1, 16. – [9] DESCARTES, Princ. philos. I, 60-62.

Literaturhinweise. J. URRABURU: Institutiones philos. II: Ontologia (Valladolid 1891) nn. 105f. S. 316-325. – L. DE RAEYMAEKER vgl. Anm. [5] 48-52. 255-261. 265-287. – J. DE VRIES: Denken und Sein (1937) 230-235. – I. ITURRIOZ: Philos. Scholasticae Summa I, tract. IV: Metaphysica generalis (Madrid 1953) nn. 219-231, S. 593-798. – W. HOERES: Wesenheit und Individuum bei Suárez. Scholastik 37 (1962) 181-210. – W. BRUGGER: Theol. naturalis (Barcelona ²1964) n. 296, S. 276f. – W. NEIDL: Der Realitätsbegriff des F. Suárez nach den Disputationes metaphysicae (1966) 209-227.   O. MUCK

Divination (lat. divinatio, Sehergabe, Weissagung, höhere Eingebung) ist ein oft mit ‹Mantik› synonym gebrauchter Begriff, bezeichnet in der Religionswissenschaft die Fähigkeit, den Willen der Götter zu erkennen und zu verkünden sowie die Zukunft zu erforschen. «Dabei ist zu unterscheiden zwischen einer kultisch-zauberhaften Orakelgebung, die meist in den Händen von Priestern oder Zauberern liegt, und einer persönlich-charismatischen, welche die Gabe von Sehern ist» [1]. Während letztere die direkte Wortoffenbarung der Gottheit durch den Seher bedeutet, liegen der kultischen Orakelgebung divinatorische Riten zugrunde, die Beobachtungen des Windes, des Vogelfluges, der Eingeweide (besonders der Leber) von Opfertieren und das Losorakel zum Gegenstand haben können. R. OTTO verwandte den D.-Begriff in einem auf seine Konzeption des Numinosen bezogenen Sinn: «Das etwaige Vermögen, das Heilige in der Erscheinung *echt* zu erkennen und anzuerkennen, wollen wir D. nennen» [2].

Anmerkungen. [1] F. HEILER: Erscheinungsformen und Wesen der Religion (1961) 278. – [2] R. OTTO: Das Heilige ($^{23-25}$1936) 173.

Literaturhinweise. A. BOUCHÉ-LECLERQ: Hist. de la D. dans l'antiquité (Paris 1879-1882). – G. GUILLAUME: Prophecy and D. among the Hebrews and other Semites (London 1938). – C. CONTENAU: La D. chez les Assyriens et les Babyloniens (Paris 1940). – G. VAN DER LEEUW: Phänomenol. der Relig. (^{2}1956) § 54. – L. LÉVY-BRUHL: Die geistige Welt der Primitiven (1959) 104ff.

G. LANCZKOWSKI

Docta ignorantia. Die Prägung ‹D.i.› (belehrtes Nichtwissen oder wissendes Nichtwissen) begegnet bei AUGUSTINUS: «Es ist in uns ein sozusagen belehrtes Nichtwissen, das jedoch belehrt ist vom Geiste Gottes» [1]. Als Terminus mit klar umrissenem Gehalt findet sich ‹D.i.› bei BONAVENTURA [2]. Das belehrte Nichtwissen ist Erhebung des Geistes in die Finsternis durch die Loslösung von allem; es ist Vereinigung mit Gott im mystischen Dunkel, in dem die Liebe wunderbar entflammt ist. Im Sentenzenkommentar beruft sich Bonaventura ausdrücklich auf die ‹Theologia mystica› des PSEUDO-DIONYSIUS; der Terminus ‹D.i.› findet sich aber dort nicht. Diese Stelle von Bonaventura wird später auch von BERNHARD VON WAGING [3] zitiert. Die eigentümliche Sprache des Areopagiten erlaubt sowohl die Ausdeutung von Bonaventura, die jedem gerechten Manne diesen Weg zur Vereinigung mit der Gottheit zuweist, wie die mehr spekulative Weiterentwicklung bei Nikolaus von Kues.

Bei NIKOLAUS VON KUES hat die D.i. eine zentrale Stellung. Das erste philosophische Hauptwerk trägt ihren Namen, ihm folgt später die ‹Apologia doctae ignorantiae›; die Sache wird auch im Spätwerk festgehalten [4]. Cusanus legt mehr Gewicht auf die Erkenntnis des Nichtwissens durch die Vernunft und auf die dadurch vermittelte übervernünftige Erkenntnis durch die *Coincidentia oppositorum.*

Das affektive Moment bleibt jedoch in voller Stärke erhalten. Heiliges Nichtwissen [5] führt zu einem Erkennen in der Weise des Nichtbegreifens (incomprehensibiliter). Dabei geschieht ein Aufschwung aller Geistes- und Gemütskräfte hin zum verborgenen Gott. Bei Bonaventura meint D.i. eher die mystische Einung selbst, und die Belehrung ist wie bei Augustinus wesentlich eine gnadenhafte; dagegen findet Nikolaus sie im Geiste selbst als seine eigene Kraft, sich zu transzendieren. Auf diesem Unterschiede beruht wohl die Kontroverse zwischen Bernhard von Waging und Vinzenz von Aggsbach. VINZENZ bestreitet entschieden, daß intellektuelle Bemühung zur «mystischen Theologie» führe [6]. – Die intellektuelle Bedeutung der D.i. läßt sich bei NIKOLAUS sehr deutlich an der von ihm selbst so benannten «Regula doctae ignorantiae» ablesen [7]; sie besagt, daß man bei allem, was ein Mehr oder Minder annehmen kann, nie zum absoluten Maximum gelangen kann. Dieses ist prinzipiell verschieden von allem, was gesteigert oder vermindert werden kann. Insofern ist es einerseits allem möglichen Vergleich enthoben, andererseits ist es, da das Minimum mit ihm koinzidiert [8], das Urmaß und Urbild von allem. Denn nichts kann größer oder kleiner sein als dies, was absolutes Maximum und absolutes Minimum ist. So ist es als Urbild in allen Abbildern und alle Abbilder sind in ihm [9]. Die Regel des belehrten Nichtwissens führt von dem fundamentalen Unterschied zwischen dem Endlichen, Vergleichbaren und dem Unendlichen, Absoluten zur Schau des Enthaltenseins (contineri) des Geschaffenen im Urbild und der Immanenz des Urbildes im Abbild; sie führt zur Koinzidenz der Gegensätze. Anderseits wird durch dieselbe Regel klar, daß es im Bereich des Vergleichbaren nur Grade der Näherung, keine absolute Gleichheit, also keine Genauigkeit geben kann: Die Erkenntnis des Geschaffenen bleibt *Coniectura.* Die absolute Wahrheit ist Gott allein. Die Genauigkeit abstrakt mathematischer Aussagen wird davon nicht betroffen, doch ist sie bei keinem konkreten Gegenstand erreichbar [10]. Obwohl bei Nikolaus D.i. eine besondere Methode der Gotteserkenntnis meint, will sie mehr sein als bloß theoretische Spekulation. Das Ziel bleibt die Entrückung zur mystischen Schau, die jede methodische Bemühung hinter sich läßt. In ‹De venatione sapientiae› hat Nikolaus besonders klar die Würde der Vernunft und die innere Notwendigkeit eines wesenhaft unbegreiflichen Gottesbegriffes ausgesprochen [11]: «Mira res: Intellectus scire desiderat. Non tantum [12] hoc naturale desiderium eius ad sciendum quiditatem dei sui est sibi conatum, sed ad sciendum deum suum tam magnum, quod magnitudinis eius nullus est finis, hinc omni conceptu et scibili maior. Non enim contentaretur de se ipso intellectus, si similitudo foret tam parvi et imperfecti creatoris, qui maior esse posset et perfectior. Omni enim scibili et comprehensibili infinitae et incomprehensibilis perfectionis utique maior est. Hunc deum suum omnis creatura et huius se asserit similitudinem, nequaquam eo minoris» (Eine wundersame Sache: die Vernunft verlangt danach zu wissen. Es ist ihr nicht bloß das natürliche Verlangen angeboren, das Wesen ihres Gottes zu erkennen, sondern vielmehr ihren Gott so groß zu wissen, daß seiner Größe kein Ende ist, und er also größer ist als jedes Denkbild und alles Wißbare. Denn die Vernunft würde nicht mit sich selbst zufrieden sein, wenn sie nur das Abbild eines so geringen und unvollkommenen Schöpfers wäre, der größer und vollkommener sein könnte. Wegen seiner unendlichen und unbegreiflichen Vollkommenheit ist er durchaus größer als alles Wißbare und Begreifbare. Jedes Geschöpf sagt, daß dieser sein Gott und es selbst sein Abbild ist, keinesfalls sei es das Abbild eines Geringeren).

Anmerkungen. Die Zitate aus den Werken des NIKOLAUS VON KUES folgen der Edition der Heidelberger Akademie (= h). – [1] AUGUSTIN. Ep. 130, 15, 28. – [2] BONAVENTURA, Breviloq. V, 6, 7 und II Sent. 23, 2, 3 ad 6. – [3] BERNHARD VON WAGING, Defensorium laudatorii; vgl. E. VANSTEENBERGHE: Autour de la ‹docte ignorance› ... Beitr. zur Gesch. der Philos. des MA 14/2-4 (1915) 183. – [4] NIKOLAUS, De venatione sapientiae cap. 12. – [5] De docta ignorantia (= D.i.) I, 17 Ende. – [6] Vgl. a. a. O. [3]. – [7] NIKOLAUS, D.i. I, 3 Anfang; De ludo globi I, n. 15; II n. 96 (h); II D.i. I, 4 cap. 26, n. 79 (h). – [8] D.i. I, 4. – [9] Vgl. De ludo globi II, n. 62. 63 (h). – [10] Vgl. D.i. II, 1. – [11] a. a. O. [4] cap. 12, n. 32 (h). – [12] ‹tantum›, *nicht* ‹tamen›; nach Cod. Cus. 219.

Literaturhinweise. J. UEBINGER: Der Begriff der D.i. in seiner gesch. Entwicklung. Arch. Gesch. Philos. 8 (1895) 1-32. 206-240. – J. RITTER: D.i. (1927). – K. H. VOLKMANN-SCHLUCK: Nicolaus Cusanus (1957). – K. JASPERS: Nikolaus Cusanus (1964). – Cusanusbibliogr. in: Mitteilungen und Forschungsbeiträge der Cusanus-Ges. 1 (1961); 3 (1963); 6 (1967).

G. V. BREDOW

Dogma. Zum griechischen Verbum δοκεῖν gehörend, hat δόγμα an dessen doppelter Bedeutung teil als das, was jemand meint, und das, was jemanden gut dünkt. Im zweiten Sinn wird es als Bezeichnung für Erlasse Terminus der Rechtssprache; an den ersten knüpft, nach seltenem Vorkommen bei PLATON [1], die Begriffsbildung in der *Stoa* an. Hier wird für den nichtsinnlichen Erkenntnisbereich (τὰ ἄδηλα) im Gegensatz zur Enthaltung vom Urteil (ἐποχή) bei den Skeptikern ein eindeutiges Verstandesurteil (συγκατάθεσις τῆς διανοίας) postuliert, das man ‹D.› (lat. decretum) nennt [2]. Die D. sind die notwendige Voraussetzung alles ethischen Verhaltens, identisch mit dem Vorsatz (προαίρεσις) [3]. Demzufolge wird später in Philosophie und Medizin die deduzierende Richtung als «dogmatische» der empirischen gegenübergestellt [4]. Als wichtigste D. der Stoa selbst nennt MARCUS AURELIUS die göttliche Vorsehung und die notwendige und nützliche Ordnung in der Natur, deren Teil der Mensch ist [5]. In diesem Sinn haben alle Schulen (αἱρέσεις) ihre eigenen D., durch die sie als solche definiert sind [6]. So kann ‹D.› dann wieder zur bloßen (Lehr-)Meinung (placitum) werden.

Für den *christlichen* Sprachgebrauch ist zu berücksichtigen, daß in der Bibel das Wort ganz selten und nur im rechtlichen Sinn zu finden ist [7]. Die Stellen sind ohne Einfluß auf die Begriffsgeschichte. Im 2. Jh. wird der stoische Begriff seit JUSTIN apologetisch verwendet: Die Philosophenschulen und ihre D. sind partikular, weder göttlichen Ursprungs noch alt. Ihnen fehlen also alle Merkmale der Wahrheit. Bilden sich im Christentum αἱρέσεις mit eigenen D., so gilt für sie dasselbe; ihre Verfechter sind Ketzer. Darum wird ‹D.› – bis in die Neuzeit hinein – überwiegend für häretische Lehren gebraucht. Umgekehrt hat vor allem ORIGENES die Konsequenz gezogen, auch kirchliche Lehren als Ausdruck der wahren Philosophie mit ‹D.› zu bezeichnen. In jedem Fall bedarf darum das Wort ‹D.› von nun an einer differenzierenden Näherbestimmung. Aber obwohl ferner die Kirche ‹D.› im rechtlichen Sinn rezipierte, wurde es in der konstantinischen Ära keineswegs zum üblichen Terminus für die reichskirchlichen Lehrentscheidungen. Wie variabel der Begriff noch war, zeigt BASILIUS VON CÄSAREA, der ihm vielmehr eine Wendung ins Esoterische gab. Seither wurden auch die ethischen Lehren nicht mehr unter den Oberbegriff ‹D.› gerechnet, der von nun an den Glaubenssätzen vorbehalten wurde.

Die *lateinische* Kirche folgte im übrigen dem älteren Gebrauch. Die einzige Definition, die AUGUSTIN gibt, lautet: «dogmata sunt placita sectarum» [8]. Nur VINZENZ VON LERINUM (um 434), der polemisch wieder Alter und Allgemeinheit als Merkmale der Wahrheit hervorhob, sprach betont vom «dogma catholicum», das, von Gott offenbart, der Kirche anvertraut ist und als Auslegungsnorm der hl. Schrift dient [9]. Als theologischer Außenseiter blieb er aber ungehört. Im ganzen *Mittelalter* kommt ‹D.› nur selten, vorzugsweise in gelehrter Poesie, vor; die kirchlichen Lehren nannte man stattdessen «articuli fidei» [10], auch ketzerische Lehren wurden nur gelegentlich als ‹D.› bezeichnet [11].

Seine Wiedereinführung verdankt der Begriff dem *Humanismus*. Im Streit zwischen ERASMUS und LUTHER lebte der Gegensatz von Skepsis und Dogmatismus auf: Luther, von Erasmus als «dogmatistes» gescholten, bestand auf dem assertorischen Charakter des Glaubens [12]. Doch gab er dem Begriff ‹D.›, den er in diesem Kontext häufiger gebrauchte, keine neue Prägung; daß er ihn später einmal mit dem «Wort Gottes» gleichsetzte [13], blieb vereinzelt. Folgenreich war dagegen die humanistische Wiederentdeckung von VINZENZ VON LERINUM [14]. Dessen Werk erwies sich in der konfessionellen Auseinandersetzung als höchst aktuell. In seinem Sinn tritt ‹D.› von nun an in der *katholischen* Literatur auf, auch in den Akten des Tridentinum wie später im Vaticanum I [15], aber nicht im ‹Codex juris canonici› [16]. Freilich setzte es sich erst im 19. Jh. gegenüber dem traditionellen Begriff ‹articulus fidei› durch. Aber schon im 16. Jh. finden sich alle Elemente der heutigen katholischen Definition von D. als einem «Satz, der Gegenstand der fides divina et catholica ist, den also die Kirche ausdrücklich als von Gott offenbart so verkündigt, daß seine Leugnung als Häresie verworfen und mit Anathema belegt wird» [17]. Dem historischen Problem begegnet hier die schon bei Vinzenz angedeutete Lehre vom D.-Fortschritt. Die modernistische D.-Kritik am Leitfaden der Frage nach der Verifizierbarkeit in der Erfahrung setzte sich nicht durch.

Eine Nachwirkung von Vinzenz verrät sich indirekt auch, wenn das Luthertum dort, wo es seinerseits nun die Schrift als Lehrnorm bekannte, von ‹D.› sprach [18]. Die Schriftgebundenheit bleibt für das *protestantische* Verständnis vom D. konstitutiv. Dazu trat das Formale des Lehrmäßigen. In der Bibel selbst wurden schon im 16. Jh. historische (erzählende) und dogmatische (lehrhafte) Partien unterschieden. Galt ferner Christus als «fundamentum fidei substantiale», so die Lehre von ihm als «fundamentum fidei dogmaticum». Daneben bürgerte sich im 17. Jh. im Gegenüber zur theologia moralis der Name ‹theologica dogmatica› ein. Deren Gegenstand nannte man aber weithin noch immer ‹articuli fidei›. Die Aufklärungstheologie griff dann in ihrer Kritik der autoritativen traditionellen Lehre auf die Definition von ‹D.› als Lehrmeinung zurück. Damit gab sie die historische Auffassung der D. frei, die nun auch auf die differenzierenden Attribute zum Wort ‹D.› verzichten lehrte. Die Disziplin der D.-Geschichte nahm sich jetzt des Begriffs ‹D.› an. Radikal historisiert ist D. bei HARNACK als «das bestimmte D., das sich auf dem Boden der antiken Welt gebildet hat» [19]. Sonst wurde, vorwiegend aus praktischen Erwägungen, meist ein abgeschwächt katholischer Begriff zugrunde gelegt: LOOFS nannte D. «diejenigen Glaubenssätze, deren Anerkennung eine kirchliche Gemeinschaft von ihren Gliedern, oder wenigstens von ihren Lehrern, ausdrücklich fordert» [20]. Der damit hervorgehobene kirchliche Bezug empfahl diesen Begriff im 20. Jh. endlich der systematischen Theologie, die bei aller Uneinheitlichkeit der näheren Definition von ‹D.› in der Betonung des kirchlichen Momentes einig ist. K. BARTH faßt dabei ‹D.› als einen Relationsbegriff auf: Es ist «die Übereinstimmung der kirchlichen Verkündigung mit der in der Hl. Schrift bezeugten Offenbarung» [21].

In die *Philosophie* führte, abgesehen von den Skeptikern des 16. und 17. Jh., CHR. WOLFF den Begriff zurück. Er teilte den Stoff der Wissenschaften in facta und dogmata ein. D. ist hier «ein universaler Satz, dessen Erkenntnis zur Seligkeit des Menschengeschlechts nützlich ist» [22]. Vom theologischen Verständnis grenzte Wolff sich ab, indem er «singuläre Sätze» nicht als D. gelten ließ. Hier wirkte der Gegensatz von Vernunft- und Geschichtswahrheit ein. KANT zählte D. als «direkt synthetischen Satz aus Begriffen» («Lehrspruch») zu den apodiktischen Sätzen [23]. Seine Verurteilung des Dogmatismus setzt diese Auffassung von D. als unkritisch vorgefaßte Meinung voraus. Dies blieb für den außertheologischen Sprachgebrauch maßgebend.

Anmerkungen. [1] PLATON, Theait. 158 d; Resp. VII, 538 c; Leg. I, 644 d; XI, 926 d. – [2] SEXTUS EMP., Pyrrh. Hyp. I, 13. 16. SVF II, 37. – [3] EPIKTET, passim; ORIGENES, Contra Cels. VII, 63; CICERO, Acad. II, 9, 27; SENECA, Ep. 95. – [4] DIELS, Doxogr. 603f.; GALEN, De sect. 1. – [5] MARC AUREL, Ad se ipsum II, 3. – [6] SVF II, 37. – [7] So Luk. 2, 1 (das Gebot des Augustus); zum Folgenden: M. ELZE: Der Begriff des D. in der Alten Kirche. Z. Theol. u. Kirche 61 (1964) 421-438. – [8] AUGUSTIN, Quaest. evang. I, 11. MPL 35, 1326. – [9] VINZENZ VON LERINUM, Commonitorium, passim. – [10] THOMAS VON AQUIN, S. theol. II/II, 1, 6; vgl. I, 1, 8. – [11] a. a. O. II/II, 11. – [12] ERASMUS, De libero arbitrio, hg. WALTER, p. 5, 11; LUTHER, De servo arbitrio. Weimarer A. 18, 600ff. – [13] Weimarer A. 38, 278, 7ff. – [14] VINZENZ, Ed. princeps, hg. JOH. SICHARD (Basel 1528). – [15] DENZINGER, Enchiridion symbolorum 784. 1800. 1816. 1839 = a. a. O., hg. SCHÖNMETZER (^{32}1963) 1505. 3020. 3041. 3073. – [16] Vgl. jedoch Cod. jur. canon., Can. 1323. – [17] Lex. Theol. u. Kirche² 3, 439 (K. RAHNER). – [18] Formula concordiae, Von dem summar. Begr. Bekenntnisschriften der luth. Kirche (1930) 767ff.; vgl. 833ff.; zum Folgenden: O. RITSCHL: D.-Gesch. des Protestantismus 1 (1908) 14ff.; Das Wort dogmaticus in der Gesch. des Sprachgebrauchs bis zum Aufkommen des Ausdrucks theologia dogmatica. Festgabe Jul. Kaftan (1920) 260-272. – [19] A. V. HARNACK: Lehrb. der D.-Gesch. 1 (³1901) 23. – [20] Art. ‹D.-Gesch.›, in: Prot. Realencyclop.³ 4, 752ff. – [21] K. BARTH, Kirchl. Dogmatik I, 1, 280; vgl. Art. ‹D.›, in: RGG³ 2, 223 (G. GLOEGE). – [22] CHR. WOLFF: Philosophia rationalis sive Logica (1728) § 743; vgl. dazu z. B. JOH. GERHARD, Loci theol., loc. 16, § 129. – [23] KANT, KrV B 764.   M. ELZE

Dogmatismus. Der Begriff ‹D.› ist im französischen Sprachbereich geprägt worden; er findet sich bei MONTAIGNE und PASCAL [1]. Von dort ist er ins Englische übernommen worden [2]. Die deutsche Philosophie der *Aufklärung* verwendet ihn als kritischen Begriff zur Ablehnung einer pedantischen, schulfüchsischen, vorurteilsverhafteten und überholten Philosophie. ‹D.› bezeichnet vor allem die herkömmliche Schulphilosophie und Metaphysik, die aus unüberprüften Prinzipien ihre Systeme deduzieren.

KANT liefert die erste Theorie der Erklärung des Ursprungs und der Überwindung des D. Er nennt den D. das Verfahren, das ohne Kritik der Verstandesvermögen auszukommen sucht: Der «D. der Metaphysik» ist «das Vorurteil, in ihr ohne Kritik der reinen Vernunft fortzukommen» [3]. D. ist eine Philosophie ohne vorhergehende Erkenntnistheorie. In der Dialektik der ‹Kritik der reinen Vernunft› wird gezeigt, daß D. dann entsteht, wenn man unerlaubt den transzendentalen Gebrauch der Verstandes- und Vernunftbegriffe in einen transzendenten ausweitet. Dies verhindern kann nur die «Zensur der Vernunft», die als Skepsis den D. als das «Kindesalter» der Vernunft entlarvt und die zur «Kritik der Vernunft» als der «gereiften und männlichen Urteilskraft» überleitet, die den D. endgültig hinter sich gelassen hat [4].

In der Radikalisierung des transzendentalphilosophischen Ansatzes ist für FICHTE jene Philosophie D., die in transzendenter Weise «dem Ich an sich etwas gleich- und entgegensetzt» [5], während es das Anliegen seiner eigenen Wissenschaftslehre ist, zu zeigen, daß das Ich ursprünglich ist und alles Nicht-Ich erst setzt. Da nur das Ich dem Ich in intellektueller Anschauung ohne Beihilfe anderer Vermögen bewußt ist, kann für Fichte nur eine so konzipierte Philosophie den Fehler des D., ungeprüfte Prinzipien anzunehmen, vermeiden. Auch im Bereich der Ethik sieht Fichte den Irrtum des D. darin, daß er «den letzten Grund alles dessen, was für das Ich ist, außer dem Ich aufsucht». Damit gibt es für den D. «keine Moral, sondern nur ein System von Naturgesetzen» [6], da das eigentliche Prinzip der Freiheit nicht erkannt sei.

In seiner ersten Schrift ‹Vom Ich als Prinzip der Philosophie› gebraucht SCHELLING unter dem Einfluß Kants und Fichtes den Terminus ‹D.› in der gleichen pejorativen Bedeutung. Gegenüber dem entwickelten Kritizismus sei jeder D. abzulehnen: das «Princip des D. ist ein vor allem Ich gesetztes Nicht-Ich, Prinzip des Kritizismus ein vor allem Nicht-Ich und mit Ausschließung alles Nicht-Ichs gesetztes Ich» [7]. In dem Versuch, sich von der skeptischen Begrenzung der Verstandesvermögen der reinen Transzendentalphilosophie abzusetzen, ist in der sich ausbildenden Identitätsphilosophie Schellings D. positiv zu verstehen als die Philosophie, die den Idealismus bzw. Kritizismus Kants und den Realismus bzw. Dogmatismus Spinozas zu verbinden versucht. Die Identitätsphilosophie könne für sich den Namen ‹D.› positiv gebrauchen, da die Identität absolutes und wahres Prinzip sei. Zur Unterscheidung nennt Schelling den falschen D. «Dogmaticismus» [8].

Wie für Kant D. durch das Absolutsetzen eines der Teile der Antinomien entsteht, so ist ähnlich bei HEGEL D. die Mißachtung der Nichtidentität der Entzweiung [9]. Der «D. des Seins» der vorkantischen Philosophie sei eine «Metaphysik der Objektivität», der «D. des Denkens» oder der Subjektivität Kants, Jacobis und Fichtes eine «Metaphysik der Subjektivität» [10].

Beide Formen sind in ihrer geschichtlich gewordenen Bildung notwendige Vorstufen der Entwicklung der Vernunft bis zu der «wahren Philosophie», die im dialektischen Verfahren die Gegensätze aufheben kann [11].

Auch SCHOPENHAUER weist, darin Kants Analyse folgend, den alten D. zurück: «Hingegen war der Grundfehler des alten, durch Kant zerstörten D., in allen seinen Formen, dieser, daß er schlechthin von der Erkenntnis, d. i. der Welt als Vorstellung, ausging, um aus deren Gesetzen das Seiende überhaupt abzuleiten und aufzubauen, wobei er jene Welt der Vorstellung, nebst ihren Gesetzen, als etwas schlechthin Vorhandenes und absolut Reales nahm; während das ganze Dasein derselben von Grund aus relativ und ein bloßes Resultat oder Phänomen des ihr zum Grunde liegenden Wesens an sich ist – oder, mit anderen Worten, daß er eine Ontologie konstruierte, wo er bloß zu einer Dianoiologie Stoff hatte» [12]. Im Gegensatz zu diesem alten – transzendenten – D., zu dem er auch die Systeme Hegels, Fichtes und Schellings rechnet, kann er im positiven Gebrauch seine eigene Philosophie als immanenten D. bezeichnen: «Man könnte mein System bezeichnen als immanenten D.: denn seine Lehrsätze sind zwar dogmatisch, gehn jedoch nicht über die in der Erfahrung gegebene Welt hinaus; sondern erklären bloß was diese sei, indem sie dieselbe in ihre letzten Bestandteile zerlegen. Nämlich der alte, von Kant umgestoßene D. (nicht weniger die Windbeuteleien der drei modernen Universitäts-Sophisten) ist transzendent; indem er über die Welt hinausgeht, um sie aus etwas Anderm zu erklären» [13].

In der *Neuscholastik* bekommt der Begriff ‹D.› in der Betonung der Dogmen eine positive Bedeutung: D. ist hier die unvermeidliche Voraussetzung sogenannter Fundamentalwahrheiten, die selbst keines Beweises fähig noch bedürftig sind [14].

Der Gebrauch des Terminus innerhalb des wissenschaftlichen Sozialismus zielt darauf ab, den Marxismus von traditionellen religiösen, metaphysischen und undialektischen Systemen abzusetzen. D. ist «innerhalb der revolutionären Arbeiterbewegung eine Form der Abweichung vom Marxismus-Leninismus», die dem Revisionismus Vorschub leistet [15]. Der Marxismus-Leninismus will selber kein D. sein, da es in ihm nicht um eine buchstabengetreue Wiedergabe der klassischen marxistischen Texte gehe, sondern um die jeweilige Anwendung der als richtig erkannten Methode in einer sich verändernden Wirklichkeit [16].

Anmerkungen. [1] Vgl. Dict. général de la langue franç. 1 (Delagrave 1964) 772: Art. ‹Dogmatisme›. – [2] Vgl. The Oxford english dictionary 3 (1933, ²1961) 583: Art. ‹Dogmatism›. – [3] KANT, KrV B XXX; vgl. Logik. Akad.-A. 9, 83f.; Über eine Entdeckung, nach der alle neue Kritik der reinen Vernunft durch eine ältere entbehrlich gemacht werden soll. Akad.-A. 8, 229; KU Akad.-A. 5, 395. – [4] KrV B 788ff. – [5] J. G. FICHTE: Grundlage der gesamten Wissenschaftslehre (1794) § 3. Werke, hg. F. MEDICUS 1 (1911) 314. – [6] System der Sittenlehre (1798) § 15 a. a. O. 2, 569. – [7] F. W. J. SCHELLING: Vom Ich als Prinzip der Philos. (1795). Werke, hg. K. F. A. SCHELLING 1, 170. – [8] Philos. Briefe über D. und Kriticismus (1795) a. a. O. 1, 281ff. 302. 308. – [9] HEGEL, Werke, hg. GLOCKNER 1, 46ff. – [10] a. a. O. 1, 431ff. – [11] 1, 72.75. 87. – [12] SCHOPENHAUER, Die Welt als Wille und Vorstellung 2. Werke, hg. A. HÜBSCHER 3 (1949) 327f. – [13] Parerga und Paralipomena 1 a. a. O. 5, 139. – [14] Vgl. H. WACKERZAPP: Art. ‹D.›, in: Lex. Theol. u. Kirche (²1957ff.) 3, 438; vgl. J. L. BALMES: Fundamente der Philos. (1855) 1, 17. – [15] Vgl. G. KLAUS/M. BUHR: Philos. Wb. (1965) 120. – [16] MARX/ENGELS, MEW 1, XXV. W. NIEKE

Dogmenkritik als Bestandteil der Auseinandersetzung der christlichen Kirche und Theologie mit ihrer eigenen Geschichte wird terminologisch in der zweiten Hälfte des 19. Jh. fixiert. Zwar gehört die kritische Skepsis gegenüber traditionell vorgegebenen und begründeten Lehrüberlieferungen auf Grund des Schriftprinzips wesensmäßig zum *reformatorisch-protestantischen* Selbstverständnis. Sie erfährt eine grundsätzliche Verschärfung in der theologischen und philosophischen *Aufklärung* und in KANTS Wendung gegen den Dogmatismus. Schon in HEGELS Religionsphilosophie wird die «gegenwärtige Gleichgültigkeit der bestimmten Dogmen» mit ihrer «historischen Behandlung» zusammengebracht und diese so als Signatur der Zeit erkannt [1].

Doch erst in den historischen Gesamtdarstellungen zur abendländischen Dogmen- und Geistesgeschichte, wie sie von A. HARNACK und W. DILTHEY vorgelegt wurden, gewinnt der Begriff seine eigentümliche Bedeutung und Wirksamkeit. Zugleich wird die Vorgeschichte des Begriffs zur Begründung und Rechtfertigung des eigenen Tuns eingeholt: Kritiker der kirchlichen Lehrüberlieferung aufklärerischer Provenienz [2] bis hin zu D. F. STRAUSS [3] treten als Zeugen auf in dem Prozeß, in dem der Neuprotestantismus die Existenzberechtigung und Existenzmöglichkeit des Christentums in der modernen Welt darzulegen versucht.

Für HARNACK ist das dogmatische Christentum eine bestimmte Stufe in der Entwicklungsgeschichte des Christentums: «Das Dogma ist in seiner Konzeption ein Werk des griechischen Geistes auf dem Boden des Evangeliums» [4]. Dementsprechend trägt in der Darstellung des dreifachen Ausgangs der Dogmengeschichte im römischen Katholizismus, im Antitrinitarismus und Sozianismus sowie im Protestantismus die Interpretation der «Kritik Luthers an der herrschenden kirchlichen Überlieferung und am Dogma» einen besonderen Akzent: «Luthers Werk ist die Aufrichtung des Glaubens und die Zertrümmerung des Dogmas» [5]. «Die formalen Autoritäten des Dogmas sind niedergerissen: damit ist es selbst als Dogma, d. h. als unverbrüchliche, vom hl. Geist gestellte Lehrordnung, abgetan» [6]. An die Stelle des Dogmas tritt der evangelische Glaube: der das Abendland bestimmende Dualismus von dogmatischem Christentum und praktisch-christlicher Selbstbeurteilung und Lebensführung wird aufgehoben. – DILTHEY betont gleichfalls die Bedeutung Luthers für die abendländische Geschichte des Christentums. In der Darstellung des natürlichen Systems der Geisteswissenschaften im 17. Jh. führt er die D. auf die Fortschritte der historisch-kritischen Vernunft zurück: Sie gehört für ihn in den Zusammenhang der Entstehung der Hermeneutik: «Die D. der Arminianer und Sozinianer ist der Ausdruck der Mündigkeit der menschlichen Vernunft, welche sich vorbereitet, alle Tradition der Prüfung zu unterwerfen» [7]. Durch die Unterscheidung von Dogmen erster und zweiter Ordnung wird die Genesis der Dogmen psychologisch erklärt und ihr Anspruch auf absolute Geltung vernichtet. – Bei E. TROELTSCH mündet die D. ein in die Forderung nach einer radikalen «Entdogmatisierung» des Christentums [8]. Ideenpolitisch gehört die D. zum Programm des Protestantenvereins und seiner Parteigänger [9]. Publizistisches Organ dieses freien Protestantismus ist zeitweilig die von M. RADE herausgegebene Zeitschrift ‹Christliche Welt› [10]. Unter den Einfluß der dialektischen Theologie tritt der programmatische Titel ‹D.› zurück. Das Thema wird aufgenommen als existentiale [11] und als kritische [12] Interpretation des Dogmas.

Anmerkungen. [1] HEGEL, Werke, hg. GLOCKNER 15, 55-59. – [2] Übersicht über die ältere «Kritik der Dogmatik», unter diesem Titel bei K. G. BRETSCHNEIDER: Systematische Entwicklung aller in der Dogmatik vorkommenden Begriffe (²1819) 216ff. – [3] D. F. STRAUSS: Die christl. Glaubenslehre (1840). – [4] A. v. HARNACK: Lehrb. der Dogmengesch. 1 (⁴1909) 20. – [5] a. a. O. 3, XX. – [6] a. a. O. 3, 861. – [7] W. DILTHEY, Schriften 2 (⁷1964) 136. – [8] E. TROELTSCH, Schriften 2 (²1922). – [9] Bes. R. ROTHE: Zur Dogmatik (1863); H. DREYER: Undogmatisches Christentum (1888); vgl. auch Prot. Realencyclop. 16 (1905) 135ff.; RGG 4 (²1930) 1580ff. – [10] RGG 1 (³1957) 173ff.; J. RATHJE: Die Welt des freien Protestantismus (1952). – [11] Vgl. H. JONAS: Die hermeneutische Struktur des Dogmas, in: Augustin und das paulinische Freiheitsproblem (1930, ²1965). – [12] z. B. O. WEBER: Grundlagen der Dogmatik 1 (1955) 54; W. ELERT: Der christl. Glaube (³1956) 32. H. ZABEL

Doketismus (griech. δοκεῖν, scheinen) bezeichnet in der christlichen Dogmatik eine Lehre, in der die Mensch-, richtiger: Fleischwerdung des Sohnes Gottes zum bloßen Schein herabgesetzt wird. Schon im Neuen Testament wird gegen derartige Lehren polemisiert [1], ohne daß das Stichwort ‹D.› fiele. Es taucht wenig später (um 110 n. Chr.) in den Briefen des IGNATIUS VON ANTIOCHIEN auf [2]. Für die Gnosis bot D. die Möglichkeit, sich den Inhalt der christlichen Botschaft zu assimilieren. Beispiele: SATORNIL (um 130 im syrischen Antiochien) [3], wichtiger noch MARCION [4]. Auch der Koran [5] kennt eine doketische Christologie. Das Stichwort spielt neuerdings eine Rolle in den Diskussionen um den Offenbarungsbegriff der modernen protestantischen Theologie seit K. Barth [6].

Anmerkungen. [1] 1. Joh. 4, 2. 3; vielleicht auch 1. Kor. 12, 3. – [2] An die Trallianer 10; an die Smyrnäer IV, 2. – [3] Dazu R. M. GRANT: The earliest Christian gnosticism, in: Church History 22 (1953). – [4] A. v. HARNACK: Marcion (1924, Nachdruck 1960). – [5] Sure 4, 156. – [6] F. GOGARTEN: Verhängnis und Hoffnung der Neuzeit (²1958) 112; G. EBELING: Theol. und Verkündigung (1962) 22f. W. ULLMANN

Domestikation. Die Haltung von Wildtieren als Fleischlieferanten (z. B. Schwein, Rind), Tragtiere (z. B. Kamel, Elefant), Jagdbegleiter (Hund) und Opfertiere (z. B. Antilopen), die vor etwa 6000–10 000 Jahren einsetzte, führte allmählich zur Züchtung von Rassen mit gesteigerten Nutzleistungen [1]. Durch die dabei betriebene Auslese wurden die in langer Stammesgeschichte entstandenen harmonischen Erbgefüge und damit Struktur und Funktion vieler Organe verändert. Dazu trug auch der Aufenthalt in einer nicht mehr natürlichen Umwelt bei. In den meisten Fällen bewirkte die D. eine Verringerung der Durchblutung, eine Schwächung des Muskeltonus, eine Verringerung der Hirngröße, eine Steigerung der Fruchtbarkeit sowie eine Änderung der Hormonproduktion und der sexuellen Rhythmen [2]. Damit wurde auch der normale Instinktablauf gestört. Vor allem fielen meist Fluchtinstinkte und zeremonielle Paarungseinleitungen fort [3]. Von CH. DARWIN wurde die Herausbildung von Zuchtrassen als Modell natürlicher Rassen- und Artbildung verwendet [4].

Auch die jüngere Stammesgeschichte des Menschen zeigt Parallelen zum D.-Vorgang: Leben in künstlicher Umwelt und größeren sozialen Verbänden, schwächerer Muskeltonus, stärkere Neigung zur Anlage von Fettreserven, Erhöhung der Variabilität und Abbau von Instinkten. Es ist deshalb gelegentlich von einer *Selbst-D. des Menschen* gesprochen worden [5].

Anmerkungen. [1] O. ANTONIUS: Stammesgesch. der Haustiere (1922); Die Geschichte der Haustiere, in: L. VON BERTALANFFY: Hdb. Biol. 7 (1942) 116–132; M. HILZHEIMER: Natürliche Rassengesch. der Haussäugetiere (1926); H. NACHTSHEIM: Vom Wildtier zum Haustier (1936). – [2] CH. DARWIN: The variation of animals and plants under domestication (London 1868); B. KLATT: Studien zum D.-Problem I. Bibl. genet. (Lpz.) 2 (1921); B. KLATT und VORSTEHER: Stud. zum D.-Problem II a. a. O. 6 (1923); W. HERRE: Neue Ergebnisse zoologischer D.-Forsch. Verh. dtsch. zool. Ges. (1950) 40–54; D. und Stammesgesch., in: G. HEBERER: Die Evolution der Organismen (²1959) 801–856. – [3] K. LORENZ: Psychol. u. Stammesgesch., in: G. HEBERER, a. a. O. [2] 131–172. – [4] CH. DARWIN: On the origin of species (London 1859). – [5] H. FRIEDENTHAL: Haustiereigenschaften und Haustiercharakter bei Wildtieren und Menschen. Sber. Ges. Naturforsch. Freunde Berlin (1933); K. LORENZ, a. a. O. [3]. B. RENSCH

Dominant/rezessiv sind Begriffe der Vererbungswissenschaft, die von MENDEL [1] und seinen Wiederentdeckern verwendet wurden, um das unterschiedliche Verhalten von Merkmalen im Erbgang zu bezeichnen: Der Erbgang ist dominant oder rezessiv. Hiermit wird das relative Verhalten der beiden allelen Gene (an korrespondierenden Stellen eines Chromosomenpaars gelagerte Erbanlagen) charakterisiert. Dominant ist also das Gen, das in heterozygotem (mischerbigem) Zustand in Erscheinung tritt, während das rezessive Gen sich nur in homozygotem (reinerbigem) Zustand zu erkennen gibt. Dominanz und Rezessivität sind komplementäre Begriffe; ein Gen ist nicht an sich dominant oder rezessiv, sondern immer nur im Hinblick auf sein Verhalten zu einem bestimmten Allel. – In der *Humangenetik* ist der homozygote Zustand dominanter Gene gewöhnlich unbekannt. Hier ist es üblich, von Dominanz zu sprechen, wenn ein Gen bereits in heterozygotem Zustand eine deutlich erkennbare Wirkung hat, ohne Rücksicht darauf, ob diese Wirkung mit der des homozygoten Zustandes gleich ist. Dominante Gene haben vermutlich häufig im heterozygoten Zustand eine weniger ausgeprägte Wirkung als im homozygoten Zustand. Man kann unterscheiden zwischen vollständig dominant, bedingt dominant, intermediär dominant, je nachdem ob das Gen regelmäßig oder nur unter bestimmten Bedingungen heterozygot in Erscheinung tritt oder eine Zwischenstellung zwischen dem dominanten und dem rezessiven Merkmal (Phän) einnimmt. Mit verfeinerten Untersuchungsmethoden ist es oft möglich, ein rezessiv erscheinendes Gen auch in heterozygotem Zustand an Teilmanifestationen zu erkennen.

Anmerkung. [1] G. MENDEL: Versuche über Pflanzenhybriden (1865 und 1869), hg. E. TSCHERMAK (1901). O. V. VERSCHUER

Doppelnatur. Die philosophische Lehre, nach der der Mensch aus den wesensverschiedenen Teilen Seele und Leib zusammengesetzt ist und durch sie in der Spannung von Sein und Werden, Ewigkeit und Zeitlichkeit, Gut und Böse lebt, findet sich schon am Beginn der abendländischen Philosophie und durchzieht sie, mancherlei Wandlungen durchlaufend, fast bis heute. Trotz der neuen Ansätze, die sich seit der Jahrhundertwende anbahnen, beherrscht die Vorstellung von der D. des Menschen noch immer das populäre Bewußtsein. Sie wird in der Gegenwart vom Christentum und dem traditionellen Sprachbestand perseveriert.

1. Die Theorie scheint nicht originär griechisch zu sein, sondern, ursprünglich indischer und/oder ägyptischer Herkunft, mit den thrakischen Dionysosmysterien zur *Orphik* gelangt zu sein [1]. Nach ihr ist die Seele «wegen gewisser Strafbestimmungen mit dem Leibe zusammengejocht und in ihm wie in einem Grab bestattet» [2]. Sie tritt nach dem leiblichen Tod eine Wanderung an und muß sich erneut in einem Leib inkarnieren. Ethisch bewirken diese Vorstellungen das Ideal leiblicher Askese und – wegen der in dem Tier einwohnenden Seele – häufig vegetarische Regeln. Die Theorie strahlt vor allem auf den *Pythagoreismus* aus [3] und geht in PLATONS Lehre von Unsterblichkeit, Metempsychose und Anamnesis ein, die im ‹Phaidon› expliziert ist. Da der Leib «nur verwirrt und die Seele nicht Wahrheit und Einsicht erlangen läßt» [4], ist der erstrebte Zustand des Philosophen der Tod, wo seine Seele die Ideenwelt in ihrer Reinheit schauen kann. Hat schon Platon die Vernunft allein als «inneren Menschen» [5] begriffen und ihr die Herrschaft über die anderen Seelenteile zugesprochen, so läßt vollends ARISTOTELES, entgegen seinem sonst durchgängigen Naturaufbau, den Logos im Menschen präexistent und unsterblich sein. Da die Seele aus dem übersinnlichen Geist und den sinnlichen Vermögen besteht, ist sie mikrokosmisch «in gewissem Sinne alles» [6]. Die geisthafte Komponente der Seele, die hier schon herausgehoben ist und den Keim einer dritten Grundkraft des Menschen enthält, und die Depravierung der Sinnenwelt gewinnen in der Folgezeit nicht nur in der *platonischen* Tradition, sondern auch in der *Stoa,* in der *Gnosis* und – von ihnen her wirkend – im *frühen Christentum* an Gewicht. Platons «innerer Mensch» wirkt weiter: Für die Stoa soll die Ratio die leiblich-seelische Sphäre beherrschen und die affektfreie, aus Einsicht errungene Ataraxie gewähren. Die Herrschaft des Logos betont auch PHILON, der das jüdische Geistesgut des Pentateuch mit platonisch-stoischen Gedanken zu verschmelzen versucht: Platons Ideen werden zu Kräften des göttlichen Logos; der menschliche Logos ist im Leib inkarniert, den er mehr und mehr durchdringen muß, um sich Gott zu nähern. PLOTIN weist der ins Werden entlassenen Seele die vermittelnde Stelle zwischen Leib und Geist zu. Nur sofern dieser sich in die Andersheit der Seele begibt, kann er irdisch werden. Daher haben «die Einzelseelen ... in sich einen geistigen Trieb, der sie zurückwendet zu ihrem Ursprung; sie haben auch eine Kraft, die auf die niedere Welt gerichtet ist» [7]. Die Seele nimmt «eine Mittelstelle in der Wirklichkeit ein» [8]. Auch wenn sie sich um ihrer Selbstbereicherung willen tief ins Leibliche hineinsenken muß, ist sie doch von höherem Seinsrang, «das Wertvollste in uns ... und wertvoller als alles, was da körperlich ist» [9].

Sie ist der «obere Mensch» und kehrt nach ihrer Erdenzeit ins Göttliche zurück. «Die Anthropologie der Gnosis ist ... eine trichotomische; sie unterscheidet Leib, Seele und Selbst, wobei die Bezeichnung für das Selbst variieren kann; in der griechisch sprechenden Gnosis heißt das Selbst πνεῦμα, ‹Geist› – aber in einem von dem griechischen Geist-Begriff wohl zu unterscheidenden Sinne. Der Begriff ψυχικός, ‹seelisch›, wird deshalb zu einem abwertenden Begriff, als welcher er dann auch im Neuen Testament erscheint» (R. Bultmann [10]). In ihm allerdings kann das πνεῦμα nicht mehr – wie die rationale Tugend der Stoa – vom Menschen erworben werden. Es ist Gnade Gottes, der der Mensch nur seinen Willen entgegenschicken kann. Nach ursprünglich christlicher Lehre beruht also die Christlichkeit des Menschen gerade auf der Selbständigkeit des πνεῦμα gegenüber der ψυχή. Der Streit um die trichotomische und die dichotomische Anthropologie und um die Unsterblichkeit auch des Leibes beschäftigt die *patristische* Philosophie noch lange Zeit. Nach TATIAN etwa [11] ist nur das πνεῦμα unsterblich. Als seelisches Wesen unterscheidet sich der Mensch vom Tier nur durch die Sprache. Dagegen auferstehen etwa nach ATHENAGORAS Leib und Seele: «Ich verstehe aber unter D. den aus Seele und Leib bestehenden Menschen und behaupte, daß der Mensch gerade in dieser D. für alle seine Handlungen verantwortlich ist» [12]. In diesen Differenzen drückt sich die unterschiedliche Assimilation des griechischen und jüdischen Erbes im Christentum aus [13]. In der klassisch-*scholastischen* Philosophie bei THOMAS VON AQUIN wirkt der amalgamierte Aristotelismus auch auf die Lehre von der D. des Menschen ein: Die Seele ist Substanz und Form des Leibes und konstituiert ihn damit in seinem Sein, «sofern sie gleichsam ihr Sein dem Stoff mitteilt» [14]. Sie ist Vernunftseele, die «in ihrer Kraft die sinnliche und die nährende Seele enthält» [15], und durchdringt den ganzen Menschen.

2. Der anthropologische Neuansatz DESCARTES' – augustinische Motive aufnehmend – hängt in zweifacher Weise mit seiner Auffassung von der D. des Menschen zusammen: Descartes erkennt, «daß ich eine Substanz sei, deren ganze Wesenheit oder Natur bloß im Denken bestehe und die zu ihrem Dasein weder eines Ortes bedürfe noch von einem materiellen Dinge abhänge, so daß dieses Ich, das heißt die Seele, wodurch ich bin, was ich bin, vom Körper völlig verschieden und selbst leichter zu erkennen ist als dieser und auch ohne Körper nicht aufhören werde, alles zu sein, was sie ist» [16]. Er nimmt damit die folgenschwere Identifikation von Seele und Bewußtsein vor und isoliert die cogitatio des Menschen von seiner Leiblichkeit und der Außenwelt. Der Leib ist akzidentiell und unterliegt der Mechanik der Raumwelt (extensio). Mensch ist Bewußtsein; dieses hat den höheren Erkenntnisrang; Anthropologie ist Philosophie des Bewußtseins, das in seiner höchsten Form Selbstbewußtsein ist. Die folgenden, Descartes verarbeitenden Philosophien bemühen sich, das Zusammenwirken von Leib und Seele im Sinne des *psychophysischen Parallelismus* (der im 19. Jh. noch von FECHNER erneuert wird) zu klären. Der Okkasionalismus (GEULINCX, MALEBRANCHE) rekurriert auf den concursus dei: Da eine Wechselwirkung von Leib und Seele nicht denkbar ist, bewirkt Gott okkasionell zu jedem körperlichen Akt die seelischen Vorgänge. Für SPINOZA kann die Seele ohne körperliche Akte nicht wirken. Beide Sphären bilden Attribute Gottes, in dessen *einer* Substanz sie identisch sind. Nach LEIBNIZ gewährleistet die prästabilisierte Harmonie Gottes das parallele Funktionieren von Leib und Seele. Leibniz aber gibt zugleich durch die Entdeckung des Unbewußten Anstöße für die Erweiterung des Seelenbegriffs. Sie hebt – schon von LOCKE vertreten – die irrationalen Seelenkräfte hervor und wirkt sich im Pietismus, in der Empfindsamkeit, im Sturm und Drang und später in der Romantik mehr kulturgeschichtlich als philosophisch im engeren Sinn aus. Denn die dominierende idealistische Philosophie KANTS verstärkt den Gegensatz von rationaler, erkenntnismäßig gewisser Ichhaftigkeit und Fremdsein der Körperwelt. «Ich, als denkend, bin ein Gegenstand des innern Sinnes und heiße Seele. Dasjenige, was ein Gegenstand äußerer Sinne ist, heißt Körper. Demnach bedeutet der Ausdruck: Ich, als ein denkend Wesen, schon den Gegenstand der Psychologie, welche die rationale Seelenlehre heißen kann, wenn ich von der Seele nichts weiter zu wissen verlange, als was unabhängig von aller Erfahrung (welche mich näher und in concreto bestimmt) aus diesem Begriff Ich, so fern er bei allem Denken vorkommt, geschlossen werden kann» [17]. Dagegen ist die Unsterblichkeit der Seele nur «ein Postulat der reinen praktischen Vernunft» [18]. Für die *materialistischen* und *positivistischen* Philosophien des 19. Jh., die die leiblich-seelische D. des Menschen zugunsten der totalen Sinnlichkeit beseitigen wollen, ist FEUERBACH repräsentativ. Die Trennung von Leib und Seele ist für ihn nur subjektiv und theoretisch. Sie resultiert daraus, daß in der Psychologie dem Bewußtsein die eigenen inneren Akte nur immateriell gegenwärtig sind. Objektiv dagegen ist nur der Organismus Mensch. Seine seelische Welt ist grundsätzlich sinnengebunden, wenn auch gegenüber den Tieren unendlich verfeinert. Obwohl die philosophische Neuorientierung zur Überwindung der Lehre von der D. des Menschen und damit der immanenten Bereiche von Innen- und Außenwelt sich schon in den *Lebensphilosophien* NIETZSCHES und DILTHEYS vollzieht, wird bei KLAGES und SCHELER die D. noch einmal restauriert. Bei KLAGES lebt die von ROUSSEAU inaugurierte Theorie weiter, daß der hypertrophe Verstand die leiblich-seelischen Lebenskräfte des Menschen zerstört. Im Sinne des programmatischen Titels ‹Der Geist als Widersacher der Seele› bedeutet «der Geist als dem Leben innewohnend ... eine gegen dieses gerichtete Kraft» [19]. Auch für SCHELER sind «Psychisches und Physisches nur ... zwei Seiten ein und desselben Lebensvorganges» [20]; durch den Menschen hindurch aber geht der ontische Gegensatz von Geist und Leben, die, obwohl wesensverschieden, im Menschen aufeinander angewiesen sind.

3. Die philosophischen Neubemühungen im 20. Jh. zielen auf die Überwindung des traditionellen Schemas von der D. des Menschen ab. Die intensive Verarbeitung von medizinisch-biologisch-psychologischem Material gestattet die Annahme einer selbständigen Grundsubstanz Seele im Menschen kaum mehr, so daß schon NIETZSCHE von «dem populären und gänzlich falschen Gegensatz von Seele und Körper» [21] spricht. Der Mensch ist nicht zusammengesetzt aus einem tierischen Leib und einer göttlichen Seele; beide bilden einen einzigen menschlichen Funktionszusammenhang. Wie sehr schon das Leibliche auf diese Funktionen hin gebaut ist, haben PORTMANNS humanbiologische Forschungen ergeben [22]. Wie sehr umgekehrt das Seelische in direktem Bezug zur Körperlichkeit steht, hat die *Psychoanalyse* entdeckt und die *Psychosomatik* weiter für die Medizin fruchtbar gemacht. Daß Leib und Seele nur der Doppelaspekt der spezifisch menschlichen Gestaltetheit dar-

stellen, betont immer wieder GEHLEN. Primär am Menschen ist das handelnde Wirken in der Welt, das Sich-Verhalten in Situationen (SARTRE, GEHLEN, ROTHACKER), in dem die Immanenz wesensverschiedener Substanzen immer schon überwunden ist. «Als Handelnde suchen wir die dualistische Thematisierung Subjekt-Objekt zu überwinden durch die ständige Rückbesinnung auf die übergreifende Wirklichkeit des forschend und denkend in der Welt handelnden Menschen selbst» [23].

Anmerkungen. [1] Vgl. E. ROHDE: Psyche, Seelenkult und Unsterblichkeitsglaube der Griechen (1894). – [2] PHILOLAOS, frg. 14. – [3] Zusammenstellung bei W. CAPELLE: Die Vorsokratiker. Kröners Taschen-A. (⁵1957) – [4] PLATON, Phaidon 66 a. – [5] Resp. 589 b. – [6] ARISTOTELES, De. an. III, 8, 431 b 21. – [7] PLOTIN, Enn., hg. R. HARDER (²1956) VI, 26. – [8] a.a.O. VI, 58. – [9] a.a.O. X, 13. – [10] R. BULTMANN: Das Urchristentum im Rahmen der antiken Relig. (1962) 156. – [11] Nach UEBERWEG/GEYER: Die patristische und scholastische Philos. (¹¹1927, Nachdruck 1961) 22f. – [12] ATHENAGORAS, De. resurr. 18. – [13] Dazu M. LANDMANN: Ursprungsbild und Schöpfertat (1966) 97ff. – [14] THOMAS VON AQUIN, S. contra gent. II, 68. – [15] S. theol. I, q. 76, a. 3 c. – [16] DESCARTES, Discours de la méthode. ch. 4. – [17] KANT, KrV A 342/ B 400. – [18] KpV. Akad-A. 5, 122. – [19] KLAGES: Der Geist als Widersacher der Seele (⁴1960) 69. – [20] M. SCHELER: Die Stellung des Menschen im Kosmos (²1947) 79. – [21] FR. NIETZSCHE, Die Geburt der Tragödie Nr. 21. Werke, hg. SCHLECHTA 1, 119. – [22] A. PORTMANN: Biol. Fragmente zu einer Lehre vom Menschen (³1969). – [23] W. E. MÜHLMANN: Homo creator (1962) 91.

Literaturhinweise. L. FEUERBACH: Wider den Dualismus von Leib und Seele, Fleisch und Geist, in: Sämtl. Werke 2 (1846) 347-379. – E. ROHDE s. Anm. [1]. – G. RÉVÉSZ: Gesch. des Seelenbegriffs und der Seelenlokalisation (1917). – H. BOGNER: Der Seelenbegriff der griech. Frühzeit (1939). – A. GEHLEN: Der Mensch. Seine Natur und seine Stellung in der Welt (⁷1962). – FR. SCHNEIDER: Das Leib-Seele-Problem, in: Club Voltaire, Jb. für krit. Aufklärung 2 (1965) 196-221. – R. SPECHT: Commercium mentis et corporis (1966). – Was weiß man von der Seele? Erforschung und Erfahrung in Psychol., Philos. und Theol., hg. H. J. SCHULTZ (1967).

CH. GRAWE

Doppelte Wahrheit. Anknüpfungspunkt der Begriffsgeschichte ist das Verurteilungsdekret des Pariser Bischofs STEPHAN TEMPIER von 1277 [1]. Im Einleitungsschreiben werden Mitglieder der Artistenfakultät der Universität Paris angesprochen, die lehrten, «etwas sei zwar für die Philosophie, nicht aber für den katholischen Glauben wahr, als ob es zwei widersprüchliche Wahrheiten (duae contrariae veritates) gäbe, als ob im Gegensatz zur Wahrheit der Hl. Schrift in den Aussagen der verurteilten heidnischen Philosophen die Wahrheit wäre» [2]. In der Tat enthielt die averroistisch-aristotelische Philosophie des Mittelalters eine Reihe von Thesen (über den Anfang der Welt, das Weltgeschehen, die Einheit und Unsterblichkeit der Geistseele, über das Erkennen und Wirken Gottes), die zu den entsprechenden Wahrheiten der christlichen Offenbarung im Widerspruch standen. Sie wurden aber von den Artisten nicht *formal* als Einspruch gegen die Offenbarungslehre geltend gemacht, sondern *sachlich* als philosophische (averroistisch-aristotelische) Lehren vorgetragen, dargelegt und begründet. Es kann nur von einer materialen oder methodischen d.W. die Rede sein. – Dieses Programm ist bedingt: a) durch die scholastische Methode der mittelalterlichen Philosophie (Lesung und Erklärung der aristotelischen Schriften) und b) durch die von ALBERT DEM GROSSEN formulierte [3], von den Averroisten übernommene [4] wissenschaftstheoretische Forderung: «de naturalibus naturaliter (vernunftgemäß) disserere». Die radikalen Aristoteliker des 13. Jh. ließen die Widersprüche zur Theologie offen. Für sie war entscheidend. «Philosophus dicit hoc» [5]. Ein Schulbeispiel dafür ist der Traktat ‹De aeternitate mundi› des BOETHIUS VON DACIEN [6]: «Verum dicit christianus» – «Verum etiam dicit naturalis» [7]. Beide müssen von verschiedenen Prinzipien und Ursachen ausgehen. Glaubenserkenntnis und Beweiswissen können nicht verbunden, wohl aber (existentiell) vollzogen werden. Averroistisch ist dieses Programm, sofern die ‹errores› des Philosophen bestätigt und mit Nachdruck vertreten wurden [8].

Die christlichen Aristoteliker (aus der theologischen Fakultät) ALBERT DER GROSSE und THOMAS VON AQUIN, die in einer von ROBERT GROSSETESTE († 1253), ROBERT KILWARDBY († 1279) und ROGER BACON († nach 1292) herrührenden Aristotelestradition standen, nahmen die philosophisch-theologische Herausforderung durch die Artisten an. THOMAS wies die sachlichen Widersprüche zurück [9], übte Kritik an der verfehlten Methode der d.W. [10] und begründete Einheit und Differenz der philosophischen und theologischen Aussage in der Lehre der Analogie. Vertreter des besonders in der Franziskanerschule und in der Sorbonne (HEINRICH VON GENT) vorherrschenden Augustinismus pochten auf die Unterordnung der Philosophie unter die Theologie, verwehrten den Artisten das freie Auftreten an der Universität und beschworen so den Streit der Fakultäten («Averroistenstreit»): kollegiale Verurteilung philosophischer und theologischer Thesen durch die Magister der Theologie [11], kirchliche Verurteilung durch STEPHAN TEMPIER (1270 und 1277) [12] – von den beiden Verurteilungen wurde auch THOMAS VON AQUIN betroffen – und theologische Polemik [13]. Dieser Streit wurde im sogenannten Korrektorienstreit fortgeführt, in der Auseinandersetzung der Dominikanertheologen (des RICHARD KNAPWELL, ROBERT VON ORFORD, JOHANNES VON PARIS und WILHELM VON MACCLESFIELD) mit der Kritik des WILHELM DE LA MARE an der Theologie des THOMAS VON AQUIN [14]. Die strittigen Fragen (z. B. des Weltanfangs) zwangen die Theologen zur wissenschaftlichen Selbstkritik. Der Autor des Correctoriums ‹Quaestione› unterschied einen «duplex veritatis modus» der philosophischen und theologischen Erkenntnis [15]. RAMBERT VON BOLOGNA wies in diesem Zusammenhang auf die Grenzen des philosophischen Beweiswissens hin, dem nur Wahrscheinlichkeit zukommt [16]. Der kritische Aristotelismus wurde gegen Ende des 13. Jh. nicht nur von den Schülern des Thomas, sondern auch in der Sorbonne von GOTTFRIED VON FONTAINES, der bereits 1290 das Verurteilungsdekret von 1277 kritisierte, und JOHANNES VON POUILLY und darüber hinaus von AEGIDIUS VON ROM vertreten.

Im 14. Jh. setzten beide Fakultäten die wissenschaftstheoretische Kritik an den Beweisörtern (auctoritates) und -mitteln (rationes) fort. Dabei wurde deutlich: Wahrheit und Beweiswissen sind nicht identisch (JOHANNES VON POUILLY) [17], Beweise haben mathematische Evidenz (Richtigkeit) und sachliche Wahrscheinlichkeit (THOMAS WILTON, WILHELM VON ALNWICK) [18], die (geoffenbarte) Wahrheit über die Welt kann nicht bewiesen werden, und das Beweiswissen kann heterodox sein. So heißt es bei JOHANNES VON JANDUN: «Hoc nescio demonstrare sicut multa alia quae fides tenet, sed teneo firmiter hoc ex informatione fidei ...» [19]. Der Vorrang der christlichen Wahrheiten wurde von den Artisten in Paris anerkannt und von jenen in Bologna (THADDÄUS VON PARMA, ANGELO VON AREZZO, MATTHÄUS VON GUBBIO) wenigstens eingeräumt [20].

In der modernen Naturphilosophie des 14. Jh. entdeckten und behaupteten die Artisten (vielfach sogar gegen die averroistisch-aristotelische Physik) die («dritte»)

Wahrheit der Naturerkenntnis. Die so erprobte und bewährte ratio naturalis stand gegen Ende des 14. Jh. (BLASIUS PELACANI VON PARMA) und in der Artistenfakultät Paduas im 15. Jh. skeptisch neben bzw. kritisch über den theologischen Wahrheiten [21] und provozierte so die Verurteilung der Lehre von der d.W. durch die 5. Lateransynode (8. Sitzung, 19. Dezember 1513) [22]. – Um die Wende des 16. zum 17. Jh. wurde im Fall der theologischen und kirchlichen Verurteilung GALILEIS (aus der Artistenfakultät in Padua) neu die Frage der d.W. (der beiden Bücher der Natur und der Hl. Schrift) akut.

Die Frage der d.W. betrifft prinzipiell ein sachliches und ein methodisches Problem. Sachlich geht es in der Frage um die Nahtstelle zwischen Weltwissen und Glaubenserkenntnis, an der KANT die bekannten Antinomien ausgemacht hat [23]. Die Theologie sichtete an dieser Stelle einen Anknüpfungspunkt für ihre Aussage. Methodisch handelte es sich in der Frage der d.W. um den (von KANT analysierten) gesetzwidrigen bzw. gesetzmäßigen Streit der Fakultäten [24].

Anmerkungen. [1] H. DENIFLE und E. CHATELAIN: Chart. Univ. Paris 1 (Paris 1889) 543-555. – [2] a.a.O. 543. – [3] ALBERT d. G., De gener. et corr. I, tr. 1, c. 22. Opera hg. BORGNET 4, 363. – [4] Vgl. B. NARDI: La posizione di Alberto Magno di fronte all'Averroismo, in: Studi di filos. medievale (Rom 1960) 119-150. – [5] Vgl. P. A. UCCELLI: S. Thomae Aquinatis et S. Bonaventurae Balneoregiensis Sermones anecdoti (Modena 1869) 71. – [6] BOETII DE DACIA Tractatus de aeternitate mundi, Ed. altera, hg. GÉZA SAJÓ, in: Quellen und Stud. zur Gesch. der Philos., hg. P. WILPERT 4 (1964). – [7] a. a. O. 48. – [8] Vgl. J. KOCH: Giles of Rome. Errores Philosophorum. Critical text with notes and introduction (Milwaukee 1944) 14f. – [9] Speziell in den Traktaten ‹De unitate intellectus contra Averroistas› und ‹De aeternitate mundi contra murmurantes›. – [10] Vgl. THOMAS VON AQUIN, Quaest. disp. De potentia q. 1 a. 4. – [11] L. HÖDL: Neue Nachrichten über die Pariser Verurteilungen der thomasischen Formlehre. Scholastik 39 (1964) 178-196. – [12] F. VAN STEENBERGHEN: Siger de Brabant d'après les œuvres inédites 2. Philos. Belg. 13 (Löwen 1942) 711-722. 728-732. – [13] ebda. – [14] L. HÖDL: Geistesgesch. und literarkrit. Erhebungen zum Korrektorienstreit (1277-1287). Rech. de Théol. anc. et médiévale 33 (1966) 81-114. – [15] Le Correctorium Corruptorii «Quaestione», hg. J. P. MÜLLER. Stud. Anselm. 35 (Rom 1954) 33. – [16] RAMBERT DE' PRIMADIZZI DE BOLOGNE: Apologeticum veritatis contra Corruptorium, hg. J. P. MÜLLER, in: Studi e Testi 108 (Vatikanstadt 1943) 72-76. – [17] L. HÖDL: Die Kritik des Johannes de Polliaco an der philos. und theol. ratio in der Auseinandersetzung mit der averroistischen Entscheidungslehren. Mitt. Grabmann-Instit. Univ. München H. 3 (1959) 11-30. – [18] a. a. O. 27f. – [19] Met. XII, q. 21 (Venedig 1553, Nachdruck 1966) fol. 143r a. – [20] ANNELIESE MAIER: Das Prinzip der d.W. Stud. zur Naturphilos. der Spätscholastik 4: Met. Hintergründe der spätscholastischen Naturphilos. (Rom 1955) 3-44. – [21] a. a. O. 42f.; A. MAIER: Die Vorläufer Galileis im 14.Jh. a. a. O. 1 (Rom ²1966) 279-299. – [22] Sacr. Conciliorum nova collectio, hg. J. D. MANSI 32, 842 a. – [23] KANT, KrV A 405-567/B 432-595. – [24] 1. Abschnitt: Der Streit der philos. Fakultät mit der theol. Akad.-A. 7, 21-75.

Literaturhinweise. J. P. MÜLLER: Philos. et foi chez Siger de Brabant. La théorie de la double vérité. Stud. Anselmiana 7/8 (1938) 35-50. – ANNELIESE MAIER s. Anm. [20, 21]. – E. GILSON: Boèce de Dacie et la double vérité. Arch. Hist. Litt. Doctr. MA 22 (1955) 81-99. – A. MAURER: Boethius of Dacia and the double truth. Medieval Stud. 17 (1955) 233-239. – A. FOREST, F. VAN STEENBERGHEN und M. DE GANDILLAC: Le mouvement doctrinal du 11e au 14e siècle. Hist. de l'Eglise 13 (1956) 293f. 444f. – A. HUFNAGEL: Zur Lehre von der d.W. Tübing. theol. Quart. 136 (1956) 284-295. – MICHAUD-QUANTIN: La doublevérité des Averroistes. Un texte nouveau de Boèce de Dacie. Theoria 22 (1956) 167-184. – ST. MACCLINTOCK: Perversity and error. Stud. on the «Averroist» John of Jandun. Indiana Univ. Publ. Hum. ser. 37 (1956). – T. GREGORY: Discussioni sulla doppia verità. Cultura e scuola (1962) 99-106.   L. HÖDL

Doxa (δόξα, aus δοκέω, scheinen [1]) bedeutet ursprünglich ‹Meinung›, ‹Erwartung›, ‹Vermutung›, so an den zwei ältesten Belegstellen bei HOMER [2]. In der folgenden Entwicklung teilen sich die Bedeutungen des Begriffes in eine vor allem im philosophischen Bereich zur Geltung gekommene subjektive Verwendung «die Meinung, die ich habe» *(opinio)* und eine mehr literarische und umgangssprachliche objektive «die Meinung, die man über mich hat» *(gloria)*.

1. Im *philosophischen* Bereich bezeichnet ‹D.› eine meist auf sinnlicher Wahrnehmung beruhende subjektive Meinung, Vorstellung oder Ansicht und drückt – je nach der erkenntniskritischen Haltung des betreffenden Denkers – alle Zwischenstufen von «trügerische Scheinmeinung» bis zu «allgemeingültige Anschauung» aus. So erscheint bei PARMENIDES, der als erster die ganze sinnlich wahrnehmbare Welt in Frage stellt, D. in ausgesprochen negativer Bedeutung: die βροτῶν δόξαι [3], das heißt die «menschlichen Wahn- und Trugvorstellungen» von der Sinnenwelt, stehen im Gegensatz zur ἀλήθεια (Wahrheit), der sich allein auf das ὄν, das eigentliche Sein, beziehenden, offenbarten Erkenntnis[4]. Abgesehen von der negativen Färbung steht dem parmenideischen der D.-Begriff PLATONS nahe, wie er im ‹Theaitet› entwickelt und in der ‹Politeia› voll ausgebildet wird (abgesehen sei hier von der recht verschiedenartigen und nuancierten Verwendung von ‹D.› besonders in den Frühdialogen [5]): Die ὀρθὴ δόξα (richtige Meinung) – folgert Sokrates – entspricht nicht, wie angenommen, der ἐπιστήμη (Wissen) [6], ein negatives Ergebnis, dem an den entscheidenden Stellen der ‹Politeia› eine positive Deutung gegenübersteht: Die D. ist innerhalb der Stufen der Erkenntnis die auf die Welt der Erscheinungen (ὁρατὸς τόπος) bezogene, somit nur relativ gültige «Wahrnehmungsmeinung», während νόησις die dem eigentlichen Sein (τὸ ὄν/νοητὸς τόπος) zugeordnete Erkenntnis bezeichnet [7]. – Dort, wo an der Gültigkeit der Sinnenwelt kein grundsätzlicher Zweifel mehr geübt wird, tritt auch der erkenntniskritische Gehalt von D. zurück. So kann ARISTOTELES die D. neben andern Erkenntnisarten aufzählen [8], kann sie als «Schein» im Gegensatz zur Wahrheit gebrauchen [9], ebensogut wie er von κοιναὶ δόξαι, «allgemein anerkannten Ansichten» spricht [10]. In der Folge übernimmt daher ‹D.› die Bedeutung «Ansicht/Lehrmeinung» und rückt in die Nähe von δόγμα (Lehrsatz): THEOPHRAST hat ein Werk über die ‹Lehren der Physiker›, die Φυσικῶν δόξαι, geschrieben, und EPIKURS Zusammenstellung der ‹Hauptlehrsätze› nennt sich Κύριαι δόξαι.

2. Demgegenüber steht die in *literarischen* und umgangssprachlichen Texten geläufige Verwendung von ‹D.› für «Meinung, die man über mich hat», an der ältesten Stelle bei SOLON (1, 4) zunächst in der Bedeutung von ‹Ruf›, dann aber allgemein im Sinne von ‹Ruhm, Ehre› [11] (vgl. εὐδοξία, ἔνδοξος).

3. Neben diesen zwei im klassischen Griechisch geläufigen Bedeutungsgruppen von ‹D.› kommt im *Hellenismus* eine neue auf, welche in keiner Beziehung zu den ursprünglichen steht: ‹D.› ist vom Übersetzer des Alten Testamentes für das hebräische Wort ‹*kabod*› gebraucht worden und übernimmt so in der LXX die Bedeutung von «göttliche Majestät, Glanz, Herrlichkeit» *(claritas* in der Vulgata) und drückt die vor allem lichthafte Manifestation Gottes aus. Diese Verwendung, die noch bei PHILO und JOSEPHUS ganz im Hintergrund steht, hat im Neuen Testament die gemeinhin griechischen Bedeutungen fast ganz verdrängt und darüber hinaus in der frühchristlichen Literatur und auch in nichtchristlichen Texten (Zauberpapyri [12]) Verbreitung gefunden.

Anmerkungen. [1] Nach M. LEUMANN: Homerische Wörter (1950) 173/178 aus dem Aoristpart. παρὰ ‹τὸ› δόξαν. – [2] Ilias

X, 324; Od. XI, 344: beides jüngere Homerpartien. – [3] PARMENIDES, Frg. 1, 30; vgl. 8, 51; 19, 1. – [4] Vgl. HERAKLIT, Frg. B 28; EMPEDOKLES, Frg. B 132; GORGIAS, Frg. B 11 a, 24. – [5] Vgl. J. SPRUTE (Lit. 1962). – [6] PLATON, Theaitet 210 a. – [7] Resp. VII, 533 e; VI, 511 d. – [8] ARISTOTELES, Met. 1074 b 35. – [9] Anal. 46 a 8. – [10] Etwa Phys. I, 4, 187 a 27f.; 4, 6, 213 a 21f. – [11] Etwa AISCH. Eum. 373; HEROD. V, 91. – [12] Vgl. J. SCHNEIDER (Lit. 1932) 23ff.

Literaturhinweise. K. SCHIRLITZ: Der Begriff der D. in Platons Theaitetos (1905). – J. SCHNEIDER: D., eine bedeutungsgesch. Studie (1932). – G. KITTEL: Art. ‹D.› in: Theol. Wb. zum NT 2 (1935) 236/258; Forsch. und Fortschritte 7 (1931) 457f. – J. SPRUTE: Der Begriff D. in der platonischen Philos. Hypomnemata 2 (1962). – E. TIELSCH: Die Platonischen Versionen der griech. D.-Lehre (1970).   A. STÜCKELBERGER

Drama (δρᾶμα, Handlung), ursprünglich der im Dionysos-Kult religiös gebundene chorische Dithyrambos (der von ARISTOTELES postulierte und bis ins 20. Jh. für richtig gehaltene Ursprung im Satyrtanz wird heute von der Altphilologie nicht mehr akzeptiert); später und bis heute, in Unterscheidung von Lyrik und Epik, *Gattungsbezeichnung* des Bühnenspiels schlechthin, im besonderen der Tragödie. Der Kern des Begriffs zielt auf die bühnenmäßige Verwirklichung einer äußeren oder inneren Spannung durch autonom und nach den Gesetzen ihrer einmal konzipierten Persönlichkeit und Welthaltung redende und handelnde Personen, wodurch das Werk, im Gegensatz zur Lyrik, als ein vom Autor Abgelöstes und, im Gegensatz zur Epik, nicht mehr frei Verfügbares erscheint, das in seiner Struktur wesentlich vom Wollen und Handeln der auftretenden Personen im Zusammenprall gegeneinander oder im Kampf mit außerpersönlichen Mächten bestimmt ist. Diese Spannung, die von manchen Theoretikern (zuletzt R. Petsch) als Ausdruck der Urgespaltenheit der Welt gedeutet wurde, kann in ernster Form gelöst werden (Schauspiel), zum Untergang des seiner Haltung treu bleibenden Helden führen (Tragödie) oder im Lachen erregenden Gefälle die Unangemessenheit dieser Haltung offenbaren (Komödie). Von den ungezählten Misch- und Übergangsformen hat die Tragikomödie am meisten Besinnung hervorgerufen.

Die *Theorie* des D. ist fast ebenso alt wie die Kunstgattung selber. Am aufschlußreichsten und historisch wirkungsmächtigsten ist die Definition der *Tragödie* durch ARISTOTELES [1] gewesen: Sie sei die Nachahmung einer ernsten, in sich geschlossenen Handlung von bestimmtem Umfang, die in gestalteter Rede vom handelnden (jeweils eine Person darstellenden oder chorisch auftretenden) Schauspieler vorgetragen werde und in dem sich mit den dargestellten Menschen mehr oder weniger identifizierenden Zuschauer die Affekte des Schauders und Jammers auslöse, so daß dieser Zuschauer eine Katharsis, die lustbetonte Befreiung von diesen Affekten, erfahre. Wie die Werke der drei großen griechischen Tragiker Aischylos, Sophokles und Euripides, auf die sie sich bezieht, hat diese Theorie der Tragödie die ganze von der hellenischen Kultur geprägte Antike – also auch das römische D. (SENECA) und dessen Theorie – beeinflußt und ist besonders in der deutschen Literatur und Philosophie vom 18. Jh. an wieder theoretisch und praktisch virulent geworden (Gottsched, Lessing, Goethe, Schiller, Schelling, Hegel, schließlich Hebbel u. a. m.).

Auf ARISTOPHANES als Komödiendichter und auf ARISTOTELES' ‹Poetik› [2] geht die Bestimmung der *Komödie* zurück.

Philosophisch interessiert das D. über die Probleme der Poetik hinaus Hegel und Nietzsche. – In der Ästhetik HEGELS wird die «dramatische Poesie» als diejenige bestimmt, «welche die Objektivität des Epos mit dem subjektiven Principe der Lyrik in sich vereinigt» [3]. Deshalb muß das D., «weil es seinem Inhalte wie seiner Form nach sich zur vollendetsten Totalität ausbildet, als die höchste Stufe der Poesie und der Kunst überhaupt angesehen werden» [4]. In *geschichtsphilosophischer* Vertiefung bestimmt Hegel das D. als «das Product eines schon in sich ausgebildeten nationalen Lebens. Denn es setzt wesentlich sowohl die ursprünglich poetischen Tage des eigentlichen Epos, als auch die selbständige Subjektivität des lyrischen Ergusses als vergangen voraus, da es sich, Beide zusammenfassend, in keiner dieser für sich gesonderten Sphären genügt» [5]. Diese «poetische Verknüpfung» sei «nur in den mittleren und späteren Entwicklungsepochen des nationalen Daseyns möglich» [6]. In dieser Vermittlungsfunktion sind der «wahrhafte Inhalt» des D. «die ewigen Mächte, das an und für sich Sittliche ... aber nicht in seiner ruhenden Macht», sondern «als Inhalt und Zweck der menschlichen Individualität, als konkretes Daseyn zur Existenz gebracht» [7]. – Wie für Hegel setzt D. auch für NIETZSCHE einerseits das «Epische» voraus, ist aber zugleich als «Objektivation eines dionysischen Zustandes» durch eine «ungeheure Kluft» von ihm geschieden. In dem in ihm vermittelten «Einswerden mit dem Ursein» ist das an sich Geschiedene vereinigt als «apollinische Versinnlichung dionysischer Erkenntnisse und Wirkungen» [8].

Die abendländische *Literaturgeschichte* unterscheidet sechs Formen des Kunst-D.: 1. Das durch die griechischen Tragiker inaugurierte *antike* D., dessen strenge Form den Menschen in der Spannung zwischen Individuum und mythischer Schicksalsmacht zeigt; 2. das *christliche* Spiel von Mittelalter (Verfasser meist anonym) bis zum Barock (VONDEL, CALDERON, GRYPHIUS), das, soweit es sich nicht um ein spannungsloses («undramatisches») Mysterienspiel handelt, den Konflikt auf dem Diesseits-Jenseits-Gegensatz aufbaut und ideell im Erlösungsgedanken mündet; 3. SHAKESPEARES D. mit der größten sprachlichen, handlungs- und theatermäßigen Reichweite der Weltliteratur; 4. die Tragödie der *französischen Klassik* (CORNEILLE, RACINE) und die Komödie MOLIÈRES mit der auf typenhafter Repräsentanz basierenden Form; 5. das *deutsche* D. von LESSING bis HEBBEL, das aus der Diskrepanz zwischen dem Dasein (Einzelner oder der Gesellschaft) und idealem Wert entspringt; 6. das *moderne* D. mit oft episierenden Tendenzen (BRECHT, WILDER u. a.).

Anmerkungen. [1] ARISTOTELES, Poetik 6, 1449 b 24ff. – [2] a. a. O. 3, 1448 a 37ff. – [3] HEGEL, Werke, hg. GLOCKNER 14, 479. – [4] ebda. – [5] a. a. O. 481. – [6] ebda. – [7] 482. – [8] NIETZSCHE, Musarion-A. 3, 62.

Literaturhinweise. R. PETSCH: Wesen und Formen des D. (1945). – P. SZONDI: Theorie des modernen D. (1956). – H. SEIDLER: Die Dichtung (1959). – E. STAIGER: Grundbegriffe der Poetik (⁶1963). – H. KAYSER: Das sprachliche Kunstwerk (¹¹1965).   J. STEINER

Drang bezeichnet im *alltäglichen* Sprachgebrauch ein Antriebsgeschehen, welches die beiden Merkmale: ‹inneres, sehr intensives Spannungserleben› und ‹Erlebnisqualität des Dunklen, Dumpfen› aufweist. In dieser Bedeutung wird der Begriff ‹D.› auch von Philosophen des 19. und 20. Jh. verwendet. In der Psychologie erfährt ‹D.› differenziertere Definitionen in Abgrenzung gegen andere motivationspsychologische Termini wie ‹Streben›, ‹Begehren›, ‹Wille›, ‹Motiv›, ‹Trieb› usw.

1. In der *Philosophie* findet sich der Begriff ‹D.› bei SCHOPENHAUER als Bestimmung der niedrigsten «Objektivation des Willens». In Form von Attraktions- und

Repulsionskraft kommt schon der Materie ⟨Wille⟩ zu: Auf der untersten Stufe stellt sich dieser dar als «blinder D., als finsteres, dumpfes Treiben, fern von aller unmittelbaren Erkennbarkeit» [1]. Später verwendet M. SCHELER den Begriff in ähnlicher Bedeutung. Auf der einfachsten Stufe des Lebens postuliert er das Wirken eines «Ur-D.», eines anfangs- und bewußtlosen, empfindungs- und vorstellungslosen Gefühls-D.; dieser agiert in Form eines «Hinzu» und «Hinweg». Das Ausgeliefertsein an den D. nimmt Scheler als Kriterium für die Trennung von Mensch und Tier: Das Tier ist stets dranggebunden, während der Mensch zu Verdrängungen befähigt, in diesem Sinne also frei ist [2].

2. Der Begriff ⟨D.⟩ wird in der *Motivations- und Persönlichkeitspsychologie* einmal als erlebensdeskriptiver, zum anderen als verhaltensdeskriptiver Begriff verwendet. D. bedeutet hier stets eine bestimmte Form des individuellen motivationalen Geschehens.

In der *Bewußtseinspsychologie* des 19. Jh. bezeichnet ⟨D.⟩ das Erleben des inneren Getriebenseins, der inneren Spannung, die vom Ich ausgeht [3]. Diese Bestimmung des D. vernachlässigt das später herangezogene Unterscheidungskriterium der Zielorientierung für verschiedene Formen des Antriebsgeschehens. So werden ⟨D.⟩ und ⟨Streben⟩ bei O. KÜLPE noch synonym gebraucht [4]. Den Erlebensaspekt betont auch W. STERN, dessen Definition des Begriffes ⟨D.⟩ jedoch die Interpretation nahelegt, daß D. zwar erlebbar, der Ausgangspunkt des «inneren Drängens» aber im Unbewußten zu suchen sei [5]. Bei W. MCDOUGALL wird die Zuordnung der D.-Energie zu außerbewußten psychischen Bereichen explizit: D. wird gesehen als der erlebte Impuls (Wirktendenz) einer Triebkraft, die die Fähigkeiten des Menschen zu aktivieren vermag [6]. In der *neueren* persönlichkeitspsychologischen Literatur wird der erlebensdeskriptive D.-Begriff vor allem von W. ARNOLD [7] und PH. LERSCH [8] übernommen. Lersch differenziert zwischen D. als Erlebensaspekt leiblicher Bedürfnisse und D. als erlebtem Antrieb zur Befriedigung geistigen Verlangens, so im D. nach Geltung oder nach Macht. Im letzten Falle verwendet er auch den Ausdruck «höhere Strebung» [9].

⟨D.⟩ als *verhaltensdeskriptiver* Begriff bezeichnet ein motivationales Geschehen, welches intensives, schwer hemmbares Verhalten auslöst. Es wird dabei auf die Annahme einer Bewußtseinsrepräsentation in Form von Spannungs- und Unruheerleben verzichtet. So definiert S. FREUD D. als das motorische Moment des Triebes, das Ausmaß «an Arbeitsanforderung, das er repräsentiert». Das Charakteristikum des Drängenden gehört zum Wesen der Triebe [10]. L. KLAGES setzt ebenfalls die Begriffe ⟨D.⟩ und ⟨Triebkraft⟩ in enge Beziehung zueinander: D. ist die Resultante aus Triebkraft und einem ubiquitär vorhandenen seelischen Widerstand, der bei D. als sehr schwach anzusetzen ist [11].

In der *Schichtentheorie* E. ROTHACKERS wird D. als Antriebsform der Tiefenperson, der untersten Schicht im Aufbau der Person, zugeordnet. Dranghaftes Verhalten zeichnet sich durch Mangel an Distanz, z. B. in Form des Aufschubs von bedürfnisbefriedigenden Handlungen aus [12].

Die Bedeutung des Begriffes ⟨D.⟩ bei R. HEISS umfaßt zwei Arten von D.: Einmal der elementare D. als Komponente animalischen Getriebenseins, den er als Trieb bezeichnet, und zum anderen der «geistige D.» als höhere seelische Stufe inneren Antriebs, die nur dem Menschen eigen ist [13].

In verschiedenen *Charakterologien* (z. B. PH. LERSCH, L. KLAGES) wird eine differentiell-phänomenologische Einteilung des D.-Geschehens versucht. Wie alle inhaltlichen Kategorisierungsansätze lassen sich verschiedene Einteilungen gleichwertig nebeneinanderstellen, ohne daß Kriterien herangezogen werden können, angemessene von unangemessenen Kategorisierungen zu trennen.

3. Die *klinische* Psychologie und Psychiatrie sieht D.-Handlungen als Kennzeichen bestimmter Krankheitsbilder an (z. B. akuter Schizophrenie). Ein unwiderstehlicher Impuls zwingt den Kranken, ohne Realitätskontrolle bestimmte Handlungen auszuführen [14]. Andererseits wird aber auch der Mangel an bestimmten, in psychiatrisch orientierten Persönlichkeitstheorien für grundlegend erachteten Antrieben als krankhaft angesehen; so von JASPERS der Mangel an «Tätigkeitsdrang» [15].

4. Eine differenzierte Analyse der verschiedenen *motivationspsychologischen* Begriffe lieferte in den letzten Jahren H. THOMAE [16]. D. bezeichnet er als Motiv- oder Antriebsform, die sich durch die Merkmale «geringe Orientierung» und «geringe Versachlichung», d. h. großes Erlebens- und Verhaltensvolumen, von anderen Antriebsformen unterscheidet. Thomaes D.-Begriff beinhaltet beide Aspekte, den verhaltens- und erlebensdeskriptiven. D. weist einen phasischen, wellenartigen Verlauf der Erregung auf; gegen die speziellen Antriebsformen des Strebens, des Willens usw. hebt er sich durch die verschiedene Ziel- und Mittelauswahl ab: Die Zielorientierung bei D.-Handlungen ist gering, die Mittel werden unreflektiert eingesetzt.

Thomaes Begriffsanalyse gehört zu jenen neuen Ansätzen in der Motivationspsychologie, die es vorziehen, einheitliche und umfassende Konstrukta zu verwenden und damit die nur Nuancen des motivationalen Geschehens ausdrückenden Termini wie ⟨D.⟩, ⟨Streben⟩, ⟨Wille⟩, ⟨Begehren⟩ usw. zu vernachlässigen. Diese Ansätze gewinnen ihre Berechtigung aus Befunden der empirischen Motivationspsychologie, die die traditionellen verbalen Unterscheidungen verschiedener Motivationsformen keineswegs als gerechtfertigt erscheinen lassen. Thomae wählt als übergeordneten Begriff ⟨Antrieb⟩, andere bevorzugen ⟨Trieb⟩ oder ⟨Bedürfnis⟩ [17], ⟨Aktivierung⟩ [18] oder ⟨Motivation⟩ [19]. Mit der Wahl solcher umfassender Begriffe entfällt allerdings die Möglichkeit zwischen bewußtseinsrepräsentiertem und unbewußtem Antriebsgeschehen zu differenzieren. Durch objektive, d. h. vom Bewußtsein des motivierten Individuums unabhängige, Operationalisierungen von Antriebsprozessen in der heutigen Motivationsforschung erscheint eine solche Differenzierung ohnehin unangemessen.

Anmerkungen. [1] A. SCHOPENHAUER: Die Welt als Wille und Vorstellung 1 (³1859) 2. Buch, § 27. – [2] M. SCHELER: Die Stellung des Menschen im Kosmos (⁶1962) 13ff. 21. 47. 60. 67. – [3] Vgl. etwa O. KÜLPE: Grundriß der Psychol. (1893) 274. – [4] ebda. – [5] W. STERN: Allg. Psychol. auf personaler Grundlage 2 (1935) 526. 527. – [6] W. MCDOUGALL: Aufbaukräfte der Seele, dtsch. F. BECKER/H. BENDER (1937). – [7] W. ARNOLD: Person, Charakter, Persönlichkeit (²1962). – [8] PH. LERSCH: Aufbau der Person (¹1938, zit. /1964). – [9] a. a. O. 30. 123. – [10] S. FREUD: Triebe und Triebschicksale (1915). Werke 10, 214. – [11] L. KLAGES: Die Grundlagen der Charakterkunde (⁸1936). – [12] E. ROTHACKER: Die Schichten der Persönlichkeit (⁶1965) 26. – [13] R. HEISS: Die Lehre vom Charakter (1949) 88ff. – [14] E. BLEULER: Lehrbuch der Psychiatrie, hg. M. BLEULER (¹⁰1966) 88. – [15] K. JASPERS: Allg. Psychopathol. (⁸1965) 98ff. – [16] H. THOMAE: Das Wesen der menschl. Antriebsstruktur (1944); Die Bedeutung des Motivationsbegriffes, in: Hb. der Psychol. 2, hg. H. THOMAE (1965) 3-44. – [17] S. KOCH: Behavior as "intrinsically" regulated: Work notes towards a pre-theory of phenomena called ⟨motivational⟩. Nebraska Sympos. on motivation (1956) 4, 42-87. – [18]

O. HEBB: Drives and the C.N.S. Psychol. Rev. 62 (1955) 243-254. – [19] J. W. ATKINSON: An introduction to motivation (Princeton 1965). U. SCHÖNPFLUG

Dreieinigkeit, Dreifaltigkeit bezeichnen wie ‹Trinität› (s. d.) die Dreipersönlichkeit des einen göttlichen Wesens. Als althochdeutsche Übersetzung des lateinischen Wortes ‹trinitas› ist zuerst ‹driunissa›, ‹dhrinissa› oder ‹dhrinissu› belegt, z. B. in der althochdeutschen Übertragung (8. Jh.) des Isidorischen Traktats ‹De nativitate domini ...›; «Ignorantes in trinitate unum esse deum patrem, filium et spiritum sanctum» wird dort übersetzt: «unbiūūizssende sindun huneo in dheru dhrinissu sii ein got. fater. endi sunu. endi heilac gheist» [1]. Später (im 12. Jh.) wird für ‹trinitas› auch das Wort ‹drinusside› gebraucht [2].

Zur Betonung der Verschiedenheit der Personen der Trinität (triplex, ahd. drifalt [3]) verwendet dann z. B. Meister ECKHART den Begriff «drivaltecheit» [4], zur Betonung ihrer Einheit den Begriff «drieineheit» [5].

Anmerkungen. [1] E. G. GRAFF: Ahd. Sprachschatz 1, XLVI; zum Wort a. a. O. 5, 242. – [2] ebda. – [3] 5, 241. – [4] M. LEXER: Mhd. Handwb. (1872) 1, 467 mit Hinweis auf: Dtsch. Mystiker des 14. Jh., hg. F. PFEIFFER (1846-57) 2, 468, 22 u. ö. – [5] LEXER, a. a. O. 1, 462 mit Hinweis auf: Dtsch. Mystiker ... 2, 157, 19 u. ö. Red.

Drei-Stadien-Gesetz (loi des trois états). Es wurde von A. COMTE erstmals 1822 im ‹Prospectus des travaux scientifiques nécessaires pour réorganiser la société› formuliert und im ‹Cours de philosophie positive› (1830-42) ausgeführt: «Or, le vrai principe scientifique d'une telle théorie [de l'esprit humain] me paraît entièrement consister dans la grande loi philosophique que j'ai découverte en 1822, sur la succession constante et indispensable des trois états généraux primitivement théologique, transitoirement métaphysique et finalement positif par lesquels passe toujours notre intelligence, en un genre quelconque de spéculation. C'est donc ici que doit être naturellement placée l'appréciation immédiate de cette loi vraiment fondamentale ...» [1]. Bereits der ‹Prospectus› machte die Naturgesetzlichkeit der drei Stadien deutlich: «Par la nature même de l'esprit humain, chaque branche de nos connaissances est nécessairement assujettie dans sa marche à passer successivement par trois états théoriques différents: l'état théologique ou fictif; l'état métaphysique ou abstrait; enfin, l'état scientifique ou positif» [2].

Jedes Individuum und die Menschheit durchlaufen nach Comte nacheinander in ihrer geistigen Entwicklung drei Stadien, das *theologisch fiktive*, das die Phänomene aus übernatürlichen Willenskräften erklärt und sich in Fetischismus, Poly- und Monotheismus gliedert, das *metaphysisch abstrakte*, das als Zwischenstadium eine auflösende Abart darstellt und anstelle der Götter abstrakte Wesenheiten setzt, und das *positiv reale*, das nicht mehr Erst- und Endursachen, sondern Gesetze, d. h. die konstanten Relationen zwischen den Phänomenen durch Beobachtung, erforscht; parallel zur geistigen Entwicklung verläuft die soziale von einer antiindustriellen Militärgesellschaft, die im metaphysischen Stadium aufgelöst wird, zu einer antimilitaristischen Industriegesellschaft [3]. Der theologische Geist strebt nach Ordnung und Organisation, der metaphysische nach Fortschritt und Revolution, während der positive Ordnung und Fortschritt versöhnt [4].

Als *Vorläufer* Comtes sind seine Lehrer Saint-Simon, Burdin, Condorcet und Turgot zu nennen. C. H. DE SAINT-SIMON unterscheidet in der Wiedergabe der Reden Burdins, der auch die drei Stufen Idolatrie, Polytheismus und Deismus kennt, ein konjekturales und ein positives Stadium der Geschichte und schaltet im ‹Système industriel› ein kritisches Stadium zwischen die theologischen und positiven Ideen ein [5]. M. J. A. CONDORCET unterscheidet trotz seiner Einteilung der Weltgeschichte in zehn Epochen in seinem 1795 erschienenen ‹Esquisse d'un tableau historique› bereits drei Stadien der Geschichte, von der Urzeit bis zur Erfindung der Schrift, vom Bekanntwerden der Schrift in Griechenland bis zur Gegenwart und von der Gegenwart bis in die durch die Gesetze des Fortschritts erklärbare Zukunft hinein [6]. A. R. J. TURGOT setzt die Stufen des geschichtlichen Fortschritts in Analogie zu den drei Stadien der Wissenschaft, dem mythologisch-theologischen, dem abstraktmetaphysischen und dem exakt-erfahrungswissenschaftlichen [7].

Nach K. Löwith [8] hat die Lehre von den «drei Reichen» des JOACHIM VON FIORE auf die Bildung des D.-St.-G. wohl eingewirkt, denn die St.-Simonisten übersetzten, als Comte noch ihr Mitglied war, LESSINGS Schrift über ‹Die Erziehung des Menschengeschlechts›, in der sich Lessing auf Joachim bezieht. JOACHIMS Thesen, daß die drei geschichtlichen Stadien eine jeweilige Steigerung des Wissens bedeuten und daß jedes zu seiner Zeit notwendig ist [9], kehren bei Comte wieder, der die Franziskanischen Spiritualen, die revolutionäre Schlußfolgerungen aus Joachims Lehren zogen, für die einzig wirklichen Reformer des Christentums hält [10]. Wie für LESSING, so verläuft auch für COMTE die Entwicklung des Einzelnen analog zu der der Menschheit, und beide gebrauchen den traditionellen Vergleich der Weltgeschichtsetappen mit ‹Kindheit›, ‹Knaben-› und ‹Mannesalter› [11]. Comte prägt nicht nur den Begriff ‹D.-St.-G.›, sondern verallgemeinert die Idee der drei Stanien, indem er sie als unveränderliches *Naturgesetz* hinstellt.

Obgleich das D.-St.-G. eine Konstante in Comtes Werken darstellt, verändert sich seine Geschichtsphilosophie mit der Akzentverschiebung in seiner Anthropologie von der Dominanz des Intellekts zu der des Gefühls. Im *Spätwerk* ist das D.-St.-G. nicht mehr das Gesetz eines gradlinigen Fortschritts der Vernunft, sondern das einer Entwicklung, an deren Ende die Wiederherstellung des Urzustandes des Fetischismus auf einer höheren Stufe, seiner Systematisierung in der positiven Religion steht [12].

Ohne Einschränkung wird das D.-St.-G. nur von P. LAFITTE [13] und L. LÉVY-BRUHL [14] übernommen. E. LITTRÉ, der Schüler Comtes, ersetzt es durch vier Zeitalter (Urzeit, Religion, Kunst und Wissenschaft) [15]. Kritisiert wurde es u. a. bei J. ST. MILL [16], W. DILTHEY [17], W. WUNDT [18], H. RICKERT [19], F. BRENTANO [20], M. SCHELER [21], K. LÖWITH [22], G. SOREL [23], TH. W. ADORNO [24], H. MAUS [25], O. MASSING [26], H. MARCUSE [27], K. R. POPPER [28].

Anmerkungen. [1] A. COMTE: Cours de philos. positive 4 (Paris 1839f.) 522. – [2] Système de politique positive 4 (Paris 1854) Appendice 77. – [3] Vgl. Cours a. a. O. [1] Bd. 5. 6; Rede über den Geist des Positivismus, hg. I. FETSCHER (1956) 5-41. – [4] a. a. O. 115-129; Cours a. a. O. [1] 6, 1-275. – [5] H. SAINT-SIMON: La critique philos. (1875) 160. 153. – [6] M. J. A. CONDORCET: Esquisse d'un tableau hist., dtsch. W. ALFF (1963) 30-38. – [7] A. R. J. TURGOT, Oeuvres (1808) 2, 294ff. – [8] K. LÖWITH: Weltgesch. und Heilsgeschehen (1953) 142ff. 190. – [9] a. a. O. 138f. 144. – [10] 142f. – [11] G. E. LESSING: Erziehung des Menschengeschlechts §§ 89ff.; COMTE, Rede a. a. O. [3] 17. – [12] Vgl. H. DE LUBAC: Die Tragödie des Humanismus ohne Gott (1950) 126ff. – [13

P. Lafitte: Cours de philos. première (Paris 1889). – [14] L. Lévy-Bruhl: La philos. d'A. Comte (Paris 1900). – [15] E. Littré: Paroles de philos. positive (1859) 44ff. – [16] J. St. Mill: System der deduktiven und induktiven Logik, dtsch. Th. Gomperz (1872f.) 4, 343. – [17] W. Dilthey, Schriften, hg. B. Groethuysen 1 (1922) 23. 105ff. 134ff. – [18] W. Wundt: Logik 3 (³1808) 400-430. – [19] H. Rickert: Die Grenzen der naturwiss. Begriffsbildung (²1913) 542. – [20] F. Brentano: A. Comte und die positive Philos., in: Die vier Phasen der Philos. (1926) 99-133. – [21] M. Scheler: Über die positivistische Geschichtsphilos. des Wissens, in: Schriften zur Soziol. und Weltanschauungslehre (1923) 26-40. – [22] Löwith, a. a. O. [8] 68-86. – [23] G. Sorel: Les illusions du progrès (Paris ⁴1927). – [24] Th. W. Adorno: Über Statik und Dynamik. Soziologica 2 (1962). – [25] H. Maus: Bemerkungen zu Comte. Kölner Z. Soziol. Sozialpsychol. 5 (1952f.) 521ff. – [26] O. Massing: Fortschritt und Gegenrevolution. Die Gesellschaftslehre A. Comtes in ihrer sozialen Funktion (1966). – [27] H. Marcuse: Vernunft und Revolution (1962) 341ff. 351ff. – [28] K. R. Popper: Das Elend des Historizismus (1965).

Literaturhinweise. H. Gruber: A. Comte (1889). – H. Borchert: Der Begriff des Kulturzeitalters bei Comte (1927). – H. Gouhier: La jeunesse d'A. Comte (Paris 1941) Bd. 3. – H. de Lubac s. Anm. [12]. – K. Löwith s. Anm. [8]. – I. Fetscher: A. Comte. Rede über den Geist des Positivismus (1966).

H. Dehmel

Dressur. Das Wort ‹D.› ist eine neuhochdeutsche Wortbildung, die erst seit Beginn des 19. Jh. gebräuchlich ist. Das Wort ‹dressieren› hingegen kannte man schon seit dem 18. Jh. in der Jägersprache für das Abrichten von Jagdhunden [1]. Der Ausdruck ‹D.› bedeutet heute allgemein das Abrichten von Tieren, d. h. das Abwandeln angeborener Verhaltensweisen innerhalb der ererbten artspezifischen Verhaltensgrenzen. Jede D. stellt einen Lernvorgang dar und unterliegt somit psychologischen Gesetzmäßigkeiten. So spielen z. B. Lohn und Strafe und die Parameter dieser Variablen eine gewichtige Rolle; ebenso lassen sich verschiedene Formen des Lernens zur D. verwenden: klassisches und instrumentelles Konditionieren, Lernen durch Einsicht, Nachahmung usw. Der Ausdruck ‹D.› umfaßt einmal alle Lernvorgänge von Tieren mit dem Ziele einer Dienstleistung an Menschen (Blindenschutz, Bewachung, Schaustellung). Zum anderen wurde in der traditionellen Fachsprache der Sinnesphysiologie und Tierpsychologie von D. gesprochen, wenn es galt, die Sinnesleistungen oder Verhaltensweisen von Tierarten mit Hilfe von Lernexperimenten zu untersuchen. Von Selbst-D. spricht man, wenn das Tier selbst Gewohnheiten ausbildet. Aus dem Tierreich bekannt sind Orts-, Weg- und Zeit-Selbst-D.

Anmerkung. [1] F. Kluge: Etymol. Wb. dtsch. Sprache (1943).

Literaturhinweise. H. Hediger: Beobachtungen zur Tierpsychol. im Zoo und Zirkus (1961). – W. H. Thorpe: Learning and instincts in animals (London ²1963). – K. v. Frisch: Tanzsprache und Orientierung der Bienen (1966).

O. Koehler

Du. Der Begriff des Du wird in mehr oder weniger strengem Sinne gebraucht. F. H. Jacobi spricht zwar erstmals den Satz aus, der zum Grundsatz der modernen Du-Philosophie geworden ist: «ohne Du ist das Ich unmöglich», doch versteht er unter dem Du das Nicht-Ich überhaupt oder «andere wirkliche Dinge» [1]. Demgegenüber definiert J. G. Fichte das Du schon genauer. Ihm zufolge grenzt das Ich das Du aus dem reinen Nicht-Ich, dem bloßen «Es», aus, indem es auf solches den in ihm selbst gewonnenen Begriff der Ichheit überträgt. Das heißt nach der ‹Zweiten Einleitung in die Wissenschaftslehre› (1797): «Der Begriff des Du entsteht aus der Vereinigung des Es und des Ich» [2]. Indes ist auch damit noch nicht angegeben, was ‹Du› eigentlich meint: die zweite Person des Personalpronomens im Unterschied von der ersten und dritten, mithin nicht das aus Ich und Es Zusammengesetzte, sondern das von beiden qualitativ Verschiedene. Diese ursprüngliche Bedeutung vermag ihm, da sie ihm aus der Sprache zukommt, allein die Sprachphilosophie einzuräumen. So haben wir die Explikation des spezifischen Du-Begriffs denn auch der Sprachphilosophie W. v. Humboldts zu verdanken [3]. Für Humboldt ist das Du weder *das* noch *der* Andere schlechthin, sondern der Andere als «Angeredeter». Diese Differenzierung hat der Du-Philosophie des 20. Jh. in dreifacher Hinsicht vorgearbeitet: Erstens ist sie die Voraussetzung für die von M. Buber vorgenommene Universalisierung des Du-Begriffs: nur dann läßt sich mit Buber sagen, *alles* könne – im Anreden – Du werden (so wie alles sich zum Es wandeln könne), wenn das Du, auch wo es auf den Mitmenschen abzielt, damit gleichwohl nicht zusammenfällt. Zweitens bedarf es der Humboldtschen Einsicht in die Verschiedenheit des Du und des Anderen «an sich», damit jenes – wie etwa bei E. Rosenstock-Huessy – auf «mich» appliziert werden kann, auf mich als den Angeredeten. Drittens beruht darauf auch die für den Gesamtansatz charakteristische, z. B. von Buber vorgetragene These, das Du sei «nichts», nämlich nichts Vorkommendes. Sie deutet Humboldt selber schon an, indem er darauf hinweist, daß mit «Ich» und «Er» im Grunde «Alles erschöpft», das Du also in der «Sphäre aller Wesen» gar nicht vorzufinden sei [4]. Weil das Du in die gesprochene Sprache gehört, darf die Du-Philosophie des 20. Jh. als einen ihrer Vorläufer auch J. G. Hamann betrachten, der das Du begrifflich gar nicht fixiert, aber die zum Ursprung der Vernunft erklärte Sprache als Anspruche auslegt. Desgleichen hat sie in J. Grimms «Redegesellen» das Du wiedererkannt. Geradezu als ihr eigenes Manifest aber akzeptiert sie weitgehend die Programmschrift, die L. Feuerbach 1843 unter dem Titel ‹Grundsätze der Philosophie der Zukunft› veröffentlicht hat. Außer der «Notwendigkeit des Du für das Ich» [5], auf die zur selben Zeit und im selben Gegenzug gegen Hegel der Schwede E. G. Geijer aufmerksam macht [6], reflektiert Feuerbach vor allem die Notwendigkeit des Du, d. h. hier allerdings: des «anderen Ich», für der Gewißheit der Wahrheit qua Objektivität. Die sinnliche Liebe, in der allein sich das Du erschließen soll, ist nach Feuerbach auch der einzige Zugang zum Sein, zur objektiven Wirklichkeit. Die Einheit von Ich und Du selbst aber ist «Gott» [7]. Die in diesem Satz ausgesprochene Anthropologisierung der Theologie steht, merkwürdig genug, am Anfang der Theologisierung des gemeinhin zunächst anthropologisch gefaßten Du-Begriffs.

Zur Neubesinnung auf das Du kommt es während des Ersten Weltkrieges und nach ihm. Gleichzeitig und im wesentlichen voneinander unabhängig greifen E. Rosenstock [8], H. Cohen [9], F. Ebner [10], M. Buber [11] und G. Marcel [12] auf den Gedanken des Du zurück. Den ersten Versuch in dieser Richtung machte Rosenstock 1916 mit seinem Entwurf zur «Angewandten Seelenkunde», der mehr noch als das Spätwerk Cohens dessen Schüler F. Rosenzweig [13] inspiriert hat. Mittel- und Sammelpunkt dieses ganzen «Sprachdenkens» war die Zeitschrift ‹Die Kreatur› (1926–1930). Daß ein Jude (Buber), ein Protestant (V. v. Weizsäcker) und ein Katholik (J. Wittig) sie gemeinsam herausgaben, entspricht der Herkunft und der Wirkung der neueren Du-Philosophie. Deren Vertreter sind in der Mehrzahl Juden, die das Du ausdrücklich im Geist des Judentums bedenken. Nicht nur Cohen schöpft den Du-Begriff «aus den Quellen des Judentums», auch BUBER, und er vorab, hört ihn aus dem Gespräch heraus, das Israel seit Anbeginn mit seinem fordernden und verheißenden Gott führt. Gewirkt jedoch hat die neuere Du-Philosophie am stärksten auf die deutsche christliche Theologie beider Konfessionen. Insbesondere die protestantische Theologie hat sie, teilweise durch Vermittlung von E. GRISEBACH [14], tief beeinflußt: F. GOGARTEN, K. BARTH, E. BRUNNER, P. TILLICH, R. BULTMANN und K. HEIM legen davon Zeugnis ab. Innerhalb des philosophischen Bereichs lebt sie vornehmlich in der Phänomenologie sowohl Husserlscher als auch Heideggerscher Prägung fort. Wie eine phänomenologische Philosophie, A. REINACHS Analyse des «sozialen Aktes», die Du-Philosophie vorbereitet hat, so waren es auch Phänomenologen, Schüler Husserls (D. V. HILDEBRAND, W. SCHAPP) und Heideggers (K. LÖWITH, L. BINSWANGER), die ihre vielfach unbegründeten Behauptungen theoretisch einsichtig gemacht und abschließend formuliert haben.

Anmerkungen. [1] F. H. JACOBI: Über die Lehre des Spinoza, in Briefen an Herrn Moses Mendelssohn (1785). Werke hg. F. KÖPPEN und F. ROTH 4/1, 211; vgl. 2, 40f. – [2] J. G. FICHTE, Werke, hg. I. H. FICHTE 1, 502. – [3] W. V. HUMBOLDT: Über den Dualis (1827); Über die Verschiedenheit des menschlichen Sprachbaues (1827–1829); Über die Verwandtschaft der Ortsadverbien mit dem Pronomen in einigen Sprachen (1829). Akad.-A. 6/1. – [4] a. a. O. 26. – [5] L. FEUERBACH: Kleine philos. Schriften, hg. M. G. LANGE (1950) 169. – [6] E. G. GEIJER: Om historien och dess förhållande till religion, saga och mytologi (1812); Om falsk och sann upplysning med avseende på religionen (1842) u. a. Samlade Skrifter 1; 10, 209ff.; 11, 315. 329. 343. 347. – [7] L. FEUERBACH, a. a. O. [5] 169. – [8] E. ROSENSTOCK: Angewandte Seelenkunde (1924), wiederabgedruckt in: Die Sprache des Menschengeschlechts 1 (1963) 739–810. – [9] H. COHEN: Religion der Vernunft aus den Quellen des Judentums (1919, Nachdruck der 2. Aufl. 1959). – [10] F. EBNER: Das Wort und die geistigen Realitäten (1921). Schriften, hg. F. SEYR 1, 75–342. – [11] M. BUBER: Ich und Du (1923); Die Schriften über das dialogische Prinzip (1954). – [12] G. MARCEL: Journal métaphysique (Paris 1927). – [13] F. ROSENZWEIG: Der Stern der Erlösung (1921, ³1954). – [14] E. GRISEBACH: Gegenwart (1928).

Literaturhinweise. J. CULLBERG: Das Du und die Wirklichkeit (Uppsala 1933). – G. SCHRÖDER: Das Ich und das Du in der Wende des Denkens (Mikrokopie 1951, Teildruck 1948). – M. S. FRIEDMAN: Martin Buber. The life of dialogue (London 1955). – P. LAÍN ENTRALGO: Teoría y realidad del otro (Madrid 1961). – M. THEUNISSEN: Der Andere. Studien zur Sozialontologie der Gegenwart (1965).   M. THEUNISSEN

Dualismus. Der Wortgeschichte von ‹D.› ist R. Eucken nachgegangen: «So bezeichnete D. zuerst (bei Hyde, Bayle, Leibniz) die religiöse Weltlehre, welche ein gutes und ein böses Weltwesen annimmt, seit Wolff aber die philosophische Theorie, der Geistiges und Körperliches substantiell verschieden sind» [1]. Der Begriff tauchte erstmalig 1700 in der Schrift ‹Historia religionis veterum Persarum› von THOMAS HYDE auf [2]. CHR. WOLFF definiert: «Dualistae sunt, qui et substantiarum materialium, et immaterialium existentiam admittunt» (Dualisten heißen diejenigen, die die Existenz materieller und immaterieller Substanzen annehmen) [3].

KANT braucht den Begriff zur Bezeichnung einer Erkenntnisweise, die seiner eigenen entgegengesetzt ist. Die Ungewißheit des Daseins aller Gegenstände äußerer Sinne nennt er «die Idealität äußerer Erscheinungen und die Lehre dieser Idealität heißt der Idealism, in Vergleichung mit welchem die Behauptung einer möglichen Gewißheit von Gegenständen äußerer Sinne, der Dualism genannt wird» [4]. Dieser wird als «transzendentaler» D. bestimmt, «der jene äußeren Erscheinungen nicht als Vorstellungen zum Subjekte zählt, sondern sie, so wie die sinnliche Anschauung sie uns liefert, außer uns als Objekte versetzt und sie von dem denkenden Subjekte gänzlich abtrennt» [5]. Nach der Vorstellungsart des «transzendentalen Dualism» sei die Materie ein Ding an sich selbst und nicht bloße Erscheinung eines unbekannten Dinges. Alle «Schwierigkeiten, welche die Verbindung der denkenden Natur mit der Materie treffen, entspringen ohne Ausnahme lediglich aus jener erschlichenen dualistischen Vorstellung: daß Materie, als solche, nicht Erscheinung, d. i. die bloße Vorstellung des Gemüts, der ein unbekannter Gegenstand entspricht, sondern der Gegenstand an sich selbst sei, so wie er außer uns und unabhängig von aller Sinnlichkeit existiert» [6].

So wie Kant seine eigene Philosophie gegen einen abzulehnenden D. absetzt, verfährt auch HEGEL: Die neuere Philosophie habe «dem Gegensatz des D. seine höchste Abstraktion gegeben», und «von diesem schärfsten Extrem ist der Übergang zur echten Philosophie um so leichter» [7]: «Gegen die Kartesische Philosophie nämlich, welche den allgemein um sich greifenden D. in der Kultur der neueren Geschichte unserer nordwestlichen Welt ... in philosophischer Form ausgesprochen hat, – mußte ... jede Seite der lebendigen Natur, so auch die Philosophie, Rettungsmittel suchen» [8]. Auch Kants Philosophie wird von Hegel als D. bezeichnet. Die Deduktion in ihr sei «das Setzen einer absoluten Antithesis und eines D.» [9], und die Auflösung der dynamischen Antinomien bekenne «den absoluten D. dieser Philosophie» [10]. «Kants Philosophie endet mit D.» [11]. Auch in FICHTES Philosophie sei «derselbe D., wie bei Kant, wenn es auch nur zwei Akte des Ich sind, und wenn wir auch ganz im Ich stehen bleiben» [12].

SCHELLING dagegen vertritt einen D., aber in der wichtigen Abwandlung, daß in ihm die Freiheit der Identität vorausgesetzt ist und wirkt; damit wird D. als Lehre von zwei voneinander und gegeneinander unabhängigen Prinzipien auch von ihm zurückgewiesen. Die neuere Welt sei allgemein die Welt der Gegensätze: «Der D., als eine nicht nur überhaupt, sondern auch in seiner Wiederkehr notwendige Erscheinung der neueren Welt, muß also das Übergewicht durchaus auf seiner Seite haben» [13]. Ein allgemeiner D. der Natur «muß angenommen werden, weil ohne entgegengesetzte Kräfte keine lebendige Bewegung möglich ist»; aber zugleich gilt: «Die ursprünglichen Kräfte (auf welche endlich alle Erklärungen zurückkommen) wären sich nicht entgegengesetzt, wenn sie nicht ursprünglich Tätigkeiten einer und derselben Natur wären, die nur in entgegengesetzten Richtungen wirken» [14], so in einem über die ganze Natur verbreiteten «D. der Elemente» [15]. In seiner Schrift ‹Über das Wesen der menschlichen Freiheit› kommt Schelling zu dem Schluß, die Freiheit als Vermögen zum Bösen könne nicht aus Gott abgeleitet werden: «Hierdurch getrieben kann man versucht werden, sich dem D. in die Arme zu werfen. Allein dieses System, wenn es wirklich als die Lehre von zwei absolut verschiedenen und gegenseitig unabhängigen Prinzipien gedacht wird, ist nur ein System der Selbstzerreißung und Verzweiflung der Vernunft» [16]. – Die Kritik am D. nimmt später H. BERGSON wieder auf, versucht jedoch, über die Darstellung der Aporien des D. zu einer neuen, die Widersprüche aufhebenden Theorie zu gelangen: «Mais justement parce que nous avons poussé le dualisme à l'extrême, notre analyse en a peut-être dissocié les éléments contradictoires» [17].

In vielen historischen und systematischen Übersichten der neueren Zeit werden die philosophischen Bemühungen einiger Denker der Vergangenheit übereinstimmend mit dem Begriff ‹D.› klassifiziert. Nach J. STENZEL ist *Anaxagoras* der Philosoph, «dem die Begründung eines reinen Nusbegriffes und damit die des D. von Geist und Natur zugeschrieben zu werden pflegt» [18]. *Platons* «D. ... darf nie anders als dynamisch gefaßt werden» [19]. «Die mythisch-gnostischen Systeme sind in ihrem ethischen Kern vom platonischen D. der reinen geistigen Ideenwelt als der Welt des wahren und eigentlichen Seins und der äußeren minderwertigen Welt der Materie und des Scheins getragen. Die mythische Projektion dieses Gegensatzes in eine Welt des unbekannten und geistigen Gottes und in eine Welt des bösen Gottes oder des bösen Prinzips steht meist in dieser synkretistischen Zeit in irgendeinem Zusammenhang mit dem persischen D.» [20]. F. SEIFERT sagt von dem *aristotelischen* System: «Der D. der ideellen und der materiellen Welt macht sich gerade an den entscheidenden Punkten mit ungebrochener Starrheit geltend» [21]. Bei *Plotin* sei der «platonische D. von Geist und Körper» auf die Spitze getrieben [22]. *Augustin* wiederum habe Plotins System erneuert. A. DEMPF sieht bei Augustin einen kulturellen D.; danach müsse neben dem «Gottesreich der Liebe» der «irdische Gewaltstaat der Selbstsucht» weiterbestehen [23]. Nach H. HEIMSOETH führt die Zweiheit des Ausgedehnten und des Bewußtseins bei *Descartes* «zum krassen D.», der ein Antrieb für monistische Systemkonzeptionen gewesen sei [24].

Für eine zuweilen festzustellende Annäherung der Bedeutung von ‹D.› (Zweiheitslehre) an die von ‹Dualität› (Zweiheit) sei A. VIERKANDT angeführt: «Von einem D. im Wesen der Welt haben wir in verschiedenem Sinn zu sprechen. Zuerst haben wir einen D. im Menschen kennen gelernt, in seiner Seele und in seiner Kultur – einen D. der Qualitäten oder einen D. im Erleben. Zweitens haben wir kennen gelernt einen D. in der Struktur der gesamten Wirklichkeit, einen D. von Kosmos und Chaos» [25].

Anmerkungen. [1] R. EUCKEN: Gesch. der philos. Terminologie (1879, Nachdruck 1960) 195. – [2] Vgl. P. BAYLENS Philos. Wb. (1797f.) 2, 928: Art. ‹Zoroaster›. – [3] CHR. WOLFF: Psychol. rationalis (1734) § 39. – [4] KANT, KrV A 367. – [5] a. a. O. A 389; vgl. A 379. – [6] A 391. – [7] HEGEL, Werke, hg. GLOCKNER 1, 184. – [8] a. a. O. 187. – [9] 307f. – [10] 313. – [11] 19, 608; vgl. 584f. – [12] 623. – [13] F. W. J. SCHELLING: Vorles. über die Methode des akad. Studiums (1803). Werke, hg. K. F. A. SCHELLING 5, 273. – [14] Von der Weltseele (1798) a. a. O. 2, 390. – [15] 2, 513. – [16] Über das Wesen der menschl. Freiheit (1809) a. a. O. 7, 354. – [17] H. BERGSON: Matière et mémoire. Oeuvres (Paris 1959) 318. – [18] J. STENZEL: Met. des Altertums. Hb. Philos., hg A. BAEUMLER und M. SCHRÖTER (1934) 1, Abt. D, 73. – [19] B. GROETHUYSEN: Philos. Anthropol. Hb. Philos. a. a. O. 3, Abt. A, 17. – [20] A. DEMPF: Ethik des MA. Hb. Philos. 3, Abt. C, 26. – [21] F. SEIFERT: Psychol. Met. der Seele. Hb. Philos. 3, Abt. E, 5. – [22] a. a. O. 14. – [23] A. DEMPF, a. a. O. [20] 51. – [24] H. HEIMSOETH: Met. der Neuzeit. Hb. Philos. 1, Abt. F, 40. – [25] A. VIERKANDT: Der D. im modernen Weltbild (²1923) 67.
W. NIEKE

Dummheit wird zumeist nur negativ definiert als das Gegenteil von Intelligenz oder Urteilskraft. Philosophische oder psychologische Untersuchungen über die D. sind nur ansatzweise vorhanden. Das Wort ‹dumm› geht auf das verlorene Verb ‹dimban› zurück, zu dessen Bedeutungskreis ‹dumpf, taub, schwachköpfig, stumm und taub› gehören [1]. Hingegen spielt die D. im Sprichwort eine oft positive Rolle (Der Dumme hat 's Glück; gegen D. ist kein Kraut gewachsen; die Dummen werden nicht alle; der dümmste Bauer hat die größten Kartoffeln). Ähnlich SCHILLER in der ‹Jungfrau von Orleans›: «Mit der D. kämpfen Götter selbst vergebens.» NESTROY nennt in seiner Posse ‹Gegen Torheit ist kein Mittel gewachsen› die D. einen «Fels, der unerschüttert dasteht, wenn auch ein Meer von Vernunft ihm seine Wogen an die Stirn schleudert». THOMAS VON AQUIN leitet ‹stultitia› von ‹stupor› ab: «Vornehmlich aber ist jemand dumm, wenn er bezüglich der höchsten Ursache ein Fehlurteil fällt» [2]. Diese theologische Auffassung der D. wurde neuerdings von ANNIE KRAUS weitergeführt [3]. ERASMUS VON ROTTERDAM versucht eine ironische Darstellung des Problems in seinem ‹Lob der Torheit› mit dem Ergebnis, daß man eine Macht, die «ebenso weit reicht wie das Menschengeschlecht» nicht definieren könne [4]. Hingegen definiert KANT D. als «Mangel an Urteilskraft», dem nicht abzuhelfen sei, und als «Mangel der Urteilskraft ohne Witz» [5]. Für SCHOPENHAUER ist D. «Mangel zur unmittelbaren Auffassung der Verkettung von Ursache und Wirkung, Motiv und Handlung» [5a]. In neuerer Zeit wurde vor allem der massenpsychologische Aspekt der D. mehrfach untersucht, so von MUSIL in einem am 11. März 1937 gehaltenen Vortrag [6]. Er spricht von dem Superioritätsgefühl, das die D. dort verleiht, wo der Mensch «im Schutz der Partei, Nation, Sekte oder Kunstrichtung auftritt und Wir statt Ich sagen darf.» Ähnlich ORTEGA Y GASSET: «So macht sich im geistigen Leben ... der zunehmende Triumph der unqualifizierten ... Pseudointellektuellen geltend» [7]. Die D. als Massenphänomen steht auch in der Untersuchung von E. GÜRSTER im Vordergrund, weil sie «unter den verschiedensten weltanschaulichen Vorzeichen den Begriff der freien selbstverantwortlichen Person ... als dem Zeitalter der industriellen Massengesellschaft ... nicht mehr angemessen preiszugeben beginnt» [8]. Auch *psychiatrisch* wurde die D. erfaßt, so von H. GEYER, der u. a. auf die D. als Strafausschließungsgrund hinweist [9]. JASPERS entwickelt eine ganze Skala der D.: «Man nennt die leichten Grade Debilität, die mittleren Imbezillität, die schweren Idiotie» [10]; ihnen entsprechen Intelligenzquotienten von 60–80, 50–60 und 0–50.

Anmerkungen. [1] J. und W. GRIMM: Dtsch. Wb. 2 (1860) 1510. – [2] THOMAS VON AQUIN: S. theol. II/II, 46, 1 ad 1: ‹De stultitia›. – [3] ANNIE KRAUS: Vom Wesen und Ursprung der D. (1961). – [4] ERASMUS: Encomium moriae (1515); dtsch. Vom Lob der Torheit, übers. H. HERSCH, neu hg. W. BUBBE (1962) 14. – [5] KANT, KrV B 173 Anm.; Akad.-A. 7, 204. – [5a] A. SCHOPENHAUER, Werke, hg. J. FRAUENSTÄDT/A. HÜBSCHER (²1946ff.) 2, 26. – [6] R. MUSIL: Über die D. (1937), in: Tagebücher ... (1955) 923. – [7] J. ORTEGA Y GASSET: Der Aufstand der Massen (¹1931, zit. 1949) 13. – [8] E. GÜRSTER: Macht und Geheimnis der D. (1967) 122. – [9] H. GEYER: Über die D. Ursachen und Wirkungen der intellektuellen Minderleistung des Menschen (³1955) 283f. – [10] K. JASPERS: Allg. Psychopathol. (⁵1948) 183.

Literaturhinweise. J. E. ERDMANN: Über die D. (1866). – W. P. PITKIN: A short introduction to the hist. of human stupidity (London 1935). – W. BÖCK: Erscheinungsformen und Ursachen der D. (Diss. Innsbruck 1953). – P. TABOR: The natural sci. of stupidity (Philadelphia 1960). – W. SEEBERGER: Die menschliche Intelligenz als Entwicklungsproblem (1968) 144–176. – Vgl. Anm. [3-10].
O. F. BEER

Durchdringung spielt in der Philosophie die Rolle eines operativen Terminus in dem Falle, in welchem das Prinzip der Undurchdringlichkeit der Materie (Solidität, Antitypie), welches zugleich Befestigung der Trennung bedeutet, überwunden werden soll. So werden in der Naturphilosophie aller Zeitalter Kräfte und Materien, die dadurch Einheit und Zusammenhang in der Welt hervorrufen, daß sie alles durchdringen, von solchen unterschieden, die sich undurchdringlich gegenseitig verdrängen und «hart im Raume stoßen» Die durchdringenden Kräfte werden insbesondere in pantheistischen Welt-Seele-Konzeptionen auch als seelisch interpretiert. DEMOKRIT z. B. habe die Feueratome zugleich Seele genannt, weil sie «am ehesten alles durchdringen (διαδύνειν) und das übrige bewegen können ...» [1]. Wird der philosophische Begriff der Durchdringung recht verstanden, dann wird er nicht im Sinne des physikalischen Vorgangs ausgelegt, in dem z. B. das Wasser den Schwamm durchdringt, sondern als ein Prozeß, durch den eine phänomenale Gestalt ihre Einheit gewinnt (zur Einheit verbunden wird). Den Fall des Zusammenstoßes zweier Körper beschreibt LEIBNIZ philosophisch durch die Erklärung, daß sie sich in diesem Augenblick durchdringen und «in ein und demselben Punkte des Raumes» seien. Das setzt die Konzeption einer Kraft voraus, die jeweils der eine Körper über seine eigenen Grenzen hinweg auf den andern wirken läßt. D. wird geradezu als Einswerdung, die Ergebnis eines gegenseitigen Einheitsstrebens ist, bezeichnet [2]. In KANTS Opus Postumum, das eine Intensivierung des Gedankens der einigenden Kräfte in der Natur anstrebt, ist von durchdringenden Materien und Kräften (Wärme, Äther) die Rede [3]. In der Sprache der idealistischen Nachfolger Kants wird der Name ‹D.› immer dann als Terminus gebraucht, wenn es um die Vereinigung des Aneinandergrenzenden, einander Fremden zu einer fließenden Identität geht. So charakterisiert FICHTE [4] den Zustand der «Aufmerksamkeit» auf die eigene Empfindung als «durchdrungen» mit Freiheit, im Gegensatz zu der Befangenheit in der Empfindung selbst. Vom Standpunkt der Identitätsphilosophie aus spricht SCHELLING die Sprache der D., welche der naturwissenschaftliche Verstand und seine atomistische Vorstellungsweise nicht zu verstehen imstande sei: Licht und Magnetismus gehören zu den «durchdringenden» Kräften und stellen «penetrierende» Ursachen dar [5]. F. v. BAADER stellt den «zuerst wieder durch Kant eingeführten Begriff der D.» als einen Begriff, der den Physikern noch mangele, in den Mittelpunkt seiner Naturphilosophie: jede «Coexistenz» schließe ein «virtuelles oder geistiges ... Durchdrungensein eines Seienden in und von einem anderen» ein. Der «absolute Geist» sei als «der absolut undurchdringbare» zugleich der «absolut durchdringende» Geist [6]. In der Philosophie des Geistes sowohl bei SCHLEIERMACHER wie auch bei HEGEL ist von D. die Rede, wenn die Rückkehr des individuellen Lebens zu sich selbst auf dem Umweg über das Fremde philosophisch bestimmt wird [7]. Der Terminus spielt eine operative Rolle auch bei W. JAMES und A. N. WHITEHEAD [8].

Anmerkungen. [1] ARISTOTELES, De anima 404 a 6f. – [2] LEIBNIZ, Math. Schriften, hg. GERHARDT 6, 69. – [3] KANT, Akad.-A. 21, 229. 252; vgl. F. KAULBACH: Leibbewußtsein und Welterfahrung beim frühen und späten Kant. Kantstudien 54 (1963) 464ff. – [4] J. G. FICHTE, Die Thatsachen des Bewußtseyns, hg. I. H. FICHTE 2, 552ff. – [5] F. W. J. SCHELLING, Sämtl. Werke, hg. K. F. A. SCHELLING (1856-1861) 2, 484. – [6] BAADER, Werke, hg. F. HOFFMANN (1850-1860) 2, 171; 9, 96; 4, 318. – [7] F. KAULBACH: Schleiermachers Theorie des Gesprächs. Die Sammlung 14 (1959) 123. – [8] W. JAMES: Das pluralistische Universum, dtsch. J. GOLDSTEIN (1914) 174f.; A. N. WHITEHEAD: Process and reality (New York 1960); Sci. and the modern world (Cambridge 1953).

Literaturhinweise. F. KAULBACH: Der philos. Begriff der Bewegung (1965); Philos. der Beschreibung (1968); Schleiermachers Idee der Dialektik. Neue Z. systemat. Theol. u. Religionsphilos. 10 (1968) 225ff.
F. KAULBACH

Dyas (δυάς), die Zweiheit der unendlichen Erstreckung ins Große und Kleine, soll nach ARISTOTELES für *Platon* das zweite der beiden höchsten Prinzipien gewesen sein, aus denen dieser die Gesamtheit der Ideen-Zahlen und über deren Vermittlung auch die Sinnendinge hervorgehen und bestehen ließ [1]. Auch XENOKRATES, ein Schüler Platons, setzt Einheit und unbegrenzte Zweiheit als die beiden obersten Prinzipien aller Dinge und besonders auch seiner mit den mathematischen Zahlen identifizierten Ideen(-Zahlen) an [2], wobei er von der unbegrenzten Zweiheit als der Materie noch eine andere Zweiheit im Sinne der göttlichen Weltseele unterschieden zu haben scheint [3]. Die altakademischen, neupythagoreischen und mittelplatonischen Spekulationen über Einheit und unbegrenzte Zweiheit, welche diese beiden teils dualistisch als höchste Prinzipien auffassen, teils monistisch die Zweiheit aus der Einheit ableiten, sind von der neuesten Forschung teils als Berichte über *Platons* Altersvorlesung ‹Über das Gute› und ihre Prinzipienlehre, teils als auf deren Einfluß zurückgehend erklärt worden [4]. In dieser ganzen Tradition wird die D. im Unterschied zum Einen als Prinzip der Vielheit und Verschiedenheit sowie als ungleich, Überfluß und Mangel, Mehr und Weniger, leidensfähige und teilbare Materie, Unordnung und Formlosigkeit, Unvernunft, Bewegung und Werden gekennzeichnet [5]. Auch PLOTIN kann sich angesichts der unbegrenzten Vielheit der Ideen und Zahlen im göttlichen Geist noch an die platonische Ableitung der Ideen-Zahlen aus Einem und unbegrenzter Zweiheit erinnern [6].

Anmerkungen. [1] ARISTOTELES, Met. I, 6, 987 b 25-27. 988 a 11-14. – [2] XENOKRATES, Frg. 26-28 (HEINZE). – [3] Frg. 15 H; vgl. dazu R. HEINZE: Xenokrates (1892) 11ff. und 65ff. zu Frg. 68 H. – [4] Vgl. z. B. W. BURKERT: Weisheit und Wiss. Studien zu Pythagoras, Philolaos und Platon (1962) 46ff.; W. THEILER: Einheit und unbegrenzte Zweiheit von Plato bis Plotin, in: Isonomia (1964) 89-109. – [5] Vgl. z. B. HERMODOROS bei SIMPLIKIOS, In Ar. Phys. 247, 30-248, 15 (DIELS); SEXTUS EMP., Adv. Math. X, 248-283; PHILON ALEX., Spec. leg. 3, 180; PLUTARCH, Def. or. 428f.; THEON VON SMYRNA: Expos. rer. math. 100, 10 (HILLER); MODERATOS VON GADES bei PORPHYRIOS, Vita Pyth. 49f.; EUDOROS bei SIMPLIKIOS, In Ar. Phys. 181, 10-30 (DIELS). – [6] PLOTIN, Enn. V, 4, 2, 4-10; V, 1, 5.

Literaturhinweise. Vgl. Anm. [4]. – A. J. FESTUGIÈRE: La révélation d'Hermès Trismégiste 4: Le Dieu inconnu et la Gnose (Paris 1954) 32ff. – P. KUCHARSKI: Les principes des Pythagoriciens et la dyade de Platon. Arch. Philos. 22 (1959) 175-191. 385-431. – K. GAISER: Platons ungeschriebene Lehre (1963). – H. J. KRAEMER: Arete bei Platon und Aristoteles (1959); Der Ursprung der Geistmet. (1964).
F. P. HAGER

Dynamik. Schon bei den *Aristoteles-Kommentatoren*, vorab bei PHILOPONOS, bahnt sich eine erste Entwicklung zu einem neuen, mehr physikalischen Sinn des Aristotelischen Begriffs der δύναμις (s. d.) an, die dann in der *Spätscholastik*, welche u. a. auf Philoponos zurückgreift, zum Tragen kommt [1]. Die Scholastiker übersetzen δύναμις mit ‹potentia›, bleiben jedoch zunächst im Anschluß an Aristoteles bei der Unterscheidung zwischen einer potentia activa und passiva.

Seit Beginn des 14. Jh. finden sich Ansätze, die sich bis zu Beginn der Neuzeit zu dem weiterentwickeln, was in der *klassischen Naturwissenschaft* unter D. verstanden wurde: die Lehre von den Kräften der Bewegung, genauer der Bewegungsänderung. Nachdem KEPLER die Planetenbewegung am Beispiel der Marsbewegung als elliptisch und damit als ungleichförmig erkannt und GALILEI den freien Fall ebenso als ungleichförmig-beschleunigte Bewegung bestimmt hatte, konnte NEWTON durch Anwendung des Galileischen Fallgesetzes auf das zweite und dritte Keplersche Planetengesetz die Schwerkraft als gemeinsames Prinzip der Theorien von Kepler und Galilei ableiten. Bei LEIBNIZ vereinigt sich parallel dazu die Cartesische und Galileische Erkenntnis zu einer funktional-mathematischen, die neuzeitliche D. charakterisierenden Denkweise [2]. Bei ihm kommt wohl auch zum ersten Mal der Ausdruck ‹D.› vor [3]. Während P. VARIGNON in seiner ‹Nouvelle mécanique› noch sagt «La mécanique en général est la science du mouvement, de sa cause et de ses effets», unterscheidet J. L. LAGRANGE innerhalb der Mechanik die D. als eigenes Sachgebiet neben der Statik. Nach ihm ist die D. «la science des forces accélératrices ou retardatrices et des mouvements variés qu'elles doivent produire» [4].

Nach dem Vorgange der Physik unterscheidet dann A. COMTE eine *soziale* Statik und D. Auch innerhalb der *Psychologie* war bald von D. die Rede.

Ferner ist innerhalb der *neueren Ontologie*, insbesondere bei scholastisch orientierten Autoren, nicht selten von einer D. des Seins die Rede [5]. Hierbei handelt es sich jedoch nicht mehr um Potentialität, sondern um Aktualität, sofern etwa von Identitätssteigerung des Aktes gesprochen wird, oder das Gute als Ursprung einer Seinsdynamik gilt, «insofern es Ziel der Vollendungsbewegung ist» [6]. P. B. GRENET spricht von einer Statik und einer D. des Seins, wobei die letztere die Lehre von der causa efficiens, finalis und exemplaris umfaßt [7]. J. B. LOTZ unterscheidet den Naturbegriff von demjenigen des Wesens, dem zusätzlich ein «dynamisches Moment» zukommt, wodurch es als Prinzip der Entwicklung des Seienden bzw. als innerer Grund des Wirkens und Erleidens erscheint [8].

Anmerkungen. [1] L. THORNDIKE: Sci. and thought in the 15th century (New York 1929). – [2] J. O. FLECKENSTEIN: G. W. LEIBNIZ. Barock und Universalismus (1948) 86. – [3] LEIBNIZ, Specimen dynamicum. Math. Schriften, hg. GERHARDT 6, 234ff. – [4] J. L. LAGRANGE: Mécanique analytique (1788) Vorreden. – [5] H. BECK: Akt und Sein (1965); H. M. NOBIS: Über die immaterielle D. als Innen der materiellen Körpersubstanz (Diss. München 1956). – [6] BECK, a. a. O. [5] 318. – [7] P. B. GRENET: Ontologie (Paris ¹¹1966) II: La dynamique de l'être. – [8] J. B. LOTZ: Art. ‹Natur›, in: Philos. Wb., hg. W. BRUGGER (³1953).

Literaturhinweise. H. M. NOBIS s. Anm. [5]. – Á. SZABÓ: Der math. Begriff DYNAMIS und das sog. geometrische Mittel. Maja NS 13 (1963) 241ff.
H. M. NOBIS

Dynamis (δύναμις, Macht, Vermögen, Kraft, zu δύναμαι, ich vermag, bin fähig) erlangt eine faßbare terminologische Bedeutung zuerst im Denken der griechischen *Ärzte*. Unter ihnen hat die konsequentesten Vorstellungen der Autor der Schrift Περὶ ἀρχαίης ἰητρικῆς (Über die alte Heilkunst) entwickelt. Für Gesundheit und Krankheit entscheidend sind nach ihm das Salzige, das Bittere, das Scharfe, das Herbe und eine Fülle von anderen «Bestandteilen» im Menschen und in den Nahrungsmitteln. Alle derartigen Bestandteile haben jeweils eine bestimmte D., eine «Wirkkraft» an sich, auf deren Stärke ihre Wirksamkeit beruht: Nicht der Stoff selber wirkt, sondern nur die ihm eigene D. [1].

Bei PLATON findet sich eine Erklärung des Begriffes im ‹Staat› [2]: «Wir werden sagen, die Vermögen (δυνάμεις) seien eine bestimmte Art des Seienden, durch welche sowohl wir vermögen, was wir vermögen, als auch jedes andere, was etwas vermag ... Bei einem Vermögen sehe ich nur darauf, worauf es sich bezieht und was es bewirkt, und in dieser Hinsicht habe ich jedes von ihnen Vermögen genannt.» Bedeutsam ist, daß Platon als gleichberechtigt mit dieser bewirkenden eine *passive* D. annimmt, ein Vermögen, etwas von etwas zu *erleiden* [3].

ARISTOTELES gebraucht D. in zwei Hauptbedeutungen. Erstens und zunächst ist D. «der Ursprung einer Veränderung (ἀρχὴ μεταβολῆς bzw. μεταβλητική) *in* einem anderen oder *als* ein anderes» [4]. Da nun zu diesem Vermögen des Bewirkens gleichursprünglich das Vermögen des Erleidens gehört, «der im Leidenden selbst vorhandene Ursprung einer leidenden Veränderung durch ein anderes oder als ein anderes» [5], gelangt Aristoteles von dem *kinetischen* D.-Begriff zweitens zu dem ihm spezifischen *ontologischen* D.-Begriff, indem er diese Bestimmung als eine eigentümliche Seinsweise insbesondere der ὕλη (des Stoffes) [6] auffaßt. Etwas ist etwas dann «dem Vermögen (bzw. der Möglichkeit) nach» (δυνάμει), wenn es «schon durch den ihm eigenen Ursprung ein solches ist» [7]. Den genaueren Sinn empfängt D. in dieser Bedeutung von den zugeordneten Begriffen Energeia und Entelecheia.

Anmerkungen. [1] Vgl. bes. Kap. 14. und 15. dieser Schrift, hg. J. L. HEIBERG im ‹Corpus Medicorum Graecorum› I/1 (1927) 45ff. – [2] PLATO, Resp. V, 477 c–d. – [3] Soph. 247 d f.; Phaidr. 270 d; vgl. Resp. VI, 507 c. e. – [4] ARIST., Met. IV, 12, 1019 a 15ff. 1020 a 5ff.; VIII, 1, 1046 a 10ff. – [5] Met. VIII, 1, 1046 a 11ff. – [6] z. B. Met. VII, 2, 1042 b 9; XI, 5, 1071 a 9. – [7] Met. VIII, 7, 1049 a 16.

Literaturhinweise. G. PLAMBÖCK: D. im Corpus Hippocraticum. Abh. Akad. Wiss. Lit., geistes- und sozialwiss. Kl. (1964) Nr. 2. – J. SOUILHÉ: Etude sur le terme D. dans les dialogues de Platon (Paris 1919). – J. STALLMACH: D. und Energeia (1959).
G. PLAMBÖCK

Dynamismus oder ‹Präanimismus› sind Bezeichnungen für eine Gegenströmung zur Religionstheorie des Animismus, die jedoch ebenso wie diese auf evolutionistischer Grundlage steht. Nach ihr ist die primitivreligiöse Erfahrung übernatürlicher Macht (δύναμις) primäres religiöses Erlebnis und Vorstufe des Glaubens an Götter. Häufig wird der D. durch Termini charakterisiert, die in Eingeborenensprachen den Begriff der Macht ausdrücken: ‹mana› («das außerordentlich Wirkungsvolle») im Melanesischen, ‹orenda› im Irokesischen, ‹wakanda› im Sioux, ‹hasina› im Madagassischen. Während diese Begriffe den für den Menschen positiven Aspekt der Macht zum Ausdruck bringen, wird der gefahrvolle durch das polynesische Wort ‹tabu› gekennzeichnet. – Die Theorie des D. wurde angeregt durch einen Brief, den der englische Missionar CODRINGTON 1877 an MAX MÜLLER schrieb und den dieser im folgenden Jahre veröffentlichte [1]. In seinem späteren Werk über die Melanesier hat bereits CODRINGTON darauf aufmerksam gemacht, daß «diese Kraft, wenn auch an sich unpersönlich, immer an eine Person geheftet ist ...» [2]. In diesem Sinne wird jetzt im allgemeinen mana als eine Qualität sakraler Personen angesehen, womit die spezifisch evolutionistische Intention des D. abgelehnt wird.

Anmerkungen. [1] MAX MÜLLER: Lectures on the origin and growth of relig. (London 1878) 54. – [2] R. H. CODRINGTON: The Melanesians (Oxford 1891) 119.

Literaturhinweise. R. R. MARETT: The threshold of relig. (London 1909, ²1914). – F. R. LEHMANN: Mana – der Begriff des «außerordentlich Wirkungsvollen» bei Südseevölkern (1922). – N. SÖDERBLOM: Das Werden des Gottesglaubens (²1926) 26ff. – E. EHNMARK: The idea of God in Homer (Uppsala 1935) 36ff. – G. WIDENGREN: Evolutionism and the problem of the origin of relig. Ethnos 10 (1945) 79ff.; Religionens ursprung (Stockholm 1963) 40ff. – M. ELIADE: Die Relig. und das Heilige (Salzburg 1954) § 7. – G. LANCZKOWSKI: Forsch. zum Gottesglauben in der Religionsgesch. Saeculum 8 (1957) 393. – G. VAN DER LEEUW: Phänomenol. der Relig. (²1956) 3ff.
G. LANCZKOWSKI

E

Ebenbild ist wahrscheinlich die Lehnübersetzung des lat. ‹*configuratio*›. Das E. ist vom einfachen Bild dadurch verschieden, daß das vorgesetzte «eben» (gleich) die Vorstellung des möglichst getreuen Abbildens noch hervorhebt. Im heutigen Deutsch ist das Wort lediglich im Zusammenhang der biblisch-christlichen Lehre von der *Gottebenbildlichkeit* des Menschen gebräuchlich. Ältere Nebenbedeutungen wie ‹Beispiel› und ‹Vorbild› sind untergegangen. D. SCHLÜTER

Ebenmerklich. 1760 wird von J. H. LAMBERT [1] und aus dem Nachlaß des 1758 gestorbenen P. BOUGUER [2] berichtet, daß erst von einem relativen Zuwachs zu einer Ausgangsbeleuchtung an der Eindruck einer größeren Helligkeit entsteht. Bouguer kann diese Beobachtung konkretisieren: erst von einem für alle Ausgangsbeleuchtungen konstanten relativen Zuwachs an. Dieser wegen des geringen relativen Inkrements für die Beobachtung der Physiker beruhigende Befund wurde für den *Physiologen* E. H. WEBER leistungsphysiologisch so relevant, daß er auch die für physikalische Beobachtung nicht benötigten taktilen, kinästhetischen und thermischen Empfindungen hinsichtlich Ebenmerklichkeit untersuchte. Sein Ergebnis berichtet er 1834: «In observando discrimine rerum inter se comparatarum *non differentiam rerum sed rationem* differentiae ad magnitudinem rerum inter se comparatarum percipimus» (Bei der Beobachtung des Unterschieds von miteinander verglichenen Dingen nehmen wir *nicht die Differenz* der Dinge, *sondern das Verhältnis* der Differenz zur Größe der verglichenen Dinge wahr) [3]. Aber dies hat er in seinen Experimenten nur für *eben*merkliche Reizunterschiede festgestellt. Dem entspricht sein entsprechend bescheidenerer Bericht aus dem Jahr 1846 [4].

G. T. FECHNER hat das von Weber zur Ermittlung der Ebenmerklichkeit bemühte Verfahren als «Methode der eben merklichen Unterschiede» bezeichnet, es seinen «Methoden der Unterschiedsempfindlichkeit» eingereiht und als Rezept vermerkt: «Im Allgemeinen ist bei dieser Methode zweckmäßig, den Unterschied eben so oft von einem übermerklichen auf den Grad des eben merklichen herabzubringen, als von einem unmerklichen zu diesem herauszubringen und das mittlere Resultat zu nehmen» [5]. Ebenmerklich kann nicht nur ein Reizunterschied, sondern auch ein Reiz überhaupt sein. Man spricht dann (mit Fechner) von «Reizschwelle», z. B. von «extensiver Schwelle» (etwa beim minimum visibile eines kleinen sichtbaren weißen Kreises auf schwarzem Grund) oder von «intensiver Schwelle» (etwa beim eben hörbaren Schall) [6].

Anmerkungen. [1] J. H. LAMBERT: Photometria sive de mensura et gradibus luminis, colorum et umbrae (Leipzig 1760). – [2] P. BOUGUER: Traité d'optique sur la gradation de la lumière par Lacaille (Paris 1760). – [3] E. H. WEBER: De pulsu, resorptione, auditu et tactu: annotationes anatomicae et physiologicae (Leipzig 1834). – [4] E. H. WEBER: Der Tastsinn und das Gemeingefühl, in: R. WAGNER: Handwb. der Physiol. 3 (1946). – [5] G. T. FECHNER: Elemete der Psychophysik (1860) 1, 72. – 6] a. a. O. 239. W. WITTE

Ecclesia spiritualis. In dem der christlichen Antike eigenen Spannungsfeld von hellenistischer Metaphysik und urchristlicher Eschatologie, das innerkirchlich als das von institutioneller Kirche und verheißenem Reich Gottes erfahren wird, fällt dem Begriff der E.s. teils eine häretisch-kritische, teils eine apologetisch-vermittelnde Funktion zu. Vorgeformt in der Gegenüberstellung von ἐπίσκοπος βλεπόμενος und ἐπίσκοπος ἀόρατος (sichtbarer und unsichtbarer Bischof = Christus) bei IGNATIUS VON ANTIOCHIEN [1], zeichnet sich diese apologetische Funktion, wenn auch noch ohne den fertigen Terminus, bei IRENEUS ab. Gegen die bei seinem Schüler HIPPOLYT überlieferte Transposition der gnostischen Dreiteilung des Menschen auf die Kirche: τρεῖς εἶναι ἐκκλησίας ἀγγελικήν, ψυχικήν, χοϊκήν (es gibt drei Kirchen, eine der Engel, eine seelische und eine irdische) [2], insistiert er mit den Worten «ubi enim ecclesia, ibi et spiritus Dei, et ubi spiritus Dei, illic ecclesia» (wo die Kirche ist, da ist auch der Geist Gottes, und wo der Geist Gottes, da die Kirche) [3] auf der Einheit der Kirche und der von Geist und Institution.

Der montanistische Protest gegen diese Institutionalisierung, der als Protest gegen den Verlust des eschatologischen Horizonts des Christentums chiliastische Züge annimmt, will bei TERTULLIAN statt den Geist der Kirche, die Kirche dem Geist unterwerfen. Während er vom Konzept seiner «ecclesia Spiritus» her die empirische Kirche als «ecclesia numerus episcoporum» abqualifiziert [4], versuchen CLEMENS VON ALEXANDRIEN mit den Begriffen ἀνωτάτη ἐκκλησία und πνευματικὴ ἐκκλησία (höchste bzw. geistige Kirche) [5] und ORIGENES mit der οὐράνιος ἐκκλησία (himmlische Kirche) [6] diese Dichotomie durch Einordnung in die platonisierend-metaphysische Unterscheidung von Wesen bzw. Idee und Erscheinung zu überwinden. Erst AUGUSTINUS gelingt es, die eschatologisch-kritische Komponente als solche in den Kirchenbegriff zu integrieren, wenn er gegen den donatistischen Vorwurf, er lehre mit der Aufrechterhaltung jener alexandrinisch-metaphysischen Distinktion «duas ecclesias», feststellt: «eandem ipsam unam et sanctam ecclesiam nunc esse aliter, tunc autem aliter futuram, nunc habere malos mixtos, tunc non habituram» (die eine heilige Kirche ist jetzt anders, als sie in Zukunft sein wird, jetzt hat sie auch böse Glieder, dann wird sie keine haben) [7]. Damit freilich wird das Problem von der Kirche auf die Kirchenglieder verschoben. Aber nur so vermag die Unterscheidung beim Erstarken des Papsttums und der Festigung des Staatskirchentums byzantinischer und germanischer Prägung im *Mittelalter* zu überdauern. Wenn BONIFAZ VIII. in der Bulle ‹Unam

Sanctam› (1302) erklärt: «Uterque ergo est in potestate ecclesiae, spiritualis scilicet gladius et materialis» (Beides ist in der Macht der Kirche, das geistliche und das weltliche Schwert), so ist dies die für die mittelalterliche Theologie typische Degradierung der Unterscheidung von geistlicher und empirischer Kirche zur Zwei-Schwerter-Lehre [8]. Um so heftiger bricht dann, nachdem bereits ARNOLD VON BRESCIA und der Holländer TANCHELM Hierarchie und sakramentale Kirche spiritualistisch bekämpft hatten, bei JOACHIM VON FIORE der Begriff ‹E.s.› mit seiner eschatologisch-kritischen Potenz durch. Die in der Papstkirche noch verborgene E.s. [9] wird mit dem Anbrechen der dritten und letzten, alles vollendenden Epoche der Heilsgeschichte, dem Reich des Geistes, zur vollkommenen menschlichen Gesellschaftsordnung sich entwickeln und die Papstkirche ablösen [10]. Die so in die mit Weltgeschichte identische Heilsgeschichte zurückübersetzte Konzeption der E.s., die vor allem die mittelalterlichen Häresien beeinflußt, wird von den Tertiariern, im Gefolge eines inzwischen entstandenen joachitischen Franziskanertums, in der Formel zusammengefaßt: «Rejecta ecclesia carnalis tunc E.s. succedet» (Wenn die leibliche Kirche verworfen ist, folgt ihr die E.s. nach) [11]. Die Macht des «gladius materialis», selbst theoretisch legitimiert in einer ähnlichen, aber verkürzten und apologetisch gewendeten Unterscheidung, sorgte so gründlich für die Ausrottung solcher Gedanken, daß Versuche, diese der Intention nach vernichtende Kritik theologisch abzufangen und den Begriff der E.s. zu entschärfen oder gar innerkirchlich fruchtbar werden zu lassen, schadlos ausbleiben konnten.

Die *Reformatoren* reproduzieren die alexandrinisch-augustinische Distinktion des Kirchenbegriffs anfangs als kritische Waffe gegen das Papsttum, im Maße der Etablierung eigener Kirchen aber als apologetische und modifizieren sie dann je nach der Funktion im Kontext ihrer Theologie. Unter dem Einfluß von HUS verschärft ZWINGLI diese Unterscheidung zur Zweiteilung, in der die Prädestinationslehre die E.s. (auch: electa, invisibilis) [12] als Summe der Erwählten aller Zeiten losgelöst neben die ecclesia sensibilis (auch: externa, visibilis) stellt [13], während LUTHER bei aller Betonung der E.s. an ihrem realen Konnex mit der empirischen Kirche festhält [14]. Luther und Zwingli bezeichnen den Punkt, an dem der Begriff der E.s. von dem der unsichtbaren Kirche (ecclesia invisibilis) verdrängt wird, der in der Neuzeit der dominierende bleibt.

Einen entscheidenden Einschnitt in der Geschichte des Begriffs der E.s. bringt die mit dem Deismus der *Aufklärung* sich durchsetzende Differenz von (natürlicher, allgemeiner) Religion und Kirche bzw. Christentum. Neologen, Rationalisten und Supranaturalisten sind sich einig in der Betrachtung der Kirche als «Verein zur Beförderung der Moralität» [15]; diese Betrachtungsweise färbt auch die Verwendung der Unterscheidung von sichtbarer und unsichtbarer Kirche. SEMLER identifiziert die Differenz von öffentlicher Kirchenreligion und moralischer Privatreligion mit der von empirischer Kirche und «invisibilis seu spiritualis ecclesia» [16]. Unter der unsichtbaren Kirche, die der sichtbaren gegenübersteht, versteht KANT einerseits die allgemeine Religion, die zugleich Basis philosophischer Kritik an der Theologie ist, und andererseits die «Idee von der Vereinigung aller Rechtschaffenen unter der göttlichen unmittelbaren, aber moralischen Weltregierung», die als triumphierende Kirche in das Reich Gottes übergeht [17]. Sein Schüler J. H. TIEFTRUNK, für den die «wahre Aufklärung» darin besteht, «daß man die Kirche und ihre Statute für bloße Mittel zur moralischen Gesinnung erkennt, sie als solche schätzt und benützt», läßt die Notwendigkeit der institutionellen Kirche im Maße des Anwachsens der Moralität abnehmen, weil «die sichtbare Kirche nur Mittel ist, um die unsichtbare oder ein Reich Gottes zu befördern» [18]. Mit der Rezeption der Bestimmung des Reiches Gottes als der «unsichtbaren Kirche, die alle Zonen und verschiedene Religionen umfaßt» [19], und mit seiner Theorie des entsäkularisierten Staates als des sittlichen Universums sollte HEGEL als Kritiker der Aufklärung hier ihr Vollender werden. Da nun E.s. einzig auf die mit Moralität konvertible allgemeine Religion oder auf das ebenfalls moralisch verstandene Reich Gottes bezogen wird, erscheinen bei den Rationalisten das «christlich-ideale Bild der Kirche» [20] und bei den Supranaturalisten das Streben nach der Herstellung des reinen Urchristentums als Surrogate jener ehemals innerkirchlichen Funktion des Begriffs der E.s., ohne jedoch mehr zu intendieren als die Anpassung eines Mittels an den ihm äußerlichen Zweck.

Der *pietistische* Begriff der unsichtbaren Kirche, wie er vor allem bei ZINZENDORF ausgearbeitet wird, greift zwar genau so weit wie der aufklärerische [21], aber Kirche bildet sich hier als Verbindung der Herzen [22], hat, so H. PLITT, einen «inwendigen pneumatischen Wesenskern» [23] und wird, wo einige Glieder zusammenkommen, als ecclesiola oder «Kirche en miniature» [24] sichtbar. In Anknüpfung an den Pietismus der Brüdergemeinde holt F. SCHLEIERMACHER den Begriff der E.s. aus der Religionsphilosophie in die Ekklesiologie so zurück, daß er einerseits seine Ausweitung beibehält, andererseits die Gleichgültigkeit gegenüber den empirischen Kirchen gegen deren vorgebliche Einigung eintauscht. Die unsichtbare Kirche erscheint bei ihm um des ihr immanenten, in allen Kirchen wirksamen Geistes willen als Prinzip der Einheit der vielen sichtbaren Kirchen [25].

Der *Kulturprotestantismus* (PH. MARHEINEKE, F. CH. BAUR, R. ROTHE, D. F. STRAUSS) betrachtet die Kirche hegelianisch im Prozeß des Weltgeistes und ersetzt die statische Differenz von sichtbarer und unsichtbarer Kirche durch den dialektischen Gegensatz von reinem Begriff der Kirche und ihrer zeitlichen Erscheinung [26]. Die Geschichte der Kirche, als «Bewegung der Idee der Kirche» verstanden [27], hat eine neue Periode erreicht, in der der Zwiespalt von Staat und Kirche aufgehoben und ihre Einheit auf höherer Stufe als im Altertum und im Mittelalter wiederhergestellt wird [28]. So geht, nach R. ROTHE, das Christentum «aus der Kirche auf das Gebiet des Sittlichen über» [29] und wird, nach PH. MARHEINEKE, «das Weltreich zum Gottesreich und das Gottesreich zum Weltreich» [30]. Hier scheinen sich die E.s. der joachitischen eschatologischen Geschichtsdeutung und die unsichtbare Kirche der aufklärerischen Moralitätsbeförderung zu vereinen.

Gegen solche ja nicht bloß theoretischen Tendenzen der Absorption der Kirche durch den Staat wenden sich LEO XIII. mit der Feststellung, daß die Kirche «supernaturalis est et spiritualis» und sich dadurch von staatlichen Gemeinschaften unterscheidet [31], und die konfessionelle protestantische Theologie, die im Dilemma steht, mit der wesentlichen, göttlich gestifteten Unsichtbarkeit der Kirche [32] gerade jene institutionelle Selbständigkeit zu begründen, angesichts der dann die «Unsichtbarkeit keine Notwendigkeit, sondern nur ein zufälliger temporärer Mangel» [33] ist. Die innerkirchliche kritisch-stimulierende Funktion des Begriffs der E.s. wird, wie schon bei SCHLEIERMACHER [34] und in der katholischen Tübinger Schule [35], durch den Gedanken der organischen Entwicklung ersetzt.

Unter dem Einfluß Schleiermachers und des Pietismus zieht sich in der Vermittlungstheologie, aber auch im Biblizismus und in der Erweckungsbewegung wie die Religion in die Innerlichkeit so der Begriff der E.s. in die Kirche zurück [36]. Auf dem Weg über die Definition der Kirche als «inwendige Gemeinschaft der Gläubigen» (A. NEANDER [37]), «innerliche Geistgemeinschaft mit dem Erlöser» (C. I. NITZSCH [38]) und «Geistkirche» (R. SOHM [39]) wandelt sich die E.s. zur «pneumatischen Persongemeinschaft» (E. BRUNNER) und zur «Gemeinschaft im Transzendenten» (R. BULTMANN) [40] und nimmt dabei so sehr die Farbe des Existenzialismus und Personalismus an, daß sie, einst selbst kritisches Korrektiv, nun von kritisch-«politischer» Theologie unter dem Stichwort der Privatisierung [41] und von eschatologischer Theologie der Hoffnung unter dem des Kults der Mitmenschlichkeit [42] als konservativer Begriff aufgefaßt wird.

Während die gegenwärtige Kunstwissenschaft mit dem Begriffspaar ‹E.s.› und ‹ecclesia materialis› die Relation von jeweiligem epochalen Kirchenbegriff bzw. Kirchenbild und Kirchenbau zu erhellen trachtet [43], scheint der Begriff der E.s. in der gegenwärtigen Philosophie keine Rolle mehr zu spielen. Dagegen begegnet im amerikanischen symbolischen Interaktionismus der Begriff der «invisible religion» (TH. LUCKMANN) zur Bezeichnung der gegen die Kirchlichkeit abgesetzten neuen Sozialformen der Religion [44].

Anmerkungen. [1] IGNATIUS VON ANTIOCHIEN, Ad Magn. III, 2, hg. CANDOT (Paris 1944), 70. – [2] HIPPOLYTOS, Refutatio X, 9, hg. WENDLAND (1916) 3, 268. – [3] IRENAEUS, Adv. haereses III, 24, 1, hg. SAGNARD (Paris 1952) 400. – [4] TERTULLIAN, De pudicitia XXI, 17. Corp. Christianorum, ser. lat. 2 (2), 1328. – [5] CLEMENS VON ALEXANDRIEN, Stromata VII, 11, 68; VI, 14, 198, hg. STÄHLIN (1906-1909) 3, 49; 2, 486. – [6] ORIGENES, De principiis IV, 2, 2, hg. KOETSCHAU (1913) 5, 308. – [7] AUGUSTIN, Breviculus collationis III, 10, 19f. Corp. scriptorum eccl. lat. 53, 68f. – [8] DENZINGER/SCHÖNMETZER, Enchiridion Symbolorum (³⁴1967) 873. – [9] E. BENZ: E. s. (1934) 35. – [10] a. a. O. 20. – [11] Zit. nach CH. U. HAHN: Gesch. der Ketzer des MA (²1968) 452 Anm. 1. – [12] H. ZWINGLI, Werke, hg. M. SCHULER und J. SCHULTHESS (1827ff.) 3, 574. 586; 4, 340. – [13] a. a. O. 3, 574; 4, 338. – [14] M. LUTHER, Responsio ad Ambrosii Catharini. Weimarer A. 7, 719, 26ff. – [15] J. H. TIEFTRUNK: Zensur des christl. prot. Lehrbegriffs nach den Prinzipien der Religionskritik (1791f.) 2, 239. – [16] J. S. SEMLER: Über hist., gesellschaftl. und moralische Relig. der Christen (1786). – [17] I. KANT, Akad.-A. 7, 52; 6, 101. – [18] TIEFTRUNK, a. a. O. [15] 259. – [19] G. W. F. HEGEL, Werke, hg. GLOCKNER 3, 226. – [20] K. G. BRETSCHNEIDER: Hb. der Dogmatik der evang.-luth. Kirche (³1828) 3, 830. – [21] N. L. v. ZINZENDORF, in: Bündingische Sammlung (1840) 1, 41. – [22] Londoner Predigten (London 1757) 27f. – [23] H. PLITT: Evang. Glaubenslehre nach Schrift und Erfahrung (1864) 2, 183-186. – [24] A. G. SPANGENBERG: Idea Fidei Fratrum (1779) Einl. § 7. – [25] F. SCHLEIERMACHER: Der christl. Glaube nach den Grundsätzen der evang. Kirche (⁷1960) §§ 148f. – [26] PH. MARHEINEKE: Entwurf der prakt. Theol. (1837) §§ 44ff.; F. CH. BAUR: Epochen der kirchl. Geschichtsschreibung (1852) 254f. – [27] BAUR, a. a. O. 248f. – [28] MARHEINEKE, a. a. O. [26] §§ 162. 193. – [29] R. ROTHE: Theol. Ethik (²1869ff.) 5, 398. – [30] MARHEINEKE, a. a. O. [26] § 54. – [31] DENZINGER/SCHÖNMETZER, a. a. O. [8] 3167. – [32] J. W. F. HÖFLING: Grundsätze der evang.-luth. Kirchenverfassung (1850) 7. – [33] a. a. O. 10. – [34] SCHLEIERMACHER, a. a. O. [25] Vgl. J. A. MÖHLER: Die Einheit in der Kirche oder das Prinzip des Katholizismus (1957) §§ 1. 3. 49; J. B. HIRSCHER: Die christl. Moral 1 (1835) 430. – [36] J. MÜLLER, Die unsichtbare Kirche, in: Dogmatische Abh. (1870). – [37] A. NEANDER: Gesch. der Pflanzung und Leitung der christl. Kirche durch die Apostel 1 (1832) Vorrede. – [38] C. I. NITZSCH: Ges. Abh. 1 (1870) 302. – [39] R. SOHM: Kirchenrecht 1 (1892) 1. – [40] Zit. nach J. MOLTMANN: Theol. der Hoffnung (²1965)

296. – [41] J. B. METZ: Zur Theol. der Welt (1968) 99ff. – [42] MOLTMANN, a. a. O. [40] ebda. – [43] H. JANTZEN: Kunst der Gotik (¹1966) 147. – [44] TH. LUCKMANN: The invisible religion. The problem of religion in modern society (London/New York 1967).

Literaturhinweise. R. SEEBERG: Studien zur Gesch. des Begriffs der Kirche (1885). – E. BENZ: E. s. (1934). – G. BARCZAY: Ecclesia semper reformanda (Zürich 1961).

M. SOMMER

Egoismus

I. Das Wort ‹E.› ist in der Mitte des 18. Jh. aufgrund der vorangegangenen Bildung des Ausdrucks ‹Egoist› entstanden. Mit diesem bezeichnet CHR. WOLFF die Vertreter des heute gewöhnlich ‹Solipsismus› benannten Standpunkts (s. u. II) [1].

Von E. hat dann KANT in seinen zwischen 1775 und 1780 gehaltenen Ethik-Vorlesungen gesprochen, und zwar von einem «moralischen» E. Doch erklärt er diesen hier als darin bestehend, daß «man sich im Verhältnis mit andern allein hochschätzt», d. h. daß «man «seinen Wert im Verhältnis mit andern beurteilt». Was wir heute E. nennen, bezeichnet Kant dagegen als «moralischen Solipsismus», indem er diesen dahin bestimmt, daß «wir uns im Verhältnis mit andern allein lieben» [2]. In seiner ‹Anthropologie› stellt Kant drei Begriffe von E. und Egoist heraus: «Der Egoism kann dreierlei Anmaßungen enthalten: die des Verstandes, des Geschmacks und des praktischen Interesse, d. i. er kann logisch oder ästhetisch oder praktisch sein. Der *logische Egoist* hält es für unnötig sein Urteil auch am Verstande anderer zu prüfen; ... Der *ästhetische Egoist* ist derjenige, dem sein eigener *Geschmack* schon genügt ... Endlich ist der *moralische Egoist* der, welcher alle Zwecke auf sich selbst einschränkt, der keinen Nutzen worin sieht als in dem, was ihm nützt, auch wohl als Eudämonist bloß im Nutzen und der eigenen Glückseligkeit, nicht in der Pflichtvorstellung, den obersten Bestimmungsgrad seines Willens setzt» [3]. Neben diesen drei Bedeutungen von E. erwähnt Kant hier noch eine vierte, «metaphysische», die dem Begriff des Egoisten von Wolff und dem heutigen des Solipsismus entspricht [4].

Die in Kants ‹Anthropologie› als «moralische» Bedeutung festgelegte Bestimmung von E. hat sich danach bald als alleinige durchgesetzt. Schon bei SCHLEIERMACHER wird sie in seinen Vorlesungen als einzige Bedeutung des Wortes vorausgesetzt [5]. Zwar verzeichnet zwei Jahrzehnte später der Kantianer W. T. KRUG in der ersten Auflage seines Wörterbuches (1827) noch zwei Bedeutungen von E.: «E. ist Ichtum. Es kann aber derselbe teils spekulativ oder metaphysisch, teils praktisch oder moralisch sein» [6]. Zur zweiten Bedeutung erklärt Krug: «Praktischer E. ist diejenige Denkart oder Handlungsweise, welche alles dem Ich dienstbar zu machen sucht, mithin auch keine Pflicht gegen andere anerkennt, oder höchstens nur insofern, als das Ich davon Nutzen hat, wenn es anderen gewisse Dienste leistet.» Dem fügt er aber hinzu: «Gewöhnlich nimmt man das Wort in diesem Sinn, wenn von E. schlechthin die Rede ist. Man versteht also darunter nichts anderes als Selbstsucht oder Eigennutz aus übertriebener Selbliebe.» Damit wird der schon bei Schleiermacher angetroffene Sprachgebrauch bestätigt; die «metaphysische» Bedeutung des Begriffs bleibt kaum mehr als eine Reminiszenz an Kant. Indes fügt Krug in der zweiten Auflage des Werkes (1832) eine dritte Bedeutung, den «sogen. physischen E.» hinzu und erklärt, dieser sei «nichts anderes als der natürliche Trieb zur Selbsterhaltung und unterliegt daher keinem Tadel wie der moralische».

Zu einem zentralen Begriff der Ethik, der zugleich ins Metaphysische hineinreicht, wird E. bei SCHOPENHAUER. Schon in seinem 1819 erschienenen Hauptwerk beschreibt er einerseits den E. als «Gesinnung»: Es «will jeder alles für sich, will alles besitzen, wenigstens beherrschen, und was sich ihm widersetzt, möchte er vernichten». Zugleich aber wird diese Gesinnung des E. als «jedem Dinge in der Natur wesentlich» bezeichnet und dadurch metaphysisch erklärt, daß das Individuum sich «als den ganzen Willen zum Leben oder das An-sich der Welt selbst» findet, während «alle übrigen Individuen nur in seiner Vorstellung existieren», woraus sich ergebe, daß das «Individuum ... sich zum Mittelpunkt der Welt macht, seine eigene Existenz und Wohlsein vor allem andern berücksichtigt» [7]. 1841 ergänzt Schopenhauer diese Bestimmungen begrifflich rechtfertigend und sachlich beschreibend: «Die Haupt- und Grundtriebfeder im Menschen, wie im Tiere, ist der *E.*, d. h. der Drang zum Dasein und Wohlsein. – Das deutsche Wort *Selbstsucht* führt einen falschen Nebenbegriff von Krankheit mit sich. Das Wort *Eigennutz* aber bezeichnet den E., sofern er unter Leitung der Vernunft steht, welche ihn befähigt, vermöge der Reflexion, seine Zwecke *planmäßig* zu verfolgen; daher man die Tiere wohl egoistisch, aber nicht eigennützig nennen kann. Ich will also für den allgemeinen Begriff das Wort *E.* beibehalten. Dieser *E.* ist, im Tiere, wie im Menschen, mit dem innersten Kern und Wesen desselben aufs genaueste verknüpft, ja, eigentlich identisch. Daher entspringen, in der Regel, alle seine Handlungen aus dem *E.*, wie denn auch auf demselben die Berechnung aller *Mittel*, dadurch man den Menschen nach irgend einem Ziele hinzulenken sucht, durchgängig gegründet ist. Der *E.* ist, seiner Natur nach, grenzenlos: der Mensch will unbedingt sein Dasein erhalten, will es von Schmerzen, zu denen auch aller Mangel und Entbehrung gehört, unbedingt frei, will die größtmögliche Summe von Wohlsein ... Er will wo möglich Alles genießen, Alles haben; da aber dies unmöglich ist, wenigstens Alles beherrschen: ‹Alles für mich und nichts für die Andern›, ist sein Wahlspruch.» Schopenhauer kennzeichnet dann weiter den E. als «die erste und hauptsächlichste, wiewohl nicht die einzige Macht, welche *die moralische Triebfeder* zu bekämpfen hat» [8]. Denn als «das Eigentümliche und Charakteristische» der Handlungen, «denen man ... moralischen Wert zugesteht», finden wir «die Ausschließung der eigennützigen Motive im weitesten Sinne des Wortes» [9].

Seit Schopenhauer ist der – nunmehr überall «praktisch» verstandene [10] – Begriff E. allgemein in die philosophische Fachsprache eingedrungen und hat auch über diese hinaus sich in den allgemeinen Sprachgebrauch hinein verbreitet. Ältere ethische Theorien, die einen Hedonismus oder einen Eudämonismus vertreten oder die Sittlichkeit auf das Bemühen um Selbsterhaltung zurückführen, erscheinen nun als Gestalten des E. So spricht F. E. BENEKE von «Theorien, die das moralische Urteil auf egoistische Empfindungen zurückführen wollen» [11]. Oft wird E. nun auch mit *Selbstsucht, Selbstliebe* oder *Eigennutz* gleichgesetzt (trotz Schopenhauers Unterscheidung hiervon), und es werden dann frühere Theorien der Ethik oder auch der Volkswirtschaftslehre, in denen diese Antriebe eine wesentliche Rolle spielen, oft als Theorien des E. gekennzeichnet [12].

Eine religionsphilosophische Deutung findet der so verstandene Begriff E. bei L. FEUERBACH: «Der E. ist wesentlich monotheistisch, denn er hat nur eines, nur sich zum Zweck» [13]. Ethisch weist Feuerbach dem E. die Bedeutung eines «Unterscheidungsmaßes zwischen Recht und Unrecht, zwischen Dürfen und Nichtdürfen» zu [14]. Feuerbachs religionsphilosophische Deutung übernimmt M. STIRNER: «Es ist klar, Gott bekümmert sich nur ums Seine ... Seine Sache ist eine – rein egoistische Sache.» Daraus zieht Stirner aber die Konsequenz, lieber selber Egoist zu sein: «Stelle ich denn meine Sache gleichfalls auf Mich ... Was gut, was böse! Ich bin ja selber meine Sache, und ich bin weder gut noch böse. Beides hat für Mich keinen Sinn» [15].

In der Theorie der Ethik spielt dann weiterhin der Begriff E., ohne daß er näher bestimmt wird, bei COMTE eine wesentliche Rolle. In der Unterordnung der egoistischen unter die «altruistischen» Funktionen besteht die Sittlichkeit [16]. Während mit dieser Formulierung der E. neben dem Altruismus nur zugelassen erscheint, geht SPENCER der (schon von Krug angeschnittenen) Frage eines berechtigten, ja notwendigen E. weiter nach. Reiner Altruismus ohne ein gewisses Maß von E. sei unmöglich, weil selbstzerstörend. Andererseits weist Spencer auch auf die aus dem Wohltun hervorgehenden eigenen Freuden hin und bezeichnet diese ‹altruistische Freude›, «weil sie einen Teil des Bewußtseins des sie Erfahrenden ausmachen», als gleichfalls, in einem «abgeänderten Sinn», egoistisch [17].

NIETZSCHE hat, obwohl er sich ausdrücklich gegen Spencer wendet, doch dessen Anschauungen teilweise übernommen und noch verschärft: Ein Wesen, das «einzig rein unegoistischer Handlungen fähig wäre», ist «nicht einmal vorzustellen» [18]. Selbst die «Weiber», die sich in Liebe aufopfern, opfern sich nicht dem Manne, sondern einem eigenen «zügellosen Bedürfnis». «Gibt es etwas Egoistischeres?» [19] Andererseits sieht Nietzsche den E. als im Gegensatz zu «Dulden, Tragen, Helfen» stehend [20]. So bejaht er ihn als «zum Wesen der vornehmen Seele» gehörig, die des «unverrückbaren Glaubens» ist, daß «einem Wesen wie wir sind andere sich zu opfern haben» [21], unterscheidet aber hiervon noch den «E. im gewöhnlichen Sinn» oder «Winkel-E.», den er scharf ablehnt [22].

Weitere Erörterungen des E. sind vorwiegend um genaue Beschreibung und Begriffsbestimmung bemüht. A. MEINONG bestimmt zunächst als «selbstisch» Begehrungen, die auf etwas als zum Begehrenden in der Relation des «Mein» stehend abzielen; was aber auch bei der (altruistischen) Liebe zu Familie, Volk, Vaterland usw. der Fall ist. Egoistisch ist dann «eine selbstische Begehrung, sofern sie nicht altruistisch ist». E. in engerem, «pointierten» Sinn liegt da vor, «wo einer mit seinen Interessen die des anderen durchkreuzt: dann ist E. geradezu der Name für die Rücksichtslosigkeit, mit der dies geschieht». Hierbei gibt es «ein Mehr oder Weniger» und also «Grade» des E. [23]. Ähnlich sieht E. DÜHRING den E. überhaupt: «Nicht die Bejahung des eigenen Interesses, sondern die unstatthafte Verneinung des fremden, ähnlich oder gleich berechtigten Anspruchs konstituiert den wirklich E.» [24]. TH. LIPPS bestimmt den E. als Abzielen auf «das Haben, Gewinnen, Festhalten eigener Güter» [25].

Ebenfalls beschreibend, aber zugleich in seelische Hintergründe vordringend, behandelt L. KLAGES den E., den er in einem sehr weiten Sinn faßt und mit «persönlicher Selbstbehauptung» gleichsetzt. Er unterscheidet vielerlei Einzelformen des E., die er zunächst nach Gegenstandsgattungen und Artunterschieden der egoistischen Betätigung gruppiert. Letztere gliedert er in vier Hauptgruppen: 1. Spontane E. oder Icherweiterungstriebfedern (wie Aneignungstrieb in verschiedenen Formen, Eigennutz, Herrschinteresse, Ehrgeiz, Gefallsucht), 2. passive E. oder Ichbewahrungstriebfedern (wie Vorsicht, Umsicht, Furchtsamkeit, Mißtrauen), 3. reaktive E. oder Ichwiederherstellungstriebfedern (wie Eigensinn, Empfindlichkeit, Vergeltungsbedürfnis, Neid), 4. isolierte E. oder Ichaufbauschungstriebfedern (wie Eigenbrötelei, Egozentrizität) [26]. Um Klärung des Verhältnisses von E. und Selbsterhaltungstrieb, mit dem er «genealogisch zusammenhängt», ist PH. LERSCH bemüht. Der E. ist «darauf gerichtet, Umwelt und Mitwelt für sich in Anspruch, in Besitz und Gebrauch zu nehmen und zu verbrauchen». Sein Motto ist «das Für-sich-haben-wollen», und zwar «in Konkurrenz und Rivalität mit anderen». Dies gibt es schon bei Tieren. «Zum E. im eigentlichen und spezifisch menschlichen Sinn wird aber das Für-sich-haben-wollen erst dort, wo die Tatsache der Individuation, der Abgehobenheit des eigenen Selbstes von seiner Mitwelt zur Wachheit des Erlebens gelangt ist.» Ferner will der E. nicht nur leben, sondern «gut leben und besser leben als die anderen». Doch gibt es auch, in annähernder Beschränkung auf das zur Selbsterhaltung Notwendige, einen «gesunden E.». Ein «überwertiger, luxurierender E.» ist die Selbstsucht. In ihr steigert sich das Für-sich-haben-wollen des E. zum «Nicht-genug-kriegen-können» [27].

Anmerkungen. [1] CHR. WOLFF, Vern. Ged. von Gott ... (1719) § 2; ähnlich § 944 sowie in der «Vorrede zur anderen Auflage» (1721). – [2] P. MENZER (Hg.): Vorlesung Kants über Ethik (1924) 171/72. – [3] KANT, Anthropol. § 2. – [4] ebda letzter Absatz. – [5] SCHLEIERMACHER: Tugendlehre (1804/05), Werke in Auswahl (1911) 2, 53; Brouillon zur Ethik (1805/06) a. a. O. 103. 177. 212. 234. – [6] W. T. KRUG: Allgem. Handwb. des philos. Wiss. 1 (¹1827) Art. ‹E.›. – [7] SCHOPENHAUER, Die Welt als Wille und Vorstellung (¹1819) 477; in den späteren Aufl. § 61. – [8] Preisschrift über die Grundlage der Moral (1841) § 14. – [9] a. a.O. § 15. – [10] Eine kurze Erwähnung findet der «theoretische E.» auch bei SCHOPENHAUER noch in dem von der 2. Aufl. ab als § 19 gefaßten Abschnitt seines Hauptwerkes. Dieser wird dahin bestimmt, daß man «alle Erscheinungen, außer seinem eigenen Individuum für Phantome hält». – [11] F. E. BENEKE: Grundlinien der Sittenlehre 1 (1837) 85; ähnlich 83. 251. 395. – [12] z. B. die Lehren von *Mandeville, Quesnay, A. Smith, Ricardo.* – [13] L. FEUERBACH: Das Wesen des Christentums (1841) 12. Kap. – [14] Theogonie, Werke 9 (1857) 171. – [15] M. STIRNER: Der Einzige und sein Eigentum (1844), A. Reclams Universal-Bibl. (1892) 13/14. – [16] A. COMTE: Système de politique positive (Paris 1851) 1, 683-696; 2, 17/18. – [17] H. SPENCER: Data of ethics (London 1879); dtsch. als ‹Die Tatsachen der Ethik› von B. VETTER (1879) Cap. 11-15. – [18] NIETZSCHE, Menschliches, Allzumenschliches Nr. 133. – [19] Als ‹Wille zur Macht›, hg. Nachlaß Nr. 777. – [20] a. a. O. Nr. 373. – [21] Jenseits von Gut und Böse Nr. 265. – [22] Wille zur Macht Nr. 873. 353. – [23] A. MEINONG: Werttheorie (1894) 102. – [24] E. DÜHRING: Wirklichkeitsphilos. (1895) 143. – [25] TH. LIPPS: Die ethischen Grundfragen (1899, ³1912) 11. – [26] L. KLAGES: Grundfragen der Charakterkunde (¹¹1951) Kap. 9: ‹Entwurf des Systems der Triebfedern› sowie II. Tafel. – [27] PH. LERSCH: Aufbau der Person (¹⁰1966) 149-157.
H. REINER

II. In seiner ursprünglichen, im 18. Jh. weithin geläufigen Verwendung ist ‹E.› ein Terminus der Erkenntnistheorie und Metaphysik, dessen Stelle heute der in umgekehrter Richtung von der moralisch-praktischen zur erkenntnistheoretisch-metaphysischen Bedeutung übertragene Ausdruck ‹Solipsismus› einnimmt.

Seit 1719 spricht CHR. WOLFF mehrfach von einer angeblich in Paris entstandenen «Sekte der Egoisten», die «von allen Dingen geleugnet, daß sie sind, doch das: Ich bin, zugegeben» [1]. Durch Wolff finden die Ausdrücke ‹Egoist› und ‹E.› weite Verbreitung in der philosophischen Literatur; sie sind jedoch keineswegs, wie seit dem 18. Jh. immer wieder behauptet wird [2], von Wolff geprägt worden. Schon 1716 spricht J. B. MENCKE von angeblich in Paris existierenden «egoistae» [3]. So wenig sich nachweisen läßt, daß der Standpunkt des ‹E.› jemals ernstlich vertreten worden sei, so unbegründet ist es, die im 18. Jh. kursierenden Gerüchte allein auf jesuitische Verleumdung der cartesianisch-malebranchianischen Philosophie zurückzuführen [4]. Ein Autor, der durch schriftliche und mündliche Äußerungen dem Aufkommen solcher Gerüchte zumindest Vorschub geleistet hat, ist der philosophierende Mediziner CLAUDE BRUNET, der die Problematik der Bewußtseinsimmanenz in Wendungen vorträgt, die, aus dem Zusammenhang gerissen, durchaus solipsistisch verstanden werden können [5].

Obwohl nur selten in vollem Ernst erörtert, ist das ‹E.›-Thema doch symptomatisch für die geistige Atmosphäre des 18. Jh. und kann als charakteristische Folgeerscheinung des cartesianischen Denkens gelten. DESCARTES' Konzentration auf die Selbstgewißheit, seine methodische Fiktion des solipsistischen Anfangs, seine Frage nach der Existenz der Außenwelt legen den Grund einer Bewußtseinsstellung, die den Gedanken des Solipsismus zwar nicht ganz ernst zu nehmen, jedoch auch nicht einfach abzuschieben vermag. – Für die meisten Autoren bleibt der ‹E.› an die Vorstellung eines substanzhaften Ich gebunden; nur gelegentlich, zumal unter dem Einfluß HUMES, wird mit dem Gedanken der bloßen Existenz je aktueller Erlebnismomente gespielt [6].

Die moralisch-praktische Bedeutung von ‹E.› beginnt schon im 18. Jh. hervorzutreten und bleibt in der zweiten Hälfte des 19. Jh. allein übrig. Soll im 19. Jh. ‹E.› in einem Sinne verstanden werden, der sich auf die Realität bzw. Erkennbarkeit der Außenwelt bezieht, so werden in der Regel Epitheta wie «theoretisch» oder «metaphysisch» hinzugefügt [7].

‹*Solipsismus*›, wohl eine Weiterbildung von ‹solipsi› [8], wird von KANT und einigen seiner Nachfolger im Sinne von Selbstsucht gebraucht und taucht in seiner heute geläufigen Verwendung erstmals in F. E. MÜLLERS Schrift ‹De solipsismo› (1841) auf. Üblich wird diese Verwendung aber erst in der zweiten Hälfte des 19. Jh., zumal durch den Einfluß der Schriften ED. V. HARTMANNS [9].

Anmerkungen. [1] Vern. Ged. von Gott, ... (1720; Vorrede dat. 1719) § 2. – [2] Schon CHR. M. PFAFF: Oratio de egoismo (1722) 4. – [3] Charlataneria eruditorum (³1716) 152 Anm. – [4] Wie H. VAIHINGER: Zu Kants Widerlegung des Idealismus. Straßburger Abh. Philos. (1884) 93f. – [5] Journal de médicine ou Observations des plus fameux médecins (Paris août-oct. 1686) 209ff.; Pièces fugitives d'hist. et de lit. anc. et mod. 2 (Paris 1704) 356ff. – [6] z. B. TH. REID: Ess. on the intellectual powers of man (1785) 6, 7. – [7] Vgl. HALBFASS (Lit. 1968) Abh. I. – [8] Vgl. G. C. SCOTTI: Monarchia solipsorum (Venedig 1645) – [9] Vgl. HALBFASS, a. a. O. [7]; s. auch KANT, KpV A 129.

Literaturhinweise. L. ROBINSON: Un solipsiste au 18e siècle. Ann. philos. 24 (1913) 15-30. – W. HALBFASS: Descartes' Frage nach der Existenz der Welt (1968).
W. HALBFASS

Egologie ist ein in der zweiten Hälfte des 18. Jh. im Französischen entstandener Neologismus. ‹E.› und seine Ableitung ‹égologique› sind nur äußerst selten nachzuweisen [1] und bezeichnen wie ‹égotisme› die tadelnswerte Unart, das eigene Ich im Gespräch übermäßig in den Vordergrund zu stellen.

In der Phänomenologie E. HUSSERLS geht die E., die wissenschaftliche Selbstauslegung meines individuellen Bewußtseins als weltkonstituierender Subjektivität (Ego), als erste Disziplin der statischen Phänomenologie der Theorie der intersubjektiven Konstitution voraus [2]. Thema der E. ist das transzendentale Ich mit und in seiner eigenheitlichen oder primordialen Sphäre, die durch eine Abstraktion von all den Gegenständen und Gegenstandsbestimmungen in meiner Erfahrungswelt gewonnen wird, die auf konstitutive Leistungen anderer Ich verweisen. In einem weiteren Sinne heißt die gesamte Phänomenologie ‹E.› [3], sofern alle Intentionalanalyse nur noetisch-noematische Bestände meines Ego zum Gegenstand haben kann und auch die mittelbare Erfahrung von ichfremden Transzendenzen ihr Motivationsfundament jederzeit in solchen Beständen meiner primordialen Welt hat.

Anmerkungen. [1] FERAUD: Dict. critique de la langue française (1787) s. v.; BESCHERELLE: Dict. national (1845) s. v. – [2] E. HUSSERL: Cartesianische Meditationen und Pariser Vorträge. Husserliana 1 (Den Haag ²1963) 124-136; vgl. Erste Philos. (1923/24) 2. Teil. Husserliana 8 (Den Haag 1959) 176. – [3] Formale und transzendentale Logik (1929) 241ff.; Cartesianische Meditationen ... a. a. O. 102. 118. 135. 175.

H.-J. FUCHS/K. HELD

Egotismus, Egoismus, Egomismus. Am Anfang des 18. Jh. entstehen unter Verwendung des dem mystischen Sprachgebrauch entnommen und um 1700 im französischen Quietismus wiederentdeckten Präfixes ‹ego-› und meist unter gleichzeitigem Gebrauch der ebenfalls im 18. Jh. eine große Verbreitung findenden Suffixe ‹-ismus/-ista› in der englischen, deutschen und französischen Philosophie eine Anzahl von Neologismen [1], die sich jedoch häufig im allgemeinen Sprachgebrauch nicht durchsetzen können. Beide Prozesse sind charakteristisch für das in der Aufklärung sich vollziehende Ringen um eine neue philosophische Terminologie.

Als erstes dieser Komposita erscheint 1714 das englische ‹egotism› in ADDISONS ‹Spectator› mit der Bedeutung «Laster, häufig von sich zu sprechen und das Pronomen ‹ich› zu gebrauchen» [2]. Gleichzeitig findet sich an derselben Stelle das zu dem Abstraktum gehörende und eine Person bezeichnende ‹egotist›. Addisons stets wieder aufgegriffener Hinweis, daß das Wort dem Vokabular der *Jansenisten* entstamme, muß nach dem heutigen Stand der Forschung zumindest als nicht mehr nachweisbar und wahrscheinlich als falsch angesehen werden [3].

Wenig später taucht als nächstes Kompositum 1719 ‹Egoist› bei CHR. WOLFF auf [4]. Er bezeichnet damit die im Gegensatz zu den *Pluralisten* stehenden Vertreter eines metaphysischen Monismus (Malebranche, Berkeley), der heute meist mit dem von KANT in Anlehnung an ‹solipsus› (selbstsüchtig) [5] geprägten Begriff ‹Solipsismus› bezeichnet wird. In der gleichen Bedeutung läßt sich – allerdings noch latinisiert – 1722 das dazugehörige Abstraktum ‹Egoismus› belegen [6]. Auf Grund der Bedeutsamkeit, die ‹Egoismus› bei WOLFF [7] und der von ihm beeinflußten Philosophie [8] zukommt, und den wesentlich späteren Erstbelegen im Französischen [9] und Englischen [10] dürfen ‹Egoist› und ‹Egoismus› heute als dem Deutschen entstammende Bildungen angesehen werden.

Von der Lehnübersetzung ‹égotisme› [11] abgesehen, ist aus der oben umschriebenen Gruppe von Neologismen der erste im Französischen nachweisbare Begriff ‹égomisme› (1727) [12], das wenig später (1730) ins Englische übernommen wird [13]. Die Bedeutung entspricht bei beiden Wörtern der von ‹Egoismus› bei Chr. Wolff: «Une espèce de Pyrrhonisme nommé l'Egomisme, ou chacun se croit le seul être existant» [14].

Die Bildung des Abstraktums geht auf die – allerdings erst später belegte – Bezeichnung der Anhänger dieser philosophischen Sekte zurück, die ‹égomets› (aus lat. egomet «ich selbst») genannt wurden [15]. So erklärt sich auch die Entstehung der seltenen Nebenform ‹égométisme› [16]. ‹Egomisme›, ‹égomism› und ‹égomet› finden sich nach dem 18. Jh. in keinem lebendigen Gebrauch mehr.

Als dritte Grundbedeutung taucht in diesem Begriffskomplex gleichzeitig mit dem französischen Erstbeleg von ‹égoïste› (1735) [17] und ‹égoïsme› (1743) die von KANT später als «moralischer Egoismus» [18] und «(moralischer) Solipsismus» [19] benannte auf: «Mais il y a aussi un EGOISME de Morale plus à craindre & aussi étendu que l'autre l'est peu. Il a pour Sectateurs tous les hommes des quatre parties du Monde, & c'est de cet EGOISME que dépend la Justice & les Vertus» [20]. Sie läßt sich mit «Selbstsucht, Eigennutz» wiedergeben und ist der Wortinhalt, der sich umgangssprachlich als einziger in allen modernen Sprachen durchgesetzt hat. Dieser Prozeß vollzieht sich am frühesten im Französischen, und zwar in den zwei Jahrzehnten vor der Revolution; in den Revolutionspolemiken spielt ‹égoïsme› bereits eine große Rolle.

Im Französischen erscheinen als weitere Bezeichnungen für den «moralischen Egoismus» ebenfalls um die Mitte des 18. Jh. ‹personnalité› und ‹personnalisme›. Damit wird in der abendländischen Geistesgeschichte nach den bereits verwendeten ‹selbst› (αὐτός, sui ipsius), ‹eigen› (privatus, proprius, particularis), ‹ich› (ego) und ‹allein› (solus, singularis) erstmals ‹personalis› als fünftes wortbildendes Element zur Generierung von Begriffen herangezogen, die der Bezeichnung des «moralischen Egoismus» im weitesten Sinne dienen. Nie weiter entwickelte Ansätze zu dieser Verwendung finden sich allerdings schon in der deutschen Mystik des 14. Jh. [21]. Auf ‹personalis› wird im 19. Jh. ‹individuum› (franz. individualisme) folgen.

Im Englischen bleibt diese Bedeutung nicht nur an ‹egoism›, sondern auch an ‹egotism› geknüpft. Aufgegliedert wird der «(moralische) Solipsismus» von KANT in die beiden Hauptbereiche der *philautia* (Eigenliebe) und *arrogantia* (Eigendünkel) [22].

Die erste der erwähnten Grundbedeutungen («zu viel von sich und in der 1. Person reden») entwickelt noch die französischen Begriffe ‹égologie›, ‹égoïser› und ‹égoïseur› [23]. Bedeutung und Begriffe verschwinden in den ersten Jahrzehnten des 19. Jh.

1817 greift STENDHAL das seit 1726 nicht mehr belegte ‹égotisme› wieder auf und prägt dafür einen neuen Begriffsinhalt [24]: es verliert weitgehend seine negative moralische Wertung und wird einmal zur minutiösen Selbstanalyse des Individuums als einer physischen, psychischen und moralischen Existenz [25], zum andern zur epikureischen Perfektionierung des Ichs und des eigenen Lebens, zum passionierten Ichkult, der sich vom Egoismus dadurch unterscheidet, daß er die Umwelt und ihre Interessen nicht zu Mitteln seines Eudämonismus macht, sondern ganz im Bereich des Selbst verbleibt. Beide Prozesse setzen eine hohe Rationalisierung in Form von Selbstreflexion voraus.

Die zweite Bedeutung erweist sich als die lebenskräftigere [26]. Sie vermischt sich um 1900 mit der des 1829 von LAMENNAIS geprägten Begriffs ‹individualisme›. ‹Individualisme› löst zunächst als negative Opposition zu ‹socialisme› bei den Frühsozialisten das Begriffspaar ‹égoïsme/philanthropie› (SAINT-SIMON) ab und markiert damit einen weiteren Schritt von einer am Individuum zu einer an der Gesellschaft orientierten Ethik [27].

Gegen Ende des 19. Jh. bedeutet es oft ohne negativen Akzent eine nur den eigenen Absichten nachgehende Geisteshaltung. ‹Egotisme› erscheint somit als graduelle und ästhetische Steigerung des Individualismus.

Das deutsche ‹Egotismus› ist in dieser Bedeutung in seinem Kontext meist durch den Bezug auf die französische Literatur und Philosophie beschränkt [28]. Sonst wird es synonym zu ‹Autismus› gebraucht [29]. Eine Differenzierung von ‹Egoist› und ‹Egotist› findet sich in einer Stendhal gerade entgegengesetzten Bewertung bei GOETHE [30]. Sie erklärt sich durch den Aufwertungsversuch von ‹Egoismus› (als ‹natürlicher Selbsterhaltungs- und Glückstrieb›), der sich im Französischen bereits vor der Revolution nachweisen läßt und in Deutschland vor allem von Goethe und Schleiermacher gemacht wird. Er ist jedoch in der Umgangssprache mißlungen und hat seinen Niederschlag lediglich im psychologischen Egoismus-Begriff gefunden.

Anfang des 20. Jh. erfolgt eine zweite Welle oft national beschränkter Begriffsbildungen mit dem Präfix ‹ego-›: franz. ‹égocentrisme› (Egozentrik); ital./span. ‹egolatrìa› (Idiolatrie; B. CROCE); ital. ‹egosolismo› (Solipsismus; L. KLIMA); ital. ‹egoteismo› (Egotismus); engl. ‹egotropism› (übermäßige Erweiterung des Ich; auch frz. und dtsch.); engl. ‹egoscopie› (Selbstanalyse); engl. ‹egodefensiveness› (Ichabwehr); engl. ‹ego-altruism› (Synthese von individuellem und gesellschaftlichem Glücksstreben; ST. MILL, SPENCER); ital. ‹egocòsmico› (Ich als Zentrum des Universums).

Anmerkungen. [1] Vgl. Art. ‹Ichheit, Egoität›. – [2] Spectator Nr. 562 (2 july 1714), hg. BOND (Oxford 1965) 4, 519f. – [3] J.-R. ARMOGATHE: Une secte-fantôme au 18e siècle: les égoïstes (Thèse, Paris 1970, Masch.) 2. – [4] CHR. WOLFF: Vernünftige Gedanken von Gott ... (1719) 2. 573. – [5] G. CL. SCOTTI: Lucii Cornelii Europaei Monarchia Solipsorum (Venedig 1645). – [6] CHR. M. PFAFF: Oratio de egoismo, nova haeresis philosophica (Tübingen 1722). – [7] CHR. WOLFF: Psychol. rationalis (1734) § 38. – [8] J. FR. REIMANN, Historia universalis atheismi et atheorum (Hildesheim 1725); I. CARPOV, Idealismus ex concessis explosus (Weimar 1740) §§ 37. 42; CHR. ESCHENBACH: Collectio (Rostock 1756); J. G. HESSE, De egoismo morali (Phil. Diss., Halle 1757). – [9] TH. DE SAINT-HYACINTHE: Recherches philos. (1743) 94ff. – [10] REID: Essays on the intellectual powers of man (1785) II, 8, S. 130. – [11] ADDISON: Le Spectateur 6 (Amsterdam 1726) 10. – [12] M. A. RAMSAY, Les voyages de Cyrus avec un Discours sur la mythol. (1727) 60. – [13] A. BAXTER: Eng. Nat. Soul II (1730) 21. – [14] RAMSAY, a. a. O. [12]. – [15] Erstbeleg: Dict. de Trévoux (⁶1752) 3, 576. – [16] Abbé JOANNET: Les bêtes mieux connues 1 (1770) 132. – [17] J.-P. DE CAUSSADE, Lettres spirituelles, hg. OLPHE-GALLIARD 2, 87. – [18] KANT, Anthropol. II, § 2. Akad.-A. 7, 128ff. – [19] Akad.-A. 5, 73. – [20] SAINT-HYACINTHE, a. a. O. [9] 95. – [21] Dtsch. Mystiker, hg. PFEIFFER 2 (²1924) 517. – [22] KANT, a. a. O. [19]. – [23] Abbé A. SABATIER DE CASTRES: Trois siècles de notre litt. (Amsterdam 1772); Dict. de Trévoux (⁶1752) 3, 576; L. S. MERCIER: Néologie 1 (1801) 207. – [24] STENDHAL, Rome, Naples et Florence (2 janvier 1817). – [25] Souvenirs d'égotisme (1832) 81. – [26] M. BARRÈS, Le culte du moi (1888-1891); bes. Un homme libre (1889) 22. – [27] A. DE TOCQUEVILLE, Oeuvres compl. (1950) 1/2, 105; J. DUBOIS: Le vocabulaire politique et social en France de 1869 à 1872 (Paris 1962) 192. – [28] J. HOFFMEISTER: Wb. der philos. Begriffe (²1955) 182; V. KLEMPERER: Ges. Aufsätze (1956) 199. – LThK² 3, 674. – [30] GOETHE, W. Meisters Wanderj. I, 6. Weimarer A. 24, 100.

Literaturhinweise. L. ROBINSON: Un solipsiste au 18e siècle. Année Philos. 24 (1913) 25-30. – H. MARTINEAU: Einl. zu STENDHAL, Souvenirs d'égotisme (1950). – F. SCHALK: ‹Individualisme›. Roman. Forsch. 65 (1954) 415-421. – P. MOREAU: Autour du culte du moi. Essai sur les origines de l'égotisme français, Arch. Lettres mod. 7 (1957). – CL. PICHOIS: Sur le mot ‹égotisme›. Divan 49 (1957) 127-129. – Lalande¹⁰, 272. – J.-R. ARMOGATHE s. Anm. [3].

H.-J. FUCHS

Egozentrismus heißt im allgemeinen Sprachgebrauch die Einstellung eines in seiner eigenen Welt befangenen Menschen, der seine Umwelt nur von seinem Stand-punkt aus erfährt und beurteilt. ‹E.› wird in der Alltagssprache und in der psychologischen Literatur wohl unterschieden von ‹Egoismus› (Selbstsucht), einem Begriff, der im Gegensatz zu ‹E.› keinen psychologischen Sachverhalt kennzeichnet, sondern ein moralisches Werturteil enthält. ‹Egoismus› bezeichnet die Einstellung eines Menschen, der nur die Befriedigung seiner eigenen Bedürfnisse im Auge hat, im Konfliktfalle zum Nachteil anderer. Bedeutungsverwandt mit ‹E.› ist hingegen der vorwiegend im Amerikanischen gebräuchliche, verhaltensdeskriptive Ausdruck ‹egotism›: Ein egotistischer Mensch fällt durch seine Selbstüberheblichkeit im sozialen Kontakt auf, insbesondere durch sein häufiges Reden über seine eigene Person und ihre Belange.

Der Begriff ‹E.› besitzt vor allem in der Psychologie und der Psychopathologie eine Tradition; er begegnet aber auch als wertphilosophische Kategorie.

1. In der psychologischen *Wahrnehmungslehre* taucht der Terminus ‹egozentrische Lokalisation› schon in frühen experimentellen Studien über optische Täuschungen auf. G. E. MÜLLER führte ihn ein, um damit ein Täuschungsphänomen zu charakterisieren: Unter bestimmten Bedingungen hält ein Individuum bei seitlicher Neigung des Kopfes eine objektiv leicht schräge Linie für genau senkrecht. Diese subjektive Senkrechte ist gegenüber der objektiven in Gegenrichtung zur Drehung des Kopfes geneigt (AUBERTsches Phänomen) [1]. E. HERING bezeichnete das gleiche Phänomen als «absolute Lokalisation im weiteren Sinne» [2]. – Neueren Ursprungs ist der Ausdruck ‹egocentre› . Er wurde von C. O. ROELOFS für jenen phänomenalen Mittelpunkt des eigenen Körperschemas eingeführt, der zum Ausgangspunkt aller Lokalisationen von Gegenständen in der Umgebung dient, sobald der Bezugsrahmen der Umwelt fehlt. Bei Untersuchungen erfuhr er, daß dieser Mittelpunkt bei intaktem visuellem System von der Mehrzahl der befragten Personen im Schnittpunkt der Sagittal- und Vertikalachse des Körpers angegeben wird. Dieser Punkt wird gleichzeitig als Sitz des Selbst im eigenen Körper erlebt [3].

2. Seit der Veröffentlichung J. PIAGETS (1923) über Sprache und Denken des Kindes [4] nimmt in der *entwicklungspsychologischen* Forschung die Analyse des frühkindlichen E. einen breiten Raum ein [5]. Piaget findet seine Hypothese vom egozentrischen Weltbild des Kindes im Alter von ungefähr drei bis sechs Jahren in allen seinen epistomologischen Untersuchungen an Kindern bestätigt. Über den Befund eines generellen E. als Merkmal kognitiver Prozesse in einem bestimmten Entwicklungsstadium hinaus werden auch Sozialverhalten und Gewissensbildung in dieser Altersstufe durch den E. geprägt. Piaget definiert E. als eine «Täuschung (illusion) in der Perspektive» im wörtlichen und übertragenen Sinne: Alle Wahrnehmung und Verarbeitung sowie jegliche Bewertung des Wirklichen wird vom eigenen Standpunkt oder Bezugssystem aus vorgenommen; der eigene Standpunkt wird mit dem Standpunkt anderer kontaminiert. Das Selbst wird nicht von der Umwelt abgehoben, sondern bildet im Weltbild des Kindes mit ihr eine Einheit. Dem egozentrischen geht ein autistisches Stadium voraus, in dem die Umwelt weitgehend unverarbeitet bleibt; dem Übergangsstadium des E. folgt ein Stadium des Realismus; speziell im Sozialverhalten folgt ein Stadium der «Vergesellschaftung», d. h. der Einbeziehung der sozialen Umgebung in Erkenntnisvorgänge und Verhalten [6].

3. In der *Charakterologie* und *Tiefenpsychologie* wird

E. als differentiell-psychologisches oder psychopathologisches Merkmal definiert. Nach A. ADLER stellt E. ein neurotisches Symptom dar, da er Ausdruck eines Mangels an Gemeinschaftsgefühl ist [7]. Ebenso eng als sozialpsychologisches Phänomen sieht A. WELLEK den E.: Soziale Erschlossenheit oder Zugewandtheit und E. sind in Polarität zueinander zu denken [8]. F. KÜNKEL bezeichnet mit ‹E.› die generelle Haltung des «ich-haften Menschen», der gekennzeichnet ist durch seine Reizbarkeit und ein bis zur Selbstvergottung gesteigertes Ich-Gefühl [9]. Auch in neueren Analysen der Persönlichkeit und ihrer Störungen wird dem Symptomenkomplex des E. große Bedeutung beigemessen [10]. In der charakterologischen Literatur, die von einem Schichtenaufbau der Persönlichkeit ausgeht, wird E. als Folge des überwiegenden Einflusses einer Ich-Instanz angesehen [11].

4. Der Begriff ‹E.› erfährt in der *Wertphilosophie* durch M. SCHELER eine eigene Bedeutung. Für Scheler ist der «timetische E.» Wurzel für den Solipsismus, Egoismus und Autoerotismus. Timetischer E. ist E. schlechthin, weil er die allgemeine Neigung «zur Gleichsetzung der Eigenwerte mit der Wertumwelt, der Wertumwelt eines jeden aber mit der Wertewelt» darstellt [12]. W. STERNS Wertphilosophie geht davon aus, daß die Selbstzentrierung als Urfaktum angenommen werden muß. Im Gegensatz zu Scheler macht er jedoch geltend, daß E. nicht notwendigerweise zum Egoismus führt [13].

Anmerkungen. [1] G. E. MÜLLER: Über das Aubertsche Phänomen. Z. Psychol. Physiol. der Sinnesorg. II/49 (1916) 109-246. – [2] A. BETHE, G. v. BERGMANN, G. EMBDEN und A. ELLINGER (Hg.): Hb. der normalen und pathol. Physiol. 12/2 (1931). – [3] C. O. ROELOFS: Considerations on the visual egocentre. Acta psychol. 16 (1959) 226-234; I. P. HOWARD und W. B. TEMPLETON: Human spatial orientation (London 1966). – [4] J. PIAGET: Le langage et la pensée chez l'enfant (Neuchâtel/Paris 1923). – [5] Vgl. Ch. BÜHLER: Kindheit und Jugend (⁴1967); H. WERNER: Einf. in die Entwicklungspsychol. (⁴1959); L. S. WYGOTSKI: Denken und Sprechen (1964); W. HANSEN: Die Entwicklung des kindl. Weltbildes (⁴1955); H. AEBLI, L. MONTADA und U. SCHNEIDER: Über den E. des Kindes (1968). – [6] J. PIAGET: La représentation du monde chez l'enfant (Paris 1926); Le jugement et le raisonnement chez l'enfant (Neuchâtel/Paris 1924); Le jugement moral chez l'enfant (Paris 1932); J. PIAGET und B. INHELDER: La représentation de l'espace chez l'enfant (Paris 1948). – [7] A. ADLER: Vorbeugung der Neurose. Int. Z. Indiv. Psychol. 13 (1935) 133-141. – [8] A. WELLEK: Die Polarität im Aufbau des Charakters (1950). – [9] F. KÜNKEL: Einf. in die Charakterkunde (1928). – [10] A. ANGYAL: Foundations for a sci. of personality (Cambridge, Mass. 1967); H. S. SULLIVAN: The interpersonal theory of psychiatry (New York 1953). – [11] P. H. LERSCH: Aufbau der Person (⁹1964). – [12] M. SCHELER: Wesen und Formen der Sympathie (³1926). – [13] W. STERN: Person und Sache 2: Die menschl. Persönlichkeit (³1923).

O. BRACHFELD

Ehre. Der Begriff steht in einem zweifachen Geschichtszusammenhang: Unmittelbar sprachlich geht er auf wurzelgleiche Begriffe des Mittelhochdeutschen (êre), Althochdeutschen und Altsächsischen (êra) sowie des Altnordischen (eir) zurück; er ist aber geistesgeschichtlich mitbestimmt durch die lateinischen Begriffe ‹honor› und ‹(bona) fama› und die griechischen τιμή und εὐδοξία (δόξα). Die Grundbedeutung beider Traditionslinien des Begriffs war annähernd die gleiche: im Zusammenleben gegenüber einem andern durch Wort und Tat bekundetes *Ansehen* oder *Achtung*. Die ältesten Zeugnisse für den Begriff bieten auf der einen Seite die Islandsaga, wo er freilich noch durch andere Worte repräsentiert wird [1]; auf der anderen Seite Homers ‹Ilias›. In beiden zeigt sich die E. als von zentraler Lebensbedeutung; die Sippenfehden, von denen die Islandsaga erfüllt ist, entspringen aus verletzter E., und auch der Inhalt der ‹Ilias›, der «Zorn des Achilleus», ist ein Drama gekränkter E. Allerdings bestehen dabei auch Unterschiede. Bei den Germanen hängt die E. an der Erfüllung gewisser sittlicher Mindestforderungen (beim Mann vor allem der Tapferkeit), die bei jedem zunächst vorausgesetzt wird, solange er dagegen nicht verstößt, und ohne die der freie Mann gar nicht leben kann, weshalb er bei ihrem Verlust an die Wiedergewinnung sein Leben setzen muß. Bei den Griechen ist die τιμή mehr etwas Erworbenes, ein Ansehen, das der Einzelne durch seine Vortrefflichkeit (ἀρετή) gewinnt und das ihm eine besondere Stellung in der Gemeinschaft verschafft; daß einer ohne sie nicht leben kann oder will (wie Aiax in der ‹Ilias›), ist hier ein Einzelfall besonderer, heldischer Menschen. Gleichwohl hat die übereinstimmende Grundbedeutung des Begriffs ‹E.› die Aufnahme der griechisch-römischen Tradition in die des deutschen Begriffs leicht gemacht.

Die ersten theoretischen Bestimmungen der beiden griechischen Grundbegriffe für E., τιμή und εὐδοξία hat ARISTOTELES gegeben, und zwar in unmittelbarem Zusammenhang. Die E. als εὐδοξία (guter Ruf) ist «das von allen als trefflicher Mann angesehen werden» (τὸ ὑπὸ πάντων σπουδαῖον ὑπολαμβάνεσθαι) [2]. Die E. als τιμή ist ein (einem erwiesenes) Zeichen der Anerkennung seines Rufs als eines um das Wohlergehen anderer verdienten Mannes (σημεῖον εὐεργετικῆς δόξης) [3]. Die τιμή näher deutend, erklärt Aristoteles, daß sie (in der von ihm vorausgesetzten Lebensanschauung des Aufgehens im Leben der Stadtgemeinschaft, der Polis) anscheinend das «höchste Gut» ausmache; aber sie scheine doch dafür zu oberflächlich zu sein. «Denn die E. liegt wohl eher in dem Ehrenden als in dem Geehrten, von einem Gut aber nehmen wir an, daß es dem Menschen eigen ist und nicht leicht verloren gehen kann. Ferner scheint man die E. zu suchen, um sich selbst zu überzeugen, daß man gut sei; man wünscht ja geehrt zu werden durch die Verständigen und durch jene, die einen kennen, und zwar wegen seiner Vortrefflichkeit (ἀρετή). So ist eigentlich dabei die Vortrefflichkeit das höhere Ziel» [4]. Diese Sätze des Aristoteles haben für lange maßgebende Bedeutung erlangt.

Die *Stoiker* erklärten den guten Ruf (εὐδοξία, bona fama) als zu den für das Daseinsglück gleichgültigen Dingen (ἀδιάφορα) gehörig; innerhalb derselben jedoch zu den «Vorgezogenen» (προηγμένα, praeposita) [5].

Die Bedeutung des lateinischen *honor* entspricht nicht ganz der von τιμή. Zwar liegt auch dem honor die Trefflichkeit des verdienten Mannes (virtus und merita) zugrunde. Aber während für τιμή Anerkennung und Achtung in Worten und allgemeinem Verhalten der Mitbürger genügen, gehört zum honor die offizielle Ehrung seitens einer öffentlichen Instanz (durch einen Triumphzug, Übertragung eines Amtes usw.) [6].

Weniger diesem römischen Begriff als dem Aristoteles folgend definiert THOMAS VON AQUIN: «honor est exhibitio reverentiae in testimonium virtutis» [7]. Den honor (durch äußere Zeichen bekundete *unbedingte* Anerkennung) gegenüber laus (nur durch Worte bekundete *bedingte* Anerkennung, z. B. für gute Ausführung einer Arbeit) und gloria (durch E. und Lob bewirkte *allgemeine* Anerkennung) abgrenzend, erklärt Thomas: «Laus distinguitur ab honore dupliciter. Uno modo, quia laus consistit in solis signis verborum, honor autem in quibuscumque exterioribus signis, et secundum hoc laus in honore includitur. Alio modo, quia per exhibitionem honoris testimonium reddimus de excellentia bonitatis alicuius absolute, sed per laudem testificamur de bonitate alicuius in ordine ad finem, sicut laudamus bene operantem propter finem. Honor autem est etiam optimorum, quae non ordinantur ad finem ... Gloria autem est effectus honoris et laudis, quia ex hoc, quod testificamur de bonitate alicuius, clarescit bonitas eius in notitia plurimorum» [8].

Zu Beginn der Neuzeit tritt uns bei HOBBES eine Auffassung der E. entgegen, die sich in ihrer ausgesprochen amoralischen Sehweise sowohl von der antiken als auch von der germanischen Tradition unterscheidet: «The manifestation of the Value we set on one another, is that which is commonly called Honouring, and Dishonouring. To Value a man at a high rate, is to *Honour* him; at a low rate, is to *Dishonour* him.» «Nor does it alter the case of Honour, whether an action (so it be great and difficult, and consequently a signe of much power) be just or injust: for Honour consisteth onely in the opinions of power» [9]. Hobbes erläutert und belegt diese seine Ansicht durch zahlreiche Beispiele entsprechender Handlungweisen.

In teilweisem Anschluß an die aristotelische Tradition, aber zugleich in Auseinandersetzung mit dem über das Rittertum in Adels- und Hofkreisen in abgewandelter Form weitertradierten germanischen Ehrbegriff hat in Deutschland CHR. THOMASIUS die E. behandelt. Er erklärt zwar «honores esse bonorum numero», aber «summum bonum» zu sein, spricht er dem honor ab, weil er «res fragilis aliena, fortunae obnoxia» sei «ac propter virtutis opinionem saepe etiam appetitur». «Poetica haec exaggeratio est bonae famae», erklärt er weiter, «a qua summum bonum aestimare non licet. Falluntur itaque Germani ab his reducti ita dicentes: Ehre verlohren, alles verlohren. Bonum enim alienum praeferunt proprio ... Quam periculosum quoque sit dissentientium opinio, exinde liquet, quod plurimi hominum hac imbuti *bonam famam* cum jactura *bonae conscientiae* redemerint ...» [10]. Harmlos und bedeutungslos erscheint dagegen die E. in den ersten deutschsprachigen Bestimmungen bei CHR. WOLFF: «Das Urtheil anderer von unserer Vollkommenheit oder dem Guten, was wir an uns haben, ist es, was wir eigentlich E. nennen» [11]. «Da der Mensch verbunden ist sich und seinen Zustand so vollkommen zu machen, als nur immer möglich ist; so ist er auch verbunden darauf zu sehen, daß niemand etwas Böses mit Grund der Wahrheit von ihm dencken oder sagen kan, das ist, sich der E. würdig machen. Weil sie doch aber nicht in seiner Gewalt stehet; so muß er zufrieden sein, wenn ihm die E., welche ihm gebühret, nicht gegeben wird» [12].

Sehr anders dagegen klingen die kurz zuvor erschienenen Erklärungen B. DE MANDEVILLES in den Anmerkungen zu seiner ‹Bienenfabel›: «By Honour, in its proper and genuine Signification, we mean nothing else but the good Opinion of others, which is counted more or less Substantial, the more or less Noise or Bustle there is made about the demonstration of it» [13]. Daneben beschreibt Mandeville noch einen Begriff von «Honour in its Figurative Sense», die er als «certain Principle of Virtue not related to Religion» kennzeichnet, «found in some Men that keeps 'em close to their Duty and Engagements whatever they be». Besonders verpflichte dies Prinzip, keine Beleidigung zu dulden, sondern für eine solche Genugtuung zu heischen und sich dazu zum Zweikampf zu stellen, falls auch der Beleidiger ein dieses Prinzip anerkennender «Man of Honour» ist. Dies Prinzip sei lediglich «in People of the better sort» anzutreffen und gelte «in greath Families» als erblich. Mandeville bezeichnet diesen Ehrbegriff als «an Invention of Moralists and Politicians» und erklärt ihn als «a Chimera without Truth or Being» [14].

Wesentlich positiver stellt sich dagegen zum Ehrbegriff F. HUTCHESON. Zwar nicht unähnlich der ersten Definition Mandevilles erklärt er: «Honour ... is the Opinion of others concerning our morally good Actions.» Aber solche Ehre ist für ihn keine bloße Äußerlichkeit, und er kennt auch keine zweite nur bildliche, aber «chimärische» nur «von Moralisten und Politikern erfundene» E. daneben, sondern das Verlangen nach ihr beruht auf dem den Menschen durch Naturanlage gegebenen moralischen Sinn (moral sense) und gibt deshalb einen berechtigten Grund, danach zu handeln [15].

KANT hat von der E. nur beiläufig gehandelt, so wenn er «von der Neigung nach E.» schreibt, «die, wenn sie glücklicherweise auf das trifft, was in der Tat gemeinnützig und pflichtmäßig, mithin ehrenwert ist» und daher «Lob und Aufmunterung, aber nicht Hochschätzung verdient» [16]. Aber auch: «daß der Mensch etwas haben und sich zum Zweck machen könne, was er noch höher schätzt als sein Leben (die E.), wobei er allem Eigennutz entsagt, beweist doch eine gewisse Erhabenheit seiner Anlage» [17].

FICHTE gibt von der E. folgende nicht ungewöhnliche Definition: «E. und guter Ruf im moralischen Sinn ist die Meinung anderer von uns, daß es wohl möglich sei, daß wir bei unseren Handlungen überhaupt, und insbesondere bei unserer Wechselbeziehung mit ihnen, nichts beabsichtigen, als das Rechte und Gute» [18]. Anderwärts aber findet sich folgende aus dem germanischen Ehrbegriff hochgesteigerte Erklärung: «Es gibt etwas, das mir über alles gilt und dem ich alles andere nachsetze, von dessen Behauptung ich mich durch keine möglichere Folge abhalten lasse, für das ich mein ganzes irdisches Wohl, meinen guten Ruf, mein Leben, das ganze Wohl des Weltalls, wenn es damit in Streit kommen könnte, ohne Bedenken aufopfern würde. Ich will es *E.* nennen. Diese E. setze ich keineswegs in das Urteil anderer über meine Handlungen ... sondern in dasjenige, das ich selbst über sie fällen kann» [19]. Ein allgemeinerer Gebrauch des damit gegebenen Begriffs der sog. ‹inneren› E. wird durch folgende Äußerung BISMARCKS bezeugt: «Meine E. steht in niemandes Hand als in meiner eigenen, und man kann mich damit nicht überhäufen; die eigene, die ich in meinem Herzen trage, genügt mir vollständig, und niemand ist Richter darüber und kann entscheiden, ob ich sie habe» [20].

Sehr ausführlich hat unter dem Titel ‹Von dem, was einer vorstellt› SCHOPENHAUER die E. behandelt. Er definiert: «Die E. ist, objektiv, die Meinung anderer von unserem Wert und subjektiv unsere Furcht vor dieser Meinung.» Er anerkennt, «daß zu unserem Fortkommen und Bestehen unter Menschen die E., d. h. die Meinung derselben von uns, oft unumgänglich nötig ist». Aber dieser «mittelbare» Wert ist der einzige, den er der E. zuerkennt. Indes «überschreitet der Wert, den wir auf die Meinung anderer legen ... in der Regel fast jede vernünftige Bezweckung, so daß sie als eine Art allgemein verbreiteter, oder vielmehr angeborener Manie angesehen werden kann». Schopenhauer behandelt dann als «Arten der E.» die «bürgerliche E.», die «Amts-E.», die «Sexual-E.» und die «ritterliche E. oder die point d'honneur». Die letztgenannte, die des «Mannes von E.», «besteht *nicht* in der Meinung anderer von unserem Wert, sondern ganz allein in den *Äußerungen* einer solchen Meinung», und diese «E. eines Mannes beruht nicht auf dem, was er tut, sondern auf dem, was er leidet, was ihm widerfährt». Einmal «verletzt oder vorderhand verloren», wird sie wiederhergestellt durch «ein einziges Universalmittel, das Duell» [21].

Als «kritische Sichtung einer abendländischen Lebens- und Sittlichkeitsform» hat neuerdings H. REINER die E. behandelt. Er unterscheidet vier Hauptbedeutungen von E., deren jede sich wieder in eine Aktseite (a) und eine Objektseite (b) aufgliedert: 1.a Anerkennung und Ansehen, 1.b E. in dem Sinn, in dem die Mehrzahl Ehr*en* heißt; 2.a Achtung der Persönlichkeit in ihrer äußeren Freiheit; 2.b die der freien Persönlichkeit zukommende Würde; 3.a sittliche Achtung, 3.b guter Ruf; 4.a Selbstachtung, 4.b innere sittliche Würde. Darüber hinaus hat Reiner dem Begriff der E. grundsätzliche Bedeutung für die Systematik der Ethik abgewonnen: Er unterscheidet zwei geschichtliche Typusformen der Sittlichkeit, deren eine vom Hinblick auf die *durch* unser Verhalten bewirkten Werte und Unwerte, und d. h. durch unser *Verantwortungsgefühl*, geleitet ist, während beim andern Typus der Hinblick auf die Werte und Unwerte des Verhaltens selbst, d. h. das *Ehrgefühl*, maßgebend ist [22].

Anmerkungen. [1] Vgl. W. GEHL: Ruhm und E. bei den Nordgermanen (1937); A. HEUSLER: Germanentum (1934); J. DE VRIES: Die geistige Welt der Germanen (1943). – [2] ARIST., Rhetorik I, 5, 1361 a 25-27. – [3] ebda. 1361 a 27-29. – [4] Eth. Nic. I, 3, 1095 b 23-30. – [5] Nach CICERO, De finibus III, 17, 57. – [6] Hierzu F. KLOSE: Die Bedeutung von honos und honestus (phil. Diss. Breslau 1933). – [7] THOMAS, Quaest. quodlibet. 10, 6. 12 ob. 3. – [8] S. theol. II/II, 103, 1 ad 3. – [9] HOBBES: Leviathan (1651) Fart. 1, chap. 10. – [10] THOMASIUS: Introductio in philosophiam moralem (1692) pars 3, cap. 1, § 6. – [11] CHR. WOLFF: Vern. Ged. von des Menschen Thun und Lassen (1720) § 590. – [12] a. a. O. § 593. Ähnlich die lat. Bestimmungen in Inst. juris naturae et gentium (1750) § 125. – [13] B. DE MANDEVILLE: The fable of the bees (1714) remarks, Buchstabe E. – [14] a. a. O. Buchstabe R; vgl. auch Enq. into the origin of honour (1732). – [15] F. HUTCHESON: Inq. conc. moral good and evil (1725) sect. 5, III-VII. – [16] KANT, Grundlegung Met. Sitten. Akad.-A. 4, 398. – [17] Die Religion innerhalb ... S. 28 der Orig.-A. (2. Aufl.) Anm. – [18] J. G. FICHTE: Das System der Sittenlehre. Sämtl. Werke, hg. I. H. FICHTE, 4, 312. – [19] Fichtes Leben und Briefwechsel, hg. I. H. FICHTE, Bd. 2 (²1862) 45. – [20] BISMARCK in einer Rede im Reichstag am 28. Nov. 1881. – [21] SCHOPENHAUER, Aphorismen zur Lebensweisheit, Kap. IV. – [22] H. REINER: Pflicht und Neigung (1951) bes. §§ 22. 28; Die E. (1956).

Literaturhinweise. A. SCHOPENHAUER s. Anm. [21]. – H. REINER s. Anm. [22]. – O. F. BOLLNOW: Einfache Sittlichkeit (³1962). – W. KORFF: E., Prestige, Gewissen (1966); hier und bei REINER weitere Lit.

H. REINER

Ehrfurcht. Im Gegensatz zu dem verwandten Begriff der Achtung hat der Begriff der E. in den Systemen der Ethik keine feste terminologische Bedeutung erlangt, was mit dem relativ späten Auftreten des Wortes [1] zusammenhängen dürfte. KANT verwendet E., die er «gänzlich von pathologischer Furcht unterschieden» wissen will, fast synonym mit «Hochachtung für das sittliche Gesetz» als dem «Endzweck unserer Bestimmung» [2]. GOETHES Lehre von den Formen der E. ist einer der ersten Versuche einer differenzierteren Erfassung des Phänomens [3]. Er unterschied: 1. E. vor dem, was über uns ist; 2. E. vor dem, was unter uns ist; 3. E. vor dem, was uns gleich ist, und ließ aus allen dreien zusammen die oberste E., die vor sich selbst, hervorgehen. Eine phänomenologische Analyse dieses nach Goethe zur innersten Natur des Menschen gehörenden, ihm aber nicht «natürlich» gegebenen Gefühls der E. ist erst in der philosophischen Anthropologie des 20. Jh. unternommen worden. Der schon in der Wortbildung ausgedrückte Doppelcharakter (Distanz und Nähe zum Gegenstand der E.) wird dabei nicht als Widerstreit zweier an sich selbständiger Gefühle aufgefaßt, sondern «als einheitlicher, aber in sich selber spannungshafter Gefühlsbezug» (BOLLNOW [4]). Schon SCHELER hat diese spannungshafte Einheit betont und auf ihre Nähe zu Scham und Scheu hingewiesen. Er nannte die E. «eine Art Geist gewordene Scham», die den Dingen ihren letzten Geheimnischarakter nicht nehmen will [5]. In noch stärkerem Maß hat BOLLNOW die *Verletzlichkeit* des ehrwürdigen Gegenstandes als Voraussetzung der E. aufgefaßt und gegenüber den Momenten des *timor filialis* [6] auf die Wichtigkeit der «E. vor dem, was unter uns ist», hingewiesen. Diese steht damit nicht nur im Zentrum der anthropologischen Analyse, sondern bildet als Postulat den Kern einer Kulturkritik im Sinne von A. SCHWEITZERS Forderung der «E. vor dem Leben» [7]. BOLLNOW faßt dabei «Leben» in einem der E. entsprechend ambivalenten Sinn als alles Dasein tragende und doch jedem frevelhaften Eingriff schutzlos ausgelieferte Macht, die in ihrer «übermächtigen Verletzlichkeit» [8] E. fordert und bedingt. Es gibt deshalb nach Bollnow die Möglichkeit einer *Erziehung zur E.* im Sinne des Erkennbarmachens der Fragilität des «Lebens» in uns selbst, was allerdings nur im «Wagnis der deckungslosen Offenheit» des Erziehers möglich ist [9] und zur vierten E. GOETHES, der vor uns selbst, zurückführt.

Anmerkungen. [1] Vgl. J. und W. GRIMM: Dtsch. Wb. 3 (1862) 68. – [2] KANT, Akad.-A. 5, 481. – [3] GOETHE, Wilhelm Meisters Wanderjahre II, 1. – [4] O. F. BOLLNOW: Die E. (²1958) 67. – [5] M. SCHELER, Werke 3, 28. – [6] Vgl. THOMAS VON AQUIN, S. theol. II/II, 9. 19. – [7] Vgl. bes. A. SCHWEITZER: Die Lehre von der E. vor dem Leben (1966) 20. – [8] BOLLNOW, a. a. O. [4] 69. – [9] O. F. BOLLNOW: Existenzphilos. und Pädagogik (³1965) 146.

Literaturhinweise. M. SCHELER: Über Scham und Schamgefühl. Werke 10, 65ff.; Zur Rehabilitierung der Tugend. a. a. O. 3, 13ff. – P. WOLFF: Vom Sinn der E. (1935). – TH. STEINBÜCHEL: E. (1947). – E. BEUTLER: Vom Gewissen und von der E. (1956). – A. RÜSTOW: Ortsbestimmung der Gegenwart (1957) 217ff. – O. F. BOLLNOW s. Anm. [4].

F. RODI

Ehrgeiz ist als φιλοτιμία (Ehrliebe) eine schon bei den Griechen, besonders von PLATON, oft erwähnte Charakterhaltung, von ihm selbst als ψυχῆς ἕξις bezeichnet [1], und wird teils abwertend verstanden, z. B. als Quelle von Neid [2], oft aber auch billigend, als auf das sittlich Schöne (ἐπὶ τοῖς καλοῖς) gerichtet [3]. ARISTOTELES erklärt: «Wir tadeln den Ehrgeizigen (φιλότιμον), weil er mehr, als er soll, und wo er nicht soll, Ehre sucht, den Ehrgeizlosen dagegen, weil er nicht einmal das Geehrtwerden um des sittlich Schönen willen sich zum Ziel setzt.» Es komme aber auch vor, daß wir den Ehrgeizigen als männlich und Liebhaber des sittlich Schönen loben und den Ehrgeizlosen als maßvoll und besonnen. Die Bezeichnung ‹ehrgeizig› werde also verschieden gebraucht, beim Lob im Vergleich zu den Vielen, beim Tadel im Vergleich zu dem, was recht ist. Die rechte Mitte habe keinen Namen [4]. In der *Stoa* wird die φιλοτιμία als ἐπιθυμία ἄμετρος τιμῆς bestimmt und so (als πάθος) abgelehnt [5].

Bei den römischen Autoren wird der E. als *ambitio* meist in deutlich tadelndem Sinn verstanden, oft bei Aufzählung von vitia mit genannt [6]. Hiernach erklärt auch THOMAS VON AQUIN: «Ambitio ... importat inordinatum appetitum honoris» [7].

In neuerer Zeit streift MONTAIGNE den E. mit der Bemerkung: «L'ambition n'est pas une vice de petits compagnons», läßt ihn aber für das Streben bedeutender Menschen gelten [8]. SPINOZA definiert ambitio als «conatus aliquid agendi, et etiam omittendi, ea sola de causa, ut hominibus placeamus» [9]. Ausführlich behandelt CHR. THOMASIUS den E. als eine der drei Hauptformen der «unvernünftigen Liebe» oder «bösen Affekte» (neben «Wollust» und «Geld-Geiz»). Er bestimmt ihn als «eine Gemüts-Neigung, die ihre Ruhe in stets währender veränderlicher Hochachtung und Gehorsam anderer, sonderlich aber gleichgesinnter Menschen, durch Hochachtung sein selbst und Unterfangung teils verschmitzter teils gewaltsamer Taten vergebens sucht und dieser wegen mit gleichgearteten Menschen sich zu vereinigen trachtet» [10]. Von der Selbstliebe (self-love) unterscheidet HUME den E. (ambition), indem er betont, dieser Affekt ziele unmittelbar (ohne ein sonstiges «Selbstinteresse») auf seinen Gegenstand [11]. Ähnlich betont A. SMITH, der Ehrgeizige jage nicht dem Wohlergehen oder dem Vergnügen nach, sondern der Ehre [12].

Nicht von E., wohl aber von *Ehrsucht* spricht KANT: «Sie ist nicht Ehrliebe, eine Hochschätzung, die der Mensch von andern wegen seines inneren (moralischen) Werts bedarf, sondern Bestreben nach *Ehrenruf*, wo es am Schein genug ist» [13]. Solche Ehrsucht setzt W. T. KRUG mit E. gleich: «E. ist das übertriebene Streben nach Ehre, besonders nach den äußeren Zeichen derselben, folglich eine Ausartung der *Ehrliebe*, die jedem Menschen natürlich ist .... Wenn aber die *Ehrliebe* mehr auf den Schein oder die Zeichen der Ehre, als auf die Sache selbst, gerichtet ist, so wird sie leicht zur *Ehrsucht*, so daß man der Ehre, d. h. der Ehrenzeichen und Ehrenbezeigungen, nie genug bekommen kann. Diese Sucht nach Ehre heißt ebendarum auch *Ehrgeiz*, wie die Sucht nach Gelde *Geldgeiz*» [14].

Als «ein Surrogat des moralischen Gefühls» bezeichnet NIETZSCHE den E. [15]. Er wirkt daher «als Erzieher» [16]. Das «Hauptelement» des E. ist, «zum Gefühl seiner Macht zu kommen» [17].

Eine früher kaum beachtete Seite des E. hebt neuerdings PH. LERSCH hervor, indem er erklärt: «Aller E. ist im Grunde *Leistungsehrgeiz*, ein Streben, durch Leistung den Geltungswert des individuellen Selbstes zu erhöhen.» Er unterscheidet sich vom eigentlichen Leistungsstreben dadurch, daß bei ihm «das Streben nicht eigentlich in der Leistung endigt», sondern es ist «zurückgebogen auf das individuelle Selbst» [18].

Anmerkungen. [1] PLATON, Gesetze IX, 870 c. – [2] ebda. – [3] Gastmahl 178 d, Staat 555 a; 4. Brief 320 a; sonstige Belegstellen bei AST, Lex. Platonicum. – [4] ARIST., Eth. Nic. 1125 b 8–23. – [5] nach ANDRONICUS, PERI PATHON 4, SVF III, 397. – [6] Vgl. Thesaurus linguae lat. 1 (1900) s. v. –[7] THOMAS, S. theol. II/II, 131. 1 c. – [8] MONTAIGNE: Essais (1580) liv. 3, chap. 10, viertletzter Absatz. – [9] SPINOZA: Ethica (1677) pars 3, scholium zu propositio 29. – [10] THOMASIUS: Von der Artzeney wider die unvernünftige Liebe ... oder Ausübung der Sittenlehre (1696) 10. Hauptstück. – [11] HUME: Inq. conc. the principles of morals (1751) app. 2, zweitletzter Absatz. – [12] A. SMITH: Theory of moral sentiments (1759) part 1, sect. 3, chap. 3, letzter Absatz. – [13] KANT, Anthropol. § 85. – [14] W. T. KRUG: Allg. Handwb. philos. Wiss. (¹1827). – [15] NIETZSCHE, Menschliches, Allzumenschliches I Nr. 38. – [16] a. a. O. Nr. 593. – [17] Nachlaß I («Die Unschuld des Werdens») 265. – [18] PH. LERSCH: Aufbau der Person (¹⁰1966) 192.

Literaturhinweise. F. BAUMGARTEN: Praktische Psychol. (1922) 3. 333–349. – PH. LERSCH s. Anm. [18].   H. REINER

Ehrlichkeit. ⟨êrlich⟩ bedeutet im Mittelhochdeutschen ⟨der Ehre wert, ansehnlich, vortrefflich, herrlich, schön⟩; so noch im 16. Jh. (z. B. bei LUTHER). Hinzu kommt ⟨rechtschaffen, geziemend⟩; die Bedeutung ⟨herrlich, schön⟩ tritt zurück. In der Geniezeit des 18. Jh. wird ⟨ehrlich⟩ zum Modewort in der Bezeichnung bürgerlicher Tugenden [1]; im Unterschied zur feineren Lebensart der höheren Stände gelegentlich abwertend im Sinne von ⟨bieder, einfältig⟩. Daran wird bereits die Verinnerlichung des Begriffs erkennbar, bei der der direkte Bezug zum Ehrbegriff verloren geht. So bezieht J. A. EBERHARD in seiner ⟨Synonymik⟩ (1797) ⟨E.⟩ zunächst auf die bürgerliche Ehre: «wer nichts thut, wodurch er seine bürgerliche Ehre verlieren würde, ... hat nach den bürgerlichen Gesetzen noch immer, einen gerechten Anspruch auf seinen ehrlichen Namen, wenn er auch ... sich manches erlaubt, das sich ein rechtschaffener Mann nicht erlauben würde.» Dann aber folgt, daß ⟨E.⟩ Personen «vorzüglich von Seiten der inneren Beschaffenheit» bezeichne, durch welche sie «Achtung und Ehre verdienen» [2].

Zwar wird noch in der ersten Hälfte des 19. Jh. zwischen ⟨ehrlichem⟩ und ⟨unehrlichem⟩ Handwerk unterschieden, doch engt sich die Bedeutung bald auf das Respektieren fremden Eigentums und ⟨die Wahrheit sagen⟩ ein, bis in unserem Jh. in der Regel nur noch letzteres gemeint ist (während in Wendungen wie ⟨ein ehrlicher Kerl⟩ die umfassendere Bedeutung nachwirkt). O. F. BOLLNOW versucht den Bezug zum Ehrbegriff wieder herzustellen: Während «Wahrhaftigkeit» im «klaren und entschiedenen Verhalten des Menschen zu sich selbst» begründet sei, beziehe sich E. vor aller Trennung von Innen und Außen auf das ganze Verhalten des Menschen, der in seinem Tun seine Ehre wahrt [3].

Anmerkungen. [1] W. FELDMANN: Modewörter des 18. Jh. Z. für dtsch. Wortforsch. 10 (1908/09) 303. – [2] J. A. EBERHARD: Versuch einer allgem. dtsch. Synonymik (1797) 79f. – [3] O. F. BOLLNOW: Wahrhaftigkeit. Die Sammlung 2 (1947) H. 5/6, 234ff.   B. SCHWENK

Eid

I. ARISTOTELES definiert den als das «Älteste» und «Ehrwürdigste» geltenden E. (ὅρκος) [1] als «unbewiesene Behauptung begleitet von einer Anrufung der Götter» [2] und klassifiziert Argumentationstaktiken zur Bekräftigung oder Herabsetzung der Glaubwürdigkeit von Beweisen mittels eidlicher Aussagen in der Gerichtsrede [3].

Am Ende der Geschichte theologisch-naturrechtlicher Problematisierungen des E. [4] lehnt ihn KANT grundsätzlich als «im Grunde unrecht» ab und hält ihn gleichwohl für praktisch unentbehrlich [5]. HEGEL sieht im E. ein Phänomen des Gewissens [6]: «die zwar subjektive, aber letzte Bewährung» [7], auf die nur gegenüber bedeutungslosen Sekten tolerant verzichtet werden könne [8]. SCHOPENHAUER versucht, die Verpflichtung zum E. aus ihren geschichtlichen Zusammenhängen mit der Religion zu lösen und als rein moralische Forderung aus seiner Ethik abzuleiten [9].

In neuerer Literatur ist weniger der forensische E. als die durch E. besiegelte Verschwörung (conjuratio) aktuell. Deren Muster sind die von MAX WEBER beschriebenen Prozesse der Schwurverbrüderung der «israelitischen Eidgenossenschaft» zum religiösen «berith» (Bund) «als der wirklichen (oder konstruierten) Grundlage der verschiedensten rechtlichen und sittlichen Beziehungen» [9a] und der Entstehung bürgerlicher Verfassungen mittelalterlicher Städte durch revolutionäre E.-Verbrüderung [10]. Im E. wird «jeder Beteiligte unter die Gewalt einer alle ... schirmenden und, im Falle des verbrüderungswidrigen Handelns, bedrohenden ⟨übersinnlichen⟩ Macht gestellt». Die Verbrüderungsverträge bewirken eine Veränderung der rechtlichen Gesamtqualität und des sozialen Habitus der E.-Genossen; «man ⟨wird⟩ etwas

Anderes», läßt «eine andere ‹Seele› in sich einziehen» [11]. So vollzieht der E. einen gleichzeitigen Wechsel der sozialen und der personalen Identität, ist Revolution und Initiation. – An die Entstehung eines Staatenbundes durch E.-Verbrüderung erinnert der offizielle Staatsname ‹Schweizerische Eidgenossenschaft›.

Übereinstimmend mit Webers Beschreibung der Funktion des E. im Prozeß revolutionärer Gründung oder Wiederbelebung von Institutionen analysiert J.-P. SARTRE [12] die conjuratio als Übergang von der spontanen zur organisierten Gruppe. In Sartres Phänomenologie der Struktur menschlicher Sozialität, die sich «von der Gruppe zur Geschichte» [13] entfaltet, erscheint E. (serment) erstmalig als philosophischer Begriff: Conjuratio als ursprüngliche Form aller Typen von E. ist «praktische Erfindung» [14] einer von Auflösung bedrohten Gruppe [15]. Furcht vor Ohnmachtsisolierung, unsichtbaren Gegnern und dem Wiederauftauchen der individuellen Antagonismen [16] veranlassen die Gruppenmitglieder, durch E. die Zugehörigkeit eines jeden über die jeweiligen Aktionen (Arbeit oder Kampf) hinaus festzulegen [17]. In «vermittelter Wechselseitigkeit» [18] beschränkt im E. jeder seine und die Freiheit jedes anderen [19]. Vorläufig definiert Sartre E. «als die Freiheit eines jeden, die die Sicherheit aller sichert, damit diese ... in jeden als seine andere Freiheit zurückkommt, um in Form einer unüberschreitbaren Forderung seine freie praktische Zugehörigkeit zur Gruppe zu begründen» [20]. Die fusionierende Gruppe bestimmt sich im E. als ihr eigenes Ziel [21], garantierte Permanenz [22] und Institution [23]. Der E. konstituiert mit der «künstlichen Trägheit» [24] der Gruppe einen neuen «ontologischen Status» [25], von dem her es möglich wird, der anorganischen und organischen «natürlichen Trägheit» zu begegnen: der E. «ist der Beginn der Menschlichkeit» [26]. Erst durch «praktische Anerkennung in der Aktion auf der stillschweigenden Grundlage des E.» entstehen soziale Beziehungen [27]. – Wie Furcht Ursprung des E. [28], bleibt Terror sein unaufhebbarer Inhalt [29]; denn im E. verlangt jeder, man solle ihn töten, wenn er von der Gruppe abfalle. Die Fiktion der richtenden Gruppe wird geschichtlich als Transzendenz begriffen, diese ist jedoch «nur Ersatz für die immanente Integrierung» [30]. «Ein freier Versuch, an die Stelle der Angst vor sich selbst und vor dem Anderen in jedem und durch jeden die Angst vor allen zu setzen ...: das ist der E.» [31].

Anmerkungen. [1] ARISTOTELES, Met. I, 3, 983 b 31; zum Kontext 983 b 27ff.; vgl. HEGEL: Gesch. der Philos. 1. Werke, hg. GLOCKNER 17, 215. 218; Philos. der Relig. II, 1, hg. LASSON (1927) 127; J. RITTER: Aristoteles und die Vorsokratiker (1954); Nachdruck in: Met. und Politik (1969) 54. – [2] ARISTOTELES, Rhet. ad Alex. 17, 1432 a 33. – [3] a. a. O. 1432 a 33-b 4; Rhet. I, 15, 1377 a 7-b 11; vgl. H. LAUSBERG: Hb. der lit. Rhet. (1960) § 351. – [4] Theoretisch relevant bes. die Vertreter des rationalistischen Naturrechts, z. B. TH. HOBBES: De cive (²1647) c. 2, §§ 20-23; c. 15, § 15; Leviathan (1651) c. 14. 31; S. PUFENDORF: De iure naturae et gentium (1672) IV, 2: De iure iurando; Elementa iurisprudentiae universalis (1762) I, §§ 39-42; C. THOMASIUS: Institutiones iurisprudentiae Divinae (1688) II, 9: De officio iurantium. – [5] KANT: Über das Mißlingen aller philos. Versuche in der Theodizee (1791). Akad.-A. 8, 268f. Anm.; Rechtslehre (1797) § 40. Akad.-A. 6, 303-305; Tugendlehre (1797) a. a. O. 486 Anm.; vgl. H. LÜBBE: Zur Dialektik des Gewissens nach Hegel. Hegel-Studien, Beiheft 1 (1964) 251-253; auch unter dem Titel: Gewissensfreiheit und Bürgerpflicht. Aktuelle Aspekte der Gewissenstheorie Hegels, in: Humanität und polit. Verantwortung. Festschrift Hans Barth, hg. R. REICH (1964) 198f. – [6] HEGEL, Philos. der Relig. II, 1 a. a. O. [2] 127; Rechtsphilos. §§ 213. 227. Werke, hg. GLOCKNER 7, 292. 306. – [7] a. a. O. 306. – [8] 354f. Anm.; zum Toleranzproblem hinsichtlich des E. bei Hegel (und Kant) vgl. LÜBBE, a. a. O. [5]. – [9] SCHOPENHAUER: Parerga und Paralipomena 2 (1851) § 133. Werke, hg. HÜBSCHER 6, 281ff. –
[9a] M. WEBER: Ges. Aufsätze zur Religionssoziol. 3 (³1963) 1-280, bes. 81-90, Zitat 82. – [10] Wirtschaft und Gesellschaft, hg. J. WINCKELMANN (1964) 951ff. 984f. – [11] a. a. O. 513f. – [12] J.-P. SARTRE: Critique de la raison dialectique 1: Théorie des ensembles pratiques (1960) 438-459, zit. dtsch. T. KÖNIG (1967) 445-472; vgl. K. HARTMANN: Sartres Sozialphilos. (1966) 147-151. – [13] Titel des 2. Buches. – [14] SARTRE, a. a. O. 446ff. – [15] 445. – [16] 457. – [17] 447. – [18] 446ff. – [19] 450. – [20] 455. – [21] 452. – [22] 448f. – [23] 469. 601. 635. – [24] 447. – [25] 471. – [26] 464. – [27] 553. – [28] 457. – [29] 458ff. – [30] 460. – [31] ebda.   J. FRESE

II. ‹E.› bedeutet *juristisch* die feierliche Bekräftigung eines künftigen Verhaltens oder der Richtigkeit einer Aussage. Demnach unterscheidet man Versprechens- und Aussage-E. (promissorischer und assertorischer E.). Beispiele des Versprechenseids sind Amts-, Fahnen-, Treu- und Friedens-E. Der Aussage-E. kann die Überzeugung des Schwörenden (z. B. von der Zuverlässigkeit einer Person, Eideshelfer!), einen Vorgang, einen Vermögensstand oder die Örtlichkeit eines Gegenstandes (Offenbarungseid) betreffen. Willentliche Nichteinhaltung eines Versprechens ist E.-Bruch, bewußt falsche Aussage Mein-E., irrig falsche Aussage Falsch-E.

Der E. hat ursprünglich eine *religiöse* Bedeutung. Mit ihm war die Anrufung Gottes verbunden. Damit war der E. ein Akt des Gottesbekenntnisses und der Gottesverehrung. E.-Bruch und Mein-E. bedeuteten Mißachtung Gottes, der selbst die Wahrheit ist. Falsch-E. war ein Spielen mit Gott. Vielfach wurde in dem E. auch ein Sichverfluchen für den Fall der Unwahrhaftigkeit gesehen.

Die Geschichte des E. macht den Säkularisierungsvorgang des Rechts deutlich. Staat und Gesellschaft bedienten sich des E. zur Sicherung der staatlichen Ordnung. Mit dem E. wurde die staatliche und gesellschaftliche Treuepflicht gesichert. Eine solche Sicherung entsprach der engen Verknüpfung von Gott, Staat und Gesellschaft. Ist Herrschaftsgewalt nicht nur göttlichen Ursprungs, sondern Repräsentanz des göttlichen Willens, so liegt die Einbeziehung Gottes in den weltlichen Bereich nahe. Der E. hat daher auch in christlicher Auffassung (trotz Matth. 5, 34ff.; 23, 16ff.) überwiegend Billigung gefunden. Nach der Säkularisierung hat die E.-Verletzung in der Rechtsauffassung ihren Charakter geändert. Aus einem religiösen Verbrechen wurde ein weltliches. Dem Toleranzgedanken entsprach die Zulassung der nicht-religiösen E.-Formel. Ob bei einem Verzicht auf die Anrufung Gottes die Bezeichnung ‹E.› noch sinnvoll ist, mag offen bleiben.

Der Kampf für die religiöse E.-Formel ist in Deutschland besonders von christlicher Seite geführt worden. Der Fortgang der Säkularisierung macht den religiösen staatlichen E. auch für den Christen fragwürdig. Der säkularisierte Staat muß sich mit der menschlichen Wahrhaftigkeit begnügen. Zu den ethisch schwierigsten Fragen gehören Wahrhaftigkeit und E.-Bindung bei Einbeziehung des Schwörenden in Unrecht. Der E. dient dem Recht. Der Versprechens-E. steht unter dessen Vorbehalt. Zur Durchführung von Unrecht darf kein E. gefordert werden. Der dazu Aufgerufene muß Versprechen, Aussage und E. verweigern. Ist er dazu nicht in der Lage, greifen die allgemeinen Regeln der Pflichtenkollission, des Not- und Nötigungsstandes ein.

Das heutige Strafrecht stellt die E.-Verletzung als bloßes Rechtspflegedelikt unter Strafe. Das deutsche Strafrecht kennt bei E.-Bruch nicht mehr die Kriminalstrafe. Verletzungen von Amts- und Treupflichten werden außer im Dienststrafverfahren nur nach Maßgabe der allgemeinen Strafbestimmungen geahndet. Aussagedelikte sind nach geltendem Strafrecht die wissentlich falsche eidliche Aussage (Zeugen-, Sachverständigen- und Partei-E.), die fahrlässig falsche Aussagen, die wissentlich falsche uneidliche Aussage und die Abgabe einer falschen eidesstattlichen Erklärung. Kriminologisch und kriminalistisch kommt den E.-Delikten erhebliche Bedeutung zu.

Literaturhinweise. – Allgemein: K. PETERS: Art. ‹E.› in Staatslex. 2 (⁶1958) 1055. – R. MOHR, H. GROSS, G. HOLZHERR und J. LEDERER: Art. ‹E.› in: Lex. Theol. u. Kirche 3 (²1959) 727. – H. THIELICKE: Theol. Ethik II/1, 2. III (1958-1964). – H. MAUSBACH und G. ERMECKE: Kath. Moraltheol. (¹¹1960). – R. v. HIPPEL: Zeugen-E. – Beweismittel – Beweisrecht, in: Festschrift E. v. Hippel 1 (1965) 113ff. – *Juristisch:* TH. RITTER: Lehrb. des Österr. Strafrechts 2 (²1954) 419ff. 432ff. – V. SCHWANDER: Das Schweiz. Strafgesetzbuch (²1964) 572. – H. SCHRÖDER: Strafgesetzbuch [der BRD]. Komm. (¹²1965) 737. K. PETERS

Eidetik. Der Begriff wurde von E. R. JAENSCH (1883 bis 1940) auf Grund seiner 1917 begonnenen Forschungen in die Psychologie eingeführt. Man bezeichnet mit ‹E.›: 1. Die «eidetische Anlage» und ihren Erscheinungskreis, d. h. die Fähigkeit eines Menschen, sogenannte subjektive Anschauungsbilder (eidetische Phänomene) zu erzeugen, und ihre verschiedenen Manifestationen; 2. die von JAENSCH, O. KROH und anderen vertretene Forschungsrichtung, die sich den eidetischen Phänomenen widmete.

Literaturhinweise. E. R. JAENSCH: Die E. und die typol. Forschungsmethode (³1933). – O. KROH: Subjektive Anschauungsbilder bei Jugendlichen (1922). – W. TRAXEL: Krit. Untersuch. zur E. Arch. ges. Psychol. 114 (1962) 260. – H. DÜKER: Hat Jaenschs Lehre von der E. heute noch Bedeutung? Psychol. Beitr. 8 (1965) 237. W. TRAXEL

Eidololgie (von εἴδωλον, Bild, Abbild) ist eine auf die Synechologie folgende und die ‹Allgemeine Metaphysik› HERBARTS abschließende Disziplin, welche die Möglichkeit des Wissens metaphysisch, d. h. weder transzendentalphilosophisch noch psychologisch verständlich machen soll. Die E. ist die metaphysische Eingangsdisziplin zu Herbarts Psychologie, der Lehre von den Seelenmonaden und deren Vorstellungsleben. Das Wissen wird aus Voraussetzungen der Ontologie Herbarts, besonders der Lehre von den monadischen «Realen», als ein Modus der «Selbsterhaltung» der Seelenmonade interpretiert. Der Rückgriff auf den Ausdruck εἴδωλον impliziert keine Abbildtheorie des Wissens.

Herbart führt seine «realistische» Begründung des Wissens in der Auseinandersetzung mit FICHTES Begründung des Wissens aus dem Ich durch. Die ersten Teile der E. enthalten daher eine Analyse des Begriffs des Ich und den Versuch einer Widerlegung Fichtes, die der endgültigen Grundlegung von Herbarts zunächst nur hypothetisch eingeführten philosophischen Realismus dienen soll. Das Selbstbewußtsein gilt entsprechend Herbarts metaphysischer Grundthese von der Widersprüchlichkeit aller aus der Erfahrung geschöpften Grundbegriffe der theoretischen Philosophie nur als Prinzip im Sinn eines πρότερον πρὸς ἡμᾶς, aus dem durch Bearbeitung mit Hilfe der sogenannten Methode der Beziehungen der widerspruchsfreie Begriff des Ich und des Wissens zu gewinnen ist. Das Ich erweist sich so nicht als Ursprung, sondern als ein «Werk der Bildung», als ein «Kind der Zeit» [1]. Es wird bestimmt «als ein Mittelpunct wechselnder Vorstellungen» [2].

Die Frage nach der Möglichkeit des Wissens und nach der Sicherheit, mit der das Reale selbst zu erkennen ist, beantwortet die E. vereinfachend so: «Die gegebenen Empfindungen sind Selbstdarstellungen der Seele, das Empfundene ist nur Ausdruck der innern Qualität der letztern; aber die Ordnung und Folge der Empfindungen verräth das Zusammen und Nicht-Zusammen der Dinge; daraus entsteht die geistige Ausbildung, worin zum Theil, mit großen Irrthümern vermischt, aber auch der Berichtigung zugänglich, der Lauf der Begebenheiten sich abspiegelt» [3].

Anmerkungen. [1] Allgemeine Met. nebst den Anfängen der philos. Naturlehre. 2., systematischer Theil (1829) § 303. – [2] a. a. O. § 325. – [3] a. a. O. § 302. G. BUCK

Eidolon, Eikon, Bild. – 1. Bei HOMER meint εἴδωλον (Eidolon = E.) die dem Hades verfallene Seele des Toten, und zwar insofern sie vor allem die äußeren Merkmale des Verstorbenen wie ein Abbild aufbewahrt [1]. In der *Orphik* wird daraus das εἴδωλον αἰῶνος (Abbild des Lebens), was besagt, daß die nunmehr dem Göttlichen entstammende Seele – anders als in der Vorstellungswelt der homerischen Epen – als abgeschiedene statt eines bloßen Schattendaseins ein dem hiesigen gleichgeartetes Leben besitzt [2].

LEUKIPP, DEMOKRIT und EPIKUR verstehen unter E. jene von Dingen wie Lebewesen ausströmenden zweidimensionalen Atomgefüge, die auf glatten Flächen das Spiegelbild und im Auge des Betrachters die optische Wahrnehmung des betreffenden Gegenstandes erzeugen [3], aber auch für die menschlichen Träume verantwortlich sind [4]. Besonders große und dauerhafte E., die, unklar, welchen Ursprungs, das Zukünftige vorhersagen und teils Gutes, teils Schlechtes bewirken, gelten DEMOKRIT als Götter [5], während EPIKUR die Götter selber in die μετακόσμια oder intermundia (Zwischenwelten) verweist, ihre von dort ausgestrahlten E. aber für derart feinteilig erklärt, daß sie lediglich vom Denken erfaßt werden können [6]. LUKREZ übersetzt ‹E.› abwechselnd mit ‹simulacrum› oder ‹imago› [7].

In PLATONS ‹Theaitet› ist E. der Abdruck, den die erstmalige Wahrnehmung eines Gegenstandes in dem als leere Wachstafel vorgestellten Bewußtsein hinterläßt und der, solange er erhalten bleibt, das Wiedererkennen desselben Objektes bei abermaliger Begegnung ermöglicht [8]. Im philosophischen Exkurs des 7. Briefes bildet das E. gemeinsam mit dem Namen und der Definition die drei unerläßlichen Voraussetzungen für die Erkenntnis jedes beliebigen Gegenstandes, die ihrerseits, weil lediglich Erkenntnis der Gattung, erst im weiteren Zusammenspiel mit jener Dreiheit schließlich zur Erkenntnis der zugehörigen Idee führt; ‹E.› bedeutet dabei die bildliche Darstellung oder sonstige Veranschaulichung des betreffenden Gegenstandes und somit dort, wo dieser ein optisches Erfassen nicht erlaubt, die Vergegenwärtigung durch das Beispiel [9]. In der ‹Politeia› wird der als Nachahmung (μίμησις) begriffenen Kunst, die statt der Dinge selber bloß deren E. produziert, zum Vorwurf gemacht, daß diese Abbilder, da nicht aus tatsächlichem Wissen um die jeweiligen Sachverhalte hervorgegangen, lediglich die äußere Erscheinung der Dinge darbieten und daher anstelle der vorgetäuschten Wahrheit bloßen Schein vermitteln [10]. Im ‹Sophistes› hat das E. diesen eindeutig negativen Charakter verloren: Als Oberbegriff des Gegensatzpaares εἰκών und φάντασμα stellt es im Falle des ersteren die wahrheitsgetreue Abbildung, im anderen Fall dagegen das durch Verzerrung bzw. unzulässige Abstriche oder Zusätze wahrheitswidrige Trugbild dar, und allein das letztere wird der Unwissenheit und ihrem nichtigen Anschein von Wissen zugeordnet [11].

ARISTOTELES gebraucht ‹E.› ähnlich wie die Atomisten im Sinne des natürlichen Abbildes, das auf reflektierenden Oberflächen und andererseits als Wahrnehmungsbild im menschlichen Auge erscheint; daneben kann es auch das Trugbild einer optischen Täuschung beinhalten [12].

PLOTIN benutzt ‹E.› zur Bezeichnung für Abgeleitetes jeder Art. So können die Dinge der sichtbaren Welt oder genauer: ihre Formen bald im Sinne der platonischen Ontologie als die Abbilder der im Geist enthaltenen Ideen, bald aber auch als diejenigen der Formen der Seele gelten; so nennt er das Leben der Seele ein Abbild des Lebens des Geistes und innerhalb der einen Hypostase der Seele die Physis das Abbild der dem Geist zugewandten eigentlichen Psyche; und schließlich ist auch der Stoff der sichtbaren Welt noch das E. eines entsprechenden Stoffes auf der Stufe des Geistes, wobei er die Unbestimmtheit oder Qualitätslosigkeit seines Vorbildes in scheinbarem Widerspruch zu dem grundsätzlichen Gefälle zwischen Archetyp und E. sogar noch übertrifft, besitzt er doch in seinem maximalen Abstand vom Geist zugleich den minimalen Wirklichkeitsgrad [13].

2. Das als εἰκών (Eikon = Ek.) bezeichnete Bild wird von PLATON dahin charakterisiert, daß es zwar seinem jeweiligen Zweck entsprechend (Darstellung etwa des Äußeren oder des Inneren) die diesbezüglichen Einzelheiten des Originals ausnahmslos wiedergibt, zugleich jedoch von jener Vollständigkeit der Wiederholung ausgeschlossen bleibt, die es zu einem zweiten Exemplar der Gattung des Originals erhöbe [14]. Obwohl somit von anderer Art als das Original, ist es dennoch gleichfalls ein Seiendes, und insofern kann Platon auch das Eidolon unter die Ek. rechnen [15]. Umgekehrt bedeutet ‹Ek.› bisweilen ebenso wie ‹Eidolon› das bloße Abbild im Sinne des Schatten- oder Spiegelbildes [16], und auch darin stimmen beide Begriffe überein, daß sie gleichermaßen zur Benennung innerpsychischer Abbilder dienen können [17]. Dagegen wird der Abbildcharakter des Hiesigen als der Entsprechung zur Idee vom Einzelding bis hin zum Weltganzen ausschließlich durch den Ausdruck ‹Ek.› umschrieben [18]. Ek. ist aber auch das gesamte Höhlengleichnis [19].

Bei ARISTOTELES bedeutet ‹Ek.› das bewußter Nachahmung entsprungene Bild in Malerei und Plastik; solche künstlerische Darstellung vermag sogar dem Schrecklichen die Wirkung ästhetischen Wohlgefallens zu verleihen. Als rhetorischer Terminus meint ‹Ek.› die durch weiteren Zusatz näher bestimmte Metapher, z. B. ‹saitenlose Leier› als bildliche Umschreibung des Bogens [20].

PLOTIN übernimmt die platonische Formel von der sichtbaren Welt als der Ek. des nur dem Denken Zugänglichen und d. h. des Ganzen der Ideen [21]. Dem Begriff ‹Paradeigma› gegenübergestellt, bezeichnet ‹Ek.› zwar genauso wie ‹Eidolon› die Ähnlichkeit des Abgeleiteten mit seinem Ursprung und Vorbild: so können etwa die Formen der Seele ‹Ek.› der im Geist versammelten Ideen heißen [22]; doch während ‹Eidolon› zugleich den minderen Rang und Abstand zum Vorbild hervorhebt, betont ‹Ek.› umgekehrt die Nähe und Übereinstimmung mit dem Ursprung: So wird etwa im Zusammenhang der Angleichung an Gott der Mensch eine ‹Ek.› des Göttlichen genannt [23].

Bei PHILON VON ALEXANDRIEN ist die Ek. Abbild und Vorbild zugleich. Denn der die Gesamtheit der Ideen umfassende göttliche Logos, der als eine Art zweiter Gott unterhalb des höchsten als des Archetypos schlechthin die Ek. des letzteren darstellt, gibt in Richtung auf die sichtbare Welt zugleich das Vorbild alles übrigen Seienden ab [24].

Anmerkungen. [1] HOMER, Ilias 23, 65ff. 103f.; Od. 11, 475f. – [2] PINDAR, Frg. 116 (Bowra). – [3] DIELS, Frg. der Vorsokratiker (= VS) 67 A 29-31. – [4] VS 68 A 77 u. 136. – [5] a. a. O. A 74. 78; B 166. – [6] EPIKUR, Frg. 352. 355. 359 (USENER). – [7] LUKREZ, De rer. nat. IV passim. – [8] PLATON, Theait. 191 d 3-e 1. – [9] Ep. VII, 342 a 7ff. – [10] Resp. 601 b 9f. 605 c 3f. – [11] Soph. 233 c 10f. 235 b 8-236 c 7; 266 d 8-268 d 5. – [12] ARISTOTELES, 438 a 11f. 462 a 13ff. 464 b 9ff. – [13] PLOTIN, Enn. II, 4, 5. 15; IV, 3, 10; V, 2, 1. – [14] PLATON, Krat. 431 c 10-432 d 3. – [15] Soph. 240 a 7-b 13. – [16] Resp. 509 e 1ff.; Soph. 266 b 9ff. – [17] Phil. 39 b 6-c 1. – [18] Phaidr. 250 b 1-5; Tim. 92 c 5ff. – [19] Resp. 515 a 4. – [20] ARISTOTELES, 140 a 14; 1410 b 17f.; 1412 b 32ff.; 1448 b 10f. – [21] PLOTIN, Enn. II, 3, 18. – [22] a. a. O. III, 5, 9. – [23] I, 2, 7. – [24] Vgl. Art. ‹Philon› in: Reallex. Antike u. Christentum 4, 773f.

Literaturhinweise. H. WILLMS: Eikon, Eine begriffsgesch. Untersuchung zum Platonismus 1 (1935). – J. STENZEL: Über den Aufbau der Erkenntnis im VII. platonischen Brief. Kleine Schriften zur griech. Philos. (1956) 85-106. D. ROLOFF

Eigendünkel, seit LUTHER nachweisbarer Begriff [1], wird philosophisch von KANT als Übersetzung des lateinischen *arrogantia* verwendet und erörtert. Diese wird von CICERO als «odiosa» verurteilt [2]. Dem stimmt AUGUSTINUS unter Berufung auf Proverbia 27, 2 («Dein Mund soll dich nicht loben, sondern es lobe dich der Mund deines Nächsten») zu [3]. THOMAS VON AQUIN bestimmt die arrogantia als eine species der superbia; sie bildet deren innere Seite, durch die jemand «interius supra se ipsum elevatur» (sich innerlich über sich selbst erhebt) [4].

Da im Vulgata-Text des Neuen Testaments ‹superbia› für das griechische ἀλαζονεία steht (1. Joh. 2, 16; Jak. 4, 16), ergibt sich ein Zusammenhang auch zu diesem Begriff hin, der in den pseudo-platonischen Definitionen als ἕξις προσποιητικὴ ἀγαθῶν μὴ ὑπαρχόντων (Hang, nicht vorhandene Verdienste zu beanspruchen) bestimmt und von ARISTOTELES ähnlich gefaßt wird [5]. Indes wird ἀλαζονεία meist als *ausdrückliche* Inanspruchnahme *konkret* anzutreffender eigener Leistungen (Prahlerei) verstanden, während E. als mehr allgemeines Überzeugtsein von solchen nur mittelbar Ausdruck findet.

KANT beschreibt den E. als «eine unbillige Anmaßung, die man auf das Verdienst macht» [6] und definiert: «Die Unbescheidenheit der Forderung ... von andern geachtet zu werden, ist der *E.* (arrogantia)» [7].

Genauere Bestimmungen hat neuerdings LERSCH gegeben. Er faßt den «Dünkel» (Hoffart, Hochmut) als eine Art des Selbstgefühls, genauer des Geltungsbewußtseins bzw. des Geltungsanspruchs, mit dem Charakter der Unechtheit: eine «kompensatorische Verkleidung eines immer in Bereitschaft stehenden Minderwertigkeitsgefühls». Solcher Dünkel klammert sich an die äußere Gebärde und steht unter dem «Zwang, sich mit andern zu vergleichen»; durch die betonte Geste der Nichtachtung der andern «kümmert er sich [aber] immer schon viel mehr um den andern, als er eben durch diese Geste zum Ausdruck bringen möchte» [8].

Anmerkungen. [1] J. u. W. GRIMM, Dtsch. Wb. 3 (1862) Art. ‹E.›. – [2] Oratio in Q. Caecilium § 36. – [3] In Joannis Evang., Tract. 63, 3. – [4] S. theol. II/II, q. 112 a 1 ad 2. – [5] Eth. Nic. 1125 a 17ff. 1127 a 13ff.; vgl. THEOPHRAST, Charakteres 3 (8). – [6] P. MENZER (Hg.): Eine Vorlesung Kants über Ethik (1924) 168. – [7] Met. Sitten, Tugendlehre § 37. – [8] PH. LERSCH: Aufbau der Person ([10]1966) 330-332.

Literaturhinweis. PH. LERSCH s. Anm. [8]. H. REINER

Eigenname. Im Unterschied zur sprachwissenschaftlichen Auffassung [1] wird in der Logik unter einem E. allgemein die Entsprechung eines Gegenstandes (s. d.) auf der Ausdrucksebene verstanden. Je nachdem, was unter ‹Gegenstand› verstanden wird, ist auch der Gebrauch von ‹E.› weiter oder enger. Der umfassendste Gebrauch findet sich bei FREGE [2]. Danach sind E. z. B.:
1. Personennamen (Aristoteles), geographische Namen (Nordsee, London, England), «logische» Gegenstandsnamen (5, 3+2, e).
2. Kennzeichnungen (s. d.) (die kleinste natürliche Zahl, der Entdecker der elliptischen Gestalt der Planetenbahnen).
3. Aussagesätze, die als E. der beiden Wahrheitswerte «Wahr» und «Falsch» aufgefaßt werden (Sokrates ist sterblich; 3+2 = 7).

Frege spricht auch dann noch von E., wenn diese bedeutungslos sind, d. h. keinen Gegenstand bezeichnen, obwohl sie den Anschein dazu erwecken (die größte natürliche Zahl). Solche E. nennt Frege auch «Scheineigennamen» [3].

Anmerkungen. [1] Vgl. Art ‹Name›. – [2] G. FREGE: Über Sinn und Bedeutung. Z. Philos. und philos. Kritik 100 (1892) 25-50. – [3] Nachgelassene Schriften, hg. HERMES u. a. (1969) 141.

Literaturhinweis. J. R. SEARLE: Proper Names. Mind 67 (1958) 166-173; dtsch. in: Philos. und normale Sprache, hg. E. v. SAVIGNY (1969) 180-190.
G. GABRIEL

Eigennutz begegnet im philosophischen Sprachgebrauch zuerst bei CHR. WOLFF, der erklärt, daß das von ihm aufgestellte Sittlichkeitsprinzip, nämlich «die Vollkommenheit der Natur und unseres Zustandes von dem Eigen-Nutze weit verschieden sey». «Wer eigennützig ist, siehet nur auf sich und suchet seinen Nutzen auch mit anderer ihrem Schaden, woferne er ihn nur ohne seinen größeren Schaden erhalten kann: hingegen wer sich suchet so vollkommen zu machen als möglich ist, der suchet auch was des andern ist, und verlanget nichts mit anderer ihrem Schaden» [1]. E. bedeutet also hier bereits nicht mehr den eigenen Nutzen selbst, sondern dessen Verfolgung.

Eine Anregung zur Bildung des Begriffs ‹E.› dürfte von der bei CICERO zu findenden Entgegensetzung von «utilitas communis» und «utilitas tua» [2] oder «nostra» [3] ausgegangen sein. Doch besteht hier eine feste Begriffsprägung, etwa in Gestalt von «utilitas privata», noch nicht; nur die allgemeine Entgegensetzung von «communia» und «privata» findet sich gelegentlich [4].

Bei THOMAS VON AQUIN kommt weder der Begriff der «utilitas privata» noch der «utilitas communis» vor; der Gegensatz von E. und Gemeinnutz wird hier durch die die Ziele ins Auge fassenden Begriffe «bonum commune» und «bonum privatum» repräsentiert.

Vermutlich ist die Bildung des Begriffs ‹E.› auch beeinflußt durch das englische ‹self-interest›, das in derselben Bedeutung seit Mitte 17. Jh. in der Literatur vorkommt und philosophisch zuerst bei F. HUTCHESON [5] und J. BUTLER [6] in Erscheinung tritt.

Ende des 18. Jh. gelangte der Begriff ‹E.› in das unter dem Einfluß der Philosophie Wolffs formulierte, 1794 veröffentlichte ‹Allgemeine Landrecht für die preußischen Staaten›, das einen Abschnitt ‹Von Beschädigungen des Vermögens durch strafbaren ‹E.› und Betrug› [7] enthält, ohne indes E. zu definieren.

Bei KANT spielt der Begriff E. keine Rolle. FICHTE greift ihn auf, ähnlich wie Wolff den E. als Moralprinzip abweisend, gibt indes zu, daß manche Zeitalter «den bloßen sinnlichen E. zum Antriebe aller» ihrer «lebendigen Regungen und Bewegungen haben» [8]. Genauer bestimmt SCHOPENHAUER den E; das Wort bezeichne «den Egoismus, sofern er unter Leitung der Vernunft steht, welche ihn befähigt, vermöge der Reflexion seine Zwecke *planmäßig* zu verfolgen; daher man Tiere wohl egoistisch aber nicht eigennützig nennen kann» [9].

In der Rechtsprache fand der Begriff ‹E.› weiter Verwendung im deutschen Strafgesetzbuch (1871), wo der 25. Abschnitt ‹Strafbarer Eigennutz unter Verletzung fremder Geheimnisse› heißt; auch hier wird keine Definition von E. gegeben.

Eine weitere Verbreitung erfuhr der Gebrauch des Begriffs durch den Nationalsozialismus, in dessen Parteiprogramm (Punkt 24) als Grundlage für die «Genesung» des deutschen Volkes das Prinzip «Gemeinnutz geht vor E.» aufgestellt wurde.

Anmerkungen. [1] Vern. Ged. von der Menschen Thun und Lassen (1721) §§ 42. 43. – [2] De off. III, 30. 52. – [3] De fin. III, 64. – [4] De off. I, 20. – [5] Inq. conc. moral good and evil (1725) Introduction. – [6] Sermons (1726) XI. – [7] Teil II. Titel XX, 15. Abschnitt. – [8] Reden an die dtsch. Nation, 1. Rede. Sämtl. Werke, hg. I. H. FICHTE 264; vgl. Das System der Sittenlehre a. a. O. 4, 183. 580. 592. – [9] Preisschrift über die Grundlage der Moral (1841) § 14.
H. REINER

Eigenpsychisch heißen nach SCHELER [1] für ein Individuum seine Erlebnisse. CARNAPS Werk ‹Der logische Aufbau der Welt› [2] enthält einen Versuch, die eigenpsychischen Erlebnisse zur Grundlage eines Konstitutionssystems aller empirischen Begriffe zu machen. Er geht damit auch von einer solipsistischen Basis aus.

Anmerkungen. [1] Wesen und Formen der Sympathie (1913, ²1923) 297f. – [2] 1928, ²1961.
V. KRAFT

Eigenschaft

I. Die ursprüngliche Bedeutung des Wortes ‹E.› als ‹Besitz› (Eigentum) wandelte sich zu ‹Beschaffenheit› oder ‹Merkmal›, das eine Person oder Sache ‹hat›. Im Unterschied zur ‹Eigenheit›, die die Vorstellung einer individuellen Besonderheit einschließt, kann Eigenschaft etwas sein, das vielen Individuen in gleicher oder ähnlicher Weise zukommt.

Im 16. Jh. wurde ‹E.› zur Übersetzung von ‹qualitas›, ‹zufällige E.› als Wiedergabe von ‹accidens (logicum)› benützt [1]. Die Einengung des Wortsinnes auf ‹attributum› bei CHR. WOLFF [2] («Was einzig und allein in dem Wesen eines Dinges gegründet ist, wird eine E. genennet» [3]) hat sich ebensowenig durchgesetzt wie seine Ausweitung bei CHR. A. CRUSIUS [4].

Anmerkungen. [1] R. EUCKEN: Gesch. der philos. Terminologie (1879) 126. – [2] CHR. WOLFF: Vernünftige Gedanken von Gott, der Welt und der Seele des Menschen (⁴1729) Reg. I nach S. 672; vgl. A. G. BAUMGARTEN: Metaphysica (⁷1779) § 50. – [3] WOLFF, a. a. O. § 44. – [4] CHR. A. CRUSIUS: Entwurf der notwendigen Vernunftwahrheiten ... (²1753) §§ 20. 26ff. 40.
D. SCHLÜTER

II. In der deutschen und flämischen Mystik des 14./15. und 17./18. Jh. fungieren ‹E.› und das häufig synonym mit ihm gebrauchte ‹Eigenheit› als Begriffe, deren Sinngehalt von den beiden üblichen Bedeutungen «Eigentum» und «Merkmal, Beschaffenheit» sowohl in der semantischen Weite als auch im Bedeutungskern erheblich abweicht. Beide Termini sind Lehnübersetzungen von lateinisch ‹proprietas›. Ein direkter Zusammenhang mit dem hellenistischem ἰδιότης (Eigenart, Eigentümlichkeit) scheint nicht zu bestehen.

Das mönchische Leben des Abendlands kennt seit seinen frühesten Anfängen das Gebot des commune und das Verbot des proprium als eines eigenen Besitzes: «hoc vitium radicitus amputandum est de monasterio» (dieses Laster ist im Klosterleben völlig auszurotten) [1]. Beide Forderungen entsprechen dem dritten der mönchischen Gelübde (obedientia, castitas, paupertas).

Seit den monastischen Reformbewegungen in der Mitte des 10. Jh. (Cluniazenser, Kartäuser, Zisterzienser) findet sich in dieser Bedeutung statt ‹proprium› auch ‹proprietas›. Die sich des Vergehens des proprietatem habere schuldig machenden Mönche werden seit etwa dem gleichen Zeitpunkt ‹proprietarii› genannt: «Proprietarii, monachi dicuntur, qui proprium, seu proprietates, vel peculia possident» (Propietäre werden die Mönche genannt, die etwas Eigenes oder Eigentümer oder Vermögen besitzen) [2].

Seit BERNHARD VON CLAIRVAUX bezeichnet ‹proprietas› nicht nur das sündhaft besessene Eigene, sondern auch das Laster des proprium habere selbst. Damit wird ‹proprietas› zu einem moralischen Abstraktum: «illa mala pestis Proprietas» (jene verderbliche Krankheit: die Proprietät) [3]. Die ihr gegenüberstehende Tugend heißt ‹communitas›.

Die Fruchtbarkeit von ‹proprium› in Wortbildung und im Entwickeln neuer Wortinhalte steigert sich deutlich seit dem 12. Jh. Sie steht im Zusammenhang mit der Entfaltung des mittelalterlichen Frühkapitalismus, den sozial-religiösen Bewegungen häretischer *(Waldenser, Katharer)* und orthodoxer Prägung *(Mystik)*, der städtischen Kultur, des Bürgertums und damit des europäischen Individualismus. Alle romanischen Sprachen entwickeln im späten Mittelalter u. a. die neue Bedeutung «selbst» für die jeweiligen Entsprechungen von ‹proprius›; durch den damit zusätzlich ausgedrückten reflexiven Bezug eignen sich diese noch besser zur Generierung von Begriffen, die einen Bezug des Individuums zu sich selbst zu erfassen versuchen. Die Entstehung der Bettelorden (Franziskaner, Dominikaner) um 1200 und ihr ausdrückliches Armutsgelöbnis verstärken gleichfalls die Ausstrahlungskraft des ‹proprium› [4].

Im Laufe des 13. Jh. wird der juristische Terminus ‹appropriatio› (Aneignung) mit seinen Ableitungen (appropriare, -tus) in das religiöse Vokabular übernommen und bezeichnet zunächst den Akt, dann wie ‹proprietas› allgemein die Sünde eigenen Besitzens [5].

Schon im 12. Jh. beginnt der Prozeß, der die Sonderentwicklung von ‹E.› am stärksten beeinflußt: ‹proprium›, das im theologischen Vokabular neben den oben genannten Verwendungen auch noch in vielen anderen Termini mit ethisch negativer Bewertung vorkommt (vor allem ‹voluntas propria›, ‹consilium proprium› und ‹gloria propria› in Opposition zur ‹voluntas› und ‹gloria Dei›), wird zu einem abstrakten Oberbegriff, der *alles* umfaßt, was der Mensch für sich, d. h. ohne göttlichen Rückbezug, denkt, empfindet und besitzt: «tria vota, scilicet obedientiae, castitatis, paupertatis, scilicet vivere sine Proprio» (die drei Gelübde: d. h. des Gehorsams, der Keuschheit, der Armut: d. h. ohne Eigenes leben) [6].

Dieselbe Bedeutung kommt dann auch ‹proprietas› zu. ‹Proprium› und ‹Deus›, ‹proprietas› und ‹deitas› sind nun jeweils eine Opposition bildende Begriffspaare: «Debet ergo claustralis renunciare non solum proprietati rei, sed etiam proprietati propriae voluntatis et proprietati privatae familiaritatis» (Der Mönch muß also nicht nur auf die Proprietät in materiellen Dingen, sondern auch auf die Proprietät des Eigenwillens und die Proprietät privaten vertrauten Umgangs verzichten) [7]. Als neues Grundübel vermischt sich ‹proprietas› mit der biblisch-patristischen Trias von ‹concupiscientia› (cupiditas), ‹superbia› und ‹amor sui›, die bisher als Wurzel alles Bösen galt, jedoch schon bei AUGUSTIN in Zusammenhang mit der der proprietas stets sehr nahen stehenden voluntas propria gebracht wird [8].

Dieser neue, höchst allgemeine und abstrakte Sinngehalt von ‹proprietas›, der sich in etwa mit «Selbstbezogenheit» wiedergeben ließe, zeigt sich voll ausgeprägt in der Ende des 13. Jh. vor allem in Italien und Deutschland entstehenden theozentrisch-dualistischen Mystik der Dominikaner. Das moralische Abstraktum ‹proprietas› ist damit zu einer ontologischen Größe erweitert worden: Das Böse besteht nicht mehr in einem Laster, dem sich eine Tugend zuordnen ließe, sondern in der Ichbefangenheit menschlicher Existenz an sich, solange diese noch nicht völlig «entselbstet» und damit der Göttlichkeit konform geworden ist. Die stärksten Hindernisse für die «Entwerdung» [9] aber liegen weniger im Aufgeben des *Äußerlichen* (divitiae, commodum, gloria) als des *Inneren*, nämlich eigenen Fühlens und Denkens, vor allem im Hinblick auf das Selbstwerterleben der eigenen Person und der Ichhaftigkeit jeder Reflexion an sich.

Der Bedeutungswandel von ‹proprietas› bedeutet also gleichzeitig eine starke *Verinnerlichung* des Begriffs. Der «geistliche Kampf» gegen diese gefährlichste Form der ‹proprietas› vor allem im geistlichen Bereich selbst (Gebet, Kontemplation; Sorge um das eigene Seelenheil), gegen den Zirkel der Subjektivität, ein Kampf, der nur gewonnen werden kann, wenn er zur physischen und psychischen Selbstvernichtung des Individuums führt, ist bis 1700 (FÉNELON) eines der dringendsten Anliegen der gesamten aszetisch-mystischen Theologie Westeuropas.

Als MEISTER ECKHART ‹proprietas› mit ‹E.› verdeutscht, übernimmt er alle fünf in der bisherigen Begriffsgeschichte angetroffenen semantischen Hauptfunktionen und entwickelt vor allem die Radikalität und Absolutheit der ontologischen Bedeutung selbst weiter. «Diz eigen suln wir dâ mite erarnen, daz wir hie sîn âne *eigenschaft unser selbes*» (Dies Eigene sollen wir damit erwerben, daß wir hier (in dieser Welt) ohne jede ‹eigenschaft› in bezug auf uns selbst leben) [10]. ‹E.› kann aber auch auf Grund seiner großen semantischen Weite durchaus eine qualitas Dei bezeichnen.

‹Eigenheit› findet sich in der gleichen Bedeutung bei TAULER [11] und in der niederländischen Mystik (J. VAN RUYSBROEK). SEUSE und die ‹*Theologia deutsch*› bevorzugen ‹E.› [12].

Durch den Einfluß der germanischen Mystiker auf die spanische Spiritualität der Karmeliter in der zweiten Hälfte des 16. Jh. [13] wird auch dort die ‹propriedad› zum Inbegriff aller gottesfernen Individualität [14].

Die gegenreformatorische Literatur Frankreichs vor allem am Anfang des 17. Jh. (*Ecole Abstraite;* BÉRULLE) verwendet ‹propriété› und ‹propriétaire› in ähnlichem Bedeutungsreichtum wie die deutsche Mystik ‹E.› [15].

Die Wiederentdeckung des mittelalterlichen Aszetismus in *Quietismus* (FÉNELON) und *Pietismus* (P. POIRET; THOMASIUS) gegen Ende des 17. Jh. läßt die mystische Bedeutung bei ‹E.› noch einmal auftauchen: «Bey einigen, besonders mystischen Schriftstellern, die ungeordnete Liebe zu sich selbst, nebst dem Eigennutzen, Eigenwillen u.s.f.» [16]. Gleiches gilt für ‹propriété› bei FÉNE-

LON, das in seinem Wortinhalt häufig mit ‹amour-propre› und ‹volonté propre› zusammenfällt [17]. Alle stehen gemeinsam dem ‹amour pur› gegenüber und werden in ihrem tiefsten Wesen als Selbst-Reflexion entlarvt [18].

Im anarchistischen Individualismus und Egoismus M. STIRNERS erfahren ‹Eigenheit› und ‹E.› neben anderen ehemaligen Schlüsselbegriffen der Mystik wie ‹Eigennutz›, ‹Eigenwillen›, ‹Ich›, ‹Mein›, ‹Mich› ihre ironische Verkehrung ins Gegenteil der theologischen Bewertung [19].

Anmerkungen. [1] S. BENEDICTUS, Regula Monachorum, hg. B. LINDERBAUER 33. – [2] EKKEHART I., De Casib. S. Galli 11, S. 87. – [3] BERNHARD VON CLAIRVAUX, In consuet. Cluniacens. 3. – [4] BERTHOLD VON REGENSBURG, Sermones ad religiosos 68. – [5] Conc. Rem. (1408), in: MARTEN, Ampl. Collect. VII, c. 420, Nr. 53. – [6] ODON, archiep. Rotomag., Cod. reg. 1245, fol. 90 r. – [7] ABSALON VON SPRINCKIRSBACH, MPL 211, c. 175. – [8] Vgl. Art. ‹Eigenwille›. – [9] Vgl. Art. ‹Desappropriation›. – [10] MEISTER ECKHART, Predigten, hg. QUINT 1, 298. – [11] J. TAULER, Predigten, hg. VETTER 175, 25. 184, 24. – [12] A. NICKLAS: Die Terminol. des Mystikers Heinrich Seuse (Phil. Diss., Königsberg 1914) 46; Theologia deutsch, hg. PFEIFFER (³1875) 12. 216. – [13] J. ORCIABAL: La rencontre du Carmel thérésien avec les mystiques du Nord (Paris 1959). – [14] JOHANNES VOM KREUZ: Subida del Monte Carmelo II, III. – [15] BÉRULLE, Lettre au Père Gibieuf (August 1619). Corr. de Bérulle 2, 57. – [16] J. C. ADELUNG, Versuch eines vollst. gramm.-krit. Wb. der hochdtsch. Mundart (²1793) s. v.; W. FELDMANN: Modewörter des 18.Jh. Z. dtsch. Wortforsch. 6 (1904/05) 107. – [17] H. BREMOND, Hist. litt. du sentiment religieux en France 11, 29. – [18] R. SPAEMANN: Reflexion und Spontaneität. Studien über Fénelon (1963) 52. 38. – [19] M. STIRNER: Der Einzige und sein Eigentum, hg. A. RUEST (1924) 157-172. 174. 228. 287. 301; MARX/ENGELS, Dtsch. Ideol. MEW 3, 107-467.

Literaturhinweise. A. V. HARNACK: Lb. der Dogmengesch. 3 (²1890) 374-391. – DU CANGE: Glossarium mediae et infimae latinitatis 5, 481f. – R. RATTKE: Abstraktbildungen bei Meister Eckhart und seinen Jüngern (Phil. Diss., Jena 1906). – O. ZIRKER: Die Bereicherung des dtsch. Wortschatzes durch die mittelalterl. Mystik (1923). – C. KIRMSSE: Die Terminol. des Mystikers J. Tauler (Phil. Diss., Leipzig 1930). – J. QUINT: Mystik und Sprache. Dtsch. Vjschr. Lit.wiss. 27 (1953) 48-76. – B. SCHMOLDT: Die dtsch. Begriffssprache Meister Eckharts. Studien zur philos. Terminol. des Mhd. (1954) 109-112. – E. WERNER und M. ERBSTÖSSER: Sozial-relig. Bewegungen im MA, in: Wiss. Z. K. Marx-Univ. Leipzig. Gesellschafts- u. sprachwiss. Reihe 7 (1957/58) 257-282. – L. KOLAKOWSKI: Chrétiens sans Eglise (Paris 1969). – A. M. HAAS: Nim dîn selbes war. Stud. zur Lehre von der Selbsterkenntnis bei Meister Eckhart, Johannes Tauler und Heinrich Seuse, in: Dokiminion. Neue Schr.reihe zur Freiburg. Z. Philos. u. Theol. 3 (Fribourg 1971).   H.-J. FUCHS

III. Der allgemeine E.-Begriff wird in der *Psychologie* außerhalb der Persönlichkeitstheorie fast durchweg unreflektiert verwendet. Die wichtigste Ausnahme bildet die *Gestalttheorie*, die eine in der Wahrnehmungslehre entwickelte E.-Theorie [1] anbietet. E. RAUSCH beschränkt den E.-Begriff auf «ausgegliederte Gegenstände»; andere Attribute werden ‹Qualitäten› genannt. Kommt eine E. einem Gegenstand unmittelbar zu, so heißt sie ‹*phänomenale* E.›; ist sie nur zu ermitteln, ‹*konditional-genetische* E.›. Für Ganze und Teile unterscheidet METZGER *Struktur-* oder *Gefüge*-E., die Ordnung und Aufbau kennzeichnen, *Ganzqualitäten* (für Stoffliches) und schließlich – als «tertiäre Qualitäten» – *Wesens*-E. (physiognomische oder Ausdrucks-E.). Speziell von der Struktur der übergeordneten, meist unanschaulichen Bezugssysteme abhängig sind die (phänomenal) *absoluten* E. – Eine Auswirkung der «Gestalttheorie der E.» auf die E.-Problematik der Persönlichkeitspsychologie steht noch aus.

Die *Persönlichkeits-*E. (vereinzelt auch: ‹Charakter-E.›) haben ungleich mehr theoretische Bemühung und Kontroverse auf sich gezogen. Als Gemeingut der meisten Persönlichkeitstheorien kennzeichnen sie immerhin einige Theorien als ausdrücklich *eigenschaftszentriert* (trait-centered). Hierhin gehören so verschiedenartige Konzeptionen wie (einige) Charakterologien, die Theorien von G. W. ALLPORT [2] und von R. B. CATTELL [3]. Seit W. STERN (1901) die von W. WINDELBAND geprägte Unterscheidung von nomothetischem und idiographischem Vorgehen aufgegriffen und für die von ihm begründete ‹Differentielle Psychologie› fruchtbar gemacht hatte, entwickelte sich die – von Anfang an uneinheitliche – E.-Konzeption in zwei stark divergierenden Richtungen. Während in der mehr idiographisch orientierten Persönlichkeitstheorie E. als «illata» [4] bzw. als an der Person reale (psychische) Entitäten meinende *hypothetische Konstrukte* [5] aufgefaßt werden, verwendet die nomothetisch arbeitende Psychologie der Persönlichkeit E.-Begriffe in der Regel nur als «abstracta» [4], d. h. als generalisierte *Abstraktionen* aus empirischen Daten (intervenierende Variablen zwischen Observablen). Im ersten Fall ist die dispositional gemeinte Beziehung zwischen E. und Verhalten prinzipiell problematisch; im zweiten meint E. nie mehr, als die Beobachtung und Messung des Verhaltens ergibt. In eben diesem Sinne trennt z. B. ALLPORT zwei E.-Konzepte: Eine *universelle* E. (die interindividuell allgemein, «common trait», ist) sei «eine Kategorie zur Klassifikation funktional äquivalenter Verhaltensweisen in einer allgemeinen Population» [6]. Dagegen wird eine *individuelle* E., von Allport heute als «personale Disposition» bezeichnet, «eine generalisierte, dem Individuum eigentümliche, neuropsychische Struktur, die viele Reize funktional äquivalent zu machen und konsistente ... Verhaltensweisen einzuleiten und zu steuern vermag» [7]. Damit wird von Allport die Trennung der überdauernden Motivation von der E. aufgehoben [8].

Dem E.-*Gefüge*, d. h. einer strukturellen Ordnung bzw. Hierarchie von E., tragen Forscher der verschiedensten Richtungen Rechnung, wenn sie etwa Wurzel-E. von Oberflächen-E. (CATTELL), kardinale, zentrale und sekundäre E. oder genotypische von phänotypischen und Pseudo-E. (ALLPORT), echte von unechten (L. KLAGES) unterscheiden. Auch die von PH. LERSCH (im Anschluß an K. BÜHLER) vorgeschlagene Ordnung nach Wesens-, Verhaltens- und Leistungs-E. impliziert letztlich eine Zentrum-Peripherie-Dimension [9]. Andere Klassifikationsversuche berücksichtigen den mutmaßlichen Anlage- oder Umweltursprung, Gesichtspunkte der Entwicklungspsychologie oder auch nur der Psychometrie. Ist E. – wie der Faktorenanalytiker J. P. GUILFORD definiert – «jeder abstrahierbare und relativ konstante Wesenszug, hinsichtlich dessen eine Person von anderen Personen unterscheidbar ist» [10], so können E. rein nach denjenigen Aspekten klassifiziert werden, unter denen man sinnvoll Persönlichkeit erforscht.

Während die meisten E.-Definitionen das «relativ Überdauernde» unterstreichen, oft überhaupt nur Verhaltenskonsistenz formulieren, findet in jüngster Zeit auch die Variabilität von E. Beachtung [11].

Anmerkungen. [1] W. METZGER: Psychol. (³1963); E. RAUSCH: Das E.-Problem in der Gestalttheorie der Wahrnehmung, in: W. METZGER (Hg.): Hb. der Psychol. 1/1 (1966) 866-953. – [2] G. W. ALLPORT: Pattern and growth in personality (New York 1961). – [3] R. B. CATTELL: The sci. analysis of personality (Harmondsworth/Middlesex 1965). – [4] H. REICHENBACH: Experience and prediction (Chicago 1938). – [5] K. MACCORQUODALE und P. E. MEEHL: On a distinction between hypothetical constructs and intervening variables. Psychol. Rev. 55 (1948) 95-107. – [6] ALLPORT, a. a. O. [2] 349. – [7] 373. – [8] Zur Gesamtproblematik vgl. C. F. GRAUMANN: E. als Problem der Persönlichkeitsforsch., in: PH. LERSCH und H. THOMAE (Hg.): Hb. der Psychol. 4 (1960) 87-154. – [9] PH. LERSCH: Aufbau der Person

(⁷1956). – [10] J. P. GUILFORD: Persönlichkeit (dtsch. 1964) 7f. – [11] Vgl. P. LERSCH und H. THOMAE, a. a. O. [8] 281-353.

Literaturhinweise. W. STERN: Die differentielle Psychol. in ihren methodischen Grundlagen (³1921). – G. W. ALLPORT: Personality and social encounter (Boston 1960); s. Anm. [2]. – C. F. GRAUMANN s. Anm. [8]. – P. LERSCH und H. THOMAE s. Anm. [8].

C. F. GRAUMANN

Eigentlichkeit/Uneigentlichkeit sowie ‹eigentlich› und ‹uneigentlich› sind Deutungsbegriffe in M. HEIDEGGERS Auslegung der ‹Existenzialien›. Alle Existenzialien werden bestimmt aus ihrer verhältnismäßigen Spannung zwischen E. und U. «Die beiden Seinsmodi der *E.* und *U.* – diese Ausdrücke sind im strengen Wortsinn terminologisch gewählt – gründen darin, daß Dasein überhaupt durch Jemeinigkeit bestimmt ist» [1]. «Zum existierenden Dasein gehört die Jemeinigkeit als Bedingung der Möglichkeit von E. und U. Dasein existiert je in einem dieser Modi, bzw. in der modalen Indifferenz ihrer» [2]. Einen ausgezeichneten Zugang zur E. eröffnet die Angst. «Allein in der Angst liegt die Möglichkeit eines ausgezeichneten Erschließens, weil sie vereinzelt. Diese Vereinzelung holt das Dasein aus seinem Verfallen zurück und macht ihm E. und U. als Möglichkeiten seines Seins offenbar» [3]. «Das Freisein *für* das eigenste Seinkönnen und damit für die Möglichkeit von E. und U. zeigt sich in einer ursprünglichen, elementaren Konkretion in der Angst» [4]. «Die Angst offenbart im Dasein das *Sein zum* eigensten Seinkönnen, das heißt das *Freisein für* die Freiheit des Sich-selbst-wählens und -ergreifens. Die Angst bringt das Dasein vor sein *Freisein für* ... die E. seines Seins als Möglichkeit, die es immer schon ist. Dieses Sein aber ist es zugleich, dem das Dasein als In-der-Welt-sein überantwortet ist» [5]. «U. hat mögliche E. zum Grunde. U. kennzeichnet eine Seinsart, in die das Dasein sich verlegen kann und zumeist auch immer verlegt hat, in die es sich aber nicht notwendig und ständig verlegen muß» [6]. «Die U. kann ... das Dasein nach seiner vollsten Konkretion bestimmen in seiner Geschäftigkeit, Angeregtheit, Interessiertheit, Genußfähigkeit» [7].

Anmerkungen. [1] M. HEIDEGGER: Sein und Zeit (⁹1960) 42f. – [2] a. a. O. 53. – [3] 190f. – [4] 191. – [5] 188. – [6] 259. – [7] 43.

Literaturhinweis. K. GRÜNDER: M. Heideggers Wissenschaftskritik in ihren gesch. Zusammenhängen. Arch. Philos. 11 (1961) 312-335.

P. PROBST

Eigentum. Das althochdeutsche ‹egendom›, ‹egen› ist als Glosse für lateinisch ‹hereditas›, ‹possessio›, ‹dos›, ‹patrimonium›, ‹fundus›, ‹proprietas› u. a. m. belegt [1]. Diese Bedeutungsspanne bleibt ‹E.› als juristischem Terminus bis Ende des 18. Jh. erhalten. Das seit dem 15. Jh. vereinzelt für hoheitsrechtliches E. nachweisbare lateinische ‹dominium› bürgert sich im 17. Jh. zur Bezeichnung grundherrschaftlichen E. ein. Zugleich kommt das bisher mit ‹E.› synonyme ‹eigenschaft› als juristischer Terminus außer Gebrauch. Für das späte 18. Jh. sind die Wortneubildungen ‹Personal-E.› und ‹Privatbesitz› nachweisbar [2]. Eine Wortschöpfung HEGELS ist ‹Privat-E.›, das er dem E. des Fürsten an der Staatsmacht gegenüberstellt [3].

Theoretische Bemühungen um die Erkenntnis des Ursprungs und der Geltung des E.-Rechts setzen in der Antike ein. Im Mittelalter versucht THOMAS VON AQUIN, eine Synthese zwischen patristisch-stoischer und aristotelischer E.-Lehre zu finden [4].

Die Diskussion um die rechtliche Beschaffenheit des *Privat-E.* setzt mit der Neubelebung des Naturrechts im 17. Jh. ein mit der Frage nach rechtlichem Erwerb von E. (*Okkupationstheorie* von GROTIUS). Die Naturrechtslehre befindet und versteht sich damals in Opposition zum altständischen E.-Begriff, der nicht sachenrechtlich, sondern hoheitsrechtlich strukturiert ist, im Imperium seinen Ursprung hat und als Herrschaft errichtet wird. Das Haben von Dingen (Hab und Gut, das Seine) existiert durchaus, aber neben dem eigentlichen E. (dominium, Eigenschaft, eigen). Zu letzterem kann nur werden, was Recht und Gerechtigkeit sein oder solche vergeben kann, was also in eminentem Sinne öffentlich, ein Teil der Res publica ist und dessen Eigentümer E. mit politischen, richterlichen und polizeilichen Befugnissen (Freiheiten) als Amtsträger des Staats innehalten. Die naturrechtliche Gegnerschaft zu diesem herkömmlichen E.-Recht mußte die ganze Staatsverfassung angehen und erforderte deren Neuentwurf. So gehört J. LOCKES *Arbeitstheorie* des E.-Erwerbs in den Zusammenhang seines vorstaatlich-individualistischen Freiheitsbegriffes, zu seiner Theorie vom Vertragsstaat, in dem eingebrachter Besitz, nicht hoheitlich errichtetes E. geschützt wird, und zur Lehre von der Gewaltenteilung, welche die Enteignung der Eigentümer in sich birgt, deren herkömmliche Befugnisse an den Staat fallen [5]. Im 18. Jh. wird zunächst die neue staatsfreie Individualfreiheit diskutiert, welche die alten, nur politischen Freiheiten der Eigentümer ersetzen soll (CHR. THOMASIUS). Im Kampf um Zunft- und Handelsfreiheit zielt dann die erstrebte Entpolitisierung wieder direkt auf E., auf die Privilegien, die, umwillen des besseren Privatgewinnes von Privat-E., aufzuheben sind.

In einer *Staatsverfassung* wird E. erstmals in der französischen Constitution von 1793 definiert, und zwar als *Privat-E.*, als Recht jedes Bürgers, seine Güter und Einkünfte zu genießen und nach eigenem Gutdünken darüber zu verfügen [6].

Die verfassungsrechtlich angestrebte Trennung zwischen Privatinteressen und denen der Allgemeinheit, wie sie das moderne Rechtssystem im Unterschied zur altständischen E.-Ordnung verwirklichen soll, versucht J.-J. ROUSSEAU mit seiner *Legaltheorie* vom E.-Erwerb zugunsten des Gemeinwohls aufzuheben: mit Zustandekommen des Gesellschaftsvertrags geht ein Entäußerungsakt einher, in dem der Staat den vorstaatlichen Besitz der Individuen an sich nehme, um ihn den Besitzern als legitimes E. «zu treuer Hand» zurückzugeben [7]. Ist Rousseaus E.-Theorie noch Teil eines Verfassungsentwurfes, in dem Privat-E. gegenüber den Bürgern, nicht jedoch gegenüber dem Staat besteht, so gibt es für KANT nur ein naturrechtlich begründetes Sachen-E. der Person: ein «unbeschränkter Privatgebrauch in die Sache»; so gehört E. für Kant zum Personenrecht, weil die Sache sich nicht verbindlich machen könne und folglich keinen Rechtsgrund habe [8]. FICHTE kennt sowohl den naturrechtlichen Grund des E. – die Unterwerfung des Dings unter unsere Zwecke [9] – als auch ein satzungsrechtliches E., mit dem jeder die Wirkungssphäre seiner Freiheit erhält. Da nun jedes Mitglied im Staatsbürgervertrag (E.- und Schutzvertrag) das Recht auf Bedürfnisbefriedigung und Arbeit erhält, befindet der Staat über die E.-Streuung [10] («Kommunismus aus individualistischer Wurzel»). HEGEL definiert das E. von der Grundlage der Wirklichkeit gewordenen bürgerlichen Rechts- und Gesellschaftsordnung aus als Sache, durch die die Person sich die Sphäre äußerer Freiheit gibt. Die Sache erhält durch Aneignen, Formieren und Gebrauchen, dadurch, «daß Ich meinen persönlichen Willen in sie hineinlege», erst ihre Wirklichkeit, ihr reelles Sein zugerichteter Natur. Indem der Mensch die Natur versachlicht, befreit er sein Dasein aus dem Naturzustand. So wird E. zum Anfang seiner Freiheit, zur Bedingung, sie im ganzen Umfang ihrer geistig-sittlichen Substanz zu verwirklichen [11].

Unter der Parole «E. ist Diebstahl» vertritt 1780 J.-P. BRISSOT die These, man höre auf, Eigentümer einer Sache zu sein, sobald man seine Bedürfnisse an ihr befriedigt habe [12]. Ähnlich betrachtet P.-J. PROUDHON [13] E. als illegitim, wenn es weder Gegenstand unmittelbarer Produktion oder Konsumtion ist, noch eigener Arbeit entstammt, ferner wenn es zur Machtausübung mißbraucht wird. Sein utopisches Ziel ist nicht Aufhebung, sondern gleichmäßige Verteilung von (vor allem Grund-)E. als «Panzer der Persönlichkeit» gegen die öffentliche Gewalt [14]. MARX knüpft an Hegels E.-Begriff an, will aber die bourgeoise E.-Ordnung durch eine technisierte Welt mit ihrer Arbeitsteilung und Kooperation angemessener ersetzen. Das Privat-E. habe den Menschen in die Dienstbarkeit des Habens gebracht, ihn sich selbst entfremdet. Erst mit der Aufhebung des Privat-E. könne der Mensch den Menschen produzieren, zu seinem innersten Wesen durchdringen; er realisiert dies durch hervorbringende Tätigkeit, die als menschliche immer gesellschaftliche ist, so daß der Mensch, die Gesellschaft produzierend (und die Gesellschaft den Menschen), hierin sein individuelles E. findet [15].

Durch den *Liberalismus* im 19. Jh. wird E. zum schrankenlosen, staatlichem Einfluß strikte entzogenen Herrschaftsrecht des Individuums über seine Habe, insbesondere über sein Haus [16], unter dem Druck der sozialistischen Gegnerschaft gegen das kapitalistisch-bürgerliche Privat-E. und im Zug eines liberal und konfessionell gestimmten Suchens nach neuen Ordnungsprinzipien des sozialen Lebens [17] werden von der zweiten Hälfte des 19. Jh. an die Sozialpflichtigkeit des E. sowie Möglichkeiten und Ziele staatlicher und konfessioneller E.-Politik erörtert. Das geltende E. wird jedoch als Gegebenheit hingenommen, insbesondere seit MAX WEBERS Forderung, wirtschaftspolitische und dogmatische Elemente aus der Wissenschaft auszuscheiden.

Die *heutige* Soziologie beschäftigt sich mit den Wirkungen des E. als Institution auf das soziale Beziehungsgefüge und mit den Rückwirkungen gesellschaftlicher Strukturwandlungen auf das E. Das Problem des E. wurde ebenso im rechtsphilosophischen und rechtsgeschichtlichen Zusammenhang in erneutem Ansatz aufgenommen [18].

Anmerkungen. [1] Dtsch. Rechtswb. 2 (1932-1935) 1321-1352. – [2] W. v. EDELSHEIM: Entwurf eines Edikts zur Aufhebung der Leibeigenschaft in Baden (1771); I. KANT, Met. Sitten, Rechtslehre I, 1, § 6; J. und W. GRIMM: Dtsch. Wb. 7 (1889) 2138. – [3] G. W. F. HEGEL: Grundlinien der Philos. des Rechts (1821), hg. J. HOFFMEISTER (1955) 240. – [4] Thomas von AQUIN, S. theol. II/II, q. 66, a. 2 ob. 1 u. ad 1. – [5] J. LOCKE: Two treatises of government (London 1690) 2. Abh. passim. – [6] Constitution (24. 6. 1793) Art. 2. 8. 16-19. – [7] J.-J. ROUSSEAU: Du contrat social (1762) Kap. 6. 8. 9. – [8] I. KANT: Met. Sitten (1797). Akad.-A. 6, 245-270. – [9] J. G. FICHTE: Grundlage des Naturrechts (1796). Werke, hg. I. H. FICHTE 3, 117. – [10] Rechtslehre (1812) Kap. 4. – [11] G. W. F. HEGEL: Enzykl. (1830) § 489; vgl. Grundlinien der Philos. des Rechts (1821) §§ 41ff.; vgl. J. RITTER: Person und E. Zu Hegels ‹Grundlinien der Philos. des Rechts› §§ 34-81 (1961); Nachdruck in: Met. und Politik (1969) 256-280. – [12] J. P. BRISSOT DE WARVILLE: Recherches philos. sur le droit de propriété (1780); vgl. Die frühen Sozialisten, hg. F. KOOL (1967) 76; P.-J. PROUDHONS Zurückweisung des Plagiatvorwurfs, dtsch. Ausgew. Texte, hg. T. RAMM (1963) 322f. – [13] P.-J. PROUDHON: Qu'est-ce que la propriété? ou Recherches sur le principe du droit et du gouvernement (Paris 1840), dtsch. a. a. O. 1-19; Théorie de la propriété (postum Paris 1865), Auszüge dtsch. a. a. O. 265-346. – [14] 339f. – [15] K. MARX: Frühschriften, hg. LANDSHUT, darin: Zur Judenfrage (1843) I; Nationalökonomie und Philos. (1844) 231ff.; Dtsch. Ideologie I; Feuerbach (1845f.) 346ff. – [16] G. F. PUCHTA: Pandekten (1838) § 144; B. W. LEIST: Über die Natur des E. (1859); B. WINDSCHEID: Lehrb. des Pandektenrechts 1 (1862) § 167; ROTTECK-WELCKER: Staatslex. 4 (1837) 628ff. – [17] Die Kathedersozialisten O. v. GIERKE; A. WAGNER; G. SCHMOLLER; R. v. IHERING u. a.; von kath. Seite Bischof KETTELER; LEO XIII: Rerum novarum (1891); PIUS XI.: Quadragesimo anno (1931); JOHANNES XXIII.: Mater et Magistra (1961). – [18] C. SCHMITT: Nehmen/Teilen/Weiden. Ein Versuch, die Grundfragen jeder Sozial- und Wirtschaftsordnung vom Nomos her richtig zu stellen, in: Verfassungsrechtl. Aufsätze (1958) 489-504; F. JONAS: Sozialphilos. der industriellen Arbeitswelt (1960) 139ff.; J. SCHAPP: Sein und Ort der Rechtsgebilde. Eine Untersuchung über E. und Vertrag (Den Haag 1968).

Literaturhinweise. A. HORVARTH: Das E.-Recht nach dem hl. Thomas von Aquin (1929). – O. SCHILLING: Die Staats- und Soziallehre des hl. Thomas von Aquin (²1930). – K. FARNER: Christentum und E. (1947). – FR. NEGRO: Das E. Gesch. und Zukunft. Versuch eines Überblicks (1963).

HANNAH RABE

Eigenwelt. J. VON UEXKÜLL vermeidet diesen Begriff, der für ihn identisch mit «Erscheinungswelt» ist, die nur von dem wahrnehmenden Subjekt erfaßt werden kann. Dafür hat er den Begriff «Merkwelt» geprägt. «Umwelt» ist demgegenüber mehr, denn sie umfaßt außer der Merkwelt auch die Wirkwelt eines Subjektes und sie kann durch die Umweltforschung, die auch als «Weltmittelpunktsmethode» [1] bezeichnet wird, von dem Beobachter rekonstruiert werden.

Anmerkung. [1] J. v. UEXKÜLL: Wie sehen wir die Natur und wie sieht sie sich selber? Naturwissenschaften (1922) 320.

TH. V. UEXKÜLL

Eigenwert ist ein Begriff, der den inneren Gehalt, die innere Güte [1] und die Stellung des Wertes im Reiche der Werte betrifft [2]. Er ist auch ein kontroverser Begriff, in dem es um die unterschiedliche Auffassung der Fundierungsverhältnisse der Werte geht. Thematisch ist die apriorische Beziehung zu den Werträgern und den Wertmodalitäten, der Bestimmtheit und Bedingtheit und Bezüglichkeit innerhalb der invariablen Rangordnung der Werte [3].

Für SCHELER ist E. Selbstwert, vom Konsekutivwert zu scheiden, unabhängig in seinem Wertcharakter. Das Fundierungsgesetz waltet von oben nach unten und offenbart einen teleologischen Zug.

Nach HARTMANN ist zwischen ontologischer und axiologischer Fundierung zu unterscheiden. Diese Unterschiedenheit zwischen höheren und niederen Werten läßt auch die niederen als E. zu, sofern sie autonom sind und keine Rückbezüglichkeit auf andere haben, um deretwillen sie erstrebt werden. E. meint vor allem axiologische Selbständigkeit, so daß der höhere Wert gegenüber dem niederen ein echtes Novum darstellt, wie z. B. der sittliche, personale Wert gegenüber den Güterwerten. Letztere sind zwar Bedingung der sittlichen Werte, diese aber sind axiologisch selbständig und so ein echtes Novum [4].

Anmerkungen. [1] J. v. RINTELEN: Der Wertgedanke in der europäischen Geistesentwicklung (1932) 42. – [2] N. HARTMANN, Ethik, Kap. 26. – [3] M. SCHELER: Der Formalismus in der Ethik und die materiale Wertethik (⁴1954) 66-131. – [4] N. HARTMANN, a. a. O. [2].

H. HÜLSMANN

Eigenwille, Eigensinn. Sehr früh finden sich in den antiken wie germanischen Sprachen Begriffe für den individuellen Willensakt, den Eigenwillen (Ew.) (griech. αὐτο- bzw. ἰδιογνώμονον; lat. consilium privatum; ahd. selpuuillo; altengl. self-will). Von all den zweigliedrigen Komposita, die sich um eine Erfassung besonders ausgeprägter Züge der Persönlichkeit bemühen, indem sie mit einem Wortteil direkt auf das Individuum weisen (selbst, eigen), scheint der Ew. stets als eines der ersten aufzutauchen.

In griechischen αὐτο- bzw. ἰδιογνώμονον [1] fallen noch persönliche Willens- und Meinungsäußerung weitgehend zusammen. CICERO unterscheidet bereits ‹consilium (iudicium) privatum› und ‹voluntas propria› (ad Brut. I, 17, 6).

‹Voluntas propria›, das sich zweimal in der Vulgata nachweisen läßt [2] und schon bei AUGUSTIN als häufigere Form neben das Synonym ‹voluntas privata› [3] tritt, wird zu einem Schlüsselbegriff der patristischen und monastischen Terminologie. In der voluntaristischen Seelenlehre Augustins ist alles Wollen und Begehren (appetitus) an sich gleich [4]. Da dem Gefühl neben Wollen und Erkennen keine eigenständige Funktion zugestanden wird, verschmelzen voluntas und amor zur Grundeinheit seelischen Lebens [5], wobei der amor (dilectio) mehr als das innere Movens des Willens fungiert. Erst das Objekt des Wollens (Gott-Welt) entscheidet über die ethische Bewertung. So stehen sich zwei Reihen von Begriffen gegenüber (voluntas recta, Dei – voluntas perversa, propria, privata; amor (dilectio) Dei, spiritualis, communis, proximi, divinus, sanctus, rectus, verus, probus, bonus – amor (dilectio) sui, mundi, saeculi, terrenus, privatus, carnalis, immundus, perversus, malus; caritas – cupiditas (concupiscentia)), deren Glieder innerhalb jeder Reihe den Charakter von austauschbaren Synonymen annehmen: «Recta itaque voluntas est bonus amor, et voluntas perversa malus amor» (daher ist der rechte Wille die gute Liebe, der verkehrte Wille die schlechte Liebe) [6]. «Quid est homo utens in hac vita propria voluntate; antequam eligat et diligat Deum, nisi iniustus et impius?» (Was ist der Mensch, der in diesem Leben seinen E. gebraucht, bevor er Gott wählt und liebt, anderes als ungerecht und gottlos?) [7].

Neben diesen begrifflich-dualistischen Konnotationen erfährt die voluntas propria bei Augustin unter neuplatonischem Einfluß (Plotin) eine Annäherung an die Kardinalsünde der superbia: «Extolli in superbiam propriae voluntatis est hominum, non operis Dei» (Die Übersteigerung des E. in Hochmut ist Menschen-, nicht Gotteswerk) [8]. In seiner Gesamtheit erscheint der Ew. damit als Urgrund der Ursünde überhaupt; auf seinem Boden wachsen erst superbia und cupiditas [9].

Während innerhalb Augustins Theologie der Theorie des amor doch noch größere Bedeutung zukommt als der der voluntas, verschiebt sich der Akzent bei den eigentlich monastischen Autoren des Orients und dann auch des Okzidents entschieden auf die letztere. Die voluntas propria (ἴδιον θέλημα) und das ihr sehr ähnliche consilium proprium sind die der mönchischen Haupttugend, dem Gehorsam (obedientia), diametral entgegenstehenden und damit am härtesten zu bekämpfenden Vergehen gegen das bonum universale et commune, d. h. gegen den ordo Gottes wie der mönchischen Gemeinschaft [10].

BERNARD VON CLAIRVAUX verdammt in seinen Predigten mit aller Radikalität den Ew. als Quelle alles Bösen: «In corde duplex est lepra: propria voluntas et proprium consilium ... Quid enim odit aut punit deus praeter propriam voluntatem? Cesset voluntas propria et infernus non erit» (Im Herzen gibt es einen zwiefachen Aussatz: Ew. und Eigensinn ... Was nämlich haßt oder straft Gott außer dem Ew.? Es höre der Ew. auf, und die Hölle wird nicht mehr sein) [11]. Ähnliches gilt für die Anfang des 13. Jh. entstehenden Ordensregeln der Franziskaner und Dominikaner [12]. Hier taucht zum ersten Mal das Synonym ‹propria opinio› auf [13].

Auch im Vokabular der spätmittelalterlichen Mystik bewahren ‹voluntas propria› und ‹consilium proprium› ihre bedeutsame Funktion: «voluntas propria, quam idcirco maximopere detestantur Mystici» (Ew., den dessentwegen die Mystiker nachdrücklich verdammen) [14]. Bei MEISTER ECKHART und vor allem TAULER sind ‹eigenwille›, ‹eigen meinunge› und das noch häufigere ‹eigenwillecheit› [15] der konkreteste Ausdruck der natura recurva in seipsa, der Selbstbefangenheit des gefallenen Menschen [16]. So kann ‹wille› allein schon die ‹voluntas perversa› meinen. Der Voluntarismus der nominalistischen Mystik und der ‹Theologia deutsch› unterstreicht noch diese Position: Ähnlich wie bei Bernhard von Clairvaux ist der Ew. die Verkörperung des Urbösen schlechthin [17].

LUTHER ersetzt ‹eigen meinunge› durch ‹Eigensinn› (Es.). In den Polemiken der französischen Religionskriege wird der aus der Überheblichkeit (présomption) geborene Es. von katholischer wie protestantischer Seite zur Diffamierung der Gegenpartei benutzt: «l'Opinion, peste du genre humain» [18]. Die propria opinio ist allgemein Ausdruck häretischen und heterodoxen Denkens und Glaubens.

Auch innerhalb der Spiritualität des 16. und 17. Jh. repräsentiert der Ew. eine durchgehende Thematik. ‹Ew.› und ‹Eigenliebe› [19] verschmelzen dabei immer mehr zu kaum differenzierbaren Bezeichnungen ein- und derselben Sache, nämlich der Totalität individueller und damit sündhafter Existenz: «amor suiipsius qui dicitur proprius et privatus seu voluntas propria et privata» (die Selbstsucht, die auch Eigenliebe oder Eigenwille genannt wird) [20]. In der spanischen Mystik findet sich die Aufforderung zur Aufgabe aller voluntad propia und zur völligen Unterordnung unter den göttlichen Willen vor allem bei IGNAZ VON LOYOLA [21], TERESA VON AVILA [22] und JOHANNES VOM KREUZ [23].

Der neuzeitliche französische Aszetismus ist besonders in seinen Anfängen (1590–1625) voluntaristisch geprägt: Die Ecole Abstraite (BENOIT DE CANFIELD), die Ecole Française (BÉRULLE) und der Humanisme dévot (FRANZ VON SALES) sehen in der Vernichtung der volonté propre (particulière) und des esprit (sens, jugement) propre die wichtigste Voraussetzung für das Erreichen geistlicher Vollkommenheit [24].

Der schon früh säkularisierte Begriff tritt in ROUSSEAUS ‹Contrat social› als volonté particulière in Opposition zur volonté générale. In der Sprache GOETHES sind mystische Konnotationen durchaus noch bewahrt: «Zerschmilzt ... der Selbstsinn tief in winterlichen Grüften; kein Eigennutz, kein Eigenwille dauert» [25].

Anmerkungen. [1] Vgl. ARISTOTELES, Eth. Nic. VII, 9, 1151 b 12f. – [2] Deut. 23, 23; Iudic. 5, 9. – [3] PRUDENTIUS, Contra Orationem Symmachi v. 600. – [4] E. WECHSSLER: Minnesang und Christentum (1909) 314. – [5] AUGUSTINUS, De civ. XIV, 6. MPL 41, 409. – [6] De civ. XIV, 7, 2. MPL 41, 410. – [7] De patientia c. 22. – [8] De peccat. mer. II, 19. – [9] H. ARENDT: Der Liebesbegriff bei Augustin (1929) 57f. – [10] BASILIUS, Reg. fusius tract. 41. MPG 31, 1021; JOHANNES CLIMACUS, Scala paradisi 4. 26. MPG 88, 700. 1057; CASSIAN, De coenob. inst. IV, 8. MPL 49, c. 160; S. BENEDICTUS, Regula monachorum, hg. LINDERBAUER 39. 44. 46. 60. – [11] BERNARD VON CLAIRVAUX, In tempore resurrectione III. MPL 183, 289. – [12] H. DENIFLE: Die Constitutionen des Prediger-Ordens vom Jahre 1228. Arch. Lit.-u. Kirchengesch. des MA 1 (1885) 201. – [13] FRANZ VON ASSISI, Opuscula, hg. WADDING 514. – [14] MAX. SANDAEUS: Theol. mystica clavis elucidarium (Köln 1640) 373. – [15] J. TAULER, Predigten, hg. VETTER, 304, 10. – [16] Vgl. Art. ‹Eigenschaft II›. – [17] Theologia deutsch, hg. PFEIFFER (³1875) c. 50. – [18] RONSARD, Discours des Miseres (1562) v. 134. – [19] Vgl. Art. ‹Amourpropre›. – [20] R. SABUNDE, Theol. naturalis c. 137. – [21] IGNAZ VON LOYOLA, Exercitia spiritualia Nr. 180. 189. – [22] TERESA VON AVILA, Fundaciones c. 5. 28. – [23] JOHANNES VOM KREUZ, Subida del Monte Carmelo I, c. 14. – [24] FRANZ VON SALES, Traité de l'Amour de Dieu c. 13. – [25] GOETHE: Trilogie der Leidenschaft (1823).

Literaturhinweise. A. V. HARNACK: Lb. der Dogmengesch. 3 (²1890) 374-391. – P. ROUSSELOT: Pour l'hist. du problème de l'amour au moyen âge (Münster 1908). – A. NICKLAS: Die Terminol. des Mystikers H. Seuse (Phil. Diss., Königsberg 1914). – C. KIRMSSE: Die Terminol. des Mystikers J. Tauler (Phil. Diss., Leipzig 1930). – E. GILSON/PH. BÖHNER: Die Gesch. der christl. Philos. von ihren Anfängen bis Nikolaus von Cues (1937) 305-309. – H. PÉTRÉ: Caritas (Louvain 1948). – E. GILSON: Introduction à l'étude de saint Augustin (³1949). – H. PICHLER: Über den Sinn des kategorischen Imperativs. Z. philos. Forsch. 14 (1960) 626-629. – A. M. HAAS: Nim dîn selbes war. Stud. zur Lehre von der Selbsterkenntnis bei Meister Eckhart, Johannes Tauler und Heinrich Sense, in: Dokimion. Neue Schriftenreihe zur Freiburg. Z. Philos. u. Theol. (Fribourg 1971).

H.-J. FUCHS

Eigenzeit. J. v. UEXKÜLL hat die These aufgestellt, daß in jeder Umwelt eine eigene Zeit herrscht, die vom Subjekt hervorgebracht wird. «Die Zeit, die alles Geschehen umrahmt, scheint uns das allein objektiv Feststehende zu sein gegenüber dem bunten Wechsel ihres Inhaltes, und nun sehen wir, daß das Subjekt die Zeit seiner Umwelt beherrscht. Während wir bisher sagten: Ohne Zeit kann es kein lebendes Subjekt geben, werden wir jetzt sagen müssen: Ohne ein lebendes Subjekt kann es keine Zeit geben» [1]. – Die Vorstellung einer subjektiven E. geht auf K. E. v. BAER (1792–1876) zurück. In einer Rede umriß er 1864 die Fragestellung einer subjektiven Zeiteinheit [2]. An einleuchtenden Beispielen stellte er in phantasievoller Weise dar, wie einem Wesen mit erheblich verlängerter oder verkürzter subjektiver Zeiteinheit die Welt erscheinen müsse: Wäre bei einem Menschen die subjektive Zeiteinheit 1000mal verkürzt, so würde eine Gewehrkugel im Flug stillstehen; wäre sie aber entsprechend verlängert, würde die Sonne als feuriger Bogen imponieren. Während Baer noch keinen Terminus für die subjektive Zeiteinheit einführte, wird diese seit J. v. UEXKÜLL als ‹Moment› bezeichnet. Er definiert diesen als «jene Spanne Zeit, die ein Lebewesen verwendet, um äußere Eindrücke als gleichzeitiges Merkmal aufzunehmen» und sieht «die Ursache hierzu ... in einem inneren Rhythmus des Zentralnervensystems, der bei verschiedenen Tieren große Unterschiede aufweist» [3]. Man kann den Moment als den «Zeitraum» definieren, innerhalb dessen wir alle Reize, unabhängig von ihrer objektiven Zeitfolge, als gleichzeitig empfinden [4]. BAER schätzte die Länge des menschlichen Momentes auf $1/10$ Sek. UEXKÜLL meinte, der Moment würde beim Menschen $1/16$ bis $1/18$ Sek. betragen. Die oben erwähnte Untersuchung [5] aus neuerer Zeit fand, daß die Dauer des Momentes im Mittel 102 Millisek. beträgt, stimmt also im wesentlichen mit der BAERschen Annahme überein. Die von ihm erschlossene Vorstellung läßt sich heute mit Hilfe der Kinematographie als Zeitlupe oder als Zeitraffer anschaulich machen. Ansätze zu einer experimentellen Bestimmung des Momentes finden sich schon bei UEXKÜLL. Nach ihm beträgt die Länge des Momentes der Pilgermuschel 13 Sek. [6]. BRECHER [7] bestimmte den Moment der Weinbergschnecke, indem er intermittierende taktile Reize einwirken ließ. Bei höherer Frequenz als 4 Stöße pro Sek. versuchte die Schnecke auf den reizgebenden Stab zu kriechen, da sie ihn offenbar als feststehend empfand. Im Gegensatz zu dem sehr langen Moment der Schnecke war der Moment des Kampffisches sehr kurz. Er betrug etwa $1/50$ Sek. [8], woraus hervorgeht, «daß bei diesen Fischen, die von schnell beweglicher Beute leben, alle Bewegungsvorgänge – wie bei der Zeitlupe – verlangsamt in ihrer Umwelt auftreten» [9].

Anmerkungen. [1] J. V. UEXKÜLL und G. KRISZAT: Streifzüge durch die Umwelt von Tieren und Menschen (1934, ²1956) 30. – [2] K. E. V. BAER: Festrede zur Gründung der Kaiserl.-russ. entomol. Ges. ‹Welche Anschauung der Natur ist die richtige?› in: Reden I (Petersburg 1864) V, 4. – [3] J. V. UEXKÜLL: Wie sehen wir die Natur und wie sieht sie sich selber? Naturwissenschaften 10 (1922) 299. – [4] H. ILLIG, M. PFLANZ und TH. V. UEXKÜLL: Exp. Unters. über die kleinste Zeiteinheit (Moment) der optischen Wahrnehmung. Pflügers Arch. ges. Physiol. 257 (1953) 121-136. [5] a. a. O. 47. – [6] UEXKÜLL, a. a. O. [3]. – [7] G. A. BRECHER: Die Entstehung und biol. Bedeutung der subjektiven Zeiteinheit – des Momentes. Z. vergl. Physiol. 18 (1932) 208. – [8] UEXKÜLL, a. a. O. [1] 47. – [9] ebda.

TH. V. UEXKÜLL

Einbildung, Einbildungskraft

I. ARISTOTELES definiert die Einbildung (= E.) (φαντασία) als eine Bewegung, die auf Grund wirklich erfolgter Wahrnehmung entstanden, der Wahrnehmung ähnlich ist [1]. Da sie nicht nur Eigenschaften (ἴδια) der Gegenstände wahrnimmt, sondern darüber hinaus schon eine Art Urteil ist (δεύτερον δὲ τοῦ συμβεβηκέναι ταῦτα), liegt in ihr die Möglichkeit des Irrtums [2]. Die so bezeichneten Momente, a) ihre Mittelstellung zwischen Wahrnehmung und Denken, b) die Fähigkeit freien synthetischen und analytischen Verfahrens mit reinen, d. h. von der unmittelbaren Wahrnehmung abgelösten Vorstellungen, geben dem Begriff der E. in der Folge seine philosophische Relevanz. – Die «bloße» E. im heutigen Sprachgebrauch ist demgegenüber derivativ.

In der Erkenntnislehre der mittelalterlichen Aristoteliker (ALBERTUS MAGNUS, THOMAS VON AQUIN und DUNS SCOTUS) spielt die Einbildungskraft (= Ek.) (imaginatio oder phantasia) eine entscheidende Rolle, insofern die von ihr aus der gegenständlichen Wahrnehmung zurückbehaltenen Vorstellungen (phantasmata) dem Intellekt einen von aller Materialität freien Gegenstand repräsentieren, die jener zu der ihm eigenen Intelligibilität läutert [3]. Nach THOMAS ist die Ek. im Unterschied zur Wahrnehmung das Vermögen, den Gegenstand in dessen Abwesenheit zu apprehendieren, als wenn er gegenwärtig wäre [4]. Ihre Vorstellungen, die «phantasmata», sind das Material des produktiven Teils des Intellekts (intellectus agens), der es – wie die Sonne die äußeren Gegenstände – erleuchtet und so die allgemeine Gestalt (species intelligibilis) für den rezipierenden Intellekt (intellectus possibilis) sichtbar macht [5].

PARACELSUS verdeutlicht zuerst ‹imaginatio› mit ‹E.›, die er als Entwurf versteht; sie ist die gemeinhin nicht gesehene «ander halb arbeit» des «unsichtbar cörper», der die «sichtbar cörper» in der Sphäre des Greifbaren verwirklicht [6]. – DESCARTES sieht in der Ek. die Fähigkeit verbildlichender Anschauung reiner intellektueller Einsichten (z. B. geometrischer Gebilde). Dabei wird über das denkende Erfassen hinaus eine spezifische, dem Denken an sich entbehrliche Anstrengung der Seele (nova animi contentio) ins Spiel gebracht, durch deren Existenz sich eine spezifische Differenz zwischen E. und reiner Einsicht erweist (differentia inter imaginationem et intellectionem clare ostendit). So gibt diese für den Akt reinen Denkens entbehrliche Funktion zugleich einen ersten Hinweis auf das Dasein äußerer Gegenstände, indem sie die intellektuelle Immanenz transzendiert. Die Ek. ist mithin eine Art Anwendung des Erkenntnisvermögens auf den ihm unmittelbar gegenwärtigen Gegenstand, der folglich existiert (quaedam applicatio facultatis cognoscitivae ad corpus ipsi intime praesens) [7]. – Nach HUME liegt in der Funktion der Ek. die Garantie, die kausale Vorstellungssynthese empirisch, d. h. aus der «Gewohnheit» einsichtig zu machen. Ihre Unabhängigkeit von einzelner, durch «Erinnerung» vorgeschriebener Vorstellungsverbindung ermöglicht es ihr, viele einzelne Erfahrungen in *ein* Bild zusammenzuschmelzen. So werden «vermöge eines dem Bewußtsein verborgenen Prozesses» nicht nur einzelne Kausalverbindungen, sondern daraus gebildete homogene Verbindungstypen aus der Vergangenheit in die Zukunftserwartung unwillkürlich projiziert. Die Unzugänglichkeit dieses Vorgangs für das Bewußtsein und sein Getragensein durch eine «natürliche Übergangs*tendenz* der Ek.» garantieren ihm – trotz seines subjektiven Ursprungs – die Solidität des Scheins objektiver Geltung [8]. Im 18. Jh. wird der Begriff der Ek. im Rahmen einer allgemein intendierten Rehabilitierung des «unteren Erkenntnisvermögens» zunehmend ins Zentrum philosophischen Interesses gerückt. Die maßgeblichen Ausgangsdefinitionen finden sich bei CHR. WOLFF: «Die Vorstellung solcher Dinge, die nicht zugegen sind, pfleget man E. zu nennen. Und die Kraft der Seele, dergleichen Vorstellungen hervorzubringen, nennet man die Ek.» [9]. Das Gesetz der E. als Grundprinzip der Regeln der Sinneswahrnehmungen lautet: «Si qua semel percepimus et unius perceptioni denuo producatur; imaginatio producet et perceptionem alterius» (Haben wir etwas zugleich aufgefaßt und ein Teil der Vorstellung wird später produziert, so ergänzt die Ek. auch den übrigen Teil der Vorstellung) [10]. Das Vermögen, nie gesehene E.-Bilder durch Teilung und Zusammensetzung hervorzubringen, nennt Wolff das Vermögen zu dichten (facultas fingendi) [11]. An diese Definition knüpft sich der ästhetische Gebrauch des Begriffes Ek., wie er hauptsächlich von BODMER, BREITINGER, G. F. MEIER, BAUMGARTEN und SULZER [12] aufgegriffen und gegen die Tendenzen einer rationalistischen Ästhetik (Gottsched) und ihre Grundbegriffe («witz», «iudicium») vertreten wird.

Für KANT gewinnt die «reine transzendentale Synthesis» der «produktiven Ek.», die bei ihrer empirisch-reproduzierenden Funktion als transzendentaler Ermöglichungsgrund vorausgesetzt werden muß, zentrale philosophische Bedeutung, insofern sie zwischen «Sinn» und «Apperzeption» des «reinen Verstandes» die Vermittlung bezeichnet. Vermittels der reinen Ek. «bringen wir das Mannigfaltige der Anschauungen einerseits, und mit der Bedingung der notwendigen Einheit der reinen Apperzeption andererseits in Verbindung» [13]. Diese Vermittlung wird erfordert, da in den «bloßen Kategorien» des «reinen Verstandes» lediglich eine «Synthesis in Ansehung des Mannigfaltigen einer Anschauung überhaupt» und nicht der speziell menschlichen Anschauung in Raum und Zeit gedacht wird; ihre Synthesis ist «Verstandesverbindung» (synthesis intellectualis) [14]. Dagegen ist die Funktion der Ek., die Sinnlichkeit «den Kategorien gemäß» a priori zu bestimmen, die «Wirkung des Verstandes auf die Sinnlichkeit und die erste Anwendung desselben ... auf Gegenstände der uns möglichen Erfahrung» («figürliche Synthesis, synthesis speciosa») [15]. In dieser Funktion liegt mithin die «reine Form aller möglichen Erkenntnis» [16], «die Art, wie das Mannigfaltige der sinnlichen Vorstellungen ... zu einem Bewußtsein gehört», welche die «formale Erkenntnis aller Gegenstände a priori» ausmacht [17]. Produkt der Ek. ist das «transzendentale Schema» oder die «transzendentale Zeitbestimmung», die als «vermittelnde Vorstellung» sowohl «intellektuell» als «sinnlich» ist; in ihr liegt «die reine Synthesis, gemäß einer Regel der Einheit nach Begriffen überhaupt, die die Kategorie ausdrückt» [18]. «Die subjektive allgemeine Mitteilbarkeit der Vorstellungen in einem Geschmacksurteil» beruht in dem durch das Gefühl der Lust beurteilten «Gemütszustand in dem freien Spiele der Ek. und des Verstandes», da «eine jede bestimmte Erkenntnis ... immer auf jenem Verhältnis als subjektiver Bedingung beruht»[19]. Dabei ist es die «schöpferische Ek.», die «über die Schranken der Erfahrung hinaus ... dem Vernunft-Vorspiele in Erreichung eines Größten nacheifert» und so «den Begriff selbst auf unbegrenzte Art ästhetisch erweitert» [20]. Sie ist das «Vermögen der Darstellung ästhetischer Ideen» [21].

Anmerkungen. [1] ARISTOTELES, De anima III, 427 bf. – [2] a. a. O. III, 428 b 18. – [3] ALBERTUS MAGNUS, S. de creat. P. 2, tr. 1, q. 55, a 2, 35, 460 b; De anima III, tr. 2, c. 2, 5, 332 a; tr. 4, c. 7, digr. 5, 503 a f.; DUNS SCOTUS, De rer. princ. q. 14, a. 1, 470-477. – [4] THOMAS VON AQUIN, De veritate I, a. 11. – [5] S. theol. I, q. 14 a, 9 c; I, q. 84 a, 7 c; S. contra gent. II, c. 77; De anima q. 1 a, 5 c ad 6; S. theol. I, q. 17 a, 3 c; De c. ang. 4, 83, 4. – [6] PARACELSUS, Werke, hg. K. SUDHOFF I/9, 251ff. – [7] DESCARTES, Meditationes de prima philos. VI. – [8] HUME, Treatise on human nature (Aalen 1964) part III, sect. 6. 8, S. 406, 9, S. 416, 12, S. 437. 13, S. 443; part IV, sect. 2, S. 487/488. – [9] CHR. WOLFF, Vern. Ged. I, § 235. – [10] Psychol. emp. § 117. – [11] a. a. O. § 144. – [12] J. J. BODMER und J. J. BREITINGER: Von dem Einfluß und Gebrauch der Ek. (1727); G. F. MEIER: Theoretische Lehre von den Gemüthsbewegungen überhaupt (1744) § 62f., S. 75ff.; A. G. BAUMGARTEN: Aesthetica (1750, Neudruck 1961); J. G. SULZER: Allg. Theorie der Schönen Künste (²1792-1799) II, 10-15: Art. Ek. – [13] KANT, KrV A 124. – [14] KrV B 151. – [15] B 152. – [16] A 118. – [17] A 130. – [18] A 138-146. – [19] KU. Akad.-A. 5, 217/18. – [20] a. a. O. 314. – [21] a. a. O. 313/14.

Literaturhinweise. J. MAINZER: Die Lehre von der Ek. in Humes und Kants theoretischer Philos. (Diss. Heidelberg 1881). – J. FROHSCHAMMER: Über die Bedeutung der Ek. in der Philos. Kants und Spinozas (1879). – R. SCHMIDT: Kants Lehre von der Ek. mit besonderer Berücksichtigung der KU (1924). – H. MÖRCHEN: Die Ek. bei Kant. Jb. Philos. und phänomenol. Forsch. 11 (1930) 311-488.
J. H. TREDE

II. – 1. Der Begriff ‹Einbildungskraft› (= Ek.) ist für die Begründung der *Philosophie unmittelbar nach Kant* zentral. – In seiner Kritik an Kant versucht S. MAIMON die Vorstellung einer an sich bestehenden Außenwelt durch eine Genealogie dieser Vorstellung als «Illusion der Ek.» [1] zu kompromittieren. Da für ihn die Vernunft nur «Fiktionen» zu erstellen hat, die als «bloße Erfindungsmethoden» [2] allein der «Erweiterung und systematischen Ordnung» [3] wissenschaftlicher Erkenntnis dienen sollen, sind ihm Kants Vernunftideen, besonders die der Totalität, Produkte der «transzendenten Ek.» [4], insofern hier ein legitimes Ziel menschlichen Strebens als gegebenes Objekt vorgestellt wird, «welches an sich betrachtet falsch, und als Ziel des Strebens betrachtet, entbehrlich ist» [5].

Für J. G. FICHTE ist 1792 der Begriff einer Offenbarung a priori möglich. Notwendig wird seine Erfüllung durch das «empirische Datum» [6] der in der Sinnlichkeit begründeten menschlichen Schwäche, insofern dieser nur durch «Vorstellung einer Offenbarung» abzuhelfen ist. In der Offenbarung kann nämlich das Moralgesetz «durch eine Kraft des Gemüths an die Seele gebracht werden, welche von der einen Seite sinnlich ..., von der andern durch Freyheit bestimmbar ist, und Spontaneität hat» [7]: durch die Ek. Ausgehend von der absoluten Entgegensetzung von Ich und Nicht-Ich versucht

Fichte 1794 das Verhältnis beider durch das «synthetische Verfahren» [8] zu bestimmen, bei dem er zwischen Ich und Nicht-Ich, zwischen der ins Unendliche gehenden Tätigkeit des Ich und der Endlichkeit, Reflexion im «Anstoß» [9], zwischen Bestimmbarkeit und Bestimmtheit immer neue «Mittelglieder» einschiebt, wobei er das Problem des Einwirkens beider aufeinander infolge des Bestehenbleibens der absoluten Grenze in der theoretischen Philosophie nur vor sich herschiebt, bis es in der praktischen «durch einen absoluten Machtspruch der Vernunft» [10] gelöst wird. An dieser Grenze hält das «wunderbare Vermögen der produktiven Ek.» [11] beide sich absolut ausschließenden Gegensätze zum Zwecke ihres Vergleichs «zugleich fest»: Sie «schwebt» zwischen beiden, «berührt» sie, wird «wieder von ihnen zurükgetrieben», gibt «ihnen im Verhältniß auf sich einen gewissen Gehalt, und eine gewisse Ausdehnung» (Zeit und Raum) und ist so «Anschauen» [12], d. h. «ein Hinschauen (in activer Bedeutung)» [13]. Damit ist die Deduktion der Vorstellung, das zentrale Problem der spekulativen Philosophie, geleistet: Die Vorstellung, die Realität für uns entsteht aus der produktiven Ek. [14] und erhält Bestand im «Verstand» [15]. Aus ihr wird der «ganze Mechanismus des menschlichen Geistes» [16] erklärt, so daß sie als «Möglichkeit unsers Bewußtseyns, unsers Lebens, unsers Seyns für uns» [17] bezeichnet wird. «Es kann nichts in den Verstand kommen, ausser durch die Ek.» [18]. Fichte beansprucht, als erster dem Menschen das Vermögen der produktiven Ek. ausdrücklich beigelegt zu haben [19]. Seine Philosophie kann nach seinen Aussagen nur durch Ek., die er gelegentlich mit Geist gleichsetzt [20], aufgefaßt werden [21]. – Nach F. H. Jacobis Kritik an Fichte von 1799 stehen die «Wesen der Ek. contradictorisch» dem «wahren Wesen» entgegen; Fichtes Philosophie ist ihm wegen ihrer «leeren Einbildungs-Formen Abgötterey» [22]. Ähnlich lautet 1801 und 1811 seine Kritik an der Rolle der Ek. bei Kant [23]. – In der ‹Wissenschaftslehre nova methodo› von 1798/99 wird die Funktion der Ek. von Fichte auf die Synthesis des vom Denken hervorgebrachten Stoffs in ein mannigfaltiges Ganzes beschränkt [24]. Von 1800–1810 spielt die Ek. für ihn keine Rolle. 1810 ermöglicht sie in der Abwendung von der Wahrnehmung eine Befreiung des geistigen Lebens [25]. 1813 wird das Ich als Mitte zweier Welten bestimmt. Dabei ist Ek. als das Vermögen, die empirische Welt in ein Bild zu verwandeln, von der «Bildungskraft» unterschieden, die das Absolute in ein Bild verwandelt; beide bleiben jedoch gegenüber Verstand, Verstehen, Sehen, Gesicht untergeordnete Funktionen [26].

Davon ausgehend, daß der Mensch über die empirische Welt hinausgelangen will, es aber verstandesmäßig nicht kann, werden bei C. G. Bardili Ek. und Vernunft, Dichtkunst und Metaphysik zu «Zwillingsschwestern» [27], die nach dem «Gesetz der Ergänzung eines, entweder gefühlten oder erkannten, Mangels» [28] dieses Bedürfnis befriedigen. Dabei hat die Vernunft lediglich eine kritische Funktion, während die Ek. in «exzentrischen Lagen» [29] den Inhalt der Metaphysik hervorbringt, so «absoluten» religiösen Wert hat und «einzige Aufrichtung des Gedrückten» [30] ist. Diese Metaphysik geht hervor aus «dem Total menschlicher Anlagen» [31].

F. W. J. Schelling fordert 1796 im ‹Systemprogramm› eine «sinnliche Religion», eine allgemeine Freiheit vermittelnde «neue Mythologie» von folgender Art: «Monotheismus der Vern[unft]. u. des Herzens, Polytheismus der Ek. u. der Kunst» [32]. Die im Wollen zwischen dem Bewußtsein der Freiheit und Unendlichkeit und der Notwendigkeit endlichen Vorstellens schwebende Tätigkeit ist ihm 1800 die Ek.; sie vermittelt Theoretisches und Praktisches, bringt Ideen hervor und ist so Vernunft, die als «Ek. im Dienste der Freiheit» [33] bestimmt wird; ähnlich auch schon 1797 [34]. Die Ek. ist tätig in der ursprünglichen Anschauung, aber auch im «Dichtungsvermögen» als ihrer höchsten Potenz; hier bringt sie die Kunst, die «Organon zugleich und Document der Philosophie» [35] ist, hervor und kommt dem Genie zu. In seiner ‹Identitätsphilosophie› von 1801 bis etwa 1806 wird ‹Einbildung› (= E.) zum Zentralbegriff. Die reale Welt der Natur ist konstituiert durch E. des Unendlichen ins Endliche, des Idealen ins Reale, des Wesens in die Form, der Einheit in die Vielheit, der Identität in die Differenz, des Allgemeinen ins Besondere; die ideale Welt des Geistes umgekehrt durch E. des Endlichen ins Unendliche usw. Die «absolute Identität» von realer und idealer Welt ist das «Absolute», Göttliche, dessen Gegenbild die Vernunft ist, die sich in der «absoluten Vernunftwissenschaft» der Philosophie [36] erkennt. Ideale und reale Welt haben innerhalb ihres Gebietes mit dem Überwiegen des Idealen, des Realen und der Identität beider jeweils drei, in den einzelnen Schriften verschieden bestimmte ‹Potenzen›. Die dritte und höchste ‹Potenz› mit ihren weiteren Zuordnungen bilden: Organismus – in der ‹Naturphilosophie› von 1804 als «Ek. der Natur» bezeichnet [37] –, Kunst, Schönheit, Einheit von Notwendigkeit und Freiheit, Anschauung, Ek. Da das Universum als absolutes Kunstwerk gedeutet wird, ist seine Schönheit das Gegenbild der Schönheit Gottes. Schönheit und Schöpfung beruhen daher in Universum und Kunst auf «derselben E. der unendlichen Idealität ins Reale, ... Das treffliche deutsche Wort Ek. bedeutet eigentlich die Kraft der Ineinsbildung, auf welcher in der That alle Schöpfung beruht». Gott als «Quell aller Ineinsbildung» [38] bringt durch das «Princip der göttlichen Imagination» Mannigfaltigkeit hervor: «Dadurch wird das Universum bevölkert ...; nach demselben Gesetz bildet sich wieder in dem Reflex der menschlichen Ek. das Universum zu einer Welt der Phantasie aus ...» [39]. Ek. bildet die Gegenstände der Kunst vor, Phantasie stellt sie dar in der Mythologie. In der Ek. herrscht wie in der Vernunft Freiheit. An die Ek. ist das Genie gebunden [40], und auf ihrer Tätigkeit des Schematisierens ist Sprache gegründet [41].

Für G. W. F. Hegel ist 1802 Kants Konzeption der produktiven Ek. «eine wahrhaft spekulative Idee» [42]; hier sieht er Vernunft «am Lebhaftesten» [43] hervortreten und kritisiert deren Auffassung durch Jacobi [44]. Nach 1802 lehnt er die Zentralstellung von Kunst und Ek. beim Schelling von 1800 ab [45] und kritisiert dessen Begriffe «Einbilden, Aufnehmen» aus der ‹Identitätsphilosophie› als «sinnliche Ausdrücke» [46]. In seiner Geschichtsphilosophie verwendet Hegel des öfteren das Wort ‹einbilden›. So bestimmt er es als die Aufgabe der europäischen Weltgeschichte, das in der Religion aufgegangene Prinzip der «Freiheit des Geistes ... auch in das weltliche Wesen einzubilden» [47]. In der ‹Enzyklopädie› von 1830 hat die Ek. ihren systematischen Ort in der ‹Psychologie› als dem dritten Teil der Philosophie des subjektiven Geistes; näherhin im theoretischen Geist, in dem die «Vorstellung» als Mitte zwischen dem unmittelbaren Sich-bestimmt-Finden der Intelligenz in der «Anschauung» und ihrer Freiheit im «Denken» die Ek. einschließt. Die «Erinnerung» macht die «Anschauung» zum «Bild», das als allgemeines in der Intelligenz aufbewahrt wird. Die Ek. kann die Vorstellungen als reproduktive Ek. wiederholen und neu verknüpfen. Ist sie in diesem «freien Verknüpfen» noch an den Stoff der «Anschauung» gebunden, so gibt sie als «Zeichen machende Phantasie» in völliger Souveränität dem sinnlichen Zeichen eine «Bedeutung». Diese Zeichentheorie bildet die Grundlage für Hegels Sprachtheorie. Bleibt die «Erinnerung» an «Bilder» gebunden, so reproduziert das «Gedächtnis» nur diese Zeichen, die «Namen». Den Übergang zum «Denken» bildet das «mechanische» Gedächtnis («Hersagen») [48]. Die ‹Propädeutik› von 1808–1811 unterscheidet sich bei gleicher Gedankenführung von diesem späten Entwurf besonders dadurch, daß sie 1. die Zeichen- und Sprachtheorie unter «Gedächtnis» entwickelt; 2. steht die produktive Ek. hier «im Dienst der Ideen» und «gestaltet und verbildlicht» [49] das Wesentliche der Erscheinungen, wodurch Kunst begründet wird; 3. gehören hier in Anlehnung an die Tradition der Anthropologie bzw. Psychologie zur Ek. auch Phänomene wie Träume, Visionen, Somnambulismus u. ä. – Eine größere Nähe zur Psychologie kennzeichnet auch die Hegel nur erläuternden Passagen über die Ek. von K. ROSENKRANZ und C. L. MICHELET. ROSENKRANZ versucht, eine Brücke zur Theorie der Poesie zu schlagen [50]. Ähnlich sieht MICHELET in der Verwandlung der Bilder «in Producte des Geistes» die «psychologische Grundlage der Ästhetik» [51].

Anmerkungen. [1] S. MAIMON: Versuch einer neuen Logik oder Theorie des Denkens. Nebst angehängten Briefen des Philaletes an Aenesidemus (1794) 319; vgl. 241f. – [2] a. a. O. 206. – [3] XXXV. – [4] 220. – [5] 225f. – [6] J. G. FICHTE, Gesamt-A. der Bayer. Akad. Wiss., hg. R. LAUTH und H. JACOB (1962ff.) I/1, 51. – [7] a. a. O. I/1, 68. – [8] I/2, 274. – [9] I/2, 355. – [10] I/2, 300f. – [11] I/2, 353. – [12] I/2, 367. – [13] I/2, 371 Anm. – [14] I/3, 143. – [15] I/2, 374. – [16] I/2, 353. 368. – [17] I/2, 369. – [18] I/3, 188. – [19] Erklärung gegen C. C. E. Schmid vom 18. 9. 1795, in: J. G. FICHTE: Briefwechsel, krit. Gesamt-A., hg. H. SCHULZ 1. 2 (²1930) 1, 510. – [20] a. a. O. [6] I/2, 415; Werke, hg. I. H. FICHTE 1-8 (1845ff.) 8, 290. – [21] a. a. O. [6] I/3, 161; Briefwechsel, a. a. O. [19] 1, 478. – [22] FR. H. JACOBI's Werke, 1-6 (1812-1825) 3, 33. 51. – [23] a. a. O. 3, 96ff. 372. – [24] J. G. FICHTE, Nachgelassene Schriften, hg. H. JACOB 2 (1937) 580f. – [25] Werke, hg. I. H. FICHTE 2, 554; vgl. Nachgelassene Werke, hg. I. H. FICHTE 1-3 (1834-1835) 1, 498. – [26] a. a. O. 1, 488; vgl. J. DRECHSLER: Fichtes Lehre vom Bild (1955). – [27] [anonym; Verf. C. G. BARDILI:] Briefe über den Ursprung einer Met. überhaupt (1798) 42. – [28] a. a. O. 62. – [29] 72. – [30] 109. – [31] 114. – [32] F. W. J. SCHELLING: Briefe und Dokumente 1: 1775-1809, hg. H. FUHRMANS (1962) 70. – [33] Werke, hg. K. F. A. SCHELLING 1-14 in 2 Abt. (1856-1861) I/3, 559. – [34] a. a. O. I/1, 431; vgl. R. HABLÜTZEL: Dialektik und Ek. F.W.J. Schellings Lehre von der menschl. Erkenntnis (1954). – [35] SCHELLING, a. a. O. [33] I/3, 35. 1. 626f. – [36] I/5, 381. – [37] I/6, 500. – [38] I/5, 386. – [39] I/5, 390. – [40] I/5, 460f. – [41] I/5, 408. – [42] G. W. F. HEGEL, Jubiläums-A., hg. H. GLOCKNER 1-20 (³1949ff.) 1, 299. – [43] a. a. O. 1, 310. – [44] 1, 361. 364ff. – [45] 19, 661. – [46] 19, 676. – [47] Die Vernunft in der Gesch., hg. J. HOFFMEISTER, in: Philos. Bibl. 171a (⁵1955) 62. – [48] Enzyklop. der philos. Wiss. im Grundrisse (1830), neu hg. F. NICOLIN und O. PÖGGELER, in: Philos. Bibl. 33 (⁶1959) §§ 452–463. – [49] Jubiläums-A. 3, 208. – [50] K. ROSENKRANZ: Psychol. oder die Wiss. vom subjectiven Geist (1837) 265–277. – [51] C. L. MICHELET: Anthropol. und Psychol. oder die Philos. des subjectiven Geistes (1840) 299.

2. In der Tradition der *Anthropologie und Psychologie* der Zeit wird die Ek. als eines der menschlichen ‹Vermögen› behandelt. Ihre allgemeine Definition lautet sehr ähnlich. Ek. ist gewöhnlich eng verwandt mit Erinnerung und Gedächtnis und bildet meist den Übergang zwischen Sinnlichkeit und Verstand bzw. Vernunft. Sie bleibt dabei allgemein noch an den Stoff der sinnlichen Wahrnehmung gebunden, wenn sie auch dessen Elemente anders verbinden kann. In dieser Tradition werden Träume, Visionen, Somnambulismus bis hin zu physischen und psychischen Krankheiten als Erscheinungen der Ek. erörtert.

Die einzelnen Ausführungen über die Ek. sind recht verschieden. Für HERDER ist die Ek. 1778 ein «Meer innerer Sinnlichkeit», in dem Bilder, Töne, Worte, Zeichen, Gefühle, also das «sinnliche Universum» «zusammenfleußt»; einigende Kraft von allem ist das «Nervengebäude» [1]. Die durch Verstand geleitete Ek. ist «Erbtheil» des Dichters [2]. 1785 betont Herder den Einfluß von Klima, Nation, geographischer Lage, Tradition und Volkscharakter auf die Ek., die besonders in der Einsamkeit angeregt wird. Ek. hängt mit Gehirn und Nerven zusammen, ist «das Band und die Grundlage aller feinern Seelenkräfte» und der «Knote des Zusammenhanges zwischen Geist und Körper»; sie ermöglicht Einwirken der Vorsehung und kann durch Betrug und Despotismus usurpiert werden; Ek. erzeugt die Mythologie [3], eine Bestimmung, die sich später bei SCHELLING im ‹Systemprogramm›, bei J. F. FRIES [4], H. STEFFENS [5] und J. F. HERBART [6] wiederfindet. – L. A. MURATORI bestimmt Ek. als «Zeughaus» des Verstandes, «Unterhändlerinn zwischen Seele und Körper» und als «Spiegel, worinn sie [= die Seele] Ideen wahrnimmt» [7], er preist sie als «Zeuginn der Macht und Weisheit des Schöpfers» [8]. Muratori behandelt auch «Muttermaale, als Würkungen der Ek. der Mütter» [9], ein Problem, das 1756 Thema einer Preisaufgabe der Petersburger Akademie der Wissenschaften war [10]. – Die Ek. wird in allen Lehrbüchern der Zeit über Psychologie bzw. Anthropologie behandelt. Monographien widmen ihr L. MEISTER [11], J. G. E. MAASS [12] und H. B. WEBER [13]. Webers Arbeit ist durch die 1809 gestellte, 1811 aber wegen zu geringen Interesses zurückgenommene Preisaufgabe der Preußischen Akademie der Wissenschaften über die Ek. veranlaßt [14].

Andere Autoren entwickeln ihre Anthropologie bzw. Psychologie in einer mehr spekulativen Betrachtungsweise. Nach F. SCHLEGEL erhält die Ek. im freien Erfinden, Denken und Dichten ihre höchste Freiheit, insofern diese Tätigkeiten ihren Zweck allein in sich tragen. Die Ek. strebt immer nach Bildlichem; das Bild faßt er 1804/05 auf als das «von der Herrschaft des Dings» befreite «Gegen-Ding», insofern sich im Schönen des Bildes «die Ek. des Anschauenden» und die des Künstlers tätig begegnen. Ek. ist daher immer «symproduktiv» [15], zumal sie abhängt von der zum «Gegen-Ich» [16] – Schlegels Korrektur an J. G. Fichte – strebenden Liebe, die die Trennung von theoretischer und praktischer Philosophie überwinden soll, von Sehnsucht und Gefühl [17]. Ek. hat als «das Atmen der Seele» [18] zwei Richtungen: Sie ist die «Kraft des Ichs, die ganze Fülle der Welt in sich aufzunehmen und wieder zu einer unendlichen Fülle zu erweitern und zu gestalten»; so ist sie konstitutiv für das Genie [19]. Da die Ek. «die universelle Kraft im menschlichen Geiste» ist, müßte «eine vollständige Geschichte des menschlichen Bewußtseins» «nichts anders sein, als eine Geschichte der Ek.», eine Geschichte der Dichtkunst» [20]. 1805/06 spricht Schlegel vom «Springen der Ek.» [21]. Hier hat Ek. die «Antizipation» eines erst zu bildenden Begriffs zu leisten [22]. – In der Absicht, auf empirischer Basis «eine idealistische Lebens- und Weltanschauung» zu errichten, glaubt H. ULRICI [23], mit der «vis plastica» als «Urkraft der Seele» [24] eine «morphologische Thätigkeit» aufweisen zu können, die 1. vor der Geburt den Körper aufbaut, 2. nach der Geburt als «vis intuitiva» «Kraft der Veranschaulichung» ist und das «Wort» erzeugt, 3. besonders in der Jugend als Ek. im engeren Sinn durch Umgestaltung, Determination, Scheiden und Verbinden Reihen, Gesamtvorstellungen, Ideen, Begriffe hervorbringt und 4. im Mannesalter als Phantasie den Grund von Wissenschaft, Kunst, «heroischer Thatkraft» und religiöser Begeisterung darstellt [25]. Ek. vermag aus physikalisch bestimmbaren Daten Farben und Töne zu bilden [26] und steht in Beziehung zur Sprache [27]. – Am Ende dieser Richtung steht J. FROHSCHAMMER, der 1873 ‹Ek.› als zu engen Begriff ablehnt und ausdrücklich ‹Phantasie› bevorzugt [28]. – Diese Richtung der mehr spekulativen Betrachtung von Ek. bzw. Phantasie wird 1878 von J. B. MEYER kritisiert, der aus empirischer Sicht bestreitet, daß Phantasie bzw. Ek. «etwas gestaltbildend Neues schafft» [29]. – Zur gleichen Zeit geht W. DILTHEY das Problem der «Ek. des Dichters» in einer Abgrenzung der Ek. vom Wahnsinn an. Während in Traum und Geisteskrankheit der «erworbene Zusammenhang des Seelenlebens» gehemmt oder ausgeschaltet ist, bleibt er in der Ek. des Dichters wirksam, so daß die Kunst die Wirklichkeit zu deuten vermag [30]. Im Unterschied zur «wissenschaftlichen Ek.» und «praktischen Phantasie» ist die «künstlerische, die dichterische Ek.» [31] dem Gefühl zugeordnet, das Dilthey in diesem Zusammenhang eingehend untersucht.

Fast in der gesamten Tradition der Anthropologie bzw. Psychologie wird auf die Bedeutung der Ek. für die Kunst, besonders für die Poesie hingewiesen. Die Funktion der Ek. für die Kunst wird in dieser Tradition allgemein jedoch nur als neues Verknüpfen früherer Wahrnehmungen bestimmt. Aus dieser wie aus ähnlichen empirisch-psychologischen Bestimmungen ist jedoch kein bruchloser Übergang zu Begriff und Funktion der Ek. in der Kunsttheorie abzuleiten, was SCHILLER bestätigt, wenn er in ähnlichem Zusammenhang ausdrücklich von einem «Sprung» spricht [32].

Anmerkungen. [1] J. G. HERDER, Werke, hg. B. SUPHAN (1877ff.) 8, 189f. – [2] a. a. O. 8, 195. – [3] 13, 299-309; 307f. – [4] J. F. FRIES: System der Logik (³1837), neu hg. J. F. Fries-Ges. (1914) 44. – [5] H. STEFFENS: Von der falschen Theol. und dem wahren Glauben (1823) 35. – [6] J. FR. HERBART, Werke, hg. G. HARTENSTEIN 5 (1850) 87. – [7] L. A. MURATORI über die Ek. des Menschen, bei G. H. RICHERZ 1.2 (1785) 1, 19. 20. 41. – [8] a. a. O. 1, 130. – [9] 2, 276. – [10] 2, 288. – [11] L. MEISTER: über die Ek. [erstmals 1778] (1795). – [12] J. G. E. MAASS: Versuch über die Ek. (²1797). – [13] H. B. WEBER: Über Ek. und Gefühl vorzüglich nach ihrem wechselseitigen Verhältnisse und Würken auf einander, in ihrem Einflusse auf Poesie, Beredsamkeit, schöne Kunst, Religion und Moralität, so wie auf das Leben überhaupt betrachtet (1817). – [14] a. a. O. Vf. – [15] F. SCHLEGEL, Krit. A., hg. E. BEHLER (1958ff.) 12, 358f. – [16] a. a. O. 12, 337. – [17] 12, 359. 368. 374. – [18] 12, 361. – [19] 12, 367. – [20] 12, 421. – [21] 13, 293. – [22] 13, 236. – [23] H. ULRICI: Gott und Mensch. I. Leib und Seele. Grundzüge einer Psychol. des Menschen 1. 2 (²1874), Vf. – [24] a. a. O. 2, 115. – [25] 2, 298-300. – [26] 2, 114f. – [27] 2, 286f. – [28] J. FROHSCHAMMER: Die Phantasie als Grundprincip des Weltprocesses (1877) 26 Anm. – [29] J. B. MEYER: Das Wesen der Ek. Eine psychol. Betrachtung. Z. Völkerpsychol. u. Sprachwiss. 10 (1878) 26-41; 34. – [30] W. DILTHEY, Schriften 1-12 (²1923ff.) 6, 94; vgl. 6, 166f. – [31] a. a. O. 6, 145-148. – [32] F. SCHILLER, National-A., hg. J. PETERSEN u. a. (1943ff.) 20, 407.

3. Die Ek. spielt eine zeitlang in der *Kunsttheorie* eine bedeutende Rolle. – Das Schöne ist 1788 für K. P. MORITZ ein kleines Ganzes, das von den Sinnen oder der Ek. «umfaßt» werden kann und in das große Ganze der Natur «eingebildet» ist. Ek. ist mit Denkkraft und Sinnen in der «Thatkraft» als dem Organ der Kunstproduktion enthalten [1].

Bei SCHILLER ist die Ek. als «Vermögen der Anschauungen» [2] durch «Anschaulichkeit» und «Intuitionen» [3] bestimmt, was sie zum Organ der Kunst, besonders der Poesie macht, die «uns durch einen freien Effekt unsrer produktiven Ek. in bestimmte Empfindungen zu versetzen» [4] hat. Die Ek. des Künstlers, die die Ek. des Rezipienten zur Selbsttätigkeit anregen soll [5], ist das Vermögen des ‹Idealisierens› [6]. Die Ek. konstituiert so für Schiller in ihrer Verbindung mit dem Verstand das Schöne, mit der Vernunft das Rührende und Erhabene [7]. Dabei entsteht das Erhabene «eines Theils aus dem vorgestellten Unvermögen der Ek., die, von der Vernunft als Foderung aufgestellte Totalität in Darstellung der Größe zu erreichen, andern Theils aus dem vorgestellten Vermögen der Vernunft, eine solche Foderung aufstellen zu können» [8]. Die wichtigste Bestimmung der Ek. ist die Freiheit: «Das Interesse der Ek. aber ist: sich frey von Gesetzen im Spiele zu erhalten» [9]. Ek. ist die «Spontaneität des Gemüths» und «liebt ferner in ihren Zusammensetzungen Freyheit» [10]. Schiller bemüht sich vor allem, der Ek. ihr «rechtmäßiges Gebiet» [11] zu bestimmen, das «Reich der Ek.», die «Welt des Scheins» [12], wo der Ek. «absolute Gesetzgebung» [13] zukommt, was aber nur solange legitim ist, als der Mensch «sich im theoretischen gewissenhaft enthält, Existenz davon auszusagen, und solange er im praktischen darauf Verzicht thut, Existenz dadurch zu ertheilen» [14]. Bei Mißachtung der Grenze zwischen Ek. und Vernunft nämlich verliert entweder die Ek. ihre «Ungebundenheit» [15], oder es wird «die Sittlichkeit in ihren Quellen vergiftet» [16]. Da Schiller eine pädagogische Absicht der Kunst nie ganz aufgibt, bestimmt er das Verhältnis von «ästhetischer Freyheit» der Ek. und Verstand, Vernunft, Sittlichkeit 1795 endgültig so: «Frey wird die Darstellung, wenn der Verstand den Zusammenhang der Ideen zwar bestimmt, aber mit so versteckter Gesetzmäßigkeit, daß die Ek. dabey völlig willkührlich zu verfahren ... scheint» [17]. Schiller geht es um «das Total der menschlichen Natur» [18], das durch Kunst und Ek. wiederherzustellen ist, obwohl auch die Ek. durch die Entzweiung der Zeit «ihrer Kraft und ihres Feuers» beraubt ist [19].

«Aller Transitus – alle Bewegung» ist für NOVALIS «Wirksamkeit der Ek.» [20]. Sie ist im Unterschied zu Gefühl, Verstand und Vernunft allein tätig, aktiv, «lediglich produktiv» [21]; ihre Gesetze enthält die Vernunft. Ek. ist für Novalis der «wunderbare Sinn», der alle anderen Sinne «ersetzen» kann [22]; aus ihr müssen alle inneren und äußeren Kräfte und Vermögen «deduziert werden» [23], und sie ist in Gedächtnis und Verstand «das würkende Prinzip» [24]. In dem völlig freien Schweben der Ek. [25] geschieht die Gestaltung des Stoffes durch das Ich: Damit ist J. G. Fichtes Postulat der Bestimmung des Nicht-Ich durch das Ich bei Novalis in der Poesie realisiert [26]. Bleibt hier der Stoff der Poesie im vorausgesetzten Nicht-Ich noch außerhalb der angestrebten Synthese, so wird in einem zweiten Ansatz auch das Nicht-Ich in die Synthese eingeholt, indem die «produktive Imagination» als freies Schweben ins Absolute aufgehoben und damit zum «Quell», zur «Mater aller Realität», zur «Realität selbst» wird [27]. Auch diesen Ansatz gibt Novalis später jedoch auf [28].

War die Ek. bei W. VON HUMBOLDT 1788/89 die «Seelenfähigkeit, welche uns vorzüglich zu dieser Verknüpfung des Sinnlichen mit dem Unsinnlichen dient» [29], so rückt sie 1798/99 ins Zentrum seiner kunsttheoretischen Reflexionen. Die Frage nach der Dichtung wird aufgenommen als Frage nach der dichterischen Ek., «dieser geheimnissvollsten unter allen menschlichen Kräften» [30]. «Das Feld des Dichters ist die Ek.» [31]. Kunst wird definiert – im Blick auf die Tätigkeit des Künstlers – als «die Fertigkeit, die Ek. nach Gesetzen productiv zu machen» [32], bzw. – im Blick auf ihr Verhältnis zur Realität – als «Darstellung der Natur durch die Ek.»[33]. Die gegenüber der Wirklichkeit absolut freie und autonome Ek. bringt «Idealisches» hervor, das negativ als «Nicht-Wirkliches», positiv als «Etwas, das alle Wirklichkeit übertrifft» [34], bestimmt wird. Die Ek. erzeugt ein «Bild» [35], einen «Schein» [36], der tiefer und dauerhafter als die Wirklichkeit ist. Damit stehen Kunst und Natur «nicht mehr in demselben Gebiet und erlauben daher auch nicht mehr denselben Maassstab» [37]. Damit ist jede Nachahmungstheorie abgewiesen [38] und Ek. streng von der Sinnlichkeit zu unterscheiden [39]. Freiheit der Ek. von den Beschränkungen der Wirklichkeit und durchgängige Formalität ihrer Produkte garantieren «Totalität», aber nicht der Objekte, sondern des «Kreises der Empfindungen»: «Welt» [40] wird erfahren nicht auf Grund des Inhalts, sondern infolge der «Leichtigkeit seines [= des Dichters] Fluges» [41]. Die jetzt notwendige Neubestimmung der «Objectivität» der Poesie hat drei Stufen: 1. die Einheit des Stoffs, 2. die Analogie zur bildenden Kunst und 3. die «Gesetzmässigkeit», Form des Kunstwerks [42]. Schöpferische Ek. ist Auszeichnung eines jeden Genies; dichterisch aber ist die Ek., wenn sie sich im Unterschied zu anderen Formen der Ek. allein in ihrem zweckfreien Werk erfüllt [43]. Die Wirkung auf den Rezipienten bringt der Dichter nur mittelbar durch das «Werk» [44] hervor. Wenn dieses sich durch «lebendige Stärke, vollkommene Freiheit und durchgängige Gesetzmässigkeit» der Ek. auszeichnet [45], nötigt der Dichter die Ek. des Lesers, durch einen «elektrischen Schock» [46] gleichsam, seiner Schöpfung nachzuziehen. Die Kunst und besonders die Dichtung ist für W. von Humboldt eine Form, den Menschen mit seiner Welt vertraut zu machen, und zwar gerade durch die Trennung von Ek. und Wirklichkeit [47].

J. W. GOETHE betont des öfteren, daß die Ek. im Unterschied oder gar im direkten Gegensatz zur bildenden Kunst der Poesie [48], auch dem Märchen [49], zugeordnet ist. Insbesondere durch das Theater wird die Ek. sowohl der Akteure als auch der Zuschauer angeregt [50].

Bei JEAN PAUL ist die Ek. 1804 nur die «Prose der Bildungkraft oder Phantasie», nur eine «potenziierte hellfarbigere Erinnerung»; ihre Bilder sind nur «Abblätterungen von der wirklichen Welt» [51]. – Von der auf das Schöne, Göttliche, auf Ideen gehenden Phantasie unterscheidet auch K. W. F. SOLGER streng die «gemeine Ek.» [52], die «Sitz der Leidenschaften» und zugleich die «allgemeine Seite» jeder Anschauung ist [53]. Auf die Vermittlung von allgemeinen Begriffen, Gesetzen und einzelner empirischer Wirklichkeit durch die Ek weist auch Solgers Nachlaß hin [54]. Während die Ek. die «Widersprüche des gemeinen Verstandes» zu vermitteln sucht, geht die Phantasie von der «ursprünglichen Einheit dieser Gegensätze in der Idee aus» [55]. – In der ‹Ästhetik› gebraucht G. W. F. HEGEL ‹Ek.› einmal synonym mit ‹Phantasie› [56]; an anderer Stelle unterscheidet auch er die «bloß passive Ek.» streng von der schöpferischen Phantasie [57]. – Ähnlich geschieht bei F. T. VISCHER in der wesentlich reproduktiven Ek. als «sinnlich unsinnlichem Wiederholen der Sinnen-Thätigkeit» [58] keine qualitative Umwandlung der Natur, so daß in der Ek. wegen des Fehlens von Gehalt bzw. Idee keine ästhetische Schönheit entstehen kann [59].

Anmerkungen. [1] K. P. MORITZ: Schriften zur Ästhetik und Poetik. Krit. A., hg. H. J. SCHRIMPF (1962) 72. 73. 75. – [2] Brief an G. Körner vom 28. 2. 1793, in: SCHILLERS Briefe, hg. F. JONAS (1892–1896) 3, 292. – [3] National-A. 21, 200f. – [4] a. a. O. 22, 267. – [5] 22, 274. – [6] An Körner a. a. O. [2] 3, 297; National-A. 20, 334. – [7] a. a. O. 20, 136. – [8] 20, 235. – [9] 20, 214. – [10] 21, 197. 5. – [11] 20, 221. – [12] 20, 401. – [13] 20, 404. – [14] 20, 401. – [15] 20, 217. – [16] 21, 22. – [17] 21, 8f. – [18] 20, 219. – [19] 20, 325. – [20] NOVALIS, Schriften, hg. P. KLUCKHOHN (o. J. [1929]) 2, 139. – [21] a. a. O. 2, 141. – [22] 3, 15. – [23] 3, 143. – [24] 3, 108. – [25] 2, 139. – [26] 2, 196f. – [27] 2, 178. – [28] Vgl. M. DICK: Die Entwicklung des Gedankens der Poesie in den Fragmenten des Novalis (1967). – [29] W. VON HUMBOLDT, Schriften, hg. Königl. Preuß. Akad. Wiss. 1-17 (1903-36) 1, 57. – [30] a. a. O. 2, 116. – [31] 3, 1; aus dem Französischen übersetzt von K. MÜLLER-VOLLMER: Poesie und Ek. Zur Dichtungstheorie Wilhelm von Humboldts. Mit einer zweisprachigen Ausgabe eines Aufsatzes für Frau von Staël (1967) 121. – [32] Schriften 2, 127. – [33] 2, 133. – [34] 2, 127ff. – [35] 3, 1; Müller-Vollmer 126. – [36] 3, 5; Müller-Vollmer 135. – [37] 2, 130. – [38] 3,4; Müller-Vollmer 131. – [39] 3, 10; Müller-Vollmer 147-149. – [40] 2, 134. – [41] 3, 20; Müller-Vollmer 183; vgl. 2, 139. – [42] 2, 146. 162. – [43] 3, 11; Müller-Vollmer 151-153. – [44] 3,4; Müller-Vollmer 129. – [45] 2, 162. – [46] 3, 2; Müller-Vollmer 123; vgl. 2, 132. – [47] 2, 142. – [48] GOETHE, Hamburger A. 1-14 (1948-60) 8, 254f.; 9, 316; 12, 506 Nr. 1002. – [49] a. a. O. 6, 208f. –, [50] 7, 23f.; 8, 504; 9, 49ff.; 12, 296. – [51] JEAN PAUL, Hist.-krit. A., hg. E. BEREND (1927ff.) I/11, 37. – [52] K. W. F. SOLGER: Erwin. Vier Gespräche über das Schöne und die Kunst, 1. 2 (1815) 1, 139; 2, 166. – [53] a. a. O. 1, 53f. – [54] Nachgelassene Schriften und Briefwechsel, hg. L. TIECK und F. VON RAUMER 1. 2 (1826) 2, 81f. 276. – [55] Vorles. über Ästhetik, hg. K. W. L. HEYSE (1829; ²1962) 186. – [56] G. W. F. HEGEL, Ästhetik, hg. F. BASSENGE. 1. 2 (²o. J.) 1, 17. – [57] a. a. O. 1, 275. – [58] F. T. VISCHER: Aesthetik oder Wiss. des Schönen 1-3 (1846-57) II/2, 324, § 387. – [59] a. a. O. II/2, 334, § 391.

4. Trotz ihrer mehr oder minder großen Bedeutung besteht gegenüber der Ek. bei fast allen Autoren aus verschiedenen Gründen eine gewisse Skepsis. Vor allem wird befürchtet, die Ek. könne zu Schwärmerei, Unverbindlichkeit und sogar zu moralisch verwerflichen Vorstellungen führen. Daher wird fast überall eine Lenkung der Ek. durch die Vernunft postuliert.

Heute hat der Begriff ‹Ek.› seine Bedeutung aus verschiedenen Gründen weitgehend eingebüßt. Die durchgängige Skepsis gegen die Ek. und der anscheinend ausschließlich negative Begriff von Ek. bei L. FEUERBACH [1] scheinen dazu beigetragen zu haben. Bei manchen Autoren wird die Ek. ausdrücklich der Phantasie untergeordnet, andere ändern in ihrer Entwicklung den Sprachgebrauch zugunsten von ‹Phantasie›. Das Ende der ‹Vermögenspsychologie› in der zweiten Hälfte des 19. Jh. scheint ein weiterer Grund für die Bedeutungseinbuße von ‹Ek.› zu sein. Träume und Geisteskrankheiten werden heute wegen des Fortschritts der Wissenschaften unter anderen Fachbegriffen erörtert. Die Psychoanalyse nach 1900 bietet keinen Raum für den Begriff ‹Ek.›. Sprachphilosophie und Sprachwissenschaft gründen auf anderen Voraussetzungen und gehen andere Wege. Die Abwendung vom Geniedenken und die Betonung von Experiment, handwerklicher Machbarkeit und ‹Struktur› in der gegenwärtigen Kunsttheorie lassen ebensowenig Raum für die Ek. wie die Kunsttheorie M. HEIDEGGERS, der die Ek. als Prinzip der Kunst ausdrücklich ablehnt [2]. In der an einer – modifizierten – Nachahmungstheorie orientierten marxistischen Ästhetik konnte die Ek. ohnehin nie eine Rolle spielen.

Gleichwohl kann der Begriff ‹Ek.› auch im 20. Jh. in sehr verschiedener Weise Bedeutung gewinnen. So entwickelt R. KASSNER 1908 seine eigenwillige Zeitkritik am Leitbegriff der Ek.: In einem Gespräch zwischen Mensch und Gliedermann wird die Ek. als Mitte des Menschen herausgestellt, die dem Gliedermann fehlt [3]. 1936 bestimmt er dann die Ek. formal als Vermögen, «Gegensätze welcher Art» auszuhalten und zu vermitteln [4]. Die im Unterschied zur antiken Auffassung im Christentum einsetzende Trennung von Ek. und Glaube führt zu «wechselseitiger Steigerung von Glaube und Ek.» [5]. Jetzt wird die mit der Ek. unmittelbar verbundene Dimension der Zeit herrschend, wodurch die Kategorien: Einzelner, Freiheit, Persönlichkeit, Sinn und Geschichte (als Gegenwart, nicht als Utopie) wesentlich werden. In dieser Zeitwelt wird durch die Ek. die Kunst, gelöst vom Mythos der Antike, zu sich selbst befreit. Ek. schafft Maß, Form, Gestalt, Bindung von Inhalt und Form, Rhythmus und Sinn, sie ist «Urelement des Schöpferischen» [6]. Als die «Sinnlichkeit der Seele» vermittelt sie zwischen Seele und Körper, Seele und Geist [7].

In seinem Versuch einer Transformierung Kants in die ‹Fundamentalontologie› zeigt M. HEIDEGGER 1929, wie Kant bei seiner Frage nach der Grundlegung der Metaphysik auf die transzendentale Ek. als die ursprünglich einigende Wurzel der beiden Stämme Sinnlichkeit und Vernunft stößt, eine Wurzel, die selber nochmals in der als «reine Selbstaffektion» [8] zu bestimmenden Zeit verwurzelt ist. So gehören Zeit und Ek. zusammen. Kants «Zurückweichen» vor diesem Ansatz in der 2. Auflage der ‹Kritik der reinen Vernunft› deutet Heidegger als Versuch einer «Rettung der reinen Vernunft», weil Kant offenbar bemerkt, daß das «Hineinfragen in die Subjektivität des Subjektes» «sich selbst den Boden weggräbt, auf den er anfangs die Kritik stellte», die «reine Vernunft» nämlich [9]. – E. STAIGER versucht Heideggers Deutung der Ek. als Zeit für die Literaturwissenschaft fruchtbar zu machen, indem er an einzelnen Gedichten Zeit als «reissende», «ewige» und «ruhende» auslegt [10]. Dieser Ansatz Staigers stellt nach W. PREISENDANZ eine «schiefe Perspektive» dar, weil er den «primären Gegensatz von Imagination und Wirklichkeit» [11] einebnet.

Nach einem kurzen Überblick über die Tradition der Ek. seit Thomas betont H. LANGENDÖRFER 1940, daß die große Bedeutung der Ek. nicht am Phänomen des Ästhetischen, sondern am Phänomen des Erkennens entdeckt wurde [12]. So hebt er – nach einer in traditionellen psychologischen Kategorien sich haltenden Deskription der Funktion der Ek. in der Kunst – hervor, daß und wie die Ek. in Mathematik, Geometrie und technisch-praktischen Problemen zu Lösungen beiträgt oder leichtere sogar selbständig erstellt [13]. Ek. als das «Vermögen der Klassen» erzeugt die für die Wissenschaft wesentlichen «idealisierten Phantasmen», d. h. gewisse Allgemeinvorstellungen. Gleichzeitig reicht Ek. als «Vermögen der Bilder» [14] «in archaische Schichten der menschlichen Seele» [15] hinab.

Vor allem in zwei Problemzusammenhängen scheint die Ek. in jüngster Zeit eine gewisse Bedeutung erhalten zu haben. M. POLANYI will 1968 in seiner Deskription (besonders natur)wissenschaftlichen Erkennens den Gedanken der «Originalität» wissenschaftlicher Leistungen herausstellen [16]. Indem er mit dem Hinweis auf unspezifizierbare, nicht völlig bestimmbare «Hilfswahrnehmungen» und «Spuren» [17], auf die Notwendigkeit eines intuitiven Vorgriffs schon bei der Problemstellung und auf die «Sensibilität» im Einschätzen der Möglichkeiten zu einer Lösung [18] Unbestimmtheiten aufweist, gewinnt er Raum für Intuition und Ek. Da das Ziel «nur in Umrissen» [19] bekannt ist, vollzieht sich Erkenntnis so: «Die Eingebung leitet die Ek., die nun ihrerseits wiederum die Mächte der Eingebung entbindet» [20].

In der Tradition wird die Ek. fast durchgängig durch Freiheit, Spontaneität und Spiel bestimmt. Diesen Gedanken nimmt unter veränderten Bedingungen vor allem H. MARCUSE wieder auf. 1955 greift er in seiner Kritik am «Realitätsprinzip» auf die freie, spielerische Ek. in der «ästhetischen Dimension» bei Kant und besonders bei Schiller zurück und versucht, in dieser Bestimmung das Leitbild eines nicht entfremdeten, nicht repressiven Menschseins zu vergegenwärtigen [21]. Jedoch betont er 1964, daß in der gegenwärtigen Gesellschaft Ek. bzw. Phantasie, von der Technik in Dienst genommen, «Instrument des Fortschritts geworden ist», wodurch sie «methodisch mißbraucht wird». Ek., Phantasie als «das freie Vermögen des Geistes» sei «gegenüber dem Prozeß der Verdinglichung nicht immun geblieben», so daß eine «Befreiung der Phantasie» durch politische Praxis notwendig werde [22]. Marcuse hat jüngst erneut die Ek., ihre Spontaneität als zentrale Bestimmung von Freiheit herausgestellt, jetzt aber den «utopischen» [23] Charakter dieser Konzeption betont. Auch jetzt kann diese ästhetisch konzipierte Freiheit der Ek. nur durch eine politische Revolution verwirklicht werden, die aber wegen des Fehlens einer revolutionären Massenbasis in «fortgeschrittenen Industriegesellschaften» nur nach vorangehender Aufklärung, Erziehung und politischer Praxis [24] und aufgrund von Rückwirkungen revolutionärer Befreiungskämpfe in der Dritten Welt ermöglicht werden kann. Ziel der Theorie Marcuses ist «ein Bündnis von befreiender Kunst und befreiender Technologie» [25], eine «Utopie», die sich in der Mai-Rebellion von 1968 in Frankreich bereits als «politische Kraft» [26] erwiesen haben soll.

Anmerkungen. [1] L. FEUERBACH, Werke, neu hg. W. BOLIN und F. JODL 1-10 (²1959-1960) 8, 224-249. – [2] M. HEIDEGGER: Holzwege (1950) 60. – [3] R. KASSNER: Melancholia. Eine Trilogie des Geistes (³1953) 95-168. – [4] Von der Ek. (1936) 31. – [5] a. a. O. 23. – [6] 64. – [7] 82; vgl. 85. – [8] M. HEIDEGGER: Kant und das Problem der Met. (²1951) 181. – [9] a. a. O. 194. – [10] E. STAIGER: Die Zeit als Ek. des Dichters. Untersuchungen zu Gedichten von Brentano, Goethe und Keller (³1963). – [11] W. PREISENDANZ: Humor als dichterische Ek. Studien zur Erzählkunst des poetischen Realismus (1963) 144. – [12] H. LANGENDÖRFER: Zur Theorie der produktiven Ek. (o. J. [1940]) 27. – [13] a. a. O. 46. 58. – [14] 61f. – [15] 72. – [16] M. POLANYI: Schöpferische Ek., dtsch. H.-J. SCHUERING. Z. philos. Forsch. 22 (1968) 53-70; 68. – [17] a. a. O. 56. – [18] 61. – [19] 63. – [20] 66. – [21] H. MARCUSE: Triebstruktur und Ges. Ein philos. Beitrag zu Sigmund Freud, dtsch. M. VON ECKARDT-JAFFE (1965) 171-194. – [22] Der eindimensionale Mensch. Studien zur Ideologie des fortgeschrittenen Industrieges., dtsch. A. SCHMIDT (1967) 258-261. – [23] Versuch über die Befreiung, dtsch. H. REINICKE und A. SCHMIDT (1969) 15. – [24]. a. a. O. 131. – [25] 76. – [26] 41.

Literaturhinweis. K. HOMANN: Zum Begriff Ek. nach Kant. Arch. Begriffsgesch. 14 (1970) 266–302. K. HOMANN

Eindruck

I. ‹E.› gewinnt seine philosophische Bedeutung aus der Erfahrungsphilosophie von HUME als Übersetzung von ‹impression› (lat. *in* und *premere*, griech. ἐντύπωμα). «By the term ‹impression› I mean all our more lively perceptions, when we hear, or see, or feel, or love, or hate or desire, or will» [1]. Impressionen bezeichnen bei Hume alle aus der Sinnlichkeit geschöpften Vorstellungen und sind die inhaltliche Bestimmung der aktuell vollzogenen Einzelerfahrungen. Da es neben der Erfahrung keine eigenständige Quelle von Vorstellungen gibt, ist auch das sublimste Räsonieren gebunden an die Impressionen und kann sich allein auf Eigentümlichkeiten stützen, wie sie ihnen von der ersten Erfahrung an eignen. Er sagt von der Unterscheidung zwischen Vernunft und Erfahrung (reason and experience): «I shall not scruple to pronounce, that it is, at bottom, erroneous, at least, superficial» [2]. Für Hume sind die Impressionen die ursprünglichste Bekundung von etwas überhaupt und in diesem Sinn original. Wir können nie über sie hinaus oder hinter sie zurückfragen.

In polemischer Terminologie bezeichnet er sie so als angeboren (innate), d. h. durch Geburt oder von Geburt an sind wir an sie als die Quelle unserer Erkenntnis verwiesen [3]. Sie sind die ersten Gegebenheiten. Von den Impressionen werden die «ideas» (Vorstellungen) unterschieden, von denen es zwei Arten, einfache und zusammengesetzte (simple and complex), gibt. Das Verhältnis von Impressionen und Vorstellungen wird wie folgt bestimmt:

a) Inhaltlich stehen sie in einem Verhältnis der vollkommenen oder exakten Übereinstimmung. Die «simple idea» ist das exakte gedächtnis- oder erinnerungsmäßige Abbild (copy) einer voraufgegangenen Impression.

b) Unsere komplexen Ideen repräsentieren nur unbestimmt impressionale Sachverhalte entweder infolge unsorgfältiger oder abgeschwächter Registrierung der Einzelbeobachtungen oder auf Grund willkürlicher Variationen (imaginations) aufbehaltener Impressionen, wie z. B. der Vorstellung eines goldenen Berges oder tugendhaften Pferdes [4]. Die komplexen Ideen, die willkürlich je nach Geschmack gebildet werden, erreichen aber nie die Lebhaftigkeit und Bestimmtheit sinnlich komplexer impressionaler Sachverhalte.

c) Der einzige Unterschied, den Hume zwischen Impression und Idee gelten läßt, ist ein rein formaler, ein Unterschied in der Lebhaftigkeit oder Stärke, mit denen sie im Geiste auftreten. Jede Idee empfängt ihre Belebung aus der Impression. Es gibt verschiedene Grade der Lebhaftigkeit und Stärke, die von der Häufigkeit des Auftretens einer Impression abhängen. Die Impression selbst hat den stärksten Lebhaftigkeitsgrad, den eine Idee nie erreicht. Hieraus ergibt sich nochmals, weshalb komplexe Ideen sich nie adäquat in der impressionalen Wirklichkeit wiederfinden. Den Oberbegriff für Impressionen, einfache und komplexe, sowie für willkürliche Ideen bildet ‹perception› als Ausdruck für jeglichen Bewußtseinsinhalt («whatever is present to the mind»). Wenn die Impressionen bei Hume als die Ursachen (causes) der Ideen bezeichnet werden, so ist Kausalität nur im Sinne Humes als eine Äußerung der assoziativen Funktion der Gewohnheit zu verstehen. Auch die Verknüpfung der Ideen bis hin zu den Phantasievorstellungen (imaginations) folgt den durch Gewohnheit gestifteten Assoziationen. Hierin folgt Hume der philosophischen Tradition Englands, da die Hervorhebung der Rolle der Gewohnheit (custom) sich schon im gleichnamigen Essay von *Bacon* findet. Hume unterscheidet sich jedoch von der Tradition, indem er alle Eindrücke, z. B. die der Liebe und des Fühlens, ebenso wie die des Sehens und Hörens, gleichordnet, während Locke denen des äußeren Sinnes einen Vorrang zuerkennt [5]. Indem Hume die Prävalenz der sinnlichen Eindrücke bei der Erkenntnis zu retten sucht, vindiziert er ihnen damit keine absolute oder hohe Zuverlässigkeit bzw. Geltung.

In der nachfolgenden philosophischen Entwicklung werden ohne die theoretischen Begründungen Humes als Charakteristika von E. (bzw. Sinnes-E. und Impression) Ursprünglichkeit und unmittelbare Evidenz festgehalten, so daß W. T. Krug E. als «jede leidentliche Bestimmung unsers Gemüths durch irgend einen Gegenstand» bezeichnet [6] und z. B. James von ihnen sagt: «They are neither true nor false; they simply are» [7], und Husserl den Terminus ‹Urimpression› aufgreift [8].

Anmerkungen. [1] D. Hume, An enquiry conc. human understanding II, 12. – [2] a. a. O. V, 1, 36, Anm. 1. – [3] II, 17, Anm. 1; vgl. A treatise of human nature I, 1, 1 Anm. 1. – [4] Enquiry II, 13. – [5] J. Locke, An essay conc. human understanding II, 1, 25 und I, 2, 5. – [6] W. T. Krug: Allg. Handwb. der philos. Wiss. 1 (1827) 605. – [7] W. James: Pragmatism (1907) Lecture 7. – [8] E. Husserl, Husserliana 7, 175.

W. H. Müller

II. Im Sinne der Unterscheidung von E.- und Ausdrucksmethoden zur Untersuchung von Empfindungen und Gefühlen bei W. Wundt [1] bezieht sich der Ausdruck ‹E.› in der *älteren* Psychologie auf die kontrollierte Darbietung von Reizen, und zwar meist so, daß die Versuchsperson ihren E. mit anderen E. vergleicht. Späterhin wird ‹E.› jedoch meist im Sinne eines *Erfassens anderer Menschen* gebraucht. E.-Urteile als wiederholte Beurteilungen des gleichen Menschen durch einen Beurteiler zu verschiedenen Zeiten wie auch im Sinne einer Beurteilung eines Menschen gleichzeitig durch verschiedene Beurteiler unterliegen in der Regel erheblichen Schwankungen. Die Übereinstimmung von E.-Urteilen mit unabhängigen Kriterien (z. B. Berufsbewährung, Test) ist gering und erlaubt keine diagnostisch relevanten Aussagen. Bedeutsamer als die Frage nach der «Richtigkeit» des E. sind Untersuchungen über den Prozeß der *E.-Bildung*. Allgemein gilt, daß die E.-Bildung von der Eigenart des zu Beurteilenden, von der Art der zu beurteilenden Eigenschaft, von der Art des sozialen Bezugs zwischen Beurteiler und Beurteiltem und von der Eigenart des Beurteilers und dessen Erwartungen abhängt. Von solchen Eigenarten des Beurteilers nennt G. W. Allport [2] Erfahrung, Ähnlichkeit von Beurteiler und Beurteiltem, Intelligenz, Einsicht in eigene Mängel, Komplexitätsgefälle von Beurteiler zu Beurteiltem, Distanz (im Gegensatz zu extravertierter Umgänglichkeit), ästhetische Haltung und soziale Intelligenz. Soweit sich Allports Annahmen experimentell prüfen ließen, haben sie Anlaß zu zahlreichen Untersuchungen gegeben, die zur Verwerfung oder Modifikation der meisten Annahmen führten. Nur daß sozial distanziertere und eher introvertierte Beurteiler besser abschneiden, wird fast allgemein festgestellt.

Gut gesichert ist die Feststellung, daß E.-Urteile durch bestimmte Tendenzen beeinflußt werden, nämlich durch Neigung zu Halo-Effekten (Verzerrung durch Dominanz weniger, aber augenfälliger Momente), durch Einseitigkeit (durchgehend positive oder negative Momente), durch Ähnlichkeitsannahmen (dem Beurteilten werden die Eigenarten des Beurteilers zugeschrieben), durch Projektion (dem Beurteilten werden die Fehler des Beurteilers zugeschrieben) und durch Stereotypenbildung (auf den Beurteilten werden Vorurteile über Stand, Rasse usw. angewendet).

Mit der Beobachtung, daß es beim Beurteiler individuell sehr verschiedenartige «implizite Persönlichkeitstheorien» gibt, nach denen der E. vom anderen eingeordnet wird, hat sich der Forschung ein neues Feld eröffnet. Durch multidimensionale Skalierung der E. eines Beurteilers ist es möglich, das Kategoriensystem anzugeben, unter dem er sich und seine Mitwelt erlebt.

Anmerkungen. [1] W. Wundt: Grundzüge der physiol. Psychol. 1 (⁶1908) 28f. – [2] G. W. Allport: Persönlichkeit (dtsch. ²1959) 526ff.

Literaturhinweise. R. Taft: The ability to judge people. Psychol. Bull. 52 (1955) 1-23. – J. S. Bruner und R. Taguiri: The perception of people, in: Handbook of social psychol. 2, hg. G. Lindzey (Cambridge, Mass. ²1956) 634-654. – L. J. Cronbach: Proposals leading to analytic treatment of social perception scores, in: R. Taguiri und L. Petrillo: Person perception and interpersonal behavior (Stanford 1958). – G. W. Allport s. Anm. [2]. – J. Kaminski: Die Beurteilung unserer Mitmenschen als Prozeß, in: Ber. 23. Kongr. Psychol. (1963). – F. Merz: Die Beurteilung unserer Mitmenschen als Leistung, in: Ber. 23. Kongr. Psychol. (1963) – G. A. Kelly: The psychol. of personal constructs (New York 1965).

O. Ewert

Eine (das), Einheit

I. – 1. Im *Griechischen* hat εἷς, μία, ἕν (einer, eine, eines) eine Vielfalt von Bedeutungen. Dieses Wort kann Name einer Kardinal- oder in Zusammensetzungen einer Ordinalzahl sein. Es kann ein Individuum bezeichnen als eine Einheit, die in einer Gruppe gesondert genommen wird oder im Gegensatz zu dieser Gruppe steht, oder es bezeichnet ein Individuum auf unbestimmte Weise. Aber es kann auch ein Ganzes im Unterschied zu einem Teil bezeichnen, und zwar in dem Maße, in dem dieses Ganze eine Ansammlung von Teilen gemäß einem gemeinsamen Element ist, z. B. in dem Ausdruck εἰς ἕν συνάγειν (zu einem [Ganzen] zusammenbringen, zur Einheit vereinigen). So kommt es, daß das Wort εἷς entgegengesetzte Dinge bezeichnet: das Individuum und das Ganze, das besondere Element und das gemeinsame Element. Andererseits hat es als Zahlwort eine besondere und privilegierte Stellung, und zwar deshalb, wie ARISTOTELES [1] bemerkt hat, weil es vielmehr das Maß der anderen Zahlen darstellt, und weil die anderen Zahlen durch es gemessen werden. Der Umfang des Gebrauchs dieses Wortes außerhalb der Arithmetik zeigt deutlich diesen besonderen Charakter und diese privilegierte Stellung. So entwickelt sich im ganzen Verlauf der Geschichte des antiken Denkens der Begriff des Einen (= E.) in Abhängigkeit von der schwankenden Vielfalt seiner Bedeutungen.

Im Gedicht des PARMENIDES taucht der Begriff des E. auf und erscheint als *Prädikat* des Seienden, d. h. synonym mit dem Begriff des Unteilbaren [2]. Aber bei MELISSOS und, wie aus dem Textzusammenhang zu schließen ist, bei ZENON [3] begegnet der Begriff als *Subjekt*, und zwar in Hypothesen vom Typ «wenn die Vielen sind», «wenn das Eine ist». Hypothesen dieser Art nimmt PLATON im zweiten Teil des ‹Parmenides› wieder auf. Als Subjekt genommen ist das E. der Eleaten zugleich einziges Individuum und unteilbares Ganzes. Platon zeigt, weshalb es unmöglich ist, einen solchen Begriff mit dem Vollzug der Rede und der Sprache zu vereinbaren. Setzen, daß das E. eines ist [4], heißt jede Wissenschaft und jede Rede unmöglich machen, heißt gar zu der Behauptung geführt werden, daß das E. nicht ist, womit man also zum Verzicht auf die parmenideische Identifizierung von Seiendem und E. gezwungen ist. Diese Identifizierung ist in der Tat nur unter der Bedingung möglich, daß man anerkennt, daß das E. und das Viele sich wechselseitig einschließen. Eben das zeigt die zweite Hypothese des ‹Parmenides›: wenn das E. ist [5]. In diesem Fall, wenn man anerkennt, daß das E. ist, ist das Sein in der Tat das Sein des E., ohne mit dem E. identisch zu sein: das Wort ‹ist› bezeichnet etwas, was vom E. verschieden ist, und sich gleichwohl, und zwar eben in der Rede, mit dem E. identifiziert [6]. Man geht so von einer Sache zu zwei Sachen über, um zu einer Sache zurückzugehen, und dieser Übergang vom *E. zu Zweien* erlaubt die Erzeugung aller Zahlen bis zum Unendlichen [7]. Mit der zweiten Hypothese des ‹Parmenides› vollzieht sich also eine radikale Umwandlung des Begriffs des E. Das E. ist nicht mehr das individuelle All-E. des Kosmos, dessen monolithische Unteilbarkeit die Möglichkeit zu sprechen nicht zu erklären erlaubt; es wird eine Gattung, d. h. ein Prinzip der Klassifikation der Ideen (und nicht eine Idee unter anderen). Jede Tätigkeit des Denkens gewinnt so einen arithmetischen Aspekt, und zwar in dem Maße, in dem sie die «Zahl», d. h. das genaue Verhältnis des «Endlichen» und des «Unendlichen» sucht, welches Verhältnis jeder Sache zukommt und sie in das Gesamt der Klassen des Seins einzuordnen erlaubt. – Wie im ‹Parmenides› eine Umdeutung der eleatischen, so gibt Platon im ‹Philebos› [8] eine wiederholende Neuinterpretation der pythagoreischen Tradition. Für den *Altpythagorismus* ließ das Entstehen der Zahlen das Entstehen des Kosmos verstehen: Aus der Begegnung zwischen der Grenze und dem Unbegrenzten entstand das E., der ursprüngliche Same, der aus diesem doppelten Ursprung den eigentümlichen Charakter bewahrte, zugleich paarig-unpaarig oder zweigeschlechtlich zu sein. Die Welt entwickelte sich in biologischer Weise im Ausgang vom E. wie die Zahlen, die durch dieses erste Maß erzeugt werden [9]. PLATON überträgt diese kosmologischen Spekulationen in den Erkenntnisbereich: Die Methode des Forschens und Lehrens soll darin bestehen, in jedem die «eine» Form zu suchen, d. h. die Zahl, die aus der Vereinigung des Endlichen und Unendlichen in jeder Wesenheit entsteht. Von diesem Gesichtspunkt her nennt der ‹Philebos› die Ideen «Monaden» oder «Henaden» [10].

Der mathematische und «pythagoreische» Aspekt der platonischen Lehre akzentuiert sich noch in der Interpretation, die *Platons Schüler* von seiner Lehre geben. Für SPEUSIPPOS ist das E. das Prinzip und das Element der mathematischen Zahlen [11], für XENOKRATES ist es zusammen mit der unbestimmten Zweiheit das Prinzip des Entstehens der Ideen-Zahlen [12], aber nach Xenokrates handelt es sich hier nur um eine didaktische Betrachtung, um eine Art der Darstellung, nicht aber um eine reale Erzeugung [13]. Auch ARISTOTELES [14] stellt gewöhnlich Platons Lehre in dieser Form vor: Die Ideen-Zahlen entstehen aus einem formalen Prinzip, dem E., und aus einem materialen Prinzip, aus der unbestimmten Zweiheit des «Großen» und des «Kleinen». Dieser Gegensatz zwischen dem E. und der Zweiheit steht am Ursprung jenes logischen Schemas, dessen Spur wir ebensowohl bei XENOKRATES [15] wie in den ‹Kategorien› des ARISTOTELES [16] oder in der *stoischen* Logik [17] und Moral [18] wiederfinden: der Gegensatz zwischen dem «An-sich» und dem «Relativ». Die Begriffe, die an sich und gesondert (καθ' αὑτά) betrachtet werden können und die somit keiner anderen bedürfen, um verstanden zu werden, gehören zur Gattung oder zur Kategorie des E. Die Begriffe hingegen, die nur in bezug auf andere verstanden werden können, schließen sich an die Gattung oder Kategorie des «Großen» und des «Kleinen». In der letzteren Gruppe ist noch genauer zu unterscheiden: es gibt einmal den Gegensatz der Kontrarietät (gleich – ungleich, gut – schlecht), bei welchem die Reihe: gleich, gut usw. sich an die Kategorie des E. anschließt, und die Reihe: ungleich, schlecht usw. sich an die Kategorie der Zweiheit anschließt; zum anderen gibt es den Gegensatz der Korrelation (rechts – links, groß – klein usw.), in welchem die Wechselbegriffe sich vollständig an die Kategorie der Zweiheit anschließen [19].

ARISTOTELES hat die platonisch-pythagoreische Konzeption des E. scharf kritisiert. Er zeigt, daß, streng mathematisch betrachtet, die Operation des Zählens unverständlich wird, wenn man die Zahlen mit Ideen verwechselt. Denn Zählen ist nur möglich, wenn alle Einheiten zusammenzählbar, d. h. homogen und mathematisch gleich sind. Wenn es nun eine Idee des E., eine Idee der Zwei, eine Idee der Drei gibt, müßte eine spezifische Differenz zwischen den Einheiten vorliegen, die die Idee der Zwei, die Idee der Drei usw. bilden, und diese Einheiten wären nicht zusammenzählbar. Der Vorgang des Zählens würde völlig unbegreiflich [20]. Vor allem unterscheidet Aristoteles sorgfältig [21] die verschiedenen Bedeutungen, die der Begriff des E. annehmen kann: Das E. kann das Kontinuum bezeichnen (besonders in der Bewegung), das E. kann das Ganze bezeichnen, vor allem das Ganze, das in sich die Ursache seines eigenen Zusammenhaltes besitzt (hier bildet sich der wichtige Begriff der organischen Ganzheit). Das E. ist aber auch das, dessen Begriff eines und unteilbar ist. In dieser letzteren Bedeutung ist das E. das Allgemeine (spezifische Einheit) oder das Individuum (numerische Einheit). Alle diese Bedeutungen aber haben etwas Gemeinsames, und das ist die Unteilbarkeit: Das Wesen des E. besteht daher in der Unteilbarkeit, aber Aristoteles denkt nicht daran, dieses Wesen zu hypostasieren [22], es von den Dingen, die eines sind, zu trennen, wie es die Platoniker tun, die das Eine als die Gattung oder als die Substanz der Dinge ansehen. Das E. ist ebensowenig eine Gattung wie das Seiende, weil dann, wenn das E. oder das Seiende eine Gattung wäre, die zu dieser Gattung gehörenden spezifischen Differenzen gar nicht different zu ihrer eigenen Gattung sein könnten [23]. Die Begriffe des E. und des Seins haben den gleichen Umfang, sind koextensiv, sie sind von allen Prädikaten die allgemeinsten; sie bezeichnen ein und dieselbe Sache: «E. sein», das ist dasselbe wie «eine partikuläre Sache sein»; E. und Seiendes gibt es in jeder Kategorie, sie sind nicht nur in einer der Kategorien enthalten; sie fügen auch von sich her der Bedeutung dieser Kategorien nichts hinzu: «ein Mensch» sagt nicht mehr als «Mensch» [24]. Der Begriff des E. fügt jedoch zu dem des Seienden den Gedanken der Unteilbarkeit und folglich den des Maßes hinzu. Insofern es unteilbar ist, ist das E. Maß, z. B. ist der Begriff des Pferdes Maß in bezug auf die individuellen Pferde [25]. Von eben diesem Gesichtspunkt her ist das mathematisch E. selbst nicht eine Zahl, sondern das Maß, also das Prinzip der Zahlen [26].

Anmerkungen. [1] ARISTOTELES, Met. 1088 a 6. – [2] PARMENIDES, Frg. 8, 6. – [3] MELISSOS, Frg. 8; ZENON, Frg. 3. – [4] PLATON, Parm. 137 c–142 a. – [5] Parm. 142 b–155 e. – [6] Parm. 142 b–c. – [7] Parm. 142 c–144 e. – [8] Phileb. 16 c–d. – [9] Vgl. W. BURKERT: Weisheit und Wiss. Studien zu Pythagoras, Philolaos und Platon (1962) 33-35. – [10] PLATON, Phileb. 15 a–b. – [11] Nach ARIST., Met. 1091 b 20-25. – [12] XENOKRATES, Frg. 26 und 68 (HEINZE). – [13] XENOKRATES, Frg. 33; ARIST., De caelo 279 b. – [14] ARIST., Met. 987 b 20; weitere Zeugnisse für die Lehre über das E. bei Platon: Met. 1081 a 15; 1091 a 5; Eth. Eud. 1218 a 20; De anima, 404 b 20; PERI TAGATHU, Frg. 2 (Ross). – [15] XENOKRATES, Frg. 12. – [16] Vgl. PH. MERLAN: Beiträge zur Gesch. des antiken Platonismus. Philologus 89 (1934) 35-53. 197-214. – [17] Vgl. O. RIETH: Grundbegriffe der stoischen Ethik (1933) 70ff. – [18] Vgl. O. LUSCHNAT: Das Problem des ethischen Fortschritts in der alten Stoa. Philologus 102 (1958) 178-214. – [19] SIMPLIKIOS, In Phys. 247, 30-248, 20 (DIELS); SEXTUS EMPIRICUS, Adv. Math. X, 263-277; ALEXANDER APHROD., In Met. 56, 13-21. – [20] ARIST., Met. 1080 a 15ff. – [21] Met. 1052 a 15ff.; 1015 b 16ff. – [22] Met. 1053 b 20. – [23] Met. 998 b 20. – [24] Met. 1054 a 10-20. – [25] Met. 1088 a 1-15. – [26] Met. 1088 a 6.

Literaturhinweise. W. BURKERT s. Anm. [9]. – J. M. RIST: The Parmenides again. Phoenix 16 (1962) 1-14. – K. GAISER: Platons ungeschriebene Lehre (1963, ²1968). – W. THEILER: Einheit und unbegrenzte Zweiheit von Plato bis Plotin, in: Isonomia (1964) 89-109. – J. RIST: Monism. Plotinus and some predecessors. Harv. Stud. class. Philol. 69 (1965) 329-344. – H. CHERNISS: Die ältere Akademie (1966). – C.-J. DE VOGEL: Pythagoras and early Pythagoreanism (Assen 1966). – H.-G. GADAMER und W. SCHADEWALDT: Idee und Zahl. Studien zur platonischen Philos. (1968).

2. Die Reflexion über den Begriff der Einheit (= Eh). hat sich im griechischen Denken langsamer entwickelt als die Reflexion über den Begriff des Einen, und das Fachvokabular, das sich auf diesen Begriff der Eh. bezieht, hat sich nur allmählich ausgebildet. Wie bereits bemerkt, tauchen bei PLATON die Termini μονάς und ἑνάς auf, selten übrigens, und sie dienen dazu, jene zugleich begrifflichen und zahlhaften Eh. zu bezeichnen, die die Ideen sind [1]. Auch ARISTOTELES gebraucht den Terminus ‹Monade›, um die arithmetischen Eh. zu bezeichnen, die die Zahlen bilden, und er betont, daß die Monade das Prinzip der Zahl ist [2]; manchmal gebraucht er ‹Monade› und ‹Zahl› synonym [3]. So scheint der Gebrauch des Terminus ‹Monade› sich in der Alten Akademie entwickelt zu haben, und dürfte so in den nachplatonischen Pythagorismus [4] eingeführt worden sein, in welchem er eine große Rolle spielt. Als Terminus, der einen Aspekt des Begriffes der Eh. ausdrückt, findet man gleicherweise schon bei PLATON μόνωσις [5], welches Wort dazu dient, die Einzigkeit der Welt zu bezeichnen, welche Einzigkeit der des «vollkommenen Lebewesens» ähnlich ist. Platon gebraucht weder ἑνότης noch ἕνωσις. ARISTOTELES hingegen verwendet ἑνότης, um jene Identität zu bezeichnen, die die «Eh.» einer Vielheit begründet, oder um die organische Eh. zu bezeichnen, die ein natürliches Ganzes konstituiert [6]. Neben der Idee der Eh. erscheint bei Aristoteles die Idee der Vereinigung, durch den Ausdruck ἕνωσις bezeichnet, im Unterschied zur Idee der Teilung [7]. Aber es gibt bei ihm keine Reflexion über den Unterschied, der zwischen Vereinigung und Eh. zu machen wäre.

Der Begriff der Vereinigung (ἕνωσις) ist grundlegend im *Stoizismus*: Eines der zentralen Probleme der stoischen Physik besteht in der Aufgabe zu erklären, wie eine unteilbare Ganzheit aus einer totalen Mischung entstehen kann. Daher unterscheiden die Stoiker Grade der Vereinigung: der niederste Grad ist die Anhäufung oder die Menge, dann kommt die Vermischung (μῖξις), in der die Komponenten ihre besonderen Qualitäten bewahren, dann die κρᾶσις, in welcher die Komponenten untrennbar werden, endlich die Verbindung (σύγχυσις), in der die Komponenten aufgrund ihrer Verbindung neue Qualitäten erlangen. Man kann sagen, daß in der Verbindung die Vereinigung der Komponenten eine neue Eh. bildet [8].

Im *Neupythagorismus* verbinden sich der aristotelische Begriff der organischen Ganzheit und der stoische Begriff der Vereinigung. So unterscheidet NIKOMACH VON GERASA zwei Arten der sinnfälligen Quantität: die Größen, die «vereinheitlichte» Realitäten sind und inneren Zusammenhalt besitzen, wie ein Baum oder die Welt, und Größen, die Mengen von individuellen Eh. sind, wie eine Truppe, ein Volk, ein Chor. So wiederholt er zugleich mit der stoischen Unterscheidung zwischen Anhäufung und Vereinigung die aristotelische Unterscheidung zwischen einer Größe, die nicht ins Unendliche anwachsen kann, weil sie eine organische Eh. bildet, und der Zahl, die ins Unendliche wachsen kann, weil sie aus einer Anreihung von E. gebildet ist [9].

Anmerkungen. [1] PLATON, Phileb. 15 a–b; Phaidon 101 c 6; 105 c 6. – [2] ARISTOTELES, Top. 108 b 26-30; Met. 1053 a 27. – [3] Eth. Eud. 1218 a 20; De caelo 300 a 15-20. – [4] Vgl. C. J. DE VOGEL: Pythagoras and early Pythagoreanism (Assen 1966) 207. – [5] PLATON, Tim. 31 b 1. – [6] ARIST., Met. 1018 a 7; 1023 b 36; 1054 b 3; Phys. 222 a 19. – [7] Phys. 222 a 20. – [8] SVF II, § 471. – [9] NIKOMACHOS VON GERASA, Introd. Arithm. 4, 15 (HOCHE); ARIST., Phys. 207 b 1ff.

Literaturhinweise. H. DÖRRIE: Porphyrios' «Symmikta Zetemata» (1959) 24-35. – P. HADOT: Numerus intelligibilis infinite crescit. Divinitas 11 (1967) 181-191.

3. Die *neupythagoreische* Zahlenlehre führt die platonischen Spekulationen über das Eine (= E.) weiter. So bildet sich dann eine Metaphysik der Transzendenz des E. aus. Während bei Platon die Transzendenz des E. in

bezug auf die unbegrenzte Zweiheit nicht den Dualismus zwischen den beiden Prinzipien aufhob, kann man jetzt sehen, wie das E., gerade vermöge seiner absoluten und transzendenten Sonderstellung Prinzip und Ursprung der unbegrenzten Zweiheit selbst wird [1]. Ein dynamischer Monismus tritt so in Erscheinung. Die Zahl entsteht aus der Entfaltung der Monade, aus dem In-Bewegung-setzen des E. [2]. Man muß also auf die eine oder andere Weise voraussetzen, daß nun die Unendlichkeit im Inneren des E. selber ist.

In dieser neupythagoreischen Problemsituation steht die plotinische Lehre vom E. – PLOTIN verkennt nicht die Kritik, die Aristoteles an der platonischen Konzeption des E. geübt hatte, und betont wie dieser, daß das E. und das Seiende gleichbedeutend sind: für jedes Seiende gilt, daß Eines zu sein mit seinem Wesen identisch ist [3]. Aber das E., das jede Wesenheit bildet, ist unvollkommen, weil die substantialen Teile der Wesenheit vielfältig sind [4]. Diese dem Seienden innere Vielheit setzt also ein absolut Eines voraus. Selbst das erste Wesen, das Seiende an sich, ist noch vielfältig, weil es lebt und denkt [5]. Das reine Denken, wie Aristoteles es beschrieben hatte, ist noch eine Vielheit, weil es ein Subjekt besagt, das sich als Objekt denkt. Auch die Ideen sind vielfältig, weil sie Zahlen sind [6]. Das E. ist also das absolut einfache Prinzip, das jede Vielfalt vereinigt, ein absolut Unteilbares, dessen absolute Unmittelbarkeit nicht die eines Unendlichen an Kleinheit ist, sondern im Gegenteil eines Unendlichen an Vermögen [7]. Es ist ein begrenzendes Unendliches, das paradoxerweise Maß gerade insofern ist, als es unendlich ist [8].

Plotin besteht entschieden auf der absoluten Transzendenz des E. Wenn Andersheit oder passiv Unendliches von ihm kommt, dann lediglich durch eine Art von Überfluß, der es absolut unbewegt läßt [9]. Wie man annehmen darf, hat PORPHYRIOS, der Schüler Plotins, dessen Lehre in einem der pythagoreischen Zahlenlehre näheren Sinn interpretiert. Für ihn ist das Viele im E. enthalten in einem unentfalteten Zustand. Das Seiende etwa stammt aus dem E., weil das E. selbst in gewisser Weise das Sein ist, reines absolut unbegrenztes Wirken, das durch den Vollzug seines Wirkens das Seiende setzt [10]. So findet sich hier eine Art transzendenter Koinzidenz zwischen Sein und Einheit. Andere Neuplatoniker suchen hingegen die Transzendenz des ersten Prinzips noch zu steigern, indem sie selbst darauf verzichten, es das E. zu nennen. Das trifft auf JAMBLICH zu, der das jeden Gegensatz übersteigende E. oberhalb des Gegensatzes von Monade und Dyade ansetzte, dann oberhalb dieses E. ein absolut Unerkennbares annahm [11]. Auch DAMASKIOS setzt an die Spitze aller Dinge das Unsagbare, dann an zweite Stelle das E.-Alle (τὸ ἓν πάντα) und an die dritte Stelle das Geeinigte (ἡνωμένον). [12]. Bei ihm erscheint zum ersten Mal klar der Gegensatz zwischen der Einheit (in der Vielfalt völlig getilgt ist) und der Vereinigung (in der die Vielfalt durch das E. bestimmt ist, ohne getilgt zu sein) [13]. Das Geeinigte bei Damaskios ist übrigens von triadischer Struktur (Monade, Dyade, Triade). Diese Spekulationen über das Unsagbare und das E. finden sich auch bei THEODOROS VON ASINE. Er setzte nach dem Unsagbaren eine intelligible Triade an, die aus der ersten Monade, der ersten Dyade und der ersten Triade besteht, und er stellte sie durch das griechische Wort für E.: HEN, dar, ein Wort, das aus einem unaussprechbaren Hauch, einem aussprechbaren Vokal und einem dank des Vokals aussprechbaren Konsonanten besteht [14]. Die Phonetik zeigte Theodoros also, daß das E. in sich das Unsagbare und das Sagbare in einer triadischen Struktur vereinigt.

Diese triadischen Strukturen der Neuplatoniker sind nach dem Modell der organischen Einheiten der Stoiker konzipiert, d. h. daß es in ihnen eine totale Vermischung, ein wechselseitiges Sich-Einschließen der Teile gibt, in welchem jedes es selbst ist, indem es die anderen ist. Nach diesem Modell sind u. a. die Bezüge zwischen Sein, Leben und Denken, zwischen dem Endlichen und Unendlichen und der Mischung, die daraus resultiert, konzipiert. Die Hierarchie der verschiedenen Grade der Einheit wird im Ausgang von einer systematischen Interpretation der Hypothesen des ‹Parmenides› vorgestellt.

Der Neuplatonismus ist vor allem eine Mystik des E. Alle Spekulationen über die Grade der Einheit sind dazu bestimmt, die Seele zur Koinzidenz mit dem E. zu führen. Hier kommt eine lange Tradition zu ihrem Abschluß, die immer das E. und das Gute identifiziert hatte [15]. Schon PLATON hatte die Seele aufgefordert, sich in sich zu sammeln, sich zu vereinheitlichen [16], die *Stoiker* hatten das Gut des Individuums mit seinem inneren Einklang identifiziert [17]. Die *Neuplatoniker* wollen mehr. Sie begnügen sich nicht mehr mit dem Versuch, ihre innere Vielfalt zur Einheit zu bringen, sie wollen die Einheit mit dem absolut und ursprünglich E. Die Einheit des E. wird ein Zustand der Seele [18] und, für PROKLOS, sogar der Gipfel der Seele, die «Blüte des Geistes» [19]. Der Mensch muß eins zu werden suchen mit diesem transzendenten Teil seiner selbst, der nichts anderes ist als «das E. in uns».

Diese Mystik des E. hatte *wenig* Einfluß auf die christliche Spiritualität der *Patristik*. Selbst PSEUDO-DIONYSIUS, der ja stark durch Proklos beeinflußt ist, sucht mehr die Hierarchie der intelligiblen Realitäten zu begreifen als die Vereinigung mit dem E. Erst am Ende des Mittelalters erscheint die E.-Spekulation wieder bei den *rheinischen Mystikern*. Gleichwohl findet man eine Spur davon auch bei AUGUSTINUS, der sie mit der evangelischen Lehre von dem Unum necessarium in Verbindung bringt [20].

Die christlichen *Theologen*, die mit dem Mysterium der Trinität konfrontiert waren, hatten mehr die Aufgabe, Rechenschaft zu geben von der Einheit einer Vielheit, als die reine Einheit zu betrachten. Die terminologischen Anstrengungen der lateinischen Theologen in diesem Bereich sind bemerkenswert. TERTULLIAN unterscheidet sorgfältig zwischen numerischer Einheit, die er mit ‹unio› [21] übersetzt, und organischer Einheit (im stoischen Sinn), die er durch ‹unitas› [22] übersetzt. VICTORINUS unterscheidet zwischen ‹Monade›, welches Wort er durch ‹unalitas› [23] übersetzt, und der Einheit-Vielheit (im neuplatonischen Sinn), die er mit ‹unitio› oder ‹counitio› [24] wiedergibt. Wie TERTULLIAN [25] und CALCIDIUS [26] gebraucht VICTORINUS auch ‹singularitas› [27], um μονάς zu übersetzen. Wahrscheinlich gibt es bei ihm, wie in den Hymnen des Synesios, die Spuren der porphyrischen Konzeption des E. Aber insgesamt gebraucht die trinitarische Theologie auch im Orient den aristotelischen Begriff der οὐσία weit häufiger als den platonischen Begriff der Einheit.

Anmerkungen. [1] DIOGENES LAERTIUS 8, 25: Monade Prinzip des Ganzen; MODERATUS bei STOBAEUS, Ecl. I, S. 21, 14 (WACHSMUTH): Die abgesonderte Monade; SEXTUS EMPIRICUS, Adv. Math. X, 261: Erzeugung der Dyade durch Hinzufügung der Einheit zu sich selbst; CALCIDIUS, In Tim. § 295; EUDOROS bei SIMPLICIUS, In Phys. 181, 17 (DIELS); FAVONIUS EULOGIUS III, 32 (HOLDER). – [2] MODERATUS, a. a. O. I, S. 21, 8. – [3] PLOTIN, Enn. VI, 9, 2, 1-10. – [4] Enn. VI, 9, 2, 19. – [5] Enn.

VI, 9, 2, 24. – [6] Enn. VI, 9, 2, 27. – [7] Enn. VI, 9, 6, 1-12. – [8] Enn. VI, 7, 17, 15-20. – [9] Enn. V, 2, 1, 8. – [10] Vgl. P. Hadot: Porphyre et Victorinus (Paris 1958) 1, 408ff.; 2, 104. – [11] Jamblichos, bei Damaskios, Dub. et Sol. § 50, I, 101, 14-21; § 51, 103, 7; § 52bis, 104, 15 (Ruelle). – [12] Damaskios, a. a. O. § 44, I, 87, 8; § 53, I, 108, 8. – [13] a. a. O. § 55. – [14] Proclos, In Tim. II, 274, 19 (Diehl); In Parm., 52, 9 (Klibansky). – [15] Aristoteles, peri tagathu bei Aristoxenos, Harm. 2, S. 30 (Macran); Arist., Met. 986 a 22ff. – [16] Platon, Phaidon 83 a. – [17] SVF III §§ 98. 160. – [18] Plotin, Enn. VI, 9, 3, 23-27; VI, 9, 9, 51-56. – [19] Proclos, De decem dubit. 64, 9, S. 106 (Boese). – [20] Augustin, Conf. XI, 29, 39; Serm. 255, 6; vgl. auch De musica, VI, 17, 56. – [21] Tertullian, Adv. Prax. 19, 7; 13, 7; Adv. Valent. 38, 2. – [22] Adv. Prax. 2, 4; 3, 1; 12, 1-3. – [23] Victorinus, Adv. Ar. I, 49, 9; 50, 20, dtsch. P. Hadot/U. Brenke: Marius Victorinus. Christl. Platonismus, in: Bibl. der alten Welt = BAW) 20 (1967) 190. 192. – [24] Adv. Ar. I, 50, 20; I, 61, 10. BAW 192. 206. – [25] Tertullian, Adv. Valent. 38, 2. – [26] Calcidius, In Tim. § 39 S. 88, 13-16 (Waszink). – [27] Victorinus, Adv. Ar. IV, 21, 30; Hymn. III, 224. BAW 299. 340.

Literaturhinweise. J. Trouillard: Un et être. Et. philos. (1960) 185-196. – R. Braun: Deus christianorum. Recherches sur le vocabulaire doctrinal de Tertullien (Paris 1962). – J. M. Rist: Theos and the One in some texts of Plotinus. Mediaeval Stud. 24 (1962) 169-180. – M. Marmurra und J. M. Rist: Al Kindi's discussion of Divine existence and oneness. Mediaeval Stud. 25 (1963) 338-354. – J. M. Rist: Mysticism and transcendence in later Neoplatonism. Hermes 92 (1964) 213-226. – O. du Roy: L'intelligence de la foi en la Trinité selon saint Augustin (Paris 1966). – J. M. Rist: Plotinus. The road to reality (Cambridge 1967). – A.-H. Armstrong: The Cambridge history of later Greek and early mediaeval philos. (Cambridge 1967). – P. Hadot: Marius Victorinus. Christlicher Platonismus (1967). – H. D. Saffrey und L. G. Westerink: Proclus. Théologie platonicienne (Paris 1968). P. Hadot

II. – 1. Das Problem des Einen (= E.; lat. unum) und der Einheit (= Eh.; lat. unitas) hat in der *mittelalterlichen* Philosophie wie in jeder anderen allumfassenden Charakter. Es kehrt unter vielfachen Titeln wieder: z. B. Ähnlichkeit, Sein, Analogie, Wahrheit, Gutheit, Einfachheit, Gott, Geist, Seele, Ordnung, Ganzes, Universum, Allgemeines-Besonderes, Gattung-Art, Liebe, Frieden. Das hervorragende Interesse an der Eh. ergab sich aus der Natur des Philosophierens selbst, aber zugleich war es auf dreifache Weise geschichtlich vermittelt:

a) Die parmenideisch-platonisch-neuplatonische Metaphysik des E. wirkte über Proklos bei Pseudo-Dionysius Areopagita fort. Johannes Eriugena, der bis zum Beginn des 13. Jh. in hohem Ansehen stand [1], übermittelte sie dem frühen Mittelalter. Dem hohen Mittelalter war sie durch die Autorität des ‹Liber de causis› verbürgt. Dieser läßt zwar terminologisch die Eh. hinter der Gutheit zurücktreten; doch waren sich seine Leser im westlichen Mittelalter aufgrund des ‹Corpus Areopagiticum› und seit 1268 auch aufgrund der ‹Elementatio theologica› über die Identität dieses «reinen Guten» mit dem neuplatonischen E. im klaren [2].

b) Auch Augustin und Boethius haben die neuplatonische Theorie des E. insofern rezipiert, als sie die Eh. als Kriterium des wahren Seins ansahen [3]. Augustin versteht das Denken überhaupt und insbesondere die Philosophie als die Frage nach dem unum; er führt seine beiden Hauptfragen (nach Gott und nach der Seele) als Teilprobleme der Frage nach dem E. ein [4]. Auch hat nach ihm das Universum seinen Namen von ‹unum›, und es ist die Natur des Geistes, das unum zu suchen [5]. Endlich war dem Mittelalter von Augustin wie von Boethius her die formale Umschreibung des Denkens als eines Vereinigens bzw. Trennens geläufig.

c) Die aristotelische Metaphysik behandelt das ἕν als eine Folgebestimmung des Seienden [6]. Sie endet mit der Hervorhebung der Eh. des letzten Prinzips. Sie denkt den Nus als die Eh. aller Bestimmungen [7].

Diese drei Traditionsströme kamen dem Interesse der jüdischen, islamischen und christlichen Denker an einer philosophischen Begründung des Monotheismus [8] und des Glaubens an die Gottebenbildlichkeit des menschlichen Geistes entgegen; sie konnten zudem für den aktuellen Zweck der Zurückweisung des Prinzipiendualismus der Manichäer bzw. Katharer angerufen werden. Es fragt sich aber, ob sie für die mittelalterliche Philosophie so zentral waren, daß wir von einer kontinuierlichen Tradition der Metaphysik des E. sprechen können oder ob die Identifizierung der Philosophie mit der Theorie der Eh. beim späten Fichte, bei Schelling [9] und Hegel, für den «die ganze Philosophie nichts anderes als das Studium der Bestimmungen der Eh.» ist [10], nur durch direkten Rückgriff auf Platon-Plotin-Proklos – sozusagen am Mittelalter vorbei – zu verstehen ist. Unter diesem Gesichtspunkt sei hier die Problemgeschichte der mittelalterlichen Metaphysik des unum skizziert [11].

Anmerkungen. [1] Zur Wirkungsgesch. des Eriugena Belege bei M. Cappuyns: J. Scot Erigène (Louvain 1933) 245f.; vgl. zur Lehre von Gott als Eh. supra esse: De div. nat. I, 3. MPL 122, 443 b; von Gott als non esse: a. a. O. I, 7. MPL 122, 447 a (Eriugena wird nach Kapiteleinteilung, Spalte und Abschnitt bei Migne zitiert, aber für den Text des ersten Buches ist jetzt die Ausgabe von I. P. Sheldon-Williams und M. Bieler [Dublin 1968] zugrunde zu legen). – [2] Vgl. Meister Eckhart, Lat. Werke 1, 169. – [3] Belege vgl. [7 zu 2]. – [4] Augustin, De ord. II, 17, nn. 42-48. MPL 32, 1017. – [5] a. a. O. I, 2, n. 3. MPL 32, 979-980; vgl. dazu das Echo bei Eckhart, In Joh. n. 113. Lat. Werke 3, 98; anders J. Koch: Augustinischer und dionysischer Neuplatonismus und das MA. Kantstudien 48 (1956/57) 117-133. – [6] Zur hist. Präzisierung vgl. Ph. Merlan: From Platonism to Neoplatonism (Den Haag ²1960); H. J. Krämer: Grundfragen der arist. Theol., in: Theol. und Philos. 44 (1969) 363-382. – [7] Aristoteles, De an. III, 5, 430 a 14-15. – [8] Für das *Judentum* vgl. Moses Maimonides, Dux dubitantium II, 2, hg. A. Justinianus (Paris 1520) fol. 41r und I, 33, fol. 14r; für den *Islam:* Avicenna, Met. VIII, 4 u. 5 (Venedig 1508) fol. 98v-99v; für die *christliche* Scholastik: Anselm, Monol. 1-4; Richard von St. Viktor, De trinitate I; Bonaventura I Sent. 2, 1, 1; Thomas von Aquin, S. contra gent. 1, 42; S. theol. I, 11, 3; De pot. 3, 6. – [9] Vgl. J. G. Fichte: Anweisung zum seligen Leben (1804); F. W. J. Schelling: Bruno (1802). – [10] G. W. F. Hegel: Philos. der Relig. Werke, hg. Glockner 15, 113. – [11] Vgl. für eine philos. Erörterung der hier skizzierten Probleme K. Flasch: Die Met. des E. bei Nikolaus von Kues. Hist. Stellung und systematische Bedeutung (Leiden 1970) mit Diskussion von hist. Einzelfragen und Lit.

2. Bis ins 18. Jh. ist es gemeinsame Lehre der aristotelisierenden Schulmetaphysik, das E. sei mit dem Seienden austauschbar («ens et unum convertuntur»), beide Bestimmungen meinten sachlich dasselbe, die Eh. hebe nur begrifflich die Ungeteiltheit des Seienden hervor [1]. Diese noch für Chr. Wolff gültigen Formeln – vgl. z. B.: «Inseparabilitas eorum, per quae ens determinatur, unitas entis appellatur» (die Untrennbarkeit der Bestimmungen des Seienden heißt dessen Eh.) [2] – stecken seit der Aristotelesrezeption des 13. Jh. den Rahmen ab, innerhalb dessen sich die Schultradition bewegt. Sie waren aber auslegungsbedürftig genug, so daß sich sachlich divergierende Philosopheme ihrer bedienen konnten.

Vor allem galt es, die Richtung des Fundierungsverhältnisses zu bestimmen: Nennen wir «seiend» nur das, was dem apriorischen Kriterium der Eh., das in der Empirie niemals rein angetroffen werden kann, entspricht, *oder* ist Eh. eine sekundäre Folgebestimmung des nach dem Muster der sinnlichen Einzelsubstanz konzipierten Seienden?

Insofern der historische Aristoteles dem Seienden die Zentralstelle in seiner Metaphysik anwies und ihm das E. als die «prima passio entis» unterordnete, verwarf er die Eh. als das parmenideisch-platonische Kriterium des Seins. In seiner Unterscheidung von Potenz und Akt sowie in seiner differenzierteren Kategorialanalyse sah er die endgültige Überwindung des Eleatismus. Durch die Herauslösung des Seienden aus der Symploke der spätplatonischen Dialektik erhielt das Seiende eine solche Vorrangstellung, daß ein überseiendes Prinzip im Sinne PLATONS oder SPEUSIPPS [3] sinnlos wurde. Dabei hatte aber die zunächst merkwürdig anmutende Lehre von einem E., das noch nicht Seiendes ist, innerhalb des platonischen Idealrealismus, den auch Aristoteles nie ganz verlassen hat, das Argument für sich, daß die Denkbestimmungen «Sein» wie «Nichtsein» nicht gedacht werden können, wenn sie nicht als je *eine* gedacht worden sind. Das E. ist also «früher» als das Seiende und das Nichtseiende. Diese Konsequenz hat PLOTIN wiederhergestellt: Sein E. ist kein Seiendes [4]. Für die mittelalterliche Problemgeschichte wurde nun entscheidend, daß diese Lehre, die als Analytik unserer Urbegriffe und ihres Realitätsanspruchs konzipiert war – im Sinne der ‹Kategorienlehre› des späten Platon – schon in der Spätantike teilweise transformiert wurde zu einer Auskunft über die hierarchische Gliederung der überirdischen Welt. Die Seinsüberlegenheit des E. bedeutete dann seine gänzlich unbestimmbare Transzendenz; die Absurdität, welche der platonische ‹Parmenides› als die Folge der Herauslösung des E. aus der Symploke aufweist, galt dann als Ausweis religiösen Tiefsinns. Die Frage an die mittelalterlichen Denker lautete, ob sie die notwendige Verflechtung des E. mit dem Vielen und damit seine Beziehung zu menschlichem Denken und Sprechen wiederherstellen konnten oder ob sie die «Würde und Macht» des E. – im Bann der sowohl vorplatonischen wie vorchristlichen Autarkievorstellung vom Göttlichen – in seine Disproportion zu menschlichem Denken und Sprechen setzen wollten.

Es ist nun nicht einfach so, daß im Mittelalter die östliche Überlieferung (Dionysius) an der Überseiendheit des E. und an der damit verbundenen radikalen Form der theologia negativa festgehalten, die westliche Überlieferung (Augustin, Boethius) hingegen den Begriff des Seins an die höchste Stelle des Systems gesetzt hatte [5]. Vielmehr schwanken beide Seiten: DIONYSIUS akzentuiert zwar stärker den Begriff des vorseienden E., identifiziert es aber doch auch mit dem «Sein selbst» (τὸ αὐτὸ εἶναι), das sonst als Wirkung des E. gilt, und erklärt ausdrücklich, das sei kein Widerspruch [6]. Mit eben dieser Klarstellung eröffnet JOHANNES ERIUGENA sein Hauptwerk ‹De divisione naturae›.

AUGUSTIN akzentuiert andererseits zwar stärker veritas und beatitudo, auch das vere esse als Äquivalent des Gottesbegriffs; doch gibt er deswegen die neuplatonische Metaphysik des unum nicht auf [7]; er sieht in der Trinitätslehre nicht einen Gegensatz zur neuplatonischen Eh.-Metaphysik, sondern ihre logisch konsequente Erfüllung [8], ohne doch die damit gestellte philosophische Aufgabe prinzipiell anzufassen, nämlich zu zeigen, wie ohne Verlust an philosophischer Relevanz das E. Plotins mit dem Nus vereinigt, wie ohne Synkretismus die beiden Prinzipien der platonischen Vorlesung ‹Über das Gute› verbunden, wie der aus dem Mißverständnis des platonischen ‹Parmenides› geborene Primat der negativen Theologie überwunden werden könnte. Doch ist bei Augustin (wie bei Dionysius) soviel deutlich: Wichtiger als die Akzentverschiebung bei den Gottesnamen ist für eine philosophische Beurteilung, daß nach beiden der Seinsbegriff von der Eh. her konstituiert wird und daß sie darin eine große Wirkung auf das Mittelalter geübt haben. Die Eh. als Grund des Seins und als Kriterium der Ist-Aussagen – dieses entscheidende Motiv haben Augustin (mit seiner Lehre: «in quantum quidque unitatem adipiscitur, in tantum est»; inwiefern etwas Eh. erreicht, insofern ist es [9]) und DIONYSIUS [10] gleichermaßen übernommen; es findet sich wieder bei DOMINICUS GUNDISALVI («quidquid est, ideo est, quia unum est») [11], in der Schule von *Chartres* («unitas enim essendi conservatio est et forma est») [12] und bei IBN GABIROL [13]. Fragt man von dieser Tradition her nach dem präzisen Sinn der Formel «ens et unum convertuntur» bei den Scholastikern, so ergeben sich eine Reihe schwieriger Interpretationsprobleme, die hier nicht zu entscheiden, aber anzuzeigen sind.

Anmerkungen. [1] THOMAS VON AQUIN, I Sent. 24, 13; S. theol. I, 11; In Met. 4, 2, nn. 555-558. – [2] CHR. WOLFF: Philos. prima sive Ontologia § 328 (²1736) 260; vgl. KANTS Kritik, KrV B 113. – [3] PLATON, Resp. 509 b; für SPEUSIPP vgl. ARIST., Met. 1092 a 14f. – [4] PLOTIN, Enn. VI, 9, 5, 30 u. oft; vgl. J. MOREAU: L'un et les êtres selon Plotin. Giornale di Met. 11 (1956) 204-224. – [5] KOCH, a. a. O. [5 zu 1]. – [6] PS.-DIONYSIUS, De div. nom. V, 3, 4; XI, 6. MPG 3, 817 a. c; 953 b-d; Cael. Hier. 9, 3. MPG 3, 201 a; Eccl. Hier. 3, 3, §3. MPG 3, 429 a. – [7] AUGUSTIN, De vera rel. cc. 30-32. MPL 34, 146-149; c. 36, n. 66. MPL 34, 152; Conf. II, 1, n. 1. MPL 32, 675; X, 29, n. 40. MPL 32, 796; XI, 29, n. 39. MPL 32, 825; Sermo 104, c. 2, n. 3. MPL 38, 617; Sermo 255, c. 6, n. 6. MPL 38, 1189. – [8] Vgl. bes. De musica VI, c. 17, n. 56. MPL 32, 1191. – [9] De mor. Manich. II, 6, n. 8. MPL 32, 1348; vgl. Ep. 18, n. 2. MPL 33, 85; auch der für AUGUSTIN (wie für Boethius) entscheidende Begriff der ‹forma› wird von der Eh. her gedacht, vgl. De Gen. ad lit. c. 10, n. 32. MPL 34, 233f.: «vis ipsa formae commendatur nomine unitatis. Hoc est enim vere formari, in unum aliquid redigi; quoniam summe unum est omnis formae principium», oder: De Gen. c. Man. c. 12, n. 18. MPL 34, 181: «Omnis enim forma ad unitatis regulam cogitur.» – [10] Ps.-Dionys, De div. nom. 13, 2. MPG 3, 980 u. ö. – [11] D. GUNDISALVI, p. 3, 8 Correns. – [12] THIERRY VON CHARTRES, p. 109*, 10 (JANSEN); vgl. 14*, 11; 62*, 33; 108*, 23, und ALANUS AB INSULIS, Regulae theol. reg. 1. MPL 210, 624 b. – [13] IBN GABIROL, Fons vitae II, 20, p. 61, 3 (BÄUMKER); IV, 13, p. 239, 22 u. ö.

3. *Frühes Mittelalter.* – a) Für JOHANNES ERIUGENA stellt sich das Problem der Eh. nicht in den Termini der aristotelischen Metaphysik, sondern im Anschluß an die Eh.-Metaphysik des Areopagiten einerseits, an das aristotelische Organon andererseits. In einer detaillierten Analyse der aristotelischen Prädikamente weist er nach, daß sie zu Unrecht den Anspruch erheben, die allgemeinsten und grundlegenden Bestimmungen zu sein [1]; er zeigt, wie ihnen die Urbegriffe ‹status/motus› und ‹relatio› zugrunde liegen und wie auch diese noch zusammengefaßt werden zum unum und zum Ganzen (πᾶν, universitas). In diesen Untersuchungen gewinnt Eriugena die Einsichten der spätplatonischen ‹Kategorienlehre› zurück; er wurde damit – über Cusanus, der sich zu dem kirchlich Verurteilten als zu seinem Lehrer bekannte – indirekt ein Anreger der unum-et-omnia-Spekulationen bei G. Bruno, beim jungen Schelling und bei Hegel.

Das unum Eriugenas umfaßt alles; Gott und Kreatur sind hier eins [2]. Pantheismus ist das nicht, wie man seit dem 13. bis ins 19. Jh. immer wieder meinte, denn das E. ist *so* alles, daß es nichts Einzelnes ist [3]. Das Einzelne und Besondere, um dessen Bewahrung («manentibus tamen eorum substantia») es Eriugena ausdrücklich geht [4], steht zum E. im Verhältnis der Teilhabe [5], ist dessen modus.

Das E. ist das, dem nichts entgegengesetzt ist; «id cui nihil oppositum» [6]; es steht – plotinisch und antiaristotelisch – über dem esse, weil dem Sein noch das Nichtsein gegenübersteht [7]: Als die Koinzidenz des Gegensatzes von Eh. und Vielheit ist es das plotinische ἕν, welches sich den νοῦς integriert hat. Es ist als unum

Vieles, für uns wie an sich: «Deus est unum multiplex in seipso» [8]; das Charakteristikum göttlicher Eh. ist bei Eriugena nicht mehr der Gegensatz zwischen dem vielheitslosen E. und der Eh.-Vielheit menschlicher Gedanken und Sätze. Die dionysische (auch augustinische) Tradition der negativen Theologie und docta ignorantia [9] erhält dadurch einen neuen Sinnakzent. Dies geschieht vor allem durch die Hervorhebung des dionysischen Begriffs der Theophanie [10]: Wenn wir die unendliche Eh. denken, bestimmen wir das Unendliche (= Unbestimmbare); dabei gewinnt ihre formlose Unendlichkeit in uns Gestalt; sie beginnt zu *erscheinen* [11], in Engeln und Menschen, vorzüglich aber im Menschen, der die vollständigste Repräsentation des Ganzen ist und der als die erscheinende Koinzidenz mit der unendlichen Eh. das Privileg teilt, daß widersprüchliche Sätze (ohne sachbegründeten Anhalt für eine Distinktion) zugleich über ihn wahr sein können [12].

Die Eh. aller Wesen (unter Wahrung jeder Besonderung) soll erst noch im Menschen und durch den Menschen eschatologisch zutage treten, als die Wahrheit, die sie immer schon ist: «omnia ... unum ... *erunt*» [13]. Eriugena deutet die christliche Heilsgeschichte als Metapher der Wiederherstellung der Eh. nach der Überwindung des Vielen, der Sünde. Das bedeutet: Er nimmt die plotinische, aber durch den Koinzidenzgedanken korrigierte Eh.-Metaphysik als Leitfaden für die Auslegung der christlichen Überlieferung, gestaltet dabei aber die Henologie um im Sinne der Bezüglichkeit des E. auf den Menschen, sein Denken und seine Geschichte.

b) ANSELM VON CANTERBURY kennt zwar von Augustin her das unum als Gottesnamen und deutet das biblische «unum est necessarium» (Luk. 10, 42) in diesem Sinn [14], bevorzugt aber die Bezeichnungen ‹substantia›, ‹natura› und ‹essentia›. Doch ergibt die systematische Analyse (von ‹Monologion› cc. 1–4), daß Anselm seine philosophische Gotteslehre auf der Notwendigkeit aufbaut, daß wir sowohl im Sein wie im Denken und Sprechen ein aller Mannigfaltigkeit vorausgehendes unum aliquid voraussetzen müssen. Dieses unum ist ihm die summa essentia, aber die Identität beider ist von der Notwendigkeit eines unum her konzipiert. Zugleich stellt Anselm, ohne den späten Platon zu kennen, in freiem Rückgriff die Dialektik des platonischen ‹Parmenides› insofern wieder her, als er erklärt, in der göttlichen Eh. müsse, soll sie Prinzip, also bezüglich sein, «eine ebenso unvermeidliche wie unbegreifliche Vielheit» (mira quaedam pluralitas) angenommen werden [15]. Von daher entwickelt Anselm seine Trinitätsspekulation, für die er einen streng philosophischen Anspruch ausdrücklich erhoben hat, womit er freilich die Frage nach der Gültigkeit der aristotelischen Erkenntnisprinzipien und Kategorien in der Metaphysik des E. berührt, ohne sie ausdrücklich zu artikulieren – dies blieb dem späten Mittelalter vorbehalten. Jedenfalls verliert das E., das Vielheit in sich hält, die grundsätzliche Disproportion zu menschlichem Denken und Reden. Dieser Gedanke, der sich bei Eriugena anbahnt, erhält bei Anselm, für den ein starkes Interesse an formal-logischer Konstruktion historisch eigentümlich ist, folgende Fassung: Die Fähigkeit, in ein strenges System notwendiger Sätze einzugehen, ist das Kennzeichen gerade der göttlichen, daher nicht-zufälligen Inhalte.

Anmerkungen. [1] JOHANNES ERIUGENA, De div. nat. I, 22. MPL 122, 469 b. – [2] a. a. O. II, 2 = 528 b. – [3] I, 21 = 468 d. – [4] I, 11 = 451 b. – [5] I, 12 = 454 a. – [6] I, 14 = 459 c. – [7] I, 14 = 459 d. – [8] III, 17 = 674 c. – [9] I, 66 = 510 b; II, 30 = 599 b ff. – [10] I, 7 = 446 c-d; I, 9 = 449 a ff. – [11] II, 10 = 450 b. – [12] IV ganz, bes. IV, 5 = 758 a-b. – [13] I, 30 = 476 b. – [14] ANSELM VON CANTERBURY, Proslogion c. 23 = I, 117, 20 (SCHMITT); das genannte Bibelwort: «unum est necessarium» in dieser neuplatonischen Deutung auch bei ECKHART, In Joh. n. 113. Lat. Werke 3, 97. – [15] ANSELM, Monol. c. 42 = I, 59, 15-16 (SCHMITT).

4. *Hohes Mittelalter.* – Das Bekanntwerden des AVICENNA, des AVERROES und der aristotelischen ‹Metaphysik› veränderte die Problemstellung. Die These vom logisch-ontologischen Primat des E. wird zunächst abgelöst durch die These von der Konvertibilität: «unum autem parificatur ad esse» [1]. Das eigentliche subjectum der Metaphysik ist das Seiende als Seiendes; das unum wird in ihr erörtert, weil es so nahe «Verwandtschaft» mit dem Seienden hat, weil es umfangsgleich ist und weil es Prinzip der Quantität ist [2]. Daraus ergab sich für die Scholastik: erstens die Neigung, die Konvertibilitätsthese im Sinne einer Priorität des Seienden, d. h. im Sinne seiner Erstrangigkeit, bei der logischen Abfolge der real identischen Erstbestimmungen (Transzendentalien) zu fassen; zweitens die Unterscheidung von unum als transzendentaler Bestimmung einerseits (= quod convertitur cum ente) und unum als Prinzip der Zahl andererseits, d. h. als des Maßes in der Kategorie der Quantität, und drittens die Tendenz, die Theorie der Eh. als die immer subtiler werdende Analyse der verschiedenen Formen von Eh. und damit der verschiedenen Wortbedeutungen von ‹unum› zu verstehen, womit ARISTOTELES selbst durch die Aufnahme der Vokabel ἕν in sein philosophisches Begriffsregister (Met. Δ) den Anfang gemacht hatte.

a) AVICENNA verschob die These von der Konvertibilität so weitgehend, daß er aus dem unum eine Art Akzidens des Seienden zu machen suchte, «quiddam comitans substantiam» [3]. Diese Position entspringt Avicennas Seinsbegriff, der das Seiende als Wesenheit faßt, die gegen Allgemeinheit und Singularität (= numerische Einheit) indifferent sein soll [4]. Die Quasi-Akzidentalität des E. bei Avicenna beweist, daß es unmöglich war, eine Analytik der Urbegriffe im Rahmen der schularistotelischen Prädikabilien durchzuführen.

AVERROES widersprach ihr mit einer Erregung, die zeigt, daß hier an die Grundlagen der aristotelischen Tradition gerührt wurde. Avicenna, so argumentierte Averroes, habe die wissenschaftliche Sprache der Philosophie vermischt mit religiös-erbaulichen Wendungen – was sich wohl darauf bezieht, daß Avicenna die Eh. ebenso wie die aktuale Existenz auf eine zusätzliche göttliche Setzung zurückgehen ließ [5]; er habe ferner das rein logische Hinzutreten einer Bestimmung mit realer Zusammensetzung verwechselt [6], und endlich habe er fälschlich das transzendentale E. mit dem numerischen identifiziert [7]. – Diese Argumente wurden zu einem bleibenden Bestandstück in der aristotelischen Tradition des Westens [8].

b) BONAVENTURA blieb insofern näher bei Avicenna, als auch er im unum eine positive, zum Seienden hinzukommende Bestimmtheit sah, der wir Menschen uns als einer ersten nur auf dem Umweg über das Viele denkend nähern können [9]. In anderer Hinsicht polemisiert Bonaventura scharf gegen die Eh.-Lehre des Avicenna und der Philosophie überhaupt, weil sie lehre, aus dem E. könne nur wiederum ein E. hervorgehen [10]. Das in rigoroser Anwendung des Widerspruchsprinzips gedachte E. ist vielheitslos; dieser Philosophie fehle daher der Schlüssel zu allem, das Wort. Wie Platon gegen das unbezügliche und vielheitslose E. des Parmenides mit dem Hinweis auf den Logos (Satz) reagierte, dessen Geschick es sei, immer das E. mit dem Vielen zu verbinden, so will Bonaventura gegen die Eh.-Lehre der arabischen «philosophi» das E. als Logos denken; nur so könne es zugleich ein-förmig und vielförmig, also Prinzip sein [11]. Die göttliche Eh. ist, wenn sie ihre philosophische Funktion vollbringen soll, als «una in multis non numerata» zu denken [12]; sie überbrückt in sich den Gegensatz von Eh. und Vielheit, wie sie die Eh. aller Gegensätze ist [13]. Diese Eh. in allem wiederzufinden, ist die Aufgabe der «wahren», der aus christlichem Impuls philosophisch reformierten Philosophie, für welche die letzten Elemente der Wirklichkeit nicht die numerisch einzelnen Substanzen sind, auch nicht der aristotelische Dualismus der Prinzipien Materie und Form, sondern die dreigliedrig in sich zurückgehende Beziehung und Bewegung.

Diese Konzeption hat R. LULLUS in seiner Korrelativenlehre, die philosophisch bedeutender ist als die Begriffsarithmetik seiner Kombinationskunst, systematisiert. Er hat sie seiner als Überwissenschaft der Logik und der Metaphysik vorgeordneten ‹Logica nova› zugrunde gelegt und über Cusanus an die Philosophie der Neuzeit weitergegeben [14].

c) Wenn Averroes gegen Avicenna das E. wieder mit dem Seienden identifizierte, so bezog sich das auf seine aristotelisierende Interpretation des Seienden als Wesen und als Form. Indem THOMAS VON AQUIN Wesen und Form dem aktualen esse als Potenz gegenüberstellt, erhält die traditionelle Polemik gegen Avicenna und überhaupt die Konvertibilität von ens und unum einen neuen Sinn. Sie bedeutet die Ungeteiltheit des Seienden und seines Seins [15], wobei aber auch die Herleitung der Eh. des Seienden von seiner Form in Kraft bleibt [16]. Ohne Akzidens zu sein wie bei Avicenna, hat die Eh. des Seienden doch anders als bei Averroes einen mehr kontingenten Charakter. Es ist faktische Ungeteiltheit, die auf die prinzipielle Unteilbarkeit des «ipsum esse subsistens», bei dem die Zweiheit von aktualem esse und potentiellem Wesen nicht statthat, verweist und das Thomas auch «unitas per se subsistens» nennt [17]. Das unum gehört auch bei Thomas gleichzeitig in die philosophische Theologie, in die allgemeine Ontologie und in die Analytik der Erstbegriffe (Logik). Die logische Abfolge der real identischen Grundbestimmungen lautet nach Thomas: a) ens, b) hoc ens non est illud ens = divisio, c) unum [18], wobei aber weder sachlich einzusehen ist, wie die beiden ersten Operationen ohne Voraussetzung des unum möglich sein sollen, noch wie sich diese Abfolge damit vereinbart, daß ebenfalls nach Thomas das unum der Grund des Seins und das Kriterium der Ist-Prädikation darstellt: «unumquodque intantum est ens, inquantum est unum» [19], oder: «unumquodque in quantum est unum, in tantum est ens: unde ens et unum convertuntur» [20]. Ferner soll nach Thomas das unum die Voraussetzung jeder Intelligibilität sein [21], also doch wohl auch die des ens. In diesem Sinn heißt es: «Si non intelligitur unum, nihil intelligitur; quia oportet quod qui intelligit ab aliis distinguat. Ergo si non significat unum, non significat» [22]. Daher macht endlich auch Thomas den Grad der Eh. zum Maßstab der Höhe des Seins [23].

Obwohl es möglich ist, die thomistischen Texte einer einheitlichen Systematik zu unterwerfen, scheint es historisch korrekter und philosophisch belehrender, von einem letztlich nicht ausgeglichenen Nebeneinander von aristotelisch-stoischen, eigentümlich thomanischen (in der Auseinandersetzung mit Averroes und Avicenna gewonnenen) und platonisch-neuplatonischen Motiven in der thomistischen Metaphysik des E. zu sprechen. Platonisch ist z. B. der Grundsatz, daß jede Vielheit auf eine Eh. zurückgehen müsse [24]; ihn teilt Thomas mit BONAVENTURA [25] und ECKHART [26]. Andererseits ist es die strenge Vorherrschaft der aristotelischen Denkgesetze, die THOMAS von der Eh. Gottes, sofern sie philosophisch erkennbar ist, jede Vielfalt fernhalten läßt, wodurch es zu der für ihre geschichtliche Stellung charakteristischen Zäsur zwischen den Traktaten ‹De deo uno› und ‹De deo trino› in der ‹Summa theologiae› kommt; diese Zäsur war Eriugena und Anselm, Bonaventura und Lullus so fremd wie Cusanus und Hegel.

Anmerkungen. [1] AVICENNA, Met. III, 2 (Venedig 1508) fol. 78v f. – [2] a. a. O. III, 1 = fol. 78r. – [3] III, 3 = 79r c. – [4] V, 1 = 86v a; dazu E. GILSON: L'être et l'essence (1948) 121-126. – [5] AVERROES, In 4 Met. c. 3, in: Aristotelis Opera (Venedig 1562) 8, fol. 67r b. – [6] ebda. und Epitome in libr. Met. tr. 1 a. a. O. 8, fol. 360v h. – [7] In 4 Met. c. 3 a. a. O. fol. 67r d. – [8] Vgl. THOMAS VON AQUIN, In Met. 4, 2, nn. 556-560; S. theol. 1, 11, 1 ad 1; SUÁREZ, Disp. met., disp. 4, s. 1, n. 1. Opera, hg. BERTON 25, 115. – [9] BONAVENTURA, In 1 Sent. 24, 1, 1. – [10] Vgl. In Hex. III, 3; AVICENNA, Met. IX, 4 = fol. 104v; zugrunde liegt ARIST., De gen. et corr. II, 10, 336 a 27; weiteres Material bei ECKHART, Lat. Werke 1, 194 a, 3 und 6. – [11] BONAVENTURA, In Hex. II, 8; XII, 9; XII, 11. – [12] In Hex. IX, 24. – [13] In Hex. XII, 13. – [14] Vgl. E. COLOMER: Nikolaus von Kues und Raymon Lull (1961). – [15] THOMAS VON AQUIN, De ver. 1, 1; dazu L. OEING-HANHOFF: Ens et unum convertuntur. Stellung und Gehalt des Grundsatzes in der Philos. des hl. Thomas von Aquin. Beiträge 37/3 (1953). – [16] Vgl. THOMAS, Quodl. 5, 1 art. un. – [17] In de div. nom. 1, 1 n. 28. – [18] S. theol. I, 11, 2 ad 4; De pot. 9, 7 ad 15; Quodl. 10, 1, 1 ad 3. – [19] De an. a. 1. – [20] Quodl. 6, 1 art. un. – [21] De ver. 21, 3. – [22] In Met. 4, 7, n. 615; vgl. im Kontrast zu diesem aristotelischen Motiv aus Met. III, zu dem der ‹Theaitet› den Hintergrund bildet, das Referat der neuplatonischen Begründung für den Vorrang des unum: In de causis, pr. 3, n. 66; pr. 4, nn. 98-103. – [23] S. theol. I, 55, 3; 82, 3. – [24] S. theol. I, 44, 1; De pot. 3, 5 (ratio Platonis!). – [25] BONAVENTURA, In Hex. XI, 9. – [26] ECKHART, Prol. gen. in opus trip. n. 10. Lat. Werke 1, 155.

5. *Spätes Mittelalter.* – a) Die herkömmliche Auskunft, das E. sei mit dem Seienden real identisch, aber begrifflich füge es die Ungeteiltheit hinzu, genügte dem Präzisionsbedürfnis der späten Scholastik nicht mehr. WILHELM VON OCKHAM untersucht eine Reihe von Fällen [1], in denen die bisherige Metaphysik es fälschlich zuließ, daß zwei Größen einer dritten gleich sind, ohne untereinander gleich zu sein. Der berühmteste Fall wäre ein reales Universale. Aber auch in der Verhältnisbestimmung von ens und unum zeige sich dieser Widerspruch, den Duns Scotus mit seiner distinctio formalis zu umgehen versuche: Ens und unum sollen una res sein, und doch ist das ens das subjectum der Metaphysik, das unum seine passio. Um solche Widersprüche auszuräumen, bietet Ockham seine Suppositionstheorie an: Der Begriff supponiere bei solchen Sätzen jeweils für verschiedene, reale distinkte res.

Zugrunde liegt das (ebenfalls spätplatonische) Problem: Wie können allumfassende (transzendentale) Begriffe miteinander zum Urteil verbunden werden, ohne daß diese Verbindung eine Tautologie darstellt? Wie kann, so hatte THOMAS VON AQUIN gefragt, dem Sein etwas hinzugefügt werden, da es nichts gibt, das außerhalb seiner wäre? Er hatte geantwortet: Das unum drückt einen modus des Seins aus, der im Namen ‹Sein› noch nicht ausgedrückt, aber im Seienden selbst enthalten ist [2].

b) Die bei Aristoteles und Avicenna angelegte Tendenz, das numerische E. vor allen anderen Formen der Eh. auszuzeichnen, führte zu der These OCKHAMS, reale Eh. sei allein die numerische, über sie hinaus gebe es nur die Eh. von *Gruppen* numerisch Einzelner. Die spezifische und die numerische Eh. bezeichne nichts, was von den Individuen distinkt wäre [3]. Das Universalienproblem erweist sich damit als ein Sonderfall der Theorie der Eh.

c) Im späten Mittelalter macht sich die Neigung geltend, das Kompositum aus Stoff und Form als nur faktische, daher uneigentliche Eh. anzusehen und als eigentliche Eh. allein *geistige* Substanzen gelten zu lassen [4]. SUÁREZ bezeichnet dies im Rückblick als Eigentümlichkeit der Einheitstheorie einiger «nominales» [5], historisch entspricht es dem «retour à S. Augustin» [6].

d) Durch die Übersetzung der ‹Elementatio theologica› und des 1. Teils des proklischen Parmeniskommentars erhielt die Tradition, welche den Vorrang des unum vor dem ens lehrte, neue Nahrung [7]. Gegenüber den zeitgenössischen Versuchen, das transzendentale E. auf Einzelsubstanzen zu reduzieren, verlangt MEISTER ECKHART, daß vom unum, welches allein die Eh. (nicht ein Substrat und dessen Eigenschaft, «eines» zu sein) bezeichne, prinzipiell anders geredet werde als vom Einzelseienden [8]. Die Metaphysik der Erstbestimmungen gehe zugrunde, wenn sie sich gängeln lasse von der Phantasievorstellung vorgegebener sinnlicher Substrate. Die Konvertibilitätsthese bleibt. Aber sie bedeutet nicht, daß jedes sinnlich Vorhandene ein Seiendes und ein E. ist. Wie bei Thomas sagt sie gegen Avicenna, daß das E. dem Seienden nicht real hinzugefügt werden kann [9]. Aber über Thomas hinausgehend sagt sie, daß Gott das eine und eigentliche unum ist [10], und zwar als Negation der Negation [11], die Fundament und Ermöglichung ist sowohl für das Sein wie für das Wesen; denn Gott kommt das Sein aufgrund seiner Eh. zu: «esse fundatur et figitur in uno et per unum» [12].

Wie Eriugena, Anselm und Bonaventura sah Eckhart, daß man sich entscheiden müsse zwischen dem isolierten ἕν der ersten Hypothese des platonischen ‹Parmenides› und dem E., das Geist ist, also Bestimmungen in sich setzt. Er wollte sein unum als Intellekt und als auf den Menschen bezüglich verstanden wissen [13] – dies meint seine Metaphysik der Gottesgeburt, für die er ausdrücklich philosophischen Anspruch erhoben hat. Sie ist zugleich eine Neubestimmung der Funktion der negativen Theologie. Diese ist nicht länger das letzte Wort nach einer Reihe positiver Prädikationen; sie ist Vorbereitung für die göttliche Selbstbestimmung im menschlichen Denken.

e) Diese Entwicklungslinie findet in der Koinzidenzlehre, in der mens-Theorie und in der filiatio-Metaphysik des CUSANUS einen gewissen Abschluß. Ohne seine Einsicht philosophisch immer festgehalten zu haben, kritisiert Cusanus an der bisherigen Metaphysik, sie habe wohl – in der negativen Theologie – die Unbestimmtheit der unendlichen Eh., nicht aber ihre Eh. von Bestimmtheit und Unbestimmtheit und damit ihren *all*umfassenden Charakter zu denken vermocht. Ferner habe sie das göttliche unum dem Verstandesgegensatz von Eh. und Vielheit unterworfen, der schon im Sichbegreifen der menschlichen Vernunft überwunden werden müsse. Daß das E. das All-E. sei, hatten Eriugena, die Schule von Chartres, Avicenna, Eckhart und viele andere gesagt. Das Eigentümliche der cusanischen Metaphysik des E. besteht in dem hohen Grad an methodischer Bewußtheit, mit der sie diese Tradition im Hinblick auf die spätmittelalterliche Metaphysikkritik aktualisiert und auf ihre geistphilosophischen Prämissen hin analysiert. Als Koinzidenzlehre denkt sie das E. nicht in erhabener Feierlichkeit, sondern in lebendiger Korrelativität, glaubt sie das E. um so besser zu finden, als sie sich auf das Meer der unendlichen Mannigfaltigkeiten hinausbegibt, um bei diesem Hinausgehen den Menschen zu sich zurückzuführen und damit zu dem E., das er bei jedem menschlichen Tun voraussetzen muß.

Das tradierte Problem, ob das Seiende den Vorrang vor dem E. habe oder umgekehrt, behandelte Cusanus mit der Nachlässigkeit, die er fixierten Terminologien gegenüber für geboten hielt. Im Anschluß an Dionysius und Eckhart bezeichnete er sein unum auch als «ipsum esse» [14], dachte dabei das esse = entitas = essentia = forma vom unum her: «omnia enim intantum sunt, in quantum unum sunt» [15]. Die unitas ist die forma formarum, auf eine die Einzelformen nicht aufsaugende, sondern ermöglichende Weise; sie ist forma essendi, wie schon in der Schule von *Chartres* [16]. In etymologischer Spielerei leitet Cusanus die griechische Vokabel für entitas von ἕν ab [17]. Terminologisch ungebunden, bezeichnet er das unum sowohl als das Sein wie als das Vor-dem-Sein-Liegende; sachlich teilt er die plotinisch-proklische Lehre von der größeren Allgemeinheit des unum vor dem ens: «capacius est igitur unum quam ens» [18]. Wenn er die von BOETHIUS geprägte Formel «ens et unum convertuntur» rezipiert [19], bedeutet sie bei ihm: Seiendes *ist* nur aufgrund der Teilhabe am E., welches das wahre Sein ist, das wir aber notwendig im Denken verfehlen, solange wir es in dem Verstandesgegensatz zur Vielheit und zum Nichtsein belassen.

Anmerkungen. [1] WILHELM VON OCKHAM, In I Sent. 2, 1, I. – [2] THOMAS, De ver. 1, 1. – [3] OCKHAM, In I Sent. 2, 6, X; vgl. L. BAUDRY: Lex. philos. (Paris 1958) 278. – [4] BAUDRY, a. a. O. 276. – [5] SUÁREZ, Disp. met., disp. 4, s. 3, n. 15. Opera, hg. BERTON 25, 130. – [6] C. MICHALSKI: Les courants philos. à Oxford et à Paris pendant le 14e siècle. Bull. Acad. polon. Sci. Lett., cl. hist. et philos. 1920 (Krakau 1921) 21. – [7] R. KLIBANSKY: Ein Proklos-Fund und seine Bedeutung (1929); R. KLIBANSKY und C. LABOWSKY: Parmenides usque ad finem primae hypothesis nec non Procli commentarium in Parmenidem (Plato latinus III, London o. J.); vgl. dort zur These: «unum nullum ens omnium causa est omnium», bes. 68, 10. – [8] MEISTER ECKHART, Lat. Werke (= LW) 1, 131. 166-182 mit Parall. – [9] LW 4, 109. 323. – [10] 1, 132. – [11] 1, 169; Dtsch. Werke 1, 363. – [12] LW 1, 171; vgl. 4, 267. – [13] LW 4, 266, 11ff. – [14] CUSANUS, De doct. ignor. I, 6, hg. HOFFMANN/KLIBANSKY 14, 13-17; Apol., hg. KLIBANSKY 25, 16; De non aliud c. 14; De ludo globi (Ed. Paris) fol. 161r. – [15] De ven. sap. c. 21 n. 59. – [16] Vgl. W. JANSEN: Der Kommentar des Clarenbaldus von Arras (1926) 108*, 22 u. ö.; vgl. bei CUSANUS, De doct. ignor. I, 2 a. a. O. 7, 6 die Formulierung: «unitas, quae est et entitas». – [17] De ven. sap. c. 24, n. 72. – [18] a. a. O. c. 21, n. 60. – [19] BOETHIUS, Contra Eutychem et Nestorium c. 4, hg. RAND 94.

6. *Übergang zur Neuzeit.* Überblickt man die mittelalterliche Entwicklung, so läßt sich zusammenfassend sagen: Durch die Aristotelesrezeption des 13. Jh. kam es nicht zur *Ablösung* der einheitsphilosophischen Deutung der Konvertibilitätsthese, sondern zu einem Nebeneinander ihrer henologischen und ihrer ontologischen Interpretation. Als CUSANUS den Primat des unum erneuerte, ohne auf der vis vocabuli zu insistieren, konnte er dafür nicht nur auf Proklos, sondern auch auf einen kontinuierlichen mittelalterlichen Traditionsstrom zurückgreifen. Die im engeren Sinne aristotelische These war in den Schulen vorherrschend, aber nicht z. B. in der deutschen Albertschule von DIETRICH VON FREIBERG bis BERTHOLD VON MOOSBURG. Im 15. Jh. war die Diskussion über den Vorrang des ens bzw. des unum so heftig, daß PICO DELLA MIRANDOLA einen Traktat zur Versöhnung der Parteien schrieb, in dem er zeigen wollte, daß der von Marsilio Ficino erneuerte Plotinismus mit seiner These vom vorseienden E. im Grunde nichts anderes meine als Aristoteles selbst. Er stellte zu diesem

Zweck die These auf, der von Ficino als Beleg angeführte platonische ‹Parmenides› sei nur ein logisches Übungsstück, nicht der Inbegriff der philosophischen Gotteslehre, was Ficino nicht überzeugen konnte [1]. Die scholastisch-aristotelische Richtung machte keinen entsprechenden Versuch, sich die plotinische These zu integrieren; sie leugnete schließlich sogar deren Existenz: SUÁREZ erklärt, «omnes philosophi» hätten gelehrt, das unum sei eine umfangsgleiche Eigentümlichkeit des ens, «adaequata passio entis», und er beruft sich dafür auf die Gründungsurkunde der Gegenpartei, auf den platonischen ‹Parmenides› [2]. Dies war das Gegenteil der Versöhnung, wie PICO sie betrieb: Hatte dieser die Eintracht der Parteien dadurch zustande bringen wollen, daß er den Peripatetikern das Eingeständnis abrang, das ens ihrer Metaphysik sei nicht Gott, da sie es ja umschrieben als «id quod dividitur in decem praedicamenta», Gott als das unum stehe daher auch nach ihrer Lehre höher als das Seiende, so beharrte SUÁREZ auf der Unterordnung des unum unter das ens, das von PICO her als das Derivat einer endlichen Verstandesbetrachtung anzusehen war. Nicht Pico oder Cusanus, sondern SUÁREZ hat die *Schulmetaphysik der Neuzeit* beherrscht. Dies ist ein Faktum, dessen problemgeschichtliche Bedeutung kaum überschätzt werden kann: Kants transzendentales Ego, das E. Schellings und des reifen Fichte, das Absolute Hegels stellen – im Anschluß an die bei G. Bruno, bei Leibniz und Hamann fortwirkende Tradition Picos und des Cusanus – Versuche dar, in der durch den Empirismus veränderten Problemsituation den Gedanken eines produktiven unum gegen den Begriffsapparat der Schulmetaphysik neu zu gewinnen, eines unum, das jenseits des Seienden ist, weil es dieses erst setzt und weil es den Gegensatz von Eh. und Vielheit, von Sein und Nichtsein in sich umfaßt.

Anmerkungen. [1] PICO DELLA MIRANDOLA: De ente et uno, hg. E. GARIN (Florenz 1942); vgl. dazu G. DI NAPOLI: L'essere e l'uno in Pico della Mirandola. Riv. Filos. neo-scolastica 46 (1954) 356-389 und R. KLIBANSKY: Plato's Parmenides in the MA and the Renaissance. Medieval and Renaissance Studies 1 (1941) 312-325. – [2] SUÁREZ, Disp. met., disp. 4, s. 4, n. 3. Opera, hg. BERTON 25, 132. K. FLASCH

III. – 1. Der Ausdruck ‹Einheit› (Eh.) ist nach J. CH. ADELUNG «ein Wort der neueren Weltweisen», von dem glaublich ist, «daß Leibniz und Wolff angefangen haben, sich seiner zu bedienen» [1]. Seinem Sinn nach entsprechen allerdings andere Wörter seit dem Althochdeutschen. Das Wort ‹Dreieinheit› ist in der Schweiz schon 1549 nachgewiesen [2]. Die neuzeitliche Frage nach der Eh. steht auf ihre Art und trotz der Verschiedenheit der zur Ausbildung kommenden fundamentalphilosophischen Positionen doch auch im Zeichen des traditionellen Satzes «ens et unum convertuntur». Die paradigmatisch bedeutendsten Ausprägungen findet die Philosophie der Eh. und aller mit ihr zusammenhängenden Themen (das Eine, die Eins, die Einfachheit und die dazugehörigen Gegenbegriffe, vor allem Vielheit und Mannigfaltigkeit) bei LEIBNIZ, KANT und HEGEL, für den «die ganze Philosophie nichts Anderes ist als das Studium der Bestimmungen der Eh. ...» [3].

Anmerkungen. [1] J. und W. GRIMM: Dtsch. Wb. 3 (1862) 198. – [2] ebda. – [3] HEGEL, Jubiläums-A. 15, 113.

2. Im Gegensatz zu SPINOZA, für den nur Gott eigentliche substanziale Eh. ist [1], fragt LEIBNIZ ganz im Sinne der aristotelischen Tradition nach dem Seienden als der substanzialen Eh. primär von der individuellen physischen Monas (οὐσία αἰσθητή) her; trotzdem aber denkt er bei seiner «Monade» nicht nur an die aristotelische οὐσία (und die «substanziale Form»), sondern auch an das Ich der neuzeitlichen Transzendentalphilosophie, das er von der Freiheit und von der Vernunft her von allen übrigen (vormenschlichen) Monaden unterscheidet. Leibniz versteht also die Eh. ebenso von der ‹Entelechie› des Aristoteles wie vom ‹Ich› der Neuzeit her. Als Entelechie «repräsentiert» sie jenes Allgemeine, das bei Aristoteles als «unteilbares Eidos» keineswegs nur logische, sondern auch ontologische Relevanz besitzt. In diesem Sinn spricht Leibniz von der Monade auch als dem «formalen Atom». Diese Art des Repräsentierens ist nur perzeptiv, zum Unterschied von der apperzipierenden Monade, die vom neuzeitlichen Ich her verstanden ist. – Das formale Atom fundiert das «neue System der Natur» bei Leibniz. Trotz seiner Begeisterung für «die schöne Weise, die Natur mechanisch zu erklären», genügt ihm für die «Prinzipien der Mechanik» das «alleinige Inbetrachtziehen einer ausgedehnten Masse» nicht, da es «unmöglich ist, die Prinzipien einer wahrhaften Eh. (véritable unité) bloß in der [so verstandenen] Materie ... zu finden, weil hier alles nur eine Ansammlung oder Anhäufung von Teilen bis ins Unendliche ist. Die Vielheit kann nämlich ihre Realität nur von wahrhaften Eh. haben, die anderswoher kommen und etwas ganz anderes sind, als die Punkte, von denen feststeht, daß aus ihnen das Kontinuum nicht zusammengesetzt sein kann; daher war ich, um diese wirklichen Eh. zu finden, genötigt, auf ein formales Atom zurückzugreifen, da ein materielles Etwas nicht gleichzeitig materiell und völlig unteilbar sein kann bzw. ausgestattet mit einer wahrhaften Eh. Ich mußte also die substanzialen Formen, die heutzutage so verschrien sind, zurückrufen und gleichsam rehabilitieren» [2]. Diese Rehabilitation ist fundamentalphilosophisch gemeint. Leibniz sagt in gleichem Zusammenhang ausdrücklich, daß man «diese Formen nicht zur Lösung der Einzelprobleme der Natur verwenden dürfe, obwohl sie notwendig sind, um wahre allgemeine Prinzipien festzustellen» [3]. Die apperzipierenden Monaden, die «Geister oder die vernünftigen Seelen», darf man «nicht mit den anderen Formen zusammenwerfen» [4]. Doch fallen auch diese Eh. nicht aus dem zuletzt vom Gottesbegriff der Tradition her fundierten Ordnungssystem. Für Leibniz sind diese geistigen Eh. «wie kleine Götter, gemacht nach dem Bilde Gottes, und haben in sich einen Strahl des göttlichen Lichtes. Deshalb regiert Gott die Geister wie ein Fürst seine Untertanen, ja, wie ein Vater für seine Kinder sorgt, während er über die anderen Substanzen so verfügt wie ein Ingenieur über seine Maschinen» [5]. Wie nun freilich im Rahmen eines allgemeinen Begriffes der «Monade» die perzipierenden und apperzipierenden (freien) Eh. zu subsumieren sind, wie sie ferner sich zur höchsten Eh., zu Gott, als Monade der Monaden, verhalten, diese Fragen stellen sehr schwierige Probleme, die den weiteren Gang der neuzeitlichen Philosophie direkt und indirekt ganz wesentlich bestimmen.

Anmerkungen. [1] SPINOZA, Ethica I, prop. 14. – [2] LEIBNIZ, Neues System der Natur. Philos. Schriften, hg. GERHARDT, 4, 478f.; vgl. Theodizee § 87. a. a. O. 6, 149f. – [3] a. a. O. 4, 479. – [4] ebda. – [5] ebda.

3. Während BERKELEY Eh. als eine abstrakte Idee bezeichnet [1], läßt HUME nur eine letzte unteilbare räumliche Eh. als existierend zu. Eine darüber hinausgehende Eh. kann für sich selbst nicht existieren, da sie von der Existenz der in ihr enthaltenen Eh. abhängt [2].

Für KANT wird die Eh. fundamentalphilosophisch besonders durch sein Lehrstück von der «ursprünglichen synthetischen Eh. der transzendentalen Apperzeption» bedeutsam. Für ihn ist also – im Rückblick auf Leibniz formuliert – die zum transzendentalen Ich (zur ursprünglichen Synthesis der transzendentalen Apperzeption) gewordene Monade die eigentliche und wahrhafte fundamentalphilosophisch relevante Eh. Als transzendentale Eh. ist sie fundierende Voraussetzung aller Erkenntnis und aller derivativen Eh. Ihre «numerische Identität [ist] ... apriori gewiß, weil nichts in die Erkenntnis kommen kann, ohne vermittelst dieser ursprünglichen Apperzeption. Da nun diese Identität notwendig in die Synthesis alles Mannigfaltigen der Erscheinungen, sofern sie empirische Erkenntnis werden soll, hineinkommen muß»[2a] «erfordert ... alle Vereinigung der Vorstellungen Eh. des Bewußtseins in der Synthesis derselben» [3]. Das «transzendentale Prinzip der Eh.», die «synthetische Eh. der Apperzeption» ist «der höchste Punkt, an dem man allen Verstandesgebrauch, selbst die ganze Logik, und, nach ihr, die Transzendental-Philosophie heften muß, ja dieses Vermögen ist der Verstand selbst» [4]. Er ist als Synthesis wirklich in den «Kategorien» oder den «reinen Verstandesbegriffen»: «Dieselbe Funktion, welche den verschiedenen Vorstellungen in einem Urteile Eh. gibt, die gibt auch der bloßen Synthesis verschiedener Vorstellungen in einer Anschauung Eh., welche, allgemein ausgedrückt, der reine Verstandesbegriff heißt» [5]. Als Kategorie ist die Eh. ein Verstandesbegriff der Quantität neben Vielheit und Allheit (dieses Wort ist erst im späten Mittelalter zu belegen). Das Ich der Apperzeption ist freilich nicht mit einer «einfachen Seelensubstanz» der traditionellen Metaphysik im Sinne der Kritik Kants in den «Paralogismen» der ‹Kritik der reinen Vernunft› zu verwechseln. Von den über den Verstand konstituierten Eh. ist die «Vernunft-E.» zu unterscheiden. Diese ist an dem «Unbedingten» orientiert auf jene «vollständige Eh. der Verstandeserkenntnis» hin, «wodurch diese nicht bloß ein zufälliges Aggregat, sondern ein nach notwendigen Gesetzen zusammenhängendes System wird» [6].

Die Eh. der «anderen Formen» im Sinne von Leibniz denkt Kant nicht mehr als «innere» Eh. im Sinne der aristotelischen Tradition, wie es Leibniz noch getan hat. Die Eh. des Organismus als «Naturzweck» ist für Kant keine ontologische bzw. transzendental-konstitutive Thematik, sondern eine solche der «reflektierenden» (nicht «bestimmenden») «Urteilskraft».

FICHTE, der das Wesen der Philosophie darin sieht, alles Mannigfaltige zurückzuführen auf absolute Eh.[7], bestimmt diese Eh. als das Prinzip von Eh. und Verschiedenheit zugleich. Wahre Eh. sei die «innerliche und organische Eh.» von «erscheinender Eh. und erscheinender Disjunktion» [8].

Anmerkungen. [1] BERKELEY, A treatise on the principles of human knowledge chap. 13. – [2] HUME, A treatise on human nature I, pt. 2, sect. 2. – [2a] KANT, KrV A 113. – [3] B 137. – [4] B 134. – [5] B 105. – [6] B 673. – [7] J. G. FICHTE, Nachgel. Werke, hg. I. H. FICHTE (1834/35) 2, 92f. – [8] a. a. O. 10, 132.

4. Gerade die Problematik des Organismus und seiner Art von Eh. läßt SCHELLING die Transzendentalphilosophie Kants und Fichtes überschreiten. Damit wird im deutschen Idealismus die Fragestellung nach der Eh. wiederum zu einer ontologischen Problematik, die außerdem von großer Bedeutung für die Eh. dessen ist, was bei Schelling und Hegel «Begriff» in ontologisch relevantem Sinne heißt. Für Schelling wird damit 1797 [1] die Naturphilosophie zur Fundamentalphilosophie. Gegen das «Als-ob» der reflektierenden Urteilskraft fragt er: «... wenn es in eurer Willkür steht, die Idee von Zweckmäßigkeit auf Dinge außer euch überzutragen oder nicht, wie kommt es, daß ihr diese Idee nur auf gewisse Dinge, nicht auf alle übertragt, daß ihr euch ferner bei dieser Vorstellung zweckmäßiger Produkte gar nicht frei, sondern schlechthin gezwungen fühlt? Für beides könnt ihr keinen Grund angeben, als den, daß jene zweckmäßige Form ursprünglich und ohne Zutun eurer Willkür gewissen Dingen außer euch schlechthin zukomme» [2]. Die zweckmäßige Form ist freilich auch für Schelling keine unmittelbar gegebene Eh., sondern die Eh. des konkreten Begriffes: «Der Begriff, der dieser Organisation zugrunde liegt, hat an sich keine Realität, und umgekehrt, diese bestimmte Materie ist nicht als Materie, sondern nur durch den inwohnenden Begriff, organisierte Materie. Dieses bestimmte Objekt also konnte nur zugleich mit diesem Begriff und dieser bestimmte Begriff nur zugleich mit diesem bestimmten Objekt entstehen» [3]. Doch ist für Schelling diese so deutlich ontologisch verstandene Eh. des Begriffs «nur da in bezug auf ein anschauendes und reflektierendes Wesen», und so gerät bei ihm die Problematik der Eh. in eine Aporie.

Diese kommt auch im Begriff des Begriffs bei HEGEL zum Ausdruck. Sieht man von weiteren Differenzierungen ab, dann stehen sich bei Hegel als Begriffs-Eh. gegenüber: erstens der nur «an sich vorhandene Begriff» im anorganischen und der «für sich» seiende und insofern «existierende Begriff» im organischen Bereich [4]. Doch ist der existierende Begriff als Leben unmittelbares Dasein und erst als Geist eigentlich für sich seiender aus Freiheit existierender Begriff [5]. Im Sinne dieses letzten Aspekts gelangt Hegel zu Formulierungen, die dem unmittelbaren existierenden Begriff (des Lebens) das eigentliche Für-sich-Existieren absprechen, so wenn es heißt: «Die Unmittelbarkeit der Idee des Lebens macht es, daß der Begriff nicht als solcher im Leben existiert» [6]. Hier ist zuletzt nur die apperzipierende (geistige) Monade existierender Begriff, während es die «Schwäche des Begriffs in der Natur überhaupt» ausmacht, daß er «auch im Tiere nicht in seiner festen selbständigen Freiheit existiert.» Er wird dann als «unmittelbarer Begriff» zu einem bloß «gegebenen» Begriff im Subjekt und ist insofern «ein subjektives Denken, eine der Sache äußerliche Reflexion» [7]. Der Gebrauch der Wendung «für sich» ist – nicht zufällig – zweideutig. Er meint einmal die In-sich-Reflektiertheit alles Lebendigen überhaupt, dann die (sich) wissende und motivierende In-sich-Reflektiertheit des Geistes. Der Wortgebrauch schwankt je nach dem Zusammenhang: einmal betont nämlich Hegel das den Menschen und Tieren (bzw. Organismen) gemeinsame «Leben» (abgehoben von dem dann allein nur «an sich» seienden Anorganischen), dann wiederum die Besonderheit des Geistes im Gegensatz zu allem übrigen natürlich Seienden, gleichgültig, ob es Organisches oder Anorganisches ist. In diesem Fall kommt nur geistiger Existenz eigentliches Für-sich-Sein und damit wahrhafte Eh. im Sinne von Leibniz zu.

Von diesen Aporien der Eh. her gelangt SCHELLING zu der von HEGEL kritisierten Position der Identitäts- bzw. Indifferenzphilosophie des Absoluten. In einer gewissen Wiederholung des Spinozismus in transzendentaler Wendung wird auch hier das eigentlich Eine wiederum zum Absoluten, das freilich nach HEGEL nicht im Gegensatz zu den konkreten Eh. jeder «Stufe» des dialektischen «Fortgangs» gedacht werden darf. In diesem Sinne hat es die Philosophie «allerdings mit der Eh., aber nicht mit der abstrakten Eh., der bloßen Identität und dem leeren Absoluten, sondern mit der konkreten Eh. (dem Begriffe) zu tun und in ihrem ganzen Verlaufe ganz allein es damit zu tun ... -, daß jede Stufe des Fortgangs eine eigentümliche Bestimmung dieser konkreten Eh., und die tiefste und letzte der Bestimmungen der Eh. die des absoluten Geistes ist» [8]. So scheidet sich für Hegel in der wahrhaften Eh. spekulativ dialektisches Denken und Verstandesreflexion: «Spekulativ Denken heißt ein Wirkliches auflösen und dieses sich so entgegensetzen, daß die Unterschiede nach Denkbestimmungen entgegengesetzt sind und der Gegenstand als Eh. beider gefaßt wird» [9]. «Das ist überhaupt das Geschäft der Spekulation, daß sie alle Gegenstände des reinen Gedankens, der Natur und des Geistes in Form des Gedankens und so als Eh. des Unterschiedes auffaßt» [10]. Die Reflexion dagegen hält die Eh. nicht fest, «vergißt einmal das Ganze, das andere Mal die Unterschiede ...» [11].

Die von der endlichen Individualität ausgehende anthropologische Kritik an Hegel hat trotz ihrem geringeren Niveau die spekulative Eh.-Philosophie Hegels aufgeben lassen. Sie hat ihre Ansatzpunkte in dieser Philosophie sowohl bei der schon erwähnten Zweideutigkeit des Begriffs des Begriffs bei Hegel als auch in der Schwierigkeit, mit ihm dialektisch das Verhältnis von endlichem und absolutem Geist zu bewältigen. Zuletzt muß die von Leibniz eröffnete Problematik einer Versöhnung des ontologischen und des transzendentalen Eh.-Gedankens als nicht gelöst bezeichnet werden.

Die *philosophische* Frage nach der Eh. ist sehr wohl zu unterscheiden von der Eh. als dem gleichbleibenden Element einer Mehrheit, z. B. von der Zahl: «Was bei Zahlen und Linien ein vollkommener Widerspruch wäre, ist der Natur des Begriffs wesentlich» (HEGEL [12]). Die Frage nach der wahrhaften Eh. im philosophischen Sinn läßt sich nicht auf die äußerliche Zusammensetzung aus elementaren Eh. reduzieren. Diese führt immer nur zu Aggregaten im Sinne der Unterscheidung von der wahrhaften Eh. bei Leibniz. «Die ungebildete Reflexion verfällt zunächst auf die Zusammensetzung als die ganz äußerliche Beziehung, die schlechteste Form, in der Dinge betrachtet werden können; auch die niedrigsten Naturen müssen eine innere Eh. sein» (HEGEL [13]).

Anmerkungen. [1] SCHELLING, Ideen zu einer Philos. der Natur als Einl. in das Studium dieser Wiss. Werke, hg. K. F. A. SCHELLING (1856-1861) 2, 1-73. – [2] a. a. O. 2, 43f. – [3] 2, 44. – [4] HEGEL, Jubiläums-A. 8, 413. – [5] a. a. O. 5, 242. 271. – [6] 9, 677. – [7] 5, 32. – [8] 10, 470; 15, 113. – [9] 15, 39. – [10] 15, 40. – [11] 15, 39. – [12] 5, 58. – [13] 5, 55.

5. Das Wort ‹einzig› und die dazugehörigen Zusammensetzungen sind nicht im gleichen Maße philosophisch relevant wie der Begriff der Eh. Seine Bedeutung wurde ursprünglich durch das Wort ‹einig› ausgedrückt. Erst nachdem ‹einig› im Sinne von ‹concors› verstanden wurde, beginnt der Ausdruck ‹einzig› sich auszubreiten. Als Adjektiv ist er bei MEISTER ECKHART nachgewiesen [1]. Die Einzigkeit kann entweder als Einmaligkeit oder als Einzigartigkeit verstanden werden. Einmaligkeit bedeutet, daß ein Einzelnes nicht wiederholt (in numerischer Vielheit) anzutreffen ist, Einzigartigkeit zielt auf die einmalige Beschaffenheit (Bestimmtheit) eines Einzelnen und impliziert daher in strengem Wortsinn die Einmaligkeit, auch wenn man in der Alltagssprache das Wort zur Kennzeichnung eminenter Qualität mehrerer gleichartiger Dinge (z. B. anzupreisender Erzeugnisse in der Reklame) verwenden kann.

Das Wort ‹einfach› (Einfachheit) dagegen hat gerade im Zusammenhang mit der Problematik der Eh. auch in der Neuzeit philosophische Bedeutung im Sinne eines Fachterminus. Das Wort beginnt im 16. Jh. sich auszubreiten und übernimmt dann alltagssprachlich auch den ursprünglichen Sinn von ‹einfältig›. Im philosophischen Wortsinn ist es der Gegenbegriff zur Mannigfaltigkeit, während streng genommen der Gegenbegriff zur Eh. nur die Vielheit und nicht auch die Mannigfaltigkeit sein sollte. Die von der Einfachheit fundierte Mannigfaltigkeit ist wahrhafte Eh. Damit steht auch Einfachheit im Gegensatz zum bloß Zusammengesetzten. Sie schließt zwar keineswegs Mannigfaltigkeit aus, wohl aber die bloß «äußere» Zusammensetzung. Von der zweiten Antinomie bei KANT an bis zu den Problemen der modernen Mengentheorie wird freilich in philosophisch höchst problematischer Weise auch von der Zusammensetzung aus Einfachem gesprochen. Bei LEIBNIZ handelt es sich hier um ein fundamentalphilosophisches Problem, das er als dasjenige des ersten Labyrinths bezeichnet, des Labyrinths des Kontinuums, das in dialektischer Weise auch seine Behandlung in HEGELS ‹Logik› erfährt. Im ganzen ist die neuzeitliche Erörterung des Begriffs der Einfachheit eine Explikation von Ansätzen bei LEIBNIZ. Seine Monade ist als wahrhafte Eh. erscheinende Vielheit und Mannigfaltigkeit, die aber trotzdem im Gegensatz zum Zusammengesetzten (Aggregat) insofern einfach, d. h. ohne Teile, ist [2], als das so charakterisierte eigentliche Seiende nicht mehr ist, wenn es nicht einfach ist: ein Seiendes ist nur ein *Seiendes*, wenn es *ein* Seiendes im Sinne der durch Einfachheit fundierten Mannigfaltigkeit ist [3]. In diesem Sinne versteht auch HEGEL den Begriff, sofern er philosophische Bedeutung hat und nicht als abstrakte Einfachheit das Mannigfaltige außer sich hat. Aus solchen abstrakten Einfachen läßt sich wahrhafte Eh. nicht zusammensetzen, ohne daß man im Sinne KANTS in eine unauflösbare Antinomie gerät. Denn dieses absolute, von HEGEL dialektisch verstandene Einfache ist in der Welt der Erscheinungen tatsächlich nicht anzutreffen. In der Erscheinung kommt man durch Teilung niemals zu dem Einfachen. Daher ist auch für KANT und im Grunde für unsere ganze philosophische Tradition der mathematische Punkt zwar einfach, aber kein wirklicher Teil des Raumes, sondern bloß eine Grenze.

Die wahrhafte Eh. als dialektische Eh. des Einfachen und Mannigfaltigen steht seit LEIBNIZ auch im Zusammenhang mit dem Problem des Aktual-Unendlichen. Das damit umschriebene philosophische Problem ist wiederum von demjenigen der Mathematik genau zu unterscheiden. Diese Frage beschäftigt die moderne *mathematische Grundlagenforschung*. So kritisiert P. LORENZEN [4] das von der Geometrie her konzipierte mathematische Unendliche, sofern es im Sinne der Mengenlehre Cantors als Aktual-Unendliches gedacht wird. Auch wenn man in der modernen Infinitesimalrechnung «nicht mehr mit Summen aus kontinuierlich vielen Summanden» rechnet, ergibt nach Lorenzen eine kritische Prüfung der modernen Infinitesimalrechnung, daß «auch sie noch, trotz ihrer unbestreitbaren großen Erfolge, ‹auf Sand gebaut ist›, wie H. Weyl, einer der bedeutendsten Mathematiker der Gegenwart, sagte.» Es geht hier um den Zusammenhang von Arithmetik und Geometrie! «Die geometrische Gerade wird durch die arithmetische Menge aller reellen Zahlen (so nennt man ja die endlichen und unendlichen Dezimalbrüche) ersetzt. Dieser arithmetische Begriff der Menge aller reellen Zahlen ist augenscheinlich von der Geometrie aus motiviert. Man spricht daher auch stets vom arithmetischen Kontinuum.» Dieses Kontinuum aber ist nach Lorenzen «das Musterbeispiel einer aktualistisch aufgefaßten Unendlichkeit». Man stellt sich dabei «die reellen Zahlen als alle auf einmal wirklich vorhanden vor – es wird sogar jede reelle Zahl als unendlicher Dezimalbruch selbst schon so vorgestellt, als ob die unendlich vielen Ziffern alle auf einmal existierten. Der radikale Unterschied, der zwischen endlichen und unendlichen Dezimalbrüchen besteht, wird von vornherein verwischt. Einen endlichen Dezimalbruch kann man hinschreiben, einen unendlichen niemals. Von einer Aufeinanderfolge unendlich vieler Ziffern zu reden, ist also – wenn es nicht überhaupt Unsinn ist – zumindest ein großes Wagnis» [5].

Damit ergibt sich für Lorenzen folgende Situation: Der Rückbezug auf die griechische «potentialistische Mathematik» ist nicht möglich; diese ist «völlig unzureichend für die Dynamik, für die modernen Feldtheorien des Elektromagnetismus und der Gravitation, wie auch für die Quantentheorie.» Doch denkt auch Lorenzen den Ausweg aus diesem «schwierigen Dilemma» mit Hilfe einer modernen «potentialistischen These», derzufolge «das Kontinuum keine unendliche Menge von Punkten, sondern nur der Möglichkeit nach Träger von unendlich vielen Punkten ist» [6]. Jedenfalls haben alle diese gegenwärtigen Erörterungen im Rahmen der Grundlagenforschung der Mathematik gezeigt, daß die philosophische Frage nach der Eh. und diejenige der Mathematik (Zahl) wohl zu unterscheiden sind.

In neueren Bemühungen der Philosophie um das Allgemeine tritt die Frage nach der Eh. auch dann auf, wenn man das Allgemeine keineswegs als ein ontologisch relevantes Allgemeines faßt. So wendet sich z. B. Husserl gegen die «empirische Auffassung, welche die Annahme der spezifischen Gegenstände durch Rückgang auf ihren Umfang ersparen will ... Sie vermag uns nicht zu sagen, was dem Umfang Eh. gibt. Folgender Einwand macht dies noch besonders klar. Die bestrittene Auffassung operiert mit ‹Ähnlichkeitskreisen›, nimmt aber die Schwierigkeit etwas zu leicht, daß jedes Objekt in eine Vielheit von Ähnlichkeitskreisen hineingehört, und daß nun die Frage beantwortet werden muß, was diese Ähnlichkeitskreise selbst voneinander scheidet. Man sieht ein, daß ohne die schon gegebene Eh. der Spezies ein regressus in infinitum unvermeidlich wäre» [7].

Auch im *Neukantianismus* spielt die Eh. im Zusammenhang mit seinem Konstitutionsgedanken eine große Rolle [8]. Nach Cassirer können wir jede Eh. (der Natur, Kultur usw.) nicht «aus den Einzelphänomenen gewinnen», sondern nur «an ihnen darstellen und herstellen» [9]. Selbstverständlich tritt der Eh.-Begriff auch bei Heidegger und Jaspers [10] immer wieder in jeweils spezifischem Problemzusammenhang auf, ohne daß man freilich bei diesen Philosophen von einem durchgängigen, einheitlichen Gebrauch des Terminus sprechen kann. Besonders interessant ist die von Heidegger im Rahmen seiner Leibnizinterpretation entwickelte Problematik der «Einigung», die aller Eh. immer schon vorausgesetzt ist.

Anmerkungen. [1] Vgl. J. und W. Grimm: Dtsch. Wb. 3 (1962) 356. – [2] Leibniz, Monadologie § 1. Philos. Schriften, hg. Gerhardt, 6, 607. – [3] Vgl. a. a. O. 2, 97. – [4] P. Lorenzen: Das Aktual-Unendliche in der Mathematik. Philos. nat. 4 (1957) 3-11. – [5] a. a. O. 8f. – [6] 10. – [7] E. Husserl: Log. Untersuchungen 2/1 (⁴1928) 115. – [8] Vgl. H. Rickert: Das Eine, die Eh. und die Eins. Heidelberger Abh. zur Philos. und ihrer Gesch. 1 (²1924); System der Philos. 1 (1921) 233ff. – [9] E. Cassirer: Philos. der symbolischen Formen 2 (²1953)15. – [10]M. Heidegger: Wegmarken (1967) 373f.; K. Jaspers: Von der Wahrheit (1947) 680ff.

Literaturhinweise. H. Leisegang: Über die Behandlung des scholastischen Satzes «Quodlibet ens est unum, verum, bonum seu perfectum» und seine Bedeutung in Kants Kritik der reinen Vernunft. Kantstudien 20 (1915) 402-421. – The great ideas 2, Encyclopedia Britannica (Chicago/London/Toronto 1952) Art. ‹One and many›. – G. Martin: Allg. Met. (1965). – G. Wolandt: Sein und Eh. in der modernen Grundlehre. Kantstudien 57 (1966) 323-342. – E. Heintel: Substanz und Freiheit 1: Die beiden Labyrinthe der Philos. (1968).

E. Heintel

Einfachheit, einfach/zusammengesetzt. Die Begriffe ‹einfach› und ‹zusammengesetzt› stehen in einer doppelten Beziehung zueinander: Einerseits werden für die Zusammensetzung Elemente vorausgesetzt, die einen relativ einfacheren Grad von Komplexität haben oder sogar letzte Bausteine jeder Zusammensetzung sein können. Andererseits wird das Einfache (= E.) geradezu in einen Gegensatz zu dem Zusammengesetzten gebracht, wie z. B. Leibniz, der die Unterscheidung zwischen «substantia simplex» und «substantia composita» vertritt [1]. Beide verschiedenen Verhältnisse implizieren verschiedene Bedeutungen von ‹einfach› und ‹zusammengesetzt›: Im Sinne des ersten Verhältnisses kann von *relativer* Einfachheit (= Eh.) bzw. Zusammengesetztheit, im Sinne des zweiten von *absoluter* Eh. bzw. Zusammengesetztheit gesprochen werden.

Von absoluter Eh., die in sich keine Verschiedenheit und Vielheit zuläßt, spricht Parmenides, wenn er das *Sein* als ewig gegenwärtiges Ganzes, als Eins und Zusammenhängendes (Kontinuierliches) bestimmt: οὐδέ ποτ' ἦν οὐδ' ἔσται, ἐπεὶ νῦν ἔστιν ὁμοῦ πᾶν ἕν, συνεχές (und es war nie und es wird nie sein, weil es im Jetzt vorhanden ist als Ganzes, Eines, Zusammenhängendes) [2]. Dazu gehört die Bestimmung der Unteilbarkeit und Ununterbrochenheit [3]. Zenon geht über die strenge Auffassung des absolut E. hinaus, wenn er Seiendes, wie z. B. die Wegstrecke des fliegenden Pfeils, als teilbar ansieht. Er entdeckt die Möglichkeit, daß der geometrische Gedanke diese Strecke ins Endlose zu teilen vermag [4]. Auch Leukipp und Demokrit halten die Teilung je eines Ganzen für möglich, müssen aber, da sie von physischen Körpern sprechen, ein Ende des Teilungsprozesses annehmen, sofern er zu letzten, unteilbaren Elementen (Atomen) gelangt. *Atome* sind selbst nicht zusammengesetzt, daher einfach, stellen aber die Bausteine einer Zusammensetzung dar; die uns wahrnehmbaren Körper werden von Demokrit als Zusammensetzungen aus einfachen Elementen interpretiert [5].

Wie Aristoteles zeigt, hat Zenon die Teilung z. B. der Wegstrecke oder auch der in Anspruch genommenen Zeit der Bewegung in der Weise vollzogen gedacht, daß dabei die Kontinuität von Raum und Zeit nicht mehr eingehalten werden konnte: Die Strecke fiel ebenso wie die Zeitdauer auseinander in einzelne Teile. Auf diese Weise mußte Zenon das Prinzip der Bewegung verfehlen [6], weil der Gedanke eines Bewegungsvollzuges die Rettung der Kontinuität und Eh. von Raum und Zeit verlangt und mit der Vorstellung nicht vereinbar ist, daß Wegstrecke und Zeit aus festgestellten Elementen zusammengesetzt seien. Aristoteles hat erkannt, daß der Begriff der Bewegung nur aufrecht zu halten ist, wenn man zwei unvereinbar scheinende Bestimmungen miteinander verbindet: diejenige der absoluten Eh. von Strecke und Dauer und diejenige der Teilbarkeit. Um den Begriff des Kontinuums von Raum und Zeit zu fassen, begreift Aristoteles die raum-zeitlichen Gebilde als nicht zusammengesetzt, sondern als kontinuierlich-einfach, jedoch nicht im Sinne des Elements bzw. Atoms (des relativ E.), sondern billigt ihnen eine innere Gliederung zu. Das Kontinuum einer Bewegungsstrecke z. B. zeigt Anfang, Verlauf und Ende: Es weist also Momente auf und ist trotzdem ein Ganzes, ein E. Aristoteles vermag diesen Begriff des absolut E., nicht Zusammengesetzten und trotzdem in Momente Gegliederten in seiner Theorie der *Entelechie* zu begreifen, aufgrund deren er das E. nicht als ein gewordenes Ding, sondern als Vollzug der Einigung und Verwirklichung erkennt. Das E. im Sinne des Kontinuierlichen bzw. der Einsheit wird von ihm auch in der Theorie des Erkennens vertreten, so z. B. mit der These, daß das Denken der ungeteilten Begriffe keinen Irrtum zulasse, während im Falle etwa jenes Urteils, in welchem vom Denken Getrenntes vereinigt und zusammengesetzt wird (Synthesis), der Wahrheit und zugleich dem Irrtum eine Chance gegeben wird, denn dieser beruhe immer auf der falschen Art der Zusammensetzung. Denkt z. B. der Verstand an eine Strecke im Ganzen, dann hat er es mit E., Ungeteiltem zu tun, welches aber gleichwohl der Möglichkeit nach teilbar ist. Teilt er die Strecke in Wirklichkeit, dann trennt er «zugleich auch die Zeit», weil er durch den einen Denkakt die eine Hälfte, durch einen zweiten Denkakt die andere denken muß [7].

PLATON hatte bei seinem Versuch, die Unsterblichkeit der *Seele* nachzuweisen, ähnliche Überlegungen angestellt: Er bezeichnet die Seele als ein E. (im absoluten Sinne) und die Körperwelt als Zusammengesetztes. Wenn die Seele als E. nicht auflösbar und daher unvergänglich ist, wird sie von dem Auflösungsprozeß, in den die Körper wegen ihrer Zusammengesetztheit verwickelt sind, nicht betroffen [8]. In der Gegenüberstellung von Körperlichem und Seelischem steht auf der Seite des ersten der Atomismus und sein Begriff des relativ E., welches Basis für die Zusammensetzungen ist, auf der Seite des zweiten die absolute Eh., die, wie sich besonders im Organismusproblem und in der Leib-Seele-Frage ergibt, als erste Entelechie (ARISTOTELES) das Leiblich-Körperliche umgreift und durchdringt.

Im *Mittelalter* wird die Seele unter den neuen Bedingungen des Christentums als das bevorzugt E. verstanden. Die «substantia simplex» der Seele ist absolute Eh. in der Vielheit der Vermögen (AUGUSTIN) [9]. Im ‹Liber de intelligentiis› erklärt WITELO: «Intelligentia est substantia simplex ... et impermixta» [10]. Hier wird Gott, die Intelligenz (die Geist-Seele des Aristoteles) und auch die Anima sensibilis als Lebensvollzug (actus vivificans) angesprochen.

In der *Neuzeit* knüpft DESCARTES mit seinem *Dualismus* von res cogitans und res extensa wieder an Platon an: Das von sich selbst eingenommene und seiner selbst gewisse «Ich denke» ist einfach und unteilbar, während die Körperwelt, die Descartes mit dem unendlichen und ins Unendliche teilbaren Raum gleichsetzt, zusammengesetzt ist [11].

Die Dialektik zwischen dem absolut und dem relativ E. spitzt sich besonders in der *Monadenlehre* von LEIBNIZ zu. Für die Monade nimmt er im Gegensatz zum Demokritischen Atom wahre Unteilbarkeit in Anspruch, weil er sie nicht nach der «Art» der zusammengesetzten und ausgedehnten Körper, sondern nach derjenigen der Seele denkt. Die Monade ist unausgedehnt, also ein absolut E., und repräsentiert (darstellend und zugleich vorstellend) die Welt im Ganzen, umgreift also repräsentierend die Vielheit des Seienden, ohne deshalb als zusammengesetzt angesehen werden zu dürfen. Sie ist die Kraft des Einigens der Vielheit, wobei diese Einigung in der Weise einer Denkhandlung vor sich geht. Trotzdem benutzt Leibniz für die Charakteristik der Monaden das Modell des relativ E. und seines Zusammengesetzten: Die Monaden sind einfache Substanzen, welche in dem Zusammengesetzten enthalten sind; dieses ist ein Aggregat von E. [12].

Die dadurch gegebene, mit dem Labyrinth der Freiheit und des Kontinuums zusammenhängende Aporie wird in den ontologischen Lehrbüchern der *deutschen Schulphilosophie* meistens dadurch unterdrückt, daß die hier eine hervorragende Stellung einnehmenden Erörterungen zum Verhältnis von E. (simplex) und Zusammengesetztem (compositum) nur unter der Voraussetzung des relativen Eh.-Begriffs geführt werden. CHR. WOLFF bestimmt, daß ein zusammengesetztes Ding dasjenige sei, «was Teile hat». Teilt man diese immer weiter, so gelangt man zu einfachen Dingen: «Wo zusammengesetzte Dinge sind, da müssen auch einfache sein» [13].

Der Begriff des E. im absoluten Sinne spielte trotzdem im Bereich der Theorie der philosophischen Methode noch eine besonders von Descartes her abgeleitete Rolle. Durch die analytische Methode nämlich wurde der Weg vom unendlich komplizierten Zusammengesetzten zum E., zum Prinzipiellen bezeichnet, welches der Gedanke erreicht haben muß, damit er sich von hier aus in einer Umwendung durch schrittweise zunehmende Zusammensetzung dem Begreifen des Konkreten wieder zuwenden kann. Eh. und Prinzipcharakter werden auf diese Weise zusammengedacht [14]. Die ontologische Erörterung des relativ E. gewinnt eine Wendung zum absoluten Eh.-Begriff in KANTS früher Schrift ‹Die physische Monadologie› [15]. Die physische Monade gilt als Kraftzentrum, welche eine räumliche Sphäre ihrer Aktivität um sich verbreitet, ohne deshalb ihre Eh. einzubüßen. Die Problematik von Eh. und Zusammensetzung tritt jedoch mit der ‹Dissertation› von 1770, in welcher der Synthesisbegriff seine große Geschichte in Kants Denken beginnt, in ein neues bedeutsames Stadium. Es vollendet sich jetzt jene bedeutsame Wende, die bereits mit der Etablierung des neuzeitlichen Natur- und Seinsverständnisses begonnen hatte; die Formel hierfür lautet bei Kant: nichts in der Natur kann als verbunden bzw. zusammengesetzt von uns erkannt werden, was wir nicht selbst durch unseren eigenen Verstand verbunden haben. Diese Verbindung erfolgt auf dem Wege der «sukzessiven Synthesis». In diesem Zusammenhang zeigt sich jedoch die Dialektik der Vernunft, die Kant mit den beiden Thesen seiner zweiten kosmologischen Antinomie ausdrückt. Die Thesis lautet: «Eine jede zusammengesetzte Substanz in der Welt besteht aus einfachen Teilen, und es existiert überall nichts als das E., oder das, was aus diesem zusammengesetzt ist.» Die Antithesis dagegen: «Kein zusammengesetztes Ding in der Welt besteht aus einfachen Teilen, und es existiert überall nichts E. in derselben» [16]. Da im Bereich möglicher Erfahrung sowohl Zusammensetzung wie auch Teilung der sukzessiven Synthesis anheimgestellt sind und ins Endlose gehen, gesteht die kritische Vernunft weder der Thesis noch der Antithesis Gültigkeit zu. In seiner Schrift ‹Über eine Entdeckung ...› (1790) antwortet Kant auf die Kritik J. A. EBERHARDS, der behauptet hatte, der Verstand könne das, was die sinnliche Anschauung nicht mehr erreiche, die Dinge an sich und die einfachen Substanzen, erkennen und ihnen Prädikate beilegen. So entspräche auch den einfachen Elementen, aus denen sich eine Zeitfolge zusammensetze, eine durchaus objektive Realität [17]. Dieser Beweis der Objektivität des einfachen Wesens kann nach KANT deshalb nicht stimmen, weil Eberhard keineswegs den Bereich der sinnlichen Erscheinungen verläßt und zu dem reinen Verstandesbegriff des E. vordringt. In der «Körperwelt» aber ist das E. nicht zu finden, und das Ding an sich, das «allein das E. enthalten kann», bleibt für uns «gänzlich unerkennbar» [18]. Dagegen rückt in einem späteren Stadium von Kants Transzendentalphilosophie, in der ‹Kritik der Urteilskraft›, das absolut E. wieder in den Blick, so in der Organismusproblematik [19] und in der Philosophie des organischen Körpers, insbesondere in den Fragmenten des ‹Opus postumum›. Der organische Körper wird im transzendentalen Sinne als Mikrokosmos verstanden, als ein einfaches Ganzes, dessen Leitfaden, das philosophische Begreifen, die Mannigfaltigkeit auch der «äußeren» Welt umfaßt [20].

In der nachkantischen *idealistischen* Philosophie wird das E. im absoluten Sinne zum maßgebenden Prinzip des Weltbegreifens, da das Vernunftsystem im Ganzen den Standpunkt des Philosophierens abgibt: Überlegungen zum relativ E. und seiner Zusammensetzung werden jetzt suspekt, da HEGEL die Zusammensetzung als die «schlechteste Form, in der die Dinge betrachtet werden können», deklariert [21]. Anders als Kant sucht er die zweite kosmologische Antinomie so zu lösen, daß er das Zusammenbestehen von Eh. und Vielheit behauptet.

Maßgebende Bedeutung haben die Überlegungen zum E. und Zusammengesetzten in der Lebensphilosophie BERGSONS gewonnen, der das dem Leben angemessene Denken unter den Titel der Eh. stellt, während er das seiner Auffassung nach vom Raumprinzip der Naturwissenschaft her bestimmte Denken und Sprechen als abstrakt und ungenügend ausgibt, weil es am Leitfaden der Zusammensetzung vorgehe [22]. Wie die philosophische Tradition gezeigt hat, wird das philosophische Denken immer dann, wenn es sich auf seinen eigentümlichen Gegenstand und die ihm angemessene Methode besinnt, dem Prinzip des E. im absoluten Sinne unter den Voraussetzungen seiner geschichtlichen Situation Geltung verschaffen. Gegenwärtige Untersuchungen zeigen, daß die Philosophie einen Weg vom Zusammengesetzten, das in Form von Relationen und formalen Strukturen auftritt, zum E. und zum «Wesen» gehen müsse, das nicht als festes Ding, sondern als Prozeß aufzufassen ist [23].

Anmerkungen. [1] Vgl. LEIBNIZ, Briefe an Des Bosses 20. 9. 1712; 24. 1. 1713; 29. 5. 1716. Philos. Schriften, hg. GERHARDT 1, 458ff. 474f. 518f.; Principes de la nat. et de la grace a. a. O. 6, 598. – [2] PARMENIDES bei H. DIELS: Die Frg. der Vorsokratiker (= VS) 1 (⁶1951) 235: B 8, 5f. – [3] VS B 8, 22. – [4] ZENON, VS 29 A 27. – [5] DEMOKRIT, bes. VS 67 A 9. 13. – [6] ARISTOTELES, Phys. z. B. 239 b 5-240 b 7; vgl. F. KAULBACH: Der Begriff der Bewegung (1965) bes. 37ff. – [7] De an. 430 a 25ff. b 9f. – [8] PLATON, Phaidon 78 b ff. – [9] AUGUSTIN, De trin. X, 11, 17; Conf. 13, 11; vgl. H. HEIMSOETH: Atom, Seele, Monade (1960) bes. 49ff. – [10] C. BAEUMKER: Witelo, Beitr. zur Gesch. der Philos. des MA 3/2 (1908) 29f. – [11] DESCARTES, Meditationes VI, 19. Oeuvres, hg. ADAM/TANNERY 1, 85f.; vgl. Med. I, 8 a. a. O. 20. – [12] LEIBNIZ, Monadol. § 1ff. a. a. O. [!] 6, 607. – [13] CHR. WOLFF: Vernünftige Gedanken von Gott ... (²1720) § 75; Philosophia prima sive Ontologia (1730) §§ 673-679; vgl. CHR. A. CRUSIUS: Entwurf der notwendigen Vernunftwahrheiten (²1753, Neudruck 1963) § 111. – [14] Vgl. DESCARTES: Regulae ad directionem ingenii VI a. a. O. [11] 10, 381ff. – [15] KANT, Akad.-A. 1, 473-487; vgl. F. KAULBACH: Die Met. des Raumes bei Leibniz und Kant (1960) 81ff. – [16] KrV B 462f. – [17] Philos. Magazin, hg. J. A. EBERHARD (1788f.) 1, 169ff. 218ff. – [18] KANT, Akad.-A. 8, 198-210. – [19] a. a. O. 5, 372ff. (§ 65). – [20] Vgl. 22, 295. 548. – [21] HEGEL, Werke, hg. GLOCKNER 5, 55. – [22] H. BERGSON: Einf. in die Met. (dtsch. 1916) 23. 56. – [23] F. KAULBACH: Philos. der Beschreibung (1968).

Literaturhinweise. K. LASSWITZ: Gesch. der Atomistik vom MA bis Newton 1. 2 (1890, Neudruck 1963). – E. BEYER: Das E. in der Natur (1907). – H. HEIMSOETH: Die sechs großen Themen der abendl. Met. und der Ausgang des MA(1922, ⁵1965); Atom, Seele, Monade (1960). – D. MAHNKE: Unendliche Sphäre und Allmittelpunkt (1937). – A. G. M. VAN MELSEN: Atom gestern und heute (1957). – N. HARTMANN: Der Aufbau der realen Welt (1964). – F. KAULBACH s. Anm. [6. 15. 23]. – H. GLOCKNER: Gegenständlichkeit und Freiheit 1: Met. Meditationen zur Fundamentalphilos. (1963); 2: Met. Meditationen zur Anthropol. (1966).

F. KAULBACH

Einfachheit, Prinzip der. Ursprünglich war das P.d.E. ein naiv-heuristisches Prinzip, welches vorschreibt, von mehreren konkurrierenden Theorien zur Deutung eines Phänomenkomplexes die einfachere zu bevorzugen. Bis in die jüngste Zeit hinein ist das P.d.E. unter diesem Namen allerdings noch nicht Gegenstand der Forschung gewesen, obwohl es zumindest in den Naturwissenschaften eine berühmte Tradition hat: Allein die größere Einfachheit entschied im klassischen Streit über die Kinematik der Himmelskörper für Galilei und gegen Ptolemäus. Doch zeigt die Begründung des P.d.E. eine bemerkenswerte Entwicklung: Erschien noch KEPLER das P.d.E. als ein absolutes Gesetz, dem die Natur glücklicherweise gehorcht («amat natura simplicitatem») [1], so tritt über GALILEI [2] und LEIBNIZ [3] die Struktur des menschlichen Intellektes mehr und mehr zur Rechtfertigung hervor. Schließlich begreift die moderne Naturwissenschaft das P.d.E. als ein lediglich ökonomisches Methodenprinzip. Ein typischer Vertreter dieser Auffassung ist G. KIRCHHOFF [4]. Die eigentlichen Impulse, das P.d.E. zu einem quantitativ nutzbaren Hilfsmittel zu machen, gehen aber von der mathematischen Wahrscheinlichkeitstheorie aus. «Das Einfachere ist das Wahrscheinlichere» wird so zur zunächst intuitiven Richtschnur der Vorhersagetheorie (etwa bei JEFFREYS [5]) und fordert damit zur Präzisierung heraus. Insofern werden exakte Kriterien für die Vergleichbarkeit wissenschaftlicher Theorien und Maße für deren Einfachheit erforderlich. In dieser Fragestellung gehört das P.d.E. der Theorie der formalen Sprachen an, genauer der der induktiven Logik, deren Entwicklung als formale Sprache vornehmlich auf CARNAP zurückgeht. Da das P.d.E. einer streng semantischen Begründung in der Booleschen Algebra der beiden Wahrheitswerte 0 und 1 nicht fähig ist, steht es in seiner Qualität unter den Schlußprinzipien der deduktiven Logik. Es gibt somit einen zweiten Grund, den Begriff der Wahrscheinlichkeit mit dem E.-Begriff zu verbinden: Statt der klassischen Wahrheitswerte verwende man Wahrscheinlichkeiten, die ja zwischen 0 und 1 liegen.

Bei dieser Sachlage richtet sich das Hauptinteresse zunächst mehr auf Begründungen als auf Anwendungen des P.d.E. Basierend auf der neopositivistischen Forderung, statt eines «psychologisierenden» Wahrscheinlichkeitsbegriffes ein «objektives» Explicatum zu verwenden [6], ist ein präzisiertes P.d.E. zuerst von KIESOW und HERMES (1958) formuliert und mit einem Modell von «logischen» Wahrscheinlichkeiten begründet worden.

Eine nicht-triviale Anwendung und damit eine pragmatische Rechtfertigung des P.d.E. würde darin bestehen, in einem möglichst umfassenden, präzisierten Modell die naiven Anwendungen des Prinzips nachvollziehen zu können. Dieses Idealprogramm ist nur zum geringsten Teil verwirklicht. Ein erster Grund dafür ist die Tatsache, daß sich E.-Maße nicht in eine absolute numerische Skala zwingend einbauen lassen, da unsere Intuitionen von E. zu unscharf sind. Die von CARNAP untersuchten induktiven Methoden [7] z. B. können von ihrer Motivierung her als E.-Prinzipien (im Rahmen der Prädikatenlogik mit zusätzlichen Wahrscheinlichkeitsattributen) angesehen werden und liefern kontinuierlich viele E.-Skalen, ohne daß eine von ihnen als Idealskala begründbar wäre. Damit ist der naive Glaube an eine «richtige» a-priori-Skala, zuletzt von CARNAP 1950 ausgesprochen [8], hinfällig. Es sind bestenfalls die komparativen Begriffe («gleich einfach», «einfacher als») begründbar, und diese sind invariant gegenüber monotonen Skalentransformationen. Die dadurch hervorgerufene numerische Unsicherheit der E.-Maße fällt um so erschwerender ins Gewicht, als sich die E. einer komplexen Theorie nur indirekt aus den E. der konstituierenden Modelldiagramme (state-descriptions [9]) bestimmen läßt und dadurch die numerische Unsicherheit noch iteriert wird. E.-Präzisierungen fallen also im allgemeinen dann, wenn sie philosophisch unangreifbar sind, zu schwach aus, da scharfe E.-Maße nur in Grenzfällen intuitiv begründbar sind.

Ein zweiter Grund für das bisherige Scheitern der Präzisierung des P.d.E. ist die Tatsache, daß schon in sehr elementaren Sprachen E.-Maße abhängig von der zufällig gewählten Grundsprache sind [10]. Der entscheidende Mangel ist aber schließlich die Beschränktheit aller dieser Überlegungen auf Sprachrahmen mit nur einstelligen Attributen. Schon beim Übergang zu zweistelligen Attributen kommt man zu unübersehbaren Problemen in der Beurteilung der dann a priori noch möglichen Modelldiagramme [11].

Anmerkungen. [1] J. KEPLER Astronomii Opera omnia, hg. FRISCH 1, 113. – [2] GALILEI, Opere, Ed. nazionale 12, 155. – [3] Vgl. L. COUTURAT: La logique de Leibniz (Paris 1901) 268. – [4] G. KIRCHHOFF: Vorles. über math. Physik 1 (1876) Vorrede. – [5] H. JEFFREYS: Probability (Oxford 1939) 4-5. – [6] R. CARNAP: Logical foundations of probability (Chicago 1950) § 12. – [7] R. CARNAP: The continuum of inductive methods (Chicago 1952). – [8] CARNAP, a. a. O. [6] appendix. – [9] a. a. O. §§ 18/19. – [10] W. OBERSCHELP: E.-Prinzipien in der Wahrscheinlichkeitstheorie. Arch. math. Logik 5 (1960) 3-25. – [11] W. OBERSCHELP: Strukturzahlen in endlichen Relationssystemen. Contr. to math. Logic (Amsterdam 1968) 199-213.

Literaturhinweise. R. CARNAP s. Anm. [6]. – H. HERMES: Zum E.-Prinzip in der Wahrscheinlichkeitsrechnung. Dialectica 12 (1958) 317-330. – H. KIESOW: Anwendung eines E.-Prinzips auf die Wahrscheinlichkeitstheorie. Arch. math. Logik 4 (1958) 27-41. – W. OBERSCHELP s. Anm. [10]. W. OBERSCHELP

Einfall. Die Zusammensetzung ‹Ein-fall› (mhd. ‹in-val›) ist seit dem 14. Jh. literarisch belegt [1]. Neben dem Wortgebrauch in seiner sinnlich konkreten Bedeutung, z. B. «der einfall am schün prunen» (Einfluß in den Brunnenkasten) [2], findet sich schon früh eine weitgehende tropische Verwendung dieses Ausdrucks, z. B. in dem Sinne ‹Zwischenfall, Interregnum› [3] oder ‹(leidvoller) Vorfall› [4].

In den *mystischen* Schriften dienen ‹inval› sowie das entsprechende Verb ‹in vallen› insbesondere zur Bezeichnung eines unerwarteten und plötzlichen Gedankens bzw. seines Eintretens [5]. In solcher Wendung ist der Ausdruck ‹E.› zumeist abschätzig gemeint, indem E. den Verstand des Menschen an das Irdische binden und ihn dadurch im mystischen Streben nach Abgeschiedenheit (s. d.) hindern. So predigt J. TAULER: «... liebes kind, von den in vellen do weis ich gar wol von. Aber ich sage dir: ist dir in gevallen, so las och us vallen und bis ze friden und ker din herze zuo Gotte ...» [6].

In gleicher sprachlicher Plastizität heißt es im *Pietismus* bei G. TERSTEEGEN: «Alle einfallende Zweiflungen laß wieder ausfallen, und überlaß dich dem Herrn ohne Scrupulieren» [7]. Daneben kennt der Pietismus das Verb ‹einfallen› aber auch als Metapher für die Begegnung Gottes mit der menschlichen Seele. Die Richtung dieses E. kann von Mensch zu Gott – «wenn fällt das fünckklein, meine seele, ins feuer deiner gottheit ein?» [8] – oder von Gott zu Mensch – «in einigen Gedanken die der Herr durch seinen Geist in mein Hertz einfallen ließ» [9] – verlaufen. Ob sich dieser letztgenannte Wortgebrauch in der Meinung von «göttlicher Eingebung» aus der mittelalterlichen Mystik herleiten läßt [10], muß angesichts ungesicherter Quellenverhältnisse und unzureichender Wortschatzuntersuchungen [11] als fraglich gelten.

Die unterschiedlichen Bewertungsmöglichkeiten gedanklicher E. werden sprachlich vor allem durch die Verbindung des Begriffs mit Adjektiven wie ‹klug›, ‹gut›, ‹glücklich›, ‹albern›, ‹übel›, ‹närrisch›, ‹wunderlich›, ‹selten› o. ä. repräsentiert.

So schreibt I. KANT in der ‹Kritik der reinen Vernunft› jene entscheidenden Wendepunkte in der Geschichte der menschlichen Vernunft, in denen Mathematik und Physik nach langem Herumtappen «den sicheren Gang einer Wissenschaft» antreten, dem «glücklichen E.» zu [12]. Eine nähere Bestimmung des Begriffs und damit des Maßstabes zur Bewertung gedanklicher E. erfolgt in den ‹Reflexionen zur Anthropologie›. Kant grenzt die E. gegenüber den Einsichten ab: E. sind dem «lebhaften oder feinen Witz», Einsichten der «gründlichen oder scharfsinnigen Urtheilskraft» zuzuordnen [13]: «Witz und Urtheilskraft sind Vermögen, die Einbildungskraft dem Verstande zu Diensten anzuwenden. Jener: um alles darauf einschlagende herbey zu schaffen; diese: um unter dem Mannigfaltigen eine Auswahl zu treffen desienigen, was dem Begriffe des Verstandes angemessen ist ...» [14]. E. gelten erst als nützlich und nicht bloßer Albernheit nahe, wo beide Vermögen zusammenwirken, E. zu Einsichten werden – wie in den Entdeckungen Newtons und Keplers: «Was der glükszufall unter den Begebenheiten der Welt ist, das ist der E. unter den Gedanken .... Einsichten sind blos die Wirkung des Anhaltenden Arbeit und Geduld. ... Der E. ist der Anfang des Nachdenkens, Allein der E. gehet vor; die phantasie rührt zwar als E. am meisten, aber muß gleichwohl die Probe des Nachsinnens und der Überlegung aushalten» [15]. Mit dieser Differenzierung in E. und Einsicht ist für Kant auch eine Charakterisierung der unterschiedlichen Denkungsart von Franzosen und Deutschen (Engländern) gegeben [16].

W. T. KRUG bestimmt den E. (psychisch genommen) als einen Gedanken, «der plötzlich ins Bewusstsein tritt, ohne daß man weiß, woher und warum». Ob gedankliche E. als glücklich und philosophisch gehaltvoll oder als witzig und sinnreich, bestenfalls zur Unterhaltung geeignet, zu bewerten sind, muß auch nach Krug erst eine Prüfung «in Ansehung ihrer tieferen Gründe» erweisen: «Eine Philosophie, die aus lauter E. bestände, würde daher gar keinen wissenschaftlichen Werth haben, wenn sie auch noch so unterhaltend wäre» [17].

In J. P. ECKERMANNS Gesprächen mit J. W. GOETHE gelten E. (synonym mit ‹Aperçu›) sowohl im künstlerischen [18] als auch wissenschaftlichen Bereich [19] als ein wesentliches Merkmal geistiger Produktivität. Gute E. lassen sich nicht logisch erschließen oder durch das «Denken zum Denken» erzwingen: «man muß von Natur richtig sein, so daß die guten E. immer wie freie Kinder Gottes vor uns dastehen und uns zurufen: da sind wir!» [20]. Gleichwohl kommen gute E. nicht unvermittelt: «Alles wahre Aperçu kommt aus einer Folge und bringt eine Folge. Es ist Mittelglied einer großen, produktiv aufsteigenden Kette» [21]. Goethe vergleicht ein entschiedenes Aperçu mit einer «inokulierten Krankheit»: «man wird sie nicht los, bis sie durchgekämpft ist» [22].

G. W. F. HEGEL warnt in den ‹Vorlesungen über die Aesthetik› vor der «Willkür bloßer E.», dem «Hervorbringen von Absonderlichkeiten» und «schlechter Partikularität»: «Das wahrhafte Kunstwerk muß von dieser schiefen Originalität befreit werden, denn es erweist seine echte Originalität nur dadurch, daß es als die *eine* eigene Schöpfung *eines* Geistes erscheint ...» [23].

Nach A. SCHOPENHAUER muß alles Geschehen in der Natur wie auch im praktischen Leben zuerst vom Verstand unmittelbar erkannt, intuitiv aufgefaßt werden, ehe es abstrakt für die Vernunft ins reflektierte Bewußtsein treten kann. Deshalb sind alle großen Entdeckungen, ebenso wie die Anschauung und jede Verstandesäußerung, «eine unmittelbare Einsicht und als solche das Werk des Augenblicks, ein apperçu, ein E., nicht das Produkt langer Schlußketten *in abstrakto*, welche letztere hingegen dienen, die unmittelbare Verstandeserkenntnis für die Vernunft durch Niederlegung in ihre abstrakten Begriffe, zu fixieren ...» [24].

In der wissenschaftstheoretischen Diskussion der Gegenwart vertritt K. R. POPPER unter Berufung auf H. Bergson und A. Einstein die Auffassung, «daß es eine logische, rational nachkonstruierbare Methode, etwas Neues zu entdecken, nicht gibt ...» [25]. Die Tätigkeit des wissenschaftlichen Forschers charakterisiert Popper dahin, Hypothesen aufzustellen und zu überprüfen; die Aufgabe der Erkenntnistheorie oder -logik bleibt darauf beschränkt, Methoden der systematischen *Überprüfung* von E., Hypothesen oder Theorien zu untersuchen. Das Problem der *Auslösung* eines E. wird in die empirische Psychologie verwiesen.

Dagegen bezieht G. KLAUS das Problem des schöpferischen Denkens als weder irrational noch als transzendent in die erkenntnistheoretische Reflexion ein [26]. Er geht von einer Unterscheidung des Denkens in schematisches oder algorithmisches, in schöpferisches und in chaotisches aus. In Ablehnung idealistischer bzw. religiöser Interpretationen ist ihm das schöpferische Denken, besonders in der Weise genialer E., nichts anderes als eine besondere Form der Anwendung der Trial-and-error-Methode [27], der systematischen Berücksichtigung des Zufalls [28]: «Das verworrene, phantastische Denken ist der Zwillingsbruder des schöpferischen Denkens im eigentlichen Sinne, ebenso wie in der Trial-and-error-Methode Erfolg und Mißerfolg unlösbar miteinander gekoppelt sind» [29].

In pädagogisch-psychologischen *Lern-* und *Denktheorien* wird E. als Stadium der Findung oder Lösung innerhalb des Denkprozesses beschrieben, dem zunächst eine Etappe der Unsicherheit und des Durchdenkens vorangeht und im allgemeinen eine Phase des Prüfens folgt [30]. Aus pädagogischer Perspektive wird das Problem blitzartiger Erkenntnis von F. COPEI aufgegriffen. Unter Bezug auf die sokratische Mäeutik und durch Zeugnisse geachteter Denker versucht er zu belegen, daß gründliche denkerische Vorarbeit eine notwendige, wenn auch nicht hinreichende Bedingung für die Geburt eines glücklichen E. – für einen «fruchtbaren Moment im Bildungsprozeß» – ist. Der Erkenntnisprozeß ist ihm eine eigenartige Verschränkung von diskursivem und intuitivem, logischem und spontanem Denken [31]. Eingehende *psychologische* Analysen des E. als Denkvorgang finden sich in den denkpsychologischen Untersuchungen der ersten Jahrzehnte des 20. Jh., zu denen der denkpsychologische Ansatz der Würzburger Schule einen entscheidenden Anstoß gegeben hat [32]. Im Bereich psychologischer Betrachtungen gehören zum Feld des E.-Begriffs auch ‹schöpferisches Denken› (Kreativität) [33], ‹Einsicht› [34], ‹Invention› (vom engl. bzw. frz. ‹invention›) [35], ‹Eingebung› bzw. ‹Inspiration› [36] und ‹Intuition› [37].

HERBARTS Begriff der «freisteigenden» Vorstellung steht in engem sachlichem Zusammenhang mit der als E. bezeichneten Denkform. Er nennt eine Vorstellung «freisteigend», wenn die Bedingungen ihres Auftretens im Bewußtsein nicht selbst Bewußtseinsinhalte sind [38]. Das Gemeinsame der in diesen Begriffen implizierten Theorien läßt sich beschreiben als ein «Gefühl des Überraschtseins und des Nicht-selbst-gemacht-Habens» [39].

Empirische Untersuchungen und theoretische Analysen, in denen der E.-Begriff in Form eines Fachterminus verwendet wird, treten in ihrer Anzahl – abgesehen von den nicht-deutschsprachigen Studien mit ihrer Verwendung der allgemeineren und ungenaueren Ausdrücke wie ‹intuition›, ‹invention› und ‹inspiration› – zurück gegenüber Arbeiten, die die oben genannten Synonyma oder eng benachbarte Ausdrücke bevorzugen.

Ein früher, beachtenswerter Beitrag zur Erforschung des E.-Phänomens und zur Definition des Begriffes stammt von K. GROOS [40]. In Vorwegnahme der gestaltpsychologischen Betrachtungen M. Wertheimers definiert er E. als «unmittelbare Einsicht in eine Relation» [41], die er unmittelbar nennt, weil sie nicht auf logische Erkenntnisgründe gestützt sei. Zur Unmittelbarkeit tritt nach Groos als weiteres Merkmal die Plötzlichkeit, das «Aufleuchten», der «intellektuelle Kurzschluß». In seiner Phänomenanalyse greift er auf Begriffe der Würzburger Schule zurück: E. werden begleitet (a) von der Bewußtheit (im Bewußtseinshintergrund unanschaulich gegebenes Wissen [42]) einer «geistigen» Beziehung, ohne die das logische Urteil kennzeichnende Geltungsbewußtheit; (b) von der Bewußtheit des Neuen dieser Beziehung und (c) der ihrer Wichtigkeit [43]. Etwa um die gleiche Zeit prägte K. BÜHLER den Terminus ‹Aha-Erlebnis›. Das Aha-Erlebnis ist interpretierbar als das erlebnismäßige Korrelat des E.-Vorganges [44]. In der *Gestaltpsychologie* wird der E. dem Prozeß der Einsicht untergeordnet. In Abgrenzung gegen die klassische Theorie des Assoziationismus, die den Denkprozeß als eine summative Anhäufung von Elementen begreift, und auch in Abgrenzung gegen die traditionelle Logik interpretiert M. WERTHEIMER den schöpferischen E. als das Erfassen eines Zusammenhanges, einer Situation in ihrer Struktur, mit ihren Mängeln und Forderungen [45]. Den E. kann ein unartikulierbares «Richtungsgefühl» vorausgehen [46]; sie kommen oft vor «in einer Art kolloidalen Zustands» [47] oder in der Erscheinungsweise eines «Dämmerns» [48]. Voraussetzung für E. als einer Form produktiven Denkens ist die «Willigkeit» des Menschen, den «Übergang von der stückhaften Ansammlung, der oberflächlichen Struktur zu der sachlich besseren oder angemessenen Struktur» zu finden [49].

Neben diesem qualitativ konzipierten E.-Begriff der Denkpsychologie zentrieren verschiedene *Intelligenztheorien*, denen ein faktorenanalytisches Modell zugrunde liegt, auf den quantitativen Aspekt der Häufigkeit der E. In diesem Zusammenhang bedeutet E. lediglich eine summierbare Einheit, deren inhaltlicher Aspekt austauschbar ist. Die Häufigkeit der E. oder allgemeiner: der (verbalen) Reaktionen auf einen (verbalen) Reiz in einer Zeiteinheit soll symptomatisch sein für die «Flüssigkeit» der Intelligenz [50].

In der *gegenwärtigen* Psychologie wird der Begriff ‹E.› nur noch in seiner traditionellen Bedeutung verwendet [51]. Andere Strömungen in der Psychologie, wie z. B. der Behaviorismus, haben die gedanklichen Konstruktionen, die Denkvorgänge modellhaft wiedergeben sollen, entscheidend geprägt und neue Begriffe eingeführt. Auch im deutschen Sprachraum sind diese Einflüsse spürbar, und es fehlt nicht an Versuchen, sie zu verarbeiten [52]. Für das Phänomen des E. stellt in neuerer Zeit W. CORRELL einen Ansatz zur Integration gestaltpsychologischer und behavioristischer Betrachtungsweise zur Diskussion. Einsichtiges Erfassen ist für ihn ein «extrem schnell verlaufendes, auf die Vorstellung projiziertes trial and error», das sich beim Grenzwert «unendlich schnell» als «urplötzlicher E.» erweist [53]. Einen umfassenderen Ansatz zur Integration verschiedener Standpunkte über die Natur von Denk- und Erkenntnisvorgängen allgemein bietet D. T. CAMPBELL an. Erkenntnisgewinne verschiedenster Art, auch E., entstehen analog Darwins Prinzip des «survival of the fittest»: Auf einen Versuchs- und Irrtumsprozeß folgt eine Selektion und Retention nach dem Kriterium der Brauchbarkeit [54]. Im Rahmen dieser allgemeinen, funktionalen Betrachtungsweise erscheint eine Abgrenzung der E. von anderen Erkenntnisformen entbehrlich.

Anmerkungen. [1] Vgl. s. v. ‹Einfall›: Dtsch. Wb., hg. J. und W. GRIMM 3 (1862); Mhd. Wb., hg. M. LEXER 1 (1872); TRÜBNERS dtsch. Wb., hg. A. GÖTZE 2 (1940); F. KLUGE: Etymol. Wb. ([19]1963). – [2] ENDRES TUCHERS Baumeisterbuch (1464-1475), hg. M. LEXER (1862) 326, 5f. – [3] Chroniken der dtsch. Städte 3 (1488) 103, 7. – [4] MEISTER ECKHART, Dtsch. Werke, hg. J. QUINT 5 (1963) 231, 4. 8. – [5] Dtsch. Mystiker, hg. F. PFEIFFER 1 (1845) 250, 1; 2 (1857) 663, 17ff.; ECKHART, a. a. O. [4] 55, 13; H. SEUSE, Dtsch. Schriften, hg. K. BIHLMEYER (1907) 61, 25. – [6] Die Predigten TAULERS, hg. F. VETTER (1910) 324, 28ff.; vgl. 309, 23; 355, 9; SEUSE, a. a. O. 399, 24; 499, 23; 500, 12. 18; 503, 21; 505, 8; 507, 1. 3. 5. – [7] G. TERSTEEGEN: Geistl. und Erbaul. Briefe 1 (1773) 355, zit. nach G. LANGEN: Wortschatz des dtsch. Pietismus (1954) 265. – [8] J. A. FREYLINGHAUSENS Geistreiches Gesang-Buch, hg. G. A. FRANCKEN (1741) S. 560, Nr. 844, 3. – [9] J. H. REITZ: Hist. der Wiedergebornen 1 (1724) 77. – [10] So LANGEN, a. a. O. [7] 265. – [11] z. B. O. ZIRKER: Bereicherung des dtsch. Wortschatzes durch die spätmittelalterl. Mystik (1923) 10. 64. – [12] KANT, KrV Akad.-A. 3, 9, 15; 10, 29 (507, 36). – [13] Refl. zur Anthropol. Akad.-A. 15, 1. §§ 418 (S. 169). 464 (S. 191). 471 (S. 194). 472 (S. 195). 474 (S. 196). 481. 482. 483 (S. 204f.). – [14] a. a. O. § 477 (S. 197). – [15] § 483 (S. 205). – [16] §§ 464 (S. 191). 466 (S. 192). – [17] W. T. KRUG: Allg. Handwb. der philos. Wiss. 1 (1827) s. v. ‹Einfall›; vgl. J. JEITTELES: Aesth. Lex. 1 (1835). – [18] J. P. ECKERMANN, Gespräche mit Goethe, hg. F. BERGEMANN (1968) 135 – [19] a. a. O. 253. 484. – [20] 80; zum übrigen Sprachgebrauch von ‹E.› bei Goethe vgl. P. FISCHER: Goethe-Wortschatz (1929). – [21] GOETHES Werke. Hamburger A. 7, 434 (356f.). – [22] a. a. O. 14, 263; vgl. 8, 472 (80); 10, 89f.; 12, 431 (477); besonders häufig in den naturwiss. Schriften: 13, 532; 14, 98. 100. 143. 153. 154. 160. 167. 173. 186. 201. – [23] HEGEL, Vorles. über die Ästhetik I. Teil, 3. Kap., III C, 3c: «Originalität». Werke, hg. E. MOLDENHAUER/K. M. MICHEL (1970) 380ff. 383. – [24] A. SCHOPENHAUER, Die Welt als Wille und Vorstellung I, § 6. Werke, hg. A. HÜBSCHER 2 (1965) 25. – [25] K. R. POPPER: Logik der Forsch. ([3]1969) 6f. – [26] G. KLAUS: Kybernetik und Erkenntnistheorie (1966) 255ff. – [27] a. a. O. 263. – [28] 264. – [29] 263. – [30] Hb. Psychol. 1/2: Lernen und Denken, hg. R. BERGIUS (1964) 67ff. 505ff. 555ff.; C. F. GRAUMANN (Hg.): Denken ([2]1965) 34. 120f. 220. 285. – [31] F. COPEI: Der fruchtbare Moment im Bildungsprozeß ([8]1966) 29ff. – [32] Vgl. K. MARBE: Exp.-psychol. Untersuch. über das Urteil. Eine Einl. in die Logik (1901); N. ACH: Über die Willenstätigkeit und das Denken (1905); K. GROOS: Über wiss. Einfälle. Z. Psychol. 95 (1924) 1-26. – [33] B. GHISELIN: The creative process (Berkeley 1952). – [34] M. WERTHEIMER: Produktives Denken ([2]1957); K. DUNCKER: Zur Psychol. des produktiven Denkens (1935). – [35] J. PIAGET: Invention et découverte, bei E. W. BETH u. J. PIAGET: Epistémol. math. et psychologie (Paris 1961) § 50. – [36] Vgl. J. FRÖBES: Lb. exp. Psychol. (1923, 1929); R. HENNIG: Das Wesen der Inspiration. Schr. Ges. psychol. Forsch. 17 (1917) 89-160. – [37] Vgl. u. a. C. G. JUNG: Psychol. Typen (1950); P. R. HOFSTÄTTER: Zur Frage der Intuition in der Psychodiagnostik. Stud. gen. 9 (1956) 527-537; A. WELLEK: Mathematik, Intuition und Raten. Zur erkenntnistheoret. und methodol. Problematik in der exakten Psychol. Stud. gen. 9 (1956) 537-555; E. ROTHACKER und J. THYSSEN: Intuition und Begriff (1963). – [38] J. F. HERBART, Werke, hg. KEHRBACH 11, 203-284. – [39] Hb. Psychol. a. a. O. [30] 510ff. – [40] GROOS, a. a. O. [32]. – [41] 1ff. – [42] ACH, a. a. O. [32] 235ff. – [43] GROOS, a. a. O. [32] 20ff. – [44] K. BÜHLER: Tatsachen und Probleme einer Psychol. der Denkvorgänge. I. Über Gedanken. Arch. ges. Psychol. 9 (1907) 315f. – [45] WERTHEIMER, a. a. O. [34] 213. – [46] 212 Anm. 7. – [47] 112f. – [48] 171. 181. – [49] 230. – [50] R. MEILI: Lb. psychol. Diagnostik (1961); R. B. CATTELL: A guide to mental testing (London 1936); J. P. GUILFORD: The nature of human intelligence (New York 1967); vorbildhaft: E. CLAPARÈDE: La genèse de l'hypothèse (Genf 1934). – [51] Vgl. Hb. Psychol. a. a. O. [30] 510f.; neuere Beiträge bei GRAUMANN, a. a. O. [30]. – [52] a. a. O. – [53] W. CORRELL: Lernpsychol. (1965) 39f. 42. – [54] D. T. CAMPBELL: Blind variation and selective retention in creative thought and other knowledge processes. Psychol. Rev. 67 (1960) 380-400.

CHR. F. GÖRLICH

Einfalt (Einfachheit) kann im deutschen wie im hebräischen (pethi), griechischen (ἁπλότης) und lateinischen (simplicitas von ‹sine plica›) Sprachgebrauch sowohl negativ geistige Beschränktheit wie positiv Schlichtheit, Unschuld, Wahrheit, Einheit, Ganzheit bedeuten, wird aber bis zur Aufklärung überwiegend positiv gewertet. Die Geschichte des Begriffs weist zwei Traditionsreihen auf, von denen die eine stärker spekulativ, die andere mehr religiösethisch charakterisiert ist.

1. Der *spekulative* Gebrauch schließt an die Bedeutung des Einen als Prinzip in der Metaphysik des Altertums an, wird exemplarisch bei PLATON erkennbar (E. als Inbegriff des Wahren und Absoluten [1]) und von PLOTIN intensiviert: Das schlechthin Einfache ist der Urgrund aller Dinge, das Übereine, Überseiende, Übergute, zugleich die höchste Gottheit und letztlich nur negativ bestimmbar [2]. Gedanken dieser Art begegnen bei den *östlichen Kirchenvätern* [3] wie auch, erstaunlich platonisierend, bei THOMAS VON AQUINO (Gott ist die «simplicitas absoluta»; die begriffliche Vielfalt der ihm beigelegten Namen läßt seine E. unberührt [4]), und während ‹simplicitas› sich in der scholastischen Wissenschaftssprache zu einem Ordnungsterminus verfestigt (simplicitas logica, metaphysica, physica, substantialis [5]), behält der Begriff, unverkennbar durch PROKLOS und PSEUDO-DIONYSIOS AREOPAGITA vermittelt, in der Franziskaner- und Dominikanermystik seine spekulative Funktion, so bei ECKHART: Gott ist «ein einvaltic ein» [6] und vor allem bei NIKOLAUS VON KUES: hier mit der selbstverständlichen Häufigkeit eines Grundwortes, verbunden mit dem synonym gebrauchten «unitas» und dem Begriffspaar complicatio/explicatio. Erkenntnistheoretisch ist simplicitas = complicatio. Die Kraft der Zusammenfaltung besteht in der E. Gott als «complicatio omnium simplicitas ipsa et absoluta» ermöglicht die «intuitio cognitiva simplex» als klare, wahrhaftige, frohe Existenzweise [7]. Der E. des hochgepriesenen philosophischen «Laien» entspricht die E. des kindlich vertrauenden Beters. – Mit Cusanus scheint die spekulative Hochschätzung der E. abzubrechen; die Hochschätzung des methodischen Zweifels löst sie ab. Das aufklärerische Verständnis der E. ist durchaus negativ: «eine Tummheit, oder Mangel des Judicii» [8]. Ein neuer positiver Zugang zur E. wird dann über die an der

Antike orientierte Ästhetik und über Rousseaus Naturphilosophie (SCHILLER) gefunden. E. wird als Naivität bestimmbar [9].

2. Der *religiös-ethische* Wortgebrauch geht auf die Bibel zurück. Denn während in der alttestamentlichen Weisheitsliteratur ‹E.› gelegentlich gleichbedeutend mit ‹Unverstand› sein kann, wird sie sonst meist und besonders im Neuen Testament hoch gepriesen. «E. des Herzens» (Eph. 6, 5; Kol. 3, 22) ist nicht nur Ehrenhaftigkeit, Schlichtheit, sondern Eindeutigkeit im Sinne der jeden Hintergedanken ausschließenden, ungespaltenen, auf Eines gerichteten Denkweise der Lauterkeit Gott und Christus gegenüber (2. Kor. 11, 3). Von da aus gewinnt E. bei den *Kirchenvätern* und im Sprachgebrauch der christlichen Philosophie die Qualität eines Weges zum Himmel, einer Lebenspraxis, die mit Demut und Gehorsam synonym ist [10]. So rühmt FRANZ VON ASSISI mit der mittelalterlichen Mystik die «pura sancta simplicitas» [11] als Überwinderin aller Weisheit dieser Welt und formuliert die ‹Imitatio Christi›: «Zwei Flügel erheben den Menschen über das Irdische: E. und Lauterkeit» [12]. Das streng bibeltheologische Verständnis der E. bei LUTHER [13] wird vom *Pietismus* (nicht ohne Einfluß auf Herder, Claudius, Lavater) zu einer nicht selten quietistisch vereinseitigten Haltung in Gott ruhenden Kindesvertrauens modifiziert [14]. Obwohl GRIMM das «alte, edle Wort» gern zurückgewinnen wollte [15], hat das Begriffserbe der E. in der «komplizierten», vielfältigen Welt des 19. und 20. Jh. eine allgemeingültige Aufwertung noch nicht wieder erfahren.

Anmerkungen. [1] z. B. PLATON, Resp. II, 380 d. 382 e; Leg. VII, 788 d; Prot. 331 b; Phaidon 62 a. – [2] PLOTIN, Enn. IX, 1-12. 15-18; 39, 82-178; 49, 102-162. – [3] ATHANASIUS, BASILIUS, JOHANNES CHRYSOSTOMUS, KYRILL VON ALEXANDRIEN über Gottes HAPLOTES, GREGOR VON NYSSA über die E. der Lehren der Wahrheit. – [4] THOMAS VON AQUIN, Comp. theol. I, 24; vgl. Comm. in Boethii de Hebdom. c. 2; Comm. in I. Anal. Post. lect. 2, 2.– [5] Vgl. STEPHANUS AXTERS: Scholastiek Lexicon (Antwerpen 1937) 297. – [6] Meister ECKHART, Pred. 2, Dtsch. Werke, hg. QUINT 1, 43, 9. – [7] CUSANUS, z. B. De docta ign. I, 21. 24; De beryllo c. 7. 11. 16; vgl. De Deo abscondito; De filiatione Dei; De ludo globi. – [8] J. G. WALCH: Philos. Lexicon (²1733). – [9] Vgl. SCHILLER, Über naive und sentimentalische Dichtung. Werke, hg. L. BELLERMANN (o. J.) 8, 314ff. – [10] CLEMENS ALEX., Protrep. 106, 6; JOH. CASSIANUS, De inst. coen. VII, 3, 1. – [11] Vgl. THOMAS DE CELANO, S. Francisci Assisiensis vita et miracula II, Nr. 189. – [12] a. a. O. II, 4. – [13] M. LUTHER: Auslegung des Vaterunser für den einfältigen Layen (1518); Anhang zum Enchiridion (1529); Eine einfältige Weise zu beten (1535). – [14] Vgl. GERHARD TERSTEEGENS Zeile «Mache mich einfältig, innig, abgeschieden» in dem Lied ‹Gott ist gegenwärtig›. Evang. Kirchengesangbuch Nr. 128, 7. – [15] J. und W. GRIMM, Dtsch. Wb. 3, 172.

Literaturhinweise. O. BAUERNFEIND: Art. HAPLUS/HAPLOTES in Theol. Wb. zum NT, hg. KITTEL 1 (1933) 385f. – W. JANUSCH: Art. ‹E.› in RGG³ 2, 376. G. HEINZ-MOHR

Einfluß, Übersetzung von *influentia* und *influxus;* dieses ist ein spätantiker Terminus der Astrologie: ‹influxus stellarum› [1], entsprechend dem griechischen ἀπορροή und ἀπόρρευσις. Im Bereich der Emanationsphilosophie werden die Influxtermini zu Bezeichnungen jeder Art von Wirkursächlichkeit, vorab im ‹Liber de Causis›: «Omnis causa primaria plus est influens super causatum suum quam causa universalis secunda» [2]; als Substantiv dient hier ‹influxio› [3]. ALBERTUS MAGNUS hat in demselben Sinn ‹influentia› [4], THOMAS VON AQUINO ‹influentia› und ‹influxus›: «Quanto enim aliquod receptivum est propinquius causae influenti, tanto magis participat de influentia ipsius. Influxus autem gratiae est a Deo»; beide Termini scheinen austauschbar zu sein [5]. Dieser allgemeine Gebrauch bleibt auch der späteren Scholastik vertraut, z. B. FONSECA: «influxus causae efficientis; ... actionis nomen accipiendum esse pro influxu quo aliquid potentia ad actum perducitur» [6]. Noch allgemeiner versteht das Wort SUÁREZ, der seine Bedeutung nicht auf den Bereich der Wirkursache einschränkt und unter influxus ein Mittelding zwischen Entität und Relation versteht: Kausalität ist «influxus ille, seu concursus, quo unaquaeque causa in suo genere influit in effectum» [7].

In der Renaissance werden die Termini, vermutlich im Rückgriff auf die spätantike astrologische Bedeutung, zur Bezeichnung speziell des Wirkens okkulter Ursachen. So unterscheidet CARDAN mutatio als Wirkung unter Körpern und afflatus als Wirkung unter Geistern von influxus als Wirkung einer okkulten Ursache auf einen Körper [8]. Ähnlich deutet das Wort MARTIN RULAND: «Influentia est, quando imaginatione ac mente superiorum siderum atque planetarum naturam ac virtutem in nos attrahimus»; neben dieser influentia *naturalis* kennt er die influentia *supernaturalis*, die wir «divino afflatu» bekommen [9].

Die Neuzeit scheint jedoch bei ‹influxus› auf den schulphilosophischen Gebrauch zurückzugreifen. Während der Cartesianismusstreitigkeiten wird es in der Verbindung ‹influxus physicus› zum Schlagwort einer antioccasionalistischen Parteiung, und unter den veränderten Verhältnissen nach LEIBNIZ vertreten in der deutschen Philosophie der Aufklärung so bedeutende Autoren wie KNUTZEN, RÜDIGER, DARJES und der spätere PLOUCQUET eben diesen influxus physicus gegen die wolffianischen Anhänger der prästabilierten Harmonie.

Anmerkungen. [1] J. FIRMICUS MATERNUS, Mathesis I, 1. – [2] O. BARDENHEWER (Hg.): Die pseudoaristotelische Schrift über das reine Gute, bekannt unter dem Namen Liber de causis (1882) § 1. – [3] a. a. O. z. B. §§ 19-23. – [4] z. B. De somno et vigilia III, tr. 1, c. 4. – [5] S. theol. III q. 7 a. 1 c.; vgl. a. 9 c. – [6] In V Met. s. 2 n. 3. – [7] Disp. 12 Met. s. 2 n. 3. – [8] De subtilitate (Basel 1583) 1007. – [9] Lexicon Alchemiae (Frankfurt 1612) Stichwort ‹influentia›. R. SPECHT

Einfühlung. Der Ausdruck ‹E.› wird in verschiedener Bedeutung gebraucht, nämlich a) als theoretischer Erklärungsbegriff für das Entstehen unseres Wissens vom anderen Menschen, b) zur Bezeichnung eines Phänomens, das durch Rückführung auf andere Prinzipien zu erklären ist, und c) zur Bezeichnung einer interindividuell verschieden ausgeprägten Fähigkeit der Beurteilung von Zuständen und Einstellungen anderer Menschen.

a) Nach TH. LIPPS [1] ist E. die Quelle des Wissens über andere, und zwar so, daß durch motorischen Mitvollzug fremder Ausdrucksbewegungen im Wahrnehmenden Gefühlserlebnisse erzeugt werden, die dann in einem Akt der Objektivierung dem anderen als seine Strebungen oder Zuständlichkeiten zugeschrieben werden. Lipps beschränkt E. nicht auf Personen. Das eigene Erleben des Wahrnehmenden wird auch in Gegenstände projiziert, die z. B. im Falle der optischen Täuschungen als nach außen strebend oder als sich zusammenziehend erlebt werden. Ähnliche Darstellungen finden sich auch bei L. KLAGES [2], der die instinktive Seite der E. betont, und bei H. ROHRACHER [3], der auf das ideomotorische Gesetz von W. CARPENTER [4] zurückgreift, nach dem die Wahrnehmung oder Vorstellung einer Bewegung beim Beobachter Bewegungsantriebe auslöst. Eine auf empirische Untersuchungen gestützte Kritik der E.-Theorie liefert H. RICHTER [5], der zeigen kann, daß eine Tendenz zum motorischen Mitvollzug (wahrgenommener oder vorgestellter Bewegungen) nur unter sehr speziellen Bedingungen zu erwarten ist. Die logischen und psychologischen Widersprüchlichkeiten der E.-Theorie werden bei R. KIRCHHOFF [6] und K. HOLZKAMP [7] eingehend kritisiert. Eine neue Fassung der E.-Theorie wurde von MAGDA ARNOLD [8] vorgeschlagen. Sie versucht, die Problematik älterer Theorien zu umgehen, und bezeichnet mit ‹E.› das Erlebnis von Impulsen, sich so wie ein anderer zu bewegen, weil wir uns in der gleichen Situation wie dieser sehen.

b) In einigen psychologischen Theorien wird E. als Sachverhalt vorausgesetzt und auf andere Zusammenhänge zurückgeführt. So nimmt W. MCDOUGALL [9] an, daß Instinktdispositionen einmal durch biologisch adäquate Bedingungen ausgelöst werden können, aber auch durch die Wahrnehmung von Zeichen eines Affektzustands bei anderen Menschen. Bei S. FREUD [10] sind es frühkindliche Identifikationsbildungen, die genetisch über Nachahmung zur E. führen. Eine adaptive Funktion wird der E. in den Rollentheorien von G. H. MEAD [11], J. L. MORENO [12] u. a. zugeschrieben. Durch sich in die Rolle des anderen Versetzen nimmt das Kind am Erleben anderer teil, formt so ein Bild eines Selbst, erwirbt Verständnis für gesellschaftlich vorgeformte Rollen und entwickelt sein Denken als inneren Dialog.

c) E. als das sich in einen anderen Versetzen ist von H. A. MURRAY [13] als Zugang zur Erfassung von Motiven beschrieben worden. Seit R. T. DYMOND [14] wird versucht, individuelle Differenzen hinsichtlich der Fähigkeit, sich in die Denk-, Fühl- und Handlungsweisen anderer zu versetzen (in der angloamerikanischen Literatur meist als ‹empathy› bezeichnet), testmäßig zu prüfen; und zwar geschieht dies in der Regel so, daß ein Fragebogen so beantwortet werden soll, wie es eine bestimmte Bezugsperson vermutlich tun würde. Die Differenz zwischen den Antworten der Bezugs- und der Versuchsperson wird als Maß der E.-Fähigkeit verwendet. Kritische Stellungnahmen von A. H. HASTORF und J. E. BENDER [15] sowie L. J. CRONBACH [16] weisen auf die Vermengung von ‹E.›, ‹Projektion› und ‹Ähnlichkeitsannahmen› hin, zumal ‹E.› in diesem Zusammenhang im theoretisch unverbindlichen Sinne von «Menschenkenntnis» gebraucht wird.

Anmerkungen. [1] TH. LIPPS: Leitfaden der Psychol. (1906); Das Wissen von fremden Ichen, in: Psychol. Untersuchungen 1 (1907). – [2] L.KLAGES: Grundlegung der Wiss. vom Ausdruck (⁷1950). – [3] H. ROHRACHER: Kleine Charakterkunde (¹⁰1963). – [4] W. CARPENTER: Mental physiol. (London 1879). – [5] H. RICHTER: Zum Problem der ideomot. Phänomene. Z. Psychol. 161 (1957) 161-254. – [6] R. KIRCHHOFF: Allg. Ausdruckslehre (1957). – [7] K. HOLZKAMP: Zur Gesch. und Systematik der Ausdruckstheorien, in: Hb. der Psychol. 5 (1964) 39-116. – [8] MAGDA B. ARNOLD: Emotion and personality 1. 2 (New York 1960). – [9] W. MCDOUGALL: Introd. to soc. psychol. (Boston 1908). – [10] S. FREUD: Massenpsychol. und Ich-Analyse (1921). – [11] G. H. MEAD: Mind, self and society (Chicago 1934). – [12] J. L. MORENO: Die Grundlagen der Soziometrie (1954). – [13] H. A. MURRAY u. a.: Explorations in personality (New York 1938). – [14] R.T.DYMOND: A scale for the measurement of emphatic ability. J. consult. Psychol. 13 (1949) 127-133. – [15] A. H. HASTORF und J. E. BENDER: A caution respecting the measurement of emphatic ability. J. Abnorm. Soc. Psychol. 47 (1952) 574-576. – [16] L. J. CRONBACH: Proposals leading to analytic treatment of social perception scores, in: R. TAGIURI und L. PETRILLO (Hg.): Person perception and interpersonal behavior (Stanford, Calif. 1958).
O. EWERT

Einfühlungsästhetik. Der Einfühlungsbegriff war die Losung einer Ästhetik, der es hauptsächlich um die Bestimmung des *ästhetischen Genusses* (= der ästhetischen Betrachtung) durch Abgrenzung vom sinnlichen Genuß (z. B. eines Apfels) und vom moralischen Selbstgenuß (z. B. des Stolzes anläßlich einer erfolgreichen Leistung) ging.

Das Wort ‹E.› datiert erst ab 1894 [1]. Der Sache nach wurde die E. 1843 mit FR. TH. VISCHERS Plan konzipiert, Hegels Behauptung, daß es von Natur aus nichts Schönes gebe und die Wahrheit des Schönen die der Kunst sei, genauer zu begründen [2]. Vischer verweilte, um sich die Antwort nicht zu leicht zu machen, aber auch aus ursprünglicher Freude am Naiven [3], zunächst deskriptiv in allen Sphären des «Naturschönen». Die logische Rechtfertigung von HEGELS Lehrsatz vom Naturschönen als einem «Reflex des Geistes» [4] lieferte VISCHER mit dem Hinweis auf die Phantasie [5] als einer urtümlichen Geisteskraft und bestimmte letztere in Unterschied zum alltäglich wahrnehmenden und wissenschaftlich beobachtenden Sehen als eine sinnvolle Formen erfassende Anschauung [6]. Gemeint ist damit eine heimliche Tätigkeit «unseres inneren Auges», ein «unbewußtes» Unterlegen menschlicher Stimmungen, ein leihendes, empfindungsvoll ahnendes Hineinschauen von Gestalthaft-Sinnhaftem in die sinnfreie «ungeistige Natur» [7]. Daher betitelte Vischer die berühmten Erörterungen über das Naturschöne in der großen Ästhetik mit: «Die subjektive Existenz des Schönen oder die Phantasie». Hierbei bleibt die Schwierigkeit: Wenn Naturschönes erst durch unser Zutun schön sein soll [8], wie kann es uns dann noch packen, erregen, bewegen, durchstimmen? Muß Natürliches uns nicht doch «ein (relatives) Maß des Schönen entgegenbringen» [9]? So schien der Anfang objektiv, der Fortgang subjektiv. Vischer war von einer unbestechlichen Selbstkritik. 1866 erschien ihm diese Auskunft wie eine bloße Erzählung. Aus der halben wurde eine ganze Subjektivierung: Schönes ist überhaupt kein Ding, sondern reiner Akt der Anschauung und somit bloße Bewußtseinserscheinung [10]. Des Vaters halb resignierende Feststellung: «Die Ästhetik ist noch in den Anfängen!» wurde dem Sohn ROBERT VISCHER zur Arbeitsdevise für drei Abhandlungen [11], welche den produktiven Anschauungs- bzw. Phantasieakt als Einfühlung terminierten, mittels deren der geheime Doppelgänger unserer Persönlichkeit – das Phantasiesubjekt – seine Eigenlebendigkeit derart von Innen nach Außen in das Sensationsobjekt hineinversetzt, daß es dieses wie seinen eigenen Körper zu fühlen bekommt.

Im Unterschied zur Zu- und Nachfühlung und Ideenassoziation akzeptierte 1887 FR. TH. VISCHER die Einfühlung als Schönheit konstituierenden Grundakt so nachdrücklich, daß sie von TH. LIPPS [12], dem Klassiker der E., dem allgemeinen Bildungsbewußtsein [13] der Künstler [14] wie der Kunstwissenschaftler [15] als die modernste Ästhetik beigebracht und der E. darüberhinaus bis zum Beginn des Ersten Weltkrieges eine fachphilosophische Katheder- und Kongreßwürde [16] gesichert werden konnte. Für Lipps ist «Leben» der in sich selbst gewisse Ausgangspunkt. «Kraft» ist als inneres Arbeiten, Streben und Vollbringen der einzig selbst erlebbare Sinn des Wortes ‹Leben›, weil das damit Gemeinte nur als Tätigkeit zu fühlen ist. Das Tätigkeitsgefühl ist als Lebensgefühl ein Selbstgefühl. Dieses ist als frei dahinfließendes, in sich stimmiges und synthetisierendes ein lustvolles; als gehemmtes, in gegensätzlichen und mannigfachen Betätigungen sich verlierendes ein unlustiges. Da nun unser «Grundbedürfnis» Selbstbetätigung ist, hat alles Wahrnehmbare die Stellenfunktion eines apperzeptiv durch uns zu formenden Stoffes. Insofern ist jedes Objekt – und Objekte sind nur durch uns geformte – von «meinem» Leben positiv oder negativ eingefühlt; positiv, wenn die Zumutung seitens des sensitiven Substrates, durch mich eingefühlt zu werden, als Lebensbejahung erlebt wird; negativ, wenn unter gleichen Bedingungen eine Abweisung als Lebensverneinung erlebt wird. Die vom ideellen, d. h. betrachtenden Ich erlebte Lebensbejahung ist Schönheit, die von ihm erlebte Lebensverneinung Häßlichkeit. Die lustvoll erlebte Kraft und Größe des Wollens und Tuns ist das Erhabene [17].

Trotz interner Differenzen sind sich darin H. SIEBECK, K. GROOS, H. VOLKELT, ST. WITASEK, A. PRANDTL, TH. ZIEGLER mit den beiden VISCHER und LIPPS einig; 1. Ästhetische Phänomene sind bewußtseinsimmanent. 2. Sie sind Akte transitiver Ich-Ausweitung auf dem Grund verabsolutierender Eigenlebendigkeit. 3. Die Natur ist Inbegriff qualitätsloser Notwendigkeiten.

Die bislang von Lehr- [18] und Begriffswörterbüchern [19] mitgeteilte Genealogie der E. bis auf Herder, Novalis, Jean Paul, Lotze ist ein von beiden Vischer mitverschuldeter historischer Irrtum. Bei R. H. LOTZE, auf den sich FR. TH. VISCHER beruft [20], bedeutet Einfühlung Mit-, An- oder Erfühlung von einer den Dingen selber einwohnenden Wertqualität [21]. Für HERDER, auf den sich R. VISCHER beruft [22], ist E. – wie auch in der Romantik – beglückende panpsychische Einsfühlung mit der sinnreichen Natur [23]. Schon für den frühen FR. TH. VISCHER hat Natur keinen Logos [24]. Nicht das Staunen über die Befreundung mit der Natur, sondern die Befremdung ihr gegenüber ist die konzeptionelle Basis der E. [25].

Außer von ihren zeitgenössischen Kritikern [26] ist die E. von SCHELERS lebenskundlichem Scharfsinn zentral getroffen worden [27]. Ein wissenschaftstheoretisches Gegenargument stammt von TH. LITT [28]: Wenn Natürliches ohne jede sinnvolle Anmutung sein und somit überhaupt kein Gesicht (= Sprache) haben soll, wie ist dann zu erklären, daß die Naturwissenschaften relativ spät aufgekommen sind? Darüber hinaus sind Ansätze zu einer Naturästhetik ohne projektive E. auch unter dem Gesichtspunkt der «sinnlich-sittlichen» Wirkung von Lichterscheinungen möglich [29].

Anmerkungen. [1] TH. ZIEGLER: Zur Genesis eines ästhet. Begriffs [= Einfühlung]. Z. vergl. Lit.gesch. 7 (1894) 115. – [2] FR. TH. VISCHER: Plan zu einer neuen Gliederung der Ästhetik. Jb. der Gegenwart (1843); Nachdruck in: Krit. Gänge, hg. R. VISCHER 4 (²1922) 160f. – [3] H. FALKENHEIM: Fr. Th. Vischer (1908) 6. – [4] HEGEL, Vorles. über Ästhetik, Werke, hg. GLOCKNER 12 (1927) 20f. 34. 46. 55. 176; 13 (1928) 120; 14 (1928) 238. – [5] FR. TH. VISCHER: Ästhetik 2 (²1848) 305ff.: Die Lehre von der Phantasie. – [6] a. a. O. 301. – [7] 27. 313. – [8] 309. – [9] 308. – [10] Kritik meiner Ästhetik, in: Krit. Gänge, a. a. O. [2] 222f. 227. 383; noch entschiedenere Formulierungen in: Das Schöne und die Kunst. Zur Einf. in die Ästhetik (³1907) 28. – [11] R. VISCHER: Drei Schriften zum ästhet. Formproblem, in: Philos. und Geisteswiss. Neudrucke, hg. E. ROTHACKER 6 (1927) 17. 21. 48. 63ff. – [12] TH. LIPPS: Ästhetik 1. 2 (1903-1906); Weiteres zur Einfühlung: Arch. ges. Psychol. 4 (1905); Einfühlung und ästhet. Genuß. Zukunft (1906); verkürzter Abdruck bei E. UTITZ: Ästhetik. Quellenbücher der Philos., hg. A. LIEBERT (1923) 152-167; Psychol. Untersuchungen 2 (1913) 299-491; Leitfaden der Psychol. (²1906). – [13] E. MEUMANN: Einf. in die Ästhetik der Gegenwart. Wiss. u. Bildung (1908) 40-79. – [14] R. BANHAM: Die Revolution der Architektur (1964) 47f.; zur Disk. der E. in Münchner Künstlerkreisen vgl. H. GLOCKNER: Die aesthet. Sphäre (1969) 545. – [15] A. SCHMARSOW: Unser Verhältnis zu den bildenden Künsten (1903) 61ff.; Grundbegriffe der Kunstwiss. (1905) 45ff.; W. WORRINGER: Abstraktion und Einfühlung (1908); H. WÖLFFLIN: Prolegomena zu einer Psychol. der Architektur (1886). – [16] M. GEIGER: Wesen und Bedeutung der Einfühlung. Ber. über den 4. Kongr. exp. Psychol. in Innsbruck (1911). – [17] TH. LIPPS: Ästhetik 1 (1903) 529. – [18] P. STERN: Einfühlung und Assoziation in der neueren Ästhetik (1898) 1-8; ZIEGLER, a. a. O. [1] 115ff.; UTITZ, a. a. O. [12] 19; O. KÜLPE: Grundlagen der Ästhetik (1921) 96; H. GLOCKNER: Fr. Th. Vischer und das 19. Jh. (1931) 213; W. WORRINGER: Abstraktion und Einfühlung (⁴1948) 148; K. HUBER: Ästhetik (1954) 69. – [19] H. SCHMIDT: Philos. Wb. (1920) 76; EISLERS Handwörterbuch der Philosophie (²1922) 154; J. HOFFMEISTER: Wb. der philos. Begriffe (²1955) 191. – [20] FR. TH. VISCHER: Krit. Gänge, a. a. O. [2] 439. – [21] H. LOTZE: Mikrokosmus 2 (³1905) 186f. 202. 321f.; vgl. auch G. MISCHS Einl. zu Lotzes ‹Logik› LXVf. XLIIIf. – [22] R. VISCHER, a. a. O. [11] 77. – [23] M. SCHELER: Wesen und Formen der Sympathie (⁵1948) 90; H. REHDER: Die Philos. der unendlichen Landschaft (1932) 92ff. – [24] W. OELMÜLLER: Fr.Th. Vischer und das Problem der nachhegelischen Ästhetik (1959). – [25] W. PERPEET: Historisches und Systematisches zur E. Z. Ästh. u. allg. Kunstwiss. 11 (1966) 202f. – [26] K. FIEDLER: Über die Beurteilung von Werken der bildenden Kunst (1876) 27. 29. 37; TH. A. MEYER: Kritik der Einfühlungstheorie. Z. Ästh. u. allg. Kunstwiss. 7 (1912); Ästhetik (1923) 61f.; E. MEUMANN: System der Ästhetik (1914) 102ff.; F. KAINZ: Vorles. über Ästhetik (1948) 208-216. – [27] M. SCHELER: Wesen und Formen der Sympathie (⁵1948) 84ff. – [28] TH. LITT: Mensch und Welt (1948) 57ff. – [29] W. PERPEET: Über das lebendig Schöne. Stud. gen. 13 (1960) 324-333.

W. PERPEET

Einheit der Wissenschaft ist ein im Wiener Kreis besonders von NEURATH und CARNAP propagiertes Postulat. Die Formel «E.d.W.» kann zweierlei bedeuten: Zum einen besagt sie, daß der Inhalt der wissenschaftlichen Erkenntnisse in ein einheitliches System auf ontologischer Basis gebracht werden kann oder soll. Das ist von den philosophischen Systemen auf spekulative, metaphysische Weise versucht worden. In wissenschaftlicher Weise kann die E.d.W. nur durch gemeinsame Grundbegriffe und Gesetze erreicht werden. Gegenwärtig ist eine derartige Einheit noch nicht realisiert. Sie kann nur vom Fortschritt der Wissenschaften erwartet werden. – Der zweite Weg, den der Wiener Kreis eingeschlagen hat, geht dahin, daß die Erkenntnisse der Einzelwissenschaften in einer einheitlichen Sprache ausgesprochen werden. Als Einheitssprache ist zuerst die Sprache der Physik angesehen worden [1]. Später hat CARNAP jenen Teil der Umgangssprache dafür namhaft gemacht, der beobachtbare Eigenschaften von Dingen bezeichnet, die von ihm so genannte «Dingsprache» [2]. Nach seiner Meinung könnten die Aussagen aller Einzelwissenschaften, auch die der Psychologie, in dieser Sprache ausgedrückt werden.

Anmerkungen. [1] R. CARNAP: Die physikalische Sprache als Universalsprache der Wiss. Erkenntnis 2 (1931) 432-465. – [2] R. CARNAP: Testability and meaning. Philos. Sci. 3 (1936) 419-471; 4 (1937) 1-40; zur «Dingsprache» a. a. O. 3 (1936) 466f.

Literaturhinweise. R. CARNAP: Logical foundations of the unity of sci. Int. Encyclop. Unified Sci. 1 (1938) Nr. 1. – Vgl. Anm. [1, 2].

V. KRAFT

Einheit und Vielheit der Wesensform. Bei der Erörterung des Hylemorphismus spielt in der Scholastik die Frage nach Einheit oder Vielheit der die Materie bestimmenden Wesensform eine besondere Rolle, die am platonisch-aristotelischen Ursprung dieser Theorie noch nicht ausdrücklich gestellt wurde.

1. *Darstellung der Theorien in den Grundzügen.* – Beide Erklärungsversuche, die Lehre von der Einzigkeit der substantiellen Wesensform wie die Annahme einer Vielheit von Wesensformen, halten sich im Rahmen des Hylemorphismus, nach welchem die Naturkörper, belebte wie unbelebte, zusammengesetzt sind aus Materie und Form.

a) *Die Lehre von der Einzigkeit der Form.* Der Hauptvertreter der Lehre von der Einzigkeit der substantiellen Wesensform ist der hl. THOMAS VON AQUIN, der in seiner Abhandlung ‹De spiritualibus creaturis› die Behauptung aufstellt, daß eine Materie jeweils nur von einer Wesensform informiert werden könne, wobei dann diese eine

Form der Materie alle wesentliche formelle Vollendung gibt, so daß diese einzige Form virtuell oder der Möglichkeit nach die Wirkungen der ihr untergeordneten Formen in sich enthält. Als Beispiel nimmt Thomas die vernünftige Seele des Menschen, die ihn als Wesensform zum Menschen, zum Lebewesen, zum Körper und zu einer Substanz macht [1].

Voraussetzung für diese Theorie ist ein entsprechendes Verständnis der Begriffe ‹Materie› und ‹Form›. Die Materie ist hier im streng metaphysischen Sinne verstanden als materia prima, als reine Potenz ohne jede aktuelle Bestimmtheit; sie kann nicht als solche existieren, sondern erhält Existenz erst durch die Verbindung mit der Form. Die Form ist die Bestimmtheit, durch welche die Substanzen als wesentlich Bestimmtes in der Wirklichkeit konstituiert werden. Durch die Verbindung der Form mit ihrem Ko-Prinzip, der Materie, entsteht das konkrete Einzelwesen.

Um die echte Einheit der konkreten Realität aufrechterhalten zu können, meint Thomas die Einzigkeit der substantiellen Form fordern zu müssen, welche einzige Form der Sache Sein und Einheit verleiht [2]. Die Vorgänge des Entstehens (generatio) und Vergehens (corruptio) und der Veränderung (transmutatio, alteratio) erklärt man so, daß zunächst die Materie die vorhandene einzige Form verliert und in den Zustand reiner Potentialität zurückkehrt, um dann eine völlig neue Bestimmtheit zu empfangen. Die Einzigkeit der Form soll auch gestützt werden durch die psychologische Erfahrung der Einheit des Handlungsprinzips, als das wir uns selbst erleben.

Anmerkungen. [1] De spirit. creaturis a. 3. c. – [2] Quodlibet I q. 4, a. 6 c.; XII q. 7, a. 9 c.; zit. R. ZAVALLONI: Richard de Mediavilla et la controverse sur la pluralité des formes (Louvain 1951) 255.

b) *Die Lehre von der Vielheit der substantiellen Wesensformen.* Für die Anhänger der Pluralität von Formen in einer Realität ist es unvorstellbar, daß eine einzige Form alle Vollkommenheiten eines Seienden erklären könnte: Man muß in jeder Substanz eine Vielheit von hierarchisch geordneten Formen annehmen. Der hl. BONAVENTURA erklärt, daß es ohne Vielheit von Potenzen keine vielfach unterschiedlichen Handlungen geben könne; Vielheit von Potenzen aber fordere vielfach verschiedene Naturen; solche Vielfalt aber könne wegen der Einheit des Realen nur eine formelle, nicht jedoch eine numerische Vielheit sein [1].

GONSALVUS VON BALBOA sagt: «Agere est a forma; ergo diversa agere requirunt diversas formas; sed in eodem sunt diversae actiones et operationes; igitur et diversae formae» [2].

Ebenso wie die Theorie von der Einzigkeit der substantiellen Wesensform setzt auch diese Theorie von der Vielheit der Formen ein bestimmtes Verständnis der Hauptbegriffe des Hylemorphismus voraus. Die Materie wird nicht mehr als reine Potenz, ohne jede Bestimmtheit verstanden, sondern als eine bereits wirklich existierende Realität, obwohl die Wirklichkeit dieser Realität nur eine sehr unvollkommene sei. Die Pluralisten behaupten, nur die so verstandene Materie, die bereits etwas Wirkliches, irgendwie Vorgeformtes sei, könne mit den Formen die konkreten Dinge bilden. Sie wissen, daß diese Materie «quatenus est applicata formis» etwas anderes ist als die Materie «secundum essentiam sive secundum se et metaphysice», die der aristotelischen materia prima entspräche [3].

Die substantielle Form ist zwar zunächst wie bei den Anhängern der Einzigkeit der Wesensform Prinzip der Bestimmung, sie ist aber bei den Pluralisten zugleich auch ein Prinzip, das für weitere Bestimmungen disponiert. Die metaphysisch betrachtete materia prima kommt also zur Existenz durch eine unterste Form: damit gibt es die physische Materie, die ein wesensmäßig Zusammengesetztes ist und als schon Zusammengesetzes die «Materie» darstellt für eine höhere Form. Dieses neue Zusammengesetzte dient wieder als Materie für eine höhere Form. Erst die letzte Form läßt das Zusammengesetzte zu einem beständigen Etwas werden, bestimmt es endgültig und gibt ihm die spezifische Vollkommenheit: Diese letzte Form heißt darum zum Unterschied von allen vorhergehenden und im Gesamtzusammengesetzten weiterbestehenden Formen die *forma completiva*.

Jetzt erklärt nicht mehr die einzige Form alle Vollkommenheiten eines Seienden, sondern in jeder Substanz gibt es eine Hierarchie von Formen, die ihre je entsprechenden Fähigkeiten haben. Entstehen, Vergehen und Veränderung setzen jetzt nicht die Rückkehr zur materia prima voraus. Wenn auch eine Form verschwindet, so bleiben andere, und die jeweils höchste davon übernimmt die Funktion der forma completiva. Gerade diese Lehre hat der Theorie von der Pluralität der Formen viele Anhänger gewonnen, da sie besser mit den Glaubensgegebenheiten zusammenzustimmen schien als die Lehre von einer einzigen Wesensform. Die Anhänger der Pluralität der Wesensformen erklären ihre Lehren auf sehr unterschiedliche Art, während die Theorie von der Einzigkeit der substantiellen Wesensform von Thomas von Aquin voll ausgebildet ist und kaum Nuancierungen, sondern nur noch Verteidigungen bringt.

Zu den Pluralisten muß man auch die sogenannten *Dualisten* zählen, die zwar für die übrige Körperwelt Thomas zustimmen, zumindest aber für den Menschen von der Notwendigkeit einer forma corporis neben der Vernunftseele als der eigentlichen Wesensform des Menschen überzeugt sind, und zwar vornehmlich aus christologischen Gründen. Zu diesen Dualisten gehören HEINRICH VON GENT und wohl auch GOTTFRIED VON FONTAINES.

Anmerkungen. [1] BONAVENTURA, II Sent. dist. 15, a. 1, q. 2, ad opp. 3; zit. ZAVALLONI, a. a. O. (Anm. [2] zu 1a) 310f. – [2] GONSALVUS HISPANUS, Quaest. disp., q. 14; zit. ZAVALLONI, a. a. O. 311. – [3] Vgl. a. a. O. 304f. Anm. 3.

2. *Die Entwicklungsgeschichte der Lehren von Einheit und Vielheit der Wesensform.* – Die Fragestellung der Pluralisten finden wir in PLATONS ‹Staat› vorgeprägt: «Das ist aber wohl schwer, ob wir mit demselben alles verrichten, oder von dreien mit jeglichem ein anderes: mit einem von dem, was in uns ist, lernen, mit einem andern uns mutig erweisen, und mit einem dritten wiederum die mit der Ernährung und Erzeugung verbundene Lust begehren, und was dem verwandt ist, oder ob wir mit der ganzen Seele jegliches von diesen verrichten, wenn wir auf eines gestellt sind?» – Platon entscheidet die Frage mit Hilfe des Satzes vom Widerspruch: «Offenbar ist doch, daß dasselbe nie zu gleicher Zeit Entgegengesetztes tun und leiden wird, wenigstens nicht in demselben Sinne genommen und in Beziehung auf ein und dasselbe, so daß, wenn wir etwa finden sollten, daß in ihnen dies vorkommt, wir wissen werden, daß sie nicht dasselbe waren, sondern mehreres» [1]. Wenn auch Platon nach H. Gauss mit seiner Lehre von den Seelenteilen nur meint, «daß wir in der Seele eine drei-

fache Funktionsweise nach verschiedenen Richtungen wahrnehmen können, eine Divergenz ihrer Aktivität, die ihr als einer hinter diesen verschiedenen Handlungsweisen liegenden Einheitlichkeit keinen Abbruch tun muß» [2], so wurde doch Platon und den «platonisch Philosophierenden» der Vorwurf gemacht, sie verletzten die Einheit der menschlichen Seele als der einzigen Körperform.

Von *Aristoteles* gingen in die Diskussion um Einheit oder Vielheit der Wesensformen die Erörterungen über den Hylemorphismus ein, aber auch die Untersuchungen über die Seele, welche den platonischen Seelenteilen entsprechend eine anima vegetativa, eine anima sensitiva und eine anima rationalis oder intellectiva unterscheiden. Aber Aristoteles spricht sich nicht so entschieden und deutlich aus, daß nicht später seine Überlegungen von beiden Seiten als Beleg hätten beigezogen werden können. R. Zavalloni stellt fest, daß die Pluralisten dem echten Aristoteles treuer sind als der hl. Thomas [3].

Deutlicher und für das abendländische Mittelalter unmittelbarer einflußreich werden die Stellungnahmen in der *arabisch-jüdischen Philosophie*, die ja die ganze Aristotelesrezeption im Abendland gefärbt haben. Hier wird Avicenna zum Bürgen für die thomistische Lehre von der Einzigkeit der substantiellen Form, während Avicebron (nicht, wie vielfach angenommen wurde: Augustinus) am Ursprung der Lehre von der Vielheit der Formen bei den mittelalterlichen Denkern steht. Mit Zavalloni wird man aber zugeben müssen, daß Avicenna wohl mit mehr Recht für die Pluralität beigezogen wird, wenn auch die Texte nicht unbedingt zwingend, sondern eher ambivalent sind [4], wie man auch von Averroes sagen muß, auf den sich ebenfalls beide Richtungen berufen. Die Pluralisten waren überzeugt, eine traditionelle Lehre zu verteidigen; darum beriefen sie sich immer wieder auf den hl. Augustinus, den aber auch die Vertreter der einzigen Wesensform für sich beanspruchten [5]. Es scheint jedoch, daß Augustinus mehr an der Sicherung der tatsächlichen Einheit der Seele interessiert ist als an der Frage, wie diese Einheit zu fassen sei, daß er also das Problem selbst nicht in dieser Form gestellt hat, wenngleich sich wohl eine Pluralität von Formen besser mit seinem Denken vereinbaren läßt, wobei besonders die Frage der rationes seminales als inchoatio formae oftmals eine Rolle spielt [6]. Über Bonaventura und Roger Marston gehen diese Einflüsse in die gesamte Franziskanerschule über.

Der erste Denker des Mittelalters, der die Lehre von der Pluralität der Formen ausdrücklich formuliert hat, dürfte Philipp der Kanzler sein. Ausführlicher über diese Lehre handelt zuerst Johannes Peckham. Weitere Namen sind dann Robert Kilwardby, Wilhelm de la Mare, Matthaeus von Aquasparta, Roger Marston, Richard von Mediavilla, Roger Bacon, Heinrich von Gent, sowie Petrus Johannis Olivi und seine Schule, die den Übergang zu Johannes Duns Scotus bilden.

Bei den Vertretern des Pluralismus gab es unterschiedliche Auffassungen, die zum Teil eine Annäherung an die Position des Thomas versuchten. Das ist besonders der Fall bei Heinrich von Gent und Gottfried von Fontaines, die Thomas für alle Körperwesen mit Ausnahme des Menschen (vornehmlich aus christologischen Motiven heraus) zustimmten.

Die Position des Thomas, die zwar von Wilhelm von Auvergne, Roland von Cremona und in etwa auch von Albert dem Grossen schon vorbereitet worden war, deren volle Ausbildung aber ausschließlich sein Werk ist, wurde übernommen und verteidigt von Richard Knapwell, Thomas Sutton, Wilhelm Macklesfield, Bernhard von Trilia, Aegidius von Lessines, Johannes Quidort, Bernhard von Auvergne, Hervaeus Natalis, Petrus de Palude, Aegidius Romanus.

Die Diskussionen hatten zunächst mehr akademischen Charakter, wenngleich sich die Gegensätze am Ende des 13. Jh. äußerst schroff gegenüberstanden. Aegidius Romanus glaubt sagen zu können: «Velle enim ponere plures formas est velle philosophare non humano modo nec modo aristotelico, qui ait nostram scientiam incipere ex sensu, et qui voluit ex sensibilibus (ad) intelligibilia ascendere; sed velle philosophare modo non humano, sed platonico qui, relicto sensu, ex intelligibilibus voluit in sensibilia descendere» [7]. – Dagegen beschließt der aus dem Olivi-Kreis kommende Petrus de Trabibus seine Quaestio «Utrum in una re et eadem possint esse plures substantiales formae» mit den Worten: «Nullus ergo formidet tenere formarum pluralitatem, quia nulla ratio efficax contra eam invenitur; ratio etiam probabilis vel apparens ad rationes quae pro ipsa adducuntur» [8]. Die letzte Zuspitzung erreichte die Erörterung dieser Fragen, als sie in der Auseinandersetzung um Olivi Gegenstand der Verhandlungen des Konzils von Vienne wurde. Olivi sagt deutlich: «Simpliciter teneo in corpore humano praeter animam esse alias formas realiter differentes ab ipsa et etiam credo omnes gradus formales qui in eo sunt concurrere ad unam perfectam formam constituendam, quarum principalior et omnium quodam modo forma et radix est illa quae ultimo advenit» [9]. Danach wird also eine forma completa konstituiert aus allen ihren formellen Teilen, zu denen die verschiedenen Formen eines ganzen Seins sich zusammenfügen [10]. Zavalloni stellt fest, daß man Olivi weniger als manchem anderen den Vorwurf machen kann, die Einheit der Seele nicht zu wahren. Die einzelnen Teile sind nicht mehr selbständig, sondern bilden nur eine vollkommene Form mit der anima rationalis [11]. Ob aber Olivi mit Recht von der Verurteilung des Konzils von Vienne getroffen ist, weil er gelehrt habe, die vernünftige Seele sei nicht per se et immediate Körperform, wird sich schwerlich entscheiden lassen, wenngleich die Mehrzahl der Forscher die Frage heute negativ zu beantworten scheint [12].

Als Zusammenfassung der Stellung der Olivi-Schule zum Problem der Seele als Körperform darf die Aussage von Petrus de Trabibus stehen: «Anima enim humana est quoddam suppositum in genere spiritualis substantiae constans ex spirituali materia et ex spirituali forma, ad cuius suppositi constitutionem plures formae conveniunt in una materia radicatae, ex quibus quaedam collocant et ordinant ad constituendum compositum ex ipsa et corpore, ut hominem, in esse generis, ut vegetativa et sensitiva, quaedam vero in esse suo specifico et completo, ut intelligentia et voluntas; esse enim specificum hominis non est unum unitate simplicitatis et indistinctionis, sed unitate compositionis et integritatis, quia cum sit perfectissimum et multiplicis actionis, necesse est quod anima ipsum constituens secundum quod ipsum constituit habeat plures formas in sua spirituali materia radicatas ...» [13].

Wenn die Olivi-Schule in den vegetativen, sensitiven und intellektuellen Prinzipien drei formelle Teile sieht, die zusammen die einzige Seele bilden, indem sie ein und dieselbe geistige Materie informieren, dann liegt darin sicher eine Wurzel der skotistischen Lehre vom Formalunterschied. Zavalloni beschreibt die Entwicklung als den «Übergang von der Pluralität der Formen oder besser von der Pluralität der Grade einer Form zur Pluralität der Formalitäten, und dann zum Formalunterschied» des JOHANNES DUNS SCOTUS [14]; aber nicht alle Formen sind bei Scotus als Formalitäten in einer Einheit aufzufassen: man muß die vernünftige Seele und die Körperform (forma corporeitatis) ausnehmen, die selbständig sind als Formen [15].

Nach SCOTUS kommt in die Diskussion kein neues Element mehr hinein – auch OCKHAM und SUÁREZ bringen für keine Seite etwas Neues bei –, und spätere Scholastiker, auch der Gegenwart, wiederholen nur die bis um die Wende zum 14. Jh. vorliegenden Argumente, wobei mit größerem Interesse für die Naturwissenschaften die Theorien der Pluralisten mehr Anklang zu gewinnen scheinen, während die Theorie von der Einzigkeit der Wesensform von ausschließlich metaphysisch interessierten Denkern thomistischer Ausrichtung vertreten wird.

Anmerkungen. [1] PLATON, Resp. 436 a-b; Übersetzung von FR. SCHLEIERMACHER. – [2] H. GAUSS: Handkomm. zu den Dialogen Platons. 2/2 (1958) 44. – [3] Vgl. R. ZAVALLONI, a. a. O. (Anm. [2] zu 1a) 470. – [4] a. a. O. 428. – [5] a. a. O. 436. – [6] a. a. O. 447f. – [7] R. HOCEDEZ: Richard de Middleton. Sa vie, ses œuvres, sa doctrine (Louvain/Paris 1925) 477. – [8] PETRUS DE TRABIBUS, I Sent. dist. 3, a. 3, q. 3 (Assisi, Bibl. comunale, Ms. 154, f. 28 ra). – [9] Petrus Johannis Olivi, Quaest. in II lib. Sent., hg. B. JANSEN, 2 (Quaracchi 1924) 35. – [10] Vgl. R. ZAVALLONI, a. a. O. 335. – [11] a. a. O. 340. – [12] Vgl. B. ECHEVERRIA: El problema del alma humana en la edad media (Buenos Aires/Mexico 1941) bes. 29-42. – [13] PETRUS DE TRABIBUS, I Sent. dist. 3, q. 3. a. 4. (a. a. O. [8] f. 28 vb). – [14] Vgl. R. ZAVALLONI, a. a. O. 379. – [15] a. a. O. 379.

Literaturhinweise. R. ZAVALLONI: Richard de Mediavilla et la controverse sur la pluralité des formes. Texte inédit et étude critique (Louvain 1951). Das grundlegende, umfassende Werk, das Ausgangspunkt aller weiteren Forschung zum Thema sein muß; es enthält S. 509-538 eine bis 1950 vollständige Bibliographie; es fehlt nur der unten angeführte Aufsatz von E. MÜLLER. – F. J. ROENSCH: Early Thomistic school (Dubuque, Ia. 1964) Neuere Lit. als Ergänzung zu ZAVALLONI S. 318-337. – E. MÜLLER: Olivi und seine Lehre von der Seelenform auf dem Konzil von Vienne 1311/12, in: Kirchengesch. Stud. P. Michael Bihl OFM als Ehrengabe dargeboten, hg. P. I.-M. FREUDENREICH OFM (Kolmar 1941) 96-113. – P. BISSELS: Die sachliche Begründung und philos.-gesch. Stellung der Lehre von der materia spiritualis in der Scholastik. Franziskan. Stud. 38 (1956) 241-295. – E. GILSON: Jean Duns Scot. Introduction à ses positions fondamentales (Paris 1952), dtsch. W. DETTLOFF (1959). – E. BETTONI: Le dottrine filos. di Pier di Giovanni Olivi (Mailand 1959). – W. HOERES: Der Wille als reine Vollkommenheit nach Duns Scotus (1962). – F. BRUNNER: Platonisme et aristotélisme. La critique d'Ibn Gabirol par Saint Thomas d'Aquin (Louvain/Paris 1965). – L. HÖDL: Anima forma corporis. Philos.-theol. Erhebungen zur Grundformel der scholastischen Anthropol. im Korrektorienstreit (1277-1287). Theol. und Philos. 41 (1966) 536-556.

A. HUNING

Einigung (ἕνωσις). Die höchste Stufe der Erkenntnis ist bei PLOTIN das Einswerden mit Gott. Da Erkenntnis Gleichheit des Erkennenden mit dem Erkannten voraussetzt [1], verzichtet die das Eine erkennende Seele auf jede Form, auf die Bewegtheit des Denkens; erscheint ihr dann das gegenwärtige Eine, so sind beide Eines, wie Liebende [2]. Dieser schwer beschreibbare Zustand ist kaum noch Schau, sondern Verzückung, Vereinfachung, Hingabe seiner selbst, Streben nach Berührung, Ruhe [3]. Plotin weiß ihn aus eigenem Erleben zu beschreiben [4]. JAMBLICH kennt eine θεουργική ἕνωσις, «eine göttlich machende Einigung» [5]. Durch das Eine in uns werden wir nach PROKLUS mit dem Göttlichen vereint [6]. PSEUDO-DIONYSIUS AREOPAGITA spricht von der Kraft, «durch die wir mit dem Unaussprechlichen und Unerkennbaren vereinigt werden (συναπτόμεθα) gemäß der E. (ἕνωσις), die unsere logische und geistige Kraft und Tätigkeit übersteigt» [7]. Bei der E. müssen wir ganz aus uns selbst heraustreten und ganz Gottes werden [8]. Diese E. vermittelt durch Unkenntnis die göttlichste Erkenntnis Gottes [9]. DIONYSIUS CARTUSIANUS erläutert das: der Areopagite rede von einer «cognitio seu contemplatio dei» ... «per unionem mentis cum eo supermentalem, secretissima, communi generi hominum prorsus ignotam» [10]. Bei ECKHART ist die E. unter den trinitarischen Personen und die von Gott und Seele zu unterscheiden [11]. Wer mit Gott vereinigt werden will, muß «unus» sein [12]. Eine Kraft in der Seele erfaßt Gott nicht, sofern er gut oder Wahrheit ist, sondern erfaßt ihn in seiner «einunge», in seiner Einöde und seinem Grunde, da wird die Seele von der Einheit umfangen [13]. Der wahre Mensch läßt auch noch Gott um Gottes willen, in solcher lauteren Einung ist etwas in der Seele, das Gott so verwandt ist, daß es eins ist und nicht vereint [14]. Nach SEUSE wird die Seele über alle ihre Kräfte geführt und beschaulich mit der bloßen Gottheit vereint. Sie kann dann nichts anderes wollen als Gottes Willen, ist aus Gnade, was Gott von Natur ist [15]. TAULER spricht davon, daß geschaffener und ungeschaffener Abgrund «ein einig ein» werden, ein lauteres göttliches Wesen [16].

Anmerkungen. [1] Vgl. EMPEDOKLES, frg. 109; PLOTIN, Enn. IV, 5, 8; I, 6, 9; vgl. UEBERWEG/PRAECHTER: Philos. des Altertums ([12]1926; Nachdruck 1951 u. ö.) 95f. – [2] Enn. VI, 7, 34f. – [3] Enn. VI, 9, 10f. – [4] Enn. IV, 8, 1. – [5] De myst. 2, 11. – [6] In Alcib. III, 103f. – [7] De div. nom. I, 1. MPG 3, 585 b – 586 a; ähnlich VII, 1 und 3. MPG 3, 865 c. 872 a. – [8] a. a. O. VII, 1. MPG 3, 865 d. – [9] a. a. O. VII, 3. MPG 3, 872 a. – [10] In De div. nom. VII, art. 77, Opera 16 (1902) 260 a-b. – [11] Pr. Dtsch. Werke, hg. QUINT 1 (1958) 172. – [12] Serm. 37, n. 375. Lat. Werke, hg. BENZ/DECKER/KOCH 4 (1956) 321. – [13] Pr. 10, Dtsch. Werke 1 (1958) 171f. – [14] Pr. 12, a. a. O. 196f.; vgl. Proc. Col. I, n. 71: «unum, non unitum». – [15] Büchlein der Ewigen Weisheit, hg. BIHLMEYER (1907) 245; vgl. 476, 2-7; 106, 34f. – [16] Pr. 41, hg. VETTER (1910) 176.

Literaturhinweise. E. UNDERHILL: Mystik (1928). – B. SCHMOLDT: Die dtsch. Begriffssprache Meister Eckharts (1954). – S. UEDA: Die Gottesgeburt in der Seele und der Durchbruch zur Gottheit (1965).

P. HEIDRICH

Einkehr. Gemäß PLATONS ‹Phaidon› muß die Seele, um die Fesseln des Körpers abzulegen, mit Hilfe der Philosophie sich von den Sinnen und vom sinnlichen Erkennen zurückziehen (ἀναχωρεῖν), sich sammeln und auf sich selbst besinnen [1]. Zu einem wichtigen Prinzip stoischer Lebensführung wird die E., das ἀναχωρεῖν, bei MARC AUREL; im Rückzug auf das innere «eigene Gütchen» (τὸ ἀγρίδιον ἑαυτοῦ) und zu dessen Gesetzen streift der Mensch jeden Schmerz und jeden Verdruß über die Welt von sich ab und gewinnt ein dauerhaftes Wohlbefinden (εὐμάρεια) [2]. Ähnlich wie bei Platon vollzieht in der E. die Seele bei PLOTIN ihre Trennung vom Leib und von allem dem eigenen Selbst Fremden und strebt dem Schönen und Göttlichen als ihrer Heimat zu [3]. AUGUSTIN nimmt den Begriff der E. als Akt der Selbstüberschreitung auf: «noli foras ire, in te ipsum redi; in interiore homine habitat veritas» [4]. Von hier aus dringt der Gedanke ein in die Scholastik und vor allem in die Mystik, die alles Abwenden vom Äußeren, alles sich auf das Innere der Seele Konzentrieren ‹E.› nennt. Aufsteigen zu Gott heißt Eingehen in sich selbst, sagte PSEUDO-ALBERTUS [5]; und für THOMAS VON AQUIN wird das «redire ad cor» der sichere Weg zur Sündenheilung, zum Ursprung des Lebens, zum Ort der göttlichen Stimme und des Friedens [6]. Neben MEISTER ECKHART [7] und H. SEUSE [8] bedient sich besonders J. TAULER des Wortes: In der ‹inker› oder im ‹inganc› zieht die Seele den «uswendigen menschen» in den «obersten innewendigen menschen» und sammelt sich in ihren «grunt», wo immer neu Christi Geburt geschieht und der geschaffene Geist in den ungeschaffenen sich senkt [9]. Im Pietismus wird die E. in ähnlicher Bestimmung zu einem häufig belegbaren Topos besonders bei G. TERSTEEGEN [10].

Anmerkungen. [1] Phaid. 83 a. – [2] Ad me ipsum IV, 3. – – [3] Enn. I, 1, 12; II, 3, 9. – [4] De vera religione Nr. 72. – [5] De adhaerendo Deo, cap. VII. – [6] Expositiones, Comm. In Jsaiam, cap. 46. Pariser A. 19, 17f. – [7] Dtsch. Werke, hg. Quint 5 (1963) 290f. – [8] Dtsch. Schriften, hg. BIHLMEYER (1907, Nachdr. 1961) 349. 168f. 326 u. ö. – [9] Predigten, hg. VETTER (1910) 8f. 421 u. ö. – [10] Vgl. A. LANGEN: Der Wortschatz des dtsch. Pietismus (1954) 154f. mit Lit.

Literaturhinweise. A. NICKLAS: Die Terminologie des Mystikers Heinrich Seuse (1914). – C. KIRMSSE: Die Terminologie des Mystikers Johannes Tauler (1930). P. HEIDRICH/G. SCHOLTZ

Einordnung. Auf eine «E. des Prädikats in den Subjektsinhalt» [1] führt B. ERDMANN das Urteil zurück: «Ausgesagt werden von» bedeutet demnach logisch «inhaltsgleich sein mit einem Teile des Subjektsinhaltes» [2].

Anmerkungen. [1] Logik (²1907) 358. – [2] ebda. A. MENNE

Einsamkeit
I. Der Inhalt des seit der Mystik wesentlichen Begriffs wird in der deutschen Geistesgeschichte von Epoche zu Epoche jeweils von neuem zentral im Zusammenhang mit verschiedenartigen seelischen Vorgängen, die sich mit ihm verbinden.

Für die *Mystik* bedeutet E. die Voraussetzung für das Einfließen Gottes in die Seele; sie ist der Gnadenstand, in dem sich die mystische Vereinigung vollzieht. Loslösung von allen Wünschen, Begierden und Neigungen, Vergessen seiner selbst und aller Kreaturen ist das Wesen dieser inneren E., bei der es nicht darauf ankommt, ob der Mensch auch in äußerer Isolierung lebt. Es geht um die E. (mhd. einekeit, abegescheidenheit) der Seele, für die die deutschen Mystiker die Metaphern ‹einœde›, ‹wüeste› und ‹wüestenunge› verwenden. MECHTHILD VON MAGDEBURG sagt, daß Gott «rûnet ... in daz enge enœte der sêle» [1]. Bei ECKHART heißt es, der Mensch müsse «ein innerlich einœde lernen, swâ oder bîswem er is» [2], und: wenn Gott die Seele «in die wüesten und in die einikeit» führe, das bedeute, «daz er sî machet wüeste und îtel aller creâtûre unde machet sî ênic (löst sie) aller vergenclîcher dinge» [3]. Voraussetzung für diese Metaphern sind biblische Prägungen, mit denen der Inhalt des Einsamkeitsbegriffes der Mystik in Beziehung steht, und zwar: «vox clamantis in deserto» (Mat. 3, 3) und «ducam eam in solitudinem et loquor ad cor eius» (Hos. 2, 14). In seiner Predigt ‹Von Abegescheidenheit› legt Eckhart dar, daß die mystische E., die «abegescheidenheit», nicht nur die höchste Möglichkeit des Menschen sei, sondern auch Eigenschaft Gottes: «Wan daz got ist got, daz hât er von sîner unbeweglîchen abegescheidenheit, und von der abegescheidenheit hât er sîne lûterkeit und sîne einvaltickeit unde sîne unwandelbærkeit. Und dâ von, sol der mensche werden goteglîch als verre als ein creâtûre glîchheit mit gote gehaben mac, daz muoz geschehen mit abegescheidenheit ... und diu glîcheit muoz beschehen in gnâden, wan diu gnâde ziuhet den menschen von allen zîtlîchen dingen ... lære sîn aller creâtûre ist gotes vol sîn, unde vol sîn aller creâtûre ist gotes lære sîn» [4].

Da im *Pietismus* die Gefühlsfrömmigkeit den der mystischen unio analogen Vorgang zu einer gefühlten Gotteserfahrung werden läßt, ist E. hier nicht mehr ein Zustand der Leere, sondern ein Zustand der Fülle. Er ermöglicht Beseeligung im individuellen Gotteserlebnis, beglückendes Bewußtsein der Erwähltheit und lebendiges Empfinden der Heilsgewißheit, schließlich den Genuß anhaltender Gemütsbewegung und frommer Erhebung. Religiöse Affekte und das Bedürfnis nach ungestörter Andacht lassen häufig auch den Wunsch nach äußerer Absonderung entstehen. In den pietistischen Konventikeln verwirklichte sich eine Form kollektiver E. Um einen Ausgleich zwischen E. und Gemeinschaft bemühte sich *Zinzendorf*, der in der einmaligen Eigenart des Individuums die Ursache der religiösen E. des Einzelnen erkannte, zugleich aber großen Wert auf die Formung der Gemeinschaft der Einsamen legte. Gerne spricht man in pietistischen Schriften von «sanfter» E.[5]. SUSANNE VON KLETTENBERG berichtet, was sie «in sanfter E. und ungestörter Stille mehr *gefühlt* als gedacht» habe, «wann unsere Seele ganz Empfindung ist, so höret der Ausdruck auf – sie mag nicht denken – es bemühet – es störet den unaussprechlich sanften Genuß» [6].

An die Stelle des religiös begründeten Genusses tritt sowohl in der Aufklärung wie in der Empfindsamkeit der Selbstgenuß, mit dem die Säkularisierung der E.-Erfahrung beginnt. Das Schrifttum der *Aufklärung* ist reich an Auseinandersetzungen mit Wert und Unwert, Vor- und Nachteilen der E. [7]. Die Gesellschaftsbezogenheit des Menschen bringt es mit sich, daß die religiöse E. abgelehnt, ja verdächtigt und mit Schwärmerei und Unnatur gleichgesetzt wird, daß man Visionen der Einsiedler auf Fiktionen der Einbildungskraft und das Streben nach asketisch-mystischer, also innerer E. auf das Übel der Melancholie zurückführt. Höchsten Wert mißt man dagegen der äußeren Zurückgezogenheit zum Zweck persönlicher Vervollkommnung bei. Geistesarbeit, schöpferisches Tun, Stärkung von Geist und Herz verlangen, so betont man, zeitweiliges Alleinsein oder ein Leben im kleineren Kreis Gleichgesinnter, der ebenfalls als ‹E.› bezeichnet werden kann und der «großen Welt» gegenübergestellt wird, der höfischen Gesellschaft, die zerstreut und Sammlung wie Steigerung der Kräfte verhindert. Eine geschätzte Figur in der Literatur des 18. Jh. ist der einsame Weise, von dem Rat und Hilfe ausgehen [8]. Er ist nützlich für andere und genießt sich selbst.

In der *Empfindsamkeit* erhält die E. ihren Wert durch den Vorrang der Innerlichkeit. Die vom Pietismus ererbte Gefühlskultur besitzt, während ihre transzendente Erfahrungsquelle versiegt, als Mitte nur das mit sich selbst beschäftigte Ich, dessen E. in seinem inneren Leben begründet ist und es sozial isoliert. Da der inneren E. keine Rechtfertigung mehr von einer metaphysischen Instanz zuteil wird, macht den Empfindsamen seine menschliche Verlassenheit betroffen, und das Erlebnis der äußeren Vereinsamung verstärkt rückwirkend die innere E., wodurch sich der Abstand zur Umwelt weiter vergrößert. Diese wechselseitige Steigerung bringt in das als *wachsende* E. erfahrene innere Leben des Empfindsamen das Leiden an der E. und die schwermütige Bedrängnis des im Kerker seiner selbst ausweglos von Dunkelheiten Umstellten. In seiner Verlassenheit werden Leid und Schwermut ihm zu angenehmen Begleitern, deren Umgang er genießt, so daß sie ihm die Not der E. lindern und ihre Härte verdecken. Das empfindsame E.-

Erlebnis wird sowohl im empfindsamen Roman wie in der gleichzeitigen Brief- und Tagebuchliteratur beschrieben. Die Romane sind häufig in Brief- oder Tagebuchform verfaßt, denn die Autoren bevorzugen die künstlerische Fiktion; das empfindende einsame Ich spricht die Erfahrung aus, die es mit sich selbst und seiner Umgebung macht. In ROUSSEAUS Briefroman ‹La nouvelle Héloïse› heißt es: «Toutes les grandes passions se forment dans la solitude» [9]. Repräsentatives Beispiel und zugleich Höhepunkt dieser Romanliteratur ist GOETHES Werk ‹Die Leiden des jungen Werther›. In ihm kommen alle Stadien des E.-Erlebnisses zur Sprache: Wenn Werther vor seinem Tode schreibt, er gehe «zum Vater», so bedeutet dies nicht, daß er sich «in empfindsamer Illusion» und «einer fast blasphemischen Analogie» [10] gegen seine Verlorenheit abschirme, sondern der Dichter verwendet vielmehr eine Möglichkeit, die für sein Zeitalter durchaus bestand und die ihm nur allzu gut bekannt war. Jedenfalls ist die radikale E. der modernen Zeit für Goethe noch nicht anzusetzen.

Bei den *Romantikern* erhält der Begriff ‹E.› zeitweilig programmatische Bedeutung [11]. Doch sind sowohl sein Inhalt wie seine Funktion in ihren Werken jeweils verschieden. Das von L. TIECK geprägte Wort ‹Wald-E.› bezeichnet eine Stimmungslandschaft. Sie kann Verlassenheit wie Weltverbundenheit bewußt machen, deprimieren wie trösten, was übrigens in der Romantik für die E. allgemein gilt. Nicht stimmungshaft, sondern gedanklich und durch konkrete Erfahrung begründet ist die E. bei NOVALIS: «Das einzige Gute fand ich heute – die Idee der unaussprechlichen E., die mich seit S[ophies] Tode umgibt – mit ihr ist für mich die ganze Welt ausgestorben» [12]. In seinen ‹Hymnen an die Nacht› und in ‹Heinrich von Ofterdingen› sind Erschütterung durch den Tod der Braut, E.-Erfahrung und Vision einer anderen, beständigeren Welt als Erlebnisstadien in unmittelbarer Abfolge miteinander verbunden. Die Leere des Daseins wird in der Erleuchtung, die verwandelnde Wirkung besitzt, bewältigt: «Aber die wilden Qualen der E., die herbe Pein eines unsäglichen Verlustes, die trübe, die entsetzliche Leere, die irdische Ohnmacht war gewichen, und der Pilgrim sah sich wieder in einer vollen, bedeutsamen Welt» [13].

Anmerkungen. [1] Offenbarungen der Schwester MECHTHILD VON MAGDEBURG, hg. G. MOREL (1869) 45, 11. – [2] MEISTER ECKHART, Dtsch. Werke, hg. J. QUINT 5 (1963) 207. – [3] Werke, hg. F. PFEIFFER (1857) 215, 28ff. – [4] a. a. O. [2] 412f. – [5] A. LANGEN: Der Wortschatz des dtsch. Pietismus (1954) 156. – [6] S. K. VON KLETTENBERG: Die schöne Seele. Bekenntnisse, Schriften und Briefe der Susanna Katharina von Klettenberg, hg. H. FUNCK (1911) 250. – [7] z. B. J. G. ZIMMERMANN: Betrachtungen über die E. (1773); Über die E. (1784/85); J.-J. ROUSSEAU: Rêveries du promeneur solitaire (Genf 1782); CHR. GARVE: Über Ges. und E. (1797); moralische Wochenschriften: ‹Der Einsiedler› 1. 2 (1740/41), hg. F. J. RIEDEL (1774); ‹Der Eremit› (1767); ‹Einsame Nachtgedanken› (1757); ‹Meine Einsamkeiten› 1-50 (Prag 1771/72). – [8] CH. M. WIELAND: Agathodämon (1799); J. H. PESTALOZZI: Abendstunde eines Einsiedlers (1780). – [9] J.-J. ROUSSEAU: La nouvelle Héloïse (1761) I, 33. Oeuvres, hg. B. GAGNEBIN und M. RAYMOND (Paris 1959ff.) 2, 105; vgl. 107. – [10] CH. FICHTE: Das Erlebnis der inneren E. von der romanischen Mystik bis zur dtsch. Empfindsamkeit (Diss. Köln 1953, Maschinenskript) 130f. – [11] ‹Ztg. für Einsiedler›, 1. 4.-30. 8. 1808, mit Unterstützung BRENTANOS hg. A. VON ARNIM und im gleichen Jahr unter dem Titel ‹Tröst E.› als Buch veröffentlicht. – [12] NOVALIS, 9. 6. 1797. – [13] Heinrich von Ofterdingen 2. Teil: ‹Die Erfüllung›.

Literaturhinweise. L. MADUSCHKA: Das Problem der E. im 18. Jh., bes. bei J. G. Zimmermann (Diss. München 1932). – M. P. HAMMES: ‹Wald-E.›. Eine Motiv- und Stiluntersuchung der dtsch. Frühromantik, insbes. zu Ludwig Tieck. (Diss. Frankfurt 1933). – W. STEINDECKER: Studien zum Motiv des einsamen Menschen bei Novalis und Tieck (1937). – K. VOSSLER: Poesie der E. in Spanien (1940, ²1950). – W. RASCH: Nikolaus Lenaus Doppelsonett ‹E.›. Dtsch. Vjschr. Lit.wiss. 25 (1951) 214-231. – CH. FICHTE s. Anm. [10]. – A. V. GRONICKA: Das Motiv der E. im modernen dtsch. Drama. German Quart. 27 (1954) 12-24.

H. EMMEL

II. Im 19. Jh. erscheint die E. einerseits als Rückzug von der Gesellschaft und ihren Normen und so als Form menschlicher Selbstwerdung und wahrhafter Freiheit, andererseits aber als bloß partielle Existenzweise, die wegen ihrer begrenzten Berechtigung von institutionellen Bindungen ergänzt werden muß. Verliert sich die romantische Innerlichkeit im Schmerz der E., in dem sie «untergehn» will (BRENTANO [1]), so erkennt HEGEL zwar die Subjektivität des Gewissens, «diese tiefste innerliche E. mit sich, wo alles Äußerliche, und alle Beschränktheit verschwunden ist, diese durchgängige Zurückgezogenheit in sich selbst» [2] an, geht aber zugleich über den Standpunkt der reinen Moralität hinaus und sieht die Freiheit des Individuums in den Institutionen (Familie, Staat, bürgerliche Gesellschaft) verwirklicht [3]. Für W. V. HUMBOLDT ist E. die Voraussetzung speziell der wissenschaftlichen Wahrheitsfindung: «E. und Freiheit», d. h. Lösung von allen äußeren Autoritäten und direkten Zwecksetzungen, müssen die Bedingungen und «vorwaltenden Prinzipien» des die «Einsicht in die reine Wissenschaft» suchenden Forschers sein [4].

FEUERBACHS Anthropologie der zwischenmenschlichen Beziehungen erklärt E. und Selbständigkeit als Attribute eines Gottes, der in Wahrheit nur das vergegenständlichte, «von der Welt in sich zurückgezogene, aus allen Banden und Verwicklungen mit derselben befreite, über die Welt sich hinwegsetzende Wesen des Menschen» ist. E. ist demnach Kennzeichen des autarken, selbstgenügsamen Ich, nicht des nach «Gemeinschaft» mit dem Du strebenden «Bedürfnisses des Herzens», der Liebe [5]. Nach einem Ausgleich von E. und Gesellschaft, von «eigener Einsicht» und dem «natürlichen Element», wo diese realisiert werden kann, strebt R. W. EMERSON. Jedes für sich ist «unausführbar» und «verhängnisvoll» [6].

SCHOPENHAUER dagegen sieht Selbstsein und Freiheit des Menschen nur in der E. verwirklicht: «Zwang ist der unzertrennliche Gefährte jeder Gesellschaft, und jede fordert Opfer, die um so schwerer fallen, je bedeutender die eigene Individualität ist» [7]. E. ist «insofern ein Maaß unsers eigenen intellektuellen Werthes» [8]. Während die Gesellschaft «in Kontakt bringt mit Wesen, deren große Mehrzahl moralisch schlecht und intellektuell stumpf oder verkehrt ist», ist E. «das Loos aller hervorragenden Geister» [9].

NIETZSCHE, der «Leser Schopenhauers» [10], vertieft im Blick auf seinen ‹Lehrer›, der «ganz und gar Einsiedler war» [11], dessen Sicht der E.: E. ist, wie Nietzsche schon 1873 an Heraklit exemplifiziert, allgemein Charakteristikum des großen Philosophen, der nicht auf ein «Publicum, auf den Beifall der Massen» angewiesen ist: «Einsam die Strasse zu ziehn gehört zum Wesen des Philosophen» [12]. Die «furchtbare E. des letzten Philosophen» findet ihre Versöhnung erst «in der höchsten tragischen Kunst» [13]. «Der höhere philosophische Mensch» ist derjenige, «der um sich E. hat, nicht weil er allein sein will, sondern weil er Etwas ist, das nicht seinesgleichen findet» [14]. «Wir neuen Philosophen» müssen «Einsiedler ... sein ... und wahrscheinlich die Martern aller sieben E. kennen» [15]. Aber die «erzwungene Zurückhaltung» bringt auch die «Gefahr der Vereinsamung» mit sich; damit einher geht der «Skeptizismus und Relativismus» Kants, der sich bei Kleist am furchtbarsten äußerte [16]. Obwohl Nietzsche auch E. als «monologisches Leben» «in einer ruhigen freudigen Stimmung» [17] kennt, lehnt er «E. als Selbstgenuss» ab [18]; nur wenige wissen, wie drohend, «würgend» und «schauerlich» sie sein kann [19]. Zarathustra – Nietzsche selbst nennt sein Buch einen «Dithyrambus auf die E.» [20] – flieht vor den Menschen und vom «Markte», wo er nur Ungerechtigkeit, Haß und Verachtung erfährt, in die E., um dort den Weg zu sich selbst zu finden [21]. E. ist seine «Heimat», in der er Zuflucht findet [22], sie birgt jedoch zugleich die Gefahr, vom «eisigen Athem des Alleinseins» verschlungen zu werden [23]: Die E. kann sich steigern, bis der Einsame vor sich selber flieht und «gern sich selber verlassen» will [24]; sie kann aber gerade dadurch den Menschen über die anderen erheben: «Ihr Einsamen von heute, ... aus euch ... soll ein auserwähltes Volk erwachsen – und aus ihm der Übermensch» [25]. «Unsere E. gehört zu den schlimmsten und gefährlichsten Heilkünsten. Aber gewiss ist, daß sie, *wenn* sie heilt, auch den Menschen gesünder und selbstherrlicher hinstellt, als je ein Mensch in Gesellschaft» sein könnte [26].

Im 20. Jh. wird E., verstanden als krankhafte, sozial bedingte Vereinzelung und Isolierung, zu einem bevorzugten Thema der Kulturkritik. Philosophen, Soziologen, Psychologen, Psychotherapeuten und Theologen fragen nach ihren Ursachen und suchen nach einem Ausgleich zwischen Gesellschaft und E., zwischen vollständiger Unterordnung unter die Verhaltensmuster der Gesellschaft und vollständigem Rückzug aus ihr.

E. wird soziologisch bedeutsam, insofern sie nicht bloß Abwesenheit, sondern bewußte «Verneinung der Sozialität» ist [27]. Sie ist eine «vom Ganzen der Welt und dem Ganzen der socialen Gemeinschaft» entfremdete Existenzform, «Heimatlosigkeit» und «Gebrochenheit des Geistes», die eine einheitliche Welt vermißt und ihre Ursachen im modernen, wissenschaftlichen Rationalismus [28] hat oder in der Reformation (Luthers Erlebnis der E. vor Gott; der eine «absolute innere Ferne von allen Dingen» befehlende und keine Liebe und Freundschaft gestattende Calvinismus) [29]. Besonders nachdem D. RIESMAN den Begriff der E. in seine Theorie des sozialen Verhaltens eingeführt hatte (der «innen-geleitete», selbst-verantwortlich handelnde Mensch ist auf die E. in der Gesellschaft besser vorbereitet als der «außen-geleitete», der seine E. «mit dem Untertauchen in der Masse der Zeitgenossen» zu überwinden sucht) [30], wurde die Kategorie ‹E.› in Soziologie und Psychologie oft verwendet, differenziert (im engl. ‹lonesomeness› ist, anders als im deutschen ‹E.›, ein negatives Werturteil ausgedrückt [31]) und mit angrenzenden Begriffen, z. B. dem psychoanalytischen der Angst, in Beziehung gesetzt [32]. Während physische E. immer noch einen Ausgleich in der Bindung an Ideale und Werte haben könne, ist psychische E. nach E. FROMM «an utter feeling of isolation», das Fehlen von «values, symbols, patterns», eine «moral aloneness», der Verlust von Religion, Glauben, nationaler Bindung und Brauchtum. Mögen diese Formen der sozialen Bindung auch absurd und veraltet sein, sie brachten dem Menschen doch die für ihn notwendige Kooperation mit anderen und ein ausreichendes subjektives Selbstbewußtsein [33]. Gegen die mit dem Prozeß der Individuation (beim Kind) aufkommende Erkenntnis der Gefährlichkeit der Welt, der Unterlegenheit und E. des Einzelnen helfen nicht Ersatzbindungen in einem neuen Konformismus, sondern nur «spontaneous relationship to man and nature», in der nicht der Verlust der Individualität befürchtet werden muß [34]. Die «Unfähigkeit, allein sein zu können ... bis zu ausgesprochenem Entsetzen vor der E.» führen in der heutigen Gesellschaft, die auf Konkurrenz und Wettbewerb basiert, zu einem erhöhten Liebesbedürfnis, zum Verlangen nach Erfolg und Anerkennung, um die drohende Isolierung und die «Unsicherheit über die eigene Person» zu überwinden [35]. In der E. des modernen Menschen der Industriezivilisation offenbart sich ein «Defekt in den sozialen Beziehungen», die zwar in Fülle vorhanden, aber dem Menschen gegenüber «gleichgültig» sind und der «menschlichen Beziehungen» ermangeln. «Die Vereinsamung ... ist dann Gesamtausdruck des verletzten Gleichgewichts zwischen dem sozialen und menschlichen Element der gesellschaftlichen Beziehungen». E. ist nur scheinbar Freiheit von der Welt, «weil sie den Menschen in einer Richtung umformt, die für seine Entwicklung, seine Geschichte und sogar seine Anthropogenesis unnatürlich ist» [36]. Gegenüber einem vorschnellen Urteil über die oft beschworene E. in der Großstadt [37] hat H. SCHELSKY jedoch eingewandt, daß diese vermeintliche E. in Wirklichkeit aus der Entzweiung von Privatsphäre und versachlichtem, funktionalisiertem Berufsdasein resultiere und diese Trennung auch vom Großstädter bejaht werde [38].

Vor allem in jenen Theorien, die als ihr Hauptproblem eine Philosophie des Menschen und seiner Situation in der heutigen Welt ansehen, in Dialogik und Existenzphilosophie, wird E. zu einem oft programmatisch behandelten Thema. M. BUBER stellt in der Geschichte der Philosophie eine Steigerung der E.-Problematik fest, die über Augustinus, Pascal und Kierkegaard schließlich bei Nietzsche dazu führe, daß der Mensch «aus seiner E. die Hände nicht mehr einer göttlichen Gestalt entgegenstrecken kann», und bei Heidegger die Konsequenz habe, daß der Mensch monologisch gedeutet wird und vom «wirklichen Leben», dem Verhältnis zum Du und zum Anderen, abgeschnürt wird [39]. Es gilt jedoch nicht, die «Spannung der E.» zu «glorifizieren» oder im Kollektivismus zu «übertäuben», sondern sie auszuhalten und dadurch zu überwinden, daß «der Einzelne den Anderen, in all seiner Andersheit, als sich, als den Menschen erkennt und von da aus zum Anderen durchbricht ... in einer strengen und verwandelnden Begegnung» [40]. N. BERDJAJEW, für den E. ein Grundproblem der Philosophie ist, das sich am radikalsten im Tod offenbart [41], erklärt das Aufkommen der E. mit dem Heraustreten des Menschen «aus der stammesmäßigen Kollektivität» der Gesellschaft; er erhalte mit ihr zugleich die Möglichkeit, die «eigene Persönlichkeit, ... Besonderheit, Einzigartigkeit, Einmaligkeit und ... Anderssein gegenüber allen und allem in der Welt» zu erkennen [42]. In der E. sucht das Ich «Schutz vor der objektivierten und sozialisierten Welt» [43]. Diese Isolierung und Verschlossenheit kann nur in der «Begegnung mit dem Du», in der «Gemeinschaft zwischen den Persönlichkeiten» überwunden werden [44]. Ähnlich sieht auch A. METZGER zwar «die Freiheit der Individuen, das Selbst der einsamen Einzelnen» als den höchsten Wert an [45], zugleich stehe aber der Mensch in der Kommunikation mit anderen verstehenden Subjekten: «In der reflektiven Tiefe des Einsamen offenbart sich das gemeinschaftliche Humane» [46]. – Andere Autoren, die ebenfalls den heroischen Gedanken, daß das menschliche Leben «seinem Wesen nach E.» und das «Gesellschaftliche» nur sekundär sei [47], ablehnen, versuchen die E. dadurch zu retten, daß sie zwischen (schlechter) Verlassenheit und Vereinsamung einerseits und «echter E.», die zur «Verbundenheit» zurückführt [48] andererseits, zwischen einer «säkularisierten E.» und einer «Metaphysik der E.» [49], zwischen «wahrer E.» als «Einkehr in sich selbst» und ihrer «Pseudoform», der Vereinsamung als Gefährdung des Menschen [50] unterscheiden. So kennt K. JASPERS verschiedene Formen der E. («nicht identisch mit soziologischem Isoliertsein» [51]): die «Verzweiflung der Leere» am «Abgrund des Nichtseins», den «Mangel kommunikativer Bindung an Andere» [52], das Außerhalb-Stehen des «universal Wissenden», aus dem ein neuer Eintritt in die Welt, ein «zweiter Sprung in die Erhellung» vorbereitet wird [53]. Wichtig ist E. für ihn vor allem als der «unaufhebbare Pol» zur Kommunikation, durch den diese erst möglich wird [54]. E., die Bedingung für Selbstsein und Bereitschaft zur Existenz, ist als Ausgangspunkt für die Kommunikation nicht die Selbstaufgabe des Ich: «Ich muß die E. wollen, wenn ich selbst aus eigenem Ursprung zu sein und darum in tiefste Kommunikation zu treten wage» [55]. In der Tradition der Existenzphilosophie steht auch H. MARCUSE, insofern er das Privatleben als Raum der Persönlichkeitsentfaltung bejaht: «Es gibt keine freie Gesellschaft ohne Stille, ohne einen inneren und äußeren Bereich der E., in dem sich die Freiheit entfalten kann» [56].

Anmerkungen. [1] C. BRENTANO, Werke, hg. CH. BRENTANO 2 (1852) 201; vgl. 2, 476; vgl. L. TIECK, Franz Sternbalds Wanderungen II, 2: ‹Lied von der E.›. – [2] HEGEL, Rechtsphilos. § 136 Zusatz. Werke, hg. GLOCKNER 7, 196. – [3] Vgl. J. RITTER: Moralität und Sittlichkeit, in: Met. und Politik. Stud. zu Aristoteles und Hegel (1969) 281ff. – [4] W. v. HUMBOLDT, Akad.-A. 10, 250: 13, 280; vgl. H. SCHELSKY: E. u. Freiheit (1963). – [5] L. FEUERBACH, Werke, hg. BOLIN/JODL (²1959-1962) 6, 81f. – [6] R. W. EMERSON: Gesellschaft und E. (1871) 19f. – [7] A. SCHOPENHAUER, Werke, hg. FRAUENSTÄDT/HÜBSCHER (²1946ff.) 5, 447. – [8] a. a. O. 1, 233. 240 – [9] 5, 452. 456. – [10] F. NIETZSCHE, Musarion-A. 7, 47. – [11] a. a. O. 7, 55. – [12] 4, 186. – [13] 6, 35. – [14] 19, 329. – [15] 19, 331f. – [16] 7, 55f. – [17] 8, 384. – [18] 14, 126. – [19] 8, 7f.; 10, 218; 21, 254. – [20] 21, 188. – [21] 13, 62. 79. – [22] 13, 236; 14, 139; 21, 269. – [23] 13, 78. 231. – [24] 14, 153; vgl. 14, 77; 20, 234. – [25] 13, 98. – [26] 14, 350. – [27] G. SIMMEL: Soziol. (²1922) 56. – [28] D. KOIGEN: E. Ein social-philos. Entwurf. Arch. systemat. Philos. 8 (1902) 468-470. 474-476. – [29] H. SCHMALENBACH: Die Geneal. der E., Logos 8 (1919/20) 85f. 89f. 93. – [30] D. RIESMAN: Die einsame Masse (1958) 59. 83. – [31] P. R. HOFSTÄTTER: Die amer. und die dtsch. E., Verh. des 13. Dtsch. Soziologentages (1957) 87-106. – [32] D. W. WINNICOTT: Über die Fähigkeit, allein zu sein. Psyche 12 (1958/59) 344-362; E. WEIGERT: E. und Vertrauen. Psyche 14 (1961/62) 538-551; F. FROMM-REICHMANN: Psychoanalysis and psychotherapy (Chicago 1959). – [33] E. FROMM: Escape from freedom (New York 1941) 19-21. – [34] a. a. O. 29f.; vgl. D. OBERNDÖRFER: Von der E. des Menschen in der modernen amer. Gesellschaft (²1961). – [35] K. HORNEY: The neurotic personality of our time (London 1937) 177. 286; dtsch. (1951) 116. 277. – [36] K. MÁCHA: Der einsame Mensch in der Industriezivilisation. Int. Dialog-Z. 1 (1968) 291-297. – [37] Vgl. W. BITTER, in: E. in med.-psychol., theol. und soziol. Sicht, hg. W. BITTER (1967) 9; H. LEHMANN, in: BITTER (Hg.), a. a. O. 188-200. – [38] H. SCHELSKY: Ist der Großstädter wirklich einsam? in: Auf der Suche nach Wirklichkeit (1965) 305-308. – [39] M. BUBER: Das Problem des Menschen (1947) 101. 103. – [40] a. a. O. 162f. – [41] N. BERDJAJEW: Das Ich und die Welt der Objekte (1933, dtsch. ²1951) 134. – [42] a. a. O. 119. – [43] 147. – [44] 122. 143. 146f. – [45] A. METZGER: Automation und Autonomie (1964) 43. – [46] a. a. O. 51; vgl. Der Einzelne und der Einsame (1967) 40. 46. – [47] J. ORTEGA Y GASSET: Der Mensch und die Leute (1957) 13f. – [48] H. E. HENGSTENBERG: Christl. Askese (1936) 175; E. und Tod (1938) 53ff. – [49] F. PARPERT: Philos. der E. (1955) 65. 70. – [50] J. B. LOTZ: Das Phänomen der E., in: BITTER (Hg.), a. a. O. [37] bes. 39ff.; Von der E. des Menschen. Zur geistigen Situation des technischen Zeitalters (⁴1960) 13f. 86ff. – [51] K. JASPERS: Philos. (²1948) 347. – [52] a. a. O. 363. – [53] 470. – [54] 363. – [55] 348. – [56] H. MARCUSE: Über Revolte, Anarchismus und E. (1969) 43.

Literaturhinweise. W. BITTER (Hg.) s. Anm. [37]. – G. KÖLBEL: Über die E. (1960). – H. P. DREITZEL: Die E. als soziol. Problem (1970). – W. REHM: Der Dichter und die neue E. (1969).

U. DIERSE

Einsicht, einsichtig

I. Das Wort ‹E.› (engl. insight) ist ein in der neueren Literatur zwar verbreiteter, jedoch relativ selten terminologisch fixierter Ausdruck, dem sich, mag er auch an zentrale Themen der abendländischen Philosophiegeschichte anknüpfen, doch keine kontinuierliche und eigenständige begriffsgeschichtliche Tradition zuordnen läßt. – In mittelhochdeutschen Mystikertexten findet sich gelegentlich ‹insehen› im Sinne von «Hineinsehen», und zwar speziell als ein Hineinsehen in sich selbst: «Sehet, got der vater hât ein vollekomen însehen in sich selber...» [1]. Mit dem Beginn des 18. Jh. (J. C. GÜNTHER 1719 [2]) wird ‹E.› in einem Sinn gebräuchlich, der gegenüber dem mystischen Gebrauch von ‹însehen› unabhängig ist: Das Wort, zunächst zwar bevorzugt in religiösem Kontext, kann jedes gründliche Wissen und Erkennen bezeichnen und wird zuweilen als Synonym von ‹Evidenz› verstanden [3]. – Im 20. Jh. bestimmt E. HUSSERL ‹E.› als «apodiktische Evidenz», als originär gebende Anschauung nicht nur eines faktischen Daseins oder Soseins, sondern eines Soseinmüssens, einer eidetischen Notwendigkeit [4]. So verstanden, weist ‹E.› zurück auf die *cartesianische*, in der Scholastik schon vorgeprägte Konzeption des intuitus als reiner intellektueller Anschauung, die eidetische Gehalte und «einfache» notwendige Wahrheiten in *einem* Blick und in unerschütterlicher Gewißheit erfaßt [5]; GLAZEMAKERS 1684 veröffentlichte holländische Übersetzung der ‹Regulae ad directionem ingenii› gibt ‹intuitus› mit ‹inziening› wieder [6]. – Husserls terminologische Festlegung ist außerhalb der phänomenologischen Literatur nicht verbindlich geworden. Sie ist jedoch insofern nicht isoliert und willkürlich, als auch im nicht-terminologischen Gebrauch von ‹E.› sehr oft ein Erfassen von Wesensnotwendigkeiten oder doch ein Durchschauen von Strukturen, ein Durchblick durch das Ganze eines Zusammenhangs, vor allem auch eines Sinn- und Zweckzusammenhangs, gemeint ist. In der Regel zielt ‹E.› auf eine Weise geistigen Zugangs, die einerseits dem Glauben [7], andererseits dem bloß reduktiven Erklären konfrontiert werden kann; ‹einsichtig› ist das solchem Zugang Offene. – In der *Psychologie*, zunächst vor allem in der Tierpsychologie, wird ‹E.› – als Terminus eingeführt in W. KÖHLERS ‹Intelligenzprüfungen an Anthropoiden› (1917) – im Sinne eines plötzlichen intelligenten, weder auf Instinkt noch auf «trial-and-error» reduzierbaren Erfassens von Struktur- und Funktionszusammenhängen gebraucht [8]. – In eigentümlicher Verwendung wird ‹E.› ferner dem antiken, zumal dem *aristotelischen* Begriff der φρόνησις zugeordnet – als «sittliche E.», als Fähigkeit, «Mittel und Wege zum guten und glücklichen Leben zu finden» [9]. Entsprechend kann, in einem auch der Umgangssprache geläufigen Wortgebrauch, von «einsichtigem Verhalten» gesprochen werden. ‹E.› im Sinne eines Verhaltens zu sich selbst ist auch ein Ausdruck der *Psychotherapie* [10].

Anmerkungen. [1] MEISTER ECKHART, zit. Dtsch. Mystiker des 14. Jh., hg. F. PFEIFFER (²1906/07) 2, 6. – [2] J. C. GÜNTHER, Sämtl. Werke, hg. W. KRÄMER 6, 95. – [3] Vgl. z. B. H. S. REIMARUS: Vernunftlehre (²1758) §§ 20ff. 126ff.; W. T. KRUG: Allgem. Handwb. philos. Wiss. (²1832-1838) Art. ‹E.›. – [4] E. HUSSERL: Ideen zu einer reinen Phänomenol. und phänomenol. Philos. 1. Buch, § 137. – [5] DESCARTES, Regulae ad dir. ing. Reg. 3. Oeuvres, hg. ADAM/TANNERY 10, 368. – [6] Regulae ad dir. ing., hg. G. CRAPULLI (Den Haag 1966) 8. – [7] Vgl. HEGEL, Phänomenol. des Geistes. Jubiläums-A. 2, 406ff. – [8] W. KÖHLER: Foundations of psychol., hg. E. G. BORING u. a. (New York/London ⁹1962) 152ff. 203ff. – [9] ARISTOTELES, Eth. Nic. VI, 5. Übers. und komm. F. DIRLMEIER (³1964) 126. 449. – [10] z. B. L. S. KUBIE: Practical and theoretical aspects of psychoanalysis (New York 1950); dtsch. Psychoanalyse ohne Geheimnis (1956) 36ff.

Literaturhinweise. W. REYER: Einf. in die Phänomenol. (1926). – K. SCHLUNCK: Verstehen und Einsehen (1926). – E. LEVINAS: La théorie de l'intuition dans la phénoménol. de Husserl (Paris 1930). – R. M. OGDEN: Insight. Amer. J. Psychol. 44 (1932) 350-355. – B. J. F. LONERGAN: Insight (London/New York 1957). – J. BENNETT: Rationality (London 1964; dtsch. 1967).

W. HALBFASS

II. In der Psychologie wird ‹E.› einmal zur Kennzeichnung eines bestimmten Denkverhaltens, also eines Vorganges, zum anderen zur Bezeichnung psychischer Dispositionen, Fähigkeiten und Anlagen zu einsichtigem Denkverhalten verwendet; in dieser letzteren Bedeutung steht der Begriff der E. in enger Beziehung zum Begriff der Intelligenz. Im Rahmen einer allgemeinen Theorie der kognitiven psychischen Prozesse erweist sich ‹E.› als zentraler Begriff. Faßt man ihn zunächst in seinem konkretesten Sinn und versucht, ihn wörtlich zu verstehen, dann kennzeichnet er einfach einen Vorgang der visuellen Wahrnehmung etwa folgender Art: Eine Person sieht sich einem zunächst undurchschaubaren, verschlossenen, undeutlichen, verworrenen Sachverhalt gegenübergestellt und versucht nun durch geeignete Wahl eines Standortes oder Blickwinkels, diesen Sachverhalt optisch besser zu erfassen und in seinen Zusammenhängen zu erkennen. Voraussetzung zu einer solchen Ein-Sicht im ganz konkreten Sinne ist demnach ein Sich-Absetzen, ein Stellungnehmen, ein Standortbeziehen in der richtigen, d. h. den fraglichen Sachverhalten angemessenen Weise, kurz, eine duale Gliederung des Gesamterlebnisfeldes in eine wahrnehmende, beachtende, ein-sehende Instanz einerseits und einen von ihr deutlich abgesetzten Sachverhalt. Besonders Koffka sieht in der Ausbildung manifester «Ego-Field»-Organisation eine Voraussetzung echten einsichtigen Verhaltens [1]. Dies gilt gleichermaßen auch für die Selbst-E., für die eine Gegensetzung (Objektivierung) von beachtender Instanz und beachtetem Sachverhalt (z. B. einem bestimmten seelischen Zustand) zu postulieren ist [2], wobei sich allerdings die Frage erhebt, was denn in diesem Fall die beachtende Instanz eigentlich sein könnte und ob auch sie wiederum als Objekt eines E.-Prozesses zu fungieren vermag.

Setzt man an die Stelle konkreter und anschaulich erfaßbarer Sachverhalte psychische Gegebenheiten höherer Abstraktionsstufe (z. B. Vorstellungs- oder Gedankenkomplexe), dann erweist sich eine Verwendung von Begriffen wie ‹E., Blickwinkel, Standpunkt› u. ä., Begriffen also, die dem Bereich visueller Wahrnehmung entnommen sind, durchaus noch als sinnvoll, auch wenn ihnen dann nur noch Analogie- oder Bildcharakter zukommen kann.

In der Psychologie des Denkens versteht man unter ‹E.› allerdings mehr, als lediglich klares und deutliches Erkennenkönnen oder Denkverhalten; denn unter bestimmten Bedingungen (z. B. unter dem Druck von Bedürfnissen, Vornahmen, Zielsetzungen usw.) verändern sich beachtete Sachverhalte phänomenal in jeweils spezifischer Weise: Teilinhalte des fraglichen Sachverhaltes können ihre Rolle im Ganzen wechseln, können neue Verbindungen eingehen, bieten sich – meist plötzlich (im Sinne eines Aha-Erlebnisses) – und auffällig als «geeignet für ...», als «verwendbar für ...» dem sinnenden Betrachter an, kurz, der beachtete Sachverhalt zeigt phänomenal dynamische Eigenschaften, die den Denkprozeß insgesamt in seinem Verlauf bestimmen und ihn als mehr oder weniger schöpferisch kennzeichnen können. Die psychologischen Voraussetzungen solcher «Umstrukturierungsvorgänge», wie sie genannt werden, sind besonders von *gestalttheoretisch* orientierten Forschern untersucht worden. Zu nennen sind hier besonders die Untersuchungen W. KÖHLERS an Menschenaffen [3], in denen gezeigt wurde, daß Schimpansen durchaus zu einsichtigem Verhalten, das sich etwa in typischem Werkzeuggebrauch äußern kann, in der Lage sind. Widersprüche gegenüber den Interpretationen Köhlers erhoben sich sowohl auf seiten der assoziationstheoretisch und behavioristisch orientierten Lernforschung [4], als auch seitens der deutschen philosophischen Anthropologie [5]. In der neueren Tierpsychologie wird Werkzeuggebrauch jedoch immer noch als wichtiges Kriterium für einsichtiges Verhalten angesehen. Unter den zahlreichen denk- und lernpsychologischen Arbeiten heben sich besonders die subtilen phänomenologischen Analysen M. WERTHEIMERS [6] heraus, in denen an Hand vieler Beispiele, u. a. aus dem Bereich der Mathematik und der Logik, besonders auf den Unterschied zwischen wirklich einsichtigem Denkverhalten und «strukturblinden», «stückhaften», törichten Verfahrensweisen in Problemsituationen eingegangen wird. In die gleiche Kategorie von Untersuchungen gehören die didaktisch wertvollen Arbeiten von K. DUNCKER und G. KATONA [7].

Anmerkungen. [1] K. KOFFKA: Principles of gestalt psychol. (London ¹1935) 628f. – [2] G. W. ALLPORT: Persönlichkeit (¹1959) 220f. – [3] W. KÖHLER: Intelligenzprüfungen an Menschenaffen (²1921). – [4] zu erwähnen sind hier die Namen THORNDIKE, PAWLOW, HULL, WATSON. – [5] Vgl. W. SOMBART: Vom Menschen (²1956) 86f.; ferner A. GEHLEN: Der Mensch. Seine Natur und Stellung in der Welt (¹1940). – [6] M. WERTHEIMER: Produktives Denken (¹1957). – [7] K. DUNCKER: Zur Psychol. des produktiven Denkens (¹1935); G. KATONA: Organizing and memorizing (New York ¹1940).

Literaturhinweise. W. KÖHLER: Psychol. Probleme (¹1933). – W. METZGER: Psychol. (²1954). – E. RAUSCH: Zum Ganzheitsproblem in der Psychol. des Denkens. Stud. gen. 5 (1952) 479-489. – R. BERGIUS: Produktives Denken, in: Handb. der Psychol. 1: Allg. Psychol. 2 (1964) 519-563. – K. MÜLLER: Denken und Lernen als Organisieren a. a. O. 1/2, 118-143.

KURT MÜLLER

Einsprechung. Sofern Licht als konstitutives Element von Wort und die Quelle von Erleuchtung (illuminatio) als worthaft strukturierte Personalität gedacht werden kann, ist E. ein Modus von Erleuchtung – sowohl im erkenntnistheoretischen Sinne als auch im Sinne gnadenhafter Offenbarung. Diese wechselseitig sich bedingende Einheit von Erleuchtung und E. hat AUGUSTIN systematisch entfaltet. Damit hat er vom Neuen Testament her (vgl. z. B. Joh. 1, 9) den nicht immer scharf umrissenen Sinn einer Tradition expliziert und umformend vollendet, die den apophantisch-lichthaften Charakter des menschlichen und göttlichen Wortes annahm (*Stoa*, PHILO, PLUTARCH, *Corpus hermeticum*, PLOTIN, ORIGENES, CLEMENS ALEXANDRINUS, GREGOR VON NAZIANZ); zugleich hat er einen wesentlichen Grundzug des mittelalterlichen Augustinismus geprägt [1]. – Das göttliche *Wort* ist in der theologischen Reflexion AUGUSTINS *eigentliches* Licht, da es die Wahrheit und Weisheit selbst ist, «splendor Patris, lumen de lumine» [2]. Sein Sprechen ist Leuchten durch den Glanz der Weisheit (splendore sapientiae fulgere) [3]. Die ‹intelligibiles locutiones› [4] des durch seine Weisheit schaffenden und erleuchtenden *Wortes* treffen die apriorische wort- und lichthafte Struktur menschlichen Denkens: Denken nämlich ist inneres Sprechen; inneres Wort (verbum cordis; verbum quod intus lucet [5]), das Prinzip des äußeren (geschichtlichen) Wortes, ist «gestalteter Gedanke» (formata cogitatio). In ihm kommt der lichthafte Grund jedes Seienden als «Begriff» zur Sprache, so daß Wort zur lichtenden Antwort auf die Gelichtetheit des Seins sowie auf dessen schaffenden Ursprung wird, zugleich aber – Sinn vermittelnd – den, der es vernimmt, erleuchtet. So wird aufgrund der ontologischen Einheit von Denken, Wort und Licht die Erleuchtung durch das göttliche *Wort*, die das in ihm selbst gründende Licht der ewigen Ideen in die ‹memoria› einspricht und dort («innen») als Wahrheit belehrend gegenwärtig ist, vom Menschen her zurecht als «Teilhabe» (participatio) am Leben des göttlichen *Wortes* begriffen [6]. Diese Teilhabe ist erkenntnistheoretisch essentieller Grund der Wahrheit und Gewißheit menschlichen Erkennens. Als theologische Aussage verweist sie darauf, daß das *Wort* «durch Erleuchtung uns von sich und vom Vater sagt, was den Menschen gesagt werden soll» [7]. Der Vollzug der Erleuchtung in dem sich dem Menschen zusprechenden und ihn durch Offenbarung begnadenden *Wort* ist jedoch kein naturaler Akt, sondern setzt die freie Hinwendung (conversio) des Menschen zum Grund eben dieser E. voraus, welche die Teilhabe an dem *Wort* schließlich als eine ursprüngliche conformatio mit ihm bewußt macht [8].

Anmerkungen. [1] GREGOR DER GROSSE, Moralia 28, 1, 2. MPL 76, 448 b; ANSELM, Monol. 63. – [2] AUGUSTIN, De Trin. XV, 14, 23. – [3] In Joh. 20, 13. – [4] De Gen. ad litt. I, 9, 17. – [5] a. a. O. [2] XV, 11, 20. – [6] a. a. O. IV, 2, 4. – [7] VII, 3, 4. – [8] a. a. O. [4] II, 8, 16.

Literaturhinweise. V. WARNACH: Erkennen und Sprechen bei Thomas von Aquin. Divus Thomas 15 (1937) 272–288: über Augustinus; Erleuchtung und E. bei Augustinus, in: Augustinus Magister (Paris 1954) 1, 429–449. W. BEIERWALTES

Einstellung

I. Der Begriff ‹E.› wurde aus der technischen Fachsprache und dem allgemeinen Sprachgebrauch in die Psychologie und vereinzelt auch in die Philosophie übernommen. Im psychologischen Bereich gehört er zu den Erklärungsbegriffen, die in ihrer langen Tradition eine vielfältige Bedeutungsvariation erfahren haben.

1. Der Begriff ‹E.› taucht in der *Psychologie* zuerst in der experimentellen Untersuchung von G. E. MÜLLER und F. SCHUMANN auf; sie bezeichneten damit ein motorisches Einübungsphänomen, welches bei einer Serie von Gewichthebeversuchen zu beobachten war. Motorische E. wird von ihnen definiert als «eine eingeübte Disposition oder Tendenz zu einer automatischen Tätigkeit motorischer oder sensorischer Art» [1]. E. bewirkt nach Müller und Schumann eine Steuerung von Tätigkeiten, d. h. bestimmte motorische Vollzüge werden wahrscheinlicher gegenüber anderen; dieser Steuermechanismus ist ihrer Ansicht nach durch Einübung erworben.

Die Steuerungswirkung der E. wurde in nachfolgenden Untersuchungen für verschiedene Verhaltensbereiche festgestellt: in der Wahrnehmung noch einmal explizit durch H. EBBINGHAUS [2] (sensorische E.); im Denken und Urteilen von R. MÜLLER-FREIENFELS [3], EBBINGHAUS [4] und von J. VON KRIES [5] (gedankliche bzw. intellektuelle E.); im affektiven Bereich von G. STOERRING [6] (Gefühls-E.). Während nach Müller und Schumann die Steuerung nur bei Wiederholung gleicher oder ähnlicher Tätigkeiten erfolgt, nahmen EBBINGHAUS und andere Psychologen, die sich um eine Analyse der E.-Wirkung bemühten, eine auf andere Tätigkeiten generalisierbare Steuerungswirkung an. KRIES ging dabei sehr weit, indem er durch die Annahme zweier Arten von E., der ‹dispositiven› und der ‹konnektiven› andeutete, daß beide E. in Interaktion miteinander die Steuerung des Gesamtverhaltens eines Individuums übernehmen können. Unter ‹konnektiver› E. versteht er die «unbekannte Veränderung, welche den Wechsel der Assoziationsbeziehung bewirkt», etwa vergleichbar einer «wechselnden Weichenstellung». Zur Veranschaulichung weist er auf das Beispiel des Musikers hin, für den die Notenzeichen je nach dem vorangesetzten Schlüssel verschiedene Bedeutungen haben. Als ‹dispositive› E. bezeichnet er jenen psychophysischen Vorgang, der «für das Eintreten bestimmter cerebraler Zustände oder Vorgänge, nicht aber gerade für die Verknüpfung mehrerer eine begünstigende Disposition schafft». Kries vollzieht damit die Trennung der E. im Sinne eines aktuellen Prozesses von der E. als Zustand im Sinne des «Eingestelltseins» [7].

Während in den bisher dargestellten Begriffsdefinitionen – wohl bedingt durch die Überlegungen über den der E. zugrunde liegenden physiologischen Mechanismus – E. als unbewußt galten, betonte R. STROHAL aufgrund introspektiver Daten, daß E. im Bewußtseinshintergrund mitgegeben sei in Form eines unanschaulich vorhandenen Wissens. Damit rückt der Begriff ‹E.› in enge Nachbarschaft zur ‹Bewußtseinslage› von A. MAYER und J. ORTH [8] und N. ACHS ‹Bewußtheit› [9].

Im *englischen Sprachraum* wurde der Begriff ‹E.› mit ‹set› übersetzt; die Bedeutung von ‹set› blieb auf den ursprünglichen Gebrauch im Sinne einer momentanen Bereitschaft beschränkt. Mit dem Vordringen der *amerikanischen* Psychologie wurde der Ausdruck ‹set› häufig auch in die deutschsprachige psychologische Fachliteratur übernommen. Man spricht heute von ‹set›, wenn durch Instruktion oder Selbstinstruktion a) die Erwartung eines Reizes vor einem andern b) die Intention, in bestimmter Weise zu reagieren bzw. die Reaktion zu kontrollieren, hervorgerufen wird [10]. In ganz ähnlicher Weise operationalisierte ACH seinen Begriff der ‹determinierenden Tendenz› [11].

2. K. MARBE vollzog als erster sehr deutlich den Schritt, dem E.-Begriff in der Persönlichkeitstheorie einen Platz zuzuweisen. Für Marbe sind E. «eine Funktion der angeborenen Persönlichkeit und der kritischen Erfahrung». Eine gegebene Gesamtheit von E. eines Individuums wird von ihm als dessen ‹momentane Persönlichkeit› bezeichnet. Damit wird nach Marbe jegliches Verhalten durch E. bestimmt [12].

Ähnlich weit faßt G. W. ALLPORT den E.-Begriff, mit dem er sich als einer der ersten amerikanischen Psychologen auseinandersetzte. Für ihn stellen E. erlernte Bereitschaften dar, die je nach Art des Lernvorgangs von verschiedener Dauer sein können. Ein Individuum kann bezüglich ganz eng begrenzter Erlebnisinhalte oder aber bezüglich sehr breiter Erlebniskomplexe eingestellt sein. E. sind nach Allport konstante, über verschiedenartige Situationen hinweg wirksame Bereitschaften [13]. Der Begriff ‹E.› umfaßt somit Merkmale, die in der Psychologie allgemein dem Begriff der Persönlichkeitseigenschaft zukommen.

C. G. JUNG verwendet den Begriff in seiner psychologischen *Typenlehre*, um damit ganz allgemeine Haltungen des Menschen seiner Umwelt gegenüber zu charakterisieren. Er knüpft dabei an den Gebrauch des Begriffes bei Ebbinghaus und Marbe an und definiert E. als «eine Bereitschaft der Psyche, in einer gewissen Richtung zu agieren oder reagieren». Er geht aber zugleich über die Ebbinghaussche Auffassung von E. im Sinne einer Gewohnheit hinaus und identifiziert zwei allgemeine E.: *Introversion* (Einwärtskehrung der Libido) und *Extraversion* (Auswärtskehrung der Libido). Entsprechend dem Vorherrschen einer der beiden E. spricht er vom Typ des introvertierten und vom Typ des extravertierten Menschen. Introversion und Extraversion sind «immer das Resultat aller Faktoren, welche die Psyche wesentlich zu beeinflussen vermögen, also der angeborenen Dispositionen, der Erziehung, der Milieueinflüsse, der Lebenserfahrungen, der durch Differenzierung gewonnenen Einsichten und Überzeugungen, der Kollektivvorstellungen usw.» [14].

3. Bereits bei W. Betz [15] taucht der Begriff ‹Attitüde› stellvertretend für ‹E.› auf. Abweichend von der später üblichen Verwendung des Terminus ‹Attitüde› im Sinne einer E. zu einem sozial relevanten Objekt, bezeichnet er die aktuelle Reaktion auf jedes mögliche Objekt des Erlebens, genauer auf dessen Wirkung. Ausdrücklich tritt bei Betz als Begleiterscheinung der Reaktion eine Gefühlskomponente hinzu. Diese Bedeutungsvariante kann man als Vorläufer des heute gebräuchlichen sozialpsychologischen Fachterminus ‹Attitüde› oder ‹soziale E.› ansehen.

Der Beginn der Entwicklung des Begriffes ‹E.› oder ‹Attitüde› in der *Sozialpsychologie* wird mit der Veröffentlichung der Soziologen W. J. Thomas und F. Znaniecki über die Situation der polnischen Bauern während und nach dem Ersten Weltkrieg angesetzt. Sie definieren ‹attitude› als einen «Prozeß des individuellen Bewußtseins, der die wirkliche oder mögliche Aktivität des Individuums in seiner sozialen Umwelt bestimmt» [16].

In den folgenden zwei Jahrzehnten wurde der Begriff von zahlreichen Sozialpsychologen und *Soziologen* aufgegriffen und auf eigene Weise definiert. In seiner Literaturübersicht findet E. Nelson 23 deutlich unterscheidbare Bedeutungen des Begriffes ‹soziale E.› [17]. Die Definitionen weisen jedoch gemeinsame Merkmale auf, nach denen sie sich in zwei Kategorien gruppieren lassen: a) Begriffsbestimmungen, die auf der Beobachtung von Verhaltenskonsistenzen gründen – jede beobachtbare Konsistenz wird mit ‹E.› gleichgesetzt; b) Definitionen, die die Vorstellung einer ‹latenten› Variablen oder eines ‹latenten› psychischen Prozesses beinhalten. Begriffsbestimmungen der zweiten Gruppe nehmen ebenfalls ihren Ausgang von Verhaltenskonsistenzen, doch stellen diese nur die Grundlage für Rückschlüsse auf ein wie auch immer geartetes psychisches Agens dar, welches eben diese Konsistenz bewirkt [18]. Eine solche Auffassung findet sich bereits implizit bei Thomas und Znaniecki, sie liegt den meisten Versuchen zur Messung der E. zugrunde und ist bis heute die häufigere der beiden Definitionskategorien geblieben.

Die Entwicklung von *Meßinstrumenten* zur Erfassung von E. zu sozialen Objekten trug entscheidend zu einer engeren und klar umrissenen Fassung des E.-Begriffes bei. Zuerst erarbeitete E. S. Bogardus [19], nach ihm L. L. Thurstone [20], R. Likert [21] und L. Guttman [22] E.-Skalen, die von dem Modell der Eindimensionalität der E. ausgingen; das Modell beschreibt E. zu einem genau festgelegten, sozial relevanten Objekt als ein Kontinuum quantitativ erfaßbarer verbaler Reaktionen, die Rückschlüsse auf die Richtung (positiv oder negativ) und Intensität der E. zulassen. Die Vorstellung der Eindimensionalität der E. wurde in neuerer Zeit durch multidimensionale Modelle abgelöst. Sie scheinen der Komplexität der E. im sozialen Bereich eher gerecht zu werden [23].

Der sozialpsychologische E.-Begriff erfuhr unter dem Einfluß *behavioristischer* Grundsätze eine entscheidende Veränderung. L. W. Doob versuchte den Begriff ‹A.› in das Reiz-Reaktions-Konzept der behavioristischen Lerntheorien einzuordnen. Er setzte A. gleich mit der impliziten Reaktion des Organismus, die zwischen der Einwirkung des Umweltreizes und dem daraus folgenden beobachtbaren Verhalten zu denken ist. In diesem eigenwilligen Ansatz wird E. zum – wenn auch nicht direkt beobachtbaren – Verhalten [24].

Diese eindeutige Ablehnung der E. als hypothetisches Konstrukt wird jedoch in neueren Begriffsanalysen nicht nachvollzogen. Man bemüht sich vielmehr, die verschiedenen in der Geschichte des Begriffes auftauchenden Bedeutungsaspekte zusammenzufassen, um eine allgemeingültige und umfassende Definition der sozialen E. zu gewinnen. Die Bemühungen von D. Krech, R. S. Crutchfield und E. L. Ballachey in dieser Richtung werden weitgehend akzeptiert. Sie sehen E. als ein dauerhaftes System von drei Komponenten, die um ein soziales Objekt zentriert sind: a) die kognitive Komponente, d. i. die Annahmen über den Gegenstand; b) die Gefühlskomponente, d. i. der mit dem Gegenstand verbundene Affekt; c) die Komponente der Handlungstendenz, d. i. die Bereitschaft, in bestimmter Weise mit Bezug auf den Gegenstand zu handeln [25].

4. Im Zusammenhang mit *philosophischen* Lehren wird der E.-Begriff in eigenen Bedeutungsaspekten gebraucht. Für H. Graf Keyserling kommt in dem Streben des Menschen nach Vervollkommnung die Hauptrolle der «richtigen E.» zu. N. Hartmann verlangt als Methode der Ontologie mit Nachdruck die «natürliche E.», welche nicht etwa auf Umwegen («reflektierend») sich ihrem Gegenstand nähert, sondern die natürliche direkte Richtung des Erkennens einhält [26]. Hingegen fordert E. Husserl für die phänomenologische Erkenntnis in der «Einklammerung» das Aufgeben der natürlichen E., das Absehen vom Wirklichkeitscharakter der Gegenstände, um nur ihr von der Phänomenologie zu erschauendes «reines Wesen» festzuhalten [27].

Anmerkungen. [1] G. E. Müller und F. Schumann: Über die psychischen Grundlagen der Vergleichung gehobener Gewichte. Pflügers Arch. ges. Physiol. 45 (1889) 54f. – [2] H. Ebbinghaus: Grundzüge der Psychol. (1905). – [3] R. Müller-Freienfels: Vorstellen und Denken. Zur Kritik der Begriffe von Reproduktion und Assoziation. Z. Psychol. 60 (1912) 379-443. – [4] Ebbinghaus, a. a. O. [2]. – [5] J. von Kries: Über die Natur gewisser mit den psychischen Vorgängen verknüpfter Gehirnzustände. Z. Psychol. Physiol. Sinnesorgane 8 (1895) 1-33. – [6] G. Stoerring: Psychol. des menschl. Gefühlslebens (1922). – [7] Kries, a. a. O. [5] bes. 4. 20. – [8] A. Mayer und J. Orth: Zur qualitativen Untersuchung der Assoziation. Z. Psychol. Physiol. Sinnesorgane 26 (1901) 1-13. – [9] N. Ach: Über die Willenstätigkeit und das Denken (1905). – [10] J. J. Gibson: A crit. rev. of the concept of set in contemporary exp. psychol. Psychol. Bull. 38 (1941) 781-817. – [11] Ach, a. a. O. [9]. – [12] K. Marbe: Über E. und Umstellung. Z. angew. Psychol. 26 (1926) 43-57. – [13] G. W. Allport: Attitudes, in: C. M. Murchison (Hg.): Handbook of social psychol. (Worcester 1935). – [14] C. G. Jung: Psychol. Typen (1921). Werke 6 (1967) 460ff. – [15] W. Betz: Vorstellung und E. 1: Wiedererkennen. Arch. ges. Psychol. 17 (1910) 266-296. – [16] W. J. Thomas und F. Znaniecki: The Polish peasant in Europe and America (Boston 1918). – [17] E. Nelson: Attitudes. J. gen. Psychol. 21 (1939) 367-436. – [18] a. a. O. – [19] E. S. Bogardus: Measuring social distance. J. appl. Sociol. 9 (1925) 299-308. – [20] L. L. Thurstone und E. J. Chave: The measurement of attitude (Chicago 1929). – [21] R. Likert: A technique for the measurement of attitudes. Arch. Psychol. (1932) Nr. 104. – [22] L. Guttman: A basis for scaling qualitative data. Amer. Sociol. Rev. 9 (1944) 139-150. – [23] W. A. Scott: Attitude measurement, in: G. Lindzey und E. Aronson: Handbook of social psychol. 2 (London 1968). – [24] L. W. Doob: The behavior of attitudes. Psychol. Rev. 54 (1947) 135-156. – [25] D. Krech, R. S. Crutchfield und E. L. Ballachey: The individual in society (New York 1962). – [26] N. Hartmann: Zur Grundlegung der Ontologie (1935). – [27] E. Husserl, Husserliana 3 (Den Haag 1950).

Literaturhinweise. E. Nelson s. Anm. [17]. – J. J. Gibson s. Anm. [10]. – D. T. Campbell: Social attitudes and other acquired behavioral dispositions, in: S. Koch (Hg.): Psychol. The study of a sci. 6 (New York 1963). – F. ROTH: E. als Determination individuellen Verhaltens (1967).　　　　　R. STROHAL

II. E. HUSSERL unterscheidet die phänomenologische E. von der natürlichen, naturalistischen und personalistischen, auf die die phänomenologische systematisch bezogen bleibt.

‹*Natürliche*› E. heißt bei ihm jene E. des Menschen, in der er vor aller philosophischen Reflexion in Theorie und Praxis auf seine ihm vorgegebene Welt bezogen ist. Die natürliche E. wird durch die phänomenologische Epoché verlassen; dadurch kommt ihr Wesen in den Blick: Sie ist durch einen universalen, vor der phänomenologischen Epoché prinzipiell anonymen Setzungsvollzug (Generalthesis der natürlichen E.) gekennzeichnet, welche die beständige Vorhandenheit der einen raumzeitlichen Wirklichkeit und das sich Vorfinden des Menschen in dieser begründet [1]. Im Rahmen dieser Generalthesis vollzieht das Bewußtsein geradehin alle die Akte, durch welche die Welt als ein Universum an sich seiender Realitäten aller Art ständig für es da ist [2]. Ihre letzte Quelle und ihr Recht hat die Generalthesis der natürlichen E. in der sinnlichen Erfahrung, die als die «leibhafte Selbstgegenwart eines sinnlichen Objektes» [3] bestimmt ist. Die natürliche E. wird durch die Bezweiflung und Verwerfung einzelner Gegenstände oder Gegenstandsbereiche nicht durchbrochen [4]; erst die phänomenologische Epoché hebt die natürliche E. als ganze auf und führt so über in die phänomenologische E.

Die *naturalistische* (naturwissenschaftliche) E. ist für Husserl die E., auf deren Boden die objektive Wissenschaft der Neuzeit die Welt qua «All der Realitäten» erstens unter dem abstraktiven Gesichtspunkt der bloßen Extensionalität betrachtet [5] und zweitens unterstellt, daß dieses All des körperlich Seienden ein objektives «An-sich-sein» besitze, das sich in den Gegebenheiten der Lebenswelt nur subjektiv-relativ darstelle, aber mittels der objektivierenden, mathematisierenden Denkmethode als das «wahre Sein» der Welt – in einem unendlichen Forschungsprozeß – herausarbeiten lasse [6]. Das Geistige als Seele und das Lebendige werden in dieser E. naturalisiert zum «Annex an dem daseienden Körper, mitseiend und induktiv mit ihm einig – psychophysisch» [7].

Diese E. hat einen abstraktiven, methodisch-künstlichen Charakter und ist in der natürlich-vorwissenschaftlichen Weltansicht nicht konstitutiv vorgezeichnet [8]. Sie ist jedoch im Verlauf der Geschichte aus dieser hervorgegangen und wird von den in der Welt des natürlichen Lebens lebenden Forschern vollzogen. Als Verhaltensweise der in dieser Weise lebenden Forschergenerationen aber gehört die naturwissenschaftliche E. – und ihr Produkt, die objektive Wissenschaft – als «kultureller Bestand» in die natürliche Erfahrungswelt hinein, als ein in ihr ausgehendes und in ihr sich abspielendes Geschehen [9].

Während Husserl die natürliche E. gegenüber der phänomenologischen E. als mundan charakterisiert, hebt er ihre Eigenart gegenüber der naturalistischen E. als «*personalistische* E.» ab, «in der wir allzeit sind, wenn wir miteinander leben». Sie ist eine durchaus natürliche E., die nicht erst durch besondere Hilfsmittel gewonnen und gewahrt werden muß [10].

Ausgangspunkt für alles Erfahren ist hier das in allen seinen Erlebnissen intentional auf seine Welt bezogene Ich [11], das sich immer schon in einer Subjektgemeinschaft vorfindet, die eine solche nur ist innerhalb von anderen Gemeinschaften und im geschichtlich offenen Horizont der Kette der Generationen [12]. Die Welt ist in dieser E. «Umwelt», «Welt für uns» [13]. Zu dieser Welt gehören nicht nur «Empfindungsmaterial» und Naturdinge, sondern auch alles Seiende praktischer und kultureller Art [14]. Das in der personalistischen E. Erfahrbare bildet unter empirisch-induktivem Aspekt das Gegenstandsfeld des Geisteswissenschaftlers. Er macht im Unterschied zum vortheoretisch-praktisch in der Welt lebenden Menschen alles, was in der personalistischen E. zur Erfahrung kommt, zum Gegenstand eines theoretischen Interesses. Die Geisteswissenschaft hat also aufgrund der sie konstituierenden E. Geschichtliches im weitesten Sinne immer mit zum Thema [15].

Die *phänomenologische* E. als der Bezugsbegriff heißt bei Husserl die durch die habituell durchgehaltene phänomenologische Epoché gekennzeichnete E. des Philosophen [16]. Die phänomenologische E. ist eine reflexive E., in der das Subjekt zum «Zuschauer» seines eigenen Bewußtseinslebens wird. Während in der Reflexion innerhalb der natürlichen E. das reflektierende Subjekt die anonym bleibende Generalthesis der natürlichen E. mitvollzieht [17], enthält sich das reflektierende Subjekt in der phänomenologischen E. jeder Stellungnahme hinsichtlich Seins oder Nichtseins der Gegebenheiten des Bewußtseins. Die phänomenologische E. ist so «universale Reflexion verbunden mit universaler ἐποχή» [18]. Das reflektierende Subjekt wird dadurch zum «uninteressierten Zuschauer» seines Bewußtseinslebens [19] und gewinnt sein Bewußtseinsleben und dessen Korrelat, die Welt selbst, als Phänomen [20], d. h. als Gegenstand universaler Deskription.

Der Begriff der phänomenologischen E. wird auch von M. SCHELER und der Göttinger sowie der Münchener «Phänomenologenschule» verwendet. Er bezeichnet bei ihnen jedoch übereinstimmend die E. der Wesensschau und Wesenserkenntnis [21].

Anmerkungen. [1] E. HUSSERL: Ideen zu einer reinen Phänomenol. und phänomenol. Philos. 1. Buch. Husserliana 3 (Den Haag 1950) 63. – [2] a. a. O. 119. – [3] 88. – [4] 63. – [5] Die Krisis der europäischen Wiss. und die transzendentale Phänomenol. Eine Einl. in die phänomenol. Philos. Husserliana 6 (Den Haag ²1962) 230. – [6] a. a. O. 358f. – [7] 302. – [8] 294. – [9] 132f. – [10] Ideen ... 2. Buch: Phänomenol. Untersuchungen zur Konstitution. Husserliana 4 (Den Haag 1952) 183. – [11] a. a. O. 215. – [12] 190ff.; vgl. Die Krisis ... a. a. O. [5] 300f. – [13] Ideen ... 2. Buch, a. a. O. [10] 186. – [14] a. a. O. 186f. – [15] Die Krisis ... a. a. O. [5] 300; vgl. auch L. LANDGREBE: Welt als phänomenol. Problem, in: Der Weg der Phänomenol. (²1967) 56. – [16] E. HUSSERL: Erste Philos. (1923/24). 2. Teil: Theorie der phänomenol. Reduktion. Husserliana 8 (Den Haag 1959) 143. – [17] a. a. O. 91. – [18] 155. – [19] 92. – [20] Die Krisis ... a. a. O. [5] 259; vgl. Phänomenol. Psychol. Vorles. SS 1925. Husserliana 9 (Den Haag 1962) 341. – [21] M. SCHELER: Schriften aus dem Nachlaß 1: Zur Ethik und Erkenntnislehre (²1957) 380ff.

U. CLAESGES/P. JANSSEN

Einströmen. E. HUSSERL gewinnt den Begriff des E. im Rahmen einer Analyse des Verhältnisses zwischen transzendentalem und psychisch-mundanem Ich [1]. Die transzendentale Reduktion erweist, daß ich als «Mensch in der Welt», als «Seele», Produkt konstituierender transzendentaler Leistungen, «Selbstobjektivation» des transzendentalen Ego bin. Kehre ich aus der transzendentalen in die natürliche Einstellung zurück – in der ich als Mensch in der Welt Gegenstand der Psychologie bin –, so finde ich die Produkte der transzendentalen Leistungen in einer psychologischen Analyse als objektiv-mundane Gegebenheiten wieder – jedoch ohne den Horizont ihrer transzendentalen Herkunft [2]. Ich kann aber in diesem Falle niemals wieder die alte «Naivität» zurückgewinnen, die mich vor dem Vollzug der transzendentalen Reduktion beherrscht hat. Meine transzendentalen Einsichten sind zwar nach meiner Rückkehr ins natürliche Leben nicht mehr aktuell, aber sie sind keineswegs verloren. Sie strömen vielmehr in meine Selbstobjektivation ein und halten mir diese als solche bewußt [3].

Anmerkungen. [1] E. HUSSERL: Die Krisis der europäischen Wiss. und die transzendentale Phänomenol. Husserliana 6 (Den Haag ²1962) 207ff.; vgl. Cartesianische Meditationen und Pariser Vorträge. Husserliana 1 (Den Haag ²1963) 70f. – [2] Die Krisis ... a. a. O. 209ff. – [3] a. a. O. 214.   P. JANSSEN

Einwelttheorie/Mehrweltentheorie. Die Einwelttheorie (E.) bzw. Mehrweltentheorie (M.) ist eines der klassischen Probleme der Philosophie, eng mit den Lehren der Weltewigkeit und des Weltanfangs verbunden; in seiner vollen philosophischen Bedeutung wurde es erstmals von ARISTOTELES diskutiert: διότι δ'οὐδὲ πλείους οἷόν τ'οὐρανοὺς εἶναι (deshalb ist es auch unmöglich, daß es viele Himmel gibt) [1]. Im Gegensatz zu seinen Vorgängern, die sämtlich Prozesse der Weltbildung, eine unendliche Abfolge von Welten und somit eine Mehrheit von Welten, zwar nicht im Nebeneinander, aber doch im Nacheinander gelehrt hatten, verneinte Aristoteles strikt die Mehrheit der Welten. Die Ablehnung der M. wurde ein Kernsatz des Aristotelismus. Der Gedanke der Einheit der Welt drückt für Aristoteles im wesentlichen die Ordnung und Gesetzmäßigkeit der Natur aus, in der nichts regellos geschieht und in der sich alles aus natürlichen Ursachen erklären läßt [2]. Diese Doktrin hängt ferner mit seiner Lehre vom natürlichen Ort der Elemente zusammen, die auf Grund ihrer Natur immer dieselben Kräfte und Bewegungen entfalten müssen, wonach es folglich immer nur ein Zentrum und nur einen Umkreis und konsequenterweise nur den einen in sich begrenzten Kosmos geben kann [3].

Indem das Universum von PLOTIN als notwendige Wirkung des ersten Prinzips angesehen wurde, lag die Lehre der Einheit der Welt und die Ablehnung der M. in den Konsequenzen des *Neuplatonismus:* δεῖ δὴ τὸ πᾶν τοῦτο τὸ ἀληθινόν, εἴπερ ἔσται πᾶν ὄντως, μὴ μόνον εἶναι πᾶν, ᾗ ἔστι τὰ πάντα, ἀλλὰ καὶ τὸ πᾶν ἔχειν οὕτως, ὡς μηδὲν ἐλλείπειν (das wahre All, wenn es wirklich das Gesamte sein soll, darf nicht nur ein All sein, das alles Existierende ist, sondern muß derart ein All sein, daß ihm nichts fehlt) [4]. Auch im *arabischen* Neuplatonismus wurde, vor allem von AVICENNA, aus der notwendigen Wirksamkeit des ersten Prinzips die Einheit des Kosmos deduziert: «Primus igitur intelligit suam essentiam et ordinationem bonitatis que est in omni: et quomodo est: igitur illa ordinatio ob hoc quod ipse intelligit eam fluit: et fit: et est (Der Erste erkennt seine Wesenheit und die Ordnungsfolge des Guten, die in allem ist und auf welche Weise sie ist. Und weil der Erste sie erkennt, fließt diese Ordnung [aus ihm] und wird und ist) [5]. AVERROES erneuerte die Ablehnung der Mehrheit der Welten auf der Grundlage der aristotelischen Himmelslehre in seinen Schriften ‹De substantia orbis› und ‹Destructio destructionum› sowie in seinen Kommentaren zu Aristoteles; «*De caelo:* Nam considera quod quilibet orbis orbium caelestium est vivens: quoniam sunt habentes corpora determinatae mensurae, et figurae, et moventur ex se ex partibus determinatis, non ex quacunque sit: et omne, quod est tale, est vivens necessario» (Erwäge, daß jeder der Himmelskreise lebendig ist, da sie ja Körper mit bestimmten Maßen und Formen haben und von sich aus von bestimmten, nicht von beliebigen Teilen bewegt werden. Und alles was derart beschaffen ist, ist notwendig lebendig) [6].

Demgegenüber wurde die Annahme einer möglichen Mehrheit der Welten zunächst zum wesentlichen Anliegen von Denkern, welche die Weltentstehung in der unendlichen Allmacht oder im Willen der Gottheit fundierten und sich damit gegen die aristotelische und neuplatonische Doktrin der Notwendigkeit stellten. Ansätze zu dieser Auffassung lassen sich bereits bei JOHANNES PHILOPONOS nachweisen [7]. In voller Konsequenz wurde von dem arabischen Theologen AL-GAZALI die Lehre entwickelt, daß der göttliche Wille die besondere Gestalt dieser Welt aus einer Reihe anderer, indifferent zu ihm stehender und somit gleichwertiger Möglichkeiten ausgewählt habe [8]. Auch MOSES MAIMONIDES vertrat die Ansicht [9], daß die bestehende Gestalt des Kosmos von einem Bestimmenden gewählt wurde. Damit war die Möglichkeit einer Mehrheit der Welten wenigstens indirekt zugestanden.

In der *lateinischen Scholastik* des 13. Jh. bildete die These ‹Quod Deus potest plures mundos facere› einen entscheidenden Angriffspunkt gegen die Aristotelische Philosophie. Die Verneinung dieser Lehre wurde unter die 219 Thesen aufgenommen, welche 1277 verurteilt wurden [10]. In den *franziskanischen* Schulen wurde die Lehre, daß Gott mehrere Welten erschaffen könne, von PETRUS JOHANNES OLIVI auf dem europäischen Kontinent [11], von RICHARD VON MEDIAVILLA auf der britischen Insel [12] entwickelt, zwar nicht im Sinne eines aktuellen Unendlichen, wohl aber als «infinitum in fieri», als stets fortschreitendes Unendliches. Wenn die tatsächliche Mehrheit der Welten doch schließlich verneint wurde, nachdem zuerst ihre philosophische Möglichkeit zugestanden war, dann bestimmten diese Denker vornehmlich heilsgeschichtliche Motive, indem diese Konzeption mit der göttlichen Schöpfungsordnung und dem Erlösungsgeschehen nicht in Einklang gebracht werden konnte. Diese Gedanken, in denen P. Duhem und A. Maier den Ursprung moderner kosmologischer Anschauungen erblickt haben, wurden in den spätscholastischen Aristoteleskommentaren (JOHANNES BURIDAN, NICOLAUS VON ORESME u. a.) weiter entwickelt und mit Anschauungen verbunden, denen zufolge die Himmelsbewegungen nicht mehr, wie im klassischen Weltbild, in Intelligenzen, sondern in der Mechanik begründet seien, womit Kopernikus, Descartes und Galilei vorgearbeitet wurde.

In der *Neuzeit* wurde die Lehre der Mehrheit der Welten besonders von GIORDANO BRUNO entwickelt. Sie hängt eng mit seiner Auffassung der Unendlichkeit der Welt zusammen, wonach im Universum nicht allein eine um die Sonne kreisende Erde, sondern eine Unendlichkeit anderer Sonnen und anderer Erden anzunehmen seien. Diese Gedanken sind im 4. und 5. Dialog von ‹De l'infinito, universo e mondi›, wie auch in ‹La cena› entwickelt und verbinden sich mit einer eingehenden Widerlegung von Aristoteles' ‹De caelo›. Die Idee der Mehrheit der Welten wurde nun aber von der Einheit des sich ins Unendliche weiterentwickelnden Kosmos überwölbt, wie es auch bei den Vertretern der *modernen Naturwissenschaften* der Fall war (Kepler, Galilei, Newton).

SPINOZA vertrat in der ‹Ethik› die notwendige Einheit der Substanz und damit der Welt. Wenn LEIBNIZ in der ‹Theodizee› die Auffassung lehrte, daß der göttliche Wille aus der unendlichen Zahl möglicher Welten die beste ins Dasein gesetzt habe, nahm er lediglich die denkbare, logische Mehrheit der Welten an, unter denen aber für den das Beste vollziehenden göttlichen Verstand nur diese Welt faktisch realisierbar ist.

Die Auffassung, daß bei der Annahme der M. der Kosmos eine umfassende, progressive Einheit darstellt, wurde von KANT in der ‹Allgemeinen Naturgeschichte und Theorie des Himmels› auf der Basis neuzeitlicher naturwissenschaftlicher Anschauungen (Laplace) vertreten. Kant sagt, daß «Millionen, und ganze Gebürge von Millionen Jahrhunderten verfließen, binnen welchen immer neue Welten und Weltordnungen nach einander, in den entfernten Weiten von dem Mittelpunkte der Natur, sich bilden, und zur Vollkommenheit gelangen werden», die freilich «ohnerachtet der systematischen Verfassung, die unter ihren Teilen ist, eine allgemeine Beziehung auf den Mittelpunkt erlangen, welcher der erste Bildungspunkt, und das Zentrum der Schöpfung durch das Anziehungsvermögen seiner vorzüglichen Masse worden ist» [13]. Nach der ‹Kritik der reinen Vernunft› ist Welt «der Inbegriff aller Erscheinungen», die «absolute Totalität des Inbegriffs existierender Dinge», über die freilich «gar kein synthetischer Satz weder bejahend noch verneinend möglich ist», da «man von allen Bedingungen der Anschauung derselben abstrahiert» [14]. In der ‹Kritik der Urteilskraft› erneuerte Kant den Gedanken der Einheit der Welt bei innerer Vielgestaltigkeit, wenn er die Welt als «ein nach Zwekken zusammenhängendes Ganze», ein «System von Endursachen» sieht [15]. Mit Kant fand die klassische Diskussion um die E. und M. ihr Ende.

Anmerkungen. [1] ARISTOTELES, De caelo 276 a ff. – [2] Phys. 252 a. – [3] De caelo 276 b. – [4] PLOTIN, Enn. III, 7, 3 (4). – [5] AVICENNA, Met. VIII, 7. – [6] AVERROES, Destr. destr. fol. 24r a. – [7] JOHANNES PHILOPONOS, De aeternitate mundi I, 6-8; XVI, 1-4; vgl. THOMAS VON AQUIN, In Arist. de caelo I, 4, 60 (3). – [8] AL-GAZALI, Destr. philos.; Tahafut al-Tahafut, disp. 14-16. – [9] MOSES MAIMONIDES, Dux perpl. II, 19. – [10] Chart. Univ. Paris. I, 543ff. (Nr. 473). – [11] PETRUS JOHANNES OLIVI, In II Sent., hg. JANSEN 130. – [12] RICHARD VON MEDIAVILLA, In II Sent. (Brixen 1651) II. – [13] KANT, Akad.-A. 1, 314. – [14] a. a. O. 3, 348; vgl. 344. – [15] KU §§ 67f.

Literaturhinweise. E. ZELLER: Über die Lehre des Aristoteles von der Ewigkeit der Welt. Abh. königl. Akad. Wiss. philos.-hist. Kl. (1878). – P. MANDONNET: Siger de Brabant et l'averroïsme latin au 13e siècle 1. 2 (Löwen ²1908). – P. DUHEM: Le système du monde de Platon à Copernic 1-7 (Paris o. J.). – J. CHEVALIER: La notion du nécessaire chez Aristote (Paris o. J.). – L. GAUTHIER: Ibn Rochd (Averroès) (Paris 1948). – A. MAIER: Stud. zur Naturphilos. der Spätscholastik 1: Die Vorläufer Galileis im 14. Jh. (Rom 1949); 2: Zwei Grundprobleme der scholastischen Naturphilos. (²1951); 3: An der Grenze von Scholastik und Naturwiss. (²1952); 4: Met. Hintergründe der spätscholastischen Naturphilos. (1955); 5: Zwischen Philos. und Mechanik (1958). – R. ZAVALLONI: Richard de Mediavilla et la controverse sur la pluralité des formes (Löwen 1951). – R. ARNALDEZ: La pensée relig. d'Averroès I: La théorie de Dieu dans le Tahâfut; II: La théorie de la création dans le Tahâfut. Studia Islamica 7 (Paris 1957). – F. SOLLMSEN: Aristotle's system of the physical world (Ithaca/New York 1960). – E. BEHLER: Die Ewigkeit der Welt. Problemgesch. Untersuchungen zu den Kontroversen um Weltanfang und Weltunendlichkeit in der arab. und jüd. Philos. des MA (1965).

E. BEHLER

Einzelimplikation heißt eine prädikatenlogische Implikation (nach LORENZEN ‹Subjunktion›) der Form $f(a) \rightarrow g(a)$, wobei a eine Individuenkonstante andeutet. Beispiel: «Wenn Frege Logiker ist, so ist Frege Philosoph.»

A. MENNE

Einzelne (der). J. H. CAMPE schlägt 1794 als Ersatz für das als Fremdwort empfundene ‹Individuum› den Begriff ‹Einzelwesen› vor, der dann durch JEAN PAUL in seiner ‹Levana› verbreitet wird [1]. F. SCHLEIERMACHER sieht den E. in Beziehung zur Gemeinschaft der Kirche: Durch die Taufe in die Gemeinschaft aufgenommen [2], ist der E. auf das Ganze, umgekehrt aber auch das Ganze auf den E. hingeordnet [3]. Nach HEGEL machen «die Vielen als E.» wohl auch ein Zusammen aus, «aber nur als die Menge, – eine formlose Masse, deren Bewegung und Thun eben damit nur elementarisch, vernunftlos, wild und fürchterlich wäre». Dagegen hat in der Spannung zum Allgemeinen die Ausbildung der Besonderheit der «persönlichen Einzelheit» für Freiheit konstitutive Bedeutung. Während auf dem Boden der bürgerlichen Gesellschaft «das Interesse des E. der letzte Zweck» ist, hat der E. im Staat und der Staat «an dem Selbstbewußtsein des E.» die vermittelte Existenz [4].

Im Fortgang des 19. Jh. setzt sich eine positivere Sicht des E. durch. NIETZSCHE findet überall die Spuren von E., ihrem Einfluß hat sich die Menge gebeugt [5]: «Den großen Gedanken produzirt nur der E.» [6]. Im E. liegt der Sinn des Staates [7]; die Aufgabe des Wohles des E. zugunsten des Wohles der Mehrzahl wird scharf abgelehnt [8], denn es sind «die E., die eine Art von Brücke über den wüsten Strom des Werdens bilden» [9]. Nietzsche prägt den Begriff der «großen E.» [10] oder «höchsten E.», die «die schöpferischen Menschen, ... die reinsten Typen und Verbesserer der Menschheit» sind [11], und beklagt «die Not der großen E. in ihrer Entwicklung» [12]. Die Verwechslung des E. mit dem ‹Individuum› lehnt er ab [13].

Für KIERKEGAARD ist der ‹E.› eine spezielle Kategorie geworden. Durch sie muß «in religiöser Hinsicht, die Zeit, die Geschichte, das Geschlecht hindurch» [14]. Der E. steht der Menge [15], als «Kategorie des Geistes» der «Politik» gegenüber [16]: Der E. als «christlich entscheidende Kategorie» [17] – damit «steht und fällt die Sache des Christentums» [18]. Die Menschen müssen wieder E. werden, um Zugang zum Christentum zu finden [19], sonst fallen sie der «pantheistischen Verwirrung» anheim [20]; denn: «Als ‹der E.› ist er allein, allein in der ganzen Welt, allein – Gott gegenüber» [21]. – M. BUBER hat die Kagegorie des E. von Kierkegaard übernommen und gegen den Stirnerschen Begriff ‹der Einzige› abgegrenzt [22]. Der E. «meint nicht das Subjekt und nicht ‹den Menschen›, sondern die konkrete Singularität, jedoch nicht das sich vorfindende Individuum, eher das sich findende Person» [23]. Der E. entspricht Gott; beide sind «die Wahrheit»: «Gott ist die Wahrheit, weil er ist, der E. ist die Wahrheit, weil er sich zu seiner Existenz findet» [24]. Buber wendet jedoch gegen Kierkegaard ein, «daß die Beziehung der menschlichen Person zu Gott durch Weglassen der Welt entstehe» [25]. Denn nach Buber ist ein E. nur, «wem die Beziehungswirklichkeit zu Gott, die ausschließliche, die Beziehungsmöglichkeit zu aller Anderheit einschließt und umschließt» [26]. Die Kategorie des E. hat sich so gewandelt zur «Position des E. in der Verantwortung» [27].

Bei S. FREUD wird der E. gesehen in seinem Verhältnis zur *Masse:* In der Masse wird «der psychische Oberbau, der sich bei den E. so verschiedenartig entwickelt hat, ... abgetragen, entkräftet und das bei allen gleichartige, unbewußte Fundament wird bloßgelegt (wirksam gemacht)» [28]. Für E. SPRANGER wird der E. «zum Gegenstand der Liebe als ein Gefäß der Werte» [29], während für O. SPANN das Ganze die wahre Wirklichkeit ist: «diese weckt, gebiert, ernährt und bildet erst den E.» [30]. JASPERS sieht den E. durch die Masse bedroht. Masse entsteht, «wenn der E. nur als zählbar eine Rolle spielt» [31]. In der Masse hört der E. auf, er selbst zu sein: «Masse löst einerseits auf; in mir will etwas, das nicht ich bin. Masse isoliert andererseits den E. zum Atom, das seiner Daseinsgier preisgegeben ist; es gilt die Fiktion der Gleichheit aller» [32]. – E. BRUNNER betont die Verknüpfung des E. mit der Gemeinschaft [33], weshalb sich der Mensch wesenhaft als «Einzelner-in-Gemeinschaft» zu verstehen hat [34]. Ähnlich wird das Verhältnis allgemein in der neueren Sozialethik bestimmt, doch wird hier der Begriff des ‹E.› durchgehend synonym zu ‹Individuum› gebraucht. – Es bleibt eine Aufgabe der Philosophie, die Bedeutung des E. gegen die allzu weitgehende Eingliederung in die Gesellschaft zu bewahren [35] und vor seinem Verschwinden in den übermächtigen «Apparat» der Wirtschaft und des Staates zu warnen [36].

Anmerkungen. [1] TRÜBNERS Dtsch. Wb., hg. A. GÖTZE 2 (1940) 168. – [2] F. SCHLEIERMACHER: Der christl. Glaube §136, hg. M. REDEKER (1960) 2, 318. – [3] a. a. O. §127 = 2, 278. – [4] HEGEL, Grundlinien der Philos. des Rechts §§ 303. 257. 258. 260. – [5] NIETZSCHE, Musarion-A. (1922ff.) 3, 246. – [6] a. a. O. 1, 281. – [7] 7, 383. – [8] 10, 386. – [9] 6, 307. – [10] 3, 270; vgl. 14, 128. – [11] 7, 31. – [12] 19, 320. – [13] 17, 129. – [14] KIERKEGAARD, Werke, 33. Abt. (1964) 112; vgl. Krit. dän. A. 13, 604ff. – [15] a. a. O. 114. – [16] 115. – [17] ebda. – [18] 117. – [19] 116, – [20] 171. – [21] ebda. – [22] M. BUBER: Die Fragen an den E. Werke 1 (1962) X. – [23] a. a. O. 218. – [24] 225. – [25] 245. – [26] 244. – [27] 253. – [28] S. FREUD: Massenpsychol. und Ich-Analyse. Werke 13 (London 1955) 78. – [29] E. SPRANGER: Lebensformen (1921) 172. – [30] O. SPANN: Der wahre Staat (1938) 43. – [31] K. JASPERS: Die geistige Situation der Zeit (1931, zit. 1960) 34. – [32] a. a. O. 35. – [33] E. BRUNNER: Das Gebot und die Ordnungen (1939) 279. – [34] a. a. O. 430. – [35] R. KASSNER: Der E. und der Kollektivmensch (1931); H. FREYER: Das soziale Ganze und die Freiheit der E. unter den Bedingungen des industriellen Zeitalters (1957). – [36] M. HORKHEIMER und TH. W. ADORNO: Dialektik der Aufklärung (Amsterdam 1947) 9.
U. THEISSMANN

Einzelurteil, auch ‹Individualurteil›, wird gelegentlich das singuläre Urteil (s. d.) genannt. In der modernen Logik hat sich dafür auch ‹Individualaussage› (s. d.) eingebürgert.
A. MENNE

Einzige (der), **Einzigkeit.** Die *biblischen* Redeweisen vom einen und alleinigen Gott (ὁ μόνος θεός), die im Alten Testament besonders als Abgrenzung gegen die vielen Götter (die «Nicht-Seienden» gegenüber dem einzig seienden Gott Israels) auftreten [1] und im Neuen Testament vor allem im Zusammenhang mit dem Auftrag zur Heidenmission und den Lobpreisungen Gottes ihren Ort haben [2], werden in der Theologie allgemein als Aussagen über die Einzigkeit (Ek.) Gottes interpretiert [3]. Der entsprechende lateinische Terminus lautet jedoch «solus Deus» (Vulgata); der Ausdruck «unicus Deus» wird von THOMAS VON AQUIN abgelehnt, da er der Dreieinigkeit Gottes widerspricht: «Wir sprechen nicht von dem einzigen Gott, da die Gottheit mehreren gemeinsam ist» [4]. Demgegenüber betont das *Judentum* mit dem hebräischen Wort ‹jichud› die Ek. Gottes, und H. COHEN interpretiert sie in seiner Religionsphilosophie nicht nur als die Aufhebung des Seins anderer Götter, sondern auch des unabhängigen Seins der Welt. Das Sein der Natur hat seinen Ursprung nur in dem Gottes. Auch der Wert des Menschen und des Gesetzes der Sittlichkeit leiten sich nur aus Gott her: Gottes Sein ist das «einzige Sein» [5]. Trotzdem hält man es aber im allgemeinen für unerläßlich, auch den christlichen Gott als den Einzigen (E.) zu bezeichnen, «der keinen anderen als ‹Mittler› neben sich duldet». Es gibt «nur die Entsetzung des einen E. durch einen anderen E., nicht aber in selbem Sinne eine Anerkennung einer Mehrheit gleich ursprünglicher Führer wie in Philosophie, Kunst, Wissenschaft» [6].

SPINOZA folgert die Ek. Gottes («Deum esse unicum») aus der Unendlichkeit und Unteilbarkeit der absoluten Substanz [7]. Auch für HEGEL ist Gott notwendig der E.: «Zu der Erscheinung des christlichen Gottes gehört ferner, daß sie einzig in ihrer Art sei; sie kann nur einmal geschehen, denn Gott ist Subjekt und als erscheinende Subjektivität nur ausschließend Ein Individuum» [8].

Als erster hat der Junghegelianer M. STIRNER den Begriff ‹E.› in seinem Hauptwerk ‹Der E. und sein Eigentum› (1845) auf den Menschen übertragen. Er setzt den E. der «Masse», die B. BAUER als das «bedeutendste Erzeugnis der Revolution» bezeichnet, entgegen [9], um den von Bauer noch empfundenen Unmenschlichkeiten in der Wirklichkeit, der trotz Revolution unbefriedigten Masse des Volkes, an deren Spitze der kritische Philosoph steht, zu begegnen. Dies kann nach STIRNER nur so geschehen, daß man den Gegensatz von Ich und wahrem Ich, den Zwiespalt von Selbst und außer diesem Selbst liegendem Menschlichen und besseren Selbst aufhebt: «Jetzt aber höre Ich auf, Mir selbst als das Unmenschliche vorzukommen, höre auf, Mich am Menschen zu messen und messen zu lassen ... Ich bin das Unmenschliche nur gewesen, bin es jetzt nicht mehr, sondern bin das E.» [10]. In gleicher Weise verschärft Stirner die von FEUERBACH vollzogene Reduktion des religiösen Verhältnisses als eines Verhältnisses des Menschen zu sich selbst [11]: Nicht nur der Begriff ‹Gott› soll sich «verflüchtigen», sondern – so fordert STIRNER – auch der als Ersatz an seine Stelle getretene abstrakte, mit dem konkreten Ich entzweite Begriff ‹Mensch›, der zu einem neuen «Jenseits in uns» zu werden droht [12]. Zusammen mit dem Abstraktum ‹Mensch› sucht Stirner jeglichen über den Einzelnen und E. hinausgehenden und ihm entgegenstehenden Begriff, wie ‹Familie›, ‹Nation›, ‹Volk›, ‹Partei›, ‹Recht›, ‹Staat›, ‹Gesellschaft›, und jedes Allgemeine, wie z. B. ‹Prinzip›, ‹Wesen›, ‹Idee›, ‹Ideal›, ‹Geist›, zu destruieren [13]. Nur der «Egoist» kann diesen «Spuk», den «Geist in sein Nichts auflösen» [14]. Nicht sollen ihn beherrschen und einschränken, sondern er soll zum «Eigner der Welt der Dinge» und der «Welt des Geistes» werden [15]. Die Weltgeschichte ist ein Kampf des Einzelnen gegen den in verschiedenen Gestalten sich gegen ihn erhebenden Geist: «Die Geschichte sucht *den* Menschen: er ist aber Ich, Du, Wir. Gesucht als ein mysteriöses Wesen, als das Göttliche, erst als der Gott, dann als der Mensch (die Menschlichkeit, Humanität und Menschheit), wird er gefunden als der Einzelne, der Endliche, der E.» [16]. Der E. wird «die alte Götterwelt los und von ihr frei», «die Eigenheit erschuf eine neue Freiheit» [17]. Sein Eigentum geht über das bürgerliche Eigentum, die «Habe», die gegenseitig respektiert wird, hinaus; er betrachtet im «egoistischen Sinne» alles als sein Eigentum [18]. Als einzige soziale Bindung ist für ihn nur der «Verein von Egoisten» denkbar [19]. Der Zweck eines solchen Vereins ist nicht die Freiheit, deren Beschränkung «überall unabwendbar» ist, sondern in erster Linie die «Eigenheit», die vom Staat unterdrückt wurde [20]. Die Eigenheit steht für Stirner über der absoluten Freiheit. Der Staat ist eine Macht über mir, ein «Herr meines Geistes, der Glauben fordert und Mir Glaubensartikel vorschreibt», der Verein dagegen ist «mein Erzeugnis»

[21]. Darüber hinaus erkennt der E. keine objektiven, institutionellen Bindungen an. Er steht in der radikalen Vereinzelung, in der für ihn keine Gemeinsamkeiten mit anderen Menschen existieren, dadurch aber auch der Gegensatz zu ihnen aufgehoben ist: «Du hast als E. nichts Gemeinsames mehr mit dem Andern und darum auch nichts Trennendes oder Feindliches; ... Der Gegensatz verschwindet in der vollkommenen – Geschiedenheit oder Ek.» [22]. «Allein zum Denken wie zum Empfinden, also zum Abstrakten wie zum Sinnlichen brauche ich vor allen diesen E.» [23]. Der E., der seine Bestimmung nur in sich selbst und nicht in einem außer ihm liegenden Ideal findet, das «alleinige Ich», das nur sich und nicht «den Menschen» in sich entwickelt [24], setzt sich damit an die Stelle des einzigen Gottes: «Man sagt von Gott: ‹Namen nennen Dich nicht›. Das gilt von Mir: kein Begriff drückt mich aus, nichts, was man als mein Wesen angibt, erschöpft Mich; es sind nur Namen. Gleichfalls sagt man von Gott, er sei vollkommen und habe keinen Beruf, nach Vollkommenheit zu streben. Auch das allein gilt von Mir» [25].

In seiner Antwort auf Stirners Kritik wies FEUERBACH nach, daß auch die Kategorie des E. ein abstrakter Begriff, «ein unverdauter Rest des alten christlichen Supranaturalismus» ist [26], der alle soziale Beschränktheit und Abhängigkeit sowie die notwendige Beziehung zwischen Ich und Du außer acht läßt. Erst durch die «Gattung» konstituiert sich das Ich. «Individuum sein heißt zwar allerdings ‹Egoist› sein, es heißt aber auch zugleich, und zwar unwillkürlich ‹Kommunist› sein» [27].

Auch MOSES HESS kritisiert den Begriff des E., da er eine Herauslösung aus den praktisch-sozialen Gegebenheiten des Menschen bedeute. Die Folge sei die Rückkehr in den Naturzustand und die Barbarei: «Die ‹Konsequenz› des E. ... ist der kategorische Imperativ: Werdet Tiere!» [28]. Die von Stirner beabsichtigte Umwandlung des Menschen in den E. erfolge nur im Bewußtsein, ohne Veränderung der realen Verhältnisse; deshalb sei auch der geplante «Verein der Egoisten» eine Illusion: «Der E. ist der kopf- und herzlose Rumpf, d. h. er hat eben diese Illusion – denn er ist in der Tat nicht nur ‹geistlos›, sondern auch ‹leiblos›, er ist nichts als eine Illusion» [29].

Diese Kritiken veranlaßten Stirner zu einer Replik, in der er die Bedeutung des E. präzisierte: Das mit dem E. Gemeinte kann eigentlich nicht mit Namen genannt werden, auch nicht mit dem Wort ‹E.›. Er kann nicht definiert werden, er «ist die Bestimmungslosigkeit selber; Inhalt und Bestimmung wird ihm erst durch Dich» [30]. Bevor nicht «Du der Inhalt des E. bist», ist er eine absolute «Phrase», eine «Aussage, von welcher mit aller Offenheit und Ehrlichkeit eingeräumt wird, daß sie – Nichts aussagt» [31]. Der E. gibt die Möglichkeit, als «Du» anerkannt zu werden, ohne daß etwas darüber ausgesagt werden könnte: «Du, Undenkbarer und Unaussprechlicher, bist der Phraseninhalt, der Phraseneigner, die leibhaftige Phrase, Du bist der Wer, der Der der Phrase» [32].

Die heftigste Kritik übte MARX an der Kategorie des E. Sie ist für ihn ein typisches Produkt der Ideologie, d. h. ein Erzeugnis des von der materiellen Wirklichkeit losgelösten Geistes. So liegt dem E. immer noch eine bürgerliche Basis zugrunde, er ist das End- und damit das Verfallsprodukt der Bourgeoisie. Die Konstruktion des E. läßt die materiellen Bedürfnisse des Menschen und das notwendige In-Beziehung-Treten der Individuen unberücksichtigt. Die «Voraussetzungslosigkeit», die Stirner dem Ich zuschreibt und die seine Ek. ausmacht, «löst sich also hier auf in die polizeilich konstatierte Identität einer Person mit sich selbst, darin, daß ein Individuum nicht das Andre ist. So schrumpft der Weltstürmer Sancho zum Schreiber eines Paßbüros zusammen» [33].

Der Begriff ‹E.› fand nur wenig Zustimmung und positive Weiterführung. E. v. HARTMANN hält ihn für «die wahre praktische Konsequenz des subjektivistischen Monismus Fichtes», durch die jedes sittliche Bewußtsein unmöglich werde [34]. Auch im *Anarchismus*, der teilweise an Stirner anknüpft [35], findet der E. nur wenig Resonanz. Lediglich in der «Gesellschaft für individualistische Kultur» und deren Zeitschrift «Der E.» [36] lebte er fort.

Dagegen erfolgte eine transzendental-logische Deduktion des E. als dem letzten absolut gewissen Ausgangspunkt des Erkennens bei verschiedenen Autoren des *Neukantianismus* [37]. Diese Versuche faßte G. LEHMANN zusammen zu einer Darlegung des «logischen Inhalts» des E. und verband sie mit einer Analyse des «Ek.-Bewußtseins und -Erlebnisses» [38]. M. BUBER hält Stirners Destruktion der nicht mehr «geglaubten Wahrheit» für notwendig, glaubt aber an ein Verhältnis des Menschen zur «unhabbaren», nicht in Besitz zu nehmenden Wahrheit. Nicht der E., sondern der Einzelne als Person ist für ihn in der gegenwärtigen «geschichtlichen Lage» ein unerläßliches Gegengewicht gegen die Kollektivismen [39].

Anmerkungen. [1] Deut. 32, 12; 6, 13; Hi. 9, 8; 4 (2); Reg. 19, 15; 19, 19; Ps. 85 (86), 10; Is. 37, 20; Dan. 3, 45. – [2] Joh. 5, 44; 17, 3; Röm. 16, 27; 1. Tim. 6, 15f.; zur Antike und bes. zu Philo vgl. G. DELLING: Monos Theos. Theol. Lit. Z. 27 (1952) 469-476. – [3] K.-H. BARTELS: Art. MONOS in: Theol. Begriffslex. zum NT 1 (1967) 217f.; J. HASPECKER: Art. ‹Gott III› in: Hb. theol. Grundbegriffe, hg. A. FRIES 1 (1962) 588f. – [4] THOMAS VON AQUIN, S. theol. I, 31, 1; vgl. K. RAHNER: Art. ‹Monotheismus III› in: Lex. Theol. u. Kirche 7 (²1962) 569. – [5] H. COHEN: Relig. der Vernunft aus den Quellen des Judentums (²1928, Neudruck 1959) 41-57; Einheit oder Ek. Gottes, in: Jüdische Schriften 1 (1924) 87-98. – [6] M. SCHELER: Schriften (1954ff.) 6, 32. – [7] SPINOZA, Ethica I, propos. 14; vgl. auch CHR. WOLFF: Philosophiae civilis sive Politicae 1 (1756) § 335. – [8] HEGEL, Werke, hg. GLOCKNER 11, 416f.; 16, 284; vgl. F. W. J. Schelling, Werke, hg. K. F. A. SCHELLING (1856-1861) 12, 24ff. – [9] M. STIRNER: Der E. u. sein Eigentum (1845, ³1901) 149ff. – [10] STIRNER, a. a. O. 151. – [11] L. FEUERBACH: Das Wesen des Christentums (1841). – [12] STIRNER, a. a. O. 158; vgl. 34. – [13] Vgl. z. B. 32. 218f. 224f. 236. 240ff. 341. – [14] 73f. – [15] 69; vgl. 97. – [16] 251. – [17] 167. – [18] 253f. – [19] 183. – [20] 316f. – [21] 318. – [22] 213. – [23] 351f. – [24] 373. – [25] 378. – [26] FEUERBACH, Werke, hg. W. BOLIN und F. JODL (1903-1911, Neudruck 1959-1962) 7, 301. – [27] a. a. O. 300. – [28] M. HESS: Die letzten Philosophen (1845), in: Philos. und sozialist. Schriften 1837-1850, hg. A. CORNU und W. MÖNKE (1961) 389. – [29] a. a. O. 390; zu A. RUGE vgl. H. SCHULTHEISS: Stirner (²1922) 11-15. – [30] M. STIRNER, Kleinere Schriften, hg. J. H. MACKAY (1898) 114. – [31] a. a. O. 115. – [32] 118. – [33] K. MARX: Die dtsch. Ideologie III. Sankt Max, MEW 3 (1962) 419. 427. – [34] E. v. HARTMANN: Phänomenol. des sittl. Bewußtseins (³1924) 634; vgl. Philos. des Unbewußten (¹²1923) 1, XIII; 2, 372f. – [35] Vgl. bes. J. H. MACKAY: Max Stirner (1898). – [36] ‹Der E.›, hg. A. RUEST, 1-6 (1919-1924). – [37] H. COHEN: Logik der reinen Erkenntnis (1914) 170; H. DRIESCH: Ordnungslehre (1912) 42f.; J. BERGMANN: Grundprobleme der Logik (1882) 95; J. REHMKE: Philos. als Grundwiss. (1910) 381-385; Anmerkungen zur Grundwiss. (1913) 8ff. 31ff. 97ff.; H. RICKERT: Der Gegenstand der Erkenntnis (1921) 6; Das Eine, die Einheit und das Eins (¹1924) 72ff. – [38] G. LEHMANN: Über Ek. und Individualität (1926) 4, u. Kap. 1 c. – [39] M. BUBER: Die Frage an den Einzelnen. Werke (1962-1964) 1, 222ff. 265.

Literaturhinweise. H. SCHULTHEISS s. Anm. [29]. – K. LÖWITH: Das Individuum in der Rolle des Mitmenschen (1928, Neudruck 1969) 177ff.; Von Hegel zu Nietzsche (⁵1964) 118ff. 268f. 340f. 379ff. – H. G. HELMS: Die Ideol. der anonymen Gesellsch. (1966) Bibliogr. 507-600.

U. DIERSE

Eitelkeit. Der Begriff geht in seiner heutigen Bedeutung auf den biblischen Gebrauch des griechischen ματαιότης zurück, in dem sich neben der Bedeutung «Leerheit», «Befangensein in verdunkelndem Irrtum» [1] zum Teil auch der Gedanke der Selbstüberhebung findet. Ganz deutlich ist dies in 2. Petr. 2, 18, wo die «Ungerechten» als ὑπέρογκα ματαιότητος φθεγγόμενοι (stolze Worte der Eitelkeit Redende) bezeichnet werden. Durch die Vulgata-Übersetzung dieser Worte mit «superba vanitatis loquentes» gewann die Bedeutung von *vanitas* als der superbia verwandte Haltung, die auch im allgemeinen lateinischen Sprachgebrauch vorkommt, verstärktes Gewicht. Später hat aus römischer Tradition AUGUSTINUS die mit solcher vanitas von anderer Seite her verwandte Haltung des *amor laudis* behandelt und sie, unterstützt durch zwei Horaz-Stellen, als ‹vitium› abgelehnt [2]. Hieran anknüpfend diskutiert THOMAS VON AQUIN dieselbe Haltung mit dem Ergebnis: «quod aliquis appetat, bonum suum ab aliquo cognosci, non est appetitus perfectionis; unde habet quamdam vanitatem, prout hoc non est utile ad aliquem finem». Soweit daher letzteres nicht der Fall sei, «erit gloria vana». «Manifestum est autem, quod ... vana gloria importat quamdam inordinationem appetitus, quae facit rationem peccati» [3]. Damit war eine Verbindung zwischen dem römisch-augustinischen Begriff des amor laudis und dem biblischen und römischen der vanitas hergestellt.

‹Vanitas› wird im Englischen zu ‹vanity›. Worin diese bestehe, die berechtigterweise «as a fault or imperfection» angesehen werde, fragt HUME und antwortet, unserem Begriff von E. schon sehr nahe kommend: «It seems to consist chiefly in such an intemperate display of our advantages, honors, and accomplishments, in such an importunate and open demand of praise and admiration as is offensive to others and encroaches too far on *their* secret vanity and ambition. It is besides a sure symptom of the want of true dignity and elevation of mind, which is so great an ornament in any character» [4].

Unter den deutschen Begriff der E. hat HEGEL diese charakterisiert als «die sich als das Absolute behauptende Subjektivität» [5].

Nach SCHOPENHAUER besteht «diejenige Torheit, welche man E. (vanitas) genannt hat» darin, daß den in ihr Befangenen «mehr das Bild ihres Wesens im Kopfe anderer als dieses Wesen selbst am Herzen liegt»; sie gehört «zum Vergessen des Zwecks über die Mittel so gut wie der Geiz» [6]. NIETZSCHE hingegen findet, «daß die Eitlen nicht sowohl andern gefallen wollen als sich selbst» [7]. Er spricht deshalb von «Selbstgenuß in der E. Der Eitle will nicht sowohl hervorragen als sich hervorragend fühlen ... Nicht die Meinung der andern, sondern seine Meinung von deren Meinung liegt ihm am Herzen» [8]. Schopenhauers und Nietzsches Einsichten vereinigt hat PH. LERSCH die E. als «die typische Haltung des narzistischen Selbstwertgefühls» bestimmt. Der Eitle «sieht auf die andern hin wie in einem Spiegel, aus dem ihm seine Vorzüge in Anerkennung, Beifall und Bewunderung entgegenschauen sollen». Dabei hat die E. eine «Verwandtschaft mit dem unkritischen Selbstwertgefühl», indem «die Selbstverliebtheit ein unter Umständen vorhandenes Wertgefühl und Urteilsvermögen nicht zu Worte kommen läßt; das Wertgefühl für und das Werturteil über andere Menschen stehen ... im Schatten des eigenen Selbstwertgefühls» [9].

Anmerkungen. [1] Hauptstellen: 4. Psalm; Eph. 4, 17. – [2] AUGUSTIN, De civitate Dei V, 13; HORAZ, Ep. 1, 1, 37f.; Carm. II, 2, 9ff. – [3] THOMAS, De malo IX, 1 c; vgl. S. theol. II/II, 132, 1. – [4] HUME, Inq. conc. the principles of morals, sect. VIII, fünftletzter Absatz. – [5] HEGEL, Grundlinien der Philos. des Rechts. Jubiläums-A. 7, 204. 216ff. – [6] SCHOPENHAUER, Aphorismen zur Lebensweisheit, Kap. 4 ‹Von dem, was einer vorstellt›. – [7] NIETZSCHE, Menschliches Allzumenschliches, Zweites Hauptstück Nr. 89. – [8] a. a. O. Nr. 545. – [9] PH. LERSCH: Aufbau der Person ([10]1966) 330f.

Literaturhinweise. K. J. GRAU: E. und Schamgefühl (1928). – W. J. REVERS: Lex. der Pädag. 1 (1952) Art. ‹E.›. – Vgl. Anm. [9].
H. REINER

Ekel ist bei NIETZSCHE Ausdruck für den Überdruß des Menschen und für die Reaktion des am Ethos des Edlen orientierten Menschen auf das Gemeine («die Menschen des großen E.»; «der große E. am Menschen») [1]. In seiner französischen Form (nausée), von J. -P. SARTRE 1938 geprägt [2], ist E. Ausdruck für ein Erlebnis des puren Seins im Unterschied zu einem verstehenden Bezug zu Seiendem. E. ist als Zugang zum Sein statt zu sinnhaften Phänomenen ein *Seinsphänomen* (phénomène d'être) [3]. Er entspricht so der von S. KIERKEGAARD ausgehenden [4], von M. HEIDEGGER ausgestalteten Abhebung eines «existenzialen» Phänomens, einer ausgezeichneten Befindlichkeit (Angst, Langeweile) [5], worin die Sinnhaftigkeit des Seienden entgleitet und eine Erfahrung des Seins oder Nichts eröffnet ist. Die Fassung dieses Phänomens als E. ist mitbestimmt von SARTRES Seinsbegriff, der trotz Anlehnung an Heideggers ontologische Differenz am Existenzialsein, am absurden Vorkommen, am «Zu-Viel» (de trop) orientiert ist. E. wird nach Sartre evoziert von in ihrer Faktizität aufdringlichen Naturbildungen und Qualitäten, darunter dem Zähflüssigen (visqueux) [6].

Anmerkungen. [1] Werke, hg. K. SCHLECHTA (1954ff.) 1: Unzeitgemäße Betrachtungen 269; 2: Also sprach Zarathustra 506f. 518. 532. 546; Zur Genealogie der Moral 863. 866: Ecce homo 1080. 1139. – [2] La nausée (Paris 1938, 1949) 32-34. 156f. 161-171. – [3] L'être et le néant (Paris 1943, 1964) 14. – [4] Der Begriff Angst, übers. E. HIRSCH (1952) 39-44. – [5] Sein und Zeit (1927, [7]1953) 140-142. 184-191; Was ist Metaphysik? (1929, [5]1949) 28-31. – [6] L'être et le néant 690. 695-707; vgl. 458-472 («chair»).

Literaturhinweise. M. KRUSE: Philos. und Dichtung in Sartres ‹La Nausée›, in: Romanist. Jahrbuch 9 (1958) 214-225. – W. F. HAUG: J.-P. Sartre und die Konstruktion des Absurden (1966) 38-56. 198ff.
K. HARTMANN

Eklektizismus. Ein wortgeschichtlicher Vorläufer des Begriffs ‹E.› ist das Adjektiv ‹eklektisch›, das sich – durchaus in der Bedeutung des späteren Substantivs – bei DIOGENES LAERTIUS findet: «Übrigens tat sich erst vor kurzem noch eine eklektische Sekte (ἐκλεκτική τις αἵρεσις εἰσήχθη) auf unter Führung des Potamon aus Alexandreia, der sich aus den Lehren aller Sekten auswählte, was ihm gefiel» [1].

Nach einer Mitteilung HEGELS [2] hat J. J. BRUCKER in seiner lateinisch geschriebenen Philosophiegeschichte dieses Adjektiv als erster in der Neuzeit wieder aufgenommen (1742). In der *französischen Enzyklopädie* wird der Begriff 1755 [3] ausführlich abgehandelt, während J. G. WALCH in den Ausgaben seines philosophischen Lexikons von 1733 und 1775 nur «eklektische Philosophie» behandelt. HEGEL bedient sich erstmals 1802 des Substantivs [4]. Er hält E. für «etwas sehr Schlechtes, wenn er in dem Sinn genommen wird, daß ohne Konsequenz aus dieser Philosophie dieses, aus einer anderen etwas Anderes aufgenommen wird» [5]. W. T. KRUG erkennt an, daß es sinnvoll ist, das jeweils Richtige aus den verschiedenen Systemen der Philosophie auszuwählen, sieht aber eine unlösbare Schwierigkeit darin, nach welchen Gesichtspunkten diese Auswahl getroffen werden soll. Deshalb hat der E. «der Philosophie nie Heil gebracht» [6].

Im Gegensatz zu diesen deutschen Denkern, die das systematische Denken dem E. vorziehen, bekennt sich V. COUSIN nachdrücklich zum E. als einer Methode, mit der gerecht und wohlwollend alles Allgemeine und Wahre aus den verschiedenen Lehren ausgewählt werde: «ce que je recommande, c'est cet éclectisme éclairé qui, jugeant avec équité et même avec bienveillance toutes les doctrines, leur emprunte ce qu'elles ont de commun et de vrai, néglige ce qu'elles ont d'opposé et de faux» [7]. Im gegenwärtigen Gebrauch hat der Begriff tadelnden Beiklang: Meist nennt man ‹E.› nur eine solche Übernahme fremder Lehrsätze, der die Kraft fehlt, das Übernommene miteinander zu verschmelzen und unter einem höheren oder neuen Gesichtspunkt umzuformen.

Anmerkungen. [1] DIOGENES LAERTIUS I, 21; dtsch. O. APELT (1921) 9. – [2] G. W. F. HEGEL, Vorles. über die Gesch. der Philos. Werke, hg. GLOCKNER 19, 34. – [3] Encyclop. ou. dict. raisonné ..., hg. DIDEROT/D'ALEMBERT (Paris 1751ff.) 5, 270-292: Art. ‹Eclecticisme›. – [4] HEGEL, Das Verhältnis des Skeptizismus zur Philos. a. a. O. 1, 246. – [5] 19, 32. – [6] W. T. KRUG: Handwb. der philos. Wiss. (1827) 627f. – [7] V. COUSIN: Discours prononcé à l'ouverture du cours, le 4 déc. 1817, in: Cours de l'hist. de la philos. moderne 1/2 (Paris 1846) 12.   W. NIEKE

Ekpyrosis – von ἐκπυρόω: das ‹Ausbrennen›, die ‹Entzündung›, an der ältesten Belegstelle bei ARISTOTELES [1] ein meteorologischer Begriff – bezeichnet in philosophischen Sprachgebrauch die Vorstellung eines *Weltbrandes*. Die Lehre von einem kosmischen, die ganze Welt verzehrenden Feuer wird nach zahlreichen antiken Zeugnissen auf HERAKLIT zurückgeführt [2]; der Begriff ‹E.› selbst jedoch ist in den wörtlich erhaltenen Heraklit-Fragmenten nicht belegt. Erst von der peripatetischen Schule scheint die heraklitische Vorstellung von einem periodischen Zu- und Abnehmen des feurigen Urstoffes [3] mit der stoischen Lehre der E. in Verbindung gebracht und von da an ihr allgemein gleichgesetzt worden zu sein [4].

In der *Stoa* bildet die Weltbrandvorstellung einen wichtigen Bestandteil der Physik: In periodischem Wechsel nimmt das dem Kosmos innewohnende Feuer überhand, vernichtet und reinigt ihn und schafft ihn in einer Palingenese wieder neu [5]. Selbst die Götter, Zeus ausgenommen [6], unterliegen diesem vernichtenden Wechsel. Die Vorstellung der Palingenese geht soweit, daß behauptet werden konnte, «es werde wieder ein Sokrates und ein Platon sein» [7]. Dieser periodische Vorgang, dem eine reinigende Wirkung (κάθαρσις [8]) innewohnt, wird als ein ganz natürliches Ereignis betrachtet und steht im Widerspruch zu jeder apokalyptischen Weltendvorstellung. – Bedenken gegen diese Lehre, die in der Neuen Stoa ganz in den Hintergrund getreten ist, sind schon in der Alten Stoa erhoben [9] und dann in der Mittleren bekräftigt worden [10].

Die E.-Lehre hat zwar weit über die Stoa hinaus gewirkt und ist sogar mit christlichen Anschauungen in Verbindung gebracht worden [11]. Dennoch ist dies zyklisch eintretende Naturereignis von der germanischen Weltbrandmythologie [12] und der christlichen Weltgerichtvorstellung, die einen eschatologischen Zeitbegriff voraussetzen, zu trennen.

Anmerkungen. [1] ARIST., Meteor. 342 b 2. – [2] HERAKLIT, Frg. A 5. 10; B 31. 64f. – [3] Frg. B 30. 64f. – [4] Vgl. REINHARDT (Lit.) 168ff. – [5] SVF I, S. 107ff. 510; II. S. 590-632. – [6] EPIKTET, Diss. III, 13, 4f. – [7] SVF II, S. 625. – [8] SVF II, S. 598. 606. – [9] ZENON VON TARSOS, SVF III, S. 209; DIOGENES VON BABYLON, SVF III, S. 215; BOETHOS, SVF III, S. 265. – [10] PANAITIOS bei DIOG. LAERT. VII, 142; vgl. SVF III, S. 265. – [11] JUSTIN. APOLOG. II, 7; vgl. 2. Petr. 10. – [12] Dazu J. DE VRIES: Altgerman. Relig.gesch. 2 (1957) 392-405.

Literaturhinweise. J. THOMASIUS: Exercitatio de Stoica mundi exustione (Lipsiae 1676). – M. POHLENZ: Die Stoa (1948) 1, 79f. 186. 198. 219. – K. REINHARDT: Parmenides und die Gesch. der griech. Philos. (²1959) 165ff.   A. STÜCKELBERGER

Ekstase

I. E. (von ἔκστασις, Heraustreten) bedeutet übertragen Geistesverwirrung [1], näher symptomatische Raserei bei Geisteskrankheiten [2]. Für PLATON, der das Wort nur in verbaler Form kennt, ist E. nur in den Augen der Menge Verrücktheit, in Wahrheit philosophischer Enthusiasmus, wenn die E. ihren Ort in der durch Anamnesis vermittelten Ideenschau hat, die wiederum – in Anspielung auf die Mysterien – nur dem Geweihten zuteil werde [3]: ein Präludium zur Bestimmung der E. als πνευματικὴ θεωρία des pneumatischen Menschen.

Die pagane Welt kennt die prophetische E., deren Subjekt «tönendes Werkzeug des Gottes» ist, als Heraustreten des menschlichen Geistes, der dem Gott Platz macht und nach dessen Erleuchtung wieder zurückkehrt [4]. Für PLOTIN ist E. Einswerden mit dem Göttlichen (unio mystica) durch intensive Selbstversenkung [5], bei der Schauender und Geschautes den Logos transzendieren [6]. Zeichen der Echtheit sind Nichtmitteilbarkeit des Geschauten [7] – das impliziert Ablehnung der prophetischen E. – und völlige Bewegungslosigkeit des Ekstatikers [8].

Das Neue Testament, unsicher in der Deutung des Phänomens [9], versteht unter E. die Betroffenheit angesichts göttlicher Offenbarung [10]. Zugleich wahrt sich die alte Kirche Reserven gegenüber der E. als Kennzeichen der Häretiker (besonders des Montanismus), was um so mehr am Platze war, als CELSUS christliche Ekstatiker verspotten kann, die unplausibles Lallen auf göttliche Erleuchtung zurückführten [11].

Anmerkungen. [1] EURIPIDES, Bakchen 850; Orest 1021; ISOKRATES V, 18. – [2] HIPPOKRATES, Aphorismoi VII, 5. – [3] Phaidros 249 c 8–d 3. – [4] PHILON VON ALEXANDRIEN, Quis rerum divinarum heres 259. 263-265. – [5] Enn. IV, 8, 1. – [6] Enn. VI, 9, 10. [7] Ebda. – [8] Ebda; JAMBLICH, De mysteriis III, 6f. – [9] Vgl. 1. Kor. 12, 1-10. – [10] Luk. 5, 26; Mark. 5, 42; Apostelgesch. 3, 10; 10, 9ff.; 11, 5; 22, 17. – [11] ORIGINES, Contra Celsum VII, 8f.

Literaturhinweise. F. PFISTER: E., in: Reallex. Antike und Christentum 4, 944-987. – A. OEPKE: EKSTASIS, in: Theol. Wb. zum NT 2, 447-457. – M. BUBER: Ekstatische Konfessionen (o.J.) bes. Einl. 11-22. – W. LANGE-EICHBAUM: Genie, Irrsinn und Ruhm (⁴1956) 212-215.   A. MÜLLER

II. Nach PSEUDO-DIONYSIUS AREOPAGITA ist die göttliche Liebe ekstatisch. Sie duldet nicht, daß die Liebenden sich selbst angehören. Auch Gott wird von Güte und Liebe überwältigt [1].

Die *viktorinische* Mystik spricht von «excessus mentis», der die Stufenleiter der Kontemplation abschließt [2]. BERNHARD VON CLAIRVAUX hebt dagegen das Mühevolle und die kurze Dauer der irdischen «extasis» hervor, die den Menschen die schmerzliche Erfahrung lehre, daß er nicht die dauernde, jenseitige «visio» erlangen könne. «Extasis» und «visio» sind dabei die Grundbestandteile der Lehre Bernhards von der «deificatio» [3]. Die höchste Auszeichnung des Menschen, Bild und Gleichnis Gottes zu sein, gilt nur für die Seele. Bedingt durch seine leiblich-irdische Existenz erlebt der Mensch mehr die «Strahlen der Gottheit», denn die Gottheit selbst [4].

Thomas von Aquin nennt den «raptus» eine Erhebung des Menschen über das Naturgemäße durch die Kraft einer höheren Natur. Von der «extasis» ist der «raptus» durch Gewaltsamkeit unterschieden [5]. An der Spitze des Aufstiegs sieht Bonaventura den «excessus» [6]. Nach Nikolaus von Kues ist dem Menschen dagegen «geistige Erhebung» (ascensus racionalis) möglich und gewährt ihm die unverhüllte Ansicht Gottes und Einheit mit ihm [7].

Das Ekstatische als subjektives Korrelat objektiver Eindrücke des Schöpferischen finden wir bei Eckhart. In einer frühen lateinischen Predigt verbindet er durch göttliches Licht erleuchtete Erkenntnis (Weisheit) mit einer «extasis mentis» [8]. «Diese bringt den Menschen zuweilen in einen heftigen Affekt» [9]. So vermöge man «in der Wollust göttlicher Heimsuchung» – dies Wort ist in einem Traktat aus der Schule Eckharts bei Bernhard entlehnt [10] – unerhörte «Dinge geistlichen Gutes» zu finden. Göttliche Inspiration – verknüpft mit allen Anzeichen ekstatischen Erlebens – verschafft der Seele neue und unerwartete Erkenntnisse [11]. So spricht Eckhart auch über die «Entzückung» des Paulus, die ein Hauptmoment bei der Erörterung des Raptusproblems in der Theologie z. B. schon bei Augustin ist [12]. Ähnlich verhält es sich bei Tauler, der gelegentlich auf Proklos verweist [13].

Gerson unterscheidet «raptus» und «extasis». Dabei beruhe die E. auf der «mens» oder dem «spiritus», wobei die niederen Seelenkräfte ausgeschaltet seien. Beim «raptus» könnten diese dagegen in Tätigkeit bleiben [14]. Gerson kennt auch den nicht-mystischen «raptus» des Verliebten oder des Forschers [15].

Die Deutung des Menschen als in neuem Sinne «ekstatische Existenz», als Sein-Lassen und Sich-Einlassen auf das Seiende in seiner durch das Sein ermöglichten Offenheit [16], findet sich bei M. Heidegger; der Übergang von ‹Existenz› zu ‹Ek-sistenz› gehört seiner Philosophie nach der sogenannten Kehre an [17].

Anmerkungen. [1] Ps.-Dionysius, De div. nom. IV, 13. MPG 3, 776. – [2] Richard von St. Viktor, Benjamin maior V, 5ff. MPL 196, 174ff.; vgl. aber auch Guigo von Kastell, Consuetudines 80, 4. MPL 153, 755f. – [3] Vgl. W. Hiss: Die Anthropol. Bernhards von Clairvaux (1964) 78. 80ff.; Bernard, Serm. sup. Cantica Canticorum, hg. Leclercq/Talbot/Rochais 71. Opera 1 (Romae 1957); 2 (Romae 1958). – [4] Bernhard, a. a. O. 31, 3. – [5] Thomas von Aquin, De veritate, 13; S. theol. II/II, 175, 1.; vgl. hierzu Augustin, Super Genesim ad litteram, 12, 5. MPL 34, 457. – [6] Bonaventura, Itin. ment. c. 7 n. 5; Brevil. V, c. 6. – [7] Cusa a L'Abbé et aux Moines de Tegernsee, Bf. vom 14. September 1453, in: Autour de la Docte Ignorance ..., hg. E. Vansteenberghe (1915) 113ff., bes. 114 (= Briefwechsel N. v. Cues mit Gaspard Aindorffer und Bernard de Waging). – [8] Meister Eckhart, Lat. Werke, hg. Koch/Geyer/Seeberg (1936) 5, 94. – [9] a. a. O. 95. – [10] Dtsch. Mystiker des 14. Jh., hg. Pfeiffer 2 (1914) 401, 36-402, 4; vgl. E. v. Bracken: Meist. Eckhart und Fichte (1943) 401. – [11] Dtsch. Mystiker ..., a. a. O. 12, 32-12, 37. – [12] Pr. 12. Dtsch. Werke, hg. Quint 1 (1958) 405; Von abegescheidenheit, a. a. O. 5 (1963) 420f.; vgl. Augustin, Super Genesim ad litteram 12, 5. MPL 34, 458 a ff. – [13] Tauler, Pr. 39, hg. Vetter (1910) 159; Pr. 64, 350; Pr. 42, 179; vgl. Leben Seuses Kap. 22, S. 64. – [14] Gerson, De myst. theol. spec., cons. 36. – [15] a. a. O. cons. 37f. – [16] Heidegger, Was ist Met.? (zuerst 5 1949) 15; Vom Wesen der Wahrheit (1943, ²1949) 14f. – [17] Über den Humanismus, in: Platos Lehre von der Wahrheit (1947, ²1954) 72).

Literaturhinweise. Th. Achelis: Die E. in ihrer kulturellen Bedeutung (1902). – P. Beck: Die E. (1906). – F. Heiler: Die Bedeutung der Mystik für die Weltrelig. (1919). – J. Bernhart: Die philos. Mystik des Mittelalters (1922). – P. M. F. Janet: De l'angoisse à l'extase 1. 2 (Paris 1926-1928). – H. Grabert: Die ekstat. Erlebnisse der Mystiker und Psychopathen (1929). – W. F. Otto: Dionysos (1933). – E. Przywara: Christl. Existenz (1934). – F. Pfister: Ekstasis. An CO, Erg.-Bd. 1 (1939) 178-191. – Ph. De Félice: Foules en délire. Extases collectives. Essai sur quelques formes inférieures de la mystique (Paris 1947). – J. Lhermitte: Mystiques et faux mystiques (Paris 1952). – L. Gardet, Expériences mystiques en terres non chrétiennes (Paris 1953, dt. 1956).
P. Heidrich

Ektypus. – 1. Der Ausdruck geht auf griechisch ἔκτυπος und verwandte Wörter, wie vor allem ἐκτύπωμα zurück. Allgemein bedeutet ‹E.› Nach- oder Abbild, insbesondere aber das durch Prägung (τύπτειν, ἐκτύπωσις) Entstandene. Adjektivisch oder adverbial gebraucht, zeigt sich das Wort im gleichen Sinn, zusätzlich jedoch in der Bedeutungsfamilie von lateinisch ‹distinctus›. – Platon, der die Begriffe der ἔκτυπος-Familie häufiger gebraucht, spricht bei der Erläuterung der drei Arten des Werdens von der Nachbildung der Ideen und dem Nachgebildetsein: ἐκτύπωμα, ἐκτυπούμενον [1]. – Für Chrysipp ist die Phantasie unklar, wenn sie nicht Abdruck eines ihr real Zugrundeliegenden (ἔκτυπον ὑπάρχοντος) ist [2]. – In einem mehr spezifischen Wortgebrauch [3] spricht Seneca von «imago ectypa» [4] und Plinius von «ectypae scalpturae» [5]. – Sextus Empiricus stellt dem Adverb ἐκτύπως (hier ‹klar, deutlich›) als Gegensatz συγκεχυμένως (verworren) gegenüber [6].

Anmerkungen. [1] Tim. 50 d. – [2] SVF II, 21. – [3] Realencyclop. class. Altertumswiss. 5/2, Art. ‹E.›. – [4] De beneficiis III, 26, 1. – [5] Naturalis historia 37, § 173. – [6] Adv. mathematicos VII, 172, hg. I. Bekker (1842) 228.

2. Die *Kirchenväter*, vor allem die griechischer Sprache, gebrauchten die Begriffe der ἔκτυπος-Familie in vielen Beziehungen [1]: Clemens von Alexandrien unterscheidet unter den nomina u. a. solche, die «Abbilder und Ektypus des ihnen Zugrundeliegenden» (ὁμοιώματα καὶ ἐκτυπώματα τῶν ὑποκειμένων) sind [2]. – Hippolytus Romanus spricht in bezug auf die Schöpfung von Ideen und Abbildern (ἰδέαι, ἐκτυπώματα) der Äonen [3]. – Über die Menschwerdung Christi (Χριστός ... ἀνδρείκελον ἐκτύπωμα) philosophiert Epiphanius Constantiensis [4]. Johannes Damascenus gebraucht – ähnlich wie schon vorher Cyrillus Hierosolymitanus [5] – den Begriff in spezifisch christlicher Verbindung: «signum crucis» (τοῦ σταυροῦ τὸ ἐκτύπωμα) [6]. – Pseudo-Dionysios Areopagita, indem er darlegt, wie Gott unteilbar in allem Seienden enthalten ist, stellt dem Abbild (ἐκτύπωμα) ein Urbild (ἀρχέτυπον); hier adjektivisch gebraucht, gegenüber [7].

Anmerkungen. [1] G. W. H. Lampe: Patristic Greek Lex. (1961) Art. ‹E.›, ektupoma, ektupoo, ektuposis. – [2] Stromat. 8, 8. MPG 9, 589 a. – [3] Refutatio omnium haeresium 8, 9. Werke, hg. P. Weinland, in: Die griech. christl. Schriftsteller der ersten drei Jh. 3 (1916) 228. – [4] Panarion seu adversus haereses 30, 17. MPG 41, 433 c. – [5] Catecheses mystagogicae IV, 7. MPG 33, 1102. – [6] De sacris imaginibus orationes 1, 321. MPG 94, 1264 b. – [7] De div. nominibus II, 5. MPG 3, 644 a.

3. In der *Neuzeit* gebraucht Locke diesen Begriff bei der Gliederung der «ideas». Die einfachen, «ἔκτυπα, or copies» sind «adequate» [1]. «Secondly, the complex ideas of substances are ectypes, copies too, but not perfect ones, not adequate» [2]. Den «ectypes» der «sensation» stehen einmal gegenüber die «archetypes» als Gegenstände der realen Welt [3], zum anderen die «Archetypes» als «ideas of Modes and Relations» [4]. – Kant unterscheidet einen «intellectus ectypus» und einen «intellectus archetypus», einen «Verstand, in welchem durch das Selbstbewußtsein zugleich alles Mannigfaltige gegeben würde» [5]. Der intellectus ectypus ist der menschliche, nur diskursiv denkende, nicht anschauende, endliche Verstand, dem der «intuitus derivatus» zukommt [6]. Ferner unterscheidet Kant eine übersinnliche, ur-

bildliche Natur, «natura archetypa», und «deren Gegenbild in der Sinnenwelt», die «natura ectypa» [7]. ‹Ectypon› nennt Kant das «Nachbild» der ästhetischen Darstellung, dem die «ästhetische Idee» als «Archetypon» zugrunde liegt [8].

Anmerkungen. [1] An essay conc. human understanding II, 31, 12. – [2] ebda. – [3] a. a. O. IV, 4, 8; IV, 4, 12. – [4] II, 31, 14. – [5] Akad.-A. 3, 110. – [6] a. a. O. 5, 406. – [7] 5, 43. – [8] 5, 322.

J. HÜLLEN

Elan vital. BERGSON [1] prägt den Begriff zur Bezeichnung der metaphysischen Urkraft. Ausgehend von der in der Psychologie gewonnenen Erkenntnis der Freiheit, die eine von naturwissenschaftlicher Berechenbarkeit und Umkehrbarkeit freie Zeiterfahrung voraussetzt, knüpft Bergson bei ihrer Übertragung auf die Ontologie an die neovitalistischen Experimente an, die zu einem Organisationsprinzip führen, das gleichermaßen kausalistische wie finalistische Interpretationen ausschließt. Dabei erfährt der Zeitbegriff eine Umdeutung von der gelebten zur biologischen Zeit, die sich im Altern darstellt. Im Biologischen manifestiert sich der E. v. in zwei Ebenen: phylogenetisch in der Fähigkeit, einen Energievorrat anzulegen, und in der Möglichkeit zu gesteuerten Wahlhandlungen; ontogenetisch im vegetativen, instinktiven und intellektuellen Leben. Hiervon ausgehend macht Bergson den E. v. zum Prinzip einer allgemeinen Ontologie. Der Zeitbegriff muß dabei von einem Alterungsprozeß zu einem allgemeinen Entwicklungsprinzip fortschreiten, das Bergson in der Entropie findet. Während jedoch seine Theorie des Organischen die Materie dem Belebten entgegensetzt, muß eine allgemeine Ontologie die Materie zu einer Erscheinungsform des E. v. machen: Sie wird der nicht-handelnde Geist. Das, was sich in der biologischen Untersuchung als steuernde und wählende Kraft, in der ontogenetischen Entwicklung als beherrschender Formungswille manifestiert, ist der Weltgeist selbst, der ständig werdende Gott.

Anmerkung. [1] H. BERGSON: Evolution créatrice (Paris 1907).

Literaturhinweise. E. OTT: Henri Bergson (1914). – E. RIDEAU: Le Dieu de Bergson (Paris 1933). – H. SUNDÉN: La théorie bergsonienne de la religion (Uppsala 1940). – V. JANKÉLÉVITCH: Bergsonisme et biol. Rev. Métaphys. Morale 36 (1929) 253-265. – J. DELHOMME: Durée et vie dans la philos. de Bergson. Etudes bergsoniennes 2 (1949) 129-191.

G. PFLUG

Eleatismus

I. Die Schule von Elea, schon von PLATON global als Ἐλεατικὸν ἔθνος bezeichnet [1], hat vor allem durch Parmenides ihr Gepräge erhalten. Begründer ist nach antiker Überlieferung [2] XENOPHANES (ca. 570–ca. 475), der 546 vor der persischen Eroberung aus seiner Vaterstadt Kolophon floh und sich, nach langer Wanderung als Rhapsode, in Elea (in Unteritalien) niederließ. Mit seiner mehr theologischen Lehre tritt er gegen die mythischen Göttervorstellungen auf [3] und setzt sich, in dieser radikalen Form als Erster, unter Ablehnung aller anthropomorphen Vorstellungen [4] für den *Monotheismus* ein: «Ein Gott! ... nicht an Gestalt den Sterblichen artgleich, nicht an Gedanken» (Frg. 23). Die Wesensbestimmungen dieses Gottes («ganz», «unbeweglich» [5]) wirkten sich auf Parmenides aus.

Im Zentrum der Eleatischen Lehre (im Sinn von E.) steht der *Seinsbegriff* des PARMENIDES (ca. 515–ca. 445), der mehr durch seine persönliche Beziehung – stammt er doch aus Elea selbst – denn durch seine Lehre als «Schüler» des Xenophanes bezeichnet werden kann. Sein in großen Teilen im Wortlaut erhaltenes Lehrgedicht Περὶ Φύσεως zeigt ihn als einen durch und durch schöpferischen, originalen, zu letzter Abstraktion fähigen Denker. Als erster stellt er die Grundlage der bisherigen Naturphilosophie, die ganze sinnlich wahrnehmbare, materielle Welt in Frage: die menschlichen Sinne vermitteln uns nur eine «Scheinmeinung», ein «Trugbild» (δόξα) von der Welt des «Werdens und Vergehens, des Seins und Nichtseins» (Frg. 8, 40); alles, was sich uns zeigt, ist widersprüchlich [6]. Hatte nun Heraklit gerade in dieser Widersprüchlichkeit das Wesen aller Dinge erkannt und auf ihr seine Philosophie des Werdens begründet, so ist sie für Parmenides der Beweis ihrer Unwahrhaftigkeit, der das einzig wirklich Wahre, das Seiende (τὸ ὄν) gegenübersteht: «Nur das Sein *ist*, das Nichts dagegen ist nicht» (Frg. 6 [7]), lautet der oft wiederholte Kernsatz. Dieses Seiende, das allein dem Denken (λόγος [8]) faßbar ist und das letztlich auf eine Offenbarung zurückgeht [9], steht außerhalb von Werden und Vergehen [10], ist *Eines* (τὸ ἕν), ein Ganzes, zusammenhängend, unerschütterlich [11], unbeweglich [12], begrenzt, einer Kugel gleich [13].

Der Seinsbegriff des Parmenides, dessen Auswirkungen sich über Plato [14] und die antike Philosophie hinaus bis zu Spinoza und Herbart verfolgen lassen, hat durch dessen Schüler, ZENON VON ELEA (um 460) und MELISSOS (um 445), keine wesentlich neuen Aspekte erhalten. Während ZENON, bestrebt, die Einheitslehre seines Meisters zu verteidigen, von einer Pluralität ausgeht [15] und so seine Gegner ad absurdum führen will (dazu dienen die Trugschlüsse des «Achilles, der nicht das Langsamste einholen kann» und des «fliegenden Pfeiles, der steht» [16]), befaßt sich MELISSOS besonders mit den Prädikaten des parmenideischen ὄν [17].

Anmerkungen. [1] PLATON, Sophist. 242 d. – [2] Anders REINHARDT (s. u.) 101ff. – [3] XENOPHANES, Frg. 11. – [4] Frg. 14/16. – [5] Frg. 24. 26. – [6] PARMENIDES, Frg. 8, 53ff., Frg. 9. – [7] Vgl. Frg. 8, 36f. – [8] Frg. 7, 5. – [9] Vgl. das Prooemium Frg. 1. – [10] Frg. 8, 3. 13f. 27f. – [11] Frg. 8, 2ff. – [12] Frg. 8, 26. – [13] Frg. 8, 43. – [14] Dazu F. M. CORNFORD: Plato and Parmenides (London ²1950). – [15] PLATON, Parm. 128. – [16] ZENON, Frg. A 26. 27. – [17] MELISSOS, Frg. A 1; B 1ff.

Literaturhinweise. W. KULLMANN: Zenon und die Lehre des Parmenides. Hermes 86 (1958) 157-172. – K. REINHARDT: Parmenides und die Gesch. der griech. Philos. (²1959). – H. FRÄNKEL: Dichtung und Philos. des frühen Griechentums (²1962) 371-422. – J. MANSFELD: Die Offenbarung des Parmenides und die menschliche Welt (Diss. Utrecht 1964).

A. STÜCKELBERGER

II. In der Philosophiegeschichtsschreibung wurden lange allgemein die Bezeichnungen ‹eleatische Sekte›, ‹eleatische Schule› oder ‹die Eleaten› verwandt. J. BRUCKER unterscheidet in der «Secta Eleatica» einen mehr metaphysisch und einen mehr naturphilosophisch («physice de rerum natura») ausgerichteten Zweig [1]. Diese Differenzierung wird in der von DIDEROT und D'ALEMBERT herausgegebenen ‹Encyclopédie› als ein «grand schisme dans l'école éléatique» bezeichnet, wobei jetzt ausdrücklich der Name ‹E.› verwandt wird. Unter «Eléatisme métaphysique» werden Xenophanes, Parmenides, Melissos und Zenon, die das Naturstudium für eine vergebliche Beschäftigung hielten, verstanden und unter «Eléatisme physique» Leukipp, Demokrit, Protagoras u. a., die glaubten, daß die Wahrheit sich notwendigerweise auf das Zeugnis der sinnlichen Erfahrung stützen müsse [2]. Später scheint diese zweite Gruppe nicht mehr zu den Eleaten gezählt worden zu sein, denn jetzt verbindet sich mit dem Begriff des E. immer die Vorstellung des zur höchsten Abstraktion fähigen Denkens. HEGEL wertet die «Eleaten» als die ersten, die das absolute Wesen als reinen Begriff verstanden haben und die in der Darstellung dieses Begriffs den Anfang der Dialektik bilden. In der eleatischen Schule «sehen wir ... den Gedanken sich selbst rein ergreifen, und die Bewegung des Gedankens in Begriffen» [3]. Hegel sieht hierin eine in aller Philosophie bis zur Gegenwart hin virulente Frage. Auch W. G. TENNEMANN bezeichnet die «Eleatiker» als «die ersten Denker», die die «Principien der Vernunft von empirischen Sätzen» trennten und «den Widerstreit der Erfahrung und der reinen speculativen über alle Erfahrung sich erhebenden Vernunft» aufdeckten [4]. TH. A. RIXNER sieht als Kennzeichen der «Schule der Eleatiker» einen «einseitigen Vernunft-Realismus» und eine «All-Einslehre» [5]. Seit W. T. KRUG, der jedoch in dieser sich von aller Empirie lösenden Spekulation die Gefahr des Pantheismus erblickt, dürfte sich der Name ‹E.› allgemein durchgesetzt haben [6].

Anmerkungen. [1] J. BRUCKER: Hist. critica philosophiae 1 (1742) 1142; J. G. WALCH: Philos. Lex. (⁴1775) 1, 975: «Eleatica», «eleatische Secte». – [2] Encyclopédie ou dictionnaire raisonné ... (Paris 1751-1780) 5, 449-453. – [3] HEGEL, Jubiläums-A. 17, 296. – [4] W. G. TENNEMANN: Gesch. der Philos. 1 (1798) 150. – [5] TH. A. RIXNER: Hb. der Gesch. der Philos. 1 (1822) 104. – [6] W. T. KRUG: Allg. Handwb. der philos. Wiss. 1 (1827) 630f.

U. DIERSE

Elektronengehirn (von engl. electronic brain) ist eine offenbar von den Konstrukteuren der ersten elektronischen Rechenanlage ENIAC benutzte Redeweise, die durch eine Verlautbarung von Admiral Lord MOUNTBATTEN Anfang 1946 mit Bezug auf diese Anlage in die Öffentlichkeit getragen und von einer Vielzahl popularisierender Veröffentlichungen verbreitet wurde. Der Terminus meint ein Gerät, das nach den Prinzipien der Elektronik konstruiert wurde und gewisse funktionelle und strukturelle Äquivalenzen mit Gehirnen aufweist. Die Entwicklung dieser Geräte wird theoretisch beherrscht von der Theorie der Automaten. H. SCHNELLE

Element, griechisch στοιχεῖον (von στοῖχος, Reihe) bedeutet eigentlich «Buchstabe, Laut» als Reihenglied (nach W. Burkert «Elementarsätze der Mathematik» [1]); dann übertragen «Grundlage» überhaupt. Im Sinne von «Grundbestandteil» ist es erstmals bei PLATON [2] bezeugt. ARISTOTELES definiert es als «ersten Bestandteil, aus dem etwas zusammengesetzt ist und der seiner Art nach nicht in andersgeartete Teile zerlegbar ist», und unterscheidet vier Bedeutungen: 1. Laute, 2. Grundstoffe, 3. Beweisgrundlagen, 4. oberste Allgemeinbegriffe [3]. Lateinisch ‹elementum› bedeutete zunächst «Buchstabe, Laut» und nahm dann die verschiedenen Bedeutungen von griechisch στοιχεῖον an [4]. Im Anschluß an ARISTOTELES bezeichnet man als ‹E.› auch die Grundsätze (Prinzipien, Axiome), von denen beim Beweisen ausgegangen wird; dann überhaupt die Grundlagen oder Anfangsgründe einer Wissenschaft.

Die griechische *vorsokratische* Philosophie suchte die Welt zunächst auf einen einzigen Urstoff (Wasser, Luft) zurückzuführen. Nach dem Zeugnis des ARISTOTELES [5] hat keiner von den griechischen Naturphilosophen, die nur einen Grundstoff annehmen, die Erde als solchen betrachtet. In der Kosmologie des PARMENIDES bilden Feuer und Erde die E. [6]. HERAKLIT nahm drei E. (Feuer einschließlich Luft, Wasser, Erde) an [7], die aber nur Erscheinungsformen des Feuers sind; das wird von den *Stoikern* aufgenommen [8]. EMPEDOKLES schließlich begründete die Lehre von den vier in aller Veränderung beharrenden E. (Feuer, Luft, Wasser, Erde) [9].

PLATON übernahm die vier E., erklärte sie aber als durch die Gestalt ihrer kleinsten Teilchen unterschiedene umwandlungsfähige geometrische Ausprägungen der Urmaterie (Feuer: Tetraeder; Erde: Würfel; Luft: Oktaeder; Wasser: Ikosaeder) [10]. Später soll er den Äther als fünftes E. hinzugefügt haben [11]. – Die Fünf-E.-Lehre wurde von ARISTOTELES ausgebaut. Die E., aus denen die anderen Stoffe durch Mischung entstehen, sind nur verschiedene Ausformungen der Urmaterie. Während der supralunare Äther unveränderlich ist, sind die durch ihre Qualitäten unterschiedenen sublunaren E. umwandlungsfähig, wobei jene leichter ineinander übergehen, die eine Qualität gemeinsam haben (Feuer: warm und trocken; Luft: warm und feucht; Wasser: kalt und feucht; Erde: kalt und trocken) [12]. – Die *Stoiker* nehmen wieder nur die vier E. an [13], unter denen sie das Feuer als Urstoff betrachten. – Im *Mittelplatonismus* tritt die Fünf-E.-Lehre wieder auf [14].

Im 12. Jh. vertrat WILHELM VON CONCHES die Korpuskulartheorie und wies jedem der vier E. spezifische Atome zu. Die *alchemistische* Transmutationslehre beruht auf aristotelischer Grundlage; neben der Vier-E.-Theorie entwickelte sich die Lehre von den drei Grundsubstanzen Salz, Schwefel und Quecksilber. In der Übergangszeit wurden verschiedene Zwei-, Drei-, Vier- und Fünf-E.-Theorien aufgestellt. Im 17. Jh. verknüpften D. SENNERT, J. JUNGIUS und R. BOYLE die E.-Lehre mit der Atomtheorie und bestritten die Umwandlungsfähigkeit der E. Während SENNERT an den vier E. der Alten festhielt, lehrten JUNGIUS und BOYLE, daß erst durch Beobachtungen ergründet werden könne, welche Stoffe als E. zu betrachten seien. Gegen die Korpuskulartheorie wandte sich Leibniz' Lehre von den Monaden, die CHR. WOLFF ‹E.› nannte [15].

Nachdem jedoch der neuere Begriff des chemischen E. gegen Ende des 18. Jh. durch die Entdeckungen SCHEELES, LAVOISIERS und anderer erhärtet worden war, erneuerte DALTON 1804 die Korpuskulartheorie, wobei er jedem E. unteilbare Atome von gleicher Masse zuwies. Doch vermutete PROUT schon 1815, daß alle E. Modifikationen des Wasserstoffs seien. Auch das 1869 von D. J. MENDELEJEW und L. MEYER aufgestellte *periodische System der E.* wies auf Verwandtschaftsbeziehungen hin. Erklärt wurden diese durch die Erkenntnis des Aufbaus der Atome aus Elementarteilchen, durch welche die grundsätzliche Umwandlungsfähigkeit der E. erwiesen wurde. Man definiert diese daher heute einschränkend als «Stoffe, die mit chemischen Mitteln nicht mehr in andere zerlegt werden können».

Anmerkungen. [1] W. BURKERT: Stoicheion. Philologus 103 (1959) 167ff. – [2] PLATON, Sophist. 252 b; vgl. EUDEM., Frg. 31, hg. WEHRLI u. a. – [3] ARISTOTELES, Met. 1014 a 26ff. – [4] Vgl. CICERO, Acad. I, 26. – [5] ARIST., Met. 989 a 5f. – [6] De gen. et corr. 330 b 14 u. a. – [7] HERAKLIT, Frg. 31, Frg. 90. – [8] SVF II, Nr. 413. – [9] EMPEDOKLES bei AET., Plac. I, 3, 20; Dox. 286f. u. a. – [10] PLATON, Tim. 55 d ff. – [11] XENOCRATES, Frg. 53, hg. HEINZE u. a. – [12] ARIST., De gen. et corr. 330 b 3ff. – [13] SVF I, Nr. 85 u. a. – [14] ALBIN., Didasc. 15 u. a. – [15] CHR. WOLFF: Cosmologia generalis (1731, ²1737) § 182.

Literaturhinweise. H. DIELS: Elementum (1899). – F. PANETH: Über die erkenntnistheoretische Stellung des chemischen E.-Begriffs. Schriften der Königsberger Gelehrten Ges., nat.-wiss. Kl. 8 (1932) 101ff. – W. SCHMIDT: Epikurs Kritik der platonischen E.-Lehre. Klass.-philol. Stud. 9 (1936). – W. GANZENMÜLLER: Die Alchemie im MA (1938, Nachdruck 1967) 125ff. – W. KIRFEL: Die fünf E. Beiträge zur Sprach- und Kulturgesch. des Orients 4 (1951). – E. SITTIG: Abecedarium und Elementum, in: Satura

O. Weinreich (1952) 131ff. – G. A. Seeck: Über die E. in der Kosmol. des Aristoteles. Zetemata 34 (1964).
A. Lumpe

Elementarerlebnisse nennt R. Carnap die Grundelemente seines in ‹Der logische Aufbau der Welt› (1928) versuchten Konstitutionssystems [1]. Die Elementarerlebnisse sind «eigenpsychisch», d. h. als je «meine» aufzufassen und werden von Carnap gegen eine «atomisierende» Psychologie als «in ihrer Totalität und geschlossenen Einheit» gemeinte «Stellen des Erlebnisstromes» gekennzeichnet [2]. Jede differenzierende Aussonderung von Bestandteilen, z. B. von Sinnesqualitäten, bedarf bereits eines Abstraktionsprozesses auf der Basis der Carnapschen «Quasianalyse» (s. d.).

Anmerkungen. [1] R. Carnap: Der log. Aufbau der Welt (1928) §§ 64–68; vgl. Art. ‹Konstitutionssystem, Konstitutionstheorie›. – [2] a. a. O. § 67.
Red.

Elementarteilchen. Die Geschichte dieses Wortes ist mit der Entwicklung der Atomtheorie eng verbunden. Hierdurch erhält ‹E.› im Laufe der Zeit vielerlei Bedeutungen. In gewissem Sinne lassen sich die *Atome*, so wie der Atomismus Demokrits sie auffaßt, ‹E.› nennen; waren doch die Atome die elementaren Teilchen, aus denen sich alles zusammensetzte. Auch die *minima* der Aristoteliker könnte man als E. betrachten, wenn dabei auch berücksichtigt werden muß, daß die minima-Lehre zwischen den minima der Elemente und den minima der Verbindungen unterschied. Nur die ersteren ließen sich im strengen Sinn als ‹E.› bezeichnen. Verwirrend wurde die Situation beim Aufstieg der Naturwissenschaften im 17. Jh., als Atomismus und minima-Lehre ineinander flossen (s. Art. ‹Atomtheorie›). R. Boyle zum Beispiel kam theoretisch auf die Atome Demokrits zurück, die daher für ihn die eigentlichen *elementa rerum* waren. In der chemischen Praxis jedoch arbeitete er mit *concretiones* aus diesen Atomen, wobei er dann zwischen den kleinsten Teilchen der chemischen Elemente und denen der Verbindungen unterschied. Mit einem gewissen Recht könnten daher auch diese kleinsten Teilchen der Elemente als E. betrachtet werden; denn in der chemischen Praxis werden sie schließlich nie in «Atome» aufgespalten. Diese Doppelsinnigkeit ist bei Dalton aufgehoben. Für ihn sind die Atome der (unterdessen chemisch klar definierten) Elemente die E., die wirklichen Bausteine der Materie.

Der Terminus ‹E.› findet dann allgemeine Verwendung, als sich zu Beginn des 20. Jh. herausstellte, daß auch die Atome selbst zusammengesetzt sind, und zwar aus Protonen (Wasserstoffatomkernen), Neutronen und Elektronen. Von noch größerem Gewicht ist jedoch eine andere Entwicklung: Die Naturwissenschaft des 19.Jh. hat recht scharf unterschieden zwischen der wägbaren Materie einerseits, die eine diskontinuierliche Struktur zeigte und daher auch mittels des Teilchenmodells dargestellt wurde, und den Strahlungserscheinungen anderseits, die als kontinuierlich verstanden und mit Hilfe des Wellenmodells beschrieben wurden. M. Planck (1900) entdeckte aber, daß auch die Strahlungserscheinungen, darunter das Licht, eine körnige Struktur haben und deshalb diskontinuierlich sind. Das Besondere dieser körnigen Struktur ist jedoch, daß hier nicht von bestimmten elementaren Lichtteilchen die Rede ist. Jeder Frequenz entspricht ein bestimmtes E., «Photon» genannt, das, als «Energiequant» betrachtet, der Formel hv folgt, wobei v die Frequenz und h die Plancksche Konstante ist. Dies hätte ein später Triumph des ursprünglichen Atomismus sein können, wenn es nicht eine Komplikation gegeben hätte. Es stellte sich nämlich als unmöglich heraus, das Wellenmodell einfach durch das Teilchenmodell zu ersetzen. Bestimmte Erscheinungen lassen sich sowohl im einen als auch im anderen Modell beschreiben, manche jedoch lediglich im Teilchenmodell, andere ausschließlich im Wellenmodell. Hierdurch wird das Modell relativiert.

Unterdessen wurde entdeckt, daß dieser Dualismus auch für die wägbare Materie Geltung besitzt. Überdies hatte die bereits durch die Relativitätstheorie (A. Einstein 1905) auf theoretischer Grundlage vorausgesagte Möglichkeit, wägbare Materie nach der Gleichung $E = mc^2$ in Strahlungserscheinungen und vice versa umzusetzen, auch ihre experimentelle Bestätigung gefunden. Von permanenten Bausteinen der Materie ließ sich deshalb schwerlich noch sprechen, vor allem nicht mehr, als infolge der intensiven Erforschung der Atomkerne, ihres Zerfalls und ihrer Fusion, eine große Anzahl von Elementarteilchen entdeckt wurde.

Der Terminus ‹E.› erhielt dadurch die allgemeine Bedeutung von subatomaren Größen, die nicht notwendigerweise die Vorstellung von «letzten Bausteinen» hervorrufen. Im übrigen ist hier alles noch vollauf in der Entwicklung begriffen.

Literaturhinweise. W. Heisenberg: Elementarteile der Materie, in: Vom Atom zum Weltsystem (1954) 45–58 – Chen Ning Yang: Elementary particles (Princeton 1961).
A. G. M. van Melsen

Elenchus, Elenktik (ὁ ἔλεγχος, refutatio, Widerlegung). Ἔλεγχος und ἐλέγχειν (zurechtweisen, überführen, dartun, widerlegen, prüfen) bezeichnen bei Platon das kritische Moment der sokratischen Gesprächskunst. Die Elenktik (von ἐλεγκτική τέχνη [1]) bzw. den E. charakterisiert er als «Reinigungskunst» (καθαρτική τέχνη), ihr Ziel, das sie von der sophistischen Widerlegungskunst unterscheidet, als Befreiung vom Scheinwissen, ihren Weg als Erfragen und Prüfen von Meinungen, Aufdecken von Widersprüchen, gleichzeitiges Beschämen [2]. Geprüft wird in der Rechenschaftsabgabe (λόγον oder ἔλεγχον διδόναι) [3] das Verhältnis des Einzelnen zur Wahrheit [4], die ihn mit sich und so mit den andern in Übereinstimmung (ὁμολογία) bringt [5]. Aufs äußerste beansprucht wird der E. durch die Leugnung der Gesetze vernünftiger Rede, die sich selbst widerlegt [6]. Die Grundprinzipien verteidigt auch Aristoteles mit einer indirekten Widerlegung, einem ἔλεγχος oder ἐλεγκτικῶς ἀποδεῖξαι [7]. Innerhalb der Apodeiktik reduziert sich der E. auf seinen formalen Aspekt, auf die Widerlegung als den «Schluß auf das Gegenteil einer Behauptung» (ἀντιφάσεως συλλογισμός) [8]. Scheinwiderlegungen sind die σοφιστικοὶ ἔλεγχοι; ihr Grundfehler ist die «Unkenntnis der Widerlegung» (ἄγνοια ἐλέγχου) [9], in der weiteren Tradition: *ignoratio* und *mutatio elenchi* als Verkennen und Verrücken des Streitpunktes. Die rechtmäßige Übung des E. in «Prüfen und Rede-stehen, Verteidigen und Anklagen» gehört zur Dialektik und Rhetorik [10].

Anmerkungen. [1] So nicht bei Platon. – [2] Platon, Soph. 230 b–e. – [3] Zu letzterem: Apol. 39 c. – [4] Vgl. Prot. 331 c–d, 333 c; Charm. 166 c–d; Lach. 187 e ff.; Gorg. 453 c. – [5] Vgl. Gorg. 481 c ff. – [6] Vgl. Euthyd. 286 c. 288 a; Theait. 183 a–b. – [7] Vgl. Aristoteles, Met. IV, 4, 1006 a 11–28. – [8] Anal. pr. II, 20, 66 b 11 u. ö. – [9] Vgl. Soph. el. 5 und 6. – [10] Vgl. Rhet. I, 1, 1354 a, 5–6.

Literaturhinweise. M. Landmann: Elenktik und Maieutik. Drei Abh. zur antiken Psychol. (1950). – R. Robinson: Plato's earlier dialectic (Oxford ²1953). – B. WALDENFELS: Das sokratische Fragen. Aporie, E., Anamnesis (1961).   B. WALDENFELS

Eleutheronomie. In der ‹Metaphysik der Sitten› bezeichnet KANT E. als «Grundsatz» aller Moral: E. ist «das Freiheitsprincip der inneren Gesetzgebung» [1], in Entgegensetzung zur Eudämonie, dem «Glückseligkeitsprincip».

Anmerkung. [1] KANT, Akad.-A. 6, 378.   Red.

Elimination. Der Begriff ‹E.› wird in verschiedenem Sinne gebraucht: Die *Mathematik* kennt seit FERMAT ein streng methodisches Verfahren zur E. von Unbekannten aus algebraischen Gleichungssystemen [1]. – In der *Physiologie* und *Medizin* spricht man von E. nichtassimilierbarer bzw. morbider Stoffe. – Der ältere *Darwinismus* unterschied hinsichtlich der sogenannten Selektion eine katastrophale E. als Massenvernichtung ohne Rücksicht auf individuelle Organisationsunterschiede von einer personalen E. als Vernichtung einzelner Individuen auf Grund unvollkommener Anpassung. Resultat der letzteren ist die von Darwin sogenannte «natürliche Zuchtwahl» als das Überleben der im Kampf ums Dasein am besten ausgerüsteten Individuen [2]. – In der *Genetik* kennt man E. als den zufallsbedingten Verlust von Erbanlagen, wenn Teile von Tierpopulationen sich weiter verbreiten. Im Verlauf der Embryonalentwicklung kann man bei einigen Tierarten regelmäßig die E. einzelner Chromosomen beobachten. – Neuerdings spielt der Begriff der E. in der *Naturphilosophie* eine Rolle, näherhin in dem von J. S. HALDANE begründeten und von J. C. SMUTS so genannten Holismus, der die einfacheren Bereiche aus dem Komplexeren, also das Physikalische aus dem Biologischen und dieses aus dem Psychischen ableiten will, und zwar durch Simplifikation und E. [3].

Anmerkungen. [1] M. CANTOR: Vorles. über Gesch. der Math. 3, 804/805. – [2] Vgl. L. PLATE: Über die Bedeutung der Darwinschen Selektion (²1903) 88, die sich im wesentlichen an LLOYD MORGAN: Animal life and intelligence (1890/91) anschließt. – [3] J. S. HALDANE/MEYER: Die philos. Grundlagen der Biol. (1932); J. C. SMUTS: Holism and evolution (London 1936); A. MEIER-ABICH: Naturphilos. auf neuen Wegen (1948).
   H. M. NOBIS

Elite (von lat. eligere, frz. élire, élite; auslesen, Auslese), seit dem 17. Jh. in Frankreich als Bezeichnung für eine soziale Gruppe gebräuchlich, die sich durch besonderen Wert oder besondere Leistung auszeichnet, wird im 18. Jh. als Lehnwort ins Deutsche übernommen. Der Begriff dringt im 19. Jh. in die Sozialphilosophie ein und wird im 20. Jh. zu einem soziologischen Begriff und einem politischen Schlagwort. Der Begriff entsteht in der Epoche des Merkantilismus mit ihren gesteigerten Mobilitätschancen aus dem Bedürfnis des aufsteigenden Bürgertums, gegenüber dem Adel sich auf Tugend und Leistung als auf eine eigene Legitimitätsgrundlage des sozialen Status zu berufen. (Soziologisch: «erworbener Status» gegenüber «zugeschriebenem Status».) Von vornherein war dem E.-Begriff eine gewisse Ambivalenz eigen: er bezeichnete eine Auslese durch Leistung (z. B. im militärischen Sprachgebrauch seit Napoleon: «E.-Truppe») oder auch die Erlesenheit einer Gruppe mit besonderer «Wertsubstanz» (etwa im Sinne einer besonderen religiösen Erleuchtung) [1]. Entsprechend wird heute noch gelegentlich zwischen «Funktions-E.» und «Wert-» oder «Substanz-E.» unterschieden [2]. Aus dieser Ambivalenz erklärt sich die besondere Affinität des E.-Begriffs zu Ideologisierungsversuchen. Geistesgeschichtlich lassen sich im E.-Begriff ein utopisches, ein ideologisches und ein qualifikatorisches Element unterscheiden. Während die utopischen und ideologischen Elemente in verschiedenen sozialphilosophischen Theoremen verallgemeinert wurden, bezeichnet das qualifikatorische Element den empirisch überprüfbaren Kern des soziologischen E.-Begriffs.

Der Gedanke einer «Herrschaft der Besten» ist seit PLATON ein immer wiederkehrendes Thema der abendländischen Sozialphilosophie. Die Bezeichnung «Herrschaft der E.» erhält diese Utopie erst zu Beginn des 19. Jh. im Kreis der Saint-Simonisten [3]. Wurde der E.-Begriff hier noch technokratisch-progressiv verstanden, so bekam er durch NIETZSCHE einen utopisch-voluntaristischen Akzent [4] und wurde später zur rückwärts gewandten Utopie der Apologeten des Bildungsbürgertums (z. B. ORTEGA Y GASSET [5]). Auch in den sozialdarwinistischen Utopien ist die apologetische Funktion des E.-Gedankens bis in die Formulierung eines biologistischen Begabungsbegriffs hinein deutlich [6].

Das ideologische Element im E.-Begriff dient der unmittelbaren Durchsetzung partieller Gruppeninteressen, die zu ordnungspolitischen, in die Zukunft weisenden Grundwerten der Gesellschaft hypostasiert werden. Ideologische E.-Vorstellungen wurden vor allem in einer faschistischen und einer kommunistischen Variante virulent: MUSSOLINI und LENIN beriefen sich auf G. SOREL, dessen Theorie der «schöpferischen Minderheiten» ein dynamisch-revolutionäres Element durch die Betonung ihrer historischen Führungsfunktion für die breiten Massen enthält [7]. Die proletarische Revolution braucht eine E. von «Berufsrevolutionären» (LENIN), die ihre proletarische Seinslage zu durchschauen vermag und die in quasi-militärischen Kadern organisiert werden soll.

Der faschistische Imperialismus propagiert den machiavellistischen Machtmenschen, der die Massen für seine Eroberungspläne zu begeistern vermag. Der nationalsozialistische Rassismus braucht die E. aus eugenischer «Zuchtwahl» zur Demonstration seiner biologischen Überlegenheit wie zur Legitimierung seiner zynischen «Herrenmoral». Die politisch-ideologische Literatur der 20er und 30er Jahre enthält eine solche Fülle von irrationalistischen E.-Vorstellungen, daß der E.-Begriff bis heute ideologieverdächtig geblieben ist.

In den angelsächsischen Ländern ist mit dem Werk V. PARETOS [8] der E.-Begriff von vornherein als wertfreie soziologische Kategorie rezipiert worden. Im Zentrum der soziologischen Begriffsbestimmung steht das Element der Qualifikation und seiner sozialen Sichtbarmachung durch eine gewisse «Erfolgstüchtigkeit» (G. ICHHEISER [9]). Danach bilden eine E. «diejenigen Inhaber von Spitzenpositionen in einer Gruppe, Organisation oder Institution, die auf Grund einer sich wesentlich am (persönlichen) Leistungswissen orientierenden Auslese in diese Positionen gelangt sind, und die kraft ihrer Positions-Rolle die Macht oder den Einfluß haben, über ihre Gruppenbelange hinaus zur Erhaltung oder Veränderung der Sozialstruktur und der sie tragenden Normen unmittelbar beizutragen oder die auf Grund ihres Prestiges eine Vorbildrolle spielen können, die über ihre Gruppe hinaus das Verhalten anderer normativ mitbestimmt» [10]. Der wachsende Bedarf an qualifizierten Führungsgruppen in der industriellen Gesellschaft führt zunehmend zu einer pluralistischen Herrschaftsstruktur auf der Legitimitätsbasis einer Leistungs- und Erfolgsauslese, zu deren Analyse der E.-Begriff soziologisch unentbehrlich bleibt.

Anmerkungen. [1] Mgr. GIBIER: Le salut par l'élite (Paris 1923). – [2] U. JAEGGI: Die gesellschaftliche E. Berner Beitr. zur Soziol. 3 (³1968); L. BOUDIN: Die Theorie der E. Schweiz. Mh. 32 (1953) 636-647. – [3] G. G. IGGERS: The cult of authority. The political philos. of the Saint-Simonians (Den Haag 1958). – [4] F. NIETZSCHE: Der Wille zur Macht. – [5] J. ORTEGA Y GASSET: Der Aufstand der Massen (1956). – [6] H. CONRAD-MARTIUS: Utopien der Menschenzüchtung. Der Sozialdarwinismus und seine Folgen (1955). – [7] V. SARTRE: Georges Sorel – élite syndicalistes et révolution prolétarienne (Paris 1937). – [8] V. PARETO: Trattato di sociol. generale (Florenz 1916); amer. Mind and society (New York 1935); dtsch. auszugsweise: Allg. Soziol. (1955). – [9] G. ICHHEISER: Kritik des Erfolges (1930). – [10] H. P. DREITZEL: E.-Begriff und Sozialstruktur. Eine soziol. Begriffsanalyse. Götting. Abh. Soziol. 6 (1961) 71.

Literaturhinweise. A. W. GOULDNER (Hg.): Studies in leadership (New York 1950). – H. D. LASSWELL, D. LERNER und C. E. ROTHWELL: The comparative study of elites. An introduction and bibliography (Stanford, Cal. 1952). – H. PLESSNER: Über die E.-Bildung. Gewerksch. Mh. 6 (1955). – S. F. NADEL: The concept of social elites. Bull. int. Sci. soc. (Paris) 8 (1956). – U. JAEGGI vgl. Anm. [2]. – H. P. DREITZEL vgl. Anm. [10]. – W. ZAPF: Wandlungen der dtsch. E. (1965); Beitr. zur Analyse der dtsch. Oberschicht (1965).   H. P. DREITZEL

Emanation (griech. ἀπόρροια, lat. emanatio). – 1. Die *Gnosis*, deren Grundvoraussetzung die Ferne und Unerkennbarkeit Gottes ist [1], erblickt im E.-Begriff das geeignete Denkmittel, um zur Erkenntnis dieses außer- und unweltlichen Gottes zu gelangen. Die an der Metapher der Quelle (vgl. ἀπόρροια, emanatio) oder an der des Lichtes (vgl. προβολή, emissio) orientierte E.-Vorstellung wird von IRENAEUS folgendermaßen beschrieben: «Emissio enim est eius, quod emittitur, extra emittentem manifestatio» [2]. Freilich ist E. kein ursprünglich gnostischer Begriff, da E.-Vorstellungen zu allen Zeiten im griechischen Denken (bewußt oder unbewußt) eine Rolle spielten. Besonders sind sie dem Phänomen der Wahrnehmung zugeordnet; so geht etwa EMPEDOKLES davon aus, daß es von allem, was entstanden ist, Abflüsse (ἀπορροαί) gibt [3]. Entsprechendes findet sich bei DEMOKRIT [4]. Ferner wird die E.-Vorstellung magischen Vorgängen, z. B. beim bösen Blick [5], und der E. von Göttern zugeordnet [6]. Nach der (jüngeren) *Stoa* ist der perfectus animus eines Menschen aus der mens Dei ausgeflossen (defluxit) [7]. Bei PLUTARCH und PHILON stoßen wir auf Keime einer E.-Lehre; im eigentlich philosophisch-theologischen Zusammenhang wird der Begriff ἀπόρροια jedoch von ihnen vermieden [8]. Erst die *Gnosis* macht den an sich unscharfen Terminus philosophisch interessant: Gibt es nämlich E. Gottes in dieser Welt, dann ist die scheinbar unüberwindbare Kluft zwischen Gott und Welt überwunden. Charakteristisch für die gnostische E. ist, daß in der ἀπόρροια das Wesen des Aussendenden wohl enthalten, aber quantitativ gemindert ist. Diese Minderung ist notwendig, damit die Gottheit aus dem diametralen Gegensatz zur Welt und zum Menschen herausrücke. Die Frage, ob das göttliche Prinzip durch die E. eine Realitätsminderung bzw. durch die «Rückkehr» des Prinzipiats eine Seinserhöhung erfahre, ist für den Gnostiker gegenstandslos [9].

Anmerkungen. [1] z. B. VALENTIN bei IRENAEUS, Adv. haereses I, 2, 2; vgl. W. VÖLKER: Quellen zur Gesch. der christl. Gnosis (1932) 97, 29. – [2] IRENAEUS, a. a. O. II, 13, 6. – [3] EMPEDOKLES, Frg. B 89 bei DIELS/KRANZ: Frg. der Vorsokratiker (= VS) (¹⁰1961) 1, 343. – [4] Vgl. VS Reg. 3, 66: APORREIN, APORROIA. – [5] Vgl. H. DÖRRIE: E., in: Parusia, Festgabe Hirschberger (1965) 123f. – [6] a. a. O. 125ff. – [7] SENECA, Ep. ad Lucil. 120, 41; vgl. CICERO, De nat. deorum II, 79; MARC AUREL II, 4, 2. – [8] Vgl. DÖRRIE, a. a. O. [5] 133-135. – [9] a. a. O. 131f.

Literaturhinweise. H. JONAS: Gnosis und spätantiker Geist 1 (³1964); II/1 (²1954). – H. DÖRRIE: Art. ‹E.› in RGG³ 2 (1958) 449f.; vgl. Anm. [5]. – C. COLPE, E. HAENCHEN und G. KRETSCHMAR: Art. ‹Gnosis› in RGG³ 2 (1958) 1648-1661. – J. RATZINGER: Art. ‹E.› in: Reallexikon für Antike und Christentum 4 (1959) 1219-1228.

2. Der im Grunde *antignostisch* eingestellte PLOTIN operiert – besonders durch die Metaphern von Quelle, Sonne und Baum [1] – ebenfalls mit der allerdings durch ein οἷον eingeschränkten E.-Vorstellung (wie der Neuplatonismus überhaupt), jedoch weit sparsamer als gemeinhin angenommen. Terminologisch sind ἀπόρροια bzw. ἀπορροή und ἀπορρεῖν äußerst selten [2]. Sehr häufig steht ποιεῖν, auch ὑφιστάναι oder οἷον γεννᾶν. «[τὸ ῎Εν] ὂν γὰρ τέλειον... οἷον ὑπερερρύη καὶ τὸ ὑπερπλῆρες αὐτοῦ πεποίηκεν ἄλλο»: «Da es [das Eine] vollkommen ist, ist es gleichsam übergeflossen, und seine Überfülle hat ein anderes hervorgebracht» [3], nämlich den Nus; aus diesem wiederum emaniert die Seelen- und daraus die sichtbare Welt [4]. Außerdem werden noch einige bedeutungsvolle Entschärfungen vorgenommen: a) Das E.-Prinzip erfährt bei der E. keine *Realitätsminderung*: οὐκ ἠλάττωται (es wird nicht vermindert) [5], so daß das Emanierte nicht aus dessen eigener Substanz hervorgeht und nicht als ein Teil von ihm subsistiert. b) Es kann keine *Realitätsmehrung* erfahren: οὐ δέχεταί τι (es empfängt nichts [dazu]) [6], οὐδὲ αὔξειν ζητεῖ (es verlangt keine Mehrung) [7], auch nicht durch die «Rückkehr» des Prinzipiats, womit jede Form von Evolutionspantheismus ausgeschaltet ist, den die Metapher vom Baum suggeriert. c) Es verharrt in absoluter *Selbstidentität* und *Einfachheit*, ausgenommen von jeder Veränderung, da es des aus ihm Emanierten und auch der E. selber nicht bedarf. Von Anfang an ist es ganz vollkommen [8]. Nicht irgendeine *Bedürftigkeit*, sondern seine Vollkommenheit und Güte ist der Grund der E., dafür, daß es außer dem Einen noch das Viele gibt [9]. d) Damit ist weiter gesagt, daß die Plotinische E. nicht jenes automatische und blinde Hervorgehen beinhaltet, das ursprünglich in Begriff und Metaphern enthalten ist. Zum Plotinischen E.-Prozeß gehört nämlich das *voluntative Moment* [10]. e) Das Emanierte ist seinem Prinzip weder total [11] noch partial identisch [12], so daß für E.-Pantheismus und Identitätsphilosophie jeder Ansatzpunkt fehlt. Es ist ihm bloß *ähnlich* (ὅμοιον) [13], *hat teil* an ihm (μετέχον) [14] und ist ein *Abbild* von ihm [15]. *Nicht* also der E.-Begriff, sondern diese *Platonischen* Schlüsselbegriffe sind konstitutiv für Plotins Philosophie [16]. Sie ermöglichen das Viele neben dem Einen, zugleich solche Zäsuren innerhalb der verschiedenen Seinsmodi, die von Grenzverwischungen ebenso weit entfernt sind wie von einem absoluten χωρισμός (Trennung).

Plotinische E. und *christliche* Kreation stellen also *keine* Gegensätze dar. *Gemeinsam* ist beiden die Front gegen die Platonische Demiurgia und den Evolutionismus. Das Plotinische ‹emanare› besagt in Grund und Wesen nichts anderes als das christliche creare ex nihilo. Die entscheidenden Differenzpunkte sind: *stufenweises* und daher *mittelbares* (außer dem Nus) Hervorgehen der Dinge aus Gott, *mehrere* schöpferische Prinzipien und *Ewigkeit* der Welt. Zumindest keimhaft sind bei Plotin vorhanden die freigewollte Schöpfung und der personale Gottesgedanke [17]. In den übrigen Punkten gibt es keinen Unterschied, auch nicht in der in der E. notwendig implizierten Abstiegsmetaphysik. Denn sie bedeutet lediglich, daß Gott keine Götter mehr, sondern nur Wesen schaffen kann, die geringer sind als er, nicht mehr mit ihm identisch, sondern bloß an ihm *teilhabend*. Das trifft, weil in der Natur der Sache liegend (LEIBNIZ' ‹Malum Metaphysicum›), auch für den christlichen Gott zu.

Anmerkungen. [1] PLOTIN, Enn. I, 7, 1; III, 1, 4; III, 3, 7; III, 8, 10; V, 1, 6; V, 3, 12; VI, 8, 18. – [2] Enn. II, 1, 3, 26. 27. 28; II, 1, 4, 2. 4; II, 3, 2, 7; vgl. DÖRRIE, a. a. O. [5 zu 1] 135f. – [3] Enn. V, 2, 1, 7ff. – [4] III, 2, 2, 17; III, 4, 3, 25; V, 1, 6, 7; V, 2, 1, 8. 14. 16; V, 3, 12, 40. 43; V, 5, 5, 22f.; VI, 8, 18, 20. – [5] III, 8, 8, 46; vgl. III, 4, 3, 26f.; III,8, 10, 6f. 11. 19; V, 1, 3, 10-12; VI, 9, 9, 1-7. – [6] I, 6, 7, 26. – [7] V, 1, 4, 13; vgl. III, 8, 9-11; V, 5, 12, 40-43. – [8] III, 8, 11, 10f. 15f.; V, 1, 6, 42; V, 2, 1, 7f.; VI, 9, 6, 16-39. – [9] K. KREMER: Das ‹Warum› der Schöpfung: «quia bonus» vel/et «quia voluit»? Parusia, Festgabe Hirschberger (1965) 243-254. – [10] Vgl. ebda. – [11] Enn. III, 8, 9, 39; V, 2, 1, 1; V, 3, 12, 45; V, 3, 15, 7. – [12] VI, 7, 32, 20f.; VI, 5, 3, 21f. – [13] V, 1, 7, 3; V, 3, 7, 22f. 28. – [14] II, 9, 16, 25; IV, 8, 6, 17. 27; V, 1, 7, 45; V, 5, 10, 3f. – [15] V, 1, 6, 33. 46; V, 2, 1, 15. 19. 21; V, 5, 5, 22; VI, 8, 18, 15. 23. 27. 35f. – [16] PLOTIN verwahrt sich gegen eine wörtlich verstandene E.: VI, 5, 3, 5. 21; II, 1, 4, 4 u. 8, 4; V, 1, 3, 10-12 und VI 9, 9, 1-7. – [17] KREMER, a. a. O. [9] 249-254. 261.

Literaturhinweise. Realencyclop. prot. Theol. u. Kirche, hg. HERZOG/HAUCK 5 (³1898) 329-336. – T. P. ROESER: Emanatism and creation. New Scholasticism 19 (1945) 85-116. – E. R. DODDS: Komm. zur Stoicheiosis theol. des Proklos (²1963) 213f.; Les sources de Plotin. Entretiens sur l'antiquité class. 5 (Vandœuvres/Genève 1960) 23f. – H. R. SCHWYZER: Art. ‹Plotinos›, in: Realencyclop. class. Altertumswiss. 21/1 (1951) bes. 569f. – H. DÖRRIE s. Anm. [5 zu 1]. – K. KREMER s. Anm. [9] und: Die neuplatonische Seinsphilos. und ihre Wirkung auf Thomas von Aquin. Stud. zur Problemgesch. der antiken u. ma. Philos. 1 (1966) bes. 4-7. 9-13. 303-308. 321-324. 343f. 419-424.

3. Da *Plotinische* E. und *christliche* Kreation einander sehr nahestehen, bedienen sich christliche Denker des E.-Begriffes. Da wir den Schöpfungsakt zudem nicht aus unserem Erfahrungsbereich kennen, erweist er sich als interpretationsbedürftig. Eins der Interpretationsmittel wird – neben dem platonischen Partizipationsbegriff und mit entsprechenden Änderungen (zeitlich begrenzte Welt, unmittelbares Erschaffen aller Dinge durch Gott allein) – die Plotinische E.-Vorstellung. Sodann werden einzelne Aspekte betont. BOETHIUS urgiert das freigewollte fluere bzw. defluere der Dinge aus Gott: «Idcirco quoniam esse eorum a boni voluntate defluxit» [1]. PSEUDO-DIONYSIUS arbeitet fast nur mit der ‹E.›[2], während κτίσις bei ihm nur gelegentlich und post festum begegnet [3]. Von nicht minderer Bedeutung ist ‹E.› bei JOHANNES ERIUGENA [4] und im ‹Liber de causis›. Bei THOMAS VON AQUIN wird die Interpretationsfunktion von ‹E.› für die Schöpfung besonders ersichtlich: «quod productio universalis entis a Deo non sit motus nec mutatio, sed sit quaedam simplex emanatio» [5]. Wie die Plotinische so ist auch die Thomanische E. im Sinne einer Partizipation [6] und «Explikation» [7] aufzufassen. Ähnlich ist die Situation bei ECKHART («superiora naturaliter se communicant et transfundunt se totis suis inferioribus») [8] und CUSANUS [9].

Anmerkungen. [1] BOETHIUS, De hebd., hg. STEWART/RAND: The theol. tractates (London 1918, ²⁷1962) 46, 119f.; vgl. 46, 98. 124f.; 48, 132f. 146. 152. – [2] Ps.-DIONYSIUS, De div. nom. MPG 3, 693 b. 824 b. 912 c. – [3] a. a. O. 700 c. 912 a. – [4] JOHANNES ERIUGENA, De div. nat. III, 17. – [5] THOMAS VON AQUIN, In Phys. Arist. VIII, L. II, hg. MAGGIÒLO (Rom/Turin 1954) n. 974; S. theol. I, 45, 1 c. – [6] De ver. 23, 1 ad 3. – [7] PLOTIN, Enn. VI, 8, 18, 20; THOMAS VON AQUIN, In de div. nom. nr. 158 (PERA). – [8] ECKHART, Lat. Werke 3, 218, 13f.; vgl. In Joh. nr. 365; a. a. O. 4, 118, 3. 208, 10. – [9] CUSANUS, Docta ignorantia II, 2. 4; De non aliud 21 (51, 7f.); De possest f. 182v. 183v (Paris 1514, Nachdruck 1962).

Literaturhinweise. K. KREMER: Die neuplatonische Seinsphilos. a. a. O. (Lit. zu 2) bes. 303-308. 321-324. 419-424; Die Creatio nach Thomas von Aquin und dem Liber de Causis, in: Festschr. Bischof Wehr (1962) bes. 335-344. – O. SEMMELROTH: Gottes ausstrahlendes Licht. Zur Schöpfungs- und Offenbarungslehre des Ps.-Dionysius Areopagita. Scholastik 28 (1953) 481-503.

4. Zur Verdeutlichung der Schöpfung, die das ganze und ständig gewährte Sein der Kreatur betrifft, greift auch LEIBNIZ auf den E.-Begriff zurück: Die Monaden entstehen «par des fulgurations continuelles de la divinité de moment à moment» [1]. «Patet autem ab hac fonte [= Deo] res existentes continue promanare ...» [2], und zwar nicht notwendig, sondern *frei* [3]. So auch der späte SCHELLING, der die Gottheit als «unendliche Mittheilsamkeit und Ausfließlichkeit» kennzeichnet [4], sich allerdings gegen eine E. wendet, «wobei das Ausfließende dasselbe bleibe mit dem, wovon es ausgeflossen, also nichts Eignes, Selbständiges» [5]. HEGEL unterscheidet E. von christlicher Schöpfung und deutet sie als Vorstellung, die wesentlich zur orientalischen Religion gehört [6]. Auch das I. Vatikanische Konzil hat jene Form von E. abgelehnt [7], bei der die Dinge nicht «aus nichts», sondern aus der göttlichen Substanz werden, so daß die wesentliche Differenz zwischen Gott und Welt verloren geht [8]. Das ist eine dem Gottesgedanken unangemessene Vorstellung, die bereits PLOTIN verworfen hat.

Anmerkungen. [1] LEIBNIZ, Monadol. § 47; vgl. Théodicée § 385; Met. Abh. § 14. – [2] De rer. originatione radicali. Opera philos., hg. ERDMANN (1840, Nachdruck 1959) 148 b. – [3] ebda. – [4] SCHELLING, Werke I/8 (1861) 210; vgl. I/7 (1860) 346f. 394ff.; I/8, 239. 265. 300. 215f. – [5] a. a. O. I/7, 347; vgl. 373²; I/8, 242. – [6] HEGEL, Jubiläums-A. 4, 675; 9, 60f. 6f. – [7] D 1804. – [8] Acta et Decreta Sacr. Conc. Rec. CLVII (1890) 519 cd.

Literaturhinweise. F. W. J. SCHELLING: Zur Gesch. der neueren Philos., hg. SCHRÖTER (1953) 47f. – J. A. STÜTTLER: Das Gottesproblem im Spätwerk Schellings. Scholastik 36 (1961) 73-83. – W. KASPER: Das Absolute in der Gesch. Philos. und Theol. der Gesch. in der Spätphilos. Schellings (1965).
K. KREMER

Emanzipation. Im römischen Recht bedeutete ‹E.› allgemein die Freilassung von Sklaven, näherhin das Rechtsgeschäft der Entlassung des erwachsenen Sohnes aus väterlicher Gewalt. War die E. von Sklaven und Leibeigenen im Altertum und Mittelalter meist ein *individueller* Akt, so bedeutet E. in ihrem modernen Sinn die Selbstbefreiung oder Entlassung gesellschaftlicher *Gruppen* aus geistiger, rechtlicher, sozialer oder politischer Bevormundung, Benachteiligung oder als Unrecht empfundener Herrschaft. Vorbereitet wurden die E. des Bauerntums, des Bürgertums, des Proletariats, der Sklaven, der Frau, der Juden durch die Aufklärung, die Gleichheitsforderungen aus dem modernen Vernunftrecht, dem christlichen Brüderlichkeitsgedanken (Quäker) sowie durch das revolutionäre Freiheitsverständnis. Das Moment der *Selbstbefreiung* tritt im «Zeitalter der Revolutionen» im Vergleich zur *Gewährung* der E. hervor. Ökonomische Gründe (höhere Produktivität der freien Arbeit, Anstieg des Konsumniveaus) verbanden sich mit ideologischen Begründungen.

Strebte der *Liberalismus* als E.-Bewegung des Bürgertums eine durchgehende Rechtsgleichheit an, so zog der *Sozialismus* aus der Erklärung der Menschen- und Bürgerrechte die radikale Konsequenz einer Demokratisierung des politischen, sozialen und wirtschaftlichen Lebens (Wirtschaftsdemokratie). In kritischer Aufdeckung des bürgerlichen Charakters der liberalen Grundrechte [1] forderte MARX die Aufhebung der Klassengesellschaft und erwartete von der Aufhebung der Religion als einer «illusorische[n] Sonne, die sich um den Menschen bewegt, solange er sich nicht um sich selbst bewegt» [2] und der die Religion als «Opium des Volks» [3] bedingenden sozialen Verhältnisse die «allgemein menschliche E.» [4].

Die E. der *Juden* vollzog sich in Verbindung mit der Säkularisation und Toleranz auf theologisch-kirchlichem Felde. Die erste bedeutende Verteidigung einer bürgerlich-rechtlichen Gleichstellung der Juden lieferte der englische Toleranzschriftsteller JOHN TOLAND (1714) [5].

Die politische E. der *Frau* (Wahlrecht) ist ebenso wie ihre gesellschaftliche, familien- und arbeitsrechtliche Gleichstellung noch nicht überall und durchgängig erreicht. Als Konsequenz der Gleichberechtigung der Frau fordert man heute die rechtliche und soziale Gleichstellung des unehelichen Kindes.

Der europäische *Nationalismus* führte zu politischen E.-Bewegungen, die sich vornehmlich religiös und ethnisch-kulturell verstanden. Die nationalen E. in den ehemaligen Kolonialgebieten können sich mit rassischen E. (Civil-Rights-Movement in den USA) verbinden. E.-Bestrebungen gehen häufig Verbindungen ein. So behandelt MARX die E. der Juden im Zusammenhang mit der des Proletariats. Für A. BEBEL ist die Frauenfrage «nur eine Seite der allgemeinen sozialen Frage» [6]. Die Entwicklungsländer verbinden ihre nationale E. zuweilen mit sozialistischen Ideen (Afrikanischer Sozialismus).

Die demokratische Idee der Start- und Chancengleichheit führt heute zur Forderung nach Beseitigung der nicht mehr rechtlich, sondern sozial bedingten Bildungsprivilegien. Der Abbau jeder neuen Art von sozialer Privilegierung und Diskriminierung folgt aus dem Selbstverständnis einer demokratischen Gesellschaft [7], die man dann auch «emanzipierte Gesellschaft» nennt.

Anmerkungen. [1] K. MARX: Zur Judenfrage (1844). Frühe Schriften, hg. H.-J. LIEBER und P. FURTH 1 (1962) 474ff. – [2] Zur Kritik der Hegelschen Rechtsphilos. (1844) Einl., a. a. O. 489. – [3] a. a. O. 488. – [4] a. a. O. 500. – [5] J. TOLAND: Reasons for naturalizing the jews in Great Britain and Ireland, on the same foot with all other nations (London 1714). – [6] A. BEBEL: Die Frau und der Sozialismus, Einl. (1879). – [7] A. DE TOCQUEVILLE: Über die Demokratie in Amerika. Dtsch. Werke, hg. I. P. MAYER 1 (1959) 7.

Literaturhinweise. Encyclop. ..., hg. D. DIDEROT und J. D'ALEMBERT (1778-1781) 12, 201ff.: Art. ‹Emancipation›. – K. MARX s. Anm. [1, 2].– A. BEBEL s. Anm. [6]. – G. JELLINEK: Die Erklärung der Menschen- und Bürgerrechte (1895). – G. BÄUMER: Der Wandel des Frauenideals in der modernen Kultur (1911). – I. FREUND: Die Emanzipation der Juden in Preußen (1912). – G. MYRDAL: The American dilemma (New York/Toronto 1944). – J. A. SCHUMPETER: Kapitalismus, Sozialismus und Demokratie (1946). – G. BREMME: Die politische Rolle der Frau in Deutschland (1956) mit Lit. – H. D. SCHMIDT: The terms of emancipation 1781-1812. Year Books I, Lond. Baeck Instit. of Jews from Germany (London 1956). – R. DAHRENDORF: Soziale Klassen und Klassenkonflikt (1957). – H. KOHN: Die Idee des Nationalismus (1962). – G. ROHRMOSER: E. und Freiheit (1970). – R. SPAEMANN: Autonomie, Mündigkeit, E. zur Ideologisierung von Rechtsbegriffen, in: Erinnerungsgabe für E. Lichtenstein (1971).

M. GREIFFENHAGEN

Emblem, Emblematik

I. ἔμβλημα, ‹emblema› (das Eingelegte) bezeichnet ursprünglich Intarsien- und Mosaikwerk; in der Terminologie von Kunst- und Literaturwissenschaft werden der Sachbegriff ‹Emblem› und die Gattungsbezeichnung ‹Emblematik› abgeleitet vom ‹ Emblematum Liber› des ANDREAS ALCIATUS (Augsburg 1531), dem ersten Emblembuch überhaupt. Dieses Werk war inhaltlich und formal Vorbild aller Emblematik, die als gesamteuropäische Mode ihre Blütezeit bis gegen Ende des 17. Jh. hatte, fast 1000 Werke hervorbrachte und stärksten Einfluß auf alle Kulturbereiche, besonders auf Literatur und Kunst des 16. und 17. Jh. ausübte. Im 18. Jh. erhalten sich die Embleme als Gegenstand der Hermeneutik in der Schulphilosophie. Für A. G. BAUMGARTEN ist die Emblematik die Wissenschaft, in den Bildern einen «sensus mysticus» zu finden und ihn zu deuten [1]. Entsprechend bezeichnet G. F. MEIER die «emblematische Auslegungskunst» als die «Auslegung der Sinnbilder [emblemata] und ihrer Inschriften [lemmata]» [2]. Diese Tradition setzt sich bis zu F. CH. OETINGERS ‹Biblisches und emblematisches Wörterbuch› (1776) fort. Unter dem Einfluß des schon vorher ausgesprochenen Verdikts WINCKELMANNS [3] jedoch und der ablehnenden Haltung der Klassik zum Emblem, das der klassischen Vorstellung von der organischen Ganzheit des Kunstwerks widersprach, galt die Emblematik bis zu Beginn des 20. Jh. als eine mindere Spielart barocker Allegorese. Erst in neuerer Zeit hat sich die Forschung mit dem Problem der historischen Einordnung, der Definition des Begriffes und der Wirkungsgeschichte beschäftigt.

Die wichtigste Wurzel der Emblematik bildet die Renaissance-Hieroglyphik, die ihrerseits im Italien des 15. Jh. angeregt wurde durch das Bekanntwerden der ‹Hieroglyphica› des HORAPOLLO (5. Jh. n. Chr.), eines lexikalisch-exegetischen Verzeichnisses änigmatischer Hieroglyphen, die keineswegs identisch waren mit den echten Hieroglyphen, sondern vielmehr eine rein ideographische hellenistische Geheimschrift darstellten. Im Neuplatonismus der Zeit stieß diese Bilderschrift auf großes Interesse, da man in ihr einen direkten Zugang zur sapientia veterum oder priscorum theologia zu finden glaubte, sie für Abbilder göttlicher Ideen hielt. – Auch die ‹Symbola› des PYTHAGORAS stellte man den Hieroglyphen gleich, indem man sie als verschlüsselte Zeugnisse der symbolischen Philosophie der Ägypter deutete, und ähnlich wurden biblische Sinnbilder, Elemente antiker Mythologie und Metaphern klassischer Autoren, römische Münzen und Medaillen hieroglyphisch aufgefaßt.

Großen Einfluß auf die Emblematik haben ferner Zeugnisse mittelalterlich-allegorischen Denkens, besonders die typologische Exegese der Herbarien und Bestiarien, wie sie z. B. der PHYSIOLOGUS zeigt. Dieser Einfluß ist – wie der der Hieroglyphik – sowohl motivgeschichtlicher Art als auch der einer verwandten Apperzeptionsform: Wie im allegorischen Verfahren des Mittelalters der Verweisungscharakter aller Dinge, ihr heilsgeschichtlicher Bezug aufgedeckt wurde, so interpretiert auch die Emblematik die Welt als mundus symbolicus voller Sinnbezüge; allerdings ohne den Anspruch objektiver Verbindlichkeit, sondern als Versuch, die Bedeutung der Signaturen der Welt – gegebenenfalls als Regulativ des menschlichen Verhaltens – zu erhellen.

Zu den Quellen der Emblematik gehören schließlich noch die Impresen- und Devisenkunst des 14. und 15.Jh. und die griechischen Bildepigramme mit ihrer lehrhaft-allegorischen Auslegung des Beschriebenen (die Texte der ALCIAT-Embleme stammen zum großen Teil aus der ‹Anthologia Palatina cum Planudeis›); formal – also in ihrer Verbindung von Bild und Text – steht sie in Verwandtschaft mit mittelalterlichen Traditionen (Armenbibeln, Heilsspiegeln, Totentänzen, Tituli).

Kennzeichnend für das Emblem ist sein *dreiteiliger* Aufbau aus *Motto* (Inscriptio, Lemma), *Pictura* (Icon, Imago, Symbolon) und *Subscriptio*. Hinzutreten können gelegentlich Widmungen, Quellenangaben und Kommentare. Als *Motto* erscheinen oft Zitate aus der Bibel und antiken Autoren oder Sprichwörter; es enthält gelegentlich eine knappe Bildbeschreibung (z. B. *Laurus*), häufig eine aus dem Bild abgeleitete Sentenz (z. B. *Intacta virtus*). Die *Pictura* zeigt eine Örtlichkeit, Pflanzen, Tiere oder Dinge, Tätigkeiten und Vorgänge (z. B. *Lorbeerbaum, der vom Blitz nicht getroffen wird*), historische, mythologische oder biblische Szenen und Figuren – kurz: ein Stück Realität mit signifizierender Kraft, wobei als Realität auch Mythisches und Fabelhaftes gilt, wenn es nur durch antike Quellen belegt ist. Die *Subscriptio* unternimmt die Erklärung und Auslegung des Bildes (z. B. *Wahre Tugend bleibt von allem Bösen unberührt*) und leitet daraus häufig eine Maxime ab; dabei setzt die Deutung die zu deutende Pictura in jedem Falle voraus, das Bild besitzt gegenüber dem Text eine «ideelle Priorität» [4]. Während Heckscher/Wirth – Einzelfälle verallgemeinernd – die Funktion der Subscriptio darin sehen, «das durch Lemma und Icon gestellte Rätsel aufzulösen» [5], und aus dem dreiteiligen Aufbau des Emblems auf eine entsprechende Funktionstrias schließen, übernehmen nach der – alle Erscheinungsformen der Emblematik umfassenden – Definition von A. Schöne alle Bauteile des Emblems die «Doppelfunktion des Abbildens und Auslegens oder des Darstellens und Deutens» [6], d. h. daß einerseits Motto und Subscriptio – als Bildüberschrift bzw. -beschreibung – an der darstellenden Funktion des Bildes teilhaben können, daß andererseits sowohl das Motto – als sentenziöse Kurzfassung der Deutung – als auch die Pictura – indem zwei abgebildete Vorgänge die Bedeutung gegenseitig erhellen – die auslegende Leistung der Subscriptio unterstützen. Bedingung dieser Doppelfunktion ist es, daß die Res picta des Bildes mehr bedeutet als sie darstellt, daß sie Res significans ist. Die Deutung der Res significans durch die Subscriptio erscheint so als die Erfassung einer vorgegebenen Significatio; das Emblem vermittelt also Einsicht in die von Sinnbezügen und Verweisungen durchzogene Welt. In der frühen Emblematik entsteht tatsächlich ein Kanon fester emblematischer Bedeutungen; später – besonders in thematisch spezialisierten Emblembüchern [7] und durch das Bemühen der Autoren um geistreichen Scharfsinn – kommt es zu einer Fülle von Variationen; immer aber wird ein eindeutiges Beziehungsverhältnis zwischen dem emblematischen Gegenstand und seiner Bedeutung festgelegt (Unterschied zum *Symbol*). Allerdings geht die Res picta niemals ganz in ihrer Funktion als Bedeutungsträgerin auf (Unterschied zur *Allegorie*), sondern sie ist existent auch ohne Sinnbezug und vor aller Bedeutungsentdeckung, sie hat eine «potentielle Faktizität» [8].

Spätere Spielarten und periphere Erscheinungsformen der Emblematik gehen allerdings über in die Allegorie, werden zu bloßen Exempeln, Anekdoten oder Bibelillustrationen. Parallel dazu verläuft ihre Entwicklung von einer esoterisch-humanistischen Kunstform – der Chiffrensprache der Hieroglyphik verwandt – zu populärer, moralisierend-didaktischer Gebrauchsliteratur, verbunden mit dem Übergang von lateinischen zu polyglotten und schließlich rein volkssprachlichen Texten.

Anmerkungen. [1] Sciagraphia encyclopaediae philosophiae, hg. J. Ch. Foerster (1769) 28f. (§§ 81, 82). – [2] Versuch einer allgem. Auslegungskunst (1757), Neudruck hg. L. Geldsetzer (1965) 136 (§ 271). – [3] J. Winckelmann: Gedanken von der Nachahmung der griech. Werke (1756). Sämtl. Werke, hg. C. L. Fernow (1825-29) 1, 183f.; vgl. Versuch einer Allegorie (1766), a. a. O. 2, 441. – [4] A. Schöne: Emblematik und Drama im Zeitalter des Barock (²1968) 28. – [5] W. S. Heckscher und K. A. Wirth: Art. ‹Emblem› im Reallex. zur dtsch. Kunstgesch. (1959) 5, 93. – [6] Schöne, a. a. O. 21. – [7] Vgl. das Kategorienschema bei Heckscher/Wirth, a. a. O. 151–192. – [8] Schöne, a. a. O. 28.

Literaturhinweise. K. Giehlow: Die Hieroglyphenkunde des Humanismus in der Allegorie der Renaissance. Jb. kunsthist. Sigen des allerhöchst. Kaiserhauses 32/1 (1915). – L. Volkmann: Bilderschriften der Renaissance, Hieroglyphik und Emblematik in ihren Beziehungen und Fortwirkungen (1923). – M. Praz: Studies in 17th century imagery (Rom ²1964) mit vollständigster Bibliogr. der Emblembücher. – A. Schöne vgl. Anm. [4]. – A. Henkel und A. Schöne: Emblemata. Hb. zur Sinnbildkunst des 16. und 17. Jh. (1967) mit umfangreicher Auswahl von Emblemen und ausführlicher Bibliogr. – E.-Forsch., hg. Sibylle Penkert. Wissenschaftliche Buchgemeinschaft, Darmstadt (in Vorbereitung).

K. Schmidt

II. ‹Emblem› (= E.) ist ein von Marcel Granet [1] zuerst in den Mittelpunkt einer Analyse des chinesischen Denkens gestellter Begriff, der jedes Wort der chinesischen Sprache als Klang- und Schrift-E. deutet. In ihm kämen die Dinge zeichenhaft zur Geltung, sie erweckten beim Hören und Betrachten stets Assoziationen, die es gestatteten, assoziativ zu reagieren und zu denken. In Wirklichkeit hat der praktische Zweck des Ausdrucks und der Aufzeichnung von Gedanken stets im Vordergrund gestanden; indem sie Sätze bilden und syntaktischen Regeln unterliegen, verlieren die E. weitgehend den Charakter isolierter Einheiten, als Schriftzeichen fixieren sie den Begriff und in der Regel den Wortlaut. Zur Lautschrift gelangte das Chinesische nicht, weil die vorherrschende Einsilbigkeit der klassischen Sprache (5.–3. Jh.) aus Gründen der Pietät und Ästhetik als Kunstsprache fixiert blieb. Die scheinbare Allgemeinverständlichkeit beschränkt sich auf Ostasien, wo das Chinesische bis dahin schriftlose Kulturen (z. B. Japan) beeinflußte. Eine abstrakte Kombinatorik zur Darstellung von Grundbegriffen, die G. W. Leibniz in der chinesischen Schrift vermutete, ist als Irrtum erwiesen. Der E.-Begriff ist für das Chinesische als Sprache nur sehr bedingt verwendbar.

Anmerkung. [1] La pensée chinoise (1934; dtsch. 1963) 19ff.

Literaturhinweise. H. Maspero: La langue chinoise (1934). – B. Karlgren: Sound and symbol in Chinese (²1962). – J. Schickel: Große Mauer, große Methode (1968) 133ff.

T. Grimm

Emergenzphilosophie bezeichnet im Anschluß an die Theorien von C. Ll. Morgan und S. Alexander eine Form des Evolutionismus, für die ein Ding nicht nur eine Addition seiner Elemente (resultant) ist, sondern ein qualitativ Neues, Aufsteigendes (emergent) und für die die Welt den Nisus zum Auftauchen (emergence) der Gottheit manifestiert.

Literaturhinweise. S. Alexander: Space, time and deity (London 1920). – C. Ll. Morgan: Emergent evolution (London 1923).

Red.

Eminenter besagt soviel wie ‹in hervorragender oder ausgezeichneter Weise›. Das Wort ist ein terminus technicus der scholastischen Metaphysik.

Nach einem in der mittelalterlichen Philosophie allgemein akzeptierten Prinzip, das sich bereits bei Cicero [1] findet und im Neuplatonismus eine gewichtige Rolle spielte [2], müssen die Vollkommenheiten einer Wirkung in der selbständigen seinsgebenden Ursache (im Unterschied zur causa instrumentalis) vorausbestehen (praeexistere, praehabere) oder enthalten (continere) sein [3]. Ist die Ursache nun als eine «causa aequivoca» ihrer Wirkung in der Weise übergeordnet, daß beide seinsmäßig schlechthin verschieden sind (z. B. Gott als Schöpfer in seinem unendlichen Abstand zur Welt), so sind in ihr die Vollkommenheiten des Effekts «eminenter» [4] (secundum modum altiorem [5] sive excellentiorem [6], in höherer oder hervorragender Weise) enthalten. Die «eminente» Weise der göttlichen Vollkommenheiten besteht darin, daß jegliche Begrenzung von ihnen ausgeschlossen ist [7], sie somit rein als solche (simpliciter) zu fassen sind und außerdem als sachlich identisch (unite) angesetzt werden müssen [8].

Der Gegenbegriff zu ‹eminenter› ist in der (nicht immer einheitlichen) spätscholastischen Terminologie ‹formaliter› (tantum). Von einem «formellen» Enthaltensein der Vollkommenheiten des Effekts in seiner Ursache spricht man bei der «causa univoca»: Ursache und Wirkung gehören prinzipiell ein und derselben Ordnung an (z. B. Zeugung eines artgleichen Lebewesens) [9]. Die Disjunktion «eminenter/formaliter» findet sich noch bei DESCARTES [10].

Anmerkungen. [1] CICERO, De natura deorum II, 33, 86. – [2] Vgl. K. KREMER: Die neuplatonische Seinsphilos. und ihre Wirkung auf Thomas von Aquin (Leiden 1966) Index: ‹Enthalten›, ‹Kausalität›, ‹Ursache›. – [3] THOMAS VON AQUIN, S. theol. I, 4, 2. – [4] a. a. O. I, 4, 2; 13, 3. 6; De pot. 7, 5. – [5] a. a. O. [3] I, 13, 2. – [6] I, 13, 3 ad 2. – [7] I Sent. d. 2, q. 1, a. 1 ad 5. – [8] a. a. O. [3] I, 13, 4; vgl. I Sent. d. 2, q. 1, a. 3. – [9] a. a. O. [3] I, 4, 2; vgl. jedoch die differenzierteren Unterscheidungen De ver. 27, 7. – [10] DESCARTES, Werke, hg. ADAM/TANNERY 3, 545. 566f.; 7, 41. 46.

Literaturhinweis. JOHANNES A SANCTO THOMA: Cursus philos. Thomisticus, hg. B. REISER 3 (Turin 1937) 45.   D. SCHLÜTER

Empeiria (ἐμπειρία, Erfahrung). Nach den vorwiegend negativen Wertungen der E., besonders durch Sinneswahrnehmung (Aisthesis), bei den Vorsokratikern (vor allem bei PARMENIDES [1], aber etwas abgeschwächt auch bei HERAKLIT [2], EMPEDOKLES [3], ANAXAGORAS [4] und DEMOKRIT [5]), welche sich die Erkenntnis der Wahrheit und des Seins nicht durch E. der Sinne, wie sie von der großen Menge geübt wird, sondern nur durch ihr eigenes spekulatives Denken erhoffen, ist für PLATON die E. eine gewöhnliche, von Kunst (τέχνη) und Vernunft (φρόνησις) noch zu unterscheidende Kenntnis der Tatsachen ohne Wissen um deren Gründe und Ursachen; diese Konzeption führt dazu, gewisse Disziplinen, wie etwa Rhetorik, Sophistik, Kochkunst und Putzkunst, um ihres bloß empirischen Charakters willen gegenüber den wissenschaftlich fundierten Künsten, wie Gesetzgebung (auf das Staatsganze bezogene Ethik), Gerechtigkeit (Individualethik), Medizin und Gymnastik, abzuwerten [6]. Doch gibt es auch bei Platon eine positive Bewertung der E. im Dienste der Erkenntnis [7].

Bei ARISTOTELES hat die E. ihren Ort gleichfalls zwischen sinnlicher Wahrnehmung und Erinnerung einerseits, Kunst oder Wissenschaft andererseits [8]. E. ist immer nur Erkenntnis des Einzelnen und Besonderen und des in ihnen vermittelten Allgemeinen, während die Kunst oder Wissenschaft auf das Allgemeine als solches geht [9]. Ferner kann uns die E. nur eine Erkenntnis des Was (ὅτι), nicht aber eine Erkenntnis des Warum (διότι) vermitteln, welche allein der Kunst und Wissenschaft vorbehalten bleibt [10]. Dennoch kann die E. das Mittel zur Erlangung allgemeiner Einsichten sein [11]. Aus der Ansammlung einer Vielheit von aus der Sinneswahrnehmung gewonnenen Erinnerungen geht nach Aristoteles die E. hervor, welche die Klärung zur allgemeinen und abstrakten Erkenntnis vorbereitet [12].

Die *Stoiker* nehmen an, daß E. dann erworben ist, wenn viele gleichartige Erinnerungsbilder aus den Wahrnehmungen entstanden sind, und definieren die E. als Vielheit gleichartiger Vorstellungen [13].

Auch in der von der pyrroneischen Skepsis beeinflußten *medizinischen Empirikerschule* spielt der Begriff der E. naturgemäß eine große Rolle und wird dort z. B. als «Bewahrung des in den meisten Fällen auf gleiche Weise Gesehenen» definiert [14].

Anmerkungen. [1] PARMENIDES bei DIELS/KRANZ: Die Frg. der Vorsokratiker (= VS) I (¹⁰1961) 28 B 7-8. – [2] HERAKLIT, VS 22 B 1. 2. 34. 41. 107. 108; A 16. 131. – [3] EMPEDOKLES, VS 31 B 2. – [4] ANAXAGORAS, VS II (¹⁰1960) 59 A 92; B 21. – [5] DEMOKRIT, VS II, 68 B 11. – [6] PLATON, Gorgias 462 b-466 a, bes. 462 c. 463 c. 465 a; vgl. Phaidros 270 b. – [7] Resp. IX, 582 a-583 a, bes. 582 c. – [8] ARISTOTELES, Met. I, 1, 980 b 25-981 b 13. – [9] a. a. O. 981 a 15-16. – [10] a. a. O. 981 a 24ff., bes. 981 a 28ff. – [11] Phys. VII, 3, 247 b 20-21. – [12] Met. I, 1, 980 b 28ff.; Anal. post. II, 19, 100 a 3ff. – [13] AETIUS, Plac. IV, 11. SVF II, Nr. 83 (S. 28, 13ff., bes. Z. 17-19). – [14] Aus dem GALENischen Frg. PERÌ TÈS IATRIKÈS EMPEIRÍAS 103, 17 (DEICHGRÄBER).

Literaturhinweise. R. SCHAERER: EPISTÉME et TÉCHNE, étude sur les notions de connaissance et d'art d'Homère à Platon (1930). – L. BOURGEY: Observation et expérience chez Aristote (1955). – L. PELLOUX: Il concetto di esperienza in Aristotele. Actes du 11e congr. int. philos. 12 (1953) 96-100. – K. DEICHGRÄBER: Die griech. Empirikerschule (1930, Nachdruck 1965) 269ff. – F. KAMBARTEL: Erfahrung und Struktur. Bausteine zu einer Kritik des Empirismus und Formalismus (1968).   F. P. HAGER

Empfindlichkeit (frz. sensibilité). Schon im Verlauf des erkenntnistheoretischen Versuchs einer Reduktion der Erkenntnisprozesse auf ein invariables Prinzip (der Reduktion alles Produzierten auf eine einzige Relationsreihe) [1], vornehmlich aber unter dem Eindruck seines Scheiterns und unter dem Einfluß der Quantenmechanik [2], benutzt VALÉRY den Begriff der sensibilité zunehmend losgelöst von dessen traditionell antagonistisch bestimmter Position zum Intellekt [3]. Der Begriff wird zu einer zentralen Kategorie in Valérys psycho-physiologisch orientierter Reflexion der eigenen dichterischen Praxis mit dem Ziel, die Komponenten geistiger Kreativität und ihre Funktionszusammenhänge zu sondieren [4], insbesondere diejenigen der künstlerischen Schaffensprozesse, welcher ihm als «action humaine complète» [5] schlechthin gilt. E. ist für Valéry, ohne daß er sie sensualistisch verabsolutiert, das unabdingbare Ferment des Geistes, d. h. ein seinen Prozeßcharakter entscheidender mitkonstituierender Faktor [6]. Im engeren Aspekt seiner literar-ästhetischen Schriften bezeichnet der Begriff der E. eine notwendige Voraussetzung für die Produktion des Kunstwerks und für die dem Kunstwerk adäquate Reizempfänglichkeit auf seiten des rezeptiven Subjekts [7]. – Die Valéry selbst eigene «Gefühlsunmittelbarkeit des Geistes» ist ein Hauptgegenstand der neueren Valérykritik [8].

Anmerkungen. [1] Vgl. die ‹Teste›-‹Léonard de Vinci›-Periode. – [2] Vgl. Valéry et les sciences, in: F. E. SUTCLIFFE: La Pensée de Paul Valéry (Paris 1955) 111-137. – [3] VALÉRY, Oeuvres 1 (Paris 1957) 1214; Cahiers (Paris 1957ff.) 24, 561; vgl. F. PIRE: La tentation du sensible chez Paul Valéry (o. O. 1964). – [4] J. ROBINSON: L'analyse de l'esprit dans les Cahiers de Valéry (Paris 1963). – [5] VALÉRY, Oeuvres 1, 1311. – [6] a. a. O. 1066ff. – [7] Vgl. G. MAUGE: La poétique selon Paul Valéry. Rev. de Paris 4 (1939) 490-504 und die Kap. «L'intelligence et les ‹choses vagues›» und «La théorie des effets» in: J. HYTIER: La poétique de Paul Valéry (Paris 1953) 22f. 232f. – [8] Vgl. E. LORENZ: Die Valérykritik im heutigen Frankreich. Roman. Jb. 7 (1955/56) 113-132.   H.-K. GRITSCHKE

Empfindnis. Der Begriff hat in der Phänomenologie E. HUSSERLS seinen Ursprung in der Doppeldeutigkeit des Begriffes ‹Empfindung› beim Tasten. Die Tastwahrnehmung (haptische Kinästhese) enthält neben der

Empfindung im üblichen Sinne, durch welche die Eigenschaften des betasteten Dinges gegeben werden, notwendig eine Empfindung, die den tastenden Leib selber zur Gegebenheit bringt [1]. Diese Selbstempfindung des Leibes im Tasten nennt Husserl ‹E.›. Ihr Begriff spielt eine zentrale Rolle in einer Theorie der Leibeskonstitution.

Anmerkung. [1] Ideen zu einer reinen Phänomenol. und phänomenol. Philos. 2. Buch. Husserliana 4 (Den Haag 1952) 146; vgl. 3. Buch. Husserliana 5 (Den Haag 1952) 118.

Literaturhinweise. L. LANDGREBE: Prinzipien einer Lehre vom Empfinden. Z. philos. Forsch. 8 (1954) 193-209. – U. CLAESGES: Edmund Husserls Theorie der Raumkonstitution (Den Haag 1964). U. CLAESGES

Empfindsamkeit. Das Wort ‹empfindsam› schlug LESSING dem Übersetzer von STERNES ‹Sentimental Journey through France and Italy›, J. J. CH. BODE, als Wiedergabe für das englische ‹sentimental› vor. Es war schon vorher im Gebrauch (zuerst belegt 1757 in einem Brief der GOTTSCHEDIN). Doch LESSING meinte, ein neues Wort zu prägen, und schrieb im Brief an Bode (Sommer 1768): «Wagen Sie, *empfindsam*! Wenn eine *mühsame* Reise eine Reise heißt, bei der viel Mühe ist; so kann ja auch eine *empfindsame* Reise eine Reise heißen, bei der viel Empfindung war» [1].

Das Wort hatte im Zusammenhang mit Sternes Werk und seinen vielen Nachahmungen großen Erfolg [2] und bezeichnet in der substantivierten Form ‹E.› bald einen Kernbegriff der Epoche. Voraussetzung dafür war, daß die Kultivierung des individuellen Gefühlslebens schon im Pietismus einen hohen Grad erreicht hatte und mit der Säkularisierung der emotionalen Sphäre im 18. Jh. eine intensive Pflege der Empfindungsmöglichkeiten des mit sich selbst beschäftigten Ichs begann. Auf das so vorbereitete deutsche Publikum, das seit langem unter dem Einfluß gefühlvoller ausländischer Literatur stand, wirkte Sternes Roman berauschend. Die Fähigkeit, sinnlichen Eindrücken durch seelische Anteilnahme eine besondere Bedeutsamkeit zu geben, die dem «sentimentalen» Reisenden Yorick-Sterne eigen ist, wurde das wesentliche Kriterium der E. Die Verfeinerung des Reagierens, die Begabung des Bemerkens, das Gespür für Nuancen und eine neue Vielschichtigkeit des Innenlebens, die als Erscheinungsweisen der E. das geistige und literarische Leben bestimmten und sich in Briefen, Tagebüchern, Gesprächen und Dichtungen äußerten, bedeuteten eine nicht abzuschätzende Bereicherung für die Kultur menschlichen Seins. A. V. HALLER bezeichnet die «Empfindlichkeit», die er mit der E. gleichsetzt, als einen Vorzug seiner Gedichte gegenüber denen Fr. v. Hagedorns: «Dieses starke Gefühl, das eine Folge vom Temperament ist, nahm die Eindrücke der Liebe, der Bewunderung und am meisten noch der Erkenntlichkeit zu einer Lebhaftigkeit an, dabey mir die Ausdrücke der Empfindungen sehr theuer zu stehen kommen» [3]. Doch entwickelte sich gleichzeitig als negative Begleiterscheinung eine übersteigerte Gefühlsseligkeit; ein vielfach unwahres, oft ans Krankhafte grenzende Schwelgen in eingebildeten Empfindungen kam in Mode. Die Beziehung zum Objekt der Empfindung, um die Sterne stets bemüht war, verlor sich in der deutschen E. schon sehr früh. Das Empfinden wurde Selbstzweck und bedurfte keines korrespondierenden Gegenstandes. Zwar wurde Leben und Weben der Natur durch die gesamte Epoche der E. hin stets von neuem als fruchtbarer und wesentlicher Anreger des Empfindens betrachtet und die idyllische Einöde immer wieder aufgesucht, um dem echten Fühlen den ihm gemäßen Raum zu bieten, doch zeigte sich gerade darin die Begrenztheit der gesamten Bewegung. Unter den deutschen Dichtern hat dies keiner so deutlich erkannt und ausgesprochen wie GOETHE. Während er im ‹Werther› zeigte, wie die große Leidenschaft die dem Empfindenden günstige Idylle sprengt und die bedrängende, ausweglose Lebensnot das fühlende Herz vernichtet, verspottete er im ‹Triumph der Empfindsamkeit› in Gestalt einer beißenden Satire das gesamte empfindsame Unwesen [4].

Daß zu unterscheiden sei zwischen E. und Empfindelei [5], hat man schon im 18. Jh. erkannt. Vom hohen Wert der einen und der Läppischkeit der anderen spricht KANT in seiner ‹Anthropologie›. «*Empfindsamkeit* ... ist ein *Vermögen* und eine *Stärke*, den Zustand sowohl der Lust als Unlust zuzulassen, oder auch vom Gemüt abzuhalten, und hat also eine Wahl. Dagegen ist *Empfindelei* eine *Schwäche*, durch Teilnehmung an anderer ihrem Zustande, die gleichsam auf dem Organ des Empfindelnden nach Belieben spielen können, sich auch wider Willen affizieren zu lassen. Die erstere ist männlich; denn der Mann, welcher einem Weibe oder Kinde Beschwerlichkeiten oder Schmerz ersparen will, muß soviel feines Gefühl haben, als nötig ist, um anderer ihre Empfindung nicht nach *seiner* Stärke, sondern *ihrer* Schwäche zu beurteilen, und die *Zartheit* seiner Empfindung ist zur Großmut notwendig. Dagegen ist die tatleere Teilnehmung seines Gefühls, sympathetisch zu anderer ihren Gefühlen das seine mittönen und sich bloß leidend affizieren zu lassen, läppisch und kindisch» [6].

Anmerkungen. [1] LESSING, Schriften, hg. H. K. LACHMANN und FR. MUNCKER 17 (1904) 256. – [2] P. MICHELSEN: Laurence Sterne und der dtsch. Roman des 18. Jh. (1962). – [3] A. V. HALLER: Gedichte, hg. L. HIRZEL (1882) 402. – [4] Weitere Hinweise bei: O. LADENDORF: Hist. Schlagwb. (1906) 66ff. – [5] J. H. CAMPE: Über E. und Empfindelei (1779). – [6] I. KANT: Anthropol. (1798) § 62. Akad.-A. 7, 235f.

Literaturhinweise. C. MÜLLER: Beitr. zum nhd. Wortschatz. Z. dtsch. Wortforsch. 3 (1902) 252ff. – W. FELDMANN: Modewörter des 18. Jh. a. a. O. 6 (1904/05) 306ff. 308. – R. F. ARNOLD, a. a. O. 8 (1906/07) 5ff. – G. JÄGER: E. und Roman (1969). H. EMMEL

Empfindung

I. – 1. Das Problem der E. (sensatio) wurde in einer für die neuzeitliche Philosophie maßgeblichen Weise von DESCARTES neu gestellt und entfaltet. Indem er die Philosophie im Durchgang durch den universalen Zweifel neu begründet und nur das Unbezweifelbare, wie es die Selbstgewißheit des Bewußtseins (res cogitans) ist, als unmittelbare Erkenntnis zuläßt, fallen die E. im Unterschied zur eingeborenen Idee der Ausdehnung, mit der die als existierend beweisbare körperliche Substanz (res extensa) gedacht wird, aus dem Bereich der wissenschaftlichen, unmittelbar oder mittelbar gewissen Erkenntnis, was sich schon in der Analyse des Wachsstückes im Gang der ‹Zweiten Meditation› zeigt [1]. So sind die E. «konfuse und dunkle» Bewußtseinsinhalte, die als solche freilich dem Geist (Bewußtsein) als dessen Modi angehören [2]. Im Gegensatz zu der in einer klaren und deutlichen Idee gedachten res extensa (mit ihren Modi der Figur und Bewegung) «sind Farben, Gerüche, Geschmäcke, usw. nur E., die keine Existenz außerhalb unseres Bewußtseins haben» [3]. Die Bedeutung der E., die Descartes noch besonders von den (allein von der Seele verursachten) Imaginationen (Einbildungen) unterscheidet [4], für die Wissenschaft liegt darin, daß sie ein Glied in der Beweiskette bilden, die zur Erkenntnis der Existenz der res extensa führt [5], womit auch die vorphilosophisch («ohne zu philosophieren») immer erfahrene, «sehr klar durch die Sinne erkannte» Einheit von Geist und Körper im Menschen wieder in ihr Recht gesetzt wird [6]. Für das Leben haben die E. die Funktion, in einer im allgemeinen zutreffenden Weise anzuzeigen, was dem Menschen zuträglich oder abträglich ist [7].

Bei A. GEULINCX, der in der Nachfolge von Descartes steht, weisen die Sinnesempfindungen auf äußere Dinge [8], wobei das Verhältnis zwischen Geist und Körper im Sinne seines Okkasionalismus gedacht wird [9]. Konsequent Descartes aufnehmend, wird E. darauf beschränkt, die zur Erhaltung des Ganzen von Körper und Geist optimalen Bedingungen anzuzeigen. – N. MALEBRANCHE unterscheidet streng zwischen ‹sentiments› und ‹idées›. In der sinnlichen Wahrnehmung finden sich E. und reine Idee zusammen. Aber allein die Ideen sind in Gott, die E. sind nur «Modifikationen unserer Seele, die Gott in uns verursacht» [10]. E. steht in keinem unmittelbaren Zusammenhang mit Erkenntnis, da die Idee mit Essenz der sinnlichen Objekte von der E., die von ihrer Existenz Kunde gibt, scharf getrennt ist [11]. Sie hilft nur indirekt zur Einsicht der Wahrheit, indem sie Aufmerksamkeit erweckt [12]. – Bei SPINOZA umfaßt E., da sie aus der Natur des empfindenden und empfundenen Körpers folgt, die Natur beider Körper. In der E. des Äußeren wird der eigene Körper empfunden [13].

HOBBES führt alle Vorstellungen im menschlichen Verstand auf E. zurück. E. wird bestimmt als durch äußere Einwirkung verursachte Bewegung des empfindenden Organs [14]. – In seinem Kampf gegen die Lehre von den angeborenen Ideen und in Lösung der Aufgabe, unter Ausklammerung physischer und metaphysischer Fragen die verschiedenen Fähigkeiten des menschlichen Geistes unmittelbar in ihrer Funktion kennenzulernen, definiert LOCKE die E. (sensation) als «the first capacity of human intellect» und als Grundlage aller Begriffe, die der Mensch «ever shall have naturally in this world» [15], wobei E., ebenso wie die mit der E. schon auf dieser Stufe verbundene Reflexion, ein rein passives Verhalten ist [16]. – Für BERKELEY bestehen die sinnlichen Dinge aus Gruppen von E. Gegen die Annahme einer außerhalb des perzipierenden Geistes bestehenden realen Existenz der Dinge wird das Sein aufgelöst in Perzeptionen, womit sich als alleinige Substanz das ergibt, was perzipiert. Die Konstanz des Seins beruht darauf, daß Gott als geistige Ursache die wahrgenommenen Dinge durch seinen Willen hervorbringt [17]. HUME unterscheidet zwischen «original and secondary impressions». E. (original impressions, impressions of sensation) sind die unmittelbaren Eindrücke, die der Geist von der Körperwelt erfährt [18].

Gegen Descartes und die Cartesianer und gegen die Gefahr des Okkasionalismus setzt LEIBNIZ das System der prästabilierten Harmonie, in dessen Erörterung und Verteidigung sich wichtige Bestimmungen der E. finden [19], die innerhalb der Lehre von den Perzeptionen der Monaden nicht nur erkennungstheoretisch, sondern vor allem ontologisch von Bedeutung sind. E. wird bestimmt als Vorstellung der Seele, wobei die äußeren Vorgänge durch innere wahrgenommen werden, die den Außendingen durch prästabilierte Harmonie entsprechen [20]. Dabei ist E. gegenüber anderen Perzeptionen schon mit Erinnerung verbunden [21], gegenüber der Vernunfterkenntnis aber nur eine verworrene Vorstellung [22]. Im Vorfeld der Entwicklung auf das hin, was Baumgarten als Ästhetik konstituierte, hat Leibniz ‹Lust› als «E. einer Vollkommenheit» definiert, die nicht vom Verstande, doch vom «Gemüthe» empfunden werde [23], und in diesem Zusammenhang auf das ‹je ne sais quoi› («es ist: ich weiß nicht was, so mir an der Sach gefället») der beginnenden Geschmacksdiskussion zurückgegriffen [24].

In engem Anschluß an Leibniz und in Übereinstimmung mit dessen Ablehnung der Lösung Descartes' bezeichnet CHR. WOLFF die E. als «Thaten der Seele», die sie durch ihre «eigentümliche Kraft» hervorbringt, und die in prästabilierter Harmonie immer mit den Bewegungen des Leibes übereinstimmen. Kann die Zusammensetzung der E. nach Figuren, Größen, Bewegungen unterschieden werden, so ist sie deutlich, ist dies nicht der Fall, undeutlich (verworren) [25]. E., die Körper, d. h. zusammengesetzte Dinge, in der Seele als einfache Dinge vorstellen, sind «Vorstellungen des Zusammengesetzten im Einfachen» [26]. – In Beantwortung der Frage, wie es komme, «daß sich die E. nach dem Zustand des Körpers richten», wendet sich CHR. A. CRUSIUS sowohl gegen Descartes und die Cartesianer als auch gegen die prästabilierte Harmonie und bekennt sich zur Annahme einer «realen oder physischen Verknüpfung» zwischen Leib und Seele. E., die von Perzeption unterschieden wird und in äußere und innere sich gliedert, ist Grundlage der Gedanken und der Zustand des Verstandes, «darinnen er ein gewisses Objekt als existierend und gegenwärtig zu denken ... unmittelbar genöthiget ist», aus welcher Nötigung heraus Crusius die Existenz der Außendinge gegen die Idealisten zu beweisen sucht [27]. – Für J. H. LAMBERT, der hierin von Locke beeinflußt ist, sind die E. die Grundlage der Begriffe [28] und Anlaß zu ihrer Bewußtwerdung. Im ‹Criterium veritatis› werden die «inneren E.» sogar als einfache Begriffe bezeichnet [29]. – Bei J. G. H. FEDER, für den die «natürliche Empfindung» Kriterium der «gesunden Vernunft» ist [30], liegt der Grund höherer Erkenntnis in der E. [31]. Die allgemeinen Begriffe können als «aus den sinnlichen Vorstellungen durch Abstraktionen entstanden gedacht werden» [32].

Anmerkungen. [1] DESCARTES, Werke, hg. ADAM/TANNERY 7 29ff. – [2] a. a. O. 7, 43. 80; 6, 109. – [3] 7, 238. – [4] Vgl. bes. 5, 102. – [5] 7, 77f. – [6] 3, 691f. – [7] 7, 83. – [8] A. GEULINCX, Ethica IV, Proem. – [9] Met. I, 8. – [10] N. MALEBRANCHE, De la recherche de la vérité III, 2, 6. – [11] Entretiens sur la met. 5, 2. – [12] a. a. O. 5, 7. – [13] SPINOZA, Ethica II, prop. 16. – [14] HOBBES, Leviathan I, 1; De homine II, 4; XI, 1; Elem. philos. de corpore 25, 2. – [15] LOCKE, An essay conc. human understanding II, 1, § 24. – [16] a. a. O. § 25. – [17] BERKELEY, Treatise on the principles of human knowledge §§ 1ff. – [18] HUME, A treatise of human nature II, 1, 1. – [19] LEIBNIZ, Philos. Schriften, hg. GERHARDT 7, 410f.; 4, 458f. 563f.; 2, 112. – [20] a. a. O. 7, 411. – [21] 7, 410. 599. – [22] 2, 171f. – [23] Opera philos., hg. ERDMANN (1840) 671. – [24] ebda. – [25] CHR. WOLFF: Vernünftige Gedanken von Gott ... (1720) §§ 763ff.; zit. §§ 818f. 775f. 765. 771; vgl. 824. 826. – [26] a. a. O. § 749; vgl. Psychol. rationalis (1734) § 83. – [27] CHR. A. CRUSIUS: Weg zur Gewißheit und Zuverlässigkeit der menschl. Erkenntnis (1747) §§ 64-69. 257. 265. 434. 457. – [28] J. H. LAMBERT, Philos. Schriften, hg. ARNDT 6, 351. – [29] a. a. O. 1, 466; zit. in: Criterium veritatis § 41. – [30] J. G. H. FEDER: Logik und Met. (1770) 247. – [31] a. a. O. 242. – [32] 147; vgl. 149f.

2. Im Rahmen der in Deutschland einsetzenden *Geschmacksdiskussion* gewinnt der E.-Begriff Bedeutung bei J. U. König, J. J. Bodmer und J. Chr. Gottsched. Ihre Positionen setzen besonders die von Crousaz und Dubos voraus. Zunächst ist der mit der Entwicklung des Geschmacksbegriffs an Bedeutung gewinnende Begriff ‹sentiment›, für den auch ‹instinct› eintreten kann, Bezeichnung für den untersten Grad des «jugement con-

fus». Die Vieldeutigkeit des Begriffs, dessen Bedeutung zwischen ‹Gefühl› und ‹Meinung› schwankt und der ästhetische und erkenntnistheoretische Momente zu fassen sucht, wird bedingt durch den Gegenstand, den er erfassen soll, das ‹je ne sais quoi›, das der begrifflichen Erfassung sich entzieht und im Besonderen unmittelbarer Wirkung aufgeht. Bei J. P. DE CROUSAZ, der den Begriff ‹sentiment› auf cartesianischer Grundlage entwickelt [1], wird ‹sentiment›, wie bei Fontenelle, zum vorweggenommenen Verstandesurteil. Das durch sentiment begründete Urteil widerspricht bei Nachprüfung durch die Vernunft dieser nicht [2]. – J. DUBOS, der gegen den Rationalismus eines Crousaz und Fontenelle die Unmittelbarkeit des ästhetischen Erfahrens betonen will, macht sentiment zur entscheidenden Instanz des ästhetischen Urteils. Das Urteil «par voye de sentiment» steht über dem Urteil «par voye d'analyse» [3]. J. U. KÖNIG, der im Anschluß an Crousaz seinen Geschmacksbegriff entwickelt, dient ‹E.›, womit er ‹sentiment› übersetzt, zur näheren Bestimmung dessen, was Geschmack charakterisiert, ohne daß ‹E.› ganz umfaßte, was «das Wort Geschmack zusammen in sich begreifft» [4]. Geschmack ist «diejenige E., welche in dem gemeinen Sinne durch diejenigen Eindrücke geboren wird, die unsere Sinne verschiedentlich empfangen» [5]. In der E. urteilt der «Geschmack des Verstandes» «allsofort» [6], wobei E., auf der der gute Geschmack basiert, nicht dem Verstande entgegengesetzt ist, sondern «dasjenige hochschätzen lehrt, was die Vernunft unfehlbar würde gebilligt haben», falls sie Zeit zur Untersuchung durch «deutliche Begriffe» gehabt hätte [7]. – J. J. BODMER erörtert in einem von ihm in Teilen herausgegebenen Briefwechsel mit Calepio die Bedeutung der E. für den Geschmack. Der E. wird für den «figürlichen Geschmack» das Richteramt abgesprochen, das sie allein im Bereich des sinnlichen habe [8]. Gegenüber dem E.-Urteil, das Bodmer durch Beispiele von der unterschiedlichen Beurteilung von Kunstwerken als unzuverlässig zu erweisen sucht, wird das Verstandesurteil betont, das überdem zu stärkerer E. führe [9]. – J. CHR. GOTTSCHED definiert E. als Vorstellung eines außer oder in der Seele Befindlichen. Betrachtet nach dem Grade der Vollkommenheit, «den sie als Abbildungen der Dinge an sich haben», werden sie in «klare und dunkle E.», die klaren in «deutliche und verwirrte» unterschieden. Schönheit ist eine in die Sinne fallende Vollkommenheit (Übereinstimmung des Mannigfaltigen), die durch eine verwirrte oder undeutliche E. aufgenommen wird [10]. In diesem Zusammenhang wird Geschmack gesehen als das Urteil über eine klare, doch nicht deutliche E. eines Vollkommenen (oder Unvollkommenen) [11], wobei jedoch letztlich Geschmack von Kenntnis der Regeln abhängig gemacht wird [12].

A. G. BAUMGARTEN, der E. (sensationes) als «repraesentationes status mei praesentis» definiert und innere und äußere E. unterscheidet [13], knüpft in der Einteilung der Erkenntnisvermögen an die durch Wolff systematisierten Unterscheidungen von Leibniz an. Die klare, doch nicht distinkte Vorstellung (clare et confusa repraesentatio) wird von ihm «repraesentatio sensitiva» genannt, womit er die negative Bestimmung durch eine positive ablöst [14]. Gegen den abstrakten Rationalismus Wolffscher Prägung entwickelt Baumgarten die *Ästhetik* als besondere Disziplin der Logik, als «scientia cognitionis sensitivae» [15], wobei er in Erläuterung der Benennung‹Aesthetica› (die er über ‹sentio› auf αἰσθάνομαι zurückführt) ihren Gegenstand in «klaren E.» sieht [16]. –

Für G. FR. MEIER ist E. die «Vorstellung einer gegenwärtigen Sache, in so ferne sie uns gegenwärtig ist» [17]. E. sind Grundlage der «ganzen übrigen klaren Erkenntnis» [18] und erste Begriffe, aus denen alle übrigen Begriffe gebildet werden [19]. Ästhetik als «Logik der unteren Erkenntniskräfte» [20] muß der Vernunftslehre, die E. und Erfahrungen voraussetzt, «den Stoff zubereiten» [21] und sucht die «sinnliche Erkenntnis» zu verbessern [22]. Für J. G. SULZER ist E. jede verworrene Vorstellung, insofern sie angenehm oder unangenehm ist. Sie ist eine Handlung der Seele, bei der diese nur mit sich selbst beschäftigt ist [23]. E. zu wecken, ist Ziel der schönen Künste, unmittelbar im psychologischen Sinn, als Endzweck jedoch moralische E. [24]. – J. J. WINCKELMANN faßt E. als den, «inneren Sinn», die Vorstellung und Bildung der Eindrücke, die der äußere Sinn empfängt [25]. Die E. des Schönen, über die in «höchster Deutlichkeit» zu sprechen nicht möglich und die allen «vernünftigen Geschöpfen, aber in verschiedenem Grade gegeben» ist, hängt ab von der «Richtigkeit des äußeren Sinnes und der Empfindlichkeit und Feinheit des inneren» [26]. Schönheit wird wohl durch den Sinn empfunden, aber durch den Verstand erkannt und begriffen. Er erst vermag ihr Wesen zu bestimmen [27]. – Auch bei M. MENDELSSOHN geht E. ganz im Bereich des Ästhetischen auf, der mit dem des Moralischen verbunden ist. Schönheit gilt als «eigenmächtige Beherrscherin aller unserer E.» [28], wobei Schönheit in der undeutlichen Vorstellung einer Vollkommenheit beruht [29] und der angenehmen E. korrespondiert, die als das «klare, aber undeutliche Anschauen der Vollkommenheit» definiert wird [30]. – Die Beschäftigung mit den E. hat für J. A. EBERHARD ihren Platz bei der Überwindung der «Gegeneinandersetzung der Wissenschaft der Schule und des Lebens» [31]. Empfinden und Denken sind «Modifikationen» der «Grundkraft» der Seele, «Vorstellungen zu haben» [32]. Die Unterschiede ergeben sich aus dem Bestreben der Seele, die mannigfaltigen einzelnen Vorstellungen unter eine «Hauptvorstellung» zusammenzufassen. Beim Empfinden drängt sich eine «größere Menge kleinerer Partialvorstellungen in einer Totalvorstellung zusammen», wobei jene in der Totalvorstellung sich nicht «deutlich unterscheiden lassen», sondern in dieser «nur auf eine dunkle Art mitwirken», während im Denken die «Intension, oder die Deutlichkeit, oder die Vorstellung der Einheit ... größer ist», die erfaßte Mannigfaltigkeit aber abnimmt [33].

Anmerkungen. [1] J.-P. DE CROUSAZ: Traité du beau (Amsterdam 1715) 73. – [2] a. a. O. 68. – [3] J. DUBOS: Reflexions critiques sur la poésie et sur la peinture 2 (1719) 208. – [4] J. U. KÖNIG: Untersuchung von dem guten Geschmack (1727) 288. – [5] a. a. O. 251. – [6] 256. – [7] 261; vgl. 255f. 273. 275. – [8] J. J. BODMER: Brief-Wechsel von der Natur des Poetischen Geschmackes (1736) 44. – [9] a. a. O. 44f. 53. – [10] J. H. GOTTSCHED: Erste Gründe der gesamten Weltweisheit (1733) I, §§ 439. 440. 442. 249. – [11] a. a. O. § 492; Versuch einer krit. Dichtkunst (⁴1751) III, §§ 6f. – [12] a. a. O. § 10. – [13] A. G. BAUMGARTEN: Met. (1739, ⁴1779) §§ 534f. – [14] a. a. O. § 521. – [15] Aesthetica (1750-1758) § 1; vgl. Met. § 533. – [16] Kollegnachschrift einer Ästhetik-Vorles. von A. G. BAUMGARTEN, hg. POPPE (1907) 67; vgl. 86. – [17] G. FR. MEIER: Anfangsgründe aller schönen Wiss. 2 (³1769) § 330. – [18] a. a. O. § 339. – [19] 3 (²1759) § 544. – [20] a. a. O. 1 (²1754) § 2. – [21] 1, § 5. – [22] § 15. – [23] J. G. SULZER: Philos. Schriften 1 (1773) 229f. – [24] Allg. Theorie der Schönen Künste 2 (²1792) 53. – [25] J. J. WINCKELMANN: Abh. von der Fähigkeit der E. des Schönen in der Kunst und dem Unterrichte in derselben (1771) 12. – [26] a. a. O. 32. 5. 10. – [27] Gesch. der Kunst des Altertums (1763-1768) IV, 2, §§ 9. 18. – [28] M. MENDELSSOHN: Schriften zur Philos., Ästh. und Apologetik (1880) 2, 143. – [29] a. a. O. 20; vgl. 21f. – [30] 121. – [31] J. A. EBERHARD: Allg. Theorie des Denkens und Empfindens (1776) 3. – [32] a. a. O. 66. – [33] 150. 91.

3. Im *Pietismus* und bei Philosophen und Theologen, die sich gegen eine vernunftmäßige Erkenntnis Gottes wenden, wie sie in Orthodoxie und Aufklärungstheologie vorherrschte, wird E. vereinzelt verwandt, um die geforderte Andersartigkeit unmittelbarer Gotteserkenntnis zu bezeichnen. L. VON ZINZENDORF sieht die Gefahr der Betonung von E. Aber er verwirft die E. nicht, sondern hält sie «für einen besonderen tropum der Providenzen, mit dem menschlichen Gemüt zu handeln» [1]. Obwohl E. nicht «Zweck und Ziel» ist [2], beginnt die Bekehrung der Gläubigen mit einer «kräftigen E. der Sache im Gemüte des Bekehrten» [3]. Religion läßt sich ohne Begriffe durch «bloße E.» erlangen, wobei E. durch keinen Vernunftschluß der Unwahrheit überführt werden kann [4]. Auswechselbar für E. steht bei Zinzendorf ‹Gefühl›, das an Häufigkeit sogar überwiegt [5]. E. und Gefühl sind bei ihm gebunden an das Evangelium [6]. – Bei J. L. V. MOSHEIM ist der Zustand, in dem die Christen ihre Religion «lieber durch E. ihrer Seele ... und durch ihr ganzes Leben ausdrückten, als ... auf Grundsätze menschlicher Weisheit zurückführten» auf die Zeit des Urchristentums beschränkt [7]. – Bei F. SCHLEIERMACHER wird nicht E., sondern *Gefühl*, in dem sich das Universum offenbart, zur Grundkategorie, in der ersten Auflage der ‹Reden› (1799) noch verbunden mit ‹Anschauung›, auf die Schleiermacher in der zweiten Auflage (1806) verzichtet, um sich von der philosophischen Spekulation besonders Schellings abzusetzen. In der ‹Glaubenslehre› heißt die Grundbestimmung «schlecht-hinniges Abhängigkeitsgefühl» [8]. ‹E.›, die in den ‹Monologen› beiläufig als Terminus vorkommt, wird dort dem Denken entgegengesetzt, ohne spezifische Bedeutung zu erlangen [9].

J. G. HAMANN setzt die Unwissenheit des Sokrates und damit die E. der philosophischen Skepsis und dem diskursiven Beweis der Unwissenheit entgegen [10]. E. ist hier nicht verworrene Erkenntnis, die von der distinkten unterschieden wird – eine Einteilung, gegen die sich Hamann gerade wendet –, vielmehr ist E. Hinweis auf den von ihm intendierten Begriff von Philosophie, als deren Gipfel ihm das *Wissen des Nichtwissens* gilt [11]. – Bei F. H. JACOBI nimmt E. gegenüber Gefühl die niedrigere Stufe ein. Die auf dem Wege des Verstandesdenkens nicht zu gewinnende Gewißheit der Realität wird gewährleistet durch ein Vermögen, das zu unmittelbarer Evidenz führt. Dieses kann «Wahrnehmung», «Gefühl» oder «unmittelbar offenbarende Vernunft» [12] heißen. ‹Gefühl› wird näher bestimmt als «Wissen im Glauben». Es begründet als Organ der Vernunft und höchste Autorität die Lehre vom Übersinnlichen [13] und bewährt «alle Wirklichkeit, sowohl die körperliche, welche sich den Sinnen als die geistige, welche sich der Vernunft offenbart» [14], während E., die dem Verstande zugeordnet wird und die «in einem gewissen Maße» auch Tiere besitzen [15], allein «Wissen in der sinnlichen Anschauung» begründet [16]. – Bei HERDER sind E. und Denken eng verbunden. Sie widersprechen sich nicht, sondern dieses folgt aus jenem [17]. Empfinden und Denken sind zwei Grundkräfte der Seele [18]. Die Seele, die an den Körper als «einen künstlichen Anzug des Weltalls geknüpft» ist (der Mensch als Mikrokosmos) [19], damit «sie vermittelst seiner erkenne, und sich das Weltall nach Analogie desselben bilde», empfängt die E., «d. i. dunkel zusammengehüllte Vorstellungen des Weltalls nach einer leichtfaßlichen, angenehmen Formel, d. i. für einen Sinn eingerichtet» [20]. E. ist dort, «wo noch kein Erkennen seyn kann». Erkenntnis der Seele ist Aufklärung dieses bisher für die Seele dunklen Vielem in Einem» [21]. Von hierher wendet sich Herder in der ‹Metakritik› gegen Kants Begriff der Synthese und den der Spontaneität, die ihm Loslösung des «großen Bandes der Natur» und einer ihrer «Kräfte» bedeutet [22].

Anmerkungen. [1] L. VON ZINZENDORF: Peri heautou (1746-1749) 4. – [2] Ebersdorfer Bibel (1727), Inhaltsangabe zum Hohenlied. – [3] Des Grafen VON ZINZENDORF Freiwillige Nachlese (1740) 402f. – [4] Der teutsche Sokrates (= Sok.) (1732) 289f. – [5] Pennsylvanische Reden (= PR) 2 (1744) 110; 1 (1744) 42; Sok. (1732) 138 Anm.; Jüngerhaus-Diarium, 25. 4. 1753. – [6] PR 2, 110; Inhalt einiger öffentl. Reden in Berlin an die Frauenpersonen daselbst (1738) 193. – [7] J. L. V. MOSHEIM: Vollständige Gesch. des NT 1 (1770) Vorbereitung, 139. – [8] F. SCHLEIERMACHER: Der christl. Glaube (²1830) §§ 4ff., 2ff. 5. 32-34. – [9] Monologen. Eine Neujahrsgabe (1800), hg. FR. M. SCHIELE (1902) 21. 53. 55. – [10] J. G. HAMANN, Werke, hg. NADLER 2, 73. – [11] Briefwechsel, hg. ZIESENER/HENKEL 2, 63. – [12] FR. H. JACOBI, Werke 2 (1815) 34. 108f. 37. – [13] a. a. O. 61, vgl. 74. – [14] 108f. – [15] 62; vgl. 8. 110. – [16] 61. – [17] HERDER, Werke, hg. SUPHAN 8, 192. 197. 232. 236. 237. 249. 256. – [18] a. a. O. 269; vgl. 9, 295. – [19] 8, 193. – [20] 245. – [21] 246. 239. 247; 21, 38. – [22] 21, 89. 90.

4. J. N. TETENS schafft die terminologisch genaue Trennung zwischen ‹E.› und ‹Gefühl›. ‹Gefühl› weist auf den Zustand innerer Affizierung, ohne erkennenden Bezug auf das die Affizierung Verursachende. ‹E.› weist auf den Gegenstand und macht den objektiven Bezug der Affizierung aus [1]. – KANT, der hier Tetens voraussetzt, unterscheidet E. als «objektive Vorstellung der Sinne» vom Gefühl, bei dem sich die Vorstellung allein auf das Subjekt bezieht und keiner Erkenntnis dient, auch nicht der Erkenntnis des Subjekts selbst [2]. ‹E.› bezeichnet das «Reale der Anschauungen», sie ist die «Materie» der Erscheinung, während Raum und Zeit die «Form» derselben ausmachen. Diese heißt «reine Anschauung»; durch E., die den ihr korrespondierenden Gegenstand in beide (Raum und Zeit) setzt, wird «empirische Anschauung» [3]. E. ist kein Abbild des Dinges an sich, gibt aber Kunde von der Beschaffenheit der Dinge und wird unabdingbar zur Erkenntnis der Objekte außer uns gebraucht. In der genaueren Bestimmung der E. unterscheidet Kant ‹Vital-E.› und ‹Organ-E.› [4].

K. L. REINHOLD nennt ‹E.› die sinnliche Vorstellung, die aufs Subjekt, ‹Anschauung› diejenige, die aufs Objekt bezogen wird, wobei er jeweils äußere und innere E. und Anschauung unterscheidet, nach der Affizierung der Rezeptivität von außen oder innen [5]. E. als «Veränderung im Zustande des Subjekts» ist nicht Bewußtsein der Veränderung des Zustandes. «Dieses setzt Vorstellung der Veränderung des Zustandes, Vorstellung der Empfindung voraus» [6]. – Gegen Reinhold wendet S. MAIMON ein, daß das Mannigfaltige der E. «nie in einer synthetischen Einheit zusammengefaßt» werde, da sie dann «Anschauung (eines Objekts)» sein würde. Der Kantische Grundsatz der synthetischen Einheit der Apperzeption beziehe sich weder auf reelle Objekte, weder auf E., noch auf Begriffe [7]. – Die Unterscheidung Kants zwischen Vital- und Organ-E. hat J. F. FRIES aufgenommen, der sie zu einer «Stufenreihe» von den unbestimmten Vital-E. (Lebens-E.) zu den bestimmten Organ-E. der fünf Sinne ausbaut [8]. – Eng an Reinhold lehnt sich W. T. KRUG an, der aber die Scheidung zwischen Anschauung und E. nicht streng aufrecht erhält und als gleichgeltend zur Bezeichnung sinnlicher Vorstellungen überhaupt bezeichnet, da in jeder Wahrnehmung «Objektives und Subjektives konkurriert» [9].

E. ist bei FICHTE wie bei SCHELLING, für den die Erklärung von E. Kriterium für das Gelingen einer Philosophie ist, da alle Realität der Erkenntnis an der E.

hafte [10], das Problem, an dem sich die Haltbarkeit ihrer Lösungen zu erweisen hat. Bei FICHTE ist E. eine «Handlung des Ich, durch welche dasselbe etwas in sich aufgefundenes Fremdartiges auf sich bezieht». Da dem Ich nichts zukommt als dasjenige, was dasselbe in sich setzt, «so muß das Ich die E. ursprünglich in sich setzen» [11]. In der E. als unmittelbarem Bewußtsein, in dem ich mein Empfinden empfinde, entsteht keine Erkenntnis eines Seins, sondern nur das Gefühl des eigenen Zustandes. Erst in der Anschauung des Empfindens entsteht dem Ich aus sich selbst und seinem Wesen die Erkenntnis eines Seins [12]. Von hierher wendet sich Fichte gegen Kant, Reinhold, Schulze und ihre Lehre vom Ding an sich. Fichte sieht sie in dem Zirkel, den Gedanken eines Dinges an sich durch E. begründen zu müssen und umgekehrt, und weist darauf hin, daß bei ihnen ein «bloßer Gedanke» auf das Ich einwirken soll [13]. – Für SCHELLING ist das Empfundene nichts vom Ich Verschiedenes. Das Ich empfindet «unmittelbar nur sich selbst, seine eigene aufgehobene Tätigkeit» [14]. E. ist «Selbstanschauung in der Begrenztheit» [15]. – F. SCHLEIERMACHER, in dessen Religionsphilosophie und Theologie E. keine Bedeutung erlangte, definiert ‹E.› in der Dialektik als «organische Impression»; sie ist, «nur in ihrer Beziehung auf die Organe, nicht auf objektive Weise», ist «subjektive Passivität» [16]. E. wird unterschieden von Gefühl, das für «unmittelbares Selbstbewußtsein» steht und von Wahrnehmung, das wie E. eine «organische Affektion», nicht aber wie diese «eine Aussage über das Affizierte (über das Affiziertwerden)», sondern mehr nach außen gekehrt, eine Aussage über das Affizierende [17]. – SCHOPENHAUER sieht in den E. Modifikationen der Sinne, «wesentlich subjektiv», «Data», die mit Hilfe der Kategorien im Verstande zu «erkennender Anschauung» werden [18]. E. wird dem Gefühl «als eine Unterart» «für die körperlichen Gefühle» subsumiert, wobei Gefühl durch den *negativen Inhalt* bestimmt wird, nicht Begriff zu sein [19]. – Für HEGEL ist E. «die Form des dumpfen Webens des Geistes in seiner bewußt- und verstandlosen Individualität». E. wird ihr Recht zugestanden, insofern in ihr jeglicher Inhalt als «mein Eigenstes» gesetzt ist, ihr wird jedoch abgesprochen, Rechtfertigung dieses Inhalts sein zu können. Sie ist Quelle und Ursprung alles dessen, was auch in der Vernunft ist, «als die erste und unmittelbarste Weise, in der etwas erscheint», kann aber nicht «Kriterium des Guten, Sittlichen und Religiösen» sein [20]. So wendet sich Hegel auch dagegen, daß Kunst dazu bestimmt sei, E. zu erregen [21].

Anmerkungen. [1] J. N. TETENS: Philos. Versuche über die menschl. Natur (1777) 1, 214ff. 167f. – [2] KANT, KU § 3. – [3] Prol. § 24. Akad.-A. 4, 306f.; KrV B 3ff. 59ff. – [4] Anthropol. 1, § 14. Akad.-A. 7, 153f. – [5] K. L. REINHOLD: Versuch einer neuen Theorie des menschl. Vorstellungsvermögens (1789) 359. 365. 368. – [6] a. a. O. 359. – [7] S. MAIMON: Versuch einer neuen Logik oder Theorie des Denkens. Nebst angehängten Briefen des Philaletes an Aenesidemus (1794) 403. – [8] J. FR. FRIES: System der Logik (1811, ³1837) 32, § 7. – [9] W. T. KRUG: Erkenntnislehre oder Met. (1808) 44. – [10] F. W. J. SCHELLING, Werke, hg. K. F. A. Schelling 3, 407. – [11] J. G. FICHTE, Werke, hg. J. H. FICHTE 1, 340. – [12] a. a. O. 2, 224f.; vgl. 1, 323. – [13] 1, 483. – [14] SCHELLING, a. a. O. 3, 408; vgl. 405. – [15] 3, 406; vgl. 404. – [16] FR. SCHLEIERMACHER: Dialektik, hg. ODEBRECHT (1924) 188. 287. – [17] a. a. O. 287. 250. – [18] A. SCHOPENHAUER, Werke, hg. HÜBSCHER 3, 334; 1, 19; 7, 37; vgl. 7, 36; 3, 334. – [19] a. a. O. 2, 61. – [20] G. W. F. HEGEL: Enzyklop. (1830) § 400. – [21] Ästhetik, hg. BASSENGE 1, 42ff.

5. Bei I. H. FICHTE findet sich eine Aufwertung der E. Er nennt sie das «Innewerden unwillkürlichen Gebundenseins durch einen unmittelbar sich aufdrängenden Inhalt». Empfinden ist als unterste Stufe sinnlicher Erkenntnis Stoff für des «Geistes» «durchdringende Einheit». Diese synthetische Einheit der Apperzeption wird gegenüber Kant dadurch «erweitert», daß sie schon als im Empfinden wirkend angenommen wird [1]. – Hatte schon beim jüngeren Fichte der E.-Begriff an Bedeutung gewonnen, so geschieht dies vollends bei L. FEUERBACH. In der Wendung gegen Hegel geht Feuerbach bis auf Descartes zurück, mit dessen Entzweiung und versuchter Versöhnung von Leib und Seele auch E. als philosophisches Problem gestellt war. Gegen die «neuere» Philosophie seit Descartes, deren Selbstbewußtsein «wieder nur ein gedachtes, durch Abstraktion vermitteltes, also bezweifelbares Wesen» war, rekurriert Feuerbach auf E. als auf etwas unmittelbar Gewisses [2]. Die neue Philosophie Feuerbachs ist das «zum Bewußtsein erhobene Wesen der E.» [3]. Bewußtsein ist nichts anderes als die «bewußte, die empfundene E.» [4]. E. ist «Protestation gegen die Unterscheidung und Trennung von Leib und Seele, Existenz und Wesen, die der abstrakte Gedanke macht» [5]. Alle Vermittlungsversuche seit Descartes werden nach einer Seite hin reduziert. E. wird, im Zusammenhang mit der Kategorie ‹Liebe›, Beweis von Sein. Die menschlichen E. haben «keine empirische, anthropologische Bedeutung im Sinne der alten transzendentalen Philosophie» mehr, sondern erlangen «ontologische, metaphysische Bedeutung» [6]. – Während NIETZSCHE zunächst der positiven Bewertung der E. durch Feuerbach nahesteht und in der Zeit seiner Verbindung mit Wagner in der *Musik* die «richtige E.» als «Feindin aller Konvention, aller künstlichen Entfremdung und Unverständlichkeit zwischen Mensch und Mensch» [7] sieht, ist ihm später auch E. bar jeder Unmittelbarkeit [8]. Schon E. ist «Lug und Trug», basierend auf den «Gewohnheiten unserer Sinne» [9].

Nach H. COHEN ist der Anspruch der E. auf Erkenntnis des Einzelnen zu Unrecht von Psychologie und Logik anerkannt worden: Er sei eine Illusion, da die E. selbst nicht leisten kann, was sie fordert: «Nicht aber ist der *Anspruch* selbst Illusion, der in der E. zum Ausdruck kommt» [10], doch ihn kann nur das reine Denken befriedigen. E. bleibt so als «etwas Indirektes» ein «Signal und Wertzeichen», das auf die Anpassung ihres Anspruchs «an die den Gegenstand konstituierenden Kategorien» angewiesen ist [11]. Auch in der ‹Ästhetik des reinen Gefühls› verweist Cohen die E. in den Bereich der Logik; sie sei immer nur sekundär, der Anfangsweg der unmündigen Vernunft [12]. Dagegen sei für die Ästhetik das ‹ästhetische Gefühl› relevant, das in den beiden Hauptarten des Bewußtseins Stufen zur Voraussetzung hat, zu denen das E.-Gefühl als «Band zwischen E. und E.» wieder nur eine Vorstufe ist [13].

Anmerkungen. [1] J. H. FICHTE: Psychol. 1 (1864) 260. 265. – [2] L. FEUERBACH, Werke, hg. BOLIN/JODL 2, 300. – [3] a. a. O. 2, 299. – [4] 4, 421. – [5] 2, 346. – [6] 2, 298. – [7] FR. NIETZSCHE, Werke, hg. SCHLECHTA 1, 388. – [8] a. a. O. 1, 450. – [9] 1, 1092f. – [10] H. COHEN: Logik der reinen Erkenntnis (²1914) 436. 434f. – [11] a. a. O. 450. 453. 450. – [12] Ästhetik des reinen Gefühls (1912) 2, 324. – [13] a. a. O. 1, 151.

Literaturhinweise. R. JÖRGES: Die Lehre von den E. bei Descartes (1901). – J. NALBACH: E. und Gefühl bei Kant, Herbart, Th. Lipps und C. Stumpf (1913). – A. BAEUMLER: Kants Kritik der Urteilskraft. Ihre Gesch. und System. 1 (1923) (Neudruck 1967 unter dem Titel: Das Irrationalitätsproblem in der Ästhetik und Logik des 18.Jh. bis zur KU). – H. LEHWALDER: Herders Lehre vom Empfinden (Diss. Kiel 1955).   R. PIEPMEIER

II. Neben dem philosophischen Begriff der E. hat sich seit der Renaissance ein *psychologischer* E.-Begriff entwickelt, der, aus dem Bemühen um eine Funktionsanalyse des Wahrnehmungsvorgangs entstanden, durch die Differenzierung zwischen E. und Wahrnehmung gekennzeichnet ist. Als begrifflich expliziertes Konzept taucht der psychologische E.-Begriff zwar erst im 18. Jh. auf, doch wird er seit der *Renaissancepsychologie* in zweierlei Hinsicht vorbereitet: terminologisch, insofern die Bezeichnungen ‹E.› (lat. sensus, sensio; frz. sentiment; engl. sensation) und ‹Wahrnehmung› (lat. perceptio; frz. und engl. perception) teilweise in implizit verschiedener Bedeutung verwendet werden; theoretisch durch die Formulierung von Wahrnehmungstheorien, die die begriffliche Trennung des E.-Begriffs vom Konzept der Wahrnehmung inhaltlich vorwegnehmen.

1. *Terminologische Entwicklung bis zum 18. Jh.* – Terminologisch finden sich seit dem 16. Jh. zwei Arten der Unterscheidung von E. und Wahrnehmung. Zum einen wird mit ‹E.› mehr der durch den äußeren Reiz ausgelöste psychische Inhalt, mit ‹Wahrnehmung› mehr das Auffassen dieses Inhalts bezeichnet. So ist bei T. CAMPANELLA die E. eine Affektion («passio»), die im Akt der «perceptio» aufgefaßt wird [1]; ähnlich versteht O. CASMANN unter ‹perceptio› die E. (sensio), insofern sie die aktive Auffassung des Sinneseindrucks ist [2], und B. TELESIUS definiert die E. (sensus), indem er sie als «perceptio» von Eindrücken faßt [3].

Diese Verwendung der beiden Termini wird im 17. und 18. Jh. bei den *englischen Empiristen* weitgehend übernommen. Bei J. LOCKE finden sich zwar einige Stellen, die auf eine Konzeption der «perception» als Inhalt [4] und der «sensation» als Funktion hindeuten [5]; auch werden die beiden Termini mitunter synonym verwendet [6]. Doch überwiegt, vor allem in den späteren Auflagen des ‹Essay›, die Verwendung von ‹sensation› für einen psychischen Inhalt und von ‹perception› für die Auffassung oder das Haben dieses Inhalts [7]. Analoges gilt für den Gebrauch der beiden Termini bei G. BERKELEY; trotz gelegentlicher synonymer Verwendung [8] läßt sich die Unterscheidung zwischen «sensation» als Inhalt und «perception» als Auffassungsvorgang anhand zahlreicher Stellen nachweisen [9].

Eine zweite Art der terminologischen Trennung zwischen ‹E.› und ‹Wahrnehmung› ist bei den letztgenannten Autoren ebenfalls bereits vorbereitet: ‹perception› wird für die innere und äußere Wahrnehmung verwendet, während ‹sensation› nur für die sinnliche Wahrnehmung steht [10]. Diese Verwendung der beiden Termini wird explizit bei D. HUME: ‹perception› ist der Oberbegriff für jede Art wahrgenommener Inhalte, also für «impressions» und «ideas» [11]; mit ‹sensation› werden diejenigen impressions bezeichnet, die auf unmittelbare Reizeinwirkung zurückgehen [12].

Eine ähnliche Terminologie hatte, wenn auch ohne scharfe begriffliche Trennung, schon R. DESCARTES verwendet. Er bezeichnet jeden psychischen Inhalt mit ‹perception›; zu den «sentiments» gehören nur diejenigen Wahrnehmungen, «[qui] viennent à l'âme par l'entremise des nerfs» [13]. Letztere umfassen allerdings, im Gegensatz zu den «sensations» der englischen Empiristen, die Wahrnehmung äußerer ebenso wie die affektiver und körperlicher Zustände [14]. Die cartesianische Terminologie wird von N. MALEBRANCHE übernommen, erfährt aber bei ihm eine neue Grundlegung. An die Stelle des physiologischen tritt ein introspektives Kriterium: «sensations» sind diejenigen Wahrnehmungen (perceptions), die nicht «superficielles à l'âme» sind, sondern die in sie mehr oder weniger merklich eindringen (la penetrent plus ou moins sensiblement) [15].

Diese terminologischen Unterscheidungen enthalten im Ansatz den späteren E.-Begriff in seinen beiden wesentlichen Merkmalen: E. ist ein Inhalt, nicht ein Auffassungsvorgang; dieser Inhalt ist das Resultat einer unmittelbaren Affektion der Seele. Es fehlt jedoch noch eine theoretische Integration der beiden Bestimmungsstücke. So bleibt es bis zur zweiten Hälfte des 18. Jh. in der vorherrschenden psychologischen Terminologie teils bei einer Gleichsetzung der E. mit sinnlicher Wahrnehmung schlechthin (z. B. bei D. HARTLEY [16], CHR. WOLFF [17], A. HALLER [18], J. N. TETENS [19]), teils werden, im Anschluß an Descartes und Malebranche, ‹E.› und ‹Emotion› zusammengefaßt, indem man jeder E. eine Lust-Unlust-Komponente zuschreibt (z. B. CH. BONNET [20], J. C. LOSSIUS [21], M. HISSMANN [22]). Gegenüber der psychologischen tritt dabei eine ästhetische Auffassung des Begriffs in den Vordergrund. Die Differenzierung zwischen ‹E.› und ‹Wahrnehmung› präzisiert sich erst wieder gegen Ende des 18. Jh. im Gefolge einer theoretischen Entwicklung der Wahrnehmungspsychologie, die auf Descartes zurückweist.

Anmerkungen. [1] T. CAMPANELLA: Universalis philosophiae seu metaphysicarum rerum iuxta propria dogmata (Paris 1638) I, 51; VI, 8. 1. 4. – [2] O. CASMANN: Psychologia anthropologica (Hanau 1594) 240. – [3] B. TELESIUS: De rerum naturae iuxta propria principia 1. 2 (1566) VII, 2. – [4] J. LOCKE: An essay conc. human understanding (London 1690) II, 1, 5; II, 8, 7. 8. – [5] a. a. O. II, 1, 3. – [6] II, 8, 8; 9, 4. 12. – [7] II, 1, 23; 9, 1. 3. 11. 15. – [8] G. BERKELEY: An essay towards a new theory of vision (Dublin 1704) 16. 19. 73; dtsch. R. SCHMIDT (1912); A treatise conc. the principles of human knowledge I, 5; dtsch. F. UEBERWEG (1869, ⁶1920). – [9] An essay ... a. a. O. 17. 26. 59. 66; A treatise ... a. a. O. 3. 4. 5. – [10] LOCKE, a. a. O. [4] II, 1, 4; 9, 1; 29, 4; BERKELEY, A treatise ... a. a. O. [8] I, 5. – [11] D. HUME: A treatise of human nature (London 1739-1745) I, 1, sect. 1. – [12] a. a. O. sect. 2; Of the passions sect. 1. – [13] R. DESCARTES: Les passions de l'âme 1 (Paris 1649) I, 22. – [14] a. a. O. 23. 24. 25. – [15] N. MALEBRANCHE, De la recherche de la vérité ... (Paris 1674/75) I, 7. – [16] D. HARTLEY: Observations on man, his frame his duty and his expectations (1749) I, Introd. – [17] CHR. WOLFF: Vernünftige Gedanken über Gott ... (1719) I, § 220. – [18] A. v. HALLER: Elementa physiologiae corporis humanis (Lausanne 1769) 530f. – [19] J. N. TETENS: Philos. Versuche über die menschl. Natur und ihre Entwicklung (1777) 186f. – [20] CH. BONNET: Betrachtungen über die Natur (1789) I, 216. – [21] J. C. LOSSIUS: Physische Ursachen des Wahren (1775) 41-44; vgl. 99. – [22] M. HISSMANN: Gesch. der Lehre von der Association der Ideen (1777) 95f.

2. *Theoretische Entwicklung im 17. und 18. Jh.* – Die Wahrnehmung wird bei DESCARTES teils als physiologisch-psychologisches, teils als erkenntnistheoretisches Problem behandelt. Unter *naturwissenschaftlichem* Aspekt wird eine funktionale Analyse des Wahrnehmungsvorgangs gegeben, die dessen veridikalen Charakter betont: Die Wahrnehmungen sind Zeichen äußerer Dinge [1]. – Unter *erkenntnistheoretischem* Aspekt erscheint die Wahrnehmung hingegen als ein – im Vergleich zum Denken – unzureichendes Instrument der Erkenntnis: Sie ist ein «confusus cogitandi modus» [2]. Diese beiden Aspekte des cartesianischen Wahrnehmungskonzepts vereinigen sich bei MALEBRANCHE. Von der erkenntnistheoretischen Frage nach der Möglichkeit des Irrtums ausgehend, analysiert er den Wahrnehmungsvorgang in seinen sinnlichen und nicht-sinnlichen Komponenten und bereitet damit die Trennung des E.-Konzepts vom Konzept der Wahrnehmung vor. Ausgangspunkt der Analyse ist die Frage nach der Lokalisation der Wahrnehmungsinhalte, ein Problem, das von Descartes nicht in voller Schärfe gesehen worden war: Zwar ist für DESCARTES die Seele der Sitz aller E. [3], aber es gibt andererseits eine Klasse von – in ihrer Genese nicht näher erläuterten – E., «que nous rapportons

à des choses qui sont hors de nous» [4]. MALEBRANCHE übernimmt beide Aussagen; die erste präzisiert er: Die E. sind «modifications de l'esprit» [5]; der Ausarbeitung der zweiten widmet er eine sorgfältige Analyse. Die E. als solche kann immer nur den Zustand der Seele selbst anzeigen [6]; der Eindruck eines äußeren Objekts entsteht erst, wenn zu ihr ein Urteil (jugement) hinzutritt, das sie auf andere E. bezieht und nach außen verlegt [7]; sie wird damit zur «sensation composée» [8]. Das zugrunde liegende Urteil ist ein «jugement naturel», das unwillkürlich vollzogen wird und nicht als solches, sondern lediglich in seinen Wirkungen bewußt ist [9]. Es ist in biologischer Zweckmäßigkeit begründet [10] und führt im allgemeinen zu veridikaler Wahrnehmung [11], kann allerdings auch die Ursache von Wahrnehmungstäuschungen sein [12].

Damit ist die Trennung des E.-Konzepts vom Konzept der Wahrnehmung inhaltlich in zwei Punkten vollzogen: 1. Die eigentliche «sensation» ist als Modifikation der Seele in ihr selbst lokalisiert, während die «sensation composée» auf ein äußeres Objekt bezogen ist; 2. zwischen beiden vermittelt ein Akt des Urteilens. Die Unterscheidung zwischen den beiden Arten der «sensation» vermischt jedoch noch eine psychologische mit einer erkenntnistheoretischen Betrachtungsweise; die Lokalisation aller E. in der Seele wird erkenntnistheoretisch damit begründet, daß ihre Existenz nicht notwendig die äußerer Objekte voraussetzt [13]; die Projektion der «sensations composées» wird hingegen phänomenologisch aufgewiesen [14] und erfährt eine psychologische Erklärung: Sie geht teils auf die relative Schwäche dieser E. zurück [15], teils darauf, daß die Seele in sich selbst keine Ursache für sie findet [16].

Den Schritt zur rein *psychologisch-funktionalen* Betrachtungsweise vollzieht im Anschluß an Malebranche BERKELEY. Daß die visuelle Wahrnehmung für sich allein nicht äußere Objekte zum Inhalt haben kann, ergibt sich zum einen aus der Zweidimensionalität des Netzhautbildes [17], zum anderen aus der introspektiven Analyse: «Objects apprehended by the eye ... primarily and immediately ... neither are, nor appear to be, without the mind» [18]. Die Projektion nach außen entwickelt sich genetisch durch Vermittlung des Tastsinns (für den das analoge Problem bei Berkeley nicht gesehen wird; dies wird erst bei Condillac der Fall sein); aufgrund von Erfahrung ruft die innere visuelle Wahrnehmung (idea) die Wahrnehmung des äußeren taktilen Objekts hervor (suggests) [19]. Dies geschieht mit Hilfe von Tiefenkriterien wie Konvergenz [20] und Akkommodation [21], die in ihrer Grundlage prinzipiell introspektiv aufweisbar sind [22]. Allerdings wird im Wahrnehmungsakt die Wahrnehmung des äußeren «mediate object» so schnell hervorgerufen [23] und ist so geübt [24], daß das innere, unmittelbare Objekt der visuellen Wahrnehmung kaum noch bemerkt wird [25].

Malebranche und Berkeley bereiten die *Trennung* des E.- vom Wahrnehmungsbegriff vor, indem sie zwei Stufen des Wahrnehmungsvorgangs postulieren. Eine explizite Unterscheidung der beiden Begriffe wird jedoch noch nicht erreicht, weil die psychischen Inhalte auf beiden Stufen als qualitativ gleichartig aufgefaßt werden: es handelt sich bei Malebranche in jedem Fall um – nur in ihrer Komplexität unterschiedliche – «sensations», bei Berkeley um Wahrnehmungen von Objekten, die sich lediglich in ihrer Sinnesmodalität unterscheiden. Die qualitative Differenzierung der beiden Stufen wird zuerst von CONDILLAC vorgenommen. Er faßt die aus dem Reiz unmittelbar hervorgehenden E. wie Malebranche als «modifications ou manières d'être» auf [26], stellt ihnen aber als Ergebnis der psychischen Verarbeitung die «idée d'un corps» gegenüber [27], die selbst nicht mehr den Charakter der E., sondern wie das «mediate object» bei Berkeley, den der sekundär erschlossenen Vorstellung hat; aus einer Reihe von Urteilen, die zunächst im Gedächtnis aufbewahrt und schließlich zu einem Gesamturteil zusammengefaßt werden [28], entsteht der komplexe Begriff (notion) von Körpern [29].

Damit hat die theoretische Vorbereitung der Trennung des E.-Begriffs vom Begriff der Wahrnehmung ihren Abschluß gefunden; sie wird bei TH. REID zusammengefaßt und begrifflich expliziert; «Sensation ... supposes a sentient being, and a certain manner in which that being is affected. Perception implies an immediate conviction ... of something external» [30]. Durch die E. werden, analog der Konzeption Berkeleys, die Wahrnehmungen hervorgerufen [31], und zwar so schnell, daß diese kaum bemerkt werden [32]; die E. haben für die Wahrnehmung Zeichenfunktion [33]. Die Verbindung zwischen E. und Wahrnehmung sieht Reid teils wie Malebranche als angeboren, teils wie Berkeley und Condillac als durch Erfahrung erworben an.

Anmerkungen. [1] R. DESCARTES: Traité de l'homme (Paris 1664) V, 66-70; Dioptrique IV, 6. – [2] Meditationes VI. – [3] Les passions de l'âme I, 34. – [4] a. a. O. 23. – [5] MALEBRANCHE, Recherche ... a. a. O. [15 zu 1] I, 6. – [6] a. a. O. 65. 199. – [7] 151. – [8] 96. – [9] 115f. 147. – [10] 133. 237. – [11] 95. – [12] 97. – [13] 7. – [14] 164. – [15] 163. – [16] 194. – [17] BERKELEY, Essay, a. a. O. [8 zu 1] 2. – [18] a. a. O. 50. – [19] 25. 74. – [20] 16. – [21] 27. – [22] 10ff. – [23] 17. 26. – [24] 51. – [25] 51. 61. 74. – [26] E. B. DE CONDILLAC: Traité des sensations (Paris/London 1754) I, 1, § 2. – [27] a. a. O. II, 5, § 6. – [28] II, 8, § 12. – [29] II, 8, § 9. – [30] TH. REID: Essays on the intellectual powers of man. Werke 1 (Edinburgh ⁸1895) 312. – [31] An inquiry into the human mind, a. a. O. 111. – [32] 120. – [33] 121.

3. Der Begriff der einfachen E. in der Psychologie des 19.Jh. – Die von REID zuerst formulierte begriffliche Unterscheidung zwischen E. und Wahrnehmung setzt sich in der ersten Hälfte des 19.Jh. allgemein durch (vgl. z. B. H. F. AUTENRIETH [1], J. G. STEINBUCH [2], E. H. WEBER [3], A. W. VOLKMANN [4], L. GEORGE [5]). In ihrem Rahmen erfährt der E.-Begriff eine Präzisierung zum Begriff der *einfachen* E. Eine gewisse Einfachheit ist bereits im E.-Begriff des 18.Jh. impliziert, insofern die E. der genetisch und funktional komplexeren Wahrnehmung gegenübergestellt wird. Die E. wird aber noch nicht als absolut einfach konzipiert; sie kann als innerer Inhalt oder Zustand durchaus zusammengesetzt sein. Dieses E.-Konzept hat sich in der englischen Philosophie auch noch im 19.Jh. gehalten (W. HAMILTON [6], A. BAIN [7]). Bestimmend für die Psychologie des 19.Jh. wird jedoch der Begriff der einfachen E., d. h. der E. als eines nicht weiter zerlegbaren seelischen Elements. Er bereitet sich zunächst vor im Kontext der sich Ende des 18.Jh. entwickelnden physiologischen Psychologie.

Die cartesianische *Sinnesphysiologie* hatte gegenüber der mittelalterlichen Vorstellung von den materiellen Ideen den Fortschritt gebracht, daß die E. nicht mehr als Bild des äußeren Objekts, sondern als Zeichen dafür aufgefaßt wurde [8]; doch kam bei DESCARTES den Nerven noch eine rein passiv vermittelnde Funktion zu: durch mechanischen Druck und Zug an den Nervenfasern wird der Sinneseindruck auf die Oberfläche der Zirbeldrüse übertragen und dort von der Seele wahrgenommen [9]. Diese Konzeption der Nervenerregung als einer der E. vorausgehenden passiven Übermittlung des Eindrucks herrscht zunächst noch im 18. Jh. vor; es wird jetzt lediglich vielfach die Bewegung im Nerven als die eines hypothetischen Nervensafts aufgefaßt (M. LECAT [10]; A. V. HALLER [11]; vgl. auch D. BRAUNSCHWEIGER [12]).

Eine in der Folge für die Entwicklung des Begriffs der einfachen E. wichtige Entwicklung der *physiologischen Theorie* setzt mit D. HARTLEY ein. In seiner physiologischen E.-Theorie wird erstmals die Nervenerregung nicht als Vorstufe, sondern als Substrat der E. aufgefaßt: Der äußere Eindruck löst in den Nerven longitudinale Schwingungen infinitesimal kleiner Partikel aus [13], deren Stärke, Frequenz und Ort den Attributen der E. zugeordnet sind [14]. Nicht ein zentrales Sensorium allein, sondern das gesamte sensible Nervensystem kann damit als zur E. fähig gedacht werden [15]. Die Konsequenz aus dieser Konzeption, daß nämlich der Erregung eines jeden Nerven eine E. zuzuordnen ist, ist von Hartley explizit noch nicht gezogen worden. Bei den sich ihm anschließenden Autoren des 18. Jh. bleibt die Theorie zunächst im wesentlichen unverändert (M. HISSMANN [16]; O. TIEDEMANN [17]), verflacht gelegentlich sogar wieder zur Vorstellung von materiellen Ideen (J. C. LOSSIUS [18]).

Einen wesentlichen Fortschritt bringt zu Beginn des 19. Jh. die Entdeckung des Gesetzes der *spezifischen Sinnesenergien* und der anatomisch-funktionalen Verschiedenheit sensorischer und motorischer Nerven. Daß die Modalität einer E. nicht von der Art des Eindrucks, sondern von der Beschaffenheit des gereizten Nerven abhängt, wurde unter anderm schon von CH. BELL [19] und C. T. TOURTUAL [20] festgestellt, bevor J. MÜLLER [21] den Tatbestand als «Gesetz der spezifischen Sinnesenergien» formulierte. Das anatomische Substrat der sensiblen Funktion wurde erstmals von BELL [22] beschrieben. Im Kontext dieser empirischen Fortschritte, die die Bedeutung der Beschaffenheit des sensiblen Nerven für die E. deutlich machen, gewinnt der E.-Begriff Hartleys eine präzise psychologische Bedeutung: Die E. ist das psychische Korrelat der Erregung einer einzelnen Nervenfaser. Der Begriff ‹einfache E.› wird in diesem Sinn wohl erstmals von J. G. STEINBUCH (1811) verwendet: Die «einfachen Licht-E.» sind «die Elemente des materiellen Antheils der Gesichtsvorstellung», wobei «jeder Punkt auf der Netzhaut seine Sensation hat» [23].

Um die Mitte des 19. Jh. hat sich dieser E.-Begriff allgemein durchgesetzt; die Definition O. DOMRICHS: «E. nennen wir die bewußte Wahrnehmung einer Reizung, welche eine centripetal leitende Nervenfaser traf» [24] ist die vielleicht präziseste Formulierung einer Begriffsbestimmung, die sich in ähnlicher Form bei fast allen zeitgenössischen Autoren findet (z. B. G. HEERMANN [25]; G. H. MEYER [26]; R. WAGNER [27]; L. GEORGE [28]; F. W. HAGEN [29]; C. G. RUETE [30]; W. V. V. VOLKMAR [31]; A. HORWICZ [32]).

Neben dieser Entwicklung, die von der Analyse des peripheren Erregungsvorgangs aus zum Begriff der einfachen E. gelangt, findet sich eine zweite, die den Begriff, umgekehrt voranschreitend, aus der Auflösung komplexer Bewußtseinsgegebenheiten in ihre *Elemente* gewinnt. Diese Begriffsentwicklung geht aus von LOCKES Konzept der «simple idea», einer Idee, die in sich nicht zusammengesetzt und deshalb auch nicht zerlegbar ist [33]. Da bei Locke eine theoretische Unterscheidung zwischen E. und Wahrnehmung fehlt, werden unter dem Begriff der «simple idea of sensation» noch einfache Sinnesqualitäten mit Kategorien wie ‹Ausdehnung›,

‹Gestalt› und ‹Bewegung› zusammengefaßt [34]. Auf wahrgenommene Sinnesqualitäten als die genetischen Elemente der Wahrnehmungen wird der Begriff der einfachen E. («sensation simple») bei CONDILLAC eingeschränkt [35], der Malebranches theoretische Unterscheidung zwischen E. und Wahrnehmung fortgeführt hat. In der Psychologie des 18. Jh. wird dieser Begriff der einfachen E. zwar gelegentlich übernommen [36], tritt aber im Bereich der spekulativen Psychologie zugunsten einer ästhetischen Betrachtungsweise in den Hintergrund; die zeitgenössische naturwissenschaftliche Psychologie bevorzugt die physiologische Analyse gegenüber der Suche nach Bewußtseinselementen. Erst mit dem erneuten Hervortreten einer spekulativen Psychologie zu Beginn des 19. Jh. setzt sich die introspektiv-spekulative Begriffstradition fort. Der Elementencharakter der E. tritt insbesondere bei F. HERBART hervor: Alle Bewußtseinsvorgänge lassen sich im Rahmen einer Statik und Mechanik von Vorstellungen beschreiben; die einfachen Vorstellungen, aus denen die übrigen sich zusammensetzen, sind die E. [37].

Bei H. LOTZE und später bei W. WUNDT und der von ihm beeinflußten Psychologie des späten 19. Jh. vereinigt sich dieser Begriff der einfachen E. mit dem von der *physiologischen* Analyse her entstandenen. LOTZE beschreibt einerseits, der physiologischen Tradition folgend, die Entstehung einer einfachen E. aus dem äußeren Reiz und dem empfindungserzeugenden Nervenprozeß, definiert andererseits die Einfachheit der E. aber nicht vom physiologischen Vorgang, sondern von der *Introspektion* her: Die E. ist das «bewußte Empfinden einer einfachen Sinnesqualität» [38], der unter Umständen die Erregung einer Vielzahl von Nerven entsprechen kann. Daß in der Regel der einfachen E. eine einzelne Erregung zugeordnet ist, ist ein erklärungsbedürftiger Umstand, den Lotze auf den Lokalzeichen-Mechanismus zurückführt [39]. In der Tradition Herbarts und Lotzes steht der E.-Begriff W. Wundts. Die E. werden zunächst ohne Rekurs auf physikalische oder physiologische Vorgänge introspektiv als objektiven, d. h. im Erleben auf Äußeres bezogen Elemente des Bewußtseins definiert, doch betont Wundt andererseits selbst die Genese des Begriffs aus dem physiologischen E.-Begriff [40]. Die *Verbindung* des introspektiven mit dem physiologischen Aspekt kennzeichnet überhaupt den Begriff der einfachen E., wie er in der Psychologie des ausgehenden 19. Jh. verwendet wird.

Anmerkungen. [1] H. F. AUTHENRIETH: Hb. der empirischen menschl. Physiol. (1802) 5f. 207. 270. – [2] J. G. STEINBUCH: Beytrag zur Physiol. der Sinne (1811) 229. – [3] E. H. WEBER: Der Tastsinn und das Gemeingefühl (1834) 4. – [4] A. W. VOLKMANN: Neue Beiträge zur Physiol. des Gesichtssinnes (1836) 21f. – [5] L. GEORGE: Die fünf Sinne (1846) 152f. – [6] W. HAMILTON: Lectures on met. (Edinburgh 1865) 189. – [7] A. BAIN: The senses and the intellect (London 1855) 344. – [8] R. DESCARTES: Traité de la lumière (Paris 1664) I. – [9] Traité de l'homme 68. – [10] M. LECAT: Traité des sens (Paris 1742) 377. 385. – [11] V. HALLER, a. a. O. [18 zu 1] V, 530. – [12] D. BRAUNSCHWEIGER: Die Lehre von der Aufmerksamkeit in der Psychol. des 18.Jh. (1899) 70-83. – [13] HARTLEY, a. a. O. [16 zu 1] Prop. 1-4. – [14] a. a. O. Prop. 5. 6. – [15] Prop. 1. 5. – [16] M. HISSMANN: Psychol. Versuche (1788) 44f. – [17] D. TIEDEMANN: Untersuch. über den Menschen III, 169f. – [18] LOSSIUS, a. a. O. [21 zu 1] 45. – [19] CH. BELL: Idee einer neuen Gehirnanatomie (1911) 22. – [20] C. T. TOURTUAL: Die Sinne des Menschen in den wechselseitigen Beziehungen ihres psychischen und organischen Lebens (1827) 6f. – [21] J. MÜLLER: Hb. der Physiol. des Menschen (2 1840) 254. – [22] BELL, a. a. O. [19] passim. – [23] STEINBUCH, a. a. O. [2] 167. – [24] O. DOMRICH: Die psychischen Zustände, ihre organische Vermittlung und ihre Wirkung in der Erzeugung körperl. Krankheiten (1849) 91. – [25] G. HEERMANN: Über die Bildung der Gesichtsvorstellungen aus den Gesichts-E. (1835). – [26] G. H.

MEYER: Untersuch. über die Physiol. der Nervenfaser (1843) 157. 209. – [27] R. WAGNER: Handwb. der Physiol. mit Rücksicht auf die physiol. Pathol. 1 (1846) 266. – [28] GEORGE, a. a. O. [5 zu 3] 10. – [29] F. W. HAGEN: Psychol. Untersuch. (1847) 61. – [30] C. G. RUETE: Über die Existenz der Seele vom naturwiss. Standpunkt (1863) 8. – [31] W. V. v. VOLKMAR: Lehrb. der Psychol. (1875) 123. – [32] A. HORWICZ: Psychol. Analysen auf physiol. Grundlage (1872) 158. – [33] LOCKE, a. a. O. [4 zu 1] II, 2, 1. – [34] a. a. O. II, 3, 1. 2; II, 5. – [35] CONDILLAC, a. a. O. [26 zu 2] II, 8, § 10. – [36] HISSMANN, a. a. O. [22 zu 1] 105. 115. – [37] F. HERBART: Psychol. als Wiss. (1825) 2, 41f. – [38] H. LOTZE: Med. Psychol. oder Physiol. der Seele (1852) 180. – [39] a. a. O. 331. – [40] W. WUNDT: Grundzüge der physiologischen Psychologie (⁷1923) 410.

4. *Der wissenschaftstheoretische Status des E.-Begriffs im 19.Jh.* – Der E.-Begriff wird im gesamten 19. Jh. hinsichtlich seiner beiden wesentlichen Bestimmungsstücke – der Abgrenzung gegen die Wahrnehmung und der Einfachheit der E. – weithin einheitlich verwendet. Divergent und meist recht unklar sind jedoch die operationale Definition und der wissenschaftstheoretische Status des Begriffs. Die Schwierigkeiten betreffen innerhalb des von der Physiologie herkommenden Begriffs der einfachen E. die Zuordnung des psychologischen zum physiologischen Aspekt, innerhalb des introspektiv gewonnenen E.-Begriffs die Abgrenzung eines rein phänomendeskriptiven Konzepts von dem der E. als Konstrukt und schließlich, in der Verbindung zwischen den beiden Entwicklungslinien, die Frage, inwieweit sich psychophysiologisch und introspektiv definierte E. decken.

Das Problem der Zuordnung von physiologischem und psychologischem Aspekt der E. wird von einigen, vorwiegend von der Physiologie herkommenden Autoren dadurch umgangen, daß die E. schlechthin mit dem Erregungsprozeß im sensorischen Nerven identifiziert wird (J. MÜLLER [1]; L. GEORGE [2]; J. M. SCHIFF [3]; W. PREYER [4]; J. BERNSTEIN [5]; D. FERRIER [6]; F. JODL [7]). Dieses rein physiologische E.-Konzept tendiert dazu, die E. weniger als Inhalt denn als Prozeß aufzufassen, der häufig, einer vor allem von E. PFLÜGER [8] vertretenen Auffassung folgend, bis ins Rückenmark hinein oder gar, wie schon bei Hartley, bis hin zum peripheren Nervenende lokalisiert wird. Da die Nervenerregung mit den Mitteln der damaligen Physiologie am intakten Organismus nicht zu beobachten war, ist dieser Begriff der E. als physiologisches Konstrukt anzusehen; operational wird das Vorhandensein von E. meist durch das Auftreten motorischer Reaktionen festgestellt (H. F. AUTENRIETH [9]; J. M. SCHIFF [10]). Diesem E.-Begriff stehen, wenngleich gegen ihn nicht immer scharf abgegrenzt, diejenigen Konzeptionen gegenüber, die den Terminus ‹E.› auf den psychologischen Aspekt beschränken. Die Klärung der Zuordnung von Nervenerregung und E. gelangt dabei über metaphorische Umschreibungen kaum hinaus, die, je nach Position des Autors zum Leib-Seele-Problem, die Eigenständigkeit der E. mehr oder weniger betonen. In der Nähe des rein physiologischen E.-Begriffs bewegen sich noch diejenigen Konzepte, in denen die E. als «Perzeption» des Nervenreizes oder sein «Eintritt ins Bewußtsein» erscheint (O. DOMRICH [11]; TH. WAITZ [12]; C. G. RUETE [13]; A. HORWICZ [14]). Der Übergang von diesem E.-Begriff zu einer rein interaktionalistischen Position ist fließend; C. T. TOURTUALS Definition der E. als «Resultat der Einwirkung des organischen Eindrucks auf das geistige Prinzip, und der rückwirkenden Selbstthätigkeit des letzteren» [15] findet sich ähnlich bei zahlreichen weiteren Autoren (z. B. F. W. HAGEN [16]; R. H. LOTZE [17]; W. V. v. VOLKMAR [18]).

Die Schwierigkeit dieses E.-Begriffs liegt darin, daß das Konzept zwar inhaltlich auf ein psychologisches Datum bezogen, operational aber von einem physiologischen Vorgang her definiert ist. Da sich aber nicht zu jeder Nervenerregung eine zugehörige E. introspektiv aufweisen läßt, kommt es notwendig dazu, daß der Begriff, zunächst phänomendeskriptiv gemeint, zum quasi-phänomenalen Konstrukt wird. Es entsteht der Begriff der nicht wahrgenommenen E. Diese Folgerung aus dem psychophysiologischen Ansatz haben schon G. HEERMANN [19] und TH. WAITZ [20] gezogen; aus der gleichen Schwierigkeit heraus sieht sich LOTZE veranlaßt, neben der eigentlichen E. einen – der Nervenerregung zugeordneten – «unbewußten Seelenzustand» anzunehmen, «der noch nicht E. ist» [21]. Ähnlich unterscheiden K. FORTLAGE zwischen der unbewußten «Erzeugung eines E.-Inhaltes» und der bewußten «wahren E.» [22], S. EXNER zwischen «primären» und «sekundären» E. [23], TH. LIPPS zwischen bewußten und unbewußten E. [24] und F. BRENTANO zwischen Bestandteilen des «E.-Raumes» als theoretischen Konstrukten und den E. [25].

Eine ähnliche Umformung zum quasi-phänomenalen Konstrukt kennzeichnet auch die Entwicklung des Begriffs der einfachen E., wie er aus der introspektiven Analyse komplexerer Wahrnehmungsgegebenheiten hervorgegangen ist. Schon Malebranche, Berkeley und Reid hatten ebenso wie Condillac [26] auf die Schwierigkeit hingewiesen, die E. introspektiv aus dem Kontext der Gesamtwahrnehmung herauszulösen. Von den Psychologen des 18.Jh. hat wohl als erster K. F. v. IRWING [27] klar formuliert, daß reine E. in der Erfahrung nicht vorkommen. Dieses Problem verschärft sich noch mit der Präzisierung des E.-Begriffs zum Begriff der einfachen E. zu Beginn des 19.Jh. Insbesondere bei HERBART gewinnt der Begriff schon ganz den Charakter eines Konstrukts; die einfachen E. treten nur als Größen in seinen mathematischen Darstellungen auf, während er betont, daß «der wirkliche Actus des Vorstellens allemal von bestimmten Reproductions-Gesetzen abhängt, die sich sogleich bilden, indem die einzelnen Empfindungen zusammenkommen» [28]. Auch H. v. HELMHOLTZ hat auf den Umstand, daß isolierte E. in der Regel im Bewußtsein nicht vorkommen, in verschiedenen Zusammenhängen hingewiesen [29]. Sie können lediglich aus Wahrnehmungen erschlossen werden, wobei die Regel gilt, daß als E. lediglich die Bestandteile der Wahrnehmungen anzusehen sind, die «nicht durch einen Akt des Verständnisses beseitigt und überwunden werden können» [30]. Dieser Versuch einer operationalen Definition des rein psychologischen E.-Begriffs geht bei W. WUNDT durch die Ausweitung des Begriffs auch auf die nicht durch gegenwärtige Sinnesreize erzeugten objektiven Elemente der Erfahrung wieder verloren; doch findet sich bei ihm erstmals explizit ausgesprochen, daß der Begriff ein Konstrukt bezeichnet: Die E. sind «die Erzeugnisse einer ... Abstraktion, die nur dadurch möglich wird, daß die Elemente tatsächlich in wechselnder Weise verbunden sind» [31].

Diese Einsicht in den Konstruktcharakter des aus introspektiver Analyse gewonnenen E.-Begriffs setzt sich nach Wundt allgemein durch (vgl. z. B. H. EBBINGHAUS [32]; F. JODL [33]; J. LINDWORSKY [34]; E. B. TITCHENER [35]; J. WARD [36]; G. F. STOUT [37]). Das so gewonnene Konstrukt deckt sich jedoch weder formal noch inhaltlich mit dem vom psychophysiologischen E.-Begriff her gebildeten. Während dort allein die Zuordnung zu einem Nervenprozeß das Kriterium der einfachen E. ist – diese also, worauf in der Psychologie nach Wundt immer häufiger hingewiesen wurde, dem Bewußtsein gänzlich unzugänglich bleiben kann (S. EXNER [38]; G. H. LEWES [39]; M. v. PORTEN [40]; D. DRAKE [41]; C. A. STRONG [42]) – wird hier daran festgehalten, daß die E., wenn auch in der Regel nicht isoliert auftretend, doch grundsätzlich introspektiv aufweisbar ist. Sie ist, wie es C. STUMPF formuliert hat, zwar als «Erscheinung» gegeben, wird aber nur unter besonderen Bedingungen durch die «Funktion» des «Bemerkens» zum Bewußtsein erhoben, während sie in der Regel unbemerkt bleibt [43].

Anmerkungen. [1] MÜLLER, a. a. O. [21 zu 3] 249. 350. – [2] GEORGE, a. a. O. [5 zu 3] 10. – [3] J. M. SCHIFF: Lehrb. der Physiol. des Menschen (1858) 86. – [4] W. PREYER: Die fünf Sinne des Menschen (1870) 75. – [5] J. BERNSTEIN: Die fünf Sinne des Menschen (1875) 152. – [6] D. FERRIER: Die Functionen des Gehirns (1879) 51. – [7] F. JODL: Lehrb. der Psychol. (1908) 178. – [8] E. PFLÜGER: Die sensorische Funktion des Rückenmarks (1853). – [9] AUTHENRIETH, a. a. O. [1 zu 3] 1f. – [10] SCHIFF, a. a. O. [3] 213. – [11] DOMRICH, a. a. O. [24 zu 3] 31. – [12] TH. WAITZ: Lehrb. der Psychol. als Naturwiss. (1849) 62. – [13] RUETE, a. a. O. [30 zu 3] 8. – [14] HORWICZ, a. a. O. [32 zu 3] 158. – [15] TOURTUAL, a. a. O. [20 zu 3] 8. – [16] HAGEN, a. a. O. [29 zu 3] 60. – [17] LOTZE, a. a. O. [38 zu 3]. – [18] v. VOLKMAR, a. a. O. [31 zu 3] 215. – [19] HEERMANN, a. a. O. [25 zu 3] 2f. – [20] WAITZ, a. a. O. [12] 65. 68. – [21] LOTZE, a. a. O. [38 zu 3] 180. – [22] K. FORTLAGE: Beiträge zur Psychol. als Wiss. aus Speculation und Erfahrung (1875) 232f. – [23] S. EXNER: Entwurf zu einer physiol. Erklärung der psychischen Erscheinungen (1894) 231. – [24] TH. LIPPS: Leitfaden der Psychol. (1903) 37. – [25] F. BRENTANO: Untersuch. zur Sinnespsychol. (1907) 65f. – [26] CONDILLAC, a. a. O. [26 zu 2] III, 1, § 13; 3, § 11. – [27] K. F. v. IRWING: Erfahrung und Untersuch. über den Menschen (1777) 194f. – [28] a. a. O. 42. – [29] H. v. HELMHOLTZ: Hb. der physiol. Optik (²1896) 606. 608. 610; Die Lehre von den Tonempfindungen (⁶1913) 107. – [30] Hb. ... Optik, a. a. O. 610f. – [31] W. WUNDT: Grundriß der Psychol. (¹² 1896) 34. – [32] H. EBBINGHAUS: Grundzüge der Psychol. (⁴1919) 185. – [33] JODL, a. a. O. [7] 225f. – [34] J. LINDWORSKY: Exp. Psychol. (1923) 25. – [35] E. B. TITCHENER: Sensation and system. Amer. J. Psychol. 26 (1915) 259. – [36] J. WARD: Psychol. principles (Cambridge ²1920) 78. – [37] G. F. STOUT: A manual of psychol. (London 1921) 209f. – [38] EXNER, a. a. O. [23]. – [39] G. H. LEWES: What is sensation? Mind 1 (1876) 158. – [40] M. V. PORTEN: Entstehen von E. und Bewußtsein (1910) 56. – [41] D. DRAKE: Sensations and the constancy hypothesis. Monist 39 (1929) 474. – [42] C. A. STRONG: The genesis of appearances. Mind 35 (1926) 51. – [43] C. STUMPF: Erscheinungen und psychische Funktionen (1908) 17f.

5. Der E.-Begriff im 20. Jh. – Mit dieser Aufspaltung in zwei disparate Konstrukte hat der E.-Begriff seine theoretische Bedeutung als psychophysischer Elementarbegriff weitgehend verloren. Gegen beide Konstrukte werden in der *neueren* Psychologie wissenschaftstheoretische Einwände geltend gemacht: Die Annahme eines nicht bewußten, der Nervenerregung eineindeutig zugeordneten psychischen Inhalts ist zusätzlich zu dieser ist überflüssig und nutzlos (H. CASON [1]; H. C. WARREN [2]); die Annahme unbemerkter E. ist unwiderlegbar und damit wissenschaftlich wertlos (W. KÖHLER [3]); eine Unterscheidung zwischen E. und Wahrnehmung ist nicht gerechtfertigt, da es sich in jedem Fall operational um Diskriminationsfunktionen handelt (C. H. GRAHAM [4]).

Inhaltlich ist gegen den E.-Begriff vor allem von seiten der *Gestalttheorie* eingewandt worden, daß er zu Unrecht den phänomenalen und funktionalen Primat einfacher Elemente gegenüber den Gestalten postuliere. Im Rückgriff auf den E.-Begriff des 18.Jh. schlägt W. METZGER eine *rein phänomendeskriptive* Verwendung des Wortes ‹E.› vor; es beschreibt das «Erlebnis einer Einwirkung auf den Körper oder das Ich, eines Betroffen- oder Angemutetwerdens», das von der Wahrnehmung äußerer Objekte ebenso wie von Gefühlen oder Gemütszuständen zu unterscheiden ist [5].

In der gegenwärtigen Psychologie wird der Begriff ‹E.› kaum noch verwendet. Eine gewisse Bedeutung hat lediglich noch eine Fortentwicklung des Begriffs, die an die Stelle des E.-Elements die E.-Dimension treten läßt. Schon O. KÜLPE hat die Elementar-E. als Verbindung von Attributen aufgefaßt: Die E. ist «nichts außer ihren Eigenschaften» [6]. E. B. TITCHENER übernimmt in seiner späteren Konzeption diese Definition und operationalisiert sie; die Attribute werden zu Werten auf einzelnen Intensitäts- und Qualitätskontinua; ihre Vereinigung zur Elementar-E. hat lediglich klassifikatorische Funktion [7]. In konsequenter Fortsetzung dieses Ansatzes verzichtet Titcheners Schüler E. BORING überhaupt auf den Begriff der elementaren E.; das einzig Gegebene sind «dimensions of consciousness» [8]. Dieser Zugang zum E.-Problem hat sich bis in die Gegenwart hinein erhalten und sich in der Psychophysik als für die empirische Forschung fruchtbar erwiesen [9].

Anmerkungen. [1] H. CASON: The organic nature of sensations. J. gen. Psychol. 16 (1937) 357. – [2] H. C. WARREN: In defense of some discarded concepts. Psychol. Rev. 38 (1931) 396. – [3] W. KÖHLER: Über unbemerkte E. und Urteilstäuschungen. Z. Psychol. 66 (1913) 78. – [4] C. H. GRAHAM: Sensation and perception in an objective psychol. Psychol. Rev. 65 (1958) 65-76. – [5] W. METZGER: Psychol. (³1963) 172. – [6] O. KÜLPE: Grundriß der Psychol. (1893) 30. – [7] TITCHENER, a. a. O. [35 zu 4] 259f. – [8] E. BORING: The physical dimensions of consciousness (New York 1933). – [9] S. S. STEVENS: Mathematics, measurement, and psychophysics, in: S. S. STEVENS (Hg.): Handbook of psychol. (New York ⁷1965) 1-49.

Literaturhinweise. G. LEWES: What is sensation? Mind 1 (1876) 157-161. – R. WEINMANN: Die Lehre von den spezif. Sinnesenergien (1895). – H. HOFMANN: Untersuch. über den E.-Begriff. Arch. ges. Psychol. 26 (1913) 1-136. – C. RAHN: Sensation in contemporary psychol. Psychol. Rev. Mon. Suppl. 16 (1913) 1-125. – C. STUMPF: E. und Vorstellung. Abh. Kgl. Preuß. Akad. Wiss., phil.-hist. Kl. (1918). – E. BORING: Sensation and perception in the hist. of exp. psychol. (New York 1953). – M. PRADINES: L'évolution du problème de la sensation au 20e siècle. J. Psychol. norm. path. 47-51 (1954) 43-68. – C. E. GRAHAM: Sensation and perception in an objective psychol. Psychol. Rev. 65 (1958) 65-76.
O. NEUMANN

Empfindungszeit. Mit ‹E.› wird in der Psychologie die Zeitspanne bezeichnet, die zwischen der Einwirkung eines Reizes und dem Beginn der von ihm ausgelösten Empfindung vergeht. Messungen mit verschiedenen indirekten Methoden haben E. ergeben, die je nach Stärke des Reizes in der Größenordnung von 100 bis 200 Millisekunden liegen [1].

Anmerkung. [1] F. W. FRÖHLICH: Die E. (1929). O. NEUMANN

Empiriokritizismus. Von der «empiriokritischen Voraussetzung» [1] der «Prinzipalkoordination» [2] ausgehend, der prinzipiellen Unterschiedslosigkeit von Ich und Umwelt bzw. Psychischem und Physischem hinsichtlich ihres Gegebenseins, versuchten die Anhänger des E. mittels einer «Kritik der reinen Erfahrung» [3] bzw. einer «Analyse der Empfindungen» [4] ein durch reine Deskription des empirisch Gegebenen «denkökonomisch» [5] gebildetes «natürliches Weltbild» [6] zu erstellen, das sich lediglich aus den Elementen der Empfindungen bzw. aus Empfindungskomplexen aufbaut, von allen «metaphysischen» bzw. «apriorischen» Bestandteilen gereinigt ist und so den Verfälschungen der «Introjektion» [7] entgeht. Diese «Kritik an der Erfahrung ... vom Erfahrungsstandpunkt, ohne daß der Boden der Erfahrung jemals verlassen wird» [8], wurde im wesentlichen unabhängig voneinander besonders von R. AVENARIUS (1843–1896) und E. MACH (1838–1916) entwickelt und brachte eine «namentlich in der Naturwissenschaft weitverbreitete Richtung des Denkens» gegen Ende des 19. bis Anfang des 20.Jh. «in eine geschlossene systematische Form» [9]. Dem E. gehörten u. a. J. PETZOLDT, M. VERWORN, E. LAAS, H. KLEINPETER, R. WILLY, TH. ZIEHEN und H. GOMPERZ an. Aber auch in Rußland fand diese Strömung großen Widerhall im «Machismus» (V. LESEVIC, N. V. VALENTINOV, V. BASAROV, A. W. LUNATSCHARSKIJ, J. A. BERMAN u. a.), der auch den Namen «Empiriomonismus» (A. BOGDANOV) bzw. «Empiriosymbolismus» (P. S. JUSKEVIC) trug [10]. Dieser Machismus versuchte den historisch-dialektischen Materialismus einer Revision zu unterziehen und rief LENINS schärfsten Widerspruch hervor [11], nachdem zunächst HUSSERL [12] und W. WUNDT [13], aber auch L. NELSON [14] und R. HÖNIGSWALD [15] die empiriokritischen Gedankengänge kritischen Analysen unterzogen hatten.

Anmerkungen. [1] R. AVENARIUS: Kritik der reinen Erfahrung 1 (1888) 11. – [2] Bemerkungen zum Begriff des Gegenstandes der Psychol. Vjschr. wiss. Philos. 18 (1894) 144ff. – [3] a. a. O. [1] ebda. – [4] E. MACH: Die Analyse der Empfindungen und das Verhältnis des Physischen zum Psychischen (1886, ⁹1922). – [5] R. AVENARIUS: Philos. als Denken der Welt gemäß dem Prinzip des kleinsten Kraftmaßes (1876, ³1917). – [6] Der menschliche Weltbegriff (1891, ³1912, russ. Moskau 1909). – [7] a. a. O. 25ff. – [8] O. EWALD: R. Avenarius als Begründer des E. (1905) 14. – [9] W. WUNDT: Der E., in: Über naiven und kritischen Realismus (1896). Kl. Schr. 1 (1910) 354. – [10] Vgl. den russ. Sammelband ‹Beiträge zur Philos. des Marxismus› (St. Petersburg 1908). – [11] W. I. LENIN: Materialismus und E. Krit. Bemerkungen über eine reaktionäre Philos. (Moskau 1909, russ.), dtsch. Werke 14 (1962). – [12] E. HUSSERL: Log. Untersuchungen 1 (1900, ⁴1928) 192ff. – [13] W. WUNDT, a. a. O. [9]. – [14] L. NELSON: Ist metaphysikfreie Naturwiss. möglich? Abh. Fries. Schule 2 (1908) 276ff. – [15] R. HÖNIGSWALD: Zur Kritik der Machschen Philos. Eine erkenntnistheoretische Studie (1903).

Literaturhinweise. F. CARSTANJEN: Der E. Vjschr. wiss. Philos. 22 (1898) 45-95. 190-214. 267-293. – G. WOBBERMIN: Über den E. vom Standpunkt des theol. Interesses aus, in: Theol. und Met. (1901). – F. VAN CAUWELAERT: L'empirio-criticisme. Rev. néoscolast. 13 (1906) 420-433; 14 (1907) 50-64 und 166-182. – J. SUTER: Die Philos. von R. Avenarius. Darstellung und erkenntniskrit. Würdigung (1910). – M. ADLER: Mach und Marx. Ein Beitrag zur Kritik des modernen Positivismus. Arch. Soz.wiss. 33 (1911) 348-400. – F. RAAB: Die Philos. von R. Avenarius (1919). – R. BOUVIER: La pensée d'E. Mach (Paris 1923). – H. DINGLER: Die Grundgedanken der Machschen Philos. (1924). – C. B. WEINBERG: Mach's empirio-pragmatism in physical sci. (New York 1937). – H. LÜBBE: Positivismus und Phänomenol. (Mach und Husserl), in: Szilasi-Festschrift (1960) 161ff. – J. THIELE: Ernst Mach-Bibliographie. Centaurus 8 (1963) 189-237. – W. ZIMMERMANN: Evolution und Naturphilos. (1968). G. KÖNIG

Empiriomonismus. Der Begriff wurde ab 1901 in Artikeln, zusammenfassend 1904 von A. A. BOGDANOV zur Bezeichnung seiner Philosophie eingeführt, die physische und psychische Phänomene als Elemente *einer* Erfahrung auffaßt, die in individuell organisierte (psychische, subjektive) und sozial organisierte (physische, objektive) zu scheiden ist. Damit sollte die Widerspiegelungstheorie des dialektischen Materialismus ersetzt, der Einfluß des neukantianischen «legalen Marxismus» zurückgedrängt und zugleich die Würde der (materiellen) sozial organisierten Realität wie die Bedeutung des historischen Materialismus gewahrt werden. Gegen dieses Konzept wandte sich LENIN [1] wie auch gegen Bogdanovs Versuch, Philosophie durch eine «Allgemeine Organisationswissenschaft» als Weg zu proletarischer Kultur zu ersetzen, und seine Ansicht, daß Dialektik (= Gleichgewichtstheorie) ein «Einzelfall» und «ihr Schema ... keine Universalmethode» sei [2].

Anmerkungen. [1] V. I. LENIN: Materialismus und Empiriokritizismus (1909). – [2] A. A. BOGDANOV: Filosofija živogo opyta (Petersburg 1913) str. 266; siehe W. GOERDT (Lit. 1967) 135f.

Literaturhinweise. A. A. BOGDANOV: Empiriomonizm I-III (Moskau 1904-1906, ³1908). – D. GRILLE: Lenins Rivale – Bogdanov und seine Philos. (1966). – W. GOERDT (Hg.): Die Sowjetphilosophie ... Dokumente (1967) 39-49. W. GOERDT

Empirischer/intelligibler Charakter. Das von KANT eingeführte und von SCHOPENHAUER übernommene Begriffspaar [1] soll das unter Wertgesichtspunkten betrachtete Problem des Charakters verdeutlichen. Während die ‹Charakterologie› (als Sonderdisziplin im Bereich der Anthropologie und Psychologie) Wesen, Formen und Erscheinungsbild der *vorhandenen* Charaktere feststellt [2], wird in der praktischen Moral die Forderung erhoben, der Einzelne solle «ein Charakter» sein, «Charakter» beweisen, «charaktervoll» handeln. Der wertneutrale Begriff des Charakters nimmt damit die Bedeutung einer ethischen Kategorie an und bezeichnet den sittlich verläßlichen und in dieser besonderen Form geprägten Menschen. Die philosophische Aporie betrifft die Frage: a) Ist Charakter eine angeborene Anlage, die durch Erziehung allenfalls entfaltet, aber nicht hervorgerufen bzw. begründet werden kann und die den Menschen vorherbestimmt, oder ist Charakter durch Selbsterziehung, Fremdbeeinflussung, Zucht bestimmbar? b) Legt Charakter als angeborene Anlage Handeln und Verhalten eindeutig fest oder beläßt er einen noch näher zu umreißenden Spielraum der Willensfreiheit? [3].

Anmerkungen. [1] I. KANT: KrV (1781, ²1787). Akad.-A. 3, 567; A. SCHOPENHAUER: Die Welt als Wille und Vorstellung (1819). Werke, hg. FRAUENSTÄDT/HÜBSCHER 2, 339ff. – [2] Vgl. E. KRETSCHMER (1921, ²¹1955), E. UTITZ (1925), L. KLAGES (1926, ¹¹1951), R. MÜLLER-FREIENFELS (1935), R. HEISS (1936, ²1949), PH. LERSCH (1938, ¹⁰1966), R. LE SENNE (1945), A. WELLEK (1950, ³1966). – [3] I. KANT, KpV (1788). Akad.-A. 5, 170ff.

1. KANT unterscheidet in der ‹Anthropologie in pragmatischer Hinsicht› (1798) zwischen dem «physischen» und dem «moralischen» Charakter [1]: «ein gewisser Mensch hat *diesen* oder jenen (physischen) Charakter», und er hat «überhaupt *einen* Charakter (einen moralischen), der nur ein einziger oder gar keiner ist» [2]. In der von Kant so bezeichneten «Charakteristik» [3] teilt er das «Charakteristische» des Menschen ein in «Naturell» (die Naturanlage), «Temperament» (oder Sinnesart) und «Charakter» (oder Denkungsart), wobei Naturell und Temperament zeigen, was sich aus dem Menschen machen läßt; der (moralische) Charakter, was er aus sich selbst zu machen bereit ist [4]. In jedem Fall ist dabei der «empirische Charakter» (e.C.) betroffen.

Anmerkungen. [1] KANT, Akad.-A. 7, 285ff. – [2] a. a. O. 285. – [3] 283. – [4] 285. 286. 291ff.

2. In der ‹Kritik der reinen Vernunft› (1781, ²1787) sowie in der ‹Kritik der praktischen Vernunft› (1788) werden angesichts des Freiheitsproblems «empirischer» und «intelligibler Charakter» (i.C.) in dem Sinne getrennt, daß der Mensch als Person, d. h. als e.C., unter dem Naturgesetz steht, Außeneinflüssen unterliegt und nicht frei genannt werden kann [1]; seinem i.C. nach, d. h. als Persönlichkeit, richtet er sich nach seiner praktischen, autonomen Vernunft und ist frei. So muß man «an einem Subjekt der Sinnenwelt erstlich einen e.C.» feststellen, «wodurch seine Handlungen als Erscheinungen durch und durch mit anderen Erscheinungen nach beständigen Naturgesetzen in Zusammenhang stehen und von ihnen «als ihren Bedingungen» abgeleitet werden können, womit sie «mit diesen in Verbindung Glieder einer einzigen Reihe der Naturordnung» ausmachen. Daneben wird man zweitens «noch einen i.C. einräumen

müssen, dadurch er zwar die Ursache jener Handlungen als Erscheinungen ist, der aber selbst unter keinen Bedingungen der Sinnlichkeit steht und selbst nicht Erscheinung ist» [2]. Als eine unter den Erscheinungen der Sinnenwelt gehört der Mensch zu den «Naturtatsachen, deren Kausalität unter empirischen Gesetzen stehen muß», und als solche wird er «einen e.C. haben, so wie alle andere[n] Naturdinge» [3]. Doch auch dieser Mensch, «der die ganze Natur sonst lediglich nur durch Sinne kennt, erkennt sich selbst auch durch bloße Apperzeption und zwar in Handlungen und inneren Bestimmungen, die er gar nicht zum Eindruck der Sinne zählen kann» [4]. So ist er sich bei Kant einesteils «Phänomen», anderenteils aber ein «bloßer intelligibler Gegenstand». In dieser Form hat Kant seine besondere Auffassung des Zwei-Welten-Theorems niedergelegt.

Anmerkungen. [1] KANT, Akad.-A. 3, 566ff. – [2] a. a. O. 567. – [3] 574. – [4] 574.

3. Die Lehre Kants von der Notwendigkeit der Verursachung einerseits und von der Gliedschaft in einer zeitlosen, übersinnlichen Welt andererseits bzw. vom e.C. als dem für die Erkenntnis allein faßbar in die Erscheinung tretenden i.C. hat SCHOPENHAUER in der Weise übernommen, daß der Mensch als «Ding an sich» (als i.C.) sich frei fühlt, sich aber als Objekt der Vorstellungswelt (als e.C.) abhängig weiß und seiner vollständigen Determiniertheit bewußt ist [1]. Der e.C. offenbart sich in der Handlungsweise und ist unabänderlich; er ist die Erscheinung des i.C., wie er aus der freien Wahl des Willens (als des Dinges an sich) entsprang. Schopenhauer führt dazu noch den Begriff des «erworbenen Charakters» ein. «Erworbener Charakter» heißt die Verhaltensweise, wie sie sich «im Leben, durch den Weltgebrauch» [2], auf Grund guter Werke und schlechter Erfahrungen, die je der Einzelne macht, herausbildet: «zwar könnte man meinen, daß, da der e.C., als Erscheinung des intelligiblen, unveränderlich und, wie jede Naturerscheinung, in sich konsequent ist, auch der Mensch ebendeshalb immer sich selbst gleich und konsequent erscheinen müßte und daher nicht nötig hätte, durch Erfahrung und Nachdenken, sich künstlich einen Charakter zu erwerben». Nach Schopenhauer ist dieser Gedankengang falsch, er beharrt darauf: «wir müssen erst aus Erfahrung lernen, was wir wollen und was wir können: bis dahin wissen wir es nicht und sind charakterlos» [3]. Damit ist gesagt, der Mensch muß lernen, welches denn die empirische Erscheinungsweise seines nichtempirischen (intelligiblen) Charakters ist. Schopenhauer hält das Ergebnis fest: Haben wir das «endlich gelernt, dann haben wir erlangt, was man in der Welt Charakter nennt, den erworbenen Charakter» [4].

Anmerkungen. [1] A. SCHOPENHAUER, Werke, hg. HÜBSCHER 2, 340f.; vgl. 599. – [2] a. a. O. 357. – [3] 358. – [4] 359.

Literaturhinweis. R. FALKENBERG: Über den i.C. Zur Kritik der Kantischen Freiheitslehre (1879). G. FUNKE

Empirismus (engl. empirism, empiricism; frz. empirisme). Noch die französische ‹Enzyklopädie› führt in ihrem Artikel ‹E.› als Bedeutung des Terminus lediglich die ärztliche Praxis auf, die sich nur auf die Erfahrung des einzelnen Praktikers beruft, und stellt ihr die «expérience générale» gegenüber, die die Entdeckungen der Physik, Chemie und Anatomie sowie die Einzelbeobachtungen der Ärzte aller Zeiten und Länder zusammenfaßt und in einer Theorie verbindet [1]. Diese Verwendung des Begriffs ‹E.› geht zurück auf die schon bei den Griechen gebräuchliche Unterscheidung zwischen einer medicina empirica und einer medicina rationalis [2]. So heißt es z. B. bei J. MICRAELIUS: «empirica est quando medici sola experientia quae Graeci vocant ἐμπειρίαν curant aegrotos: & contradistinguitur *medicinae rationali* qualis erat Hippocratis ...». E. ist also zunächst die Lehre und Praxis der «empirici» [3]. Deshalb wird diese Tradition in den lexikalischen Belegen im allgemeinen im Artikel ‹empirici› behandelt; so z. B. auch bei J. G. WALCH [4], der den Terminus bereits nicht mehr auf die Mediziner beschränkt.

Als philosophische Richtungsbezeichnung wird ‹E.› durch KANT gebräuchlich, der «Empiristen» diejenigen Philosophen nennt, die die «reinen Vernunfterkenntnisse» aus der Erfahrung ableiten, und der sowohl Aristoteles als auch Locke zu ihnen zählt [5]. So geht der Terminus dann bereits zu Beginn des 19. Jh. in die philosophischen Wörterbücher und die Philosophiegeschichtsschreibung ein. Für TENNEMANN [6] und KRUG [7] z. B. ist ‹E.› in diesem Sinne ein geläufiger Terminus.

Unter Bezugnahme auf die mathematische Logik führt im 20. Jh. ein «*logischer* E.» (s. d.) die Tradition der klassischen Empiristen mit wesentlichen Modifikationen fort.

Anmerkungen. [1] Encyclopédie, hg. DIDEROT/D'ALEMBERT 12 (1779) 260-263. – [2] Vgl. K. DEICHGRÄBER: Die griech. Empirikerschule (1930, ²1965). – [3] J. MICRAELIUS: Lexicon philosophicum terminorum philosophis usitatorum (²1662, Nachdruck 1966) 436. – [4] J. G. WALCH: Philos. Lexicon (1733, ⁴1775) 1, 1012. – [5] KANT, KrV B 882; vgl. B 493ff. – [6] W. G. TENNEMANN: Gesch. der Philos. 11 (1798-1819). – [7] W. T. KRUG: Allg. Handwb. der philos. Wiss. (1827) 1, 649. Red.

Empirismus, logischer. Die Bezeichnung ‹l.E.› wird häufig gleichbedeutend mit ‹logischer Positivismus› (s. d.) gebraucht. Man kann aber auch l.E. als ein liberaleres Entwicklungsstadium des logischen Positivismus auffassen. Er weicht von diesem darin ab, daß er 1. nicht an den Phänomenalismus gebunden ist; es wird mehrfach auch ein Realismus vertreten [1]; und er gibt 2. den Physikalismus auf und anerkennt das Psychische als eine selbständige Klasse von Erscheinungen neben dem Physischen [2].

Anmerkungen. [1] So H. FEIGL: Existential hypotheses. Realistic versus phenomenalistic interpretations. Philos. Sci. 17 (1950) 35-62. – [2] H. FEIGL: The «mental» and the «physical». Minn. Stud. Philos. Sci. 2 (1958) 370-497.

Literaturhinweis. H. FEIGL: Logical Empiricism, in: 20th century philos., hg. D. D. RUNES (New York 1943) 371-416. V. KRAFT

Empyreum (von griech. ἐμπύριος, dann lat. empyrius, später empyreus, feurig) bezeichnet den unter dem Sitz Gottes gelegenen (zweit)höchsten Himmel, den Ort der Engel und Seligen und ist vom 13. bis 17. Jh. Glaubensstück der katholischen Kirche und Theologie [1].

Nach dem Zeugnis AUGUSTINS galt die Lehre vom E. im 4. Jh. (richtig) als neuplatonisch [2]. PORPHYRIOS läßt nach seinem Bericht die Dämonen in der Luft, die Engel im Äther oder E. ihren Wohnsitz haben. Bei dem Neuplatoniker PROKLOS sind diese Erwähnungen des E. den Lehren der «Chaldäer» entnommen [3], auf die auch Augustin als Quelle verweist; die Herkunft von deren Vorstellungen des E. ist nicht mehr festzustellen [4]. Die Gnosis scheint den Begriff nicht zu kennen; die Kirchenväter erwähnen ihn nicht, da er durch seine heidnische Herkunft belastet ist. «Darum lehnt AUGUSTIN das Empyreum im Gottesstaate so entschieden ab und trennt Platonisches vom Chaldäischen in der Lehre des POR-

PHYRIUS, d. h. niedrige Magie von der erhabenen Klarheit in platonischen und Christlichem so verwandten Gedanken im Lehrwerk des PLOTINschülers» [5]. BASILIUS DER GROSSE gilt zwar für Thomas von Aquin als Begründer der christlichen Idee des E.: Der in der Heiligen Schrift oft erwähnte «Himmel über alle Himmel» [6] sei die übersphärische, außerhalb des Astronomen zugänglichen Himmels sich findende Region, ein leuchtender Wohnsitz Gottes, der Engel und Seligen [7]. Doch auch Basilius lehnt wie AMBROSIUS und Augustin die E.-Vorstellung als chaldäische Lehre ab [8], die damit für fünf Jahrhunderte in Vergessenheit gerät.

HILARIUS VON POITIERS (315–367) spricht von einem obersten Himmel, in dem Gottes Feuernatur sei [9]. Diese Vorstellung eines feurigen Himmels tradiert ISIDOR VON SEVILLA (ca. 560–636), wobei er allerdings den Text so verändert, daß er nicht auf die Fixsternsphäre zutrifft als auf das E. [10]. BEDA reicht diesen Text der Nachwelt weiter, ohne den Namen ‹E.› zu nennen [11] – es ist also unsicher, ob Isidor und Beda den Begriff überhaupt kannten. Den Text Bedas übernimmt die ‹Glossa Ordinaria›; sie bezeichnet die dort ohne Namen bewahrte Vorstellung mit dem Begriff ‹E.›, den sie den Martian-Kommentaren (JOHANNES SCOTUS ERIUGENA, REMIGIUS VON AUXERRE), vielleicht auch MARTIAN selbst, entnimmt. In der ‹Summa Sententiarum› und bei PETRUS LOMBARDUS [12] ist dieser Himmel dann schon festes Lehrstück. Als Autoritäten werden Beda und «Strabus» angegeben, womit WALAHFRID STRABO gemeint ist, der lange als Verfasser der ‹Glossa Ordinaria› galt. Diese ist jedoch wahrscheinlich erst später entstanden. Das erste nachantike Vorkommen des Begriffs läßt sich wohl in der HUGO VON ST. VICTOR zugeschriebenen ‹Summa Sententiarum› feststellen: Die Engel seien im Himmel geschaffen, aber «non appellamus hic coelum firmamentum, quod secunda die factum est, sed coelum empyreum, i. e. splendidum, quod statim repletum est angelis» [13]. Gestützt auf diese Autoritäten verfestigt sich der Begriff, bleibt aber nicht unumstritten (ANSELM VON CANTERBURY, WILHELM VON CONCHES [14]).

Aufgrund der genannten Quellen entwirft BARTHOLOMAEUS ANGLICUS die Grundzüge der mittelalterlichen E.-Lehre, welche besonders ausführlich WILHELM VON AUVERGNE darlegt: Nur christliche Denker erkennen die Existenz des obersten Himmels; sie bezeichnen ihn mit dem griechischen Namen «E.», d. h. «valde ignitum, non a vehementia ardoris, ut ipsimet dicunt, sed a supereminentia splendoris»; E. sei der Zahl nach der zehnte, den anderen neun übergeordnete, materiell-geistige (pene spirituale), absolut ruhige (quietissimum) Himmel, ein Paradies und ein Palast Gottes, in dem auch den seligen Geistern und seligen Körpern die Wohnungen gemäß dem «lumen gloriae» zugeteilt sind; Gott hat es am Anfang des Weltwerdens und «in instanti» erschaffen [15]. Nach THOMAS VON AQUIN ist die Existenz des empyreischen Himmels ein Postulat der theologischen Erkenntnis; er beruft sich auf die Autoritäten des Strabo, des Beda, insbesondere aber des Basilius. Diesen Himmel nennt man auch «caelum intellectuale», weil er den Sinnen nicht mehr zugänglich, nur mit der Vernunft sich begreifen läßt [16]. Mit ALANUS AB INSULIS findet die E.-Vorstellung Eingang in die schöne Literatur [17]. Die Idee des E. spielt eine hervorragende Rolle in der Weltanschauung DANTES: Der zehnte, empyreische, transzendente, goldflammige oberste Himmel – Wohnsitz Gottes, der Engel und Seligen – sei vor allem Ort des Friedens und der Stille; als solcher entspricht er der Theologie (e al cielo quieto risponde la scienza divina, che e Teologia apellata), welche Gottheit und ewige unveränderliche Dinge, wie z. B. den empyreischen Himmel, zum Objekt hat; deswegen erreicht sie den höchsten Grad der Sicherheit, welche auch dem menschlichen Geiste die Gaben des empyreischen Himmels, d. i. Beruhigung und Friede, bringt [18].

Nach den Naturphilosophen der Renaissance, insbesondere aber nach dem PATRITIUS, ist E. die unendliche von den seligen Geistern erfüllte Welt, die in sich die Körperwelt einschließt. So findet sich der Begriff noch bei P. GIOVANNI RICCIOLI [19]. Um die Mitte des 17. Jh. verliert die E.-Vorstellung unter dem Einfluß der Naturwissenschaften ihre Bedeutung; das Wort erhält sich aber in der Dichtersprache (MILTON [20], GOETHE [21]) bis ins 20. Jh. (PROUST).

Anmerkungen. [1] GRUBER/ERSCH, Allg. Encyklop. 1 (1840) 34. – [2] AUGUSTIN, De civ. Dei X, 9 u. 27; MARTIANUS CAP., Nupt. Philol. et Merc. II, 200ff.; JAMBLICHOS, De myst. 7, 2; PROKLOS, In Pol. Plat. 2, 201, 25 (KROLL); vgl. J. K. THILO: Comment. de coel. emp., 1-3 (1839-1841). – [3] PROKLOS, In Tim. 2, 57, 10 (KROLL). – [4] Vgl. G. MAURACH: Coelum Empyreum. Boethius 8 (1968) 64ff. – [5] a. a. O. 84. – [6] Ps. 148, 4; 2. Kor. 12, 2. – [7] BASILIUS, Hexaemeron 3, 3. MPG 29, c. 57 b. c.; vgl. THOMAS VON AQUIN, S. theol. I, q. 66, a. 3 resp. – [8] Vgl. MAURACH, a. a. O. [4] 84. – [9] HILARIUS, In Ps. 135. Corp. scriptorum eccl. lat. 22 (1891) 718, 27ff. – [10] ISIDOR VON SEVILLA, De nat. rerum 13, 1, hg. J. FONTAINE (1960) 223; vgl. MAURACH, a. a. O. [4] 17ff.; J. FONTAINE: Isidor de Sevilla et la culture classique dans l'Espagne wisigothique (Paris 1959) 547. – [11] Vgl. BEDA, MPL 90, 200f.; 91, 13 d. – [12] PETRUS LOMBARDUS, MPL 191, 656, Nr. 6. – [13] HUGO VON ST. VICTOR, MPL 176, 81. – [14] Vgl. MAURACH, a. a. O. [4] 85ff. – [15] GUILIELMUS PARISIENSIS, De universo I, 31-44. Opera omnia (Paris 1674) 1, 625-653. – [16] THOMAS VON AQUIN: S. theol. I, q. 66, a. 3 ad 2; q. 68, a. 2; In II Sent. 2, 2, 1 ad 1; vgl. BONAVENTURA, In II Sent. 14, 2, 1, 3. – [17] ALANUS AB INSULIS, MPL 210, § 373. – [18] DANTE ALIGHIERI, Convivio II, 3 u. 13; vgl. Divina Commedia, Par. 31; E. GILSON: Dante et la philos. (Paris 1939) 114ff. – [19] P. G. RICCIOLI: Almagestum Novum (1651). – [20] MILTON, Paradise lost 7, 14; 7, 63. – [21] GOETHE, Weimarer A. 1/37, 232.

Literaturhinweise. P. GABRIEL DE HENAO: Empyreologie (Lyon 1652). – F. CUMONT: Lux perpetua (Paris 1949). – B. NARDI: La dottrina dell'Empireo, in: Saggi di filos. dantesca (1930) 204-227. – G. MAURACH s. Anm. [4]. M. KURDZIAŁEK/G. MAURACH

Encheiresis (naturae). Der Terminus ἐγχείρησις (Handhabung, Handgriff, Verfahren) hat in der griechischen Medizin die allgemeine Bedeutung von Behandlungsart. – In der Chemie verwendet LIBAVIUS 1595 ‹E.› in seiner ‹Alchemia› als Titel des Teiles, der die Handgrifflehre umfaßt. Bis etwa 1750 ist er dann ein chemischer Fachausdruck. – J. R. SPIELMANN prägt im Zusammenhang mit teleologischen Theorien seiner Zeit den Begriff ‹E. naturae›: In den ‹Institutiones Chemiae› (1763) bezeichnet ‹E.n.› die vielfältigen Verfahren der Natur, zerlegte Stoffe wieder zusammenzusetzen, was durch Affinität-Verwandtschaft geschieht, wenn auch die Einheit der Teile zu einem Ganzen letztlich unerklärbar bleibt. GOETHE, der Spielmann in Straßburg hörte, spottet in der Aufnahme des Begriffs im ‹Faust› über die Naturwissenschaften, die trotz der Benennung über das eigentliche Wesen der Vorgänge nichts sagen können [1]. – Die moderne Chemie verwendet den Begriff nicht mehr.

Anmerkung. [1] Faust 1, 1940f.

Literaturhinweis. E. O. VON LIPPMANN: E.n. Chemiker-Z. 31 (1907) 461. G. KERSTEIN

Endelechie (griech. ἐνδελέχεια) bedeutet Ununterbrochensein, Fortdauer. Der für die griechische Philosophie unbedeutende Ausdruck wurde von CICERO [1] angeführt, welcher – möglicherweise veranlaßt durch die aristotelische Lehre vom Äther als fünfter Substanz [2] – glaubte, Aristoteles habe neben den vier bekannten Ursachen noch eine fünfte als Ursprung der Geistestätigkeiten und Gefühle angesetzt, sie jedoch nicht eigens benannt, sondern stattdessen der Seele selbst den neuen Namen ‹E.› gegeben, um sie als fortgesetzte und ewige Bewegung zu kennzeichnen. Dabei hat Cicero erstens ἐνδελέχεια mit ἐντελέχεια verwechselt (was in der Folgezeit noch öfter geschah) und zweitens gewisse, zum Teil platonische Lehren von der Seele fälschlich für aristotelisch gehalten.

Anmerkungen. [1] CICERO, Tusc. I, 10, 22. – [2] Vgl. W. JÄGER: Aristoteles (²1955) 146f.   K. GEORGULIS

Endhandlung ist eine Bezeichnung aus der vergleichenden Verhaltensforschung für diejenige Verhaltensweise, die eine Handlungsfolge abschließt und von der man bei naiver Betrachtung den Eindruck hat, daß sie das Tier «befriedigt», eine besondere Erregung «aufbraucht». Häufig wird der Begriff im Gegensatz zur Appetenz gesetzt; ein hungriges Tier (Wolf) läuft z. B. «suchend» umher (Appetenzverhalten), und zwar um so beharrlicher, je hungriger es ist, bis es etwas zu fressen findet und frißt (E.). Anschließend ist es ruhig. Bei längeren Handlungsketten, in denen mehrere Handlungen teilweise befriedigend wirken, kann man dieselbe Handlung sowohl als Appetenz wie als E. ansehen, je nachdem mit welchem anderen Teil des Ablaufes man sie vergleicht. Will man die Begriffe ‹E.› und ‹Appetenz› ohne Bezug aufeinander fassen, so muß man dazu die Änderung spezifischer Handlungsbereitschaften messen; da es aber auch positive Rückwirkungen und bereitschaftssteigernde Handlungen gibt, genügt diese Zweiteilung nicht auf allen Niveaus [1].

Anmerkung. [1] G. P. BAERENDS, R. BROUWER und H. TJ. WATERBOLK: Ethological studies on Lebistes reticulatus. Behaviour 8 (1955) 249-334.   W. WICKLER

Endlich
I. Die Tradition hat das Endliche (E.) bestimmt als Relatives, Nichtabsolutes, Begrenztes, nicht durch sich selbst Bestimmtes. Bei GOCLENIUS findet sich die Definition: «Finitas, finitudo est perfectio finiti, quatenus finitum est: ac intendit tam potentiam passivam limitationis, quam actum et terminationis seu finitionis et dimensionis» (Endlichkeit oder Begrenztheit ist Vollkommenheit des E., insofern es endlich ist: und meint sowohl das passive Vermögen der Bestimmbarkeit wie den Akt der Beschränkung oder Begrenzung und der Abmessung) [1]. Für SPINOZA ist – im Unterschied zu dem, was «Ursache seiner selbst» ist – dasjenige Ding [2] endlich, «das durch ein anderes derselben Natur begrenzt werden kann» [3] und das dieser Bestimmung durch ein anderes Ding bedarf: «Jedes Einzelne oder jedes Ding, das endlich ist und eine bestimmte Existenz hat, kann nur existieren und zum Wirken gebracht werden, wenn eine andere Ursache es zum Existieren und Wirken bestimmt, die gleichfalls endlich ist und eine bestimmte Dauer hat» [4]. Bei LEIBNIZ begegnet folgende Erwägung: «Das wahrhafte Unendliche ist nicht eine Modifikation, es ist das Absolute. Sobald man hingegen modificirt, begrenzt man oder bildet ein E.» (au contraire de commodifier on se borne, on forme un fini) [5].

Neben die metaphysische Diskussion der Endlichkeit tritt die erkenntnistheoretische: Endlichkeit charakterisiert die Abhängigkeit und die begrenzte Erkenntnisfähigkeit des endlichen Intellekts im Vergleich zur unbegrenzten Erkenntnis eines absoluten Wesens. So betont DESCARTES die Endlichkeit als Wesenszug menschlicher Erkenntnis: «Gott darf aber in keiner Weise deshalb als der Urheber unserer Irrtümer angenommen werden, weil er uns keinen allwissenden Verstand gegeben hat; denn die Endlichkeit gehört zur Natur des erschaffenen Verstandes, und als endlicher kann er sich nicht auf alles erstrecken» [6]. So «sehe ich offenbar ein, daß mehr Sachgehalt in der unendlichen Substanz als in der endlichen enthalten ist und daß demnach der Begriff des Unendlichen dem des E., d. i. der Gottes dem meiner selbst gewissermaßen vorhergeht» [7].

Bei KANT verläuft die metaphysische Erörterung der Endlichkeit in Abhängigkeit von der radikalisierten erkenntnistheoretischen Fragestellung. Die Kritik – und zugleich Affirmation – des endlichen, menschlichen Erkenntnisvermögens impliziert die Kritik der Metaphysik. Die Endlichkeit menschlichen Erkennens wird legitimiert im Verhältnis zu einer – nun nur noch in problematischen Begriffen denkbaren – absoluten Erkenntnis. «Ein Verstand, in welchem durch das Selbstbewußtsein zugleich alles Mannigfaltige gegeben würde, würde *anschauen;* der unsere kann nur *denken* und muß in den Sinnen die Anschauung suchen» [8]. Diese Exposition der Erkenntniskonstituentien unterscheidet Spontaneität und Rezeptivität, Begriff und sinnliche Anschauung. Ihre Entgegensetzung bedingt die Endlichkeit menschlicher Erkenntnis, ihre Zusammenstimmung in Form synthetischer Urteile kann nicht die Endlichkeit dieser Entgegensetzung aufheben. Die Spontaneität des Verstandes («Der Verstand ist das Vermögen der Begriffe, der Urtheile, der Regeln ... (spontaneitaet, nicht passibilitaet)» [9]) bleibt angewiesen und bezogen auf Rezeptivität. Er ist endlicher, diskursiver, bedingter Verstand, cognitio discursiva, intellectus ectypus im Unterschied zum intellectus archetypus.

Das – dann auch für die Nachfolger Kants wichtige – Problem läßt sich formulieren als Frage der Aufarbeitung der Rezeptivität durch Spontaneität (Fichte) oder als Frage der Entsetzung des Gegensatzes von Begriff und Anschauung (Schelling) bzw. seiner vernünftigen Versöhnung (Hegel). Bei KANT selbst kann, dem Vermögen «eines endlichen vernünftigen Wesens überhaupt» [10] entsprechend, die Erkenntnis der ursprünglichen Einheit von Vernunft und Idee nur problematisch bleiben. «Wäre nämlich unser Verstand anschauend, so hätte er keine Gegenstände als das Wirkliche. Begriffe (die bloß auf die Möglichkeit eines Gegenstandes gehen) und sinnliche Anschauungen (welche uns etwas geben, ohne es dadurch doch als Gegenstand erkennen zu lassen) würden wegfallen» [11]. Kant pointiert, daß für die «Idee unser Verstand schlechterdings keinen Begriff hat» [12] und daß sie in keiner «correspondierenden intellectuellen Anschauung» [13] gegeben sein kann. Dementsprechend wurden im Deutschen Idealismus die Verstandesbestimmungen immer als Fixierung und Verendlichung angesehen. Die ursprüngliche Einheit, in der die Statuierung und Entgegensetzung von Begriff und Anschauung, Spontaneität und Rezeptivität nicht stattfindet, wird allerdings von Kant und Fichte nur als problematischer Begriff angesehen, von Schelling dann positiv gegen die reflexionsphilosophische Diremtion ausgespielt und von Hegel im Element und in der Kompetenz des Begriffs entwickelt.

Fichte, Schelling, Hegel haben Kants dichotomische Lösung als Problemdefinition aufgefaßt und die Vermittlungsansätze etwa in der ‹Kritik der Urteilskraft› und der ‹Kritik der praktischen Vernunft› zu eigenen Lösungen entwickelt. Wenn Kant das Problem der Zusammenstimmung von Begriff und Anschauung für den endlichen Verstand behandelt und damit nach HEGEL «die Identität des E. und Unendlichen selbst wieder nur in der Form des E. als Begriff gesetzt» hat [14], so decken sie die Inkonsequenz dieses Ansatzes auf und sehen die Lösungsmöglichkeit in Kants Reflexion schon impliziert: In der Idee der transzendentalen Einbildungskraft und den Ideen der praktischen Vernunft zeichnet sich der spekulative Gedanke der Vernunft ab.

Die unendliche Tätigkeit des Ich gilt in der weiteren Entwicklung des Deutschen Idealismus als evident – zum Problem aber wird die Aufarbeitung der Endlichkeit und damit die theoretische und praktische Synthese von Unendlichem und E. Denn, so J. G. FICHTE, da «alle endliche Vernunft ... an das *Gesetz der Bestimmung* desjenigen, worüber reflektiert wird, gebunden ist» [15] und der (*re*flektierenden, sich entgegensetzenden) Vernunft das, «worüber reflektirt wird», gegeben sein muß, kann sie die Aufhebung ihrer Endlichkeit nur in einem unendlichen Progreß anstreben. Sie ist bestimmte, in ihren Bestimmungen allerdings absolut freie Vernunft. Sie «ist in dieser Endlichkeit unendlich, weil die Grenze ins unendliche immer weiter hinausgesetzt werden kann» [16], aber sie reproduziert (als Spontaneität) in ihren Setzungen ihre ursprüngliche Abhängigkeit «von irgend einem Etwas außer demselben, von welchem sich weiter nichts sagen läßt, als daß es dem Ich völlig entgegengesetzt seyn muß», und das somit vom endlichen Bewußtsein auch nur ex negativo als Nicht-Ich vorausgesetzt werden kann. Die ‹Wissenschaftslehre› «zeigt, daß das Bewußtseyn endlicher Naturen sich schlechterdings nicht erklären lasse, wenn man nicht eine unabhängig von den selben vorhandene, ihnen völlig entgegengesetzte Kraft annimmt, von der dieselben ihrem empirischen Daseyn nach selbst abhängig sind» [17]. Der entscheidende Punkt (nicht zuletzt gegenüber Kant) ist für Fichte, daß durch diese Abhängigkeit nicht Heteronomie entsteht: Indem das Ich seine Bestimmtheit als seine Selbstbestimmung setzt, setzt es sich als autonom. Den Gedanken einer nicht-endlichen Vernunft hingegen läßt Fichte nur anklingen: «in Rüksicht auf ein Ich, dem Nichts entgegengesetzt wäre, die undenkbare Idee der Gottheit, würde ein solcher Widerspruch gar nicht Statt haben» [18].

Den unendlich perpetuierten Widerspruch endlicher Bestimmtheit durchs Nicht-Ich und unendlicher Bestimmung durchs Ich, dessen Synthese Fichte in einen unendlichen Progreß verwies, löst F. W. J. SCHELLING in einem Geniestreich, indem er Kants Vernunftidee und Fichtes Grenzüberlegung eines gegensatzlosen Absoluten konkretisiert. Seine positive Berufung auf sie legitimiert sich, indem sie die Zernierung von Begriff und Anschauung vermeidet und sie durch die intellektuelle Anschauung ersetzt. «Aber eben in diesem Widerspruch tritt die intellektuelle Anschauung ein und producirt das Absolute» [19], doch so, daß «die unmittelbar anschauende Erkenntniß jede Bestimmung durch Begriffe unendlich übertrifft» [20]. «Diese Unendlichkeit kann man nur intellektuell anschauen und betrachten, aber nicht durch Denken erreichen oder entwickeln» [21]. Das Absolute als das Produkt des reflektierenden und bestimmenden Denkens aufzufassen, führt so in die Irre: «das Absolute ist uns nur als die Negation jener Gegensätze die absolute Identität beider» [22].

Schelling etabliert also die Indifferenz der Gegensätze als ursprüngliche Einheit. Die Gleichsetzung von E. und Unendlichem, Allgemeinem und Besonderem im Absoluten hat immer schon ihre Differenz überspielt. Das Absolute «setzt seine eigne Wesenheit als Unendliches ins E., aber eben deswegen auch hinwiederum das E. in sich als Unendliches – und beides ist *Ein* Akt» [23]. «Die Idee könnte man sagen, ist endlich, da sie sich nothwendig auf einen besondern Gegenstand bezieht. Allein hier wird der Begriff dem Objekt entgegengesetzt, welches in der Idee nicht der Fall ist. Jeder besondere Gegenstand ist in seiner Absolutheit die Idee» [24]. Gegensätze können in Schellings System «bloß als solche hervortreten, um durch die Konstruktion wieder in die absolute Einheit versenkt zu werden» [25].

Die Endlichkeit ist in dieser Ureinheit, der «Nacht des Absoluten» [26], entweder immer schon umgriffen und aufgehoben oder aber ausgeschieden. Ideell ist das E. impliziert, reell aber ausgeschlossen. Das E. entspringt nicht einem Gegensatz *im* Absoluten, der Grund der Endlichkeit liegt für den späten Schelling «einzig im Abgefallenen selbst» [27]; folglich muß das E. als eine Absonderung, schließlich als ein Abfall vom Absoluten verstanden werden: «Vom Absoluten zum Wirklichen gibt es keinen stetigen Übergang, der Ursprung der Sinnenwelt ist nur als ein vollkommenes Abbrechen von der Absolutheit, durch einen Sprung deutbar» [28]. Das Absolute erhält sich so als ideelle Einheit von Unendlichem und E. unter Distanzierung der reellen Endlichkeit. «Die Endlichkeit ist an sich selbst die Strafe» [29] «ihrer Selbstheit» [30]. Ihr Ausscheren aus der ursprünglichen Einheit separiert Form und Wesen, Möglichkeit und Wirklichkeit und vergibt damit die Selbstbestimmung. Damit wird das E. charakterisierbar als das «Bedingte, Nichtabsolute»: weil hier «der Begriff dem Seyn nicht adäquat ist; denn eben weil hier das Seyn, die Realität nicht aus dem Denken folgt, vielmehr zu dem Begriff noch etwas nicht durch selbigen Bestimmtes hinzukommen muß, wodurch erst das Seyn gesetzt wird, ist es ein Bedingtes, Nichtabsolutes» [31].

«Die Versöhnung des Abfalls» kann nur die Erlösung aus dieser Fixierung auf sich selbst sein, sie wird als «die Endabsicht der Geschichte» erkennbar. Die höhere Endabsicht hebt die Bornierung des E. gegenüber dem Absoluten auf und benutzt sie zugleich als «das Mittel der vollendeten Offenbarung Gottes». Gott entläßt die Ideen «in die Endlichkeit» und ruft sie damit «ins Leben», wodurch sie «aber fähig werden, als unabhängig existierend wieder in der Absolutheit zu seyn» [32]. Für Schelling ist das nichts «anders als ein Durchgeborenwerden der Ideen durch alle Stufen der Endlichkeit, bis die Selbstheit an ihnen, nach Ablegung aller Differenz, zur Identität mit dem Unendlichen sich läutert, und alle *als* reale zugleich in ihre höchste Idealität eingehen» [33]. Schelling hat später die Prävalenz des Absoluten gegenüber dem E. noch bestimmter ausgesprochen: Es läßt sich eine Linie ziehen von der frühen Ansicht, in der das E. in der «Nacht des Absoluten» versinkt, über die Lehre vom Abfall bis hin zur Ausarbeitung einer positiven Philosophie im Unterschied zur negativen.

HEGEL ist sich zunächst mit Schelling in der Kritik an Kant und Fichte einig: in der Reflexionsphilosophie tritt «das Absolute als eine Leerheit der Vernunft» [34] auf. Hegel betont die Notwendigkeit, die reflexionsphilosophische Entgegensetzung von E. und Unendlichem aufzuheben, in der «das E. an und für sich und absolut und die einzige Realität ist» und das Unendliche die «absolute Endlichkeit in der Form des Unendlichen» [35], «das Unendliche an sich nur in Beziehung auf das E.» [36]. Später faßt Hegel Schellings positives Ausspielen des unvermittelt Absoluten auf als «die Naivität der Leere an Erkenntnis» [37]. Die Kritik an der spekulativ und empirisch unausgewiesenen Sonderstellung des Absoluten, das sich unbeschadet von aller Konkretion und Konstruktion in der intellektuellen Anschauung ergibt, besteht auf Vermittlung. Gegenüber Schellings Hypothese «das absolute Wissen ist auch das Absolute selbst» [38] reflektiert Hegel «das Werden der Wissenschaft überhaupt oder des Wissens» [39] als Wissen und Selbstbewegung des Absoluten.

Das E. ist in diese Bewegung involviert. Zunächst ist es das Äußerliche, gegen das Unendliche fixierte E., dann aber findet es im Prozeß seiner Bestimmung seine Aufhebung. Denn durch seine Bestimmung geht es aus seiner Äußerlichkeit in sein wahrhaftes Sein über. Es erweist sich, «daß das E. nicht ist, d. i. nicht das Wahre, sondern schlechthin nur ein Übergehen und Über-sich-hinausgehen ist» [40].

«Die Unmittelbarkeit äußerlichen und vereinzelten Daseyns» [41] entspringt dem äußerlichen Verhältnis des Geistes zu seinem Produkt. «Der Geist hat folglich hier noch eine Schranke an der Natur und ist eben durch diese Schranke endlicher Geist» [42]. In der Entwicklung und *Internalisierung* dieses Verhältnisses besteht die weitere Entwicklung des Geistes. «Die verschiedenen Stufen dieser Thätigkeit, ... welche zu durchlaufen die Bestimmung des endlichen Geistes ist, sind Stufen seiner Befreiung, in deren absoluter Wahrheit das Vorfinden einer Welt als einer vorausgesetzten, das Erzeugen derselben als einer von ihm gesetzten, und die Befreiung von ihr und in ihr eines und dasselbe sind» [43].

Anders als bei Schelling bringt der Geist bei Hegel das E. hervor und vermittelt sich in ihm, ohne es wie bei Schelling auszusondern. «Vielmehr haben wir zu erkennen, daß der Geist sich bestimmen, somit verendlichen, beschränken muß» [44]. «Der absolute Geist erfaßt sich als selber das Seyn setzend, als selber sein Anderes, die Natur und den endlichen Geist hervorbringend» [45].

Endlich ist vor allem der noch in seiner Äußerlichkeit befangene Geist: «der subjective und der objective Geist sind endlich» [46]. In der Rechtsphilosophie kennzeichnet Hegel das System der Bedürfnisse als «Sphäre der Endlichkeit» [47], in die der Geist sich «selbst entzweit, in den Naturbedürfnissen und in dem Zusammenhange dieser äußeren Nothwendigkeit sich diese Schranke und Endlichkeit giebt, und eben damit, daß er sich in sie hinein bildet, sie überwindet und darin sein objectives Daseyn gewinnt» [48].

Mit dem Übergang in den absoluten Geist werden die äußerlichen, endlichen Bestimmungen gesetzt und aufgehoben. Die Endlichkeit wird zum Medium des Absoluten: Kunst, Religion («Gott ist es selbst, der sich verendlicht, Bestimmung in sich setzt» [49]) und Philosophie sprechen diesen Gedanken aus. «Der Geist ist daher sowohl unendlich als endlich, und weder nur das Eine noch nur das Andere; er bleibt in seiner Verendlichung unendlich; denn er hebt die Endlichkeit in sich auf» [50]. Die Entgegensetzung von Begriff und Anschauung, Spontaneität und Rezeptivität findet damit bei Hegel eine Antwort, die sowohl den Vermittlungs- und Resultatcharakter der wirklichen Versöhnung betont als auch den Begriff als deren entscheidende Instanz ansieht: «das allgemeine in seiner Bestimmtheit unmittelbar bey sich bleibende Wissen» [51].

In bewußtem Gegensatz zu Hegel expliziert KIERKEGAARD seine Synthese von Unendlichem und E. nicht als begriffliche Versöhnung, sondern als das Paradox des Selbstseins, der ethischen und religiösen Existenz im Unterschied zur aufgehobenen Unendlichkeit. Das Unendliche zentriert im endlichen Selbst. «Die Entwicklung muß also darin bestehen, unendlich von sich selbst fortzukommen in einer Unendlichmachung des Selbst und unendlich zurückzukommen zu sich selbst in einer Endlichmachung» [52]. Ohne das Paradox bleibt die «Verzweiflung der Endlichkeit» [53]. So besteht die dem Glaubenden zugemutete Absurdität darin, daß er, «nachdem er die Bewegungen der Unendlichkeit gemacht hat, die der Endlichkeit macht» [54].

In einer antimetaphysischen Gegenbewegung wird der Gegensatz ‹endlich/unendlich› schließlich von FEUERBACH und MARX in seiner anthropologischen und praktischen Dimension eingeholt. Sie reklamieren Unendlichkeit als gewordene Totalität für den Menschen; die Vermittlungsproblematik von Endlichkeit und Unendlichkeit ist für sie nur noch das Problem, die Unaufgeklärtheit und Unterdrücktheit des Menschen aufzuheben und ihn so in seiner Endlichkeit in die ihm angestammte bzw. erarbeitete Totalität zu erheben [55]. Gegenüber dem früher affirmativen und später emphatischen Gebrauch des Begriffs ‹endlich› ist festzuhalten, daß er bei Feuerbach und Marx in eher pejorativem Sinn die Differenz zwischen menschlichem Wesen und unmenschlichen Zuständen ausdrückt.

Im erneuten Anschluß an Kant diskutiert H. COHEN die Endlichkeit: «Jetzt gilt es zu erkennen, daß in der infinitesimalen Analysis zugleich eine *Synthesis* vollzogen und gewährleistet wird, vermöge welcher das E. realisiert und als ein Reales in der vollen Anforderung des *empirischen Realismus* konstituiert wird» [56]. Cohen gebraucht den Begriff des E., weil er die Dichotomie von Begriff und Anschauung nicht antastet, obwohl er durch die infinitesimale Analysis Anschauung und Synthesis rational ableiten kann.

Wie Kierkegaard betont HEIDEGGER die Endlichkeit als Eröffnung und Konsequenz des zum Tode vorlaufenden Daseins. «Nur das Freisein für den Tod gibt dem Dasein das Ziel schlechthin und stößt die Existenz in ihre Endlichkeit. Die ergriffene Endlichkeit der Existenz reißt aus der endlosen Manigfaltigkeit ... und bringt das Dasein in die Einfachheit seines Schicksals» [57]. Mit «der ursprünglichen Endlichkeit der Zeitlichkeit» [58] wird der phänomenale Raum umschrieben, in den sich Dasein in seiner Geschichtlichkeit ereignet, die der Freiheitsbereich der Entscheidung zu seiner endlichen Existenz ist.

SARTRE, beeinflußt von Heidegger und in einer geistesgeschichtlich merkwürdigen Übereinstimmung mit Fichte, arbeitet heraus: «die Endlichkeit ist eine ontologische Struktur des Für-sich, die die Freiheit determiniert und nur innerhalb und mittels des freien Entwerfens des Zieles existiert, das mir mein Sein verkündet. Mit anderen Worten, die menschliche Realität würde endlich bleiben, auch wenn sie unsterblich wäre, denn sie macht sich endlich, indem sie sich als menschliche erwählt. Endlich sein heißt nämlich, sich erwählen, das heißt sich, was man ist, dadurch verkünden zu lassen, daß man sich auf ein Mögliches hin, unter Ausschluß anderer, entwirft. Gerade der Freiheitsakt ist also Übernahme und Erschaffung der Endlichkeit. Wenn ich mich mache, mache ich mich endlich, und auf Grund dieser Tatsache ist mein Leben einmalig» [59].

Anmerkungen. [1] GOCLENIUS: Lexicon philos. (Marburg 1615) 585. – [2] B. SPINOZA, Ethica I, def. 1. dtsch. O. BAENSCH, Philos. Bibl. 92 (1967) 1. – [3] I, def. 2 = 1. – [4] I, propos. 28 = 25. – [5] G. W. LEIBNIZ, Akad.-A. 6, 6. 158. – [6] R. DESCARTES, Principia philosophiae. Werke, hg. ADAM/TANNERY 8, 1, 18 – [7] Meditationes de prima philosophia. a. O. 7, 45. – [8] I. KANT, KrV B 135. – [9] Akad.-A. 15, 1, 165. – [10] KU Akad.-A. 5, 339. – [11] a. a. O. 5, 340. – [12] a. a. O. 5, 341. – [13] a. a. O. 5, 352. – [14] G. W. F. HEGEL, Ges. Werke 4, hg. H. BUCHNER/O. PÖGGELER (1968) 346. – [15] J. G. FICHTE, Akad.-A. I/2, 407. – [16] a. a. O. 394. – [17] 411. – [18] 392f. – [19] F. W. J. SCHELLING, Werke, hg. K. F. A. SCHELLING 4, 391. – [20] a. a. O. 6, 23. – [21] 7, 159. – [22] 6, 21. – [23] 4, 391. – [24] 405. – [25] 398. – [26] 404. – [27] 6, 40. – [28] 38; vgl. 33f. – [29] 61. – [30] 47. – [31] 22; vgl. 4, 397. – [32] 6, 62. – [33] ebda. – [34] HEGEL, a. a. O. [14] 320. – [35] 319. – [36] 321. – [37] Phänomenol. Werke, hg. GLOCKNER 2, 525. – [38] SCHELLING, a. a. O. [19] 4, 391. – [39] HEGEL, a. O. [37] 30. – [40] Enzyklop. § 386 A. = Werke, hg. GLOCKNER 10, 42. – [41] a. a. O. § 384 = 10, 36. – [42] ebda. = 37. – [43] § 386 = 42. – [44] § 386 Z. = 44. – [45] § 384 Z. = 37. – [46] § 385 Z. = 43. – [47] Rechtsphilos. § 189 = a. a. O. 7, 270. – [48] § 187 = 268. – [49] Philos. der Relig. a. a. O. 15, 209. – [50] Enzyklop. § 386 Z. = 10, 45. – [51] Enzyklop. (1817) § 477 = 6, 310. – [52] S. KIERKEGAARD, Krankheit zum Tode, Werke 1, hg. L. RICHTER (1960) 28. – [53] a. a. O. 33. – [54] Furcht und Zittern. Werke, hg. HIRSCH 36. – [55] Vgl. L. FEUERBACH: Das Wesen des Christentums, hg. BOLIN (1960) 2; K. MARX: Die Frühschriften, hg. S. LANDSHUT (1953) 22f.; vgl. 25f. 42, 216f. – [56] H. COHEN: Das Prinzip der Infinitesimalmethode und seine Gesch. (1968) 209. – [57] M. HEIDEGGER: Sein und Zeit (1927) 384. – [58] a. a. O. 330. – [59] J.-P. SARTRE: Das Sein und das Nichts (dtsch. 1952) 687f.
R. ROMBERG

II. Der Begriff ‹endlich› ist im *theologischen* Sinn ein festes Attribut des Geschaffenen (omne creatum est finitum [1]) und vertritt – im Verhältnis zur Unendlichkeit des Schöpfers – die dem Geschaffenen eigene ontologische Problematik. «Ens finitum est, quod habet terminos suae perfectionis et non includit omnem perfectionem possibilem, ut: creatura» (Ein endliches Wesen ist ein solches, das Grenzen seiner Vollkommenheit hat und nicht alle mögliche Vollkommenheit in sich schließt, d. h. das Geschöpf) [2]. Der Begriff ist anfangs zu Hause im Problem der Analogisierbarkeit des Geschaffenen und des Schöpfers. Hier wird von THOMAS VON AQUIN ein Verhältnis des endlichen Geschaffenen zur Unendlichkeit Gottes nach deren Wesensfülle bestritten, jedoch ein Verhältnis im Schema Ursache-Wirkung eingeräumt [3]. Diese Voraussetzung wird in der Christologie auf das mit der Personeinheit Christi und Gottes gegebene Verhältnis angewandt; seine Konsequenzen gehen nicht über das Maß des endlichen Menschen Christus hinaus: «Est autem impossibile, quod aliqua creatura comprehendat divinam essentiam, sicut in I. ostensum est, eo quod infinitum non comprehenditur a finito; et ideo dicendum, quod anima Christi nullo modo comprehendit divinam essentiam» (Es ist aber unmöglich, daß ein Geschöpf die göttliche Wesenheit in sich faßt – wie oben im 1. Teil gezeigt ist –, deswegen weil das Unendliche vom E. nicht umfaßt, werden kann, und deshalb ist zu sagen, daß die Seele Christi in keiner Weise die göttliche Wesenheit in sich schließt) [4].

In der *nachreformatorischen* Theologie wird den in der Nachfolge der Scholastik bleibenden Reformierten («Quod finitum est, infinitum comprehendere non potest» [5]) zuerst von J. BRENZ das berühmte «finitum capax infiniti» entgegengesetzt: «In philosophica disciplina manifestum est, quod finiti ad infinitum nulla sit proportio.» «Si autem consulamus oracula spiritus sancti [d. h. die Hl. Schrift], manifestum est, quod *finitum* possit fieri *capax ... infiniti ...*» (In der Philosophie ist klar, daß es kein Verhältnis des E. zum Unendlichen gibt. Wenn wir aber die Aussprüche des heiligen Geistes [die Bibel] zu Rate ziehen, ist es klar, daß *das Endliche fähig* werden kann *... des Unendlichen ...*) [6]. Danach ist sekundär das «finitum non capax infiniti» gebildet. Die ‹Apologia oder Verantwortung des christlichen Concordienbuchs› bezeichnet als «principia oder maximae»: «Finiti ad infinitum nulla est proportio aut communicatio, finitum non est capax infiniti; das ist: zwischen dem E. und Unendlichen ist keine Vergleichung oder Mitteilung, und das E. kann das Unendliche nicht fassen oder begreifen» [7]. Energischer als bei Thomas wird jede essentielle Proportion des E. zu Gott abgelehnt («Nulla enim inter finitum et infinitum dari potest essentialis proportio» [8]), ihr gegenüber aber bewußt die neue Fragestellung ausgearbeitet: Sie ist statt am Verhältnis zur Essenz Gottes orientiert an der Präsenz (dem Wirken, der Durchsetzung) Gottes, des Schöpfers und Erlösers in, mit und durch das E., das Geschaffene, den endlichen Glauben und vor allem den endlichen mit Gott subjekteinen, daher sein schöpferisch unendliches (!) Werk vollziehenden Menschen Christus: «Verum hic non est quaestionis nostrae status. Illud potius intenditur: an adeo nulla sit proportio inter finitum et infinitum, ut illud huius nullo modo queat esse capax? – Negari nequit, quod ratione praesentiae, unionis et communicationis detur quaedam inter finitum et infinitum proportio, ita quidem, ut finitum infiniti capax sit et intra se quasi recipiat, sine locali tamen inclusione aut coarctatione» (Aber das ist nicht unsere Fragestellung. Gemeint ist vielmehr: Können E. und Unendliches so sehr verhältnislos sein, daß das E. in keiner Weise des Unendlichen habhaft sein kann? Unleugbar kann es hinsichtlich des Zugegenseins, des sich in Einheit Verbindens und der Übermittlung [des Unendlichen in, mit und durch E.] ein Verhältnis von E. und Unendlichem geben, so daß das E. des Unendlichen habhaft ist und es gleichsam in sich aufnimmt, doch ohne es räumlich einzuschließen oder zu zwängen) [9].

In der natürlichen Theologie als Teil der Metaphysik des 18. Jh. wird die alte Bestimmung des E. als begrenzter qualitativer Vollkommenheit [10] durch Aufstieg oder Fortschritt enger, prozeßhaft der Unendlichkeit Gottes verbunden. «Entis finiti beatitudo seu summum bonum consistit in progressu non impedito ab una perfectione ad alteram ... Cum vero Deus, pro infinitudine sua, omnes habeat realitates seu perfectiones compatibiles, ...: Deus fruitur infinita beatitudine» (Die Seligkeit oder das höchste Gut des endlichen Seienden besteht in ungehindertem Fortschritt von einer Vollkommenheit zur anderen. Da aber Gott, seiner Unendlichkeit entsprechend, alle Wirklichkeiten oder Vollkommenheiten so hat, daß sie [miteinander harmonisch] zusammenpassen, genießt [nur] Gott einer unendlichen Seligkeit) [11].

Größere Ausweitung erfährt der Begriff beim jungen SCHLEIERMACHER; «im Menschen nicht weniger als in allem andern Einzelnen und E. das Unendliche sehen, dessen Abdruck, dessen Darstellung», vertritt das Ganze der traditionellen theologischen Probleme. Dabei wird das E. selbst zum Horizont, in dem sich als dessen Unendlichkeit die theologischen Fragen stellen: «Freilich ist es eine Täuschung, das Unendliche gerade außerhalb des E. ... zu suchen» [12]. Im 19. Jh. ist diese Fragestellung dadurch erschwert, daß nach Kant «nun die Endlichkeit im allgemeinen Zeitlichkeit und Räumlichkeit ..., eine natürliche Unendlichkeit ist», und von dieser nun zu behaupten ist: «Die Endlichkeit aber ist so wenig ohne Gott als über Gott; sie ist durch und für Gott» [13].

Die *neuere* Theologie geht im ganzen den Weg, die Erfahrung der Endlichkeit zu radikalisieren und sie auf diesem Wege theologisch zu qualifizieren. Die frühe dialektische Theologie proklamiert «das Ende des E.» [14], «das tödliche Ende ... für alles E.» [15]. K. BARTH sieht «die Problematik unserer Endlichkeit» darin, daß «Unendlichkeit, die wir uns allenfalls zu erdenken vermögen, ... selber nur unendliche Endlichkeit» ist, während theologisch «der dynamitartig wirkende Eintritt des Unendlichen in die Reihe der nur das E. fassenden Begriffe» zu behaupten sei [16]. F. GOGARTEN geht aus von der «endlichen Offenbarung», d. h. daß «die an sich unendlichen Relationen [d]es endlosen Geschehenszusammenhanges [der Geschichte] ihr Ende und damit auch ihren Anfang finden ... in der Endlichkeit dieser endlichen Erscheinung» [17]. Später wird dies präzisiert zur «Endlichkeit des Geschichtlichen» [18]; die Frage nach der «Geschichtlichkeit des Daseins» löst die Frage nach der «Endlichkeit des Daseins» ab [19]. P. TILLICH bleibt ständig bei der «Ontologie der Endlichkeit», verstanden als «die Paradoxie, das Ungeheure des Gedankens, daß das E. am Ewigen teilhaben kann.» Daher analysiert er die «Kultur, deren Prinzip die in sich ruhende Endlichkeit ist», mit dem Ziel des Aufweises: «Der Mensch ist nicht von Natur aus der Endlichkeit enthoben, sondern dadurch daß er an einem Leben teilnimmt, das in sich unendlich ist» [20].

Anmerkungen. [1] THOMAS VON AQUIN: S. theol. III, 7, 11; vgl. W. TRILLHAAS: Dogmatik (1966) 442. – [2] A. PRÜCKNER: Compendium metaphysicum (Arnstadt 1653) 22, § 3. – [3] THOMAS, a. a. O. I, 12, 7, 1 neben I, 12, 1, 4. – [4] III, 10, 1 (I, 12, 1, 4 u. 12, 7, 1); III, 7, 11. – [5] W. MUSCULUS: Loci communes sacrae theologiae (1560, zit. Basel 1567) 8; vgl. 343. – [6] J. BRENZ: De maiestate Domini nostri Iesu Christi (Tübingen 1562) 30; Recognitio doctrinae de vera maiestate Domini nostri Iesu Christi (Tübingen 1564) 60. – [7] Apologia oder Verantwortung des christl. Concordienbuchs (Heidelberg 1583) 45 b. – [8] B. MEISNER: Philosophia sobria (Gießen 1611) sect. 4, cap. 9, quaest. 3. – [9] a. a. O. sect. 4, cap. 7, quaest. 1. – [10] PRÜCKNER, a. a. O. [2] ebda. – [11] J. P. REUSCH: Systema metaphysicum (Jenae ²1743) § 977. – [12] F. SCHLEIERMACHER: Reden über die Relig. (1799) 51. 145f. – [13] C. I. NITZSCH: System der christl. Lehre (1829, ³1837) § 67. – [14] K. BARTH: Die Auferstehung der Toten (1925) 94. – [15] F. GOGARTEN: Die relig. Entscheidung (1921) 59. – [16] K. BARTH: Der Römerbrief (²1922, 10. Abdruck) 273. 286. – [17] F. GOGARTEN: Illusionen (1926) 11. 12. 16. – [18] Ich glaube an den dreieinigen Gott. Eine Untersuch. über Glaube und Gesch. (1926) 30. – [19] R. BULTMANN: Die Geschichtlichkeit des Daseins und der Glaube. Z. Theol. Kirche NF 11 (1930) 339-364. 346 Anm. 340 Anm. 1. – [20] P. TILLICH, Werke 6, 193. 187. 189; 10, 65.

TH. MAHLMANN

Endlich/unendlich. Die Frage, ob und in welchem Sinn die raumzeitliche Welt, Gott, mathematische Größen und Klassen endlich oder unendlich sind, ist eines der ältesten philosophischen Probleme. Versuche, es richtig zu fassen, haben seit ZENO zu Aporien, Paradoxien und Antinomien geführt [1], deren Behandlung sich in der Philosophie wie in der Mathematik als äußerst fruchtbar erwiesen hat. Die wichtige Unterscheidung zwischen einer aktualen oder vollendeten und einer nur potentiellen Unendlichkeit ist zuerst von ARISTOTELES in aller Schärfe formuliert worden [2]. Danach darf die Behauptung, daß eine Menge von Dingen durch Hinzufügung von weiteren Dingen unbeschränkt (ad libitum, ad infinitum) vermehrt werden kann, mit der Behauptung, daß die so gebildete Menge in ihrer vollendeten Ganzheit, als Totalität, vorliegt, nicht verwechselt werden. Eine Menge der ersten Art heißt «potentiell unendlich», eine Menge der zweiten Art «aktual unendlich». Aristoteles sieht den Begriff einer aktualen Unendlichkeit als in sich widerspruchsvoll an. Auf Grund dieser Behauptung versuchen viele mittelalterliche Theologen, besonders THOMAS VON AQUIN [3], Beweise für die Existenz Gottes im Sinne einer ersten Ursache. Dagegen wird die Aktualität des Unendlichen in der platonischen Tradition angenommen. So behauptet z. B. AUGUSTINUS [4], daß der Begriff einer aktualen Unendlichkeit zu den theologischen Basisbegriffen gehöre; er sei für Menschen nicht, wohl aber für Gott sowohl seinem Inhalt als seinem Umfang nach klar erfaßbar. In der philosophischen Geschichte des Unendlichkeitsbegriffes wirken theologische, mathematische und physikalische Gedanken bis in die Neuzeit zusammen.

Bereits GALILEI [5] hebt die Schwierigkeiten hervor, die entstehen, wenn man die Begriffe ‹gleich› und ‹größer als› auf aktual unendliche Mengen anwendet, und antizipiert so BOLZANOS Paradoxien des Unendlichen [6]. Da die Infinitesimalrechnung von NEWTON und LEIBNIZ, und mit ihr die Newtonische Physik, mit aktualen Unendlichkeiten operiert, wird das Problem der Unendlichkeit und des Kontinuums zu einem der Hauptprobleme der neuen Philosophie der Naturwissenschaften und der Mathematik.

KANT stellt das philosophische Problem der Unendlichkeit unter einen neuen Gesichtspunkt. Er versucht zu zeigen, daß durch widerstreitende Argumente von gleichem Gewicht sowohl die raumzeitliche Endlichkeit als auch die raumzeitliche Unendlichkeit der Welt bewiesen werden kann [7]. Die Auflösung dieser Antinomie geschieht durch Kants Ideenlehre: Wie Aristoteles unterscheidet Kant zwischen aktualer und potentieller Unendlichkeit. Jedoch sieht er den Begriff einer aktualen Unendlichkeit nicht als innerlich widerspruchsvoll an, sondern reiht ihn unter die Ideen ein. Ideen sind weder wie aposteriorische Begriffe (z. B. ‹grün›) von der Sinneserfahrung abstrahiert, noch beschreiben sie wie die apriorischen Begriffe der Mathematik (z. B. ‹zwei›, ‹drei›) die reine Anschauung, noch konstituieren sie wie die Kategorien (z. B. ‹Substanz›) Erfahrungsgegenstände. Vielmehr haben sie im theoretischen Denken nur eine regulative Funktion: Sie dienen der systematischen Darstellung und Abrundung unseres Wissens, ohne einen wirklichen Gegenstand zu haben. Damit wird nach Kant auch die Idee der Unendlichkeit zu einer «heuristischen Fiktion» [8], einem bloßen Hilfsbegriff.

Kants Auffassung, die zwischen der aristotelisch-thomistischen und der platonisch-augustinischen Tradition steht, wurde später z. B. von D. HILBERT aufgenommen. Die neuere Philosophie der Mathematik und der Naturwissenschaften nimmt im Grunde immer eine dieser drei Stellungen zum Problem der aktualen Unendlichkeit ein. Die *Intuitionisten* und *Konstruktivisten* folgen Aristoteles, CANTOR und seine Schüler folgen Plato, und die Schule HILBERTS folgt hier Kant. Doch darf nicht übersehen werden, daß diese philosophischen Grundeinstellungen lediglich Programme sind, deren Ausführung den jeweiligen Kriterien mathematisch-wissenschaftlicher Strenge genügen muß.

Mit dem Unendlichkeitsproblem ist das *Kontinuumproblem* eng verbunden. Die Entdeckung der Griechen (6. Jh. v. Chr.), daß $\sqrt{2}$ irrational, d. h. kein Bruch ist, so daß zwischen je zwei Brüchen noch «unendlich viele» irrationale Zahlen liegen, kann zu der Frage führen, ob – und wie – unendliche Mengen ihrer Größe nach verglichen werden könnten. Wenn die «Gleichheit von Mengen» durch eineindeutige Zuordnungsbarkeit ihrer Elemente definiert wird und wenn man, wie es in der klassischen Mathematik üblich ist, die Menge der natürlichen Zahlen und der reellen Zahlen als aktual unendlich annimmt, dann läßt sich die Menge der natürlichen nur einer Untermenge der Menge der reellen Zahlen zuordnen, und ist in diesem Sinn «kleiner» als diese [9]. CANTORS Theorie der unendlichen Kardinal- (und Ordinal-)Zahlen, die diesen Gedanken verfeinert und ausgebildet hat [10], hat dem philosophischen Unendlichkeitsproblem sozusagen eine neue Dimension hinzugefügt. Das damit verbundene Auftauchen neuer Antinomien und Paradoxien hat den philosophischen Widerstreit zwischen den verschiedenen Unendlichkeitsauffassungen verschärft.

Philosophisch von besonderer Wichtigkeit sind die von mathematischer Seite unternommenen Versuche, den Begriff einer unendlichen Menge zu axiomatisieren. Unter anderen hat besonders J. NEUMANN [11] in diesem Zusammenhang auf eine tiefliegende Relativität hingewiesen: Eine Menge ist unendlich in bezug auf ein axiomatisches System genau dann, wenn es in diesem System eine Funktion gibt, die die Elemente der Menge den Elementen einer ihrer Untermengen eineindeutig zuordnet. Eine Menge sei endlich in bezug auf ein System, das keine derartige Funktion enthält. Wenn eine Erweiterung des Systems eine solche Funktion enthält, dann ist die Menge, die in bezug auf das ursprüngliche System endlich ist, in Hinblick auf das erweiterte System unendlich [12]. Diese Relativierung, die zuerst von TH. SKOLEM entdeckt wurde, kann 1. durch die philosophische These einer von jeder Axiomatisierung unabhängigen mathematischen Realität, 2. durch die Annahme, daß es noch unentdeckte mengentheoretische Axiome gebe, oder 3. durch eine Verbindung beider Annahmen aufgehoben oder zumindest gemildert werden. Der letztere Weg wird von K. GÖDEL eingeschlagen [13].

Anmerkungen. [1] Vgl. Art. ‹Zenonische Paradoxien›; ‹Paradoxie›. – [2] ARISTOTELES, z. B. Met. IX, 6; Physik III. – [3] THOMAS VON AQUIN, z. B. S. contra gent. I, 13. – [4] AUGUSTIN, De civ. Dei XII. – [5] GALILEI: Dialog über zwei neue Wiss. (1638). – [6] B. BOLZANO: Paradoxien des Unendlichen (posthum 1851). – [7] KANT, KrV B 454ff. – [8] KrV B 799. – [9] Vgl. Art. ‹Mengenlehre› Nr. 8f. – [10] Vgl. Art. ‹Mengenlehre› Nr. 10f. – [11] J. NEUMANN: Eine Axiomatisierung der Mengenlehre. J. reine u. angew. Math. 154 (1925) 219-240. – [12] Vgl. Art. ‹Satz von Loewenheim-Skolem›. – [13] K. GÖDEL: z. B. What is Cantor's continuum problem? Amer. Math. Mth. 54 (1947) 515-525.

Literaturhinweise. G. CANTOR: Mitteilungen zur Lehre vom Transfiniten. Z. Philos. philos. Krit. 91/92 (1887/88) – H. POINCARÉ: La sci. et l'hypothèse (Paris 1902). – B. RUSSELL: Introduction to math. philos. (London 1919). – H. WEYL: Philos. der Math. und Naturwiss. (1927). – D. HILBERT: Grundlagen der Geometrie (⁷1930) 274ff., Anhang 7: Über das Unendliche. – V. KRAFT: Math., Logik und Erfahrung (1947). – P. LORENZEN: Das Aktual-Unendliche in der Math. Philos. nat. 4 (1957) 3-11. – H. SCHOLZ und G. HASENJÄGER: Grundzüge der math. Logik (1961). – S. KÖRNER: Philos. der Math. (1967). S. KÖRNER

Endzweck. Unter dem E. versteht man *theologisch* den Punkt, auf den die Weltentwicklung teleologisch hin angelegt ist, d. h. das letzte Ziel der ganzen Weltgeschichte. Dieser so verstandene E. wird von den verschiedenen Religionen unterschiedlich definiert. Für das Christentum ist Gott und seine Verherrlichung der E. von allem [1].

Im *philosophischen* Sprachgebrauch tritt der Begriff ‹E.› zuerst bei LEIBNIZ auf [2]. Er begegnet dann wieder bei BAUMGARTEN im Zusammenhang der «Reliqua causarum genera» (Übrige Ursachengattungen): «Finis primus, seu cui cofines omnes subordinantur, ultimus seu scopus dicitur» (Der erste Zweck, dem alle Mitzwecke untergeordnet sind, wird der letzte oder das Ziel genannt) [3].

Das unter E. zu Verstehende ergibt sich durch einen Blick auf die Reihe der Zwecke. Ein erstrebter Zweck in allgemeinster Bedeutung kann selber wieder Mittel zu einem anderen intendierten Zwecke sein, der wiederum als Mittel zu einem weiteren Zwecke dient. Diese Reihe der Zwecke, die stets wieder Mittel eines weiteren Zweckes sein können, muß letztlich zu einem E., einem finis ultimus, führen, der, wie KANT gezeigt hat, ein Zweck ist, «der keines anderen als Bedingung seiner Möglichkeit bedarf» [4], weil in ihm die Reihe der Mittel und Zwecke absolut vollendet ist. Das heißt aber nichts anderes als daß der E. derjenige Zweck ist, «der die unumgängliche und zugleich zureichende Bedingung aller übrigen Zwecke enthält» [5]. – Kant unterscheidet die Glückseligkeit, als den letzten subjektiven Zweck vernünftiger Weltwesen, deren jedes ihn vermöge seiner von sinnlichen Gegenständen abhängigen Natur hat, vom E. vernunftbegabter Wesen, deren jedes ihn haben sollte, weil die reine Vernunft ihm als einem moralischen Wesen denselben aufgibt. Dieser E. ist das höchste in der Welt mögliche Gut. E. ist also «die ganze Bestimmung des Menschen und die Philosophie über dieselbe heißt Moral» [6].

FICHTE faßt beide Gesichtspunkte Kants in eins zusammen, indem er den E. bestimmt als «das höchste Gut, d. i. die höchste sittliche Vollkommenheit, vereint mit der höchsten Glückseligkeit», welchen E. zu wollen, wir mit «Notwendigkeit bestimmt» sind [7]. – HEGEL verschiebt später die Diskussion um den E. in den Bereich der Geschichtsphilosophie, indem er den E. der Welt bestimmt als «das Bewußtsein des Geistes von seiner Freiheit, und eben damit die Wirklichkeit seiner Freiheit überhaupt» [8]. E. «ist das, worauf in der Weltgeschichte hingearbeitet worden ist ..., das was Gott mit der Welt will» [9]. Der Ort der Ausführung des vernünftigen E. aber ist «zunächst das Subjekt wiederum selbst, die Bedürfnisse des Menschen, die Subjektivität überhaupt» [10].

Mit dem «Zusammenbruch des Idealismus» verschwindet die Diskussion um die verschiedenen Bedeutungen des Begriffs ‹E.› aus der philosophischen Literatur. Das Wort ‹E.› verliert seinen spezifischen Inhalt und verflacht in der psychologistischen Philosophie zu einem bloßen Unterterminus von Zweck zur Bezeichnung eines Finalpunktes willensmäßiger Strebungen.

Anmerkungen. [1] Vgl. THOMAS VON AQUIN, S. theol. I, 5, 4; I, 62, 4; II, 1, 2. S. contra gent. III, 2, 17. – [2] R. EUCKEN: Gesch. der philos. Terminol. (1964) 130. – [3] A. G. BAUMGARTEN: Met. (1757) 106, § 343; Baumgarten fügt die Übersetzung ‹E.› hinzu. – [4] I. KANT: KU (1790). Akad.-A. 5, 434. – [5] Relig. innerhalb ... (1793) a. a. O. 6, 6. – [6] KrV B 868. – [7] J. G. FICHTE: Versuch einer Kritik aller Offenbarung (1792). Akad.-A. 1/1 (1964) 19. – [8] HEGEL, Vorles. über die Philos. der Gesch. Werke, hg. GLOCKNER 11, 46f. – [9] a. a. O. 47. – [10] 69. K. WEYAND

Enérgeia, Sprache als. Die für W. v. HUMBOLDTS Sprachauffassung zentrale (in anderer Form von ihm vielfach vorgetragene) und für die Sprachphilosophie überaus bedeutsame und folgenreiche Bestimmung des Wesens der Sprache als E. findet sich in der 1830–1835 abgefaßten, jedoch auf älteren sprachtheoretischen Entwürfen beruhenden Einleitung [1] zum Kawi-Werk: «Die Sprache, in ihrem wirklichen Wesen aufgefasst, ist etwas beständig und in jedem Augenblicke Vorübergehendes ..., ist kein Werk (Ergon), sondern eine Tätigkeit (E.). Ihre wahre Definition kann daher nur eine genetische seyn. Sie ist nämlich die sich ewig wiederholende Arbeit des Geistes, den articulirten Laut zum Ausdruck des Gedankens fähig zu machen. Unmittelbar und streng genommen, ist dies die Definition des jedesmaligen Sprechens; aber im wahren und wesentlichen Sinne kann man auch nur gleichsam die Totalität dieses Sprechens als Sprache ansehen.» Hiernach zeigt sich der E.-Charakter der Sprache in drei verschiedenen Aspekten: Nämlich erstens darin, daß die Sprache nicht als ein fertiges Gebilde (Ergon), sondern als ein in fortwährendem Wandel begriffenes erscheint; zweitens darin, daß dieser Wandel sich in den einzelnen Sprechakten, in der Rede («parole») vollzieht und zugleich, da eben diese Sprechakte die einzige reale Erscheinungsform der Sprache sind, sich auch als das Wesen der Sprache selbst darstellt; drittens aber darin, daß dieser Prozeß nicht als bloßer Ablauf, sondern vielmehr als eine «Thätigkeit» verstanden werden muß, und zwar als die im einzelnen Sprechakt «sich ewig wiederholende Arbeit des Geistes, den articulirten Laut zum Ausdruck des Gedankens fähig zu machen», als ein «Verfahren» [2], durch das jede Sprache auf ihre Weise, «mit der ihr einwohnenden Kraft», die Welt als «das allen gemeinschaftlich vorliegende Gebiet in das Eigenthum des Geistes umzuschaffen» [3] trachtet. Ohne Frage ist dieser dritte Aspekt, auf den vor allem L. Weisgerber eindringlich hingewiesen hat [4], der eigentliche und wichtigste. Zu seinem rechten Verständnis muß man sich klar machen, daß W. v. Humboldt trotz der Maßgabe, die Sprache sei gleichsam nur als die Gesamtheit der Sprechakte anzusehen, keineswegs ihr Gegebensein als «langue», als jedem der einzelnen Sprechakte zugrunde liegendes, ihn erst ermöglichendes Objektivgebilde leugnet oder die Notwendigkeit einer Unterscheidung zwischen synchronischer und diachronischer Betrachtung [5] bestreitet. Sowohl im Titel der Abhandlung [6] als auch in der Bemerkung des dem Zitat folgenden Absatzes, die Sprachen seien «wirklich als Bildungen der Nationen anzusehen» [7], und an vielen anderen Stellen ist die Sprache ausdrücklich auch als den Sprechakten übergeordnetes Gebilde, und zwar als ein solches von jeweils nationaler Prägung (also als «Muttersprache» = «Einzelsprache») anerkannt. Somit zielt die Bestimmung, die Sprache sei nicht Ergon, nicht fertiges Werk, sondern E., gerade darauf, daß dieses transpersonale Gebilde durch die ihm «einwohnende Kraft», durch seine Form (εἶδος), bei seiner Verwirklichung im Sprechakt (bei seiner ἐντελέχεια) gestaltend auf die Gedanken einwirkt, seinerseits jedoch an sich wiederum die Wirkung dieser Gestaltung erfährt. Der so in die Tradition der aristotelischen Philosophie gestellte Begriff der E., der die Sprache als eine *wirkende und sich im Wirken verändernde Kraft* bestimmt, hängt bei W. v. Humboldt zugleich aufs engste zusammen mit dessen Begriff der *inneren Sprachform* [8], die sich eben als das einer Sprache eigentümliche εἶδος darstellt und die, sofern sie auf dem Wege der Analogie im Sprechen und über das Sprechen als *innere Formkraft* wirkt, E. heißt.

Anmerkungen. [1] W. v. HUMBOLDT: Über die Verschiedenheit des menschl. Sprachbaues und ihren Einfluss auf die geistige Entwicklung des Menschengeschlechts (1835). Werke, hg. A. LEITZMANN 7, 1-344; vgl. 45f. – [2] a. a. O. 47. – [3] Diese Formulierung steht in dem auf 1823 datierbaren Bruchstück ‹Über den Nationalcharakter der Sprachen› a. a. O. 4, 420, das zu den frühen Entwürfen der Abhandlung (s. Anm. [1]) gehört. – [4] L. WEISGERBER, vgl. u. a. German.-roman. Mschr. (= GRM) 14 (1926) 241-256; Muttersprache und Geistesbildung (1929, ³1941); Z. dtsch. Bildung 6 (1930) 57-72. 113-126; GRM 18 (1930) 241-259; bes. Zum E.-Begriff in Humboldts Sprachbetrachtung. Wirkendes Wort 4 (1954) 571-579; Grundzüge der inhaltbezogenen Grammatik (³1962) 11-22. – [5] Zu diesen Grundbegriffen der Sprachwiss. vgl. F. DE SAUSSURE: Cours de linguistique générale (Genève 1915, zit. Paris ³1965) 23-32. 114-140; H. SCHWARZ bei GIPPER/ SCHWARZ: Bibliogr. Hb. zur Sprachinhaltsforsch. (1962ff.) XVIIff. – [6] W. v. HUMBOLDT, a. a. O. [1] – [7] 7, 47. – [8] Zur Überspitzung dieses Begriffes bei W. v. Humboldt vgl. H. SCHWARZ, a. a. O. [5] XVII.

Literaturhinweise. L. WEISGERBER s. Anm. [4]. – L. JOST: Sprache als Werk und wirkende Kraft. Ein Beitrag zur Gesch. und Krit. der energetischen Sprachauffassung seit W. von Humboldt (1960) mit Lit.
H. SCHWARZ

Energie, oft im verallgemeinerten Sinne von Wirksamkeit oder Kraft gebraucht, bedeutet als physikalischer Fachausdruck die Fähigkeit eines Körpers oder physikalischen Systems, Arbeit zu leisten, also einen Widerstand zu überwinden. Ursprünglich bezeichnete das Wort ἐνέργεια bei ARISTOTELES [1] die Wirklichkeit, in die das nur der Möglichkeit nach Seiende durch die Tätigkeit einer Form übergeht, und wurde in diesem Sinne von der scholastischen Philosophie als *actus* oder *actualitas* im Gegensatz zur *potentia*, dem nur potentiellen Sein, übernommen.

Obgleich schon 1619 von KEPLER [2] benutzt, wurde das Wort ‹E.› im modernen Sinne wohl zuerst von J. BERNOULLI in Verbindung mit dem Gleichgewicht virtueller Kräfte gebraucht: «En tout équilibre de forces ... la somme des énergies affirmatives sera égale à la somme des énergies négatives» [3]. Doch erst mit der Entwicklung der Thermodynamik um die Mitte des 19. Jh. wurde der Begriff der E. im Sinne von aufgesparter Arbeitsmenge – oft noch ‹Kraft› genannt und von dem Kraftbegriff nicht scharf getrennt – als grundlegend für die Naturwissenschaft erkannt.

Der Begriff der E. (im modernen Sinne) ist viel älter als sein Name. Nur sehr langsam entwickelte er sich aus dem Begriffe der Kraft heraus. In der Tat hatte der Kraftbegriff schon bei ARISTOTELES nicht nur die Bedeutung einer Bewegungsursache, sondern auch die eines die Dauer oder Ausdehnung der Bewegung bestimmenden Faktors. In seiner Formulierung des Bewegungsgesetzes [4], nach dem (modern ausgedrückt) die Geschwindigkeit des Bewegten (= Weg C : Zeit D) proportional zu dem Verhältnis zwischen bewegender Kraft A und Widerstand B ist, führte Aristoteles alle Fälle auf, bei denen der Ausdruck AD/BC konstant ist, mit der Ausnahme einer Erweiterung des Verhältnisses $C:D$. Der Grund dieser Auslassung war offensichtlich die Erkenntnis, daß eine gegebene Kraft ein Bewegliches nicht über eine beliebig große Entfernung C in einer beliebig langen Zeit D bewegen kann [5], obgleich das Bewegungsgesetz dabei nicht verletzt zu werden braucht. Für Aristoteles war daher, wenigstens implizite, mit jeder Kraft auch ein Kapazitätsfaktor oder, modern ausgedrückt, E.-Inhalt verbunden. – Die Idee solcher extensiven Beschränkung der Kraft spielte in den kosmologischen Spekulationen späterer *Aristoteliker* eine nicht unbeträchtliche Rolle. Daß die ewige Bewegung der Planeten nicht «in instanti», also unendlich schnell, verläuft, wie es eigentlich bei einer unbeschränkten unendlichen Ursache (dem Ersten Beweger) der Fall sein sollte, führte AVERROES [6] darauf zurück, daß jeder Planet in direkter Berührung nur mit dem «motor coniunctus», einer sekundären Kraft, steht, die ihrerseits aus dem unerschöpflichen Kraftreservoir des «motor separatus» endliche, d. h. quantitativ beschränkte Kraftmengen abstrahiert – die erste Vorahnung des Prinzips der E.-Quantisierung. – Der Unterschied zwischen den die Geschwindigkeit bestimmenden und den die Bewegungsdauer bestimmenden Aspekten der Kraft wurde wohl zuerst von dem Nominalisten PETRUS AUREOLI († 1322) in seinem Sentenzenkommentar [7] bewußt betont, womit zum ersten Male die Kraft als Bewegungsursache und die E. als Arbeitsvorrat unterschieden wurden. – Obgleich man zu *Beginn der Neuzeit* noch weit davon entfernt war, den E.-Begriff mit seinem Erhaltungsprinzip mathematisch zu erfassen, wurde seine Bedeutung auf induktivem Wege klargelegt, nämlich durch die Erfahrung, daß ein perpetuum mobile (im Sinne einer periodisch wirkenden Maschine, von der beliebig viel Arbeit gewonnen werden könnte) unmöglich ist. So bildete schon bei STEVIN in diesem Sinne das E.-Prinzip die logische Grundlage seines gesamten Systems der Statik, wie man etwa aus seinen berühmten Beweisen für die Gleichgewichtssätze an der schiefen Ebene [8] ersehen kann. Auch GALILEIS Beweis, daß die Geschwindigkeit eines auf beliebiger Bahn fallenden Körpers eine Funktion nur des Höhenunterschiedes zwischen Anfangs- und Endlage ist, und die Untersuchungen von HUYGENS über das physikalische Pendel und seine Schwerpunktssätze stützten sich auf den E.-Erhaltungssatz, ohne ihn jedoch ausdrücklich zu formulieren.

Die beiden bekanntesten E.-Formen, die mechanische Arbeit und die kinetische E., bildeten das Thema von wissenschaftlichen und philosophischen Untersuchungen, die so alt sind wie die Geschichte der Mechanik. Schon in der *pseudo-aristotelischen* Schrift über die Mechanik [9] wird die Wirkung des Schwingens einer Axt im Vergleich zur Wirkung einer nur durch ihr Gewicht wirkenden, ruhenden Axt beim Spalten des Holzes auf einen geschwindigkeitsabhängigen Faktor zurückgeführt. Wie hier der Begriff der Bewegungs-E., so wurde auch der der Lage-E. (potentielle E.) und der damit verbundenen mechanischen Arbeit schon bei den ältesten Erörterungen einfacher Maschinen (Hebel, Rolle, Flaschenzug, Keil) unbewußt benutzt. Weder in NEWTONS ‹Prinzipien› (1687) noch in LAGRANGES Abhandlung ‹Analytische Mechanik› (1788) spielten E.-Betrachtungen eine wesentliche Rolle, in der Hauptsache wohl weil das vornehmliche Anwendungsgebiet ihrer Theorien die Himmelsmechanik war, deren energetische Erfassung damals außerhalb jeder physikalisch sinnvollen Erörterung lag. Die einzige wichtige Ausnahme jener Zeit bildete der bekannte Streit zwischen den *Cartesianern* und den *Leibnizianern* [10] über das «Maß» (d. h. die mathematische Formel) für die «Kraft» (im Sinne von E.), die von den ersten durch das Produkt von Masse und Geschwindigkeit (mv), von den zweiten durch Multiplikation der Masse mit dem Quadrat der Geschwindigkeit (mv^2) gemessen wurde. Erst 1743 brachte D'ALEMBERT [11] die Klärung, indem er zeigte, daß ersteres das Zeitintegral, letzteres das Wegintegral der Newtonschen Kraft ist. Mit seiner Aufstellung des Begriffs der «lebendigen Kraft» (vis viva), des Vorläufers der kinetischen E. – der Faktor ½ in ½ mv^2 wurde erst 1829 durch G. C. CORIOLIS in die Definition eingeführt – betonte schon LEIBNIZ [12], daß sogar auch bei unelastischen Stößen diese Größe erhalten bleibt, denn – wie wenn «großes Geld in kleines gewechselt wird» – so verteilt sich die (makroskopische) Bewegungs-E. unter die (mikroskopischen) Teilchen der zusammenstoßenden Körper. Obwohl der Begriff der potentiellen E. schon lange implizite benutzt worden war (z. B. in der von Leibniz gegebenen Ableitung der Formel mv^2 [12]), wurde er als selbständiger Begriff noch nicht anerkannt. So bezog sich daher die erste explizite Formulierung des E.-Erhaltungsprinzips in der Mechanik, wie sie durch CHR. WOLFF gegeben wurde, nur auf die «lebendige Kraft»: «In toto universo semper conservatur virium vivarum quantitas» [13]. Aber schon vier Jahre später berief sich JOHANNES BERNOULLI [14], im Gegensatz zu Leibniz, auf die für die Kompression der kleinsten Teilchen notwendige Arbeit, also eine spezielle Form der potentiellen E., um die Erhaltung der Bewegungs-E. auch bei unelastischen Stößen zu beweisen, und sein Sohn DANIEL BERNOULLI [15] sprach schon von «latenter Kraft» bei nicht-mechanischen Vorgängen, als er den E.-Inhalt berechnete, der aus einer bestimmten Kohlenmenge durch Verbrennen gewonnen werden kann.

Erst als man im Laufe des 19. Jh. das allgemeine E.-Erhaltungsprinzip entdeckte, wurde die Bedeutung des E.-Begriffs für die Wissenschaft erkannt und von der Philosophie durchdacht und beurteilt. Zu dieser Entdeckung trugen vier verschiedene, wenn auch voneinander nicht unabhängige Faktoren bei: 1. die Untersuchungen über das Wesen der Wärme, 2. das Studium des Stoffwechsels bei lebendigen Organismen, 3. die Ausdehnung physikalischer Forschung auf nicht-mechanische Gebiete, 4. die sogenannte Naturphilosophie (SCHELLING, OKEN, STEFFENS). – Zu 1: RUMFORDS Versuche [16], in denen er einen stumpfen Bohrer gegen den Boden eines Kanonenlaufs durch Pferdekraft rotieren ließ und so durch die Reibungswärme eine beträchtliche Wassermenge zum Sieden brachte, und die Versuche von DAVY [17], in denen zwei thermisch isolierte Eisstücke durch mechanisches Reiben zum Schmelzen gebracht wurden, bewiesen, daß mechanische Arbeit in Wärme verwandelt werden kann, und trugen entscheidend zur Entwicklung der kinetischen Wärmetheorie bei. – Zu 2: Die Forschungen von LIEBIG, MOHR und dem Heilbronner Arzt ROBERT MAYER zeigten, daß in der organischen Chemie und Physiologie E.-Austausche stattfinden, die bestimmten Gesetzen unterworfen sind. – Zu 3: Daß dasselbe auch in den nicht-mechanischen Gebieten der Fall ist, bewiesen JOULE und FARADAY mit ihren elektrischen Versuchen. – Zu 4: Naturphilosophische Spekulationen über die Wesenseinheit der Natur hatten einen besonders starken Einfluß auf A. COLDING und ROBERT MAYER. COLDING schrieb den Naturkräften Unzerstörbarkeit zu, denn sie waren für ihn «immaterielle Wesen» und aufs engste mit «dem Geist, der die Natur lenkt», verbunden [18]. MAYER berief sich zu diesem Zwecke auf den metaphysischen Satz «causa aequat effectum» [19].

HELMHOLTZ versucht 1847 in seinem Aufsatz ‹Über die Erhaltung der Kraft› [20] mit Hilfe der Newtonschen Axiome das allgemeine E.-Prinzip aus dem mechanischen Satz von der Erhaltung der lebendigen Kraft, und umgekehrt die ausschließliche Existenz von mechanischen Zentralkräften aus der Unmöglichkeit eines perpetuum mobile abzuleiten. Damit erreichte die rein mechanische Naturauffassung physikalischer Vorgänge ihren Höhepunkt. Während MAYER noch qualitativ verschiedene Kraftformen (oder E.) annimmt (Wärme, Schwere, Elektrizität), sind bei HELMHOLTZ alle E.-Manifestationen «lebendige Kraft» (kinetische E.) oder Spannkraft (potentielle E.). Obgleich die weitere Entwicklung ihm darin nicht zustimmte, war der Aufsatz von HELMHOLTZ aus zwei Gründen für die Geschichte des E.-Begriffs von ausschlaggebender Bedeutung: dank einer genauen mathematischen Analyse wurde eine strenge Unterscheidung von Kraft und E. und damit eine endgültige Fixierung des E.-Begriffs erreicht, der bis dahin noch immer mit dem Kraftbegriff gleichgesetzt oder mit ihm verwechselt worden war (ARISTOTELES, GALILEI, FARADAY, COLDING, MAYER). Es sollte das E.-

Prinzip allerdings von nun ab nicht nur als ein alle Phänomene beherrschendes Naturgesetz behandelt und seine Anwendbarkeit «in allen denjenigen Fällen» nachgewiesen werden, «wo die Gesetze der Erscheinungen schon hinreichend erforscht sind», vielmehr gab ihm HELMHOLTZ auch die Funktion, «unterstützt durch die vielfältige Analogie der bekannteren Fälle auf die Gesetze der bisher nicht vollständig untersuchten weiter einzuschließen, und dadurch dem Experiment einen Leitfaden an die Hand zu geben» [21]. Nach Helmholtz ist also das E.-Prinzip nicht nur ein physikalisches Theorem, sondern gleichzeitig auch ein metaphysikalisches, nämlich ein für die physikalische Forschung regulatives Postulat.

Im Gegensatz zu Helmholtzens rein mechanistischer Auffassung, die bald mit den sich entwickelnden Feldtheorien der Elektrizität und des Magnetismus in Konflikt geraten mußte, war die sich gegen Ende des 19.Jh. entwickelnde ‹Energetik› (der Name wurde von W. J. M. RANKINE geprägt) solchen Konflikten gegenüber verschont. Denn nach der energetischen Naturauffassung (HELM [22]; GILBERT [23]) bildet die E. die Grundlage alles Geschehens, und alle Naturvorgänge, gleichgültig ob rein physikalischer oder geistiger Natur (SCHMIDT [24]; SEMON [25]), sind bloße E.-Transformationen. WILHELM OSTWALD, der mit seinem Lübecker Vortrag [26] seit 1895 als Hauptsprecher der energetischen Schule auftrat, versuchte den Gegensatz von Materie und Geist mit Hilfe des E.-Begriffs zu überbrücken. Methodologische sowie erkenntnistheoretische Gründe, behauptet Ostwald, zwingen uns, die E. als die einzig existierende Substanz zu proklamieren: methodologische Gründe, weil die Alternative des wissenschaftlichen Materialismus nicht einen einzigen Naturvorgang restlos erklären konnte, erkenntnistheoretische Gründe, weil «alles was wir *hören*, von der Arbeit herrührt, welche die Schwingungen der Luft an dem Trommelfell und in dem inneren Theilen unseres Ohres leisten. Was wir *sehen*, ist nichts als die strahlende E., welche auf der Netzhaut unseres Auges chemische Arbeiten bewirkt, die als Licht empfunden werden. Wenn wir einen festen Körper *tasten*, so empfinden wir die mechanische Arbeit, die bei der Zusammendrückung unserer Fingerspitzen ... verbraucht wird ...» [27].

Die von der Energetik proklamierte substantielle Auffassung der E. fand eine wichtige wissenschaftliche Stütze in der Entwicklung der Maxwellschen Theorie des elektromagnetischen Feldes, vornehmlich durch die Arbeiten von POYNTING [28], HEAVISIDE und LODGE, die gegen Ende des vorigen Jh. beweisen konnten, daß der Transport der elektromagnetischen E. nicht auf materielle Leiter beschränkt ist, sondern frei im Raume stattfindet. Mit dieser Losbindung von ponderabler Materie und ihrer Verankerung im leeren Raume mußte die E. nicht länger, wie im rein mechanistischen Weltbild, nur als Akzidenz oder Eigenschaft eines materiellen Systems gelten, sondern erlangte den ontologischen Status eines unabhängig Existierenden, eine Idee, deren Möglichkeit schon dreißig Jahre vorher durch JAMES CROLL [29] behauptet worden war. Auf Grund der Maxwellschen Theorie wurde auch das Verhältnis zwischen E. und Masse aufgeklärt, als EINSTEIN [30] 1905 bewies, daß «die Masse eines Körpers ein Maß ist für dessen E.-Inhalt; ändert sich die E. um E, so ändert sich die Masse in demselben Sinne um E/c^2, wenn die E. in Erg und die Masse in Grammen gemessen wird» (c ist dabei die Lichtgeschwindigkeit). Obgleich die Einsteinsche Beziehung $E = mc^2$ unzählige Male experimentell bestätigt wurde, als Grundlage aller kernphysikalischen Berechnungen dient und daher sogar nicht mehr als eine aus anderen Prinzipien ableitbare Folgerung, sondern, wie der E.-Erhaltungssatz, als ein grundlegendes empirisches Prinzip aufgefaßt wird [31], ist ihre philosophische Interpretation Gegenstand heftiger, noch heute andauernder Kontroversen. Dabei ist strittig, ob die Einsteinsche Relation behauptet 1. die Identität von E. mit der nur in anderen Einheiten gemessenen Masse, oder 2. die gegenseitige Umwandlungsfähigkeit von E. und Masse, oder schließlich 3. nur die Tatsache, daß mit einer gegebenen Verminderung oder Vermehrung der einen Größe auch eine proportionale Änderung der anderen stattfindet, wobei aber für jede von beiden ein eigenes Erhaltungsgesetz gilt. Rein mathematisch betrachtet ist der E.-Erhaltungssatz, wie feldtheoretische Erhaltungssätze im allgemeinen, die Folge einer Symmetrieeigenschaft, und zwar im Falle der E. eine Folge der Homogenität der Zeit [32]. Kosmologisch betrachtet scheint der E.-Erhaltungssatz nur mit der Annahme eines statischen, sich nicht ausdehnenden Universums verträglich zu sein. Vom philosophischen Standpunkt erhebt sich die Frage, ob der E.-Satz, wie ROBERT MAYER und einige Kantianer behaupteten, nur eine physikalische Formulierung des Kausalprinzips oder ob er, wie POINCARÉ und VAIHINGER erklärten, nur eine willkürliche Konvention sei, die empirisch nie widerlegt werden könnte, da ja jede scheinbare Nichterfüllung des Satzes nur eine neue E.-Form definiere, oder ob er ein Naturgesetz ist, das wie alle Naturgesetze auf induktiver Erfahrung beruht. Die Mehrzahl der Physiker scheint der letzten Ansicht zu sein, denn es wurde in der Physik wiederholt die Möglichkeit erwogen, dem E.-Satz nur statistische, im Mikrokosmos also nicht notwendigerweise vorhandene Gültigkeit zuzuschreiben [33].

Anmerkungen. [1] ARISTOTELES, Phys. 191 b 28, 255 a 35; Met. 1048 a 25. 1049 b 5. – [2] JOHANNES KEPLER: Harmonices Mundi, hg. FRISCH (1864) 226. 256. – [3] J. BERNOULLI, Brief an Varignon 26. 1. 1717; vgl. P. VARIGNON; Nouvelle Mécanique (Paris 1725) 174. – [4] ARIST., Phys. 249 b 27-250 a 9. – [5] Phys. 266 a 15. – [6] ARISTOTELIS Opera cum AVERROIS Commentariis (Venedig 1574, Frankfurt a. M. 1962) 8, 78-79. – [7] PETRUS AUREOLI Commentarii in lib. IV Sent. I. dist. 43, art. 2. – [8] S. STEVIN: Hypomnemata math. (Leiden 1634.) – [9] Ps.-ARIST., Mechanica 853 b 14-24. – [10] Brevis demonstratio erroris memorabilis Cartesii. Acta Eruditorum (1686). – [11] D'ALEMBERT, Traité de dynamique. – [12] LEIBNIZ, Essay de dynamique; vgl. auch Korr. mit S. Clarke 5. Brief. – [13] CHR. WOLFF: Cosmologia generalis (1731) § 437. – [14] J. BERNOULLI: De vera notione virium vivarum. Acta Eruditorum (1735). – [15] D. BERNOULLI: Hydrodynamica (1738). – [16] RUMFORD, Philos. Trans. roy. Soc. Lond. (1798). – [17] H. DAVY, Works (London 1836) 2, 11. – [18] A. COLDING, Philos. Mag. 27 (1864) 56. – [19] R. MAYER: Bemerkungen über die Kräfte der unbelebten Natur. Ann. Chem. Pharmac. 42 (1842) 233-240. – [20] HELMHOLTZ, Wiss. Abh. (1882/83) 1, 12-75. – [21] a. a. O. – [22] G. HELM: Die Lehre von der E. (1887). – [23] L. GILBERT: Neue Energetik (1911). – [24] F. J. SCHMIDT: Der philos. Sinn. Programm des energetischen Idealismus (1912). – [25] R. SEMON: Bewußtseinsvorgang und Hirnprozeß (1916). – [26] W. OSTWALD: Die Überwindung der wiss. Materialismus (1895). – [27] Vorles. über Naturphilos. (1901) 159-160. – [28] J. H. POYNTING, Philos. Trans. roy. Soc. Lond. 175 (1885) 343-361. – [29] J. CROLL: Philos. of theism (London 1857); Philos. Mag. 15 (1858) 253. – [30] A. EINSTEIN, Ann. Phys. 18 (1905) 639-641. – [31] W. BRAUNBECK, Z. Phys. 107 (1937) 1-11. – [32] E. NOETHER, Göttinger Nachrichten (1918). – [33] z. B. N. BOHR, Z. Phys. 24 (1924) 69-87; Conv. Fis. nucleare (Rom 1932).

Literaturhinweise. E. MACH: Die Gesch. und die Wurzel des Satzes von der Erhaltung der Arbeit (Prag 1872). – M. PLANCK: Erhaltung der E. (1887, ⁵1924). – G. HELM: Die Energetik (1898). – A. E. HAAS: Die Entwicklungsgesch. des Satzes von der Erhaltung der Kraft (Wien 1909). – M. JAMMER: Concepts of force (Cambridge, Mass. 1957); The factorization of energy. Brit. J.

Philos. Sci. 14 (1963) 160-166. – E. N. HIEBERT: Hist. roots of the principle of conservation of energy (Madison 1962). – Y ELKANA: Emergence of the energy concept (Diss., Brandeis University, Waltham, Mass. 1967). M. JAMMER

Energiewechsel. Unter E. versteht die Physiologie heute den ganzen Vorgang der Aufnahme von Energieträgern in der Nahrung (z. B. Fette, Eiweiße und Kohlenhydrate), der Freisetzung ihrer Energie und deren Verbrauch für die tierischen Leistungen (z. B. mechanische Bewegung, Elektrizitätsentwicklung, Wärmefreisetzung) und der Abgabe der «entwerteten» Energie als Wärme. – Der Begriff der *Energie* [1] begegnet in der *Medizin* zuerst wohl bei FRANCIS GLISSON (1672), der von der «natura energetica» der lebendigen Substanz sprach. Er verstand darunter aber mehr ein Vermögen zur Entfaltung von Initiative als eine materielle Energie [2]. Während DESCARTES schon die Erhaltung aller in der Welt existierender Bewegungskräfte postulierte, tauchte bei LEIBNIZ erstmals der Begriff der lebendigen Kraft, d. h. des Arbeitsäquivalents bewegter Massen auf. Wesentlich für die Biologie war LAVOISIERS Feststellung des Zusammenhangs zwischen O_2-Verbrauch, Verbrennung und Wärmefreisetzung im Körper [3]. Durch einen berühmt gewordenen Versuch (Messung der Reibungswärme beim Geschützbohren) bewies RUMFORD 1798, daß Wärme kein Stoff, sondern eine Bewegungsform der Materie ist. Damit wurde aus der Wärme, der augenfälligsten Energie bei Organismen, eine bewegende «Kraft». Mit dem mechanischen Äquivalent der Wärme beschäftigte sich erstmals SADI CARNOT. JULIUS ROBERT MAYER (1842/45) schloß aus gewissen Beobachtungen, daß der Körper in warmen Ländern weniger Verbrennungen benötigt als in kaltem Klima und wandte den Gedanken von der Konstanz der Kräfte erstmalig auf die Lebenserscheinungen an. Er postulierte die Unvergänglichkeit der «Kräfte» in der Natur: «Nil fit ad nihilum; ex nihilo nil fit» [4]. Doch formulierte erst HELMHOLTZ konsequent und quantitativ das allgemeine Gesetz von der «Erhaltung der Kraft» [5] für sämtliche Umwandlungen physikalischer Kraftformen ineinander (1847).

Um 1852 bestimmte man erstmals die Energiewerte der Nahrung in Kalorien, aber es blieb zweifelhaft, ob alle im Organismus tätigen Kräfte identisch mit denen seien, die die tote Materie regieren (LIEBIG [6]). Erst gegen Ende der 60er Jahre wurde es völlig klar, daß der Organismus seine Nahrung sowohl wegen der Stoffe (Stoffwechsel) als auch wegen ihres Gehaltes an «Spannkräften» benötigt. MAX RUBNER schließlich bewies 1883 [7] die energetische Vertretbarkeit der Nährstoffe untereinander im «Kraftwechsel». Er bestimmte 1894 die Gleichheit der freigesetzten Wärmemengen der Nährstoffe im Organismus und im Verbrennungskalorimeter [8]. Er erbrachte damit erstmals den vollständigen Beweis für die Gültigkeit des Satzes von der Erhaltung der «Kraft» für den lebendigen Organismus. Bis zum Beginn des 20. Jh. sprechen die Physiologen gerne noch vom «Kraftwechsel». Erst dann setzt sich auch hier allmählich die Bezeichnung ‹E.› durch, wie sie seit W. THOMSON (1852), W. J. M. RANKINE (1853) und anderen bei den Physikern der letzten Jahrzehnte des 19. Jh. schon allgemein gebräuchlich geworden war [9].

Anmerkungen. [1] Vgl. Art. ‹Energie›. – [2] FR. GLISSON: Tractatus de natura substantiae energetica ... (London 1672). – [3] A. L. LAVOISIER und P. S. LAPLACE: Mém. Acad. roy. Sci. (1780) 355. – [4] J. R. MAYER: Die organische Bewegung im Zusammenhang mit dem Stoffwechsel (1845). – [5] H. v. HELMHOLTZ: Über die Erhaltung der Kraft (1847). – [6] JUSTUS LIEBIG: Chemische Briefe (1865) 195. – [7] M. RUBNER: Die Vertretungswerte der hauptsächlichsten organischen Nahrungsstoffe im Thierkörper. Z. Biol. 19 (1883) 313. – [8] M. RUBNER: Die Quelle der thierischen Wärme. Z. Biol. 30 (1894) 73. – [9] M. PLANCK: Das Prinzip der Erhaltung der Energie (1887).

Literaturhinweise. GEORG HELM: Die Lehre von der Energie, hist. krit. entwickelt (1887). – K. E. ROTHSCHUH: Entwicklungsgesch. physiol. Probleme in Tabellenform (1952). – G. ROSEN: The conservation of energy and the study of metabolism, in: The hist. development of physiol. thought (New York 1959) 243ff. – E. v. MENDELSOHN: Heat and life. The development of the theory of animal heat (Cambridge, Mass. 1964). K. E. ROTHSCHUH

Engagement ist ein Begriff des französischen Existentialismus und wird auch im Deutschen sekundär und in Übersetzungen üblich (engl. commitment, involvement). Es wird zuerst terminologisch verwendet von E. MOUNIER [1] und G. MARCEL [2], dann von J.-P. SARTRE und anderen aufgenommen [3]. Wörtlich Verpfändung, bezeichnet ‹E.› (in reflexivem Sinn) das Sich-Einsetzen des Menschen als Existenz oder Person, sein Sich-Einlassen auf die Situation, aber auch Festgelegtsein auf den gewählten Entwurf; (in irreflexivem Sinn) ein In-Anspruch-Nehmen, Mithineinziehen (implicare). In der deutschen Existenzphilosophie spiegelt sich E. wider in Ausdrücken wie Entschlossenheit, Verantwortung, Treue, Wagnis (K. JASPERS [4]), die ihrerseits auf Bestimmungen S. KIERKEGAARDS, wie Entschluß, Interesse, Ernst, Wagnis, Pathos, zurückweisen, aber aus der Bindung an bestimmte Existenzsphären oder -stadien gelöst sind.

Vom christlichen Existentialismus abgesehen ist der Begriff heute maßgeblich von SARTRES Freiheitslehre geprägt. E. erscheint danach als formal und als normativ unbestimmt angesichts der abstrakten dialektischen Analyse des Menschen als Existenz oder endliches Fürsichsein, das «sein» will. Sartre sucht jedoch zur Bestimmung des E. die Urwahl [5] und Kants kategorischen Imperativ heranzuziehen. In der späteren Hinwendung des Existentialismus zum Marxismus [6] tritt der Begriff zurück zugunsten des der Praxis.

Anmerkungen. [1] Révolution personnaliste et communautaire 2 (1934), in: Oeuvres (Paris 1961) 1, 179. – [2] Etre et avoir (Paris 1935) 13. 56-64; vgl. H. SPIEGELBERG: The phenomenological movement (Den Haag 1960) 2, 439. – [3] L'être et le néant (Paris 1943, 1964) 508-642; L'existentialisme est un humanisme (Paris 1946, 1957) 71. – [4] Philosophie (1932); vgl. M. HEIDEGGER: Sein und Zeit (1927, ⁷1953) 298. – [5] L'être et le néant 558. 568. 650ff.; L'existentialisme ... 69ff. 74f.: «(homme) engage par son choix l'humanité entière»; vgl. 83f. – [6] J.-P. SARTRE: Critique de la raison dialectique 1 (Paris 1960).

Literaturhinweise. N. ZAZA: Etude critique de la notion d'engagement chez Emmanuel Mounier (Genf 1955). – H. SPIEGELBERG s. Anm. [2] Verweise 2, 715. K. HARTMANN

Engellehre (Angelologie, von griech. ἄγγελος, der Bote). Eine E. gab es im gewissen Sinne bereits im Heidentum, sofern schon die Griechen eine Unterscheidung von Engeln und Dämonen machten. Ein frühester Beleg findet sich bei HOMER [1]. Hellenistische Schriftsteller sprechen von Planetenengeln; so kennt JULIAN Sonnen- und Mondengel [2]. Die frühchristlichen Apologeten berufen sich auf Plato [3]. Das Alte Testament spricht an vielen Stellen von Boten Gottes (Mal'ak), unter denen drei namentlich genannt werden: Michael, Gabriel, Raphael [4]. Andere überlieferte Namen finden sich innerhalb der spekulativ hochausgebildeten jüdischen apokryphen bzw. pseudoepigraphischen E.-Lehre. Wie JOSEPHUS FLAVIUS [5] berichtet, gab es besonders in essenischen

Kreisen eine angelologische Spekulation, wogegen die Sadducäer die Existenz von Engeln schlechthin leugneten [6]. Die E. des Neuen Testaments beschränkt sich durchweg auf wenige Aussagen [7] und wenige Ansätze zu späterer Reflexion [8].

Eine systematische Ausbildung der E. innerhalb der *christlichen Theologie* beginnt erst bei den griechischen Vätern des 4. Jh., und zwar unter Einbeziehung bestimmter philosophischer und in Abgrenzung gegen gnostische E. [9]. Durch GREGOR DEN GROSSEN wurde die spekulative E. der Ostkirche ins Abendland gebracht [10]. Hier hatten vor allem TERTULLIAN, LACTANZ und AUGUSTIN bereits Beiträge zu einer E. geliefert. Während man zwar an der Überzeugung festhielt, daß die Engel über den Kosmos, die Himmel und die Elemente herrschen [11] – was mit der ursprünglich semitischen, bis ins Spätmittelalter festgehaltenen Lehre von den Engeln als Sternenbewegern zusammenhängt –, blieb die Lehre von den Völkerengeln, die den Bau der Kirche vollenden [12], umstritten.

Der erste *Philosoph*, der eine genaue Lehre vom Wesen und den Aufgaben der Engel entwickelte, war PORPHYRIOS. Seine E. bauten JAMBLICHOS und PROKLOS weiter aus [13]. JAMBLICHOS lehrt, daß die sieben Planetengötter (die in der jüdisch-christlichen Vorstellung den sieben Erzengeln entsprechen) ein Gefolge von Engelscharen hätten [14]. Die Prokleische Lehre wurde in modifizierter Form von ORIGENES übernommen [15]. Daneben und teilweise in Zusammenhang damit existierte eine *gnostische* E., welche die Engel als Mittelwesen zwischen Gott und Menschen außer dem Demiurgen und den Äonen betrachtet. Ihr eigentümlich ist das Vorkommen von vielen Engelnamen und Gruppen engelhafter Wesen sowie der Glaube, daß die Welt und der Mensch durch Engel gebildet seien [16].

Gegenstände der altchristlichen E. und der entsprechenden theologischen Diskussion waren die Frage nach der Geistigkeit der Engel und nach dem status viae. Die Unkörperlichkeit der Engel wurde nämlich bereits von IRENÄUS und JUSTIN bestritten. Die Lehre des ORIGENES, daß die Strafe der Teufel einmal aufhörte, wurde 553 verworfen [17]. Als eigentlicher Begründer einer spekulativ-theologischen E. ist PSEUDO-DIONYSIUS AREOPAGITA anzusehen. Er verschmolz die biblischen Aussagen mit platonisch-philosophischen Elementen, indem er eine Rangordnung von drei Hierarchien (τάξεις) zu je neun Chören aufstellte und gegenüber älteren Auffassungen die reine Geistigkeit der Engel lehrte [18]. Auf seinen Ausführungen basiert im wesentlichen die mittelalterliche E., obwohl es auch späterhin noch Theologen, wie RUPERT VON DEUTZ, CAIETAN und BANEZ gab, welche die Unkörperlichkeit der Engel bestritten. THOMAS VON AQUIN entwickelte, auf dem Areopagiten basierend, seine E. gegen die arabischen Peripatetiker und christlichen Averroisten unter Benutzung aristotelischer philosophischer Elemente. Er schloß dabei spekulativ auf das Dasein von Engeln als *reinen Formen*, die zwischen Gott und den geist-körperlichen Geschöpfen stehen. Jeder Engel ist eine Art für sich, weil ihm diejenige Materie fehlt, die die Natur in Individuen zu teilen vermag, nämlich die «Subsistenz der Wesenheit», das «Zusammenfallen von Wesenheit und Subjekt». Zugleich wird die Unvergänglichkeit der Engel durch ihre Stofflosigkeit begründet [19]. Der thomasischen scharf entgegengesetzt, ist die E. des JOHANNES DUNS SCOTUS, während SUÁREZ zwischen beiden eine Mittelstellung einnimmt [20]. Seit dem 16. Jh. wurde die E. auch in die Lehrbücher der scholastischen Philosophie aufgenommen und galt noch Anfang des 18. Jh. als Teil der speziellen Metaphysik [21]. Darum referiert KANT Swedenborg in seinen Vorlesungen über Metaphysik: «Die Geisterwelt macht ein besonderes reales Universum aus; dieses ist der mundus intelligibilis, der von diesem mundus sensibili muß unterschieden werden» [22]. Außer dem vierten Laterankonzil (1215) und dem ersten Vaticanum (1870) hat sich das kirchliche Lehramt dogmatisch-positiv zur E. nicht geäußert [23]. Der Engelglaube findet jedoch in sämtlichen lateinischen und östlichen Liturgien und in der Kunst seinen Ausdruck. Bereits im 4. Jh. sind Auseinandersetzungen über die Verehrung der Engel nachweisbar [24].

Die *altprotestantische Orthodoxie* schloß sich im wesentlichen der dogmatischen Aussage des vierten Lateranums an, hatte doch LUTHER mehrfach, noch 1544, Michaelpredigten gehalten [25]. Durch den zweiten Schmalkaldischen Artikel wurde jedoch die Engelverehrung und in der Aufklärung die E. innerhalb des Protestantismus unterbunden. Erst in neuester Zeit werden die entsprechenden biblischen Aussagen nicht mehr bloß im Sinne einer Akkommodationstheorie (wie noch bei SCHLEIERMACHER) gedeutet, sondern theologisch wieder ernst genommen [26]. In der katholischen E. tritt der biblische Aspekt (der unsichtbare Gott zeigt sich in Erscheinung und im Wirken seiner Engel in bestimmten heilsgeschichtlichen Situationen) gegenüber den Aussagen einer spekulativen Theologie der Vergangenheit über Wesen- und Rangordnung der Engel immer mehr in den Vordergrund. Indem die Engel in erster Linie als Zeichen der Anwesenheit Gottes in seinem Volk (HAMP, ZIEGLER), ja als Manifestation der göttlichen Vorsehung angesehen werden, versucht man der jüdisch-christlichen E. einen neuen Heilssinn abzugewinnen.

Anmerkungen. [1] HOMER, Od. XII, 374. 390; vgl. PLATO, Krat. 407 e-408 b. – [2] JULIAN, Ep. ad sen. pop. Athen. 275 b, hg. HERTLEIN 345. – [3] MIN. FELIX 26, 12; TERTULLIAN, Apolog. 22, 2. – [4] Dan. 8, 16; 10, 13; Tob. 12, 15. – [5] Jos. FLAV., De bello jud. II, 8, 7. – [6] Nach Apg. 23, 8. – [7] Mat. 16, 27; 18, 10; 22, 30; Luc. 1, 19 u. 26; Röm. 8, 38; 1. Kor. 15, 24; Eph. 1, 21; 1. Petr. 3, 22; Jud. 9. – [8] Apk. 1, 4; 4, 5; 5, 6; 12, 7. – [9] Vgl. z. B. GREGOR VON NYSSA, Große Katechese c. 6. MPG 45, 26b-27b. – [10] GREGOR DER GROSSE, Moralia II, 3-8. MPL 75, 556a-560a. – [11] ATHENAGORAS, Suppl. 10. – [12] HERMAS, Vis. 3, 4, 1. – [13] STOBAEUS, Ecl. I, 49. – [14] PROKLOS, In Tim. V, 319. – [15] ORIGENES, Princ. I, 8, 1. – [16] Vgl. z. B. IRENAEUS, Adv. haereses 1, 23, 2; 24, 1. MPG 7, 671 6. 674 a. – [17] II. Konz. v. Konstantinopel, DENZ. 209, 211. – [18] Ps.-DIONYS., De coel. hier. 6, 2; 7, 9; De eccl. hier. 1, 2; 6, 3. – [19] THOMAS VON AQUIN, S. theol. I, q. 50-64; 106-114; De subst. sep.; vgl. H. MEYER: Thomas v. Aquin (²1961) 277f. – [20] SUÁREZ, De angelis. – [21] A. GOUDIN: Philosophia iuxta Divi Thomae dogmata (Mediolani 1674) pars III: Met., p. 3 a 3: De angelis; Philosophia aulica GUILELMI ô KELLY (Neo-Pragae 1701) pars IV: Met., q. 7: De angelis. – [22] I. KANT, Vorlesungen zur Met., hg. PÖLITZ 257. – [23] Vgl. DENZ. 428 u. 1783. – [24] Vgl. ORIGENES, Contra Celsum VIII, 13; EUSEBIUS, Praep. ev. VII, 16, 18; AMBROSIUS, De viduis 9; AUGUSTIN, De vera rel. 110. – [25] LUTHER, Michaelpredigten. Weimarer A. 32, IIIff. 552ff.; 34, II, 22ff.; 49, 570ff. – [26] Vgl. W. STÄHLIN: Begegnung mit Engeln. Dokumente relig. Erfahrung (1956) 71f.

Literaturhinweise. O. EVERLING: Die paulinische Angelol. und Dämonol. (1888). – CL. BÄUMKER: Witelo (1908). – M. DIBELIUS: Die Geisterwelt im Glauben des Paulus (1909). – A.-H.-J. LÉPICIER: Tractatus de angelis (Paris 1909). – A. HAUK: The angels (St. Louis 1925). – P. A. ARRIGHINI: Gli angeli buoni e cattivi (Turin 1937). – E. LANGTON: The ministries of the angelic powers according to the old Testament and later Jewish literature (London 1937). – L. KURZ: Gregors des Grossen Lehre von den Engeln (1938). – M. DAFFARA: De Deo creatore (Turin 1948). – H. BIETENHARD: Die himmlische Welt im Urchristentum und Spätjudentum (1951). – J. DANIÉLOU: Les anges et leur mission (Chevetogne 1952). – F. NÖTSCHER: Geist und Geister in den Texten von Qumrân. Mélanges bibliques en l'honneur d'A. Robert (Paris 1957). – H. SCHLIER: Mächte und Gewalten im NT (1958). – W. STÄHLIN s. Anm. [26].   H. M. NOBIS

Engramm (ἐγγράφειν, einschreiben, eingraben) ist ein von R. SEMON eingeführter Begriff zur Bezeichnung jener Veränderungen, die die reizbare Substanz des Organismus durch die Einwirkung eines Reizes erfährt und durch die sie disponiert wird, auf diesen Reiz stets in der gleichen Weise zu reagieren. Die Summe der ererbten und individuell erworbenen E. wird als ‹Mneme› bezeichnet [1]. Seither werden Begriffe wie ‹E.› oder ‹Gedächtnisspur› in der *Lernpsychologie* als Umschreibungen für die (meist hypothetischen) organischen Grundlagen der Gedächtnisphänomene verwendet [2].

Anmerkungen. [1] R. SEMON: Die Mneme als erhaltendes Prinzip im Wechsel des organischen Geschehens (1904). – [2] Vgl. z. B. K. S. LASHLEY: In search of the E. Symp. Soc. exp. Biol. 4 (1950) 454-482; D. P. KIMBLE (Hg.): The anatomy of memory (Palo Alto 1965).   F. WEINERT

Enkyklios Paideia. Seit QUINTILIAN [1] wird unter E.P. der «orbis ille doctrinarum», «der bekannte Kreis der Lehrfächer» verstanden, der im Mittelalter und bis weit in die Neuzeit hinein in den septem artes liberales zusammengefaßt war: Grammatik, Rhetorik, Dialektik, Musik, Geometrie, Arithmetik, Astronomie (wechselnde Reihenfolge, wechselnde Fächer) [2].

Weder die Benennung E.P. oder artes liberales noch die Wahl der Fächer läßt sich aber begründen durch eine «Totalität des Wissens», wie sie offensichtlich unter dem Begriff der Enzyklopädie später verstanden wurde. Der lateinische Begriff artes liberales kann nur heißen: «Künste, die eines Freien würdig sind». Damit wird auf eine bestimmte soziale Voraussetzung des klassischen Athen zurückgewiesen. Tatsächlich ist dort im Laufe des 5. Jh. die Erziehung (παιδεία) des Freien in drei Stufen vollzogen worden. In der Grundschule wurde der Knabe in Lesen, Schreiben und Kitharaspiel unterrichtet. Die zweite Stufe war die Palästra, die Ringschule. Dann wurden die Jünglinge in den κύκλος der Kreistänze aufgenommen, d. h. die musische Schulung wurde nun im Kreis des Dithyrambenchores vollendet [3]. Ἐν κύκλῳ παιδεύειν heißt von hier her also «im und für den Kreistanz erziehen». Durch die Entdeckung der symphonen Intervalle, der Bestimmung der Tonhöhen durch rationale Verhältnisse der Saitenlängen, wurden die μαθήματα der Arithmetik, Geometrie und Astronomie im συνδεσμός der Analogien miteinander verbunden und durch die *Pythagoreer*, die *Sophisten* und vor allem durch PLATON in die Jugenderziehung eingeführt [4]. Diese «musikalische» Herkunft der E.P. erklärt die Beschränkung auf die traditionellen artes.

Anmerkungen. [1] Inst. or. 1, 10, 1. – [2] H. FUCHS, E.P. (Lit. 1960). – [3] PLATON, Prot. 325 dff.; AISCHINES, κατὰ ΤΙΜΆΡΧΟΥ 10. – [4] H. KOLLER, E.P. (Lit. 1955) 187; Musik und Dichtung (Lit. 1963) 93.

Literaturhinweise. H. FUCHS: Art. ‹E. P.› in: Reallex. für Antike und Christentum (1960). – H. J. METTE: E.P. Gymnasium 76 (1960) 300–307. – H. KOLLER: E.P. Glotta (1955) 174-189; Musik und Dichtung im alten Griechenland (1963). – L. M. DE RIJK: E. P. A study of its original meaning. Vivarium 3 (1965) 24-93.   H. KOLLER

Ensoph ist ein in der mittelalterlichen *Kabbala* durch Substantivierung eines Nominalsatzes («Es gibt kein Ende») entstandener Terminus für das Unendliche (ohne jeden privativen Sinn), für Gott in seiner höchsten Wirklichkeit noch über dem Sephiroth und als Grund aller Dinge [1]. Später wird ‹E.› vor allem im Sohar und von ISAAK LURIA an zentraler Stelle gebraucht [2]. Schon von J. REUCHLIN rezipiert [3], ist es, in lateinischen und deutschen Texten unübersetzt, ein Leitindiz für den mächtigen, stets unterschätzten Einfluß der Kabbala in die *spekulative Philosophie*: KNORR VON ROSENROTH, J. CH. OETINGER, F. H. JACOBI, F. v. BAADER, J. F. MOLITOR [4]. Der auf J. BÖHME zurückgehende und bei SCHELLING und BAADER aufgenommene Terminus ‹Ungrund› ist ein Übersetzungsversuch für ‹E.› [5]. J. BRUCKER und HEGEL halten ‹E.› in ihrer beiläufigen Kennzeichnung der jüdischen Philosophie für unumgänglich [6]. Die mit F. J. MOLITOR einsetzende historische Bearbeitung der Kabbala sieht in der Explikation von ‹E.› eine ihrer Hauptaufgaben [7].

Anmerkungen. [1] G. SCHOLEM: Ursprung und Anfänge der Kabbala (1962) 233ff. – [2] a. a. O. 236ff. 250f. 265f. 354. 370. 375f. 381-392; Die jüd. Mystik in ihren Hauptströmungen (1957, ²1967; engl. Jerusalem 1941, New York ³1954) 227f. 234-238. 277. 286. 289f. 297-300. – [3] J. REUCHLIN, De arte cabalistica (1517, Neudruck 1964) 152ff. – [4] KNORR VON ROSENROTH: Cabbala denudata (1677-1684); J. CH. OETINGER: Lehrtafel der Prinzessin Antonia (1763, ²1858); Theologia ex idea vitae deducta (1765, dtsch. 1852); auch in anderen Schriften; F. H. JACOBI: Über die Lehre des Spinoza (1785), in: Die Hauptschriften zum Pantheismusstreit, hg. H. SCHOLZ (1916) 111; F. VON BAADER: Werke, hg. F. HOFFMANN (1850-1860) 3, 384f.; Br. MOLITORS an Schelling vom 22. 4. 1833, zit. in: H.-J. SANDKÜHLER: Freiheit und Wirklichkeit (1968) 262. – [5] J. BÖHME, Schriften, hg. W. E. PEUCKERT (1955-1961) 14, 18f.; 17, 12f. 24; 5, 120f.; 8, 97; F. W. J. SCHELLING: Werke, hg. K. F. A. Schelling (1856-1861) 7, 406f.; F. VON BAADER, a. a. O. – [6] J. BRUCKER: Historia critica philosophiae (1742-1744) 2, 995f. 1025; HEGEL, Vorles. über die Gesch. der Philos. Werke, hg. GLOCKNER 9, 28f. – [7] F. W. MOLITOR: Philos. der Gesch. oder über die Tradition (1827-1855); vgl. R. ROCHOLL: Beiträge zu einer Gesch. deutscher Theosophie (1856) bes. 46ff.   U. DIERSE/KARLFRIED GRÜNDER

Entäußerung ist (zusammen mit ‹Entfremdung›) die Übersetzung von lateinisch ‹alienatio› und seinen neusprachlichen Nachfolgern. In der römischen Rechtssprache etwa seit der Zeit Ciceros bedeutet ‹alienatio› die Übertragung von Eigentum. In dieser Bedeutung ist ‹entäußern› seit 1322 im Deutschen nachweisbar [1]. Schon in römischer Zeit bildete sich ein reiches Spektrum metaphorischer Redeweisen aus, das sich bei der Übernahme in die neuen Sprachen erhielt, z. B. die E. der Menschlichkeit. Zudem stand der deutsche Begriff im Spannungsfeld von französisch ‹aliénation› (= Übertragung von Rechten im Staatsvertrag [2]) und englisch ‹alienation› als einem Terminus der Nationalökonomie.

Das philosophische Problem der E. entsteht mit dem identitätsphilosophischen Versuch, transzendentale Bestimmungsprozesse als transzendentale Erzeugungsprozesse darzustellen. Indem das naturrechtliche Denkmodell der E. von Rechten und ihrer Wiederaneignung in der Revolution übertragen wird auf Wirklichkeit überhaupt, entsteht FICHTES Problematik der Aufhebung der E. in der autonomen Tätigkeit des Ich. So ist bei Fichte die Tätigkeit des Ich sowohl Quelle der E. als auch Bedingung ihrer Aufhebung, wobei der Begriff der E. für den prozessualen Aspekt des Handelns des Ich steht, das eine *Übertragung* eines Teils der absoluten Totalität der Tätigkeit aus dem Ich in das Nicht-Ich ist [3]. Die Aufhebung der E. des Ich an das Nicht-Ich geschieht nach Fichte durch das Wissen des E.-Prozesses, d. h. durch die Erkenntnis, daß das Nicht-Ich Produkt des autonomen Ich ist.

Nach SCHELLINGS Entfaltung der Problematik mit Hilfe des Begriffs des Absoluten gewinnt ‹E.› bei HEGEL konstitutive Bedeutung. Während für Fichte die französisch-naturrechtliche Vorstellung das bestimmende Moment gewesen zu sein scheint, ist für Hegel eher der englisch-nationalökonomische Gebrauch des Wortes maßgebend gewesen. Er geht aus vom Begriff der Arbeit, in der das Subjekt sich Gestalten seines Selbst schafft und dann zu ihnen sich äußerlich verhalten kann. «a) Ich mache mich *mittelbar* zum Dinge, [zur] Form, die *Sein* ist, in der Arbeit. b) Dieses mein[es] Daseins entäußere ich mich ebenso, mache es zu *einem mir fremden* und *erhalte* mich darin» [4]. Arbeit und Sprache sind die Formen von *Äußerungen* des Inneren, «worin das Individuum nicht mehr an ihm selbst sich behält und besitzt, sondern das Innere ganz außer sich kommen läßt, und dasselbe Anderem preisgibt» [5], also Formen, in denen die Äußerung des Inneren zur E. wird. Im Prozeß der *Arbeit* entzweit sich das Bewußtsein in ein Fürsichsein, als der Beziehung auf die Wirklichkeit, die ein Verändern der Welt ist, und in ein Ansichsein, den Begriff. Diese *Entzweiung* gehört selbst mit zu ihrem Begriff, und sie ist Bedingung der Möglichkeit der E. der Persönlichkeit. Diese wird in der ‹Rechtsphilosophie› im Modell der nationalökonomischen Kategorie der E. gedacht [6]. Als Formen dieser E. behandelt Hegel Sklaverei, Verwehrung von Eigentum und Aberglauben, Autoritätsglauben gleich. – Zweitens wird aber in diesem Begriff der Aspekt der *Entleerung des Inneren*, des Wesens mitgedacht: «es ist das Wort, das ausgesprochen den Aussprechenden entäußert und ausgeleert zurückläßt» [7]. Allerdings wird dieser Aspekt nicht als isolierbar gedacht, sondern kehrt als Sichselbstwissen im Anderen in sich als Geist zurück. – Und zum dritten ist für Hegel ‹E.› der Begriff, mit dem er dialektisch das Werden der *Subjekt-Objekt-Beziehung* beschreibt als den Prozeß, in dem Inneres und Äußeres in eine Beziehung treten, Inneres zu Äußerem wird und damit zugleich die Äußerlichkeit desselben aufgehoben wird [8]. Letztlich aber wird durch alle Stufen von E. des Geistes hindurch die Subjekt-Objekt-Identität hergestellt in der absoluten Idee. Damit bedeutet E. hier wesentlich *Gegenständlichkeit*, die in der absoluten Idee aufgehoben wird.

Den Anspruch, ‹E.› als universale Kategorie zur Kennzeichnung von Gegenständlichkeit überhaupt verwenden zu können, bestreitet MARX. Auch er geht aus von der Arbeit als Ursprung der E.; aber nur die Arbeit unter den Bedingungen der warenproduzierenden Gesellschaft führt notwendig zur E. des *Arbeiters an sein Produkt*. Auch das Motiv der Entleerung des Inneren durch die E. erscheint bei ihm wieder als «Entwirklichung des Arbeiters» [9]. Arbeit unter Bedingungen, die sie E. sein läßt, ist selbst dem Arbeitenden äußerlich, d. h. nicht erst das Produkt der Arbeit ist eine Form der E., sondern der Arbeitsprozeß selbst. Das Privateigentum ist konkrete Gestalt der E. der Arbeit. Ebenso ist das Geld eine Form, in die sich das Eigentum entäußert. Während bei Hegel der Akt, durch den E. stattfindet, zum Wesen des Entäußernden gehört, gemäß der logischen Notwendigkeit von E., erscheint bei Marx der Akt, durch den eine Form von E. entsteht, selbst als E. Unter den Bedingungen einer humanen Produktion erschiene die Arbeit statt als E. oder Entfremdung als «*freie Lebensäußerung*» und Vergegenständlichung [10], wohingegen bei Hegel jede Äußerung zugleich den Aspekt der E. hat. Da die Marxsche Redeweise von der E. sich vorwiegend in den Pariser Manuskripten findet, die erst 1932 «entdeckt» wurden, spielt der Begriff der E. im späteren 19. Jh. keine philosophisch relevante Rolle mehr, obwohl die Problematik im Marxismus bewußt blieb, was sich insbesondere bei LUKÁCS am Begriff der *Verdinglichung* zeigt [11].

Ein neuerer Versuch der Abgrenzung von ‹E.›, ‹Entfremdung› und ‹Vergegenständlichung› findet sich bei GARAUDY, der E. (extériorisation) als wertneutral, Vergegenständlichung (objectivation) als positiv und Entfremdung (aliénation) als negativ ansieht [12].

Anmerkungen. [1] Vgl. Dtsch. Rechtswb. 2 (1932-1935) 1539. – [2] J.-J. ROUSSEAU, Oeuvres complètes 3 (Paris 1964) 289ff. – [3] J. G. FICHTE, Werke, hg. I. H. FICHTE 1, 165. – [4] G. W. F. HEGEL: Jenenser Realphilos., hg. J. HOFFMEISTER 2, 217. – [5] Werke, hg. GLOCKNER (1927ff.) 2, 242. – [6] a. a. O. 7, 121f. – [7] 2, 585. – [8] 4, 659. – [9] K. MARX, MEGA (1926ff.) 1/3, 83. – [10] a. a. O. 547. – [11] G. LUKÁCS, Werke 2 (1968) 257ff. – [12] R. GARAUDY: Dieu est mort (Paris 1962) 75.

Literaturhinweise. R. GARAUDY s. Anm. [12]. – G. LUKÁCS: Der junge Hegel, Werke 7 (³1967). – M. BUHR und G. IRRLITZ: Anspruch der Vernunft (1968). – M. RIEDEL: Stud. zu Hegels Rechtsphilos. (1969). – Weitere Lit. s. Art. ‹Entfremdung›.

K. RÖTTGERS

Entelechie

I. ‹E.› (griech. ἐντελέχεια) bedeutet Vollkommenheit, Vollendung, Verwirklichung, Wirklichkeit. Die genaue Etymologie des wahrscheinlich von Aristoteles geprägten Wortes ist umstritten; entweder ist das Wort zusammengesetzt aus ἐντελές bzw. ἐντελῶς + ἔχειν = das Vollkommene bzw. auf vollkommene Weise haben oder aus ἐν + τέλος + ἔχειν = das Ziel, die Vollendung in sich haben [1].

Der Terminus gehört zunächst in den Zusammenhang der Lehre des ARISTOTELES von ἐνέργεια und δύναμις [2] (scholastisch: Akt und Potenz), welche ihrerseits einen wichtigen Bestandteil der aristotelischen Lehre vom Seienden darstellt. In erster Annäherung läßt sich ἐντελέχεια der Bedeutung nach mit ἐνέργεια identifizieren und dem Korrelat δύναμις gegenüberstellen. Demgemäß bezeichnet ‹E.› die Verwirklichung der in einem Seienden angelegten Vermögen oder Möglichkeiten. Dabei ist zuweilen der *Zustand* bzw. *Vorgang* der Verwirklichung gemeint (ein ἐντελεχείᾳ ὄν ist ein Seiendes im Zustand der Verwirklichung, ein der Wirklichkeit nach Seiendes), zuweilen aber auch das verwirklichende Moment selber, welches sodann als Form dem Stoff als dem bloß Möglichen gegenübersteht (ἡ μὲν ὕλη δύναμις, τὸ δὲ εἶδος ἐντελέχεια) [3]. – ‹E.› meint dann die Form, welche sich im Stoff verwirklicht. Zwar werden die Termini ἐντελέχεια und ἐνέργεια von Aristoteles nicht konsequent unterschieden; die Tendenz geht jedoch dahin, daß mit ἐνέργεια der *Vorgang* der Verwirklichung oder des Wirklichwerdens bzw. Wirkens gemeint ist, mit ἐντελέχεια dagegen der *Zustand* der erreichten Wirklichkeit, d. h. die Vollendung und das Ziel eines Verwirklichungsprozesses. Ausdrücklich bemerkt Aristoteles, daß ἐνέργεια auf ἐντελέχεια hin bezogen ist [4]. Die bedeutendste Anwendung des Terminus ‹E.› findet sich in der aristotelischen Psychologie, wo die Seele als «erste Entelechie eines natürlichen, mit Lebensfähigkeit begabten Körpers» bestimmt wird [5]. (Die Unterscheidung von erster und zweiter Entelechie, bei Aristoteles nur beiläufig erwähnt, entspricht dem in der Scholastik genauer bedachten Unterschied zwischen actus primus und secundus.) In der ‹Physik› erscheint die Bewegung als E. des Stoffes [6], in der ‹Metaphysik› das oberste stofflose Wesen als reines ἐντελέχεια [ὄν] [7].

In der Folgezeit wird für ‹E.› häufig ‹Endelechie› verwendet, zuerst von CICERO [8]. THOMAS VON AQUIN übernimmt für ‹E.› die Übersetzung ‹actus›; da dieser

Ausdruck auch und vornehmlich als Äquivalent für ἐνέργεια gebraucht wird, geht der terminologische Unterschied zwischen ‹E.› und ἐνέργεια verloren. Die Grundkonzeption der aristotelischen Lehre wird jedoch sachlich weitgehend beibehalten, allerdings vielfach erweitert und verfeinert.

Anmerkungen. [1] Zur Wortgesch. vgl. R. HIRZEL: Über E. und Endelechie. Rhein. Mus. NF 39 (1884) 169-208. – [2] ARISTOTELES, vgl. Met. IX. – [3] De an. 414 a 16f. – [4] Met. 1050 a 21ff. – [5] De an. 412 a 27f. – [6] Phys. 201 a 11. – [7] Met. 1071 a 35f. – [8] CICERO, Tusc. I, 10, 22.

Literaturhinweise. M. WUNDT: Untersuchungen zur aristotelischen Met. (1923). – H. BURCHARD: Der E.-Begriff bei Aristoteles und Driesch (1928). – A. MITTASCH: E. (1952). – J. STALLMACH: Dynamis und Energeia (1959). – U. ARNOLD: Die E. (1965). – I. DÜRING: Aristoteles (1966).

W. FRANZEN/K. GEORGULIS

II. Seit dem Mittelalter trat der Begriff ‹E.› in verschiedenem, seiner ursprünglichen Bedeutung gegenüber abgeleitetem bzw. fortentwickeltem Sinne auf:

1. Unter dem Ausdruck ‹Endelechaia› im Sinne der Fortdauer eines Lebewesens, vor allem in der medizinisch-pharmazeutischen Literatur; so spielt z. B. bei dem Würzburger Canonicus B. BLUMENTROST um 1330 der Begriff ‹permanentia› als Charakteristikum des Seienden, namentlich des Lebendigen, eine Rolle [1]. CICERO hatte bereits den aristotelischen Begriff ἐντελέχεια [2], bei ihm ἐνδελέχεια, mit «continuatam quandam motionem et perennem» erklärend umschrieben [3]. Obwohl von vielen Peripatetikern diese Interpretation keineswegs gebilligt wurde – noch der Humanist JOHANNES ARGYROPOULOS BYZANTINOS gehört zu ihnen – gab es viele andere, z. B. den einflußreichen, aber prinzipienlosen Eklektiker ANGIOLO POLIZIANO, die sich Cicero anschlossen.

2. Zur Bezeichnung für den Tätigkeitsvollzug des Lebens wird der Begriff ‹E.› vor allem in der Philosophie des 16. Jh. benutzt: In diesem Sinne bestimmte MELANCHTHON E. als «agitatio».

3. Das griechische Wort ἐντελέχεια war bei den Arabern oft mit ‹kamal› (Vollkommenheit, Reife) wiedergegeben worden, da ‹kamal› den Sinn von ‹E.› im Arabischen genau trifft. Dies führte bei den Kommentatoren und vor allem bei den Übersetzern der griechischen Werke ins Lateinische zu einer Umdeutung, indem man ‹kamal› = ἐντελέχεια mit ‹perfectihabia› (z. B. HERMOLAUS BARBARUS) oder direkt mit ‹perfectio› wiedergab. So lautet die Erklärung von NIKEPHOROS BLEMMIDES: Ἐντελέχεια δὲ προηγουμένως μὲν ἡ τοῦ ἐντελοῦς ἔχεια λέγεται ἤγουν ἡ κατὰ τὸ ἐντελὲς ἕξις· ἡ τελειότης τοῦ πράγματος καθ' ἣν τὸ ἐντελὲς ἔχει τὸ πρᾶγμα καθ' ἣν τέλειόν ἐστιν εἶδος τὸ πρᾶγμα. Sie wurde später wie folgt ins Lateinische übertragen: «entelechia autem primario quidem τοῦ ἐντελοῦς ἔχεια seu ἡ κατὰ τὸ ἐντελὲς ἕξις dicitur: perfectio rei, per quam res perfectionem habet, per quam res est perfecta forma» (Entelechie nennt man erstlich das Haben des Vollkommenen oder die Verfassung gemäß dem Vollkommenen: die Vollkommenheit der Sache, durch die sie Vollkommenheit hat, durch die sie vollkommene Form ist) [4]. Unter der Bezeichnung ‹perfectio rei› bzw. ‹perfecta forma› ist der E.-Begriff in die mittelalterliche Naturphilosophie eingegangen, sofern die Gegner der alchemistischen Metallumwandlung, die ja von ihren Verfechtern nach Analogie eines lebendigen Wachstumsprozesses gedacht wurde, behaupteten, das alchemistische Gold erreiche nicht die «perfectio formae» des natürlichen Goldes [5]. Später wurde ‹E.› auch in der Biologie mit ‹perfectio› erklärt. So heißt es bei VAN HELMONT dem Älteren: «nam imprimis, cum omnis causa ... caussato sit prior certe, forma compositi causa esse nequit producti sed potius entelechia est ultima generationis, ipsissimaque generati essentia atque perfectio» [6]. Diese Auffassung von E. bei Van Helmont entspricht genau derjenigen, welche bei Nikephoros Blemmides zum Ausdruck kommt, wenn dieser behauptet: «entelechia non est embryo, qui in matrice conficitur.»

4. In der Neuzeit löst sich der Terminus teilweise aus dem strengen Zusammenhang der Akt-Potenz-Lehre heraus, obwohl diese unterschwellig noch wirksam ist. ‹E.› wird häufig zum Schlüsselwort eines Denkens, welches – teilweise teleologisch und damit in Gegenposition zu einer rein mechanistisch-kausalen Erklärungsweise – jedes einzelne Wesen durch innere Konstitution auf ein bestimmtes Ziel hingeordnet sieht, dessen Erreichung es von innen her, d. h. aus sich selbst anstrebt. Diese Entwicklung führt vor allem unter dem Einfluß des frühneuzeitlichen Nominalismus zu einer weiteren Bedeutung: Die Monaden, die LEIBNIZ ausdrücklich als E. bezeichnet, haben außer einem mittelalterlich prädikativen auch bereits einen neuzeitlich funktionalen Charakter, d. h. sie sind metaphysischer Ausdruck des mathematischen Kalküls $f(x) = \int d f(x)$. Andererseits glaubte Leibniz im biologischen Präformismus seinerzeit eine Bestätigung der Monadenlehre finden zu können [7].

In der Folgezeit lebte der biologische E.-Begriff im «modulus interior» als innerer Form bei BUFFON, den «forces réelles productives» NEEDHAMMS, der «vis essentialis» von CHR. WOLFF und dem «nisus formativus» BLUMENBACHS weiter. Nirgendwo jedoch wird bei diesen Autoren das Wort ‹E.› selbst gebraucht und die genannten Begriffe haben auch im allgemeinen mehr den Charakter dessen, was seit PARACELSUS ‹Archeus› heißt und später Bildungs-E. genannt wurde. Erst GOETHE wendet nach dem Vorgange von Leibniz für Monade und Seele den Ausdruck ‹E.› wieder an [8].

Im 19. Jh. findet sich das Wort dann vor allem bei W. WUNDT, der ebenfalls die Seele als eine E. betrachtet, und bei den Biologen C. L. MORGAN [9], aber ohne wesentlichen Bedeutungswandel und auch ohne im Zentrum der Betrachtung zu stehen. Erst bei DRIESCH gewinnt ‹E.› eine neue, zentrale Stellung und erfährt eine spezifische Abwandlung in seiner Philosophie des Organischen [10]. Dabei enthält der E.-Begriff Drieschs neben einem formal-kausalen ein instrumental-kausales Moment. Eng an Driesch lehnt sich A. WENZL an [11]. H. CONRAD-MARTIUS versucht in kritischer Auseinandersetzung mit Driesch und im Rückgriff auf aristotelisch-scholastisches Gedankengut sowie unter Berücksichtigung der frühneuzeitlichen Biologie den E.-Begriff zu klären und zu differenzieren. Sie kommt dabei zu einer Unterscheidung von Wesens-E. und Bildungs-E. [12], welche im Grunde derjenigen von forma substantialis und Archeus bzw. nisus formativus entspricht. Hinsichtlich der Wesens-E. greift sie auf die averroistisch-skotistische Unterscheidung von forma unica und forma ultima zurück [13], wobei ‹forma unica› den ontischen Einheitsgrund der Substanz meint, während ‹forma ultima› die jeweilige ontische Perfektionsstufe bezeichnet, im biologischen Bereich also die forma substantialis als anima vegetativa bei den Pflanzen, als anima sensitiva bei den Tieren und als anima intellectiva beim Menschen. Diese mit phänomenologischer Methode auf dem Hintergrund alter Begriffsbildungen neugewonnene Fassung des E.-Begriffes scheint sich besonders als fruchtbares kategoriales Mittel in der komplexen Psychologie C. G. JUNGs zu bewähren [14].

Anmerkungen. [1] B. BLUMENTROST, Tractatus de cautelis venenorum (14. Jh.). Cod. Monac. Clm 26875 fol. 127r. – [2] ARISTOTELES, De an. II, 1, 412 a 20f. – [3] CICERO, Tusc. S, I, 10 gegen Ende. – [4] NIKEPHOROS BLEMMIDES, Epitome physica c. IV, 2. MPG 142, 1050 b (lat. J. WEGELINUS, Wien 1605). – [5] JOHANNES XXII., De crimine falsi. Corp. jur. can. Gregor XIV (Rom 1582) Tom. I, lib. V, tit. VI. – [6] J. B. VAN HELMONT: Ortus medicinae (Amsterdam 1648) 50. – [7] J. O. FLECKENSTEIN: G. W. Leibniz. Barock und Universalismus (1948) 118. 141; Leibniz. Algorithmic interpretation of Lullus art. Organon 4 (1967) 177. – [8] GOETHE, Gespräche mit Eckermann 11. 3. 1828, 1. 9. 1829, 3. 3. 1830. – [9] C. L. MORGAN: Instinkt und Erfahrung (1913) 113. – [10] H. DRIESCH: Philos. des Organischen (²1921) 432ff. – [11] A. WENZL: Met. der Biol. von heute (1937). – [12] HEDWIG CONRAD-MARTIUS: Der Selbstaufbau der Natur. E. und Energien (²1944) 66ff. – [13] Die Geistseele (1960) 67. – [14] C. G. JUNG: Psychol. vegetativer Neurosen, in: Der Archetyp. Verh. 2. int. Kongr. analyt. Psychol. Zürich 1962 (Basel/New York 1964) 160.

Literaturhinweise. J. B. VALENTINI MONLORII: Quaestio de entelechia (Francof. 1593). – O. LIEBMANN: Gedanken und Tatsachen 1 (²1899) 89ff. – H. DRIESCH: Naturbegriff und Naturwiss. (1904) 123ff. 193; Zwei Vorträge zur Naturphilos. (1910) 7ff.; Philos. des Organischen (²1921) 434ff.; Gesch. des Vitalismus (1922); Wirklichkeitslehre (²1922) 332ff.; Ordnungslehre (1923) 298ff. 310ff. 360f. – L. W. STERN: Person und Sache (1906) 1, 170. 234; Die menschl. Persönlichkeit (1918) 68. – D. MAHNKE: Eine neue Monadol. (1917) 17f. – J. SYLVESTER: Vom Wesen der Dinge (1920) 298. 378. – K. SAPPER: Das Element der Wirklichkeit und die Welt der Erfahrung (1924). – A. MITTASCH: E., in: Slg. Wissen und Glauben 10 (1952). – H. M. NOBIS: Über die immaterielle Dynamik als Innen der materiellen Körpersubstanz (Diss. München 1956) 166ff. – A. DEMPF: Krit. der hist. Vernunft (1957) 39.

H. M. NOBIS

Entfremdung. – 1. ‹E.› ist in der deutschen philosophischen Sprache zuerst um die Wende des 18. zum 19. Jh. nachweisbar: W. VON HUMBOLDT gebraucht den Begriff 1793 in einem erst posthum veröffentlichten Fragment, HEGEL 1807 in der ‹Phänomenologie des Geistes›. Das Verb ‹entfremden›, das literarisch im Mittelhochdeutschen belegt ist [1], findet sich philosophisch bei MEISTER ECKHART (1260–1328), ebenso eine Substantivableitung ‹entvrömdekeit› [2]. J. CHR. ADELUNG nennt in der zweiten Hälfte des 18. Jh. das Substantiv ‹E.› für die Hochsprache «ungewöhnlich» [3].

Sprachlich bezeichnen ‹E.› und ‹entfremden› die zielgerichtete Tätigkeit des Fremdmachens oder den Vorgang des Fremdwerdens, durch die eine Person bzw. eine Sache aus dem Konnex der Nähe, des Eigenen, Heimischen, Gemeinschaftlichen, Vertrauten oder Gewohnten herausgenommen und einem anderwärtigen und anders ausgerichteten Zusammenhang zugeordnet wird; das Substantiv kann darüber hinaus noch das Ergebnis dieses Geschehens als Zustand meinen. ‹E.› bedeutet so Trennung, Entfernung, Verschwinden aus oder Entgegensetzung zu heimischer Umwelt, Eigentum, Gemeinschaft, Religion oder eigenem Selbst.

Zur Vorgeschichte der deutschen Begriffe ‹E.› und ‹entfremden› (wie von ‹Entäußerung›, ‹entäußern›, ‹veräußern›) gehören die lateinischen und griechischen Termini ‹alienare›, ‹abalienare›, ‹alienatio›, ‹abalienatio›, ἀλλοτριοῦν, ἀπαλλοτριοῦν, ἀλλοτρίωσις, ἀπαλλοτρίωσις [4]. Neutestamentlich ist E. Bestimmung des Lebens der Heiden in Gottesferne, Unglaube, Unwissenheit und Verblendung [5]; in den Übersetzungen der Bibel wird das griechische ἀλλοτριοῦν mit dem lateinischen ‹alienare› und dem deutschen ‹entfremden› (LUTHER 1545; SCHELLING 1841) wiedergegeben [6]; gelegentlich aber kann ‹E.› jedoch auch positiv die Reinigung der Dinge der Welt und des Menschen von Sünde meinen [7]. Bei ARISTOTELES bezeichnet ἀλλότριος den aus Verkehr und Recht der Polis [8], ‹alienatus› in der Vulgata den aus der Gemeinschaft des Volkes Israel Ausgeschlossenen [9]. Die juristische Bedeutung des Übergangs einer Sache aus einer Verfügungsgewalt in eine andere und besonders die Bedeutung der Veräußerung von Besitz und Recht [10] werden über ἀπαλλοτρίωσις (ARISTOTELES) [11] und ‹abalienatio› (CICERO) [12] Ende des 15. Jh. auf ‹entfremden› übertragen und im Fremdwort ‹alienieren› seit der Mitte des 16. Jh. [13] bis zum ‹veralienieren› bei GRIMMELSHAUSEN [14] lebendig erhalten [15].

Englisch ‹alienation›, französisch ‹aliénation›, italienisch ‹alienazione› vom lateinischen ‹alienatio› haben mit unterschiedlicher Akzentuierung zunächst die Bedeutung von Veräußerung, Entäußerung im ökonomischen und juristischen Sinne und übernehmen dann philosophisch und soziologisch weitgehend auch die Bedeutung von ‹E.› im deutschen philosophischen Sprachgebrauch; ihre medizinisch-psychiatrische Bedeutung von Wahnsinn, Irresein (alienatio mentis, aliénation mentale) erhält das deutsche ‹E.› erst nach dem Zweiten Weltkrieg.

Anmerkungen. [1] Vgl. M. LEXER, Mhd. Handwb. 1, 592. – [2] a. a. O. 565; BENECKE/MÜLLER/ZARNCKE: Mhd. Wb. 3, 394. – [3] J. CHR. ADELUNG: Grammat.-krit. Wb. der hochdtsch. Mundart (1774) 1, 1679. – [4] Vgl. K. E. Georges: Thesaurus ling. lat. 1, 43ff. 1558ff.; FORCELLINUS, Lex. tot. latinitatis 1, 4. 178f.; O. PRINZ, Mittellat. Wb. 1, 6f. 448ff.; STEPHANUS, Thesaurus graec. ling. (1572, ²1929) 1157ff.; Grimm, Dtsch. Wb. 3, 522f. – [5] Vgl. Ephp. 4, 18. – [6] Vgl. G. KITTEL, Theol. Wb. zum NT 1, 265f.; LUTHER, Werke (Jena 1564) 72; SCHELLING, Werke, hg. K. F. A. Schelling 2/3, 368. – [7] WECKHERLIN, Geistl. u. weltl. Gedanken (Amsterdam 1648) 103. – [8] ARISTOTELES, Pol. II, 8, 1268 a 40. – [9] Vulgata, Eph. 2, 12. – [10] CICERO, Verr. 7; vgl. STEPHANUS, a. a. O. [4] 1157. – [11] ARIST., Rhet. 1361 a 22. – [12] CICERO, Top. 5, 28. – [13] Mittellat.-hochdtsch.-böhm. Wb. (1470), hg. L. DIEFENBACH (1846) 1; J. SCHÖPPERS: Synonyma (1550), hg. K. SCHULTE-KEMMINGHAUSEN (1927) 83 b. 104 b. 112 a. – [14] Vgl. E. BLOCH: E., Verfremdung, in: Verfremdungen 1 (1962) 81. – [15] Vgl. Duden, Fremdwb. (²1966) 39.

2. ‹E.› hat in der Geschichte der *Theologie* zwar keine terminologisch-dogmatische Funktion erhalten, die Verwendung des Begriffs verdeutlicht jedoch Bezüge, die auch in seiner neueren Geschichte anklingen. Zwischen 1. Jh. vor und 1. Jh. nach Chr. begegnet ‹entfremden› (ἀπαλλοτριοῦν) im gnostischen Zusammenhang des ‹Corpus Hermeticum› und bedeutet dort die Herauslösung des Pneuma oder des «Funkens» aus seinem Eingerichtetsein in das trügerische, vom Heil getrennte Leben der Menschen in dieser Welt; durch E. wird die Ausrichtung auf das Jenseits möglich und der Weg zum Heil und zu pneumatischer Wiedergeburt gebahnt [1].

Um 220 nimmt ORIGENES den Begriff in seiner medizinischen Bedeutung auf und bezieht ihn auf die «Verwirrung» (obturbatio) des vom sinnlichen Leib an sich unabhängigen, freien Geistes (alienatio mentis) [2]. Mit ‹alienatio› wird die Verstrickung in Körperlichkeit und Sinnlichkeit als erlösungsbedürftig gekennzeichnet.

CYPRIANUS verwendet in seinen Gedanken zum Gebet (250) das Wort in seiner negativen Bedeutung: Der nicht genügend wachsame Beter werde durch weltliche und fleischliche Gedanken dem Gespräch mit Gott entfremdet und bleibe in Weltlichkeit gefangen (abalienari et capi) [3]. ATHANASIUS (285–373) kennt E. als Trennung von ontologisch und theologisch Unaufgebbarem; er kann das Wort deshalb polemisch in seine Auseinandersetzung mit den Arianern einbeziehen; nach ihm – und seit den Konzilien von Nikäa (325) und Konstantinopel (381) auch nach der offiziellen Lehre der Kirche – wird bei den Arianern der Logos vom Vater, der Vater vom

Sohn, der Heilige Geist von Vater und Sohn [4] und damit auch die Grundlage der reinen Lehre «entfremdet» [5]. ‹E.› meint so bei Athanasius eine unwahre, häretische Beziehung zur christlich geoffenbarten und in der Theologie der Kirche zu bewahrenden Wahrheit.

Bei AUGUSTINUS (354–430) beziehen sich ‹alienatio›, ‹abalienatio›, ‹abalienare›, ‹alienare› kritisch auf solche Vorstellungen, die ohne die Voraussetzungen christlicher Wahrheit Ansprüche auf kosmologische, soteriologische, eschatologische und theologische Erkenntnis erheben: E. ist die Gegenposition zur Identität von Erkenntnis und Heil aus der Gnade des Glaubens. Ein Beispiel für «E. vom Frieden der Kirche» (ab Ecclesiae pace alienatio) ist der sektiererische Sakramentsgebrauch der Taufe durch die Donatisten: Die Wiedertaufe stehe außerhalb der apostolischen Tradition der Wahrheit (secundum arbitrium hominum) und sei ihr fremd [6]. Auch der manichäische Begriff eines zweiten, bösen Gottes entspringe einer E. von der waltenden Gerechtigkeit des wahren Gottes (alienati omnino ab arbitrio et iudicio Dei veri) [7]. Gegen die Arianer setzt Augustin die Argumentation des Athanasius fort, indem er ihnen vorwirft, der trinitarischen Gotteslehre den Heiligen Geist zu «entfremden» (alienare) [8]. Daneben dient ‹E.› auch allgemeiner zur Beschreibung der heilsgeschichtlichen Situation aller einzelnen Menschen auf Grund ihrer aus der Sünde hervorgehenden sinnlichen Begierde; Schuld wird diese «angeborene» E., wenn der Mensch es unterläßt, sich aus dieser Begierde zu lösen: «ne abstraheris a concupiscentia tua, alienat te a Deo» (entziehst du dich nicht deiner Begierde, entfremdet sie dich Gott) [9]. In der gleichen negativen Bedeutung nennt Augustinus die Verdammnis zu ewiger Strafe «E. vom Leben Gottes» (alienari a vita Dei) [10]; umgekehrt kann das Wort auch positiv die «völlige Abkehr des Geistes von den sterblichen Dingen und Vergessen des Elends in dieser Weltzeit» (omnimoda mentis abalienatio a mortalibus rebus et miseriarum saeculi huius oblivio) meinen [11]. In Weiterführung dieses Gedankens kann Augustinus schließlich zur Charakterisierung der Vision des Paulus von E. als ekstatischer Lösung von den leiblichen Sinnen sprechen. Die spätere mystische Auffassung, die die Entrückung der Seele in den dritten Himmel ‹E.› nennt, kündigt sich hier an [12].

Bei GUIGO VON KASTELL (1088–1137) meint ‹E.› die Lösung der Diener Gottes vom Irdischen durch Ekstase des Geistes (a terrenis per mentis excessum alienare), die zur Enthüllung der Geheimnisse Gottes führt [13]. In diesem Sinne gehört alienatio in der mystischen Theologie allgemein zu den Voraussetzungen und zum Anfang der reinen Erfahrung übernatürlicher Wahrheit.

In der Frühscholastik – bei HUGO (1096–1141) [14] und RICHARD VON ST. VICTOR (gest. 1173) [15] – bezeichnet ‹alienatio› die oberste von drei Stufen der contemplatio. Als Überwindung der sinnlichen Widerstände und als Öffnung für Erfahrungen, die dem menschlichen Geist sonst fremd sind, ist sie Geschenk der göttlichen Gnade.

BONAVENTURA (1221–1274) nimmt den Begriff ‹alienatio› von Augustin und den Victorinern auf. In der E. von der sinnlichen Unmittelbarkeit und der Außenwelt (alienatio a sensibus et ab omni eo quod est extra) [16] realisiert sich das Bewußtsein der unmittelbaren Gegenwart Gottes [17], nicht jedoch das der Inhalte der Ekstase.

THOMAS VON AQUIN verwendet den Begriff ‹alienatio› in verschiedener Bedeutung: ‹E.› kann eine krankhafte Geistesstörung [18], aber auch – im Kontext der Lehre über die übernatürliche Vision, z. B. des Paulus (raptus) – den Zustand einer Lösung (Abstraktion) von den Sinnen und von den eigenen Absichten bezeichnen [19]. Eine noch allgemeinere Bedeutung gewinnt der Ausdruck ‹alienatio› schließlich, wenn mit ihm jegliche Ekstase beschrieben wird, die ein «Außer-sich-gesetzt-werden» sei und gemäß der Erkenntniskraft wie der Strebekraft erlitten werden könne [20].

Die Tradition, für die ‹alienatio› immer Vorstufe der Gotteserkenntnis ist, wird etwa durch JEAN DIRKS DE SCHONHOVEN (gestorben 1431) in der flämischen Mystik [21] und durch JERÔME GRACIAN DE LA MÈRE DE DIEU (gestorben 1614) in der Karmelitermystik fortgesetzt [22].

MEISTER ECKHART (1260–1328) versucht die Beschränkung der E. auf besonderes übernatürliches Ergriffensein durch Thomas wieder aufzuheben, indem er ihre Bedeutung verallgemeinert: «Daz ist diu entfrömdekeit des unvermengeten wesens aller crêatûren, daz doch aller wesen wesen ist» [23]. Indem die Seele sich aus ihrer Naturverhaftetheit und Kreatürlichkeit in sich zurücknimmt («Eyâ, alsô ist sie entfrömdet allen gesacheten Sachen» [24]), wird Entäußerung zur Voraussetzung des Lebens in Wahrheit: «Eyâ, sol ich nû daz sprechen gotes in mir vernemen, sô muoz ich alse gar entfremdet sîn von allem dem, daz mîn ist, recht als mir daz fremde ist» [25]. E. ist bei Eckhart konstitutiv für ein subjektives Leben in der Wahrheit [26] und so nicht ohne Spannung zum traditionellen E.-Begriff.

Anmerkungen. [1] Corpus Hermeticum XIII, 1; vgl. H. JONAS: Die mythol. Gnosis (1934, ³1964) 149. – [2] ORIGENES, De principiis III, 3, 4. Griech. christl. Schriftst. 5, 260f. – [3] CYPRIANUS, De dominica oratione 31. Corp. script. eccl. lat. 3, 1, 289. – [4] ATHANASIUS, Apologia contra Arianos. MPG 25, 336 b 4; De sententia Dionysii. MPG 25, 504 c 14; Ep. ad Jovianum. MPG 25, 820 a 3. – [5] Tomus ad Antiochenos. MPG 25, 801 p. – [6] AUGUSTINUS, De Baptismo contra Don. 3, 18. MPL 43, 9, 150; vgl. De anima et eius origine 4, 2. MPL 44, 10, 525. – [7] Contra Faustum Manichaeum 11, 3. MPL 42, 8, 390; vgl. contra Ep. Manichaei 31. MPL 42, 8, 197. – [8] Contra sermonem Arianorum. MPL 42, 8, 694. – [9] Homil. 42, 8. – [10] Enchiridion 112. MPL 40, 6. 285. – [11] In Ps. 4, 9. – [12] Super Genesim ad litteram 12, 5. MPL 34, 458 a ff. – [13] GUIGO VON KASTELL, Consuetudines 80, 4. MPL 153, 755f. – [14] HUGO VON ST. VICTOR, De arca Noe morali 1, 4. MPL 176, 632ff. – [15] RICHARD VON ST. VICTOR, Benjamin minor 1, 5. MPL 196, 169 d ff. – [16] BONAVENTURA, Sermo de Sabbato Sancto. Werke (Quaracchi 1882-1902) 9, 269 a; vgl. In Sent. 26, 19, 5 a. a. O. 5, 2, 642 b; Sermo de Dom. 3, 40, 2, 3 a. a. O. 9, 229 b. – [17] Sermones in Tempore 3, 40, 2, 3 a. a. O. 9, 228 b, 229 b. – [18] THOMAS VON AQUIN, S. theol. III, 82, 10, 3. – [19] a. a. O. I, 12, 11; II/II, 173, 3. 175, 1. – [20] I/II, 28, 3 ob. 1. – [21] J. MARÉCHAL: Etudes sur la psychol. des mystiques 2 (Paris 1937) 308f. – [22] EULOGIO DE LA VIRGEN DEL CARMEN, L'exstase dans l'école carmélitaine. Dict. de la spiritualité 1, 2166f. – [23] MEISTER ECKART, Werke, hg. PFEIFFER (1857) 507, 33-35. – [24] a. a. O. 508, 8-10. – [25] 257, 9-11. – [26] Vgl. 257, 24ff.

3. Der philosophische Begriff der E. bildet sich nicht in der Fortsetzung ihrer theologischen Traditionen, sondern in der Aufnahme des ökonomischen und juristischen Begriffs ‹alienatio› – im Sinne von Entäußerung oder Veräußerung als Übertragung von Rechten – und des Problems der Freiheit unter den Bedingungen einer Gesellschaft, die im Hinblick auf ihr Recht, ihre Politik und das Verhältnis zum Individuum betrachtet wird. Für diese wird mehr oder minder ausdrücklich ein fortgeschrittener Zustand der Kultur, Gesellschaft und Ökonomie, d. h. ein Fortschritt aus einem rohen und ursprünglichen Naturzustand, vorausgesetzt [1].

Für die Herausbildung der – bei Hegel zuerst begrifflich fixierten – Problematik der E. in den Begriffen des traditionellen Natur- und Vertragsrechts ist ROUSSEAUS

Theorie der «aliénation» und «aliénation totale» repräsentativ. In genauer Entsprechung zur aristotelischen Definition: λέγω δὲ ἀπαλλοτρίωσιν δόσιν καὶ πρᾶσιν (Veräußerung heißt geben oder verkaufen) [2] bestimmt er «aliéner» als «donner ou vendre», um polemisch gegen Grotius am Maßstab des gerechten und gewinnbringenden Tausches die Konstruktion des Unterwerfungsvertrages der Entäußerung natürlicher Freiheitsrechte zu unterlaufen [3]. Der Begriff der «totalen Entäußerung», die im Gesellschaftsvertrag vollzogen wird («gänzliche Entäußerung jedes Gesellschaftsgliedes mit allen seinen Rechten an die Gesamtheit», «Entäußerung ohne Vorbehalt» [4]) formuliert paradox das Problem der politischen Institution als das der Aufgabe natürlicher Freiheit und der Konstitution einer ihr äquivalenten Freiheit eines gleichen und gesicherten Rechts aller [5]. Die natürliche Unabhängigkeit des solitären Individuums im Naturzustand geht über in die Freiheit unter selbstgegebenen Gesetzen der volonté générale [6]. Ihre Pointe im Hinblick auf die von Rousseau konstatierten Phänomene, die später begrifflich durch ‹E.› reflektiert werden [7], hat diese Konstruktion darin, daß sie den Einzelnen dem von aller Besonderheit des Wollens gereinigten allgemeinen Willen subsumiert und ihn als citoyen mit ihm identifiziert, um den rohen, d. h. außergesellschaftlichen Naturzustand aufzuheben; das Beisichsein des Individuums, wie es unter bloßen Naturgesetzen ursprünglich bestehe, wird insofern zur politischen Forderung, als es auf die historisch und gesellschaftlich-naturwüchsig eingetretene Entäußerung des Naturzustands angewiesen ist und zu vermitteln bleibt: «le sauvage vit en lui-même; l'homme sociable, toujours hors de lui, ne sait vivre que dans l'opinion des autres» [8]. Im Interesse der Auflösung gesellschaftlicher Abhängigkeit und politischer Herrschaft entwirft der ‹Contrat social› eine pessimistische Betrachtung des Problems der Freiheit der Subjektivität innerhalb der modernen bürgerlichen Gesellschaft, die Rousseau nur unter Voraussetzung der und durch die Entleerung der Subjektivität von aller ihrer konkreten Besonderheit, durch totale Entäußerung für realisierbar hält.

W. v. HUMBOLDT verwendet – und bezieht damit eine Gegenposition zu Rousseau – um 1793 den Begriff ‹E.›, um den Konflikt zu bezeichnen, in den der Mensch durch den Anspruch seines inneren Wesens, den Inhalt des Begriffs der Menschheit in Person zu schaffen, und durch seine Natur, «von sich aus zu den Gegenständen außer ihm überzugehen», gebracht wird. Da das innere Wesen das Substantielle von Bildung, Weisheit und Tugend des Menschen ist, «kommt es nun darauf an, daß er in dieser E. nicht sich selbst verliere», damit dem Begriff der Menschheit der größtmögliche Inhalt verschafft werde und die E. als Gefahr zerstreuender Vielheit ins Unendliche auftrete [9].

Für HEGEL gehören die Begriffe ‹E.› und ‹sich entfremden› zu der Bewegung der sich Wirklichkeit gebenden «selbstbewußten Freiheit» [10]. Das Selbstbewußtsein kann «seiner objektiven Allgemeinheit sich gegenüberstellen und sich gegen sie *entfremden*», weil es «*frei*, in der Einzelheit seines Ich daher schlechthin *an* und *für sich* ist» [11]. Die Möglichkeit der E. gehört zu der «Bewegung», in der sich das «Selbst» im Verhältnis zu seiner Wirklichkeit als «Unruhe» betätigt [12] und durch seine Negativität zugleich die besonderen «Erfahrungen» des «Bewußtseins» und die allgemeine «Entwicklung» des Geistes hervorbringt [13]. Damit wird das Selbst in einem Prozeß dargestellt, in dem es die Wirklichkeit als durch seine Tätigkeit geworden begreift und sich diese seine Wirklichkeit aneignet [14]. E. bedeutet so wesentlich ‹Selbstentfremden›. Die Praxis, die solche Selbst-E. und ihre Aufhebung einschließt, vermittelt es mit seiner substantiellen Wirklichkeit [15], so daß das Selbst in der Zuspitzung und Vollendung der Selbst-E. zu einem höheren Bewußtsein seiner selbst kommt [16]. Die ‹Phänomenologie des Geistes›, in der der Begriff ‹E.› von Hegel zuerst verwendet wird [17], stellt die Bewegung des Geistes, «*sich ein anderes*, d. h. *Gegenstand seines Selbsts* zu werden, und dieses Anderssein aufzuheben» als die Geschichte der Erfahrung und der Gestalten des Bewußtseins dar: Für sie ist Erfahrung «eben diese Bewegung ..., worin das Unmittelbare, das Unerfahrene, d. h. das Abstrakte, es sei des sinnlichen Seins oder des nur gedachten Einfachen, sich entfremdet und aus dieser E. zu sich zurückgeht und hiemit jetzt erst in seiner Wirklichkeit und Wahrheit dargestellt, wie auch Eigentum des Bewußtseins wird» [18]. In diesem allgemeinen Sinne gehört E. in den Zusammenhang der phänomenologischen Darstellung des werdenden Wissens, das die ihm fremd gegenüberstehende Gegenständlichkeit als Entäußerung des selbstbewußten Geistes begreift und ins «Element des Wissens» zurücknimmt [19]. Innerhalb des schon verbreiteten und bleibenden Wissens der «spekulativen Philosophie», die die «Momente des Geistes in der *Form der Einfachheit* ..., die ihren Gegenstand als sich selbst weiß», ausbreitet [20], kommt der Begriff der E. nicht mehr vor. Von der Philosophie gilt freilich wie von der Idee der Einheit und Gleichheit des göttlichen Erkennens mit sich selbst: «Sie sinkt zur Erbaulichkeit und selbst zur Fadheit herab, wenn der Ernst, der Schmerz, die Geduld und Arbeit des Negativen darin fehlt»; sie hat nur Wirklichkeit, wenn es ihr «Ernst mit dem Anderssein und E., so wie mit dem Überwinden dieser E. ist» [21]. E. zu überwinden rechtfertigt so auch den Anspruch und ist Ziel der philosophischen Erkenntnis im Verhältnis zu empirischer Gegenständlichkeit und abstrakten Gedankenwesen. Die Kunstphilosophie etwa begründet Hegel methodisch und inhaltlich damit, daß «die Macht des denkenden Geistes» darin liege, «*nicht etwa nur sich selbst* in seiner eigentümlichen Form als Denken zu fassen, sondern ebensosehr sich in seiner *Entäußerung* zur Empfindung und Sinnlichkeit wiederzuerkennen, sich in seinem Anderen zu begreifen, indem er das Entfremdete zu Gedanken verwandelt und so zu sich zurückführt» [22]. Die transzendentalphilosophische Kategorie der ‹Entäußerung›, mit der Fichte das Objekt als vom Subjekt gesetzte entäußerte Vernunft begreift [23], geht so in die Hegelsche Bestimmung von Wissenschaft ein, modifiziert jedoch durch die Voraussetzung, daß die «Bewegung, die Form seines Wissens von sich hervorzutreiben», die «Arbeit» ist, die der Geist «als *wirkliche Geschichte* vollbringt»: «Eh daher der Geist nicht *an sich*, nicht als Weltgeist sich vollendet, kann er nicht als *selbstbewußter Geist* seine Vollendung erreichen» [24]. In der theoretischen Reflexion der ‹Philosophie der Geschichte› unterscheidet Hegel die «Entwicklung» der «organischen Naturdinge» von der des Geistes in der Geschichte durch die E., durch die hindurchgehend er sich verwirklicht: Da der «Übergang seiner Bestimmung in ihre Verwirklichung» durch «Bewußtsein und Willen» vermittelt ist, die ihr «unmittelbares und natürliches Leben» zunächst zum «Gegenstand und Zweck» haben, «ist der Geist in ihm selbst sich entgegen; er hat sich selbst als das wahre feindselige Hindernis seiner selbst zu überwinden; die Entwicklung die in der Natur ein ruhiges Hervorgehen ist, ist im Geist ein harter unendlicher Kampf gegen sich selbst. Was der Geist will, ist, seinen eignen Begriff zu erreichen, aber er selbst verdeckt sich denselben, ist stolz und voll von Genuß in dieser E. seiner selbst» [25].

Zur Theorie der E. und ihrer Aufhebung gehört für Hegel der geschichtliche Prozeß, in dem ausgehend von der Zerstörung der antiken Sittlichkeit über die christliche und abstrakt-rechtliche Anerkennung der Person in ihrer Zufälligkeit und Unwesentlichkeit die bürgerliche Gesellschaft, das «unmittelbare Anerkanntsein und Gelten des Selbstbewusstseins» mit der Wirklichkeit zu versöhnen, die Voraussetzungen in der negativen Form bereitstellt, daß sie die «entfremdende Vermittlung» realisiert, in der das Selbstbewußtsein sich seiner wesentlichen Allgemeinheit gemäß macht und seiner «gedachten Substanz» Wirklichkeit gibt [26]. In der Geschichte des Geistes wird mit ‹E.› so im besonderen Sinn die «Barbarei» des Mittelalters bezeichnet, deren Notwendigkeit für die «Versöhnung» des Geistes die Philosophie begreife und damit rechtfertige [27]. In der ‹Phänomenologie›, in der ‹Rechtsphilosophie› und der ‹Ästhetik› werden diejenigen «Erfahrungen» begrifflich reflektiert, in deren Verlauf jeder als Individuum zum «Sohn der bürgerlichen Gesellschaft» geworden ist [28]. Als Gestalt des Bewußtseins behandelt Hegel die E. in der ‹Phänomenologie des Geistes› unter dem Titel: «Der sich entfremdete Geist; die Bildung» [29]. E. gehört für ihn (Gymnasialrede vom 29. September 1809) allgemein zum «Formellen» der Bildung, die einen «Stoff und Gegenstand» haben muß, «über den sie arbeitet, den sie verändert und neu formirt» – «um aber zum *Gegenstande* zu werden, muß die Substanz der Natur und des Geistes uns gegenüber getreten sein, sie muß die Gestalt von etwas Fremdartigen erhalten haben» [30]. Die bürgerliche Gesellschaft kann Hegel «Zustand der *allgemeinen Bildung*» [31] nennen, weil sie die E. als Voraussetzung der Bildung zunächst gegenüber dem substantiellen Ganzen der Familie realisiert: «Die bürgerliche Gesellschaft reißt aber das Individuum aus diesem Bande heraus, entfremdet dessen Glieder einander und anerkennt sie als selbständige Personen» [32]. Dies geschieht durch gesellschaftliche Arbeit, die den Menschen «mit entfremdeten Gegenständen» umgibt, die «nicht durch ihn hervorgebracht, sondern aus dem Vorrat des sonst schon Vorhandenen genommen, durch andere, und zwar meist in mechanischer und dadurch formeller Weise produziert und an ihn erst durch eine lange Kette fremder Anstrengungen und Bedürfnisse gelangt» [33]. E. ist auf die in der bürgerlichen Gesellschaft geschichtlich gewordene Weise der Entäußerung bezogen [34]. So gilt für diese «Gegenwart» im Unterschied zur «Welt des sittlichen Geistes», daß in ihr nichts «einen in ihm selbst gegründeten und inwohnenden Geist» hat, sondern es ist «außer sich in einem fremden, – das Gleichgewicht des Ganzen nicht die bei sich selbst bleibende Einheit und ihre in sich zurückgekehrte Beruhigung, sondern beruht auf der E. des Entgegengesetzten» [35]. Die «Bewegung der sich bildenden Individualität», deren Produkt dem Selbstbewußtsein als «ein unmittelbar Entfremdetes» gegenübertritt, führt darüber jedoch zugleich hinaus [36]: Das der Wirklichkeit zugewandte gebildete Bewußtsein in seiner gegensätzlichen Orientierung an «Staatsmacht» und gesellschaftlichem «Reichtum» [37], den der Bildung sich entgegensetzenden weltflüchtigen Glauben [38], den «Kampf der Aufklärung mit dem Aberglauben», das Nützlichkeitsdenken als die «Wahrheit der Aufklärung» [39] und schließlich den Untergang der Welt dieser Bildung in der Vernichtung des Selbsts durch den allgemeinen Willen, im jakobinischen Terror [40] begreift Hegel als die doppelte Bewegung der Bemächtigung der Wirklichkeit durch das Selbstbewußtsein, das sich in dieser E. zu seiner Allgemeinheit bildet, und der Selbstentfremdung dieser E. [41]: «Das Selbst ist sich nur als *aufgehobenes* wirklich» [42]. Die bürgerliche Gesellschaft und die zu ihr gehörige Bildung zur «allgemeinen Individualität» haben die positive Bedeutung, daß mit der Unmöglichkeit der Rückkehr zu natürlicher Unschuld der Geist «aus seiner Verwirrung als *Geist* zu sich zurückkehre, und ein noch höheres Bewußtsein gewinne» [43].

F. W. J. SCHELLING hingegen spricht 1827 von ‹E.› in einer Wendung gegen den enttheologisierten und formalen Wissensbegriff der aufgeklärten Vernunft: Das «im Menschen sich selbst Bewußte und zu sich Gekommene» ist das «durch die ganze Natur Hindurchgegangene ..., das aus der Selbst-E. wieder in *sich*, in sein Wesen Zurückgebrachte»; es ist das wiederhergestellte Anfängliche [44]. In seiner positiven Philosophie [45] ist E. – im Gegensatz zu Hegels Theorie der wirklichen Geschichte – grundsätzlich E. des Göttlichen; sie hebt die theosophische Dignität des menschlichen Bewußtseins hervor, wobei Schelling über F. v. Baader und J. Böhme auf mystisch-gnostische und neuplatonische Traditionen zurückgeht. E. ist einerseits die bewußtlose Materialisierung des Gottes in seiner emanativen Schöpfung, die durch Bewußtwerdung des selbstentfremdeten Gottes im menschlichen Bewußtsein zur göttlichen All-Einheit zurückgebracht wird [46]; andererseits ist E. – auch «Gottentfremdung» genannt – auf den versöhnungsbedürftigen Zustand der Welt nach Vollendung der Schöpfung bezogen, der durch den kosmologisch katastrophalen Fall des menschlichen Bewußtseins und dadurch auch der Welt verursacht ist [47]. Durch den Gedanken der E. verbindet Schelling die Schöpfungslehre mit einer im menschlichen Bewußtsein verankerten theologischen Geschichtstheorie.

Die Auseinandersetzung der *Junghegelianer* mit Hegels Philosophie vollzieht sich weitgehend in der Anwendung des E.-Begriffs auf die Theorie des objektiven Geistes und den Wissensbegriff dieser Philosophie. So kritisiert sie A. v. CIESZKOWSKI (1814–1894) als E., da sie vom konkreten Leben und der Realität totalisierend abstrahiere und so eine von ursprünglich christlichem Geist durchdrungene Praxis verhindere [48]. Auch L. FEUERBACH nimmt (in verbalem Sprachgebrauch) die E. als Herauslösung aus dem konkreten, unmittelbar naturwüchsigen Leben [49]. Jedoch führt er die Kritik an der rationellen (Hegel) oder mystischen (Schelling) «absoluten Philosophie» als Kritik am «Geheimnis der Theologie» und der Religion durch. E. reduziert sich auf den anthropologischen Sachverhalt der Selbst-E. des Menschen durch die Tätigkeit seines eigenen Bewußtseins; sie ist Trennung des begrifflichen Denkens und Wesens des Menschen von seiner subjektiven Existenz in gegenständlich-sinnlicher Anschauung, im Herzen, der moralischen Gesinnung und der Natur – sei es in Form der logischen Abstraktion von der subjektiven Bestimmtheit, sei es in Form der Phantasie, die in der (jüdisch-christlichen) Religion dem Menschen sein Wesen als übernatürliche, weltschöpferische und gebietende göttliche Tätigkeit gegenübersetzt. Feuerbachs Rede von E. setzt eine im Naturverhältnis substantielle, reflexive und unmittelbare Einheit des Menschen mit sich selbst in

Wahrheit und Gewißheit voraus, die durch Einholung des verfälschten Wissens ins menschliche Selbstbewußtsein wiederhergestellt werden könne. In der politischen Kritik der junghegelianischen Vormärzphilosophie wirkt dieser Begriff der E. weiter. B. BAUER radikalisiert 1843 (in der konfiszierten Schrift ‹Das entdeckte Christentum› [50]) den religionskritischen Gedanken Feuerbachs und führt in einer Interpretation durch das geschichtliche Prinzip des Selbstbewußtseins über den atheistischen Naturalismus hinaus. Als E. beschreibt B. Bauer die epochale Funktion der jüdisch-christlichen Religion, die Verwirklichung des menschlichen Selbstbewußtseins und die Emanzipation des geschichtlichen Wissens des Menschen zum Subjekt der Geschichte zu verhindern. E. ist einerseits die Fesselung und Vereinzelung der Menschen in den objektiven, gesellschaftlich-sittlichen Verhältnissen durchs religiöse Bewußtsein, andererseits der mit der Einschränkung der praktischen Freiheit gegebene völlige Selbst-Verlust des Menschen an die «Illusionen» seines schöpferischen Selbstbewußtseins [51]. E. läßt sich deswegen auch nicht anthropologisch fixieren; die reinigende Kritik des religiösen Bewußtseins löse historisch die gewordene Bestimmung universeller Immanenz des menschlichen Selbstbewußtseins ein: «denn Gott ist ja nur der den Menschen entfremdete Mensch» [52]. Die humanistisch in der geschichtlich gewordenen Autonomie des Menschen verankerte Religionskritik stellt die Aufgabe der epochalen Umwälzung der sittlichen, moralischen und institutionellen Praxis [53].

In den publizistischen Arbeiten der Junghegelianer, etwa bei F. KÖPPEN [54], wird so die Figur der E. und Aufhebung der E. im Sinne einer Legitimation politischer Kritik verwandt und findet als solche Verbreitung. M. HESS wendet den Begriff der E. in einer K. Marx schon 1843 bekannt gewordenen [55] Arbeit [56] auf soziale und ökonomische Erscheinungen der bürgerlichen Gesellschaft an und verwendet L. Feuerbachs anthropologische Religionskritik als Methode sozialistischer Gesellschaftskritik: Er fragt nach den sozialen Formen, in denen sich die religiöse und philosophische E. ausdrücken. Die moderne «Krämerwelt» begreift er als das «realisierte Wesen des Christentums»; die E. im Zustand der «*Isolierung* der Menschen», die «*Abstraction* vom wirklichen, geistigen und lebendigen Verkehr» sei im «Geld» als «Tauschwerth» der Zirkulationssphäre des Warenhandels konkretisiert [57]. Hess betont zwar die geschichtlich weitertreibende Funktion der E. für die Entwicklung der «Produktionskraft der Menschen», jedoch erlaube der erreichte Stand des Überflusses an Lebensmitteln eine ethisch-moralische Kritik der E. als Herrschaft über die materiellen Bedürfnisse im Egoismus der Konkurrenz und in der christlichen Heilslehre und die Perspektive einer kommunistischen Umwälzung der bestehenden Verhältnisse [58]. M. STIRNER (alias J. C. SCHMIDT) hingegen versucht 1844 [59] das sozial- und ideologiekritische Element im Begriff der E. zu liquidieren, indem er sie auf die «Zudringlichkeit der Dinge der Welt», gleichsam das Realitätsprinzip des Ich, reduziert, das «durch Gewohnheit» in die «eigentliche Heimat des Menschen», den «Himmel» des Einzigen aufgehoben werde [60]. Damit entfällt für Stirner das Problem der Vermittlung von menschlicher Vernunft und Gesellschaft im Horizont der Geschichte, auf das sich die Diskussion der E. in der Vormärzphilosophie in den Versuchen einer geschichtlichen Bestimmung der menschlichen Erkenntnis und ihrer Umsetzung in eine humanistische Praxis konzentriert.

Diese Diskussion wird von K. MARX fortgeführt und auf eine neue Grundlage gestellt. Bei ihm hat der Begriff der E. eine zentrale Bedeutung in den Jahren 1843 bis 1846. Erst allmählich gewinnt der Terminus begriffliche Bedeutung. Zunächst wird er als methodisches Mittel, als Frage einer zu erarbeitenden Aufgabenstellung eingesetzt in der Periode der Auseinandersetzung mit der Philosophie Hegels [61], der philosophischen und politischen Kritik der Junghegelianer (Feuerbach, B. Bauer, E. Bauer, aber auch M. Stirner) [62], mit den deutschen und französischen Konzeptionen des Sozialismus (M. Hess, H. Semmig, F. M. Ch. Fourier, P. J. Proudhon sowie Schülern von Saint-Simon) [63], der französischen Arbeiterbewegung und der bürgerlichen Nationalökonomie (besonders bei A. Smith, D. Ricardo, J. Mill sowie Destutt de Tracy und J. B. Say) [64]. Die Kritik der Hegelschen Philosophie ist mitbestimmt von der Feuerbachschen Kritik der idealistischen Philosophie als Wiederherstellung der religiösen Selbst-E. in Form des abstrakten absoluten Wissens [65], während die Loslösung von der Position Feuerbachs ihrerseits in einer Deutung der Entäußerungsstruktur des Geistes in der Hegelschen ‹Phänomenologie› aus dem Wesen der Arbeit geschieht, das Hegel als «Prozeß» der «Selbsterzeugung des Menschen», freilich in der einseitigen Form der «abstrakt geistigen» Arbeit und in der entfremdeten Gestalt eines Bewußtseinsprozesses erfasse [66]. Die nationalökonomische Analyse der «entfremdeten Arbeit» ist schließlich der gemeinsame Nenner, auf den die Kritik der bürgerlichen Gesellschaft und ihrer Ökonomie und die Kritik der Philosophie gebracht werden [67]. In der Umsetzung der philosophisch formulierten Perspektive einer sozialistischen Utopie, die in einem anthropozentrischen Natur- und Lebensverhältnis des sein gesellschaftliches Wesen produzierenden Menschen gründet, in eine materialistische Wissenschaft menschlicher Praxis hat ‹E.› die Funktion einer zugleich analytischen wie kritischen Kategorie.

In den Arbeiten zur Rechtsphilosophie Hegels von 1843 und 1844 kritisiert Marx die moderne Trennung von bürgerlicher Gesellschaft und Staat, die Verselbständigung des modernen Verfassungsstaates als ein «jenseitiges Dasein», das «Affirmativ» der «eigenen E.» der «besonderen Sphären» des «Volkslebens» ist [68]; diese Kritik und ihr politischer Maßstab eines radikalen Demokratiebegriffs der Selbstbestimmung des Volkes ohne die Trennung von politischer Verfassung und gesellschaftlicher Wirklichkeit versteht sich als eine Fortführung der atheistischen Religionskritik und zugleich als Korrektiv ihrer Beschränkungen: «Es ist zunächst die *Aufgabe der Philosophie*, die im Dienste der Geschichte steht, nachdem die *Heiligengestalt* der menschlichen Selbst-E. entlarvt ist, die Selbst-E. in ihren *unheiligen Gestalten* zu entlarven» [69]. In der Stellungnahme gegen B. Bauers Behandlung der «Judenfrage» wird das Programm der politischen Emanzipation von der Religion unter der Bedingung der Trennung von politischem Staat und bürgerlicher Gesellschaft als undurchführbar bloßgelegt, die Unmöglichkeit, den Juden «von der *Unwirklichkeit* seines *religiösen* Wesens» zu überzeugen, damit begründet, daß dies nur die «ideale Anschauung des praktischen Bedürfnisses» des Egoismus als des Prinzips der bürgerlichen Gesellschaft ist [70]. Die religiöse E. hat ihr praktisches Fundament im Tausch, die primäre E. erscheint als Geld: «Das Geld ist das dem Menschen entfremdete Wesen seiner Arbeit und seines Daseins, und dies fremde Wesen beherrscht ihn, und er betet es an» [71]. Unter dem Einfluß von M. Hess [72] sieht Marx zwar im Christentum die historische Bedingung dafür, daß das «eigennützige Bedürfnis» an die Stelle der «Gattungsbande des Menschen» treten konnte [73], die religiöse Selbst-E. des Menschen ist jedoch unter Bedingungen der bürgerlichen Gesellschaft aufhebbar nur, wenn die politische Emanzipation als Emanzipation des Menschen vollzogen wird, «wenn der wirkliche individuelle Mensch den abstrakten Staatsbürger in sich zurücknimmt ... *Gattungswesen* geworden ist» [74].

In den ‹Ökonomisch-philosophischen Manuskripten› (1844) faßt Marx die mittels der kritischen Kategorie der E. gewonnenen Einsichten in die Analyse der «entfremdeten Arbeit» zusammen [75]. Sie geht von dem «nationalökonomischen, *gegenwärtigen* Faktum» aus, daß mit der «*Verwertung* der Sachenwelt» die *Entwertung* der Menschenwelt in direktem Verhältnis» zunehme. Zur Arbeit gehört wesentlich, daß sie sich in ihrem Produkt vergegenständlicht und dieses dem Produzenten unabhängig gegenüber tritt; Arbeit ist wesentlich Entäußerung des Wesens des Menschen; als Bearbeitung der Natur ist sie zugleich Aneignung der sinnlichen Außenwelt, Synthesis, die die objektive wie subjektive Natur des Menschen erzeugt [76]. In der entfremdeten Arbeit, deren Gesetze die Nationalökonomie ausspricht, wird dieses Verhältnis zerstört und verkehrt: Die Produkte der Arbeit treten dem Arbeiter als fremde Gegenständlichkeit gegenüber, die sein Wesen zu einem Mittel ihrer und seiner Existenz herabsetzt [77]. An dem von der Nationalökonomie unterschlagenen «*unmittelbaren* Verhältnis» des Arbeiters zu seinem Produkt, der Arbeit zur Produktion, liest Marx den entfremdeten Charakter der Verwirklichung und Vergegenständlichung der Arbeit im «nationalökonomischen Zustand» ab [78]: Die produzierte Sachenwelt gewinnt eine «selbständige Macht» gegenüber ihren Produzenten; darin drücke sich der schon entfremdete Charakter der produzierenden Tätigkeit aus, die dem Wesen des Produzenten äußerlich ist, nur ein Mittel, «um Bedürfnisse außer ihr zu befriedigen»; da sie und ihr Produkt einem anderen gehören, kann sie nicht seine Selbsttätigkeit sein [79]. Als Lohnarbeit entfremdet die Arbeit dem Arbeiter zugleich den Inhalt und die Bestimmung seiner Tätigkeit [80], seine materiellen Lebensbedingungen, seine physische wie geistige Existenz und nimmt ihm damit objektiv wie subjektiv die Möglichkeit, seine Identität mit dem geschichtlichen Stand der Gattungstätigkeit herzustellen [81]. Aus der entfremdeten Arbeit – als dem erhaltenden und bewegenden Prinzip des Privateigentums – entspringt repetitiv die allgemeine E. in der Ökonomie des Austauschs im arbeitsteiligen Gemeinwesen – die E. zwischen Arbeit, Kapital und Boden, zwischen Arbeit, Arbeitslohn, Kapital, Profit, Zins und Grundrente. Im Egoismus der Konkurrenten, in der habsüchtigen Identifizierung des Menschen mit dinglichem Besitz oder Geld sowie in der Entgegensetzung von Kapitalisten und Arbeitern zeigt sie sich als E. der sozialen Beziehungen [82]. Die entfremdete Arbeit, die die Natur als «geistiges Gattungsvermögen» zu einem «fremden Wesen» macht, setzt mit der E. des menschlichen Gattungswesens unmittelbar die «*E. des Menschen* von dem *Menschen*» [83]. In der Analyse der entfremdeten Arbeit resümiert und begründet Marx seine Kritik des bürgerlichen Staatsrechts, die Religionskritik und die Kritik der ungeschichtlichen Anthropologie der Junghegelianer wie auch seine Auseinandersetzungen mit den zeitgenössischen Konzeptionen der Aufhebung des Privateigentums und dem «rohen» Kommunismus [84]. Der Kommunismus bestimmt sich als Aufhebung der E.: «als vollständige, bewußt und innerhalb des ganzen Reichtums der bisherigen Entwicklung gewordene Rückkehr des Menschen für sich als eines *gesellschaftlichen*, d. h. menschlichen Menschen» ist er «das aufgelöste Rätsel der Geschichte und weiß sich als diese Lösung» [85].

Über den Umfang dieser Bestimmungen des E.-Begriffs ist Marx nach 1844 nicht hinausgegangen. In seinen ökonomischen Veröffentlichungen wird der Begriff nur noch sporadisch verwendet, weil der mit ihm erschlossene Sachverhalt in der ökonomischen Theorie systematisch und nicht mehr im unmittelbaren Rekurs auf einen allgemeinen geschichtsphilosophischen und anthropologischen Rahmen entfaltet wird. Auf der Grundlage der Einsicht in die materielle Wirklichkeit der E. kritisiert Marx gemeinsam mit F. Engels in ‹Die heilige Familie› (1845) B. und E. Bauers bewußtseinsgeschichtliche Auffassung der E., deren Perspektive der Aufhebung der E. ihre materielle Basis unberührt lasse [86]. Ebenso wird in den ‹Thesen über Feuerbach› (1845) die Unerheblichkeit einer nur bewußtseinspraktischen Religionskritik für die Auflösung der E. deutlich gemacht [87]. Darüber hinaus ist das in ‹Die deutsche Ideologie› bei M. Stirner und H. Semmig bloßgelegte Gerede von E. Indiz für die Schwierigkeiten, mit dem Begriff der E. das Resultat der Analyse der entfremdeten Arbeit unzweideutig festzuhalten: Daß nämlich die «universal entwickelten Individuen, deren gesellschaftliche Verhältnisse als ihre eigenen, gemeinschaftlichen Beziehungen auch ihrer eigenen gemeinschaftlichen Kontrolle unterworfen sind», «kein Produkt der Natur, sondern der Geschichte» sind und daß es nicht nötig ist, «bei jener vollen Entleerung» stehen zu bleiben, die als «totale E.» die Erscheinungsform der «universellen Vergegenständlichung» in der bürgerlichen Ökonomie ist [88].

Anmerkungen. [1] Vgl. A. GEHLEN: Über die Geburt der Freiheit aus der E. Arch. Rechts- u. Sozialphilos. 40 (1952) 338-353. – [2] ARISTOTELES, Rhet. 1361 a 22. – [3] J.-J. ROUSSEAU, Du contrat social I, 4. – [4] a. a. O. I, 6. – [5] ebda. – [6] a. a. O. I, 8. 9. – [7] Vgl. JEAN STAROBINSKI: Jean-Jacques Rousseau. La transparence et l'obstacle (Paris 1957) 27 u. passim; HANS BARTH: Über die Idee der Selbst-E. bei Rousseau, Z. philos. Forsch. 13 (1959) 16-35; B. BACZKO: Rousseau. Einsamkeit und Gemeinschaft (1970). – [8] ROUSSEAU, Discours sur l'inégalité, in: The Political Writings, hg. VAUGHAN (Oxford ²1962) 195. – [9] W. v. HUMBOLDT, Werke, hg. A. FLITNER/K. GIEL 1, 235-238. – [10] G. W. F. HEGEL, Phänomenol. des Geistes, hg. J. HOFFMEISTER (⁶1952) 22. – [11] Logik, hg. G. LASSON (²1934) 2, 370. – [12] Phänomenol. a. a. O. [10] ebda. – [13] a. a. O. 32; vgl. Philos. der Gesch., hg. F. BRUNSTÄD (1961) 106f. – [14] Phänomenol. a. a. O. [10] 352f. – [15] ebda. – [16] a. a. O. 389. 422f. – [17] Vollständiger Belegnachweis bei J. GAUVIN: E. et Entäusserung dans la Phénoménologie de l'Esprit de Hegel. Arch. de Philos. 25 (1962) 558ff. – [18] HEGEL, Phänomenol. a. a. O. [10] 32. – [19] a. a. O. 33. – [20] ebda. – [21] a. a. O. 20. – [22] Vgl. Ästhetik, hg. BASSENGE 1, 24. – [23] J. G. FICHTE: Grundl. der gesamten Wiss.lehre (1794). Werke, hg. I. H. FICHTE 1, 165. – [24] HEGEL, Phänomenol. a. a. O. [10] 559. – [25] Philos. der Gesch. a. a. O. [13]. – [26] Phänomenol. a. a. O. [10] 355. – [27] Philos. der Gesch. a. a. O. [13] 519. – [28] Phänomenol. a. a. O. [10] 270f. 348. 371; Rechtsphilos. § 238. – [29] Phänomenol. a. a. O. [10] 347-422. – [30] Gymnasialrede 29. September 1809. Werke, hg. GLOCKNER 3, 240. – [31] Ästhetik a. a. O. [22] 1, 255f. – [32] Grundlinien der Philos. des Rechts, hg. HOFFMEISTER (⁴1955) 198 (§238); vgl. §§ 189-208. – [33] Ästhetik a.a.O. [22] 1, 256. – [34] Phänomenol. a. a. O. [10] 351. 421. – [35] a. a. O. 348f. – [36] 351ff. – [37] 354-371. – [38] 350. 376ff. – [39] 383ff. 399. 407ff. – [40] 414ff. – [41] 26f. 352f. – [42] 353. – [43] a. a. O. 374. – [44] F. W. J. SCHELLING: Vorles. zur Gesch. der neueren Philos. (1827). Werke, hg. K. F. A. SCHELLING 10, 185ff. – [45] Philos. der Offenbarung. a. O. 2/3, 367f. 370f. 372. 373f. – Philos. der Mythol. a. a. O. 2/6, 249f. – [46] a. a. O. [44] ebda. – [47] a. a. O. [45] ebda. – [48] Vgl. W. KÜHNE: Cieszkowski, ein Schüler Hegels und des dtsch. Geistes (Leipzig 1938) 264ff. –

[49] L. FEUERBACH, Das Wesen des Christentums, Werke 7 (⁴1883) 81. 202. 293. 305ff. 320. 326; Vorläufige Thesen zur Reform der Philos. (1842) a. a. O. 2 (1846) 249; Grundsätze der Philos. der Zukunft (1843) a. a. O. 304f. – [50] B. BAUER: Das entdeckte Christentum. Eine Erinnerung an das 18.Jh. und ein Beitrag zur Krisis des 19. (1843), in: E. BARNIKOL: Das entdeckte Christentum im Vormärz (Jena 1927) 126ff. – [51] a. a. O. 154. 156; vgl. K. LÖWITH: Von Hegel bis Nietzsche (1970) 376. – [52] a. a. O. 156. – [53] Vgl. J. v. KEMPSKI: Über B. Bauer, in: Brechungen (1964) 137. – [54] F. KÖPPEN, Rez. von F. CH. SCHLOSSER: Gesch. des 18.Jh. Dtsch. Jbb. Nr. 3 (1843). – [55] Vgl. A. CORNU und W. MÖNKE: Einl. zu M. HESS, Philos. u. sozial. Schriften (1837-1850) (Berlin 1961) XLIV. – [56] M. HESS: Über das Geldwesen, zuerst in: Rhein. Jb. zur gesellschaftl. Reform, hg. PÜTTMANN 1 (1845) 12, 31f.; auch a. a. O. [55] 335. 347. – [57] a. a. O. 335. – [58] a. a. O. 347. – [59] M. STIRNER: Der Einzige und sein Eigentum (1845). 89. 421. – [60] a. a. O. 89. – [61] K. MARX, Kritik des Hegelschen Staatsrechts §§ 261-313. MEW 1 (1964) 203ff.; Zur Kritik der Hegelschen Rechtsphilos., Einl. MEW 1, 378ff.; Ökonomisch-philos. Mss. MEW Erg.Bd. 1, 568ff. – [62] ebda.; Hegelsche Konstruktion der Phänomenol. MEW 3, 536; Thesen über Feuerbach. MEW 3, 5ff.; Die heilige Familie. MEW 2, 7ff. – [63] Ökonomisch-philos. Mss. a. a. O. [61] ebda.; Dtsch. Ideol. MEW 3, 455f.; Die heilige Familie a. a. O. [62] ebda.; Exzerpte Mill. MEW Erg.Bd. 1, 445ff. – [64] ebda.; Ökonomisch-philos. Mss. a. a. O. [61] ebda. – [65] a. a. O. 569f. – [66] 574. – [67] 510-522. – [68] Kritik des Hegelschen Staatsrechts a. a. O. [61] 233f.; vgl. 203f. 232. 283. – [69] Krit. der Hegelschen Rechtsphilos. a. a. O. [61] 379. – [70] Zur Judenfrage. MEW 1, 347ff. 374f. 377. – [71] a. a. O. 375. – [72] Vgl. C. CORNU/W. MÖNKE, a. a. O. [55]. – [73] MARX, Zur Judenfrage a. a. O. [70] 376. – [74] a. a. O. 370. – [75] Ökonomisch-philos. Mss. a. a. O. [61] 510-522; vgl. Exzerpte Mill a. a. O. [63] 454ff. – [76] Ök.-philos. Mss. a. a. O. [61] 579; zum Begriff der Arbeit als gesellschaftlicher Synthesis vgl. J. HABERMAS: Erkenntnis und Interesse (1968) 36-87. – [77] MARX, Ök.-phil. Mss. a. a. O. [61] 511ff. 516. – [78] 512f. – [79] 514. – [80] 514ff.; Exzerpte Mill a. a. O. [63] 454. – [81] a. a. O. 517ff.; Ök.-philos. Mss. a. a. O. [61] 547ff. – [82] a. a. O. 517ff. – [83] ebda. – [84] 534ff. – [85] 536. – [86] Heilige Familie a. a. O. [62] 42. 44. 52ff. 86. 123. 127. 129. 203f. – [87] Feuerbachthesen a. a. O. [62] 6. – [88] Grundrisse der Kritik der polit. Ök. (Berlin 1953) 79f. 387.

4. Die neuere Diskussion um das Problem der E. ist weitgehend, die philosophiegeschichtliche Forschung mitbestimmend, eine neuerliche Aktualisierung der Verhandlung zwischen Hegel, den Junghegelianern und Marx teils um einen ohnmächtigen und geschichtsflüchtigen Protest der Subjektivität, die ihren Autonomieanspruch gegenüber den Resultaten ihrer gesellschaftlichen Tätigkeit und institutionellen Verfassung nicht durchsetzt, oder teils um eine theoretische Perspektive als Legitimation reformierender oder revolutionärer Politik. Die Fungibilität von gesellschaftlichen Analysen im Aspekt der E. in konträren theoretischen und politischen Konzeptionen wird deutlich. Sachlich beruht sie auf der Ungeklärtheit des Verhältnisses von gattungsallgemeinen vergegenständlichenden Leistungen und den entfremdend-entfremdeten Organisations- und Rationalitätsformen ihrer Aktualisierung. So hat TH. W. ADORNO in Spannung zu positivistischen und szientistischen Wissenschaften, aber auch zur Existenzialontologie zwar Explikationen zur Destruktion der Erfahrung – als äußerster E. – ausgearbeitet, jedoch den Begriff ‹E.› wegen des Moments subjektivistischer Unmittelbarkeit für belastet und ungeeignet zur Vermittlung von begrifflichen Erkenntnissen erklärt [1]. Sogar in Theorien, die E. als Erscheinung einer bestimmten geschichtlich gewordenen gesellschaftlichen Realität entschlüsseln, kann eine möglicherweise ambivalente Spontaneität zur Geltung kommen [2].

Innerhalb des Marxismus steht die Aufnahme des E.-Problems – zuerst 1923 bei K. KORSCH [3] und G. LUKÁCS [4] – im Zusammenhang mit dem Versuch, die revolutionäre Kritik am Kapitalismus philosophisch in der Analyse des Funktionswandels der Dialektik von Hegel zu Marx zu erneuern. Lukács entwickelt ausgehend von einer Analyse der Warenstruktur mittels des (von SIMMEL stammenden [5]) Begriffs ‹Verdinglichung› eine Theorie klassenbezogener Erkenntnis und proletarischer Praxis [6]. In diese Theorie nimmt Lukács auch Formulierungen der E. bei Marx hinein [7]. Mit der Veröffentlichung der ‹Ökonomisch-philosophischen Manuskripte› von Marx 1932 gewinnt der E.-Begriff nicht nur, aber besonders innerhalb des Marxismus philosophische und kritische Relevanz. H. MARCUSE übt im gleichen Jahr Kritik am bestehenden «Historischen Materialismus» und dessen Ökonomismus: Marx' analytische Auffassungsweise der E. in der Faktizität der kapitalistischen Produktionsweise und im verdinglichten Bewußtsein der Nationalökonomie erschließe im kritischen Ausgang von Hegelschen Kategorien (Arbeit, Vergegenständlichung, E., Aufhebung, Eigentum) die philosophische Grundlegung der menschlichen Wesensgeschichte und der kommunistischen Revolution [8]. Seine ontologische Auslegung der E. konkretisiert Marcuse in einer Heideggers Existenzanalyse verpflichteten Untersuchung zur Philosophie Hegels [9], während er später (in ‹Vernunft und Revolution›) den geschichtlichen Gehalt der Hegelschen E.-Theorie herausarbeitet und die Bedeutung des auf gegenständliche gesellschaftliche Wirklichkeit bezogenen Vernunftbegriffs Hegels für die revolutionäre Gesellschaftstheorie betont [10]. Gegen die marxistische Orthodoxie wie gegen eine Ontologisierung existenzialanthropologischer Positionen wendet sich H. LEFEBVRE in ‹Der Dialektische Materialismus› (1938). Er versucht zu zeigen, inwieweit die Marxsche E.-Analyse als Modell des Umschlags der Hegelschen Dialektik in eine materialistische einen humanistischen Inhalt der Kritik der politischen Ökonomie verbürgt; angesichts der Verkümmerung der Individualität unter bürgerlichen Lebensverhältnissen behaupte sie weiterhin diagnostische Kraft und erlaube eine objektive Analyse gegenwärtiger gesellschaftlicher Praxis in der Perspektive der revolutionären Strategie des Kommunismus [11]. In der französischen Diskussion der 30er Jahre sind Elemente der allgemeinen Kulturkritik, der Rezeption Hegels, Kierkegaards und auch der Rezeption M. HEIDEGGERS wirksam, der den E.-Begriff in ‹Sein und Zeit› (1927) aufnimmt [12].

Zusammengefaßt wird diese charakteristische Konstellation im anthropologischen Hegelianismus A. KOJEVES, die bei J.-P. Sartre, J. Hyppolite und G. Fessard auch mit Bezug auf den E.-Begriff reflektiert wird. J.-P. SARTRE versteht E. in ‹L'être et le néant› aus der Anwesenheit der Individualität (Für-sich, Ich-selbst) im kollektiven Mitsein; sie wird als Einschränkung der Möglichkeit unbeschränkter individueller Freiheit im Für-Andere-Sein erfahren. Jede persönliche Beziehung ist durch E. und das heißt instrumental konstituiert und hat durch Anerkennung im Gegeneinander koexistenter Freiheiten und in den sozialen Formen von Klassenlage und Vorurteil Bestand [13]. J. HYPPOLITE entnimmt trotz der Anerkennung der Marxschen Kritik am Hegelschen Gedanken gegenständlicher E. und ihrer Aufhebung als Aufhebung von Gegenständlichkeit überhaupt diesem eine Geschichtsauffassung, die bei Marx geltend zu machen ist: Geschichte sei Geschichte von E.en, in denen sich nicht nur die Entzweiung des Menschen (in Lebens- und Todestrieb, Natur und Bewußtsein), sondern auch ein Versöhnungsgehalt zeigt, insofern diese E.en dem Selbstbewußtsein weder total (vielmehr erkenntnishaltig) noch unveränderbar (vielmehr durch kämpferische Objektivation veränderbar) begegnen [14].

Von katholischer Seite ist zuerst durch G. FESSARD in Auseinandersetzung mit dem Problem der E. eine Kritik an der marxistischen Perspektive ihrer Aufhebung im Kommunismus geübt worden: Sie sei unvollziehbar, weil mit der E. auch das Prinzip geschichtlicher Dialektik aufgehoben werde [15]. Für P. BIGO besteht das metaphysische Element des Hegelschen absoluten Wissens in der marxistischen Dialektik der E. als eine metaphysische Auffassung des Kommunismus fort [16]. J. Y. CALVEZ geht so weit, E. in einem existentiellen Sinne zum Grundmotiv der persönlichen Entwicklung und des Gesamtwerks von Marx zu erklären und den Begriff so als ein Moment der von Hegel ausgehenden existentialistischen und atheistischen Tradition zu interpretieren [17]. Für die theologische Auseinandersetzung mit dem marxistischen E.-Begriff ist insgesamt charakteristisch, daß sie zwar einige Phänomene «der» modernen E., aber nicht deren begriffliche Bewertung anerkennt, sei es, daß sie die Kritik an der religiösen Selbst-E. in eine Kritik ihrer institutionellen Wirklichkeit umdeutet [18], sei es, daß sie die Religion als der Menschlichkeit des Menschen zugehörig dem Humanismus zu subsumieren versucht [19]: Gegen die These der Aufhebung der E. allein durch gesellschaftliche Veränderung setzt sie die theologische Deutung der menschlichen Endlichkeit [20]. Dem kommt etwa bei P. TILLICH eine anthropologische Deutung des frühen Marx entgegen, die, verbunden mit existenzialen Beschreibungen der E.-Situation des Menschen, dem christlichen Sündenverständnis adäquat gemacht wird [21].

Die Einbeziehung des E.-Begriffs in eine moderne philosophische Existenzialanthropologie hat – selbst im Medium geistesgeschichtlicher Untersuchungen – einen aktuellen politischen Stellenwert: Im Namen des frühen Marx wird sowohl die Geschichte der marxistischen Theorie und ihre politische und institutionelle Praxis, aber auch das Problem westeuropäischer Zivilisation und Arbeit kritisiert [22]. Die Ablehnung aller theologischen, existentialistischen, reformkommunistischen und sozialtheoretischen Deutungen der E. von seiten der kommunistischen Orthodoxie entspricht deren politischem Selbstverständnis, nach dem in den sozialistischen Ländern die Grundstrukturen kapitalistischer Ökonomie und damit die Ursachen der E. überwunden seien [23]. In der Epoche der Entstalinisierung gibt es freilich in Polen Ansätze zu einer genaueren empirischen und theoretischen Erforschung des E.-Konzepts, die es in eine allgemeine Theorie der Ideologie und ihrer marxistischen Kritik oder in eine marxistische Theorie der Individualität einbeziehen wollen [24]. In der ästhetischen Diskussion des Marxismus werden von E. FISCHER und R. GARAUDY mit dem E.-Begriff die künstlerisch-formalistischen Gestaltungen von Erfahrungen in einer sozialen Gegenwart verteidigt, die ein enger Begriff des sozialistischen Realismus unterdrückt [25]. Reformkommunistische Autoren in Westeuropa und Jugoslawien zielen mit der Anwendung der E.-Analyse auf Partei- und Staatsbürokratie, Kader- und Hierarchiewesen, Leistungsethik, Lohnarbeit und Warenwirtschaft auch in den Ländern des Sozialismus auf institutionelle Realisierungen eines humanistischen und demokratischen Kommunismus [26].

Von kritischen Sozialtheoretikern der entwickelten spätkapitalistischen Industriegesellschaft (E. FROMM, J. HABERMAS) wird mit Rückgriff auf die psychoanalytische Theorie der Individuation die E.-Analyse über den Bereich der Arbeit auf Konsum und Freizeit ausgedehnt [27], oder die Anwendbarkeit des E.-Begriffs auf die gegenwärtige Situation wird, wie von H. MARCUSE, überhaupt kritisch in Frage gestellt: Die technologischen Formen sozialer Kontrolle verhindern die Ausbildung der Dimension innerer Freiheit, die Bedingung der Erfahrung gesellschaftlicher E. ist, und setzen an ihre Stelle automatische, reflexionslose Identifikation [28]. Von positivistischen Sozialwissenschaftlern (R. KÖNIG, E. TOPITSCH, R. C. TUCKER) wird der E.-Begriff in seiner philosophischen Herkunft und gesellschaftstheoretischen Weiterführung einer globalen Entmythologisierung unterzogen [29] oder – im Anschluß an den von Durkheim übernommenen Anomie-Begriff R. K. MERTONS [30] – in einzelne Komponenten sozialer, politischer und psychischer Unangepaßtheit zerlegt und für empirische Forschungen operationalisiert. Hierfür ist die Auflösung des E.-Begriffs in fünf Komponenten – Machtlosigkeit, Sinnlosigkeit, Normlosigkeit, Isolierung und depersonalisierende Selbst-E. – durch M. SEEMAN wirksam geworden [31].

Anmerkungen. [1] Vgl. TH. W. ADORNO: Negative Dialektik (1966) 188ff. – [2] Vgl. G. LUKÁCS: Vorwort (1967) zu: Gesch. und Klassenbewußtsein. Werke 2 (1968) 23ff. u. passim. – [3] K. KORSCH: Marxismus und Philos. (²1966) 131f. – [4] G. LUKÁCS: Gesch. und Klassenbewußtsein (1923) a. a. O. [2]. – [5] G. SIMMEL, Philos. des Geldes (³1920) 532; vgl. G. LUKÁCS: Von Nietzsche zu Hitler (1966) 146. – [6] G. LUKÁCS: Die Verdinglichung und das Bewußtsein des Proletariats a. a. O. [2] 257ff.; vgl. Moses Hess und die Probleme der idealistischen Dialektik (1926) a. a. O. 641ff. – [7] Gesch. und Klassenbewußtsein (1923) a. a. O. [2] 104. 165. – [8] H. MARCUSE: Neue Quellen zur Grundlegung des Hist. Materialismus, in: Die Gesellschaft 9 (1932), jetzt in: Ideen zu einer krit. Theorie der Gesellschaft (1969) 7-54. – [9] Hegels Ontologie und die Grundzüge einer Theorie der Geschichtlichkeit (1932). – [10] Vernunft und Revolution. Hegel und die Entstehung der Gesellschaftstheorie (1941, dtsch. 1962). – [11] H. LEFEBVRE: Der dialektische Materialismus (1939, dtsch. 1966); vgl. auch: Pour un nouvel humanisme, in: Rencontres int. de Genève (Paris 1949). – [12] M. HEIDEGGER: Sein und Zeit (1927, ⁹1960) 177f. 180. 347. 396. – [13] J.-P. SARTRE: L'être et le néant (1943, dtsch. 1962). – [14] J. HYPPOLITE: Aliénation et objectivation, in: Etudes sur Marx et Hegel (Paris 1955) 82-104; vgl. L'aliénation hégelienne de l'état et sa critique par Karl Marx. Cahiers int. Sociol. 2 (1947) 142-161. – [15] G. FESSARD: Le dialogue communiste-catholique, est-il possible? (Paris 1937) 234f. – [16] P. BIGO: Humanisme et économie politique chez Karl Marx (Paris 1953). – [17] J.-Y. CALVEZ: Karl Marx (frz. 1956, dtsch. 1964). – [18] Vgl. J. B. METZ: Antwort an Garaudy, in: GARAUDY/METZ/RAHNER: Der Dialog (1966) 131f. – [19] Vgl. J. G. RUIZ: Ist zwischen Katholiken und Kommunisten ein Dialog möglich? (span. 1965), zit. bei R. GARAUDY: Vom Bannfluch zum Dialog, in: GARAUDY/METZ/RAHNER a. a. O. [18] 32. – [20] Vgl. METZ, a. a. O. [18] 132ff. – [21] Vgl. P. TILLICH: Die Merkmale der menschl. E. und der Begriff der Sünde, in: Systemat. Theol. 2 (1958) 52-67. – [22] Vgl. E. THIER: Über den Klassenbegriff bei Marx. Marxismusstudien 3 (1960) 170-180; I. FETSCHER: Von der Philos. des Proletariats zur proletarischen Weltanschauung. Marxismusstudien 2 (1957) 26-60; Die Sowjetgesellschaft und das Problem der E. Eine Polemik mit E. M. Sitnikow, in: I. FETSCHER: Karl Marx und der Marxismus (1967) 259-293. – [23] T. J. OISERMAN: Das Problem der E. im Zerrspiegel der bürgerlichen und revisionistischen ‹Kritik› des Marxismus. Dtsch. Z. Philos. 10 (1962) 1147-1161; E. M. SITNIKOW: Das Problem der E. in der bürgerlichen Philos. und die Fälscher des Marxismus (russ. Moskau 1962); vgl. dazu I. FETSCHER a. a. O. [22]; M. BUHR: E.-philos. Anthropol. Marx-Kritik. Dtsch. Z. Philos. 14 (1966) 806-834; W. HEISE: Über die E. und ihre Überwindung. Dtsch. Z. Philos. 13 (1965) 684-710; J. N. DAWYDOW: Freiheit und E. (1964). – [24] Vgl. B. BACZKO: Marxismus und Marxologie. Notizen über die marxistische E.-Kategorie, in: Weltanschauung, Metaphysik, E. (1969) 106-126; A. SCHAFF: Marxismus und das menschl. Individuum (1965); L. KOLAKOWSKI: Der Mensch ohne Alternative (²1967). – [25] E. FISCHER: E., Dekadenz, Realismus. Sinn und Form (1962) H. 5-6; R. GARAUDY: D'un réalisme sans rivages (1964). – [26] M. MARKOVIC: E. und Selbstverwaltung, in: Folgen einer Theorie. Essays über das ‹Kapital› von Karl Marx (1967) 178-204; Möglichkeiten einer radikalen Humanisierung der Industriekultur, in: Dialektik der Praxis (1968); G. PETROVIĆ: Wider den autoritären Marxismus (dtsch. 1969); P. VRANICKI: Sozialismus und E., in: Mensch und Gesch. (1969) 88-103; B. ZIHERL: Sur les conditions objectives et subjectives de la désaliénation dans le socialisme. Questions actuelles du socialisme 76 (1965); S. STOJANOVIĆ: Kritik und Zukunft des Sozialismus (1970); E. MANDEL: Marxistische Wirtschaftstheorie (frz. 1962, dtsch. 1968); Entstehung und Entwicklung der ökonomischen Lehre von Karl Marx (1843-1863) (1968); R. GARAUDY: Marxismus im 20.Jh. (frz. 1966, dtsch. 1969). – [27] E. FROMM: Die Furcht vor der Freiheit (dtsch. ²1966); Psychoanalyse und Ethik (dtsch. 1954); Der moderne Mensch und seine Zukunft (³1969); Das Menschenbild bei Marx (dtsch. ³1969); H. MARCUSE: Triebstruktur und Gesellschaft (dtsch. 1957); J. HABERMAS: Zwischen Philos. und Wiss. Marxismus als Kritik, in: Theorie und Praxis (²1967). – [28] H. MARCUSE: Der eindimensionale Mensch (dtsch. ⁵1968) 29ff. – [29] R. K. MERTON: Social structure and anomie, in: Social theory and social structure (²1957). – [30] Vgl. R. KÖNIG: Freiheit und Selbst-E. in soziol. Sicht, in: Freiheit als Problem der Wiss. (1962); E. TOPITSCH: E. und Ideol. Zur Entmythologisierung des Marxismus (1964), in: Sozialphilos. zwischen Ideol. u. Wiss. (1966) 297-327. – [31] M. SEEMAN: On the meaning of alienation. Amer. sociol. Rev. 24 (1959) 783-791; dtsch. in: A. FISCHER: Die E. des Menschen in einer heilen Gesellschaft. Materialien zur Adaptation und Denunziation eines Begriffs (1970); mit weiteren Texten und Bibliographie.

Literaturhinweise. A. GEHLEN: Über die Geburt der Freiheit aus der E. Arch. Rechts- u. Sozialphilos. 40 (1952) 338-353. – D. BELL, Die Diskussion über die E., in: L. LABEDZ (HG.): Der Revisionismus (1965) 295-319. – W. HEISE: Über die E. und ihre Überwindung. Dtsch. Z. Philos. 13, 1 (1965) 684-710. – I. FETSCHER: Karl Marx und der Marxismus (1967). – N. LOBKOWICZ: Artikel ‹E.›, in: Sowjetsystem und demokratische Gesellschaft (1968) 2, 149-159. – E. MANDEL: Entstehung und Entwicklung der ökonomischen Lehre von Karl Marx (1968) 152-211 mit Bibliographie. – G. PETROVIĆ: E. und Aufhebung der E., in: Wider den autoritären Marxismus (1969) 131-150. – C. BOEY: L'aliénation dans la phénoménologie de l'esprit de G. W. F. Hegel (Paris/Bruges 1970). – F. MÜLLER: E. Zur anthropol. Begründung der Staatstheorie bei Rousseau, Hegel, Marx (1970). – J. MESZAROS: Marx' theory of alienation (1971).
E. RITZ

Enthusiasmus (Inspiration, Begeisterung). – 1. Über die *archaische* Theorie des E., des sich im Musenanruf widerspiegelnden Selbstverständnisses des Dichters, seine Dichtung bewußtlos aus göttlicher Eingabe vorzutragen, informiert PLATON, bei dem der Begriff erstmals auftaucht, in Referaten [1], um sich von deren Inhalt kritisch zu distanzieren. Gleichwohl geht die Theorie vom dichterischen E. auf Platon zurück, als sei dieser ihr Urheber und nicht ihr Kritiker [2]. Platon unterscheidet den E. des dichterischen Autors und Propheten (a), des rezitierenden Rhapsoden (b) und des Philosophen (c).

a) Auf dem Dreifuß der Muse läßt der *Dichter*, seiner Sinne nicht mächtig, das auf ihn Einströmende willig hervorquellen. Hierbei verwickeln sich seine Aussagen notwendig in Widersprüche, da sie sich vernünftiger Kontrolle entziehen [3]. Aus diesem Grunde wurde ein Richterkollegium zur Prüfung der in prophetischem E. hervorgestoßenen Wortbrocken gesetzlich bestellt [4].

b) Der inspirierte Dichter zieht den *Rhapsoden* in seinen Bannkreis, der daraufselbst sein Publikum in E. versetzt (Magnetringvergleich). Daher ist der enthusiastische Rhapsode nur für einen bestimmten Dichter zuständig, während ein «technischer» Rhapsode die Dichtung als Ganzes überschauen müßte [5]. Durch Aufhebung des Gegensatzes von methodisch begründeter Einsicht und enthusiastischer Selbstvergessenheit erweckt und lenkt eine in der Rhapsodenrezitation latent präsente (Schein-)Techne die Affekte des Publikums im Blick auf den zu erwartenden Gewinn und paralysiert den E. [6], während umgekehrt im technisierten Eros ein latent präsenter (Schein-)E. die Techne um Selbstverständigung und Erfüllung ihrer Absicht bringt [7].

c) Während ARISTOPHANES den ortlos gewordenen, weil der Dichtung aberkannten E. nur verspottet [8] und ARISTOTELES die Sensibilität des Dichters als enthusiastisches Moment erkennt [9], rettet PLATON die Wahrheit des E., die Zuwendung zum Göttlichen, wenn er als besten E. den *philosophischen* bestimmt [10]. Während die enthusiastische Philosophie als Dialektik zugleich absolute Techne ist, erscheint die Dichtung, weder E. noch Techne, als «dreifach von der Wahrheit entfernte» Scheinkunst [11].

2. Eine neue Wertschätzung der Plastik in der *Spätantike* [12] führt dazu, dem bildenden Künstler im Gegensatz zur klassischen Theorie, die sich auf den Dichter beschränkt, Inspiriertheit zuzuerkennen [13]. Die Götterplastik, die den Gott mit dem Kosmos zusammensieht [14], genügt dem stoischen Prinzip der «Gotteserkenntnis aus dem Weltall» [15]. Trotz seiner Geringschätzung der Malerei [16] geht auch diese Bewegung auf PLATON zurück, wenn er das den Kosmos gewahrende Auge als Organ der Vermittlung des Göttlichen preist [17].

3. Als *Schriftinspiration* verbürgt der E. die Irrtumslosigkeit den *biblischen* Urtextes, den der Hagiograph in göttlicher Erleuchtung niederschreibt [18]. Während die in mündlichem Vortrag, näher in orgiastischem Gebärdentanz präsente antike Dichtung ohne weiteres auf göttliche Erreger zurückzuführen war, ließ sich die E.-Theorie durch die kirchlichen Bestimmungen nunmehr auch für die jene Unmittelbarkeit notwendig brechende Schriftlichkeit anwenden – eine Vorleistung, ohne die ein Wiederaufleben des E. in der Renaissance nicht denkbar wäre.

4. Zum Verständnis der Rolle des E. in der *Renaissance* ist wichtig, daß Platon, Aristoteles, Cicero (pro Archia) und Horaz unmittelbar in die Diskussion eingreifen und daß «die Dichter» die enthusiastischen Dichter der (heidnischen) Antike sind. Nach SCALIGER [19], dem wirksamsten Vermittler der antiken Theorie, wäre der Dichter ohne Museninspiration bloßer versificator ohne spezifisch dichterische Erfahrung. Der Gesang erscheint Scaliger nicht substanziell für die (ja schriftliche) Dichtung. Durch Zuweisung jeder Muse an eine Himmelssphäre wird der E. einer astrologischen Begründung fähig. So rührt für PATRIZI [20] die poetische Fähigkeit der Dichter («semiangeli») von Impressionen seitens der Planeten her; daher die Verschiedenheit poetischer Gegenstände, die sich nach dem die Dichterseele disponierenden Stern richten (Venus: Amoröses, Mars: Kriegerisches). – Die Rezeption der Renaissance ist nicht frei von Kontroversen. Gegen Platons Angriff figuriert der furor divinus als Argument für die Wahrheit der Dichtung [21]. Dann ist die enthusiastisch beglaubigte Dichtung, ihre Eingaben durch Allegorie zu bildhafter Instruktion formend, Medium der Erziehung [22]. Dagegen verweisen andere auf die Psychagogie der enthusiastischen, zudem heidnischen Dichtung [23]. Angesichts ihrer Häresie und Substanzlosigkeit erscheine der Anspruch auf Inspiration als lächerliche Anmaßung [24], erklärlich allein aus dem Interesse der Dichter an der Steigerung des eigenen Ansehens [25]. – Wenn schließlich das besondere dichterische Temperament im Sinne der ingenium-Theorie des Horaz den E. «natürlich» erklärt [26] oder diesem gar seine Entbehrlichkeit attestiert [27], so kündigt sich jetzt die Demission des E. zugunsten des Genies an. Substanz bleibt allenfalls Attribut: «Wagner ist göttlich» [28].

5. Für SHAFTESBURY ist der so plausible und liebenswürdige E. der alten Dichter [29] in Verruf geraten: ‹E.› kennzeichnet neuerdings jenen staatlich geförderten Religionsfanatismus, der zu Kreuzzügen und Religionskriegen führte [30], oder etwa die Refugiés, die sich auch

noch in England am liebsten martern ließen [31]. Durch Forderung nach Übereinstimmung mit dem nüchternen Verstand und Suspendierung des Fanatismus sucht Shaftesbury den E. als selbst für den kühlen Lukrez unverzichtbares Gut zu retten [32].

E. wird als «noble enthusiasm» [33] zur Voraussetzung jeder Art vollendeter Darstellungsfähigkeit («for whatever is greatly performed»). Philosophie als Geschäft der Empiriker und Sophisten muß abgelöst werden von enthusiastischer Dichtung. Mit diesem Gedanken wird der antike E.-Begriff bewußt wieder aufgenommen. E. als «honest passion» [34] hat alles Gute und Ehrenwerte zum Gegenstand. Der von solcher Leidenschaft gelenkte Dichter wird zum zweiten Schöpfer («second Maker») [35], der aus sich heraus ein kohärentes durchproportioniertes Ganzes schafft. E. ist in jeder echten Liebe und Bewunderung, wie in Galanterie, Krieg und Heroismus [36]. Shaftesbury wird so der neue Enthusiast («new Enthusiast») [37].

6. Im Zusammenhang mit der Affektenlehre und in Anknüpfung an Burke definiert KANT E. als «Idee des Guten mit Affect» und als erhabenen Gemütszustand. Wenn auch mit der Ausbildung der ästhetischen Theorie im 18. Jh. [38], dergemäß die schöne Kunst als Kunst, die das Genie in Originalität hervorbringt, begriffen wird [39], der E. seine frühere Aseität einbüßt, bleibt er für Kant als «eine Anspannung der Kräfte durch Ideen bedeutsam», «welche dem Gemüthe einen Schwung geben, der weit mächtiger und dauerhafter wirkt, als der Antrieb durch Sinnenvorstellungen» [40]. E. gehe nur «immer aufs *Idealische* und zwar rein Moralische» [41]; er sei der für die öffentliche Meinung zweifelhafte «Anschein von Phantasterei in an sich guten, moralischen Empfindungen», ohne den in der Welt niemals «etwas Großes ausgerichtet worden» [42]. Im Gegensatz zum Fanatismus, der eine unmittelbare Gemeinschaft mit einer höheren Natur zu fühlen glaubt [43] und der Vorstellung einer «großen Vertraulichkeit mit den Mächten des Himmels» [44] verfallen sei, würde der E., frei von jeder Einbildung, nur durch einen moralischen Grundsatz erregt [45].

7. Ohne substantiellen Sinn, daher «aus dem Kreis philosophischer Betrachtung auszuschließen», obwohl dann die Frage nach dem Woher künstlerischer Produktion unbeantwortet bleibt, deutet HEGEL den E. als «Zustand» des «subjektiven Innern» [46] des Genies, den weder Champagnerflasche noch Aufspreizung, sondern allein «wahrhaftes Interesse» hervorruft [47]. Immerhin ist E. dann micht privativ Zustand der Bewußtlosigkeit. Der späte SCHELLING will das griechische Wort ἐνθουσιασμός beibehalten, da «Begeisterung» im Gegensatz zu E. dem «Bewußtseyn ... wahre Erkenntniß» verschließt. Wenn ‹E.› übersetzt werden soll, dann durch ‹Gottbesessenheit› [48].

8. Zwar spricht der junge NIETZSCHE vom Ur-Einen, mit dem unter Aufgabe seiner Subjektivität verschmelzend, das Genie den Weltgrund im Kunstwerk abbildet [49], aber von ‹E.› ist bei ihm nirgends die Rede. Dennoch ist festzuhalten, daß beim jungen Nietzsche im Begriff des *Dionysischen* die E.-Tradition weiterwirkt, wenn er auch selber, um einem latenten Fortbestehen des E.-Begriffs zu begegnen, das Wort ‹Genie› «ohne allen mythologischen und religiösen Beigeschmack zu verstehen» bittet [50].

9. Im Gegensatz zu der im 19. Jh. vollzogenen Entwertung des E. sucht E. FINK [51] diesem seinen alten Subjektcharakter zurückzugewinnen, wenn er den E. unter Berufung auf Hölderlin als die über die Endlichkeit des Menschen hinausweisende Erfahrung vom Theion aus «mythischer Ur-Offenbarung» versteht, welche Religion, Kunst und Philosophie als strukturgleiche geschichtliche Gestalten der Kunde vom Göttlichen gestiftet habe.

Anmerkungen. [1] Vgl. auch DEMOKRIT 68 B 18. 21 (DIELS); H. FLASHAR: Der Dialog Ion als Zeugnis Platonischer Philos. (1958) 57 Anm. 4. – [2] Vgl. E. R. CURTIUS: Europ. Lit. und lat. MA (²1954) 467f. – [3] PLATON, Leg. 719 c. – [4] Tim. 70 e–72 b. – [5] Ion 532 c–536 d. – [6] Ion 535 e. – [7] Kritik der Lysiasrede über den Eros. Phaidr. 242 b–257 b. – [8] ARISTOPHANES, Pax 829; Aves 1370ff.; Acharnenses 395ff. – [9] ARISTOTELES, Poetik 1455 a 22ff.; vgl. Politik 1340 a 10–1342 a 18. – [10] PLATON, Phaidr. 249 a; 265 b. – [11] Resp. 596 a ff. – [12] LUKIAN, Enhypnion 11; DION VON PRUSA, Olymp. Rede 12. – [13] PAUSANIAS II, 4, 5; KALLISTRATOS, Ekphraseis 2, § 1 bez. der Mänade des Skopas. – [14] PHILOSTRAT, Vita des Apollonios v. Tyana VI, 19. – [15] B. SCHWEITZER: Mimesis und Phantasia. Philol. 89 (1934) 286–300; Der bildende Künstler und der Begriff des Künstlerischen in der Antike. Mimesis und Phantasia. Eine Studie. Neue heidelb. Jb. NF (1925) 28–132. – [16] PLATON, Resp. 596 e ff.; Soph. 233 d ff. – [17] Tim. 47 a ff. – [18] Vgl. K. RAHNER: Über die Schriftinspiration. Quaestiones disputatae 1 (1958). – [19] J. C. SCALIGER: Poetices libri septem (1516) I, 2. – [20] F. PATRIZI: Discorso della diversità dei furori poetici (1553). – [21] S. AMMIRATO: Il Dedalione overo del poeta dialogo (1560). – [22] P. POMPONAZZI: De incantationibus (1520); G. B. FUSCANO: De la oratoria et poetica facolta (1531). – [23] G. CONTARINI: De officio episcopi (o.J.); J. SADOLETO: De liberis recte instituendis liber (1533). – [24] F. BERNI: Dialogo contro i poeti (1526). – [25] L. CASTELVETRO: Parere sopra l'ajuto che domandano i poeti alle Muse (wahrsch. 1565). – [26] L. GIACOMINI: Del furor poetico (1587). – [27] L. SALVIATI: Trattato della poetica (1564). – [28] F. W. NIETZSCHE, Werke, hg. K. SCHLECHTA 2, 923. – [29] SHAFTESBURY: Ein Brief über den E. (1707) 1. Abschn. – [30] a. a. O. 2. Abschn. – [31] 3. Abschn. – [32] 6./7. Abschn. – [33] Miscellaneous reflections (hg. 1723) III, 33. – [34] a. a. O. 37. – [35] Advice to an author (hg. 1723) I, 207. – [36] The moralists (hg. 1723) II, 400. – [37] ebda. – [38] P. O. KRISTELLER: The modern system of the arts. A study in the hist. of aesthetics (II). J. Hist. Ideas 13 (1952) 17–46. – [39] KANT: KU § 46. Akad.-A. 5, 307f. – [40] a. a. O. 272. – [41] 7, 86. – [42] 2, 267. – [43] 251. – [44] 267. – [45] 251. – [46] G. W. F. HEGEL: Ästhetik, hg. F. BASSENGE (1966) 1, 274. – [47] a. a. O. 280–282; vgl. 37ff. – [48] F. W. J. SCHELLING, Werke, hg. K. F. A. SCHELLING 13, 446. – [49] NIETZSCHE, a. a. O. 1, 3ff. – [50] 1, 588. – [51] E. FINK: Vom Wesen des E. (1947).

Literaturhinweise. FR. PFISTER, Art. ‹Ekstase› und ‹E.›, in: Reallex. Ant. u. Christ. 4, 944–987 bzw. 5, 455–457. – B. WEINBERG: A history of lit. criticism in the Italian Renaissance (Chicago 1961). – J. PIEPER: Begeisterung und göttlicher Wahnsinn (1962).

A. MÜLLER

Enthymem (griech. ἐνθύμημα, lat. enthymema). – 1. Als E. wurden in der antiken Logik und Rhetorik sehr verschiedene Argumentationsweisen bezeichnet, deren Eigentümlichkeiten und Gemeinsamkeiten kaum mit den heute in den Handbüchern üblicherweise zu findenden Erklärungen erfaßt werden. Denn im allgemeinen versteht man heute darunter nichts als einen verkürzten Syllogismus, bei dem eine der Prämissen als bekannt unausgesprochen (ἐν θυμῷ) bleibt. Gelegentlich wird noch an die bei Aristoteles zu findende inhaltliche Bestimmung erinnert, das E. sei ein Schluß aus Wahrscheinlichem oder aus Indizien, und der Gebrauch dieser Bezeichnung bei den antiken lateinischen Autoren als ein «fälschlicher» zurückgewiesen. Beide Grundbedeutungen haben allerdings eine bis auf Aristoteles zurückführbare Tradition, die jedoch im Vergleich zu ihrer üppigen antiken Gestalt schon im frühen Mittelalter bis zur Unkenntlichkeit abzumagern begonnen hat.

2. Nach Wilamowitz-Moellendorff hat ISOKRATES diesen Terminus, dessen vortechnische Bedeutung «Einfall», «Gedanke» sich noch bei den Lateinern findet, als einen technischen Ausdruck in die Rhetorik eingeführt [1]. Die möglicherweise früheste Theorie darüber finden

wir in der seit alters Aristoteles zugeschriebenen ‹Rhetorica ad Alexandrum›. Der Autor, den die neuere Philologie (Gohlke u. a. ausgenommen) seit PETRUS VICTORIUS [2] nach QUINTILIAN [3] mit ANAXIMENES VON LAMPSAKOS zu identifizieren sucht, führt das E. unter den vor Gericht gebräuchlichen rhetorischen Beweisen (später ἔντεχνοι πίστεις) zusammen mit Regeln, Beispielen, Sentenzen, Indizien und Widerlegungen auf und stellt ihnen als vorrhetorische Beweise (später sog. ἄτεχνοι oder ἄλογοι πίστεις) die Zeugenaussagen, Foltergeständnisse, Eide und das Ansehen des Sprechenden an die Seite [4]. Er lehrt, E. gewinne man aus Widersprüchen (ἐναντιούμενα), widerlegende nämlich, indem man Widersprüche in· Rede oder Tun des Gegners aufspürt, bekräftigende aber, indem man seine eigenen Worte und Taten in Widerspruch setzt zu dem, was allgemein als verwerflich angesehen wird [5]. Dabei eigneten sich E., wenn man sie möglichst knapp auszudrücken verstünde, ganz besonders zur wirkungsvollen Anhäufung verschiedener Argumente [6].

ARISTOTELES sieht im E. das Kernstück der rhetorischen Argumentation (σῶμα τῆς πίστεως) [7] und macht daher die Anleitung, sie aufzufinden, zur zentralen Aufgabe seiner Rhetorik [8], um so mehr, als die damaligen Rednerschulen – also auch Anaximenes? –, wie er eingangs sagt, nichts darüber lehrten [9]. Das E. erweist die Rhetorik als Teil oder Gegenstück der Dialektik [10], ebenso wie das Paradigma die «rhetorische Induktion», stellt das E. den «rhetorischen Syllogismus» dar [11]: «Alle überzeugen, indem sie entweder durch Paradigma oder E. beweisen, durch nichts sonst» [12]. Allerdings dürften in der ‹Rhetorik› zwei Textstufen zu unterscheiden sein, eine ältere, die der Syllogistik der ‹Analytica› vorausgeht und nur E. ἐκ τόπων kennt, und eine spätere Stufe, die E. von ihren Ausgangssätzen her (ἐκ προτάσεων) aufbaut und unterscheidet [13]. Ebenso wie die dialektischen Schlüsse aus Endoxa folgern, d. h. aus Prämissen, die, wenn auch nicht notwendig und streng allgemein, so doch bei den meisten oder in den meisten Fällen (ἐπὶ τὸ πολύ) gelten, haben auch die E. das zum Gegenstand, was nicht notwendig ist und daher noch der Erwägung bedarf, was sich so aber auch anders verhalten kann. E. gehen daher aus von dem, was die Regel ist (ἐξ εἰκότων, ex probabilibus) oder von Indizien (ἐκ σημείων, ex signis), und zwar von notwendigen, die Kennzeichen (τεκμήρια) genannt werden, oder von widerlegbaren Anzeichen [14]. Wenn Aristoteles sich auch bewußt war, daß aus solchen spezifischen Gegebenheiten (ἴδιαι προτάσεις) E. eher gewonnen werden als aus allgemeinen Gesichtspunkten (κοιναὶ τόποι) [15], so hat diese Einsicht und das damit verbundene Interesse für die Protasen-E. (I, cap. 4–14) – ebensowenig wie die Ausbildung der Analytik die Topik überflüssig machen konnte – das Lehrstück über die Topen-E. (II, cap. 20–24) verdrängt. Aristoteles hatte darin die Elemente (στοιχεῖαι) oder allgemeinen Gesichtspunkte (τόποι) zusammengestellt, aus denen sowohl beweisende als auch widerlegende E. (cap. 22 u. 23) oder auch nur scheinbare E. (φαινόμενα ἐνθυμήματα) zu gewinnen sind (cap. 24). Als solche Gesichtspunkte dienen Gegenteile, ähnliche Wortableitungen, Vergleiche, Verschiedenheiten des Grades, Begriffsbildungen, Einteilungen, Erfahrungen, Vieldeutigkeiten, bereits vorliegende Urteile, Folgerungen, entgegengesetzte Möglichkeiten und anderes mehr. So gewinnt man beispielsweise ein E. aus Gegensätzen (ἐκ τῶν ἐναντίων), wenn man die eigene Ansicht, daß Mäßigung gut ist, damit begründet, daß vom Gegenteil das Gegenteil gilt, daß nämlich Unmäßigkeit schlecht ist, oder wenn man die Meinung seines Gegners, dem Krieg sei alle Schuld an bestimmten Mißständen anzulasten, durch den Beweis widerlegt, daß der Frieden diese Mißstände nicht behebt, daß also das Gegenteil nicht das Gegenteil bewirkt [16].

Formalisieren läßt sich das (gesetzt $\bar{P}$ symbolisiert das kontradiktorische Gegenteil des Prädikates P und $\bar{a}$ das kontradiktorische Gegenteil des Subjektes a) durch folgende beiden Schlußregeln für den begründenden (1) bzw. den widerlegenden (2) Fall:

$$(1) \quad \frac{P(a) \leftrightarrow \bar{P}(\bar{a})}{\bar{P}(\bar{a})} \qquad (2) \quad \frac{P(a) \leftrightarrow \bar{P}(\bar{a})}{\neg \bar{P}(\bar{a})}$$
$$\overline{P(a)} \qquad\qquad \overline{\neg P(a)}$$

Die erste Prämisse, die dem besonderen Topos entspricht, bleibt in der Formulierung des E. meistens unausgesprochen. Ergänzt man sie, so wird deutlich, daß wir es hier mit Spezialfällen des modus ponens bzw. des modus tollens zu tun haben. Wenn auch solche kurzgefaßten Argumente aus sich Widersprechendem oft nur dem Anschein nach E. sind, so sind sie das doch gerade deshalb, weil eine solche Ausdrucksweise χώρα ἐστὶν ἐνθυμήματος, das Reich des E. ist [17].

Allerdings lassen sich nicht alle 28 von Aristoteles dargestellten Gesichtspunkte auf diese Weise und so einfach formalisieren. Auch ist zu bedenken, daß die Rhetorik es weniger auf die allgemeine Formulierung als auf die aus der Praxis gewonnenen und auf sie abzielende Exemplarität der Argumentationen abgesehen hat. Dennoch macht ein Versuch, die vorgeführten E. ἐκ τόπων auf einen förmlichen Schluß zurückzuführen, deutlich, daß die spätere Tendenz, die E. auf den kategorischen Syllogismus zu reduzieren, nur einer beschränkten Anzahl von ihnen, vornehmlich den Protasen-E. aus Anzeichen oder Kennzeichen oder dem, was in der Regel erfolgt, gerecht wird, daß Aristoteles vielmehr zunächst darunter solche Schlüsse begriffen hat, die noch nicht syllogistisch, sondern topisch zu behandeln sind.

Ein besonderes, wohl noch der ersten Stufe seiner ‹Rhetorik› zuzurechnendes Kapitel (II, cap. 21) widmet Aristoteles dem E., das aus einer allgemeinen Sentenz oder Maxime (γνώμη) mit einem sie begründenden Nachsatz gebildet wird, und der diesem besonderen E. ähnlichen Argumentation, bei der kein Nachsatz nötig ist, da die Sentenz den Grund selbst schon enthält und durchscheinen läßt.

3. Bei den *römischen Rhetoren* wurde unter ‹E.› nach dem Zeugnis QUINTILIANS [18] mehreres verstanden: erstens, noch in vortechnischem Sinn, ein jeder Gedanke (omnia mente concepta) – bei CICERO hieß es «omnis sententia» [19] –, zweitens schon in technischer Bedeutung eine Maxime mit Angabe des Grundes (sententia cum ratione) [20], was uns sogleich an ARISTOTELES erinnert [21], drittens und im engeren Sinne zwei bestimmte Argumentationsweisen (certa quaedam argumenti conclusio vel ex consequentibus vel ex repugnantibus), von denen die erstere, die «conclusio ex consequentibus» von manchen Autoren als ‹Epichirem› bezeichnet wurde, um den Namen ‹E.› allein der «conclusio ex repugnantibus» vorzubehalten. Schon bei CICERO heißt es, daß vornehmlich diese «ex contrariis conclusa» bei den Rhetoren mit dem allgemeinen Namen ‹E.› bezeichnet würden, gleich wie Homer bei den Griechen «propter excellentiam» schlechthin der Dichter genannt würde [22]. So heißt es auch bei QUINTILIAN [23], daß solche E. die besten, d. h. wirksamsten sind, in

denen «proposito dissimili aut contrario» der Grund beigefügt wird. Daher ist die Definition, die der Verfasser der ‹Rhetorica ad Herennium› – noch ist umstritten, ob das der CORNIFICIUS ist, auf den QUINTILIAN in diesem Zusammenhang verweist [24] – für das Argument gibt, das er «Contrarium» nennt, bereits eine des E. in dieser eingeschränkten Bedeutung: «Contrarium est quod ex rebus diversis duabus alteram breviter et facile confirmat» [25]. Daß diese Bedeutung für die ganze römische Antike bestimmend blieb, läßt sich aus der ‹Rhetorik› des JULIUS RUFINIANUS (4. Jh.) belegen: «Enthymema fit, cum periodos orationis ex contrariis sententiis astringitur» [26]. CICERO gibt uns einen bemerkenswerten Hinweis auf das Verhältnis der Rhetorik zur Aussagenlogik der Stoa, wenn er das so verstandene E. mit einer von sieben Schlußregeln identifiziert, deren stoische Herkunft unverkennbar ist [27]. Denn die erste, zweite, vierte und fünfte der von Cicero sicherlich aus älteren, uns unbekannten Quellen überlieferten Regeln stimmen selbst in der Ordnungszahl mit den «Unbeweisbaren» (ἀναπόδεικτοι) des CHRYSIPP überein. Problematisch ist die Interpretation der neu hinzukommenden sechsten und siebten Regel und der «ex repugnantibus sententiis communis conclusio, quae a dialecticis tertius modus, a rhetoricis enthymema nuncupatur» [28]. Denn neuerdings hat man Cicero – oder der Textüberlieferung – angelastet, in der siebten Regel: «Non et hoc et illud, non autem hoc, illud igitur» [29] einen logischen Fehler begangen bzw. tradiert zu haben [30]. Da man nicht von der Negation einer Konjunktion und der Verneinung des einen Gliedes auf die Setzung des anderen schließen kann, sei die falsche Schlußregel:

$$(\text{VII}^*) \quad \frac{\neg(p \wedge q)}{\neg p}$$
$$\overline{q}$$

durch Ergänzung zweier Verneinungen zu emendieren:

$$(\text{VII}^{**}) \quad \frac{\neg(\neg p \wedge \neg q)}{\neg p}$$
$$\overline{q}$$

Bei allem gebotenen Vorbehalt gegen die Übertragung dieser Argumente in einen modernen Kalkül erweist sich der Lapsus aber als das Resultat einer verkürzten, eine wesentliche Bedingung außer acht lassenden Interpretation, wenn man das «et ... et ...» im Obersatz im Sinne eines «sowohl ... als auch ...» als eine bikonditionale Aussagenverbindung deutet oder, wie BOETHIUS es in seinem Kommentar vorschreibt, als Glieder der Konjunktion bei diesem und beim sechsten Modus nur solche zuläßt, die in strenger Disjunktion zueinander stehen: «quae propositiones nisi in disjunctis medioque carentibus rebus ratam conclusionem habere non poterunt» [31]. Die Hinzufügung dieser Bedingung als Prämisse zu (VII*) ist offensichtlich äquivalent mit meinem Vorschlag zur Interpretation der siebten Regel als Übergang von der Negation einer Bikondition (meistens auch Äquivalenz genannt) unter Verneinung eines Gliedes auf die Position des anderen Gliedes:

$$(\text{VII}) \quad \frac{\neg(p \leftrightarrow q)}{\neg p}$$
$$\overline{q}$$

Entsprechend würde dann die sechste Regel bei CICERO «Non et hoc est et illud, hoc autem, non igitur illud» [32] nicht mehr identisch sein mit der dritten des Chrysipp, also nicht:

$$(\text{VI}^*) \quad \frac{\neg(p \wedge q)}{p} \quad \text{sondern: (VI)} \quad \frac{\neg(p \leftrightarrow q)}{p} \quad \text{lauten.}$$
$$\overline{\neg q} \qquad\qquad\qquad\qquad \overline{\neg q}$$

Damit wäre auch die redundante Identität, gegen die sich bereits BOETHIUS gewendet hat [33], der sechsten mit der dritten Regel, so wie sie die neuere Cicerophilologie [34] einhellig überliefert, aufgehoben. Denn der kritische Text lautet: «Cum autem aliqua conjuncta negaris et ex eis unum aut plura sumseris, ut, quod relinquitur, tollendum sit, is tertius appellatur conclusionis modus», und entspricht offenbar dem dritten Unbeweisbaren des Chrysipp. Allerdings scheint der «vorkritische» Text – gegen das textgeschichtliche Zeugnis – der dem Kontext angemessenere zu bleiben, da er eine für die sprachliche Struktur des E. bedeutende Ergänzung enthält: «Cum autem aliqua conjuncta negaris, *et his alia negatio rursus adjungitur*, et ex his *primum* sumseris, ut, quod relinquitur, tollendum sit ...» [35]. Demnach würde die dritte Regel lauten:

$$(\text{III, 1}) \quad \frac{\neg(p \wedge \neg q)}{p}$$
$$\overline{q}$$

Für eine solche Deutung spricht sowohl das von CICERO angegebene Beispiel für eine Argumentation «ex repugnantibus»: «Non et legatum argentum est, et non est legata numerata pecunia; legatum autem argentum est, legata igitur numerata pecunia est» [36], als auch die von BOETHIUS durchgeführte formallogische Analyse [37] der von CICERO zur Verdeutlichung ausgewählten E. [38]:

(1) Hoc metuere, alterum in metu non ponere?
(2) Eam, quam nihil accusas, damnas
(3) bene quam meritam esse autumas, dicis male mereri?
(4) Id, quod scis, prodest; nihil id, quod nescis, obest?

BOETHIUS begründet seine Analyse mit einer systematischen Diskussion der von einer «propositio superabnegativa» oder ὑπεραποφατική (korrigiert für ὑπεραποφαντική) [39] ausgehenden und mit dem bei Cicero ausdrücklich formulierten Modus der dritten Regel äquivalenten Argumentationsweisen [40]:

$$(\text{III, 2}) \ \frac{\neg(\neg p \wedge q)}{\neg p} \quad (\text{III, 3}) \ \frac{\neg(p \wedge q)}{p} \quad (\text{III, 4}) \ \frac{\neg(\neg p \wedge \neg q)}{\neg p}$$
$$\overline{\neg q} \qquad\qquad \overline{\neg q} \qquad\qquad \overline{q}$$

und zeigt, daß das erste und vierte der exemplarischen E. dem Modus III, 1 entspricht, das zweite und dritte aber von Cicero bewußt als Repräsentanten der Modi III, 2 und III, 3 ausgewählt wurden [41]. Schließlich erklärt er noch, daß Cicero auf die Berücksichtigung des vierten Modus wohl wegen der offensichtlichen Ähnlichkeit – die Verschiedenheit hängt ja nur vom sprachlichen Ausdruck der einzelnen Glieder ab – verzichtet habe [42]. Formallogisch stellen alle vier Modi äquivalente Umformungen der ersten Regel (modus ponens) dar, III, 3 ist darüber hinaus identisch mit dem dritten Unbeweisbaren des Chrysipp, und III, 4 würde der neuerdings vorgeschlagenen Emendation der siebten Regel entsprechen [43]. Für die Rhetorik hat natürlich der sprachliche Ausdruck Vorrang vor diesen formallogischen Äquivalenzen, weswegen CICERO auch als charakteristisch für die Argumentation «ex repugnantibus» die zweifache Verneinung in den Vordergrund gerückt haben dürfte, die uns auch in der weiteren Überlieferung der dritten dieser sieben Regeln bei MARTIANUS CAPELLA [44], CASSIODOR [45] und ISIDOR VON SEVILLA [46] begegnet, bei denen jedoch die Bezugnahme auf das rhetorische E. bereits verlorengegangen ist. Die sprachliche Eigenart dieser rhetorischen E. im engeren Sinn, deren Herkunft aus dem bereits angeführten Aristotelischen τόπος ἐκ ἐναντίων unverkennbar ist [47], drückt sich in einer zweigliedrigen Frage aus, die schlagartig verdeutlicht, daß der Angeredete wegen der außer Zweifel stehenden Anerkennung des einen Gliedes zur entsprechenden Beurteilung des anderen Gliedes veranlaßt wird. Fragt man z. B.: «Dieses fürchten und das nicht?» mit einem Unterton: «Das geht doch nicht!», der sich aus der unausgesprochen bleibenden Behauptung herleitet: «Wenn dieses zu fürchten ist, dann doch auch das!», so ersetzt das wirksam einen vollständigen logischen Schluß.

Auch das «enthymema ex consequentibus» läßt seinen stoischen Ursprung durchscheinen, sowohl wenn man auf die vielfach zu belegende Bezeichnung der zweiten Regel des Chrysipp (modus tollens) als Argumentation «ex consequentibus» achtet [48], als auch wenn man die bei Cicero [49] und Quintilian [50] in Regel und Beispielen gelehrte Schlußweise auf ihre formale Basis zurückführt:

$$\frac{\neg p \to \neg q}{p}\; q$$

die bei Umbenennung der Glieder dem Wortlaut der stoischen Regel entspricht:

$$\frac{p \to q}{\neg p}\; \neg q$$

Dabei gilt, daß diese Art von E. der Begründung, d. h. dem Untersatz ähnlich ist (rationis simile [51]), insofern ihre Formulierung nichts enthält als die Konklusion (p) mit Angabe des Grundes (q); der unausgesprochene, weil anerkannte Ausgangssatz enthält dabei, grob ausgedrückt, die Folgerung von der Negation des Antecedens auf die Negation des Consequens ($\neg p \to \neg q$). So überzeugt z. B. der Satz: «Die Tugend ist ein Gut, da niemand sie mißbrauchen kann», wenn man sich darin einig ist, daß alles, was kein Gut ist, von jemandem mißbraucht werden kann.

Die späteren Rhetoren, so der «artigraphus novellus» Fortunatian, klassifizieren die Argumentationen in solche, «per inductionem» und solche «per ratiocinationem», welch letztere «per epichirema» oder «per enthymema» schließen [52]. In dieser Tradition, die sich auch bei C. Julius Victor [53], bei Cassiodor [54] und von ihm abgeschrieben bei Isidor von Sevilla [55] nachweisen läßt, werden fünf verschiedene Arten des E. aufgezählt: das überzeugende (ἐλεγκτικόν, convincibile), das aufweisende (δεικτικόν, ostentabile), das spruchartige (γνωμικόν, sententiale), das beispielartige (παραδειγματικόν, exemplabile) und das schlußfolgernde (συλλογιστικόν, collectivum). Obgleich die griechische Terminologie und die inhaltliche Ausführung auf ältere Quellen zu deuten scheinen, dürfte diese Systematik jüngeren Datums sein, denn Victor bemerkt ausdrücklich bei dem «enthymema elencticon ... in quo repugnantia colliguntur» – wir erkennen darin das E. in seiner eingeschränktesten Bedeutung –, daß die Alten nur es allein behandelt hätten, womit er die anderen Formen, jedenfalls in ihrer schulmäßigen Darstellung, wohl als neuere kennzeichnen möchte. Das aufweisende E., das andere später hinzugefügt hätten, entspricht, wie Victor ausführt, demjenigen «ex consequentibus» und das spruchartige schließlich dem bei Aristoteles bereits behandelten enthymematischen Spruch mit Begründung [56].

4. Der rhetorische Effekt der Kürze, auf den der Redner es schon nach Aristoteles durch Übergehen dessen, was der Hörer von sich aus ohnehin ergänzt, abzusehen hat [57], wird im Zusammenhang der logischen Reduktionstheorien des E. auf den Syllogismus, sei es auf den kategorischen des Aristoteles oder auf den konditionalen der stoischen Tradition, umgemünzt zum formalen Kennzeichen des Auslassens bestimmter Teile. Die Charakteristik «syllogismus imperfectus» (ἀτελής), wohl unter dem Druck der aristotelischen Reduktion [58], schon in der Antike verbindlich für die allgemeine Definition des E., obgleich die neueren Aristoteleseditoren mit Pacius [59] das ἀτελής (unvollständig) als einen späteren Zusatz aus der überlieferten aristotelischen Definition: ἐνθύμημα μὲν οὖν ἐστὶ συλλογισμὸς ἀτελὴς ἐξ εἰκότων ἢ σημείων (E. ist deshalb ein unvollständiger Syllogismus aus Wahrscheinlichem oder Indizien) [60], gestrichen wissen wollen. Jedenfalls heißt es schon bei dem Rhetor Demetrius (1. Jh. v. Chr.): τό ἐνθύμημα οἷον συλλογισμός ἐστιν ἀτελής [61], und in einem anderen anonymen Text lesen wir: ἐνθύμημά ἐστι, συνεστραμμένος ῥητορικὸς συλλογισμὸς ἀτελής (E. ist ein zusammengezogener, unvollständiger rhetorischer Syllogismus) [62]. Diesen Formulierungen sind an die Seite zu stellen der Bericht Quintilians: «Hunc alii rhetoricum syllogismum, alii imperfectum syllogismum vocaverunt, quia nec distinctis nec totidem partibus concluderetur» [63] oder seine Beschreibung eines gegebenen Beispiels: «habet enim rationem et propositionem, non habet conclusionem: ita est ille imperfectus syllogismus» [64] oder schließlich seine vergleichende Bestimmung: «syllogismus utique conclusionem et propositionem habet et per omnes partes efficit quod proposuit, enthymema tantum intelligi contentum sit» [65]; ähnlich heißt es auch bei Fortunatian: «syllogismus plenus est omnibus partibus probationis, enthymema non omnibus» [66], wie auch in der ausführlichen Erklärung des C. Julius Victor: «Enthymema est imperfectus syllogismus: non est enim in eo necesse primum proponere, deinde argumentari et postremo concludere, sed vel primam propositionem praeterire licebit, propterea quod ipsa tantum praesumptione iudicis vel auditoris contenta esse poterit, et sola ratiocinatione exequi et conclusionem superaddere, vel certe conclusionem praetermittere et sensibus iudicis id, quod ratiocinatus est, colligendum relinquere» [67]. Diese Tradition wurde gleichsam kanonisiert durch die Definitionen des Boethius: «Enthymema est imperfectus syllogismus, cujus aliquae partes, vel propter brevitatem, vel propter notitiam praetermissae sunt» [68] und «Enthymema quippe est imperfectus syllogismus, id est oratio in qua non omnibus antea propositionibus constitutis infertur festinata conclusio» [69], die so nicht nur in die Handbücher des 12. Jh. [70], sondern auch in die einflußreichen ‹Summulae logicales› des Petrus Hispanus [71] Eingang gefunden haben. War zunächst mit dem Beiwort «imperfectus» eher der Mangel an Notwendigkeit gemeint, der den überredenden rhetorischen wie den topischen Schluß vom demonstrativen Syllogismus unterschied [72], so wurde schon im frühen Mittelalter, gestützt auf die Möglichkeit der Reduktion auf den vollständigen Syllogismus durch Ergänzung der ausgelassenen Teile, die Unvollkommenheit nicht mehr in einem Mangel an Schlüssigkeit, sondern nur in einer, zudem als rhetorische Tugend zu bewertenden Unvollständigkeit des sprachlichen Ausdrucks gesehen: «en-

thimema non differt a sillogismo secundum virtutem inferendi, sed solum secundum sermonem» [73]. So verstanden ist das E. ein um ein oder zwei seiner drei Teile verkürzter Syllogismus. Seit dem Mittelalter sind dafür Benennungen wie: «(de)curtatus», «(de)truncatus» und «abbreviatus» geläufig. Wie schon die Benennung der drei Teile: «propositio» oder «intentio» (Obersatz), «assumptio» oder «ratio» (Untersatz, Annahme, Grund) und «conclusio» (Schlußsatz) erkennen läßt, haben wir es hier nicht in erster Linie mit dem aristotelischen Syllogismus zu tun, sondern mit dem durch die stoische Logik modifizierten traditionellen Schluß, der neben den syllogistischen Modi, weniger beachtet, gewöhnlich auch die konditionalen Schlüsse wie den modus ponens und den modus tollens miteinbegreift. Zu den auslaßbaren Teilen gehört zunächst, wie man aus den zitierten Texten von QUINTILIAN und VICTOR [74], ebenso wie aus der bei CASSIODOR und ISIDOR überlieferten Lehre des MARIUS VICTORINUS ersehen kann [75], auch die Konklusion. Seit dem Mittelalter hat sich aber immer mehr die Ansicht durchgesetzt, daß nur eine der Prämissen fehlen dürfe, so etwa bei ABAELARD [76], PETRUS HISPANUS, JOHANNES BURIDAN [77], bei MELANCHTHON [78], ZABARELLA [79], PACIUS [80], JUNGIUS [81], KRUG [82], BOLZANO [83] und noch heute bei QUINE [84], um nur einige zu nennen – eine seltene Ausnahme bildet hier das einflußreiche Lehrbuch des CORNELIUS DIETERICH [85] –, dabei denken einige, wie z. B. PACHYMERES [86], LEIBNIZ [87], LAMBERT [88] und noch ZIEHEN [89] vorzüglich an das Fehlen des Obersatzes, andere, wie RÜDIGER [90], nur an das Auslassen des Untersatzes.

5. Im Spätmittelalter scheint nur noch die logische Bedeutung von E. bekannt gewesen zu sein. OCKHAM unterschied eine strikte Bedeutung «syllogismus imperfectus» im Sinne der Reduktionstheorie von einer weiteren, die alle Folgerungen von einem kategorischen oder hypothetischen Ausgangssatz auf einen anderen begreift, worunter auch die «exempla» fallen, und beschränkte sich dann auf die Darstellung der als E. verstandenen und benannten nicht-syllogistischen Konsequenzenregeln, die von ihm weitgehend mit den «loci» der Aristotelischen ‹Topik› in Übereinstimmung gebracht wurden [91]. Ebenso hatte zuvor schon BURLEIGH die wesentlichen Schlußregeln der Konsequenzenlogik (modus ponens, modus tollens, contrapositio u. a.) unter dem Titel «de modo arguendi enthymematice in conditionalibus» abgehandelt, um anschließend das syllogistische Argumentieren in Bedingungssätzen darzustellen [92]. Diesen dreifachen Sinn von ‹E.› finden wir auch im Buridankommentar des JOHANNES DORP [93]. JUAN DE ORIA kennzeichnet den Unterschied zwischen enthymematischen und syllogistischen Konsequenzen durch das formelle bzw. virtuelle Enthaltensein des Consequens im Antecedens [94]. Daß in der Konsequenzenlogik die Beziehung des E. zur stoischen Aussagenlogik wieder bewußt zu werden beginnt, ist aus der doppelten Identifizierung des E. einerseits mit den «conclusiones simplices» bei Cicero und andererseits mit den «consequentiae» der «juniores» bei GEORG VON TRAPEZUNT zu ersehen [95].

6. In der Schullogik, so z. B. bei CORNELIUS DIETERICH [96] und JUNGIUS [97], wird das E. gerne als eine Art des versteckten Syllogismus (crypticus) abgehandelt; eine Bestimmung, die sich übrigens noch bei G. F. MEIER und über ihn bei KANT findet [98]. GOCLENIUS weist auf die Verwandtschaft des E. mit dem zusammengezogenen Syllogismus (contractio) hin, bei dem die Konklusion noch knapper, nämlich lediglich durch Hinzufügung des Mittelbegriffes begründet wird [99]. Die besondere Rolle, die A. RÜDIGER im Zusammenhang seiner Lehre vom synthetischen Schließen dem E. und der enthymematischen Methode zuwies [100], kam nicht zum Tragen, da bereits sein eigener Schüler A. FR. MÜLLER sie für eine Überschätzung hielt [101]. W. T. KRUG stellt alle unmittelbaren oder Verstandesschlüsse, wie Entgegensetzungs-, Gleichheits-, Umkehrungs- und Unterordnungsschlüsse als E. der ersten Ordnung, bei denen der Obersatz ausgelassen ist, denjenigen der zweiten Ordnung, die auf den Untersatz verzichten, gegenüber [102].

7. In der Neuzeit wurde wohl durch die Rhetorikologik der Humanisten die rhetorische Wirkung des E. wieder bewußt. Mit ihm lobt der Redner, wie ZABARELLA schreibt, die Hörer, indem er ihnen Sachkunde und Gelehrtheit unterstellt [103]; mit ihm hält man sich, wie die ‹Logik von Port Royal› lehrt, von dem fern, was langweilt; beschränkt sich darauf, nicht mehr als genau das zu sagen, was nötig ist, um sich verständlich zu machen [104]. SCHOPENHAUER erläutert in seiner Berliner Vorlesung seinen Gebrauch mit Hinweisen auf die enthymematischen Schriftsteller, deren Sätze geistreich seien, «weil sie mit wenigem viel sagen: z. B. Tacitus, Rochefoucauld, Dante, Persius und Juvenal», wogegen: «Christian Wolf sagt alles und noch mehr», was er mit einem Zitat aus VOLTAIRE spickt: «Le secret d'être ennuyeux c'est de tout dire» [105].

8. Mit Recht weist QUINE darauf hin, daß im täglichen Reden meist in E. geschlossen wird [106], und man wird das wohl verallgemeinern dürfen: Überzeugende Argumentation läßt sich stets auf einen ausführlichen formalen Schluß – allerdings nicht wie noch FREYTAG-LÖRINGHOFF es behauptet [107], in jedem Fall auf einen traditionellen Syllogismus – zurückführen, der deutlich macht, einerseits, wo der Grund ihrer Schlüssigkeit liegt, andererseits aber, daß die Durchschlagskraft des Argumentierens in Rede und Schrift entscheidend von der Kunst abhängt, nur das Nötige zu sagen, ohne mit Fehlschlüssen zu täuschen oder solchen zu erliegen, also in der Anwendung von E. besteht.

9. Die etymologische Reduktion auf das «ἐν θυμῷ»-Behalten, die sich erst in den Lehrbüchern des 12. Jh. findet [108] und die auch GILBERT DE LA PORRÉE im Blick hat: «id circo tota oratio ab illa parte antecedentis, quae sine expositione tenetur in anima ἐνθύμηα vocatur» [109], scheint in der Antike kein Vorbild gehabt zu haben; es sei denn, man denkt an das «tantum intelligi contentum» bei QUINTILIAN [110]. Dagegen findet sich eine Ableitung aus ἐνθυμεῖσθαι «beherzigen», «bedenken», «erwägen», «sich einfallen lassen» für die GOCLENIUS [111], FACCIOLATI [112] und mit Berufung auf diesen TRENDELENBURG [113] eintreten, bereits im 3. Jh. bei MINUKIAN [114] und dürfte, auch bei Berücksichtigung der Geschichte des Begriffs, als die angemessenere anzusehen sein.

Anmerkungen. [1] U. V. WILAMOWITZ-MOELLENDORFF: Menander, Schiedsgericht (1925) 81. – [2] P. VICTORIUS (Hg.): Aristoteles, De arte rhetorica (Venedig 1548) praef. – [3] QUINTILIAN, Institutio oratoria, hg. M. WINTERBOTTOM (Oxford 1970) 3, 4, 9. – [4] Rhet. ad Alex. 1428 a 17-25. – [5] 1430 a 23-36. – [6] 1430 a 36-38. – [7] ARISTOTELES, Rhet. 1354 a 15. – [8] 1354 b 22. – [9] 1354 a 14. – [10] 1355 a 6-14. – [11] 1356 b 4-5. – [12] 1356 b 5-7. – [13] Vgl. F. SOLMSEN: Die Entwicklung der arist. Logik und Rhetorik (1929) 211ff. – [14] ARIST., Rhet. 1357 a 31-b 25; vgl. 1359 a 7-10; Anal. pr. II, 27, 70 a 3-10. – [15] Rhet. 1358 a 26-30. – [16] 1397 a 7-12. – [17] 1401 a 5-7. – [18] QUINTILIAN, Inst. orat. 5, 10, 1-2. – [19] CICERO, Topica 13, 55. – [20] Vgl. QUINTILIAN,

Inst. orat. 8, 5, 3. – [21] ARIST., Rhet. II, 21. – [22] CICERO, Topica 13, 55; vgl. QUINTILIAN, Inst. orat. 8, 5, 9. – [23] a. a. O. 5, 14, 4. – [24] 5, 10, 2. – [25] Rhet. ad Herennium 4, 18, 25. – [26] JULIUS RUFINIANUS, De figuris sententiarum et elocutionis § 30, in: Rhetores latini minores, hg. C. HALM (1863) 45. – [27] CICERO, Topica 12, 53-14, 57. – [28] 14, 56. – [29] 14, 57. – [30] W. und M. KNEALE: The development of logic (Oxford 1962) 179-181. – [31] BOETHIUS, In Top. Cic. MPL 64, 1145 a; vgl. 1136 d. – [32] CICERO, Topica 14, 57. – [33] BOETHIUS, a. a. O. [31] 1145 a. – [34] Seit der Ausgabe von CHR. G. SCHÜTZ (1814); dagegen CH. A. BRANDIS: Gesch. und griech. Philos. Rhein. Mus. Philol. (1829) 549f. – [35] So z. B. in der Editio Societatis Bipontinae (1780). – [36] CICERO, Topica 13, 53. – [37] BOETHIUS, a. a. O. [31] 1142 c-1144 b. – [38] CICERO, Topica 13, 55. – [39] Nach DIOGENES LAERTIOS VII, 69. – [40] BOETHIUS, a. a. O. [31] 133 d-1135 a. – [41] 1142 c-1144 b. – [42] 1135 a. – [43] KNEALE, a. a. O. [30]. – [44] MARTIANUS CAPELLA, De nuptiis Philologiae et Mercurii III, 416, hg. A. DICK (1925) 203f. – [45] CASSIODOR, Institutiones II, 3, 13, hg. R. A. B. MYNORS (Oxford 1937) 106. – [46] ISIDOR, Etymologiae II, 28, 23, hg. W. M. LINDSAY (Oxford 1912). – [47] ARIST., Rhet. 1397 a 7-12. – [48] Vgl. CICERO, a. a. O. [27]; MARTIANUS CAPELLA IV, 415; BOETHIUS, a. a. O. [31] 1138 c-1140 b. – [49] CICERO, Topica 13, 53-54. – [50] QUINTILIAN, Inst. orat. 5, 14, 1. 17. 25. – [51] 5, 14, 17. – [52] FORTUNATIAN, Ars rhetorica II, 29, in: Rhetores latini minores, hg. C. HALM (1863) 118. – [53] C. JULIUS VICTOR, Ars rhetorica 11, hg. HALM 412f. – [54] CASSIODOR, Institutiones II, 2, 11. 13, hg. MYNORS 104-106. – [55] ISIDOR VON SEVILLA, Etymologiae II, 9. – [56] ARIST., Rhet. II, 21. – [57] Rhet. 1357 a 4-18. – [58] Anal. pr. II, 27. – [59] J. PACIUS: In Porphyrii Isagogen et Aristotelis Organum Commentarius (1597, Nachdruck 1966) 264f. – [60] ARIST., Anal. pr. II, 27, 70 a 10; vgl. auch den krit. Text der Boethius-Übersetzung: Aristoteles latinus III, hg. L. MINIO-PALUELLO (Brügge/Paris 1962) 137. 189. – [61] DEMETRIUS, PERI HERMENEIAS 30, in: Rhetores graeci, hg. L. SPENGEL 3 (1856). – [62] Rhetores graeci, hg. CH. WALZ (1832-36) 6, 582. – [63] QUINTILIAN, Inst. orat. 5, 10, 3. – [64] a. a. O. 5, 14, 1. – [65] 5, 14, 24. – [66] FORTUNATIAN, Ars rhet. II, 28, hg. HALM 118. – [67] C. JULIUS VICTOR, Ars rhet. 10, hg. HALM 411. – [68] BOETHIUS, In Topica Ciceronis Comm. I. MPL 64, 1050 b. – [69] De differentiis topicis II. MPL 64, 1184 b. – [70] Vgl. L. M. DE RIJK: Logica modernorum II/2 (Assen 1967) 119. 126. 194. – [71] PETRUS HISPANUS, Summulae logicales, hg. I. M. BOCHEŃSKI (1947) 5. 04. – [72] Vgl. bereits ARIST., Rhet. I, 2. – [73] Vgl. DE RIJK, a. a. O. [70] II/2, 488. – [74] s. oben Anm. [63-65. 67]. – [75] CASSIODOR, Inst. II, 2, 14. – [76] PETRUS ABAELARD, Dialectica, hg. L. M. DE RIJK (Assen 1956) 163ff. – [77] JOHANNES BURIDAN: Compendium totius logicae (Venedig 1499, Nachdruck 1965) fol. o 6 a. – [78] MELANCHTHON: Erotemata Dialectices (1568) 181f. – [79] J. ZABARELLA: De doctrinae ordine apologia (1594) 169. Opera logica, Nachdruck, hg. W. RISSE (1966). – [80] PACIUS, a. a. O. [59]. – [81] J. JUNGIUS: Logica Hamburgensis (1638) I, III, 16, hg. R. W. MEYER (1957) 159f. – [82] W. T. KRUG: Logik oder Denklehre § 93 (²1819) 285ff. – [83] B. BOLZANO, Wissenschaftslehre § 683, 7, hg. W. SCHULTZ 4 (1931) 574. – [84] W. v. O. QUINE: Grundzüge der Logik (1969) 240ff. – [85] C. DIETERICH: Institutiones dialecticae (1609) II, 22, § 3. – [86] G. PACHYMERES: In universam Aristotelis disserendi artem epitome (Venedig 1545), zit. PACIUS, a. a. O. [59]. – [87] Vgl. z. B. LEIBNIZ, Nouveaux essais I, 1, § 19; IV, 7, § 11. Akad.-A. VI/6, 83. 421. – [88] J. H. LAMBERT: Neues Organon 1 (1764) § 250. Philos. Schriften, hg. H.-W. ARNDT 1 (1965) 155f. – [89] TH. ZIEHEN: Lb. der Logik (1920) 755f. – [90] A. RÜDIGER: De sensu veri et falsi (²1722) 398; Philos. pragmatica (²1729) § 304. – [91] WILHELM OCKHAM, Elementarium logicae VI, hg. E. BUYTAERT. Franciscan Stud. 25 (1965) 253ff. – [92] WALTER BURLEIGH, De puritate artis logicae, Tract. longior, cap. II bzw. III, hg. PH. BOEHNER (1955). – [93] JOHANNES DORP, in [77] fol. o 6 a b. – [94] J. DE ORIA: Summulae (1518) fol. 3, zit. V. MUÑOZ DELGADO: La logica nominalista en la Universidad de Salamanca, 1510-1530 (Madrid 1964) 341. – [95] Vgl. C. PRANTL: Gesch. der Logik 4 (1870) 170 Anm. 109. – [96] C. DIETERICH: Institutiones dial. (1609) II, 22. – [97] JUNGIUS, a. a. O. [81]. – [98] Vgl. KANT, Akad.-A. 16, 752; 9, 131. – [99] R. GOCLENIUS: Lexicon Philosophicum graecum (1615, Nachdruck 1964) 74f. – [100] RÜDIGER, a. a. O. [90] 390. 509. – [101] J. A. FR. MÜLLER: Einl. in die philos. Wiss. 1 (²1733) 458-468. – [102] KRUG, a. a. O. [82] §§ 93-100, S. 285-341; vgl. auch den Art. ‹E.› in Allg. Handwb. der philos. Wiss. (²1832) 1, 770-773. – [103] J. ZABARELLA, De natura logicae II, 17. Opera logica, hg. J. L. HAWENREUTER (1597, Nachdruck 1966) 88 c-e. – [104] A. ARNAULD und P. NICOLE: La Logique ou l'art de penser (²1664) III, 14. – [105] A. SCHOPENHAUER, Werke, hg. P. DEUSSEN 9 (1913) 341. – [106] QUINE, a. a. O. [84] 241; vgl. auch R. CARNAP: Philos. der Naturwiss. (1969) 15. – [107] B. V. FREYTAG-LÖRINGHOFF: Logik (1955) 112. – [108] Logica modernorum, hg. DE RIJK a. a. O. [70] II/2, 194. 363. – [109] GILBERT DE LA PORRÉE, In lib. Boethii De hebdomadibus. MPL 64, 1315 a/b. – [110] QUINTILIAN, a. a. O. [65]. – [111] GOCLENIUS, a. a. O. [99]. – [112] J. FACCIOLATI: Acroasis prima: De enthymemate (1724) 6. – [113] F. A. TRENDELENBURG: Elementa logices Aristoteleae § 37 (1836, ⁹1892) 117. – [114] MINUKIAN, PERI EPICHEIREMATON 3, in: Rhetores graeci, hg. SPENGEL I/2 (1894) 343.

Literaturhinweise. H. LAUSBERG: Hb. der lit. Rhetorik (1960) § 371. – H. MAIER: Die Syllogistik des Aristoteles II, 1 (1900) 474-500.
H. SCHEPERS

Entlastung. «Eigentätig muß der Mensch sich entlasten, d. h. die Mängelbedingungen seiner Existenz ... in Chancen seiner Lebensfristung umarbeiten» [1], heißt es bei A. GEHLEN in seinem Hauptwerk ‹Der Mensch›. Der Begriff ‹E.› gewinnt damit eine Schlüsselstellung in der philosophischen *Anthropologie* deutscher Provenienz. Wie viele Begriffe und Theoreme dieser Denkrichtung ist er aufschließend und irreführend zugleich, und auch Gehlen gelingt es nicht, ihn überzeugend durchzuhalten. Einerseits ist unbestreitbar, daß E. «Befreiung» bedeutet, «Reduktion von Umweltkomplexität» (N. LUHMANN). Andererseits stellen die kleinen und besonders die großen Techniken der E. dem Menschen auch Fallen: In der Übung des Ineinanderspiels von physischen und psychischen Möglichkeiten entlastet sich der Mensch zwar von der ständigen Beachtung der Details seines Verhaltens, verfällt aber der Routine. Der Mensch gewinnt dadurch Übersicht, daß er etwas, vieles, übersieht. Der Preis ist deutlich: Erweiterung des Blickfeldes durch Ausschluß, Verbreiterung durch Tiefenverlust, Vertiefung durch Verengung. Ähnlich ist es mit den großen E.-Leistungen. In der Bildung der Institutionen treten große Bedürfnisse antizipatorisch gesättigt in den Hintergrund potentieller Befriedigung. Damit wird Kultur tragend, aber auch unbewußt und existentiell partiell, beschränkend-beschränkt. Der entscheidende Einwand gegen die Ausweitung des E.-Begriffs auf Institutionen ist aber der, daß sie nach Gehlen nicht vom Menschen «eigentätig» geschaffen werden können, sondern sozusagen hinter seinem Rücken entstehen («sekundäre objektive Zweckmäßigkeit»). Damit gewinnt der E.-Begriff eine metaphysische Komponente, die ihn seiner analytischen Möglichkeiten weitgehend beraubt. Der Ansatz stößt überhaupt im Denken der Ethnologen sowie der angelsächsischen Kultur- und Sozial-Anthropologen auf völliges Unverständnis. Die Tatsache des Überlebens des Menschen aufgrund der gleichzeitigen Ablösung *und* Handhabung seines ursprünglichen Instinktarsenals durch ein hochentwickeltes Zentralnervensystem läßt unter naturwissenschaftlichen Gesichtspunkten den E.-Begriff als problematisch erscheinen. Der Mensch ist unter modernem Aspekt ein auf seine Möglichkeiten des Überlebens spezialisiertes Wesen, das gerade in einer adäquaten *Be*lastung sich findet (Steigerung von Komplexität). Hier treffen quasi-positivistische Gedanken mit existenzphilosophischen zusammen. Reduktion von Komplexität (durch E.) und *Schaffung* von Komplexität scheinen sich beim Menschen überhaupt die Waage zu halten. «Kultur» als völlig *mensch*spezifische E. ist mit dem Begriff ‹E.› nur zu fassen, wenn der Mensch als total «offenes», d. h. instinktverunsichertes Wesen dargestellt wird. Dieser Auffassung wird in letzter Zeit von seiten der Tierverhaltensforscher entgegengetreten (K. LORENZ, EIBL-EIBESFELD); eine Vermittlung schlägt CLAESSENS vor, indem er einen Begriff der «kleinen» E. (im Zusammenspiel psychisch-physischer Mechanismen) von dem der «großen» E. (durch Institutionen) trennt und zeigt, wie in letzterem Falle der Begriff in Metaphysik umschlagen muß, wenn nicht einerseits jene formalen Bestimmungselemente ursprünglich inhaltlich orientierter Instinkte, wie die Tendenz von Regelhaftigkeit und Wiederholung, und andererseits *Gruppenleistungen* in die Analyse der Genese des Menschen einbezogen werden. Institutionen zeigen sich dann zwar entlastend, aber prinzipiell veränderlich. Als analytischer Begriff bleibt ‹E.› also heuristisch wertvoll.

Anmerkung. [1] A. GEHLEN: Der Mensch. Seine Natur und seine Stellung in der Welt (1940, ⁷1962) 36.   D. CLAESSENS

Entmythologisierung ist ein von R. BULTMANN geprägter Begriff [1], der sich heute über den Bereich der Theologie hinaus in der Bedeutung verbreitet hat, eine Institution oder ein Wort des fest geprägten, institutionellen oder metaphysischen Charakters zu entkleiden. Theologisch bedeutet er nicht Eliminierung, sondern Interpretation der in mythologischer Sprache begegnenden Aussagen des Neuen Testaments. Mythologie ist dabei als das «weltliche» Reden vom «Unweltlichen» verstanden. Die E. vollzieht sich durch existentiale Interpretation. – Das Programm der E., um das sich eine noch nicht abgeschlossene Auseinandersetzung in der Theologie aller Konfessionen erhob, erwuchs aus der Arbeit an der Formgeschichte des Neuen Testamentes, die aus dem literarischen Charakter der Evangelien erhoben hatte, daß diese als geschichtliche Zeugnisse zuerst für die Berichterstatter und nur sekundär für das Berichtete zu verstehen sind [2]. Insofern die Intention der Evangelien Bekenntnis und Verkündigung des Glaubens ist, sind die Texte als Bekenntnis und Verkündigung zu interpretieren. Bultmann benutzte den aus dem Werk des frühen M. HEIDEGGER gewonnenen Begriff ‹Selbstverständnis› [3]: Indem die Texte nach dem in ihnen sich aussprechenden Verstehen der eigenen Existenz des Aussagenden befragt werden, wird die mythologische Sprache ihres objektivierenden Charakters entkleidet; das Kerygma wird aus dem mythischen Weltbild in Aussagen übersetzt, die den Hörer existentiell betreffen. Sie rufen zur Entscheidung zwischen einem Existenzverständnis vom Verfügbaren her und einem Sichöffnen für die Zukünftigkeit des Unverfügbaren. – Schüler Bultmanns suchten die E. weiterzuführen, indem sie den verbleibenden «mythologischen Rest», vom eschatologischen Handeln Gottes zu reden, der existentialen Interpretation unterzogen. Der Ermöglichungsgrund für das vom Neuen Testament angebotene Selbstverständnis sei in der geschichtlichen Begegnung mit dem Kerygma gegeben. Von daher gewann die historische Frage theologisch wieder an Gewicht, während Bultmann sein Desinteresse daran proklamiert hatte [4].

Anmerkungen. [1] R. BULTMANN: NT und Mythologie (zuerst 1941 in: Offenbarung und Heilsgeschehen, Beih. Z. evang. Theol. Bd. 7), in: Kerygma und Mythos 1 (⁵1967) 15ff; der Begriff klingt allerdings schon vorher (1930) an bei H. JONAS: Augustin und das paulinische Freiheitsproblem. Forsch. zur Relig. u. Lit. des AT u. NT 44. – [2] H. J. EBELING: Das Messiasgeheimnis und die Botschaft des Markusevangelisten. Beih. zur Z. neutestamentl. Wiss. 19 (1939) 12. – [3] Vgl. E. FUCHS, Ges. Aufsätze 1 (1959) 237ff. – [4] J. M. ROBINSON: Kerygma und historischer Jesus (1960).

Literaturhinweise. H.-W. BARTSCH (Hg.): Kerygma und Mythos 1-6 (1948ff.) mit ausführlicher Bibliographie in Bd. 1 (⁵1967). – R. BULTMANN: Glauben und Verstehen 1 (1933) bis 4 (1965). – H.-W. BARTSCH: Über die E. des NT, in: Protestantismus heute, hg. F. H. RYSSEL (1959) 172-181. – E. FUCHS: Zum hermeneutischen Problem in der Theol. Ges. Aufsätze 1 (1959); Glaube und Erfahrung. Ges. Aufs. 3 (1965). – Neuland in der Theol., hg. J. M. ROBINSON und J. B. COBB jr. 1: Der spätere Heidegger und die Theol. (1964); 2: Die neue Hermeneutik (1965). – G. BORNKAMM: Die Theol. R. Bultmanns in der neueren Diskussion. Theol. Rdsch. 29 (1963) 33-141.   H.-W. BARTSCH

Entropie (aus τροπή = Verwandlung von CLAUSIUS in Anlehnung an ‹Energie› gebildet) bezeichnet den Verwandlungsinhalt, d. h. ein Maß für den nicht in mechanische Arbeit umsetzbaren Energieinhalt eines Körpers [1]. Nachdem durch ROBERT MAYER, JOULE, HELMHOLTZ und W. THOMSON (Lord KELVIN) der Satz von der Energieerhaltung postuliert war, führten die Untersuchungen von R. CLAUSIUS und W. THOMSON [2] über die Umwandlung von Wärme in mechanische Arbeit bei Kreisprozessen [3] zu der Erkenntnis, daß die Extremumseigenschaft des Wirkungsgrades des Carnotprozesses für alle Kreisprozesse $\oint dQ/T \leq 0$ zur Folge hat, wobei das Gleichheitszeichen nur für reversible Prozesse gilt und dQ die bei der Kelvintemperatur $T = 273° + t°C$ zugeführte Wärmemenge ist. Aus dem Verschwinden des Integrals für jeden geschlossenen Weg folgt, daß der Integrand $dS = dQ/T$ das totale Differential einer Zustandsgröße S ist, die CLAUSIUS ‹E.› nennt; dQ ist dabei die reversibel zugeführte Wärmemenge. Die Anwendung auf die Zustandsänderung eines mit seiner Umgebung nicht in Wärmeaustausch stehenden Systems ergibt $\Delta S \geq 0$ und damit den E.-Satz: «In einem adiabatisch abgeschlossenen System kann die E. nicht abnehmen.» Da alle natürlichen Prozesse irreversibel sind, nimmt im adiabatisch abgeschlossenen System die E. mit der Zeit zu; ist das System energetisch vollständig abgeschlossen, so strebt sie einem Höchstwert zu. Ist dieser erreicht, so ist das System im Gleichgewicht. Die Gleichgewichtsbedingung ist grundlegend für die physikalisch-chemische Theorie, enthält aber auch die Konsequenz des Wärmetodes. – Die in dem E.-Integral enthaltene Konstante ist nach W. NERNST so zu wählen, daß die E. am absoluten Nullpunkt der Temperatur verschwindet [4]. Daraus folgt dann die Unerreichbarkeit des absoluten Nullpunktes. CARATHÉODORY begründet den E.-Satz durch das Postulat: Es gibt in der Nachbarschaft eines beliebigen Zustandes eines thermodynamischen Systems adiabatisch nicht erreichbare Zustände [5].

Der E.-Satz steht im Widerspruch zur Molekularphysik. Jeder makroskopisch in den Grenzen der Beobachtungsgenauigkeit festgelegte Zustand eines Systems kann durch eine sehr große Anzahl verschiedener Konfigurationen und Geschwindigkeiten der Moleküle und Lichtquanten realisiert sein. Der Logarithmus der Anzahl dieser Realisierungsmöglichkeiten erweist sich als das Äquivalent der Entropie (BOLTZMANN, MAXWELL [6]). Da die Zeit in der Mechanik und Elektrodynamik (auch in der quantentheoretischen Formulierung) keine Vorzugsrichtung hat, so muß auch für die E. die Auszeichnung einer Zeitrichtung wegfallen (LOSCHMIDTscher Umkehreinwand [7]). Außerdem kommt jedes abgeschlossene mechanische System im Laufe der Zeit einem Zustand, in dem es sich einmal befunden hat, wieder beliebig nahe (Wiederkehreinwand, POINCARÉ, ZERMELO [8]). Eine Möglichkeit, diesen Folgen auszuweichen, liefert die Feststellung, daß kein System hinreichend lange tatsächlich abgeschlossen ist, insbesondere die Gesamtwelt nicht, wenn sie expandiert. Ein anderer Weg bietet sich vielleicht in der Physik der Elementarteilchen: Wir leben unsere zeitliche Entwicklung in der Richtung auf den Wärmetod, so lange wir nicht in eine Antiwelt geraten.

Anmerkungen. [1] R. CLAUSIUS, Pogg. Ann. Phys. 125 (1865) 353. – [2] R. CLAUSIUS, Pogg. Ann. Phys. 79 (1850) 368. 500; 93 (1854) 481; W. THOMSON, Trans. Roy. Soc. Edinb. 20 (1851) 261. 289; 21 (1854) 123. – [3] Vgl. Art. ‹reversibel/irreversibel›. – [4] W. NERNST, Gött. Nachr. (1906) 1. – [5] C. CARATHÉODORY, Math. Ann. 61 (1909) 355. – [6] L. BOLTZMANN, Wiener Ber. 76, Abt. 2 (1877) 373. – [7] J. LOSCHMIDT, Wiener Ber. 73, Abt. 2 (1876) 139; 75 (1877) 67. – [8] H. POINCARÉ, Acta math. 13 (1890) 67; E. ZERMELO, Ann. Phys. 57 (1896) 485; 59 (1896)793; G. LUDWIG, Physikertagung (1965) 120.

Literaturhinweis. S. FLÜGGE: Hb. der Physik. 3/2 (1959): Prinzipien der Thermodynamik und Statistik.   A. KRATZER

Entsagung. Als E. bezeichnen die deutschen Klassiker, namentlich GOETHE (Wilhelm Meisters Wanderjahre, Wahlverwandtschaften), den schmerzlichen, aber freiwilligen Verzicht, der aus der Einsicht, daß nur Beschränkung tüchtige Leistung ermöglicht, entsteht, aus opferbereiter Rücksicht auf das Recht oder Glück anderer oder aus Ehrfurcht vor den sittlichen Ordnungen. HEGEL faßte dann den Bedürfnislosigkeit der Kyniker und die Askese im Christentum, insbesondere im Mönchswesen, als E. Bei beiden enthält nach ihm «die E., das Negative, zugleich eine affirmative Richtung auf das, dem entsagt wird», wobei «die Wichtigkeit dessen, dem entsagt wird, zu viel hervorgehoben» wird [1]. «Der wahrhaft christlichen Anschauung nach ist die E. dagegen nur das Moment der Vermittlung, der Durchgangspunkt, in welchem das bloß Natürliche, Sinnliche und Endliche überhaupt seine Unangemessenheit abtut, um den Geist zur höheren Freiheit und Versöhnung mit sich selbst kommen zu lassen, eine Freiheit und Seligkeit, welche die Griechen nicht kannten» [2].

Anmerkungen. [1] Vorlesungen über die Gesch. der Philos. Jubiläums-A. 18, 164. – [2] Vorlesungen über die Ästhetik I a. a. O. 13, 107.

Literaturhinweise. Art. ‹E.› in GRIMMS Wb. 3. – H. A. KORFF: Geist der Goethezeit 2 (1930). – H. SCHÜLKE: Goethes Ethos (1939).   H. REINER

Entscheidung (griech. κρίσις, lat. decisio, dän. afgørelse). Der Begriff ‹E.› wird am häufigsten im Zusammenhang von *rechtlichen* und *ethisch-politischen* Fragen gebraucht und meint dort insgesamt, daß etwas Ungewisses, Zweifelhaftes zur Klärung kommt [1]. In solchem Zusammenhang bezeichnet ARISTOTELES den Vollzug der Vorzugswahl in der E. über Recht und Unrecht als κρίσις τοῦ δικαίου [2].

Von der Rechtssphäre kann der Begriff übertragen werden in den *religiösen* Bereich, der in Analogie zum Rechtsprozeß vorgestellt wird. Solche E. durch ein himmlisches Gericht beschreibt PLATON im Schlußmythos des Gorgias (ἐπειδὰν ἡ κρίσις ᾖ) [3]. Diese Bedeutung von endgültiger E. im Gottesgericht wird weiterhin besonders durch das Alte Testament geprägt [4]. Die Vergegenwärtigung der eschatologischen Vorstellungen im Johannesevangelium bewirkt, daß κρίσις deutlicher für gegenwärtige E. angesichts der Offenbarung als für jenseitiges Gericht steht: νῦν κρίσις ἐστὶν τοῦ κόσμου τούτου (Jetzt fällt die E. über diese Welt) [5].

Seine eigentliche *philosophische* Prägung erfährt der E.-Begriff durch KIERKEGAARD, der seine beiden Bedeutungskomponenten, die ethisch-rechtliche und die religiöse, zusammennimmt, um damit, vor allem in seinen späteren Schriften, das Wesentliche der Dialektik der Existenz auszusagen. E. geht es ihm um die Kategorie, die das Verhältnis zur Wirklichkeit, zur «Existenz», angibt im Gegensatz einerseits zur ästhetischen Unmittelbarkeit und anderseits zum Denken, das im bloßen Reflexionsverhältnis, in der Spekulation, bleibt. Zunächst bezeichnet er diese Kategorie durch den Akt des Wählens: «Was ist es dann also, das ich in meinem Entweder/Oder sondere? ... Vermag man einen Menschen nur erst derart auf die Wegscheide zu stellen, daß es für ihn keinen Ausweg gibt, außer mittels der Wahl, so wählt er das Rechte» [6]. «Ich kehre zurück zu meiner Kategorie ... des Wählens ..., indes, was ist es denn, das ich da wähle, ist es dieses oder jenes? Nein, denn ich wähle absolut ... und was ist das Absolute? Es ist ich selbst in meiner ewigen Gültigkeit. Etwas anderes als mich selbst kann ich nie als das Absolute wählen ...» [7]. In ‹Furcht und Zittern› wird die Existenzdialektik als die unendliche Bewegung der Leidenschaft durch den Begriff des Sprunges beschrieben [8], der dann in der ‹Unwissenschaftlichen Nachschrift› als «die E. κατ' ἐξοχήν gerade für das Christliche» [9] bestimmt wird. Im Denkprojekt der ‹Philosophischen Brocken› ist die E. die gegenüber dem sokratischen Denken neue Kategorie des Augenblicks, die zusammen mit Sündenbewußtsein, Glauben und dem Gott in der Zeit das Denkprojekt B, also das Christliche, überhaupt erst möglich macht [10].

Ab 1846, in der ‹Unwissenschaftlichen Nachschrift›, der ‹Literarischen Anzeige› und der ‹Gelegenheitsrede›, gewinnt «der große Gesichtspunkt der E.» seine eigene terminologische Bedeutung bei Kierkegaard als «das Wesentliche im Verhältnis zum Dasein» [11]. Diese Entwicklung hat zwei Voraussetzungen, und sie machen die Schärfe des Begriffs der E. aus: Einmal gewinnt das Christliche immer ausschließlicher Bedeutung für die Bestimmungen Kierkegaards: «Im entscheidendsten Augenblick der wirklichen Lebensgefahr nur einen Namen ... zu nennen ... Christi Namen», das ist «die entscheidende Betrachtung des Lebens ... die ewige E. der Innerlichkeit» [12].

Zum andern wächst aus Gründen der philosophischen Möglichkeit des Christentums die Polemik Kierkegaards gegen das objektive Denken der Reflexion, das ihm durch Hegel verkörpert wird, aber auch allgemein das Zeichen seiner Zeit ist: «Das Bedürfnis nach E. eben ist es, welches die Reflexion austreibt oder austreiben will» [13]. Weil für Kierkegaard Wahrheit nicht gegeben ist in objektiven Verhältnissen, in Ethos, Staat und Geschichte, sondern nur in der Gewißheit der Subjektivität [14], bezeichnet er das Verhältnis der Subjektivität zu der Wahrheit immer ausführlicher als E.: «Nur in der Subjektivität gibt es E., wogegen das Objektiv-werden-Wollen die Unwahrheit ist. Die Leidenschaft der Unendlichkeit ist das Entscheidende, nicht ihr Inhalt; denn ihr Inhalt ist sie eben selbst» [15]. Auch diese Bestimmungen erfolgen umwillen der christlichen Wahrheit: Das Christentum, aufgefaßt als objektive Lehre, «verwandelt das, worauf das Christentum am entscheidensten als auf das Entscheidende dringt, E., in Vertagung von Tag zu Woche, zu Monat, zu Jahr, auf Lebenszeit» [16]. Zum Schluß seines Lebens wird Kierkegaard die Identifizierung seiner Gedankenbestimmungen mit seiner Existenz möglich [17], und er lebt selbst die von ihm geforderte E. Diese Bestimmungen des späten Kierkegaard haben auf die frühe dialektische Theologie und Existenzphilosophie gewirkt, ohne daß die einschränkende Bedeutung Kierkegaards als Korrektiv – auch nach seiner Selbstdeutung – genügend berücksichtigt worden wäre.

Vor allem durch die *dialektische Theologie* ist der E.-Begriff in den zwanziger Jahren wirksam geworden.

Allerdings dient weniger K. BARTH als Zeuge – für ihn ist die E. der von Ewigkeit her feststehende Beschluß Gottes zur Offenbarung [18] –, sondern F. GOGARTEN, der unter ausdrücklichem Bezug auf Kierkegaard die menschliche Existenz kennzeichnet durch die E. im Verhältnis zum Glauben: «Müssen wir nun nicht Gottes Wort hören können? ... Erst muß hier die E. gefallen sein. Vorher können wir nichts mit ganzem Herzen tun. Solange stehen wir zwischen den Zeiten» [19]. Ähnlich beschreibt auch R. BULTMANN später die Situation des Menschen als bestimmt durch die E. zur Offenbarung: «... der Wert des Menschen [ist] für Jesus nicht durch irgendeine gegebene menschliche Qualität ... bestimmt, sondern allein dadurch, wie der Mensch sich im Hier und Jetzt seiner Existenz entscheidet» [20].

Bultmann verweist auf M. HEIDEGGER, den er aber existentialistisch mißversteht. Denn «Entschlossenheit» meint für Heidegger etwas anderes als «E.». Sie ist nach ihm ein fundamentalontologischer Begriff: Die Entschlossenheit «ist primär keine Qualität des ‹Urteils› noch überhaupt eines bestimmten Verhaltens, sondern ein wesenhaftes Konstitutivum des In-der-Welt-seins als solchen». Sie bedeutet «die im Gewissen-haben-wollen liegende Erschlossenheit des Daseins». Während E. nach Kierkegaard heißt, daß das Selbst sich durch seine Wahl konstituiert und damit erst Wahrheit schafft, die Pointe des Begriffs also in der Isolierung des Ichs gegenüber der vorgegebenen Welt liegt – seine theologische Komponente –, bestimmt Heidegger seinen Begriff bewußt nicht-theologisch: «Die Entschlossenheit löst als eigentliches Selbstsein das Dasein nicht von seiner Welt ab, isoliert es nicht auf ein freischwebendes Ich» [21].

Von ganz anderer Bedeutung ist der Begriff ‹E.› für K. JASPERS und J.-P. SARTRE, die beide in ihrem Philosophieren ungleich mehr als Heidegger durch die Theologie bestimmt sind, der eine, indem er zu einem «philosophischen Glauben» führen will, der andere, indem er einen bewußt atheistischen Existentialismus vertritt. Für JASPERS ist menschliche Existenz charakterisiert durch die E.: «Denn ich lasse entweder den Lauf der Dinge über mich entscheiden, und verschwinde als ich selbst, weil ... alles nur geschieht; oder ich ergreife das Sein aus selbstseiendem Ursprung mit dem Bewußtsein: Es muß entschieden werden» [22]. Diese E. setzt sich aber ins Verhältnis zur Ewigkeit: «In der Zeit [wird] für die Ewigkeit entschieden ... Dann ist sie [die Zeit] nicht nur Ablauf, sondern Erscheinung der Existenz, die in der Zeit durch ihre E. sich erwirbt» [23]. Und «Philosophieren [ergreift] durch die Erscheinung das Sein im Deuten der Chiffren der Transzendenz» [24]. So begreift auch SARTRE den E.-Begriff, nur daß er ihn ablöst von jedem transzendenten Bezug. Das Selbst realisiert sich durch Freiheit und als Freiheit und gibt sich und der Wirklichkeit durch seine E. erst Sinn: «Mais le sens que ce désir, que cette crainte, que ces considérations objectives sur le monde ont pour moi quand présentement je me projette vers mes futurs, c'est moi seul qui peux en décider. Et je n'en décide, précisément, que par l'acte même par lequel je me pro-jette vers mes fins» [25].

Im Zusammenhang einer Theorie des Handelns hat M. WEBER E. als Stellungnahme zu werten verstanden, die zu begründen nicht unter die möglichen Aufgaben der Wissenschaft fällt, sondern aus der Weltanschauung des eine E. Treffenden folgt: Die «Abwägung [zwischen den Werten] selbst nun aber zur E. zu bringen, ist freilich *nicht* mehr eine mögliche Aufgabe der Wissenschaft, sondern des wollenden Menschen: er wägt und wählt nach seinem eigenen Gewissen und seiner persönlichen Weltanschauung zwischen den Werten, um die es sich handelt» [26]. C. SCHMITT hat die E. in einem Rechtsfall und politische E. im Sinne des Satzes, daß «alle prägnanten Begriffe der modernen Staatslehre ... säkularisierte theologische Begriffe» seien [27], aus dem Zusammenhang der theologischen Tradition von E. und in Analogie zum Schöpferakt Gottes verstanden: «Daß es die zuständige Stelle war, die eine E. fällt, macht die E. relativ, unter Umständen auch absolut, unabhängig von der Richtigkeit ihres Inhalts ... Die E. ist, normativ betrachtet, aus einem Nichts geboren» [28]. Neuerdings hat H. LÜBBE die Unentbehrlichkeit des Begriffes der E. für eine Theorie des politischen Handelns geltend gemacht: «Die E. überspringt einen Mangel an rationalen Bestimmungsgründen des Handelns ... Die Vernunft der E.-Situation besteht gerade darin, sich zum Handeln zu bestimmen, obwohl ausreichende Gründe, so und nicht anders zu handeln, fehlen» [29].

Anmerkungen. [1] Vgl. J. und W. GRIMM, Dtsch. Wb. 3 (1862) 596ff. – [2] ARISTOTELES, Eth. Nic. 1134 a 31; Pol. 1253 a 39 u. ö. – [3] PLATON, Gorgias 523. – [4] Theol. Wb. zum NT, hg. G. KITTEL 3, 923ff. – [5] Joh. 12, 31. – [6] KIERKEGAARD, Samlede Vaerker¹ (= SV) 2, 152 = Entweder/Oder 2. Teil, dtsch. E. HIRSCH (= H) 178. – [7] SV 2, 191f. = H 227. – [8] SV 3, 93 = Furcht und Zittern, H 42f. – [9] SV 7, 85 = Unwiss. Nachschrift 1. Teil, H. 97. – [10] Vgl. die Schlußmoral SV 4, 272 = Philos. Brocken, H. 107. – [11] Papirer 7, A, 138 = Tagebücher 2, dtsch. H. GERDES (= G) 104. – [12] ebda; vgl. SV 8, 180 = Erbauliche Reden in verschiedenem Geist (1847), H 86f.; vgl. a. a. O. 198 = 108. – [13] SV 8, 71 = Lit. Anzeige, H 80. – [14] Vgl. SV 7, 170 = Unwiss. Nachschrift 1. Teil, H 194. – [15] ebda. – [16] SV 12, 463 = Zur Selbstprüfung ... H 224. – [17] Vgl. SV 14, 108 = Der Augenblick, H 97f. – [18] K. BARTH: Der Römerbrief (²1921) 255. – [19] F. GOGARTEN: Zwischen den Zeiten (1920), in: Anfänge der dialekt. Theol. 2, hg. J. MOLTMANN (1963) 100; vgl. F. GOGARTEN: Die relig. E. (1921), in: Anfänge ..., a. a. O. 125. – [20] R. BULTMANN: Jesus (1926, 1958) 49. – [21] M. HEIDEGGER: Sein und Zeit (¹¹1927) 296ff., § 60. – [22] K. JASPERS: Philos. 2 (1932, ²1956) 8. – [23] a. a. O. 1 (1932, ²1956) 16. – [24] 20. – [25] J.-P. SARTRE: L'être et le néant (1937) 514. – [26] M. WEBER, Ges. Aufs. zur Wissenschaftslehre, hg. J. WINCKELMANN (³1968) 150; vgl. A. SCHRAMM, Philos. Studien zum Begriff der E. (Diss. Berlin 1940). – [27] C. SCHMITT: Polit. Theol. (²1934) 49. – [28] a. a. O. 42. – [29] H. LÜBBE: Zur Theorie der E., in: Collegium philos. Festschrift J. Ritter (1965) 131f.; vgl. Dezisionismus in der Moraltheorie Kants, in: Epirrhosis. Festgabe C. Schmitt (1968) 2, 567ff.

C. V. BORMANN

Entscheidungstheorie (decision theory). Das zentrale Problem der E. ist das Auffinden bzw. Aufstellen von Kriterien für die Wahl einer «optimalen» oder «rationalen» Handlungsalternative in Entscheidungssituationen. Die Reichweite der E., speziell die Abgrenzung ihres Gegenstandes innerhalb des Bereichs menschlichen Wahlverhaltens überhaupt, läßt sich durch das folgende Grundmodell genauer abstecken: Ein Individuum (bzw. eine Gruppe von Individuen), der Entscheidende, befindet sich in einer Situation, in der ihm gewisse Handlungsweisen zur Wahl offenstehen, von denen er genau eine ergreifen muß und aus der sich eine von mehreren möglichen Folgen ergibt. Der Entscheidende besitzt im allgemeinen keine vollständige Kontrolle über die Faktoren, die die Folgen (das Ergebnis) bestimmen: Außer von der gewählten Handlungsweise hängt der Ausgang von mehr oder weniger zahlreichen vom Entscheidenden nicht beeinflußbaren Umweltfaktoren ab. Es wird vorausgesetzt, daß dem Entscheidenden die «Ergebnisfunktion», die die Abhängigkeit der möglichen Ergebnisse von den möglichen Handlungsweisen und von den möglichen «Zuständen» der für die Entscheidungssituation relevanten Umwelt zum Ausdruck bringt, im wesentlichen bekannt sei. Je nach den Informationsbedingungen bezüglich des «tatsächlichen Zustandes» der Umwelt unterscheidet man dann prinzipiell zwischen *Gewißheitssituationen*, in denen dem Entscheidenden der tatsächliche Zustand der Umwelt und damit der Zusammenhang Handlungsweise–Ergebnis bekannt ist, und *Ungewißheitssituationen*, die man je nach der Art der Ungewißheit des Entscheidenden über den tatsächlichen Zustand der Umwelt weiter differenzieren kann in a) Risiko-, b) Spiel- und c) Ungewißheitssituationen im engeren Sinn [1].

Eine Übersicht über die Hauptzweige der E. gemäß der Unterscheidung von Individual- bzw. Gruppenentscheidungen (wobei dies keine biologisch-soziologische, sondern eine funktionale Einteilung ist) und danach, ob die Kriterien rationalen Wahlverhaltens empirisch aufgesucht oder normativ aufgestellt werden, gibt die folgende Tabelle [2]:

	Individualentscheidungen	*Gruppenentscheidungen*
Normative Theorien:	Klassische Ökonomie Statistische E. Moralphilosophie	Spieltheorie Wohlfahrtsökonomie Politische Theorie
Deskriptive Theorien:	Lerntheorie Untersuchung von Wählerverhalten	Sozialpsychologie Politische Wissenschaft

Vom philosophischen Standpunkt aus sind die normativen Theorien von größerem Interesse als die deskriptiven Theorien.

Normative Individual-E. – Die Aufgabe einer normativen E., Kriterien für eine rationale Wahl zwischen Handlungsalternativen aufzustellen, erfordert zu ihrer Lösung eine Präzisierung des naiven Rationalitätsbegriffes. Letztlich also hat es die E. mit einem speziellen Problem der praktischen Philosophie zu tun, der Bestimmung dessen, was es heißen soll, in bestimmten Situationen als praktisch Vernünftiger zu handeln. – Die Wahl einer in irgendeinem Sinne «optimalen» von mehreren möglichen Handlungsweisen wird sich stets an deren möglichen Ergebnissen orientieren; die Angabe eines Entscheidungskriteriums setzt also eine Bewertung (Präferenzordnung) innerhalb der Menge aller möglichen Ergebnisse voraus. J. BENTHAM gibt mit seiner Definition des Nutzens (utility) eine solche Bewertung von Handlungsfolgen und damit verbunden eine Handlungsmaxime, die sich vom Standpunkt der E. aus interpretieren läßt als das Rationalitätskriterium, stets diejenige Alternative zu wählen, die zu einer Maximierung des Nutzens führt [3]. Die schon von Bentham selbst begonnenen Versuche, Verfahren zur Messung des Nutzens zu finden, wurden in der Folgezeit zu einem wichtigen Gegenstand der *klassischen Ökonomie*. Einen der wesentlichen Schritte innerhalb dieser Bemühungen stellen die Ergebnisse von V. PARETO dar, nach denen die Existenz einer «einfach schwachen Ordnung» auf der Menge aller möglichen Ergebnisse zur Nutzenmessung ausreicht [4].

Das Kriterium der Nutzenmaximierung ist nur in Gewißheitssituationen sinnvoll anwendbar. Der wichtigste Versuch einer Lösung des Entscheidungsproblems bei Ungewißheit – speziell in Risikosituationen – ist die erstmals bei D. BERNOULLI [5] explizit formulierte Hypothese der *Maximierung der Nutzenerwartung*, eine Kombination von Nutzen- und Wahrscheinlichkeitstheorie. Diese Hypothese geht aus von der Annahme, daß der Entscheidende im Besitz einer zumindest subjektiven Wahrscheinlichkeitsfunktion für die möglichen Zustände der relevanten Umwelt und einer Nutzenfunktion für die möglichen Ergebnisse sei. Rational im Sinne dieser Theorie ist eine Entscheidung dann, wenn die gewählte Handlungsweise zu einer Maximierung der «Nutzenerwartung» führt. Die wesentlichen Beiträge zu dem innerhalb dieses Verfahrensvorschlags zentralen Problem der numerischen Repräsentation von Nutzen und Wahrscheinlichkeit stammen von F. P. RAMSEY [6] einerseits und von B. FINETTI [7], TH. BAYES [8], L. J. SAVAGE [9] andererseits.

Die Kritik an der Theorie der Maximierung der Nutzenerwartung hat hauptsächlich zwei Wurzeln. Einmal wendet sie sich gegen die zu hohen Anforderungen an Informations- und Denkleistungen, die an den Entscheidenden gestellt werden, zum anderen gegen die rein formale Explikation des Rationalitätsbegriffs, insofern die Zielsetzung einer rationalen Entscheidung willkürlich – d. h. nicht weiter begründet – vorgenommen wird. Im ersten Sinne ist die Theorie also zu vollkommen, im zweiten – vom Standpunkt der Moralphilosophie aus – zu unvollkommen. – Andere, schwächere Kriterien für Ungewißheitssituationen, schwächer insofern sie nicht von der Existenz einer Wahrscheinlichkeitsfunktion ausgehen, formulieren und entwickeln die Spieltheorie und die statistische E.

Aufgrund der Schwierigkeit, ein für alle Situationen befriedigendes Kriterium aufzustellen, versucht die *axiomatische E.* zu einem besseren Verständnis dessen, was rationale Entscheidung heißt, intuitiv einsichtige Bedingungen anzugeben, denen jedes rationale Entscheidungskriterium genügen sollte. Die Ergebnisse – hauptsächlich von J. MILNOR [10] – sind im wesentlichen negativ: Keines der üblichen Kriterien erfüllt alle vorgeschlagenen Rationalitätsbedingungen.

Normative Gruppen-E. – Die neuere Entwicklung in der Gruppen-E. ist – abgesehen von dem Auftreten der Spieltheorie – in erster Linie gekennzeichnet durch die Ausweitung des zentralen Problems der Wohlfahrtsökonomie auf den Bereich sozialer und politischer Entscheidungen. Die philosophisch wohl interessantesten Ergebnisse sind auch hier negativer Art: K. J. ARROW [11] wies nach, daß es keine soziale Präferenzordnung auf der Menge verschiedener möglicher sozialer Status geben kann, die in intuitiv vernünftiger Weise die Präferenzordnungen der einzelnen Individuen bezüglich dieser Menge vereint. Nur wenn man der Varietät der individuellen Präferenzordnungen einschneidende Beschränkungen auferlegt, gelangt man zu positiven Resultaten (D. BLACK [12], K. O. MAY [13]).

Anmerkungen. [1] H. SCHNEEWEISS: Entscheidungskriterien bei Risiko (1966) 12. – [2] P. SUPPES: Decision-theory. Encyclop. of philos. 2 (New York 1962). – [3] J. BENTHAM: The principles of morals and legislation (London 1789). – [4] V. PARETO: Manuale d'economia politica (Mailand 1906). – [5] D. BERNOULLI: Specimen theoriae novae de mensura sortis. Comm. Acad. Sci. imper. Petropolitanae 5 (1738) 175-192. – [6] F. P. RAMSEY: Truth and probability, the foundations of math. and other logical essays (London 1931) 156-198. – [7] B. FINETTI: La prévision: Ses lois logiques, ses sources subjectives. Ann. Inst. Henri Poincaré 7 (1937) 1-68. – [8] TH. BAYES: An essay towards solving a problem in the doctrine of chances. Philos. Trans. roy. Soc. 53 (1764) 370-418. – [9] L. J. SAVAGE: The theory of statistical decision. J. Amer. statist. Ass. 46 (1951) 55-67. – [10] J. MILNOR: Games against nature, in: R. M. THRALL, C. H. COOMBS und R. L. DAVIS (Hg.): Decision processes (New York 1954) 45-59. – [11] K. J. ARROW: Social choice and individual values (New York 1951). – [12] D. BLACK: The theory of committees and elections (Cambridge 1958). – [13] K. O. MAY: A set of independent, necessary and sufficient conditions for simple majority decisions. Econometrica 20 (1952) 680-684.

Literaturhinweise. J. V. NEUMANN und O. MORGENSTERN: Theory of games and economic behaviour (Princeton 1944). –

R. D. LUCE und H. RAIFFA: Games and decisions: Introduction and critical survey (New York 1957). – G. GÄFGEN: Theorie der wirtschaftlichen Entscheidung (1963, ²1968). K. WÖHLER

Entschluß ist ein seit Anfang des 19. Jh. zu grundsätzlicher philosophischer Bedeutung gelangter Begriff mit weit zurückreichender Vorgeschichte. Was wir ‹E.› nennen, wird von ARISTOTELES durch den im ganzen etwas anders umrissenen Begriff der προαίρεσις erfaßt. Aristoteles bestimmt diese als «überlegtes Begehren des in unserer Macht Stehenden» (βουλευτικὴ ὄρεξις τῶν ἐφ' ἡμῖν) [1], das den Anfangsgrund (ἀρχή) unseres Handelns bildet [2]. Sie ist ein Akt der Freiwilligkeit (ἑκούσιον), der auf der Grundlage einer βούλησις, d. h. des Wollens (entschiedenen Wünschens) eines Ziels [3], gesetzt wird, gilt indes ihrerseits «mehr» der vorziehenden Entscheidung zwischen mehreren zu dessen Erreichung erwogenen Mitteln [4]. Da diese letztlich eigene Handlungen (des etwas Ergreifens oder Fliehens oder ähnliche) [5] sind, wird unter προαίρεσις zugleich auch der E. zur Ausführung der vorgezogenen Handlung verstanden. THOMAS VON AQUIN übernimmt von Aristoteles den Begriff der προαίρεσις, den er mit ‹electio› wiedergibt [6], interpretiert diese aber als ausschließlich in der Entscheidung für ein bestimmtes Mittel bestehend: «voluntas eius, quod est ad finem, dicitur electio» [7]. Den E. als Selbstbestimmung zur Ausführung der Handlung faßt Thomas als ‹imperium› [8].

Den E. behandelt unter dieser Bezeichnung philosophisch zuerst SCHLEIERMACHER: «So wie es im einzelnen, abgesehen von seinem Verhältnis zur Mehrheit, einen Zustand des streitigen Denkens gibt, den Zweifel, so auch beim Wollen die Unentschlossenheit. Dieser wird ein Ende gemacht durch den E., dem die Tat folgt» [9]. Ferner: Es gibt «einen das ganze Leben bedingenden E., unter welchem alle einzelne pflichtgemäße Handlungen schon so begriffen sind, daß kein neuer E. gefaßt zu werden braucht, wenn immer das Rechte geschehen soll, daß aber durch jede pflichtwidrige Handlung dieser gewiß gebrochen wird ...» [10]. HEGEL führt aus: Dadurch, daß der Wille sich «die Form der Einzelnheit gibt, ist er beschließend, und nur als beschließender Wille überhaupt ist er wirklicher Wille. Statt etwas beschließen, d. h. die Unbestimmtheit, in welcher der eine sowohl als der andere Inhalt zunächst nur ein möglicher ist, aufheben, hat unsere Sprache auch den Ausdruck: *sich entschließen*, indem die Unbestimmtheit des Willens selbst, als das Neutrale, aber unendlich Befruchtete, der Urkeim alles Daseins, in sich die Bestimmungen und Zwecke enthält und sie nur aus sich hervorbringt. Durch das Beschliessen setzt der Wille sich als Willen eines bestimmten Individuums und als sich hinaus gegen anderes unterscheidenden» [11]. SCHOPENHAUER erklärt, den Willensakt erläuternd: «... solange er im Werden begriffen ist, heißt er *Wunsch*, wenn fertig *E.*; daß er aber dies sei, beweist dem Selbstbewußtsein selbst erst die Tat; denn bis zu ihr ist er veränderlich» [12].

Weiterhin wandte sich vornehmlich die psychologische und phänomenologische Forschung dem E. zu. W. WUNDT definierte: «Den der Handlung unmittelbar vorausgehenden psychischen Vorgang des mehr oder weniger plötzlichen Herrschendwerdens des entscheidenden Motivs nennen wir bei den Willkürhandlungen im allgemeinen die *Entscheidung*, bei den Wahlhandlungen die *Entschließung*» [13]. TH. LIPPS beschreibt den E. als ein Streben, das aus einer Abwägung von für und gegen die Zielsetzung sprechenden Gründen hervorgeht und durch Unterordnung der einen Art von Gründen unter die andere eine apperzeptive Synthese derselben enthält. Der E. kann dabei für oder gegen die Zielsetzung ausfallen [14]. J. VOLKELT stellt als wesentlichstes Moment des E. seine Beziehung auf die kommende Verwirklichung des Ziels heraus; in ihm «ist entschieden, daß sie eintreten wird» [15]. Eine Abgrenzung gegenüber dem verwandten Begriff des Vorsatzes versucht H. REINER mit dem Hinweis, daß von ‹Vorsatz› gewöhnlich nur dann gesprochen werde, wenn der Wille eine erst «spätere» Ausführung der Handlung beschließt [16]. Gegenüber der Entscheidung grenzt wie Wundt neuerdings W. KELLER den E. ab, bestimmt diesen aber ähnlich wie Volkelt. Beides sind Teilfunktionen des einen Willensaktes. «Entscheidung ist das Ergreifen des Objekts oder Ziels, E. aber ist die Bestimmung des eigenen Selbst auf dieses Ziel hin», er ist «jenes Einklinken der Tunsbereitschaft, die unzertrennbar mit jedem wirklichen Wollen verbunden ist» [17]. Ähnlich unterscheidet auch H. THOMAE zwischen Entscheidung und E., indem er die Entscheidung als ein «mehr oder minder langes Geschehen der Auseinandersetzung mit der Mehrdeutigkeit einer Situation» versteht, den E. dagegen als «Abschluß der Unentschiedenheit» und «Übergang in den Zustand der Entschiedenheit» [18].

Existenzphilosophisch betrachtet K. JASPERS den E. Er unterscheidet den endlichen vom existentiellen E. «Der *endliche* E. entscheidet auf Grund allseitigen Überlegens nach bestem Wissen das wahrscheinlich Richtige, dessen Erfolg zeigt, ob es richtig war; er ist bedingt, keine Antwort des Selbstseins auf sein Gewissen. Der *existentielle* E. dagegen als eigentliche Gewissensantwort wählt unbedingt im Sichergreifen um jeden Preis; der Erfolg als Ausfall der Konsequenzen im Gelingen und Scheitern in der Welt ist kein Beweis für oder gegen» [19].

Anmerkungen. [1] ARISTOTELES, Eth. Nic. 1113 a 10. – [2] Met. 1013 a 21. – [3] Eth. Eud. 1226 b 17-19. – [4] Eth. Nic. 1111 b 26f. – [5] a. a. O. 1112 a 3f.; vgl. Eth. Eud. 1226 b 30f. – [6] THOMAS VON AQUIN, In 4 sent. 13, 2, 1 c: «electio prohairesis dicitur». – [7] S. theol. I/II 12, 4, obj. 3. – [8] a. a. O. I/II, 17, 1 c, 5 c. – [9] FR. SCHLEIERMACHER: Dialektik (1811), hg. J. HALPERN (1903) 209. – [10] Versuch über die wiss. Behandlung des Pflichtbegriffs (1824). Sämtl. Werke (1835ff.) III/2, 383f. – [11] HEGEL: Grundlinien der Philos. des Rechts (1821) § 12. 13. – [12] A. SCHOPENHAUER: Preisschrift über die Freiheit des Willens (1839) II: Der Wille vor dem Selbstbewußtsein. – [13] W. WUNDT: Grundriß der Psychol. (⁸1907) 225. – [14] TH. LIPPS: Vom Fühlen, Wollen und Denken (²1907) 92-95. – [15] J. VOLKELT: Versuch über Fühlen und Wollen (1930) 91. – [16] H. REINER: Freiheit, Wollen und Aktivität (1927) 74. – [17] W. KELLER: Psychol. und Philos. des Wollens (1954) 235. 237. – [18] H. THOMAE: Der Mensch in der Entscheidung (1960) 20. 148. 152. – [19] K. JASPERS: Philos. 2 (¹1932) 270.

Literaturhinweise. H. REINER vgl. Anm. [16]. – W. HAENSEL: Beiträge zur Strukturanalyse des Wollens (1939). – W. KELLER vgl. Anm. [17]. – H. THOMAE vgl. Anm. [18]. H. REINER

Entspannung. Unter E. versteht man a) einen Zustand geringer psychischer oder/und körperlicher Aktivierung und b) den Vorgang der Aktivationsminderung. Der E.-Begriff weist in der *Psychologie* und in der Medizin verschiedene Bedeutungsaspekte auf; man vermißt vor allem in der Psychologie eine systematische Verwendung.

In der *Gefühlstheorie* W. WUNDTS wird Spannung und Lösung neben Erregung/Hemmung und Lust/Unlust als eine Dimension der Gefühle angenommen. In dieser Dimension soll der Zeitcharakter von Gefühlen erfaßt werden. Lösung von Spannung oder E. tritt z. B. beim Eintritt erwarteter Ereignisse, bei Vollendung von Willenshandlungen, bei Aufmerksamkeitsvorgängen usw. auf [1].

In der *Motivationspsychologie* werden aktivierte Triebe und Bedürfnisse als energiegeladene Kräfte vorgestellt; der Organismus befindet sich nach der Auslösung von Triebkräften oder Bedürfnissen in einem Zustand hoher Energie, der als spannungsgeladen beschrieben wird. Die Erreichung des Triebzieles oder die Befriedigung des Bedürfnisses bedeutet zugleich Abbau der Spannung. In der *Triebtheorie* S. FREUDS wird Spannung dagegen einseitiger im Sinne eines erlebbaren Triebaspektes interpretiert. Die Abfuhr der Triebenergie wird entsprechend als E.-Vorgang erlebt, jedoch erwähnt Freud das Wort ‹E.› in diesem Zusammenhang nicht [2]. Ohne den Erlebnisaspekt ausdrücklich hervorzuheben, sprechen K. LEWIN und seine Mitarbeiter von der E. von Bedürfnissen. K. LISSNER versucht den Vorgang der E. experimentell nachzuweisen, indem sie an Hand des Bedürfnisses nach Vollendung von Tätigkeiten zeigt, wie durch Ersatzhandlungen die Vollendungstendenz stark abgeschwächt wird: Das Bedürfnis nach Vollendung wurde durch die Ersatzhandlungen befriedigt, es wurde entspannt [3].

C. G. JUNG sieht in der Dimension ‹allgemeine psychische Spannung/E.› ein Unterscheidungsmerkmal zwischen extravertierten und introvertierten Typen. Spannung bzw. E. sind als überdauernde Einstellungen dem Introvertierten bzw. Extravertierten eigen. Der Introvertierte weist ein hohes Maß an bereitstehender psychischer Energie oder Libido (Spannung) auf und damit hohe Reagibilität, der Extravertierte verfügt über wenig disponible Energie, wie sie für den entspannten Zustand charakteristisch ist. Nach außen kommen diese überdauernden Einstellungen in der Mimik zum Ausdruck [4].

In der *modernen psychosomatischen Medizin* sind verschiedene E.-Methoden gebräuchlich, die helfen sollen, überdauernde als unangenehm empfundene und körperlich und psychisch sich negativ auswirkende Spannungszustände zu beseitigen [5]. Ziel ist es, einen optimalen Spannungszustand herzustellen, der die psychischen und somatischen Funktionen des Organismus nicht beeinträchtigt [6]. Auch neueste psychoanalytische Bemühungen betonen mehr das Prinzip der E. als das Lustprinzip [7].

Gemäß einigen theoretischen Ansätzen in der Psychologie und in der Psychosomatik kann ein Zustand absoluter E. nicht positives oder biologisch wünschenswertes Ziel sein. So erklärt die Daseinsanalytik die Spannung zum notwendigen Seinsprinzip [8]. Der amerikanische Psychologe C. LEUBA vertritt die Annahme, daß die Aktivitäten des Menschen darauf ausgerichtet seien, ein optimales Niveau *mittlerer* Spannung durch Aufsuchen entsprechender Reizbedingungen zu erreichen [9].

Anmerkungen. [1] W. WUNDT: Grundriß der Psychol. (1896); Bemerkungen zur Theorie des Gefühls. Philos. Studien 15 (1899) 149-182. – [2] S. FREUD: Drei Abh. zur Sexualtheorie (1905). Werke 5. – [3] K. LISSNER: Die E. von Bedürfnissen durch Ersatzhandlungen. Psychol. Forsch. 18 (1933) 218-250. – [4] C. G. JUNG: Psychol. Typen. Werke 6 (1960) 308f. – [5] B. STOCKVIS und E. WIESENHÜTTER: Der Mensch in der E. (1961). – [6] E. JACOBSON: The electrophysiology of mental activities. Amer. J. Psychol. 44 (1932) 677-694. – [7] Beiträge von HELD, KÜHNEL und REVERCHON auf dem 1er Congr. Méd. psychosomatique de langue française (Vittel 1960); berichtet in: B. STOCKVIS und E. WIESENHÜTTER, a. a. O. [5] 29. – [8] L. BINSWANGER: Drei Formen mißglückten Daseins: Verstiegenheit, Verschrobenheit, Manieriertheit (1956). – [9] C. LEUBA: Toward some integration of learning theories: The concept of optimal stimulation. Psychol. Rev. 1 (1955) 27-33.

U. SCHÖNPFLUG

Entweder–Oder ist der Titel des ersten großen Buches, das S. KIERKEGAARD zu seinem Oeuvre gezählt hat (1843), aber zugleich das Motto seines gesamten Schaffens. Als solches akzentuiert es die Antithese zur *Hegelschen* Vermittlung; die existentielle Entscheidung, die eine in die andere aufhebt, sondern das eine gegen das andere wählt. Das eine Glied der Disjunktion hat Kierkegaard zeit seines Lebens so verstanden, wie es in seinem pseudonymen Erstlingswerk von ‹A› verkörpert und von ‹B› kritisiert wird: als das «Ästhetische», die leichtsinnige und doch insgeheim verzweifelte Unmittelbarkeit. Demgegenüber unterliegt Kierkegaards Bestimmung des anderen Gliedes, des zu Wählenden, bedeutsamen Schwankungen. Nach ‹B› ist es das «Ethische», aber dieser Begriff wird in sich immer zweideutiger. Sofern damit das Sicheinrichten des Menschen in der bürgerlichen Welt gemeint ist, muß es später dem Christlich-Religiösen Platz machen. Als «absolute Wahl» hingegen bleibt es, wiewohl sich die Sicht dieses Grundakts selber wandelt, doch das Medium, in dem sich auch die christlich-religiöse Existenz verwirklicht.

Literaturhinweise. P. A. HEIBERG: Nogle Bidrag til Enten/Eller's Tilblivelseshistorie (Kopenhagen 1910). – E. HIRSCH: Kierkegaardstudien (1931/33). – TH. W. ADORNO: Kierkegaard. Konstruktion des Ästhetischen (1933, ²1962). – G.-G. GRAU: Die Selbstauflösung des christlichen Glaubens. Eine religionsphilos. Studie über Kierkegaard (1963).

M. THEUNISSEN

Entwicklung

I. – 1. ‹E.› ist eine relativ junge Übersetzung von ‹explicatio›, das zu ‹complicatio› gehört und in der vom Neuplatonismus herkommenden Zusammengehörigkeit beider Begriffe die Entfaltung des in der Einheit des Grundes Eingefalteten meint. Der Begriff der komplikativen Einheit, aus der, in dieser bleibend, das Viele und Mannigfaltige sich ausfaltet, wird an der Schwelle der Neuzeit zum Kernstück der Philosophie des NIKOLAUS VON KUES [1]. Im analogen Sinne setzt ‹E.› das lateinische ‹evolutio› voraus, sofern dieses Wort ursprünglich das Aufrollen (Aufschlagen) eines Buches [2] und die Entfaltung eines Gedankens, einer Vorstellung, einer Definition meint, « quae quasi involutum evolvit id, de quo quaeritur» (die das, nach dem gefragt wird, wie ein Eingerolltes entrollt) [3].

So verzeichnet J. CHR. ADELUNG für ‹E.› und ‹sich entwickeln› im Ausgang von «was ein- oder zusammen gewickelt ist, auseinander wickeln»: 1. die E. des Lebendigen, so wie die Rose ihre Blätter entwickelt (in einer höheren Schreibart: entfaltet), 2. die Anlagen, die in der Seele sind, nach und nach tätig machen und darstellen, 3. vorhergegangene Vorstellungen nach allen Teilen deutlich machen [4]. In ähnlichem Sinne unterscheidet W. T. KRUG E. als Entfaltung von Begriffen von der der Sachen: Ein Begriff werde entwickelt, wenn man sich nach und nach seines Inhalts und Umfangs sowie seines Zusammenhangs mit andern Begriffen bewußt wird, ein Ding, wenn das, was in ihm bloß als Anlage oder Keim enthalten war, nach und nach in bestimmten Zügen oder Formen vermöge eines ihm angeborenen E.-Triebes hervortreibt. Das ginge als ein Gesetz der E. durch die gesamte Natur [5].

Für LEIBNIZ, der ‹evolutio› und ‹involutio› neben ‹développement› und ‹enveloppement› als «Lieblingswörter» braucht [6], gehört E. in den Zusammenhang, in dem Ideen und Wahrheiten der Seele als Neigungen Dispositionen, Habitualitäten angeboren sind, so daß sie bei gegebenem Anlaß und Anstoß hervortreten [7].

‹Entwickeln› (développer) bedeutet, daß diese unbewußten Vorstellungen deutlicher werden: «Wenn die Seele immer Gedanken hat, und zwar schwache und undeutliche, so ist es natürlich, daß sie sich entwickeln»; sie «werden sich entwickelnd deutlicher» [8]. Eine Definition ist nichts anderes als eine für uns genaue E. (explicatio) [9]. In der Bewegung, in der merkliche Perzeptionen auf solche folgen, die zu klein sind, um bemerkt zu werden, setzt E. das Prinzip der Einfaltung voraus: «l'immense subtilité des choses, qui enveloppe toujours et partout un infini actuel» [10]. Der Bedeutung von Entfaltung entspricht es, daß Leibniz (gestützt auf A. VAN LEEUWENHOEK) der Präformationstheorie folgt: «Die Forschungen der Modernen haben uns gelehrt und die Vernunft bestätigt es, daß die Lebewesen ... nicht aus ... einem Chaos herstammen, wie die Alten geglaubt haben, sondern aus präformierten Samen» (semences préformés) [11]. – Darauf nimmt CH. BONNET Bezug; dabei zeigt sich, daß die leitende Vorstellung von E. bleibt: «Principe d'un Développement, qui rendra visible et palpable, ce qui étoit auparavant invisible et impalpable» [12]. – TETENS nimmt den E.-Begriff – wohl unter dem Einfluß von CASPAR F. WOLFS Theorie der Epigenesis [13] – auf; E. bedeute Übergang der Anlage, Möglichkeit zur Wirklichkeit: «Die Blüthen und die Früchte des Baums sind ihrer Anlage nach in der jungen Pflanze ... Aber auch nur der Anlage nach», und nicht so, daß in der Anlage die «Sache selbst schon im kleinen vorhanden» sei [14]. E. als eine Art von Anwachsen, das durch eine Evolution vor sich geht, setzt eine Grundanlage voraus [15]; in der E. werde aber die Verschiedenheit der Grundkräfte in ihrem Wesen nicht überwunden, so daß die Kluft zwischen höheren und niederen Gattungen auch bei einem immer dauernden Fortschritt der E. nicht zu übersteigen ist [16].

KANT benutzt den E.-Begriff in der Form ‹Auswickelung› insbesondere in den vorkritischen Schriften. So spricht er in der ‹Allgemeinen Naturgeschichte›, in der er die Theorie von der Entstehung und E. des Sonnensystems aus einem gasförmigen Urzustand begründet, davon, daß es der Weisheit Gottes am meisten gemäß sei, daß die Himmelskörper sich den der Materie eingepflanzten Gesetzen entsprechend nach mechanischen Gesetzen «herauswickeln», d. h. «daß die Welt eine mechanische E. aus den allgemeinen Naturgesetzen zum Ursprunge ihrer Verfassung erkenne» [17]. Die Verbindung der Veränderung der Erdgestalt mit der der «Erdgeschöpfe (Pflanzen und Thiere)» sei Gegenstand einer Naturgeschichte, die jedoch «noch gänzlich» fehle. Doch würde die Annahme, daß «entweder eine Gattung aus der andern und alle aus einer einzigen Originalgattung oder etwa aus einem einzigen erzeugenden Mutterschooße entsprungen wären, ... auf Ideen führen, die ... so ungeheuer sind, daß die Vernunft vor ihnen zurückbebt» [18]. Kant geht daher davon aus, daß die «in der Natur eines organischen Körpers (Gewächses oder Thieres) liegenden Gründe einer bestimmten Auswickelung» als Keime bei der Wanderung und Verpflanzung der Tiere und Gewächse dem Scheine nach neue Arten hervorbringen, und die Keime und die natürlichen Anlagen «sich nur gelegentlich in langen Zeitläuften auf verschiedene Weise entwickelt haben» [19]. Es stehe dem «Archäologen der Natur» aber frei, aus «übriggebliebenen Spuren ihrer ältesten Revolutionen ... jene große Familie von Geschöpfen ... entspringen zu lassen». Auch wenn eine solche Hypothese ein «gewagtes Abenteuer der Vernunft» sei, müsse man, wie Kant schon in der Schrift über die verschiedenen Rassen sagt, eine «*Geschichte der Natur* wagen, welche eine abgesonderte Wissenschaft ist, die wohl nach und nach von Meinungen zu Einsichten fortrücken könnte» [20].

LEIBNIZ hatte ausgesprochen, daß seine Überzeugung von der Macht des Prinzips der Kontinuität ihn nicht über die Entdeckung von Mittelwesen erstaunen ließe, die so mit ebenso großem Rechte als Tiere wie als Pflanzen gelten könnten. Damit würden die gewöhnlichen Regeln umgestoßen werden, die auf der Voraussetzung «einer vollkommenen und unbedingten Trennung (séparation parfaite et absolue) der verschiedenen Ordnungen der Wesen beruhen, die gleichzeitig das Universum erfüllen. Unsere Beobachtung in diesem Felde seien «erst von gestern»; man könne so der Vernunft nicht streitig machen, was wir bisher keine Gelegenheit hatten zu beobachten [21]. – ROBINET spricht von einer «force évolutive» [22]. – In dem Aspekt, daß Natur kein selbständiges Wesen, sondern daß Gott alles in seinem Werden als das Wesen sei, das «keine Erdensprache zu nennen vermag», sind für HERDER im Verhältnis zu dem Bilde der E. und Revolutionen der Erde die «Grundsätze und Bemerkungen der allgemeinen Physik und die Erfahrung auch der Chemie und des Bergbaus» dem Punkte nahe, «unsre Geogonie so einfach zu erklären, als Kepler und Newton das Sonnengebäude darstellten». Buffon, der hier nur der Descartes «mit seinen kühnen Hypothesen» sei, möge bald von einem Kepler und Newton übertroffen werden [23]. Das ist die Linie, auf der der E.-Gedanke über G. ST.-HILAIRE, ERASMUS, DARWIN und LAMARCK zur Evolutionstheorie (s. d.) CHARLES DARWINS führt.

Leibniz, Herder und Kant wirken aber ebenso in der Naturphilosophie der Romantik fort. Für SCHELLING hat sich die «Stufenfolge aller organischen Wesen durch allmähliche E. einer und derselben Organisation ... gebildet» [24]: «die erscheinende Natur» gebiert «nur sukzessiv und in endlosen E., ... was in der wahren zumal und auf ewige Weise ist» [25]. Ihm folgen Treviranus, Oken, Steffens u. a. Der Gedanke der E., der «die Einerleyheit des sich entwickelnden Subjekts» voraussetzt, so daß man «schlechterdings die E. des Ganzen» abwarten muß, ehe der vollständige Begriff des sich entwickelnden Subjekts gegeben werden kann, wird von Schelling theosophisch auf Gott bezogen; er spricht von dem «ewigen Keim Gottes», der als der «potentielle Zustand Gottes» der Folge der Evolution so notwendig vorhergehen muß, «als die Einwickelung überall der E. vorangehen muß» [26].

Anmerkungen. [1] Vgl. Art. ‹Complicatio/explicatio›. – [2] CICERO, De fin. 1, 25. – [3] CICERO, Top. 9. – [4] J. CHR. ADELUNG: Grammat.-krit. Wb. der Hochdtsch. Mundart (^{2}1808) 1, 1841. – [5] W. T. KRUG: Allg. Handwb. der philos. Wiss. (1827) 1, 666. – [6] R. EUCKEN: Geistige Strömungen der Gegenwart = Die Grundbegriffe der Gegenwart (^{6}1920) 207. – [7] LEIBNIZ, Nouv. Ess. Akad.-A. VI/6, 69ff.; vgl. 140. – [8] Compte Rendu de la Vindication de Stillingfleet ... a. a. O. VI/6, 16; Nouv. Ess. a. a. O. 210. – [9] Marii Nizolii de veris principiis ... a. a. O. VI/2, 454. – [10] Nouv. Ess. Préf. a. a. O. VI/6, 57. – [11] Princ. de la nature ... § 6. Philos. Schriften, hg. GERHARDT 6, 602; vgl. Monad. § 74 a. a. O. 619. – [12] CH. BONNET: La Palingénésie philosophique (Lyon 1770) 205. – [13] C. F. WOLF: Theoria generationis (1759) § 50. – [14] J. N. TETENS: Philos. Versuche über die menschl. Natur und ihre Entwickelung (1775, Neudruck 1913) 749. – [15] a. a. O. 746. – [16] 748. – [17] KANT, Akad.-A. 1, 334; vgl. 1, 310. – [18] Von den verschiedenen Rassen der Menschen a. a. O. 2, 434 Anm.; vgl. 8, 54. – [19] 2, 434. – [20] KU § 80 a. a. O. 5, 419; vgl. 2, 443. – [21] LEIBNIZ, Brief an Varignon. Hauptschriften, hg. BUCHENAU/CASSIRER, in: Philos. Bibl. 108, 559 u. 78; vgl. Nouv. Ess. Akad.-A. VI/6, 304ff. – [22] J. B. ROBINET: De la nature 3 (Amsterdam 1766). – [23] J. G. HERDER: Ideen zur Philos. der Gesch. der Menschheit. Werke, hg. SUPHAN 13, 22. – [24] F. W. J. SCHELLING:

Von der Weltseele. Werke, hg. K. F. A. SCHELLING 2, 348. –
[25] Ideen zu einer Philos. der Natur (²1803) a. a. O. 2, 342. –
[26] Die Weltalter. Frg., hg. M. SCHRÖTER (1946) 47 u. 43f.

2. Ein neuer von dem Naturbegriff der E. sich unterscheidender Ansatz ergibt sich bei Kant, dem Fichte und Hegel hierin folgen, daraus, daß Kant – gegen Herder – die geschichtliche E. der menschlichen Gattung von der Natur-E. unterscheidet.

HERDER hatte nämlich in den ‹Ideen› die Geschichte des Menschen aus dem Zusammenhang der E. der Erde und der Natur hervorgehen lassen; an ihr habe der Mensch als Inbegriff «aller Elemente und Wesen», «Blüthe der Erdenschöpfung» und als «das letzte Schooskind der Natur» Anteil [1]. Die Geschichte sei nichts anderes als die ununterbrochene Fortsetzung der natürlichen E. im planmäßigen Willen der lebendigen Gottheit, deren Werkzeug die Natur ist. Dieser waltenden Gottheit können wir zutrauen, daß sie die «Efflorescenz unserer Knospe der Humanität» bewirke, damit «die wahre göttliche Menschengestalt» [2] am Ende der E. erscheine. Wie die E. des Einzelnen, so zeigt auch die E. der Völker und Nationen eine stetig aufsteigende Vervollkommnung, die die immer reifere Verwirklichung der allgemeinen Anlage des menschlichen Wesens ist. Diese Theorie der natürlichen E. zum Endzweck der Humanität wird im 9. und 10. Buch der ‹Ideen› ergänzt durch den Gedanken einer «Erziehung des Menschengeschlechts» [3]. – Im ähnlichen Sinne versteht SCHELLING den Menschen als «Kind der Natur», so daß, wenn diese nicht zu Gott gehöre, auch wir nicht zu ihm gehören können [4].

Von solcher Deutung der «geistigen Natur der menschlichen Seele ... aus der Analogie mit den Naturbildungen der Materie» distanziert sich KANT kritisch [5]. Von der E. des Menschengeschlechts sagt er, daß der Mensch in den Augen der wahren Weisheit das verachtungswürdigste unter allen Geschöpfen sein würde, «wenn die Hoffnung des Künftigen ihn nicht erhübe, und den in ihm verschlossenen Kräften nicht die Periode einer völligen Auswickelung bevorstände» [6]. Im Menschen mußten «mancherlei Keime und natürliche Anlagen bereit liegen, um gelegentlich entweder ausgewickelt oder zurückgehalten zu werden», damit er seinen Platz in der Welt angemessen würde ausfüllen können [7]. Es gilt so zwar für den Menschen wie für alle Lebewesen, daß «alle Naturanlagen eines Geschöpfes ... bestimmt [sind], sich einmal vollständig und zweckmäßig auszuwickeln» [8]. Während dies aber «bei vernunftlosen Thieren» durch die «Weisheit der Natur» geschieht und bei allen «sich selbst überlassenen Thieren jedes Individuum seine ganze Bestimmung erreicht», müssen die Menschen «durch ihre eigene Thätigkeit die E. ... dereinst zu Stande» bringen [9]. Die E. wird so durch die menschliche Gattung nicht in der Natur, sondern in einem Prozeß der Geschichte tätig bewirkt; der Mensch perfektioniere sich «nach seinen von ihm selbst genommenen Zwecken», «wodurch er als mit Vernunftfähigkeit begabtes Thier (animal rationabile) aus sich selbst ein vernünftiges Thier (animal rationale) machen kann» [10]; doch nicht das Individuum, sondern «allenfalls» die Gattung könne sich durch «Fortschreiten in einer Reihe unabsehlich vieler Generationen» zu ihrer Bestimmung «empor arbeiten» [11]. In der Vollziehung eines verborgenen Planes habe die Natur gewollt, daß der Mensch alles, was über die mechanische Anordnung seines tierischen Daseins geht, ganz aus sich selbst – frei vom Instinkt, durch eigene Vernunft – hervorbringe.

Die E. der Naturanlagen des Menschen ist so die von der menschlichen Gattung getragene Geschichte, die zu einer «äußerlich vollkommenen Staatsverfassung» als zu dem «einzigen Zustand» führt, in welchem die Menschheit «alle ihre Anlagen ... völlig entwickeln kann» [12]. Das Mittel, «dessen sich die Natur bedient, die E. aller ihrer Anlagen zu Stande zu bringen, ist der Antagonism desselben in der Gesellschaft» [13]. Daher gehört zur Geschichte als E. der Menschheit, daß sie auch «in continuirlicher Gefahr» ist, «in die alte Rohigkeit zurückzufallen» [14].

Ähnlich wie für Kant ist für FICHTE der Fortschritt in der E. ein Postulat, welches das Menschengeschlecht in der Aufeinanderfolge der Generationen erfüllen soll: «Der Mensch ist nicht Erzeugnis der Sinnenwelt, und der Endzweck seines Daseins kann in derselben nicht erreicht werden. Seine Bestimmung geht über Zeit und Raum und alles Sinnliche hinaus» [15]. Die E. strebt nicht einem vorhandenen, sondern über die Gegenwart hinaus einem in der Zukunft liegenden Ziel zu. Dabei führt die E. stets zu etwas Neuem und stellt so ohne Wiederholungen einen ewig fortschreitenden einmaligen Prozeß dar [16]. Ziel dieses Prozesses soll ein frei gewollter Endzweck sein und durch unsere bewußte planmäßige Tätigkeit realisiert werden, «nicht bloß, damit er sei, sondern daß er durch die Menschen selbst hervorgebracht werde» [17], denn dies ist «die eigentliche Bestimmung des Menschengeschlechts auf der Erde, ... daß es mit Freiheit sich zu dem mache, was es eigentlich ursprünglich ist» [18]. Letztlich ist dies nur dem religiösen Menschen möglich, der schöpferisch in die Fort-E. der Welt eingreift, «damit geschehe der Wille Gottes in ihm» [19]. Nur so vollendet sich die E. des Menschengeschlechtes im Gange der Geschichte vom ersten Zustand des «Vernunftinstinkts» über die Zeit der «vollendeten Sündhaftigkeit» bis zum Zeitalter der «Vernunftherrschaft». Fichte geht in seiner E.-Lehre dabei über den menschheitsgeschichtlichen Zusammenhang hinaus; im Sinne der Immanenzlehre und des Idealismus dringt in einem ähnlichen Sinn wie bei Schelling die E. in das Absolute selbst ein; das wird verstanden als die aus der Endlichkeit sich stetig herausarbeitende unendliche E. [20].

HEGEL führt die dialektische E. des Geistes als neuen Begriff in die Philosophie ein. Der Geist entwickelt sich nach ihm vom «An-sich» durch das «Anders-sein» zum «Für-sich» und «An-und-für-sich» [21]. Das Treibende in allem ist der Widerspruch. Erkannt wird diese E. durch die Philosophie, die «als begreifendes Denken selbst diese E. ist» [22]. Ziel ist, «daß der Geist sich erkenne, sich sich selber gegenständlich mache, sich finde, für sich selber werde, sich mit sich zusammenschließe» [23]. «Die E. des Begriffs nach ihrer Bestimmung, ... ist zu fassen als ein Setzen dessen, was er an sich ist» [24]. Diese Bestimmung der E. wird dadurch möglich, daß es die Natur des Begriffes ist, «sich in seinem Prozeß als E. seiner selbst zu erweisen» [25]. Die E. des Geistes ist «Auseinandergehen, Sichauseinanderlegen und darin zugleich ein Zusichkommen» [26]; sie zeigt sich im Gange der Weltgeschichte als «Stufengang der E. des Prinzips, ... dessen Gehalt das Bewußtsein der Freiheit ist» [27]. Dieses E.-Prinzip übertrug Hegel auch auf die Philosophie und ihre Geschichte; er versteht sie als «System der E. der Idee» [28]. Die Idee, wie sie sich in der Gegenwart, nachdem Freiheit als Freiheit aller zum Prinzip des Rechts und des Staates geworden ist, darstellt, ist als «die späteste, jüngste, neueste Philosophie die entwickeltste, reichste und tiefste» [29]. Hegel hat in seinem System den Versuch unternommen, die natürliche, geschichtliche und geistige Welt als einen Prozeß zu begreifen, dessen stete E. und dessen inneren Zusammenhang dieser E. er nachzuweisen versuchte.

Dabei nimmt er die Lösung der Weltgeschichte des Menschen aus der sich von Natur vollziehenden E. der Naturwesen durch Kant auf und vertieft sie. In der E., die eine «bekannte Vorstellung» ist, wird allgemein unterschieden zwischen «Anlage, Vermögen, Ansichseyn (wie ich es nenne)», dann potentia, δύναμις, dem «Fürsichseyn, Wirklichkeit (actus, ἐνέργεια)» [30]. Die Weltgeschichte als «Darstellung des Geistes ..., wie er sich das Wissen dessen, was er an sich ist, erarbeitet», entspricht so einerseits dem allgemeinen Sinn von E., insofern schon in den ersten Spuren des Geistes «virtualiter die ganze Geschichte» enthalten ist, «wie der Keim die ganze Natur des Baumes, den Geschmack, die Form der Früchte in sich trägt» [31]. Aber zugleich gilt, daß E. für den Geist «anders» ist. Das organische Individuum produziert sich selbst; es macht sich zu dem, was es an sich ist, aber «auf eine unmittelbare, gegensatzlose, ungehinderte Weise», in der zwischen den Begriff und dessen Realisierung «sich nichts eindrängen» kann. Im Geist aber wird der Übergang zu seiner Bestimmung und deren Verwirklichung «durch Bewußtseyn und Willen» vermittelt. Die E., die in der Natur «ein ruhiges Hervorgehen» ist, ist im Geist «ein harter unendlicher Kampf», die «unwillige Arbeit gegen sich selbst» [32]. Während in der Natur «nichts Neues unter der Sonne» geschieht, kommt in der Geschichte, auf geistigem Boden Neues hervor; zum Menschen gehört ein «Trieb der Perfectibilität» [33], aber das, was so formal als Naturanlage erscheint, wird von Hegel, der hier an die Naturtheorien des Fortschritts (Turgot, Condorcet) anknüpft, im Hinausgehen über «das bloß Formelle des sich Entwickelns» geschichtlich als «Hervorbringen» der Freiheit verstanden, die Wesen des Geistes ist; nur in der Beziehung auf diesen Gegenstand und auf das Geschehene, das aus ihm hervorgegangen ist, habe E. geschichtlich einen Sinn und einen Gehalt. Daher beginnt Hegel die Weltgeschichte nicht beim Naturstand: Der Philosophen Betrachtung sei es vielmehr angemessen, die Geschichte da aufzunehmen, wo die Vernünftigkeit in weltliche Existenz zu treten beginnt, nicht wo sie noch erst eine Möglichkeit nur an sich ist, sondern wo sie bereits «im Bewußtseyn, Willen und That» auftritt [34].

Anmerkungen. [1] HERDER, Ideen ... Werke, hg. SUPHAN 13, 23. – [2] a. a. O. 192. – [3] 345. – [4] SCHELLING, Die Weltalter a. a. O. [24 zu 1] 274. – [5] KANT, Rez. von Herders ‹Ideen›. Akad.-A. 8, 52. – [6] Akad.-A. 1, 356; vgl. 7, 82. – [7] 2, 435. – [8] Idee zu einer allg. Gesch. in weltbürgerl. Absicht a. a. O. 8, 18. – [9] Anthropol. in pragmat. Hinsicht a. a. O. 7, 329. 324. – [10] 321. – [11] 324. – [12] 8, 27. – [13] 28. – [14] 117 Anm. – [15] J. G. FICHTE, Werke, hg. I. H. FICHTE 2, 308. – [16] a. a. O. 4, 472. – [17] 2, 306. – [18] 7, 306. – [19] 9, 162. – [20] 5, 531. – [21] HEGEL, Enzyklop. der philos. Wiss. im Grundrisse (1959) 356. – [22] System und Gesch. der Philos. (1944) 32. – [23] Werke, hg. GLOCKNER 17, 52. – [24] 9, 65. – [25] 8, 356. – [26] System ... a. a. O. 109. – [27] Vorles. über die Philos. der Weltgesch. (1917) 1, 135. – [28] Werke, hg. GLOCKNER 17, 60; vgl. 58. – [29] 71. – [30] 49. – [31] Philos. der Gesch. a. a. O. 11, 45. – [32] 90. – [33] 89. – [34] 95.

3. Mit der Ausbildung der Theorie einer von der Natur-E. in ihrem Grunde und ihren Subjekten nach unterschiedenen geschichtlichen E. der Menschengattung ist die durch den Ausgang von ‹explicatio› bestimmte Geschichte des E.-Begriffs im Grunde zu Ende. Was folgt, wird durch Darwins Evolutionstheorie bestimmt, die «als die mächtigste, populärste und einflußreichste Neuerung des 19. Jh. angesprochen werden» kann [1]. H. SPENCER überträgt auf die Gesellschaft das Modell der biologischen Evolution und begreift sie aus einer einheitlich in Integration und Differenzierung (integration, differentiation) aufsteigenden E. vom Einfachen zum Komplexen, in der allmählich der Egoismus durch den Altruismus ersetzt werden wird [1a]. Nach dem Vorgang von H. TH. BUCKLE überträgt K. LORENZ die Evolutionstheorie im Ausgang von einer gesetzlichen E. der Seele auf die Geschichte. Zugleich setzen sich die von der Philosophie abgesonderten naturwissenschaftlichen Disziplinen der E.-Geschichte der Natur (HUXLEY, O. SCHMIDT, HAECKEL, WEISMANN), die E.-Physiologie oder E.-Mechanik [2] und die E.-Psychologie durch. Die soziologische E.-Theorie geht damit zu Ende, daß zuerst LEVY-BRUHL, DURKHEIM und HALBWACHS die qualitative Unterscheidung der «primitiven» Gesellschaft und ihres Bewußtseins von der modernen Gesellschaft gegen deren Deutung als bloßer Anfangsform einer aufsteigenden Entwicklung geltend machen, und mit dem Aufkommen der verstehenden Soziologie (M. WEBER). Die Unterscheidung der Geisteswissenschaften und der Naturwissenschaften (DILTHEY, WINDELBAND, RICKERT) gehört in den Prozeß der Auseinandersetzung mit Evolutionstheorie und Fortschritt. E. TROELTSCH setzt sich mit dem Begriff der geschichtlichen E. auseinander; sie zu begreifen, genüge nicht empirische Forschung, es sei ein «Zuschuß des Glaubens an eine im Gegebenen sich offenbarende göttliche Idee» vorausgesetzt, «aus rein historischer Kontemplation» nicht zu finden sei [3]. Im Nachklang idealistischer Philosophie ist für H. LOTZE alle Vielheit der Welt «nur die rastlose E. eines nie ruhenden Einen, alle Ereignisse nur Stufen seiner E. oder Nebenwirkungen derselben», die Dinge Erscheinungen der «thätigen Bewegungen jenes Einen, ... die sich in ihnen als sekundären Subjecten seiner E. kreuzen und sammeln» [4]. E. VON HARTMANN wendet sich gegen den Darwinismus: «Alle Versuche, den Anteil der Epigenesis an der individuellen E. anders als durch ein immaterielles Lebensprinzip zu erklären, sind bis jetzt völlig fehlgeschlagen» [5]. NIETZSCHE assimiliert die Evolutionstheorie und schmilzt sie in die Philosophie des Willens zur Macht ein. Er bezeichnet Hegels Versuch, «eine Art Vernunft in die E. zu bringen», als «gothische Himmelstürmerei» [6]: «bei der allergrössten Unvernunft, nämlich ganz ohne Vernunft [sei] die E. bis herauf zum Menschen vor sich gegangen» [7]. Die «Moral der E.» sei der «älteste und gesündeste aller Instinkte»: der Wille zur Macht. Das Gesetz der E. sei «das Gesetz der Selection» [8], wobei «der Durst nach Macht bezeichnend für den aufsteigenden Gang der E.» sei [9]. Folgerichtig kann für Nietzsche die E. deshalb nichts anderes sein als die «Aufeinanderfolge von mehr oder minder tiefgehenden, mehr oder minder unabhängigen ... Überwältigungsprozessen» [10].

In verschiedenen Formen suchen methodisch und inhaltlich den Darwinismus und die neodarwinistischen Theorien der Evolution die Umwelttheorie (v. UEXKÜLL), der Holismus (J. ST. HALDANE, SMUTS, A. MEYER-ABICH) und der ‹Emergent Evolutionism› [11] zu überwinden. BERGSONS «schöpferische E.» ist ein neuer und epochaler Ansatz. Im Rückgriff auf metaphysische und theologische Traditionen suchen E. DACQUÉ [12] und TEILHARD DE CHARDIN den Begriff der E. neu zu begründen. Für alle diese Erneuerungsversuche ist weniger die Anknüpfung an den «klassischen» E.-Begriff charakteristisch als die kritische Auseinandersetzung mit den Evolutionstheorien Darwins und seiner Nachfolger.

Anmerkungen. [1] D. STERNBERGER: Panorama oder Ansichten vom 19. Jh. (³1955) 94. – [1a] H. SPENCER: Principles of sociol. 1-3 (London 1876-1896). – [2] W. ROUX: Die E. der Organismen (1890). – [3] E. TROELTSCH: Die Logik des hist. E.-Begriffes. Kantstudien 27 (1922) 296f. – [4] H. LOTZE: Logik, hg. G. MISCH (1912) 244; vgl. 245. – [5] E. VON HARTMANN: Das Problem des Lebens. Biol. Studien (²1925) 244. – [6] NIETZSCHE, Musarion-A. 16, 82. – [7] a. a. O. 83. – [8] 17, 175. – [9] 8, 414. – [10] 15, 344. – [11] C. L. MORGAN: Emergent evolution (1923); P. E. MEEHL und W. SELLARS: The concept of emergence. Minn. Stud. Philos. Sci. 2 (1956) 239ff. – [12] E. DACQUÉ: E.-Lehre als anthropol.-met. Problem. Bl. dtsch. Philos. 6 (1932/33) 75ff.

Literaturhinweise. – *Übersichten:* H. HEUSSLER: Der Rationalismus des 17. Jh. in seinen Beziehungen zur E.-Lehre (1885). – L. MARIUPOLSKY: Zur Gesch. des E.-Begriffs (1897). – G. RICHARD: L'idée d'évolution dans la nature et dans l'hist. (1903). – B. JORDAN: Beiträge zu einer Gesch. der philos. Terminologie. Arch. Gesch. Philos. 24 (1911) 449ff. – A. L. ANGERSBACH: Zum Begriff der E. (1912). – J. V. WIESNER: Erschaffung, Entstehung, E. und über die Grenzen der Berechtigung des E.-Gedankens (1916). – H. DRIESCH: Log. Studien über E. Sber. Heidelberger Akad. Wiss. Phil.-hist. Kl. (1918) 3. – H. SCHMIDT: Gesch. der E.-Lehre (1918). – J. B. BURY: The idea of progress (1920). – D. STERNBERGER: Panorama (1938) Kap. IV. – E. BRANDENBURG: Der Begriff der E. und seine Anwendung auf die Gesch. (1941). – *Zu einzelnen Autoren:* H. MEYER: Der E.-Gedanke bei Aristoteles (1909). – J. CHRISTINNECKE: Kausalität und E. in der Met. Augustins (Diss. Jena 1891). – O. KÄSTNER: Der Begriff der E. bei Nikolaus von Kues (1896). – E. KOBLANK: Der E.-Gedanke bei J. N. Tetens (Diss. Jena 1946). – M. HAUG: E. und Offenbarung bei Lessing (1928). – A. DORNER: Über die E.-Idee bei Kant, in: Zur Erinnerung an I. Kant (1904). – P. MENZER: Kants Lehre von der E. in Natur und Gesch. (1911). – F. M. BRUNTSCH: Die Idee der E. bei Herder (1904). – L. POSADZY: Der entwicklungsgesch. Gedanke bei Herder (Diss. Münster 1906). – R. NOLL: Herders Verhältnis zur Naturwiss. und dem E.-Gedanken. Arch. Gesch. Philos. 26 (1913). – A. SACHSE: Der E.-Gedanke bei Schiller (Diss. Leipzig 1941). – N. WIPPLINGER: Der E.-Begriff bei Fichte (Diss. Freiburg i. B. 1900). – E. SCHERTEL: Schelling und der E.-Gedanke. Zool. Ann. 6 (1914). – A. MEYER: Der E.-Gedanke in Schleiermachers Glaubenslehre (Diss. Erlangen 1909). – E. FLÖEL: Der E.-Gedanke in Schleiermachers Lehre von der Sünde (Diss. Gießen 1913). – K. GÜTTLER: Lorenz Oken und sein Verhältnis zur modernen E.-Lehre (1884). – J. GUTHMANN: E. und Selbstentfaltung bei H. Spencer (Diss. Würzburg 1930). – P. PETERSEN: Der E.-Gedanke in der Philos. Wundts (1908).

K. WEYAND

II. Nach einem vergleichsweise unabgehobenen und unpräzisen Gebrauch beginnt gegen Ende des 19. Jh. in der *Psychologie* der Versuch einer wissenschaftlichen Klärung des E.-Begriffs mit der Verselbständigung der als E.-Psychologie bezeichneten Disziplin. Diese Bestrebungen werden einerseits vor allem durch den in der Biologie konzipierten Evolutionsgedanken, andrerseits durch die in der Philosophie in den Brennpunkt des Interesses rückenden methodologisch orientierten Auseinandersetzungen um das Verhältnis von E. und Geschichte beeinflußt. Die Vielfalt dieser Einwirkungen spiegelt sich in der oft widersprüchlichen definitorischen Umschreibung dessen, was als E. im psychologischen Sinne begriffen werden soll.

1. Der *Evolutionsgedanke* gewinnt seine Bedeutung bei der Kennzeichnung der einzelmenschlichen wie auch der gesamtmenschlichen Entwicklung, und zwar im Hinblick auf die Herausbildung des Bewußtseins, der seelisch-geistigen Prozesse oder des Verhaltens im weitesten Sinne. Die unterschiedlichen Ausgangspunkte, von denen aus die übergreifende Deutung der E.-Erscheinungen angesetzt wird, lassen sich am ehesten als ‹Assoziationismus› und ‹Emergentismus› charakterisieren.

H. SPENCER, als Initiator der ersten Richtung, ordnet den E.-Gedanken dem Kausalitätsprinzip unter und begreift E. als den «allmählichen Übergang von den niederen Formen psychischer Tätigkeit zu den höheren» in Richtung auf größere «Komplexität, Spezialität, Abstraktheit und Seltenheit». Er erkennt den wesentlichen Fortschritt der zunehmenden Differenzierung in der «höheren Spezialität der äußeren Bedingungen, denen die inneren angepaßt sind» [1].

J. M. BALDWIN hingegen verwahrt sich gegen die «quantitative Methode» Spencers und findet in seiner Betrachtungsweise, nach der «das Komplexe auf das Einfache, das Ganze auf seine Teile, das Später-Entwickelte auf das Früher-Existierende» zurückgeführt werde, den «wahrhaft genetischen Faktor» eliminiert [2]. Baldwin mißt der genetischen Veränderung eine gleichermaßen fundamentale Bedeutung zu wie der mechanischen Veränderung. Er sieht in jener den Fortschritt zu einer höheren Erscheinungsform der Wirklichkeit: «Jede neue Stufe oder Periode in einer wirklich genetischen Reihe ist sui generis eine neue Weise der Präsenz dessen, was Realität genannt wird.» Das im Lebendigen, Seelisch-Geistigen und Gesellschaftlichen täglich neu Entstehende läßt sich nicht als bloße Zusammenfügung der enthaltenen Elemente deuten, denn «das Resultat organischer E. und gleicherweise psychologischer Synthese kann nicht aus der noch so genauen Kenntnis einfacher organischer oder psychischer Elemente vorhergesagt werden, wenn wir nicht schon aus der Erfahrung von ähnlichen Fällen wissen, was zu erwarten ist» [3].

Diesen Gesichtspunkt einer emergenten und zugleich epigenetischen E. vertritt unter den modernen E.-Psychologen beispielhaft H. WERNER. Für ihn ist E. «schöpferische E.», d. h. jede höhere Stufe stellt «ein grundsätzlich Neues» dar, das nicht durch Addition oder Subtraktion von einzelnen Merkmalen aus dem primitiveren Stadium ableitbar ist [4]. Dabei kann der Begriff des Schöpferischen ähnlich wie der Begriff des Emergierens durchaus als beschreibender Terminus verwendet werden; er muß nicht rückbezogen sein auf zugrunde liegende oder Supplementbegriffe der Lebenskraft oder Entelechie [5].

2. Die *erkenntnistheoretisch* fundierte Abhebung von Natur- und Geisteswissenschaft führt mit Notwendigkeit zur Auseinandersetzung über den in der Psychologie verwendeten E.-Begriff. Sowohl die erste umfangreiche Erörterung dieser Problematik durch F. KRUEGER als auch eine der neuesten begriffskritischen Darstellungen durch H. THOMAE knüpft vor allem an H. RICKERT [6] an und belegt damit die tiefgreifende Wirkung dieser wissenschaftstheoretischen Unterscheidung.

In Abwehr der Auffassung Rickerts, der den E.-Begriff nur im Rahmen der Geschichtswissenschaft als konstitutiv gelten lassen wolle, sieht F. KRUEGER die Aufgabe der Psychologie, der «einzigen reinen Gesetzeswissenschaft vom geistigen Geschehen», in einem «mehr-als-historischen, nämlich auf gesetzliche Notwendigkeit gerichteten wissenschaftlichen Erkennen geistiger E.». Ein allgemeingültiger E.-Begriff, der sich auf den biologischen, sozialen und kulturellen Bereich gleichermaßen beziehe, sei wesentlich und notwendig durch drei Merkmale gekennzeichnet: «1. die gedachte Stetigkeit der in Frage gestellten Veränderungen, 2. ihr gedachtes Eingeschlossensein in ein relativ einheitliches Ganzes qualitativ verschiedener, wechselwirkender Teile, welches dynamische Ganze sich in allen seinen Wandlungen als dieses einheitliche behauptet» und eine «Struktur darstelle, und schließlich 3. durch den «Gedanken einer einheitlich bestimmbaren Richtung für den Gesamtkomplex derjenigen Veränderungen, die da genetisch begriffen werden sollen». Eine dogmatische Bestimmung von ein für allemal feststehenden E.-Zielen lehnt Krueger zwar zunächst ab, doch fragt er nach der besonderen entwicklungsgesetzlichen «Zweckmäßigkeit» des Ergebnisses solcher E. zur strukturellen Einheit. Ein derartiges Ergebnis werde «jeweils als relativ wertvoll beurteilt, insofern man es an der gedachten konstanten Richtung einer E. mißt» [7]. In späteren Schriften wird dieser Gesichtspunkt des Normativen immer deutlicher, so daß A. WELLEK, der eine systematische Darstellung der Struktur- und E.-Lehre Kruegers gibt, den Gedanken dahingehend zuschärfen kann, daß die E. der Struktur auf «Selbstverwirklichung» angelegt sei, was zugleich «zunehmende Wertverwirklichung» im Sinne einer Annäherung an das «Ideal größtmöglicher Strukturiertheit» bedeute [8].

Im erneuten Versuch einer definitorischen Festlegung des E.-Begriffs sieht H. THOMAE von einer normativen Bestimmung grundsätzlich ab, weil damit der Kompetenzbereich einer empirischen Psychologie überschritten sei. Da das Kriterium der allgemeinen Gerichtetheit den Lebensvorgängen überhaupt zukommt und insofern unspezifisch ist, andrerseits Aussagen über Bedingungen und Ursachen ebenso vermieden werden sollten wie solche über Zweck und Sinn der E., bleibt für Thomae von den von Krueger genannten Merkmalen des E.-Begriffs nur das erste der Stetigkeit der Veränderungen, bezogen auf die zeitliche Abfolge. In dem Bestreben, selbst in dieser allgemeinsten Fassung die Fragwürdigkeit allzu weitgehender Übertragung von E.-Vorstellungen zu vermeiden, schränkt er den Begriff der E. in seiner Definition auf die Ontogenese ein: E. «erscheint dann als eine Reihe von miteinander zusammenhängenden Veränderungen, die bestimmten Orten des zeitlichen Kontinuums eines individuellen Lebenslaufs zuzuordnen sind» [9]. Mit dieser, wie er meint, «betont zurückhaltenden» Fassung, die zugleich phänomenologisch (in der Beschränkung auf das Sich-Zeigende) und operationistisch (in der Bestimmung des Gegenstands von den Erkenntnisschritten her) sei, glaubt Thomae sich jenseits der das psychologische E.-Denken vielfach beeinflussenden und auch beeinträchtigenden philosophischen Streitfragen und speziellen Definitionen halten zu können. Allerdings bleibt zu fragen, ob ein derart abstrakter, modellunabhängiger E.-Begriff, der allein den zeitlichen Bezug des Geschehens als Fluchtpunkt aller perspektivereichen E.-Erscheinungen setzt, eine aufschließende Funktion besitzt.

3. Von solchen auf das grundsätzlich Allgemeine des E.-Begriffs zielenden Definitionsversuchen unterscheiden sich die zahlreichen Begriffsbestimmungen, die von inhaltlichen Festlegungen nach überkommenen Alternativansätzen aus das Problem der E. zu erfassen trachten. Sie sind stärker aufeinander bezogen und gehen in der Regel vom Anlage-Umwelt-Gegensatz oder der Reifungs- und Lernproblematik aus.

Die Auffassung, daß «Anlagen im Ausgangszustand und ein Plan (Ziel, Richtung) des Werdens» zu jeder E. gehören [10], läßt den Grundvorgang zunächst als nach diesem immanenten Bauplan weitgehend vorbestimmte «Entfaltung» im Sinne eines Geprägter- und Reicherwerdens, einer Vertiefung der gesamten Struktur [11] erscheinen. Ein eher moderierter Nativismus findet sich in der Formulierung von W. STERN, daß E. das «Ergebnis einer Konvergenz innerer Angelegenheiten mit äußeren E.-Bedingungen» sei [12]. Sosehr diese gewiß abgewogene Definition Zustimmung finden kann, sie führt doch nicht viel weiter; denn psychische «Anlagen» in dem hier gemeinten Sinne sind hypothetische Größen von – zumindest heute noch – unbestimmbarer Wertigkeit, ähnlich wie «Baupläne» Rahmenbegriffe von zu weitmaschiger Allgemeinheit darstellen.

Der Versuch, E. als ein Zusammenspiel von Wachstum oder Reifung und Lernen zu verstehen [13], gelangt zu nicht minder allgemeinen Feststellungen und umfaßt im Grunde den Gesamtbereich des psychischen Geschehens und der Strukturbildung überhaupt. Daß hierbei wiederum die Alternative ‹angeboren (ererbt)/erlernt (erworben)› die entscheidende Rolle spielt, ist ebenso deutlich wie das Bestreben, im Unterschied zur ersten Gruppe auch die ‹Erfahrung› als konstitutives Moment der E. zur Geltung zu bringen und so eine Art Synthese von nativistischem und empiristischem Ansatz zu erreichen. Daß diesen in einem Begriffspaar fundierten Fassungen des E.-Begriffs in H. Thomaes E.-Definition eine – wenn auch nur als vorläufig gedachte – zureichende, d. h. genügend enge Bestimmung der E. entgegengesetzt worden sei, erscheint zweifelhaft. Es ist überhaupt die Frage, ob es gelingen kann, der Mehrdimensionalität eines Lebenszusammenhangs in der ihrer logischen Ordnung nach notwendig eindimensionalen Fassung einer Definition gerecht zu werden. Deshalb können alle die Versuche, die psychische E. unter Voraussetzung steuernder und regulierender Prinzipien zu bestimmen, jeweils nur einen spezifischen Aspekt der E. bieten. Solche Prinzipien sind etwa: ‹Anpassung›, ‹Steigerung› (Wachstum, Fortschritt) [14], ‹Differenzierung› (Zentralisierung, Integration) [15], ‹Prägung›, ‹Gestaltung›. Vom jeweils gewählten Gesichtspunkt der Interpretation sind dann auch die Modelle abhängig, die als eine bildhafte oder schematische Veranschaulichung der E.-Zusammenhänge gelten dürfen. Es lassen sich vor allem unterscheiden: die Modelle der E. als Schichtung, als Stufenfolge [16] und als aufsteigende Spirale.

Um der Vielfalt der E.-Erscheinungen gerecht zu werden, sind verschiedenartige Deutungsprinzipien und Modellvorstellungen nötig. Deshalb läßt sich, abgesehen von rein formalen Bestimmungen, der Begriff der E. kaum zureichend in eine Definition fassen.

Anmerkungen. [1] H. SPENCER: Principles of psychol. (London 1855, ²1870) 453f. 435. – [2] J. M. BALDWIN, in: C. MURCHISON: Hist. of psychol. in autobiography (Worcester, Mass. 1930) 1, 7f. – [3] J. M. BALDWIN: Development and evolution (New York 1902) 86f. – [4] H. WERNER: Einführung in die E.-Psychol. (1926, ³1953) 5. – [5] C. L. MORGAN: Emergent evolution (1923) 12. – [6] H. RICKERT: Die Grenzen der naturwiss. Begriffsbildung (1902, ⁵1929). – [7] F. KRUEGER: Über E.-Psychol. (1915) 35. 167f. 225. – [8] A. WELLEK: Das Problem des seelischen Seins (1940, ²1953) 46. – [9] H. THOMAE: E.-Begriff und E.-Theorie. Hb. der Psychol. 3 (1959) 10. – [10] K. BÜHLER: Die geistige E. des Kindes (1918, ⁴1924) 55. – [11] W. STERN: Psychol. der frühen Kindheit (1914, ³1923) 25. – [12] A. WELLEK: Die Polarität im Aufbau des Charakters (1950) 37ff. – [13] K. KOFFKA: Die Grundlagen der psychischen E. (1921). – [14] U. UNDEUTSCH: E. und Wachstum (Der quantitative Aspekt der E.). Hb. der Psychol. 3: E.-Psychol., hg. H. THOMAE (1959) 79-103. – [15] E. DUHM: E. als Differenzierung. Hb. Psychol. a. a. O. 220-239. – [16] R. BERGIUS: E. als Stufenfolge. Hb. Psychol. a. a. O. 104-195.

Literaturhinweis. H. THOMAE s. Anm. [9]. G. MÜHLE

Entwicklung, schöpferische (évolution créatrice) ist metaphysische Bestimmung des Seins durch H. BERGSON [1] als eines ständigen Schaffensprozesses. Dabei ist das Schöpferische als élan vital Grundprinzip des Seins von unbegrenzter Freiheit im Hervorbringen neuer Formen durch einen ständigen Akt des Verströmens der metaphysischen Einheit in die Vielheit der Erscheinungen. Dieser Prozeß bedingt nicht nur eine Entwicklung der durch diesen Akt mit eigenem Elan ausgestatteten Individuen, er stellt auch selbst eine Evolution dar, da das Lebensprinzip zur Durchsetzung seines Zieles sich fortwährend neu schafft, so daß es sich im ständigen Prozeß des Werdens befindet. Das angestrebte Ziel ist die Verwirklichung eines reinen Schaffens, losgelöst von aller Bindung an die hemmende Materie. Die Materie, die sich so dem élan vital entgegenstellt, droht dem System Bergsons einen Dualismus aufzuzwingen, der dem élan vital, d. h. in metaphysischer Konsequenz Gott, seine Omnipotenz nimmt. Daher versucht Bergson auch die Materie als ein Produkt des élan vital zu interpretieren. Das erreicht er auf zwei verschiedenen, sich z. T. ausschließenden Wegen: ontologisch wird die Materie zur Derivativform des élan vital, der sich verströmt hat. Gnoseologisch greift Bergson die Theorie der Bewußtseinsimmanenz von G. Berkeley auf und läßt die Materie zu einer Wahrnehmungsform werden. Da für Bergson jedoch die intellektuelle Erkenntnis ihrer metaphysischen Bezüge zugunsten einer intuitiven Erkenntnis entkleidet und auf einen Werkzeugcharakter reduziert wird, verliert die Materie ihre ontologische Relevanz. Bei dieser Interpretation bleibt es jedoch fraglich, warum der élan vital überhaupt eine schöpferische Entwicklung benötigt, um sein Ziel zu erreichen.

Anmerkung. [1] H. BERGSON: Evolution créatrice (Paris 1907).
Literaturhinweise. V. JANKÉLÉVITCH: Bergson (Paris 1930). – H. SUNDÉN: La théorie bergsonienne de la religion (Uppsala 1940). – G. PFLUG: Henri Bergson (1959).   G. PFLUG

Entwicklungsmechanik, Entwicklungsphysiologie. Der Begriff ‹Entwicklung› wird in der *Biologie* doppelsinnig gebraucht. Einmal wird darunter die Stammesgeschichte oder *Phylogenie* der Tiere und Pflanzen verstanden, andererseits die *Ontogenie*, die Entwicklung des einzelnen Lebewesens. Mit der Ontogenie der Organismen befassen sich die *deskriptive Embryologie*, die den sichtbaren Ablauf des Entwicklungsgeschehens beschreibt, und die Entwicklungsphysiologie (Ep.), die die treibenden Kräfte und Ursachen der Entwicklungsvorgänge zu erfassen versucht. Während die deskriptive Embryologie in ihren Anfängen schon im Altertum wurzelt, setzt die kausale Erforschung erst in der Mitte des vorigen Jh. ein. W. ROUX (1850–1924), der eigentliche Begründer des neuen Wissenschaftszweiges, wählte 1885 für ihn den Namen ‹Entwicklungsmechanik› (Em.) [1]. Wie er in der Einleitung zu der von ihm 1894 ins Leben gerufenen Zeitschrift ‹Archiv für Em. der Organismen› definiert, ist Em. oder kausale Morphologie der Organismen «die Lehre von der Ursache der organischen Gestaltung». Diese Namengebung begründet er damit, daß «jedes der Kausalität unterstehende Geschehen seit SPINOZA's und KANT's Definition des Mechanismus als mechanisches Geschehen bezeichnet wird; daher kann man auch die Lehre von demselben mit dem Wort Mechanik benennen» [2]. Roux lehnt den Ausdruck ‹Ep.› ab, weil nach seiner Ansicht die Ep. nur einen Teilabschnitt erfaßt, «nämlich die Lehre von den bereits während der Entwicklung eines Lebewesens stattfindenden Erhaltungsfunktionen der Organe bzw. der Gewebe für das Ganze, also der Organfunktionen und der spezifischen Gewebsfunktionen» [3]. Trotz der eindeutigen Definition durch Roux geriet das Wort ‹Em.› im Zusammenhang mit den Auseinandersetzungen über das Gegensatzpaar Mechanismus/Vitalismus bei vielen Embryologen in Mißkredit und wurde ersetzt durch ‹experimentelle Morphologie›, ‹kausale Embryologie› oder im deutschen Sprachgebiet meist durch ‹Ep.›. Heute werden die genannten Begriffe fast immer synonym gebraucht. F. E. LEHMANN (1945) verwendet ‹Em.› und ‹Ep.› nebeneinander, wobei er mit ‹Em.› die Tätigkeit der formbildenden Kräfte umschreibt, während die Ep. die stofflichen, feinbaulichen und enzymatischen Bedingungen dieser Kräfte erfassen will.

In der letzten größeren Darstellung des Gesamtgebietes umreißt A. KÜHN 1965 die Aufgabe der Ep.: Sie «ist die Erforschung der Gesetze des Lebenslaufes der Einzelindividuen und die Vermittlung des Lebensgeschehens von Generation zu Generation, also die Erforschung der Gesetze des Wachstums, der Formbildung und der Fortpflanzung der Organismen». Die sich daraus ergebenden Fragestellungen umfassen: die Struktur der tierischen und pflanzlichen Zelle und ihre Veränderung während der Entwicklung (Differenzierung); die Wechselbeziehungen von Zellen und Zellkomplexen untereinander, z. B. durch induktive Beeinflussung (Induktion) sowie die zeitliche Aufeinanderfolge der Differenzierungsvorgänge und die räumliche Anordnung der Zellkomplexe; die fortschreitende Determinierung der Zellen während der Organbildung (Determination). Im Zusammenhang mit der Klärung dieser Fragenkomplexe werden untersucht: die während der einzelnen Entwicklungsschritte ablaufenden biochemischen und chemisch-physikalischen Prozesse in der Zelle und an ihren Bestandteilen; die Wirkungsweise der Gene während der Ontogenese; die Weitergabe oder Blockade bestimmter, vom Gen ausgehender Informationen; die molekulare Grundlage des Weges der Information vom Gen zum Wirkungsort.

Anmerkungen. [1] W. ROUX: Beiträge zur Em. des Embryos I. Z. Biol. 21 (1885), Sonderdruck 6. – [2] Einl. zum Arch. Entwickl.-Mech. Org. (1895) 1. – [3] Terminol. der Em. der Tiere und Pflanzen (1912).
Literaturhinweise. H. SPEMANN: Exp. Beiträge zu einer Theorie der Entwicklung (1936); Forsch. und Leben (1943). – F. E. LEHMANN: Einf. in die physiol. Embryol. (1945). – H. DRIESCH: Lebenserinnerungen (1951). – A. KÜHN: Vorles. über Ep. (²1965). – C. BRESCH: Klassische und molekulare Genetik (1965). – J. D. EBERT: Ep. (1967).   H. ENGLÄNDER

Entwicklungspsychologie. Zielsetzung und Gehalt dieser Disziplin werden von der Auffassung von Psychologie wie vom Begriff der Entwicklung und seinem Ort und Rang im jeweiligen theoretischen System bestimmt. Deshalb lassen sich weite und enge Fassungen unterscheiden. Für diese Unterschiede typisch erscheinen die von (wert)philosophischen Gedankengängen beeinflußte Bestimmung von F. KRUEGER und die mit methodologischen Argumenten gestützte von H. WERNER gegenüber der betont zurückhaltenden, formal orientierten Definition von H. THOMAE.

1. Von der in philosophischer Vorentscheidung begründeten Überzeugung her, daß jede Entwicklung auf «Strukturiertsein» als Wert abziele [1] und «alle psychischen Tatbestände Erzeugnis und wiederum Ausgangspunkt von Entwicklungen» seien, sieht F. KRUEGER in erster programmatischer Zusammenfassung die Aufgabe einer alle Psychologie umgreifenden E. in der «Erkenntnis allgemeiner Gesetzlichkeiten des psychischen Geschehens», dessen wesentliche und nicht zu eliminierende Bedingungen solche der individuellen, sozialen und kulturellen Entwicklung sind [2]. Das freilich nie ganz zu erreichende Ziel derartiger Forschungen ist ein durch planmäßigen Vergleich, Analyse und entsprechende Begriffsbildung zu entwerfendes entwicklungstheoretisches

System, das das Psychische in seinen Erscheinungsformen und Bedingungsgrundlagen in der «Notwendigkeit seines Werdens» strukturgesetzlich begreift [3].

2. Das methodologische Postulat, daß jedes psychologische Teilgebiet, unabhängig von dem je eigenen Gegenstandsbereich, auch unter dem genetischen Aspekt erfaßt werden könne und müsse und dann E. sei, führt H. WERNER zur Abgrenzung einer allgemeinen E. von speziellen E. der Kindes- und Jugendpsychologie, der Psychopathologie, der Tierpsychologie, der Sozial-, Kultur- und Völkerpsychologie. Die allgemeine E. sucht als vergleichende Wissenschaft «die Ergebnisse der speziellen E. untereinander zu vergleichen und zu allgemeinen Entwicklungsgesetzen des geistigen Lebens schlechthin vorzudringen». Jedoch findet Werner erst Ansätze einer solchen Betrachtung, deren Ziel die Herausarbeitung übergreifender «geistiger Baupläne» oder Strukturen der Entwicklungsstufen und die Feststellung der durch die Verknüpfung solcher Stufen bestimmten Entwicklungsrichtung ist, verwirklicht [4].

3. Eine enge Fassung der als ‹E.› zu bezeichnenden Disziplin schlägt H. THOMAE in Zusammenhang mit einer definitorischen Einschränkung des Begriffs der Entwicklung auf den individuellen Lebenslauf vor. Damit ist zugleich eine deutlichere Abhebung der E. von der im deutschen Bereich damit vielfach ineins gesetzten vergleichenden Psychologie möglich. Es entfällt dann für die E. die Aufgabe der Aufweisung von «Analogien» etwa zwischen kindlichen, primitiven, pathologischen, tierpsychologischen Erscheinungsweisen des Verhaltens, die «in keiner Weise stichhaltig begründet» seien. Der vergleichende Aspekt ist – ähnlich wie dies in den weiten Fassungen der E. vom genetischen Aspekt behauptet wird – eine «fruchtbare Arbeitsmethode für jede psychologische Disziplin». Aufgabe der E. ist demgegenüber die Beschreibung, Erklärung und Deutung von «untereinander zusammenhängenden Änderungen im menschlichen Verhalten und seiner inneren Begründung» in der «Zuordnung zu bestimmten Orten des zeitlichen Kontinuums des menschlichen Lebenslaufs». Dies geschieht unter Anwendung von spezifischen Entwicklungsprinzipien (wie: dominante und nicht-umkehrbare Entwicklungsrichtung, Synchronie oder Asynchronie) und Entwicklungsmodellen (wie: Stufung, Schichtung, Differenzierung und Zentralisierung), wodurch, wenn sie ausschließlich oder doch vorwiegend verwandt werden, jeweils besondere psychologische Entwürfe zur Interpretation der Entwicklung entstehen. Thomae hält demgegenüber die Vielfalt der Aspekte für notwendig und fruchtbar, weil ein einheitliches Entwicklungsmodell als Grundlage der entwicklungspsychologischen Betrachtung zwar erstrebenswert, aber zum gegebenen Zeitpunkt noch unerreichbar sei [5].

4. Im *französischen* wie im *angloamerikanischen* Bereich findet sich gegenwärtig fast nur die eingeschränkte Auffassung von E. Diese stellt den Zweig der Psychologie dar, der die Entwicklung des Menschen von der Zeugung bis zum Tode untersucht, mit Akzentuierung der Veränderungen, die in den verschiedenen Lebensabschnitten stattfinden. Das vergleichende Verfahren gilt dabei nicht als genuin entwicklungspsychologisch, die Zielsetzung einer umfassenden Entwicklungstheorie des Lebendigen zumindest an der gegenwärtigen Situation der psychologischen Forschung unangemessen. Die allzu globale Fragestellung einer vergleichenden genetischen Psychologie ist der stärkeren Spezialisierung auf thematisch begrenzte Untersuchungen gewichen und durch eine Verschiebung des Interesses auf andere Gebiete der Psychologie in den Hintergrund gerückt.

Anmerkungen. [1] F. KRUEGER: E. der Ganzheit (1940), in: F. KRUEGER: Zur Philos. und Psychol. der Ganzheit, hg. E. HEUSS (1953) 325. – [2] Über E. (1915) 99ff. – [3] Über psychische Ganzheit (1926), a. a. O. [1] 123. – [4] H. WERNER: Einf. in die E. (1926, ³1953) 2ff. – [5] H. THOMAE: Entwicklungsbegriff und Entwicklungstheorie. Hb. der Psychol. 3: E. (1959) 10ff.

Literaturhinweis. H. THOMAE s. Anm. [5]. G. MÜHLE

Entwurf. KANT leitet die ‹Kopernikanische Wende› in der Philosophie mit der Erkenntnis ein, daß «die Vernunft nur das einsieht, was sie selbst nach ihrem Entwurfe hervorbringt» [1]. Die hieran anschließende, für die praktische Philosophie seit Kant entscheidende Bestimmung des Menschen als eines autonomen (d. h. zur Selbstbestimmung fähigen) und weltoffenen Wesens findet in der Theorie M. HEIDEGGERS ihre spezifische Deutung im Zusammenhang der durch E.-Charakter gekennzeichneten «existenzialen Konstitution des Da» [2]. Unter der Überschrift «Das Da-sein als Verstehen» [3] wird die Frage des E. behandelt: Das «Verstehen» hat «an ihm selbst die existenziale Struktur», «die wir den *E.* nennen. Es entwirft das Sein des Daseins auf sein Worumwillen ebenso ursprünglich wie auf die Bedeutsamkeit als die Weltlichkeit seiner jeweiligen Welt. Der E.-Charakter des Verstehens konstituiert das In-der-Welt-sein hinsichtlich der Erschlossenheit seines Da als Da eines Seinkönnens. Der E. ist die existenziale Seinsverfassung des Spielraums des faktischen Seinkönnens. Und als geworfenes ist das Dasein in die Seinsart des Entwerfens geworfen. Das Entwerfen hat nichts zu tun mit einem Sichverhalten zu einem ausgedachten Plan, gemäß dem das Dasein sein Sein einrichtet, sondern als Dasein hat es sich je schon entworfen und ist, solange es ist, entwerfend. Dasein versteht sich immer schon und immer noch, solange es ist, aus Möglichkeiten. Der E.-Charakter des Verstehens besagt ferner, daß dieses das, woraufhin es entwirft, die Möglichkeiten, selbst nicht thematisch erfaßt. Solches Erfassen benimmt dem Entworfenen gerade seinen Möglichkeitscharakter, zieht es herab zu einem gegebenen, gemeinten Bestand, während der E. im Werfen die Möglichkeit als Möglichkeit sich vorwirft und als solche *sein* läßt. Das Verstehen ist, als Entwerfen, die Seinsart des Daseins, in der es seine Möglichkeiten als Möglichkeiten *ist*» [4]. Der E. ist bestimmt durch «Befindlichkeit» und «Verstehen». «Befindlichkeit und Verstehen charakterisieren als Existenzialien die ursprüngliche Erschlossenheit des In-der-Welt-seins. In der Weise der Gestimmtheit ‹sieht› das Dasein Möglichkeiten, aus denen her es ist. Im entwerfenden Erschließen solcher Möglichkeiten ist es je schon gestimmt. Der Entwurf des eigensten Seinkönnens ist dem Faktum der Geworfenheit in das Da überantwortet» [5].

Anmerkungen. [1] KANT, KrV B XIII. – [2] M. HEIDEGGER: Sein und Zeit (⁹1960) 134. – [3] a. a. O. 142. – [4] 145. – [5] 148.

Literaturhinweis. O. PÖGGELER: Der Denkweg Martin Heideggers (1963) 56-58. P. PROBST

Entzauberung und ‹entzaubern› treten im 18. Jh. in der deutschen Dichtung auf und haben hier schon in der Lösung aus dem ursprünglichen Zusammenhang des Magischen die Bedeutung, einen Menschen, eine Sache aus dem Bann eines Zaubers, des Rausches, des Wahns zu lösen und zu befreien [1].

In dem Prozeß der E. sah dann M. WEBER eines der wichtigsten identifizierbaren Elemente okzidentaler Kultur. Ausgangspunkt der Überlegungen war die Frage nach einer möglichen Rechtfertigung sozialen Handelns und deren Legitimität. Diese wird vorgestellt als geltende Sozialnorm mit inhaltlichen *Variations*möglichkeiten nach je unterschiedlichen Strukturgegebenheiten. Magie und Rationalität bilden dabei Endpunkte eines Kontinuums möglicher legitimer Rechtfertigung. Als «magisch» gilt ein Handeln, das primär an der Vermeidung magischer Nachteile orientiert ist, als «rational» ein solches, das sich auf das Erreichen vorgestellter Ziele und Zwecke richtet [2]. «Magische Stereotypisierung» sozialen Handelns erwies sich in der Geschichte als ein wichtiges Hindernis sozialer Wandlungsprozesse.

Unter diesem Ansatz formulierte Weber die historische These über den E.-Prozeß: Während in früherer Zeit universal magische Rechtfertigung sozialen Handelns und sozialer Strukturen als legitim galt, bedarf es heute, vor allem in der abendländischen Kultur, einer (inhaltlich variablen) *rationalen* Legitimierung. Dabei ist ein völliges Verschwinden von Magie und Irrationalität nicht impliziert. Sie haben aber ihre Universalität verloren und sind regelmäßig zurückgedrängt auf bestimmte sozial-strukturelle Bereiche. Diese generelle These wurde von Weber in mehreren für ihn typischen Sozialprozessen konkretisiert: bei der Entstehung der okzidentalen mittelalterlichen Stadt [3], einer modernen kapitalistischen Arbeits- und Wirtschaftsethik [4], der Herausbildung rationaler Rechtsordnungen [5], der Entfaltung der rationalen Herrschaftslegitimierung [6].

Diese E. der Welt *erklärt* Weber aus der Entstehung und besonderen Soziallage der Intellektuellenschichten. Denn Intellektualismus bedeutet «das Wissen oder den Glauben daran: daß man, wenn man *nur wollte*, es jederzeit erfahren *könnte*, daß es also prinzipiell keine geheimnisvollen Mächte gebe, die da hineinspielen, daß man vielmehr alle Dinge – im Prinzip – durch *Berechnen* beherrschen könne» [7]. Unter dieser Haltung verlieren Dinge und Erscheinungen der Welt ihren magisch-stereotypisierten Sinngehalt, Sinn*gebung* wird zum Problem – und zum Beruf des Intellektuellen.

FR. ROSENZWEIG erklärt das Schwinden der «verzauberten Welt» durch das Aufkommen der modernen Naturwissenschaften. Damit ist der «bloße Gedanke der Kreatur an Stelle des runden gestaltreichen Kosmos» getreten. Diese E. der Welt bedeutet aber zugleich eine neue Einseitigkeit und Gefahr: «Das Dasein war so sehr entzaubert, daß es stets drohte, in bloße Vorstellung zu vergehen. Die E. ist hier eine ähnliche Gefahr, wie für Gott das sich wieder Verbergen, für den Menschen das sich wieder Verschließen» [8].

Anmerkungen. [1] Vgl. z. B. CHR. M. WIELAND, Werke, hg. J. G. GRUBER (1825) 38. 102. 107; F. H. JACOBI, Werke (1815) 2, 52; TH. HEINSIUS: Vollst. Wb. der dtsch. Sprache (²1835) 1, 1033; W. HOFFMANN: Vollst. Wb. der dtsch. Sprache (1854) 2, 150; J. H. CAMPE: Wb. der dtsch. Sprache (1807) 1, 949. – [2] M. WEBER: Wirtschaftsgesch. (³1958) 303. – [3] Wirtschaft und Gesellschaft (⁴1956) 735ff. – [4] Ges. Aufs. zur Religionssoziol. 1 (⁵1963). – [5] a. a. O. 3, 387ff. – [6] 551ff. – [7] Ges. Aufsätze zur Wissenschaftslehre (²1951) 578. – [8] FR. ROSENZWEIG: Der Stern der Erlösung (1929, ³1954) 172.   W. M. SPRONDEL

Entzweiung, entzweien, im Ausgang des 17. Jh. auch ‹zweyen›, ‹gezweyen›, ‹verzweyen›, ‹zerzweyen› [1], gehört sprachlich zu ‹uneins werden› und ‹uneins sein› [2]. KANT spricht von der Sprachverwirrung beim Turmbau zu Babel, «welche die Arbeiter über den Plan unvermeidlich entzweien und sie in alle Welt zerstreuen mußte» [3]. In der allgemeinen Bestimmung, in der Entzweien nach

J. A. EBERHARD (der auch «die E.» vermerkt) in der Entgegensetzung zum «Eins seyn» steht [4], wurden ‹entzweien› und ‹E.› zu philosophischen Begriffen in der relativ kurzen Epoche vor allem des deutschen *Idealismus*, der Einheit sowohl als verlorene wie in einer Versöhnung des Gegenwärtigen zu begreifende oder zu gewinnende Einheit zum Thema der Philosophie in ihrem Verhältnis zur gegenwärtigen Wirklichkeit macht.

Für SCHELLING ist das jetzige «Zeitalter des literarischen Bauernkriegs gegen alles Hohe, Große, auf Ideen Gegründete», in dem die Künstler in ihren Urteilen nicht nur verschieden, sondern einander entgegengesetzt sind, aus dem Verlust eines «allgemein herrschenden Geistes» der Übereinstimmung hervorgegangen, in dem die großen Werke, Albrecht Dürer zugleich mit Raphael, Cervantes und Calderon mit Shakespeare, «unter einer gemeinsamen Sonne» stehen. Wo ein solches Zeitalter des Glücks und der reinen Produktion vorüber ist, treten Reflexion und mit ihr die allgemeine E. ein: Lebendiger Geist wird zu Überlieferung [5].

Für HEGEL wird in den Jenaer Jahren E. zum «Quell des Bedürfnisses der Philosophie» [6] in der «Zerrüttung des Zeitalters» [7], in dem «die Macht der Vereinigung aus dem Leben der Menschen verschwindet» [8] und die Zeit die «Totalität» «zerrissen hat» [9]. Was in der E. jetzt verloren wird, ist die «beseelte Einheit» aus den fernen Tagen der alten Welt [10], aber auch «die höchste ästhetische Vollkommenheit» in einer bestimmten Religion, in welcher sich der Mensch «über alle E.» [11] in einer Liebe erhebt, die «vor dem Altar ⟨sich⟩ einer E. bewußt wird, ... versöhnt ... mit dem Bruder und ... rein und ewig vor die einige Gottheit» tritt [12]. Die E. des Zeitalters erscheint als die «Noth des Gegentheils», in der sich der Geist so arm zeigt, «daß er sich, wie in der Sandwüste der Wanderer nach einem einfachen Trunk Wasser, nur nach dem dürftigen Gefühl des Göttlichen überhaupt für seine Erquickung zu sehnen scheint» und hieran «die Größe seines Verlustes» ermessen kann [13]. Aber zugleich ist die E. der gegenwärtigen Welt für Hegel so sehr das Positive in der Umwälzung des Geistes und der Wirklichkeit Erfüllung der Weltgeschichte im Hervorgang des Bewußtseins der Freiheit, daß der mit ihr gesetzte Verlust zwar die Größe des Bruches, der sich vollzieht, nicht aber das sich in ihm Durchsetzende kennzeichnet [14]. Die «fortschreitende Kultur», die das Göttliche und die Totalität «neben sich» stellt und sich mit ihnen entzweit [15], ist die der Aufklärung und politisch der Revolution in Frankreich, mit der der Verstand die Realität verdinglicht, sich aber zugleich die Freiheit als Freiheit aller zum Prinzip des Staates und des Rechts erhebt, während das «vom Objektiven» geschiedene Göttliche von der Subjektivität als zweiter «Form des Weltgeistes» in Gefühlen und Gesinnungen gegenwärtig gehalten wird [16]. In dieser Zweiheit von rationaler dinglicher Realität und Subjektivität, mit der das Endliche und das Unendliche auseinander treten und die mit der Gefahr der Beziehungslosigkeit verbunden ist, in der das Subjektive für den Verstand und das Objektive für die Subjektivität «keinen Werth hat und Nichts ist» und diese einander entfremdet werden [17], kommt Freiheit als äußere und innere Freiheit zur Verwirklichung. Daher ist die E. von Endlichkeit und Unendlichkeit zwar « Herausgetretenseyn des Bewußtseyns aus der Totalität» [18], aber zugleich notwendiges Moment der Einheit: «Solche festgewordene Gegensätze aufzuheben, ist das einzige Interesse der Vernunft» [19]; die Philosophie erhält die Aufgabe, «die E. in das Absolute, – als dessen

Erscheinung; das Endliche in das Unendliche, – als Leben zu setzen» [20].

In dieser positiven Bedeutung begegnet E. wohl zuerst bei KANT im Zusammenhang des Antinomienproblems als die «ganz natürliche Antithetik ... in welche der Vernunft von selbst und zwar unvermeidlich geräth», und die sie in einem «Streit der Vernunft mit sich selbst ... entzweiete» [21]. Indem aber die Kritik zeigt, daß dieser Streit nur zum «dialektischen Kampfplatz» vernünftelnder Behauptungen gehört, «wo jeder Theil die Oberhand behält» [22], führt die E. der Vernunft positiv dazu, den diesen Streit hervorbringenden Grundsatz der Totalität als «eigentlich nur eine Regel» zu begreifen, «welche in der Reihe der Bedingungen gegebener Erscheinungen einen Regressus gebietet, dem es niemals erlaubt ist, bei einem Schlechthin-Unbedingten stehen zu bleiben» [23]. Die für die Vernunft unvermeidbare E. schließt daher positiv den Sinn auf, «in welchem sie [die Vernunft] mit sich selbst zusammenstimmt» [24]. In gleicher positiver Funktion kehrt E. in der *Geschichtsphilosophie* Kants wieder: Obwohl das Ganze des Menschengeschlechts «das friedliche Beisammensein nicht entbehren» kann, können es die Menschen nicht vermeiden, «einander beständig widerwärtig zu sein», werden aber gerade damit auf den Weg zu einer «beständig mit E. bedrohten ... Coalition in eine weltbürgerliche Gesellschaft (cosmopolitismus)» geführt [25]. Die Natur braucht die «Unvertragsamkeit der Menschen» als Mittel, «in dem unvermeidlichen Antagonism derselben einen Zustand der Ruhe und Sicherheit» in einer gesetzmäßigen bürgerlichen Verfassung auszufinden [26].

Das wirkt in der Theorie einer im Antagonismus auf Einheit gerichteten Geschichte und politischen, sozialen Ordnung fort. Die Zugehörigkeit der E. zu ihr, ohne daß dieser Begriff zum festen Bestand der Theorie wird, bezeugt u. a. die in das dritte Jahrzehnt des 19. Jh. gehörende Anknüpfung an Kants allgemeine Geschichte bei dem von Schelling herkommenden Religionsphilosophen und Pädagogen B. H. BLASCHE: Im Prozeß «fortschreitender Bildung der Menschheit ... zu einem werdenden Ganzen», in der «Vervollkommnung der Staaten» geht dieser Bildung «Egoismus, der Einigung E. nothwendig voraus». Der «Geist der Weltgeschichte» als «die im Menschenreiche waltende Vorsehung» «macht die E. selbst zu einem Mittel, die Verbindung der Staaten im Menschenreiche immer weiter zu verbreiten» [27].

In der Bewegung des Gedankens, in der die Philosophie von der durch Kant vollzogenen Wende als «absolutem Ausgangspunkt» über den bei ihm sich haltenden «festen Gegensatz von subjektivem Denken und objektiven Gegenständen» [28] zur Einheit der Identität fortgeht, «wo Subjekt und Objekt unvermittelt Eines sind» [29] und so Entgegensetzung, Dualität, Gegensatz, Widerspruch, Differenz spekulativ in der Einheit und Einheit aus ihnen begriffen werden, gehen Begriff und Terminus der E. in die Theorie des Absoluten und in die Sphären seiner Darstellung ein. In der Naturphilosophie SCHELLINGS ist in dem sich auf allen Stufen haltenden «Gegensatz in der reinen Identität der Natur» [30] erste Bedingung aller Tätigkeit der Natur im Wechsel «die in sich selbst entzweite Produktivität» [31]. Durch E. werde ihre Fortdauer gesichert [32]. 1797 spricht Schelling vom «allgemeinen Gesetz der E.» [33]. FR. V. BAADER unterscheidet «E. als Ursache des Bösen» von der «rechten, der Manifestation der Einheit dienenden» E. [34]. Für GOETHE als «treuen Beobachter der Natur» ist E. ein «Urphänomen, das unmittelbar an der Idee steht»; es herrsche Übereinkunft darüber, daß «alles, was erscheinen ... solle, müsse entweder eine ursprüngliche E., die einer Vereinigung fähig ist, oder eine ursprüngliche Einheit, die zur E. gelangen könne, andeuten». Als «die ewige Systole und Diastole, die ewige Synkrisis und Diakrisis, das Ein- und Ausatmen der Welt» sei es «das Leben der Natur», «das Geeinte zu entzweien, das Entzweite zu einigen» [35]. Von BLASCHE wird E. – «Gegensatz oder Streit entgegengesetzter Glieder» – in dem «in allem Entzweiten bemerkbaren Streben zur Ausgleichung» als Vermittlung der Offenbarung gesehen: «E. und Ausgleichung sind gleichsam die Angeln, um welche die Welt sich bewegt, die ganze Schöpfung ist ein harmonisches Wechselspiel zwischen den Gliedern dieses allmeinen Gegensatzes», dem die «analysirende Thätigkeit» als die «entzweiende», die «synthesirende» als die «die ausgleichende» zugeordnet sind [36]. Für SCHOPENHAUER lassen «Streit, Kampf und Wechsel des Sieges» überall in der Natur «die dem Willen wesentliche E. mit sich selbst deutlicher erkennen», so daß die Natur selbst in diesem Streit als «Offenbarung der dem Willen wesentlichen E. mit sich selbst» zu gelten hat [37].

An der E. des Zeitalters in der Entgegensetzung des Subjektiven und Objektiven nimmt die Philosophie in der Ausbildung von einander entgegengesetzten Systemen teil. I. P. V. TROXLER bestimmt Problem und Aufgabe der Philosophie aus dem gegebenen «Dualismus» in der «Doppelgestalt der E.», in der sich sowohl entgegengesetzte «Identitäten oder Absolutheiten» wie in der Philosophie Spinozas und Berkeleys als auch Natur- und Vernunftwissen auf der einen Seite, das positive historische Wissen auf der anderen sich – untereinander verfallen – gegenüber treten. In dieser E. haben sich «die innigsten, lebendigsten Bande der Philosophie» aufgelöst; sie ist in ein «orthodoxes und legitimistisches» und in ein «protestierendes und revolutionäres System» auseinandergetreten. Wo so in unserer Zeit als «Durchgangs- und Übergangsperiode» in den Ansichten der Natur wie des Staates «die nothwendige E. und Gegenüberstellung» sich auf das Höchste gesteigert haben, da habe dies den Sinn, «die Periode der höchsten Verständigung und Harmonie herbeizuführen» (Troxler zitiert hier einen Aufsatz «unseres Freundes» Werber zur E. der Medizin in Allopathie und Homöopathie [38]). Diese Harmonie aber werde nicht dadurch erreicht, daß man das eine oder das andere Element «hinauszuwerfen» sucht; sie erwachse vielmehr daraus, daß die Philosophie die gegeneinander verselbständigten Wissenschaften durchdringt und vereinigt, «da keine Wissenschaft nur auf reiner Vernunft oder blosser Erfahrung ruhen kann» [39].

In der Auseinandersetzung der Philosophie in den ersten Jahrzehnten des 19. Jh. um die Möglichkeit des Ausgleichs und der Versöhnung der im Geist und in der Wirklichkeit ausgebildeten E. bildet die Philosophie HEGELS insofern einen Mittelpunkt, als Hegels frühe Forderung, die E. in das Absolute zu setzen, für ihn fortdauernd zur Aufgabe der Philosophie überhaupt wird: «letztes Ziel und Interesse der Philosophie ist, den Gedanken, den Begriff mit der Wirklichkeit zu versöhnen» [40], die «Versöhnung mit der Wirklichkeit» in der «vernünftigen Einsicht» zu gewähren, die «in dem Scheine des Zeitlichen und Vorübergehenden die Substanz, die immanent, und das Ewige, das gegenwärtig ist», erkennt [41]. Die allgemeine Voraussetzung dafür bleibt, daß «das absolute Wissen» «in der Einheit den Gegensatz, und in dem Gegensatz die Einheit» begreift und daß da, wo «das reine Denken ... zum Gegensatz des Subjektiven und Objektiven» fortgegangen ist, die Einsicht gewonnen wird, daß, «wie Schelling sagt, die Entgegengesetzten identisch sind» [42]. Aber zugleich grenzt Hegel sich philosophisch sowohl gegen die Formalität des A = A ab, mit der im Absoluten alles so gleich gesetzt wird, wie in der Nacht «alle Kühe schwarz sind», als auch gegen die «Naivität der Leere an Erkenntniß» und gegen die «träge Einfachheit», die darin Genüge findet, die «Wirklichkeit selbst auf eine unwirkliche Weise» darzustellen. Zu solcher «Erbaulichkeit», «der es kein Ernst mit dem Anderssseyn und der Entfremdung und mit dem Überwinden dieser Entfremdung ist», gehört ebenso der Versuch einer Versöhnung in der Rückkehr zur Ursprünglichkeit und Unmittelbarkeit des Anfangs [43]; sie ist wie alle Rückkehr zum Alten und zu einem Ursprünglichen «Zuflucht der Ohnmacht» [44].

Der sachliche Grund solcher kritischen Distanzierung liegt darin, daß E. und Entgegensetzung zwar immer das Problem sind, das die Frage nach Einheit hervorruft, daß aber die Einheit und die Ganzheit, nach der die Philosophie fragt, «das Werk der modernen Zeit» ist, sofern erst auf ihrem Boden zum «Sichwissen der Idee» der «unendliche Gegensatz» gehört, daß die «Idee zum Bewußtseyn ihrer absoluten E. gekommen ist» [45]. Das Ganze als das Wahre, ist nur «das durch seine Entwicklung sich vollendende Wesen». Es ist daher geschichtlich das, was als «Resultat» und erst «am Ende das ist, was es in Wahrheit ist», so wie «der Embryo wohl an sich Mensch ist ... aber nicht für sich»; er wird erst actu Mensch, wenn er die Wirklichkeit der «gebildeten Vernunft» erlangt hat, «die sich zu dem gemacht hat, was sie an sich ist» [46].

Der Begriff des Ganzen als Resultat setzt so den weltgeschichtlichen Prozeß voraus, in dem der Mensch in freier Subjektivität und als Freier zum Subjekt des Ganzen wird und so «das Wahre nicht als Substanz, sondern ebenso sehr als Subjekt» aufgefaßt werden kann [47]: Mit dem Christentum und mit der Wende zur neuen Zeit schlug in die Totalität der konkreten Idee, wie sie die alte Welt kannte, «das Prinzip der Subjektivität, Individualität» ein. Darin ist es begründet, daß in der Wende zur Neuzeit «die Idee zum Bewußtseyn ihrer absoluten E. gekommen ist»; über diese E. habe «das reine Denken in Cartesius sich aufgethan» [48].

Die gegenwärtige Form der E. der Aufklärung des Verstandes und der Subjektivität, von der Hegel ausgeht, um sie versöhnend zu begreifen, ist daher weder Verfall noch ein der Vernunft und der von ihr begriffenen Totalität Äußerliches. Sie ist am Ende der bisherigen Weltgeschichte der Freiheit die Gestalt, in welcher das Ganze seine Entwicklung vollendet hat; daher ist die «Gegenwart das Höchste» [49]. Mit ihr hat die E. ihre höchste Ausbildung erreicht. In der Religion liegen in der Absonderung des Göttlichen vom Weltlichen zwar von Anbeginn die «Keime der E.» [50]. Obwohl der fromme Mensch den Glauben noch «gegensatzlos» voraussetzt und sein Bewußtsein «unbefangen jener höheren Region unterworfen» ist [51], gehört doch zu ihr – denn «Unschuld ist ... nicht der wahrhafte Standpunkt des Menschen» [52] –, daß sie erst in ihrer vollen Ausbildung zum Genuß der Einheit kommt, indem sie die beiden «harten Extreme» des Göttlichen und Weltlichen «aus der E. heraushebt, bearbeitet und zusammenschließt» [53]. Hegel behandelt die Ausbildung der Religion unter dem Titel: «E. der Religion mit dem freien, weltlichen Bewußtseyn» [54]. Die Religion steht daher am Ende ihrer Ausbildung in der Beziehung zur spekulativen Philosophie, insofern diese das Wahre als «in sich entzweit» setzt und die Idee als die Einheit in den so entgegengesetzten Denkbestimmungen begreift [55]. Der Weg zur Versöhnung führt durch die «unendliche E.»; es gibt «kein Versöhntseyn von Hause aus». Die wahrhafte Einheit wird erst durch die «Trennung» von der «Unmittelbarkeit» erlangt [56]. Das gilt für den Geist in seiner Geschichte überhaupt. Die klassische Kunst überschreitet zwar den «Boden des echten Ideals» nicht, sie kennt aber noch nicht das «Verhausen der subjektiven Innerlichkeit in sich» und den hier hervorgehenden «ganzen Kreis der Entzweiungen»; sie ist darum auch nicht in die Tiefe des Gegensatzes, «der im Absoluten begründet ist», eingedrungen und hat ihn nicht ausgesöhnt [57]. Die Grenze, die hier erscheint, ist die Grenze der alten Welt überhaupt; Platon konnte die einbrechende Freiheit der Subjektivität nur als «Verderben» begreifen, das die Sittlichkeit der Polis aus sich heraushalten muß [58]. Die Freiheit des Menschen als Freiheit aller Menschen hat daher erst mit der Ausbildung der Zweiheit von Subjektivität und Objektivität Wirklichkeit erlangt; sie kommt erst auf dem Boden der bürgerlichen Gesellschaft in ihrer Beschränkung auf das durch Bedürfnis und Arbeit vermittelte Naturverhältnis zur Verwirklichung. Die Gesellschaft setzt in ihrer Emanzipation aus den Ordnungen der geschichtlichen Herkunft, und indem sie als «Differenz» und als «E.» in die geschichtliche sittliche Welt eintritt, das Individuum frei und gibt ihm das Recht, daß es selbst Subjekt des Allgemeinen zu sein [59]. Damit hat sich am Ende der bisherigen Weltgeschichte das Prinzip der Subjektivität «zum selbständigen Extreme der persönlichen Besonderheit» vollendet, zugleich wird der Staat der bürgerlichen Gesellschaft zu der «ungeheuren Vereinigung der Selbständigkeit der Individualität und der allgemeinen Substantialität»; er nimmt die Freiheit in die «substantielle Einheit» hinein, um die Freiheit in ihr zu erhalten und ihr Wirklichkeit zu geben [60].

In der E. der gegenwärtigen Welt hat sich so für Hegel das Ganze der Vernunft zur vollen Entfaltung des Subjektiven und Objektiven gebildet; ihre E. ist Erscheinung der in der gegenwärtigen Wirklichkeit vorhandenen Vernunft. Daher ist für Hegel der Gedanke, die E. in einer künftigen Identität oder in einer Rückkehr in die Unmittelbarkeit des Ursprungs zu überwinden, abstrakt. Die Versöhnung, die die Philosophie gewährt, liegt darin, daß sie die in der E. liegende Gefahr der wechselseitigen Entfremdung des Subjektiven und Allgemeinen, sie ernst nehmend, überwindet [61], indem sie die E. als Wirklichkeit der Vernunft und der Freiheit begreift, von der alles Handeln politisch und geistig auszugehen hat, wenn es Freiheit zum Grunde und Inhalt hat und behalten will.

Der Begriff der E. verliert daher seine positive Bedeutung und Funktion, wo die Zweiheit von Subjektivität und Objektivität nicht als Wirklichkeit von Freiheit, sondern als Verlust einer ursprünglichen Einheit oder als Erscheinung des die Gesellschaft immanent bestimmenden Widerspruchs und Antagonismus der Klassen verstanden wird. FEUERBACH geht zwar davon aus, daß Religion die E. des Menschen mit sich selbst sei, aber in dieser E. vergegenständlicht der Mensch nur den noch bestehenden Zwiespalt in seinem eigenen Wesen, der, wenn er in seinem Grunde durchschaut wird, dem Menschen die Einheit mit sich selbst zurückgibt [62]. Für MOSES HESS lebten die ersten Menschen einig; sie waren noch frei und glücklich [63]. Daher ist der Gegensatz des Reichtums und der Arbeit in der jetzigen Welt das Vorübergehende und «Zeugniß einer uns noch erwartenden Glückseligkeit» [64], in der mit der Wiederherstellung der ursprünglichen Gleichheit der Abfall von ihr überwunden wird. Die E. gehört als solche zum Abfall. Von Getrenntheit als Gefallenheit kann weder für die «Unschuld des Daseins» noch für die Natur noch für die Geschichte die Rede sein; sie sind an und für sich heilig. Erst dem entzweiten Menschen ist daher auch die Natur entzweit: «Das Zwitter- und Mittelding, der unversöhnte Mensch, trägt seine Zerfallenheit nicht bloß in die Natur, sondern auch in die Geschichte hinein» [65].

In der Forderung der Verwirklichung der Philosophie in der Hegel nachfolgenden Generation wird so Entfremdung zum Wesen und zur Wahrheit der E. Damit hört E. auf, Erscheinung der Vernunft und Wirklichkeit der Freiheit zu sein. In der Theorie des Antagonismus der Geschichte und für die politische Praxis seiner Überwindung wird sie – hineingenommen in die Entfremdung – zu dem, was politisch und geistig in der Herbeiführung künftiger Vollendung und Einheit der Gesellschaft aufgehoben und überwunden wird.

Anmerkungen. [1] K. STIELER: Der teutschen Sprache Stammbaum und Fortwachs (1691, Neudruck 1968) 2658. – [2] J. CHR. ADELUNG: Versuch eines grammat.-krit. Wb. der Hochdtsch. Mundart (1774) 1, 1700; (²1793) 1844. – [3] KANT, KrV B 735; vgl. B 878. – [4] J. A. EBERHARD: Versuch einer allg. dtsch. Synonymik (1795) 2, 162. – [5] F. W. J. SCHELLING: Philos. der Kunst. Werke, hg. K. F. A. SCHELLING (= WS) I/5, 360f. – [6] G. W. F. HEGEL: Differenz des Fichteschen und Schellingschen Systems. Werke, hg. GLOCKNER (= WG) 1, 44. – [7] WG 1, 150. – [8] 1, 46. – [9] 1, 150. – [10] Volksreligion, in: Theol. Jugendschr., hg. H. NOHL (²1907) 28f. – [11] WG 1, 47. – [12] ebda.; Theol. Jugendschr. 269. – [13] Phänomenol. des Geistes. WG 2, 16f. – [14] Vgl. M. RIEDEL: Theorie und Praxis im Denken Hegels (1965) 204f. – [15] Differenz ... WG 1, 47. – [16] Glauben und Wissen. WG 1, 280ff. – [17] 1, 282. – [18] Differenz ... WG 1, 49. – [19] 1, 46. – [20] 1, 49. – [21] KANT, KrV B 433f. 544 (B 489). – [22] B 450. – [23] B 536f. – [24] B 544. – [25] Anthropol. in pragmatischer Hinsicht. Akad.-A. 7, 331. – [26] Idee zu einer allg. Gesch. in weltbürgerlicher Absicht. Akad.-A. 8, 24. – [27] B. H. BLASCHE: Das Böse im Einklange der Weltordnung dargestellt (1827) 430f. – [28] HEGEL, Ästhetik, hg. BASSENGE 1, 65. – [29] z. B. SCHELLING, System des transzendentalen Idealismus. WS I/3, 364. – [30] Einl. zu dem Entwurf eines Systems der Naturphilos. WS I/3, 308 Anm. 1. – [31] I/3, 308; vgl. Erster Entwurf eines Systems der Naturphilos. WS I/3, 6. – [32] I/3, 301; vgl. 297f. – [33] Ideen zu einer Philos. der Natur. WS I/2, 254. – [34] FR. V. BAADER: Fermenta Cognitionis. Werke, hg. FR. HOFFMANN (1850-1860) 2, 167. – [35] J. W. GOETHE: Zur Farbenlehre. Jubiläums-A. 40, 83ff. – [36] a. a. O. 38f. 41f.; vgl. Anm. 25. – [37] A. SCHOPENHAUER: Die Welt als Wille und Vorstellung. Werke, hg. E. GRISEBACH I, 2, § 27, 207f. – [38] Vgl. W. J. A. WERBER: Ueber die E. der Med. in Allopathie und Homöopathie und die Nothwendigkeit ihrer Versöhnung, in: Homöopath. Hygiea (1834) I. – [39] I. P. V. TROXLER: Vorles. über Philos. (1835) 58f. 144f. 170f. – [40] HEGEL, Gesch. der Philos. III. WG 19, 684. – [41] Grundlinien der Philos. des Rechts, Vorrede. WG 7, 35. 33. – [42] WG 19, 689. – [43] Phänomenol. des Geistes. WG 2, 22f. – [44] Gesch. der Philos. I. WG 17, 78. – [45] 19, 685. – [46] Phänomenol. WG 2, 24f. – [47] 2, 22. – [48] Gesch. der Philos. III. WG 19, 687. – [49] 19, 686. – [50] Philos. der Relig. I. WG 15, 24. – [51] 15, 25. – [52] 15, 288. – [53] 15, 41. – [54] 15, 24ff. – [55] 15, 39. – [56] 15, 288. – [57] J. W. HEGEL, BASSENGE 1, 421f. – [58] Grundlinien der Philos. des Rechts. WG 7, 33. – [59] a. a. O. §§ 182. 33. – [60] §§ 260. 33. – [61] Vgl. Phänomenol. WG 2, 223. – [62] L. FEUERBACH: Das Wesen des Christentums (1841). Werke, hg. W. BOLIN/F. JODL (1903-1911, Neudruck 1960) 6, 41f.; vgl. M. STIRNER: Der Einzige und sein Eigentum (1845, ³1901) 32. 34. – [63] M. HESS: Die heilige Geschichte der Menschheit von einem Jünger Spinozas (1837), in: Philos. u. soz. Schriften (1837-1850), hg. A. CORNU/W. MÖNKE (1961) 6f. – [64] a. a. O. 63. – [65] Die europ. Triarchie (1841) a. a. O. 80f.

Literaturhinweise. K. LÖWITH: Von Hegel zu Nietzsche (⁵1964) bes. 179-191. – H. STUKE: Philos. der Tat. Studien zur «Verwirklichung der Philos.» bei den Junghegelianern und Wahren Sozialisten. Industrielle Welt 3 (1963). – E. FLEISCHMANN: La philos. politique de Hegel (Paris 1964). – M. RIEDEL s. Anm. [14]. – R. KL. MAURER: Hegel und das Ende der Gesch. (1965). –
J. RITTER: Met. und Politik. Studien zu Aristoteles und Hegel (1969) 183-321.

J. RITTER

Environmentalismus (engl. environmentalism von environment, Umgebung, Umwelt) dient als Name für die um 1900 haupsächlich in Amerika entstandene (geographische) Theorie, wonach der Mensch entscheidend durch die (terrestrische) Natur bestimmt ist. «Chief» Exponentin [1] war die Soziologin und Geographin E. CH. SEMPLE (1863–1932), die ihrerseits maßgeblich von dem deutschen Ethnologen und Geographen F. RATZEL (1844–1904) beeinflußt war, dessen ‹Anthropogeographie› (1882) lange führend für die einschlägigen Ansichten blieb. Nach SEMPLE ist der Mensch «ein Produkt der Erdoberfläche. Dies meint nicht nur, daß er ein Kind der Erde sei, Staub aus ihrem Staub, sondern daß die Erde ihn bemuttert und genährt, ihm Aufgaben gestellt und Schwierigkeiten bereitet hat, die seinen Körper und Geist stärkten. Die Erde stellte ihm Probleme ... und flüsterte ihm gleichzeitig Anweisungen zur Lösung zu. Sie drang in des Menschen Fleisch und Blut, in seinen Geist und seine Seele ein» [2]. RATZEL hatte analogen Formulierungen Semples (und auch anderer Forscher) modifizierteren Ausdruck gegeben: «Wir dürfen nicht geradhin sagen, der Mensch ist ein Produkt des Bodens, den er bewohnt, denn mancherlei ‹Böden›, die seine Vorfahren bewohnten, werden in ihren ... Einflüssen bis auf ihn herabwirken» [3]. Dies sei es eben, «was alle Studien über den Zusammenhang zwischen Geschichte und Naturumgebung so sehr erschwert, daß wir allgemeine Schlüsse nur immer bedingungsweise aussprechen können. Der eine Faktor ... ist eben nicht berechenbar ..., weil er frei ist; es ist dieses der menschliche Wille» [4]. SEMPLE und ihre relativ große Gefolgschaft machten sich dagegen durch Leitsätze wie den zitierten des Determinismus verdächtig. In der Folge wurde deshalb, wiewohl nicht durchaus begründet (besonders F. Ratzel gegenüber nicht), von ‹deterministischem E.› gesprochen; später versuchte man ihn daher durch andere («-ismen» (Possibilismus, Probabilismus) zu überwinden. – Das Faktum der (Mit-)Bestimmtheit bzw. Abhängigkeit des Menschen durch seine Umwelt bleibt naturgemäß bestehen und wird auch in zunehmend differenzierterer Weise wissenschaftlich angegangen [5]. – Der E. spielte schon vor Semple und spielt auch nach ihr eine sehr erhebliche Rolle in der biologischen, geographischen, ökonomischen und soziologischen Umweltlehre. In der letzteren, die infolge der zunehmenden Beeinträchtigung der menschlichen Umwelt und der dadurch veranlaßten Schutzbestrebungen weltweite Aktualität gewinnt, erfährt der E. eine vielleicht unerwartete, jedoch objektiv berechtigte Renaissance.

Anmerkungen. [1] T. W. FREEMAN: A hundred years of geogr. (London 1965) 77. – [2] E. CH. SEMPLE: Influences of geogr. environment (On the basis of Ratzel's system of anthropogeogr.) (London 1911) 1-2. – [3] F. RATZEL: Anthropogeogr. (1882) 69. – [4] a. a. O. 51. – [5] Vgl. A. HETTNER: Allg. Geogr. des Menschen 1 (1947) 35-100. 145-170.

Literaturhinweise. F. RATZEL: Anthropogeogr. (1882, ⁴1921). – E. CH. SEMPLE: Amer. hist. and its geogr. conditions (New York 1903). – R. E. DODGE: Man and his geogr. environment. J. Geogr. 9 (1910) 179-187. – Inter-University Conference on ‹Culture and environment›. Report in: Bull. Amer. geogr. Soc. 45 (1913) 43-44. – R. H. WHITBECK: The Influence of geogr. environment upon religious beliefs. Geogr. Rev. 5 (1918) 316-324. – TH. FRANKLIN: The environment basis of soc. (New York 1925). – R. H. WHITBECK und O. J. THOMAS: The geogr. factor (New York 1932). – V. C. FINCH: Geogr. sci. and social philos. Ann. Ass. Amer. Geographers 29 (1939) 1-28. – R. S. PLATT: E. versus geogr. Amer. J. Sociol. 53 (1948) 351-358. – E. HUNTINGTON: Principles of human geogr. (New York ⁶1951). – G. TATHAM: E. and possibilism. Geogr. in the 20th century (New York 1953) 128-162. – J. V. UEXKÜLL: Streifzüge durch die Umwelten von Tieren und Menschen (Hamburg 1956). – J. K. WRIGHT: Miss Semple's ‹Influence of geogr. environment›. Geogr. Rev. 52 (1962) 346-361. – P. CLAVAL: Essai sur l'évolution de la géogr. humaine (Paris 1964). – G. FUCHS: Der Wandel zum anthropogeogr. Denken in der amer. Geogr. (1966) mit Bibliogr. – B. H. JENNINGS und J. E. MURPHY: Interactions of man and his environment (New York 1966). – D. LOWENTHAL (Hg.): Environmental perception and behavior. Res. Pap. 109, Dept. of Geogr. Univ. Chicago (1967). – D. HARVEY: Explanation in geogr. (London 1969). – M. NICHOLSON: The environmental revolution. A guide for the new masters of the earth (London 1970). E. WINKLER

Enzyklopädie. Die große französische ‹*Encyclopédie ou dictionnaire raisonné des sciences, des arts et des métiers*› begann 1751 zu erscheinen und war 1772 abgeschlossen. Das Werk umfaßte 17 Folio- und 11 Tafelbände, in denen lange vor Erfindung der Photographie die Welt der arts mécaniques in Erscheinung trat, d. h. das Handwerk, der Werkstattbetrieb, die Maschine. Leitend war dabei die Hoffnung, Manufakturen, die seit langem ihre Gestalt nicht verändert hatten, verbessern zu können.

Am Ursprung der E. steht der Plan des Deutschen G. SELLIUS und des Engländers J. MILL. Den Verleger LE BRETON leiteten vor allem geschäftliche Interessen, als er sich um eine Übersetzung des 1727 in England erschienenen Werks von CHAMBERS bemühte, der ‹Cyclopaedia or an Universal Dictionary of Arts and Sciences›. 1746 gelang es Le Breton, den Abbé GUA DE MALVES für ein selbständiges französisches Werk zu interessieren. Doch sind dessen Ideen – auch Gua de Malves dachte schon daran, die arts et métiers zu berücksichtigen – erst verwirklicht und erweitert worden, als D'ALEMBERT und DIDEROT die Leitung des geplanten Wörterbuchs übernahmen. 1750 erschien der ‹Prospectus› und der berühmte ‹Discours préliminaire› von D'ALEMBERT. Die beiden Herausgeber verbanden sich mit einer großen Zahl Mitarbeiter zu einer ‹société de gens de lettres›, die die aufgeklärte, von Kirche, Hof und Mäzenatentum unabhängige freie Meinung zu repräsentieren beanspruchte.

Unter der Leitung von zwei so verschiedenen Autoren, wie d'Alembert und Diderot es waren, bildete die E. bald einen Brennpunkt im Geistesleben des 18. Jh., von dem aus Wirkungen nach den verschiedensten Gebieten ausgehen. Die Artikel können sich zwar bestreiten – und d'Alemberts und Diderots Ansichten über die Entwicklung der Naturwissenschaften gingen bald auseinander –, sie können sich sogar gegenseitig vernichten – wie BOULANGERS Artikel ‹œconomie politique› – und ROUSSEAUS Artikel ‹économie› –, meist aber wollen sie sich berühren, sich organisch bedingen und ineinandergreifen. Von der idealen E., wie DIDEROT sie sich vorstellt, gilt, «que tout s'y enchaîne et s'y succède par des nuances imperceptibles». Dies gilt von den Mitarbeitern und vor allem von Diderot selbst. Denn ist die Einheit der Form, die ein System besitzt, in der E. gegründet, so geht Diderots Methode in keinem Einzelartikel auf, sondern verweist auf eine Fülle von Sonderproblemen aus seinen früheren Schriften zurück und besitzt zugleich die Kraft, sich fortwirkend in vielen produktiven gedanklichen Motiven der späteren Werke zu entfalten. Überhaupt können in den Artikeln verschiedene Momente der schriftstellerischen Wirksamkeit eines Autors sich berühren oder sich voneinander scheiden, so daß die Artikel geeignet sind, den individuellen Prozeß widerzuspiegeln, in dem eine Erkenntnis errungen wurde.

Die umfangreiche Liste der *Mitarbeiter* an den Artikeln (60 200 Stichwörter) zerfällt in zwei Teile. Der erste umfaßt 142 Autoren, die in DIDEROTS und D'ALEMBERTS Vorworten zu den einzelnen Bänden ausdrücklich genannt sind. Der zweite besteht hingegen aus Namen, die am Ende der Artikel angeführt sind und die erst nach einer systematischen Erforschung der E. vollständig bekannt sein werden. Stand an der Spitze der E. eine Elite, die aus Aristokraten und Clercs gebildet war, so sind doch an dem Unternehmen aristokratische oder parlamentarische Kreise keineswegs primär beteiligt, sondern in erster Linie Verwaltungsbeamte, Offiziere, Ingenieure, Ärzte, Professoren, Handwerker – Technokraten, wenn man so will. Insofern spiegelt die E. die ganze Uneinheitlichkeit des tiers état wieder.

Die E. trug alle Züge eines kapitalistischen Unternehmens, das, zumal im ersten Jahrzehnt seines Bestehens, zahlreichen Verboten und Verfolgungen ausgesetzt war und dessen Erfolg auf die schließliche offizielle Duldung und noch mehr auf die Unterstützung durch die öffentliche Meinung und die 4000 Subskribenten zurückging, die aus denselben Kreisen stammten wie die Mitarbeiter.

Dem synthetischen *Plan* der E. lag einerseits die klassifikatorische Einteilung von BACON (memoria – phantasia – ratio) zugrunde (die keine originale Konzeption Bacons war); anderseits ist ihr System des Wissens in einer Herausgebern und Mitarbeitern nicht durchsichtigen Weise weit mehr durch DESCARTES und LOCKE als durch BACON bestimmt. Dessen ‹De augmentis scientiarum› und ‹Novum Organon› sind aber insofern in unmittelbar-lebendiger Bestandteil enzyklopädischer Geistesbildung als die Idee des Wissens, dessen notwendiger Bezugspunkt die Veränderung und Verbesserung der menschlichen Gesellschaft, die Herrschaft des Menschen über die Natur ist, in Bacon seine geschichtlichen Grundlagen und Vorbedingungen findet.

DIDEROT selbst war einer der Hauptmitarbeiter; seine Artikel gliedern sich in solche, in denen er sich um die Beschreibung technischer Verfahren bemüht, sodann in solche, die der Geschichte der Philosophie und schließlich in zahlreiche, die der Theorie der Politik angehören. Bei der Abfassung der *philosophiegeschichtlichen* Artikel hatte sich Diderot einerseits auf die Hilfe von geistlichen Mitarbeitern (YVON, PESTRÉ, PRADE) stützen können, anderseits hat er die ‹Historia critica philosophiae› des deutschen Lutheraners BRUCKER (5 Bde, 1742-1744) benutzt, jedoch in einer freien Weise, die Bruckers Elemente in eine andere gedankliche Sphäre überführt, so daß Differenzen des Inhalts auch solche des Stils werden konnten.

Durch die so wichtigen *technischen* Artikel war es gelungen, die Welt der Manufaktur kraft «unserer Kenntnisse» sich zu eigen zu machen und in Besitz zu nehmen. Im Gegensatz zu den Denkern der Renaissance, die, wie Groethuysen bemerkt hat [1], «voyaient tout et ne possédaient rien» ist jetzt die beliebige Verfügung über die Kenntnisse, die man verwaltet, entscheidend: «Les Encyclopédistes font faire à l'homme le tour du propriétaire.» Die Beschreibung beruhte nicht so sehr auf Diderots nachprüfenden Besuchen in den Ateliers als auf den Denkschriften der Akademien und auf der Verwertung der Fachliteratur, die es ermöglichte, die Bedingungen, unter denen ein Phänomen steht, genau zu untersuchen. Die Beziehung zwischen Text und Leser war durch eine Reihe von Vermittlungen hergestellt worden, deren Wesen darin bestand, daß zum ersten Mal durch die

Verbindung von Text und Bild ein Wörterbuch sich unmittelbar auf die Welt des Sehens gerichtet hat.

Wenn die naturwissenschaftlichen Kenntnisse sich auf diese Art verbreitern konnten, so hatte man doch nur einen begrenzten Leserkreis im Auge. Der ideale Leser hätte das Interesse des Forschers an der Naturerklärung mit der des Handwerkers oder Liebhabers an der Beschreibung von Phänomenen oder Phänomenkomplexen zu vereinen. Wieder stellt sich hier eine Verbindung von Schriftsteller und Publikum her, die auf den geschichtlichen Bedingungen der Zeit beruht.

Weitere Gruppen von Artikeln entstammen der Mathematik (D'ALEMBERT), der Medizin, der Literatur, der Wirtschaft und der *Politik*. Letztere nahm begreiflicherweise einen besonders breiten Raum ein – sie löste das Denken nicht vom Tun ab, führte wie so viele polemische Artikel der E. unmittelbar an die Gegenwart heran und enthielt die Wünsche und Zukunftsaufgaben der aufgeklärten Bourgeoisie. Die Beziehung zur besonderen Problemlage der Zeit ergab sich durch die stete Auseinandersetzung mit GROTIUS, PUFENDORF, HOBBES, aber auch mit BOUCHER D'ARGIS und J.-J. ROUSSEAU. Ihr Widerstand gegen das göttliche Recht konnte entscheidend eine Polemik motivieren, die in jene gedankliche Einheit zurückweist, in der nationale Souveränität und Herrschaft der öffentlichen Meinung miteinander verknüpft sind. – War auch die Arbeit, die Diderot und d'Alembert bewältigt haben, riesengroß, so bieten doch auch die Artikel anderer berühmter Mitarbeiter und auch die der weniger bedeutenden, die den Plan des Werkes nicht verstanden haben, das Bild einer intensiven Mannigfaltigkeit von Funktionen, die sich miteinander zum imposanten Gesamtsystem eines universalen Wörterbuchs verknüpfen.

Anmerkung. [1] B. GROETHUYSEN: L'Encyclopédie, in: Mythes et portraits (Paris 1947).

Literaturhinweise. F. SCHALK: Einl. in die Encyclopädie der frz. Aufklärung. Münch. roman. Arb. 6 (1936). – F. VENTURI: Le origini dell'Encyclopedia (Turin ⁴1964). – J. PROUST: Diderot et l'Encyclopédie (Paris 1962); L'Encyclopédie (Paris 1965). – U. DIERSE: E. Zur Gesch. eines philos. und wiss. theoret. Begriffs. (Diss. Münster 1971). F. SCHALK

Enzyklopädismus. Das Wort ‹Enzyklopädie› stammt vermutlich aus den Schriften von BUDAEUS. Der griechische Ausdruck ἐνκύκλιος παιδεία, der auf die Sophistik und im besondern auf ISOKRATES zurückgeht, zielt auf die Propädeutik, auf eine Art studium generale. Das *Mittelalter* hat verschiedene, lateinische und vulgärsprachliche Enzyklopädien hervorgebracht: Enzyklopädien erbaulichen oder allegorischen Charakters, populäre eine bestimmte Summe von Wissen vermittelnde und Kombinationen aus verschiedenen Elementen. BRUNETTO LATINIS ‹Tesoro›, VINCENZ V. BEAUVAIS ‹Speculum majus, L'image du monde› und viele ähnliche verkörpern damals mögliche Richtungen.

Erst im *Humanismus* tut sich in Verbindung mit den Sprach- und Realienbüchern ein immer deutlicherer Zusammenhang auf, der die verschiedenen Wissenschaften miteinander verbindet. BUDAEUS spricht in seiner Schrift ‹De transitu Hellenismi ad Christianismum› von der «disciplina orbicularis quam Encyclopaedia Graeci vocant» und in den ‹Annotationes in XXIV pandectarum› erklärt er genauer: «omnes disciplinas inter se conjunctionem rerum et communicationem habere, unde encyclopaedia dicta, quasi orbiculata disciplinarum series». Seit dem 16. Jh. läßt sich unter dem nachwirkenden Einfluß von RAMON LULLS (1235–1315) ‹Logica brevis et nova›, der ‹Ars magna generalis› und dem ‹Arbre de Sciencia› ein gemeinsamer Zug in Europa beobachten. Man nimmt das Bild vom Baum der Wissenschaften auf, versteht die Prinzipien als seine Wurzeln und erkennt, wie jedem der Zweige Bäume entsprechen, die in ihrer Gesamtheit den Wald der Wissenschaften, das corpus der Enzyklopädie bilden. Lull hatte die Methode der Darstellung und Erläuterung der verschiedenen Elemente der Realität und ihrer Verbindung zu einem organischen Zusammenhang des Wissens gefunden. Das belebende und gestaltende Prinzip, dem seine Methode entsprang, hat auf ETAPLES und BOVILLUS, ALSTED und LEIBNIZ gewirkt, desgleichen auf PIERRE GREGOIRE DE TOULOUSE und VALERIO DE VALERIIS.

GREGOIRES ‹Syntaxes artis mirabilis in libros septem digestae per quas de omni re proposita, multis et prope infinitis rationibus disputari aut tractari, omniumque summaria cognitio haberi potest› erschien zwischen 1583 und 1587; 1589 kam VALERIIS ‹Opus aureum› heraus, das unmittelbar an Lull anknüpfte. Und die Gestalt der Wissenschaften wird schließlich durch die wiederum auf Lull zurückgehenden Schriften bestimmt, die an der Ausbildung der memoria und einer ars combinatoria entscheidenden Anteil haben. In der Reflexion über Gedächtnis und Erinnerung gewinnen die enzyklopädischen Ideale des 17. Jh. ihre beständige Steigerung und Vollendung in HENRICUS ALSTEDS (1588-1638) ‹Systema mnemonicum› (1609/10), das zugleich eine confirmatio memoriae war. Dank der Impulse von Alsted lassen sich überall verwandte Tendenzen beobachten, so daß die einzelnen Wissenschaften sich in Systeme von universeller Weite fügen: Sie stehen unter dem Ideal der Pansophie und Enzyklopädie, die sie zu erfüllen haben und in denen sie sich zusammenschließen wollen.

COMENIUS (1592–1670) entwickelte in der ‹Janua linguarum reserata aurea› (1631) eine neue Methode der Sprachkritik, desgleichen in der ‹Schola ludus seu Encyclopedia viva, hoc est Januaelinguarum praxis cosmica› (1657). Schon im ‹Pansophiae Prodromo› (1639) hoffte er, durch das wechselseitige Ineinandergreifen von orbis sensualis und orbis intellectualis den Grundriß des «großen Buches der Welt» zu gewinnen. Der Prozeß des enzyklopädischen von Lull sich nicht lösenden Denkens – ob es sich nun um die Bezeichnung ‹Theatrum mundi›, ‹Speculum›, ‹Encyclopedia›, ‹Philosophisches Alphabet› usw. handelt – bewahrt eine Einheit der Richtung auf die Universalität, auf die Erkenntnis eines Kosmos, in dem die einzelnen Seienden eine Kette bilden, deren Glieder einander berühren können.

Wie viele Variationen enzyklopädischen Denkens im 17. Jh. man auch unterscheiden kann, die Tendenz zur Zusammenfassung, zur scientia generalis (DESCARTES, LEIBNIZ), zur Bestimmung eines Systems des Universums war allen gemeinsam. Ob man nun die Züge der geschichtlichen Wirklichkeit sammelt und im Brennpunkt eines «historisch-kritischen» Wörterbuchs vereint wie BAYLE oder alle Arten und Variationen des Naturgeschehens entdecken möchte – die Idee der Enzyklopädie, eines Systems der Welt ist angesichts der stets von Neuem zuströmenden Fülle des Stoffes zur Richtlinie des Forschens geworden und war einer freien Weiter- und Umbildung zugänglich. Wie groß auch der Gegensatz der DIDEROTSCHEN Enzyklopädie zu den Formen metaphysisch bestimmter Systematik des 17. Jh. war – die Gesamtheit verbindender Momente alles E. kann gleichwohl nicht übersehen werden.

Literaturhinweise. M. DE BOUARD: Encyclopédies médiévales. Rev. questions hist. 16 (1930). – W. E. PEUCKERT: Pansophie 1 (1946); 2 (1968). – P. ROSSI und F. BACONE: Dalla magia alla scienza (Bari 1957); Clavis Universalis. Arti mnemoniche e logica combinatoria da Lullo a Leibniz (Mailand/Neapel 1960). – E. GARIN: L'educazione in Europa (1400-1600) (Bari 1957) bes. Kap. VII: Ideali pansofici ed encyclopedici. – J. HENNINGSEN: ‹Enzyklopädie›. Zur Sprach- und Deutungsgesch. eines pädag. Begriffs. Arch. Begriffsgesch. 10 (1966) 271-362; 11 (1967) 241-245. – B. KOSSMANN: Dtsch. Universallexica des 18. Jh. Arch. Gesch. Buchwesens IX (Lieferung 6). – R. COLLISON: Encyclopaedias: Their history through the ages. A bibliographical guide with extensive hist. notes to the general encyclopaedias issued through the world from 350 B.C. to the present day (New York/London 1964). – F. A. YATES: The art of memory (London 1966). – Relig., érudition et critique à la fin du 17e siècle et au début du 18e, hg. Univ. Strasbourg, Bibl. des Centres d'Etudes supérieures spécialisés (1968). F. SCHALK

Epichirem. – 1. Bei ARISTOTELES überwiegt der Gebrauch von ἐπιχείρημα im allgemeinen, vortechnischen Sinn von gegebener «Handhabe», «Angriffspunkt», «Argument» [1]. Lediglich an einer vereinzelten, möglicherweise interpolierten Stelle wird so der dialektische Schluß genannt im Unterschied zum Philosophem, zum Sophisma und zum Aporem, wie die Bezeichnungen für den apodiktischen, den eristischen und den aporetischen Schluß mit gegensätzlichen Ergebnissen lauten [2].

2. QUINTILIAN berichtet, C. Valgius nenne das E. einen «Angriff» (aggressio) – schon ARISTOTELES hatte das Angreifen (ἐπιχειρεῖν) dem Verteidigen (ὑπέχειν) gegenübergestellt [3] –, möchte selbst aber darunter nicht die Handlung, sondern die angegangene Sache, das Argument nämlich, mit dem wir etwas versuchen, auch wenn es noch unausgesprochen und erst im Geiste erfaßt ist, verstanden wissen. Nach seiner eigentlichen und verbreitetsten Bedeutung bezeichne ‹E.› nicht einen nur beabsichtigten oder begonnenen, sondern einen durchgeführten und sehr speziellen Beweis, nämlich die aus mindestens drei Teilen bestehende Argumentation. Cicero habe besser daran getan, diesen Terminus, obgleich einige damit nur die Begründung (ratio) einer Behauptung bezeichneten, für die ganze «ratiocinatio» zu beanspruchen [4]. CICERO seinerseits beruft sich auf die sich aus Aristoteles und Theophrast herleitende [5] – und, wie Kroll annimmt, möglicherweise durch Isokrates beeinflußte [6] – Überlieferung, die im E. fünf Teile unterscheidet, insofern das dreigliedrige Grundschema der Argumentation, das aus «propositio», «assumptio» und «complexio» besteht, durch mehr oder weniger ausführliche und zahlreiche Begründungen des Obersatzes (propositionis approbatio) und des Untersatzes (assumptionis approbatio) angereichert wird [7]. Diese Theorie der «ratiocinatio quinquepartita» verteidigt Cicero gegen die Vertreter einer grundsätzlich nur dreigliedrigen rhetorischen Argumentation, die der Meinung sind, die Begründungen gehörten wesentlich und unabtrennbar jeweils zum Ober- und Untersatz, wohingegen Cicero sich für die Abtrennbarkeit auf Beispiele beruft, bei denen die eine oder sogar beide Begründungen wegen der Evidenz der Sätze (propositio, assumptio) fehlen können. Dabei kommen den einzelnen Gliedern genau umrissene Aufgaben zu: Während die «propositio» den allgemeinen Gesichtspunkt (locus), aus dem die Schlußkraft des Arguments entspringt, knapp zu exponieren hat, fällt es der «propositionis approbatio» gegebenenfalls zu, diese Exposition durch bestätigende Gründe einsichtiger und annehmbarer zu machen. Die «assumptio» bringt dann im besonderen dasjenige bei, was aus dem allgemeinen Obersatz aufgewiesen werden kann, was nötigenfalls in der «assumptionis approbatio» durch weitere Angaben bekräftigt wird, um schließlich der «complexio» die kurze Zusammenfassung dessen zu überlassen, was aus der ganzen Argumentation gefolgert werden soll.

Ciceros Kommentator VICTORINUS macht hier auf einen beachtlichen formalen Unterschied aufmerksam: Argumentiert man «in genere», d. h. auf Grund eines allgemeinen Satzes, so ist dieser «sine ulla dubitatione», bedingungslos als gesetzt anzusehen, und der besondere Fall braucht nur untergeordnet zu werden. Geht man dagegen vom besonderen Fall aus, argumentiert man also «in specie», dann ist der Ausgangssatz mit einer Bedingung (cum dubitatione) zu formulieren, entweder κατὰ συνημμένον, durch ein vorangestelltes «si», oder κατὰ διεξευγμένον, durch die Disjunktion «aut» – der stoische Einfluß ist hier offensichtlich [8] –, und die Assumption hat dann die Aufgabe, diese Bedingung zu verifizieren (speciem assumit per confirmationem), um den Schluß auf das Bedingte zu ermöglichen [9].

3. Auch der Autor der Rhetorik ‹Ad Herennium› nennt die fünfgliedrige Argumentation die vollkommenste, bestimmt aber die Funktion der einzelnen Glieder völlig anders als sein Zeitgenosse Cicero: «Propositio» nennt er das, was bewiesen werden soll, die «intentio» nämlich und nicht den allgemeinen oder besonderen Grund für die Wahrheit der Argumentation. Dieser wird erst in der nachfolgenden «ratio» gegeben und ist im dritten Glied, in der «rationis confirmatio» durch zusätzliche Argumente zu bestätigen. Damit ist die Beweisführung als solche bereits geleistet, denn die folgende «exornatio», deren er sich bedient, um die Argumentation durch allgemeine Gesichtspunkte zu erweitern und zur Geltung zu bringen, geschieht ausdrücklich erst hinterher, nämlich «confirmata argumentatione». Der «complexio» bleibt dann nur noch die Aufgabe, knapp die einzelnen Glieder des Beweises zu resumieren [10].

4. Die Ansichten über die genaue Bestimmung des E. und über sein Verhältnis zum Syllogismus müssen, dem weiteren Bericht QUINTILIANS zufolge, ziemlich kontrovers gewesen sein. Einig war man sich anscheinend darüber, daß im demonstrativen Syllogismus aus Wahrem Wahres erschlossen werde, wohingegen das E. es gewöhnlich bloß mit Glaubhaftem (credibilia) zu tun habe [11]. Von einigen wird das E. als Teil des Syllogismus behandelt, bei anderen ist die Apodeixis nur der beweisende Teil eines E. und wird daher ein «imperfectum epichirema» genannt [12], und einige verstehen darunter das spezielle «enthymema ex consequentibus» [13]. Während APSINES alle rhetorischen Beweise (πίστεις) ‹E.› nennt und diese unterteilt in Paradigmen und Enthymeme (s. d.), begreift HERMOGENES darunter nur die Beweise, die aus der Circumstantien-Topik des Hermagoras gewonnen werden, und erst NEOKLES kommt mit seiner Definition des E. als eines συλλογισμὸς μετὰ τῆς οἰκείας τῶν μερῶν ἀποδείξεως der eigentlichen Bedeutung wieder näher [14]. VICTOR sieht, wie vor ihm schon DIONYSIOS VON HALIKARNASS [15], das E. als ein ausführliches Enthymem an [16], und FORTUNATIAN und nach ihm CASSIODOR und ISIDOR bezeichnen so teils nur die hinzutretenden Glieder der vollständigen rhetorischen Argumentation (exsecutio sive adprobatio propositionis aut assumptionis) [17], teils im Sinne Ciceros die ausgeführte drei-, vier- oder fünfgliedrige Ratiocination (latior exsecutio rhetorici syllogismi) [18]. Auch die *Humanisten* berufen sich gegen die Aristoteliker gerne wieder auf Cicero, um die Vollkommenheit des fünfgliedrigen

rhetorischen Syllogismus zu belegen, so JOACHIM FORTIUS RINGELBERG [19] und JOHN SETON [20]. J. C. SCALIGER unterscheidet das Enthymem, bei dem die eine oder andere Prämisse des Syllogismus unterdrückt wird, vom E., bei dem ihnen im Gegenteil etwas hinzugefügt wird: «probationes tam majoris quam minoris apponuntur», was, wie er hinzufügt, im Lateinischen gewöhnlich «aggressio» genannt würde [21]. Diese Bestimmung, die freistellt, ob nur dem Obersatz oder nur dem Untersatz oder beiden eine Erklärung oder Begründung beigegeben wird, geben später auch A. RÜDIGER [22] und noch J. KLEUTGEN [23], der aber auch anmerkt, daß einige – und dabei dürfte er die antike Rhetorik im Blick haben – darunter die in einen Satz zusammengezogene Ratiocination begreifen.

5. In der neueren Logik verliert das E. natürlich seine rhetorische Komponente. Die Möglichkeit, im zweiten und vierten Schritt ausführliche Begründungen einfließen zu lassen, weicht der Vorstellung, daß im E. die Beweise der Prämissen möglichst knapp durch eingeschobene Enthymeme, so bei A. FR. MÜLLER [24] und CHR. A. CRUSIUS [25], oder durch verkürzte Syllogismen, wie A. G. BAUMGARTEN es auffaßt [26], zu leisten sind. J. F. FRIES versteht unter E. einen zusammengesetzten Schluß, bei dem «nur sein Episyllogismus vollständig ausgesprochen, der Prosyllogismus hingegen versteckt» [27] oder «eingewebt» ist, wie W. T. KRUG, der eine ähnliche Definition gibt, es formuliert [28]. TH. ZIEHEN stellt besonders die Definition Baumgartens heraus, dergemäß das E. einen «syllogismus, cujus omnes praemissae sunt syllogismi contracti» darstellt [29], und merkt an, daß in der neuesten Zeit nur noch der Gebrauch in diesem Sinn üblich sei, doch würde statt der Verkürzung aller Prämissen die Verkürzung wenigstens einer Prämisse als charakteristisches Merkmal betrachtet. Verkürzt wird dabei aber nicht die Prämisse selbst, sondern nur ihre Begründung, die bloß durch einen eingeschobenen Satz oder Satzteil und nicht durch einen vollständigen Syllogismus geleistet wird. In solchen E. spiele sich, sagt Ziehen, unser tatsächliches Denken zu einem großen Teil ab [30].

Anmerkungen. [1] Vgl. ARISTOTELES, Topica II, 4. 5, 111 b 12. 33; VI, 14, 151 b 23; VIII, 3, 158 a 35. – [2] Top. VIII, 11, 162 a 14-18. – [3] Top. VIII, 3, 158 a 31. – [4] QUINTILIAN, Institutio oratoria, hg. M. WINTERBOTTOM (Oxford 1970) 5, 10, 4-6; vgl. 5, 14, 5-13. – [5] CICERO, De inventione rhetorica I, 35, 61. – [6] W. KROLL: Das Epicheirema. Sber. Akad. Wiss. Wien, philos.-hist. Kl. 216, 2 (1936). – [7] CICERO, De inv. rhet. I, 34, 57-41, 77, bes. I, 37, 66-38, 69. – [8] Vgl. DIOGENES LAERTIOS VII, 71-72. – [9] G. FABIUS LAURENTIUS VICTORINUS, Explanatio in rhetoricam Ciceronis I, 37-38, in: Rhetores latini minores, hg. C. HALM (1863) 245. – [10] Autor incertus, Ad Herennium de ratione dicendi II, 18, 28, hg. H. CAPLAN (Cambridge, Mass./London 1954) 106-109. – [11] Vgl. QUINTILIAN, Inst. orat. a. a. O. [4] 5, 14, 14; 5, 10, 8. – [12] 5, 10, 7. – [13] 5, 10, 2. – [14] Vgl. G. THIELE: Hermagoras (1893) 134ff.; W. KROLL, a. a. O. [6] bes. 9f. – [15] DIONYSIOS VON HALIKARNASS, De Isaeo cap. 16. – [16] C. JULIUS VICTOR, Ars rhetorica 11, hg. HALM a. a. O. [9] 411. – [17] FORTUNATIAN, Ars rhetorica II, 29, hg. HALM a. a. O. [9] 118. – [18] CASSIODOR, Institutiones II, 2, 15, hg. R. A. B. MYNORS (Oxford 1937) 107f.; gleichlautend bei ISIDOR VON SEVILLA, Etymologiae II, 9, 16-18, hg. W. M. LINDSAY (Oxford 1912). – [19] J. FORTIUS RINGELBERG: Dialectica (1535) fol. D4. – [20] J. SETON; Dialectica (1584) fol. N 5/6. – [21] J. C. SCALIGER: Poetices libri septem III, 51 (Lyon 1561) 134. – [22] A. RÜDIGER: De sensu veri et falsi (1722) 403. – [23] J. KLEUTGEN: Ars dicendi (^{2}1855) 233f. – [24] AUG. FRIEDR. MÜLLER: Einl. in die philos. Wiss. 1 (^{2}1733) 460. – [25] CHR. A. CRUSIUS: Weg zur Gewißheit (1747, Nachdruck 1965) § 253. – [26] A. G. BAUMGARTEN: Acroasis logica (^{2}1765) § 434. – [27] J. F. FRIES: System der Logik (1811, ^{3}1837) 196. – [28] W. T. KRUG: Logik oder Denklehre § 113 (^{2}1819) 398-401. – [29] BAUMGARTEN, a. a. O. [26]. – [30] TH. ZIEHEN: Lb. der Logik (1920) 755f.

H. SCHEPERS

Epigenesis (nachträgliche, zusätzliche Bildung; Gegensatz: Präformation). Das Wort ‹E.› findet sich erstmalig bei W. HARVEY in dessen ‹Exercitationes de generatione animalium›, die Kommentar zu der entsprechenden zoologischen Schrift des Aristoteles sind. Hier sagt er, die Entwicklung geschehe «potius per epigenesin quam per metamorphosin» [1]. Später hat MAUPERTUIS in seiner Schrift ‹Venus physique› die organische Formbildung mit Kristallisationsphänomenen, vor allem mit dem in der Literatur des 18. Jh. nicht selten beschriebenen Dianabaum in Silberamalgam [2], in Verbindung gesetzt. Er glaubt an eine ordnende Kraft, die im Gemenge des weiblichen und männlichen Samens tätig sei, die richtige Zusammensetzung leite und im Wachstum erhalte. Der Jesuit TUBERVILLE NEEDHAM spricht 1750 in seinen ‹Nouvelles observations microscopiques› von einer «force réelle productrice» in der Natur, die er freilich mit Hilfe der Urzeugung beweisen will [3]. Die «germes préexistents» in der Fortpflanzung leugnet er und wird damit zum Vorläufer der E.-Theorie.

Als deren eigentlicher Begründer gilt CASPAR F. WOLFF mit seiner ‹Theoria generationis› von 1759. Er wollte mit dem Begriff ‹E.›, den er an die Stelle der bis dahin vorherrschenden Präformationstheorie setzte, ausdrücken, daß bei der Entwicklung eine wirkliche Neubildung von Teilen stattfindet, und zwar an einem ursprünglich ungegliederten Keim. Es ging ihm dabei darum, die «Teile des Körpers und die Art ihrer Zusammensetzung» aus Prinzipien und Gesetzen abzuleiten. Gesteuert wird die E. sowohl bei pflanzlicher wie tierischer Entwicklung durch eine jeweilige vis essentialis. Diese leistet am ausgewachsenen Organismus später auch dessen Erhaltung. Seine E.-Theorie nennt Wolff «rationale Anatomie». Sie verhält sich zur deskriptiven wie die rationale Psychologie zur empirischen [4]. Die E.-Lehre findet einen zweiten Vertreter in J. F. BLUMENBACH. Nach ihm sprechen für E. u. a. Gallbildung, Entstehung neuer Blutgefäße um abgekapselte Geschwülste, Bildung neuer Gelenke nach Brüchen, vor allem aber die Bastardierung, das Experimentum crucis für die Evolutionisten. Es wird eben Neues im Laufe der Entwicklung gebildet, so daß im Keim ebensowenig eine Form enthalten ist wie der Dianabaum im Silberamalgam [5].

KANT bezeichnet in der ‹Kritik der reinen Vernunft› das Ergebnis der Kopernikanischen Wende in der Philosophie durch die transzendentale Deduktion als «System der E. der reinen Vernunft», «daß nämlich die Kategorien von Seiten des Verstandes die Möglichkeit aller Erfahrung überhaupt enthalten» [6], und wehrt damit sowohl die empirische Erkenntniserklärung, die «generatio aequivoca», als das teleologische «Präformationssystem der reinen Vernunft» [7] ab. In der ‹Kritik der Urteilskraft› verwendet Kant den Begriff ‹E.› in ausdrücklicher Berufung auf Blumenbach zur Erklärung der Hervorbringung von Organismen als Naturzwecke. Hierbei behält Kant nun innerhalb des «Systems der E.» den Begriff der «generischen Präformation» bei, «weil das productive Vermögen der Zeugenden doch nach den inneren zweckmäßigen Anlagen ... virtualiter präformirt war» [8]. Die Kombination beider Begriffe stützt Kants Auffassung «zweier ganz verschiedener Arten von Causalität» [9] der Naturbetrachtung, der mechanischen und der teleologischen.

Von Neo-E. spricht W. ROUX, wenn die in den Gameten oder Ausgangsquellen gegebenen «Mannigfaltigkeiten» während der Ontogenie an Menge zunehmen [10]. Von E. als Neuevolution ist bei W. BRUGGER hinsichtlich der Ontogenese die Rede, sofern durch diese «die verborgene Absicht und Planung der Natur zum Vorschein kommt, und in ihr wirklich Neues hervorgebracht wird» [11].

Anmerkungen. [1] W. HARVEY: Exercitationes de generatione animalium (1737). – [2] J. G. ZEDLER: Großes vollständiges Lex. aller Künste und Wiss. (1732) 2, 1168/69. – [3] TUBERVILLE NEEDHAM: Nouvelles observations microscopiques (Paris 1750) 230. – [4] CASPAR F. WOLFF: Theoria generationis (1759, ²1774, dtsch. 1764) Vorrede §§ 3-11. – [5] J. F. BLUMENBACH: Über den Bildungstrieb und das Zeugungsgeschäfte (1789). – [6] KANT, KrV B 167. – [7] ebda. – [8] KU § 81. – [9] ebda. – [10] W. ROUX, Terminol. der Entwicklungsmechanik der Tiere und Pflanzen (1912). – [11] W. BRUGGER: Philos. Wb. (¹¹1964) Art. ‹Entwicklung›.

H. M. NOBIS

Epigone bedeutet im griechisch-antiken Sprachgebrauch ohne abwertende Bedeutung allgemein Nachkomme, Sohn. Das Wort war z.B. für die erfolgreichen Söhne der Sieben gegen Theben und als Eigenname einiger angesehener Künstler (Entsprechung zu ‹Junior›) in Gebrauch [1]. 1830 übertrug K. L. IMMERMANN den Begriff aus der biologisch-genealogischen Ebene in die geistig-künstlerische und gab ihm einen abwertenden Inhalt. In seinem Roman ‹Die E.› bezeichnete er sich und seine Generation als E., die durch die bedeutenden Leistungen der vorangegangenen ‹Klassik› und Romantik zu unschöpferischer Nachahmung deklassiert würden [2]. Im Hinblick auf die Bewahrung hochbewerteter Kulturleistungen kann der Begriff ‹E.› gelegentlich auch positiv verwendet werden. So wendet B. AUERBACH ihn gegen ein übersteigertes Fortschrittsbewußtsein: «Das aberwitzigste aller Worte ist das vom Epigonenthum. Alle Menschen sind E., keine Periode der Geschichte, und sei sie noch so glanzvoll, ist die Erfüllung der höchsten und letzten Kraft» [3]. In dem für die Entstehung des Neukantianismus entscheidenden Buch OTTO LIEBMANNS ‹Kant und die E.› (1865) wird E. relativ unpointiert und «nicht ... als eine Herabsetzung», sondern im Sinne «historischer Epigenese» gebraucht [4], so daß für Liebmann die von ihm als ‹E.› gekennzeichneten Philosophen Träger der «großartigen Hauptrichtungen unserer modernen Philosophie» sein können [5]. Auch für NIETZSCHE kann «selbst der oftmals peinlich anmutende Gedanke, E. zu sein, groß gedacht, große Wirkungen und ein hoffnungsreiches Begehren der Zukunft ... verbürgen» [6]; Dichter sind – «als Brücken zu ganz fernen Zeiten und Vorstellungen» – «eigentlich immer und notwendig E.» [7]. Dementsprechend bezieht Nietzsche den «erdachten Begriff des E.-Zeitalters» auf das Bedürfnis der «Behaglichen», die «nur um Ruhe zu haben» vor «Aufforderungen zum Weitersuchen ... und bei allem unbequemen Neueren sofort mit dem ablehnenden Verdikt ‹E.-Werk› bereit» sind [8].

Der E.-Begriff im *modernen* Sinn entsteht am Ende der Goethezeit und ist als Pendant zum Originalitätsbegriff aufzufassen. Durch die gesteigerten Ansprüche an die Originalität der geistigen Leistung wird das tatsächliche oder vermeintliche Zurückbleiben hinter den Anforderungen als besonderer Mangel empfunden und verlangt nach einem neuen Begriff. Ein halbes Jh. nach der Durchsetzung des Originalitätsbegriffs wird der Gegenbegriff gebildet. Beide Begriffe verdanken ihre Entstehung dem Rückgang des Traditions- und Nachahmungsdenkens. Nach Immermann dringt der Begriff in die Terminologie der Literatur-, Kunst- und Wissenschaftskritik ein – nicht widerspruchslos und auch nicht ohne Mißbrauch [9]. Das Phänomen des Epigonentums ist gegen Tradition, Dilettantismus und Dekadenz abzugrenzen. Im Unterschied zur schöpferischen Weiterentwicklung in einem Traditionszusammenhang hält der E. starr an übernommenen Inhalten und Formen fest und gerät dadurch in Widerspruch zu der sich wandelnden Wirklichkeit und seiner eigenen Individualität. Er ersetzt vielfach Erfindungskraft durch Übersteigerung einzelner Züge des Vorbildes, durch eklektisches Zusammenmengen von verschiedenartigen Anregungen der «Väter» und durch eine hektische Produktivität. Im allgemeinen zeichnen sich seine Werke durch äußere Formglätte aus. Dadurch unterscheidet sich der E. vom Dilettanten. Vom dekadenten Künstler oder Denker ist er dadurch verschieden, daß es ihm nicht um Ausschluß von der breiten Öffentlichkeit, um ein schmales, verfeinertes Oeuvre und um ästhetischen Genuß des Verfalls geht. Epigonentum tritt auf als Epochenepigonentum (nach besonderen Höhepunkten der Kunst- und Geistesgeschichte), als Einzelepigonentum (fast in der Nachfolge jeder bedeutenden Einzelfigur) und als Jugendepigonentum. Da das Kriterium für Epigonentum Mangel an selbständiger Erfindungskraft ist, begegnet es in allen auf Erfindungskraft angewiesenen Bereichen, nämlich Kunst, Literatur, Wissenschaft, Philosophie, Technik usw. Für den Bereich der Dichtung seien als typische Vertreter aus dem 19. Jh. GEIBEL (Lyrik), HEYSE (Novelle, Roman) und WILDENBRUCH (Drama) genannt. Der Sache nach gibt es Epigonentum lange vor dem E.-Begriff. Termini wie ‹kopieren›, ‹nachäffen›, ‹nachbeten› bezeichneten seit der Antike ganz oder teilweise vergleichbare Erscheinungsformen. Auch das E.-Bewußtsein gibt es vor Immermann, allerdings nicht mit der gleichen Intensität und mit anderen Begründungen und Bezeichnungen. Als Parallelen sind zu nennen: VELLEIUS PATERCULUS (1. Jh. n. Chr.), RUDOLF VON EMS (13. Jh. n. Chr.), HÖLDERLIN und WAIBLINGER. E.-Bewußtsein ist nicht identisch mit allgemeiner Zeitklage und Verfallsbewußtsein.

Anmerkungen. [1] LIDDELL/SCOTT: Greek-English Lex. (1940ff.) 1, 628; PAULY/WISSOWA: Real-Encyklop. class. Altertumswiss. (1907) 6, 1, 67f. – [2] K. L. IMMERMANNS Werke, hg. H. MAYNC (1906) 3, 7f. 136. – [3] B. AUERBACH, Ges. Schriften (1857/58) 19, 201f. – [4] O. LIEBMANN: Kant und die E. (²1912) mit Vorwort von B. BAUCH X. – [5] a. a. O. 7. – [6] F. NIETZSCHE, Musarion-A. 6, 296. – [7] a. a. O. 8, 149. – [8] a. a. O. 6, 142. – [9] Ausgewählte Belege aus der philos. Lit.: Die E. (Leipzig), hg. O. WIGAND (1846-48) – junghegelianische Zeitschrift; D. F. STRAUSS, Ges. Schriften (1876) 2, 185ff. 191f.; K. MARX und F. ENGELS, in: Meisterwerke dtsch. Lit.-Kritik, hg. H. MAYER (1954ff.) II/1, 594. 599; E. SPRANGER: Die Kulturzyklentheorie und das Problem des Kulturzerfalls, Sber. preuß. Akad. Wiss., philos.-hist. Kl. (1926) 47; N. HARTMANN: Das Problem des geistigen Seins (1933) 176. 427ff. 444 u. ö.; E. ROTHACKER: Logik und Systematik der Geisteswiss. (1947) 88f.

Literaturhinweise. TH. MUNDT: Immermann und das Jh. der E. Charaktere und Situationen (1837) 272ff. – C. SPITTELER: Das Epigonentum. Ges. Werke (1947) 7, 606ff. – H. CYSARZ: E.-Dichtung. Reallex. dtsch. Lit.-Gesch. (²1955ff.) 1, 372f. – M. WINDFUHR: Der E. Begriff, Phänomen und Bewußtsein. Arch. Begriffsgesch. 4 (1959) 182ff. – H. HENEL: E.-Lyrik: Rückert und Platen. Euphorion 55 (1961) 260ff. – H. RUPP: Rudolf von Ems und Konrad von Würzburg. Das Problem des Epigonentums. Deutschunterricht 17 (1965) 5ff. – CL. DAVID: Über den Begriff des Epigonischen, in: Tradition und Ursprünglichkeit, hg. W. KOHLSCHMIDT und H. MEYER (1966) 66ff. – W. HINCK: E.-Dichtung und Nationalidee. Zur Lyrik Emannuel Geibels. Z. dtsch. Philol. 85 (1966) 267ff.

W. WINDFUHR

Epigramm heißt im Griechischen zunächst ‹Aufschrift› (meist in Distichen). ARCHILOCHOS bietet das erste Beispiel. Zur Zeit des ANAKREON ist jedoch der Schritt zur Gattung vollzogen, deren Grenzen gegen andere Dichtungsformen (Kurzelegie z. B.) sich jedoch nicht immer deutlich ziehen lassen. Die Aufschrift war eine Vorstufe, die sehr bald über sich hinauswies. Persönliches kann ein aktives Element in der Gestaltung des E. sein, und im Aufbau seiner verschiedenen Arten und Versmaße kann die Theorie der Form in ihrer stetigen Entwicklung einen notwendigen Bestandteil bilden. Aber immer gehen in den modernen Literaturen von der Antike, d. h. von griechischen, vom römischen oder christlichen E. die Fäden aus, die das Ganze epigrammatischer Dichtung innerlich verknüpfen und zusammenhalten. Die Tendenz zum Satirischen und zum Typischen wirkt oft in der Erzeugung des Inhalts zusammen, so daß in der Kennzeichnung der Figuren, die die menschliche Beschränktheit vorstellen, man die Einheit der Züge begreift, die den Epigrammatiker charakterisieren: das Wurzeln in der realen Anschauung und der Trieb, durch das Medium des Unvollkommenen den Blick auf ein Jenseits zu gestatten, das mit der Dürftigkeit des Endlichen nicht mehr behaftet ist. In der deutschen klassischen Dichtung hat das Epigramm sich oft von der Berührung mit der Außenwelt zurückgezogen und ist in die Höhe eines objektiven Ideenkreises emporgeführt worden. In dieser Hinsicht beginnt mit GOETHES Spruchdichtung und den ‹Venetianischen Epigrammen› eine über das 17.Jh. (LOGAU), aber auch über LESSING und HERDER hinausführende Form der künstlerischen Gestaltung, in der sich eine neue Form des geistigen Daseins ausdrückt.

Die Epigrammatik in Deutschland, England und den Niederlanden hat sich jedoch nicht nur in unmittelbarer Auseinandersetzung mit der Antike entwickelt, sondern sie gewann ihre Bedeutung kraft der Abhängigkeit der ‹Sinngedichte› und des ‹Esprit› vom lateinischen und romanischen Humanismus. Denn das E. gehört zu den romanischen Dichtungsformen, deren inneren Zusammenhang mit antiken Vorbildern wir bis ins 19.Jh. in allen Einzelzügen aufweisen können. Das Epigramm ist in Italien, Frankreich, Spanien eine seit der Renaissance stets gleich beliebte Dichtungsgattung. Die antiken E., überliefert durch Sammlungen, die griechischen und durch die von diesen abhängigen lateinischen Schriftsteller entfalten einen unerschöpflichen Reichtum von Motiven, deren Einfluß die romanische Epigrammatik durch Jahrhunderte hindurch geöffnet war. Aus der uns bekannten Manuskript- und Editionsgeschichte geht hervor, daß die ersten uns bekannten italienischen Epigrammatiker ihre Kenntnis antiker E. entweder Autoren (DIOGENES, STRABO, PLUTARCH, HERODOT) verdanken oder der ‹Antologia Planudeana›, die 1494 von LASCARIS und 1503 in Venedig herausgegeben worden war; die Entdeckung des Manuskriptes der ‹Anthologia Palatina› in Heidelberg durch SAUMAIZE (1606/07) ergänzte die bisher bekannten Sammlungen wesentlich.

Unterscheiden kann man zwischen den neulateinischen Epigrammatikern und allen, die in der Vulgärsprache oder in griechischer oder lateinischer Sprache gedichtet haben, und den Verfassern italienischer (französischer, spanischer) E., die unmittelbar von antiken Vorbildern abhängig oder mittelbar durch Nachahmung der Humanisten mit der antiken Tradition verknüpft sind. Mit der Praxis verband sich die Theorie. Schon die Begriffsbestimmung der antiken Formen bietet Schwierigkeiten, die sich aber bei Betrachtung der modernen noch erheblich steigern. Das zeigen schon die Benennungen – z. B. ‹strambotti, rispetti, madrigali, dixains, ballati, blasons› usw. –, zeigt der Umstand, daß auch die Grenzen zwischen E., Sonett, Emblem, Inschrift, ja auch Aphorismus fließend werden und sich vermischen können, so sehr auch die jesuitischen und humanistischen Theoretiker sich um eine Definition bemüht haben. Diese Mannigfaltigkeit der Theorien in allen Ländern – der Jesuiten, SCALIGERS, POSSEVINOS, COLLETETS, LESSINGS ‹Zerstreuten Anmerkungen› (1771) und HERDERS (1785) – steht mit der Beliebtheit des E. als Dichtungsform in rechtem Einklang.

Eine systematische Geschichte des E. wäre ein Desiderat, immerhin besitzen wir jedoch in den Anthologien von J. Hutton einen catalogus poetarum für Italien und Frankreich, der die Vergleichung der ursprünglichen und der abgeleiteten Formen ermöglicht und zugleich einen motivgeschichtlichen Leitfaden durch die Fülle des Stoffes. So kann man den Formenwandel oder die Wanderung eines E. aus einer Sammlung in die andere oder wieder in einen Textzusammenhang, in dem es in neuer Beleuchtung erscheint, studieren, z. B. wie PLATONS ναρθηκοφόροι μὲν πολλοί, Βάκχοι δέ τε παῦροι (wörtl.: Narthexträger [= Teilnehmer an Bacchanalen] gibt es viele, aber wenig [echte] Bacchanten; i. ü. S.: Priester gibt es viele, aber wenig Inspirierte) [1] bei ERASMUS, FICINO, SABEUS, COLLUNIUS lautet, oder MARINOS «amor secreto» wird durch MELEAGER und PHILODEMUS verständlich.

Im 20.Jh. hat KARL KRAUS dem E. eine knappe Wiedergeburt im satirischen Werk gegeben; im Blitz seines Einfalls ist die Verdichtung zu schärfstem Gehalt gelungen. Rückschauend erschien ihm daher das E. als die Kunstform, die die Widersprüche hervorruft und im Spott zur Einheit zusammenschließt [2]: «Ich darf wohl sagen, viel Feind, viel Ehr / an mir hat das Sprichwort nicht gelogen. / Ich hab', war der Haß auch zentnerschwer, / Mit E. ihn aufgewogen.»

Anmerkungen. [1] PLATON, Phaid. 69 c. – [2] K. KRAUS: E. (1927).

Literaturhinweise. – *Zur Geschichte:* J. HUTTON: The Greek anthology in Italy to the year 1800 (Ithaca/New York 1935); The Greek anthology in France and in the Netherlands to the year 1880 (Ithaca/New York 1946). – El epigrama español, hg. F. CARLOS Y SAINZ DE ROBLES (Madrid 1941). – R. RAISER: Über das E. (1950). – W. PREISENDANZ: Die Spruchform in der Lyrik des alten Goethe und ihre Vorgeschichte seit Opitz (1952). – Reallex. dtsch. Lit.gesch. (²1958) 374ff.: Art. ‹E.›. – Lex. der alten Welt (1961) 827ff.: Art. ‹E.›. – *Zur Theorie:* B. GRACIAN: Agudeza y arte de ingenio. Obras completas (Madrid 1960) (dort ausführlich über *Martial*, den die Spanier als den ihren betrachten). – G. COLLETET: Traité de l'épigramme et traité du sonnet (1653), hg. R. A. JASINI (Genf/Paris 1965). – L'épigramme grecque, in: Entretiens sur l'antiquité classique 14 (Vandœuvres/Genf 1968). – G. PFOHL (Hg.): Das E. zur Gesch. einer inschriftlichen und lit. Gattung (1968). – Dtsch. E.e Auswahl und Nachwort G. NEUMANN (1969). F. SCHALK

Epikureismus. EPIKUR (341–270) ist Schüler des Demokriteers Nausiphanes. Epikureer sind METRODOR VON LAMPSAKOS, HERMARCHOS VON MYTILENE, POLYAINOS, TIMOKRATES, LEONTEUS, KOLOTES VON LAMPSAKOS, IDOMENEUS, POLYSTRATOS, der «Vielschreiber» APOLLODOROS, DIOGENES VON TARSOS, PHAEDRUS, PETRONIUS, STATIUS, DIOGENES VON OINOANDA, PHILODEMOS VON GADARA, T. LUCRETIUS CARUS.

EPIKURS Lehre begünstigt ihre Fortführung als ‹-ismus› in der modernen Welt um so mehr, als sie die Theorie ihrem Willen zu einer bestimmten Form der Lebenserfüllung durch «Lust» unterwirft, deren Erreichbarkeit durch Betonung ihrer Intensität und Verzicht auf ständige Variation gegeben ist [1]. Zur Sicherung dieser Intensität plädiert Epikur für politische Abstinenz

(Gerechtigkeit nicht substanziell, sondern allein durch Schutzfunktion definiert), leugnet die Providenz, jedoch nicht die Existenz der Götter, beugt durch wissenschaftliche, d. h. nicht-mythische Erklärung der Naturphänomene jeglicher Beunruhigung vor [2].

In der *römischen* Welt erfährt der E. Zustimmung des (atheistischen) LUKREZ, Kritik des (politischen) CICERO, bedingte Nachfolge durch MAECENAS und HORAZ, die privat, nicht öffentlich Epikureer waren. Durch die *frühchristliche* Kritik, gestützt auf Cicero, wird ‹Epikureer› Inbegriff des unerleuchteten homo carnalis, mithin E. System des Lüstlings und Atheisten [3].

Der Humanist P. GASSENDI (1592-1655) feiert Epikur als Meister der Lebenskunst, indes von antischolastisch-naturwissenschaftlicher Warte [4], und bringt damit ungewollt den E. in eine Linie mit dem Materialismus, für den ihn denn auch samt aller modernen Häresie und Korruptheit der Kardinal M. DE POLIGNAC (1661-1741) verantwortlich erklärt. Dem entspricht, daß später bei F. A. LANGE Gassendi als Begründer des modernen Materialismus durch Erneuerung des epikureischen erscheint [5].

Durch undifferenzierte Verrechnung geriet die Lehre Epikurs als E. in die Weltanschauungsrivalität und wurde erneut zweideutig. Neben NIETZSCHES Verdienst um die moralische Rehabilitierung – E. ist «Kunst des Lebens» als «zur Schau getragene Tapferkeit des Geschmacks, welche das Leiden leichtfertig nimmt und sich gegen alles Traurige und Tiefe zur Wehr setzt» [6] – steht W. F. OTTOS an Nietzsche anknüpfende theologische Richtigstellung: Die von der angeblichen Philosophie «des Unglaubens und des Sinnengenusses» geforderte Freiheit sei vielmehr diejenige, «die den Menschen der Gottheit nahe bringt». E. bedeutet nicht Leugnung der Götter, sondern Kritik falscher Vorstellungen über die Götter, wenn anders sie «frei von aller Sorge, Unruhe und Mühe die vollkommenste Daseinsfreude genießen. Und diese Götter sind es, von deren Wahrheit Epikur überzeugt ist und auf die sein ehrfürchtiger, glückseliger Blick gerichtet ist» [7].

Anmerkungen. [1] Vgl. W. SCHMID: Art. ‹Epikur›, in: Reallex. für Antike und Christentum 5 (1960) 722: unter Bezug auf CICERO, De fin. II, 3, 9. – [2] Vgl. DIOGENES LAERTIOS X, 139-154. – [3] Vgl. SCHMID, a. a. O. [1] 778: unter Bezug auf LAKTANZ, Div. inst. III, 17. – [4] P. GASSENDI: Syntagma philosophiae Epicuri (1649); vgl. G. HESS: Pierre Gassendi. Der frz. Späthumanismus und das Problem von Wissen und Glauben (1939) 49. – [5] F. A. LANGE: Gesch. des Materialismus (1865) I, 3, 1. – [6] Fr. NIETZSCHE, Werke, hg. K. SCHLECHTA (1954-1956) 2, 744; 3, 551. – [7] W. F. OTTO: Wirklichkeit der Götter (1963) 10ff.

Literaturhinweise. W. CRÖNERT: Kolotes und Menedemos (1906). – W. SCHMID s. Anm. [1] 681-819.   A. MÜLLER

Epiphanie. Das griechische Substantiv ἐπιφάνεια geht auf das Verbum ἐπιφαίνομαι, erscheinen, zurück und wird in der Religionswissenschaft häufig synonym zu ‹Theophanie› (θεοφάνεια) gebraucht. Beide Begriffe sind termini technici für die irdische «Erscheinung» von Gottheiten. Eine E. kann dem Menschen unerwartet oder erbeten zuteil werden. Ihre Erfahrung kann sich als reale E., als visionäre in Traum und Ekstase sowie als kultische E. vollziehen. Im Gegensatz zur Hierophanie, der ständigen Erfahrung des Sakralen im Symbol, ist die E. meist eine ephemere Erscheinung; ausgenommen hiervon sind nur die mythische E., das Miteinanderleben von Gottheiten und Menschen in der Urzeit, sowie die in der Inkarnation sich vollziehende E. Als Wesensoffenbarung der Gottheit kann die E. zur religiösen Verkündigung seitens des von ihr erfaßten Menschen und damit zur Religionsstiftung führen. Weitere Intentionen der E. gehen letztlich auf ihren Charakter als Kratophanie, als Erscheinung göttlicher Macht, zurück und können Segen und Hilfe, aber auch Strafe und Leid für den Menschen bringen. Die E. kann stellvertretend durch den Priester oder durch den Sakralkönig erfolgen; es ist bezeichnend, daß letzterer als gegenwärtiger Gott in hellenistischer Zeit häufig den Titel ἐπιφανής (praesens) trägt.

In der christlichen Theologie wird mit ‹E.› der historisch greifbare Einbruch des persönlichen, monotheistischen Gottes in die Geschichte bezeichnet. In der Liturgie wird das Fest der E., der Erscheinung des Herrn (ostensio Domini) seit Beginn des 4. Jh. am 6. Januar gefeiert. Mit diesem Datum löste es die antiken Feste des Dionysos und der Geburt des Aion ab. Aus der anfänglichen Fülle des Festinhaltes (Geburt Christi, Anbetung der heiligen drei Könige = festum magorum, Taufe Christi, Wunder zu Kana) wurde bereits im 4. Jh., außer von der armenischen Kirche, generell die Feier der Geburt Christi ausgenommen. Als Feier der Taufe Christi ist das E.-Fest in der Ostkirche mit Wasserweihen verbunden.

Literaturhinweise. H. LIETZMANN: Der Weltheiland (1909). – W. W. Graf BAUDISSIN: «Gott schauen» in der AT-lichen Relig. Arch. Religionswiss. 18 (1915) 173-239. – K. HOLL: Der Ursprung des E.-Festes. Ges. Aufsätze zur Kirchengesch. 2 (1925) 123-154. – K. KERÉNYI: Dramatische Gottesgegenwart in der griech. Relig. Eranos Jb. 19 (1950) 13ff. – L. FENDT: Der heutige Stand der Forsch. über das Geburtsfest Jesu am 25. XII. und über Epiphanias. Theol. Lit.-Ztg. 78 (1953) 1-10. – M. ELIADE: Die Relig. und das Heilige (1954). – E. PAX: EPIPHANEIA (1955). – W. F. OTTO: Theophania. Der Geist der altgriech. Relig. (1956). – J. JEREMIAS: Theophanie. Die Gesch. einer AT-lichen Gattung (1965).   G. LANCZKOWSKI

Epiphänomen. Im 18. Jh. ist der Begriff im deutschen [1], englischen [2] und französischen [3] Sprachbereich der Medizin zugeordnet. Während G. H. ZINCKE E. nur allgemein als Krankheitssymptom bestimmt, unterscheidet die französische ‹Encyclopédie› genau zwischen Symptomen, die der Krankheit eigentümlich sind, und anderen, die sich zusätzlich einstellen, ohne für die jeweilige Krankheit charakteristisch zu sein. Für die zweite Art von Symptomen habe der Arzt QUESNAY den Begriff ‹E.› geprägt nach sorgfältiger Prüfung, ob die Einführung dieses griechischen Terminus ins Französische notwendig sei.

‹E.› bezeichnet in dieser Bedeutung die zufällige, nichtnotwendige Begleiterscheinung einer Haupterscheinung: Die ontologische Unterscheidung zwischen Essenz und Akzidens der scholastischen Philosophie wird damit auf den Bereich der Erscheinungen übertragen. Daran erinnert noch A. LALANDES Bestimmung des E. als «phénomène accessoire», dem das «phénomène essentiel» gegenübersteht [4].

Im 19. Jh. wird der Begriff aus der Medizin in die philosophische Diskussion übernommen, und zwar in die auch medizinisch interessierende Auseinandersetzung über das Verhältnis von Seele und Leib. Den Standpunkt, das Bewußtsein sei eine Begleiterscheinung der physiologischen Prozesse, vertreten unter anderen L. BÜCHNER [5], TH. H. HUXLEY [6], H. MAUDSLEY [7], TH. RIBOT [8] und E. HAECKEL [9]. F. BRENTANO differenziert diese Theorie in seiner Psychologie dahin, daß das Bewußtsein nicht nur physiologische Prozesse begleite, sondern auch psychische Phänomene, die wiederum eng mit physischen Phänomenen verbunden seien [10]. Nach F. NIETZSCHE ist «die Bewußtheit nur ein *accidens* der Vorstellung ..., nicht deren notwendiges und wesentliches Attribut» [11]. Das Bewußtsein sei ein Oberflächenphänomen, hinter dem der Kampf der Triebe und Zustände stehe [12]. E. v. HARTMANN verwendet in seiner Erörterung dieser Theorien für den von ihnen dem Bewußtsein zugeschriebenen Charakter einer Begleiterscheinung den Begriff ‹E.› [13], den die erwähnten Autoren selbst nicht gebrauchen.

H. DRIESCH bezieht den E.-Begriff auf das grundsätzlichere Problem des Verhältnisses von Geist und Materie. Nach Ansicht der Materialisten sei das Erleben, das Bewußtsein ein E. der Materie [14].

Von L. W. STERN (1871–1938) wird ‹E.› im Zusammenhang mit der ‹Lehre vom Wirken (Teleologie)› im weltanschaulichen Sinne verwendet: Zweckmäßigkeit wird als E. mechanischer Wirksamkeit, Entwicklung als E. mechanischer Vorgänge, als E. der Selbsterhaltung und als E. von Anpassungsakten aufgefaßt. Das Übel in der Welt ist bei ihm nur «E.» der «immanenten Zielstrebigkeiten, welche die eigentlich treibenden Faktoren des Weltgeschehens sind» [15].

M. SCHELER, der die Eigenständigkeit des Psychischen vertritt, bezeichnet die Auffassung, das Psychische sei ein E. des Physischen, polemisch als ‹Epiphänomenalismus› [16]. In anderem Zusammenhang [17] gebraucht er ‹E.› selber, um im Gegensatz zum Eigentlichen, Wesentlichen die unwesentliche Begleiterscheinung zu charakterisieren. So erklärt er in der Abhandlung ‹Über Scham und Schamgefühl›, daß für Freud in den libidinösen Regungen die «eigentliche Substanz und Wirklichkeit unseres Lebens» [18] bestehe, das bewußte Leben dagegen nur ein E. dieses eigentlich Wirklichen sei. Oder er stellt die Frage, ob die von der Phänomenologie untersuchten Phänomene das absolut Seiende, das Ding-an-sich oder «bloße E. eines absolut realen Kausalnexus von Dingen und Kräften» seien [19].

Neuerdings unterscheidet R. KIRCHHOFF zwischen einem materialistischen (Bewußtsein als E. der Materie) und einem psychistischen Epiphänomenalismus (Bewußtsein als E. des Unterbewußtseins) [20].

Im englischen Sprachbereich wird ‹epiphaenomenalism› gelegentlich synonym mit ‹psychophysischem Parallelismus› verwendet, so z. B. von H. D. LEWIS [21]. M. H. MARX und W. A. HILLIX heben den Epiphänomenalismus vom Phänomenalismus ab [22].

Anmerkungen. [1] G. H. ZINCKE: Conversations-Zeitungs-Lex. 2. Teil (1746). – [2] Oxford English Dict. (²1961) 243. – [3] Encyclopédie ou dictionaire raisonné ..., hg. DIDEROT/D'ALEMBERT 12 (1779) 692. – [4] Lalande¹⁰, 293. – [5] L. BÜCHNER: Kraft und Stoff (1855); Neudr. hg. W. BÖLSCHE (1900) 123. – [6] TH. H. HUXLEY: Zeugnisse für die Stellung des Menschen in der Natur, dtsch. hg. G. HEBERER (1963, ²1970) 138. – [7] H. MAUDSLEY: Physiol. of mind (²1876). – [8] TH. RIBOT: Les maladies de la mémoire (1881) bes. 11; Les maladies de la volonté (²²1906) bes. 8; Die Persönlichkeit (1894) bes. 4ff – [9] E. HAECKEL: Die Welträtsel (1900) bes. 195-216. – [10] F. BRENTANO: Psychol. vom empirischen Standpunkt (1874), hg. O. KRAUS (1924) bes. 141; vgl. 117. – [11] F. NIETZSCHE: Die fröhliche Wiss. (1882). Werke (1903) 8, 71. – [12] a. a. O. 176. – [13] E. v. HARTMANN: Die moderne Psychol. (1901) 376. – [14] H. DRIESCH: Met. der Natur, in: Hb. der Philos., hg. A. BAEUMLER/M. SCHRÖTER (1927) Abt. 2, Abschn. B, 81. – [15] L. W. STERN: Person und Sache, System der philos. Weltanschauung 1 (1906) 253. 275. 305. 309. 314. 427. – [16] M. SCHELER: Der Formalismus in der Ethik und die materiale Wertethik (1913). Werke (1957) 2, 423. 428; Vom Umsturz der Werte a. a. O. 3, 271; Zur Phänomenol. und Met. der Freiheit a. a. O. 10, 163. – [17] Zur Phänomenol. ... a. a. O. 10, 175. – [18] 114. – [19] 419. – [20] R. KIRCHHOFF: Das Problem des Bewußtseins und die Geist-Seele-Thematik. Philos. Rsch. 5 (1957) 18. – [21] H. D. LEWIS: The elusive mind (1969) 194. – [22] M. H. MARX und W. A. HILLIX: Systems and theories in psychol. (New York/San Francisco/Toronto/London 1963) 27.

W. NIEKE

Episteme (ἐπιστήμη, Erkenntnis, Wissenschaft). In der vorsokratischen und vorsophistischen Philosophie werden Erkenntnis, Wissenschaft oder E., d. h. das spekulative Denken des einzelnen Philosophen, streng vom Trug der Sinneswahrnehmungen und den auf bloßer Erfahrung beruhenden Meinungen der Vielen unterschieden und wesentlich höher als diese bewertet, ja, als zur Erfassung der Wahrheit und des Seins allein geeignet erachtet: So lehrt PARMENIDES, daß die Wahrheit, wonach nur das eine, unbewegliche, unvergängliche und mit sich identische Sein ist, das Nichtsein dagegen nicht ist, nicht von der vielerfahrenen Gewohnheit der Sinneswahrnehmung, sondern nur von der vernünftigen Überlegung (λόγος) erkannt werden kann [1]. Die von der Sinneswahrnehmung erfaßte Welt des Werdens und Vergehens sowie die Lehre, daß Nichtsein auch sein und Sein auch nicht sein könne, entspricht bloßer *Meinung* (δόξα), nicht aber der *Wahrheit* des Erkennens, welches mit dem Sein identisch ist [2]. Auch HERAKLIT grenzt die Erkenntnis des allbeherrschenden, einheitlichen und ewigen Weltgesetzes, des Logos, welche nach ihm alle Weisheit überhaupt in sich schließt, scharf von den zu dieser Erkenntnis ungeeigneten Erfahrungsmeinungen und Sinneswahrnehmungen der Sterblichen ab [3]. Auch andere Vorsokratiker, wie etwa EMPEDOKLES [4], ANAXAGORAS [5] und DEMOKRIT [6], sind, wenn auch weniger extrem, dem Vorbild des Parmenides gefolgt und haben dargelegt, daß das Wesentliche ihrer Lehre nicht durch die unzuverlässige Sinneswahrnehmung, sondern nur durch eine besondere spekulative Erkenntnis erfaßbar sei.

Im Gegensatz zu dieser eindeutigen Höherbewertung des spekulativen Denkens vor der Sinneswahrnehmung bei vielen der bedeutendsten Vorsokratiker steht allerdings ihre Tendenz, in einer Art Lehre vom Ursprung des Erkennens dieses aus der Sinneswahrnehmung abzuleiten oder mit ihr zu identifizieren und diese wiederum auf körperlich-physische Gegebenheiten zurückzuführen (PARMENIDES [7], EMPEDOKLES [8], ANAXAGORAS [9] und DEMOKRIT [10]).

Nach THEOPHRAST haben von den Vorsokratikern PARMENIDES und EMPEDOKLES gelehrt, daß Gleichartiges nur durch Gleichartiges erkannt und wahrgenommen werde, während HERAKLIT und ANAXAGORAS der Ansicht waren, daß nur Entgegengesetztes durch Entgegengesetztes erkannt und wahrgenommen werde [11].

Der Sophist PROTAGORAS setzt dem metaphysischen Dogmatismus gewisser Vorsokratiker einen sehr weitgehenden Relativismus entgegen, indem er lehrt, daß der Mensch das Maß aller Dinge sei, der seienden, daß sie sind, und der nichtseienden, daß sie nicht sind, was erkenntnistheoretisch bedeutet, daß für jeden Menschen die Dinge so sind, wie sie ihm gerade erscheinen, wobei also nicht die Gattung Mensch erkenntnismäßig das Maß aller Dinge ist, sondern vielmehr sogar jedes einzelne Individuum [12]. Eine allgemeingültige objektive Wahrheit ist also der menschlichen Erkenntnis nach Protagoras nicht zugänglich und ebensowenig ist sie dies nach der Auffassung des Sophisten GORGIAS, welcher mit Argumenten, die diejenigen der Eleaten, besonders des Parmenides, nachahmen, zu beweisen versucht, daß nichts ist, zweitens daß, wenn etwas wäre, das Seiende nicht erkannt werden könnte, und drittens daß, wenn es

Erkenntnis gäbe, diese doch nicht mitgeteilt werden könnte [13].

Gegenüber dem Relativismus und Subjektivismus der Sophisten scheint SOKRATES vor allem das unbedingte Streben nach der Wahrheit in der dialektischen Prüfung und Überführung des sophistischen Scheinwissens und die Wichtigkeit der rückhaltlosen Suche nach der in der Definition zu gewinnenden Wesenheit aller Dinge, über die man spricht, betont zu haben [14].

PLATON hat diese Ausrichtung seines Lehrers auf das begriffliche Wissen vom wahren Sein und der objektiv gültigen Norm fortgeführt und durch seine Lehre von der Erkenntnis erst eigentlich die Überwindung der Sophistik und gewisser Widersprüche in der Erkenntnislehre der Vorsokratiker unter Vollendung ihrer positiven Ansätze verwirklicht: Indem er nämlich zwischen wahrhaft seienden und rein nur denkbaren Ideen als den Gegenständen der Erkenntnis und den werdenden Erscheinungen der Körperwelt als den Gegenständen der Sinneswahrnehmung unterscheidet, begründet er die Höherwertigkeit der Erkenntnis, welche auf das Allgemeine, Notwendige und werthaft Vorbildliche geht, eben die Ideen, vor der Sinneswahrnehmung, welche nur Einzelnes, Zufälliges und Körperliches erfaßt, und macht jede Verwechslung der Sinneswahrnehmung mit der Erkenntnis und jede Ableitung der Erkenntnis aus der Sinneswahrnehmung unmöglich [15].

Obwohl nun aber Platon klar unterscheidet zwischen Erkenntnis und Sinneswahrnehmung und der Erkenntnis im Unterschied zur Sinneswahrnehmung das wahre Sein der Ideen als Objekt des Erkennens zuweist, sind ihm die Gegenstände der Sinneswahrnehmung nicht einfach bloßer Schein wie dem Parmenides, und er ordnet auch nicht wie dieser das der Sinneswahrnehmung Erfaßbare dem Nichtsein zu, sondern der Bereich, welchen das auf Sinneswahrnehmung beruhende Meinen (δόξα) nach ihm erfaßt, ist ein Bereich zwischen Sein und Nichtsein, nämlich das Werden und Vergehen der Körperwelt [16]. Das Gebiet des Meinens teilt Platon weiter ein in die sinnlich wahrnehmbaren Gegenstände selber, welche von der πίστις (dem «Glauben»), und in deren Schatten und Abbilder, welche von der εἰκασία (dem «Vermuten») erfaßt werden; das Gebiet des Denkens teilt Platon entsprechend weiter ein in das Gebiet der eigentlichen Ideenerkenntnis (νοῦς oder ἐπιστήμη) einerseits sowie das des diskursiven mathematischen Verstandes (διάνοια) andererseits, wobei der diskursive Verstand zur Erfassung seiner mathematischen Gegenstände der sinnlichen Dinge als Bilder bedarf und seine Voraussetzungen selber nicht diskutiert, während die wahre Erkenntnis der Ideen keine Entlehnungen aus dem Sinnlichen benötigt und die allgemeinsten Voraussetzungen des Seins bis hinauf zum voraussetzungslosen Anfang und Ursprung (ἀρχή) verfolgt [17]. Die höchste Erkenntnis, zu welcher die Seele gelangen kann, wenn sie auf diese Weise dialektisch von den Voraussetzungen zum voraussetzungslosen Anfang und Ursprung fortschreitet, ist diejenige der Idee des Guten, welche, obwohl selbst jenseits des Seins und der Erkenntnis, doch die Ursache des Seins und der Erkennbarkeit der Ideen sowie des Werdens und der Wahrnehmbarkeit der Sinnendinge ist [18].

Das Problem, wie die dem Leibe verhaftete und mit ihm verbundene Seele zur Erkenntnis der vollkommen unkörperlichen und unsinnlichen Ideen vordringen kann, löst Platon durch seine Lehre von der Wiedererinnerung (ἀνάμνησις), wonach die Seele sich nach ihrer Einkörperung allmählich wieder an ihre vorgeburtliche vollkommene Ideenerkenntnis erinnern kann [19]. Die sich aus der Annahme einer Vielheit von unsinnlichen, ansichseienden Ideen ergebenden Probleme seiner Erkenntnislehre behandelt Platon vor allem in den Spätdialogen ‹Parmenides› und ‹Sophistes›, wo er sich mit den Fragen befaßt, wovon es Ideen gebe, welches das Verhältnis zwischen Ideen und Sinnendingen sei, inwiefern es Verbindungen zwischen den Ideen und inwiefern es Verschiedenheit und Nichtsein im Bereich der Ideen geben könne [20].

Auch ARISTOTELES unterscheidet wie Platon die Erkenntnis (ἐπιστήμη) sehr deutlich von der Sinneswahrnehmung (αἴσθησις) und dem Meinen, und zwar insofern, als die Erkenntnis immer auf das Allgemeine und Notwendige geht, während die Sinneswahrnehmung meist auf das Einzelne beschränkt bleibt und das Meinen es hauptsächlich mit Kontingentem, d. h. mit Dingen zu tun hat, die auch anders sein können und nicht notwendigerweise so sein müssen [21]. Aber er glaubt nicht mehr wie Platon, daß der Erkenntnis einerseits sowie der Sinneswahrnehmung und der Meinung andererseits zwei getrennte Seinsbereiche entsprechen, sondern er denkt sich die von der Erkenntnis erfaßte allgemeine Wesenheit in engster Verbindung mit den sinnlich wahrnehmbaren und veränderlichen Einzeldingen, von denen sie allererst abstrahiert werden muß, wenn sie erkannt werden soll [22]. Daraus wie auch aus der sonstigen Beschaffenheit des menschlichen Erkenntnisvermögens ergibt sich nach Aristoteles, daß ohne Sinneswahrnehmung keine Erkenntnis möglich ist und daß für die Menschen Kunst und Wissenschaft (E.) aus der Erfahrung entsteht [23]. Aristoteles vertritt in seiner Erkenntnislehre jedoch keinen reinen Sensualismus, denn seiner Ansicht nach ist zwar *für uns* (πρὸς ἡμᾶς) das der Wahrnehmung Nähere früher und leichter erkennbar, *an sich* (φύσει) aber ist das Allgemeinere und der Sinneswahrnehmung Fernere das erkenntnismäßig Frühere [24]. So ist es denn auch verständlich, daß für Aristoteles die Erkenntnis, obwohl sie beim Menschen immer von Sinneswahrnehmung und Erfahrung ausgehen muß, das der Sinneswahrnehmung und Erfahrung Überlegene ist [25]; denn nicht nur geht die Erkenntnis im Unterschied zur Sinneswahrnehmung und Meinung immer auf das Allgemeine und Notwendige, sondern auch auf das Ewige und Unzerstörbare; so beschaffen nämlich ist alles Notwendige, was nicht anders sein kann, als es ist [26]. Ein weiterer Vorzug der Erkenntnis vor der bloßen Erfahrung und der Sinneswahrnehmung besteht darin, daß sich die Erkenntnis nicht mit der bloßen Feststellung empirischer Tatsachen begnügt, sondern immer auch nach den Gründen und Ursachen, ja, auf ihrer höchsten Stufe, nach den letzten Prinzipien alles Seienden überhaupt fragt [27]. Die E. ist in diesem Sinne recht eigentlich eine beweisende Disziplin, welche, vom Allgemeinsten und Prinzipiellsten ausgehend, das Besondere und das Einzelne daraus ableitet und beweist [28]. Das Allgemeinste und Prinzipiellste selbst kann allerdings nicht mehr durch Beweis erkannt werden, sondern muß unmittelbare intuitive Gewißheit haben [29]. Das schlechthin Erste, nämlich die unbeweisbaren Begriffsbestimmungen, sind daher nicht mehr die Domäne der E., sondern gehören zum Bereich des intuitiven Geistes (νοῦς) [30]. Da aber die E. sich auf die Ursachen bezieht und eine beweisende Disziplin ist, ist sie auch in höchstem Maße lehrbar, denn Belehren ist ja ein Aufzeigen von Ursachen und Beweisen [31]. Weil ferner keine Belehrung und vor allem auch kein Lernen ohne ein Vorherwissen der vermittelten Wissensinhalte möglich ist [32], müssen in der Seele des Lernenden gewissermaßen alle Wissensinhalte der Möglichkeit nach schon immer vorhanden sein [33], wobei dann, wenn ein Erkenntnisobjekt wirklich vom Geiste erkannt wird, Erkennen und Erkanntes identisch werden [34].

Die E. gehört nach Aristoteles ethisch gesehen mit dem Geist (νοῦς), dem Verstand (φρόνησις) und der Kunst (τέχνη) zusammen zu den dianoetischen Tugenden, wobei Geist und E. auf das Unveränderliche, Verstand und Kunst dagegen auf das Veränderliche gerichtet sind: Der Geist geht auf die Prinzipien, die E. auf das aus den Prinzipien Erweisbare, der Verstand hat es mit dem Handeln, die Kunst mit dem Hervorbringen zu tun [35]. Von der theoretischen, praktischen und poietischen Erkenntnis ist nach Aristoteles die theoretische die höchste; unter den theoretischen Disziplinen aber ist die erste Philosophie oder Theologie vor Mathematik und Physik die höchste [36]. Damit hat ‹E.› bei Aristoteles endgültig eine theoretische, noch von dem auf das praktische Handeln und dem auf das poietische Hervorbringen gerichteten Wissen, d. h. der Phronesis bzw. der Techne, unterschiedene Bedeutung erlangt, während die ursprüngliche Bedeutung des griechischen Ausdrucks ‹E.› noch stark diejenige des Hervorbringen- oder Machenkönnens im Sinne der (weit gefaßten) technischen Fertigkeit war [37] und auch bei PLATON ‹E.› in der Bedeutung von Erkenntnis als Grundlage des Hervorbringen- oder Machenkönnens vielfach mit ‹Techne› (oft allerdings in der weitesten Bedeutung dieses Ausdrucks) noch synonym ist [38].

Die *Stoiker* sind der Ansicht, daß alles Denken von der sinnlichen Wahrnehmung ausgeht oder sich jedenfalls nicht ohne diese vollzieht und daß nichts auf dem Gebiete des Denkens zu finden ist, was man nicht auf Grund eines sinnlichen Eindrucks als erkannt in sich trägt [39]. Auf Grund der Sinneswahrnehmungen, welche als physiologische Vorgänge, d. h. als Abdrücke äußerer Objekte auf den Sinnesorganen betrachtet werden, entstehen durch Verarbeitung dieser Eindrücke im Zentralorgan (ἡγεμονικόν) der Seele die Vorstellungen (φαντασίαι) [40]. Die sinnlichen Wahrnehmungen sind immer wahr, von den Vorstellungen sind die einen wahr, die andern nicht [41]. Die Erkenntnis aber ist insofern nicht nur ein rein passiver, von der Sinneswahrnehmung ausgehender Vorgang, als der Logos der Seele die Aufgabe hat, die Vorstellungen zu prüfen, und sie entweder durch seine Zustimmung (Synkatathesis) als wahr anzuerkennen oder aber sie als falsch zu verwerfen, wobei der Logos die das Objekt wirklich erfassende Vorstellung (φαντασία καταληπτική), das eigentliche Wahrheitskriterium der Stoiker, bestimmen muß [42]. Der Erkenntnisvorgang geht so über die Vorstellung, zur Zustimmung (Synkatathesis), zur Erfassung (Katalepsis) und zum Wissen (Episteme) [43], welches nur dem Weisen vorbehalten ist und als unerschütterliche und von keinem Vernunftgrund (Logos) umzustoßende Erfassung (Katalepsis) definiert wird [44].

Nach EPIKUR läßt sich im Denken selbst kein Kriterium für die Unterscheidung von Wahr und Falsch finden; das einzige Wahrheitskriterium liegt seiner Ansicht nach in der Evidenz (ἐνάργεια) der Sinneswahrnehmungen und der aus den Wahrnehmungen entstehenden Begriffe im Sinne von Erinnerungsbildern (προλήψεις) und der Gefühle (πάθη) [45]. Wahrnehmungen sind immer wahr, Wahrheit *und* Unwahrheit liegen erst in dem von der Vernunft gefällten Urteil, der Meinung (δόξα), und eine Meinung ist wahr, wenn Wahrnehmungen für sie zeugen oder wenigstens nicht gegen sie zeugen, sonst ist sie falsch [46].

Keinerlei Wahrheitskriterium und keine sichere und begründete Erkenntnis anerkennen hingegen die *Skeptiker*, welche sich in ihrem Begründer PYRRON VON ELIS eng an den Relativismus und Skeptizismus der Sophistik anschließen. Pyrron lehrt, daß die Dinge unserer Erkenntnis unzugänglich oder unerfaßbar sind und daß es unsere Aufgabe ist, uns des Urteils über sie zu enthalten, d. h. Epoché zu üben [47]. Während in der ältesten skeptischen Schule unter Pyrron das Prinzip, wonach die Gründe für das kontradiktorische Gegenteil jedes Satzes genau gleich stark sein sollen wie die Gründe für diesen Satz selbst, auf die skeptischen Grundsätze selbst angewandt wurde [48], stellten die späteren Skeptiker unter AINESIDEMOS, AGRIPPA und SEXTUS EMPIRICUS gewisse Hauptargumente gegen die Dogmatiker auf, die sie ‹Tropoi› (Arten der Begründung des Zweifels) nannten [49].

Erst der im 1. Jh. v. Chr. einsetzende und die skeptische Periode der Akademie überwindende mittlere Platonismus und vollends der Neuplatonismus befreien die Erkenntnis wieder aus Sensualismus und Skeptizismus: So stellt PLOTIN die sinnliche Wahrnehmung wesentlich als unvollkommeneres Abbild des Denkens und Erkennens dar [50]. Er zeigt, wie das diskursive logische Denken und die Dialektik als reine Wissenschaft und als umfassendes begriffliches Denken den Bereich des wahren Seins und des göttlichen Geistes zu erfassen vermögen, wie sie die Ideen, das Wesen der Dinge und die obersten Gattungen unterscheiden, um von hier aus alles Denkbare zu verknüpfen und wieder zu trennen [51]. Die Untersuchungen der traditionellen (aristotelischen) Logik über Sätze und Schlüsse sind dieser Dialektik nur eine Art Propädeutik und Hilfswissenschaft, sie selbst aber ist kein bloß formales Wissen, sondern bezieht sich auf wirkliches Sein [52]. Die Dialektik ist der wertvollste Teil der Philosophie und im Unterschied zur praktischen Einsicht (φρόνησις) als die Weisheit (σοφία) im engeren Sinne zu betrachten [53]. Das diskursive logische Denken aber ist für Plotin nicht die höchste Form der Erkenntnis, denn das durch Reflexion gekennzeichnete Vermögen der Seele muß die Prinzipien eines höheren Wissens noch vom Geist entlehnen, und diese höhere Erkenntnis des Geistes ist kein mittelbares Wissen mehr, sondern ein unmittelbares Haben des Gewußten, eine Selbstanschauung des Denkens, welche zugleich Anschauung der denkbaren übersinnlichen Wesenheit ist, wobei das menschliche Denken, wenn es diese Stufe erreicht hat, sich mit dem göttlichen Geist vereinigt [54]. Das absolut höchste Prinzip, das Eine-Gute, hat der Mensch freilich auch dann noch nicht erfaßt, sondern er erreicht dieses nach Plotin erst in überintellektueller Ekstase [55].

Anmerkungen. [1] PARMENIDES bei DIELS/KRANZ: Die Frg. der Vorsokratiker (= VS) 1 ([10]1961) 28 B 7-8. – [2] VS 28 B 8. 34ff. 50ff.; vgl. 28 B 2. B 3. B 6. – [3] HERAKLIT, VS 22 B 1. 2. 34. 41. 107. 108; A 16. 131. – [4] EMPEDOKLES, VS 31 B 2. – [5] ANAXAGORAS, VS 2 (1960) 59 A 92; B 21. – [6] DEMOKRIT, VS 2, 68 B 11. – [7] PARMENIDES, VS 1, 28 A 46; B 16. – [8] EMPEDOKLES, VS 1, 31 A 86; B 89. – [9] ANAXAGORAS, VS 2, 59 A 92; B 21. – [10] DEMOKRIT, VS 2, 67 A 29. 30; 68 A 118. 135. – [11] THEOPHRAST: De sensu 1 = VS 1, 28 A 46; 31 A 86; 31 B 109. – [12] PROTAGORAS, VS 2, 80 A 1, 51; B 1. – [13] GORGIAS, VS 2, 82 B 3. – [14] PLATON, Apol. 20 d ff. 23 c u. a.; ARISTOTELES, Met. 1078 b 27ff. – [15] Vgl. für die Unterscheidung von Ideen und Sinnendingen PLATON, Phaid. 78 b 4-79 e 7; Resp. VI, 509 d ff.; Tim. 27 d 5-31 b 3; 51 b 6-52 d 1; für die Unterscheidung von Sinneswahrnehmung und Erkenntnis vgl. Theait. 157 d 7-187 b 3. – [16] Resp. V,

475 e 6-480 a 13. – [17] a. a. O. VI, 509 d ff. – [18] VI, 508 e 1-509 b 10; VII, 517 b 7ff. – [19] Menon 80 d 5-86 c 3; Phaid. 72 e 3-77 b 1. – [20] Parm. 128 e 5ff.; Soph. 236 d 9-259 d 8. – [21] ARISTOTELES: De an. II, 5, 417 b 23; Anal. post. I, 31; Top. II, 8, 114 a 21-25; Met. III, 4, 999 b 3 für die Unterscheidung von EPISTEME und AISTHESIS sowie Anal. post. I, 33; Eth. Nic. VI, 3, 1139 b 17 für die Unterscheidung von EPISTEME und DOXA. – [22] Vgl. die Polemik gegen Platons Ideenlehre Met. I, 9; XIII, 4-5 und die Lehre, daß das allgemeine Wesen gewissermaßen im Besonderen der sinnlich wahrnehmbaren Einzeldinge ist De an. III, 4, 430 a 6-7; III, 8, 432 a 3-10. – [23] De an. III, 8, 432 a 7-8; Anal. post. I, 13, 81 a 38-40; Met. I, 1, 981 a 2-3; Phys. VII, 3, 247 b 20; Anal. post. II, 19, 100 b 8. – [24] Anal. post. I, 2, 72 a 1ff.; Phys. I, 5, 189 a 5ff.; I, 1, 184 a 16ff. – [25] Met. I, 1-2. – [26] Eth. Nic. VI, 3, 1139 b 22-24; Anal. post. I, 8, 75 b 24-26. – [27] Met. I, 1-2; VI, 1, 1025 b 6; XI, 7, 1063 b 36; Anal. post. I, 13, 78 a 22. – [28] Eth. Nic. VI, 3, 1139 b 31f.; Anal. post. I, 2, 71 b 20ff. – [29] Anal. post. I, 2, 72 a 25ff. – [30] Anal. post. II, 3, 90 b 27; I, 33, 88 b 30ff.; II, 19, 100 b 5ff. – [31] Met. I, 2, 982 a 28ff.; Eth. Nic. VI, 3, 1139 b 25f. – [32] Eth. Nic. VI, 3, 1139 b 26f.; Anal. post. I, 1, 71 a 1ff. – [33] De an. III, 4, 429 a 27-29; III, 8, 431 b 20ff. – [34] Met. XII, 9, 1075 a 1; De an. III, 4, 430 a 4; III, 5, 430 a 20; III, 7, 431 a 1; III, 8, 431 b 22. – [35] Eth. Nic. VI, bes. 3 und 6. – [36] Met. VI, 1, 1025 b 25; 1026 a 13ff. – [37] Vgl. z. B. BAKCHYLIDES IX, 38; EURIPIDES, Frg. 522, 3; THUKYDIDES VII, 63, 3; I, 49, 3; 121, 4; II, 87, 4. – [38] Vgl. PLATON, bes. Ion 536 c; Resp. VII, 522 c; zur intellektuellen Interpretation der Techne vgl. Politikos 278 e; Kratylos 414 b. – [39] SVF II, Nr. 88. – [40] SVF II, 458; II, 54; II, 58; II, 56. – [41] SVF II, 78, 116. – [42] SVF II, 65; vgl. IV, S. 151. – [43] SVF I, 66; vgl. 61 und 67. – [44] SVF I, 68; II, 93ff. 130. – [45] H. USENER: Epicurea (Leipzig 1887) 182, 18f. 371, 6ff. – [46] a. a. O. 372, 4f. 19ff.; 181, 12ff. – [47] DIOG. LAERT., Prooem. 16. – [48] a. a. O. IX, 74. 76. – [49] SEXT. EMP., Hyp. Pyrrh. I, 36ff.; DIOG. LAERT. IX, 79ff. – [50] PLOTIN: Enn. VI, 7, 7, 28-31. – [51] a. a. O. I, 3, 4, 1ff.; vgl. IV, 4, 12, 5ff. – [52] a. a. O. I, 3, 4, 18ff.; 3, 5, 10ff. – [53] I, 3, 6. – [54] I, 3, 5; V, 3, 3-4; VI, 7, 35; IV, 4, 2. – [55] VI, 7, 35; V, 5, 6; VI, 9, 7.

Literaturhinweise. V. BROCHARD: Les Sceptiques grecs (1887, Neudruck 1955). – L. ROBIN: La pensée grecque (1923, ²1948). – B. SNELL: Die Ausdrücke für den Begriff des Wissens in der vorplatonischen Philos. (Diss. Berlin 1924) (Philologische Untersuchungen, Heft 29). – A. DIES: Autour de Platon (1927). – E. BREHIER: La philos. de Plotin (1928, ²1961). – R. SCHAERER: EPISTEME und TECHNE. Etudes sur les notions de connaissance et d'art d'Homère à Platon (Diss. Lausanne 1930). – F. M. CORNFORD: Plato's theory of knowledge (1935, ²1960). – S. MANSION: Le jugement d'existence chez Aristote (1946). – M. POHLENZ: Die Stoa (1947, ²1959). – A. VIRIEUX-REYMOND: La logique et l'épistémol. des Stoïciens (1950). – J. RITTER: Die Lehre vom Ursprung und Sinn der Theorie bei Aristoteles (1952). – Les sources de Plotin, in: Entretiens sur l'Antiquité Classique 5 (1960) bes. 341ff. – N. GULLEY: Platonic theory of knowledge (1962).

F. P. HAGER

Episyllogismus/Prosyllogismus. ‹Episyllogismus› (Es., Nachschluß) – der Terminus scheint erst in der neuzeitlichen Schullogik aufgekommen zu sein [1] – wird der Teil eines Kettenschlusses (Polysyllogismus) genannt, der den Schlußsatz eines vorhergehenden «Prosyllogismus» (Ps., Vorschluß) als erste Prämisse verwendet. Umgekehrt ist der Ps. der Teil des Kettenschlusses, der die Prämissen der ersten Prämisse des Es. enthält [2]. Jeder Kettenschluß kann sowohl aufsteigend, durch Voranstellen weiterer Ps. analytisch oder regressiv, a principiatis ad principia, wie auch absteigend, durch Anhängen weiterer Es., synthetisch oder progressiv, a principiis ad principiata verlängert werden, wobei die Benennung der einzelnen Glieder dieser Reihen relativiert [3] und daher verschiedentlich als überflüssig angesehen [4] oder garnicht mehr erwähnt wird. Den letzten Es. einer Kette nennt man, da er das eigentlich Erschlossene enthält, den «syllogismus primarius» oder «principalis», eine Bezeichnung, die noch bei PACIUS anstelle des späteren «Es.» gebraucht wird [5].

Die Verwendung des Terminus ‹Ps.› dagegen geht bereits auf ARISTOTELES zurück, der genau unterscheidet zwischen einem zusammengesetzten Schluß über kontinuierliche Mittelbegriffe, später «Sorites» genannt, und dem aus zwei einfachen Syllogismen (dem Ps. und dem Es.) zusammengesetzten Schluß, auf den sich der Sorites reduzieren lassen muß [6]. ‹Ps.› wird in der humanistischen Rhetorikologik aber auch die «propositionis approbatio» oder «exsecutio» im rhetorischen Syllogismus oder Ciceronischen Epichirem (s. d.) genannt [7]. In diesem Sinn faßt noch W. T. KRUG das Epichirem als einen Es. mit einem eingewebten abgekürzten Ps. auf [8]. Der Humanist J. STURM nennt «Ps.» die «ratio praeposita», im Unterschied zur «ratio postposita», die er «Prossyllogismus» genannt wissen will, weil darin etwas zur weiteren Bestätigung eines Satzes hinzukommt [9], und CORNELIUS DIETERICH, der Sturms Erklärung aufnimmt, unterscheidet den Ps. als die «probatio syllogismi principalis» vom Prossyllogismus als die «probatio prosyllogismi» [10]. Die damals ebenfalls geläufigen Bezeichnungen des Prossyllogismus als «epilogus» und «epilogismus» dürften die Benennung «Es.» vorbereitet haben [11].

Nach KANT, der diese formallogischen Zusammenhänge in der transzendentalen Dialektik spekulativ deutet, verhält sich «die Kette oder Reihe der Ps., d. i. der der gefolgerten Erkenntnisse auf seiten der Gründe oder der Bedingungen zu einem gegebenen Erkenntnis ... anders ... als die absteigende Reihe ... auf der Seite des Bedingten durch Es.». Während die Vernunft nämlich genötigt ist, zu einem gegebenen Bedingten «die Totalität in der Reihe der Prämissen» bis zu einem Unbedingten zu fordern, kann es ihr «ganz gleichgültig sein, wieweit dieser Fortgang sich a parte posteriori (in absteigender Linie) erstrecke», weil jede vorliegende Konklusion «durch ihre Gründe a parte priori schon hinreichend bestimmt und gesichert ist» [12].

Anmerkungen. [1] Vgl. J. JUNGIUS: Logica Hamburgensis I, III, 26 (1638), hg. R. W. MEYER (1957) 176. – [2] Vgl. CHR. WOLFF: Philos. rationalis (1728) § 493; G. FR. MEIER: Ausz. aus der Vernunftlehre (1752) § 407, in: KANT, Akad.-A. 14, 769; KANT, Logik § 87. Akad.-A. 9, 133. – [3] Vgl. JUNGIUS, a. a. O. [1]. – [4] So z. B. CHR. SIGWART: Logik 2 (⁴1911) 275; TH. ZIEHEN: Lb. der Logik (1920) 758. – [5] J. PACIUS: In Porphyrii Isagogen et Aristotelis Organon Commentarius (1597, Nachdruck 1966) 159. – [6] Vgl. ARISTOTELES, Anal. pr. I, 25, 42 b 5; I, 28, 44 a 22; vgl. auch PACIUS, a. a. O. [5] 159 b. 162 b. 171 b. – [7] Vgl. J. STURM: Partitiones dialecticae (1539) fol. 94. – [8] W. T. KRUG: Logik oder Denklehre § 113 (²1819) 398-401. – [9] Vgl. C. FINCK: Thesaurus logices cap. XI (²1613) 335; vgl. auch P. BERTIUS: Logica peripatetica (1616) 154. – [10] C. DIETERICH: Inst. dial. (1609) II, 22, 1. – [11] Vgl. FINCK, a. a. O. [9] 334-340. – [12] KANT, KrV A 307. 323. bes. 331f.

Literaturhinweis. TH. ZIEHEN s. Anm. [4] 756-760.

H. SCHEPERS

Epoché
I. E. (griech. ἐποχή, Anhalten) ist ein zentraler Begriff des antiken Skeptizismus. Das Wort scheint von der *pyrrhonischen Schule* in die Philosophie eingeführt worden zu sein und hier ursprünglich das «Innehalten» mit der Suche nach der Wahrheit bezeichnet zu haben, welches im Pyrrhonismus der entscheidende Schritt zur Erreichung der Glückseligkeit war. Der Pyrrhoneer sah sich beunruhigt durch die Vielzahl einander widerstreitender philosophischer Systeme. Er begann zu philosophieren, um sich ein Urteil bilden zu können, welches dieser Systeme das wahre sei. Als er dazu nicht imstande war, «hielt er inne» (ἐπέσχεν), und dabei stellte sich ihm die «Seelenruhe» (ἀταραξία) ein, in der er die Glückseligkeit fand [1]. Die Wirkung dieser E. war, daß die Urteilslosigkeit gegenüber den dogmatischen Lehren zu einem skeptischen Dauerzustand wurde. – Das mag für

den Akademiker ARKESILAOS der Anlaß gewesen sein, das Wort ‹E.› zu übernehmen, um mit ihm die *stoische* Urteilsenthaltung zu bezeichnen. Das Verb ἐπέχειν kann (wie das deutsche «anhalten») sowohl intransitiv im Sinne von «innehalten» als auch transitiv im Sinne von «zurückhalten» gebraucht werden, und Arkesilaos verstand ‹E.› im transitiven Sinne als «Zurückhaltung der Zustimmung» [2]. Die «Zustimmung» (συγκατάθεσις) zu einer «Vorstellung» (φαντασία), d. h. die Anerkennung ihrer Wahrheit, bildete nach stoischer Lehre die Voraussetzung dafür, daß diese Vorstellung das praktische Verhalten des Menschen bestimmen konnte. Sie war abhängig von seiner freien Entscheidung, so daß die Stoiker die ethische Forderung erheben konnten, daß man seine Zustimmung niemals «voreilig» (προπετῶς), sondern nur solchen Vorstellungen geben dürfe, die absolut gewiß seien [3]. Arkesilaos und seine Nachfolger, die *Neuakademiker*, nun bewiesen, daß es nur wahrscheinliche Vorstellungen gebe, aber keine, die absolut gewiß sei. Daher müsse man seine Zustimmung gegenüber jeder Vorstellung zurückhalten, d. h. es gelte die ethische Forderung einer «E. gegenüber allen Dingen» (ἐποχὴ περὶ πάντων) [4]. – Diesen veränderten E.-Begriff, die Urteilsenthaltung über Wahrheit oder Unwahrheit einer Vorstellung, holten die *späten Pyrrhoneer* (vermutlich ÄNESIDEM) ihrerseits von den Akademikern zurück. Jedoch ist die Urteilsenthaltung für sie kein Akt der freien Entscheidung und die «E. gegenüber allen Dingen» daher keine ethische Forderung, sondern sie tritt von selbst ein durch die Tatsache, daß jeder Vorstellung eine gleich überzeugende widerstreitet [5]. Freilich konnten die Pyrrhoneer ihren ursprünglichen E.-Begriff (das «Innehalten» mit der Wahrheitssuche) nicht aufgeben. Deshalb lassen sich im Werk des SEXTUS EMPIRICUS zwei verschiedene Bedeutungen von ‹E.› nachweisen [6].

Anmerkungen. [1] SEXT. EMP., Pyrrh. Hyp. I, 26ff. – [2] CICERO, Acad. pr. II, 59; Ad Att. XIII, 21, 3; SEXT. EMP., Adv. math. VII, 157. – [3] SVF III, Fr. 548. – [4] SEXT. EMP., Adv. math. VII, 150ff.; Pyrrh. Hyp. I, 232f. – [5] a. a. O. I, 31; 9f. – [6] a. a. O. 26 und 196.

Literaturhinweise. P. COUISSIN: L'origine et l'évolution de l'ÉPOCHÉ. Rev. Ét. grecques 42 (1929) 373-397. – M. HOSSENFELDER: Einl. zu Sextus Empiricus, Grundriß der pyrrhonischen Skepsis (1968) 54ff. M. HOSSENFELDER

II. In der Phänomenologie E. HUSSERLS ist die «phänomenologische» oder «transzendentale E.» der Übergang von der natürlichen Einstellung zur phänomenologischen Einstellung. In diesem Sinne ist E. zunächst gleichbedeutend mit «phänomenologischer Reduktion» [1]. E. bedeutet das Außer-Vollzug-Setzen des die natürliche Einstellung als solche definierenden universalen Seinsglaubens (Generalthesis der natürlichen Einstellung). Damit werden zugleich alle theoretischen Vormeinungen hinsichtlich der thematisierten Gegenstände ausgeschaltet [2]. Im Unterschied zur «skeptischen E.», die alles Gegebene mit dem Index der Zweifelhaftigkeit versieht, enthält sich die phänomenologische E. jeglicher Stellungnahme zu Sein oder Nichtsein des Gegebenen [3].

Die E. setzt an der schon in psychologischer Erfahrung aufweisbaren intentionalen Grundstruktur des Bewußtseins an. Gemäß der mit dem Begriff der Intentionalität bezeichneten Korrelation von Bewußtsein (Vermeinen als cogitare im weitesten Sinn) und Gegenstand (Vermeintem als cogitatum) erscheint die E. in doppelter Gestalt. Hinsichtlich des Bewußtseins selbst ist sie die «Ausschaltung» der auf den Gegenstand bezogenen Seinssetzung [4], hinsichtlich des Gegenstandes ist sie die «Einklammerung» des Seinscharakters des Gegenstandes selbst [5]. Indem sie so alle transzendente Geltung des Gegenstandsbewußtseins inhibiert, ist sie zugleich die Thematisierung der in sich geschlossenen (immanenten) Region des reinen Bewußtseins [6]. In ihr sind die Welt und der gesamte Bestand des natürlichen Bewußtseins als Phänomen erhalten [7], wobei auch alle Seinssetzungen des natürlichen Bewußtseins mit zum Phänomen gehören. Als Phänomen in diesem Sinne wird sowohl das Vermeinen im weitesten Sinne (Noesis) als auch das Vermeinte als dessen intentionales Korrelat (Noema) bezeichnet [8]. Dieser Bereich der Phänomene ist für das Ich, das in der E. zum «uninteressierten Zuschauer» [9] seines reinen Bewußtseinslebens geworden ist, in singulärer und eidetischer Deskription zugänglich. Da aber die in dieser Weise bestimmte phänomenologische E. die zur Generalthesis der natürlichen Einstellung gehörige verweltlichende (mundane) Selbstapperzeption des Ich [10] und damit die Bodengeltung der Welt [11] – wie HUSSERL später erkannt hat – in Vollzug beläßt, ist sie noch nicht der Zugang zur transzendentalen Subjektivität. Die E. ermöglicht zwar als Zugang zum reinen Bewußtsein eine rein phänomenologische Psychologie und heißt deshalb «phänomenologisch-psychologische Reduktion» [12]; von ihr muß aber die «transzendentale Reduktion» im strengen Sinn geschieden werden [13].

Anmerkungen. [1] Vgl. E. HUSSERL: Ideen zu einer reinen Phänomenol. und phänomenol. Philos. 3. Buch. Husserliana 5 (Den Haag 1952) 141. 145. – [2] Ideen ... 1. Buch Husserliana 3 (Den Haag 1950) 63ff.; vgl. 3. Buch a. a. O. [1] 145. – [3] Die Krisis der europäischen Wiss. und die transzendentale Phänomenol. Eine Einleitung in die phänomenol. Philos. Husserliana 6 (Den Haag ²1962) 243. – [4] Ideen ... 1. Buch a. a. O. [2] 66. – [5] Erste Philos. (1923/24) 2. Teil: Theorie der phänomenol. Reduktion. Husserliana 8 (Den Haag 1959) 65. 111. – [6] Ideen ... 1. Buch a. a. O. [2] 174. – [7] a. a. O. 174; vgl. Phänomenol. Psychol. Vorlesungen Sommersemester 1925. Husserliana 9 (Den Haag 1962) 341. – [8] Zur Phänomenol. des inneren Zeitbewußtseins (1893–1917). Husserliana 10 (Den Haag 1966) 336. – [9] Cartesianische Meditationen und Pariser Vorträge. Husserliana 1 (Den Haag ²1963) 15. – [10] a. a. O. 130. – [11] Die Krisis ... a. a. O. [3] 265. – [12] a. a. O. 239; vgl.: Erste Philos. a. a. O. [5] 276. – [13] Die Krisis ... a. a. O. [3] 154.

Literaturhinweis. E. STRÖKER: Das Problem der EPOCHÉ in der Philos. Edmund Husserls (Dordrecht 1970). U. CLAESGES

Epoche, Epochenbewußtsein. – 1. Abgeleitet von griechisch ἐποχή, in der vorphilosophischen Sprache das Anhalten (ἐπέχειν) der Rede [1] oder des Laufs [2], allgemein die Unterbrechung (bei POLYBIOS z. B. des Krieges [3]) oder Hemmung (bei PLUTARCH des Fortschreitens [4]) eines Geschehens. Als Grundwort der antiken *Skepsis* bedeutet ‹E.› die Zurückhaltung des Beifalls und jeder definitiven Entscheidung (CICERO [5]: «E., id est adsensionis retentio»), deren ethische Folge die Ataraxie des Weisen ist, der sich gegen alle Schuldogmen behauptet [6]. Neben den philosophischen Gebrauch, der in der Skepsis der frühen Neuzeit (bei MONTAIGNE, CHARRON, BAYLE) fortlebt, tritt in der Antike ‹E.› als terminus technicus der Astrologie. Hier bezeichnet das Wort entweder die Stelle, die ein Himmelskörper in seiner Bahn einnimmt, oder das Zusammentreffen zweier Körper (ἀστέρων ἐποχή) in ihrer Bewegung [7], die sogenannte Konstellation. In Analogie dazu fixiert E. für die Chronologie einen Punkt in der Zeit, der ihre Bewegung stillstellt und von dem aus sie berechnet werden kann [8]. Das Wort wird jedoch nicht auf die Geschichte selber übertragen, die nach antiker Ansicht dem zyklischen Wechsel unterliegt und sich deshalb in wiederkehrenden Perioden bewegt.

Anmerkungen. [1] PLATON, Lys. 210 e; Leges 926 b. – [2] POLYBIOS 10, 21, 4. – [3] a. a. O. 38, 2, 3. – [4] PLUTARCH, Mor. 76 d; PLOTIN, Enn. 6, 2, 13. – [5] CICERO, Acad. II, 17, 59. – [6] DIOG. LAERT. IX, 61, 104; CHRYSIPP, SVF 2, 39; PLUT., Mor. 955 c; CIC., Attic. VI, 6, 9. – [7] PLUT., Rom. 12; PROCLOS, Hyp. 4, 49. – [8] PTOLEMAEUS, Alm. 3, 7, 9.

2. In dieser Bedeutung des Zeitrechnungsbegriffs, der einen Anfang in der Zeitreihe (series temporum) fixiert, bleibt ‹E.› von allen die Zeit qualifizierenden Geschichtsbegriffen geschieden, die – wie die Lebens- und Weltalterlehren der römisch-christlichen Geschichtsspekulation – einen mehr oder weniger periodischen oder zyklischen Charakter haben. Für die christliche Universalgeschichte, die seit Augustin die historische Zeit nach den chiliastischen Schemata entweder in vier Monarchien (mit dem Römischen Reich als Endgestalt) oder in «duo» (die Zeit des Alten und Neuen Testaments) bzw. «tria tempora» (die Zeit des Naturgesetzes, des geschriebenen Gesetzes und der Gnade, in der Apokalyptik des Joachim von Fiore zum Reich des Vaters, des Sohnes und des Heiligen Geistes abgewandelt) einteilt [1], gewinnt der Begriff erst mit den Versuchen des 16. und 17. Jh., die überlieferte Zeitrechnung zu verbessern (Magdeburger Centurien, J. SCALIGER, PETAVIUS), einiges Gewicht, bis ihn am Ausgang dieser Tradition BOSSUET seinem chronologischen Abriß der Weltgeschichte zugrunde legt [2]. Auf die ursprüngliche Zeitrechnungsfunktion von ‹E.› weisen die älteren deutschen Übersetzungen mit «Denkzeit» [3], «Jahr-Termin» [4] und «Jahr-Zahl» [5] hin. So versteht man noch am Beginn des 18. Jh. [6] unter E. im wesentlichen den Zeitanfang von Christi Geburt (E. christiana), der Erschaffung der Welt (E. mundi conditi), der Gründung Roms (E. urbis conditae) oder anderer Halte- und Ruhepunkte, die als solche der Zeit äußerlich und enthoben bleiben.

Anmerkungen. [1] O. VON FREISING, Chron. VIII, Prol.; BONAVENTURA, Collat. in Hexaem. XV, 20-26; MELANCHTHON, Chron. Car. II (1560). Corpus Reformatorum XII, 717-720. 901f. – [2] J.-B. BOSSUET: Discours sur l'hist. universelle (1681) Dessein général. – [3] Nouveau Dictionnaire franç.-all.-lat. (1703) 416. – [4] CHR. WOLFF: Math. Lex. (1716) 593. – [5] ADELUNG: Grammat.-krit. Wb. der Hochdtsch. Mundart 1 (1793) 1846. – [6] WOLFF, a. a. O. [4] 593; M. B. HEDRICH: Einl. zu den fürnehmsten hist. Wiss. (1733) 106.

3. Dieser E.-Begriff wird durch den Umschwung der Ideen im Zeitalter der Aufklärung und Revolution aus der mit seinem bisherigen Gebrauch verbundenen Statik herausgerissen und vom Anfang eines geschichtlichen Geschehens in dieses selbst verlegt. Während die ältere Universalhistorie die Geschichte nach Gebieten (historia divina, humana, civilis, ecclesiastica, litteraria usf.) und deren jeweils periodische Veränderungen gliederte, bildet sich nun die Idee ihrer mit dem Zeitverlauf fortschreitenden und von ihm bedingten Differenzierung und Entwicklung, in der ein Zustand der Dinge oder Ereignisse einem anderen folgt. Die Aufklärung entdeckt, daß es nicht nur eine Geschichte der Natur, der Kunst, der Philosophie usf., sondern Natur- (BUFFON), Kunst- (WINCKELMANN) und Philosophie-E. (KANT) gibt, die sich gesetzmäßig auseinander ableiten lassen. Der moderne E.-Begriff, der die Zeit selbst gliedert und durch die Prävalenz eines bestimmten Zustands der Dinge oder Ereignisse definiert ist, entsteht in der Verbindung der Transzendentalphilosophie mit dem Fortschrittsgedanken der Aufklärung und jenem «Geschichtszeichen», das am Ende des 18. Jh. die Französische Revolution setzt.

Das Ereignis, das KANT mit einem neuen E.-Bewußtsein verknüpft, ist nicht die Revolution, sondern ihre moralische Beurteilung durch das europäische Publikum, die «wegen des großen und E. machenden Einflusses» darauf hindeutet, daß das Menschengeschlecht im Fortschreiten zum Besseren immer gewesen sei und «jetzt» der Beginn der kosmopolitischen E. (– «die Evolution einer naturrechtlichen Verfassung» –) angebrochen sei [1]. An die Stelle der chiliastischen Schemata der christlichen Geschichtstheologie tritt die E.-Einteilung der Weltgeschichte. Was bei KANT noch als Problem formuliert ist – «Kan̄ man sagen: *Diese* (heutige) und dan̄ die *künftige* Welt oder giebts nur eine in *Epochen*» [2] –, findet in der Geschichtsphilosophie des deutschen Idealismus seine Auflösung in einer Theorie, die das neue E.-Bewußtsein zur transzendentalen Konstruktion von «E. des Bewußtseins» erweitert. Nachdem bereits BARDILI die «E. der philosophischen Begriffe» thematisiert [3] und KANT die Idee einer «Geschichte der Vernunft» entworfen hatte [4], in der die Zeitfolge der philosophischen Systeme auf die Natur des menschlichen Erkenntnisvermögens zu beziehen sei, gehen F. SCHLEGEL, SCHELLING und HEGEL [5] auf jene im transzendentalen Ich gegebenen E. zurück, um aus ihnen die «Geschichte des Bewußtseins» als einen kontinuierlichen Prozeß geschichtlicher Erfahrung verständlich zu machen. Die Annahme eines inneren Zusammenhangs in den Bedingungen des Bewußtseins führt den E.-Begriff über die Abstraktion eines selbstlosen Anfangs- und Durchgangspunktes der Zeit hinaus, der ihm noch im Fortschrittsdenken der Aufklärung [6] anhaftet. In HEGELS Philosophie der Geschichte und Geschichte der Kunst, Religion und Philosophie folgen die E. nicht mehr auf-, sondern auseinander, weil auf der transzendentalen Grundlage der Geschichte des Bewußtseins die früheren und späteren Stufen als E. einen Zusammenhang bilden, innerhalb dessen der geschichtliche Geist sein Dasein hat.

An diesem E.-Begriff, der statt eines *Zeitpunktes* einen *Zeitabschnitt* im Geschichtsverlauf bezeichnet und so mit ‹Periode› synonym wird [7], hält die Historische Schule des 19. Jh. (RANKE, DROYSEN, DILTHEY) trotz ihrer Kritik an der Transzendentalphilosophie fest. Im Unterschied zu Hegel bezieht sie die E. der Geschichte nicht mehr auf die Totalität eines überindividuellen Geistes, sondern denkt sie selbst als individuelle Totalitäten, die gleich unmittelbar zu Gott sind [8]. Doch setzt sie damit nur die Tendenz des modernen Geschichtsdenkens zur Emanzipation von den Schemata der älteren Universalgeschichte fort. Die E. der Geschichte, heißt es bei DROYSEN [9], sind nicht die Lebensalter der Menschheit, sondern Stadien ihres Bewußtseins und Bewußtwerdens. Seit dem 19. Jh. ist der E.-Begriff, der sich der Ausbildung des modernen Geschichtsbewußtseins verdankt und zugleich auf seine Bildung zurückgewirkt hat, von den historischen Geisteswissenschaften vielfach abgewandelt und in der Erforschung gesellschaftlich-geschichtlicher und kultureller Zusammenhänge differenziert worden. Dagegen tritt in der gegenwärtigen Krise der Geisteswissenschaften und des Historismus für die Philosophie der ursprüngliche Sinn des griechischen Ausdrucks ἐποχή wieder hervor. Bei HEIDEGGER werden die E. nicht aus der *Einheit* eines sich erinnernden und seinen Bildungsprozeß reflektierenden Bewußtseins, sondern aus der *Vergessenheit* des Seins gedacht [10]. Sie lassen sich nicht auseinander ableiten oder auf die Bahn eines durchlaufenden Prozesses beziehen, weil die Überlieferung selber verbergend-entbergendes Geschick und nicht jene Geschichte ist, in der sich der Geist seiner Sinnspuren bewußt wird. Jede E. der Geschichte ist so für Heidegger eine des Ansichhaltens (ἐποχή) der Wahrheit des Seins – eine E.-Theorie, die den geschichtsphilosophischen Skeptizismus der gegenwärtigen Philosophie und zugleich auf radikale Weise jene Aporie zur Sprache bringt, die ihr die eigene Geschichte auferlegt.

Anmerkungen. [1] I. KANT: Streit der Fakultäten (1798) II. Abschn. 6-7; Refl. 8077, Akad.-A. 19, 604; vgl. M.-J.-A. C. CONDORCET: Esquisse d'un tableau hist. (1794), hg. W. ALFF (1963) 45. – [2] KANT, Op. post. 1. Conv. Akad.-A. 21, 70. – [3] C. G. BARDILI: E. der vorzüglichsten philos. Begriffe 1 (1788). – [4] KANT, KrV A 850-856/B 880-884; Vorarb. zur Preisschr. über die Fortschritte der Met. seit Leibniz und Wolff, Akad.-A. 20, 264. – [5] F. SCHLEGEL: Vorles. über Transzendentalphilos. (1800-1801). Krit. A. 12 (1964) 11. 398; F. W. J. SCHELLING: System des transzendentalen Idealismus (1800). Werke 2 (1927) 398ff.; G. W. F. HEGEL, Phänomenol. des Geistes (1807). Jubiläums-A. 2 (1927) 72ff. 520f. 537. – [6] Vgl. CONDORCETS E.-Konstruktion a. a. O. [1] 39ff. – [7] SCHLEGEL a. a. O. [5] 12, 16. 263; 14, 125f.; HEGEL, Einl. in die Gesch. der Philos., hg. J. HOFFMEISTER (³1959) 242. 245. – [8] L. V. RANKE: Über die E. der neueren Gesch. (1854), in: Gesch. und Politik, hg. A. HOFMANN (1942) 141f. – [9] J. G. DROYSEN: Historik (1867) IV, § 83. – [10] M. HEIDEGGER: Der Spruch des Anaximander (1946), in: Holzwege (1957) 311; Der Satz vom Grund (1957) 154; Nietzsche 2 (1961) 383. 386f.

Literaturhinweise. G. V. BELOW: Über hist. Periodisierung (1925). – B. V. WIESE: Zur Kritik des geistesgesch. E.-Begriffs. Dtsch. Vjschr. Lit.wiss. und Geistesgesch. 11 (1933) 130-144. – J. H. J. VAN DER POST: De periodisering der geschiedenis (1951). – A. KLEMPT: Die Säkularisierung der universalhist. Auffassung im 16. und 17. Jh. (1960). – TH. SCHIEDER: Gesch. als Wiss. (1965).

M. RIEDEL

Epopteia. Das Wort ist der Terminologie der Mysterien von Eleusis entnommen. Nach der Reinigung, dann der ersten Einweihung, wird der Myste in die «Betrachtung» (ἐπόπτεια) der kultischen Symbole eingeführt: das ist die höchste Weihe. PLATON spielt auf diese höchste Weihe im Phaidros-Mythos [1] an, indem er die Betrachtung der Schönheit in sich durch die Seelen vor ihrem Fall in die Körper beschreibt. Das gleiche gilt in der Rede der Diotima für die Einweihung in die Mysterien des Eros, die zur Betrachtung des Schönen führen und sich in der E. [2] vollenden. In der späteren platonischen Tradition wird die E. ein Teil der Philosophie, und zwar deren höchste Stufe. Das geschieht im Rahmen einer Einteilung der Philosophie, deren zu durchlaufende Phasen die Ethik (Reinigung), die Physik (Initiation) und die Metaphysik (E.) sind. Diese Einteilung der Philosophie, die bei THEON VON SMYRNA [3], bei PLUTARCH [4] und bei CLEMENS VON ALEXANDRIEN [5] belegt ist, findet sich noch bei PORPHYRIUS [6].

Anmerkungen. [1] PLATON, Phaidros 250 c 4. – [2] Symposion 210 a 1. – [3] THEON VON SMYRNA, Expos. rer. math., hg. HILLER 14. – [4] PLUTARCH, De Iside 382 d. – [5] CLEMENS VON ALEXANDRIEN, Strom. I, 28, 176, 1-2. – [6] CALCIDIUS, In Tim. 272 und 335.

Literaturhinweise. PH. MERLAN: From Platonism to Neoplatonism (²1960) 220. – P. HADOT: La mét. de Porphyre. Entretiens Fondation Hardt (1966) 125-127.

P. HADOT

Epos (griech. ἔπος, Wort, Erzählung, Vers) ist ein in Versordnung und erhöhter Sprache erzählendes Großgefüge. Es entnimmt seine Stoffe religiösen Mythen, auf Historisches deutenden Sagen, Helden- und Abenteuerüberlieferungen mit Darstellung weitgefaßter menschlich-gesellschaftlicher Verhältnisse. Zum E. gehören Breite des Darstellens, additive Erzählstruktur und eine langsam voranschreitende Entwicklung. Der Erzähler tritt hinter der Erzählung zurück.

Die Theorie des E. wurde durch ARISTOTELES begründet. Der religiös-politischen Moralkritik Platons in der ‹Politeia› stellte Aristoteles die poetisch-imaginative Fiktion (Mimesistheorie) entgegen und entwickelte Leitsätze zu Wesen und Formprinzipien des E. – HORAZ [1], CICERO [2] und QUINTILIAN [3] orientierten sich ausschließlich an der Autorität des Aristoteles.

Das Mittelalter hat trotz reicher epischer Dichtung [4] keine eigentliche Theorie des E. entwickelt. Die humanistische Poetik [5] knüpfte an Vergil und Aristoteles an (erste lateinische Übersetzung der ‹Poetik› 1498). Die italienische Poetik des 16. Jh. bezog Homer, zeitgenössische Epiker, wie Bojardo [6], Ariost [7], das mittelalterliche französische E., jedoch nur selten Dante [8] ein. Danach wählt das E. heroische Handlungen und Helden; die griechische Götterwelt wurde durch die christliche Heilswelt abgelöst. Das E. ist Dichtung, nicht Geschichtsbericht. Trotz satirisch-parodistischer Erzählweise des BOJARDO und ARIOST, des christlichen E. von Dante blieb die seit Aristoteles autoritäre Tradition bestimmend. Die klassizistische Poetik des 17. Jh. [9] legte fest, das E. müsse eine einheitliche Handlung mit hohem moralischem Gehalt, der allegorisch darstellbar sei, mit didaktischer Wirkung wählen; die Wahrscheinlichkeit würde durch den allegorischen Apparat des Wunderbaren, die Erhabenheit und Dignität der Sprache nicht aufgehoben. Das E. wird neben, wenn nicht über die Tragödie gestellt.

Offenbar wird nun eine Diskrepanz zwischen Tradition und Praxis [10], die erst in der Werkpoetik H. FIELDINGS [11] aufgehoben wurde, indem er das E. aus dem Zwang der Versform löste und es auf alle Erzählformen mit tragischem oder komischem Inhalt erweiterte. Damit war ausgesprochen, was sich seit dem Spätmittelalter als Übergang vom Vers-E. zur Prosaerzählung, zumal zum Roman [12], vollzogen hatte. Die deutsche Poetik des 17. Jh. folgte den klassizistischen Autoritäten. Versuche, das E. durch geschichtlich-politische Stoffe zu erneuern, blieben unbefriedigend. Im 18. Jh. wurde das E. zum Lehrgedicht, zur Idylle [13], zur komischen Verserzählung [14] und zur historisch-politischen Verserzählung [15]. MILTONS E. wurde in der deutschen Poetik des 18. Jh. zum Ausgangspunkt der Auflehnung gegen den klassizistischen Rationalismus, die Nachahmungstheorie J. CHR. GOTTSCHEDS. KLOPSTOCK verband im ‹Messias› (1748/73) die Monumentalität des E. mit der Erhabenheit des christlichen Gegenstandes, dem Hochton von Sprache und Versmaß [16]. Das Interesse des späten 18. Jh. am Frühzeitlich-Ursprünglichen, Volkstümlich-Originären führte zum Verständnis des E. als höchste Form des Poetischen (J. G. HERDER) [17]. Die *deutsche Klassik* orientierte sich in ihrer Ästhetik des Epischen an Homer. GOETHE und SCHILLER richteten ihre Bemühungen auf das Dramatische und Epische, nicht ausschließlich auf das Versepos [18]. Sie erweiterten das Begriffsverständnis auf den epischen Roman, dessen Theorie vorher zuerst F. V. BLANKENBURG angesichts WIELANDS ‹Agathon› formuliert hatte [19]. Den Klassizismus von GOETHES ‹Hermann und Dorothea› (1797), Basis für W. V. HUMBOLDTS Ästhetik des Epischen (‹Über Hermann und Dorothea› 1799), durchzieht im Idyllen-Realismus des bürgerlichen Lebensbildes in Sprache und Vers als Gegenhalt ein ironischer Grundton. Das E. wird zur Versidylle [20]. Der Historismus der *Romantik* führte zur Wertung des E. der frühzeitlichen Weltliteratur und ließ es historisch verstehen. Die mit dieser Wende verbundene Hochschätzung ergab keine neuen künstlerischen Möglichkeiten. Die poetologische Theorie wurde zur historischen Deskription; das Vers-E. verengte sich zur Verserzählung mit historischen oder gegenwartsbezogenen Stoffen (F. REUTER, F. HEBBEL, N. LENAU u. a.), zur humoristischen Idylle (MÖRIKE), zur epigonalen Belletristik (V. VON SCHEFFEL; J. WOLFF u. a.).

Für HEGEL ist der «heroische Weltzustand» als Voraussetzung für das E. bzw. die Epopöe in dem durch das Christentum eingesetzten Prinzip der Subjektivität der modernen Welt aufgehoben [21]; nur der Roman entspricht noch als Ausdruck der Entzweiung des Weltzustandes, des Auseinanderbrechens der substantiellen Totalität von Mensch und gesellschaftlicher Welt der entfremdeten Wirklichkeit [22]. Diese geschichtsphilosophische Differenzierung von Epos und Roman wurde zu Beginn des 20. Jh. noch einmal von G. LUKÁCS in seiner ‹Theorie des Romans› präzisiert. Bei STIFTER wird die Theorie des Epischen zur Poetik der Erzählformen in Prosa [23].

Die Bemühungen, das Vers-E. in die spätneuzeitliche Literatur zurückzuholen (W. WHITMAN, C. SPITTELER, D. VON LILIENCRON, R. DEHMEL, G. HAUPTMANN, P. ERNST, A. WILDGANS, TH. MANN, A. DÖBLIN u. a.) sind vereinzelt und folgenlos geblieben. Sie haben die Vergeblichkeit stofflicher und formaler Experimente mit dieser historisch und ästhetisch in sich geschlossenen Gattungsform bewiesen.

Anmerkungen. [1] Vgl. HORAZ, Ep. ad Pison. – [2] Vgl. CICERO, De oratore. – [3] QUINTILIAN, Inst. orat. – [4] Chansons de gestes; höfisches E. von CHRÉTIEN DE TROYES, HEINRICH V. VELDEKE, HARTMANN VON AUE, WOLFRAM VON ESCHENBACH, GOTTFRIED VON STRASSBURG u. a.; Spielmanns-E. – [5] Bes. H. VIDA (1520-1527). – [6] BOJARDO: Orlando innamorato (1479-1494). – [7] ARIOSTO: Orlando furioso (1516). – [8] DANTE: Divina commedia (1307ff). – [9] RAPIN (1674); BOILEAU (1674); LE BOSSU (1675) u. a. – [10] J. MILTON: The Paradise Lost (1667). – [11] H. FIELDING: Vorrede von ‹Joseph Andrew› (1742). – [12] Seit M. DE CERVANTES: Don Quijote (1605-1615). – [13] J. THOMSON: The seasons (1726-1730); E. v. KLEIST: Der Frühling (1749). – [14] A. POPE: The rape of the lock (1714). – [15] VOLTAIRE: La Henriade (1728). – [16] Vgl. KLOPSTOCK: Von der Heiligen Poesie (1756); J. J. BODMER: Abh. von dem Wunderbaren in der Poesie (1740). – [17] Vgl. F. A. WOLF: Prolegomena ad Homerum (1795). – [18] GOETHE/SCHILLER, Briefwechsel über epische und dramatische Kunst (1797, publ. 1827). – [19] F. v. BLANKENBURG: Versuch über den Roman (1774). – [20] J. H. VOSS: Luise (1795). – [21] HEGEL, Ästhetik, hg. BASSENGE 2, 406ff. – [22] a. a. O. 1, 291ff. – [23] Vgl. E. STAIGER: Grundbegriffe der Poetik (1946).

Literaturhinweise. K. FURTMÜLLER: Die Theorie des E. (1903). – K. BORINSKI: Die Antike in Poetik und Kunsttheorie 1. 2 (1914ff.). – O. WALZEL: Gehalt und Gestalt (1924). – R. PETSCH: Wesen und Form der Erzählkunst (1942). – K. HAMBURGER: Zum Strukturproblem der epischen und dramatischen Dichtung. Dtsch. Vjschr. Lit.wiss. (1951). – W. FLEMING: Epik und Dramatik (1955). – Allg. Poetik. Reallex. dtsch. Lit.gesch., hg. W. KOHLSCHMIDT und W. MOHR 1 (1958) 381ff. – C. M. BOWRA: Heroic poetry (1961, dtsch. 1964). – Encyclop. of Poetry and Poetics, hg. A. PREMINGER (1965) 242ff. – K. HAMBURGER: Die Logik der Dichtung (²1968). – Dtsch. Romantheorien, hg. R. GRIMM (1968).
F. MARTINI

Erbauung (erbauen) geht zurück auf den neutestamentlichen, vor allem von PAULUS geprägten und vorwiegend bei ihm begegnenden bildlichen Gebrauch des griechischen οἰκοδομή, οἰκοδομεῖν (Vulgata: aedificatio, aedificare) [1], der, an alttestamentlichen Sprachgebrauch lose anknüpfend, eine christliche Neuschöpfung ist. ‹E.› bedeutet im Neuen Testament die von Gott und Christus ausgehende, von den Aposteln und Propheten, von den Christen untereinander und von jedem einzelnen Gemeindeglied beim Nächsten und bei sich selbst zu befördernde, als dauernder Prozeß gedachte und besonders im Kultus geschehende Mehrung und Stärkung der Gemeinde Christi und des Glaubens des Einzelnen als eines Gliedes der Gemeinde. Mit gewissen, teilweise stärker die E. des Einzelnen betonenden Abwandlungen erhält der neutestamentliche Begriff sich in der frühen christlichen Literatur bis zu AUGUSTIN, scheint aber dann weitgehend zurückzutreten [2].

Besondere Bedeutung gewinnt der E.-Begriff, der in LUTHERS Bibelübersetzung vielfach auslegend als «Besserung» wiedergegeben wird und wohl nicht zuletzt deshalb auch im 16. Jh. nicht sehr häufig zu sein scheint [3], erst wieder im *17.Jh.*, vor allem im *Protestantismus*. Doch ist es entgegen verbreiteter theologischer wie philologischer Meinung weder erst der Pietismus, der den Begriff vermehrt in Umlauf setzt, noch vollzieht sich schon am Beginn und bei den Häuptern des Pietismus die von der neueren Theologie kritisch beurteilte Subjektivierung und Psychologisierung des Begriffs, seine Beschränkung auf das religiöse Innenleben des Einzelnen. Vielmehr gewinnt der Begriff seine verstärkte Bedeutung bereits seit der Wende zum 17. Jh. im Zusammenhang mit einer allgemeinen, auf verinnerlichte Aneignung der Glaubensgehalte dringenden frömmigkeitsgeschichtlichen Wandlung. Diese Wandlung wird deutlich an der erst später ‹E.-Literatur› genannten geistlichen Literatur, die im Gefolge der Reformation Lehre und Trost, d. h. Unterrichtung in der reinen Lehre und daraus hervorgehende Tröstung der von der Sorge um Gottes Gnade angefochtenen Gewissen als ihre Absicht bezeichnet, seit der Wende zum 17. Jh. aber zunehmend daneben oder ausschließlich als ihr Ziel angibt, der E. der Kirche, des wahren Christentums, des inneren Menschen, der Gemeindeglieder in ihrem Glauben zu dienen, kurzum erbaulich zu sein. In solchen Wendungen, die sich im frühen 17. Jh. zum Beispiel bei J. ARNDT oder J. GERHARD finden [4], ist E. im 17. Jh. ein Kennwort des im Pietismus mündenden Verlangens nach Reformen und Verinnerlichung des kirchlichen Lebens. Der Begriff findet aber auch in der Dogmatik Aufnahme innerhalb der Lehre von der Kirche als deren finis proximus neben der salus aeterna als finis ultimus [5].

Für den *Pietismus* wird E. zu einem der zentralen, entsprechend häufig gebrauchten Begriffe, die seine Bestrebungen bezeichnen. In SPENERS ‹Pia desideria› (1675) zum Beispiel ist das Streben nach E., das erreichte Maß an E. Kriterium des Urteils über die kirchlichen Zustände und Begründung für die vorgebrachten Besserungsvorschläge [6]. In A. H. FRANCKES ‹Idea Studiosi Theologiae› (1712) ist E. einer der leitenden Gesichtspunkte für die Anweisung zum Theologiestudium [7]. Noch bei Spener und Francke bedeutet E. in engem Zusammenhang mit den neutestamentlichen Grundlagen des Begriffs Förderung und Stärkung der Kirche wie des einzelnen Christen, der sich selbst und den Nächsten im Glauben und christlichen Leben zu befestigen und zu befördern hat. Eine Verschiebung gegenüber dem neutestamentlichen Begriff der E. tritt nur insofern ein, als Selbst-E. und E. des Nächsten [8] und die Frage nach den Mitteln der E. stärkeres Gewicht erhalten und demgegenüber die E. der Kirche als eines Ganzen eher als Frucht der E. des Einzelnen erscheint. Doch bleibt es bezeichnend, daß E. vielfach in Zusammenhang mit dem aus Luthers Übersetzung stammenden Begriff der geistlichen «Besserung» auftritt und als eine dauernd zu leistende Aufgabe verstanden wird.

Erst als eine Folge der der E. dienenden Formen des religiösen Lebens, die der Pietismus entwickelt, und zugleich wohl eines wachsenden Abstandes von der pietistischen Frömmigkeit scheint sich im Lauf des *18.Jh.* der im einzelnen noch nicht aufgehellte Prozeß einer Subjektivierung und Psychologisierung, ja Sentimentalisierung des Begriffs E. zu vollziehen, als dessen Ergebnis die Erklärung des Verbums ‹erbauen› und des erst später verbreiteten Reflexivums ‹sich erbauen› in CAMPES Wörterbuch (1807) lautet: ‹das (sein) Gemüt erheben, fromme Gedanken erwecken (fassen) und zum Guten aufmuntern (ermuntert und gestärkt werden)» [9]. In dieser Fassung des Begriffs ist die im Neuen Testament vorherrschende Beziehung auf die Kirche als Ganzes weitgehend verloren gegangen. E. ist fast ganz eingeschränkt auf die Erregung religiöser Gefühle im Individuum. E. wird aus einer ständig zu erfüllenden Aufgabe des Christen zu einem von Fall zu Fall erfahrenen Genuß [10].

Mit diesem Prozeß der Bedeutungswandlung, der die Wörter ‹E.› und ‹erbauen› seit dem 18. Jh. in der Umgangssprache ihre religiöse Bedeutung verlieren läßt, hängt die Bedeutung des gelegentlich vorkommenden Begriffs bei Kant, Herder und Hegel zusammen. KANT definiert die E., «die durchs Kirchengehen beabsichtigt wird», als «moralische Folge aus der Andacht auf das Subjekt», die nicht in der bloßen «Rührung», sondern der «Besserung des Menschen» bestehe [11]. HERDER wehrt eine Definition der Religion als «Gottesbewunderung» und deren Erläuterung durch Gleichsetzung mit E., Andacht und Entzückung ab und bestimmt dabei E. als ausgehend von dem, «was mich mit andern in guten Grundsätzen befestigt, denen gemäß ich wirklich Religion zu erweisen habe; sie führt und gewöhnt zu dieser, ohne daß sie solche selbst sei» [12]. HEGEL setzt, von der geistlichen Bedeutung der E. sich entfernend, in der Vorrede zur ‹Phänomenologie des Geistes› (1807) das Verlangen nach E. im Sinne eines den Begriff verabscheuenden Wunsches nach Gefühl und Anschauung des Absoluten der Einsicht als dem entgegen, was allein Philosophie zu vermitteln hat [13]. Mit gelegentlicher Polemik gegen Hegel [14] verwendet KIERKEGAARD den Begriff des Erbaulichen in seinen ‹Erbaulichen Reden› (Opbyggelige Taler) (1843ff.) zur Bezeichnung einer neben der «Mitteilung in Reflexion» in den pseudonymen Schriften einhergehenden Form unmittelbarer, an den «Einzelnen» sich richtender religiöser Mitteilung [15].

Die *neuere* protestantische wie katholische Theologie ist, teilweise bereits im 19. Jh., unter Ablehnung der vor allem dem Pietismus zur Last gelegten Subjektivierung und Psychologisierung bemüht, wieder die neutestamentliche Bedeutung der E. zur Geltung zu bringen. Freilich scheint dabei das Gewicht, das sie dem Begriff innerhalb des Neuen Testaments beilegt, wie die weitgehende Abwehr des Gedankens einer E. des Einzelnen nicht unbeeinflußt zu sein von der polemischen Bindung an die abgelehnte Gegenposition. Der Begriff E. oder Selbst-E. der Kirche hat seinen Platz unter anderem in der praktischen Theologie, besonders bei der Lehre vom Gottesdienst [16]. Bedeutenden Raum gibt neuerdings die Dogmatik K. BARTHS innerhalb der Lehre von der Versöhnung dem Begriff der E. der Gemeinde als dem im Werk der Heiligung Gewirkten [17].

Anmerkungen. [1] Vor allem Matth. 16, 18; Apg. 9, 31; 20, 32; Röm. 14, 19; 15, 2. 20; 1. Kor. 3, 10; 8, 1; 10, 23; 14, 3. 4. 5. 12. 17. 26; Eph. 2, 20. 22; 4, 12. 16. 29; Kol. 2, 7; 1. Thess. 5, 11; 1. Petr. 2, 5; Jud. 20. – [2] Vgl. PH. VIELHAUER (Lit. 1939) und H. POHLMANN (Lit. 1962); einige spätere Belege jedoch bei CH. DU CANGE: Glossarium mediae et infimae Latinitatis 1 (1883) 114; vgl. u. a. auch De imitatione Christi I, 8, 4; 10, 10; III, 36, 6. – [3] Einige Belege jedoch bei P. GRAFF: Gesch. der Auflösung der alten gottesdienstlichen Formen in der evang. Kirche Deutschlands 1 (²1937) 3. – [4] J. ARNDT: Vier Bücher vom wahren Christentum (1609) Buch I, Kap. 32; Buch IV/1, Kap. 4; Postilla (1616) Titelbl., Vorreden; J. GERHARD: Postilla (1613) Vorrede. – [5] So bei J. W. BAIER: Compendium Theol. Positivae (³1694), hg. E. PREUSS (1864) 595; vgl. dann auch u. a. J. A. FREYLINGHAUSEN: Grundlegung der Theol. (⁶1721) 377 (T. II, Art. XX, § VII). – [6] PH. J. SPENER: Pia desideria, hg. K. ALAND (1940) u. a. 8. 27. 45. 53-56. 59. 60. 64. 68. 75-78. 80. 83-87. – [7] A. H. FRANCKE: Pädag. Schriften, hg. G. KRAMER (1885) u. a. 389. 399. 404. 407. 410. – [8] Vgl. z. B. A. FRITSCH: Tractätlein Von Christschuldiger E. deß Nächsten durch gottselige Gespräche (1676). – [9] J. H. CAMPE: Wb. der Dtsch. Sprache 1 (1807) 954. – [10] So noch NIEBERGALL: E. RGG² II (1928) 211f. – [11] I. KANT: Die Religion innerhalb ... (1793). Akad.-A. 6, 196-198. – [12] J. G. v. HERDER: Christl. Schriften, 5. Slg., Von Relig., Lehrmeinungen und Gebräuchen (1798). Werke, hg. B. SUPHAN 20, 246f. – [13] G. W. F. HEGEL: Phänomenol. des Geistes (1807). Werke, hg. GLOCKNER 2, 16f.; vgl. auch 3, 320. 323. – [14] S. KIERKEGAARD: Gesammelte Werke. Die Tagebücher 1 (1962) 229f. (10. 7. 1840). – [15] Dazu bes. Werke, 33. Abt., Die Schriften über sich selbst (1951) 5ff. (Über meine Wirksamkeit als Schriftsteller); 26ff. 32f. 111 (Der Gesichtspunkt für meine Wirksamkeit als Schriftsteller); auch 24./25. Abt. (1954) 3f. (Die Krankheit zum Tode); Die Tagebücher 2 (1963) 122. – [16] Vgl. F. SCHLEIERMACHER: Werke 1. Abt., Zur Theol. 8 (1850) Die praktische Theol. u. a. 41. 216. 616f. 619f. 739. 824ff. 830f. (noch mit weitgehender Einschränkung auf die relig. Stimmung des Einzelnen); TH. HARNACK: Praktische Theol. (1877) 23ff. 51; E. CHR. ACHELIS: Lehrb. der praktischen Theol. 1 (³1911) 22ff.; G. RIETSCHEL und P. GRAFF: Lehrb. der Liturgik 1 (²1951) 39-44. – [17] K. BARTH: Die kirchl. Dogmatik IV/2 (1955) 695-747.

Literaturhinweise. PH. VIELHAUER: Oikodome. Das Bild vom Bau in der christl. Lit. vom NT bis Clemens Alexandrinus (Diss. Heidelberg 1939). – O. MICHEL: Art. ‹OIKODOMÉO. OIKODOMÉ. EPOIKODOMÉO. SYNOIKODOMÉO›. Theol. Wb. zum NT 5 (1954) 139-151. – G. FRIEDRICH und M. DOERNE: Art. ‹E.›. RGG³ 2 (1958) 538-540. – H. SCHLIER und R. ANGERMAIR: Art. ‹E.›. Lex. Theol. u. Kirche² 3 (1959) 959-962. – J. KOSNETTER: Art. ‹E.›. Bibeltheol. Wb. hg. J. B. BAUER 1 (1962) 258-267. – H. POHLMANN: Art. ‹E.›. Reallex. Antike und Christentum 5 (1962) 1043-1070.

H.-H. KRUMMACHER

Erbsünde (peccatum originale). Der deutsche Begriff ‹E.›, literarisch zuerst von GEILER V. KAISERSBERG verwendet [1], lateinisch ‹peccatum originale› (P.o.), verdankt seine Durchsetzung den Schriften LUTHERS [2] und dem deutschen Text der Augsburgischen Konfession [3]. Das Problem jedoch, in dem Sünde unter dem Aspekt der durch Adams Fall verursachten, schicksalsmäßigen Bestimmtheit und solidarischen Einheit aller Menschen im Verhältnis zu ihrer Personhaftigkeit, Freiheit und Verantwortlichkeit zur Sprache kommt, reicht bis zu den Anfängen christlicher Anthropologie zurück.

Ansätze einer geschichtlich genetischen Deutung der Sünde von Adam her haben schon die *frühkatholischen* Kirchenväter entwickelt. TERTULLIAN prägt die Begriffe ‹vitium originis›, ‹naturae corruptio› und ‹tradux peccati› durch geschlechtliche Zeugung und leistet mit der Lehre, daß die Seele, schon im früheren Zustand mit Sünde behaftet, sich mitsamt ihren Gebrechen stofflich fortpflanze, einer E.-Theorie Vorschub [4]. Eine Erb*schuld* wird jedoch in dieser Zeit, mit Ausnahme vager Andeutungen bei AMBROSIUS [5], noch nicht angenommen. Nach AUGUSTIN, der als erster das Problem umfassend behandelt und bei dem der Ausdruck ‹P.o.› erstmals begegnet, ist P.o. sowohl ein freier Willensakt des Ungehorsams gegenüber Gott, indem der Mensch in die durch Adams Fall verderbte, durch Zeugung fortgepflanzte und ihn bindende Beschaffenheit seiner Natur einstimmt und damit die überkommene Schuld zur persönlichen macht, als auch die Herrschaft der Sinnlichkeit bzw. Begierlichkeit (concupiscentia) über den Geist, so daß der Mensch nicht anders als sündigen kann – «non posse non peccare». P.o. ist somit freie Tat, Zustand der Konkupiszenz (vitium originis) und in dieser durch Adam veranlaßte Schuldhaftigkeit [6]. Gelöst wird diese Spannung zwischen libertas und misera necessitas durch die Doppeldeutung Adams als Urheber der Konkupiszenz bzw. Schuld und als alle Menschen ideell umfassender Repräsentant der ganzen Menschheit.

Diese Grundkonzeption (418 in abgeschwächter Form zum Dogma erhoben) wird im wesentlichen bis in die Neuzeit, allerdings mit verschiedener Akzentuierung nach der einen oder anderen Seite hin, beibehalten. Die *Scholastik* reflektiert das Problem mehr ontologisch im anthropologischen Horizont. ANSELM V. CANTERBURY bestimmt P.o. als «carentia debitae justitiae (originalis)» [7], anerkennt Vererbung, aber nicht Erbschuld. Für THOMAS VON AQUIN ist P.o. materialiter «concupiscentia», formaliter ein «defectus justitiae originalis» [8]. LUTHER dagegen reflektiert ausschließlich in der vertikalen Gott-Mensch-Relation. Demnach ist E. (in Umkehrung der augustinischen Formel: Concupiscentia = P.o.) eine Tat der dem Menschen in seiner Geschöpflichkeit zukommenden Freiheit, durch die er sein ganzes Wesen pervertiert und seine ursprüngliche Freiheit verliert. E. ist Ur-, Wurzel-, Person- und Natursünde, eine «böse Verderbung», durch die der Mensch sich seinen Trieben ausliefert und die weder mit der «Vernunft» noch kausal erklärt, sondern nur aus der Schriftoffenbarung erhellt und «geglaubt» werden kann [9]. Über das Verhältnis Adams zum Sündersein des Menschen wird, ohne den Zusammenhang zu bestreiten, wenig reflektiert. Die Aussagen ‹E. ist eigene Schuld› und ‹der Mensch wird in die E. hineingeboren› bleiben nebeneinander stehen und sind nur unter dem theonomen Aspekt der Selbstverantwortlichkeit und unter dem theozentrischen Aspekt der Strafe Gottes verständlich. Die *altprotestantische Orthodoxie* dagegen differenziert wieder im anthropologischen Horizont am Paradigma des ersten Menschen. P.o. ist «privatio justitiae originalis» und «carnalis concupiscentia», die von Adam durch natürliche Zeugung auf alle Nachkommen übergehen [10]. Durch diese traduzianische Deutung wird das Problem aus der Sphäre des verantwortlichen Seins in die des Naturseins verschoben.

Für LEIBNIZ besteht die «Natur und Beschaffenheit unserer Verderbtheit» in «der E. und der abgeleiteten Sünde. Die E. hat die Macht, daß sie die Menschen im Natürlichen schwach und im Geistigen vor der Wiedergeburt zu Todten macht» [11]. Die Unterscheidung zwischen P.o. und peccatum derivativum dient in der ‹Theodicee› zur Erklärung der menschlichen Verantwortung vor Gott und der Freiheit zum Bösen.

Die weitere Entwicklung ist im Gegensatz hierzu durch zunehmende Destruktion und philosophische Umdeutung gekennzeichnet. Von dem am humanistisch-ethischen Menschenbild orientierten Sozianismus, Arminianismus und schließlich vollends von der Aufklärung und dem Rationalismus wird die E.-Lehre als «Verdunkelung» der Geschöpflichkeit, des «idealen Naturzustands», der Willensfreiheit und Verantwortlichkeit abgelehnt. So hält H. S. REIMARUS die «Historie» vom Sündenfall und der «daraus fließenden E.» für «schlecht ersonnen, untüchtig, den Ursprung der Sünde und des Bösen in der Welt zu erklären» [12], zumal sie sich mit der Würde und Freiheit des Menschen nicht vereinbaren läßt. Eine philosophische Neubesinnung bahnt dagegen schon LESSING an, der im Menschen, «des göttlichen Ebenbildes unbeschadet», auch die «Macht der sinnlichen Begierden», die als «Naturgewalten» über «sein rein geistiges Wesen ... mächtig» sind, anerkennt und die Rede von der E. für notwendig hält [13]. Philosophisch am radikalsten wird das Problem von KANT entwickelt. Ohne den Begriff ‹E.› – die «unschicklichste» «Vorstellungsart» vom «Ursprung des moralischen Bösen» – gelten zu lassen, wird der «Hang zum Bösen» («peccatum originarium») in der «Freiheit des Menschen» verwurzelt und als «formaler Grund aller gesetzwidrigen Tat» («peccatum derivativum») ausgewiesen. Was hier ethisch im Bereich der Verantwortlichkeit liegt und – im Unterschied zur theologischen Problematik – keiner Erlösung bedarf («du kannst, denn du sollst»), wird allerdings religionsphilosophisch vom Grunde des moralischen Welturhebers durch die personifizierte Idee des guten Prinzips überwunden [14].

Im System HEGELS hat die «Lehre von der E., ohne welche das Christenthum nicht die Religion der Freiheit wäre», die Bedeutung, daß «der Mensch, als im unmittelbaren und ungebildeten Zustande, in einer Lage ist, in der er nicht sein soll». «Die erste Natürlichkeit soll aufgehoben werden. Dies ist die Idee des Christentums überhaupt.» Die Vollendung zur Freiheit, das «Geistige ist erst durch die Negation des Unmittelbaren möglich» [15]. KIERKEGAARD bezweifelt die Möglichkeit einer logischen Erklärung für die Sünde: «Die E. als Schuld ist ein Zeichen dafür, daß Gott seinen Maßstab gebraucht. Gott sieht alles in uns. Daher fällt das Problem dem menschlichen Verstand so schwer» [16]. Die Sündigkeit kommt durch die erste Sünde eines jeden Menschen in die Welt, «die E. in Adam gesehen ist bloß jene erste Sünde», die sich in jedem Individuum wiederholt: «Wenn man also sagen will, Adams Sünde habe die Sünde des Geschlechts in die Welt gebracht, so meint man das entweder phantastisch, womit jeder Begriff vernichtet ist, oder man kann dies mit gleichem Rechte von einem jeden Individuum sagen, welches durch seine erste Sünde die Sündigkeit hineinbringt» [17]. SCHLEIERMACHER entwickelt das Problem im Anschluß an die Reformation, aber auch unter kantischem Einfluß. E. ist «vollkommene Unfähigkeit zum Guten», «eigene Schuld», vorgestellt «als die Gesamttat und Gesamtschuld des menschlichen Geschlechts», aus der die «wirkliche Sünde hervorgeht» [18]. CH. H. WEISSE versucht in Analogie zu dem kantischen Begriff der transzendentalen Freiheit das Problem der E. mit dem der menschlichen Freiheit zu vereinbaren dadurch, daß er die E. in «transcendentaler Bedeutung» als eine «der Vernunftkreatur als solcher anhaftende Gattungsqualität (peccatum habituale)» zur «Voraussetzung jeder Tatsünde (peccatum actuale)» bestimmt, ohne den Menschen von der Verantwortung für die tatsächliche Sünde durch die eigene Kausalität zu entlasten. Die Bestimmung der E. als «beharrende Grundqualität» soll die philosophische Erklärung der «Bedingung der Möglichkeit für den Inhalt jenes Dogmas ... der erblichen Sünde» [20] liefern. Die Lehre von der E. und von der Erlösung ist nach SCHOPENHAUER die «große Wahrheit», den den Kern des Christentums ausmacht [21]. Da das «Entstehen des Menschen selbst die That seines freien Willens und demnach mit dem Sündenfall Eins ist», so ist die E. identisch mit dem Dasein, sie ist «Verschuldung des Menschengeschlechts durch sein Daseyn selbst» [22]. Die Bejahung des Willens zum Leben symbolisiert das Christentum in Adam und dessen auf uns vererbte Sünde [23]; die Wurzel der Schuld liegt «in unserer essentia et existentia, da aus dieser das operari nothwendig hervorgeht ... Demnach ist eigentlich unsere einzige wahre Sünde die E.» [24].

In der neueren evangelischen Theologie wird der Begriff ‹E.› – nachdem ihn schon A. RITSCHL als «unbrauchbar», weil er die «besondere Schuld des einzelnen Menschen nivelliert» [25], abgelehnt hat – wegen des Mißverständnisses eines natürlichen genetischen Traduzianismus vielfach gemieden. Das Problem einer Wesensbestimmung des Menschen unter dem Aspekt der Grund- (P.o.) oder Personsünde ist jedoch nach wie vor zentral thematisch.

Anmerkungen. [1] J. und W. GRIMM: Dtsch. Wb. 3 (1862). – [2] PH. DIETZ: Wb. zu Dr. M. Luthers dtsch. Schriften (^{2}1961) 585. – [3] Bekenntnisschriften der evang.-luth. Kirche (^{2}1952) 53. – [4] TERTULLIAN, De anima c. 40f. – [5] R. SEEBERG: Lehrb. der Dogmengesch. (^{5}1959) 2, 372ff. – [6] AUGUSTINUS, De civ. Dei XIII, 14; vgl. SEEBERG, a. a. O. 2, 516ff. – [7] ANSELM, De conc. virg., c. 27. – [8] THOMAS VON AQUIN, S. theol. II, q. 82, 3. – [9] Bekenntnisschriften, a. a. O. [3] 433f. – [10] QUENSTEDT: Theol. didactico-polemica (1691) 2, 135. – [11] LEIBNIZ, Werke, hg. GERHARDT 6, 452. – [12] H. S. REIMARUS: Apologie oder Schutzschrift für die vernünftigen Verehrer Gottes (etwa 1750–70) 1, V, 2, § 5; jetzt in: M. METZGER: Die Paradieseserzählung. Die Gesch. ihrer Auslegung von J. Clericus bis W. M. L. Witte (1959) 163. – [13] LESSING, Werke (1954ff.) 7, 816ff.; 8, 609f. – [14] KANT, Relig. innerhalb ... A 25. 41f. 109. – [15] HEGEL, Werke, hg. GLOCKNER 7, 70; 19, 101. 133. – [16] KIERKEGAARD, Christentum und Christenheit. Aus Kierkegaards Tagebüchern, hg. E. SCHLECHTA (1957) 224. – [17] Der Begriff Angst. Dtsch. Werke, hg. E. HIRSCH 11./12. (1952) 30f. – [18] SCHLEIERMACHER: Glaubenslehre §§ 70–73. – [19] Vgl. K. LEESE: Philos. und Theol. im Spätidealismus (1929) 182. – [20] CH. H. WEISSE: Philos. Dogmatik oder Philos. des Christenthums (1860) 2, 440, § 725. – [21] SCHOPENHAUER, Werke, hg. A. HÜBSCHER (1938) 2, 480. – [22] a. a. O. 3, 693f. – [23] 2, 479. – [24] 3, 693. – [25] A. RITSCHL: Rechtfertigung und Versöhnung (^{3}1888) 3, 326. 452.

Literaturhinweise. J. MÜLLER: Die christl. Lehre von der Sünde (^{6}1877). – E. KINDER: Die E. (1959). – M. METZGER: Die Paradieseserzählung (1959). – J. GROSS: Entstehungsgesch. des E.-Dogmas. Von der Bibel bis Augustin (1960). – W. OELMÜLLER: Die unbefriedigte Aufklärung (1969).
P. WRZECIONKO

Erdgeist, Erdgeister. E. ist ein im Einzelmenschen individuiert auftretendes Gesamtprinzip der Erde, das in der neuzeitlichen Philosophie anscheinend erstmals als solches – wohl anknüpfend an GOETHES ‹Faust› (I, 108ff.; schon im Urfaust) – von SCHELLING erwähnt wird, der im Zusammenhang mit der Hypothese vom Urvolk von der «Einheit des allen innewohnenden (3. Aufl.: «eingeborenen») E.» spricht [1]. HEGEL begreift E. abschätzig als Prinzip der «Wirklichkeit des einzelnen Bewußtseins», das «die reine Individualität» als «die wahre Wirklichkeit» zur Ausführung bringt [2], G. TH. FECHNER als das dem Menschen übergeordnete «Bewußtsein» der Erde «im Reiche der Seelenstufen als himmlisches Geschöpf» [3]. Den Gedanken gibt es, wenn auch in untergeordneter Bedeutung, schon bei CHR. THOMASIUS: «der wesentliche Geist der Erden» ist im Unterschied zum reinen Gottesgeist, welcher Licht ist, «irdische Luft». Beide verhalten sich wie weibliches und männliches Prinzip [4]. Möglicherweise nimmt ihn HERDER (in den Entwürfen zu den ‹Ideen› [5]) von hier auf, und alsdann wird er im Denken der *Romantik* (FOUQUÉ, E.T.A. HOFFMANN u. a.) pluralisch (Erdgeister) heimisch.

Der Begriff liegt der romantischen Naturphilosophie nahe, obwohl sie ihn im Singular nicht sehr häufig verwendet. Aber er konnte als Parallele zum «Weltgeist» aus der Lehre J. Böhmes gewonnen werden, in die er wohl von Paracelsus übernommen wurde. Die E. (in der Mehrzahl) sind bei BÖHME ein Teil der «Elementen-Geister», die jedes aus der Matrix hervorgegangene Element in sich hat [6], und zählen als «sonderlich reine Geister» zu den «figürlichen Geistern» [7], zu den Geistern des fünften Schöpfungstages [8]. Sie sind nicht identisch mit dem «spiritus mundi», Weltgeist, Sternengeist. Bei PARACELSUS ist im Unterschied zu den theosophisch-abstrakten Vorstellungen Böhmes viel von den Elementargeistern die Rede, unter denen die E. personifiziert als «Gnomen», «Bergleut», «Erdmännlein», «Erdmenschen» auftreten [9]. Ein «geist geomanticus» wiederum figuriert als Eingeber der «arcanen» für die «Schüler» der Medizin [10]. Die mythologische Metaphysik und Naturlehre der Renaissance bringt auch in die montanistische Literatur E. («subterranei»), die u. a. für die Erdbeben verantwortlich sind [11]. M. FICINOS Neuplatonismus ist zurückhaltend: Er erwähnt drei Arten der Dämonen nach den (Neu)Platonikern: Feuer-, Luft- und körperliche Elementardämonen [12]. Im allgemeinen bewohnen die Dämonen den Raum zwischen Himmel und Erde, aber er kennt auch daemones terreni und nach den Orphikern zusätzlich subterranei [13]. Hier liegen wohl die Quellen für die Entwicklung des Begriffs ‹E.› in der Goethezeit [14], abgesehen von den allgemeinen religionsgeschichtlichen Hintergründen (Erdgeister, Erdgottheiten) [15].

Anmerkungen. [1] SCHELLING: Vorles. über die Methode des akad. Studiums (1803, ^{3}1830) 32. – [2] HEGEL: Phänomenol. des Geistes (1867) 262. – [3] G. TH. FECHNER: Die Tagesansichten (1879) 36f. – [4] CHR. THOMASIUS: Versuch vom Wesen des Geistes (1699) 109. – [5] Vgl. K. BURDACH: Das relig. Problem in Goethes Faust. Euphorion 33 (1932) 78ff. – [6] J. BÖHME: De tribus principiis 7, 35ff. (1730) 71f. – [7] Vom dreifachen Leben des Menschen 4, 54 = (1730) 71. – [8] a. a. O. 10, 36 = 189. – [9] Klassische Stellen PARACELSUS, Liber de nymphis, sylphis, pygmaeis et salamandris et de caeteris spiritibus. Werke, hg. SUDHOFF 14, 115-155. – [10] Von den hinfallenden Siechtagen 4, a. a. O. 8, 302. – [11] J. AGRICOLA: De ortu et causis subterraneorum II, in: De re metallica (Basileae 1558) 16ff. (Basileae 1657) 502. – [12] M. FICINUS: In Platonis Sophistam 46. Opera 2 (Parisiis 1641) 255. – [13] In Platonem De iusto epitome a. O. 393f. – [14] Vgl. W. SCHERER: Herder im Faust. Quellen und Forsch. zur Sprach- und Culturgesch. der german. Völker 34 (1879) 69-75; H. REICH: Die Entstehung der ersten fünf Szenen des Goetheschen ‹Urfaust› (1968) 111-129. – [15] Vgl. z. B. Lehrbuch der Religionsgesch., hg. A. BERTHOLET/E. LEHMANN 1 (^{4}1925) 198f.
K. GOLDAMMER

Ereignis (eventum) gehört zu ‹(sich) ereignen›. Dieses ist neuhochdeutsch bis ins 18. Jh.: ‹eräugnen›, ‹ereugnen›, ‹ereignen›, ‹ereugen›, ‹eraigen›, ‹ereigen›, ‹eräugen›; dazu ‹Ereugniß›, ‹Eräugniß›. Grundbedeutung ist: ‹vor Augen› (Wurzel ug = offen) ‹stellen›, ‹(sich) zeigen›, ‹erscheinen›, ‹sich offenbaren›, ‹sichtbar werden›, ‹in die Augen fallen› (accidere); auch: ‹sich begeben›, ‹zutragen›, ‹wirklich› (statt bloß erdichtet) ‹geschehen› – so z.B. LESSING: «Ist der Fall ein Factum, hätt' er es sich wohl gar in unsrer Diözes' ... eräugnet» [1]; oder GOETHE: «Alles Vergängliche ist nur ein Gleichnis, das Unzulängliche, hier wird's E.» [2]. Neben der «Entstellung» [3] des ‹äu› oder ‹eu› in ‹ei› hat sich die falsche Bedeutung von ‹eigen› (proprium) eingeschlichen, also: ‹(sich) eignen›, ‹aneignen›, ‹zueignen›.

Ontotheologisch denkt LEIBNIZ das einer je von Gott abhängenden Substanz Geschehende als Folge ihres Wesens: «puisque cette idée enferme déja tous les predicats ou evenemens et exprime tout l'univers» [4]. – Für NIETZSCHE gehört zum E. «der große Sinn derer, die es vollbringen, und der große Sinn derer, die es erleben. An sich hat kein E. Größe, und wenn schon ganze Sternbilder verschwinden, Völker zu Grunde gehen, ausgedehnte Staaten gegründet und Kriege mit ungeheuren Kräften und Verlusten geführt werden: über Vieles der Art bläst der Hauch der Geschichte hinweg» [5]. So kann Nietzsche die «größten Gedanken» nennen, die «am spätesten begriffen» werden, «die Geschlechter, welche mit ihnen gleichzeitig sind, erleben solche E. nicht, – sie leben daran vorbei» [6]. Das Verhältnis zum Gedanken und Erleben als das wesentliche von E. schließt Distanz zur Geschichte ein: «Die größten Ereignisse [sagt Zarathustra] – das sind nicht unsre lautesten, sondern unsre stillsten Stunden» [7].

Zum philosophischen Leitwort wird ‹E.› dann besonders beim späteren HEIDEGGER. Etymologisch [8] bedeutet E. hier kein Geschehen oder Vorkommnis, sondern ein einzigartiges An- und Zueignen, das Sichübergeben des ins E. zurückgedachten «Seins» an das Denken. Mit dem E. verläßt das Denken nach der «Kehre» [9] die metaphysische Identität von Denken und Sein wie die Existenzialontologie von ‹Sein und Zeit› und läßt sich von einem Bereich in Anspruch nehmen, der als «Wandel des Wesens der Wahrheit» [10], woraus sich: Offenbaren sowie Zu- und Enteignen, gekennzeichnet ist. E. spricht so die ’A-λήθεια an, die im Unterschied zur metaphysischen Offenbarkeit des Seienden die «Lichtung des Sichverbergens» [11] meint, aus der das Verhältnis von Mensch und Sein ursprünglicher gedacht wird. Aus dem E. wird 1. die Sprache neu bestimmt «als jene Sage, in der die Sprache uns ihr Wesen zusagt» [12]. Statt vom Denkmodell der Aussage (spekulativer Satz), wird sie als Sage vom «Sein» aus dem «Ort ihres Wesens» [13], dem E., her gedacht, dessen ’A-λήθεια-Struktur gemäß sie eine «gebrochene», eine zeigend-verbergende, sagend-schweigende (vgl. «Geläut der Stille») ist. 2. als Zeitbestimmung der E. gilt weder die metaphysische noch existenzialontologische, sondern die blitzartige Überkommnis («Geschick»). Das E. er-eignet sich «jäh und unversehens» [14]. Das zeitlich-sprachliche Ereignen findet 3. seine Konkretion im Gedanken des (Welt-)Gevierts und seiner Nähe im Ding. Vom unbegründbaren E. gilt: «Es – das E. – eignet» [15].

Anmerkungen. [1] G. E. LESSING, Nathan der Weise IV, 2. – [2] GOETHE, Faust II, Ende. – [3] J. u. W. GRIMM: Dtsch. Wb. (1862). – [4] G. W. LEIBNIZ: Discours de mét. (1686) § 14; vgl. §§ 13. 16. 32. – [5] NIETZSCHE, Großoktav A. 1, 497. – [6] a. a. O. 7, 265f. – [7] 6, 189. – [8] M. HEIDEGGER: Identität und Differenz (1957) 28. – [9] Unterwegs zur Sprache (1959) 260 Anm. 1. – [10] Nietzsche 2 (1961) 489. – [11] a. a. O. 28. – [12] Unterwegs... a. a. O. [9] 196; vgl. 264–267. – [13] a. a. O. 12. – [14] Holzwege (1950) 311. – [15] Unterwegs... a. a. O. [9] 259.

D. SINN

Erfahrung. – 1. Erste präzise terminologische Bestimmungen, die im Anschluß an einen bereits von den Vorsokratikern und SOKRATES/PLATON aufgegriffenen vorwissenschaftlichen Gebrauch von ‹ἐμπειρία› [1] zu einem philosophischen Erfahrungsbegriff führen, lassen sich den von ARISTOTELES in der ‹Metaphysik› (980 b 25ff.) und den ‹Analytica posteriora› (100 a 3ff.) angestellten Erörterungen entnehmen. Im Unterschied zum modernen wissenschaftstheoretischen Sprachgebrauch von ‹E.›, der vor allem an E.-Sätze und an eine E.-*Praxis* (etwa die experimentelle Nachforschung) denken läßt, verwendet Aristoteles das Wort ‹ἐμπειρία› genau wie ‹τέχνη› (Kunst(fertigkeit)) und häufig auch ‹ἐπιστήμη› (im Sinne von «Wissen») noch in Anknüpfung an ein Vorverständnis, dem es auf *erworbene Fähigkeiten* des Menschen, auf ein *Geübtsein* in ..., ein *Vertrautsein* mit ... ankommt – ein Vorverständnis, das auch den alltäglichen Gebrauch des deutschen Wortes ‹E.› (‹Erfahrenheit›, ‹Erfahrensein›) noch weitgehend leitet. So heißt es in der ‹Metaphysik›: «Aus der Erinnerung geht bei den Menschen die Empirie hervor; erst viele Erinnerungen nämlich ein und derselben Sache ergeben die Fähigkeit (δύναμις) *einer* E.» [2]. Zwar liegt eine Interpretation des Zitierten im Sinne der Induktion auf ein generelles Urteil nahe, jedoch teilt Aristoteles gleich darauf die generellen Urteile ganz unmißverständlich der τέχνη zu [3]. Die Fähigkeiten, denen nach Aristoteles der Prädikator ‹Empirie› zukommt, werden dagegen von ihm als γνῶσις τῶν καθ’ἕκαστον (Wissen des *Besonderen*) charakterisiert [4], im Gegensatz zur Kunst (τέχνη), dem Wissen des *Allgemeinen* (γνῶσις τῶν καθόλου). Wie der Kontext zeigt, versteht Aristoteles unter der γνῶσις τῶν καθ’ἕκαστον die Beherrschung eines Handlungsschemas, in der Regel einer Unterscheidung, zumal in den Fällen, in denen dazu in einer in vielen konkreten Situationen gewonnene Übung oder Fallkenntnis die Voraussetzung ist. Insofern die Unterscheidung durch das Zu- und Absprechen eines sprachlichen Ausdrucks *P*, eines heute so genannten Prädikators, repräsentiert ist, geht es also bei der γνῶσις τῶν καθ’ ἕκαστον vornehmlich darum, Elementarbehauptungen der Form «*P* kommt *x* zu» (abgekürzt «*x ε P*») bzw. «*P* kommt *x* nicht zu» (abgekürzt «*x ε′ P*») und damit auch junktorenlogische Verbindungen derselben (die Aristoteles hier nicht gesondert behandelt) begründet aufzustellen. Dabei deutet in der gewählten Schreibweise das *x* das ἕκαστον unbestimmt an. Empirie im Aristotelischen Sinne ist daher wohl weitgehend mit der *elementaren Prädikation* (s. d.) im Sinne der heutigen Logik und Sprachphilosophie gleichzusetzen. Dies stimmt auch mit der Aristotelischen Aussage überein, die Erfahrung sei der Übergang zum ersten Allgemeinen (πρῶτον ἐν τῇ ψυχῇ καθόλου) [5]. Deutlich ist ferner das in der ‹Nikomachischen Ethik› (1142 a 23) angeführte Beispiel des singulären Urteils ὅτι τοδὶ βαρύσταθμον für eine hier ebenfalls der Empirie zugeordnete Rede περὶ τὸ καθ’ἕκαστον. Die Rede von den vielen Erinnerungen, die eine E. erst ermöglichen, gibt dann die (also bereits Aristotelische) Einsicht wieder, daß zur Beurteilung von Elementarbehauptungen (singulären Urteilen) letzten Endes auf die Vertrautheit mit einschlägigen Beispielen und (ohne daß Aristoteles das bereits erwähnt) mit Gegenbeispielen zurückgegriffen werden muß. Empirie in diesem Sinne sind elementare Feststellungen. Daher kann sie Aristoteles auch als Wissen dessen, daß (ὅτι) etwas so ist, wie es ist, der τέχνη und ἐπιστήμη gegenüberstellen, die *generelle Sätze* und damit Einsicht in die Gründe, das διότι, elementarer Behauptungen vermitteln (Met. 981 a 25ff.). Allerdings betont Aristoteles auch, daß Empirie, indem sie zu ersten generellen Termen führt, selbst bereits zur Grundlage der wissenschaftlichen Orientierung im Sinne der ἐπιστήμη gehört [5a].

Die Aristotelischen Kernsätze zur ἐμπειρία werden im *mittelalterlichen* Aristotelismus formelhaft wiederholt und weitergegeben. So formuliert ALBERTUS MAGNUS (Met. 980 b 28ff. im wesentlichen nur übersetzend): «... fit ex memoria prius acceptorum per sensum et cum sensu experimentum eiusdem rei secundum speciem. Multae etenim memoriae in effectibus similibus acceptae, faciunt in hominibus potentiam unius experimenti» [6]. Daß das Mittelalter den Aristotelischen Empiriebegriff nicht «induktiv» im modernen Sinne verstand, sondern ganz richtig auf die Grundlage des Treffens und Anwendens von Unterscheidungen, die Prädikation also, bezog, wird aus der Ausdrucksweise des Albertus Magnus: «experimentum eiusdem rei secundum speciem» – in den weiteren Erläuterungen ist sogar von der «acceptio universalis in singularibus confusi et permixti» die Rede – deutlich. Auch bei THOMAS VON AQUIN heißt es [7]: «experientia fit ex multis memoriis.» Noch bei HOBBES lesen wir: «memoria multarum rerum *experientia* dicitur» [8]. – Ebenso hält sich die Aristotelische Charakterisierung der E. als «Wissen des Besonderen» in der philosophischen Schultradition. Das lateinische Äquivalent ist «cognitio singularium» [9]. Auch CHR. WOLFF steht in dieser Tradition, wenn er hervorhebt, daß E. «nichts als Sätze von einzelnen Dingen» seien, und sich dagegen wendet, von «E.» auch bei induktiv erschlossenen generellen Urteilen zu sprechen [10]: «Wenn einer sagt, er habe es aus der E., daß die Lufft schweer sey ... ist nöthig, daß er einen besonderen Fall anführe, da er die Schweere der Lufft erkandte, als daß er eine sehr große gläserne oder auch kupfferne Kugel durch Hülffe der Lufft-Pumpe von der Lufft auf das sorgfältigste ausgeleeret, nachdem dieselbe an den langen Arm einer Schnell-Waage gehänget, und alsdenn das Gewichte, welches zuvor mit ihm gleich inne gestanden, einen Ausschlag gegeben. Denn dieses ist eigentlich zu reden die E.; der Satz aber, der Lufft ist schwer, ist daraus geschlossen worden» [11]. Der korrespondierende lateinische Text erwähnt, daß auch «notiones atque iudicia ex rerum singularium perceptione derivata» [die Betonung liegt hier auf «derivata»] als «experientiae» gelten, spricht sich jedoch dagegen aus: «Sed nobis cum hoc significatu nihil est negotii ...» [12]. Eine wesentliche Bedeutungsverschiebung gegenüber den Aristotelischen Texten liegt bei Wolff allerdings insofern vor, als er hier den Begriff ‹E.› auf die gesicherten Elementarsätze bzw. junktorenlogischen Elementarsatzkomplexe selbst bezieht und nicht (wie Aristoteles) auf den Kenntnisschatz, der Voraussetzung der Aufstellung solcher Urteile ist.

Anmerkungen. [1] Vgl. Art. ‹Empeiria›. – [2] ARISTOTELES, Met. 980 b 28ff.; ähnlich Anal. post. 100 a 4ff. – [3] Met. 981 a 6f. 10ff. – [4] Met. 981 a 15f. – [5] Anal. post. 100 a 16f. – [5a] 100 6 a 6ff. – [6] ALBERT, Met. I, 1, 7. Opera, hg. JAMMY 3, 8 b f. – [7] THOMAS VON AQUIN, S. theol. I, q. 54, a. 5, 2. – [8] HOBBES, Leviathan I, 2. Opera philos. lat., hg. MOLESWORTH 3, 9. – [9] Vgl. ALBERTUS MAGNUS, a. a. O. [6] 10 b; THOMAS VON AQUIN, a. a. O. [7] ad 2. – [10] CHR. WOLFF: Vernünftige Gedanken von den Kräften des menschlichen Verstandes ... (²1719) Kap. 5, § 2. – [11] a. a. O. § 3. – [12] Philos. rationalis sive logica (²1732) § 664.

2. Neben dem Fortwirken der Aristotelischen Bestimmungen setzt sich in der neuzeitlichen Wissenschaftstheorie zunehmend ein Gebrauch der Worte ‹experientia›, ‹experience›, ‹E.› durch, der vom Aristotelischen Empiriebegriff abweicht. Insbesondere gilt das für die durch die aristotelischen Normierungen ausgeschaltete Verwendung von ‹Empirie› im Sinne der technisch-praktischen Verfügung über *generelle Sätze* und *Regeln*. Es ist F. BACON, der als einer der ersten den Erwerb solcher Verfügung wirkungsvoll als eine planvollen Vorgehens bedürftige und würdige Aufgabe der Menschheit begreift. Er nennt diese Aufgabe «experientia». Das ist auch noch insofern unaristotelisch, als hier ‹E.› nicht für den *Besitz* menschlicher Fähigkeiten steht, sondern den *Prozeß* und die *Methoden* der Gewinnung solchen Besitzes bezeichnet. Diese Bedeutung ist dem lateinischen Wortsinn des von dem Tätigkeitswort ‹experiri› (erforschen, erkunden) hergeleiteten ‹experientia› sogar angemessener als sein Gebrauch im genauen Sinne des Aristotelischen ‹ἐμπειρία›, das zunächst auf das Adjektiv ‹ἔμπειρος› zurückgeht. Bacon unterscheidet im Zusammenhang seiner programmatischen Forderungen folgerichtig zwischen einer «experientia vaga» (auch «experientia mera» genannt) und einer «experientia ordinata» [1]. Der Ausdruck «experientia vaga» bezieht sich auf das Vorgehen, das Bacon in der bisherigen Geschichte menschlicher Naturerforschung weithin vorfindet und kritisch zu ändern trachtet: nämlich die Gewinnung genereller Sätze von den zufallenden Erlebnissen, dem «occursus rerum», abhängig zu machen oder allenfalls ein unsystematisches Herumprobieren in Gang zu setzen. Das Adjektiv ‹vaga› ist dabei noch deutlich mit dem Sinn von ‹vagari› und ‹vagabundieren›, dem planlosen Umherschweifen also, verbunden: «at modus experiendi, quo homines nunc utuntur, caecus est et stupidus. Itaque cum errant et *vagantur nulla via certa*, sed *ex occursu rerum* tantum consilium capiunt, circumferuntur ad multa, sed parvum promovent; et quando gestiunt, quandoque distrahuntur; et semper inveniunt alterius quaerant» [2]. Bei der *experientia ordinata*, die als ein *methodisches* Vorgehen an die Stelle dieser unzureichenden Erfahrungspraxis treten soll, unterscheidet Bacon zwei Stufen: die *experientia literata* und die *interpretatio naturae*. Während es bei der ‹Naturinterpretation› Bacons darum gehen soll, von den experimentellen Ergebnissen methodisch gerechtfertigt zu den fundamentalen Naturgesetzen, den «Axiomen», aufzusteigen, soll die experientia literata dazu eine solide Basis legen, indem sie an die Stelle relativ zusammenhangloser Berichte über häufig zufällig aufgegriffene Vorkommnisse systematisch geordnete Versuchsreihen setzt. Bei der experientia literata, die ab experimentis ad experimenta (im Unterschied zum Weg ab experimentis ad axiomata) führen soll, denkt Bacon vor allem an die methodisch geleitete Abänderung (diversificatio) der Versuchsbedingungen eines bestimmten Experimentes. Bacons Forschungsprogramme ähneln weitgehend der neuen Physik seiner Zeitgenossen *Galilei* und *Torricelli*. Das Attribut ‹literata› soll darauf aufmerksam machen, daß die neue experientia auf schriftliche Aufzeichnungen (Bacon hat vor allem geordnete Tabellen im Auge) nicht verzichten kann. Während das Mittelalter ‹experimentum› und ‹experientia› noch weitgehend synonym gebrauchte, bereitet sich in diesen Erwägungen Bacons die Unterscheidung zwischen einer allgemeinen Verwendung von ‹E.› und dem engeren naturwissenschaftlichen Verständnis des Terminus ‹Experiment› (s. d.) vor.

Anmerkungen. [1] F. BACON, Novum Organum I, 82. – [2] a. a. O. I, 70 (Hervorhebungen *nicht* im Orig.).

3. Die Bedeutung, die Bacon dem Wort ‹experientia› gibt, ist nicht auch schon repräsentativ für die einschlägigen *empiristischen* Wortgebrauchstraditionen. Die von Aristoteles und Bacon getroffenen oder aufgenommenen terminologischen Regelungen gestatten es zwanglos, bei der Begründung singulärer und genereller Sätze sinnvoll von einer «Berufung auf die E.» so zu sprechen, daß damit auf Ergebnisse menschlicher Arbeit rekurriert wird. Für den Empirismus ist bereits bei LOCKE ein neues Verständnis des Rückgangs auf E. charakteristisch. Die Meinung, daß unsere Begriffe und Erkenntnisse sämtlich aus der (inneren oder äußeren) Wahrnehmung stammen, führt nämlich in den empiristischen Überlegungen dazu, die Berufung auf die *Wahrnehmung* mit der Berufung auf die E. in eins zu setzen. Die Verwirrung, die dadurch in einen, zumal bei Aristoteles, nicht schlecht geordneten Sprachgebrauch gebracht wird, läßt sich an Lockes mehrdeutigem Gebrauch des Wortes ‹experience› sichtbar machen. Locke bescheidet an hervorgehobener Stelle seines ‹Essay Concerning Human Understanding› die Frage, woher wir «das gesamte Material des Denkens und Wissens» (all the materials of reason and knowledge) nehmen, bündig mit «in one word, from *experience*» [1]. Gleichsinnig damit heißt es auch für die «perception»,

sie sei «the first step and degree towards knowledge, and the inlet of all the materials of it» [2]. Wenn Locke dagegen bei der Erörterung der Frage, ob ein von Geburt an Blinder nach Wiedergewinnung seines Augenlichts sogleich Würfel und Kugeln auf Grund optischer Wahrnehmungen unterscheiden könne, dem Leser zur Begründung seiner Antwort «nein» zu bedenken gibt, wieviel er der «Erfahrung, Unterweisung und den erworbenen Begriffen» (experience, improvement and acquired notions) verdankt [3], so ist hier ‹experience› ganz anders, nämlich am ehesten Aristotelisch zu verstehen. Lockes Formulierungen in ‹Essay› I, 2 leiten einen Gebrauch von ‹E.› ein, nach dem dieser Terminus nicht mehr für das Resultat menschlicher Kenntnis- und Verständigungsgeschichte, insbesondere das Ergebnis besonderer methodischer Bemühungen steht, sondern einen frei von menschlicher Arbeit vorgestellten Anfang jeder Erkenntniskonstruktion bezeichnen soll. Dem entspricht das durch Locke bekannt gewordene Bild, demzufolge der Mensch für diesen empirischen Ursprung als ein völlig unbeschriebenes Blatt anzusehen sei: «Let us then suppose the mind to be, as we say, white paper, void of all characters, without any ideas» [4].

Lockes Fiktion erfährt später vor allem in der Annahme eines rein «Gegebenen» in CARNAPS bekannter Untersuchung ‹Der logische Aufbau der Welt› [5] eine Fortsetzung. Dies wird deutlich aus den folgenden Sätzen des Vorwortes zur zweiten Auflage (p. X): «In meinem Buch handelt es sich um die ... These, daß es grundsätzlich möglich sei, alle Begriffe auf das unmittelbar Gegebene zurückzuführen. Die Aufgabe, die ich mir stellte, war aber nicht die, zu den allgemeinphilosophischen Argumenten, die man bisher für diese These gegeben hatte, noch weitere hinzuzufügen. Vielmehr war es meine Absicht, zum ersten Mal den Versuch zu unternehmen, ein Begriffssystem der behaupteten Art wirklich aufzubauen; also zunächst einige einfache Grundbegriffe zu wählen, etwa Sinnesqualitäten und Beziehungen, die in den *unverarbeiteten Erlebnissen* [Auszeichnung nicht im Original] vorzufinden sind, und dann auf dieser Grundlage Definitionen für weitere Begriffe verschiedener Arten aufzustellen.» Carnap vertritt die (in seiner Sicht Empirismus und Rationalismus gemeinsame) These, «daß alle Begriffe und Urteile aus der Zusammenwirkung von E. und Vernunft hervorgehen», und formuliert dann, beinahe in wörtlicher Übersetzung Lockescher Formeln: «... die Sinne liefern das Material der Erkenntnis, die Vernunft verarbeitet das Material in ein geordnetes System der Erkenntnis» [6]. Daß die Vernunft für ihren Anteil an dieser Unternehmung vor allem auf die moderne Logik verwiesen wird, hat dann zu der Kennzeichnung «*logischer Empirismus*» Anlaß gegeben.

In die Vorgeschichte des logischen Empirismus eingeordnet wird häufig der *Empiriokritizismus* von R. AVENARIUS und E. MACH. Zwar geht es auch Avenarius und Mach darum, auf der Basis «reiner E.» einen «natürlichen Weltbegriff» zu gewinnen [7]. Hier ist allerdings, gerade was das empiriokritizistische Verständnis von ‹E.› angeht, Vorsicht geboten. Zielt man doch hier nicht auf eine vor *jeder* menschlichen Orientierungsarbeit liegende Sphäre reiner Gegebenheit ab, sondern auf das *vorwissenschaftliche*, das von den Vorstellungen wissenschaftlicher Interpretation gereinigte, eben das «natürliche Weltverständnis». Ein ähnliches Verständnis von ‹E.› bestimmt auch die transzendentale Phänomenologie des späten HUSSERL: «Der Rückgang auf die Welt der E. ist *Rückgang auf die Lebenswelt*, d. i. die Welt, in der wir immer schon leben, und die den Boden für alle Erkenntnisleistung abgibt und für alle wissenschaftliche Bestimmung» [8].

Anmerkungen. [1] LOCKE, Essay II, 1, § 2. – [2] a. a. O. II, 9, § 15. – [3] II, 9, § 8. – [4] II, 1, § 2. – [5] R. CARNAP: Der log. Aufbau der Welt (¹1928, ²1961). – [6] a. a. O. p. IX. – [7] R. AVENARIUS: Kritik der reinen E. (1888-1890); Der menschliche Weltbegriff (1891); E. MACH: Die Analyse der Empfindungen (1886). – [8] E. HUSSERL: Erfahrung und Urteil, red. u. hg. L. LANDGREBE (²1954) § 10, S. 38.

4. Ein neues Bedeutungsfeld gewinnt der Ausdruck ‹Erfahrung› bei Kant. Bestimmend ist dabei neben der Anknüpfung an Bacon die Auseinandersetzung mit Humes Kausalitätstheorie. HUME macht von dem Wort ‹experience› einen extensiven Gebrauch, expliziert allerdings die terminologischen Bestimmungen, von denen er sich dabei im großen und ganzen leiten läßt, nirgends ausführlich. Folgt man dem Kontext, so steht ‹experience› in der Regel schlicht und alltäglich für einen Reichtum erworbener Kenntnisse, spezieller dann für die in diesem «E.-Schatz» hervortretenden *regelmäßigen* Ereignisfolgen oder Phänomenverbindungen. Keine apriorische Einsicht in das Wesen der Dinge, sondern *diese* E. ist es, auf die sich Hume zufolge Prognosen über die Wirkung gewisser Handlungen und Naturereignisse gründen, und zwar dadurch, daß die Regularitäten dieser E. in uns «Gewohnheiten» induzieren, die uns eine gleichförmige Fortsetzung bisheriger Ordnung in die Zukunft hinein erwarten lassen. Während Bacon noch über eine methodisch vorgehende experientia in das Wesen der Dinge (die formae als causae der Erscheinung) einzudringen suchte, geht es Hume um eine Reduktion solcher Spekulation auf die aus der E. (im für Hume genannten Sinne) resultierenden Gewohnheiten als den eigentlichen Ursprung aller Aussagen über Ursachen und Wirkungen.

KANTS Verwendung des Wortes ‹E.› ist von einer Vieldeutigkeit, die gerade auch das Verständnis der entscheidenden Differenzen zum klassischen Empirismus erschwert. Im Kern der Kantischen Rede von E. steht das Problem der Begründung genereller Sätze. Kant unterscheidet zu diesem Zwecke «Wahrnehmungsurteile» und «E.-Urteile». In beiden Fällen stehen, wenn man seinen Beispielen folgt, zunächst Sätze der Form «$\bigwedge_x(\alpha(x) \to \beta(x))$» zur Diskussion, die sich nicht bereits analytisch [1] begründen lassen. Wird der Variabilitätsbereich von x auf bisher beobachtete Fälle beschränkt, so erörtern wir ein *Wahrnehmungsurteil*. Sind dagegen für x weitere Einsetzungen sinnvoll und alle sinnvollen Einsetzungen zugelassen, so geht es um das zugehörige *E.-Urteil*. Insofern ein begründetes E.-Urteil über die «zufällig» beobachteten Fälle hinausreicht, spricht Kant ihm dann in noch nicht abschließend geklärter Weise «Notwendigkeit» und «Allgemeingültigkeit» zu. Statt «E.-Urteil» sagt Kant auch «empirische Erkenntnis» [2]. Ferner steht «empirische Erkenntnis» auch für die systematisch verbundene Gesamtheit der E.-Urteile, und damit ist man dann auch bei der Bedeutung angelangt, die das Wort «E.» in den kritischen Hauptwerken Kants zumeist hat: «E.» ist hier in erster Linie ein Synonym zu «empirische Erkenntnis» im zuletzt genannten Sinne. Ein besonders deutlicher Beleg ist etwa in der ‹Kritik der reinen Vernunft› (B 147) zu finden: «... die Kategorien ... dienen nur zur Möglichkeit empirischer Erkenntnis. Diese aber heißt E.» Häufig ist daneben eine abweichende Verwendung von ‹E.› gleichbedeutend mit «Wahrnehmung» zu finden. Kant selbst weist auf diese zweifache Verwendung des Wortes ‹E.› hin, um Mißverständnisse zu vermeiden, z. B. KrV A 110: «Es ist nur *eine* E., in welcher alle Wahrnehmungen als im durchgängigen und gesetzmäßigen Zusammenhange vorgestellt werden ... Wenn man von verschiedenen E. spricht, so sind es nur so viel Wahrnehmungen, so fern solche zu einer und derselben allgemeinen E. gehören.» Entsprechend ist auch in den ‹Prolegomena› (Anm. zu § 22) zu lesen: «Wenn ich sage, E. lehrt mir etwas, so meine ich jederzeit nur die Wahrnehmung, die in ihr liegt, z. B. daß auf die Beleuchtung des Steins durch die Sonne jederzeit Wärme folge, und also ist der E.-Satz so fern allemal zufällig. Daß diese Erwärmung notwendig aus der Beleuchtung durch die Sonne erfolge, ist zwar in dem E.-Urteile (vermöge des Begriffs der Ursache) enthalten, aber das lerne ich nicht durch E., sondern umgekehrt, E. wird allererst durch diesen Zusatz des Verstandesbegriffs (der Ursache) zur Wahrnehmung erzeugt.» HUME hatte sich mit einer psychologischen Erklärung dessen, daß Menschen ihr Handeln an «E.-Urteilen» orientieren, begnügt: Zumal wo ein *viele* beobachtete Fälle umfassendes «Wahrnehmungsurteil» gelte, präge sich eine «Gewohnheit» ein, das Handeln an den dem zugehörigen Erfahrungsurteil entsprechenden Erwartungen zu orientieren. Im Gegensatz zu Hume ist KANT der Meinung, daß E.-Urteile rational begründbar sind. Das führt ihn dann zu der «transzendentalen» Kernfrage nach den Bedingungen der Möglichkeit eines *begründeten* Systems von E.-Urteilen, kurz (unter Rückgriff auf die in der ‹Kritik der reinen Vernunft› prävalente Verwendung von ‹E.›): zu der Frage nach den «Bedingungen der Möglichkeit der E.».

In der zweiten Hälfte des 19. Jh. findet zunächst eine psychologische und physiologische Interpretation der Kantischen E.-Theorie, wie sie u. a. von H. VON HELMHOLTZ [3] und F. A. LANGE [4] vertreten wird, Beachtung. Dagegen versucht der Marburger Neukantianismus (vor allem H. COHEN und P. NATORP) die Rückkehr zu einem nicht selbst einer empirischen Disziplin überantworteten Verständnis von E. zusammen mit einer eigenständigen, *transzendentalen* Methode der Philosophie. COHEN insbesondere verfolgt dabei die Intention, über die Kantische Philosophie der E. hinaus durch ihre Reinigung von allen metaphysischen und empiristischen Prämissen jede Annahme einer reinen Gegebenheit zu vermeiden [5]. Demgegenüber trachtete die Südwestdeutsche Schule des Neukantianismus (W. WINDELBAND, H. RICKERT u. a.), von Kantischen Grundvorstellungen aus auch die den Kulturwissenschaften zugeordnete, verstehend gewonnene E. auf ihre methodischen Grundlagen hin durchzuarbeiten und damit die Beschränkung der Kantischen E.-Theorie auf die Naturwissenschaft zu überwinden.

Anmerkungen. [1] Vgl. Art. ‹Analytisch/synthetisch›. – [2] Vgl. KANT, z. B. KrV B 2ff. – [3] Vgl. bes. H. VON HELMHOLTZ: Die Tatsachen in der Wahrnehmung (1878). Schriften zur Erkenntnistheorie, hg. P. HERTZ/M. SCHLICK (1921). – [4] F. A. LANGE: Geschichte des Materialismus und Kritik seiner Bedeutung in der Gegenwart 1. 2 (1866); wichtig für das Verhältnis zum Neukantianismus die Aufl. 1902 mit Einf. und Nachwort von H. COHEN. – [5] H. COHEN: Kants Theorie der E. (1871); Die Logik der reinen Erkenntnis (1902).

5. KANT war darauf aufmerksam geworden, daß die Realität, sofern sie sich in E.-Urteilen ausspricht, nicht als eine unabhängig von den menschlichen Erkenntnisleistungen zugängliche Gegenstandswelt «an sich» begriffen werden kann. Diese Einsicht bleibt in der Philosophie des Deutschen Idealismus weithin bestimmend.

So kritisiert auch HEGEL die Meinung, «daß das Absolute *auf einer Seite* stehe und *das Erkennen auf der anderen Seite* für sich und getrennt von dem Absoluten doch etwas Reelles sei» [1]. Der vom Modus seiner Darstellung für das Bewußtsein, dem «Wissen» unterschiedene Gegenstand selbst, das sogenannte «Wesen», ist selbst nur eine Konstruktion des Bewußtseins: «Untersuchen wir nun die Wahrheit des Wissens, so scheint es, wir untersuchen, was es *an sich* ist. Allein in dieser Untersuchung ist es *unser* Gegenstand, es ist *für uns;* und das an sich desselben, welches sich ergäbe, wäre so nur sein Sein *für uns;* was wir als sein Wesen behaupten würden, wäre vielmehr nicht seine Wahrheit, sondern nur unser Wissen von ihm. Das Wesen oder der Maßstab fiele in uns, und dasjenige, was mit ihm verglichen und über welches durch diese Vergleichung entschieden werden sollte, hätte ihn nicht notwendig anzuerkennen» [2]. Hegel zieht daraus die Konsequenz, daß jede Orientierung, die wir als Maßstab (als sogenannten «Gegenstand») an ein vorgebrachtes Wissen um die Realität anlegen können, nicht ein für allemal vorab verfügbar ist, sondern im Prozeß der Anwendung («Prüfung» des Wissens) neu und gegebenenfalls modifiziert erarbeitet wird: «... der Maßstab der Prüfung ändert sich, wenn dasjenige, dessen Maßstab er sein sollte, in der Prüfung nicht besteht; und die Prüfung ist nicht nur eine Prüfung des Wissens, sondern auch ihres Maßstabes» [3]. Das Wort ‹E.› führt Hegel dann in diese Überlegungen mit einer Formulierung ein, die sowohl aristotelische als auch kantische Elemente aufnimmt: «Diese *dialektische* Bewegung, welche das Bewußtsein an ihm selbst, sowohl an seinem Wissen, als an seinem Gegenstande ausübt, *insofern ihm der neue wahre Gegenstand* daraus *entspringt,* ist eigentlich dasjenige, was *Erfahrung* genannt wird» [4].

In an die Hegelschen Erörterungen angeschlossenen Interpretationen hat auch M. HEIDEGGER darauf hingewiesen, daß es auf «das Entstehen des neuen Gegenstandes als das Entstehen der Wahrheit» ankommt, «nicht darauf, daß ein Gegenstand als ein Gegenüber zur Kenntnis genommmen wird» [5]. Hegel achte in seinen Analysen zur Empirie vor allem auf das «Moment des Anwesens» [6]: «Alles liegt daran, die hier genannte E. als das Sein des Bewußtseins zu denken. Aber Sein besagt Anwesen» [7].

Anmerkungen. [1] HEGEL, Phänomenol. des Geistes, hg. G. HOFFMEISTER, Philos. Bibl. 114, 65. – [2] a. a. O. 71. – [3] 72f. – [4] 73. – [5] M. HEIDEGGER: Hegels Begriff der E., in: Holzwege (⁴1963) 105–192, zit. 170. – [6] Vgl. Art. ‹Anwesenheit›. – [7] HEIDEGGER, a. a. O. 171.

6. Neuerlich hat das Wort ‹E.› vor allem in wissenschaftstheoretischen Analysen zur Methode der Naturwissenschaften und der empirischen Sozialwissenschaften eine Konjunktur, die sich den hier besonders wirksam gewordenen Traditionen des logischen Empirismus verdankt. Der Rekurs auf die E. tritt dabei als generelles Rechtfertigungs- bzw. Kritikprinzip für Methoden und Sätze auf, die nicht den von CARNAP so genannten «Formalwissenschaften» Logik und Mathematik zuzurechnen sind. Im allgemeinen steht ‹E.› hier sehr pauschal für die Ergebnisse von Experimenten oder (z. B. statistischen) Erhebungen. Hatte der frühe logische Empirismus die E.-Basis als ein rein Gegebenes fingiert, so gewinnt inzwischen nicht zuletzt dank der Kritik auch des kritischen Rationalismus K. POPPERS an dieser Konzeption der empirischen Basissätze [1] die Erkenntnis Raum, daß auch die genannten Daten bereits Ergebnisse methodisch geleiteter Orientierungsarbeit sind und damit

ein Rückgang auf eine sogenannte «reine» E. unmöglich ist. Die Befreiung von der empiristischen Reduktion des E.-Verständnisses öffnet zugleich den Weg für das Bemühen, das differenzierte Feld menschlicher Leistungen, das die Tradition von Aristoteles bis Kant unter dem Titel ‹E.› zum Thema erhebt, methodisch zu begreifen. In dieser Richtung ist vor allem die auf Ansätze von DINGLER [2] zurückgehende Theorie der exakten Wissenschaften tätig [3].

Anmerkungen. [1] K. POPPER: Logik der Forsch. (1935, engl. 1959). – [2] Vgl. u. a. H. DINGLER: Grundlagen der Physik (²1923); Das Experiment, sein Wesen und seine Gesch. (1929); Aufbau der exakten Fundamentalwiss. (1964). – [3] Vgl. z. B. P. LORENZEN: Methodisches Denken (1968); P. JANICH: Die Protophysik der Zeit (1969).

Literaturhinweise. H. REICHENBACH: Experience and prediction (1938). – G. BUCK: Lernen und Erfahrung – Zum Begriff der didaktischen Induktion (1967). – K. HÜBNER: Theorie und Empirie. Philos. nat. 10 (1967) 198-210. – F. KAMBARTEL: Erfahrung und Struktur – Bausteine zu einer Kritik des Empirismus und Formalismus (1968). – H. H. PRICE: Thinking and experience (rev. ed. 1969). – H. HOLZHEY: Kants E.-Begriff. Quellengesch. und bedeutungsanalyt. Untersuch. (1970). F. KAMBARTEL

Erfahrung, Analogien der. KANT nennt die dritte Klasse der synthetischen Grundsätze des reinen Verstandes, die empirischer Erkenntnis (Erfahrung) als solcher zugrunde liegen, «A.d.E.» [1]. Ihr «allgemeiner Grundsatz» (A) bzw. ihr «Prinzip» (B) lautet: «Alle Erscheinungen stehen, ihrem Dasein nach, a priori unter Regeln der Bestimmung ihres Verhältnisses unter einander in einer Zeit» (A) [2] bzw. «Erfahrung ist nur durch die Vorstellung einer notwendigen Verknüpfung der Wahrnehmungen möglich» (B) [3]. In einem der zweiten Fassung eigens zugefügten Beweis des Prinzips wird der innere Zusammenhang beider Formulierungen deutlich. Erfahrung als *Erkenntnis*, die «durch Wahrnehmungen ein Objekt bestimmt» [4], hat zur Bedingung, daß die Wahrnehmungen (Erscheinungen) «in der Zeit überhaupt», nämlich nach «Regeln der allgemeinen Zeitbestimmung» [5] a priori und also notwendig verbunden sind. Der mit Vorsicht gewählte [6] Ausdruck ‹A.d.E.› zeigt an, daß diese Grundsätze das *Verhältnis* von Erscheinungen in der Zeit betreffen. Anders als die Axiome der Anschauung und die Antizipationen der Wahrnehmung, die für ihre Gegenstände «konstitutiv» sind, anders auch als mathematische Proportionen, in denen aus drei gegebenen Gliedern das vierte konstruiert werden kann, bestimmen diese philosophischen Analogien nur das Verhältnis zwischen den heterogenen Gliedern und gelten also bloß «regulativ» [7]. (Das Prinzip der Kausalität z. B. sagt also nur, *daß* jedes Ereignis eine Ursache hat, nicht aber, *welches* andere Ereignis seine Ursache ist.) Die A.d.E. fungieren darüber hinaus selbst nur, wie alle Grundsätze des empirischen Verstandesgebrauchs, *analog* zu den durch keine sinnliche Bedingung, d. h. nicht auf Zeitverhältnisse restringierten Kategorien [8].

In den A.d.E. kommen die Schemata (Zeitbestimmungen) der Relationskategorien regulativ zur Anwendung: Beharrlichkeit (Schema der Substanz), Folge (Schema der Kausalität) und Zugleichsein (Schema der Wechselwirkung) [9]. Die *1. Analogie* «Alle Erscheinungen enthalten das Beharrliche (*Substanz*) als den Gegenstand selbst, und das Wandelbare, als dessen bloße Bestimmung, d. i. eine Art, wie der Gegenstand existiert» (A) bzw. «Bei allem Wechsel der Erscheinungen beharret die Substanz, und das Quantum derselben wird in der Natur weder vermehrt noch vermindert» (B) [10] zielt weniger auf ein Verhältnis als auf ein Bleibendes, nämlich die Zeit selbst bzw. die Substanz als ihr Erscheinungssubstrat, an dem sich alle Veränderung vollzieht. Mit dem Beweis der *2. Analogie* «Alles, was geschieht (anhebt zu sein), setzt etwas voraus, worauf es *nach einer Regel* folgt» (A) bzw. «Alle Veränderungen geschehen nach dem Gesetze der Verknüpfung der Ursache und Wirkung» (B) [11] ist die Lösung der (Humeschen) Kausalproblematik beansprucht. Die *3. Analogie* «Alle Substanzen, sofern sie *zugleich* sind, stehen in durchgängiger Gemeinschaft (d. i. Wechselwirkung unter einander)» (A) bzw. «Alle Substanzen, so fern sie im Raume als zugleich wahrgenommen werden können, sind in durchgängiger Wechselwirkung» (B) [12] formuliert die transzendentalphilosophischen Voraussetzungen des physikalischen Prinzips der Gleichheit von Wirkung und Gegenwirkung (Huygens, Newton) [13], gilt aber auch für andere Arten der Wechselwirkung.

Die A.d.E. gehören zur Gruppe der *dynamischen* Grundsätze [14]. Sie ermöglichen nichts weniger als die Einheit der Natur, d. h. den gesetzmäßigen «Zusammenhang der Erscheinungen ihrem Dasein nach» [15] («physische» Synthesis [16]), sind aber nicht selbst «Grundsätze der allgemeinen (physischen) Dynamik» (Newtons Bewegungsprinzipien) [17]. Als formale Prinzipien a priori bestimmen sie auch den «Übergang zur Physik» im ‹Opus postumum› [18]. Erfahrung als «ein Princip der *durchgängigen Bestimmung* der Wahrnehmung[en] ... welche a priori als in einem allgemeinen System (der Physik) als verbunden gedacht werden» [19] ist nicht gegeben, sondern wird «gemacht» [20]. Die Vereinigung der bewegenden Kräfte der Materie «unter Gesetzen es sey mechanisch oder dynamisch» geschieht «nach der A.d.E.» [21].

Erörterungen über Analogie und Analogieschluß werden in der vorkantischen Philosophie häufig durch Hinweise auf die problematische Erkenntnis bestimmter Kausalbeziehungen wie auch des Kausalprinzips belegt (und umgekehrt) [22]. Nach BASEDOW gehört der «Hauptsatz von der Regelmäßigkeit der Folgen, oder der Ursachen» zu den «analogischen Sätzen» [23]. Der Titel ‹A.d.E.› hat auch bei Kant selbst eine Vorgeschichte. Im Frühwerk hebt er z. B. «die Analogien in der Übereinstimmung» der Planetenbewegungen [24] hervor oder spricht von «der Keplerischen Analogie» [25]. In Blättern aus dem Duisburgschen Nachlaß sind eine Reihe terminologischer Versuche («Analogien der Erscheinung», «... des Verstandes», «... der Beobachtung») belegt, in denen sich das Problem der Differenz zwischen subjektivem Vorstellungsablauf und objektiver Verbindung der Erscheinungen abbildet [26].

Der Ausdruck ‹A.d.E.› hat sich in der nachkantischen Philosophie nicht eingebürgert, so tiefgreifend sie auch durch Kants Ausführungen unter diesem Titel der Sache nach beeinflußt worden ist.

Anmerkungen. [1] KANT, KrV A 176ff./B 218ff.; Prol. § 25f. – [2] KrV A 176f. – [3] B 218. – [4] B 218. – [5] A 177f./B 220. – [6] A 161/B 200. – [7] A 179f./B 222f.; vgl. KU § 90. – [8] A 181/B 224; H. J. PATON: Kant's metaphysics of experience 2 (London/ New York ³1961) 180ff. – [9] KANT, KrV A 144/B 183f. A 177/B 219. – [10] A 182/B 224. – [11] A 189/B 232. – [12] A 211/B 256. – [13] H. HEIMSOETH: Zur Herkunft und Entwicklung von Kants Kategorientafel. Kantstudien (= Kst.) 54 (1963) 378; Kants Erfahrung mit den Erfahrungswiss., in: Studien zur Philos. I. Kants 2. Kst. Erg. H. 100 (1970) 23. – [14] KANT, KrV A 162/ B 201. – [15] A 178/B 263. – [16] A 201f. – [17] A 162/B 202; vgl. Met. Anfangsgründe der Naturwiss. Akad.-A. 4, 541ff. – [18] Akad.-A. 22, 240. 280f. 289. 292-294. 326. 338. 366. 374. 473. 477. 494. – [19] 22, 495. – [20] 22, 345. 366. 473. 494. 497. – [21] 22, 294. – [22] Vgl. J. LOCKE, Essay conc. human understanding IV, 3, § 29; IV, 16, § 12; D. HUME, Treatise on human nature, hg. GREEN/GROSE (London 1874) 1, 439; C. A. CRUSIUS: Weg zur Gewißheit und Zuverlässigkeit der menschl. Erkenntnis (1747) § 386; J. N. TETENS: Über die allg. speculativische Philos. (1775) 86. – [23] J. B. v. BASEDOW: Philalethie 2 (1764) 186f.; zit. bei G. TONELLI: Die Anfänge von Kants Kritik der Kausalbeziehungen und ihre Voraussetzungen im 18.Jh. Kst. 57 (1966) 448 (vgl. auch 422 zu Newtons Prinzip der allg. Analogie der Natur). – [24] KANT, Allg. Naturgesch. und Theorie des Himmels. Akad.-A. 1, 335ff. – [25] a. a. O. 1, 244; «Keplers drei Analogien» Op. post. Akad.-A. 22, 315. 513. 516. 518. 521. 523. 528; vgl. HEIMSOETH, Kants Erfahrung mit den Erfahrungswiss. a. a. O. [13] 18. – [26] KANT, Refl. 4675ff. Akad.-A. 17, 648. 667ff.

Literaturhinweise. G. S. A. MELLIN: Encyclop. Wb. der krit. Philos. 1 (1797). – E. LAAS: Kants A.d.E. (1876). – A. STADLER: Die Grundsätze der reinen Erkenntnistheorie in der Kantischen Philos. (1876) 81ff. – H. DRIESCH: Die Kategorie «Individualität» im Rahmen der Kategorienlehre Kants. Kantstudien (= Kst.) 16 (1911) 22-53. – H. COHEN: Kants Theorie der Erfahrung (³1918) 559ff. – H. J. PATON s. Anm. [8] 159ff. – M. HEIDEGGER: Die Frage nach dem Ding. Zu Kants Lehre von den transzendentalen Grundsätzen (1962) 174ff. – J. BENNETT: Kant's analytic (Cambridge 1966) 181ff. – P. F. STRAWSON: The bounds of sense. An essay on Kant's Critique of Pure Reason (London 1966) 118ff. – F. DELEKAT: I. Kant. Hist.-krit. Interpretation der Hauptschriften (³1969) 129ff. – *Zur 1. Analogie:* L. C. ADDIS: Kant's first analogy. Kst. 54 (1963) 237-242. – C. F. v. WEIZSÄCKER: Kants «Erste A.d.E.» und die Erhaltungssätze der Physik, in: Argumentationen. Festschr. J. König (1964) 256-275. – *Zur 2. Analogie:* H. HÖFFDING: Zur Stellung der Erkenntnistheorie in unserer Zeit. Kst. 35 (1930) 480-495. – G. BUCHDAHL: Causality, causal laws and sci. theory in the philos. of Kant. Brit. J. Philos. Sci. 16 (1965) 187-208. – L. W. BECK: The second analogy and the principle of indeterminacy. Kst. 57 (1966) 199-205. – M. GUEROULT: Structure de la seconde analogie de l'expérience, in: Studien zu Kants philos. Entwicklung (1967) 159-166. – W. A. SUCHTING: Kant's second analogy of experience. Kst. 58 (1967) 355-369. – F. KAMBARTEL: Erfahrung und Struktur (1968) 140ff. – J. KOPPER: Kants zweite A.d.E. Kst. 61 (1970) 289-306. – T. E. WILKERSON: Time, cause and object: Kant's second analogy of experience. Kst. 62 (1971) 351-366; vgl. die Diskussionsbeiträge zur A.d.E.-Problematik a. a. O. 367-396. H. HOLZHEY

Erfahrung, innere. Als deutscher Terminus begegnet ‹innere E.› wohl zuerst bei V. WEIGEL [1], die Sache aber schon bei ALBERTUS MAGNUS und ROGER BACON. Auch in PASCALS Unterscheidung von ‹esprit de finesse› und ‹esprit de géométrie› zeigt sich eine Differenzierung des Erfahrungsbegriffs im Sinne der Unterscheidung von äußerer und innerer E. DESCARTES spricht von «intuition» und «réflexion de l'entendement sur lui-même». Während äußere E. täuschen kann, liefert die innere unbezweifelbare Gewißheit. Auch LOCKES «reflection» ist eine Art i.E. Unter dem Einfluß des biblischen E.-Begriffs [2] behandelt SANDAEUS den mystischen Begriff der «experientia». Der durch das Luthertum beeinflußte Pietismus nimmt den Begriff der inneren E. auf, so G. ARNOLD [3], CH. E. RICHTER [4], J. J. MOSER [5], G. TERSTEEGEN [6] und S. K. v. KLETTENBERG, die ihn im Zusammenhang mit dem Begriff der «schönen Seele» an GOETHE und die Romantiker weitergibt [7].

Für A. G. BAUMGARTEN gehört das ‹innere Empfinden› in den innersten Bereich des Bewußtseins (sensu interno intimaque conscientia) [8]. Systematische, erkenntnistheoretische Funktion erhält die innere E. bei KANT. Die Zeit ist die Anschauungsform der inneren E., und wir erkennen uns durch innere E. immer nur, wie wir uns in der Zeit erscheinen, nicht als Ding an sich. Die innere E. hat also keinen Vorrang vor der äußeren, ist vielmehr von dieser abhängig [9]. Schon J. H. LAMBERT wollte vorher alle apriorischen Begriffe auf «unmittelbare innere Empfindung der Seele» gründen und versteht diese als «Zurückdenken auf seine eigenen Gedanken» [10]. F. v. BAADER behauptet unter dem Einfluß Kants und der mystischen Tradition die Eigenständigkeit innerer E.: «Das innere Leben, das wirkende Principium in dieser Bewegung können Sie nicht sehen, aber wohl mit Ihrem Geiste wahrnehmen» [11]. Die Philosophie des deutschen Idealismus lehnt ein «Zeitalter des bloßen nackten E.-Begriffs» (FICHTE) [12] ab und bezeichnet die «Vorstellung, daß das Wissen ganz von außen komme», als Vorstellung «ganz abstrakter, roher E.-Philosophen» (HEGEL) [13]. Auch für SCHOPENHAUER «ist die Erkenntnißquelle der Metaphysik nicht die äußere E. allein, sondern eben so wohl die innere; ja, ihr Eigenthümlichstes, wodurch ihr der entscheidende Schritt, der die große Frage allein lösen kann, möglich wird, besteht ... darin, daß sie, an der rechten Stelle, die äußere E. mit der innern in Verbindung setzt und diese zum Schlüssel jener macht» [14].

Für den jungen NIETZSCHE ist ‹innere E.› ein Privileg des ‹großen Menschen›: «... jeder hat nur dann ein Recht, seine inneren E. auszusprechen, wenn er auch seine Sprache dafür zu finden weiß» [15]. Später polemisiert Nietzsche gegen den Begriff der inneren E. als einer Fiktion: «... der wirkliche Vorgang der inneren ‹Wahrnehmung› ... ist uns absolut verborgen – und vielleicht eine reine Einbildung» [16]. «Die ganze ‹innere E.› beruht darauf, daß zu einer Erregung der Nerven-Centren eine Ursache gesucht und vorgestellt wird – und ... diese Ursache ist schlechterdings nicht adäquat der wirklichen Ursache ...» [17]. Sie ist wie alle «Causal-Fiktionen» bloße Auslegung und tritt uns ins Bewußtsein «erst nachdem sie eine Sprache gefunden hat, die das Individuum versteht ...» [18].

F. BRENTANO spricht von innerer Wahrnehmung. Diese zeichnet sich durch untrügliche Evidenz aus. In ihr erfahren wir die psychischen, in der äußeren die physischen Phänomene [19]. Für W. WUNDT gehen äußere und innere E. nicht auf verschiedene Gegenstände, sondern bezeichnen verschiedene Gesichtspunkte der Bearbeitung der an sich einheitlichen Erfahrung. Der Naturwissenschaft entspricht die äußere-mittelbare, der Psychologie die innere-unmittelbare E. [20]. Bei TH. LIPPS wird Selbstbeobachtung zum «inneren Experiment» neben dem zählenden und messenden äußeren [21]. E. HUSSERL kritisiert die bisherigen Unterscheidungen von innerer und äußerer E. bzw. Wahrnehmung. Sie seien «von ganz gleichem erkenntnistheoretischem Charakter» [22]. An ihre Stelle setzt er die von adäquater und inadäquater Wahrnehmung.

Anmerkungen. [1] V. WEIGEL: Erkenne dich selbst (1615). – [2] z. B. 2. Moses 6, 7. – [3] G. ARNOLD, Werke, hg. E. SEEBERG (1934). – [4] CH. E. RICHTER: Erbauliche Betrachtungen vom Ursprung und Adel der Seelen (²1767). – [5] J. J. MOSER: Lebensgesch. J. J. Mosers ... von ihm selbst beschrieben 1-3 (³1777). – [6] G. TERSTEEGEN: Geistliche und erbauliche Briefe über das Inwendige Leben und Wahre Wesen des Christentums 1-4 (1773-1775). – [7] S. K. v. KLETTENBERG: Die schöne Seele. Bekenntnisse. Schriften u. Briefe, hg. H. FUNCK (²1912); zum Begriff ‹innere E.› im Pietismus vgl. A. LANGEN: Der Wortschatz im dtsch. Pietismus (1954) 248. – [8] A. G. BAUMGARTEN: Aesthetica (1750, Nachdruck 1961) § 30. – [9] KANT, Akad.-A. 3, 191. – [10] J. H. LAMBERT: Über die Methode, die Met., Theol. und Moral richtiger zu beweisen (1762) § 21, 36. – [11] F. v. BAADER, Werke 11, 14. – [12] J. G. FICHTE, Werke, hg. MEDICUS 4, 506. – [13] G. W. F. HEGEL, Werke, hg. GLOCKNER 18, 215f. – [14] A. SCHOPENHAUER, Werke, hg. HÜBSCHER 3, 201. – [15] F. NIETZSCHE, Groß-Oktav-A. 10, 318. – [16] a. a. O. 16, 6. – [17] 16, 9. – [18] 16, 10. – [19] F. BRENTANO: Psychol. vom empirischen Standpunkte aus (1874) 118ff. – [20] W. WUNDT: Grundriß der Psychol. (⁶1904) 3. – [21] TH. LIPPS: Leitfaden der Psychol. (²1906) 43. – [22] E. HUSSERL: Log. Untersuch. 2/2 (⁴1968) 222ff.

Literaturhinweise. A. PHALÉN: Beiträge zur Klärung des Begriffs der inneren E. (Uppsala 1913). – A. LANGEN s. Anm. [7]. G. KNAUSS

Erfahrungswissenschaft wird als Begriff vorwiegend für die Zusammenfassung von Natur- und Geisteswissenschaft (bzw. Kultur- oder Sozialwissenschaft) unter Voraussetzung der Trennung von Spekulation und Theologie sowie von Mathematik und Logik [1] verwendet. ‹E.› unterscheidet sich von den Parallelbegriffen «empirische Wissenschaft» [2], «reale» oder «Real-Wissenschaft» [3], «concrete science» [4] – alle wie ‹E.› häufiger im Plural verwandt – und «science positive» [5] durch zusätzliche Betonung des Erkenntnisanteils der «inneren Erfahrung», der schon in KANTS unterschiedlicher Verwendung der Begriffe «Erfahrung» und «Empirie» aufscheint. POPPER übersetzt ‹E.› in der englischen Ausgabe seiner Logik, dem Sprachgebrauch der angelsächsischen Wissenschaftstheorie entsprechend, mit «science» [6]. Heute weniger gebräuchliche, aber philosophiegeschichtlich wichtige Vorläufer des Begriffs der E. – bei denen der unterschiedliche Wissenstand in Rechnung zu setzen ist – sind ROGER BACONS «scientia experimentalis» [7], von welcher eine Linie zur «nuova scienza» GALILEIS [8] führt, die «inductive science» der *englischen Empiristen* [9] und CHR. WOLFFS im Anschluß an LEIBNIZ formulierte «Wissenschaft a posteriori» (die zunächst an sich nur deskriptive Parallelwissenschaft zur rationalen Wissenschaft oder Philosophie, die von WINDELBAND und DILTHEY in Vorverlegung von Schopenhauers Wissenschaftseinteilung als Quelle des Begriffs der E. interpretiert wurde) [10].

Der Ausdruck ‹E.› stammt aus dem nachkantischen deutschen Idealismus und findet sich unabhängig voneinander bei J. F. FRIES mit dem Hineinholen des Apriori in die innere Erfahrung (1808) und bei W. VON HUMBOLDT (1814) als Sammelbegriff für Naturwissenschaft und Geschichte [11]. Mit diesem geisteswissenschaftlichen Unterton wurde ‹E.› von DILTHEY übernommen und in Richtung auf die wissenschaftliche Erfahrung des ganzen «wollend fühlend vorstellenden» menschlichen «Wesens» ausgedehnt (wobei das Interesse Diltheys weniger dem Sammelbegriff ‹E.› als der Geisteswissenschaft galt) [12]. Dagegen war der Begriff «empirische Wissenschaft» nach SCHOPENHAUERS Einteilung den Anhängern der induktiven und der exakten Methode vorbehalten geblieben, soweit diese nicht den Ausdruck ‹Wissenschaft› schlechthin für sich in Anspruch nahmen. E. MACH verwendete ‹Wissenschaft› in bewußter Offenheit in Richtung auf vorwissenschaftliche empirische Erkenntnisse (des Altertums und der handwerklichen Praxis), zugleich aber auch im Hinblick auf die Bedeutung der Mathematik und Logik für die Gesetzesfindung. Aus dieser Kombination entwickelte dann der *Wiener Kreis* den Begriff der «empirico-deduktiven Wissenschaft» als Einheitswissenschaft für alle Gebiete der empirischen Wissenschaft (einschließlich der allmählich zur selben Bedeutung reduzierten E.) unter Ablehnung und Verdrängung der «Induktion» als wissenschaftlicher Methode [13]. Durch die Hervorhebung der Systematik, Exaktheit und Gesetzeswissenschaft in dieser methodischen Richtung wurden logisch formalisierbare Teile der Sprach- und Sozialwissenschaften gefördert, die Geschichte aber als unvollkommene Wissenschaft, die nicht nach allgemeinen Gesetzen strebt, unter Ablehnung zeitbedingter oder unvollkommener Erfahrungsregeln an den Rand der E. gedrängt [14]. Bekanntester Sprecher dieser Wissenschaftsauffassung ist inzwischen POPPER, der gegen jegliche Spekulation sein Postulat der grundsätzlichen Falsifizierbarkeit erfahrungswissenschaftlicher Aussagen aufgestellt hat [15], das sich außer gegen logisch-formalen «Modellplatonismus» [16] vor allem gegen die hegelianische Sozial- und Geschichtsphilosophie richtet (Popper-Adorno-Kontroverse). Dadurch wird Dialektik als E. abgelehnt und allenfalls als Beschreibung der Entwicklung von Ideen anerkannt [17]. Poppers Standort steht auch DAHRENDORFS «Erfahrungswissenschaftlicher Soziologie» nahe, die in systematisch-wissenschaftlicher Distanz zur Populärerfahrung, aber falsifizierbar gedacht ist [18]. Eine am klassischen Empirismus anknüpfende Richtung vertritt REICHENBACH, der E. außer durch «hypothetisch-deduktive Methode» auch durch «erklärende Induktion» kennzeichnet und Aneinanderreihung von Erfahrungen (nach dem volkstümlichen Erfahrungsbegriff) mit dem Ziel statistischer Wahrscheinlichkeitsaussagen anerkennt [19]. Die umfassendste oder vermittelnde Umschreibung der «empirischen Wissenschaften» ist ihre Definition als «reduktive» oder «erklärende Wissenschaften» durch BOCHEŃSKI. Statt «induktiv», aber auch statt «empirico-deduktiv» wäre dann «empirico-reduktiv» zu sagen; sowohl die «Induktion» als auch Erklärungsarten ohne absolute oder allgemeingültige Gesetze sind Unterarten der Reduktion [20]. Während der Erfahrungsbegriff der Phänomenologie anscheinend nicht zu einer begrifflichen Neuformulierung der E. geführt hatte, ist in neuerer Zeit eine Erweiterung des Verständnisses der E. in Richtung auf ihren ursprünglichen Umfang durch HABERMAS' Feldzug gegen die, wie er sie nennt, «positivistische» (eigentlich «nomothetische») Verengung der E. in Sicht. Habermas unterscheidet «strikte E.» und «E.» in einem weiteren Sinne, die für die hermeneutische Methode offen ist [21], welche auch in H. SCHÄFER für die Medizin ihren Befürworter hat [22]. Die weitere Forderung von HABERMAS nach rationaler Diskussion der Ziele und ethischen Nebenfolgen der E. – und zwar wissenschaftlich und nicht nur privat (wie es POPPER und ALBERT nach MAX WEBER konzedieren würden) – bleibt auch bei grundsätzlicher Anerkennung der methodischen Trennung von Sein und Sollen vertretbar [23]. In dieser Richtung ist die pragmatische Auffassung [24] der E., die planende Politik (im Sinne der Wirtschafts- und Finanzpolitik) miteinschließt, offener als die «reine» Wissenschaftsauffassung, deren letztes Ziel die Auffindung theoretischer Gesetze ist [25].

Anmerkungen. [1] Vgl. die engl. Empiristen, bes. D. HUME: An enquiry conc. human understanding (1748), dtsch. Philos. Bibl. 35 (1964) Kap. 4, 1. – [2] Vgl. für den Terminus ‹Empirismus› A. SCHOPENHAUER: Die Welt als Wille und Vorstellung II (1844) 12. – [3] G. TH. MASARYK: Grundzüge einer konkreten Logik, dtsch. (1887); W. WUNDT: System der Philos. (¹1889, ³1908) 13ff.; E. BECHER: Geisteswiss. und Naturwiss. (1921). – [4] K. PEARSON: The grammar of sci. (²1900); ferner BAIN, SPENCER, MASARYK; vgl. Eisler⁴, 3, 623. – [5] A. COMTE: Cours de philos. positive 1-6 (Paris 1830-1842). – [6] K. R. POPPER: Logik der Forsch. (Wien 1935), engl. The logic of sci. discovery (London 1959) Überschrift Teil 1. – [7] ROGER BACON (1214-1292): Opus maius, pars VI, hg. J. H. BRIDGES (Oxford 1897) bes. 2, 172f. 221; vgl. UEBERWEG/GEYER: Die patristische und scholastische Philos. (¹²1927) 473. – [8] G. GALILEI: Discorsi e dimostrazioni mat. intorno a due nuove sci. (1638, dtsch. 1891); vgl. A. RIEHL: Führende Denker und Forscher (1922). – [9] FRANCIS BACON, J. LOCKE, D. HUME, J. ST. MILL; vgl. W. WHEWELL: Hist. of the inductive sci. (London 1837, dtsch. 1839-1841). – [10] G. W. LEIBNIZ, Monadol. 76; vgl. Eisler⁴ 1, 86; CHR. WOLFF: Psychol. empirica (1738) 434ff., § 7; W. WINDELBAND: Gesch. der neueren Philos. (¹1878, ⁶1922) 1, 521; W. DILTHEY: Ideen über eine beschreibende und zergliedernde Psychol. (1894) 2. Kap. Die Philos. des Lebens, Auswahl, hg. H. NOHL (1961) 146; vgl. Anm. [2]. – [11] J. FR. FRIES: Selbstrez. der Neuen Kritik der Vernunft. Heidelberg. Jb. Lit. 1/1 (1807) 241-255. 248. Sämtl. Schriften, hg. G. KÖNIG und L. GELDSETZER 1/4 (1967) 14; W. VON HUMBOLDT: Über die Bedingungen, unter denen Wiss. und Kunst in einem Volke gedeihen. Bruchstück (1814). Werke, hg. Preuß. Akad. Wiss. (1904, Nachdruck 1968) 243-249. 346. – [12] W. DILTHEY: Vorrede zur Einl. in die Geisteswiss. (1883) a. a. O. [10] 125-130. – [13] E. MACH: Erkenntnis und Irrtum (¹1926); vgl. die Zeitschrift ‹Erkenntnis› (außer dem Wiener Kreis auch die Ges. für ‹empirische Philos.›, Berlin). – [14] K. R. POPPER: The poverty of historicism (1944, dtsch. 1965). – [15] a. a. O. [6]. – [16] H. ALBERT: Modell-Platonismus, in: Sozialwiss. und Gesellschaftsgestaltung, Festschr. G. Weisser, hg. F. KARRENBERG und H. ALBERT (1963) 45-76. – [17] K. R. POPPER: Was ist Dialektik? in: Logik der Sozialwiss., hg. E. TOPITSCH. Neue wiss. Bibl. Soziol. 6 (1965) 263-290. – [18] R. DAHRENDORF: Pfade aus Utopia. Arbeiter zur Theorie und Methode der Soziol. (1967) bes. 1f. 9f. – [19] H. REICHENBACH: The rise of sci. philos. (Berkeley/Los Angeles 1951), dtsch. MARIA REICHENBACH: Der Aufstieg der wissenschaftlichen Philos., in: Wissenschaftstheorie, Wiss. und Philos., hg. S. MOSER und S. SCHMIDT (1968) 119; Kausalität und Wahrscheinlichkeit. Erkenntnis 1 (1930/31) 158-188. – [20] I. M. BOCHEŃSKI: Die zeitgen. Denkmethoden. Dalp Taschenb. 304 (1954, ²1959) 100-138; C. G. HEMPEL: Fundamentals of concept formation in empirical sci., in: Int. Encyclop. of unified sci. 2 (Chicago 1952) Nr. 7. – [21] J. HABERMAS: Zur Logik der Sozialwiss. Philos. Rdsch. Beih. 5 (1967) 3. – [22] H. SCHÄFER: Med. heute. Theorie, Forsch., Lehre. Slg. Piper (1963) 123ff. – [23] J. HABERMAS: Gegen einen positivistisch halbierten Rationalismus. Köln. Z. Soziol. 16 (1964) 635-659; vgl. H. ALBERT: Der Mythos der totalen Vernunft a. a. O. 225-256. – [24] CH. S. PEIRCE, J. DEWEY, W. JAMES; vgl. J. HABERMAS: Theorie und Praxis. Politica 11 (1963) bes. 215-261. – [25] K. R. POPPER: Die Zielsetzung der E. Ratio 1 (1957), auch in: Theorie und Realität. Die Einheit der Gesellschaftswiss., hg. H. ALBERT (1964) 2, 73-87; H. ALBERT: Wertfreiheit als methodisches Prinzip, in: Logik der Sozialwiss. a. a. O. [17] 181-210; vgl. H. ZETTERBERG: Social theory and social practice (New York 1962).

Literaturhinweise. Publikationen direkt über die Gesch. des E.-Begriffs gibt es m. W. nicht. Informativ dazu sind: W. WINDELBAND s. Anm. [10]. – W. WHEWELL s. Anm. [9]. – Int. Encyclop. of unified sci., hg. NEURATH, CARNAP und MORRIS (Chicago 1950ff.). – H. REICHENBACH: Der Aufstieg der wiss. Philos. s. Anm. [19]. – H. FEIGL: Some major issues and developments in the philos. of sci. of logical empirism. Minn. Stud. Philos. Sci. 1 (1956). – A. BRECHT: Polit. theory (Princeton 1954, dtsch. 1961). – J. AGASSI: Towards a historiogr. of sci. Hist and Theory. Beih. 2 (1963). – J. HABERMAS s. Anm. [21]. – F. KAMBARTEL: Erfahrung und Struktur. Bausteine zu einer Kritik des Empirismus und Formalismus (1968). – W.-D. NARR: Theoriebegriffe und Systemtheorie, in: NARR/NASCHOLD: Einführung in die moderne polit. Theorie. Reihe Gesch. und Gegenwart 1 (1969). – G. C. HOMANS: Was ist Sozialwiss.? in: Slg. Soziol. (1969). H. MEY

Erfahrung, transzendentale. So heißt in der Phänomenologie E. HUSSERLS die durch die transzendentale Epoché und Reduktion ermöglichte Selbsterkenntnis der transzendentalen Subjektivität, ihre «wissenschaftliche Selbstbesinnung» [1]. Eine Vorstufe der t.E. ist gegeben in einer Deskription des reinen Bewußtseins [2], die auch als phänomenologisch-psychologische Selbsterfahrung des Bewußtseins interpretierbar ist [3]. Sie erforscht das in der phänomenologischen Epoché und Reflexion thematisierte «Feld» des reinen Bewußtseins [4]. Dieses Feld ist als eine Region individuellen des «ursprünglich zugänglich in einer ihr zugeordneten Erfahrungsart» [5]. In ihr ist die Welt und ihre natürliche Erfahrung für die Reflexion des in der Epoché etablierten «uninteressierten Zuschauers» [6] als «Phänomen» gegeben [7].

Die t.E. im strengen Sinne wird möglich durch die transzendentale Reduktion [8]. Sie entzieht der phänomenologisch-psychologischen Selbsterfahrung den sie tragenden Weltboden [9] und wandelt sie so in die transzendentale Selbsterfahrung [10]. In ihr sind alle aktuellen und potentiellen Vollzugsweisen der Intentionalität, damit die gesamte Welt- und Selbstkonstitution der transzendentalen Subjektivität zur Selbstgegebenheit (Evidenz) zu bringen [11]: sie sind «Gegenstand möglicher Erfahrung». Auf der Möglichkeit dieser t.E., deren Methode die Intentionalanalyse ist, beruht, in Verbindung mit der eidetischen Reduktion, die Möglichkeit der transzendentalen Phänomenologie als Wissenschaft, die somit transzendentale Erfahrungswissenschaft ist [12]. Diese zunächst in einer gewissen Naivität geübte Erfahrungswissenschaft bedarf abschließend einer «apodiktischen Kritik der t.E.» [13].

Anmerkungen. [1] E. HUSSERL: Formale und transzendentale Logik (1929) 242; vgl. Ideen zu einer reinen Phänomenol. und phänomenol. Philos. 3. Buch. Husserliana 5 (Den Haag 1952) 141. 153. – [2] Ideen ... 1. Buch. Husserliana 3 (1950) 141. – [3] Die Krisis der europäischen Wiss. und die transzendentale Phänomenol. Eine Einleitung in die phänomenol. Philos. Husserliana 6 (²1962) 267; vgl. Phänomenol. Psychol. Vorlesungen SS 1925. Husserliana 9 (1962) 294. – [4] Ideen ... 1. Buch a. a. O. [2] 119; vgl. 3. Buch a. a. O. [1] 141. 153. – [5] Ideen ... 1. Buch a. a. O. [2] 70. – [6] Erste Philos. (1923/24) 2. Teil: Theorie der phänomenol. Reduktion. Husserliana 8 (1959) 91. – [7] Die Krisis ... a. a. O. [3] 156. – [8] Erste Philos. a. a. O. [6] 163. – [9] Die Krisis ... a. a. O. [3] 261. – [10] Erste Philos. a. a. O. [6] 84; vgl. Cartesianische Meditationen und Pariser Vorträge. Husserliana 1 (²1963) 68. – [11] a. a. O. 92; vgl. Formale und transzendentale Logik (1929) 141. – [12] Cartesianische Meditationen ... a. a. O. [10] 11. – [13] Erste Philos. a. a. O. [6] 169; vgl. Formale und transzendentale Logik (1929) 225. U. CLAESGES

Erfolgsethik kommt zu Beginn des 20. Jh. auf und gelangt durch SCHELER im Sprachgebrauch der Ethik zu allgemeiner Verbreitung. Scheler definiert E. als «eine Ethik, die den Wert der Person und des Willensaktes, ja alles übrigen Verhaltens überhaupt von der Erfahrung über die praktischen Folgen abhängig machte, welche deren Wirken in der realen Welt besitzt» [1]. Der E. wird dabei die «Gesinnungsethik» gegenübergestellt. Die E. läßt also den Eigenwert der sittlichen Absicht und der in ihr enthaltenen Gesinnung sowie ihrer Durchführung im Handeln außer acht und blickt statt dessen nur auf die (im Akt der Absicht ins Auge gefaßten) Ziele und die bei deren Verfolgung sich ergebenden tatsächlichen Folgen des Handelns. D. h. sie erblickt als sittliche Norm nur die des ‹sittlich Richtigen›, hält aber diese für diejenige des (von ihr übersehenen) sittlich Guten [2]. Prototyp aller E. ist die sozial-eudämonistische Ethik, insbesondere der Utilitarismus, wie er am schärfsten bei BENTHAM ausgeprägt ist. Aber auch wo, wie bei HUME, neben dem Nützlichen das «unmittelbar Angenehme» als letzter Maßstab der Sittlichkeit aufgestellt wird, liegt E. vor.

Anmerkungen. [1] Der Formalismus in der Ethik und die materiale Wertethik (1913, ⁵1966) Teil 3: ‹Materiale Ethik und E.›. – [2] Hierüber vgl. H. REINER: Gut und Böse (1965).

Literaturhinweise. Vgl. Anm. [1]. – D. BAUMGARDT: Gesinnungsethik oder E.? Philos. Stud. 1 (1949) 91-110. – H. REINER: Gesinnungsethik und E. Arch. Rechts- u. Sozialphilos. 40 (1953) 520-533. H. REINER

Erhaben, das Erhabene

I. Die Geschichte von ‹erhaben› geht von griechisch ‹Hypsos› (ὕψος, Höhe = H.) aus. H. ist die Erhöhung der pathetisch sich aufschwingenden Seele. Es bedeutet ursprünglich die im enthusiastischen Dichtervortrag erregte und in Katharsis endende Selbststeigerung. Daß diese Zugehörigkeit als Vorgeschichte des Begriffs anzusetzen ist, folgt aus den Umständen seiner Bewußtwerdung, die eintrat, als der Enthusiasmus die Kraft verlor, seine Vergegenwärtigungsformen an sich zu binden. Wie sich der Niedergang des dichterischen Enthusiasmus deutlich bei PLATON und ARISTOPHANES widerspiegelt, so haben sie auch als erste in ebendiesem Zusammenhang das H. als besonderes Moment identifiziert – dieser, um es als hohle Form zu entlarven, jener, um es in seinem alten Sinne philosophisch zu bewahren.

1. ARISTOPHANES, der im Enthusiasmus die Suggestion erhaben-unverständlicher Diktion als Produkt dichterischer Himmelsausflüge vermutet [1], läßt den auf schlichten Stil eingeschworenen Euripides die Erhabenheit des Aischylos für aufwendigen Bombast ausgeben [2]. Dies bestätigend lobt ARISTOTELES die am Usuellen sich orientierende Sprache des Euripides mit ihrer Klarheit [3] und verzichtet mit dem erhabenen Stil zugleich auch auf die von ihm vertretene Sache. Die *Rhetorik* akzeptierte nur die letztere Seite dieses Verzichts, da ihr an der mitreißenden Gewalt des zum H. gesteigerten Pathos der Zuhörer lag [4]. Folgerichtig ist Übertreibung des H. Kunstfehler (vitium), nicht substantielle Verfehlung [5].

2. PLATON unterwirft das H. dem unter nachsophistischen Bedingungen wiederhergestellten Enthusiasmus so konsequent, daß es sein Gepräge eines bestimmten Stilelementes sogleich wieder einbüßt: philosophischer Enthusiasmus ist «Höhenwandeln» der beflügelten Seele zu den Göttern [6], nachdem diese aus ihren menschlichen Besorgungen «herausgetreten» ist [7]. Die mit dem ursprünglichen Sinn von ‹H.› (Höhe) gegebene Raumvorstellung, die die Höhe von der Erde zum Himmel meint [8] und in dem zu den Sternen aufblickenden Thales beispielhaft wird [9], ist bei Platon gewahrt [10]. Modellartig steht solcher Aufschwung hinter dem Höhlengleichnis und der Beschreibung des Stufenweges in der Erkenntnis des Schönen im ‹Symposion› [11]. Mag auch der Aufschwung eine Form von Flucht sein, so hat ‹H.› doch seinen alten Sinn bewahrt, dem Hier aus der Distanz seine Katharsis aufzunötigen [12]. Die platonische Minimalforderung, der erhabene Stil sei angemessen zur erhabenen Sache bzw. zur Intensivierung der Aufmerksamkeit auf diese zu gebrauchen, formuliert ISIDOR [13], nachdem Stil und Inhalt unter dem Eindruck der Rhetorik unwiederbringlich getrennt wurden.

Zwischen den von Platon und Aristophanes eingeschlagenen Wegen erklären die *Stoiker* das H. zur moralischen Qualität: ‹H.› bezeichnet die «Größe» des weisen [14] und sittlich untadeligen [15] Mannes.

Die Longin zugeschriebene Abhandlung ‹Über das Erhabene› (Περὶ ὕψους) ist der letzte Versuch, den alten Sinn von H. zu bewahren, allerdings auf Antrag einer die Philosophie sich unterordnenden Dichtung, die das H. nicht mehr als ornamentales Beiwerk mißbraucht [16], sondern sich diesem als Medium der Erhebung der Seele zu Hochgestimmtheit anbietet [17] – zugleich die Bedingung der Gelungenheit eines Kunstwerkes [18]. Dabei denkt PSEUDO-LONGIN nur an das Wortkunstwerk, das allein über das Menschliche erhebe, im Gegensatz zu der im Menschenähnlichen verharrenden bildenden Kunst [19] und dem durch Aulos und Kithara erzeugten falschen Pathos [20]. Die H. ausstrahlende Dichtung hebe nahe an den hohen Sinn Gottes [21] – ein Enthusiasmus, dessen Pathos nicht auf Rührseligkeit des Jammerns und Fürchtens beruht [22], sondern auf der Echtheit jener Worte, die gleichsam Pneuma atmen und aus göttlicher Begeisterung sprechen [23]. Als Weg zum H. empfiehlt Pseudo-Longin die Nachahmung großer Vorbilder, werde doch mancher von fremdem Anhauch selber göttlich ergriffen [24]; so rühre Platons Größe von Homer her, dem im Wettstreit um den Kranz zu unterliegen für den Jüngeren keineswegs unehrenhaft war [25]. Gegen Platons geschichtliche Überwindung des Mythos – hier zum Wettstreit verharmlost – fordert die Dichtung das H. zurück: war es für Platon der Dichtung allenfalls unter Führung der Philosophie möglich, sich von ferne dem Göttlichen zu nähern, so kehrt Pseudo-Longin dies Verhältnis um, weil für ihn das H. am authentisch dichterischen Enthusiasmus hängt.

Anmerkungen: [1] ARISTOPHANES, Pax 829; Aves 1370ff. – [2] Ranae 837ff. 1058f. – [3] ARISTOTELES, Rhet. 1404 b 1ff. – [4] Vgl. PS.-LONGIN, PERI HYPSOUS 14, 1; 36, 2. – [5] QUINTILIAN, Inst. orat. X, 1, 66. – [6] PLATON, Phaidr. 246 c-f. – [7] a. a. O. 249 c-f. – [8] EMPEDOKLES I, 292, 32 (DIELS). – [9] PLAT., Theait. 174 a. – [10] Phaidr. 249 c 3; vgl. 246 d 6f. – [11] Symp. 210 a ff. – [12] Phaidr. 250 c-251 b. – [13] ISIDORUS Grammaticus, Etymol. II, 17, 1-3. – [14] SVF I, frg. 216. – [15] a. a. O. I, frg. 52. – [16] PS.-LONGIN, a. a. O. [4] 7, 1. – [17] a. a. O. 7, 2. – [18] 7, 3-4. – [19] 36, 3. – [20] 39, 2-3. – [21] 36, 1. – [22] 8,2. – [23] 8, 4. – [24] 13, 2. – [25] 13, 3-4.

Literaturhinweise. J. H. KÜHN: Hypsos. Eine Untersuchung zur Entwicklungsgesch. des Aufschwungsgedankens von Platon bis Poseidonios (1941). – F. WEHRLI: Der erhabene und der schlichte Stil in der poetisch-rhetorischen Theorie der Antike, in: Phyllobolia für Peter Von der Mühll (1946) 9-34. – G. M. A. GRUBE: Notes on the PERI HYPSOUS. Amer. J. Philol. 78 (1957) 355-374.
A. MÜLLER

II. – 1. Die neuere Geschichte von E. beginnt in *Frankreich;* dort bleibt das E. (le sublime) noch in dem üblichen Begriffsbereich: Es wird nicht der Schönheit entgegengesetzt, sondern bildet deren höhere Stufe und bedeutet Größe bzw. Vornehmheit, so bei SILVAIN (1732) [1], ANDRÉ (1741) [2], VAUVENARGUES (1763) [3], DE JAUCOURT (1765) [4]. Nur DUBOS (1719) stellt das E. als das Pathetische noch über das Schöne [5].

Der E.-Begriff (the sublime) entfaltet sich in *England* zur vollen Bedeutung. ADDISON (1711-12) soll der erste gewesen sein, der eine genaue Unterscheidung zwischen dem E. und dem Schönen eingeführt hat; das E. wird als das Pathetische verstanden, wobei der Begriff des «agreable Horrour» auftaucht [6]. Ein Anhänger Shaftesburys, I. H. BROWNE, hat als erster (1739) das E. dem Schönen ausdrücklich entgegengesetzt, obwohl von ihm das Element der Unendlichkeit noch nicht aufgenommen wird [7]; ähnlich bei AKENSIDE (1744) und HURD (1749) [8]. Das E. schließt für LOWTH (1744) eine Anstrengung der Einbildungskraft ein, die sowohl auf die Größe wie auf die Kraft bezogen wird [9].

In BURKES Ästhetik des Pathetischen (1757) wird das Vergnügen der Betrachtung des E. als «delight» dem des Schönen als «pleasure» entgegengesetzt: «delight» entspringt aus der Entfernung bzw. aus der Distanz des Schmerzes. Das E. erschreckt durch die darin eingeschlossenen Wahrnehmungen der Gefahr oder der Unendlichkeit; dadurch, daß dieser peinvolle Eindruck durch die Betrachtung der eigenen Sicherheit aufgehoben wird, entsteht «delight» [10]. Für GERARD (1759) verursacht das E. eine emotionelle Anstrengung, die aus der Anschauung der Unendlichkeit stammt, welche dem betrachteten Gegenstand entweder unmittelbar oder durch Assoziation angehört.

Im *deutschen* Kulturgebiet erscheint das E. in seiner neuen englischen Form zuerst (wie übrigens auch in England) als literarisches Motiv, wie in HALLERS ‹Unvollkommenes Gedicht über die Ewigkeit› (1736) [11]; erst später folgt die ästhetische Theoretisierung. BODMER, BREITINGER [12], BAUMGARTEN, MEIER [13], später (1764) noch WINCKELMANN [14], stehen in dieser Hinsicht noch im Banne *Longins* und der französischen Ästhetik.

Anmerkungen. [1] S. H. MONK: The sublime. A study of critical theories, in: XVIII-Cent. England (Ann Arbor, Mich. 1960) 38-41. – [2] Y. M. DE L'ISLE ANDRÉ: Essai sur le beau (Paris 1741) 115. – [3] L. CLAPIER DE VAUVENARGUES, Oeuvres (Paris 1797) 39. – [4] L. DE JAUCOURT, Art. ‹Sublime›, in: DIDEROT/D'ALEMBERT, Encyclop.; J. B. DUBOS: Réflexions crit. sur la poésie, la peinture et la musique (Paris 1755) 2, 1f. – [5] MONK, a. a. O. [1] 54-58. –

[6] a. a. O. 65-66. – [7] 69-70. – [8] 82. – [9] 84ff. – [10] 109ff. – [11] G. TONELLI: Poesia e pensiero in A. v. Haller (Turin 1965) 101ff. – [12] K. VIËTOR: Die Idee des E. in der dtsch. Lit.gesch. Geist und Form. Aufs. zur dtsch. Lit. (1952) 146. – [13] G. TONELLI: Kant, dall'estetica metafisica all'estetica psicoempirica. Mem. Accad. Sci. Torino 3a/3, II (Turin 1955) 70. – [14] a. a. O. 74; vgl. 57ff. 72ff.

Literaturhinweise. J. G. SULZER: Allg. Theorie der schönen Künste 2 (1792, Nachdruck 1967) Art. ‹E.› (reiche Bibliogr. von BLANKENBURG). – J. und W. GRIMM: Dtsch. Wb. (1854ff.) Art. ‹E.›. – W. FLEMMING: Der Wandel des dtsch. Naturgefühls vom 15. zum 18.Jh. (1931). – E. TUVESON: Space, deity, and the ‹natural sublime›. Mod. Lang. Quart. 12 (1951) 20-38. – K. VIËTOR s. Anm. [12]. – H. V. S. und M. S. OGDEN: Engl. taste in landscape in the 17th cent. (Ann Arbor, Mich. 1955). – G. TONELLI s. Anm. [11. 13]. – W. J. HIPPLE: The beautiful, the sublime, and the picturesque (Carbondale, Ill. 1957). – M. NICOLSON: Mountain gloom and mountain glory (Ithaca, N.Y. 1959). – S. H. MONK s. Anm. [1] (reiche Bibliogr.). – P. VAN TIEGHEM: Le sentiment de la nature dans le préromantisme européen (Paris 1960) 123-204.
G. TONELLI

2. In der Absicht, Longin weiterzuführen, versucht M. MENDELSSOHN 1758 das E. von seinen Eigenschaften und Wirkungen her zu bestimmen: «Nun wird eine iede Eigenschaft eines Dinges überhaupt erhaben genannt, wenn sie durch ihren außerordentlichen Grad der Vollkommenheit Bewunderung zu erregen fähig ist. In diesem Verstande gebraucht man das Wort erhaben auch in den abstraktesten Wissenschaften» [1]. Eine Wahrheit ist erhaben, die ein «sehr vollkommenes Wesen als Gott, die Welt, und die menschliche Seele angehet, oder zu deren Erfindung sehr viel Nachdenken und Anstrengung des Geistes gehört hat» [2]. Das E. wird hier in der Fortführung Baumgartens für die Philosophie fruchtbar gemacht, indem der Bewunderung des E. als einer *sinnlichen Wahrnehmung* ein gewisser Grad von *Erkenntnis* zugestanden wird: «eine plötzlich anschauende Erkenntniß einer Vollkommenheit» [3]. Für die schönen Künste und Wissenschaften unterscheidet Mendelssohn zwei Gattungen von Bewunderung und der durch sie sichtbar werdenden Vollkommenheit: 1. Der Gegenstand ist von solcher Qualität, daß er Bewunderung auslöst; 2. der Künstler verfügt über Witz, Genie, Einbildungskraft, Ausdrucksvermögen, die an ihm bewundert werden. Bei der ersten Gattung wird die bezeichnete Sache, eine metaphysische Vollkommenheit bzw. das E. in Gesinnungen, das Heroische, ohne äußeren Schmuck, d. h. «naiv» [4] ausgedrückt; hier bleibt der Gegenstand immer größer als das Zeichen. Bei der zweiten Gattung des E. nimmt Mendelssohn die Tradition von Longin auf, in der das Genie mit seinen besonderen, vor allem rhetorischen Fähigkeiten bewundert wird.

Mendelssohn geht es in dieser frühen Schrift besonders um die erste Gattung des E. In ihr werden die Gegenstände der Wolffschen metaphysica specialis Gott, Welt und Seele im Zusammenspiel von theoretischem Vermögen und sinnlicher Wahrnehmung jetzt besonders in den schönen Künsten und Wissenschaften vermittelt. Nur dem E. dieser ersten Gattung spricht er wegen seiner metaphysischen Gegenstände Allgemeinheit in der Wirkung auf die Menschen zu.

Unter dem Einfluß Burkes zeigt sich später auch bei Mendelssohn eine «physikalische» und «psychologische» [5], d. h. physiologische Komponente in der Wirkung des E. auf den Menschen. Er distanziert sich hier bei der ersten Form des E. in gewisser Weise von der früheren Schrift, insofern er unter der ersten Gattung nicht mehr von objektiv erhabenen Eigenschaften metaphysischer Gegenstände, sondern nur noch von Vorstellungen spricht, die «bewundernswürdige Vollkommenheiten» [6] vermitteln. In verstärktem Maße glaubt er in den «schönen Wissenschaften» [7] und Künsten auch diese erste Gattung des E. zu finden.

KANT zeigt 1764 ähnlich wie der frühe Mendelssohn mit seiner ersten Gattung des E., daß die «mathematische Vorstellung von der unermeßlichen Größe des Weltbaues, die Betrachtungen der Metaphysik von der Ewigkeit, der Vorsehung, der Unsterblichkeit unserer Seele» eine «gewisse Erhabenheit» [8] enthalten. Größe ist so ein notwendiges Merkmal alles E. Trotz seines hier ebenfalls anthropologisch-psychologischen Ansatzes wendet sich Kant gegen die Theorien englischer Autoren, wie Hume, Burke und Home, gegen die Beliebigkeit und Oberflächlichkeit ihres Geschmacksurteils; er sucht dagegen schon 1764 dem Gefühl des E. wegen seines letztlich metaphysischen Inhaltes Allgemeingültigkeit zu sichern. Diese scheint ihm durch die moralische Naturanlage des Menschen gewährleistet. Der Schönheit wird «allgemeine Wohlgewogenheit», der Erhabenheit «allgemeine Achtung» [9] entgegengebracht. Kant will vor allem darlegen, daß das durch «Grausen» und «Schwermuth» [10] wirksam werdende Gefühl des E. bei genügend Übung den Menschen in praktischer Hinsicht für das Moralische empfänglich, «zu tugendhaften Regungen geschickt macht» [11]. Während das Gefühl des Schönen nur auf einer «adoptirten» [12] Tugend beruht, ist das Gefühl des E. auf moralische Grundsätze gegründet. Daher resümiert Kant: «Das E. rührt, das Schöne reizt» [13].

In der ‹Kritik der Urteilskraft› unterscheidet Kant ein mathematische E. mit vier Bestimmungen von Größe [14] und ein dynamisch E. Der Vorgang der Erfahrung des E., diese «negative Lust» [15], führt plötzlich und ohne Begriff dem Menschen die Nichtigkeit der scheinbaren Allgewalt der äußeren Natur und zugleich die wahre Allgewalt wirklicher Größe, des Übersinnlichen, Göttlichen, vor Augen. Als erhaben bestimmt er vornehmlich das, «was in uns, ohne zu vernünfteln, bloß in der Auffassung das Gefühl des E. erregt» [16]. Beim mathematisch E. wird die ihrer Unangemessenheit innewerdende Einbildungskraft gezwungen, sich in Richtung auf Vernunft zu erweitern bzw. bei der Vernunft Hilfe zu suchen, die durch ihr Vermögen zu – wenn auch unbestimmten – Ideen der Sinnenwelt ein «übersinnliches Substrat» [17] unterzulegen weiß, das durch keinen Zahlenbegriff gedacht und von der Einbildungskraft nicht dargestellt werden kann: das Allgemeine, Göttliche, Ganze, das die Vernunft ohne Begriffe, im ‹Gemüt› unterlegt. Beim dynamisch E. dagegen wird die Grenze des physischen Widerstandsvermögens des Menschen angesichts chaotischer Naturerscheinungen und gleichzeitig die «Persönlichkeit», die «Menschheit in unserer Person» [18], «eine Selbsterhaltung von ganz andrer Art» [19], offenbar. In der ‹Kritik der ästhetischen Urteilskraft› wird das Gefühl des E. vorwiegend durch Gegenstände der Natur hervorgerufen. Es wird nicht durch ein Geschmacksurteil, sondern aus «Geistesgefühl» [20] beurteilt, das weder durch das Erkenntnis- noch durch das Begehrungsvermögen beeinflußt und auch nicht auf bestimmte Begriffe zu fixieren ist. Infolgedessen ist es weder zur theoretischen Erkenntnis eines Gegenstandes noch zu unmittelbar praktischer Anwendung geeignet.

Dem E. fällt die Aufgabe zu, der Schönheit, die zunächst nur eine Form der äußeren Natur ist, das «übersinnliche Substrat» unterzulegen. Diese qualitative Erweiterung erstellt zugleich Bedingung und Beweis der von Kant vertretenen These von der subjektiven Allgemeingültigkeit des Geschmacksurteils. Auch die Deutung der Schönheit als «Symbol der Sittlichkeit» [21] – eine entscheidende Erweiterung gegenüber 1764 – hat zu ihrer Voraussetzung das «übersinnliche Substrat», das durch das E. in die Ästhetik eingeholt wird. So wird hier gegen die englischen Empiristen und Sensualisten das Gefühl, das Gemüt als Vermittlungsinstanz des E., damit des Übersinnlichen, der Ideen, aufgewertet. Kant bemüht sich unter Kritik aller unmittelbaren Gefühlsphilosophie um den transzendentalphilosophischen Nachweis der – «subjektiven» – Allgemeingültigkeit des Urteils aus «Geistesgefühl». Dieses Gefühl des E. vermag ein rechtes Verhalten in Moral und Religion durch «Erweckung sittlicher Gesinnungen» [22] vorzubereiten, wobei die Distanz der Ästhetik zur praktischen Philosophie und Religionsphilosophie bewußt gewahrt bleibt.

Der philosophische Ort dieser Theorie des E. ist die Ästhetik, in der die Vermittlung bzw. die «Verknüpfung der Gebiete des Naturbegriffs mit dem Freiheitsbegriffe» [23] dadurch gelingt, daß das Übersinnliche, das sich nach Kant unter den geistig-wissenschaftlichen Bedingungen seiner Zeit der theoretischen, sowohl metaphysischen als auch naturwissenschaftlichen Erkenntnis entzieht, in der Idee des E. in bewußt eingesetzter Unbestimmtheit präsent gehalten werden kann. Von hierher wird deutlich, weshalb das E. für Kant lediglich einen «Anhang zur ästhetischen Beurtheilung der Zweckmäßigkeit der Natur» [24] bildet. Da die theoretische Vernunft nach den Ergebnissen von Kants Vernunftkritik für Metaphysik insuffizient geworden ist, sollen im E. mit Hilfe des ‹Gemüts› letztlich die Gegenstände der traditionellen Metaphysik präsent gehalten werden. So steht die ‹Kritik der Urteilskraft› denn auch dem «theoretischen Theile» [25] der Philosophie näher als dem praktischen Teil.

In Auseinandersetzung mit der Theorie des Klotz-Anhängers Riedel zählt J. G. HERDER 1769 im vierten ‹Kritischen Wäldchen› drei Gattungen des E. auf, die alle durch eine verschiedene Bestimmung von Größe definiert sind. Bei den ersten beiden Gattungen handelt es sich um Gegenstände, deren Größe und Erhabenheit durch die Sinne vermittelt wird. Die dritte Gattung des E. hingegen wird durch Begriffe des Verstandes bzw. der Vernunft vermittelt. Dabei bezieht sich eine Art dieses E. auf die praktische Bestimmung des Menschen; eine andere bezieht sich auf Gegenstände der Metaphysik und Religion. Herder zeigt an dieser dritten Gattung das geringste Interesse, weil er versucht, das E. als ein sinnlich-empirisches zu begründen.

In der ‹Kalligone› von 1799/1800 vertieft Herder diesen Ansatz. Wie schon in der ‹Plastik› von 1768 bis 1770 sieht er jetzt in der Kritik an Kant das E. nicht in einem qualitativen Unterschied zum Schönen, sondern als Moment eines Prozesses, dessen Ziel «das erhabenste Schöne» [26] ist. Bei der bildenden Kunst früher Völker bis etwa zum indischen Reich, bei den Vorstellungen von Kindern und zu Beginn der Schöpfung der Welt zeigt sich nach Herder in Regellosigkeit und Götzenanbetung zuerst ein «roh-Erhabnes» [27]; die Vorstellungen gehen hier «zuerst ins Große, E. und Ueberspannte» [28], die aber notwendig in das Schöne, in Ordnung, Regel, Kosmos, Vernunft aufgelöst zu werden bestimmt sind: «Das einst nur angestaunte E. ward jetzt ein mit dem Geist erfaßtes E.; καλλιστον, αριστον, das Wohlthätigste, Schönste» [29].

Mit dieser Zuordnung zum Schönen bekommt das E. in der Ästhetik notwendig einen anderen Stellenwert als bei Kant. Es ist nicht als «Anhang» zur Ästhetik zu verstehen, sondern mit dem Schönen Gegenstand aus-

schließlich der Ästhetik, die Herder schon im vierten ‹Kritischen Wäldchen› als eine Theorie der sinnlichen Wahrnehmung, der sinnlichen Erkenntnis, des Gefühls des Schönen, der schönen Künste versteht [30]. Von diesem sinnlich-empirischen Ansatz sieht er gegen Kant eine sinnliche und daher objektive Erkenntnis des E. gewährleistet. Besonders gegen das «übersinnliche Substrat» Kants polemisierend und dagegen vom Begriff eines immanenten, harmonisch geordneten Kosmos ausgehend, bindet er das E. an nur endliche Größen: «Zur Natur gehören wir; völlig außer und über ihr kennen wir kein E.» [31]. Weil für Herder die Natur somit keinen Verweisungscharakter auf Metaphysisches hat und ihm das E. auch nicht als philosophischer Ort der Präsenz dieses Metaphysischen gilt, versteht er nicht, weshalb Kant die Erfahrung des E. an chaotische Naturerscheinungen und nicht an die schönen Künste bindet. Wie den meisten Theoretikern, die die Ästhetik nur als Theorie der sinnlichen Erkenntnis oder der schönen Künste verstehen, fehlen auch Herder Kriterien einer qualitativen Unterscheidung des E. vom Schönen (vgl. besonders F. W. J. Schelling, F. Th. Vischer und J. Volkelt); das E. hat sich hier allgemein den Harmonisierungstendenzen des Kunstwerks und bei Herder (und Schelling) außerdem der Immanenz einer Kosmos-Natur zu unterwerfen.

Für FR. SCHILLER setzt sich 1792 das Gefühl des E. zusammen «einerseits aus dem Gefühl unsrer Ohnmacht und Begrenzung, einen Gegenstand zu umfassen, anderseits aber aus dem Gefühl unsrer Uebermacht, welche vor keinen Grenzen erschrickt, und dasjenige sich geistig unterwirft, dem unsre sinnlichen Kräfte unterliegen» [32]. Als ‹erhaben› bezeichnet er denjenigen Gegenstand, der der Sinnlichkeit Widerstand leistet und zugleich zweckmäßig für die Vernunft ist, der also «ergötzt durch das höhere Vermögen, indem er durch das niedrige schmerzet» [33]. In der Abhandlung ‹Vom E.› von 1793 leitet Schiller von zwei Trieben, dem Vorstellungs- und dem Selbsterhaltungstrieb, zwei Formen des E. her: das Theoretisch-E. und das Praktisch-E. Letzteres behandelt er ausführlicher; er gliedert es in ein Kontemplativ-E. und ein Pathetisch-E. Dieses Pathetisch-E. bildet den Angelpunkt seiner Erhabenheitstheorie, weil es dem Dichter Schiller besonders nützlich ist, da es allein «die beiden Fundamentalgesetze aller tragischen Kunst» erfüllt: «Diese sind erstlich: Darstellung der leidenden Natur; zweitens: Darstellung der moralischen Selbständigkeit im Leiden» [34]. Nach der späteren Abhandlung ‹Über das E.› findet sich das E. in Gegenständen der Natur. Die Empfindung für das E., ein «gemischtes Gefühl» [35], ist im Keim in allen Menschen angelegt, jedoch muß der Entwicklung dieser Anlage die Kunst «nachgeholfen» [36] werden. Das E. unterscheidet sich vom ‹wirklichen› Schönen dadurch, daß es sich um den «reinen Dämon» [37] im Menschen verdient macht, so den moralischen vom sinnlichen Menschen scheidet und ihn aus der sinnlichen Welt hinausführt. Im «Idealschönen» jedoch sind Erhabenheit und «Schönheit der Wirklichkeit» miteinander versöhnt, weil sich im Idealschönen «auch das E. verlieren» muß [38].

Der Einfluß Kants ist deutlich, obwohl die Unterschiede gravierend sind. Schiller sieht das E. besonders in der Polarität von Sinnlichkeit und Vernunft begründet. Er versucht es ähnlich wie Herder auf anthropologische Weise zu erörtern. Gegenstand und Gefühl des E. werden bei Schiller ausschließlich als Themen einer Ästhetik behandelt, die nicht von der Natur, sondern von der tragischen Kunst als ihrem Hauptgegenstand ausgeht. So erhält das von Schiller neu eingeführte Pathetisch-E. entscheidende Bedeutung. Hatte bei Kant die Natur u. a. die Funktion, das E. erfahrbar zu machen, so wird bei Schiller diese Aufgabe von den Personen der Tragödie übernommen, die nun nicht auf ein E. verweisen, sondern es selbst sind. Die Kunst und so auch das E. haben Aufgaben und Funktionen der praktischen Philosophie zu erfüllen. Damit sind sie offenbar überfordert. Auf der anderen Seite weiß Schillers Theorie des E. kaum etwas von einer ästhetisch distanzierten Vergegenwärtigung von Gegenständen der traditionellen Metaphysik. Zwar führt er im Begriff des «Kontemplativ-E.» die ‹Kontemplation› als ein Moment des E. an, legt aber diesem aus der metaphysischen Tradition stammenden Begriff bezeichnenderweise kaum Bedeutung bei.

Anmerkungen. [1] M. MENDELSSOHN, Jubiläums-A. (1929ff.) 1, 193. – [2] a. a. O. 194. – [3] ebda. – [4] 215. – [5] 3, 252. – [6] ebda. – [7] ebda. – [8] KANT, Akad.-A. 2, 215. – [9] a. a. O. 217. – [10] 209. – [11] 208. – [12] 217. – [13] 209. – [14] Vgl. 5, 248. 250. 255. – [15] 5, 245. – [16] ebda. – [17] 255. – [18] 262. – [19] 261. – [20] 192. – [21] 351. – [22] 6, 50. – [23] 5, 197. – [24] 246. – [25] 179. – [26] HERDER, Werke, hg. B. SUPHAN (1877ff.) 22, 240. – [27] a. a. O. 231. – [28] 8, 72. – [29] 22, 232. – [30] Vgl. 4, 22. – [31] 22, 265. – [32] SCHILLER, Werke, National-A. (1943ff.) 20, 137. – [33] a. a. O. 138. – [34] 195. – [35] 21, 42. – [36] 46. – [37] 52. – [38] 43; vgl. 53.

3. In F. W. J. SCHELLINGS ‹System des transscendentalen Idealismus› von 1800 ist das E. als Einbildung des Unendlichen ins Endliche – ähnlich nennt es JEAN PAUL das «angewandte Unendliche» [1] – nicht mehr qualitativ vom Schönen unterschieden: «Denn ob es gleich erhabene Kunstwerke gibt, und die Erhabenheit der Schönheit entgegengesetzt zu werden pflegt, so ist kein wahrer, objektiver Gegensatz zwischen Schönheit und Erhabenheit; das wahrhaft und absolut Schöne ist immer auch erhaben, das E. (wenn dieß wahrhaft) ist auch schön» [2]. In seiner sogenannten ‹Identitätsphilosophie› unterscheidet Schelling, beeinflußt von Schiller, ein E. der Natur und ein E. der Gesinnung, der Tragödie, wobei er ersteres nochmals in ein E. der Größe und ein E. der Macht unterteilt. Dieses E. der Natur ist das Chaos, das, von der sinnlichen Anschauung nicht faßbar, «zum Symbol des Unendlichen» [3] wird. Das E. der Gesinnung dagegen wird wie bei Schiller an Personen der Tragödie offenbar. In noch stärkerem Maße als 1800 gilt, «daß zwischen Erhabenheit und Schönheit kein qualitativer und wesentlicher, sondern nur ein quantitativer Gegensatz» bestehen kann, «daß überhaupt und in keiner Sphäre etwas schön genannt werden kann, das in anderer Beziehung nicht auch erhaben wäre» [4]. In der Geschichte, besonders in der Geschichte der Kunst, kennzeichnet das E. vor allem die Eigenart der Antike, die Schönheit die der Moderne, des «Romantischen».

1800 erhält die Kunst als höchstes Mittel der Versöhnung der entzweiten Wirklichkeit in der Philosophie Schellings eine Zentralstellung, die sie ähnlich auch in der ‹Potenzenlehre› der ‹Identitätsphilosophie› beibehält. Die Kunst, besonders eine neue Mythologie, hat die «Natur an sich» als «Urbild», die in der Moderne ins «Geheimniß» [5] zurückgetreten ist, für die Gegenwart wieder fruchtbar zu machen. Als Mittel der Vergegenwärtigung dieser Gott-Natur dient die ästhetische Anschauung. So wird also bei der Erfahrung des E. hinter der endlichen Natur Gott in der Bestimmung von Natur, von Chaos, als das Unbewußte, Eine, als Nacht und Finsternis unmittelbar angeschaut. Durch die Identität Gottes mit dem Universum und die Unmittelbarkeit seiner Erfahrung in der «Contemplation» [6] verliert jedoch das E. seine spezifische Funktion. Seine bei Kant entscheidende Dimension, die Vermittlung des «übersinnlichen Substrats» durch das Gefühl des Subjekts angesichts der Insuffizienz theoretischer Erkenntnis und des Fehlens unmittelbar praktischer Nützlichkeit, ist aus dem Blick gekommen. In einer zur Fundamentalphilosophie erweiterten Ästhetik, wie der Schellings, scheint das E. ohne Funktion zu sein.

G. W. F. HEGEL behandelt das Thema der Erhabenheit vorwiegend in seiner Religionsphilosophie, die er als Philosophie der Geschichte der Religion durchführt. Die «Religion der Erhabenheit» bestimmt er als Religion des jüdischen Volkes. Er faßt sie als eine historische Entwicklungsstufe des absoluten Geistes auf. Gott wird hier in der Geschichte der Religion erstmals als «geistige Individualität», «Subjektivität» vorgestellt; er ist der absolut Eine, der in seiner unbegrenzten Macht nichts Endliches, Besonderes in sich enthält und der «prosaischen» [7] Welt in absoluter Negativität gegenübersteht. Er ist der Schöpfer, der die Welt in seiner Güte erhält und in seiner Gerechtigkeit untergehen läßt. Erhabenheit kennzeichnet «die Form, die das Verhältnis Gottes zu den natürlichen Dingen ausdrückt. Das unendliche Subjekt in sich kann man nicht erhaben nennen; es ist das absolut an und für sich, es ist heilig. Die Erhabenheit ist erst die Erscheinung, Beziehung dieses unendlichen Subjekts auf die Welt; es ist die Idee, die sich äußerlich zur Manifestation bringt. ... die Erscheinung wird ausgedrückt als unangemessen» [8]. In den Berliner Vorlesungen über Ästhetik nimmt das E. relativ geringen Raum ein. Es tritt bei der Erörterung der «Symbolik der Erhabenheit» auf. Hier ist die Erhabenheit nur insoweit auf die Kunst bezogen, als sie das Verhältnis Gottes zur Welt «als das Grundverhältnis ihres Inhalts wie ihrer Form geltend macht» [9]. Indische und mohammedanische Poesie, christliche Mystik und besonders die jüdische Poesie bringen dieses Verhältnis zur Sprache.

Das Spezifische der Hegelschen Theorie besteht erstens im Ortswechsel des E.-Begriffs von der Ästhetik zur Religionsphilosophie und zweitens im Rückgriff auf die Geschichte der Religion, auf die Religion des jüdischen Volkes. Hegel geht es in seiner Religionsphilosophie darum, in der zeitgenössischen Theologie und Philosophie Vorstellungen vergangener Religionen als historisch vergangen nachzuweisen und zu entlarven. Hegels Bestimmung der Verstandesmetaphysik und Gefühlstheologie seiner Zeit stimmt in wesentlichen Punkten mit der Charakterisierung der Religion der Erhabenheit überein. Das bedeutet, daß die Abstraktheit und die Unerkennbarkeit Gottes, die in der jüdischen Religion ein Fortschritt gegenüber der Naturreligion waren, in seiner Zeit unter den Voraussetzungen des Christentums, der Offenbarung Gottes, der Subjektivität, der modernen Wissenschaften und der Möglichkeit spekulativer Erkenntnis Gottes einen Rückfall hinter die eigene Zeit bedeuten. Denn die Vorstellung eines abstrakten, unerkennbaren Gottes zieht nach Hegel in Religion, Sittlichkeit und Staat sublimen Egoismus, äußere Autorität und Knechtschaft nach sich. Wie die Religion der Erhabenheit gehört auch die Kunst der Erhabenheit der Vergangenheit an. Kunst der Erhabenheit und Schönheit sind, wie Hegel in der Auseinandersetzung mit Schellings Theorie der Zentralstellung der Kunst betont, dem gegenwärtigen Stand der Philosophie methodisch und sachlich unangemessen. Im Gegensatz zu Schiller und Schelling hat Hegel der Kunst nie die Rolle der höchsten Vermittlung des Absoluten für seine Zeit zugeschrieben. Von hierher wird der Ortswechsel des E.-Begriffs von der Ästhetik in die Religionsphilosophie verständlich: Das E. hat für Hegel immer einen konstitutiven Bezug zu Gott, zum Absoluten, dessen Vermittlung in der Vergangenheit die Religion leistete, dessen Vermittlung für die Gegenwart adäquat nur durch den philosophischen Begriff, die Wissenschaft, zu leisten ist. Mit dieser Auffassung von Philosophie versteht sich Hegel in der Nachfolge der Tradition der Metaphysik von Aristoteles her, jedoch unter den spezifischen geistig-wissenschaftlichen und gesellschaftlich-politischen Bedingungen seiner eigenen Zeit. Damit versucht Hegel Kants in diesem Zusammenhang ästhetische Vergegenwärtigung der traditionellen Metaphysik der spekulativen Erkenntnis wieder zugänglich zu machen.

Mit seinem System des Schönen will F. TH. VISCHER 1837 die Theorien des E. von K. W. F. Solger, Schelling und Hegel dadurch vollenden, daß er das E. und das Komische als notwendige Entwicklungsstufen aus der Idee des Schönen hervorgehen und in sie zurückkehren läßt: «das einfach Schöne» [10] – «das E.» [11] – «das Komische» [12] – «Rückkehr des Schönen in sich: das durch seine Gegensätze vermittelte Schöne» [13]. Das E. wird in diesem Prozeß als das Überwiegen der Idee gegenüber der Erscheinung bestimmt. Vischer unterscheidet nach dem seinen Ausführungen zugrunde liegenden Schema «objektiv» – ‹subjektiv› – ‹subjektiv/objektiv› drei sich steigernde Stufen des E.: das E. der Natur, des Subjekts und des absoluten Geistes oder das Tragische, die er noch weiter untergliedert. Das E. dient Vischer auch als Schlüsselbegriff, die Geschichte der Philosophie der Neuzeit zu deuten: Das E. der Natur ist dem pantheistischen System Spinozas analog, das E. des Subjekts der Philosophie Kants und besonders Fichtes, das E. der Substanz in niederer Form der Naturphilosophie Schellings und in höchster Form der Hegelschen Philosophie des absoluten Geistes. Hegels Philosophie steht somit «auf der reinen Höhe des Tragischen», ist damit aber zugleich schon «mitten im Komischen zu Hause» [14].

In seiner ‹Aesthetik› von 1846–1857 führt Vischer die Ansätze von 1837 weiter. Er bemüht sich im ersten Band nochmals um die Begründung einer Metaphysik des Schönen und sucht in den folgenden Bänden die Ergebnisse dieser Grundlegung an einzelnen Kunstwerken zu verdeutlichen. Eine in der Ästhetik neue Kategorie bildet jetzt einen wirklichen Gegensatz zum Schönen: das durch den «Gehalt» der Kunst aus der unversöhnten Wirklichkeit in die Ästhetik eingeholte Häßliche. Wenn dieses Häßliche auch immer über das E. und Komische zur Versöhnung gebracht und damit ästhetisch aufgehoben werden soll, so zeigt sich doch an den folgenden Schriften Vischers, daß es die seine Ästhetik durchziehende Spannung von Metaphysik und Kunstgeschichte bzw. empirischer Wirklichkeit verstärkt: Das metaphysische System wird in dem Maße abgebaut, in dem das Häßliche zu einem zentralen Thema der Ästhetik avanciert.

Insofern sich Vischers Ausführungen über das E. weitgehend auf vielfältige Untergliederungen beschränken, von denen er eine seiner Zeit kaum noch entsprechende Tragödientheorie ableitet, scheint das E. trotz häufigen verbalen Auftretens im Grunde funktionslos geworden zu sein. So wird es von Vischer nach der Preisgabe seines Systems des Schönen in späteren ästhetischen Schriften nicht mehr zentral behandelt. Diese Preisgabe des Systems und damit des E. stellt so eine Bestätigung der Hegelschen These vom Ende des E. dar, eine Bestätigung, die um so überzeugender ist, als sie sich bei Vischer gegen dessen anfängliche Intention von 1837 ergeben hat. Die Gründe dafür liegen für Vischer in dem Ende der Religion seit der Religionskritik von Feuerbach, in dem Ende der Metaphysik nach Hegel, in dem Ende einer normativen Poetik, in der zunehmenden Relevanz der modernen Naturwissenschaften und in den sich zuspitzenden gesellschaftlich-politischen Problemen der zweiten Hälfte des 19. Jh. Gleichwohl wird das E. weiterhin in allen ästhetischen Reflexionen des späten 19. Jh. behandelt [15]. Die Art der Betrachtung scheint dabei in den verschiedenen Theorien ähnlich zu sein.

J. VOLKELT z. B. entwickelt seine Theorie des E. auf der Grundlage der Einfühlungsästhetik. Danach kommt alles E. wie alles Ästhetische nur durch Einfühlung zustande. «Das E. hat sowohl in seinen gegenständlichen Grundzügen wie auch in den Gefühlen, die es erweckt, etwas stark in die Augen Fallendes» [16]. Naturgegenstände wie Kunstwerke veranlassen den Menschen zur Einfühlung in das E., wenn ein «menschlich-bedeutungsvoller Gehalt, wiewohl er menschlich bleibt, doch einen Zug ins Übermenschliche erhält» [17]. Besonders charakteristisch für das E. ist nach Volkelt das «Gegenstreben» [18], bei dem ein übermächtiger Gehalt die sinnliche Form überwinden bzw. wollen scheint. Das E. klassifiziert er mit Hilfe folgender Typologien: 1. das E., nach dem unterschiedlichen Verhältnis von Form und Gehalt gegliedert in ein E. der Formlosigkeit, der strengen und der freien Art; 2. das E., beurteilt nach dem Inhalt, insofern er den verschiedenen menschlichen ‹Vermögen› zuzuordnen ist; 3. das E., beurteilt nach der fehlenden, reichen oder maßvollen «Kleingliederung» [19]; 4. das E., beurteilt nach dem entweder lebenszerstörenden, lebensbedrohenden oder wohltuenden Inhalt. Die erste und die vierte dieser Typologien scheinen Volkelt besonders wichtig zu sein. In einer fünften Typologie behandelt er das Prächtig-E., das Würdevoll-E., das Majestätische, das Feierliche, das Pathetisch-E., Themen also, die zum Teil aus der Tradition der Rhetorik stammen. Diese «stattliche Anzahl einander nebengeordneter Grundeinteilungen» [20] läßt eine einheitliche Betrachtungsweise vermissen und relativiert daher die Ausführungen zu einer gewissen Beliebigkeit. So erklärt Volkelt zur fünften Typologie selbst, daß sie «keine unter demselben Einteilungsgrunde sich ergebende Reihe» [21] bildet. Die Erscheinungsweisen des E. werden also nur noch summiert, klassifiziert, mit Hilfe verschiedener Typologien geordnet; die jeweilige Zuordnung zu Oberbegriffen wird «sprachgefühlsmäßig» [22] getroffen, wobei Volkelt – historische Distanz aus dem Blick verlierend – sogar «grundverschiedene» [23] Erscheinungsweisen des E. zusammenstellt. Philosophisch legitimiert wird diese Betrachtungsweise durch Ablehnung von Hypothesen, Ursprungsfragen, von allem, was «ins Unsichere und nur durch Schlüsse Erreichbare führt»; positiv formuliert durch Berufung auf «Heraussondern und Beschreiben, Zergliedern und Verknüpfen bestimmter ästhetischer Erlebnisse, bestimmter Gefühlstypen», die «aus eigenem Erleben nachzuprüfen» [24] sind. Dieses Verfahren kann als ein Beweis dafür gelten, daß das E. in seiner philosophisch relevanten Bestimmung funktionslos geworden ist und jetzt nur noch der «Steigerung unseres Selbstgefühls» [25] dient.

Auch die im 20. Jh. unternommenen Versuche einer Reaktualisierung des E.-Begriffs von J. ROSSAINT [26] und von W. WEISCHEDEL [27] scheinen nicht imstande zu sein, die Entaktualisierung der Kategorie des E. aufzuhalten, die ihre wichtigsten Gründe hat in der Insuffizienz der Metaphysik seit Marx, Kierkegaard und Nietzsche, in der Kritik der Religion seit Feuerbach und Freud, in der Zuspitzung der gesellschaftlich-politischen Problematik und in der zunehmenden Relevanz von Naturwissenschaft, Technik und Psychologie.

Anmerkungen. [1] JEAN PAUL, Hist.-krit. A., hg. E. BEREND (1927ff.) 1/11, Vorschule der Ästhetik § 27. – [2] F. W. J. VON SCHELLING, Werke, hg. K. F. A. SCHELLING (1856-1861) 3, 621; Anm. aus Schellings Handexemplar. – [3] a. a. O. 5, 465. – [4] 469. – [5] 378. 386. 290; vgl. 454. – [6] 463. – [7] HEGEL, Vorles. über die Philos. der Relig., hg. G. LASSON (²1966) 2/1, 67. – [8] a. a. O. 71. – [9] Ästhetik, hg. F. BASSENGE 1, 362. – [10] F. TH. VISCHER: Krit. Gänge, hg. R. VISCHER 1-6 (²1914-1922) 4, 15. – [11] a. a. O. 29. – [12] 108. – [13] 153. – [14] 101. – [15] Vgl. Lit. – [16] J. VOLKELT: System der Ästhetik 1-3 (1910) 2, 104. – [17] a. a. O. 108. – [18] 113. – [19] 135. – [20] 4. – [21] 169. – [22] 171. – [23] 129. – [24] IV. – [25] 139. – [26] J. ROSSAINT: Das E. und die neuere Ästhetik (1926). – [27] W. WEISCHEDEL: Rehabilitation des E., in: Erkenntnis und Verantwortung. Festschrift Th. Litt, hg. J. DERBOLAV und F. NICOLIN (1961) 335-345.

Literaturhinweise. A. SEIDL: Zur Gesch. des Erhabenheitsbegriffes seit Kant (1889). – H. J. HOFMANN: Die Lehre vom E. bei Kant und seinen Vorgängern (1913). – K. ALBERT: Die Lehre vom E. in der Ästhetik des dtsch. Idealismus (Diss. Bonn 1950). – K. VIËTOR: Die Lehre des E. in der dtsch. Lit., in: Geist und Form. Aufsätze zur dtsch. Lit.gesch. (1952) 134-166. – D. JÄHNIG: Schelling. Die Kunst in der Philos. 1. 2 (1966-1969).

R. HOMANN

Erhebung. Die Abwendung des Menschen vom Äußeren, Sinnlichen, Zeitlichen und die Hinwendung zum Gottförmigen, zum Seelenfünklein, zum Ewigen wird von den Mystikern gelegentlich ‹E.› genannt; E. steht damit im Zusammenhang der von der griechischen Philosophie her wirksamen Tradition der Angleichung an Gott, der Theoria, der Hinaufführung des Unteren zum Oberen (ὁμοίωσις θεῷ κατὰ τὸ δυνατόν) [1]. E. der Seele macht nach ORIGENES das Wesen des Gebets aus [2], JOHANNES VON DAMASKUS spricht von der ἀνάβασις νοῦ πρὸς θεόν (dem Aufstieg des Geistes zu Gott) [3].

Bei RICHARD VON ST. VIKTOR ist die sublevatio mentis (E. des Geistes) neben dilatatio (Aufschub) und alienatio (Entfremdung) kennzeichnend für die Beschauung, sie ist «intelligentiae vivacitas divinitus irradiata humanae industriae metas transcendens» [4]. Nach THOMAS VON AQUINO ist die Entzückung eine E. des Menschen über seine Natur hinaus, durch die Kraft einer höheren Natur [5]. Nach TAULERS Predigt wird der Geist in der Vereinigung über seine Krankheit erhoben und geläutert [6]. Tauler verlangt, man solle Sinne und Vernunft verlassen und sich zum abditum mentis erheben, wie Abraham zum Berg hinaufstieg. Der Mensch ist demnach nicht passiv. F. CH. OETINGER kritisiert an den Lehren Zinzendorfs die Überschätzung der von den Mystikern übernommenen Vorstellung der «E. des Fleisches», da sie «den Stand der Erhöhung Christi aus den Augen» verliere und die Bedeutung der Erbsünde verringere; Jesus habe die Gestalt des Fleisches der Sünden nicht angenommen, «[um] das Fleisch zu erheben, sondern [um] das Fleisch dem Fluch zu unterwerfen» [7]. Noch in HEGELS Religionsphilosophie begegnet der Begriff ‹E.›: sie ist Hinausgehen über das Sinnliche und das bloße Gefühl in die reine Religion des Allgemeinen, nämlich ins Denken; so sind Religion und das Wissen von Gott E. zu Gott [8].

Anmerkungen. [1] Vgl. PLATON, Theait. 176; Tim. 90 a; PLOTIN, Enn. III, 6, 6; CICERO, Tusc. 2, 64; De finibus bon. et mal. II, 13; PORPHYRIUS, Sent. 30. – [2] ORIGENES, De or. IX, 2. – [3] JOHANNES VON DAMASKUS, De fide orth. 3, 26. – [4] R. v. ST. VIKTOR, Beniamin maior V, 2. MPL 196, 170. – [5] THOMAS VON AQUIN, De ver. 13, 1; S. theol. II/II, 175, 1. – [6] TAULER, Predigt 32, hg. VETTER (1910) 120, 24ff.; 65, 30ff. – [7] F. CH. OETINGER, Die heilige Philos., hg. O. HERPEL (1923) 124. – [8] HEGEL, Vorles. über die Philos. der Relig. Werke, hg. GLOCKNER 15, 108. 119. 177.

P. HEIDRICH

Erinnerung. Der philosophische Begriff der E. steht in der Wirkungsgeschichte des platonischen Anamnesisbegriffes [1]. Er ist daher zu unterscheiden von dem psychologischen Vermögen des Gedächtnisses. ARISTOTELES versteht entsprechend die Anamnesislehre aus dem platonischen ‹Menon› [2] dahin, daß lediglich ein Vorherwissen des Allgemeinen gemeint sei, welches man im Besonderen gleichsam wiedererkennt [3]. Dagegen ist das E.-Vermögen als Gedächtnis die Fähigkeit, Vorstellungen in einem zeitlichen Zusammenhang zu behalten. E. in diesem Sinne entsteht aus der Wahrnehmung. Wahrnehmung haben zwar alle Lebewesen, doch nur ein Teil der Lebewesen hat auch E. Diese führt bei den Menschen vor allem zur Erfahrung, durch die sie Wissenschaften und Künste erlangen [4]. Diese Bestimmungen bleiben, vielfältig abgewandelt, in der von Aristoteles ausgehenden Tradition wirksam; noch für LOCKE sind Ideen «nothing but actual perceptions in the mind»; er definiert daher Gedächtnis (memory) als «power (ability in the mind) to revive perceptions» [5], in der Nachfolge von HOBBES, der unter Gedächtnis «decaying sense» (zerfallende Empfindung) gleichbedeutend mit «imagination» (Einbildung) versteht [6]. Auch WITTGENSTEIN unterscheidet noch in dieser Tradition Erinnern von seinem Erlebnisinhalt, doch weist er hin auf die dann entstehende Aporie, wie man mit einem solch leeren Begriff des Erinnerns erkennen soll, daß es Erinnern ist, wenn man sich erinnert, denn «den Begriff des Vergangenen lernt ja der Mensch, indem er sich erinnert» [7].

Auf dieses Problem, gekleidet in die sophistische Frage, wie man etwas suchen könne, von dem man überhaupt nicht weiß, was es ist [8], antwortet PLATON, daß das Suchen und Lernen ganz und gar Anamnesis (s. d.) ist [9], und zwar die E. an ein Wissen der Ideen, mit dem wir schon präexistent begabt sind [10].

Ebenso beschreibt AUGUSTIN das Lernen der Begriffe: «Nihil esse aliud discere ista, quorum non per sensus haurimus imagines, sed ... sicuti sunt, per se ipsa intus cernimus, nisi ea, quae passim atque indisposite memoria continebat, cogitando quasi colligere atque animadvertendo curare, ut tamquam ad manum posita in ipsa memoria ...» (Solches, von dem wir nicht durch die Sinne Bilder schöpfen, sondern ... so, wie es ist, durch sich selbst erkennen, zu lernen, ist nichts anderes als das, was das Gedächtnis verstreut und ungeordnet enthielt, durch Denken gleichsam zu sammeln und durch aufmerksame Hinordnung sich zu bemühen, daß es im selben Gedächtnis gleichsam zur Hand liegt) [11]. Doch der christliche Denker treibt die Reflexion weiter in die Innerlichkeit als Platon: Nicht die Ideen werden erinnert, sondern nur das Erinnern selbst: «Ergo et meminisse me memini ...» (Also erinnere ich mich auch, mich erinnert zu haben) [12], wozu auch das Vergessen als «privatio memoriae» (Ermangeln des Gedächtnisses) gehört: «memoria retinetur oblivio» (im Gedächtnis wird das Vergessen festgehalten) [13]. Das heißt, die memoria ist der

Ort, in dem wir immer schon in die Wahrheit hineingebunden sind und wo wir darum Gott finden [14].

In der Folge des Streites um die eingeborenen Ideen in der Aufklärung erfährt der Begriff der E. seine weitere Prägung [15]; er entwickelt sich nun allmählich, entsprechend den Wandlungen der Metaphysik, von einem Zentralbegriff der Metaphysik zu einem wichtigen Begriff der Geschichtsphilosophie bzw. der Naturphilosophie und wird schließlich ganz auf die Einheit der Subjektivität bezogen.

DESCARTES versteht das Aufdecken der eingeborenen Ideen, die er allerdings unter seinem Ansatz des universalen Zweifels nur als Denkbestimmungen (cogitandi modi) für irrtumsfrei gelten läßt [16], derart: «ut ... non tam videar aliquid novi addiscere, quam eorum quae iam ante sciebam reminisci» (daß ... ich weniger etwas Neues zu lernen scheine, als mich dessen zu erinnern, was ich schon vorher wußte) [17].

Vor allem aber macht LEIBNIZ gegen den Sensualismus Lockes die Anamnesislehre Platons wieder geltend [18]. Er wendet sich gegen die Annahme Lockes, das Gedächtnis als leeres Vermögen (faculté nue) zu verstehen, denn die eingeborenen Ideen sind nicht nur Formen der Gedanken, sondern deren innere Gegenstände, die daher subsistieren [19]. Doch kritisiert er auch die Anamnesislehre Platons, insofern sie mit dem Argument der Präexistenz der Seelen begründet wird [20]. Die Wahrheit der platonischen Anamnesis (reminiscense) ist ihm, daß wir nichts lernen können, «dont nous n'ayons déja les l'esprit l'idée qui est comme la matiere dont cette pensée se forme» [21]. Der Gedanke seiner ‹Monadologie›, daß die Monade nie ganz ohne Vorstellungen ist (les petites ou insensibles perceptions) [22] und daß die Seelen ihre Vorstellungen durch Gedächtnis (memoire) verknüpfen [23], dient ihm dazu, den Zusammenhang herzustellen, der jedes Seiende mit dem Universum verbindet sowie die Identität des Individuums in seinen verschiedenen Zuständen konstituiert: «On peut même dire qu'en consequence de ces petites perceptions le present est gros de l'avenir et chargé du passé, que tout est conspirant» [24]. Und selbst wenn das Individuum keine ausdrückliche E. (souvenir exprés) an die kleinen Vorstellungen mehr besäße und nur ein höherer Geist ihre Spuren noch erkennen könnte, würden sie doch diese E. im Laufe der Entwicklung wieder erwecken: «Mais elles [sc. ces perceptions insensibles] donnent même le moyen de retrouver ce souvenir au besoin par des developpements periodiques qui peuvent arriver un jour» [25].

Damit ist es möglich geworden, den metaphysischen Zusammenhang, in welchen der E.-Begriff den Geist von Platon bis Descartes stellte, zu übertragen auf das Feld der menschlichen Subjektivität, auf Geschichte und Individuum: E. bekommt nun die Aufgabe, die Einheit von Geschichte bzw. Individualität zu stiften. Darum weist DIDEROT in der ‹Encyclopédie› nach dem Beispiel Bacons der E. das Gebiet der Geschichte zu, der alles zugehört, was nicht in den Bereich der raison oder der imagination fällt [26].

1765 werden die ‹Nouveaux Essais› von Leibniz gedruckt und üben sofort einen starken Einfluß aus. BONNET verbindet Leibniz und Locke, indem er zwar das Gedächtnis als Assoziationsvermögen bestimmt, aber eine Theorie der Seelenwanderung annimmt, nach welcher der Mensch «sa propre personnalité ou le souvenir de ses états passés» bewahrt, was dadurch möglich ist, daß das aktuelle Gehirn in sich ein anderes enthält, dessen dauernde Eindrücke sich erst in einem anderen Leben entwickeln [27]. LESSING nimmt diese Theorie Bonnets auf, wendet sich aber gegen eine direkte E. früherer Zustände der Seele, da sie gegenwärtiges freies Handeln beeinträchtigen würde. Doch den Zusammenhang der Geschichte des Menschen betont auch er: «Was ich auf itzt vergessen muß, habe ich denn das auf ewig vergessen?» [28]. J. G. SCHLOSSER führt die Hypothese Lessings fort: Am Ende der Wanderung der Seele durch die Körper, wenn die Seele eine ausreichende Verfeinerung erfahren hat, «so lasse Er [sc. Gott] alle diese Erinnerungen auf einmal wieder in ihm erwachen und ihn so einige Zeit, ganz ohne Körper, ruhen» [29]. Gegen Schlosser bestreitet HERDER die Vorstellung der Seelenwanderung und erklärt die E. an mögliche frühere Zustände der Seele auf ganz natürliche Weise als E. an die früheste Kindheit [30]. In seinen ‹Ideen› jedoch versteht er die Seele in Anlehnung an Leibniz als «Spiegel des Weltalls» [31], und die Entwicklung ihrer Kräfte bis zu ihrer höchsten Stufe ist das Ziel der Bildung zur Humanität, die die Philosophie der Geschichte darstellt [32]. Allerdings ist die Geschichte dieser Bildung nicht anders möglich als durch Sprache, indem sie die Erkenntnisse der Anschauung «durchs Wort dem Gedächtnis, der Rück-E., dem Verstande, ja endlich dem Verstande der Menschen, der Tradition, einverleibt» [33].

Hieran schließt sich der Gebrauch des Begriffes ‹E.› im deutschen Idealismus sowohl in seinem geschichtsphilosophischen als auch in seinem naturphilosophischen Sinn an: In seiner Homburger Zeit (1798–1800) beschreibt HÖLDERLIN in seinen theoretischen Entwürfen das Dichten als Erinnern: «So wie die Erkenntnis die Sprache ahndet, so erinnert sich die Sprache der Erkenntnis» [34]. In der gleichen Zeit begreift er die Tragödie als verstandenes Leben, als E., gegen den blinden Geschichtsvorgang: In der freien Kunstnachahmung wird der Prozeß des Lebens in seinem Werden und Vergehen verstanden als «ein furchtbarer, aber göttlicher Traum. Die Auflösung also als notwendige, auf dem Gesichtspunkt der idealischen E., wird als solche idealisches Objekt des neuentwickelten Lebens ...». In dem reproduktiven Akt der idealischen Auflösung, also der tragischen Dichtung, entsteht «aus der Summe dieser in einem Moment unendlich durchlaufenen Empfindungen des Vergehens und Entstehens ein ganzes Lebensgefühl, und hieraus das einzig ausgeschlossene, das anfänglich aufgelöste in der E. ...» [35]. E. vermag derart den Zusammenhang des Geschichtsprozesses herzustellen und darin das ursprüngliche Lebensgefühl wiederzuerwekken, als Dichtung.

Diese Ansätze finden ihre Zusammenfassung bei HEGEL, dem es darum geht, das Vorwissen der klassischen Metaphysik mit der Entwicklung des Geistes in der Geschichte gleichzusetzen [36]. So ist ihm einerseits die Erkenntnis des Wesens einer Sache ein vermitteltes Wissen, indem sie beim Sein als bei einem Anderen, dem Sein selbst, beginnt und damit über es hinaus – oder in es hineingeht: «Erst indem das Wissen sich aus dem unmittelbaren Sein erinnert, durch diese Vermittlung findet es das Wesen» [37]. Ebenso begreift Hegel andererseits das Werden des Geistes in der Geschichte als sich vermittelndes Werden, als E.: «Indem seine [sc. des Geistes] Vollendung darin besteht, das was er ist, seine Substanz, vollkommen zu wissen, so ist dies Wissen sein Insichgehen, in welchem er sein Dasein verläßt und seine Gestalt der E. übergibt» [38]. In der Aufeinanderfolge der Gestalten der Geschichte, die einander aufheben, ist die E. das verbindende Band, als «Er-Innerung ... das

Innre und die in der Tat höhere Form der Substanz». Sie findet ihr Ziel im absoluten Wissen; Geschichte und Wissenschaft des erscheinenden Wissens müssen einander durchdringen: «Beide zusammen, die begriffene Geschichte, bilden die E. und die Schädelstätte des absoluten Geistes» [39].

Die *historische Schule* lehnt den Hegelschen Gedanken von der Geschichte als Zusichkommen des Geistes im Namen des Individuellen ab [40], aber dem forschenden Geist des Historikers wird der Zusammenhang der Geschichte offenbar. Der Methodologe der historischen Schule DROYSEN formuliert: Das Geschehene der Geschichte ist nur als «er-innert, soweit und wie es der wissende Geist hat» [41]. E. ist ihm der Ausgangspunkt, die Bedingung der Möglichkeit historischer Forschung: «Die historische Forschung setzt die Reflexion voraus, daß auch der Inhalt unseres Ich ein vermittelter, gewordener, ein historisches Resultat ist. Die erkannte Tatsache der Vermittlung ist die E. (ἀνάμνησις)» [42]. DILTHEY differenziert die Gedanken Droysens, indem er das Erlebnis als erstes Gegebenes für die historische Erkenntnis beschreibt und E. als Ermöglichung des Zusammenhangs der Erlebnisse angibt: «Das erinnerte Erlebnis ist nun für das Bewußtsein, das in dem gegenwärtigen Erlebnis lebt, transzendent ... So ist der Zeitverlauf und die ihn zusammenfassende E. der objektive Grund für das Auftreten des Transzendenzbewußtseins vom Erlebnis aus» [43].

Diese E. des historischen Sinns ist verschieden bewertet worden. NIETZSCHE hat das «Erinnern als ein Einrubrizieren und Einschachteln» [44] im Namen des Lebens angegriffen: «Es ist möglich, fast ohne E. zu leben, ja glücklich zu leben, wie das Tier zeigt; es ist aber ganz und gar unmöglich, ohne Vergessen überhaupt zu leben», und er meint damit insbesondere das historische Verstehen: «Es gibt einen Grad von Schlaflosigkeit, von Wiederkäuen, von historischem Sinn, bei dem das Lebendige zu Schaden kommt» [45].

In solcher Entgegensetzung von Historie und Leben trennen sich, wie A. HEUSS feststellt, «Geschichte als E.» und «Geschichte als Wissenschaft». «Geschichte als E.» meint: «Der Mensch bemächtigt sich der Vergangenheit primär im Dienste seiner Lebensbedürfnisse» [46]. Geschichte als Wissenschaft jedoch läßt «nach dem Sieg des Historismus» ein solches Lebensverhältnis zur Geschichte nicht mehr zu: «Wir kommen also um das Ergebnis nicht herum, daß weder die wissenschaftliche Geschichte imstande ist, in ihrer Verlängerung ‹E.› zu werden, noch die geschichtliche E. ..., sich zu verwirklichen» [47].

Überwindung des Historismus findet sich in Anknüpfung an Hegel bei J. Ritter und H.-G. Gadamer. J. RITTER begreift die Geisteswissenschaften als das Organ, in welchem die moderne Gesellschaft ihre Geschichtslosigkeit kompensiert und derart Leben und Wissenschaft miteinander vermittelt: «Während sonst die geschichtliche Mnemosyne in der realen Kontinuität des geschichtlichen Lebens das je die Gegenwart selbst repräsentierende Vergangene und nur dies erinnert, übernehmen es die Geisteswissenschaften, das zu vergegenwärtigen, was ohne sie ... notwendigerweise für die Gesellschaft mehr und mehr bedeutungslos werden und schließlich überhaupt aus dem Zusammenhang ihrer Welt verschwinden müßte» [48]. GADAMERS Analyse des hermeneutischen Bewußtseins möchte «dem Wollen des Menschen ... aus der Wahrheit des Erinnerns etwas entgegensetzen: das immer noch und immer wieder Wirkliche» [49]. Er beschreibt Verstehen «als Einrücken in ein Überlieferungsgeschehen, in dem sich Vergangenheit und Gegenwart beständig vermitteln» [50], dies wird jedoch nie ein vollendetes Wissen wie in Hegels hybridem Anspruch auf absolutes Wissen [51], sondern «Behalten und Vergessen und Wiedererinnern gehören der geschichtlichen Verfassung des Menschen an und bilden selbst ein Stück seiner Geschichte und Bildung» [52].

Während so von Hegel ausgehend der geschichtsphilosophische Sinn des Begriffes ‹E.› bis in die heutige Diskussion reicht, wirkt andererseits auch ein durch Schelling geprägtes naturphilosophisches Moment des Begriffes auf die gegenwärtige Erörterungen ein. SCHELLING versteht die idealistische Vernunft als das, was die noch unbewußten Potenzstufen der Natur übersteigt. In dem «transzendentalen Gedächtnis» der Vernunft werden die Stufen, die die Naturphilosophie beschreibt, ins Bewußtsein eingeholt und so der Weg bis hin zur Selbstanschauung vollendet. Darum formuliert er mit Beziehung auf Platon: «Alles Philosophieren besteht in einem Erinnern des Zustandes, in welchem wir eins waren mit der Natur» [53]. Später deutet Schelling dies als verschiedene Zustände des Ich, einen allgemeinen unbewußten als die «transzendentale Vergangenheit» des Ich und einen anderen individuellen bewußten, in welchem das Ich «nur noch gleichsam die Monumente, die Denkmäler jenes Weges» findet. Diesen Weg wieder aufzuhellen, ist Aufgabe der Philosophie: «Die Philosophie ist insofern für das Ich nichts anderes als eine Anamnese, E. dessen, was es in seinem allgemeinen (seinem vorindividuellen) Sein getan und gelitten hat» [54].

Nimmt man dem Schellingschen Begriff der E. den transzendentalen Charakter und seinem Naturbegriff den metaphysischen Schein, so gelangt man zu einem wichtigen Begriff der Psychoanalyse Freuds [55]. Nach FREUD «sind unsere E., die am tiefsten uns eingeprägten nicht ausgenommen, an sich unbewußt ... Was wir unseren Charakter nennen, beruht ja auf den E.-Spuren unserer Eindrücke, und zwar sind gerade die Eindrücke, die am stärksten auf uns gewirkt hatten, die unserer ersten Jugend, solche, die fast nie bewußt werden» [56]. Neurotische Erkrankungen sind dadurch gekennzeichnet, daß die Erkrankten unbewußte E.-Lücken, Verdrängungen, in einem über das normale Maß hinausgehenden Umfang zeigen, so daß die Aufgabe der psychoanalytischen Behandlung in die Formeln zu fassen ist: «Alles pathogene Unbewußte in Bewußtes umzusetzen» oder «alle E.-Lücken des Kranken auszufüllen, seine Amnesien aufzuheben» [57].

MARCUSE übernimmt den psychoanalytischen Begriff der E. und wendet ihn als kritischen Maßstab für die Veränderung der Gesellschaft an. Der Wahrheitsgehalt der E. besteht in ihrer Funktion, «Versprechungen und Möglichkeiten zu bewahren, die vom erwachsenen zivilisierten Individuum zwar verleugnet ... werden, die aber in seiner dämmrigen Frühe einmal erfüllt worden waren und niemals ganz dem Vergessen anheimfielen ... Die recherche du temps perdu wird zum Vehikel künftiger Befreiung» [58]. Von diesem psychoanalytischen Ansatz her verwendet Marcuse den Begriff auch als geschichtsphilosophische Kategorie: «In den persönlichen Begebenheiten, die im individuellen Gedächtnis neu erstehen, setzen sich die Ängste und Sehnsüchte der Menschheit durch – das Allgemeine im Besonderen. Die Geschichte ist es, die die E. bewahrt ...» [59].

In einem anderen Sinn, im Namen der Subjektivität sich gegen die Geschichtsphilosophie Hegels wendend und die Begriffe des Idealismus in solche der Existenzdialektik umsetzend, gebraucht KIERKEGAARD den Begriff der E. Für ihn ist das existierende Individuum und seine Freiheit der Ausgangspunkt und daher kein über es hinausreichender Zusammenhang, sei er metaphysisch, sei er geschichtsphilosophisch, vorgegeben, den es in der E. einholen könnte [60]. Er verwendet den Ausdruck «Wiederholung», um damit die Spontaneität der E. zu betonen: «Wiederholung ist ein entscheidender Ausdruck für das, was E. bei den Griechen gewesen ist ... Wiederholung und E. stellen die gleiche Bewegung dar, nur in entgegengesetzter Richtung; denn woran man sich als Gewesenes erinnert, das wird in rückwärtiger Richtung wiederholt; wohingegen die eigentliche Wiederholung E. in Richtung nach vorn ist» [61]. Was Hegel unter Vermittlung begreift, versteht Kierkegaard als Wiederholung [62]; er macht damit geltend, daß die Freiheit in der Existenz sich selbst in ihren Möglichkeiten ergreift und zusammenfaßt: «Das Dasein, das gewesen ist, entsteht jetzt» [63]. Das heißt einerseits, die Vermittlung geschieht nicht im Objektiven, in der Realität, sondern «die Frage geht hier näher um eine Wiederholung im Bewußtsein, mithin um die E.» [64]. Andererseits besteht darin die Kontinuität, die die Bewegung der Existenz zusammenhält [65]: «Die E. wird einem Menschen den ewigen Zusammenhang im Leben bewahren und ihm sicherstellen, daß sein irdisches Dasein uno tenore wird, ein einziger Atemzug» [66]. Der Sinn dieser Kategorie ist für Kierkegaard, in diesem Begriff der E. oder Wiederholung das Denken an seine Grenze zu führen: «die Wiederholung ist das Interesse ..., an welchem die Metaphysik strandet» [67], bis hin zum «ewigen Erinnern des Schuldbewußtseins» [68], um von hier das Verhältnis der Subjektivität zum Religiösen zu bestimmen.

In der von Kierkegaard angegebenen Richtung denkt HEIDEGGER, allerdings unter dem Vorrang der Seinsfrage und nicht der Bestimmung der Existenz, wenn er sagt: «Der fundamentalontologische Grundakt der Metaphysik des Daseins ... ist ... eine Wieder-E. Echte E. muß aber jederzeit das Erinnerte verinnerlichen, d. h. es sich mehr und mehr in seiner innersten Möglichkeit wieder entgegenkommen lassen» [69].

Dagegen verweist nach HUSSERL die E. das Ich gerade auf seine Leistung, in der es sich als Einheit konstituiert: «Das eine reine Ich ist konstituiert als Einheit mit Beziehung auf diese Stromeinheit [sc. des Erlebnisstromes], das sagt, es kann sich als identisches in seinem Verlauf finden. Es kann also in Wieder-E.en auf frühere Cogitationen zurücksehen und seiner als des Subjekts dieser wiedererinnerten bewußt werden» [70].

In ähnlicher Weise gebraucht schon BERGSON den Begriff der E., um die Kontinuität einer Person auszusagen. Er begreift diese als Dauer, in der das Ich sich unmittelbar empfindet [71]: «Il n'y a pas de conscience sans mémoire, pas de continuation d'un état sans l'addition, au sentiment présent, du souvenir des moments passés. En cela consiste la durée. La durée intérieure est la vie continue d'une mémoire qui prolonge le passé dans le présent ...» [72].

Dieses Ineinander von Vergangenheit und Gegenwart in der E. herzustellen, weist PROUST dem Dichter als Aufgabe zu: «Ce que nous appelons la réalité est un certain rapport entre ces sensations et ces souvenirs qui nous entourent simultanément — rapport que supprime une simple vision cinématographique ... rapport unique que l'écrivain doit retrouver pour en enchaîner à jamais dans sa phrase les deux termes différents» [73].

Auf Bergson und Proust beruft sich ADORNO, doch betont er die Subjektivierung des Begriffes ‹E.› noch mehr, indem er unter dem Eindruck seiner kulturkritischen Resignation die E. ganz von der Gegenwart her bestimmt und gefährdet sein läßt: «Keine E. [ist] garantiert, an sich seiend, indifferent gegen die Zukunft dessen, den sie hegt; kein Vergangenes ... gefeit vorm Fluch der empirischen Gegenwart. Die seligste E. ... kann ihrer Substanz nach widerrufen werden durch spätere Erfahrung» [74].

Schließlich hält auch BLOCH trotz seiner Ablehnung der metaphysischen Tradition der Anamnesis von Platon bis Hegel im Namen des utopischen Veränderungswillens [75] fest an einem Begriff der E., die im denkenden Subjekt Vergangenheit und Zukunft verbindet: «E. wie Vorwegnahme treten als ebenso einander zuordnenbare wie in ihrer Richtung entgegengesetzte Zugangsakte auf: Der eine, retentionale, wendet sich gegen die fressende Zeit ... der andere, der protentionale Akt, geht mit der gebärenden Zeit» [76]. E. und Hoffnung erscheinen von ihrem Ausfall im Vergessen her der Besinnung als gleich: «E. [erscheint] als Mahnung, Hoffnung als Eingedenken; beides ist im Gewissens-, Wissensbezug auf ein Unterlassenes, Unbesorgtes, zu Besorgendes utopisch geeint» [77].

Anmerkungen. [1] Vgl. L. OEING-HANHOFF: Zur Wirkungsgesch. der platonischen Anamnesislehre, in: Collegium philos., Festschr. J. Ritter (1965) 240-271. – [2] PLATON, Menon 81 c/d. – [3] ARISTOTELES, Anal. pr. 67 a 22ff. – [4] De memoria 450 a 15ff.; Met. 980 a 27-981 a 2; Anal. post. 100 a 2ff.; vgl. auch De sensu et sensitiva 436 a 6-10. – [5] LOCKE, Essay conc. human understanding II, 10, hg. A. C. FRASER (Nachdruck New York 1959) 194. – [6] HOBBES, Leviathan I, 2, hg. M. OAKESHOTT (Oxford 1960) 10. – [7] L. WITTGENSTEIN: Philos. Untersuch. 8 (1969) 542f. – [8] PLATON, Menon 80 d 5f. – [9] a. a. O. 81 d 4f. – [10] Phaidon 75 c 10ff. – [11] AUGUSTIN, Conf. X, 11, 18. – [12] a. a. O. 13, 20. – [13] 16, 24. – [14] Vgl. 17, 26-25, 36; vgl. G. SÖHNGEN: Der Aufbau der augustinischen Gedächtnislehre (Conf. X, 6-27), in: Die Einheit der Theol. (1952) 63-100. – [15] Vgl. J. G. WALCH: Philos. Lex. (⁴1775) s. v. ‹E.›. – [16] DESCARTES, Medit. III, 13 = Werke, hg. ADAM/TANNERY (= A/T) 7, 40; vgl. a. a. O. III, 6 = A/T 7, 37. – [17] V, 4 = A/T 7, 64. – [18] Vgl. LEIBNIZ, Nouveaux Essais, Préface = Philos. Schriften, hg. GERHARDT (= PSG) 5, 41f. – [19] a. a. O. II, 10 = PSG 5, 128. – [20] Discours de mét. 26 = PSG 4, 451f.; vgl. Nouveaux Essais II, 27 = PSG 5, 222. – [21] Discours de mét. 26 = PSG 4, 451. – [22] Monadol. § 21 = PSG 6, 610. – [23] a. a. O. §§ 19. 26 = PSG 6, 610. 611. – [24] Nouveaux Essais, Préface = PSG 5, 48. – [25] ebda. – [26] Encyclopédie ou Dictionnaire raisonné ..., hg. DIDEROT/D'ALEMBERT 1 (1751) XLVIIff.; vgl. (1765) 326ff. – [27] CH. BONNET: La palingénésie philos. ... (Genf 1769) Part. XVI, 2. Bd., 135f. – [28] G. E. LESSING: Die Erziehung des Menschengeschlechts (1781) § 99. – [29] J. G. SCHLOSSER: Über die Seelenwanderung (1781). Kleine Schriften 3 (1783) 71. – [30] J. G. HERDER: Über die Seelenwanderung (1782) = Werke, hg. B. SUPHAN (= WS) 15, 254f. – [31] Ideen zur Philos. der Gesch. der Menschheit (1784-91) V, 6 = WS 13, 199. – [32] a. a. O. IX, 1 = WS 13, 352f. – [33] IX, 2 = WS 13, 357. – [34] HÖLDERLIN, Verfahrensweise des poetischen Geistes, Werke, hg. F. BEISSNER (1961) IV/1, 261; vgl. W. MICHEL: Das Leben Hölderlins (1963) 330ff. – [35] HÖLDERLIN, Das Werden im Vergehen. a. a. O. IV/1, 283. 284. – [36] Vgl. J. RITTER: Hegel und die frz. Revolution (1957) 12ff. – [37] HEGEL, Logik II, hg. G. LASSON (³1934); vgl. 99. – [38] Phänomenol. des Geistes, hg. J. HOFFMEISTER (⁶1952) 563; vgl. 524. 39 u. ö. – [39] a. a. O. 564. – [40] Vgl. H.-G. GADAMER: Wahrheit und Methode (²1965) 185ff. – [41] J. G. DROYSEN: Grundriss der Historik (1858) § 1 M = Historik, hg. R. HÜBNER (1960) 325. – [42] a. a. O. § 19 = 332. – [43] W. DILTHEY, Ges. Schriften 7, 29. – [44] FR. NIETZSCHE, Aus dem Nachlaß = Werke, hg. K. SCHLECHTA 3, 859. – [45] Vom Nutzen und Nachteil der Hist. = 1, 213. – [46] A. HEUSS: Verlust der Gesch. (1959) 31. – [47] a. a. O. 68. – [48] J. RITTER: Die Aufgabe der Geisteswiss. in der modernen Gesellschaft (1963) 7. – [49] GADAMER, a. a. O. [40] 274f. – [51] 285. – [52] 13. – [53] F. W. J. SCHELLING: Allg. Deduktion des dynamischen Prozesses oder der Kategorien der Physik (1800) = Werke, hg. K. F. A. SCHELLING 4, 77. – [54] Zur Gesch. der neueren Philos. (1827) = 10, 94f. – [55] Vgl. O. MARQUARD: Über die Depotenzierung der Transzendentalphilos. (Habil.schr. Münster 1963). – [56] S. FREUD, Ges. Werke, hg. A. FREUD 2/3, 545. – [57] a. a. O. 11, 292. – [58] H. MARCUSE: Triebstruktur und Gesellschaft (1968) 24f. – [59] Der eindimensionale Mensch (1967) 117f. – [60] Vgl. W. ANZ: Philos. und Glaube bei S. Kierkegaard. Z. Theol. u. Kirche 51 (1954) 50-105. – [61] S. KIERKEGAARD, Samlede Vaerker[1] (= SV) 3, 173 = Die Wiederholung, dtsch. E. HIRSCH (= H) 3; vgl. SV 4, 179 = Philos. Brocken H 7. – [62] SV 3, 189 = Die Wiederholung H 21f. – [63] ebda. = H 22. – [64] Papirer IV, B 1, 150 = Johannes Climacus H 159. – [65] SV 7, 268 = Unwiss. Nachschrift 2. Teil, dtsch. H. M. JUNGHANS 13. – [66] SV 6, 16 = Stadien H 10. – [67] SV 4, 290f. = Der Begriff Angst H 15f. Anm.; vgl. SV 3, 189 = Die Wiederholung H 22. – [68] SV 7, 466f. = Unwiss. Nachschrift 2. Teil a. a. O. [65] 245f. – [69] M. HEIDEGGER: Kant und das Problem der Met. (^{3}1965) 211. – [70] E. HUSSERL: Ideen ... II = Husserliana 4 (Den Haag 1952) 112f. – [71] H. BERGSON: Essai sur les données immédiates de la conscience 75 = Oeuvres, éd. du centenaire (Paris 1959) 67. – [72] Introduction à la mét. 200f. = 1411. – [73] M. PROUST: A la recherche du temps perdu VIII, le temps retrouvé (Gallimard, Paris 1954) 248. – [74] TH. W. ADORNO: Minima Moralia (1962) 219. – [75] E. BLOCH: Philos. Grundfragen I (1961) 23; vgl. Das Prinzip Hoffnung (1959) 329f. – [76] Philos. Grundfragen I a. a. O. 76. – [77] 79. C. V. BORMANN

Eristik (ἐριστικὴ τέχνη), d. h. Streitkunst, nennt PLATON die leere Disputierkunst der Sophisten, die als ἐριστικοί (oder ἀντιλογικοί, ἀγωνιστικοί) nach Belieben beweisen und widerlegen im Gegensatz zum Wahrheitsernst der sokratischen ‹Protreptik› und der platonischen ‹Dialektik› [1]. ARISTOTELES folgt diesem Sprachgebrauch [2], bezeichnet so auch den Trugschluß (σόφισμα) als συλλογισμὸς ἐριστικός [3]. ‹Eristiker› wird später zum Beinamen der *Megariker*.

Anmerkungen. [1] PLATON, bes. Euthyd. 271 c ff. 278 b-c; vgl. Resp. 454 a 537 c ff.; Theait. 167 d ff.; Soph. 225 c ff. – [2] ARISTOTELES, Soph. elench. 11, 171 b 34ff.; Top. VIII, 5, 159 a 32ff.; 11, 161 a 33-34. – [3] Vgl. Top. I, 1, 100 b 23-25; VIII, 11, 162 a 14-17. B. WALDENFELS

Erkennen, Erkenntnis
I. Erkennen, Darstellung von Erkenntnis (E.) und ein Bewußtsein der E. ist jedweder menschlichen Kultur zugehörig. In Abhebung von dem allgemeinen Phänomen ist der philosophische Begriff der E. seit Heraklit und Parmenides dadurch charakterisiert, daß die E. durch eine methodisch durchgeführte Reflexion als adäquate oder nichtadäquate E. unterschieden und der Wahrheitsanspruch der E. mittels dieser Reflexion geprüft wird. Das Ziel dieser Reflexion ist, einen Weg der E. (ἡ ὁδὸς διζήσιος) zu finden, der als der Weg der wahren E. ausgewiesen werden kann.

Die folgende Darstellung der Geschichte des E.-Begriffs geht von der Voraussetzung aus, daß alle Epochen der Philosophie sich durch die Art der Reflexion der E. (wenn auch nicht erschöpfend) charakterisieren lassen; ferner, daß ein einmal gewonnener Grad der Differenziertheit sich durchhält und daß der Grad der Differenzierung und Komplizierung, wenn auch möglicherweise einseitig und partiell, sich erhöht. Der Darstellung ein solches heuristisches Prinzip zugrunde zu legen, bedeutet aber nicht, daß eine inhaltlich bestimmte Fortschrittsidee antizipiert wird [1].

Anmerkung. [1] Vgl. F. KUNTZE: E.-Theorie, in: Hb. der Philos., hg. A. BAEUMLER/M. SCHRÖTER (1934) 8.

1. Für die erste Hälfte des 6. Jh. v. Chr. fehlen die Zeugnisse eines philosophischen Begriffs der E.; doch die Reflexionen über das Apeiron bei ANAXIMANDROS, d. h. über einen Ursprung und Erklärungsgrund für das All der Dinge, der nicht durch eine Genealogie etwa von Göttergeschlechtern darstellbar gewesen wäre, setzt ein E.-Streben voraus, das sich von einem unmittelbaren Erkennen der Dinge oder Geschehnisse ebenso absetzt wie von einem Mythos als der Erzählung eines Uranfanges. Der Begriff des Unbestimmt-Unbegrenzten ist, wenn auch vorerst nur de facto, der Begriff einer Reflexion, die das zur Kenntnis genommene Ding zunächst als einen durch Eigenschaften bestimmten Gegenstand erfaßt und in einem zweiten Reflexionsschritt jede mögliche Eigenschaft, d. h. jedwede Bestimmtheit und Grenze negiert.

Heraklit und Parmenides reflektieren über diese bei Anaximander de facto auftretende Differenz in der E. und bilden derart einen Begriff der wahren E., dem der Begriff einer scheinbaren E. gegenübergestellt wird. Sie kreieren die *kritische* Reflexion, die seither ein Charakteristikum der Philosophie geblieben ist. Durch die sich fortsetzende kritische Reflexion sind im 5. Jh. v. Chr. folgende Momente eines Begriffs der E. artikuliert worden: das Apriori als Bedingung einer allgemein und überzeitlich gültigen E. (Heraklit, Parmenides, die Pythagoreer); die Angewiesenheit der menschlichen E. auf sinnliche Wahrnehmung (Parmenides, Empedokles, Demokrit); die Möglichkeit strenger E. durch den Rekurs auf eine qualitative oder quantitative Struktur aller Dinge (Anaxagoras, Demokrit); die Subjektivität und damit Relativität menschlicher E. (Sophisten); schließlich die von der kritischen Reflexion her sich anbietende skeptische Infragestellung der Möglichkeit irgendeiner wahren E. (Skepsis).

Der Begriff λόγος, den HERAKLIT einführt, um das zu bezeichnen, wonach alles geschieht [1], was allem gemeinsam ist und wodurch alles eins ist [2], ist zugleich der Begriff des die wahre E. begründenden Prinzips [3]. Der Logos ist der Seele des Menschen eigen [4], macht deren Tiefe aus [5]. Durch dieses onto-logische Prinzip wird auch das für alle Wesen selbige Gesetz ihres Seins, nämlich der ständige Ausgleich von Entstehen und Vergehen, von Hinauf und Hinab, von Anwesenheit und Abwesenheit, erkennbar. ‹Logos› heißt bei Heraklit darum auch dasjenige Denken und Reden, das im Durchgang durch das Viele das Eine (Gesetz, Weltordnung, Harmonie) findet und ausspricht. Heraklit artikuliert die Differenz in der E. so radikal, daß er der Art, wie der Mensch im allgemeinen denkt und redet, die E. abspricht und diese nur einer göttlichen Art vorbehalten sein läßt (ἦθος γὰρ ἀνθρώπειον μὲν οὐκ ἔχει γνώμας, θεῖον δὲ ἔχει) [6].

Das Lehrgedicht des PARMENIDES macht zum ersten Mal in der Geschichte der Philosophie die Frage nach der wahren E. zum Thema einer Schrift. Das Gedicht handelt von dem Weg, den das Denken nehmen muß, um zur wahren E. zu gelangen. Diese Reflexion verlegt Parmenides an einen Ort *außerhalb* der Menschenwelt, d. h. außerhalb der Art, wie die Menschen sonst denken, auch die Weisen. Eine Göttin enthüllt das «Herz» der Wahrheit, d. h. die Wahrheit über Wahrheit und Unwahrheit. Diese transzendentale Wahrheit aber besteht darin, daß das Denken sich auf eine transzendentale Bejahung (ὡς ἔστιν, ἔστι γὰρ εἶναι [7]) oder auf eine transzendentale Verneinung (ὡς οὐκ ἔστιν τε καὶ ὡς χρεών ἐστι μὴ εἶναι) [8] oder auf eine Mischung beider Prinzipien gründet. Letztere charakterisiert die menschliche Art der E., die den Gegensatz von Bejahung *und* Verneinung kennt und sich darum auf zwei Prinzipien, die Parmenides «Licht» und «Nacht» nennt, gründet [9]. Sofern das Erkennen Wahrheit enthält, ist dieser Wahrheitsgehalt überall durch die apriorische Bejahung des «ist», durch den transzendentalen Bezug auf das unteilbare, gleichartige, unveränderliche und notwendige «ist» begründet.

Mit Heraklit und Parmenides hat die Reflexion auf das Erkennen das Kriterium artikuliert, durch das für alle folgende Philosophie das Wissen in eine Dualität differenziert ist: in ein Wissen, das seine Begründung beibringen kann, und in ein Wissen, das die Begründung nicht beibringen kann; in ein Wissen, welches das Mannigfaltige durch einen Vermittlungsprozeß auf ein Eines zurückführen kann und in ein Wissen, das im Mannigfaltigen verbleibt. ANAXAGORAS, EMPEDOKLES und DEMOKRIT entwickeln jeder in seiner Weise dieses Problem, «die Mannigfaltigkeit des Gegebenen mit Hilfe des Vielen auf das Wandellos-Eine zurückzubeziehen und es so in seiner Notwendigkeit zu durchschauen» [10]. Der Begriff der E. läßt sich für die vorsokratische Philosophie weniger aus den erkenntnispsychologischen oder physiologischen Hypothesen eruiren, wie «Gleiches wird durch Gleiches erkannt», d. h. jedes Element der Dinge wird durch das gleiche, jedoch feinere Element im Körper oder in der Seele wahrgenommen [11], oder in der Umkehrung, daß die Wahrnehmung durch das Gegensätzliche (τοῖς ἐναντίοις) zustande komme, weil das Gleiche unempfindlich sei für das Gleiche [12]. Der Begriff der E. ergibt sich vielmehr aus der Selbstdifferenzierung des (sinnlich bedingten) Erkennens in der philosophischen Reflexion.

Anmerkungen. [1] HERAKLIT bei DIELS, Frg. der Vorsokratiker B 1. – [2] a. a. O. B 2; B 50. – [3] B 72. – [4] B 115. – [5] B 45. – [6] B 78. – [7] PARMENIDES, a. a. O. B 8, 2; B 6, 1. – [8] B 4, 5. – [9] B 8, 53–60; B 9. – [10] R. HÖNIGSWALD: Gesch. der E.-Theorie (1933, ²1966) 10. – [11] EMPEDOKLES, a. a. O. [1] B 109 u. ö. – [12] ANAXAGORAS, a. a. O. A 92.

Literaturhinweise. B. MÜNZ: Die Keime der E.-Theorie in der vorsophistischen Periode der griech. Philos. (1880). – P. NATORP: Forsch. zur Gesch. des E.-Problems im Altertum. Protagoras, Demokrit, Epikur und die Skepsis (1884). – W. FREYTAG: Die Entwicklung der griech. E.-Theorie bis Aristoteles (1905). – E. ARNDT: Das Verhältnis der Verstandes-E. zur sinnlichen in der vorsokratischen Philos. (1908). – R. HÖNIGSWALD s. Anm. [10]; Grundfragen zur E.-Theorie (1931). – F. KUNTZE: E.-Theorie, in: Hb. der Philos., hg. A. BAEUMLER/M. SCHRÖTER (1934). – B. JANSEN: Die Gesch. der E.-Lehre in der Philos. bis Kant (1940). – W. NESTLE: Vom Mythos zum Logos (1940). – A. BRUCKMAYR: Die Lehre von den Sinneswahrnehmungen in der antiken Philos. (1953). – H. FRÄNKEL: Wege und Formen frühgriech. Denkens (1955). – H. KRINGS: Vom Anfang der Philos. Gedanken zu Parmenides, in: Interpretation der Welt, Festschrift für R. Guardini (1965).

2. Die *Sophisten* thematisieren und radikalisieren dieses Problembewußtsein. Sie anerkennen nicht ein (ontologisch) Eines als den ersten Bezugspunkt für die E., weil sie zuvor den Menschen als erkennendes, wahrnehmendes und in der Polis sich behauptendes Individuum als deren begründenden Bezugspunkt gefunden haben. Er ist nach dem Satz des PROTAGORAS das ‹Maß› (πάντων χρημάτων μέτρον ἄνθρωπον εἶναι, τῶν μὲν ὄντων ὡς ἔστι, τῶν δὲ μὴ ὄντων ὡς οὐκ ἔστιν) [1]. Sofern etwas als seiend oder nicht seiend gilt, hat dieses Sein seinen *Bestimmungs*grund im Erkennenden selbst qua individueller Wahrnehmung. Diese kritische Bestimmung des E.-Begriffs ist in der Sophistik nicht streng durchdacht worden; sie diente einer rhetorischen und politischen Praxis. In der Geschichte des Begriffs der E. ist jedoch die Entdeckung, daß die Einheit des Subjekts eine bedeutende Rolle für die Bildung dieses Begriffs spielt, ein perennierendes Moment geblieben.

SOKRATES steht in der Tradition der Sophisten; auch ihm ist das prüfende Denken, der beweisende Logos, dasjenige, dem alle E., die Anspruch auf Wahrheit erhebt, unterworfen werden muß. Doch unterscheidet sich die sokratische Interpretation dessen, was Logos ist, grundsätzlich von der sophistischen Vorlage. Der ἐπακτικὸς λόγος, dessen Entdeckung Aristoteles dem Sokrates zuschreibt [2], ist nicht nur Kritik an lediglich durch Tradition autorisierten Wahrheiten und Normen (Mythos, Gesetze der Polis), sondern ebenso Widerlegung der von den Sophisten angemeldeten Skepsis zugunsten der Wahrheit des Logos: Während die Sophisten auf der Ambivalenz und Vieldeutigkeit des Logos bestanden und deshalb auch die Beweisbarkeit und Erkennbarkeit eines absoluten Hen bestritten, versucht die sokratische Konzeption des Logos gerade jenes Moment im Erkennen aufzuweisen und festzuhalten, das als ἱκανόν [3], als schlechthin Gültiges und daher E. allererst Begründendes, nicht mehr auf weitere Voraussetzungen zurückgeführt werden kann. Doch ist diese Intention des Sokrates ist nicht als ein naiv-unmittelbarer Verweis auf absolute Wahrheit zu verstehen. Zwar ist das Voraussetzungslose als das Ziel allen Erkennens in jedem wahren Logos antizipatorisch behauptet, doch weist Sokrates in seinen Gesprächen immer wieder auf die Aporie hin [4]: Der Logos hat Wahrheit und erkennt Wahrheit, ohne diese selbst bereits zu sein. Diese Differenz haftet allem Wissen und Erkennen an; sie bezeichnet die durch den Logos selbst nicht zu behebende Unwissenheit, die vom Logos auf allen Gebieten des möglichen Erkennens im διαλέγεσθαι gleichsam umsprochen wird. Dieses dialektische Umsprechen hat seinen Antrieb in jeweiligen Verweis auf das Nichtwissen des die Wahrheit Suchenden, ein Verweis, der die Selbstkritik des Erkennens veranlaßt. Das vermeintlich schon Gewußte wird ironisch distanziert und in der Intention auf Wahrheit aufgelöst. Der Ausgriff auf ein Gültiges in der Dialektik von Wissen und Nichtwissen wird mit Sokrates zur bleibenden Bestimmung des philosophischen Begreifens von E.

Anmerkungen. [1] PROTAGORAS, Frg. B 1; PLATO, Theait. 152 a. – [2] ARISTOTELES, Met. 1078 b 27. – [3] PLATO, Phaidon 101ff. – [4] Vgl. Menon 80 d-e.

Literaturhinweise. H. SIEBECK: Das Problem des Wissens bei Sokrates und der Sophistik (1870). – L. NELSON: Die sokratische Methode (1931). – F. J. BRECHT: Sokratische Dialektik (1933). – E. W. PLATZECK: Von der Analogie zum Syllogismus (1954). – B. WALDENFELS: Das sokratische Fragen. Aporie, Elenchos, Anamnesis (1961).

3. PLATONS *Ideenlehre* wendet die sokratische Aporie des Erkennens ins Objektive, Ontologische: Das Verhältnis von Wissen und Nichtwissen im Logos wird interpretiert durch das Verhältnis von Idee und Erscheinung. Diesem Unterschied entspricht die Differenzierung der E. in ἐπιστήμη und δόξα bzw. innerhalb der ἐπιστήμη in νόησις und διάνοια [1]. Mit Heraklit und den Sophisten weiß sich Platon einig, wenn er die sinnliche Wahrnehmung als Grund der wahren E. ablehnt und sie als δόξα qualifiziert. Der Gegenstand der wahren E. sind die Ideen; sofern es eine wahre E. von Sinnendingen gibt, besteht diese in einem ἀναφέρειν, einem Hinbeziehen der φαινόμενα auf ihren Grund, der selbst nicht durch oder aus Erfahrung ist, sondern dieser begründend vorhergeht [2]. Das setzt voraus, daß die Idee als solche erkannt werden kann. Die *Anamnesislehre* Platons thematisiert diese Frage und findet die Antwort darin, daß der Mensch eine Einsicht in das an sich Wahre besitze und deshalb zur wahren E. befähigt sei, sei diese nun unmittelbar, als Ideenschau, oder aber vermittelt durch das Verstehen der Erscheinung *als* Er-

scheinung: durch das ἀναφέρειν des φαινόμενον auf seinen Grund.

Die platonische *Dialektik* kann als methodische Fixierung dieses ἀναφέρειν gelten. Durch den Weg hinauf und hinab, durch Reduktion und Deduktion, versucht sie den Nachweis der Kohärenz von Idee und Erscheinung zu führen als den Nachweis der Beziehung von νόησις und διάνοια. Die νόησις ist nicht das von ungefähr und zufällig sich Einstellende; sie wird nur denen zuteil, die den mühsamen Weg der Dialektik gegangen sind. Geschieht die Einsicht in die Idee auch spontan (ἐξαίφνης), so ist sie dennoch nicht beliebig verfügbar. Nur wenige gelangen zu diesem Ziel aller E., zumal es auch nicht, wie es im 7. Brief [3] heißt, mitteilbar oder lehrbar ist, da die höchste begründende und rechtfertigende Wahrheit, die Idee des Guten, zwar als ἀνυπόθετον jeder Erkenntnis gedacht werden muß [4], sich aber der Fixierung entzieht. Der Dualismus von Idee und Erscheinung bleibt deshalb unbegriffen, da der Hiatus zwischen Noesis und Dianoia zwar bezeichnet, aber begrifflich nicht eingeholt werden kann. Die sokratische Aporie ist damit nicht aufgelöst, sie ist in ihrem Umfang verdeutlicht und genauer bestimmt. Mit der platonischen Reflexion auf das wahre Erkennen wird daher der philosophischen Erkenntnisproblematik nicht nur der duale Grundriß von Episteme und Doxa vorgezeichnet, sie bewegt sich fortan zugleich um die Frage einer theoretisch-praktischen Letztbegründung des Wissens in dem ausdrücklich gemachten Rekurs auf die (absolute) Idee des Guten.

Anmerkungen. [1] PLATO, Resp. 533 d-534 a. – [2] Phaid. 75 b. – [3] Ep. VII, 342 a-344 d. – [4] Resp. 511 b.

Literaturhinweise. D. PEIPERS: Die E.-Theorie Plato's (1874). – P. NATORP: Platos Ideenlehre (²1921). – G. KRÜGER: Einsicht und Leidenschaft (²1948). – M. HEIDEGGER: Platons Lehre von der Wahrheit (²1954). – J. DERBOLAV: E. und Entscheidung. Philos. der geistigen Aneignung in ihrem Ursprung bei Platon (Wien 1954).

4. ARISTOTELES entwickelt den Begriff der wahren E. unter dem Titel der beweisenden Wissenschaft (ἡ ἐπιστήμη ἀποδεικτική), deren Ziel die E. der Ursachen und der Nachweis von deren Notwendigkeit ist [1]. Durch diesen Nachweis unterscheidet sich die wahre E. von der Erfahrung (ἐμπειρία), der nur das Daß, nicht aber das Warum bekannt ist. Wenngleich die Erfahrung zum Handeln tauglicher und dabei auch erfolgreicher sein mag, so fehlt ihr doch der Begriff (λόγος) und die Kenntnis der Ursachen [2]. Der Beweis jedoch, durch den die Wissenschaft die E. begründet, enthält Prämissen, die wiederum eines Beweises bedürfen und so fort bis zu jener Prämisse, die keine andere mehr vor sich hat [3], also unvermittelt (ἄμεσος) durch sich selbst einsichtig ist [4]. Wie aber können die ersten Prinzipien erkannt bzw. gewußt werden? Dieses Wissen der ersten Prinzipien mit Plato als angeboren zu betrachten, verwirft Aristoteles. Anderseits kann dieses Wissen auch nicht wissenschaftlich erworben sein, da solcher Erwerb ja wiederum das Prinzipienwissen voraussetzen würde. Aristoteles verfolgt dieses Dilemma nicht weiter, vielmehr schlägt er den Weg ein, den er dann nicht nur als Weg, sondern als die Theorie jedweden der Schlußfolgerung vorausliegenden Wissens annehmen wird: die ἐπαγωγή [5].

Das Wissen der ersten Prinzipien bildet sich wie alles andere Wissen auch: es hebt bei dem für uns Bekannteren, nämlich der Wahrnehmung (αἴσθησις) des Einzelnen an, führt über das Erinnern der Wahrnehmung und die Abstraktion zur Erfahrung, die als eine Speicherung von identischen oder ähnlichen Eindrücken und als die Bildung eines für vieles Allgemeinen aufgefaßt ist. Das Allgemeine der Erfahrungen wiederum führt auf das Prinzip (ἀρχὴ τῆς ἐπιστήμης). Die ersten und ohne Beweis einleuchtenden Sätze werden also wie die Begriffe aufgrund der Wahrnehmung und der Erfahrung gewonnen. Da sie aber wahrer sind als das, was aus ihnen durch Beweis erkannt wird, ist das Ziel dieser Epagoge nicht ein vermittelter Allgemeinbegriff, sondern die unmittelbare Einsicht in die Wahrheit des Prinzips, die dem Nous zugehört (νοῦς τῶν ἀρχῶν) [6]. Sofern die ersten Sätze erreicht sind, verläuft der weitere Weg der E. in den Bahnen des Schlußfolgerns. Wofern es nicht gelingt, den Schluß auf erste, evidente Sätze zu gründen, sondern lediglich auf Sätze, die «von allen oder den meisten oder den Weisen» [7] für wahr angenommen werden, nennt Aristoteles diese Schlüsse dialektisch [8]. Die dialektische Form der Erkenntnis – das Thema der ⟨Topik⟩ – hat bei ihm eine große Bedeutung, da das Ideal der reinen Apodeixis aus ersten und wahren Sätzen nicht einfach zu erreichen ist, auch nicht in der Philosophie. Wenn jedoch in einer Einzelwissenschaft gar nicht im strengen Sinn erste Prinzipien zugrunde gelegt werden können, dann obliegt die Grundlagenforschung rechtens der Dialektik [9].

Anmerkungen. [1] ARISTOTELES, Anal. post. II, 2; Met. I, 1. – [2] Met. 981 a 28-b 9. – [3] Anal. pr. I, 2; 72 a 7. – [4] Anal. post. II, 19; 100 b 18f. – [5] a. a. O. 100 b 4; Eth. Nic. I, 7, 1098 b. – [6] Anal. post. 100 b 12; Eth. Nic. VI, 7, 1141 a 7. – [7] Anal. post. 100 b 23. – [8] 100 a 29ff. – [9] Top. I, 2.

Literaturhinweise. F. BRENTANO: Die Psychol. des Aristoteles (1862); Aristoteles' Lehre vom Ursprung des Geistes (1911). – J. GEYSER: Die E.-Theorie des Aristoteles (1917). – G. PATZIG: Die Aristotelische Syllogistik (1959). – W. ANDRES: Die Prinzipien des Wissens nach Aristoteles (1965).

5. PLOTIN faßt nicht nur platonische und aristotelische E.-Lehre zusammen, sondern radikalisiert und erweitert sie im Hinblick auf die Einheit und den geistigen Selbstbesitz der E. Die Einheit des Nous, der ersten Hypostase des Einen schlechthin, mit der Noesis und mit dem Noeton [1] ist das prinzipielle Axiom der E.-Begründung. Die Einheit des Geistes «beherrscht» [2] die E. und die E.-Lehre. Plotin knüpft an die aristotelische Lehre von der Wahrnehmung an, sieht aber die Seele zweigeteilt in die ⟨von unten⟩ bestimmte Wahrnehmung und den ⟨von oben⟩ bestimmten Geist; in der Mitte steht die Verstandeserkenntnis (διάνοια). Der E.-Prozeß hat die Grundstruktur der Selbsterkenntnis. In der menschlichen E. erkennt sich der Geist in einem Anderen (ἑτερότης); die E. ist durch Differenz bestimmt [3]. Sie schreitet fort (ἀναβαίνειν) [4] durch die Reflexion des Verstandes auf sich selbst, d. i. durch die E. seiner eigenen Natur (τὸν μὲν γινώσκοντα τῆς διανοίας τῆς ψυχικῆς φύσιν) [5]. Dieser Fortschritt, der sich in der Figur der Rückwendung (ἐπιστροφή) [6] vollzieht, ist dadurch ermöglicht, daß der Geist immer schon in der Seele anwesend ist [7]. Die aufsteigende Bewegung ist negativ durch Entsinnlichung und Entkörperlichung charakterisiert; positiv zeigt sie sich in der fortschreitenden Einheit mit sich bis zum unmittelbaren Selbstsehen und Beisichsein des Geistes [8]. In dieser Selbsteinheit ist der Geist jener ἔκστασις fähig, durch die er das Ziel aller E., die Wahrheit des Einen, verwirklicht.

Anmerkungen. [1] PLOTIN, Enn. V, 3 (49), 5; vgl. die Einheit von Geist und Sein a. a. O. V, 9 (5), 5 u. 6. – [2] V, 3 (49), 3, 44f. – [3] 10, 20-52. – [4] 9, 30. – [5] 4, 8f. – [6] 6, 40; 1, 4. – [7] Zur Illuminationslehre vgl. a. a. O. 8, 21ff. – [8] Vgl. 4. 5. 6. 9.

Literaturhinweise. G. NEBEL: Plotins Kategorien der intelligiblen Welt (1929). – A. ARMSTRONG: The architecture of the intelligible universe in the philos. of Plotinus (Cambridge 1940). – K.-H. VOLKMANN-SCHLUCK: Plotin als Interpret der Ontologie Platons (1941).

6. AUGUSTINS apologetischer Versuch einer kritischen Integration der antiken Philosophie, vor allem der platonisch-neuplatonischen und aristotelischen Tradition, in die Lehren des Christentums, rückt die Frage nach dem prinzipiellen Zusammenhang von Glauben und Wissen in den Mittelpunkt. Das Begreifen dieses Zusammenhangs wird notwendig, weil Glaube von vornherein nicht als bloßes Für-wahr-Halten, sondern als eine Einsicht verstanden wird, die sich nicht in Gegensatz zu Wort und Begriff stellt, da sie den Logos zum Fundament ihres Wahrheitsanspruchs macht. Philosophisches Erkennen erhält darum seine Rechtfertigung als Explikation der im Glaubenswissen immanenten Logizität; es wird zur Einsicht in die Wahrheit, die der Glaube als unmittelbar gewiß ausspricht. Der Glaube ist somit als «cum assensione cogitare» [1] selbst Einsicht und Voraussetzung für alles Wissen und Erkennen: «Credidimus ut cognosceremus; nam si prius cognoscere, et deinde credere vellemus, nec cognoscere, nec credere valeremus» [2].

Augustin verdeutlicht diesen Sachverhalt an dem Verhältnis der beiden Grundweisen von cognitio: scientia und sapientia [3]. Was die Dialektik der scientia sondernd expliziert, erfaßt die sapientia in unmittelbarer Einheit. Dieser Differenz von Sonderung und Einheit entspricht diejenige von temporalia und rationes aeternae. Die Isolierung der scientia von der sapientia würde zu jenem Skeptizismus führen, den Augustin in seiner Schrift ‹Contra Academicos› widerlegt. Vielmehr besitzt die scientia in der sapientia ihre Erfüllung.

Der Terminus für Gewißheit und Wahrheit des Erkennens ist ‹memoria›. *Memoria* als das Apriori allen Denkens und Erkennens [4] verbürgt die Wahrheit schlechthin. Sie ist der Ort, wo der Wahrheitsanspruch des Glaubens legitimiert, wo eingesehen werden kann, daß die Wahrheit des christlichen Glaubens die Wahrheit der Philosophie ist.

Anmerkungen. [1] AUGUSTINUS, De praed. sanct. 2, 5. – [2] Tract. in Joan. 27, 9. – [3] De trin. XII, 4, 4. – [4] Vgl. Conf. X.

Literaturhinweise. J. HESSEN: Augustinische und thomistische E.-Lehre (1921). – M. GRABMANN: Der göttliche Grund menschl. Wahrheits-E. Forsch. über die augustinische Illuminationstheorie und ihre Beurteilung durch den hl. Thomas v. Aquin (1924). – J. RITTER: Mundus intelligibilis (1937).

7. ANSELM VON CANTERBURY und der *frühmittelalterliche Platonismus* wissen sich mit Augustin darin einig, daß das «quae de Deo sive de eius creatura necessario credimus» auch «sola ratione» dargelegt werden soll [1]. Sola ratione sind für Anselm die rationes necessariae, die notwendigen Vernunftgründe, um deren Aufweis es ihm in allen seinen Schriften geht. Was notwendig wahr ist, darüber befindet ausschließlich die ratio. Da dieser Anspruch der E. in ihr selbst begründet liegt, verliert das Programm der fides quaerens intellectum seinen apologetischen Charakter und wird systematisch.

Wahre E. ist durch rectitudo (Rechtheit) bestimmt. In ihr wird nicht nur das, was ist, konstatiert, sie vermittelt zugleich die Einsicht in das, was sein soll und verbürgt damit jene Notwendigkeit, die den rationes necessariae zukommt. Der Dialog ‹De veritate› geht den verschiedenen Bedeutungen von ‹rectitudo› nach, so etwa die rectitudo von significatio und enuntiatio [2], von opinio [3], voluntas [4], sensus [5] und der essentiae rerum [6]. Die summa veritas selbst ist als rectitudo zu begreifen, sofern alles debere [7] auf sie bezogen ist; sie ist das schlechthin Unbedingte, Grundlose, und als solche erscheint sie nur in dem ihr selbst Ähnlichen; sie ist die «rectitudo mente sola perceptibilis» [8].

In diesem Kontext wird deutlich, welche Intention das sogenannte ontologische Argument verfolgt. Aus dem Faktum, daß E. Wahrheit erkennt, selbst aber nicht die Wahrheit ist, schließt Anselm, daß Wahrheit das sei, dessen Nichtsein nicht gedacht werden kann: «Quare qui cogitat quo maius non possit cogitari: non cogitat quod possit, sed quod non possit non esse. Quapropter necesse est esse quod cogitat, quia quidquid non esse potest, non est quod cogitat» [9]. So gewiß wir erkennen, so gewiß ist auch Gott, denn Gott ist das einzige Wesen, welches der rectitudo der mens völlig entspricht. Dieser auf die Philosophie der Neuzeit vorausweisende transzendentalphilosophische E.- und Wahrheitsbegriff verwandelt das Verständnis der fides. Der Glaube ist nicht mehr nur Anlaß, er wird zum Fundament des Sichbegreifens von E. als wahrer E. Das intelligere bleibt dem credere nicht äußerlich, es folgt vielmehr aus ihm und wird zur notwendigen Selbstdarstellung von Vernunft und Offenbarung in eins.

Anmerkungen. [1] ANSELM VON CANTERBURY, Monol. c. 1. – [2] c. 2. – [3] c. 3. – [4] c. 4. – [5] c. 6. – [6] c. 7. – [7] c. 10. – [8] c. 11 – [9] Contra insip. IX.

Literaturhinweise. J. KOPPER: Reflexion und Raisonnement im ontologischen Gottesbeweis (1962). – K. FLASCH: Zum Begriff der Wahrheit bei Anselm von Canterbury. Philos. Jb. 72 (1965) 322-352. – A. SCHURR: Die Begründung der Philos. durch Anselm von Canterbury. Eine Erörterung des ontologischen Gottesbeweises (1966).

8. Die Aufwertung des intelligere im Hinblick auf das credere führt im Mittelalter zur Verselbständigung der E.-Problematik. Dabei bewegen sich die Theorien der E. zwischen den Extremen eines reinen Subjektivismus und eines reinen Objektivismus; der fast tausendjährige Universalienstreit gibt davon Zeugnis. THOMAS VON AQUIN bahnt eine dialektische Vermittlung an, deren Thesen sich inhaltlich auf Aristoteles stützen. Die E. hat ihre Grundlage in den Sinnen; sie bezieht sich jedoch weder lediglich auf die passiones propriae des Intellekts noch auch unvermittelt auf das Ding (res) [1]: «Cognitio est media inter cognoscentem et objectum» [2]. Struktur und Funktion dieses medialen Charakters der E. werden von Thomas eingehend reflektiert unter den Begriffen ‹species›, ‹similitudo›, ‹intentio› u. a. Die formale Bestimmtheit der E. ist durch das E.-Subjekt begründet («cognitio secundum modum cognoscentis») [3], und zwar wesentlich dadurch, daß der Intellekt in ebenderselben Reflexion, durch die er den Begriff der Sache bildet, auch sein eigenes Erkennen miterkennt («Sed quia intellectus supra seipsum reflectitur, secundum eamdem reflexionem intelligit et suum intelligere, et speciem qua intelligit») [4]. Die formale Modifikation des E.-Inhalts wird als ‹similitudo› bezeichnet, doch ist die E. als eine Verähnlichung ebensowohl des Subjekts wie des Objekts begriffen («assimilatio cognoscentis ad cognitum» [5]; «similitudo cogniti in cognoscente» [6]). In der medial strukturierten E. wird also der Gegenstand formaliter nicht dem Modus seines Dingseins nach (secundum modum rerum) erkannt, vielmehr wird das komplexe materielle Objekt durch das Einheitsmoment (Form) als ein Kompositum von Materie und Form begriffen. Aber auch das schlechthin Einfache muß um der medialen E.-

Struktur willen in der Weise eines Kompositum aufgefaßt werden [7]. Die Aktualität, durch die Subjekt wie Objekt zur Wahrheit kommen, ist der intellectus agens. Die in diesem Prozeß aktualisierten logischen Gebilde heißen «intentiones». Daher besteht die Wahrheit der E. nicht in einem einseitigen Abbildungsverhältnis, sondern in dem als «adaequatio» qualifizierten Veränderungsprozeß des Erkennenden wie des Gegenstandes. Ihr Ort ist daher primär der Intellekt, der als Aktus die Wahrheit hervorbringt [8]. Die Theorie des intellectus agens ist die klassische Synthesis der bis dahin aufgetretenen Lehren von der E. Sie setzt indessen eine stabile, durch die Wahrheit Gottes als wahr und unveränderlich garantierte Wesensordnung der Dinge voraus. Fällt diese Annahme zufolge eines voluntaristischen Gottesbegriffes wie im späteren 14. Jh., so verändert sich auch notwendig das Wesen der E.

Dies geschieht, indem die Vermittlungsbegriffe (‹species›, ‹similitudo›, ‹intentio›) einer Revision unterzogen werden. Die unmittelbare E. der Dinge hic et nunc ist bei JOHANNES DUNS SCOTUS und WILHELM VON OCKHAM als cognitio intuitiva nicht bloß sinnliche Grundlage der abstrakten E., sondern ein eigenständiger Aktus, der das einzelne direkt in einer intentio prima erfaßt. Der allgemeine Begriff (universale, conceptus, intentio secunda, terminus) wird bei Ockham folgerichtig ohne Hilfe einer species und eines intellectus agens lediglich durch die Steigerung des actus primus in einem actus secundus, d. h. durch die abstrahierende Reflexion auf die intentio prima, als eine intentio secunda gewonnen [9]. Das Universale ist ein fictum, d. h. ein Gebilde des Intellekts, wenn auch nicht ein rein Erdichtetes (purum figmentum) [10]; es ist zwar imago, similitudo [11] oder exemplar, nicht aber species des Gegenstandes. Die Auszeichnung der intentiones secundae liegt darin, daß sie vieles Einzelne zu bezeichnen vermögen (significare) und damit geeignet sind, das Einzelne, das sich dem Begriff entzieht, im Bereich des rationalen Denkens und mithin der Wissenschaft zu «vertreten» (*Suppositionstheorie*). Damit ist ein logisch autonomer Bereich der Wissenschaft begründet. Die E. des Wirklichen ist, sofern sie über die unmittelbare E. hinauskommen soll, nicht anders möglich als auf dem Weg der Supposition. Die Wissenschaft muß nach Ockham erkennen, daß ihr direkter Gegenstand die Begriffe und die Sätze und nicht das «Reale» ist; dann und nur dann ist eine E. des Realen im Rang einer scientia möglich [12]. Der Preis, um den diese Sicherung der Wissenschaftlichkeit erkauft ist, liegt darin, daß ihr Bereich, insbesondere Metaphysik, Psychologie und Ethik, eingeengt wird zugunsten der Theologie. Zugleich mit der radikalen Einheit von Erkennendem und Erkanntem in der E. zerfällt der Bezug von credere und intelligere.

Anmerkungen. [1] THOMAS VON AQUIN, S. theol. I, 85, 2 c. – [2] De ver. 2, 5 obj. 15. – [3] I Sent. 38, 1, 2 c u. ö. – [4] S. theol. I, 85, 2 c. – [5] S. c. Gent. I, 65. – [6] a. a. O. II, 77-7. – [7] S. theol. I, q. 50, 2 c. – [8] De ver. I, 4 c. – [9] WILHELM VON OCKHAM, In sent. II, q. 25 Q. – [10] In sent. I, d. 2, 8 F – [11] E. HOCHSTETTER: Studien zur Met. und E.-Lehre Wilhelms von Ockham (1927) 103ff. – [12] a. a. O. 174ff.

Literaturhinweise. M. HEIDEGGER: Die Kategorien- und Bedeutungslehre des Duns Scotus (1916). – E. HOCHSTETTER s. Anm. [11]. – G. SIEWERTH: Die Met. der E. nach Thomas von Aquin (1933). – M. GRABMANN: Die Gesch. der scholastischen Methode 1. 2 (²1956). – K. RAHNER: Geist in Welt. Zur Met. der endlichen E. bei Thomas von Aquin (1957).

9. In der *Renaissance* sind die neuen Denkmotive so mannigfaltig, daß die Entwicklung des Begriffs der E. nur zusammenfassend angemerkt werden kann. Die Philosophen und Forscher des 15. und 16. Jh. suchen, soweit sie nicht einem theosophisch-pantheistischen oder auch okkulten Naturalismus huldigen, die E. der Natur aus einer Erforschung der empirischen Ursachen und die E. des Humanum aus einer Erforschung der Geschichtsquellen zu gewinnen. Die Methoden der Abstraktion und der Dialektik genügen nicht mehr dem E.-Anspruch, Neues zu entdecken und zu erkennen. Eine Vielfalt methodischer Ansätze zu einer *ars inveniendi* kennzeichnet das Zeitalter, sei es, daß in Rückwendung zur Rhetorik die Sprache zum Leitfaden der E. oder durch die historisch-kritische Methode die Urkunden und Quellentexte zu deren Grundlage gemacht werden, sei es, daß mittels einer naturphilosophisch-induktiven Methode eine einfache, vielfach assoziativ verallgemeinernde Empirie gepflegt wird. Auch BACONS Forderung nach einer scientia naturalis und einer ars inveniendi, sein Weg von der Wahrnehmung zur Entdeckung (Induktion) und von der Entdeckung zur Erfindung (Deduktion) ist ein Beitrag zur Ordnung einer großen Menge neuer Einzel-E. in einer abgewandelten Formenlehre. Diese Ansätze insgemein leisten nicht die Begründung eines neuen Begriffs der E. Dieser bildet sich erst aufgrund der Anwendung und Verbreitung der mathematischen Methode in Naturwissenschaften und Philosophie im 17. Jh. heraus. Durch Analyse [1] werden die sogenannten Substanzen, Kräfte und Geschehnisse zurückgeführt auf eine zeitlose, unveränderliche Beziehung variabler Größen; die Natur wird als ein umfassender Mechanismus aufgefaßt (GALILEI, KEPLER, NEWTON). Das Prinzip der E. ist nicht die substantielle Form, sondern jene ‹Mechanik›, die den Prozeß bestimmt und welche die Formen erzeugt. E. heißt die Darstellung der rationalen Struktur des Prozesses in exakter Formulierung. Die Analyse der Ursachen und der methodische Aufbau, die Konstruktion des Gegenstandes aus seinen Bedingungen begründen wahre E. Natur, Recht, Staat, Geschichte, Sprache werden neu bestimmt; eine Fülle inhaltlicher E. ist das Resultat. Nicht zuletzt wird die E. selbst einer solchen Strukturanalyse unterzogen. Die Fülle der E. und der Methoden, selbst die Exaktheit der mathematischen Methode sichern die E. jedoch nicht, wenn das E.-Subjekt, womöglich eben wegen dieser Mannigfaltigkeit, seiner selbst und seiner materialen Evidenzen nicht gewiß ist.

Die E. bedarf zunächst einer wie auch immer herzustellenden Selbstgewißheit des Erkennenden. Diese Selbstgewißheit des *cogito*, die DESCARTES durch den reduktiven Gang des methodischen Zweifels gewinnt, vermag jedoch nicht allein E. inhaltlich zu begründen. Descartes führt darum die Reduktion weiter: Das cogitare ist je schon inhaltlich bestimmte cogitatio (idea, realitas obiectiva); der Inhalt aber geht nicht aus dem Formalen des cogitare hervor. Woher stammt der Inhalt der idea? Bei endlichen Inhalten kann die Ursachenfrage dahingestellt bleiben, weil der Vorstellende selbst als Ursache von zureichender realitas formalis gedacht werden kann. Der Inhalt substantia infinita jedoch ist allein durch eine aktual unendliche Ursache möglich; diese Vorstellung ist darum im höchsten Sinn wahr («Idea entis summe perfecti, et infiniti maxime vera»; ... maxime clara et distincta») [2]. Die Idee des Unendlichen erweist Descartes darüberhinaus als die Bedingung der Möglichkeit des cogito und der Ideen von endlichem Inhalt («... priorem quodammodo in me esse perceptionem infiniti quam finiti; hoc est Dei quam mei ipsius») [3]. Von der E. Gottes hängen Gewißheit und Wahrheit jedweder Wissenschaft ab («Omnis scientiae certitudinem et veritatem ab una veri Dei cognitione pendere») [4].

Diese Begründung der E. und ihrer inhaltlichen Wahrheit wird von SPINOZA radikalisiert. «Außer Gott kann keine Substanz sein und keine begriffen werden» [5]. Alles folgt aus der Idee Gottes. Spinoza lehnt die E.-Kritik ab, jede Kritik von E. (Ideen) käme gewissermaßen zu spät. Die idea vera ist Norm für die reflexive E., nicht umgekehrt; denn «veritas se ipsam patefacit» [6]. Dieses Prinzip macht die emendatio intellectus aus, indem jede wahre E. (idea vera) ein Instrument zu neuer E. ist (Deduktion). Die erste wahre Idee existiert nach Spinoza als instrumentum innatum im Menschen: die Idee der einen und vollkommenen Substanz.

Wenn Descartes und Spinoza vor allem die ersten Bedingungen eines more geometrico aufgebauten E.-Systems zu sichern suchten und die E. aus ersten Sätzen a priori herleiteten, so lösen HOBBES, LOCKE, HUME die gängigen metaphysischen Begriffe auf und setzen an ihre Stelle noetische Gebilde, deren strukturelle Faktoren ‹empirisch› sind. Nicht eigentlich die E. ist empirisch; sie entsteht vielmehr durch Verbindung und Reflexion von E.-Elementen, die, ebenso wie das Formale der Verbindung (Wiederholung, Gedächtnis, Assoziation u. a.), empirischen Ursprungs sind. Jede E. und das Subjekt der E. selbst muß darum als ein Funktionszusammenhang verstanden werden, nicht als ‹Substanz›.

Die Notwendigkeit, außer den Tatsachenbeziehungen auch reine Gedankenbeziehungen (HUME: «relations of ideas») zu erklären, macht es unmöglich, auf empiristischem Weg zu einer geschlossenen Theorie der E. zu kommen. Allein Radikalisierungen wie BERKELEYS ‹Immaterialismus› oder LEIBNIZ' Monadenlehre erlauben die Konzeption eines in sich geschlossenen Bedingungszusammenhangs. Leibniz faßt die Bemühungen des 17. Jh. um eine Theorie eines rationalen und zugleich umfassenden E.-Begriffs zusammen. Er gründet die E. auf den Satz der Identität und des zureichenden Grundes; durch diese Sätze ist ein geschlossenes und dynamisches System konzipiert, innerhalb dessen jedweder Gegenstand durchgängig genetisch bestimmbar ist. E. heißt, die Möglichkeit einsehen. Sofern die Bedingungen in einem vollständigen System der Bezeichnungen darstellbar werden (characteristica universalis), ergibt sich eine schlechthin universale Wissenschaft.

Anmerkungen. [1] HÖNIGSWALD, a. a. O. [10 zu 1], hat die frühneuzeitliche E.-Lehre unter dem Gesichtspunkt der Analysis dargestellt. – [2] DESCARTES, Meditat. III, 25. – [3] a. a. O. III, 24. – [4] V, 16. – [5] SPINOZA, Ethica I, 14. – [6] Tract. de intellectus emendatione. Opera, hg. GEBHARDT 2, 17.

Literaturhinweise. F. JODL: David Humes Lehre von der E. (1871). – G. BUSOLT: Die Grundzüge der E.-Theorie und Met. Spinozas (1875). – N. A. FOOHS: Lockes E.-Theorie (1894). – G. BRANDT: Grundlinien der Philos. von Thomas Hobbes, insbesondere seine Lehre vom Erkennen (1895). – A. H. ABBOTT: Psychol. und erkenntnistheoret. Probleme bei Hobbes (1904). – E. CASSIRER: Das E.-Problem in der Philos. und Wiss. der neueren Zeit 1-4 (1906-1957). – W. E. WALZ: David Humes Verhältnis zur E.-Lehre Lockes und Berkeleys (1907). – H. DATHE: Die E.-Lehre Lockes (1909). – H. HEIMSOETH: Die Methode der E. bei Descartes und Leibniz 1. 2 (1912-1914). – E. VON ASTER: Gesch. der neueren E.-Theorie von Descartes bis Hegel (1921). – E. HARR: Vom unendlichen Verstand, E.-Theorie im Anschluß an Spinoza (1929). – H. HEIMSOETH: Met. der Neuzeit, in: Hb. der Philos., hg. A. BAEUMLER/M. SCHRÖTER (1934). – A. BERGMANN: Zur Grundl. des E.-Problems in der neueren Philos. Die Bedeutung der Zweiweltenlehre des Descartes für das Transzendenzproblem der E. (1937). – R. ZOCHER: Leibniz' E.-Lehre (1952).

10. Die empirische Theorie leistet keine zureichende Erklärung der E.: Die rationalistische Theorie erklärt zwar die E., stützt sich dabei aber auf metaphysische Voraussetzungen. KANT folgt den *Empiristen* durch seine kritische Einstellung und durch die strikte Bindung der objektiven E. an die sinnliche Gegebenheit; den Rationalisten folgt er durch seine Theorie von den apriorischen und reinen Formen des Verstandes und der Sinnlichkeit. Die *transzendental-kritische* Begründung der E. besteht darin, in einer Analyse des E.-Vermögens jene apriorischen Bedingungen festzustellen, die den Gegenstand der E. schlechthin ermöglichen. Die E. wird von Kant formal als «Verstandeshandlung» bestimmt, und zwar als Synthesis; denn die sinnliche Anschauung, wiewohl auch sie eine Ordnung der Empfindungen durch apriorische Momente (Raum/Zeit) enthält, konstituiert allein nicht den Gegenstand. Dieser kann als «Verbindung eines Mannigfaltigen niemals durch die Sinne in uns kommen» [1]. Die Vorstellung der Verbindung ist nicht durch das Objekt gegeben, sondern ist ein Moment des reinen Verstandes (Kategorie). Daher «wir uns nichts als im Objekt verbunden vorstellen können, ohne es vorher selbst verbunden zu haben» [2]. Der Begriff der Verbindung ist wiederum nur möglich durch den Begriff der Einheit. Jene transzendentale Einheit, durch welche die Synthesis des Mannigfaltigen ermöglicht wird, ist «die transzendentale Einheit des Selbstbewußtseins» (reine Apperzeption) [3]. Die E. ist also eine Synthesis sinnlich gegebener Mannigfaltigkeit durch reine Begriffe des Verstandes unter der Einheit der transzendentalen Apperzeption. E. kommt nicht durch räumliche oder zeitliche Summierung des Anschauungsmaterials zustande; auch nicht durch das Operieren mit reinen Begriffen. Die Begriffe können zwar sowohl auf sie selbst wie auf sonstige nichtsinnliche Vorstellungen (z. B. Ideen) angewendet werden, aber diese Verstandeshandlungen begründen nach Kant keine E. Andererseits bedarf die E. der sie selbst übergreifenden Vernunftbegriffe; denn die transzendentale Analytik begründet zunächst nur die je vereinzelte E. vom Gegenstand. Durch den Verstandesbegriff wird kein sinnvoller Zusammenhang von Gegenstands-E. konstituiert; dazu bedarf es der Vernunftbegriffe und auch (im Hinblick auf den Organismus als Objekt) des Begriffs der Zweckmäßigkeit [4].

Anmerkungen. [1] KANT, KrV B 129-131. – [2] ebda. – [3] B 132. – [4] KU 1. Einl. (1790) VI-VII; Einl. (1793) V.

Literaturhinweise. H. COHEN: Kants Theorie der Erfahrung (1871). – G. SPICKER: Kant, Hume und Berkeley. Eine Kritik der E.-Theorie (1875). – S. AICHER: Kants Begriff der E. verglichen mit dem des Aristoteles (1907). – E. ALBRECHT: Die E.-Theorie Immanuel Kants und ihre Weiterentwicklung und Kritik durch Fichte, Schelling und Hegel, in: Beitr. zur E.-Theorie und das Verhältnis von Sprache und Denken (Halle 1959). – J. HABERMAS: E. und Interesse (1968).

11. Kants Gedanke einer Kritik der reinen Vernunft wird von FICHTE radikalisiert, indem er die Restriktion von E. auf mögliche Erfahrung metakritisch aufhebt. Dadurch wird Philosophie zu einem Forum, das die Bedingungen der Möglichkeit von Wissenschaft schlechthin diskutiert. «Die bisher sogenannte Philosophie wäre demnach die Wissenschaft von einer Wissenschaft überhaupt» [1]. Gleichzeitig tritt das Moment der Spontaneität und Apriorität der Vernunft systematisch in den Mittelpunkt der philosophischen Reflexion.

Die Wissenschaftslehre als die «auf die letzten Gründe der menschlichen E. zurückgehende Wissenschaft» [2], die im Gegensatz zum bloß propädeutischen Charakter der Kritik das «System» der Vernunft expliziert, geht von der Einsicht aus, daß Vernunft selbstschöpferisch sei; sie ist der Versuch, die Einsicht in dieses Schöpferische

(Tathandlung) zu artikulieren. Der erste schlechthin unbedingte Grundsatz des menschlichen Wissens in der ‹Grundlage der gesamten Wissenschaftslehre› von 1794 verweist auf die Absolutheit dieser Einsicht. Als Reproduktion einer absolut freien, durch nichts bedingten Tathandlung wird sie bestimmt in dem Satz: «Das Ich setzt ursprünglich schlechthin sein eigenes Seyn» [3].

Die Tathandlung begründet das unbedingte Moment in aller E.: sie ist nicht Tatsache des Bewußtseins, sondern der Ort, von dem aus alles Tatsächliche in seinem Entstehen «gesehen» werden kann. Sie konstituiert jene Einheit, welche im faktischen Gegenüber von Subjekt und Objekt vorausgesetzt werden muß, wenn das Subjekt das Erkennende, das Objekt das Erkannte sein soll. Diese Einheit wird nicht nachträglich gebildet durch Abstraktion von der Tatsächlichkeit der Differenz von Subjekt und Objekt, sie ist vielmehr das Fundament, das der Differenz logisch vorhergeht. Weder subjektiv noch objektiv ist sie die Einheit von Subjekt-Objekt und wird als solche in unmittelbarer Einsicht erfaßt.

Erst das Absehen von der Einsicht als einem unmittelbaren einheitlichen Vollzug führt zur Differenzierung der im Vollzug selbst schlechthin gesetzten organischen Einheit von Subjekt/Objekt, Form/Inhalt, Genesis/Faktizität, theoretischer und praktischer Vernunft. Gerade weil der Vollzug die ursprüngliche Einheit dieser Elemente ist, ist der Inhalt der E. nicht wie bei Kant in die Positivität des Gegebenen verwiesen, sondern dem sich selbst erfassenden schöpferischen Denken a priori verbürgt.

Philosophisches Erkennen wird somit als Explikation der Tathandlung, des absoluten Wissens, das in seinem Anspruch auf Wahrheit schlechthin begründet ist, zum universalen Ort der Legitimation jedweder Form von E. («Das menschliche Wissen ist den *Graden* nach unendlich, aber der Art nach ist es durch seine Gesetze vollständig bestimmt, und läßt sich gänzlich erschöpfen» [4]). Hierin gründet Fichtes Systemanspruch des transzendentalen Denkens, der die Auseinandersetzung im deutschen Idealismus grundlegend bestimmt.

Komplementär dazu arbeitet SCHELLING den «geschichtlichen» Aspekt der E. heraus. Wissenschaft ist Konstruktion und Darstellung eines Prozesses, dessen frühes Stadium als Involution (Vergangenheit), dessen späteres, wissenschaftliches Stadium als Explikation (Gegenwart) verstanden ist. Da dieser Prozeß sowohl unbewußt als Natur wie auch bewußt als Intelligenz verläuft, ist die E. jeweils eine von der Indifferenz durch die Differenz zur Identität sich durchsetzende «Geschichte». Schelling durchbricht in jeder der verschiedenen Phasen seines Denkens den systematischen Rahmen und reflektiert auf das, was sich dem transzendentalen Systemanspruch zu entziehen scheint: zunächst die Natur, später dann Freiheit und Geschichte.

Anmerkungen. [1] FICHTE: Über den Begriff der Wiss.lehre (1794). Akad.-A. I/2, 118. – [2] Grundlage der gesamten Wiss.lehre (1794). Akad.-A. I/2, 415. – [3] a. a. O. 261. – [4] Über den Begriff der Wiss.lehre (1794). Akad.-A. I/2, 130 Anm.

Literaturhinweise. Zu Fichte: R. STEINER: Die Grundfrage der E.-Theorie mit bes. Rücksicht auf Fichtes Wiss.lehre (1891). – J. DRECHSLER: Fichtes Lehre vom Bild (1955). – J. WIDMANN: Analyse der formalen Strukturen des transzendentalen Wissens in Joh. Gottl. Fichtes 2. Darstellung der ‹Wiss.lehre› aus dem Jahre 1894 (1961). – *Zu Schelling:* R. HABLÜTZEL: Dialektik und Einbildungskraft. F. W. J. Schellings Lehre von der menschl. E. (1954). – CH. WILD: Reflexion und Erfahrung. Eine Interpret. der Früh- und Spätphilos. Schellings (1968).

12. Bei Fichte und Schelling bezeichnet das absolute Wissen eine unmittelbare Einheit von Subjekt und Objekt, die durch den prinzipiell sondernden Begriff immer nur unzureichend, nämlich im Nacheinander, artikuliert wird. HEGEL hingegen bestreitet, daß dieses durch den Begriff entstehende Nacheinander der Einheit selbst äußerlich bleibt. Die im Begriffe implizierte faktische Differenz von Begriff und Sache ist nämlich keineswegs von der Unmittelbarkeit des reinen Wissens toto genere unterschieden, vielmehr ist der Begriff des absoluten Wissens bereits dieses selbst. In der ‹Phänomenologie des Geistes› von 1807 unternimmt Hegel den Beweis, daß die Differenz von Begriff und Sache, prinzipiell genommen, eben dem widerspricht, was Begriff ist. Begriff ist nicht das reine Prinzip der Sonderung, das sich am Absoluten Vernichtende, das von der Anschauung prinzipiell zu Unterscheidende: Begriff ist vielmehr die Bewegung, in der Einheit und Differenz durcheinander vermittelt erscheinen. Ist Kants transzendentale Einheit des Selbstbewußtseins und Fichtes Einheit der absoluten Erscheinung die Bedingung der Möglichkeit des Wissens von Mannigfaltigem und bezeichnet die Einheit in diesem Sinne ein logisches Mehr gegenüber allem Mannigfaltigen, so erweist sich für Hegels erkenntniskritischen Ansatz gerade in diesem logischen Mehr die Hypertrophierung der reinen Form (Inhaltslosigkeit), die deshalb widersprüchlich ist, weil sie allen Inhalt (das Unterschiedene, Bestimmte) als das Andere, als das der reinen Form Gleichgültige nimmt. Einheit, als unmittelbare Einheit, ist deshalb gleichbedeutend mit Unterschiedslosigkeit, reiner Negativität. E. bleibt auf dieser (kritisierten) Stufe [1] ein äußerliches Tun, welches der spekulative Begriff dadurch negiert, daß er die Differenz von reinem Wissen (absoluter Gewißheit) und dem Absoluten (absoluter Wahrheit) als durch den Begriff vermittelte Differenz begreift und in diesem Begreifen aufhebt. Das Resultat dieses Aufhebens stellt sich dar als konkrete Einheit von Form und Inhalt, als das konkrete Allgemeine. Aber diese Einheit ist nicht Einheit im Sinne jener Eindeutigkeit und Endgültigkeit, die Descartes im clare et distincte postulierte, da sie sonst unvermeidlich die Bewegung des Begriffes negiert. Die Lehre vom spekulativen Satz ist denn auch Destruktion der dem clare et distincte entsprechenden logischen Form des Urteils, in der sich, nach Hegels Meinung, lediglich die abstrakte Positivität der E. und der Wissenschaft artikuliert, deren Auflösung der spekulative Begriff gerade leistet. E. ist als E. des Wahren dialektische Identität von Positivität und Negativität.

Mit der Hegelschen Kritik an der Reflexionsphilosophie scheint sich die spekulative Durchdringung der Letztbegründung des wahren Erkennens in einer Philosophie des Absoluten erschöpft zu haben. Die Aufhebung und Destruktion aller bestimmten E. in die absolute Bewegung des Geistes läßt das allgemeine Interesse an der wissenschaftlichen E. von Welt und Geschichte unbefriedigt. Dieses sieht sich daher veranlaßt, sich in einem neuen Anlauf der Problematik der Wissenschaften zuzuwenden. Der im 19. Jh. vertretene E.-Begriff greift nicht auf eine spekulative Position zurück. Aber auch das von Hegel in die Transzendentalphilosophie gesetzte Mißtrauen bestimmt seine antispekulativen Nachfahren: Es trägt dazu bei, daß die Theorie der E. sich von einer transzendental-kritischen Reflexion zur Methodologie der positiven Wissenschaften wandelt.

Anmerkung. [1] Vgl. HEGEL, Zweite Stellung des Gedankens zur Objektivität, in: Enzyklop. der philos. Wiss. im Grundrisse (1830) §§ 40-60, hg. F. NICOLIN/O. PÖGGELER, Philos. Bibl. (1959) 67-85.

Literaturhinweise. G. KENT: Die Lehre Hegels vom Wesen der Erfahrung und ihre Bedeutung fürs Erkennen (1892). – A. PHALÉN: Das E.-Problem in Hegels Philos. der E.-Kritik als Met. (Upsala 1912). – J. FLÜGGE: Die sittl. Grundlagen des Denkens. Hegels existentielle E.-Gesinnung (1953).

13. Die Entwicklung des Begriffs der E. im 19. Jh. ist dadurch gekennzeichnet, daß einerseits die E. in der Form der erfahrungswissenschaftlichen E. anerkannt und zum Maßstab genommen wird, andererseits der Begriff der E. depotenziert wird zugunsten einer der Ratio inkommensurablen Sinndominante.

Der *Positivismus* (bzw. ‹Empiriokritizismus›) im 19. Jh. beruht auf dieser Restriktion der erkenntnistheoretischen Problematik auf Wissenschaftsmethodologie. Der E.-Begriff des Positivismus ist orientiert am Ideal der exakten Naturwissenschaft: an Empirie, Logik und Experiment. Die Wandlung der E.-Theorie zur analytischen Wissenschaftslehre beschreibt den Prozeß der Eliminierung aller metaphysischen Gehalte im Begriff des Erkennens. AVENARIUS, MACH und der Begründer des *Wiener Kreises*, SCHLICK [1], umschreiben und exponieren das Problem der E. nicht mehr durch die Frage nach der konstitutiven Bedeutung des Apriori, nach dem Verhältnis von subjektiver Gewißheit und absoluter Wahrheit, sondern beschränken sich darauf, die methodischen Voraussetzungen einer exakten Phänomenbeschreibung und Phänomenerklärung zu diskutieren. Exaktheit und Eindeutigkeit der E. garantieren intersubjektive Nachprüfbarkeit und umgekehrt. Die methodischen Voraussetzungen der Wissenschaft müssen so fixiert sein, daß sie sprachlich bedingte Vieldeutigkeiten weitgehend ausschließen. Der Entwurf einer konstruierten wissenschaftlichen Universalsprache (CARNAP, NEURATH) [2] kann deshalb so interpretiert werden, daß er sowohl die Forderung nach mathematischer Axiomatisierung der wissenschaftlichen Grundlagen (HILBERT) [3] als auch die Resultate der Sprachanalyse und Sprachkritik (WITTGENSTEIN) [4] integrieren will.

Mathematische Logik, Semantik und Semiotik gehören gleichsam zu den Grunddisziplinen des Positivismus. Die durch diese Disziplin präzisierte Methode der Wissenschaft erweist ihre Wahrheit entweder gemäß den syntaktischen und semantischen Sinnkriterien durch Widerspruchslosigkeit bzw. Nicht-Falsifiziertheit oder pragmatistisch durch ihre Praktikabilität für den Fortgang der empirischen Forschung. Die Kriterien für die Wahrheit der E. werden nicht im Sinne einer spekulativen Rechtfertigungsphilosophie eruiert, da E. auf das exakte, durch Theorien vermittelte Konstatieren dessen, was ist, und auf den Entwurf konsistenter Theorien eingeschränkt bleibt (POPPER) [5].

Obwohl sich der *Neukantianismus*, besonders die ‹Marburger Schule› (COHEN, NATORP, CASSIRER) [6], auch vornehmlich als Wissenschaftstheorie versteht, unterscheidet er sich vom Positivismus dadurch, daß er E. wesentlich als Erzeugnis und selbst das, was man Anschauungsmaterial oder Tatsache nennen kann, nicht als gegeben, sondern als Leistung der Vernunft begreift. Die Spontaneität der E. äußert sich nicht nur als Synthesis einer gegebenen Mannigfaltigkeit, sondern als Erzeugung der Mannigfaltigkeit und der Einheit zugleich. Indem alle Momente der E. und mithin auch die Wissenschaft als Produkt aufgefaßt werden, kann sich der Neukantianismus von der einseitigen Orientierung an den exakten Naturwissenschaften lösen und sich sowohl der Grundlegung der historischen E. (WINDELBAND, RICKERT, LASK) [7] als auch einer Begründung der vorwissenschaftlichen E. (CASSIRER) zuwenden. Dadurch, daß E. wesentlich als Erzeugung verstanden wird, verwandelt sich auch das Problem der Wahrheit der E. Sie ist nicht mehr durch einen Vergleich mit der Wirklichkeit oder mit festgestellten Tatsachen zu ermitteln, sondern in einem dem E.-Akt immanenten Maßstab begründet, den «Werten», deren Seinsweise als «Gelten» bestimmt wird. E.-Theorie geht damit notwendig in ‹Werttheorie› über.

Die Depotenzierung des Begriffs der E. zeigt sich, nicht ohne Zusammenhang mit Tendenzen in der Romantik, in KIERKEGAARDS Kritik an Hegel, in der er der Idee der Einheit von Begriff und Realität das Paradox und dem Begriff objektiver E. den der «Aneignung» und der «subjektiven Wahrheit» gegenüberstellt [8]. NIETZSCHE übernimmt zwar einen positivistischen E.-Begriff, doch die für ihn entscheidende Frage ist die nach dem Sinn der E. «Die E. der E.» ist ihm eine «Naivität» [9] und Ausdruck des «Pessimismus» [10]. «Die E. um ihrer selbst willen – das ist der letzte Fallstrick, den die Moral legt» [11]. «Der Teufel gilt ihm als «der älteste Freund der E.» [12]. Anderseits bezeichnet der Ausdruck «Wir Erkennenden» einen Menschen neuer Moral, die «höhere Art». E. ist ein Mittel und ein Ausdruck für die Steigerung des Lebens. «Der Wert für das Leben entscheidet zuletzt» [13].

Die *Lebensphilosophie* (BERGSON, SIMMEL, DILTHEY, SCHELER) [14] entwickelt diese Perspektive und revoltiert gegen eine Auffassung von der E. als empirischer oder rationaler Weltkonstruktion. Die E. wird einer humanitären Sinngröße eingeordnet oder untergeordnet; der Mensch als Gattungswesen und als geschichtlich-gesellschaftliches Wesen (MARX) [15], der Mensch als das durch eine vital-psychische Tiefenschicht bestimmte Wesen (NIETZSCHE, FREUD, KLAGES) [16] ist der Bezugsrahmen für die Interpretation von E., wobei vielfach eine gewisse Mißachtung des Begriffs der E. unverkennbar ist.

Gleichzeitig setzt sich jedoch auch die objektbezogene und gegenstandstheoretische Gedankenentwicklung von BRENTANO über MEINONG zu HUSSERL [17] durch. Das Problem der E. wird vom Begriff der Intentionalität her gesehen. Indem das Verhältnis von Akt und Inhalt neu durchdacht, Inhalt als «Sinngehalt meinender Akte» [18] verstanden wird, gewinnt die «reine Phänomenologie» Husserls im Wesen (Eidos) einen «neuen Gegenstand» gegenüber den Tatsachen. Das «irreale», das «transzendental reduzierte Phänomen» ist der Gegenstand der Forschung und der E. [19]. Im Sinn der Phänomenologie Begriff und Sinn der E. zu bestimmen, heißt einen Wechsel der «Einstellung» vornehmen; denn E., im radikal transzendentalen Sinn, ist die Selbstevidenz des reinen Bewußtseins als des «absoluten Seins» [20]. Näherhin bedeutet E. «Wesenserkenntnis», d. h. Deskription der eidetischen Gehalte, die in reiner Immanenz einsichtig gemacht werden können. Wenngleich in der eidetischen Reduktion alles ausgeschaltet ist, was nicht in reiner Immanenz sich konstituiert, so ist dadurch nach Husserl E. nicht verunmöglicht, sondern gerade ermöglicht; denn ohne diese Reduktion bliebe alles zweifelhaft, nicht rein begründbar und damit zufällig. Die Reduktion eliminiert nicht den gegenständlichen Bezug («In allen anschauenden Akten schauen wir ein ‹Selbst› an» [21]), sie unterläßt lediglich eine zweifelhafte Thesis: «Der Thesis der Welt, die eine ‹zufällige› ist, steht gegenüber die Thesis meines reinen Ich und Ichlebens, die eine ‹notwendige›, schlechthin zweifellose ist» [22]. Sofern unter E. die Korrelation von Erlebnis und Gehalt verstanden wird, erhebt die Phänomenologie den Anspruch, als «Grundwissenschaft» schlechthin und ausschließlich die Möglichkeit von E. begründen zu können.

Ähnlich der lebensphilosophischen Restriktion objektiver E. funktionalisieren auch die *personalistischen Theorien* den Begriff der E. Die theoretische Durchdringung der Wissenschaft weicht einer Reflexion auf die menschlich-personale Existenz. In der Gegenwendung gegen positivistische Wissenschaftstheorie und spekulative Vernunftmetaphysik versucht der Personalismus (BRUNNER, EBNER, BUBER, ROSENZWEIG, BLONDEL, LAVELLE, BERDJAJEW) [23] das prinzipielle Ungenügen der logischen Form von Denken und Erkennen für die Erfahrung «geistiger Existenz» (EBNER) und «dialogischen Selbstvollzuges» (BUBER) aufzuweisen. Mit der Frage «was ist der Mensch?» wird nicht nur der etablierte Wissenschaftsbetrieb bzw. die von idealistischer Tradition bestimmte Philosophie (Neukantianismus, Neuidealismus) in Frage gestellt, es soll vielmehr zugleich das durch die technische Revolution seiner selbst entfremdete Individuum zum Bewußtsein seiner geistigen Personalität gebracht werden. E. als Erfahrungserkenntnis oder auch als spekulative E. verstellt die Möglichkeit einer lediglich im Dialog, in der Liebe und im Glauben zu vollziehenden Selbsterfahrung (Buber). Bubers Urkategorie, das «Zwischen», der Ort und Träger zwischenmenschlichen Geschehens, hat denn auch nicht den Sinn eines eindeutigen theoretisch-praktischen Bezugspunktes. Sie konstituiert sich vielmehr jeweils in den tatsächlichen zwischenmenschlichen Begegnungen und entzieht sich damit jeder normativ-apriorischen Bestimmung. Ebensowenig untersteht die intersubjektive personale Beziehung der Autonomie praktischer Vernunft, da die Freiheit der Existenz in der prinzipiellen Offenheit (Buber), im verstehenden Nachvollzug der Du-Erfahrung besteht.

Im Anschluß an Personalismus, Lebensphilosophie und Phänomenologie artikuliert auch die *Existenz(ial)-philosophie* ihr Verständnis des Erkennens nicht als explizite Theorie; indem sie der theoretisch-wissenschaftlichen Reflexion lediglich eine weltorientierende Funktion (Jaspers) [24] zumißt oder sie als eine uneigentliche Seinsart (Heidegger) kritisiert, versucht sie, gestützt auf einen phänomenologisch-analytisch erarbeiteten Daseins- und Weltbegriff, die Eigentlichkeit und Ursprünglichkeit der menschlichen Existenz in den Blick zu bekommen. Für HEIDEGGER ist der Sinn von Sein nicht objektivierbar. Dasein und Sein sind unabtrennbar. So ist es in ‹Sein und Zeit› die existentiale Funktionalisierung des E.-Begriffes – «Erkennen ist eine Seinsart des In-der-Welt-seins» [25] –, die zur Negation einer normativen Theorie der E. führt. Der *späte* Heidegger versteht den in ‹Sein und Zeit› beschriebenen Daseinsvollzug, dem das Erkennen zugeordnet ist, in seiner inhaltlichen Qualität als «Geschick des Seins». Das im Terminus «Geschick» mitgemeinte epochal-geschichtliche Verständnis des Daseinsvollzuges läßt den Begriff der E. durch einen Wandel bestimmt sein, dessen Ursprung sich jeglicher E. entzieht. E. bleibt funktional bezogen auf das jeweilige Sich-zu-Schicken des Seins.

Im Vergleich zu Heidegger, der sein Hauptwerk als Fundamentalontologie bezeichnet, versteht JASPERS seine Philosophie als Existenzerhellung. Der Unerreichbarkeit systematischer Geschlossenheit (absoluter Wahrheit) entspricht das existentielle Scheitern des Menschen, der sich zwar seines Ursprungs verstehend versichern soll, dabei jedoch ständig dessen Unerreichbarkeit erfährt («Grenzsituation»). So dechiffriert der Mensch zwar die Welt, die Freiheit – das Umgreifende, doch dieses Dechiffrieren ist ein unabschließbarer Prozeß.

Die Beziehung von E. und Geschichte ist seit dem deutschen Idealismus ein die philosophische Diskussion bestimmendes Thema geblieben. Vollendete sich die Geschichte bei Hegel in ihrem Begriffe und konnte Geschichte deshalb zum Moment des philosophischen Systems werden, so ordnet die *historische Theorie* die Geschichte nicht mehr in ein umfassendes System ein, die Geschichte wird selbst zum Ort aller Systeme.

MARX weigert sich, die Antagonismen der Geschichte durch begriffliche Synthesis «auszusöhnen». Indem er den Anspruch der philosophischen E., die Vernünftigkeit des Wirklichen (Hegel) zur Darstellung zu bringen, mit der Zerrissenheit der gesellschaftlich-ökonomischen Verhältnisse vergleicht, bestreitet er die Relevanz des spekulativen Begriffes zugunsten der die gesellschaftliche Wirklichkeit verändernden Praxis. Doch wird die Autonomie der E. nicht nur wegen der Dringlichkeit der Veränderungen bestritten, Marx macht vielmehr darauf aufmerksam, daß der Begriff der E., als Repräsentation des gattungsgeschichtlichen Bildungsprozesses, durch den geschichtlichen Prozeß inhaltlich bestimmt ist.

Die Selbständigkeit des geschichtlichen Prozesses, welcher alle Ansprüche der E. auf zeitlose Allgemeingültigkeit relativiert, ist für DILTHEY der Grund, die E. als ein nachvollziehendes *Verstehen* zu konzipieren. Das Subjekt erfaßt sich gemäß der von ihm inaugurierten Hermeneutik nicht als unbedingt, absolut frei, sondern als durch Geschichte bestimmt und dieser verhaftet. Selbsterkenntnis und Welterkenntnis gelten als durch Hermeneutik und Interpretation zu erfüllende geschichtliche Aufgaben.

Die *Hermeneutik* sieht in der Sprache, dem Medium intersubjektiver Kommunikation, zugleich die Möglichkeit geschichtlichen Selbstverstehens, da Sprache als Objektivation subjektiver Selbst- und Welterfahrung noch die Voraussetzung jeglicher vermeintlich unmittelbarer E. ist. Die Objektivität der Sprache wird zum Leitfaden für die Bestimmung der Geschichte als Wirkungszusammenhang und Überlieferungsgeschehen (GADAMER) [26].

Versuchte der Neukantianismus die transzendentallogischen Bedingungen der Möglichkeit des Begreifens von Geschichte in der Explikation eines Objektivität verbürgenden Wertsystems zu fixieren, so unterläuft die Existenz- und Existenzialphilosophie ebenso wie die hermeneutische Konzeption der Geschichte die transzendental-kritische Absicht mit dem Hinweis auf deren eigene geschichtliche Bedingtheit. In allen Versuchen, die E. durch den Bezug auf die Geschichte zu begreifen, zeigt sich ein der Hermeneutik eigentümlicher Positivismus der Erfahrung.

Die Geschichte des Begreifens der E. kann als ein Prozeß mannigfaltiger Substanzialisierung und Entsubstanzialisierung, Konkretisierung und Formalisierung verstanden werden. Die Spannung zwischen diesen Tendenzen charakterisiert noch die gegenwärtige Phase der Philosophie.

Anmerkungen. [1] R. AVENARIUS: Kritik der reinen Erfahrung 1. 2 (²1907/08); E. MACH: Beiträge zur Analyse der Empfindungen (1866); M. SCHLICK: Allg. E.-Lehre (²1925); Über das Fundament der E. Erkenntnis 4 (1934). – [2] R. CARNAP: Der log. Aufbau der Welt (1928); Scheinprobleme der Philos. (1928); Die physikalische Sprache als Universalsprache der Wiss. Erkenntnis 2 (1932); O. NEURATH: Radikaler Physikalismus und «wirkliche Welt». Erkenntnis 4 (1934). – [3] D. HILBERT: Die Grundlagen der Math. 1. 2 (1934/39); Grundzüge der theoretischen Logik (1928). – [4] L. WITTGENSTEIN: Tractatus logico-philosophicus (1922); Philos. Untersuch. (1953). – [5] K. R. POPPER: Logik der

Forsch. (1935); Das Elend des Historizismus (1965). – [6] H. COHEN: Kants Theorie der Erfahrung (1871); System der Philos. 1: Logik der reinen E. (1902); P. NATORP: Platos Ideenlehre (1903); Die logischen Grundlagen der exakten Wiss. (1910); E. CASSIRER: Philos. der symbolischen Formen 1-3 (1923-1929); Das E.-Problem in d. Philos. und Wiss. der neueren Zeit 1-3 (1906-1920). – [7] W. WINDELBAND: Gesch. der abendl. Philos. im Altertum (⁴1923); Gesch. der neueren Philos. (⁸1928); H. RICKERT: Der Gegenstand der E. Einführung in die Transzendentalphilos. (⁶1928); Die Grenzen der naturwiss. Begriffsbildung (⁵1922); Die Probleme der Geschichtsphilos. (³1924); E. LASK: Die Logik der Philos. und die Kategorienlehre (1911); Die Lehre vom Urteil (1912). – [8] S. KIERKEGAARD, Werke, hg. E. HIRSCH 8, 34-51; a. a. O. vgl. 179ff. – [9] NIETZSCHE: Wille zur Macht 530. – [10] a. a. O. 591; vgl. J. HABERMAS: E. und Interesse (1969) 353-364. – [11] NIETZSCHE: Jenseits von Gut und Böse IV, 64. – [12] a. a. O. 129. – [13] Wille zur Macht 493. – [14] H. BERGSON: Essai sur les données immédiates de la conscience (²³1924); G. SIMMEL: Die Probleme der Geschichtsphilos. Eine erkenntnistheoretische Studie (³1907); W. DILTHEY, Schriften 1-12 (1913ff.); M. SCHELER: Die transzendentale und die psychol. Methode (²1922); Phänomenol. und E.-Theorie; Lehre von den drei Tatsachen, in: Schriften aus dem Nachlaß 1: Zur Ethik und E.-Lehre (1933). – [15] K. MARX, Werke (1926ff.). – [16] S. FREUD, Schriften 1-11 (³1952); L. KLAGES: Der Geist als Widersacher der Seele 1-3 (³1954); Vom Wesen des Bewußtseins (⁴1955). – [17] F. BRENTANO: Die Lehre vom richtigen Urteil (1956); A. MEINONG: Über die Erfahrungsgrundlagen unseres Wissens (1906); Über Möglichkeit und Wahrscheinlichkeit. Beiträge zur Gegenstandstheorie und E.-Theorie (1915). – [18] Vgl. F. HEINEMANN: Neue Wege der Philos., Geist – Leben – Existenz. Eine Einf. in die Philos. der Gegenwart (1929) 340. – [19] Ideen zu einer reinen Phänomenol. und phänomenol. Philos. 1. Husserliana 3 (Haag 1950) 4-8. – [20] a. a. O. 49. 50. 76. – [21] 79. – [22] 86. – [23] E. BRUNNER: Offenbarung und Vernunft (1941); F. EBNER: Das Wort und die geistigen Realitäten (²1952); Wort und Liebe. Aphorismen (1935); M. BUBER: Ich und Du (1923); Dialogisches Leben (1947); F. ROSENZWEIG: Der Stern der Erlösung (²1930); M. BLONDEL: L'action. Essai d'une critique de la vie et d'une sci. de la pratique (1893); L. LAVELLE: Dialectique et l'éternel Présent (1928ff.); N. BERDJAJEW: Die Philos. des freien Geistes (1930); Das Ich und die Welt der Objekte (1951); Selbsterkenntnis (1953). – [24] K. JASPERS: Philos. 1-3 (1932); Vernunft und Existenz (1960). – [25] M. HEIDEGGER: Sein und Zeit (¹¹1961). – [26] H.-G. GADAMER: Wahrheit und Methode. Grundz. einer philos. Hermeneutik (1960).

Literaturhinweise (nach Sachgebieten von Abschnitt 13 geordnet). J. GEYSER: Grundlegung der Logik und E.-Theorie (1919). – H. CONRAD-MARTIUS: Die erkenntnistheoretischen Grundlagen des Positivismus (1912). – Positivismus als wiss. theoret. Probl., hg. P. SCHNEIDER und O. SAAME (1968). – F. HEINEMANN s. Anm. [18]. – A. PAP: Analyt. E.-Theorie (1955). – W. STEGMÜLLER: Hauptströmungen der Gegenwartsphilos. Eine krit. Einf. (³1965). – E. v. ASTER: Prinzipien der E.-Lehre. – C. CAMPANALE: Problemi epistemologici da Hume all'ultimo Wittgenstein (Bari 1961). – J. HABERMAS: Theorie und Praxis (³1969). – P. HÜNERMANN: Der Durchbruch des geschichtl. Denkens im 19. Jh. (1967). – L. LANDGREBE: Phänomenol. und Gesch. (1968). – O. EWALD: R. Avenarius als Begründer des Empiriokritizismus (1905). – F. CARSTANJEN: R. Avenarius' biomech. Grundlegung der neuen allg. E.-Theorie. Eine Einf. in die ‹Kritik der reinen Erfahrung› (1894). – H. BUZELLO: Krit. Unters. von Ernst Mach's E.-Theorie (1911). – R. THIELE: Zur Charakteristik von Mach's E.-Lehre (1914). – W. STEGMÜLLER: Das Wahrheitsproblem und die Idee der Semantik. Eine Einf. in die Theorien von A. TARSKI und R. Carnap (1957). – E. K. SPECHT: Die sprachphilos. und ontolog. Grundlagen im Spätwerk Ludwig Wittgensteins (1963). – J. C. MORRISON: Meaning and Truth in Wittgenstein's «Tractatus» (The Hague/Paris 1968). – A. WELLMER: Methodol. als E.-Theorie. Zur Wiss.lehre Karl R. Poppers (1967). – H. ALBERT: Traktat über krit. Vernunft (1968). – E. WECK: Der E.-Begriff bei P. Natorp (1913). – A. MILLER-POSTOWSKA: Das Problem der individualis. Begriffsbildung bei Heinrich Rickert (1955). – H. DIEM: Die Existenzdialektik von Sören Kierkegaard (Zürich 1950). – H. SCHMID: Kritik der Existenz. Analysen zum Existenzdenken Sören Kierkegaards (Zürich 1966). – R. EISLER: Nietzsches E.-Theorie und Met. (1902). – W. del NEGRO: Die Rolle der Fiktionen in der E.-Theorie Friedrich Nietzsches (1923). – C. HILPERT: Die Untersch. der intuit. E. von der Analyse bei Bergson (1914). – R. INGARDEN: Intuition und Intellekt bei Henri Bergson (1923). – C. CUEPPERS: Die erkenntnistheoretischen Grundlagen Wilhelm Diltheys (1933). – W. ERXLEBEN: Erlebnis, Verstehen und geschichtl. Wahrheit. Unters. über die geschichtl. Stellung von Wilhelm Diltheys Grundlegung der Geisteswiss. (1937). – A. ALTMANN: Die Grundlagen der Wertethik. Max Schelers E.- und Seinslehre in krit. Analyse (1931). – W. POELL: Wesen und Wesenserkenntnis. Unters. mit bes. Berücksichtigung der Phänomenol. Husserls und Schelers (1936). – H. MARCUSE: Reason and revolution (Marx) (1941). – Die Bedeutung Sigmund Freuds für das Verstehen des Menschen, hg. F. REIMANN (1956). – H. v. BRAUNBEHRENS: Klages' Lehre vom begriffl. Erkennen (1937). – M. KLIEFOTH: Erleben und Erkennen. Eine Unters. an der Hand der Philos. von Ludwig Klages (1938). – K. SCHNEIDER: Zur Kritik der Urteilslehre Franz Brentanos (1915). – A. WERNER: Die psychol.-erkenntnistheoret. Grundlagen der Met. Franz Brentanos (1931). – V. HAUBER: Wahrheit und Evidenz bei Franz Brentano (1936). – J. N. FINDLAY: Meinong's theory of objects (London 1933). – G. BERGMANN: Realism. A critique of Brentano and Meinong (1967). – TH. W. ADORNO: Zur Metakritik der E.-Theorie. Studien über Husserl und die phänomenol. Kategorien (1956). – E. TUGENDHAT: Der Wahrheitsbegriff bei Husserl und Heidegger (1967). – O. PÖGGELER: Der Denkweg Martin Heideggers (1963). – W. BRETSCHNEIDER: Sein und Wahrheit. Über die Zusammengehörigkeit von Sein und Wahrheit im Denken Heideggers (1965). – B. CASPER: Das dialog. Denken. Eine Unters. der religionsphilos. Bedeutung Franz Rosenzweigs, Ferdinand Ebners und Martin Bubers (1967). – U. RICHLI: Transzendentale Reflexion und sittliche Entscheidung. Zum Problem der Selbsterkenntnis der Met. bei Kant und Jaspers (1967).

H. KRINGS/H. M. BAUMGARTNER

II. In der *Psychologie* treten die Begriffe ‹Erkenntnis› (E.) und ‹Erkennen› in zwei untereinander inkommensurablen Bedeutungen auf. Zum einen werden in einem *sehr weit gefaßten* begrifflichen Rahmen unter Titeln wie ‹E.-Psychologie› oder ‹Psychologie der E.-Funktionen› psychologische oder psychologisch fundierte Analysen derjenigen psychischen Vorgänge durchgeführt, die beteiligt sind am Zustandekommen von E.en oder (bei mehr biologisch-funktionaler statt philosophisch-erkenntnistheoretischer Akzentuierung) Kenntnissen, die zur Orientierung in der Welt dienlich sind. Zum anderen wird unter dem *sehr viel engeren* Begriff ‹Erkennen› (hier nur selten: ‹E.›) derjenige Prozeß verstanden, in dem ein Beobachter auf dem Weg über die Wahrnehmung zur Kenntnis der Identität eines ihm perzeptiv zugänglichen Gegenstandes gelangt. Der Unterschied zwischen den beiden Bedeutungen läßt sich durch die zugehörigen umgangssprachlichen Verbalkonstruktionen verdeutlichen: Die erste (weitere) Bedeutung ist angesprochen in Ausdrücken wie: ‹einen Sachverhalt erkennen›, oder ‹erkennen, daß etwas der Fall ist›; der zweite (engere) Begriff ist repräsentiert durch die Sprachform: ‹etwas (jemanden) erkennen› oder genauer: ‹etwas als etwas erkennen›.

A. *Weiterer E.-Begriff.* – Das Bedeutungsfeld des *weiter gefaßten* psychologischen E.-Begriffs ist relativ heterogen. Einerseits tritt dieser Begriff auf in einer durch Kant initiierten Diskussion der Unterscheidung zwischen einer philosophischen und einer psychologischen Fragestellung zu E.-Problemen. Davon ist andererseits eine zweite Reihe von Begriffstraditionen abzuheben, in denen die Ausdrücke ‹Erkennen› und ‹E.› in genuin psychologischen Bedeutungszusammenhängen auftreten.

1. KANT hat als erster explizit die Meinung vertreten, daß in der Diskussion erkenntnistheoretischer Fragen stets scharf zwischen einem Entstehungsproblem und einem Rechtfertigungsproblem zu unterscheiden ist. Nur das letztere, die *quaestio iuris*, die auf eine Überprüfung der Legitimität von E.en geht, kann nach Kant sinnvoll zum Gegenstand einer philosophischen Prüfung der E.-Kräfte gemacht werden. Die *quaestio facti* dagegen, die auf den Vorgang des E.-Erwerbs gerichtet ist, ist für die transzendentale Fragestellung, die sich auf die apriorischen Ingredienzien der Erfahrung bezieht, ohne Belang [1].

Für Kants Argumentationsgang war diese Unterscheidung notwendig, um den Gegenstand seiner Transzendentalphilosophie in präziser Weise abgrenzen und um von dieser Position aus gegen Locke und Hume polemisieren zu können mit dem Vorwurf, dort sei in unzulässiger Form das quid iuris? mit dem quid facti? vermischt worden [2]. Implizit war in dieser Unterscheidung aber auch eine Gegenstandsbestimmung für eine Psychologie der E. enthalten: Sie hebt sich von jener philosophischen Disziplin, die die Rechtmäßigkeit der Erfahrungs*inhalte* in Frage stellt, ab als die Wissenschaft von den *Vorgängen*, die zum Erfahrungserwerb führen.

Im Laufe des 19. Jh. haben sich die von Kant unmißverständlich abgesteckten Fronten zwischen einer philosophischen E.-Lehre und einer Psychologie der E. wieder zunehmend verwischt. Symptomatisch für die Vielfalt der philosophischen, psychologischen und quasipsychologischen Ansätze zum Verständnis des E.-Problems, die schließlich um die Jahrhundertwende vorlagen, sind die ‹E.›-Artikel in den verschiedenen Auflagen des Eislerschen Wörterbuches; offensichtlich werden dort unter dem Begriff der E. recht verschiedene Gegenstände abgehandelt, die miteinander kaum noch vergleichbar sind. Die gleiche terminologische Undurchsichtigkeit wird von Dürr in dem zweiten seiner als ‹erkenntnispsychologisch› bezeichneten Sammelreferate moniert [3]. In diesen Übersichten wird von Dürr zwischen philosophischer und psychologischer Argumentation faktisch nicht mehr unterschieden, und konsequenterweise wird dann hinsichtlich des Psychologismus-Formalismus-Streites ein völlig unverbindlicher Standpunkt eingenommen: «Die Wahrheit liegt, wie so oft, in der Mitte» [4].

Eine der Ursachen für die tatsächliche Aufhebung der Distinktion Kants dürfte darin zu suchen sein, daß im ausgehenden 19. Jh. an zahlreichen Universitäten im deutschsprachigen Raum die Geschäfte der Psychologie in Personalunion mit denen der Philosophie geführt wurden; es war dem Ermessen des jeweiligen Lehrstuhlinhabers überlassen, ob er sich eher als psychologisierender Philosoph oder aber als philosophierender Psychologe verstanden wissen wollte. Manche von ihnen bedienten sich dann des Titels einer ‹E.-Psychologie›, um darunter in mehr oder weniger stark psychologisierender Manier traditionelle philosophisch-erkenntnistheoretische Fragen einschließlich des Geltungsproblems zu erörtern [5]. Kaum einer der von Dürr besprochenen Autoren hat allerdings diesen Standpunkt so unreflektiert eingenommen wie dieser Rezensent selbst: ‹E.-Theorie› und ‹E.-Psychologie› sind dort nahezu austauschbare Bezeichnungen [6].

2. Von diesem relativ undifferenzierten und gleichsam uneigentlichen Begriff einer E.-Psychologie müssen solche Verwendungsweisen der Ausdrücke ‹E.› bzw. ‹Erkennen› abgehoben werden, in denen ein *genuin psychologischer* Bedeutungszusammenhang erkennbar ist. Mindestens drei derartige Verwendungsweisen mit je relativ eigenständigen begriffsgeschichtlichen Entwicklungslinien lassen sich unterscheiden: ‹E.-Psychologie› als Bezeichnung a) für eine wissenschaftssystematische Kategorie, b) für phänomenologische Analysen der an E.-Prozessen beteiligten psychischen Akte und/oder für deren psychologisch-theoretische Interpretation sowie c) für erkenntnistheoretische Würdigungen von Forschungsergebnissen aus der Sinnesphysiologie und der Wahrnehmungspsychologie.

a) Bei der systematischen Aufgliederung psychischer Erscheinungen und Funktionen ist bisweilen eine *besondere Kategorie* eingerichtet worden, unter der solche seelischen Phänomene zusammengefaßt werden, die im Zusammenhang mit E.en auftreten.

In dieser Hinsicht ist bereits vor Kant – fußend auf der Klassifikation der Seelenvermögen bei Aristoteles – die Einteilung Chr. Wolffs wegweisend geworden, der ein höheres von einem niederen E.-Vermögen unterschied und beides gegen das ebenso geteilte Begehrensvermögen absetzte [7]. Kant unterschied zwischen E.-Vermögen, Begehrungsvermögen und dem Gefühl der Lust und Unlust [8]. Nach Kant hat Herbart eine ähnliche Kategorie verwendet. Sie führt den Titel eines «sogenannten obern E.-Vermögens», wobei das Prädikat ‹sogenannt› eine Distanzierung von dem vermögenspsychologischen Verständnis der gemeinten Phänomene bei Wolff und Kant zum Ausdruck bringen soll. Diese Kategorie umfaßt die «Vorstellungen von Dingen, die Gesammteindrücke gleichartiger Gegenstände, und die Urtheile» [9]. Alle Vorgänge in der Vorstellungsmechanik, die sich nicht nur auf Räumliches und Zeitliches überhaupt, sondern darüber hinaus auf «räumliche *Dinge* und zeitliche *Begegnisse, die sich mit den Dingen zutragen*» [10], beziehen, sind dieser Kategorie zuzurechnen. Ausdrücklich erwähnt wird allerdings nur das ‹obere› E.-Vermögen; auf welche Funktionen sich ein etwaiges ‹unteres› E.-Vermögen erstreckt, ist daher nicht genau auszumachen.

Ein offensichtlich direkter Nachfahr dieser Wolff-Kant-Herbartschen Kategorie findet sich noch ein Jh. später in der Taxonomie der Sachregister einer großen deutschsprachigen psychologischen Fachzeitschrift. Dort werden als «höhere E.-Funktionen» eine Reihe recht heterogener Forschungsgegenstände zusammengefaßt (z. B. ‹Aufmerksamkeit›, ‹Lernen›, ‹Vergleichen›, ‹Begriffsbildung› usw.) [11]. Zwar fehlt auch hier eine ausdrückliche Ergänzung bezüglich der komplementären ‹niederen› Funktionen, aber es besteht kein Zweifel, daß darunter die (in der Klassifikation vorausgehenden) Kategorien ‹Sinnesempfindungen› und ‹Raumwahrnehmung› fallen. Faßt man beides als Erkennungsfunktionen zusammen und stellt diese den Willens- und/oder Gemütsfunktionen gegenüber, so erkennt man hinter dieser Gliederung die Konturen von W. Wundts Einteilung der psychischen Vorgänge in Vorstellungen und Gemütsbewegungen [12]. Ebbinghaus legt der Darstellung seines Lehrbuches das gleiche Klassifikationsschema wie Wundt zugrunde; die höheren Erkennungsfunktionen gehören bei ihm zum «intellektuellen Leben der Seele» [13], das dem Gefühls- und Willensleben gegenübergestellt wird.

Das Rationale dieser Unterscheidung ist bis in die neueste Zeit tradiert worden. Das ‹Handbuch der Psychologie› [14] stellt in seiner Einteilung des Gebietes der Allgemeinen Psychologie dem Bereich ‹Motivation› wieder ganz explizit die Abteilung ‹Aufbau des Erkennens› gegenüber und subsumiert unter dieser Überschrift die Gebiete der Wahrnehmung, des Denkens und des Lernens. Eine im Ergebnis ähnliche, aber mehr biologisch-funktionell verankerte Distinktion ist von Rohracher vorgenommen worden, der – in etwas mißverständlicher Terminologie – zwischen «psychischen Kräften» und «psychischen Funktionen» (= steuernden E.-Funktionen) unterscheidet [15].

Eine besonders bedeutsame Rolle fällt den E.-Prozessen im theoretischen Kontext der marxistischen Psychologie zu: Im Rahmen der Abbildungstheorie Lenins stellen die E.-Prozesse des Empfindens, Wahrnehmens,

Vorstellens und Denkens die erste, unmittelbare Stufe der Widerspiegelung der objektiven Realität im Gehirn dar. Andere Formen der Realitätswiderspiegelung wie triebhafte oder gefühlsartige Person-Umwelt-Bezüge bauen auf den E.-Prozessen auf. Die Analyse der Struktur dieser Prozesse ist dementsprechend eines der zentralen Forschungsgebiete marxistischer Psychologie in der UdSSR geworden [16].

In allerneuester Zeit scheint der Terminus ‹kognitive Psychologie› das Erbe der systematischen Kategorie ‹E.-Funktionen› anzutreten [17]. Allerdings ist der Sprachgebrauch noch uneinheitlich; bisweilen wird unter dieser Bezeichnung eher eine besondere Art der Formulierung psychologischer Probleme als ein Gegenstandsbereich der Psychologie verstanden [18].

b) Ein weiteres genuin psychologisches Thema ist die *Analyse von E.-Akten*: Wie wirken die einzelnen E.-Funktionen im konkreten E.-Vorgang zusammen? Welche Teilvorgänge sind beteiligt?

Die Diskussion dieser Fragen hat sehr unter der Mehrdeutigkeit des E.-Begriffs gelitten: als E.-Vorgänge werden eine Reihe sehr verschiedenartiger psychischer Geschehensabläufe bezeichnet. Im allgemeinen wird zugestanden, daß in diesen Abläufen Stufungen erkennbar sind: von elementaren (niederen) zu komplizierteren (höheren) psychischen Prozessen. Ausgehend von dieser gemeinsamen Grundlage divergieren die Meinungen der einschlägigen Autoren vor allem in zwei Hinsichten: erstens bezüglich der Zahl der E.-Stufen und der Kriterien ihrer Abgrenzung und zweitens bezüglich der Frage, wie eine psychologische Beschreibung derartiger Vorgänge zu leisten sei: durch eine Analyse von Inhalten oder von Akten.

Die erste Frage ist von vergleichsweise untergeordneter Bedeutung, insofern ihr einiges von jener Willkür anhaftet, die terminologischen Auseinandersetzungen eigen ist: zu fragen, ob man etwa das bloße Vorhandensein einer Empfindung bereits als E. betrachten soll oder nicht oder wo die Wahrnehmung aufhört und das Denken beginnt [19], ist solange sinnlos, als keine Verständigung über die nähere Bedeutung dieser Ausdrücke herbeigeführt ist. In neuerer Zeit haben diese Klassifikationsprobleme vieles von ihrer früheren Brisanz eingebüßt, weil mit zunehmender Detailkenntnis über psychische Prozeßverläufe die herkömmlichen Unterscheidungen immer fragwürdiger geworden sind.

Das zweite Problem, die Frage nach den psychologischen Aspekten des Intentionalitätsproblems, ist als ‹Akt-Inhalt-Kontroverse› diskutiert worden [20]. Auf den E.-Vorgang gewandt lautet die Alternative: Besteht eine adäquate psychologische Deskription des Erkennens in einer Verlaufsanalyse von Bewußtseinsinhalten oder von psychischen Akten, in denen Erkennender und Erkanntes je in intentionaler Verklammerung auftreten? Der entscheidende Unterschied zwischen den Auffassungen liegt in dem Status, der von den beiden Positionen dem (hier: empirischen) Ich zugestanden wird: Während im inhaltspositivistischen Ansatz das Ich erst aus dem Grundbestand des Gegebenen herausgelöst werden muß und insofern zunächst beliebigen anderen Gegebenheiten nebengeordnet ist [21], genießt es in der aktphänomenologischen Sicht den Vorrang einer ursprünglichen, selbst nicht mehr hinterfragbaren Zentralinstanz [22]. Auf das Gebiet der Psychologie von E.-Vorgängen sind diese Grundpositionen durch MACH [23] bzw. DÜRR [24] übertragen worden. In der neueren Psychologie findet eine Diskussion des Intentionalitäts-

problems kaum noch statt. Ebensowenig hat die durch Mach begründete Tradition Fortsetzung gefunden, obgleich dem Geiste nach die derzeitige Psychologie eher dem Sensualismus Machs als der Phänomenologie Brentanos verpflichtet ist.

c) Eine dritte, im engeren Sinne als ‹erkenntnispsychologisch› bezeichnete Forschungstradition fragt speziell nach dem *Realitätsgehalt der Sinneserkenntnis* [25]. Der Anstoß zu dieser Diskussion ist durch HELMHOLTZ gegeben worden, der das durch den Physiologen J. MÜLLER formulierte ‹Gesetz der spezifischen Sinnesenergien› [26] erkenntnistheoretisch interpretierte [27]. Die Beobachtung, daß in einer Sinnesempfindung offenbar weniger eine Eigenschaft eines äußeren Körpers als vielmehr ein bestimmter Zustand der beteiligten Sinnesnerven zum Ausdruck kommt, deutete HELMHOLTZ dahin, daß mit Hilfe der Sinneseindrücke «über die wirkliche Natur der durch sie bezeichneten äußeren Verhältnisse» genau so wenig zu erfahren ist, wie sich z. B. aus den Namen unbekannter Menschen etwas über deren Eigenschaften erschließen läßt: Empfindungen sind nur Zeichen der tatsächlichen Verhältnisse [28]. Später hat Helmholtz diese Position in einer nachmals berühmt gewordenen Rede auf höherer erkenntnistheoretischer Reflexionsebene erweitert [29]: er brachte die dem Müllerschen Gesetz zugrunde liegenden Beobachtungen mit Kants Lehre von den transzendentalen Anschauungsformen in Verbindung und wertete die Modalitätsspezifität der Sinnesqualitäten als empirische Stütze der Kantischen Transzendentalphilosophie. Zugleich dehnte er diese Interpretation auf die Raumwahrnehmung aus, indem er darlegte, wie die Raumanschauung aus dem Zusammenwirken von optischen Eindrücken und motorischen Impulsen hergeleitet werden kann und wie insofern die Raumwahrnehmung an die Möglichkeit motorischer Willensimpulse als deren apriorische Grundlage gebunden ist. Obgleich damit aufgezeigt ist, daß «die populäre Meinung, welche auf Treu und Glauben die volle Wahrheit der Bilder annimmt, die uns unsere Sinne von den Dingen liefern» [30], nicht aufrechterhalten werden kann, betont Helmholtz ausdrücklich, in welchem Sinne dennoch unsere Vorstellungen der Wirklichkeit entsprechen: Die Abbildung der Gesetzmäßigkeit in den Vorgängen der wirklichen Welt ist auch dann möglich, wenn die Empfindungen bloß Zeichen für die sie veranlassenden äußeren Verhältnisse sind.

Von philosophischer Seite ist gegen Helmholtz' Kantinterpretation manches eingewendet worden, vor allem daß er Kants Apriorität mit Subjektivität verwechselt habe [31]. Sehr viel Zustimmung hat dagegen die funktionalistische Umzentrierung des E.-Problems gefunden, in der deutlich wird, daß die aufgezeigte Begrenztheit des Realitätsgehalts der Sinnesempfindungen der Praxis des naturwissenschaftlichen Erkennens, das nach Funktionsbeziehungen sucht, keine Beschränkungen auferlegt. Dieser Gesichtspunkt ist dann in der Helmholtznachfolge weiter ausgearbeitet und – im Zeichen der Nachwirkungen Darwins – biologistisch interpretiert worden, indem die Frage nach dem Realitätsgehalt der Sinneseindrücke immer mehr als die Frage nach ihrem instrumentellen Wert oder – noch schärfer – nach ihrer biologisch-ökologischen Leistungsfähigkeit für die Anpassung des Organismus an seine Umwelt verstanden wurde. Die neueren funktionalistischen Wahrnehmungstheorien von SCHWERTSCHLAGER [32], BRUNSWIK [33] oder GIBSON [34] gehen insofern ausdrücklich oder implizit auf Helmholtz als einen ihrer geistigen Väter zurück. In neuester Zeit findet sich diese instrumentalistische Grundkonzeption in den neofunktionalistischen Ansätzen wieder, die als «Informationsverarbeitungstheorien der Wahrnehmung» gekennzeichnet sind [35]. Dort ist an die Stelle des Terminus ‹Zeichen› der Ausdruck ‹Information› getreten, und ‹unbewußte Schlüsse› sind durch ‹Verarbeitung› ersetzt worden.

Anmerkungen. [1] I. KANT, KrV B 116/117. – [2] a. a. O. B 127/128. – [3] E. DÜRR: Beiträge zur E.-Psychol. in der erkenntnistheoret. und psychol. Lit. der Jahre 1902-1904. Arch. ges. Psychol. 6 (1906) 1-37; E.-Psychologisches in der erkenntnistheoret. Lit. der letzten Jahre. Arch. ges. Psychol. 13 (1909) 1-42; vgl. 2. – [4] a. a. O. (1906) 35ff. – [5] a. a. O. (1909) 24ff. – [6] a. a. O. (1909) 2f. – [7] CHR. WOLFF, Psychol. empirica §§ 29ff. – [8] I. KANT, KU Einleit. 3; Anthropol. Teil 1. – [9] J. F. HERBART: Psychol. als Wiss. (1824/25). Werke, hg. HARTENSTEIN 6, § 117. – [10] KANT, a. a. O. [8] im Text hervorgehoben. – [11] Reg.-Bd. Arch. ges. Psychol., hg. W. WIRTH: 1-50 (1925); 51-75 (1931); 76-100 (1938). – [12] W. WUNDT: Grundzüge der physiol. Psychol. (^{7}1923) 1, 403ff. – [13] H. EBBINGHAUS: Grundzüge der Psychol. 2; fortgeführt von E. DÜRR ($^{1-3}$1913) 2. – [14] Hb. der Psychol., hg. K. GOTTSCHALDT/PH. LERSCH/F. SANDER/H. THOMAE (1959ff.). – [15] H. ROHRACHER: Einf. in die Psychol. (^{2}1947) 64ff. – [16] Autorenkollektiv: Psychol. (1962) 15ff.; B. G. ANANJEW: Psychol. der sinnlichen E. (1963) 3ff. – [17] U. NEISSER: Cognitive psychol. (New York 1967). – [18] J. P. VAN DE GEER und J. M. F. JASPARS: Cognitive functions. Ann. Rev. Psychol. 17 (1966) 145-176. – [19] DÜRR, a. a. O. [3] (1906) 2f. – [20] E. G. BORING: A hist. of exp. psychol. (New York ^{2}1950) Kap. 17. – [21] E. MACH: Analyse der Empfindungen (^{6}1911) Kap. 1; TH. ZIEHEN: Psychophysiol. E.-Theorie (^{2}1907) § 9; E.-Theorie auf psychophysiol. und phys. Grundlage (1913) II, 3. – [22] F. BRENTANO: Psychol. vom empirischen Standpunkt (1874) II, 1, § 5. – [23] E. MACH: E. und Irrtum. Skizzen zur Psychol. der Forsch. (^{3}1917). – [24] E. DÜRR: E.-Theorie (1910) Teil 1; a. a. O. [3]. – [25] J. SCHWERTSCHLAGER: Die Sinnes-E. (1924) 2, 47. – [26] J. MÜLLER: Zur vergl. Physiol. des Gesichtssinnes (1826). – [27] H. HELMHOLTZ: Über die Natur der menschl. Sinnesempfindungen. Habil.-Vortrag 1852, in: Wiss. Abh. 2 (1883) 591-609. – [28] a. a. O. 608. – [29] Die Thatsachen in der Wahrnehmung. (1879, Nachdruck 1959). – [30] a. a. O. 19. – [31] J. SCHWERTSCHLAGER: Kant und Helmholtz erkenntnistheoretisch verglichen (1883) 47f. – [32] SCHWERTSCHLAGER: a. a. O. [25] 41. – [33] E. BRUNSWIK: Wahrnehmung und Gegenstandswelt (1934) 4. – [34] J. J. GIBSON: The senses considered as perceptual systems (Boston 1966) 47ff. – [35] R. N. HABER: Introduction, in: Information-processing approaches to visual perception, hg. R. N. HABER (New York 1969) 1-15.

Literaturhinweise. – Zu 1: G. K. UPHUES: Psychol. des Erkennens vom empirischen Standpunkte (1893). – E. DÜRR s. Anm. [24].

B. *Engerer E.-Begriff.* – Soweit das Wort ‹Erkennen› (Er.) zur Bezeichnung *perzeptiver Identifikationsvorgänge* oder -leistungen verwendet wird, tritt es in drei Bedeutungen auf, die sich nicht so sehr dem Inhalt nach, sondern vorwiegend nach ihrem wissenschaftstheoretischen Status unterscheiden. Diese begrifflichen Bedeutungsebenen müssen erst voneinander abgehoben sein (1), bevor die an einzelne Forschungstraditionen gebundene Entwicklung der empirischen Grundlagen der Vorstellungen über perzeptives Er. dargelegt werden kann (2).

1. ‹Er.› kommt in der wahrnehmungspsychologischen Literatur sowohl als deskriptiver (a) wie auch als theoretischer Begriff (b) vor.

a) Dabei muß auf *beschreibendem* Niveau zunächst wieder differenziert werden zwischen einer erlebnisdeskriptiven (aa) und einer verhaltensdeskriptiven (bb) Variante. Diese beiden Erscheinungsweisen des Begriffs unterscheiden sich nach ihrer Abkunft aus zwei verschiedenen theoretischen Rahmenkonzeptionen darüber, wie Psychologie zu betreiben sei: auf einer subjektiv-introspektiven oder einer objektiv-verhaltensanalytischen Datenbasis (durch Selbstbeobachtung oder durch Fremdbeobachtung) [1].

aa) Im *erlebnisdeskriptiven* Ansatz wird das Er. als eine besondere Erlebnisform beschrieben. Mit dieser Konzeption verbindet sich der Anspruch, diese Erlebnisform im Rahmen einer Phänomenologie der E.-Vorgänge nach ihren Merkmalen und Varianten sowie nach den Bedingungen ihrer Entstehung zu spezifizieren. Die Durchführung dieser Aufgabe wird zwar bisweilen dadurch unnötig erschwert und vorbelastet, daß das wahrnehmende Er. als exemplarisches Studienobjekt für die Untersuchung menschlichen E.-Gewinns überhaupt diskutiert wird [2], aber es ist ohne weiteres möglich, diese für die einzelwissenschaftliche Analyse störende Implikation unberücksichtigt zu lassen. Die erste Aufgabe einer derartigen Phänomenologie des Er. muß darin bestehen, Kriterien anzugeben, durch die das Er. von anderen, ähnlichen Erlebnisformen abgegrenzt werden kann. Dabei wird es in erster Linie notwendig sein, eine präzise Abgrenzung des Er. gegen das Wahrnehmen durchzuführen.

Die naive Phänomenologie des Alltagslebens gibt zunächst nur wenig Anlaß, zwischen Wahrnehmen und Er. zu unterscheiden. Was man um sich herum antrifft, pflegt man, indem man es sieht, auch unmittelbar zu erkennen. Man hat nicht etwa zweierlei: erstens anschauliche Gegebenheiten mit bestimmter Anordnung und Gliederung oder Dinge mit bestimmten wahrgenommenen Eigenschaften und zweitens zusätzlich ein Wissen darum, um was für Dinge es sich handelt, sondern das Was und das Wie des Gesehenen sind simultan und gleichermaßen unvermittelt vorhanden: «Ich stehe am Fenster und sehe ein Haus, Bäume, Himmel» – mit diesen trivialen Worten beginnt ein programmatischer Artikel M. WERTHEIMERS, der darauf abzielt, diesem simplen Phänomenbestand zu fachwissenschaftlicher Geltung zu verhelfen und gegen eine Position zu polemisieren, in der dieses anschauliche Datum als aus Empfindung plus Urteil plus Reproduktion konstituiert gedacht wird [3].

Die im Alltagsleben häufig zu beobachtende Unmittelbarkeit und anschauliche Nichthinterfragbarkeit des Er. ist zwar bereits von W. WUNDT gesehen, von ihm aber nicht als letzte Reduktionsstufe psychologischer Analyse akzeptiert worden [4]. Vielmehr ist dieses konsequente Durchhalten der phänomenologischen Methode, dieses auf weitere Problematisierung verzichtende Akzeptieren von Phänomenen als Letztheiten psychologischer Untersuchung für die ganzheitspsychologischen Schulen charakteristisch. Deutlicher noch als Wertheimer hat G. IPSEN die enge Verbundenheit zwischen figuraler Ausgliederung und Er. betont: Gestalten stehen am Ende des Er.; sie sind das Ziel, dem dieses zutreibt» [5]. In dieser vollständigen Ineinssetzung von Sehen und Er. wird zum Ausdruck gebracht, daß phänomenal keineswegs einerseits Strukturen und andererseits ihnen beliebig zugeordnete Bedeutungen, sondern immer nur Strukturen aufweisbar sind, deren Bedeutung sich in ihnen zeigt: «der Sinn tritt nur zutage an der gestalteten Mannigfaltigkeit selbst» [6]. Daran ändert sich anschaulich auch dann nichts, wenn außer Frage steht, daß der Bedeutungsgehalt durch Lernvorgänge erworben wurde [7]. Das besagt, daß z. B. dem, der lateinische Buchstaben lesen kann, die Konfiguration ‹A› nicht als eine Figur aus drei Strichen erscheint, der eine bestimmte Lautbedeutung zugeordnet ist, sondern als eine Gestalt, deren ‹A-Haftigkeit› sozusagen zwingend an ihr erscheint: Man meint, das optische Gebilde ‹A› könne nur den (akustischen) Namen ‹A›, niemals aber einen anderen tragen.

Gestalt- und ganzheitstheoretisch orientierte Autoren sind fast immer darüber hinausgegangen, indem sie den weiteren (selbst natürlich nicht mehr phänomenologisch begründbaren) Schritt taten, aus der phänomenalen Einheit von Struktur und Bedeutung Rückschlüsse in genetischer und funktionaler Hinsicht zu ziehen. Das geschah dadurch, daß – letztlich durch Rekurs auf die Annahme erblich fixierter prozeßvermittelnder Strukturen – «natürliche, sachliche Beziehungen» zwischen Strukturen und Bedeutungen postuliert wurden – in Abgrenzung gegen «beliebige, willkürliche Beziehungen» [8]. Bezieht man schließlich in die so verstandene funktionale Einheit von Struktur und Bedeutung auf der Strukturseite auch die Namen der Gegenstände ein – eine offensichtlich konsequente Ausweitung –, so hat man den zunächst wahrnehmungsphänomenologisch gemeinten Ansatz zum Entwurf einer platonistischen Sprachtheorie ausgearbeitet, nach der die Namen etwas vom Wesen der Dinge spiegeln [9]. Da Benennung und Bedeutungserkennung phänomenal ohnedies oft schwer zu trennen sind, bietet sich so das anschauliche Bild eines einzigen Wahrnehmungs- und Erkennungsvorgangs, in dem Struktur, Bedeutung und Namen zugleich und unmittelbar auftreten. Ein besonderes ‹Erkennungs›-Phänomen wäre so nicht ableitbar.

Anlaß für eine Ausgliederung eines besonderen Erkennungsvorganges aus dem Wahrnehmungsprozeß entsteht im Rahmen eines erlebnisdeskriptiven Ansatzes erst dann, wenn Erlebnisbestände analysiert werden, in denen diese zunächst ganz selbstverständliche Einheit von Wahrnehmen und Er. zerfällt. Dies läßt sich im Bereich normalen Erlebens paradigmatisch in drei Situationen zeigen, und in diesen Situationen können dann – immer noch mit der Erlebnisdeskription als Ausgangsbasis – nähere Spezifikationen des Er. als eines vom Wahrnehmen unterscheidbaren Vorgangs gewonnen werden.

Die erste Modellsituation ist die des *Wahrnehmens ohne Er.*: Chinesische Schriftzeichen nimmt der Unkundige zwar wahr, d. h. er gewahrt an ihnen die gleichen Struktur- und Aufbaueigenschaften wie der Kundige, aber er erkennt sie nicht. Diese Beobachtung deutet darauf hin, daß die Erkennungsleistung von der Wahrnehmung relativ unabhängig ist: Sie kann zu ihr hinzutreten oder nicht. Die Existenz einer erkenntnislosen Wahrnehmung ist aber bisweilen bestritten worden. So hat B. ERDMANN darauf verwiesen, daß eine große Skala von Genauigkeitsstufen des Er. zu unterscheiden ist [10]: Sieht man vom Fall der bloßen Detektion, in dem nur erkannt wird, daß überhaupt etwas vorhanden ist, ab, verbleibt noch die Stufung von grober Klassifikation (‹etwas Rotes›) über eine zunehmend feinere Kategorisierung (‹eine rote Tulpe›) bis zur Konstatierung numerischer Identität (‹diejenige rote Tulpe, die hier gewachsen ist›) [11]. Diese letztere Form des Er., die häufig auch eine Einbettung des Erkannten nicht nur in den sachlich-kategorialen Bezugskontext des Wissensbestandes, sondern auch in konkrete lebensgeschichtliche Erinnerungen leistet, wird terminologisch als ‹Wieder-Er.› den niedereren Präzisionsstufen des Er. gegenübergestellt. Ein Wieder-Er. oder eine präzise Kategorisierung kann dann – so Erdmanns Argument – z. B. im Fall der chinesischen Schriftzeichen zwar nicht geleistet werden, eine grobe Klassifikation aber in jedem Fall. Immerhin bleibt ein deutlicher Unterschied zwischen dem Kundigen und dem Unkundigen hinsichtlich ihres Er. Da beide indessen die gleichen visuellen Strukturen wahrnehmen, muß der Unterschied in einem besonderen Erkennungsvorgang begründet sein.

Ein zweites, mit dem ersten eng zusammenhängendes Indiz für einen besonderen Er.-Vorgang bieten die verschiedenen Varianten von *Bekanntheitsqualitäten*. Der Ausdruck geht auf H. HÖFFDING zurück und bezieht sich bei ihm auf eine Eigenschaft der betreffenden Empfindungen [12]. W. WUNDT hat den gleichen Sachverhalt – phänomenologisch weniger überzeugend – durch die Hypostasierung zweier besonderer Gefühle abgedeckt: des «Gefühls der Übereinstimmung» für das Er. und des «Wiedererkennungsgefühls» für die numerische Identifikation [13]. Interessanterweise sind die mit diesen Ausdrücken bezeichneten Phänomenbestände nicht notwendig an den Vollzug des Er., d. h. das Erkannthaben, gebunden, sondern sie können auftreten, bevor endgültig erkannt ist: im «déjà-vu»-Erlebnis nämlich, das sowohl pathologisch (als «fausse reconnaissance») im Rahmen paramnestischer Syndrome [14] als auch normal (in Begleitung des Sich-Besinnens im Zuge eines «reproduktiven Tatonnements» [15]) vorkommt. Bestimmte Eindrücke treten also unvermittelt mit Bekanntheitsqualität auf, andere nicht, ohne daß sich dieser Unterschied aus der strukturellen Beschaffenheit der Eindrücke selbst erklären läßt, so daß eine anderweitige Deutung erforderlich wird.

An dritter Stelle sind schließlich die Wirkungen von *Einstellungen* und *Erwartungen* auf das Er. in Anschlag zu bringen. Bei selektiver Einstellung des Beobachters – etwa im Suchen nach einem Gegenstand – zerfällt die Einheit von Wahrnehmung und Er.: Je nach Sucheinstellung wird in einer gegebenen Situation Unterschiedliches erkannt, ohne daß sich die wahrgenommene Struktur dieser Situation selbst ändert. In einer heute als klassisch geltenden Analyse dieser Fragen hat O. KÜLPE darauf hingewiesen, daß eine selektive Einstellung des Beobachters auf bestimmte Eindrücke zwar die darauf bezogenen Erkennungsleistungen, nicht aber die entsprechenden Wahrnehmungseigenschaften tangiert [16]. Die gleiche Abgrenzung ist aus ganz anderen Motiven in der gestalttheoretischen Phänomenologie durchgeführt worden, indem in der Polemik gegen Aufmerksamkeitstheorien der Wahrnehmung die Unabhängigkeit der Perzepte von Aufmerksamkeitsfaktoren betont wurde [17]. An den Faktor der Einstellung des Erkennenden sind weitere Unterscheidungen von Formen des (Wieder-)Er. geknüpft worden, so durch M. OFFNER zwischen «vorbereitetem» und «unvorbereitetem Wieder-Er.» [18] und durch G. IPSEN zwischen solchem Er., das vom «Gegenständlichen» her und solchem, das vom «Geistigen» her beherrscht wird [19].

Danach lassen sich die entscheidenden erlebnisdeskriptiven Aspekte von Erkennungsvorgängen wie folgt resümieren: Er. und Wahrnehmen sind in der Regel gleichzeitig und unvermittelt gegeben. Soweit Er. isolierbar ist, weist es sich als Vorgang der Einordnung von Wahrnehmungseindrücken in einen vorgegebenen Bezugskontext aus. Die Einordnung kann mit unterschiedlicher Spezifität erfolgen. Er. – so die vielleicht prägnanteste (von IPSEN vorgelegte) Fassung des Ergebnisses eines phänomenanalytischen Zugangs – ist ein bipolar zwischen zwei «Kraftfeldern» ausgespannter Vorgang: Es «schlägt die Brücke vom Gegenständlichen, das wir gewahren, zu den Welten des Geistes, zumal der Sprache» [20]. Ähnliches deutet HÖFFDING an, indem er dem Er. eine mittlere Stellung zwischen Empfindung und Vorstellung einräumt [21].

ab) Ganz anders als im erlebnisdeskriptiven Verständnis, in dem Wahrnehmen und E. aus Erfahrungen von

Subjekten bestimmt werden, stützen sich *verhaltensdeskriptive* Analysen von Erkennungsvorgängen ausschließlich auf sogenannte objektive Daten, d. h. sie lassen introspektiv gewonnenes Material nicht als legitime Datenbasis zu. Eine solche Verhaltensanalyse ist – bezogen auf Erkennungsprozesse – fast immer zugleich eine Leistungsanalyse. Da verhaltensanalytisch orientierte Autoren in der Regel Affinitäten zu biologischem Denken aufweisen, untersuchen sie Erkennungsprozesse als organismische Anpassungsvorgänge, und zwar unter dem leitenden Gesichtspunkt ihrer Leistungsfähigkeit für die Determination situationsadäquaten Verhaltens. In prägnanter Fassung ist diese Position von E. BRUNSWIK für die Wahrnehmungspsychologie überhaupt vertreten worden [22].

Das diesem Ansatz zugrunde liegende allgemeine Rahmenmodell läßt sich etwa wie folgt schematisch explizieren: Man geht davon aus, daß dem Organismus eine Reihe von Verhaltensweisen zur Verfügung stehen. Der ontogenetische Anpassungsvorgang kann dann beschrieben werden als derjenige Lernprozeß, in dem die Elemente des Reaktionsrepertoires zunehmend unter afferente Kontrolle geraten. Als erkannt gilt ein Reizgegenstand dann, wenn er mit statistisch überzufälliger Häufigkeit eine bestimmte Reaktion nach sich zieht. Eine solchermaßen verfestigte Reiz-Reaktions-Verbindung läßt demnach immer Rückschlüsse auf zweierlei zu: auf die Lernfähigkeit und auf die Erkennungsfähigkeit des Organismus. In einer Untersuchung der Erkennungsfunktion wird man dabei bemüht sein müssen, die Anforderungen an die Lernfähigkeit so niedrig zu halten, daß sie für die Beurteilung der Leistungen vernachlässigt werden können.

Leistungsmessungen des Er. nehmen im verhaltensdeskriptiven Ansatz die Funktion ein, die in der Introspektion Erlebnisprotokolle haben: An die Stelle der Phänomendeskription dort tritt hier eine Bestimmung der Effizienz des Er., die, da Er. als Zuordnung von Reaktionen («responses») zu Reizen («stimuli») operationalisiert wird, nur in der Beschreibung der Zuordnungsleistung bestehen kann. In neuerer Terminologie wird diese Zuordnung meist nach Art einer Informationsübertragungsleistung beschrieben; die Entsprechung besteht darin, daß hier wie dort Zuordnungen zwischen Elementen aus einem «sendeseitigen» Signalrepertoire («Reize») zu Elementen aus einem «empfangsseitigen» Kollektiv («Reaktionen») getroffen werden, die in einer Verwechslungsmatrix dargestellt werden können. Diese Analogie macht deutlich, daß Erkennungsleistungen durch diejenigen Parameter meßbar sind, durch die generell Leistungen von informationsleitenden und -verarbeitenden Systemen bestimmt werden: durch Fehlerproportionen und Zeitstrecken sowie durch daraus abgeleitete Maße [23], gegebenenfalls – insbesondere bei der Messung von Erkennungsschwellen – unter zusätzlicher Einbeziehung weiterer Parameter wie Größe, Helligkeit, Lautheit o. ä. Wissenschaftlich interpretierbare Aussagen können hier immer nur über Populationen von Erkennungsreaktionen getroffen werden, nicht über einzelne Zuordnungen [24].

Natürlich liegt kein Widersinn darin, Erkennungsprozesse als Erlebnisse und als Leistungen zugleich zu betrachten, zumal beide Varianten des deskriptiven Erkennungsbegriffs die gleiche logische Grundstruktur aufweisen. Diese findet sich in den theoretischen Vorstellungen über die Natur des die Erkennungserlebnisse und/oder -leistungen vermittelnden Prozesses ausgedrückt.

b) Besonders in der älteren Literatur taucht ‹E.› *als theoretischer Begriff* fast immer vermischt mit einer deskriptiven Fassung auf – meist der erlebnisdeskriptiven. Trotzdem läßt sich leicht zeigen, daß ein theoretischer Er.-Begriff neben der beschreibenden Verwendungsweise des Wortes schon immer existiert hat; er bezieht sich auf die Hypostasierung eines ‹inneren›, latenten Prozesses, der die der unmittelbaren Beschreibung zugänglichen ‹äußeren› Erscheinungsformen des Er. vermittelt und sie insoweit erklärt. Die Vorstellungen über diesen gewissermaßen eigentlichen Erkennungsvorgang haben sich zwar sehr in der Terminologie, weniger aber in der Sache gewandelt: Sowohl vom Erleben wie auch vom Verhalten her weist sich das Er. als ein Vorgang aus, der an zwei Stellen verankert ist: Was erkannt wird, ist einerseits von außen (von den Empfindungen bzw. vom Reiz her) und andererseits von innen (vom Gedächtnis bzw. vom Reaktionsrepertoire her) bestimmt [25]. Der hypothetische eigentliche Erkennungsprozeß ist dementsprechend seinem Wesen nach stets bestimmt worden als ein Vorgang der Vermittlung zwischen einem aktuellen Wahrnehmungsdatum und dem dispositionellen Gedächtnisbestand. In der sprachlichen Charakterisierung dieses Vermittlungsvorganges sind verschiedene Begriffsmetaphern geprägt worden, die zum Teil nur als Quasibezeichnungen gewertet werden können.

Vergleichen. – Noch relativ unproblematisch ist die Charakterisierung des Vermittlungsvorgangs als Vergleich des Wahrnehmungsdatums mit Elementen des Gedächtnisbestandes. H. SPENCER hat sich dieses Bildes bedient [26], und aus ganz anderem Zusammenhang ist es von M. SCHLICK präzisiert worden, der den Akt der Identifikation als ein aufgrund eines Vergleichs durchgeführtes Gleichsetzen einer Wahrnehmungsvorstellung mit einer Erinnerungsvorstellung beschrieb [27]. Auch in neuesten Modellen des Erkennungsprozesses ist bisweilen von Vergleichen die Rede [28], doch werden meist noch neutralere Ausdrücke vorgezogen, die eine psychistische Interpretation im Sinne der vom Sprachbild nahegelegten Frage, wer denn hier den Vergleich durchführe, gar nicht erst zulassen.

Verschmelzung. – Des Bildes des Verschmelzens bediente sich HERBART, um die Natur des Apperzeptionsvorgangs zu beschreiben: Die Auffassungen des äußeren Sinnes werden apperzipiert, «indem ältere, gleichartige Vorstellungen erwachen, mit jenen verschmelzen, und sie in ihre Verbindungen einführen» [29]. Auch für W. WUNDT war das Aufeinandertreffen von Sinneseindruck und Residuen ein Vorgang vom Typus des Verschmelzens, den er als «Assimilation» bezeichnete [30]. Wundt galt diese Assimilation als eine besondere Erscheinungsform assoziativer Verknüpfung. Gegen diese Auffassung hat sich in aller Schärfe B. ERDMANN gewandt. Indem er den latenten Erkennungsprozeß als «apperzeptive Verschmelzung» charakterisierte, betonte er «das für unser Bewußtsein schlechthin unauflösbare Ineinander von zentralen Reiz- und Residualerregungen» [31]. Die apperzeptive Verschmelzung ist dabei – eben aufgrund ihrer phänomenalen Unauflöslichkeit – «selbstverständlich kein assoziativer Zusammenhang», und man hat daher diesen Prozeß als «apperzeptive Reproduktion» von der gewöhnlichen «assoziativen Reproduktion» zu unterscheiden [32]. Das Verschmelzungskonzept findet sich auch bei M. OFFNER, für den jedoch Prozesse, nicht Inhalte, fusionieren [33]. Gleichfalls wird es von HÖFFDING erwähnt [34], aber von ihm im Sinne einer anderen Idee ausgearbeitet.

Resonanz. – Der Vorzug der Verschmelzungsmetapher besteht offenbar darin, daß in ihr die phänomenale Einheit der funktionalen Dualität von Sinneseindruck und Residualsystem zum Ausdruck kommt. Das häufig verwendete Bild des «Aufweckens» der Residuen durch die Sinneseindrücke und – noch präziser – das Bild des Resonanzvorgangs stellen dagegen die Verkörperung des Auffindens des «passenden» Residuums in den Vordergrund. HÖFFDING hat für diese Deutung die entscheidende Vorarbeit geleistet, ohne allerdings das Wort ‹Resonanz› zu benützen. In einer Kontroverse mit A. LEHMANN, der sämtliche Reproduktionserscheinungen durch Berührungsassoziationen erklärte [35], führte HÖFFDING aus, daß unmittelbares Wieder-Er. nicht nach dem Kontiguitätsprinzip verständlich gemacht werden kann. An seine Stelle muß nach seinem Vorschlag das Ähnlichkeitsprinzip der Assoziation treten [36]. Damit war ein Prinzip avisiert, nach dem Bewußtseinsinhalte qua Ähnlichkeit zueinander finden können. Auch stellte Höffding Spekulationen darüber an, ob diese selektive Vermittlung zwischen Eindrücken und Gedächtnisbeständen etwa durch Ähnlichkeiten in der «Schwingungsform» von Hirnerregungen bewerkstelligt werden könnte [37]. Spätere Autoren haben die Resonanzkonzeption klarer als Höffding expliziert [38], aber erst auf dem Höhepunkt der gestalttheoretischen Bewegung hat sie sich zu einer ausgesprochenen Gegenposition gegen die assoziationstheoretischen Vorstellungen gewandelt [39]. Niemals ist allerdings eine Spezifizierung vorgenommen worden, die über die Kennzeichnung des Er. als «quasi-resonative Kommunikation» [40] hinausgegangen wäre.

Zuordnung. – Eine gewisse Neutralisierung der Nomenklatur ist in der theoretischen Sprache neuerer Modelle des Erkennungsverhaltens eingetreten. Die des metaphorischen Beiwerks entkleidete und somit inzwischen recht unprätentiöse Terminologie setzt die Akzente in der Formalstruktur des Erkennungsvorgangs und spart die substantielle Füllung dieses Formalgerüsts aus: Der innere Erkennungsvorgang ist gefaßt als Prozeß der Zuordnung («mapping») einer durch Vermittlung der Sinnesorgane erstellten Reizrepräsentation zu einem Element aus einem Kollektiv von Gedächtnisrepräsentationen [41]. Damit wird im Grunde das aus der äußeren Leistungsdeskription des Er. abgeleitete Schema der Reiz-Reaktions-Verknüpfung verdoppelt und zum Teil in den Beobachter hineinverlegt, so daß ein insgesamt viergliedriges Rahmengerüst resultiert, dessen Innenglieder den verborgenen «eigentlichen» Erkennungs-(= Zuordnungs-)vorgang repräsentieren und dessen Außenglieder für die beobachtbaren Ereignisse stehen: Reiz → Reizrepräsentation → Gedächtnisrepräsentation → Reaktion. In diesem Punkt besteht eine auffallende Konvergenz zu parallelen Entwicklungen in der Lerntheorie [42].

Dieses allgemeine formale Rahmenmodell entstammt zwar funktionalistisch verankerten Forschungstraditionen, ist aber so allgemein gehalten, daß auch introspektive Befunde darin zumindest lokalisierbar sein sollten. Der Verzicht auf die Festlegung eines quasiphysikalischen Strukturmodells für das Zuordnungsgeschehen («Verschmelzung», «Resonanz») ist weniger als Ausdruck der Resignation vor diesem Problem als vielmehr als Indiz der Überzeugung zu werten, daß derartige Festlegungen im Rahmen psychologischer Theoriebildung entbehrlich sind und daß eine adäquate psychologisch-theoretische Analyse von Vorgängen dieser Art stattdessen in der Aufdeckung der logischen Formalstruktur, des «Programms» der beteiligten Prozesse besteht [43]. Dazu muß eine neutrale Sprache aus «quasi-phänomenalen Konstrukten» benutzt werden, d. h. aus Begriffen, die sowohl durch Erlebnis- und Verhaltensdaten sowie letztlich auch durch physiologische Datensprache interpretationsfähig sind [44]. Das Zuordnungsmodell des Er. liefert einen derartig neutralen Rahmen, insofern es aus einer formalen Zergliederung des Gesamtprozesses in logisch notwendige Stufen und Teilvorgänge (die Pfeile im obigen Schema bedeuten: Vorverarbeitung – eigentliche Zuordnung – Reaktionsauswahl [45]) hervorgeht. Da sich in ihr auch die skizzierten älteren theoretischen Vorstellungen integrieren lassen, kann es als Bezugssystem für die Einordnung empirischer Forschungsergebnisse über das Er. herangezogen werden. Eine derartige Rahmenkonzeption bewährt sich nur dann, wenn durch sie Befunde aus heterogenen Forschungsansätzen vergleichbar werden.

2. Bis zu einem bestimmten, vorläufigen Explikationsgrad läßt sich die Begriffsentwicklung vieler psychologischer Fachtermini insofern ohne ausdrücklichen Bezug auf die einschlägigen Untersuchungsmethoden darstellen, als bei jedem ein gewisses Vorverständnis über einige Aspekte des fraglichen Gegenstandes vorausgesetzt werden kann. Aber diejenigen spezifischeren Bedeutungsverzweigungen, in denen auf der Basis der Ergebnisse methodisch geplanter empirischer Forschung dieser vorläufige Verständnishorizont überschritten wird und in denen zum Teil inhaltlich sehr detaillierte Bestimmungen getroffen werden, können nicht ohne Reflexion auf die zur empirischen Untersuchung des Gegenstandes eingesetzten Methoden beschrieben werden. Hier muß die Verfolgung begrifflicher Varianten an eine Unterscheidung von konkreten historischen *Forschungs- und Methodentraditionen* gebunden sein. Erkennungsprozesse sind in drei voneinander praktisch unabhängigen Traditionslinien systematischer Untersuchung unterzogen worden: im *aktualgenetischen Forschungsansatz* (a), im *Studium pathologischer Ausfallserscheinungen* (Agnosien) (b) und in einem *leistungsanalytisch orientierten Ansatz* (c), in dem vorwiegend Fehlerprozente, Erkennungszeiten und Schwellen bestimmt werden.

a) Als *Aktualgenese* bezeichnete F. SANDER die «in einem Prozeß erlebbare Entstehung von Gestalten im entwickelten Bewußtsein» [46]. Damit ist zwar ein sehr breites Feld von psychischen Phänomenen angesprochen – alles, was ‹Gestalt› sein kann –, aber Erkennungsprozesse haben immer als aktualgenetische Verläufe par excellence gegolten [47]. In dieser Bezeichnung wird vor allem der prozessuale, entwicklungsartige Charakter des Er. betont; entsprechend Sanders Definition ist aber ‹Prozeß› nicht als theoretisches Konstruktum, sondern als erlebte Realität gemeint. Das bedeutet, daß Kenntnisse über die Aktualgenese des Er. nur dort zu gewinnen sind, wo Gestaltentwicklungen oder (neutraler) Gegenstandsentwicklungen direkt als solche beobachtbar sind. Da diese Bedingung nur in seltenen Grenzfällen von selbst auftritt, sind besondere experimentelle Methoden entwickelt worden, deren gemeinsames Prinzip in der Reizdarbietung unter anfangs ungünstigen Umständen (z. B. zu kurzfristig; zu klein; zu dunkel; zu leise) und anschließender sukzessiver Verbesserung der Darbietungsbedingungen besteht. Das Rationale des Verfahrens ist es, dadurch die spontane Unmittelbarkeit des normalen Erkennungsvorganges zu brechen und ihn in zerdehnter Form der Selbstbeobachtung zugänglich zu machen. Freilich ist fraglich, ob dann der zerdehnte für den unzerdehnten Vorgang noch repräsentativ ist. J. LINSCHOTEN hat diesen Anspruch bestritten [48].

Die aus diesem Ansatz hervorgegangenen inhaltlichen Bestimmungen des Er. sind nur zitierbar; referierbar sind sie kaum: In der Anfangsphase einer Gegenstandsentwicklung scheint das Gebilde «wie von einer Embryonalhülle umschlossen, hinter der ein flackerndes Leben zuckt und stößt. Die Durchformung dieses ungegliedert und diffus abgehobenen Ganzen beginnt meist mit einer kreisförmigen Konturierung dieses Etwas, einem kreisförmigen Kontur, der elastisch bald dem Drängen im Innern nachgibt, bald sich wieder zur ausgeprägten Kreisgestalt strafft» [49]. Der Erkennungsprozeß imponiert hier als ein final ausgerichteter Selbstverwirklichungsvorgang, in dem sich aus diffus-ungegliederten, gefühlsartigen Werdensgrund ein stufenweise an Gestalt gewinnendes Ganzes erhebt, das am Ende «zu sich selbst gekommen» ist [50]. Unbeschadet der sprachlichen Esoterik der Formulierungen wird hierin deutlich, daß Er. als Vorgang zunehmender Spezifizierung, sukzessiver Eingrenzung vom Allgemeinsten zum Besonderen aufgefaßt wird. Genetisch sind die allgemeinsten (Gestalt-)Qualitäten primär. Unterstrichen wird diese Konzeption durch die theoretisch-formale Parallelisierung der Aktualgenese mit onto- und phylogenetischen Prozessen: Allen drei Entwicklungsformen wird das gleiche Verlaufscharakteristikum zugeschrieben: das der stufenweise zunehmenden Präzisierung und Festigung einer Gestalt aus diffusem, dynamischem Grund.

Die Einordnung dieser Befunde in den allgemeinen Rahmen des Zuordnungsvorgangs ist deshalb nicht unproblematisch, weil im aktualgenetischen Ansatz Er. und Perzipieren nicht getrennt sind. Soweit die aktualgenetische Entfaltung nur die Konstitution eines Perzeptums betrifft, ist sie hier ohne Belang; soweit sie aber die Entstehung des Wissens um die Identität des Perzeptums betrifft, läßt sie sich dem Rahmenschema als Konkretisierung der Vorstellung über den ‹eigentlichen› (= inneren) Zuordnungsprozeß einordnen: dieser wäre nach diesem Ansatz am ehesten zu konzipieren als Vorgang einer schrittweisen Bestimmung von Eigenschaften des Wahrgenommenen – wobei dynamische und gefühlswichtige Dimensionen Vorrang haben. Zuordnung würde dann auf dem Niveau von Qualitäten erfolgen, durch deren sukzessive Überlagerung eine zunehmende Eingrenzung des Gegenstandes erfolgt. Neben der Überlagerung ‹von unten› müßte ferner eine Art ‹finalen Sogs› postuliert werden, der den Vorgang ‹von oben› mitdeterminiert.

b) Das Studium *pathologischer Ausfallserscheinungen* kann entweder durch Tierversuche oder durch Analyse von Erkrankungen aus dem Formenkreis der Agnosien in der neurologisch-psychiatrischen Klinik erfolgen. Bei Verhaltensstudien ist man auf die Analyse des Erkennungsverhaltens von Tieren beschränkt, bei denen man chirurgische Eingriffe (Ablationen, Exstirpationen) am nervösen Zentralorgan durchgeführt hat. Derartige Untersuchungen sind mit dem vorwiegenden Interesse einer Identifizierung gewisser Funktionszentren im Gehirn durchgeführt worden und haben zur Kenntnis der Struktur von Erkennungsvorgängen bislang nur recht spekulative Beiträge geleistet [51]. Im klinischen Bereich trifft man dagegen auf eine Diskussionstradition, in der mit der Frage nach dem Wesen agnosieartiger Erkrankungen zugleich das Problem der Natur von Erkennungsvorgängen überhaupt angegangen wurde. Bereits die Klassifikation der Krankheitsbilder bereitete große Schwierigkeiten und mündete in verschiedenen Taxonomien. Mehrere Autoren unterschieden zwei Haupttypen von Störungen: Nach C. WERNICKE kann entweder die primäre oder sekundäre Identifikation gestört sein [52]. Dahinter verbirgt sich ein Zweistufenmodell des Er.: primäre Identifikation leistet die Konstituierung des Perzeptums, sekundäre Identifikation fügt die Bedeutung hinzu. Ganz ähnlich wird von H. LISSAUER (in etwas unglücklicher Terminologie) eine apperzeptive gegen eine assoziative Form von Seelenblindheit abgesetzt [53], und C. v. MONAKOW trennte entsprechend zwischen Rindenblindheit und eigentlicher Seelenblindheit, wies aber nachdrücklich auf die Mannigfaltigkeit der Übergangsformen hin [54]. Die Einteilungen der drei Autoren sind zwar nicht vollständig, aber weitgehend kongruent: In der je ersten Erscheinungsform ist (im Beispiel optischer Agnosie) die Raumorientierung und die Fähigkeit zur Beschreibung des Wahrgenommenen gestört; bei der schwereren Form ist (darüberhinaus oder allein) eine «Unfähigkeit, die Objekte mittels des Gesichtssinnes in den Ideenkreis richtig einzuordnen und mit den Erinnerungsbildern zu verknüpfen» zu verzeichnen [55].

Über die Natur dieser zweiten Störung sind drei Theorien vertreten worden. Die erste unterscheidet – auf dem Hintergrund der Zentrenlehre der Hirnfunktionen – zwischen einem Wahrnehmungsfeld und einem Erinnerungsfeld, die beim Er. zueinander in Verbindung gesetzt werden. Eine Störung vom zweiten Typus entsteht dann durch einen (z. B. traumatisch verursachten) Defekt im für die Aufbewahrung der Residuen zuständigen Erinnerungsfeld [56]. MONAKOW hat demgegenüber darauf hingewiesen, daß nicht das Residuum selbst zerstört sein kann, da es häufig über einen anderen Sinneskanal ansprechbar ist. Gestört wäre dann nach dieser zweiten Theorie nicht das Residualsystem selbst, sondern seine Ansprechbarkeit durch bestimmte Wahrnehmungseindrücke: Das Erinnerungsbild kann durch das Netzhautbild «nicht oder nur in mangelhafter Weise geweckt, resp. ausgelöst» werden [57]. Schließlich ist eine dritte Theorie von A. GELB und K. GOLDSTEIN vertreten worden, nach der weder das Residualsystem noch seine Ansteuerbarkeit, sondern die beidem logisch und zeitlich vorgeordnete Konstituierung von gegliederten und geordneten Wahrnehmungseindrücken beeinträchtigt ist [58]. Diese Theorie hat den besonderen Vorzug, aus einem einzigen Prinzip beide Haupttypen der Krankheit erklären zu können. GOLDSTEIN hat später diese Theorie durch die Annahme erweitert, daß der Strukturverlust nicht nur die Wahrnehmungs-, sondern auch die Residualgestalten betrifft [59].

A. RÜSSEL und H. WERNER haben sich um ein Verständnis der Agnosien aus dem aktualgenetischen Forschungsansatz heraus bemüht. Hier steht das phänomenologische Interesse der Rekonstruktion des Phänomenbestandes der Patienten aus ihren Sprachprotokollen im Vordergrund [60], und, entsprechend der Leitidee, die Agnosie im Sinne der aktualgenetischen Theorie als Ausdruck des «Nicht-Weiterkommens» eines final orientierten Entwicklungsgangs zu deuten [61], richten diese Autoren ihr Interesse weniger auf die Ausfälle als auf das, «was die Kranken noch können» [62]. Bei einer Revision verschiedener anderweitig veröffentlichter Fälle findet RÜSSEL in den Agnosien die strukturellen Züge aktualgenetisch früher Stufen wieder: «Primitivqualitäten» verschiedener Art stehen im Vordergrund. Die

Aktualgenese gedeiht hier nicht bis zur voll ausgegliederten Gestalt, sondern bleibt im Stadium des Habens diffuser, physiognomischer Ganzqualitäten stecken [63]. Der Agnosiekranke registriert also nicht etwa nichts, sondern etwas anderes als der Gesunde. Auf dem Hintergrund der gleichen Konzeption hat WERNER den Genesungsprozeß als sukzessiven Wiedergewinn aktualgenetisch später Analysestufen interpretiert [64]. Analog dazu können einige Teilbefunde aus dem von M. v. SENDEN zusammengestellten Material über die Gewinnung visueller Orientierung bei operierten Blindgeborenen als Indizien für eine genetische Priorität einfacher Qualitäten gewertet werden [65].

Bezüglich des Begriffs des Er. ist diese neurologisch-klinische Forschungstradition weniger deshalb von Bedeutung, weil sie entscheidende Änderungen oder Zusätze geliefert hätte, sondern weil in ihr implizit die gleichen Bestimmungen zum Begriff des Er. erarbeitet wurden wie in den gleichzeitigen, von ihr weitgehend unabhängigen psychologischen Entwicklungslinien (diese Unabhängigkeit gilt allerdings nicht für RÜSSEL, WERNER und v. SENDEN): Die Trennung des Er. vom Wahrnehmen und die Unterscheidung von Reizrepräsentation, Zuordnungsvorgang und Gedächtnisrepräsentation als möglichen Örtern der Funktionsstörung. Zumindest in seinen phänomenologienahen Ausgestaltungen (bei GELB und GOLDSTEIN und bei RÜSSEL) gerät dieser Ansatz allerdings in ein besonderes wissenschaftstheoretisches Dilemma: Der Untersucher schließt aus Sprachprotokollen auf Phänomene, und zwar auf solche, die ihm selbst nicht einfühlbar oder nachvollziehbar sind. Daraus erwächst eine überaus problematische Verflechtung von Verhaltens- und Erlebnissprache.

c) Die *experimentelle Leistungsanalyse des Er.* kann solchen Problemen aus dem Wege gehen. Sie tritt hauptsächlich in zwei methodischen Varianten auf: als Fehleranalyse bei restriktiver Reizdarbietung (meist Restriktion der Darbietungszeit) oder als Analyse der für bestimmte Leistungen erforderlichen Erkennungszeit. Beide Verfahrensvarianten sind jedoch meist unter wechselseitigem Bezug aufeinander interpretiert worden, so daß sie als eine locker zusammenhängende experimentelle Tradition gefaßt werden können. Diese Tradition weist zwei deutliche Blütezeiten und eine nicht minder deutliche Phase relativer Ruhe auf. Die erste Blütezeit ist durch WUNDT geprägt, die zweite hat um 1950 begonnen und dauert an. In der Zeit zwischen den Weltkriegen haben Gestaltpsychologie einerseits und Behaviorismus andererseits einen nachhaltigen Kontinuitätsbruch verursacht. Allerdings besteht ein faktischer Zusammenhang zwischen diesen beiden Phasen ohnedies nur in deskriptiver, nicht in theoretischer Hinsicht.

In Wundts Schule wie auch von einigen seiner Zeitgenossen sind «psychoenergetische Untersuchungen», in denen «die Herstellung einer Beziehung zwischen psychischer Leistung und Zeitverbrauch» im Mittelpunkt steht [66], zwar de facto in großem Umfang durchgeführt, aber noch nicht als Datenquelle sui generis verwertet worden. Vielmehr galten sie zum einen als bloße Meßverfahren zum Registrieren des Zeitverbrauchs von Prozessen, die man als aus anderen Quellen bekannt erachtete. Diese Konzeption hat neben WUNDT sein Schüler W. WIRTH vertreten [67]. Zum anderen wurde besonders von N. ACH der Wert von Reaktionsmethoden als Verfahren zur Ermöglichung genauer Selbstbeobachtung betont [68]. Erst später hat WIRTH in Ansätzen damit begonnen, Leistungsdaten selbständig, d. h. ohne Bezug auf Erlebnisprotokolle, zu erheben und zu interpretieren [69].

WUNDT hat das durch H. HELMHOLTZ begründete [70] und durch den holländischen Physiologen F. C. DONDERS [71] weiterentwickelte Verfahren zur Messung physiologischer Zeiten unter weitgehender Verwendung des auf Donders zurückgehenden Subtraktionsprinzips in die Psychologie übernommen. Das Rationale des Subtraktionsprinzips besteht darin, vom Zeitverbrauch einer relativ komplizierten Erkennungsleistung den Zeitverbrauch für die in ihr enthaltenen, getrennt meßbaren Grundprozesse (z. B. Nervenleitungszeit) zu subtrahieren in der Annahme, in der Differenz über ein Maß für den Zeitverbrauch der zusätzlichen Teilvorgänge zu verfügen [72]. Auf diese Weise hoffte man, zweierlei zugleich zu erreichen [73]: Aufschlüsse über die Dauer von Teilprozessen in Willenshandlungen und von Teilprozessen im Verlauf von Sinnesvorstellungen.

Zur Präzisierung der Vorstellungen über das Er. haben die aus dieser Schule hervorgegangenen Untersuchungen mehr in empirischer und methodischer als in theoretischer Hinsicht Beiträge geleistet. Die klassischen Arbeiten J. M. CATTELs und J. MERKELs [74] haben eher das Wissen über die untersuchten Phänomene als ihr Verständnis erweitert. In begrifflicher Hinsicht ist vor allem die von CATTEL durchgeführte und von WUNDT präzisierte Trennung zwischen Er. und Unterscheiden von Bedeutung. Danach liegt Er. dann vor, wenn ein Gegenstand aus einer großen, zuvor bekannten Menge identifiziert wird (z. B. durch Benennen); die gleiche Reaktion ist aber dann eine Unterscheidung, wenn der benannte Gegenstand einer von sehr wenigen zuvor bekannten Objekten ist [75]. Er. und Unterscheiden sind demnach der Leistung und der Selbstbeobachtung nach zwei Pole eines einzigen Aufgabenkontinuums, die sich durch den Grad der Vorbereitung des Beobachters unterscheiden, so daß Erkennungszeiten gewöhnlich länger sind als Unterscheidungszeiten.

Über die Natur des Erkennungsvorganges selbst ist WUNDT merkwürdig unpräzise geblieben. In der Höffding-Lehmann-Kontroverse nahm er eine vermittelnde Stellung ein [76], ohne allerdings den assoziationstheoretischen Erklärungsansatz in Frage zu stellen. Ebensowenig wie aus den Reaktionsversuchen sind auch aus den zahlreichen Untersuchungen mit Beschränkung der Expositionszeit [77] theoretisch wichtige Beiträge über die Struktur von Erkennungsprozesse erwachsen. Diese Untersuchungen waren hauptsächlich auf die Frage nach der Größenordnung der beim Lesen wirksamen Elemente (Buchstaben, Wörter) konzentriert und bedienten sich zeitbegrenzender Verfahren hauptsächlich, um Augenbewegungen auszuschließen.

Der Ansatz der klassischen Introspektionspsychologie hat sich somit zwar als empirisch fruchtbar, aber – in Hinsicht auf Erkennungsprozesse – als theoretisch blind erwiesen. Den Hintergrund dieser theoretischen Stagnation beleuchtete mit scharfer Polemik B. ERDMANN: «Die Reaktionsmethoden sind zur Zeit nicht sowohl auf die Analyse der Bewußtseinsvorgänge gerichtet, deren Zeitdauer gemessen werden soll, sondern vielmehr auf eben die Zeitmessung dieser Vorgänge selbst» [78]: die Messung der Zeitparameter des Er. war hier in methodologischer Verkapselung Selbstzweck geworden.

Etwa seit 1950 haben diese in der Tradition der deutschen Introspektionspsychologie entwickelten Techniken besonders im angelsächsischen Raum eine Wiederbelebung sowie eine erhebliche Verfeinerung erfahren. In der Zwischenzeit hatten einerseits die frühen behavioristischen Konzeptionen – aus Mangel an Interesse für innere Vorgänge überhaupt – und die Gestaltpsychologie andererseits – aus Mangel an Interesse für den Leistungsaspekt – die durch Wundt gepflegte Tradition abbrechen lassen. Der neue Ansatz, der seine Entstehung zu einem guten Teil der Liberalisierung orthodoxer behavioristischer Positionen mit dem Ergebnis der Konzedierung theoretischer Konstrukte zwischen Reiz und Reaktion verdankt, unterscheidet sich von dem älteren dadurch, daß er die vorliegenden Leistungsdaten als solche diskutiert und nicht als Anhängsel zu Erlebnisprotokollen. Zwei Entwicklungslinien können unterschieden werden.

Die erste untersucht die Abhängigkeit des Wahrnehmens und des Er. von «nicht-sinnlichen Bedingungen» [79]. Hier wird vorzugsweise mit Methoden der Fehlerregistrierung bei Zeitlimitation gearbeitet, und untersucht wird die Abhängigkeit der Erkennungsleistungen von Einstellungen und motivationalen und sozialen Faktoren. Bezüglich der Analyse von Erkennungsvorgängen bedeutet dies die Zuwendung des Interesses auf die Struktur und die Zugänglichkeit der Gedächtnisrepräsentationen. In den aus diesem Ansatz hervorgegangenen theoretischen Vorstellungen werden für die einzelnen Gedächtnisrepräsentationen in Abhängigkeit von der – z. B. motivationalen – Lage des Beobachters je bestimmte Größenverhältnisse ihrer Zugänglichkeitsschwellen postuliert. Dabei bringt der Organismus insofern seine Bedürfnisse, Erwartungen usw. in sein Erkennungsverhalten ein, als er im System der Gedächtnisrepräsentationen ständig ein solches Empfangsbereitschaftsmuster («Schwellenhierarchie» [80]) unterhält, das seiner jeweiligen Bedürfnis-, Erwartungs- und Einstellungslage komplementär ist. Diese Rahmenkonzeption ist am klarsten durch J. S. BRUNER und L. POSTMAN entwickelt worden [81]. Der Erkennungsvorgang besteht hier in der Kommunikation zwischen einer Reizrepräsentation und dem Spurensystem. Dessen Mobilisierung durch einen Reizprozeß wird bisweilen als ein gestufter Vorgang schrittweiser Präzisierung aufgefaßt, so daß sich zahlreiche Formulierungen dieser Autoren wie in neutrale Modellsprache transformierte Schilderungen aktualgenetischer Verläufe lesen.

In einer zweiten Entwicklungslinie wird Er. als Informationsverarbeitungsvorgang behandelt und in dem gleichen Rahmen wie maschinelle Erkennungsprozesse in Rechenautomaten analysiert [82]. In diesem Gebiet, in dem schwerpunktmäßig zeitmessende Methoden Verwendung finden (hauptsächlich Suchmethoden [83], Vergleichsmethoden [84] sowie Identifikations- und Klassifikationsmethoden [85]), hat das Erkennungskonzept in der Form stark ausgearbeiteter Modelle seine bislang bei weitem präzisesten Detaillierungen erfahren. Charakteristisch für diese Modelle ist das Interesse einerseits – wie bei BRUNER – für die Funktionsstruktur des Systems von Gedächtnisstellen [86] und andererseits für die Zergliederung des inneren Zuordnungsvorgangs in Teilprozesse. Hinsichtlich der Teilprozesse stehen zwei Grundkonzeptionen in Wettstreit: Die Teilprozesse können entweder für die Zuordnung der Reizrepräsentation zu den einzelnen Gedächtnisstellen oder für die Zuordnung zu allen Gedächtnisstellen hinsichtlich je einzelner Merkmale zuständig sein («Schablonenmodelle» [87] und «Merkmalsmodelle» [88]). Weitergehende Spezifikationen beziehen sich auf die Zeitstruktur der veranschlagten Teilvorgänge [89]. Der Erkennungsprozeß wird in diesen Modellen bestimmt als Vorgang einer durch die Reizrepräsentation veranlaßten Suche nach einer passenden Stelle im Gedächtnis. Die Zuordnung ist vollzogen, sobald diese Stelle ausgemacht ist. Damit ist erneut ein zusätzliches Bestimmungsstück des Er. in die Modellkonstruktion eingebracht: Er. ist ein Einordnen der Reizrepräsentation in den Gedächtnisbestand. Der Zuordnungsprozeß ist inhaltlich als Einordnung in ein System von Stellen präzisiert. Der Verlauf des Einordnungsvorgangs ist von der Zugänglichkeitsstruktur des Systems abhängig [90].

Die theoretische Situation ist angesichts der Vielfalt der zum Teil methodenspezifisch gültigen Modelle relativ unübersichtlich geworden. Die skizzierte Einordnungskonzeption ist als lockerer Diskussionsrahmen zu fassen, auf den die Einzelmodelle bezogen werden können.

Anmerkungen. [1] N. BISCHOF: E.-theoretische Grundlagenprobleme der Wahrnehmungspsychol., in: Hb. der Psychol. 1/1, hg. W. METZGER (1966) 21ff. – [2] Vgl. M. SCHLICK: Allg. E.-Lehre (1918) 13ff.; G. IPSEN: Zur Theorie des Er. Neue Psychol. Stud. 1 (1926) 436ff. – [3] M. WERTHEIMER: Untersuch. zur Lehre von der Gestalt II. Psychol. Forsch. 4 (1923) 301. – [4] W. WUNDT: Grundzüge der physiol. Psychol. (^{5}1903) 3, 536. – [5] G. IPSEN, a. a. O. [2] 459. – [6] ebda.; vgl. W. METZGER: Psychol. (^{2}1954) 65. – [7] a. a. O. 69. – [8] 96. 106. – [9] W. KÖHLER: Psychol. Probleme (1933) 153; S. ERTEL: Psychophonetik (1969) 156ff.; vgl. dazu H. HÖRMANN: Psychol. der Sprache (1967) Kap. 8. – [10] B. ERDMANN: Reproduktionspsychol. (1920) 28. – [11] M. OFFNER: Das Gedächtnis (^{2}1911) 112; H. SPENCER: The principles of psychol. (London ^{4}1899) 2, § 312. – [12] H. HÖFFDING: Psychol. (^{5}1914) 173. – [13] WUNDT: a. a. O. [4] 539. – [14] E. BLEULER: Lb. der Psychiat. (^{10}1966) 60. – [15] W. WITTE: Mnemische Determination und Dynamik des reproduktiven Tatonnements. Psychol. Beitr. 4 (1960) 179-205. – [16] O. KÜLPE: Versuche über Abstraktion. Ber. 1. Kongr. exp. Psychol. (1904) 66. – [17] M. WERTHEIMER: Experimentelle Studien über das Sehen von Bewegung. Z. Psychol. 61 (1912) § 19; E. RUBIN: Visuell wahrgenommene Figuren (1921) § 14. – [18] OFFNER, a. a. O. [11] 121. – [19] IPSEN, a. a. O. [2] 467ff. – [20] a. a. O. 468. – [21] HÖFFDING, a. a. O. [12] 175. – [22] E. BRUNSWIK: Wahrnehmung und Gegenstandswelt (1934) § 1-4; vgl. dazu BISCHOF, a. a. O. [1] 45ff.; zur Anwendung auf Erkennungsprozesse: W. PRINZ: Untersuch. zur Funktionsanalyse visueller Erkennungsprozesse bei mehrdimensional variierendem Figurenmaterial (Diss. Bochum 1970) § 1. – [23] W. R. GARNER: Uncertainty and structure (New York 1962) Kap. 3. 6. – [24] a. a. O. S. 200. – [25] HÖFFDING, a. a. O. [12] 174f. – [26] SPENCER, a. a. O. [11]. – [27] SCHLICK, a. a. O. [2]. – [28] S. STERNBERG: Memory-Scanning: Mental processes revealed by reaction time experiments. Amer. Scientist 57 (1969) 426ff. – [29] J. F. HERBART: Psychol. als Wiss. Werke, hg. G. HARTENSTEIN 6 (1888) 125. – [30] WUNDT, a. a. O. [4] 528f. – [31] ERDMANN, a. a. O. [10] 47f. – [32] a. a. O. 48. – [33] OFFNER, a. a. O. [11] 116. – [34] H. HÖFFDING: Über Wieder-Er., Assoziation und psychische Aktivität. Vjschr. wiss. Philos. 13 (1889) 447. – [35] A. LEHMANN: Über Wieder-Er. Philos. Stud. 5 (1889) 27ff.; Krit. und exp. Studien über das Wieder-Er. Philos. Stud. 7 (1892) 172ff. – [36] HÖFFDING, a. a. O. [34] 430f.; vgl. 14 (1890) 49. – [37] HÖFFDING, a. a. O. [12] 227. – [38] R. SEMON: Die Mneme als erhaltendes Prinzip im Wechsel des organischen Geschehens ($^{4-5}$1920) 209; OFFNER, a. a. O. [11] 125f.; J. LINDWORSKY: Theoretische Psychol. in Umrissen (^{4}1932) 50ff. – [39] K. DUNCKER: Zur Psychol. des produktiven Denkens (1935) Kap. 6; METZGER, a. a. O. [6] 269f.; ähnlich W. KÖHLER: Dynamische Zusammenhänge in der Psychol. (1958) Kap. 3. – [40] DUNCKER, a. a. O. 92. – [41] Vgl. E. E. SMITH: Choice reaction time: an analysis of the major theoretical positions. Psychol. Bull. 69 (1968) 77f.; PRINZ, a. a. O. [22] 11ff.; in der älteren Lit. findet sich der Ausdruck ‹Zuordnung› schon bei G. MARTIUS: Über die muskuläre Reaktion und die Aufmerksamkeit. Philos. Stud. 6 (1891) 215. – [42] Vgl. CH. OSGOOD: Method and theory in exp. psychol. (New York 1953) 392ff. – [43] U. NEISSER: Cognitive psychol. (New York 1966) 5f. – [44] BISCHOF, a. a. O. [1] 38. – [45] A. T. WELFORD: Fundamentals of skill (London 1968) Kap. 3; SMITH, a. a. O. [41] 85f. – [46] F. SANDER: Exp. Ergebnisse der Gestaltpsychol. Ber. 10. Kongr. exp. Psychol. (1928) 57. – [47] U. KRAGH: The actual-genetic model of perception-personality (Lund 1955) Kap. 1. 2; vgl. C. F. GRAUMANN: Aktualgenese. Die deskriptiven Grundlagen u. theoret. Wandlungen d. aktualgenet. Forschungsansatzes. Z. exp. ang. Psychol. 6 (1959) 410-448. – [48] J. LINSCHOTEN: Aktualgenese u. heurist. Prinzip. Z. exp. ang. Psychol. 6

(1959) 449-473. – [49] SANDER, a.a.O. [46]. – [50] IPSEN, a.a.O. [2] 448. – [51] Vgl. z. B. H. MUNK: Die Funktionen d. Großhirnrinde (1890); K. S. LASHLEY: The problem of cerebral organization in vision, in: Visual mechanisms, hg. H. KLÜVER, in: Biol. Symp. 7 (1942) 301-322. – [52] C. WERNICKE: Der aphasische Symptomenkomplex (²1903). – [53] H. LISSAUER: Ein Fall von Seelenblindheit nebst einem Beitrage zur Theorie derselben. Arch. Psychiat. 21 (1890) 222ff. – [54] C. v. MONAKOW: Gehirnpathol. (²1905) 2. Teil 771. – [55] a. a. O. 772. – [56] H. WILBRAND: Seelenblindheit als Herderscheinung (1887). – [57] MONAKOW, a. a. O. [54] 766. – [58] A. GELB und K. GOLDSTEIN: Psychol. Analysen hirnpathol. Fälle (1920) 133ff. – [59] K. GOLDSTEIN: Die Lokalisation in der Großhirnrinde. Hb. norm. pathol. Physiol., hg. A. BETHE u. a. 10 (1927) 662. – [60] A. RÜSSEL: Zur Psychol. der optischen Agnosien. Neue Psychol. Stud. 13 (1937) 5f. – [61] a. a. O. 73. – [62] a. a. O. 83. – [63] a. a. O. 39ff. – [64] H. WERNER: Microgenesis and aphasia. J. abn. soc. Psychol. 52 (1956) 352f. – [65] M. v. SENDEN: Raum- und Gestaltauffassung bei operierten Blindgeborenen (1932) 2. Teil, Kap. 2, 3. – [66] W. WIRTH: Die Reaktionszeiten, in: Hb. norm. pathol. Physiol., hg. A. BETHE u. a. 10 (1927) 528. – [67] W. WUNDT: Über psychol. Methoden. Philos. Stud. 1 (1882) 25ff.; a. a. O. [4] 386; W. WIRTH: Die exp. Analyse der Bewußtseinsphänomene (1908) 341; vgl. J. M. CATTEL: Psychometrische Untersuch. Philos. Stud. 3 (1886) 305-335. 453-492. – [68] N. ACH: Über die Willenstätigkeit und das Denken (1905) 6ff. – [69] WIRTH, a. a. O. [66]. – [70] H. v. HELMHOLTZ: Wiss. Abh. 2 (1883) 764-885; vgl. 939-946. – [71] F. C. DONDERS: Die Schnelligkeit psychischer Processe. Arch. Anat. Physiol. (1868) 657-681. – [72] Vgl. WUNDT, a. a. O. [4] 450ff.; krit. Referat bei B. ERDMANN und R. DODGE: Psychol. Untersuch. über das Lesen auf exp. Grundlage (1898) Kap. 9. – [73] WUNDT, a. a. O. [4] 381. – [74] CATTEL, a. a. O. [67]; J. MERKEL: Die zeitlichen Verhältnisse der Willenstätigkeit. Philos. Stud. 2 (1885) 73-127. – [75] CATTEL, a. a. O. 462ff.; WUNDT, a. a. O. [4] 451. 459. – [76] W. WUNDT: Bemerkungen zur Assoziationslehre. Philos. Stud. 7 (1892) 329; a. a. O. [4] 568f. – [77] z. B. J. M. CATTEL: Über die Zeit der Erkennung und Benennung von Schriftzeichen, Bildern und Farben. Philos. Stud. 2 (1885) 635-649; A. J. GOLDSCHEIDER und R. F. MÜLLER: Zur Physiol. und Pathol. des Lesens. Z. klin. Med. 23 (1893) 131ff.; B. ERDMANN und R. DODGE, a. a. O. [72]. – [78] B. ERDMANN und R. DODGE, a. a. O. [72] 216. – [79] C. F. GRAUMANN: Nicht-sinnliche Bedingungen des Wahrnehmens, in: Hb. der Psychol. 1/1, hg. W. METZGER (1966) 1031-1096, bei Kap. 4. – [80] J. S. BRUNER und L. POSTMAN: Perception, cognition and behavior. Journ. Pers. 18 (1949) 27. – [81] a. a. O. 23ff.; J. S. BRUNER: On perceptual readiness. Psychol. Rev. 64 (1957) 123-152. – [82] L. UHR: «Pattern recognition» computers as models for form perception. Psychol. Bull. 60 (1963) 40-73. – [83] NEISSER, a. a. O. [43] 66ff. – [84] STERNBERG, a. a. O. [28]. – [85] SMITH, a. a. O. [41]; Übersicht bei M. POSNER: Information reduction in the analysis of sequential tasks. Psychol. Rev. 71 (1964) 491-504. – [86] z. B. bei R. C. OLDFIELD: Things, words and the brain. Quart. J. exp. Psychol. 18 (1966) 340-353. – [87] STERNBERG, a. a. O. [28]. – [88] z. B. NEISSER, a. a. O. [43] 71ff. – [89] Übersicht über die Modelle bei PRINZ, a. a. O. [22] § 2. – [90] a. a. O. 3. Teil.

Literaturhinweise. – *Zu 1a:* G. IPSEN s. Anm. [2]. – J. D. KEEHN: Consciousness, discrimination and the stimulus control of behavior, in: Animal discrimination learning, hg. R. M. GILBERT/ N. S. SUTHERLAND (London 1969) 273-298. – *Zu 1b:* M. D. KATZAROFF: Contribution à l'étude de la récognition. Arch. de Psychol. 11 (1911) 2-27. – E. E. SMITH s. Anm. [41]. – *Zu 2a:* C. F. GRAUMANN s. Anm. [47]. – *Zu 2b:* E. BAY: Agnosie und Funktionswandel (1950). – *Zu 2c:* W. WIRTH s. Anm. [66]. – F. H. ALLPORT: Theories of perception and the concept of structure (New York 1955) Kap. 12-16. – W. PRINZ s. Anm [22] § 2, 11.

W. PRINZ

Erkenntnis, abstraktive/intuitive. Abstraktive Erkenntnis (a.E.) wird von DUNS SCOTUS gemäß seinem Begriff von Abstraktion (s. d.) terminologisch so von intuitiver Erkenntnis (i.E.) unterschieden, daß diese «die Schau eines Existierenden» besagt, «insofern es existiert und dem Schauenden in seiner Existenz gegenwärtig ist» [1], während jene «von der aktuellen Existenz oder der Nichtexistenz absieht». Gegensatz zur i.E. ist also nicht «die diskursive», von einem zum anderen gehende Erkenntnis, sondern die nicht ihr Objekt in seiner gegenwärtigen Existenz erfassende Erkenntnis [2].

WILHELM VON OCKHAM nimmt diese Unterscheidung auf, indem er a.E. «die Erkenntnis eines von vielen abstrahierbaren Universalen» oder jene Erkenntnis nennt, «die absieht von Existenz und Nichtexistenz und von anderen Bedingungen, die kontingent einer Sache zukommen oder von ihr prädiziert werden» [3]. Er führt diese Unterscheidung aber besonders dadurch weiter, daß er nicht nur die i.E., sondern auch die a.E. primär auf das inkomplexe Erkennen bezieht, das im Unterschied zum komplexen, in Aussagen urteilenden Erkennen die Terme bzw. das von ihnen Bezeichnete zum Gegenstand hat; denn auch Individuelles, z. B. die jetzt nicht in diesem Raum anwesende und vielleicht inzwischen tödlich verunglückte, nicht mehr existierende Freundin kann Gegenstand a.E. sein. Im Hinblick auf das komplexe Erkennen muß also a.E. dadurch bestimmt werden, daß «vermöge ihrer von einer kontingenten Sache nicht evident gewußt werden kann, ob sie ist oder nicht ist» [4]. Entsprechend ist nun «i.E. jene, mittels derer erkannt wird, daß die Sache ist, wenn sie ist, und nicht ist, wenn sie nicht ist» [5].

Da die i.E. als inkomplexes Erkennen real vom komplexen, die Existenz des intuitiv erfaßten Objektes aussagenden und bejahenden Erkennens verschieden und Ursache der letzteren ist und da nach Ockhams Fassung des Omnipotenzprinzips Gott alles das, was er zusammen mit einer äußeren Zweitursache bewirkt, auch ohne diese zu bewirken vermag, kann er eine i.E. bewirken ohne die Sache, die sie gewöhnlich als Zweitursache bewirkt, d. h. er kann eine i.E. einer abwesenden oder nichtexistierenden Sache bewirken [6]. Dieser Gedanke wurde noch «von Theologen und Philosophen» als Einwand gegen DESCARTES' ‹Meditationen› in den ‹Sechsten Objektionen› vorgetragen [7].

OCKHAM versichert freilich auch, die i.E., die allein die komplexe Erkenntnis der Existenz oder Nichtexistenz einer Sache vermittelt, führe «in keiner Weise den Intellekt in den Irrtum» [8]. Ob und wie diese These mit der Lehre einer von Gottes Allmacht bewirkbaren i.E. einer nicht-existierenden Sache widerspruchslos vereinbart werden könne, ist kontrovers [9].

Die Unterscheidung von a.E. und i.E. ist auch deshalb ein Schlüssel zum Verständnis der späteren Scholastik, weil nicht zuletzt in der Verlagerung des Gewichtes von der a.E. auf die i.E. und damit in der Hinwendung zu Beobachtung und Erfahrung, die Bedeutung der Spätscholastik besteht [10].

Anmerkungen. [1] DUNS SCOTUS, Ord. I, d. 1, p. 1, q. 2, n. 35, hg. BALIĆ 2, 23. – [2] Op. oxon. II, d. 3, q. 9, n. 6. – [3] OCKHAM, I. Sent. Prol. q. 1 Z – [4] ebda.; vgl. II. Sent. q. 15 E. – [5] ebda. – [6] I. Sent. Prol. q. 1 BB und HH; Quodl. VI. – [7] DESCARTES, Meditatio VI. Obi. Oeuvres, hg. ADAM/TANNERY 7, 415. – [8] OCKHAM, II. Sent. q. 15 EE; Quodl. V, q. 5. – [9] Vgl. den Überblick bei L. BAUDRY: Lexique philos. de G. d'Ockham. Etude des notions fondamentales (Paris 1958) s. v. ‹notitia›. – [10] Vgl. S. J. DAY: Intuitive cognition. A key to the significance of the later Scholastics (St. Bonaventure, N. Y. 1947); R. MESSNER: Schauendes und begriffliches Erkennen nach Duns Scotus ... (1942); PH. BOEHNER: Collected articles on Ockham (New York/ Louvain/Paderborn 1958) bes. 268-300; E. GILSON: Jean Duns Scot (Paris 1952) bes. 543-555.

L. OEING-HANHOFF

Erkenntnismetaphysik ist ein von N. HARTMANN [1] geprägter Ausdruck zur Bezeichnung der «ontologisch-gnoseologischen Problemgruppe» (= das Metaphysische im Erkenntnisproblem) im Gegensatz zum Logischen und Psychologischen und wird oft auch verstanden als Frage entweder nach der Natur des Verstandes bzw. des Erkenntnisaktes oder nach den Bedingungen der Möglichkeit objektiver und allgemeingültiger Erkenntnis.

Anmerkung. [1] Grundzüge einer Met. der Erkenntnis (1921) Titel u. bes. IIIf. 3ff.

K. KREMER

Erkenntnistheorie, Erkenntnislehre, Erkenntniskritik

I. ‹Erkenntnistheorie› (E.) bezeichnet die Lehre von der Erkenntnis, wobei eine Reflexion auf die Erkenntnis vorausgesetzt wird, einschließlich eines entsprechenden Bewußtseins dieser Reflexion. So gesehen, steht das Wort im Zusammenhang mit ähnlichen Bildungen, wie sie zu Beginn der zweiten Hälfte des 18. Jh. geprägt werden. Zunächst heißt es mehr «Theorie der ... (Religion, Sprache)», dann erst kommen die kombinierten Prägungen auf. Allerdings findet sich ‹E.› in dieser Zeit noch nicht; selbst ZEDLERS ‹Universallexikon›, das Begriffe wie ‹Rechtstheorie› u. ä. kennt, weist nichts dergleichen auf, wenn auch einmal von der «Erkenntnis der Theorie» [1] neben «Theorie der Wissenschaft» [2] die Rede ist.

Wohl zum ersten Mal ist bei E. REINHOLD 1832 von der «Theorie der Erkenntnis» die Rede [3]. W. T. KRUG bestimmt in seinem Lexikon die «Erkenntnislehre» als «Philosophische Theorie von der menschlichen Erkenntnis, die man auch Metaphysik genannt hat» [4]. Wann der Terminus ‹E.› zum ersten Male geprägt wurde, ist nicht klar festzustellen. Die übliche Zuweisung an E. ZELLER [5] trifft nicht zu. Das Wort dürfte wohl in den zwanziger oder dreißiger Jahren entstanden sein. So heißt es bei F. HARMS 1845: «Die E. der heutigen Wissenschaften und die naturwissenschaftlichen Vorstellungen vom Zeugungsprozeß unterstützen sich gegenseitig, weil sie dieselbe metaphysische Grundlage haben» [6]. Erst in den sechziger Jahren wird das Wort «durch ZELLER [7] zu seiner jetzigen akademischen Würde promoviert» [8], fast gleichzeitig mit der Erstprägung des Wortes ‹Wissenschaftstheorie› durch K. E. DÜHRING [9].

Anmerkungen. [1] ZEDLER: Universallex. 43 (1745) 1105. – [2] a. a. O. 1104. – [3] E. REINHOLD: Theorie des menschl. Erkenntnisvermögens und Met. (1832). – [4] W. T. KRUG: Allg. Handwb. der philos. Wiss. 1 (1827) 705, (²1832) 447. – [5] Vgl. R. EISLER: Wb. der philos. Begriffe (⁴1927). – [6] F. HARMS: Über die Möglichkeit einer Methode. Z. Philos. und spek. Theol. 15 (1845) 48. 84. – [7] E. ZELLER: Bedeutung und Aufgabe der E. (1862). – [8] F. MAUTHNER: Wb. der Philos. 1 (²1924), Art. ‹E.›, 447. – [9] K. E. DÜHRING: Logik und Wiss.theorie (1878).

A. DIEMER

II. In der Geschichte der Erkenntnistheorie (E.) wird gewöhnlich der Begriff in einer weiteren und einer engeren Bedeutung unterschieden. E. im weiteren Sinne umfaßt alle philosophisch relevanten Untersuchungen, die das Phänomen des Erkennens betreffen, z. B. Logik, Psychologie, Physiologie, Soziologie, Geschichte, Metaphysik der Erkenntnis. E. im engeren und eigentlichen Sinne der philosophischen Disziplin wird durchweg, so im ‹Wörterbuch der philosophischen Begriffe› von Eisler, verstanden als «die Wissenschaft vom Wesen und den Prinzipien der Erkenntnis, vom ... Ursprung, den Quellen, Bedingungen und Voraussetzungen, vom Umfang, von den Grenzen der Erkenntnis» [1]. Obwohl sich erkenntnistheoretische Untersuchungen in diesem Sinne in der gesamten antiken und mittelalterlichen Philosophie ausführlich nachweisen lassen, ist E. im Sinne einer eigenständigen und fundamentalen Disziplin spezifisch mit der Problemsituation der neuzeitlichen Philosophie und Wissenschaft verbunden.

1. Die erkenntnistheoretische Fragestellung am Beginn der Neuzeit bricht in dem Moment auf, als es gelingt, sich der Naturerkenntnis so zu bemächtigen, daß jede dem Wissen heterogene normative Instanz als Entmächtigung des Menschen erscheinen muß (J. KEPLER, G. GALILEI, I. NEWTON, P. GASSENDI, R. BOYLE, F. BACON) [2]. Die notwendige Selbstvergewisserung des menschlichen Erkennens wird als Aufgabe in klassischer Weise von R. DESCARTES formuliert, auf den sich alle folgende E. mehr oder minder ausdrücklich bezieht: Weil nur noch die menschliche Gewißheit als Instanz aller Erkenntnis akzeptiert werden kann, wird das Ich-Denke [3] die Grundlage (das ausgezeichnete «Subjectum» [4]) als «fundamentum inconcussum» [5] alles wissenschaftlichen Wissens. Dem entspricht die Reduktion aller bezweifelbaren objektiven Erkenntnis. Weil jede Erkenntnis von Gegenständen («Objekten») nur gewiß sein kann, wenn ihre Gewißheit vom intuitiv gewissen Ich-Denke her «deduziert» wird [6], entsteht zwischen dem Erkennen und seinem Gegenstand «eine sie schlechthin scheidende Grenze» [7], die es als notwendig erscheinen läßt, sich vor dem Erkennen über das Erkennen als Werkzeug und Mittel zu verständigen [8].

Das so entstandene «Subjekt-Objekt-Problem» als fundamentale Frage der Philosophie überhaupt bestimmt alle folgenden erkenntnistheoretischen Untersuchungen bei J. LOCKE, dessen ‹Essay concerning human understanding› (1690) meist als erster Traktat der E. betrachtet wird, sowie bei G. BERKELEY [9], D. HUME [10], G. W. LEIBNIZ [11] u. a. Auch die Auffassung der Metaphysik in der Leibniz-Wolffschen Schule steht in dieser Kontinuität, so wenn A. G. BAUMGARTEN die Metaphysik als «scientia primorum in humana cognitione principiorum» bestimmt [12]. Dagegen bleibt die «gnoseologia» nach scholastischer Tradition eine gegenständliche «scientia cognitionis in genere» [13], die in Analogie zur Logik (als «Logica latiori significatu») [14] die Lenkung des Denkens durch Regeln zum Inhalt hat.

Durch die Philosophie KANTS kommt die E. (häufig als ‹Erkenntniskritik› bezeichnet) auf eine neue Problemebene. Die ‹Kritik der reinen Vernunft› prüft den Anspruch metaphysischer Erkenntnisse, die unabhängig von aller Erfahrung gelten sollen. Dazu ist eine transzendentale Erkenntnis «unserer Erkenntnisart von Gegenständen, insofern diese a priori möglich sein soll» [15] notwendig. E. als Erkenntniskritik wird zur Frage nach den Regeln a priori, den Bedingungen der Möglichkeit der Erkenntnis der Gegenstände und damit zugleich der Gegenstände der Erkenntnis [16]. E. als Frage nach der «quaestio iuris» des Erkennens kann nur in einer Theorie dieser apriorischen, Erkenntnis und Gegenstand erst ermöglichenden Synthesisleistung bestehen.

Während das erste Motiv der Kantschen E. die Frage nach der Möglichkeit der Metaphysik ist, kann man J. G. FICHTES Frage: «Wie ist Gehalt und Form einer Wissenschaft überhaupt, d. h. wie ist die Wissenschaft selbst möglich» [17] als Ausweitung der transzendentalen Fragestellung auf wissenschaftliches Wissen überhaupt verstehen. Demgegenüber lehnt G. W. F. HEGEL die erkenntnistheoretische Problemstellung im Ansatz ab und wird mit seiner Forderung nach einem Mißtrauen gegenüber dem unkritisch angesetzten Erkenntnisbegriff der E. Vorläufer für manche moderne Ablehnung der erkenntnistheoretischen Fragestellung: «Sie setzt nämlich Vorstellungen von dem Erkennen als einem Werkzeuge und Medium, auch einen Unterschied unserer selbst von diesem Erkennen voraus; vorzüglich aber dies, daß das Absolute auf einer Seite stehe und das Erkennen auf der andern Seite für sich und getrennt von dem Absoluten doch etwas Reelles» [18].

Anmerkungen. [1] R. EISLER: Wb. der philos. Begriffe (⁴1927) 1, 389. – [2] Vgl. H. BLUMENBERG: Die Legitimität der Neuzeit (1966). – [3] DESCARTES, Meditationes II, 3; Discours IV, 1 u. a. – [4] Vgl. M. HEIDEGGER: Die Frage nach dem Ding (1967) bes. 76ff. – [5] DESCARTES, Meditationes II, 1. – [6] Vgl. Regulae III. – [7] HEGEL, Phänomenol. des Geistes, Einl. Werke, hg. GLOCKNER

2, 67. – [8] DESCARTES, vgl. bes. Regulae VIII. – [9] G. BERKELEY: Treatise conc. the principles of human knowledge (1710). – [10] D. HUME: Enquiry conc. human understanding (1748). – [11] LEIBNIZ: Nouveaux essais sur l'entendement humain (posth. 1765). – [12] A. G. BAUMGARTEN: Met. (1739) § 1. – [13] Sciagraphia encyclopaedia philosophicae (1769) § 7. – [14] ebda. – [15] KANT, KrV B 25. – [16] Vgl. B 197. – [17] J. G. FICHTE: Über den Begriff der Wissenschaftslehre (1794). Akad.-A. I/2, 117. – [18] HEGEL, Phänomenol. des Geistes a. a. O. [7] 2, 69; vgl. Encyklop. (1830) § 10.

2. Der Titel ‹E.› wird im 19. Jh. weithin Kennzeichen für jenes philosophische Denken, das sich unter Absetzung von der idealistischen Kant-Nachfolge wieder unmittelbar auf die Kantsche Vernunftkritik (unter Einbeziehung ihrer historischen Vorgänger, bes. Locke, Leibniz, Hume) beziehen will. Weder die transzendentale Reflexion auf die originär-spontane Vernunft noch die Selbstentfaltung des absoluten Wissens, sondern die Methodologie der exakten und empirischen sowie der historischen Wissenschaften bildet das Thema dieser E. Das Problem einer Systematisierung in dieser Zeit auftretenden Gestalten von E. ist bereits von K. MANNHEIM [1] behandelt worden. Hält man mit Mannheim daran fest, daß alle Konzeptionen von E. (zumindest in dieser Phase der Geschichte der E.) darin übereinstimmen, «daß sie die Frage nach dem Wesen der Erkenntnis in die Frage nach den Voraussetzungen derselben umgestalten» [2], lassen sich je nach Deutung dieser Voraussetzungen der logische (transzendental-logische, kritische), psychologische (genetische) und der ontologische (realistische) Typ von E. unterscheiden.

Nach der Auffassung der *psychologischen Richtung* ist das Erkennen adäquat als Weise und Resultat psychischer Aktivität zu interpretieren. Nach J. F. FRIES [3] wird die Apriorität des Erkennens durch innere Erfahrung entdeckt; die Kritik der Vernunft ist «eine auf Selbstbeobachtung ruhende Erfahrungswissenschaft» [4]. Um das subjektive, empirische, psychische Wesen der transzendentalen Erkenntnis [5] deutlich zu machen, bedarf es der psychischen Anthropologie als «Vorbereitungswissenschaft aller Philosophie» [6]. Sie ist vom Gegenstand her «Wissenschaft vom Gemüte» [7]. Die Konsequenzen der Friesschen Position sind von L. NELSON [8] herausgestellt worden. E. im transzendental-logischen Sinne kann es nicht geben, weil diese die Gültigkeit der Erkenntnis bereits voraussetzt. Es gibt nur eine Kritik der inneren Erfahrung. «Wahrheit» der Erkenntnis wurzelt in der originären Erfahrung des Selbstvertrauens der Vernunft in ihre unmittelbaren Einsichten, welche apriorische Bedingungen aller äußeren Erkenntnis sind und durch ein regressives Verfahren aufgezeigt werden. Während in der Friesschen Schule die Vernunftkritik noch der rationalen (philosophischen) Psychologie (Anthropologie) vorbehalten ist (M. Schelers Ausdruck von der «transzendentalpsychologischen Methode» [9] ist für diese Konzeption von E. durchaus zutreffend) entsteht (u. a. unter Rückgriff auf den englischen Empirismus) eine Richtung, die E. mehr oder weniger mit empirischer Psychologie identifiziert und daher recht eigentlich als Psychologismus zu bezeichnen ist. Gegen Kant tendiert schon J. G. HERDER in diese Richtung einer E. [10]. In einem ausführlichen System der E. wird der Psychologismus von F. E. BENEKE [11] (unter Einfluß von F. H. Jacobi) entwickelt. Die Grundlegung alles Wissens erfolgt in der als streng naturwissenschaftlich charakterisierten Psychologie. Eine ähnliche Konzeption von E. findet sich bei A. SCHOPENHAUER [12], J. ST. MILL [13], H. v. HELMHOLTZ [14], W. JAMES [15], W. WUNDT [16], C. STUMPF [17] und andern.

Der psychologische Standpunkt wird noch verschärft vom *sensualistischen Datenempirismus* (Empiriokritizismus, Positivismus). Bei R. AVENARIUS und E. MACH [18] werden alle erkenntnistheoretischen Fragen als Fragen der empirischen Psychologie (sowie Physik, Biologie usw.) betrachtet. Die «Empfindung» ist letztes Element jeder Erkenntnis, wodurch die Analyse der Empfindungen die einzig legitime Methode der E. wird. In einer gewissen Nähe zu diesem Ansatz steht der Positivismus A. COMTES [19], der Materialismus von E. DÜHRING [20] und die Immanenzphilosophie von W. SCHUPPE [21]. Gegen die empirisch-(sensualistisch-)psychologische E., aber für eine *deskriptive* (geisteswissenschaftliche) Psychologie sind u. a. W. DILTHEY [22], F. BRENTANO [23], TH. LIPPS [24] eingetreten.

Der methodische Grundeinwand gegen die psychologistische Konzeption der E. weist darauf hin, daß die Psychologie als empirische Wissenschaft bereits die Geltung objektiver Erkenntnis unkritisch antizipiert. Die Geltungsproblematik der Erkenntnis kann daher nur gelöst werden, wenn das Erkennen auf psychologisch-genetisch nicht mehr reduzierbaren («logischen») Prinzipien beruht. Diese *transzendental-logische* Auffassung der E. ist vor allem im *Marburger Neukantianismus* (Logizismus, Kritizismus) vertreten worden. Nach H. COHEN [25] besteht die E. in einer Theorie des reinen Denkens (Logik): «Das reine Denken in sich selbst und ausschließlich muß ausschließlich die reinen Erkenntnisse zur Erzeugung bringen. Mithin muß die Lehre vom Denken die Lehre von der Erkenntnis werden» [26]. Die von Cohen geforderte «grundlegende Beziehung der Logik auf die Erkenntnisse der mathematischen Naturwissenschaften» [27] ist von P. NATORP [28] weiter durchgeführt worden: E. ist Methodologie naturwissenschaftlichen Erkennens [29]. Demgegenüber bezieht sich die E. bei E. CASSIRER [30] auf die Gesamtheit menschlicher Erkenntnis. Im *südwestdeutschen* Neukantianismus stand von Beginn die moralische und historische Erkenntnis im Mittelpunkt erkenntnistheoretischer Untersuchungen. Nach W. WINDELBAND [31] beruht Erkenntnis auf obersten, nicht psychologisch relativierbaren Werten (Normen). Dieser Gedanke wurde fortgeführt von H. RICKERT [32] und E. LASK [33].

Während sowohl die psychologistische als die logizistische E. auf einem (wenn auch sehr differenziert verstandenen) Idealismus fußen, gibt es in der Philosophie des 19. Jh. auch eine sehr starke *metaphysisch-realistische Richtung* der E. (wobei die Übergänge u. a. zum Positivismus hin fließend sind). Vom vorkritischen, «naiven» Realismus wird der transzendentale, kritische Realismus unterschieden, welcher die Bewußtseinsunabhängigkeit von Gegenständen durch Vernunftkritik rechtfertigen will. Zu Lebzeiten Kants vertrat schon J. A. EBERHARD [34] unter Berufung auf Leibniz einen solchen Standpunkt. Später haben J. F. HERBART [35] und F. A. TRENDELENBURG [36] im realistischen Sinne gegen den Idealismus Stellung genommen. Nach E. v. HARTMANN [37] ist es die nächste Aufgabe der Philosophie, «die Voraussetzungen zu prüfen, deren alle Wissenschaften sich kritiklos bedienen, also die Möglichkeit einer die unmittelbare Erfahrung überschreitenden Erkenntnis und die Bedingungen zu untersuchen, von denen diese Möglichkeit abhängt. So verstanden ist die Philosophie Erkenntnislehre oder philosophia prima, oder auch Wissenschaftslehre» [38]. Das Grundproblem der E. ist die Frage nach dem «Verhältnis des Bewußtseins zum Daseienden» [39]. Seinen erkenntnistheoretischen Standpunkt nennt Hartmann «transzendentalen Realismus» (gegenüber dem transzendenten Realismus einerseits und dem transzendentalen Idealismus andererseits), um anzudeuten, daß er dem Bewußtseinsinhalt «durch Vermittlung der gedanklichen Beziehung auf ein Transzendentes eine indirekte realistische Bedeutung beimißt» [40]. In diesem Zusammenhang können ferner genannt werden: E. ZELLER [41], F. ÜBERWEG [42], J. VOLKELT [43], O. KÜLPE [44], A. MESSER [45], H. DRIESCH [46], E. BECHER [47] u. a. Bei A. MEINONG [48] entspricht der E. eine objektive «Gegenstandstheorie». «Für die E. ... gilt aber natürlich, daß eine Theorie des Erfassens auf das zu Erfassende Bedacht nehmen muß, da das Erfassen mit der Natur des zu Erfassenden, eben des Gegenstandes im weitesten Sinne, sicher in mehr als einer Hinsicht gesetzmäßig verbunden sein wird. Insofern kann es keine E. ... geben, in der nicht auch Gegenstandstheorie getrieben würde» [49]. Nach R. HÖNIGSWALD [50] ist die Trennung in E. als vorläufig-instrumentaler Untersuchung der Erkenntnisfähigkeit und eine anschließende Theorie der erkannten oder erkennbaren Gegenstände ungerechtfertigt. Die Theorie der Gegenständlichkeit begründet erst das Auseinandertreten von Subjekt und Objekt, damit die Unabhängigkeit des Gegenstandes einerseits und die Subjektivität des Subjekts (Monadizität) andererseits. Ein «kritischer Realismus» hat sich auch in der neuscholastischen Philosophie durchgesetzt, so bei J. KLEUTGEN [51], D. MERCIER [52], J. GEYSER [53], C. NINK [54], E. GILSON [55], J. DE VRIES [56], A. BRUNNER [57], F. VAN STEENBERGHEN [58] und anderen.

Anmerkungen. [1] K. MANNHEIM: Die Strukturanalyse der E. (1922). – [2] a. a. O. 41. – [3] J. F. FRIES: System der Philos. als evidente Wiss. (1804); Neue oder anthropol. Kritik der Vernunft 1-3 (²1828-31); Hb. der psychischen Anthropol. 1. 2 (1820/21, ²1837-1839); System der Met. (1824); Gegen die Einordnung in den Psychologismus nimmt Stellung: L. NELSON: J. F. Fries und seine jüngsten Kritiker (1904). – [4] FRIES, System der Met. a. a. O. 110; vgl. 43; Kritik der Vernunft a. a. O. 1, 41. – [5] Vgl. a. a. O. 30. – [6] System der Met. 13; vgl. 25; Psych. Anthropol. a. a. O. 1, 4: «Grundwiss. aller Philos.». – [7] System der Met. 35. – [8] L. NELSON: Die krit. Methode (1904); Über das sogenannte Erkenntnisproblem (1908); Die Unmöglichkeit der E. (1911). – [9] M. SCHELER: Die transzendentale und die psychol. Methode (²1922). – [10] Vgl. J. G. HERDER: Vom Erkennen und Empfinden der menschl. Seele (1778). Werke, hg. SUPHAN 8. – [11] Vgl. F. E. BENEKE: bes. Erkenntnislehre (1820); Erfahrungsseelenlehre als Grundlage alles Wissens (1820); Die Psychol. (1833); Lehrb. der Psychol. (1833); Pragmatische Psychol. (1850). – [12] A. SCHOPENHAUER: Die Welt als Wille und Vorstellung 1. 2 (³1859). – [13] J. ST. MILL: System of logic (1843). – [14] H. v. HELMHOLTZ, Schriften zur E., hg. P. HERTZ/M. SCHLICK (1921). – [15] W. JAMES: The principles of psychol. 1. 2 (1890). – [16] W. WUNDT: Logik 1-3 (1880-1883); System der Philos. (1889) u. a. – [17] C. STUMPF: Psychol. und E. (1891). – [18] R. AVENARIUS: Philos. als Denken der Welt (1876); Kritik der reinen Erfahrung 1. 2 (1888/90); Der menschl. Weltbegriff (1891); E. MACH: Erkenntnis und Irrtum (1905); Beiträge zur Analyse der Empfindungen (1886) u. a. – [19] A. COMTE: Cours de philos. positive 1-6 (1830-1842). – [20] E. DÜHRING: Logik und Wissenschaftstheorie (1878). – [21] W. SCHUPPE: Erkenntnistheoretische Logik (1878); Grundriß der E. und Logik (1894). – [22] W. DILTHEY: Einl. in die Geisteswiss. (1883); Erfahren und Denken (1892); Beiträge zur Lösung der Frage vom Ursprung unseres Glaubens an die Realität der Außenwelt und seinem Recht (1890); Ideen über eine beschreibende und zergliedernde Psychol. (1894) u. a. – [23] F. BRENTANO: Psychol. vom empirischen Standpunkt (1874); Versuch über die Erkenntnis, hg. A. KASTIL (1925); Die Lehre vom richtigen Urteil, hg. F. MAYER-HILLEBRAND (1956). – [24] TH. LIPPS: Grundzüge der Logik (1893); Leitfaden der Psychol. (1903). – [25] H. COHEN: Kants Theorie der Erfahrung (1871); System der Philos. 1: Logik der reinen Erkenntnis (²1914). – [26] Logik der reinen Erkenntnis a. a. O. 13. – [27] 15. – [28] P. NATORP: Logik (1904); Die log. Grundlagen der exakten Wiss. (1910); Philos. (1911); Philos. Systematik, hg. H. KNITTERMEYER (1958). – [29] Vgl. Philos. a. a. O. Kap. I. – [30] E. CASSIRER: Philos. der symbolischen Formen 1-3 (1923-1929); Das Erkenntnisproblem in der Philos. und Wiss. der neueren Zeit 1-4 (1906-1957). – [31] W. WINDELBAND: Über die Gewißheit der Erkenntnis (1873); Logik, in: Die Philos. im Beginn des 20. Jh. (²1907); Einl. in die Philos. (1914); Krit. oder genetische Methode. Präludien (³1907) 318-354; Gesch. und Naturwiss. a. a. O. 355-379. – [32] H. RICKERT: Der Gegenstand der Erkenntnis (1892); Die Grenzen der naturwiss. Begriffsbildung (1896); Kulturwiss. und Naturwiss. (1899). – [33] E. LASK: Die Logik der Philos. und die Kategorienlehre (1911); Die Lehre vom Urteil (1912). – [34] J. A. EBERHARD: Allg. Theorie des Denkens und Empfindens (1786). – [35] J. F. HERBART: Hauptpunkte der Met. (1806); Hauptpunkte der Logik (1808); Lehrb. zur Einl. in die Philos. (1813); Allg. Met. (1828/29). – [36] F. A. TRENDELENBURG: Log. Untersuch. (1840). – [37] E. v. HARTMANN: Kritische Grundlegung des transzendentalen Realismus (1875); Das Grundproblem der E. (1889); System der Philos. im Grundriß 1: Grundriß der Erkenntnislehre (1907). – [38] Grundriß der Erkenntnislehre, a. a. O. 12. – [39] Das Grundproblem der E., a. a. O. V. – [40] Krit. Grundlegung, a. a. O. 6. – [41] E. ZELLER: Über Bedeutung und Aufgabe der E. (1862); Über die Gründe unseres Glaubens an die Realität der Außenwelt, in: Vorträge und Abh. (1884) 225-285; Über Met. als Erfahrungswiss. Arch. systemat. Philos. 1 (1895) 1-13. – [42] F. UEBERWEG: Über Idealismus, Realismus und Idealrealismus. Z. Philos. und philos. Krit. 34 (1859). – [43] J. VOLKELT: Erfahrung und Denken (1886); Gewißheit und Wahrheit (1918). – [44] O. KÜLPE: E. und Naturwiss. (1910). – [45] A. MESSER: Einf. in die E. (1909); Der krit. Realismus (1923). – [46] H. DRIESCH: Über die Grundlagen der Erkenntnis (1890). – [47] E. BECHER: Erkenntnistheoretische Untersuch. (1906); Philos. Voraussetzungen der exakten Naturwiss. (1907). – [48] A. MEINONG: Über die Erfahrungsgrundlage unseres Wissens (1906); Über die Stellung der Gegenstandstheorie im System der Wiss. (1907). – [49] Über die Stellung der Gegenstandstheorie a. a. O. 117. – [50] R. HÖNIGSWALD: Grundfragen der E. (1931). – [51] J. KLEUTGEN: Die Philos. der Vorzeit 1 (²1878). – [52] D. MERCIER: Critéréologie générale (Löwen ⁸1923). – [53] J. GEYSER: E. (1922). – [54] C. NINK: Grundlegung der E. (1930). – [55] E. GILSON: Le réalisme méthodique (Paris 1936); Réalisme thomiste et crit. de la connaissance (Paris 1939). – [56] J. DE VRIES: Denken und Sein (1937); Critica (1937). – [57] A. BRUNNER: E. (1948). – [58] F. VAN STEENBERGHEN: Epistémologie (Löwen ²1947).

3. Die philosophische Situation hinsichtlich der E. im ausgehenden 19. und in den ersten Jahrzehnten des 20. Jh. ist durch den Versuch einer «Entschärfung» und Überwindung der neuzeitlich-erkenntnistheoretischen Fragestellung und damit durch den Verzicht auf den fundamentalphilosophischen Vorrang der E. gekennzeichnet. Vor allem der Streit um die (logische, psychologische, ontologische) Existenzweise der Erkenntnisprinzipien, das Problem der Voraussetzungslosigkeit der erkenntnistheoretischen Erkenntnis selbst (Zirkelhaftigkeit der Erkennens) und die Frage nach dem vorausgesetzten Erkenntnisbegriff (Subjekt-Objekt-Problem) stellten Aporien dar, auf Grund deren sich die Einsicht durchsetzte, daß die erkenntnistheoretische Fragestellung selbst eine derivative und fundierte ist und somit auf eine vorgängige Disziplin des Denkens verweist; in deren Bestimmung gehen die Standpunkte allerdings weit auseinander.

Nach E. Husserl ist zwar die grundlegende Aufgabe der Philosophie die Erkenntniskritik [1]. Aber diese stellt sich nicht mehr die Frage, wie das Evidenzerlebnis des subjektiven Bewußtseins objektive Geltung erlangen kann [2], sondern betrachtet das cogito in der Ausklammerung der «Generalthesis» immer noch als intentionales, auf seine cogitata bezogenes Subjekt. Die cartesianische Reduktion führt auf die *phänomenologisch* aufzuklärende transzendentale Subjektivität und zugleich auf das transzendentale Phänomen «Welt» in ihrer korrelativen Einheit [3]: «Echte E. ist danach allein sinnvoll als transzendental-phänomenologische, die, statt mit widersinnigen Schlüssen von einer vermeinten Immanenz auf eine vermeinte Transzendenz, die irgendwelcher angeblich prinzipiell unerkennbarer ‹Dinge an sich›, es ausschließlich zu tun hat mit der systematischen Aufklärung der Erkenntnisleistung, in der sie durch und durch verständlich werden müssen als intentionale Leistung» [4].

Motive der psychologischen E. verschärfend, konzipiert die *Lebensphilosophie* (F. NIETZSCHE, W. DILTHEY, G. SIMMEL, H. BERGSON, L. KLAGES u. a.) einen Begriff von Erkenntnis, der theoretisch nicht mehr thematisiert werden kann, weil theoretisches Erkennen nur eine depravierte Form der ursprünglichen Lebenserfahrung ist. Daher ist es auch unmöglich, «einen archimedischen Punkt außerhalb dieser Lebenserscheinungen zu finden, von dem her man die Erkenntnis als ein in sich begründetes und von allem vortheoretischen Lebensverhalten unabhängiges Gebäude errichten könnte» [5].

Von Phänomenologie und Lebensphilosophie beeinflußt sieht M. HEIDEGGER (in Anspielung auf Kant) den «Skandal der Philosophie» darin, daß das Problem der Beweisbarkeit der Außenwelt überhaupt für ein sinnvolles gehalten wird [6]: «Die Frage, ob überhaupt eine Welt sei und ob deren Sein bewiesen werden könne, ist als Frage, die das Dasein als In-der-Welt-sein stellt – und wer anders sollte sie stellen? – ohne Sinn» [7]. «Zu beweisen ist nicht, daß und wie eine ‹Außenwelt› vorhanden ist, sondern aufzuweisen ist, warum das Dasein als In-der-Welt-sein die Tendenz hat, die ‹Außenwelt› zunächst ‹erkenntnistheoretisch› in Nichtigkeit zu begraben, um sie dann erst zu beweisen» [8]. Die erkenntnistheoretische Fragestellung muß «in die existenziale Analytik des Daseins als ontologisches Problem zurückgenommen werden» [9]. Auch N. HARTMANN versucht, durch eine «ontologisch orientierte E.» [10] einen Standpunkt «diesseits von Idealismus und Realismus» zu gewinnen. Die Ansätze des «transzendentalen Realismus» weiterführend, fordert er eine «kritische Metaphysik» als unentbehrliches «Prolegomenon einer jeden E.» [11]. Durch den Grundsatz «E. setzt Metaphysik ebensosehr voraus, wie Metaphysik E.» [12] ist der fundamentalphilosophische Rang der E. aufgehoben.

In eine andere Richtung zielt die Überwindung der erkenntnistheoretischen Fragestellung innerhalb der *analytischen Philosophie* [13]. Die Analyse der wissenschaftlichen Sprache entlarvt die Probleme der E. als «Scheinprobleme»: «Die Thesen des Realismus und des Idealismus können in der Wissenschaft weder aufgestellt noch widerlegt werden; sie haben keinen wissenschaftlichen Sinn» [14].

Anmerkungen. [1] E. HUSSERL: vgl. Die Idee der Phänomenol. (Den Haag ²1958). – [2] Vgl. Cartesianische Meditationen (Den Haag ²1963) 114ff. – [3] Vgl. Die Krisis der europ. Wiss. (Den Haag ²1962) 155. – [4] Cartesianische Meditationen a. a. O. 118. – [5] O. F. BOLLNOW: Das Verstehen (1949) 71. – [6] M. HEIDEGGER: vgl. Sein und Zeit (¹⁰1963) §§ 13. 43a. – [7] a. a. O. 202. – [8] 206. – [9] 208. – [10] N. HARTMANN: Grundzüge einer Met. der Erkenntnis (⁵1965) V. – [11] a. a. O. 5. – [12] 6. – [13] M. SCHLICK: Allg. Erkenntnislehre (²1925); R. CARNAP: Scheinprobleme der Philos., hg. G. PATZIG (1966); L. WITTGENSTEIN: Tractatus logico-philosophicus (1921); K. POPPER: Logik der Forsch. (1935); A. PAP: Analytische E. (1955); A. J. AYER: The problem of knowledge (Edinburgh ²1957); L. WITTGENSTEIN: Philos. Untersuch. (1963). – [14] CARNAP, a. a. O. [13] 77.

Literaturhinweise. H. VAIHINGER: Ursprung des Wortes E. Philos. M.hefte 12 (1876) 84–90; vgl. 188f. – M. SCHELER: Die transzendentale und die psychol. Methode (1900, ²1922). – E. CASSIRER: Das Erkenntnisproblem in der Philos. und Wiss. der neueren Zeit 1–3 (1906-20). – R. EISLER: Zum gegenwärtigen Stande der E. (1907). – TH. ZIEHEN: Einf. in die E. (1914). – E. v. ASTER: Gesch. der neueren E. (1921). – K. MANNHEIM: Die Strukturanalyse der E. (1922). – K. DÜRR: Wesen und Gesch. der E. (1924). – R. HÖNIGSWALD: Gesch. der E. (1933). – W. STEGMÜLLER: Met., Wiss., Skepsis (1954, ²1969). – Artikel ‹Gnoseologia›, in: Enciclop. Filos. 2 (Rom 1957) 813–840. – R. ACKERMANN: Theories of knowledge (New York 1965).

C. F. GETHMANN

Erkennungsschwelle. Als E. bezeichnet man in der *Psychologie* die zeitliche (tachistoskopische) oder Intensitätsschwelle für die Identifikation vorwiegend verbaler Reizmuster.

O. NEUMANN

Erklären, Erklärung

I. – 1. E. (lat. explicatio, frz. explication, engl. explanation) ist bei KANT die Ableitung aus einem «deutlich» bestimmten Prinzip: «Erklären heißt von einem Prinzip ableiten, welches man ... deutlich muß erkennen und angeben können» [1]. Für ihn hat «die deutsche Sprache für die Ausdrücke der Exposition, Explikation, Deklaration und Definition nichts mehr, als das eine Wort: Erklärung» [2]. W. T. KRUG [3] kennzeichnet E. als ein Verfahren der Logik, einen Begriff zu entwickeln und dessen Merkmale anzugeben. «Man spricht die E. gewöhnlich in einem Urteile aus, dessen Subjekt ... der zu erklärende Begriff ist, während das Prädikat ... die Merkmale desselben angibt, so daß dieses die eigentliche Erklärung enthält; z. B. ein Triangel ist eine Figur von drei Seiten» [4]. Bei HEGEL heißt erklären «überhaupt eine Erscheinung auf die angenommenen, vertrauten Verstandesbestimmungen zurückzuführen» [5]. J. F. FRIES nennt das Erklären «die eigentliche Function des Verstandes in der Bildung der Begriffe». Dabei führen E. nie zu «ursprünglichen Einsichten ..., sondern immer nur zu Ableitungen aus schon bekannten Anfängen»; eine E. vermittelt stets nur Einsicht in die vorausgesetzten Begriffe. Ihr Zweck ist so «nur die Deutlichkeit in unsern Vorstellungen und das Bewußtsein der Abhängigkeit des Besondern von seinen allgemeinen Vorstellungen» [6]. Das Prinzip aller E. ist für SCHOPENHAUER der ‹Satz vom Grunde›; denn eine Sache erklären heißt, «Nachweisung im einzelnen Fall des durch ihn (den Satz vom Grunde) überhaupt ausgedrückten Zusammenhangs der Vorstellungen» [7]. Die Nachweisung des Verhältnisses der Erscheinungen zueinander, gemäß dem Satz vom Grunde und am Leitfaden des durch ihn allein geltenden und bedeutenden *Warum* heißt E. [8]. Schopenhauer unterscheidet zwischen physischer und metaphysischer E.: «Weil jegliches Wesen in der Natur zugleich *Erscheinung* und *Ding an sich*, oder auch natura naturata und natura naturans, ist; so ist es demgemäß einer zwiefachen E. fähig, einer physischen und einer metaphysischen. Die physische ist allemal aus der Ursache; die metaphysische allemal aus dem Willen» [9]. Nach H. HELMHOLTZ ist E. «Zurückführung der einzelnen Fälle auf eine unter bestimmten Bedingungen einen bestimmten Erfolg hervorrufende Kraft» [10]. E. HUSSERL versteht unter dem «Erklären im Sinne der Theorie» das «Begreiflichmachen des Einzelnen aus dem allgemeinen Gesetz und dieses letzteren wieder aus dem Grundgesetz» [11].

Anmerkungen. [1] KANT, KU § 78. Akad.-A. 5, 412. – [2] KrV B 758. – [3] W. T. KRUG: Allgemeines Handwb. der philos. Wiss. (1827) 1, 709. – [4] ebda. – [5] HEGEL, Werke, hg. GLOCKNER 6, 185. – [6] J. F. FRIES: System der Logik (³1837) 301f. – [7] SCHOPENHAUER, Werke, hg. HÜBSCHER 2, 88. – [8] a. a. O. 95. – [9] 6, 97. – [10] H. HELMHOLTZ: Vorträge und Reden 2 (1884) 187. – [11] E. HUSSERL: Log. Untersuch. 2 (1900/01) 20.

2. Mit DILTHEY erhält ‹E.› dann im Zusammenhang der Unterscheidung zwischen *Geistes-* und *Naturwissenschaften* zentrale Bedeutung. E. ist das Verfahren der

exakten Naturwissenschaften, für die Erscheinungen Ursachen zu finden. Die Erscheinung ist das Gegebene, zunächst vereinzelt Auftretende und Zufällige. Über diese Zufälligkeit und Singularität der Phänomene sucht der Verstand hinauszugelangen, indem er nach dem Gesetz der Kausalität einen Zusammenhang zwischen den Erscheinungen herstellt, in welchem jede einzelne Erscheinung ein notwendiges Glied in einer Kette aufeinanderfolgender und einander bedingender Erscheinungen wird. Dieser Zusammenhang ist nicht gegeben, sondern eine Konstruktion des Verstandes. Er entsteht dadurch, daß der Verstand die Lücken ausfüllt, die zwischen den einzelnen Beobachtungsdaten geblieben sind. Er fügt von sich aus «Ergänzungen» hinzu. E. ist daher insofern ein hypothetisches Verfahren, als sie den beobachteten Erscheinungen einen Zusammenhang «unterlegt»: «In der äußeren Natur wird Zusammenhang in einer Verbindung abstrakter Begriffe den Erscheinungen unterlegt» [1]. Eine Hypothese im Sinne der Ergänzung ist die Kausalverbindung: «In den Naturwissenschaften hat sich nun aber der Begriff der Hypothese in einem bestimmten Sinne auf Grund der dem Naturerkennen gegebenen Bedingungen ausgebildet. Wie in den Sinnen nur Koexistenz und Sukzession ohne ursächlichen Zusammenhang dieses zugleich oder nacheinander Bestehenden gegeben ist, entsteht Kausalzusammenhang nur durch Ergänzung. So ist die Hypothese das notwendige Hilfsmittel der fortschreitenden Naturerkenntnis» [2]. Von dem Verfahren der «hypothetischen E.» [3] in den Naturwissenschaften unterscheidet Dilthey das Verfahren der Geisteswissenschaften als «Verstehen»; hier liegt der Schwerpunkt der Theorie, für die E. mehr die Funktion hat, die naturwissenschaftliche Methode gegen die der Geisteswissenschaften abzugrenzen. Der Zusammenhang des Lebens und der Geschichte als Gegenstand der Geisteswissenschaften bedarf keiner «hypothetischen E.», da er unmittelbar und ursprünglich gegeben ist und als solcher unmittelbar verstanden werden kann. «Nun unterscheiden sich zunächst von den Naturwissenschaften die Geisteswissenschaften dadurch, daß jene zu ihrem Gegenstande Tatsachen haben, welche im Bewußtsein als von außen, als Phänomene und einzeln gegeben auftreten, wogegen diese von innen und als lebendiger Zusammenhang originaliter auftreten. Hieraus ergibt sich für die Naturwissenschaften, daß in ihnen nur durch ergänzende Schlüsse, vermittels einer Verbindung von Hypothesen, ein Zusammenhang in der Natur gegeben ist. Für die Geisteswissenschaften folgt dagegen, daß in ihnen der Zusammenhang des Seelenlebens als ein ursprünglich gegebener überall zugrunde liegt. Die Narur erklären wir, das Seelenleben verstehen wir» [4]. «Der Zusammenhang der Natur ist abstrakt, der seelische aber ist lebendig, lebengesättigt» [5]. In den Naturwissenschaften «werden für die Individuen hypothetische E.-Gründe aufgesucht, hier dagegen werden in der Lebendigkeit die Ursachen selber erfahren» [6]. Im Bereich des Naturerkennens wird der Zusammenhang durch Hypothesenbildung zustande gebracht, in der verstehenden Geisteswissenschaft dagegen «ist gerade der Zusammenhang ursprünglich und beständig im Erleben gegeben: Leben ist nur als Zusammenhang da» [7].

Dabei ging Dilthey, um zur Grundlegung der Geisteswissenschaften zu kommen, in der Unterscheidung einer «beschreibenden und zergliedernden Psychologie» von der zeitgenössischen Psychologie aus, sofern diese sich des naturwissenschaftlichen Verfahrens der E. bediente, um geistige Prozesse transparent zu machen, und wies sie wegen der unberechtigten Übertragung naturwissenschaftlicher Begriffe und Methoden auf das Gebiet des Seelenlebens und der Geschichte zurück [8]: «Der Begriff einer beschreibenden und zergliedernden Psychologie entsprang uns aus der Natur unserer seelischen Erlebnisse, dem Bedürfnis einer unbefangenen und unverstümmelten Auffassung des Seelenlebens, sowie aus dem Zusammenhang der Geisteswissenschaften und der Funktion der Psychologie innerhalb derselben» [9].

Doch wird ‹E.› bei Dilthey terminologisch erst mit der fortschreitenden Entfaltung seiner Wissenschaftstheorie auf das Verfahren der Hypothesenbildung in den Naturwissenschaften festgelegt. Noch 1883 heißt es in der ‹Einleitung in die Geisteswissenschaften›, daß die Einzelwissenschaften des Geistes «die einzigen Hilfsmittel der E. der Geschichte» seien [10].

Diltheys Unterscheidung von ‹Erklären› und ‹Verstehen› entsteht in der Konkurrenz zu der von W. WINDELBAND angeführten Unterscheidung der «nomothetischen» Methode der Naturwissenschaften von dem «ideographischen» Verfahren der Kulturwissenschaften [11] und zu der H. RICKERTS zwischen der «generalisierenden» Methode der Naturwissenschaften und der «individualisierenden» der Geschichtswissenschaften [12]. In der Auseinandersetzung mit Windelband, welcher inhaltlich dem Gesetzmäßigen der Naturwissenschaften die Beschreibung des Besonderen in den Geisteswissenschaften entgegensetzt, behauptet DILTHEY, daß auch für die geisteswissenschaftliche Methode die Verbindung von Generellem und Besonderem konstitutiv ist: «In der Verbindung des Generellen mit der Individuation besteht die eigenste Natur der systematischen Geisteswissenschaften.» «In der Geschichte ist die lebendige Beziehung zwischen dem Reich des Gleichförmigen und des Individuellen. Nicht das Singuläre für sich, sondern eben diese Beziehung regiert in ihr» [13].

Die für Dilthey grundlegende Unterscheidung der Natur- von den Geisteswissenschaften durch die Methode der E. ist durch die Entwicklung der Theorie der Naturwissenschaften insofern überholt worden, als diese den Anspruch, durch Ursache zu erklären, in der Deutung ihres Verfahrens als Beschreibung zurückgenommen hat. Im Unterschied zu H. Helmholtz geht G. KIRCHHOFF davon aus, daß es Aufgabe der Mechanik sei, «die in der Natur vor sich gehenden Bewegungen vollständig und auf die einfachste Weise zu beschreiben ...», nicht aber ihre Ursache (d. h. die verborgenen Kräfte) zu ermitteln [14]. Dem sind Hertz, Avenarius, Mach, Ostwald, Cornelius u. a. gefolgt.

Anmerkungen. [1] DILTHEY, Schriften 7 (²1958) 119. – [2] a. a. O. 5 (²1957) 140. – [3] 5, 153. – [4] 143. – [5] 7, 119. – [6] 120. – [7] 5, 144. – [8] 195. – [9] 168. – [10] 1, 94. – [11] W. WINDELBAND: Lehrb. der Gesch. der Philos. (1892); Gesch. und Naturwiss. (1894); Einl. in die Philos. (1914). – [12] H. RICKERT: Die Grenzen der nat.wiss. Begriffsbildung (1896). – [13] DILTHEY, a. a. O. 5, XCIX. – [14] G. KIRCHHOFF: Vorles. über math. Physik 1 (²1877) Vorrede.

Literaturhinweise. H. EBBINGHAUS: Über erklärende und beschreibende Psychol. Z. Psychol. Physiol. Sinnesorg. 9 (1896) 161-205. – A. STEIN: Der Begriff des Verstehens bei Dilthey (1926). – G. MISCH: Lebensphilos. und Phänomenol. (1931). – O. F. BOLLNOW: Dilthey. Eine Einf. in seine Philos. (1936); Das Verstehen. Drei Aufs. zur Theorie der Geisteswiss. (1949). – R. BOEHM: ‹E.› und ‹Verstehen› bei Dilthey. Z. philos. Forsch. 5 (1950/51) 410-417. – M. BODEN: The paradox of explanation. Proc. Aristot. Soc. 62 (1961/62) 159-178. – H. DIWALD: Wilhelm Dilthey. Erkenntnistheorie und Philos. der Gesch. (1963). – J. DERBOLAV: Dilthey und das Problem der Geschichtlichkeit, in: Festschrift H. Glockner (1966) 189-239. – F. KAULBACH: Philos. der Beschreibung (1968) 58ff. 64ff. 367. 404. 411. 415. 419. 431-470.   B. TRILL

II. *Logik der Erklärung.* Zu den obersten Zielen der Wissenschaft zählt, daß man mit Hilfe ihrer Theorien Ereignisse und Gesetze erklärt. Daneben gibt es aber außer E. und Prognosen auch wissenschaftliche Retrodiktionen, nicht-erklärende wissenschaftliche Informationen (STEGMÜLLER) und beschreibende (etwa biologische) Klassifikationen sowie quantitative Funktionszusammenhänge zwischen Größen ohne Zeitrelationen (z. B. Koexistenzgesetze, wie das Ohmsche Gesetz). Diese wissenschaftlichen Arten rationaler Erfassung sind nicht geeignet, unmittelbar ein Ereignis zu erklären oder vorherzusagen. Wissenschaft beschränkt sich also nicht ausschließlich auf die Ziele bloßer E. und Prognose. Entscheidend ist auch ein Erfassen der Gesetzmäßigkeiten, denen Prozesse folgen – und dies ist manchmal möglich, ohne daß man dadurch instand gesetzt wird, bestimmte Zustände vorauszusagen oder gar zu erklären (RESCHER, SCHEFFLER, STEGMÜLLER).

Das Wort ‹E.› wird vieldeutig verwendet: Man erklärt die Bedeutung eines Zeichens, Wortes oder Satzes, die Funktion oder Arbeitsweise eines Systems. Auch die praktische Erläuterung, wie etwas möglich war oder zu machen sei («know how»), wird gelegentlich ‹E.› genannt; ferner ebenfalls die Interpretation von Texten, eine Rechtfertigung von Handlungen, eine Deklaration, die Aufklärung über Erkenntnis- und Klassifikationsirrtümer, die Angabe von Motiven, Dispositionen oder der Leitidee, die Begründung einer Annahme, eine genauere umfassende Beschreibung, das Herausheben der Bedeutsamkeit oder des Wertes von etwas usw. Auch die Grenzen zwischen Erklären und Verstehen (s. d.) sind umgangssprachlich fließend. Für den *wissenschaftlichen E.-Begriff* kommen allerdings nur drei Bedeutungen in Frage. ‹E.› bezeichnet:

1. die Explikation (s. d.), d. h. die rationale Rekonstruktion, oder die Definition (s. d.) von Begriffen oder wissenschaftlichen Ausdrücken. Hierbei handelt es sich nicht um wissenschaftliche E. von Ereignissen oder Gesetzen, sondern um die «E.» der *Verwendung von Ausdrücken* – also um eine ganz andere, semantische Art der «E.». Diese sollte deshalb mit anderen Ausdrücken benannt werden: z. B. ‹Explikation›, ‹Definition›, ‹Exposition›, ‹Erläuterung›;
2. die E. von Sätzen über empirische Regelmäßigkeiten (von empirischen oder induktiven Generalisierungen), von Gesetzen oder Theorien mit Hilfe allgemeiner Gesetze oder Theorien (etwa E. von Gesetzmäßigkeiten als abgeleiteten Spezialisierungen von umfassenderen Theorien: z. B. die Rückführung der Gasgesetze auf die kinetische Gastheorie bzw. statistische Mechanik);
3. die E. von Sätzen über Ereignisse, Ereignisfolgen (Vorgänge) oder Tatsachen.

Dieser dritte Begriff der *Ereignis-E.* ist der wichtigste; denn die E. von Gesetzen, Sätzen über empirische Regelmäßigkeiten usw. folgt einer sehr ähnlichen logischen Struktur und ist von manchen Wissenschaftstheoretikern (POPPER; HEMPEL und OPPENHEIM) einfach als Fall mit schwächeren Voraussetzungen unter das unten angegebene Schema der E. untergeordnet worden. Allerdings besteht ein grundsätzlicher Unterschied zwischen der E. von Gesetzen und solcher von singulären Ereignissen; er sollte nicht durch eine pauschale gleiche Terminologie verdeckt werden. Im ersteren Falle handelt es sich genauer um die bloß logische Spezialisierung von Gesetzen und Theorien, ohne daß singuläre Anfangsbedingungen *einen einzigen* Anwendungsfall auszeichneten.

Doch auch in diesem letzten Fall wird die Unterordnung unter *Gesetze* zur E. benutzt. In der analytischen Philosophie spricht man daher vom «*covering law*»-Modell der E.

1. *Das deduktive Modell der Ereignis-E.* Die Angabe des Warum (διότι), der Gründe oder Ursachen, aus denen ein Ereignis zu begreifen ist, ist schon bei ARISTOTELES [1] das Prinzip wissenschaftlicher Erklärung. Zurückführen des einzelnen Geschehens auf allgemeine Regeln (BERKELEY [2]), auf bekannte Gesetze der Erscheinungen, Aufzeigen, «wie verwickelte Naturbegebenheiten ... unter ... wohlerwiesenen Regeln enthalten seien» (KANT [3]), «von einem Prinzip ableiten» (KANT [4]) – das sind frühe intuitive Umschreibungen des logischen E.-Schemas. Auch HUMES Einordnung individueller Kausalzusammenhänge unter einen allgemeinen naturgesetzlichen Zusammenhang stellt eine spezielle intuitive Formulierung des Begriffs der kausalen E. dar [5]. Nach FRIES wird etwas erklärt, wenn «bewiesen wird, warum es nach allgemeinen Gesetzen sich gerade so ereignen mußte» [6], nach SCHOPENHAUER: wenn ein «Bestand oder Zusammenhang ... auf irgendeine Gestaltung des Satzes vom Grunde, der gemäß er sein muß, wie er ist», zurückgeführt wird [7], nach COMTE, wenn besondere Tatsachen unter allgemeinere untergeordnet werden [8], nach HELMHOLTZ, wenn der einzelne Fall «auf eine unter bestimmten Bedingungen einen bestimmten Erfolg hervorrufende Kraft» zurückgeführt wird [9]. Einordnen des einzelnen in allgemeine Gesetze, Verknüpfung der Erscheinungen nach Regeln oder Gesetzen ist das definierende Charakteristikum der E. auch bei HUSSERL [10], WUNDT [11] u. a. Bei anderen (AVENARIUS, HERTZ, KIRCHHOFF, MACH, OSTWALD, SCHLICK u. a.) ist E. nur die Angabe einer vollständigen und einfachsten Beschreibung, nicht der Ursachen.

MILL ist wohl der erste Autor, der systematisch ein deduktives Modell der E. zu entwickeln versuchte, indem er wissenschaftliches Erklären als logisches Subsumieren unter Naturgesetze verstand [12]. Nach weiteren unvollständigen Voruntersuchungen von JEVONS [13], DUCASSE, CAMPBELL sowie COHEN und NAGEL hat POPPER zuerst eine eingehendere Analyse der «*kausalen* E.» unternommen [14]: Ein Vorgang wird kausal erklärt, indem ein ihn beschreibender Satz aus allgemeinen Gesetzeshypothesen und singulären Randbedingungen logisch abgeleitet wird. Poppers Bestimmung ist allerdings allgemeiner, als der Begriff besagt; denn sie umfaßt nicht nur Kausal-E. (mit Sukzessionsgesetzen), sondern auch E. mit Hilfe bloßer Koexistenzgesetze (etwa der Gasgesetze) und sogar rein logische Allspezialisierungen.

HEMPEL und OPPENHEIM lieferten 1948 die erste ausführliche systematische Monographie ‹Studies in the Logic of Explanation›. Diese Arbeit löste eine bis heute nicht beendete Diskussion aus über die Frage, welchen Bedingungen eine adäquate E. zu genügen hat. HEMPEL selbst hat [15] in seinen ‹Aspects of Scientific Explanation› eine größere Zusammenfassung dieser Diskussion gegeben und sich mit seinen Kritikern auseinandergesetzt. Einen umfassenden weiterführenden Beitrag zu der Diskussion lieferte STEGMÜLLER in ‹Wissenschaftliche E. und Begründung› (1969).

Zwei miteinander verflochtene Probleme standen im Mittelpunkt der Diskussion:
1. Läßt sich eine wissenschaftlich adäquate E. logisch-strukturell und semantisch kennzeichnen? – Wenn ja, welche Adäquatheitskriterien müssen befolgt wer-

den, damit alle Schein-, Pseudo- und Zirkel-E. ausgeschlossen werden können?

2. Ist die logische Struktur von E. und Prognose gleichartig – bis auf eventuelle Verschiebungen des Analysezeitpunktes relativ zu den betreffenden Ereignissen (also bis auf eine Änderung der pragmatischen Zeitrelation)?

Die Diskussion hat gezeigt, daß beide Fragen negativ zu beantworten sind. Insbesondere erweist sich damit die zweite Teilfrage von (1) als utopisch: Prinzipiell können nicht alle Schein-E. vermieden werden; denn jede Tatsachen-E. kann in eine rein theoretische E. (deren Prämissen aus einer Theorie allein bestehen) und in eine vollständige Selbst-E. (in der Conclusio und Prämisse identisch sind) zerlegt werden. Ferner konnten EBERLE, KAPLAN und MONTAGUE mit ihren «Trivialisierungstheoremen» nachweisen, daß unter den Voraussetzungen von Hempel und Oppenheim aus einem empirischen Gesetz stets eine weitere Gesetzesaussage deduziert werden kann, mittels derer ein beliebig vorgegebener, singulärer wahrer Satz erklärt werden kann. Dieser braucht mit dem ersten Gesetz nicht einmal irgendein Prädikat gemeinsam zu haben. Ein entsprechendes Theorem gilt für ganze Theorien.

Jede E. ist nach dem Modell von Hempel und Oppenheim eine Begründung für einen Satz, der das zu erklärende Ereignis beschreibt. Erklärt wird also eigentlich nicht das Ereignis, sondern ein Satz, der es beschreibt. Dieser Satz heißt «Explanandum», das zugehörige Ereignis kann Explanandum-Ereignis genannt werden. Ein «Explanans» bilden diejenigen Sätze, durch deren Angabe das Explanandum-Ereignis erklärt bzw. der Explanandum-Satz gewonnen wird. Es kann zu einem Explanandum verschiedene Explanantia geben. Das Explanans zerfällt im allgemeinen in zwei Teile: in die allgemeinen Gesetzesaussagen und in die Sätze, welche die spezifischen Antecedensbedingungen darstellen (Anfangsbedingungen, die den singulären Fall charakterisieren bzw. das Antecedensereignis beschreiben). Auch Annahmen über konstante Randbedingungen usw. gehören zu diesem Teil. Ein Ereignis wird also erklärt durch Angabe der spezifischen Bedingungen, die den vorliegenden Fall charakterisieren, und durch «Ableitung» des Explanandums mit Hilfe dieser spezifischen Bedingungen aus den relevanten allgemeinen Gesetzen.

Die *deduktiv-nomologische* E. (D-N-E.) ist dadurch gekennzeichnet, daß hier die Ableitung eine *logische Deduktion* (s. d.) ist. Schematisch:

Explanans $\begin{cases} \text{Antecedensbedingungen} & A_1, A_2, ..., A_k \\ \text{Gesetze} & G_1, G_2, ..., G_n \end{cases}$

Log. Abl.

Explanandum .... E

Die A_i sind die Sätze, die die besonderen Tatsachen des Falles beschreiben, also u. a. singuläre Sätze. Die G_i stellen die allgemeinen Gesetze dar.

Argumente von der Form dieses Schemas (ohne Berücksichtigung der Zeitverhältnisse zwischen Antecedens- und Explanandum-Ereignis) nennt HEMPEL (*deduktive*) *Systematisierungen* [16].

Zur Ausschaltung von Schein- und Zirkel-E. wurden bestimmte Adäquatheitsbedingungen von HEMPEL und OPPENHEIM postuliert. Sie forderten im wesentlichen, daß das Explanans wirklich für die E. benutzte generelle Gesetze enthalten, empirischen Gehalt haben und wahr (später: hochbestätigt) sein muß, sowie daß im deduktiv-nomologischen Fall das Explanandum logisch aus dem Explanans folgt, aber nicht aus der singulären Prämisse allein. Hierzu mußte gefordert werden, daß eine Klasse von eventuell negierten Atomsätzen (aussagenlogisch elementaren, eventuell verneinten Sätzen) [17] existiert, aus der die singuläre Prämisse, aber weder die Negation der Theorie noch das Explanandum selber folgen.

KAPLAN postulierte außer der logischen Ableitbarkeit des Explanandums aus der vorausgesetzten Theorie und den singulären Antecedensbedingungen noch, daß die singulären Antecedensbedingungen eine Konjunktion von eventuell negierten Atomsätzen und das Explanandum eine Adjunktion von solchen Sätzen darstellen sowie daß die singulären Antecedensbedingungen allein nicht schon das Explanandum logisch implizieren. KIM und KÄSBAUER haben nachgewiesen, daß Kaplans geänderte Adäquatheitsbedingungen noch zu weit sind, d. h. Pseudo-E. zulassen.

KIM selber fordert darüber hinaus im wesentlichen, daß die singuläre Prämisse nicht aus dem Explanandum logisch folgen darf, und zwar nicht einmal die kleinsten Konjunktionsglieder ihrer wesentlich reduzierten ausgezeichneten konjunktiven Normalform [18] (die nur wesentlich vorkommende atomare Satzkomponenten enthält). Diese Forderung ist aber intuitiv keineswegs einsichtig. Sie verhindert nicht, daß die Explikation von Kim einerseits zu weit ist – auch sie läßt gewisse Pseudo-E. zu – und daß sie andererseits zu eng ist, d. h. gewisse echte E. ausschließt (STEGMÜLLER; KÄSBAUER). Durch bestimmte Zusatzforderungen (das Gesetz muß auf den vorliegenden Fall wirklich anwendbar sein; das Explanans ist schon zulässig, wenn es durch ein zu ihm logisch äquivalentes, nach Kims Bedingungen adäquates Explanans ersetzt werden kann) lassen sich diese Inadäquatheiten vermeiden. Allerdings hat man auch damit noch keine Garantie dafür, daß nicht andersartige Gegenbeispiele dennoch existierten. Insbesondere gibt es Argumentstrukturen, die bei *einer* Interpretation der darin enthaltenen Prädikatvariablen keine echte E. darstellen können, bei *einer anderen* Interpretation hingegen wenigstens eine intuitiv adäquate *Begründung* liefern (Beispiel von BLAU nach STEGMÜLLER [19]). So versuchten alle bisherigen E.-Explikationen nur «einen umfassenderen Begründungsbegriff zu präzisieren» [20]: Begründungen aber brauchen nicht wirkliche Ursachen («Seins-» oder «Realgründe») anzugeben, sondern können sich auf Überzeugungsgründe («Vernunftgründe») stützen: Das traditionelle und nicht präzise gelöste Problem der Unterscheidung zwischen ratio essendi (Realgrund) und ratio cognoscendi (Erkenntnisgrund) tritt hier wieder auf (SCHEFFLER; HEMPEL).

Das Erwähnte reicht auch hin, um die oben gestellte Frage 2 nach der strukturellen Gleichartigkeit von E. und Voraussageargumenten negativ zu beantworten. (Nur auf *rationale*, begründete Voraussagen wird die Gleichheitsthese ohnehin bezogen.) HEMPEL selbst beschränkt sich allerdings im Laufe der Diskussion nur noch auf die Teilthese: «Jede adäquate E. ist potentiell eine Voraussage» [21] – bei eventueller Veränderung der betreffenden pragmatischen Umstände. Begründungen sind für rationale Voraussageargumente hinreichend, auch wenn sie nicht E. darstellen. Rationale Voraussagen sind nämlich mit Hilfe bloßer Überzeugungsargumente möglich. Die Verwendbarkeit von bloßen Überzeugungsbegründungen für rationale Voraussageargumente sichert diesen einen Anwendungsbereich, der weit über die Klasse der E. hinausreicht. E. hingegen müssen echte Warum-Fragen («explanation-seeking why-questions» nach HEMPEL) beantworten, also Fragen der Art: «Warum ist das geschehen?» Auf sie wird durch Angabe von Realgründen (Ursachen) geantwortet, die aufgrund der im Explanans angegebenen Gesetze das betreffende Ereignis «*tatsächlich hervorrufen*». Bisher ungelöst ist das Problem der Unterscheidung von Realgründen und allgemeineren «Vernunftgründen», welche nur antworten auf epistemische Warum-Fragen (HEMPEL) der Art: «Warum ist anzunehmen (zu glauben, für wahrscheinlich zu halten), daß das Ereignis geschieht?» Will man aber absurden Konsequenzen ausweichen – wie etwa der, daß eine Sonnenfinsternis stattfindet, *weil* die Astronomen sie vorausgesagt haben –, so muß man daran festhalten, daß die Angabe bloßer Überzeugungsbegründungen keine Tatsachen-E. liefern kann.

Ferner beruht das Scheitern der bisherigen Explikationsversuche auch darauf, daß ein logisch-semantisches Kriterium der Gesetzesartigkeit sich trotz der eindringlichen Analysen GOODMANS u. a. nicht konstruieren ließ. Es wäre aber nötig, um echte Gesetzes-E. («law covering») von bloßen Überzeugungsbegründungen und von Argumenten mit Hilfe von Sätzen über kontingente empirische Regelmäßigkeiten zu unterscheiden.

Das Problem der logisch-semantischen Auszeichnung der Struktur von E. ist also noch offen.

Die wichtigste Spezialform der deduktiv-nomologischen E. ist die *kausale* – oder schärfer: die *deterministische* – E.: Diese ist dadurch gekennzeichnet, daß mindestens eines der im Explanans benutzten Gesetze ein Kausalgesetz (s. d.) – oder schärfer: ein deterministisches Gesetz – ist und daß das Antecedens-Ereignis nicht später stattfindet als das Explanandum-Ereignis.

Besondere Probleme stellen sich ferner bei den dispositionalen E. (E. mit Hilfe von Gesetzen, die Dispositionsprädikate [22] enthalten) oder bei den E. aus dem Willen, aus Motiven, bei historisch-genetischen Erklärungen (DRAY), sogenannten narrativen E. (DANTO, DRAY) und funktionalen E. [23].

Eine Sonderanalyse erfordern auch die ex-post-facto-E. und/oder die «sich selbst stützenden» («self-evidencing» nach HEMPEL) E. In die letzteren geht das Wissen, daß das Explanandum-Ereignis eingetreten ist, als erfahrungsgegebenes Stützargument eines Explanans-Satzes ein. Da E. nicht die Wahrheit des Explanandums sichern sollen, ist eine solche sich selbst stützende E. weder zirkulär noch nutzlos.

Ferner müssen von vollständigen E. noch sorgfältig unvollständige E.-Skizzen, Versuche von rationalen Tatsachen-E. und Versuche, eventuell bloß mögliche Sachverhalte zu erklären («potentielle E.»), unterschieden werden (HEMPEL, STEGMÜLLER).

2. *Statistische E.* Gesetze oder theoretische Prinzipien von statistisch-wahrscheinlichkeitstheoretischer Form, oder kurz: statistische Gesetze, haben im allgemeinen die Grundform: «Die statistische Wahrscheinlichkeit für ein Ereignis der Art F, auch eines von der Art G zu sein, ist r – oder: $p(G, F) = r$. Hierbei kann die relative Häufigkeits-Interpretation der Wahrscheinlichkeit [24] zugrunde gelegt werden, d. h. also, daß bei hinreichend großer Ereignisfolge sich das Verhältnis der Ereignisse der Art G zu denen, die auch von der Art F sind, beliebig r nähert. Der Fall einer bloß qualitativ («praktisch sicher») oder komparativ («wahrscheinlicher als») anzugebenden Wahrscheinlichkeit ist zugelassen.

Eine *statistische E.* ist nun jede E., die mindestens ein Gesetz oder theoretisches Prinzip von statistischer Grundform wesentlich benutzt [25].

Das erste statistische E.-Modell HEMPELS, das *deduktiv-statistische*, entspricht der E. von Gesetzen oder Sätzen über empirische Regelmäßigkeiten. Es besteht darin, daß ein statistisches Gesetz mit Hilfe der mathematischen Wahrscheinlichkeitstheorie und der Logik aus einem Explanans hergeleitet wird, das mindestens ein Gesetz oder theoretisches Prinzip von statistischer Grundform enthält. Es wird hierbei also eine generelle statistische Regelmäßigkeit mit Hilfe statistischer Voraussetzungen deduktiv erklärt. Das Schema ist gleich dem der deduktiv-nomologischen Erklärung, außer daß sowohl in den Prämissengesetzen als auch in dem Explanandum ein genereller statistischer Satz auftritt und daß kein singulärer Satz vorzukommen braucht. So läßt sich etwa herleiten, daß beim Würfeln nach einer sehr langen Wurffolge Sechsen sich mit der relativen Häufigkeit $1/6$ ergeben werden – unter der Voraussetzung, daß die Würfel gleichmäßig gebaut sind, daß die einzelnen Wurfergebnisse statistisch voneinander unabhängig sind usw.

Die deduktiv-statistische E. liefert keine Erklärung von besonderen Ereignissen. Man möchte aber auch *Einzelereignisse* aufgrund statistischer Theorien erklären oder voraussagen können. Viele Theorien, etwa in der Quantenphysik, der angewandten Informationstheorie, der Biologie und den Sozialwissenschaften, sind grundsätzlich statistischer Art. Es ist durchaus sinnvoll und in Übereinstimmung mit dem üblichen Verständnis des Ausdrucks ‹E.›, diesen Theorien eine erklärende Kraft zuzuschreiben – auch für Ereignisse. Natürlich können Einzelereignisse mit Hilfe von statistischen Theorien nicht mehr mit logisch-deduktiver Sicherheit erklärt oder vorausgesagt werden, sondern nur noch mit einer bestimmten Wahrscheinlichkeit. Das Explanans kann also auf das Explanandum nur «einen mehr oder weniger hohen Grad der induktiven Bestätigung oder logischen (induktiven) Wahrscheinlichkeit» übertragen. Daher spricht HEMPEL hier von *induktiv-statistischen* E. (bzw. analog zur deduktiven Systematisierung von *induktiven Systematisierungen* [26]). Unmißverständlicher wären diese als *statistische Ereignis-E.* (bzw. -*Systematisierungen*) zu bezeichnen.

Das allgemeine Grundschema dieser statistischen Ereignis-E. ist:

$$p(G, F) = r$$
$$\frac{Fa}{Ga} \quad \text{[mit der Wahrscheinlichkeit } r \text{ (oder qualitativ statt } r\text{: «praktisch sicher»)]}$$

Das heißt: Wenn alle Objekte, die die Eigenschaft F haben, mit der statistischen Wahrscheinlichkeit r auch die Eigenschaft G besitzen, so kann man mit der logischen (oder induktiven) Wahrscheinlichkeit (dem Bestätigungsgrad) r – und wenn r nahe bei 1 liegt, «praktisch sicher» – schließen, daß a auch die Eigenschaft G hat, wenn es zu der Art F gehört.

Nicht korrekt wäre es, einfach zu sagen: a hat die Eigenschaft G mit der statistischen Wahrscheinlichkeit r. Sondern die E. gestattet nur, *relativ* zu den Voraussetzungen zu schließen. Es könnte sein – und das ist sehr oft der Fall –, daß man ein anderes Explanans konstruieren kann, relativ zu welchem mit einer anderen Wahrscheinlichkeit auf das Explanandum geschlossen wird. Hinzu kommt, daß man meist sogar ein Explanans wählen kann, aufgrund dessen mit einer entsprechend hohen Wahrscheinlichkeit geschlossen werden kann, daß das Explanandum-Ereignis *nicht* eintritt. Diese Schwierigkeit stellt die bekannte Mehrdeutigkeit der statistischen

Ereignis-E. dar. Um sie zu vermeiden, stellte CARNAP das methodologische Postulat auf, daß in «einer gegebenen Wissenssituation die gesamte Erfahrungsdatengrundlage als Basis für die Bestimmung des Bestätigungsgrades genommen werden muß» [27] (requirement of total evidence – Forderung des Gesamtdatums). HEMPEL führt spezifischer die Bedingung ein, daß die gesamte Information, die durch alle zu der bestimmten Zeit angenommenen Sätze geliefert wird und «die von potentieller *erklärender* Relevanz für das Explanandum-Ereignis ist» [28], in Betracht gezogen werden muß (requirement of maximal specifity – Forderung maximaler Spezifität). Beide Bedingungen lassen sich präzisieren und führen zu Schwierigkeiten (Inadäquatheiten). STEGMÜLLER hat eine verbesserte Formulierung der Forderung maximaler Bestimmtheit vorgelegt [29]. Freilich liegt auch hier eine gewisse Willkürforderung darin, daß die statistische mit der logischen Wahrscheinlichkeit übereinstimmen muß, damit die E. adäquat ist. Alle diese Postulate zeigen aber, «daß der Begriff der statistischen E. für bestimmte Ereignisse wesentlich relativ ist zu einer gegebenen Wissenssituation, die durch die Klasse *K* der angenommenen Sätze repräsentiert ist» [30]. Diese «epistemische Relativität der statistischen Erklärung» muß stets berücksichtigt werden und wird am besten jeweils gleich im Schema der statistischen Ereignis-E. notiert, indem die Klasse der angenommenen relevanten Sätze notiert wird, in bezug auf welche die E. gilt.

Da statistische Ereignis-E. keine Ursachen-E. sind, sondern nur ‹induktive Argumente› liefern [31], also bloß epistemische Warum-Fragen beantworten, ist bei der oben erwähnten strengen Auslegung – nämlich: keine Antwort-Argumente auf nur epistemische Warum-Fragen ‹E.› zu nennen –, die folgende Konsequenz unausweichlich: Es gibt keine statistischen Ereignis-E., sondern nur statistische Ereignis-Begründungen [32]. Dem entspricht auch, daß die Wissenssituation (relativ zu der ein statistisches Argument gilt) nur pragmatisch definiert ist.

Anmerkungen. [1] ARISTOTELES, Met. I, 981 a u. a. – [2] BERKELEY, Princ. I. – [3] KANT, Akad.-A. 2, 286. – [4] KU § 78. Akad.-A. 5, 412. – [5] HUME, A treatise of human nature I, 3, sect. 2-4. – [6] J. F. FRIES: System der Logik (³1837) 297. – [7] A. SCHOPENHAUER: Über die vierfache Wurzel des Satzes vom zureichenden Grunde § 50. – [8] A. COMTE: Cours de philos. positive I, 1. – [9] H. V. HELMHOLTZ: Vorträge und Reden II, 4, 187. – [10] E. HUSSERL: Log. Untersuch. II, 20. – [11] W. WUNDT: Grundzüge der physiol. Psychol. 3, 5 (1902) 680. – [12] J. ST. MILL, A system of logic III, 12, 1. – [13] W. ST. JEVONS, The principles of sci. (1874, zit. London 1924) 533. – [14] K. R. POPPER: Logik der Forsch. (1934/35, ²1966) 31f.; Das Elend des Historizismus (1965) 96ff. – [15] C. G. HEMPEL: Aspects of sci. explanation and other essays ... (New York/London 1965) 321ff. – [16] a. a. O. 174ff. – [17] Vgl. Art. ‹Logik, dialogische›. – [18] Vgl. Art. ‹Normalformen, logische›. – [19] W. STEGMÜLLER: Wiss. E. und Begründung ... (1969) 769f. – [20] ebda. – [21] HEMPEL, a. a. O. [15] 367. – [22] Vgl. Art. ‹Dispositionsbegriff›. – [23] Vgl. Art. ‹Funktionalismus›. – [24] Vgl. Art. ‹Wahrscheinlichkeit›. – [25] HEMPEL, a. a. O. [15] 376ff. – [26] a. a. O. 176. – [27] R. CARNAP: Logical foundations of probability (Chicago 1950) 211. – [28] HEMPEL, a. a. O. [15] 400. – [29] STEGMÜLLER, a. a. O. [19] 697. – [30] HEMPEL, a. a. O. [15] 402. – [31] Vgl. Art. ‹Logik, induktive›. – [32] STEGMÜLLER, a. a. O. [19] 702.

Literaturhinweise. R. ACKERMANN: Discussion: Deductive sci. explanation. Philos. Sci. 32 (1965) 155-167. – R. ACKERMANN und A. STENNER: Discussion: A corrected model of explanation a. a. O. 33 (1966) 168-171. – H. ALBERT: Probleme der Theoriebildung, in: Theorie und Realität, hg. H. ALBERT (1964) 3-70. – R. B. BRAITHWAITE: Sci. explanation (Cambridge 1953). – M. BRODBECK: Explanation, prediction, and ‹imperfect› knowledge. Minnesota Stud. Philos. Sci. 3 (1962) 231-272; auch in: Readings in the philos. of the social sci., hg. BRODBECK (New York u. a. 1968) 363-398. – A. W. BURKS: The logic of causal propositions. Mind 60 (1951) 363-382. – N. R. CAMPBELL: What is sci.? (New York 1921, ²1952). – J. CANFIELD und K. LEHRER: A note on prediction and deduction. Philos. Sci. 38 (1961) 204-211. – R. CARNAP s. Anm. [27]; Inductive logic and sci. Proc. Amer. Acad. Arts a. Sci. 80 (1951-1954) 187-197; The aim of inductive logic, in: E. NAGEL, P. SUPPES and A. TARSKI (Hg.): Logic, methodology, and philos. of sci. (Stanford 1962) 303-318. – R. CARNAP und W. STEGMÜLLER: Induktive Logik und Wahrscheinlichkeit (1958). – M. R. COHEN und E. NAGEL: An introduction to logic and sci. method (New York 1934) 397. – A. DANTO: Analytical philos. of hist. (Cambridge 1965, ³1968); On explanations in hist. Philos. Sci. 23 (1956) 15-30. – W. DRAY: Explanatory narrative in hist. Philos. Quart. 4 (1954) 15-27; Laws and explanation in hist. (Oxford 1957); The hist. explanation of actions reconsidered, in: Philos. and hist., hg. S. HOOK (New York 1963) 105-135. – C. J. DUCASSE: Explanation, mechanism, and teleology. J. philos. 22 (1925) 150-155. – R. EBERLE, D. KAPLAN und R. MONTAGUE: Hempel and Oppenheim on explanation. Philos. Sci. 28 (1961) 418-428. – H. FAIN: Some problems of causal explanation. Mind 72 (1963) 519-532. – H. FEIGL: Some remarks on the meaning of sci. explanation, in: Readings in philos. analysis, hg. H. FEIGL/W. SELLARS (New York 1949) 510-514. – P. K. FEYERABEND: Explanation, reduction, and empiricism. Minnesota Stud. Philos. Sci. 3 (1962) 28-97. – D. FØLLESDAL: A modal theoretic approach to causal logic. Kgl. Norske Videnskabers Selskabs Skrifter 2 (1966) 1-13. – P. GARDINER: The nature of hist. explanation (London 1952, ²1962). – Theories of hist., hg. P. GARDINER (New York 1959). – N. GOODMAN: Fact, fiction, and forecast (Cambridge, Mass. 1955). – T. A. GOUDGE: Causal explanation in natural hist. Brit. J. Philos. Sci. 9 (1958) 194-202. – A. GRÜNBAUM: Temporally assymmetric principles, parity between explanation and prediction, and mechanism vs. teleology, in: Philos. of sci. The Delaware Seminar, hg. B. BAUMRIN 1 (1961/62, publ. New York 1963) 57-96. – N. R. HANSON: On the symmetry between explanation and prediction. Philos. Rev. 68 (1959) 349-358; Patterns of discovery (Cambridge 1958). – C. G. HEMPEL s. Anm. [15] 331-496; Deductive-nomological vs. statistical explanation. Minnesota Stud. Philos. Sci. 3 (1962) 98-169; Explanation in sci. and history, in: Frontiers of sci. and philos., hg. R. G. COLODNY (Pittsburgh 1962) 9-33; Maximal specifity and lawlikeness in probabilistic explanation. Philos. Sci. 35 (1968) 116-133; The function of general laws in history. J. Philos. 39 (1942) 35-48; auch in: Readings in philos. analysis, hg. FEIGL/W. SELLARS (New York 1949) 459-471. – C. G. HEMPEL und P. OPPENHEIM: Studies in the logic of explanation. Philos. Sci. 15 (1948) 135-175; auch in: C. G. HEMPEL s. Anm. [15] 245-290 mit Postscript (1964) 291-295. – R. B. HENSON: Mr. Hanson on the symmetry of explanation and prediction. Philos. Sci. 30 (1963) 60f. – J. HINTIKKA und P. SUPPES (Hg.): Aspects of inductive logic (Amsterdam 1966). – Philos. and hist., hg. S. HOOK (New York 1963). – J. HOSPERS: On explanation. J. Philos. (1946) 337-356. – W. C. HUMPHREYS: Statistical ambiguity and maximal specifity. Philos. Sci. 35 (1968) 112-115. – W. S. JEVONS s. Anm. [13] 533. – M. KÄSBAUER: Systematische Analysen (1970). – Stud. in explanation, hg. R. KAHL (Englewood Cliffs 1963). – D. KAPLAN: Explanation revisited. Philos. Sci. 28 (1961) 429-436. – J. KIM: Explanation, prediction, and retrodiction: Some logical and pragmatic considerations (Diss. Princeton 1962, Mikrofilm); On the logical conditions of deductive explanation. Philos. Sci. 30 (1963) 286-291. – The problem of inductive logic, hg. I. LAKATOS (Amsterdam 1968). – H. LENK: E. und Prognose in der Diskussion über das Problem ihrer Strukturidentität. Tijdschrift voor Filosofie (1970) 290-323; Zur Logik von E. und Prognose. Ber. 9. Dtsch. Kongr. Philos. Düsseldorf 1969, hg. A. DIEMER (1972). – M. MANDELBAUM: Hist. explanation: The problem of ‹Covering Laws›. Hist. a. Theory 1 (1961) 229-242. – J. S. MILL: s. Anm. [12]. – E. NAGEL: The structure of science. Problems in the logic of sci. explanation (New York 1961). – J. PASSMORE: Explanation in everyday life, in sci., and in hist. Hist. and Theory 2 (1962) 105-123; Law and explanation in hist. Austral. J. Politics a. Hist. 4 (1958) 269-274. – P. PATEL: Logische und methodol. Probleme der wiss. E. Eine krit. Übersicht über die neueste Entwicklung in den USA (Diss. München 1965). – J. PITT: Generalisations in hist. Explanation. J. Philos. 56 (1959) 578-586. – K. R. POPPER s. Anm. [14]; The open society and its enemies (London 1945) XXV, Anm. 7. – N. RESCHER: Discrete state systems, Markov chains, and problems in the theory of sci. explanation and prediction. Philos. Sci. 30 (1963) 325-345. – N. RESCHER und F. B. SKRYMS: A methodological problem in the evaluation of explanations. Nous 2 (1968) 121-129. – M. SCRIVEN: Definitions, explanations, and theories. Minnesota Stud. Philos. Sci. 2 (1958) 99-195; Explanation and prediction in evolutionary theory. Science 130 (1959) 477-482; Explanations, predictions, and laws. Minnesota Stud. Philos. Sci. 3 (1962) 170-230; The temporal asymmetry between explanations and predictions. Philos. of sci. The Delaware Seminar, hg.

B. BAUMRIN 1 (1961/62, publ. New York 1963) 97-105; New issues in the logic of explanation, Philos. and hist., hg. S. HOOK (New York 1963) 339-361. – I. SCHEFFLER: Explanation, prediction, and abstraction. Brit. J. Philos. Sci. 7 (1957) 293-309; auch in: Philos. of Sci, hg. A. DANTO/S. MORGENBESSER (Cleveland/ New York 1960, ⁶1966) 274-287; The anatomy of inquiry (New York 1963). – W. STEGMÜLLER: E., Voraussage, wiss. Systematisierung und nicht-erklärende Information. Ratio 8 (1966) 1-22; s. Anm. [19] mit ausführlicher Bibliogr. – S. TOULMIN: Voraussicht und Verstehen (Frankfurt 1968); engl.: Foresight and understanding (London 1961). – R. H. WEINGARTNER: The quarrel about hist. explanation. J. Philos. 58 (1961) 29-45.   H. LENK

Erlaubt. Der Begriff hat eine weit zurückreichende Tradition, die überall auf einen Zusammenhang mit dem Gesetz hinweist. In den Pseudo-Platonischen Definitionen wird ἐξουσία als ἐπιτροπή (Anheimstellen, Überlassen) νόμου bestimmt. Auch im Neuen Testament, wo als das Leben der Christen gestaltendes Prinzip das Gesetz Gottes im Hintergrund steht, ist von ἐξουσία im Sinn von Erlaubnis öfter die Rede [1]. Bei den Römern erwähnen der AUCTOR AD HERENNIUM und CICERO die mögliche Funktion eines Gesetzes, etwas zu erlauben (permittere) im Unterschied zum Zwingen (cogere) oder zum Befehlen (iubere) [2]. Der spätrömische Jurist MODESTINUS erklärt: «Legis virtus haec est: imperare, vetare, permittere, punire» [3]. Dieser Satz wird in leicht abgewandelter Fassung von ISIDOR VON SEVILLA [4] und im ‹Decretum Gratianum› [5] wieder aufgenommen. Unter Bezugnahme auf Isidor formuliert dann THOMAS VON AQUIN: «legis actus est: imperare, vetare, permittere et punire». Begründend fügt Thomas hinzu, daß es neben den «actus virtutum», die das Gesetz vorschreibe, und den «actus mali ex genere», die es verbiete, auch «actus indifferentes» gebe, «et respectu horum habet lex permittere»; auch die «actus parum boni vel parum mali» könnten dabei als «indifferentes» betrachtet werden [6].

Diese Darlegungen über permittere hat in der Spätscholastik F. SUÁREZ weiter ausgeführt und präzisiert. Er unterscheidet die *permissio facti*, die im bloßen Zulassen (non impedire, sinere) besteht (aber ein prohibere durch Gesetzesvorschrift nicht ausschließt), von der *permissio iuris*, in der eine negatio prohibitionis et praecepti einschließt. In dieser negatio allein kann dann die permissio iuris entweder schon bestehen, oder diese kann in aliquo positivo praecepto fundiert werden. Die erste Form ist kein proprius effectus legis, wohl aber ein effectus potestatis legislativae; die zweite dagegen ist zwar auch kein allgemeiner effectus legis überhaupt, wohl aber ein specialis effectus legis [7].

Von diesen Unterscheidungen macht HUGO GROTIUS z. T. Gebrauch, indem er erklärt: «Permissio ... proprie non est actus legis, sed actionis negatio, nisi quatenus tertium obligat, ne impedimentum ponat» [8]. Ferner unterscheidet er: «Permissio ... quae lege fit (nam quae nudi est facti et impedimenti remotionem significat, huc non pertinet) aut plena est, quae jus dat ad aliquid omnino licite agendum, aut minor plena, quae tantum *impunitatem* dat apud homines, *et jus ne quis alius impedire licite possit*» [9]. Teils wörtlich übereinstimmend, teils etwas breiter ausgeführt, gibt auch PUFENDORF diese Lehren und Unterscheidungen wieder [10].

In der damit umrissenen Tradition stehen auch KANTS Erklärungen zum Begriff des E.: «Erlaubt ist eine Handlung (licitum), die der Verbindlichkeit nicht entgegen ist; und diese Freiheit, die durch keinen entgegengesetzten Imperativ eingeschränkt wird, heißt Befugnis (facultas moralis).» «Eine Handlung, die weder geboten noch verboten ist, ist bloß *erlaubt*, weil es in Ansehung ihrer gar kein die Freiheit (Befugnis) einschränkendes Gesetz und also auch keine Pflicht gibt. Eine solche Handlung heißt sittlich-gleichgültig (indifferens, adiaphoron, res merae facultatis). Man kann fragen, ob es dergleichen gebe ...» [11]. Diese Frage hat Kant an anderer Stelle ausdrücklich verneint [12]. Ähnliche Feststellungen wie Kant hat W. T. KRUG getroffen [13].

Eine eigene Untersuchung ‹Über den Begriff des Erlaubten› hat SCHLEIERMACHER angestellt. Er kommt zum Ergebnis: «... das Erlaubte gehört nur dem Rechtsgebiet an, aber das dort Erlaubte tut der sittlich Handelnde in jedem einzelnen Fall nur als die Pflicht des Augenblicks, oder unterläßt es, weil er eine andere zu tun hat. Und nur wenn die Vernunft im sittlichen Handeln beschränkt wird auf Gewährung oder Versagung des anderwärts her Geforderten, wie dies allerdings der Fall ist, wenn sie nur ein Gesetz aufstellt ... muß des Erlaubten viel aufgestellt werden» [14].

Mit der letzten dieser Feststellungen Schleiermachers stimmt überein, daß in der katholischen Moraltheologie der Begriff des E. bis noch vor kurzem eine bedeutende Rolle spielte [15]. Einen bemerkenswerten Versuch, die Kategorie des E. evangelisch zu rechtfertigen, hat W. HERRMANN unternommen [16]. Neuerdings hat W. TRILLHAAS einen ähnlichen Versuch eingehender ausgeführt [17].

Anmerkungen. [1] z. B. 2. Th. 3, 9; Joh. 10, 18; Röm. 9, 21; 1. Kor. 7, 37; 6, 12; 9, 4ff.) Ad Herennium II, 10, 15; CICERO, De inventione II, 49, 145. – [3] MODESTINUS, Liber primus definitionum D. 1. 3. 1. – [4] ISIDOR VON SEVILLA, Etymologiarum lib. V, 19. – [5] Decretum Gratianum Pars. I, Distinctio 3, Cap. 4: Quod sit officium legis. – [6] THOMAS, S. theol. I/II, q. 92. a. 2; vgl. jedoch q. 18, a. 8 und 9. – [7] SUÁREZ: De legibus ac Deo legislatore (1612) lib. 1, cap. 15. – [8] GROTIUS: De jure belli ac pacis (1625) lib. 1, cap. 1, § 9. – [9] a. a. O. § 11. – [10] PUFENDORF: De jure naturae et gentium (1672) lib. 1, cap. 6, § 15. – [11] KANT, Met. Sitten, Einl. 4. – [12] Die Religion innerhalb ... Akad.-A. 6, 28. – [13] W. T. KRUG: Allgemeines Handwb. der philos. Wiss. (1827) Art. ‹Erlaubniß›. – [14] SCHLEIERMACHER, Akad.-Abh. (29. Juni 1826). Werke III/2, 418-445. – [15] Vgl. z. B. MAUSBACH-ERMECKE: Kath. Moraltheol. 1 (⁸1954) 99 sowie Reg. ‹Erlaubnis›. – [16] W. HERRMANN: Ethik (⁵1913) § 32. – [17] W. TRILLHAAS: Ethik (1959, ²1965) 7. Kap.   H. REINER

Erläuterungsurteil wird von KANT auch das analytische Urteil genannt [1]: «Analytische Urteile (die bejahenden) sind also diejenigen, in welchen die Verknüpfung des Prädikates mit dem Subjekt durch Identität ... gedacht wird. Die ... könnte man auch E. heißen, weil jene durch das Prädikat nichts zum Begriffe des Subjektes hinzutun, sondern diesen nur durch seine Zergliederung in Teilbegriffe zerfällen, die in selbigem schon, (obschon verworren) gedacht waren» [2].

Anmerkungen. [1] Vgl. Art. ‹Analytisch/synthetisch›. – [2] KANT, KrV B 10.   A. MENNE

Erleben, Erlebnis. ‹Erlebnis› (E.) und ‹Erleben› gewinnen erst Mitte des 19. Jh. gemeinsam die Stellung philosophischer Termini und steigen in der Folge zu erkenntnistheoretischen Grundbegriffen auf. Das späte Auftreten von ‹E.› erklärt sich dadurch, daß die Prägung des Wortes als Sekundärbildung zu ‹Erleben› erst in das frühe 19. Jh. fällt [1]. Aber auch das im literarischen Sprachgebrauch der Goethezeit und früher häufige ‹Erleben›, dem ein altes, in der Bedeutung von ‹durch Leben erwerben und im Leben festhalten› im Sprachgut der Mystik nachweisbares ‹Geleben› zur Seite stand [2], tritt in philosophischem Zusammenhang erst spät auf. In der Schulphilosophie des 18. Jh. läßt es sich im

Unterschied zu ‹Leben› und ‹Erfahrung› überhaupt nicht, bei Kant und den Kantianern, Schelling und Hegel nicht in begrifflicher Funktion nachweisen. Das Gleiche scheint auch für deren zeitgenössische Kritiker Hamann, Herder, Jacobi, Fries, Schleiermacher, F. Schlegel u. a. zu gelten. Auch ist ‹Erleben› ursprünglich kein Terminus der in der ersten Hälfte des 19. Jh. nach naturwissenschaftlichem Vorbild entwickelten Psychologie, Sinnesphysiologie und Psychophysik. Als begriffliches Substitut für ‹Psychisches› scheint sich ‹Erleben› weder bei Herbart, Beneke, C. G. Carus und Fortlage noch bei J. Müller, E. H. Weber und Fechner zu finden. Eine Ausnahme macht aber J. G. FICHTE, bei dem ‹Erleben› in allerdings noch unselbständiger begrifflicher Funktion als Interpretament von ‹Leben› auftritt. Das in der ununterschiedenen Einheit von Realität und Leben implizierte transitive Moment des Selbstvergessenseins des Subjekts im Zustand reflexionsloser Erfülltheit durch seinen jeweiligen Inhalt drückt Fichte durch die Konjunktion «leben und erleben» [3] aus. Dieser Zustand ist Grundlage und Ausgangspunkt einer transzendentalen Theorie des Wissens, in der seine ihm selbst notwendig verborgene Bestimmtheit zu Begriff kommt. Diese Theorie erweist ihren Wirklichkeitscharakter dadurch, daß sie selbst ein auffindbarer, «nicht gegebener» [4] Modus von Leben und Erleben ist, zu dem sich das Subjekt im freien Akt des Zusichselbstkommens erhebt. Das ursprünglich gegebene Leben und Erleben ist daher das Letztgegebene für alle Theorie; die Gegebenheitsweise von Leben und Erleben begrenzt jedoch nicht, sondern eröffnet gerade die Möglichkeit und Notwendigkeit seiner begrifflichen Konstruktion in der Theorie als einer «höheren Reihe des Lebens und der Wirklichkeit» [5]. ‹Erleben› tritt so erstmals relevant in einem Zusammenhang auf, der die Eigentümlichkeit des so benannten Sachverhalts nicht kritisch gegen die Idee einer transzendentalen Theorie der Subjektivität einsetzt, sondern zu ihrem Grund und Maßstab selbst erhebt.

Einen *allgemeinen* begrifflichen Gebrauch von ‹Erleben› scheint jedoch erst das Verfügen über die in der neuen Wortbildung ‹E.› gelegenen Bedeutungsmomente nach sich gezogen zu haben. Die Begriffsgeschichte von ‹Erleben› ist insofern die von ‹E.›, als ‹Erleben› terminologisch erst dort auftritt, wo es als dessen verbale Form bzw. nominales Synonym (das Erleben) gebraucht wird. Das Motiv zu der neuen Wortbildung ist der Bedeutungsanalyse von ‹Erleben› zu entnehmen. ‹Erleben› heißt zunächst ‹noch am Leben sein, wenn etwas geschieht›. Von daher trägt das Wort den Ton der Unmittelbarkeit, mit der etwas Wirkliches erfaßt wird, die keiner fremden Beglaubigung bedarf und aller vermittelnden Deutung vorhergeht. Das Erlebte ist stets das Selbsterlebte, dessen Gehalt sich keiner Konstruktion verdankt. Zugleich bezeichnet die Form ‹das Erlebte› solches, was im Fluß des unmittelbaren Erlebens als der aus ihm ermittelte Ertrag Dauer und Bedeutsamkeit für das Ganze eines Lebenszusammenhangs gewonnen hat. Beide Bedeutungsmomente erscheinen in der Wortprägung ‹E.› in verdichteter Weise produktiv vermittelt: zum E. wird ein Erlebtes, sofern es nicht nur schlicht erlebt wurde, sondern sein Erlebtsein einen besonderen Nachdruck hatte, der ihm bleibende Bedeutung sichert. Im E. ist der Erlebende aus dem Trivialzusammenhang seines ‹sonstigen› Erlebens herausgehoben und zugleich bedeutsam auf das Ganze seines Daseins bezogen. Was als E. gewertet wird, ist durch seine Bedeutsamkeit zur Einheit eines Sinnganzen zusammengeschlossen, das die Unmittelbarkeit bloßen Erlebens ebenso übersteigt wie die Positivität der Bestimmtheit des einzelnen E. durch seinen Gegenstand und sich daher auch den Lebensmomenten mitteilt, die nicht in gleicher Weise Sinn gewähren. Da sich diese erschließende Leistung des E. in bezug auf den unvollendeten Fluß des Erlebens und in ihm zumal vollzieht, liegt in ihr aber auch die Unmöglichkeit einer vollendeten rationalen Vermittlung des E.-Gehalts. Insofern gehört es zum Wesen von E., seine betonte Unmittelbarkeit zu behalten und nicht in dem aufzugehen, was sich als seine Bedeutung festhalten läßt.

Nach der Seite dieser hermeneutisch-spekulativen Verschränkung von Unmittelbarkeit und Vermittlung, die sich paradigmatisch in der Erfahrung von Religion, Liebe und Kunst (ästhetisches, religiöses E.) bekundet, hat der E.-Begriff seine *romantisch-pantheistische Vorgeschichte* in bedeutungsnahen Begriffen, die den Maßstab des ‹Erlebtseins› polemisch gegen den Rationalismus der Aufklärung und den Kritizismus Kants sowie gegen Fichtes Theorie des Verhältnisses von Leben und Wissen und den absoluten Anspruch der spekulativen Methode Hegels in Kraft setzen.

Dieser Maßstab benennt gegenüber den Abstraktionen des Verstandes und der Partikularität von Empfindung und Wahrnehmung sowie gegenüber dem Versuch einer absoluten Aufklärung der Bedeutung von Lebensinhalten durch dialektische Konstruktion ihres begrifflichen Gehalts eine im Leben und als Leben selbst aufgehende Totalität, der man in anderer Weise inne ist als durch begriffliche Vergegenständlichung oder einen Akt der Vernunft. Nach dem Vorgang von HERDER, HAMANN und besonders JACOBI macht FRIES die «Ahndung» als die das «Ewige im Endlichen» [6] erfassende Erkenntnisart geltend, die als Bestimmung des «endlichen, eignen, innern Lebens» [7] «nur durch Gefühl ohne Begriff» [8] besteht. SCHLEIERMACHER setzt Hegels Konstruktion der geoffenbarten Religion die «Frömmigkeit» als das Wesen religiöser Erfahrung entgegen, die «rein für sich betrachtet weder ein Wissen noch ein Tun, sondern eine Bestimmtheit des Gefühls oder des unmittelbaren Selbstbewußtseins» [9] ist. NOVALIS fordert eine Realpsychologie, die davon ausgeht, daß «Leben sich schlechterdings nur aus Leben erklären» [10] läßt. Der späte F. SCHLEGEL entwickelt eine «Philosophie des Lebens» [11] als innere Erfahrungswissenschaft, die gegenüber der einseitigen Bevorzugung des dialektischen Vermögens der Abstraktion das «geistige innere Leben, und zwar in seiner ganzen Fülle, nicht bloß diese oder jene einzelne Kraft desselben» [12] zum alleinigen Gegenstand der philosophischen Denkart erhebt. Indem sie «nur das Leben» [13] voraussetzt, ist sie unmittelbar «Teil und Bestandteil des Lebens» [14]. Gemeinsam ist diesen Positionen die Überzeugung, daß sich das Absolute nicht absolut erkennen läßt, sondern einzig in der endlichen Realität eines menschlichen Zustands manifestiert, in dessen unbegrifflich-ungegenständlicher Innerlichkeit und Unmittelbarkeit die Spaltung in eine Subjekt- und Objektwelt keine aufweisbare Wirklichkeit ist. Begriffe wie ‹Ahndung›, ‹Gefühl›, ‹Sinn›, ‹Geschmack›, ‹Erregung›, ‹innere Stimmung›, ‹Innigkeit›, ‹Hineinleben›, ‹Darleben› u. a. versuchen nicht die psychologisch-empirische Bestimmtheit dieses Zustands anzugeben, sondern die ihm als Ausdruck der Selbstauslegung eines Lebensganzen spezifisch eigneneigne Bedeutsamkeit zu beschreiben.

Die ersten Belege für das Auftreten des Terminus ‹E.› betonen jedoch nicht die romantisch-pantheistische

Komponente seines Bedeutungsgehalts, die unseren Sprachgebrauch von ‹E.› auch noch in seinen Trivialabschattungen bis heute trägt, sondern gerade das Moment der baren Unmittelbarkeit des Selbsterlebtseins, das aller Vermittlung vorausliegt. Die wohl erste, überraschend frühe Definition von ‹E.› findet sich in der dritten Auflage von W. T. KRUGS ‹Encyklopädischem Lexikon in bezug auf die neuste Literatur und Geschichte der Philosophie› von 1838 [15]: «E. heißt alles, was man selbst erlebt (empfunden, geschaut, gedacht, gewollt, gethan oder gelassen) hat. Solche E. sind also die Grundlage der eigenen Erfahrung, wenn man dadurch richtige Ergebnisse zu ziehen versteht.» Krugs Verweise auf die Artikel ‹Ergebnis› und ‹Empirie› verdeutlichen, daß er als E. gerade und nur das gelten lassen will, was sich, wie immer auch durch höhere Akte bestimmt, zur eigenen Erfahrung wie die Prämisse zur Konklusion (= Ergebnis) verhält. E. sind nicht die Strukturen, die eigene Erfahrung als solche ausmachen, sondern nur deren Grundlage. Erfahrung wird erst durch spezifische logische Vermittlungen konstituiert, die sich zwar durchgängig auf E. beziehen, selbst aber nicht den Charakter der Unmittelbarkeit von E. haben. E. ist daher durch seine auf nicht-erlebnismäßige Vermittlung zu beziehende Unmittelbarkeit *bloßen* Erlebtseins definiert, d. h. in bezug auf sein bleibendes Ergebnis, das in ihm selbst nicht liegt.

In einem der Krugschen Definition nahen Sinn läßt sich ‹E.› in H. LOTZES ‹Metaphysik› von 1841 nachweisen. Die ‹Bildung› ist hier das ‹Ergebnis› der beobachtenden Behandlung von ‹E.›. Im Unterschied hierzu führt Lotze in seinem ‹Mikrokosmos› von 1856ff. ‹E.› jedoch als Definiens dessen ein, was gerade und nur durch die Seinsweise unmittelbarer innerer Präsenz die aller Vermittlung unbedürftige Leistung ist, den Sinn von Sein und Wirklichkeit aufzuschließen und darin Welt- und Selbsterfahrung ursprünglich zu konstituieren [16]. In Konkurrenz zu ‹E.› stehen hier ‹innerer Zustand›, ‹inneres Leben›, ‹Ereignis des inneren Lebens›, ‹innere Erscheinung›, ‹Zustand unseres Erregtseins› u. a. Gegenüber der unmittelbaren Präsentation aller Gehalte und der ihnen immanenten Bedeutsamkeit im E. gilt die vermittelnde und objektivierende Leistung des Denkens als sekundäre Funktion der bloßen Nominalisierung innerer Zuständlichkeiten bzw. als die logische Funktion des bloßen Trennens und Verbindens der stets im Modus des Erlebens gegebenen Inhalte. E. sind nicht subjektive Grundlage der Erfahrung, sondern repräsentieren die eigentliche Wirklichkeit dessen, was Erfahrung heißt. E. sind daher die Sinnesempfindungen, räumlichen Anschauungen, Lust- und Unlustgefühle ebenso wie die Gewißheit des Anspruchs des Schönen, der Anspruch einer Gesinnung auf Billigung, die Anschauung des Absoluten: «Die lebendigen Kräfte, die der Glaube in Gott angeschaut hat, bleiben dem Denken ebenso unzugänglich, als die sinnlichen Empfindungen, welche die Wahrnehmung bietet, ihren Inhalt erleben wir nur und haben ihn nicht durch Denken. Was gut und böse ist, bleibt ebenso undenkbar als was blau oder süß ist» [17]. Ebenso beruht die Möglichkeit, E. als eigene Zustände anzusehen, auf E. [18]. So ist ‹E.› bei Lotze die Grundbestimmung von Bewußtsein und Selbstbewußtsein. Auch die erfahrene Differenz zwischen bloßem Erleben und dem, was durch seine spezifische Bedeutsamkeit in specie als E. gilt, wird von Lotze konsequent durch einen besonderen Modus von Erleben, das Wert- oder Geltungserlebnis erklärt. Die durch Lotze in die Philosophie eingebürgerten Begriffe des Werts und der Geltung sind somit unmittelbar durch den E.-Begriff interpretiert und haben unbezüglich auf diesen keine angebbare Bedeutung. Lotzes Auszeichnung des E. ist für den spekulativen Irrationalismus seiner eigenen Stellung innerhalb der Philosophie nach Hegel bezeichnend: sie hat Ersatzfunktion für die abgelebte Methode dialektischer Konstruktion und beansprucht zugleich, den Sinnverlust rückgängig zu machen, den die Lebensbezüge des Einzelnen durch ihre naturwissenschaftliche bzw. materialistische Interpretation erfahren. So ist E. ein typisch *nachhegelscher* und zugleich den Anspruch der Naturwissenschaften des 19. Jh. *kritisierender* Begriff. Lotzes große Wirksamkeit auf das Bildungsbürgertum der Zeit ist für die Verbreitung des E.-Begriffs in der philosophischen Literatur der letzten Drittels des 19. Jh. mitbestimmend, sein wenig gewürdigter Einfluß auf Dilthey unbestreitbar [19].

Gleichzeitig mit Lotze führt CH. H. WEISSE, bei dem sich ein früher expliziter, an Fichte anschließender Gebrauch von ‹Erleben› nachweisen läßt [20], den Terminus ‹E.› (stets in der Femininform ‹die›) in seiner ‹Philosophischen Dogmatik oder Philosophie des Christentums› von 1855 ein. Bezeichnenderweise drängt auch bei Weisse das nachhegelsche Motiv der Bindung einer spekulativen Wissenschaft des gegenständlichen Gehalts des christlichen Glaubens an eine empirisch aufweisbare Basis zur Auszeichnung von ‹E.›. Diese Basis ist eben «die Erlebnis des Inhalts der Glaubenserfahrung», mit der sich die Dogmatik als «wissenschaftliche Erkenntnis dieses Inhalts» [21] in einem propädeutischen Beweisgang zu ‹vermitteln› hat. Auch für Weisse besteht das Wesen des Erlebtseins der E. gerade darin, daß es keiner intersubjektiven Vermittlung und Mitteilung in Begriffen fähig ist. Die Wissenschaft kann daher nur an das im E. anschließen, was «an und für sich schon, noch vor ihrer Verarbeitung zur eigentlichen Wissenschaft Bewußtsein und gegenständliche Erkenntnis» [22] ist. Da dies nicht das ist, was das Erlebnis im E. definiert, begnügt sich die Dogmatik damit, den Ort des religiösen E. im Seelenleben aufzuzeigen, und überläßt es jedem, es dort aufzusuchen: «Ihrem weiteren Gange wird dann allerdings nur derjenige folgen können, dem es gelungen ist, sie in seiner persönlichen E. aufzufinden. Denn dies ja doch könnte die Wissenschaft nimmer für ihre Aufgabe erkennen, dem Blinden die Farben oder dem Tauben die Klänge zu deuten» [23].

In diesen frühen Auszeichnungen von E. bleibt der Bezug der Theorie über das im E. gegenständlich Gemeinte auf sein Erlebtsein ebenso ungeklärt wie die Beziehung zwischen Erlebtsein und erlebtem Gehalt. Ferner bleibt das hermeneutische Moment der Verschränktheit von Unmittelbarkeit und Vermittlung im ‹eigentlichen› E. entweder unbestimmt oder tautologisch durch spezifische Modi von E. interpretiert, deren eigener Status ungeklärt bleibt. Erst DILTHEY entwickelt auf der Grundlage des ihn durchgängig beherrschenden Motivs der erkenntnistheoretischen Begründung des eigenen Wahrheitsanspruchs der Geisteswissenschaften eine *Theorie* des E. Er unterliegt nicht mehr den ungeklärten theoretischen Vorentscheidungen darüber, was das Erlebtsein des E. bzw. das eigentlich Psychologische am Psychischen ist, die dazu zwingen, als ursprüngliches Modell des inneren Gegebensein von E. die unausdrückbare Unmittelbarkeit des Habens von Sinnesdaten einzusetzen. Dilthey fordert gegenüber der naturalistischen Psychologie seiner Zeit, die den Zusammenhang des

Seelenlebens durch Unterordnung des Psychischen unter einen hypothetisch erschlossenen Kausalkonnex einer begrenzten Anzahl eindeutig bestimmter psychischer Elemente zu ‹erklären› unternimmt, eine ‹beschreibende und zergliedernde› Psychologie, die den in innerer Erfahrung aufweisbaren wahren Gegebenheitscharakter des Psychischen nicht überspringt [24]. Im Unterschied zu dem nur hypothetisch konstruierbaren Zusammenhang physischer Gegenstände, «welche im Bewußtsein als von außen, als Phänomene und einzeln gegeben auftreten», tritt, was psychische Tatsache ist, «von innen, als Realität und als ein lebendiger Zusammenhang originaliter» [25] auf. Wo *Psychisches* gegeben ist, «ist gerade der Zusammenhang ursprünglich und beständig im Erleben gegeben» [26], wo Psychisches *gegeben* ist, ist es in der Weise eines Zusammenhangs da, «der nicht hinzugedacht oder erschlossen, sondern erlebt ist» [27]. Psychischer Zusammenhang *wird* nicht nur erlebt, seine Gegebenheitsweise *ist* Erleben, und was Erleben und E. ist, ist *als* dieser Zusammenhang. Die Begriffe ‹E.› und ‹Erleben› werden ausdrücklich identifiziert: «Erleben und E. sind nicht eins vom andern abgeteilt; es sind Ausdruckswendungen für dasselbe» [28]. Der von Erleben bzw. E. ununterscheidbare Strukturzusammenhang des Psychischen [29] ist ein auf inneren Beziehungen beruhendes Beziehungsganzes. Dieser Strukturzusammenhang folgt nicht als ein Verursachtes aus der Sinneinheit ineinander verflochtener Willens-, Gefühls- und Vorstellungsleistungen, als die E. gegeben ist, auch wird dies Gegebensein des E. nicht erst durch den Strukturzusammenhang erzeugt. Was vielmehr E. als Zusammenhang und der Zusammenhang der E. ist, konstituiert sich in ursprünglicher Einheit durch die «Immanenz der Bedeutung in dem, dessen Bedeutung es ist» [30].

Diese immanente Teleologie des durch seine Bedeutsamkeit je unabschließlich auf sich selbst hin ausgelegten Erlebens ist die ihm eigne Historizität und als solche die *psychologisch-hermeneutische* Basis des Aufbaus der geschichtlichen Welt in den Geisteswissenschaften. Diese Welt ist im Unterschied zur Natur Manifestation und Objektivation des Erlebens in Ausdrücken, die nicht hypothetisch-konstruktiv ‹erklärt›, sondern ‹verstanden› werden. Die Gleichartigkeit des historisch verstehenden Subjekts und seines als Ausdruck von Erleben verständlichen Objekts macht historisches Verstehen als einen methodisch expliziten Modus von Verstehen überhaupt möglich. Dilthey erhebt so das hermeneutisch-spekulative Moment des E.-Begriffs, das in dessen romantisch-pantheistischer Vorgeschichte dialektisch umspielt und auf die endliche Manifestation des Absoluten eingeschränkt erscheint, zur Grundbestimmung von ‹E.›. Zugleich betrifft die Kategorie der Bedeutung als die dem E. immanente zirkuläre Bewegung, die es als Teil eines Lebensprozesses zu ihm als Ganzem und die dies Ganze zu ihm als Teil an sich hat, die Struktur des Erlebtseins des E. selbst. In ihm kann nicht ein Akt des Inneseins und ein Inhalt, dessen er inne ist, unterschieden werden: «Im E. ist Innesein und der Inhalt, dessen ich inne bin, eins» [31].

Eine ähnlich universale Funktion besitzt der Begriff des ‹intentionalen E.› in der *Phänomenologie* E. HUSSERLS. Er wird in Husserls Kritik am logischen Psychologismus des ausgehenden 19. Jh. im Anschluß an F. BRENTANOS Theorie der Unterscheidung physischer und psychischer Phänomene [32] entwickelt. Intentionalität als die meinende Weise, in der sich ein E. als Bewußtsein ‹von› etwas auf seinen Gegenstand bezieht, ist nicht eine Relation, *in* der das E. steht, sondern gehört zum eigensten Sinne von E. selbst. HUSSERLS Intentionalitätsforschung in Absicht auf eine objektive Theorie der Erkenntnis ist Wesensdeskription der unterschiedenen Weisen des ‹Wie› der Beziehung von E. auf ihre Gegenstände, denen auf der Seite der intentional vermeinten Gegenstände selbst korrelative Unterscheidungen entsprechen, die gleichzeitig zu thematisieren sind. Dies unterscheidet sie sowohl von Brentanos Beschränkung des intentionalen Gegenstands auf Reales bzw. Dinge bei aller Mannigfaltigkeit der Weisen des intentionalen Beziehens als auch von der Gegenstandstheorie A. MEINONGS, welche die intentionalen Charaktere der E. zwar als Ausgangspunkt der Exposition der verschiedenen Gegenstandsklassen benützt, diese dann aber absolut versteht: «Die den Gegenstand erfassenden Erlebnisse» sind «nicht etwa als für den Gegenstand irgendwie konstitutiv anzusehen» [33]. DILTHEY hat in seinem Spätwerk an Husserls intentionale Analysen angeschlossen [34].

Unabhängig von diesen bestimmt P. NATORP im Schulzusammenhang des Marburger Neukantianismus «das subjektive Gegebensein der Erscheinung vor aller Objektivierung» [35], mithin das, was «das subjektive E. bloß als solches abgesehen von der Frage der objektiven Geltung des Erlebten» [36] ist, als das Problem einer transzendentalen Psychologie. Das psychische Dasein der E. oder «ihr subjektives Dasein allemal für ein Ich, abgesehen von der Frage nach dem Gegenstand, der darin erscheint» [37], ist für Natorp gerade wegen der stets gegenständlichen Objektivierung, die das E. an seinem Inhalt vollzieht, sofern es überhaupt einen bestimmten Inhalt hat, kein Gegebenes oder in innerer Wahrnehmung bzw. Reflexion in seiner Unmittelbarkeit Gebbares, sondern eine der Objektivierung korrelativ gegenläufige ‹unendliche Aufgabe›. Ihre Methode ist die Rekonstruktion des subjektiven Erlebtseins der E. aus den Objektivationen des gegenständlichen Habens. Sie deutet das gegenständlich Gehabte auf die Stufe bloß subjektiven Gegebenseins der charakteristischen Verbindungen zurück, die das Eigentümliche des Bewußtseins an dem, was sein Inhalt ist, zum Ausdruck bringen. Je expliziter daher Objektivierungen in Geltung sind und als Bedeutung vollzogen werden, desto sicherer gelingt die Rekonstruktion ihres subjektiven Gegebenseins im E. Die transzendentale Psychologie setzt daher das Objektivationssystem der exakten Wissenschaften und dessen philosophische Theorie, die transzendentale Logik, voraus, ist aber in bezug auf sie eine jederzeit mögliche korrelative Forschungspraxis.

Um die Jahrhundertwende werden ‹E.› und ‹Erleben› schlagartig zu philosophischen Modebegriffen, die für die verschiedensten systematischen Intentionen in Logik, Erkenntnistheorie, Ästhetik, Ethik, Psychologie und Anthropologie einstehen. Sie treten nun auch massenhaft in den Psychologien und psychologischen Subjektivitätstheorien auf, die unmittelbar oder in ihren Konsequenzen naturalistisch bleiben. In vielfältig schillernder Auslegung seiner hermeneutisch-anthropologischen Bedeutung bleibt ‹E.› ein Grundbegriff der Lebens- und der Weltanschauungsphilosophie des ersten Drittels des 20. Jh., die weniger auf die Wirksamkeit Diltheys als auf den Einfluß NIETZSCHES und BERGSONS zurückgehen. Hier liefern G. SIMMEL, der für den Aufstieg von ‹E.› zu einem Modewort mitverantwortlich zu machen ist, und M. SCHELER, der eine «vom Erleben der Wesensgehalte der Welt» [38] ausgehende Philosophie fordert, bedeutende Beiträge zur Phänomenologie des Lebens und konkreter E. [39].

Die zunehmende Unverbindlichkeit des philosophischen Gebrauchs der Begriffe ‹Erleben› und ‹E.› wird insbesondere von spätneukantianischer Seite her kritisiert [40]. Der E.-Begriff erfährt in der Denkpsychologie R. HÖNIGSWALDS [41] nochmals eine theoretische Präzisierung von Rang. In kritischem Anschluß an Husserl und Natorp und beeinflußt durch O. Külpes kritischen Realismus teilt er mit diesen die Überzeugung, daß jede Präsentation eines psychischen Einzelinhalts nur eine willkürliche Herauslösung und Verselbständigung aus einem umfassenden Zusammenhang ist. Die Natur dieses Zusammenhangs ist grundsätzlich durch das in ‹Sinn› und die Beziehung auf Sinn gesetzte System von Relationen konstituiert und daher unverständlich, wenn nicht jedes E. als solches in bezug auf begriffliche Funktionen das ist, was es ist. Durch diesen Bezug steht es in Korrelation zu möglicher Geltung des in ihm Gehabten. Die universale Affinität aller E. zu der Norm der Verknüpfung im Sinn ist Thema einer Theorie der korrelativen Beziehung von «E.-Gefüge und Sinngefüge» [42], die sich als letztbegründende Wissenschaft der geltungsstiftenden Subjektivität qua Einheit von Prinzip und Faktum versteht. Neuerdings hat W. CRAMER die Struktur des Erlebens als einfache Zeitlichkeit des Aus-sich-Beziehens zum Ausgangspunkt einer monadologischen Theorie der Subjektivität gemacht [43].

In den dreißiger Jahren verliert sich der Gebrauch von ‹E.› und ‹Erleben› zusehens, nicht zuletzt auf Grund der radikalen Kritik M. HEIDEGGERS an seinen cartesianischen Implikationen. Er wird durch die schnell modisch werdende Begrifflichkeit der Existenzphilosophie ersetzt. Eine besondere Bedeutung kommt dagegen dem E.-Begriff in der wissenschaftstheoretischen Diskussion des logischen Positivismus zu, der das paradigmatische Modell der E.-Unmittelbarkeit der Wahrnehmungs-E. neu thematisiert. Deren Unmittelbarkeit schließt intersubjektive Verständigung über sie selbst als E. aus, da ihr Erlebtsein nicht in allgemeinen Symbolen darstellbar ist. Andererseits sind Sätze nur dann von empirischem Gehalt, wenn sie sich auf einen sinnlichen Gehalt beziehen. Die problematische Struktur dieser Beziehung wird als die des Verhältnisses von Wahrnehmungs-E. und Basissätzen in verschiedenen Theorievorschlägen diskutiert [44].

Gegenwärtig besitzen Geschichte und Systematik der Diskussion des E.-Begriffs eine differenzierte, seiner historischen Genese gegenüber verfremdete Aktualität, in der sich das im Wandel begriffene Selbstbewußtsein der kontinentalen europäischen Philosophie ausdrückt. Der Auflösung der klassischen Subjektivitätstheorien und ihres erkenntnistheoretischen Anspruchs durch die an Diltheys und besonders Heideggers Kritik anknüpfende neuere Hermeneutik [45] steht die Meinung entgegen, daß die in der nachhegelschen kontinentalen Tradition entwickelten E.-Theorien und deren kritische Destruktionen insgesamt keine oder doch nur unzureichende, nämlich zirkuläre bzw. tautologische Antworten auf die Grundfrage anbieten, wie das erlebende Subjekt von seinem Erleben wissen kann [46]. Eine nichtredundante Beschreibung und Aufklärung dieses Wissens wird in formalen Theorien des Selbstbewußtseins vermittels einer differenzierten Analyse der Struktur von Bewußtsein angestrebt, welches den E.-Begriff terminologisch ersetzt, da dieser inhaltlich belastet erscheint.

Dabei wird einerseits auf Positionen des deutschen Idealismus, gegen welche der E.-Begriff ursprünglich kritisch eingesetzt worden ist, zurückverwiesen [47], andererseits versucht, die kontinentale Tradition der Subjektivitätstheorie mit den unabhängig von ihr entwickelten Positionen der angelsächsischen ‹philosophy of mind› zu vermitteln [48]. Innerhalb der letzteren werden die dem E.-Begriff sachlich korrespondierenden theoretischen Probleme mit behavioristischen, sprachanalytischen und wissenschaftstheoretischen Mitteln erörtert, deren methodische Funktion fließend und deren eindeutige Bestimmung selbst Gegenstand ausgedehnter Diskussion ist. Von besonderer, auch auf dem Kontinent zunehmender Wirksamkeit erweist sich dabei die sprachanalytische Reduktion der theoretischen Behandlung des mit ‹E.› bezeichneten Sachverhalts durch L. WITTGENSTEIN [49].

Anmerkungen. [1] Früher Beleg für autobiogr. Gebrauch ein Brief HEGELS von 1827; vgl. Hegels Briefe, hg. E. HOFFMEISTER 3, 179. – [2] z. B. bei MEISTER ECKHART; vgl. J. und W. GRIMM: Dtsch. Wb. (1897). – [3] J. G. FICHTE: Sonnenklarer Bericht an das größere Publikum über das eigentliche Wesen der neuesten Philos. (1801). Werke, hg. F. MEDICUS 3, 559. 569. – [4] a. a. O. 568. – [5] 568. – [6] J. F. FRIES: Wissen, Glaube und Ahndung (1805) 175. 237. – [7] a. a. O. 238. – [8] Julius und Evagoras (1814), hg. W. BOUSSUET (1910) 449. – [9] F. D. SCHLEIERMACHER: Der christl. Glaube (1821) § 3. – [10] NOVALIS, Schriften, hg. J. MINOR (1923) 3, 85, n. 401. – [11] F. SCHLEGEL: Philos. des Lebens (1828). Krit. A., hg. E. BEHLER Bd. 10. – [12] a. a. O. 7. – [13] 7. – [14] 11. – [15] Die 1. und 2. Aufl. (1827-1829, 1832-1834) haben ‹E.› noch nicht (auch nicht ‹Erleben›). – [16] H. LOTZE: Met. (1841) 8, § 4; Mikrokosmus (1856-1864) 1, 169; 2, 266. 268. 314; 3, 518. 522. 549. – [17] Mikrokosmus 3, 242. – [18] a. a. O. 539. – [19] LOTZE gebrauchte ‹E.› und seine Entsprechungen häufiger in: Gesch. der Ästhetik in Deutschland (1869) z. B. 12 schon ‹Ur-E.›, und gehäuft in: Met. (1879) passim. – [20] CH. H. WEISSE: Über den wiss. Anfang der Philos. Z. Philos. spekulat. Theol. 2 (1838) 185. – [21] Philos. Dogmatik (1855-1862) 1, 21. – [22] a. a. O. 25. – [23] 48. – [24] W. DILTHEY: Leben und Dichtung (1883). Schriften 1; Ideen über eine beschreibende und zergliedernde Psychol. (1894). Schriften 5 (= Die geistige Welt, Einl. in die Philos. des Lebens 1: Abh. zur Grundlegung der Geisteswiss., mit Einl. von G. MISCH). – [25] a. a. O. 5, 143. – [26] 144. – [27] 152. – [28] 7 (= Der Aufbau der geschichtlichen Welt in den Geisteswiss.), 231. – [29] Vgl. die Studien zur Grundlegung der Geisteswiss. 7, 3-78. – [30] 6, 319. – [31] 7, 27. – [32] F. BRENTANO: Psychol. vom empirischen Standpunkt 1. 2 (1874), hg. O. KRAUS (1924, ²1955); E. HUSSERL: Log. Untersuch. (1900/01, ²1913) bes. 5. und 6. Untersuch. – [33] A. MEINONG: Selbstdarstellung, in: Die dtsch. Philos. der Gegenwart in Selbstdarstellungen, hg. R. SCHMIDT 1 (²1923) 112; vgl. 114. – [34] Vgl. W. DILTHEY, a. a. O. 7, 13, Anm. – [35] P. NATORP: Einl. in die Psychol. nach krit. Methode (1888) 93; die umgearbeitete Fassung (1912) = Allg. Psychol. nach krit. Methode. (mit krit. Übersicht der Theorien W. Wundts, Th. Lipps', Husserls, Diltheys, Münsterbergs und der Met. Bergsons). – [36] Einl. ..., a. a. O. 8. – [37] 82. – [38] M. SCHELER: Abh. und Aufsätze (1915) 2, 227. – [39] Vgl. G. SIMMEL: Die Relig. (1906); Hauptprobleme der Philos. (1910); Philos. Kultur (1911); Brücke und Tor, hg. M. LANDMANN (1957); Lebensanschauung (1918); M. SCHELER: Über Ressentiment und moralisches Werturteil (1913); Vom Umsturz der Werte (1919, ³1927); Zur Phänomenol. und Theorie der Sympathiegefühle und von Liebe und Hass (1913); H. RICKERT: Die Philos. des Lebens (1920). – [41] R. HÖNIGSWALD: Die Grundlagen der Denkpsychol. (1921, ²1925). – [42] a. a. O. 36; vgl. 79f. 82f. 119. 269ff. – [43] W. CRAMER: Die Monade. Das philos. Problem vom Ursprung (1954); Grundlegung einer Theorie des Geistes (1957, ²1965). – [44] Vgl. M. SCHLICK: Allg. Erkenntnislehre (1918); R. CARNAP: Der log. Aufbau der Welt (1928, ³1966); zur Diskussion zwischen CARNAP, NEURATH und SCHLICK vgl. Erkenntnis 2 (1931); 3 (1932/33); 4 (1934); krit. Übersicht über die Problemlage und wirklungsvoller Lösungsvorschlag bei K. POPPER: Logik der Forsch. (²1966) bes. Kap. V: Basisprobleme. – [45] H.-G. GADAMER: Wahrheit und Methode. Grundzüge einer philos. Hermeneutik (1960, ²1965). – [46] U. POTHAST: Über einige Fragen der Selbstbeziehung (1971); K. CRAMER: ‹E.› Das aporetische Resultat der systemat. Diskussion eines nachhegelschen Grundbegriffs und das Problem des Rückgangs auf Hegel als Theoretiker der Subjektivität. Hegel-Studien, Beih. Jubiläumskongreß Hegel 1770-1970, Stuttgart (1971). – [47] K. CRAMER, a. a. O.; D. HENRICH: Fichtes ursprüngliche Einsicht (1967). – [48] D. HENRICH: Selbstbewußtsein. Krit. Einl. in eine Theorie. Hermeneutik und Dialektik I, hg. R. BUBNER/K. CRAMER/R. WIEHL (1970) 257ff. – [49] L. WITTGENSTEIN: Philos. Untersuch. Schriften 1 (1960); vgl. H. J. GIEGEL: Die Logik der seelischen Ereignisse. Zu Theorien von L. Wittgenstein und W. Sellars (1969).

Literaturhinweise. W. DILTHEY: Das E. und die Dichtung (1905, ¹³1957). – F. MÜNCH: E. und Geltung (1913). – A. LIEBERT: Das Problem der Geltung (1914). – E. HÖFFDING: E. und Deutung (1923). – H. FISCHER: E. und Met. (1928). – M. SCHLICK: Erleben, Erkennen, Met. (1930). Aufsätze (1938). – M. LANDMANN: Erkenntnis und E. (1951). – H.-G. GADAMER: Wahrheit und Methode. Grundzüge einer philos. Hermeneutik (1960, ²1965) bes. 56ff. – E. TUGENDHAT: Der Wahrheitsbegriff bei Husserl und Heidegger (1967). – J. HABERMAS: Erkenntnis und Interesse (1968). – F. KAMBARTEL: Erfahrung und Struktur. Bausteine zu einer Kritik des Empirismus und Formalismus (1968).

K. CRAMER

Erlebnis, intentionales. In der Phänomenologie E. HUSSERLS sind alle Erlebnisse als Glieder des Erlebnisstromes wesensmäßig durch ihre intentionale Beziehung auf Gegenständliches gekennzeichnet. Sie sind Bewußtsein von etwas, d. h. sie tragen als «cogitationes» ihre «cogitata» in sich [1]. Jedes Erlebnis hat seine eigene Erlebniszeitlichkeit. Es ist, was es ist, in einem beständigen Fluß von Retentionen und Protentionen, die durch eine selbst fließende Phase der Originarität vermittelt werden. In ihr ist das lebendige Jetzt des Erlebnisses gegenüber seinem «Vorher» und «Nachher» bewußt [2]. Jedes i.E. ist durch zwei Momente charakterisiert: 1. durch Bewußtsein im Modus aktueller Zuwendung als explizites Bewußtsein von einem Gegenstand [3], 2. durch Bewußtsein im Modus der Inaktualität und Potentialität. In ihm ist der geistige Blick noch nicht aktuell und explizit auf ein Gegenständliches gerichtet. Es ist dem i.Erleben aber wesentlich, dies tun zu können, weil es implizit immer auch Bewußtsein dessen ist, was ihm in der Weise des horizonthaft Mitgegebenen zugehört. Alle Intentionalität ist Horizontintentionalität [4]. Im 1. Band der ‹Ideen zu einer reinen Phänomenologie und phänomenologischen Philosophie› führt Husserl für das unter 1. gekennzeichnete Bewußtsein von etwas den Terminus ‹Akt› (cogito) im strengen Sinne ein, während der Begriff ‹i.E.› dem Ganzen der unter 1. und 2. genannten Momente vorbehalten bleibt [5]. Der Titel ‹i.E.› wird von Husserl im cartesischen Sinne so weit gefaßt, daß er jedes «Ich nehme wahr, Ich erinnere mich, Ich phantasiere, Ich urteile, fühle, begehre, will» mitumspannt [6]. Zu jedem Erlebnis gehören wesensmäßig reproduktive Modifikationen (Erinnerungen, Phantasieabwandlungen u. ä.) als ideal mögliche Abwandlungen des Erlebnisses [7]. Auch die hyletischen, reellen Bestandstücke der i.E. werden von Husserl gelegentlich als Erlebnisse bezeichnet [8].

Anmerkungen. [1] E. HUSSERL: Log. Untersuchungen II, 1: Untersuchungen zur Phänomenol. und Theorie der Erkenntnis (⁵1968) 343ff.; Cartesianische Meditationen und Pariser Vorträge. Husserliana 1 (Den Haag ²1963) 71f.; vgl. auch Ideen zu einer reinen Phänomenol. und phänomenol. Philos. 1. Buch. Husserliana 3 (Den Haag 1950) 76f. – [2] Ideen ... a. a. O. 182; Cartesianische Meditationen ... a. a. O. 79f. – [3] Ideen ... a. a. O. 78. – [4] a. a. O. 76ff.; Cartesianische Meditationen ... a. a. O. 83ff. – [5] Ideen ... a. a. O. 79f.; in der 5. Log. Untersuchung hatte HUSSERL den Begriff des i. E. noch mit dem hier terminologisch als ‹Akt› Fixierten identifiziert; vgl. Log. Untersuchungen 363ff. – [6] Ideen ... a. a. O. 75. – [7] a. a. O. 183. – [8] a. a. O. 80f.

P. JANSSEN

Erlebnisstrom heißt in der Phänomenologie E. HUSSERLS der Gesamtzusammenhang aller intentionalen Erlebnisse meines transzendentalen Ich, der sich durch die Form der im inneren Zeitbewußtsein bzw. der lebendigen Gegenwart konstituierten immanenten Zeit herstellt [1]. Daß jedes meiner Erlebnisse durch den ihm wesenhaft zugehörigen Zeithorizont in die Kontinuität meines E. eingefügt und in seiner aktuellen Gegenwart in adäquater Evidenz erfaßbar ist, wird durch jederzeit mögliche Reflexion erwiesen [2]. Die Einheit des Gesamtstromes selbst ist nicht adäquat, sondern apodiktisch «in der Weise einer Idee im Kantischen Sinne» [3] gegeben.

Anmerkungen. [1] Ideen zu einer reinen Phänomenol. und phänomenol. Philos. 1. Buch. Husserliana 3 (Den Haag 1950) 198ff. 291ff. – [2] a. a. O. 106ff. 181ff. 396ff. – [3] a. a. O. 202.

K. HELD

Erleuchtung. Die sinnverwandten Termini ‹E., Einleuchtung, Einleuchten, Evidenz›, ἔκλαμψις, ἐπίλαμψις, ἔλλαμψις, φωτισμός, φώτισμα; illuminatio, illustratio haben in sich eine verschiedene Valenz, je nachdem sie den Akt oder die Erfahrung (πάθος) des Denkens benennen, d. h. in einem logisch-erkenntnistheoretischen oder aber in einem religiösen, gnadenhaft-mystischen Sinne zu begreifen sind. Innerhalb der Geschichte dieser Begriffe bleiben entweder beide Aspekte streng geschieden, oder aber der «Akt» wird zur notwendigen Voraussetzung der «Erfahrung».

1. PLATON hat im philosophischen Exkurs seines VII. Briefes, der auf Grund seines «propädeutischen» Charakters eher eine im philosophischen Lehrgespräch zu erprobende Theorie des Lehrens und Lernens als eine vollständige «Erkenntnistheorie» zu geben beabsichtigt [1], den Begriff ‹E.› von der Ontologie her grundgelegt: Der seiende Sinn der Idee und der jegliche Idee begründende Sinn der Idee des Guten selbst vermag dem Denken nur deshalb evident zu werden, d. h. einzuleuchten, weil er selbst in sich licht und daher dem Akt des Denkens unverborgen (ἀλήθεια) ist. Denken oder Erkennen ist dabei gefaßt als Vernehmen des in sich gelichteten Sinnes von Sein durch das «Auge der Seele oder des Geistes». Die Lichtheit der Ideen und ihres Ursprungs ist also der ontologische Grund der Möglichkeit von E. Letztere gelingt dem wahrhaft Begabten (εὖ πεφυκώς, συγγενὴς τοῦ πράγματος) [2] erst dann, wenn in der Weise dialektischen Forschens fünf «Stufen» in eine Einheit gefügt sind: der Name (ὄνομα) des zu erkennenden Seienden, seine Definition (λόγος), seine sinnenfällige, bildhafte Erscheinung (εἴδωλον) vermittelt als viertes die Erkenntnis (ἐπιστήμη) oder den «unverborgenen Sinn», der jedoch noch nicht das von ihm unterschiedene Fünfte erfaßt und behält: das Sein des zu Erkennenden selbst (ὃ δὴ γνωστόν τε καὶ ἀληθῶς ἐστιν ὄν) [3]. Durch die vermittelte Einheit der Fünf zeigt sich dem dialektisch Denkenden im philosophischen Gespräch die intelligible Lichtheit (Helligkeit) der «Sache selbst»; der Funke der Einsicht springt: «Aus häufigem Zusammensein über die Sache selbst und aus dem Zusammenleben entzündet sich wie von einem springenden Funken plötzlich Licht, das sich dann in der Seele selbst nährt» [4]. Charakteristisch für die so als Erkenntnis erreichte E. ist ihre unvermutet einbrechende, augenblickhafte Zeitlosigkeit (ἐξαίφνης). Gleichwohl hat sie nicht den Wesenszug mystischer Erfahrung, da der Erkennende nicht in dem Erkannten zur unlösbaren Einheit mit ihm aufgeht und zudem das zu Erkennende *jede* Sache als Idee sein kann (Beispiel des Kreises [5]).

Anmerkungen. [1] Vgl. H.-G. GADAMER: Dialektik und Sophistik. Abh. heidelberg. Akad. Wiss., philos.-hist. Kl. (1950) 10. – [2] PLATON, Ep. 7, 343 e 3. 344 a 2. – [3] a. a. O. 342 a 8. b 1-3. – [4] 341 c 6-d 2; vgl. 344 b 7. – [5] 342 b 4ff.

2. Im Gegensatz zum «tätigen Intellekt» des ARISTOTELES, dessen Wesensakt das Erkenntnis wirkende Lich-

ten der Sache im Sinne eines intelligiblen Identischwerdens von Einsehendem und Eingesehenem ist, sowie in Unterscheidung zu einer bestimmten Stufe des denkenden Aufstiegs im *Neuplatonismus*, ist E. vornehmlich bei PHILO, im *Hermetismus*, in der *Gnosis* und der frühen *Patristik* ein geschenkhaftes *Heilsereignis*, das freilich nicht ohne asketische und verstehende Vorbereitung eintritt.

a) Auf der Grundlage des Gedankens, daß Gleiches nur (analog) Gleichem einsichtig werden kann, begreift PHILO Gottes Erkenntnis im Menschen als Lichtwerden des noch verborgenen menschlichen Lichtes durch das geistige Licht des göttlichen Logos [1]. Dieser nämlich ist die erleuchtende Kraft Gottes selbst, der im Logos als «Sonne der Sonne» [2], «Quelle des reinsten Lichtes» [3] wirksam ist und, das Auge der Seele aus tiefem Schlaf öffnend [4], eben dieser Seele in reinster (hellster) Gestalt erscheint (ἐπιφαίνεται [5]). «Der göttliche Auftrag [= der Mannaregen] erleuchtet (φωτίζει) die sehfähige Seele und macht sie süß zugleich, läßt ihr den Glanz der Wahrheit aufstrahlen» [6]. Licht und Wahrheit als die sich gnadenhaft von ihr selbst her zeigende Wirklichkeit Gottes sind «Speise der Seele» [7]; sie verwandeln den Menschen von Grund auf (Bekehrung Abrahams), machen ihn «schattenlos»-hell (ἄσκιος [8]) und heil in der Erkenntnis. – Je mehr dem hiesigen Kosmos (im Sog dualistischen Denkens) das Licht entzogen ist und der Mensch ihn nicht mehr als seine eigentliche Heimat empfinden kann, um so eindringlicher wird das erleuchtende und damit Transzendenz verheißende Licht zur Metapher des Heils gestaltet [9]. Die Ent-Lichtung der Welt provoziert und potenziert geradezu die Sehnsucht nach dem «rettenden», «gnädigen», «unsterblich machenden» Licht der jenseitigen Welt. Daher wird Licht in *Hermetismus* und *Gnosis* als einzigartige lebenspendende und geistigmachende Gotteskraft erfahren: E. ist radikale Umwandlung des «sarkischen» in den «pneumatischen» Menschen, erlösende Rückführung der im Menschen als dessen wahres Selbst verbannt wirksamen Lichtfunken (des «finsteren Lichtes») in das ursprüngliche, überkosmische Licht [10]. Das Licht, das sich an das Dunkel entfremdet hat, muß zu sich selbst zurückgebracht werden.

Anmerkungen. [1] PHILON, Opif. 31. – [2] Spec. leg. I, 279. – [3] Mut. 6. – [4] Abr. 70. – [5] Virt. 164. – [6] Fug. 139. – [7] PLATON, Phaedr. 247 d 2ff. – [8] PHILON, Abr. 119. – [9] Vgl. H. BLUMENBERG: Licht als Metapher der Wahrheit. Stud. gen. 10 (1957) 434. – [10] Vgl. H. JONAS: Gnosis und spätantiker Geist (²1964) 1, 103. 112. 127ff.

b) Derartige im Hellenismus wirksame Gedankengänge, insbesondere aber die Frömmigkeit der *Mysterienreligionen* trugen wesentlich dazu bei, der Philosophie eine religiöse Grundstruktur zu geben und sie damit zur Vermittlerin personal-religiösen Heiles zu machen, eine Funktion, die sie in der gesamten Spätantike beibehalten hat. Daraus wird begreiflich, daß «Einführung» in die Philosophie und das Einleuchten ihres Grundsinnes zurecht in Analogie gesetzt werden kann zur «Einweihung» in die Mysterien, deren Ziel (τελευτή – τελετή) das Schauen des «beseligenden, großen Lichtes» ist [1]. In der Philosophie PLOTINS wird in ähnlichem Sinne das abstandslose Einssein mit dem Ur-Licht des Einen selbst als erleuchtende Einweihung in das Mysterium verstanden (auch an der Terminologie deutlich [2]).

Anmerkungen. [1¹] PLUTARCH, Virt. prof. 10; Anim. 2. – [2] PLOTIN, Enn. VI, 9, 11 und schon PLATON, Phaedr. 249 dff.

c) Die *frühe christliche Theologie* hat diese Mysterienterminologie insbesondere in der Auslegung des zentralen christlichen Mysteriums, der Taufe, umgeformt, so daß der Logos-Christos gemäß der providentiellen Rolle der griechischen Philosophie und Religion als Erfüllung oder als immer schon wirkende, aber noch verborgene Wahrheit aller Mysterien erscheinen mußte. In Analogie zur gnostischen Gottes-Erscheinung ist daher das Taufereignis gnadenhafte E. (φωτισμός, φώτισμα [1]) und Einweihung in die Lehre Christi. In der Taufe leuchtet nach CLEMENS VON ALEXANDRIEN der zuvor blinden, d. h. «unwissenden» Seele der Logos auf, welcher heller ist als die «Sonne» [2]: die Sonne der Auferstehung (ὁ τῆς ἀναστάσεως ἥλιος [3]); als solche erweckt der Logos den «Schlafenden». Da er als «Licht der Wahrheit wahres, schattenloses Licht ist» [4], stiftet er wahre Erkenntnis, die von ihrem Grunde her, der Teilhabe an Heiligem Geist [5], auch das wahre, von der Gnade getragene Leben entspringen läßt. Dieses Geschehen der Tauf-Gnade vollzieht sich in Stufen: «Durch die Taufe werden wir erleuchtet, erleuchtet werden wir zu Gottes-Kindern, als Gottes-Kinder werden wir vollendet, durch die Vollendung werden wir unsterblich gemacht» [6].

Anmerkungen. [1] Bibl. Grundlegung: Eph. 5, 8; Hebr. 6, 4. 10, 32; vgl. JUST. MART., Ap. I, 61, 12; BASIL., Hom. XIII, 1. MPG 31, 424 c; GREG. NAZ., Or. 40, 1. 3. MPG 36, 360 c. 361 b. –[2] CLEMENS ALEX., Protr. 114, 1. – [3] a. a. O. 84, 2. – [4] Strom. VI, 138, 2. – [5] Paed. I, 6, 28. – [6] a. a. O. I, 26.

3. Der *erkenntnistheoretische* Begriff von E., wie er im VII. platonischen Brief grundgelegt ist, wird im *Neuplatonismus* zum notwendigen Element einer genuin mystischen Erleuchtung: das Licht des Einen läßt sich nur von einem durch Dialektik vorbereiteten Denken nichtdenkend erfahren.

a) PLOTIN versucht deshalb E. zunächst als fortschreitende Selbsterhellung oder Selbstdurchlichtung des Denkens zu begreifen. Grund der Möglichkeit dieser Selbstdurchlichtung aber ist völlige Abkehr vom «Äußeren», Sinnenfälligen, in die Zeit Verflochtenen; Abkehr als «Reinigung von allem Fremden» [1] aber vollzieht sich als Rückgang in sich selbst (εἰς ἑαυτὸν ἐπιστρέφειν [2]). Diese Inwendigkeit des Denkens beruhigt sich jedoch nicht subjektivistisch bei sich selbst, sondern ist zugleich Anfang des Überschritts (ὑπερβαίνειν, ὑπερθεῖν) über sich selbst auf das Eine selbst hin, welches das den Eros weckende und führende Ziel dieser dreigliedrigen Bewegung ist. – Denken ist selbst sehendes Licht und lichtendes Sehen zugleich (φῶς τὸ νοεῖν [3]). Seine ontologische Begründung und damit die lichtende Kraft seines Wirkens empfängt es durch den Bezug zum Licht des Einen selbst, das die Struktur des Seienden insgesamt (Geist und Seele als Hypostasen) licht und daher intelligibel macht. Als solcher allgemeiner Licht-Grund ist das Eine auch die Grundgelichtetheit des menschlichen Geistes. Wenn also das Denken in sich selbst zurückgehend sich selbst denkt, so denkt es zugleich seinen Grund und Ursprung: φῶς καὶ φωτὸς ἀρχήν [4]. Dieses Selbst-Denken als Bewußtwerden seines im Einen gründenden eigenen Wesens ist die für die mystische Einung geforderte Selbstdurchlichtung. Durch sie wird die Beziehung von Sehen und Gesehenem, Denken und Gedachtem, Leuchten und Erleuchtetem endlich in den identifizierenden Grund Eines Aktes zurückgenommen. Denn «die Sicht des Geistes selbst sieht nicht durch Anderes, sondern durch sich selbst, da sie nicht nach außen geht. Sie ist das Eine Licht, als welches sie das Andere sieht, nicht durch ein Anderes. Licht also sieht anderes Licht; es selbst also sieht sich selbst» [5]. – Demjenigen, der alles dem Denken Erreichbare denkend durchlaufen hat [6], wird E. zur Ekstasis: der Geist gleicht sich auch darin dem nichtdenkenden, unbegreiflichen und (weil jenseits des «Etwas» seienden) unsagbaren Einen an, indem er, sich selbst übersteigend, «gestaltlos» wird. Wenn er das Eine sieht, d. h. abstandslos mit ihm eins ist, sieht er es nur durch seine Fähigkeit, ekstatisch, sich seiner selbst entäußernd [7], «Nicht-Geist» zu werden. Er «sieht *plötzlich*, nicht sehend wie, sondern die Schau erfüllt die Augen mit Licht und macht durch das Licht nichts Anderes sichtbar, sondern das Licht selbst ist das Geschaute» [8].

Anmerkungen. [1] PLOTIN, Enn. I, 2, 4, 6. – [2] a. a. O. VI, 9, 2, 35. – [3] VI, 7, 41, 5. – [4] V, 5, 7, 21f. – [5] V, 3, 8, 20-22. – [6] III, 8, 9, 33. – [7] VI, 9, 10, 16f. – [8] VI, 7, 36, 18-21; vgl. W. BEIERWALTES: Die Met. des Lichtes in der Philos. Plotins. Z. philos. Forsch. 15 (1961) 337-346. 357-361.

b) PROKLOS, der ἔλλαμψις als einen durch die philosophische und religiöse Tradition bereits verfestigten Begriff weniger begründete als vielmehr «funktional» einsetzte, ist gleichwohl Plotin in der Konzeption des dialektischen Aufstiegs als einer Selbsterhellung des Denkens gefolgt und hat zugleich die Vorstellung eines eigenen Organs der mystischen Einung (ἄνθος τοῦ νοῦ, ἄνθος τῆς οὐσίας ἡμῶν, ἀκρότατον τῆς ψυχῆς, τὸ ἐν ἡμῖν ἕν, unum anime, intrinseca unius intelligentia; vgl. apex mentis, Seelenfunke in der mittelalterlichen Mystik) differenziert durchdacht. Dieses «Eine der Seele» ist ihre «E.» (illustratio anime [1]) im Sinne des ihr vom Einen selbst her zukommenden, jedoch durch sie selbst zu aktivierenden Wesens-Lichtes. Das entsprungene lichthafte «Eine in uns» nämlich muß sich denkend hinkehren zum ursprünglichen Licht des Einen selbst [2]. Diese Selbstdurchlichtung durch Reinigung (κάθαρσις), Einkehr (ἐπιστροφή), dialektischer Aufstieg (ἀναγωγή), Einfachwerden (ἅπλωσις) und Dem-Ursprung-Ähnlich-Werden (ὁμοίωσις θεῷ) erfüllt sich (τελείωσις) also in dem durch «negatio negationis» erlangten Einswerden des Lichtes der Seele mit dem Lichte des überseienden und über-denkenden (= ursprunghaften) Einen selbst [3].

Anmerkungen [1] PROKLOS, In Parm. VII, 48, 15 (KLIB.). – [2] a. a. O. VII, 58, 19f. – [3] Vgl. W. BEIERWALTES: Proklos, Grundzüge seiner Met. (1965) bes. 287ff. 374.

c) Die anfänglich [1] zwar sachlich explizierte, jedoch noch nicht «scholastisch» fixierte Stufung des dialektischen oder mystischen Aufstiegs wird nicht ohne das maßgebliche Vorbild im späteren Neuplatonismus [2] durch PSEUDO-DIONYSIUS AREOPAGITA zu einer den mystischen Theologen verpflichtenden Trias (κάθαρσις – ἔλλαμψις ‹φωτισμός› – ἕνωσις ‹τελείωσις›) systematisiert [3]. Der Trias des jeweiligen menschlichen Aktes von Läuterung, E. und Einung (Vollendung) entspricht eben diese Trias als ontologische Struktur und als durchgängige Weise der Vermittlung im gesamten hierarchischen System der Triaden. Der läuternde, erleuchtende und vollendende Grund dieser und aller Triaden ist letztlich Gott selbst [4], die Fülle des Lichtes, das gerade wegen seiner blendenden, undurchdringlichen Helligkeit in der ekstatischen Einung nur als «überlichtes Dunkel», als «über-seiender Strahl göttlicher Dunkelheit» [5] oder als «göttliche Nacht» (θεία νύξ [6]) erfahren werden kann. – Insbesondere auf Pseudo-Dionys, GREGOR VON NYSSA, MAXIMUS CONFESSOR und AUGUSTIN geht die immanente Differenzierung dieses dreistufigen Weges in der *Mystik des Mittelalters* zurück. Innerhalb der notwendigen Einheit von *purgatio, illuminatio, perfectio* (oder via purgativa, illuminativa, perfectiva), deren Elemente sich gegenseitig bedingen, bleibt illuminatio immer *denkende* Vorbereitung der gnadenhaft-ekstatischen E. in der unio mystica. «Purgatio ad pacem ducit, illuminatio ad veritatem, perfectio ad caritatem» [7]. Die Einübung in jeden der drei Wege leisten Meditation, Gebet und Kontemplation in je verschiedener Weise und Intensität. Zentraler Akt der via illuminativa ist die «imitatio Christi», die eine im Glauben vollzogene Askese impliziert und die affektive Hingabe in den «Glanz der Wahrheit» als einen transitus (pascha) oder excessus mentis entspringen läßt. «Moriamur igitur et ingrediamur in caliginem (supersplendentem)» fordert BONAVENTURAS ‹Itinerarium mentis in Deum› [8] im Sinne des Dionysius.

Anmerkungen. [1] ORIGENES, Cant. Prol. MPG 13, 73-76; GREG. NAZ. Or. 39. MPG 36, 344 a; für GREG. NYSS. vgl. J. DANIÉLOU: Platonisme et théol. mystique (Paris ²1954) 17ff. – [2] Ps. B. PROCL., In Alc. 245ff. (WESTERINK). – [3] R. ROQUES: L'univers dionysien (Paris 1954) 94ff. – [4] Ps.-DION. AR., Cael. hier. III, 2. MPG 3, 165 c. – [5] E. V. IVÁNKA: Art. ‹Dunkelheit›, in: Reallex. Antike u. Christentum 4, 350-358. – [6] GREG. NYSS., Cant. 11. Opera, hg. LANGERBECK 6, 324, 8. – [7] BONAVENTURA, De tripl. via, prol. Opera Quaracchi 8, 3 b. – [8] BONAVENTURA, It. 7, 6; a. a. O. 5, 313 b; vgl. zur Struktur der Wege: E. LONGPRÉ: Bonaventure, in: Dict. spir. asc. myst. 1, 1791-1815.

4. Besondere Bedeutung kommt der sogenannten *Illuminationslehre* AUGUSTINS sowohl für ihn selbst als auch für die ihm folgende Erkenntnismetaphysik des Mittelalters zu: ROGER BACON [1] und BONAVENTURA [2] z. B. haben sie als zentrales Lehrstück übernommen und modifiziert, THOMAS VON AQUIN hat sie abgelehnt, indem er sie auf den «intellectus agens» restringierte [3]. Bei AUGUSTIN selbst ist sie eine Aussage über die apriorische Seinsverfassung der menschlichen Erkenntnis. Grund und Maß der Erkenntnis von Wahrheit in der Zeit ist das zeitlos-unwandelbare Licht der absoluten Wahrheit selbst (Gott als intelligibilis lux [4]). Die Gegenwart des Lichtes der seienden Ideen (rationes aeternae) im intimum des menschlichen Geistes (memoria) oder die wesenhafte Verbundenheit des Geistes mit der Wahrheit selbst ist das Medium, in dem und durch das sich jede Erkenntnis vollzieht. Theologisch gesagt ist «E. Teilhabe am *Wort*, d. h. an jenem Leben, welches das Licht der Menschen ist» [5]. Das den Menschen erleuchtende, sich ihm zusprechende *Wort* trifft also das für die Personalität des Menschen konstitutive innere Licht als Wort und kann so die freie conversio der imago dei in ihr lichtes Ur-Bild initiieren. – Die Illuminationslehre ist also nicht zu verstehen als psychologische Erfahrung, oder als Abstraktionsprozeß, als formalistisch begriffene («bloße») Metapher, auch nicht als supranaturale Gnadengabe oder mystisches Ereignis (obgleich sich bei Augustinus auch Ansätze einer mystischen Erleuchtung in der Schau Gottes finden [6]).

Das von Platon erstmals scharf umrissene und bis zur Renaissance hin unter dem gewiß variablen Terminus ‹E.› tradierte Problem ist in der neueren Philosophie von gewandelten Voraussetzungen her ohne eine reiche Licht-Terminologie in der Frage nach der Gewißheit, der transzendentalen Dialektik, dem Selbstbewußtsein des absoluten Geistes, der Wesensschau, der intuitiven Evidenz und der Erscheinung gestellt.

Anmerkungen. [1] R. CARTON: L'expérience mystique de l'illumination intérieure chez Roger Bacon (Paris 1924). – [2] E. GILSON: Die Philos. des hl. Bonaventura (Köln ²1960) 374-432 (Lit.). – [3] THOMAS VON AQUIN, z. B. S. theol. I/II, q. 109 a. 1 ad 2 – [4] AUGUSTIN, Solil. I, 1, 3; Gen. ad litt. VIII, 25, 37; Tract. in Joan. XV, 19; Bedeutung von Ps. 35, 10: «in lumine tuo videbimus lumen». Ps. 17, 29. Joh. 1, 9. – [5] De trin. IV, 2, 4. – [6] Conf. VII, 10; IX, 10; En. in Ps. 41, 10; vgl. zum Ganzen: V. WARNACH: E. und Einsprechung bei Augustinus. Aug. Mag. (Paris 1954) 1, 429-450 (Lit.); F. J. THONNARD: La notion de lumière en philos. augustinienne. Rech. Aug. 2 (1962) 125-175.

Literaturhinweise. C. BAEUMKER: Witelo, Beiträge zur Gesch. der Philos. im MA III/2 (1908) 361ff. – R. BULTMANN: Zur Gesch. der Lichtsymbolik im Altertum. Philol. 97 (1948) 1-36. – J. TROUILLARD: La purification plotinienne (Paris 1955) 47ff. – P. JOANNOU: Die Illuminationslehre des Michael Psellos und Joannes Italos (1956). – J. STENZEL: Der Begriff der E. bei Platon. Kleine Schriften (1956) 151-170. – H. BLUMENBERG: Licht als Metapher der Wahrheit. Stud. gen. 10 (1957) 432-447. – J. KOCH: Über die Lichtsymbolik im Bereich der Philos. und der Mystik des MA. Stud. gen. 13 (1960) 653-670. – A. WLOSOK: Laktanz und die philos. Gnosis (bes. zu Philo und Hermetismus). Abh. heidelb. Akad. Wiss., philos.-hist. Kl. (1960) Nr. 2. – W. BEIERWALTES: Die Met. des Lichtes in der Philos. Plotins. Z. philos. Forsch. 15 (1961) 334-362 (Lit.); Proklos, Grundzüge seiner Met. (1965) 287ff. 374f. – W. LUTHER: Wahrheit, Licht, Sehen und Erkennen im Sonnengleichnis von Platons Politeia. Stud. gen. 18 (1965) 479-496; Wahrheit, Licht und Erkenntnis in der griech. Philos. bis Demokrit. Arch. Begriffsgesch. 10 (1966).

W. BEIERWALTES

Erlösung

I. E. ist ein zentraler Begriff im Alten und im Neuen Testament und dadurch im Judentum und im Christentum. Im *Alten Testament* bezeichnen die hebräischen Wurzeln ‹pdh› und ‹g'l›, in der ‹Septuaginta› meist mit λυτροῦσθαι, in der ‹Vulgata› mit ‹redimere›, in der deutschen Bibel mit ‹erlösen› übersetzt, das rettende Handeln Gottes an Israel und den einzelnen Frommen. Der familienrechtliche Begriff ‹g'l› setzt ein Eigentumsverhältnis voraus, das durch Einlösung wiederhergestellt wird. Gott ist ‹go'el› (= Erlöser) Israels [1], weil er zwar nicht nach dem Gesetz des Blutes, aber nach dem der Erwählung so mit Israel verbunden ist, daß ihm die Lösepflicht obliegt. Gott als ‹go'el› bedeutet unverbrüchliche Gewißheit der E. (aus dem Exil). Dagegen heißt ‹pdh› Auslösen durch Lösegeld, vor allem aus Gefangenschaft oder aus Verhaftung an eine fremde Macht, ohne daß an eine rechtliche Bindung des Auslösers an den Auszulösenden gedacht ist. Mit ‹pdh› verbindet sich der Gedanke der freien Gnade: «... bei dem Herrn ist die Gnade und viel E. (peduth) bei ihm, und er wird Israel erlösen (jipdeh) aus allen seinen Sünden» [2]. E. ist im Alten Testament eine Heils- und Gnadentat Gottes, die meist allgemein auf Trübsal oder Not, besonders auf den Tod (nur Psalm 130 auf die Sünden) bezogen wird.

Das *Neue Testament* bindet die E. (ἀπολύτρωσις) ganz an Jesus Christus und seinen Kreuzestod. Wir sind erlöst «mit dem teuren Blut Christi» [3]. Christus Jesus ist «uns gemacht ... von Gott ... zur E.» [4]. Das Kernstück der E. ist die Sündenvergebung, die teils ausdrücklich [5], teils der Sache nach [6] mit der E. geradezu gleichgesetzt wird. Im Glauben an Jesus haben wir bereits die E. und erwarten zugleich ihre Vollendung in der Endzeit durch seine Wiederkunft. Erlöst sind wir, weil Gott «uns errettet hat von der Obrigkeit der Finsternis und hat uns versetzt in das Reich seines lieben Sohnes» [7]. Die christliche Lehre von der E. hat sich, besonders unter dem Einfluß von ANSELM VON CANTERBURY (Cur Deus homo) mit dem Gedanken der Genugtuung (satisfactio) verbunden, die für die Sünde des Menschen zu leisten war und nur vom Gottmenschen geleistet werden konnte. Dieser Satisfaktionsgedanke hat immer wieder die Kritik besonders herausgefordert.

Der Gedanke einer E. durch göttliche Gnade findet sich auch im Mahâyâna-Buddhismus und im Bhakti-Hinduismus; allerdings ist das E.-Ziel nicht ein Reich der Gerechtigkeit, sondern im Buddhismus das Nirvâna, im Hinduismus die Rückkehr in die Ureinheit.

Während KANT [8] und FICHTE [9] die christliche E.-Lehre ablehnen, greift SCHOPENHAUER sie auf, deutet sie aber in buddhistischem Sinn um: «Wahres Heil, E. vom Leben und Leiden, ist ohne gänzliche Verneinung des Willens nicht zu denken» [10]. «Denn was sie [die Kirche] den natürlichen Menschen nennt, dem sie alle Fähigkeiten zum Guten abspricht, das ist eben der Wille zum Leben, der verneint werden muß, wenn E. aus einem Dasein, wie das unserige ist, erlangt werden soll» [11]. Schopenhauers E.-Vorstellung übernehmen bejahend E. VON HARTMANN, verneinend F. NIETZSCHE. Dagegen lehrt L. FEUERBACH eine E. von den Sünden, aber nicht durch Gott, sondern durch die Liebe oder durch die menschliche Gattung: «Wer ist also unser Erlöser und Versöhner? Gott oder die Liebe? Die Liebe; denn Gott als Gott hat uns nicht erlöst, sondern die Liebe» [12]. «Meine Sünde ist dadurch schon ... in ihr Nichts verstoßen, daß sie eben nur meine, und deswegen noch nicht auch die Sünde des andern ist» [13]. F. W. J. SCHELLING dagegen sagt im Sinne der christlichen Lehre: «... daß Christus für die Menschen zur E. derselben und an ihrer Statt gestorben, das hat nun weiter keine Schwierigkeit» [14].

Anmerkungen. [1] z. B. Jes. 41, 14. – [2] Ps. 130, 7. 8. – [3] 1. Petr. 1, 18. – [4] 1. Kor. 1, 30. – [5] Koloss. 1, 14; Ephes. 1, 7. – [6] Röm. 3, 24; 1. Kor. 1, 30. – [7] Koloss. 1, 13. – [8] KANT: Die Rel. innerhalb der Grenzen der bloßen Vernunft (²1794), Akad.-A. 6, 172. – [9] J. G. FICHTE, Werke, hg. I. H. FICHTE (1845) 4, 560-566, bes. 561. – [10] A. SCHOPENHAUER: Die Welt als Wille und Vorstellung. Werke 1 (1938) 470. – [11] a. a. O. 479; vgl. 442. 464. 469. 480. 487 u. ö. – [12] L. FEUERBACH: Das Wesen des Christentums 1 (1956) 109. – [13] a. a. O. 253. – [14] F. W. J. SCHELLING, Philos. der Offenbarung. Werke, hg. K. F. A. SCHELLING (1856-1861) 14, 204.

Literaturhinweise. PROCKSCH, in: Theol. Wb. zum NT, hg. KITTEL 4 (1942) 329-337. – BÜCHSEL, a. a. O. 337-359. – F. BAMMEL: E. religionsgesch., in: Die Relig. in Gesch. Gegenwart 2 (³1958) 584-586. – H. J. KRAUS: E. im AT a. a. O. 586-588. – P. VIELHAUER: E. im NT a. a. O. 588-590. – C. ANDRESEN: E. dogmengesch. a. a. O. 590-594. – L. RICHTER: E. religionsgesch. a. a. O. 594-599. – J. GEWIESS: E. in der Schrift, in: Lex. Theol. u. Kirche 3 (²1959) 1016-1020. – F. LAKNER: E. in der Dogmengesch. a. a. O. 1020-1024. – A. GRILLMEIER: E. Systematik a. a. O. 1024-1030.

E. SCHOTT

II. F. V. BAADER sieht in der E. die Vollendung der Schöpfung, wobei er E. als Reintegration faßt, die durch Gott selbst geschieht, «weil nur er mich mit meiner Wurzel vereinen kann» [1]. SCHLEIERMACHER bezieht E. auf das Gottesbewußtsein: soll es zustande kommen, so wird ‹E. notwendig, indem dieser Zustand nichts anders ist als eine Gebundenheit des schlechthinigen Abhängigkeitsgefühls» [2]. R. OTTO unterscheidet E. als «Reich-Gottes-Vergewisserung» von der E. als «gegenwärtige Gemütserlebnisse der Gotteskindschaft» [3], während K. BARTH E., das «noch ausstehende, künftige, vollendende Handeln Gottes», von Versöhnung, dem Handeln Gottes in Christus, abgrenzt [4]. Bei F. ROSENZWEIG wird die künftige E. dem Menschen bereits jetzt in der Offenbarung «als unsichtbares Erlebnis in der eigenen Seele» erfahrbar [5]. Vor dem Hintergrund idealistischer Philosophie, auf der geschichtlichen Stufe der dialektischen Theologie, macht er ‹E.› zum Themawort einer erneuerten jüdischen Theologie: «Gott erlöst in der E., der Welt durch den Menschen, des Menschen an der Welt, sich selbst. Mensch und Welt verschwinden in der E., Gott aber vollendet sich. Gott wird erst in der E. das, was der Leichtsinn menschlichen Denkens von je überall gesucht, überall behauptet und doch nirgend gefunden hat, weil es eben noch nirgends zu finden war, denn es war noch nicht: All und Eines» [6]. Gegen jede ungeschichtliche E.-Vorstellung wenden sich P. Tillich und D. Bonhoeffer. Für TILLICH gründet sich E. auf die «Lehre vom Neuen Sein in Jesus als dem Christus» [7]. Dabei ist ihm das Wort ‹Heilung› als eine Seite der E. wichtig für die Situation unserer Zeit: «Die heilende Kraft des Neuen Seins überwindet den Zwiespalt zwischen Gott und Mensch, dem Menschen und seiner Welt und dem Menschen und sich selbst» [8]. E. wird so bedeutend für die Verständigung der Theologie mit der Medizin und Psychologie. BONHOEFFER lehnt die alleinige E. im Jenseits ab, der Mensch ist verwiesen auf sein Leben auf der Erde, auf der «die geknechtete Natur auf Hoffnung hin erlöst ist» [9]. W. BENJAMIN kennt E., die in den Vorstellungen des Glücks und der Vergangenheit mitschwingt [10], während TH. W. ADORNO den E.-Begriff in sein Philosophieverständnis einbezieht: «Erkenntnis hat kein Licht, als das von der E. her auf die Welt scheint» [11].

Anmerkungen. [1] F. v. BAADER, Werke, hg. F. HOFFMANN (1850-1860) 2, 74; 12, 226. – [2] F. SCHLEIERMACHER: Der christl. Glaube (²1830/31) § 11. – [3] R. OTTO: Das Heilige (⁶1921) 196. – [4] K. BARTH: Kirchl. Dogmatik 1/1, 430. 486. – [5] F. ROSENZWEIG: Der Stern der Erlösung (1921, ³1954) 2, 209. – [6] a. a. O. 2, 194f. – [7] P. TILLICH: Systemat. Theol. 2, 178. 181. – [8] a. a. O. 2, 181. – [9] D. BONHOEFFER: Widerstand und Ergebung (¹³1966) 226f. – [10] W. BENJAMIN, Schriften 1, 494f. – [11] TH. W. ADORNO: Minima Moralia (²1962) 333. U. THEISSMANN

Erlösungswissen (auch Heilswissen) ist bei M. SCHELER in der Trias: Leistungswissen – Bildungswissen – E. das höchste Wissensideal. Erstmalig fällt der Begriff in Schelers wissenssoziologischen Studien, der Sache nach regiert er bereits die religionsphilosophischen Schriften der mittleren Schaffensphase. – Da Scheler Wissen als liebendes Seinsverhältnis bestimmt, muß jedem Wissen ein finaler ontischer Sinn zukommen: den drei obersten Wissensarten korrespondieren drei oberste Werdensziele, denen Wissen dient. Dabei existiert eine objektive Rangordnung der Wissensgüter – entsprechend den drei Wertmodalitäten: Vitalwerte, Geisteswerte, Heiligkeitswerte –, die erst zusammengenommen die volle Idee *des* Wissens ausmachen. Entgegen Comtes Dreistadiengesetz betont Scheler die Gleichursprünglichkeit des religiösen, des metaphysischen und des positiven Wissens als dem Menschengeiste essentiell gegebene Erkenntnisformen. – E. heißt auf die kürzeste Formel gebracht: «Wissen um der Gottheit willen» [1]. Es gründet in dem Verlangen des Menschen, aus partikularer Welterfahrung auszubrechen und sein Schicksal zu bergen in einer übermächtig geglaubten Wirklichkeit. Das Heil und die Liebe zum Heil aller Dinge sind Urkategorien der Religion; das «summum bonum» ist erster Intentionsgegenstand des religiösen Aktes. – In seiner späten pantheistischen Phase füllt Scheler den Begriff mit der eigenen metaphysischen Konzeption: in das Absolute wird der Konflikt von Geist und Drang hereingetragen. E. stellt sich nun dar als das «Wissen ..., in dem der oberste Grund der Dinge, insofern er sich selbst und die Welt in und durch den Menschen ‹weiß›, *selbst* zu seinem unzeithaften Werdensziel gelangt – zu irgendeiner Art der Einigung mit sich selbst, zur Erlösung von einer in ihm gelegenen Spannung und Urgegensätzlichkeit» [2]. Durch liebenden Mitvollzug im Akt des Einsatzes tätiger Identifikation mit dem Seienden ist der Mensch aufgerufen zur Mitverwirklichung «des aus dem Urgrunde werdenden Gottes» [3].

Anmerkungen. [1] M. SCHELER, Ges. Werke 8 (1960) 205. – [2] a. a. O. 205f. – [3] Die Stellung des Menschen im Kosmos (⁶1962) 91.

Literaturhinweise. Vgl. M. SCHELERS Abh.: Probleme der Religion, in: Vom Ewigen im Menschen (1921). 4. durchges. Aufl. in Ges. Werke 5, hg. MARIA SCHELER (1954); Die Stellung des Menschen im Kosmos (1928, ⁶1962). – Weitere Lit. s. Art. ‹Leistungswissen›. S. BÖHLE

Ermahnung. Der aus dem theologischen Bereich (Paränese) kommende Begriff wird in der Pädagogik – von seinem gelegentlichen Auftreten in pädagogischen Nachschlagewerken abgesehen – erst in jüngster Zeit systematisch behandelt (SPIELER, BOLLNOW, TROST). BOLLNOW sieht den Grund für die Vernachlässigung der E. in der Pädagogik darin, daß Erziehung bisher nur – entweder im Sinne des handwerklichen Herstellens oder der Förderung organischen Wachstums – als «stetig» verlaufender Vorgang begriffen worden sei, innerhalb dessen E. lediglich störend oder lückenbüßend erscheinen konnte, wo angemessenere Mittel angezeigt gewesen wären, so daß E. letzlich ein Versagen der Erziehung signalisiert. Erst der existenzphilosophische Ansatz, der eine allmähliche Vervollkommnung und Einflüsse dauerhafter Wirkung zunächst auszuschließen schien, habe das Verständnis «unstetiger» Möglichkeiten der Erziehung eröffnet, von denen nicht mehr zu verlangen sei, als Existenzerhellung für den Augenblick anzuregen. E. gehört zu diesen Möglichkeiten. Bollnow, der zwischen beiden Modellvorstellungen zu vermitteln sucht, verweist darauf, daß E. stets in einer Realität eingesetzt wird, in der sich «stetige» wie «unstetige» Vorgänge abspielen. Fällt der Mensch in seinem Voranschreiten zurück, so kann bei dieser Unterbrechung der stetigen Entwicklung E. wirksam werden. TROST wendet hiergegen ein, daß fast alle Erziehungsmittel «unstetig» seien, da der Erzieher mit ihnen auf einmalige Erziehungssituationen reagiere. Trost ordnet die E. neben Erinnerung, Appell und Aufruf den «erzieherischen Weisungen vor erhöhten Anforderungen» zu, die zur Aktualisierung von Verhaltensweisen stimulieren, welche als dem Zögling bekannt vorausgesetzt werden. Trost setzt hierfür die Freiheit des Zöglings voraus, im Unterschied zu Bollnows Versuch, eine aufsteigende Linie der Freiheit entsprechend den Entwicklungsstufen vom Befehl über E. zum Appell aufzuzeigen. Inhaltlich wird E. gegen die ihr benachbarten Begriffe (wie Erinnerung, Appell, Tadel usw.) von den einzelnen Autoren entsprechend ihren Voraussetzungen in sehr unterschiedlicher Weise abgegrenzt. Über die verschiedenen Formen der E. und ihre Anwendung unterrichten die pädagogischen Lexika sowie J. SPIELER, der die in diesen enthaltene Tradition hinsichtlich der Erziehungsmittel systematisch aufarbeitet.

Literaturhinweise. J. SPIELER u. Mitarb.: Die Erziehungsmittel (1944). – O. F. BOLLNOW: Existenzphilos. und Pädagogik (1959). – F. TROST: Die Erziehungsmittel (1966). – E. E. GEISSLER: Erziehungsmittel (1967). B. SCHWENK

Ernst ist ein Leitbegriff im Denken KIERKEGAARDS. Für seine Vorgeschichte am bedeutsamsten ist die platonische Philosophie, insbesondere die des *späten* PLATON; ferner kommen vor allen ARISTOTELES und HEGEL in Betracht.

1. Nachdem das Adjektiv ‹ernst› (σπουδαῖος) gelegentlich von DEMOKRIT als gleichsinniger Ausdruck für ‹gut› (ἀγαθός) verwandt worden war [1], nahm PLATON es zusammen mit den entsprechenden substantivischen und verbalen Wendungen (σπουδή, σπουδάζειν) in der

Fülle seiner Bedeutungen auf. Auch er verwendet es im griechisch-weiten Sinne «ethisch» zur Bezeichnung des «guten» oder «tüchtigen» Menschen, als Gegenbegriff zu «schlecht» (φαῦλος) [2]. Ebenso aber meint E. bei Platon das Gegenteil von Spiel (παιδιά) und Scherz (γέλως) [3]. Nach Platon ist E. ohne Rücksicht auf sein Gegenteil, den Scherz, nicht zu begreifen [4]. Als Nicht-Scherz spielt E. auch eine Rolle in der Poetik: er ist das Tragische im Unterschied zum Komischen [5]. Freilich sind die tragischen Dichter für Platon nur die «sogenannten» ernsten [6]; denn die ganze Kunst ist für ihn, grundsätzlich betrachtet, Spiel und kein E. [7]. Als Kriterium für E. oder Un-E. bzw. für das Maß des E., das menschlichem Tun zukommt, begreift Platon unausgesprochen den Seinsgrad des jeweiligen Gegenstands. Das am meisten Seiende, Gott, fordert den größten E. [8]. Im Bereich der menschlichen Angelegenheiten hingegen gibt es nur drei Dinge, um die sich jeder ernsthaft bemühen (σπουδάζειν) soll: primär seine Seele, als sein wahres Sein, sekundär seinen Leib, sofern sein wahres Sein damit verbunden ist, und erst tertiär sein äußeres Eigentum [9]. Es kommt also keineswegs darauf an, alles in gleicher Weise ernst zu nehmen, sondern allein das von sich her Ernste, weil Seiende, im Maße seines Seiendseins ernst zu nehmen, das nicht Seiende und somit nicht Ernste hingegen nicht (τὸ μὲν σπουδαῖον σπουδάζειν, τὸ δὲ μὴ σπουδαῖον μή) [10]. Mit dieser Forderung hebt Platon im Grunde den abstrakten Gegensatz von E. und Scherz, von E. und Spiel auf. Denn ihr gemäß gehört es mit zum E., zur Entsprechung auf den Anspruch der Wirklichkeit, sich auf das weniger Wirkliche um so spielerischer einzulassen [11]. Vollends auf der Höhe der Philosophie weicht die gegenseitige Ausschließung von E. und Spiel «dem mit dem E. verschwisterten Spiel» (τῇ τῆς σπουδῆς ἀδελφῇ παιδιᾷ) [12].

Anmerkungen. [1] DEMOKRIT, Frg. B 302 (DIELS II, 222, Z. 9 und 29). – [2] PLATON, Resp. 423 d. 603 c; Leg. 757 a. 814 c. – [3] Gorgias 481 b; Kratylos 406 c; Resp. 602 b; Politikos 288 c; Philebos 30 e; Leg. 803 c. 810 e. – [4] a. a. O. 816 d. – [5] 838 c. – [6] 817 a. – [7] Resp. 602 b. – [8] Leg. 803 c. – [9] a. a. O. 743 e. – [10] 803 c. – [11] Vgl. 803 c-d. – [12] 6. Brief 323 c.

2. Für ARISTOTELES ist der «Ernste» fast durchweg wieder der ἀγαθός, im Gegensatz zum φαῦλος, der gute, tüchtige, rechtschaffene Mensch [1]. Aristoteles definiert ihn geradezu als das Subjekt der Tüchtigkeit (ἀρετή), als den, der ἀρετή besitzt [2]. In diesem weiten Sinne stellt E. einen Grundbegriff der aristotelischen Ethik dar: zusammen mit der Tüchtigkeit ist der Ernste «Maß für ein jedes» [3]. Freilich kennt Aristoteles auch den Gegensatz von E. und Scherz, und zwar zunächst in der Unterscheidung der Poetik zwischen Tragischem und Komischem [4]. Aber auch für die Ethik selbst hat dieser Gegensatz Relevanz. Denn das tüchtige Leben ist als E. in sich das Gegenteil von Spiel, und stets ist das Ernsthafte ethisch besser als das Scherzhafte und Spielerische [5]. Vermutlich versteht Aristoteles E. hier mehr als Anstrengung, als die er ihn wohl auch nimmt, wenn er den Vertretern der Ideenlehre σπουδὴ ἀποδεικτική abstreitet, aufweisenden E. oder die Anstrengung des Aufweisens [6].

Anmerkungen. [1] ARISTOTELES, Eth. Nic. II, 1105 b 30; III, 1113 a 25; V, 1130 b 5; VII, 1151 a 27f.; V, 1154 a 31. – [2] De cat. 10 b 5-9. – [3] Eth. Nic. IX, 1166 a 12f. – [4] Poet. 1448 b 34. 1449 b 24. – [5] Eth. Nic. X, 1177 a 1-5. – [6] Met. XII, 1073 a 22.

3. So übersetzt, wirkt diese Wendung wie eine implizite Vorwegnahme der hegelschen Rede von der «Anstrengung des Begriffs». HEGEL spricht statt dessen auch vom «*E.* des Begriffs». Er kann die Ausdrücke ‹E.› und ‹Anstrengung› promiscue gebrauchen, weil er aus dem deutschen Wort ‹E.› offenbar dessen ursprüngliche Bedeutung heraushört, wonach es ‹Kampf› meint [1]. E. ist für Hegel die Anstrengung der Arbeit, in der sich der Geist seine Selbstverwirklichung erkämpft, die Anstrengung des geistigen (Sich-)«Herausarbeitens aus der Unmittelbarkeit des substantiellen Lebens». Dieser Prozeß, das universale Thema der ‹Phänomenologie des Geistes›, vollzieht sich in drei Schritten. Er beginnt damit, «sich nur erst zu dem *Gedanken* der Sache *überhaupt* heraufzuarbeiten» und sich ein «ernsthaftes Urteil über sie» zu bilden, aber dieser Anfang muß zunächst «dem Ernste des erfüllten Lebens» und sodann dem «E. des Begriffs» Platz machen, wobei jener «in die Erfahrung der Sache selbst hineinführt» und dieser schließlich «in ihre Tiefe steigt» [2]. Als derartige Anstrengung bezeugt E. die Endlichkeit des endlichen Geistes, der sich zwar nicht in seiner Endlichkeit festsetzt, aber genausowenig schon der absolute Geist ist, sondern sich erst auf dem Wege zu ihm befindet. Darum werden «der E., der Schmerz, die Geduld und Arbeit des Negativen», d. h. eben des Endlichen, hervorgehoben [3]. Darum auch kann Hegel die römische Religion des zweckmäßigen «Verstandes», d. h. der endlichen Reflexion, eine Religion der «Ernsthaftigkeit» nennen [4]. Der «hohe E. der Götter» hingegen, den die ideale Kunstgestalt der Skulptur ausdrückt, ist in Wahrheit «absolute Heiterkeit» [5]: «Den seligen Göttern nämlich ist es mit der Not, Zorn und Interesse in endlichen Kreisen und Zwecken kein letzter E.» [6].

Anmerkungen. [1] Dtsch. Wb. von J. und W. GRIMM 3, Sp. 923-926 (Art. Ernst). – [2] HEGEL, Phänomenol. des Geistes, hg. J. HOFFMEISTER 11f. – [3] a. a. O. 20. – [4] Vorles. über die Philos. der Relig. Jubiläums-A. 16, 165. 167. – [5] Vorles. über die Ästhetik a. a. O. 13, 436. – [6] 12, 218.

4. KIERKEGAARD bemerkt mit Bezug auf den Begriff E. (Alvor), es gebe «gewiß nicht viele Wörter, die seltener Gegenstand der Überlegung werden als gerade dieses» [1]. Sein Verdienst ist es, den vor ihm bloß operativen Begriff zum thematischen gemacht zu haben. Und zwar macht er ihn zum zentralen Thema seines Denkens. Das Eine, um das sein Denken kreist, nennt er einmal «Selbst», ein anderes Mal «Persönlichkeit» und dann wieder «der Einzelne». E. aber ist «der Einzelne» [2] oder «die Persönlichkeit selbst» [3]. Kierkegaard legt die in der Tradition nicht eigens zur Sprache gekommenen Voraussetzungen besonders insofern frei, als er E. ausdrücklich vom Verhältnis zur Wirklichkeit her denkt. Sein Begriff vom E. resultiert aus seinem Begriff von der Wirklichkeit. Er entwirft ihn in der Abwendung von Hegel und in der vermeintlichen Zuwendung zu Sokrates und Platon. Die Opposition gegen Hegel hat drei Aspekte: 1. destruiert Kierkegaard die These, wonach sich der Begriff des E. erst im E. des Begriffs realisiert, indem er auf den «E. des erfüllten Lebens», des Existierens, zurückgeht; 2. stellt er dem Verständnis des E. als Zeugnis der Endlichkeit die Meinung gegenüber, im E. bezeuge sich das Menschsein als Synthese von Endlichkeit und Unendlichkeit; 3. ersetzt er die Forderung nach dem E. des Sich-vertiefens in die Sache und des Sich-verlierens in der Sache durch das Postulat der Auflösung alles Objektiven in den Vollzug der Subjektivität. In allen drei Aspekten erscheint das Verhältnis des E. zu dem, was Kierkegaard für «Wirklichkeit» hält. Denn «die Subjektivität ist die Wirklichkeit», die Subjektivität, die «zu-

sammengesetzt aus Unendlichkeit und Endlichkeit» ist und «ihre Wirklichkeit darin hat, diese zusammenzuhalten, unendlich interessiert am Existieren», nicht an der «Abstraktion» des Begriffs, als einer «Abstraktion von Wirklichkeit» [4]. «Die eigene ethische Wirklichkeit des Individuums ist die einzige Wirklichkeit» [5], und sie ist auch der einzige Gegenstand des E., der darum nur als «ethischer» sinnvoll sein kann [6]. Zugleich meint Kierkegaard hiermit auf den «Ethiker» par excellence, auf Sokrates, zurückzukommen. Nach seiner Überzeugung war Sokrates «der ernsteste Mann in Griechenland» [7], ja, sofern «Grazität» die reinste Verkörperung der Humanität sein soll, der ernsteste Mensch überhaupt, und zwar zunächst deshalb, weil er sich auf sich selbst und das in ihm selbst vernehmbare Göttliche besann. So ist es im Sinne Kierkegaards sokratisch gedacht, wenn er für das einzig Ernstzunehmende das je eigene Selbst [8] und den darin erfahrenen Gott [9] ausgibt. Gleichermaßen sokratisch will der Satz sein: «der wahre E. ist die Einheit von Scherz und E.» oder «des Komischen und des Tragischen», ein Satz, der ja in der Tat den platonischen Gedanken von dem mit E. verschwisterten Spiel aufnimmt. Platon stellt nach Kierkegaard Sokrates «ganz richtig» als diese Einheit dar [10]. Denn die sokratische Ironie ist der wahre, mit dem Scherz einige E. Indessen beruht die These Kierkegaards auf dessen originärer Anthropologie. Sie begreift das Wesen des E. als Widerschein des Menschenwesens, der Synthese von Endlichkeit und Unendlichkeit. Der Anteil, den der Scherz am E. hat, entspricht der Teilhabe des Menschen an der Endlichkeit: sich ernst zu sich und zu Gott verhaltend, soll der Mensch im Scherz zugleich seine Freiheit vom Endlichen, d. h. von seinem unmittelbar gegebenen Sein und den äußeren Gegebenheiten der Welt, genießen und so jene Heiterkeit aufbringen, die Hegel den Göttern vorbehalten hat.

Obwohl Kierkegaard den E. des Selbstseins an Phänomenen aufgezeigt hat, deren Analyse in die Existenzphilosophie des 20. Jh. eingegangen ist, vor allem an Wiederholung [11], Entschluß [12] und Sein zum Tode [13], ist der Begriff von ihm selber kaum rezipiert worden. Abgesehen von K. Jaspers, der mehr an Platons Idee der Philosophie als ernstem Spiel anknüpft [14], hat ihm wohl nur V. Jankélévitch [15] größere Beachtung geschenkt.

Anmerkungen. [1] Kierkegaard, Samlede Vaerker², 4, 456 (Der Begriff Angst). – [2] a. a. O. 13, 533 (Über meine Tätigkeit als Schriftsteller). – [3] 4, 459 (Der Begriff Angst). – [4] 7, 332. 289. 302 (Abschließende unwiss. Nachschrift). – [5] 7, 315 (ebda.). – [6] Papirer X/1 A 455. – [7] SV 6, 385 (Stadien auf dem Lebensweg). – [8] 4, 460 (Der Begriff Angst). – [9] 9, 363 (Die Taten der Liebe). – [10] 6, 385 f. (Stadien auf dem Lebensweg). – [11] 3, 195 (Die Wiederholung). – [12] 5, 234-260 (Anläßlich einer Trauung). – [13] 5, 261-293 (An einem Grabe). – [14] K. Jaspers: Philos. (²1948) 539f. 703ff. – [15] V. Jankélévitch: L'aventure, l'ennui, le sérieux (Paris 1963).

Literaturhinweise. C. Castilla del Pino: El concepto de ‹gravedad› en Kierkegaard. Act. luso-esp. Neurol. 9 (1950) 33-37. – M. Theunissen: Der Begriff E. bei Søren Kierkegaard (1958).
M. Theunissen

Ernstfall wird heute, wohl seit sich eine Vorstellung von den Schrecken eines möglichen Atomkrieges verbreitet hat, offenbar in Verdrängungsabsicht für Krieg gebraucht. Demgegenüber diente ‹E.› in der Zwischenkriegszeit [1], besonders in der politischen Philosophie C. Schmitts [2], zur Kennzeichnung des Kriegsfalles als der Situation entscheidender Bewährung, in der in der Tötungs- und Todesbereitschaft kämpfender Gesamtheiten von Menschen der «Kern der Dinge» sich enthülle, insofern der «wirkliche Kampf» nur die letzte Konsequenz der Freund/Feind-Gruppierungen sei, die dem Leben der Menschen die «spezifisch politische Spannung» gäben und über deren schicksalhafte Unentrinnbarkeit Normen und Ideale hinwegtäuschen, aber nicht hinweghelfen könnten. Den «bitteren Ernst des Unausweichlichen» (Jaspers) ansprechend war E., als Prüfstein theoretischer Wahrhaftigkeit und praktischer Bewährung gedacht, zugleich moralisch akzentuiert. – Der moderne Gebrauch von ‹E.› weist auf Hegel zurück, der Krieg als den Zustand bezeichnet, «in welchem mit der Eitelkeit der zeitlichen Güter und Dinge, die sonst eine erbauliche Redensart zu sein pflegt, Ernst gemacht wird»; er sei «hiermit das Moment, worin die Idealität des Besonderen ihr Recht erhält und Wirklichkeit wird» [3].

Anmerkungen. [1] Zeittypisch die Broschüre von H. Schomerus: Ethos des E. (1938). – [2] C. Schmitt: Der Begriff des Politischen (¹1927, Neu-A. 1963) 35ff. – [3] Hegel, Philos. des Rechts § 324, hg. J. Hoffmeister (⁴1955) 280.
Hasso Hofmann

Ersatzbildung ist bei Freud im Zusammenhang seiner Verdrängungslehre – weil «die Verdrängung in der Regel eine E. schafft» [1] – Ausdruck für eines der wichtigsten «Triebschicksale» [2].

Anmerkungen. [1] S. Freud: Die Verdrängung (1915). Werke 10, 256. – [2] Triebe und Triebschicksale (1915) a. a. O. 10, 210ff.
O. Marquard

Erscheinung (griech. φαινόμενον) wird in der Philosophie vor *Kant* – trotz aller Standpunktverschiedenheit – durchweg das sinnfällig Gegebene, Naturhafte genannt, dasjenige, was in der raum-zeitlichen Erfahrung als das Nicht-Eigentliche, Vordergründige begegnet und am eigentlichen Sein mehr oder minder teilhat [1].

Leibniz bringt den Platonischen Gedanken der Teilhabe (μέθεξις) des raum-zeitlichen Seienden am absoluten Sein durch den Begriff der «phaenomena bene fundata» zum Ausdruck, der besagt, daß die materiell-naturhaften Dinge, die eigentlich nichts anderes als Phänomene sind, ihren Grund in den einfachen Substanzen, den Monaden haben, die das einzig wahrhafte Sein sind: «... que les Monades, ou les substances simples, sont les seules veritables substances, et que les choses materielles ne sont que des phenomenes, mais bien fondés et bien liés ...» [2]; «... les choses materielles ... ne sont que des phenomenes bien reglés ...» [3]. Aber auch die Körper sind in gewisser Weise wirklich (... nam et phenomena sunt realia ... [4]), sie sind «phaenomena realia» und als solche durch die primären und sekundären Qualitäten «motus, figura, extensio» bzw. «lux, color, calor, sapor» und ähnliche bestimmt. Diese solchermaßen bestimmten «phaenomena realia» werden von den imaginären Phänomenen – Leibniz nennt als Beispiele den goldenen Berg und den Zentaur – ausdrücklich unterschieden [5].

Diese Unterscheidung wird dann zu einem Kernstück der Erkenntnislehre Lockes in seinem ‹Essay Concerning Human Understanding› (1690). – Die Kritik am Leibnizschen Phänomen- bzw. Perzeptionsbegriff und der Standpunkt Humes, der betont, daß nur das in der sinnlichen Wahrnehmung als «impression» Gegebene zuverlässige Erkenntnis verbürge [6], werden für Kants Fassung des E.-Begriffes bestimmend. Wenn auch E. «nichts als Vorstellungen» sind [7], so besagt das keineswegs, daß sie «ein bloßer *Schein* wären». «Denn in der E. werden jederzeit die Objekte ... als etwas wirklich Gegebenes angesehen, nur daß, sofern diese Beschaffenheit nur von der Anschauungsart des Subjekts in der Relation des gegebenen Gegenstandes zu ihm abhängt, dieser Gegenstand als E. von ihm selber als Objekt *an sich* unterschieden wird» [8]. «Wir haben in der transzendentalen Ästhetik hinreichend bewiesen: daß alles, was im Raume oder der Zeit angeschaut wird, mithin alle Gegenstände einer uns möglichen Erfahrung, nichts als E., d. i. bloße Vorstellungen sind, die, so wie sie vorgestellt werden, ... außer unseren Gedanken keine an sich gegründete Existenz haben. Diesen Lehrbegriff nenne ich den *transzendentalen Idealism*» [9]. Auch vor dem inneren Sinne, in der Selbstreflexion, erfassen wir uns nur als E., als empirisches Subjekt [10]. Die oft zitierte Mehrdeutigkeit des Begriffes ‹E.› muß so verstanden werden, daß einmal die E. – unter logischem Aspekt – als bloßer Vorstellungsinhalt betrachtet wird, zum anderen – unter ontologischem Aspekt – als das Wirkliche der empirischen Vorstellung, das auf ein An-sich-Seiendes als seinen Seins- und Erkenntnisgrund verweist [11].

F. H. BRADLEY faßt den Begriff E. im Rückgriff auf Platon. E. ist das Fluktuierende, Wechselnde, Widerspruchsvolle, Unvollkommene, Bedingte, ja das Böse und die Sünde (PLATONS γένος ὁρατόν). Die Erkenntnis der E. ist – ganz im Sinne Platons – nur vermeintliche Erkenntnis, nur ein Fürwahrhalten dessen, was im Grunde das Unechte, Falsche ist [12]. – ADICKES glaubt in seiner Kantinterpretation von einer «E. an sich» und einer «E. der E.» sprechen zu müssen. Die Welt der E. an sich ist die raumzeitliche Welt, die für die Naturwissenschaft das Ansich bedeutet, also die Körperwelt. E. der E. sind demgegenüber die durch die E. an sich im empirischen Subjekt bewirkten Vorstellungen [13]. – Für HEIDEGGER ist E. das Seiende als Gegenstand endlicher Erkenntnis. Die zwiefache Charakterisierung des Seienden als E. («Gegenstand») und Ding an sich («Entstand») ist eine ontologische Bestimmung; sie entspricht der doppelten Art, derzufolge es zum endlichen und unendlichen Sein als in Beziehung stehend gedacht werden kann [14]. – JASPERS unterscheidet E. «im *objektivierenden Sinn*» (als «Aspekt von einem als objektiv zugrunde liegend Hinzuzudenkenden»); als «Transzendenz des Ansichseins in den Chiffren» und als «Existenz in der Gewißheit absoluten Bewußtseins». «Im *existentiellen Sinne* heißt aber E.: ein Bewußtwerden und Objektgewordensein, in dem sich selbst versteht, was als Sein zugleich ganz gegenwärtig ist. Ich weiß ewig, was so nie als Objekt gewußt wird» [15]. Im Sinne der Phänomenologie wird für P. HÄBERLIN zur Aufgabe, das uns Erscheinende «auf die objektive Sosein hin zu *durchschauen* ...». «E. bedeutet anscheinendes – im Urteil festgestelltes – Sosein eines Begegnenden. So darf E. nie abgetrennt werden von Sein, d. h. von Seiendem, welches erscheint; ... nur Seiendes kann (uns) erscheinen ... Wenn E. nie von Erscheinendem getrennt werden darf, so darf sie andrerseits ebensowenig von demjenigen, dem etwas erscheint (...) – also dem Urteilenden – abgelöst werden. E. gibt es nicht außerhalb des feststellenden Urteils» [16].

Anmerkungen. [1] PLATON, Resp. 509 d ff. 514 a ff.; ARISTOTELES, De anima II, 6. – [2] LEIBNIZ, 10. 1. 1714 an Remond. Philos. Schriften, hg. GERHARDT 3, 606. – [3] 14. 3. 1714 an Remond a. a. O. – [4] 15. 3. 1715 an Des Bosses a. a. O. 2, 492. – [5] De modo distinguendi phaenomena realia ab imaginariis a. a. O. 7, 319. – [6] HUME, An enquiry conc. human understanding (1758) 2. Abschn. – [7] KANT, KrV A 250/B 306 u. ö. – [8] B 69 und Anm. – [9] A 490f./B 518f. – [10] B 152f.; vgl. B 68f. 158. 277f. u. ö. – [11] A 251f. – [12] F. H. BRADLEY: Appearance and reality (London 1893). – [13] E. ADICKES: Kants Lehre von der doppelten Affektion unseres Ich (1929). – [14] M. HEIDEGGER: Kant und das Problem der Met. (1929) 29. – [15] K. JASPERS: Philos. (1930, zit. ²1948) 17. – [16] P. HÄBERLIN: Logik (1947) 103.

Literaturhinweise. HEINRICH BARTH: Philos. der E. Eine Problemgesch. 1. Teil: Altertum und MA (1946, ²1966); 2. Teil: Neuzeit (1959). – G. PRAUSS: E. bei Kant (1971). H. HERRING

Erschlossenheit, Erschließen. Im Sinn von ‹Offenheit›, ‹Öffnen› (nicht von ‹Induzieren›) wird das Wort von M. HEIDEGGER in ‹Sein und Zeit› als Grundbegriff für das «Gelichtetsein» des Menschen gebraucht (Gegenbegriff: Verschlossenheit), ähnlich wie auch der Ausdruck ‹Entdecken› (Gegenbegriff: Verdecken). Während ‹Entdecken› speziell für die E. der Dinge (des «innerweltlichen Seienden») steht [1], ist ‹E.› der umfassendere Begriff: alles, was für den Menschen irgendwie «da» ist, ist von ihm «erschlossen», und diese «E.» umfaßt auch die «Verschlossenheit». Die künstliche Wortbildung wurde für Heidegger nötig, weil in den gegebenen traditionellen Begriffen ‹Bewußtsein› und ‹Vorstellen› (Denken, Anschauen) das «Gelichtetsein» auf Gegenstände fixiert geblieben war. Ein Vorteil der neuen Ausdrücke lag auch in ihrer dynamischen Bezogenheit auf ihren jeweiligen Gegenbegriff. Heidegger interpretiert auch den Sinn von Wahrheit als Entdecken und E. [2]. In seinen späteren Schriften verwendet er diese Ausdrücke nicht mehr; an ihre Stelle treten – nachdem Wahrheit nicht mehr als Seinsverfassung des Menschen, sondern als Grundzug des Seins verstanden wird («Unverborgenheit») – andere Termini wie ‹Offenheit› und ‹Entbergen›.

Anmerkungen. [1] Sein und Zeit (1927) 85. 220. – [2] a. a. O. § 44. E. TUGENDHAT

Erste Philosophie (πρώτη φιλοσοφία, prima philosophia) I. ‹E.Ph.› wird von ARISTOTELES neben σοφία und ἐπιστήμη θεολογική zur Bezeichnung der Seinswissenschaft bzw. Metaphysik verwandt: Ἔστιν ἐπιστήμη τις ἣ θεωρεῖ τὸ ὂν ᾗ ὂν καὶ τὰ τούτῳ ὑπάρχοντα καθ' αὑτό (Es gibt eine Wissenschaft, die das Seiende, insofern es seiend ist, betrachtet und das, was diesem an sich zukommt) [1]. Dem Sein als solchem kommen Sachverhalte zu, die die Totalität des Seienden durchziehen: etwa Materie und Form, Substanz und Akzidens, Potenz und Akt, Einheit und Vielheit [2]. Diese als *Allgemeinwissenschaft* charakterisierte E.Ph. stellt keinen Widerspruch zu einer als Weisheit und besonders als Theologik [3] bezeichneten E.Ph. dar. Denn die Definition des ὂν ᾗ ὂν von Met. Γ 1 greift die Rede von den πρῶται ἀρχαί und αἰτίαι (den ersten Gründen und Ursachen) in A 1 und 2 auf. Es müssen dies ferner die Gründe und Ursachen einer Natur sein, nämlich des ὂν ᾗ ὂν [4], wobei es weder auf die Subsistenz der Gründe noch des Seins ankommt, sondern auf ihren gegenseitigen Bezug. Werden nun die *ersten* Ursachen des ὂν ᾗ ὂν gesucht, dann führt diese Untersuchung von selbst zu einem letzten selbständigen Grund des Seins, so daß die E.Ph. gerade *als* Ontologie *zugleich* Theologik sein muß.

Dagegen wird die Physik, die die sinnlich wahrnehmbaren Wesen (αἰσθηταὶ οὐσίαι) betrachtet, die *Zweite Philosophie* (δευτέρα φιλοσοφία) genannt [5], insofern sie von dem handelt, was das Prinzip der Bewegung in sich selbst hat, im Gegensatz zur E.Ph., deren Gegenstand, das Seiende, trennbar und unbeweglich (χωριστὸν καὶ ἀκίνητον) ist [6]. Gäbe es neben den der Bewegung unterliegenden Naturdingen kein von ihnen verschiedenes Wesen, so wäre die *Physik* die *Erste Wissenschaft* (ἡ φυσικὴ ἂν εἴη πρώτη ἐπιστήμη) [7].

Anmerkungen. [1] ARISTOTELES, Met. IV, 1, 1003 a 21; VI, 1, 1026 a 23-32; XI, 7, 1064 a 28ff. – [2] W. D. Ross: Aristotle's Met. 1 (Oxford ⁴1958) 251f. – [3] ARIST., Met. I, 2, 982 a 4-983 a 23; VI, 1, 1026 a 10-32; XI, 7, 1064 a 28-1064 b 14. – [4] IV, 1, 1003 a 26-32. – [5] VII, 11, 1037 a 14-16. – [14] XI, 7, 1064 a 28-1064 b 14. – [7] VI, 1, 1026 a 27-29.

Literaturhinweise. W. D. Ross s. Anm. [2]. – H. WAGNER: Zum Problem des aristotelischen Metaphysikbegriffs. Philos. Rdsch. 7/2 (1959) 129-148 (Lit.). – G. PATZIG: Theol. und Ontol. in der Met. des Aristoteles. Kantstudien 52 (1960/61) 185-205. – Met. und Theol. des Aristoteles, hg. F. P. HAGER, in: Wege der Forsch. 206 (1969).

K. KREMER

II. Der Titel ‹prima philosophia› wird im Anschluß an Aristoteles (Met. Γ 1 und E 1) seit dem Mittelalter meist in engem (positivem oder negativem) Bedeutungszusammenhang mit ‹Metaphysik› bzw. später mit ‹Ontologie› gebraucht, um den primären Rang einer bestimmten philosophischen Fragestellung oder Disziplin zu kennzeichnen. Je nach Charakteristik dieser fundamentalen Fragestellung lassen sich vier Bedeutungen unterscheiden.

1. Die Verwendung des Wortes nimmt von den großen Metaphysikkommentaren des Mittelalters ihren Ausgang, wo ‹prima philosophia› als treffende Erläuterung der Aufgabenstellung der Metaphysik interpretiert wird. Nach THOMAS VON AQUIN erfordert das Wesen der philosophischen Erkenntnis eine Wissenschaft, die alle anderen Wissenschaften lenkt und begründet; für diese ist die Bezeichnung ‹prima philosophia› zutreffend, insofern sie die Prinzipien der anderen Wissenschaften betrachtet: «Dicitur philosophia prima, inquantum scientiae aliae ab ea principia sua accipientes eam sequuntur» (Sie wird E.Ph. genannt, insofern die anderen Wissenschaften, die von ihr ihre Prinzipien erhalten, ihr nachfolgen) [1]. Zum anderen aber heißt die Metaphysik ‹E.Ph.› als Wissenschaft von dem zuhöchst Intelligiblen, den reinen Geistern (Engel und Gott) als den ersten Ursachen des Seienden, sowie vor allem von der allgemeinsten Bestimmung des Seienden, dem ens commune: «Ergo in hac scientia nos quaerimus principia entis inquantum est ens: ergo ens est subiectum huius scientiae, quia quaelibet scientia est quaerens causas proprias sui subiecti» (Wir fragen also in dieser Wissenschaft nach den Gründen des Seienden, insofern es Seiendes ist: also ist das Seiende der Gegenstand dieser Wissenschaft, denn jede beliebige Wissenschaft fragt nach den besonderen Ursachen ihres Gegenstandes) [2]. Ebenso grundsätzlich und umfassend definiert JOHANNES DUNS SCOTUS: «Philosophia prima considerat ens inquantum ens est, unde considerat rem secundum suam quidditatem. Et ... considerat rem secundum suam entitatem» (Die E.Ph. betrachtet das Seiende, insofern es Seiendes ist, und daher die Sache gemäß ihrer Washeit. Und ... gemäß ihrer Seiendheit) [3]. Daher ist die Metaphysik «prima scientia scibilis primi» (die Erste Wissenschaft vom ersten Wissbaren) [4].

2. Von den klassischen Autoren der Scholastik wird ‹prima philosophia› in der Neuzeit bis in die Gegenwart hinein bei nahezu allen Vertretern scholastischer Metaphysik – mehrmals schon im Buchtitel – übernommen, so in den einflußreichen «Disputationes Metaphysicae» (1597) des F. SUÁREZ, die in der ersten disputatio «de natura primae philosophiae seu metaphysicae» handeln.

R. DESCARTES anerkennt zwar nicht mehr eine Wissenschaft vom Seienden als solchem, verwendet aber den Ausdruck ‹prima philosophia› synonym mit ‹Metaphysik› für die Wissenschaft von Gott und der Seele [5]. Er behandelt in der E.Ph. die Prinzipien der Erkenntnis [6], die für ihn die «ersten Ursachen» und «wahren Prinzipien» sind und bloß zweierlei erfordern: «... qu'ils sont très clairs; et ... qu'on en peut déduire toutes les autres choses» [7]. Von daher ergibt sich für die von Descartes beeinflußte Schulphilosophie die Notwendigkeit, vor der Metaphysik die E.Ph. als eigene Prinzipienwissenschaft zu konstituieren, die bei J. CLAUBERG ‹Ontosophie›, dann meist ‹Ontologie› heißt [8]. CHR. WOLFF rechtfertigt die Bezeichnung der Ontologie als prima philosophia: «Philosophia prima eadem appellari suevit, quia prima principia notionesque primas tradit, quae in ratiocinando usum habent» (Sie pflegt E.Ph. genannt zu werden, weil sie die ersten Prinzipien und Begriffe lehrt, die im Denken gebraucht werden) [9]. A. G. BAUMGARTEN zählt neben ‹Ontologie› und ‹prima philosophia› als geläufige synonyme Bezeichnungen auf: ‹Ontosophia›, ‹metaphysica›, ‹metaphysica universalis›, ‹architectonica› [10].

3. In der empiristisch an der Naturwissenschaft orientierten Philosophie der Neuzeit tritt die prima philosophia als Betrachtung der fundamentalen philosophischen Prinzipien in Gegensatz zur mittelalterlichen Metaphysik. So ist bei F. BACON die prima philosophia als scientia universalis die Mutter aller Wissenschaften, die die gemeinsamen Axiome der übrigen Wissenschaften sowie die Grundbestimmungen der Seienden wie Identität und Diversität, Möglichkeit und Unmöglichkeit behandelt [11]. Sie ist von der Metaphysik zu unterscheiden, die als Teil der Naturphilosophie die Formal- und Finalursachen behandelt [12]. Auf Bacons Begriff der prima philosophia beruft sich noch A. COMTE, um die Aufgabe seiner ‹Philosophie positive› zu kennzeichnen [13]. Noch schärfer als bei Bacon ist die antimetaphysische Bestimmung der prima philosophia bei TH. HOBBES. Weil die Aufgabe der Philosophie die Erkenntnis des Zusammenhanges von Ursachen und Wirkungen ist [14], hat sich die prima philosophia mit den Grundbegriffen wie Raum und Zeit, Ursache und Wirkung, Identität und Diversität, Quantität usw. zu beschäftigen [15].

4. Auch auf Grund der von Kant durchgeführten Metaphysikkritik tritt in der Philosophie des 19. und 20. Jh. ‹prima philosophia› als Kennzeichnung der transzendentalen bzw. erkenntnistheoretischen Grundlagenproblematik in Gegensatz zur Metaphysik. Sehr deutlich ist dies bei W. T. KRUG, der die Fundamentalphilosophie als transzendentale Methodenreflexion eine «philosophia prima sensu absoluto» nennt, demgegenüber Metaphysik bzw. Ontologie als «philosophia prima sensu relativo» bezeichnet, weil sie eine «philosophia derivativa» ist [16]. F. W. J. SCHELLING bezeichnet die negative (rein rationale) Philosophie, deren Aufgabe die transzendentale Kritik der Erkenntnis ist, als «erste Philosophie», während die positive Philosophie, die die tatsächliche Existenz zum Thema hat, die zweite und höchste ist [17].

Auch in der übrigen nachkantischen Philosophie wird ‹E.Ph.› immer wieder, meist eher beiläufig verwendet, um – unter Anspielung auf die cartesianische Umwandlung der aristotelischen Bedeutung – die Aufgabe einer am Anfang der Philosophie zu leistenden Methodenreflexion zu verdeutlichen; so beispielsweise bei J. G. FICHTE [18], E. v. HARTMANN [19], P. NATORP [20], N. HARTMANN [21].

E. HUSSERL hat in einer im Wintersemester 1923/24 gehaltenen umfangreichen Vorlesung die gesamten Bemühungen der Phänomenologie unter den Anspruch einer E.Ph. gestellt [22]. Der Begriff ‹E.Ph.› weist hin auf «eine wissenschaftliche Disziplin des Anfangs ... Aus innerer unablöslicher Notwendigkeit würde diese Disziplin allen anderen philosophischen Disziplinen vorangehen, sie methodisch und theoretisch fundieren müssen» [23]. In der transzendentalen Phänomenologie hat sich, wenn auch erst in unvollkommener Approximation, diese Aufgabe erfüllt [24]; dadurch ist die E.Ph. dem Inhalte nach «Wissenschaft von der transzendentalen Subjektivität» [25]. Auf der Basis einer solchen Methodologie als «Wissenschaft von der Totalität der reinen (apriorischen) Prinzipien aller möglichen Erkenntnisse und der Gesamtheit der in diesen systematisch beschlossenen, also rein aus ihnen deduktiblen apriorischen Wahrheiten» könnte dann die «zweite Philosophie» als «Gesamtheit der ‹echten›, d. i. der in rationaler Methode ‹erklärenden› Tatsachenwissenschaften» aufgebaut werden [26]. In der neueren französischen Philosophie wurde der Begriff von E. LE ROY aufgegriffen [27]. Aufgabe der E.Ph. ist die Erarbeitung eines «principe suprême de jugement universel», das den Einheitspunkt von Wissen und Handeln ausmacht [28].

Anmerkungen. [1] THOMAS VON AQUIN, In Boeth. de trin. q. 5, a. 1. – [2] In IV, 1 Met.; vgl. In Met. prooem.; In VI Met.; vgl. L. OEING-HANHOFF: Ens et unum convertuntur (1953) bes. 7-20. – [3] JOH. DUNS SCOTUS, Elench. q. 1. – [4] Quaest. in Met. VI, q. 4, n. 3. – [5] DESCARTES, Meditationes de prima philos. Titel und praef. Oeuvres, hg. ADAM/TANNERY (= A/T) 7, 9f.; vgl. den Titel der autorisierten frz. Übersetzung der Meditationes A/T Bd. 9. – [6] Les principes de la philos. Préface A/T 9, 2, 14; vgl. den ganzen ersten Teil der Prinzipien der Philos. – [7] a. a. O. 9; vgl. 2. – [8] J. CLAUBERG: Elementa philosophiae sive ontosophia, scientia prima de iis quae Deo creaturisve seu modo communiter attribuuntur (1647); Met. de ente sive ontosophia (1656); vgl. J. G. WALCH: Philos. Lex. (⁴1775) 2, 120ff.: ‹Met.›. – [9] CHR. WOLFF: Philos. prima sive Ontologia (1729) § 1. – [10] A. G. BAUMGARTEN: Met. (⁴1779) § 4. – [11] FR. BACON, De augm. scient. III, 1. – [12] a. a. O. III, 4. – [13] A. COMTE: Cours de philos. positive (1830-42) 2e leçon, I (Paris ⁵1907) 41. – [14] TH. HOBBES (1655), Werke, hg. MOLESWORTH 1, 3. – [15] a. a. O. 2, 81ff. – [16] W. T. KRUG: Fundamentalphilos. (1818) 298ff. – [17] F. W. J. SCHELLING, Einl. in die Philos. der Mythol. Werke, hg. K. F. A. SCHELLING (1856-61) 11, 366ff.; vgl. Einl. in die Philos. der Offenbarung a. a. O. 13, 151. – [18] J. G. FICHTE: Wissenschaftslehre (1804). Werke, hg. I. H. Fichte 10, 307. – [19] E. v. HARTMANN: Philos. des Unbewußten (⁸1878) XXV; System der Philos. 1: Grundriß der Erkenntnislehre (1907) 12. – [20] P. NATORP: Zur Frage der log. Methode. Kantstudien 6 (1901) 270-283, bes. 271. – [21] N. HARTMANN: Met. der Erkenntnis (⁵1965) 6; Zur Grundlegung der Ontol. (⁴1965) 28ff. – [22] E. HUSSERL: E.Ph.; hg. R. BOEHM 1: Husserliana 7 (Den Haag 1956); 2: Husserliana 8 (Den Haag 1959). – [23] a. a. O. 1, 5; vgl. 5ff.; 2, 249. – [24] Vgl. 1, 6. – [25] 2, 4. – [26] 1, 13f. – [27] E. LE ROY: Essai d'une philos. première 1-2 (1956-58). – [28] a. a. O. 1, 30.

Literaturhinweise. G. BOAS: The role of protophilosophies in intellectual hist. J. Philosophy 45 (1948) 673-683. – R. J. KREYCHE: First philos. (New York 1959). – R. SCHAEFFLER: Wege zu einer E.Ph. (1964).
C. F. GETHMANN

Erstheit, Zweitheit, Drittheit (engl. firstness, secondness, thirdness) sind die drei Grundkategorien von CH. S. PEIRCE (1839–1914), die systematisch in seiner ‹Phänomenologie› oder auch ‹Phaneroskopie› dargestellt werden [1]. Diese Kategorien sind demnach die nicht mehr weiter auflösbaren universalen Elemente, aus denen sich alle Phänomene zusammensetzen. Sie haben einen «materialen metaphysischen» und einen «strukturell formalen» Aspekt.

Inhaltlich gesehen bedeutet *Erstheit* (I) soviel wie Qualität, Sosein (suchness), Empfindung, Spontaneität, bloße Möglichkeit (mere may-be), Ansichsein, Bezuglosigkeit; *Zweitheit* (II) meint Relation, Aktion und Reaktion, Existenz, Aktualität, Andersheit (otherness), Widerstand (upagainstness), Haecceitas; *Drittheit* (III) meint Repräsentation, Vermittlung (mediation), Interpretation, Gesetzlichkeit, Ordnung, Kontinuität.

Formal gesehen handelt es sich bei den Kategorien um die drei Relationsklassen Monade, Dyade und Triade; alle Polyaden mit mehr als drei Stellen lassen sich auf triadische Relationen zurückführen. Andererseits können für Peirce nur alle drei Grundkategorien zusammen Realität konstituieren; philosophische Systeme, die Erstheit, Zweitheit und Drittheit nicht als untrennbar voneinander und irreduzibel aufeinander anerkennen, sind einer «reductive fallacy» erlegen, so z. B. der *Nominalismus* (allein I und II) oder der Idealismus *Berkeleys* (allein I und III) und *Hegels* (allein III) [2]. – Als sprachliche Zeichen entsprechen den drei Kategorien die abbildende Ikone, der hinweisende Index und das darstellende Symbol.

Anmerkungen. [1] CH. S. PEIRCE, Coll. Papers 1, 284-572. – [2] a. a. O. 5, 78.

Literaturhinweise. I. S. STEARNS: Firstness, secondness, thirdness. Stud. in the philos. of Ch. S. Peirce I (Cambridge, Mass. 1952) 195-208. – P. KRAUSSER: Die drei fundamentalen Strukturkategorien bei Ch. S. Peirce. Philos. nat. 6 (1960) 3-31. – M. G. MURPHEY: The development of Peirce's philos. (Cambridge, Mass. 1961) passim. – J. J. FITZGERALD: Peirce's theory of signs as foundation for pragmatism (Den Haag/Paris 1966) bes. 28-34.
R. HEEDE

Erwählung ist im prägnanten Sinn ein rein *theologischer* Begriff; er setzt als Urheber der E. oder des erwählenden Handelns den Einzelpersonen oder Personengemeinschaften gerichteten unterscheidenden Willen Gottes [1] voraus, der aber immer ein positives Ziel zum Inhalt hat, während Prädestination E. *und* Verwerfung durch Gott bedeuten kann. E.-Aussagen sind Glaubens- und keine Werturteile, kontrastieren also dem Elitegedanken; sie sind entweder aus unmittelbar erfahrenen geschichtlichen Widerfahrnissen abgeleitet oder anerkennende Übernahme E. zusprechender Worte, wobei das E.-Bewußtsein beide Motive enthalten kann.

Für unseren Kulturkreis lassen sich E.-Aussagen auf das *Alte Testament* zurückführen. Sie gelten den charismatischen Führern des Volkes, Richtern und Königen, die sich als von Gott erwählt erweisen. In zunehmendem Maße wird dann die E. Israels durch Jahwe zum entscheidenden Grund der Selbstbehauptung und Besonderheit des «vom Erwählten Jahwes geführten Volks» [2]. Das deuteronomistische Geschichtswerk versteht E. als ausschließlich im Willen Gottes begründete, freie Tat der Liebe Gottes zu Israel, das selber keine in ihm selbst liegende Voraussetzung der E. aufzuweisen hat, dennoch als Objekt der Liebe Gottes auch zum Gegenstand seines auf Gerechtigkeit und Treue zielenden Erziehungshandelns wird. Den Untergang Israels als staatlich verfaßtes Volk überdauert der E.-Gedanke in der Exilsprophetie des II. Jesaia als Auftrag und Verheißung an Israel, Zeuge der Selbstoffenbarung Jahwes für alle Völker zu sein.

In diese Funktion tritt nach dem *Neuen Testament* kraft der Entschränkung der zunächst auf Israel beschränkten, aber nicht aufgehobenen Wahl die aus allen Völkern berufene Gemeinde des Christus ein; auch ihre E. ist ohne in ihr selbst liegende Voraussetzung, extrem ausgedrückt im Hinweis auf den vor der Begründung der Welt getroffenen Ratschluß Gottes zur Verwirklichung der E. in dem *einen* Erwählten, Christus [3]. Dieser Gedanke führte dazu, die E. vor allem als einen vorzeitlichen Akt Gottes zu verstehen, zunächst auf die Gemeinde als ganze bezogen, dann, als sich die Kirche als corpus permixtum aus wahren und Scheinchristen erwies, auf den Einzelnen.

Beherrschend wurde der E.-Gedanke samt dem erst später formulierten Korrelat der Verwerfung in der Theologie AUGUSTINS [4] und in den wiederholten Rezeptionen des Augustinismus im weiteren Verlauf der abendländischen Kirchen- und Ketzergeschichte. Er diente den Reformatoren – LUTHER [5] nicht weniger als CALVIN – als stärkstes Argument für die Voraussetzungslosigkeit des Heils, wobei das vorzeitlich-zeitliche Ergehen des decretum aeternum [6] zu dem Dilemma führte, E. und geschichtliche Verwirklichung der E. zu trennen; letztere geriet in die Gefahr, bloß deklarativen, kognitiven oder instrumentalen Charakter zu gewinnen; damit verlor das Heilsgeschehen in Jesus Christus seine die E. begründende Bedeutung.

Das logisch mit dem Begriff der E. gegebene Problem der Verwerfung hat verschiedene Antworten gefunden; AUGUSTIN und andere nach ihm verstanden sie als Preisgabe an das allen ohne Ausnahme eigentlich zukommende Gericht. Eine Umgehung des Problems bedeutet der Hinweis auf die vom Menschen zu verantwortende Ablehnung der Berufung zum Heil. F. SCHLEIERMACHER erklärte die Verwerfung als vorläufige, scheinbare Übergehung [7], der eine Allerlösung folgen wird. K. BARTH widmete der E.-Lehre eine umfassende Neubesinnung, insofern er E. *und* Verwerfung auf Jesus Christus bezog: dieser ist der erwählte und verworfene Mensch zugleich; in ihm ist die Verwerfung «aufgehoben» [8]. Damit werden alle diesbezüglichen Aussagen der spekulativen, von Gottes Selbstoffenbarung in Jesus Christus absehenden, objektivierenden Reflexion entnommen.

Anmerkungen. [1] KLUGE/MITZKA: Etymol. Wb. der dtsch. Sprache Art. ‹ur›, ‹Wahl›. – [2] G. QUELL: Art. EKLÉGOMAI, in: Theol. Wb. zum NT, hg. G. KITTEL 4 (1942) 164, 33. – [3] Eph. 1, 4; Ev. Luc. 9, 35; 23, 35. – [4] AUGUSTIN, De praedestinatio sanctorum 8, 13. MPL 44, 970, 38. – [5] LUTHER, Weimarer A. 25, 331. – [6] J. CALVIN: Institutio christianae religionis (1559) III, 21. 5. – [7] FR. E. D. SCHLEIERMACHER: Der christl. Glaube (1821) § 119, 2. – [8] K. BARTH: Die kirchl. Dogmatik 2/2 (1942) 336.

Literaturhinweise. G. QUELL/G. SCHRENK s. Anm. [2] 147-197. – K. BARTH s. Anm. [8] 1-498. – G. NYGREN: Das Prädestinationsproblem in der Theol. Augustins (1956). – O. WEBER: Grundlagen der Dogmatik 2 (1962) 456-562. – A. ADAM: Lehrb. der Dogmengesch. 1 (1965); 2 (1968). E. KÄHLER

Erwartung (rational belief) ist in erster Linie ein Gegenstand der beschreibenden Psychologie. Was vernünftigerweise erwartet werden kann, hängt seinem E.-Grade (degree of rational belief) nach von der verfügbaren Evidenz ab. So unterscheidet man alltagssprachlich z. B. zwischen mehr oder weniger sicheren E. In der älteren Literatur [1] wird zwischen vernünftiger E. und Wahrscheinlichkeit nicht unterschieden. Neuerdings wird der Ausdruck oft verwendet, wenn es sich entweder um die Vergleichung von Wahrscheinlichkeiten handelt, die nicht numerisch meßbar sind [2], oder wenn man von der sogenannten subjektiven Wahrscheinlichkeit spricht. Diese Wahrscheinlichkeit wurde besonders von DE FINETTI analysiert [3] und von L. J. SAVAGE zur Grundlage seiner statistischen Theorie gemacht [4]. Nach diesen Autoren ist Wahrscheinlichkeit das Maß des subjektiven Vertrauens, das eine bestimmte *vernünftige* Person in die Wahrheit eines bestimmten Urteils, z. B. daß es morgen regnen wird, setzt.

Solche Theorien setzen jeweils einen bestimmten Begriff eines «vernünftig denkenden und vernünftig handelnden» Menschen voraus und schließen sich in mancher Weise an ältere ökonomisch-philosophische Begriffe eines *homo economicus* an. Rationalität wird zum Teil durch Klugheitsregeln definiert (manchmal auch durch ethische Urteile), wobei die Mannigfaltigkeit der Zwecke und Absichten eines Individuums, oft durch *ein* meßbares Gut, z. B. Nützlichkeit, ersetzt wird und dessen Maximierung als vernünftig angesehen wird [5]. Die verschiedenen Theorien der vernünftigen E. unterscheiden sich durch die Situationstypen, denen sie besondere Aufmerksamkeit schenken. Eine wichtige Theorie, die die Struktur der Hazardspiele und der ihnen ähnlichen ökonomischen Situationen behandelt, ist von J. VON NEUMANN und OSKAR MORGENSTERN entwickelt worden [6].

Anmerkungen. [1] J. M. KEYNES: A treatise on probability (1921). – [2] R. B. BRAITHWAITE: Probability and induction, in: British philos. in mid-century (1957). – [3] Siehe z. B. La prévision: ses lois logiques, ses sources subjectives. Ann. de l'Institut Henri Poincaré 7 (1937) 1-68. – [4] The foundations of statistics (1954). – [5] Siehe z. B. K. J. ARROW: Social choice and individual value (1951). – [6] Theory of games and economic behaviour (1944).

Literaturhinweise. F. P. RAMSEY: Truth and probability, in: The foundations of mathematics and other logical essays (1931). – H. CRAMÉR: Mathematical methods in statistics (1946). – G. L. S. SHACKLE: Expectations in economics (1949). – B. DE FINETTI: Le vrai et le probable. Dialectica 3 (1949). – R. CARNAP: The continuum of inductive methods (1952). S. KÖRNER

Erweckung (engl. awakening, revival; frz. réveil) als Ausdruck für die Erregung des (religiösen) Seelenlebens ist jünger als die verwandten Begriffe ‹Bekehrung›, ‹Wiedergeburt› und ‹Erleuchtung›, kann sich auch nicht mit gleichem Recht auf die Bibel berufen. Während LUTHERS Bibelübersetzung das – schon im Althochdeutschen bezeugte – Verbum ‹erwecken› noch unpsychologisch im Sinne von ‹aufstehen lassen, Samen erwecken, erregen, von Schlaf oder Tod auferwecken› gebraucht [1], gewinnt E. samt Derivaten durch den Pietismus eine neue Bedeutung. Schon vorher, im Kirchenlied des 16. und 17. Jh. begegnet es als Ausdruck für das Wachmachen des geistlich Toten oder in Sünden Schlafenden. Dabei haben wohl Bibelstellen wie Röm. 13, 11 und Eph. 5, 14 Pate gestanden [2]. Das *pietistische* Interesse am Zustand des seelischen Lebens ist die Voraussetzung dafür, daß ‹erwecken› sowie die davon abgeleiteten Formen (E., erweckt, erwecklich; auch aufwecken, Aufweckung, aufgeweckt) zu den gebräuchlichsten und verbreitetsten Termini des Pietismus und der E.-Bewegung wird. TERSTEEGEN, BOGATZKI, ZINZENDORF, SPANGENBERG, LAVATER und JUNG-STILLING stehen hier für viele andere [3]. E. bedeutet für die Genannten eine Erregung geistlichen Lebens; die Seele wird von Gottes Geist aus innerer Erstarrung und tödlichem Sündenschlaf erweckt. «Ach, mein Gott! laß doch diesen Tag nicht vorbeygehen, ohne daß ich eine neue lebendige E. zur wahren innigsten Vereinigung mit dir empfinde; aber eine E., mein Gott! die nicht nur in der Einbildungskraft und im Geblüte, sondern tief in der Seele hafte» [4]. Das Leben, die Lebendigkeit ist ein zentrales Motiv dieser Frömmigkeit [5]. – Gegen Ende des 18. Jh. setzt eine Verweltlichung ein. Zur Lebendigkeit erweckt wird nun nicht mehr nur die gottsuchende Seele, sondern die Seele überhaupt, das Innere, das Gefühl, das Genie (z. B. F. H. JACOBI, JUNG-STILLING, GOETHE und SCHILLER) [6]. Die Psychologie der E. ist nicht mehr ausschließlich Domäne des Religiösen.

Der religiöse Begriff der E. hat aber nicht nur das Individuum im Blick, sondern er wird von Anfang an auch als heilsgeschichtlicher, ja kirchengeschichtlicher

Terminus verwendet. Vielleicht beeinflußt vom Englischen, z. B. vom Sprachgebrauch im angelsächsischen Methodismus [7], bezeichnet man jede Erneuerung religiösen Lebens, von dem viele gleichzeitig erfaßt werden, als E.(-Bewegung). In der heutigen Kirchengeschichtsschreibung nimmt man die Erneuerungsbewegungen in der gesamten protestantischen Welt im 18. und 19. Jh. unter dem Begriff ‹E.-Bewegung› zusammen [8]. – Schließlich ist von einigen protestantischen Theologen des 19. Jh. der Versuch unternommen worden, den E.-Begriff in das altprotestantische Lehrstück vom «ordo salutis» [9], d. h. von der stufenweisen Aneignung des göttlichen Heils durch den einzelnen Menschen, einzureihen. Diese Heilsordnung lautet dann etwa: Berufung (als Erleuchtung und E.), Bekehrung (als Buße und Glaube), Rechtfertigung, Lebensgemeinschaft mit Gott in Christo, Heiligung [10]. Die E. gilt demnach als eine Vorstufe der Bekehrung oder Wiedergeburt auf dem Wege zur «unio mystica». Sofern unter den heutigen protestantischen Dogmatikern das Lehrstück vom «ordo salutis» überhaupt noch festgehalten wird, vermeidet man dabei jedenfalls die Darstellung eines seelischen Entwicklungsprozesses. Darum ist ‹E.› in der Gegenwart nur noch ein Terminus der Frömmigkeit und der Kirchengeschichtsschreibung, nicht mehr der Dogmatik.

Anmerkungen. [1] Vgl. außer den Konkordanzen zur Lutherbibel GRIMMS Dtsch. Wb. 3, 1047f. – [2] F. MELZER: Der christl. Wortschatz der dtsch. Sprache (1951) 178f. – [3] A. LANGEN: Der Wortschatz des dtsch. Pietismus (²1968) 32-34. – [4] J. C. LAVATER, Geheimes Tagebuch. Von einem Beobachter Seiner Selbst (1771) 229. – [5] M. SCHMIDT: Die innere Einheit der E.-Frömmigkeit im Übergangsstadium zum luth. Konfessionalismus. Theol. Lit. Ztg. 74 (1949) 17-28 und passim. – [6] A. LANGEN, a. a. O. [3] 33, 464. 468; GRIMM, a. a. O. [1] 1047f. – [7] J. EDWARDS: Some thoughts conc. the present revival of relig. in New England (1742). – [8] Vgl. E. BEYREUTHER: Die E.-Bewegung, in: Die Kirche in ihrer Gesch. Hb., hg. K. D. SCHMIDT und E. WOLF, Lieferung 4 R 1 (1963). – [9] Vgl. E. FAHLBUSCH: Heilsordnung, in: Evang. Kirchenlex. 2, 91-94. – [10] E. LUTHARDT: Die christl. Glaubenslehre (1898) §§ 64-72; vgl. auch R. SEEBERG: E., in: Realencyklop. prot. Theol. u. Kirche (³1896ff.) 5, 486-488.

Literaturhinweise. R. SEEBERG s. Anm. [10]. – A. LANGEN s. Anm. [3]. W. EISENBLÄTTER

Erweiterungsurteil wird von KANT auch das synthetische Urteil genannt [1]: «Diejenigen aber, in denen diese Verknüpfung [von Subjekt und Prädikat] ohne Identität gedacht wird, sollen synthetische Urteile heißen.» Diese Urteile kann man dann auch ‹E.› nennen, weil sie «zu dem Begriffe des Subjektes ein Prädikat hinzutun, welches in jenem gar nicht gedacht war und durch keine Zergliederung desselben hätte können herausgezogen werden» [2].

Anmerkungen. [1] Vgl. Art. ‹Analytisch/synthetisch›. – [2] KANT, KrV B 10f. A. Menne

Erziehung, von ‹erziehen›, ursprünglich ‹herausziehen›, aber auch ‹aufziehen› oder ‹großziehen›, gleichermaßen von Tier und Mensch gebraucht, gewinnt – wahrscheinlich im Zusammenhang mit ‹educare› – erst in der Neuzeit die heute vorherrschende Bedeutung eines Handelns am werdenden Menschen zugunsten dessen späterer Mündigkeit. Es hängt dies wohl damit zusammen, daß sich diese Aufgabe der E. als eines zusammenhängenden Handelns an der Jugend zu Zwecken einer bestimmten späteren Qualifikation erst nach und nach gestellt hat. Die Jugend ist – in ländlichen Bezirken bis in das 20. Jh. hinein – durch das ständische Stellensystem und nicht durch eine ausdrückliche E. geprägt worden. Daher auch tritt E. zunächst – außer im Zusammenhang mit Unterricht und Schule – nur als Mittel der Unterwerfung unter das betreffende System und seine Repräsentanten auf. Hiermit harmonierte auch die biblische Überlieferung der Zucht [1]. Daher hat sich die erste breitere Erörterung der E. am Problem der Strafe entzündet (Philanthropen) [2].

In der bürgerlichen, erst recht in der industriellen Gesellschaft, wird das Aufwachsen der Jugend immer stärker ausgegliedert, die E. zeigt sich immer offenkundiger als ein Grundproblem des menschlichen Daseins. Dem entspricht ebensowohl die Institutionalisierung der E. (Auf- und Ausbau eines das ganze Jugendalter aufnehmenden Bildungswesens) wie die Ausbildung eines E.-Denkens bis hin zu Theorien der E. (PESTALOZZI, HERBART, SCHLEIERMACHER).

Die für den deutschsprachigen Raum folgenreichste Erörterung der E. als eines Grundproblems des menschlichen Daseins findet sich bei KANT: «Der Mensch kann nur Mensch werden durch E. Er ist nichts, als was E. aus ihm macht» [3].

Hieraus ergibt sich ein bestimmter E.-Begriff; wobei zwischen E. im weiteren und im engeren Sinne unterschieden wird: Einerseits ist der gesamte Umgang der älteren mit der jüngeren Generation erzieherisch relevant. Nach KANT soll der Mensch in ihm diszipliniert, kultiviert und zivilisiert werden. Bedeutsam ist auch die SCHLEIERMACHERSCHE These, daß die E. den Menschen abzuliefern habe an den Staat und die Kirche sowie an das freie gesellschaftliche und das freie geistige (wissenschaftliche) Leben. Andererseits kommt es darauf an, insbesondere die Moralisierung (KANT) zu fördern bzw. die (gute) Gesinnung (SCHLEIERMACHER) zu entwickeln und dem werdenden Menschen zu sich selbst, zur entwickelten Identität mit sich und seiner Welt bzw. zur Personalität zu verhelfen. Ohne diese letztere Aufgabe könnte die E. nicht in sich zentriert sein und gäbe es kein eigenes E.-Denken, denn ohne sie gäbe es keine höchste Aufgabe, auf die alles bezogen werden kann und bezogen werden muß. Auf diese Weise entsteht ein Begriff von der E., der eine Theorie der E. ermöglicht.

Diesem Begriff von E. korrespondiert von etwa 1800 ab der deutsche Begriff der Bildung; er meint denjenigen Wachstumsprozeß, der durch eine solche E. gefördert werden soll.

Eben diesen Begriff nehmen die neueren Ausarbeitungen wieder auf (LANGEVELD, BREZINKA), doch hat sich inzwischen gezeigt, daß Werden und E. des Menschen nur bedingt konstruiert werden können, empirische Forschung also nötig wird. Die E. wird immer mehr ausgegliedert, sie wird immer problematischer, zugleich erweitert sich der Horizont, in dem sie verstanden und vollzogen werden muß. Die Theorie der E. bedarf der E.-Wissenschaft (DILTHEY).

Anmerkungen. [1] Sprüche 23, 13ff. – [2] J. H. CAMPE: Über das Zweckmäßige und Unzweckmäßige in den Belohnungen und Strafen, in: Allg. Revision des gesamten Schul- und Erziehungswesens ... Teil 10, 3 (1788). – [3] I. KANT: Vorlesung über Pädagogik, hg. F. TH. RINK. Akad.-A. 9, 443.

Literaturhinweise. J. H. CAMPE: Allgem. Revision des ges. Schul- und E.-Wesens von einer Gesellschaft praktischer Erzieher. Teil 1-16 (1785-1792). – CHR. G. SALZMANN: Krebsbüchlein (1780); Konrad Kiefer (1796); Ameisenbüchlein (1806). – J. H. PESTALOZZI, Krit. A., hg. A. BUCHENAU, E. SPRANGER, H. STETTBACHER (1927ff.). – J. F. HERBART: Sämtl. Werke, hg. K. KEHRBACH/O. FLÜGEL 1-19 (1887-1912). – FR. SCHLEIERMACHER: Pädag. Schriften, unter Mitw. von TH. SCHULZE hg. E. WENIGER 1/2 (o. J.). – KANT, KpV (1788); Met. Sitten (1797); Anthropol. (1798); vgl. Anm. [3]. – W. DILTHEY: Pädagogik. Ges. Schriften 9 (1934). – M. J. LANGEVELD: Die Schule als Weg des Kindes

(1960); Einf. in die theoret. Pädagogik (⁵1965). – W. Brezinka: E. als Lebenshilfe (²1961).

H. H. Groothoff

Erziehung des Menschengeschlechts. Die Deutung des *Heilsgeschehens* an dem von Gott auserwählten Volk als E. auf ein von Gott gesetztes Ziel hin findet sich in der christlichen Tradition zuerst im Brief des Paulus an die Galater (3, 19ff.). Ob Paulus den E.-Gedanken der rabbinischen Literatur entnahm, der das griechische παιδαγωγός geläufig war und in der Moses, Aaron und Mirjam als von Gott bestellte Erzieher bezeichnet werden (und Moses sich einem Kinderwärter vergleicht, was R. Hoschaja der Ältere mit παιδαγωγός erklärt) [1], ist nicht auszumachen. Indem Paulus das Gesetz als παιδαγωγός (Gal. 3, 24), der auf Christus hinführt, bezeichnet, wird es als notwendige, doch nun überwundene Stufe der Heilsgeschichte eingeordnet. Der E.-Gedanke tritt ein, um den Bruch mit der Tradition zu vermeiden und die heilsgeschichtlich neu erreichte Stufe in der Kontinuität eines Handelns zu verstehen und zu legitimieren, das einen Gott als Subjekt hat.

In der Entwicklung der christlichen Gemeinde findet sich der E.-Gedanke als Modell der Vermittlung im Kampf gegen Häresien (Gnostiker, bes. Markion), die die Identität des Gottes des Alten und Neuen Testaments ablehnen, und im Versuch, nicht-christliche Philosophie als sinnvoll in eine von Gott zielgerichtete Bewegung einzuordnen. Justinus Martyr sieht das mosaische Gesetz als Vorbereitung auf das Evangelium. Irenäus von Lyon (Adv. haer.) betont die Einheit der Heilsgeschichte seit Beginn der Welt und faßt den Weg der Vollendung des Menschengeschlechts, eng verbunden mit dem Gedanken der Akkommodation Gottes, als durch Gott geleitete E. Tertullian von Karthago, schon in seiner kirchentreuen Zeit im Kampf gegen Markion (Adv. Marc. IV) den E.-Gedanken aufgreifend, legitimiert mit ihm in ‹De virginibus velandis› den Montanismus als höchste Offenbarung, die über die in Christus geschehene hinausgeht. Clemens von Alexandrien entwickelt den E.-Gedanken in der Wendung gegen die Gnosis, wie auch gegen die offizielle christliche Kirche und die Neigung der Gemeinden, jegliche Vermittlung mit griechischer Philosophie abzulehnen [2], und sieht griechische Philosophie wie jüdisches Gesetz als E.-Mittel auf die Vollendung in Christus hin [3].

Mit der Abwehr der Häresien und fester Ausbildung von Kanon und Dogmengefüge verliert der E.-Gedanke insoweit an Bedeutung, als die gewonnene Stufe als gesichertes Ziel verstanden wird. Augustin nimmt ihn nur noch ansatzweise auf, nun bezogen auf die überwundenen Häresien, die als sinnvoller pädagogischer Faktor in die Entwicklung der nun fertig gewordenen Gestalt der Kirche eingefügt werden [4].

Im *Hochmittelalter* wird der E.-Gedanke vereinzelt für die individuelle Glaubensentwicklung rezipiert (Bernhard von Clairvaux, Hugo und Richard von St. Viktor). Thomas von Aquin kennt einen Fortschritt der Glaubensartikel nur «quantum ad explicationem», nicht aber «quantum ad substantiam» [5]. Während sich bei Joachim von Fiore, trotz seiner Deutung der Heilsgeschichte, der E.-Gedanke nicht findet, hat ihn vor ihm Anselm von Havelberg aufgenommen. Ebenso wie die göttliche Weisheit durch das Gesetz «paedagogice» «ad perfectionem evangelii» führte [6], so sind die religiones Maßnahmen im E.-Plan Gottes, um den Menschen, immer wieder das Vorbild einer neuen Vollkommenheitsstufe gebend, zur Nachfolge anzutreiben.

Luther faßt, in Anknüpfung an Paulus [7] und bei Auslegung der alttestamentlichen Propheten von E. Gottes sprechend [8], obwohl ihm die Kategorie der Wiedergeburt wichtiger ist, Gottes Handeln am Menschen als E. In Gottes E., typisch vorgebildet im Verhalten Josefs zu seinen Brüdern, wird zunächst die Wahrheit des Gerichts offenbar, damit der sich als schuldig bekennende Mensch zur vollen Offenbarung der Wahrheit von der Gnade Gottes gelangt. Für Coccejus sind die Bundesschließungen wie die Zeit des Gesetzes eine παιδαγωγία, die zu Christus, in dem das geistliche Reich erscheint, führt [9]. Während J. A. Bengel die Konzeption einer progressiven Offenbarung nur ansatzweise mit einer dadurch bewirkten E.d.M. verbindet, wiederholt sich für F. Chr. Oetinger das als E. verstandene Handeln Gottes an Israel nicht nur individuell, sondern weist auf die «ganze Ökonomie der Welt» [10], wobei der E.-Vorgang als noch andauernd betrachtet wird [11]. Zinzendorf bestimmt die Stellung seiner Herrnhuter Gemeinde zur Kirche und christlichen Denominationen, indem er die jeweiligen Gruppen als τρόπος παιδείας oder τρόπος διδασκαλίας bezeichnet, womit die Gemeinde der Herrnhuter sich offen hält, diejenigen Glieder, die ihren Anforderungen nicht entsprechen, in ebenfalls von ihnen anerkannte Kirchen zu entlassen [12].

Für die *Aufklärungstheologie* ist der Gedanke der E. grundlegend, eng verbunden mit der Akkommodationstheorie. In dem Versuch, die geschichtlich erlangte Position von der Tradition abzusetzen und so als neu zu sichern, zugleich aber die vergangenen Formen der Offenbarung als vernünftig anzusehen, versteht sie frühere kirchliche und religiöse Formen als Anpassung Gottes an die Besonderheiten vergangener Zeiten und sieht den Sinn dieser Anpassung in einer fortschreitenden E.d.M. Den so gefaßten E.-Gedanken haben Lüdke, Lüderwaldt, Nösselt [13], Jerusalem [14], Bahrdt [15], Steinbart [16], Teller. Daneben findet er sich, ohne näher ausgeführt zu werden, bei J. D. Salzmann, Chr. Garve, J. E. Maass und K. Ph. Moritz.

Herder sieht Offenbarung als «E. d.M.» [17], die im Ablauf der Zeiten geschieht, wobei die gemachten Erfahrungen das Anwachsen der Vernunft bedingen. Der Gedanke der E.d.M. vermittels Offenbarung wird Herder Argument gegen eine Entgegensetzung von Vernunft und Offenbarung, denn Vernunft ist dem schuldig, was das Menschengeschlecht erzog. In Kenntnis Herders und in Auseinandersetzung mit der Orthodoxie und der Theologie der Aufklärung entsteht Lessings Schrift ‹Die E.d.M.›. Lessing, der sich nur als Herausgeber bezeichnet und sie weder als sein Glaubensbekenntnis noch als seine Geschichtsphilosophie gewertet wissen will, beansprucht dennoch, weit entfernt, sie nur als Ausdruck subjektiver Beliebigkeit zu werten, allgemeinere Verbindlichkeit. Indem Lessing an die positiven Religionen anknüpft, versucht er, sie durch das Denkmodell der E. als vernünftig in einen sinnvollen Prozeß der Offenbarung einzubeziehen und wendet sich gegen die, die unvermittelt eine Vernunftreligion zu konstituieren suchen. Gegen Zweifel am Sinn der Vorsehung wird die Geschichte der Offenbarung als Kontinuum gesehen, in dem Gegenwart und Zukunft als unterschieden von der Tradition und doch als mit ihr verbunden verstanden werden. Lessing geht es um die Bestimmung des Standortes seines gegenwärtigen Zeitalters, das er in Kontinuität mit der Geschichte der Offenbarung sieht, in der Gott durch immer neue Offenbarungshandlungen das Menschengeschlecht auf sein Ziel hin erzieht. Dieses

Ziel, das nach dem Plan Gottes in einem dritten Zeitalter der Entwicklung erreicht wird, ist «völlige Aufklärung» des Menschen [18]. Seine eigene Zeit sieht Lessing in der Ambivalenz, sowohl noch zum zweiten als schon zum dritten Zeitalter der Vollendung zu gehören.

Die «E.d.M. im Ganzen ihrer Gattung ... das Hinstreben zu einer bürgerlichen, auf dem Freiheits[...]Princip zu gründenden Verfassung» erwartet KANT letztlich «doch nur von der Vorsehung», durch eine «E. von oben herab» [19], da die «moralische E.» wegen des «angebornen, bösen Hangs» des Menschen nicht durch den Menschen allein geleistet werden kann [20]. Auch FICHTE spricht von einer «E.-Lehre des Menschengeschlechts» [21], deren allgemeiner Zweck die «Einsicht, daß der Mensch unter dem Willen Gottes stehe» [22], die «Erweiterung der Herrschaft der Vernunft über die Natur» [23] und die Darstellung des Reiches Gottes durch die Gelehrtengemeinde wirft.

Von Hamann, Mendelssohn, Hegel, Baader wird das Modell einer E.d.M. kritisiert. Obwohl HAMANN selbst den Gedanken der E. ansatzweise verwendet (‹Biblische Betrachtungen›), lehnt er Lessings Lösung als der Aufklärung verhaftet ab und vermißt den «wahren Reformationsgeist» [24]. MENDELSSOHN anerkennt Fortschritt nur für den einzelnen Menschen. «Der Mensch geht weiter, aber die Menschheit schwankt beständig zwischen festgesetzten Schranken auf und nieder» [25]. Während BAADER, ohne Nennung Lessings, nur die Ausgeburt des Geistes der «sogenannten Aufklärerei» [26] sieht, vermag HEGEL das Moment des Fortschreitens als für die «Gang des Geistes» und den Fortschritt in der Weltgeschichte [27] unbedingt wichtig festzuhalten, wenn er auch bei Lessing damit nur die Vorstellung des «Quantitativen» und der Perfektibilität des Menschen, die als sehr unbestimmt «nichts zurückläßt als die Veränderlichkeit», verbunden sieht, während der Geist mit qualitativen Veränderungen voranschreite und sein Ziel kenne [28].

Positiv verwendet findet sich der E.-Gedanke bei Schelling und Fr. Schlegel. SCHELLING stellt in ‹Philosophie und Religion› (1804) die Frage nach den «ersten Anfängen der E.d.M.» [29]. Ausgehend von der Annahme, daß das gegenwärtige Menschengeschlecht sich nicht selbst «aus der Tierheit» [30] zur Vernunft und Freiheit habe bilden können, nimmt er an, daß die gegenwärtige Menschengattung die E. eines früheren Geschlechts, das nun von der Erde verschwunden sei, erhalten habe. SCHLEGEL deutet das Voranschreiten des Bewußtseins von der «ersten Erleuchtung des Sinnes» über die «Erleuchtung der Seele» bis zur dritten Stufe der «vollen Erleuchtung des Geistes» [31] als «göttliche E.d.M.» [32] und bestimmt den Standpunkt der Philosophie als zwischen dem führenden Geiste der göttlichen E.d.M. und der äußeren bürgerlichen Rechts- und materiellen Staatsgewalt in der Mitte stehend [33]. K. S. ZACHARIÄ will die Menschheit durch den Staat erzogen wissen [34].

In der katholischen Tübinger Schule findet sich der E.-Gedanke bei J. S. DREY [35] und J. E. KUHN [36]. Offenbarung wird gefaßt als ein sich in der Geschichte entfaltender Prozeß fortführender E. auf ein vom Zögling sonst nicht zu erreichendes Ziel hin.

Aus der engen Verbindung mit der Entwicklung der Offenbarung gelöst, erscheint der Gedanke einer E.d.M. schon bald nach Lessing in geschichtlich-gesellschaftlichem Zusammenhang, ohne daß der Zusammenhang mit der religiösen Tradition als relevant erscheint. SCHILLER konzipiert angesichts der für ihn durch die Französische Revolution erwiesenen Unmöglichkeit, durch revolutionäre Umwälzung die Entzweiung der modernen Welt zu überwinden und angesichts der Notwendigkeit, dennoch zu einer Versöhnung zu gelangen, das Modell einer ästhetischen E. der Einzelnen, um so in einem allmählichen Transformationsprozeß eine versöhnte Gesellschaft zu schaffen. G. FORSTER, der ehemals selbst (und vor Schiller) den Gedanken einer ästhetischen E. hegte, sich dann aber, der Unmöglichkeit institutioneller Sicherung dieser E. bewußt, in revolutionärer Tätigkeit der Verwirklichung der dort angestrebten Ziele zuwandte, erklärt auf den Vorwurf der Unvernünftigkeit der Französischen Revolution und nach eigenen kritischen Überlegungen in den ‹Parisischen Umrissen›, «daß unsere Revolution, als Werk der Vorsehung, in dem erhabenen Plan ihrer E.d.M. gerade am rechten Ort steht» [37]. Ebenfalls in politisch-gesellschaftlichem Kontext erscheint der E.-Gedanke bei KNIGGE, der wie Forster die Französische Revolution positiv bewertete [38], und bei J. G. SEUME, der die E.d.M. als rein immanenten Vorgang sieht, dessen Vollendung den Interessen derer, die ihn leiten sollen, widerspricht [39]. Vereinzelt, jedoch unspezifisch sprechen Schriftsteller des Jungen Europa (LAUBE, GUTZKOW, IMMERMANN) von einer E.d.M. Einen späten Versuch, politisch-gesellschaftliche Entwicklung mit dem Modell der E. als sinnvoll zu verstehen, bietet BAKUNIN, der die bisherige Geschichte mit ihren blutigen Opfern als E.-Vorgang deutet, denn nicht nur die herrschenden Klassen seien schuldig an den Opfern, sondern die Massen selbst hätten sich freiwillig hingegeben [40].

Sobald der Bruch mit der Tradition zu groß wird, als daß man sich noch sinnvoll in Kontinuität mit ihr stehend sehen könnte, sobald mit dem Zerreißen der Kontinuität auch das Ziel der Geschichte nicht mehr angegeben werden kann, sobald Subjekt wie Objekt des E.-Vorganges fragwürdig werden, wird das Denkmodell einer E.d.M. zur Deutung der Gegenwart preisgegeben. Das Denkmodell der E. findet sich nicht, wo die Kontinuität der Überlieferung ungebrochen ist, oder wo sie endgültig zerbrochen ist. Es findet sich dort, wo die Beziehung zur Tradition zwar fragwürdig ist, doch noch zur Deutung der eigenen Position und Zeit beiträgt. Während RITSCHL am Ende des 19. Jh. noch einmal versucht, die sich in der Geschichte über Familie, rechtlich geordneten Staat und römisches Weltreich vollziehende Entwicklung mit dem im Christentum erscheinenden Ziele als «E.d.M.» zu vermitteln [41], lehnt H. LOTZE zu gleicher Zeit die auf die Entwicklung der Menschheit übertragene Vorstellung der E. ab, da damit keiner der Zweifel gelöst sei, «in welche uns die Betrachtung der Geschichte wirft» [42].

Anmerkungen. [1] Midr. r. zu Num. 1, 1, im Hinblick auf Num. 11, 12. – [2] CLEMENS VON ALEXANDRIEN, Strom. VI, 80, 5. – [3] Strom. I, 5, 28, 3. – [4] AUGUSTIN, De civ. Dei 18. 51. – [5] THOMAS VON AQUIN, S. theol. II/II, 1, 7. – [6] ANSELM VON HAVELBERG, MPL 188, 1147. – [7] LUTHER, Weimarer-A. 19, 351, 1-7. – [8] Vgl. a. a. 23, 501f. – [9] COCCEJUS, S. theol. 74, § 14; S. doctrinae de foedere et testamenti dei §§ 330. 335. – [10] F. CHR. OETINGER: Ordnung der Wiedergeburt (1735). Schriften, hg. K. CHR. E. EHMANN (1863) 2/5, 11. – [11] Die Theol. aus der Idee des Lebens (1765), dtsch. hg. J. HAMBERGER, 98. – [12] ZINZENDORF, Unitätsarchiv R 2 A, Nr. 30, 1, a Herrnhut – 51; Unitätsarchiv R 2 A, Nr. 23, A. Bd. 1 Herrnhag – 47. – [13] J. A. NÖSSELT: Verteidigung der Wahrheit und Göttlichkeit der christl. Relig. (⁴1774) §§ 284-300. – [14] J. W. F. JERUSALEM: Betrachtungen über die vornehmsten Wahrheiten der Relig. (1780) 2, 39. 67f. – [15] F. BAHRDT: Ausführung des Plans und Zwecks Jesu (1784) 460/61. – [16] G. S. STEINBART: System der reinen Philos. oder Glückseligkeitslehre des Christentums (1778) 304. – [17] J. G. HERDER, Werke, hg. SUPHAN 10, 286; 7, 369;

7, 99; 5, 566. – [18] G. E. LESSING: E.d.M. (1780) § 80. – [19] KANT, Akad.-A. 7, 328. – [20] a. a. O. 7, 327. – [21] FICHTE, Werke, hg. MEDICUS 6, 41. – [22] a. a. O. 610. – [23] 611. – [24] J. G. HAMANN an J. G. Herder und C. Herder 11. Juni 1780. – [25] M. MENDELSSOHN: Jerusalem. Schriften zur Philos., Ästhetik und Apologetik (1880) 2, 426. – [26] FR. V. BAADER: Schriften zur Gesellschaftsphilos., hg. J. SAUTER (1925) 422. – [27] HEGEL, Rechtsphilos. § 343, hg. J. HOFFMEISTER (⁴1955) 289. – [28] Die Vernunft in der Gesch., hg. J. HOFFMEISTER (³1955) 150. – [29] F. W. J. SCHELLING, Werke, hg. M. SCHRÖTER (1958) 4, 47. – [30] a. a. O. 48. – [31] F. SCHLEGEL. Werke (1846) 12, 163. – [32] a. a. O. 162. – [33] 77. – [34] K. S. ZACHARIÄ: Über die E.d.M. durch den Staat (1802). – [35] J. S. DREY: Aphorismen über den Ursprung der Erkenntnisse von Gott. Theol. Qschr. 8 (1826) 266. – [36] J. E. KUHN: Kath. Dogmatik 1 (1846) 123. – [37] G. FORSTER: Über die Beziehung der Staatskunst auf das Glück der Menschheit u. a. Schriften, hg. W. RÖDEL (1966) 93. – [38] A. KNIGGE: Josephs von Wurmbrand polit. Glaubensbekenntnis, hg. G. STEINER (1968) 73. – [39] J. G. SEUME: Spaziergang nach Syrakus (1802). Werke (1863) 1, 206f. – [40] M. BAKUNIN: Gott und der Staat (1871), in: Philos. der Tat, hg. R. BEER (1968) 168f. – [41] A. RITSCHL: Die christl. Lehre von der Rechtfertigung und Versöhnung (1874) 3, 270. – [42] H. LOTZE: Mikrokosmos. Ideen zur Naturgesch. und Gesch. der Menschheit (²1872) 3, 31.

Literaturhinweise. N. BONWETSCH: Der Gedanke der E.d.M. bei Irenäus. Z. systemat. Theol. 1 (1923) 636-649. – G. SCHRENCK: Gottesreich und Bund im älteren Protestantismus, vornehmlich bei Johannes Coccejus (1923) – S. NIELSEN: Der Toleranzgedanke bei Zinzendorf (o.J.). – W. VÖLKER: Der wahre Gnostiker nach Clemens Alexandrinus (1952). – I. ASHEIM: Glaube und E. bei Luther (1961). – R. SCHÄFER: Ritschl. Grundlinien eines fast verschollenen dogmatischen Systems (1968). – W. OELMÜLLER: Die unbefriedigte Aufklärung (1969). R. PIEPMEIER

Es (das). Der Ausdruck ‹Es› geht zurück auf den Arzt und Schriftsteller G. GRODDECK, der dem Kreis um S. Freud angehörte. In seinem ‹Buch vom Es› bezeichnet er mit ‹Es› «das Unbekannte im Menschen», von dem der Mensch aus «gelebt wird». Nur ein kleiner Teil des Es ist bewußt, der größere Teil gehört dem Unbewußten im Menschen an [1]. FREUD übernahm den Terminus in seinen psychoanalytischen Schriften ab 1923 und verwendete ihn synonym mit seinem Ausdruck ‹Unbewußtes›. Dieser Gleichsetzung begegnet man auch in allen später erscheinenden psychoanalytischen Abhandlungen. In der psychologischen Schichtenlehre trifft man auf weitere Synonyme: z. B. ‹Tiefenperson› [2], ‹Thymopsyche› [3], ‹endothymer Grund› [4].

Das Es bildet den dunkelsten und unzugänglichsten Bereich der Psyche. Von den Trieben her, dem Lebens- und dem Todestrieb empfängt es seine Energien. Organismische Bedürfnisse diffundieren in das Es und induzieren Triebspannung. Im Es hat man sich aber auch abgesunkene Erfahrung der Menschheitsgeschichte zu denken und solche Eindrücke, die ins Unbewußte verdrängt worden sind. In ihm findet also phylogenetische und ontogenetische Erfahrung ihren teilweisen Niederschlag.

FREUD beschreibt das Es als ein Chaos vielfältiger Erregung, unorganisiert, mit der einzigen Tendenz, die Triebansprüche gemäß dem Lustprinzip vorübergehend zu erledigen. Die dynamische Erregung des Es ist virtuell unsterblich. Es besitzt «primitiven und irrationalen Charakter» [5]. Da logische Gesetze im Es nicht gelten, also auch nicht der Satz des Widerspruchs, kommt es nicht zu Konflikten zwischen widerstrebenden Tendenzen [6]. Das Es bedarf zur Realisierung seiner Regungen der Außenwelt. Jener Teil des Es, der sich organisiert und der Realität zukehrt, ist das Ich. Es bildet zum Teil die «Oberfläche» des Es, «etwa so, wie die Keimscheibe dem Ei aufsitzt. Das Ich ist vom Es nicht scharf getrennt, es fließt nach unten hin mit ihm zusammen» [7].

In den Schriften der *Neofreudianer* wird der Begriff ‹Es› ohne neue Bedeutungsaspekte übernommen. H. Hartmann und andere Psychoanalytiker [8] geben jedoch eine neue Interpretation der Rolle des Es in der Organisation der Gesamtpersönlichkeit: Während in Freuds Überlegungen das Es stets eine genetische Priorität gegenüber den anderen psychischen Instanzen Ich und Über-Ich innehat, betonen HARTMANN, KRIS und LOEWENSTEIN, daß sowohl das Es als auch das Ich sich aus einem undifferenzierten Ganzen zusammen ausbilden; dieses Ganze wird jedoch von ihnen nicht näher beschrieben [9].

Der Begriff ‹Es› findet später Verwendung in der Schichtentheorie ROTHACKERS, der in seinem Stockwerk-Modell der Persönlichkeit die niedrigste Schicht mit ‹Es› oder ‹Tiefenperson› bezeichnet. Weitere alternative Ausdrücke sind ‹Emotionalschicht› und ‹Unbewußtes›. Im Unterschied zur psychoanalytischen Auffassung sieht er die Es-Instanz ihrerseits vielschichtig aufgegliedert und als fast selbständige Einheit innerhalb der Person. Jedoch ähnlich wie bei Groddeck und Freud gilt ihm das Es als verflochten mit dem Leben der biologischen Gattung und den urtümlichen Gemeinschaftsformen. Er schreibt dem Es aber eine Vorstufe des Selbstbewußtseins zu in Form von Funktions- und Zustandsgefühlen; außerdem glaubt er, das Es als den Ursprungsort gewisser kognitiver Prozesse (z. B. gedanklicher Einfälle) ansehen zu können [10]. In dem Bestreben, für psychoanalytische Konzepte empirische Stützen zu finden, versuchte R. B. CATTELL im Rahmen einer neueren umfassenden Untersuchung, die das Material für eine Faktorenanalyse lieferte, eine Neudefinition des Es-Konzeptes. Er bezeichnet einen der durch die Analyse gewonnenen Faktor als ‹Es-Faktor› und charakterisiert ihn als «unorganisierte Strebungen (interests), unbefriedigtes Begehren, Ursprungsort der Bedürfnisstärke» [11]. Der Begriff ‹Es› verliert im Lichte dieser Ergebnisse seine strukturelle Bedeutung im Rahmen einer Persönlichkeitstheorie und wird zu einem dynamischen Konstrukt, indem er eine von mehreren Motivationskomponenten bezeichnet.

Anmerkungen. [1] G. GRODDECK: Das Buch vom Es (1923). – [2] E. ROTHACKER: Die Schichten der Persönlichkeit (⁶1965). – [3] K. KLEIST: Die gegenwärtigen Strömungen in der Psychiat. Allg. Z. Psychiat. 8 (1925) 1-42. – [4] PH. LERSCH: Aufbau der Person (⁸1962). – [5] E. WEISS: The structure and dynamics of the human mind (1960) 43. – [6] S. FREUD: Neue Folge der Vorles. zur Einf. in die Psychoanalyse. Werke 15 (³1961) 80f. – [7] Das Ich und das Es a. a. O. 13, 251. – [8] H. HARTMANN, E. KRIS und R. M. LOEWENSTEIN: Comments on the formation of psychic structure. Psychoanal. Stud. Child 2 (1946) 11-38. – [9] a. a. O. 14. 15. 19. – [10] ROTHACKER, a. a. O. [2]. – [11] R. B. CATTELL: The dynamic calculus. Nebraska Symposium on Motivation 7 (1959) 84-134.

Literaturhinweise. S. FREUD s. Anm. [6]. – N. CAMERON: Personality development and psychopathology. A dynamic approach (Boston 1963). H. SCHIEFELE

Eschatologie ist wohl eine begriffliche Prägung von A. CALOV [1], bei dem der Schlußteil der christlichen Dogmatik (Tod, Auferstehung, Gericht, Weltvollendung) so heißt, sonst ‹De novissimis›, ‹De extremis› o. ä. genannt; er handelt «De ultimo hominis et mundani systematis fine» [2]. Das ist formell noch heute so; P. ALTHAUS schreibt: «Es geht in der E. um das von Gott her zu erwartende Telos, d. h. zugleich Ende und Ziel des Menschen, der Menschheit, der Welt» – und R. BULTMANN: «eschatologische Verkündigung» rede vom «Ende dieses irdischen Menschen und seiner Welt» [3]. Bis ins 19. Jh. hat sich der Begriff noch nicht gegen die ältere Bezeichnung durchgesetzt; so heißt es bei

SCHLEIERMACHER: «Der deutsche Ausdruck [von den letzten Dingen], der aber ziemlich allgemein angenommen ist, hat etwas befremdendes, was sich in dem Worte E. mehr verbirgt ...» [4]. Er verfällt vielmehr gleichzeitig mit der Verflüchtigung seiner Inhalte zur Unsterblichkeit historischem Gebrauch: «Die Lehre vom Jenseits ... als Lehre von der Unsterblichkeit, in ihrem geschichtlichen Teile unter dem hergebrachten Namen der E. ...» [5]. Von hier geht der weite religionswissenschaftliche Gebrauch des Wortes für Jenseitsvorstellungen aus. Folgenreiche Bedeutung gewinnt das Wort erstmals, als unter Einwirkung des deutschen Idealismus in biblizistischer Theologie «dem eschatologischen Lehrstück der Schrift», ihrer «eschatologischen Weltanschauung» der Titel einer «biblischen Geschichtsphilosophie» zuwächst, «offenbarungsgeschichtlich und eschatologisch» gleichbedeutend werden [6]. (Vermittlungstheologie moniert an der damit verbundenen «Spannung und Gereiztheit gegen die öffentliche Meinung», daß «eschatologische Theorien, die das nahe Weltende verkünden, für viele den einzigen Trost ... bilden» [7].) Von hier aus kommt es zu der grundsätzlichen Einsicht, daß E. ein «universalgeschichtliches Bewußtsein» begründet hat, «sich hier mit der Verbürgung eines Gesamtzieles der Sinn für die Geschichte erschließt». Daher «hütet die Theologie in ihrer E. einen unermeßlichen Schatz für ihr eigenes Gedeihen und zur Befruchtung aller anthropologischen und historischen Forschung» [8].

Seit der Jahrhundertwende [9] jedoch nimmt E. eine strenge historisch-kritische Bedeutung an: «In der Geschichtswissenschaft dienen das Wort und seine Ableitungen dazu, die besondere Färbung zum Ausdruck zu bringen, die die Weltanschauung Jesu und seiner Anhänger durch die Erwartung des baldigen Weltendes empfängt». Dieser Begriff der radikalen, «konsequenten E.» denunziert «die ganze Geschichte des ‹Christentums›» als «Aufgeben der E.», «Enteschatologisierung der Religion», in der Absicht der Destruktion «einer bequemen und charakterlosen Geschichtstheologie» [10]. Jedoch geht gerade aus diesem Verständnis von E. nach dem Ersten Weltkrieg «heute liest man das Neue Testament mit Heimatgefühl eschatologisch» [11] – eine dezidierte «Erhebung der E. zum Wesen des Christentums» [12] hervor: «Die E., vordem ein lange vernachlässigter Anhang, will der eigentliche Kern und Sinn des Ganzen werden» [13]. Bei K. BARTH ist – auch unter dem Eindruck von F. OVERBECK – Christentum «ganz und gar und restlos E.». Dialektisch wird im «eschatologischen Vorbehalt» «Gott als Grenze» «der Kulturarbeit» und umgekehrt «die Kultur» als «die dem Menschen gesetzte Grenze» Gott gegenüber proklamiert [14]. Ontologisch ist bei P. TILLICH «das Eschaton, der Gegenstand aller E. ... die jedes Geschehen tragende Geschehenstranszendenz» [15]. Existential gefaßt ist bei R. BULTMANN das «Paradox von Geschichte und E.»: «das Jetzt erhält eschatologischen Charakter durch die Begegnung mit Christus oder mit dem Wort, das ihn verkündet, weil in der Begegnung mit ihm die Welt und ihre Geschichte zu ihrem Ende kommen und der Glaubende als neues Geschöpf ‹entweltlicht› ist» [16]. Zumal hier hat «eschatologische Geschichte» [17] «E. in dem überkommenen Sinne ..., alles eschatologische Geschehen ... zu einem zeitlosen Geschehen ... gewandelt ...» [18]. J. MOLTMANN geht von dieser «existentialen», «transzendentalen E.» [19] zurück auf eine «mit der kosmologischen E.» der jüdisch-christlichen Tradition «denkbare geschichtliche und heilsgeschichtliche E.» [20], unter ausdrücklichem, von Bultmann bewußt vermiedenem Wiederanknüpfen an die im Idealismus und Marxismus «entmythologisierte, säkularisierte urchristliche E.» [21].

Konnte schon 1912 das Stichwort «sozialdemokratische E.» möglich werden [22] und P. TILLICH 1922 von der «gänzlich außerkirchliche[n] eschatologische[n] Massenbewegung des Sozialismus» sprechen [23], so findet umgekehrt das Wort ‹E.› Eingang in die Philosophie: «Die Geschichte enthüllt ihr Wesen nur als E. ... So ist die Geschichte notwendig Heilsgeschichte». «Die Geschichtsdialektik des Idealismus» folgt als «eine neue Weise der E.» auf «die altchristliche E.»; nur: «der zeitliche Ablauf der philosophischen E. ist rascher als der der theologischen E.» [24]. K. LÖWITH beschreibt «die moderne Geschichtsphilosophie» als «Säkularisierung ihres eschatologischen Vorbildes» [25]. So wird der Begriff ‹E.› auch philosophisch auf Marxismus und Kommunismus übertragbar [26]. Für E. METZKE ist «die E. heute – weit über den theologischen Bereich im engeren Sinne hinaus – Ausgangspunkt eines neuen Seinsbewußtseins im Ringen um Lebenssinn und Geschichtsverständnis» [27]. H. KESTING konzipiert eine «ontologische E.», d. h. eine «Geschichtsphilosophie» «auf dem Hintergrund einer universalen Seinsvergessenheit» im Sinne M. HEIDEGGERS [28]. Der von Theologie dermaßen in Philosophie ausgewanderten These jedoch, daß «der Chiliasmus in der Krisis die Erfahrung der eschatologischen Schranke macht» [29], wird mit innerweltlich-utopischem geschichtsphilosophischem Bewußtsein widerstanden. J. HABERMAS kritisiert «die Selbstverständlichkeit, mit die Reduktion der Geschichtsphilosophie auf das Modell jüdisch-christlicher E. Evidenz beansprucht» [30]. Der «eschatologische Einwand» «gegenutopischen, eschatologischen Denkens» [31] – «Geschichtsphilosophie wird metahistorisch überboten» [32] – wird als «Ablehnung innerweltlicher Aktivität zur praktischen Realisierung von Zielen, von denen vorausgesetzt wird, sie seien nicht menschenmöglich» [33], kritisiert.

Anmerkungen. [1] A. CALOV: Systematis locorum theol. 12: ESCHATOLOGIA sacra (1677); a. a. O. Epist. dedic.: in hac ESCHATOLOGIA. – [2] J. HIMMEL: Syntagma disputationum theol. methodicum (1621) disp. 31. – [3] P. ALTHAUS: Die letzten Dinge (⁴1933) 1; R. BULTMANN: Glaube und Verstehen 1 (1933) 39. – [4] F. SCHLEIERMACHER: Der christl. Glaube (²1830/31) § 159, 1; vgl. K. G. BRETSCHNEIDER: Hb. der Dogmatik der evang.-luth. Kirche 2 (⁴1838) § 162 Anm. – [5] K. V. HASE: Gnosis oder prot.-evang. Glaubenslehre (1827-1829), ²1869/70) § 194. – [6] K. A. AUBERLEN: Der Prophet Daniel und die Offenbarung Johannis (³1874) IV. XV; Die göttliche Offenbarung 1 (1861) 192. – [7] I. A. DORNER: Gesch. der prot. Theol. (1867) 825. – [8] M. KÄHLER: Art. ‹E.›, in: Prot. Realenzyklop. 5 (³1898) 493; Dogmatische Zeitfragen 2 (²1908) 497. – [9] J. WEISS: Die Predigt Jesu vom Reiche Gottes (1892). – [10] A. SCHWEITZER: Gesch. der Leben-Jesu-Forsch. (1906, ⁶1951) 23 Anm. 2; Kap. 21; 407; XIX. – [11] P. ALTHAUS: Die letzten Dinge (1922) 12. – [12] H. G. FRITZSCHE: Lb. der Dogmatik 1 (1964) 155. – [13] ALTHAUS, a. a. O. [11]. – [14] K. BARTH: Der Römerbrief (²1922, 10. Abdr.) 298; Ges. Vorträge 2 (1928) 12. 25. 384. 390. 381. – [15] P. TILLICH: E. und Gesch. (1927). Werke 6, 76. – [16] R. BULTMANN: Glaube und Verstehen 3 (1960) 106. 105. – [17] F. GOGARTEN: Was ist Christentum? (1956) 82. – [18] E. LOHMEYER: Die Offenbarung des Johannes erklärt (1926) 187f. – [19] H. U. V. BALTHASAR: Die Apokalypse der dtsch. Seele 1 (1937, ²1947) 7. 184. 531. 92. – [20] J. MOLTMANN: Theol. der Hoffnung (1964) Kap. 1, § 3. – [21] BULTMANN, a. a. O. [16] 86. – [22] F. A. B. NITZSCH/H. STEPHAN: Lb. der evang. Dogmatik (³1912) 718. – [23] P. TILLICH, Werke 2, 81. – [24] J. TAUBES: Abendländische E. (1947) 13. 129. 87. – [25] K. LÖWITH: Weltgesch. und Heilsgeschehen (1952) 11f. 14. 186. 26. – [26] J. MONNEROT: Soziol. des Kommunismus (1952) 387. 401; H. POPITZ: Der entfremdete Mensch. Zeitkritik und Geschichtsphilos. des jungen Marx (1953) 13. 15. 165. – [27] E. METZKE: Marxismusstud. 1 (1954) X. – [28] H. KESTING: Utopie und E. (Diss. 1952), zit. nach A. NEUSÜSS: Utopie (1968) 53f. – [29] P. SCHÜTZ: Säkulare Relig. (1932) 101. – [30] J. HABER-

MAS: Theorie und Praxis (1963) 294. – [31] NEUSÜSS, a. a. O. [28] 36 Anm. 1, 54. – [32] HABERMAS, a. a. O. [30] 339. – [33] NEUSÜSS, a. a. O. 36 Anm. 1.

TH. MAHLMANN

Eselsbrücke (pons asinorum) wurde im Mittelalter das Diagramm genannt, das ARISTOTELES' Lehre zur Auffindung eines Mittelbegriffs (inventio medii) zum Beweis der verschiedenen Schlußsätze im Syllogismus veranschaulichte [1].

Ist ein zu beweisender Satz vorgegeben, ist also fraglich, ob dessen Prädikat (A) dem Subjekt (E) zukommt, so sind nach Aristoteles einerseits die Begriffe zusammenzustellen, die – umfangslogisch formuliert – anerkanntermaßen zum Prädikat (A) in der Beziehung des ihn Enthaltens (B) oder des von ihm Enthaltenseins (C) oder der Unverträglichkeit (D) stehen, und andererseits die Begriffe, die in den entsprechenden Beziehungen zum Subjekt (E) stehen, nämlich in gleicher Reihenfolge die

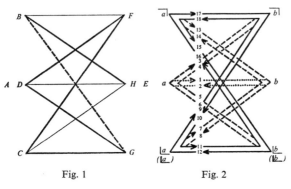

Fig. 1   Fig. 2

Klassen F, G und H. Aristoteles gibt für die vier möglichen Satzarten insgesamt sechs, wie wir heute sagen würden, «idiotensichere» Regeln, die einen Übergang von der einen Seite auf die andere, gleichsam ohne hereinzufallen, erlauben. Für einen allgemein bejahenden Schlußsatz beispielsweise ergibt ein Vergleich der Klassen F und C den Beweis, falls sie ein gemeinsames Glied, eben den gesuchten Mittelbegriff, enthalten. Ist ein partikulär bejahender Satz zu beweisen, dann muß dieses gemeinsame, den Übergang ermöglichende Bindeglied in den Klassen C und G oder G und B liegen. Bei allgemein verneinenden Schlußsätzen muß das verbindende Glied in den Klassen D und F bzw. H und B, also unter Berücksichtigung der Unverträglichkeitsklassen, gesucht werden, was auch für die sechste Regel gilt, die anweist, in den Klassen G und D nach dem Mittelbegriff zum Beweis einer partikulär verneinenden Konklusion zu suchen [2].

Während die Kennzeichnung dieser Klassen durch die ersten Buchstaben des Alphabets bereits von Aristoteles stammt (lateinische Buchstaben haben wir der späteren Merkwörter wegen gewählt), ist es nicht sicher, ob erst ALEXANDER VON APHRODISIAS im 3. Jh. diese sechs Regeln in einem Diagramm beschrieben hat. Das ausgeführte Diagramm selbst (vgl. Figur 1), dessen Erfinder Alexander möglicherweise war (wie das Minio-Paluello annimmt, der als erster darauf aufmerksam gemacht hat) findet sich mit allen Beispielen Alexanders im Kommentar des JOHANNES PHILOPONUS (6. Jh.), aber auch in den ältesten griechischen Manuskripten der ‹Analytica Priora›, ebenso wie in einem wohl von BOETHIUS geschriebenen lateinischen Scholion zu seiner Übersetzung dieses Werkes [3]. AVERROES, in dessen Analytik-Kommentar das Schema als eine «figura ex Antiquis excerpta» [4] wieder erscheint, erleichterte seine Handhabung durch den Bezug der erlaubten, aber auch der verbotenen Übergänge auf die einzelnen Figuren und Modi des Syllogismus [5]. Von ihm dürfte ALBERTUS MAGNUS die Figur übernommen haben [6].

Der erste bekannte Merkvers, der sogar bereits alle neun möglichen Kombinationen berücksichtigt, stammt aus dem 13. Jh. [7]:

«FaCia CoGenti DeFert HeBere GraDendo
GalBa valent, sed non constant HeDes FaBer HirCe.»

Die Großbuchstaben zeigen durch ihre Reihenfolge die Richtung des Übergangs an. Die späteren Merkwörter, die man etwa bei THOMAS BRICOT (15. Jh.) überliefert findet, nämlich:

FeCanA, CaGetI, DaFenEs, HeBarE, GeDacO und GeBalI

geben außerdem mit ihrem letzten Vokal an, wie der zu beweisende Schlußsatz nach Qualität und Quantität beschaffen sein muß (A = affirmo universaliter; I = affirmo partialiter, E = nego universaliter; O = nego partialiter), während die ersten beiden Vokale die Beziehung auf das Subjekt (e) oder das Prädikat (a) kennzeichnen sollen [8].

Bei JOHANNES DORP, dem Buridan-Kommentator, findet man auch die Merkwörter für die verbotenen Übergänge innerhalb des Merkverses normiert [9]:

«Fecana, Cageti, Dafenes, Hebare, Gedaco,
Gebali stant, sed non constant Febas, Hedas, Heca.»

PETRUS TARTARETUS bringt die unwesentlich erweiterte Figur mit dem ironischen Hinweis: «quae communiter propter eius apparentem difficultatem *pons asinorum* dicitur», der die erste bisher bekannte Erwähnung der «Eselsbrücke» enthält [10].

Eine gänzlich neue Auslegung für die Figur der E. nimmt im 18. Jh. A. RÜDIGER im Rahmen seiner Lehre vom synthetischen Syllogismus in Anspruch. Die Mittelwaagerechte des Diagramms repräsentiert bei ihm nicht mehr den zu beweisenden Schlußsatz, sondern die durch Assumption eines Mittelbegriffs synthetisch zu erweiternde «propositio fundamentalis» [11]. Er macht, ähnlich wie Aristoteles, dabei Gebrauch von den Ober- und Unterbegriffen (einschließlich der vollständig disjunkten, unverträglichen Unterbegriffe) zum Subjekt bzw. Prädikat und gelangt so zu vier Schemata mit je 18 möglichen Kombinationen, die sich in einer einzigen Figur darstellen lassen (Figur 2). Es bezeichne a das Subjekt, b das Prädikat des Ausgangssatzes; $a^]$ einen der Oberbegriffe, $_|a$ einen der Unterbegriffe und $(_{||}a)$ die vollständige Disjunktion der Unterbegriffe des Subjekts a und entsprechend $b^]$, $_|b$ und $(_{||}b)$ für das Prädikat b. Der Ausgangssatz, die «propositio fundamentalis», entspricht der mittleren Waagerechten (Linie 1), die Konversion der rückläufig gelesenen mittleren Waagerechten (Linie 2), die klassischen Syllogismen werden durch die Linien 3–8, 13 und 14 (gestrichelt) dargestellt, und die verbleibenden Linien 9–12 und 15–18 (ausgezogene Linien) repräsentieren die Kombination der Syllogismen mit vier Begriffen. Insgesamt gewinnt Rüdiger auf diese Weise 55 gültige Schlußsätze [12].

Anmerkungen. [1] Vgl. ARISTOTELES, Anal. pr. I, 27-30. – [2] a. a. O. I, 27, bes. 44 a 12-45 a 22. – [3] L. MINIO-PALUELLO: A Latin commentary (translated by Boethius?) on the Prior Analytics, and its Greek sources. J. hellenic Stud. 77/1 (1957) 93-102, bes. 97 Anm. 7; vgl. zu den Beispielen J. M. BOCHEŃSKI: Formale Logik 24. 35 (³1970) 164f. – [4] ARISTOTELES, Opera cum Commentariis AVERROIS, Editio Juntina I, 2 (1562, Nachdruck Minerva 1962) fol. 78r. – [5] Vgl. C. PRANTL: Gesch. der Logik 2 (²1885)

392f. – [6] a. a. O. 3 (1867) 105. – [7] Vgl. a. a. O. [3]. – [8] Vgl. PRANTL, a. a. O. 4 (1870) 201 Anm. 129. – [9] Vgl. 4, 237 Anm. 359. – [10] Vgl. 4, 206 Anm. 165 mit Figur; auch bei BOCHEŃSKI, a. a. O. [3] zu S. 256 abgebildet. – [11] A. RÜDIGER: Disp. de novis ratiocinandi adminiculis (1704); De sensu veri et falsi (²1722) Tabula II u. III. – [12] Vgl. H. SCHEPERS: Andreas Rüdigers Methodologie (1959) 95ff., bes. 95f. Anm. 3. 99; vgl. auch W. RISSE: Die Logik der Neuzeit 2 (1970) 668. H. SCHEPERS

Esprit de finesse/esprit de géométrie. PASCAL unterscheidet in den ‹Pensées› zwischen dem «esprit de géométrie» und dem «esprit de finesse». Zum Verständnis der wenigen Fragmente, die diese Unterscheidung erwähnen [1], ist auch der um 1658 entstandene unvollendete Traktat ‹De l'esprit géométrique et de l'art de persuader› heranzuziehen.

Für Pascals Werk ist diese Unterscheidung im ganzen bedeutsam, da sein prinzipielles Interesse, die Verschiedenartigkeit und Gegensätzlichkeit der einzelnen Erkenntnisformen zu beweisen, in ihr am klarsten zum Ausdruck kommt. Historisch gesehen stellt Pascal sich mit ihr in einen Gegensatz zu der von Descartes eingeleiteten und am Ideal einer Mathesis universalis orientierten Entwicklung des modernen wissenschaftlichen Denkens. Bei seiner Unterscheidung hat Pascal in der Tat vor allem die Nichtanwendbarkeit bestimmter Methoden in heterogenen Erfahrungsbereichen vor Augen. Daher kann er einerseits die naturwissenschaftliche von der mathematischen Erkenntnis abgrenzen, deren wesentliche Verschiedenheit nach ihm darin besteht, daß die Mathematik eine große Anzahl von Prinzipien impliziert, während es in der Naturwissenschaft darauf ankomme, aus wenigen einfachen Prinzipien entlegene und doch folgerichtige Schlüsse zu ziehen. Die Vielzahl der mathematischen Prinzipien reduziert sich für ihn andererseits jedoch auf einige wenige, wenn man das mathematische Verfahren mit demjenigen vergleicht, das bei all jenen Erfahrungen anzuwenden ist, für die der «esprit de finesse» zuständig ist.

Die Unterscheidung Pascals hat indessen nichts gemeinsam mit jener scharfen Trennung zwischen der reinen Verstandeserkenntnis und den unklaren Wahrnehmungen der Sinnlichkeit, die seit dem 18. Jh. das anthropologische Fundament zu der Verabsolutierung der mathematischen Methode bildet. Auch der «esprit de finesse» stellt nämlich für ihn ebenso wie das mathematische Denken eine besondere «Spezialisierung» dar und nicht etwa eine unentwickelte Erkenntnisstufe, die der wissenschaftlichen Vervollkommnung bedürftig wäre. Zwar sind die «choses de finesse» von Pascal nicht näher definiert; jedoch geht aus dem Sprachgebrauch der Zeit hervor, daß jene konkreten Lebenserfahrungen gemeint sind, bei deren Beurteilung eine tiefe Einsicht in menschliche Dinge mit subtilem Empfinden und ausgewogenem Geschmack verbinden muß. Alle derartigen Erfahrungen sind für Pascal nicht eine bloße Sache des Gefühls, sondern mit seinem Begriff des «esprit de finesse» sucht er deren Beurteilung, ja schon ihr bloßes Erfassen auf eine spezielle geistige Einstellung zurückzuführen. Auch bei dieser Klasse von Erfahrungen könne sich das Urteil auf gewisse axiomatische Grundsätze stützen, die in der Lebenspraxis vorgegeben und allgemein bekannt seien. Diese Grundsätze sind jedoch auf ganz andere Weise evident als die Axiome der Mathematik. Während diese außerhalb der gewöhnlichen Erfahrung lägen, aber dennoch bei ihrer «Grobheit» und «Eindeutigkeit» gleichsam mit den Händen zu greifen seien, ließen sich im anderen Fall die Grundsätze unseres Urteilens trotz ihrer allgemeinen Bekanntheit nicht in der gleichen eindeutigen Weise bestimmen. Bei der Beurteilung der «choses de finesse» könne jeweils eine Vielzahl von Grundsätzen wirksam sein, so daß man niemals zu urteilen befähigt wäre, wollte man sie sich alle zunächst vergegenwärtigen. Nach der besonderen Gegebenheit dieser Grundsätze richte sich auch der Modus des Schlußverfahrens: Hier kann es sich nicht wie in der Mathematik darum handeln, auf Grund von feststehenden Axiomen und gegebenen Definitionen folgerichtige Schlüsse zu ziehen, sondern die Sache ist mit einem Male, in einem «umfassenden Blick» zu begreifen, wobei man spontan fühlen muß, nach welchen Voraussetzungen im vorliegenden Fall zu urteilen sei.

Pascals Unterscheidung ist in neuerer Zeit als ein erster Versuch anerkannt worden, angesichts der mathematischen Naturwissenschaften eine «strukturell» bestimmbare Verschiedenheit von Erkenntnisformen nachzuweisen.

Anmerkung. [1] PASCAL, Pensées, hg. BRUNSCHVICG, Frg. 1-4.

Literaturhinweise. H. FRIEDRICH: Pascals Paradox. Das Sprachbild einer Denkform. Z. roman. Philol. 56 (1936) 322-370. – J. LAPORTE: Le cœur et la raison selon Pascal (Paris 1950). – K. A. OTT: Pascals Begriff der Naturwiss. Sudhoffs Arch. Gesch. Med. 51 (1967) 119-131. K. A. OTT

Essay. MONTAIGNE weist darauf hin, daß schon Platon (und auch Xenophon) in einer Art geschrieben habe, in der auch er seine Gedanken vortragen möchte [1]. Wahrscheinlich sieht er in Platons Dialogen jenes dialogische, wenig systematische Denken, das als ein konstitutives Element in den E. eingegangen ist. In ähnlicher Weise beruft sich BACON, der Antipode Montaignes, auf ein antikes Vorbild zur Rechtfertigung seiner Form des E.: «The word [essay] is late but the thing is ancient: for Seneca's Epistles to Lucilius ... are Essaies, that is dispersed Meditations» [2]. Damit sei angedeutet, daß der E. als Gattung nicht auf seinen Namen angewiesen ist. Andererseits haben sich viele Schriftstücke ‹E.› genannt, ohne dessen wesentliche Bestimmungen zu erfüllen (etwa als Bescheidenheitstopos). Montaignes ‹Essais› haben auf Grund ihrer Berühmtheit dem Typ den Namen gegeben, obwohl wir heute die englische Schreibweise benutzen: ‹Essay›. In Deutschland führt H. GRIMM 1859 den Begriff und die Gattung im eigentlichen Sinne ein, wiewohl das Wort schon vorher gelegentlich erscheint, etwa bei NOVALIS [3].

Der neuere E. hat die zwei Väter, die zugleich zwei verschiedene Grundtendenzen und typische Möglichkeiten repräsentieren: Montaigne und Bacon. In die Gattung des E. gingen mit MONTAIGNE Vitalität, Persönlichkeit, die Konkretheit der Lebenserfahrung ein und das, was FR. SCHLEGEL das Rhapsodische [4] nannte. BACON brachte die rationale (sogar rationalistische) Komponente, das kühle unpersönliche Denken, das Analytische, das klug Durchdachte, rhetorisch und prägnant Formulierte in die Gattung. Der E. teilt nicht nur mit, sondern «zelebriert» die Mitteilung selbst. Insofern ist er dem geistreichen Gespräch, der Tradition der großen Briefwechsel verwandt. Dadurch konnte der E. zu einem charakteristischen Ausdrucksmittel der «hommes de lettres» werden. Je nachdem welches Erbe, ob Bildung oder Belehrung dominiert, tendiert der E. zu den Nachbarn, zum Traktat, zum Feuilleton, Aufsatz, Aphorismus, Brief. Für beide Väter der Gattung, Montaigne und Bacon, gilt jedoch, daß die Form den Inhalt spiegelt und in beiden die Persönlichkeit des Essayisten ihren Ausdruck findet.

MONTAIGNE geriet nach anfänglicher großer Popularität im 17. Jh. in Frankreich in Vergessenheit (will man nicht die Moralisten als Essayisten interpretieren); und erst die große Popularität der ‹Essais› in England und die Konjunktur der Zeitschriften bewirkten eine Renaissance. In England war der Einfluß Montaignes bereits vor BACON spürbar, und dieser selbst nähert sich in der Neuausgabe von 1612 «der lockeren Form Montaignes» [5] an.

Die Einführung des Begriffs ‹E.› in die deutsche Sprache durch H. GRIMM ist hinlänglich bekannt. Jedoch ist der E. der Sache nach auch in Deutschland nicht neu. Als Bezeichnungen stehen: ‹Versuch›, ‹Abhandlung›, ‹Aufsatz›, ‹Fragment›. Allgemein gilt den «klassischen» deutschen Essayisten (z. B. Gildemeister, Hillebrand) LESSING als der Ahnherr des deutschen E. Doch auch ERASMUS, LUTHER, vor allem HERDER (‹Briefe zur Beförderung der Humanität›) werden genannt, sogar KANT. Selbstverständlich ist GOETHE auch der größte unter den Essayisten (Hofmiller) [6]. SCHILLER und vor allem die Romantiker haben zur Essayistik beigetragen. Bei den frühen Romantikern erstaunt dies um so weniger, als sich der E. sehr wohl mit ihren theoretischen Konzeptionen in Einklang bringen läßt: der Theorie des Fragmentarischen, der Reflexion und der Progression in der Poesie. FR. SCHLEGEL wird u. a. von Martini [7] als Inaugurator des modernen E. betrachtet. Für Th. Mann und Hillebrand ist SCHOPENHAUER einer der Großen in der deutschen Essayistik. Dies bestreitet aber Rohner [8], mit einiger Berechtigung. Der erste, der sich bewußt dem E. verschreibt, ist GRIMM, gefolgt von den «Klassikern» O. GILDEMEISTER, K. HILLEBRAND und R. KASSNER. Daneben wären zahlreiche Dichter zu nennen, die sich des E. bedienten: HOFFMANNSTHAL, BENN, MUSIL u. a. In England ist die Tradition des dichtungstheoretischen E. besonders ausgeprägt, von SIDNEY bis hin zu ELIOT, POUND, WOOLF, LAWRENCE.

Es ist schwer, fast unmöglich, eine geschichtliche Entwicklung in der Form des E. nachzuweisen. «Die Methode essayistischen Lesens und Schreibens hat sich während der Jahrhunderte nicht wesentlich verändert» [9]. Rohners Listen von Themen und Richtungen innerhalb des essayistischen Werks zeigen, daß es innerhalb des gesteckten Rahmens nichts gibt, das sich dem Essayisten entzöge. Da Ungebundenheit seine conditio sine qua non ist, kann der E. auch gar keine Entwicklung nehmen. TH. W. ADORNO [10] meint, der E. stünde im Spannungsfeld von Natur und Kultur. Deren Beziehungen zueinander mögen die inhaltliche Ausrichtung umreissen, wenn man Kultur nur weit genug faßt; von der Form her gesehen, bewegt sich der E. jedoch zwischen Literatur und Wissenschaft, zwischen Erfahrung und philosophischem Denken. Das besagt keineswegs, daß er zwischen den Disziplinen umherirre. Er behandelt Beziehungen von Welt und Mensch, die sich der Wissenschaft entziehen. Er erfaßt durch seine Methode Aspekte, die möglicherweise gespürt, aber nicht empirisch faßbar sind. Die Komplexität der Wirklichkeit spiegelt sich in seinem Auftreten, nicht unbedingt im einzelnen E., wohl aber in der Gattung. Jedes Phänomen dient ihm dazu, die Welt aus dem Konkreten heraus zu deuten. Von ihm läßt sich mit LA ROCHEFOUCAULD sagen: «il comprend, il imagine les plus grandes choses; il voit et connaît les plus petites; ses pensées sont relevées, étendues, justes et intelligibles; rien n'échappe à sa pénétration, et elle lui fait toujours découvrir la vérité, au travers des obscurités qui la cachent aux autres» [11]. Er ist universal, indem er an allem die «condition humaine» aufzuzeigen vermag – aber immer unter Verzicht auf das universale Gültigkeit anstrebende System.

Der E. geht exemplarisch vor. Seine Introversion und Subjektivität vermag zur allgemein einsehbaren und nachvollziehbaren Schau zu werden. Das Buch der Natur, aus dem die Renaissance las, wird für den Essayisten zum Buch der Welt, aus dem er dank seiner Erfahrung, seiner Gelehrsamkeit und Weisheit schöpft. So kann der Abstieg in die eigene Subjektivität allgemeine Strukturen zum Vorschein bringen, ohne den Weg der theoretischen Vernunft einschlagen zu müssen. Die verschiedensten Momente des Lebens werden vom Essayisten verknüpft und prägen die unverwechselbare Eigenart des E. In dieser Wendung zur Erfahrung liegt die Kritik an der abstrakten Vernunft aus weltoffener Skepsis heraus. Aber im Verzicht auf die abstrakte Vernunft liegt zugleich die List der Vernunft. Der Verzicht auf strenge Logik läuft parallel zu einer Haltung, die man fast «epoché» nennen möchte. Alles wird beobachtet, aber nichts für selbstverständlich und vom Bewußtsein unabhängig erachtet. Erkenntnis dieser Art ist mosaikartig. Die Logik des Ganzen ergibt sich aus der Gesamtheit des Zusammengesetzten. Solches Verfahren gewährleistet breitere Erfassung von Wirklichkeit und steht damit im Gegensatz zur Linearität und Eindimensionalität logischen Vorgehens. Die Intuition nimmt dabei eine hervorragende Rolle ein.

Die Skepsis des E. (ein Erbe Montaignes) ist nicht vorwissenschaftlicher Art. Der Verzicht auf die theoretisierende Vernunft kommt vielmehr aus der Einsicht in die Ambivalenz solcher Bemühungen. MONTAIGNE bemerkt dazu: «Zu welcher Seite ich mich schlage, finde ich immer Ursache und Wahrscheinlichkeit genug, mich daran zu halten; also bleibe ich stets im Zweifel und behalte mir die Freiheit zu wählen, bis die Gelegenheit dringend wird ...» [12]. Dem E. geht es um die «vérité des faits». Er macht Schluß mit der Philosophie als Schule und Wissenschaft und kehrt zurück zu ihrem Eigentlichen, das ihr Name ausdrückt: zur Liebe der Weisheit nämlich, zur Weisheit, die der Lebenserfahrung entspringt und nicht der Gelehrtenstube. Seine Phänomenologie hebt die Wissenschaft auf, setzt das Exempel an die Stelle des Systems und das Bild an die Stelle des Gesetzes. Damit bestimmt sich der E. wesentlich als Methode und Form, die geschichtlich (wegen des Gegenstands der Betrachtung) und ungeschichtlich (wegen der gattungseigenen Methode) zugleich ist. J. LOCKE schreibt an Molyneux über seinen ‹Essay concerning Human Understanding›: «Besides that, if you have in this book of mine, what you think the matter of these two sciences, or what you will call them, *I like the method it is in better than that of the schools*» (kursiv vom Verf.) [13]. Diese Methode bestimmt sich durch das Schreiben «by incoherent parcels». Die kritische Haltung des E., die sich auch selbst in Frage stellt angesichts der Komplexität von Mensch und einer beständigen Veränderungen unterworfenen Welt, verbietet von selbst eine geschlossene Form, was nichts mit Formlosigkeit der Komposition zu tun hat.

Aufschlußreich für das Phänomen des E. dürfte auch sein Ort in der Geschichte sein. Er taucht überall da auf, wo Kritik an philosophischen Richtungen und gesellschaftlichen Zuständen laut wird: Kritik an der Scholastik, am Rationalismus, am Marxismus, am Christentum usw. Überall wo geistige Beweglichkeit versiegt, Philosophie zur Ideologie verhärtet und die Spontaneität sich dem System opfert, dort vermag der E. nicht zu existieren. Aber nicht nur die geistige Freiheit benötigt er, auch die politische. Wo es an ihr gebricht, geht der E. ins innere oder äußere Exil. Der E. siedelt zwischen der Theorie und der Praxis, zwischen Philosophie und Politik. Er läßt sich nicht in den Bereich «reiner» Wissenschaft verdrängen, sondern befindet sich stets in der Position der kritischen Vermittlung. Es nimmt also nicht Wunder, daß die Essayistik jeweils aufblüht, wenn sich die philosophischen Systeme lockern und die Freiheit der Rede garantiert ist. Vielleicht erklärt dies, warum der E. in Frankreich und England seine Heimat hat und in Deutschland erst spät heimisch wurde.

Anmerkungen. [1] M. MONTAIGNE's Gedanken und Meinungen über allerley Gegenstände (dtsch. Wien/Prag 1797) II, 17, 163. – [2] Vgl. H. FRIEDRICH: Montaigne (²1967) 321. – [3] NOVALIS, Allg. Brouillon, Nr. 66. – [4] FR. SCHLEGEL: Philos. Lehrjahre (1796-1806). Werke, hg. E. BEHLER, 18/2 (1963) 204. – [5] L. ROHNER: Der dtsch. E. Materialien zur Gesch. und Ästhetik einer lit. Gattung (1966) 73. – [6] J. HOFMILLER: Über den Umgang mit Büchern (1948) 27. – [7] F. MARTINI, Art. ‹E.›, in: Reallex. dtsch. Lit.gesch. 1 (²1958) 402. – [8] ROHNER, a. a. O. [5] 614f. – [9] a. a. O. 40. – [10] TH. W. ADORNO: Der E. als Form, in: Noten zur Lit. 1 (1958, ²1968) 41. – [11] LA ROCHEFOUCAULD: Réflexions diverses 16. Oeuvres complètes. Pléiade (Paris 1957) 531. – [12] MONTAIGNE, a. a. O. [1] 196. – [13] J. LOCKE: An essay conc. human understanding, hg. A. C. FRASER 1 (London 1894, Nachdruck New York 1959) LIV. IV.

Literaturhinweise. G. LUKÁCS: Über Wesen und Form des E., in: Die Seele und die Formen (1911) 2-39. – M. BENSE: Über den E. und seine Prosa. Merkur 8 (1947). – H. FRIEDRICH s. Anm. [2]. – K. G. JUST: Der E., in: Dtsch. Philol. im Aufriß 2 (1954, ²1960). – F. MARTINI s. Anm. [7]. – TH. W. ADORNO s. Anm. [10]. – L. ROHNER s. Anm. [5]. – D. BACHMANN: E. und Essayismus (1969).

L. ČERNÝ

Esse commune (allgemeines Sein) und **esse subsistens** (selbständiges Sein) sind Grundbegriffe der Metaphysik des THOMAS VON AQUIN, deren ersterer in der neueren Forschung ebenso zentral wie umstritten ist. Diese Kontroversen rühren einmal daher, daß Thomas den Ausdruck ‹esse commune› nicht eindeutig gebraucht, sind vor allem aber darin begründet, daß mit diesem Begriff die thomistische Lehre über Sein und Seiendes (s. d.) insgesamt und besonders ihre Verbindung aristotelischer Akt-Potenz-Metaphysik mit platonischer Partizipationslehre in Frage stehen.

In einer ersten öfters wiederholten Aussagenreihe [1] hebt Thomas das göttliche Sein, das er im Sinne seines Seinsverständnisses am genauesten «esse subsistens» nennt [2], vom esse commune ab. Zwar charakterisiert es nach einer neuplatonischen Formulierung sowohl das göttliche wie das allgemeine Sein, daß es Sein ohne weitere hinzugefügte Bestimmung ist («esse cui non fit additio»); aber während das göttliche Sein wesentlich eine es bestimmende Hinzufügung ausschließt, bleibt das allgemeine Sein für eine hinzukommende Bestimmung offen, ebenso wie «Lebewesen» im allgemeinen die weitere Bestimmung «vernunftbegabt» oder «unvernünftig» aufnehmen kann. Mit diesem Argument lehnt Thomas die Auffassung PLOTINS ab, das Sein bzw. das Seiende selbst bestünde für sich als dem überseienden Einen entstammende zweite Hypostase und werde als allgemeinste Idee von allen mehr besonderen Seienden partizipiert [3]. Aber man kann nach THOMAS ebensowenig wie den für sich bestehenden Menschen (homo separatus) ein unter Gott, dem ersten Prinzip, für sich bestehendes allgemeines Sein ansetzen. Das allgemeine, reine Sein ist, sofern es selbständig für sich besteht, identisch mit dem göttlichen Sein, oder es ist nur ein Allgemeinbegriff. Deshalb kann Thomas erklären: «Das allgemeine Sein selbst ist nicht etwas neben allen existierenden Dingen, es sei denn allein im Intellekt» [4].

Wie wenig diese Abwehr einer neuplatonischen Lehre die thomistische Konzeption des Seins schon in dem ihr eigenen Ansatz charakterisiert, kann bereits daran deutlich werden, daß Thomas in der genannten Aussagenreihe stets ‹esse› (Sein) und ‹ens› (Seiendes) synonym gebraucht, wie es PLOTIN, den er kritisiert, auch getan hatte [5]. Seinem eigenen Ansatz nach aber ist «Sein» verbal zu verstehen und vom Seienden, dessen Akt und Vollzug es ist, strikt zu unterscheiden [6]. Ähnlich wie ein Lebewesen durch den Akt des Laufens als Laufendes konstituiert wird, wird ein individuelles endliches Wesen durch den Akt des Seins (actus essendi) als Seiendes konstituiert. Daher muß das am Akt des Seins partizipierende Wesen als vorkonkretes, unselbständiges Prinzip des konkreten Seienden gedacht werden. Sofern es aber auch, obzwar nicht eigentlich wie ein Seiendes, aber doch als vorkonkretes Prinzip «ist», muß es als endliche Weise des Seins am Sein partizipieren und sich aus ihm herleiten. Das Sein zeigt sich so als Ursprung und Wurzel der endlichen Wesen, die aus ihm resultieren, und als der von ihnen nach ihrer Weise rezipierte Akt, d. h. es ist von sich her «allgemein», ja «das allgemeinste» [7], und seine Allgemeinheit ist nicht die eines abstrahierten Begriffes, sondern die des ersten unselbständigen Prinzips des Seienden als solchen, d. h. aller seienden Dinge.

Von dem so verstandenen allgemeinen Sein, das sich durch die aus ihm erfolgenden Wesenheiten, denen es als ihr durch sie begrenzter, individuierter und vervielfältigter Akt folgt, zum Seinsvollzug der vielen Seienden vermittelt, erklärt THOMAS: «Alle anderen existierenden Dinge (existentia) hängen vom allgemeinen Sein (esse commune) ab, nicht aber Gott, vielmehr hängt das allgemeine Sein von Gott ab, ... alle anderen existierenden Dinge partizipieren am Sein, nicht aber Gott, sondern vielmehr ist das geschaffene Sein selbst (ipsum esse creatum) eine Teilhabe an Gott und sein Gleichnis» [8].

Weil Thomas in solcher Weise Sein «als etwas Einfaches und Erfülltes» versteht – es ist «perfectio omnium perfectionum» [9] –, das aber nicht als allgemeines Sein, sondern nur in dem sich aus ihm vermittelnden einzelnen konkreten Seienden und als diese selbständig besteht («esse est aliquid simplex et completum, sed non subsistens» [10]), kann er in genauer Rede Gott nicht einfachhin das Sein nennen, sondern muß ihn als selbständiges Sein oder als «esse existens» oder «esse separatum» bezeichnen [11], dem das geschaffene Sein auch als «esse inhaerens» [12] entgegengesetzt wird. Dem absoluten in sich ruhenden Selbstvollzug des göttlichen Seins gegenüber ist das allgemeine Sein gerade nicht reiner Vollzug seiner selbst, sondern Vollzug endlicher geschaffener Seiender, die, indem sie durch die Rezeption des allgemeinen Seins als des Gleichnisses Gottes «sind», nach Thomas aktuell, d. h. irgendwie tätig sind: «Insofern die Dinge sind», «vollziehen» sie die ihnen gegebene «Ähnlichkeit» mit Gott (res ... inquantum sunt, divinae bonitatis similitudinem gerunt) [13].

Für die Wiedererschließung dieser thomistischen Lehre vom esse commune war in Deutschland die auch den verbalen (zugleich freilich den temporalen) Charakter des Seins lehrende Fundamentalontologie M. HEIDEGGERS bedeutsam [14]; andererseits und unabhängig davon zeitigte der Fortschritt der historischen Forschung dieses Ergebnis, da ihr eine genauere Differenzierung der vielfältigen mittelalterlichen Gestalten der Metaphysik aufgegeben war [15]. Nach dem jüngsten Forschungsstand scheint das verbale Verständnis des Seins und dessen Unterscheidung von dem durch es konstituierten Seienden auf den späteren Neuplatonismus (Porphyrios) zurückzugehen und dem Mittelalter durch Boethius vermittelt worden zu sein [16].

Anmerkungen. [1] THOMAS VON AQUIN, S. theol. I, 3, 4, obi. 1 et ad 1; S. c. gent. I, 26; De pot. 7, 2, obi. 6 et ad 6. – [2] S. theol. I, 7, 1 und sonst häufig. – [3] Vgl. In Div. Nom. 5, 1 (634); vgl. zur entsprechenden Lehre Plotins K. KREMER: Die neuplatonische Seinsphilosophie und ihre Wirkung auf Thomas von Aquin (1966) 81ff. – [4] THOMAS, S. c. gent. I, 26. – [5] Vgl. KREMER, a. a. O. [3] 89, Anm. 61. – [6] Vgl. THOMAS, De hebd. 2; Quodl. 9, 2, 3; I. Sent. 19, 2, 2 und sonst häufig. – [7] De hebd. 2; S. theol. 1, 29, 1, 4; In de causis 3, 3 (82); De pot. 3, 5 und sonst häufig. – [8] In Div. Nom. 5, 2 (660). – [9] De pot. 7, 2, 9. – [10] a. a. O. 1, 1. – [11] De subst. sep. (PERRIER) 7 (49) und 12 (71). – [12] De hebd. 2. – [13] S. c. gent. III, 65. – [14] Vgl. G. SIEWERTH: Der Thomismus als Identitätssystem (1939, ²1964); K. RAHNER: Geist in Welt (1939, ²1957); J. B. LOTZ: Das Urteil und das Sein (1957). – [15] E. GILSON: Le thomisme (Paris ⁵1942); L'être et l'essence (Paris 1948); A. HAYEN: L'intentionnel dans la philos. de Saint Thomas (Bruxelles/Paris 1942); J. DE FINANCE: Etre et agir dans la philos. de Saint Thomas (Paris 1945); L. OEING-HANHOFF: Ens et unum convertuntur (1953); C. FABRO: Participation et causalité selon S. Thomas d'Aquin; zur Kritik der Interpretation dieser Autoren vgl. KREMER, a. a. O. [3] bes. 360ff. 438ff. – [16] Vgl. P. HADOT: La distinction de l'être et de l'étant dans le ‹De Hebdomadibus› de Boèce, in: Die Metaphysik im MA, hg. P. WILPERT (1963) 147ff.

Literaturhinweise. G. SIEWERTH: Das Sein als Gleichnis Gottes (1958). – J. DE VRIES: Das esse commune bei Thomas von Aquin. Scholastik 39 (1964) 164ff. – J. B. LOTZ: Das Sein selbst und das subsistierende Sein nach Thomas von Aquin, in: Martin Heidegger zum siebzigsten Geburtstag (1959) 191ff. – J. STALLMACH: Der «actus essendi» bei Thomas von Aquin und das Denken der «ontologischen Differenz». Arch. Gesch. Philos. 50 (1968) 134ff.

L. OEING-HANHOFF

Essentialismus (Essenz-, Essential-, essentialistische Philosophie, Wesensphilosophie; engl. essentialism, frz. essentialisme) taucht zuerst in der französischen Form ‹essentialisme› bei P. DUHEM (1861–1916) auf [1] zur Bezeichnung der Lehre der skotistischen Franziskaner-Theologen *Franz von Mayroni* († ca. 1328) und *Nikolaus Bonet* († 1360), wonach die schaffbaren Wesenheiten vor ihrer Schöpfung eine existence essentielle haben. Diese ist jedoch nicht mit der göttlichen Wesenheit identisch, die reiner Akt ist. Die essentielle Existenz steht in der Mitte zwischen der Existenzweise des Begriffs und der realen, aktuellen Existenz. Die Existenz ist modus intrinsecus der Essenz. – Im deutschen Sprachbereich begegnet der Terminus ‹E.› zum erstenmal 1939 bei E. PRZYWARA [2], nachdem er 1929 bereits das Synonym ‹Essenzphilosophie› als Gegenstück zu ‹Existenzphilosophie› geprägt hatte [3]. Er unterscheidet E. und Existentialismus in je zwei Formen: vom Erkenntnisobjekt her, noematisch (essentia oder existentia), und vom Erkenntnisakt her, noetisch. Die Zuordnung geschichtlicher Philosophien zu E. oder Existentialismus ist reichlich kompliziert, da sie je nach Betrachtungsweise sich ändert; noetischer Existentialismus ist, ontisch betrachtet, E., und ebenso umgekehrt noetischer E. in ontischer Betrachtung Existentialismus. Das gilt für alle vier Grundtypen von Philosophie: Parmenides, Heraklit, Platon, Aristoteles. Noch komplizierter werden diese Unterscheidungen durch ihre Verquickung mit daraus abgeleiteten religiösen und theologischen Entsprechungen. – Am bekanntesten wurde der Terminus durch E. GILSON, der zum erstenmal 1942 den E. des *Duns Scotus* dem Existentialismus des *Thomas von Aquin* gegenüberstellte [4]. Ausgebaut wurde diese These dann in ‹L'être et l'essence› (Paris 1948) und in ‹Being and some philosophers› (Toronto, 1949, ²1952). Danach ist die gesamte abendländische Philosophie bis zu Hegel und einschließlich der Neuscholastik (Kleutgen) als E. zu bezeichnen, während allein Thomas eine existentielle Philosophie vertrat. Unter E. versteht Gilson den Primat der essentia vor der existentia, die Reduktion des Seienden auf die Wesenheit unter Vernachlässigung der Existenz: «De même que l'essentialisme est une philosophie de l'être moins l'existence, l'existentialisme est une philosophie de l'être moins l'essence» [5]. Gilsons These fand teils Zustimmung, teils Ablehnung [6]. – P. FOULQUIÉ [7] übernahm diese Definition von Gilson, unterschied jedoch drei große Richtungen im E.: den theologischen E. (Plato und Augustinus, mit Annahme von Wesenheiten an einem überweltlichen Ort oder in Gott), den konzeptualistischen E. (Aristoteles, Thomas und die Naturwissenschaften, welche die Wesenheiten in den menschlichen Geist verlegen) und den phänomenologischen E. (Husserl, der im Phänomen die Wesenheit erschauen will). – Durch K. R. POPPER wurde der Terminus in die *Wissenschaftstheorie* eingeführt [8]. E. ist danach der Gegenbegriff zum Nominalismus im Universalienstreit und damit soviel wie Realismus, d. h. im E. wird eine wirkliche Existenz des Allgemeinbegriffs angenommen, z. B. die Weißheit. In Anwendung auf die Methodologie hält der methodologische E. die Beschreibung der Wesenheiten für die Hauptaufgabe der Wissenschaft, während der methodologische Nominalismus die Aufgabe der Wissenschaft in der Beschreibung des Verhaltens der Dinge sieht. Popper lehnt den E. ab. – G. KAFKA schlug zur Klärung und als Ersatz der mehrdeutig und damit unzulänglich gewordenen Bezeichnungen ‹Idealismus› und ‹Realismus› eine Dreiteilung von Phänomenalismus, Existentialismus und Essentialismus vor [9]. Der E. als Anerkennung eines Bereichs der Wesenheiten war Bestandteil sowohl des Idealismus als auch des Realismus und wurde von beiden abgespalten. – Die deutsche Übersetzung von ‹E.› und damit synonym im Sinne eines Primats der essentia gegenüber der existentia ist ‹Wesensphilosophie› als Gegensatz zu ‹Daseinsphilosophie›. Das Wort findet sich zum erstenmal bei E. PRZYWARA [10] und wurde wohl geprägt in Anlehnung an Husserls ‹Wesenswissenschaft› [11]. Ferner kann ‹Wesensphilosophie› im Unterschied zu ‹Geschichtsphilosophie› eine Philosophie bezeichnen, der es um überzeitliche Wesenswahrheiten, um Immer-Wahres über Immer-Seiendes geht [12].

Anmerkungen. [1] P. DUHEM: Le système du monde. Hist. des doctrines cosmologiques de Platon à Copernic 6 (Paris 1954) 451-509 (Nachlaßbd., geschrieben ca. 1916). – [2] E. PRZYWARA: Essenz- und Existenzphilos. Scholastik 14 (1939) 514-544; wieder abgedruckt in: Schriften 3 (1963) 213-246. – [3] Vortrag bei den 2. Davoser int. Hochschulkursen (1929); mitgeteilt a. a. O. [2] 515 Anm. 1. – [4] E. GILSON: Le Thomisme (Paris ⁴1942). – [5] L'être et l'essence (Paris 1948) 297; Being and some philosophers (Toronto ²1952) 208. – [6] L.-B. GEIGER: Philos. de l'essence et philos. de l'existence. Congr. int. Filos. Barcelona 1948 (Madrid 1949) 783-797; Existentialisme, essentialisme et ontologie existentielle, in: Etienne Gilson, Philosophe de la Chrétienté (Paris 1949) 227-274, wieder abgedruckt in: Philos. et spiritualité (Paris 1963) 17-51; L. OEING-HANHOFF: Wesensphilos. und thomist. Met., in: Theol. Rev. 50 (1954) 201-218; M. SCHNEIDER: Der angebliche philos. E. des Suárez. Wiss. und Weisheit 24 (1961) 40-68. – [7] P. FOULQUIÉ: L'existentialisme (Paris 1947, ¹⁴1966). – [8] K. R. POPPER: The open society and its enemies 1. 2 (London 1945, Princeton 1950); dtsch. Die offene Gesellschaft und ihre Feinde 1. 2 (1957/58) zu E.: Bd. 1, Kap. 3, Abschn. VI; Bd. 2, Kap. 1, Abschn. II; The poverty of historicism (London 1957); dtsch. Das Elend des Historizismus (1965) 21-27. – [9] G. KAFKA: Essentialismus. Ein Beitrag zur philos. Terminologie. Proc. 11th int. Congr. Philos. 1 (Amsterdam/Louvain 1953) 154-160. – [10] E. PRZYWARA: Ringen der Gegenwart. Ges. Aufsätze 1922-1927 1. 2 (1929) Reg. – [11] E. HUSSERL: Ideen zu einer reinen

Phänomenol. und phänomenol. Philos. 1. Buch. Husserliana 3 (Den Haag 1950) 6. – [12] Vgl. zu dieser Unterscheidung L. OEING-HANHOFF: Thomas v. Aquin und die Situation des Thomismus heute. Philos. Jb. 70 (1962/63) 22/23, Anm. 14; M. MÜLLER: Existenzphilosophie im geistigen Leben der Gegenwart (³1964) 270.

Literaturhinweise. Enciclop. Hoepli 3 (Mailand 1955) 434. – H. KUHN: Art. ‹E.› in: Lex. Theol. u. Kirche 3 (²1959) 1111f. – P. FOULQUIÉ: Art. ‹E.› in: Dictionnaire de la langue philos. (Paris 1962) 243-244. – J. FERRATER MORA: Diccionario de filos. 1 (Buenos Aires ⁵1965) 558.   H. SCHNEIDER

Essentifikation ist ein in Analogie zum Auferstehungsglauben gebildeter philosophischer Begriff, speziell der SCHELLINGschen ‹positiven› Philosophie, näher der ‹Philosophie der Offenbarung› (1834ff.) [1]. ‹E.› bezeichnet – im Sinne von Verwesentlichung, Vergeistigung – die Positivität des Todes, den Akt der Negation des Zufälligen der geschichtlichen Existenz und den Gewinn einer ‹potenzierten› Realität. Diese zentrale Kategorie der Schellingschen Unsterblichkeitslehre wendet sich 1. theologisch gegen die Lehre vom Tod als Scheidung von Leib und Seele und 2. philosophisch gegen jede ‹negative Philosophie›, die – wie *Hegel* – das ‹Bei-sich-Sein› des Menschen als *geschichtlich* mögliche Realisierung seiner Bestimmung denkt.

Anmerkung. [1] SCHELLINGS Werke, hg. K. F. A. SCHELLING (1856ff.) 14, 207/08.   H. J. SANDKÜHLER

Essenz, essentia. Der Terminus ‹essentia› ist eines der lateinischen Übersetzungsworte für das griechische οὐσία – neben ‹substantia›, mit dem es noch bei AUGUSTIN zusammen gebraucht werden kann: «essentiam dico, quae οὐσία graece dicitur, quam usitatius substantiam vocamus» (ich nenne ‹E.› das, was im Griechischen οὐσία heißt, welches wir gebräuchlicher ‹Substanz› nennen) [1]. Im Gegensatz zu οὐσία (und zum deutschen Wort ‹Wesen›) ist ‹essentia› kein Wort der Umgangssprache, sondern ein wahrscheinlich von CICERO geprägtes Kunstwort [2]. Seine Derivate sind in alle europäischen philosophischen Sprachen eingegangen. Da die Übernahme der klassischen griechischen Terminologie ins Lateinische zu einer Zeit stattfand, wo deren Umdeutung längst eingesetzt hatte, ist auch der Terminus ‹essentia› davon betroffen. ‹Essentia› meint die οὐσία in dem Sinne, daß darunter das in der Definition gefaßte Wesen und die Washeit einer Sache verstanden wird, also die zweite οὐσία im Sinne der aristotelischen Kategorienschrift. Für diesen Sachverhalt steht auch der Terminus ‹substantia secunda› bereit [3]. Dieser Gebrauch wird schulmäßig weitergereicht.

Die Möglichkeit, ‹essentia› und ‹substantia› wechselweise zu verwenden [4], zeigt, daß die Bedeutung noch ungefestigt ist. Die Ausbildungsgeschichte des Sinnes von ‹essentia› ist wesentlich durch theologische Motive bestimmt. Sie betreffen einmal die Notwendigkeit, die Verwendung dieses Terminus in bezug auf die göttliche E. und die geschaffenen E. in Einklang zu bringen [5]. Zum anderen sind es die Schwierigkeiten, die aus einem rechten Verständnis des Trinitätsdogmas des Konzils von Nicaea im lateinischen Sprachraum erwachsen [6], die bei BOETHIUS zur endgültigen Klärung des Verhältnisses von essentia und substantia führen: «essentiae in universalibus quidem esse possunt, in solis vero individuis et particularibus substant» (die E. können zwar in den Universalien sein, sie bestehen aber nur in den Individuen und im Einzelnen) [7]. Theologische und philosophische Deutung verbinden sich zur Einheit. Aus ihr erwächst jene Bestimmung der essentia, die ihr Verhältnis zum esse und zur existentia anbelangt. Historisch nimmt die Problematik ihren Ausgang von der Übernahme und Abwehr des islamischen Denkens [8]. Bei AVICENNA wird festgelegt: «Dicemus quod omne quod est essentiam habet, qua est id quod est, et qua est eius necessitas, et qua est eius esse» (wir sagen, daß alles, was ist, E. hat, durch die es ist, was es ist, durch die seine Notwendigkeit ist und sein Sein) [9]. Die theologischen und philosophischen Bedenklichkeiten dieser Bestimmung, die aus dem esse ein Akzidens der essentia macht, führen dazu, das Verhältnis von essentia und esse im scholastischen Denken mit Bezug auf die Regula II des boethianischen ‹Liber de hebdomadibus›: «diversum est esse et id quod est» (verschieden ist Sein und das, was ist) [10] immer wieder neu zu durchdenken [11]. Die Position dieses Verhältnisses wird bei SIGER VON BRABANT [12], ALBERTUS MAGNUS [13], THOMAS VON AQUIN, DUNS SCOTUS [14] u. a. in verschiedener Weise dargestellt. Seine maßgebliche Darlegung erfährt das Verhältnis bei THOMAS VON AQUIN: «esse dicitur tripliciter: uno modo dicitur esse ipsa quidditas vel natura rei ..., alio modo dicitur esse ipse actus essentiae ..., tertio modo dicitur esse quod significat veritatem compositionis in propositionibus secundum quod est dicitur copula» (Sein wird dreifach ausgesagt: Erstens heißt Sein die Washeit selbst oder die Natur der Sache ... Zweitens heißt Sein der Seinsakt selbst ... Drittens heißt Sein das, was die Wahrheit der Zusammensetzung in den Urteilen bezeichnet; demgemäß heißt das ‹ist› die Kopula) [15]. In der thomasischen Philosophie gehen antike und mittelalterlich-christliche Momente zusammen: «essentia [significat] aliquid commune omnibus naturis, per quas diversa entia in diversis generibus et speciebus collocantur ... Et quia illud, per quod res constituitur in proprio genere vel specie, est hoc quod significatur per definitionem indicantem quid est res, unde est quod nomen essentiae a philosophis in nomen quidditatis mutatur. Et hoc est quod philosophus [Aristoteles] frequenter nominat quod quid erat esse, id est hoc, per quod aliquid habet esse quid. Dicitur etiam forma secundum quod per forma significatur certitudo uniuscuiusque rei ... Hoc etiam alio nomine natura dicitur ... Natura dicitur omne illud, quod intellectu quoque modo capi potest» (E. [bezeichnet] etwas, was allen Naturen gemeinsam ist, durch die die verschiedenen Seienden unter verschiedene Gattungen und Arten gebracht werden ... und weil das, wodurch ein Ding in der ihm eigenen Gattung oder Art bestimmt ist, gerade das ist, was durch die Definition bezeichnet wird, die angibt, was das Ding ist, gebrauchen die Philosophen für das Wort ‹E.› auch ‹Washeit›. Und das, ist, was ARISTOTELES öfter das ‹Was-es-war› nennt, d. h. dasjenige, wodurch ein Etwas ein bestimmtes Sein hat. Es wird ferner Form genannt, weil durch die Form die Bestimmtheit einer jeden Sache gekennzeichnet wird ... Auch wird es mit einem anderen Namen ‹Natur› genannt ... Natur wird das genannt, was die Vernunft in irgendeiner Weise erfassen kann) [16].

Das scholastische Denken im Umkreis der essentia als natura substantiae wird von SUÁREZ, wenn auch umgedeutet und verkürzt, aufbewahrt und an das neuzeitliche Denken, vor allem über Descartes, übermittelt [17]. Es verfällt in zweifacher Weise der Auflösung. Einmal wird die göttliche E., die in sich die Washeit alles Seienden ist, bei NICOLAUS CUSANUS dem menschlichen Intellekt gänzlich unzugänglich [18]. Zum anderen löst die nominalistische Substanzinterpretation des WILHELM von Ockham den Substanzcharakter der E. auf: «nulla substantia secunda est substantia» (keine zweite Substanz ist [in Wahrheit] Substanz) [19]. Wird die E. in dieser Form dem neuzeitlichen Denken übergeben, dann gerät sie in den Verdacht, etwas bloß Mögliches und Denkliches zu sein [20]. Die neuzeitliche Philosophie unternimmt daher den Versuch, das in dem Terminus ‹E.› Gedachte in einer Emendation der Metaphysik neu zu bestimmen [21].

Anmerkungen. [1] Augustin, De trinitate V, 8, 9. – [2] Seneca, Ep. ad Luc. 58, 6; Sidonius Apollinaris, Carmen 14, Ep. dedic. 5. – [3] Boethius, In Cat. Arist. I. MPL 64, 186ff., bes. 189 a; In Porphyr. Com. IV. MPL 64, 129. – [4] z. B. Calcidius, in: Plato Latinus, Vol. IV: Timaeus, hg. R. Klibansky (1962) 78, 4. – [5] Augustin, De civ. Dei, XII, 2, 514; vgl. Apuleius, De Platone 1, 6. Opera, hg. P. Thomas (1921) 3, 88. – [6] Tertullian, Adversus Valent. 30; Marius Victorinus, Adversus Arium IV, 6. MPL 8, 1117 a; Augustin, De trinitate V, 8, 10f.; VII, 4, 7f. – [7] Boethius, Contra Eutychen, hg. Peiper c. 3, 33f. 60f. 79f. – [8] A.-M. Goichon: La distinction de l'essence et de l'existence d'après Ibn Sina (Avicenne) (Paris 1937). – [9] Avicenna, Logica I (Venedig 1508) fol. 3v b. – [10] Boethius, Liber de hebdomadibus. MPL 64, 1311 b. – [11] Den Anfang macht wohl Wilhelm von Auvergne, De trinitate c. 2. Opera omnia (Paris 1674) 2 supl., c. 2 (A IV b). – [12] Siger von Brabant, Quaestiones in Met., hg. C. A. Graiff (Louvain 1948) Introductio q. 7; III, q. 2. – [13] Albertus Magnus, Met. I, tr. 2, c. 11, hg. B. Geyer (1960) 28. – [14] Duns Scotus, Opus oxon. II, dis. 3, q. 3, n. 2; IV, dis. 13, q. 1, n. 38. – [15] Thomas von Aquin, In sent. dis. 33, q. 1, a. 1 ad 1. – [16] De ente et essentia cap. 1. – [17] Fr. Suárez, Disp. Met. I, dis. 31, sect. 1 u. 2 et dis. 34, sect. 1, 14, hg. Berton (Paris 1856f.) 26, 224f. 352ff. – [18] Nicolaus Cusanus, De docta ignorantia II, cap. 3; I, cap. 3. – [19] W. Ockham, Summa Logicae I, c. 42, hg. Ph. Boehner (New York/Louvain/Paderborn 1951) 109f. – [20] G. W. Leibniz, Nouv., Essais III, c. 3, § 15; Chr. Wolff, Philos. prima sive ontologia § 143f. – [21] Zum Ansatz einer neuen Substanzmetaphysik: W. Janke: Leibniz. Die Emendation der Met. (1963).

Literaturhinweise. A. Ghellinck: L'entrée d'essentia, substantia et autres mots apparentes dans le latin médiéval. Arch. Latinitatis MA (Bull. du Cange) 16 (1941) 77-112. – E. Gilson: L'être et l'essence (Paris 1948); Notes sur le vocabulaire de l'être. Mediaeval Stud. 8 (1946) 150-158. – C. Fabro: Participation et causalité selon S. Thomas d'Aquin (Louvain/Paris 1961). – G. M. Manser O.P.: Das Wesen des Thomismus (Fribourg ³1949). – H. Brosch: Der Seinsbegriff bei Boethius (Innsbruck 1931).

E. Vollrath

Establishment wird im englischen Sprachbereich in verschiedener Bedeutung mit gemeinsamem Grundcharakter in Anlehnung an das Verb ‹to establish› verwendet für Festsetzung, Errichtung, Gründung, Einrichtung, Einführung, Einsetzung, Versorgung, Niederlassung, Verfassung, Regierung, Organisation, Heirat, Haushalt, aber auch für «E. of a port» usw. Alle diese Bedeutungen von ‹E.› sind schon früh nachweisbar [1].

1. In England werden als ‹E.› seit dem 17. und 18.Jh. in erster Linie diejenigen religiösen Körperschaften bezeichnet, die rechtlich oder faktisch an den Staat gebunden oder ihm zugeordnet sind. In den meisten Lexika wird ‹E.› nur in dieser spezifischen Bedeutung berücksichtigt und erörtert [2]; erst in neueren amerikanischen Wörterbüchern wird daneben die politische Bedeutung aufgenommen [3]. Auch abgeleitete Ausdrücke wie ‹establishmentarian› und ‹establishmentism› beziehen sich inhaltlich allein auf das geschichtlich gewordene oder auf Gesetz gegründete Verhältnis von Staat und Kirche in England (established by law) [4]. In diesem Sinne werden ‹church establishment› und ‹established church› gebraucht, die ihrerseits mit dem Begriff der Kirche als Staatskirche identisch sind [5], ohne daß diese Identifizierung jedoch eine einseitige Abhängigkeit der Kirche vom Staat meint, sondern eher deren legalisiertes und abgesichertes, gemeinschaftliches und gegenseitiges Bezugssystem [6]. So können in England in Analogie zur established church Staaten angeführt werden, in denen die Kirche finanziell unterstützt wird [7], wie die Kirchen von Spanien, Schweden, Italien, Bulgarien, Griechenland, Finnland, Bolivien und Peru [8]. In der Verfassung der USA wird diese Art von E. abgelehnt; der Kongreß darf kein Gesetz beschließen, das «an establishment of religion» betrifft [9]. E. bedeutet in England konkret, daß der König Oberhaupt der Kirche ist, Bischöfe und Dekane ernennt und von der Kirche gekrönt wird. Änderungen des Kirchenrechts, aber auch des Gottesdienstes sind ohne Zustimmung des Parlaments nicht möglich. «Die Kirche bestellt Geistliche für das Unterhaus, die Wehrmacht, Gefängnisse und Krankenhäuser. Einige Bischöfe haben Sitz im Oberhaus. So ist die Kirche allenthalben eng mit dem Leben der Nation verbunden» [10]. In der Identifizierung mit der anglikanischen Kirche ist E., ohne daß hierfür ein festes Datum, eine schriftliche Urkunde oder ein bestimmter Gesetzesakt angegeben werden können [11], immer dort zu belegen, wo historisch Beziehungen der Kirche zum Staat im Spiele sind [12]. Gegenbegriffe zu ‹E.› sind ‹non-establishment› und ‹disestablishment› [13]. Disestablishment ist die Annulierung des E. und kann, da die etablierte Kirche normalerweise über reichen Besitz verfügt, die Abschaffung von kirchlichen Pfründen auch dort einschließen, wo es keine staatliche Unterstützung der Kirche gibt: «Kurz, die Aufhebung des E. ist verbunden mit einer solchen Konfiszierung von Kircheneigentum, wie es der Staat im Interesse der Gemeinschaft für gut hält» [14]. Non-established sind die religiösen Körperschaften oder Sekten, die keine legalen Beziehungen zum Staat besitzen bzw. diejenigen, die ein Staat-Kirche-Verhältnis im Sinne der established church von England ablehnen. Zu ihnen gehören vor allem auch jene, bis zur Toleranzakte von 1689 unterdrückten reformatorischen Gemeinschaften (Nonkonformisten, Dissenters), die 1559 die Uniformitätsakte (Acts of Uniformity) der Kirche von England, welche hierdurch eine einheitliche Durchführung der Liturgie erzwingen wollte, ablehnten (Puritaner) oder die von der Korporationsakte 1661 vorgeschriebene Teilnahme am anglikanischen Abendmahl verweigerten (Baptisten, Kongregationalisten, Presbyterianer, Quäker) [15].

2. Als Bezeichnung für eine festgesetzte Verfassung oder Regierung ist der Begriff ‹E.› schon ab 1481 nachweisbar [16]. In englischen Bearbeitungen der französischen Geschichte wird ‹E.› so als Übersetzung von ‹établissement› verwendet [17]. Im 18.Jh. kann ‹politics› im Gegensatz zu ‹E.› gebraucht werden, das dann die auf Tradition gegründete Herrschaftsordnung von Krone, Ständen und Kirche meint. «Politiker» sind demgegenüber diejenigen, die diese Institutionen als E. angreifen und in Opposition zu ihnen politische Streitfragen öffentlich vorbringen (Pitt der Ältere und Jack Wilkes) [18]. Der E.-Begriff wird auch auf andere, aus der Tradition übernommene Autoritäten übertragen: So bezeichnet E. Chambers die von Aristoteles aufgestellte Einteilung der Wissenschaften als «the established division», der man früher habe folgen müssen, die aber jetzt aufzuheben sei [19].

3. Im *Deutschen* wird der Ausdruck ‹E.› etwa seit dem Ende der 50er Jahre von der «Außerparlamentarischen Opposition (ApO)» sowohl als Schlagwort wie auch auf theoretisch anspruchsvollerem Niveau als Ausdruck des Dissens und zur Artikulierung der Kritik an den bestehenden Herrschaftsverhältnissen überhaupt verwen-

det – nicht ohne Orientierung an dem in der Polemik gegen die Weimarer Republik gebrauchten Begriff des ‹Systems› [20]. Die erste Verwendung von ‹E.› in diesem politisch-gesellschaftskritischen Sinne ist schwer zu datieren. Ein Ausgangspunkt für die schlagartige Verbreitung des Begriffs dürften die Lehren H. MARCUSES, des «gefeierte[n] Lehrer[s] der Neuen Linken» [21] sein, der in der Schrift ‹Repressive Toleranz› sagt, es gelte nicht, «einen Kompromiß zwischen Konkurrenten zu finden oder zwischen Freiheit und Gesetz, zwischen allgemeinem und individuellem Interesse, öffentlicher und privater Wohlfahrt in einer *etablierten* Gesellschaft», sondern darum «die Gesellschaft *herbeizuführen*, worin der Mensch nicht an Institutionen versklavt ist, welche die Selbstbestimmung von vornehereim beeinträchtigen. Mit anderen Worten, Freiheit ist selbst für die freiesten der bestehenden Gesellschaften erst noch herzustellen» [22]. ‹E.› wird dann im Rückgriff auf die Ideologien einer unmittelbaren Demokratie, des Anarchismus, Syndikalismus und des revolutionären Marxismus zum Kernbegriff der Kritik der Neuen Linken an den gesellschaftlichen, staatlichen und politischen Institutionen überhaupt und auch auf deren personelle Träger bezogen, denen vorgeworfen wird, politische und soziale Problemstellungen und Entscheidungen im Interesse des Status quo und gegen das der Mehrheit der Gesellschaft technokratisch zu «manipulieren».

In der Abwehr solcher Angriffe auf die Legitimität der institutionalisierten sozialen und politischen Funktionen in den parlamentarischen Demokratien des Westens wird der E.-Begriff apologetisch umgedeutet: Zum E. im weiteren Sinne gehöre «jeder, der sich mit der Gesellschaft und ihren Verhältnissen arrangiert hat. Im engeren Sinne zählt zum E. jeder, der in Politik, Wirtschaft, Kirchen, Verbänden, Massenmedien und all den anderen Institutionen unseres pluralistischen Systems Verantwortung trägt» [23].

R. Dahrendorf und W. Zapf verwenden ‹E.› im Zusammenhang mit ‹Elite›. E. wird von DAHRENDORF nicht mehr im Sinne einer etablierten, deshalb voll erkennbaren Elite, sondern eher im Sinne einer von der Elite ausgeübten, wenn auch «unbeabsichtigten Autoritarismus» verstanden [24]. ZAPF neigt dazu, die Frage «Gibt es ein deutsches E.?» mit einer Verneinung zu beantworten, da die Distanz der Angehörigen der Führungsgremien der einzelnen Sektoren unter sich zu groß sei. Er unterscheidet zwischen ‹E.› und ‹Power Elite›. Während ‹E.› eher auf den sozialen Umkreis, in dem die Mitglieder der einzelnen Eliten sich bewegen, und so auf die soziale Distanz im weiteren Sinne hinweist (Lebensstil und Gesellschaftsbild sind hier einbezogen), umschreibt ‹Power Elite› den Machtaspekt und bezieht sich darauf, wie die verschiedenen Eliten miteinander kooperieren oder konkurrieren [25]. Mit der Verwendung der Begriffe ‹E.›, ‹etabliert›, ‹Etabliertheit› in soziologischen und kritischen Schriften erhält ‹E.› schließlich die Funktion einer allgemeinen politiktheoretischen, kritischen Kategorie. Dabei lassen sich verschiedene Aspekte unterscheiden: E. gilt stets als Resultat historischer Prozesse und meint nicht eine bestimmte Phase der Entwicklung, sondern den Endzustand konservierender, Veränderungen ausschließender Dauer von Institutionen, die für diejenigen, die diesen Zustand aktiv herbeiführen oder aufrechterhalten wollen, einen erheblichen gesellschaftlichen Vorteil bringen soll. Diese können daher selbst als ‹E.› gekennzeichnet werden. ‹E.› hat dann schließlich den Sinn des Arrangements, in dem konkret Gegensätze dadurch überwunden werden sollen, daß die Interessen anderer Gruppen überspielt werden, und schließt so ein politisches Selbstverständnis ein, in dem man mit dem Erreichten zufrieden ist und «sich von grundsätzlichen und revolutionären Änderungen keine Vorteile mehr verspricht» [26].

Anmerkungen. [1] Vgl. The Oxford Engl. dict. (Oxford 1933, Nachdruck 1961) 3, 298f. – [2] Vgl. z. B. Encyclop. Britannica 8 (1962) 726f. – [3] So z. B. WEBSTER's Third new int. dict. 1 (Springfield, Mass. 1966) s. v.; The Random House dict. (New York 1966) s. v. – [4] Vgl. a. a. O. [1] 299. – [5] Vgl. a. a. O. [2] 727. – [6] ebda. – [7] ebda. – [8] ebda. – [9] Amer. Verfassung 1. Amendment. – [10] Vgl. RGG 1 (³1957) 376ff.: Anglikan. Kirche. – [11] a. a. O. [2] 726f. – [12] ebda. – [13] ebda. – [14] ebda. – [15] a. a. O. [1] 298, Abschn. 7: ‹Caxton›. – [16] Vgl. a. a. O. [1] 298, Abschn. 7: ‹Caxton›. – [17] a. a. O. 298, Abschn. 7 b. – [18] B. CRICK: In defence of politics (London 1962; Penguin Books, 1964); dtsch. Eine Lanze für die Politik (1966) 20f. – [19] E. CHAMBERS: Cyclopaedia: or an Universal Dictionary of Arts and Sciences (London ²1738) IX. – [20] Das E. antwortet der Apo. Eine Dokumentation, hg. H.-J. WINKLER (1968) 7. – [21] Antworten auf Herbert Marcuse, hg. J. HABERMAS. Edition Suhrkamp 263 (1968) 10. – [22] H. MARCUSE: Repressive Toleranz. Edition Suhrkamp 181 (1968) 98. – [23] a. a. O. [20]. – [24] R. DAHRENDORF: Gesellschaft und Demokratie in Deutschland (1965) 304. – [25] W. ZAPF: Wandlungen der dtsch. Elite (1965) 199. – [26] B. WILLMS: Planungsideologie und revolutionäre Utopie (1969) 68f.

Literaturhinweise. W. WARBURTON: Alliance between church and state (London 1741). Works, hg. HURD 4 (London 1788). – A. T. INNES: Law of creeds in Scotland (Edinburgh 1867). – Bishop THIRLWALL: Charge of 1869. Lit. and theol. remains 2, 206ff. – G. HARWOOD: Disestablishment (London 1876). – H. GEFFEKEN: Church and state, engl. E. F. TAYLOR (London 1877). – L. MINGHETTI, Stato e chiesa (Milano 1878) frz. E. DE LAVELEYE (Paris 1882). – F. NIPPOLD: Die Theorie der Trennung von Kirche und Staat (Bern 1881). – E. A. FREEMAN: Disestablishment and disendowment (London 1883). – L. AYRAL: La séparation de l'Eglise et de l'Etat en Angleterre. Ann. Ecole libre Sci. polit. 1 (Paris 1885). – J. S. BREWER: Endowments and E. of the Church of England, hg. L. T. DIBDIN (London 1885). – P. SCHAFF: Church and state in the United States. Papers Amer. hist. Ass. 2 (New York 1888) Nr. 4. – F. R. DARÉSTE: Les constitutions modernes (Paris 1891). – W. R. ANSON: Law and custom of the constitution 2 (Oxford 1892) chap. 4. – C. CADORNA: Religione, diritto, libertà (Milano 1893). – PHILLIMORE: Ecclesiastical law (London 1895). – Church Problems, hg. H. H. HENSON (London 1900) Essays on ‹E.› and ‹Disendowment›. – H. MARCUSE: Das Ende der Utopie (1967) mit Diskussionsbeiträgen von R. DUTSCHKE, W. LEFÈVRE, P. GÄNG, B. NIRUMAND u. a. – U. BERGMANN, R. DUTSCHKE, W. LEFÈVRE, B. RABEHL (Hg.): Rebellion der Studenten oder Die neue Opposition. Eine Analyse (1968). – F. DUVE (Hg.): Die Restauration entläßt ihre Kinder oder Der Erfolg der Rechten in der Bundesrepublik (1968). – H. MARCUSE: Ideen zu einer krit. Theorie der Gesellschaft. Edition Suhrkamp 300 (1969). – R. SCHMID: Karriere eines Wortes. Merkur 23 (1969) H. 252, 400-402. – U. SCHMIDHÄUSER: E., in: Politik für Nichtpolitiker. Ein ABC zur aktuellen Diskussion, hg. H. J. SCHULTZ 1 (1969). – Abschied von der autoritären Demokratie. hg. L. ROMAIN/G. SCHWARZ (1970). – B. WILLMS: Die polit. Ideen von Hobbes bis Ho Tschi Minh (1971). K. P. STERNSCHULTE

Etatismus bezeichnet eine auf den Staat, im Unterschied etwa zur Gesellschaft, ausgerichtete Haltung, die Überzeugung von seiner Notwendigkeit als (im Zeichen der Daseinsvorsorge erst recht unentbehrlich gewordene) «Vereinigung zur gegenseitigen Hilfeleistung» [1], und läßt sich am ehesten mit ‹Staatsbewußtsein› übersetzen. Der E. geriet in Verruf, als jene politische Theorie, für die der Name HOBBES steht, als Staatsvergötzung sowie der Kampf des liberalen Bürgertums gegen die absolute Monarchie als ein Kampf gegen Staatlichkeit schlechthin mißverstanden und von Anarchismus [2] und Marxismus das sofortige bzw. spätere Absterben des Staates postuliert wurde, ebenso aber auch infolge mannigfachen Mißbrauchs der staatlichen Gewalt durch die totale Diktatur. Auch die sich lockernde Bindung von Staat und Nation zieht das Staatsbewußtsein wegen seiner historischen Verknüpfung mit dem Gefühl der Zugehörigkeit zu einer Nation in Mitleidenschaft. Demgegenüber ist daran zu erinnern, daß bei Vorenthaltung eines Mindestmaßes an Macht der Staat seiner Aufgabe, die einzelnen zu schützen vor «the invasion of foreigners and the injuries of one another» (HOBBES [3]), nicht mehr genügen kann. In den modernen, hochzivilisierten Staaten ist insofern eine neue Lage entstanden, als die Gefahr einer totalitären Unterdrückung der Freiheit von der Gesellschaft ausgeht. Der Aufgabe, dieser Gefahr zu begegnen, wird der Staat in dem Maße gerecht werden können, in dem es ihm gelingt, seine Eigenständigkeit gegenüber der Gesellschaft zu behaupten.

Anmerkungen. [1] H. KRÜGER: Allg. Staatslehre (1964) 194. – [2] Vgl. M. A. BAKUNIN: Etatisme et anarchie (1873); Neudruck russ./frz. in: Arch. Bakounine 3 (Leiden 1967). – [3] TH. HOBBES, Leviathan Cap. XVIII. Engl. Works, hg. MOLESWORTH 3, 157.

Literaturhinweise. R. SMEND: Verfassung und Verfassungsrecht (1928); jetzt in: Staatsrechtl. Abh. (1955). – H. KRÜGER s. Anm. [1]. – R. HERZOG: Evang. Staatslex. (1966) Einl., bes. XXXVff.

E. FORSTHOFF

Ethik

I. E. als Disziplin und Disziplintitel geht auf ARISTOTELES zurück, der von ethischer Theorie (ἠθικῆς θεωρίας) [1], ethischen Büchern (ἐν τοῖς ἠθικοῖς) [2] und ethischer Pragmatie (ἠθικὴ πραγματεία) [3] spricht. Mit dem Wort ‹ethisch›, das zu ἦθος (gewohnter Ort des Wohnens, Gewohnheit, Sitte, Brauch) gehört, bezieht sich Aristoteles auf das von Sokrates und Platon in der Auseinandersetzung mit der Sophistik aufgenommene Problem, daß die Legitimierung der Sitte und der Institutionen der Polis durch die Herkunft von den Vätern als ehrwürdiger Nomos (πάτριος νόμος) nicht mehr trägt und daß es so aussieht, als sei das «Schöne und Rechte» (τὰ δὲ καλὰ καὶ τὰ δίκαια) nur «Brauch und Satzung, von Natur aber nichts» [4]. Während bei PLATON – im Ausgang von Sokrates (der für Aristoteles zuerst vom «Ethischen» handelte [5]) – die Möglichkeit der Wiederherstellung legitimer Ordnung an die philosophische Vermittlung der begründenden Teilhabe an der Idee des Guten als größte Einsicht [6] und daran gebunden ist, daß Philosophen die Herrschaft in der Polis übernehmen [7], setzt E. die Wende voraus, in der ARISTOTELES die Frage nach dem Grunde des in Nomos, Sitte und Gewohnheit verfaßten Lebens der Polis und des Hauses [8] aus dem Zusammenhang der theoretischen Philosophie herauslöst [9] und diesen Grund als das für den Menschen im Handeln und Leben (πρᾶξις) tätig erreichbare und verfügbare höchste menschliche Gut (πρακτὸν ... κτητὸν ἀνθρώπῳ τἀνθρώπινον) und als den Zweck begreift, der dem Leben in der Polis (βίος πολιτικός), ihren Sitten und Institutionen einwohnt und so in ihnen ihr «Wahres» ist [10].

Im Ausgang von der Polis, wie man sie vor Augen hat [11], von dem uns Bekannten, nicht von Prinzipien wie in der Mathematik [12] und in der Zuwendung zu Gebildeten und Erfahrenen, die in den sittlichen und politischen Institutionen stehen und anders als Unerfahrene im praktischen und politischen Leben urteilen können [13], bestimmt Aristoteles das Glück (εὐδαιμονία) (s. d.) als das höchste Gut, das alle um seiner selbst willen wollen [14], inhaltlich als «Verwirklichung der Seele gemäß der Tugend» (s. d.) (ψυχῆς ἐνέργεια κατ' ἀρετήν) in einem Stande, in dem der Mensch «gemäß vollendeter Tugend und Tüchtigkeit» tätig ist und über die äußeren Güter im ausreichenden Maße verfügt, nicht eine zufällige Zeit, sondern in einem vollendeten Leben, das nicht über sich hinausweist (τέλειον βίον) [15]. Voraussetzung ist die von den Vorgängern nicht gefundene Einsicht (ἀνερεύνητον) [16], daß der Mensch und seine vernünftige Natur im freien Stande des Bürgers einer vollendeten, nicht der archaischen Polis [17] zu ihrer Verwirklichung kommen (ἄνθρωπος φύσει ζῷον πολιτικόν) [18]. E. ist so als Teil einer von der theoretischen Philosophie unterschiedenen «Philosophie über das zum Menschsein des Menschen Gehörige» (ἡ περὶ τὰ ἀνθρώπεια φιλοσοφία) [19] zugleich eine «politische Untersuchung» (μέθοδος πολιτική) [20]: Sie setzt mit der Begründung der ethischen Institutionen auf die menschliche Vernunftnatur und ihre Verwirklichung im Stande der Freiheit des Bürgers das Maß für Gesetzgebung und Verfassung [21]. Sofern Gesetzgebung und Verfassung die Polis als «Gemeinschaft in einem guten Leben unter Häusern und Geschlechtern mit der Bestimmung des in sich vollendeten Lebens» [22] zum Inhalt haben, ist E. als die Lehre, nach der Tugend die Tugend des Menschen ist (ἡ τοῦ ἀνθρώπου ἀρετή) [23], Normen und Maß setzende Grundlegung für die Lehre vom Haus (Oikonomia) und für Politik im Sinne von Gesetzes- und Verfassungssatzung. Sie geht davon aus, daß Tugend nicht von Natur und gegen die Natur, sondern durch Gewohnheit und Einübung (διὰ τοῦ ἔθους) wird [24] und versteht sie als Haltung (ἕξις), durch die der Mensch gut wird [25], und als «Mitte» zwischen Zuviel und Zuwenig [26]. In der Tugend wird wirksam, was eigentümliches Werk des Menschen als Menschen ist [27].

In der *peripatetischen* Schule wird durch die Kommentatoren die bei Aristoteles vorgezeichnete Unterscheidung der praktischen von der theoretischen Philosophie [28] (Physik, Mathematik, erste Philosophie bzw. Theologie [29]) systematisch ausgebaut [30] und damit Stellung und Funktion der E. bis in die Schulphilosophie des 18. Jh. fortwirkend festgelegt. Das gilt ebenso für die Einteilung der praktischen Philosophie in Ethik, Ökonomie und Politik [31]. In der *lateinischen* Philosophiesprache hält sich der Disziplintitel als ‹ethica›, ‹ethice› [32], wird aber zugleich mit ‹philosophia moralis› übersetzt [33]. Durch die Kommentatoren, besonders durch AMMONIOS [34] kommt die klassische Gliederung zu den Byzantinern, zu den Syrern und Arabern [35] und wird durch BOETHIUS [36], CASSIODORUS [37] und ISIDORUS [38] schon vor der Aristotelesrezeption des 13. Jh. dem lateinischen Mittelalter bekannt (z. B. GUNDISSALINUS, HUGO und RICHARD VON ST. VICTOR) [39].

Einer Gliederung folgend, die SEXTUS EMPIRICUS auf Xenokrates und die ältere Akademie [40], CICERO hingegen auf Platon zurückführt [41], ordnen EPIKUR und ZENON VON KITION die E. unmittelbar der Physik (Metaphysik) und der Logik zu [42]. Dabei können Physik, Logik, aber auch die E. die erste Stelle erhalten [43]; umstritten bleibt, ob diese Gliederung nur den Lehrvortrag oder die Philosophie selbst (ZENON VON TARSOS) betrifft [44]. ARISTON VON CHIOS scheint in der Skepsis gegen Physik und Logik die Philosophie überhaupt in E. überzuführen [45]. Die allgemeine systematische Tendenz in diesem Zusammenschluß der Disziplinen, in dem «kein Teil von dem anderen getrennt» bleibt, geht dahin, die Natur als den alles vernünftig umgreifenden Kosmos zum Grunde der E. zu machen, der sie wie Boden oder Baum als Frucht hervorbringt [46]. Damit löst sich E. aus der Zuordnung zur politischen Praxis heraus; Glück und Tugend werden zum Inhalt des philosophischen Lebens im Göttlichen und Unsterblichen [47], ohne daß dieses wie bei Aristoteles noch die politische Sphäre voraussetzt [48]; an ihre Stelle tritt in der Zeit, da «der Staat dem Menschen ... nicht mehr den Lebensinhalt» vermittelt [49], die Philosophie ihrerseits wie eine «wohlummauerte, der Vernunft gemäß verwaltete Polis» [50]. Zu EPIKURS Leben in der Verborgenheit [51] und in unerschütterter Seelenruhe (τῆς ψυχῆς ἀταραξία) [52] gehört es, sich nicht auf das Politische einzulassen (οὐδὲ πολιτεύεσθαι) und sich nur, wenn es notwendig wird, mit dem Herrscher zu arrangieren [53]. Grund und Bedingung des Glücks ist die Befreiung von Furcht vermittels der Einsicht in die Natur des Ganzen (ἡ τοῦ σύμπαντος φύσις); aus ihr geht allein die reine und ungetrübte Lust [54] hervor [55], so daß Philosophieren Inhalt und Nahrung des rechten Lebens (Brief an Menoikeus) [56] und – die Auseinandersetzung um epikureische Ataraxie und stoische Apathie (extra metum, extra cupiditatem [57]) übergreifend und relativierend [58] – zur Kunst der Lebensführung [59] wird. Damit tritt E. als Disziplin hinter den Formen meist an persönliche Adressaten gerichteter philosophischer Lebensweisung in Anrede, Ermahnung, Belehrung, Trost zurück, deren Träger und Leitbild der Weise (σοφός, sapiens) wird [60]. Er erscheint durchgehend als die Verkörperung von allem, was philosophisch Glückseligkeit, Befreiung von Leidenschaft und Schmerz, Todesfurcht, geistige Unabhängigkeit von den äußeren politischen und persönlichen Umständen, Bedrohung und Gefährdung heißt: In ihm allein erhalte das höchste Gut verbunden mit Tugend Wirklichkeit [61]; er lebe immer auf glückliche Weise, von nichts eingeschränkt und behindert und ohne Bedürfnis [62]; er allein könne nach der Lehre der Stoiker göttlich sein [63]. So sehr dies vor allem stoische Bild des Weisen einerseits die Rolle und Funktion eines absoluten Vorbildes hat [64], so setzt sich in ihm zugleich die Abgrenzung des philosophischen Lebens vom gewöhnlichen Leben und seinen politischen und ethischen Ordnungen durch. Vom Weisen ist nach CHRYSIPPOS auch derjenige, der Fortschritte auf dem Wege zur Tugend macht, dadurch unterschieden, daß er in der gleichen Weise wie derjenige, der keinerlei Fortschritte macht, im Elend bleibt [65]. Obwohl diese schroffe Trennung, in der der Weise den übrigen Menschen als Toren gegenübertritt, gemildert und eingeschränkt werden kann (SENECA [66], PLUTARCHOS [67], CICERO [68], AUGUSTINUS [69]), wird mit ihr die Bestimmung des Menschen und des rechten Lebens aus dem Verhältnis zum schließlich einzigen Grunde des sittlichen Lebens genommen, in dem die menschliche Vernunft in der Einheit mit der göttlichen, die Welt regierenden und verwaltenden Vernunft und in der Gemeinschaft mit ihr als Weisheit zur Vollendung kommt [70]. Der Mensch, dessen Inkorporation der Weise ist, der Mensch, der in der inneren Übereinstimmung mit sich (ZENON) zugleich mit der Natur übereinstimmt (KLEANTHES, CHRYSIPPOS) [71] und der «Kosmopolites» ist, für den «Haus und Polis der Kosmos» in der «gemeinsamen Bürgerschaft der Götter und Menschen» wird [72]. «Als Antoninus (so heißt es bei MARC AUREL) habe ich Rom zum Staat und Vaterland (πόλις καὶ πατρίς), als Mensch den Kosmos (ὁ κόσμος)» [73]. Das wird im Neuplatonismus zum Leben in der Angleichung an Gott, bei PLOTIN unmittelbar in Anknüpfung an die stoische Forderung, «der Natur des Ganzen zu folgen» [74]: «wer weise und glücklich sein wolle, müsse zu jenem «Guten dort oben» hinblicken und ihm sich angleichen und nach seiner Richtschnur leben» [75]. Damit wird der Bereich der E. in das religiöse Verhältnis eingelassen, das zu seinem über ihn hinausweisenden Grund wird.

Anmerkungen. [1] ARISTOTELES, Anal. post. 89 b 9. – [2] Pol. 1261 a 31. – [3] Magna Moral. 1181 b 28. – [4] Eth. Nic. 1094 b 14; vgl. F. HEINIMANN: Nomos und Physis (1945, ²1961) bes. 110ff.; H. KLEINKNECHT: Art. ‹Nomos›: Theol. Wb. zum NT, hg. KITTEL 4, 1018ff. – [5] ARIST., Met. 987 b 1. – [6] PLATON, Resp. 505 a. – [7] Resp. 484 a ff., 499 b. – [8] ARIST., Eth. Nic. 1180 b 3; vgl. W. KLUXEN: E. und Ethos. Philos. Jb. 73 (1966) 339ff. – [9] ARIST., Eth. Nic. I, 4, 1096 b 31. – [10] Eth. Nic. 1096 b 34; 1094 b 7; 1094 b 19. – [11] Pol. 1252 a 1. – [12] Eth. Nic. 1095 b 3; 1095 b 6; 1094 b 25. – [13] a. a. O. 1181 a 19; 1095 a 2. – [14] 1097 a 34ff. – [15] 1099 b 26; vgl. 1098 a 16; 1101 a 14ff. – [16] 1181 b 12. – [17] Pol. 1268 b 39. – [18] Pol. 1253 a. – [19] Eth. Nic. 1181 b 15. – [20] a. a. O. 1094 a 9 ff. – [21] 1181 b 21-23. – [22] Pol. 1280 b 30-35. – [23] Eth. Nic. 1106 a 2; vgl. 1097 b 25ff. – [24] a. a. O. 1103 a 17. 23-25; 1103 b 1. – [25] 1106 a 22; vgl. 1106 b 36. – [26] z. B. 1104 a 25-27. – [27] 1097 b 25-1098 a 3. – [28] Vgl. Top. 6, 6, 145 a 15ff.; Met. 993 b 21, 1064 a pass.; Eth. Nic. 1139 a 26ff. – [29] Met. 1064 b 1ff. – [30] DOMINICUS GUNDISSALINUS, De divisione philosophiae, hg. L. BAUR, Nebst einer Gesch. der philos. Einteilung bis zum Ende der Scholastik, in: Beitr. zur Gesch. der Philos. des MA, hg. CL. BAEUMKER 4, H. 2/3 (1903) 198. – [31] Vgl. a. a. O. 197. – [32] QUINTILIAN 2, 21; 12. 2. 15; LACTANTIUS 3, 13, 16. – [33] Z. B. CICERO, De fato 1. – [34] AMMONIOS, In Anal. pr., hg. A. BUSSE (1891) 8ff. – [35] BAUR, a. a. O. [30] 201f. – [36] BOETHIUS, In Porphyr. Isag. Dial. 1. MPL 64, 10ff. – [37] CASSIODORUS, De arte c. 3. MPL 70, 1167. – [38] ISIDORUS, Etym. II, 24. MPL 82, 161. – [39] BAUR, a. a. O. [30] 134ff. – [40] SEXTUS EMPIRICUS, Adv. math. VII, 16; vgl. AETIUS, Plac. I Prooem. 2; dazu M. POHLENZ: Die Stoa. Gesch. einer geistigen Bewegung (³1964) 1, 33. – [41] CICERO, Acad. Post. I, 5. 19. – [42] DIOG. LAERTIUS VII, 39; X, 29, 30. – [43] VII, 40; vgl. PLUTARCH, De Stoic. repugn. c. 9, 1035 a. SVF II, 35-44. – [44] DIOG. LAERTIUS VII, 41. – [45] VII, 160. 161. – [46] VII, 40. – [47] ARIST., Eth. Nic. 1177 b 30-31. 34-36. – [48] Met. I, 981 b ff. – [49] POHLENZ, a. a. O. [40] I, 16. – [50] DIOG. LAERTIUS VII, 40. – [51] Epicur, Frg. 531. – [52] DIOG. LAERTIUS X, 128. – [53] X, 119. 120. – [54] X, 143. – [55] X, 78; vgl. 37. – [56] X, 122. – [57] SENECA, Ad Gallionem De Vita beata Dial. VII, 4; vgl. PORPHYRIOS, Ad Hor. Serm. II, 4, 1. SVF III, 449. – [58] Vgl. Hist. of Ethics, in: The Encyclop. of Philos., hg. P. EDWARDS 3 (1967) 86. – [59] PHILON, Leg. Alleg. I, § 56. SVF III, 337; vgl. EPIKTET, Ench. II, 14, 10. – [60] DIOG. LAERTIUS X, 117-121 (Epikur); VII, 117-131 (Stoa). – [61] CICERO, De fin. IV, 14; vgl. PHILON, Ecl. II, 7. SVF III, 567; PHILON, Quaest. et solut. in Genesim IV, 92. SVF III, 583. – [62] CICERO, De fin. III, 26. – [63] De div. II, 129; vgl. SVF I, 216-229; III, 544-684. – [64] Vgl. POHLENZ, a. a. O. [40] I, 156ff. – [65] CHRYSIPP, Frg. 530. SVF III, 142, 17; vgl. PHILON, Frg. 510 a. a. O. III, 127; Frg. 536 a. a. O. III, 143; vgl. PHILON, a. a. O. [61] IV, 92. SVF III, 583. – [66] SENECA, Ep. Moral. ad Lucilium, hg. O. HENSE (1898) 75, 8. – [67] PLUTARCH, Quomodo quis suos in virtute sentiat profectus 76 b; 79 b; Moralia, hg. F. C. BABBIT (1949) 1, 406; 1, 420. – [68] CICERO, De fin. IV, 24. – [69] AUGUSTIN, Ep. 167, 3. MPL 33, 738. – [70] CICERO, De nat. deorum II, 1; De leg. I, 7, 22. – [71] STOB., SVF II, 8; VII, 22. SVF I, 179; CLEMENS ALEX., Strom. II, 21, 129. SVF I, 552; Commenta Lucani II, 380. SVF III, 5. – [72] PHILON, De Mundi opif. § 142. SVF III, 337; CICERO, De leg. I, 7, 22. – [73] MARC AUREL, hg. K. HOENN (1951) VI, 44 a; vgl. POHLENZ, a. a. O. [40] 1, 351. – [74] PLOTIN, Enn. I, 4, 7. – [75] Enn. I, 4, 16; vgl. Art. ‹Angleichung an Gott›.

Literaturhinweise. L. SCHMIDT: Die E. der alten Griechen 1. 2 (1882). – CH. E. LUTHARDT: Die antike E. in ihrer gesch. Entwicklung (1887). – P. NATORP: Die Ethika des Demokrits (1893). – H. GOMPERZ: Die Lebensauffassung der griech. Philosophen und das Ideal der inneren Freiheit (1904, ²1915). – M. WUNDT: Gesch. der griech. E. 1. 2 (1908, 1911). – H. MAIER: Sokrates (1913). – E. BARKER: Greek political theory. Plato and his predecessors (1918, ²1967). – H. MEYER, Platon und die arist. E. (1919). – M. WITTMANN: Die E. des Aristoteles in ihrer systemat. Einheit und in ihrer gesch. Stellung untersucht (1920). – F. NIETZSCHE: Die Philos. im tragischen Zeitalter der Griechen, Musarion-A. 4 (1921) 149ff. – Sir David Ross: Aristotle (London 1923) bes. ch. 7, S. 187-234. – G. ZUCCANTE: Aristotele e la morale (Florenz 1926). – C. F. v. ERFFA: Aidos und verwandte Begriffe in ihrer Entwicklung von Homer bis Demokrit. Philologus Suppl.-Bd. 30, 2 (1927). – J. STENZEL: Platon als Erzieher (1928), neu hg. GAISER (1961). – H.-G. GADAMER: Platos dialektische E. (zu Philebos) (1931, 1968). – F. WEHRLI: Lathe biosas. Stud. zur ältesten E. bei den Griechen (1931). – W. JAEGER, Paideia. Die Formung des griech. Menschen 1 (1934, ²1954); 2 (1944, ²1954); 3 (1947, ²1954). – L. ROBIN, La morale antique (Paris 1938). – G. KRÜGER: Einsicht und Leidenschaft. Das Wesen des platonischen Denkens (1939, ³1963). – E. J. SCHÄCHER: Stud. zu den

Ethiken des Corpus Aristotelicum, in: Stud. zur Gesch. und Kultur des Altertums 22, 1 u. 2 (1940). – E. Cassirer: Logos, Dike, Nomos (Göteborg 1941). – R. Harder: Eigenart der Griechen (1949); jetzt in: Kleine Schriften, hg. W. Marg (1960) 1-38. – E. Wolf: Griech. Rechtsdenken, bisher 1-5 (1950ff.). – E. Schwartz: E. der Griechen, hg. W. Richter (1951). – R. Stanka: Die polit. Philos. des Altertums (1951). – J. Feibleman: Religious Platonism (London 1952). – B. Snell: Die Entdeckung des Geistes (^{3}1953). – F. Dirlmeier: Aristoteles, Werke in deutscher Übersetzung 6: Nikomachische E., übersetzt, eingel. und komm. (1957, ^{3}1969); 8: Magna moralia (1958, ^{2}1966); 7: Eudemische E. (1962, ^{2}1969). – C. Schmitt, Nomos – Nahme – Name, in: Der beständige Aufbruch, hg. S. Behn (1957) 92-105. – G. Lieberg: Die Lehre von der Lust in den Ethiken des Arist. (1958). – A. A. Ehrhardt: Polit. Met. von Solon bis Augustin 1. 2 (1959). – H. Kuhn: Sokrates (1959). – J. Ritter: Zur Grundlegung der prakt. Philos. bei Arist. Arch. Rechts- u. Sozialphilos. 46 (1960) 179-199. – A. Schwan: Politik als «Werk d. Wahrheit». Einheit und Differenz von E. und Politik bei Arist., in: Sein und Ethos (1963) 69ff. – W. F. R. Hardic: Aristotle's ethical theory (Oxford 1968). – G. Bien: Das Theorie-Praxis-Problem in der polit. Philos. bei Platon und Arist. Philos. Jb. 76 (1968/69) 264 ff. – H. J. Kramer: Arete bei Platon u. Aristoteles (1969). – J. Ritter: ‹Politik› und ‹E.› in der prakt. Philos. des Arist., in: Met. und Politik (1969) 106-132. – R. Maurer: Platons ‹Staat› und die Demokratie. Hist.-systemat. Überlegungen zur polit. E. (1970), mit reicher Bibliogr. – D. Roloff: Gottähnlichkeit, Vergöttlichung und Erhöhung zum seligen Leben (zur Herkunft der platonischen Angleichung an Gott) (1970). – B. Witte: Die Wiss. vom Guten und Bösen (zu Platons ‹Charmides›) (1970). – O. Höffe: Prakt. Philos. Das Modell des Arist. Epimeleia 18 (1971). – F. Heinimann s. Anm. [4]. – H. Kleinknecht s. Anm. [4]. – M. Pohlenz s. Anm. [40].

II. Der Vorgang, in dem neben die E. als Disziplin in der aristotelischen Gliederung der praktischen Philosophie ihre unmittelbare Zuordnung zu Metaphysik und Theologie tritt, ist exemplarisch für ihre Funktion. Sie übernimmt es einmal, die vorgegebenen ethischen Institutionen und die in diesen verfaßte Haltung des Einzelnen in ihren Tugenden dadurch zu begründen, daß sie diese aus der sich in den Institutionen ethisch verwirklichenden Bestimmung des Menschen begreift. Sie kann aber ebenso eine mit den Institutionen nicht identische und sich aus ihnen herauslösende Lebensweise wie die des Philosophen als Kosmopoliten oder des nach der Angleichung an Gott strebenden Menschen zu ihrem Inhalt machen.

Es ist nicht zufällig, daß in dem Prozeß, in dem die sich durchsetzende Kirche mit der «wahren» Philosophie auch gewisse, sehr nützliche «morum praecepta» der nicht-christlichen Philosophen übernimmt [1] und in die moralischen Mahnreden der Kirche einbezieht [2], die ‹platonische› Gliederung vorherrscht. Eusebius nimmt unter Berufung auf Atticus die Dreiteilung der Philosophie in ἠθικόν, φυσικόν, λογικόν auf, versteht dabei aber E. nicht in der Beschränkung auf den Einzelnen (ἡμῶν ἕκαστον), sondern in Beziehung zum Haus und zur Aufgabe, das ganze Volk in Verfassung und Gesetzen zu ordnen [3]. Augustin lobt Platon: Er habe die (von den Philosophen nicht gesetzte, sondern gefundene) Dreiteilung der Philosophie mit ihrer Gliederung in einen praktisch auf die Lebensführung und auf die Ordnung und Regelung der Sitten («ad mores instituendos») bezogenen Teil und in einen kontemplativ auf die Gründe der Natur und die reine Wahrheit gerichteten Teil verbunden und damit die Philosophie vollendet [4]. Die Einheit des ethischen Grundes und Zweckes wird für ein Feld geltend gemacht, in dem die Bücher Moses als «ethische Abhandlung» (ἠθικὴ πραγματεία) [5], die Psalmen Davids als eines «moralium magnus magister» [6], die Sprüche Salomonis als «moralische Lehren» [7] mit denen der Philosophie zusammentreffen, die nach Martin von Bracara (Formula vitae honestae) im 11. Jh.

Hildebert von Tours – nach neuerer Forschung Wilhelm von Conches – vor allem die Ciceros und des «Erziehers zur Moralität» Seneca unter dem Titel einer ‹Moralis Philosophia de honesto et utili› einbezieht [8]. In der Einheit der dreiteiligen Philosophie, in der Platon mit Moses zusammengehe, der Gott als den Lenker des Universums verkündigt, werden die ethischen Lehren für Eusebius in der sie übergreifenden Natur des Guten begründet, «die nichts anderes als die Natur Gottes ist» [9]. Da der Mensch so geschaffen wurde, daß er durch das, was in ihm das Erste ist, jenes berührt, das allem voran geht, d. i. den einen, wahren und besten Gott, vermittelt für Augustin die Philosophie in ihren drei Disziplinen die Einsicht, daß ohne Gott die Natur keinen Bestand hat, keine Lehre zu unterrichten vermag und keine Praxis im nutzenden Gebrauch des Gegebenen – Inhalt der moralischen Weisung – Fortgang hat [10]. Gott, der unser Schöpfer ist, ist auch unser Lehrer [11]. Während die Christen das rechte Leben nicht aus sich selbst haben, sondern es wie die wahre Philosophie [12] von Gott in Demut und Gehorsam empfangen [13], wollten die heidnischen Philosophen aus sich selbst selig werden, wie immer sie das höchste Gut verstanden, und verloren so, was sie an sich sahen: sie wurden zu Toren [14]. Die Überführung ihrer moralischen Lehren in den Dienst der Verkündigung des Evangeliums ist legitim [15].

Für Abaelard gelten die sittlichen Vorschriften des Evangeliums als Umformung und Verbesserung des natürlichen Gesetzes (reformationem legis naturalis), dem die Philosophen folgten [16]. Der ethische Bereich wird mitsamt seinen philosophischen Lehrtraditionen in das christliche Verhältnis des Menschen zu Gott aufgehoben, so daß E. als Disziplin nur im zweiten Range steht und voraussetzt, daß ethische Fragen primär in dem Zusammenhang der sacra doctrina und in der Verbindung von dem, was durch das natürliche Licht und was durch Offenbarung erkannt wird, zum Ganzen der christlichen Theologie gehören [17]. Die ‹Ethica seu liber dictus scito te ipsum› Abaelards, die als erste E. des Mittelalters gilt und zugleich im Mittelalter einer der wenigen Schriften unter dem Titel einer E. bleibt, ist der Sache nach eine «Theologie der Sitten» (theologia morum). Sie geht davon aus, daß wir ‹Sitten› die Laster und die Tugenden der Seele nennen, die uns zum schlechten oder guten Werk geneigt machen [18], stellt Tugend aber ganz unter die Liebe zu Gott, der allein für den Menschen das höchste Gut ist, während höchstes Übel die Mißachtung Gottes ist [19]. In der Tugend als zum habitus verfestigten Willen [20] ist Ausrichtung auf Gott das Gute; dem entspricht, daß vitium in der Zustimmung (consensus) [21] zu dem, was von Gott verdammt wird, das Schlechte und die Sünde ist, die ihr Wesen in der Mißachtung des Schöpfers (contemptus creatoris) hat [22]. Es kann für Abaelard gelten, daß was an sich sehr schlecht zu sein scheint, wenn Gott es befiehlt, doch keine Schuld enthalte, so daß die Unterscheidung des Guten und Schlechten in der Disposition des göttlichen Willens gründet [23]. Das Ethische im Positiven und Negativen ist ohne Selbständigkeit.

Im ersten Buch der Sentenzen des Petrus Lombardus wird in Übernahme der augustinischen Unterscheidung zwischen dem, das um seiner selbst willen geliebt und «genossen» wird (frui), und dem, das nur für den Gebrauch (uti) da ist [24], die Frage gestellt, ob die Tugenden in diesem Sinn zu «genießen» oder zu «gebrauchen», also Selbstzweck oder Mittel sind [25]. Für beide Alternativen sprechen Autoritäten, deren «Widerspruch» Petrus Lombardus «von der Mitte» zu beheben sucht, indem er erklärt, die Tugenden seien «um ihrer selbst willen zu erstreben und zu lieben und dennoch allein wegen der Seligkeit», in der auch sie vollendet sind. Im Zusammenhang der Lehre von der Erschaffung des Menschen und seinem Fall wird Tugend sodann als gute Beschaffenheit des Geistes, in der der Mensch auf rechte Weise lebt [26], zwar aus der freien Entscheidung der Willkür (liberum arbitrium) für das Gute oder Böse aber so begründet, daß Tugend aus der Gnade ist, während das Schlechte allein aus der freien Entscheidung der Willkür stammt: Tugenden als gute Affekte und Bewegungen des Geistes bewirkt im Menschen Gott, nicht der Mensch selbst [27]. Für die institutio morum gilt wie für den katholischen Glauben, daß es nicht recht ist, irgendeinem der heiligen Väter zu widersprechen (WILHELM VON CONCHES) [28].

Auch da, wo dann E. als Disziplin auftritt und in den Kommentaren des Albert und Thomas zur Vollendung gelangt, bleibt vorausgesetzt, daß «die maßgebliche Systematik allen moralischen Wissens ... bei der Theologie» liegt und es «für den Gläubigen ... nicht möglich [ist], eine ‹systematisch geschlossene› Moralphilosophie als die seine aufzustellen und zu vertreten», ohne daß damit die natürliche Sittlichkeit beeinträchtigt oder negiert wird [29]. ALBERT MAGNUS behandelt in ‹De bono› das Gute der Sitte (bonum moris) als das der Gewohnheit und Gnade nach dem bonum naturale [30]. Er erörtert die Kardinaltugenden der Alten, die aristotelischen «erworbenen Tugenden» mit Glauben, Hoffnung, Liebe als den virtutes infusae in der ‹Summa theologica› [31]. Nach der Lehre von Gott und von dem, was nach seinem Willen aus der göttlichen Macht hervorgeht, handelt THOMAS VON AQUINO in der ‹Summa Theologiae› (Ia IIae) vom Menschen als Gottes Bild, sofern der Mensch Grund seiner Werke und im Besitz des liberum arbitrium und der Gewalt über sie ist [32]: Was Inhalt einer philosophia moralis ist oder sein kann, wird in die theologische Lehre vom Menschen aufgenommen, deren Abschluß und systematische Vollendung die Lehre von der Gnade und Rechtfertigung bildet. «Die thomistische Moral ist in der thomistischen Theologie zu finden» [33].

Hiervon ist unter Bewahrung der theologischen Voraussetzungen und insbesondere der Gründung aller vernünftigen Erkenntnis auf Erleuchtung [34] die Ausbildung der E. als philosophischer Disziplin historisch und systematisch unterschieden: Sie gehört in den Prozeß, in dem neben die scientia divina im engen Zusammenhang mit der Entwicklung eines Lehr- und Prüfungsprogramms für die Artistenfakultät eine scientia humana [35] oder scientia inferior [36] tritt, die im 11. und 12. Jh. primär durch die artes liberales repräsentiert wird. Diese schließen in der Zuordnung zur Rhetorik, zur Geschichte und der die Rhetorik zurückdrängenden Grammatik die Behandlung ethischer Probleme ein [37]. Zugleich wird auf dem von Boethius, Cassiodor, Hrabanus Maurus, Isidorus vorgezeichneten Wege E. als Disziplin im Zusammenhang der die Funktion einer Einführung erfüllenden Literatur zur Einteilung der Philosophie bestimmt. Philosophie wird von HUGO VON ST. VICTOR in ihrer traditionellen Bestimmung als Wissenschaft von den Gründen «aller göttlichen und menschlichen Dinge» [38] in einen theoretischen, praktischen, mechanischen und logischen Teil gegliedert. Für die praktische Philosophie wird in der Zuwendung zum Einzelnen (solitaria), zum Privaten und Öffentlichen (publicum) die aristotelische Einteilung in E., Ökonomie und Politik aufgenommen. E. bezieht sich so einmal im strikten Sinne (stricte) auf das Leben der Einzelnen, während Ökonomie das officium rei familiaris, die Politik die öffentliche Ordnung der Herrschaft zum Inhalt hat. Zugleich aber bleibt E. der Titel für die praktische Philosophie im ganzen: Sie heißt ethica oder moralis, weil durch sie die ehrbare Sitte des Lebens erstrebt oder erlangt wird, und weil Sitten überhaupt im guten Handeln bestehen [39]. Die aristotelische Gliederung, die auch von Philosophen benutzt wird, die an sich dem Aristotelismus nicht nahe stehen (z. B. Vincenz von Beauvais, Robert Kilwardby), erhält in der positiven Aufnahme des durch die arabischen Kommentatoren vermittelten Aristoteles mit ‹De divisione philosophiae› des DOMINICUS GUNDISSALINUS (um 1150) allgemeine Geltung in der Bestimmung, die aristotelische Philosophie in den Lehrbetrieb der Artistenfakultät einzuführen [40], durch die die artes liberales endgültig aus ihr verdrängt werden. Die Ethica vetus (2. und 3. Buch der Nikomachischen Ethik) und die Ethica nova (1. Buch) wurden als erste Übersetzungen in der ersten Hälfte des 13. Jh. an der Pariser Artistenfakultät benutzt; in ihr war die scientia moralis, wie aus einer Quaestionensammlung für Examenszwecke hervorgeht, Gegenstand der Lehre und umfaßte den Gesamtbereich der praktischen Philosophie: Ökonomie, Politik (noch unter Berufung auf Cicero) und die Lehre vom Leben der Seele in sich selbst [41]. Die führende lateinische Übersetzung der ‹Nikomachischen Ethik› von WILHELM VON MOERBEKE nach der von ROBERT GROSSETESTE liegt dem Ethik-Kommentar des Thomas zugrunde und ist Voraussetzung für die endgültige Durchsetzung der praktischen Philosophie aristotelischer Herkunft, jedoch in einer qualitativen Umdeutung im Sinne der allgemeinen theologischen Voraussetzung: «Quia ad consequendam futuram felicitatem non sufficit sola sciencia intelligendi quicquid est, nisi sequatur eciam sciencia agendi, quod bonum est» (Hugo: «integritas ... vitae humanae ... perficitur sciencia et virtute). (Um zukünftiges Glück zu erlangen, genügt die Wissenschaft der Erkenntnisse dessen, was jedes ist, allein noch nicht, wenn [ihr] nicht auch das Wissen zu tun, was gut ist, folgt) (Hugo: Die Unversehrtheit ... des menschlichen Lebens ... wird ... durch Wissenschaft und Tugend vollendet) [42]. Wie für Hugo heißt für GUNDISSALINUS die praktische Philosophie insgesamt ‹philosophia moralis›, weil sie die Tugenden des Handelns zum Gegenstand hat, durch die das Leben auf rechte Weise geführt wird [43]: Wie die Herrschaft über das eigene Selbst - Flucht vor dem Laster, Übung in den Tugenden, das Beispiel des Besseren [44] - haben auch die Ökonomie als Wissenschaft von der Herrschaft in der eigenen Familie und die civilis scientia (oder politica) gemäß der Bestimmung des Menschen zur Seligkeit das sittliche Handeln in Gewohnheit (habitus) und Sitten und deren Ordnung zum Inhalt [45]. Das gilt sowohl für die Erziehung des vollkommenen Herrschers königlicher Tugend [46] wie für die Ordnung im Umgang mit allen Menschen, die Gegenstand der politica sciencia (oder civilis ratio) [47] und der Wissenschaften vom weltlichen Gesetz, von der Herrschaft im Staate, von den Rechten aller Bürger ist [48]. Die scientia moralis umfaßt für MICHAEL SCOTUS vier Teile: Wie man den Staat regieren soll (1), wie der Mensch mit seinen Mitbürgern (2) und mit seiner Familie (3) umzugehen hat, wie man sein eigenes Leben ordnet (4) [49].

Der Begriff, unter dem THOMAS VON AQUINO die Gliederung der Philosophie und in ihr die Bestimmung der philosophia moralis stellt, ist der des Ordnens (ordinare) im doppelten Sinn von Ordnung, sofern diese einmal die Ordnung der Teile in ihrem Verhältnis zueinander und damit in eins die Ordnung der Dinge auf ihren Zweck hin (ordo rerum in finem) ist [50]. Von der Ordnung der Dinge, die die menschliche Vernunft nicht macht, sondern betrachtet, handelt die Naturphilosophie oder Metaphysik, von der Ordnung ihrer eigenen Begriffe die philosophia rationalis, von der Ordnung der willentlichen Handlungen die philosophia moralis; äußere Dinge, sofern sie durch menschliche Vernunft hergestellt werden, sind Inhalt und Gegenstand der artes mechanicae. Alle Handlungen, die nicht dem Willen und der Vernunft des Menschen unterworfen sind, fallen nicht in die Moralphilosophie, so daß deren Gegenstand die menschlichen Handlungen sind, sofern sie untereinander und auf ein Ziel hin geordnet sind, oder der Mensch, der nach seinem Willen um eines Zieles willen handelt [51]. In der Einheit der Ordnung und des Ordnens sind Teile der philosophia moralis: erstens die monastica in der Betrachtung der Handlungen einzelner Menschen (schon vor Thomas wird E. mit anderen Namen als «monastica» in der Herleitung von «monos, quod est unum», bezeichnet [52]) zweitens die Ökonomie in der Betrachtung der im Hause verbundenen Vielheit von Menschen, drittens die politica, die die Handlungen einer multitudo civilis zum Gegenstand hat [53]. Da alles Gute in seiner Verschiedenheit auf Grund seiner Ähnlichkeit mit dem höchsten Gut und in der Teilhabe an ihm gut ist, wird einmal durch dieses Gut, das alle erstreben, das Ziel gesetzt, auf das die Ordnungen in sich gerichtet sind, die die philosophia moralis behandelt [54]. Zugleich erhält die menschliche Vernunft darin ihre eigene Aufgabe, daß sie sich in das menschliche Leben und Zusammenleben einformt. Das «esse secundum rationem» schließt ein, daß zum Begriff des Sittlichen die Invention der Vernunft gehört. Damit erhält die philosophische E. gegenüber der Theologie eine eigenständige Bedeutung: Das göttliche Gebot, das nicht blind hingenommen, sondern in seinem Rechtssinn eingesehen werden soll, und das «bonum humanum» sind Inhalt und Gegenstand der Vernunft und damit einer «philosophischen» E., die die Aufgabe hat, das gute Handeln herbeizuführen [55].

Anmerkungen. [1] AUGUSTIN, De doctrina christiana II, 40, 60. – [2] Sermo 88, 5, 5. – [3] EUSEBIUS, Praep. Ev. XI, 2. 3. MPG 21, 509. 511. – [4] AUGUSTIN, De civ. Dei VIII, 4; XI, 25. – [5] CLEMENS ALEX., Stromat. I, 28. MPG 8, 921. – [6] AMBROSIUS, In Ps. 118 prol. 3, 3; vgl. HIERONYMUS, Tract. I, Ps, I, 219, 22. – [7] AMBROSIUS, Isaac 4, 23, S. 657, 17. – [8] HILDEBERT VON TOURS, Moralis philosophia de honesto et utili praef. 1. MPL 171, 1007ff.; vgl. B. HAURÉAU: Notices et extr. (Paris 1890) 1, 99ff. – [9] EUSEBIUS, Praep. Ev. XI, 13. 21. MPG 21, 530. 542. – [10] AUGUSTIN, De civ. Dei VIII, 4. – [11] a. a. O. XI, 25. – [12] XI, 22, 4. – [13] XI, 4, 4. – [14] Röm. 1, 21-23; AUGUSTIN, De civ. Dei XI, 4, 4; VIII, 10, 9, 1; vgl. In Joh. Ev. tract. 2, c. 1. 4. – [15] De doctrina christ. II, 40, 60. – [16] PETRUS ABAELARDUS, Theol. christ. MPL 178, 1179. – [17] THOMAS VON AQUIN, S. theol. I prol.; Quaest. 1 art. 1 ad 2. – [18] ABAELARD, Ethica prol. MPL 178, 634. – [19] Dialogus inter philosophum judaeum et christianum. MPL 178, 1660ff. – [20] a. a. O. 1642; vgl. Eth. prol. a. a. O. [18] ebda. – [21] c. 3. MPL 178, 636. – [22] ebda. – [23] Comm. in ep. ad. Rom. II, 5. MPL 178, 869. – [24] PETRUS LOMBARDUS, Liber I Sententiarum, dist. 1, 2. – [25] a. a. O. 1, 8. – [26] II, dist. 27, 1. – [27] 27, 3; vgl. 27, 10. – [28] WILHELM VON CONCHES, Dragmaticon philosophiae III, 65. – [29] W. KLUXEN: Philos. Ethik bei Thomas von Aquin (1964) 87. – [30] ALBERTUS MAGNUS, De bono Tr. 1, q. 2, a. 3. – [31] S. theol. II, tr. 16, q. 98, membr. 2. – [32] THOMAS VON AQUIN, S. theol. I/II, prol. – [33] KLUXEN, a. a. O. [29] 87. – [34] HUGO VON ST. VICTOR, Erud. didascalia I, 3. MPL 176, 743; vgl. BONAVENTURA, In Sent. II, d. 39, a. 1. q. 2. Opera Quaracchi II, 903 a. b; WILHELM VON AUVERGNE, De virtutibus. Opera, hg. B. LEFERON (Aureliae 1674) 1, 124; ROBERT GROSSETESTE, De veritate, hg. L. BAUR (1912), in: Beitr. zur Gesch. der Philos. des MA, hg. CL. BÄUMKER 9, 138, 7f. – [35] DOMINICUS GUNDISSALINUS, De divisione philosophica, hg. L. BAUR (1903) a. a. O. [34] 4, 2, 3, 5. – [36] HUGO, De sacram. christ. fidei prol. c. 5 c. 6. MPL 176. 185. – [37] Vgl. Artes liberales. Von der antiken Bildung zur Wiss. des MA, hg. J. KOCH, in: Stud. und Texte zur Geistesgesch. des MA 5 (1959) 63f. 91ff.; PH. DELHAYE: Grammatica et ethica au XIIe siècle, in: Rech. de Théol. anc. et médiévale 25 (1958) 59-110; vgl. ALKUIN, Dialog. de rhetorica et virtutibus. – [38] HUGO, a. a. O. [34] I, 5. MPL 176, 744. – [39] II, 2. 20. MPL 176, 752. 759. – [40] Vgl. Einl. zu GUNDISSALINUS, a. a. O. [35] 4, 2, 3. – [41] M. GRABMANN: Das Studium der arist. E. an der Artistenfakultät der Univ. Paris in der ersten Hälfte des 13. Jh., in: Mittelalterl. Geistesleben 3, hg. L. OTT (1956) 128ff. – [42] GUNDISSALINUS, a. a. O. [35] 16; HUGO, a. a. O. [34] I, 6. MPL 176, 745. – [43] 134. – [44] 140. – [45] 134ff. – [46] 136. – [47] 16. – [48] ebda. – [49] MICHAEL SCOTUS, Frg. einer Einteilungsschrift, hg. L. BAUR, a. a. O. [35] Frg. 2, 399; vgl. ALBERT, Super Ethica prol. 3. Opera 14, P. 1, Fasc. 1, hg. W. KÜBEL (1968) 2, 3. – [50] THOMAS VON AQUIN, In decem libros Ethic. Aristotelis ad Nicomachum expositio, hg. FR. ANGELI/M. PIROTTA (Turin 1934) I, sect. 1, 1. – [51] a. a. O. 1-3. – [52] GRABMANN, a. a. O. [41] 193. – [53] THOMAS, a. a. O. [50] 6. – [54] 11. – [55] II, sect. 9, 351; vgl. KLUXEN, a. a. O. [29] 236; L. OEING-HANHOFF: Der Mensch: Natur oder Gesch.? Die Grundlagen und Kriterien sittlicher Normen im Licht der philos. Tradition, in: Naturgesetz und christl. E. Münchener Akad.-Schr., hg. F. HENRICH 55 (1970) 13-47.

Literaturhinweise. J. MAUSBACH: Die E. des hl. Augustinus 1. 2 (1909). – D. SERTILLANGES: La philos. morale de Saint Thomas (Paris 1916). – M. GRABMANN: Die Arist.-Kommentare des hl. Thomas v. Aquin, in: Mittelalterl. Geistesleben (1926) 1, 266ff.; Das Naturrecht der Scholastik von Grazian bis Thomas v. Aquin, a. a. O. 65ff. – J. PIEPER: Die ontische Grundlage des Sittlichen nach Thomas v. Aquin (1926); Die Wirklichkeit und das Gute (1931, ³1935, ⁶1956). – M. WITTMANN: Die E. des hl. Thomas v. Aquin (1933). – F. WAGNER: Der Sittlichkeitsbegriff in der christl. E. des MA. Münsterische Beitr. zur Theol. 21 (1936). – H. MEYER: Thomas v. Aquin (1938), 430ff. – J. B. SCHUSTER: Natürliches und übernatürliches Sittengesetz. Scholastik 13 (1938) 392ff. – E. GILSON: Le Thomisme (Paris ⁵1944). – B. SWITALSKI: Neoplatonism and the E. of St. Augustine (New York 1946). – H. V. JAFFA: Thomism and Aristotelianism. A Study on the Commentary by Thomas Aq. on the Nic. Ethics (Chicago 1952). – M. CHÉNU: L'originalité de la morale de Saint Thomas, in: Initiation théol. 3 (Paris ²1955). – KL. OEHLER: Thomas v. Aquin als Interpret der arist. E. Philos. Rdsch. 5 (1957) 135ff. – H. REINER: Thomistische und phänomenol. E. Z. philos. Forsch. 14 (1960) 247ff. – L. BAUR s. Anm. [30 zu I]. – DELHAYE s. Anm. [37]. – M. GRABMANN s. Anm. [41]. – W. KLUXEN s. Anm. [29]. – L. OEING-HANHOFF s. Anm. [55].

III. Für ROGER BACON hat die im 7. Teil des ‹Opus Majus› behandelte philosophia moralis den Menschen in seiner Zuordnung zu Gott, zum Nächsten und zu sich selbst zum Gegenstand. Als praktische Wissenschaft (practica, id est operativa) bezieht sie sich auf die Werke der Sitten, durch die wir gut und schlecht werden, auf Tugend und Laster, auf die Seligkeit und das Elend des jenseitigen Lebens, indem sie zum rechten Leben und Handeln aufruft und auffordert (invitat et excitat). Sie gehört damit zur praktischen Vernunft (intellectus practicus), die praktisch heißt, weil sie das Handeln in Bewegung setzt und einübt (exercet). In diesem strikten Sinne (stricte) des Praktischen löst sich die philosophia moralis in ihrem Grunde nicht nur aus dem Zusammenhang aller theoretischen (spekulativen) Wissenschaften, sondern tritt vor sie: Obwohl sie aus ihnen Prinzipien übernimmt, ist sie «vornehmer als alle übrigen Teile der Philosophie» (nobilior omnibus partibus philosophiae). Zwar sind auch in diese «moralia» eingestreut, aber dies hat den Sinn, daß die Menschen überall zum Guten des Heils gerufen werden und erkennen können, daß das, was in der Wissenschaft gesucht wird, dem Handeln dient: Die praktische Wissenschaft erweist sich als «Herrin und Gebieterin menschlicher Weisheit» (dominatrix) [1]. Zugleich kommt bei Roger die Zuwendung der philosophia moralis zu den Rechten und Gesetzen (jura, leges) der Bürger und der civitates ins Spiel, die er im Ausgang von Rom und im Bewußtsein des gewandelten Wortsinnes als Königs- und Kaiserherrschaft versteht: In ihrer Beziehung auf Recht und Gesetze ist die philosophia moralis, wie es unter Berufung auf Aristoteles und andere heißt, civilis scientia [2]. Bei W. Ockham tritt die scientia moralis, die von den Sitten handelt, die in unserer Gewalt sind, als unmittelbar praktische Einsicht ohne jeden Anteil spekulativer Erkenntnis aus dem Zusammenhang heraus, in dem sie von Aristoteles und den Lehrern der Kirche überliefert ist (tradita) [3]. Der für das Naturrecht zentrale Begriff der «recta ratio» wird zum Grunde der Tugend: Ein Handeln ist gut oder tugendhaft, wenn es vom Willen, der recta ratio zu folgen, getragen wird [4]. Zugleich aber wird deren absolute Geltung Problem; wie für Abaelard (s. o.) und Duns Scotus wird bei Ockham der Wille Gottes zum Grund des Rechten: «Deus autem ad nullum actum potest obligari et ideo eo ipso, quod Deus vult, hoc esse justum fieri» [5].

Damit beginnt sich die spekulative Theologie als die Metaphysik und E. übergreifende Einheit der Philosophie aufzulösen, in der für Thomas im Zusammenhang der den Menschen in allen seinen Institutionen bestimmenden Zuwendung zu Gott [6] auch das politische Leben (vita politica) auf das Glück der Betrachtung (felicitas speculativa) bezogen ist, sofern es den Frieden zu schaffen und zu bewahren hat, der den Menschen die Möglichkeit gibt, sich in der Muße freier Kontemplation der göttlichen Wahrheit zuzuwenden [7]. Die Entwicklung ist eingeleitet, in der E. ihren Ort im Zusammenhang der sich im Umbruch der Zeit emanzipativ durchsetzenden gesellschaftlichen, politischen und rechtlichen Wirklichkeit erhält.

Francis Bacon, Descartes, Hobbes, die Philosophen des neuen Anfangs, haben keine E. vorgelegt, aber ihre Lösung von dem in der Tradition vermittelten Grund vollzogen und methodisch und sachlich ihren künftigen Weg bestimmt. Für Francis Bacon, der alle «schönen Meditationen und Spekulationen» als «unnütz» [8] zurückläßt und durch die Zuordnung der Wissenschaften zu den praktischen Künsten und der durch sie ermöglichten Herrschaft über die Natur ersetzt [9], wird E. zum Teil einer Philosophie über den Menschen. Sie erhält in deren Einteilung in eine «philosophy of Humanity» und eine «Civil philosophy» [10] die Aufgabe, das Vorbild des Guten zu behandeln und im Ausgang von common sense und Erfahrung, von Nutzen (utility) und Wahrheit den Geist zu bilden und zu verfeinern (Regiment or Culture of the mind, which I also call Georgics of the Mind) und in Behandlung seiner Krankheiten, auf den Weg der Tugend zu bringen [11]. Für Descartes sind Medizin, Mechanik und Moral die Zweige am Baume der Philosophie, dessen Wurzel die Metaphysik, dessen Stamm die Physik ist. Aber zugleich setzt «die höchste und vollkommenste Moral» (la plus haute et la plus parfaite morale) als «letzte Stufe (degré) der Weisheit» die Erkenntnis der übrigen Wissenschaften voraus. Daher kann es bis zu der Zeit, in dieser Voraussetzung erfüllt sein wird, nur eine «morale par provision» mit aus der Praxis gewonnenen Regeln geben, die für den Bereich der Praxis die für die Theorie abgelehnte Wahrscheinlichkeit in Geltung lassen; das hat Descartes später in seiner Korrespondenz als definitiv angesehen [12]. In dem enzyklopädischen System der Wissenschaften, das Leibniz entwirft, gehen die Wissenschaften, die sich auf Vernunft und Erfahrung stützen, voran, und scientia moralis, das Recht und Theologia naturalis stehen am Ende: «La Théologie et le Droit qui y occupaient d'abord la place d'honneur, en ont disparu, et les sciences mathématiques et physiques viennent au premier rang après la Logique» [13]. Von dieser Veränderung im System der Wissenschaften geht Th. Hobbes aus: Die Moralphilosophie, die bisher auf der Landstraße von Streit zu Streit, auf der nichts gesät wird, keinen Beitrag zur Wahrheit geliefert hat, soll methodisch zur Gewißheit geführt werden, indem sie auf die Methode der Geometrie und der Physik gegründet wird [14]. Aber dieses methodische Postulat ist in die epochale Wende eingelassen, in der für Hobbes Recht, Sittlichkeit, die Möglichkeit, Tugend und Laster zu unterscheiden, voraussetzen, daß der Mensch aus dem Naturstand heraustritt, in dem es «jedem erlaubt war zu tun, was er wollte und gegen wen er es wollte, und alles in Besitz zu nehmen, zu gebrauchen und zu genießen» und so der «Krieg aller gegen alle» herrschte [15], und dem Menschen durch das Commonwealth, die civitas oder den «großen Leviathan, diesen sterblichen Gott», «Friede zu Hause» und «Schutz gegen äußere Feinde» gewährt wird [16]. Ohne den Staat und vor dem Staat im Naturstande, in dem ohne Einschränkung das Naturrecht (the right of nature, jus naturale) in der Bestimmung der Freiheit herrscht, die jeder Mensch hat, seine «eigene Gewalt für die Erhaltung seiner Natur und seines eigenen Lebens» (preservation of his own nature ... of his own life) zu gebrauchen [17], haben die Begriffe von Recht und Unrecht, von Gerechtigkeit und Ungerechtigkeit keinen Platz: «Where there is no common power, there is no law; where no law, no injustice» [18].

So gilt grundsätzlich, daß es außerhalb der Gesellschaft und des Staates keine Moralwissenschaft geben kann, weil erst sie überhaupt die Möglichkeit geben, vom Sittlichen zu sprechen, und allein den Maßstab setzen, nach dem Tugend und Laster bestimmt und unterschieden werden [19]. Dieser Maßstab ergibt sich im Verhältnis zum Naturstand daraus, daß die Menschen durch ein «Grundgesetz der Natur» (fundamental law of nature) als durch eine von der Vernunft gefundene Vorschrift und Regel (precept or general rule of reason) dazu geführt werden, mit allen Mitteln Frieden zu suchen und für den Frieden und für ihre Verteidigung das «Recht auf alle Dinge» niederzulegen und sich mit so viel Freiheit anderen Menschen gegenüber zu begnügen, als sie anderen gegen sich selbst erlauben wollen [20]. Friede und Sicherheit sind daher allein der Grund und der Zweck des politischen Commonwealth als eines «Commonwealth by institution»: Die Menschen schliessen sich zusammen und unterwerfen sich einem Menschen oder einer Versammlung, um Schutz gegen alle anderen Menschen zu erhalten [21]. Damit bringt Hobbes zuerst zum Begriff, warum E. auf dem Boden der auf Selbsterhaltung und Bedürfnisbefriedigung gerichteten Gesellschaft das Recht und den das Recht als Gesetz verbürgenden und durchsetzenden Staat voraussetzt. Der Naturstand des Kampfes aller gegen alle ist nicht ein historisch Vergangenes, sondern bleibt, wie es bei Kant im Anschluß an Hobbes heißt, als Natur des Menschen: als Trieb zur Erhaltung der Menschengattung als Tiergattung, als Ehrsucht, Habsucht, Herrschsucht auch in der Vergesellschaftung des Menschen permanent gegenwärtig. Auch der «bürgerliche Mensch» hört nicht auf, «Naturmensch» zu sein [22]. Daher haben Moralität, Sittlichkeit auch für Kant ohne den «rechtlichen Zustand» zuletzt keinen Bestand: Wenn das «die äußere Freiheit durch Gesetze einschränkende Prinzip fehlt», so muß «das Gebäude ... unvermeidlich untergraben werden und endlich einstürzen» [23].

Für HOBBES ist der radikale Bruch mit der bisherigen Moralphilosophie hierin begründet. Es ist sinnlos, von einem Wesensbegriff des allgemeinen Guten und Schlechten auszugehen, den es ebensowenig wie bei den Tieren gibt [24]. Die recta ratio ist kein für die Begründung der E. vorauszusetzendes «untrügliches Vermögen» [25]. Die Annahme, daß der Mensch von Natur ein zur Gesellschaft geeignetes Wesen, ein ζῷον πολιτικόν sei, ist trotz ihrer weiten Verbreitung falsch [26]. Damit entfällt die Möglichkeit, Gesellschaft, politische Institutionen und Staat als Erfüllung und Verwirklichung eines metaphysischen Guten oder der Wesensnatur des Menschen zu begreifen. Zum einzigen moralischen Maßstab werden im Verhältnis zur Natur des Menschen Friede und Sicherheit, wie sie der Staat vermittelt: «ein guter Charakter, d. h. sittliche Tüchtigkeit, ist ein solcher, durch den das Commonwealth, wenn es gebildet ist, am besten erhalten werden kann» [27]. Daher ist das «natürliche Gesetz», das den Menschen zum Frieden nötigt, auch das «moralische Gesetz»: «Wenn ... die Vernunft lehrt, daß der Frieden gut ist, so folgt aus dieser Vernunft, daß alle zu dem Frieden nötige Mittel gut seien: Mithin sind Bescheidenheit, Billigkeit, Treue, Menschlichkeit, Barmherzigkeit ... gute Sitten oder Gewohnheiten, d. h. Tugenden». «Das Gute der Handlungen besteht darin, daß sie zum Frieden führen, ihre Schlechtigkeit darin, daß sie zum Unfrieden führen» [28]. «Therefore the true doctrine of the laws of nature is the true moral philosophy», wobei Gesetze nicht Gesetze im eigentlichen Sinne, sondern Schlüsse und Theoreme der Vernunft sind, die das betreffen, was zur Erhaltung und Verteidigung des Menschen führt [29].

Anmerkungen. [1] ROGER BACON, Moralis philosophia, hg. E. MASSA I, prooem. 1-8. – [2] a. a. O. 11-12. – [3] W. OCKHAM, Scriptum in Lib. sententiarum I, prol., q. 12. Opus theol. 1, hg. G. GÁL/ST. BROWN (1967) 359f. – [4] Quodlibet III, 14. Philos. Writings, hg. BÖHNER (Edinburgh/London u. a. 1959); vgl. J. MIETHKE: Ockhams Weg zur Sozialphilos. (1969) 300ff. – [15] In Sent. IV, q. 8, zit. ÜBERWEG/GEYER (11 1927) 582; vgl. DUNS SCOTUS, Comm. Oxon. I, d. 44, q. unica, n. 2; IV, d. 46, q. 1, n. 6. – [6] THOMAS VON AQUIN, In Eth. I, X, 120. – [7] a. a. O. X, XI, 2101. 2102. – [8] Francis Bacon, Novum Organum Scientiarum I, 10, hg. TH. FOWLER (Oxford ²1889) 196. – [9] a. a. O. II, 52 = 598f. – [10] De dignitate et augmentis scientiarum (engl. Trans.) IV, 1. Werke, hg. J. SPEDDING/R. L. ELLIS/D. D. HEATH (London 1857-1874, Neudruck 1963) 4, 372. – [11] a. a. O. VII, 1. 3 = 5, 5. 19ff. 23. 28. 30. – [12] DESCARTES, Principia Philosophica (frz. Übers.) Vorwort. Werke, hg. ADAM/TANNERY 9, 2. 14; vgl. 6, 22; Br. an Elisabeth vom 4. 8. 1645 a. a. O. 4, 265f. – [13] G. W. LEIBNIZ, Opusc. et frg. inéd., hg. L. COUTURAT (Paris 1903, Neudruck 1966) 129. – [14] TH. HOBBES: De cive (1647); Ep. dedic. Opera lat., hg. W. MOLESWORTH (London 1839, Neudruck 1966) 2, 137. 138; dtsch. Übers. G. GAWLICK (1959). – [15] De cive c. 1, 10. 12; Leviathan c. 14, hg. M. OAKESHOTT (Oxford 1960) 85. – [16] a. a. O. c. 17 = 112. – [17] c. 14 = 84. – [18] c. 13 = 83; c. 15 = 94; vgl. De cive c. 3, 4. – [19] De homine (1658) c. 13, 8. 9 a. a. O. [14] 2, 1-132; dtsch. Übers. G. GAWLICK (1959). – [20] Leviathan, a. a. O. [14] = 85. – [21] c. 14 = 85. – [22] I. KANT, Muthmasslicher Anfang der Menschengesch. Akad.-A. 8, 117 Anm. – [23] Met. Sitten, Rechtslehre II, I, § 43. Akad.-A. 6, 311. – [24] HOBBES, De cive c. 1. – [25] a. a. O. c. 2, 1 Anm. – [26] c. 1, 2. – [27] De homine c. 13, 9. – [28] De cive c. 3, 31. 32. – [29] Leviathan, a. a. O. [15] c. 15 = 104.

Literaturhinweise siehe Teil VI.

IV. Die Bestimmung, zu der E. auf dem Boden der sich durchsetzenden emanzipativen Gesellschaft kommt, beruht in einer Entwicklung, deren Abschluß die kantische Philosophie der Freiheit bildet, darauf, daß E. einerseits – auch in mittelbarer und unmittelbarer Auseinandersetzung mit Hobbes – ihren Ort im Zusammenhang von Gesellschaft, Recht und Staat erhält, andererseits aber in sie die nicht in die Gesellschaft inkorporierbaren Elemente menschlichen Geistes und Lebens, der Mensch in sich und mit anderen und in seinem religiösen Verhältnis, eingehen und E. zu ihrem Organ machen. E. gerät in den Dualismus der modernen Welt, in dem sich die politisch-soziale Wirklichkeit des Menschen und sein individuelles Sein gegeneinander verselbständigen.

Für die politische Begründung der E. wird die Erneuerung der aristotelischen E. entscheidend, die PH. MELANCHTHON 1529 mit einem zunächst auf das erste und zweite Buch beschränkten, dann in der Ausgabe von 1532 das dritte und fünfte Buch einbeziehenden Kommentar zur Nikomachischen Ethik einleitet, der fortwirkend eine große Reihe von Kommentaren (J. CAMERARIUS, S. HEILAND, H. V. GIFFEN, C. HORN, TH. GOLIUS, J. THOMASIUS, M. A. ITTER u. a.), aber auch «aristotelische» E., wie R. GOCLENIUS' ‹Exercitationes ethicae et politicae› (1614) und C. HORNS ‹Ethicae sive civilis doctrinae de moribus libri IV› (1625), in seiner Nachfolge hat. An den deutschen Universitäten werden seit der Mitte des 17. Jh. zahlreiche Lehrkanzeln für E. und Politik (ethices et politices), die Schul- und Universitätsgebundenheit dieser Entwicklung manifestierend, geschaffen [1].

Zugleich unterscheidet sich die E. in der Bestimmung des methodus philosophiae Philippica dadurch grundsätzlich vom Aristotelismus der Tradition, an den sie anknüpft, daß E. in der Einheit mit Jurisprudenz auf das Naturrecht begründet wird und in ihrer Grundlegung Naturrecht ist.

Das Naturrecht, das PH. MELANCHTHON seiner ‹Philosophia moralis› (1546) zugrunde legt, ist das traditionelle Naturrecht: Es wird von ihm als «lex naturalis» in der Bestimmung eingeführt, daß dies das dem menschlichen Geist eingeprägte, die recta ratio tragende «göttliche Gesetz» (lex divina, auch ius Dei) ist [2]. Die philosophia moralis wird als die Wissenschaft bestimmt, die Tugend als eins mit dem habitus, «der den Willen geneigt macht, der rechten Vernunft gehorsam zu sein» [3] und die «Quellen» und die «ersten Beweise» zum Inhalt hat, aus denen «gleichsam die ganze Lehre vom Recht aufgebaut ist» (... ethicen, quia fontes juris continet ..., primas demonstrationes, ex quibus velut aedificatur tota juris doctrina ...) [4]. Es kann auch heißen, daß die Gesetze der Obrigkeit und die Moralphilosophie aus der gleichen Quelle des Naturrechts hervorgehen [5]. Die E. wendet sich so insbesondere an die Rechtsgelehrten und an diejenigen Theologen, die über die Sitten und die bürgerliche Gewohnheit des Lebens disputieren [6].

Zugleich werden von der E. als Philosophie grundsätzlich die «Bewegungen des Herzens» und alles, was zum inneren Gehorsam gegen Gott gemäß dem Evangelium gehört, als außerhalb der Instanz der Vernunft liegend und als ein der Philosophie Fremdes ausgeschlossen [7]: Sie beschränkt sich auf solche ehrenhaften Handlungen, die die Vernunft der menschlichen Natur gemäß zu begreifen vermag, und auf die äußeren Handlungen der Sitte und der bürgerlichen Gewohnheit des Lebens [8]. TH. GOLIUS definiert: «Ethica ἡ ἠϑικη est doctrina seu praeceptio de externis moribus et actionibus ... in hac civili vita» [9]. Für MELANCHTHON verhält sich das Naturrecht wie der Dekalog zum Evangelium

[10], für GOLIUS bleibt die auf äußere Handlungen beschränkte E. «Dienerin» der göttlichen oder christlichen E. [11]. Das Verhältnis der naturrechtlichen E. zur christlichen und theologischen E. bleibt fernerhin offen und Thema fortgehender Diskussion und Auseinandersetzung. J. G. DARJES geht davon aus, daß, wo die philosophische Sittenlehre aufhört, die Sittenlehre der Hl. Schrift anfange [12]; noch 1750 legt G. F. MEIER eine ‹Disputatio de virtutis Philosophicae cum Christiana convenientia et disconvenientia› vor. Gleichwohl ist die Methode der Verselbständigung des Naturrechts und der auf dieses gegründeten E. das Allgemeine. Für H. GROTIUS behält das Naturrecht seine Gültigkeit, auch wenn man annehmen würde, daß kein Gott sei oder Gott sich nicht um die menschlichen Angelegenheiten kümmere [13]. Die theologische Moral, deren Subjekt der Christ als Bürger der himmlischen Republik ist, liegt nach S. V. PUFENDORF mit den «Regeln des Herzens» außerhalb der Sphäre des Naturrechts [14]. CHR. WOLFF löst die Bestimmung der Natur und des Wesens des Menschen als Prinzip aus dem Zusammenhang der Auseinandersetzung mit den Atheisten heraus: Diese Erkenntnis sei unabhängig von der Erkenntnis Gottes (independenter a cognitione Dei) [15]. G. F. MEIER geht davon aus, daß sich eine «philosophische Sittenlehre» nicht aus dem Zeugnis Gottes und der Hl. Schrift herleiten lasse [16]. Von einer «Moral ohne Glauben» profitiere man mehr als von einem «Glauben ohne Moral», heißt es im Artikel ‹Moral› der Enzyklopädie D'ALEMBERTS [17].

Mit der Beschränkung auf äußeres Handeln oder in der Herleitung der rechtlichen Bindung und der Moral aus der ihnen vorausgehenden «Verpflichtung» durch das Naturgesetz (CHR. WOLFF) bleibt E. in ihrer naturrechtlichen Begründung mit der Rechtswissenschaft, zumal in der Philosophie der Schule, verbunden: In den ‹Institutiones jurisprudentiae divinae› (1688) heißt es auch bei CHR. THOMASIUS noch: «prudentia quae circa actiones honestas in genere occupatur, est Jurisprudentia late accepta» (die Wissenschaft, die sich mit den ehrsamen Handlungen im allgemeinen befaßt, ist die Jurisprudenz im weiten Sinn) [18]. Auch CHR. WOLFF, der die Differenzierung von E. und Recht in einem gewissen Sinn einleitet, geht systematisch von ihrer Einheit in der ‹Philosophia moralis sive Ethica› aus: «Da Tugend der habitus ist, seine Handlungen gemäß dem Gesetz der Natur zu bestimmen, ist folgerichtig die ethische Theorie im Naturrecht (in Jure naturae) enthalten». Ihre Behandlung setzt die Grundlegung der gesamten Jurisprudenz im Zusammenhang der im Sinne der aristotelischen Tradition E., Ökonomie und Politik umgreifenden universalen praktischen Philosophie voraus [19].

SPINOZAS ‹Ethica› steht nicht nur über den ‹Tractatus theologico-politicus› und den späten, in kritischer Wendung gegen Hobbes den Frieden und die Freiheit der Bürger als unverletzliches Naturrecht begründenden ‹Tractatus politicus› in Beziehung zur politischen Theorie. E. hat die Aufgabe, den Menschen aus der Knechtschaft und Ohnmacht gegenüber den Affekten zu befreien, die ihn verhindern, nach dem eigenen Recht zu handeln. Wenn die Menschen durch sie lernen, nur unter der Leitung der Vernunft zu leben, so wird jeder, der den Weg der Tugend geht, das Gute, das er für sich erstrebt, auch für die übrigen Menschen begehren. Der Naturstand wird mit der Befreiung aus dem Konflikt der Affekte aufgehoben; jeder kann zu seinem Rechte ohne den geringsten Schaden gelangen [20]. Spinoza setzt ebenso die E. dem Vorurteil und dem Aberglauben entgegen, in den die Menschen verfallen, weil sich jeder, ohne Kenntnis der Ursachen und im Trieb, für sich Nutzen zu suchen, eine besondere Art der Gottesverehrung ausdenkt [21].

Die Wende, die Spinoza der E. im Horizont des allgemeinen politischen Problems auf exemplarische Weise gibt, liegt darin, daß er philosophisch den cartesischen Dualismus von Denken und Ausdehnung in die absolute Einheit Gottes oder in die Eine Substanz aufhebt, deren Attribute «ewige und unendliche Wesenheit ausdrücken» [22] und ihre Erkenntnis als geistige Liebe zu Gott (amor intellectualis Dei) zur «höchsten Bestimmung der Tugend» und zum einzigen Grund und Inhalt der Glückseligkeit als Befreiung aus der Macht der Affekte setzt [23]. E. wird damit auf ein inneres von der Sphäre der Gesellschaft und des Staates unabhängiges Prinzip begründet: Die Liebe des Erkennenden hält in der in sich entzweiten Welt die Einheit des Absoluten gegenwärtig und setzt sie zum Richtmaß des Lebens. Der Weise, der sich seiner selbst in der Einheit mit dem alles in sich begreifenden Gott bewußt wird, geht in einer Moral, die HEGEL «erhaben» nennt [24], einen Weg, den «fast alle unbeachtet lassen» und der wie «alles Erhabene ebenso schwer wie selten ist» [25].

Für A. GEULINCX ist Tugend Liebe zur Vernunft als gehorsame und demütige Liebe zu Gott in der Verachtung der Welt [26]. N. MALEBRANCHE, dem die universale, grundlegende und einzige Tugend die Liebe zur Ordnung, die Gott geschaffen hat [27], und die Zucht der Selbstliebe, deren Bewegung man nicht aufhalten kann (on ne peut arrêter le mouvement de l'amour propre), im Gehorsam gegen Gott sind [28], begreift das Allgemeine, daß damit E. auf ein Prinzip gestellt wird, das sie von den in allen Ländern verschiedenen Moralen unterscheidet. Sie führt als Moral aus Prinzipien über sie hinaus [29].

Mit der Begründung der E. auf Liebe in der Einheit der Vernunft des göttlichen Grundes und der Ordnung des Ganzen geht in sie geschichtlich aus der christlichen Tradition der caritas ordinata durch mystische und pietistische Einflüsse vermittelt die von FÉNELON vollendete Lehre vom amour pur ein [30]. Das bedeutet systematisch, daß Liebe als von Affekten, Bedürfnisbefriedigung und Selbsterhaltung unterschiedene innere Anlage des Menschen zum Grunde der E. wird, nachdem die Einheit des Ganzen zerrissen ist und Staat und Gesellschaft aus ihr herausgetreten sind. Wo das herrschende System der Weg ist, der zur Torheit führt [31], da setzt der Platonismus der Schule von Cambridge das Göttliche dem Atheismus der Zeit entgegen. Die «boniform faculty» (H. MORE) und für R. CUDWORTH die nicht aus der Natur ableitbaren, den Menschen ursprünglich eigenen sittlichen Grundsätze vermitteln das Band, das die Menschen zusammenhält, wo Hobbes' «lawless freedom» sie dissoziiert, voneinander trennt und der Furcht und dem Leviathan überantwortet [32]. Die geistige Liebe, die für H. MORE das einfache und einzige Prinzip der Tugend ist, verweist als auf ihren Grund auf «the very selfness of the soul» [33]. Der ungemeine Einfluß SHAFTESBURYS beruht darauf, daß er das Innere des Menschen als das Organ begreift, das allein noch die Schönheit und Harmonie der Welt zu vermitteln mag. In der E. geht er zwar davon aus, daß Tugend von der Erkenntnis des Guten und Schlechten und vom Gebrauch der Vernunft abhängig ist, die die rechte Lenkung der Affekte sichert [34], aber zugleich setzt sie in der Unabhängigkeit von Mode, Gesetz, Gewohnheit, Religion [35] «das mächtige Gefühl der edlen moralischen Affektion und das Wissen um seine Macht und Stärke» voraus (must arise from the powerful feeling of this generous moral affection) [36]. Die aus dem Verhältnis zur göttlichen Schönheit entspringende innere Harmonie und Schönheit des Gemüts und des Geistes verbürgt ethisch in menschlichen Neigungen, in Freundschaft und Redlichkeit, Milde und in der Herzensgüte einer Seele, die in sich im Gleichgewicht ist, die Liebe zur Ordnung und Schönheit der Gesellschaft.

Eine E. des Gefühls tritt hervor, die im Gemüt und Inneren des Menschen ihren Ort hat. Was dies bedeutet, wird aus dem Verhältnis zu JOHN LOCKES Herleitung des moralisch Guten und Bösen aus der Übereinstimmung und Nichtübereinstimmung unserer willkürlichen Handlungen mit einem Gesetz deutlich, durch das für uns nach dem Willen des Gesetzgebers Lohn und Strafe, Gutes und Übles gesetzt werden [37]. Darauf beruht der Begriff des moralischen Guten und moralischer Korrektheit. Neben dem göttlichen und dem bürgerlichen Gesetz mit gleicher normativer Bedeutung steht für Locke das Gesetz «ohne Macht», das er das der Meinung und des Rufes nennt: Es setzt denjenigen, der von der Mode und von der Auffassung der Gemeinschaft abweicht, dem Druck ständiger Abneigung und Verachtung aus [38]. Damit soll die E. allein aus der Betätigung natürlicher Anlagen und ohne die «Zuhilfenahme irgendwelcher angeborener Eindrücke» begründet werden [39]. Aber dazu gehört, daß mit der Einbeziehung des Gesetzes der Meinungen die legitimierende Norm und die Tradition, die Locke an sich mit ihr aufnimmt, auf bloße Konventionalität reduziert werden. FR. HUTCHESON, der die von J. Mackintosh unter dem Titel «Foundations of a more just Theory of Ethics» gestellte Reihe englischer Moralphilosophen (D. Hume, A. Smith, Price, Hartley, Tucker, Paley, J. Bentham, Stewart, Brown) [40] eröffnet, knüpft an die «berühmte» Einteilung der Philosophie bei den Alten an: rational or logical, the natural and the moral («Oeconomicks» und «Politicks»); er stellt ihr die Aufgabe, nicht in der Spekulation auszuruhen, sondern als Medizin das Herz von den ängstlichen Sorgen, dem Begehren und der Furcht zu befreien [41]. Als Kunst aber, das ganze Leben im Blick auf seinen vornehmsten Zweck zu regeln, geht sie im Unterschied zur Tradition, an die sie anknüpft, nicht vom Willen Gottes, sondern von der Konstitution unserer Natur aus, in der Tugend einen edleren Ursprung (spring) als alle weltlichen Vergnügungen und Interessen hat [42]. Ihr Grund ist «without any reasoning» der moralische Sinn (moral sense), der eingepflanzt von der Natur und von Gott als das innere Bewußtsein für Recht und Unrecht (inward conscience) ohne Rücksicht auf eigenes Interesse und als Gewissen, was würdig, schön und ehrenwert im Laufe und Plan des Lebens ist, empfiehlt [43]. Der dem unmittelbaren Fühlen (immediatly feeling) gegenwärtige göttliche Sinn ist die Macht, die den Menschen zur Tugend in angeborener Schönheit und Würde (native beauty and dignity) lenkt und ihn danach streben läßt, daß eine große Zahl der Menschheit in einer durch Freundschaft verbundenen Gesellschaft vereinigt wird [44]. Es gibt bei Hutcheson Andeutungen, daß das «Naturgesetz» (law of nature) mit dem inneren moralischen Sinn identisch ist [45] und so auf das moralische Gefühl zurückgeführt wird.

Schärfer als Hutcheson setzt D. HUME den inneren Geschmack, Gefühl und Herz, als «standard of sentiments» für die Tugend, die nicht auf Lohn und Belohnung sieht, gegen die abstrakten Prinzipien und die «kalte Zustimmung» des Verstandes, der ethisch nichts bewirkt, aber auch gegen das auf Selbstliebe allein gegründete System der Moral (the selfish system of morals) von Locke und Hobbes [46]. Auf allgemeines, nicht an Interessen gebundenes Wohlwollen in der menschlichen Natur und das Gefühl für das Glück der Menschheit geht die Tendenz zurück, den Nutzen, das Interesse der Gattung und das Glück der menschlichen Gesellschaft zu fördern, während Gerechtigkeit nicht auf dem Gefühl, sondern allein auf dem «öffentlichen Nutzen» beruht: Wo den Menschen alles zur Verfügung steht und die Gefühle der Sympathie und Freundschaft alle Menschen umfassen, besteht keine Notwendigkeit für Gerechtigkeit [47].

Das Feld des moralischen Gefühls – im Ausgang von der ihm übertragenen metaphysischen Vermittlung und Vergegenwärtigung der Schönheit und Harmonie des Ganzen – beginnt sich zugleich einzuengen. Die Begründung der E. ist für Hume zu einer quaestio facti in der Methode der Erfahrung geworden, nicht mehr Wissenschaft aus Prinzipien, die der menschlichen Natur nicht angepaßt ist [48]. ADAM SMITH behandelt unsere Sympathiegefühle (fellow-feeling), doch lassen sich diese nur erschließen und erwecken, wenn wir von dem ausgehen, was wir selbst in einer Situation fühlen würden, an der wir teilnehmen [49]. Das Tribunal des Gewissens in unserer Brust (within the breast) wird aus dem Verlangen verstanden, Lobwürdigkeit zu erlangen und Handlungen auszuführen, die wir bei anderen lieben und bewundern [50]. Die Sympathie mit solchen, die wir nicht kennen und von denen wir nichts wissen, sei «künstlich, absurd und unvernünftig» [51]. Parteilichkeit und Fanatismus, die Milde hassen und selbst dem Weltrichter die eigenen Vorurteile zuschreiben, sind als «Verderber moralischen Gefühls» in der Welt mächtig [52]. A. FERGUSON, der rechte Meinungen, wohlwollende Neigungen und ernsthafte Beschäftigung die vollkommensten Vergnügungen der menschlichen Natur und die Liebe zu den Menschen das größte Gut nennt, macht die Kenntnis der Fakten, der Naturgeschichte des Geistes und die Psychologie zur Voraussetzung für die Moralphilosophie, wenn sie das, was sein soll, und die Regeln begründen will, die die Wahl frei handelnder Wesen bestimmen [53]. Das wird von CHR. GARVE übernommen, der 1772 Fergusons ‹Institutes of moral philosophy› und später auch W. PALEYS ‹Principles of moral and political philosophy› (1785 u. ö.) übersetzte (1788): Um das Sittliche und die Ansprüche unseres Gewissens zu verstehen, geht man besser von der Entwicklung des Menschengeschlechtes und den «Erfahrungen der Vorwelt» statt von der Philosophie und von einer einzigen Reihe von Ideen aus [54].

Allen Formen subjektiv begründeter E. setzt dann J. BENTHAM das auf Schmerz und Lust (pain and pleasure) als Herren des Menschen bezogene und sie anerkennende Prinzip des Nutzens oder «the greatest happiness or the greatest felicity principle» entgegen. In ihm sei die Billigung oder Mißbilligung jeder Art von Handlungen begründet, sofern sie die Tendenz haben, das eigene Glück oder das der von ihnen Betroffenen zu vermehren oder zu vermindern. Das gilt ebenso für die Individuen wie für die Gesellschaft als die Summe der Interessen, die ihre Mitglieder haben [55]. Nützlichkeit ist so die Norm, nach der ethisch entschieden und gewertet wird: Nur wenn die Worte ‹es sollte›, ‹richtig› und ‹falsch› so gedeutet werden, haben sie Sinn, andernfalls sind sie sinnlos [56]. E. kann daher als Kunst definiert werden, die Handlungen der Menschen so zu lenken, daß sie die größte mögliche Menge von Glück (the greatest possible quantity of happiness) hervorbringen [57]. Aber das grundsätzliche Problem, das Bentham austrägt, liegt darin, daß eine Norm gefunden werden muß, die nicht nur die «private» E., als die Kunst der Herrschaft über sich selbst (self-government) oder die ethischen Pflichten gegenüber den Nachbarn, sondern zugleich die Gesetzgebung und das Gesetz (law) begründen kann [58]. Das moralische Gefühl Shaftesburys, Hutchesons, Humes usf. läuft in der Bestimmung des Falschen und Rechten darauf hinaus, daß das, was mir je das moralische Gefühl sagt, als Norm gelten soll. Das gilt ebenso für Beatties common sense oder für PRICE, wenn er sagt, daß er zwar in sich kein moralisches Gefühl finde und sich dafür an seinen Verstand halte [59]. Damit wird das Subjektive, was wir je selbst denken, fühlen und sagen, zum Maßstab erhoben und denen entgegengesetzt, die nicht mit ihm übereinstimmen. Darin liegt eine Tendenz zum Despotismus [60]: Der Leser soll dazu gebracht werden, das Gefühl oder die Meinung des Autors als zureichenden Grund für die Sache selbst zu nehmen, statt der Verpflichtung zu genügen, sich auf objektive Normen zu berufen (avoiding the obligation of appealing to any external standard) [61]. Was Anlagen und Motive sind, entscheidet sich vielmehr, wenn sie in konkrete Handlungen übergehen; deren Beurteilung aber setzt ethisch und rechtlich einen objektiven Maßstab voraus, wie ihn Bentham in der Abkehr von allen subjektiven Begründungen mit dem Nützlichkeitsprinzip zu setzen sucht.

Anmerkungen. [1] P. PETERSEN: Gesch. der aristotelischen Philos. im prot. Deutschland (1921) bes. 74-93; H. MAIER: Die Lehre von der Politik an den dtsch. Universitäten vornehmlich vom 16.-18. Jh., in: Wissenschaftliche Politik, hg. D. OBERNDÖRFER (1962). – [2] PH. MELANCHTHON: Philosophiae moralis libri duo (1546). Werke, hg. R. STUPPERICH (1961) 3, 157. 158. 174; vgl. THOMAS VON AQUIN, S. theol. I/II, q. 33, a. 3; q. 91, a. 2. – [3] MELANCHTHON, a. a. O. 174. – [4] 161. – [5] 159. – [6] 153. – [7] 179; vgl. 157. – [8] 159. – [9] TH. GOLIUS: Epitome doctr. moral. ex decem libris eth. Aristotelis (1631) 1. – [10] MELANCHTHON, a. a. O. [2] 207f. – [11] GOLIUS, a. a. O. [9] 3. – [12] J. G. DARJES: Erste Gründe der philos. Sittenlehre von Verlangen und zum Gebrauch seiner Zuhörer entworfen (²1755) Vorbereitung § 12, S. 13. – [13] HUGO GROTIUS: De jure belli et pacis lib. tres (1625) Proleg. 7, § 11. – [14] S. PUFENDORF: De officio hominis et civis (1673) Repr. in: The Classics of int. Law Nr. 10, Bd. I (New York 1927); frz. Übers. J. BARBEYRAC (Amsterdam 1715) Vorw. XXXIII. XXXVII. XLI; vgl. CHR. WOLFF: Herrn Dr. J. F. Buddei zu Jena Bedenken in der Wolffianischen Philos. in Anm. erläutert (1724) 36. – [15] CHR. WOLFF: Philos. pract. universalis (1738) I, § 245. – [16] G. F. MEIER: Philos. Sittenlehre (²1762) I, § 7; vgl. A. G. BAUMGARTEN: Ius naturae (1763) § 1. – [17] Encyclopédie, hg. DIDEROT/D'ALEMBERT (Bern 1779) 22, 228f. 232f. – [18] CHR. THOMASIUS: Institutiones iurisprudentiae divinae (1688) I, 1, § 17. 6. – [19] CHR. WOLFF: Philos. moralis sive Ethica methodo scientifica pertractata (1750f.) I, Prol. – [20] SPINOZA, Ethica ordine geometrico demonstrata. Werke, hg. C. GEBHARDT (o. J.) dtsch. Übers. O. BAENSCH (1905 u. ö.) V, propos. 3; IV, Praefatio, propos. 34. propos. 37 dem. 1; ebda. Corr. 2. – [21] a. a. O. I, Anhang. – [22] I, propos. 6 und 11. – [23] V, propos. 27. propos. 32. propos. 42. – [24] G. W. HEGEL, Gesch. der Philos., Werke, hg. GLOCKNER 19, 403. – [25] SPINOZA, Ethica V, propos. 42 Schol. – [26] A. GEULINCX: De virtute et primis eius proprietatibus quae vulgo cardinales vocantur (1665); nach Geulincx' Tod erweitert hg. als GNOTHI SAUTON sive A. Geulincx Ethica (1675). Opera philos., hg. J. P. N. LAND (Den Haag 1893). – [27] N. MALEBRANCHE: Traité de morale (¹1684). Werke, hg. M. ADAM (Paris 1966) XI, I, 1 §§ 19. 20; I, 2 § 1. – [28] a. a. O. II, 14, §§ 3. 4. – [29] I, 2 § 7. – [30] W. SCHNEIDERS: Naturrecht und Liebesethik. Zur Gesch. der prakt. Philos. im Hinblick auf Christian Thomasius, in: Stud. und Mat. zur Gesch. der Philos., hg. H. HEIMSOETH u. a. (1971); vgl. G. SCHMITZ: Geulincx und die Bewegung des pur amour. Z. Relig.- u. Geistesgesch. 3 (1951). – [31] Vgl. A. A. C. Earl of SHAFTESBURY: Soliloquy or advice to an author (1710)

III, sect. 1. – [32] R. CUDWORTH: The true intellectual system of the Universe (London 1678, Neudruck 1964) 890ff. – [33] HENRY MORE, Enchiridion ethicum L. II, c. 14 seq., in: Antimonopsychia (Philos. Poems) 294, zit. E. CASSIRER: Die plat. Renaissance in England und die Schule von Cambridge (1932) 88. 89. 1. – [34] A. A. C. Earl of SHAFTESBURY: An inquiry conc. virtue (London 1699), neu hg. J. RUSKA (1904) I, 2, sect. 3. – [35] ebda. – [36] 3, sect. 3. – [37] J. LOCKE: Essay conc. human understanding (London 1690, ⁹1794) II, 28, 5. – [38] a. a. O. II, 28, 7-14. – [39] I, 2, 1ff. – [40] J. MACKINTOSH: Dissertation on the progress of ethical philos. chiefly during the 17th and 18th centuries (3. Aufl. mit einem Mackintosh als Ethiker behandelnden Vorwort von W. WHEWELL) (Edinburgh 1862) 141ff. – [41] FR. HUTCHESON: A short introduction to moral philos. to the stud. in universities (1747), hg. B. FABIAN (1969) IV, i, i V. – [42] a. a. O. 1ff. – [43] 14. 16. 17. 25. 26ff. – [44] 24. 25. 107. – [45] 110. – [46] D. HUME: An enquiry conc. the principles of morals (1751), in: Essays moral, political and literary, hg. T. H. GREEN/T. H. GROSE (1875 u. ö.) 2, 265. 171. 172. 267. – [47] a. a. O. 179; Conc. moral sentiment, Essais etc. a. a. O. 2, 259. – [48] An enquiry II, 173. 174f. – [49] A. SMITH: The theory of moral sentiments (1759, ¹¹1808) 1, 1ff. – [50] a. a. O. 304. 305. – [51] 324f. – [52] 366. – [53] ADAM FERGUSON: Institutes of moral philos. (1769); als ‹Grundsätze der Moralphilos.› übers. von CHR. GARVE (1772) 135f. 150ff. – [54] CHR. GARVE: Eigene Betrachtungen über die allgemeinsten Grundsätze der Sittenlehre (1798) 27. 2ff. – [55] J. BENTHAM: An introduction to the principles of morals and legislation (1789), hg. J. H. BURNS/H. L. A. HART (London 1970), c. 1 pass. 11 a. – [56] a. a. O. c. 1, 10, S. 13. – [57] c. 17, 2, S. 282. – [58] c. 19, 2, S. 282; c. 17, 6. 7, S. 284. – [59] c. 2, 25f. 26 A. – [60] 26 A, Zi. 9, S. 28. – [61] c. 2, 14.

Literaturhinweise siehe Teil VI.

V. In Kants Werk und der ihm folgenden Philosophie werden die auf das Innere des Menschen gegründete E. und die E. des Naturrechts zusammengeführt; sie werden umgeschmolzen und im Bruch mit der bisherigen Gestalt des Geistes zu neuer Begründung gebracht. Damit wird zunächst eine Tendenz der ausgehenden Schulphilosophie aufgenommen, E. und Recht zu differenzieren, ohne ihre einheitliche Begründung aufzugeben. J. G. WALCH geht davon aus, daß «E., die man im Deutschen insgemein die Sittenlehre, die Tugendlehre auch Moral im engern Verstand nennt», den Menschen den Weg zu der höchsten Glückseligkeit zeige, welches durch Tugend geschehen könne; doch seien die Philosophen darin, wie sie «anderen Theilen der praktischen Philosophie verwandt» sei, nicht «eynerley Sinnes»: Nachdem Grotius und Pufendorf «die natürliche Rechtsgelehrsamkeit» in einer anderen Gestalt ans Licht brachten, habe man die philosophische Moral in E. (als «Vorbereitungsdisziplin»), in die natürliche Rechtsgelehrsamkeit und Politik eingeteilt; dabei habe man zwar das in der Folge von Pufendorf und Grotius gefaßte Vorurteil, das Recht der Natur sei mit der E. und Politik einerlei, überwunden, aber «irrigerweise» die E. auf die Pflichten der Ehrbarkeit als Geduld, Bescheidenheit, Leutseligkeit beschränkt, die Pflichten der Notwendigkeit aber zum Recht der Natur gerechnet [1]. A. RÜDIGER unterscheidet das Naturrecht als Gerechtigkeit von Moral und Politik als Lebensklugheit [2], die die Menschen lehrt, auf welche Weise sie einander nützlich seien [3]. Das Verhältnis, in dem Recht und Moral bei PUFENDORF zueinander stehen, ist bis heute umstritten geblieben [4]. Ihre Verselbständigung wird dadurch vorangetrieben, daß das Prinzip der Liebe auch in die Philosophie der Schule eindringt. S. STRIMESIUS setzt – wohl unter dem Einfluß von H. More – recta ratio und geistige Liebe in eines, ohne die Zugehörigkeit aller ethischen Tugenden (virtutes ethicae sive morales) zum Naturrecht preiszugeben [5]. CHR. THOMASIUS stellt die «Sittenlehre» schon in ihrem Titel mit der «Kunst» gleich, «Vernünftig und Tugendhaft zu lieben als dem einzigen Mittel zu einem glückseligen, galanten und vergnügten Leben zu gelangen» (1692) und versteht die «Ausübung der Sittenlehre» als «Artzeney wider die unvernünftige Liebe» (1696). Damit wird zuerst « der Unterschied von Recht und Moral entdeckt und entwickelt» [6]: Vernünftige Liebe ist – selbst vor der Tugend – Name der Moralität [7]; «Ohne Liebe kan ein Mensch ... nicht einen Augenblick seyn ... zugeschweigen, daß der Mensche zum lieben ... geschaffen ist und also das vornehmste Wesen des Menschen in seinem Willen, dieser aber gänzlich im lieben bestehet» [8]. Liebe bestimmt vor der Gerechtigkeit die Menschen zu einer friedfertigen Gesellschaft. Da « der Mensch zur Liebe anderer Menschen geschaffen ist, weil er zum Frieden geschaffen ist», sind «die Liebe und der Friede» Grund für die «Vereinigung menschlicher Gemüther» [9]. Bei G. W. LEIBNIZ, der einerseits E. mit Ökonomie und Politik im Zusammenhang der formalen Definition der philosophia practica als Wissenschaft vom Guten und Schlechten behandelt und mit der Logik und Medizin zusammenordnet [10], finden sich andererseits lateinisch und deutsch gefaßte Fragmente wie die, daß « Gerechtigkeit eine brüderliche Liebe der Weisheit gemäß» sei, und wer die Weisheit (als Wissenschaft der Glückseligkeit) habe, «alle liebt». Damit wird Tugend auf das Innere verwiesen: Der Mensch könne «durch bloße Tugend, das ist ohne äußerer Dinge hülff glückselig seyn» [11]. Im Briefwechsel mit Coste (1706–1711) werden Recht als «potentia moralis» und der gute Mensch als derjenige definiert, «der alle liebt, soweit es die Vernunft erlaubt», so daß Gerechtigkeit als φιλανθρωπία erscheint [12].

In der Einbeziehung der Liebe als ethisches Prinzip in die Naturrechtslehre und in der Vertiefung der «Geselligkeit» von Grotius und Pufendorf zu Freundschaft und Liebe ist die Lösung der E. aus ihrer ursprünglichen Beschränkung auf äußere Handlungen angelegt. Für A. RÜDIGER ist Freundschaft, daß die Menschen sich gegenseitig helfen sollen, erstes Prinzip des Naturrechts (primum juris naturae principium); das stehe nicht im Widerspruch zu dem, was socialitas bei Pufendorf und Grotius meint [13]. G. F. MEIER und A. G. BAUMGARTEN verstehen die philosophische Sittenlehre als «Wissenschaft von den innerlichen natürlichen Pflichten eines Menschen», während dem Rechte der Natur die «äußerlichen natürlichen Pflichten» zugeordnet sind [14] J. A. EBERHARD geht weiter; er unterscheidet die innere (oder objektive), in der Beschaffenheit der Natur der freien Handlung und in der Natur des Handelnden begründete Sittlichkeit von der äußeren (oder subjektiven) Sittlichkeit der Handlung, die entweder aus dem Willen Gottes oder eines Regenten sich herleitet [15]. Das geht mittelbar und unmittelbar auf CHR. WOLFFS Begriff der « Moralität» als innerer Bestimmung von Handlungen zurück [16]; sie setzt allgemein voraus, daß Wolff in der Erneuerung der praktischen Philosophie im Zusammenhang mit der Erneuerung der bei den Scholastikern geehrten, jetzt verachteten (in contemptum adducta) ersten Philosophie oder Ontologie [17] den Prozeß abschließt, den für CHR. THOMASIUS *Grotius* einleitete, indem er das «Recht der Natur in der Natur des Menschen selbst» suchte [18]: Zureichender Grund und Quelle des Naturrechts ist für WOLFF das Wesen und die Natur des Menschen selbst [19]. Aber zugleich unterscheidet er lex und jus naturae so, daß die Natur uns durch ihr Gesetz das Recht auf alles gibt (alia lex naturae, aliud vero jus, quod eadem lege nobis datur) [20], ohne das wir der moralischen Verpflichtung durch unsere Natur nicht genügen können [21]. Im Verhältnis zum positiven, vom Willen eines Gesetzgebers abhängigen Gesetz [22] ist so Naturrecht die Norm [23], die dem Menschen das Recht gibt, seiner Natur und der aus dieser kommenden Verpflichtung gemäß zu handeln [24] und verbietet, jemanden daran zu hindern, daß er sein ihm von der Natur verliehenes Recht gebrauche [25]. Der Mensch wird in seiner Natur und in der inneren Verpflichtung, «das zu tun, was moralisch möglich ist, und das nicht zu tun, was moralisch unmöglich ist» [26], in Freiheit und Moralität zum Subjekt des positiven Gesetzes, sofern er auf innerlich gute Handlungen verpflichtet ist (actiones intrinsecas bonas) [27]: Der Mensch ist sich selbst Gesetz (homo sibimet ipsi lex) [28]. Damit tritt E. im Zusammenhang des Naturrechts als die praktische Wissenschaft an die erste Stelle; sie lehrt, wie der Mensch frei, d. h. ohne der Gewalt eines anderen unterworfen zu sein und so in einem der Obrigkeit vorausliegenden «Naturstand» (status naturalis) seine Handlungen dem Gesetz seiner Natur gemäß einrichten kann [29]; freie Handlungen meinen auch vita moralis, «Wandel» oder «Lebenswandel» [30].

Die «völlige Umänderung der philosophischen Denkweise», mit der die Philosophie der Schule, Ontologie, rationale Psychologie, Kosmologie und natürliche Theologie «sozusagen mit Stumpf und Stiel ausgerottet worden» sind [31], geht von der spekulativen und praktischen Philosophie I. KANTS aus. Aber der Bruch, den er im Felde der E. in einem neuen Anfang vollzieht, beruht nicht darauf, daß er die vorgegebene E. und Moralphilosophie beiseitesetzt. In der ‹Grundlegung zur Metaphysik der Sitten› (1785) geht er von der Einteilung der alten griechischen Philosophie in Physik, Ethik und Logik als «der Natur der Sache durchaus angemessen» aus. Während die Physik «Gesetze der Natur» zum Gegenstand hat, handle E. als «Sittenlehre» von «Gesetzen der Freiheit» [32]. In der Einleitung zur ‹Tugendlehre› der ‹Metaphysik der Sitten› (1797) beläßt er es bei der Bedeutung der E. (philosophia moralis) «in den alten Zeiten», bei der man in der Folge es «rathsam» gefunden, die Tugendlehre in der Unterscheidung von der Rechtslehre auf diejenigen Pflichten zu beschränken, die «keiner äußeren Gesetze fähig» sind [33]. Der Katalog der Tugenden – wobei Tugend als «Stärke des Menschen in Befolgung seiner Pflicht» verstanden wird [34] – bleibt in der Einteilung in Pflichten gegen sich selbst und gegen andere mit der entscheidenden Abänderung die herkömmliche, daß die Pflichten gegen Gott aus der E. herausgenommen werden: Sie seien schlechterdings unbegreiflich; E. sei auf die «für uns begreiflichen» moralischen Verhältnisse des Menschen gegen den Menschen» beschränkt [35]. Obwohl der ontologische Begriff der Vollkommenheit Chr. Wolffs und seiner Schule leer, unbestimmt, mithin unbrauchbar sei, sei er doch besser als die Begründung der Sittlichkeit aus dem theologischen Begriff von einem göttlichen allervollkommensten Willen, weil er die ethische Frage an den «Gerichtshof der Vernunft» zieht; doch dürfe zugleich das, was Kant unternimmt, als ein «ganz neues Feld» mit der «Propädeutik» des berühmten Wolff, nämlich seiner «sogenannten praktischen Weltweisheit» nicht verwechselt werden [36]. Die Toleranz, die Kant dazu führt, es bei der herkömmlichen Definition und Einteilung der Sittenlehre zu belassen, beruht darauf, daß es ihm überhaupt nicht um Darstellung und Ausführung einer E., sondern um die «Aufsuchung und Festsetzung eines obersten Prinzips der Moralität», um die Grundlegung aller Moralphilosophie in einer auf Prinzipien a priori begründeten «rationalen Moral» und von allem Empirischen gesäuberten «Metaphysik der Sitten» geht [37]. Während alles Empirische der E. einer praktischen Anthropologie vorbehalten bleibt, steht die Metaphysik der Sitten, die ihrerseits die die Einheit der praktischen und spekulativen Vernunft begreifende ‹Kritik der praktischen Vernunft› voraussetzt, als von aller anderen sittlichen Untersuchung abgesonderte, mit keiner Anthropologie, Theologie, keiner Physik oder Hyperphysik vermischte gänzlich isolierte, allein auf das Prinzip der gesetzgebenden praktischen Vernunft gestellte Wissenschaft vor allen aus der Erfahrung und aus der Natur des Menschen gewonnenen Einsichten sowohl der «gemeinen sittlichen Vernunfterkenntnis» wie jeder populären ethischen Unterweisung [38].

In Kants Begründung des Sittengesetzes auf die Gesetzgebung der praktischen Vernunft, nach der «alle sittlichen Begriffe völlig a priori in der Vernunft ihren Sitz haben» [39], hat HEGEL die große und erhabene Seite der Philosophie Kants gesehen, in der Freiheit als «die letzte Angel» begriffen wird, «auf der der Mensch sich dreht»; er habe mit dem Gesetz der Moralität begründet, daß für das Selbstbewußtsein des freien Menschen alles, was für es als Gesetz, als an sich gilt, in es selbst zurückgeführt sei [40]. Wenn für KANT Freiheit als Autonomie und eigene Gesetzgebung des Willens [41] zur allgemeinen Bestimmung des Menschen wird, bedeutet dies, daß «der Mensch und überhaupt jedes vernünftige Wesen» als «Zweck an sich selbst» nicht bloß als Mittel zu beliebigem Gebrauch für diesen oder jenen Willen» nicht als «Sache», sondern als «Person» existiert [42]. Soll es daher ein oberstes praktisches Prinzip geben, so muß es den Zweck an sich selbst, das, was notwendig für jedermann Zweck ist, als allgemeines praktisches Gesetz enthalten [43]. Mit der Wendung zur Gesetzgebung der praktischen Vernunft als einzigem Prinzip der Sittlichkeit macht Kant Freiheit als Stand, in dem alle als Menschen Personen sind, zum Grund und Inhalt der Sittlichkeit.

Gemäß der grundsätzlichen, in der ‹Kritik der reinen Vernunft› begründeten Einsicht, daß Freiheit nicht im Zusammenhang der objektiven Natur begriffen und nicht aus der Natur des Menschen hergeleitet werden kann, schließt Kant von der Begründung der Sittlichkeit jeden Rekurs auf die sinnliche Natur des Menschen, auf den Erwerb von Lust und Glückseligkeit aus. Glücklich zu sein ist zwar notwendig; dies Verlangen jedes vernünftigen, aber endlichen Wesens sei unvermeidlicher Bestimmungsgrund seines Begehrungsvermögens und ein durch seine Bedürftigkeit ihm aufgedrungenes, auf das Gefühl von Lust und Unlust bezogenes Streben. Würde aber die Begierde nach Glückseligkeit als allgemeines Prinzip zu einem sittlichen Gesetz genommen, würde nicht Einstimmigkeit des Allgemeinen, sondern im «äußersten Widerspiel» zu ihr der «ärgste Widerstreit» und gänzliche Vernichtung des Allgemeinen die Folge sein: Auf dem Boden der Freiheit taugen empirische Gründe, Neigungen, Begierden, Lust und Unlust ebensowenig wie das Streben nach eigener Glückseligkeit und die Selbstliebe zum Prinzip äußerer und innerer Gesetzgebung [44]. Man kann, um glücklich zu sein, nur nach empirischen Regeln handeln [45]. Der «Eudämonist», der «bloß im Nutzen und der eigenen Glückseligkeit ... den obersten Bestimmungsgrund seines Willens setzt», ist «moralischer Egoist» [46]. Schon in der Dissertation von 1770 heißt es, daß die Moralphilosophie, sofern sie erste Prinzipien zur Beurteilung bereitstellt, zur reinen Vernunft (intellectus purus) und zur reinen Philosophie gehöre; daher seien diejenigen mit höchstem Recht zu tadeln, die wie Epikur oder Shaftesbury diese Kriterien auf das sinnliche Gefühl der Lust und Unlust beziehen wollen [47]. Freiheit ist kein Naturbegriff: Im Zusammenhang der Natur macht immer «Naturmechanism den Leitfaden», so daß «mit dem Begriff der Freiheit in den Erscheinungen nichts erklärt werden kann». Man wäre daher niemals zu dem «Wagestück» gekommen, Freiheit in die Wissenschaft einzuführen, wäre nicht das Sittengesetz und mit ihm praktische Vernunft dazugekommen und hätten uns diesen Begriff «aufgedrungen» [48]. Nimmt man die Bestimmungen der Dinge in der Zeit für Bestimmungen der Dinge an sich selbst, so müßte Freiheit als ein «nichtiger und unmöglicher Begriff» verworfen werden [49]. Das Sittengesetz als Faktum und Autonomie in der Gesetzgebung der Vernunft als Freiheit erhebe daher im Sinne der Unterscheidung von Erscheinung und Ansich den Menschen über sich selbst (als einen Teil der Sinnenwelt) und knüpfe ihn an eine Ordnung der Dinge, die nur der Verstand denken kann und die zugleich die ganze Sinnenwelt und «das ganze empirisch bestimmbare Dasein des Menschen» unter sich hat [50]. Mit dem Sittengesetz und in dem ganz übersinnlichen Freiheitsvermögen erweist sich der Mensch nach seiner Menschheit als «von physischen Bestimmungen unabhängige Persönlichkeit (homo noumenon)», die Freiheit und Unabhängigkeit von dem Mechanismus der ganzen Natur ist [51]. Auf der Freiheit und Autonomie, in der der Mensch Zweck an sich selbst ist, beruhen die Heiligkeit des moralischen Gesetzes und die Achtung und Verehrung, die der Mensch seiner höchsten Bestimmung zollt: Durch das moralische Gesetz wird für jeden Menschen die Menschheit in seiner Person begründet, in der er vermöge seiner Autonomie und Freiheit Subjekt des moralischen Gesetzes und Zweck an sich selbst ist, während «in der ganzen Schöpfung alles, was man will und worüber man etwas vermag, auch als Mittel gebraucht werden kann» [52]. Damit setzt Kant an die Stelle aller Naturbestimmungen des Menschen die nicht auf Natur zurückführbare Autonomie des Willens als Freiheit im positiven Sinn und macht diese zum «alleinigen Prinzip aller moralischen Gesetze» [53]; er begreift in der Gesetzgebung der Vernunft als Wille [54] Freiheit als Substanz und Grund der Sittlichkeit. Da aber der Wille des Menschen immer auch ein durch sinnliche Triebfedern bestimmter Wille bleibt, wird das Gesetz der Vernunft zum Imperativ, der durch «Sollen» ausgedrückt ist, das die Verbindlichkeit der Autonomie geltend macht [55]. Kant bestimmt das subjektive Prinzip des Handelns als kategorischen Imperativ der Pflicht: «Handle nur nach derjenigen Maxime, durch die du zugleich wollen kannst, daß sie ein allgemeines Gesetz werde» [56]. Inhalt und Grund dieses allgemeinen Gesetzes ist Freiheit als die vernünftige Natur, die als Zweck an sich selbst existiert. Daher besagt der kategorische Imperativ praktisch: «Handle so, daß du die Menschheit sowohl in Deiner Person als in der Person eines jeden anderen jederzeit zugleich als Zweck, niemals bloß als Mittel brauchst» [57].

In dieser Zurücknahme der Moralität in die innere Selbstbestimmung nach der Gesetzgebung, die in jedem vernünftigen Wesen selbst angetroffen wird [58], beschränkt sich E. allein auf die innere Moralität: Nicht äußere Handlungen, sondern allein die sie bestimmende Maxime, nicht die Wirkungen, die daraus entspringen, sondern allein die Gesinnungen, die «sich in Handlungen zu offenbaren» bereit sind, sind Gegenstand der E. [59]; dazu gehört, daß es schlechterdings unmöglich ist, durch Erfahrung einen einzigen Fall mit völliger Gewißheit auszumachen und sich für sie auf Beispiele zu berufen [60]. Was Melanchthon am Anfang der Geschichte der neuzeitlichen E. in ihrer Beschränkung auf äußere Handlungen ausgeschlossen hatte: die «Bewegungen des Herzens» werden bei Kant zum einzigen Feld der E. Sie löst sich damit grundsätzlich vom Recht und der philosophischen Rechtslehre ab.

In der metaphysischen Rechtslehre geht Kant davon aus, daß mit dem Aufkommen einer «allgemein das Recht verwaltenden bürgerlichen Gesellschaft» Freiheit als «Unabhängigkeit von eines Anderen nöthigender Willkür», mithin die «Qualität des Menschen, sein eigener Herr (sui juris) zu sein», das «einzige jedem Menschen kraft seiner Menschheit zustehende Recht» sei [61]. Die Freiheit besteht in dem durch das gemeinsame Interesse aller im rechtlichen Zustand begründeten gemeinen Wesen (res publica latius sic dicta) in der Form als Recht, daß dies «Inbegriff» der Bedingungen ist, unter denen die Willkür des einen mit der Willkür des anderen nach einem allgemeinen Gesetz der Freiheit vereinigt werden kann» [62]. Weltgeschichtlich besteht Freiheit als Recht aller im bürgerlichen Zustand in der Lösung aus der «Vormundschaft der Natur» [63], die der perennierend fortbestehenden «ungeselligen Geselligkeit» des Menschen und seiner Natur in der Nötigung, «sich zu disziplinieren», abgerungen worden ist [64]. In der bürgerlichen Gesellschaft bleibt der Naturstand als die zu ihr kontinuierlich gehörige Gefahr bestehen, «in die alte Rohigkeit zurückzufallen», wie auch der «bürgerliche Mensch» nicht aufhört, «Naturmensch zu sein» [65]. Daher sind Recht und die es durchsetzende und tragende Gewalt die Bedingung dafür, daß Freiheit als Freiheit aller bestehen kann und die bürgerliche Verfassung nicht vernichtet wird [66]. Bei Kant und seinen Nachfolgern wird Philosophie der Freiheit daher wesentlich zur Philosophie des Rechts und des Staates; das Dasein von Freiheit als Freiheit aller ist allein an das gebunden, was Kant die «Legalität» der Handlung nennt, d. h. an ihre Übereinstimmung oder Nichtübereinstimmung mit dem Gesetz ohne Rücksicht auf ihre Triebfedern [67]: Es kann nicht verlangt werden, daß ich das allgemeine Prinzip zur Maxime meiner Handlung mache; ein jeder kann frei sein, obgleich seine Freiheit mir gänzlich indifferent sein kann oder ich im Herzen derselben gern Abbruch tun möchte, wenn ich nur durch meine äußeren Handlungen ihr nicht Eintrag tue [68]. Vor der Tugendlehre und sie umgreifend ist Inhalt der ‹Metaphysik der Sitten› die das Privatrecht und das öffentliche Recht mit Völkerrecht und Weltbürgerrecht umfassende Rechtslehre.

Demgegenüber ist «Moralität» (Sittlichkeit) die Übereinstimmung mit dem Gesetz, «in welcher die Idee der Pflicht aus dem Gesetz zugleich die Triebfeder der Handlung ist»: Handlungen bloß darum, weil sie Pflicht sind, auszuüben und den Grundsatz der Pflicht selbst zur hinreichenden Triebfeder der Willkür zu machen, ist das Eigentümliche der ethischen Gesetzgebung [69]. Da, wo Freiheit zum Recht geworden ist und in der Legalität der Handlungen ihrer Existenz hat, ist für Kant das, was Freiheit und Autonomie als Würde des Menschen, Sittlichkeit und innere Bestimmung des Menschen meint, allein der Moralität der Gesinnung und der inneren Maxime, der Tugend als Stärke des Vorsatzes in dem Streit mit den mächtig entgegenstehenden Neigungen anvertraut [70]. Die Moralität übernimmt es, im inneren Sollen und in Gesinnungen gegenüber der durch Selbstliebe und Glückseligkeitsstreben bestimmten natürlichen Wirklichkeit ethisch die substantiellen Inhalte von Freiheit zu vermitteln, deren politische und geschichtliche Existenz das auf Freiheit gegründete Recht in einer bürgerlichen Gesellschaft und in der Legalität des Handelns ist.

Anmerkungen. [1] J. G. WALCH: Philos. Lexicon (⁴1775) 1, 1148-1151. – [2] A. RÜDIGER: Philos. pragmatica (²1729) Prooem. §§ 7-9. – [3] Vgl. a. a. O. §§ 511. 513. – [4] Vgl. E. WOLF: Große Rechtsdenker der dtsch. Geistesgesch. (³1951) 402ff.; H. WELZEL: Die Naturrechtslehre Samuel Pufendorfs (1958) 54f.; dagegen H. DENZER: E. u. Recht im dtsch. Naturrecht der 2. Hälfte des 17. Jh., in: Recht und Ethik, Stud. zur Philos. u. Lit. im 19. Jh. 9 (1970) 105f. – [5] S. STRIMESIUS: Praxiologia apodictica seu philos. moralis demonstrativa pythanologiae Hobbesianae opposita (1677) 7, 226. – [6] W. SCHNEIDERS: Recht, Moral, Liebe. Unters. zur Entwicklung der Moralphilos. und Naturrechtslehre des 17.Jh. bei Chr. Thomasius (Diss. Münster 1961) 83. – [7] CHR. THOMASIUS: Einl. zur Sittenlehre (1692, Neudr. 1968) Einl. c. 4, § 64. – [8] Ausübung der Sittenlehre (1696, ³1704) c. 1, § 32; c. 4, § 11. – [9] Einl. zur Sittenlehre c. 2, §§ 79f.; vgl. c. 5, § 7. – [10] G. W. LEIBNIZ, Opusc. et frg. inéd., hg. L. COUTURAT (Paris 1903, Neudruck 1966) 527ff. – [11] Initia et Specimina scientiae novae generalis. Philos. Schr., hg. C. I. GERHARDT (1890) 7, 73ff. 99. – [12] a. a. O. 386. – [13] RÜDIGER, a. a. O. [2] §§ 508. 514. – [14] G. F. MEIER: Philos. Sittenlehre (²1762) § 5; A. G. BAUMGARTEN: Initia philosophiae practicae primae (1760) § 56; Ius naturae (1763) § 1. – [15] J. A. EBERHARD: Sittenlehre der Vernunft (1780, 1786) 1, 1. 26f. – [16] CHR. WOLFF: Philos. practica universalis (1738/39) Praef.; vgl. I, §§ 124. 152. 153. – [17] Philos. prima sive ontologia (1729, n. ed. 1779) Praef. – [18] CHR. THOMASIUS: Diskurs von der Freiheit der itzigen Zeit gegen die vorigen (1697), in: Aus der Frühzeit der Aufklärung, hg. F. BRÜGGEMANN (1928) 19. – [19] WOLFF, a. a. O. [16] I, §§ 137. 161. 162. – [20] I, § 160. – [21] I, § 159. – [22] I, § 147. – [23] I, Praef. – [24] I, § 160. – [25] I, § 180. – [26] I, § 136. – [27] I, § 152; vgl. § 152. § 3; III, § 1. § 2. – [28] I, § 268. – [29] Philos. moralis sive Ethica methodo scientifica pertractata (1750f.) I, § 1. – [30] a. a. O. [16] I, § 12; vgl. II, § 7; MEIER, a. a. O. [14] I, § 5. – [31] G. W. F. HEGEL: Wiss. der Logik (1812) Vorr. z. 1. Ausg. Werke, hg. GLOCKNER 4, 13. – [32] I. KANT: Grundlegung zur Met. der Sitten (= GMS). Akad.-A. 4, 387. – [33] Met. der Sitten (= MS). Akad.-A. 6, 379. – [34] MS a. a. O. 6, 395. – [35] MS 6, 491. – [36] GMS 4, 443. 390. – [37] GMS 4, 388. 392. – [38] GMS 4, 392. 410. – [39] GMS 4, 411. – [40] G. W. F. HEGEL: Gesch. der Philos. III. Werke, hg. GLOCKNER 19, 590. 591. – [41] KANT, GMS a. a. O. 4, 450. – [42] GMS 4, 428. 429. – [43] Ebda.; vgl. KpV (1788). Akad.-A. 5, 87. – [44] KpV a. a. O. 5, 23f. 25f. – [45] GMS 4, 418. – [46] Anthropol. in pragmat. Hinsicht (1798). Akad.-A. 7, 130. – [47] De mundi sensibilis atque intelligibilis forma et principiis (1770) § 9. Akad.-A. 2, 396. – [48] KpV 5, 30. – [49] KpV 5, 94f. – [50] KpV 5, 86. – [51] MS 6, 239; KpV 5, 87. – [52] KpV 5, 87. – [53] KpV 5, 33. – [54] GMS 4, 412. – [55] KpV 5, 32; vgl. GMS 4, 412. 413. – [56] GMS 4, 420, Anm. 2. 420. 421. – [57] GMS 4, 429. – [58] GMS 4, 434. – [59] GMS 4, 435. – [60] GMS 4, 430, 435. – [61] MS 6, 237. – [62] MS 6, 311; vgl. 230. – [63] Muthmaßlicher Anfang der Menschengesch. (1786). Akad.-A. 8, 115. – [64] Ideen zu einer Gesch. in weltbürgerlicher Absicht (1784). Akad.-A. 8, 20ff. – [65] Muthmaßlicher Anfang ... a. a. O. 8, 117 Anm. – [66] Über den Gemeinspruch: Das mag in der Theorie richtig sein, taugt aber nicht für die Praxis (1793). Akad.-A. 8, 299. – [67] MS 6, 219. – [68] MS 6, 231. – [69] MS 6, 219. 220. – [70] MS 6, 477.

Literaturhinweise siehe Teil VI.

VI. – 1. Die kantische Begründung der E. wird – über den Kreis der Kantianer hinaus – in kurzer Zeit zur Voraussetzung und zum Richtmaß für deren Bestimmung: «In einem Zeitalter, wo die Vernunft die Richterin aller Angelegenheiten, die dem Menschen wichtig sind» geworden ist, hat für A. B. BERNHARDI Kant das «Geschäft der Prüfung» mit dem Erfolg übernommen, der «früh oder spät nicht nur alle eigentlichen Philosophen, sondern alle Denkenden überhaupt über Sittlichkeit, Gottheit, Unsterblichkeit» – mit «Grundsätzen, die allein vollgültige Wahrheit haben» – «in einem und demselben Glauben vereinigen wird» (ähnlich F. BOUTERWEK) [1].

J. H. ABICHT, der die Anwendung ethischer Lehren «auf das Leben» zeigen will, geht im kantischen Sinne davon aus, daß Sittlichkeit bzw. Moralität vom Willen abhängt und daher das, was «um der Freyheit willen» ist oder «aus Freyheit» fließt, sittlich oder moralisch sei, während das, was um eines Lohnes willen geschieht, nicht sittlich sei und «keinen moralischen Werth» habe (vgl. auch CHR. W. SNELL) [2]. Allgemeine E. sei Lehre von den allgemeinen Sittengesetzen a priori, angewandte E. handle von der Anwendung besonderer Sittenregeln auf besondere Lebensfälle. In der Einteilung der E. folge auf die Metaphysik der Sitten (I) die allgemeine Sittenlehre (II) und die Methodenlehre der Moral (III) [3]. In ähnlichem Sinne gliedert G. J. WENZEL kantisch die praktische Philosophie in Metaphysik der Sitten oder reine Moral, praktische Anthropologie oder angewandte Moral und in die philosophische Rechtslehre oder Naturrecht [4].

Wie radikal andererseits der Bruch ist, der sich mit Kants Begründung der E. auf Freiheit und Autonomie vollzieht, zeigt sich als Opposition gegen ihr Prinzip. B. STATTLER geht davon aus, daß Kant alle Gründe einer «statthaften und kraftvollen» Moral auf dem Wege zur Nacht und «Aftermoral» unterwühlt, durch sein Niederreißen aller spekulativen Vernunfterkenntnis jede praktische Vernunfterkenntnis unmöglich gemacht und den richtigen Begriff vom Moralgesetz und vom obersten Prinzip zerstört habe, die ohne Gewißheit der «Realität des ganzen Begriffs von Gott» und ohne Jesus Christus, die «göttliche Sonne des hellen Mittags», nicht möglich seien [5]. Demgegenüber wird – so von A. METZ – unter Berufung auf viele gründliche und gelehrte Männer die «schönste Harmonie» zwischen der kantischen Moralphilosophie und jener des Heilands im Evangelium geltend gemacht: Weder die stoische noch die christliche Moral habe etwas Besseres aufweisen können [6]. Selbst in einer traditionellen, vom Geist der Veränderung kaum berührten, die Vernunft als «Christin» voraussetzenden E., wie es die F. ÜBERWASSERS ist, zeigt sich, daß in der Bestimmung der Moralphilosophie als Lehre der durch Vernunft uns aufgegebenen Gesetze für den «gesamten Freiheitsgebrauch» und in ihrer Unterscheidung vom Naturrecht nicht nur Vertrautheit mit der kantischen Philosophie vorausgesetzt ist, sondern diese in die inhaltliche Bestimmung der Moralphilosophie hineinwirkt [7].

Mit der schulmäßigen oder gemeinverständlichen Vermittlung der kantischen Position geht von vornherein auch die Tendenz zur systematischen Auseinandersetzung mit der praktischen Philosophie und E. Kants einher (vgl. CHR. G. BARDILI, J. S. BECK, G. U. BRASTBERGER, J. G. BUHLE, CHR. GARVE, J. CHR. HOFFBAUER, G. B. JAESCHE, L. H. JAKOB, W. T. KRUG, S. A. MELLIN, K. L. PÖRSCHKE, G. CHR. RAPP, E. SCHMID, FR. W. D. SNELL (Bruder v. CHR. W. Snell), CHR. G. TILLING, A. WEISHAUPT, J. CHR. ZWANZIGER u. a. [8]), so etwa in der Absicht, die sinnlichen Antriebe mit der Willensbestimmung aus Vernunft zu harmonisieren (H. SCHELLE [9]) oder moralische Gesinnung mit dem Glückseligkeitsstreben zu versöhnen (CHR. W. SNELL [10]). Das Problem der Begründung der E. wird dann grundsätzlich dadurch neu aufgenommen, daß es in die Auseinandersetzung des spekulativen Idealismus mit dem «Dualismus» der kantischen Philosophie im Übergang zum Prinzip der Identität des Subjektiven und Objektiven hineingezogen wird. Für die Philosophie Fichtes, Schellings, Hegels bleibt als weltgeschichtliche Wende der hohe «Standpunkt der Absolutheit» Kants Voraussetzung und Basis, daß der «Mensch frei und über alles Naturgesetz und Erscheinung erhaben» sei [11]. Die Grenze seiner Position, die zugleich über sie hinauszugehen treibt, liegt darin, daß Kant über den Dualismus nicht hinauskommt, in dem Vernunft und Freiheit auf das Objektive als das «in psychologischer Ansicht und empirischer Manier» Gegebene im Sinne des Empirismus verwiesen wird und entsprechend ethisch das Sollen perennierend und das Gute ein Jenseits bleibt: Im Sollen ist «die Harmonie nicht vorhanden, sie soll nur sein». Die Trennung des Subjektiven und Objektiven wird als Trennung fixiert und nicht zur Einheit gebracht [12].

J. G. FICHTE, der sein Leben der Darstellung der großen Entdeckung Kants widmen will [13], nimmt das Problem in der Form auf, daß er sich weigert, die Herleitung der Empfindung von einem «Eindrucke des Ding an sich» und ihre Erklärung aus einem an sich außer uns vorhandenen «transzendentalen Gegenstande» als Auslegung Kants anzuerkennen, wenn er nicht dazu gebracht werden soll, die «Kritik d. r. V. eher für das Werk des sonderbarsten Zufalls als für das eines Kopfes zu halten» [14]. Er konstruiert, um dem zu entgehen, den «Punkt», «in welchem das objektive und subjektive überhaupt nicht geschieden, sondern ganz Eins sind», und bestimmt diesen als «Ichheit, die Intelligenz, die Vernunft» [15]. Er setzt so dem Dogmatismus, nach dem die Vorstellungen «Produkte eines ihnen vorauszusetzenden Dinges an sich» sein sollen, den Idealismus entgegen, nach dem «die von dem Gefühle der Notwendigkeit begleiteten Vorstellungen Produkte dieser Intelligenz» sind [16]. Im Gegenzug gegen jeden Dogmatismus ist die Position der Freiheit der Idealismus, für den es schlechthin kein Sein als für sich Bestehendes gibt [17]. Die Intelligenz, das Ich, die Vernunft, der Begriff (nach der ‹Sittenlehre› von 1812) ist als das Absolute, auf welches alles Bewußtsein und Sein sich gründet, «reine Tätigkeit» [18], «Tathandlung», die – aus jeder dinglichen Bestimmung herausgelöst – «kein Objekt voraussetzt, sondern es selbst hervorbringt» [19].

In der Herleitung der Sittenlehre aus dem Prinzip der Wissenschaftslehre wird so für das Sittengesetz die Verwiesenheit auf das empirisch Gegebene und die Bindung an die Natur aufgehoben [20]: Für die objektive Welt bleibe kein Raum übrig; sie verschwinde und vergehe ins Nichts [21]. In der «absoluten Erhebung über die Natur» und im «Leben aus dem erkannten rein Geistigen heraus» hat das Sittengesetz «die weltbildende Grundkraft» zum Inhalt, die auf die gegebene Welt die in der «Weltgestaltung» sein sollende sittliche Welt aufträgt [22]; Freiheit heißt daher «keine Natur über dem Willen, er der einzige mögliche Schöpfer», der aus sich eine besondere Welt und «eigene Sphäre des Seins» erzeugt, zu der sich die Natur bloß als der «leidende» und «rohe» Stoff verhält [23]. Der Inhalt, den die Sittenlehre dem kantischen kategorischen Imperativ verschaffen soll [24], ist daher das, «was da ewig werden soll» durch uns und unsere Freiheit aus dem Geiste heraus, geschaffen in das Gegebene hinein, das nur dazu allein da ist [25]. Dieser Inhalt wird von Fichte als die Vereinigung aller in der Verwirklichung des «gemeinschaftlichen sittlichen Grundbewußtseins des ganzen Geschlechts» begriffen, «worin dasselbe Eins ist» [26]. Das wird vor allem in der ‹Sittenlehre› von 1812 an das historische Menschengeschlecht und seine Geschichte angeknüpft [27]; es sei als Erfüllung der Sittlichkeit ihr Ziel, das erst da erkannt werde, wo das bisher durch Gott erzogene Geschlecht selbst «mit Freiheit und untrüglicher Kunst seine Erziehung übernimmt» [28]. Es gibt die Formulierung, daß das sich zur Sittlichkeit des Ganzen erhebende Menschengeschlecht «das große allgemeine Ich» als Grund und Inhalt der Sittenlehre sei [29]. Fichte kann die Sittenlehre so als «Seinslehre» in der Bedeutung der wahren Realität verstehen [30]. Aber dieses Sein ist immer das künftige auf dem ins Unendliche fortgehenden Wege zu der Vollendung, in der die Sittlichkeit das ganze Geschlecht in Eins umschaffen wird [31] und das Sittliche zur Sittlichkeit aller geworden sein wird [32]. Das Sein, dessen Werden als Seinsollendes in einer Reihe, die ins Unendliche fortgeht [33], Inhalt des Sittengesetzes ist, erweist sich als utopische Vollendung des Menschengeschlechtes aus dem Grunde des Sittlichen: «Für die Gattung vollendeter moralischer Wesen gibt es kein Rechtsgesetz», aber es ist zugleich klar, daß der Mensch diese Gattung nicht sein kann; er muß zur Moralität erzogen werden und sich selbst erziehen [34]. Das Sittengesetz verwirklicht sich immer fortgehend als «Moralisierung aller» in der «Erbauung zu einer einzigen sittlichen Gemeinde» [35].

Damit werden das Sollen und die Pflicht Kants, die ethisch «Wesen des Ichs» bleiben [36], grundsätzlich umgedeutet. Das Ich wird in dem moralischen Verhältnis der Gesinnung zur Neigung und zu den natürlichen Antrieben – damit es Pflicht schlechthin um der Pflicht willen will – in einem «Sprung ein in der Naturbestimmung ganz entgegengesetztes Gebiet» [37] zum Träger für das es übergreifende Leben des absoluten Begriffs und seines Endzwecks und zu dessen Erscheinung [38]: «Das Ich muß sich erscheinen als durchaus und schlechthin nichts Anderes als das Leben des absoluten Begriffs» [39]. Seine Sittlichkeit besteht darin, daß es als Subjekt in seinem Wollen Organ und Vollzug des auf das Ganze und auf die Vollendung der Menschheit gerichteten absoluten Lebens wird, und dieses Leben im Element des sittlichen Wollens der Individuen sich auf seinen Endzweck hinbewegt. Die Erfüllung unserer ganzen Bestimmung ist in keiner Zeit zu erreichende Erfüllung des aufgegebenen Endzwecks, so daß die «gänzliche Vernichtung des Individuums und Verschmelzung desselben in die absolute Vernunftform oder in Gott» das letzte Ziel der endlichen Vernunft ist [40]. Jeder wird gerade dadurch, daß «seine ganze Individualität verschwindet und vernichtet wird», «reine Darstellung des Sittengesetzes in der Sinnenwelt» – «reines Ich durch freie Wahl und Selbstbestimmung» [41]. Für das Sittengesetz, das nicht mich allein, sondern die «ganze Vernunft» zum Objekt hat, bin ich nur Werkzeug seiner Realisierung in der Sinnenwelt [42]. «Wahre Tugend» besteht im «Handeln für die Gemeine» [43]; wir sind schuldig, «jeden, der nur menschliches Antlitz trägt, zu betrachten als Werkzeug des Sittengesetzes» [44]. Was sich im individuellen Bewußtsein ausspricht, ist die Aufgabe für das Ganze und die Pflicht, eine «gewisse Weltordnung» hervorzubringen, die so im eigentlichen Sinne keine Pflicht des Einzelnen, sondern des «Ganzen der Gemeine» ist [45], im Verhältnis hierzu ist das gegenwärtige Leben nur «Vorbereitung» [46].

So ist die ins Unendliche weisende und fortschreitende Geschichte des Menschengeschlechts und die Vollendung seiner Ordnung Inhalt und Substanz der Sittlichkeit der Individuums, aus dessen Moralität die Menschheitsgeschichte als Bild eines «Übersinnlichen und Geistigen» hervorgebracht wird [47]. Damit hängt es zusammen, daß sich für Fichte der Begriff des Rechts nur auf das bezieht, was in der Sinnenwelt sich äußert, während das, was im Innern des Gemüts verbleibt, «vor einen anderen Richtstuhl, den der Moral», gehört [48], und Recht und öffentliche Gewalt, «so lange die reine Vernunft nicht in Person auf der Erde erscheint und das Richteramt übernimmt» [49] allein die Aufgabe haben, Mittel zur äußeren Sicherung zu sein. Das Prinzip der Legalität, das in der Bestimmung, daß «jeder seine Freiheit durch den Begriff der Freiheit des anderen» beschränke, für Fichte zur Definition des «Urrechts» gehört [50], führt im Ausgang von den Naturbedingungen des Menschen und im «Zusammenhang des Naturmechanismus» [51], da «Treue und Glauben ... sich nicht nach einem Gesetze» hervorbringen lassen, zum Zwangsgesetz und zu der mit einer «Übermacht, gegen die die Macht jedes Einzelnen unendlich klein erscheint», ausgerüsteten Staatsgewalt [52], deren Modell das Ephorat und vor allem der geschlossene Handelsstaat sind [53].

Die Gründung der Legalität auf das Zwangsrecht und die Übermacht des Staates gehören notwendig zu dem Prozeß, in dem die Subjektivität in ihrer Moralität zum Grunde der Vollendungsgeschichte der Menschheit in der Utopie ihrer moralischen Vollendung wird. Fichte hat für die Sittenlehre ihre Einteilung in Phänomenologie als «Erscheinungslehre des wahrhaftigen und realen Ichs» und in eine Kunstlehre und «Ascetik» als Anwendung der reinen Moral auf den empirischen Charakter und in eine Erziehungslehre entworfen [54]. Er hat die ‹Sittenlehre› von 1798 mit einer systematischen Übersicht unserer Pflichten als über das «Materiale des Sittengesetzes» abgeschlossen. Die wirkliche Erfüllung der Sittenlehre aber geben ihrer grundsätzlichen Bestimmung folgend die Schriften Fichtes ‹Die Bestimmung des Menschen› (1800), ‹Die Grundzüge des gegenwärtigen Zeitalters› (1804/5), ‹Die Anweisung zum seligen Leben› (1806), ‹Die Bestimmung des Gelehrten› (1794, 1811), zu der auch die ‹Reden an die deutsche Nation› (1807/8) als Folgerung und Fortentwicklung der Bestimmung des Sittlichen gehören, von der Fichtes Sittenlehre ausgegangen ist.

Anmerkungen. [1] A. BETHMANN-BERNHARDI: Gemeinfaßliche Darstellung der Kantischen Lehren über Sittlichkeit, Freyheit, Gottheit und Unsterblichkeit. Zwei Teile, ein Band (1796/97) 12. 561; vgl. F. BOUTERWEK: Immanuel Kant. Ein Denkmal (1805) 112. 113. 114f. – [2] J. H. ABICHT: Neues System einer philos. Tugendlehre aus der Natur der Menschheit entwickelt (1790) §§ 128. 130. 139; vgl. CHR. W. SNELL: Die Sittlichkeit in Verbindung mit der Glückseligkeit usf. mit best. Rücksicht auf die kantische Moralphilos. ganz neu bearbeitet (1790) Vorr. – [3] ABICHT, a. a. O. Vorw. § 254. – [4] G. J. WENZEL: Vollständiger Lehrbegriff der gesammten Philos. dem Bedürfnisse der Zeit gemäß eingerichtet 3 (1804) § 2. – [5] B. STATTLER: Anti-Kant. Anhang zum Anti-Kant i.e. Widerlegung der kantischen Grundlegung zur Met. der Sitten (1788) Vorw. 209. 219. – [6] A. METZ: Kurze und deutliche Darstellung des Kantischen Systemes nach seinem Hauptzwecke, Gange und innern Werthe (1795) § 97, S. 216f.; krit. Auseinandersetzung mit Stattler § 96. – [7] F. ÜBERWASSER: Allg. Moralphilos., nach des Verf. Tode hg. J. H. BROCKMANN 3 Theile (1814) 2f. 347; vgl. Vorr. J. H. BROCKMANN. – [8] CHR. G. BARDILI: Allg. prakt. Philos. (1795); J. S. BECK: Erläuternder Auszug aus den crit. Schriften des Herrn Prof. Kant auf Anrathen desselben I-III (1793, 1796); Commentar über Kants Met. der Sitten. 1. T. (1798); G. U. BRASTBERGER: Unters. über Kants Kritik der praktischen Vernunft (1792); J. G. BUHLE: Ideen zur Rechtswiss., Moral und Politik (1799); CHR. GARVE: Eigene Betrachtungen über die allgemeinsten Grundsätze der Sittenlehre (1798); Übersicht der vornehmsten Principien der Sittenlehre, von dem Zeitalter des Aristoteles an bis auf unsere Zeiten (1798); J. CHR. HOFFBAUER: Anfangsgründe der Moralphilos. und insbes. der Sittenlehre nebst einer allg. Gesch. derselben (C 1798); G. B. JAESCHE: Grundlinien der E. oder philos. Sittenlehre (1825); Grundlinien der Moralphilos. oder der philos. Rechts- und Tugendlehre (1804); L. H. JAKOB: Philos. Sittenlehre (1794);

W. T. KRUG: Über das Verhältniss der krit. Philos. zur moralischen, politischen und religiösen Kultur des Menschen (1798); G. S. A. MELLIN: Marginalien und Reg. zu Kants Critik der Erkenntnissvermögen 2. Theil: Grundlegung zur Met. der Sitten, Critic der practischen Vernunft und Urtheilskraft (1795); K. L. PÖRSCHKE: Einl. in die Moral (1797); G. CHR. RAPP: Über die Untauglichkeit des Prinzips der allg. und eigenen Glückseligkeit (1791); C. CHR. E. SCHMID: Versuch einer Moralphilos. I: Kritik der prakt. Vernunft; II: Met. der Sitten und angewandte Moral (⁴1802); FR. W. D. SNELL: Menon, oder Versuch in Gesprächen, die vornehmsten Punkte aus der Kritik der prakt. Vernunft des Herrn Prof. Kant zu erläutern (1789 ²1796); CHR. G. TILLING: Gedanken zur Prüfung von Kants Grundlegung zur Met. der Sitten vorgetragen in Absicht auf die Begründung des höchsten Grundsatzes des Naturrechts (1789); A. WEISHAUPT: Über Wahrheit und sittliche Vollkommenheit 1-3 (1793-1797); J. CHR. ZWANZIGER: Commentar über Herrn Prof. Kants Kritik der prakt. Vernunft (1794). – [9] A. SCHELLE: Über den Grund der Sittlichkeit (1791), in: Materialien zur Gesch. der crit. Philos. Dritte Slg. praktischen Inhalts (1793) 28. 31. – [10] CHR. W. SNELL, a. a. O. [2] 73. 75. – [11] G. W. F. HEGEL: Gesch. der Philos. III. Werke, hg. GLOCKNER 19, 589. – [12] a. a. O. 559. 595; hierzu H. MARQUARD: Hegel und das Sollen. Philos. Jb. 72 (1964) 103ff. – [13] J. G. FICHTE: Erste Einl. in die Wissenschaftslehre (1797). Werke, hg. I. H. FICHTE (1845/46, Neudruck 1971) 1, 419. – [14] Zweite Einl. in die Wissenschaftslehre (1797) a. a. O. 1, 486. – [15] Das System der Sittenlehre nach dem Prinzip der Wissenschaftslehre (1798) a. a. O. 4, 1. – [16] Erste Einl. a. a. O. 1, 426. – [17] 1, 510. – [18] Das System ... (1798) a. a. O. 4, 12. – [19] Zweite Einl. ... a. a. O. 1, 440. 468. – [20] Das System ... (1812) a. a. O. 11, 25. – [21] 11, 33. – [22] Die Staatslehre oder das Verhältnis des Urstaates zum Vernunftreiche (1813) a. a. O. 389; vgl. 11, 34. – [23] 4, 384. 385; vgl. 4, 12. – [24] Das System ... (1812) 11, 25. – [25] Die Staatslehre ... a. a. O. 4, 387. – [26] Das System ... (1812) a. a. O. 11, 103. – [27] 11, 104. – [28] 11, 42. – [29] 11, 41. – [30] 11, 34. – [31] 3, 203. – [32] Das System (1812) a. a. O. 11, 77. – [33] Das System ... (1798) a. a. O. 4, 153. – [34] Grundlage des Naturrechts nach den Prinzipien der Wissenschaftslehre (1796) 3. Hauptstück, 2. Kap., § 15 (S. 149). – [35] Das System ... (1812) a. a. O. 11, 77; vgl. 4, 131. – [36] 11, 28. – [37] Ascetik als Anhang zur Moral (1798) a. a. O. 11, 124. – [38] Das System ... (1812) a. a. O. 11, 36. 37. 39. – [39] 11, 37. – [40] Das System ... (1798) a. a. O. 4, 151. – [41] 4, 256. – [42] 4, 236. – [43] 4, 256. – [44] 4, 313. – [45] Das System ... (1812) 11, 73. – [46] ebda. – [47] Die Staatslehre ... a. a. O. 11, 388. – [48] 3, 55. – [49] 3, 382. – [50] Grundl. des Naturrechts ... 1. Kap., § 10. – [51] Ascetik ... a. a. O. 11, 123. – [52] Grundl. des Naturrechts 2. Kap., § 14 (S. 142); 3. Kap., § 16 (S. 153). – [53] Hierzu B. WILLMS: Die totale Freiheit. Fichtes polit. Philos. (1967). – [54] FICHTE, Das System ... (1812) a. a. O. 11, 40f.; Ascetik ... a. a. O. 11, 123.

2. HEGEL hat die Philosophie Fichtes als «Standpunkt der Subjektivität» verstanden, die aus sich und aus der «Einheit des selbstbewußten Ichs mit seinem Inhalt» poetische, prophetische und sehnsüchtige Tendenzen entläßt und sich in positive Religiosität, Katholizismus, Aberglauben, Wunder [1] in einem analogen Sinne wirft, wie für Fichte aus dem Innern der Moralität in der Überschreitung der äußeren, rationellen politischen Organisation der Freiheit die utopische Vollendung der Menschheit fließt. Der ältere F. SCHLEGEL macht in kritischer Absetzung gegen Kants Verwandlung aller Moral in Jurisprudenz und des Menschen in eine «vollkommene Vernunftmaschine» [2] Frömmigkeit zur Bedingung der Sittlichkeit, die ohne Gnade keinen Grund hat [3]. Aus dem Geist der Romantik, innerer Verwandtschaft zu Schelling, in der Zuwendung zu J. Böhme, Saint Martin und in der Erneuerung naturphilosophischer und theosophischer Spekulation setzt FR. V. BAADER der seit Kant heillosen («heilandslosen») Moral auf ihrem Wege zu einem «ethischen Republikanismus», der keines Oberhauptes bedarf [4], entgegen, daß er sie in den Zusammenhang der Erlösung und Erlösbarkeit des gefallenen Menschen zurückruft und auf die aus den «bleiernen Fesseln» der cartesischen Physik befreite, dem Naturglauben und der Naturandacht sich öffnende «symbolische» Natur gründet: In der Einheit von Physik und Theologie solle das ethische Leben der göttlichen Nähe teilhaftig und in den Stand versetzt werden, das Gute aus freier Natur in der Verbindung des Organischen und Sakramentalen mit und durch Gott zu tun [5]. K. CHR. FR. KRAUSE gibt der E. als «Lebenslehre» ihren Ort in der Lehre von Gott. Der Mensch sowie auf höherer Stufe die Menschheit seien Wesen in Gottes Wesen, die Sittenlehre als Wesenswillenlehre führe dahin, daß das ganze Leben Gottesdienst sein kann und sein soll [6]. Im Felde der E. folgen der Identitätsphilosophie Schellings G. M. KLEINS, K. A. ESCHENMAYER u. a. [7].

FR. D. E. SCHLEIERMACHERS Entwürfe zur E. [8] gehören insofern in den Zusammenhang der Auseinandersetzung mit Kants Dualismus, als sie darauf abzielen, E. nicht unabhängig für sich darzustellen, sondern «von einem angenommenen höchsten Wissen» [9] und dem mit diesem vorausgesetzten «Einssein von Vernunft und Natur» [10] abzuleiten. Sie wird als Ausdruck des Handelns der Vernunft auf die Natur und in ihr begriffen, wobei Natur als «Gewußtes» (Dingliches) und Vernunft als «Wissendes» im Ineinander alles Dinglichen und Geistigen gelten [11]. In der Vermittlung von Natur und Geist gehören zur E. in gleicher Weise die Naturwissenschaft und die Geschichtskunde [12]. Die Gliederung der E. in die Lehre vom höchsten Gut und in die Güter-, Tugend- und Pflichtenlehre schließt zugleich ein, daß jede dieser «Einrichtungen» in sich der «vollständige Ausdruck der gesamten Einheit der Vernunft und Natur» ist. Das «höchste Gut» ist «nicht ein einzelnes, dem anderen gleichartiges, aber in der Vergleichung über sie als bestes hervorragend, sondern der organische Zusammenhang aller Güter, also das ganze sittliche Sein unter dem Begriff des Gutes ausgedrückt» [13]. In der Begründung der E. auf die Einheit von Vernunft und Natur führt Schleiermacher so einerseits die Auseinandersetzung mit Kant fort; die kritische Beziehung auf ihn begleitet ständig den Weg; so wird Kant die Verwechslung des Ethischen und Juridischen [14] vorgeworfen, vor allem aber die Bestimmung des Sittlichen durch Sollen und ein im Sollen artikuliertes Gesetz zurückgewiesen: «Die Sätze der Sittenlehre dürfen nicht Gebote sein, weder bedingte noch unbedingte», sondern sie müssen «das wirkliche Handeln der Vernunft auf die Natur ausdrücken» [15]. Aber zugleich wird das ethische Wissen im Verhältnis zum höchsten Wissen eingeschränkt: Es sei Wissen, das «im Werden begriffen» und «Ausdruck des schon immer angefangenen, aber nie vollendeten Naturwerdens der Vernunft» sei [16]. Hier wird als ein neues, den systematischen Begriff durchdringendes und erfüllendes Moment wirksam, daß für Schleiermacher die Vollendung der E. zugleich im Horizont ihrer Geschichte steht und ihre historischen Erscheinungen als die Gestaltungen ihrer systematischen Ausbildung genommen werden. In die systematische Gliederung der E. sind die historischen Formen ihrer Bildung eingelassen: Im Altertum war «vorherrschend» «höchstes Gut und Tugendlehre», «in der neuen Zeit Tugendlehre und Pflichtenlehre» [17]; die systematische Ansicht ist auch die historische: Sittlichkeit als Wissen, als Theorie antike Ansicht; Sittlichkeit als Vollkommenheit und Glückseligkeit französische Ansicht; als Geselligkeit und Sympathie englische Ansicht [18]. Die ‹Grundlinien einer Kritik der bisherigen Sittenlehre› setzen daher in ihrer systematischen Aufgabe, «heuristische Hypothesen» zu entwickeln, die Vertrautheit mit dem «geschichtlichen Stoff» und dessen Auslegung voraus [19]. Die wahre Darstellung der E. darf nicht von dem «Inhalt irgendeiner Zeit» hinwegsehen, sondern muß «den von einer jeden» umfassen. Erst indem sie «historisch die Vergangenheit» bestimmt und indem «das Vergangene eigentlich erkannt und gewürdigt» wird, kann E. als «Erfindungslehre» «prophetisch» die Zukunft bestimmen [20]. Der Begriff einer werdenden E. steht so im Horizont der geschichtlichen Zeit, in der die Keime wahrer E. angelegt sind [21] und empfängt die «gehörige Richtung» aus der «Kenntnis von der Entstehungsart» der Ideen und aus der Einsicht, «von welchem Bedürfnis die Bildung einer jeden E. ausgegangen ist» [22].

Zu dieser Überführung der E. in die Geschichte und ihre Auslegung gehört bei Schleiermacher, daß für ihn neben die philosophische Sittenlehre, die einen bestimmten vorher festgelegten Begriff vom Menschen voraussetzt, eine christliche Sittenlehre treten kann, die die «Beschreibung des christlichen Selbstbewußtseins» zum Inhalt hat, «sofern es Impuls ist» [23]. Sie umschließt in ihrer Ausgestaltung zu einer phänomenologischen Enzyklopädie der Praxis philosophisch die vielgestaltige Wirklichkeit menschlichen Handelns.

Anmerkungen. [1] G. W. F. HEGEL, Vorlesungen über die Gesch. der Philos. Werke, hg. GLOCKNER 19, 641. 644. – [2] F. SCHLEGEL, Philos. Vorles. Werke, hg. BEHLER 13, 66. 85. – [3] a. a. O. 86. 93. – [4] Fr. v. BAADER, Über die Begründung der E. durch die Physik. Werke, hg. F. HOFFMANN u. a. (1854) 5, 3. – [5] a. O. 6, 28. 34; vgl. 15, 169; 1, 308; J. SAUTER: Baader und Kant (1928) bes. 143-164. – [6] K. CHR. F. KRAUSE: Versuch einer wiss. Begründung der Sittenlehre (1810); Aphorismen zur Sittenlehre, aus dem Nachl. hg. P. HOHFELD/A. WÜNSCHE (1893) 28. 38. – [7] G. M. KLEINS: Versuch, die E. als Wiss. zu begründen (1811); K. A. ESCHENMAYER: System der Moralphilos. (1818). – [8] FR. D. E. SCHLEIERMACHER, Philos. Sittenlehre, Werke, hg. A. SCHWEIZER III/5 (1833); Grundriss der philos. E. (Grundlinien der Sittenlehre), hg. A. TWESTEN (1841); Neudruck besorgt von FR. M. SCHIELE (1911); Ms.: Brouillon (1805/06); Vorles. (1812/13); Vorarbeiten zum Druck (1816). – [9] Grundriß ... Allg. Einl. (1816) Zi. 21, S. 4. – [10] a. a. O. Zi. 82, S. 14. – [11] Zi. 47, S. 8. – [12] Zi. 64. 65, S. 11; Zi. 68. 69. 71. 72, S. 12. – [13] Zi. 111-115, S. 20. 21. – [14] Grundlinien einer Kritik der bisherigen Sittenlehre (1809, 1834, 1846), neu hg. O. BRAUN (1911) 133. – [15] Grundriß ... a. a. O. Zi. 93. 95, S. 16. – [16] Zi. 7, S. 1; Zi. 81, S. 14. – [17] Zi. 121, S. 22. – [18] Grundriß ... Ms. der Vorles. (1812/13); Zi. 24, S. 74. – [19] Grundlinien ... a. a. O. [14] 5. 6. 7. – [20] a. a. O. 320f. – [21] 345. – [22] 21. – [23] Die christl. Sitte nach den Grundsätzen der evang. Kirche im Zusammenhang dargestellt. Aus Schleiermachers Nachlaß und nachgeschr. Vorles., hg. L. JONAS (1843) 3ff. 35f.

3. In der für den Unterricht am Gymnasium zu Nürnberg bestimmten ‹Philosophischen Propädeutik› (1809 bis 1811) gibt HEGEL im Aspekt der unmittelbaren Lehraufgabe unter dem Titel einer «Pflichtenlehre und Moral» eine Darstellung der E. [1], die im systematischen Zusammenhang seiner praktischen Philosophie zurücktritt. Dieses Verschwinden der E. hängt einmal mit seiner kritischen Wendung gegen den Standpunkt der ‹Moralität› zusammen, auf dem die festgehaltene und für ihn nicht auflösbare Entgegensetzung der praktischen Vernunft und der praktischen Sinnlichkeit der Triebe und Neigungen dazu führt, daß das Endliche immer nur aufgehoben werden soll, das moralische Wollen beim Sollen und ohne Ausführung bleibt und «rücksichtlich des Ethischen» «die perennierende Annäherung an das Vernunftgesetz das Äußerste» ist [2]. Aber das Problem dieser Auseinandersetzung ist nicht die für sich gesetzte Moralität als solche; Hegel führt sie im Zusammenhang seiner praktischen, politischen Philosophie, weil in der Abstraktheit des «nur seinsollenden Guten» und der nur «gut seinsollenden Subjektivität» [3] nicht gefaßt und begriffen werden kann, daß da, wo Freiheit zum Prinzip des Rechts und des Staates geworden ist, der Mensch in seiner Subjektivität und Moralität zum Subjekt und zum Grunde der rechtlichen und staatlichen Ordnung wird. Mit dem modernen Staat und mit den Menschenrechten als Rechtsprinzip ist der Staat zu der «substantiellen Einheit» geworden, in welcher «die Freiheit zu ihrem höchsten Recht kommt» [4]. Die kantische Position der Legalität und Moralität hat für Hegel so epochale Bedeutung: Mit ihr kommt zum Begriff, daß in dem Staat, der zur «Wirklichkeit konkreter Freiheit» geworden ist, «die persönliche Einzelheit ... ihre vollständige Entwicklung und die Anerkennung ihres Rechts für sich» erhält [5]. Die «Stärke und Tiefe» des modernen Staates liegt hier: In ihm vollendet sich «das Prinzip der Subjektivität ... zum selbständigen Extreme». Er setzt in sich voraus, daß der Mensch in seiner Innerlichkeit und Moralität und in dem in «tiefster Einsamkeit» jedem Zugriff entzogenen Gewissen er selbst in allem, was er tut, sein kann [6]. Während bei Fichte die Entgegensetzung der «absoluten» Subjektivität gegen die Realität als «vernunftlose Endlichkeit» dazu führt, daß das Rechtliche und der Staat von der «Lebendigkeit und Individualität» getrennt diese «unter absolute Tyrannei» bringen [7], bleibt für Kant in dem auch für ihn fixen Verhältnis der Gesinnung zu Trieben und Neigungen Tugend in der Beschränkung auf das Innerliche wesentlich «subjektives Eigentum des Individuums» [8] und Sphäre der gegen den Staat abgeschirmten Privattugend, während Familie, bürgerliche Gesellschaft, Staat allein zum Recht im Sinne der das Dasein äußerer Freiheit regelnden Legalität gehören. Solchem Dualismus von Legalität und Moralität in der fichtischen und kantischen Form gegenüber macht Hegel geltend, daß da, wo Freiheit im Recht und mit ihr die Vernunft im Staate Wirklichkeit erhalten haben, die Philosophie es mit der Idee zu tun hat, «welche nicht so ohnmächtig ist, immer nur zu sollen und nicht wirklich zu sein» [9]. Er führt über die Entgegensetzung von Subjektivität und Natur – sie vermittelnd – hinaus, indem er Familie, bürgerliche Gesellschaft und Staat unter dem Titel der Sittlichkeit als die geschichtlichen Institutionen begreift, in denen Moralität und Gesinnung im Handeln sich verwirklichen und in der Einheit des Objektiven und Subjektiven zu ihrer Wirklichkeit kommen: «Die Subjektivität, welche den Boden der Existenz für den Freiheitsbegriff ausmacht und auf dem moralischen Standpunkte noch im Unterschiede von diesem ihrem Begriff ist, ist im Sittlichen die ihm adäquate Existenz desselben» [10]. In dem im Unterschied zu dem nur subjektiven Willen der Moralität «an und für sich seienden» Gesetzen und Einrichtungen, in Sitte, Gewohnheit, in Stand und Korporationen erlangen die Individuen ihre «allgemeinen Handlungsweisen» und so ihre Verwirklichung (actualitas); sie gehören ihrer sittlichen Wirklichkeit an und besitzen damit «ihr eigenes Wesen und ihre innere Allgemeinheit wirklich» [11].

Mit der Einführung des institutionellen Begriffs der Sittlichkeit setzt sich Hegel äußerlich von dem gewöhnlichen und kantischen Sprachgebrauch ab, für den Moralität und Sittlichkeit «etwa als gleichbedeutend» gelten [12]. Aber damit greift er inhaltlich auf den Standpunkt zurück, der geschichtlich und systematisch in der Beschränkung auf Moralität «unmöglich» gemacht und sogar ausdrücklich «zernichtet» werden soll, um Sittlichkeit als die «Wahrheit der Moralität» zu begreifen [13]. Für den in der Beschränkung der E. auf Moralität beiseitegesetzten und auf das Subjektive reduzierten Begriff der Sittlichkeit weist Hegel auf das griechische Ethos zurück; er notiert zu der Bestimmung des Sittlichen als Sitte und Gewohnheit im § 151 der ‹Grundlinien der

Philosophie des Rechts› an den Rand: ἦθος ἔθος «Gewohnheit, Gebrauch (vorzüglich Wohnung bei Herodot) Herkommen des Menschen – Sitte ...» [14]. Das bedeutet systematisch, daß er im Anschluß an die philosophia practica universalis der Schulphilosophie die Tradition der praktischen Philosophie des Aristoteles wieder aufnimmt, für die E. als Lehre von der in Ethos und Nomos verfaßten und verwirklichten Praxis des Menschen als freien Bürgers die Grundlage der Politik bildet, sofern diese in der in Haus und Polis, Gewohnheit und Herkommen ethisch verfaßten Praxis ihren Grund und ihr Maß hat. In Anknüpfung an Aristoteles wird so die E. der Moralität durch eine politische institutionelle E. ersetzt.

Das hat nichts mit der rückblickenden Idealisierung des griechischen sittlichen Gemeinwesens, die der junge Hegel noch teilte [15], oder mit restaurativer Rückkehr zum Alten zu tun, die Hegel «Zuflucht der Ohnmacht» nennt [16]. Die «Selbständigkeit des Ich in sich, sein Fürsichsein» war der griechischen Welt in der Zeit Platons noch fremd; «weder Plato noch Aristoteles weder Cicero noch die römischen Rechtslehrer» wußten, «daß ... der Mensch an und für sich frei sey, seiner Substanz nach als Mensch frei geboren» [17]. In der griechischen Sittlichkeit war zwar auch – in der Beschränkung auf den Freien als Bürger – der individuelle Wille frei und Sitte und Gewohnheit die Form, in der das Individuum nur zu tun hat, «was ihm in seinen Verhältnissen vorgezeichnet, ausgesprochen und bekannt ist» [18]. Aber zugleich gilt, «die Griechen vor Sokrates sittliche, nicht moralische Menschen» waren [19].

Zur Übernahme der institutionellen E. aristotelischer Tradition in ihrer politischen Begründung gehört daher, daß in die Mitte der praktischen Philosophie Hegels in ihrem Aufbau in Analogie zu ihrer aristotelischen Gliederung in E., Haus und Polis das moderne Prinzip der Freiheit und mit ihm das auf sie gegründete und sie im ganzen Umfang ihrer institutionellen Wirklichkeit sichernde Rechtsprinzip und ebenso das der griechischen Sittlichkeit fremde Prinzip der «freien unendlichen Persönlichkeit» treten. Die ethischen Institutionen erweisen sich dadurch als sittlich, daß das Individuum in seiner Subjektivität und Moralität in ihnen Wirklichkeit hat. Der Staat ist nur Staat der Freiheit, wenn er im Recht dem Individuum sein ‹Recht› und damit die Sittlichkeit der Institutionen verbürgt. In Recht, Moralität, Sittlichkeit hat Freiheit politisch und geistig Wirklichkeit. Erst da, wo für das Bewußtsein das Individuum in seiner Moralität aus dem politischen Zusammenhang heraustritt und sich im Verhältnis zu Staat und Recht wieder verselbständigt, erhält E. als Disziplin von neuem Bedeutung.

Anmerkungen. [1] G. W. F. HEGEL: Philos. Propädeutik (1809/11), hg. ROSENKRANZ §§ 32-80. Werke, hg. GLOCKNER (= WG) 3, 75ff. – [2] Vorles. über die Gesch. der Philos. III. WG 19, 593ff.; Enzyklop. der philos. Wiss. (1830), neu hg. F. NICOLIN/O. PÖGGELER (1959) §§ 93. 94; Zusatz zu § 94: System der Philos. WG 8, 223. 224; vgl. Phänomenol. des Geistes. WG 2, 465; weitere Stellen vgl. O. MARQUARD: Hegel und das Sollen. Philos. Jb. 72 (1964) 103ff. – [3] HEGEL, Grundlinien der Philos. des Rechts (= RPH) § 141. – [4] RPH § 258. – [5] RPH § 260. – [6] RPH §§ 260. 106 Z; 107. 107 Z. 136. 136 Z. – [7] Glauben und Wissen (1802). Erste Druckschriften, hg. G. LASSON (1928) 336. 340. – [8] Philos. Propädeutik § 47. WG 3, 88. – [9] Enzyklop. § 6 a. a. O. [2] 39. – [10] RPH § 152. – [11] RPH §§ 144. 151. 207. 151. 153. – [12] RPH § 33. – [13] RPH §§ 33. 33 Z. – [14] RPH § 151; Randnotizen in: RPH, hg. HOFFMEISTER (1955) 417. – [15] Zb. Volksreligion, in: Theol. Jugendschr., hg. H. NOHL (1907) 28f. – [16] Vorles. über die Gesch. der Philos. Einl. WG 17, 78. – [17] a. a. O. 79. – [18] Vorles. über die Philos. der Gesch. WG 11, 328; RPH § 150. – [19] a. a. O. [16] 18, 46.

Literaturhinweise. TH. FOWLER: Shaftesbury and Hutcheson (London 1892). – J. REINER: Malebranches E. in ihrer Abhängigkeit von seiner Erkenntnistheorie und Met. (Diss. Halle 1896). – J. F. BROWN: The doctrine of the freedom of the will in Fichtes philos. (Richmond 1900). – W. R. SCOTT: Francis Hutcheson (1900). – W. LOEW: Das Grundproblem der E. Schleiermachers in seiner Beziehung zu Kants E. Kantstudien (= KS) Erg.H. Nr. 31 (1914). – W. METZGER: Gesellschaft, Recht und Staat in der E. des dtsch. Idealismus, hg. E. BERGMANN (1917). – S. P. LAMPRECHT: The moral and political philos. of John Locke (New York 1918). – H. FREYER: Das Material der Pflicht. Eine Studie über Fichtes spätere Sittenlehre. KS 25 (1920) 113ff. – H. A. REYBURN: Hegels ethical theory (Oxford 1921). – E. CASSIRER: Kants Leben und Lehre, in: I. Kant, Werke, hg. E. CASSIRER 11 (1923) 247-299. – H. HEIMSOETH: Fichte, in: Gesch. der Philos. in Einzeldarstellungen VII/29 (1923) bes. 149ff. – G. GURVITCH: Fichtes System der konkreten E. (1924). – E. WOLF: Grotius, Pufendorf, Thomasius. Heidelb. Abh. zur Philos. und ihrer Gesch. H. 11 (1927). – C. JOESTEN: Chr. Wolffs Grundlegung zur prakt. Philos., in: Forsch. zur Gesch. der Philos. und Pädag. V/1 (1931). – G. KRÜGER: Philos. und Moral in der kantischen E. (1931). – Z. LUBIENSKI: Die Grundlagen des ethisch-polit. Systems von Hobbes (1932). – K. REICH: Kant und die E. der Griechen (1935). – P. A. SCHILPP: Kant precritical ethics. Northwestern Univ. Stud. Nr. 2 (1938). – W. R. JAITNER: Thomasius, Rüdiger, Hoffmann u. Crusius. Stud. zur Menschenkunde u. Theorie d. Lebensführung im 18. Jh. (Diss. Köln 1939). – N. K. SMITH: The philos. of David Hume (London 1941). – M. MORITZ: Stud. zum Pflichtbegriff in Kants krit. E. (Lund 1951). – L. W. BECK: Apodictic imperatives. KS 49 (1957/58) 7ff. – W. DILTHEY: Weltanschauung und Analyse des Menschen seit Renaissance und Reformation. Schriften 2 (⁵1957). – D. HENRICH: Hutcheson und Kant. KS 49 (1957/58) 49-69; Der Begriff der sittlichen Einsicht und Kants Lehre vom Faktum der Vernunft, in: Die Gegenwart der Griechen. Festschr. H.-G. Gadamer (1960) 75-115; Über Kants früheste E., KS 54 (1963) 404ff.; Das Problem der Grundlegung der E. bei Kant und im spekulativen Idealismus, in: Sein und Ethos hg. P. ENGELHARDT (1963) 350ff. – H. HEIMSOETH: Stud. zur Philos. Immanuel Kants (1956) 227-257. – T. M. KNOX: Hegels attitude to Kants ethics. KS 49 (1957/58) 70ff. – G. RODIS-LEWIS: La morale de Descartes (Paris 1957). – S. ZAC: La morale de Spinoza (Paris 1959). – P. H. JØRGENSEN: Die E. Schleiermachers (1959). – J. SCHMUCKER: Die Ursprünge der E. Kants in seinen vorkrit. Schriften und Reflektionen (1961). – H. J. PATON: The categorical imperative (London ²1953); dtsch. Der kategorische Imperativ (1962). – V. DELBOS: Le Spinozisme (Paris ⁴1964). – H. PEITER: Motiv oder Effekt. Schleiermachers E. Lehre vom sittlichen Sein statt vom sittlichen Sollen (Diss. Berlin 1964). – E. FLEISCHMANN: La philos. polit. de Hegel (Paris 1964) bes. 179-372. – K. H. ILTING: Hobbes und die prakt. Philos. der Neuzeit. Philos. Jb. (1964/65) 84ff. – J. WALLHAUSER: Schleiermachers' early development as ethical thinker (Yale 1965). – J. DERBOLAV: Hegels Theorie der Handlung. Hegel-Stud. 3 (1965) 210ff. – M. RIEDEL: Theorie und Praxis im Denkens Hegels (1965); Stud. zu Hegels Rechtsphilos. (1969). – W. CRAMER: Spinozas Philos. des Absoluten (1966). – L. STRAUSS: Hobbes' polit. Wiss., in: Politica, hg. W. HENNIS/H. MAIER 21 (1966). – M. RIEDEL: Chr. Wolffs ‹Emendation› der prakt. Philos., in: Das Problem der Sprache, hg. H.-G. GADAMER (1967) 207ff. – J. EBBINGHAUS: Deutung und Mißdeutung des kategorischen Imperativs, in: Ges. Aufs., Vortr., Reden (1968) 80ff.; Die Formeln des kategorischen Imperativs und die Ableitung inhaltlich bestimmter Pflichten a. a. O. 140ff. – M. GUEROULT: Spinoza 1: Dieu Ethique I (1969). – R. POLIN: L'obligation morale et polit. chez T. Hobbes, in: Hobbes-Forsch., hg. R. KOSSELECK/R. SCHNUR (1969) 133ff. – M. VILLEY: Le droit de l'individu chez Hobbes, in: Hobbes-Forsch. a. a. O. 173ff. – British moralists 1650-1800, hg. RAPHAEL 1. 2 (London 1969). – J. RITTER: Moralität und Sittlichkeit. Zu Hegels Auseinandersetzung mit der kantischen E., in: Met. und Politik (1969) 281-309. – W. A. WALSH: Hegelian ethics (London 1969). – F. O. WOLF: Die neue Wiss. des Thomas Hobbes. Zu der Grundl. der polit. Philos. der Neuzeit (1969). – R. LAUTH: E. in ihrer Grundlage aus Prinzipien (1969). – Z. BATSCHA: Gesellschaft und Staat in der polit. Theorie Fichtes (1970). – F. KAULBACH: Moral und Recht in der Philos. Kants, in: Recht und E., hg. J. BLÜHDORN/J. RITTER. Stud. zur Philos. und Lit. des 19.Jh., 9 (1970) 43ff. – M. RIEDEL: Moralität und Recht in der Schulphilos. des 18. Jh., a. a. O. 83ff. – B. WILLMS: Die Antwort des Leviathan. Thomas Hobbes' polit. Theorie (1970). – H. J. HESS: Die obersten Grundsätze kantischer E. und ihre Konkretisierbarkeit (1971). – A. KLEMMT: Descartes und die Moral (1971). – H. HEIMSOETH: Transzendentale Dialektik. Ein Komm. zu Kants KrV 1-4 (1966-1971); 2 (1967): Vierfache Vernunftautonomie; Natur und Freiheit; intellektueller und empirischer Charakter. – H. LÜBBE: Dezisionismus in der Moraltheorie Kants, in: Theorie und Entscheidung (1971) 144ff. – E. CASSIRER s. Anm. [33 zu IV]. – H. DENZER s. Anm. [4 zu V]. – J. MACKINTOSH s. Anm. [40 zu IV]. – H. MAIER s. Anm. [1 zu IV]. – P. PETERSEN s. Anm. [1 zu IV]. – W. SCHNEIDERS s. Anm. [30 zu IV]. – H. WELZEL s. Anm. [4 zu V]. – B. WILLMS s. Anm. [53 zu VI, 1]. – E. WOLF s. Anm. [4 zu V]. J. RITTER

VII. – 1. Der antispekulative Ansatz der *Nachidealisten* verneint das Aufgehobensein der E. und führt in der Folge zu verschiedenen Einschätzungen und Ausarbeitungen der Disziplin E. So beziehen sich, unter Protest gegen die Hegelsche Systematik und Gesellschaftsphilosophie, die ethischen Neuansätze auf das Individuum (Schopenhauer) und den Einzelnen (Kierkegaard).

«Vom Wollen handelt es sich in der E., und das Wollen selbst geht stets nur in Individuo vor» [1]. SCHOPENHAUER entwirft eine nicht-normative, nicht an «Thun und Erfolg» [2] kontrollierte E., indem er «der E. den Zweck» setzt, «die in moralischer Hinsicht höchst verschiedene Handlungsweise der Menschen zu deuten, zu erklären und auf ihren letzten Grund zurückzuführen» [3]. – Grundprinzip der E. ist das Mitleid, das den Unterschied von Willen und Erscheinung praktisch aufhebt: Es ist «das empirische Hervortreten der metaphysischen Identität des Willens, durch die physische Vielheit seiner Erscheinungen hindurch, wodurch sich ein Zusammenhang kund giebt, der gänzlich verschieden ist von dem durch die Formen der Erscheinung vermittelten, den wir unter dem Satze vom Grunde begreifen» [4]. Dieser Unterschied bleibt allerdings insofern unaufhebbar, als die Freiheit an die Notwendigkeit gebunden und jede einzelne Handlung, als Erscheinung, nezessitiert ist. Wir haben «das Werk unserer Freiheit nicht mehr ... in unseren einzelnen Handlungen, sondern im ganzen Sein und Wesen des Menschen selbst zu suchen ..., welches gedacht werden muß als seine freie That, die bloß für das an Zeit, Raum und Kausalität geknüpfte Erkenntnißvermögen in einer Vielheit und Verschiedenheit von Handlungen sich darstellt, welche aber ... als von den jedesmaligen Motiven ... streng nezessitiert erscheinen» [5].

Der Stellenwert von KIERKEGAARDS Aussagen zur E. zeigt sich im Rahmen seiner Erörterung des ästhetischen, ethischen und religiösen Stadiums. Das ästhetische Stadium ist dabei abgehoben vom ethischen dadurch, daß in ihm die Möglichkeit und Allgemeinheit nicht ernst genommen wird. Das ethische Individuum ist dann «das ganze ästhetische Selbst, welches ethisch gewählt worden ist» [6], es ist konkrete Allgemeinheit. Kierkegaard ist sich seiner Affinität zu Hegel bewußt und hebt die Differenz erst in der Ausarbeitung des religiösen Stadiums hervor. «Unmittelbar sinnlich und seelisch bestimmt ist der Einzelne ein Einzelner, der sein Telos in dem Allgemeinen hat, und es ist seine ethische Aufgabe, sich beständig in diesem auszudrücken, seine Einzelheit aufzuheben, um das Allgemeine zu werden» [7], während im religiösen Stadium «nun durch das Allgemeine hindurch ein Einzelner wird, der als Einzelner ihm übergeordnet ist; daß der Einzelne als Einzelner in einem absoluten Verhältnis zum Absoluten steht» [8] – und nicht in einem allgemeinen und vermittelten wie der Ethiker.

Anmerkungen. [1] A. SCHOPENHAUER, Die Welt als Wille und Vorstellung 2, 676. – [2] ebda. – [3] Die beiden Grundprobleme der E. 195. – [4] Die Welt als ... 2, 689f.; vgl. Die beiden Grundprobleme ... 270. – [5] a. a. O. 97. – [6] S. KIERKEGAARD, dtsch. Werke, hg. E. HIRSCH 2. u. 3. Abt.: Entweder-Oder (1957) 2, 237. – [7] a. a. O. 4. Abt.: Furcht und Zittern (1950) 57. – [8] a. a. O. 59.

2. Für K. MARX und F. ENGELS stellt sich angesichts des dominierenden Anspruchs des Klassenkampfes die Aufgabe einer E. vorläufig nicht. Die traditionelle E. gehört in den überbauhaften «sozialen, politischen und geistigen Lebensprozeß» [1] und wird als ideologisch kritisiert: «Wenn wir nun aber sehn, daß die drei Klassen der modernen Gesellschaft, die Feudalaristokratie, die Bourgeoisie und das Proletariat jede ihre besondre Moral haben, so können wir daraus nur den Schluß ziehn, daß die Menschen, bewußt oder unbewußt, ihre sittlichen Anschauungen in letzter Instanz aus den praktischen Verhältnissen schöpfen, in denen ihre Klassenlage begründet ist» [2]. Eine sozialistische E. zu begründen wird erst möglich nach Beseitigung der Bedingungen der alten Moral: «Eine über den Klassengegensätzen und über der Erinnerung an sie stehende, wirklich menschliche Moral wird erst möglich auf einer Gesellschaftsstufe, die den Klassengegensatz nicht nur überwunden, sondern auch für die Praxis des Lebens vergessen hat» [3].

Anmerkungen. [1] MARX, MEW 1, 385. – [2] MEW 20, 87. – [3] MEW 20, 88.

3. In der zweiten Hälfte des 19. Jh. bürgert sich vor allem in der *Universitätsphilosophie* der alte Disziplintitel ‹E.› erneut ein. Diese Entwicklung dokumentiert sich in Titeln wie: I. H. FICHTE: System der E. (1851 bis 1853); E. V. HARTMANN: Phänomenologie des sittlichen Bewußtseins (1879); Axiologie, Ethische Prinzipienlehre, in: System der Philosophie Bd. 5,6 (1906–1909); W. WUNDT: Untersuchungen der Tatsachen und Gesetze des sittlichen Lebens (1886); E. (1912); M. WENTSCHER: E. (1902–1905); F. JODL: Geschichte der E. (1882–1889); Allgemeine E., hg. W. BÖRNER (1918); W. SCHUPPE: Grundzüge der E. und Rechtsphilosophie (1882); H. COHEN: E. des reinen Willens (1904); A. GÖRLAND: Neubegründung der E. (1918); B. BAUCH: E. (1921).

Im Regreß auf Kant und in bewußter, zum Teil polemischer Entgegensetzung zu dessen Nachfolgern (vgl. O. LIEBMANN: Kant und die Epigonen [1865]) stellt sich dem *Neukantianismus* das Problem der Konkretisierung der E. In Analogie zu seinem erkenntnistheoretischen Ansatz expliziert H. COHEN «die E. ... als die Logik der Geisteswissenschaften» [1]. «Weil Kant das Problem der Geisteswissenschaften nicht gestellt hat, darum hat er die Rechtswissenschaft nicht als das analoge Faktum erkannt, auf welches, als auf das Faktum einer Wissenschaft, die transcendentale Methode sich zu richten und zu orientieren habe, um als E. sich zu konstituieren und sich zu begründen» [2]. Trotz ihres in erkenntnistheoretischer Hinsicht – die Rechtswissenschaft ist «das gesuchte Analogon eines theoretischen Faktums» [3] – unternommenen Ansatzes zur Konkretion wird die E. nur und doch immerhin «zur Prinzipienlehre der Philosophie von Recht und Staat» [4]. – Der Begriff des «ethischen Willenssubjekts» wird mit dem Begriff «der juristischen Person» legitimiert [5]. Kants Trennung von Pflicht und Neigung, Sollen und Glückseligkeit wird in der Form weiterentwickelt, «daß Lust und Unlust ... zu Annexen für den Inhalt des Bewußtseins werden» [6]. A. GÖRLAND sichert die E., indem er «die besonderen Gemeinschaftswissenschaften ..., die wir gemäß der kritischen Grundfrage als Faktum» [7], an das eine kritische E. gebunden ist, voraussetzt; in der – mit Natorp vorgebrachten – Forderung auf «vollständige gegenseitige Durchdringung» [8] von E. und besonderer Gemeinschaftswissenschaft erhebt sich die E. zu einer Allgemeinheit, «die ... dem Nahkampf entrückt und die großen Linien des Ringens enthüllt» [9]. Das eigentliche Problem wird damit in die besonderen Wissenschaften verwiesen, die als transzendentalphilosophisch kontrollierte Faktizitäten in methodologischer Arbeitsteilung das Problem der Konkretisierung der E. lösen sollen. Ebenfalls in Symbiose mit der Pädagogik versteht M. WENTSCHER die E., deren Zusammenwirken «in einer ethischen Sozialphilosophie sich vollenden» [10] würde. Auch seine E. geht – nach Kant – davon aus, «daß im letzten Grunde in der Tat sittliches Wohlverhalten auch Glückseligkeit im Gefolge habe» [11]. – In der wissenschaftlichen Untersuchung, der E., tritt für W. WUNDT «zu dem unmittelbaren sittlichen Thatbestand die Selbstbesinnung und der Versuch einer Analyse und Unterordnung desselben unter allgemeine Gesichtspunkte hinzu» [12], die aber selbst nicht empirisch abgeleitet werden: «Die Normen der E. beziehen sich dagegen unmittelbar auf freie Willenshandlungen denkender Subjekte, und auf Objekte nur insofern, als sie solchen Willenshandlungen ihren Ursprung verdanken» [13]. Durch die Ansetzung, daß «das logische Denken als freie Bethätigung des Willens zugleich dem Gesichtspunkt des sittlichen Handelns sich unterordnet» [14], entfällt die Schwierigkeit, die sich aus Kants Aufteilung von theoretischer und praktischer Vernunft ergibt, und indem «das Subject des logischen Denkens» als «zugleich ethisches Object» [15] aufgefaßt wird, entfällt auch Kants kritischer Erkenntnisvorbehalt.

In der Südwestdeutschen Schule des Neukantianismus (W. Windelband, H. Rickert, B. Bauch) ist die E. nicht «Logik der Geisteswissenschaften», sondern bleibt – unter Wahrung des transzendentalen Ansatzes – formal. Während ein bloß formales «allgemeingültiges Prinzip der Moral» [16] gesucht wird, entsteht angesichts der empirischen Ausfüllung ein Defizit, das mit der völlig allgemeinen Anerkennung der geschichtlichen Verfaßtheit des Menschen gedeckt wird. Daraus erwächst für W. WINDELBAND die ethische Aufgabe: Die ethische «Bestimmung jeder Gesellschaft (und des Individuums in ihr) ist die Schaffung ihres Kultursystems» [17]. Die Heteronomie ist nicht behebbar: «Es zeigt sich damit in der E. eine ähnliche Zweiheit von [formalen und materialen] Prinzipien, wie sie auch für die Logik zu statuieren ist» [18]. Dadurch lassen sich die individuellen Motivationen nicht mehr ethisch ableiten. «Alle Wertbestimmung des Menschen» bezieht sich «auf das Einzelne und das Einmalige» [19]. – H. RICKERT führt diesen Gedanken weiter: die Wertbeziehung geschichtlicher Objekte wird zu ihrem Charakteristikum: «Sinn und Bedeutung bekommt die Individualität eines Objektes in der Geschichte dadurch, daß sie zu einem allgemeinen Wert in Beziehung steht, für dessen Verwirklichung sie durch ihre individuelle Gestaltung etwas leistet» [20]. Aus diesem vor allem theoretischen Interesse an den Werten erklärt sich, daß Rickert – trotz seines Hervorhebens der «an den historischen Objekten haftenden Sinngebilde» [21] – keine eigentliche E. erarbeitet hat. – Den Versuch dazu hat B. BAUCH unternommen, ohne aber den Dualismus aufzuheben. Die kritische E. «erkennt, daß auch dem Leben nur durch Wertdependenz von einem absoluten, über dem bloßen Leben selbst stehenden Zwecke überhaupt ein Wert zukommen kann» [22]. Dieser Zweck muß «rücksichtlich des materialen Handlungsinhaltes völlig inhaltslos sein» [23]. Die materialen Bestimmungen fallen in die Empirie, in die individuellen Umstände des Einzelnen: «In seinem Kulturzusammenhang findet er das Material, an dem er seine sittliche Bestimmung auszuwirken vermag» [24].

Anmerkungen. [1] H. COHEN: E. des reinen Willens (1904) 65. – [2] a. a. O. 228. – [3] 70. – [4] VII. – [5] 229. – [6] 159. – [7] A. GÖRLAND: Neubegründung der E. aus ihrem Verhältnis zu den besonderen Gemeinschaftswiss. (1918) 53. – [8] a. a. O. 46. – [9] 54. – [10] M. WENTSCHER: Pädagogik. Ethische Grundlegung und System (1926) 374. – [11] a. a. O. 67. – [12] W. WUNDT: E. (1912) 1, 13f. – [13] a. a. O. 6. – [14] ebda. – [15] ebda. – [16] W. WINDELBAND: Vom Prinzip der Moral, in: Präludien 2 (1911) 166. – [17] a. a. O. 191. – [18] 171f. – [19] Gesch. und Naturwiss. a. a. O. 155. – [20] H. RICKERT: Das Problem der Geschichtsphilos. (³1924) 69. – [21] ebda. – [22] B. BAUCH: E., in: W. Windelband (Hg.): Die Philos. im Beginn des 20. Jh. (²1907) 264. – [23] a. a. O. 257. – [24] 265.

4. Ein typischer Titel für die E. im 19. Jh. in *Frankreich* ist F. P. MAINE DE BIRANS ‹Nouvelles Considérations sur les rapports du physique et du moral de l'homme›. Der Autor entwickelt seine Moralphilosophie in der Entgegensetzung von physischer und physiologischer Determination und psychischer Indeterminiertheit und unterscheidet sich insofern von der späteren Evolutionsethik. «Mais, entre l'homme moral et l'homme physique, considéré sous tous ses divers rapports, il est, pour ainsi dire, des points de contact plus intimes», aber «ce physique ne saurait jamais se retourner ou se transformer, comme on dit, pour produire le moral» [1]. Der Mensch entwickelt seine ganze moralische Kraft in der Bekämpfung der rohen Triebe seiner animalischen Natur [2]. – Mit H. DE SAINT-SIMON und CH. FOURIER erhält die E. eine soziologische Begründung. Aller Fortschritt kulminiert im Wohl der ganzen Menschheit; die E. ist dabei wichtiger für die Entwicklung der Menschheit als Physik und Mathematik. – Bei P. J. PROUDHON ist Problem und Aufgabe der E. die «création de l'ordre dans l'humanité». Entscheidend sind dabei die Begriffe der Gerechtigkeit und der Menschenwürde. Die Gerechtigkeit ist die oberste praktische Wahrheit («la règle de nos actions»), und im Theoretischen verleiht sie Evidenz («le principe de garantie de nos jugements») [3]. – A. COMTE begründet seine Gesellschaftsphilosophie im Rahmen der «hiérarchie des sciences» (Mathematik, Astronomie, Physik, Chemie, Biologie, Soziologie, die alle auf der «positiven Methode» beruhen und durch sie verbunden sind). Ihr Leitgedanke ist «Ordnung und Harmonie» [4], die im positivistischen Zeitalter im Unterschied zur intellektuellen und politischen Anarchie des theologischen und metaphysischen Zeitalters systematisch und theoretisch formuliert werden, wodurch zugleich ihre praktische Verwirklichung begründet wird. Sie ergibt sich als «eine einfache, geschickte, anfangs spontane und später systematische Verlängerung der natürlichen Ordnung» [5] und kulminiert darin, «endlich die menschliche Moral in ein System zu bringen …, worin immer die Hauptanwendung jeder echten Theorie der Menschheit bestehen wird» [6]. «Nunmehr werden im Gegenteil alle realen und in ein angemessenes System gebrachten Theorien unablässig dazu beitragen, so sehr wie möglich das allgemeine Vorwalten der Moral herbeizuführen, da der soziale Gesichtspunkt bei ihnen notwendig zum wissenschaftlichen Band und zum logischen Regulator aller andern positiven Gesichtspunkte werden wird» [7]. Mit der allgemeinen Versittlichung werden die moralischen Vorschriften habituell, zur «spontanen Wiederholung der ganzen modernen Evolution» [8]. – L. LÉVY-BRUHL pointiert das Moment der Erfahrung: «Il n'y a donc pas de science théorique de la morale, au sens traditionel du mot, et il ne saurait y en avoir, puisqu'une science ne peut être normative en tant que théorique» [9]. Bemerkenswert ist dabei seine Einbeziehung der «mentalité primitive». Wichtig sei es,

« de considérer la morale d'une société donnée, même de la nôtre, dans son rapport nécessaire avec la réalité sociale dont elle est une partie » [10].

Anmerkungen. [1] F. P. MAINE DE BIRAN, Oeuvres 13 (Paris 1949) 86. – [2] Nouveaux essais d'anthropologie a. a. O. 14 (Paris 1949) 370. – [3] P. J. PROUDHON: De la justice (1858) 1, XXVIII; vgl. XXXVI. XLVf. – [4] A. COMTE: Rede über den Geist des Positivismus (1956) 149. – [5] a. a. O. 121. – [6] 129. – [7] 149. – [8] Soziol. (1923) 3, 770; vgl. 1, 502. – [9] L. LÉVY-BRUHL: La morale et la sci. des mœurs (Paris 1953) 14. – [10] a. a. O. 290.

4. In *England* bildet sich in der Nachfolge von J. Bentham, vermittelt vor allem durch J. Mill und J. Austin, der *Utilitarianismus* weiter aus. Es ist zu unterscheiden zwischen «egoistic utilitarianism» und «universal utilitarianism». Das sittliche Kriterium einer Handlung ist ihre Nützlichkeit bei der Hervorbringung von Glück. Der wichtigste Vertreter ist J. ST. MILL (System of Logic, davon der letzte Teil: On the Logic of the Moral Sciences (1843); Utilitarianism [1863]). E. ist für Mill nicht «science», sondern wegen ihres imperativischen Charakters «art»; sie hat aus allgemeinen Prinzipien die «Art of Life» zu entwickeln, die die Einheit von Moral, Politik und Ästhetik realisieren soll. «The general principle ... is that of conduciveness to the happiness of mankind, or rather, of all sentient beings: in other words, that the promotion of happiness is the ultimate principle of Teleology» [1]. Dieses Prinzip ergibt sich aus Mills Grundannahme, daß alle Menschen in ihrem Glücksstreben übereinstimmen, beglaubigt durch «the conscientious feelings of mankind» [2]. – Diese grundlegende Übereinstimmung der Einzelnen muß jedoch nicht zum Endziel eines allgemein begehrenswerten Zustandes führen, kritisiert H. SIDGWICK. Er führt deshalb den Begriff einer «intuition of the principle of utility» ein [3], die instinktmäßig und unbewußt das individuelle Glücksstreben mit der Förderung des allgemeinen Glücks verbindet.

Beeinflußt von *Kant* ist die E. von J. Martineau und T. H. Green. MARTINEAU macht den Wert moralischen Verhaltens abhängig von dem «principle» (der Maxime), dem es folgt [4]. Als Kriterium entwickelt er eine Tafel von dreizehn Graden von Motiven, die selbst aus innerer Gewißheit entwickelt wird. *Green* versteht das moralische Bewußtsein aus einem ewigen Bewußtsein, an dem es teilhat und in dessen Selbstrealisierung es einbezogen ist [5].

Anmerkungen. [1] J. ST. MILL: Logic of the moral sciences (New York 1965) 147. – [2] Utilitarianism (New York 1962) 279. – [3] H. SIDGWICK: The methods of ethics (New York 1966) 83. – [4] J. MARTINEAU: Types of ethical theory (Oxford 1885-91) 2, 265f. 270. – [5] TH. H. GREEN: Prolegomena to ethics (Oxford 1890) 191.

5. Neben der soziologisch begründeten E. bildet sich in *Frankreich und England* eine E. aus, die von der *Evolutionstheorie* ausgeht. J. M. GUYAU formuliert als These: «Wir glauben, daß eine streng wissenschaftliche Sittenlehre, wenn sie umfassend sein will, zugeben muß, daß das Streben nach Lust nur die Folge des instinktiven Dranges nach Erhaltung und Ausdehnung des Lebens ist. Das Ziel, das in der Tat für jede bewußte Handlung bestimmend ist, ist auch die Ursache, aus der jedes unbewußte Handeln hervorgeht» [1]. «Die höchsten Gesetze dieser Sittenlehre werden mit den tiefsten Lebensgesetzen identisch sein» [2], denn «die Gesetze des Lebens sind die gleichen auf allen Stufen der Leiter organischen Lebens» [3]. Weil die unbewußten Impulse aber ständig ins Bewußtsein hinüberspielen, werden sie verändert, so wie sie ihrerseits zur Veränderung beitragen können. «So kann die Sphäre des Bewußtseins zu einer Quelle neuer Handlungen werden, die ihrerseits wieder zu ursächlichen Gewohnheiten oder Instinkten werden» [4]. «Die E., als systematische Darstellung der sittlichen Entwicklung der Menschheit» kann entsprechend «Einfluß auf diese Entwicklung» [5] nehmen. – Ebenfalls aus der Struktur der Handlung gewinnt M. BLONDEL den Ansatz seiner E. Jede Aktion erzeugt zugleich eine auf den Handelnden selbst zurückschlagende Reaktion und stellt ihn damit in einen sozialen Kontext. «Gegenstand der Wissenschaft der Sitten ist es, ... das Gesetz der notwendigen Rückwirkungen und die Konsequenzen der menschlichen Handlungen zu bestimmen, ferner die Bildung der sittlichen Begriffe zu erklären ... und schließlich ihre Bewegung zu regeln und ihren Fortschritt zu beschleunigen durch das Bewußtsein, das sie davon erlangt» [6].

In der Unterscheidung von geschlossener und offener E. konfrontiert H. BERGSON den Verhaltenskodex einer auf Selbsterhaltung bedachten Gruppe und ein auf Intuition, Emotion, Genialität des Lebens beruhendes Verhalten. «Jenes wird von einem Gesamt von Gewohnheiten charakterisiert, die beim Menschen symmetrisch gewissen Instinkten der Tiere entsprechen; es ist weniger als Intelligenz. Dieses ist Aufschwung, Intuition und Emotion; es wird sich dann in Ideen zerlegen, die seine intellektuelle Notierung sind» [7]. Entsprechend kann diese höhere E. durchaus in imperativischer Form ausgesprochen werden; aber daß beide «auf die gleiche Art formuliert werden und sich äußerlich ähneln, daraus folgt nicht, daß sie in gleicher Weise zu erklären sind» [8]. Denn sie sind in durchaus verschiedener Weise Manifestationen des Lebens. Zwar schreibt Bergson: «alle E., ob Druck oder Aufstreben, ist biologischer Natur» [9], aber der «Plan der Natur» impliziert gesellschaftlichen Druck und umfaßt nicht mehr die Ordnung, die der «Aufschwung der Liebe» [10], die «schöpferische Entwicklung» [11] setzt.

Eine *evolutionistische* E. vertreten in England H. Spencer und Th. H. Huxley. SPENCERS E. beruht auf der Grundannahme, daß alle Evolution auf das größtmögliche Glück abziele und daß in der Darlegung der Gesetze der Evolution zugleich eine E. begründet werden kann. «Wenn das ganze sichtbare Universum sich entwickelt hat, ... wenn die bei allen Geschöpfen bis hinauf zu den höchsten sich kundgebenden Erscheinungen ... insgesamt den Gesetzen der Entwicklung unterworfen sind: dann folgt notwendig daraus, daß jene Erscheinungen des Handelns dieser höchsten Geschöpfe, mit welchen sich die E. beschäftigt, gleichfalls diesen Gesetzen unterworfen sind» [12]. Höherentwicklung bedeutet folglich ein Mehr an Sittlichkeit und an Glück. Dieser Gedanke hat vor allem soziale Relevanz, so daß sittliches Handeln soziales Handeln ist unter Ausgleich des Gegensatzes von Egoismus und Altruismus. Spencer sagt, daß «eine Umbildung der menschlichen Natur zwecks Eignung für die Anforderungen des gesellschaftlichen Lebens letztlich alle notwendigen Tätigkeiten erfreulich machen muß, während sie jede Tätigkeit, die diesen Anforderungen widerspricht, unerfreulich macht» [13]. Entsprechend kann das Gefühl von Lust und Unlust als Index der sittlichen Qualität eines Verhaltens angesehen werden. Wenn die Gesellschaft schließlich einen Stand erreicht, auf dem sie «mit der Erhaltung des Lebens im Einklang» steht, «dann kann es keine Tätigkeit geben, die bei ihrer weiteren Ausübung nicht zu einer Quelle der Freude wird. Daher wird Freude jede Bewegung oder Handlung begleiten, für die eine gesellschaftliche Notwendigkeit besteht» [14]. – Verwandte Ansätze begegnen in TH. H. HUXLEYS ‹Evolution and Ethics› (1893), der E. in Entgegensetzung zum evolutionistischen Gesetz des «survival of the fittest» begründet, in A. SUTHERLANDS ‹The Origin and Growth of the Moral Instinct› (1898) in einer Untersuchung der Entwicklung von den niedrigsten Tieren bis zur höchsten Stufe der Menschheit.

Anmerkungen. [1] J. M. GUYAU: Esquisse d'une morale sans obligation ni sanction (1885; dtsch. 1912) 103. – [2] a. a. O. 104. – [3] 102. – [4] 109. – [5] 153. – [6] M. BLONDEL: L'Action (1893; dtsch. 1965) 307f. – [7] H. BERGSON: Les deux sources de la morale et de la religion (1932; dtsch. 1933) 60. – [8] a. a. O. 60. – [9] 98. – [10] 93. – [11] 94. – [12] H. SPENCER: The principles of ethics 1: Data of ethics (London/New York 1879) 63. – [13] a. a. O. 138. – [14] 186.

6. F. NIETZSCHE leitet in Absetzung von der traditionellen E. eine Neubestimmung des E.-Begriffs ein. E. ist nicht mehr Theorie und System moralischen Handelns, sondern in der Erkenntnis der Scheinhaftigkeit ethischer Imperative deren Aufhebung. Erst das höchste moralische Bewußtsein durchschaut die Fiktion der Moral. In diesem Sinn resultiert: «Es gibt gar keine moralischen Phänomene, sondern nur die moralische Ausdeutung von Phänomenen» [1]. Die geschichtliche Notwendigkeit des moralischen Scheins für das Leben ist damit allerdings nicht bestritten: «Ich verstehe unter ‹Moral› ein System von Wertschätzungen, welches mit den Lebensbedingungen eines Wesens sich berührt» [2]. Indem aber in der Entfaltung des Lebens die Bedingungen wegfallen, die den fiktiven Charakter der Moral nötig machen, ist eine wert- und wesensfreie E. möglich, deren Qualifikation sich im Prozeß der Selbstgestaltung des Lebens herstellt. Sie zentriert im Gedanken der «ewigen Wiederkunft», in der die Selbstrealisierung ihr ewig wiederkehrendes So-Sein bejaht.

Anmerkungen. [1] F. NIETZSCHE, Werke, hg. K. SCHLECHTA (1955) 2, 631. – [2] a. a. O. 3, 925.

7. Wegbereiter einer *phänomenologischen* E. ist F. BRENTANO. Er sieht eine «allgemeine ethische Norm» als «inhaltsleer und unanwendbar» [1] an und begründet ethische Wertungen aus dem intentionalen Akt: «Wir nennen etwas gut, mit Rücksicht darauf, daß das darauf gerichtete Lieben als richtig charakterisiert ist» [2]. «Auch wenn wir gewisse Gegenstände gut, andere schlecht nennen, so sagen wir damit nichts anderes als, wer jene liebe, diese hasse, verhalte sich richtig. Die Quelle dieser Begriffe ist also die innere Wahrnehmung, denn nur in innerer Wahrnehmung erfassen wir uns als etwas liebend oder hassend» [3]. Der ethische Imperativ «Bevorzuge richtig» [4] fundiert eine E., die «über die Zwecke zu handeln hat, die um ihrer selbst willen erstrebt zu werden verdienen» [5]. – E. HUSSERLS allgemeine Formulierung des ethischen Imperativs lautet: «Wolle einsichtig das Beste unter dem Erreichbaren» [6]. Gegenüber Psychologismus und Relativismus verschafft sich Husserl damit eine apriorische Instanz, die zugleich gegenüber dem Rationalismus an Gefühl und Gemüt als entscheidend für die E. festhält. Wertungen sind intentionale Akte; ihre apriorische Struktur ist entsprechend erhellbar. Es zeigt sich, «daß ein gut gerichteter Willensakt und die gute Absicht in ihm (sozusagen die Willenswahrheit) nicht darum gut ist, weil ich, dieser zufällige, in dem psychophysischen Naturzusammenhang gerade so kausal geworden bin, sondern daß er gut ist durch das, was in ihm selbst liegt als sein idealer Gehalt, durch das, was er an Zielrichtung und Motiven in sich selbst birgt und somit gut bliebe, in welchem Willenssubjekt er genau mit diesem Inhalt gedacht würde» [7]. Entsprechend dieser Unterscheidung kann Husserl sowohl am apriorischen Charakter der Wertobjekte festhalten wie sie als material explizieren: «Eine formale Regelgebung des Wertens und Wollens unter der Voraussetzung, daß die Materie des Wertens und Wollens, also die inhaltliche Besonderheit der Wert- und Willensobjekte außer Einsatz bleiben können, ist ein Widersinn» [8].

M. SCHELER hebt ebenfalls den materialen Bezug der E. hervor: «Nicht um die sozialen Werturteile hinsichtlich des Guten und Bösen, sondern um die Wertmaterie ‹gut› und ‹böse› selbst handelt es sich bei ihr» [9]. Diese konkreten Bezüge einer Wissenschaft, die dennoch auf Apriorität besteht, ergeben sich im praktischen Lebensvollzug: «im fühlenden, lebendigen Verkehr mit der Welt ..., im Vorziehen und Nachsetzen, im Lieben und Hassen selbst, d. h. in der Linie des Vollzuges jener intentionalen Funktionen und Akte blitzen die Werte und ihre Ordnungen auf. Und in dem so Gegebenen liegt auch der apriorische Gehalt» [10]. Die philosophische E. kann im Verfahren der logischen Reduktion die transzendentalen Voraussetzungen der einzelnen Beurteilungs- und Normierungsakte isolieren und expliziert so a priori die «in den emotionalen Intentionen selbst gegebenen Werte und Wertrangverhältnisse» [11]. In jeder Wertung ist so jede sittliche Verpflichtung schon material begründet: «Alle ‹Sollensnotwendigkeit› geht auf die Einsicht in apriorische Zusammenhänge zwischen Werten zurück; niemals aber diese auf eine Notwendigkeit des Sollens» [12].

N. HARTMANN spricht den bei Scheler in der Einheit des Vollzugs begründeten Werten ein ideales An-sich-Sein zu, deren Bewußtsein sich geschichtlich verändert. «Ihr Wesen ist überzeitlich, übergeschichtlich. Aber das Wertbewußtsein verschiebt sich» [13]. «Die Werte als solche haben dem Wirklichen gegenüber immer nur den Charakter einer ‹Idee›, die zwar, wo das Wirkliche ihr entspricht, diesem selbst den Charakter eines Wertvollen verleiht, mit ihrem idealen Wesen aber auch der Verwirklichung noch jenseitig bleibt» [14]. Trotz dieser Umdeutung begründet N. Hartmann das Wertbewußtsein wie Scheler auf dem Wertgefühl: «Es gibt eine strenge Gesetzlichkeit des Fühlens, und was sich in ihm ankündigt, hat objektive Gültigkeit» [15].

Anmerkungen. [1] F. BRENTANO: Grundlegung und Aufbau der E. (1952) 306. – [2] a. a. O. 146f. – [3] 144. – [4] 306. – [5] 7f. – [6] E. HUSSERL, Ms. F I, 21, 20, zit. nach A. ROTH: Edmund Husserls ethische Untersuchungen (Den Haag 1960). – [7] a. a. O. I, 28, 44f. – [8] I, 24, 323. – [9] M. SCHELER: Der Formalismus in der Ethik und die materiale Wertethik (⁴1954) 65. – [10] a. a. O. 87. – [11] 311. – [12] 93. – [13] N. HARTMANN: E. (⁴1962) 49. – [14] a. a. O. 151. – [15] Vom Wesen ethischer Forderungen (1949) 299.

8. Das Bedürfnis nach einer ausgearbeiteten *marxistischen* E. ergibt sich zunächst aus dem vorläufigen Ausbleiben der erwarteten Revolution und dadurch, daß jene gesellschaftliche Polarisierung nicht mehr eindeutig ist, in der die Durchsetzung des gesellschaftlichen, klassenkämpferischen Interesses als notwendiges Resultat gesellschaftlicher Prozesse erwartet wurde. Doch kommt es nur zu wenigen Versuchen. LENIN etwa spricht nur von Sittlichkeit: «Jede solche Sittlichkeit, die von einem übernatürlichen, klassenlosen Begriff abgeleitet wird, lehnen wir ab. ... Wir sagen, daß unsere Sittlichkeit völlig den Interessen des proletarischen Klassenkampfes

untergeordnet ist. Unsere Sittlichkeit ist von den Interessen des proletarischen Klassenkampfes abgeleitet» [1].

L. TROTZKI begründet in seiner Polemik gegen Stalinismus und bürgerliche Philosophie (1938) die proletarische Moral in «the dialectical interdependence between means and end» und «the dialectics of class struggle» [1a].

Ausdrücklich verwendet wird der E.-Begriff wieder im Sozialismus nach 1900, bedingt durch die erneute Kantrezeption (O. Bauer, K. Vorländer, K. Kautsky, M. Adler). K. KAUTSKY sieht in der E. ein Relikt und «ein Hindernis des Fortschritts» [2]. Sie muß einerseits ihrer Rechtfertigungsfunktion für die herrschende Klasse entbunden und andererseits aus ihrer Entgegensetzung zur «herrschenden Sittlichkeit» [3] gelöst werden, indem man sie auf ihre Bedingungen zurückführt und damit ihres ideologischen Eigenlebens entkleidet. «Das sittliche Ideal wird ... enthüllt ... als Widerspruch gegen die bestehende sittliche Ordnung, und seine Bedeutung wird erkannt als Triebkraft des Klassenkampfes. ... Gleichzeitig wird aber auch das sittliche Ideal seiner richtungsgebenden Kraft entkleidet. Nicht von unserem Ideal, sondern von bestimmten gegebenen materiellen Bedingungen hängt die Richtung ab, welche die gesellschaftliche Entwicklung in Wirklichkeit nimmt» [4]. Obwohl so eine ausgearbeitete E. nicht möglich ist, kann die proletarische Aktion auf ethische Motivationen nicht verzichten: «der sittliche Trieb, das sittliche Ideal ist eine besondere Waffe für die besonderen Verhältnisse des Klassenkampfes» [5]. – Die Allgemeingültigkeit ethischer Imperative – so O. BAUER – kann nicht aus faktischer Notwendigkeit bewiesen werden: «Im Gegenteil bedarf die nur faktisch als notwendig erwiesene Tendenz in ihrer Relativität einer normativen, wenn auch nur formalen Beglaubigung.» Das führt zu einer Rückbesinnung auf Kant. «Wer, vom ethischen Skeptizismus beirrt, nun meint, es gebe für ihn keine Norm der Wahl, weil ja das Wollen aller Klassen in seiner Notwendigkeit begreife, den lehren wir, sich der formalen Gesetzlichkeit seines Willens wieder zu erinnern, dem geben wir das Kriterium, das ihn befähigt, das Wollen der Arbeiterklasse von dem der Bourgeoisie dem Werte nach zu unterscheiden, und ihn so in das Lager der kämpfenden Arbeiterklasse führt» [6].

Diesen Gesichtspunkt «der fundamentalen noologischen Verschiedenheit der kausalen von der wertenden Gesetzmäßigkeit» [7] verfolgt M. ADLER weiter. Die systematische Einbeziehung der E. wird dann durch folgende Annahme ermöglicht: Die wissenschaftlich allein zugelassene kausalgenetische Methode ist kompetent, weil sichtbar wird, «daß der geschichtliche Prozeß kausalnotwendig zu den Zielen führen muß, welche die E. als begründet ansieht, weil eben der wichtigste geschichtliche Kausalfaktor der richtungsbestimmte menschliche Wille ist» [8]. Diese Richtungsbestimmung ergibt sich wie bei Bauer durch die «formale, in jedem menschlichen Bewußtsein gleichmäßig wirkende ethische Beurteilung», «so daß also der geschichtlichen Kausalität die ethische Wertung immanent ist» [9]. Im Rückgriff auf Kant wird so eine allgemeingültige Beglaubigung des Marxismus angestrebt, während die auf der Stufe neukantianischer E. so problematische Konkretisierung durch die Berufung auf den Marxismus material ausgefüllt werden soll.

Im orthodoxen Marxismus kommt es nach Lenin zu einer expliziten Bearbeitung der E., die zugleich die nachträgliche Befriedigung eines seit Marx und in der Moderne besonders fühlbaren Desiderats leisten will. «Die heutige marxistische E. entwickelt sich unter den neuen Bedingungen der Existenz eines sozialistischen Weltsystems und des Übergangs von immer mehr Ländern zum Sozialismus. Sie entwickelt sich vor allem unter den Bedingungen eines scharfen internationalen ideologischen Klassenkampfes und des weltweiten Prozesses der wissenschaftlich-technischen Revolution». Sie sieht sich dadurch «vor qualitativ neue Aufgaben» [10] gestellt. Typisch für das Interesse an E. sind die Bücher von A. F. SCHISCHKIN: Die Grundlagen der marxistischen E. (1961) und L. M. ARCHANGELSKI: Kategorien der marxistischen E. (1965).

Die marxistische Diskussion über E. ist nach dem Zweiten Weltkrieg auch von der Existenzphilosophie her beeinflußt worden. «Der Marxismus» – so M. MERLEAU-PONTY – «ist kein Immoralismus, er ist der Vorsatz, Tugenden und Moral nicht nur in den Herzen zu sehen, sondern im Zusammenleben der Menschen. Die Alternative von Realem und Idealem ist im Begriff des Proletariats als des konkreten Wertträgers überwunden» [11]. Entsprechend wird ethisches Verhalten material «durch die Logik der ihr zuteil gewordenen Situation auf bestimmte Werte ausgerichtet» [12]. – Für H. MARCUSE ist E. ein «historisches Kalkül» [13] der Mittel, « reale Möglichkeiten menschlicher Freiheit und menschlichen Glücks» [14] rational zu begründen. Für Merleau-Ponty und Marcuse ist dabei die Frage des ethischen Verhaltens vor allem auch eine Frage an den Marxismus nach der Rechtfertigung «der repressiven Mittel» [15] im Verhältnis zum ethisch intendierten Zweck und «nach der letztinstanzlichen Sanktion moralischer Werte» [16]. – Der Ansatz einer marxistischen E. (bzw. fremdsprachlich auch Moral) wird allgemein aus dem Verhältnis von Theorie und (revolutionärer) Praxis abgeleitet. Dabei ist «die Arbeit als Überwindung des Gegebenen die erste Kategorie der E.» [17]. «Der Marxismus begreift sie [die E.] als das Problem der Überwindung verdinglichter, fetischisierter Praxis. Die Moral der Dialektik heißt: revolutionäre Praxis» [18].

Anmerkungen. [1] W. J. LENIN, Ausgew. Werke (1967) 3, 539. – [1a] L. TROTZKY: Their morals and ours (New York 1942) 36f. – [2] K. KAUTSKY: E. und materialistische Geschichtsauffassung (1906) 161. – [3] a. a. O. 136. – [4] 140. – [5] 141. – [6] O. BAUER: Marxismus und E., in: Austromarxismus, hg. R. DE LA VEGA/H. J. SANDKÜHLER (1970) 74. – [7] M. ADLER: Marxistische Probleme (1913) 188. – [8] a. a. O. 146. – [9] 144. – [10] Philos. Wb., hg. G. KLAUS/M. BUHR (1969) 343. – [11] M. MERLEAU-PONTY: Humanismus und Terror (dtsch. 1966) 2, 31. – [12] a. a. O. 33. – [13] H. MARCUSE: E. und Revolution, in: Kultur und Gesellschaft (1968) 2, 141. – [14] a. a. O. 132. – [15] 146. – [16] 140. – [17] K. KOSIK: Die Dialektik der Moral und die Moral der Dialektik, in: Moral und Gesellschaft (mit Beiträgen von K. Kosik, J.-P. Sartre, C. Luporini, R. Garaudy, G. della Volpe, M. Marković, A. Schaff) (1968) 21. – [18] R. GARAUDY: Thesen zu einer Diskussion der Grundlagen der Moral a. a. O. 81.

9. Die *Psychoanalyse* hat keine E. als Disziplin ausgebildet, im Gegenteil hat sie sie relativiert. «Der Triebverzicht und die auf ihn gegründete E.» [1] haben in der Geschichte kulturbildend gewirkt. Die Gemeinschaft bildet ein soziales Über-Ich aus, «unter dessen Einfluß sich die Kulturentwicklung vollzieht» [2]. Gegen ein zu positives Verständnis der E. heißt es bei FREUD: «E. ist aber Triebeinschränkung» [3], und zwar in einem gegenüber geschichtlich-kulturellen Anforderungen verschärften Sinn: «Die E. ist also als ein therapeutischer Versuch aufzufassen, als Bemühung, durch ein Gebot des Über-Ichs zu erreichen, was bisher durch sonstige Kulturarbeit nicht zu erreichen war» [4]. In anderer Formu-

lierung tritt weniger der repressive Charakter der E. hervor als vielmehr ihre Funktion für die Triebbefriedigung. «Mythus, Religion und Sittlichkeit» gelten «als Versuche, sich für die mangelnde Wunschbefriedigung Entschädigung zu verschaffen» [5].

Anmerkungen. [1] S. FREUD, Werke (London 1940-1952) 16, 227. – [2] a. a. O. 14, 561; vgl. 3, 414f.; 10, 932f. – [3] 16, 226. – [4] 14, 505. – [5] 8, 416.

10. Auch die *Existenzphilosophie* hat eine E. entwickelt. «Ethisches Handeln» – so K. JASPERS – «ist als inneres Handeln und als Handeln in der Welt» [1]. Primär ist das innere Handeln, das als unbedingt gesolltes die E. begründet und dessen Sollenscharakter in logischer Allgemeinheit formuliert werden kann. «Das Sein, das sein eigenes Sollen ist, ist ... Existenz, welche, was sie unbedingt tut, als gesollt versteht» [2]. Diese Unbedingtheit wird extravertiert. «Das innere Handeln läßt sich mit der ihm sich erhellenden Unbedingtheit des Selbstseins die Unbedingtheit des Welthandelns entspringen ... Das innere Handeln ist das dem äußeren vorangehende und es bestimmende» [3]. Dennoch bleibt eine Spannung, weil die konkret geschichtliche Situation sich nicht nach allgemeinen Kriterien beurteilen läßt. «E. könnte sich darum nicht auf einer einzigen Ebene des Allgemeinen bewegen» [4]. «So ist die Frage des Gewissens an sich selbst, wieweit es aus anfangsloser Freiheit, wieweit aus geschichtlich sich bindender Freiheit verwirklichen will» [5]. – Ansätze einer E. lassen sich bei M. HEIDEGGER aufweisen [6], doch sind sie als solche im geschichtlichen Zusammenhang von E. kaum dokumentierbar.

Auch J.-P. SARTRE erörtert das Problem der E. in der Spannung von Freiheit und Faktizität: «Es gibt Freiheit nur in Situation und es gibt Situation nur durch Freiheit» [7]. Eine ontologische Fundierung der E. scheidet aus, denn aus den Indikativen der Ontologie dürfen keine Imperative abgeleitet werden. «Sie gestattet indessen eine Mutmaßung, wie eine E. aussehen würde, die sich ihrer Verantwortlichkeit angesichts einer menschlichen Realität in Situation bewußt ist. Sie hat uns in der Tat den Ursprung und die Eigenart des Wertes enthüllt; wir haben gesehen, daß er Mangel ist, in bezug auf den das Für-sich in seinem Sein als Mangel sich bestimmt» [8]. Die verschiedenen Aufgaben des Für-sich können aber untersucht werden und führen dann zu einer «ethischen Darstellung, denn sie liefert uns den verschiedenen Sinn der menschlichen Entwürfe». Sie legt die «ideale Bedeutung aller Einstellungen des Menschen» dar [9].

Anmerkungen. [1] K. JASPERS: Philos. (²1948) 571. – [2] a. a. O. 604. – [3] 571. – [4] 606. – [5] 525. – [6] Vgl. H. FAHRENBACH: Existenzphilos. und E. (1970) 99-131. – [7] J.-P. SARTRE: Das Sein und das Nichts (²1962) 619. – [8] a. a. O. 783. – [9] ebda.

Literaturhinweise. K. FISCHER: Schopenhauers Leben, Werke und Lehre (1898). – O. MOST: Die E. Franz Bretanos (1931). – M. LANDMANN: Geist und Leben (1951). – E. FROMM: Psychoanalyse und E. (1954). – E. ALBEE: A history of English utilitarianism (1957). – P. HEINTZ: Die Autoritätsproblematik bei Proudhon (1957). – E. THEUNISSEN: Der Begriff Ernst bei Søren Kierkegaard (1958). – M. DUPUY: La philos. de Max Scheler (Paris ²1959). – A. ROTH: Edmund Husserls ethische Untersuch. (1960). – N. E. TRUMAN: Maine de Biran's philos. of will (Ithaca 1964). – P. KELLERMANN: Kritik einer Soziologie der Ordnung. Organismus und System bei Comte, Spencer und Parsons (1967). – H. FAHRENBACH: Kierkegaard existenzdialektische E. (1968). – H. SEIDEL: Wert und Wirklichkeit in der Philosophie Heinrich Rickerts (1968). – E. FROMM: Marx's concept of man (New York 1969). – F. MORDSTEIN: Ist der Marxismus ein Humanismus? (1969). – B. BUEB: Nietzsches Kritik der praktischen Vernunft (1970). – H. FAHRENBACH, Existenzphilos. und E. (1970). – Austromarxismus, hg. R. DE LA VEGA/H. J. SANDKÜHLER (1970). – W. BULK: Das Problem des idealen An-sich-seins bei Nicolai Hartmann (1971). R. ROMBERG

VIII. In der *analytischen Philosophie* des angloamerikanischen Sprachraums ist seit dem Beginn des 20. Jh. eine philosophische Theorie der E. entwickelt worden, die sich als Meta-E., d. h. als kritische Theorie über die sprachliche Form moralischer Aussagen begreift. Während es in der traditionellen E. vorwiegend um die Analyse der Prinzipien geht, die das sittliche Sein und Sollen bestimmen, unternimmt es die Meta-E., die überlieferten ethischen Fragestellungen auf dem Wege einer Analyse der Bedeutungen moralischer Wörter (z. B. ‹gut›, ‹böse›, ‹richtig›, ‹sollen›, ‹dürfen›, ‹Pflicht›, ‹Freiheit› u.a.) und Sätze zu klären und zu kontrollieren.

Die analytischen Argumente der Metaethiker lassen sich global in kognitive und nicht-kognitive Theorien einteilen. Halten die «Kognitivisten» an der prinzipiellen Erkennbarkeit und Objektivität des Moralischen fest, so betonen die «Nicht-Kognitivisten» dessen Irrationalität und Subjektivität und weisen seine Untersuchung anderen Wissenschaften, vorwiegend Psychologie und Soziologie, zu.

Die kognitiven Theorien lassen sich wiederum in «ethischen Naturalismus», «ethischen Intuitionismus» und «ethischen Logizismus» unterteilen, je nachdem, in welcher Weise die Rationalität des Moralischen begründet wird. Während die «Naturalisten» (R. B. PERRY [1], C. I. LEWIS [2] u. a.) behaupten, daß sich moralische Wörter und Begriffe (‹gut›, ‹gerecht›, ‹Pflicht›) durch empirische, deskriptiv erfaßbare Begriffe (‹angenehm›, ‹nützlich›, ‹Lust›) definieren lassen, bestreiten die «Intuitionisten» (G. E. MOORE [3], W. D. ROSS [4] u.a.) diese These und etablieren für die moralischen Ausdrücke eine eigene Begriffsklasse, die nicht durch Beobachtung der Faktizität, sondern durch unmittelbare Einsicht in die innere Qualität von Handlungen intuitiv gewonnen wird. Die «Logisten» und Sprachlogiker (S. E. TOULMIN [5], R. M. HARE [6], P. H. NOWELL-SMITH [7], P. E. EDWARDS [8], G. H. VON WRIGHT [9], C. WELLMAN [10] u. a.) vertreten die These, daß es eine spezielle Argumentationsmethode oder sogar «Logik der E.» gebe, eine der Aussagenlogik entsprechende imperativische oder deontische Logik, vermittels derer die rationale Struktur des Moralischen demonstriert werden könnte.

Im Gegensatz zu den Kognitivisten stellen die «Emotivisten» (A. J. AYER [11], C. L. STEVENSON [12] u. a.) eine nicht-kognitive Theorie der E. auf, der gemäß das in Sollens- und Wertwörtern implizierte Moralische bloßer Ausdruck von Gefühlen ist. Moralische Urteile und Argumentationen entbehren eines objektiven, intersubjektiven Kontrolle zugänglichen Maßstabs, daher kann das Moralische nicht Gegenstand einer rational verfahrenden Wissenschaft sein.

Das Neue an der analytischen E. gegenüber der traditionellen E. liegt in der sprachanalytischen Methode. Da jedoch die moralische Sprache viele verschiedene Funktionen hat – vermittels ihrer können nicht nur Tatsachen behauptet (X hat y getan), sondern auch Gefühle und Einstellungen ausgedrückt (X hat heldenhaft gehandelt), Befehle und Ermahnungen gegeben (Du sollst y tun), Drohungen und Verwünschungen ausgestoßen (Wehe, wenn du y nicht tust), Bitten und Wünsche ausgesprochen (Bitte tu y) sowie Meinungen geäußert (Ich finde, X hat gut gehandelt) werden –, stellt sich die Frage, welchem Sprachmodus dieses vielfältig sich differenzierte Sprachgeschehen zugeordnet werden muß. Die analytischen Ethiker stimmen bis auf die Naturalisten und die Emotivisten darin überein, daß moralische Aussagen (normative und axiologische Sätze) – wiewohl sie sich auf Tatsachen beziehen – keine Tatsachen zum Ausdruck bringen und daher nicht indikativische, sondern imperativische Form haben, mithin auch nur durch Imperative (Norm- bzw. Wertstandardsätze) begründet bzw. gerechtfertigt werden können.

Die Problematik, die in der analytischen E. ungelöst bleibt, zeigt sich darin, daß durch eine rein deskriptiv orientierte Sprachanalyse kein Kriterium gewonnen werden kann, vermittels dessen moralische Aussagen von nicht-moralischen Normen- und Wertaussagen (e. g. ärztlichen Vorschriften, militärischen Befehlen, Kochrezepten, Gütestandards für Gebrauchsartikel) unterscheidbar sind. Da das Wissen um das Moralische von den analytischen Ethikern nicht eigentlich aus der Deskription der umgangssprachlichen Verwendung bestimmter Wörter erschlossen, sondern immer schon vorausgesetzt wird als etwas, das jedermann selbstverständlich weiß, dieses als bekannt vorausgesetzte Wissen von ihnen aber nicht ausdrücklich thematisiert wird, bleibt die Frage, wie man einen moralischen Kontext von einem nicht-moralischen Kontext unterscheiden kann, offen. Das bedeutet, daß eine Metatheorie sprachanalytischer Prägung letztlich nicht isoliert für sich durchgeführt werden kann, sondern nur dann einen Sinn hat, wenn sie auf einer Theorie aufbaut, die das Moralische primär nicht beschreiben, sondern erklären, begründen und rechtfertigen will. Erst wenn der *Begriff* der Moralität geklärt ist, können mit Hilfe dieses Begriffs moralische Sätze in der Gesamtheit normativer und axiologischer Sätze ausgezeichnet werden [13].

Der Ansatz der analytischen E. ist in *Deutschland* von P. Lorenzen und seinem Schüler O. Schwemmer aufgenommen, aber durch eine Reflexion auf die Möglichkeit der Rechtfertigung von Normen wesentlich erweitert worden. So entwirft LORENZEN – in Fortführung G. H. von Wrights – eine «ethische Modallogik» [14], vermittels derer die «normative Genesis» [15] einer Situation rekonstruiert und eine im Hinblick auf diese geschehene oder geplante Handlung als obligatorisch, erlaubt oder verboten erwiesen wird. Das Prinzip einer solchen Rekonstruktion, das die Rechtmäßigkeit der Geltung einer Norm begründet und jede dieser Norm gemäße Handlung moralisch legitimiert, ist nach Lorenzen eine «Supernorm» [16]: nämlich das Moralprinzip der «Transsubjektivität» [17], das sich formaliter als eine Neuformulierung des ‹kategorischen Imperativs› geriert – «Let us transcend our subjectivity!» [18] –, materialiter aber als Kulturprinzip verstanden werden muß [19], vermittels dessen entschieden wird, welche geschichtlich sich artikulierenden subjektiven Bedürfnisse und Begehrungen so ins Allgemeine transformierbar sind, daß ihre Befriedigung als geboten oder doch zum mindesten als erlaubt eingesehen werden kann.

Dieses Modell der Rechtfertigung menschlichen Handelns durch Normen, die am Prinzip der Transsubjektivität orientiert sind, wird von SCHWEMMER weiter präzisiert [20]. Schwemmer versucht, die gemeinsame – sowohl sprachliche wie nicht-sprachliche – Praxis einer Gruppe von Menschen vermittels einer logischen Sprache kritisch so zu rekonstruieren, daß historisch etablierte und manifest gewordene Handlungsgewohnheiten nicht nur analysierbar, sondern am Prinzip der Transsubjektivität überprüfbar werden und als zu Recht oder zu Unrecht geltend beurteilt werden können. Schwemmer geht es um die Erarbeitung einer Methode moralischen Argumentierens, die eine vernünftige Willensbildung ermöglicht [21], indem sie nicht einfach bestehende Herrschaftsverhältnisse sanktioniert, sondern miteinander unverträgliche Begehrungen durch gemeinsame transsubjektive Beratung derart modifiziert, daß das Ergebnis dieser Beratung das Interesse aller zum Ausdruck bringt und so die ursprünglichen Konflikte bewältigt sind [22]. «Die Philosophie der Praxis hat ... die Aufgabe, zu einer Praxis zu führen, durch die ein Zustand herbeigeführt wird, in dem Philosophie als Methode der Konfliktbewältigung ... überflüssig werden sollte» [23].

Im Unterschied zu den Untersuchungen der analytischen E., die sich auf die Deskription sprachlicher Phänomene im Bereich des Moralischen beschränken, haben Lorenzen und Schwemmer ein Modell der E. entwickelt, das es erlaubt, das, was ist, an dem, was sein soll, zu kontrollieren. Die Einübung in den Prozeß kritischer Urteilsbildung hinsichtlich der gesellschaftlichen Praxis ist das Ziel einer solchen «normativen» E.

Anmerkungen. [1] R. B. PERRY: General theory of value, its meaning and basic principle construed in terms of interest (Cambridge, Mass. ¹1926, ²1950). – [2] C. I. LEWIS: An analysis of knowledge and valuation (La Salle 1946). – [3] G. E. MOORE: Principia ethica (Cambridge 1903); Ethics (Oxford 1912). – [4] W. D. ROSS: The right and the good (Oxford 1930); Foundations of ethics (Oxford 1939). – [5] S. E. TOULMIN: An examination of the place of reason in ethics (Cambridge ¹1950, ⁴1961). – [6] R. M. HARE: The language of morals (Oxford ¹1952, ³1967). – [7] P. H. NOWELL-SMITH: Ethics (London ¹1954 ⁷1969). – [8] P. E. EDWARDS: The logic of moral discourse (Glencoe 1955). – [9] G. H. VON WRIGHT: Norm and action (London 1963); An essay in deontic logic and the general theory of action (Amsterdam 1968). – [10] C. WELLMAN: The language of ethics (Cambridge, Mass. 1961). – [11] A. J. AYER: Language, truth and logic (London ¹1936, ¹⁷1967). – [12] C. L. STEVENSON: Ethics and language (New Haven/London ¹1944, ¹²1968). – [13] Ein über den sprachanalytischen Ansatz hinaus erweiterter Denkansatz findet sich im amer. Sprachraum vor allem bei A. EDEL: Ethical judgment. The use of sci. in ethics (Glencoe 1955); Methods in ethical theory (London 1963); K. BAIER: The moral point of view. A rational basis of ethics (New York ¹1958, ⁴1964); R. B. BRANDT: Ethical theory. The problems of normative and critical ethics (Prentice-Hall Inc. 1959); zu einer krit. Bestandesaufnahme der verschiedenen sprachanalytischen Theorien vgl. im engl. Sprachraum C. D. BROAD: Some of the main problems of ethics, in: Readings in philos. analysis, hg. H. FEIGL/W. SELLARS (New York 1949) 547-563; Ethics and the hist. of philos. (London 1952). – [14] P. LORENZEN: Normative logic and ethics (Mannheim/Zürich 1969) 70. – [15] a. a. O. 85. – [16] 82. – [17] ebda. – [18] ebda. – [19] 87. – [20] O. SCHWEMMER: Philos. der Praxis. Versuch zu einer Grundlegung einer Lehre vom moralischen Argumentieren (1971). – [21] a. a. O. 7. – [22] 106. – [23] 236.

Literaturhinweise. – Zu Teil VIII: M. WARNOCK: Ethics since 1900 (Oxford 1960). – H. ALBERT: E. und Meta-E. Das Dilemma der analytischen Moralphilos. Arch. Philos. 11 (1961) 28-63. – W. K. FRANKENA: Ethics (Prentice-Hall Inc. 1963). – G. J. WARNOCK: Contemporary moral philos. (London 1966). – H. LENK: Der ‹Ordinary Language Approach› und die Neutralitätsthese der Meta.-E. Zum Problem der sprachanalytischen Deutung der E., in: Das Problem der Sprache, hg. H.-G. GADAMER (1967) 183-206. – H. FAHRENBACH: Sprachanalyse und E., in: Das Problem der Sprache a. a. O. 373-385. – A. PIEPER: Analytische E. Ein Überblick über die seit 1900 in England und Amerika erschienene E.-Lit. Philos. Jb. 78/1 (1971) 144ff.   ANNEMARIE PIEPER

Zu den Teilen I-VIII: Übersichten und Gesamtdarstellungen. – F. VORLÄNDER: Gesch. der philos. Moral-, Rechts- und Staatslehre (1855, Neudr. 1964). – R. BLAKEY: Hist. of moral sci. (Edinburgh ²1863). – TH. ZIEGLER: Gesch. der christl. E. (1881, ²1892). – F. JODL: Gesch. der E. als philos. Wiss. (1906, ³1920, Neudruck 1965). – E. WESTERMARCK: Origin and development of the moral ideas (London 1906, dtsch. 1907). – O. DITTRICH: Gesch. der E. 1.2 (1923); 3 (1926). – TH. LITT: E. der Neuzeit (1926), in: Hb. der Philosophie, hg. A. BÄUMLER/M. SCHRÖTER Abt. III (o. J.). – E. HOWALD: E. des Altertums (1926). – A. DEMPF: E. des MA (1927). – F. WAGNER: Gesch. des Sittlichkeitsbegriffs (1928-1936). – C. D. BROAD: Five types of ethical theory (London 1930). – E. WOLF: Das Problem der Naturrechtslehre (1935, ²1959 erw.). – TH. STEINBÜCHEL: Die philos. Grundlegung der kath. Sittenlehre, 2 Halbbde (1938). – E. WOLF: Große Rechtsdenker der dtsch. Geistesgesch. (1939, ⁴1963). – L. STRAUSS: Natural right and history (Chicago 1953); dtsch.: Naturrecht und Gesch. (1956). – F. FLÜCKIGER: Gesch. des Naturrechts 1 (Zürich 1954). – R. LAUN: Recht und Sittlichkeit (³1955). – L. FREUND: Politik und E. (1955). – H. WELZEL: Naturrecht und materiale Gerechtigkeit (1962). – Sein und Ethos. Unters. zur Grundl. der E., hg. P. ENGELHARDT (1963). – W. HENNIS: Politik und prakt. Philos. (1963). – H. REINER: Die philos. E. (1964). – W. KLUXEN: E. und Ethos. Philos. Jb. 73 (1965/66) 339ff. – Art. ‹History of ethics›, in: Encyclop. of philos., hg. P. EDWARDS 3 (New York/London 1967) 81ff.   Red.

Ethisch

I. Das auf ARISTOTELES zurückgehende Adjektiv wird von diesem zur Kennzeichnung der die Sittlichkeit behandelnden Wissenschaft (ἠθικὴ θεωρία, πραγματεία ἠθική) [1], aber auch der sittlichen Tugend (ἠθικὴ ἀρετή) [2] gebraucht. Er leitet den Begriff etymologisch von ἔθος, Gewohnheit, ab [3]. Von CICERO [4] und AUGUSTINUS [5] wird ἠθικός mit ‹moralis› übersetzt. Dementsprechend erklärt THOMAS VON AQUIN: «scientia ethica, quam nos moralem dicimus» [6].

KANT gebraucht ‹ethisch› in Gegenüberstellung zu ‹juridisch› zur Kennzeichnung zweier Arten von Gesetzgebung: «diejenige, welche ein Handlung zur Pflicht und diese Pflicht zugleich zur Triebfeder macht, ist *ethisch*. Diejenige aber, welche das letztere nicht im Gesetze mit einschließt, mithin auch eine andere Triebfeder als die Idee der Pflicht selbst zuläßt, heißt juridisch» [7].

Im neueren Sprachgebrauch wird ‹ethisch› sowohl im Sinn von «zur Ethik gehörig» als auch im Sinn von «sittlich» oder «sittlich gut» verwendet. So wurde 1892 in Berlin eine ‹Deutsche Gesellschaft für ethische Kultur› gegründet mit einer Zeitschrift ‹Ethische Kultur› sowie als Trägerin eine ‹Ethische Bewegung›, die für die Verbreitung von Gerechtigkeit, Wahrhaftigkeit und gegenseitiger Achtung eintrat und einen entsprechenden, von den Religionen losgelösten Jugendunterricht anstrebte [8]. In Wien entstand 1904 eine ähnlich gerichtete ‹Ethische Gesellschaft›.

Anmerkungen. [1] Anal. post. 89 b 9; Magna Moralia 1181 b 28. – [2] Eth. Nic. 1103 a 5. 14ff. – [3] a. a. O. 1103 a 17. – [4] De fato I, 1. – [5] De civitate Dei VIII, 8. – [6] 3. Sent. 23, 1, 4, 2 c. – [7] Met. Sitten, Einl. III. – [8] Hierüber W. BÖRNER: Die ethische Bewegung (1912); F. JODL: Wesen und Ziele der ethischen Bewegung in Deutschland (³1909).   H. REINER

II. ‹Ethisch› bedeutet in der Geschichte der Philosophie allgemein eine bestimmte Seinsweise des Charakters, unabhängig davon, wodurch er der ist, als der er in die Erscheinung tritt (ob «von Natur» oder «durch Gewohnheit», also durch «zweite Natur»). Seit früher Zeit wird ‹sittlich-gut› auf die innere Gesinnung bzw. auch auf die persönliche Haltung bezogen. Sittlichkeit in diesem Sinne verlangt absolute allgemeine Geltung; ‹sittegemäß› heißt demgegenüber die Übereinstimmung der tatsächlichen Handlung mit tatsächlich geltenden, in äußeren Sitten, Rechten, Verhaltensweisen niedergelegten «sittlichen» Wertungen. Die Termini ‹Ethik› und ‹Moral› werden dabei immer mehr entweder für die Theorie (Ethik) bzw. die Praxis (Moral) des Sittlichen gebraucht oder dienen zur Kennzeichnung der innerlich-sittlich guten Haltung (ethisch) bzw. der faktisch sittekonformen Verhaltensweise (moralisch).

1. Daß (seit Aristoteles) die faktisch an den Tag gelegte Haltung (der Charakter) in ontologischer Betrachtung eine Dauerverhaltensweise auf Grund bloßer Übung *und* allgemeinen üblicher Gewohnheit darstellen kann, verbindet ἦθος mit ἔθος; denn einüben und zur Gewohnheit machen läßt sich unter entsprechenden Voraussetzungen alles. So kann ‹ethisch› im Grunde auch alles heißen, was ein ἦθος aufweist und durch ἔθος zur Dauereinstellung wird; der Terminus ‹ethisch› umfaßt ‹Sittlichkeit› und ‹Sitte› als innere Haltung (ἦθος) sowie den Hinweis auf die möglicherweise gewohnheitsmäßige Annahme bzw. auf die eventuell durch Gewohnheit erfolgende Begründung des Verbindlichen, Schicklichen, Sittlichen [1]. Paradoxerweise hat die absolut geltende Sittlichkeit einen viel weniger strengen äußeren Zwangscharakter als die konventionelle Sitte in ihrer durch faktischen Brauch, faktische Übung, faktische Durchsetzung fixierten Beschränkung – ein Wesenszug, auf den BERGSON hingewiesen hat [2].

Was für KANTS Kritik der praktischen Vernunft ‹sittlich› heißt, geht auf sittliche Gesetze, sittliche Forderungen, auf «Gesetze der Freiheit» zurück, und sofern diese «auf bloße äußere Handlungen und deren Gesetzmäßigkeit gehen, heißen sie juridisch»; wenn sie aber auch fordern, «daß sie [die Gesetze] selbst die Bestimmungsgründe der Handlungen sein sollen, so sind sie ethisch» [3]. Hier tritt die Unterscheidung von quid facti und quid iuris auf [4]. Die quaestio facti zielt auf die tatsächliche Rechtfertigung aus geübtem Brauch und aus getätigter, beibehaltener Gewohnheit, also auf die Feststellung des (in diesem Sinne) «juridisch» Rechtmäßigen in einem bestimmten historischen Rahmen hic et nunc; die quaestio iuris aber zielt auf die Rechtmäßigkeit als solche, auf die innerlich gerechtfertigte Handlung und auf den inneren Charakter der Sittlichkeit; sie ist damit gerade nicht «juridisch», sondern «ethisch» (in einem neuen Sinne). In einer neuen Wendung werden dann «Legalität» und «Moralität» unterschieden. Denn bei dem, «was moralisch gut sein soll, ist es nicht genug, daß es dem sittlichen Gesetze gemäß sei, sondern es muß auch um desselben willen geschehen» [5].

Anmerkungen. [1] ARISTOTELES, Eth. Nic. II, 1, 1103 a 17. – [2] H. BERGSON: Les deux sources de la morale et de la relig. (Paris 1932); dtsch. (1933, ²1964) 46. – [3] I. KANT: Met. Sitten (1797). Akad.-A. 6, 214. – [4] KrV A 84. – [5] Grundl. Met. Sitten (1785) a. O. 4, 390.

2. Der Terminus ‹ethisch› verweist einerseits direkt auf Sitte (Brauch, Übung, Gewohnheit) und andererseits auf Sittlichkeit (Freiheit, Selbstbestimmung, Charakter). ‹Sittlich› wird so zum Inbegriff der in einer sozialen Gemeinschaft oder sozialen Schicht üblichen und eingehaltenen Gewohnheiten, die, durch Alter, Geschichte, Tradition über eine bestimmte Zeit hinweg geheiligt und gefestigt, gelegentlich zur bloßen Konvention entleert sind [1], ursprünglich aber eine gruppenrelativ zweckvolle Bedeutung besaßen und dann zur bloß noch gewohnheitsmäßig geübten Pflicht (ohne innere Verpflichtung) absanken. Die Wissenschaft von diesem Ethischen, also die Wissenschaft von der sozialen Bedingtheit sowohl der Gewohnheit (ἔθος) als auch des Charakters (ἦθος) fällt weniger in den Gesamtbereich der Charakterologie [2] als vielmehr der Ethologie [3].

In ontischem Zusammenhang hat der Terminus ‹ethisch› eine doppelte Bedeutung: Einmal beruht auf Gewohnheit (Brauch, Herkommen, Übung, Wiederholung), was Sitte ist, und Sitte konstituiert sich allein durch getätigte Praxis (nun den Inbegriff erreichbarer Sittlichkeit in der faktischen Festlegung manifestierend); zum anderen wird, was Sitte ist, durch bloße wiederholende Beibehaltung in seiner absoluten (oder als absolut vermeinten) Geltung tangiert und zum nur noch sitte- und brauchmäßig Geübten, zur «verpflichtenden Gewohnheit» abgewertet [4]. Diese beiden Möglichkeiten (in der Genese und Dialyse) bestimmen, was ‹Sitte› heißt: a) Sitte wird durch Gewohnheit sanktioniert und zur quasi-absoluten, unnachsichtig normierenden Geltung gebracht (so daß als Sittlichkeit gar nichts anderes mehr gedacht werden kann als das, was positiv in Geltung steht); b) Sitte wird durch Gewohnheit des ursprünglich innewohnenden Charakters allgemeiner (universaler) Verbindlichkeit entkleidet und zur schließlich bloß noch konventionell beobachteten sozialen Verpflichtung verändert [5].

Wenn ‹Sitte› (im weitesten Sinne) die ursprüngliche Einheit von Sitte (im engeren Sinne), Recht und Sittlichkeit bezeichnet, so ist ein «ethischer Mensch» und ein «ethischer Charakter» stets ein solcher, bei dem diese Komponenten (freilich in inhaltlich je spezifischer Weise) zur «zweiten Natur» geworden sind – unabhängig davon, ob sich ein solcher «ethischer Mensch», ein solcher «Charakter» in seiner Haltung (ἦθος) stärker an das durch ἔθος Gewordene oder mehr durch das vom λόγος eingesehene Sittlich-Rechtliche gebunden fühlt. Ethisch ist er durch «Lebensart», «Gesittung», durch das «Schickliche», durch Einhaltung der «guten Sitten» usw. ebenso wie durch konsequente Bestimmung des eigenen Verhaltens in Einsicht oder Reflexion. Die Gewohnheit der Lebensart und die Gewohnheit der Vernunft sind dann zwei Möglichkeiten des Ethischen [6].

Anmerkungen. [1] W. WINDELBAND: Über Wesen und Wert der Tradition, in: Präludien 2 (1884, ⁹1924). – [2] J. BAHNSEN: Beiträge zur Charakterol. 1. 2 (1867, Neudruck 1932); L. KLAGES: Prinzipien der Charakterol. (1910); E. UTITZ: Jb. für Charakterologie (1925ff.). – [3] Nach J. St. Mill von TH. RIBOT vor allem zur Unterscheidung von «éthologie des individus» und «éthologie des races» gebraucht, in: La psychol. anglaise contemporaine (Paris 1870, ⁵1900) 42. – [4] R. v. IHERING: Der Zweck im Recht (1877/83) 1, 23. – [5] H. REINER: Pflicht und Neigung (1951). – [6] J. CHEVALIER: Cadences (Paris 1939) 230: Sens moral, dort Hinweis auf «habitudes montées et régies par l'esprit».
G. FUNKE

Ethizismus ist eine von FR. HARMS geprägte Bezeichnung für eine umfassende Zurückführung außersittlicher Werte oder Normen auf solche (oder einen Grundwert) sittlicher Art [1]. Als einen E. beurteilt MOOG Herbarts Auffassung der Logik aufgrund dessen Bestimmung derselben als einer «Moral für das Denken» [2]. Auch *Windelband* und *Rickert* hätten sich in einen E. verfangen, indem sie «ein Sollen in der Logik als wesenhaft ansehen und logisch von einem Willen zur Wahrheit sprechen»[3].

Anmerkungen. [1] Metaphysik (1885) 1f. – [2] Vgl. J. FR. HERBART, Lehrbuch zur Psychol. § 180. – [3] W. MOOG: Logik, Psychol. und Psychologismus (1920) 222.
H. REINER

Ethnozentrismus. Der Begriff ‹E.› (engl. ethnocentrism) wurde 1906 von dem amerikanischen Soziologen W. G. SUMNER in die sozialwissenschaftliche Terminologie eingeführt. Er bezeichnet damit eine in jeder ethnischen Einheit (Völkerschaft, Nation, Gesellschaft o. ä.) bis zu einem gewissen Grade unvermeidliche Sichtweise bezüglich der ‹in-group› und der ‹out-groups›, die durch den Einfluß der eigenen ‹folkways› hervorgerufen wird: «Each group nourishes its own pride and vanity ... and looks with contempt on outsiders. Each group thinks its own folkways the only right ones ...» [1]. Der E. ist in der Folgezeit explizit und implizit in den verschiedensten theoretischen Zusammenhängen von Soziologie, Psychologie (besonders Sozialpsychologie) und Ethnologie diskutiert worden [2]. Eine größere Rolle spielt er im Rahmen der in der amerikanischen Ethnologie (cultural anthropology) entwickelten Hypothese des «kulturellen Relativismus». In diesem Zusammenhang betonte schon deren Initiator F. BOAS [3] interkulturelle Toleranz als Gegengewicht gegen den E., welches Thema vor allem im Gefolge des zweiten Weltkrieges hervorgehoben wurde, so von M. J. HERSKOVITS [4].

Anmerkungen. [1] W. G. SUMNER: Folkways (Boston 1906) 12f. – [2] Übersicht von D. T. CAMPBELL und R. L. LEVINE: Propositions about E. from social science theories (Chicago 1965, Mimeographie). – [3] F. BOAS: The mind of primitive man (New York 1911) 208f. – [4] M. J. HERSKOVITS: Man and his works (New York 1948) IX.
W. RUDOLPH

Ethologie. Der Begriff ‹E.› wurde 1843 von J. ST. MILL zur Bezeichnung einer in Ergänzung zur bestehenden Psychologie noch zu schaffenden Wissenschaft vorgeschlagen, «die da lehrt, welchen Charaktertypus irgend ein Kreis von physischen oder moralischen Umständen» [1] hervorbringt: «So entsteht eine Wissenschaft, für welche ich den Namen ‹E.› in Vorschlag bringen möchte» [2]. Nach Mills Vorstellung soll die E. eine «exakte Wissenschaft von der menschlichen Natur» [3] sein, deren Sätze «in hypothetischer Gestalt ausgesprochen werden und Tendenzen, nicht Tatsachen behaupten» [4]. TH. RIBOT unterscheidet zwischen einer «E. des individus» und einer «E. des races» [5].

Der Begriff ‹E.› hat sich in der Philosophie nicht durchgesetzt, wohl aber bezeichnet das Wort in der *Zoologie* (entsprechend der ursprünglichen Bedeutung von ἦθος = Aufenthalt, Wohnort) die Lehre von den Lebensgewohnheiten und dem Verhalten der Tiere.

Anmerkungen. [1] J. ST. MILL, Dtsch. Werke, hg. TH. GOMPERZ (1886) 4, Kap.: ‹Von der E. oder der Wissenschaft von der Bildung des Charakters›, 272. – [2] ebda. – [3] 273. – [4] ebda. – [5] TH. RIBOT: La psychol. anglaise (1877, 1910) 42.
W. NIEKE

Ethos

I. ‹E.› (Temperament, Gemütsart, Sitte, Sinnesart, sittlicher Charakter, moralische Gesinnung) ist ein sowohl auf ἦθος als auch auf ἔθος (Gewohnheit, Gewöhnung) hinweisender Begriff vor allem der antiken Ethik [1]. ‹E.› kennzeichnet die besondere Art und Haltung eines Menschen, seine Überzeugungen, Gepflogenheiten und Verhaltensweisen, die in angeborener Naturanlage (auch der Naturanlage zur Vernunft) begründet sind, aber zudem durch Gewohnheit, Übung, Anpassung gemäß dem Herkommen ausgebildet und befestigt werden können. In solch doppelter Herkunft wurzelt der «ethische Charakter». Der Terminus ‹E.› kann so auch in der Moderne gebraucht werden, um das Ganze der moralischen Einstellung und des moralischen Verhaltens eines Menschen oder um einen bestimmten Typus von Sittlichkeit einerseits bzw. von Sittegemäßheit andererseits zu bezeichnen, wobei jeweils eine spezifisch akzentuierte Werthaltung als vorherrschend im Mittelpunkt steht [2]. In kulturanthropologischer Betrachtung bezeichnet ‹E.› die «Gesamtheit der von der Mehrheit einer ethnisch abgrenzbaren Gruppe geglaubten Auffassungen über wesentliche Angelegenheiten» [3], wobei die Wirksamkeit des E. vom Clan und Stamm eines «Naturvolkes» zur modernen Großgesellschaft hin abfällt, und eigentlich fast nur noch die bestimmende, feste Grundhaltung irgendeines Berufsstandes, z. B. das «E. des Arztes», verlangt und positiv gewertet wird, während vom E. bestimmter anderer Berufe (Politiker, Offizier, Lehrer, Bauer, Arbeiter) nicht mehr im Ernst geredet wird [4]. In soziologischer Betrachtung umfaßt E. die von jeweiligen Mehrheiten (in Kleingruppen, in Sekten, in Großgesellschaften) als verbindlich gelebten «Leitbilder», «Verhaltensmuster», die eine bestimmte, eindeutig festgelegte «dogmatische Denkform» [5] enthüllen und ein vorhersagbares, geregeltes Zusammenleben mit Vertrauen, Verläßlichkeit, Verstehen gewährleisten.

Anmerkungen. [1] H. KRON: E. und Ethik (1960) 9.10. – [2] G. FUNKE: E. – Gewohnheit, Sitte, Sittlichkeit. Arch. Rechts- u. Sozialphilos. (1961) 204ff.. – [3] H. SCHOECK: Kleines soziol. Wb. (1969) 103. – [4] FUNKE, a. a. O. 3. – [5] E. ROTHACKER: Die dogmatische Denkform und das Problem des Historismus, in: Abh. Mainzer Akad. Wiss. u. Lit. (1954) Nr. 6.

1. Das griechische ἦθος hat zunächst den Sinn von Wohnung, Wohnort, gewohntem Sitz, gewohntem Aufenthalt [1]; es bezeichnet dann die gewohnte Art zu handeln, zu reden, sich zu benehmen, sich auszudrücken; und gibt damit den Sinn, die Sinnesart, den Charakter, die «edle Gesinnung» wieder [2]. PLATON stellt «Charakter und Lebensgewohnheiten» (ἤθη καὶ ἔθη) als miteinander verbunden und einander stützend zusammen [3], wenn er z. B. verlangt, es sollten die Athener gefunden werden, die sich nach Charakter und Lebensgewohnheiten zum Wächteramte eignen. Das innere Wesen von Tieren wird ebenfalls als ἦθος gefaßt [4].

Anmerkungen. [1] Odyssee 14, 141; Ilias 6, 511; HESIOD, Erga 222. – [2] HESIOD, Theog. 67; vgl. ISOKRATES 21 a; PLATON, Resp. III, 400 d. – [3] PLATON, Leg. XII, 968 d. – [4] EURIPIDES, Hipol. 1219.

2. Daß das E. als Sinnesart den Menschen lenkt, erklärt HERAKLIT (ἦθος ἀνθρώπῳ δαίμων) [1], und daß es damit als Charakter das Geschick des Menschen bestimmt, folgern die Stoiker (ἦθός ἐστι πηγὴ βίου) [2]; und daß es endlich damit (nach einer modernen Interpretation der antiken Auffassung) selbst einen «göttlichen Charakter» erhalten kann, insofern der jeweils gegenwärtig beherrschende «Gott» eben der unpersönliche Daimon ist [3], zeigt die volle Bedeutung des E. Gemeint ist damit die bestimmende, mehr oder weniger fest geprägte Grundlage der Lebensführung.

Anmerkungen. [1] HERAKLIT, Frg. 119. – [2] Vgl. STOBAEUS, Eclogae physicae et ethicae, hg. STEINEKE (1860/64) II, 6, 36. – [3] H. USENER: Götternamen (1929) 190ff.

3. Die ἤθη bezeichnen später den «Charakter der Menschen» [1], also eine ganz besondere Art von «Habe», nämlich die «innere» der je in Rede stehenden Gattung. Dementsprechend stehen die faktischen ἠθικά den φυσικά gegenüber, und die ethica philosophia [2] ist zunächst keine praktisch-normative, sondern eine theoretisch-deskriptive Disziplin. Das ἦθος stellt dabei vor aller Einengung auf «Sittlichkeit» das dar, was man als ἠθικός (moralis) mit ‹Geist› (eines Helden), ‹Moral› (einer Truppe), ‹Denken› (des kleinen Mannes), ‹Sinnesart› (als «Wesen» z. B. einer Bevölkerung) bezeichnen kann, während die je besondere Form von Sittlichkeit (die natürlich auch hierher gehört) nur einen Teil der Wesensart ausmacht und erst über die Tatsache, daß auch in jeder «sittlichen» Einstellung ein Element des «Üblichen» ist, in diesen Zusammenhang hineingelangt, ihn dann allerdings maßgeblich bestimmt [3]. Erst wenn man die pars pro toto nimmt, sind die ἠθικά (pl.) oder ist die ethica (sg.) nicht nur das, was sehr vielfältig schlicht da ist, sondern ist das Eine, was sein soll.

Anmerkungen. [1] F. DORNSEIFF: Die griech. Wörter im Dtsch. (1950) 68ff. – [2] QUINTILIAN, Instit. orat. II, 21, 3; XII, 2, 15. – [3] Geisteswiss., Sci. morales, Moral sich. haben es in diesem Sinn mit dem Geist des Menschen zu tun; vgl. E. ROTHACKER: Logik und Systematik der Geisteswiss. (1927) 4ff.

4. Wo τῆς ἁγνείας ἦθος und wo, allgemeiner, ἤθη χρηστά zitiert werden [1], handelt es sich, vor allem im christlichen Denken, um eine bleibende innere Einstellung, die selbstverständlich auch zum Brauch und zur Sitte werden kann, ohne jedoch zunächst deren zwingenden Charakter zu besitzen. In christlicher Auffassung ist Sitte (ἔθος) in der Konvention fundiert, das richtige ἦθος jedoch stammt nicht aus dieser Konvention, sondern leitet sich einzig davon her, ob statt «nach dem Fleische» de facto «nach dem Geiste» gelebt wird [2]. Weiterhin kann es durchaus Sitten und Gewohnheiten geben, die man «zu beobachten pflegt», weil Herkommen und geltendes ἔθος dies gebieten, die demgemäß auch eingehalten werden, ohne daß dabei irgendein entsprechendes ἦθος vorliegt, also eine innere Einstellung als Dauerhabitus mit subjektiver Disposition zu ... [3].

Anmerkungen. [1] W. BAUER: Wb. zum NT (1952) 623; l. Klem. 21, 7. – [2] PAULUS, Röm. 8. 1. – [3] A. LALANDE: Vocabulaire technique et crit. de la philos. (Paris 1926, ⁶1951) 393ff.: bes. die Bemerkungen von F. TÖNNIES.

5. Was der Einzelne ‹tauglich›, ‹tugendhaft›, schließlich ‹sittlich› (‹ethisch›) nennt, ist abhängig von seiner natürlichen Veranlagung, seiner angenommenen Gewohnheit und seiner vernünftigen Einsicht; vor Erwachen des λόγος folgt jedoch jeder der aus Natur (διάθεσις) und Gewohnheit (ἔθος) gebildeten Sinnesart (ἦθος) [1]; und die zur Einsicht Fähigen stellen die «goldenen Naturen» dar, die die Meinungen und Gewohnheiten, die Gehorsam und Gesetz (die «zweite Fahrt») nicht nötig haben [2]. Im Neuplatonismus wird die Abkehr von Meinungen und Gewohnheiten ersetzt durch die Abkehr vom Sinnlichen. Erfolgt sie – und das ist im reinen Denken und in der Ekstase der Fall –, so kommt es zur Bildung nicht eines Charakters, sondern eines *wertvollen* Charakters [3].

Anmerkungen. [1] PLATON, Leg. II, 653 c/d ff. – [2] a. a. O. II, 663 e f. – [3] PLOTIN, Enn. II, 9, 14, 39; III, 1, 2, 8.

6. Einen Schritt weiter geht QUINTILIAN. Er hebt den Anteil des ἔθος bei der ἦθος-Bildung hervor. Dabei unterscheidet er Ethos und Pathos, und zwar in dem Sinne, daß, was aus dem Ethos stammt, beschwichtigt, während das, was das Pathos bringt, aufwühlt [1]; denn das Ethos bildet sich durch Gewohnheit, während das Pathos einen unvorgreiflichen entdeckenden «inneren Blick» enthüllt. Dieser innere «erfinderische Geist» zeigt sich nicht im Habitus des Alltags und dem Ethos der Gewohnheit [2], sondern im Habitus des Weisen, der über die loci communes hinausgeht [3]. Daß Weisheit aber «sein soll», steht für Quintilian fest. ‹Vir bonus›, also ‹orator›, heißt bei ihm nur der, der das Gewöhnliche (‹Gemeine› = Gemeinsame) und die Niedrigkeit der Gesinnung abstreift, also alles, was «infra dignitatem» ist und sich «magno animo» verhält [4]. *Dies* ist das wahre Ethos des Menschen. Der vollkommene Mensch muß Rhetor sein, und er ist vollkommen, wenn er einen ethischen Charakter hat, wenn er sich eloquentia, poesis, philosophia und sapientia [5] als Eigenbesitz wirklich angeeignet hat; *diesen* Habitus muß er erst gewinnen; gelingt ihm das, dann ist er vir bonus und dicendi peritus [6].

Das Ethos des antiken Menschen ist damit (als Fazit bei Quintilian) dies, eine innere charakterliche Verfassung auf Grund von Vernunft und Einsicht zu gewinnen, durch Betätigung zur zweiten Natur werden zu lassen und in der Rede zum Ausdruck zu bringen.

Anmerkungen. [1] QUINTILIAN, Inst. orat. VI, 1, 30ff. – [2] Zum Begriff der rechten Mitte vgl. ARISTOTELES, Eth. Nic. II, 6, 1107 a 1; vgl. E. SCHNETRUMPF: Die Bedeutung des Wortes ‹E.› in der

Poetik des Arist. (1970). – [3] QUINTILIAN, Inst. orat. VI, 3. – [4] a. a. O. VIII, 2, 2. – [5] XII, 2. – [6] XII, 1. G. FUNKE

II. Der Ausdruck ‹E.› wird im Deutschen als Fremdwort seit dem späten 19. Jh. gebraucht zur Bezeichnung der bleibenden Gesinnung und Haltung eines Einzelnen oder einer Gemeinschaft, insofern in dieser bestimmte sittliche Akzente gesetzt, bestimmte Werte betont sind. Auch vom «E. der Religion» [1], vom «E. des Alten Testaments» [2] wird gesprochen. SCHELER nennt «die Variationen des Fühlens (also ‹Erkennens›) der Werte selbst, sowie der Struktur des Vorziehens von Werten und des Liebens und Hassens» Variationen des E. Von diesen unterscheidet er «die Variationen der Institutions-, Güter- und Handlungseinheitstypen» als Variationen «der jeweiligen Moral» [3]. HEIDEGGER sieht «das Wesen des Ethos» in *Heraklits* Spruch ἦθος ἀνθρώπῳ δαίμων «unmittelbar ans Licht kommen», indem er diesen so übersetzt: «Der (geheure) Aufenthalt ist dem Menschen das Offene für die Anwesung des Gottes (des Un-geheuren)» [4].

Anmerkungen. [1] So H. SCHOLZ: Religionsphilos. (^{2}1922) 157. – [2] So der Titel eines Buches von J. HEMPEL (1938, ^{2}1964). – [3] Der Formalismus in der Ethik (^{2}1916) 309ff. (^{5}1966) 303ff. – [4] Über den Humanismus (1949) 39-41. H. REINER

Etwas (τί, aliquid) im Sinne bleibender Bestimmtheit ist nach PLATON die Voraussetzung für alles menschliche Denken und Sprechen [1]. Da diese gegen den sophistischen Relativismus aufgestellte Notwendigkeit bei Platon unter dem Titel der Idee, bei ARISTOTELES unter dem der οὐσία (Seiendheit, Substanz) bzw. der Form erörtert wird, kennen sie das E. als eigene Kategorie bzw. Transcendentale nicht; im ‹Sophistes› wird es auf das Eine (ἕν) und das Seiende (ὄν) reduziert [2].

Zwar kommt ARISTOTELES – aufgrund einseitiger Orientierung am Nominalsatz – zu der für die Metaphysik der Folgezeit grundlegenden These, jedes Denken und Sagen prädiziere ein E. von einem E. [3], aber erst in der *Stoa*, also nach dem Abbau der Ideen- und Formmetaphysik, konnte das τί zur Zentralkategorie aufsteigen [4]. PLOTIN polemisiert dagegen: Seiendes (d. h. Ideen, Nus) kann nicht zusammen mit dem Werdenden (d. h. Körper) der Sammelkategorie E. unterstellt werden [5]. Wie ALEXANDER VON APHRODISIAS sieht PLOTIN in der stoischen These eine Folge des stoischen Materialismus [6]. Sein ἕν will Plotin der stoischen Sammelkategorie entziehen [7]. Seine These, daß das Eine kein E. sei, ist eine der Grundlagen der negativen Theologie; sie kam durch PROKLOS [8] zu NICOLAUS CUSANUS [9]. Dieser entfaltet den in der Transzendentalienlehre des THOMAS VON AQUIN nur eben angedeuteten Gedanken, daß jedes aliquid ein aliud quid zu einem Anderen sei [10]: Jedes aliquid ist definiert durch den Bezug auf das Andere und hat diese Bestimmtheit durch das sich und alles definierende Non-aliud. Dies ist zugleich der Erweis der Endlichkeit des E. und der Anwesenheit des Nicht-Anderen.

Während die auf SUÁREZ fußende *Schulmetaphysik* der Neuzeit das E. definiert als «habens aliquam entitatem vel quidditatem» unter besonderer Hervorhebung der Widerspruchsfreiheit eines Inhalts und des Vorhandenseines eines *Trägers* [10], analysiert FICHTE die transzendentallogische *Genesis* des E. [12], und HEGEL führt die bei Cusanus entwickelte Dialektik des Einen und des Anderen systematisch aus [13]: Im Aufbau seiner ‹Logik› erscheint das E. als das aus der Einheit von Sein und Nichts hervorgegangene *Bestimmte*, d. h. als Dasein, das als *Daseiendes* die «erste Negation der Negation» und damit der «Anfang des Subjekts» ist.

Anmerkungen. [1] PLATON, Theait. 156 c-157 c, davon abhängig ARISTOTELES, Met. IV, 4 ganz bes. 1006 a 12-13. – [2] De interpr. c. 6, 17 a 25-26; Met. VII, 7, 1032 a 12-15; vgl. E. TUGENDHAT: τι κατά τινος. Eine Untersuchung zu Struktur und Ursprung arist. Grundbegriffe (1958). – [3] PLATON, Soph. 237 c/d. – [4] SVF II, 117 (n. 322-334); vgl. C. PRANTL: Gesch. der Logik (1855) 1, 427. – [5] PLOTIN, Enn. VI, 1, 25; 2, 1, 2ff. – [6] SVF II, n. 329. – [7] PLOTIN, Enn. VI, 7, 32, 9-12. – [8] PROKLOS, In Parm. Opera, hg. V. COUSIN (^{2}1864) 1096, 26-1097, 10. – [9] Cusanus, De dato patris luminum. Opera, hg. Acad. Heidelberg. 4 n. 116, 7-9; De non aliud c. 17. a. a. O. 43, 20. – [10] THOMAS, De veritate 1, 1; CUSANUS, De non aliud, passim. – [11] F. SUÁREZ, Disp. Met. III, 2, n. 5. Opera, hg. C. BERTON 25, 108; CHR. WOLFF, Ontologia § 59 (1736) 41. – [12] J. G. FICHTE, Werke, hg. MEDICUS 1, 304; vgl. seine Kritik am vorgegebenen E. der Schulphilosophie a. a. O. 5, 472-473; 6, 129-130. 142-143. – [13] HEGEL, Werke, hg. GLOCKNER 4, 131-148. K. FLASCH

Etymologie. Ältere, d. h. antike, mittelalterliche und barocke E. bewegt sich vorwiegend im Synchronen. Indem sie das betrachtete Wort von einem anderen oder mehreren anderen anstrahlen läßt, will sie seinen wahren Inhalt, τὸ ἔτυμον, erkennen. Danach heißt sie ἐτυμολογία (Streben nach dem wahren und ewigen Wortinhalt). Nicht die Entwicklung des Wortes zu erkennen ist das Ziel, sondern die Aufdeckung seines unverlierbaren Kerns. Von etymologischer Überlegung erwartet man Hilfe bei der Suche nach dem richtigen Wort in der Rede, Steigerung der Tiefe, Kraft und Durchsichtigkeit des Sprechens. E. rechtfertigt sich aus ihrer rhetorischen und philosophischen Nutzbarkeit. Auch nach dem Beginn der neueren, mit dem 19. Jh. einsetzenden, auf diachronischer Grundlage arbeitenden E. ist jene ältere nicht ausgestorben. In der Philosophie Heideggers spielt sie ihre den Denkstil mitbestimmende Rolle. Ihre Lebenskraft stammt aus einem etymologischen Urbedürfnis, das auch in der sogenannten Volks-E. sich äußert und das besonders in solchen Sprachen lebt, deren Wortschatz stark durch sippenmäßige Bindungen zusammengehalten wird.

Die neuere E. ist diachronisch. Sie ruht auf den Entdeckungen der historischen Lautlehre des 19. Jh. Sie hat keine Hoffnung mehr, der Stilistik, Rhetorik, Philosophie nutzen zu können. Sie sieht ihren Zweck in sich selbst. Allenfalls hilft sie, eine germanische und indogermanische Altertumskunde aufzubauen. – Sie glaubt nicht an ewige Wortinhalte. Sie ist das Bemühen, die Geschichte der Wörter möglichst weit zurückzuverfolgen. Dabei bevorzugt sie die literarisch nicht beleuchteten Zeitstrecken. Aber sie beschränkt sich nicht auf sie. Auf der Linie, welche den Herkunftszustand eines Wortes mit dem gegenwärtigen verbindet, gibt sie auch die Stellen an, welche als Drehpunkte der Wortgeschichte dem Wort jeweils neue Richtungen seiner Entwicklung gegeben haben. ‹Antenne› als Bezeichnung für das Gerät des Nachrichtenwesens verbindet sie nicht unmittelbar mit lat. ‹antenna›, das die Rahe des Segelschiffs bedeutet, sondern sie findet den entscheidenden Drehpunkt im zoologischen Gebrauch von ‹antenna› für das Fühlhorn der Insekten, einem Gebrauch, der unter griechischem gelehrtem Einfluß auf verschlungenen Wegen von der Rahe aus erreicht wird. Das Entscheidende geht verloren, wenn man ‹Brust› unmittelbar mit der erweiterten idg. Basis ‹*bhreus-› (die in mhd. ‹briustern› = ‹schwellen› vorliegt) verbindet und ‹Brust›, ‹Knospe› > ‹Brustwarze› vernachlässigt.

Von den Endungen ausgehend, schreitet die etymologische Analyse zu den stammbildenden Mitteln, den wortbildenden Suffixen und zu den Basen fort und gewinnt von ihnen aus über die basisbildenden Suffixe die Wurzeln. Zur Klärung des Begriffs der Wurzel hat Emile Benveniste entscheidend beigetragen. Doch ist völlige Einigkeit nicht erzielt worden. Etymologische Verbindungen zwischen Wörtern, deren einziger gemeinsamer Bestand die Wurzel ist, sind schwächer als Verbindungen, bei denen mehr Laute als nur die drei Laute der Wurzel beteiligt sind. Lat. ‹vellere› = ‹rupfen› und dtsch. ‹Wald› haben nur die Wurzel idg. ‹*u̯el-› gemeinsam. Dagegen haben griech. κλάδος = ‹Zweig› und dtsch. ‹Holz› außer der Wurzel ‹*qel-› (in Schwundstufe ‹ql̥-›) nicht nur das basisbildende Suffix ‹-ed-› (in Schwundstufe ‹d›), sondern auch das stammbildende Mittel idg. ‹o› > germ. ‹a› gemein. Unterschieden sind κλάδος und ‹Holz› nur durch das Genus. Wenn auch dies dasselbe ist, kann man von Kongruenz sprechen, z. B. sind griech. ἵππος, lat. ‹equus›, altind. ‹áśva-› kongruent. Bei bloßer Wurzelgemeinschaft muß die Inhaltsseite starke Sicherungen gewähren, ehe der Etymologe es wagt, auf der Wurzelgemeinschaft (die ja auch nur scheinbar sein könnte) etwas aufzubauen. So bei ‹vellere› und ‹Wald›, die durch das Laubrupfen für die Viehfütterung zusammengehalten werden.

Man hat oft versucht, den Wurzeln eine bestimmte, meist verbale Bedeutung zu geben, die dann hoch im Allgemeinen und Abstrakten angesetzt werden mußte, um die auseinandergehenden belegten Bedeutungen von da aus erreichen zu können. Besser wäre es, sich zu bescheiden: Eine Wurzel gehört dieser oder jener Lebenslage an. Auf der einen Seite entfalten sich aus der Wurzel Wörter, welche es mit den in die Situation eingegangenen Gegenständen zu tun haben. Auf der anderen Seite entfalten sich aus der Wurzel Wörter für die Tätigkeiten, in welche jene Gegenstände verschlungen sind. Sie selber aber, die Wurzeln, stehn jenseits des Gegensatzes von Ding und Tun, von Nomen und Verbum. Sie sind vorpolar. Jene Lebenslagen sind Arbeitslagen. Die Arbeit ist ein beherrschender Raum der Wortschöpfung. Nicht weil sie rissig ist, heißt die Baumborke ‹Rinde› (‹Rinde› gehört zu altfries. ‹renda›, altengl. ‹rendan› = ‹reissen›), sondern weil sie zum Zweck der Lohgewinnung gerissen wird. Und nicht weil sie eingezupfte Blattränder hat, heißt die Hainbuche ‹carpinus›, sondern weil ihr Laub zum Zweck der Viehfütterung abgerupft wird (carpitur). Nur langsam löst sich ein Wort aus der Arbeits- und Nutzungswelt, in welcher seine Anfänge liegen, so lat. ‹fructus› (zu ‹frui›) und lat. ‹planta› (zu ‹plantare› = ‹den Setzling mit der planta, der Fußsohle, in der Erde befestigen›). Sie haben erst spät ihre nutzungsfernen und arbeitsfernen, unanthropozentrischen Inhalte erreicht, und das nicht ohne Hilfe der Wissenschaft.

Der Etymologe wird die literarisch bezeugten Bedeutungen nicht vernachlässigen, aber bedenken, daß die am frühesten bezeugten Inhalte eines Wortes wortgeschichtlich jünger sein können als später bezeugte. Die schriftliche Überlieferung ist zu dünn und zufällig, als daß wir sie über Altersfragen allein entscheiden lassen dürften. Oft sind versteckte gegenwärtige fachsprachliche und mundartliche Wortinhalte für die Kenntnis der inneren Frühgeschichte eines Wortes entscheidend. Die E. hält daher mit Fachsprachen und Mundarten enge Fühlung. Auch Spiegelungen in Nachbarsprachen können Winke geben. ‹Schōß› ist Kleidungsstück, aber Körpergegend. Älter bezeugt ist das Wort als Name für das Kleidungsstück, nämlich schon in der gotischen Bibel (skaut). Trotzdem ist die körperhafte Bedeutung die ältere. Sie läßt sich näher bestimmen als die Zone der Reproduktion. Der Beweis für die Priorität des Leiblichen vor dem Textilen liegt in der romanischen Spiegelung des Wortes in der Sippe von frz. ‹écot›, die es mit dem Baumstumpf zu tun hat, aus welchem man den Neuwuchs der Loden, der Schosse, der Schößlinge erwartet. ‹Schōß› steht schwundstufig zu abtönendem ‹Schöß›, während die Hochstufe in ‹schießen› = ‹rasch aufwachsen› gegeben ist.

Etymologische Rekonstruktionen gewinnen im günstigsten Falle indogermanische Wörter (so bei ‹Vater›, ‹Bruder›, ‹centum›), im weniger günstigen indogermanische Basen, im ungünstigsten nur indogermanische Wurzeln. E. fußt auf der historischen Lautlehre, aber sie erreicht nicht deren Sicherheit. Die Lautlehre kann für jede Sprache und Sprachstufe mit einer abzählbaren Menge von Elementen, den Phonemen, rechnen. Die E. hat es mit einer unübersehbaren Menge von formalen und inhaltlichen Kombinationsmöglichkeiten zu tun. Damit (wenn auch nicht nur damit) hängt es zusammen, daß es bisher keine beherrschende Theorie des etymologischen Verfahrens gibt und daß kein Lehrbuch dieses Gebiets sich eine allgemeine Anerkennung erwerben konnte.

Literaturhinweise. – Wörterbücher: F. KLUGE: Etymol. Wb. der dtsch. Sprache, hg. W. MITZKA (²⁰1967). – J. DE VRIES: Etymol. Woordenboek, waar komen woorden en plaatsnamen vandaan? (Utrecht 1959). – E. KLEIN: A comprehensive etymol. dict. of the Engl. language 1. 2 (Amsterdam/London/New York 1966/67). – E. HELLQUIST: Svensk etymol. ordbok (Lund ³1948). – J. DE VRIES: Altnordisches etymol. Wb. (Leiden ²1962). – A. ERNOUT und A. MEILLET: Dict. étymol. de la langue lat. Hist. des mots (Paris ⁴1959/60). – A. WALDE: Lat. etymol. Wb., hg J. B. HOFMANN (1938-1956). – W. VON WARTBURG: Frz. etymol. Wb. (1928ff). – E. BOISACQ: Dict. étymol. de la langue grecque (Heidelberg 1950). – *Zur Einführung in etymologische Arbeit:* V. PISANI: L'etimologia. Storia, questioni, metodo (Mailand/Turin 1947). – A. S. C. ROSS: Etymology, with especial reference to English (London 1958). – J. TRIER: Venus, Etymologien um das Futterlaub (1963).
J. TRIER

Eubulie (εὐβουλία), das Wohlberatensein, die Klugheit und Überlegungskraft, gehört zu den Lieblingsbegriffen PLATONS [1], für den sie eine ἐπιστήμη (Wissenschaft) ist. In dem nach ihm benannten Platonischen Dialog bestimmt PROTAGORAS die E. als «Wohlberatenheit sowohl in seinen eigenen Angelegenheiten, wie man nämlich am besten sein eigenes Hauswesen verwalten möge, als auch in denen des Staates, wie man nämlich am meisten fähig sein werde, im Staat durch Tat und Rede zu wirken» [2], womit er sein Lehrstück, das zu vermitteln er seinen Schülern verspricht [3], eigens abhebt von dem, was die anderen Sophisten lehren [4]. Deren Unterrichtsgegenstände, bestimmten Künste (τέχναι), bezwecken eine praktisch-technische Belehrung, Hilfe in einem fest umrissenen Sachbereich (Rechnen, Sternenkunde, Musik u. a.) [5], während die E. auf ein politisches Ziel gerichtet ist, eine praktische, sich im menschlichen Gemeinschaftsleben bewährende Tüchtigkeit meint. – Die ausdrückliche Bestimmung der E. als Wissenschaft und ihre schärfere terminologische Unterscheidung von den Künsten geschieht im ersten Alkibiades-Dialog [6], und in der ‹Politeia› [7] wird E. definiert als eine ἐπιστήμη, die nicht über irgend etwas von dem in der Stadt Rat gibt, sondern über sie selbst als Ganzes [8]. Wegen dieser ἐπιστήμη, welche die vollkommenen Hüter besitzen [9], kann dann in einem abgeleiteten Sinn auch die Stadt wohlberaten und wahrhaft weise genannt werden [10]. Die in diesem Zusammenhang [11] sich zeigende Gleichsetzung von σοφία bzw. φρόνησις und εὐβουλία ergibt sich aus dem ‹Protagoras› [12]. In den wohl unechten ‹Definitionen› [13] wird die E. verstanden als die der Überlegung innewohnende Tüchtigkeit, also nicht als eine ἐπιστήμη, wie sonst immer bei Platon.

ARISTOTELES stellt in den ‹Magna Moralia› [14] den Zusammenhang der Wohlberatenheit mit der φρόνησις heraus. Es kommt ihm dabei darauf an, in der als Ineinander von Geistigem und Praktischem sich zeigenden φρόνησις den theoretischen Charakter der E. herauszuarbeiten. Sie ist die geistige «Leistung, die aus der Fülle möglichen Handelns das höchstwertige erkennt» [15]. In der ‹Nikomachischen Ethik› [16] unternimmt Aristoteles die genaue terminologische Fixierung und Wesensbeschreibung der E. Im Unterschied zu Platon bestimmt er sie nicht als eine Form der ἐπιστήμη. Sie ist vielmehr aufzufassen als eine gewisse Richtigkeit der διάνοια, die hier eine Denkbewegung bezeichnet, die noch nicht zu einer abschließenden Feststellung und endgültigen Entscheidung gekommen ist, sondern sich noch im Stadium des Suchens und Berechnens befindet [17].

Nach THOMAS VON AQUIN gehört die E. in den Bereich der Verstandestüchtigkeiten, wird jedoch als eine auf das Tun gerichtete denen nachgeordnet, die auf Kontemplation gerichtet sind [18]. Sie ist als virtus secundaria und adiuncta der Klugheit (prudentia) angegliedert und verbunden [19].

Anmerkungen. [1] F. DIRLMEIER, in ARISTOTELES' Werke in dtsch. Übers. hg. E. GRUMACH 6 (²1960) 460. – [2] PLATON, Prot. 318 e 5-319 a 2. – [3] 319 a 6f. – [4] 318 d 9-e 5. – [5] 318 e 2f. – [6] Alc. I 125 d. e. – [7] Resp. 428 b 6. – [8] 428 d 1. – [9] 428 d 6. – [10] 427 d 10. – [11] Vgl. auch 428 b 3. – [12] Prot. 333 d 5; dazu DIRLMEIER, a. a. O. [1] 8 (²1966) 361f. – [13] PLATON, Resp. 413 c 3. – [14] ARIST., Magna Moralia II, 3, 1199 a 4-14. – [15] DIRLMEIER a. a. O. [1] 8, 362. – [16] ARIST., Eth. Nic. 1142 a 31-b 33. – [17] 1142 b 12; vgl. ferner DIRLMEIER, a. a. O. [1] 6, 462. – [18] THOMAS, S. theol. I/II, 68, 7 c. a. – [19] I/II, 57, 6 c. a. und ad 1; vgl. dazu S. theol., in: Dtsch. Thomas-A. 11 (²1940) 584; HANS MEYER: Thomas von Aquin (²1961) 531.   F.-J. HOLTKEMPER

Eudämonismus (eudämonistisch, Eudämonist). Die Entstehung des Begriffs ‹E.› geht auf KANT zurück. Zwar gebraucht schon ARISTOTELES εὐδαιμονισμός; aber in der Bedeutung von Glückseligpreisung [1]. Unabhängig hievon gebraucht KANT die Ausdrücke ‹E.›, ‹eudämonistisch› und ‹Eudämonist› in der sehr allgemeinen Bedeutung eines Vorherrschens des Gedankens der Glückseligkeit (Eudämonie) in verschiedenartiger Anwendung. So nennt er im ‹Streit der Fakultäten› (1798) ‹E.› und ‹eudämonistisch› die optimistische Ansicht über die Zukunft des «menschlichen Geschlechts», wonach dieses sich «im beständigen Fortgang zum Besseren in seiner moralischen Bestimmung» befinde [2]. Als Vertreter eines Standpunkts der Ethik kennzeichnet Kant dagegen in der ‹Metaphysik der Sitten› den Eudämonisten, indem er ihn sagen läßt: «Nicht der Begriff der Pflicht bestimme unmittelbar seinen Willen, sondern nur vermittelst der im Prospekt gesehenen Glückseligkeit werde er bewogen, seine Pflicht zu tun» [3]. Der Eudämonist ist somit hier die Verkörperung der von Kant bekämpften Form der Ethik, die er in allen bisherigen Gestaltungen derselben verwirklicht sieht. Nicht als Vertreter dieser Lehre, sondern als eine Sonderform des «moralischen Egoisten», d. h. als Subjekt der dieser Lehre tatsächlich entsprechenden Willens- und Handlungsrichtung, faßt Kant den Eudämonisten in der ‹Anthropologie›; nämlich als den «der ... bloß im Nutzen und der eigenen Glückseligkeit, nicht in der Pflichtvorstellung, den obersten Bestimmungsgrund seines Willens setzt» [4].

Von Kants variierendem Wortgebrauch hat sich als die philosophisch bedeutsamste Anwendung von selbst die auf die *ethische Lehre* bezogene allgemein durchgesetzt, und zwar für die ganze Wortgruppe, so daß nun auch ‹E.› in diesem Sinn Verwendung fand: Schon 1798 versteht FICHTE ‹E.› so, indem er von der «sehr falschen Maxime» schreibt, «welche wir, wie noch viele andere Übel, dem ehemals herrschenden E. verdanken» [5]. In Darlegungen der folgenden Jahre spricht Fichte im selben Sinn wiederholt von dem «eudämonistischen System», dem ‹Eudämonisten› und vom ‹E.› [6]. Demselben Sprachgebrauch schließt sich HEGEL an [7].

Eine Verbindung zwischen der Fassung des Begriffs des E. als Lehre mit der einer praktischen Lebenshaltung stellt SCHLEIERMACHER her, indem er erklärt: «Der E. bezieht sich auf eine niedere Persönlichkeit, die, weil alles in ihr zufällig ist, unter der Würde der Philosophie steht» [8]. Nur auf die Persönlichkeitshaltung selbst bezieht dagegen – in Übereinstimmung mit Kants Fassung des Begriffs ‹Eudämonist› in der ‹Anthropologie› – W. T. KRUG sowohl diesen Begriff als auch den des E. Nach ihm «heißt *Eudämonist*, wer bloß nach Glückseligkeit, und zwar nach der eigenen, strebt, und *E.* diejenige Gesinnung und Handlungsweise, welche von einem solchen Streben ganz durchdrungen ist». Den E. im Sinne ethischer Lehre dagegen faßt Krug als «*eudämonistische Moral*», deren Wesen er darin erblickt, daß das «physische» Streben des Menschen nach Glückseligkeit in ein moralisches umgedeutet werde, dergestalt, daß «es das allgemeinste und höchste Pflicht des Menschen sein sollte, woraus alle übrigen Pflichten hervorgingen, weil eben die Glückseligkeit der Endzweck alles Strebens oder das höchste Gut für den Menschen sei» [9].

Krugs Bestimmung des Begriffs des E. ist nicht durchgedrungen, sondern es blieb dabei, daß man diesen zumeist als Lehre verstand. Doch blieb dem Begriff etwas von seiner Kantischen Dehnbarkeit. Dies ergab sich dadurch, daß die als Prototyp eudämonistischer Lehre erscheinende antike Ethik eine mehrfache Rolle der Glückseligkeit enthält. Indem diese nämlich als Endziel nicht nur sittlichen, sondern jeden menschlichen Strebens und Handelns erschien, war die antike Ethik zunächst eine allgemein-psychologische Theorie. Dies führte dazu, daß man auch solche *Theorien des Handelns* als ‹E.› und ‹eudämonistisch› bezeichnete. So erklärte LOTZE den E. als eine Lehre, wonach «jedes Handeln von Natur auf einen Zweck» ausgehe, «der nicht bloß Mittel für einen andern Zweck ist», wobei als solcher Zweck «nur die Lust, diesen Ausdruck in seiner weitesten ... Bedeutung genommen», betrachtet werde [10]. Auch WINDELBAND kennzeichnet den E. als eine «psychologische Theorie», nach der die Eudämonie im menschlichen Wollen «die alles beherrschende Stelle des höchsten und letzten Zwecks» einnehme [11]. Als eigentlich *ethische* Lehre verstanden, enthält indes der Begriff ‹E.› nochmals eine Zweideutigkeit: Kant hatte den E. bekämpft, insofern dieser im Streben nach Glückseligkeit den letzten *Grund* des *sittlichen* Handelns erblickt. Bei Aristoteles ist aber darüber hinaus die Eudämonie überhaupt eigentlicher und letzter *Gegenstand der Ethik*. Daher mischen sich im gängigen Sprachgebrauch (unbemerkt) folgende drei Bedeutungen: 1. E. als allgemeine Theorie vom menschlichen Handeln, 2. E. als Auffassung vom Gegenstand der Ethik, 3. E. als Lehre vom Grund des sittlich *guten* Handelns. Im Rückblick stellen sich danach die wichtigsten geschichtlich als E. aufgefaßten Lehren folgendermaßen differenziert dar:

Einen E. der Handlungstheorie hat fast die gesamte antike Philosophie vertreten. (Einzige Ausnahme: ARISTIPP und seine Schule, die die εὐδαιμονία auf die ἡδονή als Letztes zurückführten.) Damit ist außer bei einigen Sophisten und THEODOROS ATHEOS ein E. der Sittlichkeitsbegründung verbunden (wenn auch bei EPIKUR nur in bedingtem Sinn). Der bei ARISTOTELES im Ansatz und im Schlußkapitel der ‹Nikomachischen Ethik› sich dokumentierende E. des Ethikbegriffs herrscht von da ab in der Antike ebenfalls allgemein; daß der durch die Stoa entfachte Streit der Schulen über die Alleingenügsamkeit der Tugend für die Eudämonie wie für die Ethik zentral empfunden wurde, beweist dies. Gleichwohl enthält schon die ‹Nikomachische Ethik› Ansätze zur Auffassung der Ethik als einer *unmittelbar der Sittlichkeit* geltenden Lehre. So wenn die εὐδαιμονία als mit dem εὖ ζῆν und εὖ πράττειν identisch erklärt wird [12]. Die damit anklingende Zweideutigkeit, die vom E. des Ethikbegriffs wegführt, verstärkt sich bei CICERO, wenn dieser dem ‹dritten Teil› der Philosophie die Aufgabe zuschreibt, «bene vivendi praecepta» zu erforschen [13]. Den E. aller drei Formen übernimmt noch AUGUSTINUS [14].

THOMAS VON AQUIN verbindet im Anschluß an Aristoteles einen E. der Handlungstheorie und der Sittlichkeitsbegründung in seiner Ethik, während in deren Begriffsbestimmung kein E. zum Ausdruck kommt [15]. Hierin knüpft noch im 17. Jh. HENRY MORE wieder stärker an die Antike an, indem er die Ethik als «ars bene beateque vivendi» definiert [16]. Doch zeigt die Durchführung dieses Programms nicht mehr wie in der Antike eine nur der Eudämonie untergeordnete Behandlung der Tugend, sondern eine gleichgeordnete Verbindung beider. Und der E. der Handlungstheorie ist darin aufgegeben. CHR. THOMASIUS kehrt in seiner ‹Einleitung zur Sittenlehre› (1692) zu einem eindeutigen E. des Ethikbegriffs zurück; denn der Untertitel dieses Werkes lautet: ‹Von der Kunst vernünftig und tugendhaft zu lieben, als dem einzigen Mittel, zu einem glückseligen, galanten und vergnügten Leben zu gelangen›. Auch einen E. der Sittlichkeitsbegründung zeigt der Gesamt-Titel an. Den E. der Handlungstheorie dagegen gibt auch Thomasius preis, indem er ausführt, daß «das Wesen des Menschen mehr in einer Liebe anderer Menschen als in einer sogenannten Selbstliebe bestehe» [17]. Ähnlich wie Thomasius hat kurz danach SHAFTESBURY in seinem ‹Inquiry concerning Virtue or Merit› (1699) den E. der Handlungstheorie eindeutig aufgegeben und den der Sittlichkeitsbegründung beibehalten. Den Gegenstand seiner Ethik dagegen bestimmt er im genannten Titel nicht-eudämonistisch. Ebenso verhält sich in allen drei Punkten DAVID HUME in seinem ‹Inquiry concerning the principles of morals› (1751). Mit der Auffassung des Thomasius stimmt dagegen wieder der E. bei HUTCHESON überein [18]. Später haben HELVÉTIUS und BENTHAM wieder auf einen E. der Handlungstheorie einen E. der Motivation des sittlich guten Handelns aufzubauen versucht [19]. Dagegen hat COMTE ausdrücklich das Bestehen eines ursprünglichen «Altruismus» betont, dem er aber zur Verstärkung einen E. der Sittlichkeitsmotivierung beizugeben für nötig hielt [20]. Neuerdings hat SCHLICK einen ähnlichen Standpunkt vertreten [21].

Innerhalb des E. der Handlungstheorie müssen nun weiter verschiedene Formen unterschieden werden, je nachdem, worin genauer die Glückseligkeit bestehen soll.

Man kann hier einen hedonistischen, einen aretologischen, einen ontologischen und einen voluntaristischen E. unterscheiden. Einen *hedonistischen* E., der in dauerhafter Lust die Eudämonie erblickt, vertreten in der Antike EUDOXOS und die Schule EPIKURS (in nicht strengem Sinn auch schon ARISTIPP), in neuerer Zeit LOCKE, BENTHAM und SCHLICK. *Aretologisch* kann man den E. nennen, den SOKRATES, PLATON und ARISTOTELES und deren Schulen sowie die *Stoa* vertreten haben, indem sie die Eudämonie wesentlich oder ausschließlich in der ἀρετή, der in eins gesehenen Tüchtigkeit und Tugend, erblickten. *Ontologisch* ist der E. bei AUGUSTINUS und die Hauptform des von THOMAS VON AQUIN vertretenen E. zu nennen, da beide die beatitudo in der Erfüllung aller Bedürfnisse, und d. h. im Ausgleich aller Seinsmängel sehen [22]. Daneben gibt es bei THOMAS einen *voluntaristischen* E., indem die beatitudo in der Sättigung des Willens als solcher erblickt wird [23].

Da Kant das Handeln um der eigenen Glückseligkeit willen mit dem Handeln aus Selbstliebe gleichgesetzt hat, spricht man in einem weiteren Sinn von E. auch da, wo nicht ausdrücklich die eigene Glückseligkeit, wohl aber ein anders gefaßtes Eigeninteresse wie namentlich die *Selbsterhaltung* als Ziel allen menschlichen Strebens erklärt wird. So erscheinen dann auch ethische Lehren wie die von HOBBES und SPINOZA als E.

Der E. als Lehre von den Zielen und Motiven des menschlichen Handelns überhaupt kann zum Amoralismus führen. Namentlich ist dies beim hedonistischen E. der Fall. Auf dem Boden eines E. der Handlungstheorie können aber auch Gründe für sittlich gutes Handeln gefunden werden, und dies geschah namentlich im aretologischen und ontologischen E. Als E. der Sittlichkeitsbegründung wurde dieser als «positiv ethischer E.» bezeichnet [24]. Innerhalb dessen sind weiter zwei Formen zu unterscheiden, je nachdem, ob im sittlich guten Handeln selbst unmittelbar die Erreichung der Glückseligkeit gesehen und hieraus ein Antrieb zur frei gewollten Ausübung solchen Handelns gewonnen oder ob dazu ein zusätzlicher Zwang irgendwelcher Art, eine sogenannte Sanktion, erforderlich und gegeben scheint. Die erste Form wurde als «einfacher positiv-ethischer E.» bezeichnet, die zweite als «sanktionistischer E.» [25]. Einen *einfachen positiv-ethischen* E. finden wir in den meisten seiner antiken Formen (PLATON, ARISTOTELES, *Stoa*). Ansätze zu einem *sanktionistischen* E. enthält indes auch schon die antike Lehre vom natürlichen Sittengesetz beim Sophisten HIPPIAS und SOKRATES [26]. Teilweise ist dann der E. bei THOMAS VON AQUIN sanktionistisch, ganz den in J. LOCKE. Ferner sind sanktionistisch in verschiedenen, zum Teil abgeschwächten Gestaltungen die eudämonistischen Systeme von SHAFTESBURY, HUME, CHR. WOLFF, PALEY, HELVÉTIUS und BENTHAM [27].

Den E. in allen bisher beschriebenen Bedeutungen, der meist E. schlechthin genannt wird, hat man neuerdings auch als «*individuellen*» oder «*individualen*» oder «*individualistischen*» E. [28] bezeichnet und ihm den «*universellen*» [29] oder *Sozial-E.* gegenübergestellt [30]. Unter diesem versteht man eine Lehre der Ethik, wonach das *Wesen* (Prinzip) des sittlich Guten (nicht notwendig auch seine Motivierung!) im Erstreben oder in der tatsächlichen Förderung nicht nur der eigenen, sondern der allgemeinen Glückseligkeit besteht. Wird nun die tatsächliche Förderung des Gemeinwohls als entscheidend betrachtet, so haben wir dessen Sonderform als *Utilitarismus* vor uns. Mit dem Sozial-E. des Sittlichkeitsprinzips ist öfters ein (Individual-)E. der Sittlichkeitsbegründung verbunden (z. B. bei HELVÉTIUS, BENTHAM, COMTE).

Anmerkungen. [1] ARISTOTELES, Eth. Nic. 1127 b 18; Eth. Eud. 1219 b 14-16; Rhet. 1367 b 34. – [2] KANT, Streit der Fakultäten. Akad.-A. 7, 81. – [3] Met. Sitten (1797) Vorrede zu den ‹Met. Anfangsgründen...› a. a. O. 6, 377; ähnlich schon in: Von einem neuerdings erhobenen vornehmen Ton in der Philos. (1796) a. a. O. 8, 395f. Anm. – [4] Anthropol. § 2. – [5] J. G. FICHTE: Das System der Sittenlehre 3. Hauptstück, § 27, B III. Sämtl. Werke, hg. I. H. FICHTE (1845/46) 4, 339. – [6] Appellation an das Publikum (1799) a. a. O. 5, 217. 222. 225. 226; Aus einem Privatschreiben (1800) a. a. O. 5, 393. – [7] HEGEL: Glauben und Wissen (1802) Einl. u. ö.; Philos. Propädeutik, Jubil.-A. 3, 77. 78; System der Philos. I a. a. O. 8, 153. 154; Vorles. über die Geschichte der Philos. a. a. O. 17. 201. 202. – [8] FR. SCHLEIERMACHER: Brouillon zur Ethik (1805/06) Einleitung; ähnlich 58. Stunde: «die sinnliche Denkungsart, Egoismus, und in der Reflexion eingestanden E.». – [9] W. T. KRUG: Hdb. philos. Wiss. (1827) Art. ‹E.›. – [10] H. LOTZE: Grundzüge der prakt. Philos. (Diktate aus 1857-1880 gehaltenen Vorlesungen) § 5. – [11] W. WINDELBAND: Einleitung in die Philos. (1914) 265-267. – [12] ARISTOTELES, Eth. Nic. 1095 a 19. – [13] CICERO, De finibus V, 4, 11. – [14] AUGUSTIN, De civ. Dei VIII, 8. – [15] THOMAS VON AQUIN, S. theol. I/II, Prologus. – [16] HENRY MORE: Enchiridion Ethicum (¹1668) cap. 1. – [17] CHR. THOMASIUS: Einleitung zur Sittenlehre (1692) 157. – [18] F. HUTCHESON: System of moral philos. (1755), dtsch. Sittenlehre der Vernunft (1756) 1. Buch, A. Abschn. I. II; 11. Abschn. – [19] CL. A. HELVÉTIUS: De l'esprit (1758) discours II, chap. 15; J. BENTHAM: Principes de legislation I (Paris 1820) 98/99. – [20] Nach A. COMTE sind die egoistischen Triebe von Natur stärker als die altruistischen; aber es erweist sich, daß wahres Glück auch des Einzelnen nur erreicht wird durch den Aufschwung der altruistischen Antriebe zur Vorherrschaft, in der die «positive» Moral besteht; vgl. Système de politique positive (1851-54) 1, 93. 140. 221. 700. – [21] M. SCHLICK: Fragen der Ethik (1930). – [22] AUGUSTIN, De beata vita; THOMAS VON AQUIN, S. theol. I/II, q. 1, a. 7. – [23] S. theol. I/II, q. 5, a. 8. – [24] So H. REINER: Die philos. Ethik; ihre Fragen und Lehren in Gesch. und Gegenwart (1964) 93. – [25] a. a. O. 93/94. – [26] Nach XENOPHON, Memorab. IV, 4. – [27] Näheres siehe REINER, a. a. O. [24] 108ff. – [28] So z. B.: A. MESSER: Ethik (1918) 69f.; G. STÖRRING: Die sittlichen Forderungen (1919) 15. – [29] STÖRRING, a. a. O. 16. – [30] MESSER, a. a. O. [28] 70.

Literaturhinweise. M. HEINZE: Der E. in der griechischen Philos. 1 (1883) (nur bis Sokrates). – J. THYSSEN: Glückseligkeitsethiken und das Äquivokative des Ethischen, in: Sinn und Sein, hg. R. WISSER (1960). – H. REINER s. Anm. [24]. H. REINER

Euhemerismus wird eine von EUHEMEROS VON MESSENE (auf Sizilien oder dem Peloponnes) um 300 v. Chr. in seinem Reiseroman Ἱερὰ ἀναγραφή aufgestellte historische Entstehungstheorie des Mythos genannt. Aus einer auf der sagenhaften Insel Panchaia angeblich befindlichen Inschrift, die die irdischen Taten des Uranos, Kronos und Zeus verzeichne, wollte Euhemeros den Schluß ziehen, daß Götterglaube und -kult aus der Verehrung irdischer Herrscher oder Weiser früherer Zeiten entstanden seien. Es ist umstritten, ob Euhemeros damit eine Zerstörung des Götterglaubens oder eine Ironisierung des Herrscher- und Heroenkults beabsichtigte. Seine Schrift wurde von DIODOR tradiert und von dem römischen Dichter ENNIUS ins Lateinische übersetzt. Christliche Apologeten verwandten die Theorie des E. in der Auseinandersetzung mit dem heidnischen Polytheismus.

Literaturhinweise. F. JACOBY: Frg. der griech. Historiker 1 (1923) 6, 956-972. – M. P. NILSSON: The Minoan-Mycenaean relig. (Lund/Oxford 1927) 515ff. – K. PRÜMM: Religionsgesch. Hb. für den Raum der altchristl. Umwelt (1943) 26. – J. LORTZ: Tertullian als Apologet (1927). – J. W. SCHIPPERS: De ontwickeling der euhemeristische godencritiek in de Christelijke latijnse literatuur (Groningen 1952). G. LANCZKOWSKI

Euphorie findet sich in der medizinischen Literatur der *Antike* in mehrfacher Bedeutung. ‹E.› bezeichnet 1. die Fähigkeit, Unangenehmes leicht zu ertragen [1], 2. die Illusion eines Kranken, es gehe ihm in Wirklichkeit ausgezeichnet [2], 3. Fruchtbarkeit [3]. Der Stoiker CHRYSIPP versteht unter E. Perioden gesteigerter geistiger Produktivität [4]. Schließlich findet sich der Begriff in der Bedeutung: reichlich vorhandenes Erzeugnis [5]. Als E. gilt auch die elegante tänzerische Bewegung [6]. – Im Bereich der ersten beiden Bedeutungen hält sich ‹E.› bis zu Beginn der naturwissenschaftlichen Medizin. Noch L. A. KRAUS definiert E. als Wohlbefinden, Wohlbekommen [7].

Unter E. wird *gegenwärtig* allgemein eine abnorme oder krankhafte Heiterkeit verstanden. In diesem Sinne wird der Begriff seit der zweiten Hälfte des 19. Jh. (EMMINGHAUS [8]) verwendet. In der Literatur finden sich als frühere und gleichzeitige Synonyma: ‹psychische Hedonie› [8], ‹Chäromanie› (CHAMBEYRON [9]) und ‹Amenomanie› [10]. – Der heutige *psychopathologische* Gebrauch ist nicht einheitlich. In der Tradition des 19. Jh. nennen K. JASPERS [11] und viele andere ‹E.› jede abnorme Heiterkeit, ob sie nun als angeborene Temperamentseigentümlichkeit, in einer manischen Phase, bei körperlichen Erkrankungen oder bei Vergiftungen auftritt. BUMKE [12] und andere fassen den Begriff später enger und beschränken ihn auf die heitere Verstimmung bei Gehirnkrankheiten. Diesem Gebrauch zuneigend, definiert ALSEN E. als «eine mit einem Vitalitätsverlust verbundene Form absoluter oder relativ gehobener Verstimmtheit der endothymen und speziell vitalen Zuständlichkeit und Abläufe sowie des ihnen zugeordneten Selbsterlebens» [13].

Nach F. MÜLLER-LYER [14] bedeutet E. (bzw. ‹Euphorismus›) «die Verbindung größtmöglicher Glückseligkeit und objektiver Vollkommenheit des Lebens». Seine «euphorische Philosophie» stellt diesen Zustand als Ziel des persönlichen Strebens und der staatlichen Verfassung dar [15].

Anmerkungen. [1] HIPPOKRATES, Fract. 35. – [2] HERODOTUS MEDICUS, in: Rhein. Mus. NF 58 (1900) 106; vgl. GALEN, Opera, hg. C. G. KÜHN (1821ff.) 11, 10; 14, 615. – [3] HIPPOKR., Epid. 6, 7, 2. – [4] CHRYSIPP, SVF II, 337. – [5] ALIPHRON 1, 24. – [6] POLLUX 4, 97. – [7] L. A. KRAUS: Krit.-etymol. Lex. (1844) Art. ‹E.›. – [8] H. EMMINGHAUS: Allg. Psychopathol. (¹1878) 90f. – [9] a. a. O. 90. – [10] B. RUSH: Med. inquiries and observations upon the diseases of the mind (Philadelphia ¹1812) 107. – [11] K. JASPERS: Allg. Psychopathol. (⁶1953) 499. – [12] O. BUMKE: Lehrbuch der Geisteskrankheiten (1948) 77. – [13] V. ALSEN: E. (¹1960) 126. – [14] F. MÜLLER-LYER: Der Sinn des Lebens (¹⁵1923) 46ff.; Phasen der Kultur 363ff. (²²1923); Soziol. der Leiden (⁵1915) 76ff. – [15] R. EISLER: Müller-Lyer als Soziologe und Kulturphilos. (¹1923). M.-P. ENGELMEIER

Europa, Abendland. Die Belege für ‹Europa› aus dem klassischen Altertum beschränken sich ursprünglich auf – allerdings vielfältige – geographische und mythologische Bedeutungsgehalte. Zu einer eindeutigen Bestimmung der Grenzen Europas im Nordosten und Osten gelangte die Antike nicht. HERODOTS Antithese von Orient und Okzident [1] hat erheblichen Einfluß auf das Verständnis von ‹Abendland› und ‹Europa› gewonnen, doch ist sie, aufs Ganze der antiken Geschichte gesehen, der Synthese der mittelmeerischen Ökumene unter- und nachzuordnen. Die Verselbständigung okzidentaler Gesittung in vorchristlicher Zeit nahm ihren Ausgang von dem Aufstieg des Römischen Reiches und der «Übernahme des hellenischen Geisteserbes durch die Römer» [2]. Die Reichsteilung von 395 hat diesen Prozeß, ohne daß es in der Absicht der Urheber gelegen wäre, nachhaltig gefördert, nicht minder die schon zuvor anhebende gegenseitige Durchdringung von germanischen und anderen Völkern mit der römischen Staatsorganisation und Kulturwelt. Ausschlaggebender Anteil bei der Emanzipation des Abendlandes (Okzident) aus der mittelmeerischen Gesittungsgemeinschaft kommt der Sonderung der westlichen Ecclesia zu. Im 4. Jh. ging die okzidentale Christenheit dazu über, das Lateinische zu ihrer Liturgiesprache zu erheben. Die römische Kirche und, mit ihr verbunden, das Kulturprinzip der Latinität bildeten während der Auflösung des weströmischen Reiches ein Band geistiger Einheit um dessen ehemalige Provinzen und die angrenzenden Länder. Zum wichtigsten weltlichen Kristallisationspunkt des Abendlandes im ersten nachchristlichen Jahrtausend wurde das katholische Frankreich. Durch den Einbruch des Islam erfuhr die Wirtschafts- und Kultureinheit des mittelmeerischen Orbis eine weitere Schwächung. Das mittelalterliche Abendland ist abzugrenzen vom islamischen wie vom griechischen, ebenfalls weit in das geographische Europa sich erstreckenden Morgenland. Man hat darüber diskutiert, ob in den Zonen des lateinischen und des kyrillischen Alphabets, des griechischen, rhomäischslawischen und des abendländischen, von lateinischer Sprachkultur bestimmten Gesittungskreises das Trennende oder das Gemeinsame überwog. Auf jeden Fall gewann das Abendland als lateinische Sphäre der romanischen, germanischen, westslawischen und einiger anderer Völker im Gegensatz zu der griechisch-orientalischen Welt religiös-kirchlich und kulturell zunehmend eigenes Profil. Vorübergehend kam es zu den Erscheinungen eines großfränkisch-lateinischen Antigraecismus und eines byzantinischen Antilatinismus, deren Bedeutung jedoch nicht überschätzt werden darf. Aus der fränkisch-karolingischen Hegemonialstellung im Abendland entwickelte sich ein imperium occidentale, das sich als Nachfolge des imperium Romanum verstand. Abgesehen davon, daß die politisch-historische Wirklichkeit schon des Mittelalters pluralistischen Charakter trug und keineswegs mit den Begriffen des ideellen Reichsuniversalismus wiedergegeben werden kann, beruhte auch die geistige Einheit des Abendlandes nicht in erster Linie auf der Reichsidee, sondern auf der Vorstellung der ecclesia, der res publica christiana oder christianitas, der zu Christus sich bekennenden, rechtgläubigen Völkergemeinschaft. Das abendländische Zusammengehörigkeitsbewußtsein im Mittelalter kann nur in zeitlicher wie regionaler Differenzierung angemessen beschrieben werden. Es dokumentierte sich unter anderem in den Kreuzzügen samt der auf sie bezogenen im Spätmittelalter erstmals auftretenden staatenbündischen Ideologie, in den über das ganze Abendland sich erstreckenden dynastisch-aristokratischen Verbindungen, in Stämme und Nationen übergreifenden Rechtssystemen, in den Konzilen, in der Einrichtung von Universitäten, in der Gründung und Ausbreitung von Orden und der Zirkulation des geistlich-kirchlichen Lebens durch Rom als seine Herzkammer.

Die *Wortgeschichte* der Begriffe ‹Abendland› und ‹Europa› wirft Schlaglichter auf den hier entwickelten Sachverhalt, aber allein als solche sagt sie noch nicht genügend über den Inhalt der in Frage stehenden historischen Phänomene aus. ‹Abendland›, seit dem 16. Jh. in Deutschland eine vorerst noch seltene Prägung, und seine lateinischen Vorläufer werden häufig synonym mit ‹Europa› angewendet. Beim Übergang von der Antike zum Mittelalter ergibt sich nach J. Fischer folgender wortgeschichtlicher Befund: «Um 400 erscheint unter dem Eindruck der Weltereignisse der Europabegriff in den Schriftquellen des mediterranen Raumes als zusammenfassende Bezeichnung der nördlichen römischen Reichsteile am Mittelmeer, in Quellen außerhalb des Reichsraumes um das Mittelmeer, in Gallien etwa, als Asien und Afrika konfrontierter Erdteil, der durch seine eigenen Heiligen seine eigene Weihe erhält. Der Begriff entwickelt sich im 6. Jh. zur Bezeichnung im wesentlichen des gallischen, jedenfalls aber des nordalpinen Raumes ...» [3]. Mit der neuen politischen Größe des Frankenreiches entstand das Bedürfnis nach einem geeigneten Terminus für den über den fränkischen Stamm hinausgreifenden Herrschaftsbereich der Karolinger. Dafür bot sich ‹Europa› an, und eine Zeitlang schien es, als würde sich das Wort als Bezeichnung für das Reich Karls des Großen einbürgern. Mit dem Zerfall dieses Reiches und nicht zuletzt infolge der Haltung Roms, das sich den karolingisch orientierten Europabegriff nicht aneignete, trat ‹Europa› als Terminus politicus wieder in den Hintergrund, obschon es als Bestandteil der Bildungssprache ununterbrochen bekannt blieb. Bezeichnend ist, daß ‹Okzident› (bzw. ähnliche Wendungen) und ‹Europa› pointiert hervortreten, sobald den unter diesem Sammelbegriff zu vereinenden Völkern eine gemeinsame Gefahr droht. Der seit Anbruch der Neuzeit erfolgende allmähliche Übergang des Wortes ‹Europa› aus der Bildungssprache ins Populäre ist vielleicht nicht nur als Breitenwirkung humanistisch-antiki sierenden Denkens, sondern auch als Reaktion auf die Türkenbedrohung aufzufassen. Während sich ‹Europa› und das ihm zugeordnete Wortfeld im 18. Jh. durchgesetzt hatten, gewann der Begriff ‹Abendland› im Deutschen erst langsam von Fr. Schlegel über W. Menzel zu L. von Ranke Fülle und Konturen (‹europäisches Abendland›, ‹christliches Abendland›, ‹germanisches Abendland›). Im 20. Jh. hat das Erscheinen von O. Spenglers ‹Untergang des Abendlandes› (1919) sehr zur Verbreitung des Wortes beigetragen. Unabhängig davon ist zu beobachten, daß katholisch-konservative Gründungen (Abendländische Aktion, Abendländische Akademie, die Zeitschrift ‹Neues Abendland›) die Bezeichnung ‹Abendland› – jedenfalls bis vor kurzem – bevorzugt haben, während europäische Zusammenschlüsse von Sozialisten und Liberalen die Bezeichnung ‹abendländisch› mieden. Ein allgemein anerkannter Sprachgebrauch, der zwischen ‹Europa› und ‹Abendland› eindeutig unterschiede, hat sich bisher nicht herausgebildet, doch ist ein entscheidendes Übergewicht von ‹Europa› und ‹europäisch› festzustellen. Diese Aussage beschränkt sich streng auf den deutschen Sprachgebrauch.

Es bedarf eines konstruktiven Selektionsverfahrens, um eine brauchbare wissenschaftliche wie allgemeinverständliche Terminologie aus dem wortgeschichtlichen Material zu gewinnen. In diesem Sinne mag man folgende Periodisierung im Rahmen der okzidentalen oder westlichen Kulturgesellschaft (im Sinne Toynbees verstanden) erwägen:

1. Eine *mittelalterlich-abendländische* Epoche, getragen von der Glaubens- und Kulturgemeinschaft der zur römischen Kirche sich bekennenden Völker.

2. Die Epoche des *neuzeitlichen Europa*, gekennzeichnet durch die europäische Expansion über die Erde, die Entfaltung der abendländisch-lateinischen Christenheit in Konfessionen, die zunehmende Ausprägung des nationalstaatlichen Prinzips und eine im Zeichen der Aufklärung und der auf ihr beruhenden und ihr folgenden Strömungen, Lehren und Weltanschauungen fortschreitende Säkularisierung. In diesem Sinne zählt z. B. das

vorpetrinische Rußland trotz vieler Berührungspunkte im ganzen nicht zum Abendland, wohl aber ist das Russische Reich seit Peter dem Großen Europa zuzurechnen. Dem Abendland wie Europa sind gemeinsam das antik-christliche Erbe und die eigentümlichen Schöpfungen der okzidentalen Gesellschaft: Nationen, Feudalismus und Städtewesen in ihrer spezifisch westlichen Prägung, das Naturrecht, unsere Wissenschaft und Kunst. Vielheit und Mannigfaltigkeit darf man als Formprinzip ebenfalls *beider* Epochen ansehen. Aber der Prozeß der Individualisierung hat im neuzeitlichen Europa weitere Fortschritte gemacht, und während das mittelalterliche Abendland sich in der Theorie vorwiegend zur Einheit bekannte, zog das neuzeitliche Europa auch denkerisch die Konsequenz und gab der Vielgestaltigkeit den Vorzug. Das Abendland konnte zur res publica christiana keine Alternative entwickeln. Das neuzeitliche Europa verstand sich demgegenüber nicht nur als Christenheit, sondern auch als europäisches Konzert, als europäische Pentarchie, als System des europäischen Gleichgewichts oder als Vorstufe zu einem europäischen Völkerbund.

3. Der *Westen in der einen Welt.* Wie das Abendland nach Europa, so wuchs Europa in weitere Zusammenhänge hinein; anderseits lebt das Abendland in Europa und lebt Europa im Westen fort. Die Wende vom 15. zum 16. Jh. (Zeitalter der Entdeckungen, Reformation, Humanismus), als Zone der Entscheidungen im Übergang von der abendländischen zur europäischen Welt, bietet sich nach wie vor als Zäsur an. Mit dem Zeitalter der Weltkriege ist die Ablösung des europazentrischen Zeitalters endgültig zum Abschluß gekommen. Jedes Jh. der neuzeitlichen Geschichte hat nicht nur die Physiognomie Europas gestaltet, sondern auch das Zustandekommen eines tatsächlich mondialen und universellen Systems der Weltpolitik und der Weltwirtschaft gefördert. Gleichzeitig transzendierte die westliche Gesellschaft das geographische Europa. Die entscheidenden Leistungen, die es Europa ermöglichten, über sich selbst hinauszuwachsen und seine Zivilisation zur Basis einer Weltzivilisation zu machen, waren die industriell-technisch-wissenschaftliche Revolution seit dem 18. Jh. und die ebenfalls im 18. Jh. anhebenden gesellschaftlich-politischen Revolutionen, deren Ergebnisse die gesamte Menschheit aufzunehmen und weiter zu entwickeln hat. Die *eine* Welt, die planetarisch gewordene Ökumene als Tatsache allseitiger Erschließung und intensiven Austausches auf schlechthin allen Lebensgebieten ist der Befund, der jeder universalen Diagnose von heute zugrunde liegt und den wir zum Ausgangspunkt eines neuen Weltbildes machen müssen. Im Rahmen der Ökumenizität dieser *einen* Welt hat die okzidentale Gesellschaft ihre bisher weiteste Ausdehnung gewinnen können. Gemeinsame abendländische Herkunft und Europäertum sind innerhalb der westlichen Gesittung nach wie vor lebendige Größen. Die im Gang befindliche europäische Integration darf man als regionale Politik im Rahmen der Weltpolitik, als das Einführen neuer Einheiten in eine neue Weltordnung auffassen. Die europäische Gesittung als kultur- und sozialhistorisches Phänomen überwiegt heute in ihrer Bedeutung den politischen Begriff Europa, der derzeit nicht mehr als «Konzert» der weltbestimmenden Mächte, sondern nur als die Zusammenarbeit mehrerer Nationen der «alten Welt» zu beschreiben ist.

Anmerkungen. [1] HERODOT, Hist. I, 3/4 und passim; vgl. K. GOLDAMMER: Der Mythus von Ost und West 1962) 13-20. –

[2] H. BERVE: Der Europa-Begriff in der Antike, in: Gestaltende Kräfte der Antike (1949) 170-187, zit. 185. – [3] J. FISCHER: Orient – Okzident – Europa (1957) 14.

Literaturhinweise. W. FRITZEMEIER: Christenheit und Europa (1931). – CH. DAWSON: The making of Europe (1932). – G. DE REYNOLD: La formation de l'Europe (1941/57). – H. FREYER: Weltgesch. Europas (1948). – H. BERVE s. Anm. [2]. – F. HEER: Der Aufstieg Europas (1949); Europäische Geistesgeschichte (1953). – E. ROSENSTOCK-HUESSY: Europäische Revolutionen (²1951). – L. DIEZ DEL CORRAL: El rapto de Europa (1954). – J. FISCHER s. Anm. [3]. – D. DE ROUGEMONT: L'aventure occidentale et l'homme (1957). – H. BRUGMANS: Les origines de la civilisation européenne (1958). – C. CURCIO: Europa. Storia di un'idea (1958). – O. HALECKI: Europa. Grenzen und Gliederung seiner Gesch. (1958). – K. GOLDAMMER s. Anm. [1]. – H. PIRENNE: Mahomet und Karl d. Gr. (1963). – H. GOLLWITZER: Europabild und Europagedanke (²1964). H. GOLLWITZER

Eusebiologie oder «philosophische Religionslehre» nennt W. T. KRUG den dritten Teil seines Systems der praktischen Philosophie. «Der Name E. aber beruht darauf, daß unsere Religionslehre im Absehen vornehmlich auf Beförderung einer echten Gottesverehrung (εὐσεβεία)», und zwar «auf eine vernünftige Art» richten soll [1]. Die E. hat als «natürliche oder philosophische Religionslehre» [2] nicht die geoffenbarte Religion zum Gegenstand. Die «philosophierende Vernunft» soll auf Grund der «natürlichen Anlage des Menschen zur Religion» aus sich «die natürliche Grundlage» finden, die als «Prüfstein für die Wahrheit ... einer *positiven* oder *statutarischen* Religionslehre» dienen kann [3].

Anmerkungen. [1] W. T. KRUG: System der prakt. Philos. 3: Religionslehre (1819) 7. – [2] a. a. O. 8. – [3] 10. R. KUHLEN

Euthanasie. Der Begriff ‹E.› (griech. εὐθανασία, schöner Tod) findet sich zuerst vereinzelt in der hellenistischen Literatur und bedeutet hier so viel wie «felici vel honesta morte mori» (einen glücklichen oder ehrenhaften Tod sterben) [1]. Zuvor ist in einem umstrittenen Passus bei PLATON – «die mit schlechtem Körper soll man sterben lassen, die mit schlechter Seele umbringen» – die E. im weitesten Sinne des späteren Begriffs angesprochen [2]. Die Ausführungen haben aber hypothetischen Charakter, da Platons Staatsmodell nicht unmittelbar praktisch gemeint ist [3].

Seine spezifisch medizinische Bedeutung gewinnt der Terminus ‹E.› im 19. Jh., wo er im engsten Sinne die Erleichterung des Sterbevorgangs durch den Arzt bezeichnet. Mit der Wende zum 20. Jh. erweitert sich der Sinn der E. dahin, daß eine Verkürzung der Lebensdauer als Nebenwirkung der Sterbehilfe miteinbegriffen wird. 1920 propagieren BINDING und HOCHE die «Vernichtung lebensunwerten Lebens» [4]. Das Dritte Reich versteht die E. im weitesten Sinne als Lebensdauerverkürzung auch und gerade gegen den Willen des Kranken. Hitlers E.-Programm 1939 entfremdet die Theorien Bindings und Hoches und führt zur Massenvernichtung mißgebildeter Kinder und erwachsener Geisteskranker.

E. im engsten Sinne will den Tod, der als solcher nicht mehr aufzuhalten ist, angenehmer machen, indem bei vorauszusetzendem Einverständnis des Kranken das zum Tode führende Leiden in seiner Schmerzhaftigkeit gelindert wird. Das Ausmaß der Mittel ist dabei problematisch: Soll der Sterbende seinen Tod erleben? E. im weiteren Sinne schließt eine Verkürzung der Lebensdauer als nicht angestrebten Nebeneffekt der Schmerzlinderung mit ein. E. im weitesten Sinne macht die Verkürzung des Lebens zum erklärten Ziel der somit ganz von Schmerzen befreienden Behandlung des Patienten.

Dies geschieht entweder durch Passivität des Arztes, der es unterläßt, das Leben des Patienten mit allen Mitteln zu verlängern, oder durch aktive Sterbehilfe, indem der Tod – gegebenenfalls auch ohne vorauszusetzendes Einverständnis des Kranken – etwa durch starke bewußtseinslähmende Mittel vorzeitig herbeigeführt wird. In diesem Sinne gehören auch Beihilfe zum Selbstmord bzw. Unterlassung von Maßnahmen zur Verhinderung des Selbstmords zur E.

Die E. hat neben dem medizinischen einen juristischen und einen moraltheologisch-ethischen Aspekt. Katholische und evangelische Kirche lehnen die E. im weitesten Sinne ab. Über das von Gott gegebene Leben darf nicht selbstherrlich verfügt werden. Lebensverkürzung als ungewollte Nebenwirkung der Linderung unerträglichen Schmerzes wird von beiden Kirchen toleriert. Gewaltsame Lebensverlängerung um jeden Preis widerspricht dem Recht des Menschen auf seinen natürlichen Tod.

Ein Recht zur Sterbehilfe ist gesetzlich nicht anerkannt. Rechtlich unzulässig sind bewußtseinslähmende Mittel mit zwangsläufiger Lebenszeitverkürzung, was aber die Zulässigkeit der Sterbehilfe nicht grundsätzlich ausschließt. Kein Übertreten des Tötungsverbots wird anzunehmen sein, wenn der Arzt es durch Nichtanwendung besonderer Stimulantien unterläßt, ein bereits verlöschendes qualvolles Leben künstlich zu verlängern [5]. Desgleichen dürfte keine Tötung vorliegen, wenn der Arzt den Todeskampf des Patienten in ein sanftes Hinüberschlummern verwandelt [6].

Anmerkungen. [1] Vgl. G. ZILLIG: Über E. Hochland (1950) 337-352, zit. 338. – [2] PLATON, Resp. 410 a. – [3] Vgl. R. B. LEVINSON: In defense of Plato (Cambridge, Mass. 1953) 195ff. – H. D. RANKON: Plato and the individual (London 1964) 42ff. – [4] K. BINDING und A. HOCHE: Die Freigabe der Vernichtung lebensunwerten Lebens (1920) 17 u. passim. – [5] K. ENGISCH: ‹E.› und Vernichtung lebensunwerten Lebens in strafrechtlicher Beleuchtung (1948) 8. – [6] a. a. O. 4.

Literaturhinweise. A. JOST: Das Recht auf den Tod (1895). – H. ROST: Bibliographie des Selbstmordes (1927) [umfassend; berücksichtigt auch ältere Arbeiten]. – F. WALTER: Die E. und die Heiligkeit des Lebens (1935) [zusammenfassende Darstellung vom Standpunkt der kath. Moraltheol.]. – V. V. WEIZSÄCKER: ‹E.› und Menschenversuche (1947). – G. B. GRUBER: Arzt und Ethik (1948). – E. SCHMIDT: Ärztl. Lebenserhaltungspflicht (1957). – G. SIMPSON: E. als Rechtsproblem (1964). – H. EBERHARDT: E. und Vernichtung lebensunwerten Lebens (1965). ALF HERMANN

Evidenz (evidentia, évidence, self-evidence)

I. ‹E.› bezeichnet die in der Geschichte der Philosophie gleichermaßen zentrale wie umstrittene Instanz der offenkundigen, unmittelbar einleuchtenden Selbstbezeugung wahrer Erkenntnis und der immanenten Legitimation von Urteilen.

CICERO führt das Wort ‹evidentia› als Übersetzung und Nachbildung des griechischen, vorwiegend in der Rhetorik und Philosophie geläufigen ἐνάργεια in die lateinische Sprache ein und bestimmt es als Synonym von ‹perspicuitas› [1]. Im Anschluß an die von ihm geprägte Bedeutung, zunächst jedoch ohne terminologische Fixierung, wird es in den Wortschatz der Scholastik übernommen und findet seit dem 13. Jh. auch Eingang in die europäischen Landessprachen [2]. Im Englischen und – relativ selten – im Französischen kann ‹evidence› bzw. ‹évidence› nicht nur im abstrakten Sinne, als Offenkundigkeitscharakter des Offenkundigen, sondern auch in konkretem Sinne, als je bestimmtes Offenkundiges, verstanden werden. Für das Englische ist ferner zu bemerken, daß E. im prägnanten Sinne seit dem 17. Jh. in der Regel ‹self-evidence› genannt wird [3], während ‹evidence› jedes Mittel der Bestätigung und Rechtfertigung einer Annahme und alles, was «Grundlage einer Meinung» [4] ist, zu bezeichnen vermag (vor allem in der juristischen Sprache; vgl. auch den Gebrauch von dtsch. ‹E.› im Steuerwesen und in der Betriebswirtschaft). – In der Geschichte seines Gebrauchs ist der Begriff der E. einerseits dem auffassenden Subjekt, andererseits der objektiven Verbindlichkeit des Aufgefaßten, einerseits dem Urteilserlebnis und dem Akt des Zustimmens («assensus evidens»), andererseits dem Urteilsinhalt zugeordnet worden und weist insofern, in der Gegenüberstellung von «psychologischer», «formaler» oder «subjektiver» und «logischer» bzw. «objektiver» E. [5], eine Ambivalenz auf, die sich derjenigen von ‹Gewißheit› nähert. Im Sinne dieser doppelten E. ist auch das *Verhältnis* von ‹Gewißheit› und ‹E.› mehrdeutig: Einerseits kann E. als objektiver Grund für das subjektive Gewißsein [6], andererseits als subjektive Faßlichkeit dessen, was objektiv gewiß ist [7], verstanden werden. – Gelegentlich wird ‹E.›, im Unterschied zu ‹Gewißheit›, dem Sosein von Gegenständen, nicht ihrem Dasein, zugeordnet [8].

Innerhalb der *griechischen* Philosophie ist der Begriff der ἐνάργεια vor allem in der *epikureischen* Erkenntnislehre beheimatet – als Augenscheinlichkeit und offenkundige Präsenz im Bereich der sinnlichen Wahrnehmung [9]. In der *Stoa* nennt er das Kennzeichen der φαντασία καταληπτική, deren Eigentümlichkeit es ist, ihr Objekt in voller, keinem Zweifel Raum lassender Deutlichkeit darzustellen [10]. Im scholastischen Denken ist der Begriff der E. geläufig, ohne sogleich eine ausgeprägte Funktion zu übernehmen. Bei THOMAS VON AQUINO kommt er sowohl in subjektiver wie in objektiver Wendung vor [11]. Deutlicher wird die erkenntnistheoretische Spezifizierung bei DUNS SCOTUS und BONAVENTURA [12]. Eine weitere Zuspitzung der Frage nach der E., als der verbindlichen Offenkundigkeit im sinnlichen und im intelligiblen Bereich, bringt die Spätscholastik, im Anschluß an WILHELM VON OCKHAM vor allem in Hinsicht auf die Verläßlichkeit der äußeren Wahrnehmung. «Evidentia absoluta simpliciter», als nicht graduierbare, schlechthin verbindliche Einsicht, wird, z. B. bei JOHANNES BURIDAN und PETER VON AILLY, von der nur präsumptiv und bedingt gültigen «evidentia secundum quid» oder «naturalis» geschieden und den analytischen Urteilen, in gewissem Maße auch der inneren Wahrnehmung vorbehalten [13]. Die Gegenüberstellung deckt sich innerhalb bestimmter Grenzen mit der später geläufigen von «apodiktischer» und «assertorischer» E. [14]. – In der Folge ist, im Anschluß an entsprechende Einteilungen von Gewißheit, auch von «metaphysischer», «physischer» und «moralischer» E. die Rede [15]. Neben der Unmittelbarkeit voraussetzungslosen Einsehens und schauenden Hinnehmens, die durchweg im Zentrum der E.-Konzeption steht, wird nicht selten auch eine diskursiv gewonnene, «indirekte» E. anerkannt, «evidentia syllogisticae illationis» [16], entsprechend der in der neueren Literatur gebräuchlichen Unterscheidung von «mittelbarer» und «unmittelbarer» E. – Daß E. in vollem Sinne eine Urteilsqualität sei, ist eine verbreitete, jedoch meist implizite [17] und keineswegs durchgängige Voraussetzung. – Ohne eine wesentlich neue begriffliche Bestimmung von E. zu geben, stellt DESCARTES die E.-Thematik doch in ein grundsätzlich neues Licht. Die Ausdrücke ‹evidentia› bzw. ‹evidens› kommen bei ihm relativ selten vor; die intendierte Problematik wird in den ‹Regulae› unter dem Titel des «intuitus», später der «clara et distincta perceptio» expliziert. Die besondere historische Bedeutung der cartesianischen Auffassung von E. und Gewißheit liegt darin, daß sie der Wahrheit in entschiedener Weise vorgeordnet werden und als Leitbegriffe eines spezifisch neuzeitlichen Wissenschaftsprogramms fungieren. Der Bezug zur Lichtmetaphorik der Wahrheit und zum Verständnis der Erkenntnis als Schau ist zwar bei Descartes noch gegeben. Sein Postulat rationaler Verfügbarkeit stellt jedoch einen grundsätzlichen Abstand zur Illuminationsmetaphysik augustinischer Prägung her. Der Zeitbezug der E., der Unterschied zwischen aktualer und inaktualer E., tritt in der Problematik des «cartesianischen Zirkels» hervor [18]. Im Anschluß an Descartes wird das Thema der E. u. a. von MALEBRANCHE aufgenommen; dabei kommen psychologische Momente, zumal die Bindung der E. an die Aufmerksamkeit, zu schiedenerer Geltung [19]. In der Folge bleibt die Auffassung der E. als «anschauende Gewißheit» [20] weithin maßgeblich. E. wird vorzugsweise den logisch-mathematischen Axiomen und allem, was des Beweises weder bedarf noch fähig ist und was zugleich die Undenkbarkeit des kontradiktorischen Gegenteils einschließt [21], zugeschrieben. J. G. FICHTE stellt gegen solche von ihm als «faktisch» bezeichnete E. seine Konzeption der «genetischen E.» [22]. – Im 19. und beginnenden 20. Jh. ist die E. ein bevorzugtes Thema der psychologistischen Logik: Sie wird, nicht selten unter dem Titel «E.-Gefühl» – vgl. den Ausdruck «Überzeugungsgefühl» bei SCHLEIERMACHER –, als subjektiver Index für wahre Erkenntnis präsentiert, als eine spezifische Erlebnisqualität, die objektive Einsicht begleitet und anzeigt [23]. Im Sinne dieser Auffassung erscheint die Logik zuweilen als Lehre von der Herstellung der Bedingungen für das Gefühl der E. [24]. Gegen die psychologistische Auffassung, die auf E. als «empirisches, von psychologischer Kausalität bedingtes Datum» [25] hinausläuft, treten u. a. F. BRENTANO, der die Urteilszugehörigkeit der E. besonders hervorhebt [26], und, entschiedener noch, E. HUSSERL auf, für den die E., als Deckung des Gegebenen und Gemeinten, letzte Rechtsquelle der Erkenntnis und jeder psychologischen Reduktion entzogen ist. Im Anschluß an Husserl bestimmt J.-P. SARTRE die E. als Selbstpräsenz des Objekts für das Bewußtsein [27]. – Als eigenständiger Vertreter der *neuthomistischen* Philosophie betont G. SÖHNGEN den «reflexiven Charakter» der E. «im Sinne einer Selbstbezeugung des Erkenntnisaktes für seine Gegenständlichkeit» [28]. – E. im ethischen und emotionalen Bereich ist ein Thema M. SCHELERS [29]; als «évidence du cœur» bezeichnet schon D'ALEMBERT das Gewissen [30]. – Kritik am Prinzip der E., am «unmittelbaren Einsehen», wird vor allem im *Positivismus* und *Neopositivismus* geübt [31]; u. a. wird auf die Problematik der Feststellbarkeit «wahrer» E., auf ihre Privatheit und auf die notwendige Zirkelhaftigkeit in allen Versuchen, ihre gnoseologische Verbindlichkeit zu begründen, verwiesen; und die E., lange ein Leitbegriff rationalen Wissens gegen Offenbarung und Glauben, wird selbst Sache eines «Glaubens» [32]. In der neueren *logischen* Literatur wird der objektive Charakter der logischen Wahrheit entschieden gegen den subjektbezogenen Gegebenheitscharakter der E. abgehoben [33]; die Berufung auf die E. wird jedoch keineswegs durchgängig vermieden. – In der neueren englischsprachigen philosophischen Literatur wird «evidence» in der Regel im Rahmen wissenschaftstheoretischer Überlegungen gebraucht, etwa im Sinne von R. CARNAPS Begriff der «Bestätigung» [34].

Anmerkungen. [1] CICERO, Acad. 2, 17. – [2] Vgl. z. B. J. MURRAY: A New Engl. Dictionary 3 (Oxford 1897) Art. ‹evidence›. – [3] a. a. O. 8/2 (1914) Art. ‹self-evidence›; vgl. LOCKE: Essay conc. human understanding (⁴1690) IV, 7, § 3. – [4] Vgl. TH. REID: Essays on the intellectual powers of man (Edinburgh 1785) 270. – [5] Vgl. W. WUNDT: Logik I (⁴1919) 78ff.; N. HARTMANN: Grundzüge einer Met. der Erkenntnis (⁴1949) 503f.; E. CHAUVIN: Lex. philosophicum (Leovardiae ²1713) Art. ‹evidentia›. – [6] Vgl. z. B. J. GEYSER: Über Wahrheit und E. (1918) 56. – [7] Vgl. z. B. M. MENDELSSOHN: Abh. über die E. in met. Wiss. Sämtl. Werke (1838) 291-333, bes. 293. – [8] z. B. H. ULRICI: System der Logik (1852) 33. – [9] Vgl. EPIKUR, Ep., hg. USENER 1, p. 11. – [10] Vgl. H. HARTMANN: Gewißheit und Wahrheit (1927) 16ff. – [11] P. WILPERT (Lit. 1931) 71ff. – [12] WILPERT, a. a. O. 74. – [13] A. MAIER (Lit. 1963) 208ff. 214ff. – [14] Siehe Anm. [31]. – [15] CHAUVIN, a. a. O. [5]. – [16] JOHANNES DUNS SCOTUS, I sent. a. 3 q. 4. – [17] Vgl. L. BAUDRY: Lex. philos. de Guillaume d'Ockham (Paris 1958) Art. ‹evidentia›. – [18] Vgl. W. HALBFASS: Descartes' Frage nach der Existenz der Welt (1968) 41ff. – [19] MALEBRANCHE, De la recherche de la vérité I, 1, 2, § 3; VI, 1, 2. – [20] KANT, KrV B 762 (A 734). – [21] Vgl. H. S. REIMARUS: Vernunftlehre (³1790) §§ 335ff. – [22] J. G. FICHTE: Wissenschaftslehre (1804). Sämtl. Werke, hg. I. H. FICHTE 10, 110. – [23] Vgl. z. B. C. SIGWART: Logik (⁵1924) 1, 15; zu SCHLEIERMACHER vgl. Dialektik, hg. R. ODEBRECHT (1942) 324ff. – [24] z. B. A. HÖFLER und A. MEINONG: Logik (Wien 1890) 17ff. 93ff. – [25] E. TUGENDHAT: Der Wahrheitsbegriff bei Husserl und Heidegger (1967) 101. – [26] F. BRENTANO: Vom Ursprung sittlicher Erkenntnis (⁴1955) 64ff. – [27] J.-P. SARTRE: L'imaginaire (Paris 1940) 210. – [28] G. SÖHNGEN: Sein und Gegenstand (1930) 156. – [29] M. SCHELER: Der Formalismus in der Ethik und die materiale Wertethik (⁴1954) 138ff. – [30] D'ALEMBERT: Discours préliminaire de l'Encyclopédie (1751). Philos. Bibl. 242 (1955) 80. – [31] Vgl. M. SCHLICK: Allg. Erkenntnislehre (²1925) 135ff. – [32] Vgl. W. STEGMÜLLER: Met., Wiss., Skepsis (1954) 102f. – [33] z. B. G. PATZIG: Fischer-Lexikon Philos. (⁹1967) Art. ‹Logik›, bes. 134. – [34] z. B. R. M. CHISHOLM: Evidence as justification. J. Philos. 58 (1961) 739-748.

Literaturhinweise. H. BERGMANN: Untersuchungen zum Problem der E. der inneren Wahrnehmung (1908). – C. ISENKRAHE: Zum Problem der E. (1917). – W. REIMER: Der phänomenol. E.-Begriff. Kantstudien 23 (1919) 269-301. – F. HERZFELD: Der Begriff der erkenntnistheoretischen E. im Anschluß an Descartes (Diss. Erlangen 1922). – C. MAZZANTINI: La lotta per l'evidenza (Roma 1929). – F. BRENTANO: Wahrheit und E. Philos. Bibl. 201 (1930). – P. WILPERT: Das Problem der Wahrheitssicherung bei Thomas von Aquin. Ein Beitrag zur Gesch. des E.-Problems (1931). – J. VUILLEMIN: Note sur l'évidence cartésienne et le préjugé qu'elle implique. Rev. Sci. humaines 61 (1951) 42-49. – W. STEGMÜLLER: Der E.-Begriff in der formalisierten Logik und Mathematik. Wien. Z. Philos. Psychol. Pädag. 4 (1953) 288-295. – R. M. CHISHOLM and R. FIRTH: Symposium: The concept of empirical evidence. J. Philos. 53 (1956) 722-739. – D. RYNIN: Evidence. Synthese 12 (1960) 6-24. – A. MAIER: Das Problem der E. im der Philos. im 14.Jh. Scholastik 38 (1963) 183-225. – O. MUCK: A priori, E. und Erfahrung. Gott in Welt. Festgabe für K. Rahner 1. 2 (1964) 1, 85-96.

W. HALBFASS

II. Der E.-Begriff wird in doppelter Weise zum Leitmotiv der Phänomenologie E. HUSSERLS. In zahlreichen Formulierungen umschrieben (z. B. Selbstgebung, Selbsthabe), bedeutet sie im Grunde Gegenwärtigung, Präsentation [1], d. h. Gegenwart (Selbstgegebenheit) eines intentional Vermeinten für ein unmittelbar erfassendes («anschauendes», in weitestem Sinne «wahrnehmendes», «ursprünglich erfahrendes», «originär gebendes») Bewußtsein [2]. Als das ist sie:

1. gemäß der Maxime «Zu den Sachen selbst!» die für die phänomenologische Forschung methodisch geforderte Erkenntnisart und bedeutet, daß für die Phänomenologie jede andere wissenschaftliche Begründung als der Rückgang auf Phänomene («Aufweisung», «Deskription») prinzipiell ausgeschlossen wird. Alle Vernunftprobleme sind E.-Probleme [3];

2. die «allgemeine ausgezeichnete Gestalt» [4] der in der phänomenologischen Forschung thematisierten Intentionalität, sofern diese in doppelter Weise als Bewußtsein der Verwiesenheit auf Selbstgebung verstanden wird: Intentionalität ist in einer dem Reichtum ihrer

noematischen Gehalte entsprechenden mannigfachen Weise (a) als Tendenz auf «Bewährung» oder «Erfüllung» (Überführung sachfernen Bewußtseins in Sachnähe) auf E. vorverwiesen [5] und in diesem Sinne teleologisch [6], (b) auf E. rückverwiesen, sofern sie in allen ihren Abwandlungsformen diesen Formen entsprechende Arten der Gegenwärtigung voraussetzt [7]. Die teleologische Vorverwiesenheit (a) bestätigt die Intentionalanalyse durch den Aufweis, daß auch die verschiedenen Weisen des Ausbleibens oder Verschwindens der Selbstgebung («Durchstreichung», «Enttäuschung», «Negation») nur defiziente Modi von E. sind [8], ebenso wie Leerintentionen niemals schlechthin gegenstandslos sein können, da sich alles Erwartete einem irgendwie vorbekannten Erfahrungsstil einfügt [9]. In welcher Weise alle Erfahrung auf Gegenwärtigungen als erste fundierende, doch selbst nicht mehr fundierte Erfahrungsarten zurückbezogen ist (b) und welche intentionale Verfassung diese Gegenwärtigungen haben, ist Thema der statischen und genetischen Konstitutionsanalyse [10].

Da E. im Hinblick auf die mannigfachen Arten der Selbstgebung für Husserl ein offener Problemtitel ist, erfährt der Begriff in seiner Allgemeinheit im Laufe der Ausgestaltung der Phänomenologie vielfache, nicht immer übereinstimmende Differenzierungen. Als grundlegend dürfen die Unterscheidungen von prädikativer und vorprädikativer E. (A) und von adäquater und apodiktischer E. (B) bezeichnet werden, die beide erst in Husserls Spätzeit zu einer endgültigen terminologischen Klärung gelangten. (A) besagt eine Unterscheidung von Stufen, (B) eine solche von Formen der E. Die Unterscheidung von prädikativer und vorprädikativer E. (A) ist ein wesentlicher Bestandteil der phänomenologischen Urteilstheorie [11] und besagt, daß die Einsichtigkeit von Urteilen (prädikative E.), die immer das Ergebnis einer aktiven Verallgemeinerungs- bzw. Idealisierungsleistung sind, genetisch notwendig in passiven Erfahrungen von individuellen Gegenständen (vorprädikative oder lebensweltliche E.) fundiert ist [12]. Durch diese Unterscheidung wird zugleich die intentionale Verfassung der E., die methodisches Leitbild phänomenologischer Forschung ist (I), der Intentionalität qua E. als Gegenstand dieser Forschung (II) rückgegründet [13]. Die Unterscheidung von adäquater und apodiktischer E. (B) ist nur an den einschlägigen Stellen [14] der von Husserl selbst veröffentlichten programmatischen Werke mit voller Deutlichkeit ausgesprochen, an anderen Stellen und in anderen Texten schwankt die Terminologie. Bei beiden Formen von E. ist das intentional Vermeinte in Zweifellosigkeit als es selbst gegeben. Adäquatheit besagt, daß das Vermeinte «vollkommen» als es selbst, d. h. im vollen Umfange seines Was präsent ist [15]. Apodiktizität heißt, daß die Zweifellosigkeit den Charakter der Notwendigkeit hat, d. h. von dem Bewußtsein begleitet ist, daß die Seinsgeltung des Vermeinten im weiteren zeitlichen Verlauf der Erfahrung nicht aufgehoben werden kann [16]. Demnach braucht adäquate E. nicht apodiktisch zu sein (Beispiel: Urpräsenzen der äußeren Wahrnehmung) und umgekehrt. Apodiktizität schreibt Husserl einerseits der Einsicht in Wesenssachverhalte zu [17], andererseits der durch transzendentale Reduktion ermöglichten Erfahrung von meinem absoluten «Ich bin» [18]. Im Laufe seiner philosophischen Entwicklung verlagert sich das Interesse Husserls von den apodiktischen E. der ersten Art mehr und mehr auf die apodiktische E. des «Ich bin», ohne daß die Wesenslehre jemals völlig aufgegeben würde. Die apodiktischen E. der Wesensschau sind zugleich adäquat [19], der adäquate Gehalt der apodiktischen E. des «Ich bin» hingegen ist begrenzt und muß erst in einer kritischen Letztreflexion [20] der Phänomenologie (Theorie der lebendigen Gegenwart) bestimmt werden [21].

Anmerkungen. [1] M. HEIDEGGER: Sein und Zeit (⁹1960) 363. – [2] E. HUSSERL: Formale und transzendentale Logik (1929) 140ff.; Cartesianische Meditationen und Pariser Vorträge. Husserliana 1 (Den Haag ²1963) 55ff. – [3] Ideen zu einer reinen Phänomenol. und phänomenol. Philos. 1. Buch. Husserliana 3 (Den Haag 1950) 333-357. – [4] Formale und transzendentale Logik (1929) 141; Cartesianische Meditationen ... a. a. O. [2] 92f. – [5] ebda; vgl. Analysen zur passiven Synthesis. Husserliana 11 (Den Haag 1966) 65ff. – [6] Formale und transzendentale Logik (1929) 143. – [7] a. a. O. 276ff.; Ideen ... a. a. O. [3] 88. – [8] Analysen zur passiven Synthesis a. a. O. [5] 25ff. – [9] Erfahrung und Urteil (³1964) 26ff. – [10] Formale und transzendentale Logik (1929) 276ff. – [11] a. a. O. 179ff.; vgl. Erfahrung und Urteil (³1964) 11ff. – [12] Formale und transzendentale Logik (1929) 182. 186. – [13] a. a. O. 245ff. – [14] Ideen ... a. a. O. [3] 336-341; Cartesianische Meditationen ... a. a. O. [2] 55-57. – [15] ebda. – [16] ebda; außerdem z. B. Erste Philos. (1923/24) 2. Teil. Husserliana 8 (Den Haag 1959) 380. 398. – [17] z. B. Ideen ... a. a. O. [3] 19. 337. 413. – [18] z. B. Erste Philos. a. a. O. [16] 88ff. 410ff. – [19] Ideen ... a. a. O. [3] 19f.; Erste Philos. a. a. O. [16] 35. – [20] a. a. O. 80, auch «apodiktische Reduktion» genannt. – [21] ebda; vgl. außerdem Cartesianische Meditationen ... a. a. O. [2] 56. 62. 133; Formale und transzendentale Logik (1929) 255; Zur Phänomenol. des inneren Zeitbewußtseins (1893-1917). Husserliana 10 (Den Haag 1966) 339ff.; Analysen zur passiven Synthesis a. a. O. [5] 368ff.
K. HELD

Evokation. Der auf eine römisch-antike Kulthandlung zurückgehende Terminus («evocatio deorum»: Herausrufung der Götter aus einer belagerten Stadt, um sie auf die Seite der Belagerer zu ziehen) wird um die Mitte des 19. Jh. – von BAUDELAIRE und insbesondere von MALLARMÉ – seinem Zuständigkeitsbereich für spiritistische Praktiken entnommen und zur Bezeichnung eines der Dichtung eigenen Modus der Vermittlung ihrer Inhalte benutzt. In den dichtungstheoretischen Äußerungen Mallarmés bezeichnet ‹E.› (dort meist in Verbalform: «évoquer») die Wirkweise einer Dichtung (Evokationskunst), die unter Weglassung prosaischer und rhetorischer Elemente und in der Veränderung traditioneller syntaktischer Figuren eine Reduktion auf Werte «sui generis» anstrebt, sich auf ihren mythischen Ursprung beruft und im Sinne alchimistisch-hermetischer Praxis mit der magischen Valenz der Wörter und vermusikalisierter Sprache operiert, um derart ihren mit herkömmlichen poetischen Verfahren unsagbaren Gegenstand hervorzurufen bzw. im rezeptiven Subjekt den poetischen «état d'âme» zu erzeugen. Häufig tritt an die Stelle von ‹E.› auch ‹Suggestion›.

‹E.› dient der Theorie und Kritik moderner Lyrik als hermeneutischer Schlüsselbegriff. Nach H. O. Burger ist «das evokative Äquivalent im modernen Gedicht eine folgerichtige Weiterbildung des adäquaten Symbols im klassischen» [1].

Anmerkung. [1] H. O. BURGER und R. GRIMM: E. und Montage (1961) 24.

Literaturhinweise. W. NAUMANN: Der Sprachgebrauch Mallarmés (1936) 55. 81. 152. 204. – F. USINGER: St. Mallarmé und die Magie der Dichtung. Romania 1 (1948) 25-35. – E. HOWALD: Die absolute Dichtung im 19. Jh. Trivium 6 (1948) 23-52. – M. C. GHYKA: Sortilèges du verbe (Paris 1949). – W. GÜNTHER: Über die absolute Poesie. Dtsch. Vjschr. Lit.wiss. 23 (1949) 1-32. – G. R. HOCKE: Manierismus in der Lit. (1959) vgl. Reg. unter ‹E.› und 128. 152. 182. 190. – J.-P. WEBER: Genèse de l'œuvre poétique (Paris 1960) 284ff. – H. R. ZELLER: Mallarmé und das serielle Denken. Reihe 4 (1960). – H. O. BURGER und R. GRIMM s. Anm. [1]. – E. BIRD: L'univers poétique de St. Mallarmé (Paris 1962) 12. 46. 56ff. 61-74. 183f. – H. FRIEDRICH: Die Struktur der modernen Lyrik (Neu-A. 1967) 49ff.

120ff. 134. – W. ISER (Hg.): Immanente Ästhetik/Ästhetische Reflexion (1966) Reg. unter ‹E.›. H.-K. GRITSCHKE

Evolutionismus, kultureller. Die Konzeption des k.E. unterscheidet sich gegenüber allgemeinen Annahmen von Entwicklungen der Kultur(en) laut R. SCHOTT dadurch, daß «der Entwicklungsgedanke vereinseitigt und zum ausschließlichen Erklärungsprinzip von Kulturveränderungen erhoben wird» [1]. Vorläufer der ethnologisch-wissenschaftlichen Hypothese des k.E. sind – unter verschiedenen Aspekten und mit unterschiedlicher Folgerichtigkeit – in der abendländischen Kulturphilosophie bis in die Antike hinein zu verfolgen [2]. Ein häufigeres Auftreten solcher Gedankengänge, das in die Periode wissenschaftlicher Kulturforschung überleitet, beginnt etwa mit der Aufklärung. Es lassen sich zwei Grundauffassungen unterscheiden: 1. eine *materialistische*, die die letzten Ursachen einer kulturellen Evolution in den technisch-ökonomischen Sektor verlegen will (z. B. – ungeachtet aller Qualifizierungen im einzelnen – bei A. FERGUSON [3]); 2. eine *idealistische*, die jene Ursachen in einer fortschreitenden Entfaltung des menschlichen Geistes erblickt (z. B. HEGEL). Beiden Spielarten ist die Überzeugung von einem mit der Evolution einhergehenden (wie auch immer gearteten) *Fortschritt* inhärent, und damit von einer gewissen, mindestens theoretisch ersichtlichen Unilinearität der Entwicklung. In der zweiten Hälfte des 19. Jh. erreichten (nicht-biologische) evolutionistische Ansichten einen Höhepunkt in den Arbeiten des britischen Soziologen H. SPENCER [4]. Kurz davor liegt das Werk J. J. BACHOFENS ‹Das Mutterrecht› [5], das gewöhnlich als Auftakt des ethnologischen k.E. angesehen wird. Die Begründer der systematischen Ethnologie im 19. Jh., E. B. TYLOR in England, L. H. MORGAN in den USA und A. BASTIAN in Deutschland, werden meist als Evolutionisten bezeichnet. Das trifft im strikten Sinne jedoch nur auf MORGAN zu, wenn auch die Vorstellung einer progressiven Entwicklung bei allen drei Wissenschaftlern vorhanden war. Von ihnen war BASTIAN der einzige, der eine grundlegend nicht-materialistische, nämlich psychologische Theorie vertrat: global vorhandene «Elementargedanken» sind «Keime» der Entwicklung, die sich historisch-konkret in «Völkergedanken» manifestiert. Nachweise für diese Hypothese erwartete Bastian aus dem Fortgang der ethnologischen empirischen Forschungen [6]. TYLOR erkannte außer fortschrittlichen Kulturentwicklungen auch eine wesentliche Rolle von «zufälliger» interkultureller Verbreitung und Übernahme von Kulturbestandteilen an («diffusion»), die die Evolution durchkreuzen könne [7]. Lediglich MORGAN konstatierte – in Zusammenfassung der technischen, ökonomischen und sozialen Entwicklungen der Menschheit – eine eindeutige kulturelle Evolution, die er in die drei Kulturstufen «savagery», «barbarism» und «civilization» einteilte [8]. Obwohl nicht völlig konsequent, ist sein Evolutionsschema doch im Grundsätzlichen als materialistisch zu bezeichnen. Es hat sich innerhalb der Ethnologie mit nur unwesentlichen Änderungen im marxistischen, vornehmlich sowjetischen, politischen Herrschaftsbereich bis auf den heutigen Tag gehalten. Ein wichtiger Grund dafür ist die Übernahme der Thesen Morgans in die als Klassikum des historischen Materialismus geltende Veröffentlichung von F. ENGELS ‹Der Ursprung der Familie ...› [9]. Die übrige Ethnologie ging hingegen etwa seit der Jahrhundertwende vom k.E. ab. Kritik daran richtete sich vor allem gegen das dieser Hypothese eigene theoretisch-methodische Vorgehen, die Tatbestände der menschlichen Kulturgeschichte in ein Progressionsschema einzuordnen, das die empirischen Befunde nicht genügend berücksichtigt. Erst in der neuesten Periode der Ethnologie wird von dem Amerikaner L. A. WHITE wieder ein ausgesprochener k.E. vertreten. White weist die Ansicht, der Gang der Kulturgeschichte widerlege eine strikte Evolution, mit dem Argument zurück, daß die Evolution *der* Kultur raum- und zeitlos und dadurch mit der Kulturgeschichte der Völker nicht identisch sei [10]. Tylor und Morgan beschuldigt er mangelnder Konsequenz hinsichtlich der für ihn entscheidenden materialistisch-technologischen Grundkonzeption. Mit ihr könne die Evolution eindeutig herauskristallisiert und nach ihrer «Höhe» beurteilt werden. Sie hänge davon ab, wieviel Energie pro Zeiteinheit durch technische Mittel nutzbar gemacht wird [11]. Ausgehend von diesem Standard ließen sich sekundär alle Sektoren der Kultur als progressiv oder regressiv bewerten. Das «Gesetz der k.E.» sei dementsprechend: «Other things being equal, culture evolves as the productivity of human labor increases» [12].

Anmerkungen. [1] R. SCHOTT: Der Entwicklungsgedanke in der modernen Ethnologie. Saeculum 12 (1961) 63. – [2] a. a. O. 64ff. – [3] A. FERGUSON: Essay on the hist. of civil society (London 1767) 114ff. – [4] H. SPENCER: The principles of sociology (London ²1877) passim. – [5] J. J. BACHOFEN: Das Mutterrecht (1861). Ges. Werke, hg. K. MEULI 2/3 (1948). – [6] A. BASTIAN: Der Völkergedanke im Aufbau einer Wiss. vom Menschen (1881) V u. passim. – [7] E. B. TYLOR: Primitive culture (London 1871) passim. – [8] L. H. MORGAN: Ancient society (New York 1877) passim. – [9] FR. ENGELS: Der Ursprung der Familie, des Privateigenthums und des Staates (1884). – [10] L. A. WHITE: ‹Diffusion vs. Evolution›: An anti-evolutionist fallacy. Amer. Anthropologist 47 (1945) 354. – [11] L. A. WHITE: Energy and the evolution of culture. Amer. Anthropologist 45 (1943) 338. – [12] a. a. O. [11] 346.

Literaturhinweise. A. BASTIAN s. Anm. [6]. – L. H. MORGAN s. Anm. [8]. – H. SPENCER vgl. Anm. [4]. – R. H. LOWIE: The hist. of ethnological theory (New York 1937). – L. A. WHITE s. Anm. [10, 11]. – W. E. MÜHLMANN: Gesch. der Anthropol. (1948). – F. KERN: Gesch. und Entwicklung (Evolution) (1952). – R. SCHOTT s. Anm. [1]. W. RUDOLPH

Evolutionstheorie (synonym mit E. werden die Begriffe Entwicklungstheorie, Deszendenztheorie und Abstammungslehre verwendet). Die schon von ANAXIMANDER und in der christlichen Genesis angedeutete Vorstellung, daß die Lebewesen nacheinander in zunehmend höheren Stufen entstanden sind, wurde im 17. und 18. Jh. in detaillierterer Form entwickelt, so von W. HARVEY, G. W. LEIBNIZ, CH. BONNET, R. ROBINET, J. G. HERDER und anderen Naturforschern und Philosophen. Daß solche Stufenfolgen möglicherweise im Sinne einer stammesgeschichtlichen Entwicklung gedeutet werden könnten, wurde zuerst von LEIBNIZ [1], BUFFON [2], KANT [3] und G. ST. HILAIRE ausgesprochen. Eine solche Idee lag implizite auch GOETHES Arbeiten über den Zwischenkiefer, die Wirbeltheorie des Schädels und die Urform der Pflanzen zugrunde. Vollständiger, wenn auch noch kaum mit Tatsachenmaterial belegt, formulierte ERASMUS DARWIN [4] eine Theorie der Stammesentwicklung von Lebewesen. Der eigentliche Begründer der Abstammungslehre ist jedoch J. DE LAMARCK [5], der vielerlei Übergänge zwischen Arten aufzeigte, die Phasen der Höherentwicklung skizzierte, bereits den Menschen in den tierischen Stammbaum einbezog und eine Erklärung der Artumbildung durch «*Vererbung erworbener Eigenschaften*» versuchte. Aber erst als mit dem Erscheinen von CH. DARWINS Werk ‹On the Origin of

Species› [6] ein viel umfassenderes Beweismaterial aus der vergleichenden Anatomie, vergleichenden Embryologie, Haustierzüchtung, Paläontologie und Tiergeographie beigebracht wurde, setzte sich die E. in den biologischen Wissenschaften durch. Zu der schnellen Anerkennung trug nicht wenig bei, daß Darwin zugleich auch eine einleuchtende Erklärung der Artänderung durch *natürliche Auslese erblicher Varianten* gab, die dann durch zahlreiche weitere Beobachtungen und vielerlei Experimente bestätigt werden konnte.

Seitdem ist die E. zu einer der wichtigsten Grundlagen der Biologie geworden. Ihre wesentlichsten Erkenntnisse sind die folgenden: 1. Alle Tier- und Pflanzenarten haben sich im Laufe geologischer Epochen in andere Arten umgebildet. 2. Die meisten Stammesreihen haben sich in mehrere Zweige aufgegabelt. 3. Alle Organismen sind Zweige eines gemeinsamen Stammbaumes. Dabei sind die Generationen verbunden durch kontinuierliche Teilungsfolgen totipotenter Zellen (meist werdender und reifer Keimzellen). 4. Viele Stammesreihen lassen eine Höherentwicklung (Anagenese) erkennen, andere nur zunehmende Verbesserungen der Anpassung an ihre Umwelt (Adaptiogenese), einige auch Rückentwicklungen mancher Organe. 5. Der Mensch ist dem tierischen Stammbaum einzubeziehen. Er stammt von äffischen Vorfahren ab. 6. Es wird zunehmend wahrscheinlicher, daß die Lebewesen stufenweise aus Unbelebtem entstanden. 7. Psychische Erscheinungen haben sich parallel zur Entwicklung von Sinnesorganen und Nervensystemen in zunehmender Vielgestaltigkeit und Komplikation entwickelt.

Alle Rassen- und Artbildung *(infraspezifische Evolution)* beruht auf einem oder mehreren der folgenden Faktoren: Mutation einzelner Gene, der Anordnung der Gene auf den Chromosomen oder durch Änderung der Chromosomenzahl; Gen-Ausbreitung in Populationen; Änderungen der Populationsgröße; natürliche Auslese (besonders wirksam wegen der stets großen Überproduktion von Nachkommen); geographische, ökologische, physiologische oder genetische Isolation; Bastardierung. Längere Stammesreihen, die zu neuen Familien, Ordnungen und Klassen führen, lassen oftmals noch besondere Regeln der *transspezifischen Evolution* erkennen, z. B. eine sukzessive Körpergrößenzunahme (COPEsche Regel), starke Formenradiation nach der Entstehung neuer Bauplantypen u. a. Von verschiedenen Autoren wurde angenommen, daß solche Tendenzen durch besondere, aber noch unanalysierte evolutive Kräfte zustande kommen [7-9], doch können alle Regeln auch durch ein Fortwirken der die Artbildung bedingenden Faktoren erklärt werden [10-12].

Anmerkungen. [1] G. W. LEIBNIZ: Nouveaux Ess. (1765; geschrieben 1704); dtsch. von SCHAARSCHMIDT: Neue Abh. über den menschlichen Verstand (²1904) 324. – [2] G. L. BUFFON: Hist. nat. générale et partielle I. IV (Paris 1753) 381. – [3] I. KANT: Über den Gebrauch teleologischer Prinzipien in der Philos. (1788), in: Kleine Schriften (1793); KU (Riga 1788) § 80. – [4] ERASMUS DARWIN: Zoonomia or the laws of organic life 39 (London 1794-1798) 4. – [5] J. DE LAMARCK: Philos. zoologique (Paris 1809). – [6] CH. DARWIN: On the origin of species (London 1859). – [7] H. F. OSBORN: Aristogenesis, the creative principle in the origin of species. Amer. Naturalist 68 (1934) 193-235. – [8] O. H. SCHINDEWOLF: Paläontologie, Entwicklungslehre und Genetik (1936). – [9] R. WOLTERECK: Ontologie des Lebendigen (1940). – [10] J. S. HUXLEY: Evolution. The modern synthesis (London 1942 ²1963). – [11] G. G. SIMPSON: Tempo and mode in evolution (New York 1944). – [12] B. RENSCH: Neuere Probleme der Abstammungslehre (1947, ²1954).

Literaturhinweise. H. SCHMIDT: Gesch. der Entwicklungslehre (1918). – E. UHLMANN: Entwicklungsgedanke und Artbegriff in ihrer gesch. Entwicklung (1923). – J. S. HUXLEY s. Anm. [10]. –
G. G. SIMPSON s. Anm. [11]; The meaning of evolution (New York 1953). – I. I. SCHMALHAUSEN: Factors of evolution. The theory of stabilizing selection (Philadelphia 1949). – TH. DOBZHANSKY: Genetics and the origin of species (New York ³1951). – W. ZIMMERMANN: Evolution. Die Gesch. ihrer Probleme und Erkenntnisse (1953). – B. RENSCH s. Anm. [12]; Evolution above the species level (London 1959, New York 1960); Homo sapiens. Vom Tier zum Halbgott (²1965). – G. HEBERER (Hg.): Die Evolution der Organismen 1. 2 (²1959). – E. MAYR: Animal species and evolution (Cambridge, Mass. 1963). B. RENSCH

Ewigkeit ist für das archaische Denken weder ein Abstraktum noch von der konkreten Weltwirklichkeit geschieden. Der griechische Begriff αἰών ist fast gleichbedeutend mit ‹Leben› [1] oder ‹Lebensdauer› [2] und trägt den Akzent der Unverfügbarkeit: Auch das zeitlich begrenzte Leben ist «ewig», weil von der Transzendenz her qualifiziert. In diese Richtung weist auch der etymologische Ursprung: Derselbe Wortstamm konnte sich zu αἰών, zu ‹aevum›, zu ‹ewig› wie in Sanskrit zu ‹vayu› (Leben) gestalten. Die nächste Stufe der Entwicklung findet sich bei PINDAR: αἰών ist die bestimmende Macht *über* dem Leben, und zwar in den (vermutlich) jüngeren Dichtungen mehr sensu bono [3]: «Es folgte der schicksalbestimmte Aion und gewährte den Edlen Reichtum und Huld» [4]; in den älteren «hängt» er «listig über den Menschen» [5] und «verwandelt uns ständig durch die schleichenden Tage; nur Göttersöhne sind immer dieselben» [6]. Diese Macht, den Menschen in seiner Substanz zu verändern, wurde bei HOMER [7] und in der frühen Lyrik, etwa bei ARCHILOCHOS [8] dem «Tag» zugeschrieben. Ähnlich wie der frühe Pindar kann auch HERAKLIT im Sinn seiner negativen Daseinsinterpretation den αἰών mit einem spielenden Kind vergleichen [9]. Dagegen scheint zur Bezeichnung der unbegrenzten Dauer das (etymologisch an sich gleichbedeutende) Adjektiv ἀίδιος (schon vorher hatten die orphischen Hymnen einen Femininbegriff ἀιδίη gebildet) gewählt zu werden [10], und zwar zunächst mehr sensu malo, im Sinne der bedrückenden Länge [11]. Als Bezeichnung der grenzenlosen Dauer findet sich dasselbe Wort zuerst in einer pseudo-platonischen Schrift [12]; dagegen mündet in PLATONS echten Werken der Wortsinn ein in den der qualifizierenden, seinsüberlegenen E. und wird so gleichbedeutend mit «αἰώνιος» [13]. Dieser Sprachgebrauch wird dann von ARISTOTELES [14] aufgenommen und bleibt für die Folgezeit bestehen; bei diesem Wort klingt auch das Moment der Anfangs- und Endlosigkeit nach, wenn auch mehr als Ausdruck der wesenhaften E. [15]. Zeit und E. stehen im antiken Denken in einem Korrespondenzverhältnis: E. ist qualifizierte und qualifizierende Zeit, Zeit ist unermeßliche Fülle, die sowohl negativ als Übermacht als auch positiv als «Vater aller Dinge» [16] empfunden werden kann [17]. Erst das kyklische Zeitgefühl – z. B. im Seelenwanderungsmythos der *Pythagoreer* und der *orphischen Mysterien* wie auch der Geschichtskonzeption von HERODOT und THUKYDIDES bis zu POLYBIOS – läßt durch die Sehnsucht nach dem Unvergänglichen den Gegensatz von Zeit und E. aufbrechen. So charakterisiert PLATON die Zeit als bewegliches Abbild des unvergänglichen αἰών, des vollkommenen Kosmos [18], als dessen in Zahlen einhergehendes (und insofern selbst) ewiges Bild (αἰώνιον εἰκόνα).

ARISTOTELES nimmt den archaischen Begriff der E. als transzendenter, qualifizierender Macht über die Zeit auf und versteht sie als Ziel der Zeit, das den zeitlichen Ablauf umschließt und stets gegenwärtig ist [19] – zwei Momente, die in die kirchliche Tradition eingehen werden. Charakteristisch für das griechische Denken und für die Folgezeit wirksam ist hier die Verbindung des E.-Begriffes mit dem der Einheit [20]. Damit gewinnt ‹E.› endgültig den Sinn der Unvergänglichkeit; denn vergehen kann nur, was zusammengesetzt ist. Ebenso verstärkt sich hierdurch das Moment der Gegenwärtigkeit; denn die Idee der Eins – des Zusammenfassenden, die Erscheinungen des Kosmos Synthetisierenden – ist von den Pythagoreern bis zum Neuplatonismus das konstitutive, qualitätsgeladene kosmische Urprinzip, wirksam gegenwärtig in der Harmonie des Weltganzen und als Einheit der Merkmale in jedem Einzelding.

Für die *Stoa*, die sich bemühte, die kreisende Zeit positiv zu bewerten [21], tritt der Begriff ‹E.› in den Hintergrund. Charakteristisch ist, daß die Unvergänglichkeit des gestaltenden Weltprinzips, des Pneuma, mehr mit Negationen umschrieben wird: ἄφθαρτος, ἀγέννητος [22]. – Um so mächtiger beginnt damals das Verlangen nach E. das religiöse Denken zu erfüllen. Etwa ab 200 v. Chr. ist in Alexandria der Kult eines Mysteriengottes Αἰών nachweisbar [23] – was nicht hindert, daß gleichzeitig PHILO einen an Platon orientierten E.-Begriff entwickelt: τὸ χρόνου παράδειγμα καὶ ἀρχέτυπον [24]. Einen Gegensatz empfand man offenbar nicht – ganz im Sinn des späteren neuplatonischen Denkens, dem abstrakte Begriffe und mythische Götternamen nur verschiedene Aspekte derselben transzendierenden Realität darstellten. – Das mythologische Gewicht wurde verstärkt durch die persische Vorstellung vom «Zerwan akaran», der «nicht-entstandenen Zeit», die als höchste Weltpotenz Einheit und Sinnhaftigkeit des Weltganzen gewährleistet, und durch die Äonenspekulation der spätjüdischen Apokalyptik seit dem 1. Jh. v. Chr. [25], deren Urform die Lehre von zwei einander ablösenden Äonen ist. Diese Vorstellung geht in die biblisch-kirchliche Tradition ein.

Diese Synthese lag nahe, da der *biblische* Begriff der E. mit dem ursprünglichen griechischen in einzelnen Zügen verwandt ist: Auch hier ist ‹ewig› primär Qualitätsbegriff; die lange (nicht immer unbegrenzte) Dauer ist sekundärer Ausdruck des überlegenen Seins. Darum ist ‹ewig› (olām) im *Alten Testament* zunächst Gottesprädikat [26]. Und auch hier ist die göttliche E. konstitutive, gestaltende und sinngebende Macht über dem zeitlichen Geschehen, sich in diesem vielfach manifestierend. Entsprechend der theozentrischen und anthropologischen Struktur des biblischen Denkens treten die existentiellen Motive stärker hervor: Gottes E. ist tröstliche [27] und lebenbestimmende Wirklichkeit und Gegenstand dankerfüllter Anbetung. Zugleich wird sie den Menschen geschenkweise mitgeteilt: Gott gibt den Seinen einen «ewigen Namen, der nicht vergehen soll» [28]. Kultgebote und Priestertum des Alten Testaments waren für «ewig» eingesetzt [29], obwohl ihre Zeit begrenzt war: Sie waren Träger eines ewigen Gehalts; durch ihren Dienst vollzieht sich die Epiphanie der E. in der Zeit. Den Propheten Jona hatte «die Erde ewig verriegelt» [30] – für drei Tage: Er hatte den Tod qualitativ ganz erfahren. Aus diesen Ansätzen gestaltet sich der christliche E.-Begriff: «Ewiges Leben» ist höchst-qualifiziertes Leben, erstreckt auf die göttliche E. hin und ist *darum* auch von unbegrenzter Dauer. Das *Neue Testament* lebt und erfährt in Leid und Hoffnung den radikalen Gegensatz zwischen dem vergehenden Αἰών und dem kommenden [31]. Im Unterschied zur spätjüdischen Apokalyptik ist dieser Gegensatz aber nicht *nur* ein zeitliches Nacheinander; vielmehr strahlt das Kommende schon in die Gegenwart herein [32], zwar verhüllt, aber in vielen Wirkungen sich ankündend, z. B. in den Wundern, in den Sakramenten und schließlich überhaupt in dem Phänomen der Kirche. In ihr prallen die beiden Äonen aufeinander wie zwei feindliche Mächte.

Auch die römische Kaiserideologie ist entsprungen und durchsetzt von der leidenschaftlichen Erwartung einer künftigen besseren Weltzeit. Dabei tritt aber an die Stelle des griechischen αἰών nicht der lateinische Parallelstamm ‹aeternum›, sondern ‹saeculum› – vermutlich weil in diesem Wort von je mehr die Bedeutung des abgemessenen, dem Menschen zugemessenen und damit auch sakralen Lebensraumes mitschwang, so z. B. bei VERGIL [33] und dann öfter im Umkreis der spätrömischen «säkularen» Erlösungshoffnung [34].

Eine Sonderbildung innerhalb der biblisch-christlichen Tradition ist der aus der liturgischen Sprache bekannte infinite Plural: «... in saecula saeculorum» (εἰς τοὺς αἰῶνας τῶν αἰώνων). Die alttestamentliche und rabbinische Redewendung «min ha'olam we'ad'olam» [35] nennt beide Male nur den Singular, führt also über den Zwei-Weltalter-Glauben nicht hinaus. Dagegen setzt sich innerhalb des Neuen Testaments offenbar je länger je mehr der Plural durch, und zwar überwiegend in der liturgischen Sprache: noch verhältnismäßig sporadisch bei PAULUS [36], im 1. Petrus-Brief [37] und im Hebräer-Brief [38]; dann aber um so mehr in den Hymnen und Visionen der Johannes-Apokalypse. Hier wie öfter übersteigt die hymnische Rede die Grenzen des rational Ausschöpfbaren: Die zeitliche Unendlichkeit ist immer Ausdruck der qualitativen. Dasselbe gilt bei den adjektivischen Bildungen: Gott ist αἰώνιος – nicht nur im Sinne der temporären Unendlichkeit, sondern der absoluten Überlegenheit. In diesem Sinn spricht das Neue Testament von der «ewigen» Gottesherrschaft [39], vom «ewigen Erbe» [40], vom «ewigen Haus» [41]. Andrerseits kann dasselbe Wort auch sensu malo gebraucht werden: «ewiges Feuer» [42], «ewiges Verderben» [43], «ewiges Urteil» [44]. Sehr selten erscheint im Neuen Testament und im frühchristlichen Sprachgebrauch das alte ἀΐδιος, es kann wie früher sowohl den Akzent der endlosen Dauer tragen [45] wie an andrer Stelle als Gottesprädikat die qualitative Überlegenheit des Schöpfers ausdrücken [46].

Von den lateinischen Äquivalenten bezeichnet ‹aevum› sowohl ‹Lebensdauer› als auch ‹grenzenlose Zeit› [47], während ‹aeternum›, ‹aeternitas› neben ‹grenzenloser Zeit› auch ‹von jeher› bedeutet und deshalb die essentiale Unsterblichkeit im Ruhm, die reale Unsterblichkeit der Seele und die Unveränderlichkeit ausdrücken kann. Darum hat sich dieser Wortstamm schließlich in der theologischen Sprache durchgesetzt neben dem mehr im liturgischen Raum beheimateten «in saecula saeculorum». Dies Moment ist dann auch in die lateinischen und griechischen Werke der Neuplatoniker eingegangen und hat dem altgriechischen αἰών-Begriff den Klang der Unveränderlichkeit und «Zeitlosigkeit» aufgeprägt [48]. So spricht z. B. GREGOR VON NAZIANZ – schon unter neuplatonischem Einfluß – von Zeitlosigkeit, macht sie aber zugleich anschaulich als «Erstreckung» [49].

Auf dieser Basis hat sich dann bei Augustin und bei Boethius der Bedeutungsgehalt herausgebildet, der für das theologische und für das philosophische Denken bis heute maßgebend blieb. Er enthält einerseits den klassischen Wortsinn «totale Seins- und Wertfülle», entwickelt ihn andrerseits unter den Denkvoraussetzungen des neuplatonischen Akosmismus mehr als früher in negativer

Abgrenzung gegen Zeit und Zeitlichkeit. Zeit ist hinfort das Medium des Geschehens, das als solches auf einem Defizit an esse – und d. h. an bonitas – beruht [50]. Sie ist zudem subjektiv: Vergangenheit und Zukunft bestehen nur als Bewußtseinsinhalte des gegenwärtigen Jetzt, das seinerzeit (im menschlichen Bewußtsein) keine faßbare Realität ist, sondern ein vorüberhuschendes Nichts [51], zwei Nichtigkeiten, aufgehängt an potenzierten Nichts. (Ansätze hierzu finden sich schon bei PLOTIN [52].) Darum ist für AUGUSTIN die Zeit undurchschaubar, unerklärlich, irrational wie alles Böse und Nichtige. Umgekehrt ist ihm die E. einerseits das, was dem altgriechischen und dem biblischen Bedeutungsgehalt entspricht: die qualitative Wertfülle des vollen Seins. So kann er z. B. vom «Glanz der immer stehenden E.» [53] sprechen. Die definitorischen Bestimmungen dagegen sind weithin das negative Spiegelbild der negativen Zeit: E. bedeutet weithin Unveränderlichkeit [54]. Dementsprechend gibt es im Raum der E. und für das göttliche Bewußtsein kein Früher und Später: «Betrachte die Veränderungen der Dinge: Du findest nur ‹es war› und ‹es wird sein›; denke Gott, und du findest nur ein Ist, bei welchem ein ‹Es war› und ‹Es wird sein› nicht sein können» [55]: die Urrealität des «nunc aeternum praesens», in der alle Zeiten und Ereignisse zugleich sind – sie haben ihre eigentliche Realität nur im Gewußtwerden durch Gott [56] und somit ihr Sein empfangen: Gott «sieht alles Vergangene, Gegenwärtige und Zukünftige auf eine unsrer Denkart hoch überlegene Weise: nicht mit wechselndem Blick auf wechselndem Geschehen, sondern mit einem Sehen, das sich nie ändert; alles Vergangene, Gegenwärtige und Zukünftige stabili ac sempiterna praesentia comprehendat» [57]. Der Zugang zu diesen Gedanken, das Wissen um die «lux incommutabilis» «supra mentem meam» erschließt sich nicht in theoretischer Reflexion, sondern in dem, was Augustin «caritas» nennt: in transzendierender theozentrischer Existenz: «Qui novit veritatem, novit eam [sc. lucem incommutabilem], et qui novit eam, novit veritatem. Caritas novit eam» [58].

Der E.-Begriff Augustins wird sinngemäß und doch in gewisser Weise eigenständig aufgenommen von BOETHIUS. Während er zunächst in den theoretischen Schriften das Wesen der E. mehr negativ als das «nunc stans» im Gegensatz zum «nunc fluens» der Zeit [59] umschreibt, versteht er sie in der ‹Consolatio philosophiae› als: «interminabilis vitae totae simul et perfecta possessio» [60]; was ewig ist, muß darum auch, seiner selbst mächtig, immer bei sich sein und die Unendlichkeit der bewegten Zeit gegenwärtig haben. Diese ist einerseits der Gegensatz zur E., andrerseits deren unvollkommenes Abbild. Von daher wird das flüchtige Jetzt im Unterschied zu Augustin (allerdings in der Konsequenz Augustinscher Andeutungen) etwas realer gesehen als ein geringfügiges Abbild der E., das «wem sie zuteil wird, das verleiht, daß es zu sein scheint». Wichtig ist, daß dabei ‹ewig› und ‹grenzenlos› (interminabilis) klar unterschieden werden.

In diesem Abschluß der antiken Begriffsgeschichte waren zwei Möglichkeiten enthalten: Der Akzent konnte sich im altgriechischen und biblischen Sinn mehr auf das Inhaltliche verlagern – oder, durch den Gegensatz zur Zeit bestimmt, auf das formale Moment der Beständigkeit. Die erste Möglichkeit dominiert in der früh- und hochmittelalterlichen Philosophie und bis heute im kirchlichen Sprachgebrauch. Die zweite erscheint zuerst in der Mystik und führt dann in Konsequenz des mathematisch-relationalen Denkens und des Cartesianischen Dualismus zur Anwendung des Prädikats ‹ewig› auf logische und mathematische Sätze und Axiome.

Innerhalb der ersten Linie wird die von Boethius gegebene Definition übernommen. Damit stellt sich das Problem, wie der Begriff ‹ewig›, in seinem vollen Sinn nur auf Gott anwendbar, von der verliehenen E. der Geschöpfe abzuheben ist. ALBERTUS MAGNUS [61] und THOMAS VON AQUIN verwenden ‹aeternitas› in der Regel nur als Gottesprädikat und kennzeichnen die geschaffenen unvergänglichen (weil seinsqualifizierten) Realitäten (Universalien und Geister) in der Regel als ‹aeva›. Grundsätzlich ist dies kirchliche Lehre geworden: ‹aeternitas› ist ausschließliches Gottesprädikat [62]; trotzdem wird das Wort in der theologischen Sprache immer wieder zur Bezeichnung der personalen Wesen und sogar der ewigen Verdammnis gebraucht – promiscue mit ‹sempiternus›, ‹perpetuus› u. ä. [63]. Derselbe schillernde Sprachgebrauch findet sich bei SPINOZA, für den zunächst allein Gott ewig, weil seinsnotwendig ist («per aeternitatem intelligo ipsam existentiam quatenus ex sola aeterna definitione necessario sequi concipitur») [64]; trotzdem werden die «Attribute», weil Gott wesenhaft zugehörig, auch als «ewig» bezeichnet.

Daneben gewinnt seit dem Nominalismus, für den die «Universalien» nicht mehr gestaltende Realitäten, sondern nur «nomina» waren, und vollends mit dem Beginn des neuzeitlichen Denkens das Wort ‹ewig› die Bedeutung des Zeitlosen, weil Abstrakten, so schon bei GIORDANO BRUNO, CONDILLAC, LOCKE. Als besondere Variante dieses Sprachgebrauchs entwickelt sich schließlich die Bedeutung «grenzenlose Zeit» – so u. a. bei KANT, und zwar sowohl in der vorkritischen Epoche [65] wie in der späten Schrift ‹Zum ewigen Frieden›, während er zwischendurch das Wort in einem Sinn verwenden kann, der das Moment der zeitlosen Geltung wie auch die biblische Bedeutung umfaßt [66].

In der neuzeitlichen Theologie und Philosophie schillert der Sinn des Wortes ‹E.› [67], aber seit dem Beginn des 19. Jh. hat sich das ursprüngliche, qualitative Verständnis wieder durchgesetzt. So ist für HEGEL der «Begriff» als die absolute Realität ewig, insofern die Zeit «in seiner Macht steht» [68] und in ihrem quantitativen Nacheinander sich das spannungsreiche Ineinander des wahren Seins entfaltet. Zeit ist für Hegel die «abstrakte», d. i. von Nichts durchsetzte E.; diese umgekehrt wäre die von allen Momenten des Nichts gereinigte Zeit: «E. aber als Begriff enthält diese Momente [Vergangenheit und Zukunft] in sich selbst, und ihre konkrete Einheit ist darum nicht das *Itzt*, weil sie die ruhige Identität ... nicht in das Nichts verschwindende, als Weren ist» [69]. Auch NIETZSCHES «ewige Wiederkehr» meint werthafte qualifizierende Seinsmächtigkeit und insofern den altgriechischen αἰών-Begriff, wenn auch mit einem Mißverständnis des kyklischen Zeitdenkens. In derselben Richtung denken die Vertreter der Wertphilosophie des 19. und 20. Jh.: «Nur das Wertvolle hat E.», formulierte LOTZE [70]; ihm folgt hier die badische Schule (WINDELBAND) und schließlich die Phänomenologie.

Kompliziert und folgenreich ist KIERKEGAARDS Begriff der E. Bei ihm fließen zusammen die rationale Zeitlosigkeit des Denkens, die Unabdinglichkeit der ewigen Forderung und der biblische Gegensatz von Himmel und Erde, von sündig und vollkommen. Und diesen Gegensatz trägt jeder in sich. «Der Mensch ist eine Synthese von Unendlichkeit und Endlichkeit, von Zeitlichem und Ewigem, von Freiheit und Notwendigkeit»

[71]. Existieren heißt, diese Synthese verwirklichen: handelnd das Ewige in der Zeit realisieren, reflektierend das Zeitliche zu durchdringen mit der E. des Wissens. Dies Verhältnis aber ist zu einem qualvollen Widerspruch gestört. Jeder ist auf der Flucht vor sich selbst; das heißt «Verzweiflung», «Krankheit zum Tode» [72]. Je mehr Bewußtsein, desto intensiver wird der unvereinbare Zwiespalt von Zeit und E. durchlitten. In systematischer Analyse sucht Hans-Wilhelm Schmidt [73] die E. zu definieren als «Vollzeitlichkeit» [74]. Anders Karl Barth [75], der an Augustin und besonders an Boethius und an die mittelalterliche Tradition anknüpft: E. ist primär Gottesprädikat: «Sie ist die Souveränität und Majestät seiner Liebe, sofern diese reine Dauer hat und selber reine Dauer ist» [76]. Dementsprechend steht die E. nicht in einem wesenhaften Gegensatz zur Zeit. Sie ist weder «Nichtzeitlichkeit» – das wäre nur der «sekundäre» Begriff der E. [77] – noch «die nach vorn und hinten ins Unendliche verlängerte Zeit» [78], sondern sie ist «diejenige Dauer, die der Zeit ... abgeht» [79]. Sie umschließt die Zeit als «Vorzeitlichkeit, Überzeitlichkeit und Nachzeitlichkeit» [80] und war zugleich disponiert und fähig, in der Inkarnation Christi selbst Zeit zu werden; sie schließt die Potentialität zur Zeit in sich [81]. Hier wie in allen neueren Varianten setzt sich der archaische αἰών-Begriff, angefüllt mit dem Gehalt des biblischen ‹olam› immer wieder durch, mehr oder weniger deutlich oder überlagert.

Anmerkungen. [1] z. B. Odyssee IX, 523. – [2] Ilias IX, 415; XVI, 453; XXII, 58; ähnlich Hesiod Frg. 161, 1; Aischylos, Suppl. 577; weiteres Material hierzu bei H. Fränkel: Wege und Formen frühgriech. Denkens (1955) 26, 85 A 3. – [3] Carm. Pyth. VIII, 97. – [4] Carm. Olymp. II, 10f. – [5] Pindar, Carm. Isthm. VIII, 14. – [6] Carm. Isthm. III, 18. – [7] Odyssee XVII, 322ff.; vgl. XVIII, 310ff. – [8] Archilochos, Frg. 68, Frg. der Vorsokratiker (VS), hg. Diels; vgl. Fränkel, a. a. O. [2] 5ff. – [9] Heraklit, Frg. 52. – [10] Zuerst wohl Homer. Hymn. 29, 3. – [11] z. B Hesiod, Scut. Heracl. 310; Thukydides IV, 20. – [12] Pseudo-Platon, Def. 411 a. – [13] Platon, Tim. 29 c 40 b; Phaid. 106 d; Phileb. 66 a. – [14] Aristoteles, z. B. Met. XII, 7, 1072 b; De coel. II, 1, 283b. – [15] Material hierzu bes. für die hellenistische Zeit bei H. Sasse: Kirchl. WB zum NT 1, 167. – [16] Pindar, Carm. Olymp. 2, 17. – [17] Vgl. z. B. Odyssee XIX, 169. 221; V, 319; weiteres Material bei Fränkel, a. a. O. [2] 210; vgl. Pindar, Carm. Olymp. 10, 7f.; Carm. Nem. IV, 43; Carm. Olymp. X, 55. – [18] Platon, Tim. 37 d. – [19] Aristoteles, De coel. I, 9, 279 a. – [20] De coel. II, 1, 283 b; vgl. I, 13. – [21] Material bei M. Pohlenz: Die Stoa (²1959) 1, 81; 2, 47. – [22] z. B. Diog. Laert. VII, 137. – [23] Material bei Sasse, a. a. O. [15] 1, 198. – [24] Philo, De mutat. nom. 267; Quod Deus sit immort. 32. – [25] z. B. Äthiop. Henoch 48, 7; 71, 15; slav. Henoch öfter; ausführl. Material Kirchl. Wb. zum NT 1, 206. – [26] Ausführl. Material in meinem Art. ‹aevum›, in: Biblisches Handwb., hg. Engelland/Osterloh 126ff. – [27] Jesaja 40, 28; Exod. 15, 18. – [28] Jes. 56, 5. – [29] Exod. 27, 21 bzw. 29, 9; Num. 25, 13. – [30] Jona 2, 7. – [31] Ephes. 1, 21 u. v. a. – [32] Hebr. 6, 5; vgl. Gal. 1, 4. – [33] Vergil, 4. Eklog. 52. – [34] z. B. Tacitus, Agricola 44. – [35] Psalm 90, 2; 103, 17; Jes. Sirach 42, 21. – [36] z. B. Gal. 1, 5; Phil. 4, 20; 2. Tim. 4, 18. – [37] 1. Petr. 4, 11; 5, 11. – [38] Hebräer 13, 21. – [39] 2. Petr. 1, 11. – [40] Hebr. 9, 15. – [41] 2. Kor. 5, 1. – [42] Matth. 18, 8 u. a. – [43] 2. Thessal. 1, 9. – [44] Hebr. 6, 2. – [45] Jud. 6. – [46] Röm. 1, 20. – [47] Art. ‹aevum› im Lat. Wb. von Georges 1, 166f. – [48] z. B. Plotin, Enn. II, 7, 3; III, 7, 2. – [49] z. B. Gregor von Nazianz, Orat. 3. – [50] Augustin, Conf. VII, 11ff. – [51] XI, 16, 27. – [52] Plotin, Enn. III, 7, 7. – [53] Augustin, Conf. XI, 11. – [54] z. B. Augustin, De civ. Dei XI, 6. – [55] Tract. in Evgl. Joh. XXXVIII, 10. – [56] De trin. XV, 23. – [57] De civ. Dei XI, 21; ähnlich Conf. XI, 11 u. a. – [58] Conf. VII, 10. – [59] De Trinit. IV. – [60] Boethius, De cons. philos. V, 6. – [61] Thomas von Aquin, S. theol. I, 5, q. 23; I, 10; De potent. q. 3; In sent. 8, 2, 1; zu der thomasischen und späteren Bedeutung vgl.: José F. Mora: Art. ‹eternidad›, in: Dicc. de filos. (Buenos Aires 1958) 455-457. – [62] Denzinger: Enchiridion (³¹1957) Abs. 391. – [63] Hierzu Hb. der theol. Begriffe (1962) 1, 363ff. – [64] Spinoza, Eth. V, 8. – [65] Kant, z. B. Akad.-A. 1, 309ff. – [66] KpV. Akad.-A. 5, 147; vgl. 484. – [67] H. W. Schmidt, Zeit und E. (1927) 269. – [68] Hegel, Enzyklop. § 201. Werke, hg. Glockner 6, 154f. – [69] a. a. O. 156; vgl. 9, 52; 23, 576f. – [70] R. H. Lotze, Med. Psychol. § 81. – [71] S. Kierkegaard: Die Krankheit zum Tode, dtsch. E. Hirsch (1954) 8. – [72] a. a. O. 17. – [73] H. W. Schmidt, a. a. O. [67]. – [74] a. a. O. 293ff. – [75] K. Barth, Kirchl. Dogmatik II/1, 685-722. – [76] a. a. O. 685. – [77] 688. – [78] 686. – [79] 688. 691. – [80] 698. – [81] 694. 698.

Literaturhinweise. H. Leisegang: Die Begriffe der Zeit und E. im späteren Platonismus (1913). – F. Beelmann: Zeit und E. nach Thomas von Aquin (1914). – H. W. Schmidt: Zeit und E. (1927). – I. Guitton: Le temps et l'éternité chez Plotin et St. Augustin (Paris 1933). – G. Delling: Das Zeitverständnis des NT (1940). – L. Lavelle: La présence totale (Paris 1934); La dialectique de l'éternel présent 1-4 (Paris 1951). – H. W. Schmidt: Der E.-Begriff im AT (1946). – O. Cullmann: Christus und die Zeit (1948).

H. ECHTERNACH

Ewigkeit der Welt. Das Problem der E.d.W. ist eine der grundlegenden Fragen menschlichen Nachdenkens, die noch von Kant [1] als das erste von vier natürlichen, unvermeidlichen Problemen der Vernunft gesehen wird. Es bildet ein Grundmotiv der ersten philosophischen Systeme in Indien, China und Griechenland und ist auch ein zentrales Thema mythisch-religiöser Kosmogonien (z. B. der Hymnen des Rig-Veda um 1500 v. Chr.), der Schöpfungserzählung der Babylonier, Ägypter und Perser, der Epen der Griechen (Hesiods ‹Theogonie›), der frühen germanischen Dichtung (Wessobrunner Gebet), wie auch der großen Offenbarungsreligionen (Genesis).

Für die klassische *griechische* Philosophie ist die Lehre von der E.d.W. charakteristisch, die sich freilich zunächst nicht auf die bleibende Gestalt des Kosmos selbst, sondern nur auf den Urstoff bezieht, aus dem in einem immerwährenden Prozeß des Entstehens und Vergehens neue Welten hervorgehen. Diese Auffassung gilt für die frühen Hylozoisten (Thales von Milet, Anaximander, Xenophanes), für Empedokles, Anaxagoras und die Atomisten (Leukipp und Demokrit); am eindrucksvollsten ist sie in dem Wort des Heraklit überliefert [2]: «Diese Welt – dieselbe für alle Wesen – hat weder Gott noch der Menschen einer geschaffen, sondern sie war und ist und wird immer sein ein ewig lebendiges Feuer, aufflammend nach Maßen und verlöschend nach Maßen.» Für die Eleaten, besonders Parmenides, war das Sein ewig, ungeworden und unveränderlich [3]. Platon vertrat in der mythischen Darstellung des ‹Timaios› [4] zwar einen Zeitpunkt der Weltbildung, aber der Demiurg schuf die Welt aus dem ewig vorgegebenen Stoff und im Hinblick auf die ewigen Ideen. – Aristoteles stellt sich als ersten Denker dar [5], der die bestehende Welt als ursprungslos und unvergänglich auffaßte und im Begriff der Ewigkeit (ἀίδιος) die beiden Momente der Entstehungslosigkeit (ἀγένητος) und Unzerstörbarkeit (ἄφθαρτος) zusammenschloß: «aeternitas a parte ante et a parte post». Diese Doktrin wurde grundlegend für den *Aristotelismus*, was sich in der späteren schulmäßigen Herausarbeitung von klassischen Beweisen des Aristoteles für die E.d.W. zeigt: aus der Ewigkeit der Materie [6], der immerwährenden Bewegung [7], der Unveränderlichkeit des Himmelsgewölbes [8] und der ständigen Wirksamkeit der Gottheit [9].

Für die *Stoa* ist die Lehre der ἐκπύρωσις, des Weltenbrandes, charakteristisch [10], nach der sich die Welt in den Urstoff, das göttliche Pneuma oder das Feuer, auflöst, aus dem sie wieder hervorgeht, um – ähnlich wie in Heraklits Auffassung – immer denselben Prozeß zu durchlaufen [11] – Philo nahm mit Bezug auf Moses zwar einen Anfang der Weltbildung an, vertrat aber die unzerstörbare Fortdauer des Universums [12]. – In der Philosophie des *Neuplatonismus* wurde zwar, wie bei Platon, ein Anfang der Weltentstehung angenommen, dieser Anfang aber als bloßer Ursprung, als absolute Verursachung durch das Eine, nicht als zeitliche Hervorbringung gedeutet. Die Welt ist für PLOTIN, wie für PROKLOS, ein ewiger Prozeß, eine notwendige Emanation der Gottheit, womit die Lehre von der E.d.W. wiederum behauptet wurde, sich nun freilich mit einer Ursprungstheorie verband [13]. Gegen diese neuplatonische Erneuerung der Weltewigkeitslehre verfaßte JOHANNES PHILOPONOS im Jahre 529 das Werk ‹De aeternitate mundi contra Proclum› [14], die erste große Schrift zu diesem Thema seit Aristoteles' ‹De coelo›, in welcher er als Christ, aber in philosophischer Argumentation, sämtliche von den Neuplatonikern entwickelten Beweisgründe für die E.d.W. zusammenstellte, widerlegte und die Schöpfung der Welt in der Zeit im freien Willen Gottes verankerte.

In der frühchristlichen Philosophie der griechischen und lateinischen *Patristik* wurde die zeitliche Schöpfung der Welt zum Kernsatz der Orthodoxie und gewöhnlich in den Genesiskommentaren behandelt. Die Beweise des ORIGENES für die Ewigkeit der Schöpfung [15] bilden eine Ausnahme und wurden von ihm selbst so aufgefaßt [16]. Am nachhaltigsten wurde die zeitliche Weltschöpfung von AUGUSTINUS vertreten, der diese Lehre gegen den Neuplatonismus behauptete [17], in der Einmaligkeit des menschlichen Seelenschicksals begründete [18] und mit seiner charakteristischen Auffassung von Zeit und Ewigkeit verband [19]. Die Annahme der zeitlichen Weltschöpfung blieb bis in die *Frühscholastik* hinein ein unangefochtener Grundsatz der christlichen Theologie und Philosophie, der in den Schulen von St. Viktor (HUGO, RICHARD und BERNARD VON ST. VIKTOR) und Chartres (BERNARD und THIERRY VON CHARTRES) wie auch bei WILHELM VON CONCHES und CLARENBALDUS VON ARRAS eine merkwürdige Verbindung mit dem Platonischen ‹Timaios› einging, wobei man diese Schrift freilich christlich umdeutete, indem auch die Materie als von Gott geschaffen angesehen wurde. – Parallel zu diesen lateinischen Systemen bildete die Weltewigkeitslehre auch ein wichtiges Diskussionsthema in der arabischen und jüdischen Philosophie des Mittelalters.

In der *arabischen* Tradition unterscheidet man gewöhnlich zwischen Philosophen (AL-KINDI, AL-FARABI, AVICENNA), welche die Weltewigkeit auf neuplatonischer Grundlage als ewige Schöpfung lehren; und Theologen (AL-GAZALI), welche die zeitliche Schöpfung vertreten. Die vollendetste Ausbildung der Weltewigkeitslehre im neuplatonischen Sinne einer notwendigen Schöpfung, unter Einbeziehung der astronomischen Kenntnisse der Zeit, findet sich bei AVICENNA [20]. Ihm antwortete der Theologe AL-GAZALI mit einer scharfsinnigen Widerlegung der E.d.W. in seiner ‹Destructio philosophorum› (Tahāfut al-Falāsifat). Seine Argumente wurden für AVERROES zum Anlaß, in einer Schrift gegen Al-Gazāli (Destructio destructionum: Tahāfut al-Tahāfut) die Weltewigkeitslehre zu erneuern, wobei er die neuplatonische Theorie Avicennas fahren ließ und sich – wie auch in seiner Schrift ‹De substantia orbis› – auf Aristotelische Grundlagen stellte. Schließlich suchte MOSES MAIMONIDES in seinem ‹Dux Perplexorum› [21] auf der Basis der Aristotelischen Philosophie die zeitliche Weltschöpfung als die wahrscheinlichste Hypothese zu erweisen, wobei er freilich eine tiefgreifende Kritik an Aristoteles vornehmen mußte.

Der Höhepunkt dieser Kontroverse um die E.d.W. wurde in der lateinischen *Scholastik* im 13.Jh. erreicht, als die Schriften des Aristoteles, wie auch der arabischen und jüdischen Philosophen zugänglich waren. Die vorherrschende Auffassung zu diesem Problem leitete sich von Augustinus her und bestand in der Annahme, daß der Begriff der Kreatürlichkeit der Welt den zeitlichen Anfang in sich schließe (ALBERTUS MAGNUS, WILHELM VON AUVERGNE, wie auch die Oxforder Schule: ROBERT GROSSETESTE, ROGER BACON). Die tiefste Ausbildung dieses Gedankens findet sich in BONAVENTURA [22], der diese Lehre mit einer umfassenden Geschichtsphilosophie und Kritik des Aristotelismus verband [23]. Im scharfen Gegensatz zu der Augustinischen Tradition gestand THOMAS VON AQUIN die Möglichkeit einer ewigen Schöpfung zu [24], die von den lateinischen Averroisten (SIGER VON BRABANT, BOETIUS VON DACIEN) auch als völlig logisch angesehen wurde. Diese Auffassungen wurden von der kirchlichen Autorität mit scharfen Verurteilungen beantwortet, unter denen die bedeutendste die von 1277 ist, welche 219 strittige Thesen, unter ihnen die E.d.W., betraf [25]. Dennoch lebte diese Doktrin in averroistischen Denkern der *Spätscholastik* (PIETRO D'ABANO, JOHANNES JANDUNUS), besonders auch im *Renaissance-Averroismus*, vor allem bei PIETRO POMPONAZZI fort.

In der Neuzeit wurde die E.d.W. von GIORDANO BRUNO im Sinne der Unendlichkeit des Universums vertreten, das als unendliche Wirkung einer unendlichen Kraft aufzufassen ist [26]. Für SPINOZA folgte die Ewigkeit der Substanz und damit der Welt aus der in ihr beschlossenen notwendigen Existenz [27]. – Noch in der deutschen Schulmetaphysik wurde um die Ewigkeit und den zeitlichen Anfang der Welt im Stile der klassischen Philosophie debattiert, z. B. bei CHR. WOLFF, A. G. BAUMGARTEN und M. KNUTZEN [28].

Von hier wurde das Problem an KANT vermittelt, der einen Wendepunkt in der Debatte darstellt. Während er noch in der ‹Allgemeinen Naturgeschichte und Theorie des Himmels› von 1755 einen in bezug auf die antecedentia begrenzten und beginnenden, im Hinblick auf die consequentia aber grenzenlos fortschreitenden Kosmos vertrat, stellte er in der ‹Kritik der reinen Vernunft› die beiden Auffassungen des Weltanfangs und der Weltewigkeit als Antinomie gegenüber, womit das Problem als «transzendentaler Schein» aufgewiesen wurde. Beide Seiten bringen freilich auch einen grundlegenden Anspruch des Denkens zum Ausdruck, indem die Lehre des Weltanfangs die «Grundsteine der Moral und Religion» gewährleistet, die Lehre von der E.d.W. aber der wissenschaftlichen Forderung des fest in sich gegründeten Naturbestandes entspricht [29].

Nach Kant wurde ein grundlegender Wandel in dieser Kontroverse bemerkbar. SCHLEIERMACHER vertrat die Ewigkeit und Unendlichkeit des Universums auf der Grundlage Spinozas in den ‹Reden über die Religion› von 1797; HEGEL sah den dialektischen Prozeß der Selbstentfaltung des Geistes als ewig; NIETZSCHE verkündete im ‹Zarathustra› die ewige Wiederkehr des Gleichen nicht als Doktrin, sondern als Prüfstein der Seinsbejahung. – In seiner klassischen Bedeutung wurde das Problem zunehmend von den mathematischen Naturwissenschaften behandelt, wo im veränderten Beweisverfahren die alten Positionen wiederkehren.

Anmerkungen. [1] KANT, KrV, Akad.-A. 3, 322f. – [2] HERAKLIT bei DIELS/KRANZ, Frg. B 30. – [3] PARMENIDES, a. a. O. Frg. B 7, 8. – [4] PLATON, Tim. 27 d-30 c. – [5] ARISTOTELES, De coelo I, 10, 279. – [6] Phys. I, 9, 192 a. – [7] Phys. VIII, 1, 250 b ff. – [8] De coelo I, 10-12. – [9] Met. XII, 7, 1072 b. – [10] ZENO, SVF I, 32. – [11] STOBAEUS, Ecl. I, 304. 374; DIOGENES LAERTIUS VII, 137. 156. – [12] PHILO, De aeternitate mundi, hg. COHN/REITER

6, 74ff. – [13] PLOTIN, Enn. III, 7, 3 (4); V, I (10) 6. – [14] JOH. PHILOPONOS, De aeternitate mundi contra Proclum, hg. H. RABE (1899). – [15] ORIGENES, Princ. I, 2, 10; 42, 11ff.; vgl. I, 4, 3; 66. – [16] a. a. O. I, 4, 5; 67, 3f. – [17] AUGUSTIN, Conf. XI, 30; De civ. Dei X, 31. – [18] a. a. O. XI, 4. – [19] XII, 16. – [20] AVICENNA, Met. VIII, 7. – [21] M. MAIMONIDES, Dux perplexorum II, 16ff. – [22] BONAVENTURA, I/2 Sent. Dist. I, p. 1, a. 1, q. 2. – [23] Vgl. Collationes in Hexaëmeron. – [24] THOMAS VON AQUIN, De aeternitate mundi contra murmurantes. – [25] Chart. Univ. Paris. I, 543ff., Nr. 473. – [26] G. BRUNO, De l'infinito, universo e mondi, bes. 1. Dialog. – [27] SPINOZA, Ethik I, def. 8. – [28] Vgl. bes. M. KNUTZEN: De aeternitate mundi impossibili (1733). – [29] KANT, KrV, Akad.-A. 3, 322f. 327f.; auch 291f.

Literaturhinweise. – Allgemeine Darstellungen: S. MUNK: Mélanges de philos. juive et arabe (Paris 1857). – A. STÖCKL: Die Frage über Beweisbarkeit oder Unbeweisbarkeit des Anfangs der Welt in der Scholastik. Der Katholik. Z. kath. Wiss. u. kirchl. Leben 41/I (1861) 544ff. 641ff.; 41/II (1861) 129ff. – E. ROLFES: Die Kontroverse über die Möglichkeit einer anfangslosen Schöpfung. Philos. Jb. 10 (1897) 5ff. – M. WORMS: Die Lehre von der Anfangslosigkeit der Welt bei den mittelalterlichen arabischen Philosophen des Orients und ihre Bekämpfung durch die arabischen Theologen. Beiträge 3, 4 (1900). – P. DUHEM: Le système du monde 1-7 (Paris o. J.); Etudes sur Léonard de Vinci (Paris 1906-1913). – A. ROHNER: Das Schöpfungsproblem bei Moses Maimonides, Albertus Magnus und Thomas von Aquin. Beitr. 11 (1913). – ANNELIESE MAIER: Studien zur Naturphilos. der Spätscholastik 1: Die Vorläufer Galileis im 14. Jh. (Rom 1949), 2: Zwei Grundprobleme der scholast. Naturphilos. (^{2}1951); 3: An der Grenze von Scholastik und Naturwiss. (^{2}1952); 4: Met. Hintergründe der spätscholastischen Naturphilos. (1955); 5: Zwischen Philos. und Mechanik (1958). – J. DE TONQUÉDEC: Questions de cosmol. et de physique (Paris 1950). – H. L. DÖRRIE: Genesis. Die Entstehungsgesch. des Universums, unseres Planeten und seiner Bewohner (1956). – K. JASPERS: Der Weltschöpfungsgedanke, in: Philos. und Welt (1958). – E. GILSON: De l'être et l'essence (Paris ^{2}1962). – E. BEHLER: Die E.d.W. Problemgesch. Untersuch. zu den Kontroversen um Weltanfang und Weltunendlichkeit in der arabischen und jüdischen Philos. des MA (1965).

Einzeldarstellungen. – Religiöse Kosmogonien: A. HILLEBRANDT: Lieder des Rigveda (1913). – R. HÖNIGSWALD: Vom erkenntnistheoret. Gehalt alter Schöpfungserzählungen (1957). – FR. DELITZSCH: Das babylonische Schöpfungsepos (1896). – *Aristoteles:* E. ZELLER: Die Lehre des Arist. von der E.d.W. Vortr. und Abh. 3 (1884); Über die Lehre von Aristoteles von der E.d.W. Abh. königl. Akad. Wiss., philos.-hist. Klasse (1878). – R. JOLIVET: Aristote et la notion de création. Rev. Sci. philos. et théolog. 19 (1930). – F. SOLMSEN: Aristotle's system of the physical world. (Ithaca, Ill. 1960). – G. WUNDERLE: Über den Begriff AÍDIOS bei Aristot., in: Abh. aus dem Gebiete der Philos. und ihrer Gesch. Festschrift G. von Hertling (1913). – H. SIEBECK: Die Lehre des Arist. von der E.d.W. Untersuch. zur Philos. der Griechen (1873). – J. CHEVALIER: La notion du nécessaire chez Aristote (Paris o.J.). – M. DE CORTE: Aristote et Plotin (Paris 1935). – *Hellenismus und Spätantike:* W. SPOERRI: Späthellenistische Berichte über Welt, Kultur und Götter (1960). – E. ZELLER: Der Streit Theophrasts gegen Zeno über die E.d.W., Kleine Schriften 1, hg. O. LEUZE: (1910). – J. GUITTON: Le temps et l'éternité chez Plotin et saint Augustin (Paris 1955). – J. DE BLIC, Les arguments de saint Augustin contre l'éternité du monde. Mélanges de sci. relig. 2 (1945). – W. MARKUS, Typen altchristl. Kosmologie in den Genesiskommentaren. Philos. Jb. 65 (1957) 106ff. – *Mittelalter:* J. M. PARENT: La doctrine de la création dans l'école de Chartres (Paris 1938). – N. HARING: The creation and the creator of the world according to Thierry of Chartres and Clarenbaldus of Arras. Archives 22 (Paris 1956). – E. RENAN: Averroes et l'Averroisme (Paris ^{3}1869). – E. FRITSCH: Islam und Christentum im MA (1930). – M. HORTEN: Die Met. Avicennas (Halle/New York 1907). – A.-M. GOICHON: La distinction de l'essence et de l'existence d'après Ibn Sina (Avicenne) (Paris 1937). – A.-M. GOICHON: La philos. d'Avicenne (Paris 1951). – M. I. GOLDZIHER: Stellung der alten islam. Orthodoxie zu den antiken Wiss. Abh. königl. Preuß. Akad. der Wiss., philos.-hist. Kl. 8 (1915); Einzel-A. (1916). – A. N. NADER: Le système philos. des Mu'tazila. Premiers penseurs de l'Islam (Beyrouth 1956). – M. STEINSCHNEIDER, Johannes Philoponus bei den Arabern. Mém. Acad. Sci. St. Petersbourg 13 (1869). – TJITZE DE BOER: Die Widersprüche der Philosophie nach Al-Gazzali und ihr Ausgleich durch Ibn Rosd (1894); Die E.d.W. bei Al-Gazzali und Ibn Rosd (1894). – MUHAMMED 'ABD AL-HADI ABU RIDAH: Al-Ghazali und seine Widerlegung der griech. Philos. (Madrid 1952). – M. HORTEN: Die Hauptlehren des Averroes (1913). – R. ARNALDEZ: La pensée relig. d'Averroes, 1: La théorie de Dieu dans le Tahafut, 2: La théorie de la création dans le Tahafut. Studia Islamica 7, 99ff.; 8, 15ff. – J. MÜLLER: Philos. und Theologie von Averroes (1875). – L. GAUTHIER: Ibn-Rochd (Averroès) (Paris 1948). – J. GUTTMANN: Die Philos. des Judentums (1933). – G. VAJDA: Introduction à la pensée juive du M.A. (Paris 1947). – I. GOLDZIHER: Die jüd. Philos., in: Kultur der Gegenwart, hg. P. HINNEBERG (1909). – J. FROHSCHAMMER: Die Philos. des Thomas von Aquino krit. gewürdigt (1889). – A. STÖCKL: Die thomistische Lehre vom Weltanfange in ihrem gesch. Zusammenhange. Der Katholik. Z. kath. Wiss. u. kirchl. Leben 63 (1883) 225ff. 337ff. – T. ESSER: Die Lehre des hl. Thomas bezüglich der Möglichkeit einer ewigen Weltschöpfung. Jb. für Philos. und spekulative Theol. 5 (1891) 129ff. 398ff. – P. MANDONNET: Siger de Brabant et l'averroisme latin au 13e siècle, 1. 2 (^{2}Löwen 1908). – R. ZAVALLONI: Richard de Mediavilla et la controverse sur la pluralité des formes (Löwen 1951). – *Neuzeit:* H. HEIMSOETH: Zeitl. Weltunendlichkeit und das Problem des Anfangs. Eine Studie zur Vorgesch. von Kants Erster Antinomie. Festschrift H. J. de Vleeschauwer (Communic. Univ. South Africa, 1960). – H. G. REDMANN: Die Schöpfungstheol. der vorkrit. Periode Kants (1962). – H. FUHRMANS: Schellings Philos. der Weltalter (1954).

E. BEHLER

Exakt/unexakt. Die Logik, die Mathematik und die Naturwissenschaften werden exakt genannt, weil ihre Begriffe exakt, umfangsdefinit oder kontextinvariant sind oder sein sollen. PLATO setzt die Ideen, die allein wissenschaftliche Erkenntnis ermöglichen, als exakt den unexakten empirischen Begriffen entgegen. In England ist ‹exactly› und in Frankreich ‹exacte› in der ersten Hälfte des 16. Jh. nachweisbar; in Deutschland wohl erst am Ende des 17. Jh. [1]. In ZEDLERS ‹Universallexikon› findet sich 1734 die allgemeine Bestimmung des Begriffs ‹exakt›: «Exacta wird genennet, daran die letzte Hand angeleget und zur Consistenz gebracht worden, ingleichen vollkommen» [2], die erst im Laufe des 18. Jh. durch die Entwicklung der Naturwissenschaften zur Charakterisierung einer mathematisierten präzisen Wissenschaft verengt wurde. Offensichtlich unter dem Einfluß von DESCARTES' Methodenreflexion gehören ‹exakt› und ‹Wissenschaft›, später auch ‹strenge Wissenschaft›, in Frankreich schon früh zusammen. Nach Descartes sind alle Wahrnehmungsmerkmale unexakt, da sie «die fluktuierende Evidenz der Sinne» [3] ausdrücken und daher nicht klare und deutliche Ideen sind. Diese Unexaktheit kann durch die richtige Methode der «certa cognitio» überwunden werden. In Deutschland wurde nicht lange Zeit die Zuordnung von ‹exakt› zur Naturwissenschaft kritisiert. So wendet F. v. BAADER ‹exakt›, für ihn mit größerem Recht, auf die «Religionswissenschaft» an: «Seit geraumer Zeit beliebt es den Franzosen, einen Unterschied zwischen sciences exactes und non exactes zu machen, als ob der Begriff des Wissens und der Exactitude nicht identisch wäre, als ob z. B. dem Menschen etwas gewisseres, exacteres, ob schon nicht handgreiflicheres sein könne, als sein Gewissen» [4], und GOETHE spricht sogar in Entgegnung auf die Leute, die «zu den sogenannten exacten Wissenschaften geboren und gebildet» zu sein meinen, von einer «exakten sinnlichen Phantasie ..., ohne welche doch eigentlich keine Kunst denkbar ist» [5].

Bei W. T. KRUG findet sich noch die weite Bestimmung von «genau gemacht, erwogen oder geprüft ... z.B. eine philosophische Abhandlung». Exakt ist etwas, was «vollkommen oder trefflich in seiner Art» gemacht ist. In Frankreich würden «vorzugsweise diejenigen Wissenschaften ... (les sciences exactes)» exakt genannt, «welche sich auf Rechnung, Messung, Beobachtung und Versuch gründen, also die mathematischen und physikalischen» [6]. Eine weitere Verengung des Begriffes vollzieht die *Wiener Schule*, indem sie ‹exakt› mit ‹mathematisch› gleichgesetzt: «Exakte Erkenntnis heißt solche, die logisch völlig deutlich ausgedrückt ist. ‹Mathematisch› ist nur ein Name für die Methode der logisch strengsten Formulierung» [7].

Die prinzipielle Vermeidbarkeit unexakter Begriffe wird von vielen Seiten verneint: Nach HEGEL ist Exaktheit mit der dialektischen Entwicklung der Idee unvereinbar. Für den späten WITTGENSTEIN und seine Nachfolger beruht die Annahme exakter Begriffe auf einer falschen Analyse der Sprache und des Denkens. Begriffe, sogar mathematische, seien nicht durch scharfe Definitionen, sondern nur durch «Familienähnlichkeiten» charakterisierbar [8]. WAISMANN hält die Unexaktheit der Alltagssprache nicht für einen Mangel, vielmehr wurzelt diese tief im Wesen der Dinge [9]. WITTGENSTEIN sieht in den ‹Philosophischen Untersuchungen› die Unexaktheit der Alltagssprache durch das jeweilige Sprachspiel in der Alltagssprache durch das jeweilige Sprachspiel in der jeweiligen Situation kompensiert. CARNAP und andere analytische Philosophen geben die Unexaktheit der alltagssprachlichen Begriffe zu, aber halten ihre Ersetzung durch exakte Begriffe im Dienste des wissenschaftlichen Fortschritts für unerläßlich. An die Rationalisten erinnernd, sehen sie die eigentliche Aufgabe der Philosophie in der «rationalen Rekonstruktion» oder «Explikation» unexakter durch exakte Begriffe. Das «explicatum» eines «explicandum» muß (i) dem explicatum ähnlich, (ii) exakt, (iii) fruchtbar und (iv) einfach sein [10]. Da die Unexaktheit der empirischen Begriffe nur an Beispielen gezeigt wird, stellt sich die Aufgabe, sie, wenn möglich, allgemein zu analysieren und ihr Verhältnis zu exakten logischen und wissenschaftlichen Theorien zu klären. Es zeigt sich, daß die unexakten Begriffe der Alltagssprache nur nach mehr oder weniger radikalen Modifizierungen in die Sprache von Theorien einverleibt werden können, denen die klassische Logik und Mathematik zugrunde liegt. Da die theoretischen Begriffe von ihren empirischen Gegenstücken verschieden sind, müssen Regeln oder «Zuordnungsdefinitionen» angegeben werden, die die Bedingungen festlegen, unter denen ein theoretischer Begriff oder Satz mit einem empirischen identifiziert werden darf.

Anmerkungen. [1] Vgl. G. KÖNIG: Der Begriff des Exakten. Eine bedeutungsdifferenzierende Untersuch. (1966) 6ff. – [2] J. H. ZEDLER: Großes vollständiges Universallexikon aller Wiss. und Künste 8 (1734) 2257. – [3] DESCARTES: Regulae ad directionem ingenii (dtsch. 1915) 12. – [4] F. v. BAADER, Werke, hg. F. HOFFMANN (1852) 3, 316f. – [5] GOETHE, Werke (1893) 2, 11. 75. – [6] W. T. KRUG: Allg. Handwb. der philos. Wiss. (1827) 1, 747: Art. ‹exact›. – [7] M. SCHLICK: Grundzüge der Naturphilos. (1948) 3. – [8] L. WITTGENSTEIN: Philos. Untersuch. (Oxford 1953) §§ 66. 67. – [9] F. WAISMANN: The principles of linguistic philos. (London 1965) 208ff. – [10] R. CARNAP: Logical Foundations of probability (Chicago 1950) § 3.

Literaturhinweise. P. DUHEM: La théorie physique, son objet, sa structure (1914). – R. CARNAP: Beobachtungssprache und theoret. Sprache, in: Logica, Studia Paul Bernays dedicata (1959). – R. B. BRAITHWAITE: Scientific explanation (1953). – E. NAGEL: The structure of sci. (1961). – S. KÖRNER: Theory and experience (1966). – G. KÖNIG: Der Begriff des Exakten (1966).
Red./S. KÖRNER

Exegese, pneumatische. PAULUS [1] unterschied im Hinblick auf Verständnis und Geltung des alttestamentlichen Gesetzes Buchstabe und Geist und regte damit eine ‹geistliche› Schriftauslegung an, die besonders durch ORIGENES und AUGUSTINUS weiter ausgebildet wurde [2]. Der Gedanke, daß nur wer selbst vom heiligen Geist geleitet ist, den wahren, geistlichen Sinn der Bibel zu erfassen vermöge, wurde im Gefolge des Pietismus von J. T. BECK unter dem Stichwort ‹p.E.› gegen die rationalistische Bibelerklärung geltend gemacht [3]. Der Begriff wurde dann, wohl zuerst durch PH. BACHMANN [4], auf die in bewußter Distanzierung von der historisch-kritischen Exegese auf den «Geist der Bibel» gerichtete Auslegung des Römerbriefs durch K. BARTH [5] angewendet und stand einige Jahre im Mittelpunkt lebhafter theologischer Diskussion [6].

Anmerkungen. [1] 2. Kor. 3, 3ff.; vgl. 1. Kor. 2, 10ff. – [2] Vgl. G. EBELING, RGG³ 3, 242ff. – [3] J. WACH: Das Verstehen 2 (1929) 193ff. – [4] PH. BACHMANN, Neue kirchl. Z. 32 (1921) 518; schon A. JÜLICHER nannte K. Barth einen ‹Pneumatiker›: Christl. Welt 34 (1920) 457. 467. – [5] K. BARTH: Der Römerbrief (1919, ²1922) Vorwort zur 1. Aufl. – [6] Vgl. J. BEHM: P.E.? (1926); F. TORM: Hermeneutik des NT (1930) 17ff.; R. BULTMANN: Glauben und Verstehen 1 (1933) 127f. M. ELZE

Exhaustion und **Variation.** Den Begriff der E. einer Theorie hat H. DINGLER geprägt. Beim Auftreten neuer, mit einer bisher anerkannten Theorie nicht übereinstimmenden oder zumindest von ihr nicht erklärten Erfahrungen kann man in zweierlei Weise verfahren: Man kann 1. die Theorie durch Hinzufügen von Zusatzannahmen durchhalten (E.) oder 2. durch Änderung grundlegender Hypothesen die Theorie mit der Erfahrung in Einklang bringen (V.). Dingler nimmt für die Mechanik eine konventional-operative Basis an, die nur exhauriert werden darf. Durch V. der Basis der klassischen Mechanik entstandene Theorien, wie die Relativitätstheorie und Quantentheorie, lehnt Dingler ab. Nach G. FREY muß man die von Dingler erhobene Forderung nach E. ersetzen durch das Prinzip der *Alternative von E. oder V.*

Literaturhinweise. H. DINGLER: Die Methoden der Physik (1938). – E. MAY: Induktion und E. Methodos 1 (1949) 137-140. – G. FREY: Gesetz und Entwicklung in der Natur (1958) 154f.
G. FREY

Existentialismus wird als Bezeichnung einer philosophischen Richtung gebraucht, die an Existenz orientiert ist (in dem von S. KIERKEGAARD ausgehenden, aber meist schon durch M. HEIDEGGER, K. JASPERS oder andere Existenzphilosophen mitbestimmten Sinn). Ein Vorläufer des Wortgebrauchs findet sich im Neukantianismus, wo ‹E.› heißt, «die Abhängigkeit des Logischen vom Existierenden» behaupten (W. MOOG [1]), dies auch z. B. auf F. NIETZSCHES Wahrheitslehre angewandt («subjektiver E.») [2]. In seinem spezifischen Sinn ist der Ausdruck von JASPERS 1935 geprägt [3]. Als «Ismus» pejorativ zu etwas Deriviertem *im Unterschied zu Existenzphilosophie* gestempelt, dient ‹E.› zur Kennzeichnung einer Verabsolutierung von Existenz und jeglicher ontologischer Verfestigung der Existenzerhellung. Der Ausdruck gilt nach dem Zweiten Weltkrieg vornehmlich der französischen Existenzphilosophie. Im romanischen und englischen Sprachbereich (als existentialisme, esistenzialismo, existentialism usw.) die naheliegende, wenn auch von der deutschen Prägung bestimmte Terminusbildung – französisch ab 1937 nachweisbar [4] –, bezeichnet ‹E.› an Existenz orientierte Philosophie *allgemein* und verdrängt vielfach Wendungen wie «philosophie existentielle», «philosophie de l'existence» (und entsprechend). Während der Ausdruck in Frankreich nach dem Zweiten Weltkrieg modisch wurde – auch zur Bezeichnung eines Lebensstils –, griffen ihn J.-P. SARTRE und einige verwandte Denker und Schriftsteller auf [5]; G. MARCEL allerdings nur vorübergehend [6].

Auf französische Existenzphilosophie (und entsprechend im übrigen romanischen und englischen Bereich) bezogen, umfaßt der E. inhaltlich mehrere Positionen. Es handelt sich entweder um *existentielles* Philosophieren (besonders MARCEL, anfangs unabhängig von der deutschen Entwicklung) oder um eine von HEIDEGGER bestimmte *existentiale* Ontologie (SARTRE), wenn auch das Wort ‹existential› [7] statt des unscharfen ‹existentiell› selten ist. (Englisch nur ‹existential› möglich.) Ein Drittes, eine «philosophie de l'existence» als explizites Sprechen über Existenz nach Art von JASPERS, ist kaum ausgebildet (vgl. jedoch E. MOUNIERS Personalismus). Ein weiterer Einteilungsgesichtspunkt liegt in der christlichen (MARCEL) oder atheistischen Ausrichtung (der «Humanismus» SARTRES).

Sowohl im Sinne einer ontologischen Verfestigung des existentiellen Philosophierens oder der Existenzerhellung als auch dem einer Deriviertheit, nunmehr besonders im Verhältnis zu HEIDEGGERS Daseinsanalytik, ist Sartres Philosophie E. im *engeren* Sinne und wäre nach dessen Hauptwerk [8] zu kennzeichnen als ontologische Auslegung – mit abstrakten Mitteln der HEGELschen Dialektik – und phänomenologische Beschreibung der menschlichen Existenz, wobei der Hauptakzent auf Bewußtsein, Intentionalität und Freiheit liegt. Auf Grund der Abstraktheit der Auslegung als Existenz und Fürsichsein erscheint die Freiheit als unbedingt und normativ unbestimmt – die Existenz geht der Essenz voran –, mit dem Appell zum «Engagement» als Ausgleich. Der E. SARTRES gelangt auch zu ontologischen Aussagen über die Beziehung Ich–Anderer, über Gott (der als widersprüchlich abgelehnt wird) und das Sein selbst.

Auf neoscholastischer Seite hat der Begriff Anlaß gegeben, E. allgemeiner als Betonung oder Überbetonung der Existenz gegenüber der Essenz zu fassen, mit ‹Essentialismus› als Gegenbegriff [9]. Der eigentliche E. erscheint so – gleichsam als Umkehrung – im Rahmen einer *Wesensmetaphysik* faßbar [10].

Bekannt wurden existentialistische Dramen und Romane von MARCEL, SARTRE, S. DE BEAUVOIR, A. CAMUS u. a. Sekundär gelten als dem E. verwandt der Personalismus E. MOUNIERS, ferner L. LAVELLE und R. LE SENNE u. a., wie auch als Vorläufer neben den eigentlichen Existenzphilosophen B. PASCAL und MAINE DE BIRAN.

Die Orientierung am endlichen Menschen, der engagierte Charakter und die Dialektik in SARTRES E. bedingen auch eine (von SARTRE ab 1957 herausgestellte) Nähe zum *Marxismus*. Danach dient der E. zu dessen Fundierung und hat in ihm aufzugehen [11]. Vom Marxismus abgelehnt, bleibt SARTRES neue Position eigenständige Theorie, die als E. gelten kann. Dieser E. ist nicht mehr abstrakte Ontologie der Existenz, sondern sucht, als «historische und strukturelle Anthropologie», vom Menschen aus, als Einzelpraxis gefaßt, Sozialgebilde zu verstehen, ist also transzendentale Soziallehre.

Anmerkungen. [1] W. MOOG: Logik, Psychol. und Psychologismus (1919) 195. – [2] a. a. O. 190. – [3] K. JASPERS: Vernunft und Existenz (1935) 46; vgl. Nachwort zu: Philosophie (³1956) 1, XXIII, wo JASPERS sich die Wortbildung zuschreibt, aber an Vorarbeiten zu: Von der Wahrheit (1947) 165 denkt. – [4] Bull. Soc. franç. Philos. 37 (1937) 196 (JASPERS); K. LÖWITH a. a. O. 204: «kantisme existentialiste» (auf Jaspers gemünzt). – [5] J.-P. SARTRE: L'e. est un humanisme (Paris 1946); SIMONE DE BEAUVOIR, in: Les temps modernes 1 (1945) 385-404; auch N. ABBAGNANO. – [6] Vgl. H. SPIEGELBERG: The phenomenological movement (Den Haag 1960) 2, 433. – [7] Vgl. E. LÉVINAS in: Bull. Soc. franç. Philos. 37 (1937) 195. – [8] J.-P. SARTRE: L'être et le néant (Paris 1943). – [9] E. GILSON: L'être et l'essence (Paris 1948) 291. 297; Being and some philosophers (Toronto ²1952) 208f.; F. VAN STEENBERGHEN: Ontologie (Louvain ²1952; dtsch. 1953) 91; vgl. Encyclica Humani generis (1947, Wien 1950), dazu: J. LOTZ: Sein und Existenz (1965) 51-95. – [10] M. HEIDEGGER: Über den Humanismus, in: Platos Lehre von der Wahrheit (1947, ²1954) 68-72; M. MÜLLER: Existenzphilos. im geistigen Leben der Gegenwart (1949, ³1964) 55. 61f. 71. – [11] J.-P. SARTRE:

Question de méthode (1957/58), in: Critique de la raison dialectique 1 (Paris 1960) 108. 111.

Literaturhinweise. E. MOUNIER: Introduction aux existentialismes (1947). Oeuvres (Paris 1962) 3, 67-175; zu MOUNIER: a. a. O. 71. 182. 236-238. – M. MÜLLER s. Anm. [10]. – O. F. BOLLNOW: Französ. E. (1965). – J. LOTZ s. Anm. [9]. – K. HARTMANN: Sartres Sozialphilos. (1966). K. HARTMANN

Existentialurteil wird 1. gelegentlich gesagt für Existenzaussage (s. d.), 2. ein Urteil (s. d.) genannt, dessen Prädikat besagt, daß dem Subjekt Existenz zukommt; die sprachliche Formulierung kann lauten: «S existiert» oder «S ist existent», «Es gibt ein S», «Dem S kommt Existenz zu», «S hat Existenz» oder einfach: «S ist». Diese Urteilsform findet sich zuerst bei EUDEMOS [1]. In den von KANT so benannten «ontologischen Gottesbeweis», z. B. von ANSELM VON CANTERBURY [2] und DESCARTES [3], geht die Verwendung von ‹Existenz› als Prädikat ein. KANT bestreitet, daß ‹Existenz› ein legitimes Prädikat sei [4]. Die moderne Logik schließt sich Kant an und führt die E. auf Existenzaussagen (s. d.), die kein Prädikat ‹Existenz› mehr enthalten, zurück [5]. HERBART erklärt die E. ähnlich den Impersonalien (es regnet) für subjektlose Urteile [6]. BRENTANO schließlich vertritt die Auffassung, alle Urteile seien E. [7]. Daran stimmt zumindest, daß in den von ARISTOTELES aufgestellten klassischen Urteilsarten die Existenz je eines unter den Subjekts- und Prädikatsbegriff fallenden Gegenstandes vorausgesetzt wird [8].

Anmerkungen. [1] Vgl. C. PRANTL: Gesch. der Logik im Abendlande (1855-1870) 1, 355. – [2] ANSELM VON CANTERBURY, Proslogion c. 2. – [3] DESCARTES, Meditationes 5; vgl. 3. – [4] KANT, KrV B 625ff. – [5] Vgl. z. B. G. FREGE, Nachgel. Schriften, hg. H. HERMES/F. KAMBARTEL/F. KAULBACH (1969) 74; Grundlagen der Arithmetik (1884) § 53; H. SCHOLZ: Der Anselmische Gottesbeweis, in: H. SCHOLZ, Mathesis Universalis, hg. H. HERMES/F. KAMBARTEL/J. RITTER (1961, ²1969) 62-74; A. MENNE, Zur log. Analyse der Existenz, in: J. M. BOCHEŃSKI: Log.-philos. Studien (1959) 97ff. – [6] J. F. HERBART, Werke, hg. G. HARTENSTEIN (1850/52) 1, 104f. – [7] F. BRENTANO: Psychol. vom empirischen Standpunkt (1874) 1, 56f. 186. 276ff. – [8] A. MENNE: Logik und Existenz (1954) 23f.; J. DOPP: Notions de logique formelle (Louvain 1965) 99f.; W. und M. KNEALE: The development of logic (Oxford 1962) 59.

Literaturhinweise. K. BAIER: Existence. Aristot. Soc. Proc. 61 (1960) 19-40. – W. KNEALE: Is existence a predicate? Aristot. Soc. Proc. Suppl. 15 (1936) 154-174. – G. E. MOORE: Is existence a predicate? Aristot. Soc. Proc. Suppl. 15 (1936) 175-188.
A. MENNE

Existentiell ist 1. ein von lat. ‹existentia› abgeleiteter und Daseinsbestimmungen bzw. -aussagen kennzeichnender Begriff, 2. ein spezifisch auf die menschliche Existenz bezogener Terminus der Existenzphilosophie (und der dialektischen Theologie), der in Verbindungen wie: existentielle Haltung [1], Entscheidung [2], Verwirklichung [3] oder existentielles Erleben (Erfahren) [4], Denken [5], Selbstverständnis [6] begegnet. M. HEIDEGGER hat durch die Unterscheidung des ontologisch-«existenzialen Verstehens» (der formalen Seinsstrukturen menschlicher Existenz) vom ontisch-«existenziellen Verständnis» (der je eigenen faktischen Existenz des Menschen durch diesen selbst) das Bedeutungsfeld des Begriffes umgrenzt [7]. Das Wort wird dementsprechend zur Kennzeichnung des spezifischen Bewußt-seins (und seiner Bezüge) gebraucht, in dem der Mensch sich von seiner faktischen Existenz «innerlich betroffen» erfährt und sie zugleich als die ihm selbst überantwortete Aufgabe seines Handelns und Denkens übernimmt. Dieser Gehalt des Begriffes geht auf S. KIERKEGAARD zurück, der «das Existentielle» [8] mit dem Selbstverhältnis des Menschen gleichsetzte, in dem der «Einzelne» (als «existierender Geist») sich in «unendlichem Interesse» (= «existentiellem Pathos») in seiner konkreten Existenz zu verstehen und zu verwirklichen hat [9]. Dabei wird der «existierende Denker» genötigt, sein Denken als «subjektives» und «konkretes» vom «abstrakten» bzw. «objektiven Denken» und dessen Wahrheitswissen abzugrenzen, weil die «existentiellen Probleme» und ihre «Mitteilung» gerade das subjektive Verhältnis zur existenzbezogenen Wahrheit und deren «Aneignung» im Existieren fordern [10]. Diese Thematik des Verhältnisproblems von Denken und Existenz (bzw. Existieren) ist von K. JASPERS für die methodische Klärung des Sinnes «existenzerhellender» philosophischer Aussagen weitergeführt worden. Das «existentielle Denken» und Mitteilen ist auch für Jaspers (und ähnlich für R. BULTMANN) vom objektiven, d. h. gegenständlich ausweisbaren «Wissen» streng zu scheiden, da sich das «existentielle Sein» des Menschen als sein «mögliches Selbstsein» (Freiheit) gar nicht in feststellenden Aussagen verifizieren, sondern nur im Selbstvollzug «vergewissern» und in Möglichkeitsaussagen «appellierend» mitteilen läßt [11]. KIERKEGAARD und JASPERS haben die Problematik des spezifischen (logischen) Status «existentieller Aussagen» durchaus gesehen, wenn auch noch nicht hinreichend interpretiert [12].

Anmerkungen. [1] P. TILLICH: Der Mut zum Sein (²1965) 125ff. – [2] R. BULTMANN: Glauben und Verstehen 3 (1960) 117. – [3] K. JASPERS: Philos. 2 (³1956) 206. – [4] O. F. BOLLNOW: Existenzphilos. (⁴1955) 19f. 25f. – [5] K. JASPERS: Von der Wahrheit (1947) 266f. 354ff.; P. WUST: Der Mensch und die Philos. (1946) 65ff. 83ff.; N. BERDJAJEW: Das Ich und die Welt der Objekte (o. J.) 56ff. 66ff.: «existentielle Philos.»; P. TILLICH: Systematische Theol. 2 (1958) 32f.; HEINRICH BARTH: Erkenntnis der Existenz (1965) bes. 129ff. – [6] R. BULTMANN: Kerygma und Mythos 2 (1952) 201. – [7] M. HEIDEGGER: Sein und Zeit (⁶1949) 12. 135. 248. 266; vgl. auch BULTMANN, a. a. O. [6]. – [8] S. KIERKEGAARD: Tagebücher. Ges. Werke bei E. Diedrichs (1963) 114. 115. – [9] Unwiss. Nachschrift (1957/58) 1, 74: 2, 54ff. 92ff. – [10] a. a. O. I, 165ff. 183ff. 189ff.; II, 2ff. 35. 66ff. Einl. zu Bd. 1; vgl. a. a. O. [5]. – [11] JASPERS, a. a. O. [3] bes. – [12] Hinweise dazu bei M. BENSE: Hegel und Kierkegaard (1948).

Literaturhinweise. W. ANDERSEN: Der Existenzbegriff und das existenzielle Denken in der neueren Philos. und Theol. (1940). – H. FAHRENBACH: Philos. Existenzerhellung u. theol. Existenzmitteilung. Theol. Rdsch. (1957) 77–135. – G. KRÜGER: Christlicher Glaube und existentielles Denken, in: Freiheit und Weltverwaltung (1958) 183ff. – M. HEIDEGGER: Nietzsche 2 (1961) 473–480.

H. FAHRENBACH

Existentificatio. Existentificans nennt LEIBNIZ das ens necessarium, insofern in Gott, als der ratio ultima rerum, mehr Grund für die Existenz der Dinge als für ihre Nicht-Existenz vorhanden ist. Dieselbe Ursache, die bewirkt, daß etwas existiert, bewirkt auch, daß alle Möglichkeiten den Drang haben, zu existieren, oder, wie Leibniz einmal elegant formuliert, «omne possibile existiturire» [1], was nicht heißen kann «wird einmal existieren» – denn diese These *Descartes'* und *Spinozas* bekämpft Leibniz ausdrücklich [2] –, sondern etwa «kann einmal existieren», weil es gegründet ist in dem wirklich existierenden notwendigen Seienden. Die Neigung zu solchen Neubildungen zeigt schon bei dem jungen Leibniz, wenn er die Existenz eines Dinges an einem bestimmten Ort, die localitas, gegründet sein läßt in einer «existibilitas», d. h. der Möglichkeit, an einem gleichgearteten und ähnlichen Ort zu existieren [3].

Anmerkungen. [1] LEIBNIZ, Opusc. et frg., hg. COUTURAT (1903) 534; Philos. Schriften, hg. GERHARDT 7, 289. – [2] Akad.-A. II/1, 299; Textes inédits, hg. GRUA, 478. – [3] Akad.-A. VI/2, 168.

H. SCHEPERS

Existenz, existentia

I. Das Wort ‹existentia› (E.) taucht im Lateinischen zum ersten Mal in den theologischen Werken von MARIUS VICTORINUS auf (um 360 n. Chr.), wo es fast immer zur Übersetzung von ὕπαρξις dient und im Gegensatz steht zu ‹substantia›, das οὐσία wiedergibt, während ‹subsistentia› der Übersetzung von ὑπόστασις vorbehalten ist. ‹E.› ist von ‹existere› abgeleitet, das in der philosophischen Sprache oft an die Stelle von ‹esse› gesetzt wurde, besonders in der Partizipialform. Auf Grund dieser Bedeutungsgleichheit von ‹existere› und ‹esse› ist das Wort ‹E.› bei Victorinus gleichbedeutend mit ‹essentia› – das Victorinus selbst nur sehr selten gebraucht [1] – und bedeutet ganz allgemein ‹das Sein›. Aber entsprechend dem jeweils besonderen Sinn, der in den von Victorinus benutzten griechischen Quellentexten den Wörtern ὕπαρξις und οὐσία beigelegt wird, kann ‹E.› bei Victorinus drei verschiedene Bedeutungen annehmen:

a) In einer ersten Bedeutung steht ‹E.› (ὕπαρξις) im Gegensatz zu ‹substantia› (οὐσία), wie das reine Sein, das weder Subjekt noch Prädikat ist, im Gegensatz steht zum konkreten Subjekt, das durch seine Prädikate bestimmt ist [2]. Diese Gegenüberstellung setzt eine Ontologie voraus, derzufolge das Sein ursprünglich absolut universal und unbestimmt ist (eben das ist E.) und sich fortschreitend bestimmt, um durch das Hinzukommen immer mehr besonderer Bestimmungen oder Qualitäten zur konkreten Wirklichkeit zu gelangen (substantia). Die gleiche Gegenüberstellung von ὕπαρξις und οὐσία findet sich bei DAMASKIOS [3], und wahrscheinlich hat Victorinus selbst diese Unterscheidung von PORPHYRIOS [4]. Man kann sie durch eine enge wechselseitige Beeinflussung zwischen Platonismus, Aristotelismus und Stoizismus erklären. In der Tat entspricht diese Gegenüberstellung zunächst dem *aristotelischen* Gegensatz zwischen dem idealen Sein einer Sache und der Sache selbst (τὸ ἑκάστῳ εἶναι und ἕκαστος) [5]. Aber in der aristotelischen Überlieferung wird ὕπαρξις niemals verwendet, um das ideale Sein einer Sache zu bezeichnen. Das Wort ὕπαρξις hat seine philosophische Bedeutung in der *stoischen* Tradition angenommen, in der es sich scharf von οὐσία oder ὑπόστασις abhebt. Für die Stoiker bedeutet οὐσία oder ὑπόστασις das konkrete, stoffliche Subjekt, das als solches die Fülle der ontologischen Realität besitzt, während ὕπαρξις ein aktuelles Prädikat dieses konkreten Subjekts bedeutet, ein Geschehnis, das in ihren Augen lediglich eine Scheinrealität hat, weil es nicht stofflich ist [6]. Im *Neuplatonismus* wird dieses stoische Nicht-Stoffliche ein platonisches Nicht-Stoffliches; dieses des Eigenstandes entbehrende Prädikat wird ein Prädikat, wie die Platoniker es auffassen, d. h. eine präexistente Idee, an der die Substanz oder das konkrete Subjekt teilhat. Was substanzloses Wirken war, wird reines Wirken des universalen und unbestimmten Seins. So kann der aristotelische Begriff des ‹idealen Seins der Sache› (τὸ ἑκάστῳ εἶναι) wieder seinen ursprünglichen platonischen Sinn annehmen: Das noch nicht konkretisierte Sein wird die präexistente Idee. VICTORINUS kann also E. definieren als «prae-existens substantia», d. h. als die der konkreten Wirklichkeit präexistente Voraussetzung [7]. Diese letzte Definition spielt auf den etymologischen Sinn von ὕπαρξις an, der als «Voraus-Beginn» gedeutet wird und den die Übersetzung mit ‹E.› nicht zu fassen vermag. Die absolute Voraussetzung ist Gott selbst, den Victorinus [8] – hierin wahrscheinlich PORPHYRIOS folgend [9] – ohne Zögern ‹E.› nennt. Es gibt eine Selbstsetzung der göttlichen Wirklichkeit, wodurch die ursprüngliche und absolut unbestimmte E. aus sich ins «Leben» tritt, um in der Selbsterkenntnis zu sich selbst zurückzukehren, und so konstituiert sie sich durch einen dreiphasigen Prozeß als voll bestimmte substantia [10].

b) In einer zweiten Bedeutung bezeichnet nun umgekehrt ‹substantia› (οὐσία) das noch unbestimmte Sein und ‹existentia› (ὕπαρξις) das bestimmte Sein, das eine Form empfangen hat [11]. Dieser Sinn stammt aus der *kirchlichen* Überlieferung des beginnenden 4.Jh., die einerseits ὕπαρξις und ὑπόστασις vermengte und andererseits die οὐσία (= substantia für Victorinus) als unbestimmt, die ὑπόστασις aber als bestimmt auffaßte [12]. Diese neue Unterscheidung dient nun bei VICTORINUS dazu, die Beziehungen zwischen Vater, Sohn und Heiligem Geist zu beschreiben: Jeder von diesen dreien ist die gemeinsame göttliche substantia, aber gemäß der Art, die jedem von ihnen eigentümlich ist, d. h. gemäß ihrer besonderen E. (Eigentümlichkeit, Bestimmung, Beschaffenheit, Tätigkeit) [13]. Dieser theologische Wortgebrauch von ‹E.› findet sich in der Folgezeit nur selten, weil die Lateiner vom Ende des 4.Jh. an fast immer ὑπόστασις mit ‹substantia› wiedergeben. Die Gleichsetzung von ‹E.› mit ‹proprietas› taucht später nur noch bei OROSIUS auf [14], ferner in einem anonymen Glaubensbekenntnis [15] und schließlich in gewissen lateinischen Übersetzungen von Konzilsdokumenten, in denen ‹E.› dem Wort ὑπόστασις entspricht [16].

c) In einer dritten Bedeutung wird ‹E.› bei Victorinus schlicht und einfach zum einfachen Synonym für ‹substantia› und bezeichnet so auf ungenaue Weise das «aliquid esse», das Etwas-Sein [17].

Nach Victorinus reflektiert man im *ausgehenden Altertum* nicht mehr über den Sinn von existentia, und das Wort, das nur selten gebraucht wird, hat einen sehr unbestimmten Sinn. An den sehr wenigen Stellen, wo es bei AUGUSTINUS [18], CALCIDIUS (zweite Hälfte des 4.Jh.) [19], PELAGIUS [20], CLAUDIANUS MAMERTUS [21] und CASSIODOR [22] begegnet, bezeichnet es die konkrete Realität einer Sache. In einem engeren Wortsinn bedeutet es einen Prozeß der Verwirklichung, ein Erscheinen oder Heraus-Treten (im etymologischen Sinn von ‹ex-sistentia›) bei CALCIDIUS [23] (im Gegensatz zu possibilitas), bei JULIAN VON ECLAN [24] (im Gegensatz zu possibilitas), bei LEO DEM GROSSEN [25] und bei dem anonymen Verfasser der Schrift ‹De attributis personae› [26]. Bei MAKROBIUS und BOETHIUS – der Traktat ‹De fide› [27], in dem das Wort einmal auftaucht, ist wahrscheinlich apokryph – scheint ‹E.› ganz zu fehlen. Es ist bemerkenswert, daß SCOTUS ERIUGENA es vermeidet und das Wort ‹substantia› zur Wiedergabe von ὕπαρξις gebraucht [28]. Obwohl das Wort ‹E.› also ungebräuchlich wurde, waren die Formulierungen des Victorinus, die den Terminus auf Gott anwandten und auf eine Trias ‹existentia – vita – intelligentia› anspielten, dem Mittelalter durch ALCUIN bekannt, der sie in ‹De fide› zitiert [29].

Anmerkungen. [1] MARIUS VICTORINUS, Adversus Arium, hg. HENRY/HADOT III, 7, 29-35; dtsch. bei P. HADOT: M. Victorinus· Christl. Platonismus, in: Bibliothek der Alten Welt (= BAW) (1967) 246. – [2] a. a. O. I, 30, 21-26. BAW 74; vgl. Candidi Ep. (= M. VICTORINUS) I, 2, 19. BAW 74. – [3] DAMASKIOS, Dub. et Sol. § 120, hg. RUELLE 1, 312, 11. – [4] Vgl. P. HADOT: Porphyre et Victorinus (Paris 1968) 267-271. 489. – [5] ARISTOTELES, Met. VIII, 3, 1043 b 2 und VII, 6, 1031 a 15. – [6] ARIUS DIDYMUS 26, Doxogr. graec., hg. DIELS 461, 19-20; SEXTUS EMPIRICUS, Pyrrh. Hyp. II, 80; vgl. H. DÖRRIE: HYPOSTASIS. Nachr. Akad. Wiss. Göttingen, philos.-hist. Kl. 3 (1955) 51-54. 63; HADOT, a. a. O. [4] 489. – [7] M. VICTORINUS, a. a. O. [1] I, 30, 22. BAW 158; vgl. DAMASKIOS, a. a. O. [3] § 34, 1, 66, 22. – [8] VICTORINUS, Hymn. III, 38. BAW 332; Adv. Arium I, 33, 24. BAW 165; Candidi Ep. I, 1, 16; 2, 19; 3, 16. BAW 73-75. – [9] HADOT, a. a. O. [4] 267-271. – [10] VICTORINUS, a. a. O. [1] I, 51, 19-27. BAW 194; I, 60, 5-12. BAW 205; vgl. DAMASKIOS, a. a. O. [3] § 121, 1, 312, 16. – [11] VICTORINUS, a. a. O. [1] II, 4, 11. 31. BAW 219. – [12] ATHANASIUS, Ep. ad Afros 4. MPG 26, 1036 b; BASILIUS VON CESAREA, Ep. I, 38, 3. MPG 32, 328 b. – [13] VICTORINUS, a. a. O. [1] IV, 33, 32. BAW 318; III, 8, 41-44. BAW 248. – [14] OROSIUS, Common. 2, hg. SCHEPPS, 154, 19. – [15] C. CASPARI: Kirchenhist. Anecdota 1 (Christiania 1883) 310. – [16] Acta Conciliorum Oecumenicorum, hg. SCHWARZ II, 2, 2, 65, 15. – [17] a. a. O. [1] I, 30, 26. BAW 158; I, 55, 19. BAW 199. – [18] AUGUSTIN, Sermo 71, 26. – [19] CALCIDIUS, In Tim. 25 d, hg. WASZINK 18, 2. – [20] PELAGIUS bei AUGUSTIN, De natura et gratia XIX, 21. – [21] CLAUDIANUS MAMERTUS, De statu animae III, 12. – [22] CASSIODOR, Var., hg. MOMMSEN, I, 10, 19, 14. – [23] CALCIDIUS, a. a. O. [19] § 235 = 289, 2. – [24] JULIAN VON ECLAN bei AUGUSTINUS, Contra Julianum op. imperf. I, 47. – [25] LEO DER GROSSE, Sermo 76, 2. – [26] Rhetores lat. minores, hg. HALM 306, 10. – [27] BOETHIUS, De fide, Zeile 57 Rand. – [28] SCOTUS ERIUGENA, MPL 122, 1119 c (= Übersetzung von PSEUDO-DIONYSIUS, De div. nom. II, 1); 1121 c (= De div. nom. II, 4). – [29] ALCUIN, De fide II, 2. MPL 101, 24 d (= VICTORINUS, Ad Cand. 13, 6; Adv. Arium I, 33, 24).

Literaturhinweise. Thesaurus Linguae latinae 5/2 (1950) 1867-1868. – P. HADOT s. Anm. [1] und [4]; Marius Victorinus et Alcuin. Arch. Hist. doctrinale et litt. du M.A. 21 (1954) 5-19. – G. HUBER: Das Sein und das Absolute (1955). P. HADOT

II. Für die Darstellung des Sinnwandels, den der E.-Begriff vom frühen Mittelalter bis in die Gegenwart durchgemacht hat, kann als Leitfaden der Gegensatz zwischen Seinsphilosophie und Wesensmetaphysik dienen. Damit ist nicht gesagt, daß sich das heutige Verständnis von E. wie ein logisch ableitbares und notwendiges Resultat der Geschichte ergeben würde. Doch wird daraus ersichtlich, daß auch die Begriffsgeschichte von ‹E.› wie jeder begriffsgeschichtliche Durchblick mehr ist als ein bloßes Museumsstück.

1. Die Theologen-Philosophen des *Früh-* und *Hochmittelalters* gebrauchen selten die Substantivform ‹existentia› (E.). Auch die Verbalform ‹existere› verwenden sie sparsam, sie setzen dafür mit Vorzug ‹esse› und das noch deutlichere ‹subsistere›. In dem Erweis, daß «deus vere est», faßt ANSELM VON CANTERBURY das Ergebnis seines berühmten argumentum in den Satz zusammen: «Existit ergo procul dubio aliquid, quo maius cogitari non valet, et in intellectu et in re» (Es existiert ohne Zweifel etwas, das größer nicht gedacht werden kann, sowohl im Intellekt als in Wirklichkeit) [1]. In der späteren Wiederaufnahme und Abwandlung dieses sog. ontologischen Gottesbeweises bei DESCARTES, SPINOZA und anderen erscheint regelmäßig das in der Zwischenzeit geläufig gewordene ‹E.›.

Im Universalienstreit des Frühmittelalters bekämpfte PETER ABAELARD die selbständige E. des Allgemeinen. Doch bestehen auch nach Abaelard wie allgemein in der christlich umgestalteten Ideenwelt Platons die Musterformen der Dinge zuerst im persönlichen Gottesgeist, «antequam ... in corpora prodirent, h. e. in effecta operum provenirent» [2]. ‹prodire› und ‹provenire› erinnern an den etymologischen Ursprungsinn von ‹exsistere›. Abaelard verwendet dieses Wort nicht, und um die E. in der Wirklichkeit gegenüber dem bloßen Gedachtsein (= modus intelligendi) zu betonen, bedient er sich des Ausdrucks ‹modus subsistendi›. Auch bei RICHARD VON ST. VIKTOR findet sich das ‹in actum prodire›; er bezeichnet aber damit den Anfang des Existierens (initium existendi) der Erfahrungsdinge, woraus er seinen empirisch unterbauten Gottesbeweis formt [3]. Dann tritt bei dem Viktoriner Richard das Wort ‹E.› selbst auf: Er verbessert die Definition von ‹Person›, die BOETHIUS als «individua substantia» bestimmt hatte, und sagt dafür «incommunicabilis» und «singularis E.», wobei er für die Trinität die im Wort ‹E.› mitangesprochene Ursprungsbeziehung hervorhebt, die für die göttlichen Personen unterschiedlich ist [4]. ALBERT DER GROSSE greift für die Bestimmung von ‹Person› auf Richard und Petrus Lombardus zurück und nennt die göttlichen Personen «proprie loquendo ... existentiae»; menschliche Personen sind nach ihm «subsistentes existentiae» [5]. Es ist bezeichnend, daß zur Zeit Alberts der Sprachgebrauch von ‹existere› und ‹subsistere› noch im Fluß war.

Obwohl im Begriffsvokabular des THOMAS VON AQUIN ‹E.› eine ganz untergeordnete Rolle spielt, scheiden sich am Für und Wider, das seiner Seinsphilosophie entgegengebracht wurde, die Wege, die das Verständnis von E. in der Folgezeit einschlägt. Der Aquinate wendet ‹E.› nie an, um damit die metaphysische Seinsstruktur des endlichen Seienden – «compositio ex esse et quod est» – zu kennzeichnen [6].

Erst nach Thomas bürgert sich für jene «realis compositio» das Begriffspaar ‹existentia / essentia› ein. Es ist beachtenswert, daß die ersten Gegner der thomasischen Lehre von der Realdifferenz zwischen Sein und Wesen ebenfalls nicht ‹E.›, sondern ‹esse› gebrauchen. So JOHANNES DUNS SCOTUS: «Dico ... quod simpliciter falsum est, quod esse sit aliud ab essentia» [7] (vor Scotus ebenso HEINRICH VON GENT [8], GOTTFRIED VON FONTAINES [9] und andere). Bei den drei Hauptverteidigern der Seinsauffassung des Thomas, unter denen CAPREOLUS, der «princeps thomistarum», sich als erster hervortat, taucht mit der terminologischen Neuerung auf und mit der Gegenüberstellung von «esse existentiae» und «esse essentiae», die auch SILVESTER VON FERRARA übernimmt [10]. Zwar treten diese beiden Thomisten entschieden auf die Seite ihres Meisters, doch gibt die neue Terminologie – Thomas spricht nie von «esse essentiae» – nicht mehr ungebrochen des letzteren Grundintention wieder. Es kündigt sich die Neigung zu einer essentialistischen Auffassung an. Bei CAJETAN, dem dritten bedeutenden Interpreten des Aquinaten, wird die Tendenz zur Wesensmetaphysik noch stärker. Es zeigt sich mehr und mehr, daß die neue Formel «esse essentiae et esse existentiae», deren sich Cajetan sehr oft bedient [11], auch vom Verständnis der Sache abdrängt. Die gefüllte Bedeutung, die ‹esse› bei Thomas hatte, wird abgeschwächt und allmählich bis zum bloßen Dasein, bis zur nackten Tatsache der E. entleert. SILVESTER hatte sich noch dagegen gewandt, daß ‹esse› für das Wesen nichts anderes bedeute, als daß dieses «extra causas poneretur». CAJETAN läßt sich auf die Formulierung ein: «id quod realiter existit extra causas suas est ens reale» [12].

Im Endergebnis kam es in der philosophischen Entwicklung zu folgender Bestimmung von E. In der Gegenüberstellung der Seinskonstituenten existentia/essentia im endlichen Seienden wurde auf der Seite der E. nur mehr das faktische Existieren belassen. Die Tatsache, bloß da zu sein, wurde nicht so bedeutsam erachtet, daß daraus philosophisch zu Bedenkendes zu entnehmen wäre. Gehalt und Wert, die allein Aufmerksamkeit verdienen, liegen im essentiellen Bereich. Soll über E. Näheres ausgemacht werden, dann läßt sich von dem maßgeblichen Teil, d. i. von der essentia her, nur sagen, daß sie eben von einer Ursache in die Wirklichkeit gesetzt wurde. Über das hinaus, wodurch eine «res extra suas causas et extra nihilum» steht, läßt sich von E. kein weiterer Aufschluß gewinnen.

Damit war der Wesensbetrachtung, den begrifflich faßbaren und definitionsmäßig umreißbaren Wesenheiten der Vorrang in der Philosophie eingeräumt. Bei THOMAS VON AQUIN war es umgekehrt; das esse ist den Wesen vorgeordnet, die essentiae kommen aus dem esse wie aus ihrer Quelle. Dies traf sicher nicht mehr bei FRANZ SUÁREZ zu, der die Philosophie der Überlieferung an die Neuzeit weitergab.

Anmerkungen. [1] ANSELM VON CANTERBURY, Proslogion, prooemium c. 2. MPL 158, 227 a. – [2] PETER ABAELARD, Theol. christiana 1, 9. MPL 178, 991 a. – [3] RICHARD VON ST. VICTOR, De trin. I, 8. MPL 196, 894 d. – [4] a. a. O. IV, 6-24. – [5] ALBERTUS MAGNUS, I Sent. d. 25, a. 1 ad 1 ; d. 23, a. 1, ad aliud; vgl. A. HUFNAGEL: Das Person-Problem bei Albertus Magnus, in: Beitr. zur Gesch. der Philos. und Theol. des MA, Suppl. 4: Stud. Albertina, Festschrift B. Geyer, hg. H. OSTLENDER (1952) 202-233. 214. 216. – [6] THOMAS VON AQUIN, De ver. q. 27, a. 1 ad 8. – [7] JOHANNES DUNS SCOTUS: Opus oxon., in IV Sent. d. 13, q. 1, n. 38 (8, 807). – [8] HEINRICH VON GENT: Quodl. I, q. 9. – [9] GOTTFRIED VON FONTAINES: Quodl. III, q. 1. – [10] JOHANNES CAPREOLUS: Defensiones theologicae, hg. PABAN/PÈGUES 1-6 (Turonibus 1900-1908) II, d. I, q. 2, a. 2; FRANCISCUS DE SIVESTRIS FERRARIENSIS: Comm. in S. contra gent. S. Thomae Aquinatis. Ed. Leonina (Rom 1918-1930) II, 58; VII, 2. – [11] THOMAS DE VIO CAJETANUS: In de ente et essentia D. Thomae Aquinatis Comm., hg. M. H. LAURENT (Turin 1934) V, 101, S. 158. 168. – [12] a. a. O. IV, 59, S. 92.

2. Im Rationalismus der *Neuzeit* setzt sich ein Begriffsobjektivismus durch, von dem KANT sagen konnte, daß man «aus Begriffen die Wirklichkeit herausklauben» wollte. DESCARTES erblickt den Index für E. in den «conceptus clari et distincti». SPINOZA definiert «causa sui» – diesen Begriff von Gott hatte vorher DESCARTES gegeben – als «id, cuius essentia involvit existentiam» [1]. LEIBNIZ verlegt die E. in einen «nisus», eine Tendenz der Wesenheiten, aus denen die essentiell gehaltvollsten zum Zuge kommen müssen, woraus sich die «beste Welt» ergibt: «ut possibilitas est principium essentiae, ita perfectio seu essentiae gradus (per quem plurima sunt compossibilia) principium existentiae» (wie die Möglichkeit das Prinzip der Essenz ist, so ist die Vollkommenheit oder der Grad der Essenz (durch den die meisten Dinge zusammen möglich sind) das Prinzip der E.) [2]. CHR. WOLFF läßt vollends, was ‹seiend› besagt, zusammenfallen mit widerspruchsfrei denkbar und wesensmöglich: ens ist identisch mit possibile. Die «philosophia» bestimmt Wolff als «scientia possibilium, quantenus esse possunt» [3]. HEGEL steigert die «Anstrengung des Begriffs» so, daß er die Metaphysik, um die es ihm eigentlich geht, als Logik entfaltet und die E. des Einzelnen als «Moment» im Systemganzen aufgehen läßt. «Sein und E.» faßt Hegel wie folgt: «Dieses Seyn aber, zu dem das Wesen sich macht, ist das wesentliche Seyn, die E. ...» [4]. Wenn eine «Besonderheit» nicht «im Ganzen getragen und gehalten wird», fehlt die «Einheit der Allgemeinheit und Besonderheit». «Insofern diese Einheit nicht vorhanden ist, ist etwas nicht wirklich, wenn auch E. angenommen werden dürfte». So unterscheidet Hegel zwischen «E.» (als schlechter, empirischer Wirklichkeit) und (echter, begriffhafter) «Wirklichkeit».

Anmerkungen. [1] SPINOZA, Ethica I, def. 1. – [2] LEIBNIZ, De rerum originatione radicali (1697); Philos. Schriften, hg. GERHARDT 7, 304. – [3] CHR. WOLFF: Logica ... (1732) Discursus prelim. c. 2, § 29, S. 13. – [4] HEGEL, z. B. Logik. Werke, hg. GLOCKNER 4, 597ff.; Philos. des Rechts, Zusatz (E. GANS) zu § 270, hg. LASSON (1928) 362f.

3. Mit dem Protest S. KIERKEGAARDS gegen Hegels Begriffsdialektik beginnt das E.-Denken der Jetztzeit: «Über dem Denken wurde der Denker vergessen». Schon vor Kierkegaard hatte sich der späte SCHELLING in seiner «Philosophie der Freiheit» von einer Philosophie des Wissens und der Wesenheiten zur konkreten geschicht-

lichen Wirklichkeit gewandt. Auch die Romantik hatte wieder den Blick für die Unableitbarkeit der Geschichte geöffnet. Doch der Theologe KIERKEGAARD, der an der «E. des subjektiven Denkers» «unendlich interessiert» ist, wurde der wirksamste Anreger für das existenzielle Denken unserer Zeit. Mit der Frage: «Wie werde ich ein Christ» zentrierte Kierkegaard sein ganzes Interesse um die religiöse E. Sein Begriff von E. gewann erst in der Breite Einfluß, als er von der mehrschichtigen Bewegung der heutigen E.-Philosophie in säkularisierter Form aufgenommen wurde.

Auch NIETZSCHE ist als Wegbereiter zu nennen, weniger durch seine Lehre als vielmehr durch die Antriebe, die von seiner Kritik der abendländischen Philosophie und ihrer «lateinischen Seinsgläubigkeit» ausgehen. Obwohl die *Phänomenologie* in ihren Anfängen (E. HUSSERL, M. SCHELER) mit der «Wesensschau» einsetzte, lenkte sie doch durch die Überwindung des Psychologismus und durch die Intentionalität der gebenden Akte auf die E. als die Mitte menschlichen Verhaltens hin. Dem steht nicht entgegen die «Einklammerung der E.», d. h. hier der natürlichen Annahme der Wirklichkeit, in HUSSERLS phänomenologischer Reduktion. Dadurch wurde die Intentionalität des Bewußtseins herausgestellt, die dann in der Fortbildung der Phänomenologie zur gesamt-menschlichen Intentionalität erweitert wurde. In dieser verdichtet sich die konkrete und geschichtliche E. des Menschen, wie sie in der E.-Philosophie gefaßt wird.

Heute sind es in der Hauptsache drei Bedeutungen, in denen ‹E.› verstanden wird: existentialistisch, existentiell, existenzial. Im radikalen Existentialismus, den J.-P. SARTRE vertritt, ist der Mensch eine Nullpunkt-E. Er hat in absolut bedingungsloser Freiheit sich selbst zu erfinden und zu entwerfen. Dieses Selbstschöpfertum ist die Folge aus dem Kernsatz Sartres, daß «die E. der Essenz vorausgeht». Sicher klingt hier das alte Gegensatzpaar ‹existentia/essentia› nach, doch war damit in keiner Weise eine Seinsverfassung des Menschen gemeint. Allein die «condition humaine», zur Selbstschaffung in existentialistischen Stößen verurteilt zu sein, soll damit benannt sein.

Die existentielle Fassung von E., wie sie vor allem K. JASPERS herausarbeitet, zeigt Nähe zu dem, was in der philosophischen Überlieferung die menschliche Person ausmacht. E. entzieht sich jeglichem «gegenständlichen» Denken. Ein «anderes», das «appellierende Denken» allein kann sie ansprechen. Die Begriffe der E.-Erhellung sind solche, in denen ich nicht meinen kann, ohne in ihnen selbst zu sein [1]. E. ist «die Weise, wie ich zu mir selbst und zum Transzendenten mich verhalte». Letzteres deswegen, weil der Mensch in den «Grenzsituationen» (Kampf, Leid, Schuld, Tod) über sich hinaus verwiesen wird. Sein Transzendieren geschieht stets aus einer geschichtlichen Situation heraus, auch hat es immer nur einen Richtungssinn. Ein Darstellungssinn, wodurch das Transzendente wie ein Gegenstand verfügbar würde, kann ihm nie eignen. Das Signum des Menschen als E. ist sein Scheitern vor der Transzendenz.

Von existenzialen Absichten war M. HEIDEGGERS ‹Daseinsanalyse› von Anfang an (schon in der 1. Aufl. von ‹Sein und Zeit› 1927) geleitet. «Das ‹Wesen› des Daseins [des Menschen] liegt in seiner E.» [2], will sagen, in seiner Offenheit auf das Sein, für seinen geschichtlich sich wandelnden Zuspruch und Anspruch. Die spätere, unmißverständlichere Benennung «Ek-sistenz» machte dies vollends deutlich.

G. MARCEL nimmt einen ähnlichen Weg von der E. zum Sein. In seiner betont «konkreten Philosophie» ist E. die reflex vollzogene Wahl seiner selbst, die nur möglich ist aus dem Grundbezug zum Sein-selbst, zur «présence» schlechthin, d. i. zum Geheimnis des Seins [3].

Anmerkungen. [1] K. JASPERS: Philos. 2: Existenzerhellung (1932) bes. 1-23 u. passim. – [2] M. HEIDEGGER: Sein und Zeit (⁵1941) 42. – [3] G. MARCEL: Position et approches concrètes du mystère ontologique (1949) 53. 78ff.; dtsch. Das ontologische Geheimnis. Fragestellung und konkrete Zugänge. Philos. Jb. 59 (1949) 466-490, bes. 475. 482ff.

Literaturhinweise. L. DE RAEYMAEKER: Philos. de l'être (Louvain ²1947). – E. GILSON: L'être et l'essence (Paris 1948). – H. KNITTERMEYER: Die Philos. der E. (1952). – Studi filosofici all'«esistenza», al mondo, al trascendente (Roma 1954). – E. GILSON: Hist. of Christian philos. in Middle Ages (London 1955). – C. FABRO: Dall'essere all'esistente (Brescia 1957). – A. DE WAELHENS: Existence et signification (Louvain/Paris 1958). – J. HEGYI: Die Bedeutung des Seins bei den klass. Kommentatoren des hl. Thomas v. Aquin (1959). – M. MÜLLER: E.-Philos. im geistigen Leben der Gegenwart (³1964). – J. B. LOTZ: Sein und E. (1965). – K. KREMER: Die neuplatonische Seinsphilos. und ihre Wirkung auf Thomas von Aquin (Leiden 1966). – O. SCHNÜBBE: Der E.-Begriff in der Theol. Rudolf Bultmanns (1959). – H. OGIERMANN: Existenziell, existenzial, personal. Scholastik 40 (1965) 321-513.

A. GUGGENBERGER

Existenzanalyse ist eine anthropologische Betrachtungsweise, die als theoretische Grundlage für verschiedene psychotherapeutische Aufgaben dient. Sie wurde von dem Wiener Psychotherapeuten V. E. FRANKL begründet und ausgestaltet, der sich schon bei ihrer Grundlegung vom «Psychologismus» in der Tiefenpsychologie distanzierte und über eine «Affektdynamik» hinaus die Einbeziehung der «ganzen Existenz» des Menschen, «Eros, Logos und Ethos», in die Psychotherapie forderte. – Sich auf *M. Scheler* beziehend, wonach das Heil des Menschen in der Erfüllung seiner höchstmöglichen Werte gelegen sei, stellt Frankl die «Verantwortlichkeit der menschlichen Person» als ethisch noch neutralen Grenzbegriff in den Mittelpunkt seiner Lehre [1]. Verantwortlichsein als «Essenz der menschlichen Existenz» ermöglicht eine wertende Psychotherapie, ohne daß der Arzt in der Achtung vor persönlichen Wertsetzungen seine Befugnis überschreiten darf, wenn er die Individualität des Kranken in ihrer einmaligen Situation berücksichtigt und in ihr «spezifische Verantwortung gegenüber spezifischen Aufgaben» mit einem «spezifischen Missionsbewußtsein» anzusprechen sucht [2]. Verantwortlichkeit und die durch sie begrenzte Freiheit des Menschen sowie seine Geistigkeit, die als «noologische Dimension» auch unbewußt, d. h. unreflektiert sein kann, sind das Dasein konstituierende Existentialien. Menschsein ist demnach nicht faktisches, sondern fakultatives Sein [3]. Insofern ist E. eigentlich nicht Analyse, sondern «Explikation der Existenz» [4]. In ihrer therapeutischen Zentrierung will sie vom Geistigen her als *Logotherapie* appellativ den «Willen zum Sinn» erwecken [5]. Sie hebt sich darin ab von anderen medizinisch-anthropologischen Entwürfen der Gegenwart, insbesondere denen von L. Binswanger, V. E. v. Gebsattel und V. v. Weizsäcker.

Anmerkungen. [1] V. E. FRANKL: Zur geistigen Problematik der Psychother. Zbl. Psychother. 10 (1938) 33. – [2] Philos. und Psychother. Zur Grundlegung einer E. Schweiz. med. Wschr. 69 (1939) 707. – [3] Theorie und Therapie der Neurosen (1956, ²1968) 169ff. – [4] a. a. O. 145. – [5] 118ff.

Literaturhinweise. V. E. v. GEBSATTEL: Gedanken zu einer anthropol. Psychother. Hb. Neurosenlehre und Psychother., hg. V. E. FRANKL, V. E. v. GEBSATTEL und J. H. SCHULTZ 3 (1959) 531ff. – M. E. KORGER und P. POLAK: Der geistesgesch. Ort der E. a. a. O. 632ff. – V. E. FRANKL: Grundriß der E. und Logotherapie a. a. O. 663ff.

W. BISTER

Existenzaussage, gelegentlich auch ‹Existenzurteil›, ‹Existentialurteil›, ‹Existenzsatz› genannt, ist eine Aussage, in der die Existenz eines Gegenstandes mit einer bestimmten Eigenschaft ausgesagt wird. Eine E. hat also die Form: «Es gibt (mindestens) ein x, für das f von x gilt» und wird in der modernen Logik mit Hilfe des *Existenzquantors* «$\vee_x$», der auch ‹Einsquantor› oder ‹Partikularisator› heißt, geschrieben: «$\vee_x f(x)$» [1]. Von G. FREGE stammt der Vorschlag, den Existenzquantor mit Hilfe des Allquantors «für alle x» ($\wedge_x$) zu definieren: «$\vee_x f(x) =_{df} \neg \wedge_x \neg f(x)$» [2]. RUSSELL und WHITEHEAD sind dem Fregeschen Vorschlag gefolgt [3]. ‹E.› heißen gelegentlich auch die mit «es gibt mindestens n», «es gibt höchstens n» und «es gibt genau n» eingeleiteten Aussagen.

Anmerkungen. [1] Zu anderen Schreibweisen des Existenzquantors vgl. Art. ‹Prädikatenlogik› Nr. 2. – [2] Begriffsschrift (1879) 23. – [3] Principia Mathematica 1 (Cambridge ²1927) 138. *10.01; zur «dialogischen» Deutung der Existenzaussagen vgl. Art. ‹Logik, dialogische› Nr. 2, zur «semantischen» Deutung den Art. ‹Prädikatenlogik› Nr. 5.   A. MENNE

Existenzerhellung ist bei JASPERS erstens die Bezeichnung für eines der drei klassischen Hauptgebiete des Denkens (Gott, Welt, Mensch als Metaphysik, Weltorientierung, E.), dessen umgreifender Gegenstand der Mensch als mögliche Existenz ist [1]. – E. ist zweitens und vor allem der Vollzug der Denkweisen, die mögliche Existenz erhellen. Als solche ist sie transzendentale Reflexion auf dem schmalen Grat zwischen Allgemeinheit und Erfüllung der je eigenen Existenz, darauf gerichtet, wie Existenz, die weder Welt noch sonstwie Objekt und deshalb nicht direkt verstehbar ist, im Durchbrechen des Weltdaseins manifest werden kann. E. vollzieht den Durchbruch nicht, sondern vergewissert sich seiner im Innewerden des Nichtwissens und sucht jeden Gedanken, «der von irgendeiner Seite her auf diesen Durchbruch trifft» [2]. Insofern als der Philosophierende vom ungeschlossenen All und vom nicht objektivierbaren Einen auf sich selber zurückgeworfen wird, ist alle Philosophie E. [3].

E. gründet in der Aporie, daß sie allgemein aussagt, was, ohne je ein Seinswissen zu werden, sich nur appellierend und erweckend an meine unvertretbare Existenz wendet. Sie entwickelt deshalb besondere Methoden: Sie führt transzendierend an die Grenze, an der alles Gegenständliche wegfällt. Das selber nicht Objektivierbare versteht sie in logischen, psychologischen und metaphysischen Objektivationen und läßt diese in Tautologien, Zirkeln und Widersprüchen wieder scheitern [4]. Ihre allgemeinen ‹Begriffe› sind nicht Gegenstandskategorien, sondern «signa» [5], durch die sie ein «formales Schema der Existenz konstruiert», das bloß ein «Mittel der Hinleitung zum Mitansprechen einer Existenz als einzelner» ist [6]. – Ihre Grenzkonstruktionen sind einerseits die Daseinsanalyse [7], die, noch gegenständlich denkend, erst zu E. führen kann, und das «existierende Denken» [8], das selbst schon Vollzug und Verwirklichung der Existenz ist.

Anmerkungen. [1] Danach ist der 2. Bd. von K. JASPERS' ‹Philos.› (¹1932) ‹E.› betitelt. – [2] Philos. 2 (³1956) 8. – [3] a. a. O. 1, 32. – [4] 2, 15. – [5] 2, 16. – [6] ebda. – [7] 1, 31f. – [8] Von der Wahrheit (1947, ²1958) 354-357.

Literaturhinweise. O. Fr. BOLLNOW: E. und philos. Anthropol. Versuch einer Auseinandersetzung mit Karl Jaspers. Bl. dtsch. Philos. 12 (1938/39) 133-174. – M. DUFRENNE und P. RICŒUR: Karl Jaspers et la philos. de l'existence (Paris 1947) bes. 111-132. – U. RICHLI: Transzendentale Reflexion und sittliche Entscheidung. Zum Problem der Selbsterkenntnis der Met. bei Kant und Jaspers. Kantstudien, Ergh. 92 (1967) bes. 157-191.   H. SANER

Existenziale Interpretation heißt bei M. HEIDEGGER [1] die Analyse der Seinsverfassung des Daseins, welche an der Aufdeckung der Existenzialien als deren spezifischer Charakteristik orientiert ist. Im Zusammenhang damit setzte sich R. BULTMANN [2] für eine Auslegung geschichtlicher Texte ein, die von der Frage nach dem in ihnen sich aussprechenden Existenzverständnis geleitet ist. Er nannte sie zunächst «dialektische» Interpretation und bezog damit Stellung in der durch K. BARTH [3] ausgelösten hermeneutischen Diskussion gegenüber dem Postulat einer «pneumatischen Exegese» [4]. Unter Berufung auf Bemerkungen G. KRÜGERS [5] zum platonischen Mythos und besonders auf H. JONAS' [6] Interpretation der Gnosis wandte Bultmann dann in seinem programmatischen Aufsatz ‹Neues Testament und Mythologie› (1941) den Begriff Heideggers auf die Auslegung mythologischer Aussagen in biblischen Texten an: Sie «müssen auf das in ihnen liegende Existenzverständnis hin, d. h. existential, interpretiert werden» [7]. In der darauf folgenden Debatte über die ‹Entmythologisierung› [8] hielt Bultmann an diesem Begriff fest [9], während für G. EBELING «das Ausgelegtwerden des Textes ... in ein Ausgelegtwerden durch den Text» umschlägt [10].

Anmerkungen. [1] M. HEIDEGGER: Sein und Zeit (1927) 117. 196. 231 u. a. – [2] R. BULTMANN: Glauben und Verstehen 1 (1933) 114ff.; Die Bedeutung der ‹dialektischen Theologie› für die neutestamentl. Wiss., (1928). – [3] K. BARTH: Der Römerbrief (1919, ²1922). – [4] BULTMANN, a. a. O. 127f. – [5] G. KRÜGER: Einsicht und Leidenschaft (1939, ²1948) 17f., 56f. – [6] Vgl. H. JONAS: Gnosis und spätantiker Geist 1 (1934) bes. 14ff. 90f.; vgl. bereits: Augustin und das paulin. Freiheitsproblem (1930), bes. 66ff. – [7] R. BULTMANN, in: Kerygma und Mythos, hg. H. W. BARTSCH 1 (¹1948) 28; vgl. 23f. – [8] Vgl. Kerygma und Mythos I-IV. – [9] z. B. BULTMANN s. Anm. [2] 4 (1965) 130 (Zum Problem der Entmythologisierung, 1963); vgl. a. a. O. 190ff. (Antwort an E. Käsemann, 1965). – [10] G. EBELING: Theol. und Verkündigung (1962) 15; vgl. E. FUCHS: Zum hermeneut. Problem in der Theol. Die existentiale I. Aufsätze 1 (1959); Glaube und Erfahrung. Aufsätze 3 (1965).

Literaturhinweise. R. MARLÉ: Existentiale Interpretation. Sacramentum mundi 1 (1967) 1300-1304. – W. PANNENBERG: Hermeneutik und Universalgesch., in: Grundfragen systemat. Theol. (1967) 91ff.   M. ELZE

Existenzialien. Als ‹E.› bezeichnet M. HEIDEGGER [1] die «Seinscharaktere des Daseins». «Weil sie sich aus der Existenzialität bestimmen, nennen wir die Seinscharaktere des Daseins E. Sie sind scharf zu trennen von den Seinsbestimmungen des nicht daseinsmäßigen Seienden, die wir *Kategorien* nennen» [2]. «E. und Kategorien sind die beiden Grundmöglichkeiten von Seinscharakteren» [3].

Anmerkungen. [1] M. HEIDEGGER: Sein und Zeit (⁹1960). – [2] a. a. O. 44. – [3] 45.

Literaturhinweis. O. PÖGGELER: Der Denkweg Martin Heideggers (1963) 49.   P. PROBST

Existenzphilosophie ist die seit 1929 im deutschen Sprachbereich übliche, von F. HEINEMANN als Prägung beanspruchte [1] Bezeichnung für eine philosophische Richtung, die an Existenz orientiert ist (in dem von S. KIERKEGAARD ausgehenden Sinn als subjektiver Existenz) (frz. ‹philosophie existentielle›, dann auch ‹philosophie de l'existence›) [2]. Der Ausdruck deckt verschiedene Formen des Philosophierens über Existenz:

die *Existenzerhellung* und zugehörige Gesamtposition von K. JASPERS (der auch das Wort auf seine Philosophie bezieht) [3], KIERKEGAARDS Philosophieren über den Menschen in seiner subjektiven Existenz gegenüber Gott, M. HEIDEGGERS Daseinsanalytik und schließlich eine Reihe von Nebenformen.

Der einmal üblich gewordene Ausdruck förderte die Meinung, die so bezeichnete Philosophie sei eine Art philosophische Anthropologie. JASPERS wie HEIDEGGER haben sich jedoch von Anthropologie abgesetzt; HEIDEGGER lehnt damit auch E. ab [4], gilt ihm doch seine (frühe) Philosophie nicht als Thematisierung von Existenz um ihrer selbst willen, sondern als *Fundamentalontologie*.

Soweit HEIDEGGERS Daseinsanalytik [5] sekundär als E. verstanden wird, erscheint sie als eine ontologische Auslegung des Menschen als «ontologisches», d. h. seinsverstehendes Wesen, das sich auf Grund seiner Strukturen zu sich und zum Seienden verhält im Blick auf ein vorverstandenes Sein. Der Mensch als Dasein (als Sein, zu dem Dasein sich verhält, ‹Existenz› genannt) wird in transzendentaler Allgemeinheit als ein ekstatisches, in vorbereitender Analyse praktisch-teleologisches, ursprünglich aber zeitliches Strukturganzes verstanden, durch das Seinkönnen ermöglicht, aber auch Anweisung auf eine Beantwortung der Frage nach dem Sinn von Sein gegeben ist.

Heideggers Unterscheidung von ‹existenzial› (eine Struktur des Menschen als Dasein ausmachend, aber in neuem Sinn ontologisch gemeint) und ‹existenziell› (eine konkrete Haltung des Menschen auf Grund einer existenzialen Struktur ausdrückend) legte die Bezeichnung der (frühen) Heideggerschen Philosophie als *Existentialphilosophie* [6] nahe, zur Unterscheidung von einer nicht auf ontologische Auslegung oder eine weitere ontologische Fragestellung abzielenden, sondern «existenziell», auf den einzelnen Menschen in seiner Situation abstellenden und dabei nicht zu Ontologie verfestigten E.

E. erscheint nach der letzteren Unterscheidung wesentlich durch JASPERS und, von dort rückblickend, durch KIERKEGAARD repräsentiert. Bei beiden ist Philosophie nicht als Wissensbestand, als direkte Mitteilung einer Ontologie gemeint [7]; für beide kann gelten, was JASPERS fordert, daß Philosophie der möglichen Existenz dienende Erhellung, appellierende Philosophie sei. KIERKEGAARD sucht diese «existenzielle» Intention durch Pseudonymität und humoristische Darstellung zu wahren. Bei JASPERS findet sich jedoch ernstes, explizites Sprechen über Existenz, so sehr eine Vergegenständlichung bestritten wird. Insofern stellt seine Philosophie eine eigene, dritte Form dar, ist E. im *engeren* Sinne, während KIERKEGAARDS Philosophie *existenzielles Philosophieren* bleibt. Beiden ist gemeinsam, daß sie den Menschen nicht zum ausschließlichen und positiven (anthropologischen) Thema machen, sondern den Bezug zu Gott (KIERKEGAARD) oder zur «Transzendenz» oder zum «Umgreifenden» aufnehmen, so daß ein über den Menschen hinausliegendes Ganzes des Seins Gegenstand der Philosophie als *Metaphysik* wird. JASPERS gelangt, besonders in seinen späteren Werken, zu einer Gesamtposition, die die existenzphilosophische Thematik als höchsten Problembereich einordnet in einen Stufenbau von Bereichen (Dasein, Bewußtsein überhaupt, Geist, Vernunft/Existenz). Er erwägt denn auch die Verwerfung des Ausdrucks ‹E.› zugunsten einer «Philosophie der Vernunft» [8].

Nebenformen der E. umfassen ein Spektrum von Anthropologie zu Existentialphilosophie (z. B. O. F. BOLLNOW, E. GRISEBACH, O. BECKER – dessen *Paraexistenzphilosophie* Heidegger am unmittelbarsten weiterentwickelt – und, auf religiöser Grundlage, F. ROSENZWEIG, M. BUBER, P. WUST, G. MARCEL u. a.).

Eine weitere Entwicklung der E. knüpft sich an den späten HEIDEGGER. Sie läßt sich kennzeichnen als Wendung von einer Position, die bedingt als E. gelten konnte – einer zumindest thematischen Bevorzugung des menschlichen Daseins oder dessen Existenz als seinsbezogen und seinsverstehend –, zu einer nunmehr von Heidegger als in der früheren Position schon angelegt verstandenen [9] Priorität des Seins als Seinsverstehen Ermöglichendem (die «Kehre»). Dabei erscheint der Mensch in neuem Sinn als ekstatische Existenz, als Sein-Lassen und Sich-Einlassen auf das Seiende in seiner durch das Sein ermöglichten Offenheit [10]. Terminologisch geht Heidegger von Existenz zu «Ek-sistenz» über, und entsprechend tritt sekundär der Ausdruck *Ek-sistenzphilosophie* auf [11].

Durch das Aufkommen von Ek-sistenzphilosophie als am Sein (im Sinne einer transzendenzhaften transzendentalen Instanz) orientierten Philosophie – die HEIDEGGER von Metaphysik trennt [12] – erscheint E. nunmehr als Philosophie, die doch an dem beschränkten Thema des Menschen festhält, oder an dessen Priorität für das Denken des Seins, oder schließlich an einer einseitigen Hinsicht – der Existenz im Gegensatz zum fixierbaren «Wesen» –, darin aber gerade Metaphysik ist.

Teils als Sonderentwicklung der E., teils als durch Zugehörigkeit zum französischen (romanischen, englischen) Sprachbereich anders subsumierte E. stellt sich der *Existentialismus* dar. Gleichermaßen gegensätzlich zur Ek-sistenzphilosophie, erscheinen die unter E. zusammengestellten Philosopheme und der Existentialismus als koordiniert und insofern unter E. wie unter Existentialismus (dann mit pejorativem Anklang) subsumierbar. E. umfaßte Ek-sistenzphilosophie nur im Hinblick auf die gemeinsame Ablehnung einer Wesensmetaphysik [13]. Ohne nähere Erklärung bleibt die Bezeichnung vage. Gemeingut der philosophischen Literatur geworden, dient sie dazu, neben *Kierkegaard* und *F. Nietzsche* – auch letzterer bei JASPERS stark hervorgehoben – die *Stoiker, Augustinus, B. Pascal, F. W. J. Schelling* u. a., selbst *G. W. F. Hegel*, als Vorläufer zu subsumieren. Für von der Ek-sistenzphilosophie her zu sichtende Vorläufer – die *Vorsokratiker, F. Hölderlin, R. M. Rilke* u. a. – hat sich keine Verallgemeinerung gebildet.

Anmerkungen. [1] F. HEINEMANN: E. lebendig oder tot? (1954) 11. 87 unter Berufung auf: Neue Wege der Philos. (1929) X. 396. 400ff. – [2] Zu den Termini vgl. J. WAHL: Referat beim Hegel-Kongreß in Rom 1933, in: Etudes kierkegaardiennes (Paris ²1949) 159ff.; G. MARCEL: Bull. Soc. franç. Philos. 37 (1937) 174-176; ihre Unterscheidung urgiert N. BERDJAJEFF, a. a. O. 187. – [3] K. JASPERS: Zur geistigen Situation der Zeit (1931, ⁵1932) 160-164; Philos. (1932, ³1956) 1, 27f.; 3, 215. 217f. – [4] M. HEIDEGGER: Bull. Soc. franç. Philos. 37 (1937) 193; Über den Humanismus, in: Platos Lehre von der Wahrheit (1947, ²1954) 68-74. 91. – [5] Sein und Zeit (1927, ⁷1953). – [6] z. B. A. BRUNNER: Ursprung und Grundzug der Existentialphilos. Scholastik 13 (1938) 173-205; nach K. ROSENKRANZ: G. W. F. Hegels Leben (1844) XVIII hat schon F. W. J. SCHELLING seine (späte, positive) Philos. ‹Existenzialphilos.› genannt. – [7] K. JASPERS: Philos. 1, 318-329; 2, 9-18. – [8] Vernunft und Widervernunft (1950, ²1952) 49. – [9] HEIDEGGER, Über den Humanismus, a. a. O. [4] 72; kritisch K. LÖWITH: Heidegger, Denker in dürftiger Zeit (1953) 7-42. – [10] HEIDEGGER, Was ist Met.? (nur ab ⁵1949) 15; Vom Wesen der Wahrheit (1943, ²1949) 14f. – [11] M. MÜLLER: E. im geistigen Leben der Gegenwart (1949, ³1964) 41. 52f. 62. – [12] HEIDEGGER, Vom Wesen der Wahrheit 26f.; Über den Humanismus 79. 82.

103. 109f.; Was ist Met.? (nur ab ⁵1949) 13f. – [13] Vgl. M. MÜLLER, a. a. O. [11] 55f. 61f. 71.

Literaturhinweise. O. F. BOLLNOW: E. (1942, ⁶1964); Dtsch. E. und frz. Existentialismus. Z. philos. Forsch. 2 (1947) 231-243, auch in: Frz. Existentialismus (1965). – M. MÜLLER s. Anm. [11]. – H. SPIEGELBERG: The phenomenological movement (Den Haag 1960). – O. PÖGGELER: Der Denkweg Martin Heideggers (1963). – J. LOTZ: Sein und Existenz. (1965). K. HARTMANN

Exklusion (incompatibilité, incompatibility, stroke) heißt in der modernen Logik die Verbindung zweier Aussagen p und q, die genau dann falsch ist, wenn beide Aussagen wahr sind, die jedoch wahr ist, wenn p oder q oder beide falsch sind. Die Umgangssprache hat für die E. kein eigenes Wort und gibt sie häufig durch «p oder q» wieder. In der Aussagenlogik hat sich ⟨p / q⟩ eingebürgert. Das Zeichen ⟨/⟩, gelegentlich ⟨Sheffer-Strich⟩ genannt, geht auf NICOD [1] zurück, der diese Aussagenverbindung ⟨incompatibilité⟩ [2] nannte, was ins Deutsche als ⟨Unverträglichkeit⟩ oder ⟨Unvereinbarkeit⟩ übersetzt wurde. Im Englischen wird die Funktion oft einfach ⟨stroke⟩ genannt. Die ⟨Principia Mathematica⟩ sagen ⟨incompatibility⟩ [3]. Der Name ⟨exclusion⟩ geht auf SHEFFER zurück [4]. Im Französischen wird gelegentlich auch ⟨disjonction⟩ gesagt. ŁUKASIEWICZ schreibt ⟨Dpq⟩. Führt man die aussagenlogischen Junktoren mit Hilfe von Wahrheitswerttafeln ein, so lassen sich mittels der E. alle anderen Junktoren definieren, wie SHEFFER 1913 entdeckte [4]. Da dasselbe auch die *Rejektion* (s. d.) leistet (wie PEIRCE schon 30 Jahre früher wußte), werden beide Bezeichnungen gelegentlich konfundiert. Die E. findet sich zuerst als unvollständige Unverträglichkeit, eine Art des *diezeugmenon* bei den *Stoikern* [5]. Auch später wird sie gelegentlich als ein Spezialfall der klassisch so genannten *Disjunktion* (s. d.) behandelt, z. B. schon bei BOETHIUS [6]. Bereits in der ersten Formulierung des modernen Aussagenkalküls durch H. MCCOLL wird sie definiert [7]. Bekannt wurde sie dann durch SHEFFER [4]. NICOD zeigte 1917, daß sich mit ihr als einzigem Junktor aus einem einzigen Axiom der gesamte Aussagenkalkül herleiten läßt [1], was in die zweite Auflage der ⟨Principia Mathematica⟩ übernommen wurde [3].

Anmerkungen. [1] J. P. G. NICOD: A reduction in the number of primitive propositions of logic. Proc. Cambridge philos. Soc. 19 (1917) 32-41. – [2] Nach J. DOPP: Leçons de logique formelle (Louvain 1950) 2, 47. – [3] A. N. WHITEHEAD and B. RUSSELL: Principia Mathematica (Cambridge ²1927) 1, XVIff. – [4] H. M. SHEFFER: A set of five independent postulates for Boolean algebras with application to logical constants. Trans. Amer. math. Soc. 14 (1913) 481-488. – [5] GALEN, Institutio logica, hg. C. KALBFLEISCH (1896) IV, 9, 17-10, 2. – [6] BOETHIUS, De syllogismo hypothetico. MPL 64, 875 a/b. – [7] H. MCCOLL: The calculus of equivalent statements and integration limits. Proc. Lond. math. Soc. 9 (1877) 9-20: Definition 5.

Literaturhinweise. BOCHEŃSKI/MENNE: Grundriß der Logistik (³1965) 28f. 36. 46. – A. MENNE: Einführung in die Logik (1966) 37. A. MENNE

Exoterisch/esoterisch bedeutet öffentlich/nicht-öffentlich oder populär/fachlich, nach den griechischen Adjektiven ἐξωτερικός und ἐσωτερικός (zu adverbial ἔξω und ἔσω: außen und innen). Als exoterisch bezeichnet man heute allgemein Lehren und Schriften, die für ein breiteres Publikum, als esoterisch dagegen solche, die nur für einen engeren Kreis von Eingeweihten bestimmt sind. In der neueren Philosophie wie in der modernen Wissenschaft ist dieser Unterschied meist nebensächlich; in der Geschichte der antiken Philosophie und ihrer Interpretation spielt er jedoch eine erhebliche Rolle.

Der Begriff ⟨exoterisch⟩ begegnet terminologisch zuerst bei ARISTOTELES, der dabei möglicherweise einem platonischen Sprachgebrauch folgt. An 8 Stellen in seinen Lehrschriften verweist er auf ἐξωτερικοὶ λόγοι [1]. In der Forschung ist seit jeher kontrovers, was mit diesen ⟨äußerlichen⟩ oder ⟨von außerhalb stammenden⟩ oder ⟨nach außen hin gerichteten⟩ Darlegungen gemeint war. Am nächsten lag der Gedanke an die literarischen Werke des Aristoteles im Unterschied zu den Lehrvorträgen der Schule [2]. Neuerdings kommt jedoch mehr die andere Ansicht auf, nach der Aristoteles schulmäßige Argumentationen *propädeutischer* oder *rhetorischer* Art als exoterisch bezeichnet hat [3]. Diese Erklärung dürfte im wesentlichen richtig sein; sie paßt zu allen 8 Zitatstellen. Im ganzen finden wir also bei Aristoteles drei Hauptbereiche der philosophischen Wirksamkeit, die sich zweifellos schon in der Akademie unter Platon herausgebildet haben: 1. literarisch publizierte Werke (Dialoge), 2. ⟨exoterische⟩ Schulveranstaltungen, d. h. propädeutische Übungen oder allgemein zugängliche Unterrichtskurse für vorwiegend rhetorisch-politisch interessierte Schüler, 3. streng wissenschaftlich-philosophische Vorträge und Diskussionen für die Schulmitglieder selbst.

Vom ursprünglichen, aristotelischen Gebrauch des Wortes aus ist es also nicht gerechtfertigt, wenn heute die literarischen Werke als solche exoterisch genannt werden. Diese Anwendung von ⟨exoterisch⟩ findet sich zuerst bei CICERO, der sie wohl von einem seiner griechischen Lehrer (Antiochos von Askalon?) übernommen hat [4]. Der Bedeutungswandel ist damit zu erklären, daß die primär mündlichen ἐξωτερικοὶ λόγοι des Aristoteles kaum mehr greifbar waren und daß nun gegenüber den neu wichtig genommenen Schulvorträgen (Pragmatien) die literarischen Dialoge abgewertet werden sollten. Als Gegenbegriff wurde danach erst die Bezeichnung ⟨esoterisch⟩ für die streng schulmäßige Philosophie geprägt; die frühesten Belege finden sich bei LUKIAN und GALEN (2. Jh. n. Chr.). Die so vorgenommene Unterscheidung konnte mit dem in der pythagoreischen Tradition verwurzelten Gedanken an eine bewußte Geheimhaltung bestimmter Lehren verquickt werden. In unhistorischer Weise wurde dieses Motiv vor allem auch der mündlichen Philosophie Platons unterstellt.

In der neueren *Platon*deutung suchte F. SCHLEIERMACHER [5] das Verhältnis von exoterisch und esoterisch mehr methodisch-funktional zu erklären. HEGEL hat dies so formuliert: «Das Esoterische ist das Spekulative, das geschrieben und gedruckt ist, und doch ein Verborgenes bleibt für die, die nicht das Interesse haben, sich anzustrengen. Ein Geheimnis ist es nicht, und doch verborgen» [6]. Dies trifft auf Platon insofern zu, als seine Dialoge weit mehr als bloß populäre Protreptik enthalten und mit seinem schulmäßigen Philosophieren unauflösbar zusammenhängen. Andererseits ist zuverlässig bezeugt, daß Platon Grundsätzliches (besonders seine Prinzipientheorie) nur mündlich erörtert hat. Um Mißverständnisse (wie eine Abwertung des Schriftwerks oder den Gedanken an eine Geheimlehre) fernzuhalten, gebraucht man hier besser das Begriffspaar ⟨literarisch/nicht-literarisch⟩ (entsprechend der aristotelischen Unterscheidung ⟨geschrieben/nicht-geschrieben⟩).

Anmerkungen. [1] ARISTOTELES, Eth. Nic. I 13, 1102 a 26; VI 4, 1140 a 3; Eth. Eud. II 1, 1218 b 34; Polit. III 6, 1278 b 31; VII 1, 1323 a 22; Eth. Eud. I 8, 1217 b 22; Met. XIII 1, 1076 a 28; Phys. IV 10, 217 b 30; dazu ferner Polit. I 5, 1254 a 33 und

EUDEMOS bei SIMPLIKIOS, Komm. z. Phys., hg. DIELS 85/86. – [2] So bes. J. BERNAYS: Die Dialoge des Aristoteles (1863); W. JAEGER: Aristoteles (1923) 257-270. 290/91. – [3] W. WIELAND: Aristoteles als Rhetoriker und die exoterischen Schriften. Hermes 86 (1958) 323-346; F. DIRLMEIER: Exoterikoi logoi, in: Naturphilos. bei Aristoteles und Theophrast, Verh. 4. Symp. Arist. in Göteborg (1969). – [4] CICERO, De fin. V 5, 12; Ad Att. IV 16, 2; später ebenso die Aristoteleskommentatoren AMMONIOS, SIMPLIKIOS u. a.; die ursprüngliche Bedeutung (exoterisch = schulmäßige Übungen) scheint jedoch ANDRONIKOS VON RHODOS (1. Jh. v. Chr.) beibehalten zu haben; vgl. GELLIUS XX 5. – [5] PLATONS Werke, dtsch. F. SCHLEIERMACHER (^{1}1804) Einl. – [6] HEGEL, Vorl. über die Gesch. der Philos. Werke, hg. GLOCKNER 18 (1928) 238.

Literaturhinweise. I. DÜRING: Aristotle in the ancient biografical tradition (Göteborg 1957) 426-443. – K. GAISER: Platons ungeschriebene Lehre (1963, ^{2}1968). – H.-J. KRÄMER: Die grundsätzlichen Fragen der indirekten Platonüberlieferung, Idee und Zahl. Abh. Heidelberg. Akad. Wiss., phil.-hist. Kl. (1968) 2, 106-150. – F. SCHLEIERMACHER und K. F. HERMANN jetzt in: Das Platonbild, hg. K. GAISER (1969). – Das Problem der ungeschriebenen Lehre Platons, hg. J. WIPPERN, in: Wege der Forsch. 186 (1971).
K. GAISER

Expansion des Universums. Dieser Begriff enthält eine heute wahrscheinliche, aber nicht gewisse theoretische Interpretation empirischer Befunde. Empirisch gegeben ist seit den Untersuchungen HUBBLES [1] die Rotverschiebung der Spektrallinien der Spiralnebel, die wir als ferne Milchstraßensysteme auffassen müssen. Bei weitem am nächsten liegt es, diese Rotverschiebung als Dopplereffekt, d. h. als Ausdruck einer Bewegung der Spiralnebel aufzufassen, die in der Richtung von uns weg erfolgt. Die empirische Hubblesche Beziehung zwischen dem Betrag der Rotverschiebung und dem Abstand der Spiralnebel von uns besagt dann, daß die Geschwindigkeit dieser Bewegung und der Abstand von uns zueinander proportional sind: Je schneller der jeweilig betrachtete Nebel sich von uns fortbewegt, desto weiter von uns entfernt ist er heute. Die Auszeichnung des Orts, an dem wir selbst uns befinden, ist nur scheinbar und verschwindet bei Berücksichtigung der Relativität der Bewegung: Von jedem anderen Nebel aus betrachtet bewegen sich alle Nebel ebenfalls gemäß der Hubbleschen Beziehung von ihm weg. Erst eine Inhomogenität der räumlichen Verteilung der Spiralnebel könnte einen Ort im Weltraum auszeichnen. Eine solche ist bisher nicht nachgewiesen; zwar gibt es näher zusammengehörige Gruppen (‹clusters›) von Nebeln, aber diese Gruppen scheinen im bisher beobachteten Raum homogen verteilt.

Das empirische Bewegungsgesetz gleicht der Bewegung der Sprengstücke einer Explosion: Wenn alle Nebel einmal auf einem Punkt waren und mit ungleichen Geschwindigkeiten auseinandergefahren sind, so müssen heute die relativ zueinander schnelleren auch weiter voneinander entfernt sein. In dieser Interpretation gestattet die Hubblesche Beziehung die Berechnung eines ‹Alters des Universums›, das heute auf rund 10 Milliarden Jahre geschätzt wird. Doch hängt der Sinn dieser Zeitspanne völlig vom gewählten ‹Weltmodell› ab: Die soeben gegebene empirische Beschreibung war in der Sprache einer Bewegung von Objekten in einem stillschweigend als unendlich unterstellten euklidischen Weltraum formuliert. EINSTEIN hat 1917 den in seiner ‹Allgemeinen Relativitätstheorie› (1915) eingeführten Gedanken eines gekrümmten Weltraums (gemäß einer Riemannschen Geometrie) benutzt, ein Modell eines räumlich geschlossenen, endlichen, aber nicht begrenzten Weltraums zu entwerfen, dessen topologischer Zusammenhang mit demjenigen einer Kugeloberfläche vergleichbar ist. Dieses Weltmodell erwies sich als dynamisch instabil;

FRIEDMANN [2] diskutierte Lösungen der Einsteinschen Gleichungen, in denen der «Krümmungsradius der Welt» mit der Zeit wächst. LEMAÎTRE [3] wandte sie zur Deutung der Hubbleschen Befunde an. In diesem Modell expandiert nicht das System der Spiralnebel relativ zum Raum, sondern der Raum selbst.

Noch andere Deutungen gaben DIRAC [4], JORDAN [5] und BONDI, HOYLE und GOLD [6]. Nach diesen entsteht die Materie selbst erst während des Expansionsprozesses. JORDAN setzt einen zeitlichen Anfang, an dem noch gar keine Materie vorhanden war, BONDI u. Mitarb. eine zeitlich und örtlich homogene Neuerzeugung von Materie in einem unendlichen Raum («continuous creation»).

Eine empirische Entscheidung zwischen den Modellen würde einen sehr weitreichenden Blick ins Universum voraussetzen, dem sich vielleicht heute die Radioastronomie annähert; doch sind hier die Fragen noch offen.

Anmerkungen. [1] Zusammengefaßt in E. HUBBLE: The realm of the nebulae (Oxford/New Haven 1936, New York ^{2}1958). – [2] A. FRIEDMANN, Z. Phys. 10 (1922) 377. – [3] Vgl. G. LEMAÎTRE: L'atome primitive (Genf 1948). – [4] P. A. M. DIRAC, Nature (Lond.) 139 (1937) 323; vgl. Anm. [5]. – [5] P. JORDAN: Die Herkunft der Sterne (1947); Schwerkraft und Weltall (^{2}1955). – [6] Vgl. H. BONDI: Cosmology (Cambridge ^{2}1961) (mit zahlreichen weiteren Angaben, auch zu Anm. [1-5]).
C. F. V. WEIZSÄCKER

Experiment (von lat. experiri, versuchen). Das Wort wird in der Scholastik und weiter bis zur Renaissance meist gleichbedeutend mit ‹Erfahrung› gebraucht (experimentum = experientia) [1]. Das heute mit ‹E.› Bezeichnete trat damals meist unter anderen Ausdrücken auf; z. B. benutzt PETRUS PEREGRINUS DE MARICOURT dafür die Kennzeichnung «manuum industria». ROGER BACON beschäftigte sich bereits ausführlich mit einer durch Instrumente und Vorrichtungen gewonnenen Erfahrung, die größere Sicherheit als bloßes Argumentieren bieten soll [2]. Seit der Zeit Roger Bacons setzt sich allmählich der Gebrauch des Wortes ‹E.› für durch Vorrichtungen und E. (im modernen Sinne) gewonnene Erfahrungen durch.

Qualitative E. hat es seit der Antike, z. B. in Alchemie und Medizin, gegeben. Quantitative (messende) E. haben im 11. und 12. Jh. sicher bereits die Araber ausgeführt; z. B. findet sich bei ABU-R-BAIHÂN (gest. 1038) eine Tabelle spezifischer Gewichte. Vor allem die Waage gewinnt als Meß- und Experimentierinstrument Bedeutung, wie etwa ROGER BACONS ‹Scientia ponderum› und NIKOLAUS VON KUES' ‹De staticis experimentis dialogus› zeigen. Die Praxis des Experimentierens wird wesentlich durch die aus Alchemie und Handwerk sich entwickelnde Technik beeinflußt. Charakteristisch ist hier z. B. die Bedeutung des Töpfers und Glasmachers BERNHARD PALISSY [3].

FRANCIS BACON bringt dann besonders deutlich die Verwendung von ‹experimentum› für die durch menschliches Handeln bewußt herbeigeführte Erfahrung, die «experientia quaesita», zum Ausdruck: «Restat experientia mera, quae, si occurrat, casus, si quaesita sit, experimentum nominatur» (Es bleibt die reine Erfahrung, die, wenn sie zustößt, ‹Zufall›, wenn sie gesucht wird, ‹E.› heißt) [4]. Erst methodisch geordnete Versuchs*reihen*, so hat Bacon erkannt, sind die Grundlagen einer systematischen Beherrschung der Natur [5]. Prinzipien für Versuchsreihen, die sich durch planmäßige Abänderung (diversificatio) der Bedingungen einer bestimmten Erscheinung ergeben, hat Bacon in ‹De Augmentis Scientiarum› ausführlich beschrieben [6]. Er entwirft in großem Stil Pläne für Forschungen, wie sie seine Zeitgenossen GALILEI und TORICELLI bereits ausführen. Auch CHR. WOLFF z. B. unterscheidet von der bloßen Beobachtung (observatio), die sich auf das ohne unser Zutun (sine nostra opera) stattfindende Naturgeschehen richte, das experimentum als eine Erfahrungsweise, zu der es methodischer Veranstaltungen des Menschen bedarf (quae versatur circa facta naturae, quae nonnisi interveniente opera nostra contingunt) [7].

KANT hat die Einsicht, daß die experimentelle Naturforschung sich in den Bahnen eines wohlbestimmten methodischen Apriori bewegt, vollends und wirkungsvoll bewußt gemacht. Die Naturforscher «begriffen, daß die Vernunft nur das einsieht, was sie selbst nach ihrem Entwurfe hervorbringt, daß sie mit Principien ihrer Urtheile nach beständigen Gesetzen vorangehen und die Natur nöthigen müsse auf ihre Fragen zu antworten, nicht aber sich von ihr allein gleichsam am Leitbande gängeln lassen müsse; denn sonst hängen zufällige, nach keinem vorher entworfenen Plane gemachte Beobachtungen gar nicht in einem nothwendigen Gesetze zusammen, welches doch die Vernunft sucht und bedarf. Die Vernunft muß mit ihren Principien, nach denen allein übereinstimmende Erscheinungen für Gesetze gelten können, in einer Hand und mit dem E., das sie nach jenen ausdachte, in der anderen an die Natur gehen, zwar um von ihr belehrt zu werden, aber nicht in der Qualität eines Schülers, der sich alles vorsagen läßt, was der Lehrer will, sondern eines bestallten Richters, der die Zeugen nöthigt auf die Fragen zu antworten, die er ihnen vorlegt» [8].

Francis Bacon hat unter dem Titel ‹interpretatio naturae› insbesondere in seiner Lehre von den «Instanzen» methodische Prinzipien aufgestellt, nach denen experimentelle Ergebnisse für Kausalaussagen induktiv ausgewertet werden sollen. J. ST. MILL führt praktisch Bacons Überlegungen nur weiter, indem er die folgenden «vier Methoden der experimentellen Übereinstimmung» formuliert:

1. «Wenn zwei oder mehr Fälle einer zu erforschenden Naturerscheinung nur einen einzigen Umstand gemein haben, so ist nur der Umstand, in welchem alle Fälle übereinstimmen, die Ursache (oder die Wirkung) einer gegebenen Naturerscheinung» («Methode der Übereinstimmung»).

2. «Wenn ein Fall, in welchem die zu erforschende Naturerscheinung eintrifft, und ein Fall, worin sie nicht eintrifft, alle Umstände, mit Ausnahme eines einzigen, gemein haben, und dieser eine nur in dem ersten Falle vorkommt, so ist der Umstand, durch welchen allein die zwei Fälle sich unterscheiden, die Wirkung, oder Ursache oder ein notwendiger Teil der Ursache der Naturerscheinung» («Methode des Unterschieds»).

3. «Von irgend einer Naturerscheinung ziehe man denjenigen Teil ab, der durch frühere Induktionen als die Wirkung gewisser Antezedentien bekannt ist, der Rückstand (Rest) der Naturerscheinung ist die Wirkung der übrigbleibenden Antezedentien!» («Methode der Rückstände».)

4. «Eine Naturerscheinung, die sich verändert, wenn sich eine andere Naturerscheinung in irgend einer besonderen Weise verändert, ist entweder eine Ursache oder eine Wirkung dieser Naturerscheinung, oder durch irgend einen Kausalzusammenhang damit verknüpft.» («Methode der sich begleitenden Veränderungen») [9].

Der im 18. und 19. Jh. zunehmenden Erfahrungsgläubigkeit (das E. als unproblematische ‹Frage an die Natur›) tritt allmählich die Einsicht gegenüber, daß aus E. allein keine theoretische Erkenntnis zu gewinnen sei. P. DUHEM [10] sagt als einer der ersten deutlich, daß aus experimentellen Befunden weder eine Theorie eindeutig folgt noch etwa die Allgemeingültigkeit einer die experimentellen Befunde deckenden Theorie. Hand in Hand hiermit geht eine allmählich zunehmende Kritik der induktiven Methode. Von H. DINGLER wird das Induktionsprinzip durch die Prinzipien der Realisation bzw. Exhaustion ersetzt. Auf Dingler gehen auch wesentliche Teile der neueren nicht-empiristischen Lehre vom E. zurück. Dingler betont vor allem die Tatsache, daß Experimentieren nicht nur ein (passives) Erfahren, sondern vielmehr ein (aktives) Handeln ist: «Das ganze E. ist also seinem innersten Wesen nach nicht etwas, das auf ein ‹Erkennen› im alten Sinn geht, sondern auf ein ‹Formen› ...» [11]. Für ihn ist das E. ein methodischer Teil von Wissenschaft als eines Handlungszusammenhanges. Aus den obersten Zielen wissenschaftlichen Handelns (bei Dingler die «Beherrschung der Wirklichkeit») haben sich die speziellen Ziele experimentellen Handelns zu bestimmen. Vor allem besteht eine Forderung nach eindeutiger Reproduzierbarkeit der experimentellen Handlungen. Die Aufmerksamkeit, die Dingler den bei E. verwendeten Instrumenten, insbesondere ihren Herstellungsprinzipien, widmet, hat für die Grundlagen der Physik neue wichtige Probleme aufgezeigt [12]. In letzter Zeit wurde von K. HOLZKAMP eine Erweiterung der Dinglerschen Lehre vom E. versucht [13].

In der Psychologie und der Mikrophysik ergeben sich Schwierigkeiten der experimentellen Methode, die man dadurch zu deuten versucht, daß man sagt, die experimentelle Beobachtung beeinflusse ihre Ergebnisse. Vor allem durch die Quantentheorie stellt sich daher das bisher noch nicht vollständig gelöste Problem einer Theorie der Messung [14].

Anmerkungen. [1] Vgl. L. THORNDIKE: A hist. of magic and experimental sci. 1-8 (New York/London 1923). – [2] Vgl. R. BACON, Opus Majus VI, 12. – [3] Vgl. B. FARRINGTON: F. Bacon, philosopher of industrial sci. (London 1951) 13f. – [4] FR. BACON, Novum Organum I, 82. – [5] Vgl. z. B. a. a. O. I, 70. 82. 100. – [6] De augmentis scientiarum V, hg. SPEDDING/ELLIS/HEATH (London 1858) 1, 622ff. – [7] CHR. WOLFF, Psychol. empirica § 456; vgl. Logica § 747. – [8] KANT, KrV B XIII. Akad.-A. 3, 10. – [9] J. ST. MILL, A System of Logic, 3, 8, §§ 1-7 (1., 2., 4., 5. Regel), dtsch. J. SCHIEL (1868) 1, 456. 458. 466. 471. – [10] P. DUHEM: Ziel und Struktur der physikal. Theorien (1908). – [11] H. DINGLER: Das E. (1928) 182. – [12] P. JANICH: Die Protophysik der Zeit (1969); P. LORENZEN: Wie ist Objektivität der Physik möglich? in: Argumentationen, Festschrift J. König (1964) 143-150; jetzt auch in: Methodisches Denken 142-151. – [13] K. HOLZKAMP: Wiss. als Handlung (1968) 3. Teil. – [14] G. SÜSSMANN: Über den Meßvorgang. Abh. Bayr. Akad. Wiss., math.-naturwiss. Kl., NF 88 (1958).

Literaturhinweise. CL. BERNARD: Introd. à l'étude de la méd. expérimentale (Paris 1856, Neudruck 1963). – J. v. LIEBIG: Deduktion und Induktion (1865). – H. DINGLER s. Anm. [11]. – R. A. FISHER: The design of experiments (Edinburgh 1937). – W. G. COCHRAN und G. M. COX: Experimental design (1950). – O. KEMPTHORNE: The design and analysis of experiments (1952). – C. RAMSAUER: Grundversuche der Physik in hist. Darstellung 1: Von den Fallgesetzen bis zu den elektrischen Wellen (1953).

G. FREY

Experimentalphilosophie. Voraussetzung für die Bildung dieses Begriffs ist die erst in der Neuzeit vollzogene Unterscheidung der Begriffe ‹experientia› und ‹experimentum›. Bis zur Renaissance (aber auch noch oft danach) wurden beide Ausdrücke weitgehend synonym gebraucht [1]. THOMAS kann «scientia experientiae» und «scientia experimentalis» gleichsetzen. Wenn er «experimentum» im Sinne von Aristoteles als durch viele Erinnerungen entstanden definiert (ex multis enim memoriis fit unum experimentum) [2], nennt er in seiner Bestimmung von «experimentum» gerade das nicht, was in der E. der Neuzeit erreicht werden soll: das Erfinden von Neuem. ‹E.› ist schon als Begriff Ausdruck des Widerstandes gegenüber Scholastik und Aristotelismus. Nicht auf Erfahrung schlechthin kommt es der E. an – auf diese stützt sich schon Aristoteles in der ‹Physik› –, sondern auf kontrollierte, gesteuerte, zielgerichtete Erfahrung, d. h. «*experimentelle Erfahrung*» [3].

a) Nach allgemeinem Verständnis wird FRANCIS BACON, so schon 1651 durch G. THOMSON, als «the auctor of Experimental philosophy» [4] angesehen, und R. BOYLE, selbst einer der Experimentalphilosophen, sieht in Bacon «one of the first and greatest experimental philosophers of our age» [5]. Diese Zuweisung der E. an F. Bacon soll der Tatsache gerecht werden, daß Bacon neben dem Verstand das Experiment – wenn auch mehr dem Anspruch als der tatsächlichen systematischen Durchführung nach – einsetzen will, um Naturbeherrschung und darin implizierten Fortschritt möglich zu machen. Weder aus den Kräften des Geistes (mentis viribus) noch aus den mechanischen Experimenten (mechanicis experimentis), sondern allein aus der innigen Verbindung von Erfahrung = Experiment und Vernunft (experimentalis scilicet et rationalis) ist für die Zukunft alles zu erwarten [6]. Die Verbindung beider Momente ist das Programm der E. Sie ist also weder Empirismus noch Rationalismus, die Bacon beide kritisiert.

Der Begriff ‹E.› setzt sich sehr bald durch. A. COWLEY wendet sich 1661 gegen die unkritische Anwendung der aristotelischen Philosophie, von deren Methoden kein weiterer Fortschritt zu erwarten sei und möchte in den Disziplinen der «Natural, Experimental Philosophy» – die dem «Catalogue of Natural Histories annexed to my Lord Bacon's Organon» entsprechen – die überlieferten Irrtümer (popular and received Errours) durch Experiment bzw. Versuch (tryal) und öffentliche Diskussion (publick lectures) beseitigen [7]. In den Streit um Aristoteles in der Royal Society [8], dessen «Experimental Knowledge» nur Allerweltsbeobachtung (vulgar observation) sei, bringt J. GLANVILL seine ‹Scepsis Scientifica› ein [9], um den Weg der Wissenschaft von der Gefahr der Dogmatisierung freizuhalten [10]. Eine erste ausgeführte Theorie der E. vor Newton findet sich dann bei BOYLE: Er stellt der einfach zu erlernenden «natural philosophy ... of Aristotle» seine eigene, schwierige «experimental philosophy» entgegen, die wahre und begründete (true and solid) Erkenntnis verspricht. Diese «Experimental Natural Philosophy» bringt Fortschritt in den eigentlichen Naturwissenschaften, aber auch in der Bewußtseinsbildung des Einzelnen (in referance to the Mind of Man) und in der Theologie (by exciting and cherishing our devotion), deren Primat im übrigen durch die Experimentalmethode nicht angetastet werden soll [11].

b) In einer etwas weiteren Bedeutung kann auch die ‹scientia experimentalis›, wie sie dreihundert Jahre vor Francis Bacon in Oxford entstanden ist, zur E. gezählt werden, da ihr Programm von dem Bacons nicht sehr verschieden ist. Im Gegensatz zur neueren E., die sich ganz eindeutig nach den Erfahrungen der Kopernikus, Kepler und Galilei gegen das aristotelische Weltbild wendet, ist die frühere Gestalt von E. gerade durch die intensive Auseinandersetzung mit Aristoteles, vor allen Dingen der ‹Zweiten Analytik› und der ‹Physik›, und mit Euklids ‹Elementen›, allerdings auch mit Platon bzw. dem Neuplatonismus, entstanden. ROBERT GROSSETESTES «Experimental science» ist, wie Crombie aufzeigt, die glückliche Verbindung von aristotelischer Methodenlehre und Wissenschaftsbegriff und platonischer Einsicht in die Wichtigkeit der Mathematik für die Wissenschaften von der Natur: «His insistence on the use of experiment or experience and of mathematics ... remained characteristic of the Oxford school during the thirteenth and fourteenth centuries» [12]. Der Erfolg der experimentellen Methode im 13. Jh. wird besonders deutlich durch ‹De Magnete› von PETRUS PEREGRINUS, den ROGER BACON vor allen anderen Lateinern als «dominus experimentorum» auszeichnet [13]. Und schließlich ist es Roger Bacon selbst, für den die «sciencia experimentalis» neben Astronomie, Alchimie, Medizin u. a. eine der sieben Spezialwissenschaften in der allgemeinen Wissenschaft von der Natur ist und der im ‹Opus maius› der ganze sechste Teil gewidmet ist. Sie erweist sich dort sogar als allen anderen Wissenschaften übergeordnet, da diese auf ihre Hilfe angewiesen sind. Was weder Aristoteles noch Avicenna noch Seneca haben leisten können, nämlich die Erklärung des Phänomens des Regenbogens, das kann nach Bacon die E.: «But Experimental Science attests them» [14]. Das bloße Nachdenken über die Dinge bringt nicht das Neue: «reasoning does not suffice, but experience does ... Therefore all things must be verified by experience» [15].

c) Auch in Frankreich (z. B. bei N. MALEBRANCHE und D. DIDEROT [16]) und in Deutschland setzt sich der Terminus ‹E.› durch. Allerdings werden hier unter dem Einfluß von Descartes und Leibniz die Weichen anders gestellt. Descartes gab sich nicht mit der Experimentalphysik Galileis zufrieden, sondern suchte diese wiederum metaphysisch zu begründen. E. kann dann nicht Grundphilosophie sein, wenn ihre Prinzipien nicht von ihr selbst, sondern von einer Metaphysik, deren Instrument nicht das Experiment ist, fundiert werden. JOHANN CLAUBERG stimmt dem ganz zu, wenn er Beobachtungen und Experimente nicht für die Gesamtheit der Philosophie für zuständig hält, sondern allein für die Physik mit ihren verschiedenen Disziplinen: «Observationes & experimenta sensuum toti Philosophiae non praestruimus, sed Physicae aliiusque particularibus disciplinis reservamus» [17]. In einem übertragenen Sinne könnte allerdings auch Descartes' Philosophie als E. aufgefaßt werden, wenn das ‹cogito ergo sum› als Resultat eines in der Geschichte der Philosophie zum ersten Mal genutzten bewußten «Experiments der Vernunft mit sich selbst» begriffen wird [18].

In England erfüllen sich die an die E. gehegten Erwartungen durch das Werk I. NEWTONS. Nach ihm tritt die im Begriff ‹E.› postulierte Einheit von Naturwissenschaft und Philosophie weitgehend auseinander. Daß das Experiment unerläßlich für Naturphilosophie = Naturwissenschaft ist, war schon zu Newtons Zeiten unbestritten. Für Newton aber ist Philosophie überhaupt, als die er sein Werk durchaus versteht, allein als E. möglich, d. h. Aussagen, die das Wesen der Dinge angehen, sind im negativen (nicht unbedingt modernen) Verständnis bloße Hypothesen. In einem Brief vom 31. März 1713 an Cotes definiert Newton knapp das Vorgehen der E.: «Experimental philosophy proceeds only upon Phenomena and deduces general Propositions from them only by Induction» [19], und am Schluß der ‹Philosophia naturalis principia mathematica› wird am Beispiel der Schwerkraft das gesamte Programm zusammengefaßt: «Rationem verò harum gravitatis proprietatum ex phaenomenis nondum potui deducere, & hypotheses non fingo. Quicquid enim ex phaenomenis non deducitur, *hypothesis* vocanda est; & hypotheses seu metaphysicae, seu physicae, seu qualitatum occultarum, seu mechanicae, in *philosophiâ experimentali* locum non habent. In hâc philosophiâ propositiones deducuntur ex phaenomenis, & redduntur generales per inductionem» (Den Grund für die Eigenschaften der Schwere habe ich noch nicht aus den Erscheinungen ableiten können, und Hypothesen denke ich nicht aus. Was nämlich nicht aus den Erscheinungen abgeleitet wird, sollte ‹Hypothese› genannt werden; Hypothesen, seien es nun metaphysische oder physische, mechanische oder diejenigen über verborgene Eigenschaften haben in der E. keinen Platz. In dieser Philosophie werden Aussagen [Sätze] aus den Erscheinungen abgeleitet und durch Induktion auf allgemeine zurückgeführt) [20].

Genau dieser Verzicht auf Wesensaussagen und die Reduzierung der Philosophie auf E. ist Anlaß des Streites, den Leibniz und Samuel Clarke um Newton austragen [21]. Für LEIBNIZ ist E. allein im Bereich der Tatsachenwahrheiten zulässig; die ewigen Wahrheiten der scientia generalis und des Systems der prästabilierten Harmonie entziehen sich ihr, da sie anderen Prinzipien gehorchen. Leibniz kann also trennen: «Philosophia theoretica duplex est, Rationalis et Experimentalis» [22]. Auch für CHR. WOLFF ist allein die Physik «Experimental-Philosophie». Um den Experimenten der Physik aber «Raison» zu geben, um also den durch Versuche gewonnenen Sätzen die gleiche Verbindlichkeit zu sichern wie den in der Mathematik demonstrierten, ist allerdings die Philosophie qua Metaphysik qua Ontologie unerläßlich [23]. Ebenso verweist später J. G. FICHTE die Physik durch die Vernunftwissenschaft «an das Experiment». Die Philosophie behält die Funktion eines «Regulativs», um «den Sinn des gemachten Experiments richtig aufzufassen»; sie stelle so sicher, «wie jedesmal die Natur weiter zu befragen sei» [24]. KANT kann in der kritischen Zeit mit der E. nicht viel anfangen. Er sieht lapidar die «letzten Mittel der Entscheidung des Zwistes» der «E. ... in der Erfahrung» und sieht die «sceptische Methode» der Transzendentalphilososophie, die «keinen anderen Probirstein, als den Versuch der Vereinigung ihrer Behauptungen unter sich selbst» hat (Synthesis a priori der transzendentalen Apperzeption), von der experimentellen unbeeinflußt [25]. HEGEL lehnt in seiner Dissertation ‹Über die Planetenbahnen› von 1801 das «Experimentalverfahren, – das sich den Namen der Philosophie anmaßt», als «irrig und erfolglos» ab. Die Methoden der Mechanik, der Erfahrung und der Induktion erfassen nicht das wahre Wesen, wie es Hegel an dem Beispiel der «physischen Realität der Zentrifugalkraft» nachzuweisen sucht. «Die wahre Philosophie verwirft das Prinzip der E.», da «jene E. unwissend darüber ist, was eigentlich die wahre Philosophie will» [26].

Während Hegel die Verbindung von Experiment und Philosophie ausschließt, dient NOVALIS das «physicalische Experiment ... zum Muster eines inneren Experiments». Da «Experimentiren» nichts anderes als «Calculiren» sei, ist das in der Geschichte durch das Experiment Erreichte auch für die «Idee der Philosophie zu realisiren»: «Experimentalversuche sind ... Synonymen der philosophischen Geschichte». «E.» ist «ächtsynthetische Philosophie» [27]. FR. SCHLEGEL sieht ebenfalls die Analogie von Philosophie und Experimentieren und will, da die «Methode des Idealismus ... ein combinatorisches Experimentiren» sei, den Begriff ‹Transzendentalphilosophie› versuchsweise durch «Experimental- oder Central-Philosophie» ersetzen, «weil da zugleich Rücksicht auf die Methode genommen ist» [28].

Der Begriff ‹E.› hat dann auch zu Analogiebildungen geführt, wie «Theologia Experimentalis» (G. ARNOLD [29]), «Experimentalreligionslehre» (NOVALIS [30]), «Experimental-Politik» (G. CH. LICHTENBERG [31]) und «Experimental-Metaphysik» (A. SCHOPENHAUER). Schopenhauer stellt der «praktischen Metaphysik» = «Experimental-Metaphysik» des «animalischen Magnetismus», zu der schon «Bako von Verulam» die «Magie» gerechnet hatte, seine «Theoretische Metaphysik» als «Auflösung der Welt in Wille und Vorstellung» gegenüber [32].

d) Hatte im 18. Jh. E. BURKE die Experimentalphilosophen kritisiert, indem er sie als «thorough-bred metaphysicians» (vollblütige Metaphysiker) und ihr Philosophieren als «murderous speculation» bezeichnete, weil «these philosophers consider men in their experiments no more than they do mice in an air-pump or in a recipient of mephitic gas» [33], und hatte er im Absolutsetzen des Experiments die Gefahr der Verachtung des Menschen und der Destruierung der staatlichen Institutionen und der Religion gesehen [34], so greift gegen Ende des 19. Jh. F. NIETZSCHE wahrscheinlich eben aus den von Burke kritisierten Gründen den Begriff ‹E.› auf. Seine E. hat nichts mit den Naturwissenschaften zu schaffen. Aber wie die E. der Naturwissenschaften die Frage nach dem Wesen destruierte, so will Nietzsche von einem durch bisherige Metaphysik und Theologie bestimmten Wesen des Menschen loskommen. E. steht also hier im Zusammenhang der «Umwertung aller Werte» und der «Erhöhung und Steigerung des Menschen» [35], für den «wir ... mit uns selber experimentiren» dürfen [36]: «Eine solche E., wie ich sie lebe, nimmt versuchsweise selbst die Möglichkeiten des grundsätzlichen Nihilismus vorweg: ohne daß damit gesagt wäre, daß sie bei einer Negation, beim Nein, bei einem Willen zum Nein stehen bliebe. Sie will vielmehr bis zum Umgekehrten hindurch – bis zu einem *dionysischen Jasagen* zur Welt, wie sie ist, ohne Abzug, Ausnahme und Auswahl –, sie will den ewigen Kreislauf: – dieselben Dinge, dieselbe Logik und Unlogik der Verknotung. Höchster Zustand, den ein Philosoph erreichen kann: dionysisch zum Dasein stehn –: meine Formel dafür ist *amor fati*» [37].

Anmerkungen. [1] Vgl. Art. ‹Experiment›. – [2] THOMAS VON AQUIN, S. theol. I, 58, 3, ob. 3; vgl. L. SCHÜTZ: Thomas-Lex. (²1951) s. v. «experimentum» und «scientia». – [3] H. BLUMENBERG: Das Fernrohr und die Ohnmacht der Wahrheit, in: GALILEO GALILEI: Sidereus Nuncius u. a. Schriften, hg. H. BLUMENBERG (1965) 36. – [4] G. THOMSON: A vindication of Lord Bacon, the auctor of experimental philos. (1651). – [5] R. BOYLE, Works, hg. TH. BIRCH (1744) 2, 514. – [6] F. BACON, Novum Organum I, 95; vgl. 70. 82. 100. – [7] A. COWLEY: A proposition for the advancement of experimental philos. (1661). Works, hg. GROSART (1881, Nachdruck 1969) 2, 288. 289. – [8] Vgl. TH. BIRCH: The hist. of Royal Society (London 1756/57). – [9] J. GLANVILL: Scepsis scientifica: Or, confest ignorance, the way to science. An essay of the vanity of dogmatizing, and confident opinion ... (London 1665). – [10] a. a. O. 132. – [11] BOYLE, a. a. O. [5] 2, 5. 1. 5. 6. 5ff.; 4: The excellency of theol., compared with natural philos.; vgl. M. CLAUDIUS, Werke, hg. ROEDL (1965) 584-587. – [12] A. C. CROMBIE: Robert Grosseteste and the origins of experimental science 1100-1700 (Oxford 1953) 135. – [13] PETRUS PEREGRINUS, Ep. de magnete, hg. Arch. Franciscan Hist. (1911); ROGER BACON, Opus tertium c. 3. Opera, hg. J. S. BREWER (London 1859, Neudruck 1965) 43. – [14] R. BACON, Opus maius VI, zit. Transl. R. B. BURKE 2 (London 1928) 588. – [15] a. a. O. 583. 584. – [16] N. MALEBRANCHE: Recherche de la vérité II, IIe Partie, VIII, 4: D. DIDEROT, Oeuvres, hg. ASSÉZAT (Paris 1875-1877) 2, 20. 22 (= Interprét. de la nature XXIII. XXV). – [17] JOHANN CLAUBERG, Opera omnia philosophica 2 (1691, Nachdruck 1968) 1214, 26. – [18] H. BLUMENBERG: Die Legitimität der Neuzeit

(1966) 99. – [19] Correspondance of Sir Isaac Newton and Professor Cotes etc., hg. I. Edleston (1850) 156. – [20] I. Newton: Philos. naturalis principia mathematica 3/2 (Genf 1742) 676. – [21] Vgl. Correspondance Leibniz/Clarke, hg. A. Robinet (Paris 1957). – [22] Leibniz, Opuscules et frgm. inédits, hg. Couturat (Paris 1903, Nachdruck 1961) 525; vgl. 526 u. Index s. v. ‹experimentum›. – [23] Chr. Wolff: Von der E., in: Ausführliche Nachricht von seinen eigenen Schriften (Frankfurt ²1733) §§ 164. 463. 166. 467. 167. 471. – [24] J. G. Fichte, Werke, hg. I. H. Fichte 7, 107. – [25] Kant, KrV B 452 = Akad.-A. 3, 292f. – [26] Hegel, Werke, hg. G. Lasson 1 (1928) 361. 363. 381. – [27] Novalis, Schriften, hg. P. Kluckhohn 3, 386. 435. 438. 439. – [28] Fr. Schlegel, Krit. A., hg. E. Behler 12, 21. – [29] G. Arnold: Theologia Experimentalis. Schriften in Auswahl, hg. E. Seeberg (1934) 489-501. – [30] Novalis, a. a. O. [27] 565. – [31] G. Ch. Lichtenberg, Aphorismen, hg. A. Leitzmann (1908) 5. Heft, Aphorismus L 320. – [32] A. Schopenhauer, Werke, hg. A. Hübscher 4, 104. 127. – [33] E. Burke, Works (London 1887) 5, 216f. – [34] Vgl. a. a. O. 218. 220. – [35] Fr. Nietzsche, Der Wille zur Macht. Musarion-A. 19, 357. – [36] Morgenröthe, a. a. O. 10, 314. – [37] 19, 356.

Literaturhinweise. A. C. Crombie s. Anm. [12]. – H. Blumenberg s. Anm. [18]. – F. Kaulbach: Philos. der Beschreibung (1968). R. Kuhlen/U. Schneider

Experimentum crucis heißt ein Experiment, das für die Bestätigung einer Theorie oder Hypothese entscheidend ist oder, falls zwei konkurrierende Theorien bestehen, zwischen ihnen entscheidet. Der Terminus wird von I. Newton in seiner Optik verwendet, wo er sein sechstes Experiment als E.c. bezeichnet [1]. Die Ausdrucksweise geht auf F. Bacon zurück, der im ‹Novum Organum› von den «Fällen des Kreuzes» (instantiae crucis) spricht [2] und sagt, daß er «dieses Wort von den Kreuzen hernehme, welche an Scheidewegen aufgerichtet sind, um die sich trennenden Wege anzuzeigen. Ich nenne solche Fälle auch entscheidende Fälle oder Urteilsfälle ...». Goethe nimmt das von Bacon gebrauchte Bild auf und versteht so E.c. als «Versuch ..., der uns vor allem Irrthum bewahrt und unmittelbar auf das Ziel hindeutet»[3].

Anmerkungen. [1] I. Newton, Letter to Mr. Oldenburg (Febr. 1671/72). – [2] F. Bacon, Nov. Organum II, 36. – [3] Goethe, Farbenlehre, Pol. Teil Nr. 190. Weimarer A. II, 2, 112f.
G. Frey

Experte (vom lat. peritus, kundig) weitgehend synonym mit ‹Sachverständiger›, mit ‹Fachmann› und ‹Spezialist› verwandt, kommt wahrscheinlich im 19. Jh. zur Bezeichnung des Sachverständigen vor Gericht auf.

Als Mitglied einer Organisation oder eines Sozialsystems hat sich der E. auf bestimmte Teilbereiche der Organisation spezialisiert. Soweit sein Spezialgebiet berührt wird, sind alle Laien der Organisation, d. h. auch die E. in anderen Bereichen, auf sein Wissen und Können angewiesen. Die Funktion des E. ergibt sich in einer Organisation von einem bestimmten Grad der Arbeitsteilung ab, wenn das Wissen und Können eines einzelnen nicht mehr ausreicht, die Teilbereiche der Organisation und die Handlungszusammenhänge so weit zu beurteilen, wie es für die Führung des Ganzen erforderlich ist. Die Führer der Organisation – auch vielfach als Generalisten, Universalisten oder Akteure bezeichnet – haben in diesem Fall die E. zu koordinieren und die politischen Entscheidungen zu treffen, wobei sie aber in starkem Maße von der Unterrichtung durch die jeweils zuständigen E. abhängig sind. Da die Führer eines solchen komplexen Sozialgebildes ebenfalls partiell und nicht total sachverständig sind, kann man sie auch als E. für Koordination und politische Entscheidungen bezeichnen.

Die einzelnen E. unterscheiden sich durch die verschiedene Art ihres Wissens, nicht aber durch ein unterschiedliches Qualifikationsniveau. Hierdurch ergeben sich Schwierigkeiten für den hierarchischen Aufbau der Organisation, da der einzelne E. nur in bestimmten Situationen über fachliche Autorität verfügt und E. generell nicht geneigt sind, amtlicher Autorität einen großen Einfluß einzuräumen. Die Effizienz der Organisation kann ferner dadurch beeinträchtigt werden, daß ein Teil der E. dazu neigt, sich vorwiegend mit seinem Spezialgebiet zu identifizieren und nicht so sehr mit der gesamten Organisation und gegebenenfalls die Interessen seines Fachs über die der Organisation stellt.

Literaturhinweise. H. Hartmann: Funktionale Autorität (1964). – Fr. Landwehrmann: Organisationsstrukturen industrieller Großbetriebe (1965). Fr. Landwehrmann

Explikation ist bei Kant der Terminus für die nur auf Unterscheidung von anderen Begriffen zielende Angabe der Merkmale eines «empirisch gegebenen Begriffs» [1]. Carnap [2] verwendet den Ausdruck für die Präzisierung unexakter Begriffe, die der Alltags- oder Wissenschaftssprache angehören. Der ursprüngliche Begriff wird ‹Explikandum› genannt, der präzise Begriff ‹Explikat› [3]. Der Ausdruck ‹E.› wird sowohl für den Prozeß als auch für das Ergebnis der Präzisierung verwendet. Das Ergebnis besteht in der Ersetzung des Explikandums durch das Explikat. Falls es verschiedene Bedeutungen des Explikandums gibt, muß nach Carnap vor der eigentlichen Explikation durch *Erläuterungen* bestimmt werden, welche Bedeutung expliziert werden soll. Er ist der Auffassung, daß eine E. weder wahr noch falsch, sondern nur mehr oder weniger adäquat zu nennen sei. Die Adäquatheit müsse an den folgenden vier Kriterien gemessen werden, die willkürliche E. ausschalten sollen:

1. *Ähnlichkeit* von Explikat und Explikandum. Die Fälle, in denen Explikandum und Explikat verwendet werden können, sollen weitgehend dieselben sein.

2. *Exaktheit.* Die Regeln für die Anwendung des Explikats müssen die Einordnung des Explikats in ein wissenschaftliches Begriffssystem ermöglichen.

3. *Fruchtbarkeit.* Das Explikat muß die Aufstellung möglichst vieler Gesetze oder Lehrsätze ermöglichen.

4. *Einfachheit* des Explikats, d. h. Einfachheit sowohl der Bestimmung des fraglichen Begriffs als auch der Gesetze, die mit seiner Hilfe aufgestellt werden.

Das Kriterium der Einfachheit sei nur in dem Maße zur Beurteilung der Adäquatheit einer E. heranzuziehen, wie es die wichtigeren Kriterien 1 bis 3 erlauben.

Anmerkungen. [1] Kant, KrV B 755f.; vgl. Art. ‹Definition› II, 1. – [2] R. Carnap/W. Stegmüller: Induktive Logik und Wahrscheinlichkeit (1959) 12ff. – [3] a. a. O. 12.

Literaturhinweis. J. F. Hanna: An explication of ‹explication›. Philos. Sci. 35 (1968) 28-44. G. Gabriel

Explizit/implizit. Der Ausdruck ‹explizit› tritt im *Mittelalter* gewöhnlich am Ende von Traktaten über gelehrte Gegenstände auf: z. B. «explicit tractatus de luce Roberti Lincolniensis». Er bedeutet also dem Wortsinn nach zunächst nichts anderes, als daß das Thema, über welches der betreffende Autor gehandelt hat, völlig entfaltet vor den Augen der Leser liegt, wobei ursprünglich sogar nur die Pergament- bzw. Papyrusrolle, auf welcher die Abhandlung geschrieben stand, gemeint war. In dieser gegenüber der ursprünglichen bereits übertragenen Bedeutung war das Thema eine Implikation dessen, was im Traktat selbst expliziert wurde. In einem zweiten, bereits erweiterten Sinne wurde dann die Auslegung eines vorgegebenen Textes durch einen späteren Gelehrten ‹explicatio› genannt. So kennen wir von THOMAS VON AQUIN eine ‹Explicatio libri Boethii de Trinitate› und viele andere solche Werke. Hier bedeutet ‹explicatio› eine bestimmte innere und äußere Form der Textauslegung gegenüber anderen Weisen einer solchen, z. B. der Kommentierung. Die explicatio hält sich gegenüber dem Kommentar unmittelbarer an den Text, ohne wesentliche Umdeutungen oder Auseinandersetzungen mit dessen Autor und ohne wesentliche Hinzufügungen neuerer Erkenntnisse. Von dieser literarischen Form ist auch der gewöhnliche Wortgebrauch abzuleiten, den man seit Beginn der *Neuzeit* beiden Termini bis heute beilegt. ‹Explizit› heißt nämlich, daß der ursprüngliche Sachverhalt und seine Explikation in einem unmittelbaren, für jedermann ohne weiteres offenbaren Verhältnis steht. Die Offenbarkeit bzw. die Unmittelbarkeit bedeutet, daß der Zusammenhang nicht durch irgendwelche Zwischenglieder, insbesondere solche, die ein Analogieverhältnis konstituieren, vermittelt wird. ‹Implizit› heißt dagegen ein Verhältnis von Sachverhalten, deren gegenseitiger Zusammenhang derart ist, daß von vermittelnden Denk- oder Betrachtungsschritten Gebrauch gemacht werden muß, damit dieser Zusammenhang eingesehen werden kann. WALCH schreibt 1732 in seinem Lexikon: «Dieses Wort pflegt man zu brauchen, um das Verhältnis einer Sache gegen die andere anzuzeigen, und ihm das Wort implicite entgegenzusetzen. Explicite nämlich braucht man, wenn man den unmittelbaren Zusammenhang einer Sache mit der anderen deutlich und ausdrücklich zeigen will; ist aber der Zusammenhang mittelbar, daß er erst durch eine neue Idee muß gezeiget und erkläret werden, so braucht man das Wort implicite z. B. in dieser Lehre, daß Gott und die Welt eins ist, liegt explicite die Atheisterei, statuiert aber jemand, es sei keine Vorsehung Gottes, so ist dies implicite atheistisch» [1].

Die Begriffe ‹explizit› bzw. ‹implizit› spielen außer in der Philosophie vor allem in der Mathematik und der theologischen Dogmatik eine geschichtlich bedeutsame Rolle. In der christlichen *Theologie* redet man z. B. von einer impliziten Christologie des Neuen Testamentes in den Worten Jesu oder von einer dogmatischen Implikation [2]. Schon die Definitionskataloge von BOETHIUS und ISIDOR [3] zählen unter den bekannten Definitionen eine definitio per indigentiam pleni ex eodem genere auf, die die Griechen κατ' ἐλλειπὲς ὁλοκλήρου ὁμοίου γένους genannt hatten. Diese ist aber nichts anderes als eine implizite Definition. In der *Mathematik* wird das Begriffspaar ‹explizit/implizit› gebraucht, indem man z. B. von einer impliziten Funktion redet, d. h. einer solchen, zu deren Bestimmung man erst eine Gleichung auflösen muß. ‹Explizit› heißt dagegen eine Größe, wenn sie durch eine Gleichung bestimmt wird, die nach ihr aufgelöst ist. In den Feldgleichungen der modernen *Quantenphysik* tritt explizit die Masse als Faktor auf, während sie in der allgemeinen Feldgleichung (‹Weltformel›) HEISENBERGS implizit als Iteration der Felder enthalten ist.

Anmerkungen. [1] J. WALCH: Philos. Lex. (²1732) Art. ‹Explicite›. – [2] J. RATZINGER: Die pastoralen Implikationen der Lehre von der Kollegialität der Bischöfe. Concilium 1 (1965) 16ff. – [3] ISIDOR VON SEVILLA, Etymologicarum libri XX, lib. II, 29: De divisione definitionum ex Marii Victorini libro abbreviata.

Literaturhinweis. F. BRENTANO: Psychol. vom empirischen Standpunkt (1874) 2, 140.   H. M. NOBIS

Expropriation wurde von MARX eingeführt als soziologischer Begriff, welcher die auf dem bourgeoisen Gesellschaftssystem beruhende Aneignung von Sozialprodukten durch privatkapitalistische Ausbeutung bezeichnet. Zu den Voraussetzungen von E. gehören die Industrialisierung (mit Konzentration der Arbeitsmittel, Kooperation und Arbeitsteilung zur gesellschaftlichen Beherrschung der Natur), das bürgerliche Privateigentum (mit Monopolisierung der Arbeitsmittel) und die Lohnarbeit als Exploitation fremder Arbeit. Hieraus resultiert Herrschaft des Kapitalmonopols und E. der Volksmasse, ein Zustand, der mit der fortschreitenden Technisierung und Ökonomisierung der Produktion unverträglich wird und in dialektischem Umschlag die revolutionäre *E. der Expropriateurs* fordert. Diese *Negation der Negation* kann nur das exploitierte Proletariat leisten, weil es selbst «der völlige Verlust des Menschen ist, also nur durch die völlige Wiedergewinnung des Menschen sich selbst gewinnen kann» [1]. MAX WEBER hingegen gebrauchte E. und Appropriation als wertneutrale soziologische Grundbegriffe um den Vorgang der Aneignung (Wegnahme) durch soziales Handeln zu erfassen und sie auf politische Funktionen (Amtsgewalt), Arbeitsverwertungschancen, sachliche Beschaffungsmittel oder Chancen von Gewinn durch disponierende Leistungen anwenden zu können [2].

Anmerkungen. [1] K. MARX, Kapital. MEW 23, 803; 25, 246. 269. 279. 481; Zur Kritik der Hegelschen Rechtsphilos. 222, hg. LANDSHUT (1953). – [2] MAX WEBER, Wirtschaft und Ges. Kap. 1, § 10; Kap. 2, §§ 19-24a; Kap. 3, §§ 3. 4. 7a. 8. 12b. 12c. 15; Kap. 9, 3. Abschnitt; zur Gesch. des E.-Begriffs vgl. auch Art. ‹Desappropriatio, expropriatio›.   HANNAH RABE

Extension/Intension. Unter der E. eines *Begriffes* versteht man den Begriffs*umfang* im Unterschied zur I. als dem Begriffs*inhalt*. Als E. eines *Terms* wird von einigen Logikern der durch den Term bezeichnete Gegenstand oder die Klasse derjenigen Gegenstände, für welche der betreffende Term anwendbar ist, bezeichnet, als I. dagegen der mit dem Term verbundene Begriff [1].

Anmerkung. [1] Vgl. z. B. R. CARNAP: Einführung in die symbolische Logik (1954) 38ff.   R. KAUPPI

Extensionalitätsthese. Sie wurde von R. CARNAP aufgestellt und begründet. Er unterscheidet ‹intensionale› (inhaltliche) von ‹extensionalen› Aussagen (Verknüpfungen, Relationen). Im Gegensatz zur bisherigen Anschauung der Logik, nach der galt: «nicht alle Aussagen über einen Begriff können in die Form einer Extensionsaussage gebracht werden» [1], formuliert er: «Die E. besagt, daß alle Aussagen über irgendeine Aussagefunktion extensional sind, daß es also keine intensionalen Aussagen gibt» [2]. Später gab Carnap die E. auf [3].

Anmerkungen. [1] R. CARNAP: Der log. Aufbau der Welt (1928) 58. – [2] a. a. O. 59. – [3] Meaning and necessity (Chicago ³1956).

Literaturhinweise. R. CARNAP s. Anm. [1]; Log. Syntax der Sprache (1934).   W. NIEKE

Extramundan (aus lat. extra, außerhalb, und mundus, Welt) bedeutet außerweltlich, nicht mit der Welt in direktem Zusammenhang stehend, transzendent und nicht immanent. So heißt es etwa in A. G. BAUMGARTENS ‹Metaphysik›, Gott sei «ens extramundanum», die Welt habe eine «extramundane Wirkursache» [1]. Im Deismus wird die Gottheit im Gegensatz zum Pantheismus als außerhalb der Welt stehend angenommen, wogegen GOETHE protestierte: «Was wär' ein Gott, der nur von außen stieße, / im Kreis das All am Finger laufen ließe! / Ihm ziemt's die Welt von Innen zu bewegen, / Natur in Sich, Sich in Natur zu hegen» [2].

Anmerkungen. [1] A. G. BAUMGARTEN: Met. (⁷1779, Nachdruck 1963) §§ 855. 854. – [2] GOETHE, Hamburger A. 1, 357.

E. BEHLER

Extrapolation/Interpolation. Von ‹E.› und ‹I.› ist bei Funktionen die Rede. Eine empirische Funktion ordnet einer endlichen Anzahl von Argumentwerten entsprechende Funktionswerte zu. Die Beschreibung einer solchen empirischen Funktion durch eine stetige analytische Funktion ist niemals mathematisch eindeutig. Die Auswahl einer beschreibenden mathematischen Funktion erhält ihre Berechtigung meist aus den theoretischen Voraussetzungen. Insofern die analytische Funktion zwischen beliebigen empirischen Meßwerten zu einem willkürlich gewählten Argumentwert einen Funktionswert liefert, interpoliert sie diese empirischen Werte. Man kann dann meist die interpolierten Werte nachmessen. Insofern ist der empirische Sinn der Verwendung stetiger Funktionen in Erfahrungswissenschaften als Potentialität zu charakterisieren. Wenn man der beschreibenden mathematischen Funktion jenseits des ausmeßbaren Bereiches eine Bedeutung gibt, nennt man das ‹E.›.

Die I. ist meist unproblematisch, und es tritt nur die Frage auf, wie groß der Fehler der interpolierten Werte ist. E. dagegen ist um so fragwürdiger, je weiter man sich vom unmittelbaren Erfahrungsbereich entfernt. E., die den Erfahrungsbereich um ein Vielfaches überschreiten, können häufig nur als Spekulationen bezeichnet werden (z. B. die E. der Expansion des Universums zurück zu einem hypothetischen ‹Urknall›).

G. FREY

Extravertiert/introvertiert nennt C. G. JUNG [1] die biologisch angelegten Richtungen des Interesses, der Libidobewegung, d. h. der allgemeinen psychischen Lebensenergie. Sie entsprechen den «Einstellungsweisen» psychologischer Typen (Einstellungstypen), deren Reaktionshabitus sie hinsichtlich der Art des Handelns, der spezifischen Erfahrung und der Kompensation durch das Unbewußte regulieren und formen [2]. Der Extravertierte «denkt, fühlt und handelt in bezug auf das Objekt», reagiert vornehmlich nach außen, direkt handelnd, ist kontakt- und anpassungsfähig, offen und unbekümmert. Dagegen reagiert der Introvertierte vor allem mit innerer Verarbeitung der Ansprüche, die er auf seine Innenwelt bezieht, und handelt dann vorsichtig und zurückhaltend. Während sich bei Kindern die Einstellungsweisen phasengemäß ändern, verfestigen sie sich bei Erwachsenen zu Einseitigkeiten. Das Unbewußte verhält sich jeweils kompensatorisch entgegengesetzt.

Der Gegensatz von Extraversion und Introversion wird auch in der neueren Psychologie als grundlegende Dimension der Persönlichkeit betrachtet. Die neuen Definitionen stützen sich auf eingehende empirische Untersuchungen und postulieren eine biologische Grundlage für die introvertierte bzw. extravertierte Ausrichtung der Person. So schließt H. J. EYSENCK aus Ergebnissen von Fragebogen und kontrollierten Verhaltensbeobachtungen, daß die introvertierte Persönlichkeit gekennzeichnet ist durch schnellen und starken Aufbau von kortikalen Hemmungsvorgängen. Der extravertierten Persönlichkeit liegt seiner Meinung nach die komplementäre biologische Anlage zugrunde. Aus einem solchen Postulat lassen sich Vorhersagen für generell beobachtbare Verhaltensweisen ableiten, die er zum Teil verifizieren konnte. Extravertierte zeigen schneller psychische Sättigung bei Reaktionen auf jegliche Art von Reizen; sie wenden sich deshalb eher neuen Reizen zu als Introvertierte. Die Introvertierten können schneller verschiedene Arten von Reiz-Reaktions-Verbindungen lernen als Extravertierte. Eysenck fand darüber hinaus die Überlegungen und Beobachtungen Jungs bestätigt, daß die Persönlichkeitsdimension Introversion/Extraversion eine gewisse Affinität zu bestimmten neurotischen Tendenzen aufweist. Introvertierte neigen eher zu dysthymischen, Extravertierte eher zu hysterischen Persönlichkeitsstörungen [3].

R. B. CATTELL schränkt die allgemeine Definition Eysencks aufgrund eigener Untersuchungen ein; er stellt fest, daß Erregungs- und Hemmungsvorgänge bei Extraversion/Introversion in Zusammenhang stehen mit bestimmten Reizklassen. Introvertierte zeigen sich bei seinen Untersuchungen nur bei der Darbietung von Umgebungsreizen als kortikal schneller erregbar und verzögert hemmbar, nicht aber bei ‹inneren› Reizen (z. B. Phantasien, Vorstellungen) [4].

Anmerkungen. [1] C. G. JUNG: Psychol. Typen (1921). – [2] Seelenprobleme der Gegenwart, in: Psychol. Abh. 3 (1931) 130. – [3] H. J. EYSENCK: Dimensions of personality (London ⁵1961); The biol. basis of personality (Springfield, Ill. 1967). – [4] R. B. CATTELL: Personality and motivation. Structure and measurement (New York 1957)

G. MITTELSTÄDT

Extremalprinzipien sind physikalische Sätze, die es gestatten, das Verhalten physikalischer Systeme dadurch zu beschreiben, daß sie bestimmten Größen Maximal- oder Minimaleigenschaften zulegen. Waren speziellere Anwendungen von ihnen bereits im Altertum bekannt [1], so entstanden ihre ersten allgemeineren Formulierungen doch erst im Zusammenhang mit der aus den Untersuchungen zu isoperimetrischen Problemen herauswachsenden Variationsrechnung [2]. Zu den E. zählen sowohl Differentialprinzipien, die einen beliebig gewählten Ausgangszustand eines Systems mit einem Nachbarzustand vergleichen (z. B. das GAUSSsche Prinzip des kleinsten Zwanges und das HERTZsche Prinzip der geradesten Bahn), wie auch Integralprinzipien, die das Verhalten eines Systems über endliche Zeiten, also endliche Bahnstücke verfolgen und ebenfalls mit gewissen virtuellen Nachbarzuständen vergleichen (z. B. das Prinzip des kürzesten Weges und der schnellsten Ankunft von FERMAT). Zu letzteren gehören auch die sogenannten Prinzipe der kleinsten Wirkung (Aktion), d. h. des kleinsten Aufwandes bei größter Wirkung, denen gemeinsam ist, daß die zu variierende Größe die Dimension einer Wirkung (Produkt aus Energie und Zeit) besitzt und die sich nur in der Art unterscheiden, wie die Vergleichskurven einander zugeordnet werden, da dies ja auf mannigfaltige Art geschehen kann (Gleichheit der Zeit, der Energie usw.).

Bereits bei LEIBNIZ, der diese Prinzipe als erster, wenn auch noch unbestimmt formuliert, treten zu den mathematischen Gesichtspunkten teleologische hinzu [3], und bei MAUPERTUIS findet sich die erste explizite, wenn auch noch nicht korrekte, Form eines Prinzips der kleinsten Wirkung: «Wenn in der Natur irgend eine Veränderung vor sich geht, so ist die zu dieser Veränderung nöthige Menge von Action die kleinstmögliche» [4]. Er sah in ihm geradezu den sichersten und unwiderleglichen Beweis für das Dasein Gottes. Sein Streit mit S. König, der auf eine Briefstelle Leibniz' verwies, in welcher dieser schon 1707 dieses Prinzip formuliert haben soll, ist bis heute nicht mit Sicherheit entschieden [5]. LEIBNIZ war zwar der Begriff der «Aktion» bekannt, sein «principe d'épargne» aber ist nur ein Korollar zum allgemeinen Energieprinzip, wogegen MAUPERTUIS sein «principe de la moindre action» als obersten Grundsatz der Mechanik ansetzte, was zumindest die Bedeutung dieses Prinzips, von der späteren Entwicklung her betrachtet, besser hervorhebt. Zum anderen liegt aber tatsächlich ein «Antagonismus in der Teleologie von Leibniz und Maupertuis» [6] vor, denn für LEIBNIZ handelt es sich darum, «daß einem Maximum an substanziellen Formen die Möglichkeit gegeben wird, sich in phänomenalen Kräften zu manifestieren. Je mehr Kräfte sich verzehren, um so mehr Entelechien (Monaden) können sich entfalten» [7], was ja geradezu eine Umkehrung eines Ersparnisprinzips bedeutet: «Der pantheistische Gott der Fülle Leibnizens ist in der Tat schwerlich in dem sparsamsten Weltregenten Maupertuis' wiederzuerkennen» [8]. Immerhin führte dieser Streit dazu, daß EULER, der sich auf die Seite Maupertuis' schlug, das Prinzip durch seine Anwendung auf Zentralkräfte weiter erhellte. Allgemein und unter der Voraussetzung einer Kräftefunktion und von der Zeit unabhängiger Bedingungen bewies es freilich erst LAGRANGE [9], der dabei von teleologischen Gesichtspunkten, die sich auch noch bei EULER [10] finden, absah: Spätere Verallgemeinerungen stammen von W. R. HAMILTON, C. G. J. JACOBI und O. HÖLDER u. a. Trotz der ‹Legitimierung› für die Mechanik durch Lagrange schrieb man ihm allerdings in der Folgezeit nicht viel mehr Bedeutung zu als die einer zwar interessanten, aber doch unnützen Regel [11].

Ein Umschwung in der Beurteilung trat erst ein, als man feststellte, daß sich das Prinzip vorzüglich dazu eignete, hydrodynamische und elastische Probleme zu lösen, was mit den Newtonschen Bewegungsgleichungen nur umständlich oder gar nicht geleistet werden konnte (G. KIRCHHOFF, L. BOLTZMANN, R. CLAUSIUS, H. v. HELMHOLTZ). Vollends von der Einschätzung als «heuristischer Regel» zum voll anzuerkennenden Gesetz erhob es sich gegen Anfang des 20. Jh., als es zunächst gelang, die Grundgleichungen der Elektrodynamik und Elektronentheorie aus dem Hamiltonschen Prinzip ohne jede mechanische Hypothese abzuleiten (J. LARMOR, H. SCHWARZSCHILD). Bezeichnend ist HELMHOLTZ's emphatische Charakterisierung: «Alles Geschehen wird dargestellt durch das Hin- und Herfluthen des ewig unzerstörbaren und unvermehrbaren Energievorraths der Welt, und die Gesetze dieses Fluthens sind vollständig zusammengefaßt in dem Satze der kleinsten Aktion» [12]. Als es dann sogar seine Fruchtbarkeit auch für die Relativitätstheorie zeigte, da es Lorentzinvarianz besitzt, formulierte M. PLANCK: «Den glänzendsten Erfolg aber hat das Prinzip der kleinsten Wirkung errungen, als es sich zeigte, daß es sogar in der modernen Einstein'schen Theorie der Relativität, welche so zahlreiche physikalische Theoreme ihrer Universalität beraubt hat, nicht nur Gültigkeit behält, sondern unter allen physikalischen Gesetzen die höchste Stelle einzunehmen geeignet ist» [13]. Schließlich fand es auch in Quantenmechanik und Quantenfeldtheorie Anwendung [14], so daß es wegen seiner Allgemeinheit geradezu als «Maxime der reflektierenden Urteilskraft» bezeichnet wurde [15]. Die Empiriokritizisten machten es zur Grundlage des (wissenschaftlichen) Denkens überhaupt.

Mit dieser zunehmenden Wertschätzung setzten auch die Versuche wieder ein, es teleologisch zu interpretieren [16]. Denn dadurch, daß die Variations- bzw. Integralprinzipe auf jeden Zustand der betreffenden Systeme, die diese zwischen einer Anfangslage und einer Endlage einnehmen, Bezug nehmen, also gewissermaßen Vergangenheit und Zukunft gleichmäßig berücksichtigen, scheinen sie ja «Finalursachen» einzuführen. Schon LAGRANGE freilich konstatierte, daß es bei den Variationsforderungen nicht um wirkliche Minima, sondern lediglich um Extrema geht. Da es sich nun zum einen darum handelt, daß jede Lösung der Euler-Lagrangeschen Differentialgleichungen Extremale des zugehörigen Variationsproblems ist, zum andern sich auch explizit zeigen läßt, daß das Hamiltonsche Variationsprinzip der kleinsten Wirkung dem d'Alembertschen Differentialprinzip äquivalent ist, scheint sich das alte Problem Kausalität contra Finalität auf einer «formalistischen» Ebene zu lösen: «Zwischen ‹Kausalität› und ‹Finalität› läßt sich aus der Gesetzmäßigkeit selber heraus kein Unterschied etablieren; er betrifft nicht eine naturwissenschaftliche Erkenntnis, sondern die metaphysische Deutung mittels der Idee des *bestimmenden Grundes*. Und hier mag die Teleologie neben der Kausalität ihr volles Recht behalten» [17]. Ähnlich äußert sich auch C. F. VON WEIZSÄCKER: «Es ist eine entscheidende ... Erkenntnis der neuzeitlichen Mathematik, daß dieser Gegensatz zwischen kausaler und finaler Determination des Geschehens in Wahrheit gar nicht existiert, wenigstens nicht, solange es erlaubt ist, das Prinzip der Kausalität durch Differentialgleichungen und dasjenige der Finalität durch E. zu präzisieren» [18].

Anmerkungen. [1] z. B. HERONS Ableitung des optischen Reflexionsgesetzes; vgl. E. HOPPE: Gesch. der Physik (1926) 6. – [2] Vgl. M. CANTOR (Hg.): Vorles. über die Gesch. der Math. 4 (1908) 1066. – [3] Vgl. A. KNESER: Das Prinzip (= Pr.) der kleinsten Wirkung von Leibniz bis zur Gegenwart (1928). – [4] MAUPERTUIS: Des lois de mouvement et de repos deduites d'un pr. mét. Mém. de l'Acad. Berlin (1745), zit. nach: A. MAYER, Gesch. des Pr. der kleinsten Action (1877) 12. – [5] Vgl. W. KABITZ: Über eine in Gotha aufgefundene Abschrift des von S. König in seinem Streite mit Maupertuis und der Akademie veröffentlichten, seinerzeit für unecht erklärten Leibnizbriefes. Sber. Kgl. Preuß. Akad. Wiss. (1913) 632ff.; J. O. FLECKENSTEIN: Einl. zu: L. EULER, Commentationes mechanicae principia mechanica. Opera omnia, hg. A. SPEISER/E. TROST/CH. BLANC 5 (1957) XXXIV. – [6] FLECKENSTEIN, a. a. O. XXXIII. – [7] XXXI; vgl. auch G. W. LEIBNIZ: De rerum originatione radicali (1697). Philos. Schriften, hg. GERHARDT 7, 303. – [8] FLECKENSTEIN, a. a. O. [5], XXXI. – [9] LAGRANGE, Application de la méthode des maxima et minima à la resolution de différents problèmes de la dynamique, in: Miscellanea Taurinensia 2 (1760/61) 173ff. – [10] L. EULER: De motu projectorum (1744) 309. – [11] Vgl. M. POISSON: Remarques sur l'intégration des équations différentielles de la dynamique. J. Math. pures appl. 2 (1837) 333. – [12] H. v. HELMHOLTZ: Über die Entdeckungsgesch. des Pr. der kleinsten Action, in: A HARNACK: Gesch. der kgl. preuß. Akad. Wiss. zu Berlin 2 (1900) 287. – [13] M. PLANCK: Das Pr. der kleinsten Wirkung (1915), in: Wege zur physikalischen Erkenntnis. Reden und Vorträge 2 (1943) 29. – [14] Vgl. W. YOURGRAU/S. MANDELSTAM: Variational principles in dynamics and quantum theory (New York/Toronto/London ²1960). – [15] KNESER, a. a. O. [3] 55. – [16] Vgl. z. B. E. v. HARTMANN: Die Weltanschauung der modernen Physik (²1909) 96ff.; K. SAPPER: Die Minimumpr. der Mech., in: Ann. Philos. philos. Krit. 8 (1929) 65ff. – [17] H. WEYL: Philos. der Math. und Naturwiss. (1928) 162. – [18] C. F. v. WEIZSÄCKER: Zum Weltbild der Physik (⁹1962) 166.

Literaturhinweise. – *Zur Prinzipienlehre:* H. KLEIN: Die Principien (= Pr.) der Mech. hist. und krit. dargestellt (1872). – E. DÜHRING: Krit. Gesch. der allg. Pr. der Mech. (³1887). – A. VOSS: Die Pr. der rationellen Mech., in: Enzyklop. math. Wiss. 4/1 (1901). – CL. SCHAEFER: Die Pr. der Dynamik (1919). – L. NORDHEIM: Die Pr. der Dynamik, in: Hb. der Physik, hg. H. GEIGER/K. SCHEEL 5 (1927). – C. LANCZOS: The variational pr. of mech. (Toronto 1949). – A. SOMMERFELD: Mech. (⁵1955). – *Zum Prinzip der kleinsten Aktion:* Slg. aller Streitschriften, die neulich über das vorgebliche Gesetz der Natur, von der kleinsten Kraft in den Wirkungen der Körper, zwischen ... Maupertuis ... und König ... gewechselt worden (1753). – E. MACH: Die Mech. hist.-krit. dargestellt (1883, zit. ¹⁰1963) 359ff. – J. PETZOLDT: Maxima, Minima und Ökonomie. Vjschr. wiss. Philos. 14 (1890) 206ff. – H. v. HELMHOLTZ: Zur Gesch. des Pr. der kleinsten Aktion (1887), in: Wiss. Abh. 3 (1895); Über die physikal. Bedeutung des Pr. der kleinsten Wirkung (1886), in: Wiss. Abh. 3; s. Anm. [12]. – E. Du Bois-Reymond: Maupertuis (1892), in: Reden, hg. Est. Du Bois-Reymond 2 (1912). – A. Kneser s. Anm. [3]. – A. Mayer s. Anm. [4]. – J. O. Fleckenstein s. Anm. [5]. – M. Planck s. Anm. [13]. – A. Harnack s. Anm. [12], Bd. 1/1. – E. B. Jourdain: Maupertuis and the pr. of least action. Monist 22 (1912) 414ff.; The nature and the validity of the pr. of least action. Remarks on some passages of Machs mech. Monist 22 (1912) 285ff. – P. Brunet: Etude hist. sur le pr. de la moindre action (Paris 1938) mit Bibl. G. König

Extremismus taucht als *politischer* Begriff im Englischen des 19. Jh. in der Tagespresse auf [1]; im Deutschen dürfte er ebenfalls in diesem Kontext aufgekommen sein. Ohne den Begriff explizit zu gebrauchen, entwickelt F. Rohmer 1844 eine Vier-Parteien-Lehre, in der die Parteien in Analogie zu den Lebensaltern gesetzt werden [2]. Das Knabenalter ist dem Radikalismus, das Jünglingsalter dem Liberalismus, das Mannesalter dem Konservatismus und das Greisenalter dem Absolutismus gleichzusetzen. Dem Liberalismus und dem Konservatismus als den mittleren, männlichen Prinzipien stehen die extremen des Radikalismus und des Absolutismus entgegen. «Das eine Extrem ruft beständig das andere hervor»; «der ganze Kampf der Extreme ist seiner Natur nach ein unendlicher, und kann nur durch Intervention der männlichen Prinzipien entschieden werden» [3]. Ein vollkommener Zustand sei nur dann vorhanden, wenn die mittleren Positionen die extremen in sich aufgenommen und gebändigt haben; die Auseinandersetzung erfolge dann im «organischen Kampf» nur zwischen den männlichen Prinzipien selbst. «Ein beständiger Krieg der Mittelstufen *gegen* die Extreme würde die Menschheit zerfleischen»; also: «die Aufgabe des Höhern ist nicht zu vertilgen, sondern zu erziehen und zu beherrschen, was niedriger liegt» [4].

Im 20. Jh. wird ein extremer politischer Standpunkt häufiger als ‹*Radikalismus*› bezeichnet. K. Lenk unterscheidet zwischen der politischen Argumentations- und Handlungsart als dem Radikalismus und der Denkweise, die dahinter steht, als dem E. [5].

In dieser Bedeutung findet der Begriff auch in der deutschen *Sozialpsychologie* Eingang, vorbereitet durch die Benutzung von ‹extrem› in der älteren sozialpsychologischen Literatur, z. B. im Begriff der ‹extremen Individuation› bei W. Hellpach [6]. P. Hofstätter übersetzt die Begriffe ‹radicalism› und ‹deviationism›, die in der amerikanischen Sozialpsychologie eine große Rolle spielen, mit ‹E.› [7] und bezeichnet damit Einstellungen (attitudes), die statistisch selten auftreten und sich weit von den häufigeren mittleren Einstellungen entfernen. E. konstituiere sich durch die Abweichung von der Norm einer jeweiligen Bezugsgruppe [8]. Diese Bezugsgruppe übe einen Konformitätsdruck auf den Extremisten aus, dem dieser nur mit Hilfe einer überdurchschnittlich großen Überzeugungsstärke und einer Trotzhaltung widerstehen könne [9]. Im politischen Bereich existieren zwischen der zahlenmäßig überwiegenden, Geborgenheit vermittelnden, konservativen Zentralgruppe und den extremistischen Gruppen instabile Gruppen von ausgeprägter Individualität. Auf sie richte sich die Agitation der politischen Extremisten besonders [10]. E. als Einstellung ist nicht nur im gesamtgesellschaftlichen Rahmen und darin besonders im politischen Bereich Gegenstand der sozialpsychologischen Forschung, sondern auch in der Kleingruppenforschung, deren Ergebnisse Hofstätter in seiner ‹Gruppendynamik› referiert. Die Position des Extremisten erschüttere die soziale Gewißheit, worauf die Gruppe mit negativen Gefühlen reagiere [11] und versuche, den Extremisten von seinem Standpunkt abzubringen [12]. Das manifestiere sich darin, daß der Extremist von den übrigen Gruppenmitgliedern sehr viel häufiger angeredet werde als jedes andere Mitglied [13]. Überraschenderweise verschiebe sich während der Diskussion der Gruppe mit dem Extremisten die Durchschnittsmeinung gegen die extreme Position hin. Andererseits sei festzustellen, daß die gemeinsame Frontbildung der Gruppe gegen den Extremisten die Kohärenz der Gruppe stärke.

In H.-R. Lückerts Konfliktpsychologie ist eine Haltung des E. Symptom für ungelöste verborgene Konflikte [14]; auf den Abbau eines solchen E. können Regulationsphänomene wie der Kompensation gerichtet sein [15].

Anmerkungen. [1] Vgl. Oxford Engl. Dict. Art. ‹extremism›. – [2] F. Rohmer: Die vier Parteien (1844); Auszug in: K. Lenk/F. Neumann (Hg.): Theorie und Soziol. der polit. Parteien (1968). – [3] a. a. O. 58f. – [4] 60. – [5] K. Lenk: Radikalismus, in: W. Bernsdorf (Hg.): Wb. der Soziol. (1962) 861. – [6] W. Hellpach: Sozialpsychol. (²1946) 185. – [7] P. Hofstätter: Gruppendynamik (1957); Einf. in die Sozialpsychol. (²1959). – [8] Gruppendynamik 125. – [9] Einf. 168f. – [10] a. a. O. 173f. – [11] Gruppendynamik 78f. – [12] a. a. O. 87f. – [13] 73. – [14] H.-R. Lückert: Konfliktpsychol. (1957) 509. – [15] a. a. O. 258. W. Nieke

F

Faktenaußenwelt/Fakteninnenwelt. Unter *Faktenaußenwelt* versteht A. GEHLEN [1] die Natur als Wissensgegenstand, als Operationsfeld einer rationalen Praxis (Technik) und Objekt ästhetischen Zuganges. Die Neutralisierung der Außenwelt beginnt bereits mit der «Seinskonzeption der Vorsokratiker». Damit wird ein «Fortschritt» von der primitiven Weltsicht – in der grundsätzlich jedes Ding etwas «bedeutet» – ebenso erreicht wie die Voraussetzung für rationales Erkennen und Experimente mit der Faktenaußenwelt. Durch den Monotheismus wird diese Tendenz noch verstärkt: Entzauberung der Welt (von Göttern) und wissenschaftliche Zivilisation greifen ineinander. Daraus entsteht ein neuer Begriff von Natürlichkeit, der die kulturellen Selbstverständlichkeiten umfaßt (SCHELSKY, HOFSTÄTTER). – Die *Fakteninnenwelt* erscheint nach GEHLEN analog dazu einmal als Gegenstand einer analytischen, empirischen Psychologie, sodann als «der unbefangen hingenommene innere Vorgangsbereich, in dem man lebt» [2]. Die ästhetische «Ergänzung» der subjektiven Fakteninnenwelt liegt in der Freisetzung der Reflexion, «und es werden hohe Grade der Weltfremdheit erreicht, wenn sich die zur Vorstellung gewordene Innerlichkeit in der Vorstellung einer fremden Innerlichkeit verdoppelt» [3]. Theorien der Fakteninnen- und der Faktenaußenwelt entstehen zur gleichen Zeit, bei DESCARTES z. B. als Dualismus von ausgedehnter und denkender Substanz, von Körpermaschine und Seele, der metaphysisch durch Gott und psychophysisch durch die Affekte überbrückt wird. In der Fakteninnenwelt entfällt der direkte Umgang mit der Natur, und es entstehen «Erfahrungen zweiter Hand». In der Indirektheit eines solchen Erlebens ist die Endstufe einer Entwicklung angedeutet, die RIESMAN mit dem außengeleiteten Menschen schließen läßt.

Im Gegensatz zur historisch evolutionären Fragestellung Gehlens unterstellt LÉVI-STRAUSS dem «wilden Denken» den Rückgriff auf eine «Logik des Konkreten». Hier vermittelt Subjektivität sich nur über die Faktenaußenwelt – in Form eines Denkens, das historisch nicht überholt erscheint, sondern eine mögliche Form des Denkens überhaupt darstellt.

Anmerkungen. [1] A. GEHLEN: Urmensch und Spätkultur (²1964) 97–116. – [2] a. a. O. 107. – [3] a. a. O. 114–115.

Literaturhinweise. A. GEHLEN: Der Mensch. Seine Natur und seine Stellung in der Welt. (⁸1966); Urmensch ... s. Anm. [1]; Die Seele im technischen Zeitalter. Sozialpsychol. Probleme in der industriellen Gesellschaft (1957); Über Kultur, Natur und Natürlichkeit: in: Anthropol. Forsch. Zur Selbstbegegnung und Selbstentdeckung des Menschen (1961) 78–92; Moral und Hypermoral. Eine pluralistische Ethik (1969). – P. R. HOFSTÄTTER: Einführung in die Sozialpsychol. (1954). – D. RIESMAN, R. DENNEY und N. GLAZER: Die einsame Masse (dtsch. 1958). – H. SCHELSKY: Der Mensch in der wiss. Zivilisation (1961); Über die Stabilität von Institutionen, bes. Verfassungen, in: Auf der Suche nach Wirklichkeit (1965) 33–55. – D. CLAESSENS: Rationalität revidiert. Köln. Z. Soziol. Sozialpsychol. 17 (1965) 465–476. – CL. LÉVI-STRAUSS: Strukturale Anthropol. (dtsch. 1967); Das wilde Denken (dtsch. 1968). W. LEPENIES

Faktizität bezeichnet die Tatsächlichkeit von etwas in seinem (nicht-notwendigen) bloßen Gegebensein. In der Existenzialontologie M. HEIDEGGERS und (ihr folgend) in der Ontologie J.-P. SARTRES bedeutet F. die spezifische «Tatsächlichkeit», die zur Seinsverfassung des (menschlichen) «existierenden Daseins» bzw. «Bewußtseins» (L'être pour soi, SARTRE) gehört [1]. Im strukturellen Zusammenhang mit der «Existenzialität» (HEIDEGGER), d. h. dem «Sein-Können» des Daseins im «Entwurf» (projet) auf Möglichkeiten, wird die F. als «Geworfenheit» gefaßt und demgemäß der Seinsvollzug faktischer Existenz als «geworfener Entwurf» bzw. «facticité de la liberté» (SARTRE) bestimmt [2]. F. als «Geworfenheit in die Existenz» [3] umfaßt mehrere Bedeutungsmomente. Sie besagt die (in der «Befindlichkeit» erfahrene) «Überantwortung» des Daseins an es selbst, nämlich «daß es ist und zu sein hat» bzw. «zur Freiheit verurteilt» ist (SARTRE) [4]. Das bedeutet konkret, daß die faktische Existenz sich immer schon in mannigfach bestimmter «Situation» (SARTRE) ihres «In-der-Welt-seins» vorfindet, d. h. inmitten von Gegebenem (Seiendem) und als selbst je schon «gewesen» zu existieren hat [5]. Sofern das existierende Dasein (Bewußtsein) «nie hinter seine Geworfenheit zurückkommt», bekunden sich schließlich in der F. «Endlichkeit» (HEIDEGGER) und «Kontingenz» (SARTRE) als Grundbestimmtheit menschlicher Existenz, die weder durch eine absolute (transzendentale) Selbstbegründung noch durch den Bezug auf einen transzendenten Grund (wie etwa bei KIERKEGAARD und JASPERS) überstiegen werden kann [6].

Anmerkungen. [1] M. HEIDEGGER: Sein und Zeit (⁶1949) 56. 135; J.-P. SARTRE: L'être et le néant (1943) 126f.; dtsch. (²1962) 136ff. – [2] SuZ 145, 148; L'être ... 567, dtsch. 616. – [3] SuZ 276. – [4] SuZ 135; L'être ... 565, dtsch. 614. – [5] L'être ... 561, dtsch. 610ff.; SuZ 221. 328. 383. – [6] SuZ 284; L'être ... 121ff. 22. 567, dtsch. 132ff. 22. 616; vgl. auch H. BARTH: Erkenntnis der Existenz (1965) 530ff. 546ff. u. H. WAGNER: Philos. und Reflexion (1959) § 30. 31 (für eine transzendentalphilos. Thematisierung der F.).
H. FAHRENBACH

Faktorenanalyse. Die F. gehört – innerhalb der statistischen Verfahren – zu den bedeutendsten Methoden der empirischen Forschung und Datenverarbeitung; sie versucht festzustellen, ob ein Satz beobachteter psychologisch relevanter Variablen als ein Satz von Linearkombinationen unabhängiger und unbeobachteter Variablen, der Faktoren, aufgefaßt werden kann. Nach der Erstellung einer Korrelationsmatrix (in der Maßzahlen für das Ausmaß der Abhängigkeitsbeziehungen zwischen verschiedenen Merkmalen zusammengestellt sind) wird die Faktorenmatrix errechnet, die das Maß und die Art der gemeinsamen Varianz der ursprünglichen Abhängigkeitsbeziehungen aufklärt und diese auf die notwendige Mindestzahl voneinander unabhängiger Dimensionen reduziert. In fast allen Fällen bedarf es der Interpretation dieser Matrix, indem das Faktorensystem so ermittelt (rotiert) wird, daß eindeutige und sinnvolle Lösungen erscheinen. Analytische Verfahren (z. B. Varimax-Methode von KAISER [1]) sind den graphischen und intuitiven Methoden überlegen. Im allgemeinen bleibt dabei die Lage der Bezugsachsen orthogonal (orthogonale Rotation, d. h. die Faktoren werden so ermittelt, daß sie gleichzeitig unabhängig voneinander sind und optimal den Abhängigkeitsbeziehungen in der Matrix entsprechen); schiefwinklige Rotationen werden dazu verwandt, die dann nicht mehr voneinander unabhängigen Faktoren einer weiteren Analyse zu unterziehen: als Ergebnis erscheinen Faktoren 2. Ordnung. Eine mathematische Entwicklung der F. geschah durch C. SPEARMAN, K. J. HOLZINGER und H. HOTELLING [2]. Eine ausführliche Begründung der F. erfolgte durch THURSTONE [3], dessen Centroid-Methode aber der Hauptachsen-Methode von HARMAN [4] in der mathematischen Genauigkeit nachsteht. Später betonte CATTELL, daß die F. nicht nur die Korrelationen von Verhaltensmerkmalen bearbeiten (R-Technik) kann, sondern auch die von Personen (Q-Technik) oder von Situationen (T- bzw. P-Technik), indem die drei Korrelate Merkmale, Person, Situation in ihrer Funktion variiert werden [5]. – Der Formalismus der F. bleibt nicht nur auf Strukturuntersuchungen beschränkt, er bildet u. a. auch das Rüstzeug der mehrdimensionalen Skalierung. – Die häufigsten und wichtigsten Anwendungen liegen im Bereich der Intelligenzforschung (Isolierung von Primärfähigkeiten [6]) und der Persönlichkeitsforschung (Isolierung von Eigenschaften genereller Art [7]).

Anmerkungen. [1] H. F. KAISER: The varimax criterion for analytic rotation in factor analysis. Psychometrika 23 (1958) 187. – [2] C. SPEARMAN: ‹General intelligence› objectively determined and measured. Amer. J. Psychol. 15 (1904) 201-293; K. J. HOLZINGER und H. H. HARMAN: Factor analysis. A synthesis of factorial methods (Chicago 1941); H. HOTELLING: Analysis of complex statistical variables into principle components. J. educ. Psychol. 24 (1933) 417-441. – [3] L. L. THURSTONE: Multiple factor analysis (1947). – [4] H. HARMAN: Modern factor analysis (1960). – [5] R. B. CATTELL: The meaning and strategic of factor analysis, in: R. B. CATTELL (Hg.): Handbook of multivariate experimental psychol. (Chicago 1966). – [6] L. L. THURSTONE: Primary mental alibitis (Chicago 1938). – [7] CATTELL, a. a. O. [5]; H. J. EYSENCK: Dimensions of personality (London 1947).

K.-H. WEWETZER

Fall, Abfall. – 1. Die Begriffe Fall (F.) und Abfall (A.) werden in sehr verschiedenem Sinn gebraucht. ‹A.› kann einmal soviel wie ‹Abnahme›, ‹Verfall› bedeuten. So setzt NIETZSCHE A. mit «Décadence», dem notwendigen Korrelat zum «Aufgang und Vorwärts des Lebens» gleich [1], und K. JASPERS gebraucht ‹Aufstieg› und ‹A.› für die Annäherung an das Sein und für die Entfernung von ihm: Die Transzendenz könne nicht in «einer zeitlich dauernden Vollendung» begriffen werden; man «steht im Aufschwung zu ihr oder im A. von ihr», da der immer zeit unterworfene Mensch nicht eines ewigen «absoluten Bewußtseins» teilhaftig sei [2].

‹A.› ist ferner als Bezeichnung für die Abwendung vom Glauben, von der Kirche, von einer Konfession (griech. ἀποστασία, lat. discessio, apostasia) ein fester Terminus der Theologie. In der Bibel [3] und bei den Kirchenvätern [4] wird der christliche Glaube gegen Unglauben, Aberglauben und Häresie verteidigt. Der vom Christentum abgefallene Kaiser Julian erhält den Beinamen ‹Apostata› [5]. THOMAS VON AQUIN nennt den A. vom Glauben eine Flucht vor Gott («retrocessio quaedam a Deo») und eine besonders schwere Sünde, da er den Menschen völlig von Gott trennt: «apostasia a fide totaliter separat hominem a Deo» [6]. Auch für LUTHER ist A. und Verstockung im Unglauben eine teuflische Sünde, die nicht vergeben werden kann. Die Gläubigen werden ermahnt, an der Lehre festzuhalten, auch wenn die ganze Welt von ihr abfällt: «Wir werden also ... unterwiesen, daß wir von der Sache der Wahrheit nicht abfallen sollen (ne deficiamus in causa veritatis), wenngleich noch so viele, oder auch alle, von uns zu den Widersachern abfallen sollten (deficerint ad adversarium)» [7]. Der durch äußere Gewalt erzwungene A. ist für SCHLEIERMACHER nur denkbar, wenn ihm eine innere Loslösung vom Christentum vorausgeht, es sei denn, der A. ist «nur scheinbar» [8]. Heute wird nicht mehr so sehr der totale A. als vielmehr der teilweise A. aus «Lauheit und Unentschiedenheit» [9] oder die Aufgabe einzelner christlicher Glaubenssätze [10] für häufiger gehalten.

Als Sünden-F. des Menschen und, davon unterschieden, als A. des gesamten Universums von seinem absoluten, ewigen Ursprung haben die Begriffe ‹F.› und ‹A.› in der Philosophie besondere Bedeutung gewonnen. Die Quellen liegen in PLATONS Theorie von der Herabkunft der Seelen, die sich nicht in der Gegenwart der Götter zu halten vermögen, «von Vergessenheit und Trägheit angefüllt», zur Erde herniederfallen und sich in Menschen und Tiere einbilden [11], und in den Spekulationen der *Gnosis* über das Verhältnis von Einheit und Vielheit, Licht und Finsternis, Gottheit und Welt: «Ein vorzeitlicher ‹F.› des Lebens oder der Seele liegt in allen gnostischen Systemen dem Weltwerden und dem menschlichen Einzeldasein zugrunde» [12]. Bei den *Mandäern* wird von einem «Sinken innerhalb aller Welten» gesprochen; der Vater sendet seinen Boten in die Welt der Finsternis aus, und dieser fragt: «Steige ich hinab, wer wird mich hinaufbringen? Falle ich, wer wird mich halten?» [13]. Die Seelen können sich «wegneigen» und abspalten, oder sie werden gewaltsam von ihrem ursprünglichen Ort entfernt und den «Schuldigen», der «Finsternis» übergeben, in die «Gefangenschaft gebracht und in den stinkenden Körper geworfen» [14]. In der Schrift Κόρη κόσμου wird die Seele zur Strafe für ihren F. von Gott auf die Erde herniedergesandt, wo sie fortan im Menschen wohnen muß [15]. In anderen Berichten wendet sich die Seele zur Materie hinab, brennt vor Begierde nach körperlichem Sein und verliert sich darin [16].

Von Origenes und Plotin sind diese Spekulationen, die in der Spätantike breiten Widerhall fanden, in begriffliche Form gebracht worden. ORIGENES dient der F. zur Erklärung der Mannigfaltigkeit der Welt und der Verschiedenartigkeit ihres Aufbaus. Die Geister hatten ursprünglich Anteil an der Heiligkeit und Weisheit Gottes. Sie haben aber diese Gemeinschaft vernachlässigt und sind aus eigener Schuld abgefallen: «lapsus vel casus efficitur» [17]. Ursache des A. sind Hochmut und Stolz (superbia), die allen anderen Sünden zugrunde liegen, da sie zur Auflehnung gegen Gott anstacheln [18]. Die Geister fallen aber nicht gleichmäßig ab, einige bewahren eine große Nähe zu Gott und werden deshalb beim Weltgericht höher gestellt als solche, die sich weit von ihrem Ursprung entfernt haben. Andere haben sich völlig von ihm losgesagt («dilapsi sunt, in tantam indignitatem ac malitiam se dedisse») und sind zu Widersachern der himmlischen Geister geworden [19]; sie können nicht mehr wie die übrigen zu Gott erhoben werden. Die Verschiedenheit des A. («diversitas ac varietas motuum atque prolapsuum eorum, qui ab illa initii unitate atque concordia ... deciderunt») hat die vielgestaltige Ordnung der

Welt entstehen lassen [20]. Der A. mußte der Wiederaufrichtung vorhergehen: «Si autem cecidit, consequenter erigendus fuit, nemo quippe sine casu sublevatur» [21].

Bei PLOTIN erscheint der F.-Begriff in verschiedener Funktion und Bedeutung. Vom platonischen F. der Seelen geht bei ihm eine allgemeine Reflexion aus über die Entstehung des Vielen aus dem Einen, der Zeit aus der Ewigkeit, des Bösen aus dem Guten. Die Seele gibt ihre Einheit mit dem Ganzen preis, sie löst sich aus der Gemeinschaft mit dem Geist (νοῦς) und strebt nach Eigensein und einer vom Kosmos getrennten Existenz. So wird sie nicht nur sie selbst, sondern auch ein anderes als vorher, als sie im Ganzen aufgehoben war: Die Seele tritt aus der geistigen Welt heraus, erträgt die Einheit nicht; sie «beugt sich gleichsam hinaus» (προκύπτει) [22]. Plotin verwendet hierfür auch die Wörter ‹hinabsteigen› (καταβαίνειν), ‹Hinabwenden› (νεῦσις) und ‹Absinken› (πίπτειν) [23]. Dagegen wird die Freiwilligkeit und damit Sündhaftigkeit dieses Sturzes der Seele hinab in diese Welt [24] stärker mit den Ausdrücken für ‹A.› (πτῶμα, ἀπόστασις) betont: Die Einzelseelen können mit der Allseele vereint bleiben, aber, von Stolz und Übermut (τόλμα) getrieben [25], «wenden sie sich ab von der Ganzheit in das Teil- und Eigensein, gleichsam müde der Gemeinschaft, und jede zieht sich in ihr Sondersein zurück, fällt ab in Geschiedenheit (τῇ διακρίσει ἀποστᾶσα) und richtet den Blick nicht mehr auf die geistige Welt, so wird sie zum Teil, vereinzelt sich und wird krank ..., und in der Absonderung von der Ganzheit läßt sie sich dann auf irgendein Einzelding nieder ...» [26]. Auf diese Art und Weise gehen die Seelen in den Leib ein mit freigewollter Neigung (ῥοπῇ) [27], sie treffen aber andererseits auf die Materie; diese ist das Böse, mit dem sie vermischt werden, so daß man sie nach dem A. (ἀπόστασις) und Abgleiten (ἀπολίσθησις) nicht mehr in ursprünglicher Reinheit und Einsheit erkennen kann [28]: «Das also ist der F. der Seelen (πτῶμα τῆς ψυχῆς), in dieser Weise in die Materie zu kommen und dort sich zu schwächen» [29]. In dem Prozeß des «Hervorschreitens (ἐκβάσει) oder ... des ständigen Hinabschreitens und Wegrückens (ὑποβάσει καὶ ἀποστάσει)» aus dem Guten muß es notwendig «ein Letztes geben, und eben dieses, nach dem schlechterdings nichts mehr entstehen kann, ist das Böse» [30]. Mit dem A. vom Einen (πλῆθος ἀπόστασις τοῦ ἑνός) und der Entstehung des Vielen ist auch die Wirklichkeit des Bösen gegeben: «Denn ein Vieles wird ein Ding dann, wenn es, unfähig, sich auf sich selbst zu richten, sich ausschüttet und ausdehnt in der Zerstreuung» [31]. Andererseits benutzt Plotin den F.-Begriff auch, um zu erklären, «wie die Zeit aus der Ewigkeit entstand» (ὅπως δὴ πρῶτον ἐξέπεσε χρόνος) [32]. «Es bleibt [im Neuplatonismus] die Aporie, ob der F. als Strafe oder als Akt der Freiheit oder aber von der dialektischen Durchdringung von Notwendigkeit und Freiheit zu verstehen sei» [33].

Ähnliche Theorien kehren bei PORPHYRIUS (die unkörperliche Welt teilt den Körpern durch eine Neigung, ῥοπή, von ihrer Kraft mit) [34], bei JAMBLICH [35] und PROKLOS wieder, der, wie schon Plotin, Platons Bild vom F. des Gefieders als der Abwärtsbewegung der Seelen aufnimmt und weitergibt [36].

AUGUSTIN kennt in seiner Bemühung, den Ursprung der Seelen zu ergründen, die vier Möglichkeiten, mit denen man die Einkörperung der Seelen in die Menschen zu erklären sucht: Sie kommen entweder alle zusammen herab, oder sie werden einzeln bei der Geburt des Menschen geschaffen, sie werden von Gott, nachdem sie vorher an einem anderen Ort existierten, in die Körper geschickt, oder sie fallen (nach Platon) aus eigenem Antrieb: «sua sponte labantur» [37]. Keiner dieser vier Möglichkeiten sei voll zuzustimmen, weil sie noch nicht genug untersucht worden seien. Andererseits kennt AUGUSTIN einen A. vom gemeinsamen Ursprung (a communi universo) zum eigenen und getrennten Teil (ad privatam partem prolabitur), der der Anfang aller Sünde ist. Seine Ursache sind Stolz und Habsucht (superbia, avaritia) [38]. Am deutlichsten ist diese Theorie in ‹De musica› ausgeführt: Gott hat den Menschen einen Platz in der Schöpfung angewiesen, der Mensch aber hat ihn aus Eigensucht verlassen (turpis enim factus est voluntate), er ist von der ursprünglichen Einheit des Universums abgewichen (universum amittendo) [39]. Die Seele entfernt sich aus der Gegenwart Gottes, sie bleibt nicht in seiner Ordnung (in ordine suo), sondern lehnt sich in Übermut und Hoffart, Gott nachzuahmen, gegen Gott auf und «schreitet ins Äußere», wodurch sie ihr Inneres, das Gute, aufgeben und sich von Gott entfernen muß: «Progredi autem in extima, quid est aliud quam intima projicere; et istud, longe a se facere Deum» [40].

Anmerkungen. [1] FR. NIETZSCHE, Werke, hg. K. SCHLECHTA (1954-1956) 3, 166. – [2] K. JASPERS: Philos. (²1948) 746. 762. – [3] Vgl. H. SCHLIER: Art. ‹APHÍSTEMI/APOSTASÍA›, in: Theol. Wb. zum NT, hg. KITTEL (1949ff.) 1, 509ff. – [4] TERTULLIAN, De prud. 8. MPL 2, 1047 b; 9. MPL 2, 1050 a; 6. MPL 2, 1042 a. – [5] Vgl. AUGUSTIN: De civ. Dei 5, 21. MPL 41, 168; Ep. 105, 2, 10. MPL 33, 400; THOMAS VON AQUIN, S. theol. II, 2, 12, 2 ad 1. – [6] a. a. O. II, 2, 12, 1-2. – [7] LUTHER, Weimarer A. 40/2, 41, 12-16; 136, 33-36; 44, 110, 39-42; 45, 677, 16-18; 33, 297, 7-10; 5, 237, 3-9. – [8] F. SCHLEIERMACHER, Der christliche Glaube § 155, 2. – [9] K. LEHMANN: Die Kirche und die Herrschaft der Ideol., in: Hb. der Pastoralthel. II/2 (1966) 191f. – [10] K. RAHNER: Was ist Häresie? Schriften zur Theol. (1954ff.) 5, 527-576. – [11] PLATON, Phaidros 246 c 2ff. 248 c 8; vgl. D. D. MCGIBBON: The fall of the soul in Plato's Phaedrus. Class. Quart. 14 (1964) 56-63; R. HACKFORTH: Plato's Phaedrus (Cambridge 1952) 69ff. – [12] H. JONAS: Gnosis und spätantiker Geist (1934-1964) 1, 105. – [13] Das Johannesbuch der Mandäer, hg. M. LIDZBARSKI (1915) 2, 196. 222f. – [14] Ginzā, der Schatz oder das große Buch der Mandäer, hg. M. LIDZBARSKI (1925) 24f. 328. 388. – [15] STOBAEUS, hg. WACHSMUTH (1884, Neudruck 1958) 1, 392, 21ff.; vgl. JONAS, a. a. O. [12] 184. – [16] a. a. O. 334f. – [17] ORIGENES, De princ. I, 6, 2, hg. P. KOETSCHAU (1913) (= K) 81, 11ff. – [18] a. a. O. III, 1, 12. K 216: Hom. in Ezech. IX, 2. – [19] De princ. I, 6, 3. K 82, 20ff. – [20] a. a. O. II, 1; II, 1, 1. K 113, 1ff. 107, 6ff. – [21] Hom. in Jerem. 8, 1; vgl. Hom. in Lucam, hg. M. RAUER (1959) 103, 5ff. – [22] PLOTIN: Enn. IV, 3, 15, 1; IV, 4, 3, 1-3; vgl. VI, 4, 16, 29; VI, 9, 3, 8. – [23] I, 1, 12, 22f.; IV, 3, 4, 15. – [24] IV, 8, 18 (mit Bezug auf Empedokles). – [25] V, 1, 1, 4ff. – [26] IV, 8, 4, 11-17; dtsch. Übers. R. HARDER: Plotins Schriften 1 (1956) 137. 139. – [27] IV, 8, 5, 27. – [28] VI, 9, 4, 4; VI, 6, 3, 41. – [29] IV, 8, 14, 25; vgl. IV, 9, 3, 12. – [30] III, 9, 3, 19ff. – [31] VI, 6, 1, 1ff. – [32] III, 7, 11, 7. – [33] W. BEIERWALTES: Komm. zu Plotin. Über Zeit und Ewigkeit, Enn. III, 7 (1967) 246. – [34] PORPHYRIUS, Sententiae, hg. B. MOMMERT (1907) IV, 1, 12-16. – [35] STOBAEUS, a. a. O. [15] 1, 380, 15. – [36] PROKLOS, In Platonis Timaeum Comm., hg. DIEHLS (1903-1906) 3, 258, 17-21; übers. A. FESTUGIÈRE (Paris 1966-1968) 5, 132; DIEHLS 1, 52, 22ff.; übers. FESTUGIÈRE 1, 86. – [37] AUGUSTIN, De libero arbitrio 3, 21 (59). MPL 32, 1299. – [38] De trinitate 12, 9. MPL 42, 1005f.; De Gen. ad litt. 11, 15a. MPL 42, 436f.; De lib. arb. 3, 17 [48]. MPL 32, 1294f. – [39] De musica 6, 30. MPL 32, 1179f. – [40] a. a. O. 6, 40. MPL 32, 1184f.; vgl. R. J. O'CONNELL: The Plotinian fall of the soul in St. Augustin. Traditio 19 (1963) 1-35.

Literaturhinweise. H. JONAS s. Anm. [12]. – A. J. FESTUGIÈRE: La révélation d'Hermès Trismégiste (Paris 1944-1954) 3, 63ff. – J. TROUILLARD: La purification plotinienne (Paris 1955) 28ff. – E. VON IVÁNKA: Plato Christianus (1964) bes. 116. 138ff. – W. BEIERWALTES s. Anm. [33]. – W. THEILER: Forsch. zum Neuplatonismus (1966); Die Vorbereitung des Neuplatonismus (1964) 94f.

2. In der Philosophie der *Neuzeit* blieben derartige Theorien lange Zeit unbeachtet. Die Entstehung des Bösen wird in der Scholastik und Schulphilosophie zwar als Sünden-F., aber nicht als ein von Gott ausgehender

oder sich sogar in Gott selbst vollziehender A. der Seelen, der Welt, der Vielheit usw. gedeutet. Dagegen treten in der jüdischen *Kabbala*, die manche Gedanken der Gnosis aufnimmt, besonders im ‹Sohar› Spekulationen auf, die darauf hindeuten, daß das Böse nicht erst durch Adams F., sondern bereits in Gott selbst seinen Ursprung hat. Die Harmonie der göttlichen Kräfte wird dadurch gestört, daß eine dieser Kräfte, der Zorn Gottes, sich verselbständigt und aus der Gottheit heraustritt. Das Böse, die abgefallene Welt, resultiert aus der Auflösung der ursprünglichen Vereinigung in Gott [1]. Unter dem Einfluß der Kabbala entwickelt J. BÖHME diese Theorien weiter und überliefert sie dem schwäbischen Pietismus des 18. Jh. und Schelling. Böhme nimmt einen Grund in Gott, das Chaos, an, in dem das All vor jeglicher Offenbarung Gottes vereinigt ist. Mit der Offenbarung erhalten die einzelnen Kräfte ihre Freiheit, und, anstatt in Gott zu bleiben, löst sich die Schöpfung, die «creatürliche Vernunft», aus seiner Ordnung, so daß sie «von ihrem Centro oder Ursprung abbricht, und in der Vielheit der Wesen die Sinnen zerstreuet, daß die Sinnen nicht sehen mögen, was ihr Grund sey, daraus sie entspringen». ‹Abweichen›, ‹abbrechen› und ‹auslaufen› sind hier die Vokabeln für den F. [2]. Auch F. CH. OETINGER spricht von einer zweiten Natur in Gott, in der die gesamte Schöpfung zusammengehalten ist und aus der heraus sich Gott in den Kreaturen, den «abglänzenden Strahlen Gottes» offenbart. «Die ewige Natur ist die Quelle und Wurzel aller hohen und niedern Creaturen». Da aber «die agitation in der Creatur nach einer eigenen Freyheit der Triebe lauft, so kan ein freyes Wesen entweder der Ordnung Gottes gemäß, d. i. dem Lichte zu, oder wider dieselbe, d. i. der Finsterniß zu fortschreiten, und in diesem Fall böse werden. Also lauft ein freyes Wesen entweder in die mit Gott höchstverbundene Eigenschaften der Liebe und Gerechtigkeit, oder in die zurückschlagende und Gott fremde Zorn-Würkungen hinein» [3]. Die Seele übertritt das Gesetz und trennt sich von dem geistlichen und wird natürliches Leben «durch Erhebung eigener Bilder und imagination» [4]. Das Böse, «das falsche Leben», entsteht «aus der von dem Licht getrennten Finsternis», heißt es in der Apologie Böhmes [5]. Gegenüber der Verharmlosung des Bösen zu bloßer privatio boni besteht Oetinger auf dessen Realität: «Das Böse bricht nicht blos aus dem Nichts hervor, sondern die Lust gebiert sich aus der Erhebung einer Kraft über die andere, die einander die Wage halten sollten» [6]. Solange die Finsternis in Gott ist, ist sie in der notwendigen Ordnung [7], stört sie aber aufgrund «der Theilbarkeit der Kräfte Gottes» [8] diese Ordnung, so bewirkt sie das Böse: «Der gefallene Morgenstern hat ... die Coordination der sieben Kräfte turbirt durch eigenmächtige Erhebung einer Kraft über die andere, und die Finsternis ist in ihm hervorgebrochen» [9]. Der Mensch strebte nach einer «propriam facultatem et potentiam independentem» und ist abgefallen («lapsus est») durch «falsche Einbildungen» («imaginationes peregrinas») [10]. Eine Erneuerung des ursprünglichen Zustands ist nur durch den Tod des Menschensohnes möglich [11].

Für SCHELLING erhält der A.-Begriff zuerst zentrale Bedeutung in seiner Identitätsphilosophie und bleibt darauf bis in seine Spätzeit im Mittelpunkt seines Denkens. Da das Absolute als das erste und eine Prinzip allem Seienden zugrunde liegen und jedem Philosophieren vorhergehen muß, stellt sich das Problem der «Abkunft des Endlichen aus dem Ewigen» [12]. Noch 1801/02 hatte Schelling nur vorsichtig von den endlichen Dingen gesprochen, die fähig sind, «sich für sich selbst, aber nicht für das Ewige» loszusagen [13], also zwar die Möglichkeit erwogen, daß der «Ursprung des materiellen Universums» in einer «Absonderung» von der Einheit des Alls liege, diese Trennung aber nur für die endliche Materie, nicht aber für das Absolute gelten gelassen: «Das Einzelne tritt in die Zeit, ohne sich in Ansehung des Absoluten aus der Ewigkeit zu verlieren» [14]. Die Einzeldinge bleiben «mit eigenem Leben» erhalten in der «höchsten Einheit, die wir als den heiligen Abgrund betrachten, aus dem alles hervorgeht und in den alles zurückkehrt» [15]. 1803 wird der Terminus ‹Absonderung› durch ‹A.› ersetzt und mit ihm in einer geschichtsphilosophischen Konstruktion das «Ende der alten Welt», in der Natur und Freiheit miteinander in Harmonie standen, bezeichnet. Der A., das «Abbrechen des Menschen von der Natur», leitet die zweite Periode der Geschichte ein, in der die Natur als blinde Notwendigkeit, als «Schicksal» erscheint [16]. Die Aufgabe der Geschichte ist die «Versöhnung des von Gott abgefallenen Endlichen» durch die Menschwerdung Gottes, den Eintritt des Absoluten in die Endlichkeit [17]. Zu einer ausführlichen Reflexion über den Begriff des A. kommt Schelling dann in der Schrift ‹Philosophie und Religion› (1804): Zwischen der «Intellektualwelt und der endlichen Natur» [18] gibt es «keinen stetigen Übergang, der Ursprung der Sinnenwelt ist nur als ein vollkommenes Abbrechen von der Absolutheit, durch einen Sprung, denkbar» [19]. Das Endliche hat keine Realität, es ist ein Nichts ohne Verbindung mit dem Absoluten. Sein Ursprung «kann nur in einer Entfernung, in einem A. vom Absoluten liegen» [20]. Eine letzte Erklärung des A. kann es nicht geben: Dem Wirklichen ist Freiheit und Selbständigkeit gegeben; der Grund für seinen A. bleibt dunkel. Gleichwohl sucht Schelling eine Deutung im Rahmen seiner Geschichtsphilosophie zu geben: «Die Ideen, die Geister mußten von ihrem Centro abfallen, sich in der Natur, der allgemeinen Sphäre des A., in die Besonderheit einführen, damit sie nachher, als besondere, in die Indifferenz zurückkehren und, ihr versöhnt, in ihr seyn könnten, ohne sie zu stören» [21]. Die «Endabsicht der Geschichte [ist] die Versöhnung des A.» [22]. Der A. dient somit nicht nur zur Erklärung des Endlichen und Bösen, sondern er hat seine positive Funktion bei der Verwirklichung der «großen Absicht der gesammten Welterscheinung» [23]: Durch ihn werden die Ideen «ins Leben gerufen», während sie sonst ungeoffenbart in Gott geblieben wären [24]. «Die Endlichkeit im eignen Seyn der Dinge ist ein A. von Gott, aber ein A., der unmittelbar zur Versöhnung wird» [25]. – In den folgenden Schriften entwickelt Schelling diese Gedanken mit der Annahme eines vom Wesen Gottes unterschiedenen Grundes in Gott, einer dunklen niederen und einer klaren höheren Sphäre in Gott weiter. Die Freiheit des Menschen liegt in der Möglichkeit, die «in Gott unauflöslichen Principien» auflösen und sich in «Selbstheit ... von dem Licht» trennen zu können. Der Eigenwille erhebt sich gegen Gott, er fällt von seinem Zentrum ab und kehrt damit das Verhältnis der in Gott im Gleichgewicht stehenden Potenzen um [26]. In den F., das «Zurücksinken» des Menschen, ist auch die Natur mit einbezogen [27]. Die «Zertrennung der Principien» steht auch hier im Plan der Selbstoffenbarung Gottes [28]. In seiner späten ‹positiven Philosophie›, deren Gegenstand der wirkliche, persönliche Gott und die Erlösung durch ihn, eine «philosophische Religion», ist [29], versucht Schelling seine A.-Lehre in Einklang mit den biblischen Texten zu setzen. Der in «das Centrum der Gottheit» erschaffene Mensch ist aus diesem seinem «Mittelpunkt» abgefallen («gewichen»), und die göttliche Einheit wird gestört [30]. Erkennt der Mensch aber «die Kluft ... zwischen ihm und Gott ..., wie allem sittlichen Handeln der A. von Gott, das außer-Gott-Seyn zu Grunde liegt und es zweifelhaft macht», so findet er keine Ruhe, «ehe dieser Bruch versöhnt ist» [31]. Der A. besteht darin, daß der Mensch sich «gegen den Schöpfer oder gegen die Potenzen» wendet und glaubt, auch nach dem A., «in der Zertrennung», Herr über die Potenzen sein zu können, er will wie Gott sein [32]. Es bedarf der Erlösungstat Christi, um den A., «jenen Umsturz, dessen Schuld der Mensch trägt», zu sühnen [33].

Schon früh wurde Schellings A.-Lehre von den einen heftig kritisiert, von den anderen begrüßt und in die eigene Philosophie aufgenommen. Bereits 1804 weist J. J. WAGNER auf die beschränkte Funktion der Idee des A. hin; sie dürfe nicht «an die Spitze des Systems» gestellt werden, sondern habe nur untergeordnete Bedeutung [34]. FICHTE bezeichnet Schellings Theorie als «Absurdität», die aus der Konstruktion eines falschen Gegensatzes von Absolutem und Wirklichkeit folge, so daß man den A. benötige, um diese Wirklichkeit zu verstehen [35]. HEGEL sieht in der A.-Lehre eine Verbindung zwischen den Gnostikern und Schelling [36] und verwendet in der ‹Enzyklopädie› den A.-Begriff zur Deutung der Natur als eines «unaufgelösten Widerspruchs», als «A. der Idee von sich selbst» [37]. F. SCHLEGEL bringt die indische Seelenwanderungslehre mit der Theorie vom Herabsinken und F. der Seelen in Zusammenhang [38]. GÖRRES, SCHOPENHAUER («A.-Lehre ... und was dergleichen Gefasels mehr ist»), DE WETTE und REIFF lehnen eine Philosophie des A. ab [39]. Wie sehr zeitweilig Schellings Philosophie mit seiner A.-Theorie identifiziert wurde, zeigt ein Ausspruch CH. KAPPS: «Schelling's phosphoreszierender Geist ist der Lucifer deutscher Wissenschaft, der Philosoph des A.» [40].

Zur gleichen Zeit wie Schelling spricht auch F. VON BAADER von einem «F. des Menschen», der «den Einsturz des Weltalls auf ihn» bewirkte. «Des Menschen F. war ein kosmisches Ereigniss», durch das der Mensch die Herrschaft über das Universum verloren hat [41]. Unter den Schülern und Anhängern Schellings dient der A.-Begriff zur Erklärung des Bösen und der Endlichkeit [42], der Zerrüttung des Geisteslebens (A. von der wahren Philosophie und Offenbarung) [43] oder der Loslösung der gesamten Schöpfung von Gott und deren Unordnung und Zerstörung [44]. Bedeutsam wurde er weiterhin in der Geschichtsphilosophie von CH. A. HEINROTH (die Weltgeschichte ist die «Geschichte des A. vom Göttlichen») [45], C. FRANTZ (durch A. und Sünde ist «die ganze Freiheitsentwicklung zu einer fortschreitenden Entfernung von Gott geworden», bis daß in einer dritten Periode der Geschichte «die Menschheit sich heiligen [wird] zur Wiedervereinigung mit Gott») [46] und M. HESS, für den durch das Bewußtsein des Menschen die Entzweiung in Natur, Geschichte und Weltgeist, die «an und für sich heilig» sind, gekommen ist: «Der Mensch, das Subject, steht zwischen der Natur und dem Weltgeiste, zwischen dem unmittelbaren und vermittelten Gottesleben in der Mitte, und ist sowohl der Grund des A., wie der Versöhnung» [47]. Dagegen werden F. und A. im 20. Jh. als geschichtsphilosophische Kategorie ausdrücklich abgelehnt [48]. Lediglich bei einigen Lebensphilosophen wird F. noch zur Deutung des Bösen und der Erbsünde verwandt [49].

Anmerkungen. [1] Vgl. G. SCHOLEM: Die jüdische Mystik in ihren Hauptströmungen (1967) 258ff. – [2] J. BÖHME, Schriften (1730), Neudruck, hg. W.-E. PEUCKERT (1955-1961) 16, 8. – [3] F. CH. OETINGER: Die Metaphysic in Connexion mit der Chemie (o. J. ca. 1770) 540-543. – [4] a. a. O. 548. – [5] Schriften, hg. K. CH. E. EHMANN II/1 (1858) 125. – [6] a. a. O. 213. – [7] 268. – [8] 175. – [9] 375; vgl. 332. – [10] Theologia ex idea vitae deducta (1765) 126. – [11] a. a. O. 218; Die unerforschlichen Wege der Herunterlassung Gottes (1735) IV. Teil, 61f. – [12] F. W. J. SCHELLING, Werke, hg. K. F. A. SCHELLING (1856-1861) 4, 257. – [13] a. a. O. 4, 259; vgl. 4, 284f. 389. – [14] 4, 167. – [15] 4, 258. – [16] 5, 290. – [17] 5, 294. – [18] 6, 35. – [19] 6, 38. – [20] 6, 38; vgl. 6, 552. – [21] 6, 57. – [22] 6, 63. – [23] 6, 57. – [24] 6, 38. – [25] 6, 566. – [26] 7, 365; vgl. 7, 458f. – [27] 7, 459f.; 9, 32f. – [28] 7, 373; vgl. 7, 403ff.; 14, 262. 274. – [29] 11, 568. – [30] 11, 206. – [31] 11, 566. – [32] 13, 349ff. – [33] 13, 373. – [34] J. J. WAGNER: System der Idealphilos. (1804) XLIf. – [35] J. G. FICHTE, Werke, hg. MEDICUS 5, 350. – [36] Dokumente zu Hegels Entwicklung, hg. J. HOFFMEISTER (1936) 344. – [37] HEGEL: Enzyklopädie (1830) § 248, hg. F. NICOLIN/O. PÖGGELER (⁶1959) 201. – [38] F. SCHLEGEL, Krit. A., hg. E. BEHLER (1962ff.) 6, 121. – [39] J. GÖRRES: Über Grundlage, Gliederung und Zeitenfolge der Weltgesch., hg. M. A. STROBL (1880) 21; A. SCHOPENHAUER, Werke, hg. FRAUENSTÄDT/HÜBSCHER (²1946ff.) 2, 322; W. M. L. DE WETTE: Über Relig. und Theol. (²1821) 52f.; J. F. REIFF: Der Anfang der Philos. (1840) 58. – [40] CH. KAPP: F. W. J. Schelling. Ein Beitrag zur Gesch. des Tages (1843) 129. – [41] F. VON BAADER: Werke, hg. HOFFMANN (1851-1860) 12, 184; vgl. 12, 400f. 404; 2, 376f. – [42] B. H. BLASCHE: Das Böse im Einklange mit der Weltordnung (1827) 198f.; vgl. 208f. 220. 222f.; J. SCHIESTL: Über den Ursprung des Guten und Bösen (1818) 25. – [43] J. P. V. TROXLER: Vorles. über Philos. (1835) 110f. 130f. 176. 276. – [44] CH. SECRÉTAN: La philos. de la liberté (Paris 1849) 2, 104ff. 128f. – [45] CH. A. HEINROTH: Pisteodicee oder Resultate freier Forschung über Gesch., Philos. und Glauben (1829) 130. – [46] C. FRANTZ: Grundzüge des wahren und wirklichen absoluten Idealismus (1843, Neudruck 1970) 206f. 214. – [47] M. HESS: Die europäische Triarchie (1841), in: Philos. und sozialist. Schriften, hg. A. CORNU/W. MÖNKE (1961) 81. – [48] O. SPANN: Geschichtsphilos. (1932) 181. 393. 396. – [49] O. EWALD: Die Relig. des Lebens (1925) 108f. 111f.; W. MÜLLER-WALBAUM: Die Welt als Schuld und Gleichnis (1920) 309. 312. 319.

Literaturhinweise. J. HABERMAS: Das Absolute und die Gesch. (1954) 184ff. – W. SCHULZ: Die Vollendung des dtsch. Idealismus in der Spätphilos. Schellings (1955) 125ff. 259ff. – L. VAN BLADEL: Die Funktion der A.-Lehre in der Gesamtbewegung der Schellingschen Philos., in: Schelling-Studien. Festgabe für M. Schröter (1965) 49-82. – H. HOLZ: Spekulation und Faktizität. Zum Freiheitsbegriff des mittleren und späten Schelling (1970) 50ff.

U. DIERSE

Fallibilismus (engl. fallibilism) ist eine Prägung von CH. S. PEIRCE, mit der er seit ca. 1897 einen bestimmten Aspekt seiner Philosophie charakterisieren will [1]. Nach der Veröffentlichung seiner Manuskripte in den ‹Collected Papers› (1931ff.) wurde der Ausdruck im angloamerikanischen Bereich allgemein gebräuchlich als Bezeichnung für erkenntnistheoretische Positionen, die mit Namen wie B. RUSSELL, H. REICHENBACH, A. J. AYER und K. R. POPPER verbunden sind und darin übereinkommen, daß synthetische (engl.: ampliative) Erkenntnisse grundsätzlich keine absolute Gewißheit beanspruchen können [2].

PEIRCES F. ist eine Konsequenz seiner Theorie, daß alle synthetischen Erkenntnisse auf Abduktions- und Induktionsschlüssen beruhen. Diese Schlußmodi liefern keine zwingenden Konklusionen; auch bei korrektem Schließen ist die Möglichkeit nicht ausgeschlossen, von richtigen Prämissen zu falschen Resultaten zu gelangen. Selbst wenn ich bei jeder einzelnen meiner Überzeugungen sicher sein kann, sie richtig erschlossen zu haben, muß ich doch zugleich prinzipiell einräumen, daß, insgesamt gesehen, vermutlich einige dieser Annahmen falsch sind. Peirce sieht bei objektiven Aussagen keinen Widerspruch darin, «that while holding certain propositions to be each *individually* perfectly certain, we may and ought to think it likely that [*on the whole*] some of them, if not more, are false» [3]. Denn nicht-deduktive Schlüsse werden sich nur «in the long run» bewähren.

Für die Folge wurde wichtig, daß Peirce seinen F. als einen «Critical Commonsensism» interpretiert wissen will; nicht absoluter Erkenntniszweifel ist unausweichliches Resultat, sondern im Gegenteil können aus dem F. fruchtbare methodologische Maximen für die wissenschaftliche Forschung gewonnen werden. Da «ein einziges Experiment jede noch so wertvolle Hypothese absolut widerlegen könnte», muß es Forschungsstrategie sein, bei einer Theorie oder Hypothese bewußt nach falsifizierenden Gegenbeispielen zu suchen [4]. Nur so kann man im Falle der Falschheit einer Theorie überflüssigen Energieaufwand vermeiden sowie, da jede Theorie direkte oder indirekte praktische Relevanz hat, sich vor unerwünschten späteren Überraschungen schützen. – Ähnliche Thesen vertritt dann vor allem K. R. POPPER, der explizit auf Peirce Bezug nimmt, indem er sich als den «fallibilists» zugehörig erklärt [5]. Auch darin stimmen Popper und Peirce überein, daß F. eben nicht Skeptizismus zu bedeuten hat, sondern gerade weil alle empirische Erkenntnis per se fallibel ist, gewinnen nun die (und nur diese) Aussagen entscheidende Bedeutung, die a) im Prinzip und b) nach dem je aktuellen Stand der Forschung wirklich Falsifikationstests unterworfen werden könnten; cartesische oder aktuell nicht entscheidbare Erkenntniszweifel dürfen dagegen als müßig abgewiesen werden («closed questions»): «The falsificationists or fallibilists say, roughly speaking, that what cannot (at present) in principle be overthrown by criticism is (at present) unworthy of being seriously considered» [6]. – D. SAVAN versucht nachzuweisen, daß Peirces F. komplementär einen Infallibilismus impliziert [7].

Anmerkungen. [1] CH. S. PEIRCE, Coll. Papers 1, 141-175: ‹F., continuity, and evolution›. – [2] Vgl. C. D. BOLLINS, in: EDWARDS' Encyclop. of philos. 2 (1967) 70: ‹F. concerning objective statements›; A. QUINTON, a. a. O. 4, 349f.: ‹F. about empirical belief› (Russell, C. I. Lewis, Ayer). – [3] PEIRCE, a. a. O. [1] 5, 498. – [4] a. a. O. 7, 206; vgl. 7, 89, 182. – [5] K. R. POPPER: Conjectures and refutations (London 1963) 228; vgl. 16. 240. – [6] a. a. O. 228; vgl. PEIRCE, a. a. O. [1] 5, 416. 265. 376; 8, 16. – [7] D. SAVAN: Peirce's Infallibilism, in: Stud. in the philos. of Ch. S. Peirce 2 (Amherst 1964) 290-311.

Literaturhinweise. R. M. CHISHOLM: F. and belief, in: Stud. in the philos. of Ch. S. Peirce 1 (Cambridge, Mass. 1952) 93:110. – K. O. APEL: Einl. zu Ch. S. Peirce, Schriften 1 (1967) 75-108: ‹F. und transzendentale Deduktion›. R. HEEDE

Falsifikation heißt die Widerlegung eines empirischen Urteils durch eine Beobachtung. Durch Beobachtungen können nicht nur singuläre Urteile, sondern auch allgemeine Urteile und negative Existenzurteile («Es gibt kein ...») widerlegt werden. K. R. POPPER hat zuerst darauf aufmerksam gemacht, daß für intersubjektive empirische Aussagen wohl eine endgültige F., nicht aber eine endgültige Verifikation möglich ist [1].

Anmerkung. [1] K. R. POPPER: Logik der Forsch. (1935) Kap. 4. V. KRAFT

Familie, Ehe
I. Dem aus dem Lateinischen stammenden Begriff der F. entspricht im Griechischen das Wort οἶκος, das nicht nur «Haus», «Wohnung», «Zimmer», sondern auch «Hausstand», «Hausgemeinschaft», «F.» und «F.-Besitz» bedeutet.

In der griechischen Frühzeit fallen vor dem Hintergrund einer selbstverständlichen Bindung an Ehe und F. einzelne kritische Äußerungen ins Auge, z. B. bei DEMOKRIT: «Es scheint mir nicht notwendig, sich Kinder zu zeugen» [1]. Denn «Kinderaufziehen ist eine unsichere Sache»(τεκνοτροφίη σφαλερόν)[2]. Vom Bewußtsein der entscheidenden Bedeutung der ehelichen Gemeinschaft erfüllt ist eine Äußerung des Sophisten ANTIPHON: «Wohlan denn, das Leben rücke weiter vor und begehre nach Ehe und Weib. Dieser Tag, diese Nacht ist Anfang eines neuen Gotteswillens (δαίμων), eines neuen Geschicks (πότμος). Denn ein gewagtes Spiel ist die Ehe für den Menschen» (μέγας γὰρ ἀγὼν γάμος ἀνθρώπῳ) [3].

Auf das Problem der Natur (φύσις) und der Stellung der Frau geht der Sokratiker XENOPHON in seinem ‹Oeconomicus› ausführlich ein. Das Thema gehört zu den Stoffen, die der sokratische Kreis von den Sophisten übernommen hat. Die Kap. 7–10 handeln von der Eingewöhnung der jungen Frau in ihren Aufgabenkreis im Hause: Die Frau versieht und überwacht alles, was im Hause zu geschehen hat, selbständig [4]. Der Zweck der Ehe ist die Kindererzeugung und die gemeinsame Hausverwaltung [5]. Denn die Gottheit hat das eheliche Paar (ζεῦγος) als Nutzgemeinschaft zum Zwecke der Arterhaltung zusammengefügt [6], im Hinblick auf die Arbeitsteilung aber die Natur von Mann und Frau differenziert und so die φύσις der Frau den häuslichen Arbeiten, diejenige des Mannes denen, die «draußen» (ἔξω) verrichtet werden, angepaßt [7]. Daraus entsteht eine natürliche Lebensgemeinschaft. Es gibt dabei keine prinzipiellen Unterschiede zwischen den beiden Geschlechtern, etwa im Hinblick auf Gedächtniskraft, Sorgfalt oder Selbstbeherrschung [8], nur besitzt der Mann größere Widerstandskraft, die Frau größere Kinderliebe [9]. In jedem Fall ergänzen sich die Geschlechter aufs glücklichste [10].

Auch PLATON postuliert im ‹Staat› die prinzipielle Gleichstellung der Geschlechter. Denjenigen Frauen, die dem Wächterstand angehören, soll die gleiche besonders sorgfältige Ausbildung (παιδεία) zuteil werden wie den Männern; sie sollen für die gleichen Aufgaben herangezogen werden: Denn «die Anlagen sind unter die beiden menschlichen Geschlechter gleichmäßig verteilt» (ὁμοίως διεσπαρμέναι αἱ φύσεις ἐν ἀμφοῖν τοῖν ζῴοιν) [11]. Platon glaubt an die Fähigkeit der Frau, am Aufbau der staatlichen Gemeinschaft mitzuwirken. Aber er sieht diese Mitwirkung nicht im Rahmen der F. Im vollen Bewußtsein der Kühnheit, ja Anstößigkeit seiner Idee fordert er die Frauengemeinschaft innerhalb des Wächterstandes: «Die Wächterinnen sollen allen Wächtern gemeinsam angehören; keine darf mit einem Manne allein (ἰδίᾳ) zusammenleben. Auch die Kinder sollen gemeinsam sein, und kein Vater soll sein Kind, noch das Kind seinen Vater kennen» [12]. Er fügt bei: «Das klingt noch viel unglaublicher als das andre» (nämlich die Gleichberechtigung der Geschlechter) [13]. Es versteht sich von selbst, daß Platon ein ungeregeltes Zusammenleben der Geschlechter ablehnt. Die «Hochzeiten» (γάμοι) sollen vielmehr vom Staat im Sinne einer bewußt gelenkten Eugenik angeordnet werden [14]. Er erwartet, daß die Wächter des Staates sich nur dann mit ganzer Kraft dem Staat widmen können, wenn sie der Sorge um eine F. enthoben sind. In den ‹Gesetzen› setzt er freilich wieder die traditionelle Form der Ehe- und F.-Gemeinschaft voraus [15]. Noch immer aber steht das Interesse des Staates über allen persönlichen Wünschen: «Jeder soll die für den Staat zuträgliche, nicht die ihm selbst am meisten zusagende Wahl treffen» [16].

ARISTOTELES übt an der Konzeption des platonischen Idealstaates scharfe Kritik. Er ignoriert die tieferen Impulse und Motive des platonischen Denkens und setzt seine eigenen realpolitischen Maßstäbe an. Soweit diese Kritik grundsätzliche Bedeutung hat, richtet sie sich vor allem gegen den in den Augen des Aristoteles überspannten Einheitsgedanken Platos: «Denn es ist doch klar, daß ein Staat, der immer mehr eins wird, schließlich gar kein Staat mehr ist. Seiner Natur nach ist er eine Vielheit» [17]. Dementsprechend entwickelt Aristoteles den Staat in Gedanken aus der Vielheit selbständiger Gemeinwesen (κῶμαι), die ihrerseits aus einer Anzahl F.-Gemeinschaften (οἰκίαι) bestehen [18]. Entwickelt sich dagegen ein Staat zur Einheit im strengen Sinne, so wird aus ihm nach Aristoteles eine Hausgemeinschaft (οἰκία): «Wenn man eine solche Entwicklung auch herbeiführen könnte, so dürfte man es doch nicht tun, denn sie würde den Staat aufheben» [19]. Im Hinblick auf das Verhältnis der Geschlechter zueinander hält sich Aristoteles wiederum an die Vorstellung, wonach der Mann zum Herrschen, die Frau zum Dienen bestimmt sei: «Es steht nun also dem Manne zu, über Frau und Kinder zu herrschen, aber über beide als freie Menschen (ὡς ἐλευθέρων), doch nicht in derselben Weise, sondern über die Frau in der Weise der Herrschaft in der Polis (πολιτικῶς) und über die Kinder als «Fürst» (βασιλικῶς). Denn das Männliche ist von Natur zur Leitung mehr geeignet (ἡγεμονικώτερον) als das Weibliche, wenn nicht etwa ein Verhältnis gegen die Natur vorliegt» [20]. In der ‹Nikomachischen Ethik› entwirft er dennoch im Zusammenhang mit dem Thema der φιλία (Liebe, Freundschaft) ein Bild vom Zusammenleben von Mann und Frau, das sich im Gegensatz zu Platos universalem Gemeinschaftsgefühl klar vom Ganzen des Staates abhebt: «Die Freundschaft (φιλία) zwischen Mann und Frau scheint auf der Natur zu beruhen. Denn der Mensch ist von Natur noch mehr zum Beisammensein zu zweien (συνδυαστικόν) angelegt als zur staatlichen Gemeinschaft (πολιτικόν), sofern die F. ursprünglicher und notwendiger ist als der Staat (ὅσῳ πρότερον καὶ ἀναγκαιότερον οἰκία πόλεως) und das Kinderzeugen allen Lebewesen gemeinsam ist. Die andern freilich beschränken ihre Gemeinschaft darauf, bei den Menschen besteht sie aber nicht nur um der Kinderzeugung willen, sondern wegen der Lebensgemeinschaft (συνοικοῦσιν τῶν εἰς τὸν βίον χάριν) [21].

Als Folge der sophistischen Angriffe auf die heroischen und die bürgerlichen Tugenden und der radikalen Kritik der Sokratiker finden sich nicht nur bei den *Kynikern*, sondern auch bei EPIKUR und seiner Schule wiederum Zeugnisse der Ablehnung von Ehe und F. [21a]. Demgegenüber gelten Ehestand und F.-Gründung bei den *Stoikern* als staatsbürgerliche Pflicht. Darüber hinaus ist der Mensch für den Stoiker allgemein von Natur zur Gemeinschaft und zur gegenseitigen Liebe bestimmt [22]. Eine ausdrückliche Würdigung der Lebensgemeinschaft in der Ehe findet sich bei ANTIPATER VON TARSOS (2. Jh. v. Chr.): Dringend mahnt er, bei der Eheschließung gewissenhaft zu prüfen, nicht auf Reichtum, Abkunft oder körperliche Schönheit zu schauen, sondern eine Gattin zu suchen, die durch die familiäre Umgebung, durch Anlage und Erziehung die Gewähr für eine «Symbiose» [22a], für eine Lebensgemeinschaft bietet. Weiter führt er aus: «Eine vollkommene Hausgemeinschaft und ein vollkommenes Leben (τέλειος οἶκος καὶ βίος) ist ohne Frau und Kinder nicht möglich ... Wer nicht aus Erfahrung weiß, was Ehegattin und Kinder sind, der hat nicht die wahrste, die echte Liebe gekostet. Denn alle sonstigen Arten von Freundschaft und Wohlwollen gleichen den Mischungen, die sich beim Zusammenlegen von Hülsenfrüchten und ähnlichen Dingen ergeben, die von Mann und Frau dagegen der totalen Durchmischung von Wasser und Wein, die ganz ineinander aufgehen (αἱ δ' ἀνδρὸς καὶ γυναικὸς φιλίαι ἐοίκασι ταῖς δι' ὅλων κράσεσιν, ὡς οἶνος ὕδατι καὶ τοῦτο ἐπιμένων μίσγεται δι' ὅλων). Denn nicht nur Vermögen und das, was für alle Menschen das Liebste ist, die Kinder, und die Seele haben sie gemeinsam, sondern sie allein auch den Leib (καὶ τῶν σωμάτων οὗτοι μόνοι κοινωνοῦσιν» [23]. Mit der gleichen persönlichen Anteilnahme hat MUSONIUS, der Lehrer des Epiktet, diese Gedanken in seinen Diatriben weiterentwickelt. Nach dem Zeugnis seines Schülers Lucius hat er nicht nur seiner Überzeugung Ausdruck gegeben, daß auch Frauen philosophieren sollten [24] und daß man die Töchter in gleicher Weise erziehen solle wie die Söhne [25], sondern auch über das «eigentliche Wesen der Ehe» (τί κεφάλαιον γάμου) [26] gesprochen: «Die Gemeinschaft des Lebens und der Erzeugung von Kindern (βίου καὶ γενέσεως παίδων κοινωνία) ist das eigentliche Wesen der Ehe ... Aber dies reicht noch nicht zur wahren Ehe, weil es ja auch ohne Ehe geschehen könnte ... In der Ehe muß in jeder Hinsicht eine ‹Symbiose› (συμβίωσις) sein und eine Fürsorge (κηδεμονία) von Mann und Frau füreinander, wenn sie gesund und wenn sie krank sind, und überhaupt in jeder Lebenslage ... Wo nun diese gegenseitige Fürsorge vollkommen (τέλειος) ist, wo beide wetteifern, einander in Liebe zu überbieten (ἁμιλλώμενοι νικᾶν ὁ ἕτερος τὸν ἕτερον), eine solche Ehe ist, wie sie sein soll (ᾗ προσήκει), und ein Vorbild für andre (ἀξιοζήλωτος). Denn wahrhaft schön ist eine solche Gemeinschaft (κοινωνία)». Demgegenüber tritt der soziale Bereich Ehe-F. bei SENECA und bei EPIKTET ganz in den Hintergrund. PLUTARCH dagegen widmet den Ehefragen innerhalb seiner Moralia eine besondere kleine Schrift: γαμικὰ παραγγέλματα (Ehekunde) [27]. In 48 kurzen Erzählungen und Aphorismen versucht er, den jungen Eheleuten zu zeigen, durch welches Verhalten zueinander sie am ehesten den Weg zu einem dauerhaften Eheglück finden werden. Im Schlußwort wird der Gatte ermahnt, seine Frau soviel als möglich an seinem geistigen Leben teilnehmen zu lassen, die Frau dagegen, auf diese geistige Gemeinschaft höhern Wert zu legen als auf äußere Güter.

Anmerkungen. [1] DEMOKRIT, Frg. B 276 (DIELS). – [2] a. a. O. B 275. – [3] ANTIPHON, Frg. B 49. – [4] XENOPHON, Oecon. Kap. 7, §§ 23f. – [5] §§ 11-13. – [6] §§ 18f. – [7] § 22. – [8] §§ 26f. – [9] §§ 23f. – [10] § 28. – [11] PLATON, Resp. 455 d. – [12] a. a. O. 457 c/d. – [13] ebda. – [14] 458 e-460 e; vgl. W. JAEGER: Paideia 2 (1944, ²1954) 319f. – [15] PLATON, Leg. 772 e-776 b. – [16] a. a. O. 773 b. – [17] ARISTOTELES, Pol. 1261 a 18. – [18] a. a. O. 1252 b 10. – [19] 1261 a 23. – [20] 1259 a 38. – [21] Eth. Nic. 1162 a 16. – [21a] EPIKUR, Frg. 526 (USENER). – [22] SVF III, 346. 686. – [22a] ANTIPATER, SVF III, Frg. 62. – [23] Frg. 63; vgl. Stoa und Stoiker, hg. POHLENZ (²1964) 158f. – [24] MUSONIUS III (HENSE). – [25] a. a. O. IV. – [26] XIIIa; vgl. Stoa und Stoiker 3: Epiktet, Teles, Musonius, hg. CAPELLE (1948). – [27] PLUTARCH, op. cit. 138 a-146 a.

H. R. SCHWEIZER

II. – 1. Das Wort ‹Familie› (F.; von lat. ‹familia› zu oskisch ‹famel›, altlat. ‹famul›, Knecht) wird bis ins 18. Jh. gleichbedeutend gebraucht mit ‹Haus› (οἶκος, dominium) und deren zugehörigen Personen (Hausgenossenschaft) und Sachen (Eigentum) [1]. Demgemäß wird F. in der zur praktischen Philosophie gehörigen Ökonomie behandelt. Erst nach Auflösung der institutionellen Einheit des Hauses durch die Trennung von

Produktions- (politische Ökonomie) und Konsumtionssphäre (Haushalt) in der bürgerlichen Gesellschaft entstehen Phänomen, Begriff und Theorie der modernen F. In diesem Prozeß wird das ältere deutsche ‹Weib und Kind› durch das Fremdwort ‹F.› ersetzt. Der Kern der F., die Ehe (E.; von althochdtsch. ‹ewa›, Gesetz), wird in der Reflexion auf die neue Erfahrung bürgerlicher Intimsphäre [2] theoretisch isolierbar. – Doch zunächst wird der gesellschaftlich sich auflösende Zusammenhang von F. und E. mit dem Gesinde in der «häuslichen Gesellschaft» von KANT noch der traditionellen Ökonomie gemäß systematisch festgehalten, inhaltlich aber nur zur Konstruktion eines «auf dingliche Art persönlichen Rechts» benutzt [3], dessen einzige Konsequenz die Befugnis ist, entlaufene Glieder des Hauses mit Gewalt zurückzuholen [4]. Daß Kant nur äußerlich am Begriff des Hauses festhält, zeigt seine Theorie der E. Diese wird, der neuen Wirklichkeit intimer Privatheit entsprechend [5], bestimmt als «Vertrag zweier Personen» verschiedenen Geschlechts, durch den «ein jeder seine ganze Person dem anderen ganz übergibt, so daß ein jeder ein völliges Recht auf die ganze Person des anderen hat» [6]. «Beide Personen» machen «eine Einheit des Willens aus», der sich erstreckt auf «den ganzen Zustand des Glücks und alle Umstände, die ihre ganze Person angehen» [7]. «Nach Rechtsgesetzen der reinen Vernunft» («durchs Gesetz der Menschheit») [8] ist der E.-Vertrag notwendig, um «die einzige Bedingung» dafür zu schaffen, moralisch gerechtfertigt «von seiner Geschlechterneigung Gebrauch zu machen» [9], die den Menschen in Gefahr setzt, durch Partialisierung und Objektivierung des Geschlechtspartners diesen und sich selbst der Würde der Person zu entkleiden und der Tierheit gleich zu setzen [10]. Denn nur «das Recht ..., über die ganze Person zu disponieren, gibt mir ... ein Recht über einen Teil ... zu disponieren» [11]. In der E. restituieren sich zwei Personen «wechselseitig gleiche Rechte» [12]: «indem die eine Person» als ganze «von der andern gleich als Sache erworben wird, diese gegenseitig wiederum jene» erwirbt, «gewinnt sie wiederum sich selbst und stellt ihre Persönlichkeit wieder her» [13]. In der umfassenden wechselseitigen Verschränkung der Handlungsbereiche ist das gegenseitige sexuelle Interesse aufgehoben. Im Sinne der Angabe eines Kriteriums kann Kant daher E. auch definieren als «Verbindung zweier Personen verschiedenen Geschlecht zum lebenswierigen wechselseitigen Besitz ihrer Geschlechtseigenschaften» [14]. Sexualität erscheint als notwendiges Mittel zum Zustandekommen, nicht jedoch als hinreichende Basis der E.: «Wenn sich eine Person der anderen widmet, so widmet sie nicht allein ihr Geschlecht, sondern ihre ganze Person, dieses läßt sich nicht separieren» [15]. «Es ist ... der Erwerb eines Gliedmaßes am Menschen zugleich Erwerbung der ganzen Person, weil diese eine absolute Einheit ist» [16].

Trotz ihrer eindeutigen Formulierung ist Kants E.-Theorie vielfach mißverstanden worden. HEGEL begriff Kants Unterstreichung der Sexualfunktion als Reduktion und diffamierte Kants E.-Begriff als «Infamie» [17], «barbarisch» [18], «Schändlichkeit» [19] und «roh» [20]. Obwohl Kant ausdrücklich feststellt, daß der E.-Vertrag nur «lege» zustande kommt [21], «d. i. ohne daß ein besonderer rechtlicher Akt dazu erforderlich ist» [22], unterstellt Hegel ihm eine Vertragstheorie der E.-Schließung.

Erscheint in Kants Rechtsphilosophie die E. primär als Institution, so werden in der gleichzeitigen romantischen E.-Theorie (F. SCHLEGEL, SCHLEIERMACHER [23]) gerade die vorinstitutionellen Momente wesentlich, die in Kants Betrachtung gar nicht erst eingingen. Aus der Erfahrung gesellschaftlich verantwortungsfreier und moralisch indifferenter Geselligkeit (permanenter Kommunikation) [24] wird E. als Gruppe pseudoreligiös emphatisiert und zugleich als Institution ironisch relativiert. Einerseits erscheint die vollendete E. als Bild göttlicher Einheit [25], andrerseits als Steigerung von Freundschaft und Liebe zur durch institutionelle Grenzen ungehinderten, vollkommen homogenen Verbindung in sich vollendeter Individuen [26]. Juridische Bestimmungen sind entweder selbstverständlich (Treue) oder gleichgültig (Monogamie). E. ist hier ästhetische Kulmination der Selbstgestaltung reichhaltigen Lebens zum harmonischen Kunstwerk Individuum. Dieses fühlt nur in der Antwort eines Du seine unendliche Einheit [27], zu der sich selbst zu bilden seine höchste Aufgabe und die E. das vorzüglichste Mittel ist. Die romantische Ästhetisierung und Verklärung der gesellschaftlichen Wirklichkeit der E. zu einer konfliktfreien Wahlverwandtschaft [28] hat Leitbild und Selbstverständnis der E. bis zur Gegenwart nachhaltig geprägt.

HEGELS Theorie über F. und E. [29] ist kritisch gerichtet sowohl gegen den vermeintlichen Vertragstheoretiker Kant [30] als auch gegen den Antiinstitutionalismus der Romantiker [31]. Wie F. Schlegel ordnet Hegel jedoch die «rechtliche Seite» «der Seite der moralischen Gesinnung, der Liebe und des Zutrauens» unter [32] und betrachtet F. als «höchste Totalität» [33], «Eine Substanz, ... Eine Person» [34]. «Die Verbindung von Personen zweierlei Geschlechts, welche E. ist, ist wesentlich weder blos natürliche, thierische Vereinigung, noch bloßer Civilvertrag, sondern eine moralische Vereinigung der Gesinnung in gegenseitiger Liebe und Zutrauen, die sie zu Einer Person macht» [35]. Während KANT bei der Feststellung stehen geblieben war, in der E. bestehe (idealiter) eine «Einheit des Willens» beider Personen [36], sieht HEGEL es als wesentlich an, daß die Eheschließenden ihre Persönlichkeit aufgeben (vernichten) und frei einwilligen, «Eine Person auszumachen» [37]. Gemeint ist das Bewußtsein der Zugehörigkeit zu einem imaginierten Ganzen (das Hegel als Substanz verselbständigt); dieses F.-Bewußtsein ist politisch «die gediegene Grundlage ..., sich als eins mit [irgend] einem Ganzen zu empfinden» [38]. Ausführlich behandelt Hegel den praktischen Zusammenhang von F., Eigentum und Erbrecht [39] und kann daher (anders als Kant und die Romantiker) F. in den Prozeß der bürgerlichen Gesellschaft einfügen [40]. Analog zu den Dichotomien Unten/Oben, Pflanze/Tier, Weib/Mann stellt Hegel F. gegen politisches Gemeinwesen. Deren Konflikt entwickelt Sophokles' ‹Antigone› «für alle Zeiten gültig» [40a]: Indem sich das allgemeine Gesetz gegen die sich vereinzelnde F. durchsetzt, «erzeugt es sich an dem, was es unterdrückt und was ihm zugleich wesentlich ist, an der Weiblichkeit überhaupt seinen inneren Feind» [41]. Dennoch muß es das «unterirdische Reich» der «Weiblichkeit» als seine «stumme Substanz», als «Wurzel seiner Kraft» [42] anerkennen. Unmittelbare Geltung hat das verdrängte Prinzip als Pietät in der F. [43]. Jenseits der F. erscheint das abgetrennte Eigene als Anderes fremd, beängstigend, feindlich [44]: Im Traum, auch in der «Raserei der Priesterin» und der «unmenschlichen Gestalt der Hexen» [45] steigt das Unbewußte [46] aus den «Wassern der Vergessenheit» auf [47] und fordert Respekt. Im Kriege befriedigt der Staat die Ansprüche der «Unterwelt»: «das unterdrückte Prinzip des Verderbens tritt an den Tag und ist das Geltende» [48]. Hier hat Hegel den Zusammenhang von Sexualität, F. und Herrschaft, von Verdrängung, Wahn und Aggression durchschaut und mythisch ausgesprochen.

Anmerkungen. [1] O. BRUNNER: Land und Herrschaft (^{5}1965) 254-257. – [2] J. HABERMAS: Strukturwandel der Öffentlichkeit (1962) 58-65. – [3] KANT, Met. Sitten, Rechtslehre §§ 22-30; dazu KANTS Brief an C. G Schütz (10. 7. 1797) in: Met. Sitten, hg. VORLÄNDER (= Met.S.) (1922 u. ö.) XLIIff. und Anhang zur 2. Aufl. der Rechtslehre (1798) a. a. O. 190-193. – [4] 92. 97ff. – [5] Vgl. Anm. [2]. – [6] Eine Vorl. KANTS über Ethik, hg. P. MENZER (= Eth.M.) (1924) 210. – [7] ebda. – [8] Met.S. 92. – [9] Eth.M. 210. – [10] a. a. O. 206. – [11] 210. – [12] ebda. – [13] Met.S. 92. – [14] a. a. O. 91. – [15] Eth.M. 210. – [16] Met.S. 92. – [17] HEGEL, System der Sittlichkeit, hg. G. LASSON (1967) 37. – [18] Jenaer Realphilos., hg. HOFFMEISTER (^{2}1967) 227. – [19] Rechtsphilos. § 75 Anm. – [20] a. a. O. § 161 Zusatz. Werke, hg. GLOCKNER = WG 7, 239. – [21] KANT, Met.S. 94. – [22] a. a. O. 95. – [23] F. SCHLEGEL: Lucinde (1799); F. SCHLEIERMACHER: Vertraute Briefe (anonym 1800). – [24] B. v. WIESE: F. Schlegel (1927); A. SCHLAGDENHAUFEN: F. Schlegel et son groupe (Paris 1934). – [25] F. SCHLEGEL: Lit. Note-Books, hg. EICHNER (London 1957) 1522. 1559. 1562. – [26] ebda.; vgl. K. BRIEGLEB: Ästhetische Sittlichkeit (1962) 110ff. – [27] F. SCHLEGEL: a. a. O. [25] 1481. – [28] M. O. STAMMER: Schleiermachers Ästhetizismus in Theorie und Praxis während der Jahre 1796 bis 1802 (1913) 91f. 154f. – [29] HEGEL, bes. Rechtsphilos. §§ 158-181. – [30] Vgl. Anm. [17-20]; ferner Rechtsphilos. § 168 Anm. – [31] z. B. a. a. O. § 164 Anm., Zusatz. WG 7, 244f.; vgl. O. PÖGGELER: Hegels Kritik der Romantik (1956). – [32] HEGEL, Philos. Propädeutik I, § 49. – [33] System der Sittlichkeit (^{2}1967) 37. – [34] Propädeutik I, § 49 Erläuterung. – [35] a. a. O. § 51. – [36] Vgl. Anm. [6]. – [37] Rechtsphilos. § 162; vgl. WG 7, 87. 94; 10, 399; Die Vernunft in der Gesch., hg. HOFFMEISTER (1955) 118. – [38] a. a. O. 119. – [39] Rechtsphilos. §§ 169-180. 203. – [40] a. a. O. §§ 181. 238-240. 253. 255. 261ff. – [40a] Ästhetik, hg. BASSENGE (1955) 449f. 1085f. – [41] Phänomenologie des Geistes, hg. HOFFMEISTER (1952) 340. – [42] a. a. O. 324. 339. – [43] Rechtsphilos. § 166 Anm. – [44] Phänomenol. a. a. O. [41] 335. – [45] 515. – [46] 336f. – [47] 339. – [48] 341. J. FRESE

2. *Sozialistische Theorien* über F. und E. kritisieren diese als von der Privateigentumsordnung geprägte bürgerliche Formen, in denen sich menschliche Beziehungen wesentlich nur über ökonomische Interessen vermitteln können.

Im Gegensatz zu den auf allgemeinen sozialen Fortschritt hoffenden frühen Sozialisten SAINT-SIMON, FOURIER, WEITLING [1] glauben MARX und ENGELS, daß die bürgerliche F. erst in einer allgemeinen Umwälzung kapitalistischer Produktionsverhältnisse zu verändern ist. Diese These begründet Engels [2] in enger Anlehnung an L. H. MORGAN [3]. Die proletarische F. sehen Marx und Engels als teilweise Vorwegnahme der nachkapitalistischen: Dadurch, daß Frauen und Kinder in den Arbeitsprozeß eingegliedert sind, kann mit veränderter ökonomischer Grundlage das Verhältnis der F.-Mitglieder zueinander eine «höhere Form» gewinnen [4]. Auch in F. und E., die Marx und Engels (wie vorher schon BABEUF, CABET und WEITLING) grundsätzlich als Institutionen auf der Grundlage sittlicher Beziehungen (Liebe und Verantwortungsbewußtsein) erhalten sehen wollen, kann sich der Mensch in seinem Verhältnis zum anderen Menschen verwirklichen [5].

Radikale Liberale [6] und antiautoritäre Sozialisten [7] haben die ideologische Geltung von F. und E. in Theorie und Experiment wesentlich radikaler in Frage gestellt als der in diesem Punkt eher konservative Marxismus.

Anmerkungen. [1] Vgl. Der Frühsozialismus, hg. T. RAMM (1956). – [2] F. ENGELS: Der Ursprung der F., des Privateigentums und des Staats (1884). MEW 21 (1962) 25-173. – [3] L. H. MORGAN: Ancient society (London 1877). – [4] K. MARX/F. ENGELS: Manifest der kommunistischen Partei (1848). MEW 4 (^{3}1964) 459-493. – [5] Vgl. z. B. MARX' Thesen in den James Mill-Exzerpten. MEW Erg.Bd. 1 (1968) 462f. – [6] z. B. B. RUSSELL: Marriage and morals (1929, dtsch. 1930 u. ö.). – [7] Exemplarisch G. KIRCHKNOPF, in: Kursbuch 14 (1968) 110-115.
C. LANGEWELLPOTT

3. Aus dem Krisenbewußtsein der bürgerlichen Gesellschaft zur Zeit des Höhepunktes der industriellen Revolution entstand um 1850 neben anderen sozialwissenschaftlichen Einzeldisziplinen die F.-*Soziologie*. In Abkehr von der philosophisch orientierten Gesellschaftslehre naturrechtlicher Herkunft (HEGEL, LORENZ STEIN) wurde versucht, die problematisch werdende F. auf dem Hintergrund eines in die Wirklichkeit projizierten F.-Bildes zu restaurieren (W. H. RIEHL). Diese sozialpolitisch konservativ intendierte Konstruktion sollte die F. als naturhaft und damit gesellschaftliche Ungleichheiten aufgrund naturgesetzlich interpretierter Geschlechtsunterschiede legitimieren. Wird hier die F. zwar schon als Einheit von naturalen und sozio-ökonomischen Funktionen gesehen (F. LE PLAY, W. H. RIEHL, A. SCHÄFFLE), so wird sie dennoch als historisch und sozial invariant («naturalistisch») aufgefaßt. Dieser Position kontrastiert wenig später die «soziologistische» Auffassung, nach der F. entweder nur unter dem Aspekt ihres Verhältnisses zur jeweiligen Gesellschaftsstruktur betrachtet wird bzw. von dieser restlos ableitbar erscheint (L. GUMPLOWICZ) oder lediglich ein bestimmtes historisch-soziales Durchgangsstadium der geschichtlichen Entwicklung darstellt (F. MÜLLER-LYER). Erst mit der Interpretation der F. als eines geschichtlichen Vergesellschaftungstyps (M. WEBER) gewinnt die soziologische Problemstellung eine neue, der Alternative von sozialer oder naturaler Betrachtung entrückte Dimension. In neueren familiensoziologischen Theorien verlieren diese antagonistischen Auffassungen unter veränderten Forschungsinteressen (psychoanalytisch, wissenssoziologisch, funktionalistisch, strukturalistisch) endgültig ihre Relevanz: Naturale und soziale Funktionen werden integriert in die Problemkreise von Rolle und Interaktion (T. PARSONS, R. F. BALES) von Sozialisation (L. A. COSER, R. KÖNIG, D. CLAESSENS) und Pathogenese (E. F. VOGEL, N. W. BELL, TH. LIDZ, L. C. WYNNE), von Ethnologie und Anthropologie (M. MAUSS, C. L. LÉVI-STRAUSS).

4. In den gegenwärtigen Forschungen und Diskussionen der F.-Soziologie [1] werden F. und E. als Primärinstitutionen (a) mit Integrationsfunktion (b) dargestellt:

a) Die F. strukturiert die biologisch regellosen Reproduktionsformen der menschlichen Gattung in Verwandtschaftsbeziehungen und ist damit die früheste Form institutionell verankerter gesellschaftlicher Organisation. Was die F. zu einem «sozialen Totalphänomen» (M. MAUSS) macht, ist neben ihrer Einheit physischer, sozio-ökonomischer und rechtlicher Beziehungen ihre vom Inzesttabu universell geprägte Struktur. In der Form der Heiratsregeln ist die ursprüngliche, positive Verpflichtung zur Exogamie als sozialer Kommunikation enthalten und bildet damit den Ausgangspunkt gesamtgesellschaftlicher Organisation (C. L. LÉVI-STRAUSS [2]). Die F. tritt nach Abbau der natürlichen Verhaltungsdisposition an die Stelle der Mechanismen instinktgesteuerter Lebensreproduktion. Die anthropologisch-biologisch definierbare ‹Natur› des Menschen wird im institutionellen Rahmen der F. abgelöst, in ihm lassen die Medien der Vergesellschaftung (Arbeit, Sprache, Herrschaft) eine zweite, im Sozialisationsprozeß erlernte ‹Natur› entstehen [3].

b) Zu allen Zeiten und in den heterogensten kulturellen Systemen erfüllt die F. eine gesellschaftliche Integrationsfunktion. Während in der Antike und im Mittelalter die F. als Produktions- und Besitzgemeinschaft mit Sippencharakter und uneingeschränkt patriarchalischer Struktur die autoritäre gesellschaftliche Organisation im kleinen repräsentierte, entwickelte sie sich in der Neuzeit unter dem Einfluß der Arbeitsteilung und der fortschreitenden Individuierung der Gesellschaftsmitglieder zu einer Konsumationsgemeinschaft (M. Horkheimer [4]) mit rein familialen Leistungen (R. König): Als Produkt einer Kontraktion, als Gatten-F. (E. Durkheim) und wichtigste Form der Intimgruppe wird sie fast nur noch unter dem Aspekt der Kern-F., d. h. der E., gesehen. Dieser Tendenz der F. zur sozialen Desintegration korrespondiert die zur inneren Desorganisation: Durch die Übernahme familialer Aufgaben durch staatliche und gesellschaftliche Instanzen erfährt die F. einen Funktionsverlust, der sich als Instabilität in bezug auf ihre gesellschaftlich geforderte Sozialisationsleistung und als wachsend fühlbare Irrationalität ihres Erziehungsideals krisenhaft ausprägt.

Anmerkungen. [1] T. Parsons und R. F. Bales: Family, socialization and interaction (Glencoe 1955); N. W. Bell und E. F. Vogel (Hg.): A modern introduction to the family (Glencoe 1960); L. A. Coser (Hg.): The family: Its structure and function (New York 1964); G. Handel (Hg.): The psychosocial interior of the family (Chicago 1967); R. F. Winch und L. W. Goodman (Hg.): Selected stud. in marriage and family (New York ³1968); R. König: Art. ‹F. und F.-Soziol.›, in: Wb. der Soziol., hg. W. Bernsdorf (²1969) 247-262. – [2] C. Lévi-Strauss: Les structures élémentaires de la parenté (Paris ²1967). – [3] D. Claessens: F. und Wertsystem (1962). – [4] M. Horkheimer (Hg.): Stud. über Autorität und F. (Paris 1936). W. Mackenthun

5. Gesellschaft und Staat sind (aus eignem Interesse an ihrer freien Entfaltung) zum Schutz von F. und E. verpflichtet. Diese Auffassung hat in die Menschenrechtsdeklaration der UNO und in viele Verfassungen Einlaß gefunden.

Die F. ist heute im Gegensatz zu allen vorindustriellen Epochen weithin nur noch Lebensgemeinschaft der Eltern mit ihren Kindern, also Zwei-Generationen-F. Auch dort, wo noch ohne Einfluß moderner Industriewirtschaft die Gemeinschaft mehrerer Generationen und auch großfamiliäre Lebensformen in mutter- oder vaterrechtlicher Ordnung (etwa eines Clans) vorhanden sind, führt die wirtschaftliche und die gesellschaftliche Entwicklung immer mehr zur Klein-F.: In der Industriegesellschaft sind die wirtschaftlichen Klammern von F. und E. gelöst, wie sie zur Zeit der familiären Produktionswirtschaft bestanden. Funktionsverlust und Kontraktion der F. sowie ein säkularisiertes Milieu pluraler Gesellschaft lassen die E. heute unstabiler erscheinen als im vorindustriellen Zeitalter. Die modernen Staaten haben weithin durch ein Ehescheidungsrecht dieser Entwicklung Rechnung getragen. Je stärker die Frage nach dem Gelingen des lebenslangen Reifungs- und Entfaltungsprozesses ins Bewußtsein der Gesellschaft tritt und je mehr die Desintegrationsgefahren wie der personale Anspruch auf freie und menschenwürdige Entfaltung den Blick dafür schärfen, desto größere Bedeutung muß dem fördernden wie auch blockierenden familiären Lebensvollzug zugemessen werden. Es scheint ein circulus vitiosus darin zu bestehen, daß einerseits Gesellschaft und Wirtschaft das von der F. vorrangig erwarten, was sie selbst oft erheblich gefährden (noch nicht gelungene Integration der F. in die Industriegesellschaft), und daß sich andererseits nicht selten der Mangel an Erfahrung durch personale Fixierungen über Generationen hinweg tradiert. In allen Kulturstaaten ist ein umfangreiches System der E.-Vorbereitung, der E.-Beratung und der E.-Hilfe im Entstehen. Elternbildung und Förderungsmaßnahmen der Gesellschaft bzw. des Staates zur geistigen Entfaltung der F. sind zum selbstverständlichen Bestandteil unseres sozialen Lebens geworden. Der Funktionsverlust, wie er im Zuge der Industrialisierung der Wirtschaft eintrat, berührt nicht die Kernfunktionen des gemeinsamen Heimes und Tisches wie der gegenseitigen Bildungshilfe, die nur in der Intimgemeinschaft der F. möglich ist. Die Auflösung der F.-Wirtschaft hat auch die volkswirtschaftliche Verteilungsordnung notwendig werden lassen. Da nur derjenige in der Marktverteilung der Einkommen eine Leistungsentlohnung erhält, der auch eine marktgängige Leistung anzubieten hat, verhilft der Staat über redistributive Maßnahmen (einer zweiten Einkommensverteilung) der Alten-F. und der Mehrkinder-F. zu einem familiengerechten Einkommen (Altersrente und Kindergeld). Auch die Sorgefunktion der F. in Krankheit und anderen Notfällen ist auf gesamtgesellschaftliche Solidareinrichtungen übergegangen. Die zögernde Einstellung vieler Staaten gegenüber familienpolitischen Maßnahmen zur Sicherung des F.-Haushalts hat die Frage aufgeworfen, ob nicht ein Zusammenhang besteht zwischen der allgemeinen Einschränkung der Kinderzahl und der Furcht, wirtschaftlich durch hohe Kinderzahl deklassiert zu werden. Der Rückgang der Geburten in fast allen Industriestaaten (etwa von der Jahrhundertwende an), aber auch das Wachsen der F. mit einem gerechten F.-Lastenausgleich wie auch bei hohen F.-Einkommen lassen einen solchen Zusammenhang vermuten. Das hat zu einem Nebeneinander von wenigen kinderreichen und vielen kinderarmen F. geführt: Etwa ein Drittel aller F. zieht heute in der Bundesrepublik Deutschland zwei Drittel aller Kinder auf. Der geforderte F.-Lastenausgleich hat darum zwischen diesen E. und F. stattzufinden, zumal alle in generativer Solidarität von dem jeweiligen Sozialprodukt leben, das die schaffende Generation erstellt; die Kinderlosen leben demzufolge im Alter von den Kindern der anderen F.

Literaturhinweise. R. König: Materialien zur Soziol. der F. (1946). – E. Burgess und H. J. Locke: The family. From institution to companionship (New York ²1953). – J. Daric: Renouveau des idées sur la famille (Paris 1954). – W. F. Ogburn und M. F. Nimkoff: Technology and the changing family (Cambridge, Mass. 1955). – E. und F. Grundsätze, Bestand und fördernde Maßnahmen, hg. A. Scherer, R. Scherer und J. Dorneich (1956). – H. Schelsky: Wandlungen der dtsch. F. in der Gegenwart (⁴1960). – W. Dreier: Das F.-Prinzip, ein Strukturelement der modernen Wirtschaftsgesellschaft (1960); Wirtschaftliche und soziale Sicherung von E. und F. (1965). – S. Gebauer: F. und Staat, Hb. zur F.-Politik in Europa (1961). – M. Wingen: F.-Politik. Ziele, Wege, Wirkungen (²1965). – Hb. der Elternbildung, hg. J. A. Hardegger u. a. 1. 2. (1966). W. Dreier

Fanatisch, Fanatismus. Lateinisch ‹fanaticus› wie ‹fanari› (umherrasen) von ‹fanum› (heiliger Ort, Tempel) gehört zum Stamm ‹fas›, ‹fes› (religiöse Handlung). Diese Wörter sind vornehmlich auf den Kult außerrömischer Götter, bei christlichen Autoren auf heidnische Kulte bezogen. Im weiteren Sinne bezeichnet ‹fanaticus› jeden vom göttlichen Furor Ergriffenen. Die schon im vorchristlichen Sprachgebrauch wirksame pejorative Bedeutung wird im Christentum absolut. ‹Fanatici› heißen hier alle heidnischen Priester und Kultdiener, die nicht den «Geist aus Gott» empfangen haben, sondern dem «Geist der Welt» (Paulus) verfallen sind [1]. Bis zum

16. Jh. bleibt ‹fanaticus› Bezeichnung für die Religiosität des antiken Heidentums, aber gelegentlich tritt die wertfreie Bedeutung des schwärmerischen Außersichseins in den Vordergrund.

Eine neue ideenpolitische Bedeutung gewinnt das Wort im Zeitalter der *Reformation*. Fanatici sind nun religiöse Schwärmer und Sektierer (z. B. Quäker und Pietisten), die statt einer allen zugänglichen, institutionell oder rational vermittelten Quelle der Einsicht die Unmittelbarkeit der Inspiration oder Intuition zum Prinzip erheben und dafür allgemeine Anerkennung verlangen. So steht im Mittelpunkt kirchlich-orthodoxer F.-Kritik die Lehre vom «inneren Licht», mit der sich das Schwärmertum der autoritativen Offenbarungsvermittlung entziehen will. Aber schon früher hatte MELANCHTHON den F.-Vorwurf gegen die alte Kirche selbst, und zwar gegen die Einführung des Zölibats gewendet. Er argumentierte, daß damit die Ehe als vorzüglichstes Band der societas communis unterdrückt werde [2].

BOSSUET war es dann, der in seiner konfessionellen Polemik den Begriff des ‹fanatisme› – nun schon in inhaltsneutraler Form – auf den Protestantismus im allgemeinen anwandte. Gegen Jurieus Berufung auf die innere Überzeugung machte er das Prinzip des «Consentement de l'Eglise universelle» geltend [3]. JURIEU jedoch gab den F.-Vorwurf zurück, indem er auf die Rolle der Mystik im Katholizismus hinwies [4]. BOSSUET selbst argumentierte auf diese Weise gegen die mystische Bewegung und gegen FÉNELON. Dieser wiederum warf den Jansenisten und Bossuet F. vor. Eine Religionspartei des F. zu überführen, ist ab 1700 die charakteristische Form der reductio ad absurdum.

HOBBES und LOCKE erörtern die Position des «internal light» unter dem Stichwort ‹enthusiasm›. Überhaupt werden in England und Deutschland ‹F.›, ‹Enthusiasmus› und ‹Schwärmerei› zunächst synonym gebraucht und erst später in subtilen Erörterungen unterschieden. Wie Fénelon kritisiert Locke im Anschluß an Hobbes [5] die Berufung auf «immediate revelation» vom Standpunkt der Reflexion und Vernunft aus, ohne die nicht unterschieden werden könne zwischen den «delusions of Satan and the inspirations of the Holy Ghost» [6]. LEIBNIZ übernimmt Lockes Kritik [7], doch verfällt bei ihm auch der Wunderglaube dem F.-Vorwurf. Damit tut er den Schritt von der orthodoxen zur rationalistischen F.-Kritik, die sich nun gegen die Orthodoxie selbst richtet, für deren Offenbarungspositivismus die äußere Beglaubigung der Offenbarung durch Wunder im Unterschied zum «inneren Licht» der Schwärmer das entscheidende Kriterium war. Für die Aufklärung sind Obskurantismus und Illuminismus die beiden Seiten des F. Sie knüpft dabei positiv an das illuministische Moment des F. an und drängt die Orthodoxie auf die Seite des Obskurantismus. HUME betont diesen Zusammenhang der Emanzipation des illuministischen Schwärmertums mit der Aufklärung. Er unterscheidet «superstition» einerseits und «enthusiasm» oder «fanaticism» andererseits [8], sieht den Zusammenhang von religiösem und politischem F. und ergreift gegen den Aberglauben für den F. Partei, weil dieser anti-katholisch und der «civil liberty» förderlich sei [9]. Noch positiver wertet MURALT [10]. SHAFTESBURY unterscheidet die «unschuldige Art des F.», welche die Dichter ergreift, von dem verwerflichen religiösen und politischen F. [11].

In *Frankreich* wird «fanatisme» im Laufe des 18. Jh. zu einem Synonym für orthodoxen Obskurantismus: blinder Glauben um des Glaubens willen, der sich der aufgeklärten Interpretation des Christentums als einer «religion naturelle» verschließt. Anders als Hume identifiziert VOLTAIRE F. und Aberglauben, dagegen unterscheidet er F. und «enthousiasme» [12]. Dieser ist innerlich und harmlos, während jener die Weise ist, seine (religiöse) Überzeugung intolerant und auch mit den äußersten Mitteln zu vertreten (Beispiel: Bartholomäusnacht). Die Definition des F. in der «*Enzyklopädie*» von 1779 schließt sich eng an diejenige Voltaires an: «Le fanatisme n'est que la superstition mise en action.» F. ist immer die Leidenschaft des Gegners. «La vérité ne fait point de fanatique. Elle est si claire qu'elle ne souffre guère de contradiction.» ROUSSEAU erkennt als erster Schwächen der philosophischen, aufklärerischen F.-Kritik. Ihm erscheint eine vernünftige Unterwerfung der individuellen Vernunft durchaus möglich, während er in der Berufung des Philosophen auf die Intellektuellenvernunft, die, zumindest soziologisch gesehen, privat und partikular ist, die Gefahr eines illuministischen F. verborgen sieht [13]. Zugleich meldet er gegen die F.-Kritik Voltaires, Bayles und der Enzyklopädie Zweifel an. Er gesteht Bayle zu, daß die unmittelbaren Auswirkungen des F. verderblicher seien als die des Atheismus. Dennoch sei der F. eine große und starke Leidenschaft, die den Menschen seinen kleinlichen Egoismus vergessen lasse und die, richtig gelenkt, den Einzelnen und die Gesellschaft zum Guten bringe, während der Atheismus die Menschen auf ihre Privatinteressen reduziere und so die sittlichen Grundlagen der Gesellschaft untergrabe. Die philosophische Gleichgültigkeit gegen diese politischen Folgen des Atheismus ersetze den F. durch Friedhofsruhe. Eine heilsame Beseitigung des religiösen F. könne nur aus der Religion selbst kommen [14].

Die *Französische Revolution* führt zu einer Peripetie des Begriffs, und zwar gerade, weil die Revolution sich als Vernichtung des F. verstand. Die Parteilichkeit für eine abstrakte Vernunftherrschaft gewinnt im Regiment der Jacobiner die Züge, die seither den F. ausgezeichnet hatten. So wird es bald üblich, in der Frontstellung gegen das Jacobinertum von F. zu sprechen [15]. Die französische Restaurationstheorie dehnt den F.-Vorwurf auf das Gesamtphänomen der Revolution aus. Dabei sieht BONALD eine Linie vom «Wiederaufleben» des «fanatisme religieux et politique» im Deutschland des 16. Jh. zur Französischen Revolution und zur deutschen Freiheitsbewegung [16].

Nachdem damit die religiöse und politische Richtung der F.-Kritik im Laufe von zwei Jh. sozusagen einmal im Kreis herumgegangen ist, zeigt sich als Resultat eine gewisse Formalisierung: F. bezeichnet nun im 19. Jh., zumal in Deutschland, nicht mehr eine bestimmte Überzeugung, sondern eine Geistesverfassung und eine Weise, seine Überzeugung zu vertreten. Auch macht sich, so bei KANT, die Tendenz geltend, innerhalb des Begriffsfeldes F. zu differenzieren [17]. Im Gegenzug gegen die radikale Aufklärung werden die ehemals inhaltlichen, theologisch-philosophischen Kriterien des F. – Unmittelbarkeit der Inspiration usf. – gegen dessen verwüstende Erscheinungsform unter Begriffen wie ‹Schwärmerei› und ‹Enthusiasmus› in Schutz genommen. So unterscheidet WIELAND Schwärmerei als «Erhitzung der Seele von Gegenständen, die entweder gar nicht in der Natur sind, oder wenigstens das nicht sind, wofür die berauschte Seele sie hält», und deren «religiöse Gattung», den F. von Enthusiasmus als Wirkung des «unmittelbaren Anschauens des Schönen und Guten» [18]. HEGEL hat wohl als Letzter im deutschen Sprachraum diese

Verhaltensweisen systematisch mit einer «fanatischen» Grundhaltung in Beziehung gesetzt. Seine Polemik gegen den «Brei des Herzens, der Freundschaft und der Begeisterung» [19] zeigt noch einmal die klassische Struktur der F.-Kritik. F. ist für Hegel die Erscheinungsweise der abstrakten Freiheit, die alle gegliederte Wirklichkeit von sich stößt und sich selbst nur als «Furie des Zerstörens» Realität geben kann [20]. Der Terror der Französischen Revolution ist ihm dafür das vollendete Beispiel. Aber auch die unmittelbare Herrschaft der Religion im Staate ist für Hegel F. [21].

NIETZSCHE bekämpft wie die Aufklärer den religiösen und moralischen F. des Juden-Christentums [22], um sich schließlich selber des F. zu zeihen [23]. In der gleichen Zeit umreißt der *nationalliberale* Kulturprotestantismus seine eigene Position durch Absetzung vom F. [24]. In der Abkehr vom abstrakten Universalismus demokratischer Humanität ebenso wie von der Vernunfttradition Europas werden dann vom *Faschismus* F. und fanatische Entschlossenheit zu Nationaltugenden erhoben. Im deutschen Sprachraum hat inzwischen der Begriff des F. seine frühere Funktion, spezifische inhaltliche Positionen zu bezeichnen, fast gänzlich eingebüßt. Er interessiert nur als Problem der Intensität [25].

Für DEWEY dagegen ist F. jene unreife und abwegige Haltung, in welcher Ziele verabsolutiert und nicht als Bedingung weiterer Folgen in einem Zweck-Mittel-Kontinuum bedacht werden [26].

Für S. DE BEAUVOIR ist F. die Tyrannei des homme passionné, dessen Ziel kein rein privates ist, sondern andere Menschen in Mitleidenschaft zieht, aber nicht in der Solidarität der Freiheit, sondern als Mittel zum Zweck [27]. Ähnlich versteht der englische Moralphilosoph R. M. HARE unter F. die Verfolgung substantieller = irrationaler Ideale, die als solche weder utilitär sind, noch auf den Ausgleich allgemein vorhandener Interessen hinauslaufen. Der Fanatiker ist für Hare der Gegentyp des Liberalen, und die Geschichte ist ein dauernder Kampf zwischen Liberalismus und F., der unter den Bedingungen freier Kommunikation allmählich zugunsten des ersteren entschieden wird [28].

Anmerkungen. [1] Ambrosiast. in 1. Cor. 2, 12. – [2] PH. MELANCHTHON: Loci communes rerum theologicarum ... (¹1521). Corpus Reformatorum (1843ff.) 21, 730. – [3] J. B. BOSSUET: Hist. des variations. Oeuvres compl. (Bar-le-Duc 1870) 3, 559. – [4] P. JURIEU: Traité hist. contenant le jugement d'un protestant sur la théol. mystique (1699). – [5] TH. HOBBES: Leviathan (London 1651) chap. 8. 12. – [6] J. LOCKE: An essay conc. human understanding (1690). Works (London 1823) 3, 149ff. – [7] G. W. LEIBNIZ: Nouveaux Essais sur l'entendement humain. Philos. Schriften, hg. GERHARDT (1875ff.) 5, 485ff. – [8] D. HUME: Essays. Philos. Works (London 1882) 3, 144ff. – [9] a. a. O. 148f. – [10] L. B. DE MURALT: L'instinct divin recomandé aux hommes (1727). – [11] A. Earl of SHAFTESBURY, An inquiry conc. virtue and merit. – [12] VOLTAIRE: Dict. philos., hg. GARNIER (Paris 1961) 196ff. – [13] J.-J. ROUSSEAU: Emile, hg. RICHARD (Paris 1951) 364. 386. – [14] a. a. O. 386ff. – [15] Vgl. A. CHÉNIER, Oeuvres compl. (Paris 1940) 240; Mme de STAËL, zit. bei F. SCHALK: Exempla roman. Wortgesch. (1966) 70; Der teutsche Merkur (1788). – [16] L. DE BONALD, Oeuvres compl. 3, 1257ff. – [17] I. KANT: Beobachtungen über das Gefühl des Schönen und Erhabenen. Akad.-A. 2, 251; Was heißt: Sich im Denken orientieren? a. a. O. 7, 145. – [18] C. M. WIELAND, Sämtl. Werke (1853-1858) 35, 134f. – [19] G. W. F. HEGEL: Grundlinien der Philos. des Rechts, hg. HOFFMEISTER 9. – [20] a. a. O. 54f. – [21] a. a. O. 365. – [22] FR. NIETZSCHE: Morgenröte. Werke, hg. SCHLECHTA 1, 1050; vgl. 1013. – [23] Entwurf eines Vorworts zur Morgenröte, zit. bei J. RUDIN: F. (1965) 27. – [24] Vgl. K. SCIPIO: F., das Zerrbild der Religion (1892) 23. – [25] Vgl. RUDIN, a. a. O. [23]. – [26] J. DEWEY: Theory of valuation. Int. Encyclop. of united Sci. II/4 (Chicago 1939) 44. – [27] S. DE BEAUVOIR: Sur une morale de l'ambiguïté (Paris 1947) 93. – [28] R. M. HARE: Freedom and reason (Oxford 1963) 184.

Literaturhinweis. F. SCHALK: Über fanatique und fanatisme, in: Exempla roman. Wortgesch. (1966) 60-74. R. SPAEMANN

Farbe. Der geschichtlich sich wandelnde Begriff des Phänomens F. differenziert sich in eine fortschreitende, objektive Erkenntnis anstrebende wissenschaftliche Reflexion und eine davon grundsätzlich unabhängige, doch die Ergebnisse der Wissenschaft aufgreifende kunsttheoretische Reflexion.

KANTS Äußerung, daß die F. zum Reiz gehören und den Gegenstand an sich zwar für die Empfindung belebt, aber nicht anschauungswürdig und schön machen können [1], tradiert eine klassizistische, bis in die Antike zurückverfolgbare Geringschätzung der F., die ihren Grund nicht in der Immanenz des Ästhetischen, sondern im transästhetischen Bezug auf ein Dingvollkommenheit und Dingschönheit in eins setzendes und nur durch die Zeichnung realisierbares Wirklichkeitsideal hat. Der geringere Schönheitsrang der F. wird einerseits mit ihrer gegenüber der Zeichnung geistlosen, d. h. über ihre eigene Stofflichkeit nicht hinausweisenden Bedeutungsidentität erklärt – «Tout l'apanage de la couleur est de satisfaire les yeux, au lieu que le dessin satisfait l'esprit» (LE BRUN [2]) – und andererseits mit ihrem nur akzidentellen Verhältnis zur Realität und dem daraus abzuleitenden Mangel an Idealität. Als «receptione de lumi», als vom Licht abhängige und wie das Licht variable «qualite mutabile», stellt ALBERTI die F. den durch die Zeichnung verbildlichten bleibenden – im Sinne DESCARTES' realen [3] – «qualite perpetue» gegenüber [4]. In verwandtem Sinne hat sich unter ausdrücklicher Berufung auf die F.-Lehre des ARISTOTELES der Manierist LOMAZZO geäußert [5]. Dieser Auffassung von der darzustellenden Wirklichkeit entspricht die auf die Darstellungsmittel bezogene Feststellung LE BRUNS: «Le dessin imite [d. h. idealisiert] toutes les choses réelles, au lieu que la couleur ne représente que ce qui est accidentel» [6]. Erstreckt man den Unterschied zwischen F. und Linie auf optische und haptische Ausdruckswerte [7], so werden diese in der Regel alternativ thematisierten Erfahrungsmodi innerhalb der F. selbst vermittelt durch die in dieser Hinsicht einzigartige Malerei CÉZANNES, dessen Grundsatz lautete: «Quand la couleur est à sa richesse, la forme est à sa plénitude» [8]. Cézanne war ein Klassizist durch die F.

Von dem klassizistischen, noch im Neoplastizismus MONDRIANS [9] wirksamen Begriff der F. als Phänomen von akzidentellem Realitäts- und Schönheitsrang, das für SCHELLING zwar die Besonderheit der Malerei gegenüber den anderen bildenden Künsten, nicht aber deren absoluten Kunstcharakter ausmacht [10], unterscheidet sich das positive Verständnis der F. in Mittelalter und Moderne. Hier wird, wenngleich aus jeweils verschiedenen Motiven, der F. hohe Schönheit und gesteigerte Realität zuerkannt, und zwar gerade auf Grund der vom Klassizismus so gering geachteten substantiellen Gebundenheit der F. an das Licht, das im Bewußtsein sowohl des Mittelalters als auch der Moderne eine universale Realität repräsentiert [10a].

Die mittelalterliche Lichtmetaphysik erblickt im Licht gleichermaßen die «prima forma corporalis» [11], die der Welt zugrunde liegende Ursubstanz, wie auch die Offenbarung höchster irdischer Schönheit. «Quid luce pulchrius», heißt es bei HUGO VON ST. VICTOR, «quae cum colorem in se non habeat, omnium tamen colores rerum ipsa quodammodo illuminando colorat?» [12]. Das Mittelalter stellt den im Glanz substantialisierten

Lichtwert der F. über deren Buntwert. Der farblosen Helle des Lichts am nächsten kommend, sozusagen Farbe gewordener Glanz, gilt Gold als die schönste aller Farben.

Die moderne, von metaphysischen Prämissen unabhängige Wertschätzung der F. als «veritas aesthetica» im Sinne BAUMGARTENS [13] hat ihre Vorstufen in der französischen Kunsttheorie des 17. Jh. Als differentia specifica der Malerei wird die F. von DE PILES im Blick auf Gemälde von RUBENS zum notwendig primären, der Zeichnung übergeordneten Bildwert erklärt [14]. Einbezogen in das malerische Helldunkel, das DE PILES anhand eines von TIZIAN übernommenen Vergleichs mit einer Traube als ein übergegenständliches, das ganze Bild übergreifendes Kontrastsystem von dem klassizistischen, die plastische Individualität des Einzeldings heraushebenden Hell-Dunkel unterscheidet [15], bilden die F. ein akkordisches Tout-Ensemble, «une harmonie & une dissonance, comme il y en a dans une Composition de Musique» [16]. – Sind für DE PILES die Helldunkelwerte der F. noch ebenso wichtig wie die Buntwerte, die sich CASTEL zufolge sogar nur akzidentell zum Helldunkel verhalten [17], so anerkennt dagegen im 19. Jh. DELACROIX in der «demi-teinte» den Buntwert als «le principe qui doit dominer, parce que c'est effectivement ce qui donne le vrai ton, le ton qui constitue la valeur, qui compte dans l'objet et le fait exister. La lumière, à laquelle dans les écoles, on nous apprend à attacher une importance égale et qu'on pose sur la toile en même temps que la demi-teinte et que l'ombre, n'est qu'un accident: toute la couleur vraie est là: j'entends celle qui donne le sentiment de l'épaisseur et celui de la différence radicale qui doit distinguer un objet d'un autre» [18]. Hatte noch DE PILES erklärt, «que le coloris n'a point encore de règles bien connues» [19], so macht DELACROIX unabhängig von der wissenschaftlichen F.-Lehre CHEVREULS, der 1839 seine Erkenntnisse über die Simultankontraste der komplementären Spektral-F. zur Konzeption eines «coloris absolu» vereinigt [20], erstmals bestimmte Gesetze des Spektrums der Malerei nutzbar. Zugleich berücksichtigt DELACROIX' romantische Palette den von GOETHE [21] reflektierten «sinnlich-sittlichen Wirkungen» der F. entsprechende psychische Ausdruckswerte, die bereits in einer vorgegenständlichen Sinnschicht den Gehalt der gegenständlich dargestellten Szene enthüllen [22]. Die wissenschaftliche Komponente in Delacroix' Malerei auf der Grundlage von Chevreuls Farbkreis theoretisch und praktisch zum beherrschenden Sujet der Malerei erhoben zu haben, ist die Leistung der Neoimpressionisten SEURAT und SIGNAC [23]. In ihrer Malerei resultiert die Farbigkeit der verbildlichten Erscheinungswelt aus der vom Auge des Beschauers selbst zu vollziehenden «mélange optique» der in pointillistischer Kleinstruktur gegebenen Spektral-F., die ihrerseits als Differenzierungen des gegen die Lokal-F. der Dinge indifferenten Lichts eine übergegenständliche Totalität verkörpern. Die vom neoimpressionistischen Farbbegriff eröffnete Möglichkeit einer gegenstandsfreien Malerei hat schließlich DELAUNAY in seiner «peinture abstraite vivante» [24] realisiert: In der rhythmischen Simultaneität konsonanter und dissonanter Farbkontraste als einer «forme mobile totale» [25] erfährt das simul et singulariter sehende Auge das optische Korrelat zum an sich unsichtbaren «mouvement vital du monde» [26]. Während jedoch bei Delaunay und noch bei ALBERS die «interaction of color» [27] das Auge innerhalb der ihm gesetzten natürlichen Adaptationsgrenzen beansprucht, provoziert neuerdings die «Optical Art» VASARELYS und RILEYS eine diese natürliche Adaptation des Auges überschreitende Wahrnehmung, bei der in dem Maße, in welchem ein differenziertes Farbensehen nicht mehr möglich ist, das Sehen vom Zusehenden sich verabsolutiert, d. h. nicht um zu sehender Farbkonstellationen, sondern um seiner selbst willen thematisiert wird.

Anmerkungen. [1] KANT, KU § 14. Akad.-A. 5, 225. – [2] A. FONTAINE: Conférences inédites de l'Académie royale de Peinture et de Sculpture (Paris o. J. [1903]) 38. – [3] R. DESCARTES, Meditationes de prima philosophia III, 19. – [4] L. B. ALBERTI: Kleinere kunsttheoretische Schriften, hg. H. JANITSCHEK, in: Eitelbergers Quellenschriften 11 (1877) 53ff.; in diesem Sinne auch J. LOCKES Unterscheidung zwischen primären und sekundären Qualitäten (An essay conc. human understanding II, cap. 8, 9ff.; cap. 23, 8ff.), die im 19. Jh. von J. RUSKIN in die Kunsttheorie übernommen wird: Modern painters 1 (London 1843) 67f. – [5] G. P. LOMAZZO: Trattato dell'Arte della pittura (Milano 1584) 190. – [6] FONTAINE, a. a. O. [2] 36. – [7] Vgl. dazu A. RIEGL: Spätrömische Kunstindustrie (1901, ²1927, Nachdruck 1964). – [8] E. BERNARD: Souvenirs sur Paul Cézanne. Une conversation avec Cézanne (Paris 1926) 32; vgl. M. IMDAHL: Marées, Fiedler, Hildebrand, Riegl, Cézanne, in: Literatur und Gesellschaft, v. Wiese-Festschrift (1963) 142-195. – [9] P. MONDRIAN: Neue Gestaltung. Bauhausbuch 5 (1925) 30. 50. – [10] F. W. J. SCHELLING: Philos. der Kunst (1859, Nachdruck 1966) 164. – [10a] Zur Philos. dieses ontologischen Verständnisses der F. vgl. H. CONRAD-MARTIUS: F.. Ein Kap. aus der Realontologie, in: Festschrift E. Husserl (Halle 1929) 339-370. – [11] ROBERT GROSSETESTE, De luce seu De inchoatione formarum, zit. nach R. ASSUNTO: Die Theorie des Schönen im MA (1963) 173. – [12] HUGO VON ST. VICTOR, Eruditionis didascalicae lib. VIII, c. 12, zit. nach ASSUNTO, a. a. O. [11] 157. – [13] A. G. BAUMGARTEN, Aesthetica § 423. – [14] R. DE PILES: Conversations sur la connoissance de la peinture (Paris 1677) 100f. sowie Cours de peinture par principes (Paris 1708) 312. – [15] R. DE PILES: Abrégé de la vie des peintres avec des réflexions sur leurs ouvrages ... (Paris 1699), zit. nach A. (1715) 394. – [16] a. a. O. 51: L'idée du peintre parfait. – [17] P. R. CASTEL: L'optique des couleurs (Paris 1740) 39. – [18] Journal de E. DELACROIX, hg. A. JOUBIN (Paris 1932) 2, 176 (29. 4. 1854). – [19] R. DE PILES: Dissertation sur les ouvrages des plus fameux peintres ... zit. nach: Recueil de divers ouvrages sur la peinture et le coloris, par M. de Piles (Paris 1775) 210. – [20] M. E. CHEVREUL: De la loi du contraste simultané des couleurs ... (Paris 1839). – [21] J. W. GOETHE: Zur F.-Lehre (1810); 6. Abt. des didaktischen Teils über die «Sinnlich-Sittliche Wirkung der F.». – [22] Vgl. CH. BAUDELAIRE: Exposition universelle de 1855. Oeuvres complètes 6, hg. CREPET (Paris 1925) 248f. – [23] Vgl. P. SIGNAC: D'Eugène Delacroix au Néo-Impressionisme (Paris 1899). – [24] R. DELAUNAY: Du Cubisme à l'Art abstrait. Documents inédits, hg. P. FRANCASTEL (Paris 1957) 95. – [25] a. a. O. 75. – [26] 146. – [27] J. ALBERS: Interaction of color (New Haven/London 1963). – [28] Vgl. M. IMDAHL: Probleme der Optical Art: Delaunay – Mondrian – Vasarely, in: Wallraf-Richartz-Jb. 29 (1967) 291-308.

Literaturhinweise. W. SCHÖNE: Über das Licht in der Malerei (1954, ²1961) mit Verzeichnis der Lit. bis 1960. – F. BIRREN: Hist. of color in painting (New York 1965). – M. IMDAHL: Die Rolle der F. in der neueren frz. Malerei. Abstraktion und Konkretion, in: Poetik und Hermeneutik 2 (1966) 195-255. – J. PAWLIK: Theorie der F. (1969).

W. KAMBARTEL

Farbenlehre. Ausgehend vom ästhetischen Problem möglicher Gesetzmäßigkeit der Farbgebung in der Malerei [1], betrachtet GOETHE im Entwurf ‹Zur F.› 1810 [2] Farbe als «ein elementares Naturphänomen für den Sinn des Auges» [3], das durch das einfache, unteilbare Licht hervorgebracht und sichtbar wird [4]. Gegen Newtons Dispersionslehre hält er an der Homogenität des Lichts fest [5] und lehnt das isolierte, auf mathematische Ergebnisse gerichtete Experiment ab [6]. – Entstehung der Farbe aus Wirkung und Gegenwirkung des Harmonie und Totalität fordernden Auges; aus dem Gegensatz von Licht und Finsternis als farblosen Mitteln als Gegensatz – für Goethe ein Urphänomen [7] –; und Mischung zweier Grundfarben (Gelb, Blau) zu sechs Farben im Farbkreis werden auf die «allgemeinen Naturformeln» Polarität und Steigerung zurückgeführt [8]. Mit ihrer Hilfe soll die F.

an andere Gebiete angegliedert und «eine vollkommnere Einheit des physischen Wissens» [9] vorbereitet werden. Voraussetzung dafür ist die im polemischen Teil versuchte Widerlegung Newtons und die Aufarbeitung der Geschichte der F. [10]. Die Geschichte der sich wiederholenden «wahren Ansichten» und «Irrtümer» [11], in der sich nach Goethe die Wissenschaft selbst darstellt [12], verdeutlicht zugleich, daß «im Wissen sowohl als in der Reflexion kein Ganzes zusammengebracht werden kann», daher «Wissenschaft notwendig als Kunst» zu integrieren sei [13].

Der Entwurf wurde in den Vorstufen besonders von Schiller und Schelling gefördert [14]. Hegel stimmte mit Goethe überein in der Ablehnung Newtons und der Auffassung von Licht und Farbe [15]. Im ästhetischen Bereich konnte sich Goethe mit Runge verständigen [16], in physiologischen teilweise mit Purkinje und J. Müller [17], während er sich von Schopenhauers Farbtheorie [18] distanzierte. – Unter den Bemühungen um das Gesamtwerk sind zu nennen: Steiners Neuentdeckung im Sinne der Anthroposophie [19]; Matthaeis Rekonstruktion der Arbeiten und Verfahrensweise im Blick auf eine «Erscheinungslehre» [20]; die Untersuchungen über Zusammenhänge zwischen naturtheoretischem und dichterischem Werk [21]; die Darlegung der grundsätzlichen Verschiedenheit der Forschungsobjekte und -methoden von seiten der modernen Naturwissenschaft [22].

Anmerkungen. [1] Goethe, Leopoldina-A. (= LA) I/4, 257; I/6, 415-417; Sinnlich-Sittliche Wirkung LA I/4, 224-256. – [2] Vgl. LA I/4-7 (1955-1958); II/6 (1959). – [3] LA I/4, 19. 224; I/6, 72. – [4] LA I/3, 130; I/4, 3. 205. – [5] LA I/3, 129; I/4, 7; I/5, 7; vgl. W. Heisenberg: Die Goethesche und die Newtonsche F. im Lichte der modernen Physik (1941); Wandlungen in den Grundlagen der Naturwiss. (⁹1959) 85-106; W. Lambrecht: Die Goethesche und die Newtonsche F. im Lichte der Erkenntnistheorie. Z. philos. Forsch. 12 (1958) 579-595; E. Heimendahl: Goethes und Newtons F. Licht und Farbe (1961) 19-41; H. J. Schrimpf: Über die gesch. Bedeutung von Goethes Newton-Polemik und Romantik-Kritik (1963); Goethe – Spätzeit, Altersstil, Zeitkritik (1966) 24-41. – [6] LA I/4, 17. 212f.; Maximen und Refl., hg. M. Hecker (1907) Nr. 573. 1281-1302; Brief vom 22. 6. 1808 an Zelter; vgl. W. Gerlach: Aufgabe u. Wert d. Naturwiss. im Urteil Goethes. Goethe Jb. NF 18 (1956) 1-25; M. Dyck: Goethes Verhältnis zur Math. Goethe Jb. NF 23 (1961) 49-71. – [7] LA I/4, 70f. – [8] LA I/4, 4. 19. 222f.; I/6, 427; I/4, 162f.; vgl. M. Tietz: Begriff u. Stilformen der ‹Steigerung› bei Goethe (Diss. Mainz 1961/1963) bes. 47-70. – [9] LA I/7, 3. – [10] Vgl. D. Kuhn: Goethes Gesch. der F. als Werk und Form. Dtsch. Vjschr. Lit.wiss. 34 (1960) 356-377; H. H. Reuter: «Roman des europäischen Gedankens». Goethes Materialien zur Gesch. der F. Goethe Jb. NF 28 (1966) 1-49. – [11] LA I/6, VII. – [12] LA I/4, 7. – [13] LA I/6, 76-78. – [14] Vgl. LA II/3, Einführung, Zeugnisse; LA I/3, 302-332. – [15] G. W. F. Hegel: Encyklopädie (1817) § 221. – [16] Ph. O. Runge: Farbenkugel (1810); LA I/4, 257-264; II/6 Zeugnisse. – [17] J. Purkinje: Zur Kenntnis des Sehens in subjektiver Hinsicht (1819); J. Müller: Zur vergleichenden Physiol. des Gesichtssinnes ... (1826). – [18] A. Schopenhauer: Über das Sehn und die Farben (1816); Zur F. Parerga II (1851) Kap. 7; vgl. W. Ostwald: Goethe, Schopenhauer und die F. (1918). – [19] R. Steiner, Einl. in Kürschners Dt. Nationallit., Goethe 35, I-XXX; 36, I-XVI. – [20] LA II/3, XLV. XLVIII-L. – [21] z. B. A. B. Wachsmuth: Geeinte Zwienatur (1966); P. Schmidt: Goethes Farbensymbolik (1965). – [22] Heisenberg, a. a. O. [5]; Das Naturbild Goethes und die technischnaturwiss. Welt. Goethe Jb. NF 29 (1967) 27-42; dazu K. L. Wolf: Goethe und die Naturwiss. Goethe Jb. NF 29 (1967) 289-293; C. F. v. Weizsäcker: Nachwort zur Hamburger Goethe-A. 13 (1955) 537-554; H. Hönl: Nachwort zur Cotta-A. 22 (1963) 1067-1106; M. Born: Betrachtungen zur F. Naturwissenschaften 50 (1963) 29-39.

Literaturhinweise s. M. Richter: Das Schrifttum über Goethes F. mit bes. Berücksichtigung der naturwiss. Probleme (1938). – G. Schmid: Goethe und die Naturwiss. (1940). – H. Pyritz: Goethe-Bibliogr. 1 (1965), 2 (1968). – Seit 1951 fortlaufend erscheinende Bibliogr. des Goethe Jb. s.v. ‹Naturwiss.›.

W. Malsch

Faschismus ist zunächst Selbstbezeichnung der von Mussolini gegründeten Bewegung, für die damit symbolisch eine bestimmte Herkunft beansprucht wird: Nachdem die Französische Revolution mit der römischen Staatssymbolik die – von den Liktoren als Abzeichen der Magistratsgewalt getragenen – Rutenbündel (fasces) wiederaufgegriffen hatte, benutzten seit 1796 *italienische* politische Bewegungen das Symbol des fascio; zahlreiche sozialrevolutionäre Gruppierungen organisierten sich als außer- und antiparlamentarische Bünde (fasci), zunächst mit nationalistischen und republikanischen (risorgimento 1815-70), dann sozialistisch-anarchistischen (fasci operai seit 1870 in Oberitalien), später agrarrevolutionären (fasci rivoluzionari dei lavoratori seit 1890 in Sizilien) Zielsetzungen; diese nationalistischen und sozialistischen Traditionen wurden im Oktober 1914 von interventionistischen fasci erneuert, die sich im Dezember 1914 mit Mussolinis Anhängern zu fasci d'azione rivoluzionaria zusammenschlossen, von denen Mussolini schon damals als von einem ‹movimento fascista› sprach [1] und aus denen am 23. März 1919 die fasci di combattimento (Kampfbünde) hervorgingen.

Anders als der Marxismus hat sich der F. nicht in unmittelbarem Zusammenhang mit philosophischem Denken entwickelt; er wurde daher in seinen Anfängen vielfach als eine ganz untheoretische politische Gruppierung zur Erreichung eines bestimmten empirischen Zwecks (etwa der Niederwerfung des sozialistischen Revolutionsversuchs in Italien) verstanden. Das war zunächst auch die Auffassung Mussolinis, der sich die Maxime vom Vorrang der Tat zu eigen machte. Anders als alle bedeutenden politischen Strömungen erschien der F. anfangs als ein national begrenztes Phänomen, so in den meisten früheren italienischen Darstellungen, wo er für ein Resultat der italienischen Zurückgebliebenheit erklärt wurde (Gramsci, Gobetti, Fortunato). Indessen hat gerade diejenige Interpretation, die dem F. keinerlei Eigenständigkeit zubilligte, indem sie ihn für ein bloßes Werkzeug des kapitalistischen Großbürgertums erklärte, von Anfang an seinen internationalen Charakter am entschiedensten herausgestellt, und umgekehrt ließ sich schon um 1925 erkennen, daß der italienische F. zu einer theoretischen Selbstbegründung hinstrebte, die seine praktische Feindschaft gegen alle existierenden Parteien und den liberalen Staat im ganzen formulierte. Nach dem Sieg des Nationalsozialismus in *Deutschland* und dem Aufstieg ähnlicher Bewegungen in zahlreichen Ländern Europas wurde es evident, daß ein militanter Antimarxismus, der unter Übernahme gegnerischer Methoden und Stilmittel auch die Wurzel des Feindes zu beseitigen gewillt war, von Italien nur seinen Ausgang genommen und dort nicht die radikalste seiner möglichen Verwirklichungen gefunden hatte. Die singularisierende Auffassung wurde daher ganz durch eine generalisierende verdrängt, und die allgemeine Bedeutung des neuen Parteientyps trat schon dadurch ans Tageslicht, daß alle überlieferten Schulen des politischen Denkens eigene Theorien des F. ausbildeten.

Für den *Marxismus* galt er jetzt nicht mehr bloß als Agentur des Bürgertums, sondern als die schärfste Ausprägung der letzten, imperialistischen, Stufe des Monopolkapitalismus selbst. So lautet die offizielle Definition der Kommunistischen Internationalen seit 1933: «Der F. ist die offene terroristische Diktatur der am meisten reaktionären, chauvinistischen und imperialistischen Elemente des Finanzkapitals.» – Für die *liberale* Interpretation stellte er sich als der vollendete Totalitarismus dar, der dem freiheitlichen Denkansatz nicht einmal in der Theorie, wie selbst der Bolschewismus, verbunden bleibt [2]. *Konservative* Denker erblickten in ihm das Endstadium des revolutionären Nihilismus der Neuzeit [3]. In all diesen Auslegungen ist eine *anthropologische* Dimension beschlossen. Sie gelangte aber nach dem Ende des Zweiten Weltkrieges nicht als Problem der F.-Theorie zu Wort; es setzte sich vielmehr eine (im Hinblick auf den Bolschewismus) identifizierende Auffassung gegenüber der spezifizierenden weitgehend durch. Sie wurde ihrerseits durch ein Denken relativiert, dem die Neuzeit im ganzen als «Weltnacht» erscheint. Erst neuerdings ist die spezifische Natur des F. wieder zum Gegenstand historischer Forschung und philosophischen Nachdenkens geworden [4].

Anmerkungen. [1] J. W. MANNHARDT: Der F. (1925) 164. – [2] z. B. G. A. BORGHESE: Der Marsch des F. (Amsterdam 1938). – [3] z. B. H. RAUSCHNING: Die Revolution des Nihilismus (Zürich 1938). – [4] E. NOLTE: Der F. in seiner Epoche (1963).
Literaturhinweise. E. NOLTE s. Anm. [4]; Vierzig Jahre Theorien über den F., in: NOLTE (Hg.): Theorien über den F. (1967) 15-75; Die Krise des liberalen Systems und die faschist. Bewegungen (1968). – E. WEBER: Varieties of fascism (New York 1964). – H. ROGGER/E. WEBER (Hg.): The european right (Berkeley 1965). – W. SCHIEDER (u. a.): F., in: Sowjetsystem und demokratische Gesellschaft 2 (1969) 438-477.
E. NOLTE

Fatalismus begegnet wohl zuerst 1724 im französischen ‹fatalisme› [1] zum Adjektiv ‹fatal›, von lateinisch ‹fatalis›, das fatum betreffend. – Bildung und Gebrauch scheinen vor allem durch die Philosophie SPINOZAS [2], in geringerem Maß auch LEIBNIZ' [3] herausgefordert. ‹F.› bezeichnet zunächst undifferenziert jede Lehre, die die *absolute* Geltung des Satzes vom Grund und damit die absolute blinde Notwendigkeit jedes Geschehens behauptet und das geistige Prinzip und die Freiheit leugnet [4]. Der F. ist vom christlichen Standpunkt aus Häresie, die widerlegt werden muß. Daher schwingt in dem Wort oft, zum Teil bis heute, eine polemische Komponente mit [5]. Ein Bekenntnis zum F. [6] wirkt provozierend. – Eine Verbindung des Begriffs ‹fatalité› mit dem christlichen Denken nach spätantikem Vorbild versucht die ‹Encyclopédie› [7].

In der philosophischen Diskussion gewinnt der F.-Begriff Bedeutung durch F. H. JACOBI [8]. Ihm ist F. das Wesen des Spinozismus, als dessen Vertreter ihm Lessing erscheint. F. ist das System der physischen Notwendigkeit, in dem alles aus der Natur des Urwesens notwendig hervorgeht, in dem es also weder eine *persönliche* Ursache der Welt noch Endursachen (causae finales) gibt. Der Mensch ist nicht Urheber seiner Taten, die cogitatio *begleitet* lediglich den Mechanismus [9]. – Spinoza (und Leibniz) mußten nach Jacobi, da sie ihren Verstandesgebrauch auf religiöse Fragen ausdehnten, in F. enden: «Jeder Weg der Demonstration geht in den F. aus» [10]. Der Irrationalismus dieser Kritik wird von LESSING und MENDELSSOHN abgelehnt [11].

Unter dem Eindruck der Jacobischen Schriften wird der F.-Begriff in der kritischen Philosophie wesentlich erweitert und eingehender bestimmt. KANT übernimmt den Begriff zur Bezeichnung der Lehre a) von einer blinden Notwendigkeit in Entstehung und Ablauf der natürlichen Welt sowie b) von dem «Idealismus der Zweckmäßigkeit», wie ihn der Spinozismus lehre [12]; er weitet ihn dann aus: «Fatalität der Handlungen» ergibt sich auch, wenn die Kausalität eines höchsten Wesens unmittelbar den Grund der Handlungen der Menschen in der Zeit enthält [13]. Der F. kommt in diesen Fällen notwendig dadurch zustande, daß Noumena nach den Gesetzen der Phänomena gedacht werden; ihm wird durch die kritische Philosophie «die Wurzel abgeschnitten» [14].

Noch weiter geht FICHTE in der Ausweitung des Begriffs. F. ist jede Lehre, die die ausschließliche Bestimmung des Ich durch sich selbst in Frage stellt: Die Behauptung, alle Realität liege im Nicht-Ich, heißt Dogmatismus oder dogmatischer Realismus. Und «jeder konsequente Dogmatiker ist notwendig Fatalist» [15]. F. heißt auch die Lehre, daß das Handeln vom System der Vorstellungen abhänge [16] oder daß unsere Freiheit durch uns selbst, sofern wir Natur sind, beeinträchtigt werde [17]. Den Gedanken einer notwendigen Bestimmung durch «*das*» Sittengesetz nennt Fichte «intelligiblen F.», weil die Spontaneität des Ich in der Erzeugung dieses Sittengesetzes darin übergangen ist [18]. «Intelligibler F.» ist auch die Annahme einer unendlichen Kausalität des setzenden Ich oder der Gottheit (vgl. Kant, da kein Widerstreben des Objekts, somit reine Notwendigkeit gedacht wird [19].

Einen gewissen Abschluß dieser Entwicklung setzt SCHELLING, wenn er den F. als eines der drei möglichen philosophischen Systeme neben dem des subjektiven Atheismus und dem der Religion bestimmt. F. ist das System, das freies Handeln und damit die Geschichte durch ein blindes *Schicksal* prädeterminiert sieht [20]. Hiermit ist zuerst auch die Geschichte in den Anwendungsbereich des Wortes ‹F.› einbezogen.

Bei SCHOPENHAUER, der den Menschen und die Welt nicht mehr vom Geist her begreift und auch auf eine «spekulative Theologie» verzichtet [21], wird F. eine «Grundwahrheit», die «a priori einzusehen und folglich unumstößlich» ist [22]. Frei ist lediglich der Wille als das Ding an sich, der durch die Wahl des intelligiblen Charakters dem Menschen Wesen und Dasein bestimmt; liegt dieses fest, geschieht alles absolut notwendig nach dem Satz vom Grund [23]. Von dieser Lehre des «demonstrablen F.» ist der «transzendente F.» unterschieden, d. h. die Überzeugung, daß die Einzelheiten im *Lebensgang* notwendig eintreten; der transzendente F. gibt aber mehr Trost als Verzweiflung [24]. Schon GOETHE hatte den F. als «hilfreiche Maxime» erwähnt [25]. Auch für NIETZSCHE ist F. durchweg der transzendente F.; er steigert ihn zu einer «Konzeption zur Gewinnung der höchsten Kraft» [26]. Er glaubt, in der Lehre von der ewigen Wiederkehr den F. vollendet zu haben [27].

Gegen die Vergangenheit differenzierend und stärker einen inhaltlich und wissenschaftlich fundierten Begriff erstrebend stellt M. SCHELER den F.-Begriff unter Berücksichtigung der Phänomenologie [28] und der Soziologie dar. So muß man vor allem in der Realgeschichte einen fatalen Prozeß der Faktoren Macht, ökonomische Verhältnisse, Bevölkerung usw. sehen, der streng notwendig und sinnblind abläuft. Der Geist hat hierauf keinen bestimmenden, lediglich einen negativ auslesenden Einfluß. Scheler spricht demnach in Anlehnung an A. COMTE von einer «fatalité modifiable» [29].

Anmerkungen: [1] W. v. WARTBURG: Frz. etymol. Wb. (1934) 3, 434; BATTISTI-ALESSIO: Diz. etimol. ital. (1951) s.v. – [2] J. CHR. GOTTSCHED: Erste Gründe der ges. Weltweisheit (1733) § 334; CHR. WOLFF: Theol. nat. (1737) § 678. 709; später F. H. JACOBI s. [8]; KANT, KU 322ff.; SCHOPENHAUER, Welt als Wille und Vorstellung II, Ende. – [3] VOLTAIRE, Ode 12, note; zit. LITTRÉ, Dict. de la langue franç. (1956) 3, 1428; Dict. philos. portatif (1764), hg. BENDA 145: ‹chaîne des événements›. – [4] BERKELEY, Alciphron (1731) Überschrift zum 7. Dialog 18; Siris (1744) 331; A. G. BAUMGARTEN: Met. (1739) § 898; WOLFF, a. a. O. [2]. – [5] BERKELEY, Siris 271; KANT, Prol. § 60; FICHTE, Werke, hg.

MEDICUS 3, 258 Anm.; W. T. KRUG: Allg. Handwb. der philos. Wiss. (1833) s. v.; RGG (³1958) s. v. ‹Determinismus›; Lex. Theol. u. Kirche (²1960) s. v. – [6] VOLTAIRE, a. a. O. [3] s. v. ‹chaine ...›; HOLBACH, Système de la nat. (1770) I, 11. 12; SCHOPENHAUER s. [22]. – [7] Encyclop. ..., hg. DIDEROT/D'ALEMBERT 6 (1756) Art. ‹fatalité› von BARANZAN. – [8] In: Die Hauptschr. zum Pantheismusstreit zwischen Jacobi und Mendelssohn, hg. H. SCHOLZ (1916). Neudrucke der Kantges. – [9] a. a. O. 77-91. 131-133. – [10] 177. 178. – [11] 90f. 324. – [12] KANT, Prol. § 60; KU 322ff. (Orig. pag.). – [13] KANT: KpV 180f. (Orig. pag.). – [14] KANT, KrV B XXXIV; im einzelnen vgl. a. a. O. [12, 13]. – [15] FICHTE, a. a. O. [5] 3, 14f.; vgl. 1, 350f. – [16] a. a. O. 1, 487. – [17] 2, 592ff. – [18] 2, 555. 586. – [19] 1, 456 Anm.; vgl. 462f. – [20] SCHELLINGS Werke, hg. M. SCHRÖTER 2, 601. – [21] SCHOPENHAUER, Werke, hg. LÖHNEYSEN 1, 24. – [22] a. a. O. 4, 247ff. – [23] 3, 581f.; vgl. Welt als Wille ... I, § 23. – [24] a. a. O.[21] 1, 421; 3, 581; 4, 849. – [25] GOETHE, Campagne in Frankreich, 7./8. Okt. 1792. – [26] NIETZSCHE, Unschuld des Werdens, hg. A. BAEUMLER 2, 843; vgl. zur Geneal. der Moral 2. Abh. § 15. – [27] Unschuld ... a. a. O. 2, 262. – [28] M. SCHELER, Schr. aus dem Nachlaß 1(²1957) 161f. (1912); 348-352 (1923); Die Wissensformen und die Ges. (1925) 41. – [29] a. a. O. 21-23. 50. J. RUHNAU

Fatum (von lat. fari, sprechen) bedeutet ursprünglich Götterspruch, Orakel [1] und ist ein altrömischer Begriff mit weitverzweigter Bedeutung [2]. Er wird von CICERO in die philosophische Sprache eingeführt als Übersetzung der stoisch verstandenen εἱμαρμένη und definiert als «ordo seriesque causarum» [3]. Der strenge F.-Begriff («fato fieri omnia») wird von Cicero abgelehnt, da er keinen oder nicht genügend Raum für den Begriff des freien Willens läßt [4].

Der Epikureer LUKREZ sieht in der Abweichung der Atome eine Möglichkeit, das F. zu durchbrechen. Eine solche Abweichung muß postuliert werden, da der Wille frei ist [5].

SENECA entfaltet den Begriff voll in römisch-stoischem Sinn. F. ist die «necessitas rerum omnium actionumque, quam nulla vis rumpat» [6]. Freiheit existiert nicht; der Mensch hat nur die Wahl, denn F. von sich aus zuzustimmen oder nicht; am Ablauf des Geschehens ändert er dadurch nichts («ducunt volentem fata, nolentem trahunt» [7]). Wichtig für die spätere Zeit ist das Verhältnis des F. zu Gott. Dieser hat einmal die Ordnung der Dinge gesetzt und hält sich dann immer selbst an diese Ordnung («semper paret, semel iussit» [8]). Daher können Gott und F. schließlich gleichgesetzt werden [9].

Hiermit ist die Verbindung von ‹F.› und ‹providentia› vorbereitet, die AUGUSTIN [10] und BOETHIUS [11] vollziehen. AUGUSTIN lehnt freilich das Wort ‹F.› ab [12] («sententium teneat, linguam corrigat»). Daher bleibt das Wort ‹F.› aus dem christlichen Denken weitgehend verbannt. Wenn es jedoch aus systematischen Gründen behandelt werden muß, wird es als Gottes providentielle Ordnung erklärt [13] (vgl. LEIBNIZ: «F. Christianum» im Gegensatz zum «F. Mahometanum» [14]).

In der Neuzeit ist ‹F.› meist historisches Zitat [15]. Es wird neu belebt und in antikem Sinn gebraucht bei SCHOPENHAUER und NIETZSCHE [16].

Anmerkungen. [1] WALDE/HOFMANN: Lat. etymol. Wb. (³1938). – [2] Thesaurus ling. lat. 6/1, 355ff. – [3] CICERO, De div. I, 125. – [4] De fato. – [5] LUKREZ, II, 251ff. – [6] SENECA, Nat. qu. II, 36, 1. – [7] Ep. 107, 11; vgl. Oed. 980. – [8] De prov. V, 8; Nat. qu. II, 46. – [9] De benef. IV, 7, 2; Nat. qu. II, 45, 2. – [10] AUGUSTIN, De civ. Dei V, 8ff.; V, 1. – [11] BOETHIUS, Cons. philos. bes. IV, p. 6. – [12] AUGUSTIN, Serm. 17, 1; De civ. Dei V, 1. – [13] Thomas von Aquin, S. theol. I, q. 116. – [14] LEIBNIZ, Philos. Schriften, hg. GERHARDT 6, 454, 106. – [15] z. B. HEGEL, Werke, hg. GLOCKNER 11, 323. 327; 16, 44. 186. – [16] SCHOPENHAUER, Werke, hg. LÖHNEYSEN 5, 279; 4, 256; NIETZSCHE, Werke, hg. METTE/SCHLECHTA 2, 54-62; Menschliches, Allzumenschliches 2, 1. Abt. 363; 2. Abt. 61; Jenseits von Gut und Böse 231.

Literaturhinweise. B. CONTA: Théorie du fatalisme (1877). – H. v. ARNIM: Die stoische Lehre von F. und Willensfreiheit (1905). – D. AMAND: Fatalisme et liberté dans l'antiquité grecque (1945). – W. THEILER: Tacitus und die antike Schicksalslehre, in: Phyllobolia für P. Von der Mühll (1946). J. RUHNAU

Faulheit von mittelhochdeutsch ‹vûlheit›, was zunächst Fäulnis bedeutet. Da solche in Organismen ein Nachlassen und Aufhören der inneren lebensbewegenden Kräfte mit sich bringt, ergab sich in Anwendung auf Menschen die Bedeutung einer Haltung der Passivität gegenüber den im Leben sich stellenden Anforderungen zur Tätigkeit.

Die Griechen hatten zur Erfassung der F. zwei Begriffe, die jedoch davon allgemein nur das äußere Verhalten bezeichneten und hinsichtlich dessen innerer Begründung mehrdeutig waren. Der eine, ἀργία (ἀεργία) bedeutete an sich Untätigkeit, der andere, ὄκνος, Zögern, Zaudern. Der Grund der ἀργία konnte F., aber auch begründetes Ausruhen [1] oder gelassene Haltung [2] sein, der Grund des ὄκνος auch körperliche Ermüdung oder Furcht. Oft läßt indes der Textzusammenhang durch beigefügten Tadel die Bedeutung F. erkennen; so schon bei HESIOD [3]. Häufig findet sich ἀργία und die Adjektiva ἀργός und ὀκνηρός in diesem Sinn in der Weisheitsdichtung des Alten Testaments [4]. Das Wesen der ἀργία wird sowohl hier als auch bei PLATON als mit der Feigheit δειλία verwandt gesehen [5].

Ausdrücklich philosophisch behandelt haben die F. zuerst die *Stoiker:* In Übereinstimmung mit Platons Auffassung der ἀργία als Feigheit bestimmten sie in ihrer Affektenlehre den ὄκνος als eine Artform der Furcht, nämlich als Furcht vor einer bevorstehenden (anstrengenden) Tätigkeit (φόβος μελλούσης ἐνεργείας) [6].

Klarer und schon verschieden nuanciert tritt die F. uns in lateinischen Begriffen entgegen: *desidia* = Abseitssitzen von der zu erledigenden Arbeit; *ignavia* = Mangel an Regsamkeit; *inertia* = Mangel an (betätigter) Kunstfertigkeit; *pigritia* = natürliche Langsamkeit, Trägheit. CICERO übersetzt mit ‹pigritia› das stoische ὄκνος, indem er dessen Definition als «metus consequentis laboris» aufnimmt [7].

Nach den Stoikern hat die Philosophie sich sehr lange nicht mehr mit der F. beschäftigt. Erst THOMASIUS erwähnt, die stoische Lehre im Anschluß an Cicero referierend, die pigritia als eine der «acht Töchter der Furcht», und gibt dabei dies Wort mit ‹Faulheit› wieder [8]. Er selbst faßt indes «Müßiggang und F.» als «Töchter der Wollust» [9]. Dieser Auffassung schließt sich CHR. WOLFF an [10]. KANT definiert die F. als «Hang zur Ruhe ohne vorhergehende Arbeit im gesunden Zustande». Er fügt aber hinzu: «Doch ist eine etwas lange Weigerung, wiederum an seine Geschäfte zu gehen, und das süße far niente zur Kräftesammlung ... nocht nicht F.» [11]. Diese einschränkende Bemerkung zeigt, daß für Kant F. selbstverständlich (wie von jeher) etwas Abzulehnendes ist. So bezeichnet er auch in seiner Pädagogik es als «besonderes Unglück für den Menschen, daß er so sehr zur Untätigkeit geneigt ist» [12]. Ähnlich äußert sich auch FICHTE [13] und spricht ausdrücklich von der «sehr tadelnswürdigen Feigheit und F.» [14]. Ebenso gilt für SCHLEIERMACHER die F. selbstverständlich als zu bekämpfen [15]. Auch in der Literatur der deutschen Klassik wird dieselbe Wertung der F. vorausgesetzt [16].

Im Gegensatz hierzu wird es in der *Romantik* erstmals gewagt, die F. als «gottähnliche Kunst» zu preisen und «das Studium des Müßiggangs ... zur Kunst und zur Wissenschaft, ja zur Religion zu bilden» [17]. – Als Marxist, aber in scharfer Ablehnung des marxistischen Dogmas vom Recht auf Arbeit, lobt P. LAFARGUE die F. als «Mutter der Künste und der edlen Tugenden», als «Balsam für die Schmerzen der Menschheit» [18].

Dieser Preis der F. ist indes nur als Korrektiv einer kleinlichen, subalternen Überschätzung des Fleißes aufzufassen, und nicht als absolute Verkehrung der bisherigen Wertung [19], und so hat sie im allgemeinen auch gewirkt. «F. ist immer Zuchtlosigkeit», erklärt heute O. F. BOLLNOW [20].

Daß F. ein Fehler sei, ist auch Voraussetzung ihrer eingehenderen Erforschung, die in unserem Jh. durch Psychologie und Pädagogik in Angriff genommen wurde: C. ANDREAE faßt die F. als eine Art von Willenskrankheit, die sich als habituelle Schwäche und Abneigung, sich im Denken und Bewegen einen Zwang anzutun, beschreiben läßt [21]. A. BINET unterscheidet eine «paresse d'occasion» und eine «paresse de naissance» [22]. A. FISCHER erklärt die F. als habituelle Schwäche der willkürlichen Aufmerksamkeit. Er unterscheidet dabei F. und *Trägheit*. Diese ist «eine konstitutionelle Langsamkeit und Schwerfälligkeit aller physischen und psychischen Prozesse, besonders aller psychomotorischen Abläufe». Wenn diese körperliche Trägheit aus der Scheu vor Schmerz und Anstrengung hervorgeht, ist sie F. Innerhalb derselben unterscheidet Fischer *Indolenzformen* und *Resistenzformen* [23]. F. KELLER versteht F. als fehlerhaften geistig-sittlichen Zustand, der sich zeigt als Widerwille gegen geistige oder körperliche Anstrengung, deren Übernahme Pflicht ist [24]. Nach A. ADLER ist F. in keinem Fall angeboren, sondern ein in der gegebenen Situation geeignet erscheinendes Mittel, sich das Leben zu erleichtern [25]. In einer empirisch begründeten «Kasuistik der F.» gelangte G. HIRSCH zur Unterscheidung von drei Haupttypen der F.: F. als psychische Widerstandshaltung, als psychische Sättigungshaltung und als psychische Resignation. Zusammenfassend definiert Hirsch: «F. ist die abweisende, negierende und verzichtende Haltung der menschlichen Persönlichkeit zur Hingabe an eigene oder außerindividuelle Arbeitszielsetzungen, in deren Folge die Aufwendung psychophysischer Energie und die Anpassung an die Dynamik des Arbeitsverlaufs entfällt» [26]. Eine allgemeinere Typen-Einteilung gibt neuerdings H. HANSELMANN, indem er zwischen partieller und universeller F. einerseits und temporärer und chronischer F. andererseits unterscheidet [27].

Anmerkungen. [1] z. B. PLATON, Gesetze 761 a. – [2] z. B. ARISTOTELES, Eth. Nic. 1124 b 24, wo der MEGALOPSYCHOS ARGOS genannt wird. – [3] HESIOD, Werke und Tage 311. – [4] ARGÍA und ARGÓS: Prediger 10, 18; Sprüchebuch 13, 14; 15, 19; 19, 15; Salomo-Weisheit 15, 15; OKNERÓS: Sirach 22, 1f.; Sprüchebuch 6, 6; 6, 9; 21, 25; 22, 13; 26, 13; 26, 19. – [5] PLATON, Gesetze X, 901 a, 903 a; Gorgias 516 e; Sprüchebuch 19, 15, vgl. 13, 4. – [6] DIOG. LAERT. VII, 112; STOBAEUS, Ecl. II, 92 W.; ANDRONICUS, PERÌ PATHÔN 3. SVF 409. – [7] CICERO, Tuscul. disp. IV, 19. – [8] CHR. THOMASIUS: Von der Artzeney wider die unvernünftige Liebe ... oder Ausübung der Sittenlehre (1696) 50. – [9] a. a. O. 168ff. – [10] CHR. WOLFF: Vernünftige Gedanken von der Menschen Thun und Lassen (1720) § 584. – [11] KANT, Anthropologie § 87. – [12] Pädag., Rink: Von der physischen Erziehung. Werke hg. E. CASSIRER 8, 482. – [13] J. G. FICHTE: Die Bestimmung des Gelehrten, 5. Vorlesung. Werke, hg. I. H. FICHTE 6, 343. – [14] In ‹Jacobi an Fichte› a. a. O. 11, 393. – [15] FR. SCHLEIERMACHER: Zur Pädagogik (1813) 36. Std. Werke III, 9, 652. – [16] Vgl. z. B. GOETHE über Trägheit in ‹Leiden des jungen Werther›, Aufzeichnung vom 1. Julius. – [17] So FR. SCHLEGEL in der ‹Lucinde›, Idylle über den Müßiggang, vgl. auch EICHENDORFFS ‹Abentheuer eines Taugenichts›. – [18] P. LAFARGUE: Das Recht auf F., dtsch. Neudruck, hg. I. FETSCHER (1966) 48. – [19] So O. F. BOLLNOW: Wesen und Wandel der Tugenden (1958) 61. – [20] a. a. O. 63. – [21] C. ANDREAE: Die F. (Pädag. Magisterarb., Langensalza 1904, Ms.). – [22] A. BINET: Les nouvelles idées sur les enfants (Paris 1910). – [23] A. FISCHER: Über die F. Z. pädag. Psychol. (1912). – [24] J. F. KELLER: Artikel ‹F.› in ROLOF/WILLMANN: Lex. der Pädag. 1 (1913). – [25] A. ADLER: Der nervöse Charakter (1919) 128ff. – [26] G. HIRSCH: Die F. (1931) 133/34. – [27] H. HANSELMANN: Einführung in die Heilpädag. (⁶1962) § 412ff.

Literaturhinweis. Einen Überblick über die neuere psychol. und pädag. Lit. bis 1930 gibt G. HIRSCH: Die F. (1931).

H. REINER

Fechnersches Gesetz. FECHNER suchte seit dem 22. Oktober 1850 nach «funktionellen oder Abhängigkeitsbeziehungen zwischen Körper und Seele, allgemeiner zwischen körperlicher und geistiger, physischer und psychischer Welt» [1]. Er gelangte dabei zu der Ansicht, es sei angezeigt, «den Verfolg der Seite der Abhängigkeit der Seele vom Körper vor der gegenteiligen zu bevorzugen», weil «nur das Physische dem Maße unmittelbar zugänglich ist, indes das Maß des Psychischen erst in Abhängigkeit davon gewonnen werden kann» [2]. Er glaubte nun, sowohl diese Abhängigkeit wie die gesuchte funktionelle Beziehung dem Befund E. H. WEBERS, daß «die eben merkliche relative Differenz» für alle Reize gleicher Art «nahe gleich» ist [3], bei folgendem Postulat entnehmen zu können: «Insofern wir nun nach Analogie mit den Maßstäben des Physischen zum Begriffe eines Maßstabes des Psychischen *fordern* wollen, daß *gleiche* Abteilungen des Maßstabes *gleichen* Abteilungen des zu messenden Objektes entsprechen, werden wir auch dieser *Forderung* genügen können, indem wir als die eigentlichen Zolle oder Abteilungen des psychischen Maßstabes statt der absoluten die relativen Reizzuwüchse betrachten. Die Bestimmung und Summierung fortgehend *gleicher* relativer Reizzuwüchse im Aufsteigen des Reizes *und* der Empfindung repräsentiert hiernach eine Summierung ebenso vieler zugehöriger *gleicher* Empfindungszuwüchse, deren Summe wir nur auf eine Einheit ihrer Art zu beziehen haben, um ein Maß der ganzen Empfindung zu haben» [4].

In diesem Sinne formalisiert Fechner: wenn β der Ausgangsreiz, $d\beta$ der Reizzuwachs, $d\gamma$ der Empfindungszuwachs (nach Fechner, wie gesagt, «konstant, wenn $\dfrac{d\beta}{\beta}$ konstant bleibt, welche absolute Werte auch $d\beta$ und β annehmen» [5]) und K eine (von den für γ und β zu wählenden Einheiten abhängige) Konstante ist, dann gilt $d\gamma = \dfrac{K\,d\beta}{\beta}$. Die Integration dieser «Fundamentalformel» ergibt die «Maßformel»

$$\gamma = k\,(\log \beta - \log b) = k \log \frac{\beta}{b},$$

wobei k eine (von den gewählten Einheiten und vom logarithmischen System abhängige) Konstante und b den Schwellenwert des Reizes bezeichnet. Setzt man b als Einheit von β, so wird $\gamma = k \log \beta$. Diese Formel bezeichnet man heute als ‹F.G.›.

Die Fechners Ableitung zugrundeliegende «Forderung» der Konstanz der mit eben merklichen Reizunterschieden einhergehenden Empfindungsunterschiede ist prüfbar und geprüft worden. Konstanz ergab sich nur bei Tonhöhen und einigen anderen (von STEVENS [6] als «metathetisch» bezeichneten) Skalen dieser Art, d. h. solchen, bei denen die Unterscheidung durch physiologische Prozesse vermittelt wird, die – wie im Falle des Hörens durch das Cortische Organ – einander substituieren, nicht summieren (wie bei Lautstärken u. dgl., in den «prosthetischen» Skalen).

Auch bei Erfüllung der Fechnerschen «Forderung» ist aber Fechners Ableitung nur dann richtig, wenn auch Webers Befund gilt. Tatsächlich ist der eben merkliche Reizzuwachs nicht ein konstanter Bruchteil des Ausgangsreizes, sondern des um eine (wenn auch kleine) Konstante erhöhten Ausgangsreizes. Da aber auch eine unter nicht-zutreffenden Voraussetzungen abgeleitete Formel den gemeinten Sachverhalt treffen könnte, bleibt die Nachprüfung des F.G. eine eigene Aufgabe. Sie wurde grundsätzlich überhaupt erst möglich, als man erkannte, 1. daß Additivität nicht, wie Fechner meinte, ein Axiom aller Messung ist, 2. daß man Empfindungen auch direkt im Sinne einer so bereinigten Meßaxiomatik messen kann.

Auf dieser neuen Grundlage unternommene Versuche, die von Fechner gesuchte Funktion zu finden, haben zu der Formel $\psi = k\,(\varphi - \varphi_0)^n$ geführt, in der ψ die Empfindung, φ der Reiz, φ_0 die Reizschwelle, k und n konstante Größen sind [7].

Neuerdings hat aber EKMAN [8] gezeigt, daß wenn man die Reaktion (Rs) auf Zahlen (N), die in die bei der Findung dieser Formel besonders übliche Versuchsmethode der Größenschätzung eingeht, ebenso als logarithmische Funktion der Zahlen unterstellt:

$$Rs = c + d \log N,$$

wobei c und d konstante Größen sind, wie Fechner die Empfindung als logarithmische Funktion der Reize (S) unterstellte, und wenn man ferner, der Versuchsdurchführung entsprechend für die Empfindung abermals Rs einsetzt:

$$Rs = a + b \log S,$$

wobei a und b wieder konstante Größen sind, sich

$$\log N = \frac{a-c}{d} + \frac{b}{d} \log S \text{ oder } N = e^{\frac{a-c}{d}} \cdot S^n,$$

also das Potenzgesetz ergibt, das die neuere Psychophysik als Ersatz für Fechners logarithmische Funktion vorgeschlagen hat. Unter diesen (noch als solche zu prüfenden) Umständen würde sich dieses Potenzgesetz als Spezialfall des F.G. qualifizieren.

Anmerkungen. [1] G. T. FECHNER: Elemente der Psychophysik (1860). – [2] a. a. O. 1, 9. – [3] 1, 138. – [4] 1, 63. – [5] 2, 10. – [6] S. S. STEVENS: On the psychophysical law. Psycholog. Rev. 64 (1957) 153-181. – [7] S. S. STEVENS: To honor Fechner and repeal his law. Science 133 (1961) 80-86. – [8] G. EKMAN: Is the power law a special case of Fechner's law? Perceptual and Motor Skills 19 (1964) 730. W. WITTE

Fehlleistung. Der Begriff ‹F.› wurde von S. FREUD eingeführt als Bezeichnung für Phänomene wie Vergessen, Fehlerinnern, Versprechen, Verlesen, Verschreiben, Verlieren, Vergreifen [1]. Bei der «kombinierten F.» handelt es sich um das Auftreten von mehreren Formen des Versagens in einer Handlungsfolge [2]. ‹F.› bedeutet allgemein den unvollkommenen Ablauf eines psychischen Prozesses (nach Freud «einer Leistung»), dessen Unvollkommenheit durch die Störung seitens unbewußter Motive bedingt ist [3].

Bereits einige Jahre vor einer systematischen Behandlung der F. in seinem Buch ‹Zur Psychopathologie des Alltagslebens› veröffentlichte Freud einen Aufsatz über das Vergessen und seine möglichen Bedeutungen für den Rückschluß auf unbewußt wirkende Strebungen [4]. Er ging dabei von der grundlegenden Annahme einer Determination allen seelischen Geschehens aus. Die von ihm mit ‹F.› bezeichneten Versagen sind alltäglich beobachtbar, können aber auch Symptome für neurotische Fehlentwicklungen sein (z. B. Hysterie) [5]. Außerhalb der Grenzen des alltäglichen Versagens fallen die F. erst, wenn sie a) dauerhaft auftreten und b) nicht als Versagen eingesehen und korrigiert werden. Normale F. werden von denjenigen, die sie begehen, meist als «Zufälligkeiten» bzw. «Unaufmerksamkeiten» oder «Ungeschicklichkeiten» gedeutet [6].

Gemäß der Interpretation Freuds kommen die F. durch den Konflikt zweier Tendenzen zustande, der gestörten und der störenden. Die gestörte Tendenz wird bei psychoanalytischer Betrachtung nicht thematisch, da sie die vom Ich herrührende, dem Realitätsprinzip unterworfene Tendenz darstellt. Die störende Tendenz wird mit Hilfe von freien Assoziationen analysiert und erlaubt den Einblick in bis dahin unbewußte Regungen [7]. Freud trennt die F. des Vergreifens von den Zufalls- oder Symptomhandlungen und die F. des Vergessens mit Fehlerinnern von den Irrtümern. Bei den Zufallshandlungen fällt gegenüber dem Vergreifen die intendierte Tendenz fort; somit fehlt auch der Schein der Ungeschicklichkeit oder Unaufmerksamkeit. Zufallshandlungen haben den Charakter des Überflüssigen, Unzweckmäßigen; als Beispiel nennt Freud u. a. das Nesteln an der eigenen Kleidung. Zufallshandlungen sind für ihn ebenfalls symptomatisch für unbewußte Vorgänge, eine Auffassung, die sich in dem Synonym ‹Symptomhandlung› ausdrückt [8]. Das unterscheidende Merkmal für einerseits Gedächtnisirrtümer und andererseits Vergessen mit Fehlerinnern besteht in der Einsicht und der Korrektur des Fehlers: Irrtümer werden im Gegensatz zum Fehlerinnern nicht als solche erkannt und korrigiert [9].

In einer späteren Abhandlung über F. vertieft Freud seine Analyse [10]. Er weist darauf hin, daß jede F. eine Kompromißbildung darstelle, in der jede der beiden Tendenzen nur teilweise zur Geltung komme. Nur selten kann eine der beiden Tendenzen die andere ganz unterdrücken. Nach seiner Erkenntnis wird immer jene Regung zur störenden, die vorher verdrängt wurde [11]. Es kommt zur Verdrängung, um Unlustgefühlen auszuweichen, die durch die Auswirkungen einer ungehinderten Tendenz entstanden wären [12].

Der Begriff der F. und die Analyse der damit bezeichneten Formen von Fehlern fand sehr schnell Eingang in die psychoanalytische Literatur und die Praxis der Psychoanalyse [13]. Der Begriff wurde dabei meist sehr eng in dem von Freud vorgeschlagenen Sinne verwendet; nur einige wenige Psychoanalytiker versuchten seine theoretischen Grundlagen weiter zu erhellen und Begriffsdifferenzierungen vorzunehmen: So ordnet OBERNDORF die pathologischen Erscheinungen, die unter den Bezeichnungen ‹*Neologismus*› (Bildung sinnloser Wörter) und ‹*Verbigeration*› (häufige Wiederholung von Wörtern oder Sätzen) in der Psychiatrie geläufig sind, den F. zu. Oberndorf glaubt aus seinen klinischen Beobachtungen an Psychotikern schließen zu können, daß auch für diese Sprachstörungen unbewußte Regungen verantwortlich gemacht werden müssen. Er weitet damit Freuds Konzeption aus, denn bei Psychotikern ist die Möglichkeit der Einsicht und der Korrektur der F. meist nicht gegeben [14].

P. FEDERN führt die Gedankengänge Freuds fort, indem er den Prozeß der Störung selbst näher untersucht. Er geht dabei davon aus, daß es sich um eine Ich-Störung handelt, da die gestörten Leistungen als Ich-Funktionen gelten. Federn versucht an Beispielen darzulegen, daß zur Entstehung bestimmter F. die Zurückziehung der Ich-Grenzen von der Handlung (d. h. das Ich hat keinen Anteil daran) notwendige Bedingung ist [15]. F. können aber auch durch die Anteilnahme des Ich an zwei Leistungen zur gleichen Zeit, durch Perseveration der Ich-Funktion, besonders aber durch Regression des Ich in frühere Ich-Zustände, entstehen. Anlaß zu solchen Ich-Störungen kann nach Federn auch die soziale Umwelt mit ihren Forderungen und Ablenkungen sein [16].

Während Federn Ich-Bedingungen aufzeigt, die F. ermöglichen, versucht L. EIDELBERG erneut eine Analyse der unbewußten Determination der F. Er setzt dabei – im Gegensatz zu Freud – an der gestörten, nicht an der störenden Tendenz an. Eidelberg glaubt in der gestörten Tendenz nur an der Oberfläche eine vom Ich ausgehende und vom Über-Ich kontrollierte Tendenz zu sehen; darüber hinaus kommt ihr eine unbewußte Determinierung zu, nämlich das Streben nach Befriedigung infantiler Triebwünsche. Um diese Befriedigung der Es-Wünsche zu verhindern, setzen vorbewußte Anteile des Ich ihre Möglichkeiten zur Hemmung ein. Sie erreichen durch ihre Blockierung eine Wendung der Tendenzen gegen die eigene Person und gleichzeitig eine Aktivierung entgegengesetzter Tendenzen. Anlaß zu dieser neuen Interpretation gaben ihm Aussagen seiner Patienten, die die störende Tendenz «glorifizierten». Sie fußt jedoch nur auf F. des Versprechens [17]. Erst in späteren Veröffentlichungen zum gleichen Thema wird explizit, daß Eidelberg die F. als Abwehrmechanismen deutet, die unbewußte infantile Triebwünsche umleiten sollen. Die Abwehr wird errichtet aufgrund früher Erfahrungen, die gelehrt haben, daß der Versuch der Befriedigung infantiler Triebwünsche nicht zum Erfolg führten [18].

Die Ausführungen der Psychoanalytiker zur Theorie der F. blieben nicht ohne Kritik. Sie kam jedoch zunächst nur von Psychologen, die sich der psychoanalytischen Bewegung nicht verbunden fühlten. So wendet z. B. ROBACK gegen Freud ein, seine Suche nach unbewußten Motivierungen der F. sei erzwungen. Fast alle von Freud angeführten Beispiele könnten auch durch rein kognitive Vorgänge, wie Interferenz von Vorstellungen, proaktive oder retroaktive Hemmung, Antizipation und andere assoziative Prozesse, erklärt werden [19].

Auch die Anwendung der Theorien der F. blieb weitgehend an die psychoanalytische Technik gebunden. Die Verwertung von F. für die Erkenntnis und die Heilung neurotischer und psychotischer Erkrankungen ist aber in den letzten zwei Jahrzehnten stark zurückgegangen [20]. Anstelle der Beachtung der Inhalte von Äußerungen im Laufe der Behandlung tritt auch in der gegenwärtigen Psychoanalyse überwiegend eine Betrachtung von zeitlichen und dynamischen Zusammenhängen der Mitteilungen; die Analyse von Inhalten wird dabei sekundär [21].

Anmerkungen. [1] S. FREUD: Zur Psychopathol. des Alltagslebens (¹1901). Werke Bd. 4. – [2] a. a. O. Kap. XI, 256. – [3] 301f. 306. – [4] Zum psychischen Mechanismus der Vergeßlichkeit. Mschr. Psychiat. Neurol. (1898), erwähnt a. a. O. [1] 4, 5. – [5] S. FERENCZI, in: S. FREUD, a. a. O. 47. – [6] 268. – [7] S. FREUD: Vorles. zur Einf. in die Psychoanalyse (1916/17) a. a. O. 11, 40; vgl. die Analyse der Beispiele, a. a. O. 4, 256. – [8] Kap. 11. – [9] Kap. 10. – [10] a. a. O. [7]. – [11] 57ff. – [12] 70f. – [13] Vgl. die zahlreichen Beiträge der zwanziger Jahre in den psychoanalytischen Veröffentlichungsorganen: Zbl. Psychoanal.; Imago; Int. J. Psycho-Analysis. – [14] C. P. OBERNDORF: Analysis of disturbances of speech. Int. J. Psycho-Analysis 13 (1932) 369-374. – [15] P. FEDERN: Die Ich-Besetzung bei den F. Imago 19 (1933) 312-338; 433-453. – [16] a. a. O. 330. – [17] L. EIDELBERG: Zum Studium des Versprechens. Imago 22 (1936) 196-202. – [18] A further contribution to the study of slips of the tongue. Int. J. Psycho-Analysis 25 (1944) 8-13; A third contribution to the study of slips of the tongue. Int. J. Psycho-Analysis 41 (1960) 596-603. – [19] A. A. ROBACK: The Freudian doctrine of lapses and its failings. Amer. J. Psychol. 30 (1919) 274-290. – [20] W. KEMPER: Mehrzeitige F. Psyche 3 (1949/50) 77-80; F. FROMM-REICHMANN: Intensive Psychotherapie (1959). – [21] a. a. O. 33.

Literaturhinweise. J. LAPLANCHE und J. B. PONTALIS: Vocabulaire de la psychoanalyse (Paris 1967). – L. EIDELBERG: Encyclop. of psychoanalysis (New York 1968)   U. SCHÖNPFLUG

Fehlurteil ist ein seit den zwanziger Jahren dieses Jh. gebrauchter, wahrscheinlich von HIRSCHBERG [1] geprägter Begriff, der seine älteren Synonyme ‹Fehlspruch› und ‹Justizirrtum› mehr und mehr verdrängt. Inhaltlich wenig präzisiert, qualifiziert er in seiner allgemeinsten Bedeutung jedes Gerichtsurteil als falsch, das zu Unrecht Rechtsnachteile verhängt oder Rechtsvorteile gewährt.

Obwohl kein Zweifel daran bestehen kann, daß zahlreiche F. auf allen Sachgebieten rechtsprechender Tätigkeit vorkommen, werden ihre Gefahren für die Rechtspflege und den Rechtsgenossen doch nur im Bereich des Strafprozesses gesehen und ernstgenommen, so daß sich der Anwendungsbereich des Begriffes nahezu ausschließlich auf strafprozessuale Entscheidungen beschränkt. Dabei wird unterschieden das F. zuungunsten des Angeklagten – er hätte gar nicht oder aufgrund eines eine mildere Strafe vorsehenden Gesetzes verurteilt werden dürfen – und das F. zugunsten des Angeklagten – er hätte nicht freigesprochen werden dürfen oder nach einem eine härtere Strafe vorsehenden Gesetz verurteilt werden müssen. Der Begriff wird sowohl auf noch nicht rechtskräftige Urteile, die noch im Instanzenzug durch ein Gericht höherer Ordnung aufgehoben werden können, wie auch auf rechtskräftige Urteile angewandt, die entweder gar nicht mehr angreifbar sind oder nur unter besonders erschwerten Bedingungen (etwa im sogenannten «Wiederaufnahmeverfahren») beziehungsweise durch die Gnadeninstanz aufgehoben oder unwirksam gemacht werden können.

Das Interesse der Wissenschaft und der Öffentlichkeit hat sich seit alters in der Anteilnahme an spektakulären F. (Jean Calas, Dreyfus, Sacco und Vanzetti) erschöpft. Das durch Todesstrafe vollzogene F. nannte und nennt man ungenau «Justizmord». Erst in jüngster Zeit ist das im Strafverfahren gesprochene F., seine Ursachen und die Möglichkeiten, es zu verhindern zum Forschungsgegenstand geworden [2]. Die ersten systematischen Versuche, Fälle bekannt gewordener F. zu sammeln und ihre Ursachen zu erkennen, wurden gegen Ende des 19. Jh. von französischen Schriftstellern unternommen [3].

Theoretisch kann ein F. zustande kommen durch Rechtsbeugung, durch Subsumtions- und Auslegungsfehler, durch unrichtige Sachverhaltsermittlung, unzulängliche Beweisführung und Beweiswürdigung. Als wichtigste Ursachen des F. nennt HIRSCHBERG [4] neben Ausbildungsmängeln der am Gerichtsverfahren beteiligten Juristen: unkritische Bewertung des Geständnisses, unkritische Bewertung der Belastung durch Mitangeklagte, unkritische Bewertung von Zeugenaussagen, falsches Wiedererkennen, die Lüge als Schuldbeweis, unkritische Bewertung von Sachverständigengutachten.

Anmerkungen. [1] M. HIRSCHBERG: F. auf Grund unwahrer Kinderaussagen. Mschr. Kriminalpsychol. u. Strafrechtsreform 19 (1928) 670. – [2] Über die Arbeit der ‹Forschungsstelle für Strafprozeß und Strafvollzug› an der Univ. Tübingen, die 1100 Akten über Wiederaufnahmeverfahren aus der Zeit von 1951 bis 1963 geprüft, vgl. K. PETERS: Untersuchungen zum F. im Strafprozeß (1967). – [3] LAJET-VALDESON: Martyrologie des erreurs judiciaires (1880); VANDRUS: Les erreurs judiciaires (1892). – [4] M. HIRSCHBERG: Das F. im Strafprozeß (1960), auch Fischer-Bücherei Nr. 492.

Literaturhinweise. E. SELLO: Die Irrtümer der Strafjustiz und ihre Folgen (1911). – M. ALSBERG: Justizirrtum und Wiederaufnahme (1913). – A. HELLWIG: Justizirrtümer (1914). – K. PETERS: Zeugenlüge und Prozeßausgang (1939). – H. KLEINKNECHT: Das F. im Strafprozeß. Goltdammer's Arch. Strafrecht (1961) 47ff. – W. KIWIT: F. im Strafrecht (Diss. Münster 1965). K. ROSSA

Feld, Feldtheorie

I. Der Begriff des Feldes (F.) ist seit FARADAY und MAXWELL und besonders seit dem Aufkommen der modernen Quantenfeldtheorien einer der grundlegendsten Begriffe der gesamten Physik und der Elementarteilchentheorie im besonderen. Er hat seinen Ursprung in den Äthertheorien des 17. Jh. (DESCARTES, BOYLE und NEWTON), in der Mechanik der Kontinua (EULER) und besonders in der Hydrodynamik (FRESNEL, NAVIER, CAUCHY, POISSON, STOKES), in gewissen philosophischen Strömungen des 18. Jh. und in der Theorie elektromagnetischer Phänomene des ausgehenden 19. Jh.

Der Begriff des F. besitzt aber auch, wie der des Atoms, einen aus reiner philosophischer Spekulation entwachsenen Prototyp in der *griechischen* Gedankenwelt. Schon die Lehre des ANAXIMENES, nach der alles aus der Luft als einem unbegrenzten, allumfassenden, stets bewegten Substratum durch Verdichtung oder Verdünnung entsteht, war im Prinzip eine F.-Theorie [1]. Als direkter Vorläufer des F.-Begriffs kann das *Pneuma* der Stoa gelten (ZENO, CHRYSIPP, POSEIDONIUS); denn im Gegensatz zur Aristotelischen geometrischen Kinematik (Kreisbewegung) und der atomistischen Kombinatorik (Komplexionen von Atomen) ist nach den *Stoikern* die Ordnung, die Einheit und der Zusammenhang des Kosmos dynamisch dadurch bestimmt, daß eine alle Stoffe durchdringendes Pneuma eine Spannung (τόνος) erzeugt, die die Ursache aller Bewegungen und aller spezifischen Qualitäten der Stoffe ist [2]. Wie jede F.-Theorie war die stoische Pneumalehre eine Theorie der Nahwirkung, nach der alles Geschehen durch Druck, Spannung oder Wellen im Raume bewirkt wird. Ontologisch zuerst der körperlichen Materie untergeordnet, wurde später das Pneuma der Materie gleichgestellt, um schließlich das Primat über sie zu gewinnen: «Die Struktur der Materie ist einfach das Pneuma, denn nur durch das Pneuma werden die Körper zusammengehalten» [3].

Da die aristotelisch-scholastische Philosophie im allgemeinen nur Kräfte anerkannte, bei denen das motum und das movens in unmittelbarer Berührung stehen oder die ab intrinseco wirken, bei denen also die vis motrix dem mobile inhäriert, fanden die stoischen Ideen einer im Raume verteilten Wirkung wenig Beachtung. Erst in der Analyse des Raum-Körper-Problems bei DESCARTES und in der Entwicklung des neueren Ätherbegriffs im 17. Jh. (HUYGENS, NEWTON) zeigten sich wieder Ansätze zu feldtheoretischen Begriffen. Im Hauptstrom der Entwicklung der klassischen Mechanik wurden aber diese Ansätze kaum weiter verfolgt, was wohl dem Umstande zuzuschreiben ist, daß die als Fernwirkungstheorie gedeutete erfolgreiche Newtonsche Gravitationstheorie Kräfte als nur in den gravitierenden Körpern existierend, und nicht als frei im Raume befindlich, ansah. So geschah es, daß nicht die Hauptströmung der Entwicklung der klassischen Mechanik, also die kinetisch-korpuskulare Theorie, sondern eine Nebenströmung, die mechanische Philosophie des Jesuiten ROGER BOSCOVICH [4], für den F.-Begriff von historischer Bedeutung wurde. Aus einer logischen Analyse des Stoßprozesses schloß Boscovich, daß die Atome mit unausgedehnten Kraftzentren zu identifizieren sind. Auf Grund dieses Ergebnisses konnte das Verhältnis zwischen Körper und Kraft, bei dem bis dahin immer der Körper das Primäre war, umgekehrt werden und der Körper oder die Substanz als eine Manifestation der Kraft angesehen werden. So erklärte KANT: «Kausalität führt auf den Begriff der Handlung, diese auf den Begriff der Kraft, und dadurch auf den Begriff der Substanz» [5].

Diese dynamische Theorie der Substanz wurde durch SAMUEL TAYLOR COLERIDGE nach England verpflanzt und beeinflußte dort HUMPHRY DAVY und seinen jüngeren Mitarbeiter MICHAEL FARADAY, wie in allen Einzelheiten nachgewiesen werden kann [6]. Damit waren für Faraday die philosophischen Voraussetzungen geschaffen, seinen seit 1831 angestellten Versuchen über Elektrochemie, elektrostatische Induktion, Diamagnetismus und elektromagnetische Induktion («elektrotonischer Zustand») mit Hilfe des F.-Begriffs eine befriedigende Erklärung zu geben und das elektrische oder magnetische F. als eine physikalische Realität anzuerkennen [7]. 1852 schrieb Faraday: «I cannot conceive curved lines of force without the conditions of a physical existence in that intermediate space. If they exist, it is not by a succession of particles ... but by the condition of space free from such material particles.» Schon ein Jahr vorher nannte THOMSON (Kelvin), der seit 1845 unter Faradays Einfluß stand, solch einen physikalischen Zustand des Raumes ‹field› [8]. Mit der mathematischen Formulierung der Faradayschen Gedanken durch Thomson und besonders MAXWELL entstand die Theorie des elektromagnetischen F., die erste begrifflich ausgearbeitete F.-Theorie, die noch heute Gültigkeit besitzt und das Vorbild für die F.-Theorien der modernen Physik abgibt (Mesonen-F., Elektron-Positron-F. usw.).

Die Maxwellsche Mathematisierung der von Faraday nur anschaulich erfaßten feldtheoretischen Begriffe wäre ohne den mathematischen Apparat der *partiellen* Differentialgleichungen nicht möglich gewesen, der erst seit Anfang des 19. Jh. in Verbindung mit seinem Hauptanwendungsgebiete, der Mechanik der Fluida, sich zu entwickeln begann. Da zur Formulierung der diskreten Newtonschen Massenpunkt-Mechanik nur gewöhnliche, zur Formulierung der kontinuierlichen Mechanik deformierbarer Körper aber partielle Differentialgleichungen erforderlich waren, hat die chronologische Priorität der Partikelphysik vor der F.-Physik schon in der begrifflichen Entwicklung der Mathematik ihre Ursache.

Unter dem Einfluß der, hauptsächlich in der Astronomie, so erfolgreichen Newtonschen Mechanik versuchte man das Faraday-Maxwellsche elektromagnetische F. mit Hilfe der Ätherhypothese mechanistisch zu erklären, also auf die Mechanik eines letzthin diskret verteilten Mediums zu reduzieren (Äthermodelle von THOMSON, MAXWELL, BJERKNES, LEAHY, MACCULLAGH, FITZGERALD, LARMOR). Dabei stellte sich aber heraus, daß man dem Äther, um den empirischen Erscheinungen gerecht zu werden, logisch widerspruchsvolle Qualitäten zuschreiben müßte. Mit dem negativen Ausgang des (1881 ausgeführten und öfter wiederholten) MICHELSONschen Versuches und mit seiner durch EINSTEINS spezielle Relativitätstheorie gegebenen Erklärung wurde die Ätherhypothese aufgegeben. Zugleich gewann damit der F.-Begriff einen der Materie gegenüber autonomen Status im Begriffssystem der Physik. Man verstand jetzt unter ‹F.› die Gesamtheit der Werte einer physikalischen

Größe (der «F.-Größe»), die den Punkten des Raumes oder eines seiner Teilgebiete zugeordnet sind, ohne daß die Anwesenheit eines materiellen Substrats in diesen Punkten vorausgesetzt werden muß. Dieser F.-Begriff erwies sich von nun ab als äußerst fruchtbar in allen Zweigen der Physik.

Wenn man von den mathematisch unvollständigen Cartesianischen und Huygenschen Ätherhypothesen und der Eulerschen Hydrodynamik absieht, war wohl die 1898 von GUSTAV MIE formulierte Energietransporthypothese in bewegten elastisch-deformierbaren Körpern die erste nicht-elektromagnetische F.-Theorie, die allerdings die Materie noch als Träger des Feldes voraussetzte. Von ausschlaggebendem Einfluß auf die weitere Entwicklung der physikalischen Naturerkenntnis war dann EINSTEINS allgemein-relativistische Gravitationstheorie (1915/16), die die universale Anziehungskraft auf Grund der Riemannschen Geometrie auf den Krümmungstensor des Raumes zurückführte und die mit der empirischen Bestätigung (Perihelbewegung des Merkurs, Rotverschiebung, Lichtablenkung) ihrer Voraussagen die Bedeutung des von der Materie losgelösten F.-Begriffs für die Wissenschaft endgültig klarstellte. Es wurde klar, daß die F.-Größe nicht nur ein Skalar, wie beim Temperatur-F., oder ein Vektor, wie beim elektromagnetischen F. (elektrischer F.-Vektor E, magnetischer F.-Vektor H), sondern auch ein Tensor oder Spinor sein kann. Im allgemeinen besitzt jede F.-Theorie zweierlei Gesetze: die *F.-Gleichungen* (Maxwellsche Gleichungen, Einsteinsche Feldgleichungen), mit deren Hilfe die F.-Größen in jedem Punkte berechnet werden können, wenn die «Quellen» des F. (elektrische Ladung, Massenverteilung) gegeben sind, und das *Bewegungsgesetz* (Lorentzformel, geodätische Bahnbewegung), das die Beschleunigung bestimmt, die eine Partikel in einem willkürlich gewählten Punkte des F. erfährt. Um den dabei noch verbleibenden Dualismus zwischen Materie (Partikel) und F. (Raum) zu überwinden, so daß die Materie selbst als Eigenschaft des F. erscheint und der F.-Begriff sich als der einzige und damit universale Grundbegriff der gesamten Physik offenbart, versuchte Einstein die Partikel (Atom, Elementarteilchen) als Singularität des metrischen F. aufzufassen. Obgleich bewiesen werden konnte, daß schwache Singularitäten des F. sich in der Tat längs geodätischen Linien bewegen, scheiterte die strenge Lösung an den technischen Schwierigkeiten der nichtlinearen Gleichungen des Problems; auch gelang es nicht, diese Methode auf Nicht-Gravitationskräfte zu verallgemeinern (Unified Fieldtheory). Andererseits konnte die F.-Theorie mit ihrer Erweiterung durch die De-Brogliesche Theorie der Materiewellen, auf die die Regeln der Quantentheorie angewandt werden, erstaunliche Erfolge in der Physik der Elementarteilchen erzielen. Die Kernkräfte zwischen Nukleonen konnten von YUKAWA 1935 durch eine Theorie des Mesonfeldes erklärt werden [9], wobei die Mesonen als Quanten des F. erscheinen, ähnlich wie EINSTEIN schon 1905 die Photonen als Quanten des elektromagnetischen F. erkannte. Den größten Erfolg hat bis jetzt die Quantenelektrodynamik, also die Quantentheorie der Wechselwirkung zwischen dem elektromagnetischen F. und dem Materie-F. der Elektronen und Positronen, errungen (DIRAC, SCHWINGER, FEYNMAN), der es gelang, sehr feine Einzelheiten wie z. B. die von LAMB und RUTHERFORD 1947 entdeckte Niveauverschiebung im Wasserstoffatom (Lamb-shift) und andere strahlungstheoretische Korrekturen quantitativ mit erstaunlicher Genauigkeit zu berechnen. Gleichzeitig muß aber betont werden, daß eine genaue Formulierung moderner F.-Theorien auf mathematische Schwierigkeiten prinzipieller Art stößt, die z. B. durch das Auftreten divergierender Ausdrücke (Unendlichkeiten von Ladungen, Massen usw.) bei der Berechnung höherer Näherungen in Erscheinung treten und nur durch willkürliche, logisch nicht gerechtfertigte Konventionen ad hoc (Renormierungsmethoden) vermieden werden können. Obwohl es gegenwärtig noch nicht klar ist, ob diese Schwierigkeiten allein auf den Mangel einer adäquaten mathematischen Technik zurückzuführen sind oder ob sie auf eine prinzipielle Unzulänglichkeit der F.-Theorie, fundamentale Naturgesetze zu beschreiben, hinweisen, scheint es sicher zu sein, daß der F.-Begriff auch in Zukunft seinen Vorrang unter den physikalischen Grundbegriffen nicht verlieren wird.

Anmerkungen. [1] Vgl. SIMPLICIUS, In Phys. 24, 10. – [2] Vgl. ALEXANDER APHRODISIAS, De mixt. 216, 14. – [3] PLUTARCH, De Stoicis repugnantiis 1053f. – [4] R. BOSCOVICH: Theoria nat. philos. (1763). – [5] KANT, KrV B 249. – [6] Vgl. z. B. L. P. WILLIAMS: Michael Faraday (London 1965) 73-94. – [7] M. FARADAY: On the physical character of the lines of magnetic force. Philos. Mag. 5 (1852) 401. – [8] Sir WILLIAM THOMSON: On the theory of magnetic induction in crystalline and non-crystalline substances. Philos. Mag. 4 (1851) 177-181. – [9] H. YUKAWA: Interaction of elementary particles. Proc. Phys. Math. Soc. Japan 17 (1935) 48-57.

Literaturhinweise. B. BERTOTTI: Teilchen und F. Phys. Bl. 15 (1959) 289-295. – M. A. TONNELAT: De l'idée de milieu à la notion de champ. Arch. int. Hist. Sci. 12 (1959) 337-356. – L. P. WILLIAMS: M. Faraday and the evolution of the concept of the electric and magnetic field. Nature 187 (1960) 730-733. – M. B. HESSE: Forces and fields (London/Edinburgh 1961). M. JAMMER

II. W. KÖHLER hat Faradays und Maxwells Begriff des Feldes (F.) für die Psychophysiologie zu nutzen gesucht. In einer Veröffentlichung aus dem Jahre 1920 [1] legte er dar, daß die beiden Kriterien, die VON EHRENFELS 1890 [2] für den ‹Gestalt›-Charakter erlebter Zustände und Vorgänge, z. B. einer Melodie, benannt hatte, auch bei einigen physikalischen Gegenständen erfüllt sind. Den Kriterien, daß solche Zustände und Vorgänge Eigenschaften und Wirkungen haben, die sich nicht aus artgleichen Eigenschaften und Wirkungen ihrer sogenannten Teile zusammensetzen lassen und die «transponierbar» sind, d. h. bei Erhaltung der Proportionen zwischen den Teilen selbst auch erhalten bleiben, genügt z. B. die elektromotorische Kraft zwischen zwei osmotisch verbundenen Elektrolyten mit verschiedenen Materialeigenschaften, ferner die Ruheverteilung der elektrischen Ladung auf einem Leiter und auch das F. in dessen Umgebung. Was dies angeht, so hängt die Energiedichte 1. an jeder Stelle von der F.-Stärke ab, die in nichtadditiver Weise durch den Raum hin gelagert ist, 2. nur von den relativen, nicht den absoluten Maßen der Leiterform. Verwandt mit dieser Struktur eines stationären F. ist die ebenfalls gestalthafte stationäre elektrische Strömung, u. a. diejenige in Elektrolyten. Die in diesen mitgeführten Ionen nehmen an den Gestalteigenschaften des stationären elektrischen Stromes teil.

Diese so weit rein naturphilosophischen Einsichten wandte KÖHLER nun auf die von ihm als «Wertheimer-Problem» bezeichnete «Frage nach solchen physischen Gestalten» an, «welche aus der Natur des Nervensystems abzuleiten, also jedenfalls in ihm möglich sind und welche den Eigenschaften phänomenaler Gestalten entsprechen» [3].

In der Formulierung, die Köhler für die von ihm aufgeführten Entsprechungen wählt, spricht er von ‹F.› dann, wenn von «phänomenalem F.» oder «Gesichts-F.»

die Rede ist, nicht im Sinne der Physik, sondern in der schlichten Bedeutung von «Bereich» [4], z. B. und vor allem:

«I. Phänomenale optische F. erscheinen als in sich zusammenhängende Einheiten und haben stets übergeometrische Eigenschaften. Phänomenale Einzelbereiche treten nie vollkommen indifferent als selbständige ‹Teile› auf; so entsprechen sie Momenten (d. h. unselbständigen Teilen) der physischen Gestalt.

II. Die phänomenale Einheit ist mit Ordnung und Struktur verträglich, und die spezifische Gliederung des phänomenalen F. (Korrelat der physischen Zustandsstruktur) stellt eine übersummative Eigenschaft des Gesichts-F. dar, welcher die gleiche Erlebnisrealität zukommt, wie z. B. den farbigen Erfüllungen des F.» [5].

In gleichem topographischen Sinne spricht Köhler von «nervös-somatischem F. *oder* Hirnteil» [6]. Aber ebenso wie er in diesem ein «F.» im dynamischen Sinn herausblendet, so hebt er im «phänomenalen F.» durchweg auf Tatbestände ab, die jener physischen Dynamik entsprechen. Dies wird besonders deutlich an den 1933 von Köhler analysierten «verständlichen Zusammenhängen», z. B. dem, daß einem nach anfänglicher Behaglichkeit in der Nähe eines Heizkörpers zu heiß wird und nun eine Tendenz auftritt, diese Stelle zu verlassen. Hierzu postuliert Köhler: «In dem zusammenhängenden Hirnfeldgeschehen, welches ‹meinem Unbehagen über die Hitze dort› entspricht, muß sich unmittelbar ein gerichteter Zustand (Vektor) ergeben, der phänomenal als Tendenz von der heißen Stelle fort zum Ausdruck kommt und physiologisch, im Hirn-F., eine Tendenz zur Vergrößerung des Abstandes von Ichregion und Korrelat der ‹Hitze dort› darstellt. In der Naturwissenschaft nennt man eine solche Tendenz zur Vergrößerung des Abstandes zweier physischer Gebiete ein Kraft-F.» [7]. Wenn man der Tendenz dann motorisch folgt, dann gelte: «Physiologisch *wie* phänomenal handelt es sich um ein Geschehen, das die natürliche Folge oder die Entwicklung eines implizite oder im Keim schon vorher im F. bestehenden Ansatzes darstellt» [8].

Solche Entsprechungen können auch zu ungunsten des Phänomenalen *un*vollständig sein:

1. vorläufig unvollständig. Zum Beispiel wenn man sich auf einen gerade nicht präsenten Namen besinnt und es mit Probenamen (ähnlich kleinen Probeladungen, die man in ein elektrisches F. hineinbringt) versucht: «Eine Spur ist eine Sache und ein Testobjekt, d. h. ein vorgeschlagener Tatbestand mit seinem kortikalen Korrelat, eine andere. Wenn die Spur diesen Tatbestand akzeptiert oder ablehnt, ‹macht sie etwas mit ihm›, das ist offensichtlich. Wie kann ein Ding ‹jenseits von sich› vorhanden sein und dennoch etwas über ein zweites Ding vermögen? Da der fragliche Einfluß von der Spur ausgeht und von deren Eigenschaften bestimmt wird, scheinen wir zu der Annahme berechtigt, daß er an seinem Ursprungsort ein physikalisches Faktum ist. Ich kenne nur eine Klasse physikalischer Fakten, welche die Eigenschaften einer bestimmten Gegebenheit über diese Gegebenheit hinaus vermittelt und so mit einem zweiten Ding im Hinblick auf das erste ‹etwas tun› kann. Das ist die Klasse der ‹Kräfte› und ‹F.›» [9];

2. endgültig unvollständig. «Obwohl ... alle psychologischen Vorgänge ihre Korrelate im Gehirn haben, besteht wenig Grund zu der Annahme, daß umgekehrt ... die gesamte Dynamik der Hirnvorgänge in entsprechenden phänomenologischen Tatbeständen zur Darstellung kommt ... Wenn das Korrelat von (dem Phänomen) *B* im Nervensystem einen Einfluß auf das Korrelat von (dem Phänomen) *A* hat, finden wir mit Hilfe eines angemessenen psychologischen Verfahrens, daß *A* von *B* abhängt. Wenn jedoch dieses damit verknüpfte Hirngeschehen, durch das das neurologische Korrelat von *B* seinen Einfluß auf das Korrelat von *A* ausübt, von keinem Erlebnis begleitet wird, können nur indirekte experimentelle Methoden diesen Funktionszusammenhang aufhellen ... Im Rahmen einer vollständigen und kontinuierlichen Hirndynamik kann eine gegebene funktionelle Beziehung konkret verständlich werden, während sie als bloße psychologische Gesetzmäßigkeit einfach angenommen werden muß, ohne richtig verstanden zu werden» [10]. Köhler betont, daß «eine solche indirekte Beweisführung» (für die er und seine Schüler viele Beispiele geboten haben) «die Theorie nicht in eine endgültige Wahrheit verwandelt ... Ihre letzte Verifikation muß natürlich direkt sein» [11]. Köhler ist diese schließlich – zugleich mit dem Nachweis von Hirnströmen – im Bereich der Wahrnehmung gelungen [12].

Für dieses Gebiet hat er 1940 als Inhalt der F.-Theorie definiert, «daß die nervösen Funktionen und Prozesse, mit denen die Wahrnehmungsvorgänge verbunden sind, in jedem Falle in einem stetigen Bereich lokalisiert sind und daß die Vorgänge in einem Teil dieses Bereichs einen Einfluß auf die Vorgänge in anderen Regionen ausüben, der direkt von den Eigenschaften beider in ihrer gegenseitigen Beziehung abhängt. Mit dieser Anschauung arbeiten alle Physiker. Die F.-Theorie der Wahrnehmung wendet dieses einfache Schema auf die Hirnkorrelate der Wahrnehmung an» [13].

Köhler merkt hierzu an: «*K. Lewin* hat sich sehr darum bemüht, die F.-Theorie über ihr erstes primitives Stadium hinaus zu entwickeln, indem er ihre Hauptbegriffe einer Analyse unterzog. In meinen Ausführungen lege ich den Nachdruck auf eine konkrete Erfassung des F. in seiner materiellen Beschaffenheit» [14]. Was Köhler unter «materieller Beschaffenheit» versteht, geht aus einer zwei Jahre früher gemachten Bemerkung hervor: «Wenn *Lewin* von psychologischer Dynamik spricht, so vermeidet er, sich auf das Gehirn zu beziehen und die Ausdrucksweise der Physiologie oder Physik anzuwenden» [15].

LEWIN sprach seit 1926 [16] von «F.» in einem dynamischen Sinn. Im Jahre 1927 bezeichnete er das «psychische Gesamt-F.» als «Inbegriff dynamischer Fakten» [17]. Aber erst 1943 formulierte er exakt, was er unter «F.-Theorie» verstand: «Üblicherweise bezeichnet man eine Verschiebung eines Punktes x eines physikalischen Systems mit dem Ausdruck $\frac{dx}{dt}$, das heißt als eine unendlich kleine Ortsveränderung während einer unendlich kleinen Zeitdauer. Die F.-Theorie stellt den Satz auf, daß die Veränderung $\frac{dx}{dt}$ zu einem gegebenen Zeitpunkt t nur von der Gesamtsituation S_t zu dieser Zeit abhängig sei ... Dem physikalischen Ausdruck $\frac{dx}{dt}$ ist in der Psychologie der Begriff ‹Verhalten› äquivalent, wenn wir unter Verhalten alle Veränderungen im psychologischen F. verstehen. Somit bedeutet das feldtheoretische Prinzip der Gleichzeitigkeit in der Psychologie, daß das Verhalten V zur Zeit t eine Funktion der Situation S zu dieser und ausschließlich zu dieser Zeit t ist (wobei S sowohl die Person wie die psychologische Umwelt einschließt: $V_t = F(S_t)$» [18].

In diesem Sinne schrieb Lewin 1946 kurz: «Eine Gesamtheit gleichzeitig bestehender Tatsachen, die als gegenseitig voneinander abhängig begriffen werden, nennt man ein F. (Einstein, 1933). Die Psychologie muß den Lebensraum, der die Person und ihre Umwelt einschließt, als ein F. betrachten» [19]. Weil dieses F. für jedes Alter und jeden Menschen verschieden sei, gelte es, betont Lewin, dieses F. so zu analysieren und darzustellen, wie es für den jeweiligen Einzelnen zu einer bestimmten Zeit besteht. Physische und soziale Bedingungen, die die Spielbreite möglicher Lebensräume abgrenzen, seien zwar Grenzbedingungen des psychologischen F. Aber: «Um das psychologische F. angemessen zu charakterisieren, hat man derart *spezifische* Dinge wie besondere Ziele, Reize, Bedürfnisse, soziale Beziehungen als auch *allgemeinere* Eigenschaften des F. wie die *Atmosphäre* (beispielsweise die freundliche, gespannte, feindliche Atmosphäre) und das Maß an Freiheit zu berücksichtigen. Die Eigenschaften des *ganzen* F. sind in der Psychologie so wichtig wie beispielsweise in der Physik das Gravitations-F. für die Erklärung von Ereignissen im Rahmen der klassischen Physik. Psychologische Atmosphären sind empirische Wirklichkeiten und sind wissenschaftlich beschreibbare Fakten» [20].

Bemerkenswert ist für Lewins Ziel noch diese Äußerung: «Um unnötige Annahmen zu vermeiden, kann man das psychologische F. durch die Interrelation seiner Teile in Form mathematischer Ausdrücke darstellen, ohne zu fragen, was das ‹Wesen hinter› diesem F. ist. Solche mathematischen Repräsentationen des psychologischen F. und Gleichungen, die psychologische Gesetze ausdrücken, sind alles, was man für die Vorhersage des Verhaltens kennen muß» [21].

Wie man sieht, befindet sich Lewin formal in Übereinstimmung mit dem generalisierten F.-Begriff der Physik. Ebenso deutlich dürfte sein, daß er bei seiner Beschränkung auf Prognose auf die von Köhler erstrebte psycho*physiologische* Vervollständigung des Verstehens funktionaler Zusammenhänge verzichtet.

Anmerkungen. [1] W. KÖHLER: Die physischen Gestalten in Ruhe und im stationären Zustand (1920). – [2] CH. VON EHRENFELS: Über Gestaltqualitäten. Vjschr. wiss. Philos. 14 (1890) 249-292. – [3] KÖHLER, a. a. O. [1] 174. – [4] Werte und Tatsachen. Übers. von ‹The place of value in a world of facts› (1938) durch M. KOFFKA/O. C. SELBACH (1968). – [5] a. a. O. [1] 191. – [6] 2. – [7] Psychol. Probleme (1933) 249. – [8] a. a. O. 250. – [9] a. a. O. [4] 240. – [10] Dynam. Zusammenh. in der Psychol. Übers. von ‹Dynamics in psychol.› (1940) durch G. MEILI-DWORETZKI (1958) 42. 43. – [11] a. a. O. 47. – [12] W. KÖHLER/D. N. O'CONNELL: Currents of the visual cortex in the cat. J. cell. comp. Physiol. 49 (1957) Suppl. 2. – [13] KÖHLER, a. a. O. [10] 48. – [14] ebda. – [15] a. a. O. [4] 256. – [16] K. LEWIN: Untersuch. zur Handlungs- und Affektpsychol. 1: Vorbemerkungen über die psychischen Kräfte und Energien und über die Struktur der Seele. Psychol. Forsch. 7 (1926) 292-329. – [17] K. LEWIN: Kindlicher Ausdruck. Z. pädagog. Psychol. 28 (1927) 510-526. – [18] Definition des ‹F.› zu einer gegebenen Zeit, in: F.-Theorie in den Sozialwiss., dtsch. A. LANG/W. LOHR (1963) 88-90. – [19] Verhalten und Entwicklung als eine Funktion der Gesamtsituation a. a. O. [18] 273. – [20] ebda. – [21] 274. W. WITTE

Feld, sprachliches. Entstanden ist die Lehre vom Wort-F. aus einer Notlage der Bezeichnungslehre (Onomasiologie) [1]. Schon im Dinglichen hat diese ihre Schwierigkeiten, da auch dort die begrifflichen Trennungen und Verknüpfungen wechseln können [2]. Im Undinglichen ist es vollends unmöglich, im einzelnen Begriff festen Fuß zu fassen und zu fragen, wie denn etwa Liebe, Ehre, Geiz, Tugend, Bildung in der einen oder andern Sprache, auf der einen oder andern geschichtlichen Stufe einer Sprache bezeichnet werden. In solcher Notlage muß die Onomasiologie den vereinzelten Ausgangspunkt verlassen und statt dessen überwölbende Sinnbezirke als Ausgangsstellen wählen. Diese Sinnbezirke müssen so groß sein, daß mit einiger Zuversicht erwartet werden kann, sie seien in den verschiedenen Sprachen und Sprachzuständen als annähernd dieselben wieder anzutreffen. F. ist der Sinnbezirk, insofern er in sich gegliedert ist und auf seine Gliederung hin betrachtet wird. Man kann die F.-Lehre eine weiterentwickelte Onomasiologie nennen. Aber einmal entstanden, wird sie selbständig und entfaltet sich zu einem eigenen Denkmittel der Sprachinhaltsforschung. Während die Bezeichnungsgeschichte feststellen kann, daß mhd. ‹winster› durch nhd. ‹links›, mhd. ‹zese› durch nhd. ‹rechts› ersetzt worden sind, so daß sich im Gefüge nichts geändert hat, kann Entsprechendes über das Verhältnis der mhd. Wörter ‹wîse, witzec, sinnec, bescheiden, listec, kundec, karc› zu den nhd. Wörtern ‹weise, klug, gescheit, begabt, intelligent, schlau, gerissen, listig› nicht ausgesagt werden. Hier ist nicht irgendein Glied der mhd. Gruppe durch ein bestimmtes Glied der nhd. Gruppe ersetzt worden, sondern die neuere Gruppe als Ganzes ist an die Stelle der älteren Gruppe getreten. Was sich ereignet hat, ist nicht als Wortersatz, sondern als innere Umgliederung des F.-Gefüges zu verstehn. Es ist zu einer Änderung des Sprachinhalts gekommen, d. h. den Sprachgenossen werden nun andere Denkbahnen vorgeschrieben oder dringlich nahegelegt. Das, was man am Einzelwort Bedeutungswandel zu nennen pflegt (besser: Wandel des Wortinhalts), erweist sich als ein am Einzelwort sichtbar werdender Gliederungswandel des F.

Bei der Suche nach einer handlichen Kennzeichnung der Betrachtungsweise bot sich der von G. IPSEN gebrauchte Ausdruck ‹F.› (er sagt: ‹Bedeutungs-F.›) an [3]. Ipsens F.-Begriff ist vorwiegend statisch, sieht es auch von Haus aus auf eine besondere Frage, nämlich auf das Verhältnis zwischen Lehngut und Erbgut im Wortschatz, ab. Deshalb mischte sich sogleich ein anderes Bild ein, das aus dem Pferdesport stammt: Das F. der Pferde bewegt sich beim Rennen als Ganzes durch Raum und Zeit, während in seinem Innern die gegenseitigen Lageverhältnisse zwischen den Pferden und damit die Stellenwerte der Pferde sich ständig verschieben. Die historische F.-Lehre sieht es ab auf den Fortlauf eines gegliederten Ganzen durch die Zeit und zugleich auf die dabei sich verschiebenden Lageverhältnisse innerhalb dieses Ganzen. Die F.-Lehre ist primär historisch, diachronisch. Da sie aber wie die phonologisch verfahrende Lautgeschichte auf Vergleich zwischen Strukturen (Systemen, Systemoiden) angewiesen ist, so kommt sie nicht aus ohne synchronisch angelegte Beschreibung von Zuständen. Dies kann sie auch zum Selbstzweck machen. Indem sie bei synchronischer Beschreibung sich vom Gedanken der wechselseitigen Abhängigkeit der Glieder des Feldes leiten läßt, ist sie F. DE SAUSSURE verpflichtet. Erst Saussure hat die Möglichkeit geschaffen, ältere Ansätze zu begründen und weiterzuführen [4]. Saussures Verbot, synchronische und diachronische Sprachbetrachtung zu vermengen, muß die F.-Lehre durch Komparation zu überwinden streben. Sie ist genötigt, zu anderen Versuchen Stellung zu nehmen, die es mit der Bewältigung des Ineinandergreifens deskriptiver und historischer Sprachwissenschaft zu tun haben [5]. Die dabei verbliebenen Unstimmigkeiten rühren daher, daß die F.-Lehre Rangunterschiede zwischen den Veränderungen im Wortschatz bemerkt und als historisch vollwertig nur solche Veränderungen anerkennt, welche das F. umbauen, also sprachinhaltlich relevant sind. Reiner Wortersatz ist, auch wenn sein psychischer Mechanismus wie etwa beim Nachschieben von Trabantenwörtern in reaktiver Heilung eingetretener Störungen sprachpsychologisch und sprachökonomisch von hohem Interesse ist, im historischen Rang inhaltändernden Umgliederungen nicht gleichzuachten, was gradweise Übergänge nicht ausschließt. Sieht man vom Sprachinhalt ab, so bleibt der Rangunterschied verborgen. Der Verzicht auf die Sprachinhalte höbe die F.-Lehre auf [6].

In Ipsens F.-Bild steckt die Vorstellung eines Puzzles der Wörter. Die Wörter grenzen mit ihren vielformigen Inhaltskonturen scharf passend aneinander. Als das praktische Beispiel einer F.-Geschichte vorgeführt wurde, ist diese Vorstellung nicht deutlich genug korrigiert worden. Die Sprachen arbeiten im allgemeinen mit injunktiven Wortinhalten (Ingriffen), nicht mit disjunktiven Wortinhalten (Umgriffen). Das Bild der scharf aneinandergrenzenden Mosaiksteinchen ist zu ersetzen durch ein Miteinander sternförmig ausstrahlender Kerne, die so zueinander liegen, daß die äußersten Strahlenspitzen eines Kerns zwischen die Strahlenspitzen der benachbarten Kerne eingreifen oder eingreifen können. Der Gedanke der wechselseitigen inhaltlichen Abhängigkeit der Glieder im F. braucht unter der Veränderung des Bildes nicht zu leiden. Manche Bedenken gegen die F.-Lehre könnten nach dieser Korrektur aufgegeben werden. ELS OKSAAR findet im Bereich der Schnelligkeit die mosaikhafte Konturenschärfe nicht vor, die sie als etwas dem F.-Gedanken Inhärentes ansieht [7]. Sie kommt zu dem Schluß, es sei hier gar kein F. gegeben. Nach der Korrektur ist ein solcher Schluß nicht mehr notwendig. Oksaars theoretische Abneigung gegen den F.-Gedanken ist stärker als die praktische. Ihr tatsächliches Verfahren wendet dem Abheben und dem gegenseitigen Zuweisen der Inhalte durchaus gebührende Aufmerksamkeit zu [8].

Da es die F.-Lehre auf die Sprachinhalte (und deren Wandel) absieht, stand sie von ihren Anfängen an in der Nähe der Gedankengänge von L. WEISGERBER. Er war ihrem Entstehen hilfreich [9] und hat später mehr als irgendein anderer ihren Ausbau gefördert [10]. Nicht alles Bedeuten folgt aus dem F. allein. Es gibt noch andere inhaltssichernde Faktoren, und es ist wichtig, ihr wechselndes Zusammenspiel mit dem F. zu erkennen: Sippe, Wortfamilie, etymologische Mitgift (auch volksetymologische), Fächerung (WEISGERBER), Stand (STOLTENBERG), Nische (BALDINGER), syntagmatische Bindung, PORZIGS wesenhafte Bedeutungsbeziehungen und seine syntaktischen ‹F.› [11], SCHWARZ' Wertigkeitsbeziehung, Bindung an die Wortart, punkthafte Sach- und Zeichenverbundenheit. H. SCHWARZ hat an dem einzelnen Wort ‹verschmitzt› das Zusammenwirken mehrerer Faktoren gezeigt [12]. Herrschafts- und Gleichgewichtsverhältnisse zwischen diesen Sicherungen wechseln. Die Wirksamkeit des F. ist daher auf die verschiedenen Räume des Wortschatzhauses ungleich verteilt, und nicht an allen Weltstellen kann F.-Betrachtung förderliche Ergebnisse erwarten. Sie packt am besten da zu, wo schon schlichte Beobachtung zweier Sprachen (oder Sprachzustände) eine Verschiedenheit der Trennungen und Verknüpfungen erkennen läßt und daher das Übersetzungsproblem sich anmeldet. Das müssen nicht immer Bereiche hoher Abstraktion sein. Doch sind diese besonders anziehend, und nicht zufällig hat die F.-Lehre im Bereich des menschlichen Selbstverständnisses ihre ersten Versuche gewagt.

– Verschiedene Sprachen und wechselnde Zustände derselben Sprache sind gleichermaßen geeignete Ausgangsstellen. Selbst innerhalb des gegenwärtigen Durchschnittseuropäisch sind noch ausreichend belehrende Unterschiede zu finden [13]. Handgreiflicher wird es, wenn man europäische Sprachen z. B. mit Indianersprachen vergleicht.

Zu den Aufgaben der F.-Lehre gehört es, die Stellenwerte der Wörter im F. durch inhaltliches (auch stilistisches) Abwägen zu klären. Bloße Anhäufung begriffsverwandten Wortstoffs unter Rubriken [14] ergibt keine Strukturbilder und kann bestenfalls der F.-Betrachtung Stoff liefern. WEISGERBER hat mehrfach dargetan, wie man aus solchen bloßen Worthäufungen zu eigentlichen Strukturbildern fortschreiten kann und muß.

Den Ausdruck ‹Sinnbezirk› hat die F.-Lehre in ihren Anfängen locker verwandt. Sie versuchte, mit diesem Ausdruck den Weltausschnitt (besser: den Ausschnitt des sprachlichen Weltbildes) festzuhalten, innerhalb dessen sie ihre auf Interdependenz der Bestandstücke, auf Gliederung und Umgliederung der Sprachinhalte gerichtete Bemühung ansetzte. Der Ausdruck ‹Sinnbezirk› ist eine Verständnishilfe, die einem unvorbereiteten Leser auf dem Weg zum F. gewährt wird. Kann die F.-Lehre heute auf den Ausdruck verzichten? WEISGERBER hat ihn in den Dienst der energetischen Sprachauffassung gestellt und mit neuem Inhalt gefüllt. F. stellt er ins Ergon. F.-Betrachtung ist ihm eine Weise der inhaltbezogenen Grammatik. ‹Sinnbezirk› möchte er sagen, wenn das Zusammenspiel verschiedener Grundformen der Inhaltssicherung ins Auge gefaßt wird, vornehmlich aber spricht er von ‹Sinnbezirk› da, wo es im energetischen Sinne auf die Sprachzugriffe (als Form der Entfaltung von Sprachkraft) ankommt. Sinnbezirk ist ihm der systematische Ort für die Ordnung der Sprachzugriffe [15].

Auch im Bereich der Morphologie und der Syntax kann von ‹F.› gesprochen werden: gegenseitiges inhaltliches Verhältnis der Tempora [16], gegenseitiges Verhältnis der Satzbaupläne, morphologische und syntaktische F.; ‹Sprach-F.› (frz. champ linguistique, engl. linguistic field) ist der zusammenfassende Ausdruck.

Das F. steuert den Wortgebrauch des Sprachgenossen in der Rede. Er hätte sonst wenig Hoffnung, verstanden zu werden. Gelegentliche Mißgriffe sind kein Gegenbeweis. Aber auf seinen Besitz hin befragt, wird er nur schlecht Auskunft geben können. So steht es auch mit seinem Verhältnis zum phonologischen System seiner Muttersprache. Es empfiehlt sich nicht, F.-Forschung durch ausdrückliche Befragung von Sprachgenossen einzuleiten [17].

F.-Lehre (wie Sprachinhaltsforschung überhaupt) wird vorzugsweise in Deutschland betrieben. Aber einige in den Vereinigten Staaten entstandene und von den deutschen Bemühungen unabhängige Arbeiten berühren sich mit den deutschen Ansätzen [18].

Anmerkungen. [1] Vgl. E. TAPPOLET, German.-roman. Mschr. 14 (1926) 297; H. QUADRI: Aufgaben und Methoden der Onomasiol. (1952). – [2] H. GIPPER, Festschrift L. Weisgerber (1959) 271-292. – [3] G. IPSEN, Festschrift Streitberg (1924) 200-237. – [4] F. DE SAUSSURE: Cours de ling. générale (Lausanne/Paris 1916); zu den älteren Ansätzen vgl. BALDINGER, Romanist. Jb. 5 (1952, 1954) 65-94. – [5] W. v. WARTBURG, Ber. Sächs. Akad., philos.-hist. Kl. 83 (1931) 1. H.; J. TRIER: Festschrift Behaghel (1934) 173-200; W. v. WARTBURG, Z. roman. Philol. 57 (1937) 296-312; Einf. in Problematik und Methodik der Sprachwiss. (²1962) 157-181; H. WEINRICH, Phonetica 4 (1959) 45-58. – [6] J. TRIER: Der dtsch. Wortschatz im Sinnbezirk des Verstandes, die Gesch. eines sprachlichen F. (1931); Z. dtsch. Bildung 8 (1932) 417-427; Z. Deutschkunde 46 (1932) 625-635; s. Anm. [5]; Neue Jb. Wiss. und Jugendbildung 10 (1934) 428-449; Actes du 4e congrès int. de linguistes

1936 (Kopenhagen 1938) 92-98. – [7] ELS OKSAAR: Semantische Studien im Sinnbereich der Schnelligkeit (Stockholm 1958). – [8] L. WEISGERBER: Die vier Stufen in der Erforsch. der Sprachen (1963) 197f. – [9] WEISGERBER, German.-roman. Mschr. 14 (1926) 241-256 und 15 (1927) 161-183. – [10] L. WEISGERBER: Vom Weltbild der dtsch. Sprache 1. 2 (²1953/54); Von den Kräften der dtsch. Sprache 1: Grundzüge der inhaltbezogenen Grammatik (³1962); 2: Die sprachl. Gestaltung der Welt (³1962). – [11] W. PORZIG, Beitr. zur Gesch. der dtsch. Sprache und Lit. 58 (1934) 70-97; Das Wunder der Sprache (³1962) 117-125. – [12] H. SCHWARZ: Verschmitzt, in: Festschrift J. Trier (1964) 69-111. – [13] S. ÖHMANN: Wortinhalt und Weltbild. Vergl. und methodol. Studien zu Bedeutungslehre und Wortfeldtheorie (Stockholm 1951); Theories of the linguistic field. Word 9 (1953) 123; Der Sinnbezirk von ‹Spiel› im Dtsch. und im Schwedischen, in: Festschrift Weisgerber (1959) 332-353. – [14] F. DORNSEIFF, Der dtsch. Wortschatz nach Sachgruppen (⁵1959). – [15] L. WEISGERBER, Festschrift Trier (1964) 23-46. – [16] J. TRIER: Perfekt und Imperfekt, in: Germanistik in Forsch. und Lehre (1965) 195-208. – [17] W. BETZ, Z. vergl. Sprachforsch. 71 (1954) 189-198; OKSAAR, a. a. O. [7]. – [18] H. BASILIUS, Word 8 (1952) 95-105; H. HOIJER: The relation of language to culture, in: Anthropol. today, hg. H. L. KROEBER (1953); The Sapir-Whorf-Hypothesis. Language in culture (Chicago 1954) 92-105; Festschrift Weisgerber (1959) 361-373; B. L. WHORF: Collected papers on metalinguistics (1952); Language, thought and reality (1956), dtsch. P. KRAUSSER: Sprache, Denken, Wirklichkeit (1963); J. T. WATERMANN: B. L. Whorf and linguistic field theory. South-Western J. of Anthropol. 13 (1957) 201-211.

Literaturhinweise. S. ULLMANN: Semantics, an introduction to the sci. of meaning (Oxford 1962). – H. GIPPER/H. SCHWARZ: Bibliogr. Hb. zur Sprachinhaltsforschung. Wiss. Abh. der Arbeitsgemeinschaft für Forsch. des Landes Nordrhein-Westfalen (1962ff.).
J. TRIER

Feng-shui (Wind und Wasser) bezeichnet die chinesische Geomantik, d. h. die Kräfte des Himmels und der Erde, deren Einflüssen vor allem Landschaft und Bauwerke aller Art unterliegen sollen. F. spielte im alten China eine große Rolle und findet sich häufig in Reisebeschreibungen und geographischen Handbüchern des 19. und 20. Jh., dort oft als eine Art «Geosophie» überschätzt

Literaturhinweise. W. GRUBE: Relig. und Kultur der Chinesen (1910) 179f. – J. J. M. DE GROOT: Universismus (1918) 364ff.; The religious system of China (1892-1921) 3, 935ff. – M. GRANET: Das chinesische Denken (1963) 292.
T. GRIMM

Fernstenliebe wird von NIETZSCHE polemisch der christlichen Tugend der Nächstenliebe gegenübergestellt. Er ironisiert diese in der ‹Götzendämmerung›: «Hilf dir selber: dann hilft dir noch Jedermann. Princip der Nächstenliebe» [1] und rechnet sie in ‹Zur Genealogie der Moral› unter die von ihm in Frage gestellten «asketischen Ideale» [2]. Der «Nächste» wird bereits in der ‹Fröhlichen Wissenschaft› mit Sarkasmus bedacht [3], und eine der ‹Reden Zarathustras› lehrt die «Nächsten-Flucht» und «Fernsten-Liebe», die Liebe zum «Künftigen», zum «schaffenden Freund, der immer eine fertige Welt zu verschenken hat», letztlich zum «Übermenschen» [4]. Die F. ist damit ein Ausdruck der Grundthese des ‹Zarathustra›: «Der Mensch ist Etwas, das überwunden werden muss» [5].

Anmerkungen. [1] NIETZSCHE, Musarion-A. 17 (1926) 56. – [2] Vgl. a. a. O. 15 (1925) 419. – [3] 12 (1924) 59. – [4] 13 (1925) 74ff. – [5] 13, 41.
K. BERNATH

Fernwirkung (actio in distans). Der Begriff der F., der behauptet, ein Körper (agens) könne auf einen von ihm räumlich entfernten Körper (patiens) ohne Vermittlung eines dazwischenliegenden Körpers (medium) eine Wirkung ausüben, ist so alt wie die Naturphilosophie selbst – ja eigentlich noch viel älter, wenn man Vorstufen in der Magie primitiver Kulturen in Erwägung zieht. Schon der PLATONischen Theorie der «selektiven Gravitation», nach der die konstitutionell ähnliche, aber räumlich getrennte Elemente sich zu vereinigen suchen, lag dieser Begriff zugrunde. Sogar die Physik des ARISTOTELES, die trotz ihrer programmatischen Ablehnung jeder F. [1] die Schwere (gravitas) und Leichtheit (levitas) der Körper durch ihr Streben nach ihren natürlichen Orten erklärt, enthielt den Begriff im Keime und, sobald Finalursachen durch causae efficientes ersetzt wurden, auch explizite, wie später BONAVENTURA [2] und MEDIAVILLA [3] in ihren Physikkommentaren erkannten.

Neben dem freien Fall waren es vor allem die Phänomene des Magnetismus und der Gezeiten, die auf F. hinzuweisen schienen (PTOLEMÄUS, ALBUMASAR), von den Aristotelikern aber als Nahwirkungsprozesse (substanzielle Formen, Species) interpretiert wurden. Vorbildlich in dieser Hinsicht war die AVERROES-Theorie der species magnetica [4], die noch im 13. und 14. Jh. in mannigfaltigen Variationen weit verbreitet war. Soweit es sich um irdische Kräfte handelte, erkannte im allgemeinen die aristotelisch-scholastische Naturphilosophie nur Berührungskausalitäten an. Zu den Ausnahmen gehörten DUNS SCOTUS [5], JOHANNES VON BACONTHORP [6] und vor allem der Nominalist WILHELM VON OCKHAM, dessen Thesen, daß «non semper movens immediatum est simul cum moto» und daß der Magnet «immediate agit in distans non agendo in medium», großes Aufsehen erregten [7]. Inwieweit sie dazu beitrugen, den Weg dafür zu ebnen, daß trotz der scharfen Argumente DESCARTES und seiner Schule [8] die NEWTONsche Gravitationstheorie als eine F.-Theorie interpretiert wurde, ist schwer zu beurteilen. Jedenfalls führte der große Erfolg der Newtonschen Formel für die Gravitationskraft zweier räumlich getrennter Körper, d. h. die Behauptung, daß diese Kraft allein durch bestimmte Eigenschaften dieser Körper und ihren gegenseitigen Abstand bestimmt ist, zu dem von NEWTON selbst bezweifelten, von LEIBNIZ, HUYGENS und anderen heftig angegriffenen Programm der klassischen Physik, alle Naturerscheinungen durch F. zu erklären. Obwohl man den Einwand nicht widerlegen konnte, daß man sich einen unvermittelten (und stillschweigend auch als instantan wirkend aufgefaßten) Einfluß eines Körpers auf einen in großer Entfernung von ihm befindlichen anderen Körper nicht vorstellen könne, gewöhnte man sich, mit diesem Begriff zu arbeiten. Dabei wirkte noch folgender Umstand fördernd: LAPLACE [9] berechnete, daß unter der Annahme, die Gravitation sei eine Nahwirkung, die sich von Punkt zu Punkt durch den Raum ausbreitet, ihre Fortpflanzungsgeschwindigkeit, um mit den Beobachtungen übereinzustimmen und keine Aberrationsphänomene hervorzurufen, wenigstens hundert Millionen mal größer sein müßte als die des Lichtes.

Unter dem Einfluß dieser Ergebnisse verwendete man den für die Gravitationserscheinungen so bewährten F.-Begriff auch für die Erklärung elektrischer (PRIESTLEY, COULOMB), magnetischer (COULOMB) und elektromagnetischer Kräfte (W. WEBER) – und sogar Kapillarkräfte (LAPLACE). Unter dem Eindruck der Newtonschen Theorie versuchte KANT zu beweisen, daß «die aller Materie wesentliche Anziehung eine unmittelbare Wirkung derselben auf andere durch den leeren Raum sei» [10]. Auch bei SCHOPENHAUER und den Naturphilosophen spielte der Begriff der F. eine beträchtliche Rolle. So behauptet z. B. LOTZE, daß es unbegreiflich sei, wie in der Berührung zweier Elemente die Bewegung des einen auf den anderen übergehen könne und daß daher Kräfte, die eine neue Bewegung erzeugen sollen, «nicht in der

Berührung, sondern nur *aus der Ferne* wirken können»
[11]. Ähnliche Argumente gaben auch BOLZANO [12],
GUTBERLET [13] und SCHWERTSCHLAGER [14]. Auch
ZÖLLNER [15] war ein überzeugter Anhänger der F.-
Theorien der Gravitation und Elektrizität und sah darin
eine Bestätigung seiner spiritualistischen Deutung physikalischer Phänomene. Trotz des glänzenden Erfolges der
als F.-Theorie interpretierten Newtonschen Gravitationstheorie zeigte sich bei der Mehrzahl der Forscher des 18.
und 19. Jh. eine starke Abneigung gegen den Begriff der
actio in distans, wie schon daraus erkennbar ist, daß man
unaufhörlich bemüht war, die Newtonsche Formel aus
einer Nahwirkungstheorie abzuleiten. Ausschlaggebend
dabei war die Erkenntnis, daß die im F.-Begriff enthaltene Vorstellung eines räumlichen Sprunges auf die
Möglichkeit eines analogen zeitlichen Sprunges hinwies,
der zu ernsten logischen und ontologischen Schwierigkeiten mit dem Kausalprinzip führen müßte. Selbst wer
bereit war, auf die *räumliche* Kontiguität als notwendige
Bedingung eines Kausalverhältnisses zu verzichten,
zögerte, dies für die *zeitliche* Kontiguität zuzulassen.
Es wurde daher auch immer angenommen (eine Ausnahme war vielleicht E. EDLUND [16]), daß eine F., wenn
sie existiert, instantan wirkt.

Drei Erkenntnisse der neueren Physik führten zu einer
Eliminierung des F.-Begriffs aus der modernen Naturwissenschaft: 1. die experimentelle Bestätigung einer
endlichen Fortpflanzungsgeschwindigkeit elektromagnetischer Effekte (GAUSS, RIEMANN, C. NEUMANN), 2. das
Aufkommen des Feldbegriffs in der elektromagnetischen
Theorie (FARADAY, MAXWELL) und 3. die Relativierung
(Bezugssystemsabhängigkeit) des Begriffs der Gleichzeitigkeit (EINSTEIN).

Anmerkungen. [1] ARISTOTELES, Physik 243 a 3-245 b 3. –
[2] BONAVENTURA, Sent. II, dist. 14, pars I, art. 3, qu. 2. –
[3] MEDIAVILLA, Sent. II, dist. 14, art. 2, qu. 4. – [4] AVERROES,
In libros Phys. VII, 3, 1. – [5] DUNS SCOTUS, Sent. I, dist. 37, qu. 2;
dist. 9, qu. 3. – [6] JOHANNES VON BACONTHORP, Sent. III, dist. 22,
art. 4. – [7] WILHELM VON OCKHAM, Sent. II, qu. 18, D, E. –
[8] DESCARTES, Correspondance, hg. ADAM/TANNERY 4, 396. –
[9] P.-S. LAPLACE: Mécanique céleste (1799) X, 7. – [10] KANT,
Met. Anfangsgründe der Naturwiss. Lehrsatz 7. – [11] H. LOTZE:
Grundzüge der Naturphilos. (²1889) 27. – [12] B. BOLZANO:
Paradoxien des Unendlichen (1851) 113. – [13] Naturphilos.
(³1900) 21. – [14] C. GUTBERLET: Philos. der Natur (1922) 122. –
[15] C. F. ZÖLLNER: Prinzipien einer elektromagnetischen Theorie
der Materie (1876). – [16] E. EDLUND: Über die Natur der
Elektricität. Pogg. Ann. Erg.bd. 6 (1874) 95.

Literaturhinweise. P. H. VAN LAER: Actio in distans en Aether
(Utrecht/Brüssel 1947); Philosophico-scientific problems (Pittsburgh 1953). – M. JAMMER: Concepts of force (Cambridge, Mass.
1957). – K. H. WIEDERKEHR: Wilhelm Webers Stellung in der
Entwicklung der Elektrizitätslehre (Diss. Hamburg 1960) 134-136.
142-144. – M. B. HESSE: Forces and fields. A study of action
at a distance in the hist. of physics (London/Edinburgh 1961). –
J. TALLARICO: Action at a distance. Thomist 25 (1962) 252-292. –
A. E. WOODRUFF: Action at a distance in 19th century electrodynamics. Isis 53 (1962) 439-459.   M. JAMMER

Fertigkeit heißt das durch Übung und Gebrauch ermöglichte Können auf verschiedenen Gebieten (manuell,
technisch, sportlich, künstlerisch, wissenschaftlich), dessen Entwicklung eine wesentliche Teilaufgabe der Erziehung in Unterricht und Ausbildung (durch Schule
und Berufsvorbereitung) bildet. Der Begriff der F. ist
bereits im griechischen τέχνη im lateinischen ‹ars›
enthalten; er spielt auch in der Neuzeit eine Rolle in
D'ALEMBERTS und DIDEROTS ‹Encyclopédie ou dictionnaire raisonné des sciences, des arts et des métiers›
(1751-1780), deren Begriffe der Leser sich aneignen
sollte, bevor er zur Erlernung eines bestimmten Faches
übergeht.

1. Der Ausdruck ἕξιν ἔχειν ... ἔν τινι (Geschicklichkeit in etwas besitzen, über F. verfügen) findet sich bei
PLATON [1]; daß diese «F.» nicht mit der «Leichtigkeit,
etwas zu tun» (mit promptitudo) verwechselt werden
darf, hält in der Neuzeit KANT fest [2]: Die Leichtigkeit
(promptitudo) enthält einen gewissen Grad des mechanischen Vermögens, «ich kann, wenn ich will», und bezeichnet die subjektive Möglichkeit; die F. hingegen
bezeichnet «die subjektiv-praktische Notwendigkeit, d. i.
Gewohnheit, mithin einen gewissen Grad des Willens,
der durch den oft wiederholten Gebrauch seines Vermögens erworben wird, ‹ich will, weil es die Pflicht gebietet›». Auf den moralischen Bereich übertragen, hat
dies folgende Konsequenz: Tugend kann nicht als F. in
freiem, rechtmäßigem Handeln erklärt werden, da wäre
sie (wie die promptitudo) «blos Mechanism der Kraftanwendung» [3]; Tugend ist aber «die moralische Stärke
in der Befolgung der Pflicht»; so wird sie weder zur Gewohnheit noch zur F., sondern sie soll und muß «immer
ganz neu und ursprünglich aus der Denkungsart hervorgehen» [4].

Anmerkungen. [1] PLATON, Phaidros 268 e 5. – [2] I. KANT:
Anthropol. in pragmatischer Hinsicht (1798) I, § 12 = Akad.-A.
7, 147. – [3] ebda. – [4] ebda.

2. F. kann die befreiende Macht der Gewohnheit
zeigen, wenn willkürlich wiederholte Bewegungen zu
reibungsloser Verleiblichung führen; die Einübung geht
dabei mit einer proportionalen Reduktion der Aufmerksamkeit Hand in Hand (Klavierspielen-Können); die
Automatisierung der Vorgänge oder leiblichen Funktionen wächst mit der abnehmenden Aufmerksamkeit
und der Verringerung der Anstrengung [1]. F. zeigt die
abstumpfende, unfreimachende Wirkung der Gewohnheit, wenn das zur F. Werdende zur Stereotypie, wenn
Haltung zur Pose, Geste zur Gestikulation erstarrt [2].
Der Doppelaspekt des menschlichen Lebens als ein
«Innerlichmachen der leiblichen, als ein Verleiblichen
der seelischen Affektionen» [3] unterscheidet wie Gewohnheiten und Angewohnheiten so auch F.en und
Zwänge [4], und die F. können wie (positive) Gewohnheiten und wie (negative) Angewohnheiten wirken, tendieren aber wegen ihrer automatisierten und mechanisierten Funktionsweise stärker zur Angewohnheit.

Anmerkungen. [1] J. E. ERDMANN: Psychol. Briefe (1882)
195-219: 9. Br.: Über das Gewohntwerden. – [2] Ernste Spiele
(1885) Kap. XI: Über Gewohnheiten und Angewohnheiten. –
[3] Psychol. Briefe 195. – [4] a. a. O. 199.

3. Zwischen F. und Disposition zur F. unterscheidet
die Bestandsaufnahme, die W. T. KRUG lexikalisch vornimmt [1]: Ausgehend von dem subjektiven Wortsinn,
nämlich zu sagen, daß ἕξις als geübte F. der bloßen
διάθεσις oder Disposition (qua Anlage) gegenübersteht,
wird das Hexiale und Habituelle eine *besondere* Errungenschaft auf Grund einer Disposition sein müssen [2].
F. als Habitus ist auch mehr als bloße Fähigkeit oder
Kraft, die selbst allerdings als Grundlage dient. Die Betrachtung der habitualisierenden Ausbildung ist einseitig,
wenn man bei rein psychologischen Tatbeständen stehenbleibt und die Frage der Willensfreiheit nicht berücksichtigt. Denn moralische (und unmoralische) F. bedürfen als Tugenden (und als Laster) nicht bloß einfach der
Wiederholung und damit der Eingewöhnung (qua Automatisierung bzw. Mechanisierung. Da nämlich der Wille
darüber entscheidet, *ob* etwas zur Wiederholung zugelassen oder veranlaßt wird, ist er die maßgebliche, die die
psychisch besondere Konstitution bestimmende Instanz:
keine F. ohne das vorgängige Votum des Willens [2].

Anmerkungen. [1] W. T. KRUG: Allg. Handwb. der philos. Wiss. nebst ihrer Gesch. (1820, ²1827) 2, 242. – [2] a. a. O. 243.

4. Auf Grund des Votums des Willens werden Vorgänge wiederholt, eingeübt, fallengelassen usw., und nur so werden gewollte Handlungen schließlich zu bloßen «Reaktionen», «Entschließungen» zu «triebartigen» oder «quasi-triebartigen» Verläufen, «Anlagen» insgesamt zu «Geschicklichkeiten», «F.». Dieser Gesichtspunkt beherrscht seit RAVAISSONS ‹Abhandlung über die Gewohnheit› (1838) die Diskussion [1]. Die «Bereitschaft», die durch Wiederholung von Vorgängen gestiftet wird, ist in der Psychologie des 20. Jh. als «motorische» und «geistige» Bereitschaft unterschieden worden, die gelegentlich auch «F.» genannt wird [2]. Dabei kann man terminologisch etwa «Reiten und Skifahren oder Stenografieren und Klavierspielen F., Früh- oder Spätaufstehen bzw. -schlafengehen ... Gewohnheiten» nennen [3]. F. befähigen den Einzelnen mehr zu objektiven Leistungen, also zur «Einordnung in sachliche Leistungszusammenhänge» der Gesellschaft, als daß sie zur Persönlichkeitsprägung beitragen. Sozialanthropologisch sind F. «relevant, insofern sie einen Nützlichkeitswert und (wenn nicht dies) wenigstens einen sozialästhetischen Effekt besitzen»; dabei wird die «Berufs- und Lebenstüchtigkeit» durch bestimmte F. zusätzlich unterstrichen (Sport, Gymnastik usw.) [4]; der Annehmlichkeits- und Moralakzent ist bei den F. geringer als bei den Gewohnheiten; F. sind gesellschaftswirksam, der status operativus ist wichtiger als der habitus entitativus.

Anmerkungen. [1] F. RAVAISSON-MOLLIEN: De l'habitude (Paris 1838), neu hg. J. BARUZI (Paris 1933), dtsch. FUNKE (1954). – [2] H. REMPLEIN: Psychol. der Persönlichkeit (1952) 318. – [3] a. a. O. 318. – [4] ebda.

5. Historisch sind die «F.» oft mit den «Neigungen» zusammen behandelt worden [1]. So wird von der «der Seele beiwohnenden F.» seit der Popularphilosophie des 18. Jh. gesprochen [2] und davon unterschieden, was «die durch Übung und Gewohnheit verstärkten F.» sind [3]; sie werden den angeborenen entgegengesetzt und erworbene genannt [4]. ‹Dispositio› ist bei CHR. WOLFF gleichbedeutend mit «possibilitas acquirendi potentiam agendi, vel patiendi» (Möglichkeit, das Vermögen zu handeln oder zu leiden zu erwerben) [5], die bei PLATNER dann als ‹F.› bezeichnet wird [6], obwohl F.en nur durch aktuell wiederholende Auswirkung der Dispositionen zustande kommen. Von solchen «Dispositionen» spricht auch KANT, wenn er von den Anschauungs- und Denkformen «Vermögen», «Naturanlagen im Bewußtsein» ansetzt [7] oder gelegentlich auch von Angewohnheiten im Gemüt, speziell von Dispositionen (zur Fröhlichkeit, Freundschaft) usw. spricht [8] oder auch generell von einer «habituellen (durch Gewohnheit zugezogenen) Disposition» handelt [9]. Natürliche Fähigkeiten werden so durch Gewöhnung und Übung zu F.; die «F.» aber besteht für MENDELSSOHN in einem «Vermögen, etwas so geschwind zu verrichten, daß wir uns nicht mehr alles dessen bewußt bleiben, was wir dabei vorgenommen» [10]. Hier werden subjektive Möglichkeiten zu objektiven (psychischen) Wirklichkeiten.

Anmerkungen. [1] M. MENDELSSOHN, Akad.-A. (1932) Bd. 2: Von der Herrschaft über die Neigungen 141.155; 151: Von der Gewohnheit. – [2] a. a. O. 3/1, 293: zu Cochius' und Garves Untersuch. über die Neigungen, bes. zu COCHIUS: Von den Neigungen (1769). – [3] 3/1, 293. – [4] ebda. – [5] CHR. WOLFF: Psychol. empirica (1738) § 426. – [6] E. PLATNER: Philos. Aphorismen (1776/1782) I, § 239. – [7] KANT, KrV B (1787) 22. 59ff. – [8] Anthropol. (1798). Akad.-A. 7, 143f. 256ff. – [9] a. a. O. 7, 286. – [10] MENDELSSOHN, a. a. O. [1] § 7. G. FUNKE

Fest

I. – F. heißt *griechisch* ἑορτή. Das Wort verlangt zur Verdeutlichung den Zusatz τοῦ θεοῦ (des Gottes). Der ursprüngliche Sinn des Ausdrucks dürfte «Liebeserweis an die Gottheit» sein. Der religiöse Charakter des griechischen F. zeigt sich auch in den F.-Namen, die entweder auf den gefeierten Gott weisen oder auf Kulthandlungen, Kultorte und Kultgeräte hindeuten. Grammatikalisch sind die F.-Namen neutrale Plurale von Adjektiven, die gedanklich den ebenfalls adjektivischen Zusatz ἱερά (heilig) implizieren. So heißt das Herafest Ἡραῖα ἱερά, das Dionysosfest, an dem die πίθοι (Weingefäße) geöffnet werden, Πιθοίγια ἱερά. Erst viel später wurde dafür der feminine Nom. Sing. Πιθοιγία (Faßöffnung) geprägt, was eine Reduktion auf die bloße Handlung bedeutet. Die herrschende Namensform dagegen zeigt, daß für den Griechen die atmosphärische Einheit der einzelnen Ereignisse eines F. wesentlich war [1]. Aus dem Umstand, daß die griechischen Kalender eigentlich Verzeichnisse von F.-Tagen sind, sieht man, wie den F. die Aufgabe zufiel, das gleichförmige Zeitkontinuum zu gliedern. Die F. durchbrechen den linearen Zeitfluß durch ihre zyklische Wiederkehr nach einem oder mehreren Jahren. Der besondere Zeitcharakter des F. wird in der Definition der pseudoplatonischen Ὅροι [2] bestimmt. Danach ist das F. eine durch Gesetz festgelegte «heilige Zeit» (χρόνος ἱερός), d. h. eine den Göttern geweihte, durch deren mächtige Anwesenheit die Zeit des Menschen suspendierende Zeitspanne. Den Grund für die freudige Gestimmtheit des Menschen während der F.-Zeit sieht PLUTARCH [3] nicht in dem Genuß von Wein und Fleisch, sondern in dem Glauben, daß der Gott wohlwollend anwesend ist und das F.-Geschehen huldvoll akzeptiert. Den objektiven Gehalt des F. erblickt PLATON [4] in einem Austausch zwischen Menschen und Göttern, der als erholsame Unterbrechung der sonst für das menschliche Leben kennzeichnenden Mühen aufzufassen ist.

Die *lateinische* Sprache hat für F. die stammverwandten Wörter *feriae* und *(dies) festus*. Das Wesen der feriae liegt in dem Ausschluß aller profanen, im materiellen Interesse des Menschen liegenden Tätigkeit. Die Zeit der feriae gehört ganz den Göttern, ist ihnen geweiht [5]. Dieser Auffassung entspricht es, wenn bei Erdbeben feriae der Sühne vorgeschrieben werden oder wenn die Iupiterpriesterin nach dem Hören eines Donnerschlages bis zur Ausführung des Sühneaktes ‹feriata› ist [6]: Die Störung der Beziehung zwischen Mensch und Gott verlangt, daß der Mensch seine Zeit nicht durch profane Tätigkeit den Göttern entzieht, solange die Störung dauert. Für den Freien bedeutet die bei den feriae gebotene Arbeitsenthaltung Ausruhen von Rechtshändeln, für den Sklaven Freisein von körperlicher Tätigkeit [7]. Im Normalfall, bei dem die feriae zugleich dies festi sind, wird die arbeitsfreie Zeit zu Opfern für die Götter, auf das anschließende F.-Essen und auf F.-Spiele verwandt [8]. Der Vorrang der F.-Zeit vor der übrigen Zeit ergibt sich aus der Einteilung aller Tage in dies festi und profesti – im vorcaesarischen Jahr gehören 235 Tage den Menschen und 109 (!) den Göttern – sowie daraus, daß die dies profesti als Konzession zur Erledigung der menschlichen Angelegenheiten gelten [9]. Dauernde Festlichkeit ist ein Attribut göttlichen Seins. Indem der *flamen Dialis quotidie feriatus* ist (der Priester des Jupiter täglich «feiert») [10], vergegenwärtigt er die Seinsweise Iupiters auf Erden [11]. Ähnlich sucht das F. der *Saturnalia* das goldene Zeitalter wiederherzustellen.

Anmerkungen. [1] K. KERÉNYI: Die Relig. der Griechen und Römer (1963) 73f. – [2] PSEUDO-PLATON, Definitionen 415 a 10. – [3] PLUTARCH, Non posse suaviter vivi secundum Epicurum 1102 a. – [4] PLATON, Resp. 653 d. – [5] MACROBIUS I, 16, 2. – [6] a. a. O. 16, 8. – [7] CICERO, De leg. II, 12, 29. – [8] MACROBIUS I, 16, 3. – [9] a. a. O. 16, 2. – [10] GELLIUS X, 15, 16. – [11] KERÉNYI, a. a. O. [1] 239.

Literaturhinweise. M. P. NILSSON: Griechische F. (1906). – L. DEUBNER: Attische F. (1932). – W. WARDE FOWLER: Roman festivals of the period of the Republic (London ²1908). – G. VACCAI: Le feste di Roma antica (Turin ²1927). – K. KERÉNYI s. Anm. [1] 53-74: Wesen des F.; auch in: Paideuma 1 (1938/40) 59-74. – G. LIEBERG: Die Bedeutung des F. bei Horaz, in: Synusia, Festgabe für W. Schadewaldt (1965) 403-427.

G. LIEBERG

II. F. ist allgemein die öffentliche, zur Institutionalisierung neigende Darstellung der sozialen Gruppe durch sich selbst, zumal Ausdruck ihrer gemeinsamen sozialen Verpflichtung, ihres Könnens und des Dankes. ‹F.› steht in engem Begriffszusammenhang mit ‹Spiel› und ‹Kult›.

Wiederkehrende Merkmale des Festes sind die Ausgliederung aus der profanen Zeit [1], ein abgegrenzter, geheiligter Raum, die Beteiligung aller Mitglieder der Gruppe am festlichen Geschehen und eine besondere Stimmung (Freude), die Erhebung über den Alltag. Sie kann sich bis zum Rausch steigern. In den Rahmen des F. sind eingeordnet in erster Linie Opfer und Mahl, ferner Wettkampf, Tanz, Musik, Gesang, (Ver-)Kleidung, Schmuck; nimmt man den F.-Raum hinzu, so besitzt auch die bildende Kunst ihren Platz im F. [2].

Ein F. bezieht sich stets auf einen mythischen oder historischen Anlaß (Gründung, mythische Übertragung der Hauptnahrungsmittel, Sieg, Krönung, Amtseinsetzung überhaupt usw.), der als Geschenk (Gnade, Stiftung) verstanden wird, jedenfalls nicht durch die eigene Leistung allein zu begründen ist. Dieses Ereignis wird im F. entfaltet oder «wiederholt». Die Beschenkten erhalten (erneut) ihr Geschenk und bedanken sich zugleich, rühmen und ehren den Spender. Das Opfer im F. ist das Gegengeschenk der Beschenkten, es vertritt alle Mitglieder der Gruppe und zeigt deren Hingabebereitschaft an. Neben die Vergegenwärtigung des Anlasses tritt unmittelbar die Vergegenwärtigung der Gemeinschaft der Beschenkten. Das Volk «zeigt von sich das Beste, was es hat, das wozu es fähig gewesen ist, sich zu machen ... alles gehört dazu, den Göttern Ehre zu bezeigen» [3]. Der F.-Teilnehmer ist, wenn nicht Spieler, so Zuschauer, der dieser Darstellung gegenüber die Haltung der Muße (contemplatio) einnimmt. Beide Funktionen sind jedoch nicht scharf zu trennen, auch der Spieler ist in gewissem Umfang Zuschauer und umgekehrt. – Von hier aus können die modernen «weltlichen» F. als reduzierte Formen des Grundtyps angesehen werden.

Die Aussagen der Feiernden über die F. stimmen darin überein, daß in ihnen die Verbindung mit dem Göttlichen in besonderer Weise erlebt wird. Die Götter selbst sind F.-Genossen [4]. Der F.-Teilnehmer wird hineingehoben in die ursprüngliche Zeit (oder die Endzeit), von der der Mythos berichtet. Davon abweichende Stimmen sind seit dem 18. Jh. zu finden. Die Aufklärung ist von der Machbarkeit des F. überzeugt (COMTE); ROUSSEAU erklärte für den Inhalt des F. für «nichts», man könne sie jedoch zu dem Zweck benutzen, daß alle Menschen noch mehr vereinigt werden [5]. Für NIETZSCHE ist das F. «Heidentum par excellence», «ein göttliches Jasagen zu sich aus animaler Fülle und Vollkommenheit» [6]. Nach FREUD ist ein F. «ein gestatteter, vielmehr ein gebotener Exzeß ..., die festliche Stimmung wird durch die Freigebung des sonst Verbotenen erzeugt» [7]. Aus der Sicht des Existentialismus «ist es nötig, die Existenz in der Gegenwart festzuhalten, wenn man nicht will, daß das ganze Leben als ein Zerfließen ins Nichts erscheint». Diese Funktion erfüllt nach S. DE BEAUVOIR das F. [8]. Die umfassendsten F.-Theorien stammen von CAILLOIS und PIEPER. Für Caillois ist der Überschwang (excès) wesentlicher Bestandteil des F. «Er ist nötig für den Erfolg der Zeremonien ..., um die Natur oder die Gesellschaft zu erneuern» [9]. Nach Pieper liegt das Zentrum des F. in der «Zustimmung zur Welt» [10].

Anmerkungen. [1] PSEUDO-PLATON, Definitionen 415 a. – [2] Vgl. FR. SCHLEIERMACHER, Praktische Theologie. Sämtl. Werke 13 (1850) 73. – [3] HEGEL, Religionsphilos. Sämtl. Werke, hg. GLOCKNER 16 (1959) 141. – [4] PLATON, Gesetze 253 d. – [5] J.-J. ROUSSEAU, Lettre à M. d'Alembert. Oeuvres complètes 2 (Genf 1782) 386. – [6] FR. NIETZSCHE, Werke, Musarion-A. 19 (1926) 292. – [7] S. FREUD, Totem und Tabu. Ges. Werke 9 (London 1940ff.) 170. – [8] S. DE BEAUVOIR: Pour une morale de l'ambiguïté (Paris 1947) 175. – [9] R. CAILLOIS: L'homme et le sacré (Paris 1939, ²1950) 94. – [10] J. PIEPER: Zustimmung zur Welt; eine Theorie des F. (1963) Titel u. passim.

Literaturhinweise. R. CAILLOIS s. Anm. [9]. – M. ELIADE: Das Heilige und das Profane (1957). – E. FINK: Spiel als Weltsymbol (1960). – H. KUHN: Das Sein und das Gute (1962). – J. PIEPER s. Anm. [10]. – A. HALDER: Kunst und Kult (1964). – E. HORNUNG: Gesch. als F. (1966). – H. COX: The feast of fools. A theol. essay on festivity and fantasy (Cambridge, Mass. 1969); dtsch. Das Fest der Narren (1969).

W. SIEBEL

Fetischismus

I. Der Ausdruck leitet sich ab vom portugiesischen ‹feitiço› (lat. ‹factitius›, das ‹künstlich, falsch› und ‹Zauber› bedeutet. Das Wort wurde zunächst von den Portugiesen in abwertendem Sinne für westafrikanische Götterbilder gebraucht. Der Franzose CH. DE BROSSES führte den Begriff in einem von seiner ursprünglichen Bedeutung semasiologisch variierenden Sinne in die Wissenschaft ein, indem er ihn für den sich bei Primitivvölkern findenden Glauben an die Machtgeladenheit sakraler Gegenstände verwandte. Trotzdem wurde der Terminus auch später noch generell für niederes Heidentum und Naturverehrung gebraucht. «Soll wirklich mit dem üblichen Terminus die Struktur einer Geisteshaltung angedeutet werden, so empfiehlt es sich, ihn nur anzuwenden auf die Objekte, welche wir Dinge nennen, aber ohne Unterschied des Naturhaften und des Künstlichen ...» [1]. Gelegentlich unterscheidet man zwischen einem dynamistischen F. einerseits, der krafterfüllte Dinge, wie z. B. Bündel mit machthaltigen Ingredienzien, bezeichnet, und andererseits einem animistischen F., bei dem es sich darum handelt, Geister in Objekte zu bannen. Amulette stellen heute eine säkularisierte Form von Fetischen dar. Die Psychologie hat den Terminus ‹F.› übernommen und verwendet ihn zur Kennzeichnung eines neurotischen Zustandes.

Anmerkung. [1] G. VAN DER LEEUW: Phänomenol. der Relig. (²1956) 20.

Literaturhinweise. CH. DE BROSSES: Du culte des dieux fétiches (Paris 1760). – F. SCHULTZE: Der F. (1871). – W. SCHNEIDER: Die Relig. der afrikanischen Naturvölker (1891). – M. BRIAULT: Polythéisme et fétichisme (Paris 1930).

G. LANCZKOWSKI

II. In ursprünglicher und in übertragener Bedeutung findet sich der Begriff auch in der *philosophischen* Diskussion.

In seiner *ursprünglichen* Bedeutung begegnet er in der Religionsphilosophie. So versteht SCHELLING unter F. eine aus der vorhellenischen Zeit überkommene und erhaltene «stupide Verehrung», die man «rohen, entweder unorganischen oder wenigstens unlebendigen Körpern» beziege [1]. Für HEGEL ist die dem F. eigentümliche Anerkennung einer selbständigen Macht außerhalb des Menschen der Versuch einer Objektivierung: «der Verstand kommt zum Bewußtsein, daß ein Zusammenhang besteht, aber die nähere Bestimmung ist ihm unbekannt» [2]. Wenn der Mensch sich noch nicht in seiner Wesenheit erfaßt hat [3], entsteht das Bedürfnis, sich «eine unbekannte, unbestimmte Macht» selbst zu «kreieren»: «Dies ist es, was man unter *Fetischen* zu verstehen hat. Die Macht zu objektivieren und das Objektivierte als ein Objektives zu verehren, ist zu merken. ... Es ist diese Willkür, sich dieses oder jenes zum Idol zu machen und ebensowohl auch damit zu wechseln» [4]. Größere Relevanz erhält der Begriff ‹F.› in der Philosophie A. COMTES; in seinem die Geistesentwicklung des Menschen vor allem erkenntnistheoretisch darstellenden «Dreistadiengesetz» ist F. im ersten, für alle Theorien notwendigen theologischen Stadium der erste Inhalt der theologischen Philosophie, und zwar die unmittelbarste und ausgeprägteste der drei Formen des theologischen Geistes vor dem Polytheismus und dem Monotheismus. Entstanden ist F. nach Comte aus dem Bedürfnis nach Klärung von unerklärbar erscheinenden Vorgängen und der natürlichen Neigung des Menschen zur Projektion des Ich auf fremde Phänomene: «le fétichisme ... consistant surtout à attribuer à tous les corps extérieurs une vie essentiellement analogue à la nôtre, mais presque toujours plus énergique, d'après leur action ordinairement plus puissante» [5]. F. ist demnach eine für die erste Stufe der Intelligenz typische Erkenntnismethode, die primitivste Deutung der Erscheinungswelt. Vom rein empirischen Standpunkt aus bezeichnet J. ST. MILL die sich auf Kausalzusammenhänge und letzte Ursachen berufenden deterministischen Theorien als «ursprünglichen F.», den sich das moderne Denken in der Zurückführung aller Erscheinungen auf den Willen eines empfindenden Wesens erhalten habe [6]. In diesem Zusammenhang spricht Mill – ähnlich wie Comte – von der spontanen Neigung des Geistes, «sich alle Fälle von Verursachung dadurch zu erklären, daß er sie dem absichtlichen Handeln von willensfähigen Agentien wie er selbst ist vergleicht» [7]. R. OTTO ordnet F. als eine der ersten Phasen der Religion ein, die – noch frei von sittlichen und erkenntnishaften Elementen – durch den gemeinsamen Zug des Numinosen, Heiligen mit dem Totemismus und Dämonismus verbunden ist und dadurch zum «Vorhof der Religionsgeschichte» gehört [8].

In *übertragener* Bedeutung werden ‹F.› und ‹Fetisch› kritisch verwendet zur Bezeichnung von sich der kritischen Vernunft entziehenden, willkürlich gesetzten und mit irrationaler Macht ausgestatteten Objekten. In diesem Sinne bezeichnet KANT mit «Pfaffenthum» «die Verfassung einer Kirche», in der «ein Fetischdienst regiert», und zwar dort, wo «nicht die Principien der Sittlichkeit, sondern statutarische Gebote, Glaubensregeln und Observanzen ... das Wesentliche derselben ausmachen» [9]. Der Dienst Gottes verwandele sich hier zum bloßen «Fetischmachen» und «Afterdienste» [10]. MARX spricht in der Analyse der ökonomischen Verhältnisse vom «Fetischcharakter» der Waren, vom «Fetisch, der den Arbeitsprodukten anklebt, sobald sie als Waren produziert werden» [11]. Die Verhältnisse der Arbeiter zur gesellschaftlichen Gesamtarbeit vergegenständlichen sich durch die Umwandlung des Produktes in Ware, die sich der Kontrolle entzieht und zum gegenständlichen Schein der Arbeitsbestimmungen wird. Nach E. MACH haben – in starkem Anklang an J. St. Mill – Kausalitäts- und Kraftbegriff «einen starken Zug von F.»; er spricht wiederholt von «Spuren des F. in unseren physikalischen Begriffen» [12]. F. MAUTHNER nennt die «Personifikation oder Deifikation» der Begriffe «F. mit Worten», der sich mehr noch als im gemeinen Sprachgebrauch in den Wissenschaften ausbreite [13]. Als Terminus der Psychoanalyse bedeutet F. bei FREUD eine mehr oder minder weitgehende Perversion der Libido, die sich auf Ersatzobjekte richtet [14]. M. HORKHEIMER überträgt den Begriff auf die sich selbst instrumentalisierende Vernunft: diese nehme «eine Art von Materialität und Blindheit an» und werde «ein Fetisch, eine magische Wesenheit, die mehr akzeptiert als geistig erfahren wird» [15]. Die «Verherrlichung des Bürgerkriegszustandes», wie er sie in China und bei Stalin vorfindet, nennt G. LUKÁCS eine lebensferne «zum Fetisch gewordene revolutionäre Phrase», die einer gründlichen theoretischen Abrechnung bedürfe, «damit endlich die wirkliche, den neuen Formen der Wirklichkeit entsprechende Bestimmung des jeweilig notwendig entstehenden Klassenkampfes gefunden werde» [16].

Anmerkungen. [1] F. W. J. SCHELLING: Philos. der Offenbarung. Werke, hg. K. F. A. Schelling, 12, 398. – [2] HEGEL: Vorles. über die Philos. der Relig., hg. G. LASSON 1/2 (1927, Nachdruck 1966) 91. – [3] a. a. O. 94. – [4] 95f.; vgl. Werke, hg. GLOCKNER 15, 316f. – [5] A. COMTE: Discours sur l'esprit positif, hg. I. FETSCHER (1956) 6; vgl. 7f. – [6] J. ST. MILL: System der deductiven und inductiven Logik, dtsch. J. SCHIEL (²1862) 1, 416. – [7] a. a. O. 418. – [8] R. OTTO: Das Heilige (1921) 140. – [9] KANT, Akad. A. 6, 179. – [10] a. a. O. 179. – [11] K. MARX: Das Kapital. MEW 23, 87; vgl.: Die Frühschriften, hg. S. LANDSHUT (1953) 230f. – [12] E. MACH: Populär-wiss. Vorles. (⁴1910) 218, 284. – [13] F. MAUTHNER: Beitr. zu einer Kritik der Sprache (³1923) 1, 160. – [14] FREUD, Werke (London 1948) 16, 311ff.; 17, 61; 5, 52-54. – [15] M. HORKHEIMER: Zur Kritik der instrumentellen Vernunft, hg. A. SCHMIDT (1967) 32. – [16] G. LUKÁCS: Werkauswahl 2: Schriften zur Ideologie und Politik (1967) 699f. CH. SEIDEL

Feudal, Feudalismus. Das Wort ‹feudal› geht wahrscheinlich auf gotisch ‹faihu›, Vermögen, Gut zurück (ahd. fihu, Vieh; aus mlat. feum wird feudum, Lehngut); es wird aber auch eine Verbindung zu ‹fiscus› gesucht [1].

Die Bezeichnungen ‹feudal› und ‹Feudalismus› (F.) werden in verschiedenen Bedeutungen gebraucht. Das hat zu einer Begriffsverwirrung geführt, um deren Klärung sich die moderne Geschichtswissenschaft bemüht. In der neueren deutschen Literatur wird französisch ‹féodalité› meist mit ‹Lehnswesen› wiedergegeben, wenn mittelalterliche Verhältnisse gemeint sind. In der nichtmarxistischen Sozialgeschichte zeichnet sich das Bestreben ab, ‹feudal› nicht auf den frühneuzeitlichen F. anzuwenden, sondern den Gebrauch einzuschränken auf die Bezeichnung des lehnsrechtlich strukturierten, abendländischen Gemeinwesens im hohen Mittelalter, das auf die Verbindung der Vasallität mit dem Benefizialwesen im Frankreich des 8. Jh. zurückzuführen ist. In Kommendation und Gefolgschaft einerseits und in der Landleihe andererseits sind die Ausgangspunkte der Entwicklung des Lehnswesens zu sehen, das in seiner vollen Ausprägung und größten politischen Bedeutung etwa vom 10. bis 13. Jh. anzusetzen ist. Grundherrliche Herrschaft über Land und Leute, genossenschaftliche Ordnung insbesondere in den Städten und bäuerlichen Gemeinden sowie lehnsrechtliche Bindungen sehr unterschiedlichen Abhängigkeitsgrades bilden die Grundstrukturen dieses Gemeinwesens, in dem es keine durchgebildete Staatsgewalt gibt und dem die moderne Trennung von Staat und Gesellschaft, öffentlichem und privatem Recht fremd ist. Das beide Teile zu Schutz und Hilfe verpflichtende Treueverhältnis ist grundsätzlich mit der eigentümlichen lehnsrechtlichen Sicherung eines schon früh als erblich angesehenen Besitzes oder Anspruchs auf bestimmte Rechte (z. B. Regalien, Gerichtsbarkeiten, Zölle) verbunden.

Das *deutsche* Lehnswesen nahm eine Form an, die zur Schwächung der zentralen königlichen Gewalt beitrug, deren direktem Zugriff mehr und mehr Untertanen entzogen wurden. Dafür als Hauptursache das deutsche Lehnrecht anzuführen, wie es einer weitverbreiteten Anschauung entspricht [2], dürfte kaum haltbar sein. In *England* und insbesondere in *Frankreich* bildete sich dagegen eine Form des Lehnswesens aus, die zur Stärkung der königlichen Gewalt beitrug. Ursachen und Wirkungen wichtiger Elemente des Lehnswesens sind im einzelnen recht umstritten, so z. B. die Probleme von Leihezwang, Treuevorbehalt, Stellung der Aftervasallen, Doppelvasallität, Erblichkeit von Lehn (vgl. z. B. die Auseinandersetzung: MITTEIS, GUNIA, GOEZ [3]). – In dieser geschärften Bedeutung sollte ‹feudal› also z. B. *nicht* auf mittelalterliche Verhältnisse in *Ungarn* angewendet werden, weil es dort kein Lehnsrecht gab.

Im *18. Jh.* wird der Begriff ‹F.› (féodalité) zuerst in *Frankreich* gebildet [4] und bezeichnet die Gesamtheit der durch Adel, Grundherrschaft und Lehn bestimmten Normen. ‹Feudal› heißt in dieser Zeit der durch die Privilegierten (pouvoirs intermédiaires) geprägte, jetzt bereits vom Staat unterschiedene Bereich der Gesellschaft. Der ländliche Adel und der Klerus als Großgrundbesitzer und privilegierte Schicht, nicht mehr lokale Herrschaftsgewalten, widersetzen sich dem Streben des Absolutismus nach Souveränität und Durchbildung einer einheitlichen Staatsgewalt, die gleiche Herrschaft über alle Untertanen voraussetzt. Sie widersetzen sich der naturrechtlichen Vorstellung von der Gleichheit aller vor dem Gesetz. Politisch treten die in diesem Sinne feudalen Gruppen, die in allen abendländischen Staaten anzutreffen sind, in der altständischen Adelsopposition hervor, die sich gegen das absolute Königtum richtet und um den Fortbestand alter Adelsrechte kämpft. E. J. SIEYÈS stellt die Bevollmächtigten der Feudalität (Klerus und Adel) der Nation (tiers état) gegenüber und nimmt sie damit von ihr aus [5]. F. J. STAHL beschreibt in seinen 1863 veröffentlichten Vorlesungen ‹Die gegenwärtigen Parteien in Staat und Kirche›, in der «Partei der Legitimität», die der «Partei der Revolution» gegenübergestellt wird [6], als zweite Fraktion die «feudalistischen Legitimisten». Sie sind die Anhänger der altständischen Monarchie. Innerhalb der «Partei der Legitimität» werden sie abgegrenzt gegen die Anhänger der absoluten Monarchie einerseits und die der ständisch-konstitutionellen andererseits. Folgende politische Forderung ist besonders charakteristisch für die feudalistischen Legitimisten: Jede Herrschaft solle selbst «ein geschlossenes Ganzes, in sich der höheren untergeordnet, aber ihr gleichartig» bilden. Der Gutsherr solle nicht «Ausüber obrigkeitlicher Rechte, Träger von Staatsfunktionen, sondern selbst Obrigkeit im vollsten Sinne, analog dem Landesherrn, nur eine Stufe tiefer sein.» Die Anhänger dieser Partei wehren sich also dagegen, daß ihre Besitzrechte auf ein reines Privatrecht im modernen Sinne reduziert und gegen das öffentliche Recht abgegrenzt werden.

In Frankreich verloren die feudalen Gruppen 1789 durch die Umwandlung der Generalstände in die Assemblée nationale und die Aufhebung aller Privilegien ihre rechtliche Sonderstellung. In Deutschland geschah das in einem längeren Prozeß mit fließenden Übergängen [7].

Im *19. Jh.* führte die *Soziologie* ‹F.› als Bezeichnung des Gegenbegriffs zu ‹Kapitalismus› ein. ‹F.› erfuhr hier eine Erweiterung und meint ganz allgemein eine Gesellschaftsform, deren Hauptmerkmal ein Abhängigkeitsverhältnis zwischen Großgrundbesitzern und den auf ihrem Land sitzenden Bauern und Pächtern ist. So wurde die Anwendung dieses zunächst ein typisch abendländisches Ordnungsgefüge bezeichnenden Wortes auch auf außereuropäische Verhältnisse weithin üblich. M. WEBER z. B. spricht vom vorderasiatischen «Pfründen-F.», den er vom abendländischen «Lehn-F.» unterscheidet [8]. O. HINTZE wendet seinen F.-Begriff, wenn auch mit Einschränkungen, auf Japan und Rußland an [9]. R. BOUTRUCHE hat die Verbreitung als ‹feudal› bezeichneter Organisationsformen auf breiter Grundlage untersucht und kommt zu dem Ergebnis, daß die japanische Form dem abendländischen Lehnswesen am ähnlichsten sei [10]. Ein weitgefaßter F.-Begriff, der auch in die Geschichtswissenschaft Eingang gefunden hat und dort in der Bedeutung von «Adelsherrschaft» oder «Personenverbandsstaat» verwendet wird, gilt dort in neuerer Zeit weithin als unbefriedigend, weil er wichtige Unterschiede verdeckt, Ungleiches mit gleichem Namen belegt und gleichzeitig Elemente meint, die nicht notwendig und unmittelbar mit dem Lehnswesen verbunden sind. In dieser Terminologie werden die eingangs als ‹feudal› beschriebenen Verhältnisse, an denen dieser Begriff gebildet und auf die allein er von Zeitgenossen angewendet wurde, zu einem Sonderfall innerhalb einer systematisch bestimmten Gruppe von Herrschaftstypen mit nicht eindeutig geklärten Merkmalen [11].

In der *marxistischen* Geschichtsschreibung bezeichnet ‹F.› die auf die Sklavenhaltergesellschaft folgende Periode der vorkapitalistischen Gesellschaftsform. Im ‹Kommunistischen Manifest› erscheinen ‹F.› und Bourgeoisie als dialektische Gegensätze: «Die Bourgeoisie, wo sie zur Herrschaft gekommen, hat alle feudalen, patriarchalischen, idyllischen Verhältnisse zerstört» [12]. In den fünfziger Jahren hat es, insbesondere in der Sowjetunion, eine umfassende Erörterung von Fragen des F. und zahlreiche Auseinandersetzungen um das Problem seiner Periodisierung, das heißt seiner Einordnung in den historischen Prozeß unter Berücksichtigung der Grundsätze des historischen Materialismus und seiner neueren Erkenntnisse gegeben. Diese bei Nicht-Marxisten verhältnismäßig geringes Interesse findende Frage der Periodisierung gilt in der marxistischen Geschichtsforschung, gerade in bezug auf die Zuordnung von F. und Kapitalismus, als ein zentrales Forschungsproblem [13].

In der *Umgangssprache* bezeichnet ‹feudal› Lebensformen, wie sie den Großgrundbesitzern des 18. und 19. Jh. zugeschrieben werden, und meint damit vielfach eine Lebensweise, die treffender als ‹großbürgerlich› gekennzeichnet wäre im Sinne von herrenmäßig, vornehm.

Anmerkungen. [1] H. KRAWINKEL: Feudum. Jugend eines Wortes. Sprachstudie zur Rechtsgesch. Forsch. zum dtsch. Recht 3, H. 2 (1938). – [2] H. THIEME: Art. ‹F.›, in: Handwb. der Sozialwiss. 3 (1961) 506ff. – [3] H. MITTEIS: Lehnrecht und Staatsgewalt (1933, Nachdruck 1958); H. GUNIA: Der Leihezwang, ein angeblicher Grundsatz des dtsch. Reichsstaatsrechts im MA (1938); H. MITTEIS, Rez. zu GUNIA, Leihezwang, in: Z. Savigny-Stift. Rechtsgesch., german. Abt. 59 (1939) 399-407; W. GOEZ: Der Leihezwang. Eine Untersuch. zur Gesch. des dtsch. Lehnrechtes (1962); vgl. auch F. L. GANSHOF: Qu'est-ce que la féodalité? (Brüssel 1944, ⁴1958); R. COULBORN (Hg.): Feudalism in hist. (Princeton, N.J. 1956). – [4] Vgl. H. DE BOULAINVILLIERS (1727) bei M. BLOCH: La société féodale (Paris 1939/40), zit. nach O. BRUNNER: ‹F.›. Ein Beitrag zur Begriffsgesch., in: Abh. Akad. Wiss. Lit., geistes- u. sozialwiss. Kl. (1958) Nr. 10, 598. – [5] E. J.

SIEYÈS: Qu'est-ce que le tiers état? (1789), zit. nach BRUNNER, a. a. O. [4] 319. – [6] F. J. STAHL: Die gegenwärtigen Parteien in Staat und Kirche (1863) 319. 325ff. – [7] Vgl. BRUNNER, a. a. O. [4]; vgl. Art. ‹F.›, in: Handwb. der Sozialwiss. 3 (1961). – [8] M. WEBER: Wirtschaft und Gesellschaft, in: Grundzüge der Soziologie (1912), hg. J. WINKELMANN (¹1956) 148. – [9] O. HINTZE: Wesen und Verbreitung des F. Sber. Preuß. Akad. Wiss., philos.-hist. Kl. 94, 20 (1929), Nachdruck in: Welt als Gesch. 4 (1938); Gesammelte Abh. 1: Staat und Verfassung (1941). – [10] R. BOUTRUCHE: Seigneurie et féodalité. Le premier âge des liens d'homme à homme (Paris 1959) 281ff. – [11] Vgl. BRUNNER, a. a. O. [4]. – [12] K. MARX/F. ENGELS, MEGA 4, 464; vgl. Dtsch. Ideol. 1. MEGA 3, 61ff. – [13] Vgl. Zur Periodisierung des F. und Kapitalismus in der gesch. Entwicklung der UdSSR. Diskussionsbeitr., dtsch. K.-E. WÄDEKIN, 20. Beih. zur ‹Sowjetwiss.› (1952); Feodalnij stroi. Bolsaja sowjetskaja enz. 2, XL (Moskau 1956).

H. L. REIMANN

Fiat ist das verursachende Schöpfungswort Gottes nach den Urstellen Gen. 1, 3: «fiat lux», Gen. 1, 6: «fiat firmamentum», auch nach sonstigem Vorkommen in der Vulgata als liturgische Formel (Ps. 88, 53; 105, 48: «fiat, fiat»), Wunsch- oder Ergebenheitswendung (Ps. 121, 7; Matth. 6, 10: Vater Unser; Luc. 1, 38; 22, 46), als Heilungs- und Wundervotum (Matth. 9,29; Marc. 11, 23), Ausdruck für menschliche Wandlung (1. Cor. 3, 18) oder gar eines Zauberaktes (Exod. 9, 22). Demgegenüber sind Bemerkungen antiker Autoren über das schöpferische «facere» (z. B. des Prometheus bei SENECA d. Ä.) begriffsgeschichtlich wohl bedeutungslos.

Die Erwähnung beim Schöpfungsakt spielt in der einschlägigen biblischen Exegese eine Rolle. In der *spiritualistisch-theosophischen* Literatur des 16. Jh. wird ‹F.› besonders durch PARACELSUS aufgenommen als Manifestation oder Hypostasierung des Schöpfungswillens Gottes. Das «F.» ist «der himlisch potestas ein ordnung» [1] und von Gott so gesprochen, wie es für die Schöpfung richtig war [2]. Häufig findet es sich spekulativ im pseudo- bzw. deuteroparacelsischen, für die Folgezeit einflußreichen Schrifttum: der Iliaster des Verbum F. hat den «limbus Adami primi» hervorgebracht [3]; das ewige Wort aus Gottes Mund ist das F. der Erschaffung der Seele Adams, ist «materialisch der sêlen speise» und ist «essentialiter, substantialiter in einem jeden dinge» [4], es ist Gottes Sprache und des Menschen Leben [5], die Ursache der Weltseele (anima mundi) [6]. Oder aus dem Worte F. als Erschaffung des Wassers sind alle Kreaturen entstanden [7]. Es gibt aber auch ein menschliches «fiat microcosmi», das Adam zu Eva bei der Namengebung sprach [8]. In gleicher Zeit redet SEBASTIAN FRANCK von dem in Ewigkeit gesprochenen und im Menschen fortwirkenden Wort: «das Wort F. ist nicht vergangen, sondern schafft noch für und für, und wenn es in die Zeit fällt, dann sprechen wir es zeitlich» [9]. J. BÖHME als der hauptsächliche Traditor der Paracelsischen philosophischen Gedankenwelt verwendet es in ähnlicher Vielfalt des Sinnes wie sein Gewährsmann und wie Franck, aber weit häufiger und spekulativ ausführlicher. Das in Gott als Schöpfungsprinzip wirksame F. [10] macht «das dritte Principium» (der Schöpfung der äußeren Welt) offenbar [11]. Später wird es theo-psychologisch als «die Begierde aus dem ewigen Willen des Urgrundes» erklärt, die mit der «Kraft der freien Lust» zusammen das «Verbum F.» ergibt [12]. Es wirkt als «scharfe Essentia» durch den Mann bei der Zeugung und Entwicklung des einzelnen Menschen in der Frau fort [13]. Weiter ist es im menschlichen Willen als «das scharfe F.» aus Gottes Willen heraus wirksam [14], denn die Begierde des F. ist noch in allen Dingen [15] als ein «Macher», der den Geschöpfen die «Gewalt zur Selbst-Multiplication» verliehen hat [16]. Die anthropologisch-psychologische Anwendung des Begriffs gipfelt in der Auffassung, daß der Gott vertrauende Mensch das Verbum F. besitze «und schaffet immerdar», d. h. in ihm schafft Gottes Geist [17].

Wohl von da aus hat der moderne Sprachgebrauch, insbesondere in der neuzeitlichen Psychologie, das Wort für den schöpferischen Willensakt des Menschen im Hinblick auf eine im Subjekt schon existierende Idee gelegentlich aufgenommen, z. B. bei W. JAMES, der es beiläufig für die Einleitung der Willensbewirkung verwendet [18] oder «a ‹fiat›» als zweiten Wesensbestandteil bzw. Phase einer Willensbewegung bezeichnet [19], und TH. LIPPS, für den das F. im Rahmen des «Strebens» der «Akt des Einsetzens zur Tätigkeit» ist [20].

Anmerkungen. [1] PARACELSUS, Astronomia Magna 2, 5. Werke, hg. SUDHOFF 12, 352. – [2] Von Blatern ... der Franzosen 9. a. a. O. 6, 324. – [3] Liber Azoth 1. a. a. O. 14, 549. – [4] a. a. O. 2 = 556f. 560f. 568. – [5] 588. – [6] 589. – [7] De pestilitate, 14, 601 – [8] Liber Azoth 2 = 588. – [9] S. FRANCK, Paradoxa 79 (1534) 43 b. – [10] J. BÖHME, De tribus principiis 2, 24ff. (1730) 80ff. – [11] a. a. O. 5, 28 = 55. – [12] Mysterium magnum 3, 5-8 (1730) 12f. – [13] De tribus principiis 13, 46ff. = 160ff. – [14] 14, 74 = 188ff. – [15] Mysterium magnum 26, 31 = 204. – [16] a. a. O. 19, 28 = 131f. – [17] Vom dreifachen Leben des Menschen 17, 6 (1730) 328f. – [18] W. JAMES: The principles of psychol. 2 (London 1891) 498. 501. 561. – [19] The feeling of effort. Anniversary Mem. Boston Soc. nat. Hist. (Boston 1880) 5. – [20] TH. LIPPS: Leitfaden der Psychol. (²1906) 21.

Literaturhinweise. R. DE SAINT-LAURENT: F. Le mot qui fait des prodiges. Coll. de culture humaine (Avignon 1947). – W. PAGEL: Das med. Weltbild des Paracelsus (1962) 79f. (Theorie einer Identität von F. und Urmaterie bei Paracelsus. – K. GOLDAMMER: Bemerkungen zur Struktur des Kosmos und der Materie bei Paracelsus. Festschrift W. Artelt (1971) passim.

K. GOLDAMMER

Fideismus (von lat. fides, Glaube) nennt man die ursprünglich von KANT, SCHLEIERMACHER und dem Neukantianismus (besonders von R. LIPSIUS) beeinflußte Auffassung, wonach metaphysische, moralische und religiöse Wahrheiten nicht durch die Vernunft, sondern *nur* durch Glauben erkannt werden. Sie nahm als *Symbolo*-Fideismus, für den das *religiöse* Erkennen im Unterschied zum *objektiv*-raumzeitlichen auf einer *subjektiv*-symbolischen Darstellung religiöser Gefühle beruhte, ihren Ausgang von der seit 1877 bestehenden Pariser *reformierten* theologischen Fakultät, wo A. SABATIER und E. MÉNÉGOZ Ende des vergangenen Jh. lehrten, daß die religiösen Begriffe und Dogmen *keine transzendente* Wirklichkeit zu erreichen vermöchten, sondern lediglich als unzulängliche und wandelbare Versuche zu betrachten seien, den Ausdruck religiöser Gefühle dem jeweiligen Stand der Geistesentwicklung anzupassen. Dieser als Reaktion auf den rationalistischen Spiritualismus verständlichen Kritik an aller natürlichen philosophischen Erkenntnis analog war im katholischen Raum auf den Hermesianismus und Güntherianismus sowie auf den belgischen und italienischen Ontologismus zunächst das gegenteilige Extrem des Traditionalismus und sodann um die Jahrhundertwende der Modernismus gefolgt, dessen *scientistische* Haltung der *fideistischen* des damaligen *protestantischen* theologischen Denkens entsprach. Die dem Katholizismus zugeordneten vorgenannten Deutungen des Verhältnisses von Glauben und Wissen sind in der Zeit von 1835 bis 1907 kirchlicherseits verurteilt worden.

In *philosophischer* Hinsicht spielt der Fideismusbegriff bei den Vertretern des *dialektischen Materialismus* auch heute noch eine große Rolle. Da LENIN in einem Brief an seine Schwester Anna Elizarova vom 8. Nov. 1908 den Fideismus (Synonym für «Pfaffentum») als eine

Lehre definierte, «die den Glauben an die Stelle des Wissens setzt oder überhaupt dem Glauben eine gewisse Bedeutung beilegt» [1], verdächtigen sie jede *nichtmaterialistische*, besonders aber die *neuthomistische* Philosophie rigoros der Ansicht, daß «der religiöse Glaube *das einzige* Kriterium der Wahrheit» [2] sei, um die Ablehnung des Materialismus als fideistische Voreingenommenheit erweisen zu können. Begründete Einwände [3] haben jedoch in letzter Zeit zu einer selbstkritischen Überprüfung dieser extremen Argumentation geführt [4]. Der sowjetische Philosoph V. GARADŽA hat dargelegt, daß nach der Auffassung des thomistischen Intellektualismus «alles dem Gericht der Vernunft» unterliege, und somit könne nur das als wahr anerkannt werden, was die Vernunft gebilligt hat und den rationalen Kriterien der Wahrheit entspricht», woraus folge, daß von der Transzendenz nichts mehr übrigbleibe, da die «der Glaube sich seinem Inhalt nach entweder in keiner Hinsicht vom Wissen unterscheiden darf, oder aber falsch ist» [5]. Diese Ansicht greift in erstaunlicher Weise die Kritik des russischen Existentialisten LEV ŠESTOV an der gnostischen Hellenisierung des Christentums sowie am Rationalismus des russischen Philosophen VLADIMIR SOLOV'EV (1853–1900) auf [6]. Zwar stimmen die Argumente von GARADŽA und ŠESTOV in *dieser* Hinsicht unverkennbar überein, aber ihre Interessen laufen gleichwohl in völlig entgegengesetzte Richtungen.

Anmerkungen. [1] V. I. LENIN: Pis'ma k rodnym (Briefe an Angehörige) (Leningrad 1931) 318; Polnoe sobranie sočinenij [vollständige Sammlung der Werke] (Moskau ⁵1961) 18, 10. 391; 23, 118. – [2] B. N. PONOMAREV: Političeskij slovar' [Polit. Wb.] (Moskau ²1958) 611. – [3] Vgl. H. DAHM: Die Dialektik im Wandel der Sowjetphilos. (Köln 1963) 9-20. – [4] Vgl. V. I. GARADŽA: Neotomizm i estestvoznanie. Mnimoe primirenie nauki i religii [Neothomismus und Naturwiss. Scheinausgleich von Wiss. und Relig.], in: Priroda (Moskau) 54/3 (1965) 65-72, zit. hier 67; JA. V. MINKJAVIČJUS: Sovremennyj katolicizm i ego filosofija [Der moderne Katholizismus und seine Philos.] (Vilnius 1965) 57; V. I. GARADŽA: Kritika neotomistskogo psevdoracionalizma [Krit. des neuthomistischen Scheinrationalismus], in: Voprosy filosofii (Moskau) 20 (1966) 99-110, zit. 102. – [5] V. I. GARADŽA, in: Voprosy filosofii 20/11 (1966) 104. – [6] LEV ŠESTOV: Umozrenie i otkrovenie. Religioznaja filosofija Vladimira Solov'eva i drugie stat'i [Spekulation und Offenbarung. Die Religionsphilos. von Vladimir Solov'ev und andere Aufsätze] (Paris 1964) 46; vgl. dtsch. L. SCHESTOW: Spekulation und Offenbarung (1963) 67.

Literaturhinweise. A. SABATIER: Esquisse d'une philos. de la relig. (Paris 1897, ⁸1910); Les relig. d'autorité et la relig. de l'esprit (Paris 1903, ⁴1910). – E. MÉNÉGOZ: Réflexions sur l'Evangile du salut (Paris 1879); Publications diverses sur le f. et son application à l'enseignement chrétien traditionnel 1-5 (Paris 1900-1921). *Kritisch:* E. DOUMERGUE: L'autorité en matière de foi et la nouvelle école (Paris 1892); Les étapes du f. (Paris 1906); Le dernier mot du f. (Paris 1907). – H. HALDIMANN: Der F. (1907). – H. DENZINGER und J. UMBERG: Enchiridion Symbolorum et definitionum et declarationum de rebus fidei et morum (1854, ²⁶1947). – J. MARX: Lehrbuch der Kirchengesch. (1903, ³1906). – Lex. Theol. u. Kirche 4 (²1960) 117f.: Art. ‹F.›. – H. DAHM: Der dialektische Materialismus als F., in: Häresien der Zeit – Ein Buch zur Unterscheidung der Geister, hg. A. BÖHM (1961) 315-373.

H. DAHM

Fiduzialglaube ist als Übersetzung von «fides fiducialis seu specialis» [1] seit dem Beginn des 20.Jh. geläufige römisch-katholische Bezeichnung (zumeist polemisch) für den reformatorischen Glaubensbegriff, z. B. in den katholischen Dogmatiken von POHLE (seit der 1. Auflage 1903), FR. DIEKAMP, L. OTT. Allerdings geht M. SCHMAUS mit der Übersetzung noch weiter und ersetzt ‹F.› durch ‹Vertrauensglauben›. – Sachlich geht der Begriff ‹F.› zurück auf die bereits 1547 vom Tridentinum in sessio 6 mit canon 12 bezogene Stellung: «Si quis dixerit, fidem iustificantem nihil aliud esse quam fiduciam divinae misericordiae peccata remittentis propter Christum, vel eam fiduciam solam esse, qua iustificamur: A.S.» (Wenn jemand sagte, der rechtfertigende Glaube sei nichts anderes als das Vertrauen auf die göttliche Barmherzigkeit, welche um Christi willen die Sünden vergibt, oder dieses Vertrauen sei es allein, wodurch wir gerechtfertigt werden: der sei Anathema).

Anmerkung. [1] So ATZBERGER, in: M. J. SCHEEBEN: Hb. der kath. Dogmatik 4 (1898) 15.

Literaturhinweise. J. BRAUN: Handlex. der kath. Dogmatik (1926) 86. – Lex. Theol. u. Kirche 4 (1960) 121f.

E. SCHOTT

Figur

I. Das lateinische ‹figura› (verwandt mit fingere, bilden, formen, gestalten, mit fictor und effigies) spielt als Übersetzungsbegriff für das im Neuen Testament auftretende griechische Wort ‹τύπος› [1] in der lateinischen *Patristik* eine wichtige Rolle. – Zuerst von TERENZ gebraucht [2], wird ‹F.› von VARRO etymologisch gedeutet als das, was der Bildhauer (fictor) herstellt («cum dicit fingo» [3]), daneben aber auch synonym mit ‹forma› verwandt (griech. σχῆμα) für äußere Gestalt, Aussehen, Form, Erscheinung [4]. In dieser Bedeutung wird ‹F.› bei LUKREZ und CICERO auf die verschiedensten Bereiche des Sinnenfälligen angewandt und dadurch zum gebräuchlichen Wort der lateinischen Sprache [5]. Bei LUKREZ findet sich auch bereits ‹F.› im Sinne von Abbild eines Urbildes: Die Kinder gleichen ihren Eltern («referant proavorum saepe figuras» [6]). In der späteren *Dichtung* tritt ‹F.› häufig in der Bedeutung von Abbild auf, so etwa bei OVID, für den, der Thematik der ‹Metamorphosen› gemäß, F. jene Gestalt ist, in die sich der Geist, die Götter und Menschen wandeln und umformen [7]. Mit CICERO beginnt die Übertragung auf die *Redekunst* («forma et figura docendi» [8]), die in QUINTILIANS ‹Institutio oratoria› zu einer ausführlichen Erörterung der F. im Unterschied zu den Tropen führt. Trotz der großen Ähnlichkeit zwischen den beiden rhetorischen Mitteln versucht Quintilian den Tropus zu definieren als die Übertragung eines Wortes aus seiner ursprünglichen Bedeutung auf eine uneigentliche Verwendungsweise («Est igitur tropos sermo a naturali et principali significatione translatus ad aliam ornandae orationis gratia»), F. dagegen als jede Formung der Sprache zu einer außeralltäglichen Redeweise, also jede rhetorische Gestaltung und Überhöhung des alltäglichen Ausdrucks («conformatio quaedam orationis remota a communi et primum se offerente ratione» [9]).

Als erster benutzt TERTULLIAN ‹F.› im Sinne der *Realprophetie*, d. h. als Vorausdeutung für ein erst später eintretendes Heilsgeschehen. Meist handelt es sich dabei um Personen oder Ereignisse des Alten Testaments, die als Zeichen für ein Erlösungswerk des Neuen Testaments gedeutet werden. Die Vorverkündigung des Alten Testaments wird dadurch eingelöst und erfüllt («figuram ... implere», «Christo confirmante figuras suas» [10]). So ist z. B. Josua, der die Israeliten in das gelobte Land führte, eine F. Christi (ebenso auch Adam und Moses), Eva dient als «figura ecclesiae», Brot als «figura corporis Christi», Wein als «figura sanguinis Christi» u. a. [11]. Mit der Erfüllung ist die in früherer Zeit vorgeformte Wahrheit, die nur ein Schatten (umbra) oder Bild (imago) war, zur vollen Wahrheit geworden.

Vom 4.Jh. an hat die Figuraldeutung ihren festen Platz in der patristischen *Exegese*. Bei LAKTANZ wird das Sechstagewerk der Schöpfung zur «figura et praemonstratio» für den Ablauf der Weltgeschichte in sechs Zeitaltern [12]. Diese Vorstellung wirkte auf AUGUSTIN und die ganze mittelalterliche Geschichtsanschauung. Bei ORIGENES [13] setzt sich eine mehr «allegorisch-moralische» im Gegensatz zu der «innergeschichtlich-realistischen Deutungsweise» Tertullians durch [14]. Obwohl AUGUSTIN die allegorische Deutungsweise ablehnt, «so besitzt er doch eine Idealität, die das konkrete Ereignis, so vollständig es auch erhalten bleibt, als F. aus der Zeit heraus und in die Perspektive der Jederzeitlichkeit und Ewigkeit versetzt» [15]. Beispiele für die Figuraldeutung finden sich in großer Anzahl in seinem Werk. Auch nach Augustin behält sie ihre wichtige Rolle in Exegese, Predigt und Betrachtung. Figuraldeutung oder Typologese in diesem Sinne ist, weil primär Geschichtstheologie, der Lehre vom vierfachen Schriftsinn nicht eindeutig zuzuordnen. Sie ist oft nicht vom sensus allegoricus zu trennen, muß aber um ihrer Zeit- und Geschichtsbezogenheit willen doch von ihm unterschieden werden und steht in dieser Hinsicht dem (eschatologischen) sensus anagogicus näher [16].

Bei THOMAS VON AQUIN kann ‹F.› einerseits eine Geschichtstypologie bezeichnen: z. B. wenn das Gesetz des Alten Testaments als F. des Neuen Testaments und dieses wiederum als F. der zukünftigen Herrlichkeit interpretiert wird: Das alte Gesetz bildet das neue vor (significat) [17]. Anderseits kann ‹F.› als Synonym für ‹imago› die Allegorie erklären: Die Möglichkeit, etwas anderes vorzubilden (ad aliquid significandum), beruht darauf, daß eine Sache Bild und F. dieses anderen (imago vel figura alterius) aufgrund seiner Ähnlichkeit mit ihm ist [18]. So wird hier wie auch schon in der Realprophetie ‹F.› synonym mit ‹allegoria› verwandt.

In der Philosophie der Neuzeit findet sich noch gelegentlich ‹F.› im Sinne der Typologie dort, wo die patristische Tradition bekannt ist [19], sonst aber wird der Ausdruck in der Regel nur für mathematische F. (im Anschluß daran unterscheidet CHR. WOLFF «figürliche Erkäntniß» als Erkenntnis «durch Wörter und Zeichen» von der «anschauenden Erkäntniß» [20]) sowie für logische, rhetorische und andere F. gebraucht [21].

Anmerkungen. [1] Vgl. Art. ‹Typos›, ‹Typologie›. – [2] TERENZ, Eun. 317. – [3] VARRO, De ling. lat. VI, 78. – [4] a. a. O. V, 17; IX, 21. 93. – [5] LUKREZ, De rer. nat. I, 359. 685; II, 341. 380. 385. 409. 514. 678. 682. 778. 780. 1021; IV, 230. 503. 556. 1212. 1223; CICERO, De nat. deor. 1, 2. 47. 89. 90; II, 117; De orat. 1, 114; 2, 18; De offic. 1, 126; 3, 32; De leg. 1, 26; De invent. 1, 41; De rep. 4, 1. – [6] LUKREZ, a. a. O. 1218f. – [7] OVID, Metamorph. 1, 436; 5, 326; 8, 730; 11, 634. 15, 172. 253. 308. – [8] CICERO, De orat. II, 98; III, 34. – [9] QUINTILIAN, Inst. orat. 9, 4. – [10] TERTULLIAN, Adv. Marc. 4, 40; De fuga in pers. 11. – [11] Adv. Marc. 3, 16; 5, 7; De anima 43; Adv. Marc. 4, 40. – [12] LAKTANZ, Div. inst. 7, 24. – [13] ORIGENES, MPG 12, 209 b, 313ff. – [14] E. AUERBACH: Figura. Arch. romanicum 22 (1938) 436-489; Abdruck in: Neue Dantestudien (Istanbul 1944) 11-71, zit. 33. – [15] a. a. O. 37. – [16] K. GRÜNDER: F. und Gesch. (1958) 117ff. – [17] THOMAS VON AQUIN, S. theol. I, 1, 10 c. – [18] III. Sent. 16, 2, 1 ad 1. – [19] z. B. PASCAL, Pensées, hg. BRUNSCHVICG (Paris 1904) 3, 83-131, Nr. 642-692; J. G. HAMANN, Werke, hg. NADLER (1949ff.) 3, 366f. – [20] CHR. WOLFF: Vernünfftige Gedanken von Gott ... (²1751) 174. – [21] W. T. KRUG: Allg. Handwb. philos. Wiss. (²1832, Nachdruck 1969) 2, 36f.

Literaturhinweise. L. GOPPELT: Typos (1939, Nachdruck 1969). – E. AUERBACH s. Anm. [14]. – K. GRÜNDER s. Anm. [16].

U. DIERSE

II. In der ästhetischen Sphäre bezieht sich ‹F.› (lat. figura, griech. σχῆμα) sowohl auf zwei- als auch dreidimensionale Formen, d. h. auf rein optische wie auch auf haptische Phänomene. Anders als die Farbe, die – nur dem Auge wahrnehmbar – die differentia specifica der Malerei ausmacht, ist die F. gleich dem sie hervorbringenden «Dessein» ein alle bildenden Künste übergreifendes, gleichermaßen in Architektur, Plastik und Malerei realisiertes Darstellungsprinzip [1].

Innerhalb dieser essentiellen und überhistorisch wahren Definition wandelt sich, seit dem 17. Jh., das Verständnis der F. sowohl in bezug auf die zu repräsentierende Schönheit als auch hinsichtlich der Modalitäten der Repräsentation selbst:

Erstens hat im Rahmen der Querelle des Anciens et Modernes CH. PERRAULT den normativen Anspruch der seit der Antike für kanonisch erachteten Herleitung der F.-Idealität aus der apriorischen Harmonie geometrischer Formen und Proportionen [2] relativiert, nämlich die im Range von «beautés positives & convaincantes» stehenden antiken Schönheitsnormen als durch die Macht des Gewohnheit sanktionierte «beautés arbitraires» erwiesen, welche «dependent de la volonté qu'on a eu de donner une certaine proportion, une forme & une figure certaine aux choses qui pourroient en avoir une autre sans estre difformes» [3]. Gegen die normative Ineinssetzung von F.-Schönheit und geometrischer Regelmäßigkeit wendet sich darüberhinaus KANT mit der grundsätzlichen Bemerkung, es sei irrig, «gedachten Gestalten Schönheit beizulegen» [4].

Wiederum im 17. Jh. hat zweitens DE PILES abweichend von den durch LOMAZZO [5] empfohlenen, die eckigen Formen noch einschließenden Kompositions- F. allein die Kreisform für ideal gehalten und deren Schönheit erstmals nicht mit der vom Verstand kontrollierten geometrischen Regelmäßigkeit, sondern einzig mit der dem Auge angenehmen simultanen Überschaubarkeit erklärt: Die Kreisform «fait moins de peine à regarder, les autres figures ont des angles, & les angles attirent la vue & la séparent en autant de rayons visuels: Les Yeux ne souffrent donc aucune division, & sont tous entiers à un simple & seul objet quand leur objet est rond. Ainsi puisque de toutes les figures la plus parfaite & la plus agréable est la circulaire» [6]. Die Konsequenz aus der hier thematischen Verlagerung der F.-Idealität in den subjektiven Wahrnehmungsbereich des Optischen zieht im ausgehenden 19. Jh. HILDEBRAND, indem er die im herkömmlichen F.-Begriff nicht unterschiedenen haptischen und optischen Formwerte als «Daseinsform» und «Wirkungsform» auseinander hält und dabei die Schönheit der F. an deren optische, flächenhafte Wirkungsform knüpft: «Wir können die Werte der Daseinsform als Zahlenwerte auffassen, und wie man in der Algebra von dem Zahlenwert abstrahiert und den Wert nur als Verhältnismöglichkeit von a zu b zum Ausdruck bringt, so erhebt sich der bildliche Eindruck alle wirklichen Raumgrößen zu Verhältniswerten, die nur fürs Auge eine Gültigkeit haben» [7]. Um die Jahrhundertwende ist die nur optisch erfahrbare Gleichwertigkeit und Umkehrbarkeit von F. und Grund das ästhetische Prinzip der «Komplementärformen» [8]. Eine der «Wirkungsform» vergleichbare optische F.-Idealität, nämlich die ornamentale Konfiguration räumlich isolierter Gegenstände in der Bildebene, wird in der Kunstwissenschaft als «Bild-F.» bezeichnet [9].

Anmerkungen. [1] Vgl. z. B. A. FÉLIBIEN: Des principes de l'architecture, de la sculpture, de la peinture ... (Paris 1699) 288. – [2] Vgl. PLATON, Philebos 51 c. d.; VITRUV, De architectura III, 1; zur Vitruvrezeption in der Proportionslehre der ital. Renaissance R. WITTKOWER: Architectural principles in the age of humanism (London ³1962) 14ff. – [3] CH. PERRAULT: Ordonnance des cinq especes de Colonnes selon la methode des Anciens (Paris 1676); zit. (1683) VII; vgl. auch PERRAULTS Vitruv-Übersetzung: Les dix livres d'architecture de Vitruve (1684) 105 und Parallèle des Anciens et des Modernes (Paris 1688-1697) 1, 138f.;

dazu W. KAMBARTEL: Symmetrie und Schönheit. Zur Krise der normativen Proportionslehre in der Architekturtheorie CH. Perraults (unpubl. Diss. Bochum 1969). – [4] I. KANT, KU. Akad.-A. 5, 241. – [5] P. G. LOMAZZO: Trattato dell'Arte della Pittura (Mailand 1584) 283. – [6] R. DE PILES: Conversations sur la connoissance de la Peinture ... (Paris 1677) 234; vgl. Abrégé de la vie des Peintres avec des réflexions sur leurs ouvrages ... (Paris 1699); zit. (1715) 151. – [7] A. VON HILDEBRAND: Das Problem der Form in der bildenden Kunst (1893); Wiederabdruck in: Kunsttheoretische Schriften, Stud. zur dtsch. Kunstgesch. 325 (1961) II: ‹Form und Wirkung›; das Zitat dort S. 15. – [8] Vgl. H. VAN DE VELDE: Ein Kapitel über Entwurf und Bau moderner Möbel. Pan 3 (1897) 260ff. – [9] TH. HETZER: Das dtsch. Element in der ital. Malerei des 16. Jh. (1929) 37.   W. KAMBARTEL

III. ‹F.› wird von P. LORENZEN [1] in Kalkülen für die aus den Elementarbausteinen durch Aneinanderfügen herstellbaren Gegenstände verwendet; synonym damit ist häufig der Terminus ‹Ausdruck› [2] (engl. expression, string, word [3]).

Anmerkungen. [1] Einf. in die operative Logik und Math. (1955). – [2] Vgl. R. CARNAP: Logische Syntax der Sprache (Wien 1934) 4; H. HERMES: Einf. in die math. Logik (1963) 2, § 1. – [3] Vgl. R. M. SMULLYAN: Theory of formal systems (Princeton 1961).   K. LORENZ

Figur, dichterische. Der Ausdruck ist ein Grundwort der späten Lyrik von R. M. RILKE. Die poetologische Bedeutung dieses Begriffes ist erkannt worden, als neben den ‹Duineser Elegien› und den ‹Sonetten an Orpheus› die Gedichte und Entwürfe der letzten Jahre [1] als der eigentliche Beitrag Rilkes zur modernen Dichtung verstanden wurden. Rilke selbst hat G. Trakls Gedichte «Beiträge zur Befreiung der d.F.» genannt [2] und damit seine eigene Tendenz und Leistung charakterisiert. In Rilkes mittlerer Epoche (‹Neue Gedichte›) ist Figur noch das plastische Ding oder Kunst-Ding, dem die meditative und beschreibende Konzentration gilt. Nach einer langen Krise gewinnt die vertiefte Erfahrung der Einheit von Leben und Tod und die Reflexion über das Wesen der Zeit gültigen Ausdruck, der in der Figur als «Inbegriff der reinen Bezüge» [3] kulminiert. In ihr geschieht auch die proklamierte Verwandlung ins Unsichtbare. Metapher, Symbol, Mythologem, ja das Dasein als Schicksal wird zur Figur, in der die «vollzählige Zeit» sich ereignet. Ihr entspricht die dichterische Leistung, weil das Gedicht als Figur Metapher seiner selbst ist und sich in ihm die reine Spannung des Weltinnenraums vollzieht. Durch seinen Entwurf der Figur, der nichts mit dem traditionellen Begriff der rhetorischen Figur zu tun hat, gehört Rilke zu den Schöpfern absoluter Dichtung.

Anmerkungen. [1] R. M. RILKE, Sämtl. Werke, hg. Rilke-Archiv 2 (1956). – [2] Brief an E. Buschbeck, 22. 2. 1917. – [3] B. ALLEMANN: Zeit und Figur beim späten Rilke (1961) 39.

Literaturhinweise. F. KAUFMANN: Sprache als Schöpfung –Zur absoluten Kunst im Hinblick auf Rilke (1934). Neudruck, in: Das Reich des Schönen (1960). – H. MÖRCHEN: Rilkes Sonette an Orpheus (1958). – B. ALLEMANN s. Anm. [3]. – E. HEFTRICH: Die Philos. und Rilke (1962).   E. HEFTRICH

Fiktion (von lat. fingere) heißt ursprünglich die Tätigkeit des Bildens, Dichtens, Vorstellens, Entwerfens, sodann das Produkt dieser Tätigkeit, die Erdichtung, die fingierte Annahme, das imaginative Gebilde. So sind z. B. noch innerhalb der schulphilosophischen Ästhetik und Poetik des 18. Jh. Erdichtungen (figmenta et fictiones) «alle sinnlichen Vorstellungen solcher Dinge, die wir nicht empfunden haben», und so «die schönen Gedanken größtenteils Erdichtungen» [1].

Bereits in der *Antike* gewinnt der Begriff Bedeutung in der Rhetorik und Jurisprudenz. So dürfen nach QUINTILIAN innerhalb einer Rede «Argumente bezogen werden nicht nur aus Eingestandenem (a confessis), sondern auch aus einer F. (a fictione), was die Griechen καϑ' ὑπόϑεσιν nennen, und zwar an allen denselben Stellen, an denen Redefiguren (wie z. B. Syllogismen, Vergleiche) stattfinden, weil ebenso viele Argumentationsfiguren fingiert sein können als es wahre gibt. Denn fingieren (fingere) heißt an dieser Stelle: etwas als wahr voraussetzen, was, wenn es wahr sein würde, entweder eine Frage löst oder zu ihrer Lösung behilflich ist; sodann das, wonach gefragt wird, jenem ähnlich machen» [2]. In der römischen Jurisprudenz bezeichnet ‹fictio› eine Rechtspraxis, unter Verwendung bestimmter Formulare durch Übertragung eines Gesetzeswortlautes auf einen nicht in ihm fixierten Sachverhalt Rechtstatbestände als wirklich anzunehmen, die nicht bestehen, um Behelfe zur Befriedigung neuer Bedürfnisse des Rechtslebens zu schaffen. Ein Beispiel solcher fictio betrifft die rechtliche Regelung der Ersitzung durch einen fingierten erbrechtlichen Vorgang [3].

Philosophisch relevant wird die F. jedoch erst in der *Neuzeit* in einem Prozeß, der sie zunehmend von der Hypothese unterscheidet. So trägt bei NEWTON (hypotheses non fingo) die Hypothese noch weitgehend fiktiven Charakter [4]. Für LEIBNIZ gelten in der Mathematik imaginäre Zahlen und Infinitesimale als (positive) F. zur Lösung anstehender Probleme [5], philosophisch sieht er die tabula rasa, den leeren Raum, die Atome, die Ruhe, die formlose erste Materie als (negative) F. an, die auf unvollständigen Begriffen der Philosophie beruhen und die die Natur der Dinge nicht duldet [6]. Ebenso wird die Hypothese bei ihm ambivalent qualifiziert: Der Wunderglaube ist eine faule Hypothese und geeignet, die Philosophie zu zerstören [7], während die prästabilisierte Harmonie eine einsichtige und intelligible Hypothese zur Begründung seiner Philosophie ist [8]. Bei KANT sind die Vernunftbegriffe «bloße Ideen und haben ... keinen Gegenstand in irgendeiner Erfahrung, aber bezeichnen darum doch nicht gedichtete und zugleich dabei für möglich angenommene Gegenstände. Sie sind bloß problematisch gedacht, um, in Beziehung auf sie als heuristische F., regulative Prinzipien des systematischen Verstandesgebrauchs im Felde der Erfahrung zu gründen» [9]. Solange zur Systematisierung des Verstandesgebrauchs gemäß der Regel geforscht wird, als ob ein Erfahrungsganzes gegeben wäre, haben solche F. systematische und praktische Realität im Blick auf die Einheit der Vernunft, während bei Außerachtlassung dieser Regel und transzendenter Ausweitung jener Prinzipien zu konstitutive Grundsätzen der Verdinglichung «transzendentale Hypothesen» einer Hyperphysik entstehen, die als Prinzipien einer faulen Vernunft ohne jeglichen Realitätsgehalt sind [10]. Bei MAIMON sind die Ideen F. der Einbildungskraft, «bloße Erfindungsmethoden, die bloß zum Behuf der Einbildungskraft als gegebene Objekte fingiert werden» [11]. LOTZE definiert die F. als «Annahmen, die man mit dem vollständigen Bewußtsein ihrer Unmöglichkeit macht, sei es, daß sie innerlich widersprechend sind oder aus äußeren Gründen nicht als Bestandteil der Wirklichkeit gelten können», während eine Hypothese, «die ja eine Tatsache erraten haben will, vor allen Dingen nur etwas an sich Mögliches behaupten darf ... so daß ihr nicht erlaubt ist, als unmöglich Anerkanntes vorauszusetzen» [12]. Nach NIETZSCHE, welcher gegenläufig F. und Hypothese als synonyme Begriffe verwendet, haben in der Wissenschaft «die Überzeugungen kein Bürgerrecht; ... erst wenn sie sich entschließen, zur Bescheidenheit einer Hypothese, eines vorläufigen Versuchs-Standpunktes, einer regulativen F. herabzusteigen, darf ihnen der Zutritt und sogar ein gewisser Wert innerhalb des Reichs der Erkenntnis zugestanden werden – immerhin mit der Beschränkung, unter polizeiliche Aufsicht gestellt zu bleiben, unter die Polizei des Mißtrauens» [13]. Den Fiktionalismus als System des idealistischen Positivismus begründet H. VAIHINGER in seiner ‹Philosophie des Als-Ob›. Er unterscheidet abstraktive, schematische, paradigmatische, utopische, typische, analogische, personifikative, heuristische F. Sie sind «Kunstgriffe», «Umwege», «zwecktätige Äußerungen der organischen Funktion des Denkens» [14], «inadäquate, subjektive, bildliche Vorstellungsweisen..., deren Zusammentreffen mit der Wirklichkeit von vornherein ausgeschlossen ist»[15], neugebildete Begriffe, die sogar «dem formalen Gesetz der Wirklichkeit, dem Gesetz der Identität und des Widerspruchs, widersprechen und also selbstwidersprechend sind» [16]. Zu unterscheiden ist die F. streng von der Hypothese. «Das Prinzip der methodischen Regeln der Hypothese ist die Wahrscheinlichkeit, das der F.-Regeln die Zweckmäßigkeit der Begriffsgebilde», Hypothesen sind Resultate, F. methodische Mittel des Denkens [17]. Der Verifizierung der Hypothese entspricht die Justifizierung der F. Jede F. muß durch die Dienste gerechtfertigt werden, die sie für den Fortschritt der Erfahrungswissenschaft leistet. Daher sind nicht justifizierbare F. ebenso zu eliminieren wie nicht verifizierbare Hypothesen [18]. Unabhängig von Vaihinger, jedoch gleichzeitig mit ihm, begründet in Italien MARCHESINI, ausgehend von der Psychologie, sein System des «finzionismo» und dehnt es später auf Ethik und Pädagogik aus [19]. Der Begriff der F. wird von ihm gegenüber dem der Illusion abgegrenzt: Während die letztere ihm als auf Erkenntnisordnung (ordine conoscitivo) bezogen gilt, «scheint die F. die Seele weit inniger (intimamente) zu durchdringen» und bezeichnet «die Prävalenz eines inneren Zustandes einer Bewußtheit, durch welche, um vieles in kurzer Form auszudrücken, man die Schatten Körperhaftigkeit annehmen läßt, indem man in die Welt des Realen ein Produkt der Imagination projiziert». So überschreitet die F. jede geistige Erfahrung (esperienza spirituale), die sich auf die begrenzte Bedeutung eines psychischen Faktors bezieht, um sich als objektiver und universeller, insbesondere als praktischer und instrumentaler Wert in der Sphäre des Erkennens und Handelns zu etablieren [20].

Anmerkungen. [1] G.F. MEIER: Anfangsgründe aller schönen Wiss. 1. Teil (1754) 205f. § 98. – [2] QUINTILIAN, Institutio oratoria V, 10, 95f. – [3] GAIUS, Institutio iuris civilis IV, § 34. – [4] NEWTON, Philos. nat. pr. math. 2/2 (Glasgow/London 1833) 202. – [5] LEIBNIZ, Philos. Schriften, hg. GERHARDT (1875ff.) 2, 305. – [6] LEIBNIZ, NE Akad.-A. 6/6, 109, 21-110, 4. – [7] a. a. O. 66, 20. – [8] a. a. O. 220, 22. – [9] KANT, KrV B 799. – [10] KrV B 800f. – [11] S. MAIMON: Versuch einer neuen Logik (Nachdruck 1912) 181. – [12] R. H. LOTZE: Logik (1843) §§ 273. 277. – [13] FR. NIETZSCHE: Fröhliche Wiss., Werke, hg. SCHLECHTA 2 (1958) 206. – [14] H. VAIHINGER: Philos. des Als-Ob (^{1}1911) 17. – [15] a. a. O. 606. – [16] a. a. O. 124. – [17] a. a. O. 152. 149. – [18] a. a. O. 150. 190. – [19] G. MARCHESINI: La finzione nell'educazione, o la pedagogia del «come se» (Turin 1925). – [20] G. MARCHESINI: Il finzinismo dell'anima (Bari 1905) 7ff.

F. LÖTZSCH

Finalnexus (lat. nexus finalis) heißt die Kausalverbindung nach einem Vernunftbegriff (von Zwecken), «in der das Ding, welches einmal als Wirkung bezeichnet ist, dennoch aufwärts den Namen einer Ursache desjenigen Dinges verdient, wovon es die Wirkung ist» [1]. Dieser Begriff ist aus dem Praktischen vertraut. Seine Gültigkeit auch im Bereich der Natur ist in eins mit der des Zweckbegriffes strittig geworden. N. HARTMANN sucht anhand einer Kategorialanalyse des F. gegen die Vitalisten, die in ihrer Erklärung des Organischen auf den vorkritischen Standpunkt zurückgefallen sind, deutlich zu machen, daß die Ausdehnung des Finalprinzips auf Naturprozesse verfehlt ist. Im Anhalt an ARISTOTELES [2] unterscheidet HARTMANN drei Stufen des F.: 1. die Setzung des Zweckes durch ein Subjekt, 2. die rückläufige Bestimmung und Auswahl der Mittel, 3. die Realisation des Zweckes durch die Reihe der Mittel, wobei das Verhältnis von Mittel und Zweck sich in ein Verhältnis von Ursache und Wirkung umsetzt [3]. Sofern die Realisation des Zweckes ein Kausalprozeß ist, muß sich das, was den Finalprozeß zu einem solchen bestimmt, in den ersten beiden Akten finden: Diese aber sind Bewußtseinsakte, d. h. sie setzen etwas voraus, von dem der Mensch außerhalb seiner selbst nichts weiß. Der Grund für die Unterstellung der lebendigen Natur unter den F. liegt in der irrigen Annahme, daß F. und Kausalnexus die einzigen Determinationsformen seien [4].

Anmerkungen. [1] KANT, KU § 65. Akad.-A. 5, 372. – [2] ARISTOTELES, Met. VII, 7, 1032 b 15-1033 a 5. – [3] N. HARTMANN: Teleol. Denken (1951) 64-79; Aufbau der realen Welt (^{2}1949) 567; Ethik (^{4}1962) 192-198. – [4] Teleol. Denken 89ff.; Philos. der Natur (1950) 689; Aufbau der realen Welt 556ff.; vgl. KANT, KU § 65. Akad.-A. 5, 372f.

I. BANDAU

Finit hat D. HILBERT als Bezeichnung für diejenigen elementaren Methoden der Mathematik eingeführt, die sich grundsätzlich auf ein kombinatorisches Operieren mit endlichen Zeichenfiguren beschränken. Das Hilbertsche Programm verlangt in seiner ursprünglichen Fassung, daß die Widerspruchsfreiheitsbeweise für formalisierte Teile der Mathematik nur mit finiten Methoden geführt werden. Dieser streng finite Standpunkt mußte später aufgegeben werden, als sich durch die Ergebnisse von K. GÖDEL 1931 herausstellte, daß sich das Hilbertsche Programm nicht allein mit finiten Mitteln durchführen läßt. So wurden seit etwa 1936 allgemeinere konstruktive Methoden für Widerspruchsfreiheitsbeweise verwendet.

Literaturhinweise. D. HILBERT: Die Grundlagen der Math. Hamburger math. Einzelschriften 5 (1928). – D. HILBERT und P. BERNAYS: Grundlagen der Math. 1 (1934); 2 (1939). – K. GÖDEL: Über formal unentscheidbare Sätze der Principia Mathematica und verwandte Systeme. Mh. Math. Phys. 38 (1931) 173-198.

K. SCHÜTTE

Finitismus heißt in der mathematischen Grundlagendiskussion der zeitweilig von D. HILBERT eingenommene Standpunkt, daß alle zulässigen Verfahrensweisen der Mathematik auf der Basis finiter Methoden [1] zu rechtfertigen seien.

Anmerkung. [1] Siehe Art. ‹finit›, ‹Programm, Hilbertsches›.

Red.

Fixierung. Der psychologische Fachterminus ‹F.› geht zurück auf S. FREUD, der ihn als deskriptiven Begriff im Rahmen seiner psychoanalytischen Libidotheorie verwendete. In den frühen Veröffentlichungen Freuds findet sich ‹F.› noch in der aus dem alltäglichen Sprachgebrauch entlehnten, unspezifischen Bedeutung von Festhalten an oder ‹Haften› [1] einer Störung bzw. einer Erfahrung, aber auch in dem anderen Sinne: libidinöse Energie an ein Objekt ‹anheften› und dort belassen [2].

Zur festen Redewendung wurde bei Freud der Ausdruck ‹F. an ein Trauma›, der das Haftenbleiben der Ich-Instanz an einem entscheidenden Ereignis in der Vergangenheit beschreibt [3]. Mit der Ausarbeitung seines genetischen Ansatzes, der davon ausgeht, daß die Libido im Laufe der Ontogenese verschiedene Stadien durchläuft, erhält der Begriff einen eng umschriebenen Sinn: ‹F.› bezeichnet den Prozeß der außergewöhnlich engen Bindung von Libidokomponenten an bestimmte Triebobjekte in einzelnen Entwicklungsstadien. Durch besondere Umstände bedingt, durchwandert nicht das gesamte dem Individuum gegebene Reservoir an Libidoenergie die frühkindlichen Entwicklungsstadien (orale, anale und genitale Phase), sondern Teile bleiben an das für ein Stadium charakteristische Objekt der Triebbefriedigung gebunden [4]. Treten solche F. in stärkerem Ausmaß auf, so kommt es zu einer Fehlentwicklung, da ‹zu wenig› Energie für spätere, notwendige Entwicklungsprozesse verfügbar ist. Die F. ist nach Freud ein Mechanismus, der Neurosen, Psychosen, aber auch im Rahmen des Normalen bleibenden Charakterbildungen (z. B. oraler, analer Charakter) zugrunde liegt [5].

In der Entwicklungspsychologie Freuds ist der Mechanismus der F. eng gekoppelt an den Vorgang der Regression, d. h. den Rückgang auf ein früheres Entwicklungsstadium. Je stärker die F., um so wahrscheinlicher die Regression. Bei vollkommener F. aller Energie ist eine Regression jedoch ausgeschlossen, da in diesem Fall keine Entwicklung über das fixierte Stadium hinaus möglich war [6]. Als Bedingungen für eine F. führt Freud an: a) Erfahrungsfaktoren, wie z. B. traumatische Ereignisse und Familienkonstellationen; b) konstitutionelle Faktoren, wie z. B. allgemeine Viskosität der Libido [7].

C. G. JUNG knüpft in seiner sporadischen Verwendung des Begriffes an den frühen Sprachgebrauch bei Freud an: sein Ausdruck ‹F. eines Komplexes› erinnert an Freuds ‹F. an ein Trauma›. Ähnlich wie bei Freud wird der Begriff ‹F.› herangezogen, um Vorgänge zu beschreiben, die die Genese von Neurosen und Psychosen bedingen [8].

Der Freudsche Ansatz einzelner Stadien der Libidoentwicklung wird von M. KLEIN modifiziert. Sie schreibt der Angst eine entscheidende Rolle in allen Stadien der Entwicklung zu. Auch F. werden durch Angst vermittelt, doch erfolgen sie nur in den prägenitalen Phasen [9].

Mit der Verlagerung des Schwerpunktes psychoanalytischer Betrachtungen von den Es-Funktionen zu den Ich-Funktionen bei den Neofreudianern wird der Begriff auch auf analoge Vorgänge der Ich-Instanz bezogen. Diese Erweiterung des F.-Begriffes wird durch O. FENICHEL sehr konsequent vollzogen: Triebkräfte des Ich können auf Objekte fixiert werden, so daß bestimmte Ich-Zustände zu Dauerzuständen werden. Regressionen erfolgen entsprechend auf frühere Ich-Zustände. F. der Ich-Kräfte können partial oder ganz eintreten; als Beispiele für die isolierte F. einer Ich-Funktion nennt Fenichel einmal das eidetische Sehen, als ein nach seiner Meinung primitives Entwicklungsstadium der Wahrnehmung, welches normalerweise überwunden wird [10], zum anderen das magische Denken. Auch er sieht den Zusammenhang von F. und Persönlichkeitsentwicklung. Die F. bestimmter Abwehrmechanismen ist eng mit der Bildung konstanter Persönlichkeitseigenschaften verbunden [11]. Fenichel verdankt die neuere Psychoanalyse eine differenzierte Betrachtung der Bedingungen der F. Er nennt als grundlegende Faktoren: a) Konstitution,
b) exzessive Befriedigung in einem Stadium der Entwicklung, die dazu führt, daß es nur unwillig verlassen wird, c) exzessive Versagungen in einem Stadium, so daß der Organismus die ihm vorenthaltenen Formen der Befriedigung fordert; d) eine Verbindung der Bedingungen a) und b); e) abrupten Wechsel von Versagungen zu Befriedigungen oder umgekehrt; f) die gleichzeitige Möglichkeit, Angst zu beseitigen oder gefürchtete Impulse zu unterdrücken. Diese simultane Befriedigung von Trieb und Sicherheitsbedürfnis hält Fenichel für die häufigste Bedingung von F.-Bildungen [12]. Die im letzten Punkt angesprochene Möglichkeit, mittels F. gefürchtete Impulse zu verdrängen, wird auch von EIDELBERG [13] sowie von MITSCHERLICH und VOGEL [14] herangezogen, um eine Zuordnung der F. zu den Abwehrmechanismen zu begründen.

Die Versuche, den psychoanalytischen F.-Begriff operational zu definieren und zum Gegenstand experimenteller Untersuchungen zu machen, sind bis hin zur gegenwärtigen Psychologie selten geblieben. SEARS stellt sich im Jahre 1944 die Aufgabe, Experimente zusammenzutragen, die eine Stütze der Freudschen Überlegungen zum Mechanismus der F. darstellen. Er revidiert zunächst den Begriff, indem er ihn als quantitative Variable faßt, d. h. F. kann auf der Dimension der Intensität variieren. Freuds Konzeption und die Verwendung des Begriffes bei einzelnen Neofreudianern legten eher die Deutung der F. als eines einmaligen qualitativen Vorgangs nahe. Eine weitere Erneuerung, die eine entscheidende Lösung vom psychoanalytischen Denken bedeutet, besteht in der Wendung zum Behaviorismus: Sears definiert F. als die Habituierung von *Verhalten*. Das Ausmaß der F. einer Verhaltensweise wird gemessen am Widerstand gegen Löschung dieses Verhaltens. Die von Sears referierten experimentellen Befunde ergeben andere Bedingungen für F., als sie von psychoanalytischer Seite berichtet werden, nämlich: a) Anzahl und Ausmaß der Belohnung; b) Bestrafung während des Ablaufes einer Handlungsfolge; c) Stärke der Motivation zur Bildung der Verhaltensgewohnheit [15].

Verfolgt man die Verwendung des Begriffes in der gegenwärtigen Psychologie, so handelt es sich meist um den klassischen psychoanalytischen F.-Begriff oder um eine der neofreudianischen Modifizierungen; man findet ihn zuweilen auch in der sehr allgemeinen Bedeutung von ‹Chronisch-Werden› (z. B. von Konflikten) oder ‹fest Assoziiert-Werden› (z. B. von Reiz-Reaktions-Sequenzen) [16].

Anmerkungen. [1] S. FREUD: Drei Abh. zur Sexualtheorie (1905). Werke (= GW) 5, 144. – [2] a. a. O. 129. – [3] Über Psychoanalyse (1909). GW 8, 12; Vorles. zur Einführ. in die Psychoanalyse (1916/17). GW 11, 282ff.; Jenseits des Lustprinzips (1920). GW 13, 10. – [4] Vorles. zur Einf. ... 12. Vorles., a. a. O. [3]; Triebe und Triebschicksale (1915). GW 10. – [5] Psychoanal. Bemerkungen über einen autobiograph. beschriebenen Fall von Paranoia (dementia paranoides) (1911). GW 8; Die Disposition zur Zwangsneurose (1913). GW 8. – [6] a. a. O. [4]. – [7] a. a. O. 360f. – [8] C. G. JUNG: Zur Psychogenese der Geisteskrankheiten (1908). Werke 3 (1968) 104. 108. – [9] M. KLEIN, P. HEIMANN, S. ISAACS und J. RIVIERE: Developments in psychoanalysis (London 1920). – [10] O. FENICHEL: The psychoanalytic theory of neurosis (London 1945). – [11] a. a. O. 523. – [12] 65. – [13] L. EIDELBERG: Encyclop. of psychoanalysis (Toronto 1968). – [14] A. MITSCHERLICH und H. VOGEL: Psychoanal. Motivationstheorie, in: Hb. der Psychol. 2: Motivation, hg. H. THOMAE (1965) 781. – [15] R. SEARS: Experimental analysis of psychoanalytic phenomena, in: J. Mc V. HUNT (Hg.): Personality and the behavior disorders (New York 1944) 308-314. – [16] H. FEGER: Beitr. zur exp. Analyse des Konfliktes, in: Hb. der Psychol. 2, 394f.; C. F. GRAUMANN: Methoden der Motivationsforsch., in: Hb. der Psychol. 2, 163; H. THOMAE: Motivformen, in: Hb. der Psychol. 2, 205ff.

(d. h. man füge Striche oder irgendeine andere Atomfigur der Reihe nach hintereinander) *konstruiert* sind).

2. Der aristotelische, nicht als Fachterminus verwendete Ausdruck ἀκολούθησις (Folge) ist von BOETHIUS [2] mit ‹consequentia› übersetzt worden; daran schließt sich in der Scholastik die ausgedehnte *Konsequenzenlehre* als Lehre von den gültigen Implikationen zwischen Aussagen an, ohne daß nach dem heutigen Forschungsstand auf die vorangegangene Diskussion in der stoischen Logik zum gleichen Gegenstand (ἀκολουθία für Folgerung) zurückgegriffen worden wäre [3]. Dort heißt es bereits, daß eine Aussage (ἀξίωμα) A aus Aussagen $A_1, ..., A_n$ *folgt* (ἀκολουθεῖ) – die *Implikation* (λόγος) $A_1, ..., A_n \prec A$ ist *gültig* (συνακτικός, περαντικός) –, wenn die *Subjunktion* (συνημμένον) $A_1 \wedge ... \wedge A_n \rightarrow A$, d. h. A falls A_1 und ... und A_n, richtig (ὑγιές, ἀληθές) ist [4]. Die speziellen *logischen* Implikationen sind unter den gültigen Implikationen terminologisch als ‹unbewiesen› (ἀναπόδεικτος) ausgezeichnet [5] und werden durch einen vermutlich vollständigen Logikkalkül aus Grundimplikationen mit Hilfe von Grundregeln (θέματα) erzeugt [6]. Die moderne modelltheoretische, nur dank der Mengenlehre genau formulierbare Fassung des Begriffs der logischen Folgerung lautet: Aussageschemata $A_1, ..., A_n$ implizieren logisch ein Aussageschema A, wenn bei beliebiger Wahl des Gegenstandsbereichs für die Objektvariablen *jede* Interpretation der Primsymbole in $A_1, ..., A_n, A$, die sämtliche $A_1, ..., A_n$ in wahre Aussagen $A_1, ..., A_n$ überführt, auch A zu einer wahren Aussage A macht; symbolisiert: $A_1, ..., A_n \models A$ [7]. Dieser *semantische* Folgerungsbegriff wurde von TARSKI [8] neu geschaffen, obgleich BOLZANO ihn bereits antizipiert hatte: «Ich sage, daß die Sätze M, N, O, ... ableitbar wären aus den Sätzen A, B, C, D, ... hinsichtlich auf die veränderlichen Teile i, j, ..., wenn jeder Inbegriff von Vorstellungen, der an der Stelle der i, j, ... die sämtlichen A, B, C, D, ... wahr macht, auch die gesamten M, N, O, ... wahr macht» [9]. Dem semantischen Folgerungsbegriff steht seit CARNAP [10] der auf FREGE [11] zurückgehende *syntaktische* (durch $\vdash$ symbolisierte) Folgerungsbegriff (= Ableitungsbegriff) gegenüber: Er ist durch die Ableitbarkeit mit Hilfe der kalkülisiert vorliegenden logischen Schlußregeln definiert. GÖDELS Vollständigkeitssatz [12] für die klassische Quantorenlogik besagt, daß beide Begriffe die gleiche Extension haben, wenn für das syntaktische Folgern (= Deduzieren) die Regeln eines klassischen Quantorenkalküls zugrunde gelegt werden ($A_1, ..., A_n \models A$ genau, wenn $A_1, ..., A_n \vdash A$ [13]). Der *dialogische* Begriff der Folgerung (logischen Folgerung) wird durch die Existenz einer Gewinnstrategie (formalen Gewinnstrategie) für die – vom Proponenten übernommene – These A unter den vom Opponenten übernommenen Hypothesen $A_1, ..., A_n$, symbolisiert: $A_1, ..., A_n \prec A$, erklärt [14]. Er führt zu den Schlußregeln der effektiven (= intuitionistischen) Logik und hat erst dann mit dem semantischen Folgerungsbegriff gleiche Extension, wenn das tertium non datur für alle Teilaussagen der $A_1, ..., A_n, A$ zu den Hypothesen hinzugenommen wird.

Anmerkungen. [1] Vgl. H. SCHOLZ und G. HASENJAEGER: Grundzüge der math. Logik (1961) 25. – [2] BOETHIUS, Comm. in Arist. De interpretatione, hg. C. MEISER (1877). – [3] Vgl. I. M. BOCHEŃSKI: De Consequentiis Scholasticorum Earumque Origine. Angelicum (Rom) 15 (1938) 1-18; Formale Logik (²1962) §§ 30f.; P. BOEHNER: Medieval logic (Chicago 1952). – [4] Vgl. SEXTUS EMPIRICUS, Opera, hg. H. MUTSCHMANN/I. MAU (²1958-1962), Adv. math. 8, 415ff. 426; Pyrr. Hyp. B 137; dazu B. MATES: Stoic logic (Berkeley/Los Angeles ²1961). – [5] MATES, a. a. O. 64 Anm. 30. – [6] SEXTUS EMPIRICUS, Adv. math., a. a. O. 8, 223ff. – [7] Vgl. H. HERMES: Einf. in die math. Logik (1963) 76ff. – [8] A. TARSKI: O pojciu wynikania logicznego. Przegląd Filozoficzny 39 (1936) 58-68; dtsch. Über den Begriff der log. Folgerung. Actes Congr. int. Philos. sci. (Paris 1936) 7, 1-11. – [9] B. BOLZANO: Wissenschaftslehre 1-4 (1837) § 155, 2; vgl. H. SCHOLZ: Die Wissenschaftslehre Bolzanos. Eine Jahrhundertbetrachtung. Abh. Fries'schen Schule NF 6 (1937) 401-472; Neudruck in: H. SCHOLZ: Mathesis Universalis. Abh. zur Philos. als strenger Wiss. (1961, ²1970) 219-267. – [10] R. CARNAP: Log. Syntax der Sprache (1934). – [11] G. FREGE: Begriffsschrift (1879, ²1964). – [12] K. GÖDEL: Die Vollständigkeit der Axiome des log. Funktionenkalküls. Mh. Math. Phys. 37 (1930) 349-360. zur Beweis bei HERMES, a. a. O. [7] Kap. V. – [14] Vgl. P. LORENZEN: Formale Logik (³1967) Anhang; K. LORENZ: Dialogspiele als semantische Grundlage von Logikkalkülen. Arch. math. Logik 11 (1968) 32-55. 73-100.

Literaturhinweise. J. T. CLARK: Conventional logic and modern logic (Woodstock, Md. 1952). – W. STEGMÜLLER: Das Wahrheitsproblem und die Idee der Semantik (1957). – O. BECKER: Zwei Untersuch. zur antiken Logik (1957). – E. W. BETH: The foundations of math. (Amsterdam 1959, ²1964). – G. BUHL: Ableitbarkeit und Abfolge in der Wiss.-Theorie Bolzanos. Kantstudien, Erg.h. 83 (1961). – J. BERG: Bolzano's logic (Stockholm 1962). – W. und M. KNEALE: The development of logic (Oxford 1962). – A. TARSKI: Introduction to logic and to the methodology of deductive sci. (New York ³1965); dtsch. Einf. in die math. Logik (²1966). – W. KAMLAH und P. LORENZEN: Log. Propädeutik (1967). – Vgl. Anm. [1, 3, 4, 7-10, 12, 14]. K. LORENZ

Fons vitae. Die Begriffe ‹Lebensquelle›, ‹Lebenswasser› gehören dem religiösen Sprachgebrauch an, den Versuchen, das Heilsziel nicht begrifflich, sondern symbolisch zu formulieren. Die allgemeine Religionsgeschichte versucht diese Form religiöser Sprache einzuordnen in den Bereich des religiösen Gebrauchs von Natursymbolen [1].

Für die europäische Geistesgeschichte von Bedeutung geworden ist der Gebrauch, der im alttestamentlich-*jüdischen* Bereich von diesem Symbol gemacht worden ist. Das auch dem Alten Testament wohlvertraute orientalische Bild vom Lebensquell [2] wird von Hesekiel [3] als Ausdruck der endzeitlichen Schöpfungserneuerung gebraucht. Die spätjüdische Apokalyptik ist diesem Sprachgebrauch gefolgt [4]. – Die *Gnosis* konnte an die genannten Vorstellungen anknüpfen, wenn sie innerhalb ihrer Systembildung die Gleichsetzung von Himmelswasser und Lichtwelt vollzog. Sie überschritt auch dann nicht den Bereich dieser jüdischen Tradition, wenn sie in einer für ihr Denken typischen Weise dem Himmelswasser das finstere Wasser der kosmischen Welt gegenüberstellte [5]. So unterscheidet die Naassenerpredigt die Wässer und Ströme irdischen Werdens von dem Ὠκεανός, der vom Himmelsmenschen ausgeht [6]. Das koptisch-gnostische Johannesapokryphon schließlich kann die Quelle des Lebenswassers mit der Urgottheit selbst gleichsetzen [7]. Als typisch für Anknüpfung an jüdische Traditionen und gnostischen Dualismus sei die Lehre vom Lichtjordan, die Gegenüberstellung von Lebenswasser und unreinem Wasser bei den Mandäern genannt [8]. – Auch die christliche Verkündigung vermochte schon in der Zeit des Neuen Testaments sich die Vorstellung vom endzeitlichen Hervorbrechen des Lebenswassers anzueignen [9]. Im Barnabasbrief (ca. 130 n. Chr.) wird eine Verbindung zwischen Hesekiels Lebenswasser und der christlichen Taufe hergestellt [10]. Neu im Bereich der Lebenswassersymbolik ist die Vorstellung, daß die belebende Wirkung dem Wasser durch den auferstandenen Christus zukommt. Darum verbinden ABERKIOS' Epitaph [11] und der Tauftraktat TERTULLIANS [12] Wasser- und Fisch-(Christus-)Symbolik. – Der jüdische Neuplatoniker IBN GABIROL (1020–1070) und das etwa gleichzeitige Buch Bahir scheinen in analoger Weise abhängig zu sein von der Gleichsetzung von Urtora und Lebenswasser, wenn jener sein Hauptwerk ‹f.v.› nennt, dieses von der Lebensquelle im Bereich der Sephirot spricht [13]. – Das Alexanderlied [14], WOLFRAMS Parzival [15], DANTE [16] bezeugen in je eigenen Abwandlungen die Lebendigkeit der F.v.-Symbolik.

Anmerkungen. [1] Dazu außer G. V. D. LEEUW: Phänomenol. der Relig. (²1955); bes. M. ELIADE: Die Relig. und das Heilige (1954); Das Heilige und das Profane (1957) 76ff. (Wassersymbolik); Zusammenstellung von religionsgesch. Material bei R. BULTMANN: Kommentar zum Joh.-Evangelium (¹²1952) 131ff. – [2] Joel 4, 18; Jer. 2, 13; Prov. 10, 11; Ps. 36, 10. – [3] Hes. 47, 9. – [4] Henoch 96, 6; 5. – [5] Zur Gegenüberstellung der hellen und finsteren Wasser vgl. syr. BARUCH-Apok. c. 57-70. – [6] Hippol. ref. V, 8, 15-20. – [7] Apokr. Joh., hg. TILL (1955) 93; hier das kopt. Äquivalent für ‹F.v.›: *mmou et anhonh*. – [8] K. RUDOLPH: Die Mandäer (1961) 2, 61ff. – [9] Apok. 22, 1f. – [10] Barn. 11, 10. – [11] ROUET DE JOURNEL, Ench. Patr. Nr. 187. – [12] TERTULLIAN, De baptismo 1. – [13] G. SCHOLEM: Ursprung und Anfänge der Kabbala (1962) 117. – [14] Alexanderlied V, 6600ff. – [15] Parzival 817, 21-30. – [16] DANTE, Divina Comedia. Purgat. 28, 41-44.

W. ULLMANN

Formales System. Kalküle der mathematischen Logik, formale Sprachen mit einem syntaktisch fixierten Deduktionsverfahren, heißen auch ‹f.S.› (formal systems).

Die formale Sprache wird durch ein Alphabet und ein System von Ausdrucksregeln gegeben, das Deduktionsverfahren durch ein Axiomensystem und ein System von Schlußregeln.

Als Alphabet dient eine endliche oder unendliche Menge von Grundzeichen, unter denen Zeichen für bestimmte Objekte, für Prädikate oder Relationen, für Variablen, für mathematische oder logische Verknüpfungen oder sonstige Hilfszeichen zur Bildung formaler Ausdrücke auftreten können. Die Ausdrucksregeln geben an, wie sich aus den Grundzeichen des Alphabets diejenigen Zeichenreihen zusammensetzen lassen, die als Formel (formalisierte Aussagen) oder als Terme (Eigennamen) der formalen Sprache fungieren. Das Axiomensystem besteht aus einer genau abgegrenzten Teilmenge von Formeln, und die Schlußregeln geben an, wie sich aus den Axiomen und aus bereits erschlossenen Formeln weitere Formeln erschließen lassen.

Beispiel eines f.S. für die Ordnungsrelation der natürlichen Zahlen:
1. Grundzeichen des Alphabets: 1, +, <, ∧, (,).
2. Ausdrucksregeln zur Bildung von Termen und Formeln:
2.1. 1 ist ein Term.
2.2. Ist t ein Term, so ist auch $t+1$ ein Term.
2.3. Sind t_1 und t_2 Terme, so ist $(t_1<t_2)$ eine Formel.
2.4. Sind A und B Formeln, so ist auch $A \wedge B$ eine Formel.
3. Axiome: Alle Formeln der Gestalt $(t<t+1)$.
4. Schlußregeln:
4.1. Aus A und B darf auf $A \wedge B$ geschlossen werden.
4.2. Aus $(t_1<t_2) \wedge (t_2<t_3)$ darf auf $(t_1<t_3)$ geschlossen werden.

Eine Formel gilt als ‹herleitbar› (ableitbar) in einem f.S., wenn sie sich aus den Axiomen und Schlußregeln des Systems erschließen läßt. Das im Beispiel angegebene f.S. hat einen entscheidbaren Herleitbarkeitsbegriff, d. h. man kann hier aufgrund eines allgemeinen Verfahrens von jeder Formel feststellen, ob sie herleitbar oder nicht herleitbar ist. In diesem System ist nämlich eine Formel $(1+...+1 < 1+...+1)$ genau dann herleitbar, wenn sie das Zeichen 1 häufiger rechts als links vom Zeichen $<$ enthält, und eine Formel $A_1 \wedge ... \wedge A_n$ ist genau dann herleitbar, wenn alle Formeln $A_1, ..., A_n$ herleitbar sind.

In stärkeren f.S. (z. B. im System der klassischen Prädikatenlogik) ist jedoch der Begriff der Herleitbarkeit nach Sätzen von K. GÖDEL und A. CHURCH grundsätzlich unentscheidbar.

Literaturhinweise. A. CHURCH: A note on the Entscheidungsproblem. J. symbol. Logic 1 (1936) 40-41. – H. B. CURRY: Outlines of a formalist philos. of mathematics (Amsterdam 1958).

K. SCHÜTTE

Formalisierung

I. Der Ausdruck ‹F.› meint Abbildung einer Sprache in ein formales Zeichensystem. Verschiedene Gründe führten eine Reihe von Wissenschaften im Laufe der Wissenschaftsgeschichte zur F. ihrer Sprache:

(I) *Das Prinzip der Präzision:* Zweideutigkeiten und mißverständliche Formulierungen der Umgangssprache waren zu vermeiden. Man beachte etwa die Doppeldeutigkeit von ‹oder› im Sinn von ‹vel› bzw. ‹aut-aut›.

(II) *Das Prinzip der Axiomatik:* Es war ein Verfahren anzugeben, um die gültigen Aussagen einer (z. B. mathematischen) Theorie nach formalen Regeln effektiv aufzählen zu können, wie es bereits LEIBNIZ vorschwebte [1].

(III) *Das Prinzip der Semantik:* Formale Sprachen sollten universell sein, indem sie verschiedene passende Interpretationen zulassen, je nachdem, was die im Formalismus enthaltenen Symbole bedeuten sollen.

(IV) *Das Prinzip der Antinomienfreiheit:* Logische Antinomien sollten vermieden werden, indem eine Abgrenzung der betreffenden Sprache von der Metasprache geschaffen wird.

1. Insbesondere seit dem Grundlagenstreit (s. d.) in der Mathematik wurde eine *Analyse der mathematischen Umgangssprache* notwendig.

a) Mit Junktoren ‹nicht›, ‹oder›, ‹und›, ‹wenn – so› und Quantoren ‹für alle Objekte $\mathfrak{x}$› (Abk. $\forall \mathfrak{x}$), ‹es gibt ein Objekt $\mathfrak{x}$› (Abk. $\exists \mathfrak{x}$) werden in der *klassischen Mathematik* Aussagen gebildet über mathematische Strukturen (z. B. Algebren)

$$\mathfrak{A} = \langle \omega(\mathfrak{A}); a_1, ..., a_l; f_1^{(r_1)}, ..., f_m^{(r_m)}; \mathfrak{p}_1^{(s_1)}, ..., \mathfrak{p}_n^{(s_n)} \rangle,$$

welche bestehen aus einer nicht-leeren Klasse $\omega(\mathfrak{A})$ (‹Individuenbereich›), ausgezeichneten Elementen $a_1, ..., a_l$ (z. B. neutrales Element beim Gruppenbegriff), r_μ-stelligen Funktionen über $\omega(\mathfrak{A})$ ($1 \leq \mu \leq m$) und s_ν-stelligen Prädikaten über $\omega(\mathfrak{A})$ ($1 \leq \nu \leq n$). So ist etwa $\mathfrak{G} = \langle \omega(\mathfrak{G}); 0; +^{(2)}; = \rangle$ mit $\omega(\mathfrak{G}) = \mathfrak{R}$ die additive Gruppenstruktur über dem Bereich $\mathfrak{R}$ der reellen Zahlen, welche z. B. den Axiomen $\forall \mathfrak{x} \in \mathfrak{R}: \mathfrak{x} + 0 = \mathfrak{x}$ und $\forall \mathfrak{x} \in \mathfrak{R}: \forall \mathfrak{y} \in \mathfrak{R}: \mathfrak{x} + \mathfrak{y} = \mathfrak{y} + \mathfrak{x}$ genügt (wobei ‹$\forall \mathfrak{x} \in \mathfrak{R}$› Abk. ist von ‹für alle $\mathfrak{x}$ aus $\mathfrak{R}$› und $\mathfrak{x} + \mathfrak{y}$ die übliche Schreibweise für den Funktionswert $+^{(2)}(\mathfrak{x}, \mathfrak{y})$). Eine zu $\mathfrak{A}$ passende formale Sprache $\mathfrak{S} = \langle a_1, ..., a_l; f_1^{(r_1)}, ..., f_m^{(r_m)}; P_1^{(s_1)}, ..., P_n^{(s_n)} \rangle$ besteht aus Individuenkonstanten $a_1, ..., a_l$, Funktionskonstanten $f_1^{(r_1)}, ..., f_m^{(r_m)}$, Prädikatenkonstanten $P_1^{(s_1)}, ..., P_n^{(s_n)}$ [2]. Dabei wird die Menge $\mathfrak{T}(\mathfrak{S})$ der Terme von $\mathfrak{S}$ definiert durch: (1) Individuenvariablen $x, y, z, ...$; (2) Individuenkonstanten $a, b, c, ...$; (3) zusammengesetzte Terme $ft_1 ... t_r$, falls $t_1, ..., t_r$ Terme von $\mathfrak{S}$; (4) $\mathfrak{T}(\mathfrak{S})$ ist die kleinste Menge von Zeichenreihen mit (1)–(3). Die Menge $\mathfrak{A}(\mathfrak{S})$ der Ausdrücke von $\mathfrak{S}$ wird definiert durch: (1) Gleichungen $t_1 = t_2$; (2) prädikative Primformeln $Pt_1 ... t_r$; (3) Negation $\neg \alpha$, falls α Ausdruck von $\mathfrak{S}$; (4) Alternation $(\alpha \vee \beta)$, falls α, β Ausdrücke von $\mathfrak{S}$; (5) Quantifikation $\bigvee_x \alpha$, falls α Ausdruck von $\mathfrak{S}$; (6) $\mathfrak{A}(\mathfrak{S})$ ist die kleinste Menge von Zeichenreihen mit (1)–(5). (Dabei sind P und f und $t_1, ..., t_r$ und $\alpha, \beta, \gamma, ...$ metasprachliche Variablen für Prädikatenkonstanten, Funktionskonstanten, Terme und Ausdrücke. Man beachte, daß Terme und Ausdrücke durch die verallgemeinerten induktiven Prozesse (3), (4) aus den Grundsymbolen von $\mathfrak{S}$ erzeugt werden. Für abzählbar-unendlich viele Grundsymbole von $\mathfrak{S}$ ist es wichtig zu wissen, daß sich auch Konstruktionsverfahren für die Grundsymbole aus *endlich* vielen Zeichen angeben lassen [3].) Andere übliche Formulierungen erhält man in der klassischen Logik durch explizite Definitionen, z. B.:

$\wedge_x a := \neg \vee_x \neg a, \ (a \wedge \beta) := \neg (\neg a \vee \neg \beta),$
$(a \rightarrow \beta) := \neg a \vee \beta.$

Mit einer Abbildung $\mathfrak{I}$ (‹Interpretation›) werden verallgemeinerte Algebren $\mathfrak{A}$ und formale Sprachen $\mathfrak{S}$ aufeinander bezogen, wobei Terme als Individuen aus $\omega(\mathfrak{A})$ und Ausdrücke als Wahrheitswerte W, F (W ‹wahr›, F ‹falsch›) gedeutet werden. Ist $\mathfrak{I}$ passend zu $\mathfrak{A}$ (d. h. für alle λ, μ, ν mit $1 \leq \lambda \leq l, \ 1 \leq \mu \leq m, \ 1 \leq \nu \leq n$ ist $\mathfrak{I}(a_\lambda) = a_\lambda, \mathfrak{I}(f_\mu) = f_\mu, \mathfrak{I}(P_\nu) = \mathfrak{P}_\nu$), so interpretiert $\mathfrak{I}$ die Terme aus $\mathfrak{T}(\mathfrak{S})$ durch: (1) $\mathfrak{I}(a_\lambda) = a_\lambda$; (2) $\mathfrak{I}(x) \in \omega(\mathfrak{A})$; (3) $\mathfrak{I}(ft_1 \ldots t_r) = \mathfrak{I}(f)(\mathfrak{I}(t_1), \ldots, \mathfrak{I}(t_r))$ und die Ausdrücke aus $\mathfrak{A}(\mathfrak{S})$ durch: (1) $\mathfrak{I}(t_1 = t_2) = W$ genau dann, wenn (gdw) $\mathfrak{I}(t_1) = \mathfrak{I}(t_2)$; (2) $\mathfrak{I}(Pt_1 \ldots t_r) = W$ gdw $\mathfrak{I}(P)(\mathfrak{I}(t_1), \ldots, \mathfrak{I}(t_r))$; (3) $\mathfrak{I}(\neg a) = W$ gdw nicht $\mathfrak{I}(a) = W$ (d. h. klassisch $\mathfrak{I}(a) = F$), (4) $\mathfrak{I}(a \vee \beta) = W$ gdw $\mathfrak{I}(a) = W$ oder $\mathfrak{I}(\beta) = W$; (5) $\mathfrak{I}(\vee_x a) = W$ gdw $\exists \mathfrak{r} \in \omega(\mathfrak{A}) : \mathfrak{I}_x^\mathfrak{r}(a) = W$, wobei die zu $\mathfrak{A}$ passende modifizierte Interpretation $\mathfrak{I}_x^\mathfrak{r}$ definiert ist durch $\mathfrak{I}_x^\mathfrak{r}(y) = \mathfrak{r}$, falls $x \equiv y$ (d. h. das Zeichen x ist identisch mit dem Zeichen y) bzw. $\mathfrak{I}_x^\mathfrak{r}(y) = \mathfrak{I}(y)$ sonst. So ist z. B. $\mathfrak{I}(\vee_x f_1 y = f_2 xy) = W$ gdw $\exists \mathfrak{r} \in \omega(\mathfrak{A}) : \mathfrak{I}_x^\mathfrak{r}(f_1 y = f_2 xy) = W$ gdw $\exists \mathfrak{r} \in \omega(\mathfrak{A}) : \mathfrak{I}_x^\mathfrak{r}(f_1)(\mathfrak{I}_x^\mathfrak{r}(y)) = \mathfrak{I}_x^\mathfrak{r}(f_2)(\mathfrak{I}_x^\mathfrak{r}(x), \mathfrak{I}_x^\mathfrak{r}(y))$ gdw $\exists \mathfrak{r} \in \omega(\mathfrak{A}) : f_1(\mathfrak{I}(y)) = f_2(\mathfrak{r}, \mathfrak{I}(y))$ gdw $\exists \mathfrak{r} \in \omega(\mathfrak{A}) : f_1(\mathfrak{y}) = f_2(\mathfrak{r}, \mathfrak{y})$. *Eine F. $\mathfrak{F}$ von $\mathfrak{A}$ läßt sich jetzt auffassen als die Umkehrung einer zu $\mathfrak{A}$ passenden Interpretation $\mathfrak{I}$.* So ist z. B. $\mathfrak{F}(\langle \mathfrak{R}; 0; +^{(2)}; = \rangle) \equiv \langle e; f^{(2)}; = \rangle$ die F. der additiven Gruppenstruktur über dem Bereich $\mathfrak{R}$ der reellen Zahlen mit

$\mathfrak{F}(V_\mathfrak{r} \in \mathfrak{R} : V_\mathfrak{\eta} \in \mathfrak{R} : \mathfrak{r} + \mathfrak{\eta} = \mathfrak{\eta} + \mathfrak{r}) \equiv \wedge_x \wedge_y f^{(2)} xy = f^{(2)} yx, \mathfrak{F}(V_\mathfrak{r} \in \mathfrak{R} : \mathfrak{r} + 0 = \mathfrak{r}) \equiv \wedge_x f^{(2)} xe = x$ usw. Offenbar sind die eingangs erwähnten Prinzipien für diesen F.-Begriff erfüllt. Jedoch hat das Prinzip der Axiomatik durch GÖDELS Unvollständigkeitssatz eine Begrenzung erfahren [4].

b) In jüngster Zeit sind in der axiomatischen Mengenlehre Methoden entwickelt worden, die auch eine *formalisierte Semantik* voraussetzen [5]. Dabei wird eine formale Sprache $\mathfrak{S}$ mit einer Interpretation $\mathfrak{I}$ gedeutet in einer formalen Sprache $\mathfrak{S}^\mathfrak{I} = \langle U^\mathfrak{I}; a_1^\mathfrak{I}, \ldots, a_l^\mathfrak{I}; \mathfrak{I} f_1^{(r_1)}, \ldots, \mathfrak{I} f_m^{(r_m)}; \mathfrak{I} P_1^{(s_1)}, \ldots, \mathfrak{I} P_n^{(s_n)} \rangle$, welche eine einstellige Prädikatenkonstante $U^\mathfrak{I}$ für den Individuenbereich $\omega(\mathfrak{A})$ der zu ihr passenden Algebra $\mathfrak{A}$ enthält und zusätzlich Ableitungsaxiome (1) $\vdash \vee_x U^\mathfrak{I} x$, (2) $\vdash U^\mathfrak{I} x_1 \wedge \ldots \wedge U^\mathfrak{I} x_n \rightarrow U^\mathfrak{I} f^\mathfrak{I} x_1 \ldots x_n$ erfüllt (wobei die $f^\mathfrak{I}$ metasprachliche Variable für Funktionskonstanten sind). Dabei fordert (1), daß der Individuenbereich nicht leer ist – und (2), daß jedes $f^\mathfrak{I}$ eine Funktion repräsentiert, deren Beschränkung auf den durch $U^\mathfrak{I}$ repräsentierten Individuenbereich Werte annimmt in diesem Individuenbereich. Interpretationen $\mathfrak{I}$ von Termen und Ausdrücken aus $\mathfrak{S}$ in $\mathfrak{S}^\mathfrak{I}$ vollziehen sich dann analog den in a) angegebenen Verfahren, wobei jedes Symbol aus $\mathfrak{S}$ durch ein passendes aus $\mathfrak{S}^\mathfrak{I}$ und $\vee_x Px$ ersetzt wird durch $\vee_x (U^\mathfrak{I} x \wedge P^\mathfrak{I} x)$ (wobei die $P^\mathfrak{I}$ metasprachliche Variable für Prädikatenkonstanten sind). COHEN konnte in diesem Sinne eine Interpretationsmethode für die formalisierte ZERMELO-FRAENKEL-Mengenlehre mit Auswahlaxiom angeben (‹*Forcing*›), mit der sich die Unabhängigkeit des Auswahlaxioms und der Kontinuumshypothese beweisen läßt. Nach der in a) vorgeschlagenen Definition liefert uns also die Forcing-Methode eine F. von F.en!

c) Die dargestellten F. sind auf die Ausdrucksmöglichkeiten der klassischen Mathematik zugeschnitten. Abweichend davon ist der unbeschränkte Quantorengebrauch über unendlichen Individuenbereichen in der *intuitionistischen Mathematik* nicht erklärt: Um zu entscheiden, ob $\exists \mathfrak{r} : \mathfrak{P}(\mathfrak{r})$ wahr ist, genügt nach BROUWER nicht die klassische Gewißheit, daß z. B. eine Zahl $\mathfrak{r}$ existiert mit $\mathfrak{P}(\mathfrak{r})$. Vielmehr muß ein effektives Verfahren mitgeliefert werden, um $\mathfrak{P}(\mathfrak{r})$ für ein $\mathfrak{r}$ zu zeigen. Ebenso muß für die Wahrheit von $V_\mathfrak{r} : \mathfrak{P}(\mathfrak{r})$ ein Verfahren angezeigt werden, das effektiv für jede natürliche Zahl $\mathfrak{r}$ (dem intuitionistisch akzeptierten Individuenbereich) die Wahrheit von $\mathfrak{P}(\mathfrak{r})$ nachweist. Zu diesem Zweck sind verschiedene intuitionistische Kalküle vorgeschlagen worden, welche diese intuitionistischen Einwände gegen die klassische Semantik berücksichtigen [6]. Insbesondere ist dabei die Einführung des formalisierten Allquantors durch Negation des Existenzquantors (vgl. 1.a) nicht mehr möglich. Eine sehr anschauliche Darstellung der intuitionistischen Semantik wird durch LORENZENS Begriff der Dialogspiele geboten [7]. Eine F. der Einwände Brouwers hat S. C. KLEENE geliefert [8], indem er auf Churchs und Turings Präzisierung des effektiven Verfahrens durch rekursive Schemata zurückgreift und damit die von Brouwer geforderten *effektiven Prozesse* durch Gödel-Nummern [9] rekursiver Funktionen *formalisiert*. Schließlich konnte BÜCHI die praktische Anwendung von F.en in der *Automatentheorie* nachweisen: Der von ihm angegebene ‹Sequentialkalkül› formalisiert Verhaltensbedingungen endlicher Automaten [10].

2. Die Erfolge der F. in der Mathematik ermutigten zur Ausweitung dieser Methode auf weitere Wissenschaftszweige. So entwickelte etwa R. CARNAP die F. zu einer sprachkritischen Methode in der *Philosophie* [11]. In der *Physik* [12] wurden F. mit mehrwertigen Logikkalkülen versucht: Gewisse Phänomene der modernen Physik (z. B. Unschärferelation) ließen sich in der zweiwertigen Umgangssprache nur durch bildhafte Formulierungen umschreiben. In der *mathematischen Psychologie* hat etwa P. SUPPES [13] verschiedene formale Axiomensysteme vorgeschlagen, um menschliche Verhaltensweisen präziser analysieren zu können. J. V. NEUMANN und O. MORGENSTERN schlagen F. für den Wert-(Präferenz-)Begriff vor, an dem sich *wirtschaftliches und soziales Handeln* orientiert [14]. U. KLUG schätzt die F.-Möglichkeiten der *Rechtswissenschaft* mit den Mitteln der klassischen Prädikatenlogik ab [15]. Gemeinsam ist diesen verschiedenen Ansätzen, daß sie die F. zur Klärung und Kritik rationalen Argumentierens und Verhaltens einsetzen – wenn dabei auch die eingangs formulierten Prinzipien jeweils Modifikationen unterzogen werden. Dagegen hat P. LORENZEN Präzisierungen kritischer Argumentation ausgearbeitet, die sich, auf der Basis eines methodischen Aufbaus normativer Rede [16], nicht mehr als bloße F. verstehen.

Anmerkungen. [1] G. W. LEIBNIZ, Philos. Schriften, hg. C. I. GERHARDT (1890) 7, 185. – [2] Vgl. J. R. SHOENFIELD: Math. logic (London 1967) Kap. 2. – [3] Vgl. H. HERMES: Einf. in die math. Logik (1963) 55. – [4] Vgl. W. STEGMÜLLER: Unvollständigkeit und Unentscheidbarkeit (1970). – [5] P. S. COHEN: Set theory and the continuum hypothesis (New York/Amsterdam 1966). – [6] Vgl. z. B. A. HEYTING: Die formalen Regeln der intuitionistischen Logik. Sber. Preuß. Akad. Wiss. (1930). – [7] P. LOREN-

ZEN: Metamath. (1962); vgl. K. MAINZER: Der Konstruktionsbegriff in der Math. Philos. nat. 12, H. 4 (1970). – [8] Vgl. S. C. KLEENE: The foundations of intuitionistic mathematics (1965) chap. 2. – [9] Vgl. Art. ‹Kodifikat/Kodifikation›. – [10] J. R. BÜCHI (LANDWEBER): Solving sequential conditions with finite-state strategies. Trans. Amer. Math. Soc. 138 (1969) 295-311. – [11] R. CARNAP: Scheinprobleme in der Philos. (1966); vgl. auch die Diskussion des Carnapschen Ansatzes in F. KAMBARTEL: Erfahrung und Struktur (1968) 149f. – [12] C. F. v. WEIZSÄCKER: Komplementarität und Logik, in: Zum Weltbild der Physik (1963); P. MITTELSTAEDT: Philos. Probleme der modernen Physik (1963) Kap. VI. – [13] P. SUPPES: Stimulus-responce theory of finite automata. J. math. Psychol. 6 (1969) 327-355. – [14] NEUMANN/MORGENSTERN: Spieltheorie und wirtschaftliches Verhalten (1967). – [15] U. KLUG: Jur. Logik (1951). – [16] P. LORENZEN: Normative logic and ethics (1969).

K. MAINZER

II. Der Terminus ‹F.› bezeichnet in der Phänomenologie E. HUSSERLS den verallgemeinernden Übergang von sachhaltigen Wesen in reinlogisch-formale Wesen [1]. Im Unterschied zur Generalisierung vollzieht sich dieser Übergang nicht durch wiederholte Anwendung der eidetischen Reduktion, sondern durch Abstraktion. Diese formalen Wesen sind nicht oberste Gattungen, sondern Spezifikationen der obersten formal-ontologischen Kategorie «Etwas-überhaupt» [2].

Anmerkungen. [1] E. HUSSERL: Ideen zu einer reinen Phänomenol. und phänomenol Philos. 1. Buch. Husserliana 3 (Den Haag 1950) 32. – [2] Formale und transzendentale Logik (1929) 76.

U. CLAESGES

Formalismus

I. ‹F.› bezeichnet einen kritischen und – wie die Endung ‹-ismus› anzeigt – einen polemischen Begriff vor allem der materialen Wertethik SCHELERS, der sich allgemein gegen den Rationalismus, Logizismus und Intellektualismus in der Ethik wendet [1]. Danach gründet die formale Ethik rein auf der Vernunft und auf einem transzendentalen Apriorismus, dessen Kennzeichen Allgemeinheit und Gesetzmäßigkeit sind. Insofern das ethische Apriori rein formal ist, keinen materialen Gehalt aufweisen kann oder zuläßt, insistiert die Kritik auf der Notwendigkeit, die Ethik vor allem als materiale Wertethik gehaltlich zu erfüllen, und vertritt diese Forderung besonders gegen KANT, der den sensualistisch-eudaimonistischen Theorien, deren Bezug auf eine Güter-, Ding- oder Gefühlswelt eine individuelle und zufällige Glücksmoral bedingt, einen im kategorischen Imperativ gipfelnden Begriff der Pflicht, der Freiheit und des Sollens entgegensetzt. Diese autonome, aller inhaltlichen Bezüglichkeit, aller materialen Bestimmtheit bare, selbstgesetzliche Praxis der Vernunft gibt ein allgemeines apriorisches Gesetz des möglichen Handelns überhaupt in bezug auf alle möglichen materialen Gehalte. Hier setzt nun die Kritik ein, die Kant des F. überführen will, insofern eine solche Ethik in sich leer bleibe und einer konkreten Motivationskraft entbehre, die emotionalen Kräfte des Fühlens vergesse, somit anthropologisch zu kurz greife und also auf Prämissen beruhe, die sich als unzulänglich erweisen. Axiologisch und praxeologisch bleibe solcher Formalistik der Bezug auf die sittliche Welt versagt, deren Konkretheit äußerlich. Sie vermöge den intentionalen Charakter der sittlichen Akte (des Fühlens, des Vorziehens, Nachsetzens, des Liebens und Hassens, des Strebens und Wollens), ihr eigengesetzliches Etwas nicht zu fassen und die Wesensgesetze nicht zu sehen. – Die F.-Kritik ist vorbereitet in der psychologischen Schule BRENTANOS und ihrer Kantkritik, und in ihr äußert sich der Unterschied zweier philosophischer Positionen, der phänomenologisch-ontologischen und auch metaphysischen gegenüber der kritisch-transzendentalen. Damit verbindet sich ein methodologischer Gegensatz, der sich sachlich auswirkt. Die eidetisch-reduktive Methode der Phänomenologie steht der kritisch-deduktiven Kants gegenüber, Intuition und Reflexion unterscheiden beide. Der Gegensatz von Fühlen und Sollen, Schauen und Denken, Anschauung und Reflexion ist in der F.-Kritik entscheidend spürbar.

Anmerkung. [1] M. SCHELER: Der F. in der Ethik und die materiale Wertethik (¹1916, ⁴1954) 66-131: F. und Apriorismus. – N. HARTMANN: Ethik (¹1925, ³1949) Kap. 11-13; Kants Met. der Sitten und die Ethik unserer Tage (1924). Kleinere Schriften 3 (1958) 345-350. – E. v. ASTER: Zur Kritik der materialen Wertethik. Kantstudien 33 (1928) 172-199; Sein und Sollen in der Wertphilos. a. a. O. 34 (1929) 97-124.

H. HÜLSMANN

II. Mit dem Begriff des ästhetischen F. bezeichnet man in der Literaturgeschichte und -kritik verschiedene Dichtungstheorien und -interpretationsformen, denen allen die Bevorzugung der Form des Kunstwerks vor seinem Inhalt gemeinsam ist.

1. ‹F.› heißt die von Herbart, der das Kennzeichen der Musik, d. h. meßbare Beziehungen, als Grundlage der gesamten Kunst zu erforschen suchte, beeinflußte Ästhetik R. ZIMMERMANNS [1] und E. HANSLICKS («Die Musik besteht aus Tonreihen, Tonformen, diese haben keinen andern Inhalt als sich selbst» [2]), die Theorie der reinen Sichtbarkeit K. FIEDLERS [3] und die Weiterentwicklung dieser Fragestellung bei A. HILDEBRAND und H. WÖLFFLIN [4]. Bereits F. TH. VISCHER warnte sowohl vor einem ästhetischen «Materialismus» als auch vor einem «F. in der Kunsttheorie», vor einseitigem «Streben nach Ausdruck» einerseits und «Formencultus, ... Formeffect» andererseits [5]. Der F. sei vor allem bei Herbart und seiner Schule vertreten [6]. E. v. HARTMANN und M. HAMBURGER schlossen sich dem an und zählten auch Kant zu den Formalisten [7]. Neben Hildebrand, Wölfflin und anderen rechnet G. MORPURGO-TAGLIABUE auch Autoren wie C. BELL (Kennzeichen der «aesthetic vision» des Künstlers ist die «pure form» [8]) und H. FOCILLON (die Form hat weder Bedeutung noch Sinn, die außerhalb ihrer selbst liegen: «le contenu fondamental de la forme est un contenu formal» [9]) zum «figurativen F.» [10]. In dem Streit zwischen ‹Formal- und Gehaltsästhetikern› beruft sich O. WALZEL zwar auf Herbart, bemerkt aber gleichzeitig, daß damit noch kein einseitiger F. vertreten werde. Die Leistung des Künstlers liege vor allem in der Formgebung des Werks, der Gehalt sei sekundär [11]. Dagegen wendet sich H. VOLKELT: Die formalistische Ästhetik beachtet nicht, daß es kein Gefallen an der reinen Form, sondern nur an der ausdrucks- und gehaltvollen Form gibt [12]. Heute wird F. vielfach als Auflösung der Beziehungen zwischen Form und Inhalt [13] bzw. als die Entleerung der Form von jedem Gehalt («le vrai formalisme est silence» [14]) verstanden, aber auch gesagt, daß man ihn nicht dadurch transzendieren könne, daß man die Erforschung der Formen eines Kunstwerks mißachte [15].

Anmerkungen. [1] R. ZIMMERMANN: Allg. Ästhetik als Formwiss. (1865). – [2] E. HANSLICK: Vom Musikalisch-Schönen (1854, Neudruck 1965) 96. – [3] K. FIEDLER: Über die Beurteilung von Werken der bildenden Kunst; Über den Ursprung der künstlerischen Tätigkeit, in: Schriften über Kunst (1896). – [4] A. HILDEBRAND: Das Problem der Form in der bildenden kunst (1893); H. WÖLFFLIN: Kunstgesch. Grundbegriffe (¹1915, ¹⁴1970). – [5] F. TH. VISCHER: Kritische Gänge (²1914-22) 4, 198ff.; Ästhetik oder Wiss. des Schönen (1846-58) 3, 965. 970f. – [6] Das Schöne und die Kunst. Vorträge (²1898) 56f. – [7] E. v. HARTMANN: Die dtsch. Ästhetik seit Kant (²1886) 14ff. 267ff.; M. HAMBURGER: Das Form-Problem in der neueren dtsch. Ästhetik und Kunsttheorie (1915) 5. 52ff. – [8] C. BELL: Art (London 1928). – [9] H. FOCILLON: Vie des formes (Paris ⁴1955) 10f. – [10] G

MORPURGO-TAGLIABUE: L'esthétique contemporaine (Mailand 1960) 130-154; vgl. 31-52. – [11] O. WALZEL: Gehalt und Gestalt im Kunstwerk (1924) 145ff. 394; vgl. Das Wortkunstwerk (1926) 100ff. – [12] H. VOLKELT: System der Ästhetik (1905-14) 1, 396f. 428ff. – [13] W. KRAUSS: Grundprobleme der Literaturwiss. (1968) 81. 89. – [14] A. CAMUS: L'homme révolté (Paris 1951) 332. – [15] G. HARTMANN: Beyond formalism. Modern Language Notes 81 (1966) 556.

2. ‹F.› wird eine bestimmte Richtung der russischen Literaturwissenschaft genannt, die sich um 1915 aus dem ‹Moskauer Linguisten-Kreis› und der Leningrader Gruppe ‹Opojaz› (Gesellschaft zur Erforschung der poetischen Sprache) bildete. Sie hatte zwar gewisse Vorläufer im Futurismus, grenzte sich aber sonst stark gegen die übliche Literaturästhetik, besonders den Symbolismus, ab und suchte die Literaturgeschichte erst als eigenständige Wissenschaft zu begründen, indem sie die Literatur in ihrer Besonderheit als Kunst, das «Literarische», die «Literaturhaftigkeit» (R. JAKOBSON [1]) erforschen wollte und eine «Untersuchung des konkreten Materials in seinen hervorragenden Besonderheiten» unter «Befreiung des poetischen Wortes aus den Fesseln philosophischer und religiöser Tendenzen» anstrebte [2]. Ihre Mitglieder gebrauchten den Begriff ‹F.› selbst nicht, sondern sprachen von ‹formaler› bzw. ‹morphologischer Schule (bzw. Methode)› oder nannten sich auch ‹Spezifikatoren› [3]. Jakobson bezeichnet den F.-Begriff als ein unbestimmtes Etikett, das erst von den Gegnern zur Brandmarkung dieser Schule geprägt worden sei [4]. Deren Ziel war es, das Kunstwerk als ein mit gewissen Techniken und Kunstgriffen (prijom) ‹gemachtes› Werk zu verstehen und soziologische und ideologische Erklärungen weitgehend unbeachtet zu lassen oder als irrelevant für das spezifisch Künstlerische anzusehen [5]. (So ist es zu verstehen, daß G. BENN, der die Technik und das «Artistische» eines Gedichts hervorhob, auch die «Bedeutung des Formproblems» für die moderne Kunst betonte: «Wenn man nun das ... F. nennen will, mag man es tun» [6].) Nach JAKOBSON haben in der Dichtung Worte in «ihrer äußeren und inneren Form eigenes Gewicht und eigenen Wert» und stehen nicht für «ein bezeichnetes Objekt»; B. TOMAŠEVSKIJ bestimmt die poetische Sprache als «eines der sprachlichen Systeme, wo die kommunikative Funktion in den Hintergrund gedrängt ist und Wortstrukturen autonomen Wert annehmen» [7]. Das Verhältnis von Inhalt und Form wird neu gefaßt, so daß «vom Standpunkt der Komposition aus gesehen», «der Begriff ‹Inhalt› bei der Analyse eines Kunstwerks vollkommen überflüssig ist. Die Form aber ist hier als Kompositionsgesetz eines Gegenstandes zu verstehen» [8]. V. ŠKLOVSKIJ faßt dabei ‹Form› sehr weit: Selbst der «ideologische Inhalt der Kunst» wird nicht geleugnet, sondern als «eines der Phänomene der Form» angesehen [9]. Das Kunstwerk ist «reine Form», seine Seele «nichts anderes als sein Bau, seine Form» [10]. B. EICHENBAUM sucht dagegen die ungenau gewordenen Begriffe ‹Inhalt› und ‹Form› durch den Begriff des ‹Kunstmittels›, das den Unterschied von poetischer und prosaischer Sprache ausmacht, zu präzisieren [11]. Die formale Schule erkennt die Sprache «in ihrer ästhetischen Funktion» an, sie zerlegt sie in ihre Elemente und vergleicht diese miteinander [12]. Inhalt und Form sind nicht entgegengesetzt, sondern «die Eigenart eines Literaturwerks besteht in der Anwendung eines Konstruktionsfaktors für ein Material, in der ‹Formung› (eigentlich: in der Deformation) [ŠKLOVSKIJ: ‹Verfremdung›] dieses Materials. ... Das Material ist ein den konstruktiven Elementen untergeordnetes Element der Form» [13].

Die Blütezeit des russischen F. endete etwa 1928, als die Marxisten heftige Angriffe gegen ihn richteten. Von ihnen wurde die formale Schule jetzt ‹F.› genannt. Kennzeichnend dafür ist, daß P. MEDVEDEVS Buch ‹Formal'nyj metod v literaturovedenii› (Die formale Methode in der Literaturwissenschaft, Leningrad 1928) 1934 verändert unter dem Titel ‹Formalizm i formalisty› (F. und Formalisten) erschien. Schon 1924 nannte TROTZKI den F. zwar reaktionär und oberflächlich, erkannte aber, ähnlich wie BUCHARIN [14], gewisse Leistungen des F. an [15]. Kritiken von LUNAČARSKI, ŽDANOV und verschiedenen anderen führten jedoch zur völligen Unterdrückung des F. Dabei sank der Begriff zu einem wahllos diffamierenden Schlagwort herab und wurde zusammen mit ‹Subjektivismus›, ‹Ästhetizismus›, ‹Dekadenz› nur noch pejorativ gebraucht [16]. Die moderne Literatur westlicher Länder, besonders die des Existentialismus und jeglicher experimentellen Kunst, verfiel dem Verdikt des F. [17]. F. bedeutete nicht nur Zerstörung des Inhalts der Kunst, sondern auch «Zerstörung der künstlerischen Form und damit Zerstörung der Kunst selbst» [18]. Auch G. LUKÁCS hält an der treuen Widerspiegelung des Lebens durch die Kunst, dem Vorrang des Inhalts vor der Form fest und verwirft die «subjektivistische Anarchie» und das «formalistische Aufbauschen der Formvollendung» [19].

Obwohl sich auch A. I. BUROW gegen eine formalistische Interpretation des Wesens des Ästhetischen, wie sie besonders bei Kant zu finden sei, wendet [20], sehen manche Theoretiker des Marxismus doch in der Diskussion um seine These, der spezifische Inhalt des Kunstwerks müsse neu bestimmt werden [21], daß gerade dies im bisherigen «Kampf gegen den antihumanen F.» vergessen worden sei [22]: «Die Frontstellung gegen den F. [hat] dazu geführt, daß die theoretischen Anstrengungen der marxistischen Kunstwissenschaftler so stark auf eine Seite der Kunst gerichtet war, daß die wissenschaftliche Ausarbeitung der anderen vernachlässigt wurde» [23]. Trotzdem bleibt auch in der neueren marxistischen Ästhetik der Kampf gegen F. und «subjektiv-idealistische» Kunstauffassungen eine Hauptaufgabe [24]. In den westlichen Ländern übte der russische F. einen gewissen Einfluß auf *Strukturalismus* und *New Criticism* aus und wirkt auch auf die marxistischen Theorien zurück [25]. Die Diskussion um den F. dauert hier an [26].

Anmerkungen. [1] R. JAKOBSON: Novejšaja russkaja poèzija (Prag 1921) 11. – [2] B. EICHENBAUM: Die Theorie der formalen Methode, in: Aufsätze zur Theorie und Gesch. der Lit. (1965) 7. 12. 14. – [3] V. ERLICH: Russischer F. (1964) 189. – [4] R. JAKOBSON: Vorrede zu: Théorie de la litt. Textes des formalistes russes, hg. T. TODOROV (1965) 10. – [5] ERLICH, a. a. O. [3] 85. – [6] G. BENN, Werke (1959-61) 4, 66; vgl. 1, 249. 320. 519; 4, 387. – [7] zit. ERLICH, a. a. O. [3] 202. – [8] V. ŠKLOVSKIJ: O teorii prozy (Moskau 1925); dtsch. Theorie der Prosa (1966) 61; vgl. 35. – [9] Sentimental'noe putešestvie (Moskau/Berlin 1923); dtsch. Sentimentale Reise (1964) 321. – [10] Theorie der Prosa a. a. O. [8] 163. 165. – [11] B. EICHENBAUM, a. a. O. [2] 23; vgl. 41. – [12] B. M. ENGELHARDT: Formal'nyj metod v istorii literatury, in: Voprosy poètiki 11 (Leningrad 1927) 108. – [13] J. TYNJANOV: Archaisty i novatory (Leningrad 1929, Neudruck Moskau 1965); dtsch. Auswahl: Die lit. Kunstmittel und die Evolution in der Lit. (1967) 19. – [14] Vgl. ERLICH, a. a. O. [3] 115. 161. – [15] L. TROTZKI: Literatura i revoljucija (Moskau 1924); dtsch. Lit. und Revol. (1968) 139. – [16] ERLICH, a. a. O. [3] 162f. – [17] J. FRIED: Der F. als Feind der Kunst. Sowjetlit. (Moskau 1948) H. 7, 162-168, zit. 164f. – [18] H. LAUTER: Der Kampf gegen den F. in Kunst und Lit. Die Weltbühne [NF] 6 (1951) 449-463, zit. 452; vgl. R. DREWS: Zum Gespräch über den F. Die Weltbühne a. a. O. 464f.; H. BRUSE: F. – Feind der Kunst. Bildende Kunst (1953) 58-62. – [19] G. LUKÁCS: Über die Besonderheit als Kategorie der Ästhetik. Werke 10 (1969) 731. 734. – [20] A. I. BUROW: Das ästhet. Wesen der Kunst (Moskau 1956, dtsch. 1958) 39;

vgl. 41 f. – [21] a. a. O. 27. – [22] W. BESENBRUCH: Zum Problem des Typischen in der Kunst (1956) 124. – [23] H. REDEKER: Über die ästhet. Funktion des subjektiven Elements der Kunst. Dtsch. Z. Philos. 6 (1958) 104f.; zur Diskussion um *Burow* vgl. W. OELMÜLLER: Neue Tendenzen und Diskussionen der marxist. Ästhetik. Philos. Rdsch. 9 (1961) bes. 190ff. – [24] E. JOHN: Probleme der marxist.-leninist. Ästhetik (1967) 158f.; T. PAWLOW: Grundgesetze der Kunst. Zu Fragen der marxist. Ästhetik (1964) 157. – [25] Vgl. R. WELLEK/A. WARREN: Theorie der Lit. (1959); J. STRIEDTER: Einl zu: Texte der russ. Formalisten 1. Texte zur allg. Literaturtheorie und zur Theorie der Prosa (1969). – [26] E. OLSON u. a.: Über F. Diskussion eines ästhet. Begriffs (1966); D. TSCHIŽEWSKIJ: Wiedergeburt des F. In welcher Art? in: Immanente Ästhetik. Ästhet. Reflexion, hg. W. ISER, in: Poetik und Hermeneutik 2 (1966) 297-305.

Literaturhinweise. F. W. NEUMANN: Die formale Schule der russischen Literaturwiss. Dtsch. Vjschr. Lit.wiss. 29 (1955) 99-121. – D. TSCHIŽEWSKIJ: Formalistische Dichtung bei den Slaven (1958). – J. HOLTHUSEN: Der russische F. Merkur 14 (1960) 891-896. – V. ERLICH s. Anm. [3 zu 2]. – T. TODOROV s. Anm. [4 zu 2]. – A. PETROV: Poetika ruskog formalizma. Knjizevnost (Belgrad) 23 (1968) 39-54. 135-152. 234-257. – J. STRIEDTER s. Anm. [25 zu 2].

U. DIERSE

III. ⟨F.⟩ hat in mathematisch-logischen Zusammenhängen häufig die Bedeutung ⟨formales System⟩ (s. d.). Zu ⟨F.⟩ als Bezeichnung einer Richtung der logischen und mathematischen Grundlagenforschung siehe den Artikel ⟨Grundlagenstreit⟩.

Red.

Formaliter (Formalität). Der in der Scholastik häufig benützte Terminus, dem als Gegenbegriff ⟨materialiter⟩ entspricht, steht in engstem Konnex mit der aristotelischen Lehre von Form und Materie (bzw. causa formalis/materialis). Formaliter wird etwas gefaßt, sofern es im eigentlichen Sinne, als solches oder in seiner Wesensbestimmtheit begriffen wird, während ⟨materialiter⟩ besagt, einen Sachverhalt bloß seinen konstituierenden Bestandteilen oder auch seinen Voraussetzungen nach zu betrachten [1].

Eine speziellere Bedeutung erhielt der Begriff ⟨formaliter⟩ bei DUNS SCOTUS [2] im Zusammenhang seiner Anschauung von der «Formalität» und der «Formalunterscheidung» [3]. Die Formalität ist im Unterschied zum konkreten Einzelnen und zum nur gedanklich Seienden eine nicht weiter zurückführbare intelligible Entität, die der Verstand als distinkt von anderen an einem Objekt begreift, aber nicht hervorbringt. Etwas ist formaliter in einem anderen und kann somit formaliter von ihm ausgesagt werden, wenn es in ihm unvermischt und seiner eigenen Wesenheit (ratio formalis et quidditativa) nach bleibt. Das formaliter Verschiedene ist von sich aus unterschieden. – Eine weitere Bedeutung von ⟨formaliter⟩ ergibt sich aus der Gegenüberstellung zu ⟨eminenter⟩ (s. d.).

Bei DESCARTES bedeutet ⟨formaliter⟩ gelegentlich die Realität eines Gegenstandes im Unterschied zu dessen Erkanntsein [4].

Anmerkungen. [1] z. B. THOMAS VON AQUIN, S. theol. I, 89, 5 u. ö. – [2] Ausführliche Erläuterung J. DUNS SCOTUS, Report. I, d. 45, q. 2. Ed. Vivès 22, 501. – [3] Vgl. E. GILSON: Johannes Duns Scotus (1959) 252-264. – [4] DESCARTES, Medit. de prima philos. Oeuvres, hg. ADAM/TANNERY 7, 102f.

D. SCHLÜTER

Formalstufen. Mit ⟨F.⟩ bezeichnet man die von HERBART konzipierten, von seinen Anhängern, besonders von T. ZILLER, fortentwickelten, dabei aber verengten und schematisierten Stufen des Unterrichts. Es geht dabei um die innere Ordnung des Lern- und Erkenntnisvorganges. HERBART selbst verwendet den Begriff ⟨F.⟩ nicht. Er geht aus von seiner Interessenlehre und dem fruchtbaren Gedanken des Wechselspiels von Vertiefung und Besinnung: In der Vertiefung faßt der Mensch mit Sorgfalt und Klarheit das Einzelne auf; die Besinnung muß die vielen Vertiefungen ordnen und verbinden. Auf dieser «Sammlung» beruht die Einheit des Bewußtseins. Hieraus entwickelte HERBART die vier F. *Klarheit, Assoziation, System* und *Methode.* Ruhende Vertiefung wirkt Klarheit. Assoziation geschieht beim Fortschreiten von einer Vertiefung zur anderen. Ruhende Besinnung führt zur rechten Ordnung, zum System. «Der Fortschritt der Besinnung ist Methode. Sie durchläuft das System, produziert neue Glieder desselben und wacht über die Konsequenz in seiner Anwendung» [1]. Der Gliederung des Interesses in Erkenntnis und Teilnahme folgend, verlangt Herbart, daß der Unterricht allgemein (d. h. im Bereich der Erkenntnis) «zeigen, verknüpfen, lehren, philosophieren» soll. «In Sache der Teilnahme sei er anschaulich, kontinuierlich, erhebend, in die Wirklichkeit eingreifend» [2]. Beide Reihen sind Ableitungen der ursprünglichen F. – Herbarts Anhänger haben die Lehre von den F. bis ins einzelne ausgebaut. T. ZILLER teilt die Stufe der Klarheit in Analyse und Synthese [3]. W. REIN übersetzt die so gewonnenen fünf F. in Vorbereitung, Darbietung, Verknüpfung, Zusammenfassung, Anwendung [4]. O. WILLMANN unterscheidet Auffassen, Verstehen, Verarbeiten als Aneignungsstufen, denen er die didaktischen Vermittlungen Darstellen, Erklären, Befestigen zuordnet [5].

Anmerkungen. [1] J. F. HERBART: Allg. Pädag. (1806) 2. Buch 1. Kap. I. – [2] a. a. O. 2. Buch 4. Kap. II. – [3] T. ZILLER: Allg. Pädag. (³1893). – [4] W. REIN: Pädag. im Grundriß (⁴1907) 109. – [5] O. WILLMANN: Didaktik als Bildungslehre (⁶1957) 444.

Literaturhinweise. G. GLÖCKNER: Die formalen Stufen bei Herbart und seiner Schule, in: Jb. des Vereins für wiss. Pädag. (1892) 184ff. – H. HAASE: Der ursprüngliche Sinn der Lehre von den Stufen des Unterrichts (1910). – TH. WIGET: Die formalen Stufen des Unterrichts (¹⁰1911). – B. SCHWENK: Das Herbartverständnis der Herbartianer (1963).

F. SEIDENFADEN

Formanalyse meint heute Erforschung des Kunst-, vor allem des Sprachkunstwerks in vorwiegend phänomenologischer Betrachtung, die vom Stil und von der Form ausgeht [1]. F. untersucht die intentionalen und existentialen Bedingungen [2] und die «Polyphonie der Schichten» (Laute, Bedeutungen, Ansichten, Gegenständlichkeiten) des Werks als eines seinsheteronomen Gefüges ohne reales oder ideales Sein im Sinn HUSSERLS [3]. Dichtungsgattungen enthüllen Möglichkeiten menschlichen Daseins; F. tritt damit wie die Poetik in Zusammenhang mit dem «Problem von HEIDEGGERS ⟨Sein und Zeit⟩» [4].

Anmerkungen. [1] Vgl. G. MÜLLER: Über die Seinsweise von Dichtung. Dtsch. Vjschr. Lit.wiss. 17 (1939). – [2] Vgl. J. PFEIFFER: Das lyrische Gedicht als ästhetisches Gebilde (1931); Zwischen Dichtung und Philos. (1947). – [3] R. INGARDEN: Das lit. Kunstwerk (²1960) 27. 396ff. – [4] E. STAIGER: Grundbegriffe der Poetik (1946) 226.

R. SCHWINGER

Form des Urteils. Die F. des *Urteils* (s. d.) im Unterschied zu seiner *Materie* [1] ist bereits nach scholastischer Lehre der Gegenstand der formalen Logik. BURIDAN erläutert die Unterscheidung dahin, daß die Form durch die *Synkategoremata* (s. d.) bestimmt sei: «Deshalb sagt man, daß die Kopula der kategorischen wie der hypothetischen Aussage zur F. der Aussage gehört; und auch Negationen, Zeichen und die Anzahl sowohl der Aussagen sowie der Termini und die gegenseitige Ordnung alles Genannten ...» [2]. Die Unterscheidung wird mit dem Ausgang der Scholastik weniger gebräuchlich, dann aber aufs neue von KANT hervorgehoben und von einigen in der Folge von ihm übernommen: «Zu jedem Urtheile gehören als wesentliche Bestandstücke desselben *Materie* und *F*. In den gegebenen, zur Einheit des Bewußtseins im Urtheil verbundenen Erkenntnissen besteht die *Materie*, in der Bestimmung der Art und Weise, wie die verschiedenen Vorstellungen, als solche, zu Einem Bewußtsein gehören, die *F*. des Urtheils. ... die Logik ... hat also lediglich den Unterschied der Urtheile in Ansehung ihrer bloßen *F*. in Erwägung zu ziehen. ... Die Unterschiede der Urtheile in Rücksicht auf ihre *F*. lassen sich auf die vier Hauptmomente der *Quantität*, *Qualität*, *Relation* und *Modalität* zurückführen ...» [3].

Heute repräsentiert man die ‹formalen› Eigenschaften eines Satzes, insbesondere die Art seiner Zusammensetzung, mit Hilfe der logischen Junktoren und Quantoren, sowie der Negation, im allgemeinen durch sogenannte ‹Aussage-F.› [4].

Anmerkungen. [1] Vgl. Art. ‹Materie des Urteils›. – [2] Nach I. M. BOCHEŃSKI: Formale Logik (1956) 181. [3] KANTS Logik, hg. G. B. JÄSCHE (1800) § 18ff. – [4] Vgl. Art. ‹Prädikatenlogik› Nr. 6.
A. MENNE

Formgeschichte (formcriticism). Nachdem H. GUNKEL für das Alte Testament erkannt hatte, daß die im Pentateuch gesammelten Erzählungen bestimmten Formgesetzen unterliegen, die überindividuellen Charakter tragen und sowohl von der Intention der Erzählung wie von der Umwelt, in der sie entstehen, bestimmt sind, erforschten R. BULTMANN, K. L. SCHMIDT und M. DIBELIUS für die Evangelien parallele Gesetze. Entsprechend der gattungsgeschichtlichen Erforschung des Alten Testaments entwickelte sich die formgeschichtliche Forschung für das Neue Testament und die frühchristliche Literatur. Grundlage ist die Erkenntnis, daß die Evangelien zur Kleinliteratur gehören sowie daß sie eine Sammlung von Einzelerzählungen und Logien sind, die durch einen sekundären Rahmen verbunden sind. Der «Sitz im Leben» bestimmt die Form der Einzelerzählung bzw. des Logions. Umgekehrt läßt sich von der literarischen Form eines Textes auf seine Intention schließen.

Für die Evangelien erschloß M. DIBELIUS folgende Literaturformen: Das *Paradigma* (παράδειγμα = Muster) ist eine knappe, der Predigt als ihr Stoff am nächsten stehende Erzählung, die oft in einem Wort Jesu ihre Pointe hat. R. BULTMANN prägte für derartige Erzählungen etwa parallel die Bezeichnung ‹Apophthegma› (ἀπόφθεγμα = Ausspruch), ohne daß die Abgrenzung exakt gleich ist. Ihr Charakteristikum ist die karge Erzählweise, die ein Wunder nicht die Pointe bilden läßt. Die *Novelle* hat demgegenüber mehr erzählerisches Interesse. Die Topik des Wunders sowie seine Motivierung lassen eine abgeschlossene echte Erzählung entstehen. Die *Legende* hat ihren Ursprung entweder in der frommen Neugier an dem Schicksal heiliger Personen (Personallegende) oder sie begründet als ätiologische Kultlegende einen Brauch oder ein Fest.

Auch für die Überlieferung der Worte Jesu ließen sich parallel derartige Formgesetze feststellen. Deutlich heben sich die apokalyptischen Worte von Weisheitssprüchen ab, wie sie sich auch im Judentum finden (Weisheitsliteratur). Aber auch die rabbinische Exegese des Alten Testaments hat Formen geprägt, die für Gesetzesworte bestimmend sind. Ebenso zeigen die Gleichnisse unterschiedliche Formen vom hebräischen Maschal bis zur Allegorie. Die frühchristliche Paränese, die ebenfalls in der Predigt ihren Sitz im Leben hat, verbindet einzelne Logien zu Spruchsammlungen.

Während sich die F. in der deutschsprachigen Theologie durchsetzte, hat die angelsächsische Forschung aufgrund ihres primären historischen Interesses ihr gegenüber Mißtrauen bewahrt. In Deutschland hat sich in jüngster Zeit als Fortführung die redaktionsgeschichtliche Arbeit entwickelt, die die Intentionen untersucht, die den einzelnen Evangelisten bei seiner Sammlertätigkeit leiten.

Literaturhinweise. M. DIBELIUS: Die F. des Evangeliums (1919), hg. G. BORNKAMM (³1959). – K. L. SCHMIDT: Der Rahmen der Gesch. Jesu (1919, Nachdruck 1964). – M. ALBERTZ: Die synopt. Streitgespräche (1921). – R. BULTMANN: Die Gesch. der synopt. Tradition (1921, ³1959 mit Erg.H.). – K. L. SCHMIDT: Art. ‹F.›, in: RGG (²1928) 2, 638ff. – W. MARXSEN: Der Evangelist Markus, in: Forsch. zur Relig. und Lit. des AT und NT 67 (1956). – G. BORNKAMM: Art. ‹Evangelien, formgesch.›, in: RGG (³1957ff.) 2, 749ff.
H.-W. BARTSCH

Form, innere, ist ein Begriff der Ästhetik, der Kunst- und Literaturwissenschaft und der Sprachphilosophie, dessen Geschichte in die Antike zurückreicht. Beziehungen bestehen zu ARISTOTELES' Entelechie, dem λόγος σπερματικός der *Stoa* und CICEROS Bild der Schönheit im Geist des Künstlers, das er mit PLATONS Idee identifiziert [1]. Vor allem ist der Begriff der Tradition des Neuplatonismus verbunden. Bei PLOTIN begegnet i.F. als τὸ ἔνδον εἶδος [2] und bezeichnet wie SCHLEIERMACHERS «inneres Kunstwerk» [3] und WALZELS «künstlerische Vision» [4] die Idee des Werkes im Künstler. Wie bei PLOTIN das Werk hinter der i.F. zurückbleibt [5], ist auch WINCKELMANNS «Bild im Verstand» nur Abbild der sich offenbarenden Idee [6]. Der englische Neuplatoniker J. HARRIS unterscheidet die geistige von der sinnlich wahrnehmbaren F. als «a form internal, correspondent to the external, to which it serves for an exemplar or archetype» [7]. – Verbreitung fand der Begriff der i.F. im 18. Jh. durch SHAFTESBURY. «Inward form» ist ihm die äußere F. schaffende «forming power», die geistige, lebendige, Einheit wirkende Kraft, die den Körper organisierende «peculiar nature» und die von ihr gewirkte Harmonie der Triebe [8]; sie ist also gestaltende Kraft *und* geistig-leibliche Gestalt. Wie G. BRUNOS der Materie immanentes, «inneres Formprinzip» [9] spiegelt sie die «form above all forms», sie ist Teil der Weltseele («the Mind of the world») [10]. SHAFTESBURY kennt aber keine i.F. des Kunstwerks. Erst nachdem HERDER dasselbe beseelt gedacht hat, wird dessen Seele mit i.F. identifiziert. Diese i.F. des Werks ist seinem individuellen Gehalt adäquate F. Sie muß gefühlt werden (GOETHE [11]); seelische Eigenart des Künstlers und der zu gestaltende Stoff wirken auf sie ein (CHR. G. KÖRNER [12]). i.F. ist unauflösliche Einheit von Gehalt und Gestalt; als von innen gewirkte F. berührt sie sich mit der organischen F. SCHLEIERMACHERS [13] und der Vorstellung des Keims bei SIMMEL [14]. – Zentrale Bedeutung gewinnt der Begriff der i.F. in W. v. HUMBOLDTS Sprachphilosophie. Seine i. Sprach-F., die, von der psychisch-physischen Beschaffenheit des Menschen mitbestimmt, sowohl von der Denk-F. als auch von der Laut-F. unterschieden wird, ist das Gesetz des synthetischen Verfahrens der Sprache, nach dem die Einbildungskraft bei jeder Sprachentstehung Inneres und Äußeres in eins bildet. Jede Sprachfamilie und jede Sprache hat so ihre besondere i.F., in der sich die allgemeine i.F., der menschliche Sprachtypus, individualisiert [15]. Im Anschluß an Humboldt nennt heute WEISGERBER die i. Sprach-F. «das gestaltende Prinzip des Umschaffens der Welt in das Eigentum des Geistes» [16]. Bei GLINZ bezeichnet i.F. «die Gesamtheit der ... durchlaufenden Strukturzüge» [17]. Wie verwandte Sprachen *eine* i.F. haben, werden auch Gattungsformen der Dichtung als i.F. angesehen (GOETHE [18]; STRICH [19]). – Für WÖLFFLIN sind i.F. «nur ... Schemata»; i.F. ist «das Medium, in dem ein künstlerisches Motiv erst Gestalt gewinnt». Er spricht von inneren «Formstufen (Sehstufen)» und im Blick auf ihren Wechsel von «innerer Formgeschichte» [20]. Damit gewinnt der Begriff einen neuen Aspekt.

Anmerkungen. [1] CICERO, De oratore 8ff. – [2] PLOTIN, Enn. I, 6, 3. – [3] FR. SCHLEIERMACHER: Vorlesungen über Ästhetik (1842) 57ff., 115. – [4] O. WALZEL: Gehalt und Gestalt im Kunstwerk des Dichters (1929) 150. – [5] PLOTIN, Enn. V, 8, 1. – [6] J. J. WINCKELMANN: Kleine Schriften zur Gesch. der Kunst des Altertums (1912) 64. – [7] J. HARRIS: Hermes (London 1751) 375. – [8] A. SHAFTESBURY: Characteristics of men, manners, opinions, times 1-3 (Basil 1790) 3, 306; 2, 207f. 288. 67. – [9] G. BRUNO: Von der Ursache, dem Prinzip und dem Einen, dtsch. P. SELIGER (o. J.) 85f. – [10] SHAFTESBURY a. a. O. [8] 2, 236ff. 297f. – [11] GOETHE, Jubiläums-A. 1-40 (o. J.) 36, 115f. – [12] CHR. G. KÖRNER an Schiller 19. 9. 1794, in: SCHILLERS Briefwechsel mit Körner (²1874). – [13] FR. SCHLEIERMACHER, a. a. O. [3] 80ff. – [14] G. SIMMEL: Rembrandt (²1919) 33ff. – [15] W. V. HUMBOLDT: Ges. Schriften 1. Abt. (1903ff.) 7, 62. 80ff.; 5, 455; 7, 86. 94; 6, 127. 297; 5, 396f. – [16] L. WEISGERBER: Vom Weltbild der dtsch. Sprache. 1. Halbbd. (1952) 17. – [17] H. GLINZ: Die i.F. des Deutschen (Bern ⁴1965) 8. – [18] GOETHE, Sophienausgabe (1887ff.) 1, 40. 328. – [19] F. STRICH: Dtsch. Klassik und Romantik (²1924) 262ff. – [20] H. WÖLFFLIN: Das Erklären von Kunstwerken (²1940) 46ff.

Literaturhinweis. R. SCHWINGER: i.F. Ein Beitrag zur Definition des Begriffes auf Grund seiner Gesch. von Shaftesbury bis W. v. Humboldt, in: R. SCHWINGER und H. NICOLAI: i. F. und dichterische Phantasie (1935). R. SCHWINGER

Form, logische. WITTGENSTEIN unterscheidet im ‹Tractatus logico-philosophicus› zwischen der (l.)F. der Dinge und ihren materialen Eigenschaften. Die l.F. eines Dinges scheint unter anderem dadurch bestimmt zu werden, ob es ein individualer Gegenstand, eine Eigenschaft oder eine Beziehung mit einer gewissen Zahl von Stellen ist. Die Gesamtheit der l.F. der Dinge bestimmt die l.F. der Welt, die für alle denkbaren Welten gemeinsam ist. – Damit ein Bild – welcher Art immer – sein Vorbild richtig oder falsch abbilden kann, muß die l.F. der entsprechenden Elemente im Bild und Urbild dieselbe sein; diese gemeinsame Form wird die l.F. der Abbildung genannt. Da nach Wittgenstein eine sprachliche Beschreibung ein Bild des Beschriebenen ist, muß die Wirklichkeit – um in der Sprache beschreibbar zu sein – die l.F. der Sprache besitzen. Diese F. wird somit, so kann man sagen, der Welt durch die Sprache vorgeschrieben, wenn diese richtig analysiert wird. Daher scheint die l.F. a priori zu sein, etwa wie die F. der Anschauung oder Erfahrung in der Philosophie Kants, mit welcher Wittgensteins Philosophie so in Berührung steht.

‹F.› im logischen Sinne wird bei Aussagen statt ‹Aussage-F.› verwendet [1].

Anmerkung. [1] Vgl. Art. ‹Prädikatenlogik› Nr. 6.

Literaturhinweis. Vgl. die in Art. ‹Atomismus III› angeführten allgemeinen Titel. E. STENIUS

Form und Inhalt (Gestalt/Stoff, Gehalt) ist seit dem 18. Jh. ein wichtiges Begriffspaar in der Ästhetik und in der Kunst- und Literaturbetrachtung, das letztlich auf den Dualismus Idee/Materie in der griechischen Philosophie zurückgeht. I. meint entweder den vorgegebenen Stoff oder als Gehalt Gedanken und Empfindungen des Künstlers, die mit dem Stoff verbunden sein können. – GOTTSCHED kann noch jedem Stoff jede F. zuordnen. Dagegen besteht für HERDER, GOETHE und die *Romantik* ein notwendiger Zusammenhang zwischen I. und F.: individuellem Gehalt entspringt die individuelle, organische, innere F. Wie bei PLOTIN ist äußere Gestalt durch Inneres, Geistiges bestimmt. Trotz des Sinns für F. ist die Ästhetik des deutschen Idealismus wesentlich Gehaltsästhetik. So sind bei HEGEL zwar nur gestaltete Ideen, Ideale mit Individualität des Gehalts und der F., Gegenstand der Kunst; auch muß der I. der F. fähig sein. Dennoch ist die F. nur Manifestation des sich zur Erscheinung bringenden Geistes. Aus dessen Verbindungsweisen mit dem Stoff ergeben sich die symbolische, klassische und romantische Kunstform und die einzelnen Künste [1]. I. und F. sind untrennbar: «Der I. ist nichts als das Umschlagen der F., die F. nichts als das Umschlagen des I.» [2]. Anders als der deutsche Idealismus trennt HERBART streng zwischen Gehalt und F. und den Wirkungen beider. Gehaltsästhetiker lehnen nach ihm eine Gestaltsästhetik ab. In der Sprachwissenschaft ergibt sich eine polare Spannung zwischen inhalt- und gestaltbezogener Forschung [3]. WALZEL steht HERBART nahe: Gehalt ist in einer Dichtung «alles, was an Erkennen, Wollen und Fühlen in ihr enthalten ist; ... Gestalt ist alles, was auf den äußeren oder inneren Sinn wirkt ... oder auch Gehör- und Gesichtsvorstellungen wachruft». Um Kunst handelt es sich nur, wenn und soweit I. in Gestalt verwandelt werden [4]. – Seit CÉZANNE wird in der *Malerei* die Formgebung dem Motiv übergeordnet; nicht auf die Dinge kommt es an, sondern auf die Art, die Dinge zu sehen. WÖLFFLINS «große Formmöglichkeiten» (Stile) sind zwar mit den Geistes- und Empfindungsgehalten der Zeiten verbunden, unterstehen aber als an sich ausdruckslose «Sehstufen» und «Schemata» der Gesetzmäßigkeit einer inneren Formgeschichte. «Die Kunst hat ihr eigenes Wachstum» [5]. In der *gegenstandslosen Kunst* handelt es sich nicht mehr um eine «im aristotelischen Begriffe ‹mimetische› Kunst, die sich um ... Wiedergabe von Wirklichkeiten müht», sondern um eine «im platonischen Begriffe ‹poetische› Kunst, die sich im geometrischen Ideogramm ... erfinderisch auslebt» (L. ZIEGLER [6]). «Der Gehalt des Kunstwerks ist nichts anderes als die Gestaltgebung selbst» (H. v. Marees' Freund K. FIEDLER [7]). Abstrakte F. bezeichnen keine realen Gegenstände, sondern sind – wie die einfachen geometrischen F. PLATONS – abstrakte Wesen mit eigenem Leben in eigenem Bereich (W. KANDINSKY [8]). Nach W. BAUMEISTER sind die Werke präexistente Ideen; Stoff, Motiv, künstlerische Vision und Künstler sind von sekundärer Bedeutung. «Alle Kräfte ... werden lebendig durch die Magie, die das Unbekannte ausstrahlt ... in dem Hervorbrechen immer neuer Formungen.» In jeder großen Kunst «offenbart sich das Geheimnis ... des ewigen Rätsels» und bildet «mit dem Geheimnis der F. eine untrennbare Einheit» [9]. – *Musik* (außer Programmusik und Vertonungen) hat keinen Stoff, wohl aber Gehalt und F. Ihre «Kraftbewegungen ... sind ... Grundvorgänge psychischen Lebens» und der «Zeitseele». Absolute Musik hat keine Gegenständlichkeit, «sie ist nur Kraft und deren Ausstrahlung in Klangstoff» (E. KURTH [10]). Schon SCHOPENHAUER sagt, ihre F. gleiche «den geometrischen Figuren und Zahlen», sei «nicht das Abbild der Erscheinung», sondern stelle das Metaphysische dar [11].

Anmerkungen. [1] G. W. F. HEGEL, Ästhetik, hg. F. BASSENGE 1, 80ff.: Die Idee des Kunstschönen oder das Ideal. – [2] Werke, Jubil.-A. (1929) 8, 302. – [3] L. WEISGERBER: Das Menschheitsgesetz der Sprache als Grundlage der Sprachwiss. (²1964) 63. – [4] O. WALZEL: Gehalt und Gestalt im Kunstwerk des Dichters (1929) 178f. – [5] H. WÖLFFLIN: Das Erklären von Kunstwerken

(²1940) 47ff. – [6] L. ZIEGLER: Überlieferung (²1949) 76f. – [7] So bei W. BAUMEISTER: Das Unbekannte in der Kunst (²1960) 52. – [8] W. KANDINSKY: Über das Geistige in der Kunst (⁶1959) 70. – [9] BAUMEISTER, a. a. O. [7] 175. 183f. 100. – [10] E. KURTH: Bruckner (1925) 1, 254. 257f. – [11] A. SCHOPENHAUER, Welt als Wille und Vorstellung I, 3, § 52; II, 3, Kap. 59.

Literaturhinweise. O. WALZEL s. Anm. [4]. – P. MERKER und W. STAMMLER: Reallex. dtsch. Lit.-Gesch. (²1958) 1, 468ff. – E. A. WILKINSON: ‹F.› and ‹content› in the aesthetics of German classicism, in: Stil- und F.-Probleme in der Lit., hg. P. BÖCKMANN (1959). – E. GRASSI: Die Theorie des Schönen in der Antike (1962).

R. SCHWINGER

Form und Materie (Stoff)

I. – 1. ‹F.› und ‹M.› (Stoff) (forma, εἶδος, μορφή; materia, ὕλη) sind die Grundbegriffe eines Problems, das es in terminologischer Ausprägung erst seit *Aristoteles* gibt. Jedoch sind die philosophischen Ansätze der vorsokratischen Denker sowie die Philosophie Platons gerade für die aristotelische Theorie über F. und M. von unübersehbarer Bedeutung.

Ὕλη bedeutet im Griechischen zunächst: Holz (auch Wald), speziell dann: Bauholz; von daher ergibt sich die allgemeinere Bedeutung: Material (zum Bauen, zur handwerklichen Bearbeitung). Diese konkrete Bedeutung, die noch nicht den Charakter eines philosophischen Terminus hat, behält das Wort bis zu *Platon* [1], um sich erst bei *Aristoteles* zum abstrakten M.-Begriff zu entwickeln. Das tertium comparationis ist dabei durchaus die Vorstellung von etwas, das konkret bearbeitet, geformt, gestaltet, aus dem etwas hergestellt wird. (Die sich allmählich herausbildende Bedeutung von ὕλη als M. erweist sich somit zumindest teilweise als *technomorph* [2]; dasselbe gilt in geringerem Maße von εἶδος und μορφή, was allerdings nicht heißt, daß mit solchen Feststellungen die philosophischen Probleme, die sich an jene Begriffe knüpfen, charakterisiert wären.) Obwohl es bei den Vorsokratikern weder einen Gebrauch von ὕλη = M. noch sonstwie einen abstrakten M.-Begriff gibt, gilt es als communis opinio der Philosophiegeschichtsschreibung, daß sich die Vorsokratiker mit dem Problem der M. befaßt haben. Kronzeuge dafür ist *Aristoteles*, der anläßlich des Überblicks über die philosophischen Theorien seiner Vorgänger feststellt, die ältesten Philosophen – gemeint sind in erster Linie die ionischen Naturphilosophen – hätten von den vier von ihm aufgezeigten Ursachen nur die materielle gekannt [3]. In ähnlicher Weise, d. h. von einer späteren, mehr entwickelten Position aus, verfahren die meisten Überlieferer der vorsokratischen Lehren (vgl. die A-Fragmente bei Diels/Kranz), d. h. die Probleme – hier speziell der ὕλη-Begriff – der aristotelischen oder nacharistotelischen Philosophie werden in das vorsokratische Denken zurückprojiziert. Nur unter diesen Vorbehalten lassen sich etwa die Antworten der ionischen Naturphilosophen auf die Frage nach der ἀρχή (also etwa: Wasser, Feuer, ἄπειρον), die später sogenannten *hylozoistischen* Anschauungen also, als Bestimmungen der M. auffassen. Ähnliches gilt von den späteren, differenzierteren Ansichten etwa des *Empedokles* oder *Demokrits*. Weder erscheint im Zusammenhang dieser Theorien jemals das Wort ὕλη, noch werden z. B. die Elemente als das bloß Bestimmbare, Potentielle aufgefaßt (vielmehr als von sich her schon bestimmte Grundlagen von Sein und Werden).

Die Worte εἶδος und ἰδέα (beide aus der idg. Wurzel ‹vid-› = sehen) bedeuten genauso wie das Wort μορφή zunächst: sichtbare, in weiterem Sinne dann auch überhaupt erfaßbare Gestalt, äußerer Umriß [4]. (Erst mit Aristoteles treten die Bedeutungen von εἶδος und ἰδέα auseinander.) Teilweise entwickelt sich dann eine bereits abstraktere Bedeutung: Beschaffenheit überhaupt [5] oder auch: Art, Gattung (jedoch nicht im logisch ausgeprägten Sinne wie bei Aristoteles; vgl. z. B. ARCHYTAS, welcher von zwei Arten oder Urformen (εἴδη) des Seienden (Zahl und Größe) spricht [6]). Daß εἶδος nicht mehr unbedingt das unmittelbar mit den Sinnen Wahrnehmbare bezeichnet, zeigt auch der Gebrauch bei DEMOKRIT, welcher von den Atomen als den ἄτομοι ἰδέαι gesprochen haben soll [7]. Als eine gewisse *sachliche*, jedoch wiederum nicht terminologische Vorstufe des späteren Gegensatzes zwischen zwei grundsätzlich voneinander verschiedenen Prinzipien läßt sich die Lehre des EMPEDOKLES interpretieren, welcher den vier Elementen Liebe und Haß als Bewegungskräfte gegenüberstellt. – Für die Entwicklung zu *Platon* hin war die *eleatische* Unterscheidung von sinnlicher Erkenntnis und Vernunfterkenntnis und die totale Abwertung der ersten zugunsten der letzteren von großer Bedeutung [8], ohne daß sich diese Lehren allerdings terminologisch bereits als F./M.-Problem artikuliert hätten.

Mag bei PLATON die Bedeutung von εἶδος und ἰδέα als sichtbare oder schaubare Gestalt auch immer noch mitschwingen, so ist doch für ihn das εἶδος (die ἰδέα) eines Dinges die innere Wesensbestimmtheit, welche jedoch dem Seienden nicht von sich her immanent ist, sondern jenseits des Irdisch-Wirklichen im transzendenten Bereich des ὄντως ὄν, des wahrhaft Seienden, als für sich immateriell existierend angesiedelt ist. Was die Dinge sind, sind sie vermöge der Teilhabe an den Ideen (s. d.) [9]. Sieht Platon so die einzelnen Dinge der Welt des Werdens von einem Jenseitigen her konstituiert, so hat er doch die Notwendigkeit empfunden, nach dem Worin (ἐν ᾧ γίγνεται [10]) des Werdens zu fragen. Im ‹Timaios› hat er deshalb neben den beiden Gattungen (γένη) des Seienden und des Werdenden ein τρίτον γένος angesetzt: Es wird bezeichnet als das Aufnehmende, von sich her Bestimmungs- und Gestaltlose, welches wie eine Amme der Ausprägungsstoff (ἐκμαγεῖον) für alles ist und in das die Abbilder des ewig Seienden eintreten [11]. Diese dritte Gattung bezeichnet Platon als χώρα [12], als dasjenige, welches jedem Entstehenden einen Ort (ἕδρα) gewährt [13]. Es ist also gewiß nicht die aristotelische ὕλη gemeint; ob aber unter χώρα der abstrakte Raum zu verstehen ist, muß gleichfalls fraglich bleiben [14]. Bedeutungsvoll für die F./M.-Problematik bleibt jedenfalls, daß hier dem bestimmenden Prinzip (den Ideen) ein bestimmbares gegenübergestellt ist.

Anmerkungen. [1] Zu den Vorsokratikern vgl. DIELS/KRANZ: Die Frg. der Vorsokratiker (= VS) 3 (¹⁰1960) (Wortindex) 445 (s. v. HYLE); PLATON, z. B. Philebos 54 c 1; Kritias 118 e 1. – [2] Zu technomorphen Modellvorstellungen in der griech. Philos. vgl. E. TOPITSCH: Vom Ursprung und Ende der Met. (1958) 95ff.; zu Aristoteles z. B. 137f. – [3] ARISTOTELES, Met. I, 3, 983 b 6ff. – [4] z. B. EMPEDOKLES, VS B 23; GORGIAS, VS B 22; KRITIAS, VS B 48. – [5] z. B. EMPEDOKLES, VS B 21. – [6] ARCHYTAS, VS B 21. – [7] DEMOKRIT, VS A 57. – [8] Vgl. bes. das Lehrgedicht des PARMENIDES, VS B 1-19. – [9] Vgl. zur Ideenlehre PLATONS vor allem: Phaidon, Phaidros, Resp. V-VII, Timaios. – [10] Timaios 50 d 1. – [11] a. a. O. 48 e 2-52 d 1. – [12] 52 a 8, auch d 2. – [13] 52 b 1. – [14] Vgl. H. MEINHARDT: Teilhabe bei Platon (1968) 89-94.

Literaturhinweise. E. ZELLER: Die Philos. der Griechen (1844ff.) 1 (Allg. Einl. Vorsokr. Philos.). – C. BAEUMKER: Das Problem der M. in der griech. Philos. (1890, Neudruck 1963). – A. E. TAYLOR: A commentary on Plato's Timaeus (Oxford 1928).

2. ARISTOTELES hat das Begriffspaar ‹F./M.› (εἶδος bzw. μορφή/ὕλη) in die Philosophie eingeführt und ins-

besondere den Begriff der ὕλη zu einem terminus technicus der Physik und der «Ontologie» (Metaphysik) gemacht. Die Notwendigkeit dazu ergab sich aus bestimmten Aporien der ihm vorgegebenen Philosophie. Zwar übernahm Aristoteles im Grunde den bereits von der eleatischen Philosophie vertretenen und dann besonders von Platon herausgearbeiteten Begriff der Erkenntnis, wonach es wahres Erkennen und Wissen nur vom Notwendigen, Unveränderlichen, Allgemeinen geben könne. Jedoch verlegte er das so geartete Seiende und damit den Gegenstand der Erkenntnis nicht, wie Platon, in einen transzendenten, von der Welt der uns umgebenden Dinge grundsätzlich geschiedenen Bereich. Vielmehr richtet sich nach Aristoteles menschliche Erkenntnis auch und gerade (obwohl nicht ausschließlich) auf die Welt der natürlichen Dinge (und der Artefakte), um allerdings in und aus ihnen das Allgemeine, Unveränderliche, Notwendige (Wesen, Form, Begriff) zu erkennen. Diese Welt aber ist charakterisiert durch ständige Veränderung, durch Entstehen und Vergehen. Eines der Hauptprobleme der aristotelischen Philosophie ist deshalb die Frage nach Werden, Bewegung, Veränderung. Der genuine Ort dieser Frage ist die Physik als Wissenschaft von den Dingen, insofern sie *bewegt* sind, während die Metaphysik (die ‹erste Philosophie›) von den Dingen handelt, insofern sie *sind* (vom ὄν ᾗ ὄν). Gerade das Problem der Bewegung (κίνησις im weitesten Sinne) scheint nun den Leitfaden abgegeben zu haben, an dem Aristoteles das Begriffspaar ‹F./M.› zuerst entwickelt hat, und zwar im 1. Buch (und dann im weiteren Verlauf) der ‹Physik›. Allerdings ist die F./M.-Problematik dann gerade auch in der ‹Metaphysik› von zentraler Bedeutung; die Analyse des Werdens ist auch für die Theorie des ὄν ᾗ ὄν bedeutsam, und die Prinzipien des Werdenden sind, jedenfalls zum Teil, auch die des Seienden. Der Ansatzpunkt für die F./M.-Theorie liegt jedoch in der ‹Physik›. (Die zeitliche Priorität der ‹Physik› vor den zentralen Büchern der ‹Metaphysik› – Z, H, Θ, Λ – kann als relativ gesichert gelten [1].)

Dabei hat Aristoteles (vor allem im 1. Buch der ‹Physik›) nicht so sehr Platons Lehre von den Ideen im Blick, die nicht erklären kann, auf welche Weise die einzelnen Dinge entstehen, vergehen und sich verändern, als vielmehr eine Lehre der eleatischen Philosophie (die ihrerseits für wichtige Teile des platonischen Denkens von großer Bedeutung war, namentlich für den Dualismus von Sein/Wahrheit einerseits und Werden/δόξα andererseits) [2]. Die betreffende Lehre der Eleaten (gemeint sind in erster Linie *Parmenides* und *Melissos* [3]) faßt Aristoteles so zusammen: Kein Seiendes könne entstehen oder vergehen; denn, was entstehe, müsse entweder aus Seiendem oder aus Nichtseiendem werden, beides aber sei unmöglich; Seiendes nämlich könne unmöglich *werden*, da es ja schon *sei;* aus Nichtseiendem aber könne nichts entstehen, denn dazu müßte schon etwas vorhanden sein [4]. – Diese Aporie löst Aristoteles durch seine Analysen in ‹Physik› A auf, und zwar im Rahmen der Frage nach Anzahl und Art der Prinzipien der Naturdinge, d. h. des Werdenden. Dabei setzt er zunächst beim alltäglichen, vorwissenschaftlich-unreflektierten Sprachgebrauch an, d. h. er betrachtet Sätze und sprachliche Wendungen, in denen Werden oder Veränderung ausgedrückt sind (z. B.: ein Mensch wird gebildet; eine Bildsäule wird aus Bronze; allgemein: dieses wird dieses [zu diesem], oder: dieses wird aus diesem [5]). Indessen – dies ist gegen neuere Deutungen geltend zu machen [6] – beschränken sich die aristotelischen Analysen keinesfalls auf eine bloße Reflexion auf den Sprachgebrauch; vielmehr ist die Sprachanalyse ein erster Ansatz zur Befragung der Dinge und Phänomene selbst, schon allein deshalb, weil es für Aristoteles die neuzeitliche Kluft zwischen der Ebene des Seienden und der des Sprachlichen nicht gibt, d. h. auch die natürliche Sprache enthüllt schon Wirklichkeit.

Das erste Ergebnis der Analyse besteht in der Erkenntnis, daß sich alle Bewegung und Veränderung in bzw. zwischen Gegensätzen (ἐναντία) vollzieht [7]. Jedoch wird niemals der eine Gegensatz selbst unmittelbar zum anderen (es wird nicht etwa das Ungebildete selbst gebildet), sondern man muß immer ein ‹Drittes› annehmen [8], *woran* sich bald der eine, bald der andere der Gegensätze findet (z. B.: der ungebildete Mensch wird zu einem gebildeten; in diesem Falle ist ‹der Mensch› jenes Dritte.) Bei allem, was sich verändert, muß also etwas zugrunde liegen (ὑποκεῖσθαι) [9], was beharrt. Dieses nennt Aristoteles: ὕλη [10]. Es gibt somit drei Prinzipien des Werdens: die M. als das Zugrundeliegende (ὑποκείμενον), an dem sich die Veränderung vollzieht, und die beiden Gegensätze, zwischen denen sie geschieht. Der eine davon ist die Gestalt oder F. (εἶδος), die eine sich verändernde Sache annimmt (die also am Schluß des Prozesses steht), der andere die στέρησις, nämlich der Zustand der Sache vor oder zu Beginn der Veränderung, d. h. der Zustand, in dem diese bestimmte F. der Sache (noch) fehlt. Genau in diesem Sinne wird im Bereich der Veränderlichen jedes Seiende (ὄν) aus einem Nicht-Seienden (μὴ ὄν), nämlich dem ὑποκείμενον, welches nicht schlechthin (ἁπλῶς), sondern nur in gewisser Hinsicht (πώς) nicht ist [11]. Wenn man also sagt: ‹dieses wird aus einem Nicht-Seienden›, so heißt das: (es wird aus einem Seienden,) *insofern* es ein Nicht-Seiendes ist (ᾗ μὴ ὄν)[12]. Damit ist die eleatische Aporie aufgelöst: Zwar kann niemals etwas aus einem *schlechthin* Nicht-Seienden werden – darin stimmt Aristoteles den Eleaten zu –, wohl aber aus einem *in gewisser Beziehung* Nicht-Seienden [13]. Die Prinzipien des Werdens sind also: ὕλη, εἶδος (μορφή) und στέρησις (M., F. und Privation). Auf einem anderen Wege kommt Aristoteles zu ähnlichen Ergebnissen; man kann nämlich ein jedes einerseits als ein nur der Möglichkeit nach Seiendes betrachten, andererseits als ein der Wirklichkeit nach Seiendes [14]: Steine und Holz etwa sind nur potentiell ein Haus, erst das fertig gebaute Haus ist in Wirklichkeit ein solches. Diese Betrachtungsweise ist besonders in ‹Metaphysik› Θ durchgeführt: F. und M. verhalten sich zueinander wie Wirklichkeit und Möglichkeit [15].

Was sich so bei Aristoteles zunächst aus einem bestimmten Problem ergibt, nämlich aus der Analyse des Phänomens der Bewegung, erweist sich als konstitutiv für die ganze aristotelische Ontologie bzw. Metaphysik. Nach ihm gibt es drei Bereiche bzw. Arten des Seienden: 1. das Unbewegte und Ewige (das Göttliche), 2. das zwar Bewegte, aber Ewige (die superlunare Welt der Gestirne) und 3. das Bewegte und Vergängliche (die sublunare Welt der natürlichen Dinge) [16]. Die F./M.-Theorie ist nun der Kern der Ontologie dieses dritten Bereichs des Seienden. Jedes Seiende, welches durch Veränderung gekennzeichnet ist, ist ein σύνθετον [17], d. h. ist zusammengesetzt aus F. und M. (daher der Terminus ‹Hylemorphismus› zur Kennzeichnung der theoretischen Philosophie des Aristoteles). F. und M. sind so die unselbständigen Prinzipien bewegter Substanzen, d. h. solche Prinzipien, die je für sich allein nicht eigentlich *sind*, sondern nur zusammen ein Seiendes konstituieren, nämlich das aus ihnen (ἐκ τούτων) zusammengesetzte Einzelding, das τόδε τι.

Die Frage, ob und inwiefern man die M. für sich, die F. für sich und das aus beiden zusammengesetzte Einzelne als οὐσία bezeichnen kann, hat Aristoteles nicht völlig eindeutig beantwortet. Dies dürfte nicht zuletzt an der Ambivalenz des aristotelischen Begriffs der οὐσία liegen (einerseits = lat. substantia, andererseits = essentia). Verschiedentlich werden alle drei als οὐσία bezeichnet [18]. Die Berechtigung, auch den Stoff als Substanz zu bezeichnen – Aristoteles spricht auch von ὑλικὴ οὐσία [19] –, ergibt sich daraus, daß er die in der Kategorienschrift aufgestellten Bestimmungen der οὐσία [20] erfüllt: weder kann die ὕλη von einem Subjekt prädiziert werden (denn sie ist selbst das letzte ὑποκείμενον, von dem etwas ausgesagt wird), noch inhäriert sie einem Subjekt. Einerseits ist die ὕλη also zumindest der οὐσία sehr nahe (ἐγγύς) und in gewisser Weise selbst οὐσία [21]. Anderersetts jedoch hat sie keine gesonderte Existenz: sie ist nicht abtrennbar (οὐ χωριστή) [22] und kein Einzelding (kein τόδε τι) [23]. Abtrennbarkeit und Einzelexistenz scheinen aber gerade der οὐσία (im Sinne der πρώτη οὐσία der Einzelsubstanz) wesentlich zu sein [24]. Der Stoff ist nun allerdings im eigentlichen Sinne kein Seiendes, sondern vielmehr dasjenige, «was an sich weder als etwas, noch als Quantum, noch als sonst eine der Gattungen des Seienden zu bezeichnen ist» [25]. Der Stoff ist (wenn auch keineswegs schlechthin nichts, so doch) im Grunde nur der Möglichkeit nach οὐσία, nur *potentielle* Substanz [26], und darum «scheinen die F. und das aus beiden [sc. das aus F. und Stoff Zusammengesetzte] mehr οὐσία zu sein als der Stoff» [27].

In welchem Sinne ist aber die F. οὐσία? Sie ist ja ebenfalls nicht abtrennbar [28] und kein τόδε τι [29], denn diese Bestimmungen kommen – im Bereich der sinnlichvergänglichen Dinge – nur dem aus F. und Stoff Zusammengesetzten zu [30]. Trotzdem wird das εἶδος nicht nur als οὐσία bezeichnet [31] – einige Male verwendet Aristoteles die Termini εἶδος und οὐσία sogar so, als ob sie austauschbar wären [32] –, darüber hinaus scheint die F. nicht nur dem Stoff, sondern auch dem σύνολον übergeordnet zu sein [33]: gerade weil das εἶδος höher steht und mehr ist (πρότερον καὶ μᾶλλον) als der Stoff, steht es auch höher als das aus beiden Zusammengesetzte [34]. Auch hier zeigt sich eine gewisse Zweideutigkeit, die ihren Grund in erster Linie darin haben dürfte, daß Aristoteles in wesentlichen Punkten seiner Theorie genuin platonisch denkt, in anderen, genauso wesentlichen, jedoch von Platon abrückt. Einerseits existiert nach Aristoteles, im Gegensatz zu Platon, das Allgemeine und Begriffliche nicht außerhalb der Einzeldinge oder neben ihnen, andererseits jedoch beharrt auch Aristoteles auf der sokratisch-platonischen Einsicht, daß das wahre Wesen der Dinge in dem liege, was in ihrem Begriff, d. h. was als Allgemeines gedacht wird [35]. Demnach kann *sein* – im eigentlichen Sinne – zwar nur das Einzelding, es *ist* jedoch und ist das, *was* es ist, durch das εἶδος. «Εἶδος δὲ λέγω τὸ τί ἦν εἶναι ἑκάστου καὶ τὴν πρώτην οὐσίαν» [36]: «‹F.› nenne ich den Wesensbegriff eines jeden Dinges und sein ursprüngliches Wesen.» (πρώτη οὐσία ist hier wohl nicht im Sinne von ‹De cat.› 5 gemeint, sondern eher im Hinblick auf die ὕλη, die ja gewissermaßen nur sekundär als οὐσία gelten kann [37].) Genau so erscheint die F. als λόγος des jeweiligen Dinges [38], wie er in der Begriffsbestimmung (Definition: ὁρισμός) zum Ausdruck kommt. Die F.

ist also οὐσία nicht im Sinne der selbständigen Einzelsubstanz, sondern als dasjenige, was das Wesen eines Dinges konstituiert und aufgrund dessen ein jedes ist, was es ist.

F. und Stoff gehören zu den vier aristotelischen Grundprinzipien (ἀρχαί bzw. αἰτίαι): F. (bzw. λόγος oder τὸ τί ἦν εἶναι), Stoff (bzw. ὑποκείμενον), Wirkursache (ὅθεν ἡ ἀρχὴ τῆς κινήσεως) und Zweck oder Ziel (τέλος, οὗ ἕνεκα) [39]. Bei den bewegten Dingen fallen F., Wirkursache und Telos zusammen. Denn F. und Telos sind identisch, da das Telos eines jeden seine F. ist. Die Wirkursache aber ist zumindest der Art nach dasselbe wie das εἶδος [40]: «denn ein Mensch zeugt einen Menschen» [41], d. h. bei den Dingen, die die Ursache ihres Entstehens bzw. der Bewegung außerhalb ihrer selbst haben, hat das Verursachende bzw. das Verwirklichende dasselbe εἶδος wie das Verursachte bzw. Verwirklichte. (Bei den Artefakten, d. h. den Dingen, die durch τέχνη entstehen, ist die Wirkursache das εἶδος in der Seele des Herstellenden [42], z. B. die F. des Hauses in der Seele des Baumeisters.) Im Grunde ist also auch die aristotelische Prinzipienlehre, obwohl sie vier ἀρχαί kennt, gekennzeichnet durch die Zweiheit von F. und Stoff.

Wenn mithin alles Seiende im Bereich der sublunaren Welt aus Stoff und F. zusammengesetzt ist, bedeutet Bewegung (Werden, Veränderung usw.) nichts anderes als: das stoffliche Substrat erhält eine neue bzw. andere F. Stoff und F. selbst entstehen und vergehen *nicht* [43], was entsteht und vergeht (und sich verändert), ist allein das zusammengesetzte Einzelding [44]. Die aristotelische Konzeption steht also derjenigen im ‹Timaios› ziemlich nahe: hier wie dort gibt es drei Bereiche; zwei von ihnen sind ungeworden und unvergänglich, der dritte ist derjenige des Werdens und der Veränderung. Abgesehen von Einzelheiten (etwa dem Unterschied zwischen der platonischen χώρα und der aristotelischen ὕλη) besteht die Hauptdifferenz darin, daß bei Aristoteles im Gegensatz zu Platon die beiden Bereiche, in denen es kein Werden gibt, auch keine selbständige Existenz haben (es sei denn in der superlunaren Welt). F. und M. sind zwar ungeworden und unvergänglich, aber sie *sind* überhaupt nur in den Dingen, die entstehen und vergehen. (Ähnlich wie bei Platon findet sich übrigens auch bei Aristoteles der Vergleich: M. und F. verhalten sich zueinander wie das Weibliche zum Männlichen [45].)

Aus der Tatsache, daß Aristoteles die F./M.-Struktur der Dinge zunächst am Leitfaden des Problems der Bewegung herausarbeitet, ergibt sich, daß es entsprechend den vier Arten der Bewegung genauso viele Arten des ὑποκείμενον gibt [46], also: ὕλη des Entstehens und Vergehens (ὕλη γεννητὴ καὶ φθαρτή [47]), des Wachsens und Abnehmens, der qualitativen Veränderung, der Ortsbewegung (ὕλη τοπική [48]). Indessen ist das Substrat der substantiellen Veränderungen (die ὕλη γεννητὴ καὶ φθαρτή) im engeren und eigentlichen Sinn als Stoff zu bezeichnen [49], schon deshalb, weil die M. des substantiellen Werdens diejenige der akzidentellen Veränderung miteinschließt [50]. (Allerdings setzt umgekehrt akzidentelle Bewegung nicht unbedingt auch ein Substrat substantiellen Werdens voraus; denn die Sterne haben zwar Ortsbewegung, sind aber ungeworden und unvergänglich; entsprechend haben sie zwar ὕλη τοπική jedoch keine ὕλη γεννητὴ καὶ φθαρτή [51].)

Ferner müssen sich aus der Analyse der Veränderung gewissermaßen verschiedene *Grade* der ὕλη ergeben. (Ein Element etwa ist in einem anderen Grade Stoff als der Lehm, dieser wieder in einem anderen Grade als ein

Stein usw.) Deren Extreme sind die πρώτη und die ἐσχάτη ὕλη. Unter der Erst-M. versteht Aristoteles dasjenige, worauf man stößt, wenn man den Prozeß des Werdens gleichsam bis zum Ursprung zurückverfolgt (etwa: Haus, Steine, Lehm, Erde, Erst-M.). Von dieser πρώτη ὕλη kann man nicht mehr sagen, woraus sie ist oder entsteht [52]. Sie ist daher niemals wirklich vorhanden: der Terminus πρώτη ὕλη ist eine Art Grenzbegriff. – Mit ἐσχάτη ὕλη ist diejenige Stufe stofflicher Ausprägung gemeint, auf die das jeweilige Einzelding unmittelbar folgt [53]. (Allerdings findet sich an einigen Stellen genau der umgekehrte Gebrauch der beiden Begriffe; dies liegt daran, daß man die Sache jeweils in zwei Richtungen betrachten kann: entweder vom Einzelding zurück zum Stoff oder vom Stoff hin zum Einzelding [54].) Über die – jeweils von beiden Seiten (F. und Stoff) her gesehen – letzten Stufen vor dem Einzelding sagt Aristoteles: «Der letzte Stoff und die letzte F. sind ein und dasselbe, jenes der Möglichkeit, dieses der Wirklichkeit nach» [55]. Dabei zeigt sich eine gewisse Hinordnung des Stoffes auf die F.: diese kann nicht in einen beliebigen Stoff eingehen; vielmehr gibt es für ein jedes Ding gleichsam einen eigenen Stoff (οἰκεία ὕλη) [56], d. h.: nur die abstrakte Erst-M. ist ganz formlos, sonst aber hat auch der Stoff jeweils schon eine bestimmte und besondere Struktur [57], die ihn aufnahmefähig für eine bestimmte F. macht. Nichtsdestoweniger betont Aristoteles, daß unbeschadet der Vielfalt stofflicher Ausprägungen und Abstufungen letztlich alles auf dieselbe ὕλη zurückgeht [58].

Aus den *naturwissenschaftlichen* Schriften des Aristoteles läßt sich das folgende Bild vom Aufbau der körperlichen Welt herauslesen: Aus der ὕλη als solcher gehen (in ständigem Kreislauf) die vier Elemente hervor (Feuer, Wasser, Erde, Luft; dazu tritt als fünftes der Äther, die M. der superlunaren Welt der Gestirne; aus diesen entstehen durch Mischung die aus lauter gleichartigen Teilen zusammengesetzten Körper (wie Gold, Holz, Knochen, Fleisch) und aus diesen wiederum die aus ungleichartigen Teilen zusammengesetzten Substanzen [59].

Auch die Individuation scheint Aristoteles dem Stoff zugeschrieben zu haben: Sokrates und Kallias nämlich, so stellt er fest, sind nur durch den Stoff verschieden, hinsichtlich der F. jedoch dasselbe [60]. Denn das εἶδος, insofern es letztes εἶδος ist, d. h. die unterste Stelle in der Stufenleiter der Gattungen und Arten einnimmt (z. B. Naturding, Lebewesen, Säugetier, Mensch), ist unteilbar (ἄτομον) [61]. Einzelne Menschen etwa mögen sich noch so sehr voneinander unterscheiden (z. B. in der Hautfarbe, auch im Geschlecht), das εἶδος ist bei allen ein und dasselbe [62]. (Allerdings scheint er in diesem Punkt geschwankt zu haben; jedenfalls spricht er einmal davon, daß jeder einzelne Mensch sein eigenes εἶδος hat, obwohl dieses andererseits dann wieder vom εἶδος der anderen *der Art nach nicht* unterschieden sein soll [63].)

Ähnlich wie bei Platon die χώρα, ist bei Aristoteles die ὕλη das Unbestimmte (ἀόριστον [64]) und daher nicht als solche erkennbar (ἄγνωστον καθ' αὑτήν [65]), also weder wahrnehmbar [66] noch begrifflich erfaßbar [67]. Die M. wird sogar gerade als Grund dafür genannt, daß es von den Einzeldingen keine Definitionen und Beweise gibt [68]. Unserer Erkenntnis zugänglich ist der Stoff nur auf dem Wege der Analogie (κατ' ἀναλογίαν [69]), d. h. man muß jeweils fragen, wofür dieses oder jenes Substrat ist, und dann Vergleiche zwischen den einzelnen Fällen anstellen (etwa: wie das Erz zur Bildsäule, das Holz zum Bett, so verhält sich jedes Gestaltlose zum Gestalteten [70]).

Wenn Aristoteles allerdings auch von ὕλη αἰσθητή spricht [71], so meint er damit nicht einen sinnlich wahrnehmbaren Stoff, sondern den Stoff des sinnlich wahrnehmbaren Seienden im Gegensatz zur ὕλη νοητή [72]. Diese intelligible M. kommt den mathematischen Gegenständen zu; die Mathematik (bzw. die Geometrie) abstrahiert ja von den sinnlichen Qualitäten ihrer Gegenstände [73] und betrachtet sie lediglich als kontinuierliche Größen (als Quantum und Kontinuum: ποσὸν καὶ συνεχές) [74].

Schließlich gibt es auch noch den *logischen* Gebrauch des Begriffs ὕλη. Im Bereich der – später sogenannten – Prädikabilien kommt der Gattung (γένος) in gewisser Hinsicht der Charakter der ὕλη zu; denn ähnlich wie das γένος zu den spezifischen Differenzen, verhält sich der Stoff zu den verschiedenen Formen [75]. Darum enthält eine Definition (welche den Artbegriff einer Sache ausdrückt) die Gattung als intelligible M. und die Differenz als F. [76] (z. B. Mensch = vernünftiges Lebewesen). Die Gattung kann so als Stoff der Art gelten [77].

Selbst in der aristotelischen *Theologie* ist das F./M.-Problem von Bedeutung. Der dritte Bereich des Seienden (neben dem der sinnlich-vergänglichen Dinge und dem der Sterne) ist der des Unbewegten und Ewigen, nämlich des Göttlichen. Dieses ist ohne jeden Stoff [78], d. h. reine Form und reine Wirklichkeit [79]. Obwohl selbst unbewegt, ist es doch Ursache aller Bewegung, insofern es, als höchste Form und Wirklichkeit, von allem anderen Seienden begehrt und insofern es gedacht wird [80].

Die Vielfalt der Bestimmungen, mit denen Aristoteles seine F./M.-Theorie entfaltet (vor allem auf der Seite des ὕλη-Begriffs), könnte die Annahme nahelegen, es handle sich hierbei (wie auch bei den anderen aristotelischen Grundbegriffen) um eine bloße «Reflexionsstruktur» [81] und die Begriffe seien nur als τόποι [82], als Hilfsmittel der Forschung zu verstehen, mit denen Aristoteles verschiedene Sachverhalte erklären könne. Demgegenüber ist daran festzuhalten, daß zumindest die aristotelische Theorie selbst sich durchaus als ‹real› versteht: Nach Aristoteles *sind* F. und M. die realen, konstitutiven – wenn auch unselbständigen (d. h. nicht dinglichen) – Prinzipien der körperlichen Substanzen [83].

Anmerkungen. [1] Vgl. I. DÜRING: Aristoteles. Darstellung und Interpretation seines Denkens (1966) 49-52. – [2] Dazu ARISTOTELES: Met. I, 9, 991 a 8ff. – [3] Vgl. Physik I, 2 und 3ff. – [4] a. a. O. 8, 191 a 27ff. – [5] 189 b 34f.; 190 a 5f. – [6] Vgl. W. WIELAND: Die aristotelische Physik (1962); dazu die Rezension von E. TUGENDHAT, Gnomon 35 (1963) 543-555. – [7] ARIST., Phys. I, 5, 188 b 25ff. – [8] a. a. O. 189 b 1. – [9] I, 7, 190 a 14f. – [10] Zuerst wohl Phys. I, 7, 190 b 25. – [11] Vgl. a. a. O. 8, 191 b 14f. – [12] 191 b 9f. – [13] 191 b 13f. – [14] 191 b 27ff. – [15] Vgl. Met. IX, 6, 1048 b 3; auch VIII, 6. – [16] Vgl. Phys. II, 7, 198 b 29ff.; Met. XII, 1, 1069 a 30ff. – [17] Vgl. Phys. I, 7, 190 b 11. – [18] Vgl. Met. VII, 3, 1028 b 32ff., bes. 1029 a 2f.; 10, 1035 a 2f.; XII, 3, 1070 a 9ff. – [19] VIII, 4, 1044 a 15. – [20] De cat. 5, 2 a 11ff. – [21] Phys. I, 9, 192 a 5f. – [22] De gen. et corr. II, 1, 329 a 24ff.; vgl. Phys. III, 4, 211 b 36f.; 9, 217 a 24. – [23] Met. VIII, 1, 1042 a 27f.; auch VII, 3, 1029 a 24. – [24] a. a. O. 1029 a 27f. – [25] 1029 a 20f.; Übersetzung von Baeumker: Das Problem der M. in der griech. Philos. (1890, Nachdruck 1963) 231. – [26] Vgl. Met. VII, 3, 1029 a 20f.; ferner VIII, 2, 1042 b 9f. – [27] VII, 3, 1029 a 29f.; vgl. auch 15, 1039 b 20ff. – [28] Phys. III, 9, 209 b 22ff. – [29] Met. VII, 8, 1033 b 21f. – [30] Vgl. VIII, 1, 1042 a 29. – [31] Vgl. DÜRING, a. a. O. [1] ebda. – [32] ARIST., Met. VII, 8, 1033 b 17; V, 18, 1022 a 14f.; VII, 10, 1035 b 15f. passim. – [33] a. a. O. 3, 1039 a 30f. – [34] 1029 a 5ff. – [35] So E. ZELLER: Die Philos. der Griechen 2/2 (⁴1921, Neudruck 1963) 348. – [36] ARIST., Met. VII, 7, 1032 b 1f.; vgl. b 14. – [37] Vgl. W. ROSS: Aristotle's metaphysics (Oxford 1924, Neudruck 1958) 2: Commentary 183. – [38] ARIST., Met. VIII, 1, 1042 a 28f. – [39] a. a. O. I, 3, 983 a 26ff.; V, 2,

1013 a 24ff., 1013 b 21ff.; Phys. II, 3, 194 b 23ff. – [40] a. a. O. II, 7, 198 a 24ff. – [41] 198 a 26f.; Met. VII, 7, 1032 a 25 passim. – [42] a. a. O. 1032 a 32f. – [43] XII, 3, 1069 b 35f.; VII, 8, 1033 a 28f., b 5f.; Phys. I, 9, 192 a 25ff. – [44] Met. VIII, 1, 1042 a 29ff. – [45] Phys. I, 9, 192 a 20ff. – [46] Met. VIII, 1, 1042 a 32ff. – [47] Vgl. a. a. O. 1042 b 6; XII, 2, 1069 b 26. – [48] VIII, 1, 1042 b 6; vgl. 4, 1044 b 7f. passim. – [49] De gen. et corr. I, 4, 320 a 2ff. – [50] Vgl. Met. VIII, 1, 1042 b 2f. – [51] Vgl. a. a. O. 1042 b 5f.; 4, 1042 b 6ff.; XII, 2, 1069 b 25f. – [52] IX, 7, 1049 a 24ff. – [53] VII, 10, 1035 b 30f. – [54] Vgl. dazu BAEUMKER, a. a. O. [24] 241 Anm. 1. – [55] ARIST., Met. VIII, 6, 1045 b 17ff. – [56] a. a. O. 4, bes. 1044 a 17f.; vgl. XII, 2, 1069 b 24f. 30; Phys. II, 2, 194 b 8f. – [57] Vgl. Met. VIII, 4, 1044 b 2f. – [58] a. a. O. 15, 1039 b 27ff. – [59] Vgl. die Zusammenstellung von BAEUMKER, a. a. O. [24] 242ff. – [60] ARIST., Met. VII, 8, 1034 a 7f. – [61] ebda.; vgl. XII, 8, 1074 a 33ff. – [62] X, 9, 1058 a 37ff. – [63] ebda. XII, 5, 1071 a 27ff.; vgl. dazu ZELLER, a. a. O. [35] 340ff. Anm. 6. – [64] ARIST., Phys. III, 2, 209 b 9; Met. VII, 11, 1037 a 27; vgl. IV, 4, 1007 b 28f. – [65] Met. VII, 10, 1036 a 8. – [66] De gen. et corr. II, 5, 332 a 35. – [67] Vgl. Met. VII, 10, 1035 a 8f. – [68] a. a. O. Phys. I, 7, 191 b 27ff. – [69] Phys. I, 7, 191 a 7f. – [70] Vgl. a. a. O. I, 7, 191 a 7ff.; dazu WIELAND, a. a. O. [6] 135. – [71] ARIST., Met. VII, 10, 1036 a 9; VIII, 6, 1045 a 34. – [72] a. a. O. VII, 10, 1036 a 16; VIII, 6, 1045 a 34. – [73] 1045 a 11f.; XI, 4, 1061 a 28ff. – [74] 1061 a 32f. – [75] ebda. V, 6, 1016 a 25ff. – [76] Vgl. VIII, 6, 1045 a 34f. – [77] X, 8, 1058 a 23. – [78] XII, 6, 1071 b 21. – [79] 1071 b 20. 1072 a 25f. – [80] 1072 a 26f. – [81] So WIELAND, a. a. O. [6] 211. – [82] Vgl. ebda. – [83] Vgl. TUGENDHAT, a. a. O. [6], z. B. 550. 552 passim.

Literaturhinweise. E. ZELLER s. Anm. [35]. – C. BAEUMKER s. Anm. [25]. – N. HARTMANN: Zur Lehre vom EIDOS bei Platon und Aristoteles (1941), in: Kleinere Schriften 2 (1957) 129-164. – A. MANSION: Introduction à la physique aristotélicienne (Louvain ²1946). – H. R. KING: Aristotle without prima materia. J. Hist. Ideas 17 (1956) 370-389. – E. S. HARING: Substantial Form in Aristotle's Metaphysics Z. Rev. Mét. Morale 10 (1956/57) 308-332. 482-501. 698-713. – L. CENCILLO: Hyle. Origen, concepto y funciones de la materia en el Corpus Aristotelicum (Madrid 1958). – E. TUGENDHAT: TI KATA TINOS. Symposion. Philos. Schriftenreihe 2 (²1968). – F. SOLMSEN: Aristotle's system of the physical world (Ithaca 1960); Aristotle's word for matter. Didascaliae, Studies in honor of A. M. Albareda (1961) 395-408. – P. AUBENQUE: Le problème de l'être chez Aristote (Paris 1962). – W. WIELAND s. Anm. [6]. – A. R. LACEY: Matter and form in Aristotle. Phronesis 10 (1965) 54-69. – I. DÜRING s. Anm. [1]. – M. A. KRAPIEC und T. A. ZELEZNIK: Arystotelesa koncepcja substancji (Lublin 1966) 34-46. 62-76. – H. HAPP: Hyle (1971).

3. Für die nacharistotelische antike Philosophie blieb die F./M.-Theorie des Aristoteles im wesentlichen konstitutiv. Allerdings wurde sie teilweise weiterentwickelt, differenziert und modifiziert oder auch in einen anderen Zusammenhang eingeordnet.

Die *epikureische* Philosophie ist allerdings, was Physik und Naturphilosophie anbetrifft, kaum aristotelisch geprägt, sondern durch die Wiederaufnahme des Atomismus (von DEMOKRIT und LEUKIPP) gekennzeichnet. Es geht ihr daher nicht um F. und M. als solche, d. h. als Prinzipien des Seienden und des Werdenden, sondern um die Bestimmung von Gestalt, Größe und Schwere der Atome und um die Erklärung ihrer Bewegungen im Leeren (im Raum) [1]. Bemerkenswert für den M.-Begriff selbst ist nur die Theorie von der quantitativen Konstanz der M. (d. h. die M. kann weder ab- noch zunehmen) [2].

Die gleiche Theorie findet sich auch bei den *Stoikern* [3], die allerdings darüber hinaus, in Anlehnung an Aristoteles, die M. als das πάσχον (das Leidende) [4] und entsprechend als selbst untätig und träge [5] bestimmen. Während allerdings bei Aristoteles die ὕλη nicht selbst körperlich ist (da sie körperliche Substanzen allererst mitkonstituiert), gilt den Stoikern auch schon die M. als – wenngleich völlig qualitätsloser – Körper (ἄποιον σῶμα [6]). Innerhalb der Prinzipienzweiheit von Bestimmbarem und Bestimmendem tritt an die Stelle der aristotelischen F. (bzw. der platonischen Idee) bei den Stoikern die eine Gottheit bzw. Urvernunft als das tätige Prinzip

(αἴτιος τοῦ ποιεῖν [7]) mit den von ihr ausgehenden λόγοι σπερματικοί, die die träge M. bewegen und gestalten [8].

Im *Neuplatonismus*, exemplarisch bei PLOTIN, wird im Gegensatz zu den Stoikern erneut betont, daß die M. selbst noch nicht Körper ist [9]. Die aristotelische Konzeption der ὕλη (bzw. die platonische Konzeption der χώρα) als des Unbestimmten wird zum Bestandteil des plotinischen Emanationssystems: die letzte und schwächste der aus dem Einen (ἕν) hervorgehenden Emanationen ist die M.; sie ist soweit vom Ursprung des Seins entfernt, daß sie selbst nur noch als Privation (στέρησις [10]) und als Nicht-Seiendes (μὴ ὄν [11]) zu bezeichnen ist. Da aber das Seiende zugleich das Gute ist, ist die M. als Nicht-Seiende das Böse (κακόν [12]) und das Häßliche (αἰσχρόν [13]), und wie die Gottheit Grund alles Guten, so ist die M. Grund alles Bösen (sowohl in der körperlichen Welt [14] als auch in den Seelen [15]). – Neben dieser sinnlichen Materie kennt Plotin (wie Aristoteles, jedoch auch in diesem Punkte über ihn hinausgehend) eine intelligible M. Sie gehört derjenigen Emanationsstufe an, die zwar schon vom Einen entfernt, aber noch nicht in die Körperlichkeit eingetreten ist. Im Bereich der Vielheit der Ideen (πολλὰ τὰ εἴδη [16]) muß man nämlich – bei jeder einzelnen Idee – unterscheiden zwischen dem, was allen gemeinsam ist, und dem, was jeder eigentümlich ist und wodurch sie von den anderen unterschieden ist: dieses ist die F. (μορφή), jenes die M. (ὕλη) [17]. Diese intelligible M. ist im Gegensatz zur sinnlichen ein Seiendes. Wie die sinnliche Welt überhaupt ihr Ur- und Vorbild in der intelligiblen Welt hat, so ist auch die sinnliche M. eine Nachahmung (μίμημα), ein Abbild der intelligiblen [18].

Anmerkungen. [1] Vgl. im einzelnen C. BAEUMKER: Das Problem der M. in der griech. Philos. (1890, Nachdruck 1963) 303-325. – [2] Vgl. z. B. LUCREZ, De rer. nat. II, 294ff. – [3] z. B. ZENON bei DIOGENES LAERTIUS VII, 150. – [4] z. B. ZENON, vgl. Doxographi Graeci, hg. H. DIELS (1879, Neudruck 1958) 289; auch bei DIOGENES LAERTIUS VII, 134. – [5] Vgl. SENECA, Ep. 65, 3. – [6] Die stoische Lehre wird so charakterisiert von SIMPLICIUS, In Arist. Phys. libr. Comm., hg. H. DIELS (1882ff.) 1, 227, 23. – [7] ZENON, a. a. O. [4]. – [8] Ausführliche Darstellung und einzelne Belege vgl. BAEUMKER, a. a. O. [1] 326-370. – [9] PLOTIN, Enn. II, 4, 8. 9. 12. – [10] a. a. O. II, 4, 13ff. – [11] I, 8, 3 passim. – [12] Vgl. I, 8, 3. – [13] Vgl. I, 6, 2. – [14] I, 8, 4. – [15] I, 8, 5. 8. 12. 14. – [16] II, 4, 4. – [17] ebda. – [18] ebda.

Literaturhinweise. H. F. MÜLLER: Plotins Forsch. nach der M. Programm der Klosterschule Ilfeld (1882). – C. BAEUMKER s. Anm. [1]. – F. HEINEMANN: Die Spiegeltheorie der M. als Korrelat der Logos-Licht-Theorie bei Plotin. Philologus 81 (1926) 1-17. – C. BAILEY: The greek atomists and Epicurus (Oxford 1928). – H.-R. SCHWYZER: Art. ‹Plotinos› in Realencyclop. der class. Altertumswiss, hg. PAULY/WISSOWA, 21, 1 (1951) 471-592. – A. H. ARMSTRONG: Spiritual or intelligible matter in Plotinus and St. Augustin. Augustinus Magister, Congr. int. augustinien. Communic. 1 (Paris 1954) 277-283. – J. TROUILLARD: La procession plotinienne (Paris 1955). – S. SAMBURSKY: Physics of the Stoics (New York 1959); The physical world of late antiquity (London 1962). – H. R. SCHLETTE: Das Eine und das Andere. Studien zur Problematik des Negativen in der Metaphysik Plotins (1966).

II. Die Rezeption, Aneignung und Weiterbildung der Philosophie durch das Christentum in *Patristik* und *Scholastik* war zwar nicht primär an Naturphilosophie und der in ihrem Rahmen stehenden Lehre von F. und M. interessiert, musste sich aber schon deshalb auf sie einlassen, weil anders der biblische Schöpfungsbericht nicht auf dem Niveau der philosophischen Bildung ausgelegt werden konnte. Daher sind Kommentare zur Genesis oder Abhandlungen über das «Sechs-Tage-Werk», wie sie etwa THIERRY VON CHARTRES oder noch an der

Schwelle der Neuzeit F. SUÁREZ verfasst haben, häufig der Ort, an dem naturphilosophische Lehren behandelt werden.

1. AUGUSTINUS deutet in solcher Weise von neuplatonischen Voraussetzungen her das Bibelwort: «Im Anfang schuf Gott Himmel und Erde.» Darunter sei nämlich die «ungeformte M.» (materia informis) zu verstehen, welche «die F. von Himmel und Erde aufnehmen» könne [1], wie es auch die Rede von einer «materia informis» im Buch der Weisheit bezeuge [2]. Da die Erschaffung des Himmels hier nach der für Augustinus einleuchtendsten Erklärung die Erschaffung der Engel bedeutet [3], ist also der erste Vers der Genesis von der neuplatonischen Unterscheidung einer geistigen und körperlichen formbaren M. her zu verstehen: «informis formabilisque materies, et spiritualis et corporalis» [4]. Aber die M. geht nur «dem Ursprung, nicht der Zeit nach, der F.» voraus [5], wie ja auch beim Sprechen der Laut (vox) nicht zeitlich früher ist als der geformte Laut, das Wort (verbum). So hat Gott F. und M. «zugleich gemacht» [6], die M. – und ähnliches gilt für die F. – ist nicht für sich geschaffen, sondern «mitgeschaffen» (concreata) [7].

Ausdrücklich bezieht sich Augustinus mit seiner Lehre von der (körperlichen) M. auf die griechische Philosophie: «Hylen ... Graeci, cum de natura disserunt, materiem quamdam rerum definiunt, nullo prorsus modo formatam, sed omnium corporalium formarum capacem, quae quidem in corporum mutabilitate utcumque cognoscitur; nam per se ipsam nec sentiri nec intelligi potest» (Hyle nennen die Griechen, wenn sie über die Natur handeln, eine noch in keiner Weise geformte M., die aber aufnahmefähig für alle körperlichen F. ist. Sie wird in gewisser Weise in der Veränderlichkeit der Körper erkannt; denn an sich selbst ist sie weder sinnlich noch geistig erkennbar) [8]. Von den traditionellen Bestimmungen der M. akzentuiert Augustinus ihre Unerkennbarkeit, die nur das Bemühen läßt, «sie im Nichtwissen zu kennen oder im Kennen nicht zu wissen» [9], sieht ihr Wesen in jener «Veränderlichkeit» (mutabilitas) der veränderlichen Dinge, die «selbst fähig ist, alle F. aufzunehmen, in die die veränderlichen Dinge sich verändern» [10] und versteht diesen noch nicht seienden Grund aller veränderlichen Dinge zu beschreiben als «nihil aliquid» und «est non est» [11]. Aber auch dieses «paene nihil» der M. ist nach Augustin geschaffen und – im Gegensatz zum Neuplatonismus – «gut» [12].

Die körperlichen F. sind zugleich mit der M. geschaffen (Deus fecit utrumque simul) [13] und bilden zusammen mit der M. einmal die Gestirne und die vier Elemente, zum anderen die «rationes seminales», aus denen sich alles Lebendige mit seinem F.-Reichtum entwickelt [14]. Stets aber bedeutet geformt werden zur Einheit gebracht, ein Eines werden; denn «das zuhöchst Eine ist Prinzip jeder F.» [15]. Gott ist aber als schöpferisches Prinzip jeder F. zugleich auch deren Vorform oder Urbild: Das «Wort Gottes», in dem die Ideen oder F.n sind, ist selber «eine F., aber eine nicht geformte F., sondern die F. aller geformten Dinge», in der und unter der alles ist [16]. Die hier zugrunde liegende und wenigstens angedeutete Unterscheidung zwischen exemplarischer und in der M. partizipierter F. hat Augustinus nicht ausdrücklich gemacht vor allem nicht des näheren entfaltet [17]. Sein genau in diesem Zusammenhang geäußertes Wort: «Fiat Deus, ut intelligatis» [18], bezeichnet eine von ihm in diesem Problemfeld hinterlassene Aufgabe.

Im philosophischen Kontext eines Kommentars zu Platons ‹Timaeus› ging es CALCIDIUS zu Beginn des 5. Jh. darum, sich die antike Naturphilosophie vor allem des mittleren Platonismus zu eigen zu machen. Eine «Analyse» (s. d. 1 u. 6) der Körper führt dazu, in der M. ihren Ursprung (origo) zu sehen [19]. Calcidius nennt die ὕλη «silva», «aus der die Gesamtheit der Dinge stammt und die eine passive Natur ist, da sie erstlich für den Körper Substrat ist, ... und die ... durch verschiedene und konträre Gestalten und F., die sie in sich aufnimmt, variiert wird» [20]. Calcidius überliefert zugleich die platonischen und aristotelischen Bestimmungen der M., erörtert als Christ auch den biblischen Schöpfungsbericht, kommt aber zu dem Ergebnis, daß die M. als Ursprung und Anfang (initium) ewig und ursprungslos ist, denn es sei «absurd, einen Anfang des Anfangs anzunehmen» [21].

Auf dem der Analyse entsprechenden Weg der Synthese, auf dem von der M. her die konkreten Körper und ihre Ordnung zu erklären sind, sucht Calcidius zu erhärten, daß es neben der M. als Ursprung zwei weitere Prinzipien gibt: den «werktätigen Gott» (opifex deus) und seine Ideen, die «Vorbilder (exempla) der natürlichen Dinge sind» [22]. Ausdrücklich unterscheidet Calcidius, der die F. meistens «species» nennt, aber zwischen der «primaria species, quae idea est» [23] und der «zweiten» oder «natürlichen» Gestalt (secunda species, id est nativa, mutuatur substantiam de specie principali) [24]. Diese natürliche F. wird in der M. erzeugt, subsistiert in ihr und löst sich ebendort auf [25].

Diese Weltsicht des christlichen Platonismus kommt ebenfalls bei BOETHIUS in berühmten Versen seiner ‹Philosophiae consolatio› zum Ausdruck [26], wird von ihm aber zugleich auch begrifflich entfaltet: Wie nämlich eine Statue nicht auf Grund ihrer M., sondern auf Grund der ihr eingeprägten F. Bild ist, so ist das Erz auch auf Grund seiner F., nicht auf Grund seiner letztlich «ungeformten M.», weshalb gilt: «omne esse ex forma est» [27]. Letztlich, und zwar in Gott, fallen F. und Sein zusammen: «forma ..., quae esse ipsum est» [28]. Aus Gott und den urbildlichen F., die im göttlichen Intellekt «außerhalb der M.» sind, «stammen diese F., die in der M. sind und den Körper bilden». Aber zu Unrecht heißen die F. in den Körpern ‹F.›, «da sie ja nur Abbilder sind» (dum imagines sint) [29].

Während ISIDOR VON SEVILLA nur Grundbestimmungen der «prima materia», die «noch in keiner Weise geformt, sondern aufnahmefähig für alle körperlichen F.» sei, in seine Enzyklopädie aufnahm [30] – er vermerkt freilich auch, daß «materia» gleichsam «mater» besage und daß M. stets als relativ auf das durch sie Konstituierte zu fassen sei [31] –, hat SCOTTUS ERIUGENA, der erste bedeutende Denker des Mittelalters, die ihm vorgegebene christlich-neuplatonische Lehre über F. und M. in seine Doktrin einbezogen, die nachhaltig durch PSEUDO-DIONYSIUS geprägt ist, der bei seiner Behandlung des Problems der M. den «vielberedeten» Satz, «in der M. das Übel», abgelehnt hatte [32]. SCOTTUS unterstreicht die Bedeutung der Frage nach der M., die nur der nach Gott nachstehe und in der gefragt wird, «was die M., was die F.» sei, «was aus M. und F. gebildet» werde, «woher die M.» stamme, «ob sie unter die ursprünglichen Gründe (primordiales causae), die zunächst von Gott begründet sind, zu zählen sei» und «ob sie zu definieren sei, da sie unendlich ist» [33]. Die letzte und erste dieser Fragen wird wie folgt beantwortet: «Mutabilitas rerum materialium capax omnium formarum informis materia est» (die ungeformte M. ist die Veränderlichkeit der veränderlichen Dinge, die aufnahmefähig für alle F. ist) [34]. Da «jede körperliche und sinnfällige Kreatur aus M. und F. konstituiert ist» [35], ist die M. selbst «notwendig unkörperlich» und wird – von ihrer angeblichen Unerkennbarkeit ist nicht mehr die Rede – «allein mit dem Auge des Geistes und mit der Vernunft» erfaßt [36]. Scottus erklärt schließlich nicht nur, daß die M. «aus dem völligen Nichts geschaffen» sei, sondern behauptet sie auch als eines der Urbilder im göttlichen Geist, zählt sie also zu den «primordiales causae» [37].

In seiner Lehre über die F. unterscheidet Scottus «substantiale F.», z. B. Mensch, Pferd, Löwe [38], und «qualitative F.», unter der einmal die nicht das Wesen und die Substanz, sondern die Qualität oder Quantität bestimmenden F. verstanden werden, z. B. die geometrischen Figuren oder die nach oben gerichtete Gestalt des Menschen [39]. Da aber die substantiale F. an sich «in allgemeiner Einfachheit» subsistiert, «immer bleibt» und das ist, «durch dessen Partizipation jede individuelle F. geformt wird», wobei die allgemeine F. «eine in allem und ganz in einer ist und in den vervielfältigten nicht vervielfältigt wird» [40], muß Scottus von dieser subsistierenden allgemeinen F. «jene» abheben, «die der M. anhängt zur Konstitution des Körpers, die immer verschieden und veränderlich sowie dem Akzidens gemäß in verschiedene Unterschiede zerstreut ist» [41]. Auch diese «immer fluktuierende, Entstehen und Vergehen erleidende, der Instabilität der M. anhängende» F. heißt «qualitativa forma» [42].

Erwähnt sei endlich, daß nach Scottus «jede F., sei es die substantiale oder die, welche aus der Qualität angenommen wird, und die, mit der M. verbunden, den Körper erzeugt, aus der F. aller Dinge, nämlich dem eingeborenen Wort des Vaters, geschaffen ist» [43]. Aber da wir von Gott etwas wahrer durch Negation als durch Affirmation aussagen, ist Gott «vernünftiger informe (principium) als forma» zu nennen [44].

Da die Bildung im frühen Mittelalter durch die Artes liberales vermittelt wurde, in deren Rahmen zwar Astronomie, aber nicht Naturphilosophie gelehrt wurde, blieben besondere Bemühungen um naturphilosophische Fragen lange aus, wie auch etwa das Werk ANSELMS VON CANTERBURY zeigt, dem «am meisten eine hinreichend dichte Naturphilosophie fehlte» [45]. Im 12. Jh. bildete aber die in ihrer Zeit führende Schule von *Chartres* auch eine vielseitige Naturphilosophie aus, in deren Rahmen sowohl in Ansätzen «mechanistische Tendenzen» [46] als auch die poetische, teils in Versen geschriebene Kosmogonie ‹De mundi universitate› oder ‹Megacosmus et Microcosmus› des BERNARD SILVESTRIS entstehen. Insgesamt ist freilich die traditionelle Aufgabe vorherrschend, den biblischen Schöpfungsbericht und den ‹Timaeus› zur Übereinstimmung zu bringen.

Auch der Begriff der M. ist nicht einheitlich. Während THIERRY VON CHARTRES gelegentlich die noch nicht gestalteten Elemente «informis materia» nennt [47], beschreibt BERNARD SILVESTRIS die M. als «ältestes Aussehen der Natur, unermüdliche Gebärmutter des Entstehens (generationis uterus indefessus), erste Unterlagen der F.n, Stoff (materia) der Körper, Fundament der Substanz» [48]. Das sind traditionelle Bestimmungen, denen gegenüber THIERRY und CLARENBALDUS zumindest einen wichtigen neuen Akzent setzen, wenn sie – vielleicht anknüpfend an das Aristoteles-Referat des Calcidius – ihre Erörterungen über «M. und F.» damit eröffnen, daß sie die M. als Möglichkeit (possibilitas), die F. als Akt anführen: «possibilitas est aptitudo recipiendi diversos status, ... dicitur materia, actus vero forma» (Möglichkeit ist Fähigkeit, verschiedene Zustände aufzunehmen, sie heißt M., der Akt aber F.) [49]. In ihrer «absoluten Möglichkeit» [50], alles zu werden, heißt die M. auch «Indifferenz» [51], in deren dunkler und nichtiger Möglichkeit alles «eingefaltet», noch nichts «aktuell ausgefaltet» ist (omnia complicata, nil vero actu explicatum) [52]. Dieser alles eingefaltet, freilich nur der Möglichkeit nach enthaltenden Indifferenz der M. steht die «Indifferenz» der göttlichen F. gegenüber, in deren «Notwendigkeit» und «Einheit» alles aktuell «eingefaltet» ist [53]; denn F. heißt «Vollkommenheit und Ganzheit» (forma, id est perfectio ... et integritas) [54]. Zwischen der «reinen Möglichkeit» der M. und dem «Akt ohne Möglichkeit» oder der Notwendigkeit der göttlichen F. stehen die vielen wirklichen Dinge, die in ihrer Wirklichkeit und Veränderlichkeit «aktuell mit Möglichkeit» sind [55]. Sie «sind» demnach «aus dem Zusammenwachsen (ex concretione) von M. und F.» [56], wobei freilich trotz der pantheistisch lautenden These: «forma divina rerum omnium forma est» (die göttliche F. ist die F. aller Dinge) [57] daran festgehalten wird, daß Gott nicht als F. der M. eingeprägt und nicht «einmaterialisiert» (immateriari) [58] werden kann. Die mit der M. die Dinge konstituierenden F. sind vielmehr geschaffen [59] und nur «Abbilder» [60] der in Gott zusammengefalteten F.

Im Rahmen dieser Bestimmungen wird nun aber eindringlich die Frage entfaltet, wie es von der göttlichen Einheit her zur Vielheit der Dinge kommen könne. Die Bedeutung, die M. und F. dafür haben, wird nicht eindeutig herausgestellt, da es einmal heißt: «Die Vielheit stammt aus der Verbindung von F. und M. Denn die M. ist als ‹causa sine qua non› Ursache der Vielheit, die F. aber ist auch Ursache der Vielheit, und zwar die, durch die Vielheit ist» [61]. Wenig später aber heißt es: «Aus der Veränderlichkeit der ungeformten M. hat die Vielheit der F. hervorzugehen» [62]. Auch wenn man die M. als Ursache der Vielheit von Individuen einer Art oder Wesensform, die an sich in ihrem Vollkommenheitsgrad schon unterschiedenen F. – sie «emanieren» nach einer anderen Stelle in der Tat in ihrer Vielheit «aus der einfachen göttlichen F.» [63] – als Ursache der Vielheit der Arten ansehen könnte, wären freilich nicht alle Schwierigkeiten behoben. Aber der erreichte Stand des Problembewußtseins zeigt, daß die Zeit für die um die Mitte des 12. Jh. einsetzende Rezeption des Aristotelismus und der arabisch-jüdischen Philosophie reif war.

Anmerkungen. [1] AUGUSTIN, De Gen. ad litt. Lib. imperf. IV, 14. – [2] Contra advers. leg. I, VIII, 11. – [3] Vgl. De civ. Dei XII, 15; Conf. XII, 9. – [4] De Gen. ad litt. V, 5, 13. – [5] a. a. O. I, 15, 29. – [6] ebda. – [7] ebda. – [8] Contra Faustum XX, 14. – [9] a. a. O. XII, 5. – [10] XII, 6. – [11] ebda. – [12] Contra advers. leg. I, VIII, 11. – [13] De vera relig. XVII, 36. – [13] De Gen. ad litt. I, 15, 29. – [14] Vgl. E. GILSON: Introduction à l'étude de Saint Augustin (Paris 1929) 261ff. – [15] AUGUSTIN, De Gen. ad litt. Lib. imperf. I, 10, 32. – [16] Serm. 117, II, 3. – [17] Vgl. O. LECHNER: Idee und Zeit in der Met. Augustins (1964) 86 Anm. 116. – [18] a. a. O. [16]. – [19] PLATO lat. IV: Timaeus a CALCIDIO translatus commentarioque instructus, hg. J. H. WASZINK (1962) 305. – [20] a. a. O. 273. – [21] 307. – [22] 306. – [23] 323. – [24] 336. – [25] 324. – [26] BOETHIUS, Philos. Cons. III, metr. 9. – [27] De Trin. II. MPL 64, 1250. – [28] ebda. – [29] ebda. – [30] ISIDOR, Etymol. XII, 3, 1. – [31] ebda.; vgl. XIX, 19, 4. – [32] Ps.-DIONYSIUS, De div. nom. 4. MPG 3, 729 a. – [33] JOH. SCOTTUS ERIUGENA, De div. nat. I, 56. MPL 122, 499. – [34] a. a. O. I, 57 = 500. – [35] II, 16 = 548. – [36] I, 56 = 500. – [37] III, 5 = 636. – [38] III, 27 = 703. – [39] I, 52 = 494. – [40] III, 27 = 705; vgl. dazu Art. ‹Allgemeines/Besonderes› II, 2. – [41]

a. a. O. [33] III, 27 = 705. – [42] III, 27. – 701f. – [43] I, 59 = 501f. – [44] II, 1 = 525. – [45] E. GILSON: La philosophie au M.A. (1952) 250. – [46] Vgl. a. a. O. 271. – [47] THIERRY VON CHARTRES, De sex dierum operibus, hg. W. JANSEN, in: Der Kommentar des Clarenbaldus ... (1926) 107*. – [48] BERNARD SILVESTRIS, De mundi universitate, hg. C. S. BARACH/J. WROBEL (1876) 10. – [49] THIERRY VON CHARTRES, Librum hunc, hg. JANSEN 10*; CLARENBALDUS, Expositio s. De Trin., hg. JANSEN 60*. [50] a. a. O. 64*. – [51] 44*. – [52] 64*; vgl. 17*. – [54] 16*; vgl. 63*. – [55] 60*. – [56] 55*. – [57] 16*; vgl. 108*. – [58] 16*. 64*. – [59] 14*f. – [60] 58*. 68*. – [61] 15*. – [62] 17*. – [63] 15*.

Literaturhinweise. E. GILSON s. Anm. [14]. – O. LECHNER s. Anm. [17]. – J. PEPIN: Univers dionysien et univers augustinien. Rech. Philos. 2 (1956) 179-224. – J. C. VAN WINDEN: Calcidius on matter (1959). – J. HUBER: Johannes Scotus Erigena (1861). – M. CAPPUYNS: Jean Scot Erigène (Louvain/Paris 1933). – E. GILSON: La cosmogonie de Bernardus Sylvestris. Arch. Hist. doct. Litt. M.A. 3 (1928) 5-24. – H. FLATTEN: Die «Materia primordialis» in der Schule von Chartres. Arch. Gesch. Philos. 40 (1931) 58-65. – W. JANSEN: Der Kommentar des Clarenbaldus von Arras zu Boethius' De Trinitate (1926) 5. Kap.: Die Lehre von M. und F., S. 80-94. – C. MAZZANTINI: Il platonismo della scuola di Chartres (Turin 1858). – E. JEANNEAU: Simples notes sur la cosmogonie de Thierry de Chartres. Sophia 23 (1955) 172-183.

2. Das Bekanntwerden mit der aristotelischen Naturphilosophie brachte die Konfrontation eines sich bisher in diesem Bereich an den Mythen und Bildern der Bibel und des ‹Timaeus› orientierenden Denkens mit einem neuen Anspruch auf Rationalität und Wissenschaftlichkeit [1]. Im Zuge dieser Rezeption des Aristotelismus wurde auch die Lehre von F. und M. in allen ihren Problemschichten rezipiert und in nicht wenigen Punkten fortentwickelt, zumal mit den aristotelischen Texten die *arabische und jüdische* Philosophie bekannt wurde.

AVICENNA, dessen einschlägige Lehre schon die Arbeiten seines Übersetzers DOMINICUS GUNDISSALINUS bestimmt hat [2], sucht zu Beginn seiner ‹Sufficientia› verschiedene Bedeutungen von ‹M.› genau zu differenzieren: «Der Körper, insofern er Körper ist, hat ein Prinzip, das die Hyle ist, und ein Prinzip, das die F. ist: sei es die allgemeine Körper-F. (forma corporalis communis) oder eine spezielle F. aus den F.n der Körper ... Weiter wird angenommen, daß die Hyle nicht von der F. entblößt wird, so daß sie an sich (per se) ... existierte, weil sie in sich nicht aktuelles Sein hat ... Diese Hyle, sofern sie, aufnahmefähig für die F. oder die F.n, Potenz ist, heißt Hyle; aber sofern sie, eine F. tragend, aktuell ist, heißt sie Subjekt (subiectum) ... Und sofern sie allen F. gemeinsam (communis) ist, heißt sie M. oder Masse (materia vel massa), und sofern alles auf sie zurückgeführt wird und sie ein einfacher Teil ist, der für die F. des ganzen Zusammengesetzten aufnahmefähig ist, heißt sie Element. Ähnlich heißt sie ..., sofern von ihr die Zusammensetzung beginnt, Ursprung (origo)» [3].

Neben der auffälligen Zusammenstellung von M. und Masse bringt dieser Text eine für Avicenna charakteristische Lehre: die Annahme einer forma corporalis communis oder forma corporeitatis, die als erste F. die M. informiert und als Körper konstituiert. Zur Behauptung einer solchen F. dürften zwei Motive geführt haben: Was die Erst-M., die Prinzip des Körpers als solchen ist und also nicht an sich schon ein Körper, als aktuellen Körper konstituiert, scheint eine ursprünglichere F. sein zu müssen als die, durch welche M. etwa Wasser oder Luft wird, da ja auch, wenn etwa Luft aus Wasser entsteht (welches nur potentiell Luft ist, d. h. Luft werden kann, aber nicht aktuell ist), nicht ein Körper aus etwas entsteht, was noch nicht aktuell Körper wäre. Zum anderen sollen sich nach Aristoteles Individuen einer Art durch die M., nicht durch die F. in ihrer Verschiedenheit konstituieren. Aber wie könnte die Hyle als «einfaches Element» die numerische Verschiedenheit der zusammengesetzten Dinge konstituieren? Damit wirkliche räumliche und zeitliche Bestimmungen verschiedener Individuen konstituieren können, muß also zunächst der Körper als solcher durch die forma corporeitatis begründet sein. Erst dieser körperlichen Substanz, die als Substanz die Fähigkeit hat, aktuelle Dimensionen aufzunehmen, folgen die aktuellen Dimensionen, die auch stets veränderlich bleiben, wie ein verschieden formbares Stück Wachs erkennen läßt [4]. Daher scheint nach Avicenna der Grund der Vielheit und Verschiedenheit von Individuen einer Art oder einer Wesens-F. die M. zu sein, sofern sie zunächst zur körperlichen Substanz konstituiert und durch aktuelle Dimensionen determiniert ist [5].

AVERROES hat diese Lehre einer eingehenden Kritik unterzogen, bei der er auf Fragen eingehen muß, die Aristoteles nicht ausdrücklich – wenigstens nicht in den uns überlieferten Schriften, wie Averroes vorsichtig vermerkt [6] – geklärt hatte. Um so wichtiger ist es, die Grundlagen zu sichern, die zur Lehre von M. und F. führen. Sie ergibt sich im Rahmen der Aufgabe, die gegebenen Veränderungen in der sublunaren Welt zu begründen und in ihren inneren Gründen zu verstehen. Averroes unterscheidet zunächst mit Aristoteles in lediglich schärferer terminologischer Fixierung «substantiale und akzidentelle Veränderung» (transmutatio substantialis et accidentalis) [7], wobei in der substantialen Veränderung etwas entsteht, das «dem Namen und der Definition» nach nicht mit dem übereinstimmt, aus dem es entsteht.

Für beide Arten der Veränderung ist aber folgendes charakteristisch: Erstens hat die Veränderung ein Subjekt, an dem sie sich vollzieht; zweitens ist das, was entsteht, noch nicht in diesem Subjekt, denn werden kann etwas nur das, was es noch nicht ist; drittens muß aber das, was entstehen soll, aus dem Subjekt werden können, denn was unmöglich ist, wird oder entsteht nicht; viertens endlich ist es notwendig, daß das in der Veränderung Entstehende und das in ihr Vergehende konträr, aber von derselben Gattung sind [8].

Der Unterschied zwischen substantialer und akzidenteller Veränderung liegt aber darin, daß das Subjekt der substantialen Veränderung, in der ein individuelles selbständiges Seiende aus einem ebensolchen anderen (etwa aus diesem Element Wasser jenes Element Luft) wird, nicht selber ein selbständiges individuelles Seiendes sein kann, wie es bei der akzidentellen Veränderung der Fall ist, in der etwa aus einem ungebildeten Menschen ein gebildeter Mensch wird. Dieses Subjekt der substantialen Veränderung, das selber nicht ein aktuelles Seiendes sein kann und also noch keine Wesens-F. besitzt, durch die es ist und Substanz einer bestimmten Wesensart ist, das aber alle Wesensformen rezipieren kann und deren Wesen in dieser seiner Potenzialität liegt, ist die Erst-M. (materia prima). Da sie durch die Rezeption einer Wesens-F., die freilich durch eine andere im Werden und Vergehen abgelöst werden kann, zum konkreten selbständigen Seienden aktuiert wird, kann es in einem individuellen Seienden stets nur eine es als Substanz begründende und aktuierende Wesens-F. geben: «unum enim subjectum habere plus quam unam formam est impossibile» (denn es ist unmöglich, daß ein Subjekt mehr als eine F. habe) [9].

Würde nun gemäß der Lehre Avicennas die Erst-M. durch eine bloße Körper-F. zur Substanz aktuiert, dann würde auch nur akzidentell die Beschaffenheit, nicht das Wesen dieser Substanz verändert, wenn etwa ein Element aus dem anderen entsteht, d. h. es gäbe eigentlich kein Werden und Entstehen selbständiger Dinge, sondern nur akzidentelle Veränderungen einer in solchem Wandel bleibenden körperlichen Substanz (generatio elementorum esset alteratio) [10]. Aber nach Averroes verkennt Avicenna vor allem, daß das Wort «Körper» ja gar nicht wie «Luft» oder «Wasser» eine spezifische Art bezeichnet, in der es entstehende und vergehende Individuen dieser Art gibt, sondern nur eine von einer Wesenseigentümlichkeit der materiellen Dinge genommene «allgemeinere Gattung» (communius genus), die sich in den konkreten körperlichen Dingen findet «wie Gattungen in den Arten». Die Elemente, die Mixta und die Lebewesen sind daher so Körper, wie Vögel und Löwen Tiere sind, d. h. es gibt in Wirklichkeit ebensowenig einen nicht artlich bestimmten Körper wie ein nicht artlich bestimmtes Tier [11].

Der Gattungsbegriff «Körper» bezeichnet also ein individuelles artlich geprägtes Wesen von seinen aktuellen, begrenzten Dimensionen her – «die drei Dimensionen sind der Körper», kann es sogar heißen [12] –; aber da die Dimensionen gerade nicht das angeben, was die individuelle Substanz ist (dimensiones inquantum dimensiones sunt remotae ab hoc, quod notificent de individuo substantiae quid est [13]), sind sie als besondere begrenzte Dimensionen aktuelle Akzidentien, die in einem Subjekt sind, das durch eine F. aktualisiert ist [14].

Wenn also aus Wasser durch Wärmeeinwirkung Luft wird, nehmen die Dimensionen des Wassers zu und nähern sich denen der Luft an. Ist aber «das Maximum an Quantität des Wassers» erreicht, dann erfolgt der Umschlag von Wasser in Luft, wobei das diesem Prozeß zugrunde liegende Subjekt der F. des Wassers und des dem Wasser eigenen Maßes an Ausdehnung beraubt wird und die Luft-F. sowie die Quantität der dieser eigenen Dimensionen rezipiert [15]. Da nun bei diesem Prozeß zwar das Maß und die Grenzen der Dimensionen sich ändern, die Dimensionen schlechthin aber bleiben, muß erkannt und festgehalten werden, daß «die Dimensionen schlechthin» von dem Subjekt dieser substantialen Veränderung, d. h. «von der Erst-M. nicht hinweggenommen werden» [16].

Diese bemerkenswerte Lehre des Averroes von den der M. eigenen «unbestimmten Dimensionen» (dimensiones non terminatae), die ihr Maß und ihre Grenze erst in der Konstitution eines konkreten materiellen Einzelwesens durch dessen Wesens-F. erhalten und deshalb in der M. potentiell bleiben [17], stößt dann freilich auf die gleichen Schwierigkeiten, die sie gerade beheben sollte, wenn diese unbegrenzten Dimensionen als «F.» gefaßt werden, die «ursprünglich in der Erst-M. existiert», oder wenn Averroes von ihnen sagt, sie würden von der M. «rezipiert» [18]. Denn die F. dieser unbestimmten Dimensionen kann ja gemäß seiner eigenen Lehre weder akzidentelle F. sein, die in einem aktuellen Subjekt ist, noch eine substantiale F., welche die M. zu einer Substanz aktuieren würde, deren Wesen dann die bloße Ausdehnung wäre, was Averroes ausdrücklich ablehnt [19]. Statt mit Berufung auf diese Stellen von einer «ersten F.» oder von einer «Körper-F.» zu sprechen, welche die unbestimmte und unbegrenzte Dimensionalität sei [20], ist es sicher angemessener, mit der genaueren Formulierungen des ‹Physik›-Kommentars zu erklären, daß «die M. die Dimension in Potenz ist» und daß «die Dimension weder dem Begriff noch dem Sein nach von der M. getrennt ist» [21]. Wird die M. so auch als Dimensionalität überhaupt gefaßt, die den bestimmten und begrenzten Ausdehnungen der körperlichen Dinge zugrunde liegt, dann scheint sie vom Raum nicht verschieden zu sein, sofern dieser nicht als leerer Raum, sondern mit Platon als innerer Grund der Räumlichkeit der materiellen Dinge verstanden wird. In der Tat heißt es dann auch bei Averroes: «Locus antequam in eo existit locatum, secundum Aristotelem et in rei veritate est dimensio in potentia; et propter hanc similitudinem existimavit Plato locum esse materiam» (Der Ort, bevor in ihm etwas im Ort Befindliches existiert, ist nach Aristoteles und gemäß der sachlichen Wahrheit die Dimension in Potenz; und wegen dieser Ähnlichkeit hat Platon die Meinung vertreten, der Ort sei die M.) [22].

Von hier aus kann Averroes auch die aristotelische Lehre erklären, daß Kallias und Sokrates aufgrund der M. verschiedene Individuen, aufgrund der F. aber von einer Art seien [23]. Wenn ein Mensch kraft des väterlichen Samens aus Mutterblut gezeugt wird, das für den entstehenden Menschen die M. abgibt, ist die Funktion der M. als Individuationsprinzip für die Individuation unproblematischer als die Formung dieser M. durch eine F., die mit der des Erzeugers artgleich ist. Von dieser im Sinne der aristotelischen Physik «naturwissenschaftlichen» Betrachtung ist aber die der Metaphysik zufallende Aufgabe verschieden, den Grund dafür aufzuzeigen, daß es viele Individuen einer Art und viele Arten mit vielen Einzelwesen gibt. Während nun die Physik davon ausgehen kann, daß beim Entstehen und Vergehen der Dinge jeweils dem Entstehenden eine je verschiedene M. zugrunde liegt, hat die metaphysische Betrachtung des Problems zur Voraussetzung, daß alle in Veränderung befindlichen Dinge aus F. und M. zusammengesetzt sind. Ist also die M. aller Dinge eine?

Averroes bejaht diese Frage, betont aber, daß die numerische Einheit der M., in der sie zugleich allen materiellen Dingen gemeinsam ist, in einer «reinen Privation» besteht, da ihr wesentliche Differenzen und individuelle F.n fehlen. Aber es gibt die M. nicht in dieser gedachten Einheit und Allgemeinheit, sondern sie ist außerhalb der Seele und unterschieden vom Nichtsein nur als Subjekt der vielen sinnfälligen Individuen, die wahrgenommen werden. «Das ist der vollkommene Begriff der M.» [24]. Daß aber die eine und gemeinsame M. numerisch verschiedenen Individuen vieler Arten zugleich als differenzierendes Prinzip zugrunde liegt, ist nur möglich, weil sie ursprünglich Dimensionalität ist, also wie ein homogenes Kontinuum auseinanderliegende Teile hat, die gleichwohl nicht wesensverschieden sind. Anders könnte «sie nicht zugleich numerisch verschiedene F. rezipieren und auch nicht der Art nach verschiedene F.» [25]. Daß Averroes andererseits auch erklären kann, das Individuum sei nur durch die F. Individuum [26], ist mit der gegebenen Interpretation durchaus vereinbar; denn an dieser Stelle wird ausdrücklich erklärt, Individuum könne nur ein aktuelles Seiende sein, aktuell aber sei etwas «durch seine F., nicht durch seine M.» [27].

Zwar betrifft auch die kontroverse Deutung, die Avicenna und Averroes vom Mixtum, d. h. von dem aus den Elementen gemischten Körper, gegeben haben, das Problem von F. und M. [28]; aber hier kann nur noch ihre unterschiedliche Lehre vom Entstehen der F. genannt werden. Obwohl nach aristotelischer Lehre die F.n nur akzidentell entstehen und vergehen, da eigentlich die geformten Einzeldinge entstehen und vergehen, hatte AVICENNA im Zuge seiner Emanationsmetaphysik gelehrt, die F.n der Dinge stammten ebenso wie ihre

Begriffe im menschlichen Geist aus der der Mondsphäre zugeordneten Intelligenz, dem «dator formarum» (WAHIB AL SUWAR) [29]. Wie aber ein schon von Aristoteles gebrauchtes Beispiel zeigt, entsteht die Kugelform beiläufig, indem man aus Erz eine erzerne Kugel macht. So lehrt AVERROES sowohl für die akzidentellen wie für die substantialen F. ihre «extractio» aus der Potenz der M., wobei die extrahierende Ursache «in gewisser Weise, nicht freilich in jeder Beziehung», das sein muß, was sie aus der Potenz der M. in den Akt hinausführt [30]. Das ist letztlich und vor allem beim ersten Beweger gegeben; so erklärt Averroes: «alle Proportionen und F. sind in Potenz in der Erst-M. und im Akt im ersten Beweger» [31].

Die von Averroes kritisierte Lehre, etwas sei als Körper nicht nur durch seine aktuellen Dimensionen, sondern durch eine Körper-F. konstituiert, läßt sich als Ergebnis einer Begriffsanalyse verstehen, die mit der Struktur der Begriffe die ontologische Struktur der Dinge glaubt erschließen zu können. Muß dann aber nicht noch ein weiterer Schritt getan werden? Wenn etwas durch die Körper-F. Körper ist, muß es dann nicht zuvor durch eine noch ursprünglichere F. als Substanz konstituiert sein, zumal es ja körperliche und geistige Substanzen gibt [32]?

Auf dem Weg einer solchen Analyse kommt in der Tat AVICEBRON (Ibn Gabirol) in seiner umfangreichen Schrift ‹Fons Vitae› zur Annahme einer «materia universalis» (oder «materia prima») und einer «forma universalis», die zusammen das begründen, worin alle endlichen Substanzen übereinkommen: Substanz schlechthin zu sein [33]. Da die «substantiale F.», die etwas als Substanz begründet, von dem Substrat, das sie «vollendet», getragen wird, ist das Substrat, die M., mehr Substanz und «von höherer Dignität» (dignius) als die F. [34]. Entsprechend lautet die «Beschreibung der materia prima», daß sie ist «substantia existens per se, sustentatrix diversitatis, una numero» (an sich existierende Substanz, aufnahmefähig für Verschiedenheit und der Zahl nach eine). Die «forma universalis» wird hingegen als «substantia constituens essentiam omnium formarum» (Substanz, die das Wesen aller F.n konstituiert) beschrieben [35].

Somit wird durch M. und F. eine allen Dingen «gemeinsame Substanz» konstituiert, welche «die anderen mit den anderen vereinigt und allen in gleicher Weise Wesen und Begriff (intellectum) der Substantialität gibt» [36]. Die Selbstverständlichkeit, mit der hier zugleich von der einen gemeinsamen Substanz und von den vielen anderen Substanzen die Rede ist, die alle von der «ersten Substanz» her Substanzen sind, zeigt schon an, daß Avicebron die verschiedenen Einzelsubstanzen, d. h. Geister, Himmelskörper und die Dinge der sublunaren Welt, nicht spinozistisch als Modi der allgemeinen Substanz versteht, sondern neuplatonisch als eine Hierarchie aus ihr und auseinander hervorgehender, aber doch zugleich in ihrem Ursprung bleibender Wesen [37]. Diese verschiedenen je aus M. und F. zusammengesetzten Wesen haben auch je verschiedene M. So «subsistiert die besondere natürliche M. in der allgemeinen natürlichen M.», diese «in der allgemeinen himmlischen M.» (der supralunaren Welt), diese wiederum «in der allgemeinen körperlichen M.» und diese endlich in der allgemeinen geistigen M.» [38]. Entsprechendes gilt von der F. [39]. Was «in» der höheren oder allgemeineren F. oder M. subsistiert, entstammt ihr auch. Die schlechthin allgemeine M. und ihre allgemeine F. sind hingegen von Gott bzw. – und in dieser Lehre zeigt sich Avicebron als von der Bibel bestimmter jüdischer Denker – vom göttlichen Willen geschaffen, der nicht Gott in seinem unbekannten Wesen ist, sondern Gott, wie er uns in seiner Wirksamkeit in der Welt erscheint [40].

Avicebrons «Scientia de materia et forma» [41] hat die mit ihr konfrontierte lateinische Scholastik «tief und nachhaltig» bestimmt [42]. Ob das auch auf DAVID VON DINANT und seinen materialistischen Pantheismus zutrifft, scheint sich zwar nicht historisch nachweisen zu lassen, aber eine sachliche Verbindung dürfte unschwer zu erkennen sein. AVICEBRON hatte nämlich erklärt, daß auf Gott oder den «factor primus» (erster Täter) die Gattungs- und Artbegriffe nicht anwendbar sind, so daß er also auch jenseits dessen steht, was Substanz ist [43]. Aber trifft die grundlegende Bestimmung der Substanz, an sich und nicht in einem Träger zu existieren, nicht am eigentlichsten auf Gott zu? Diese Konsequenz zieht DAVID: «Es ist also offenkundig, daß es nur eine Substanz gibt nicht nur aller Körper, sondern auch aller Seelen und daß sie nichts anderes ist als Gott selbst. Die Substanz aber, aus der alle Körper bestehen, heißt Hyle, die Substanz aber, aus der alle Seelen bestehen, heißt Vernunft oder Geist (ratio sive mens). Offenkundig ist also, daß Gott die Vernunft aller Seelen und die Hyle aller Körper ist.» Und ausdrücklich wird erklärt: «mentem et hylen idem esse. Hyle igitur mundi est ipse Deus, forma vero adveniens hyle nil aliud quam id, quod facit Deus sensibile seipsum» (... daß Geist und M. dasselbe ist. Die M. der Welt ist also Gott selbst, die zur M. hinzukommende F. aber nichts anderes als dies, daß Gott sich selbst sinnenfällig macht) [44]. David kannte aber auch bereits die wichtigsten naturphilosophischen oder naturwissenschaftlichen Schriften des Aristoteles, und vielleicht haben ihn auch Spekulationen über den Äther, d. h. über die «göttliche» Substanz der Himmelskörper, zu seiner pantheistischen Metaphysik geführt [45]. Was aber heute von entsprechenden Voraussetzungen her als «ein Meilenstein von Weltbedeutung in der Entwicklung der allgemeinen Philosophie» bewundert wird [46], galt damals, als solche Lehren kirchlich nicht geduldet wurden, auch wissenschaftlich als Torheit: «qui stultissime posuit Deum esse materiam primam» (der höchst töricht behauptet hat, Gott sei die Erst-M.), schreibt THOMAS VON AQUIN über David von Dinant [47].

Avicebrons Einfluß zeigt sich einmal in der Lehre von der *Pluralität der F.n*, die freilich auch auf Avicenna und auch auf entsprechende Äußerungen bei Aristoteles zurückverweist. Nach ihr überlagern sich F.n wie die vegetative, sinnliche und vernünftige Seele und konstituieren in einer durch die forma completiva abgeschlossenen Vielheit die Substanz. In diesem Problemfeld hat etwa ROBERT GROSSETESTE Avicennas Lehre von der forma corporeitatis und Avicebrons These, «die F.» sei «reines Licht» [48], eindrucksvoll verbunden und gelehrt: «Das Licht, das die erste geschaffene F. in der Erst-M. ist, breitete sich zu Beginn der Zeit aus, sich durch sich selbst nach allen Seiten unbegrenzt (infinities) vermehrend, und zog, indem es sich nach allen Seiten gleichmäßig ausdehnte, die M., die es nicht zurücklassen konnte, mit sich in eine Masse (moles) von solcher Größe, wie sie der Weltenbau (mundi machina) besitzt» [49]. Aber weder die scholastische Lehre vom Licht als erster F. noch die ausgedehnten Kontroversen um *Einheit und Vielheit der Wesensform* (s. d.) brauchen hier eingehender behandelt zu werden.

Zum anderen geht vor allem auf Avicebron die Lehre des *universellen Hylemorphismus* zurück, nach dem alle endlichen Substanzen aus F. und M. zusammengesetzt sind, wobei nach den Bereichen der reinen Geister, der Himmelssphären und der sublunaren Welt eine entsprechende Stufung der M. oder entsprechende Arten von M. angenommen werden. So lehren mit manchen Unterschieden im einzelnen, die hier nicht zu entwickeln sind [50], u. a. die ‹Summa Halensis›, Ps.-GROSSETESTES ‹Summa Philosophiae›, ROGER BACON, WILHELM DE LA MARE, RICHARD VON MEDIAVILLA und BONAVENTURA, dessen einschlägige Doktrin als Beispiel wenigstens skizziert sei.

Da F. und M. den durch sie konstituierten Dingen als Prinzipien zugrunde liegen, müssen sie in einer Analyse erschlossen werden, wie BONAVENTURA mit Avicebron lehrt. Im Unterschied zu diesem aber gibt es nach Bonaventura eine dreifache je verschiedene zur M. führende Analyse, bei der jeweils auch die unaufhebbare Vielheit der Dinge vorausgesetzt ist. Der Physiker kommt in seiner Analyse zur M., «sofern sie Prinzip des Entstehens und Vergehens» ist. Sofern er aber auch die Himmelskörper betrachtet, die nur bezüglich des Ortes wandelbar sind, betrachtet er die allen Körpern gemeinsame M. als Prinzip der Ortsbewegung. Der Metaphysiker aber hat das endliche Seiende als solches zu analysieren und besonders «die Substanz, die an sich seiend ist. In ihr ist zu betrachten sowohl der Akt des Seins (actus essendi), und diesen gibt die F., als auch die Stabilität des an sich Existierens, und diese gibt und gewährt jenes, dem sich die F. aufstützt; das ist die M.» [51].

Die M. ist also von sich her ohne F. und Sein, d. h. «Ungeformtheit und Möglichkeit» (informitas et possibilitas) [52], andererseits gibt sie der F. in der Verbindung beider Prinzipien, in der «das eine sich das andere aneignet» (unum sibi appropriat alterum) [53], «Stütze» (fulcimentum), Stand und Stabilität [54]: «existere dat materia formae» (die M. gibt der F. das Existieren) [55]. Aus der Verbindung eines Komplexes von F.n mit der M. entsteht das Individuum als ein «dieses Etwas» (hoc aliquid), das das, «was» es ist, von den F. hat, aber von der M., daß es «dieses» ist [56]; denn «keine F. ist individuell, es sei denn wegen ihrer Verbindung mit der M.» [57].

So ergibt die metaphysische Analyse der Substanz, daß das individuelle für sich bestehende Seiende aus F. und M. zusammengesetzt ist. Deswegen kann Bonaventura folgendermaßen argumentieren: Weil die Tierseele nicht eine (gegenüber dem beseelten Organismus selbständige) eigene Tätigkeit hat und nicht für sich (per se) zu subsistieren vermag, hat sie «keine M. in sich» [58].

Wenn derart – in Übereinstimmung mit der Lehre Augustins und Avicebrons – die Substanz als solche aus F. und M. besteht, dann ist damit schon die Frage nach der hylemorphen Zusammensetzung auch der geistigen Substanzen beantwortet. Aufgabe bleibt es hingegen, die jeweils durch eine Pluralität von F.n bestimmte Struktur der geistigen Substanzen, der Himmelskörper und der sublunaren Körper genauer zu analysieren.

Während in solcher Weise die irdischen Körper u.a. durch Substantialität, Lichthaftigkeit, Körperlichkeit, Quantität und Kontrarietät (aus ihnen kann ein anderes werden) bestimmt sind, ist die M. in ihrem Wesen, nicht in ihrem Sein, das sie aus der Verbindung mit einer F. hat, «einfach und einzig» [59]. Daher ist sie auch nicht von sich her als geistige, supralunare und sublunare M. unterschieden [60]. Ihre Einheit ist freilich auch nicht «aktuelle Einheit», sondern «eine Einheit mehr der Möglichkeit», eine «Einheit der Homogenität, die so weit ist, daß sie die Rezeption einer größeren Vielheit der Verschiedenheit von F. ... erträgt, als es die Einheit einer allgemeinen F. vermag ...; sie heißt daher eine der Zahl nach, weil sie eine ist ohne Zahl» [61]. Weil die M. derart ein «Eines ist, das der Vielheit nicht widerstreitet, ja wegen seiner Möglichkeit jegliche Verschiedenheit zuläßt» [62], kann sie gewiß nicht ohne die F., aber doch als «causa sine qua non» [63] Individuationsprinzip sein, d. h. der Grund dafür, daß die Vollkommenheit etwa des aus einer Pluralität von F.n bestehenden Menschseins in den verschiedenen Individuen zwar nicht «verschieden gemacht», wohl aber «vervielfältigt wird» (non diversivicatur ..., tamen multiplicatur) [64]. So werden alle F., d. h. alle inhaltlichen erkennbaren Vollkommenheiten und Seinsbestimmungen (die Individualität als solche ist nach Bonaventura keine F. und nicht zu definieren [65]) getragen jeweils von der M., die in ihrer homogenen Einheit den konkreten Substanzen zwar gerade nicht das geformte Sein, wohl aber Ort und Stand, Vereinzelung und Existenz gibt.

ALBERTUS MAGNUS hat diesen universellen Hylemorphismus abgelehnt und sich im Problem von F. und M. grundsätzlich an Aristoteles orientiert [66]. Freilich nähert er sich mit der Lehre von der «incohatio formae», nach der diese unentwickelt schon in der M. vorhanden sei, der augustinischen, auch von Bonaventura vertretenen Annahme von «rationes seminales» an [67]. In der Frage der Einheit der Wesens-F. in einer Substanz kommt er mindestens hinsichtlich der Frage, ob die Seele auch die F. des Körpers als solchen sei, zu keiner eindeutigen Stellungnahme [68]. Aber er hat doch auch in diesem Problemfeld seinem großen Schüler Thomas von Aquin den Weg bereitet, dem es darum ging, sich in seiner für den Aristotelismus des 13. Jh. repräsentativen Lehre von F. und M. die aristotelische, besonders durch Averroes geprägte Tradition möglichst umfassend zu eigen zu machen, ohne dabei Grundgedanken der platonisch-augustinischen Metaphysik aufzugeben.

Anmerkungen. [1] Vgl. F. VAN STEENBERGHEN: La philos. de la nature au 13e siècle, in: La filos. della natura nel Medioevo. Atti del terzo congr. int. di filos. medioevale (Mailand 1966) 114-132. – [2] Vgl. UEBERWEG/GEYER ([12]1951) 359ff. – [3] AVICENNA, Suff. I, cap. II. Opera (1508, Nachdruck 1961) fol. 14r. – [4] Met. II, cap. II, a. a. O. fol. 75v. – [5] Vgl. M.-D. ROLAND-GOSSELIN: Le «De ente et essentia» de s. Thomas d'Aquin. Texte et études hist. (Paris [2]1948) 59ff.: Etudes I, 3 Avicenne; P. DUHEM: Le système du monde 4 ([2]1954) 453-474. – [6] AVERROES, Sermo de subst. orb. I. Opera (Venedig 1562-74, Nachdruck 1962) 9, fol. 5v. – [7] a. a. O. I = fol. 5v. – [8] ebda. – [9] ebda. – [10] Epitom. in Met. II. Opera 8, fol. 374r; vgl. In Phys. I, 69 M. Opera 4, fol. 40v. – [11] Epitom. ... II = 8, fol. 374r. – [12] Sermo ... I, = 9, fol. 4v. – [13] ebda. – [14] ebda. – [15] Sermo ... I = 9, fol. 4r. – [16] ebda. – [17] Epitom. ... II = 8, fol. 373v. – [18] Sermo ... I = 9, fol. 4r. – [19] Epitom. ... II = 8, fol. 373v. 374r. – [20] Vgl. L. GAUTHIER: Ibn Rochd (Averroès) (Paris 1948) 74; S. KURLAND: Averroes on Aristotle's De Generatione ... Middle Commentary and Epitome (Cambridge, Mass. 1958) 213 Anm. 37. – [21] AVERROES, In Phys. IV, 15 = A-C, fol. 127r. – [22] ebda. – [23] In Met. VII, 8 = 8, fol. 177r. – [24] In Met. XII, 14 = M, fol. 300v; AB, fol. 301r. – [25] Sermo ... II, = 9, fol. 4v. – [26] De anima 9, hg. F. ST. CRAWFORD (Cambridge, Mass. 1953) 144. – [27] ebda. – [28] Vgl. dazu A. MAIER: An der Grenze der Scholastik und Naturwiss. (Rom [2]1952) 22-29. – [29] Vgl. J. MADKOUR: La physique d'Aristote dans le monde arabe, in: La filos. della natura ... a. a. O. [1] 225. – [30] AVERROES, In Met. VII, 31 = 8, fol. 180ff.; XII, 18 = M, fol. 304v. – [31] a. a. O. fol. 305v. – [32] Vgl. dazu DUHEM, a. a. O. [5] 545. – [33] AVENCEBROLIS (Ibn Gebirol) Fons Vitae I, 5, hg. CL. BAEUMKER (1895) 7f. – [34] a. a. O. V, 23 = 299. – [35] V, 22 = 298. – [36] I, 6 = 6. – [37] Vgl. F. BRUNNER: Platonisme et Aristotélisme. La critique d'Ibn Gabirol par Saint Thomas d'Aquin (Louvain/Paris 1965) 63. 74. – [38] AVICEBRON, a. a. O. [33] II, 2 = 26. – [39] II, 2 = 27. – [40] Vgl. UEBERWEG/GEYER ([12]1951) 336. – [41] AVICEBRON, a. a. O. [33] I, 7 = 9. – [42] Vgl. E. GILSON: La philos. au M.A. (Paris ²1952) 370. – [43] Vgl. AVICEBRON, a. a. O. [33] III, 11 = 103f. und zur anscheinend irrigen Behauptung des Herausgebers, die substantia prima sei der factor primus (a. a. O. 520), die in dem vorzüglichen Register s.v. ‹substantia prima› und ‹Factor primus 3› angegebenen Stellen. – [44] DAVIDIS DE DINANTO Quaternulorum fragmenta, hg. M. KURDZIALEK (Warschau 1963) 70f. – [45] Vgl. M. KURZDZIALEK: David von Dinant und die Anfänge der aristotelischen Naturphilos., in: La filos. della natura ... a. a. O. [1] 407-416. – [46] Vgl. R. KALIVODA: Zur Genesis der natürlichen Naturphilos. im MA, in: La filos. della natura ... a. a. O. [1] 398. – [47] THOMAS VON AQUIN, S. theol. I, 3, 8. – [48] AVICEBRON, a. a. O. [33] IV, 14 = 243. – [49] ROBERT GROSSETESTE, De Luce, hg. BAUR (1912) 52. – [50] Vgl. P. BISSELS: Die sachliche Begründung und philosophiegesch. Stellung der Lehre von der materia spiritualis in der Scholastik. Franziskan. Stud. 38 (1956) 241-295. – [51] BONAVENTURA, II Sent. 3, p. 1, a. 1, q. 2. – [52] a. a. O. 12, a. 1, q. 2. – [53] 3, p. 1, a. 2, q. 3. – [54] 3, p. 1, a. 1, q. 2. – [55] 3, p. 1, a. 2, q. 3. – [56] ebda. – [57] ebda. ad. obi. 1-3. – [58] 17, a. 1, q. a. 2. – [59] 3, p. 1, a. 1, q. 3, f. e. – [60] 3, p. 1, a. 1, q. 2 (hier auch die Kontrarietät als F.-Bestimmtheit) – [61] 3, p. 1, a. 1, q. 3. – [62] ebda. ad obi. 4-6. – [63] 3, p. 1, a. 2, q. 3, ad obi. 4-6. – [64] 3, p. 1, a. 2, q. 1, ad obi. 3. – [65] 3, p. 1, a. 2, q. 3 ad obi 1-3. – [66] Vgl. B. GEYER: Albertus Magnus und die Entwicklung der scholastischen Met., in: Die Met. im MA, hg. P. WILPERT (1963) 10f. – [67] Vgl. B. NARDI: La dottrina d'Alberto Magno sull'incohatio formae, in: Studi di filos. medievale (Rom 1960) 69ff. – [68] Vgl. GEYER, a. a. O. [66].

Literaturhinweise. La filos. della natura nel medioevo s. Anm. [1]. – M.-D. ROLAND-GOSSELIN s. Anm. [5]. – P. DUHEM s. Anm. [5]. – E. BEHLER: Die Ewigkeit der Welt ... in der arabischen und jüdischen Philos. des MA (1965). – A.-M. GOICHON: La théorie des formes chez Avicenne, in: Aristotelismo padovano e filos. aristotelica. Atti del XII congr. int. di Filos. 9 (Florenz 1960) 131-138. – A. HYMAN: Aristotle's «first matter» and Avicenna's and Averroes' «corporeal form». J. Philos. 59 (New York 1962) 674-675 (abstract). – F. BRUNNER s. Anm. [37]; Sur l'hylémorphisme d'Ibn Gabirol. Etudes philos. 8 (1953) 28-38; La doctrine de la matière chez Avicebron. Rev. Théol. Philos. 6 (1956) 261-279. – S. B. VIANNA: Ibn Gabirol e il suo hilemorfismo heterodoxo. Kriterion 4 (1961) 293-304. – R. ZAVALLONI: Richard de Mediavilla et la controverse sur la pluralité des formes (Louvain 1951) (mit ausführlicher Bibliogr.). – J. A. SHERIDAN: Expositio plenior hylemorphismi Fr. Rogeri Baconis (Roma 1938). – E. BETTONI: La teoria ilemorfica nell'interpretazione di Ruggero Bacone. Riv. Filos. neo-scolast. 61 (Mailand 1969) 666-692. – P. ROBERT: Hylémorphisme et devenir chez saint Bonaventure (Montréal 1936). – V. C. BIGI: Il termine e il concetto di sostanza in S. Bonaventura. Studi Francescani 56 (1959) 16-36; Individuo e principio di individuazione in S. Bonaventura. Studi Francescani 58 (1961) 264-286. – B. NARDI s. Anm. [67]. – E. KLEINEIDAM: Das Problem der hylomorphen Zusammensetzung der geistigen Substanzen im 13. Jh., behandelt bis Thomas v. A. (1930). – E. MCMULLIN (Hg.): The concept of matter in Greek and medieval philos. (Notre Dame/Indianapolis 1965).

3. THOMAS VON AQUIN hat es als das Charakteristische der aristotelischen Philosophie angesehen, daß sie «von dem, was offenkundig ist, nicht abweiche» (a manifestis non discedere) [1]. Als solchermaßen offenkundig galt ihm, daß es viele an sich seiende, selbständige Einzelwesen gibt, die sich in verschiedenartiger Bewegung befinden. Da nun jede Bewegung und Veränderung eine Zusammensetzung aus einem in ihr bleibenden und einem in ihr wechselnden Moment zur Bedingung ihrer Möglichkeit hat [2], müssen die in lokaler, quantitativer oder qualitativer Bewegung befindlichen Dinge aus einer Substanz als einem an sich seienden Einzelwesen und aus wechselnden, die Substanz bestimmenden, in ihr und beiläufig seienden Akzidentien bestehen. Sofern es aber substantiale Veränderungen gibt, in denen etwa aus einem Baum Asche wird oder in der – auch das hält Thomas für offenkundig gegeben – aus Mist Würmer oder aus Unrat Läuse entstehen, müssen die sich derart verändernden Substanzen selbst strukturiert sein und aus Konstituentien bestehen, ‹F.› und ‹M.› genannt, die selber nicht mehr Substanzen, natürlich auch keine in Substanzen und durch sie seienden Akzidentien, sondern unselbständige Prinzipien der Substanz sind, die nur als ihr Prinzipiat begründende Prinzipien sind und deren Sein nur im Prinzipsein für die durch sie konstituierte Substanz besteht.

In dieser Bestimmung des Seinscharakters von F. und M. als unselbständiger Prinzipien liegt ein erster Beitrag, den Thomas zum Problem des Hylemorphismus gemacht hat: «quaedam principia non sunt naturae completae in se ipsis, sed solum sunt principia naturarum, sicut forma et materia corporis physici» (etliche Prinzipien sind keine vollständigen Naturen in sich selbst, sondern sind nur Prinzipien von Naturen, wie F. und M. Prinzipien des physischen Körpers sind) [3]. Sofern die Kategorien Substanz und Akzidens das endliche Seiende in vollständiger Disjunktion teilen, müssen F. und M. natürlich zur Gattung der Substanz gerechnet werden, aber, wie Thomas erklärt: «non sicut species completa, sed solum per reductionem sicut principia» (nicht wie die vollständige Art, sondern nur durch Reduktion wie die Prinzipien) [4].

In der näheren Charakterisierung dieser Prinzipien F. und M. nimmt Thomas die traditionellen Bestimmungen auf: Die Erstmaterie, die «potentia pura» (reine [passive] Potenz) ist [5], liegt dem Prozeß der substantialen Veränderung als in ihr bleibendes Prinzip zugrunde, und aufgrund der M. bleibt auch das durch sie konstituierte materielle Seiende fortwährend bestimmbar, veränderlich, der Möglichkeit nach anderen Wesens als es jetzt ist, obwohl natürlich nicht jedes aus jedem werden kann. Die wechselnden F. sind hingegen Prinzipien der artmäßigen Bestimmtheit. Da diese artmäßige Bestimmtheit sich in gleichem Maße in vielen Individuen findet – Sokrates ist nicht mehr Mensch als Kallias –, ist die F. «von sich her allgemein» [6], die M. aber «das Prinzip der zahlenmäßigen Unterscheidung in derselben Art, nicht aber der Unterscheidung von Arten» [7]. Sofern die substantiale F. der Lebewesen ‹Seele› heißt, ist also auch mit ‹Seele› erstlich ein von sich her allgemeines Prinzip der artlichen Bestimmtheit gemeint, neuerdings mit einem treffenden Ausdruck ‹Artlogos› (s. d.) genannt.

Nach Thomas erschöpft sich aber die Konstitution der materiellen Substanz nicht in ihrer hylemorphen Struktur; denn diese begründet zwar das, *was* eine durch die M. individualisierte und bleibend bestimmbare, durch die F. artlich bestimmte Substanz ist, nicht aber die Bestimmung, *daß* sie schlechthin ist; denn das ist eine alle Differenzen der F. oder des Wesens übergreifende, selber überwesenhafte und unendliche, d. h. allem, was ist, gemeinsam zukommende und deshalb unüberholbare, absolute Bestimmung, die nicht in einer auf ihre besondere Art begrenzten F. gründen kann [8]. Daher gilt: «esse est actualitas omnis formae vel naturae» (Sein ist die Bestimmung jeder F. oder Natur) [9]; und deshalb muß Thomas den traditionellen Satz, «die F. gibt das Sein», oder «jedes Sein stammt aus der F.», dahingehend verstehen, daß «das Sein an sich» und unmittelbar «der F.» als ihre Bestimmung «folgt» (esse ... per se consequitur ad formam) [10].

So gibt es bei der Konstitution der materiellen Substanz aus ihren unselbständigen Prinzipien «eine doppelte Zusammensetzung aus Akt und Potenz» [11]; denn der Bestimmung der M. durch die F., in der die M. durch die Wesens-F. geformt, die F. materialisiert und individualisiert wird, folgt die Bestimmung der individuellen aus F. und M. zusammengesetzten Wesenheit durch das Sein, das diese abschließend als Seiendes verwirklicht und das durch die Wesenheit wesentlich geprägt und individualisiert wird. Thomas nennt solches «particulariter recipere» (teilhaft aufnehmen) des Aktes durch die

Potenz ‹Partizipation› [12], unterscheidet von dieser Art der Partizipation durch Komposition aber eine diese bedingende andere Art, für die ein Verhältnis der Ähnlichkeit zwischen einer niedereren und einer höheren Vollkommenheit charakteristisch ist und wobei sich die niederere Vollkommenheit unvermittelt aus der höheren herleiten kann [13]. So partizipieren die allgemeinen Wesensformen (Pferdsein, Menschsein) am allgemeinen Sein (als unselbständige Prinzipien sind sie ja nicht nichts), leiten sich als endliche, begrenzte Weisen des Seins aus diesem her und sind in ihrer jeweiligen Eigenart gewissermaßen «eine Siegelung» des sie entwerfenden «göttlichen Wissens» [14]. Sofern es aber neben «körperlichen» oder «materiellen F.», die nur in der M. sein können, auch «geistige» oder «immaterielle F.» gibt [15], die als rein geistige Substanzen in sich subsistieren, d. h. allein als F. das Sein rezipieren können (formae in se subsistentes), müssen sie sich voneinander wie verschiedene Arten (Pferdsein, Menschsein) unterscheiden, da sie als reine F. ja nicht durch sie rezipierende Teile der M. zu Individuen einer Art vervielfältigt werden. Thomas hat, Avicenna folgend, von Anfang an diese Konsequenz für das Wesen der reinen Geister (Engel) aus dem Hylemorphismus gezogen: «quotquot sint ibi individua, tot sunt species» (wieviel an Individuen es dort gibt, so viele Arten) [16]. Schließlich partizipiert auch die M., da auch sie wenigstens als «reine Potenz» und als unselbständiges Prinzip «irgendwie ist» [17], am Sein und ist so, da das allgemeine Sein oder esse commune (s. d.) sich vom göttlichen esse subsistens herleitet, auch geschaffen oder besser, da eigentlich die substierenden Dinge mitsamt ihren sie begründenden Prinzipien geschaffen werden, «mitgeschaffen» (concreata) [18].

Der nach Thomas das Verhältnis von allgemeinem Akt und ihn rezipierender Potenz charakterisierende Grundsatz, daß der Akt durch die Potenz begrenzt und vervielfältigt wird [19], enthält zugleich die thomistische Antwort auf die Frage nach dem Individuationsprinzip; denn wie die individuellen Wesenheiten (entweder reine oder in der M. rezipierte F.) das allgemeine Sein nach ihrer Eigenart und Fassungskraft rezipieren und dann ihr gemäß, d. h. individuell, den Seinsakt vollziehen, ihm gegenüber also Individuationsprinzip sind, so wird auch die von sich her allgemeine körperliche F. durch die Rezeption in der M. begrenzt, vervielfältigt und individualisiert. Das setzt freilich voraus, daß die wegen des Fehlens differenzierender Unterschiede «eine» M. [20] zugleich eine Vielheit homogener Teile einschließt, in denen die F. individuell rezipiert werden können.

Vor das gleiche Problem hatte sich schon Averroes gestellt gesehen. Mit ihm spricht Thomas einmal von der naturphilosophischen Betrachtung der M., «sofern sie in diesem Ding existiert», und für eine solche Betrachtung auch des Entstehungsprozesses ist selbstverständlich die «materia signata», d. h. die unter begrenzten Dimensionen stehende und darin durch «hinweisende Bezeichnung» anzugebende M. das Individuationsprinzip [21]; zum anderen kennt auch Thomas eine metaphysische «absolute» Betrachtung der M. überhaupt, sofern sie allen körperlichen F. stets zugrunde liegt [22]. Für diese kann die M. Individuationsprinzip nur sein, sofern sie als «vor einer substantialen F.» [23] schon «unbegrenzt» dimensioniert gedacht wird [24]. Diese averroistische Lösung des Problems hat Thomas bis zur ‹Summa contra Gentiles› einschließlich vorgetragen. Ob er sie dann aufgegeben hat, ist umstritten [25], obwohl einige Texte es zu implizieren scheinen [26]. Aber noch spätere Texte halten dann daran fest, daß die M. an sich, d. h. ohne hinzugefügte F., Disposition oder Quantität teilbar ist, so daß es gleichwesentliche Teile der M. gibt [27]. Dieses Schwanken und dann das Festhalten des allein entscheidenden Gedankens mag mehr als in der bei Averroes oben festgestellten, etwas unklaren Formulierung seiner These in der sachlichen Schwierigkeit begründet gewesen sein, die an sich ja unerkennbare M., d. h. das konstitutive Prinzip der Räumlichkeit, Veränderlichkeit und Zeitlichkeit der materiellen Dinge, zu denken: Welche Art von unbegrenzter Dimensionalität sollte ihr schon von sich her wesentlich eigen sein?

Ein besonderer Teil dieser M. überhaupt oder eine «materia individualis» [28] begründet zusammen mit der von ihr partizipierten und individualisierten F. und mit der F. folgenden Sein in formaler Kausalität die konkrete Substanz. Da die formale Kausalität der Prinzipien in ihrer Selbstmitteilung aneinander und in ihrer gegenseitigen Durchdringung und Vereinigung besteht, ist aus ihr die These zu begründen, das Sein folge unmittelbar und an sich der F., und damit auch die auf Averroes zurückgehende Lehre, daß es «in einem und demselben Seienden nicht verschiedene substantiale F. gibt» [29]; denn eine substantiale F. konstituiert notwendig eine Substanz, die zwar durch hinzukommende akzidentelle F.n weiter bestimmt werden kann, die aber nicht mit einer weiteren Substanz eine eigentliche Einheit bilden könnte, da zwei Substanzen eben zwei Einzelwesen sind [30].

Die so konstituierte Substanz vollzieht den Akt des Seins gemäß ihrem individuellen Wesen. Erstlich besteht dieser Seinsvollzug der Substanz in der «Resultation» der ihr wesenseigenen, notwendig aus ihr erfolgenden Akzidentien, die ihrerseits ihren vollendeten Seinsvollzug, das Wirken, ermöglichen [31]. Das erste wesenseigene und unabtrennbare Akzidens der materiellen Substanz ist aber die Quantität [32], in der sich das Wesen der M. sosehr äußert, daß Thomas die Quantität gar «gleichsam die F. der M. entbehrende M.» nennen kann [33]. Durch die aus der Substanz resultierende Quantität aber wird die Substanz selbst ein ausgedehntes Ganzes, das in homogene Teile (jeder Teil des Wassers ist Wasser) oder in heterogene Teile (ein Teil des Pferdes ist kein Pferd) teilbar ist. Wie das letzte Beispiel zeigt, kann die Selbstentfaltung der Substanz auch eine zeitliche Entwicklung einschließen. Da bei der Selbstentfaltung der Substanz die Quantität den Qualitäten, auch den aktiven, im Wirken bestehenden Qualitäten, vorausgeht [34], ist die reale Quantität Bedingung des Wirkens materieller Substanzen, das daher nur transeuntes Einwirken auf andere Teile oder andere Körper ist und eine Veränderung (alteratio) von deren Quantität oder Qualität bewirkt. So wirken die Körper, selber bestimmt durch veränderndes Einwirken auf sie, indem sie wiederum auf anderes einwirken und quantitative oder qualitative Veränderungen bewirken (corpora ... sunt alterantia alterata) [35].

Obwohl transeuntes Wirken somit nur quantitative und qualitative Veränderungen bewirkt, kann durch eine quantitative Veränderung, z. B. durch das Zerteilen eines organischen, gegliederten lebendigen Ganzen, dieses Ganze zerstört, also eine substantiale Veränderung bewirkt werden, wobei die in der höheren F. des Lebewesens virtuell enthaltenen niedereren F. der Mixta und der Elemente aktualisiert werden. Wie aber durch quantitative und qualitative Veränderungen, durch die indirekt auch alle artifiziellen F. als stets akzidentelle F.

entstehen [36], eine substantiale Veränderung erwirkt werden könne, bei der aus disponierter M. eine höhere F. «eduziert» wird, also etwa Läuse aus Unrat entstehen, dürfte bei Thomas ontologisch völlig ungeklärt bleiben.

Für Thomas war es zwar, schon durch den Gegensatz zwischen Avicenna und Averroes in dieser Frage, ein eigenes Problem, ob nicht nur akzidentelle, sondern auch neue höhere substantiale F. durch transeuntes Wirken aus der Potenz der M. eduziert werden könnten, aber er setzt sich um der vermeintlichen Faktizität einer generatio aequivoca willen über die Einwände hinweg, daß etwa das durch die reale Quantität ermöglichte und notwendig in ihrem Bereich verbleibende transeunte Wirken nur akzidentelle Änderungen, aber keine neuen substantialen Formen erwirken könne [37] oder daß dann, wenn die substantialen F. schon potentiell in der Erst-M. sind, die Erst-M. durch den Wechsel von aus ihr eduzierten substantialen F. nur gleichsam akzidentell modifiziert werde [38]. Hatte nicht auch ARISTOTELES demgegenüber gelehrt, die F. sei «seiender», d. h. von größerer Seinsmächtigkeit als die M.? [39] Wie sollte sie dann als bloße Modifikation der sie schon potentiell enthaltenden M. angemessen verstanden werden können?

Diese problematische Lehre von der Eduktion substantialer F.n aus der Potenz der M. ist auch das Fundament der aristotelischen technomorphen Erzeugungstheorie, nach welcher der Erzeuger mittels des selbst unbelebten Spermas aus dem als M. dienenden, auch unbeseelten Mutterblut das neue Lebewesen herstellt [40]. THOMAS hat diese damals ungemein wissenschaftliche, heute aber eher mythologisch klingende Lehre übernommen; aber er kennt auch eine Fortpflanzung der Organismen durch Teilung, und zwar bei Pflanzen (Stecklinge, Pfropfreis) und bei niederen Tieren, deren Teile selbständig weiterleben können [41]. Wie durch solche Teilung eines Organismus ein artgleicher neuer entsteht, dem nun eine eigene materia prima eignet, ist vom thomistischen Hylemorphismus her unschwer zu verstehen; denn mit der Teilung eines quantitativen Ganzen wird mittelbar ja auch die zugrunde liegende materia prima geteilt. Eine Teilung und Vervielfältigung der Seele oder des Artlogos aber ist ja gerade Inhalt der thomistischen Lehre von der Vervielfältigung und Teilung der F. durch die Teile der M.; und wenn die F. in einem auch selbständig lebensfähigen Teil ganz «secundum essentiam et virtutem» (dem Wesen und der Kraft nach) enthalten ist, dann kann sie auch von dem durch Teilung des ganzen Organismus entstandenen neuen Teil der materia prima rezipiert werden und so mit ihm einen neuen selbständigen Organismus bilden [42].

Eine solche Fortpflanzung durch Teilung, und zwar durch Teilung kleinerer Teile, als Thomas sie kannte, ist bekanntlich nach unserem Wissen der Weg, auf dem in der Folge der Generationen Lebendiges stets aus Lebendigem entsteht, und da auch in den totipotenten Keimzellen die Seele ganz dem Wesen und der Kraft nach enthalten ist, könnte man die Fortpflanzung durch Zellteilung unschwer von diesem Hylemorphismus her philosophisch interpretieren, wenn es berechtigt wäre, nach Descartes und heute überhaupt noch von substantialen F., von Seelen und von der Erst-M. anders als in historischer Absicht zu sprechen.

In eben diesem Problem der methodischen Begründung der Lehre von F. und M. aber liegt der wohl wichtigste Beitrag, den Thomas zum Hylemorphismus geleistet hat. Er hat nämlich seine bisher dargestellte Lehre nicht nur aus der aristotelischen, sondern auch aus der entsprechenden neuplatonisch-augustinischen Tradition entwickelt, indem er deren methodischen Leitfaden, die von Calcidius, Scottus Eriugena, Avicebron und Bonaventura gelehrte und geübte Analyse (s. d. 6), als Aufgabe übernahm und diese Analyse sich als etwas durchaus eigenes aneignete.

Wie schon AVICEBRON ausdrücklich bemerkt, handelt es sich bei der aufgegebenen Analyse natürlich nicht um die reale Auflösung des materiellen Seienden, sondern um eine Leistung der Erkenntnis (resolutio ... non in actu, sed in opinione) [43]. Nach THOMAS, der in seiner Lehre von der Analyse nicht zuletzt bei Avicebron anknüpft [44], hat menschliches Erkennen, sofern es materielles Seiendes in seinem spezifischen Wesen erfaßt, diese Leistung schon erbracht, d. h. die Prinzipien des Seienden schon im Vollzug implizit, freilich noch nicht ausdrücklich und als solche erkannt. Um das bewußt zu machen, ist also eine reflexive Erkenntnisanalyse erforderlich, deren einzelne Schritte hier freilich nicht beschrieben werden können, deren den Hylemorphismus betreffender Grundgedanke aber angeführt sei.

Wenn ein in der Sinnlichkeit gegebenes «Dieses hier» z. B. als Mensch erkannt wird, ist es nach Thomas schon in seinem spezifischen Wesen erkannt, denn «der Intellekt gelangt zum Wesen der Sache» [45]. Diese Erkenntnis vollzieht sich in einem sinnliche Anschauung, Begriff und die Kopula verbindenden Satz, den Thomas eine «compositio» nennt. Um diesen Satz in seiner Eigenart als Verbindung der genannten Komponenten genau auszudrücken, worauf es in dieser Analyse ankommt, ist er in der Form eines Attributionsurteiles zu formulieren: Diesem hier (dem sich sinnlich-anschaulich Zeigenden) kommt Menschsein, aber auch Sein schlechthin zu, da alles ja stets schon, was der Gebrauch der Kopula als Zeichen nur der Identitätssetzung nicht mehr ausdrückt, in seinem Sein bzw. als Seiendes, d. h. als «etwas, das ist», erkannt ist.

Sofern dieser Satz aber nicht nur das ausdrückt, was die Erkenntnisvermögen (sensus, intellectus possibilis, intellectus agens) von der Sache erfaßt haben, sondern auch die Erkenntnis der konkreten Sache allererst vermittelt – Thomas gibt beide Bestimmungen des Satzes als verbum mentis [46] –, müssen den unselbständigen Bestandteilen des Satzes ebenso unselbständige Bestandteile der konkreten Sache entsprechen, die von ihnen her also nicht nur selber ist, sondern auch erkannt wird [47]. Dem Wesensbegriff (Menschsein) entspricht die forma substantialis, weshalb der Wesensbegriff auch «forma intelligibilis» heißt [48]. Aber trotz der Erkenntnis eines Dinges in seinem spezifischen Wesen bleibt uns sein individuelles Wesen ja unbekannt. Das individuelle Wesen muß also außer dem Artwesen, in dem es erkannt ist, ein Prinzip seiner Individuation enthalten, das uns unbekannt bleibt, dessen «Zeichen» aber die sinnliche Anschauung enthält, insofern sie neben den sinnfälligen Eigenschaften der Sache auch ihre räumliche und zeitliche Bestimmtheit erfaßt, die Thomas als Zeichen der materia individualis versteht [49]. Mit dem Sein, das, wie die Reflexion auf den Prozeß der Abstraktion (s. d.) zeigt, in einem ständigen Erkennen der Vernunft (intellectus agens) stets und a priori erkannt wird, ist aber das erste allgemeine unselbständige Prinzip aller Dinge (auch der erkennenden Vernunft selber) erfaßt, wodurch sie als Seiende konstituiert werden. So zeigt die reflexive Erkenntnisanalyse mit den Möglichkeitsbedingungen des lebensweltlichen Erkennens zugleich die hylemorphe Struktur der erkannten Dinge.

Sie führt aber zugleich zu einem letzten Problem des Hylemorphismus, zu dem der Einheit des Menschen als einer nicht nur materiellen, sondern zugleich und ungeteilt auch geistigen Substanz. Denn während der Seinsvollzug der materiellen Substanzen zur Selbstentfaltung in der Quantität führt und sich im transeunten Wirken vollendet, besteht er beim Menschen auch in diesem nicht durch reale Quantität vermittelten, also im Vollzug von der M. unabhängigen apriorischen Erkennen, das sich zu konkreten Einzelerkenntnissen weiter entfaltet. Diese konkreten Einzelerkenntnisse sind wie ihre unselbständigen Bestandteile, etwa das erkannte Sein als Resultat des apriorischen Erkennens im Erkennenden (lumen intellectus agentis) oder wie die abstrahierten Begriffe, ihrem ontologischen Status nach durch die erkennende Substanz vermittelte Akzidentien. Das wie von der Quantität so auch von der Einwirkung anderer Körper unabhängige apriorische Erkennen selber aber ist kein Akzidens, sondern der substantielle Seinsvollzug eines Wesens, das den Akt des Seins nicht in der M., sondern rein in sich (und so freilich auch durch sein Wesen begrenzt), aber doch immateriell, d. h. als Erkennen vollzieht: «esse hominis principaliter est intelligere» (das Sein des Menschen ist erstlich vernünftiges Erkennen) [50]. So zeigt die hier nur skizzierte vollständige Durchführung der Erkenntnisanalyse, daß der Mensch immaterielle, vernünftige Substanz und zugleich und gleichwesentlich – auch das apriorische Seinserkenntnis ist ja wesentlich auf ihre Konkretisierung und damit auf hinnehmende, passive, materiell bedingte Sinnlichkeit bezogen – materielle, körperliche Substanz ist [51]. Wie ist diese Einheit einer geistigen und materiellen Substanz angesichts der hylemorphen Struktur der materiellen Substanzen zu erklären?

Ontologische Erklärungen heben die Probleme im philosophischen Wortsinn auf, indem sie Phänomene auf ihre sie ermöglichenden Gründe zurückführen. Thomas hat stets den Menschen als zugleich geistige und sinnlich belebte materielle Substanz vom Hylemorphismus her zu verstehen gesucht, indem er als konstitutiven Wesensgrund des Menschen eine F. ansetzte, die zugleich vernünftige, sinnliche und vegetative Seele ist [52]. Während aber die Seele der Pflanzen und Tiere nur als allgemeiner Artlogos und als unselbständiges Prinzip ist – denn eine in der M. rezipierte und dadurch vereinzelte individuelle Seele ist ja das konkrete beseelte Lebewesen selbst –, konstituiert der menschliche Artlogos eine Substanz, die sowohl vegetativ und sinnlich wie geistig belebt, also zugleich materielle und geistige Substanz ist. Auch diese geistige Substanz, die Vernunft – als Substanz und Subjekt der vernünftigen Tätigkeit genommen [53] – wird nun auch oft «Seele», und zwar die individuelle geistige Seele des Menschen, genannt. Daher gilt, daß «die Vernunftseele in der Gattung der Substanz wie die Art (d. h. wie die vollständige ‹Art› Substanz im Unterschied zur ‹Art› der Akzidentien) und auch wie ein (unselbständiges) Prinzip ist» [54]. Auch die menschliche Seele ist als Prinzip allgemein und wird durch die M. individuiert und vervielfältigt, während die Vernunft als individuelle geistige Substanz in ihrem immateriellen Sein unabhängig von der M. und unzerstörbar ist, obwohl sie das, was sie als immaterielle Substanz ist, in der M. und auch durch die M. geworden ist. So heißt es schon in ‹De ente et essentia›: «individuatio animarum et multiplicatio dependet ex corpore quantum ad sui principium, sed non quantum ad sui finem» (die Individuation und Vervielfältigung der Vernunftseele hängt vom Körper ab hinsichtlich ihres Ursprungs und Anfangs, nicht hinsichtlich ihres Endes) [55]. In solcher Weise trägt Thomas der Tatsache Rechnung, daß der Mensch auch in seiner geistigen Individualität, und schon auf der Ebene des Biologischen, der ist, der er in der Kette der Generationen geworden ist.

Damit aber stellt sich ihm noch einmal verschärft das Problem der Eduktion einer substantialen F. aus der Potenz der M. Seine Antwort ist bekannt: Eine auch vernünftige Seele, die formal eine immaterielle Substanz begründet, ist selbstverständlich nicht aus der Potenz der M. zu eduzieren. Daher zeugt der Vater aus dem Mutterblut nur eine vegetative und eine sinnliche Seele, die sukzessiv ein menschliches Lebewesen und Sinneswesen begründet. Die vernünftige Seele aber, welche die Vollkommenheiten der vegetativen und sinnlichen in sich enthält, muß in der Erzeugung eines Menschen dem Embryo, der sich schon bis zur Ausbildung der Sinnesorgane differenziert hat, von Gott gewissermaßen «anerschaffen» werden (es handelt sich ja nicht um eine eigentliche Schöpfung, da diese keine M. voraussetzt und an keine außergöttliche Bedingung geknüpft ist) [56]. Mit dieser Konstruktion weiß sich Thomas in Übereinstimmung mit jener Lehre des Aristoteles, daß der Intellekt «von außen» komme, also nicht durch Zeugung entstehe [57].

In Übereinstimmung nicht mit Aristoteles, aber mit dem Faktum, daß Ei- und Samenzelle durch Zellteilung entstehen und sich nach der Verschmelzung durch Zellteilung zu einem neuen Organismus entwickeln, wäre freilich auch das Entstehen neuen menschlichen Lebens wie die Erzeugung anderer Lebewesen zu verstehen und durch Teilung der konstitutiven Prinzipien F. und M. zu erklären; denn auch die menschliche Seele ist als allgemeiner Artlogos notwendig teilbar. Wenn aber die Ausbildung eines Organismus in seinen sinnlichen Vermögen «gleichsam (sicut) das Subjekt und etwas Materielles im Hinblick auf die Vernunft (als geistige Substanz, nicht bloß als akzidentelles Vermögen gefaßt) ist» [58], dann begründet die menschliche Seele, die Prinzip vegetativen, sinnlichen und geistigen Lebens ist, zusammen mit der M. zunächst ein mit allen Anlagen ausgestattetes spezifisch menschliches Lebewesen, das sich zum menschlichen Sinneswesen differenziert und das dann von seinem substantialen F.-Prinzip auch noch als individueller Geist und als Vernunftwesen konstituiert wird, so daß das Prinzipiat aus den Prinzipien F. und M. beim Menschen geformte und beseelte M. und zugleich und gleichwesentlich der M. inkarnierter individueller Geist ist. So vermag der thomistische Hylemorphismus verständlich zu machen, wie auch das geistige Leben des Menschen in der Materialität und Zeitlichkeit der Welt steht und in ihr entsteht, aber sie in seinem immateriellen Sein und in dessen Vollzug zugleich transzendiert.

Es bleibt noch zu erwähnen, daß Thomas außer den entwickelten Bestimmungen von F. und M. auch jenen von Aristoteles bzw. von seiner Schule stammenden Sprachgebrauch kennt, nach dem die Gattung als ‹M.›, die spezifische Differenz als ‹F.› bezeichnet wird [59], der M. (Inhalt) und logische F. eines Schlusses unterscheidet [60] oder nach dem allgemein von ‹M.› als Gegenstand einer theoretischen oder praktischen Fertigkeit die Rede ist [61]. Das führt etwa zu der auf den kantischen Sprachgebrauch vorweisenden Aussage, die sittliche Qualität menschlicher Handlungen bestimme sich «formaliter» (wesensprägend) aus dem intendierten Ziel, «materialiter» (inhaltlich) aber gemäß dem Objekt des äußeren Aktes [62]. Es wäre auch berechtigt, die thomistische Erkenntnislehre in der durch Kant eingebürgerten Terminologie dahingehend zu interpretieren, daß die sinnlichen Anschauungen M. der konkreten Erfahrungserkenntnis [63], der Begriff ihre F. [64] und das im Urteil ausgesagte Sein ihr abschließender formalster Akt sei [65]. Aber eine solche Terminologie findet sich bei Thomas doch nur in Ansätzen, bei denen mitunter eine ontologische Bedeutung von ‹M.› wie z. B. «materia individualis» unvermittelt mit einer gnoseologischen oder logischen Bedeutung von ‹M.› wie bei dem Ausdruck «materia communis» (die Vorstellung von «Fleisch und Knochen überhaupt», nicht die von «diesem Fleisch und diesen Knochen») zusammengestellt wird [66]. Auch mit dem Hinweis auf die Vieldeutigkeit des Ausdrucks «materia intelligibilis» im Unterschied zur «materia sensibilis» (vgl. Art. ‹Abstraktion› III, 2 b) kann die Freiheit belegt werden, die Thomas sich in seiner Terminologie nahm. Sie geht so weit, daß er in der Auseinandersetzung mit dem universellen Hylemorphismus, dem er die Lehre von der Zusammensetzung des endlichen Seienden aus Akt (Sein) und Potenz (Wesen) entgegensetzt, bereit ist, «jede Potenz M. und jeden Akt F.» nennen zu lassen [67]. Freilich kann er dann auch ironisch bemerken, nichts hindere das, was ‹Akt› heißt, ‹M.› zu nennen, «wie einer das, was Stein heißt, ja auch Esel nennen kann» [68].

Thomas hat den aristotelischen Hylemorphismus derart neu begründet und fortentwickelt, daß er zu einem zentralen Stück seiner Metaphysik insgesamt wurde. Dieses metaphysische Interesse, das er gerade auch in diesem Lehrstück mit einer ungewöhnlichen Anstrengung des Begriffes verfolgte, geht aber mit einer völlig unkritischen Haltung gegenüber den naturwissenschaftlichen Teilen des Aristotelismus einher, die, wie die technomorphe Erzeugungstheorie oder die doch empirisch überprüfbare Elementenlehre, von Thomas blind übernommen wurde. Aus diesem Schlaf naturwissenschaftlichen Desinteresses ist trotz der einschlägigen Leistungen auch schon der späteren Scholastik eigentlich erst die Neuzeit erwacht [69].

Anmerkungen. [1] THOMAS VON AQUIN, Spir. Creat. 5. – [2] Vgl. S. theol. (= ST) I, 9, 1. – [3] Trin. 5, 4, hg. DECKER 193, 7f. – [4] ST I, 3, 5; Ver. 27, 1, 8; An. 12. – [5] S. contra Gent. (= ScG) I, 17. – [6] In Met. 7, 15 (1618); ST I, 7, 1. – [7] Spir. Creat. 1, 19. – [8] Vgl. ScG II, 52ff.; An. 1, 17; 12, 11. – [9] ST I, 3, 4; Pot. 7, 2, 9. – [10] ScG II, 55. – [11] ScG II, 54. – [12] In De causis 4 (109). – [13] Vgl. L. OEING-HANHOFF: Ens et unum convertuntur (1953) 56ff. 86ff.; L. DÜMPELMANN: Kreation als ontisch-ontologisches Verhältnis (1969) 17-35. – [14] THOMAS, Ver. 2, 1, 6; vgl. 8, 16, 13; Pot. 9, 9. – [15] Vgl. ST I, 13, 9; 50, 2; 65, 4; 76, 2, 1. – [16] De ente V, hg. ROLAND-GOSSELIN 34; vgl. dort auch die Belege aus Avicenna. – [17] ScG II, 16. – [18] ST I, 45, 4 und ad 2 et 3. – [19] Vgl. die Belege bei OEING-HANHOFF, a. a. O. [13] 40. 45. 59ff. 71f. – [20] THOMAS, ST I, 16, 7, 2. – [21] De ente 2, hg. ROLAND-GOSSELIN 11; vgl. die dort gegebenen Hinweise auf den Ursprung dieses Ausdrucks. – [22] II. Sent. 30, 2, 1. – [23] IV. Sent. 11, 1, 1, sol. 3, 4. – [24] Trin. 4, 2, hg. DECKER 143, 15-21. – [25] Vgl. ROLAND-GOSSELIN, a. a. O. [5 zu II, 2] 104-126; A. FOREST: La structure mét. du concret selon saint Thomas d'Aquin (Paris ²1956) 226ff.; K. RAHNER: Geist in Welt (²1957) 346ff. – [26] Vgl. THOMAS, An. 9 ad 17; ST I, 76, 4, 4. – [27] Sub. sep. V, hg. PERRIER 32; ST III, 77, 2. – [28] ST I, 85, 1 et 2. – [29] ScG IV, 81; An. 9. – [30] ScG II, 56; An. 11; In Met. 7, 13 (1588). – [31] ST I, 77, 6. – [32] De hebd. 2; ST I, 3, 2 s.c.; 77, 7, 2. – [33] ScG III, 54. – [34] ST I, 77, 2. – [35] Pot. 3, 7. – [36] ScG III, 92; In Met. 8, 3 (1719). – [37] Vgl. z. B. Pot. 3, 11 obi. 10 und ad 10. – [38] Pot. 3, 8 obi. 12 und ad 12. – [39] ARISTOTELES, Met. VII, 3, 1029 a 6. – [40] Vgl. A. MITTERER: Die Zeugung der Organismen insbes. des Menschen nach dem Weltbild des hl. Thomas von Aquin und dem der Gegenwart (1947). – [41] Vgl. THOMAS, An. 10; In de an. 2, 4 (264f.). – [42] Vgl. L. OEING-HANHOFF: Der Ursprung der Seele nach Thomas von Aquin und der gegenwärtige Stand des Problems, in: La filos. della natura ... a. a. O. [1 zu II, 2] 435-446. – [43] AVICEBRON, Fons Vitae I, 6 (8). – [44] Vgl. THOMAS, Sub. sep. IV. V. VII, hg. PERRIER 19, 24. 49. – [45] Ver. 1, 12. – [46] Ver. 4, 2, 3; vgl. für weitere Erläuterungen und eine genaue Darstellung L. OEING-HANHOFF: Die Methode der Met. im MA, in: Die Met. im MA, hg. P. WILPERT (1963) 71-91. – [47] THOMAS, In Met. 9, 11 (1898). – [48] Ver. 8, 3; 8, 6. – [49] Trin. 4, 4, hg. DECKER 155, 23f; ST I, 85, 1, 2. – [50] In Ethic. 9, 11 (1908); vgl. Ver. 10, 8, 14. – [51] An. 1; ST I, 76, 1. – [52] ST I, 76, 3. – [53] ST I, 76, 1. – [54] II. Sent. 3, 1, 6. – [55] De ente V, hg. ROLAND-GOSSELIN 40. – [56] Pot. 3, 9, 9; ST I, 118, 2. – [57] De un. int. I, hg. PERRIER 20. – [58] ST I, 77, 7. – [59] ST I/II, 18, 7, 3. – [60] In Post. Anal. Prooem. (6). – [61] ST I/II, 55, 4; 72, 3, 2; 75, 4, 1. – [62] ST I/II, 18, 6. – [63] ST I, 84, 6. – [64] Ver. 8, 3. – [65] ST I, 14, 4. – [66] ST I, 85, 1, 2. – [67] Spir. Creat. 1. – [68] a. a. O. 9, 9. – [69] Vgl. VAN STEENBERGHEN, a. a. O. [1 zu II, 2] bes. 122.

Literaturhinweise. A. FOREST s. Anm. [25]. – J. LEGRAND: L'univers et l'homme dans la philos. de s. Thomas (Brüssel 1946). – G. MANSER: Das Wesen des Thomismus (Fribourg ³1949). – N. LUYTEN: La condition corporelle de l'homme (Fribourg 1957); Reflexions sur la notion˙de matière. Tijdschrift voor Philosophie 21 (1959) 225-242. – A. G. FUENTE: Interpretaciones tomistas de la formula ‹materia signata quantitate›. Estudios filosóficos 10 (1960) 461-470. – L. M. SANZ CRIADO: La materialidad del cuerpo extenso según Santo Tomás de Aquino. Pensamiento 17 (1961) 31-60. – TH. LITT: Les corps célestes dans l'univers de saint Thomas d'Aquin (Louvain/Paris 1963). – S. ADAMCZYK: L'idée de forme substantielle chez Aristote et Thomas d'Aquin. Roczniki filozoficzne 12 (1964) 5-15. – I. KLINGER: Das Prinzip der Individuation bei Thomas von Aquin (1964). – G. PICARD: Matière, contingence et indéterminisme chez Saint Thomas. Laval théol. et philos. 22 (Québec 1966) 197-233. – E. L. ROUSSEAU: Complexity in human knowledge: its basis in form/matter composition, in: Wisdom in depth. Essays in honor of Henri Renard u. a. (Milwaukee 1966) 203-217.

4. Die Verurteilung des heterodoxen Aristotelismus 1277 in Paris und Oxford traf auch wesentliche Bestandteile der thomistischen Lehre über F. und M. [1]. Das begünstigte ein Fortführen der augustinisch-neuplatonischen Tradition mit der Lehre des universellen Hylemorphismus und der Pluralität der Wesensformen, regte aber auch die Ausbildung einer neuen, unverkennbar eigenständigen Metaphysik an, wie sie DUNS SCOTUS erarbeitet hat.

Wenn Duns Scotus erklärt, die F. könne «aktuell seiend» (ens actu) oder «Akt» genannt werden, da Akt und aktuell alles sei, «was außerhalb seiner Ursache ist» [2], so wird schon daran sein neuer Ansatz deutlich. Hatte Thomas das Sein verbal von jenem Akt her verstanden, den etwas vollzieht, indem es ist, so ist das Sein für Scotus primär Etwassein, das univok von allem, was möglich, wirklich oder notwendig ist, als grundlegendster und einfachster Bestand ausgesagt werden könne. Erst durch Modi und hinzutretende besondere Naturen oder Formalitäten wird das Seiendsein (ens quidditative sumptum) weiterbestimmt, wobei nicht nur Gattungen und Arten, sondern auch die Individualität als eigene Formalität (haecceitas) gefaßt wird. Aktuell ist Seiendes, wenn es entweder wie Gott wesensnotwendig existiert, d. h. wenn mit seiner Möglichkeit die Notwendigkeit seiner Wirklichkeit gegeben ist, was wir bei Gott durch Rückführung des nicht notwendig Wirklichen auf seine erste Ursache erkennen, oder wenn es als objektiv Mögliches von seiner Ursache verwirklicht ist. Da die in ihrem Wesen veränderlichen, entstehenden und vergehenden Dinge gemäß der aristotelischen Einsicht aus zwei Prinzipien zusammengesetzt sind, aber nicht aus F. und Nichts bestehen, ein Nichts ja auch nicht die F. aufnehmen könnte, muß die M. also aktuell seiend genannt werden. Sonst könnte sie ja auch nicht von Gott geschaffen sein [3].

Trotz des augenscheinlichen Widerspruchs zu parallelen Formulierungen bei Thomas von Aquin über die Nichtaktualität der M. liegt der Gegensatz aber weniger in der Auffassung der M. als vielmehr in einer vom Ansatz her anderen Metaphysik. Da Duns Scotus Endlichkeit oder Unendlichkeit als innere Modi des von sich her zu diesen Bestimmungen «indifferenten» quidditativen Seins ansetzt [4], braucht er nicht, um den Unterschied zwischen Gott und Kreatur zu bestimmen, auf den universellen Hylemorphismus zu rekurrieren [5]. Weil aber nach seiner Lehre «jede quidditative Entität» – und auch die M. ist ja eine solche washeitliche Entität – «als quidditative Entität von sich her indifferent zu dieser oder jener (individuellen) Entität» (oder haecceitas) ist, kann die M. nicht das Individuationsprinzip sein, was sie nach seiner Metaphysik ja auch nicht zu sein braucht [6].

Die Kritik der Annahme realer Universalien in den Dingen ist ein wesentliches Kennzeichen der Philosophie WILHELMS VON OCKHAM, die sich primär gegen an sich allgemeine Naturen und Formalitäten im Sinne des Duns Scotus richtet, aber auch die thomistische Konzeption einer von sich her allgemeinen F. ablehnt. Ockham verwirft den traditionellen Hylemorphismus, indem er ihn uminterpretiert: «Materia est quaedam res actualiter existens in rerum natura quae est in potentia ad omnes formas substantiales» (die M. ist eine Sache, die aktuell in der Wirklichkeit existiert und die in Potenz zu allen substantialen F. ist) [7]. Wie jedes existierende Ding ist auch die M. individuell, sie ist ebenfalls wesentlich ausgedehnt und aktuell existierend auch intelligibel [8].

Wenn diese Bestimmungen der M. auch noch leicht als Fortführung der entsprechenden scotistischen Doktrin verstanden werden können, so zeigt sich der Neubeginn, den der Venerabilis inceptor gesetzt hat, besonders eindringlich in seiner Lehre von der F. Zwar könnte auch die allgemeine Erklärung, die F. sei «quidam actus natus recipi in illa materia» (ein bestimmter Akt, der angelegt ist, in jener M. rezipiert zu werden) [9], traditionell sein, aber bei der Ablehnung realer Universalien muß auch die F. singulär sein, und Ockham spricht ihr schließlich auch Ausdehnung und Teile zu: «est autem ista forma extensa habens partem distantem a parte» (aber diese F. ist ausgedehnt und hat auseinanderstehende Teile) [10]. Es ist einleuchtend, wie schwer es für Ockham unter diesen Bedingungen ist, noch die Einheit des aus F. und M. Zusammengesetzten zu fassen [11]. Eine Möglichkeit dazu läge darin, in der F., wie sie Ockham beschreibt, «eine ontisch höhere Schicht» über der M. zu sehen, «die wie eine ordnende Kraft das Seiende bestimmt» [12].

Nach Ockham ist die individuelle M. in den verschiedenen Körpern jedoch artgleich, und das behauptet er für alle Körper: «ich halte dafür, daß im Himmel die M. vom selben Wesen (eiusdem rationis) ist wie in diesen unteren Körpern, und zwar deshalb, weil eine Vielheit nie ohne Notwendigkeit anzusetzen ist» [13]. Das war neu; denn die in dieser Frage vorherrschenden Meinungen waren die des Averroes und Thomas von Aquin. Während nach ersterem die Himmelskörper nicht aus F. und M. zusammengesetzt sind, da sie Potentialität nur in der Form ihrer Ortsbewegung haben, hatte Thomas das kritisiert: Immaterielles lasse sich doch nicht mit den Augen sehen, und er hat angenommen, die M. der Himmelskörper sei so vollständig durch ihre F. aktuiert, daß in ihnen keine Potentialität mehr zum Entstehen und Vergehen oder zu qualitativen Veränderungen bestehe, sondern nur die zur Ortsbewegung. Das war auch noch die Überzeugung von KOPERNIKUS [14].

Diese These Ockhams von der gleichen M. in den Himmelskörpern nahm NIKOLAUS VON KUES auf, der im übrigen in seiner Lehre über F. und M. an die Terminologie und Problemstellung der Schule von Chartres anschloß. Mit ihr bezeichnet er die M. nicht wie die Schulphilosophie als «potentia», sondern als «possibilitas», lehnt aber ihre These von der M. als «absoluter Möglichkeit», in der alles «eingefaltet» sei, ab. Denn es gebe keine absolute Möglichkeit außer Gott, als dessen Explikation alle mit F. oder Akt verschränkte Möglichkeit (possibilitas contracta) zu verstehen sei; daher sei Gott «omne posse» (alles Können-Sein) und «forma formarum» [15].

Als Ergebnis der zwischen den großen Schulrichtungen innerhalb der späteren Scholastik ausgetragenen Kontroversen um F. und M., die mit beginnendem historischen Interesse ausführlich dargestellt werden, formuliert F. SUÁREZ seine die Scholastik abschließende Lehre, nach der die M. «nicht derart reine Potenz (pura potentia) ist, daß sie nicht auch irgendein entitativer Akt (actus entitativus) in gewisser Weise ist» [16]. Da aber alles, was ist, individuell ist, muß auch «diese M. als etwas an sich Eines» gefaßt werden, welche «das spezifische Wesen der M. kontrahiert» [17]. Das gleiche gilt nun aber auch von der substantialen F. Ihr innerliches Individuationsprinzip ist «ipsamet entitas formae» (die Entität der F. selbst) [18]. In der zusammengesetzten Substanz sind aber Individuationsprinzip nicht nur die M. und die F., sondern dazu auch noch der ebenfalls aus sich individuelle Modus der substantialen Vereinigung beider [19]. Zwar glaubt Suárez sich mit der Lehre von der Einheit der substantialen Wesensform [20] an Thomas von Aquin anzuschließen, aber die Fundamente seiner Metaphysik sind in diesem Problemfeld offenkundig ockhamistisch.

Der Unterschied zu Thomas wird besonders greifbar, wenn Suárez lehrt, die Erzeugung eines menschlichen Leibes sei «gleichsam die Gelegenheit» (veluti quaedam occasio) dafür, daß Gott ihm eine individuelle Seele – auch die übrigen substantialen F. sind ja an sich individuell – durch Schöpfung beifügt [21]. Während aber Ockham im Zuge einer empiristischen Haltung die spekulative Fassung der Lehre von F. und M. zurückweist und an ihre Stelle die direkte Wahrnehmung des individuellen Objektes in seiner Struktur setzt [22], hat Suárez, etwa mit der These vom individuellen Modus der substantialen Vereinigung, noch metaphysisch neue Entitäten konstruiert – und das zu einer Zeit, «in der die Entdeckungen der Naturwissenschaft auf allen Gebieten so viele summarisch konstruierte Wesenheiten zerbrachen» [23].

Anmerkungen. [1] Vgl. UEBERWEG/GEYER ([12]1951) 495. – [2] DUNS SCOTUS, Op. oxon. II, 12, 1, n. 15. – [3] a. a. O. II, 12, 1, n. 11. – [4] Vgl. Ord. I, 8, p. 1 q. 3 (141), hg. BALIĆ IV, 224. – [5] Vgl. E. GILSON: Jean Duns Scot. Introduct. à ses positions fondamentales (Paris 1952) 392 Anm. 1. – [6] Op. oxon. II, 3, 6, n. 11. – [7] OCKHAM, Summulae in 1. Phys. I, 15, hier und im folgenden zit. nach L. BAUDRY: Lexique philos. de G. d'Ockham (Paris 1958) s. v. ‹materia› und ‹forma› sowie S. MOSER: Grundbegriffe der Naturphilos. bei W. von Ockham (1932) 42-65. – [8] a. a. O. I, 19. – [9] I, 23. – [10] I, 21. – [11] Vgl. MOSER: a. a. O. [7] 65. – [12] a. a. O. 60. – [13] OCKHAM, II Sent. q. 22, BCDL. – [14] Vgl. Z. WLODEK: Note sur le problème de la «materia coeli» chez les scolastiques du MA tardif à Cracovie, in: La filos. natura ... a. a. O. [1 zu II, 2] 730ff. – [15] NIKOLAUS VON KUES, De docta ign. II, 8; De vis. Dei 15. – [16] SUÁREZ, Met. Disp. XIII, V, 10. – [17] a. a. O. V, 6. – [18] V, VI, 13. – [19] V, V, 5. – [20] XV, X, 61ff. – [21] XV, II, 10; vgl. dazu E. GEMMEKE: Die

Met. des sittlich Guten bei F. Suarez (1965) 80. – [22] Vgl. E. HOCHSTETTER: Studien zur Met. und Erkenntnislehre Wilhelms von Ockham (1927) 23. – [23] E. GILSON: L'être et l'essence (Paris 1948) 154.

Literaturhinweise. E. GILSON s. Anm. [5]. – P. STELLA: L'ilemorfismo di G. Duns Scoto (Turin 1955). – H. BECK: Das Individuationsprinzip bei Duns Scotus und Thomas von Aquin. Salzburg. Jb. Philos. 8 (1964) 115-132. – I. TONNA: The problem of individuation in Scotus and other Franciscan thinkers in the 13th century, in: De doctrina Io. Duns Scoti. Acta Congr. Scot. int. (Rom 1968) 1, 257-270. – S. MOSER s. Anm. [7]. – E. HOCHSTETTER s. Anm. [22]. – D. KNIGHT: Suarez' approach to substantial form. Mod. Schoolman 31 (1961/62) 219-239. – W. M. NEIDL: Der Realitätsbegriff des Franz Suarez nach den Disputationes Metaphysicae (1966).

III. – 1. F. BACON hält sich in der Bestimmung des Verhältnisses von F. und M. zunächst ganz in den traditionellen Begriffen: Er zählt F. und M. genau wie die aristotelische Tradition zu den vier Prinzipien [1], und daher gilt: «qui formas novit, is naturae unitatem in materiis dissimillimis complectitur» (wer die F. kennt, hat die Einheit der Natur in ihren verschiedenen M. begriffen) [2]. Doch entsprechend seiner programmatischen Absicht, die experimentelle Naturwissenschaft zu begründen, um durch das daraus hervorgehende Wissen die Natur zu beherrschen, versteht er unter F.n «leges illas et determinationes actus puri, quae naturam aliquam simplicem ordinant et constituunt; ut calorem, lumen, pondus; in omnimoda materia et subjecto susceptibili» (jene Gesetze und Bestimmungen des reinen Aktes, die irgendeine einfache Natur ordnen und bestimmen, wie Wärme, Licht, Schwere, wie sie an jeder Art von M. und Gegenstand aufgenommen werden können) [3]. Im Unterschied zu Platon, der die F. von der M. ganz abstrahiert habe und daher in theologische Spekulationen geraten sei [4], und zur philosophisch-theologischen Tradition, die die F.n der Substanzen betrachtet, eine Untersuchung, die wegen der zu verwickelten und komplizierten Aufgabe vergeblich sei [5], was daran liegt, daß die alte Philosophie, zumal Aristoteles, eine Teleologie der Zweckursachen in der Natur angenommen habe, nach der das Einzelne nach seinen Zwecken bestimmt werden könnte [6], begnügt sich Bacon mit einer ihm durchaus leicht scheinenden Untersuchung der F.n einer einfacheren Natur (formae simplicioris naturae) oder F.n erster Klasse (formae primae classis). Von diesen gibt es nicht so viele, und sie machen doch Wesen und F.n aller Substanzen aus (essentiae et formae omnium substantiarum). Er bezeichnet sie als schematismi und motus, wie z. B. die F. des Dichten und Dünnen, des Warmen und Kalten, des Schweren und Leichten usw. [7]. Nach Bacon erfolgt diese Untersuchung, «axiomata scientiarum in magis generalia, et quae omni materiae rerum individuarum competant, colligendo et uniendo» (indem man mehr allgemeine Grundsätze der Wissenschaften sammelt und verbindet, die jeder M. der einzelnen Dinge zukommen), und derart dem obersten Naturgesetz (summaria naturae lex), das von Gott gewirkt wird und an das menschliche Untersuchung wohl kaum gelangen kann, allmählich näherkommt [8]. Zu dieser naturgesetzlichen Ordnung gelangt man nach Bacon durch die Methode der Induktion, die durch Aufstellen von Tabellen der vorhandenen Dinge Ordnung in die Naturgeschichte bringt [9]. In der Induktion findet man dann mittels der aufgestellten Tabellen durch vorläufige Auflösung und Zerteilung der Natur im «Feuer des Geistes» durch Abstraktion von den Einzelheiten einer konkreten Sache die «forma affirmativa, solida et vera et bene terminata» [10], und zwar findet man die allgemeinen F. in den allgemeinen Naturgesetzen, die an einer M. sich äußern: « Itaque eadem res est forma calidi aut forma luminis et lex calidi sive lex luminis» (daher ist die F. der Wärme oder des Lichtes dasselbe wie das Gesetz der Wärme oder des Lichtes) [11]. Dies ist es, «quod potestatem humanam emancipet maxime et liberet» (was die menschliche Macht emanzipiert und befreit), denn «qui formam aliquam novit, novit etiam ultimam possibilitatem superinducendi naturam illam in omnigenam materiam, eoque minus inter operandum restringitur et alligatur ...» (wer irgendeine F. kennt, kennt auch die äußerste Möglichkeit, jene Natur an allerlei M. anzulegen, und ist desto weniger in seinem Wirken eingeschränkt und gebunden) [12].

Schon die *Renaissancephilosophie* hat den Begriff der M. gegen den der F. aufgewertet, indem sie ihn als das eigentlich Bleibende in den Dingen beschreibt. So begreift z. B. G. BRUNO die M. als das eine Substrat der Natur, das in allen wechselnden F. vorher da ist und identisch bleibt: in Speise, Saft, Blut, Samen, Embryo, Mensch usw.; «in istis formis, ita mutuo succedentibus ut una non succedat nisi altera abeunte, manifestum est quod una forma substantialis non recipit aliam, sed est quiddam tertium, quod cum prius esset sub ista forma, subinde est sub alia, et deinde ordine et vicissitudine erit sub omnibus: illa est materia» (in jenen F., die einander so folgen, daß eine nicht folgt, wenn die andere nicht vergeht, ist offenbar, daß die eine substantielle F. nicht eine andere aufnimmt, sondern etwas Drittes da ist, was, während es früher unter jener F. war, gleich darauf unter einer anderen ist und dann in dieser Ordnung und diesem Wechsel unter allen sein wird: dies ist die M.) [13]. Die Natur wird in Analogie zur Kunst vorgestellt, nur daß die «natürliche M.» nicht sinnlich wahrnehmbar ist, denn « la materia della natura non ha forma alcuna assolutamente», sondern «uno è il soggetto [Substrat] della natura» [14]; sie ist daher ohne jede Differenz (è al tutto indifferente) und nur «mit dem Auge der Vernunft» wahrzunehmen [15]. Bruno faßt seine Vorstellung zusammen, indem er sich im Dialog selbst zitieren läßt: « Die Ansicht des Nolaners ist die, daß es ein Intellekt ist, der jedem Ding sein Wesen gibt, von den Pythagoreern und Timaios ‹datore de le forme› genannt; eine Seele als formales Prinzip, welche alle Dinge macht und formt, von ihnen ‹fonte de le forme› genannt; eine M., aus der alle Dinge gemacht und geformt sind, von allen ‹ricetto de le forme› genannt» [16]. Neben der «Weltseele» als formendem Prinzip oder «forma universale» [17] begreift Bruno die M. als das einzige substantielle Prinzip, weil sie immer dieselbe bleibt (sol principio substanziale, e quello che è, e che sempre rimane) [18]. Wenn man dagegen wie die Aristoteliker nur die akzidentellen Formen zulasse, müßte man sogar *Avicebron* recht geben, der die M. «den allgegenwärtigen Gott» (Dio che è in tutte le cose) nennt [19], welcher Meinung nach seinem Geständnis auch Bruno lange angehangen hatte [20]. Er definiert die M. im folgenden dann durch ihre beiden Modi: Vermögen (potenza) und Substrat (soggetto) [21], und bestimmt sie als «il primo e ottimo principio, il quale è tutto quel che può essere ...; in lui dunque l'atto e la potenza son la medesima cosa» [22]. Diese Identität von Akt und Potenz, «l'assoluta potenza», die das «Wesen der M.» (raggione di materia) genannt werden kann, ist noch höher zu stellen als bei *Platon* und *Timaios*, die durch ihre Hochschätzung der M. die Theologen verunsichert hätten, statt M. nur immer im Sinne der Aristoteliker als Substrat der natürlichen Dinge aufzufassen. Die M. ist so «commune al mondo intelligibile e sensibile» [23]. Bruno kann sich nicht vorstellen, daß ein noch so böswilliger Theologe ihn wegen seiner Auffassung der Koinzidenz von Potenz und Akt der Gottlosigkeit (impietà) zeihen könnte, abgesehen davon, daß er dafür den Namen der M. gebraucht [24]. Die Theologen waren jedoch bekanntlich anderer Meinung und ließen ihn 1600 verbrennen.

Die werdende *Naturwissenschaft* löst sich dann ganz aus dem von dem Aristotelismus gegebenen ontologischen Rahmen des teleologischen Verhältnisses von F. und M. Im Zusammenhang des Beweises der Trägheit aller Körper, den GALILEI braucht, um den aristotelischen Einwand gegen die Bewegung der Erde abzutun [25], wendet er sich indirekt gegen die aristotelische Trennung von F. und M.: M. als das völlig durch die F. bestimmbare und selbst unbestimmte Substrat. Die Behauptung der Philosophen, daß «die Unvollkommenheit der M. [bewirkt], daß die konkret vorliegenden Dinge mit den bei abstrakten Betrachtungen zu Grunde gelegten nicht übereinstimmen», wird nicht schon averroistisch durch die Unterscheidung von materiellen und immateriellen Körpern erklärt, wie der Aristoteliker vorschlägt [26], also durch die Diskrepanz im Verhältnis von M. und F. [27], sondern nach Galilei muß man «die störenden Einflüsse der M. in Abrechnung bringen», so daß der materielle Körper denselben Gesetzen folgt wie der immaterielle [28]. Diese den materiellen Körpern innerliche und natürliche Eigenschaft nennt Galilei den «inneren Widerstand» gegen die Bewegung (resistenza interna) [29], die später so genannte und von Newton berechnete «Kraft der Trägheit». Doch auch Galilei hat die Kraft noch nicht ganz aus dem teleologischen Zusammenhang der aristotelischen Physik gelöst; er versteht daher die Schwerkraft noch als «Neigung» (inclinazione) zur Erdmasse hin [30] statt als Wirkung einer äußeren Kraft, die auf die Körper einwirkt.

Erst NEWTON begreift die Bewegung nur aus einer äußeren Kraft, nicht aber aus einem inneren teleologischen Streben. Er versteht die M. nunmehr rein physikalisch, die Zuordnung von F. und M. ist nun endgültig keine physikalische Frage mehr. Newton beweist, daß die Eigenschaften von Körpern allein durch die M. bedingt sind, die durch «Dichtigkeit und ihr Volumen» oder «Masse» sowie durch die «Kraft der Trägheit» bestimmt ist [31]. Er zeigt die Unabhängigkeit der physikalischen Eigenschaften eines Körpers von seiner F. in einem Gedankenexperiment: «Wäre der Äther oder ein beliebiger anderer Körper ganz frei von Schwere oder gravitierte er in einem kleineren Verhältnis als dem der Menge seiner M.; so würde, da Körper dieser Art von anderen (nach *Aristoteles, Descartes* und anderen) nur durch die Gestalt ihrer Teile verschieden sind, es sich ereignen können, daß sie durch allmähige F.-Änderung in solche Körper übergingen, welche im Verhältnis ihrer M. schwer sind ... Die Gewichte würden also von den F. abhängen und könnten sich mit ihnen ändern, was dem in Zusatz 1 Bewiesenen widerspricht.» Dort hat Newton bewiesen, daß «die Gewichte der Körper ... nicht von ihrer Gestalt oder Textur [abhängen]. Könnten sich nämlich dieselben mit ihrer Gestalt verändern, so würden sie bald größer bald kleiner werden, je nach den verschiedenen F. bei gleicher M. Dies ist durchaus gegen die Erfahrung [32].

Anmerkungen. [1] F. BACON, Novum Organum II, Aph. 2. Werke, hg. J. SPEDDING/R. L. ELLIS/D. D. HEATH (London 1857) 1, 228. – [2] a. a. O. II, 3 = 229. – [3] II, 17 = 257f. – [4] De augmentis scientiarum III, 4 = 565. – [5] ebda. = 565f. – [6] 569f. – [7] 565f. – [8] 567. – [9] Novum Org. II, 10 = 236; vgl. Aph. 1ff. – [10] II, 15. 16 = 256f. – [11] II, 17 = 258. – [12] De augm. sci. III, 4 = 568. – [13] G. BRUNO, Libri Physicorum Aristotelis explanati. Opera latine conscripta, hg. F. FOCCO/H. VITELLI (Florenz 1891, Nachdruck 1962) 3, 304; vgl. zu ähnlichen Bestimmungen in der Renaissancephilos. R. EISLER: Wb. der philos. Begriffe ([4]1929) 2, 84. – [14] G. BRUNO, De la causa, principio e uno in: Dialoghi italiani, hg. G. AQUILECCHIA ([3]1957) 3. Dialog, S. 265. – [15] a. a. O. 266. – [16] 272f. – [17] 262f. und bes. 2. Dialog, S. 231f. – [18] 273. – [19] 274. – [20] 262. – [21] 280. – [22] 281. – [23] 286. – [24] 286f. – [25] G. GALILEI, Dialog über die beiden hauptsächl. Weltsysteme, dtsch. E. STRAUSS (1891) 2. Tag, S. 187. – [26] a. a. O. 219. – [27] Vgl. Discorsi e dimostrazioni matematiche ... 1. Tag; dazu H. BLUMENBERG: Das Fernrohr und die Ohnmacht der Wahrheit, Einl. zu G. GALILEI, Sidereus Nuncius u. a., hg. H. BLUMENBERG (1965) 55ff. – [28] GALILEI, Dialog a. a. O. [25] 220. – [29] 226. – [30] 227; vgl. BLUMENBERG, a. a. O. [27] 36ff. – [31] I. NEWTON, Math. Prinzipien der Naturlehre, Erklärungen 1-3, hg. J. PH. WOLFERS (1872, Nachdruck 1963) 21f.; vgl. 3. Buch, 3. Regel zur Erforsch. der Natur = 380. – [32] 3. Buch, 1. Abschn., § 8, Zusatz 1. 2 = 391.

2. R. DESCARTES hatte es sich als Aufgabe gestellt, die neue Naturwissenschaft metaphysisch zu begründen, um sie von so gewonnenen sicheren Prinzipien her als universale mechanistische Theorie durchführen zu können. Wie die im Entstehen befindliche neue Naturwissenschaft sich von der aristotelischen Physik emanzipieren mußte, so hatte Descartes sich von der mit dieser aufs engste verbundenen alten Metaphysik zu lösen. Das bedeutete u. a., auch die als Ausgangspunkt und Basis der traditionellen Philosophie dienende, mit dem Gebrauch der Sprache schon gegebene Annahme zu überprüfen, es gäbe in ihrem spezifischen Wesen erkennbare individuelle Substanzen mannigfacher Arten. Das leistet bekanntlich sein sogenannter methodischer Zweifel mit der Zumutung, selbst die Existenz der Dinge, die aber eben stets für solche Substanzen im Sinne der aristotelischen Physik und Metaphysik gehalten werden, in Zweifel zu ziehen. Im Vollzug des Zweifels aber stellt sich heraus, daß das Selbstbewußtsein für die philosophische Reflexion offenkundiger ist als das Körperliche. Schon an dieser Stelle seines Weges, d. h. in der ‹Zweiten Meditation›, zeigt Descartes mit dem berühmten, übrigens auch traditionsreichen [1] Beispiel des Wachses, daß nicht die Sinne Wesen und Realität der allenfalls existierenden Körper erfassen können, da ihre im Wechsel der sinnfälligen Qualitäten bleibenden Eigenschaften wie erstlich die Ausdehnung nicht sinnlich, sondern nur denkend erfaßt werden. In der Ausdehnung sieht Descartes dann auch das Wesen der materiellen Dinge, deren Existenz in ihrer Ausdehnung, ihren Figuren und Bewegung (also ohne die sekundären Sinnesqualitäten) die ‹Sechste Meditation› sichert. «Daß es in Länge, Breite und Tiefe ausgedehnte Körper gibt, die verschiedene Figuren haben und sich in verschiedener Weise bewegen», gehört nach der Vorrede der ‹Prinzipien› [2] zu den von den ‹Meditationen› gesicherten Prinzipien, und in der Tat ergibt sich von hier aus Descartes' Ablehnung eines leeren Raumes, die Trägheit der Körper und damit die Grundlage seiner Bewegungsgesetze, d. h. die Grundlagen der Physik.

In den ‹Meditationen› scheint Descartes den Ausdruck ‹M.› zu vermeiden (obwohl von den «materiellen Dingen» die Rede ist [3]), um die Erinnerung an die «materia prima» der Scholastik nicht aufkommen zu lassen. Mit dieser Konzeption einer Erst-M. hatte er sich schon in ‹Le Monde› kenntnisreich auseinandergesetzt, die Schwierigkeiten dargelegt, die es macht, sie, wenn sie aller F. entkleidet ist, «von ihrer eigenen Quantität und von der ihr äußeren Ausdehnung zu unterscheiden». Auf diese Schwierigkeiten «subtiler Philosophen» will er sich nicht einlassen, sondern «supponieren, daß die Quantität der M. ... nicht mehr von ihrer Substanz verschieden ist wie die Zahl von den gezählten Dingen ... und daß ihre Ausdehnung ... nicht als Akzidens, sondern wie ihre wahre F. und ihr Wesen ist» [4]. Dieser eindeutigen Ablehnung des scholastischen M.-Begriffs entspricht die Bemerkung, eine substantiale F. sei ein «être philosophique», das ihm unbekannt sei [5].

Um diese früh ausgeprägte Kritik am Hylemorphismus, die ständiger Hintergrund seiner Neubegründung der Metaphysik ist, in ihrem Gewicht zu verstehen, ist daran zu erinnern, daß nach aristotelisch-scholastischer Lehre die sinnfälligen Eigenschaften einer Sache ihre spezifische Natur oder ihre Wesensform, die ja nicht unmittelbar-sinnfällig zu erfassen sind, «hinreichend» zum Ausdruck bringen und sie so erkennen lassen. Aber welche Eigenschaften eines Steines – das ist Descartes' Beispiel in den ‹Prinzipien› [6] – zeigen eine ihnen zugrunde liegende «Steinform» an? Die Härte? Zermahlen ist er weiches Steinpulver; die Farbe? Es gibt farblose, durchsichtige Steine, und so zeigt keine der sinnfälligen Qualitäten ein spezifisches Wesen des Steines an.

Descartes hat aber nicht nur den Hylemorphismus als unausgewiesene Theorie zurückgewiesen, sondern in einer Art «Psychologie der scholastischen Physik» [7] zu erklären versucht, wie man zu dieser irrigen Ansicht gekommen sei. Die substantialen Wesens-F. sind nämlich als Grund der Wesenseigentümlichkeiten der Sache und damit als Ursache ihres Wirkens und Verhaltens gefaßt. Eine solche Ursache ist sicher die menschliche Seele, und da auch die substantiale F. in der nicht-ockhamistischen Scholastik als etwas Unausgedehntes angesehen wurde, glaubt Descartes in der aristotelischen Physik, die die Naturphänomene durch die Annahme zugrunde liegender seelenartiger Wesens- und Wirkformen erklären will, eine anthropomorphe und animistische Deutung der Natur sehen zu müssen [8]. Ähnlich sprechen Kinder den Dingen seelenartige Kräfte zu, ohne schon genau zwischen Seelischem und Körperlichem unterscheiden zu können [9]; und so beruht nach Descartes, wie E. Gilson trefflich formuliert, «die aristotelische Physik der Scholastik völlig auf der Hypothese, die Welt des Kindes sei die wirkliche Welt» [10].

Erst nach dieser kompromittierenden Genealogie des Hylemorphismus und der Grundlegung der wahren Metaphysik kann Descartes unbefangen auch selber von F. und M. sprechen, und zwar nicht nur im Sinne der Unterscheidung von M. und F. eines Argumentes [11], sondern auch von der «einen M. des Universums», die verschiedene Dispositionen und «eine Verschiedenheit von F.» haben kann, die aber alle von lokaler Bewegung abhängen, also akzidentelle F. sind [12]. Solche akzidentelle F. aber anerkennt Descartes auch im Bewußtsein, denn eine allgemeine Bestimmung von Idee besagt ja, daß sie «F. des Bewußtseins» ist [13].

TH. HOBBES setzt das naturphilosophische Programm von Bacon und von Galilei in die metaphysische Theorie um: Auch ihm dient Wissenschaft nur der Macht und Theorie dem Handeln oder einem Werk: «Scientia propter potentiam; ... et omnis denique speculatio actionis vel operis alicuius gratia instituta est» [14]. Darum ist das Problem der Universalien für ihn schnell erledigt, sie sind bloße Namen [15], und daraus folgt: «Disputatio illa an nomina significent materiam, an formam, an compositum, aliaeque eiusmodi metaphysicorum, errantium sunt, nec intelligentium verba de quibus disputant» (die Streitfrage, ob Namen die M., die F. oder das aus ihnen Zusammengesetzte bezeichnen, und ähnliche Subtilitäten der Metaphysiker entspringen nur irrigen Vorstellungen; wer sich auf sie einläßt, weiß nicht, worüber er streitet) [16]. Das Verhältnis von F. und M. ist also nichts, was in den Dingen ist, sondern eine Sache der Bestimmung, der Konvention: Das Wesen eines Körpers oder seine F., soweit das Wesen erzeugt ist, entsteht durch die Benennung nach einem bestimmten Akzidens. Der Körper heißt mit Rücksicht auf die Akzidentien «subjectum», mit Rücksicht auf die F. «materia». Durch Veränderung eines Akzidens wird die F. verändert, die M. dagegen bleibt stets dieselbe [17]. Der Zusammenhang und die Einwirkung der Dinge unter- und aufeinander ist für Hobbes nur aus der mechanischen Bewegung verständlich [18]. Darum läßt er von den vier aristotelischen Prinzipien nur zwei gelten, die «causa efficiens» und die «causa materialis», die den gleichen Bewegungsimpuls ausdrücken, je nachdem ob er vom aktiven oder vom passiven Körper aus betrachtet wird [19]. Die «causa formalis» und die «causa finalis» sind für ihn in Wirklichkeit «causae efficientes» [20]. Eine Entelechie der Dinge anzunehmen, die sie aus eigener Zielstrebigkeit in einem geordneten Zusammenhang bestehen läßt, ist ihm unsinnig, darum kennzeichnet er ebenso den aristotelischen Gedanken einer «materia prima» mit «merum nomen» [21]. Hobbes löst daher völlig konsequent auch das Problem der Individuation in derselben Weise: Die Identität einer Sache liegt weder in der Einheit der M. noch in der der F. «Principium individuationis nec semper a materia sola, nec semper a forma sola, aestimandum est. Sed considerandum est quo nomine dicatur res quaeque, quando de identitate eius quaeritur» (das Prinzip der Individuation beruht eben weder allein auf der M. noch allein auf der F. Wenn die Identität eines Gegenstandes in Frage steht, ist vielmehr der Name entscheidend) [22].

Auch B. SPINOZA geht davon aus, daß die F. eines Individuums durch die gleiche physikalische Bewegung seiner in ihm zusammengesetzten Körper erzeugt wird [23], doch trägt er dem metaphysischen Problem der Identität insofern Rechnung, als er Gottes Verstand für die alleinige Ursache der Dinge ansieht, ihrer Essenz ebenso wie ihrer Existenz: «et formalis rerum essentia ideo talis est, quia talis in Dei intellectu existit objective» (und das formale Wesen der Dinge ist deshalb ein solches, weil es als solches in Gottes Verstand objektiv da ist) [24]. Da nun «quicquid est, in Deo est» [25] und ebenso gilt: «praeter Deum nulla ... substantia» [26], woraus folgt, «rem extensam et rem cogitantem ... Dei attributa» [27], ist es ganz folgerichtig, wenn Spinoza die M. als körperliche Substanz oder als Quantität, die als Substanz begriffen wird, überall als dieselbe denkt, «infinita, unica et indivisibilis», deren Teile nur auf modale, nicht aber auf reale Weise unterschieden werden [28].

J. LOCKE steht ganz auf dem Boden der cartesianischen Trennung von res cogitans und res extensa: «Sensation convinces us that there are solid extended substances; and reflection, that there are thinking ones» [29], und er gelangt derart zu den beiden widerspruchsfreien Ideen von «thinking» und von «solidity», die ihm die Annahme erlauben: «a thinking thing without solidity, i.e. immaterial, to exist, as a solid thing without thinking, i.e. matter, to exist». Tiefer können wir nicht in die Natur dieser Dinge eindringen [30]. Die Körper haben nach Locke gewisse primäre Qualitäten, wie Festigkeit,

Ausdehnung, Gestalt und Bewegung, und diese sind allein real und untrennbar von den Körpern. Dagegen sind die anderen Qualitäten, wie Farben, Töne, Geschmacksarten, keine Qualitäten der Körper selbst, sondern Wirkungen aus ihren Kräften auf uns und daher sekundär, sie sind wirklich nur im menschlichen Geist [31]. Das Problem, wie ein Körper in seine bestimmte F. gelangt, stellt sich für ihn erkenntnistheoretisch; in der Bewegung der Körper selbst kann es nicht mehr begriffen werden. Das Verhältnis von F. und M. faßt Locke so in den grundlegenden Ideen von Denken und M., die wir haben, ohne daß wir uns vorstellen können, wie sie miteinander verbunden werden [32]. Wir können nicht wissen, «whether any mere material being thinks or no», und wir können auch nicht wissen, «whether Omnipotency has not given to some systems of matter, fitly disposed, a power to perceive and think, or else joined and fixed to matter, so disposed, a thinking immaterial substance» [33]. Locke versteht also die Weise, wie ein Körper eine bestimmte Gestalt annimmt, durch das Rätsel einer Wirkung des Denkens auf die M., das nicht weiter auflösbar ist.

LEIBNIZ antwortet auf diese skeptische Enthaltung Lockes, die die Ideen der M. und des Denkens lediglich nebeneinanderstellt. Er sieht in dieser einfachen Zuordnung einen Rückfall in die Auskunft der Scholastiker, die die Verbindung von M. und immaterieller Substanz als eine Art Wunder verstehe. Dagegen scheint Leibniz die Frage, ob ein materielles Wesen denke, durchaus beantwortbar. Die vollständig organisierte M., «la matiere, prise pour un Estre complet (c'est à dire la matiere seconde opposée à la premiere, qui est quelque chose de purement passif, et par consequent incomplet)», kann nicht ohne sie organisierende reelle Einheiten (des Unités reelles) bestehen, die Leibniz als «Substances simples ou immaterielles» begreift [34]. M. und Substanzen sind sehr verschiedener Art: «quand on considere encor ce qui est de la nature de ces unités reelles, c'est à dire la perception et ces suites, on est transferé pour ainsi dire dans un autre monde, c'est à dire dans le *Monde intelligible des Substances*, au lieu qu'auparavant on n'a esté que parmy les *phenomenes des sens*» [35]. Dennoch stimmen sie gemäß einer vorher verliehenen Harmonie überein, die der natürlichen Ordnung entspricht und nicht mehr vom Willen Gottes abhängig ist.

Diese Einheiten der M., also das Verhältnis von F. und M., versteht Leibniz näher als ein Verhältnis der Kräfte, das er in der Physik der Dynamik – wie Newton – in Kritik an den cartesianischen physikalischen Begriffen gewinnt [36]. Im Gegensatz zur aristotelisch-scholastischen sowie zur cartesianischen Tradition entwickelt er einen neuen Begriff der Kraft, der sich von dem traditionellen Begriff der δύναμις (potentia seu facultas) als bloßer Möglichkeit oder Rezeptivität unterscheidet und der nach Leibniz den Begriff der Substanz deutlicher machen kann [37] sowie das Wesen des Körpers nicht nur durch bloße Ausdehnung, sondern durch eine ihm innewohnende bewegende Kraft (vis motrix) erklärt [38]. Leibniz beschreibt diese Kraft als «intimam corporum naturam» konstituierende Substanz, als einen «conatus sive nisus ... effectum plenum habiturus, nisi contrario conatu impediatur» (ein Streben oder eine Tendenz, die zur vollen Wirksamkeit gelangt, wenn sie nicht durch ein entgegengesetztes Streben gehemmt wird). Ihr entgegen steht die M., die aber nicht bloß als Ausdehnung verstanden werden darf, wie Leibniz an den Cartesianern kritisiert, sondern als das, was an der Substanz widerständig ist: «extensioque nil aliud quam iam praesuppositae nitentis renitentisque id est resistentis substantiae continuationem sive diffusionem dicit, tantum abest, ut ipsamet substantiam facere possit» (und die Ausdehnung besagt nichts anderes als die Wiederholung oder Ausbreitung einer schon vorausgesetzten strebenden und widerstrebenden, d. h. widerständigen Substanz, die also weit davon entfernt ist, selbst die Substanz ausmachen zu können) [39]. Es ist Leibniz' Anspruch, mit diesen Begriffen «die überlieferte Lehre der Peripatetiker von den F.n oder Entelechien auf verständliche Begriffe zurückzuführen» [40]: «Id principium Formam, an ἐντελέχειαν, an Vim appellemus, non refert, modo meminerimus per solam virium notionem intelligibiliter explicari» (ob wir dieses Prinzip als F., als Entelechie oder als Kraft bezeichnen, darauf kommt es nicht an, wenn wir nur dessen eingedenk bleiben, daß es allein im Begriff der Kräfte eine verständliche Erklärung findet) [41]. F. wird als «tätige Kraft» (vis activa) und M. als «passive Kraft» (vis passiva) [42] verständlich gemacht, und zwar in zweierlei Weise: einmal für die Physik, hier die Dynamik, die berechnet, wie durch diese Kräfte «corpora actu in se invicem agunt aut se invicem patiuntur», also die tatsächliche Wirkung und Gegenwirkung der Körper, die auf dem genau angebbaren Verhältnis der «abgeleiteten Kräfte» (vires derivativae) im Zusammenhang mit der Ortsbewegung beruhen [43]; zum anderen für die Metaphysik, die die «ursprünglichen Kräfte» (vires primitivae) betrachtet, die als F.n die allgemeinen Quellen und Ursachen der Dinge erschließen [44], und es ist also, «massae materiali principium quoddam superius, et ut sic dicam formale addendum» (ein der materialen Masse gewissermaßen übergeordnetes und sozusagen formales Prinzip hinzuzufügen) [45], ohne damit wieder in «scholastische Klopffechtereien» zurückzufallen. Darum kann man, will man «recht philosophieren», auf die «Erkenntnis der F.n» nicht verzichten, während die Physik bei der Erforschung der «eigentlichen und besonderen Ursachen der Sinnesdinge» sehr wohl ohne sie auskommt [46]. Die «vis activa» entspricht als «vis primitiva», «quae nihil aliud est quam ἐντελέχεια ἡ πρώτη, *animae vel formae substantiali*» (die nichts anderes ist als die erste Entelechie, *der Seele oder der substantiellen F.*), als «vis derivativa» bezeichnet sie «per corporum inter se conflictus resultans» (die Resultante aus der gegenseitigen Wechselwirkung der Körper) [47]. Die «vis passiva» meint als «vis primitiva patiendi seu resistendi», «ut corpus a corpore non penetratur, sed eidem obstaculum faciat, et simul ignavia quadam, ut sic dicam, id est ad motum repugnatione sit praeditum» (daß ein Körper nicht von einem anderen durchdrungen wird, sondern ihm Widerstand entgegensetzt und sozusagen mit einer gewissen Trägheit, d. h. einem Widerstreben gegen die Bewegung, behaftet ist), und konstituiert damit das, «quod *materia prima*, si recte interpreteris, in Scholis appellatur» (was in der Schulphilosophie die *erste M.* genannt wird, wenn man diesen Ausdruck richtig deutet) [48]. Als «vis derivativa» dagegen «varie in *materia secunda* sese ostendit» (zeigt sie sich in mannigfaltiger Weise in der *zweiten M.*) [49], dem auf bestimmte Weise endlich ausgedehnten Körper [50].

In einem Brief an de Volder vom 20. Juni 1703 wiederholt Leibniz noch einmal diesen Aufbau des Universums, wie er von Physik und Metaphysik umfaßt wird und von substantiellen F.n und erster M. ausgehend die Monaden und schließlich das Individuum konstituiert: «Distinguo ergo (1) Entelechiam primitivam seu Animam, (2) Materiam nempe primam seu potentiam passivam primitivam, (3) Monada his duabus completam, (4) Massam seu materiam secundam, sive Machinam organicam, ad quam innumerae concurrunt Monades subordinatae, (5) Animal seu substantiam corpoream, quam Unam facit Monas dominans in Machinam» [51]. In abgestuften Graden des Bewußtseins repräsentiert nach Leibniz jede Monade das ganze Universum, so daß der Zusammenhang des Ganzen gewahrt ist [52]. An Stelle einer teleologischen Ordnung des Kosmos tritt eine gemeinsame Regel für alle Einheiten, das System der prästabilierten Harmonie, das alle Substanzen nach ihren Gesetzen in Verbindung stehen läßt [53].

Anmerkungen. [1] Vgl. zu dieser auf Plotin zurückgehenden Tradition L. GAUTHIER, a. a. O. [20 zu II, 2] 72. – [2] DESCARTES, Princ. Préf. – [3] Med. VI. Werke, hg. ADAM/TANNERY (= A/T) 7, 71. – [4] A/T 11, 33-36. – [5] A/T 2, 367. – [6] Princ. II, 11. – [7] E. GILSON: Etudes sur le rôle de la pensée médiévale dans la formation du système cartésien (Paris ²1951) 168f. – [8] Vgl. DESCARTES, A/T 2, 212f.; 3, 648. – [9] A/T 3, 420. – [10] GILSON, a. a. O. [7] 170; vgl. ferner H. GOUHIER, La pensée mét. de Descartes (Paris 1962) 41-62. – [11] DESCARTES, A/T 2, 209. – [12] Princ. II, 23. – [13] A/T 7, 160; ferner auch Med. III. A/T 7, 37. – [14] TH. HOBBES, De corpore c. 1, 6. Opera philos., hg. G. MOLESWORTH 1, 6. – [15] a. a. O. c. 2, 9 = 17f. – [16] 2, 5 = 15. – [17] 8, 23 = 104. – [18] c. 9 u. 10. – [19] 10, 1 u. 6. – [20] 10, 7 = 117. – [21] 8, 24 = 105. – [22] 11, 7 = 122. – [23] B. SPINOZA, Ethica pars II, prop. XIII, lemma IV-VI. Werke, hg. C. GEBHARDT 2, 100f. – [24] a. a. O. I, prop. XVII, schol. = 62. – [25] I, prop. XV = 56. – [26] I, prop. XIV = 56. – [27] I, prop. XIV, cor. II = 56; vgl. II, prop. I u. II = 86. – [28] I, prop. XV, schol. = 59. – [29] J. LOCKE, An essay conc. human understanding II, 23, 29, hg. A. C. FRASER (New York 1959) 1, 414. – [30] a. a. O. II, 23, 32 = 418. – [31] II, 8, 7ff. = 168ff. – [32] IV, 3, 6 = 2, 192ff. – [33] ebda. = 192f. – [34] G. W. LEIBNIZ, Nouveaux Essais IV, 3. Philos. Schriften, hg. C. I. GERHARDT (= PhSG) 5, 359. – [35] ebda. – [36] Specimen dynamicum ... (1695). Math. Schriften, hg. C. I. GERHARDT 6, 234ff. – [37] De prima philosophiae Emendatione ... PhSG 4, 469. – [38] 4, 393. – [39] Specimen dynamicum a. a. O. [36] 235. – [40] ebda. – [41] 242. – [42] 236. – [43] 237; vgl. E. CASSIRER: Leibniz' System ... (¹1902, Nachdruck 1961) 333ff. – [44] LEIBNIZ, a. a. O. [36] 236. – [45] 241. – [46] 236. – [47] ebda. – [48] 236f. – [49] 237. – [50] Vgl. PhSG 4, 394. – [51] PhSG 2, 252. – [52] Monadol. §§ 60ff. = PhSG 6, 616ff. – [53] Theodicee I, §§ 59ff. = PhSG 6, 135ff.

3. Ganz im Sinne von Leibniz bestimmt CHR. WOLFF in seiner «Deutschen Metaphysik» die Körper durch Ausdehnung und widerstehende Kraft: «Dasjenige nun, was einem Cörper die Ausdehnung giebet mit seiner widerstehenden Kraft, wird die *M.* genennet» [1]. Aber er begreift die F.-Prinzipien anders als Leibniz. Zwar kennt er auch «einfache Dinge», die er im Anschluß an dessen Monaden beschreibt [2], aber unter ihnen versteht er lediglich die kleinsten Teile der Körperwelt, die Elemente, die aus dem Gegensatz zur zusammengesetzten Welt bestimmt werden [3]; als substantielle F.n kommen sie nicht in Betracht. Denn «es ist wohl zu mercken, daß, da wir in der Zusammensetzung nicht bis auf die Elemente kommen können, wir in dem Wesen der Cörper bey zusammengesetzten, das ist, cörperlichen Theilen stehen bleiben» [4]; die Betrachtungsweise ist ganz die sinnliche Wahrnehmung, durch optische Geräte noch verstärkt [5]. Gleichwohl beschreibt Wolff einen Körper nicht nur durch seine M., sondern er gibt Ordnungsprinzipien an: «Und auf solche Weise gehöret zu einem Cörper 1. eine M., 2. ein Wesen und 3. eine bewegende Kraft» [6]. Die M. ist «nur ein leidendes Ding» [7], ihre Bewegung erhält sie als Körper durch eine «bewegende Kraft» [8], diese Kraft bestimmt er wiederum im Anschluß an Leibniz [9]. Aber auch hier vermengt er wieder Leibniz' sorgfältige Unterscheidung zwischen metaphysischer und physikalischer Auffassung: Das Spiel der Kräfte wird nicht als eine ursprüngliche Betrachtungsweise der Dinge und als eine davon abgeleitete Berechnung bei bestimmten gegebenen Daten gesehen – wie Leibniz es mit der Distinktion von vis primitiva und vis derivativa fordert –, sondern Wolff bestimmt das Wirken der Kraft durch das Mögliche, «das mögliche wird zur Würcklichkeit gebracht» [10]. Das Wesen jedoch, das dritte Ordnungsprinzip der Körperwelt, besteht für ihn «in der Art der Zusammensetzung» [11], die wiederum durch das Mögliche festgelegt ist, denn «das Wesen eines Dinges [ist] seine Möglichkeit» [12]. Auch die Kraft gilt Wolff nicht als ein geistiges Prinzip, sondern wird von ihm als «fremde M.» aufgefaßt, die als «subtile flüßige M. in dem leeren Raume des Cörpers» vorgestellt wird [13]. Ausdrücklich gegen Leibniz [14] betont er: «hieraus erhellet, daß man in Erklärung der Begebenheiten in der sichtbahren Welt nicht nöthig hat sich auf die ursprüngliche Kraft, die in denen Elementen ist, zu beruffen» [15]. Der Aufbau der körperlichen bewegten Welt wird dann von Wolff folgendermaßen erklärt: Auf die passive M. eines Körpers wirkt seine «Natur», worunter «die würckende Kraft, in so weit sie durch das Wesen eines Dinges in ihrer Art determiniret wird» zu verstehen ist [16]. Dies gilt auch von der Welt im Ganzen, deren Natur «durch die Art der Zusammensetzung der Welt in ihrer Art determiniret wird» [17]. An die Stelle einer teleologischen Ordnung der Welt, die in dem Prinzip der Entelechie unter dem ontologischen Gesichtspunkt von F. und M. gründet, oder einer inneren Gesetzmäßigkeit der Dinge, die die M. in substantiellen F.n strukturiert, tritt die Ordnung der Welt durch ihre Zusammensetzung, die in der Weise der Zusammensetzung einer Uhr begriffen wird [18]. Diese neue, ganz aus der experimentellen Physik gewonnene Betrachtungsweise, die dann bei einem «hyperphysischen Gebrauch» allerdings zu «grundlosen Anmaßungen» führt [19], dient Wolff auch selber dazu, «Natur-Wissenschaft» möglich zu machen, «welche nichts anders ist als eine Wissenschaft dessen, was durch das Wesen und die Kräfte der körperlichen Dinge möglich ist» [20].

In seiner ‹Ontologie› unterscheidet Wolff dagegen wieder zwischen Metaphysik und Physik, er entfernt sich zugleich auch noch weiter von Leibniz' Ansatz und leitet die formallogischen Bestimmungen der deutschen Schulmetaphysik des 18. Jh. ein, die bloß auf dem Satz des Widerspruchs ruhen. Er kritisiert den laxen Gebrauch von substantiellen F.n, den «substantiae simplices», die «per determinationes essentiales» die M. unterteilen sollten [21], ausdrücklich gegen Leibniz [22], und weist dies wie auch eine speziellere Betrachtung der F.n der Physik zu, die die natürlichen Dinge zu behandeln hat, während die Ontologie das Seiende im allgemeinen betrachtet [23]. Wolff begreift nun das Verhältnis von F. und M., indem er die F. als «principium entis, a quo pendet ut ipsum tale existat» [24], z. B. bei der F. eines Steines, indem man weiß, «quomodo per mixtionem prodeant corpuscula et quomodo eadem inter se jungantur, ut prodeat massa lapidis» (wie durch Mischung die Korpuskeln hervorgehen und wie sie miteinander verbunden werden, so daß die Steinmasse daraus hervorgeht) [25]. Die M. ist dann «illud, quod determinatur in ente composito» [26]. Er bestimmt entsprechend der scholastischen Tradition die F. als causa, die den Dingen durch Determination der spezifischen Differenz esse, distingui und operari gebe, und bezeichnet so die Nähe von forma und essentia als determinationes essentiales [27] sowie ebenso die M. als «materia ex qua» nach den verschiedenen Stoffen, als «materia in qua», das subjectum, das zu Grunde liegt, und als «materia circa quam», das objectum, d. h. den Gegenstand [28]. Doch sind dies alles formallogische Bestimmungen, in denen die Dinge nach dem Prinzip des zureichenden Grundes erfaßt werden: «Per formam enim intelligitur, cur ens sit hujus generis vel speciei, seu tale potius, quam aliud, et cur sit ad hoc modo agendum aptum, consequenter in forma ratio horum continetur» (durch die F. versteht man nämlich, warum das Seiende von dieser Gattung und Art sei oder mehr so als anders und warum es zu derartiger Wirkung geeignet sei, d. h. in der F. ist der Grund dieser Dinge enthalten) [29].

Wie Wolff betrachtet auch A. BAUMGARTEN in seiner ‹Metaphysik› das Verhältnis von F. und M. einmal unter den traditionellen metaphysischen Bestimmungen, die aber bei ihm ebenso unter physikalischen Begriffen von der M. verstanden werden, zum anderen als bloß logische Bestimmungen. So bezeichnet er der Tradition gemäß die F. als «essentia», d. h. für die Wolffische Schulphilosophie «possibilitas eius interna» oder auch «natura» [30], die dann als «modus compositionis» begriffen wird [31]. Die M. wird entsprechend der Newton-Leibnizschen Korrektur am Cartesianismus als «extensum, cui vis inertiae tribuatur», bestimmt, als «materia prima», solange sie nur durch die Trägheit ausgezeichnet ist, als «materia secunda», sobald eine bewegende Kraft (vis motrix) hinzukommt, die sie zum «corpus physicum» macht [32]. Aber ebenso wie Wolff die Leibnizschen Monaden nicht mehr als intelligible Formprinzipien, sondern als kleinste Teile der M. verstand, so bezeichnet auch Baumgarten die Monaden als Konstituenten der M. durch die Trägheitskraft: «Hinc monades quaedam huius universi constituunt extensum, cui vis inertiae tribuatur, hinc materiam» (Daher konstituieren bestimmte Monaden das Ausgedehnte dieses Universums, dem eine Trägheitskraft zugeordnet werden soll, von daher heißt es M.) [33]. Das Ausgedehnte (extensum) ist ihm darum «aggregatum monadum» [34], geordnet durch die nach dem logischen Prinzip des Möglichen bestimmte Zusammensetzung des Universums [35]. Daher nun der Übergang zum bloß noch logischen Gebrauch von ‹F.› und ‹M.› bzw. von ‹formal› und ‹material›: «Materia et forma quum actualis determinationis rationem contineant, caussae sunt. Illa materialis haec formalis. Concaussae materiales et formales sunt inter se connexae, earumque *nexus* cum suis principiatis, et inter se, ille *subiectivus* dici potest, hic *formalis* (essentialis)» (M. und F. sind, da sie den Grund der wirklichen Bestimmung enthalten, Ursachen. Jene material, diese formal. Die materialen und formalen Mitursachen sind unter sich verbunden, und von ihrer Verbindung mit dem von ihnen Verursachten sowie unter sich kann jene gegenständlich, diese formal (wesentlich) genannt werden) [36]. Der Weg zu Kants Unterscheidung von ‹F.› und ‹M.› als Reflexionsbegriffen, nach der eine jede wirkliche Erkenntnis aus dem Formalen des Erkenntnisvermögens und dem Materialen einer sinnlichen Empfindung besteht [37], ist damit offen.

Diese Auffassung von F. und M. als bloße «Betrachtungsart» [38] durchzieht nun die Schulphilosophie des 18. Jh., nachdem man zwischen physikalischer und metaphysischer bzw. ontologischer Betrachtung zu trennen weiß [39]. Aus diesem Grund wird auch vorgeschlagen, lieber von «formale» und «materiale» statt von F. und M. zu reden, um einer Verwechslung mit dem physikalischen Begriff der M. vorzubeugen [40]. WALCH faßt diese Auffassung zusammen, indem er die «substantielle Form ein pur lauteres Gedicht der Scholasticorum» sein läßt [41] und «von der ersten M. und deren Beschaffenheit nicht viel philosophiren» lassen will [42], denn F. und M. bestehen nur an Körpern, können nicht gesondert werden [43]. In abstrakter Weise setzt er ‹formal› und ‹material› gegenüber, «da denn das Materiale die Sache selbst, daran sich das Formale befindet, anzeiget» [44]; d. h. die formalia sind auch als «Unterscheidungsbestimmungen, wodurch ein Object [sc. das Materiale] mehr bestimmt ... wird», zu verstehen, entsprechend der alten logischen Unterscheidung von M. und F. als genus und differentia specifica [45], so daß die Unterscheidung von F. und M. nunmehr zu der allgemeinen Unterscheidung von F. und Inhalt verflachen kann.

Anmerkungen. [1] CHR. WOLFF: Vernünfftige Gedancken von Gott ... (¹1720, zit 1747) § 607. – [2] a. a. O. §§ 598f. – [3] §§ 76. 582. – [4] § 612. – [5] §§ 83-85. 695. – [6] § 626. – [7] § 622. – [8] § 623. – [9] §§ 115f. – [10] § 120; vgl. § 14. – [11] § 606. – [12] §§ 35. 59. – [13] §§ 699f. – [14] §§ 660. 697. – [15] § 700. – [16] § 628. – [17] § 629. – [18] §§ 556. 637. – [19] KANT, KrV B 88. – [20] WOLFF, a. a. O. [1] § 631. – [21] Philos. prima sive Ontologia (²1736, Nachdruck 1962) § 948. – [22] a. a. O. § 794. – [23] §§ 947-949. – [24] § 947. – [25] § 944. – [26] § 948. – [27] §§ 944-947. – [28] § 949. – [29] § 947; vgl. §§ 249ff. – [30] A. BAUMGARTEN, Metaphysica (1739, ⁷1779) § 40. – [31] a. a. O. § 431. – [32] §§ 295. 296. – [33] § 416. – [34] § 418, vgl. §§ 235. 242. – [35] § 396. – [36] § 345. – [37] KANT, KrV B 322ff. – [38] CHR. A. CRUSIUS: Entwurf der notwendigen Vernunftwahrheiten ... (¹1745, ²1753) § 30. – [39] J. G. WALCH: Philos. Lex. (¹1726, hg. J. CHR. HENNINGS ⁴1775) Art. ‹Form› I, S. 1338. 1341. – [40] CRUSIUS, a. a. O. [38] § 30. – [41] WALCH, a. a. O. [39] I, 1340. – [42] II, 60. – [43] I, 1340. – [44] I, 1341. – [45] I, 1342; vgl. CRUSIUS, a. a. O. [38] § 30.

Literaturhinweise. P. HOSSFELD: F. Bacon und die Entwickl. der naturwiss. Methode. Philos. nat. 4 (1957) 140ff. – R. E. LARSEN: The Aristotelianism of Bacon's Novum Organum. J. Hist. Ideas 23 (1962). – M. CLAVELIN: La philos. nat. de Galilée (Paris 1968) 435ff. – J. HERIVEL: The background to Newton's Principia (Oxford 1965). – A. KOYRÉ: Etudes newtoniennes (Paris 1968). – F. O. WOLFF: Die neue Wiss. des Thomas Hobbes (1969). – H. R. PARKINSON: Spinoza's theory of knowledge (New York/Oxford 1954). – J. GIBSON: Locke's theory of knowledge (Cambridge/New York ²1960). – E. CASSIRER: Leibniz' System in seinen wiss. Grundlagen (1902, Nachdruck 1962). – M. GUEROULT: Dynamique et mét. Leibniziennes (1934). – Y. BELAVAL: La pensée de Leibniz (Paris 1951). – J. ECOLE: Cosmol. wolffienne et dynamique leibnizienne. Et. philos. 19 (1964). – P. PETERSEN: Gesch. der aristotel. Philos. im prot. Deutschland (1921, Nachdruck 1964). – M. WUNDT: Die dtsch. Schulphilos. im Zeitalter der Aufklärung (1945, Nachdruck 1964). – H. SCHEPERS: Andreas Rüdigers Methodol. und ihre Voraussetzungen (1959). – E. CASSIRER: Substanzbegriff und Funktionsbegriff (1910, Nachdruck 1969). – H. HEIMSOETH: Met. der Neuzeit (1934, Nachdruck 1967).

IV. – 1. Im transzendentalen Idealismus KANTS bleibt der Gegensatz zwischen F. und M. zwar von großer Bedeutung, jedoch steht er nun endgültig in einem anderen Zusammenhang als in der aristotelisch-scholastischen Tradition. F. und M. konstituieren nicht die Dinge als solche («an sich»), sie sind vielmehr nur Begriffe, durch die das Verhältnis «gegebener Vorstellungen zu unseren verschiedenen Erkenntnisquellen» bestimmt wird [1]. Solche Begriffe nennt Kant «Reflexionsbegriffe» [2]. Über «M. und F.» (das letzte von vier Paaren von Reflexionsbegriffen) sagt er: «Dieses sind zwei Begriffe, welche aller anderen Reflexion zum Grunde gelegt werden, so sehr sind sie mit jedem Gebrauch des Verstandes unzertrennlich verbunden. Der erstere bedeutet das Bestimmbare überhaupt, der zweite dessen Bestimmung ...» [3]. Während aber in der Tradition die Bestimmung der bestimmbaren M. durch die F. als reale Konstitution der Dinge selbst gedacht wurde, konstituieren bei Kant F. und M. nur den *Gegenstand der Erfahrung:* Die – a posteriori gegebene – M. (der sinnlichen Wahrnehmung) und die – a priori im Erkenntnisvermögen bereitliegenden – F. (der sinnlichen und der begrifflichen Erkenntnis) konstituieren allererst den Gegenstand der Erfahrung (die Erscheinung). An die Stelle der realen Zusammensetzung körperlicher Substanzen, wie sie seit Aristoteles vorgestellt wurde, ist bei Kant die Zusammensetzung des Gegenstandes der Erfahrung aus den Elementen der verschiedenen Erkenntnisvermögen getreten. Und zwar unterscheidet Kant zwischen dem, «was wir durch Eindrücke empfangen», und dem, «was unser eigenes Erkenntnisvermögen ... aus sich selbst hergibt» [4]. Die Erfahrung enthält also «zwei sehr ungleichartige Elemente», «nämlich eine M. zur Erkenntnis aus den Sinnen und eine F., sie zu ordnen, aus dem inneren Quell des reinen Anschauens und Denkens» [5]. Durch die Sinnlichkeit (das Vermögen der Rezeptivität) werden uns Anschauungen gegeben: die M. der Erscheinung [6]; «dasjenige aber, welches macht, daß das Mannigfaltige der Erscheinung in gewissen Verhältnissen geordnet werden kann, nenne ich die F. der Erscheinung» [7]. Diese F. aber werden vom menschlichen Erkenntnisvermögen zur Ermöglichung von Erfahrung überhaupt spontan hervorgebracht bzw. sie liegen in ihm a priori bereit. Die reinen F. a priori der Anschauung sind Raum und Zeit (als subjektive Bedingungen der Sinnlichkeit), die des Denkens die reinen Verstandesbegriffe, welche der Synthesis des Mannigfaltigen durch die Einbildungskraft Einheit geben [8]. (Die für den transzendentalen Idealismus weitgehend entscheidende Auffassung, daß Raum und Zeit die formalen *subjektiven* Bedingungen a priori der Sinnlichkeit seien, ist bereits in der Dissertation durch die konsequente Unterscheidung von M. und F. der sinnlichen Vorstellung vorbereitet [9].)

Auch in Kants praktischer Philosophie spielt der Gegensatz von M. und F. eine Rolle. Auf der Suche nach den Prinzipien a priori des praktischen Vernunftgebrauchs gewinnt Kant die Einsicht, daß alle *materiellen* Prinzipien, d. h. solche, die irgendeinen Inhalt oder ein Objekt als Bestimmungsgrund des Willens voraussetzen, nur empirisch sind und daher keine objektiven praktischen Gesetze abgeben können [10]. Daraus folgt: «Wenn ein vernünftiges Wesen sich seine Maximen als praktisch allgemeine Gesetze denken soll, so kann es sich dieselben nur als solche Prinzipien denken, die nicht der M., sondern bloß der F. nach den Bestimmungsgrund des Willens enthalten» [11]. Die Prinzipien meines Handelns müssen sich also der bloßen F. nach «zur allgemeinen Gesetzgebung schicken», um praktische Gesetze sein zu können [12]. Daraus ergibt sich unmittelbar der kategorische Imperativ als Grundgesetz der praktischen Vernunft: «Handle so, daß die Maxime deines Willens jederzeit zugleich als Prinzip einer allgemeinen Gesetzgebung gelten könne» [13].

In ähnlicher Weise benutzt Kant den F./M.-Gegensatz für die Bestimmung reiner Geschmacksurteile [14]. Das Schöne betrifft «die F. des Gegenstandes, die in der Begrenzung besteht» [15], und ein Gegenstand heißt dann schön, wenn seine «F. (nicht das Materielle seiner Vorstellung, als Empfindung) in der bloßen Reflexion ... als der Grund einer Lust an der Vorstellung eines solchen Objekts beurteilt wird ...» [16]. Des näheren liegt ein reines Geschmacksurteil nur dann vor, wenn ihm – nicht Annehmlichkeit, Reiz, Rührung usw. (das Materielle der Empfindung), sondern – «nichts als die F. der Zweckmäßigkeit eines Gegenstandes» zugrunde liegt [17].

Neben dem Gegensatz von F. und M., der als Reflexionsstruktur in allen drei Kritiken eine große Rolle spielt, kennt Kant noch einen M.-Begriff, der demjenigen der aristotelischen Tradition sehr nahe steht, wenn er auch im Sinne des transzendentalen Idealismus umgedeutet wird: M. als das in allem Wechsel Beharrende und als Grundlage der Veränderung. Während aber der frühe Kant noch, in Anlehnung an die Schulphilosophie seiner Zeit, die «Grund-M.», «deren Eigenschaften und Kräfte allen Veränderungen zum Grunde liegen», als «unmittelbare Folge des göttlichen Daseins» betrachtet [18], wird in der Dissertation der Grundsatz, «daß überhaupt keine M. entstehe oder vergehe und aller Wechsel der Welt allein die F. betreffe» [19], bereits zu denjenigen Prinzipien gerechnet, die nicht etwa durch «Erfahrung oder durch Argumente a priori» bewiesen sind [20], sondern «nur durch ihre Zweckmäßigkeit für den freien und reichlichen Gebrauch des Verstandes ... sich uns empfehlen» [21]. Für die kritische Philosophie ist der Satz, «daß in allen Veränderungen der körperlichen Welt die Quantität der M. unverändert bleibe» [22], ein synthetischer Satz a priori, «denn in dem Begriffe der M. denke ich mir nicht die Beharrlichkeit, sondern bloß ihre Gegenwart im Raume durch die Erfüllung desselben» [23]. Die M. ist «Substanz, die im Raum erscheint» [24], daher gilt von ihr die erste Analogie der Erfahrung, der «Grundsatz der Beharrlichkeit der Substanz» [25], jedoch nicht als empirisch erwiesener, sondern als transzendental deduzierter synthetischer Satz a priori, welcher mittels der «Vorstellung einer notwendigen Verknüpfung der Wahrnehmungen» Erfahrung möglich macht [26]. Die M. ist mithin «substantia phaenomenon» [27], d. h. nicht Ding an sich, sondern bloße Erscheinung; anders ausgedrückt: die Vorstellung der M. «ist nichts als eine bloße F., oder eine gewisse Vorstellungsart eines unbekannten Gegenstandes, durch diejenige Anschauung, welche man den äußeren Sinn nennt» [28]. Was aber das transzendentale Objekt sei, welches der Grund dieser Erscheinung (M.) sein mag, können wir weder sagen noch überhaupt verstehen [29]. Wie nach Kant die Bedingungen der Möglichkeit der Erfahrung (und damit der Gegenstände der Erfahrung) im Subjekt liegen, so ist auch die M. und die ganze Körperwelt «nichts anderes als die Erscheinung in der Sinnlichkeit unseres Subjekts» [30]. Es mag zwar außer uns etwas sein, welches dem, was wir ‹M.› nennen, korrespondiert, aber als Erscheinung ist die M. nicht außer uns, sondern im Gegenteil *in uns*, obwohl der (äußere) Sinn sie als außer uns befindlich, nämlich im Raume vorstellt [31]; der Raum aber ist ja gerade nichts außerhalb der Seele, sondern die formale Bedingung des äußeren Sinnes im Subjekt [32].

Trotzdem ist das, was wir ‹M.› nennen, nicht ein bloßes Gedankending (das ist sie für den menschlichen Verstand nur dann, wenn sie als Ding an sich aufgefaßt wird), sondern der Inbegriff der Vorstellungen der Gegenstände des äußeren Sinnes und als solcher eigentliche Gegenstand der Naturwissenschaften. Die Metaphysik der Natur muß daher «alle Bestimmungen des allgemeinen Begriffs einer M. überhaupt» [33], soweit sie a priori gedacht werden, ableiten. Dieses Unternehmen hat Kant in den ‹Metaphysischen Anfangsgründen der Naturwissenschaften› selbst durchgeführt, und zwar am Leitfaden der Kategorientafel. Dabei ist die Grundbestimmung, auf die der Verstand alle übrigen Prädikate der M. zurückführt, die Bewegung, denn allein durch Bewegung können die äußeren Sinne affiziert, d. h. die Gegenstände der Naturwissenschaften gegeben werden [34].

Anmerkungen. [1] KANT, KrV A 260/B 316. – [2] Vgl. Von der Amphibolie der Reflexionsbegriffe a. a. O. A 260ff./B 316ff. –

[3] A 266/B 322. – [4] Einl. B 1. – [5] A 86/B 118. – [6] Vgl. A 20/B 34. – [7] B 34. – [8] A 78f./B 104. – [9] Vgl. De mundi sens. at. intell. forma et princ. § 4. Akad.-A. 2, 392f. – [10] KpV § 2 (Lehrsatz I). Akad.-A. 5, 21. – [11] a. a. O. § 4 (Lehrsatz III) = 5, 27. – [12] ebda. – [13] § 7 = 5, 30. – [14] Vgl. KU II: ‹Kritik der ästhetischen Urteilskraft›. Akad.-A. 5. – [15] a. a. O. § 23 = 5, 244. – [16] Einl. VII = 5, 190. – [17] § 11 = 5, 221; vgl. § 13 = 5, 223; § 38 = 5, 289; § 39 = 5, 293. – [18] Allg. Naturgesch. und Theorie des Himmels (1755) II, 7. Akad.-A. 1, 310. – [19] De mundi sens. ... § 30. Akad.-A. 2, 418; dtsch. K. REICH, in: Philos. Bibl. 251 (1958, Nachdruck 1960) 99. – [20] ebda. – [21] ebda. = dtsch. 95. – [22] KrV Einl. B 17. – [23] a. a. O. B 18. – [24] A 265/B 231. – [25] B 224. – [26] B 218. – [27] A 265/B 321; vgl. A 277/B 333. – [28] A 385. – [29] Vgl. A 277/B 333. – [30] A 383. – [31] A 385. – [32] ebda. – [33] Met. Anfangsgründe der Naturwiss. Vorrede. Akad.-A. 4, 475f. – [34] ebda. = 476.

Literaturhinweise. A. DE CONINCK: L'analytique transcendentale de Kant I (Louvain/Paris 1955). – O. LANGE: M. und F. als Reflexionsbegriffe bei Kant (Phil. Diss. Göttingen 1958). – A. C. EWING: A short commentary on Kant's Critique of Pure Reason (London ²1950, Nachdruck 1961). – H. J. PATON: Kant's met. of experience 1 (London/New York ³1961). – O. BLAHA: Die Ontologie Kants (1967). – G. MARTIN: Immanuel Kant. Ontologie und Wissenschaftstheorie (⁴1969).

2. Bei HEGEL treten die Begriffe ‹F.› und ‹M.› thematisch in der ‹Logik› auf. Dabei greift Hegel zwar einerseits auf die verschiedenen Lehren der Tradition zurück (M. als Substrat [1]; F. und M. verhalten sich zueinander wie das Bestimmende zum Bestimmbaren [2] bzw. wie das Aktive zum Passiven [3]); andererseits jedoch bilden F. und M. bei Hegel weder in sich einen statischen Gegensatz (wie in der aristotelischen Tradition und auch bei Kant), noch stehen sie zu anderen Begriffen in einer – im Sinne Hegels – bloß äußerlichen, abstrakten Beziehung. Vielmehr gehen sie aus der dialektischen Selbstentwicklung des Gedankens oder des Begriffs hervor, und zwar innerhalb desjenigen Bereichs, in dem der Begriff als für sich seiender, d. h. in seiner Reflexion und Vermittlung ist. ‹F.› und ‹M.› sind daher Reflexionsbestimmungen und gehören in die Lehre vom Wesen; innerhalb dieser ergeben sie sich als Bestimmungen der Entfaltung des Grundes [4]: «Jene Einheit des Wesens und der F., die sich als F. und M. gegenübersetzen, ist der absolute Grund, der sich bestimmt» [5]. F. und M. beharren nicht in der puren Entgegensetzung, sondern ihre Beziehung wird «um der zugrundeliegenden Identität der verschiedenen willen zur gemeinsamen Voraussetzung» [6] und weiterhin zur Identität von «formierter M.» und «Bestehen habender [weil materialisierter] F.» [7].

Anmerkungen. [1] Vgl. HEGEL, Wiss. der Logik II. Werke, hg. GLOCKNER 4, 560. – [2] Vgl. 4, 562. – [3] Vgl. 4, 561. – [4] 551ff. – [5] 4, 562. – [6] ebda. – [7] 4, 565.

Literaturhinweise. K. FISCHER: Hegels Leben, Werke und Lehre 1 (1901) 17. Kap. – TH. HAERING: Hegel. Sein Wollen und sein Werk 1 (1929). – J. VAN DER MEULEN: Hegels die gebrochene Mitte (1958). – B. LAKEBRINK: Hegels dialektische Ontologie und die Thomistische Analektik (²1968). – W. BÄCKER: Idealistische und materialistische Dialektik (1969).

3. Die Philosophie des 19. Jh. hält sich bezüglich der F./M.-Problematik, soweit sie sie überhaupt fortsetzt, durchaus an die von der älteren oder neueren Tradition vorgegebenen Bestimmungen. Erst bei E. HUSSERL treten neue Aspekte hinzu, obwohl auch er den Boden der traditionellen Problemstellung *prinzipiell* kaum verläßt. Von einigen weniger wichtigen – und terminologisch zuweilen nicht genau fixierten – Bedeutungen der Begriffe ‹F.› und ‹M. (Stoff)› an verschiedenen Stellen der Husserlschen Philosophie (etwa: Begriff «M. des Aktes», dessen Gegensatz aber nicht die F., sondern die «Qualität des Aktes» bildet [2]) läßt sich absehen zugunsten der zentralen Stellung, die der F./M.-Gegensatz (terminologisch jedoch hier fast immer: F./*Stoff* [3]) im Horizont der Frage nach «Sinnlichkeit und Verstand» [4] und im Zusammenhang mit der Theorie der «kategorialen Anschauung» [5], also innerhalb der Erkenntnisphänomenologie des frühen Husserl einnimmt [6]. Und zwar taucht der F./M.-Gegensatz genau dort auf, wo Husserl das Problem der Erfüllung von Bedeutungsintentionen [7] (also das Wahrheitsproblem in Husserlscher Sicht [8]) auf den Bereich der Aussagen ausdehnt, obwohl seine Ausführungen dann nicht nur für Aussagen, sondern für fast alle nominalen Bedeutungen gelten: «Wie die Aussage, so besitzt der Name schon in der grammatischen Erscheinung seine ‹M.› und seine ‹F.»› [9]. Während die M. aus den einfachsten «eingeflochtenen nominalen Vorstellungen» [10] (etwa: Haus, Köln, weiß) besteht, «liegt die F. teils in der Weise der Aneinanderreihung, teils in eigenen F.-Worten, teils in der Bildungsweise des einzelnen Wortes» [11]. So wird z. B. die F. des Wortes ‹weißes› – besser: der dadurch bezeichneten Vorstellung – grammatikalisch durch die Flexionsendung ausgedrückt [12]. Die F. komplexer Vorstellungen und Aussagen kommt vor allem in F.-Worten zum Ausdruck (z. B. «das, ein, einige, ... ist, nicht, welches, und, oder usw.» [13]). Dabei kann ein Stoffelement (etwa das Subjekt ‹das weiße Haus› irgendeines Satzes) selbst wiederum noch F.-Momente enthalten (hier: das F.-Wort ‹das› und die Verknüpfung von ‹weißes› und ‹Haus›). In diesem Fall handelt es sich um den «relativen oder funktionellen Unterschied» [14] zwischen F. und Stoff des Vorstellens. Da man aber «in jeder Wahrnehmungsaussage ... auf letzte in den Terminis vorhandene Elemente – wir nennen sie die stofflichen Elemente – ...» kommt [15], ist auch ein «kategorialer, und zwar absoluter Unterschied zwischen F. und Stoff des Vorstellens» anzusetzen [16]. Dann stellt sich folgendes Problem: Nimmt man Sätze wie ‹E ist P› oder ‹ein S ist P› usf., so zeigt sich, «daß ausschließlich an den durch Buchstabensymbole angezeigten Stellen ... Bedeutungen stehen können, die in der Wahrnehmung selbst erfüllen» [17] (d. h. ihr reales Korrelat finden, sich bewahrheiten). Daher nennt Husserl die (durch die Buchstabensymbole angezeigten) stofflichen Elemente den «sinnlichen Stoff» [18] der Vorstellung, während er die F.-Bedeutungen mit dem Begriff «kategoriale F.n» [19] bezeichnet. Für diese ergänzenden F.-Bedeutungen wäre es «aussichtslos, ja grundverkehrt ..., in der Wahrnehmung das zu suchen, was ihnen Erfüllung zu geben vermag» [20]. Dann fragt sich aber: «Was soll und kann den Bedeutungsmomenten, welche die Satz-F. als solche ausmachen ... – den Momenten der ‹kategorialen F.› – Erfüllung verschaffen?» [21]. Hier geht Husserl den Weg Kants, d. h. er setzt die kategorialen F.n *nicht* als Leistungen des Verstandes an; stattdessen schreitet er zu einer «Erweiterung des Begriffes der Anschauung, spezieller der Begriffe Wahrnehmung und Imagination» [22]: Da man davon ausgehen muß, daß nicht nur die stofflichen, sondern auch die formalen Bedeutungselemente Erfüllung finden [23], muß jedenfalls ein Akt da sein, welcher den kategorialen Bedeutungselementen dieselben Dienste leistet, wie die bloße sinnliche Wahrnehmung den stofflichen» [24]. Diese Akte nicht-sinnlicher Wahrnehmung, die im übrigen zwar immer in Akten sinnlicher Wahrnehmung fundiert sind [25], nichtsdestoweniger aber «neue Objektivitäten konstituieren» [26], heißen «kategoriale Anschauungen» bzw. «Wahrnehmungen» [27]. – Die spezifische (am Problem von Bedeutungsintention und -erfüllung entwickelte)

Wahrheitsproblematik Husserls führte mithin zu einer partiellen Verschiebung der traditionellen (und besonders von Kant formulierten) Gegenüberstellungen, welche jeweils Stoff, Sinnlichkeit, Wahrnehmung (Anschauung) auf die eine, F., Verstand, (kategoriales) Denken auf die andere Seite setzten.

Anmerkungen. [1] Vgl. E. HUSSERL: Ideen zu einer reinen Phänomenol. und phänomenol. Philos. 1. Husserliana 3 (Den Haag ²1950) Wortindex s. v. ‹F.› und ‹Stoff›. – [2] Vgl. Log. Untersuch. (⁵1968) II/1, 426-456. – [3] a. a. O. II/2, 136. – [4] 2. Abschn. – [5] 6. Kap. – [6] Vgl. den Titel von Log. Untersuch. II/2. – [7] Vgl. II/2, 8-48. – [8] Vgl. 115-127. – [9] 129. – [10] 128. – [11] 129. – [12] Vgl. 131. – [13] 129. – [14] 136. – [15] ebda. – [16] ebda. – [17] 135. – [18] 134. – [19] ebda. – [20] 135. – [21] 129. – [22] 142. – [23] ebda. – [24] ebda. – [25] 145f. – [26] 146. – [27] 144 passim.

Literaturhinweise. Q. LAUER: Phénoménol. de Husserl (Paris 1955). – TH. W. ADORNO: Zur Metakritik der Erkenntnistheorie (1956). – W. SZILASI: Einf. in die Philos. Edmund Husserls (1959). – I. KERN: Husserl und Kant (Den Haag 1964). – R. SOKOLOWSKI: The formation of Husserl's concept of constitution (Den Haag 1964). – A. DIEMER: Edmund Husserl (1965).

4. Während ‹F.› und ‹M.› für die neuere Philosophie seit Kant i. e. L. erkenntnistheoretische Reflexionsbegriffe sind, nehmen sie bei N. HARTMANN wieder ontologischen Charakter an. Seine Kategorienlehre zählt den Gegensatz von F. und M. zur ersten Gruppe von zwölf Seinsgegensätzen [1]. M. ist «in kategorialer Bedeutung nicht der empirische Stoff der Dinge ..., sondern alles Ungeformte, sofern es formbar ist, d. h. sich der Formung passiv darbietet» [2]; F. ist «das bildende Prinzip, vermöge dessen Gebilde zustandekommen, oder auch das Gestaltende in aller Gestaltung» [3]. Hierin durchaus auf aristotelischem Boden stehend, zeigt Hartmann, wie der gesamte «Aufbau der realen Welt» [4] vom F./M.-Gegensatz bestimmt ist [5]. Dabei gilt das Gesetz der «Überformung» [6], welches besagt, «daß alle F. selbst wiederum M. höherer Formung, alle M. aber selbst Formung niederer M. sein kann» [7]. So ergibt sich «eine Staffelung oder fortlaufende Überhöhung, in der jede Stufe sowohl M. als F. ist, das eine im Verhältnis zum höheren, das andere im Verhältnis zum niederen Gebilde» [8]. Allerdings gibt es sowohl *zwischen* den Schichten des Seins (besonders zwischen dem organischen und dem seelischen Sein [9]) als auch *innerhalb* einzelner Schichten (besonders innerhalb des geistigen Seins [10]) Einschnitte, an denen «die Reihe der Überformungen unterbrochen» ist [11]: Hier «erhebt sich die höhere Formung zwar auch ‹über› der niederen, ist aber nicht deren ‹Überformung›, denn sie nimmt sie nicht in sich als M. auf» [12]. Stattdessen treten «neue Substrate» [13] auf, so daß man von einem «Überbauungsverhältnis» [14] sprechen kann.

Hartmann legt größten Wert auf die Gleichrangigkeit der Begriffe ‹F.› und ‹M.›, die «beide so streng aufeinander bezogen sind, daß sie überhaupt nur relativ aufeinander bestehen» [15]. Die bisherige Metaphysik nämlich, so Hartmann, hat unter dem Einfluß der aristotelischen F.-M.-Theorie einen «kategorischen Formalismus» [16] betrieben, indem sie die als «plump» und «amorph» verstandene M. [17] gegenüber der reinen F. gänzlich abwertete [18]. Dieses «Vorurteil der Formalität» [19], das zu «einer Art Erbübel der Metaphysik» wurde [20] und im übrigen auch für den Formalismus etwa der Kantischen Ethik verantwortlich ist [21], gilt es zu korrigieren: Die traditionelle Behauptung, «‹alles› an den Kategorien sei F.» [22], muß fallengelassen werden zugunsten einer Theorie, die einerseits in den F.n auch die inhaltlichen Momente erkennt [23], andererseits und vor allem aber die «materialen Momente in den Kategorien» [24] herausstellt, d. h. «an die Stelle der absoluten M. eine Mannigfaltigkeit verschiedener Substratmomente ... [setzt], die sich auf eine Mehrheit von Kategorien verteilt» [25].

Diese Lehre Hartmanns über F. und M. ist offensichtlich von seiner «von Anbeginn auf die spezielle Kategorienlehre angelegten» Ontologie bestimmt [26], wobei dann die Frage, wie Seiendes als solches oder in Bewegung befindliches Seiende begründet sei, «sozusagen ins Vorwort verwiesen» wird [27]. Das dürfte erklären, weshalb bei ihm zentrale Probleme, die in der aristotelischen Lehre von F. und M. artikuliert und entfaltet wurden, nicht mehr zur Sprache kommen.

Anmerkungen. [1] N. HARTMANN: Der Aufbau der realen Welt. Grundriß der allg. Kategorienlehre (³1964) 211. – [2] a. a. O. 213. – [3] ebda. – [4] a. a. O. [1]. – [5] Vgl. bes. 262ff.; auch 212ff. – [6] 262. – [7] ebda. – [8] ebda. – [9] ebda. – [10] 263. – [11] ebda. – [12] 262. – [13] ebda. – [14] 263. – [15] 262. – [16] 90. – [17] 96. – [18] Ethik (⁴1962) 108. – [19] Der Aufbau ... 96; vgl. Ethik 108. – [20] Der Aufbau ... 93. – [21] Ethik 108. – [22] Der Aufbau ... 92. – [23] a. a. O. 95. – [24] ebda. – [25] 97. – [26] Zur Grundl. der Ontologie (³1948) XIII. – [27] H. KRINGS: Fragen und Aufgaben der Ontologie (1954) 5.

Literaturhinweise. J. WAHL: La structure du monde réel d'après Nicolai Hartmann (Paris 1953). – B. HAGEMANN: Die Einheit des konstanten Seienden bei Nicolai Hartmann. Freiburg. Z. Philos. u. Theol. 11 (1964) 3-68. – J. B. FORSCHE: Zur Philos. Nicolai Hartmanns. Die Problematik von kategorialer Schichtung und Realdetermination (1965).

5. Die neuere *analytische Philosophie*, die die Geschichte der Philosophie und insbesondere deren seit der Antike sich durchhaltende Probleme größtenteils nur als Beweis für die Irreführungen durch die Sprache und daher für die Notwendigkeit von Sprachanalyse versteht, hat sich vereinzelt auch mit dem F./M.-Problem befaßt. So hat M. MACDONALD, eine Vertreterin der später so genannten ‹Ordinary Language Philosophy›, in einem erstmals 1937/38 veröffentlichten Aufsatz den – nach ihrer Meinung oft illegitimen – Gebrauch von Analogien in der Philosophie am Beispiel des F./M.-Problems und besonders des M.-Begriffs kritisiert [1]. Die Ausgangsthese lautet: «... philosophical propositions are not factual but verbal» [2], d. h.: «... philosophical questions are never answered by producing more facts but either» – im negativen Sinne – «by misusing words or» – im positiven Sinne – «by examining their already known, correct usage» [3]. Insbesondere ist die Ursache vieler philosophischer (Schein-)Probleme «a curious practice of using words by analogy without giving the analogy any intelligible application» [4]. Der traditionelle M.-Begriff (wie auch der entsprechende F.-Begriff) – als Kronzeugen werden Aristoteles und Descartes je zweimal zitiert [5] – erweist sich in dieser Hinsicht als klassischer Fall. Die Ignorierung bzw. Leugnung des Unterschieds zwischen Existenzsätzen einerseits und solchen Sätzen, die einem Subjekt ein Prädikat zusprechen, andererseits «has led philosophers to pseudo-theories of material substance» [6]. Man glaubte fälschlicherweise, nach Analogie der Subjekt-Prädikat-Sätze (z. B. «Dieser Mann ist reich») auch bei Existenzsätzen (Macdonalds irreführendes Beispiel: «Dies ist ein Mensch») nach dem zugrunde liegenden Subjekt fragen zu müssen und ließ sich durch die grammatische Ähnlichkeit zwischen logisch verschiedenen Satzformen zur Annahme eines sich durchhaltenden materiellen Substrats, eben der M., verleiten. Indessen: «... existence propositions ... cannot be simply reduced to the subject-predicate form» [7], they «do not ascribe their defining properties to sub-

jects and the search for such subjects by philosophers is due to this typical confusion of propositions» [8].

Zu ähnlichen Verwirrungen führt auch die «propositions asserting change» [9]. In vielen Fällen, insbesondere des alltäglichen Lebens («Schiff aus Holz», «Ring aus Gold» usw.), «the distinction between what is matter and what is form is quite clear» [10]. Jedoch ziehen die Philosophen aus diesem unproblematischen Sprachgebrauch wiederum falsche Schlüsse: «The use of the words ‹matter› and ‹material substance› is intended to suggest by analogy that an ‹ultimate› *something* is related to different sets of ‹essential› predicates at different times as a piece of gold is related to different shapes at different times» [11]. Aus einem *speziellen* Gebrauch von *Wörtern* läßt sich aber nicht ein *allgemeiner* Schluß auf die *Sachen* ziehen. Die Verwendung der Begriffe ‹F.› und ‹M.› ist nur in gewissen Fällen sinnvoll, außerhalb dieses Bereiches jedoch sinnlos: «To ask for the substratum of the substantial change is a queer way of asking for a connection between, e.g., the liquid state of water and the gaseous states of oxygen and hydrogen into which it is decomposed» [12]. Desgleichen ist der Satz von der Erhaltung der M. nichts anderes als «a compressed hypothetical proposition about physical operations and their results. But sensible observations and physical operations could never provide criteria for the meaning or use of the philosophical proposition that material substance exists» [13]. Die philosophische F./M.-Problematik erweist sich also als typisches Beispiel für das, was herauskommt, wenn Philosophen versuchen, «to deduce what must be the case from what we say ...» [14]. Um so mehr gilt es, die philosophischen Probleme zu lösen «by understanding how language is ordinarily used, how certain uses of it have provoked these problems and how it has been misused in many alleged solutions» [15].

Macdonalds Analyse ist sicherlich geeignet, bestimmte Probleme und Aporien innerhalb der traditionellen F./M.-Theorien bewußt zu machen. Dennoch gibt es gegen ihre Argumente gewichtige Einwände (von den Aporien ganz abgesehen, mit denen sich die ‹Ordinary Language Philosophy› ihrerseits konfrontiert sieht, zumal wenn sie ihre Position verabsolutiert). J. KING-FARLOW und J. ESPINACO-VIRSEDA haben in einer Kritik der Macdonaldschen Thesen [16] auf die in ihnen enthaltenen zahlreichen «logical and historical confusions» [17] hingewiesen. *Logisch* völlig unzulänglich ist etwa Macdonalds Behandlung der verschiedenen Aussageformen, besonders des Existenzsatzes [18]. Ein *historisch* fragwürdiges Verfahren ist es, wenige einzelne Sätze aus den Schriften von Aristoteles und Descartes herauszugreifen, sie ohne jede Rücksicht auf den Kontext zu interpretieren [19] und so die durchaus differenzierten Bestimmungen zu unterschlagen, zu denen beispielsweise die aristotelischen Untersuchungen gelangen. (Man denke an die verschiedenen Arten und Abstufungen der M. oder an den Begriff der πρώτη ὕλη, die nach Aristoteles gerade nur *der Möglichkeit nach* ist, u. a. m.; vgl. oben I, 2.) Ferner wäre etwa zu fragen, ob denn Aristoteles und andere wirklich meinten, ein natürliches Ding sei «in the physical-literal sense» aus F. und Stoff zusammengesetzt [20].

Darüber hinaus ergeben sich grundsätzliche Bedenken. Die in Macdonalds Argumenten implizierte Position – nämlich eine empiristische – bleibt ihrerseits unanalysiert und unhinterfragt (und ist im übrigen mit sprachanalytischen Mitteln allein auch gar nicht zu begründen).

Vor allem aber ist, gerade auch hinsichtlich der F./M.-Problematik, auf dem Postulat zu bestehen: «Erst wenn die Sprachanalyse hinter den Worten der Metaphysik die Fragen mitberücksichtigt, die diese Worte motivierten, kann ihre Kritik eigentlich produktiv werden ...» [21].

Anmerkungen. [1] M. MACDONALD: The philosopher's use of analogy (zuerst 1937); Neudruck in: A. F. FLEW (Hg.): Logic and language, 1st Ser. (Oxford 1951, repr. 1960) 80-100. – [2] a. a. O. 80. – [3] 82. – [4] ebda. – [5] Vgl. 86. 92f. – [6] 89. – [7] ebda. – [8] 91. – [9] 91ff. – [10] 93. – [11] ebda. – [12] 95. – [13] 96. – [14] 99. – [15] 100. – [16] J. KING-FARLOW und J. ESPINACO-VIRSEDA: Matter, form and logic. Int. Logic Rev./Rass. int. Logica II/3 (1971) 93-104. – [17] a. a. O. 94. – [18] Vgl. 94f. 101ff. – [19] Vgl. 97. – [20] Vgl. 96 Anm. 4. – [21] E. TUGENDHAT: Die sprachanalytische Kritik der Ontologie, in: H.-G. GADAMER (Hg.): Das Problem der Sprache (1967) 483-493.

C. V. BORMANN/W. FRANZEN/A. KRAPIEC/L. OEING-HANHOFF

Formwechsel. In der Biologie kann man dem Stoffwechsel den F. in der Onto- und Phylogenese gegenüberstellen. Diese Unterscheidung übernimmt den aristotelischen Gegensatz von Form und Stoff. Die Formenmannigfaltigkeit ist am Lebendigen das auffälligste Phänomen und seit der Antike (z. B. THEOPHRAST und seine Schule) gut beobachtet und systematisiert worden. Sie ist zugleich am schwierigsten zu erklären. Ihre Betrachtung ordnet sich schon früh dem Gedanken der Metamorphose ein, des F. und der Verwandlung in andere Gestalt. Man konnte entweder die Formen der Lebewesen als von Gott entworfene Pläne ansehen, nach denen die konstante Anzahl und Artung der Lebewesen geschaffen sei. Dann blieb der Hervorgang der Gestalt des einzelnen Lebewesens zu erklären übrig; oder man konnte versuchen, die Formenmannigfaltigkeit auseinander abzuleiten und in Übergängen zu sehen. Das Problem der Morphogenese wurde seit dem 17. Jh. unter den Gesichtspunkten der Evolution und der Epigenesis, der Ontogenese (Gestaltwandel im Laufe des Wachstums eines Individuums) und der Phylogenese (Entstehung der verschiedenen Organismusformen auseinander) betrachtet. Die Entdeckung der Genetik führte seit dem 19. Jh. zu neuen Erklärungsmöglichkeiten [1]. – Die «idealistische Morphologie» hatte zahlreiche «Archetypen» (R. OWEN) aufgestellt, deren Verwirklichung mannigfache Abwandlung hervorbringt, ohne im strengen Sinne epigenetisch zu werden. – In der zweiten Hälfte des 19. Jh. spricht J. SACHS eine scharfe Kritik dieser Lehren der Morphogenese aus [2]: Die idealistische Auffassung der Natur, die vom Kausalnexus nichts wissen will, weil sie die organische Form für immer wiederkehrende Nachbildungen ewiger Ideen nimmt, verwechselt die Abstraktionen des Verstandes mit dem objektiven Wesen der Dinge. Daß ein Kreis durch Umdrehung eines Radius um einen seiner Endpunkte konstruiert werden kann, läßt keineswegs die Folgerung zu, kreisförmige Flächen müßten in der Natur auf diese Weise wirklich entstanden sein. Die geometrische Betrachtung gibt keine Auskunft über die Entstehung von Formen. In den Theorien der idealistischen Biologen erscheinen die Gesetze des Organischen gleichsam als Aufgaben, deren Erfüllung zur Erreichung eines bestimmten Zweckes notwendig ist, – als Vorschriften, von deren strenger Befolgung allerdings auch abgewichen werden kann (so etwa bei A. Braun). Die Lösung des Rätsels der Formbildung und des F. fand nach Sachs Ch. Darwin in der Annahme, daß alle zweckmäßigen Einrichtungen der Organismen durch die gegenseitige Verdrängung, Vernichtung der minder zweckmäßigen, Erhaltung der bestausgerüsteten Varietäten zu erklären sind. Die Forschung muß nach

Sachs aus dem Bereich der Begriffsdichtung, der Verjüngungstheorie, des Wogenschlags der Metamorphose u. ä. Konstruktionen herausfinden zu einer Morphologie, in der es weniger Dogmatik und Poesie, dafür aber einen festeren Boden, eben den der Kausalanalyse, gibt. – Die moderne Biologie sieht in folgendem ein Grundprinzip evolutiven Formwandels: Die Organismen können den im Laufe der Phylogenese sich ändernden Ansprüchen an ihre Organe und Strukturen dadurch begegnen, daß ein bestimmtes Organ eine Funktionserweiterung bzw. einen Funktionswechsel erfährt und durch diese Anpassung in verschiedenen, einander oft sehr unähnlichen Metamorphosen in Erscheinung tritt, die jedoch alle voneinander ableitbar, also homolog sind; z. B. Blattmetamorphosen mit verschiedenen Funktionen wie Blattdorn, Blattranke, Kelchblatt, Blütenblatt, Laubblatt. Umgekehrt kann dieselbe Aufgabe auf verschiedene Weise gelöst, d. h. von verschiedenen Organen und Strukturen erfüllt werden, die durch die gleiche oder sehr ähnliche Funktion bedingt, einen großen Grad auch an morphologischer Übereinstimmung erreichen können und allgemein als analog bezeichnet werden, z. B. Blatt- und Sproßranken, Blatt- und Sproßdornen [3].

Anmerkungen. [1] Vgl. J. F. BLUMENBACH: Handb. der Naturgesch. (⁹1814) 12ff. – [2] J. SACHS: Gesch. der Botanik vom 16. Jh. bis 1860, in: Gesch. der Wiss. in Deutschland. Neue Zeit 15 (1875) 181ff. – [3] Vgl. Handb. der Biol. 3/2 (1966) 823.

Literaturhinweis. J. ROGER: Ursprung der Formen und Entstehung der Lebewesen. Biol. Theorien, von der Renaissance bis zum Ende des 18.Jh., in: Sber. Ges. zur Beförderung der ges. Naturwiss. Marburg (1962).
TH. BALLAUFF

Fortpflanzung. F. bedeutet im Bereiche der Biologie die Entstehung neuer Individuen. Da sich bei allen Organismen viele physiologische Vorgänge im Laufe des Lebens irreversibel verändern und schließlich zum Altern und zum Tode führen, können die Arten sich nur erhalten, wenn sie sich fortpflanzen. F. ist daher eines der wesentlichen Kennzeichen des Lebens. Normalerweise entstehen durch F. Individuen von einer den Eltern weitgehend gleichenden Struktur (Abweichungen bei Generationswechsel). Mithin ist die F. eine Voraussetzung für die Vererbung.

Schon ARISTOTELES [1] beschrieb verschiedene Vermehrungsweisen der Lebewesen durch Knospung, zwittrige und getrenntgeschlechtliche F. (und durch die zu seiner Zeit noch angenommene stete «Urzeugung» aus Unbelebtem). Die eigentliche wissenschaftliche Erforschung der F.-Erscheinungen wurde aber erst eingeleitet durch die Entdeckung der Spermatozoen und die Beobachtung von deren Vereinigung mit den Eizellen durch A. VAN LEEUWENHOEK (1677) [2] und der Zellkerne durch R. BROWN (1831) [3], J. M. SCHLEIDEN (1838, 1842) [4] und TH. SCHWANN (1839) [5].

Generell geschieht die F. durch Zellen oder Zellgruppen, die einen jugendlichen Charakter bewahrt haben und die totipotent sind (d. h. nicht wie andere Gewebe Entwicklungspotenzen verloren haben) und daher noch zur Entwicklung aller Merkmale eines Individuums befähigt sind. Es sind das Knospen, Sporen oder Geschlechtszellen. Alle diese Zellen sind Glieder von Ketten dauernd teilungsfähiger Zellen (Keimbahnen), welche die Folge der Generationen als *kontinuierlicher, unsterblicher Lebensfaden* durchziehen. Die erwachsenen, sterblichen Individuen stellen gewissermaßen sich rhythmisch diesen Lebensfäden ansetzende Differenzierungen dar.

Häufig geschieht die F. auf *ungeschlechtliche* Weise, vegetativ (Agamogonie), bei Einzelligen durch Zweiteilung, Vielfachteilung oder Sporenbildung, bei vielzelligen Organismen durch Knospen, Winterknospen (z. B. Gemmulae von Schwämmen) oder Stecklinge, gelegentlich auch dadurch, daß sich früheste Embryonalstadien teilen (z. B. Entstehung einieiger Zwillinge und Vierlinge bei Säugetieren, Polyembryonie bei einer Familie kleiner Schlupfwespen, den Braconiden). Daneben hat sich bei Tieren und Pflanzen schon auf dem stammesgeschichtlichen Stadium der Einzeller eine *geschlechtliche* F. entwickelt, bei der normalerweise eine männliche und eine weibliche Keimzelle zweier Individuen miteinander verschmelzen. Bei vielen Einzellern und Vielzellern wechseln geschlechtlich und ungeschlechtlich vermehrte Generationen miteinander ab *(Generationenwechsel)*.

Anmerkungen. [1] ARISTOTELES, Hist. an. lib. 6. 9. – [2] A. VAN LEEUWENHOEK, Opera omnia (Leiden 1722). – [3] R. BROWN, Botanische Schriften, hg. NEES VON ESENBECK (1825). – [4] M. SCHLEIDEN: Grundzüge der wiss. Botanik (²1842; vgl. auch ¹1838). – [5] TH. SCHWANN: Mikroskopische Untersuchungen über die Übereinstimmung in der Struktur und dem Wachstum der Thiere und Pflanzen (1839).

Literaturhinweise. J. MEISENHEIMER: Geschlecht und Geschlechter im Tier- und Pflanzenreich 1. 2 (1921, 1930). – J. HÄMLING: F. im Tier- und Pflanzenreich. Slg. Göschen Nr. 1138 (1951). – M. HARTMANN und H. BAUER: Allg. Biol. (⁴1953). Abschn. V, A: ‹F.›. – J. W. HARMS: Die F. der Tiere, in: L. VON BERTALANFFY und F. GESSNER: Hb. Biol. III/1 (1963) 1-48.
B. RENSCH

Fortschritt. – 1. ἐπίδοσις, προκοπή, προκόπτειν [1], ‹profectus›, ‹proficere›, ‹progressio›, ‹progressus› bedeuten allgemein Fortgang, Fortschreiten primär zum Besseren, aber auch zum Schlechteren, Zunahme, Gedeihen, Wachstum. Nach PLATON hat Jugend ἐπίδοσις zu allem [2]; in den Poleis geht mit F. zur Tugend der Umschlag zum Schlechten zusammen [3]. ARISTOTELES spricht vom Fortschreiten im Wachstum der Menschen, der Pflanzen [4], POLYBIOS vom Aufstieg der Römer, von F.en der Kenntnisse und Tätigkeiten in unseren Zeiten [5]. CICERO preist den «bewunderungswürdigen F.» (progressio admirabilis) nach der Befreiung aus der Tyrannei der Könige [6]. προκοπή erhält, im wesentlichen auf den sittlichen, geistigen Weg zur Tugend und Weisheit, zum Glück beschränkt [7], eine eigene positive Bedeutung in der Auseinandersetzung mit der Lehre CHRYSIPPS, daß, «wer einige F. auf dem Wege zur Haltung der Tugend gemacht hat, nichtsdestoweniger so im Elend [sei] wie derjenige, der keinerlei F. gemacht hat» [8]. Für SENECA gehört der Fortschreitende zwar noch zu den Toren (stulti), ist aber gleichwohl von diesen so unterschieden, wie es Unterschiede zwischen den Fortschreitenden gibt [9]. Es heißt bei ihm auch: «non sum sapiens, nec ero» [10]. In dem Maße, wie der Stand vollendeter Weisheit und Tugend als Ziel unerreichbar wird, gilt F. auf das Ziel hin als der eigentliche sittliche Stand menschlichen Lebens, so für PLUTARCH [11] und für CICERO [12], ohne daß die Vollendung in der Erhebung zur Teilhabe am Immersein des Göttlichen und der Weltordnung ihre normative Bedeutung verliert. In der Aufwertung des sittlichen Fortschreitens wird der Hinfälligkeit des Menschen Rechnung getragen, zu dessen zeitlichem Dasein im Werden das Vergehen, in der Zunahme das Verfallen gehört.

Während F. sittlich auf den sich wiederholenden Kreislauf individuellen Lebens zwischen Geburt und Tod beschränkt bleibt, weist die früh einsetzende Auseinandersetzung mit den Mythen vom göttlichen Ursprung der

Künste auf die moderne Geschichte von F. und bereitet sie vor. XENOPHANES setzt diesen Mythen andeutend entgegen, daß der Gott den Sterblichen nicht alles Verborgene enthüllt und daß diese suchend im Fortgang der Zeit das Bessere finden [13]. PLATON nennt zwar Daidalos, Orpheus, Palamedes, Marsyas, Epimenides als diejenigen, die den Menschen die Künste offenbar machten, setzt aber zugleich voraus, daß nach katastrophischer Überschwemmung alles, was jetzt wohlgeordnet ist, den Menschen durch sehr lange Zeit unbekannt geblieben sei und daß die Künste erst «gestern und vor kurzem» [14] bekannt geworden sind. Nach ARISTOTELES gehört F. wesentlich zu den Künsten, weil jeder das ihnen Fehlende ergänzen und hinzufügen kann, so daß in derlei Dingen die Zeit zum «Erfinder oder guten Mitarbeiter» (εὑρετὴς ἢ συνεργός) wird [15]. Mit der Ablösung vom mythischen Ursprung der Künste, in der für sie verständige Erfahrung im Suchen und Finden zum Grunde ihrer in der Zeit fortschreitenden Ausbildung wird, geht die Abkehr vom hesiodischen «goldenen Zeitalter» als dem ursprünglichen Stand des Menschen zusammen, in dem sie nach PLATON weder Reichtum noch Armut, weder Unrecht noch Krieg kannten und in einem Leben, das den «väterlichen Bräuchen» (πατρίοις νόμοις) folgte, die «edelsten Sitten» herrschten [16]. Platon, für den die Philosophie die Aufgabe erhält, Gesetz und Sitte der Väter als der «Alten», die «den Göttern noch näher wohnten» [17], wieder herzustellen zu stabilisieren, konfrontiert im ‹Hippias major› seine eigene Auffassung mit der sophistischen, daß allgemein mit dem F. der Künste die Alten (οἱ παλαιοί) im Verhältnis zu den Meistern jetzt schlecht sind und daß so auch die sophistische Kunst über die Weisheit der schlechten Anfänglichen (τῶν ἀρχαίων) fortgeschritten sei (ἐπιδεδωκέναι) [18]. Wohl in unmittelbarer Auseinandersetzung mit Platon bezeichnet ARISTOTELES es als «sinnlos», bei den Auffassungen der Alten zu bleiben oder sie zu restaurieren: Bewegen sei das Bessere (βέλτιον τὸ κινεῖν) [19]; die ursprünglichen Bräuche und Sitten seien «wahrhaft primitiv und barbarisch» gewesen [20]. Damit wird F. zum Prinzip, durch das das Verhältnis der Späteren als das der Besseren zu den Anfänglichen und Alten politisch und in der Ausbildung der Künste bestimmt wird. Für die Epikureer ist das «goldene Zeitalter» zum «tierähnlichen Leben» [21] geworden, über das die Menschen zu höherer Bildung und Gesittung fortschreiten.

Die Darstellung der Erfindung der Künste, der Sprache, der gesetzlichen Ordnung in der Gründung von Städten nach dem Untergang, den die geretteten Menschen ohne gemeinsames Wohl, ohne Sitten und Künste von dem lebend überstanden, was Regen, Sonne und Erde geben, schließt LUCRETIUS mit dem Gedanken des F. ab: Indem der sich unverdrossen rührende menschliche Geist in der Erfahrung allmählich Schritt um Schritt fortschreitet (experientia mentis paulatim ... pedetemptim progredientis), bringe die Zeit jedwedes zum Vorschein; der Verstand hebe alles heraus in das Reich des Lichts. Man sah mit dem Geiste, wie eines dem anderen sich aufhellt, bis man in jeglicher Kunst zu dem höchsten Gipfel (ad summum ... cacumen) gelangt [22].

Bei Lucretius liegen in der wachsenden Erfahrung des Geistes, im verständigen Erschließen des in der Natur Verborgenen, in der fortschreitenden Ausbildung der Künste und der politischen Ordnung bis zum Gipfel Elemente vor, die dann für die moderne F.-Theorie konstitutiv werden. Die qualitative Differenz zu ihr liegt darin, daß bei Lucretius wie auch sonst in antiker und spätantiker Philosophie die praktischen Künste, ihre Erfahrungen und Entdeckungen der Theorie der Philosophie und ihrem Begriff des nicht verfügbaren Kosmos untergeordnet bleiben. F. und Geschichte sind eingelassen in das sie übergreifende Gesetz als geregelte Ordnung der Welt [23]. Die alte, von PLATON aufgenommene Lehre von der Umkehr, vom kreisförmigen Umlauf des Alls bleibt in Geltung [24] und damit die Überzeugung, daß alle politischen und geistigen Ordnungen, die sich fortschreitend bilden, eine Zeit bleiben und vergehen. Zu Geschichte und F. gehört der kosmische Untergang als Bedingung und Grenze: möge Fortuna, so heißt es bei LUCRETIUS, es uns ersparen, daß unsere Vernunft nicht auch durch Erfahrung über den Untergang der Weltordnung belehrt werde [25].

Anmerkungen. [1] Vgl. Thesaurus ling. graec. 4, 1384; 7, 1757; J. STÄHLIN: Art. ‹PROKOPÉ›, in: Theol. Wb. zum NT (1959) 6, 703-719. – [2] PLATON, Theait. 146 b. – [3] Leg. III, 676 a. – [4] ARISTOTELES, Probl. 923 a 37; vgl. De plant. 824 b 38f. – [5] POLYBIOS, Hist. III, 4, 2; X, 47, 12; vgl. II, 13, 1; 45, 1. – [6] CICERO, Tusc. Disp. IV, 1. – [7] EPIKTET, Diss. I, 4. – [8] CHRYSIPP, Frg. 530. SVF 3, 142, 17; vgl. Frg. 510. SVF 3, 137, 46; Frg. 536. SVF 3, 143, 15ff. – [9] SENECA, Ep. mor. ad Lucilium, hg. O. HENSE (1898) Ep. 75, 8; 72, 6; vgl. M. POHLENZ: Die Stoa (³1964) 154f. – [10] SENECA, De beata vita 17. – [11] PLUTARCH, Quomodo quis suos in virtute sentiat profectus 76 b. 79 b; Moralia, hg. F. C. BABBIT (1949) 1, 406. 420. – [12] CICERO, De fin. bon. et mal. IV, 24. – [13] XENOPHANES bei DIELS/KRANZ, Frg. der Vorsokratiker (= VS) 11 B 18. – [14] PLATON, Leg. III, 677 c/d. – [15] ARIST., Eth. Nic. 1098 a 24. – [16] PLATON, Leg. III, 679 e. b; Resp. VIII, 546 e; vgl. EMPEDOKLES, VS 21 b 128. – [17] PLATON, Phileb. 16 c. – [18] Hippias Maj. 281 d, 282 a/b. – [19] ARIST., Pol. 1268 b 27. – [20] a. a. O. 1268 b 39. 1269 a 7. – [21] T. LUCRETIUS CARUS, De rerum natura V, 925-1160. – [22] a. a. O. V, 1440-1457, dtsch. nach H. DIELS (1923). – [23] a. a. O. V, 1436ff. – [24] PLATON, Resp. 546 a. – [25] LUCRETIUS, a. a. O. [21] V, 91-109.

2. In der Auseinandersetzung mit dem Kreislauf von Weltentstehung und Weltuntergang entwickelt AUGUSTIN aus der Einmaligkeit des Erscheinens Christi den Gedanken einer linear verlaufenden Weltzeit (saeculum) vom Anfang der Schöpfung bis zur Wiederkehr Christi [1] als Zeit der Geschichte des ganzen Menschengeschlechts, die in der Zweiheit der himmlischen und irdischen Bürgerschaft die Völker der Erde (per terrarum orbem) in der Verschiedenheit ihrer religiösen Bräuche und Sitten, ihrer Sprachen, Waffen und Kleidung umgreift [2]. Aus der Herkunft vom einen Menschen schließt sie in der Ähnlichkeit der menschlichen Natur den Drang zu gesellschaftlicher Vereinigung (sociandum), in ihrer Verwandtschaft die Tendenz zur Einheit der Eintracht im Bande des Friedens (in unitatem concordem pacis vinculo) an [3]. Der Einheit des Menschengeschlechts (totum genus humanum) im Gang seiner weltgeschichtlichen Zeitalter gibt Augustin metaphorisch durch deren Beziehung auf die Lebensalter des einzelnen Menschen Ausdruck [4]. Das geht als Modell und Schema in die Weltgeschichte des F. ein. Obwohl bei Augustin Weltgeschichte an sich angelegt ist, bleibt sie eingelassen in den Zusammenhang von Schöpfung, Geburt und Wiederkehr Christi, so daß zu ihr und ihrer Wirkungsgeschichte das Prinzip eines weltgeschichtlichen F. nicht gehört und gehören kann [5]. Die Zeitalter sind Zeitalter von Adam bis Christus, mit dessen Geburt das (sechste und) letzte Zeitalter bis zum verborgenen Ende der Zeit (ad occultum temporis finem) jetzt seinen Gang hat [6]. Inhalt der Weltgeschichte des ganzen Menschengeschlechts ist wie für den Einzelnen das Zugehen in Hoffnung und Glaube auf die Wiederkehr Christi. Augustin distanziert sich von der Meinung, daß nach

der Eroberung der Welt Rom dazu bestimmt sei, zum christlichen Reiche zu werden [7]; auch in dem, worin es von Natur hervorragt, bleibe ihm nur Reinigung, Vollendung im Glauben oder Untergang in Gottlosigkeit [8]. Gute (auch christliche) Herrscher haben nur Bedeutung, soweit sie der in das weltliche Reich eingelassenen Bürgerschaft Gottes in ihrer Pilgerschaft Frieden gewähren [9], ohne daß «die Gesetze der Religion» mit denen der irdischen Bürgerschaft etwas gemein haben [10]. Das Vorlaufen in der Zeit bis zu ihrem Ende ist daher nicht F., sondern Bestehen der Menschheit in der Folge der Generationen bis zu ihrem Ende. Gott hat dem irdischen Glück Bitterkeit beigemischt, damit ein anderes gesucht werde [11]. Die metaphorische Beziehung der Zeitalter der Menschheit auf die Lebensalter des Einzelnen hat inhaltliche Bedeutung: Mit ihr wird die «rechte Erziehung» auf dem Weg vom Zeitlichen zum Ewigen vom Einzelnen auf die Menschheit übertragen (sicut ... unius hominis, ita humani generis ... recta eruditio ... profecit) [12]. In das Christliche transformiert wird daher für die Weltgeschichte der Begriff des sittlichen F. als Verfassung irdischen Lebens in der nun radikalisierten Bestimmung maßgebend, daß jeder Anspruch der Philosophie dieser Welt, aus sich und in der Zeit Vollendung der Weisheit und des Glücks zu erreichen, Hochmut ist [13]. Augustin knüpft ausdrücklich an die Auseinandersetzung mit der vollendeten stoischen Weisheit an; er setzt ihr entgegen, daß wer zum Licht vorschreite, allmählich im Vorschreiten erleuchtet werde (in lucem procedens, paulatim progrediendo illuminatur) [14]. Die Fortschreitenden sind die noch nicht Vollendeten [15], die Strebenden [16]. Obwohl Fortschreiten auch im negativen Sinn gebraucht werden und THOMAS VON AQUIN von «progressus peccati» sprechen kann [17], bleibt in der Patristik und Scholastik F. wesentlich Fortschreiten auf Gott zu [18] im geistlichen Leben zum ewigen Leben [19]. F. ist Verfassung des irdischen christlichen Lebens und kann zum Begriff irdischer Pilgerschaft in einer Tradition werden, in der noch im 17. Jh. J. BUNYANS ‹The Pilgrim's progress› steht [20].

Die Elemente, die sich zur modernen F.-Theorie zusammenschließen werden, bilden sich in diesem Zeitalter, indem in die «ahistorische» Reflektion über das Verhältnis der christlichen Zeit der Moderni zur Zeit der Alten seit OROSIUS und CASSIODOR [21] der Gedanke eindringt, daß zur menschlichen Wissenschaft fortschreitende Ausbildung von den Anfängen her gehört. Unter aristotelischem Einfluß heißt es bei THOMAS VON AQUIN, daß in den von den Menschen geordneten Wissenschaften in der Folge der Zeiten eine Vermehrung (augmentum) wegen des Mangels an Erkenntnis bei den Ersten erfolgt sei, die diese Wissenschaft gründeten [22]; der menschliche Geist sei allmählich (paulatim) dazu fortgeschritten (processisse), den Ursprung der Dinge zu suchen [23]. Indem ein Lehrender oder mehrere in der Erkenntnis fortschreiten, bilde sich in der Folge der Zeit der F. der Erkenntnis (profectus cognitionis) [24]. Bei DUNS SCOTUS heißt es allgemein: «In processu generationis humani semper crevit notitia veritatis» (im Fortgang des Menschengeschlechts ist die Kunde der Wahrheit immer gewachsen) [25].

Damit wird die Autorität der Lehrtradition relativiert. Schon früh heißt es in ADELBOLDS ‹Vita Heinrich II.›, daß novitas mit der antiquitas gleichwertig sei (aeque valet), da auch das Alte zuerst neu gewesen sei und Neuheit vorausgeht, Alter folgt [26]. Für ALBERTUS MAGNUS sind bei unbestrittener Autorität des Aristoteles die Vorhergehenden Wegbereiter: Sie haben den Weg «vorgebildet und vorbereitet», auf dem wir von dem aus, was sie gefunden, und über dieses hinaus in der Philosophie fortschreiten (ut ab inventis ab eis ulterius proficeremus in philosophia) [27]. Im Gebrauch von ‹invenire› im Sinne des entdeckenden Findens und in der Rolle, die bei Albert die Erfahrung in der Begründung von Einsichten («patet per experimentum» wird vor allem in den naturwissenschaftlichen Schriften [28] formelhaft verwendet) und in der kritischen Prüfung übernommener Meinungen spielt, wird ein Weg eingeschlagen, auf dem – in der Emanzipation aus der auch gegen Natur und Vernunft zustimmenden Gewohnheit [29] – das Fortschreiten zu neuen, nicht durch die Lehrtradition vorgegebenen Einsichten schließlich Vorrang erhält.

ROGER BACON (geb. um 1210), Schüler von Robert Grosseteste und von Adam von Marsh, vollzieht die sich bei Albert ankündigende Wende. Die Wissenschaft erhält negativ in kritischer Konfrontation mit dem durch Tradition vermittelten Stand des Wissens und positiv in der auf Mathematik, Erfahrung und Experiment begründeten Methode entdeckenden Erkennens die Bestimmung, zu künftiger Vermehrung der Einsicht und zu deren Anwendung in instrumentellen Erfindungen fortzuschreiten. Es sei die Aufgabe, was die Früheren nicht zu finden vermochten, hinzuzufügen und das von ihnen Gefundene zu verbessern. Wenn die Späteren, wie es notwendig ist, in der Wissenschaft fortschreiten, werden sie, vom Fortgang der Zeit begünstigt, vervollständigen, was den Früheren fehlte [30]. Grundlage für eine in Gewißheit und ohne Irrtum fortschreitende Erkenntnis in allen Wissenschaften sind die mathematischen Disziplinen (zu denen für Bacon die Astrologie gehört). Wenn dies angenommen werde, dann werde ein ruhmreicher F. in allen Wissenschaften möglich [31]. Zum «argumentum» gehört die Erkenntnis durch Erfahrung (experimentum), durch die allein Argumente gewiß gemacht werden, so daß der Geist erst in der Anschauung der Wahrheit zu ruhen vermag, wenn er sie auf dem Wege der Erfahrung findet [32]. Für PETRUS PEREGRINUS DE MARICOURT, den R. Bacon «Magister experimentorum» nennt, wird das eingreifende Experiment (manuum industria) in der Erforschung der Wirkungen des Magnetsteins zur Bedingung für die Korrektur von Irrtümern, die ohne Experiment in Ewigkeit durch Naturphilosophie und Mathematik allein nicht erreichbar sei [33]. Es gilt für R. BACON, Fundamente zu legen, damit die Nachfolgenden künftig vollenden können, was auf glückliche Weise begonnen wurde [34]. Man werde künftig vieles kennen, was uns unbekannt ist; der Tag werde kommen, an dem sich die Nachkommenden über unsere Unwissenheit in Dingen wundern, die ihnen klar sind [35]. Die alles zusammenfassende philosophia experimentalis werde die Geheimnisse der Natur und die künftigen Veränderungen dieser Welt erschließen [36]. Die Wissenschaft werde die Verlängerung des Lebens [37], die Erfindung von Flugmaschinen, selbstfahrenden Wagen, Instrumenten zur Fortbewegung unter Wasser möglich machen [38].

Anmerkungen. [1] AUGUSTIN, De civ. Dei XII, 14. MPL 41, 362. – [2] a. a. O. 14, 1. MPL 41, 403. – [3] ebda. – [4] De vera rel. 27, 50. MPL 34, 144; De diversis quaest. LXXXIII, q. 58, 2; De civ. Dei X, 14. MPL 41, 292f. – [5] Dagegen TH. E. MOMMSEN: St. Augustine and the christian idea of progress. J. Hist. Ideas 12 (1951) 346ff. – [6] AUGUSTIN, De trin. IV, 4. MPL 42, 892f.; vgl. De civ. Dei X, 14. – [7] Vgl. W. KAMLAH: Christentum und Geschichtlichkeit (²1951) 175ff. – [8] AUGUSTIN, De civ. Dei II, 29. MPL 41, 77f. – [9] a. a. O. 19, 17. MPL 41, 645f. – [10] ebda. – [11] Sermo 105, 6. MPL 38, 621. – [12] De civ. Dei X, 14; vgl.

CLEMENS ALEX., Stromateis VII, 11, 2, dtsch. Die Teppiche, hg. F. OVERBECK (1936) 582. – [13] AUGUSTIN, In Joh. Ev. Tract. 2, 4. MPL 35, 1390; Conf. V, 3, 1; Sermo 32, 26. 27. MPL 38, 206. – [14] Ep. 167, 3, 13. MPL 33, 738. – [15] Vgl. De civ. Dei XIV, 5. MPL 41, 441. – [16] THOMAS VON AQUIN, S. theol. I/II, q. 113, a. 5 resp. – [17] a. O. II/II, q. 162, a. 4 ad 4; vgl. AUGUSTIN, Ennarat. in Ps. 118. MPL 37, 1431ff. – [18] De civ. Dei XVIII, 11. MPL 41, 544. – [19] THOMAS, S. theol. I/II, q. 114, a. 8 resp. – [20] a. a. O. III Suppl., q. 71, a. 2 ad 3; vgl. J. BUNYAN: The pilgrim's progress from this world to that which is to come (1678), hg. R. CHARROCK (1963). – [21] Vgl. hierzu W. FREUND: Modernus und andere Zeitbegriffe des MA (1957) 17ff. 27ff.; M.-D. CHENU: La théol. au 12e siècle (Paris 1957) bes. Kap. 19, S. 386ff. – [22] THOMAS, S. theol. II/II, q. 1, a. 7; vgl. I, q. 9, a. 1 ad 2; ARISTOTELES, Met. I, 1093 a 15. – [23] THOMAS, De substantiis separatis 1. Opuscula omnia, hg. J. PERRIER (Paris 1949) 154. – [24] S. theol. II/II q. 1, a. 7 ad 2. – [25] DUNS SCOTUS, Op. Oxon. IV, d. 1, 9, 3, n. 8. – [26] MG SS 4, 683, zit. nach FREUND, a. a. O. [21] 109. – [27] ALBERTUS MAGNUS, Met. II, 3. Opera omnia, hg. B. GEYER u. a. (1951ff.) 16/1, 94. – [28] Quaest. de animalibus 14, q. 12 a. a. O. 12, 258; 15, q. 10 = 12, 264; 15, q. 14 = 12, 268. – [29] Met. II, 11 = 16, 102f. – [30] ROGER BACON, Opus maius (= OM) I, 6. 14. 12, hg. J. H. BRIDGES (Oxford 1897ff.) 1, 13ff. 57. 25; De viciis contractis in studio theologiae. Opera hactenus inedita, hg. R. STEELE (= Op.St.) Fasc. 1 (Oxford o. J. [1905]) 5. – [31] OM IV, 1-3 = 1, 97-119. – [32] OM IV, 1 = 2, 167. – [33] PETRUS PEREGRINUS, Ep. de magnete I, 2, hg. Arch. Franciscan. Hist. (1911) 636; vgl. R. BACON, Opus tertium, hg. J. S. BREWER (= Op. Br.) (London 1859, Neudruck 1965) c. 13, 43. – [34] R. BACON, OM I, 16 = 1, 31ff. – [35] OM I, 6 = 1, 13ff. – [36] OM VI, 1 = 2, 167; vgl. Secretum secretorum. Op. St. Fasc. 5 (1920) 9ff. – [37] Lib. (ep.) de retardatione accidentium senectutis. Op. St. Fasc. 9 (1928) 1ff. – [38] Ep. de secretis operibus artis et naturae, et de nullitate magiae 4: De instrumentis artificiosis mirabilibus. Op.Br. 1, 535f.

3. Der qualitative Sprung, der das sich im 17. und 18. Jh. durchsetzende Prinzip des universalen F. von dem im Kreislauf des Kosmos gefangenen F. des Lucretius und von Roger Bacons antizipatorischer Wende zum F. trennt, hat seine Begründung in der Umwälzung, die sich in dem Zeitalter schon vollzogen hat, in dem – wie G. BRUNO sagt – Columbus als ein neuer Tiphys verherrlicht wird, und der Geist in den Himmel eindringend und die erdichteten Grenzen der Sphären zerstörend «diejenigen Hallen der Wahrheit» geöffnet hat, «die sich überhaupt von uns öffnen lassen» [1]. F. ist für FRANCIS BACON auf Wegen, die die Alten weder gekannt noch versucht haben [2], F. in die Zukunft im Ausgang von dem Licht in der Natur, das unsere Zeit mit Länder- und Meerreisen, in der Kenntnis der Erde, des Meeres, der Sterne schon gefunden hat [3]. Die Erfindungen des Schießpulvers, des Kompasses, der Buchdruckerkunst haben jetzt so zahllose Veränderungen im Horizont des Erdkreises heraufgeführt, daß für Bacon «kein Reich, keine Religion, kein Gestirn einen durchgreifenderen Einfluß auf die menschlichen Angelegenheiten haben konnten als ... diese mechanischen Erfindungen» [4]. F. bedeutet, daß mit diesen Entdeckungen und Erfindungen die Gegenwart zu einer Position fortgeschritten ist, die im Verhältnis zu den Alten neu ist: Sie läßt sich nicht aus der Tradition der Philosophie herleiten; sie hebt deren verbindliche Autorität auf. Im Zusammenhang der Auseinandersetzung um den durch Torricelli widerlegten horror vacui schreibt B. PASCAL am 15. November 1647 an Périer: «Ich trenne mich nicht ohne Bedauern von diesen allgemeinen Lehren und tue dies nur, indem ich der Wahrheit weiche, die mich zwingt. Ich habe diesen neuen Gefühlen widerstanden, doch schließlich hat mich die Evidenz der Erfahrung genötigt, Meinungen aufzugeben, an denen ich in der Ehrfurcht vor dem Altertum festgehalten hatte» [5]. Für FR. BACON bedeutet Verehrung der Alten Widerstand gegen den F. der Wissenschaft [6]. Diejenigen, die dem Aristoteles folgen, vergleicht DESCARTES dem Efeu, der höher zu steigen sucht als der Baum, der ihn trägt: Sie werden am Ende unwissender sein, als sie es ohne diese Studien sein würden [7]. Diejenigen, die am wenigsten von dem, was heute Philosophie heißt, wissen, werden am ehesten das Wahre begreifen können [8]. Gegen die Behauptung R. CROSSES, daß «Aristoteles größere Überlegenheit an Wissen habe, als die Royal Society oder das gesamte gegenwärtige Zeitalter sie hätte oder haben könnte» [9], macht J. GLANVILL in einer Verteidigungsschrift geltend, die Royal Society habe in den wenigen Jahren ihres Bestehens mehr erreicht als die Aristoteliker in 2000 Jahren [10] und die Gegenwart habe in vielen Künsten, Beobachtungen und Erfindungen – Mikroskop, Teleskop, Thermometer, Barometer, Luftpumpe – sowie in den geographischen Kenntnissen eine unermeßliche Überlegenheit über die Zeit seit Aristoteles erlangt [11].

Im Zusammenhang der mit der Renaissance erneuerten ‹Querelle des anciens et modernes› [11a] sucht CH. PERRAULT als Wortführer der Modernen in enzyklopädischer Einbeziehung aller Wissenschaften, Künste und Lebensbereiche die Unterlegenheit der Alten nachzuweisen [12]. In den ‹Dialogues des morts› läßt B. DE FONTENELLE Sokrates sagen, daß wir unsere Alten und Vorgänger höher schätzen, als sie es verdienten, und daß jetzt unsere Nachfahren uns höher schätzen, als wir es verdienen [13]. In der Emanzipation aus der Autorität der Tradition wird mit F. geltend gemacht, daß die Zeit, die später ist, der früheren überlegen ist, weil sie sich auf zunehmende Erfahrung und auf die Einsichten der Vorgänger stützen kann. In einem Prozeß ständiger Vervollkommnung ziehen die Menschen in langer Zeit Nutzen aus der Erfahrung vieler Jahre [14]. Die ‹Republik› Bodins ist für Abbé SAINT PIERRE der ‹Politeia› Platons überlegen, weil Bodin sich in seinem Nachdenken auf Platon und auf die ihm Nachfolgenden beziehen kann. F. lasse sich an der Zunahme und Vermehrung der Beweise und Wahrheiten messen [15]. Das aristotelische Argument der Zeit als Erfinderin und Mitarbeiterin kehrt wieder: «Es gibt nichts, was nicht die Zeit vollendet», heißt es bei PERRAULT [16].

Mit «Veritas filia temporis ... non autoritatis» begründet FR. BACON, daß Faszination durch Autorität die produktiven Fähigkeiten des Menschen und damit den F. lahmlege [17]. Das Argument Saint Pierres gebraucht schon KOPERNIKUS, um die Unzulänglichkeiten des ptolemäischen Systems zu erklären [18]. Dagegen, daß bei den Alten die Weisheit sei, wendet G. BRUNO ein, daß «wir älter sind und mehr Jahre hinter uns haben als unsere Vorgänger» [19]. In einem Gespräch, in dem VOLTAIRE der Tochter Ciceros im Salon der Madame de Pompadour den F. der Gegenwart im Verhältnis zu den Alten vorführen und ihr darlegen läßt, daß die jungen Leute, die heute die Schule verlassen, mehr als alle Philosophen des Altertums wissen, kehrt das Argument wieder: «les derniers siècles sont toujours plus instruits que les premiers» [20].

Aber im Zeithorizont des mit dem Neuen gesetzten F. ist die Auseinandersetzung mit den Alten nur ein Moment. In der Querelle geht es den Modernen für Dichtung und Kunst darum, der «exzessiven Bewunderung des Altertums» die Gleichheit der Alten und Modernen entgegenzusetzen [21] und das Vorurteil zu zerstören, daß Neues zu finden Privileg der großen Geister des Altertums gewesen sei [22]. In dem allgemeinen Vergleich der Alten und der Modernen beginnt sich – unabhängig von F. – der Gedanke der geschichtlichen Verschiedenheit der Epochen anzubahnen [23]. Für VOL-

TAIRE ist die Querelle als solche schon unwichtig geworden: «Wir nehmen uns, was uns gut zu sein dünkt von Aristoteles bis Locke, und machen uns über den Rest lustig» [24]. Im enzyklopädischen Vergleich der alten Welt und des Zeitalters Ludwigs XIV. stellt dieses für PERRAULT, der schon Poesie und Eloquenz aus dem Zusammenhang des allgemeinen F. herausgenommen hatte [25], den Höhepunkt dar: Die F.e scheinen langsamer zu werden und überhaupt zu verschwinden, so daß wir keinen Grund haben, diejenigen zu beneiden, die nach uns kommen [26].

Die F.-Theorie, wie sie von FR. BACON ausgeht und auch in die Querelle hineinwirkt, überschreitet grundsätzlich diese Sphäre vergleichender Parallelisierung des antiken und gegenwärtigen Zeitalters. Sie steht im Horizont der Erde und des Menschengeschlechts: «Die Wohltaten der Erfindungen könnten sich auf das ganze Menschengeschlecht (universum genus humanum) erstrekken»; während Besserungen im politischen bürgerlichen Leben sich auf bestimmte Wohnsitze der Menschen und auf begrenzte Zeiten beschränkten, bringen Erfindungen in den Zeiten fortdauernd ohne Unrecht und Traurigkeit Beglückung und Wohltaten hervor [27]. Mit den neuen Entdeckungen und Erfindungen und mit der von Bacon eingeleiteten theoretischen und praktischen Begründung aller Zweige des Wissens auf die von Erfahrung und Experiment geleitete Naturphilosophie [28] wird das von der Philosophie und ihren dogmatischen Wissenschaften überformte und unterdrückte praktische Verhältnis des Menschen zur Natur freigesetzt, in dem die Menschheit von Anbeginn zufällig, nur von der Geduld der Arbeitenden im richtigen Gebrauch der Hände und Instrumente geleitet, gelähmt durch die Herrschaft der Philosophie, in langen Jahrhunderten die Natur mit nur dürftigen und armen Ergebnissen an Entdeckungen und Erfindungen sich zu unterwerfen suchte [29]. Während die bisher durch die Philosophie ausgebildeten Methoden weder in dem theoretischen Teil der Wissenschaft noch in der Anwendung auf Werke große F. erlauben (magnos ... progressus) [30] und Erfahrungen und Erfindungen auf dem ungewissen Wege belassen würden, auf dem sie umherirrend von dem, was zufällig begegnet, abhängen [31], erfolgt die Wende durch ihre methodische rationale Begründung. Indem aus Werken und Experimenten Ursachen und Grundsätze (causas et axiomata) und aus diesen wiederum neue Werke und Experimente in der gesetzmäßigen Auslegung der Natur entwickelt werden, wird der Anfang für den F. auf dem Wege zum «Sieg der Kunst über die Natur» (victoria cursus artis super naturam) gesetzt, den wir künftig für die Zeit der Ernte und Reife erwarten [32]. Im «Hause Salomonis» der ‹New Atlantis› auf der Insel Bensalem sind Weise versammelt, die nicht mehr kontemplative Betrachter der Welt, sondern Forscher, Entdecker und Konstrukteure sind, die die wahre Natur der Dinge suchen, um sie zu nutzen und so das Reich der menschlichen Herrschaft zu erweitern (Human Empire). Zu ihren Aufgaben gehören in rationeller Arbeitsteilung Züchtung von Pflanzen und Tieren, Erforschung der Lebensfunktionen, Erfindung neuer Metalle und Stoffe, im «house of engines» die Konstruktion von Apparaturen, die in gewissen Grenzen den Flug zulassen und von Schiffen und Booten, die unter Wasser fahren [33]. Was hier in einem Modell dargestellt wird, das zwar (wie die Einleitung sagt) in manchen Punkten zu hoch für die Nachahmung ist, aber in den meisten durchaus im Bereich menschlicher Macht und Wirkungsmöglichkeit liegt (most things are within men's power to effect) [34], ist die Größe der Erfindungen und der Erfinder, denen in Bensalem Monumente errichtet sind; sie verbürgen den künftigen F. zur Herrschaft des Menschen über die Dinge, die «allein auf den Künsten und Wissenschaften beruht» (in solis artibus et scientiis ponitur) [35]. Erwägt man den Abstand des menschlichen Lebens in einer europäischen Provinz von dem in einer der barbarischen und wilden Gegenden des neuen Indiens, dann erscheint schon jetzt in dieser Distanz der Mensch dem anderen wie ein Gott [36]. Das wird zum Fundament der F.-Theorie. Indem die Vernunft in den Wissenschaften und in den auf sie gegründeten Künsten zum Träger menschlicher Praxis wird, verbürgt dies, daß die Menschheit im Umkreis der Erde auf ihrem Wege aus dem Naturstand zur Herrschaft über die Natur gelangen wird. F.-Geschichte ist Geschichte der Befreiung des Menschen aus dem Naturstand zum Herrn über die Natur. Für PERRAULT ist schon jetzt an die Stelle früherer, nur auf Nachahmung der Tiere oder der Naturvorgänge beruhender Erfindungen die in rationeller Planung unabhängig vom natürlichen Vorbild entwickelte Konstruktion von Erfindungen und Maschinen getreten [37]. DESCARTES bezieht die durch Physik und Mathematik vermittelten Erkenntnisse der Kräfte und Wirkungsweisen der Natur auf die Künste der Handwerker: «Indem wir diese Erkenntnis auf dieselbe Weise wie die Handwerker zu allen Zwecken verwenden, für die sie geeignet sind», machen wir uns zu «Herren und Eigentümern» (maistres et possesseurs) der Natur und können sie für die Erfindung einer unendlichen Zahl von Kunstfertigkeiten nützen [38]. Die Royal Society hat für GLANVILL den Weg eingeschlagen, auf dem der unausschöpfliche Schatz, den die Vorsehung in die Dinge gelegt hat, «bis ans Ende der Welt neue Entdeckungen» verheißt, so daß das Ziel erreicht wird, die Natur zu «meistern», zu «verwalten» und «im Dienste des menschlichen Lebens zu nutzen» [39].

Für FR. BACON ist die den F. verbürgende Zuordnung der Wissenschaft zur Praxis zugleich Wiederherstellung der wahren Beziehung des Menschen zur Natur. Die «schönen Meditationen und Spekulationen der Menschen» sind unnütz, weil sie auf einer falschen Bewunderung der Kräfte des menschlichen Geistes beruhen, dessen Subtilität von der Subtilität der Natur weit übertroffen wird [40]. Der Mensch vermag so nur zu bewirken und zu begreifen, was er von der Ordnung der Dinge schrittweise durch eingreifende Beobachtung erschließt [41]. Daher fallen Wissenschaft und praktisches Vermögen für den Menschen zusammen. Die Natur wird nur besiegt, indem man ihr folgt [42]. Die universalgeschichtliche Bedeutung des gegenwärtigen und des künftigen F. ist für Fr. Bacon darin begründet, daß mit der Zuordnung der Wissenschaft zu den praktischen Künsten an Stelle von «Disputationen» und «müßigen magischen Zeremonien» die dem Menschen von Gott gegebene und im Sündenfall verlorene Herrschaft über die Kreatur wieder hergestellt wird [43]. Der F. zu ihrer Vollendung ist Erfüllung der von Gott in der Schöpfung dem Menschen gegebenen Verheißung. Subjekt dieses F. ist die Menschheit in ihrer Gesamtheit im Ausgang aus dem Naturstand auf dem Wege zur vollendeten Herrschaft über die Natur. Hierin ist es begründet, daß auf dem Wege des F. die Späteren im Verhältnis zur Welt die Älteren sind und nicht diejenigen, die von uns her gesehen die Alten heißen (FR. BACON, DESCARTES) [44]. Wenn man sich vorstellt, daß die menschliche Natur wie ein Mensch ist, müssen unsere ersten Väter –

wie es in der Aufnahme der augustinischen Beziehung der Zeitalter der Menschheit auf die Lebensalter des Einzelnen bei PERRAULT heißt – wie Kinder und wir als die «wahren Alten der Welt» (les véritables anciens du monde) angesehen werden [45]. Der Cartesianer CH. SOREL verkündigt die Vollendung des Menschen in einem künftigen goldenen Zeitalter, das die science universelle heraufführen wird [46]. Für PASCAL gehen die Menschen im Lauf vieler Jahrhunderte «wie ein Einzelmensch, der immer lebt und ständig lernt», von Tag zu Tag in den Wissenschaften in einem kontinuierlichen F. (un continuel progrès) voran: Der Mensch ist das Wesen, das auf Unendlichkeit angelegt ist (il n'est produit que pour l'infinité) [47]. Subjekt des kontinuierlichen F. der universellen Vernunft (progrès continuel de la Raizon universelle) ist bei Abbé SAINT PIERRE das menschliche Geschlecht, «das zusammengesetzt aus allen Nationen, die auf der Erde gewesen sind und sein werden», im Unterschied zum hinfälligen Individuum unsterblich in der immer währenden und unendlichen Folge seiner Zeit ist, «immer zunehmend an Vernunft und an Weisheit» [48].

Anmerkungen. [1] G. BRUNO: Das Aschermittwochsmahl, dtsch. F. FELLMANN, eingel. H. BLUMENBERG (1969) 72. 74. – [2] FRANCIS BACON: Novum Organum scientiarum (= NO), Praef., hg. TH. FOWLER (= Fo.) (Oxford ²1889) 187; dtsch. A. TH. BRÜCK (1830, Neudruck 1962) 21f. – [3] Vgl. NO I, 72. 82. Fo. 264f. 279. – [4] NO I, 129. Fo. 337; vgl. Cogitata et visa ... Werke, hg. SPEDDING ELLIS/HEATH (= WW) (London 1859, Neudruck 1963) 3, 611. – [5] B. PASCAL, Brief an Périer 15. 11. 1647. Werke, hg. BRUNSCHVICG/BOUTROUX 154f. – [6] FR. BACON, NO I, 84. Fo. 282. – [7] R. DESCARTES, Discours de la méthode. Werke, hg. ADAM/TANNERY (= A/T) 6, 70; vgl. Princ. philos. Brief an Picot. A/T 9, 2. – [8] Princ. A/T 9, 9. – [9] R. CROSSE, zit. bei J. G. GLANVILL: Plus ultra or the progress and advancement of knowledge since the days of Aristotle (London 1668, Neudruck 1958) 5f. – [10] GLANVILL, a. a. O. 8. – [11] 6. 21. 24. 25. 28. 46. 51. 112f. – [11a] Vgl. Art. ‹Antiqui/Moderni (Querelle des Anciens et des Modernes)›. – [12] CH. PERRAULT: Parallèle des anciens et des modernes en ce qui regarde les arts et les sci. (Paris 1688-1697) (= Paral.) IV, 284/85; Neudruck (= ND) hg. H. R. JAUSS/M. IMDAHL (1964) 443. – [13] B. DE FONTENELLE: Dial. des morts. Werke (Paris 1742) 1, 48. – [14] Digressions sur les anciens et les modernes. Werke 5, 303; vgl. Dial. des morts a. a. O. 1, 40. – [15] Abbé DE SAINT PIERRE: Observations sur le progrès continuel de la raison universelle. Oeuvres polit. (Rotterdam 1737) 11, 274. – [16] PERRAULT, Paral. IV, 285. ND 443. – [17] FR. BACON, NO I, 84. Fo. 284. – [18] Vgl. H. BLUMENBERG: Kopernikus im Selbstverständnis der Neuzeit. Abh. Akad. Wiss. Lit. Mainz, geistes- und sozialwiss. Kl. (1964) Nr. 5, 358 Anm. 1. – [19] BRUNO, a. a. O. [1] 79ff.; zum Ganzen vgl. G. GENTILE: Veritas filia temporis, in: Il pensiero ital. del Rinascimento (Florenz 1940) 331ff. – [20] VOLTAIRE, Dial. et entretiens philos. 13. Werke (1786) 36. 86ff. 94. – [21] FONTENELLE, Digressions ... Werke 5, 285; vgl. 3, 29. 303. – [22] PERRAULT, Paral. I, 94/96. ND 124. – [23] H. R. JAUSS: Ursprung und Bedeutung der F.-Idee in der ‹Querelle des anciens et modernes›, in: Die Philos. und die Frage nach dem F., hg. H. KUHN/F. WIEDMANN (1964) 55ff. 70f. – [24] VOLTAIRE, Dial. ... 24 (L'A, B, C). a. a. O. [20] 36, 233; vgl. Art. ‹Anciens et Modernes›, Dict. philos. a. a. O. 37, 334. – [25] PERRAULT, Paral. IV, 292/93. ND 253. – [26] Paral. I, 99. ND 125. – [27] FR. BACON, NO I, 129. Fo. 335. – [28] NO I, 80. Fo. 276. – [29] NO I, 108. 85. Fo. 312. 284ff. – [30] NO I, 128. Fo. 334. – [31] NO I, 70. Fo. 258f. – [32] NO I, 320f. – [33] New Atlantis. WW 3, 146. 156. 163. 166. – [34] a. a. O. Praef. WW 3, 127. – [35] NO I, 129. Fo. 337. – [36] ebda. Fo. 336. – [37] PERRAULT, Paral. I, 74/75. 76/77. ND 119f. – [38] DESCARTES, Discours ... VI, 2. A/T 6, 62. 63; vgl. Brief an Huygens 25. 1. 1638. A/T 1, 504f. 507. – [39] GLANVILL, a. a. O. [9] 7, 87. – [40] FR. BACON, NO I, 10. Fo. 196. – [41] NO I, 1. Fo. 191. – [42] NO I, 3. Fo. 192. – [43] NO II, 52. Fo. 598f. – [44] Advancement of learning. WW 3, 291; NO I, 84; DESCARTES, A/T 10, 204f.; N. MALEBRANCHE, De la recherche de la vérité II, 2, 2. – [45] PERRAULT, Paral. I, 49/50. ND 113. – [46] a. a. O. [23] 63. – [47] B. PASCAL: Préface pour le traité du vide (1647). Werke, hg. J. CHEVALIER (Paris 1954) 553f. – [48] Abbé SAINT PIERRE, a. a. O. [15] 274.

4. Der Bezug auf die Menschheit gibt dem in die Zukunft gerichteten F. seine inhaltliche Bestimmung. Formal wird F. konstitutiv, wo an Stelle der Bindung des Bewußtseins an einen vorgegebenen Kanon von Wahrheiten theoretisch und praktisch das Erfahren, Entdecken und Erfinden treten. Sie sind durch die fortgesetzte Überschreitung des jeweils erreichten Standes definiert. Zu ihnen gehört daher für die Voraussicht die Unvorstellbarkeit dessen, was künftig erreicht werden wird. Die sich für DESCARTES abzeichnende Möglichkeit der Lebensverlängerung (die von Roger Bacon bis zu Condorcet zum ständigen Bestand der F.-Theorien gehört) setzt voraus, daß die Medizin über ihren jetzigen Stand hinauskommt, in dem wir von dem, was gewußt werden kann, fast nichts wissen [1]. G. W. LEIBNIZ, BOYLE, R. PRICE sprechen von künftiger Vollendung, die größer sein wird, als wir es uns gegenwärtig vorstellen können [2]. Zur unbegrenzten Perfektibilität des menschlichen Geistes gehört für CONDORCET als ein für sie konstitutives Moment, daß sie über die Grenzen von dem hinausführt, was unser gegenwärtiges Wissen sich an Möglichkeiten künftiger Vollendung vorstellen kann [3]. In der Ablösung von den theologischen und ontologischen Traditionen, in denen für jedes Seiende in seinem Wesen Vollendung durch die Stufe festgelegt ist, «von der aus es seinen Möglichkeiten gemäß zu keiner höheren mehr kommen kann» (CUSANUS [4]), führt die Unausschöpfbarkeit des Seins zur Transformation begrenzter Vollkommenheit (perfectio) in eine nicht begrenzbare Perfektibilität des Geistes, der sich in sich unendlich zur Unendlichkeit Gottes und der Welt verhält. Glückseligkeit besteht für LEIBNIZ nicht mehr in einem «vollkommen Besitz», der «unempfindlich und gleichsam stumpf» machen würde, sondern «in einem dauernden und ununterbrochenen F.» (dans un progrès continuel et non interrompu), der ständig von Unruhe begleitet sein wird [5]. Das wird in die Bestimmung der Vision der seligen Geister hineingenommen: In ihr vervielfältigen sie ihre Beseligungen ins Unendliche (infinitiplicent): «ohne ständig Neues und ohne F. gibt es kein Denken und daher auch keine Lust». Damit geht Leibniz über den von ihm hier aufgenommenen, schon von WENK gegen des Cusaners Unendlichkeit erhobenen traditionellen Einwand hinweg, daß die Vision des göttlichen Wesens, da sie vollkommen sei, nicht wachsen könne [6]. Aus dem F. der Vorsehung (Progress of Providence) begründet TH. BURNET den ständigen F. in der Erkenntnis der göttlichen Dinge, Verbreitung der Gottesverehrung, Erleuchtung der Menschheit [7]. Von der Übereinstimmung der Künste und Wissenschaften mit der geoffenbarten Religion im Zusammenhang des F. von der Schöpfung her handelt EDM. LAW, Bischof von CARLISLE [8].

In die *Schulphilosophie* geht dies aus ihr fortwirkend als «non impeditus progressus ad majores continuo perfectiones» (ungehinderter F. zu immer höheren Vollkommenheiten) ein [9] und lebt im Pathos eines unendlichen Strebens mit allen Folgen fort, die dies für die Entwertung jedes in sich befriedigten, nicht über sich hinausweisenden Lebensstandes im Sinne des aristotelischen Begriffs vom Glück bis heute hat.

So sehr solche Offenheit ins Unbegrenzte gelegentlich für das F.-Bewußtsein im Vordergrund stehen mag, inhaltlich wird die Macht des F.-Gedankens dadurch begründet, daß die von Fr. Bacon eingeleitete Zuordnung der Wissenschaft und der Vernunft zur Praxis der Naturbeherrschung in den Prozeß gehört, in dem sich die gesellschaftliche und politische Revolution ankündigt und vorbereitet, in der sich in der Emanzipation aus der alten geschichtlichen Welt in Europa die auf rationelle Beherrschung und Nutzung der Natur gegründete Gesellschaft und Zivilisation durchsetzt. In der Beziehung des F. der universellen Vernunft auf die Menschheit als auf die Völker, die auf der Erde waren und sein werden, nimmt Abbé Saint Pierre auf, was Fr. Bacons Hinweis auf das «neue Indien» andeutet – daß Europa mit dieser Umwälzung den Weg betreten hat, auf dem die jetzt bekanntgewordenen Völker Afrikas, Asiens, Amerikas in die sich in Europa durchsetzende Zivilisation einbezogen werden.

Die Bewegung der künftigen Geschichte ist F., weil mit ihr die Menschheit im Ausgang von ihrem Primitivstand in einer ständigen und unbegrenzten (sans borne) Vermehrung der Vernunft schließlich zum Subjekt vernünftiger Herrschaft über die Natur wird und damit zur Freiheit gelangt: Reflektiert man auf die Distanz, die Kunst, Wissenschaft und vernünftige Bildung in Paris und in London von den Kaffern und Wilden Afrikas trennt, dann hat man nach Abbé Saint Pierre die Distanz vor Augen, die die Weisesten in 20 oder 30 Jahrhunderten von den weisesten Franzosen und Engländern seiner Epoche trennen wird [10].

Gegen Bossuet, der noch einmal das christliche Bild der Weltgeschichte – in einer politischen Umdeutung der augustinischen civitas Dei zum christlichen Reich der französischen Könige und der civitas terrena zu der nicht-europäischen Welt der widerstehenden Heiden – erneuert hatte [11], und in der Auseinandersetzung mit «unseren sogenannten Universalgeschichten», in denen man «dreiviertel der Erde» vergißt [12], setzt Voltaire den Fabeln vom Urstand der Menschheit entgegen, daß man für ihn von den heutigen Tartaren, von den Völkern Afrikas und Amerikas ausgehen müsse [13]. Das, was am Anfang der Weltgeschichte steht, ist in diesen Völkern gegenwärtig: Ein Blick auf die Erde, so heißt es bei Turgot, bringt uns heute die ganze Geschichte des menschlichen Geschlechts vor Augen und zeigt uns die Spuren seiner Schritte und aller Stufen seit der noch bestehenden Barbarei der amerikanischen Völker bis zur Bildung der am meisten aufgeklärten Völker Europas. Unsere Väter, die Pelasger, die den Griechen vorausgingen, haben sich wieder bei den Wilden Amerikas zusammengefunden [14]. In der Ungleichheit zwischen ihnen und den aufgeklärten Völkern Europas wird der künftige Gang der Menschheit zu ihrer Vollendung vorgezeichnet, mit dem diese Ungleichheit verschwinden wird [15].

Die konkrete Vermittlung künftigen F. ist die Einbeziehung der Erde in den europäischen Handel und Verkehr; durch sie breiten sich Aufklärung und Vernunft aus, so daß die «diférante cultûre» sowohl in den Wissenschaften wie in den Lebensgepflogenheiten zum Ausgleich gebracht wird [16]: In Indien, in China und bei den Mohammedanern werden so für Abbé Saint Pierre der Aberglaube ihrer Behörden und Priester im Sinne der Vernunftreligion oder der natürlichen Religion vermindert werden; sie werden in einigen Jahrhunderten ihren Alcoran, ihre Veden, ihre klassischen und kanonischen Bücher wie Werke lesen, die von Menschen mit Sinn für Wahrheit geschrieben wurden, die «das Unglück hatten unter Ungeschliffenen und Unwissenden in dem Jahrhundert der ersten Kindheit der Menschheit» zu leben [17]. Condorcet geht von der Verderbnis und Tyrannei, Mißachtung der Menschen anderer Farbe oder anderen Glaubens aus, die unsere Handelsmonopole in den Kolonialländern verbreiten, aber diese werden durch die Einwanderung von fleißigen Menschen überwunden werden, die ihre Freiheit festhalten und dadurch die «wilden Nationen, die dort noch weite Gebiete innehaben, zivilisieren, und unter ihnen die Grundsätze und das Beispiel der Freiheit, der Aufklärung und der Vernunft Europas verbreiten [18]. Der Weg dieser jetzt noch mißbrauchten Völker zur Zivilisation wird rascher und sicherer sein als der unsere: Sie übernehmen von uns, was wir erst nach langem Irren entdeckten, so daß eine Zeit kommen wird, da «die Sonne auf der Erde nur noch freie Menschen bescheint, die nichts über sich anerkennen als ihre Vernunft» und es «Tyrannen und Sklaven, Priester und ihre ... Werkzeuge nur noch in den Geschichtsbüchern und auf dem Theater geben wird» [19]. Hegel spricht von der «welthistorischen Bedeutung» des die Erde umspannenden Handels als dem «größten Bildungsmittel», in dessen Zusammenhang sich die Befreiung der Kolonien auch als «der größte Vortheil für den Mutterstaat» erweisen wird [20].

Die künftige Vollendung ist für Condorcet auch Erfüllung von Hoffnung und – in der Zeit, in der Aufklärung nur erst einen geringen Teil des Erdballes beherrscht und die Zahl der wirklich Aufgeklärten in der Masse der Menschen verschwindet, die dem «Vorurteil und der Unwissenheit» ausgeliefert sind [21] – ein «Elysium», das sich allein der Vernunft zu schaffen wußte [22]. C. F. de Volnay kündigt in den von G. Forster übersetzten ‹Ruinen› ein Zeitalter an der Verwunderung über gemeine Seelen, des Erstaunens und Schreckens über Tyrannen, der Einswerdung der Menschheit in einem großen Volk und einer Hoffnung für die ganze Erde [23]. An solche Wendungen knüpft die Deutung von F. als Säkularisation christlicher Eschatologie an, mit der dem durch Verlust des Glaubens «entleerten Ablauf des Menschenschicksals» ein «diesseitiger Sinn» verliehen wurde [24]. Doch der sachliche Kern ist die Bestimmung der sich politisch konstituierenden Gesellschaft als kommender Weltgesellschaft. Die Revolution, die Condorcets historische Darstellung der F. das Ende ihrer bisherigen Geschichte sein läßt, ist auch der Beginn ihres letzten (zehnten) Zeitalters künftigen F.; mit ihr ist die «Epoche einer der großen Revolutionen der menschlichen Gattung» (l'époque d'une des grandes révolutions de l'espèce humaine) eingeleitet [25]. Sie ist ihr – schon gegenwärtiger – Anfang, mit dem alle Entdeckungen und Erfindungen, alle Möglichkeiten der Naturbeherrschung und der Aufklärung, die zwischen dem Primitivstand des Menschen und der Gegenwart liegen, zusammengefaßt und zur Basis der künftigen politisch-gesellschaftlichen Vollendung des Menschen geworden sind.

Für Fr. Bacon tauchten die großen mechanischen Erfindungen seiner Zeit noch aus einem ruhmlosen Dunkel auf, das ihre Schöpfer verbirgt; aus den 25 Jh., die die Erinnerung umfaßt, blieben im ganzen kaum 6 Jh., in denen – zuletzt nur deutbar aus einer Gunst der Zeit – Wissenschaft und entdeckende Erfahrung gediehen, je 2 Jh. bei den Griechen, bei den Römern und jetzt bei den «westlichen Nationen Europas» (occidentales ... Europae nationes). Die Zeit habe wie die Räume ihre Wüsten und Öden, zu denen die «mittleren Zeiten der Welt» (media mundi tempora) mit der Philosophie der Scholastik und der Araber gehören [26]. Voltaire hatte in der Destruktion einer «histoire des opinions» und in der Ausklammerung der «histoire sacrée» den universalhistorischen Horizont über Europa und über die Zeiten hinaus erweitert, die wir fälschlicherweise alt nennen; die Geschichte der Künste und der Erfindungen wird ihm zum Leitfaden einer Geschichte des Menschen in seiner überall gleichen Natur und in der Beschränkung auf den gewöhnlichen Lauf der Dinge und auf das, was beobachtet werden kann oder mit dem Beobachtbaren übereinstimmt [27]. Aber die Zeiten der Aufklärung, einer «société policée», sind wie isolierte Stationen der Vernunft in dem von Aberglauben, Vorurteil, Fanatismus bestimmten Gang der Welt (l'histoire du monde est celle du fanatisme), in dem der leidenschaftliche Ehrgeiz, zu herrschen und sich zu bereichern, die Verschiedenheit zwischen den Menschen, ihr Elend, den dummen Fanatismus (la stupide indolence) zu erhalten sucht [28]. Wenn man sich vorstellt, daß Newton, Locke, Clarke, Leibniz in Frankreich verfolgt, in Rom gefangen, in Lissabon verbrannt worden wären, dann scheint England das Land des größten Fortschritts zu sein (le pays le plus avancé vers la perfection presqu'en tous les genres) [29]. Daher gilt es für Voltaire, die Stationen des F. wie Kostbarkeiten aus dem Schutt der Jahrhunderte auszugraben [30]. Die Wende zu einer Zukunft der Freiheit, des wahren Lebens, in dem man nur Gleiche um sich hat und die Menschen sich die Gesetze selbst geben werden, unter denen sie leben, ist an der Zeit; sie kündigt sich an: «tremblez que le jour de la raison n'arrive» [31]. Auch die Brasilianer werden eines Tages ihre Newtons und Lockes haben und damit in ihrer menschlichen Laufbahn zur Vollendung kommen [32]; aber in ironischer Wendung kann Voltaire auch sagen, daß die Zeiten kommen werden, wo die Wilden Opern haben, wir aber auf den Tanz der Friedenspfeife zurückgefallen sind [33].

Die Wende und die Vollendung, die die F.-Theorie mit CONDORCET erreicht, liegt darin, daß mit der politischen Revolution und der durch sie eingeleiteten globalen Ausbreitung der Gesellschaft die Kette der F. zwischen der Zivilisation, die wir «noch heute bei den Stämmen der Wilden vorfinden», und der Gegenwart konkret die Menschheit in ihrem Gange darstellt, in dem sie jetzt in der Spannung zwischen diesen Stufen zum Subjekt der künftigen gesellschaftlichen Entwicklung geworden ist. In der Beziehung der Gesellschaft auf den Primitivstand des Menschen wird die metaphorische Deutung des Menschengeschlechts nach den Lebensaltern der Einzelmenschen konkretisiert. Für Condorcet gibt die geschichtliche Darstellung der F. des menschlichen Geistes die Möglichkeit, ohne «hypothetische Kombinationen» die Beobachtungen und Tatsachen aus ihr aufzunehmen und zu sammeln, die die Einsicht in die Bedingungen der künftigen Entwicklung und in die sie aus der Natur des Menschen begleitenden Gefahren vermitteln. Die Geschichte des F. erhält als die «Erfahrung der Vergangenheit» (l'expérience du passé) die Funktion, «die Ereignisse der Zukunft mit großer Wahrscheinlichkeit vorauszusehen»; sie werden zur Basis einer Wissenschaft, «die die F. des Menschengeschlechts nicht nur voraussieht, sondern sie zu lenken und zu beschleunigen vermag» (science de prévoir les progrès de l'espèce humaine, de les diriger, de les accélérer) [34]: «Die Betrachtung dessen, was der Mensch war, und dessen, was er heute ist, wird uns dann zu den Mitteln führen, die weiteren F., die seine Natur ihn noch erhoffen läßt, zu sichern und zu beschleunigen» [35]. Aus der gleichzeitigen Betrachtung der Entwicklung einer großen Zahl in einer Gesellschaft vereinigter Individuen soll ein Gesetz der kollektiven Entwicklung gewonnen werden, das dem der individuellen entspricht, um so eine Prognose von gleicher Wahrscheinlichkeit zu begründen, wie sie die Naturwissenschaften kennen [36]. Sowohl in der sich abzeichnenden Dreiteilung der Geschichte des F. in das Stadium des allgemeinen Naturstandes (1), in das der seit den Griechen in Europa gemachten Entdeckungen und Erfindungen (2) und in die beide Stadien zusammenfassende Zukunftsgeschichte der Gesellschaft (3) wie in der praktischen politischen Begründung der Theorie weist Condorcets «Gesetz» auf Saint-Simon und auf A. Comtes Dreistadiengesetz vor. Das gilt auch in dem Sinn, daß F. von da an mit der Gesellschaft und ihrer Zivilisation identisch ist und für die F.-Theorien die Individuen in der Gesellschaft ihr ganzes Sein erhalten so, wie die individuelle Entwicklung dem Gesetz der kollektiven Entwicklung für sie entspricht.

Anmerkungen. [1] R. DESCARTES, Discours de la méthode VI. Werke, hg. ADAM/TANNERY (= A/T) 6, 62f.; vgl. Brief an Huygens (25. 1. 1638). A/T 1, 505ff.; vgl. Brief an Chanut (15. 6. 1646). A/T 4, 440f.; vgl. M. A. CONDORCET: Esquisse d'un tableau hist. des progrès de l'esprit humain (1793/94), dtsch. hg. W. ALFF (1963) 394f. – [2] G. W. LEIBNIZ, Theodizee III, § 341. Philos. Schriften, hg. GERHARDT 6, 317; vgl. R. BOYLE: Some considerations touching the usefulness of experimental natural philos., in: M. B. HALL: R. Boyle on natural philos. (Bloomington 1966) 163; R. PRICE: Observations on the importance of the Amer. revolution (London 1794) 3f. – [3] CONDORCET, a. a. O. [1] 28/29. – [4] NICOLAUS CUSANUS, De docta ignorantia III, 12. Werke, hg. Heidelb. Akad. (1932) 1, 159. – [5] LEIBNIZ, Nouv. Ess. II, 21, § 36. Akad.-A. VI/6, 189. – [6] Vgl. Confessio philosophi, hg. O. SAAME (1967) 100/101f.; vgl. WENK, De ignota literatura, hg. Van STEENBERGHEN 29. – [7] TH. BURNET: Treatise conc. the state of departed souls before, and at, and after the resurrection (London lat. 1720, engl. 1733). – [8] EDM. LAW: Considerations on the theory of relig. (1775) 218f. – [9] CHR. WOLFF: Philosophia practica universalis (1738) 1, § 374. – [10] Abbé SAINT PIERRE, a. a. O. [15 zu 3] 305. 306. – [11] J. B. BOSSUET: Discours sur l'hist. universelle (1681). – [12] A. M. A. VOLTAIRE: Essai sur les mœurs et l'esprit des nations (1756). Oeuvres (Basel 1785) 16, 69. – [13] Art. ‹Hist.›, in: Encyclop. ..., hg. DIDEROT/D'ALEMBERT 17 (1779) 556. – [14] A. R. J. TURGOT: Plan du second discours sur l'hist. universelle ... Oeuvres, hg. E. DAIRE (Paris 1844) 2, 646. – [15] a. a. O. 2, 611. 633. – [16] Abbé SAINT PIERRE, a. a. O. [10] 267. – [17] 286 u. passim. – [18] CONDORCET, a. a. O. [1] 348/49ff. – [19] 354/55. – [20] HEGEL: Grundlinien der Philos. des Rechts (1820) §§ 247. 248. Werke, hg. GLOCKNER 7, 320. 322. – [21] CONDORCET, a. a. O. [1] 336/37. – [22] 398/99. – [23] C. F. DE VOLNEY: Les ruines (1791), dtsch. G. FORSTER (1792), hg. R. HALS (o. J.) 94. – [24] F. SCHNABEL: Dtsch. Gesch. im 19. Jh. (²1949) 2, 113; vgl. H. ZABEL: Verweltlichung, Säkularisierung. Zur Gesch. einer Interpretationskategorie (Diss. Münster 1968) bes. 261-267. – [25] CONDORCET, a. a. O. [1] 44/45. – [26] FR. BACON, Novum Organum I, 78, hg. FOWLER ²1889) 267. – [27] Vgl. VOLTAIRE, Art. ‹Hist.› a. a. O. [13] 17, 556ff.; Essai sur les mœurs... a. a. O. [12] 16, 19. 22. – [28] Homélie sur la superstition a. a. O. [12] 32, 439; Examen importante de Milord Bolinbroke (1731) a. a. O. 33, 5. – [29] Siècle de Louis XIV a. a. O. 21, 280 u. passim. – [30] Essai sur les mœurs... Introduction a. a. O. 16, 3. – [31] Dict. philos. Art. ‹abbé› a. a. O. 37, 35. – [32] Entretiens philos. a. a. O. 36, 271. – [33] Mélanges litt., zit. nach F. MEINECKE: Die Entstehung des Historismus, hg. C. HINRICHS (1965) 98. – [34] CONDORCET, a. a. O. [1] 42/43; vgl. 36ff. 344/45. – [35] 28/29. – [36] ebda; vgl. 344/45.

5. Von da an gehört F. retrospektiv und prospektiv zur Gesellschaft als potentieller sich durchsetzender Weltgesellschaft in der Funktion, deren Bewegung im Verhältnis zu allen nicht auf sie reduzierbaren geistigen, sittlichen, politischen Institutionen zu markieren und zu dirigieren. Die Allgemeinheit des sich im F. und im Verhältnis zu ihm artikulierenden Zeitbewußtseins wird durch die dichte Folge universalhistorischer Reflexion und Darstellung in den Jahrzehnten um die Wende um 19. Jh. bezeugt, die die Geschichte der Menschheit (z. B. I. ISELIN 1768, DE CHASTELLUX 1772, A. L. SCHLÖZER 1772, H. HOME 1774, Abbé DELILLE 1779, J. G. HERDER 1784, CH. v. EGGERS 1786, F. M. VIERTHALER 1787, FR. BOUTERWEK 1792, G. MERKEL 1800, G. F. PÖSCHMANN 1802, J. J. VIREY 1802, M. A. GOTSCH 1803, D. J. G.

HEYNIG 1803, J. G. GRUBER 1806, J. CHR. A. GROHMANN 1809, F. A. CARUS 1809), die Geschichte der bürgerlichen Gesellschaft (civil society) (z. B. A. FERGUSON 1767, W. ROBERTSON 1769, G. STUART 1778), der Wissenschaft und Gesetzgebung (z. B. A. J. GOGUET 1758, P. M. DE MAUPERTUIS 1768), und der Sprache (z. B. J. BURNET, dtsch. 1784/85) zum Gegenstand hat. Das F.-Prinzip dringt in alle Sphären des Lebens ein: Die «edlere und mildere Denkungsart» unter dem «angeseheneren Theile der Einwohner unsers Erdtheiles» im Laufe des «itzigen Jahrhunderts» läßt ISELIN hoffen: «Unsere Ahnen waren vor wenig Jahrhunderten noch vollkommene Barbaren. Wir können uns schmeicheln, die Helfte von ihrer Barbarey abgelegt zu haben. Warum sollten unsre Nachkömmlinge sich nicht von allen Überbleibseln derselben befreyen können?» [1]. G. FORSTER, jakobinischer Weltreisender und Verfasser eines ‹Leitfadens zu einer künftigen Geschichte der Menschheit› (1789), sieht das «Lokale, Spezielle, Eigentümliche» in das Allgemeine, den besonderen europäischen Charakter in «Universalität» auf dem Wege übergehen, auf dem wir «gleichsam ein idealisiertes, vom Ganzen des Menschengeschlechts abstrahiertes Volk», «Repräsentanten der gesamten Gattung» heißen können [2]. Das Modell des F. spiegelt FR. SCHILLERS Schrift über Universalgeschichte wider, die, geleitet von den Entdeckungen unserer europäischen Seefahrer, die allgemeine Weltgeschichte als Antwort auf die Frage nach dem Zusammenhang entwirft, in dem der «verfeinerte Europäer des achtzehnten Jh.» als ein «fortgeschrittener Bruder des neuern Kanadiers, des alten Celten» mit ihnen durch die wenigen Jahrtausende verbunden ist, in denen alle «Fertigkeiten, Kunsttriebe, Erfahrungen, alle diese Schöpfungen der Vernunft» – «Riesenwerke des Fleißes» – in den Menschen «angepflanzt», «entwickelt» und aus ihnen «herausgerufen» wurden [3]. K. H. T. PÖLITZ leitet «Kultur» aus der Perfektibilität des Menschen ab und begreift als Subjekt der Universalhistorie die Menschheit als sich «durch sich selbst entwickelndes Ganzes» [4]. In der Bewunderung der «Riesen-F.» rufen uns «tausend Stimmen» zu: «Vorwärts – nicht Rückwärts» [5]. Für GOETHE, der sich dagegen verwahrt, wegen seiner Distanzierung von der Revolution als «Freund des Bestehenden» zu gelten, ist die Zeit «im ewigen Fortschreiten»: Eine Einrichtung, die im Jahre 1800 eine Vollkommenheit war, sei im Jahre 1850 vielleicht ein «Gebrechen» [6].

Die geistige Expansion des F.-Gedankens schließt in sich, daß das Problem der Entzweiung der sich konstituierenden Gesellschaft mit dem geistigen und geschichtlichen Sein des Menschen aufbricht, das diese außer sich setzt. Es gehört von Anbeginn zur Geschichte von F., signalisiert in PASCALS Weigerung, das religiöse Verhältnis in seiner Wahrheit in den Prozeß des F. aufgehen zu lassen [7], von Abbé SAINT PIERRE [8], VOLTAIRE [9] und F. J. DE CHASTELLUX [10] als Nichtidentität des rationellen F. mit der sittlichen Verfassung des Menschen aufgenommen, seine unaufhebbare Zugehörigkeit zum F. darin anzeigend, daß gegen ihn – ihn wie ein Schatten begleitend – die Möglichkeiten des Verfalls ausgespielt werden können: «In dem Maß, in dem unsere Wissenschaft und Künste zur Vollkommenheit fortschritten (sont avancés à la perfection), sind unsere Seelen verderbt worden» (J.-J. ROUSSEAU) [11]. Die Aufhebung dieser Entzweiung gehört für CONDORCET prognostisch mit der Revolution zur künftigen Vervollkommnung; Entzweiung sei nur Rückstand im noch nicht vollendeten Prozeß des F. Wie die Vernunft sei die «moralische Güte» des Menschen für die unbegrenzte Vollendung offen; die Natur habe «Wahrheit, Glück und Tugend unlöslich miteinander verkettet» [12]. Die Zweiheit von Gattung und Individuum würde mit der Vollendung der Gesellschaft in der Einheit kollektiven menschlichen Seins verschwinden. Doch geschichtlich gehört zur politischen Revolution und zur Gesellschaft die Konstituierung der partikulären modernen Staaten. Was Aufklärung und Revolution zu einem Jenseits der Realität setzen, hält Subjektivität als «große Form des Weltgeistes» [13] im Gefühl und in der Innerlichkeit für sich und die Gesellschaft fest und macht seine Zugehörigkeit zum Menschen geltend. HERDER begreift in kritischer Wendung gegen Aufklärung und Voltairesche Geschichtsphilosophie den Menschen in allen Formen und Gestaltungen seines Seins «als Blüthe der Schöpfung» aus der «Progreßion der ganzen Schöpfung» und nimmt in diesen Zusammenhang den «Geist der Erfindung zum Gebrauch der Natur» als «unbeschränkt und fortschreitend» in seiner Perfektibilität, die keine Täuschung ist, hinein [14]. LESSING sucht F. als die «Bahn, auf welcher das Geschlecht zu seiner Vollkommenheit gelangt», mit der Offenbarung in deren Deutung als Erziehung zu vermitteln, die dem Menschengeschlecht «geschehen ist, und noch geschieht» – und fordert damit den Widerspruch M. Mendelssohns heraus [15]. Lessing vermag aber eine Vermittlung zwischen Gattung und Individuum nur mit der hypothetischen Frage zu konstruieren, warum nicht «jeder einzelne Mensch ... mehr als einmal auf dieser Welt vorhanden gewesen» sei? [16].

Erst KANT stellt sich dem Problem grundsätzlich und gewinnt damit eine neue Bestimmung von F., mit der der Rahmen gesetzt wird, in dem sich künftig die Auseinandersetzung konkret bewegt. Er nimmt F. als «F. vom Schlechteren zum Besseren», zur Vollkommenheit [17], als kontinuierlichen F. «zum Guten ... bis ins unendliche» [18] auf und versteht ihn als «Vollziehung eines verborgenen Plans der Natur» mit dem Ziel, eine vollkommene Staatsverfassung, schließlich ein Weltbürgerrecht als den «einzigen Zustand» heraufzuführen, in welchem die Natur «alle ihre Anlagen in der Menschheit völlig entwickeln kann» [19]. Die Aporie liegt darin, daß dieser Naturplan die Gattung, nicht aber die Individuen betrifft [20], die Identifizierung des Individuums mit der Gattung aber Freiheit aufheben würde: Wenn es keine Freiheit gibt und alles, was geschieht oder geschehen kann, bloßer Mechanismus der Natur ist, dann würde gelten, daß Politik die Kunst ist, «diesen [Mechanismus] zur Regierung der Menschen zu benutzen» [21]. Wir haben es aber «mit freihandelnden Wesen» zu tun, «denen sich zwar vorher *dictiren* läßt, was sie thun *sollen*, aber nicht *vorhersagen* läßt, was sie thun *werden*», so daß der Standpunkt der Natur bei der Vorhersagung freier Handlungen nicht möglich ist [22]. Die Vermittlung zwischen Natur und Freiheit, Gattung und Individuum ist die Überwindung des Naturstandpunktes: Der verborgene Naturplan des F. ist darin begründet, daß bei Menschen wie bei allen Lebewesen alle Naturanlagen dazu bestimmt sind, «sich einmal vollständig und zweckmäßig auszuwickeln»; während dies aber bei den übrigen Lebewesen durch die «Weisheit der Natur» für jedes Individuum ganz gefügt wird, müssen die Menschen «durch ihre eigene Thätigkeit die Entwickelung ... dereinst zu Stande» bringen [23]. Der Mensch perfektioniere «sich nach seinen von ihm selbst genommenen Zwekken», indem er als «mit Vernunftfähigkeit begabtes Thier (animal rationabile) aus sich selbst ein vernünftiges

Thier (animal rationale) machen kann» [24]. Geschichte des F. ist so Geschichte der aus Vernunft frei handelnden Menschen, die damit beginnt, daß die Vernunft anfing, sich «zu regen» und sich «über die Schranken des Instincts zu erweitern» [25], und der Mensch auf seinem Gange «alles, was über die mechanische Anordnung seines thierischen Daseins geht, gänzlich aus sich ... frei von Instinct, durch eigene Vernunft» hervorbringt [26]. Damit vollzieht Kant den Bruch mit dem Naturbegriff des F. in einem doppelten Sinn. Er räumt die Vorstellung aus, als werde nach einem Naturgesetz des F. die Natur des Menschen als solche verwandelt: Auch der «bürgerliche Mensch» hört nicht auf, «Naturmensch» zu sein [27]; die dem Menschen eigene Natur der «Ungeselligkeit»: Tendenz zur Erhaltung der Gattung, Ehrsucht, Habsucht usf. sind permanent für ihn die Nötigung, die Natur zu überschreiten und alle «Cultur und Kunst ... die schönste gesellschaftliche Ordnung» hervorzubringen, und, indem er sich diszipliniert, «durch abgedrungene Kunst die Keime der Natur vollständig zu entwickeln» [28]. Damit gehört F. in die Geschichte des handelnden Menschen; er wird weder durch eine utopische Verklärung der Zukunft in ein «goldenes Zeitalter» noch durch den Gedanken einer Rückkehr in ein «arkadisches Schäferleben» bestimmt [29]; seine Bedingung ist allein die Gewinnung einer vollkommenen bürgerlichen Verfassung eines Staates, der den Individuen Freiheit, vernünftig zu handeln, gewährt; ohne dies kann sein Problem nicht aufgelöst werden [30].

Die Hoffnung künftigen F., die für Kant die Erfahrung der französischen Revolution erweckt, ist darin begründet, daß sich nicht unmittelbar an ihr, sondern in der Denkungsart der an ihr teilnehmenden Zuschauer wie in einem «Geschichtszeichen» (signum prognostikon) eine moralische Anlage als Ursache zeigt. Das mache die «philosophische Vorhersagung» künftigen F. «ohne Sehergeist» und einen «Chiliasmus» möglich, der «nichts weniger als schwärmerisch ist» [31]. Die «moralisch-practische Vernunftidee» eines «continuirenden F.» kann als verwirklicht gelten, wenn ganze Völker zur Gründung einer Verfassung – Republikanismus, «gemeingültiges Menschenrecht», Überwindung des Krieges – streben, und wenn dies Streben – nicht bloße Wirkung einer Naturanlage – von der Entwicklung moralischer Anlagen im Menschengeschlechte getragen wird [32]. Weil F. geschichtlich ist und vom Handeln des Menschen getragen wird, bleibt der Mensch zugleich ständig von der Gefahr bedroht, «in die alte Rohigkeit zurückzufallen» [33].

Während für Kant F. in seiner geschichtlichen Bestimmung noch ins Unendliche – in der Orientierung am Sollen der Moralität – bleibt, nimmt HEGEL wie Kant F. als geschichtliches Prinzip auf, reinigt es aber von der Vorstellung der Perfektibilität als «Prozeß in die Unendlichkeit»: Sie bedeute, daß F. «ewig dem Ziele fern bleibt», im moralischen Sinne, daß es «mit der moralischen Vollendung nicht Ernst» sei [34]. In dieser Kritik und in der mit ihr verbundenen am Verändern als dem «Höchsten» und an der nur quantitativen Vorstellung vom F., die «das Gedankenlose» ist [35], wird bei Hegel vorausgesetzt, daß die bürgerliche Verfassung, die Kant noch fordert, mit der politischen Revolution und mit der Durchsetzung der bürgerlichen industriellen Gesellschaft geschichtliche Wirklichkeit geworden ist. Mit der Bestimmung, daß die Weltgeschichte «F. im Bewußtsein der Freiheit» sei, in der Einteilung ihres Ganges, daß im Orient zuerst einer, in der griechischen, römischen Welt einige frei gewesen seien, *wir* aber wissen, daß «*alle* Menschen an sich frei, der *Mensch* als *Mensch* frei ist», übernimmt Hegel äußerlich die Dreigliederung des F. (Turgot, Condorcet) [36]. Aber die wesentliche Unterscheidung liegt darin, daß hier nicht ein allgemeines Naturgesetz der Folge gemeint ist, sondern in diesen Stufen sich F. in der europäischen Weltgeschichte als Ausbildung von Freiheit vollzogen hat. Die Freiheit aller, zuerst in der Religion, der «innersten Region des Geistes» aufgegangen, hat sich in einer «schweren, langen Arbeit der Bildung» in das «weltliche Wesen» eingebildet; der Mensch ist, weil er Mensch ist, zum Subjekt des Rechtes und des Staates geworden [37]. Damit ist der vorausgesagte und erhoffte künftige F. als Freiheit aller gegenwärtige Wirklichkeit geworden. Auf ihrem Boden gehören für Freiheit die Gesellschaft als Vollendung der Befreiung des Menschen aus der Macht der Natur durch Arbeit und die Subjektivität in ihrer Ausbildung zum selbständigen Extrem persönlicher Besonderheit in ihrer Entzweiung zusammen, deren Vereinigung für Hegel der auf Freiheit als Rechtsprinzip gegründete partikuläre Staat ist [38]. In der Gegenwart ist die bisherige Weltgeschichte im F. zur Freiheit abgeschlossen; daher wendet Hegel sich gleicherweise gegen alle Formen der Restauration, die in «unmächtigem» Widerstehen «am Vergangenen klebt», wie gegen das Entwerfen und Deduzieren eines Staates, «wie er seyn soll» [39], als Blindheit für die Vernunft im Grunde der gegenwärtigen Wirklichkeit.

Das besagt nicht, daß für Hegel die Zukunft keine Bedeutung hat. Er hat noch 1830 ausgesprochen, daß die Lösung des politischen Problems der Freiheit, vor dem die Zeit steht, künftigen Geschlechtern vorbehalten bleibt [40]; die bürgerliche Gesellschaft ist «innerhalb ihrer selbst in fortschreitender Bevölkerung und Industrie» begriffen und ist dabei, die Völker der Erde in sich einzubeziehen [41]. Der Fortgang in die Zukunft erhält die Form, daß die Probleme und Aufgaben, die sich hier stellen, praktisch im Ausgang von dem, was (geworden) ist, gelöst werden müssen. Dabei werden die Völker, wenn sie der ihnen übertragenen Aufgabe nicht genügen, «nicht mehr in der Weltgeschichte» «zählen»; ihre Epoche ist vorbei, sie treten in die «Periode des Verfalls und Verderbens» [42].

Obwohl K. MARX und die marxistische Arbeiterbewegung politisch als führende Repräsentanz von F. gelten und dies auch sind, ist Marx zugleich derjenige, für den F. weder als Naturgesetz noch als «Idee» fungiert, sondern – schon in den frühen Schriften – konkret bestimmt wird im Ausgang vom gegebenen Antagonismus der Gesellschaft und in der Aufgabe seiner praktischen Überwindung gemäß den mit der Gesellschaft gesetzten Bedingungen: «Die theoretischen Sätze der Kommunisten beruhen keineswegs auf Ideen, auf Prinzipien, die von diesem oder jenem Weltverbesserer erfunden oder entdeckt sind. Sie sind nur allgemeine Ausdrücke tatsächlicher Verhältnisse eines existierenden Klassenkampfes, einer unter unseren Augen vor sich gehenden geschichtlichen Bewegung» [43]. Die revolutionäre progressive Vollendung der industriellen Gesellschaft setzt deren Ausbildung im geschichtlichen F. voraus. So heißt es, daß die (erreichte) politische Emanzipation der Juden ein «großer F.» sei, nicht zwar die letzte Form der menschlichen Emanzipation, aber wohl ihre «letzte Form innerhalb der bisherigen Weltordnung» [44]. Die Verwandlung der politischen Stände in soziale Stände sei «F. der Geschichte» [45]. Die Bindung von F. retrospektiv und künftig an Geschichte im Sinne Hegels ist darin begründet, daß Marx in der fortgehenden Auseinandersetzung mit der Naturtheorie der Gesellschaft (A. Smith, Ricardo usf.) und mit Feuerbach die Natur, zu der der Mensch sich verhält, und sein Verhalten zu ihr als Geschichte begreift: Der Mensch hat «immer eine geschichtliche Natur und eine natürliche Geschichte vor sich»; die «vielberühmte» «Einheit des Menschen mit der Natur» hat in der Industrie von jeher bestanden, so daß das «fortwährende sinnliche Arbeiten und Schaffen ... die Grundlage der ganzen sinnlichen Welt [ist], wie sie jetzt existiert». Natur und Geschichte lassen sich nicht als «zwei voneinander getrennte» Dinge behandeln; die der menschlichen Geschichte vorhergehende Natur Feuerbachs existiert «ausgenommen etwa auf einzelnen australischen Koralleninseln neueren Ursprungs heutzutage nirgends mehr» [46]. F. gibt es daher für die Menschheit nur als «Aufgabe, die sie lösen kann», d. h. für deren Lösung die materiellen Bedingungen schon vorhanden sind. In der geschichtlichen Reihe der progressiven Epochen der ökonomischen Gesellschaftsform sind die bürgerlichen Produktionsverhältnisse «die letzte antagonistische Form des gesellschaftlichen Produktionsprozesses», aber das bedeutet auch für deren revolutionäre Veränderung, daß im Schoße dieser Gesellschaft zugleich «die materiellen Bedingungen zur Lösung dieses Antagonismus» sich entwickeln [47]. Der F. der Industrie führt zur «revolutionären Vereinigung durch Assoziation»; die Bourgeoisie produziert im Proletariat «ihre eigenen Totengräber» [48]. LENIN hat den «Riesenschritt vorwärts», den Marx getan hat, darin gesehen, daß er «alle ... Raisonnements über Gesellschaft und F. verwarf und dafür die *wissenschaftliche* Analyse einer *einzigen* Gesellschaft, nämlich der kapitalistischen, und eines *einzigen* F., des kapitalistischen, lieferte» [49].

Anmerkungen. [1] I. ISELIN: Über die Gesch. der Menschheit (1768) 2, 375; 1, Ende der Einl. = (1770) 2, 385; 1, 16. – [2] G. FORSTER: Über lokale und allg. Bildung (1791). Werke ausgew. G. STEINER (1968) 1, 69. – [3] FR. SCHILLER, Was heißt und zu welchem Ende studiert man Universalgesch.? Säkular-A. 13, 13. – [4] K. H. L. PÖLITZ: Kleine Weltgesch. oder compendiarische Darstellung der Universalgesch. (³1818) 10. 12; vgl. J. CHR. ADELUNG: Versuch einer Gesch. der Cultur des menschlichen Geschlechts (1782) Vorr. – [5] J. K. LAVATER: Sendschr. eines Anonymus an ihn (1800). Nachgel. Schr. 1 (1801) 27. – [6] GOETHE, Gespräch mit Eckermann (4. 1. 1824). – [7] VGL. BL. PASCAL: Pensées (1670) Nr. 355, hg. L. BRUNSCHWICG (Paris 1946) 492. – [8] Vgl. Abbé SAINT PIERRE, a. a. O. [15 zu 3] 262. – [9] VOLTAIRE: Art. ‹Philos.›. Oeuvres (1786) 42, 283. – [10] Vgl. J. Chevalier DE CHASTELLUX: De la félicité publique ou considérations sur le sort des hommes dans les différentes époques de l'hist. (Amsterdam 1772) 2, 89. – [11] J.-J. ROUSSEAU: Discours sur les sci. et les arts (1750), dtsch. K. WEIGAND (1965) 14f.; vgl. CH. DE MONTESQUIEU: De l'esprit des lois (1748) VII, 2. – [12] CONDORCET, a. a. O. [1 zu 4] 382/83. – [13] G. W. F. HEGEL: Glauben u. Wissen (1802). Werke hg. H. BÜCHNER/O. PÖGGELER (1968) 4, 316f. – [14] J. G. HERDER: Ideen zur Philos. der Gesch. der Menschheit (1784-91). Werke, hg. SUPHAN 13, 49; Briefe zur Beförderung der Humanität (1793-97) a. a. O. 17, 117. 122. – [15] G. E. LESSING: Die Erziehung des Menschengeschlechts (1780) § 93; § 2; vgl. M. MENDELSSOHN, Schriften zur Philos., Ästhetik und Apologetik, hg. M. BRASCH (1892) 2, 425ff. – [16] LESSING, a. a. O. § 94. – [17] I. KANT: Muthmaßl. Anfang der Menschengesch. (1786). Akad.-A. 8, 115. – [18] Vorles. über Met. a. a. O. 28/1, 446f. – [19] Idee zu einer allg. Gesch. in weltbürgerlicher Absicht (1784) a. a. O. 8, 12. 27, vgl. 22; Met der Sitten, Rechtslehre 2, § 43 a. a. O. 6,311. – [20] Muthmaßl. Anfang ... 8, 115; vgl. Op. post. a. a. O. 22, 61f. – [21] Zum ewigen Frieden (1796) a. a. O. 8, 372. – [22] Der Streit der Fakultäten 4 a. a. O. 7, 83. – [23] Idee ... 8, 18; Anthropol. a. a. O. 7, 329. – [24] 7, 321. – [25] Muthmaßl. Anfang ... 8, 111. – [26] Idee ... 8, 19. – [27] Muthmaßl. Anfang ... 8, 117 Anm. – [28] Idee ... 8, 21. 22. – [29] 8, 122. 21. – [30] Vgl. 8, 24. – [31] Streit der Fakultäten 7, 84. 88; Idee ... 8, 27. – [32] Reflexionen zur Rechtsphilos. a. a. O. 19, 611. 608ff. – [33] Muthmaßl. Anfang ... 8, 117 Anm. – [34] G. W. F. HEGEL: Die Vernunft in der Gesch., hg. J. HOFFMEISTER (⁵1955) 180; Phänomenol. des Geistes (1806/07), hg. J. HOFFMEISTER (⁴1937) 439. – [35] Die Vernunft in der Gesch. a. a. O. 150. – [36] 63. – [37] 62; vgl. Grundlinien der Philos. des Rechts § 209. – [38] Vgl. a. a. O. §§ 261. 33. – [39] Dokumente zu Hegels Entwicklung, hg. J. HOFFMEISTER (1936) 352; Grundleg. der Philos. des Rechts, Vorrede. Werke, hg. GLOCKNER 7, 34f.; Ständeschrift a. a. O. 6, 396. – [40] Vgl. Philos. der Gesch. a. a. O. 11, 563. – [41] Grundlinien der Philos. des Rechts § 243; vgl. §§ 247f. – [42] § 347. – [43] K. MARX und FR. ENGELS: Manifest der Kommunistischen Partei (1848). MEW 4, 474f. – [44] K. MARX: Die Judenfrage (1844). MEW 1, 356. – [45] Kritik der Hegelschen Staatsphilos. (1843). MEW 1, 283. – [46] Dtsch. Ideologie (1845/46). MEW 3, 43f. – [47] Zur Kritik der polit. Ökonomie. MEW 13, 9. – [48] MARX/ENGELS, Manifest ... MEW 4, 474. – [49] W. I. LENIN, Ausgew. Werke (Moskau 1946/47) I, 97.

6. In den *Wörterbüchern* um die Wende zum 19. Jh., die zuerst ‹F.› verzeichnen, steht das Wort noch im allgemeinen Zusammenhang von ‹Bewegung nach vorn›. Die ‹Enzyklopädie› nennt für F. Vorrücken der Sonne in der Ekliptik, Vorwärtsbewegung als Ortsbewegung von Tieren und daneben «schnelle F. in einer Wissenschaft, in einer Kunst» [1]. J. CHR. ADELUNGS ‹Wörterbuch der hochdeutschen Mundart›, das in der ersten Auflage (1775) nur ‹fortschreiten›, ‹Fortschreitung› kennt, nimmt in der zweiten Auflage (1796) ‹F.› als «edlere Schreibart» für ‹Fortgang›, ‹Fortdauer›, ‹Gelangung zur Wirklichkeit› und für «allmähliche Zunahme in einer Fertigkeit, in einem Zustande» auf [2]; ähnlich J. H. CAMPE [3]. Das philosophische Wörterbuch von J. G. WALCH kennt nur den logischen «progressus rationum» [4], während W. T. KRUG daneben unter dem Einfluß Kants F. als «allmälige Vervollkommnung des Menschengeschlechts», «Fortgang zum Besseren» verzeichnet [5]. Für das Wort ‹F.›, das wahrscheinlich zuerst 1770 von WIELAND gebraucht wird [6], sind vorher im spezifischen Sinne der F.-Theorie Ausdrücke wie ‹Fortgang›, ‹Schritte zur Vervollkommnung› (LESSING, ISELIN), ‹Vorschritte›, ‹Fortschreitung›, ‹fortschreiten› (HERDER, GOETHE) gebräuchlich; Kant verwendet dann das Wort ‹F.› im spezifischen Sinn ebenso wie J. A. EBERHARD, der von «vielen F.en» in der Kritik, Völkerkunde und Philosophie spricht [7].

Erst dann wird ‹F.› im allgemeinen Sprachgebrauch virulent. Man spricht jetzt absolut gesetzt von F., von fortschrittlichem Denken und Handeln, tritt für F. ein und sammelt sich um sein Banner. LOUIS BLANC ist zu Beginn der dreißiger Jahre Mitarbeiter am ‹Progrès du Pas de Calais› und gründet 1839 als Organ der Radikaldemokraten die ‹Revue du Progrès›. In Dessau erscheint 1848 bis 1852, herausgegeben von H. NEUBÜRGER, ‹Der F.›. Wohl zuerst in Spanien wird ‹F.› zum Parteinamen; in Berlin wird der ‹Fortschrittliche Berliner Arbeiterverein› gegründet. 1861 entsteht in Preußen die ‹F.-Partei›. 1848 veröffentlicht R. BLUM ‹Die F.-Männer der Gegenwart. Eine Weihnachtsgabe für Deutschlands freisinnige Männer und Frauen› [8]. Im Zusammenhang der revolutionären Bewegung tritt 1848 in Paris unter LOUIS BLANC ein ‹Ministerium des F.› zusammen, 1851 übernimmt es in London eine erste Weltausstellung, in Maschinen, technischen Erfindungen, Erzeugnissen der Industrie den F. zu demonstrieren, den die Menschheit mit diesen macht. P.-J. PROUDHON geht in seiner ‹Philosophie du progrès› davon aus, daß der Gedanke des F. in alle Bereiche des Bewußtseins und des Verstandes gedrungen sei; er habe es jetzt übernommen, den Geist von den letzten Vorurteilen zu reinigen und die Menschen zu lehren, was sie zu glauben, zu tun, zu hoffen und zu fürchten haben. Denen, die Frankreich politisch zu führen bestimmt sind, ruft er in der Kraft eines sich festigenden Glaubens zu, daß F. das Zeichen sei, in dem sie siegen werden [9]. 1842 verzeichnet ein Wörterbuch der politischen Sprache ‹progrès› als Wort der Revolution [10].

Für diese politische und ideologische Funktion von F. ist Voraussetzung, daß das, was die Philosophie des F. im 18. Jh. heraufkommen sah und heraufführte, im 19. Jh. politische und soziale Wirklichkeit geworden ist: Expansion der Naturwissenschaften und der mit ihr verbundenen Technik, Industrialisierung, fortschreitende Einbeziehung des Lebens in die universale Homogenität der gegen die geschichtlichen Herkunftsordnungen indifferenten Gesellschaft und Zivilisation mit allen Folgen, die dies für die Veränderung und Auflösung überkommener sozialer Strukturen hat. Sich mit F. auseinandersetzen, heißt jetzt, sich mit der Realität dieser progressiven Entwicklung auseinanderzusetzen, in die alle Bereiche und Institutionen des öffentlichen und privaten Lebens, Religion, Kunst, Lebensgewohnheiten hineingezogen werden. Es gibt vor allem in weltanschaulich an den Naturwissenschaften orientierten Gruppen, wie es der ‹Monistenbund› war, im 19. Jh. einen unreflektierten, von J. BURCKHARDT «erbarmungslos» genannten Optimismus des F. [11]. Für W. OSTWALD gibt der «F. der Entdeckungen, die wir täglich neu erleben», die «Gewähr, daß im Laufe der Zeit ein Wunsch nach dem andern, eine Möglichkeit nach der andern von der Wissenschaft erfüllt und erreicht werden wird, daß also die Wissenschaft dem Ideal der Allmacht sich mit schnellen Schritten nähert» [12]. Bei L. BÜCHNER kehrt im Bewußtsein des F. in der Beherrschung der Natur durch den Menschengeist, der «keine Grenze kennt», der Gedanke wieder, daß der Abstand zwischen Gegenwart und Zukunft noch weit größer sein werde als der zwischen uns und unseren vorgeschichtlichen Vorfahren, zugleich mit dem Vorbehalt, daß die moralische Bildung dem Gange der Wissenschaft noch angepaßt werden müsse [13]. Die Gründung einer ‹Society for ethical culture› 1876 durch F. ADLER ist beispielhaft für die Überzeugung, daß der «sittliche F.» (Kampf gegen Militarismus, Alkoholismus, Prostitution) dem der Wissenschaft angepaßt werden müsse, da der Mensch nur so im selben Tempo, wie er mächtiger und geschickter wird, auch besser werde [14]. In diesen Zusammenhang gehört die Verschmelzung von F. mit der Evolution unter dem Einfluß SPENCERS und CH. DARWINS. Sie setzt die durch BURNETT, HERDER, SCHELLING, CHR. FR. KRAUSE, ERASMUS DARWIN vermittelte Tradition der harmonischen Fügung der Bestimmung der Natur und des Menschengeschlechts in der Form voraus, die E. DARWIN ihr gegeben hat, daß die fortschreitende Zunahme (progressive increase) der festen, bewohnbaren Teile des Erdballs auf die fortschreitende Zunahme an Weisheit und Glück bei seinen Bewohnern bezogen sei [15]. CH. DARWIN selbst zieht aus Deszendenz und natürlicher Selektion vorsichtig den Schluß auf F.: «All corporeal and mental endowments will tend to progress towards perfection» [16]. Die unmittelbare Tendenz in der Verbindung von F. mit dem Darwinismus ist die weltanschauliche Auffüllung des F.-Bewußtseins durch die Einbeziehung der Gesellschaft und ihrer Wissenschaften in die Entwicklung der Natur des Lebens in der quasireligiösen Funktion, die Natur und Welt im Monismus und Darwinismus der Zeit haben. So heißt es bei HAECKEL: «Auf der Fahne der progressiven Darwinisten stehen die Worte: Entwicklung und F. Aus dem Lager der konservativen Gegner Darwins ertönt der Ruf: Schöpfung und Species.

Täglich wächst die Kluft, die beide Parteien trennt, täglich werden neue Waffen für und wider herbeigeschleppt; täglich werden weitere Kreise von der gewaltigen Bewegung ergriffen» [17]. Aber dies hat zugleich die Folge, daß die geschichtliche Deutung des F. auf die naturale Evolution gegründet wird. Für W. WUNDT lassen sich «F.-Gesetze» nur insoweit «in der geschichtlichen Erfahrung» bestätigen, als diese überhaupt auf die «Unterordnung des historischen Geschehens unter den Begriff der Entwicklung hindrängt» [18]. In jüngster Zeit hat J. S. HUXLEY die Theorie eines «evolutionary progress» in der Form erneuert, daß der Mensch die Evolution aufnimmt und fortführt; er werde mit dem F. der Kultur «trustee of evolution» und muß so handeln und planen, als sei es ihm aufgetragen, für sich und das Leben weitere F. – im Zusammenhang der Vielfalt der Evolution – zu bewirken [19]. Obwohl die «Kulturentwicklung» auf nicht erblicher Traditionsanreicherung, die tierische Stammesgeschichte auf Mutation gründet, werden doch beide für B. RENSCH von dem «Gesetz der Selektion des Vorteilhafteren» beherrscht [20]. TEILHARD DE CHARDIN sucht in einer Prognose im Sinn der Naturwissenschaft den Menschen – ‹Spitze der Evolution› – als Vollender der kosmischen Entwicklung, damit gnostische und christliche Traditionen der Kosmotheologie erneuernd, zu begreifen [21].

Die kritische Auseinandersetzung mit dem Versuch, F. durch die Begründung von Gesellschaft und Geschichte auf die Gesetzlichkeit der Natur zu garantieren, zieht sich durch das 19. Jh. und führt zur autonomen Begründung der Geschichtswissenschaften in der Abwehr der Übertragung naturwissenschaftlicher Methode auf ihren Gegenstandsbereich durch Reduzierung des Besonderen, Individuellen auf allgemeine Gesetze (DROYSEN, DILTHEY, WINDELBAND, RICKERT, TROELTSCH, MEINECKE). Die «Krisis des Historismus» hat für MEINECKE die Funktion, die Geschichte von der «Illusion» und «Engigkeit» des Glaubens an F. zu befreien [22]. Indem der Historiker seiner großen Verpflichtung gegen die Vergangenheit genügt, befreit er den Geist von dem Irrtum, der «gang und gäbe» ist, daß «unsere Zeit ... die Erfüllung aller Zeit» und in dem linearen Verlauf der Weltgeschichte nach einem «Weltplan» «alles Dagewesene ... als auf uns berechnet zu betrachten» sei (J. BURCKHARDT) [23]. Das erinnernde Einholen des Reichtums der geschichtlichen Bildung des Geistes in die geschichtslose Gesellschaft ist die kompensatorische Korrektur, in der die Gesellschaft mit den mit ihr nicht identifizierbaren Bereichen des Lebens konfrontiert wird. Der Geist ist nicht bereit, sich über das Verschwinden substantieller Bereiche – für A. MÜLLER über den drohenden Untergang der «näheren politischen und vaterländischen Gemeinschaft» – durch den unmittelbaren Bezug auf die Menschheit «beruhigen» zu lassen [24].

Indem Soziologie und Ethnologie die qualitative Differenz zwischen «primitiven» Gruppen und der modernen Gesellschaft entdecken (z. B. LÉVY-BRUHL, E. DURKHEIM u. a.), wird das universalgeschichtliche F.-Schema in Frage gestellt; die Möglichkeit wird blockiert, das Denken des «primitiven» Menschen, seine religiösen und magischen Institutionen als unentwickelte Anfangsformen zu nehmen. Seine retrospektive Deutung nach dem Modell moderner Rationalität trägt nicht. Daher heißt es bei E. DURKHEIM, daß «der F. der Menschheit nicht existiert». Für die Beobachtung gäbe es nur partikuläre Gesellschaften, die entstehen, sich entwickeln und unabhängig voneinander sterben [25].

Das Resultat dieser indirekten Auseinandersetzung mit dem F., für die die überall begegnenden direkten Stellungnahmen zum F. nur sekundäre Bedeutung haben, ist die Aushöhlung des universalhistorischen Schemas, damit aber die Einsicht, daß F. die einmalige spezifische Bewegungsform der modernen Gesellschaft, ihrer rationellen Theorie und Praxis, aber als diese nicht harmonische Erfüllung für das neben ihr und vor ihr Bestehende ist, sondern dieses mit Auflösung und Transformation in Frage stellt. G. SOREL macht gegenüber der – illusionären – Vorstellung, daß der reelle Fortschritt, der auf der technischen Produktion beruht, im Sinne einer Harmonie der Interessen wirke, geltend, daß die F.-These sowohl Doktrin der Bourgeoisie ist wie von den Sozialisten als «Garantie einer Revolution» gegen die Unterdrücker begriffen würde [26] und so als Idee die reale Entgegensetzung der Klassen einschließt. Die «philosophie positive» A. COMTES ist einerseits Vollendung der klassischen F.-Theorie. Sie enthält alle für sie wesentlichen Positionen: die Theorie der menschlichen Vergangenheit im ganzen [27], um im Sehen und Voraussehen [28] den F. als den durch die Natur vorgeschriebenen Weg zu sichern [29], endgültige Ersetzung der Theologie und Metaphysik durch positive, d. i. durch Verzicht auf Behandlung unlösbarer Fragen definierte Wissenschaft [30], Identifizierung des Menschen mit der Gesellschaft, dieser mit der Menschheit [31]. Aber in der Konsequenz der Position erkennt Comte zugleich, daß der F. der positiven Wissenschaft und der Gesellschaft die Aufgabe stellt, die aus dem Untergang der alten sozialen und geistigen Ordnungen resultierende Zersetzung (décomposition) des politischen Systems [32], die soziale, geistige, moralische Unordnung [33] als das Problem einer «moralischen und intellektuellen Anarchie» zu lösen, das der Kern der «großen Krise der Moderne» überhaupt ist [34]. Gesellschaft und Fortschritt setzen Reorganisation in der Versöhnung des F. mit der jetzt mit ihm entzweiten Ordnung voraus; diese ist Grundvoraussetzung und Ziel jeden F. [35]. Während die abendländischen Regierungen von der Mühe absorbiert werden, die materielle Ordnung inmitten der geistigen und moralischen Unordnung aufrechtzuerhalten [36], übernimmt die neue Philosophie die soziale Aufgabe, die der Katholizismus nicht mehr erfüllt: Sie eignet sich die Weisheit früherer Herrschaftsformen an [37], um so die Individuen dazu zu bringen, sich möglichst vollständig innerlich und äußerlich mit ihrer kollektiven Existenz zu identifizieren [38]. Die Stiftung der neofetischistischen Religion (Sorel) als kultische Verehrung der Gesellschaft ist Abschluß des Weges, F. und Ordnung als Grundbedingungen moderner Zivilisation zu vereinigen [39]. Comte nimmt damit die Krisentheorie SAINT-SIMONS und der Saint-Simonisten (BAZARD, ENFANTIN, RODRIGUES) auf, die einerseits an Eisenbahnprojekten und der Planung des Suezkanals teilnehmen, zur Leitung der Industrie die Einsetzung eines «Newton-Rates» – wie J. G. FICHTE die «oberste Aufsicht» der Gelehrten gefordert hatte [40] – vorschlagen, andererseits aber gegen «Unordnung, Atheismus, Vereinzelung, Egoismus» und gegen die zerstörerischen Wünsche der «Freiheitsapostel» die Reorganisation von «Ordnung, Religion, Gemeinschaft, Hingebung» postulieren [41].

Die Perspektive, daß der F. der Zivilisation die gesellschaftliche Ersetzung des in der Nichtidentität mit ihr dem Untergang Überantworteten als dessen soziale «Reorganisation» und damit die Tendenz zu totaler Herrschaft einschließt, ist konform mit der Distanzierung und der Opposition gegen das F.-Prinzip (Romantik, SCHOPENHAUER, FRANTZ, CARLYLE, BURCKHARDT, NIETZSCHE, KEYSERLING, SPENGLER, KLAGES, PARETO, SOMBART, TÖNNIES, JASPERS, HEIDEGGER u. a.). F. NIETZSCHE nennt F. «bloss eine moderne Idee, das heisst eine falsche Idee»: Der Europäer von heute bleibe in seinem Werte tief unter dem Europäer der Renaissance; Fortentwicklung sei schlechterdings nicht mit irgendwelcher Notwendigkeit Erhöhung, Steigerung, Verstärkung; der Mensch als Gattung stelle keinen F. dar. F. sei Fragwürdigkeit des künftigen Europäers – «kosmopolitisches Affekt- und Intelligenzen-Chaos» [42]. Zu dieser Absage des Hinausgehens aus der Zivilisation [43] gehört bei Nietzsche die über die Zukunft des F. hinausliegende ferne Zukunft der Starken, der Barbaren aus der Höhe: «nicht ‹Menschheit›, sondern Uebermensch ist das Ziel!» [44]. O. SPENGLER hat die «Reinzucht» der Zivilisation des F. als Ende organischen Wachstums, Verwilderung aller Lebensgewohnheiten, Aufkommen der neuen Nomaden und Fellachen, als «Erstarrung des unabwendbaren Endes» denunziert und damit der Enttäuschung des F.-Optimismus durch die Erfahrung des Ersten Weltkrieges Ausdruck gegeben [45]. Nach dem Zweiten Weltkrieg zeichnet sich die Möglichkeit ab, daß der Mensch in ein Zeitalter des posthistoire (COURNOT, R. SEIDENBERG [46], A. GEHLEN) eintrete, in dem die Überlieferungen der europäischen Geschichte verschwinden bzw. in einen stationären Zustand übergehen. Damit wird für GEHLEN ein Zustand unbestimmbarer Dauer in der «Annäherung an die alte Idee des unendlichen F.» erreicht, für den ‹F.› das einzig treffende Wort sei; weder Entwicklung im organischen Sinn noch innere Gründe des Verfalls oder der Dekomposition seien im Spiel, wo die gelösten oder ungelösten Probleme in Meßwerten und Leistungsgrößen liegen [47]. H. FREYER hat von der «unwiderstehlichen Tatsächlichkeit» des F. gesprochen, in der nicht mehr die Frage sei, wer den F. wolle, der die Menschen von der Sache her überkomme, die sie betreiben [48].

In Diagnose und Prognose wird das Resultat der Geschichte des F. sichtbar, indem diese nicht mehr welthistorisch fundiert mit der Gesellschaft und ihren rationellen Formen der Produktion und Kommunikation identisch geworden ist. F. gehört für M. WEBER in diesem Sinne als wichtigster Faktor dem «Intellektualisierungsprozeß» zu, dem der Mensch seit Jahrtausenden unterliegt [49].

Dies kann als Auslaufen des F. erscheinen. Aber der ihn von Anbeginn tragende Bezug auf den Menschen hat bei allen Gefahren des Umschlags in Untergang und Vernichtung, und zwar in der Identität mit Wissenschaft und Technik, den nicht erfüllten humanen Sinn, daß diese und ihr F. Bedingung für das Überleben des Menschen sind. Darin liegt das Inhumane in der Negation des F. im Ausspielen zuletzt ästhetischer und irrealer Möglichkeiten der Zuflucht und Rückkehr in ein Ursprünglicheres und Heileres; HEGEL hat sie «Zuflucht der Ohnmacht» genannt, die sich «dem reichen Material der Entwickelung, das ... eine Anforderung ist, vom Denken bewältigt ... zu werden, nicht genügen zu können fühlt» [50].

Das unausgetragene Problem des F. liegt darin, daß die in seiner klassischen Theorie vorausgesetzte Automatik der Verbindung von gesellschaftlichem F. mit Erzeugung von Glück und Freiheit sich als Illusion erwiesen hat. K. LÖWITH nennt daher «den ungeheuren Erfolg» des F. sein «Verhängnis» [51]. GUIZOT hat versucht, dieser Aporie mit der Unterscheidung des F. der Gesellschaft («activité sociale») und des F. der Humanität («activité individuelle») Rechnung zu tragen [52]. Die Fortentwicklung läßt für J. St. Mill Zwang als Mittel für das persönliche Wohl des Menschen nicht zu [53]. Ch. Renouvier beschränkt F. auf den Weg zur Freiheit: «Mais la doctrine de la liberté n'admet pour le progrès que des moyens de liberté» [54]. Das kehrt bei H. Marcuse wieder: Der technische und materiale F. sei derart anzuwenden, daß individuelle Freiheit und individuelles Glück vergrößert werden [55]; ähnlich G. Lukács, L. Kolakowski, K. R. Popper. Die Vernunft in der Geschichte des F. liegt darin, daß sie die Zweiheit der geschichtlich gewordenen partikulären Ordnungen und der Gesellschaft in der Form der Negation dieser Zweiheit einschließt, oder positiv darin, daß die Zweiheit selbst Bedingung der Freiheit ist (Kant, Hegel). Diese Entzweiung ist in Europa und überall auf der Erde noch der Boden, auf dem der Prozeß des F. seine Wirklichkeit hat. E. Bloch nennt «den mangelnden historischen Laderaum» Aporie des F.-Begriffs, zu deren Austrag es gehöre, daß das «Multiversum der Kulturen» das noch gesuchte, nicht gefundene Humanum im Prozeß des Bewußtseins seiner Freiheit und Selbstheit sei [56].

Da für M. Horkheimer und Th. W. Adorno zum F. die «Tendenz zur Selbstvernichtung» gehört [57], ist die Erhaltung von Freiheit im notwendigen F. der Gesellschaft das offene humane Element, das für Adorno den F. als Widerstand gegen das Sichüberlassen an den Stufengang wie gegen den Rückfall erscheinen läßt [58].

In der Entscheidung, die offen und ungewiß ist, ob es gelingen wird, den für die Freiheit des Selbstseins unabdingbaren Reichtum des in der Geschichte gebildeten Geistes und den für das Bestehen und Überleben der Menschheit notwendigen gesellschaftlichen F. zusammenzuhalten [59], behält der humane Gehalt des F.-Prinzips in den Elementen, die in ihm vereinigt waren, Bedeutung für die Zukunft.

Anmerkungen. [1] Encyclopédie ..., hg. Diderot/d'Alembert (Lausanne/Bern ²1778) t. 27: Art. ‹Progrès›. – [2] J. Chr. Adelung: Versuch eines vollständigen grammat.-krit. Wb. der hochdtsch. Mundart (1775) 2, 254; (²1796) 2, 258. – [3] J. H. Campe: Wb. der dtsch. Sprache (1808) 2, 143. – [4] J. G. Walch: Philos. Lex. (1726, ⁴1775) Bd. 2, Art. ‹progressus rationum›. – [5] W. T. Krug: Allg. Handwb. der philos. Wiss. (1827) 2, 54: Art. ‹F.›. – [6] Chr. M. Wieland: Betrachtungen über J. J. Rousseau's ursprünglichen Zustand des Menschen (1770). Werke 29 (1857) 128. – [7] J. A. Eberhard: Allg. Gesch. der Philos. (1788, ²1796) V. – [8] W. Zorn: Zur Gesch. des Wortes und Begriffes ‹F.›. Saeculum 4 (1953) 340-345; bes. 342ff. – [9] P.-J. Proudhon: Philos. du progrès (1853). N. Ed. (Paris o. J.) 13f. – [10] J. Ch. Bailleul: Dict. crit. du langage politique, gouvernemental, civil, administratif et judiciaire de notre époque (1842) 626. – [11] J. Burckhardt: Brief an F. von Preen vom 19. 9. 1875. Briefe, krit. A., hg. M. Burckhardt 6 (1966) 55. – [12] W. Ostwald: Die Wiss. (1911) 47. – [13] L. Büchner: Fremdes und Eigenes (1890) Kap. ‹F.› 21. – [14] Vgl. R. Penzig: Pioniere des sittl. F. (1962). – [15] E. Darwin: Zoonomia or the law of organic life. 2. amer. A. (Boston 1803) 1, 401. – [16] Ch. Darwin: The origin of species by means of natural selection (London 1859, ⁶1885) 428; vgl. Werke (²1899) 3, 8ff. – [17] E. Haeckel: Gemeinverständl. Vorträge und Abh. (²1902) 4f.; vgl. F. F. Bolle: Darwinismus und Zeitgeist. Z. Relig.- u. Geistesgesch. 14 (1962) 143ff.; H. M. Sass: Daseinsdeutende Funktionen in Wissen und Glauben im Jahrzehnt von 1860-1870. Z. Relig.- u. Geistesgesch. 20 (1968) 115ff. – [18] W. Wundt: Logik (³1908) 3, 421. – [19] J. S. Huxley: Evolution. The modern synthesis (London 1942, ⁵1948) 578f.; vgl. Evolutionary ethics (Oxford 1943) 36. 43f. 55. – [20] B. Rensch: Die philos. Bedeutung der Evolutionsgesetze, in: Die Philos. und die Frage nach dem F., hg. H. Kuhn/F. Wiedemann (1964) 199; vgl. 179ff.; vgl. Homo Sapiens (1959) bes. 143ff. – [21] P. Teilhard de Chardin: Bemerkungen zum F. (1920); Gedanken über den F. (1941). Dtsch. Werke (1963), 5, 23ff.; 87ff. – [22] F. Meinecke: Zur Theorie und Philos. der Gesch. Werke, hg. H. Herzfeld u. a. (1937) 4, 200. – [23] J. Burckhardt: Weltgesch. Betrachtungen, hg. J. Oeri (1903/05). Werke 4 (1956) 3. 2. – [24] A. H. Müller: Die Elemente der Staatskunst (1809), hg. J. Baxa (1922) 2, 191. – [25] E. Durkheim: Les règles de la méthode sociologique (Paris 1895) 26; vgl. De la division du travail social (Paris ⁵1926, ⁸1967) 215ff. 230ff. – [26] G. Sorel: Les illusions du progrès (Paris 1908) 267f.; vgl. 5ff. – [27] Vgl. A. Comte: Discours sur l'esprit positif (1844), hg. I. Fetscher (1956) 126/127. – [28] a. a. O. 34/35; 42/43. – [29] 112/13. – [30] 10/11; 26. – [31] 154/55. – [32] 104/05. – [33] 114/15. – [34] ebda. – [35] 108/09; 116/17. – [36] 114/15. – [37] 146/47. – [38] 154. 155ff. – [39] Vgl. A. Comte: Catéchisme positiviste; vgl. H. De Lubac: Le drame de l'humanisme athée (deutsch: Die Tragödie des Humanismus ohne Gott) (Paris ⁴1950, dtsch. 1950). – [40] J. G. Fichte: Die Bestimmung des Gelehrten (1794). Akad.-A. I/3, 54. – [41] G. Salomon-Delatour: Die Lehre Saint-Simons. Politica 7 (1962) bes. 263. 275. – [42] F. Nietzsche: Umwertung aller Werte. Musarion-A. 17, 173; Der Wille zur Macht Nr. 868. 684 a. a. O. 19, 267. 136. – [43] Vgl. Also sprach Zarathustra a. a. O. 13, 277ff. – [44] Der Wille zur Macht Nr. 898. 900. 1001 a. a. O. 19, 283. 285. 335. – [45] Vgl. O. Spengler: Der Untergang des Abendlandes (1922) 2, 104ff. 118f. 129ff; vgl. 1, 45ff. – [46] Vgl. R. Seidenberg: Posthistoric man. An inquiry (University of North Carolina Press 1950). – [47] A. Gehlen: Studien zu Anthropol. und Soziol. (1963) 246. 321ff.; Über kulturelle Evolutionen, in: Die Philos. und die Frage nach dem F. a. a. O. [20] 207ff. bes. 211. 219. – [48] H. Freyer: Der Ernst des F., in: Schwelle der Zeiten (1965) 302; vgl. 299. – [49] M. Weber: Wiss. als Beruf, in: Gesammelte Aufsätze zur Wiss.lehre, hg. J. Winckelmann (³1968) 593. – [50] G. W. F. Hegel: Vorles. über die Gesch. der Philos. (zuerst 1805/06). Werke, hg. Glockner 17, 78. – [51] K. Löwith: Das Verhängnis des F., in: Die Philos. und die Frage nach dem F. a. a. O. [20] 15ff. 26; auch in: Die Idee des F., hg. E. Burck (1963) 17ff. – [52] F. P. G. Guizot: Hist. de la civilisation en Europe (Paris 1828/30, ⁶1853) 16. – [53] Vgl. J. St. Mill: On liberty (1859), dtsch. Die Freiheit, hg. E. Wentscher (1928) 15. – [54] Ch. Renouvier: Sci. de la morale. Nouv. Ed. (Paris 1908) 385. – [55] H. Marcuse: Ethik und Revolution, in: Kultur und Gesellschaft 2 (1967) 137. – [56] E. Bloch: Differenzierungen im Begriff F., in: Tübinger Einl. in die Philos. (1963, ²1970) 125. 129. – [57] M. Horkheimer und Th. W. Adorno: Dialektik der Aufklärung (1947, Nachdruck 1970) 7ff. – [58] Th. W. Adorno: F., in: Die Philos. und die Frage nach dem F. a. a. O. [20] 30ff. – [59] Vgl. H. Lüthy: Gesch. und F., in: Das Problem des F. – heute, hg. R. W. Meyer (1969) 1-28.

Literaturhinweise. – *Allgemein:* J. Delvaille: Essai sur l'hist. de l'idée de progrès jusqu'à la fin du 18e siècle (Paris 1910). – A. J. Todd: Theories of social progress. A crit. study of the attempts to formulate the conditions of human advance (New York 1918, ²1924). – W. R. Inge: The idea of progress (Oxford 1920). – L. Brunschvicg: Le progrès de la conscience dans la philos. occidentale 1. 2 (Paris 1927). – W. D. Wallis: Culture and progress (New York 1930). – J. B. Bury: The idea of progress. An inquiry into its origin and growth (1932, new ed. New York 1955). – R. G. Collingwood: The idea of hist. (Oxford 1946). – K. Löwith: Weltgesch. und Heilsgeschehen (1953). – H. Blumenberg: Die Legitimität der Neuzeit (1966).

Zu einzelnen Epochen und Philosophen: J. Spörl: Das Alte und das Neue im MA. Studien zum Problem des mittelalterl. F.-Bewußtseins. Hist. Jb. der Görres-Ges. 50 (1930) 297-341. 498-524. – P. Hazard: La crise de la conscience européenne (1680-1715) (Paris 1935); dtsch.: Die Krise des europ. Geistes (1939). – W. Kohlund: Kultur und F.-Bewußtsein in England um 1700 (1934). – W. H. Luschka: Die Rolle des F.-Gedankens in der Poetik und lit. Kritik der Franzosen im Zeitalter der Aufklärung (Diss. München 1926). – R. v. Sampson: Progress in the age of reason (London 1956). – W. Kraus: Studien zur dtsch. und frz. Aufklärung (1963). – F. M. Barnard: Zwischen Aufklärung und polit. Romantik. Eine Studie über Herders soziol.-polit. Denken, in: Philol. Studien und Quellen H. 17 (1964). – M. Riedel: F. und Dialektik in Hegels Geschichtsphilos. Neue Rdsch. 80 (1969) 476-491. – E. Du Mont: Der F. im Lichte der Lehren A. Schopenhauers und Darwins (1876). – K. Löwith: Von Hegel zu Nietzsche (⁵1964) zu A. Ruge 97-99. 335. – P. Rohlfing: F.-Glaube und Zukunftshoffnung im Wilhelminischen Deutschland (Diss. Göttingen 1955, Ms.). – R. Schulz und J. H. Horn: Kritisches zum F.-Begriff E. Blochs. Dtsch. Z. Philos. 5 (1957) 82-90. – G. Friedmann: Heidegger et la crise de l'idée de progrès entre les deux guerres mondiales, in: Mélanges Lucien Febvre 1 (Paris 1954). – J. Seyppel: Dekadenz oder F. Eine Studie amer. Geschichtsphilos. (1951). – J. Huxley: Der Mensch in der modernen Welt (1947, dtsch. 1950).

Zur F.-Problematik: A. A. Cournot: Considérations sur la marche des idées et des événements dans les temps modernes. Nouv. ed. F. Mentré (1934). – Th. Huxley: Evolution and ethics, in: Collected essays 9 (London 1895). – N. K. MICHAILOWSKY (Mikhailovsky): Qu'est-ce que le progrès. Examen des idées de M.-H. Spencer, aus dem Russ. übers. P. LOUIS (Paris 1897). – D. PARODI: L'idée du progrès universel. Bibliothèque du congrès int. de philos. (Colin 1903) Bd. 2. – H. SIEBECK: Zur Religionsphilos. (1907) 1-23: ‹Der F. der Menschheit›. – J. FINOT: Progrès et bonheur. Philos., morale et sci. du progrès et du bonheur 1. 2 (Paris 1914). – R. SHAFER: Progress and sci. Essays in criticism (New Haven 1922). – F. TÖNNIES: F. und soziale Entwicklung. Geschichtsphilos. Ansichten (1926). – H. HART: The technique of social progress (New York 1931). – A. NICEFORO: Il mito della civiltà. Il mito del progresso ... (Mailand 1951); Les indices numériques de la civilisation et du progrès (Paris 1921), dtsch.: Kultur und F. im Spiegel der Zahlen (1930). – CHR. DAWSON: Progress and relig., dtsch.: Die wahre Einheit der europ. Kultur (1935). – G. FRIEDMANN: Le progrès: Dignité ou déchéance, liberté ou servitude, in: Sociologica, Festschrift M. Horkheimer (1955) 279-292; La crise du progrès (Paris 1935). – L. BRUNSCHVICG (Hg.): Le progrès de l'esprit. Exposés publ. sous la direction de L. Brunschvicg (Paris 1936). – J. S. HUXLEY: Evolution. The modern synthesis (London 1942, ⁵1948), bes. Kap. 10: Evolutionary progress, 556-578; (Hg.): Der evolutionäre Humanismus = dtsch. Teilausg. von: The humanist frame (London 1961, dtsch. 1964). – H. G. WELLS: Mind at the end of its tether (London/Toronto 1945). – A. SIEGFRIED, N. R. BERDIAEFF und E. MOUNIER u. a.: Progrès technique et progrès moral (Rencontres internationales de Genève 1947) (Neuchâtel 1948). – G. MANN: Der F.-Glaube Amerikas. Universitas (1950) 1153-1161. – Progrès économique et progrès social. Cycle d'études patronales (4e Session, Bruxelles 1952) (Paris o. J.). – M. GINSBERG: The idea of progress. A revaluation (London 1953). – R. TAEPPER: Das Ende des F. Konservative Perspektiven (1956). – A. SALOMON: F. als Schicksal und Verhängnis. Betrachtungen zum Ursprung der Soziol. (1957). – H. MARCUSE: Die Idee des F. im Lichte der Psychoanalyse, in: Freud in der Gegenwart. Frankfurter Beiträge zur Soziol. 6 (1957) 425-441; Ethik und Revolution, in: Kultur und Gesellschaft 2 (1967). – G. LUKÁCS: Schriften zur Literatursoziol., hg. P. LUDZ (1961); Schriften zur Ideol. und Politik, hg. P. LUDZ (1967). – K. NEUMANN (Hg.): Technischer F. – wie messen und beobachten. Beiträge zur statistischen Beobachtung des technischen F. in der sozialistischen Industrie (1960). – Die Philos. und die Frage nach dem F., hg. H. KUHN/F. WIEDMANN (1964). – B. DELFGAAUW: Gesch. als F. 1-3 (1962-1966). – E. BURCK (Hg.): Die Idee des F. Neun Vorträge über Wege und Grenzen des F.-Glaubens (1963). – E. HEIMENDAHL: F. und Vernunft? Wiss. und Gesellschaft im technischen Zeitalter (1964). – W. MÜLLER: Gesellschaft und F. (1966). – K. CHR. V. WEIZSÄCKER: Zur ökonomischen Theorie des technischen F. (1966). – Das Problem des F. – heute, hg. R. W. MEYER (1969).

J. RITTER

Frage. Sie ist ein Satz, der eine unvollständige Erkenntnis (ontologisch) oder eine Annahme (logisch) zum Ausdruck bringt, deren abschließende Antwort oder Wahrheitsentscheidung der Fragende entweder von einer anderen Person, dem Gefragten, erwartet oder selbst herbeizuführen versucht. Daher leistet der Urteilsakt « nichts für die Erkenntnis, wenn er nicht auf eine Frage antwortet» [1].

Locus classicus ist PLATONS ‹Menon› [2], worin *Sokrates* einem nicht-wissenden Sklavenjungen ein Problem aus der Geometrie aufgibt und ihn durch *maieutisches* Fragen zum Finden der Antwort anleitet. Später bezeichnet die Philosophie das so gewonnene, der Erinnerung verwandte Wissen als ‹Erkenntnis a priori›. Zum existentiellen Aspekt der F. stellt Sokrates fest: «Wir werden besser und tapferer, wenn wir glauben, wir müßten das suchen, was wir nicht wissen, als wenn wir annähmen, was man nicht wisse, sei unmöglich zu finden und daher auch nicht zu suchen» [3]. Ursprung für das Fragen ist die *Aporie*, deren Wurzel letztlich im Staunen liegt und die als Wahrheitssuche im Dialog ihre Fortsetzung findet, in dem durch weiteres Fragen (ἔλεγχος) das natürliche Vorwissen zur Rechenschaft gezogen wird [4].

ARISTOTELES untersucht in der ‹Topik› (Kap. VIII) die F. im Hinblick auf Forschung und Lehre: Ersterer geht es um die Sache, während die Lehre neben dem Gegenstand auch den Partner in seinem Verhältnis zu diesem berücksichtigt [5].

Die scholastische *quaestio* des Mittelalters erwächst aus der disputatio; sie legt dar: das pro et contra, so daß die F. thematisch-problematisch aufbereitet wird, sowie die positive Lösung und ihre Begründung und endlich die Einwände dagegen.

KANT stellt als Charakteristikum der menschlichen Vernunft fest, «daß sie durch Fragen belästigt wird, die sie nicht abweisen kann; denn sie sind ihr durch die Natur der Vernunft selbst aufgegeben, die sie aber auch nicht beantworten kann ...» [6]. Mit den angesprochenen F. sind die Bedingungen der Möglichkeit gegenständlicher Erkenntnis gemeint. Bei ihrer Beantwortung thematisiert Kant die F. als solche nicht.

Im *Neukantianismus* kommt wie bei Kant der formale Aspekt des Denkens, nicht aber dessen aktueller Vollzug zum Tragen. Für COHEN ist die F. «Hebel des Ursprungs ... der Anfang der Erkenntnis ... die Grundlage des Urteils ... der Grundstein zur Grundlage» [7]. Wenn damit die potentielle Unendlichkeit des Denkprozesses angesagt sein kann, schränkt vor allem NATORP ein: «Man kann nicht mit Sinn fragen: warum überhaupt F.?» [8].

HEIDEGGER «hinterfragt» das Fragen selbst, indem er transzendentales Befragen des menschlichen Selbstvollzuges (F. als Seinsmodus des Daseins) nach den vorgängigen Bedingungen seiner Möglichkeit durchführt: «Fragen ist erkennendes Suchen des Seienden in seinem Daß- und Sosein ... Das Fragen selbst hat als Verhalten eines Seienden, des Fragers, einen eigenen Charakter des Seins ... Das Gesuchte im Fragen nach dem Sein ist ... zunächst ganz und gar Unfaßliches» [9]. Damit ist Seinsfrömmigkeit intendiert: Fragen ist «die Frömmigkeit des Denkens» [10], welche sich an der Undefinierbarkeit des Seins entzündet, das die «F. nach seinem Sinn» [11] herausfordert; aber die Antwort auf die F. nach dem Sein fehlt, «die F. selbst ist dunkel und richtungslos. Die Seins-F. widerholen besagt daher: erst einmal die F.-*Stellung* zureichend ausarbeiten» [12]. Heidegger thematisiert die F. nach dem Sinn von Sein [13], da der Begriff des Seins der dunkelste ist [14] und undefinierbar wegen seiner Allgemeinheit und zugleich durchaus selbstverständlich. Wir bewegen uns immer schon in einem Seinsverständnis, das «die ausdrückliche F. nach dem Sinn von Sein und die Tendenz zu dessen Begriff» [15] initiiert. Das damit angedeutete Vorwissen ist ein «positives Phänomen» [16]. Es «wird das *Erfragte*, der Sinn von Sein eine eigene Begrifflichkeit verlangen ... ergibt sich als das *Befragte* der Seins-F. das Seiende selbst» [17]. Wird die Seins-F. als solche gestellt und realisiert, erfordert sie einen genuinen Zugang zum Seienden: «Hinsehen auf, Verstehen und Begreifen von, Wählen, Zugang zu sind konstitutive Verhaltungen des Fragens und so selbst Seinsmodi eines bestimmten Seienden, *des* Seienden, das wir, die Fragenden, je selbst sind ... Das Fragen dieser F. ist als *Seins*modus eines Seienden selbst von dem her wesenhaft bestimmt, wonach in ihm gefragt ist – vom Sein. Dieses Seiende ... fassen wir terminologisch als *Dasein*» [18]. Hierbei handelt es sich nicht um einen Zirkelschluß, weil es nicht «um eine ableitende Begründung, sondern um aufweisende Grund-Freilegung geht» [19]. Ziel der Seins-F. ist es, die Bedingung der Möglichkeit für die ontischen Wissenschaften fundierenden Ontologien («ontologischer Vorrang») [20], woraus der «ontische Vorrang der Seins-F.» [21] resultiert. Das Feld, in dem sich die Begegnung des Daseins mit dem Sein ereignen kann, ist die Zeit; so wird «Sein aus der Zeit begriffen ...» [22].

JASPERS sieht in der Bereitschaft des Menschen zu fragen jene «Haltung des Wissenwollens, die die unerläßliche Bedingung des Menschseins» [23] ist. Ähnlich den Chiffren des Seins endet die F. im Scheitern, in dem vielleicht zu erfahren, nicht mehr zu sagen ist, warum die Welt ist. Darin zeigt sich die Endlichkeit des Fragens an, das mit dem Scheitern der menschlichen Sprache selbst scheitert [24].

Im Anschluß an Heidegger und THOMAS VON AQUIN [25] stellt K. RAHNER die thomistische Metaphysik dar und erhebt die Seins-F. zum methodischen Ansatz [26]: «Der Mensch *fragt*. Dies ist ein Letztes und Irreduktibles. Die F. im menschlichen Dasein ist nämlich jenes *Faktum*, das sich *absolut* verweigert, durch ein anderes ersetzt ... zu werden. So ist ... dem Menschen Sein überhaupt nur als Fragbarkeit erschlossen ... er selbst *ist*, indem er *nach dem Sein fragt* ...»; er «existiert als die Seins-F.» [27]. Die metaphysische F. überwindet die Naivität, Beliebiges zu fragen. «Sie ist die reflexe Artikulation jener im Grunde des menschlichen Daseins selbst waltenden F., der Seins-F.» und als «die bewußt gegen sich selbst gekehrte F., die *transzendentale* F., die ... den Fragenden und seine F. selbst und damit alles schlechthin in F. stellt ...» [28]. Sie «enthüllt ... sich als ein *Wissen* des Menschen um sein eigenes fragendes Wesen: Er ist schon beim Sein im Ganzen ... und ist es doch nicht ... denn er fragt ja ...» [29]. Die metaphysische F. hat ihr Woher in der sinnlichen Erkenntnis und übersteigt sie auf das Ganze hin; sie erreicht «Gott ... als Grund ... ihres Gegenstandes, des ens commune» [30].

CORETH geht über Rahner hinaus, da er die F. nach dem Anfang stellt, «um daraus erst die F. nach dem Sein zu vermitteln». Außerdem «wird hier ... die Methode der Metaphysik aus der Anfangs-F. selbst abgeleitet ... Die F. nach dem Anfang wird also ... die F. nach der F.» [31].

Anmerkungen. [1] H. RICKERT: Der Gegenstand der Erkenntnis (⁶1928) 173. – [2] PLATON, Menon 82 c ff. – [3] a. a. O. 86 c. – [4] Vgl. B. WALDENFELS: Das sokratische Fragen. Aporie, Elenchos, Anamnesis (1961) passim; K. ZILLOBER: Das noetische Verhalten des Menschen. Untersuch. zur Logik und Erkenntnistheorie, Psychol. und Ethik des Aristoteles (Diss. München 1968; Maschinenskript) 3-35. – [5] ZILLOBER, a. a. O. 45-55. – [6] KANT, KrV A 11. – [7] H. COHEN: Logik der reinen Erkenntnis (1902) 69. – [8] P. NATORP: Die log. Grundlagen der exakten Wiss. (1910) 14. – [9] M. HEIDEGGER: Sein und Zeit (⁸1957) 5f. – [10] Wissenschaft und Besinnung, in: Vorträge und Aufsätze (²1959) 44. – [11] a. a. O. [9] 4. – [12] ebda. [13] 2. – [14] 3. – [15] 5. – [16] ebda. – [17] 6. – [18] 7. – [19] 8. – [20] § 3. – [21] § 4. – [22] 18. – [23] K. JASPERS: Philos. [³1956) 72. – [24] a. a. O. 233ff. – [25] THOMAS VON AQUIN, S. theol. I, 24, 1. – [26] K. RAHNER: Geist in Welt. Zur Met. der endlichen Erkenntnis bei Thomas von Aquin (²1957). – [27] a. a. O. 71. – [28] 72. – [29] 74. – [30] 388. – [31] E. CORETH: Met. Eine methodisch-systemat. Grundlegung (1961) 99f.

Literaturhinweise. H. COHEN s. Anm. [7]. – P. NATORP s. Anm. [8]. – H. RICKERT s. Anm. [1]. – F. LÖW: Logik der Frage. Arch. ges. Psychol. 66 (1928) 434ff. – E. SPERANTIA: La mét. implicite dans les postulats de toute pensée possible. Congr. Descartes 8 (1937) 80-85; Système de mét. implicite dans les postulats de toute connaissance possible. (Sibiu 1943). – K. HEINRICH: Versuch über das Fragen und die F. (Diss. Berlin 1952; Maschinenskript). – H. ROMBACH: Über Ursprung und Wesen der F. Symp. 3 (1952) 139ff. – E. STRAUSS: Der Mensch als ein fragendes Wesen. Jb. Psychol. Psychother. 1 (1953) 139ff. – K. JASPERS s. Anm. [23]. – M. Heidegger s. Am. [9.10]. – K. RAHNER s. Anm. [26]; Hörer des Wortes. Zur Grundlegung einer Religionsphilos. (²1963). – J. B. LOTZ: Das Urteil und das Sein (1957). – E. CORETH s. Anm. [31]. – B. WALDENFELS s. Anm. [4]. – A. PETZELT: Von der F. Eine Unters. zum Begriff der Bildung (²1962). – W. BRUGGER: Der Mensch, das fragende Wesen, in: Epimeleia. Die Sorge der Philos. um den Menschen. Festschrift H. Kuhn, hg. F. WIEDMANN (1964) 28f. – U. HÖL-SCHER: Anfängliches Fragen. Studien zur frühen griech. Philos. (1968). – K. ZILLOBER s. Anm. [4]. – H. D. BASTIAN: Theol. der F. (1969).

K. ZILLOBER

Freidenker. Das Wort ‹free-thinker› kam in den religionsphilosophischen und religionspolitischen Auseinandersetzungen auf, die am Ende des 17. Jh. in England geführt wurden [1]. Mit ihm bezeichnete man Männer wie J. TOLAND, die ihren christlichen Glauben unter die einschränkende Bedingung der Widerspruchsfreiheit und Einsichtigkeit stellten und die daher ihr kirchliches Glaubensbekenntnis nicht in bedingungslosem Gehorsam ablegen wollten, sondern sich ihr Urteil darüber vorbehielten. Die F. traten für die Religionsfreiheit ein; sie unterstützten die Bestrebungen liberaler Kirchenmänner und standen politisch den Whigs nahe. Von hochkirchlichen Theologen und Tories wurden sie in Pamphleten und Wochenschriften fälschlich als Sozinianer, Unitarier oder Atheisten verschrien.

Um 1710 begann sich die Debatte zu verdichten. J. TOLAND nannte sich und seine Freunde stolz ‹F.›, SHAFTESBURY erhob die Erörterung über den Begriff ins Grundsätzliche [2]. A. COLLINS legte das Recht aller Menschen auf freies Denken und zugleich die Pflicht zu freiem Denken umfassend dar und verteidigte die F. gegen die landläufigen Einwände [3]. Er definierte das freie Denken als den «Gebrauch des Verstandes in dem Bestreben, den Sinn jedes beliebigen Satzes herauszufinden, bei der Betrachtung der Art der Beweise für oder gegen ihn und bei dem Urteil über ihn gemäß der anscheinenden Stärke oder Schwäche der Beweise» [4]. Freies Denken ist somit jedes Denken, das sich durch die Evidenz der Sache und nicht durch eine Autorität bestimmen läßt. Die F. vertraten ein rein formales Prinzip, das sie auf alle Gegenstände angewendet wissen wollten; es ist das Grundprinzip der Aufklärung (deren Devise *sapere aude!* die F. sich als erste zu eigen machten). Da die Forderung, irgend etwas absolut, d. h. ohne Rücksicht auf mögliches Verstehen, für wahr zu halten, damals nur bei religiösen Sätzen erhoben wurde, mußten die F. ihren Anspruch in erster Linie bei diesen geltend machen. Ihre Gegner ignorierten das formale Prinzip und hielten sich an die besonderen materialen Thesen der F., z. B. ihre gelegentliche Leugnung der Trinität, der Unsterblichkeit, der Schöpfung in der Zeit oder der Wunder – Thesen, die mit dem Prinzip des freien Denkens als solchem in keinem sachlichen Zusammenhang standen. Daher war die im Anschluß an die Auseinandersetzung mit COLLINS vollzogene Gleichsetzung von F. und *Deisten* unberechtigt; die Deisten wandten das Prinzip des freien Denkens nur auf einen Gegenstand an, nämlich die Religion.

In Frankreich wertete man die F. gesellschaftlich ab, indem man sie den *libertins* und *esprits forts* des 17. Jh. gleichsetzte. Durch die französische Ausgabe von COLLINS' Hauptwerk bürgerte sich ab 1714 der Terminus ‹libre-penseur› ein; VOLTAIRE prägte (offenbar in Analogie zu ‹franc-maçon›) ‹franc-penseur›. Die Sache der F. wurde hier von den *philosophes* vertreten. In Deutschland nannte man die F. zunächst *Freigeister*, wodurch sie im Rahmen religiösen Sektierertums gestellt wurden. Das mochte auf J. CHR. EDELMANN zutreffen, nicht aber auf die Nachahmer der französischen Aufklärung.

Im 19. Jh. wurde das Wort ‹F.› zur Selbstbezeichnung derjenigen, die ihr Denken radikal von religiösen Vorstellungen befreien wollten; die bis dahin willkürliche Identifikation von F. und Atheisten wurde somit nachträglich legitimiert. NIETZSCHE gab den Termini ‹F.› und ‹Freigeist› einen umfassenderen Sinn, doch ließ er die Bindung an das Prinzip der Vernunft fallen und zog ungescheut die Konsequenzen für die Praxis: *Freitäter* [5].

Im 20. Jh. hat das Wort ‹F.› seinen Losungscharakter offenbar verloren; es dient nur noch kirchlichen Apologeten zur Bezeichnung einer überwundenen Position [6]. Wer heute für den Abbau der noch bestehenden, sozial, psychologisch oder religiös bedingten Schranken des freien Denkens eintritt, tut dies im Namen der Aufklärung, aus deren Schoß die F.-Bewegung hervorgegangen ist.

Anmerkungen. [1] Frühester Beleg in einem Brief von J. MOLYNEUX an Locke (6. April 1697). – [2] A collection of several pieces of Mr. J. TOLAND (London 1726) 2, 230; A. SHAFTESBURY: Characteristics (London 1900) 2, 341ff. – [3] A. COLLINS: A discourse of free-thinking (London 1713), engl./dtsch. hg. G. GAWLICK (1965). – [4] a. a. O. 5. – [5] FR. NIETZSCHE, Morgenröte I, 20; vgl. Nietzsche-Index von K. SCHLECHTA (1965). – [6] Ein Beispiel gibt H. E. CORY: The emancipation of a freethinker (Milwaukee 1941).

Literaturhinweise. J. A. TRINIUS: Freydenker-Lexicon (1759, Turin ²1960). – G. U. THORSCHMID: Vollständige Engelländische Freydenker-Bibl. 1-4 (1765-1767). – L. NOACK: Die F. in der Relig. 1-3 (1853-1855). – J. M. WHEELER: A biographical dictionary of freethinkers of all ages and nations (London 1889). – J. M. ROBERTSON: A short hist. of freethought ancient and modern 1. 2 (London ³1915). – J. E. COURTNEY: Freethinkers of the 19th century (London 1920). – J. S. SPINK: French free-thought from Gassendi to Voltaire (London 1960). – A. BAYET: Hist. de la libre-pensée (Paris 1962). G. GAWLICK

Freigebigkeit. Als philosophischer deutscher Begriff wird F. zuerst von CHR. THOMASIUS verwendet. Er bestimmt sie als eine Form der «vernünftigen Liebe», des näheren als «eine Tugend, die jedwedem aus Herzens-Grunde von ihrem Überfluß mitteilet, und denen Freunden auch mit Kostbarkeit, ihren wahren Nutzen zu befördern, dienet» [1]. Der Sache nach hat der Begriff eine alte Tradition.

Die Griechen kannten die F. als hauptsächlichen Zug der von ihnen ἐλευθεριότης genannten Tugend. Diese ist die Haltung eines ἐλευθέριος, d. h. eines, der sich verhält, wie es sich dem Freien ziemt [2], wozu besonders die F. gerechnet wird [3]. Nur auf den Umgang mit Geld und Geldeswert (χρήματα) bezieht ARISTOTELES die ἐλευθεριότης, indem er sie als mittlere Haltung (μεσότης) beim Geben und Nehmen von Geld (περὶ δόσιν χρημάτων καὶ λῆψιν) bestimmt; und indem er hinzufügt μᾶλλον δὲ ἐν τῇ δόσει, stellt er als Hauptbedeutung des Begriffs die der F. heraus [4]. Zur ἐλευθεριότης gehört ferner, daß man freudig gibt [5]. Doch kommt es dabei nicht auf die (absolute) Menge der Gaben an, sondern auf die Grundhaltung [6].

Der ἐλευθεριότης der Griechen entspricht weitgehend die *liberalitas* der Römer. Ohne allein zu herrschen, steht auch bei ihr die Bedeutung F. im Vordergrund. Der Betonung des freudigen Gebens bei Aristoteles ähnlich hebt CICERO hervor, daß sie ohne Aussicht auf Vorteil aus bloßem Wohlwollen (gratuita) gebe [7]. Er unterscheidet «duo genera liberalitatis», die eine, Wohltaten zu erweisen, die andere, sie zu vergelten; die erste sei dem einzelnen anheimgestellt, dagegen sei die Unterlassung der zweiten dem vir bonus nicht erlaubt [8]. Anderwärts spricht Cicero von einer vulgaris liberalitas, die darin besteht, Gefälligkeiten, durch die man selbst keine Einbuße erleidet, jedem, auch dem Unbekannten, zu erweisen [9]. Vor die eigenen Mittel übersteigender F. warnt Cicero, da sie Unrecht gegen die Nächststehenden sei. Oft sei Ruhmsucht der Antrieb zu solcher F. [10].

Im Anschluß an Cicero hat AMBROSIUS die liberalitas behandelt, hat aber zugleich die bestätigende Autorität des *Evangeliums* und des Apostels PAULUS herangezogen. Unter Berufung auf dessen Wort, den freudigen Geber liebe Gott (2. Kor. 9, 7), betont auch er, das Wohltun müsse aus gutem Willen entspringen. Auch im Evangelium seien uns viele Anleitungen zur rechten F. gegeben [11].

In der vom Germanentum herkommenden Lebensanschauung war die F. unter den Begriffen *milde* (altisl. und mhd.), *milti* (ahd.), *milte* (mhd.) bekannt und hochgeschätzt. Auch dieser Begriff meinte zugleich Freundlichkeit, Güte und ähnliches, vor allem aber F. Sie war hier besonders Tugend des Gefolgsherrn gegenüber seinen Gefolgsmannen, aber auch des freien Bauern gegenüber seinen Leuten [12].

THOMAS VON AQUIN hat die F. als liberalitas teils an Aristoteles teils an Ambrosius anknüpfend behandelt. Er erklärt, «ad liberalem pertinet, emissivum esse. Unde et alio nomine liberalitas *largitas* nominatur, quia quod largum est, non est retentivum sed emissivum. Et ad hoc idem pertinere videtur etiam nomen liberalitatis; cum enim aliquis a se emittit, quodam modo illud a sua custodia et dominio liberat et animum suum ab eius affectu liberum esse ostendit» (Es ist dem Freigebigen eigentümlich, weggebend zu sein. Daher wird mit einem anderen Namen die F. auch Weitsinnigkeit genannt; denn was weit ist, ist nicht an sich haltend, sondern weggebend. Und auf eben dies scheint der Ausdruck F. sich zu beziehen; wenn nämlich jemand etwas von sich weggibt, läßt er es gewissermaßen aus seiner Obhut und Herrschaft frei und zeigt, daß sein Herz von der Anhänglichkeit daran frei ist) [13].

Die nach Thomas von Aquin erst durch CHR. THOMASIUS unter dem deutschen Begriff neu aufgenommene Behandlung der F. hat nach diesem lange keine bedeutende Nachfolge gefunden. Nur W. T. KRUG verzeichnet und definiert sie als «die Bereitwilligkeit zum Geben ohne strenge Verpflichtung dazu» [14]. Dann herrscht lange Schweigen über die F. Nur noch ein Aperçu NIETZSCHES ist zu vermerken: F. sei «bei Reichen oft nur eine Art Schüchternheit» [15]. N. HARTMANN widmet der F. als einer der «aristotelischen Tugenden» noch einen einzigen Satz [16]. Die veränderten soziologischen Verhältnisse haben ihre Bedeutung als Tugend stark zurückgedrängt.

Anmerkungen. [1] CHR. THOMASIUS: Von der Artzeney wider die unvernünftige Liebe ... oder: Ausübung der Sitten-Lehre (1696, ³1707) 172. 178ff. – [2] Vgl. des. PLATON, Resp. I, 344 c, 561 d; Gorg. 485 b; Leg. I, 635 c. – [3] XENOPHON, Convivium 4, 15. – [4] ARISTOTELES, Eth. Nic. 1119 b 22ff. – [5] a. a. O. 1120 a 13. – [6] a. a. O. 1120 b 7-11. – [7] CICERO, De legibus I, 18, 48. – [8] De officiis I, 15, 48. – [9] a. a. O. 16, 52. – [10] a. a. O. 14, 44. – [11] AMBROSIUS, De off. ministrorum I, cap. 30, 143. – [12] Vgl. A. HEUSLER: Germanentum (1934) 28f. 33. – [13] THOMAS V. AQUIN: S. theol. II/II, q. 117, a 2. – [14] W. T. KRUG: Allg. Handwörterbuch philos. Wiss. 2 (1827) Art. ‹F.›. – [15] FR. NIETZSCHE, Die fröhliche Wiss. Musarion-A. 12, 184. – [16] N. HARTMANN: Ethik (¹1925, ⁴1962) 443f. H. REINER

Freiheit

I. Weder griechisch ἐλευθερία noch lateinisch ‹libertas› hatten ursprünglich philosophische Bedeutung. Die für Griechen wie Römer gleich elementare, wenn auch verschieden geartete Grunderfahrung der F. [1] ist zunächst für ihr Denken nicht thematisch geworden und dementsprechend terminologisch nicht faßbar. Das Denken der F. artikuliert sich in den Anfängen ausschließlich an dem Denken der Notwendigkeit (ἀνάγκη), des Schicksals (μοῖρα, εἱμαρμένη, πεπρωμένη), des Zufalls (τύχη). Die Auslegung des Geschicks als Walten einer göttlichen

Rechtsmacht (Μοῖρα als Δίκη) bzw. ihre Entgegensetzung seit HESIOD [2] und die in diesem Zusammenhang auftretenden Begriffe des Schicklichen, des Unrechts, des Rechenschaftgebens bzw. Sühneleistens (τὸ χρεών, ἀδικία δίκην bzw. τίσιν διδόναι) (ANAXIMANDER [3]) sind Ausdruck dafür, daß man menschliches Handeln als freiheitliches, dem Menschen zurechenbares Handeln versteht [4]. Die begriffsgeschichtliche Darstellung muß also zu den beiden Leitwörtern eine Reihe sinnverwandter Wörter hinzuziehen, die jeweils ein oder mehrere Momente des antiken F.-Denkens aussagen.

Griechisch: *Lateinisch:*
1. ἑκών, ἑκούσιος – ἄκων   sua sponte – invitus
2. ἐξουσία, ἐξεῖναι; davon später αὐτεξούσιος   auctoritas
3. ἐφ' ἡμῖν bzw. ἐπ' αὐτῷ usw.   in nostra (sua) potestate
4. αἱρεῖσθαι, αἵρεσις, αἱρετόν, αἱρετέον   eligere, electio
5. προαιρεῖσθαι, προαίρεσις, προαιρετικόν   arbitrium (liberum)
6. βουλεύεσθαι, βουλή   deliberare (consilium)
7. βούλεσθαι, βούλησις; (ἐ)θέλειν, θέλημα   velle, voluntas

Dazu kommen für das Griechische Wortbildungen mit αὐτό-:

8. αὐτάρκεια, αὐτάρκης
9. αὐτοκράτεια, αὐτοκράτωρ
10. αὐτονομία, αὐτόνομος
11. αὐτοπραγία, αὐτοπραγής

Ἐλεύθερος (frei), älter (seit HOMER [5]) als ἐλευθερία (F., seit PINDAR [6]), bezeichnet seinem Wurzelsinn nach (idg. *leudh-ero-s*: zum Volke gehörig, der freie Mann [7]) den auf seiner Vaterlandserde unter niemandes Herrschaft mit Ebenbürtigen im Agon lebenden Mann im Gegensatz zum Kriegsgefangenen, der unter dem Feind als seinem Herrn in der Fremde Knecht (δοῦλος) sein muß [8]. In nachhomerischer Zeit wird ἐλεύθερος noch eindeutiger ein Wort der *Polis*-Sprache. Die Polis, die Erde der Polis selbst ist frei (SOLON [9]), und frei ist, wer auf der Polis-Erde lebt, wo ein Nomos herrscht, in dem Gewalt (βία) und Recht (δίκη) zur Harmonie gebracht sind [10]. Gegenwort zu ‹freiem Mann› ist jetzt nicht mehr ‹Sklave›, sondern ‹Nichtgrieche›, ‹Barbar›. Die F. ist gottgegründet (θεόδματος) [11] und somit Gegenstand kultischer Verehrung [12]. F. ist aber nicht Anarchie (ἀναρχία) [13], sondern Gleichheit vor dem Gesetz (ἰσονομία) [14], das Gesetz aber herrscht unumschränkt [15].

Neben diesem Polis-Begriff der F. hat das frühe Griechentum in dem Wort ἑκών (freiwillig; Gegensatz: ἄκων unfreiwillig) eine Bezeichnung für die *individuelle* F. Im Epos (HOMER) ist ἑκών (vom Verbalstamm εκ-μι, wünschen, verlangen [16]) Ausdruck für die Verfassung des Menschen, der, keiner äußeren Gewalt unterworfen oder durch sie behindert, aus dem Antrieb der eigensten Natur tätig ist [17]. Im Widerstreit mit dem letztlich Zwingenden, der Ἀνάγκη, steigert sich diese F. im heroischen Menschen zu der Möglichkeit, ein das Schicksal Überbietendes (ὑπέρμορον) zu ertrotzen (der heroische Mensch wäre demnach freier als die unter der Moira stehenden Götter) [18]. Diese F. bleibt, obwohl Darstellung der höchstmöglichen Daseinsfülle (homerisches Lebensideal), dennoch negative F. (Nichtgezwungensein) ohne sittliche Bestimmung. Eine solche zeigt sich erst in der *Dichtung* des 5.Jh. bei AISCHYLOS: «Wer aus freien Stücken, sonder Not gerecht ist, [wird] nicht glücklos sein» [19]. Ἑκών ist nicht schon jeder, der der eigenen Natur als seinem Eigengesetz (ἴδιος νόμος) [20] folgt, sondern wer das gemeinsame, göttliche Gesetz zum eigenen macht. Deshalb steht jetzt für ἑκών sinnverwandt ‹autonom› (αὐτόνομος), etwa bei SOPHOKLES [21]. Ursprünglich Wort der Polis-Sprache [22], wird ‹autonom› in der Sprache des Tragikers Ausdruck höchster *sittlicher* F.: als Tun des unfaßbaren Göttlichen als eigenstes Gesetz, aus der unfehlbaren φύσις (Natur) heraus [23].

Ἐλεύθερος (frei) wird ein Wort der *philosophischen* Sprache in dem Augenblick, wo die Physis dem Nomos radikal entgegengesetzt wird, im Denken der *Sophisten* [24]. Frei ist, was durch die Natur bestimmt wird, das durch die Gesetze Bestimmte ist für die Natur eine Fessel [25]. Die «Natur» der Sophisten ist wie die der Medizin bzw. der beginnenden Naturwissenschaft ἑκοῦσα (das, was ohne äußeren Zwang aus sich selbst entfaltet) [26]. Doch was sie in ihrer F. wirkt, ist notwendig, im Unterschied zu dem durch Gesetze Auferlegten [27]. Die Natur allein bringt uns das Zuträgliche (τὰ συμφέροντα) [28]. Da aber der (nichtbehinderte) Wille seiner Natur nach auf das Zuträgliche geht, wird jetzt F. gleichbedeutend mit: der Natur gehorchen (hier liegt die Wurzel für das kynisch-stoische φύσει ὁμολογουμένως ζῆν, secundum naturam vivere, der Natur gemäß leben). Gegenüber der Natur als Norm muß im Blick auf das Zuträgliche eine Wahl getroffen werden. Das Zuträgliche (als das Leben-Erhaltende) bzw. die Lust (als höchste Lebenssteigerung) bestimmen das, was zu wählen (αἱρετά), und das, was zu meiden ist (φευκτά) [29] (ARISTIPP [29]). Doch nicht jede Lust ist erstrebenswert, sondern nach DEMOKRIT nur die Lust am Sittlich-Schönen (καλόν) [30]. Wenn dieser das «Gute der Seele» gegenüber anderen Gütern das «Göttlichere» nennt [31], so setzt diese Unterscheidung die Erkenntnis eines im höchsten Maße lustvollen, eines göttergleichen Daseins (εὐδαιμονεῖν) voraus. Das so Erkannte ist das Gesollte, und die Wahl wird etwas Pflichtiges (αἱρεῖσθαι χρεών) [32], wir müssen wollen, was wir sollen. Und GORGIAS, der Sophist, hält «für das göttlichste, allen gemeinsame Gesetz, das Gesollte im gesollten (Augenblick) zu sagen ... und zu tun» [33]. Das diesem Gesollten angemessene Tun, die ἀρετή (Tugend, Tüchtigkeit) ist ein In-Gott-sein (ἔνθεος) [34].

Damit ist das *sokratische* F.-Verständnis schon vorgezeichnet: Nach XENOPHONS Bericht bestimmt sich die sokratische F. als das «Tun des Besten» [35]. Dies setzt sowohl Erkenntnis des Besseren voraus, wie eine Wahl im Sinne der «Vor-nahme», des «Vor-ziehens» (προαιρεῖσθαι hier zum erstenmal im Sinne der sittlichen Entscheidung) [36]. Zur Erkenntnis des Besseren bedarf es eines besonderen Vermögens, einer «Meßkunst der Seele» [37]. Das wertschätzende Erkennen kann, weil es mit dem naturhaften Streben nach dem Lustvollsten zusammengeht, durch die zwingende Vorstellung eines geringeren Guts und darum, im Vergleich zum höchsten Gut, Schlechten gehindert werden, das «Beste» zu erfassen [38]. Läuterung durch Selbstbeherrschung (ἐγκράτεια) mit dem Ziel der vollendeten Autarkie (αὐτάρκεια) [39] einerseits und methodische Forschung (ζήτησις) [40] andererseits sind die Bedingungen für sittliche F., die im vollendeten Wissen um das Beste (= ἀρετή) besteht [41]. (Der Vorwurf des «ethischen Intellektualismus» trägt nicht, weil dem Wissen notwendig eine F.-Entscheidung – zur sittlichen Läuterung – vorausgeht [42].) Das höchste Wissen ist auch hier das Wissen des

Nichtwissens, daher die Notwendigkeit, sich von der Gottheit (δαιμόνιον) [43] belehren zu lassen. Diese Belehrung ist negativ (ein Warnen, Abraten [44]), damit das Tun des Besten ganz in die F. des Menschen gegeben sei. Daß die sokratische F. keine bloß «innere F.» ist, erhellt daraus, daß die vollendete Praxis (εὐπραξία) ineinsfällt mit der bürgerlichen Tugend (πολιτικὴ ἀρετή) [45], die die Sorge (ἐπιμέλεια) für das Gemeinwesen voraussetzt und auf dessen Seinsollen (δέοντα) gerichtet ist. Darum sprechen die «Gesetze» zu Sokrates im Kerker als «Gottheiten» [46]. Der eigentliche Inhalt dieser F. ist die Frömmigkeit des «Folge Gott».

Die *Kyniker* haben von der sokratischen F.-Lehre fast ausschließlich das Moment der *Autarkie* übernommen und in Richtung auf radikale Bedürfnislosigkeit entwickelt. ANTISTHENES und mehr noch DIOGENES VON SINOPE sind bis in die ausgehende Antike hinein Vorbilder für die Verwirklichung der «inneren F.» durch radikale Unabhängigkeit vom äußerlich (βία, Gewalt) wie innerlich Zwingenden (θυμός, ἐπιθυμία, Leidenschaft) [47]. Inwieweit die *Megariker* zu der Überführung der ethischen F.-Frage in eine metaphysische beigetragen haben, vor allem durch die Reflexion über das Real-Mögliche, läßt sich anhand des spärlich überlieferten Wortmaterials nicht dartun [48].

Nach PLATON bestimmt sich die F., die bei ihm fast ausschließlich im Sinne der *Polis*-F. vorkommt [49], als das Sein des Guten. Schon im ‹Alkibiades› heißt die Arete als Einheit aller Tugenden, als das Gute selbst, ein der Seinsweise des Freien Gemäßes (ἐλευθεροπρεπές) [50]. Das Gute ist rein um seiner selbst willen, keines anderen bedürftig und so vollendet autarkes Sein. Der der Polis-Sprache entnommene Begriff Autarkie ist also Grundbestimmung der F.: Frei ist der Mensch, dessen Handeln auf das Gute (nicht *ein* Gutes) geht, weil das Gute ihn in seine Autarkie, also F. bringt. Wie die Polis frei ist, in der die Arete herrscht, so die Seele, in der das Wissen um das Gute die unteren Seelenkräfte (θυμός und ἐπιθυμία) in ihre Schranken verweist [51]. Die Seele wird durch Selbstbeherrschung (ἐγκράτεια) und vernünftige Überlegung (φρόνησις) geordnet (κόσμιος) [52] wie die Polis durch Wohngemeinschaft (ξυνοικία) und Einigkeit (ὁμόνοια) [53]. F. ist also auch für den Einzelnen nicht Unabhängigkeit, sondern das feste Beharren bei dem für ihn Besseren [54]. Doch hier zeigt sich der dialektische Grundverhalt dieser F.: Der Mensch bleibt nicht bei diesem Guten ohne freie Entscheidung zu diesem Guten, andererseits kann der Mensch nicht in das Sein des Guten gelangen, wenn er nicht schon selber auf bleibende Weise seiend (ἀΐδιος) wäre [55]. Eine Darstellung dieses dialektischen Verhältnisses haben wir im Mythos von der Wahl der Lebenslose im 10. Buch der ‹Politeia› [56]: Die präexistente Seele wählt ihre Lebensweise (βίος) kraft der Einsicht, die sie in einem bereits abgelebten Dasein durch ihre Entscheidungen gewonnen hat, und ist darum für ihre Wahl verantwortlich (αἰτία ἑλομένου [57]). Wie das autarke Gute zugleich frei und notwendig ist (es will notwendig immer nur sich selbst), ist auch das Dasein des Menschen zugleich das Ergebnis einer Wahl und hat doch eine ihr einwohnende Heimarmene [58]: F. besteht nicht im Wählenkönnen, sondern in der inneren Notwendigkeit, das eigene Sein als seine höchste Möglichkeit (δύναμις), seinen δαίμων (das, was die Götter ihm gesetzt haben) zu wollen [59]. In diesem Entscheid fallen F. und Notwendigkeit zusammen: «Die Notwendigkeit der Seele, die den Nous erlangt hat, ist von allem Notwendigen bei weitem die stärkste. Von nichts anderem beherrscht, in sich selber herrschend, ist sie ihr eigener Gesetzgeber; und wenn eine Seele, dem besten Nous (der besten Einsicht) folgend, das Beste beschlossen hat, dann wird dem vernunftgemäßen Wollen vollendete Unwandelbarkeit zuteil, und kein Stahl ist ... unbeugsamer als es» [60]. Zu dieser höchsten F. gelangt der Mensch nur, insofern er selbst *Nous* ist, der doch aller Herrscher ist [61]. In der «Theologie» des ‹Timaios› unterscheidet Platon zwei Arten von Ursachen: das Notwendige (ἀναγκαῖον) und das Göttliche (θεῖον) [62], dieses als Ursache des Seins und des Gutseins, jenes als notwendige Bedingung für Erkenntnis und Existenz von Seiendem [63]. Dieses Notwendige ermöglicht mit der Vielheit der Seienden das Verfehlen des Guten, das Böse [64]. Das Göttliche aber führt in die F. der guten Wahl, indem es das Gute als Glück (εὐδαιμονία) zu erkennen gibt [65]. – Hierhin gehört, daß in den *Spätschriften* Platons F. (ἐλευθερία) wiederholt mit Freundschaft (φιλία) zusammen genannt wird [66]. Diese höchste Form von F. – F. als Freundschaft – erfüllt sich nur in einem Gemeinwesen, dem vollendeten Gemeinwesen der Polis. Als Liebe zu sich selbst, die jeder Bürger in sich verwirklicht, ist sie die vollendete Nachahmung der Autarkie des Guten als des sich selber Wollenden [67].

Gegen Platons Postulat, oder richtiger Theologumenon, einer F.-Entscheidung in der Präexistenz, ist ARISTOTELES bemüht, eine solche F.-Entscheidung im konkreten Tun des Menschen als jederzeit möglich darzutun, zugleich aber sichtbar zu machen, daß der Mensch als das Wesen der Wahl (προαίρεσις) sich eben dadurch von allem anderen Seienden im telos-gerichteten Naturzusammenhang unterscheidet. Denn während hier alles Streben immer nur auf Eines geht, hat die Wahl mit dem *Nous* dies gemein, daß sie wie dieser stets auf zwei entgegengesetzte Möglichkeiten seines Vollzuges geht. Andererseits ist die Wahl nicht ein bloßes Erkennen, sondern auch ein Streben (ὄρεξις), ein Wollen. Daher die Definition der Wahl als Gemeinsamkeit von Vernunft und Streben (προαίρεσις: κοινὸν διανοίας καὶ ὀρέξεως [68]). Das aber heißt die Vereinigung des Unvereinbaren. Aristoteles verschärft diese Aporetik, indem er die F. der Wahl ausdrücklich gegen die F. der Spontaneität (des ἑκούσιον) abhebt [69]. Die Wahl unterscheidet sich aber auch vom Wollen (βούλησις), das zwar in seinem Streben mit dem Logos zusammengeht, aber, weil Streben, immer nur auf *ein* Ziel gerichtet ist [70]. Insofern die Wahl Streben ist, geht sie auf das Gute, aber weil sie vernünftige Einsicht (διάνοια) ist, geht sie auf das Gute nicht mit Notwendigkeit, sondern auf dieses als das Gesollte, das die Bewegung auf das Nichtgesollte nicht ausschließt [71]. Das Gesollte ist das jetzt und hier zu Tuende (denn Handlungen sind nur frei in ihrem Vollzug [72]), und so zielt die Wahl immer auf das uns Mögliche (δυνατά), das, was in unserer Macht steht (ἐφ'ἡμῖν) [73]. Weil auf konkrete Verhältnisse gerichtet (τὰ ἕκαστα), bedarf die Wahl der vernünftigen Überlegung (φρόνησις), mit der sie zu Rate geht (βουλεύεται) über die für ihre Entscheidung zu wählenden Mittel (τὰ πρὸς τὰ τέλη) [74]. So definiert Aristoteles die Wahl als Mit-sich-zu-Rate-gehen des Strebens nach dem, was in unserer Macht steht (βουλευτικὴ ὄρεξις τῶν ἐφ' ἡμῖν) [75]. Wenn das Erkenntnismoment in der F.-Entscheidung als Mit-sich-zu-Rate-gehen (βουλεύεσθαι) bestimmt wird, so soll damit ausgeschlossen werden, daß die Erkenntnis schon zum Guten zwingt, sie stellt vielmehr das aus dem Vorgang des Überlegens (βουλή) Entschiedene (κριθέν) zur eigentlichen Entscheidung im Tun [76]. Da weder der *Nous* noch auch die *Phronesis* als solche etwas bewirken können, bedarf es einer besonderen Kraft, der δεινότης (zuständige Fähigkeit), um das konkrete Handlungsziel (σκόπος) zu erreichen [77]. Diese Kraft kommt in der Wahl zum Vollzug [78]. Die Entscheidung ist die rechte, wenn sie im Lichte der *Phronesis* auf das Gute, die *Arete*, gerichtet ist [79]. Um der Problematik der Verbindung des Nous-haften (διάνοια) und Naturhaften (ὄρεξις) zu begegnen, setzt Aristoteles ein Vermittelndes an: ein auf das Gute hin angelegtes, angeborenes ἦθος (Verhalten) [80], das in seiner Vollendung zu dem Paradox einer naturhaft-sittlichen Vollendung führt, der Wohlgeratenheit (εὐφυΐα) der Seele [81]. Zuletzt ist für Aristoteles wie für Platon das vollendete Gutsein Zuständlichkeit, wenn das Handeln aus der Wahl zur Haltung (ἕξις) der Tugend (ἀρετή) und schließlich über das Handeln hinaus zur theoretischen Lebensweise (βίος θεωρητικός) geführt hat, in dem Freiheit wahrhaft als vollendete Autarkie erfahren wird [82]. Es scheint zwar, daß gemäß dem auf die Politeia angelegten Wesen des Menschen [83] die Darstellung der F. (als Autarkie) sich in der Gemeinschaft findet [84]. Die Autarkie verwirklicht sich in der im Nomos gründenden Ordnung der Polis [85], in der gerade der Freieste am meisten durch die Ordnung gebunden ist [86]. Doch Aristoteles bewegt sich bewußt aus dem griechischen Polis-Denken heraus, wenn für ihn die höchste Autarkie die des Weisen ist, weil er in den Besitz des Glücks (εὐδαιμονία) gelangt ist, das um seiner selbst willen geliebt wird [87]. In ihm ist alles gleichgestimmt auf den Logos: πάντα γὰρ ὁμοφωνεῖ τῷ λόγῳ (Alles steht im Einklang mit dem Logos)[88].

Mit dem Untergang der Polis-F. im Zeitalter des *Hellenismus* wird die F. immer ausschließlicher als «innere F.» des Einzelnen verstanden und damit die Frage nach der Seinsweise des Einzelnen vordringlich. Durch das Fehlen der steigernden Polarität zur Polis-F. erhält die F. des Einzelnen vorwiegend restriktiven Charakter. So ist die Freiheit bei EPIKUR zwar das durchhaltende Dasein in der größtmöglichen Lust (ἡδονή) [89]; da aber nicht jede Lust wählenswert (αἱρετέον) ist [90], muß dieser Zustand durch Selbstgenügsamkeit (dies die negative Auslegung der Autarkie) errungen werden [91]. Die Natur selbst belehrt uns, was uns zuträglich ist, durch unser Empfinden, das uns instandsetzt, die schädlichen Regungen der Affekte (πάθη) von den lustspendenden zu unterscheiden [92]. Die Physis wirkt aber nicht im Sinne einer unerbittlichen Schicksalsnotwendigkeit (vgl. Epikurs Polemik gegen den stoischen Schicksalsglauben [93]), sondern als in sich differenzierte Kraft, die, wie sie für das Abweichen der Atome von der notwendigen Fallbewegung, aus dem die Naturdinge entstehen, Raum gibt für das in uns waltende Unbezwingbare (ἀδέσποτον) [94], das uns erlaubt, der Natur folgend, gegen den äußeren Zwang die bleibende Lust zu suchen [95]. Das Restriktive der Epikureischen F. aber bekundet sich darin, daß sie die «summa voluptas» durch nichts anderes gewährleistet sieht als durch die «doloris omnis privatio» [96].

Das F.-Denken der *Stoa* bewegt sich in der dialektischen Spannung des Zugleichs zweier Grunderfahrungen: der Erfahrung der Einheit des logos-durchwalteten Kosmos, in dem Notwendigkeit herrscht, und der des In-unsere-Verfügung-Gegebenseins aller unserer Akte von den Triebregungen (ὁρμαί) der animalischen Natur [97] bis zu den höchsten Erkenntnisakten, die alle nicht zum Vollzug kommen ohne unsere aus eigener Selbstmacht stammende, also freie Zustimmung (συγκατάθεσις, assensio) [98]. F. ist Vollmacht, aus sich selbst zu handeln [99]. Selbst die Affekte (perturbationes) sind in unserer Macht, weil mit einem Urteil verbunden [100], und wenn wir ihnen aus Schwäche unsere Zustimmung geben [101], sind wir schuldig. Die Zustimmung ist die rechte, wenn sie Zusammenstimmung von eigenem und Weltlogos bedeutet: denn es gibt nur *einen* Logos [102]. Gegen den Urtrieb der οἰκείωσις (Eigenwerdung, «Zueignung»), der sich elementar als Trieb zur Selbsterhaltung bestimmt [103], muß der Mensch erkennen, was ihm zukommt, was Pflicht ist (καθῆκον): das Gesollte (τὰ καθήκοντα). Durch freie Anmessung an den «rechten Logos» gelangt der Mensch in eine zuständliche Sittlichkeit (διάθεσις) [104], die, obwohl Frucht seiner Entscheidung, die F. aufhebt. Zwar gilt: Der Vernünftige (φρόνιμος) kann tun, was er will [105], eben weil er die vernünftige Überlegung (φρόνησις) hat, d. h. mit dem einen Logoswillen in Übereinstimmung gekommen ist. So zeigt sich auch hier ein dialektischer Grundverhalt: Der Mensch ist in zweifacher Weise durch die Heimarmene des Logos umhalten und bestimmt: durch das Leben innerhalb der Ordnung des Kosmos (διοίκησις τοῦ κόσμου) und die gemeinsame Natur (κοινὴ φύσις) [106]. Auch das Bei-uns-Stehende (παρ' ἡμᾶς) gehört in diese «Verflechtung der Ursachen» [107]. So ergibt sich das Widersprüchliche, daß wir das Freiheitliche (τὸ αὐτεξούσιον) immer nur zusammen mit der Notwendigkeit, dem Schicksal [108], tun. Der Mensch steht also nicht, wie die Freiheitlichkeit fordert, aus der Natur heraus, sondern F. und Notwendigkeit fallen in seinem Natur-Sein ineins. F. beschränkt sich so auf eine Form der inneren F. als Kampf der Geistnatur, die eines mit der des Kosmos ist, gegen die Affekte (πάθη), die etwas wider die Natur (παρὰ φύσιν) [109] sind, also nicht am Logos teilhaben. – Die *mittlere Stoa*, PANAITIOS zunächst, schwächt die F.-Schicksal-Antinomie der alten Stoa, vor allem Chrysipps ab [110], indem er die Triebnatur von der F. ausnimmt und F. auf «unser besseres Teil», unser Inneres, wo wir alleinige Herren (αὐτοκράτορες) sind, beschränkt, andererseits den Menschen in seiner konkreten Existenz als Wesen in der Zeit und so planendes Wesen sieht [111]. Der Mensch selbst wählt sein «genus vitae» [112], das durch vier Grundmomente bestimmt ist: 1. die allgemeine Vernunftnatur, 2. die je besondere Eigennatur (proprie singulis ... tributa), 3. die zeitlichen Umstände (casus aut tempora), 4. die Lebensform, die wir uns durch unser Vernunfturteil selbst zumessen [113]. Daß Panaitios diese Grundmomente «personae» (πρόσωπα) nennt [114], will andeuten, wie sich in ihnen F. und Notwendigkeit jedesmal einzigartig durchdringen, so daß jedes sein besonderes «officium» (καθῆκον) und dementsprechend seine besondere F. hat [115]. Die sich hier andeutende Sicht auf die Geschichtlichkeit des Menschen besagt noch nicht, daß hier der Mensch im metaphysischen Sinn als Person gesehen ist. – Auch nach POSEIDONIOS ist allein die Geistnatur (das λογικόν) des Menschen frei und in seine Selbstmacht gegeben [116]. Diese Freiheit der Logos-Natur befähigt den Menschen, über die Naturbedürfnisse hinaus schöpferisch zu werden («die allseitige menschliche Kultur zu schaffen» [117]. Eine metaphysische Bestimmung der Seinsweise des «Logos-Trägers» liegt Poseidonios fern. – Dem praktischen Lebenssinn der Römer entsprechend hat die Stoa in *Rom* F. in der Wahrung einer inneren Lebensordnung gesehen [118]. F. bestimmt sich nach SENECA als unser «superioris esse» gegenüber den niederen Seelenkräften, den Affekten und den Lebensumständen [119]. In dieser Lebensordnung ist der Weise autark, innerhalb ihrer Grenzen ist alles in seine Gewalt («in sua potestate») gegeben, sogar das Leben selbst, das er im Freitod an die Gottheit zurückgeben kann, von der er es empfangen hat [120]. Die F. bewährt sich zuhöchst in dem Verhältnis zu dem schlechterdings Unverfügbaren, dem Willen Gottes: Es ist unser königliches Vorrecht («in regno nati sumus»), im Gott-Gehorchen unsere F. zu sehen [121]. – Die höchste Ausbildung erfährt der stoische Begriff der inneren F. bei EPIKTET. Ἐλευθερία ist Werk [122] und zugleich höchstes Gut [123] des Menschen. Da nur das in unserer Verfügung ist, was *in* uns ist [124], besteht F. negativ im «Lassen» dessen, was «außer uns», außer unserer Verfügung ist, positiv aber im Wollen der eigenen F. Die tiefste Wurzel hat die F. in der Wahl (προαίρεσις), jener innersten Macht der Selbstverfügung (daher synonym mit ἐξουσία – αὐτεξούσιον), die selbst Zeus nicht besiegen kann [125]: «Frei ist, dem alles nach seiner F.-Entscheidung geschieht» [126]. Doch obwohl im höchsten Sinn das «Meinige», ist die Wahl zugleich das von der Gottheit Geschenkte [127], das der Mensch ihr zurückerstattet, indem er das den Göttern Geschuldete leistet, das «Folge Gott» [128], das «Wollen, was Gott will» [129]. Dabei wird das dialektische Grundverhältnis im stoischen F.-Denken besonders scharf sichtbar: Eben durch seinen unbedingten Gottesgehorsam wird der Mensch frei gegen diesen Gott, wird er selber Gott [130].

Die Gegner der Stoa haben die Antinomie von F. und Schicksalsnotwendigkeit zugunsten der F. entschieden und auf diese Weise den Entscheidungscharakter des F.-Handelns schärfer hervorgetrieben, so ALEXANDER VON APHRODISIAS in seiner Schrift gegen die Stoiker: Περὶ Εἱμαρμένης (Über das Geschick), wenn er dort die Wahl ausdrücklich auf die Entscheidung des Tuns oder Nichttuns beschränkt [131]. Doch indem Alexander noch eindeutiger als die Stoa Geschick und Natur gleichsetzt [132], begrenzt sich die Wahl auf den Akt der Entscheidung, das Gute, Gesollte, Vernunftgemäße zu tun oder nicht zu tun, also auch vernunftwidrig handeln zu können, so aber den Beweis zu erbringen, daß er das Gute, das er tut, in F. tut [133]. Gegenüber Aristoteles, wo die Wahl (προαίρεσις) zwischen (inhaltlich bestimmten) Gegensätzen (ἐναντία) geschieht und sich damit die ganze Aporetik der «Indifferenz» geltend macht (s. oben), tritt bei Alexander die formale Struktur der Entscheidungsfreiheit im eigentlichen Sinn sehr rein heraus.

Im Ergebnis zielen in die gleiche Richtung die Ansätze der *Platoniker*, das in unserer Verfügung Stehende (ἐφ' ἡμῖν) gegen die Notwendigkeit des Geschicks sicherzustellen, indem sie unterscheiden zwischen dem, was innerhalb des Bereichs geschieht, den das Schicksal bestimmt (ἐντὸς τῆς εἱμαρμένης) und alles umfaßt, ohne freiheitliche Handlungen auszuschließen, und dem, was nach Notwendigkeit geschieht (καθ' εἱμαρμένην), und zwar nach strengster Notwendigkeit [134]. So können zwar unsere Handlungen frei sein, nicht aber ihre Folgen, die immer unter die Heimarmene fallen [135].

Durch PLOTIN wird die F.-Frage auf eine neue Ebene gestellt. Plotin fragt ausdrücklich nach dem Seienden, dessen Weise zu sein das Freisein ist, nach der οὐσία ἑκούσιος (nach dem durch Freiheit bestimmten Sein) [136], die ein und dasselbe wie das Wollen ist und durch das Wollen in seinen Stand kommt [137], d. h. ein Seiendes, das sich sein Sein jeweils selbst erwirkt [138]. Ein solches Seiendes ist im vollendeten Sinn «Selbstsein» (αὐτοουσία) [139]. Beim Menschen fallen Wesen (οὐσία) und Selbstverfügung (das αὐτό) auseinander [140], darum sind wir auch nicht «Herren unseres Seins» [141]. – Schlechthin frei (καθαρῶς αὐτεξούσιος) ist nur das Eine (τὸ Ἕν), weil «in sich selbst Werk seiner selbst» [142]. In ihm sind Sein (εἶναι) und Wirken (ἐνέργεια) nicht bloß ein und dasselbe, sondern es ist so wenig «Knecht des Seins», so «schlechterdings frei» [143] und «überseiend es selbst» [144], daß es das Sein sozusagen außer sich hält. Weil schlechterdings frei aus sich wirkend und um keines Anderen willen, wirkt das Eine nicht um des Guten willen, sondern ist das Eine selbst das Gute, um dessentwillen alles wirkt, was wirkt [145]. – Der Mensch hingegen ist nicht schlechterdings frei, denn frei ist nur seine einfache Substanz, weil nur in einer solchen Sein und Wirken ineins fallen können. Darum ist nur das Ewige (ἀίδιον) des Menschen, die Seele [146], frei und Grund (ἀρχή) ihres Seins, der Leib aber steht unter der Verbindlichkeit der Weltordnung und der durch sie bestimmten Gesetze (κοσμικὴ αἰτία) [147]. Wirkt die ureigene Natur des Menschen (οἰκεία φύσις), dann ist auch der Mensch voll und ganz frei (αὐτεξούσιος) und selbst Grund (ἀρχή) seiner Taten [148]. Diese Freiheit hat der Mensch aber nicht im Handeln an der äußeren Wirklichkeit, die nicht in seiner Gewalt (ἐπ' αὐτῷ) ist. Plotin unterscheidet zwischen der F. der vollen Selbstmächtigkeit (des αὐτεξούσιος), der eigentlichen F., und der untergeordneten F. der Wahl (προαίρεσις); das aber ist die F., die dem Menschen zukommt, sofern er vorausschauend, auf Grund von Überlegungen tätig ist. Plotin zögert, das menschliche Handeln von der eigentlichen F. auszunehmen, so daß F. nur im Wollen *vor* dem Handeln und der Handlung wäre [149]. Und dennoch gilt: Die Tugend, die ja «eine Art Nous» ist [150], ist in Wahrheit ein *inneres* Tun: Sie «ordnet die Seele, indem sie den Affekten und dem Trachten Maß und Verhältnis gibt» [151]. Sie geht nicht auf ein äußeres Wirken, sondern auf das Wirken des Nous, das Denken und Schauen. Doch dieses Denken ist wirkmächtiges Denken, es weilt wirkend beim Guten und fällt so ineins mit dem Wollen (βούλησις) [152]. In solchem Schauen, das zugleich ein Wollen ist, vollendet sich menschliche F. gemäß seiner Bewegung hinauf zum Einen. – Im Anfang seiner Erörterung über die «F. des Einen» [153] stellt Plotin die Frage: «Wie kann überhaupt ein Seiendes, das von einem anderen her ist und seinen Grund (ἀρχή) in einem anderen hat und von ihm her geworden ist, von ihm selber her sein?» [154]. Dies ist, über die Frage nach dem substantiellen Sein hinaus, die nach dem subsistenten Sein. Ist der Mensch ein solches Seiendes, bei dem das Sein und der Grund (αἴτιον) zu diesem Sein ein und dasselbe sind? [155]. Plotin gibt dort die Antwort: Insofern sie aus ihm, dem Einen, sind. Und wenn er dieses Eine bezeichnet als «Vater des Logos und der Ursache und der verursachenden Seinsheit» (λόγου ὢν καὶ αἰτίας καὶ οὐσίας αἰτιώδους πατήρ) [156], dann wird deutlich, daß er als Grund für die Möglichkeit subsistenten, aus sich seienden Seins ein transzendentes Prinzip ansetzt, das er «Vater» nennt zur Bezeichnung des Nous als des zuhöchst Liebenswerten [157], des Nous, der mehr als Nous ist, das Eine, aus dem dieser hervortritt.

Die noch primär ontologische Entfaltung des F.-Problems bei Plotin wird im Neuplatonismus der Folgezeit, am deutlichsten bei JAMBLICHOS, ins Theologische überhöht. Demgemäß ist nicht mehr von freiem Handeln die Rede, sondern von Befreiung im Sinne von (Er)lösung (λύσις – ἀπαλλαγή) [158] aus der Notwendigkeit der Natur zur allein freien, «selbstmächtigen» Seinsweise des Göttlichen [159]. Der Mensch ist in diesem Prozeß der Theurgie nur «Mitursache» (συναίτιον) [160], entscheidend durch den Akt der Hingabe an die Eine Gottheit, mit der die «gotterwirkende Kraft» (θεουργὸς ἐνέργεια) in der Seele die Oberhand gewinnt [161]. Auf dem Weg zur göttlichen Einheit gelangt der Mensch zur αὐτοπραγία, im Tun dessen, was im Ganzen des Kosmos nur er tun und als seine Gerechtigkeit erfüllen kann [162]. Die stoische «oikeiosis» als die freie Einfügung in den kosmischen Zusammenhang wird so theologisch überhöht. Höchster Akt menschlicher F. ist die einende Erkenntnis Gottes [163]; damit wird zugleich die absolute F. des göttlichen Wirkens im Geist des Menschen vollendet [164].

Eine letzte Aufgipfelung erfährt das philosophische F.-Denken dann im Werk des PROKLOS. Frei ist nach Proklos als das «In-und-durch-sich-selber-Stehende» die «geistige Natur» (νοερὰ φύσις) [165]. Weil Gott als das Eine aus Überfülle teilgibt [166], ist die F. des «In-sich-selbst-Stehenden» möglich. Es ist so auf sich selbst als auf sein «eigenes Gut» gerichtet und bedarf keines anderen [167]. Die einzige, dem Sein der Geistseele angemessene Haltung der Gottheit gegenüber, ist die «freie Dienstbarkeit» (ἐθελοδουλεία) im Sinne Platons [168]; durch sie allein gelangt der Mensch in die F.-Macht der Weltordnung [169]. So gibt Proklos als letzte Antwort der antiken Philosophie auf die Aporie von F. und Notwendigkeit eine «Theologia Platonica».

Anmerkungen. [1] Vgl. M. POHLENZ: Griech. F. (1955); D. NESTLE: Eleutheria 1 (1967); H. KLOESEL: Libertas (1935). – [2] ERIK WOLF: Griech. Rechtsdenken 1 (1950) 42ff. – [3] ANAXIMANDER, Frg. 1, in: H. DIELS/W. KRANZ: Die Fragmente der Vorsokratiker (= DK) 1 (1960) 89: B 1. – [4] Gegen die «moralische» Auslegung K. REINHARDT: Parmenides (1916) 257. – [5] Ilias 6, 455; 11, 831; 6, 528. – [6] PINDAR, Pyth. I. 61. – [7] Vgl. E. BOISACQ: Dict. étymol. de la langue grecque (⁴1950) s. v. – [8] Vgl. HERAKLIT, DK 1, 162: B 53. – [9] SOLON, 24. – [10] ebda. – [11] PINDAR, Pyth. I, 61. – [12] PAULY/WISSOWA: Realencyclop. class. Altertumswiss. 5/2, Sp. 2346f. – [13] ANTIPHON Soph., DK, 2, 365: B 61. – [14] HERODOT III, 142; V, 37. – [15] a. a. O. VII, 104. – [16] Vgl. FRISK: Griech. etymol. Wb. 1 (1960) s.v. – [17] Il. 6, 522; 10, 372; Od. 4, 649. – [18] Il. 2, 155. – [19] AISCHYLOS, Eumeniden 550. – [20] Perser 404. – [21] SOPHOKLES, Antigone 821. – [22] THUKYDIDES V, 18. – [23] SOPHOKLES, Philoktet 902. – [24] ANTIPHON Soph., DK 2, 347/348: B 44, col. 3. – [25] a. a. O. 349, col. 4. – [26] HIPPOKRATES bei GALEN, Opera, hg. KÜHN (1821ff.) 19, 171; dazu DEMOKRIT, DK 2, 180: B 176. – [27] ANTIPHON Soph., DK 2, 346/347: B 44, col. 2. – [28] a. a. O. 348, col. 3. – [29] SEXT. EMPIR., Adversus math. VII, 11. – [30] DEMOKRIT, DK 2, 187: B 207. – [31] a. a. O. 155: B 37. – [32] a. a. O. 187: B 207; GORGIAS, DK 2, 285: B 5 a. – [33] ebda. – [34] ebda. – [35] XENOPHON, Mem. IV, 5, 3. – [36] a. a. O. II, 1, 2; vgl. Cyropaedia V, 2, 12 u. ö. – [37] PLATON, Prot. 356 e ff. – [38] XENOPH., Mem. IV, 5, 3. 6. – [39] a. a. O. IV, 8, 11; I, 2, 14; vgl. auch IV, 5, 1ff. – [40] PLATON, Apol. 32 f. – [41] XENOPH., Apol. 30, II, 9, 5; PLATON, Prot. 352 b f. – [42] Vgl. schon PLATON, Resp. 441 c f. – [43] Apol. 31 c ff.; XENOPH., Mem. I, 1, 9; IV, 3, 14f. – [44] PLATON, Apol. 31 c/d; auch Phaidros 242 b/c. – [45] Prot. 324 a f. – [46] Kriton 50 a f. – [47] EPIKTET, Diss. III, 24. 64ff. u. ö. – [48] Hierzu GERDA VON BREDOW: Sein der F. (1960) 30ff. (Kap. 2): Die megarische Schule. – [49] Vgl. jedoch PLATON, Phaidon 114 e: F. = Tugend neben anderen. – [50] Alkib. 135 c. – [51] Resp. 576 c ff., bes. 577 e ff.; vgl. auch 4. Buch. – [52] Phaidon 108 a; Phaidros 256 b. – [53] Leges 681 b; Polit. 311 b. – [54] Phaidon 62 d. – [55] Phaidros 245 c; vgl. Leges 969 b. – [56] Resp. 617ff. – [57] a. a. O. 617. – [58] 617 c. – [59] 620 d/e. – [60] Epinom. 982 b f. – [61] Leges 963 a; Phil. 30 d. – [62] Tim. 68 e. – [63] Vgl. auch Phaidon 99 b. – [64] Phil. 22 b. – [65] Resp. 621 c; vgl. dagegen Polit. 274 a. – [66] Resp. 576 a; Leges 698 b; 699 c. – [67] a. a. O. 693 b; vgl. D. NESTLE, a. a. O. [1] 91ff. – [68] ARISTOTELES, De mot. anim. 700 b 22. – [69] Eth. Nic. 1111 b 7. – [70] a. a. O. 1113 a 15 u. ö. – [71] 1111 a 29ff. – [72] 1110 a 12ff.; vgl. Met. 1025 b 23f. – [73] Eth. Nic. 1111 b 29. – [74] a. a. O. 1112 b 12 u. ö. – [75] 1113 a 10f. – [76] 1113 a 4. – [77] 1114 a 23f. – [78] 1139 a 31ff. – [79] 1144 a 20ff. – [80] 1144 b 4f. – [81] 1114 b 8ff. – [82] 1097 b 2ff. – [83] Pol. 1253 a 29ff. – [84] a. a. O. 1261 b 10. – [85] Vgl. 1287 a 18f. – [86] Met. 1075 a 16ff. – [87] Eth. Nic. 1177 a 27ff. – [88] a. a. O. 1100 b 17 f. – [89] CICERO, De finibus I, 29 u. ö. – [90] DIOG. LAERT. X, 128. – [91] EPIKUR, Frg. 199. Gnomol. Vat. 77. – [92] CICERO, De finibus I, 30. – [93] EPIKUR, Ep. III, 133/134. – [94] a. a. O. 133. – [95] Vgl. auch LUKREZ, De rer. nat. II, 272ff. – [96] CICERO, De finibus I, 37. – [97] SVF I 61; für CHRYSIPP SVF III, 171. – [98] CICERO, De fato 40f. – [99] SVF III, 355. – [100] CICERO, Tusc. IV, 14. – [101] ebda. – [102] SVF III, 1128. – [103] SVF III, 178. – [104] SVF III, 262. – [105] SVF III, 356. – [106] SVF III, 326. – [107] SVF II, 975. – [108] SVF II, 975. – [109] SVF III, 476 u. ö. – [110] Vgl. CICERO, De fato 31ff. – [111] De officiis I, 11f. – [112] a. a. O. I, 117. – [113] I, 107. 115. – [114] I, 107 u. ö. – [115] Vgl. I, 125. – [116] SENECA, Ep. 121. – [117] Ep. 90. – [118] Vgl. hierzu H. KLOESEL, a. a. O. [1] 11 u. ö. – [119] SENECA, Ep. 9. – [120] De tranquillitate animae 11, 3. – [121] De vita beata 15, 7. – [122] EPIKTET, Diss. II, 18, 28. – [123] a. a. O. IV, 1, 52 u. ö. – [124] Ench. 29, 7. – [125] Diss. I, 1, 23. – [126] a. a. O. I, 12, 9. – [127] IV, 1, 100. – [128] I, 12, 8. – [129] IV, 1, 89; vgl. II, 17, 22. – [130] II, 17, 33; dazu A. BONHÖFFER: Epiktet und das NT (1911) passim. – [131] ALEXANDER VON APHRODISIAS, De fato XIV, 50. – [132] a. a. O. VI, 14. – [133] V, 14. – [134] Ps.-PLUTARCH, De fato 11. – [135] a. a. O. 5. – [136] PLOTIN, Enn. VI, 8, 13. – [137] ebda. – [138] ebda. – [139] VI, 8, 12. – [140] ebda. – [141] ebda. – [142] VI, 8, 20. – [143] ebda.; vgl. auch 21 fin. – [144] VI, 8, 14. – [145] VI, 8, 13. – [146] VI, 8, 4; vgl. PLATON, Phaidros 245 c. – [147] PLOTIN, Enn. III, 1, 8. – [148] VI, 8, 10. – [149] VI, 8, 5. – [150] VI, 8, 6. – [151] ebda. – [152] ebda. – [153] VI, 8. – [154] VI, 8, 2. – [155] VI, 8, 14. – [156] ebda. – [157] VI, 8, 16. – [158] JAMBLICHOS, De mysteriis VIII, 6ff. u. X, 5. – [159] a. a. O. IV, 3. – [160] II, 11. – [161] III, 20. – [162] IV, 5. – [163] X, 5. – [164] I, 3. – [165] PROKLOS, Inst. theol. 20. – [166] a. a. O. 131. – [167] 42. – [168] PLATON, Sympos. 184 c. – [169] PROKLOS, De prov. 24.

Literaturhinweise. – a) *Nachschlagewerke:* PAULY/WISSOWA: Realencycl. class. Altertumswiss. 5/2: ELEUTHERIA; 8, 1: LIBERTAS. – A. WALDE/J. B. HOFMANN: Lat. etymol. Wb. 1 (³1938) 2 (³1954). LIDDLE-SCOTT: Greek-Engl. Lex. (Oxford ¹1940, Nachdruck 1966). – H. FRISK: Griech. etymol. Wb. 1 (1960) 2 (1961ff.). – b) *Gesamtdarstellungen:* A. TRENDELENBURG: Notwendigkeit und F. in der griech. Philos., in: Beiträge zur Philos. 2 (1855) 112-187. – L. CREDARO: Il problema della libertà di volere nella filos. dei Greci. R.C. Istitut. lombardo, Sr. 2, 25 (1892) 607-660. – M. GOMPERZ: Die Lebensauffassung der griech. Philosophen und das Ideal der inneren F. (²1915). – H. KLOESEL: Libertas (Diss. Breslau 1935). – D. AMAND: Fatalisme et liberté dans l'antiquité grecque (Diss. Löwen 1945). – I. LANA: La libertà nel mondo antico. Riv. filol. N.S. 33 (1955) 1-28. – M. POHLENZ: Griech. F. Wesen und Werden eines Lebensideals (1955). – D. NESTLE: Eleutheria. Studien zum Wesen der F. bei den Griechen und im NT 1 (1967). – c) *Einzeldarstellungen:* A. KASTIL: Die Lehre von der Willens-F. in der Nikomachischen Ethik (Prag 1901). – TH. GOLLWITZER: Plotins Lehre von der Willens-F. (1900, 1902). – H. V. ARNIM: Die stoische Lehre von Fatum und Willens-F. Wiss. Beilage zum 16. Jahresber. der philos. Ges. Univ. Wien (Leipzig 1905). – J. CREUSEN: Des Aristoteles Lehre über die Willens-F. Philos. Jb. Görres-Ges. 20 (1907) 393-408. – H. F. MÜLLER: Plotinus über Notwendigkeit und F. Neue Jb. klass. Altertum 33 (1914) 462-488. – PH. KATZ: Der freie Mensch bei Platon (Diss. Erlangen 1917). – M. WITTMANN: Aristoteles über die Willens-F. (1921). – C. DIANO: Epicuri ethica (Florenz 1946). – R.-A. GAUTHIER: La morale d'Aristote (Paris 1958). – FR. MAYR: Das F.-Problem in Platons Staatsschriften (Diss. Wien 1960).

II. Das philosophische Denken über F. in frühchristlicher Zeit ist bestimmt durch die Auseinandersetzung zwischen den verschiedenen philosophischen Traditionen des Griechentums und dem F.-Verständnis, das sich in den biblischen Schriften und der Verkündung der Urkirche bekundet. – Das Alte Testament [1] kennt nur die F. Jahwes als des Befreiers (aus Knechtschaft und Gefangenschaft) in seinen heiligen Dienst, nicht F. als Attribut des göttlichen Seins, sondern als geschichtsmächtige Tat. Von der F. des Menschen ist nirgends thematisch die Rede. Doch setzt der Gebotscharakter eines Teils der alttestamentlichen Schriften, die Rede von Sünde und Strafe, Umkehr, Reue und Verstockung, Gehorsam und Abfall usw. die Erfahrung der F. (als Entscheidungs-F.) voraus. Das Neue Testament [2] nimmt das F-Verständnis des Alten auf: Die Befreiungstat Gottes vollendet sich in der Befreiung durch Jesus. F. bleibt aber Gegenstand endzeitlicher Erwartung, wenn auch für alle, die das Wort annehmen, schon geschehen. – Der Einfluß des griechischen Denkens über F. auf die jüngeren alttestamentlichen und die neutestamentlichen Schriften läßt sich nicht eindeutig nachweisen [3]. Bedeutsam ist immerhin, daß im Neuen Testament für ‹F.› bzw. ‹frei› neben selten ἑκών, ἑκούσιος [4], nur die Wörter ἐλευθερία bzw. ἐλεύθερος gebraucht werden, die eigentlich philosophischen Termini für ‹F.› wie αὐτεξούσιον, ἐξουσία, προαίρεσις fehlen [5].

Die erste philosophisch belangvolle Begegnung zwischen griechischem und biblischem F.-Denken findet bei PHILON VON ALEXANDRIEN statt, also noch vor dem neutestamentlichen Schrifttum. Während in den Jugendschriften, darunter die thematische Schrift: Περὶ τοῦ πάντα σπουδαῖον ἐλεύθερον εἶναι [6], das gemeingriechische, vor allem stoische F.-Verständnis vorherrscht, vollzieht sich in seinen Auslegungen des Pentateuchs eine Durchdringung biblischer Offenbarungsgehalte mit vorab platonischen Denkmotiven. Frei ist für Philon, biblischem Verständnis folgend, nur Gott, der Eine Gott [7], platonisch bestimmt als τὸ ὂν ᾗ ὄν [8]: «das auf nichts bezogene, ganz mit sich selbst erfüllte, sich selbst genügende» höchste Seiende [9]. Er ist gleichwohl so frei, auch gegen sich selbst, daß er Schöpfer der Welt sein kann, ohne eines Demiurgen zu bedürfen. Denn Gott vereinigt in sich die ἀγαθότης (Güte), durch die alles geworden ist, mit der ἐξουσία (Macht), durch die er alles beherrscht [10]. Frei ist ferner, wem Gott es geschenkt hat [11]. Gott «würdigte» den Menschen dieser F., weil er ihn als unzerstörbares Geistwesen geschaffen hat [12]. Der Mensch ist wie der Kosmos (νοητός – αἰσθητός) zweigeteilt: Geist (πνεῦμα) und erdhaft Seiendes (γεώδης οὐσία), tätiges Prinzip (τὸ δρῶν αἴτιον) und leidendes [13]. Doch das tätige Prinzip kann gegen sein leidendes nicht wirksam werden, wenn nicht Gott selbst es zum Vollzug führt durch seinen eigenen immer wirkenden Geist. Dieses dritte Moment, der Vollzug, die Vollendung (ἀποτέλεσμα), ist Gottes eigenes Werk [14]. Der Mensch hat in seinem gotthaften Pneuma eine von ihm selbst nicht erkannte Tiefe der Seele [15], die uns zu eigen, aber nicht in unsere unumschränkte Verfügung gegeben ist. Auch der menschliche Nous ist Mitte [16], zu der sich der Mensch flüchtet von Gott weg, während doch der Geist Gottes die ihm zubestimmte Mitte ist. Der eigentliche Sündenfall ist die ἡ πρὸς σάρκα οἰκείωσις, die «Eigenwerdung auf das Fleisch hin» [17]. ‹Fleisch› ist hier durchaus biblisch verstanden als das welthaft geschichtlich zum Individuum Bestimmende. Wenn der Mensch sein von Gott Empfangenes darauf begrenzt, führt es zu gottwidriger Eigenwerdung (auch hier eine radikale Umprägung des stoischen Begriffs der οἰκείωσις). Solche «Aneignung» führt in die äußerste Unfreiheit, und wer diesem Zug folgt, hat «nicht einmal einen Traum von F. geschaut» [18]. F. besteht also in der Entscheidung zwischen zwei Grundwollungen des Menschen: der gottliebenden Gesinnung (φιλόθεον δόγμα – dargestellt in Abel) und dem sich selbst liebenden Denken (φίλαυτον δόγμα – dargestellt in Kain) [19]. Der φίλαυτος καὶ ἄθεος νοῦς [20] macht sich selbst Gott gleich, indem er sich eigenmächtig die Vollkommenheiten (ἀρετάς) zu geben strebt, die nur Gott in ihm stiften kann [21]. Die stoische Grundforderung der Selbstzueignung (des ἐφ' ἡμῖν) im sittlichen Handeln ist für Philon daher der vollendete Abfall der φιλαυτία) [22]. Diese Selbstliebe ist das Böse (κακία) und als solches «Eigenwerk» des Menschen, also nicht rückführbar auf ein außerhalb des Menschen liegendes böses Prinzip [23]. Dieser Entscheidung ist der Mensch fähig, weil er in seiner höheren (ewigen) Natur, dem gotthaften Pneuma, so sich selbst gegeben ist, daß er sich oder Gott wählen, d. h. biblisch: lieben kann. Aus der Unfreiheit dieser Sünde kann ihn nur der Befreier Gott (ἐλευθεροποιός) erlösen, indem er ihm die «leere Doxa» nimmt [24].

Da es sich bei den für uns erheblichen Schriften der frühchristlichen Zeit vornehmlich um Werke von Kirchenschriftstellern handelt, ist es nicht immer möglich, die aus dem urkirchlichen Kerygma entwickelte theologische Begriffssprache von den eigentlich philosophischen Aussagen in Begriffen hellenischer Überlieferung streng abzulösen. Der häufigste Fall ist die Auffüllung philosophischer Begriffe griechischer Herkunft mit ihnen fremden religiösen Inhalten. So bei den *Apostolischen Vätern*, etwa in dem Brief des CLEMENS VON ROM an die Gemeinde von Korinth [25]. Hier werden Begriffe der stoischen Sprache wie das καθῆκον (das Zukommende, Schickliche, die Pflicht) übernommen, aber auf das pflichtige Verhalten gegenüber dem Willen Gottes (βούλησις bzw. θέλημα θεοῦ) bezogen [26]. Die stoische ὁμόνοια, als Übereinstimmung des Menschen mit dem Logos des Kosmos, ist Friede und Wohltun von Gott her [27], dem die Menschen durch ihren Dienst (λειτουργία) «in einträchtigem Zusammensein» [28] antworten. Abfall ist das «Zwei-Seelen-Dasein». (διψυχεῖν), das von Gott trennt [29]. F. ist die Fessel der Agape [30]. Wörter wie αὐτεξούσιος oder αὐτόνομος haben hier keinen Platz. Und doch heißt es im ‹Barnabas-Brief›: «Werdet gute Gesetzgeber eurer selbst» [31], was aber bedeutet: «Laßt euch von Gott belehren» [32]. Das von Prodikos übernommene Bild von den zwei Wegen, hier der Weg des Lichts und dort der Finsternis, wird herangezogen, nicht zur Darstellung der sittlichen Entscheidung, sondern der religiösen Entscheidung für die Knechtschaft unter Gott oder unter dem Herrscher des gegenwärtigen Äons [33].

Bei den *Apologeten* wird die Auseinandersetzung mit der griechischen Philosophie thematisch und führt nicht selten zu unangemessenen Annäherungen. So übernimmt JUSTINUS in seiner ‹Ersten Apologie› ausdrücklich die peripatetische F.-Lehre [34] und stellt gegen die These (der Stoiker), daß «dieser Mensch auf Grund eines schicksalhaften Verhängnisses gut und jener böse sei» [35], die andere, daß der Mensch «aus freier Entscheidung sowohl das Rechte tue wie es verfehle» [36]. Er übernimmt damit aber auch die ganze Aporetik der Wahl-F. [37]. Dieser Begriff, den er um der Zurechenbarkeit unserer Handlungen willen glaubt verteidigen zu müssen, läßt ihn sowohl das αἰτία ἑλομένου Platons wie die F.-Entscheidung, die nach biblischem Verständnis (in Dt. 30, 15. 19) gefordert wird, im Sinne der aristotelischen προαίρεσις deuten [38]. Doch führt ihn die Auseinandersetzung mit dem Schicksalsdenken der Antike an das Problem heran, das von nun ab das christliche F.-Denken immer begleitet: die Vereinbarkeit von göttlichem Vorherwissen und menschlicher F. [39].

Gleich bei seinem Schüler TATIAN erscheint dasselbe Problem in besonders prägnanten Formulierungen. Der «freie Entschluß» des von Gott «frei geschaffenen» Menschen reiht sich ein in den von den Heiden als «fatum» mißdeuteten Weltzusammenhang, dessen künftigen Ablauf Gott in der «Kraft des Logos» vorauszusehen vermag [40]. Gleichwohl bleibt das Verhältnis von göttlicher Fügung und menschlicher F. problematisch: Einerseits gilt, daß der Mensch imstande ist, das Böse, das durch sein freies Wollen in die Welt gekommen ist, durch Abkehr von der Welt auch wieder von sich abzutun [41], andererseits, daß die Seele den «göttlichen Geist» in ihr nicht selbst zu befreien vermag, sondern nur umgekehrt der Geist Gottes die Seele rettet [42]. Tatian versucht die Lösung mit Hilfe der wohl gnostisch bestimmten Vorstellung einer «Syzygie» des Menschengeistes mit dem Gottesgeist [43] zur vollendeten Angleichung (ὁμοίωσις) an Gott [44].

Während bei Tatian die Weise dieses Zusammenwirkens unbestimmt bleibt, die *Gnosis* das Verhältnis beider in mythischer Präexistenz vorentschieden sein läßt, so daß der Mensch sich nur zum Wissen seines naturhaften Geist-Seins zu erheben braucht, um in der Paradoxie des Zugleichs von absoluter Gesetzlosigkeit und absoluter Abhängigkeit vom erlösenden Gott zu leben [45], verhilft diese Aporie IRENAEUS zu der für christliches F.-Denken entscheidenden Erkenntnis, daß F. nichts anderes ist als die Entfaltung des Heilswillens Gottes in der Weltzeit, als Geschichte des Menschen im Kosmos. Gott allein ist absolut frei [46], und Ausdruck dieser F. ist sein Gutsein [47]. Ganz von sich selber her schafft, ordnet und vollendet er alles frei und eigenmächtig, so daß alles, was ist, in seinem Willen seinen Stand hat (substantia omnium voluntas eius) [48]. Der Mensch ist darüber hinaus im Unterschied von der ganzen anderen Schöpfung zur F. Gottes geschaffen [49]. Zu dieser F. kann er nur durch F. gelangen. Das erfordert einmal, daß er instand gesetzt ist, sich frei für Gott zu entscheiden [50]; und bedeutet zweitens, daß er als geschaffener Geist nicht von selbst das volle Sein Gottes haben kann, daß er vielmehr in «langer Zeit» durch ständiges Wachstum gewinnt [51], was Gott immer schon *ist*, und durch die Erfahrung (experimentum) des Gehorsams und Ungehorsams lernt, was als das Bessere zu wählen sei [52]. Er muß den «ordo» des Menschen einhalten, um dadurch zur Teilhabe an der Herrlichkeit Gottes, d. h. zum vollendeten Freisein in Gott zu gelangen [53]. Doch die individuelle Geschichte des Menschen ist eingefaßt in die Geschichte der Menschheit [54]. Diese vollendet sich im freien Gehorsam des «Menschensohns», der in sich, in seinem Erlöserwirken als dem Hauptgeschehen, die ganze Geschichte der Schöpfung zusammenfaßt («recapitulatio» - ἀνακεφαλαίωσις) [55]. Das ganze Weltgeschehen vom Anbeginn bis zur Zeitenfülle (Pleroma) wird so verstanden als die Geschichte der menschlichen F., die sich freilich zuletzt in einem menschliche F. transzendierenden Akt göttlichen Gehorsams vollendet.

Der antinomische Charakter des Verhältnisses von göttlicher Gnade und menschlicher F. verschärft sich von neuem, wenn bei CLEMENS VON ALEXANDRIEN, in ausdrücklicher Rückwendung auf das philosophische F.-Denken der heidnischen Antike die F. des Menschen unbedingt behauptet wird. Clemens unterscheidet das von Natur auf das Gute (ἀρετή) angelegte Vermögen (ἑκούσιον) [56], das sich in der προαίρεσις gegen die Triebnatur als Entscheidung zum Guten bewährt und so seine Eigenmacht (das ἐφ' ἡμῖν) über die Natur bekundet [57], von der F. (ἐλευθερία) als «apatheia» [58]. Im ersten bezeugt sich die Selbstmacht des Menschen, gründet aber auch die alleinige Zurechenbarkeit seiner Taten [59] wie die Möglichkeit einer Bekehrung [60], in der erst aber wird sichtbar, daß wahre F. nur die F. ist, zu der Gott allein befreit [61]. Göttlicher Wille («Gesetz von Oben») ist es, daß wir im Wollen des Guten *wählen* [62] und so uns selbst aus uns selbst erlösen [63]. *Arete* wird darum gleichgesetzt mit Rettung (σωτηρία) [64], weil göttliche Anordnung dem Menschen das Freisein auf das Gute hin zur Natur gemacht hat und göttliches Wirken allein ihn dauerhaft im Guten gründet [65]. Freies Handeln besteht so in der Nachahmung der göttlichen προαίρεσις [66], der Teilhabe am göttlichen Wollen [67], dem «Zusammenlaufen» (συνδραμεῖν) mit dem Gotteswillen [68]. Denn Gottes Wollen allein ist seinshaft frei, ungeschuldete Bewegung aus dem eigensten Sein, göttliches Erbarmen, Agape [69]. In bezug auf den Weltzusammenhang offenbart sich diese Liebe als «Vorsehung» [70], die die Welt so geschaffen hat, daß in ihr F. möglich ist; in bezug auf den Menschen aber wirkt sie als «göttliche Einhauchung» [71]. Dieses Liebeswirken Gottes setzt das F.-Handeln des Menschen nicht außer Kraft, sondern fordert sein «Mitwirken» (συνεργία) [72]. Die Aporetik dieses Verhältnisses zeigt sich jedoch schon darin, daß das Freiheitliche in uns uns nur auf den Glauben hin freimachen kann [73] durch die «vernünftige Zustimmung» zur Gottesverehrung [74], daß aber der Glaube selbst nicht pflichtiges Werk (stoisch: κατόρθωμα) der F.-Entscheidung sein kann [75]. Grund dafür ist das Wesen der göttlichen Agape selbst, die kein «Streben» ist und darum durch kein Wollen je errungen werden kann (während selbst in der vernunfthaftesten F.-Entscheidung immer auch ein Streben ist), vielmehr wandellos im Zustand göttlicher ἀπάθεια verharrt [76]. Der Mensch kann allein durch den Glauben in die Liebe aufgenommen werden [77], und das ist der Weg vom «Pistiker» zum «Gnostiker» [78]. Zwar kann, ja muß der Mensch aus dieser Liebe heraus tätig werden [79], doch sein höchstes Tun ist Gnosis und nur durch sie gelangt der Mensch zur letzten F.-Vollendung. Clemens spricht hier im Verhältnis des Menschen zu Gott geradezu von Rede und Gegenrede (ἀντιστροφή), mit der der vollendete Gnostiker durch seine «Heiligkeit» dem Willen der göttlichen Vorsehung antwortet [80], ohne allerdings die Problematik dieses Verhältnisses anders als theologisch zu bewältigen.

Noch weit über Clemens hinaus stellt ORIGENES das F.-Vermögen (ἑκούσιον) bzw. die F.-Entscheidung (προαίρεσις) des Menschen und der geistigen Naturen in die - freilich dialektische - Mitte des Denkens. Bei dem systematischen Charakter seines Denkens hat das weittragende Folgen für Seins- und Weltverständnis. Durch das F.-Vermögen ist der Mensch von allen anderen nicht-geistigen Geschöpfen, ja, von der Physis als solcher unterschieden. Unser Gut- oder Schlechtsein hat seinen Grund nicht in der Natur oder in einer andern außer uns liegenden Macht (fatum), sondern einzig in unserer freien Wahl (προαίρεσις ἑκούσιος) [81]. Wohl haben wir in uns die naturhafte Anlage, das Gute und das Böse unmittelbar zu erfassen; wir sind es auch, die diese Anlage betätigen, aber es ist ein besonderer Schritt, das Gute zu wählen und das Böse zu verwerfen [82]. Die Wahl entscheidet nicht bloß über das Gut- oder Schlechtsein unserer Taten, sondern über unser ganzes Sein [83]. Da das Gute (Gott) identisch ist mit dem Sein, das Böse aber mit dem Nichtsein, so ist, wer sich von der Teilhabe am Seienden (Guten) ausschließt, damit selbst nicht-seiend geworden [84]. Die Folgen des sittlichen Handelns beschränken sich aber nicht nur auf den Menschen und seine Taten. Wenn die F.-Macht den Menschen zwar von der Natur unterscheidet, so löst sie ihn aber keineswegs ganz vom Weltzusammenhang [85] und ist darum auch nicht ohne Auswirkung auf den Weltzustand. Die freie Entscheidung der rein geistigen Natur des Menschen in der Präexistenz versetzt nicht bloß diesen selbst in einen geminderten Zustand (Geist wird

Seele – Psyche = «erkalteter» Geist), sondern diese Tat in der Präexistenz ist zugleich die Ursache für die Entstehung der materiellen Welt und aller sich daraus ergebenden Übel. Aber dennoch ist es in die F. des Menschen hier und jetzt gegeben, durch sein sittliches Handeln sich wieder zum Nous zu erheben und eben dadurch auch den Weltzustand wieder zum Guten zu wenden [86]. Origenes schränkt zwar die unbedingte F.-Macht des Menschen wieder ein, wenn er das Gutsein des Geistmenschen als eine «Mischung» von dessen F.-Entscheidung und der durch Einhauchung des Guten mitwirkenden Gotteskraft bestimmt [87]. Aber Gottes Wirken hebt die F. und damit die Verantwortung des Handelnden (Menschen) ebensowenig auf, wie Gottes Vorherwissen des Künftigen dieses selbst verursacht [88]. Im Gegenteil gilt, daß Gottes Heilsökonomie das F.-Handeln der geistigen Naturen, wie im Urfall, so auch beim Werk der durch diesen Fall geforderten Erlösung und schließlich in der Vollendung durch die Wiederaufrichtung aller Dinge (ἐπανόρθωσις τῶν πάντων) als bestimmend einbezieht.

Bei dem theologischen Gegner des Origenes, METHODIUS VON OLYMP, läßt sich deutlicher noch als bei diesem der Wandel des F.-Verständnisses gegenüber dem neuplatonischen an dem Wandel ablesen, der hier im Gebrauch des Begriffs αὐτεξούσιον statthat. Während PLOTIN meist absolut von *dem* Freiheitlichen (τὸ αὐτεξούσιον) spricht, das für ihn mit dem Einen zusammenfällt, an dem der Mensch aber nur mit seiner geistigen Natur durch Einung mit dem Göttlichen teilhaben kann, ist für METHODIUS das Wort «autexusios» eine eigenschaftliche Bestimmung sowohl Gottes wie des Menschen [89]. Er unterscheidet auch nicht, wie Plotin, das autexusion von der prohairesis und kennt sowohl eine «prohairesis Gottes» [90] wie auch die F.-Macht (ἐξουσία προαιρέσεως) des Menschen [91], die ihn vor allen anderen Geschöpfen auszeichnet. Ein Unterschied liegt allein darin, daß Gott seine F. absolut aus sich selber hat – er ist darum auch allein «aus-sich-selbst-in-sich-selbst-stehend» (αὐτοσύστατος) [92], während der Mensch seine F. als Gnadengeschenk von Gott her erhalten hat [93]. Gott hat dem Menschen das Freisein mit seinem Ursprung eingestiftet, weil er ihn «ehren» wollte [94]. Mit dieser Gemeinsamkeit zwischen Gott und den Menschen im «Freiheitlichen» wird die ausgezeichnete Seinsweise des Menschen, sein In-sich-selber-Stehen, das Person-sein (der Unterschied von Person [persona] und Substanz [res] ist bei TERTULLIAN bereits eindeutig begrifflich gefaßt [95]) vollends sichtbar. Es ist nach METHODIUS nur eine notwendige Folge aus der Göttlichkeit der menschlichen F., daß seine prohairesis sich nicht, im Sinne der Wahl-F., auf dieses oder jenes richten kann, das er in der Natur vorfindet. Wohl gibt ihm die F. überlegene Macht über die Natur im Kosmos [96] wie in sich selbst [97]. Aber in Wahrheit ist die prohairesis immer nur Entscheidung zwischen Gut und Böse, das aber heißt, zwischen Gehorsam und Ungehorsam gegenüber dem Gotteswillen, der sich in den Geboten ausspricht [98]. Deshalb kann es für das Böse auch keinen anderen Ursprung geben als die F.-Entscheidung des Menschen [99]. Die Positivität der menschlichen F. aber erscheint darin, daß sie allein im Kosmos die «Wendung zum Besseren», Höheren hin ermöglicht, die jedes Übel in der Welt unendlich aufwiegt [100]. Gegenüber dieser Positivität der F. tritt bei Methodius die Problematik des Zugleichs von menschlicher und göttlicher F. ganz zurück.

Dieses Problem wird zentral, wo das Ziel des Lebens in der einenden Gotteserkenntnis gesehen wird wie in der mystischen Theologie des griechischen Ostens von Gregor von Nyssa bis Pseudo-Dionysius und Maximus Confessor. Für GREGOR VON NYSSA ist das F.-Vermögen (δύναμις προαιρετική) des Menschen, das dieser gnadenhaft, der göttliche Logos aber seiner ewigen Natur nach hat, die notwendige Bedingung für den Aufstieg zur vollendeten Gotteserkenntnis. Die Teilhabe an dem Guten in der einenden Erkenntnis Gottes erfordert, daß die Seele in sich die rechte Ordnung ihrer Kräfte geschaffen hat, in der alle Triebe sich gemeinsam auf das Gute hinwenden, während im umgekehrten Fall selbst der Glaube an Christus nicht helfen kann [101]. Es steht in der Wahl jedes Einzelnen, seine Form der Teilhabe am Leben (des Guten) zu bestimmen, und niemand darf «irgendwelche Notwendigkeiten ... von dem Willen Gottes her» für die Wahl seiner Lebensweise verantwortlich machen [102]. Diese F. mündet im Sehen Gottes, als dem Ziel alles Tugendstrebens; nach Gregor heißt das: «Die Philosophie des Tuns muß sich mit der Philosophie der Schau verbinden» [103]. Das «wesenhaft Gute» kann zwar, seiner Unendlichkeit wegen, nicht erkannt werden («das Gute schaut dem Guten nicht entgegen») [104], doch der durch sittliches Streben geläuterte Geist vermag alles zurückzuweisen, was Gott nicht ist, und so über alles Begreifen hinauszugehen bis hin zum «Sehen des Unsichtbaren» [105]. Während das Mönchsschrifttum von MAKARIOS bis DIADOCHUS VON PHOTIKE Gregor in der Behauptung einer naturhaft unbegrenzten F. des menschlichen Willens folgt, geht in der spekulativen mystischen Theologie der folgenden Jh., vor allem der des PSEUDO-DIONYSIUS, die Frage nach der F. in der Seinsbewegung des ausströmenden Übergöttlichguten und der Rückwendung zu ihm als der Einheit alles Seienden nahezu unter [106]. Und doch erreicht das F.-Denken eben hier mit MAXIMOS DEM BEKENNER einen in der östlichen Vätertheologie nicht mehr überbotenen Höhepunkt. Indem Maximos den Vorgang der Theosis ganz zentral christologisch und demnach heilsgeschichtlich faßt, rückt auch die Natur bzw. Person des Menschen im Gottmenschen Christus in die Mitte. Maximos unterscheidet in Anlehnung an die in der Vätertheologie, vorab bei Origenes, häufig geübte Auslegung der Genesisstelle (Gen. 1, 26) von der Erschaffung des Menschen nach Gottes «Bild und Gleichnis» am Willen des Menschen zwei Momente: das naturhafte (φυσικόν) Wollen als die freie Ermöglichung des Wesens (Bild) und das akthaft-bewußt gerichtete (γνωμικόν) Wollen der Person, durch das sich die Homoiosis als Selbstaneignung des Wesens vollzieht [107]. Diese Unterscheidung, die es Maximos erlaubt, in Christus das Zugleich zweier Willen zu begründen, eines göttlichen und eines menschlichen, läßt die eigentliche Dimension menschlicher F. hervortreten: F. als die eigentliche (göttliche) Weise des Menschen zu sein, nämlich als Person. F. ist dann die aus der Natur des Menschen immer neu ermöglichte Verwirklichung des göttlichen «Bildes» im Handeln der Person [108]. – NEMESIOS hatte bereits in deutlicher Anlehnung an die aristotelische Prohairesis-Lehre die Unablösbarkeit des Vermögens zu freier Entscheidung von der geistigen Natur des Menschen nachgewiesen [109]. Damit aber wurde für den christlichen Theologen das Theodizeeproblem und die Frage nach dem Grund des Bösen unabweisbar. Nemesios begegnet der Konsequenz, daß Gott als Schöpfer der menschlichen Natur Letztursache des Bösen sei, durch die Klarstellung, daß nicht das *Vermögen* (potestas), sondern der Entscheidungsakt (praeelectio) oder genauer: der aus vielen Entscheidungen resultierende «habitus», also die F. des Menschen alleinige Ursache des Bösen ist [110].

Das Problem des Bösen und, im Zusammenhang damit, das des Verhältnisses von göttlichem Wollen (Gnade) und menschlichem Wollen (F.) sind Ausgangs- und Zielpunkt für das F.-Denken AUGUSTINS durch alle Stadien seines Geistesganges hindurch. Augustin unterscheidet, wenn auch nicht immer terminologisch streng, «voluntas» als wirkendes Grundvermögen der geistigen Natur des Menschen vom «liberum arbitrium» als dem Vollzug dieses Vermögens im Entscheidungsakt [111]. Die F. des Willens gründet in dem In-sich-selber-Stehen des Menschen [112], dem Sich-selber-Haben oder genauer: im «Sich-durch-sich-selber-Gebrauchen», analog dem Sich-durch-sich-selber-Erkennen der ratio [113]. Daß die Aktuierung des Willens ganz in seiner Macht steht [114], hebt den Menschen mit seiner geistigen Natur (als bloßes Vermögen) über diese hinaus in den radikalen Selbststand. «Der Wille selbst ist Ursache seiner selbst» [115] und bestimmt durch diese Selbstursächlichkeit, das aber heißt: unbedingte F., die ausgezeichnete Seinsweise des Menschen, als Geschöpf mehr zu sein als Natur, nämlich zur F. geschaffenes Geistwesen, Person. Die F., d. h. das «gute Wollen» des Menschen besteht in der willentlichen Hinwendung bis zum Einswerden (adhaerere) mit dem Sein oder, personaler ausgedrückt: mit dem, *der* in höchstem Maße *ist* (*qui* summe est) [116]. Das Wollen ist stets seinsgerichtet, von dem Begehren (cupiditas) bis zur höchsten Gottesliebe (caritas = motus ad fruendum Deo) [117], und noch im Erkennen kommt die Einung mit der Seinswahrheit nur zustande durch einen Akt des Willens im eigentlichen Sinne, dem Zustimmen bzw. dem Die-Zustimmung-Verweigern [118]. Das Wollen differenziert sich nach Maßgabe der Seinshaftigkeit des jeweils gewollten Seienden (= bonum). Hier tritt das liberum arbitrium in Funktion: Das Wollen wird zu einem Wählen zwischen dem mehr oder minder Seienden, das «rechte Wollen» folgt der Ordnung der Seienden, indem es das Höhere dem Niederen «vorzieht», das böse Wollen aber ist jenes, das diese Ordnung «verkehrt» [119]. Doch eigentlich darf man im Akt des liberum arbitrium nicht einen Akt des Wählens sehen; denn weil auf das Sein gerichtet, kann das Wollen nur das höchste Seiende, Gott, wählen oder aber, was dem Sein nach Gott am nächsten kommt, das eigene (geistige) Selbst, insofern dieses freies Wollen ist. Die Wahl des niederen Gutes ist immer die Entscheidung gegen das Wollen des höchsten Gutes, gegen Gott [120]. Damit kommt der Charakter der Entscheidungs-F. gegenüber der Wahl-F. sehr klar zutage: Bei der Entscheidung ist von den beiden Momenten, zwischen denen entschieden wird, eines das seinsmäßig Geforderte, die Entscheidung für das andere bloßes Versagen (defectus) [121]. Böses Wollen ist demnach «aversio» von Gott und «conversio» auf ein irdisches Gut hin und in diesem auf sich selbst [122]. Die Absolutheit der F. zeigt sich darin, daß weder das niedere Gut noch das geschaffene Selbst als solches das Negative der Entscheidung ausmacht, sondern eben jene Verkehrtheit des Wollens [123]. Damit ist für Augustin auch die Frage nach dem Woher des Bösen beantwortet: Das Böse hat seinen Ursprung weder in einer von Gott unzulänglich geschaffenen Natur (wodurch Gott selbst der Urheber des Bösen würde) noch in dem Wirken eines gottwidrigen Geistes (auch hier wäre Gott die Ursache durch Zulassung dieses Wirkens, wofern er nicht-manichäisch nur als schwaches Gegenprinzip gegen das Böse gesehen wird), sondern das Böse entspringt allein dem freien Wollen des Menschen [124]. Dieses böse Wollen ist aber, weil Verfehlen des Gesollten, nicht Ausdruck der Macht, sondern der Ohnmacht des Menschen, die ihrerseits eine Folge der Ursünde ist; der mit der Ursünde verbundene defectus macht aus dem Wollen bloßes Begehren (cupiditas) bzw. Habenwollen (avaritia), das aber durch die bewußte Abkehr von Gott und Hinwendung auf sich selbst gegen Gott zur «superbia» potenziert [125]. Hier entfaltet sich die Dialektik der zwei Möglichkeiten der Liebe: der Gottesliebe, in der sich, als dem seinsmäßig Geforderten, die F. des Menschen vollendet, und der verkehrten Selbstliebe, in der die F., zu der der Mensch berufen ist, verlorengeht. Um die absolute F. Gottes gegen diese Möglichkeit des Menschen zu wahren, läßt Augustin, vor allem in den späten Schriften, im Weiterdenken der paulinischen Rechtfertigungslehre nur *den* Menschen zur vollendeten Gottesliebe, also vollendeten F. gelangen, den Gott durch Berufung von Ewigkeit her dazu vorausbestimmt hat [126]. Wenn er, um die Möglichkeit menschlicher F. gegen diese Vorausbestimmung zu erhalten, in Gott zwei Willen in bezug auf den Menschen, d. h. zwei Weisen seiner Gnade, die mitwirkende, helfende und die vollendende, heiligende Gnade unterscheidet [127], so beantwortet er die offene philosophische Frage mit dem Rekurs auf positive Offenbarungsaussagen.

Die ausgehende christliche Antike hat so die zwei Traditionen des F.-Denkens begründet, die das ganze Mittelalter bestimmen: in der mystischen Theologie des christlichen Ostens F. als Bedingung und Erfüllung der «Theosis» durch vollendetes Gotterleiden (θεοπάθεια) – diese Linie führt im Abendland von JOHANNES SCOTUS ERIUGENA bis zu NICOLAUS VON CUES –; und F. als die Grundspannung in der unaufhebbaren Dialektik von Natur und Gnade, und diese augustinische Linie führt bis zu WILHELM VON OCKHAM und schließlich zu LUTHER.

Anmerkungen. [1] Vgl. bes. G. VON RAD: Theol. des AT (²1962) passim. – [2] Vgl. H. SCHLIER: Art. ‹ELEUTHERÍA›, in: Theol. Wb. zum NT 2 (1935) 484-500; E. FUCHS: Art. ‹F.›, in: RGG³ 2, 1101-1104; K. NIEDERWIMMER: Der Begriff der F. im NT (1964). – [3] Vgl. NIEDERWIMMER, a. a. O. 75. – [4] Vgl. Phm. 14; Hebr. 10, 26; 2. Petr. 5, 2; Röm. 8, 20; 1. Kor. 9, 17. – [5] Vgl. NIEDERWIMMER, a. a. O. [2] 85 Anm. 32. – [6] PHILON. ALEX., Opera (1915) 6, 1-31. – [7] a. a. O. 1, 66 (Leg. All. II, 1). – [8] 1, 582 (De mut. nom. 27). – [9] ebda. – [10] 1, 143/144 (De cherub. 27). – [11] 1, 279 (Quod Deus immut. 45). – [12] ebda. – [13] De opif. 134-135. – [14] 1, 565 (De fuga 135). – [15] 1, 62 (Leg. All. I, 91). – [16] 1, 93 (Leg. All. III, 28). – [17] 1, 266 (De gigant. 29). – [18] 1, 152 (De cherub. 76). – [19] 1, 164 (De sacrif. Abelis 3). – [20] 1, 53 (Leg. All. I, 48f.). – [21] ebda. – [22] 1, 173 (De sacrif. Abelis 58); zu AUTOMATÍZESTHAI vgl. 1, 93 (Leg. All. 29ff.). – [23] Vgl. 1, 557 (De fuga 79); vgl. auch 1, 432 (De confus. ling. 180). – [24] 1, 401 (De sobr. 57). – [25] Vgl. W. JAEGER: Das frühe Christentum und die griech. Bildung (1963) 11ff. – [26] 1. Clem. ad Kor. I, 3; III, 4. – [27] a. a. O. XX, 11. – [28] XX, 10 u. ö. – [29] XXII, 2; XI, 2. – [30] XLIX, 4. 5. – [31] XXI, 3. – [32] XXI, 5. – [33] XVIII, 1. 2. – [34] a. a. O. bes. Kap. 43/44. – [35] 43, 2. – [36] 43, 4. – [37] 43, 5. – [38] 44 passim. – [39] 44, 11. – [40] TATIAN, Adv. Graecos VII, 2ff. – [41] a. a. O. XI, 5f. – [42] VIII, 3. – [43] XVII, 4. – [44] XV, 1. 8. – [45] IRENAEUS, Adv. haeres. I, 6, 2ff. – [46] a. a. O. IV, 20, 2. – [47] IV, 38, 4. – [48] II, 30, 9. – [49] III, 23, 1. – [50] IV, 4, 3. – [51] IV, 38, 3. – [52] IV, 39, 3. – [53] IV, 34, 2. – [54] IV, 26, 2. – [55] III, 18, 1. – [56] CLEMENS ALEX., Strom. VII, 19, 3. – [57] a. a. O. IV, 153. – [58] II, 144, 3. – [59] V, 4, 1. – [60] VI, 54 fin. – [61] III, 44, 4. – [62] VII, 9, 3. – [63] VI, 96, 2. – [64] VII, 67. – [65] VII, 46, 9; vgl. auch VII, 45, 3. – [66] VII, 16, 3. – [67] V, 78, 1ff. – [68] IV, 132, 1. – [69] II, 75, 2. – [70] IV, 52, 3. – [71] VI, 157, 4. – [72] VI, 151, 1f. – [73] Paedagog. VII, 87, 1. – [74] Strom. II, 8, 4f. – [75] a. a. O. II, 11, 1ff. – [76] VII, 73, 2ff. – [77] VI, 136, 3. – [78] VII, 113, 6. – [79] IV, 135, 4. – [80] VII, 42, 1ff. – [81] ORIGENES, In Matt. X, 11. – [82] De princ. III, 1. 3. – [83] Contra Cels. IV, 66. – [84] In Coh. II, 7. – [85] In Gen. III, 8. – [86] De princ. II, 8, 4. – [87] In Ps. 4. – [88] Philoc., c. 25. –

[89] METHODIUS VON OLYMP, De autexusio XVII, 1. – [90] a. a. O. XVII, 4. – [91] XVI, 8. – [92] XXII, 10. – [93] XII, 2. – [94] XVI, 7; vgl. XVI, 2. – [95] TERTULLIAN, Adv. Prax. 12. – [96] METHODIUS, De autexusio XVI, 2. – [97] a. a. O. XVI, 5. – [98] XVI, 8. – [99] XIII, 5; XVII, 1; vgl. auch De resurr. I, 57, 6. – [100] De autexusio XVII, 7. – [101] GREGOR VON NYSSA, Vita Moysis. MPG 44, 353 c/d. – [102] a. a. O. 348 a; vgl. 300 d-301 c. – [103] 392 c. – [104] 409 a. – [105] 376 d; 377 b/c; vgl. 337 c/d. – [106] Ps.-DIONYS, De div. nominibus IV, 1 u. 12ff. – [107] MAXIMUS CONF., MPG 91, 37 b/c; vgl. MPG 90, 1088 b/c. – [108] Vgl. H. U. VON BALTHASAR: Kosmische Liturgie. Maximus der Bekenner (²1961) 223ff. 258ff. – [109] NEMESIOS, De natura hominis c. 41. – [110] ebda. – [111] AUGUSTIN, De spir. et lit. n. 5. – [112] De liber. arbitr. I, 12, 26. – [113] a. a. O. II, 19, 51. – [114] III, 3, 7. – [115] III, 18, 49. – [116] De civ. Dei XII, 6. – [117] De doctr. christ. I, 3. 16. – [118] De spir. et lit. n. 60. – [119] De civ. Dei X, 6. – [120] a. a. O. XIII, 15. – [121] XIV, 11. – [122] XII, 6; vgl. XII, 7. – [123] XII, 6. – [124] ebda. – [125] De spir. et lit. n. 11; vgl. Ep. 118, 5. – [126] De divers. quaest. ad Simplicianum I, 2 n. 10. – [127] De spir. et lit. n. 5.

Literaturhinweise. – *a) Nachschlagewerke:* R. KITTEL: Theol. Wb. zum NT 2 (1935) 484-500: Art. ELEUTHERIA (H. SCHLIER). – RGG³ (1957ff.) 2, 1101–1104: Art. ‹F.› (E. FUCHS). – G. W. H. LAMPE: A Patristic Greek Lex. (Oxford 1961ff.). – *b) Gesamtdarstellungen:* G. VON RAD: Theol. des AT 1. 2 (²1962). – K. NIEDERWIMMER: Der Begriff der F. im NT (1966). – G. BORNKAMM: Das urchristl. Verständnis von der F. Neckarer Hefte Nr. 8 (1961). – K. DEISSNER: Autorität und F. im ältesten Christentum (1931). – F. WÖRTER: Die christl. Lehre über das Verhältnis von Gnade und F. 1 (1856); 2 (1860). – *c) Einzeldarstellungen:* C. KLEIN: Die F.-Lehre des Origenes ... im Zusammenhang mit der altgriech. Ethik (Diss. Leipzig 1894). – J. WEISS: Die christl. F. nach der Verkündigung des Apostels Paulus (1902). – K. KOLB: Menschliche F. und göttliches Vorherwissen nach Augustinus (1908). – M. MÜLLER: F. Über Autonomie und Gnade von Paulus bis Clemens von Alexandrien. Z. neutest. Wiss. 25 (1926) 177-236. – H. JONAS: Augustinus und das paulinische F.-Problem (1930). – E. BENZ: Marius Victorinus und die Entwicklung der abendländischen Willensmet. (1932). – J. STELZENBERGER: Die Beziehungen der frühchristl. Sittenlehre zur Ethik der Stoa (1933). – F. BURI: Klemens von Alexandrien und der Paulinische F.-Begriff (1939). – TH. RÜTHER: Die sittl. Forderung der Apatheia in den beiden ersten christl. Jh. und bei Klemens von Alexandrien (1949). – J. GAITH: La conception de la liberté chez Grégoire de Nysse (Paris 1953). W. WARNACH

III. – 1. Die *Frage nach der F. (libertas, liberum arbitrium)* stellt sich dem Mittelalter, bedingt durch das (im Laufe der Jh. vermehrte) geistige Erbe der Kirchenväter, in *theologischem* Zusammenhang; ihre zunehmend auch die philosophisch-psychologischen und ethischen Aspekte einbeziehende Beantwortung ist daher bis in die Zeit des Humanismus hinein bestimmt und apriorisch begrenzt von theologischen Fixpunkten. Äußerliche Fixpunkte sind: a) die (im einzelnen differenzierende, im ganzen unübersteigbare) Bindung des Denkens an die auctoritates, d. h. an die zunächst aus Florilegien und Sentenzensammlungen, später mehr und mehr aus Originallektüre bekannten einschlägigen Aussprüche und Lehren der Kirchenväter, aber auch der antiken Philosophen [1]; b) die Verurteilung der angeblichen Sentenz des ABAELARD: «Liberum arbitrium per se sufficit ad aliquod bonum», durch das Konzil von Sens 1140 [2]; c) die Durchführung der theologischen Ausbildung anhand der ‹IV Libri Sententiarum› des PETRUS LOMBARDUS seit etwa 1225 und damit der Zwang, sich mit seinen verwirrenden Formulierungen auseinanderzusetzen; d) die nicht zuletzt das F.-Problem betreffenden Verurteilungen der Pariser Averroisten durch den Bischof Stephan Tempier 1270 und 1277 [3]. Sachliche Fixpunkte sind der Zwang, a) einen F.-Begriff zu entwickeln, der nicht nur auf den Menschen, sondern ebenso auf Gott, die Engel, die Seligen und die Dämonen anwendbar ist; b) die Unsündlichkeit Christi unter voller Wahrung seiner F. zu erklären; c) dem Menschen die Befähigung zum (heilsbedeutsamen, «verdienstlichen») guten Handeln unabhängig von der Gnade Gottes abzusprechen und nur die F. zum Bösen allein in des Menschen Macht zu stellen; d) die F. des Willens nicht (averroistisch) durch eine nezessitierende Bindung des actus electionis an das iudicium practicum der ratio aufzuheben.

2. Die *Frühscholastik,* beginnend mit Anselm von Canterbury, widmet sich, bedingt durch die patristischen Vorgegebenheiten, fast ausschließlich der Wesensbestimmung und der Abklärung der Fähigkeiten des spezifisch innermenschlichen Trägers der F., des *liberum arbitrium* (l.a.). Der historischen Wirksamkeit wie der Sache nach faßt bereits ANSELM die Diskussionsthematik der Folgezeit zusammen in seiner Definition: «Liberum arbitrium ... [est] arbitrium potens servare rectitudinem voluntatis propter ipsam rectitudinem» [4], bestimmt also das l.a. von seinem Ziel her, das die Vernunft zeigt und der Wille ungezwungen erwählt. Die nach damaliger Ansicht auf AUGUSTINUS zurückgehende Definition, die das l.a. als Fähigkeit zu sündigen bestimmt, ist damit überwunden und hat nur noch kurz die Diskussion beschäftigt. Doch betont man von da an einhellig, daß das Ziel des l.a., die Rechtheit des Wollens und Handelns, nur in der Kraft der göttlichen Gnade zu erreichen sei, ohne daß dabei die F. Einbuße erleide. Auf diesem theologisch gesicherten Boden konnten sich nun zunehmend die philosophisch-psychologischen Fragen anmelden und allmählich die Hauptaufmerksamkeit auf sich lenken. PETER ABAELARD stellt die Definition des l.a. durch BOETHIUS: «liberum de voluntate iudicium» [5] neu zur Diskussion, sichert ihr als «Definition der Philosophen» trotz seiner eigenen Verurteilung von 1140 bleibendes Interesse und fragt erstmals ausdrücklich nach dem Verhältnis von ratio und voluntas im Akt des l.a.: Dieses ist die Fähigkeit, ungezwungen das von der Vernunft Erkannte zu tun [6]. PETRUS LOMBARDUS übernimmt über Abaelard die boëthianische Formel und interpretiert sie durch die Definition: «facultas rationis et voluntatis», damit an die Formel der ‹Summa Sententiarum› anknüpfend: «habilitas rationalis voluntatis» (= Fähigkeit, das Gute oder das Böse zu wollen) [7]. ROBERT VON MELUN schließlich bietet in kritischer Musterung der gesamten einschlägigen Tradition erstmals eine umfängliche geschlossene Darstellung des F.-Problems nach all seinen psychologischen Aspekten und betont dabei den Primat der ratio [8]. Damit sind dem knappen Jh. zwischen 1160 und 1250 die Themen für eine Diskussion gestellt, in der so gut wie alle logisch kombinierbaren Möglichkeiten durchgespielt werden [9]: Hat im l.a. die *ratio* den Primat bis hin zur Identität mit ihr (SIMON VON TOURNAI, PRAEPOSITINUS VON CREMONA, WILHELM VON AUXERRE, HUGO A S. CARO, ROLAND VON CREMONA u. a.) oder der *Wille* (BERNHARD VON CLAIVAUX, PHILIPP DER KANZLER, ALEXANDER VON HALES u. a.)? Oder umfaßt das l.a. *beide* Vermögen *zusammen* (STEPHAN LANGTON)? Oder ist es ein von ratio und voluntas unterschiedenes *drittes* (PETRUS VON CAPUA, JOHANNES DE RUPELLA, ALBERTUS MAGNUS) oder ihnen *übergeordnetes* (GOTTFRIED VON POITIERS) Vermögen? Ist das l.a. ein *Vermögen* (potentia, facultas: PETRUS VON CAPUA, STEPHAN LANGTON, GOTTFRIED VON POITIERS, PHILIPP DER KANZLER, ALBERT u. a.) oder eine das Handeln fördernde, leicht machende, Herrschaft über den Akt gewährende Tätigkeitsvorprägung, ein *habitus* (WILHELM VON AUXERRE, HUGO A S. CARO, ROLAND, BONAVENTURA u. a.)? Die kaum noch nachvollziehbare Problemspannung durchquert alte und neue (Franziskaner, Dominikaner!) Schulbildungen. Ihr geschichtswirksames Ende ist:

3. THOMAS VON AQUIN, der beeinflußt von der aristotelischen Psychologie der Wahl, einen unausgearbeiteten Gedanken des älteren Franziskaners ODO RIGALDI ausbauend, das l.a. versteht als das überlegte Willensvermögen in seiner Hinordnung auf die Wahl der Mittel zum Ziel – das Ziel selbst unterliegt nicht dem l.a. [10]. Mit eben dieser unterscheidenden Aussage hat sich die Aufmerksamkeit endgültig dem zweiten Thema des F.-Problems in der Scholastik zugewandt: der Frage nach der metaphysischen Wurzel der F. Das Ziel unterliegt deshalb nicht der Macht des l.a., weil es allererst F. *ermöglicht*. Das Problem war latent seit Anselm gegenwärtig in der einhellig unterstrichenen Aussage, zur F. gehöre wesentlich das Fehlen jeglichen Zwanges. Thematisch wird es in dem Augenblick, da WILHELM VON AUXERRE, als erster die beiden Probleme trennend, die Erklärung der F. vom fehlenden Zwang her für unzureichend erklärt. Er sieht die Wurzel der F. in der Leichtigkeit, mit der der Mensch den Direktiven der Synderesis folgt [11]; PHILIPP DER KANZLER begründet, Aristoteles folgend, die F. in der Immaterialität der Vernunft; ihm folgen JOHANNES DE RUPELLA und die ‹Summa Halensis›; ALBERT und BONAVENTURA gründen die F. in der Unabhängigkeit der vernunftbegabten Wesen [12]. Für THOMAS [13] ist der Geistwille deswegen frei, weil kein partikuläres Gut das transzendentale Willensobjekt, das Gute in seiner Universalität (bonum universale), ausfüllt, das nach der Definition des BOETHIUS identisch ist mit der (formal gefaßten) Glückseligkeit. Dieses transzendentale Objekt ist das keiner Wahl mehr unterliegende Ziel – jedes partikuläre Ziel kann selbst wieder Mittel zu einem höheren werden und unterliegt somit dem l.a. Mit diesem Gedanken hat THOMAS die F. ganz in der Natur des Willens und seines Objektes begründet: Der Wille selbst determiniert sich in einem nicht nötigenden Wechselspiel mit dem Überlegen (consilium) der Vernunft zur Wahl, indem er seinen Akt von einer der in der Überlegung auftauchenden Möglichkeiten «spezifizieren» läßt. Da aber das In-Gang-Kommen des consilium und damit die Spezifikation des Aktes ihrerseits vom Willen abhängen, ist – bei Thomas im Spätwerk auch technisch-terminologisch – von der specificatio das exercitium des Aktes zu unterscheiden. Da dieses sich nicht durch die Spezifikation erklärt, muß anderswo nach einer Quelle der Bewegung gesucht werden, die dennoch auch im exercitium jeden Einzelakt in Freiheit beläßt. Diese Quelle ist nichts anderes als der Seinsgrund des Willens selbst als aktiver Neigung zum Guten in seiner Universalität. Diese Ur-Abhängigkeit von der Quelle seines Seins läßt den Willen im einzelnen Akt ebenso frei, wie das transzendentale Objekt ihn entschränkt hinsichtlich jeder partikulären Spezifikation. In eben dieser Doppelaussage erscheint bei Thomas die theologische Verankerung des F.-Verständnisses gleichsam in ihrem metaphysischen Spiegelbild: Gott selbst ist Quelle der F. aller freien Akte, weil alle Selbstbewegung des Willens lebt von jenem Ur-Wollen, das Gott dem Willen ständig mitteilt, indem er ihn in creatio continua als Willen, d. h. als aktive transzendentale Neigung erschafft; und Gott selbst ist Quelle der F. der Wahl, weil er den Willen *nur* zu seinem transzendentalen Objekt mit Notwendigkeit bewegt. Da anderseits das transzendentale Willensobjekt Abbild Gottes als des realen unendlichen Gutes ist, neigt sich der Mensch in Kraft der Urbewegung von seiten Gottes in jedem freien Akt unausdrücklich Gott selbst zu, hat freilich nun die Aufgabe, diesen unentfalteten Gottbezug seiner F. in reflexe Entschiedenheit für Gott zu überführen. Eben damit erschöpft sich die F. für Thomas nicht in einer bloßen wertneutralen *Wahl-F.*, sondern ist, in der Modalität der Wahl-F., zuletzt *Wesens-F.*, d. h. F., das eigene Wesen in der Selbstbindung an Gott als einzig erfüllendes Gut zu verwirklichen. Zugleich ist damit verdeutlicht, daß die Sünde sinnentfremdeter Selbstvollzug der Wesens-F., die F. zur Sünde ein Defekt und der F. der Möglichkeit der Sünde entnommenen Seligen die vollkommenste geschöpfliche, die F. Gottes aber, der sich selbst als unendliche Güte bejaht, die schlechthin vollkommenste ist – die zentralen Gedanken ANSELMS finden sich hier gedeutet in einer aristotelischen Psychologie der Wahl und einer neuplatonischen Metaphysik des Guten.

4. Den trotz aller gegenteiligen Eindrücke durch Thomas befestigten «Voluntarismus» des F.-Verständnisses, d. h. die Rückführung der Freiheitlichkeit des freien Aktes ausschließlich auf den Willen selbst und die Beschränkung des Intellektes auf die bloße Präsentation des Objektes, treibt DUNS SCOTUS weiter, im Widerstand vor allem gegen neuerliche «intellektualistische» Strömungen (der Intellekt als causa des freien Aktes) bei GOTTFRIED VON FONTAINES [14] und darüber hinaus gegen Thomas, dem er denselben Intellektualismus unterstellt. F. ist für Scotus der präzise Gegenbegriff zu aller naturhaften Bewegung, zu der auch die des Intellektes zählt. Zwar verankert auch er die F. in Gott selbst, letztlich in dem zugleich naturhaften, notwendigen und freien Hervorgang des Wortes und des Liebesgeistes in Gott, und er stellt den beherrschenden Bewegungseinfluß Gottes auf den Willen keineswegs in Frage. Aber in sich selbst betrachtet ist der Wille absolut frei, ja die F., nicht die Rationalität, hebt den Willen als appetitus über alle anderen Weisen von Strebevermögen, macht ihn zum *Willen*. Diese F. bezieht sich auf den Vollzug des Aktes, auf sein Objekt und auf die Wirkungen – womit Scotus die thomanische Unterscheidung zwischen specificatio und exercitium actus aufnimmt und erweitert. Die Gegenthesen, wonach die Erkenntnis Ursache oder Teilursache des Willensaktes sei, sind damit vollkommen ausgeschlossen: «Nihil aliud a voluntate est causa totalis volitionis in voluntate» [15]. Noch der Akt der Glückseligkeit, für Scotus im Gegensatz zu Thomas ein Akt des Willens, ist ein freier Akt, weil keine Erkenntnis, auch nicht die Schau des höchsten Gutes, den Willensakt ernötigt – was nicht ausschließt, daß der Akt der beatitudo notwendig und unwandelbar ist.

5. Das «voluntaristische» F.-Verständnis des Scotus wird in der *Spätscholastik* höchstens der Akzentuierung, nicht mehr der Sache nach überboten. Für WILHELM VON OCKHAM, den Hauptrepräsentanten dieser Epoche, ist F. die potestas, «qua possum indifferenter et contingenter effectum ponere, ita quod possum eundem effectum causare et non causare ...» [16]. – Neu ist zweierlei: a) Die seit der averroistischen Kontroverse von 1270 aufgeworfene, zunächst aber noch mehr oder weniger thetisch abgefertigte Frage, ob der Wille überhaupt frei sei, wird von Ockham in einer erkenntniskritischen Reflexion aufgegriffen mit dem Ergebnis: Die F. ist nicht durch ein Vernunftargument zu beweisen, steht aber durch die Innenerfahrung fest [17]; gleichzeitig der offene Bruch der seit Anselm ständig hochgehaltenen Verbindung mit der Frage nach der F. Gottes: *Diese* kann nicht mehr der philosophierende Verstand, sondern nur der Glaube wissen. – b) Als neue Frage schiebt sich in den Vordergrund die Frage nach dem, was die

F. des Menschen *leisten* kann, und zwar vor *Gott.* Die Antwort aller repräsentativen Theologen bis hin zu GABRIEL BIEL lautet: Die F. des Menschen kann es bis zu einem Akt vollkommener Liebe zu Gott über alles bringen und eben dadurch die Disposition schaffen für die von Gott dann zwar ungenötigt, aber aufgrund seiner verläßlichen Zusage (de potentia ordinata) mit Sicherheit gegebenen Gnade. Mit diesem theologischen Urteil über die Macht des l.a., dem nun faktisch die Erstellung des Gottesverhältnisses überantwortet ist, braucht sich nun nur die erarbeitete psychologische Vorstellung von der F. als absoluter Indeterminiertheit des Willens zu verbinden, dann ergibt sich das – in seinen geschichtlichen Ursprüngen noch undurchsichtige – *humanistische* Verständnis von F. als F. *gegenüber* Gott. Wo die Hochscholastik, Scotus eingeschlossen, das Schöpfer-Geschöpf-Verhältnis und also den Primat Gottes in der Selbstursächlichkeit des Willens nicht in Frage stellten, vielmehr als Raum geschöpflicher F. voraussetzten, versteht der Humanismus F. als die Selbstursächlichkeit des Menschen in bezug auf eben dieses Verhältnis zu Gott.

6. Gegen diese, in der Definition des l.a. durch ERASMUS VON ROTTERDAM klassisch ausgesprochene Vorstellung: «liberum arbitrium hoc loco sentimus vim humanae voluntatis, qua se possit homo applicare ad ea quae perducunt ad aeternam salutem, aut ab iisdem avertere» [18], reagiert MARTIN LUTHER schon früh mit der These vom *servum arbitrium* [19]. Das F.-Problem ist damit unter weitgehender Ausblendung aller anderen Fragen wieder völlig in seinen *theologischen* Zusammenhang zurückgenommen und verbunden mit einer Vielzahl anderer Themen der Theologie Luthers (Gesetz, Verdienst, Heilsgewißheit, Erlösungsverständnis, Prädestination u. a.) – das historisch korrekte Verständnis der Lehre des Erasmus durch Luther muß fraglich bleiben. Theologisch und exegetisch hat Luther keine Mühe, im Einklang mit der großen Scholastik – soweit sie dies überhaupt im Rahmen der F.-Lehre diskutierte – zu zeigen, daß der Mensch das Gottesverhältnis sich nicht autonom erobert, sondern als Geschenk empfängt. Soweit Luther diesen Nachweis durch philosophische Überlegungen zu unterstützen sucht, arbeitet er zwangsläufig mit dem humanistischen F.-Begriff, den er theologisch überwinden muß, betrachtet also Gottes Wirken in Verkennung seiner Transzendenz auf *einer* metaphysischen Ebene mit der (angeblichen) F. des Menschen und kann unter dieser Voraussetzung die Unfreiheit des Willens aus der alles beherrschenden Vorsehung Gottes ableiten [20].

Anmerkungen. [1] Vgl. M.-D. CHENU: Das Werk des hl. Thomas von Aquin (1960) 138-174. – [2] MANSI: Sacrorum Conciliorum nova et amplissima collectio (Paris/Leipzig 1901ff.) 21 (1903) 568. – [3] Vgl. die Texte bei O. LOTTIN: Psychol. et morale aux 12e et 13e siècles 1 (Louvain/Gembloux ²1957) 252; 278f. – [4] ANSELM, De libertate arbitrii cap. 3. Opera omnia, hg. SCHMITT (Seckau 1938, Rom 1940, Edinburgh 1946ff.) 1 (1938) 212. – [5] BOETHIUS, In librum Aristotelis de interpretatione, lib. III circa init. MPL 492 d. – [6] ABAELARD, Introductio ad theologiam, lib. III cap. 7. MPL 178, 1110 a. – [7] PETRUS LOMBARDUS, IV Libri sententiarum, lib. 2 distinctio 24 cap. 5 (Quaracchi ²1916) 421; vgl. distinctio 25 cap. 1, a. a. O. 428f. – [8] Die hauptsächlichen, noch unedierten Texte bei LOTTIN, a. a. O. [3] 31-38. – [9] Die wichtigsten Texte aus dem z. T. nur handschriftlich vorliegenden Material bei LOTTIN, a. a. O. 38-207. – [10] THOMAS VON AQUIN, S. theol. I, 83, 3. 4; I/II 8, 2; 13, 3; Quaest. disp. De malo 6. – [11] WILHELM VON AUXERRE, Summa aurea, hg. PIGOUCHET (Paris 1500) fol. 64v a. – [12] Belege bei LOTTIN, a. a. O. [3] 70-81. 119-147. 174-182. – [13] Vgl. bes. De malo 6, möglicherweise die letzte ausführliche Stellungnahme des THOMAS zur Freiheitsfrage. – [14] Vgl. die Belege bei LOTTIN, a. a. O. [3] 304-339. – [15] DUNS SCOTUS, Additio magna, hg. BALIČ, in: C. BALIČ: Les Comentaires de Jean Duns Scot (Louvain 1929) 265-301, zit. 299. – [16] WILHELM VON OCKHAM, Quodlibetum 1 q. 16, hg. Straßburg (1491, Nachdruck Louvain 1962). – [17] ebda. – [18] ERASMUS, Diatribe de libero arbitrio, hg. WALTER, in: Quellenschriften zur Gesch. des Protestantismus H. 8 (Breslau 1910) I b 10, Z. 7-10. – [19] Vgl. die Heidelberger Disputation von 1518, LUTHER, Weimarer A. 1, 359 Th. 13; thematische Entfaltung in De servo arbitrio (1525). Weimarer A. 18, 600-787. – [20] Vgl. besonders De servo arbitrio, a. a. O. 661, 29-671, 18. 717, 31ff. 8ff. 721, 8ff. 755, 6ff.

Literaturhinweise. – Wichtigste Quellen: ANSELM VON CANTERBURY: Dialogus de libero arbitrio, a. a. O. Anm. [4] 1, 201-226. – PETRUS ABAELARDUS s. Anm. [6] 1109-1114. – PETRUS LOMBARDUS s. Anm. [7] distinctio 24 cap. 5; distinctio 25 cap. 1-16. – THOMAS VON AQUIN: Quaestiones disputatae de veritate q. 22-24; S. contra gent. I, 72-88; III, 73. 85-90; Quaestiones disputatae de malo q. 6; S. theol. I, 82-83; I/II, 8-10. 13. – DUNS SCOTUS: Kommentare zu II. Sent. dist. 25 in der Reportatio Parisiensis, Opera omnia, hg. VIVÈS 23 (Paris 1891-1895) und in der Ordinatio, hg. GARCIA 2 (Quaracchi 1912ff.); Quodlibetum XVI, hg. VIVÈS, Bd. 26. – WILHELM VON OCKHAM s. Anm. [16]. – ERASMUS VON ROTTERDAM s. Anm. [18]. – MARTIN LUTHER: De servo arbitrio a. a. O. [19] 600-787; Luthers Werke in Auswahl, hg. CLEMEN 3 (⁶1966) 94-293.

Sekundärliteratur. O. LOTTIN s. Anm. [3] 11-389. – *Frühscholastik:* M. LANDGRAF: Dogmengesch. der Frühscholastik I/1-2 (1952/53). – *Hochscholastik:* M. WITTMANN: Die Lehre von der Willens-F. bei Thomas von Aquin, hist. untersucht. Philos. Jb. 40 (1927) 170-188. 285-305. – E. GILSON: Le thomisme. Introduction à la philos. de saint Thomas d'Aquin (Paris ⁶1948) 332-348; Der Geist der ma. Philos. (1950) 321-343. – G. SIEWERTH, in: Die menschliche Willens-F. Texte zur thomistischen F.-Lehre (1954) 9-134: ‹Einführung›. – L. OEING-HANHOFF: Zur thomistischen F.-Lehre. Scholastik 31 (1956) 161-181. – G. P. KLUBERTANZ: The root of freedom in St. Thomas's later works. Gregorianum 42 (1961) 701-724. – O. H. PESCH: Philos. und Theol. der F. bei Thomas von Aquin in quaest. disp. 6 de malo. Ein Diskussionsbeitrag. Münch. theol. Z. 13 (1962) 1-25; F.-Begriff und F.-Lehre bei Thomas von Aquin und Luther. Catholica 17 (1963) 197-244. – H. VORSTER: Das F.-Verständnis bei Thomas von Aquin und Martin Luther (1965). – P. MANDONNET: Siger de Brabant et l'averroïsme latin au 13e siècle (Louvain ²1908-1911) 1, 181-187 (Textedition in Bd. 2). – F. VAN STEENBERGHEN: Siger de Brabant d'après ses œuvres inéd. (Louvain 1931-1942) 2, 663-666 (Textedition in Bd. 1). – J. AUER: Die menschliche Willens-F. im Lehrsystem des Thomas von Aquin und des Johannes Duns Scotus (1938). – E. GILSON: Johannes Duns Scotus. Einführung in die Grundgedanken seiner Lehre (1959) 595-624. – W. HÖRES: Der Wille als reine Vollkommenheit nach Duns Scotus (1962). – *Spätscholastik und Luther:* PH. BOEHNER: Collected articles on Ockham (St. Bonaventure [N.Y.]/Louvain/Paderborn 1958) 420-441. – L. LEAHY: Dynamisme volontaire et jugement libre. Le sens du libre arbitre chez quelques commentateurs thomistes de la Renaissance (Bruges 1963). – L. GRANE: Contra Gabrielem. Luthers Auseinandersetzung mit Gabriel Biel in der Disputatio contra scholasticam theologiam 1517 (Gyldendal [Dän.] 1962). – K. ZICKENDRAHT: Der Streit zwischen Erasmus und Luther über die Willens-F. (1909). – H. J. McSORLEY: Luthers Lehre vom unfreien Willen nach seiner Hauptschrift De servo arbitrio im Lichte der bibl. und kirchl. Tradition (1968).

O. H. PESCH

IV. Eine vorgängige Klärung der Bereiche, in denen von F. in Aufnahme, Umformung und Überschreitung der antiken, spätantiken und mittelalterlichen F.-Lehre in der *neuzeitlichen* Philosophie die Rede ist, ergibt drei konzentrische Kreise:

1. ‹F.› bezieht sich auf das äußere Verhältnis eines Lebewesens zu seiner Umwelt und meint die negative und positive Ermöglichung, «zu tun, was es will».

2. ‹F.› meint ein bestimmtes angeborenes oder erworbenes Verhältnis des Menschen zu sich selbst und zu seinem Handeln, wodurch dieses Handeln sich vom unwillkürlichen Verhalten unterscheidet: F. als «Wollenkönnen» in einem spezifischen Sinne.

3. ‹F.› meint eine anthropologische Grundverfassung, auf Grund deren der Mensch selbst Ursprung seines So-und-nicht-anders-Wollens ist: F. als Willens-F., liberum arbitrium oder «transzendentale F.».

Die Diskussion um den F.-Begriff wird im 16. und im beginnenden 17. Jh. beherrscht durch das *theologische* Interesse am Problem der Willens-F. CALVIN hatte den Verlust des liberum arbitrium und die Herrschaft des hedonistischen Kalküls als postlapsarisches Gesetz für jeden Menschen statuiert, der nicht durch Gottes Gnade umgekehrt determiniert wird [1]. In Abwehr der reformatorischen Lehre, die F. nur im Sinne des Befreitseins zum Guten durch Gott kennt, entwickelt MOLINA seinen indeterministischen F.-Begriff einer libertas indifferentiae, nach welchem derjenige frei heißt, der «positis omnibus requisitis ad agendum, potest agere et non agere, aut ita agere unum ut contrarium etiam agere possit» (der, «wenn alle Voraussetzungen zum Handeln gegeben sind, handeln und nicht handeln kann oder das eine und auch das Gegenteil davon tun könnte») [2]. BAÑEZ setzt ihr die thomistische These der praemotio physica entgegen, nach welcher F. nicht durch Abwesenheit von Determination *vor* der Wahl, sondern lediglich von Zwang *in* der Wahl definiert ist [3]. SUÁREZ übernimmt die Definition *Molinas* [4]: Grund der Indifferenz ist die Vernunft, die wegen ihrer perfectio und amplitudo das Willensobjekt nicht unter einem und eindeutig definierten Gesichtspunkt darbietet und so eine libertas formalis des Willens ermöglicht. Modell des freien Aktes ist die durch nichts dem Akt Vorhergehendes determinierte Wahl der Mittel (electio mediorum), während die Zweckabsicht (intentio finis) wie im Thomismus als naturhaft notwendig gilt. Suárez, für den der F.-Begriff seinen Inhalt vom Gegenbegriff der Notwendigkeit her erhält und diesem entsprechend in vielfältigem Sinn gebraucht wird, unterscheidet 1. die von jeder Notwendigkeit freie Handlung (actio ab omni necessitate libera), die für Gott und den aus reiner Liebe zur Gerechtigkeit Handelnden kennzeichnend ist, 2. die F. von Zwang, welche auch die Tiere haben und auf welche «die Häretiker» die menschliche F. reduzieren, indem sie das Wort ‹libertas› von ‹libet› (es gefällt) statt von ‹liber› ableiten, 3. – und im eigentlichsten Sinn (propriissimo modo) – die spezifisch menschliche F., die durch Voraussicht (praevia cognitio) bestimmt ist [5]. Der Grad der F. entspricht dem Grad der Intellektualität.

Alle theologisch bestimmte Polemik von Calvinisten, Jansenisten und Thomisten gegen den Molinismus macht gegen den formalen F.-Begriff (3) den inhaltlichen (2) geltend. Wenn frei der Mensch ist, der zum Einklang mit seinem göttlichen Ursprung und so mit sich selbst gefunden hat, so argumentiert GIBIEUF, dann kann die Möglichkeit, den Einklang zu verfehlen, nicht den gleichen Namen ‹F.› verdienen [6].

Für DESCARTES wächst F. in dem Maße, wie auf Grund intellektueller Klarheit über das Bessere die Indifferenz, «die niedrigste Stufe der F.», abnimmt. Die Indifferenz ist ermöglicht durch die alle Vernunftbestimmung transzendierende «Weite» des Willens, der – voluntaristisch – zum eigentlichen Grund der Gottebenbildlichkeit wird, aber auch zum Grund des Irrtums, d. h. der Übereilung des Urteils [7].

Scharfe Kritik erfährt der indeterministische F.-Begriff *Molinas* durch JANSENIUS, weil er 1. die Befestigung im Guten als Abnahme der F. verstehen müsse, 2. einen zum unendlichen Regreß führenden Willen vor dem Willen voraussetze, 3. am gewöhnlichen Verständnis des Begriffs vorbeigehe, für welches frei = willentlich, F. also eine Eigenschaft des Handelns, nicht des Wollens sei [8]. – Spezifisch für den Jansenismus ist die an *Augustin* angelehnte Lehre von der Determination durch das jeweils stärkere Motiv, die «delectatio victrix». Gnade heißt, daß ohne Zutun des Menschen die delectatio victrix auf seiten des Guten ist.

Mit dieser Lehre bildet Jansenius die Brücke vom theologischen zum vorherrschenden *psychologischen und physiologischen Determinismus* des 17. und 18. Jh., der Theorie des «stärkeren Motivs». Gemeinsam ist diesem, F. als Eigenschaft des Handelns, nicht des Wollens zu verstehen.

Für HOBBES ist F. nur libertas a coactione, Abwesenheit von physischem Zwang, für eine natürliche Bewegung von Körpern. Alles Handeln nach Motiven, auch dem der Todesfurcht, ist frei. Damit tritt der *politische* F.-Begriff in den Mittelpunkt des Interesses, und zwar nicht als «republikanischer» F.-Begriff, sondern als liberaler, individuell-natürlicher: «Ein Mensch ist um so freier, auf je mehr Bahnen er sich bewegen kann» [9]. Die F. des Bürgers und des Sklaven ist nur graduell unterschieden: Weder ist jener ganz frei, noch dieser ganz unfrei.

Libertas a coactione ist auch SPINOZAS F.-Begriff: «Ea res libera dicitur, quae ex sola suae naturae necessitate existit, et a se sola ad agendum determinatur» (Diejenige Sache heißt frei, die allein aus der Notwendigkeit ihres Wesens existiert und allein durch sich selbst zum Handeln bestimmt wird) [10]. In diesem Sinne ist nur Gott frei, d. h. nur durch *innere* Notwendigkeit determiniert, der Mensch aber unfrei, weil er, als ein Stück Natur, von undurchschauten, von außen erregten Triebkräften (Affekten) determiniert wird. Aber der Mensch kann sich – anders als bei *Hobbes* – befreien durch Überführung undeutlicher Ideen in deutliche, der Affekte in rationale Gottesliebe. In der Identifikation mit Gott wird der Mensch frei, weil das, was ihn determiniert, ihm nicht mehr ein Äußeres ist. F. ist dann, wie in der *Stoa*, erkannte und bejahte Notwendigkeit. Um diese F. allgemein werden zu lassen, bedarf es als politischer Bedingung der uneingeschränkten Denk-F.

«Eo magis est libertas, quo magis agitur ex ratione, et eo magis servitus, quo magis agitur ex animi passionibus» (Desto mehr F., je mehr aus Vernunft gehandelt wird, und desto mehr Un-F., je mehr aus Leidenschaft gehandelt wird), heißt es auch bei LEIBNIZ [11]. Libertas indifferentiae ist unmöglich. Sie widerspräche dem Prinzip vom zureichenden Grunde, das auch für Gott gilt: Er wählt, gerade weil er frei ist, stets das Vollkommenste [12]. F. ist «spontaneitas intelligentis» [13], die menschliche Seele ein «automate spirituel» [14]. Daß der Wille durch Einsicht nicht nezessitiert, sondern inkliniert wird, macht keinen Unterschied in der Unfehlbarkeit der Determination, sondern nur in deren Wirkungsweise: Es ist der Unterschied zwischen kausaler bzw. logischer und finaler Determination [15]. Hinsichtlich der Handlungs-F. unterscheidet Leibniz liberté de droit, F. von Zwang, negative F., durch die sich der Freie vom Sklaven, und liberté de fait, positive F., durch die sich der Kranke vom Gesunden, der Reiche vom Armen unterscheidet: «la puissance de faire ce qu'on veut» und «la puissance de vouloir comme il faut» [16].

Für die *empiristische* Philosophie von *Locke* bis *Voltaire* bleibt der F.-Begriff des *Hobbes* maßgebend, d. h. die Reduktion des F.-Begriffs auf Handlungs-F., auf die Fähigkeit, «to act or not to act according as we shall choose or will», wie sie LOCKE bestimmt [17]. Das Wollen selbst ist durch die Begierde bzw. gegenwärtiges Unbehagen determiniert [18]. Allerdings gibt es bei Locke noch, wie bei *Descartes*, die Möglichkeit, das Urteil über die bestmögliche Befriedigung zum Zwecke seiner Klärung zu suspendieren oder nicht zu suspendieren.

Am konsequentesten ausgebildet ist der Determinismus bei PRIESTLEY, nach dem der Wille dem Kausalgesetz unterworfen und die Willensakte durch den «state of mind» und die «views of things» eindeutig vorherbestimmt werden [19]. Das Kräfteparallelogramm, aus dem das Wollen resultiert, wird bei *Priestley, Holbach* und anderen auf hirnphysiologische Abläufe zurückgeführt. F. ist bei diesen Autoren wie bei *Condillac, Hartley, Voltaire* usw. Handlungs-F., d. h. nach VOLTAIRE «uniquement le pouvoir d'agir» [20]. F. ist kein Unterscheidungsmerkmal von Mensch und Tier. Voltaire unterscheidet zwar mit *Locke* «volonté» und «désir». Aber wer seine Neigungen unterdrückt, ist nicht freier, als wer ihnen folgt. Auch er folgt der «dernière idée» [21].

Einzelne, vor allem theologisch interessierte Autoren, wie CLARKE, wenden sich gegen die Vorstellung eines nach Analogie von Waage und Gewicht vorgestellten Verhältnisses von Motiven und Wille. Alles Lebendige «besitzt Spontaneität, Motive sind nichts den Geist von außen Bewegendes». Dieser ist «moving itself» [22].

HUME reduziert die Geltung des Kausalgesetzes auf statistische Wahrscheinlichkeit. Es gibt keine metaphysische Notwendigkeit, die der F. entgegenstünde. Andererseits sind Handlungen genauso statistisch vorhersehbar wie andere Ereignisse und die Handlungen rechtschaffener noch eher als die schlechter Menschen, so daß für sie die gleiche Art der Determination anzunehmen ist. Zudem setzen Lohn und Strafe eine strenge Relation zwischen perennierendem Charakter und Tat voraus [23].

Die Wiederherstellung eines spezifisch *menschlichen* F.-Begriffs geschieht bei ROUSSEAU. Willens-F. ist ihm ebensowohl eine Forderung der Theodizee, um Gott von der Verantwortung für die Übel der Welt zu entlasten, wie auch eine solche der Moral: «je suis esclave par mes vices, et libre par mes remords» [24]. Der mechanistische Determinismus wird von ihm ideologiekritisch als Folge der moralischen Depravierung, des verstummten Gewissens verstanden. Nicht Vernunft, sondern F. ist – wie bei *Descartes* – anthropologische Grundbestimmung, in der sich die Geistnatur der Seele anzeigt. Und zwar ist F. zunächst negativ definiert: als Fehlen des instinktiven Eingefügtseins in die Natur: «La nature seule fait tout dans l'opération de la bête, au lieu que l'homme concours aux siennes en qualité d'agent libre. L'une choisit ou rejette par instinct, et l'autre par un acte de liberté» [25]. Der Übergang von der «natürlichen F.», deren Grenze nur durch «die Kräfte des Individuums» [26] gesetzt wird, zur «moralischen F.», die den Menschen durch «Gehorsam gegen das Gesetz, das man sich selbst vorgeschrieben hat» [27], erst positiv zum «Herrn seiner selbst macht», setzt als Zwischenstadium voraus die durch die volonté générale begrenzte «bürgerliche F.» [28], die durch den vertraglichen F.-Verzicht eines jeden zugunsten aller zustande kommt. Diese an der antiken Polis orientierte republikanische F. ist nach Rousseau allerdings im christlichen Europa verlorengegangen und nicht wieder zu gewinnen.

KANT verbindet die verschiedenen Motive der F.-Diskussion des 17. und 18. Jh. Er unterscheidet die «psychologische oder komparative F.» des «automaton spirituale» als eine «bloß innere Verkettung der Vorstellung der Seele», die jedoch «prädeterminiert» ist, von «transzendentaler F.» oder «F. im kosmologischen Verstande» als dem «Vermögen, einen Zustand von selbst anzufangen» [29]. Diesen theoretischen F.-Begriffen steht der praktische gegenüber, negativ als «Unabhängigkeit der Willkür von der Nötigung durch Antriebe der Sinnlichkeit», positiv als «Vermögen der reinen Vernunft für sich selbst praktisch zu sein» [30]. Diese praktische F., deren uns das Faktum des Sittengesetzes vergewissert, gründet sich «merkwürdigerweise», wie Kant sagt, auf die transzendentale Idee kosmologischer F. und verleiht ihr Wirklichkeit, da ohne sie die sittlichen Phänomene Zurechnung, Gewissen, Reue usw. Illusion wären. Der Mensch muß für seinen empirischen Charakter, aus dem seine Handlungen mit strenger Notwendigkeit folgen, selbst noch einmal verantwortlich sein. Diese «undeterminierte» transzendentale F. kann in ihrer positiven Möglichkeit nicht eingesehen werden. Sie ist aber nicht nur aus praktischen Gründen gewiß, sondern auch «notwendige Hypothesis aller Regeln, mithin alles Gebrauchs des Verstandes. Man soll so und so denken usw. Folglich muß diese Handlung frei sein, d. i. nicht von selbst schon (subjektiv) bestimmt sein, sondern nur objektiven Grund der Bestimmung haben» [31]. – Kants *politischer* F.-Begriff hängt eng mit seiner Idee der sittlichen Selbstbestimmung zusammen. Rechtliche F. ist «die Befugnis, keinen äußeren Gesetzen zu gehorchen, als zu denen ich meine Beistimmung habe geben können» [32], also auch nicht solchen, die meine eigene Glückseligkeit nach anderen als meinen Begriffen zu fördern beabsichtigen. – Beiläufig bei Kant, aber von Bedeutung für die nachkantische Philosophie ist der Begriff einer F. der Einbildungskraft geworden, welche darin besteht, daß diese «ohne Begriff schematisiert» [33]. In diesem Sinne ist für SCHILLER F. nur im ästhetischen Zustand voll realisiert, weil nur in ihm der Mensch in jener Indifferenz existiert, wo er sowohl von der Nötigung durch die Sinnlichkeit wie jener durch die Vernunft frei und so erst der Selbstbestimmung fähig ist [34]. Das liberum arbitrium indifferentiae wird hier nicht zu einer Naturausstattung des Menschen, sondern zu einem erworbenen Zustand.

Für FICHTE und SCHELLING wird Philosophie als ganze eine Analyse des Begriffs der F., aus dem alle Naturbegriffe hergeleitet werden. F., allem Sein voraufgehend, «macht sich selbst», ist «absolute Reflexion», «ihr Wesen ist Akt» [35]. Gleichbedeutend mit Bewußtsein ist sie als solche der Notwendigkeit nicht entgegengesetzt. «Es könnte demnach jemand dem Naturtriebe ohne Ausnahme folgen, und er wäre, wenn er nur mit Bewußtsein und nicht mechanisch handelte, dennoch frei in dieser Bedeutung des Wortes» [36]. Fichte unterscheidet diese absolute oder «formale F.» von der «materialen F.», die, einem «Trieb nach F. um der F. willen» [37], nämlich dem Gewissen entspringend, also um des Bewußtseins der F. willen nun auch Handlungen setzt, die aus dem Naturtrieb nicht erklärbar wären. In Fichtes *Spät*philosophie wird F. ganz zum Instrument des Sittengesetzes. Als Übergang von der Natur zum Sittengesetz verwirklicht sie sich in ihrer eigenen Vernichtung im absoluten Prinzip. F. ist wie bei SCHELLING nicht mehr Ausnahme vom Kausalgesetz, sondern dieses ist um willen der F., indem es allererst Wirksamkeit ermöglicht. Im ‹System des transzendentalen Idealismus› ist «transzendentale F.» als Willkür ebenso wie das Sittengesetz Erscheinung des absoluten Willens, also im Unterschied zu diesem empirisch. Die Lösung des F.-Problems im Idealismus liegt nach Schelling jenseits von Determinismus und Indeterminismus. Wenn die Handlungen aus der «inneren Notwendigkeit des Wesens» folgen, so ist doch dieses selbst kein «gegebenes Sein», sondern ursprüngliche Tat und deshalb frei. Menschliche F. ist in den «Indifferenzpunkt» zwischen Gott und Natur, Sein und Nichtsein gestellt [38]. Für den *späteren* Schelling allerdings hat der Idealismus «nur den allgemeinsten, andererseits den bloß formellen Begriff der F.» gegeben. «Der reale und lebendige Begriff aber ist, daß sie ein Vermögen des Guten und des Bösen sey» [39]. Zur metaphysischen Begründung dieses wiederentdeckten liberum arbitrium als eines Vermögens des Bösen greift Schelling auf *Jakob Böhmes* und *Fr. v. Baaders* Spekulationen über eine ursprüngliche Entzweiung im Wesen Gottes selbst zurück.

Die Idee der Gründung des Charakters in einer zeitlosen Tat des Willens bestimmt auch den Begriff der intelligiblen im Gegensatz zur psychologischen F. bei SCHOPENHAUER. Es gibt keine F. des Handelns, sondern des Seins. Absichtliches Wollen ist bereits eindeutig motiviert und determiniert. Ein liberum arbitrium indifferentiae – der einzige sinnvolle Begriff von Willens-F. – läßt sich nicht denken, «da der Satz vom Grunde ... die wesentliche Form unseres gesamten Erkenntnisvermögens ist» [40]. – Grundsätzliche Kritik erfährt der Begriff der transzendentalen F. bei HERBART. Sie ist mit dem Gedanken von Erziehung unvereinbar. F. muß genetisch gedacht werden können. Sie ist eine erworbene, auf entwickelter «Vielseitigkeit des Interesses» gegründete Fertigkeit des Vernehmenkönnens sittlicher Ideen, eine in zeitlicher Stufenfolge zu erreichende «Reife des Willens». «Unter Bedingungen, worauf das Wort Determinismus deutet, wird F. erworben» [41].

Eine Genesis der F. denkt auch HEGEL. Ihr abstrakter Begriff ist «Beisichsein, Nichtabhängigsein von Anderem, Sichaufsichbeziehen» [42]. Als solche ist sie erst mit dem Christentum ins Bewußtsein getreten, und Geschichte ist fortan «Fortschritt im Bewußtsein der F.» [43]. In ihrer abstrakten Form, als «negative F.» oder «F. des Verstandes», ist sie Aufhebung aller Bestimmungen in der abstrakten Gleichheit des Ich mit sich selbst. Zur Wirklichkeit erhoben, bedeutet diese «absolute F.» die «Furie des Verschwindens», Fanatismus und Terror [44]. Ihr gegenüber steht die «konkrete F.», in welcher der Geist «im anderen bei sich selbst» ist, insofern er das andere als Notwendiges weiß. F. wird zur erkannten Notwendigkeit [45]. Absolute Form dieser Erkenntnis ist die Philosophie. Der moderne Staat, der die durch das Christentum gesetzte F. des Menschen voraussetzt und politisch aufnimmt, ist im Unterschied zum antiken «Wirklichkeit der F.», weil in ihm das unendliche Recht der Subjektivität anerkannt und mit der substantiellen Vernünftigkeit versöhnt ist [46].

Die *nachidealistische* Philosophie des 19. Jh. kürzt den empirischen Determinismus *Kants* und *Schopenhauers* um die transzendentale oder intelligible F.-Idee. Für FEUERBACH ist «dieser freie Wille nur eine leere Tautologie des Dinges an sich» [47]. NIETZSCHE versteht sie als letztes Refugium der F.-Idee bei ihrem Rückzug aus der «moralischen Empfindung»: «So macht man der Reihe nach den Menschen, dann für seine Wirkungen, dann für seine Motive und endlich für sein Wesen verantwortlich» [48]. Die ganze Geschichte der Moral beruht auf dem Irrtum von der F. des Willens. Er ist ein «Irrtum alles Organischen» [49], gründend im Willen zur Macht, im gesteigerten Lebensgefühl des Schaffenden. Dieses knüpft sich nun aber gerade an die Befreiung von der moralischen Idee der Verantwortung und Willens-F.

Die Epoche der versuchten Überführung von Philosophie in positive Wissenschaft – mechanistische Naturwissenschaft und empirische Psychologie – in der zweiten Hälfte des 19. Jh. ist im wesentlichen durch die Auflösung des F.-Begriffs überhaupt, durch die Verfeinerung der Lehre vom stärkeren Motiv mittels der psychologischen Idee eines Assoziationsmechanismus gekennzeichnet. Sogar die Vorstellung der F. selbst kann, so bei FOUILLIÉE, zum Motiv werden, das im Konflikt der Motive in die Waagschale fällt [50]. Das Streben nach Lustgewinn und die Furcht vor Reue werden bei MILL zu psychischen Zuständen prinzipiell gleicher Art, von denen jeweils der «stärkste» sich durchsetzt. Damit F. sei, ist nur notwendig, daß die Wünsche und Antriebe als eigene ausgebildet werden [51]. F. wird zu einer teils angeborenen, teils erworbenen psychologischen Eigenschaft des menschlichen Handelns und Wollens. Sie bedeutet «Wesensgemäßheit» – so bei FEUERBACH [52] –, Unabhängigkeit von «zufälligen» Momentanreizen, Emanzipation des Willens von Partialstrebungen zugunsten einer «aktiven, festen Eigenrichtung» (EISLER [53]), also durch Fremd- und Selbsterziehung erreichte Innenlenkung, die Fähigkeit, «die auf den Willen wirkenden Motive zu erkennen und durch das Bewußtsein zwischen ihnen eine Entscheidung zu treffen, die von der Eigentümlichkeit des jedesmal entscheidenden Bewußtseins abhängen muß und darum eine in kausaler Notwendigkeit bedingte Wirkung ist» (WINDELBAND [54]).

Damit die Antriebe als eigene ausgebildet werden können, ist «gesellschaftliche F.» erforderlich, d. h. für MILL «Grenzen der Gewalt, die füglich die Gesellschaft über den Einzelnen ausüben sollte» [55]. Mill setzt der kontinentalen, demokratischen F.-Idee, auf Grund deren für bestimmte, alle betreffende Maßnahmen die Zustimmung der Gesamtheit bzw. der Majorität erforderlich ist, die liberale Idee einer inhaltlichen Beschränkung der politischen Macht gegenüber, deren Übertretung Widerstand rechtfertigt. Im Gegensatz zu *Comte* verwirft Mill jede Einschränkung der F. des Einzelnen zugunsten eines politischen oder gesellschaftlichen Eudämonismus. Unter Berufung auf *Humboldt* fordert er «freie Entfaltung der Persönlichkeit.»

MARX sieht die Bedingung solcher freien Entfaltung darin, «daß der vergesellschaftete Mensch, die assoziierten Produzenten, ihren Stoffwechsel mit der Natur rationell regeln, unter ihre gemeinschaftliche Kontrolle bringen, statt von ihm als von einer blinden Macht beherrscht zu werden» [56]. Das «wahre Reich der F.» liegt dann allerdings «jenseits der Sphäre der eigentlichen materiellen Produktion», blüht auf dieser als dem «Reich der Notwendigkeit» auf. «Die Verkürzung des Arbeitstages ist die Grundbedingung» [57]. Demgegenüber bestimmt ENGELS – unter Berufung auf *Hegel*, der als erster das Verhältnis von F. und Notwendigkeit «richtig dargestellt» habe – F. als begriffene Notwendigkeit, und insbesondere F. des Willens als «die Fähigkeit, mit Sachkenntnis entscheiden zu können». «F. besteht also in der auf Erkenntnis der Naturnotwendigkeiten gegründeten Herrschaft über uns selbst und über die äußere Natur» [58].

Bei LOTZE findet mit der Bestimmung der F. als «Billigung oder Mißbilligung, mit welcher der ganze Mensch sich selbst will oder nicht will, sich selbst annimmt oder verwirft» [59] trotz des starken Einflusses der positiven Wissenschaften des mittleren 19. Jh. (Psychologie, Medizin und Physik) nochmals ein Rückgriff auf Leibniz und die Philosophie des Deutschen Idealismus statt. Auf einer Kritik des aus der Willensanalogie stammenden, also anthropomorphen dynamischen Charakters der Naturgesetzlichkeit – eine Wiederaufnahme des Arguments von *Hume* – gründet sich bei H. GOMPERZ eine prinzipielle Abkehr von der Alternative Determinismus und Indeterminismus. Dabei wird dem letzteren, der das Wollen aus dem Wählen erklärt, wenigstens der Vorzug größerer Phänomennähe zugebilligt. «Der Determinismus dagegen verwendet als Modell für das als Tätigkeit erlebte Wollen ein Leiden, das Überwältigtwerden» [60]. Beide Richtungen hypostasieren zu Unrecht einen vom aktuellen motivierten Wollen verschiedenen Willen. Für BERGSON beruhen Determinismus und Indeterminismus auf einer räumlichen Deutung der Zeit, deren sukzessive Momente als einander äußerlich vorgestellt werden. F. ist hingegen «in einer gewissen Nuance oder Qualität der Handlung selbst zu suchen, und nicht in einer Beziehung dieser Handlung zu etwas, was sie nicht ist, oder zu etwas, was sie hätte sein können» [61]. Sie ist eine Beziehung des konkreten Ich zur Handlung. Und zwar sind wir frei, wenn «unsere Handlungen aus unserer ganzen Persönlichkeit hervorgehen», nicht aus der peripheren Strebung eines «parasitären Ich», d. h. wenn sie «die ganze Geschichte der Person spiegeln» [62]. Gerade solche Handlungen können oft nicht ausdrücklich motiviert werden. Die Vorstellung einer Determination durch den Charakter setzt eine vorgängige Aufspaltung der Person voraus. Ähnlich bedeutet F. für SIMMEL, «daß das Ich sich im Wollen ausprägen kann, ohne Widerstand zu finden, d. h. ohne daß dieses durch anderweitige, nicht aus dem Ich quellende Kräfte bestimmt werde» [63]. F. des Willens ist analog zur F. des Handelns, nicht als genitivus subjectivus zu verstehen.

Im Rahmen der traditionellen Determinismusdiskussion bleibt N. HARTMANNS subtile Erörterung des F.-Begriffs [64], die denn auch mit der Aporie eines «metaphysischen Restproblems» endet. Hartmann weist die Gleichsetzung von F. und Indifferenz ab. Die Unabhängigkeit vom Kausalnexus kann nur durch ein «Plus an Determination» gedacht werden, wie *Kant* richtig sah. Menschliche F. setzt eine zweifache Determination des Menschen, die kausale und die finale durchs Wertreich, voraus und damit die Möglichkeit, die determinierenden Prinzipien selbst zu wählen. Dazu ist, wie Hartmann gegen Kant einwendet, auch F. gegenüber dem Sollen bzw. den Werten erforderlich. Das «Plus an Determination» sind nicht die Werte selbst, sondern die Autonomie der Person als «F. im positiven Verstande». Sie ist der «Kern der Sache», aber gerade dieser ist das «ungelöste Restproblem». Erwähnt werden muß der Versuch von EDDINGTON, WENZL und anderen, das F.-Problem mit Bezug auf Heisenbergs Unschärferelation zu lösen und bereits den Elementarteilchen ein analoges «Wollen» zuzuschreiben [65].

Die abstrakte Reflexion auf ein objektives Ich, aus der sich die F.-Antinomien – Determinismus und Indeterminismus, Verstand und Wille, Wille vor dem Willen usw. – ergeben, deutet GEHLEN als Situation des Ich in der «Reflexion des Triebhanges», welches zwischen Person und Sache, zwischen Reflexion und bloßem Dasein skeptisch pendelt [66]. Wirkliche F. und gleichzeitige Auflösung des F.-Problems wäre die Aufhebung der Reflexion in der freiwilligen Bejahung seiner selbst, der wiederholten Notwendigkeit. Bloß diese Reflexion auf die Reflexion «ist schlechthin die F. selbst» [67]. «Die Bestimmung meines Willens muß dasselbe sein wie die Aneignung meines Wesens. Das ist unser höchster synthetischer Begriff von F.» [68]. Diese Aufgabe ist «im Grunde schon erfüllt». F. besteht in der bewußten Wiederholung dieser Aufgabe, in der «Aufnahme dessen, was von Natur geschieht, in den ganzen, bewußten Willen» [69]. Selbstaufgabe der F. ist deren höchste Verwirklichung. In seiner *späteren* Anthropologie läßt Gehlen mit der Annahme eines «Willensvermögens» auch den F.-Begriff fallen. An seine Stelle tritt die «Kultur der Zucht» (KANT), die den Menschen instand setzt, seine motorischen und affektiven Bewegungen in Führung zu nehmen, d. h. zu handeln [70].

Entgegengesetzt ist die Tendenz des psychoanalytisch instrumentierten Neomarxismus, insbesondere H. MARCUSES, der den ästhetischen F.-Begriff der ‹Kritik der Urteilskraft› und Schillers zu erneuern sucht. F. ist für Marcuse die von der repressiven Vernunft des Realitätsprinzips emanzipierte «F. zu spielen». «F. wäre also im strengen Sinne F. von der geltenden Realität», welche im Gegensatz zu bloß intellektueller F. allein «F. in der Realität» wäre [71]. Eine Überflußgesellschaft rückt solche F. der Partialtriebe vom Identitätszwang in den Bereich des Möglichen.

Zentral ist die F.-Thematik bei HEIDEGGER. In ‹Sein und Zeit› noch im Sinne der «leidenschaftlichen, von den Illusionen des Man gelösten, faktischen, ihrer selbst gewissen und sich ängstenden *F. zum Tode*» [72] der Titel für die Möglichkeit eines «eigentlichen Ganzseinkönnens des Daseins» wird F. bald darauf zu einer ontologischen Grundbestimmung des Daseins. ‹F.› wird zum Titel für jene Transzendenz, in welcher der Mensch sich ein Umwillen entgegenhält. Sie ist «F. zum Grunde» [73], «Überstieg zur Welt» [74], «Grund des Grundes» [75], welcher das Dasein in endliche Wahlmöglichkeiten stellt. Mit Heideggers «Kehre» wird sie dann zur Ermöglichung von Wahrheit als Entbergung des Seienden. Aller positiven und negativen F. voraus ist sie «die Eingelassenheit in die Entbergung des Seienden als eines solchen», das «eksistente, entbergende Seinlassen des Seienden» [76].

Ebenso wie für Heidegger ist für SARTRE F. nicht eine Eigenschaft des Menschen, sondern, aller menschlichen «Natur» vorausgehend, gleichbedeutend mit Existenz. In Sartres F.-Theorie wird *Heideggers* Daseinsanalytik mit *Hegels* Dialektik des Fürsich- und Ansichseins verknüpft. F. ist mit den grundlegenden Merkmalen der Existenz, mit Negativität und Intentionalität, mitgesetzt. Sie kann deshalb nicht als Eigenschaft des Willens verstanden werden. Vielmehr setzt Wille das unanalysierbare Ganze der F. als Bedingung seiner Selbstkonstitution voraus: «Die fundamentale Wahl, in der ich über mein Sein entscheide, geht allen Willensakten voraus. Sie ist eins mit dem Bewußtsein, das ich von mir selbst habe» [77]. «F., Wahl, Nichtung und Zeitigung sind so ein und dasselbe» [78]. Aber im Unterschied zu *Kants* Wahl des intelligiblen Charakters ist nach Sartre der Akt der F. nicht weltlos, sondern ist nur möglich in einer Widerstand leistenden Welt. F. ist selbst nicht frei gewählt, sondern kontingentes Faktum, und zwar nicht mehr, wie in der Tradition, ein überlegenes, sondern als Fürsich gegenüber dem Ansich ein «minderes Sein, das das Sein voraussetzt, um sich ihm zu entziehen» [79]. Darin berührt sich Sartre mit *Gehlens* Theorie des Menschen als eines Mängelwesens. Setzt F. einerseits Geworfenheit in der Situation voraus, so entsteht andererseits Situation als Enthüllung der Geworfenheit nur durch eine F., die sich selbst jene Grenzen setzt, auf die sie in der Folge stößt. Die einzige Grenze, auf die F. stößt, ohne sie selbst zu setzen, ist die F. der Anderen, d. h. «das Faktum, daß meine Transzendenz für eine Transzendenz existiert» [80]. Aber diese Grenze wird selbst zu einem Moment der für die F. konstitutiven Situation, indem ich meine Entfremdung, mein Für-Andere-Sein frei übernehme, d. h. den Anderen als Transzendenz anerkenne.

Die Brücke von der Existentialontologie zur neueren Anthropologie hat W. KELLER in einer größeren Untersuchung geschlagen [81]. Er sieht, ähnlich wie *Sartre*, F. mit dem Wesen von Intentionalität, von «Selbstvollzug» gegeben, also auch nicht auf Willensakte eingeschränkt. Er findet aber, in Anknüpfung an *Herder* und die anthropologischen Arbeiten von *Gehlen* und *Portmann*, eine reale Basis jenes Selbstseins im Naturzusammenhang: Der Mensch als biologisches Mängelwesen ermangelt der naturhaften Determination, so daß die nicht mehr biologisch interpretierbare «Selbstbestimmung selbst als biologische Notwendigkeit verstanden» werden kann.

Anmerkungen. [1] CALVIN, Institutio II, 2. – [2] L. MOLINA: Liberi arbitrii cum gratiae donis concordia (Madrid 1588). – [3] D. BAÑEZ: Commentaria in D. Thomam (Romae 1586). – [4] SUÁREZ, Disp. XIX, sect. 4, 1. – [5] a. a. O. sect. 2, 9. – [6] G. GIBIEUF: De libertate Dei et creaturae (Paris 1630); vgl. E. GILSON: La liberté chez Descartes et la théol. (Paris 1913). 302. – [7] DESCARTES, 4. Meditation. – [8] C. JANSENIUS: Augustinus (Löwen 1640). – [9] HOBBES, De cive, c. 9. sect. 9. – [10] SPINOZA, Ethica I, def. 7. – [11] LEIBNIZ, Philos. Schriften, hg. GERHARDT 7, 109. – [12] a. a. O. 110. – [13] 108. – [14] 131. – [15] 164. – [16] 160. – [17] LOCKE, Works (Aalen 1963) 1, 252. – [18] a. a. O. 254. – [19] J. PRIESTLEY: The doctrine of philos. necessity (London 1777). – [20] VOLTAIRE, Traité de mét. Bibl. de la Pléiade, vol. ‹Mélanges› (Paris 1961) 187. – [21] Le philosophe ignorant, a. a. O. 887. – [22] CLARKE, Coll. of papers 4, 671. – [23] HUME, The philos. works (Aalen 1964) 2, 181ff. – [24] ROUSSEAU, Emile, hg. Garnier 339. – [25] Discours sur l'inégalité, a. a. O. 47. – [26] Contrat social I, 6. – [27] ebda. – [28] ebda. – [29] KANT, Akad.-A. 3, 363. – [30] a. a. O. 6, 214. – [31] 18, 24: Reflexion 4904; vgl. auch 18, 182: R. 5441. – [32] 7, 350 Anm. – [33] 5, 287. – [34] SCHILLER, Über die ästhetische Erziehung des Menschen ... Briefe 20. 21. – [35] J. G. FICHTE: Darstellung der Wissenschaftslehre (1801) § 17. Werke, hg. MEDICUS 4, 34. – [36] Das System der Sittenlehre (1798) a. a. O. 2, 529. – [37] a. a. O. 533. – [38] F. W. J. SCHELLING, Werke (Münchner Jubiläumsdruck) 2, 370ff. – [39] Werke, hg. K. F. A. SCHELLING 4, 244. – [40] A. SCHOPENHAUER: Preisschrift über die F. des menschl. Willens (1841). Werke, hg. HÜBSCHER (1962) 3, 527. – [41] J. FR. HERBART: Zur Lehre von der F. des menschl. Willens (1836). Werke (1902) 10, 305. – [42] HEGEL, Werke, GLOCKNER 10, 31. – [43] a. a. O. 11, 46. – [44] 2, 453. – [45] 8, 348f. – [46] 7, 337. – [47] FEUERBACH, Werke (1960) 10, 138. – [48] NIETZSCHE, Werke, hg. SCHLECHTA 1, 479. – [49] a. a. O. 1, 461. – [50] A. FOUILLÉE: La liberté et le déterminisme (Paris 1872). – [51] J. ST. MILL: On liberty (1859). Werke, dtsch. hg. TH. GOMPERZ 1 (1869) 83. – [52] FEUERBACH, a. a. O. [47] 76. – [53] R. EISLER: Wb. der philos. Begriffe (³1910) 1811. – [54] W. WINDELBAND: Die Lehre vom Zufall (1870) 11. – [55] MILL, a. a. O. [51] 1. – [56] K. MARX: Das Kapital (1867). MEW 25, 828. – [57] a. a. O. 829. – [58] F. ENGELS: Anti-Dühring (1878). MEW 20, 106. – [59] H. LOTZE: Mikrokosmos. Ideen zur Naturgesch. und Gesch. der Menschheit 3 (¹1864), hg. R. SCHMIDT (1923) 595. – [60] H. GOMPERZ: Das Problem der Willens-F. (1907). – [61] H. BERGSON: Essai sur les données immédiates de la conscience (Paris 1889); dtsch. P. FOHR (1911) 144. – [62] a. a. O. 135. – [63] G. SIMMEL: Einl. in die Moralwiss. (¹1892-93, zit. Aalen 1964) 2, 136. – [64] N. HARTMANN: Ethik (1925) 621-808. – [65] A. WENZL: Philosophie der F. 1 (1947) 80-86. – [66] A. GEHLEN: Theorie des Willens-F. (1965) 160ff. – [67] a. a. O. 197. – [68] 198. – [69] ebda. – [70] Der Mensch (⁵1955) 393. – [71] H. MARCUSE: Triebstruktur und Gesellschaft (¹1957, 1967) 186f. – [72] M. HEIDEGGER: Sein und Zeit (¹1927, zit. ⁷1953) 266. – [73] Vom Wesen des Grundes (¹1928, zit. ³1949) 41. – [74] a. a. O. 40. – [75] 49. – [76] Vom Wesen der Wahrheit (1954) 11. – [77] J.-P. SARTRE: L'être et le néant (Paris 1943); dtsch. J. STRELLER (1952). – [78] a. a. O. 591. – [79] 616. – [80] 662. – [81] W. KELLER: Psychol. und Philos. des Willens (1954).

Literaturhinweise. O. MICHEL: Der antike und christl. F.-Begriff. Universitas 1 (1946) 1-17. – J. VERWEYEN: Das Problem der Willens-F. in der Scholastik (1909). – F. SELVAGGI: Causalità e indeterminismo. La problematica moderna alla luce della filos. aritotelica-tomista (Rom 1964). – D. O. LOTTIN: La théorie du libre arbitre depuis s. Anselme jusqu'à s. Thomas d'Aquin (Louvain 1929). – D. O. LOTTIN: Psychol. et morale au 12e et 13e siècle 1 (Louvain 1942). – J. AUER: Die menschliche Willens-F. im Lehrsystem des Thomas von Aquin und J. Duns Scotus (1938). – R. P. SULLIVAN: The thomistic concept of the natural necessitation of the human will (River Forest 1952). – H. VORSTER: Das F.-Verständnis bei Thomas von Aquin und Martin Luther (1965). – H. OTTEN: Calvins theol. Anschauung von der Prädestination, in: Forsch. zur Gesch. des Protestantismus 9/1 (1938). – J. LAPORTE: La conscience de la liberté (Paris 1947). – R. HENNE: Der engl. F.-Begriff (Aarau 1927). – L. BRUNSCHVICG: Nature et liberté (Paris 1924). – G. KRÜGER: Philos. und Moral der Kantischen Kritik (1931) 164-226. – G. LUNATI: La libertà. Saggi su Kant, Hegel und Croce. (Neapel 1959). – Z. BATSCHA: Gesellschaft und Staat in der polit. Philos. Fichtes (1970). – B. WILLMS: Die totale F. (1967). – H. J. SANDKÜHLER: F. und Wirklichkeit (1968). – E. FLEISCHMANN: La philos. politique de Hegel (Paris 1964) 11-78. – M. RIEDEL: Studien zu Hegels Rechtsphilos. (1969). – J. RITTER: Hegel und die frz. Revolution (1957). – J. DAVYDOW: F. und Entfremdung bei Marx (1964). – I. FETSCHER: Die F. im Lichte des Marxismus-Leninismus (1959). – F. NEUBAUER: Das Verhältnis von K. Marx und F. Engels. Dargestellt an der Bestimmung der menschl. F. in deren Schriften (Diss. Mainz 1959). – R. DUNAYEVSKAYA: Marxism and freedom (New York 1958). – J. HOMMES: Die Krise der F. (Hegel - Marx - Heidegger) (1958). – W. WINDELBAND: Über Willens-F. (1904). – A. MESSER: Das Problem der Willens-F. (1911). – J. REHMKE: Die Willens-F. (1911). – H. DRIESCH: Das Problem der F. (1917). – M. PLANCK: Kausalgesetz und Willens-F. (1923). – F. MEDICUS: Die F. des Willens und ihre Grenzen (1926). – H. REINER: F., Wollen und Aktivität. Phänomenen. Untersuch. in Richtung auf das Problem der Willens-F. (1927). – R. GUARDINI: F., Gnade, Schicksal (1948). – G. SIEWERTH: Die F. und das Gute (1959). – R. BERLINGER: Das Werk der F. (1959). – J. DE FINANCE: Existence et liberté (Paris/Lyon 1955). – CHR. Graf v. KROCKOW: Die Entscheidung. Eine Untersuch. über Ernst Jünger, Carl Schmitt, Martin Heidegger (1958). – M. POLANYI: The logic of the liberty (Chicago 1951). – CH. BAY: The structure of freedom (Stanford, Calif. 1958). – D. L. MILLER: Modern sci. and human freedom (Austin, Tex. 1959). – Modern sci. and freedom in the age of modern sci., hg. S. HOOK (New York 1961). – S. HOOK: The paradoxes of freedom (Los Angeles 1962). – M. SCHLICK: Problems of ethics (Englewood Cliffs, N. J. 1939). – M. J. ADLER: The idea of freedom 1. 2 (New York 1958/59). – M. HORKHEIMER: Um die F. (1962). – A. v. SPAKOVSKY: Freedom, determinism, indeterminism (Den Haag 1963). – R. GARAUDY: Die F. als philos. und hist. Kategorie (dtsch. 1959). – O. VEIT: Soziol. der F. (1957). – K. LORENZ: Das sogenannte Böse (1963). – P. ROHNER: Das Phänomen des Wollens. Ergebnisse der empirischen Psychol. und ihre philos. Bedeutung (1964). – G. VENNES: Inconscient freudien et problèmes de liberté (Trois-Rivières 1960). – T. FÖLDESI: The problem of free will (Budapest 1966). – A. FARRER: The freedom of the will (London 1958). – V. J. BOURKE: Will in the Western thought. An hist.-crit. survey (New York 1964). – P. RICŒUR: Philos. de la volonté 1: Le volontaire et l'involontaire (Paris 1963). – F. GRÉGOIRE: Les grandes doctrines morales (Paris ²1958). – H. DAUDIN: La liberté de la volonté. Signification des doctrines classiques (Paris 1950). – Y. SIMON: Traité du libre arbitre (Paris 1951). – G. BASTIDE: Les grandes thèmes moraux de la civilisation occidentale (Paris 1958). – G. MOTTIER: Déterminisme et liberté (Paris 1947).

R. SPAEMANN

Freirechtslehre (Freirechtsschule, Freirechtsbewegung) wird die hauptsächlich aus der polemisch-kritischen Auseinandersetzung mit der Begriffsjurisprudenz erwachsene, von der Interessenjurisprudenz und einer soziologischen Jurisprudenz nicht leicht abgrenzbare, im wesentlichen auf das im ‹Bürgerlichen Gesetzbuch› kodifizierte Privatrecht und seine Nebengebiete, aber auch auf das Strafrecht bezogene, mit dem öffentlichen Recht und dem Prozeßrecht nur episodisch befaßte Bewegung genannt, die im rechtswissenschaftlichen Methodenstreit zu Beginn des 20. Jh. angesichts des rasch fortschreitenden sozialen Wandels eine tiefgreifende Reform des Rechtsdenkens in Theorie und Praxis fordert.

In seinem am 4. März 1903 vor der Juristischen Gesellschaft in Wien gehaltenen, für die F. programmatischen Vortrag ‹Freie Rechtsfindung und freie Rechtswissenschaft› kritisierte E. EHRLICH die «herrschende wissenschaftliche Methode der Rechtsanwendung», weil sie zu einer begrifflich-konstruktiven, bloß «technischen Rechtsfindung» führe, deren juristische Entscheidungen vermeintlich aus dem geltenden Recht «abgeleitet» seien, jedoch in Wirklichkeit die «bewußt oder unbewußt schöpferische richterliche Tätigkeit» verschleiern [1]. Damit wandte er sich nicht gegen die «Bindung durch das Gesetz, sondern durch die juristische Technik, die das Gesetz auf Fälle anwendbar machen will, für die es keine Vorschrift enthält» [2]. Schon vor ihm hatte F. ADICKES geäußert, daß bei Vorliegen einer Gesetzeslücke die «subjektive Vernunft» den Richter zu «freier Rechtsfindung» befähige [3], doch kann von einer eigentlichen Reformbewegung wohl erst seit der Veröffentlichung der von H. KANTOROWICZ verfaßten freirechtlichen Programmschrift ‹Der Kampf um die Rechtswissenschaft› im Jahre 1906 die Rede sein; sie erschien zunächst unter dem Pseudonym GNAEUS FLAVIUS, der nach antiker Legende die aus den priesterlichen Archiven entwendeten pontifikalen Prozeßformeln der römischen Plebs preisgab, die von allen Priesterämtern und demzufolge von jeder unmittelbaren juristischen Tätigkeit ausgeschlossen war [4]. Seit 1907 trat ihm E. FUCHS mit einer Reihe von Kampfschriften zur Seite, in denen er in oft leidenschaftlicher Polemik gegen eine «Buchstaben- oder Konstruktionsjurisprudenz» die Forderung erhob, die Rechtswissenschaft «von einer bloßen Normen- und Wortwissenschaft in eine Sach- und Wertwissenschaft, in eine moderne Beobachtungs-Rechtswissenschaft zu verwandeln» [5]. Die (rechtssoziologisch sicher nicht unbegründete) Annahme, daß «unabhängig vom staatlichen» Recht, dessen explizite Fassung auf den staatlichen Gesetzgeber zurückgeht, in einer Gesellschaft zahlreiche nicht explizite Rechtsvorstellungen virulent sind, die KANTOROWICZ wenig glücklich als «freies Recht» bezeichnet [6], sowie der abundante Gebrauch ähnlich mißverständlicher Ausdrücke (wie z. B. die «freie Rechtsfindung», der «freie Richter», die «freie Rechtswissenschaft») trugen der F. alsbald den vorwiegend polemischen, sachlich gar nicht zutreffenden Vorwurf ein, sie wolle unter Nichtbeachtung des Gesetzes die juristische Fallentscheidung in das Belieben des Richters stellen, sie dessen subjektivem Rechtsgefühl überlassen und damit der Willkür Tür und Tor öffnen (Contra-legem-Fabel). Was die F. wollte, war nicht die Entbindung des Richters vom Gesetz, sondern eine richterliche Rechtsfindung, deren juristische Entscheidungen – statt in Scheingründe der Logik und der Konstruktion gehüllt zu werden – die erfahrbaren Rechtstatsachen und die Verkehrsbedürfnisse mehr als bislang berücksichtigen [7]. Aufgabe des Richters sollte es sein, eine «billige, den Umständen des einzelnen Falles angepaßte Entscheidung zu finden» [8]. Erblickt man bei E. EHRLICH den die F. «leitenden Gedanken» darin, daß «das Recht nicht ein abgeschlossenes, vollständiges System abstrakter Rechtsregeln ist, sondern aus Einzelentscheidungen besteht», mit der Folge, daß «der Richter, wenn ihn die festgelegten Rechtsregeln verlassen, durch freie Rechtsfindung das Recht den Bedürfnissen der Zeit anpassen soll» [9], so erscheint die Frage angebracht, ob bzw. inwiefern die durch die F. artikulierte, seit der Jahrhundertwende besonders prekäre, weil mit Inkrafttreten des ‹Bürgerlichen Gesetzbuches› offen zutage tretende Problematik richterlicher Rechtsanwendung auch frühere Epochen beschäftigt hat.

Dem frühgriechischen Rechtsdenken erscheint das Verhältnis von Gesetz und Richter nicht als problematisch, weil der vielschichtige, auch die Bemühungen der spartanischen und athenischen Thesmotheten umfassende Begriff des Nomos, der die verpflichtende Lebensordnung der griechischen Polis zum Ausdruck bringt, ohnehin noch keine strikte Trennung zwischen Ethos und Recht, Brauch und Gesetz kennt [10]. Der Sache nach findet sich jedoch das durch die F. gekennzeichnete rechtliche Bezugsproblem richterlicher Gesetzesanwendung dort, wo die Gesetzesvorstellung durch die an Platon und Aristoteles anknüpfende Deutung bestimmt wird, die vom Gesetz fordert, es solle allgemein gelten. In seinen Dialogen ‹Politikos›, ‹Politeia› und ‹Nomoi› hat PLATON das Verhältnis zwischen der Idee des Gerechten (αὐτὸ τὸ δίκαιον) und dem Gesetz (νόμος), zwischen der im Gesetz enthaltenen allgemeinen Norm und dem konkreten Fall eingehend erörtert [11]. Als allgemeine Norm kann das Gesetz nicht in allen konkreten Fällen, auf die es sich erstreckt, richtig sein. Dieser Mangel muß dadurch gemildert werden, daß der Richter sich bei der Auslegung und Anwendung des Gesetzes von der recta ratio (ὀρθὸς λόγος) leiten läßt [12]. Demgegenüber wird von ARISTOTELES, der die Ideenlehre Platons und die aus ihr gezogenen Folgerungen verwirft, in der ‹Nikomachischen Ethik› und in einigen Stellen der ‹Rhetorik› der Nachweis geführt, daß der Bereich menschlichen Verhaltens gar nicht vorab mit unbedingter Bestimmtheit, sondern nur durch allgemeine Grundsätze geregelt werden kann [13]. Da das Gesetz auf das Allgemeine (καθόλου) zielt, d. h. auf das, was in dem Gesetz ohne Ausnahme allgemein ausgesagt wird [14], gilt es für diejenigen Fälle, die in der allgemeinen Bestimmung enthalten sind. Während PLATON darin, daß das Gesetz nicht in allen Fällen die richtige Regelung enthält bzw. bestimmte Fälle überhaupt nicht regelt, einen Mangel des Gesetzes erblickte, liegt für ARISTOTELES der Grund in der unüberschaubaren Fülle dessen, was zum Leben gehört [15]. Die gewollten oder ungewollten Lücken im Gesetz sind durch Billigkeit (ἐπιείκεια) im Sinne des als anwesend gedachten Gesetzgebers auszufüllen [16]. Zu Recht hat sich somit die F. bei der Suche nach ihren geistigen Vorläufern auf *Platon* berufen, der letztlich nicht die Gesetze entscheiden läßt, sondern «den mit Einsicht waltenden Richterkönig» [17], sowie auf *Aristoteles* [18] und angesichts der Aristoteles-Rezeption, die sich im hohen und späten Mittelalter im Horizont christlicher Tradition vollzieht, auf *Thomas von Aquin* [19], aber auch auf *Bacon* [20] und *Leibniz* [21]. Es ist deswegen nicht zutreffend, die Freirechtler als «ausgesprochen philosophiefeindlich» zu bezeichnen, und sicherlich nicht angebracht, von einem «Versagen der Freirechtsjuristen auf philosophischer Ebene» zu sprechen [22]. Nach KANTOROWICZ umfaßt die F. «das ganze weite Gebiet der juristischen Methodenlehre, baut sich auf einer neuen juristischen Erkenntnistheorie und einer neuen Psychologie der juristischen Tätigkeit [auf], und zieht weittragende Folgerungen für die gesamte Theorie, Praxis und Lehre des Rechts» [23]. Zur philosophischen Fehleinschätzung der F. mag beigetragen haben, daß sie in dem auf das Problem der Rechtsanwendung (oder genauer: der Rechtsfindung durch den Richter) konzentrierten rechtswissenschaftlichen Methodenstreit zu Beginn des 20. Jh. bei ihrer dezidierten Stellungnahme gegen jeglichen Gesetzes- und Rechtspositivismus eine intime Kenntnis der von ihr bekämpften Strömungen des Rechtsdenkens voraussetzte [24], ohne deren philosophische Prämissen eingehend und kritisch zu reflektieren, weil ihre reformerischen Bestrebungen in erster Linie auf eine lebensnahe Rechtsprechung und deren Methode gerichtet waren.

Erst in jüngster Gegenwart wächst die Bereitschaft, in dem von der F. propagierten Versuch einer Reform des Rechtsdenkens nicht nur eine vor allem auf die Rechtspraxis gerichtete, vordergründig auf bloße Vorbereitung der richterlichen Rechtsanwendung bedachte juristische Methodenlehre zu erblicken, sondern darüber hinaus nach den rechtstheoretischen Voraussetzungen der F. zu fragen [25], die zugleich ein gewandeltes Verhältnis der Rechtswissenschaft zur Philosophie und den benachbarten Wissenschaften erkennen lassen. Nach Auffassung von KANTOROWICZ sollte die «Rechtswissenschaft, welche wir erstreben», in ihrer Theorie wie in ihren Methoden vor allem «antidogmatisch» sein [26]. Das kommt in dem an Stelle von ‹F.› heute zunehmend gebrauchten Terminus ‹Freirechtsbewegung› besser zum Ausdruck, der – gleichfalls von Kantorowicz geprägt – seine Entstehung einem Vergleich zwischen Theologie und Rechtswissenschaft der damaligen Zeit verdankt. Von einem zwischen «dogmatischer Jurisprudenz und orthodoxer Theologie» bestehenden «Parallelismus» ausgehend, glaubte Kantorowicz, «das Wesen der orthodoxen Theologie im Wesen der juristischen Dogmatik wiederzufinden», und stellte einer «Jurisprudenz, die ihre Reformation verschlafen hat», die Aufgabe, endlich – wie die moderne reformerische, ‹freireligiöse› Theologie bezüglich der Dogmen der Religion – ihren Gegenstand, die Dogmen des Rechts, «nach denselben Grundsätzen und Methoden zu erforschen, wie andere Wissenschaften» [27]. Wenn er demzufolge die «bisher namenlose Bewegung, nach Analogie von freireligiös, als die freirechtliche Bewegung» bezeichnete [28], so war das zugleich eine prinzipielle Kritik der konventionellen «juristischen Dogmatik und ihrer Begleiterscheinungen», auch wenn er deren «relative Berechtigung» darin erblicke, «bei den Überlegungen der Rechtsprechung der unbesonnenen Neuerungslust einen Hemmschuh anzulegen» [29]. Im Verhältnis zu den benachbarten Wissenschaften plädierte Kantorowicz für ein «Zusammenwirken der Jurisprudenz mit Psychologie einerseits, Sozialwissenschaft andererseits», d. h. vor allem mit Wirtschaftswissenschaft und Soziologie [30]. In rechtstheoretischer Hinsicht hat die F., deren eigentliche «Blütezeit im ersten Drittel unseres Jahrhunderts» liegt [31], nicht nur eine eigene Antwort auf das Problem des Gesetzes- und Rechtspositivismus gegeben, sondern durchaus eigenständige kritische Beiträge zu Teilproblemen, z.B. zur Rechtsquellenlehre, der Auslegung des Rechts, zum Lückenproblem und der komplexen Problematik richterlicher Rechtsfortbildung geleistet. Damit hat die F. zugleich die institutionelle Leistung der Justiz ins Offene gebracht, die sich darin äußert, daß der Richter bei der richterlichen Rechtsfindung zwar nach Maßgabe der vom Gesetzgeber formulierten Entscheidungsprämissen zu entscheiden hat, aber diese Entscheidung im Rahmen des gesetzgeberischen Entscheidungsprogramms durchaus selbständig und eigenverantwortlich fällt und begründet. Demzufolge galten die mehr praktischen Reformbestrebungen der F. vor allem der Tatsachenfeststellung im Prozeß, dem Beweisrecht und der Juristenausbildung [32]. Wenn die F. heute in Gefahr ist, in Vergessenheit zu geraten, so nur deshalb, «weil viele ihrer Lehren in die heutige deutsche Rechtswissenschaft und Rechtspraxis eingegangen sind» [33]. Die rechtswissenschaftliche Grundlagenforschung der Gegenwart vermag jedoch zu zeigen, daß – worauf auch FOULKES [34] neuerdings hinweist – die von der F. behandelten Rechtsprobleme auch weiterhin nicht nur für das System des «heutigen deutschen Rechts», sondern «auch für jedes andere entwickelte Rechtssystem von Bedeutung» sind. Gleichwohl fehlt noch immer eine zureichende kritische Analyse ihrer rechtsphilosophischen und rechtstheoretischen Prämissen.

Anmerkungen. [1] E. EHRLICH: Freie Rechtsfindung und freie Rechtswiss. (1903) Vorrede IV, 1ff. 21f. – [2] a. a. O. 19. – [3] F. ADICKES: Zur Lehre von den Rechtsquellen (1872) 9ff. 22. – [4] H. KANTOROWICZ: Der Kampf um die Rechtswiss. (1906), neu abgedruckt in: Rechtswiss. und Soziol. Ausgewählte Schriften zur Wissenschaftslehre, hg. TH. WÜRTTENBERGER (1962) 13-39. – [5] E. FUCHS: Schreibjustiz und Richterkönigtum (1907); Recht und Wahrheit in unserer heutigen Justiz (1908); Die Gemeinschädlichkeit der konstruktiven Jurisprudenz (1909); Jur. Kulturkampf (1912) 8. – [6] KANTOROWICZ, a.a. O. [4] 16f. – [7] E. FUCHS: Was will die Freirechtschule? (1929) 12; H. KANTOROWICZ: Die Contra-legem-Fabel. Dtsch. Richter-Z. 3 (1911) 256ff. – [8] EHRLICH, a. a. O. [1] ebda. – [9] Vorrede IV. – [10] E. WOLF: Griech. Rechtsdenker 1: Vorsokratiker und frühe Dichter (1950) 169f. 210ff. – J. RITTER: ‹Politik› und ‹Ethik› in der praktischen Philos. des Aristoteles. Philos. Jb. 74 (1967) 235-253. 245f. – [11] Vgl. die Nachweise bei E. MICHELAKIS: Platons Lehre von der Anwendung des Gesetzes und der Begriff der Billigkeit bei Aristoteles (1953) 5ff. 11ff. 13. – [12] a. a. O. 11ff. 15ff. 19. – [13] 28ff. 30. – [14] 34. – [15] Vgl. ARISTOTELES, Eth. Nic. 1137 a 31-1138 a 3. – [16] MICHELAKIS, a. a. O. [11] 31f. 40. – [17] Dazu und zum folgenden vgl. die Zitate bei H. KANTOROWICZ: Aus der Vorgesch. der F. (1925), neu abgedruckt in: Rechtswiss. und Soziol. (1962) 41-67, zit. 45. – [18] Vgl. hierzu die Nachweise ebda. – [19] 43. – [20] 50. – [21] 51. – [22] A. KAUFMANN: Freirechtsbewegung – lebendig oder tot? Jur. Schulung 5 (1965) 1-9, zit. 2f. – [23] KANTOROWICZ, a. a. O. [17] 43. – [24] K. RIEBSCHLÄGER: Die Freirechtsbewegung (1968) 14ff. – [25] W. KRAWIETZ: Welche Methode verlangt die jur. Rechtslehre? Jur. Schulung 10 (1970) 425-432, zit. 429. – [26] KANTOROWICZ, a. a. O. [4] 33. – [27] 30. 32f. – [28] 17. – [29] 38. – [30] 30. – [31] A. S. FOULKES: On the German Free Law School (Freirechtsschule). Arch. Rechts- u. Sozialphilos. 55 (1969) 367ff. 416. – [32] A. S. FOULKES: E. Fuchs und die F., in: Gerechtigkeitswiss. Ausgewählte Schriften zur F. von E. Fuchs, hg. A. S. FOULKES/A. KAUFMANN (1965) 225-257, zit. 236f. 252. 254ff. – [33] FOULKES, a. a. O. [31] 416. – [34] ebda.

Literaturhinweise. E. EHRLICH: Recht und Leben. Ges. Schr. zur Rechtstatsachenforsch. und zur F., hg. M. REHBINDER (1967). – E. FUCHS (1965) s. Anm. [32]. – H. KANTOROWICZ (1962) s. Anm. [4]. – H. KANIGS: 25 Jahre Freirechtsbewegung. Zur Entwicklung eines Methodenstreits über die Rechtsanwendung (Diss. Erlangen 1932). – R. LAUTMANN: Freie Rechtsfindung und Methodik der Rechtsanwendung (Diss. Würzburg 1967). – K. RIEBSCHLÄGER s. Anm. [24]. – J. SCHMIDT: Das «Prinzipielle» in der Freirechts-Bewegung. Eine Studie zum Frei-Recht, seiner Methode und seiner Quelle (1968). – D. MOENCH: Die methodol. Bestrebungen der Freirechtsbewegung auf dem Weg zur Methodenlehre der Gegenwart (1971). – L. L. VALLAURI: Gesch. des Freirechts (1971).
W. KRAWIETZ

Fremd, Fremdheit. ‹Fremd› heißen in der modernen Logik zwei Klassen bzw. Mengen, deren Durchschnitt [1] leer ist. Fremdheit besteht z. B. zwischen den Klassen der Insekten und der Wirbeltiere.

Anmerkung. [1] Vgl. Art. ‹Mengenlehre›. Nr 4.   A. MENNE

Fremderfahrung (Fremdwahrnehmung [1]) ist in der Phänomenologie E. HUSSERLs der Titel für die Erfahrung vom anderen Ich und löst den von Husserl zunächst verwendeten [2] und in der zeitgenössischen Phänomenologie und Philosophie weithin gebräuchlichen Begriff der Einfühlung [3] ab. Die neue Bezeichnung, die den alten Begriff übrigens nicht völlig verdrängt, soll zum Ausdruck bringen, daß das Problem der Erfahrung des Anderen im Zusammenhang der Phänomenologie kein psychologisches Spezialproblem, sondern ein Grundproblem der transzendentalen Konstitution darstellt [4]. Da nämlich die Objektivität der mir fremden, objektiven Welt für Husserl Intersubjektivität, d. h. Dasein für

Jedermann bedeutet [5], setzt ihre Konstitution die eines und in weiterer Folge mehrerer anderer Ich als des an sich ersten Ich-fremden voraus [6]. Diese Konstitution heißt ‹F.›. Ihre intentionalanalytische Auslegung beginnt mit einer abstraktiven Ausschaltung aller die konstitutiven Leistungen fremder Ich voraussetzenden Gegenstände und Gegenstandsbeziehungen aus meinem Erfahrungshorizont [7]. Danach verbleibt eine mir eigenwesentliche oder primordiale Erfahrungsschicht, zu der schon eine Welt immanenter Transzendenz gehört [8]. Diese Welt wird überschritten, indem ein in ihr auftretender Körper aufgrund einer bestimmten Motivation (‹Appräsentation›) als fremder Leib apperzipiert wird [9]. Auf diese Weise kommt es zur Vergemeinschaftung zweier und in weiterer Folge mehrerer Ich mit ihren primordialen Welten, die dadurch zu Erscheinungen der einen Welt für Jedermann werden [10]. In dieser objektiven Welt tritt nun auch jedes Ich der sie konstituierenden Intersubjektivität als Objekt unter dem Titel psychophysischer Mensch auf [11].

Anmerkungen. [1] E. HUSSERL: Die Krisis der europäischen Wiss. und die transzendentale Phänomenol. Husserliana 6 (Den Haag ²1962) 181. – [2] z. B.: Ideen zu einer reinen Phänomenol. und phänomenol. Philos. 2. Buch. Husserliana 4 (Den Haag 1952) 162-172. – [3] Vgl. M. THEUNISSEN: Der Andere. Studien zur Sozialontologie der Gegenwart (1965) 69f. – [4] E. HUSSERL: Cartesianische Meditationen und Pariser Vorträge. Husserliana 1 (Den Haag ²1963) 173. – [5] a. a. O. 123f.; Formale und transzendentale Logik (1929) 209. – [6] a. a. O. 213; Cartesianische Meditationen ... a. a. O. [4] 124. 173. 175. – [7] a. a. O. 124-136. – [8] a. a. O. 134f. – [9] a. a. O. 138-149. – [10] a. a. O. 149ff. – [11] a. a. O. 157ff.

Literaturhinweis. M. THEUNISSEN s. Anm. [3].   K. HELD

Fremdich (Ich, fremdes). Der ausdrückliche Begriff des F. taucht erst im Kontext der Meinung auf, der Andere sei bloß mittelbar durch Analogieschluß oder Einfühlung gegeben. In diesem begriffsgeschichtlichen Zusammenhang zeigt sich ein sachlicher: Die Auslegung des Anderen als F. geht ursprünglich vom eigenen Ich aus, dessen Ichheit jene Operationen auf das fremde übertragen müssen, weil als unmittelbar gegeben außer dem eigenen Ich nur die körperlichen Dinge gelten. Das F. ist so primär der subjektive Pol der Erlebnisse, die sich im fremden Leib, als körperlichem Ding, ausdrücken und am Maßstab des Zusammenhangs von eigenem Leib und eigenem Ich gedeutet werden. Die größte Mittelbarkeit mutet der Gegebenheit des F. die besonders massiv von E. BECHER [1] vertretene Analogieschlußlehre zu. Gegen sie wendet sich die Einfühlungstheorie von TH. LIPPS [2]. Freilich wehrt Lipps, wie nach ihm auch E. HUSSERL [3], nur die im Schließen, nicht die im Analogisieren als solchem gelegene Vermittlung ab. Nach Husserl gründet sich die als spezifische Erschließungsart des F. gefaßte Einfühlung auf die analogisierende Apperzeption des fremden Leibes. Wie sie, so denkt Husserl jedoch auch das F. transzendental, als vom eigenen Ich konstituiertes constituens der objektiven Welt. Diesem Sprachgebrauch gegenüber erscheint es inkonsequent, daß J. VOLKELT [4] und M. SCHELER [5] vom F. sprechen, obwohl sie die unmittelbare Gegebenheit des ‹Du› lehren. Sinngemäß hingegen verwendet diesen Begriff bzw. den des ‹Fremdseelischen› eine Theorie des Verstehens, die dieses selbst am Leitfaden der Einfühlung [6] oder gar als Analogieschluß [7] oder doch zumindest als sinnlich vermitteltes Erlebnis des Anderen [8] deutet.

Anmerkungen. [1] E. BECHER: Geisteswiss. und Naturwiss. (1921). – [2] TH. LIPPS: Psychol. Untersuchungen 1 (1907) 694-722: ‹Das Wissen von fremden Ichen›. – [3] E. HUSSERL: Cartesianische Meditationen (1931) V. Meditation. – [4] J. VOLKELT: Das ästhetische Bewußtsein (1920). – [5] M. SCHELER: Wesen und Formen der Sympathie (²1923, ⁵1948) Abschn. C: ‹Vom fremden Ich›. – [6] Vgl. E. SPRANGER: Zur Theorie des Verstehens und zur geisteswiss. Psychol. Festschrift J. Volkelt (1918) 357-403. – [7] Vgl. B. ERDMANN: Erkennen und Verstehen (1912). – [8] E. TROELTSCH: Die Logik des hist. Entwicklungsbegriffes. Kantstudien 27 (1922) 265-297.

Literaturhinweise. E. STEIN: Zum Problem der Einfühlung (1917). – P. LAÍN ENTRALGO: Teoría y realidad del otro (Madrid 1961). – M. THEUNISSEN: Der Andere. Studien zur Sozialontologie der Gegenwart (1965).   M. THEUNISSEN

Fremdpsychisch heißen bei SCHELER [1] Erlebnisse, die nicht eigene Erlebnisse, sondern Erlebnisse anderer sind. Das Problem der Erkenntnis des Fremdpsychischen ist vom Wiener Kreis besonders aktualisiert worden. Entgegen der Ansicht Schelers, daß man fremde Seelenvorgänge unmittelbar am Gesicht ablesen könne [2], vertrat der Wiener Kreis die Ansicht, daß die Erlebnisse eines Individuums von einem anderen Individuum nicht direkt wahrgenommen werden können. Daher könne man über Fremderlebnisse überhaupt nicht in wissenschaftlicher Weise sprechen. Einzig das zugehörige leibliche Verhalten sei der Wissenschaft in behavioristischer Beschreibung zugänglich. Aussagen über Fremdpsychisches hat der Wiener Kreis konsequenterweise als sinnleer erklärt.

Anmerkungen. [1] M. SCHELER: Wesen und Formen der Sympathie (1913, ²1923) 297f. – [2] a. a. O. bes. (²1923) Teil C: Vom fremden Ich.

Literaturhinweise. R. CARNAP: Der log. Aufbau der Welt (1928, ²1961). – G. RYLE: The concept of mind (London/New York u. a. 1949, ⁵1952). – V. KRAFT: Der Wiener Kreis (1950, ²1968) Kap. ‹Physikalismus›.   Red.

Fremdwelt heißt bei E. HUSSERL die Sphäre des Unbekannten und Unbestimmten, die für den Menschen in der personalistischen Einstellung an die vertraut-bekannte Umwelt angrenzt [1]. Ihre Strukturen und Erfahrungsmöglichkeiten sind in der Typik der Heimwelt bereits vorgezeichnet, so daß sie sich aufgrund ihrer kontinuierlich-horizonthaften Verbundenheit mit der Heimwelt von dieser aus verstehen läßt [2]. In abstraktiv «naturaler» Einstellung ist sie bloße Fernwelt [3].

Anmerkungen. [1] Vgl. L. LANDGREBE: Der Weg der Phänomenol. (²1967) 50f.: Welt als phänomenol. Problem. – [2] E. HUSSERL: Phänomenol. Psychol. Vorlesungen Sommersemester 1925. Husserliana 9 (Den Haag 1962) 89f. – [3] LANDGREBE, a. a. O. 50f.   P. JANSSEN

Freund/Feind. ‹Freund›, althochdeutsch ‹friunt›, geht wie ‹*Friede*› und ‹*frei*› auf die indogermanische Wurzel ‹*fri*› (= lieben, hegen) zurück [1]. ‹Freund› bedeutet ursprünglich *(Bluts-)Verwandter*, dann jeden Genossen eines Friedensbundes. Entsprechend steht ‹Freundschaft› für Verwandtschaft, aber auch für gütliches Verfahren, Bündnis und Friede [2]. Das Wort umschließt in seiner kollektiven Bedeutung Schutz und Beistand, vor allem in der Fehde [3]. Mit dem Aufblühen der Städte und des Zunftwesens erscheint ‹Freund› auch in der Bedeutung *Zunftgenosse* und *Ratsmitglied*, ferner zur Bezeichnung der Vertreter dieser Korporationen ([Städte-]Freunde = Städteboten). - ‹Feind›, althochdeutsch ‹fiant›, mittelhochdeutsch ‹vi(e)nt› (Part. Präs. zu *fien* = hassen, verfolgen) [4] in der Bedeutung *Fehde-, Prozeßgegner, Volks-, Landes-, Königs-, Glaubensfeind* [5] ist ursprünglich das genaue Gegenstück zu Freund, weil Feindschaft wesentlich Unfrieden ist [6].

Wie die Begriffe infolge der Versachlichung der Friedensordnung und der damit zusammenhängenden Trennung von öffentlicher und privater Sphäre inkommensurabel geworden sind, zeigt KANTS ‹Metaphysik der Sitten› [7]. Vom Feind spricht Kant nur im Abschnitt über Völkerrecht. Feind – und zwar wegen des Fehlens einer die Staaten übergreifenden gesetzlichen Ordnung eo ipso «ungerechter Feind» – ist der, «dessen öffentlich ... geäußerter Wille verrät, nach welcher Maxime, wenn sie zur allgemeinen Regel gemacht würde, kein Friedenszustand unter Völkern möglich, sondern der Naturzustand verewigt werden müßte», z. B. die Verletzung öffentlicher, die «Sache aller Völker» betreffender Verträge. Nur ein Völkerrechtssubjekt kann demnach Feind sein. Privatisiert und verinnerlicht erscheint dagegen der Begriff Freund in Kants Bestimmung der Freundschaft: Der Idee nach ist sie «die Vereinigung zweier Personen durch gleiche wechselseitige Liebe und Achtung», also eine «rein moralische, nicht auf wechselseitigen Vorteil abgezweckte Verbindung». Der moralische Kern ist «das völlige Vertrauen zweier Personen in wechselseitiger Eröffnung ihrer geheimen Urteile und Empfindungen, soweit sie mit beiderseitiger Achtung gegeneinander bestehen kann». Nur in «ästhetischer» Bedeutung (Menschenfreund und -feind, dem wohl ist, wenn es anderen wohl bzw. übel ergeht) bringt Kant die Begriffe noch auf einen Nenner.

In seiner Freund/Feind-Unterscheidung als dem Kriterium des Politischen stellte C. SCHMITT [8] die beiden Begriffe einander «in ihrem konkreten, existenziellen Sinn» gegenüber. Formal ist Feind eine «der realen Möglichkeit nach *kämpfende* Gesamtheit von Menschen, die einer ebensolchen Gesamtheit gegenübersteht». Materiell bestimmte er den Feind als den, der «existenziell etwas anderes und Fremdes ist», Feindschaft als «seinsmäßige Negierung eines anderen Seins». Neuerdings unterscheidet Schmitt [9] – am Modell des europäischen Kabinettskrieges orientiert – zwischen konventionellem, wirklichem und absolutem Feind, je nachdem, ob die ausgetragene Feindschaft sich in jenem Rahmen hält, ihn durchbricht oder aufhebt.

Anmerkungen. [1] F. KLUGE: Etymol. Wb. der dtsch. Sprache (¹⁸1960) 218. – [2] Dtsch. Rechtswb., hg. Preuß. Akad. Wiss. (1935–1938) 3, 866ff. – [3] O. BRUNNER: Land und Herrschaft (⁵1965) 20. – [4] a. a. O. [1] 190. – [5] a. a. O. [2] 465ff. – [6] a. a. O. [3] ebda. – [7] KANT, Met. Sitten I, § 60; II, §§ 26. 46f. – [8] C. SCHMITT: Der Begriff des Politischen (Neudr. 1963). – [9] Theorie des Partisanen (1963); vgl. H. HOFMANN: Feindschaft – Grundbegriff des Politischen? Z. Politik NF 12 (1965) 17ff.

HASSO HOFMANN

Freundschaft

I. Die *Vorsokratiker* deuten F. (φιλία) als kosmologisches Prinzip. So verwandelt sich für PHEREKYDES VON SYROS Zeus als Demiurg in Eros, sofern er ja, als er den Kosmos aus Entgegengesetztem zu einem geordneten Ganzen schuf, diesen in den Zustand der Versöhnung und Freundschaft brachte und damit allen Dingen ihre Bestimmtheit und ihren Ort im Einen, das das Ganze durchdringt, zuwies [1]. Da aber Unordnung und Häßliches in der Welt damit nicht erklärt sind, stellt EMPEDOKLES neben die F. als Ursache des Guten den Streit als Ursache des Schlechten: in der Phase des Streites sind die Elemente (Feuer, Wasser, Luft, Erde) für sich gesondert, während die Phase der F. wiederum diese Trennung aufhebt und die Elemente in die Ordnung des umgreifenden Einen zurückführt [2].

PLATONS ‹Lysis› weist das Ungenügen populärer Vorstellungen von der F. nach. Der dichterische Satz, «wie doch stets den Gleichen ein Gott gesellet zum Gleichen», kann für Schlechte, weil sie sich beleidigend und unberechenbar verhalten, ebensowenig zutreffen [3] wie für die Guten, die sich selbst genügend der Ergänzung durch andere Gute nicht bedürfen [4]. Aber auch die Gegensätze «ziehen sich nicht an», da sonst ja Freund und Feind Freunde wären [5]. Platon kann seinen Dialog über die F. «aporetisch» enden lassen, weil damit für ihn die Sache keineswegs unbestimmt bleibt: entsprechend der kosmologischen Identität von F., Anstand, Besonnenheit und Gerechtigkeit [6] ist das Problem der Bestimmung menschlicher Beziehungen für Platon im Problem der Gerechtigkeit aufgehoben, deren wesentliches Moment die politische Eintracht sei [7].

Da aber für ARISTOTELES Gerechtigkeit nicht mehr die das Ganze der menschlichen Beziehungen regelnde, göttlich autorisierte Ordnung sein kann, ist er dergestalt zur Differenzierung genötigt, daß Gerechtigkeit als ‹abstrakt› gewordenes Instrument des Schutzes vor Übergriffen ihr alsdann notwendiges Komplement in der sittlichen Institution der F. erhält [8]. Folgerichtig schneidet Aristoteles die naturphilosophische Fragestellung ausdrücklich ab, da nunmehr F. als Zentrum humaner und politischer Interessen erscheint: die Gesetzgeber schenken ihr mehr Aufmerksamkeit als der Gerechtigkeit; denn unter Freunden bedarf es nicht der Gerechtigkeit, wohl aber bedürfen Gerechte dazu noch der F. [9]. F. besteht so unter Menschen, nicht zwischen Dingen, mithin auch nicht zu Sklaven nur, sofern sie Menschen und nicht Mittel sind [10]. Ort der F. ist die Polis, wie das Feld möglicher Formen von F. zeigt: Kameradschaft, Jugendfreundschaft, persönliche Vertrautheit, Reisebekanntschaft, Gastfreundschaft, Vereinsleben, politische F. – insgesamt Formen [11], ohne die sich Gerechtigkeit weder zur Inwendigkeit politischer Eintracht potenzieren noch Sterilität des Lebens ausschließen könnte, so daß F. erst den Sinn der Gerechtigkeit erfüllt, mithin selbst das Gerechteste ist [12]. Aristoteles *definiert* F. als Aufgeschlossenheit und Verbindlichkeit, die Mitte zwischen aufdringlicher Gefallsucht oder berechnender Schmeichelei und abwehrender Selbstverhärtung oder (bei Greisen häufiger) Streitsucht [13]. – Motive zur F. sind das Gute, das Nützliche und das Angenehme [14]. Die beiden letzteren, angesichts sich ändernder Interessen bzw. Neigungen labilen Formen zielen nicht auf den Freund selbst ab [15], wohingegen vollkommen die F. unter Guten ist, die dem Guten selbst samt seinen Vorzügen (ἀρετή) gilt [16]. – Da menschliches Wesen vor dem Leben des Einsamen (βίος μονώτης) zurückschreckt, ist das Zusammenleben mit Freunden wesentliches Moment der Eudämonie [17]; dem widerspricht nicht die Zugehörigkeit der Autarkie zur Eudämonie, sofern es das Glück des Glücklichen definiert, dieses mit Freunden zu teilen [18]. – Indes ist bestehende F. kein Grund, auf Kritik um der Wahrheit willen zu verzichten [19].

EPIKUR verschärft den aristotelischen Ansatz: Als abstrakte Übereinkunft zwecks Sicherheitsgarantie [20] bleibt Gerechtigkeit ohne Beitrag zur Eudämonie, wofür mithin um so mehr die F. zuständig wird [21]; zwischen diesen mehr und mehr auseinanderstrebenden Polen kennt Epikur F. noch als Form aktiver Konfliktvermeidung, indem «man sich mit allen gut hält» [22].

Bei den *Stoikern*, die die F. zu den officia media zählen, wird die aristotelische Motivtrichotomie zum festen Lehrbestand [23], während sie jedoch im Gegensatz zu Aristoteles, der für das Motiv des Angenehmen mindestens Verständnis aufbringt [24], mit rigoroser Ausschließlichkeit allein den Weisen wahre F. zutrauen [25].

Gemäß der im engeren Sinne politischen Auffassung von F. bei den *Römern*, was sowohl innen- wie außenpolitisch gemeint ist [26], widerspricht CICERO im ‹Laelius› dem stoischen Monopol der Weisen auf wahre F. [27] ebenso wie der epikureischen Wertschätzung der F. als Quelle des Hedonischen [28] und erklärt F. für das Band vornehmlich der ihre virtus bewährenden großen politischen Menschen [29].

Anmerkungen. [1] PHEREKYDES VON SYROS, bei DIELS, Frg. 7 B 3. – [2] ARISTOTELES, Met. 985 a 2-29. – [3] PLATON, Lys. 214 a ff. – [4] a. a. O. 214 e ff. – [5] 216 a f. – [6] Gorg. 507 e f. – [7] Resp. 442 c/d. – [8] ARIST., Polit. 1280 b 29ff. – [9] Eth. Nic. 1155 a 22-b 10. – [10] a. a. O. 1161 b 5f. – [11] 1157 b 23; 1161 a 13-27; vgl. Rhet. 1381 b 34. – [12] Eth. Nic. 1155 a 28. – [13] a. a. O. 1108 a 26-30. – [14] 1155 b 19. – [15] 1156 a 14-21. – [16] 1156 b 7ff. – [17] 1097 b 9-11; 1169 b 16ff. – [18] 1155 a 4ff.; 1169 b 10ff. – [19] 1096 a 12ff.; vgl. PLATON, Gorg. 595 b-c. – [20] DIOG. LAERT. X, 141/150. – [21] a. a. O. 148. – [22] 148-154. – [23] SVF III, Frg. 723. – [24] Vgl. ARIST., Eth. Nic. 1158 a 18ff. – [25] SVF III, Frg. 630f. – [26] SALLUST, Jug. V, 4f., XIV, 18-20; CAESAR, De bell. civ. III, 59, 1-3; VELLEIUS PATERCULUS II, 18, 5. – [27] CICERO, Laelius 18. – [28] De fin. I, 65ff.; II,78. – [29] Laelius 20-22.

Literaturhinweise. L. DUGAS: L'amitié antique (Paris ²1914). – W. ZIEBIS: Der Begriff PHILIA bei Plato (Diss. Breslau 1927). – F. DIRLMEIER: PHILOS und PHILIA im vorhellenist. Griechentum (Diss. München 1930). – F. NORMANN: Die von der Wurzel PHIL-gebildeten Wörter und die Vorstellung der Liebe im Griechischen (Dis. Münster 1952). – J. HELLEGOUARCH: Le vocabulaire lat. des relations et des partis politiques sous la république (Paris 1963) 42-90. – A. W. H. ADKINS: Friendship and self-sufficiency in Homer and Aristotle. Class. Quart. 13 (1963) 30-45.

A. MÜLLER

II. Hatten die Philosophen in der Antike zwischen F. und Liebe deutlich unterschieden, so neigten die Christen dazu, je strenger sie die sinnliche Liebe in Gegensatz zur christlichen Liebe stellten, diese mit der F. gleichzusetzen (AMBROSIUS [1]). Die F. ist «wahr und ewig» und vereinigt die Freunde nicht nur gegenseitig, sondern auch «mit dem Herrn selbst» (AUGUSTIN [2]). Der Ursprung dieser F. ist Gott: «durch göttliche Gnade sind wir im Innern der Liebe Christi verbunden» (PAULINUS VON NOLA [3]). Diese von Gott herrührende, mit Gott vereinende F. in der Spätantike richtet sich allerdings nicht auf den «Nächsten», sondern auf den besonders vollkommenen Menschen [4].

Im Anschluß an die iro-schottischen Mönche bekannten sich die angelsächsischen Geistlichen im 8. und 9. Jh. zu einer neuen Form von F., die sich, nicht unterschieden von der christlichen Liebe, statt an der Vollkommenheit des Freundes am eigenen Zustand orientierte: die Christen fühlten sich verpflichtet, F. im Handeln zu erweisen. So ist sie durch «geistliche Ermahnung und weltlichen Trost» zu «zeigen» (ALKWIN [5]). Diese F. veranlaßte die Freunde auch füreinander zu beten (BONIFAZ, ALKWIN [6]) und ließ so die über West-, Süd- und Mitteleuropa sich ausbreitenden Gebetsbrüderschaften entstehen. Die Formen dieser F.-Verträge ähnelten älteren germanischen F.-Bünden.

Seit dem 12. Jh. wurde wieder eine natürliche, nicht auf göttliche Inspiration zurückgehende F. beachtet. Die Naturwissenschaften betonten, daß Ähnliches Ähnliches anzieht. «Was von Natur ähnlich ist, ist einander notwendigerweise ein Freund» (ADELARD VON BATH [7]). Ein Heiliger wußte sich mit wilden Tieren als «sehr bekannter Freund» verbunden (GODRICH [8]). Einer ließ die Liebe zu Gott aus natürlicher F. entstehen (AELRED VON RIEVAULX [9]).

Vom 13. Jh. an wurde in neuer Weise der Zusammenhang von christlicher Liebe und F. hervorgehoben: die Menschen, beunruhigt von ihrer Unvollkommenheit, sehnten sich nach der eigenen Vervollkommnung – etwa im ewigen Leben – und strebten diese in der von Gott ermöglichten «Gottes-F.» an, da diese die Liebe zu allem von Gott Geschaffenen und auch zur eigenen Person mit enthält. Die «Liebe ist eine F. des Menschen zu Gott» (THOMAS VON AQUIN [10]).

Für DUNS SCOTUS im 14. Jh. war Gott bereits ferner gerückt. Nur eine «überragende F.» kann sich ihm – ohne primär auf die eigene Person zu achten – um seiner selbst willen zuwenden [11]. Diese Vorstellungen wurden in der Mystik volkstümlich verbreitet, während die Humanisten erneut Anschluß an antike F.-Bilder suchten.

Anmerkungen. [1] AMBROSIUS, De officiis III, 22, 133. – [2] AUGUSTIN, Ep. 258. Corpus Scriptorum Ecclesiasticorum Latinorum (= CSEL) 57, 609. – [3] PAULINUS VON NOLA, Ep. 51, CSEL 29, 422. – [4] AUGUSTIN, Soliloquiorum liber I, 2. MPL 32, 873; Ep. 130. CSEL 44, 54f.; PAULINUS, Ep. 23. CSEL 29, 158f.; Ep. 42, a. a. O. 362f. – [5] ALKWIN, Ep. 79, Monumenta Germaniae historica, Epistolae (= MG Ep.) 4, 120; BONIFAZ, Ep. 94. MG Ep. selectae 1, 214. – [6] BONIFAZ, Ep. 37. a. a. O. 1, 217; ALKWIN, Ep. 15. MG Ep. 4, 40f. – [7] ADELARD VON BATH, Questiones Naturales q. 43. Beiträge zur Gesch. der Philos. und Theol. des MA 31/2 (1934) 44. – [8] REGINALD VON DURHAM, Libellus de vita et miraculis S. Godrici. Publ. Surtees Soc. 20 (1847) § 29, c. 10, S. 44. – [9] AELRED VON RIEVAULX, De spirituali amicitia. MPL 195, 666f. 671. – [10] THOMAS VON AQUIN, S. theol. I/II, q. 26, a. 4; q. 28, a. 2; q. 65, a. 5; II/II, q. 23, a. 1. – [11] DUNS SCOTUS, Opus oxoniense 3, 27, 1 und 20; 3, 26, 1 und 21.

Literaturhinweise. R. EGENTER: Gottes-F. in der Scholastik und Mystik des 12. und 13. Jh. (1928). – V. NOLTE: Augustins F.-Ideal in seinen Briefen (Diss. Würzburg 1939). – P. FABRE: Saint Paulin de Nole et l'amitié chrétienne (Paris 1949). – W. FRITZE: Die fränkische Schwur-F. der Merowingerzeit. Savigny-Stiftung für Rechtsgesch., german. Abt. 71 (1954). – A. NITSCHKE: Heilige in dieser Welt. Persönliche Autorität und polit. Wirksamkeit (Augustinus, Bonifatius) (1962); Naturerkenntnis und polit. Handeln im MA, Körper-Bewegung-Raum (Alkwin, Adelard von Bath) (1967).

A. NITSCHKE

III. Im Zusammenhang mit der Säkularisation wird F. mehr und mehr als nur zwischenmenschliche Beziehung begriffen, die sich allmählich von jeder Jenseitsbezogenheit löst und ihren Ort innerhalb der Gesellschaft erhält; die christlichen Züge treten dabei zurück, während die antiken (aristotelischen) noch lange Zeit weiterleben. Wo der F.-Begriff in Philosophie und Literatur thematisiert wird, sieht man ihn zumeist in seinem Verhältnis zu dem der Liebe. Wenn er jedoch eine zentrale Stellung einnimmt, verweist er – über das Private und Individuelle hinaus – auf politische und soziologische Umstrukturierungen, die das Maß der Bedeutung, das man der F. beimißt, bestimmen. Auf diesen Zusammenhang haben schon H. COHEN [1], G. SIMMEL [2], W. RASCH [3] und neuerdings F. H. TENBRUCK [4] hingewiesen.

Anmerkungen. [1] Vgl. H. COHEN: Ethik des reinen Willens (²1907) 573ff. – [2] G. SIMMEL: Soziologie. Untersuch. über die Formen der Vergesellschaftung (²1922) 268f. – [3] W. RASCH: F.-Kult und F.-Dichtung im dtsch. Schrifttum des 18. Jh. (1936) bes. 81ff. – [4] F. H. TENBRUCK: F. Ein Beitrag zu einer Soziol. der persönlichen Beziehungen. Kölner Z. Soziol. u. Sozialpsychol. 16 (1964) 431-465.

1. Ein noch stark individualistisches F.-Ideal, in dem alle christlichen Implikamente durch stoische Vorstellungen verdrängt werden, vertritt MONTAIGNE in seinem Essay ‹De l'amitié›. Er mystifiziert die F. und scheint romantische Vorstellungen vorauszunehmen: Der Freund wird zum alter ego [1], F. ist die höchste Form der Selbstverwirklichung: «Es ist ein nicht kleines Wunder,

sich selbst zu verdoppeln» [2]. F. steht für ihn nicht in Widerspruch zur selbstgewählten Einsamkeit, die er an anderer Stelle preist [3]; beide beruhen auf dem gleichen Freiheitsbedürfnis: Die «Herzens-F.», die durch freie Wahl ohne Zwang entsteht, überragt dadurch noch die «Familien-F.», zu der «uns die Gesetze und Pflichten der Natur verbinden» [4]. Wahre F. zeichnet sich aus durch Geistigkeit und Übereinstimmung der Seelen und Charaktere, sie steht weit über der flüchtigen Leidenschaft der Liebe [5]. F. ist für Montaigne nicht rational zu erfassen, sondern wird durch «eine unbegreifliche, unwiderstehliche Macht» hervorgebracht [6].

Dieses F.-Ideal bleibt bis hin zur Romantik relativ isoliert. F. wird im *17. Jh.* mehr und mehr als vernünftiger Gegenpol zum Irrationalen der Leidenschaft und Liebe begriffen; sie impliziert vernunftgemäße Wahl und ist oft mit dem Ziel sittlicher Vervollkommnung verknüpft. Diese sittliche Komponente der F. wird schon von SPINOZA betont; in seiner Affektenlehre führt er F. auf eine von Vernunft geleitete «Begierde» zurück. «Schimpflich» sei das, «was F. zu schließen verhindert», die Neigung aber, die den von Vernunft geleiteten Menschen dazu veranlaßt, sich die anderen Menschen in F. zu verbinden, bezeichnet er als «Ehrbarkeit» [7].

Das Denken der *Aufklärung* modifiziert den Begriff der F. den Tendenzen der Zeit entsprechend: F. wird zur diesseitigen, vernünftigen und moralischen Grundhaltung gegen jedermann, zur Pflicht gegen die Gesellschaft ohne jeden Affektcharakter. «Est autem Amicitia virtus reciprocae benevolentiae» (die F. ist die Tugend gegenseitigen Wohlwollens) heißt es schon bei GOCLENIUS [8], und in ST. CHAUVINS ‹Lexicon philosophicum› wird F. als amor mutuus oder benevolentia mutua bezeichnet [9]. Auch für MICRAELIUS ist F. im Gegensatz zur Liebe kein Affekt, sondern ein Habitus: «amor est quidam affectus ... Amicitia autem est quidam habitus ... cum magna animi constantia» [10].

In CHR. THOMASIUS' ‹Sittenlehre› werden Liebe und F. zur Voraussetzung der Moral [11]. Er beruft sich in der Vorrede auf jene «Aristotelicis selbst, die ex fontibus Amicitiae die Pflichten und Verbindlichkeiten des menschlichen Geschlechts hergeführet haben» [12]. Auf der aristotelischen Tradition der F.-Vorstellung und von Augustin ausgehenden Theologie und Philosophie vernunftgeordneter Liebe (caritas ordinata), die sich im 17. Jh. im Naturrecht der Liebe fortsetzt, begründet Thomasius seine Ethik [13]. Freunde werden zu den «Gütern des Glücks» gerechnet [14]; F. ist als natürliche, vernünftige Neigung des sich als Gesellschaftswesen verstehenden Menschen Mittel zur Erlangung höchster Glückseligkeit: «wahre und vernünftige F.», «die in beständiger Vereinigung zweyer tugendhafften Gemüther bestehet» [15], wird für Thomasius fast identisch mit vernunftgeleiteter Liebe (der «Vereinigung gleicher Gemüther die das gröste Gut besitzen» [16]); ohne F. kann die «höchste Glückseligkeit nicht bestehen» [17], in der «wahren Philosophie» sind «wahre F. und Liebe eines» [18]. In dieser F.-Vorstellung wird einerseits die Säkularisierung christlicher Liebestugend deutlich, andrerseits aber auch die über den nur «politischen» oder «galanten» Zusammenhang des Zeitalters hinausgehende ethische Bedeutung von F. [19], die die Pflicht zu sozialem Verhalten voraussetzt. Bei Thomasius steht F., als Gesinnung und als Handlung, im Mittelpunkt einer Ethik, die als «vergessener Vorklang mancher späterer Theorien» und Humanitätslehren bezeichnet werden könnte [20].

Auch bei CHR. WOLFF wird der F.-Begriff erweitert zur allgemeinen Menschenliebe ohne metaphysischen Bezug: «Wer einen andern liebet, den nennet man seinen Freund ... Und also ist ein Freund eine Person, die bereit ist aus unserer Glückseeligkeit Vergnügen zu schöpfen» [21]; nach dem Gebot der Nächstenliebe «sind wir auch verbunden jedermann Freund ... zu seyn», damit «einer des andern Wohlfahrt befördern könte» [22]. Auch hier dient F. der Erlangung von «Vollkommenheit» und «Glückseeligkeit» [23]; die freundschaftliche Beziehung kann für Wolff nur fern von «Ruhm», «grossen Titel[n], Lobsprüchen und Complimenten» erhalten werden [24].

In SHAFTESBURYS Konzeption einer auf natürliche Affekte begründeten, von der Religion nun völlig emanzipierten Morallehre wird F. ebenfalls in ihrem Bezug zur Gesellschaft gesehen. Sie kann Menschen- und Vaterlandsliebe implizieren, ist erstrebenswerteste Tugend und höchstes Gut des auf Gesellschaft angewiesenen Individuums. F. ist «sublime Heroick Passion» [25] und wird universal aufgefaßt: F. zum Einzelnen kann nicht existieren «without such an enlarged Affection and Sense of Obligation to Society» [26], Freund bedeutet immer auch «Man's Friend», «Friend of Mankind» [27].

Die Wende des *Pietismus* zu mystischer Verinnerlichung verweist F. in den Bereich menschlicher begrenzter «natürlicher» Neigungen, die von der Liebe, identisch mit Gott, weit übertroffen wird. So nennt SUSANNA VON KLETTENBERG F., die auf «innerer Übereinstimmung» vor allem bei «unbekehrten Menschen» beruhe, eine «natürliche Zuneigung» [28], die sich dem Vorbild der göttlichen Liebe nähern und zur christlichen F.-Treue werden solle [29]. «Natürliche Neigungen» wie die Herzens-F. müssen durch die Beherrschung der Affekte geläutert werden, damit nicht die «reinste F. ... aus dem Geist in das Fleisch» falle [30]. Die «genaue F.» [31] ist hier christlicher Sittlichkeit verpflichtet: zum «inneren Grund» der Übereinstimmung gehört das noch stärkere Band der Gottesliebe [32].

In den Mittelpunkt rückt F. jedoch wieder in der folgenden Zeit. Die Entdeckung der subjektiven Sphäre des Gefühls findet, von pietistisch-religiösen Zügen begleitet, ihren Ausdruck in F.-Kult und F.-Dichtung der Empfindsamkeit [33]. So preist z. B. KLOPSTOCK in einer Ode F. als Begründerin jener Gemeinde, die das Leben «nicht unwürdig der Ewigkeit» genießt [34]; F. und Tugend gehören zusammen. Das nicht unmittelbar christliche Thema der F. wird von ihm in christlich sittlichem Zusammenhang gesehen [35]. Auch JACOBIS Roman ‹Woldemar› (erster Titel: ‹F. und Liebe›) handelt von einer «überschwenglichen Idee von F.» [36], die der nur «sinnlichen» Liebe gegenübergestellt wird. F. ist hier die tiefste menschliche Beziehung überhaupt, Verwandtschaft der Seelen mit metaphysischem Akzent: Die Freundin steht noch über der «Heiligen» [37], F. über Liebe und Ehe.

In der *Romantik* tritt der Begriff der Liebe gegenüber dem der F. wieder stärker in den Vordergrund. Auf Ablehnung stieß Jacobis F.-Ideal z. B. bei FR. SCHLEGEL, der zu einer neuen Synthese von Leidenschaft und Besonnenheit in der Liebe zu gelangen sucht (‹Lucinde›). Für ihn ist F. «partiale Ehe und Liebe ist F. von allen Seiten und nach allen Richtungen, universelle F. Das Bewußtsein der notwendigen Grenzen ist das Unentbehrlichste und das Seltenste in der F.» [38]. F. und Liebe werden allerdings nicht immer deutlich voneinander getrennt, an anderer Stelle nennt Schlegel F. eine «reingeistige Liebe» [39]; im Unterschied zu der «ganz äußerlichen» weiß die echte F. «die Göttlichkeit des andern zu ehren» [40] und rückt in der «wunderbaren Symmetrie des Eigentümlichsten» in die Nähe des «Heiligsten» [41]. Nach SCHLEIERMACHER ist die F. Mittel zur Verwirklichung der im Menschen ideell angelegten Individualität, sie ist «eine Annäherung zur Individualität in's Unendliche» [42], gerichtet auf «Verschmelzung der Individualität, des Fragments, welches jeder von der ganzen Menschheit in sich hat, dessen was in dem Einzelnen die Menschheit repräsentirt» [43]. Da F. «Ergänzung» ist, will sie «durch Mittheilen jedem Individuo zwei Personen geben»; im Gegensatz zur Liebe, die von Schleiermacher wie von Schlegel mit Totalitätsanspruch versehen wird, ist sie aber nur die «symbolische Erkentniß der Individualität» [44].

JEAN PAUL beruft sich auf Montaigne, begnügt sich aber nicht mit dessen Begründung der F. als «Ähnlichkeit des Herzens»: sie beruhe vielmehr, wie alle Empfindungen, «auf tausend unsichtbaren und im freien schwebenden und fliegenden Fäden» [45]. Die Verdoppelung in der Person des Anderen und die gleichzeitige Vereinigung zweier Individuen gehören für ihn zum Wesen der F.: «Die Zwei-Einigkeit» der Personen «artet immer mehr zu Einem Wesen» [46]. Der allgemeinen Tendenz seiner Zeit folgend, betont er das Seelisch-Geistige der F. im Gegensatz zur Sinnlichkeit der Liebe und greift Jacobis F.-Begriff wieder auf [47].

Anmerkungen. [1] M. DE MONTAIGNE: Essays. Hist.-krit. A., hg. O. FLAKE/W. WEIGAND 2 (1908) 22. – [2] ebda. – [3] Vgl. Über die Einsamkeit a. a. O. 2, 113ff., bes. 122. – [4] Über die F. a. a. O. 2, 9. – [5] 2, 10f. – [6] 2, 15. – [7] SPINOZA, Ethik, hg. O. BAENSCH (1905, Neudruck der 2. Aufl. 1950) 220. – [8] R. GOCLENIUS: Lex. philosophicum (1613, Neudruck 1964) 91ff.: Art. ‹Amicitia›. – [9] ST. CHAUVIN: Lex. philosophicum (1692) Art. ‹Amicitia›; vgl. dazu W. SCHNEIDERS: Recht, Moral und Liebe. Untersuch. zur Entwicklung der Moralphilos. und Naturrechtslehre des 17.Jh. bei Chr. Thomasius (Diss. Münster 1961) 78. – [10] J. MICRAELIUS: Lex. philosophicum (²1662, Nachdruck 1966) Art. ‹Amicitia›. – [11] Vgl. SCHNEIDERS, a. a. O. [9] 81. – [12] CHR. THOMASIUS: Einl. in die Sittenlehre (1692, Nachdruck 1968) Vorrede. – [13] Vgl. SCHNEIDERS, a. a. O. [9] 59. 75. 78; Einl. zu: THOMASIUS, Sittenlehre a. a. O. [12] IVf. – [14] THOMASIUS, a. a. O. 61. – [15] 62. – [16] 88. – [17] 62. – [18] 171. – [19] Vgl. RASCH, a. a. O. [3 zu III] 69. 66. – [20] SCHNEIDERS, Einl. zu Thomasius Sittenlehre VI. – [21] CHR. WOLFF: Vernünftige Gedanken von der Menschen Tun und Lassen (1723) § 778. – [22] a. a. O. §§ 779. 777; vgl. § 784. – [23] § 777. – [24] § 782. – [25] A. A. C. SHAFTESBURY: The moralists. Works (1714, Nachdruck 1968) 2, 239. – [26] a. a. O. 242. 239. – [27] 240. – [28] S. v. KLETTENBERG: Der Charakter der F., in: Die schöne Seele, hg. H. FUNCK (1912) 141. 142. – [29] Von der F.-Treue a. a. O. 174. – [30] 148. – [31] 157. – [32] 142. – [33] Vgl. W. RASCH: Die F. bei Jean Paul (Diss. Breslau 1927, Teildruck) 2. – [34] F. G. KLOPSTOCKS Oden, hg. F. MUNCKER/J. PAWEL (1889) 1, 83ff. – [35] Vgl. a. a. O. 1, 80; vgl. G. KAISER: Klopstock. Relig. und Dichtung (1963) 339ff. – [36] FR. H. JACOBI: Woldemar. Werke 5 (1820) 348; vgl. 444. 419; vgl. dazu P. KLUCKHOHN: Die Auffassung der Liebe in der Lit. des 18.Jh. und in der dtsch. Romantik (1922) 234. – [37] JACOBI, a. a. O. 344f. – [38] FR. SCHLEGEL, Athenäum-Frg. 359. Krit. A. hg. E. BEHLER (1958ff.) 2, 229; vgl. KLUCKHOHN, a. a. O. [36] 374f. – [39] FR. SCHLEGEL, a. a. O. 5, 77. – [40] 5, 78. – [41] 5, 77. – [42] Denkmale der inneren Entwicklung SCHLEIERMACHERS, hg. W. DILTHEY (1870) 107. – [43] a. a. O. 114f. – [44] 136. – [45] JEAN PAUL: Br. vom 13. 2. 1785 an v. Oerthel. Briefe, Akad.-A. III/1, 151. – [46] Br. vom 31. 3. 1795 an Chr. Otto a. a. O. III/2, 66. – [47] Br. vom 12. 2. 1793 an A. Herold III/1, 371; vgl. RASCH, a. a. O. [33] 33.

2. In den Anschauungen der ‹Empfindsamkeit› und Romantik erschien F. subjektiviert und mystifiziert; sie hatte sich, neben oder noch über die Liebe stehend, von der vernünftigen, moralischen Pflicht gegen alle zur irrationalen Neigung aus Seelenverwandtschaft verwandelt; sie wurde Mittel zur Überschreitung der Grenzen der endlichen Subjektivität.

Demgegenüber setzt sich in KANTS Definition der F. deren frühere ethische Bestimmung fort: In der ‹Tugendlehre› der ‹Metaphysik der Sitten› charakterisiert er sie als von der Vernunft aufgegebene Pflicht und lehnt die «in ihrer Reinigkeit oder Vollständigkeit, als erreichbar» gedachte F. als «Steckenpferd der Romanenschreiber» ab [1]. Auch F. sollte nach Kant unter das voraussetzungslose Sittengesetz gestellt sein, durch das allein die Freiheit des Menschen sich bestimmt. Daß sie «eine bloße (aber doch praktisch-nothwendige) Idee [sei], in der Ausübung zwar unerreichbar, aber doch darnach ... zu streben ... ehrenvolle Pflicht ..., ist leicht zu ersehen» [2]; ihre Kennzeichen sind «gleiche wechselseitige Liebe und Achtung» [3]. Diese Verbindung zwischen zwei Menschen kann nicht «auf wechselseitigen Vortheil abgezweckt», sondern muß rein moralisch sein, wobei der gegenseitige Beistand nicht «Bestimmungsgrund», sondern nur das äußere Zeichen des inneren Wohlwollens sein sollte [4]. Dabei leugnet Kant nicht das Moment der Empfindung (teneritas amicitiae), die Möglichkeit des «Zusammenschmelzens in eine Person» in der F., ebenso wenig wie ihre Motivation durch die natürliche Anlage des Menschen zur Geselligkeit [5], will beides aber durch «Grundsätze» und «Regeln» gefestigt wissen: Die Liebe in der F. darf nicht «Affect» sein, «weil dieser in der Wahl blind und in der Fortsetzung verrauchend ist» [6]. Die «blos moralische» F. (im Gegensatz zur ästhetischen) existiert – wenn auch selten; aber die mit den Zwecken anderer Menschen, obzwar aus Liebe, sich «belästigende», «pragmatische» F. kann keine Maxime sein, sondern nur ein «Ideal des Wunsches», «das im Vernunftbegriffe keine Grenzen kennt, in der Erfahrung aber doch immer sehr begrenzt werden muß» [7].

HEGEL betont das Moment der Freiheit in der F. und zählt sie zu den Formen der Empfindung (wie Liebe), wo der «konkrete Begriff der Freiheit», das Allgemeine in seiner Beschränkung in einem Anderen bei sich selbst sei [8]. Daß F. nicht unter die christlichen Pflichten falle, erklärt er durch die Notwendigkeit eines objektiven, außer ihr selbst liegenden Zwecks. F. ist nicht in romantischer Innerlichkeit begründet, sondern: «Männer sind Freunde nicht so sehr direct als vielmehr objectiv in einem substantiellen Bande, in einem Dritten ... das Band ist ein objectiver Inhalt, nicht Zuneigung als solche» [9]. F. im Sinne der Alten, verbunden mit Festigkeit und Treue, hat für Hegel «die Jugend vornehmlich zu ihrem Boden und zu ihrer Zeit» [10], die sich in der ihr eigenen Unbestimmtheit ihrer wirklichen Verhältnisse zu einer Gesinnung, einem Willen und einer Tätigkeit verbindet und sich noch nicht dem Prinzip des «tieferen Lebens» unterstellt, nach dem «im ganzen jeder für sich selbst sorgt» [11].

KIERKEGAARD stellt F. in den Kontext der Trennung des Ästhetischen vom Ethischen. Die sentimentale F. des Ästhetikers, die auf «dunklen Gefühlen» und «unerklärlichen Sympathien» [12] gründet, gehört zum Bereich des Zufälligen, Unwirklichen, Un-Ernstes; wahre F. dagegen fordert Bewußtsein und wird dadurch «davon erlöst, Schwärmerei zu sein» [13]; sie existiert im Ernst als der Anerkennung des Seins und der Wirklichkeit [14]. Die ästhetische F. ist, wie das Ästhetische bei Kierkegaard überhaupt, mit dem Begriff des Wunsches verbunden, der sich als Nicht-Ernst bestimmt [15]; er charakterisiert diese F. durch «schwärmerische Wünsche», eine «gleichgestimmte Seele» zu finden, mit der der Ästhetiker «über das Ganze lachen» kann [16]. Die Bedingung für wahre F. ist dagegen das «Einssein in der

Lebensanschauung» [17], die immer ein ethisches Moment in sich trägt [18]. Unter Berufung auf Aristoteles hat F. für Kierkegaard die Aufgabe, «ethisch die Wirklichkeit» zu gewinnen, sie kann deshalb nur Pflicht sein, gemäß der Pflicht eines jeden, «andern offenbar zu werden» [19].

Schopenhauer und Nietzsche sehen F. weder als Postulat noch als unerreichbares Ideal, sondern suchen ihre Realität und psychologische Motivation zu begreifen. So berücksichtigt für SCHOPENHAUER der Begriff der «wahren, ächten F.» als «rein objektive und völlig uninteressirte Theilnahme am Wohl ... des Andern» nicht den menschlichen Egoismus, so daß wahre F. zu den Dingen gehöre, von denen man, «wie von den kolossalen Seeschlangen, nicht weiß, ob sie fabelhaft sind, oder irgendwo existiren» [20]. Trotz versteckter egoistischer Motive sind für ihn gewisse Verbindungen mit «einem Gran ihrer wahren und ächten F.» versetzt [21]. Die Identifizierung mit dem Freund sieht er in der Selbstsucht begründet, die Teilnahme an seiner Person im Mitleid [22], der Voraussetzung der Menschenliebe überhaupt [23]. In NIETZSCHES Angriff auf die bestehende «Moralität», nach der «das Freundesverhältniss die moralischste [sei], welches existirt» [24], erhält der Begriff der F. einen neuen Inhalt. Die Theorie der F. in der «Ethik der Alten» ist für ihn «Zeichen einer recht queren Entwicklung» [25]; innerhalb seiner Wertvorstellungen, in denen christliche Tugendbegriffe ihre Geltung verlieren, ist F. zweier Personen durch einen «gemeinsamen höheren Durst nach einem über ihnen stehenden Ideale» charakterisiert [26]; Zarathustra lehrt «nicht den Nächsten ..., sondern den Freund», der das «Fest der Erde und ein Vorgefühl des Uebermenschen sein soll» [27] und nicht durch Mitleiden, sondern durch «Mitfreude» bestimmt ist [28].

Anmerkungen. [1] KANT, Met. Sitten, Tugendlehre § 46. Akad.-A. 6, 469f. – [2] ebda. – [3] ebda. – [4] 470f. – [5] 471. – [6] ebda. – [7] 472. – [8] HEGEL, Werke, hg. H. GLOCKNER 7, 60. – [9] a. a. O. 16, 314. – [10] Ästhetik, hg. F. BASSENGE 1, 545; vgl. JEAN PAUL, Akad.-A. II/5, 433. – [11] HEGEL, Ästhetik 1, 546f. – [12] S. KIERKEGAARD, Entweder/Oder II. Werke, dtsch. E. HIRSCH, 2. und 3. Abt. (1957) 342f. – [13] a. a. O. 341. – [14] ebda. – [15] Vgl. M. THEUNISSEN: Der Begriff Ernst bei S. Kierkegaard (1958) 99ff. – [16] KIERKEGAARD, a. a. O. [12] 341; vgl. 344f. – [17] 341; vgl. 344. – [18] Vgl. 343. – [19] 344. – [20] SCHOPENHAUER, Werke, hg. A. HÜBSCHER 5, 489. – [21] ebda. – [22] 2, 444. – [23] Vgl. 4, 237. – [24] NIETZSCHE, Musarion-A. 9, 383. – [25] a. a. O. 3, 201. – [26] 12, 53. – [27] 13, 75. – [28] 8, 350.

3. F. wurde von der moralischen Pflicht des Individuums der Gesellschaft gegenüber zum Mittel der Selbstverwirklichung des Einzelnen, dessen Individualität sich im Andern erfüllte oder erweiterte. Was Hegel als Motivation der Jugend-F. angibt – die der Jugend eigene «Unbestimmtheit» – kann, aus psychologischer und soziologischer Perspektive, auch zur Erklärung für die Individualisierung der F. dienen, wie sie sich von der Aufklärung an zeigte. Dies betont F. H. TENBRUCK: Analog zu der Ichbildung in der Jugend des Einzelnen und der sich daraus ergebenden Unsicherheit und Gefährdung haben Zeiten, in denen «das Ich im Sinne der Individualität» [1] entdeckt wird, soziale Differenzierungen und Umstrukturierungen zur Voraussetzung und damit die Gefahr der «Unsicherheit» und «Desorganisation» zur Folge [2]. In dieser Situation wird die persönliche Beziehung wichtig; F. wird zum Stabilisierungsfaktor. Ähnlich deutet schon H. COHEN den «Sinn für F.» als die «allgemeine Signatur des geistigen Verkehrs, wie sie für Zeitalter charakteristisch ist, denen ihre jeweilige Kultur missbehagt und die das Vorgefühl einer Umwandlung der Dinge haben. In solchen Zeiten klammert man sich an das Urgefühl der F.» [3]. Cohen selbst aber hebt an der F. das stabilisierende Moment, das sie von anderen menschlichen Beziehungen unterscheidet, hervor und sieht in ihm ihre sittliche Begründung: «Das Charakteristikum der F. ist die Beständigkeit» [4], der Beweis für ihre Sittlichkeit ist die Treue [5]: «denn solcher Zeugnisse von der Beharrlichkeit in den Neigungen ... bedarf die Ethik, um die Tugend aufzurichten» [6]. Sein F.-Ideal scheint zum Beweis seiner eigenen These zu werden: sie ist für ihn ein objektiver Wert in einer Zeit, in der die «sogenannte Geselligkeit» [7] durch «Illusionen der Eintracht» [8] den Zerfall tradierter Werte verbergen soll. Aristotelische Tugendbegriffe reaktualisiert auch N. HARTMANN: Der «Grundstock der F.», die «objektiver fundiert [ist] als Liebe», ist Aufrichtigkeit, Verläßlichkeit, Treue; ein solches Verhältnis ist für ihn die «ideale ethische Lebensform im Kleinen» [9]. G. SIMMEL begründet den Verlust der antiken F.-Vorstellung mit der «wachsenden Differenzierung der Menschen», die auch differenziertere Formen von F. verlange [10]. Zur modernen Gefühlsweise gehört nach ihm ein ganz besonderer Typ der F., der nicht mehr die ganze Person mit Ausschließlichkeit erfaßt, sondern nur eine ihrer Seiten; sie führt nicht mehr, wie in undifferenzierteren Epochen, zur «Gemeinsamkeit der gesamten Lebensperipherie», sondern ist gekennzeichnet durch «Reserven» und «Diskretion» [11].

Aus daseinsanalytischer Sicht betrachtet E. BINSWANGER im Anklang an romantische Vorstellungen F. als «Dasein in Form liebender *Wirheit* oder liebender *Begegnung*» [12]. Unter Berufung auf frühere Bestimmungen der F., die sprachlich auf Formen der Kategorie von Teil und Ganzem zurückgriffen (Verdoppelung, Ergänzung), sieht er im freundschaftlichen Miteinandersein das «ungebrochene», «ungeteilte» Dasein sich in verschiedene Bedeutungsrichtungen aufteilen [13]. Heute scheint die personalisierte F.-Beziehung eine relativ geringe Rolle zu spielen; auf Grund der sozialen Differenzierung kann F. zu einer einzelnen oder zu mehreren Personen nicht mehr den Anspruch der Stabilisierung in allen Bereichen erfüllen [14].

Anmerkungen. [1] F. H. TENBRUCK, a. a. O. [4 zu III] 439/40. – [2] 440. – [3] COHEN, a. a. O. [1 zu III] 574. – [4] 576. – [5] 574. – [6] 576. – [7] 577. – [8] 578. – [9] N. HARTMANN: Ethik (1926) 430. – [10] G. SIMMEL, a. a. O. [2 zu III] 269. – [11] ebda. – [12] E. BINSWANGER: Grundformen und Erkenntnis menschlichen Daseins (1942, ²1953) 219. – [13] a. a. O. 227. – [14] TENBRUCK, a. a. O. [4 zu III] 454.

Literaturhinweise. R. EGLINGER: Der Begriff der F. in der Philos. Eine hist. Untersuch. (Diss. Basel 1916). – S. KRACAUER: Über die F. Logos 7 (1917/18) 182-208. – P. KLUCKHOHN s. Anm. [36 zu 1]. – W. RASCH s. Anm. [3 zu III u. 33 zu 1]. – L. BINSWANGER s. o. Anm. [12 zu 3] bes. 219-227. – A. VON GLEICHEN-RUSSWURM: Über die F. Psychol., Gesch. und Wandlungen eines Ideals (²1961). – F. H. TENBRUCK s. Anm. [4 zu III].

CH. SEIDEL

Friede. In seiner philosophischen Bedeutung erst seit kurzem, in seinem Rang als Prinzip des Denkens und Handelns noch kaum wahrgenommen, gilt F. gleichwohl von den Anfängen der Geistesgeschichte an als fundamentales Menschheitsproblem, das als solches wiederholt zum Gegenstand thematischer Reflexion wurde. Wie bei kaum einem andern Motiv wirkten dabei außerphilosophische, insbesondere theologische Antriebe mit.

a) Charakteristisch für das *griechisch-römische* F.-Verständnis ist das Moment der Relativität und Negativität. F. (εἰρήνη) wird seit HOMER [1] vorwiegend als die von den Göttern verfügte Unterbrechung des kriegerischen Normalzustandes und darum korrelativ zu πόλεμος gedacht, der seinerseits als gottgegebene Notwendigkeit [2] und Blickpunkt menschlicher Gesetzgebung [3] gilt. Die faktische Doppelung dieser Negation, die sich aus der wachsenden Einsicht in das Unwesen des Kriegs ergab [4], führte allmählich zu einer positiveren Wertung, am deutlichsten in der (interpolierten) HESIOD-Stelle, die Eirene, zusammen mit Eunomia und Dike zu den das menschliche Tun umhegenden Mächten [5] zählt. Ähnliches besagt die römische *pax*, jedoch mit stärkerer Akzentuierung des juridischen und sozialen Aspekts. In mythischer Überhöhung schildert die Hymnik VERGILS [6] und der Skulpturenschmuck der Ara Pacis Augustae den nunmehr als Inbegriff einer umfassenden Lebensordnung verstandenen F. [7].

b) Mit dieser Deutung deckt sich der Sinn der alttestamentlichen Vokabel *schalom*, sofern auch sie die daseinssichernde Funktion des F. betont, der demgemäß als Gegenbegriff sowohl zu den äußeren (Krieg, Kampf, Streit [8]) wie den inneren Übeln (Angst, Schrecken, Sünde [9]) fungiert. Doch überbietet das *jüdische* F.-Verständnis diese Auffassung zugleich, indem es den F. zum Prinzip des Daseins insgesamt erhebt (ausdrücklich in der Gleichstellung des F. mit der Schöpfung bei Rabbi CHANANJA und in SCHIM'ON BEN GAMLIELS Zurechnung des F. zu den drei Dingen, auf denen die Welt ruht) und ihn darüber hinaus mit Jahwe (so schon in Gideons Altartitel ‹Jahwe ist F.› [10]), weniger deutlich auch mit dem messianischen F.-König der Endzeit [11] identifiziert. Näher kommt das alttestamentliche Verständnis der heidnischen Tradition wiederum in der Erwartung des kommenden, alle Kreaturen umfassenden [12] F.-Reichs, das der (nach Ps. 85, 11) mit der Gerechtigkeit versöhnte F. beherrscht [13], nur daß sein Kommen anstatt von politischen Vorkehrungen ausschließlich von Gottes geschichtsmächtigem Walten erwartet wird [14].

c) Wie die Idee der Freiheit erhielt der Begriff des F. seine stärksten Impulse aus der *christlichen* Heilsbotschaft, die sich (nach Eph. 6, 15) insgesamt als Verkündigung des F. versteht. Dieses Selbstverständnis erklärt sich daraus, daß der kosmische und soziale Aspekt zwar noch (wie 1. Kor. 14, 33 zeigt) nachwirkte, die Sinnentwicklung selbst jedoch der mit der alttestamentlichen Identifizierung vorgezeichneten Bahn folgte. Dieser Sicht zufolge fällt der F. so sehr mit Christus in eins, daß er geradezu zum Synonym für sein Wesensgeheimnis und sein Heilswerk wird [15]. F. ist darum das erste Wort des Jüngers Christi [16] und die vordringlichste seiner Aufgaben. Denn der F. ist ebenso sehr die Wesensstat der Gotteskinder, wie die F.-Stifter Söhne Gottes heißen und sind [17]. Ihrem betont personalen Interesse zufolge nimmt die paulinische F.-Lehre die alttestamentliche Vorstellung von einer universalen F.-Herrschaft auf die christliche Subjektivität zurück. Wie als Herrscher der endzeitlichen Gottesstadt herrscht der F. im Herzen des Einzelnen [18], dessen Gesinnung und Denken er in Christus bewahrt [19]. Gleichzeitig fixieren die Katholischen Briefe den primordinalen Rang des F. Kannte das Alte Testament noch die Vorstellung eines der Gerechtigkeit entstammten F. [20], so erscheint der F. jetzt (nach Jak. 3, 18) umgekehrt als der Boden, der die Frucht der Gerechtigkeit trägt [21].

d) Der Fortgang der Bedeutungsgeschichte ist durch ein dialektisches Abschreiten der hauptsächlichen Sinnvarianten gekennzeichnet. Auf die Akzentuierung des kosmologischen Aspekts folgt regelmäßig die spiritualistische Antithese und der Versuch einer Vereinbarung beider in einer selbst wieder über sich hinausdrängenden Synthese. Für die *westliche* Tradition markieren diese Entwicklung etwa KLEMENS VON ROM [22], CYPRIAN VON KARTHAGO [23] und AUGUSTINUS [24], für die *östliche* EUSEBIUS VON CAESAREA [25], GREGOR VON NYSSA [26] und PSEUDO-DIONYSIUS [27], für das *Mittelalter* HILDEGARD VON BINGEN [28], BONAVENTURA [29] und THOMAS VON AQUIN [30]. Eine bedeutsame Aktualisierung vollzieht am Ende der Epoche NIKOLAUS VON KUES mit seiner gegen religiöse Intoleranz polemisierenden Schrift ‹De pace fidei›, die freilich die bevorstehenden Glaubenskämpfe so wenig aufzuhalten vermochte wie die F.-Klagen der Humanisten (ERASMUS) und Reformer (SEBASTIAN FRANCK) [31].

e) Im Zug der neuzeitlichen Säkularisierungstendenzen kam es in der Folge zunächst zu einer fortschreitenden Politisierung der F.-Idee, die ihr im Bund mit dem Toleranz- und Humanitätsgedanken zu weltweiter Wirkung und Achtung verhalf, der nationalen Aggressivität, die am Ende des Zeitalters zum Exzeß der beiden Weltkriege mit ihrer technisierten Massenvernichtung führte, jedoch vergeblich zu wehren suchte. Exponenten dieser neuen F.-Konzeption sind LEIBNIZ und KANT, jener durch sein den monadischen Perspektivismus übergreifendes Einheitsdenken und seine praktische Bemühung um eine religiös-politische F.-Ordnung [32], dieser sofern er den F. in seiner Spätphilosophie zum Ideal der moralischen Vernunft und damit zum letzten, wenngleich nur näherungsweise zu erreichenden Ziel des Völkerrechts erklärte [33]. Gleichzeitig lebt in der Hymnik HÖLDERLINS das biblische F.-Verständnis in mythisch verfremdeter Form wieder auf [34]. Damit verschob sich der F.-Gedanke zwar ins Utopische, dies jedoch so, daß er in seiner Entlegenheit als die Bedingung des Überlebens erschien. Beredtester Sprecher dieses aporetischen F.-Denkens ist PASCAL, nach dem der zum Selbstzweck erhobene F. Gefahr läuft, an seiner eigenen Unbedingtheit zugrunde zu gehen, während der mit politischen oder gar militärischen Mitteln herbeigeführte F. mit eben dieser ‹Vermittlung› auch schon als Prinzip aufgegeben ist [35]. Deutlicher als jede Analyse zeigt diese Aporie die der theoretischen Klärung des F.-Problems gezogene Grenze, zugleich aber auch den geistigen Ort, an dem die Sache des F. immer neu ausgetragen werden muß.

Anmerkungen. [1] HOMER, Od. 24, 531-548; vgl. AISCHYLOS, Eumeniden 778-1047. – [2] XENOPHON, Hellenica VI, 3. 6. 15. – [3] PLATON, Leges 626 a. – [4] PINDAR, Fr. 99; EURIPIDES, Supp. 949. – [5] HESIOD, Theogonie 5, 901f. – [6] VERGIL, ecl. 4. – [7] Vgl. W. STADLER: Was ist F.? Symposion 1 (1949) 15-34. – [8] 1. Könige 20, 18; Jes. 27, 4f.; Jer. 9, 7. – [9] Hes. 7, 25; Jer. 30, 5; Ps. 38, 4. – [10] Richter 6, 24; bedingt auch Micha 5, 4. – [11] Jes. 9, 5; Sach. 9, 9f. – [12] Hos. 2, 20; Jes. 11, 6ff. – [13] Jes. 60, 17. – [14] Vgl. J. J. STAMM und H. BIETENHARD: Der F. im AT und NT (1959). – [15] Kol. 1, 19f.; Eph. 2, 11-18. – [16] Luk. 10, 5. – [17] Mat. 5, 9. – [18] Kol. 3, 15. – [19] Phil. 4, 7. – [20] Jes. 32, 17. – [21] Vgl. J. COMBLIN: Théol. de la paix (Paris 1960). – [22] 1 Clem. c. 20. – [23] CYPRIAN VON KARTHAGO, De eccl. unitate 7. 12. – [24] AUGUSTIN, De civ. Dei XIX, 11ff. – [25] EUSEBIUS VON CAESAREA, Vita Constantini III, 12. – [26] GREGOR VON NYSSA, De beat., or. 7. – [27] PSEUDO-DIONYSIUS, De div. nom. 11,5. – [28] HILDEGARD VON BINGEN, Scivias III, 6. – [29] BONAVENTURA, Itinerarium, prol. – [30] THOMAS VON AQUIN, S. theol. I/II, q. 29, a. 2; q. 70, a. 3; II/II, q. 180, a. 2. – [31] Vgl. K. VON RAUMER: Ewiger F. F.-Rufe und F.-Pläne seit der Renaissance (1953). – [32] Vgl. G. KRÜGER: Leibniz als F.-Stifter (1947). – [33] KANT: Zum ewigen F. (1795). Akad.-A. 8, 341ff. – [34] Vgl. Der Streit um den F., hg. von E. LACHMANN (1957). – [35] PASCAL, Pensées, Frg. 949.

Literaturhinweise. W. STADLER s. Anm. [7]. – J. J. STAMM und H. BIETENHARD s. Anm. [14]. – J. COMBLIN s. Anm. [21]. – K. VON RAUMER s. Anm. [31]. – L. BUDDE: Ara pacis Augustae (1957). – W. NESTLE: Der F.-Gedanke in der antiken Welt (1938). – W.

Fuchs: Augustin und der antike F.-Gedanke (1926). – R. Schneider: Der F. der Welt (1956). – M. Müller: Der F. als philos. Problem, in: Vom F. (1967). – E. Biser: Der Sinn des F. (1960).
E. Biser

Friede, ewiger. Der e.F. ist ein Gedanke, der seit dem späten Mittelalter im europäischen Geistesleben beheimatet ist. Das römische Imperium hatte den Frieden im Inneren und damit schließlich in der ganzen damals bekannten Welt garantiert. Nach seinem Zusammenbruch hatte die Idee des christlichen Abendlandes die Hoffnung auf Einheit und Frieden in einer im Umbruch befindlichen Welt aufrechterhalten und die endgültige Friedensverheißung auf die Zeit der Wiederkehr Christi transponiert. In dem Maße aber, in dem die Kraft dieser transzendenten Friedensidee infolge des Schwindens des christlich-abendländischen Einheitsbewußtseins abnahm und souveräne Staaten entstanden, deren Herrscher keinen Höheren über sich anerkannten, schwand die Hoffnung auf einen Weltfrieden auf religiöser (christlicher) Basis und mehrten sich die Rufe nach einer bewußt auf die Erhaltung des Friedens abzielenden Organisation der souveränen Staaten. Dante [1] entwarf den Plan einer Weltmonarchie, deren oberster Würdenträger nicht unumschränkter Herrscher, sondern Schirmherr des Rechts und des Friedens in einer Gemeinschaft von gleichberechtigten, unabhängigen Königreichen und Republiken sein sollte. Die Bemühungen um die Wiedereroberung des Heiligen Landes offenbarten noch einmal die Idee der christlichen Einheit und ließen die Hoffnung auf einen Weltfrieden für kurze Zeit wieder aufleben. Pierre Dubois, der Kronanwalt Philipps des Schönen von Frankreich, leitete seinen berühmten Plan der europäischen Einigung zum Zwecke der Wiedergewinnung des Heiligen Landes (1306) mit den Worten ein: «Denn fürwahr ist der allgemeine Friede das Ziel, nach dem wir streben» [2]. Auf ähnlichen Beweggründen beruhte der von Georg von Podiebrad im Jahre 1462 entworfene Plan eines ewigen Friedensbündnisses, der bereits ein allgemeines Gewaltverbot enthielt und die Aufgabe der Friedenswahrung einem Völkerbund übertragen wollte.

Der Humanismus nahm die Idee des Weltfriedens auf und verkündete sie als Postulat; am bedeutsamsten die ‹Quaerela Pacis› des Erasmus von Rotterdam (1518) [3] und das ‹Kriegsbüchlin des Frides› von S. Frank (1539). In der Zeit der Renaissance und des beginnenden Absolutismus gerieten die gelehrten Ausführungen über den Frieden immer mehr in Widerspruch zur Politik der Staaten, deren «machiavellistische» Machtpolitik durch keine völkerrechtliche Friedenspflicht gezügelt wurde. Immerhin brachte diese Zeit noch den weitestgespannten Weltfriedensplan hervor. Es ist der des Franzosen E. Crucé, der in seinem Werk ‹Le nouveau Cynée› (1623) eine internationale Staatenorganisation unter Einschluß der nicht-christlichen Staaten beschrieb.

Da das im 17. Jh. sich ausbildende «klassische» Völkerrecht der Staaten das «Recht zum Kriege» als Ausfluß ihrer Souveränität zubilligte, konnte die Rechtsordnung, die 300 Jahre lang die unbestrittene Grundlage der internationalen Beziehungen blieb, keine allgemeine Friedensidee entwickeln. Zwar mahnten Philosophen wie Juristen zum Frieden, zwar sorgte das Völkerrecht für eine Eindämmung des Krieges und eine gewisse Humanisierung der Kriegführung, aber das Nebeneinander und Nacheinander von Frieden und Krieg wurde in Politik, Recht und Moralphilosophie als unveränderliche Tatsache hingenommen.

Erst die Aufklärung begann, die Unvermeidlichkeit des Krieges anzuzweifeln und die Grundlagen einer auf Vernunft gebauten Friedensordnung zu erforschen. Zum ersten Mal wurde dabei das französische Äquivalent für ‹e.F.› verwendet: Unter dem Titel ‹Traité de la paix perpétuelle› veröffentlichte im Jahre 1713 der Abbé Castel de Saint-Pierre einen Weltfriedensplan, der auf einer europäischen Staatenföderation beruhen sollte [4]. Die Gleichgewichtspolitik des Utrechter Friedens, bei dessen Abschluß Saint-Pierre als Sekretär des französischen Gesandten zugegen war, klang in diesem Friedensplan an, der bereits Rüstungsbeschränkungen, wirtschaftliche Integration und gegenseitige Garantien vorsah. J.-J. Rousseau kommentierte ihn zustimmend in einer 1761 erschienenen Schrift (‹Extrait du projet de la paix perpétuelle de l'Abbé de Saint-Pierre›), ließ dann aber erkennen, daß er die Durchführbarkeit des Plans bezweifelte. In seinem ‹Gesellschaftsvertrag› vertrat er die Ansicht, daß Kriege unvermeidlich seien, solange souveräne Staaten bestünden. Auch die Französische Revolution, obwohl den Ideen der Völkerverständigung und des Weltfriedens zugeneigt, übernahm nicht die Ideen Saint-Pierres. Vielmehr forderte einer ihrer Wortführer, J. B. Cloots, in seiner Abhandlung «La République universelle» (1792) eine Weltrepublik anstelle der von Saint-Pierre vorgeschlagenen Staatenföderation.

Kant war der erste Philosoph dieses Zeitalters, der sich nicht nur mit den politischen Maßnahmen zur Friedenssicherung beschäftigte, sondern auch mit der Frage, wie die Vorbedingungen des allgemeinen Friedens in der menschlichen Gesellschaft geschaffen werden können. In seiner 1795 erschienenen Abhandlung ‹Zum e.F.› mit dem Untertitel ‹Ein philosophischer Entwurf› verlangte er eine republikanische Verfassung für alle Staaten, ein auf Föderalismus freier Staaten gegründetes Völkerrecht, ein allgemeines Weltbürgerrecht, die Abschaffung stehender Heere und zahlreiche Einzelgarantien für die Erhaltung des Friedens. Die Auseinandersetzung mit dem Kantschen Ideengut brachte in der deutschen Philosophie zwei Richtungen hervor. Zur ersteren gehörte insbesondere Fichte, der in seinem 1797 veröffentlichten ‹Grundriß des Völker- und Weltbürgerrechts› die Kantschen Grundsätze bejahte und durch konkrete Vorschläge für einen Völkerbund ergänzte. Auch Jean Paul bekannte sich mit seiner ‹Friedenspredigt an Deutschland› (1808) zu Kant.

Dagegen stand etwa Hegel [5] den Friedensideen Kants ablehnend gegenüber. Vor allem war es die Romantik, die auf der einen Seite die Friedensidee von der rationalen Basis entfernte, auf der anderen Seite sogar den Krieg verherrlichte, wozu die Begeisterung der Befreiungskriege zu Beginn des 19. Jh. und das erwachende Nationalbewußtsein der mitteleuropäischen Völker beitrugen. Der allgemeine Fortschrittsglaube, der sich mit der Entwicklung von Technik, Wissenschaft und Wirtschaft im 19. Jh. ausbreitete, ließ die heute naiv anmutende Überzeugung aufkommen, der Weltfriede werde im Zuge der kulturellen Gesamtentwicklung von selbst entstehen. Schon Novalis äußerte in seinem 1799 erschienenen Fragment ‹Die Christenheit oder Europa› die Meinung, eine «heilige Zeit des e.F.» werde zusammen mit einem höheren religiösen Leben anbrechen [6]. Der Pazifismus des 19. Jh. schloß sich weitgehend solchen Gedankengängen an.

Der Erste Weltkrieg erschütterte den Fortschrittsglauben und das Vertrauen auf die selbstregulierende Kraft der Faktoren des technischen Zeitalters. Nach diesem Krieg begann eine Entwicklung, die das Ende des klassischen Völkerrechts ankündigte. Das Kriegsverbot und das allgemeine Gewaltverbot, das im gegenwärtigen Völkerrecht bereits normiert ist (vgl. Art. 2, Abs. 3 und 4 der Satzung der Vereinten Nationen), stellt die internationalen Beziehungen auf eine völlig andere Grundlage und macht die Erhaltung des Friedens zur obersten Rechtspflicht aller Staaten. Vom «e.F.» wird heute kaum noch gesprochen. Jedoch hat sich die Überzeugung durchgesetzt, daß der Friede notwendig ist und daß er nicht von selbst kommt, sondern durch bewußte Anstrengungen erhalten werden muß [7]. Die Skepsis gegenüber schwärmerischen Weltfriedensplänen ist ebenso wie das zum Teil bereits erfolgreiche Bemühen um die Lösung von Einzelfragen der Friedenssicherung (Atomteststop-Vertrag, Antarktis-Vertrag) Ausdruck einer Bewußtseinsentfaltung der Menschheit angesichts der Bedrohung durch den Atomkrieg.

Anmerkungen. [1] Dante Alighieri: De Monarchia (1318) Kap. 14. – [2] P. Dubois: De recuperatione terrae sanctae (1306), dtsch. nach J. ter Meulen (Lit. 1917-1940) 1, 102. – [3] Auszugsweise dtsch. bei H. J. Schlochauer (Lit. 1953) 73-75. – [4] Dtsch. v. Oppeln-Bronikowski (1922). – [5] Hegel, Jubiläums-A.7, 435. 443. – [6] Novalis, Minor-A. 2, 45. – [7] Vgl. C. F. von Weizsäcker (Lit. 1966).

Literaturhinweise. F. v. Holtzendorff: Die Idee des e. Völker-F. Slg. gemeinverständlicher wiss. Vorträge 17. Serie (1882). – L. Stein: Das Ideal des «e.F.» und die soz. Frage (1896). – J. ter Meulen: Der Gedanke der int. Organisation in seiner Entwicklung 1-3 (1917-1940). – F. S. Marvin: The evolution of world peace (1921). – A. Hedler: Völker-F. und Völkerrecht im Laufe der Gesch. (1929). – C. van Vollenhoven: Du droit de paix (1932). – Sir J. A. R. Marriott: Commonwealth or anarchy? A Survey of projects of peace from the 16th to the 20th century (1939). – Sir W. Beveridge: The price of peace (1945). – E. Friedlaender: Das Wesen des F. (1947). – R. Laun: Der dauernde F. (1947). – E. Reves: Die Anat. des F. (1947). – W. Wengler: F.-Sicherung und Weltordnung (1947). – E. D. Dickinson: Law and peace (1951). – K. von Raumer: e.F. F.-Rufe und F.-Pläne seit der Renaissance (1953). – H. J. Schlochauer: Die Idee des e.F. (1953). – E. Biser: Der Sinn des F. Ein theol. Entwurf (1960). – C. F. von Weizsäcker: Bedingungen des F. (1966). – Th. Seidenfaden: Zum e.F. (1968).

O. Kimminich

Friedensforschung. Erste Ansätze zu einer wissenschaftlichen F. begegnen im Zusammenhang der Friedensbewegung des 19. und beginnenden 20. Jh.; doch erst nach der Erfindung und dem ersten Einsatz atomarer Waffen begann die Einsicht unter Wissenschaftlern allgemein zu werden, daß die Wissenschaft, deren Ergebnisse das Überleben der Menschheit bedrohen, auch zur Sicherung menschlichen Lebens und zur Herstellung des Friedens beitragen muß. Zunächst bemühten sich vor allem Naturwissenschaftler, Soziologen (Konfliktforschung), Politologen (Theorie der internationalen Beziehungen) und Psychologen (Aggressionsforschung) um Beiträge zum Problem des Friedens; dabei wurde bald deutlich, daß auch die Erforschung der sozioökonomischen Bedingungen von Friedlosigkeit und Frieden ein notwendiger Bestandteil von F. sei.

In den letzten Jahren hat sich die Situation drastisch verschärft: Das atomare Abschreckungssystem büßt mit der Entwicklung neuer Waffensysteme seine Stabilität ein. Der Rüstungswettlauf, als dessen Ziel man in den frühen sechziger Jahren zunächst die technologische Stabilisierung des Friedens ansah, führte in eine Phase fortschreitender Instabilität. Die Irrationalität, die der scheinbaren Rationalität des Rüstungswettlaufs zugrunde liegt, wird in dieser Destabilisierung offenbar; sie zeigt sich auch darin, daß die Steigerung der Rüstungsanstrengungen eine fortschreitende Militarisierung der Abschreckungsgesellschaften mit sich bringt und zur Folge hat, daß auch in den prosperierenden Industrienationen die für Infrastrukturmaßnahmen und Entwicklungshilfe erforderlichen Mittel nicht zur Verfügung stehen, was zu einer drastischen Verschärfung der Nord-Süd-Spannung führt. Sowohl die Beziehungen zwischen industrialisiertem Norden und unterentwickeltem Süden wie die Verhältnisse in den Ländern des Südens sind zunehmend durch eine Situation struktureller Gewalt gekennzeichnet, die sich in personeller Gewalt und Gegengewalt äußert. Daran zeigt sich, daß sich internationale von innergesellschaftlichen Konflikten nicht isolieren lassen; vielmehr besteht – wie schon Kant erkannte [1] – ein enger Zusammenhang zwischen innergesellschaftlicher Verfassung und dem Austrag internationaler Konflikte. Angesichts der Welternährungskrise und der fortschreitenden Zerstörung der menschlichen Umwelt durch die unkontrollierte Entwicklung der Technik verschärft sich das Problem des Überlebens der menschlichen Gattung; seine Lösung ist nicht mehr allein von innergesellschaftlichen Maßnahmen, sondern nur von einer weltweiten internationalen Zusammenarbeit zu erwarten.

Diese Weltsituation ist letztlich ein Produkt der Wissenschaft. Doch diese selbe Wissenschaft verfügt bis heute noch nicht über Methoden, die es ihr erlaubten, ihre eigenen Konsequenzen wirksam zu kontrollieren und durch Planung zu beherrschen. Alle Anstrengungen zur Herabsetzung der Gefahren, denen die Menschheit ausgesetzt ist, sind daher auf die Hilfe einer sich erst entwickelnden zielorientierten interdisziplinären Forschung angewiesen. Zu ihr zählt auch die F. Sie geht von der grundsätzlichen Einsicht aus, daß der Weltfrieden zur Lebensbedingung des wissenschaftlich-technischen Zeitalters geworden ist [2]. Ihr Zielbegriff wird in einer ersten Näherung zweckmäßigerweise durch eine negative Definition umschrieben: «Friede ist ein Zustand innerhalb eines Systems größerer Gruppen von Menschen, besonders von Nationen, bei dem keine organisierte, kollektive Anwendung oder Drohung von Gewalt stattfindet» [3]. Dabei zählt zum Begriff der Gewalt nicht nur die direkte personelle Gewalt, bei der Subjekt, Objekt und Akt der Gewalt klar anzugeben sind, sondern auch jene Form der Gewalt, bei der strukturelle Zwänge Menschen in ihren elementaren Lebensmöglichkeiten beeinträchtigen und so zu einer – an sich vermeidbaren – Differenz zwischen potentieller und aktueller Lebensverwirklichung führen [4]. F. zielt also auf die Überwindung von Zuständen, in denen das Zusammenleben größerer Gruppen von Menschen durch strukturelle Gewalt gekennzeichnet ist, in denen Konflikte durch direkte Gewalt ausgetragen werden oder in denen Stabilität oder Veränderung durch die Androhung von Gewalt erzwungen werden.

Bis heute besteht das Dilemma der F. in der Diskrepanz zwischen dem Zielbegriff, an dem sie orientiert ist, und den Ergebnissen und Forschungsansätzen, die sie aufweisen kann, in der Diskrepanz zwischen den realen politischen Vorgängen und dem, was sich der F. als notwendig aufdrängt, in der Diskrepanz zwischen der gegenwärtigen politischen Verfassung der Welt und dem Zielbegriff des Friedens. Dieses Dilemma kommt in der F. in einer durchgängig zu beobachtenden Polarisierung zwischen «Realisten» und «Utopisten» zum Ausdruck: Als «Utopisten» gelten diejenigen, die einen Friedenszustand zu entwerfen suchen, bei dem die innere Befriedung der Gesellschaften eine auf Drohmechanismen nicht mehr angewiesene Stabilität des Friedens zwischen den Gesellschaften bewirkt. Als «Realisten» gelten diejenigen, die daran interessiert sind, die Stabilität des gegenwärtigen Sicherheitssystems zu erhalten bzw. zu festigen, und eine Überwindung dieses Systems für «unrealistisch» und die Bemühung darum deshalb für illusionär halten. Diese Polarisierung schlägt sich in einer Reihe von begrifflichen Unterscheidungen nieder, die oft zur – unbefragten – Basis von F. gemacht werden.

Dahin gehört die Differenzierung zwischen mittelfristiger F., die sich die Erhaltung eines bestehenden Sicherheitssystems für einen begrenzten Zeitraum zum Thema setzt, und langfristiger F., die an der Entwicklung alternativer Modelle für eine friedliche Welt interessiert ist. Zu diesen Unterscheidungen gehört aber vor allem die Entgegensetzung eines negativen und eines positiven Friedensbegriffs. Die negative Definition des Friedens versteht ihn als Abwesenheit kollektiver, insbesondere militärischer Gewalt. Die positive Definition versteht Frieden als Integration konfligierender Parteien in einem übergeordneten System, das den Kriterien sozialer Gerechtigkeit genügt. Mit dieser Unterscheidung verband sich bald eine qualitative Bewertung der Friedensbegriffe; statt vom negativen und positiven Friedens*begriff* spricht man von negativem und positivem *Frieden:* Frieden als Nichtkrieg wird als negativ qualifiziert, weil er auf eine dissoziative Ordnung des internationalen Systems hinauslaufe; Frieden als Integration wird als positiv bewertet, weil er eine assoziative, kooperative Ordnung des internationalen Systems intendiere. Diese qualitative Bewertung der Definitionen von Frieden enthält jedoch eine Aporie, die mit der fortschreitenden Entwicklung der F. immer deutlicher wird: Eine solche Qualifikation der Definitionen von Frieden wird weder dem Ost-West-Konflikt noch dem Nord-Süd-Gegensatz gerecht: dem Ost-West-Konflikt nicht, weil sie es nicht als eine konstruktive Aufgabe begreift, eine Lösung des Sicherheitsproblems jenseits der Abschreckung zu finden; dem Nord-Süd-Konflikt nicht, weil sie seinen Charakter als asymmetrischen Konflikt, der erst manifest werden muß, bevor er überwunden werden kann, nicht in ihren Ansatz aufnimmt. Will man eine vorschnelle Fixierung des positiven Gehalts von Frieden und damit die Gefahr, partikulare Momente zu ideologisieren, vermeiden, so muß man mit der negativen Definition des Friedens einsetzen, ohne diese sogleich qualitativ zu bewerten. Von ihr ausgehend muß F. die Bedingungen aufklären, die Frieden im Sinn der negativen Definition ermöglichen. Auf diesem Weg gelangt sie zur Beschreibung positiver Dimensionen des Friedens, deren Erarbeitung die Aufgabe einer Theorie des Friedens ist. Vorgreifend kann man als solche Dimensionen des Friedens nennen: Schutz vor Gewalt, Schutz vor Not, Gewährleistung von Freiheit, Gewährleistung von Gleichheit [5]. – F. muß insbesondere vier Fragen zu beantworten suchen:

1. Welches sind die *Ursachen* der verschiedenen Formen des Unfriedens? Hier sind die psychischen, sozialen, ökonomischen, politischen, militärischen und anderen Determinanten des Unfriedens aufzuklären und in ihren gegenseitigen Beziehungen zu untersuchen.

2. Welches sind die *Strukturen* einer friedlichen Weltgesellschaft – einer Gesellschaft also, in der der Frieden in seinen verschiedenen Dimensionen gewährleistet wird?

3. Was sind die Strategien des *Übergangs* aus dem status quo zu solchen Friedensstrukturen?

4. Wer sind mögliche *Träger* eines solchen Übergangs, welches sind die ihnen gemäßen Handlungsstrategien?

Wo F. der geschilderten Polarisierung anheimfällt, wird sowohl die Frage nach dem Übergang vom status quo zu einer friedlichen Weltgesellschaft wie die Frage nach möglichen Trägern eines solchen Übergangs in der Regel ausgespart. An ihre Stelle treten zum einen Bemühungen um die Verfeinerung und Stabilisierung eines Abschreckungssystems, dessen Irrationalität zugleich immer offensichtlicher wird, und zum anderen alternative Entwürfe einer friedlichen Welt, die nicht mit den gegenwärtigen Bedingungen des Handelns vermittelt werden. Mit beiden Arten des Vorgehens kann sich eine F., der es mit ihrem Zielbegriff ernst ist, nicht zufrieden geben.

F. ist notwendigerweise interdisziplinäre Forschung. An der Lösung der ihr gestellten Aufgaben muß eine Vielzahl von Wissenschaften beteiligt werden. Doch F. ist etwas anderes als die Addition einer Reihe von Einzelwissenschaften. Sie nötigt vielmehr dazu, auf die Zielsetzungen der Einzelwissenschaften zu reflektieren und ihre Aufgabenstellungen und Arbeitsweisen unter dem Gesichtspunkt der Zukunftsaufgaben zu überprüfen. Da F. so auf die Reflexion über die Voraussetzungen der Wissenschaften nicht verzichten kann, müssen sich nicht nur Sozialwissenschaften (Politologie, Soziologie, Ökonomie, Psychologie, Pädagogik, Völkerrecht) und Naturwissenschaften (Biologie, Chemie, Physik), sondern auch Disziplinen wie die Philosophie und die Theologie an ihr beteiligen.

Mit der Frage nach den Voraussetzungen der Wissenschaften und nach den Methoden interdisziplinärer Forschung stellt sich der F. zugleich auch die Frage nach möglichen Organisationsformen solcher Forschung. An der F. wird besonders manifest, daß erkenntnisleitende Interessen auch in die Art der Forschungsorganisation eingebunden werden können. Die Relevanz der Ergebnisse, die F. erzielen kann, hängt deshalb in hohem Umfang davon ab, ob es gelingt, ihr ein größtmögliches Maß an Unabhängigkeit zu gewährleisten.

Anmerkungen. [1] I. KANT: Zum ewigen Frieden (1795). Akad.-A. 8, 349-353. – [2] G. HOWE (Hg.): Atomzeitalter, Krieg und Frieden (1963, zuerst 1959) 225, dann in verschiedenen Veröffentlichungen C. F. VON WEIZSÄCKERS. – [3] J. GALTUNG: F., in: F., hg. E. KRIPPENDORFF (1968) 531. – [4] J. GALTUNG: Violence, peace and peace research. J. Peace Res. 6 (1969) 167-191. – [5] G. PICHT und W. HUBER: Was heißt F.? (1971).

Literaturhinweise. A. RAPOPORT: Fights, games and debates (Ann Arbor 1960). – K. BOULDING: Conflict and defence. A general theory (New York 1961). – Journal of Peace Research (Oslo), seit 1964). – U. NERLICH (Hg.): Krieg u. Frieden im industriellen Zeitalter (1966); Krieg und Frieden in der modernen Staatenwelt (1966). – E. KRIPPENDORFF (Hg.): F. (1968). – D. SENGHAAS: Abschreckung und Frieden (1969). – G. PICHT und H. E. TÖDT (Hg.): Studien zur F. 1ff. (1969ff.); Bd. 6 (1970): Bibliogr. zur F. – B. V. A. RÖLING: Einf. in die Wiss. von Krieg und Frieden (1970). – K. KAISER: F. in der Bundesrepublik (1970) – C. F. VON WEIZSÄCKER (Hg.): Kriegsfolgen und Kriegsverhütung (1971). – J. GALTUNG: Theories of peace (in Vorbereitung). W. HUBER

Friesianismus (Fries-Schule [1]) bezeichnet die Philosophen und Theologen, die die empirisch-psychologisch begründete Vernunfttheorie von JAKOB FRIEDRICH FRIES fortsetzten. Als bedeutendste Gestalt der ersten Friesschen Philosophenschule gilt E. F. APELT. Zu dieser Schule zählen weiter: E. HALLIER, HEINRICH SCHMID, ERNST SIEGMUND MIRBT, KARL HERMANN SCHEIDLER, MATHIAS JAKOB und HEINRICH SCHLEIDEN, F. VAN CALKER, EDUARD OSCAR SCHMIDT. Mit großen Einschränkungen auch: F. E. BENEKE, J. B. MEYER und OSKAR EWALD (Friedländer). – Die Einwirkung auf die Theologie beginnt mit W. M. L. DE WETTE. Weitere Vertreter dieser Theologenschule sind: DANKEGOTT KRAMER, FRIEDRICH FRANCKE, KARL AUGUST VON HASE, GUSTAV FRANK, E. L. TH. HENKE, K. R. SCHRAMM, OTTO EGGELING, T. S. COLERIDGE, C. W. OPZOOMER und PIERSON sowie viele Herrnhuter Theologen. – Ihre Fortsetzung findet die Friessche Philosophenschule, die sich vor allem mit dem zeitgenössischen Materialismus und den Rechts- und Linkshegelianern auseinandersetzte, bei L. NELSON, die Theologenschule bei R. OTTO.

Anmerkung. [1] J. ERDMANN: Die Entwicklung der dtsch. Spekulation seit Kant III/1 (1848). Nachdruck (1931) 407; E. ZELLER: Gesch. der dtsch. Philos. seit Leibniz (1873) 574ff.; Überweg 4 (^{12}1923) 154ff.; K. H. BLOCHING: J. Fr. Fries' Philos. als Theorie der Subjektivität (Philos. Diss. Münster 1970) Einleitung.

Literaturhinweise. M. WUNDT: Die Philos. an der Univ. Jena (1932). – A. PAUS: Religiöser Erkenntnisgrund (Leiden 1966). – K. H. BLOCHING s. Anm. [1]. K. H. BLOCHING

Fromm, Frömmigkeit

I. Das Wort ‹fromm› ist etymologisch zu verbinden mit griechisch πρόμος und lateinisch ‹primus› = ‹praestans›. Der dem althochdeutschen ‹frum› unterliegende Sinn des Hervorstehenden, Tüchtigen setzt sich im mittelhochdeutschen ‹vrum, vrom› und im Neuhochdeutschen des 16. Jh. ‹fromb, frumb, from› erweiternd fort in den Bedeutungen des Tapferen, Gerechten, Guten, Nützlichen (auch von Tieren und Sachen). Sein heutiger religiös-geistlicher Gebrauch für ‹pius› (deum colens = gottesfürchtig, Gottesfurcht) hat sich seit dem 16. Jh. vor allem durch Luthers Bibelübersetzung so stark im deutschen Sprachempfinden durchgesetzt, daß die übrigen Bedeutungen mehr und mehr zurückgedrängt wurden.

Die Wesenszüge der F. lassen sich begriffsgeschichtlich formal und material erheben aus ihren geistes- und religionsgeschichtlichen Wurzelrelaten. Das althochdeutsch-gotische ‹frum› beinhaltet ein ethisches Verhaltensmoment, dem wir in der griechisch-hellenistischen εὐσέβεια und in der römischen *pietas* wieder begegnen als der Ehrfurcht vor und dem Gehorsam gegenüber den Ordnungen des Lebens. Primär bezeichnet die εὐσέβεια/‹pietas› jedoch zumeist die Verehrung der Götter, die sich im Vollzug des Kultus wie auch in der inneren ehrfurchtsvollen Haltung vor dem Göttlichen ausdrückt. Da diese Haltung nicht gegründet sein muß in der Inanspruchnahme des Menschen durch eine persönliche göttliche Macht, kann die εὐσέβεια/pietas auch als eine ἀρετή neben andern menschlichen Tugenden begriffen werden. Gerade diese Inanspruchnahme des Menschen aber bildet das Proprium der *israelitischen* F. (Zedakah) als Gottesfurcht, die ihr Kriterium sowohl in der demütig-vertrauenden Hingabe an den persönlichen Gott, wie in der sittlichen Bewährung vor den Augen dieses Gottes als des Gottes der – vornehmlich richtenden, aber doch auch erbarmenden – Gerechtigkeit hat. Im *Neuen Testament* schließlich erweist sich die F. als die aus dem Glauben an Jesus Christus geborene und von ihm getragene Antwort des Menschen auf den Anruf Gottes, die sich vollzieht in der Anbetung Gottes, des Schöpfers und Erlösers aller Menschen und in der im Leben sich bewährenden Liebe gegenüber dem von Gott Geschaffenen, Erlösten und Geheiligten in den Ordnungen dieser Welt.

Die Mannigfaltigkeit der F.-Formen – einschließlich ihrer religionslosen Gegenform im atheistisch-sozialistischen Humanismus – ist Ausdruck der Vielfalt sie prägender Motive und Strukturen, zu deren differenzierender Erhellung neben der Geistes- und Religionsgeschichte (einschließlich Konfessionskunde) vor allem die Religionspsychologie (einschließlich ihrer Bezüge zu den übrigen Disziplinen der Psychologie) und die Soziologie das notwendige Arbeitsmaterial an die Hand geben. Differenzierend wirken ferner die zahllosen Koordinationsmöglichkeiten der verschieden gewichtigen interdependenten Prägekräfte sowohl der einzelnen Relate innerhalb eines Motiv- oder Strukturkomplexes, wie auch eines solchen Komplexes als ganzem in seiner Relation zu den andern. Dies erklärt die Variationsweite so diametral entgegen geprägter Typengruppen wie die der mystisch-kontemplativen F.-Formen weltabgewandter oder gar weltverneinender reiner Innerlichkeit und dem Typenspektrum einer Welt-F., das von transzendental gebundener geistlich-religiöser Weltverantwortung bis hin zur immanent-religionslosen Welt-‹F.› des atheistisch-sozialistischen Humanismus reicht.

Literaturhinweise. F. HEILER: Das Gebet (^{5}1923). – K. GIRGENSOHN: Der seelische Aufbau des relig. Erlebens (^{2}1930). – A. JOBST: Grundzüge evang. Volks-F. (1937). – E. SPRANGER: Welt-F. (1941). – P. TOURNIER: Die Starken und die Schwachen (1952). – W. TRILLHAAS: Stud. zur Relig.-Soziol. (1949). – H. R. G. GÜNTHER: Idee einer Gesch. der F. (1948). – B. POSCHMANN: Die kath. F. (1949). – J. v. WALTHER: Christentum und F. (1941). – Vgl. auch PH. DIETZ: Wb. zu Dr. M. Luthers Dtsch. Schriften (^{2}1961) 1, 719; Evang. Kirchenlex. (1956ff.) 1, 1398ff.; Lex. Theol. und Kirche^2 4, 400ff. – Realenzyklop. prot. Theol. und Kirche (^{3}1896) 4, 294f.; RGG^3 2, 1158ff.; Theol. Wb. zum NT (1933ff.) 7, 168ff. – W. HELLPACH: Grundzüge der Relig.-Psychol. (1951). – A. BERTHOLET: Wb. der Relig. (1952). – G. ANSCHÜTZ: Psychol. (1953). – W. GRUEHN: Die F. der Gegenwart (^{2}1960).

M. KELLER-HÜSCHEMENGER

II. Von PH. J. SPENERS Schrift ‹Pia desideria› (1675) leitet sich die Redensart her, «das wird immer ein frommer Wunsch bleiben» [1]; hierin deutet sich eine Ausweitung der Bedeutungen von F. an – zum Teil in einer Belebung der ursprünglichen Bedeutung des Wortes –, wie sie dann bei GOETHE deutlich wird, der F. auch als «rechtschaffen», «fügsam», «wohlgemeint, aber unerfüllbar» verwenden kann [2]. Die in der zweiten Hälfte des 18. Jh. aufkommenden Wortschöpfungen ‹Frömmler›, ‹Frömmelei› werden auf die Pietisten angewendet [3], wie es auch noch KANT tut, der unter F. den «Grundsatz des leidenden Verhaltens in Ansehung der durch eine Kraft von oben zu erwartenden Gottseligkeit» versteht, darin aber das mangelnde Zutrauen des Menschen zu sich selbst kritisiert. Eine Übersteigerung der F. («im Pietismus oder der Frömmelei») sei Ausdruck «einer knechtischen Gemütsart» [4]. In ähnlicher Bedeutung spricht HEGEL von «hypochondrischer F.», die sich in der Ungewißheit des Glaubenden ausdrückt [5]. Er wendet sich damit gleichzeitig gegen die Zuordnung aller Begebenheiten zu Gott; «weitergehende Erkenntniß» beweise diese als untergeordnete, endliche und «nicht als Gegenstand des ewigen göttlichen Willens» [6].

Schleiermacher und Kierkegaard kennen – unter Ablehnung falscher F. – einen positiven F.-Begriff: SCHLEIERMACHER begreift Kirche als «Gemeinschaft in Beziehung auf die F.», wobei F. «weder ein Wissen noch ein Tun, sondern eine Bestimmtheit des Gefühls oder des unmittelbaren Selbstbewußtseins» ist [7]. F. ist schlechthinniges Abhängigkeitsgefühl, d. i. das Bewußtsein, «in Beziehung mit Gott» zu sein [8]. KIERKEGAARD versteht F. als «im strengsten Sinne gottesfürchtigen Ausdruck für das Verhältnis zu Gott, sich selbst als Sünder zu erkennen» [9]. F. hat lebensändernde Kraft [10] und Anbetung ist Maximum des Gottesverhältnisses [11].

NIETZSCHE lehnt konsequent in seiner totalen Bejahung der Diesseitigkeit F. als «Hingabe an eine vollendete Traumwelt», als «Flucht vor der Wahrheit» ab [12], kennt aber auch ein positives F.-Verständnis, das aus Unglauben erwächst [13]. Für R. OTTO ist der «fromme Moment» Ausdruck des Numinosen, das sich als ‹mysterium tremendum› und als ‹fascinosum› darstellen kann [14]. Findet nach P. TILLICH F. «ihre sinngemäße Erfüllung nur in der Einheit von theonomer Intention und autonomer Verwirklichung» [15], so verfällt F. bei D. BONHOEFFER dessen Religionskritik: «Nicht die Hitze der F., sondern das Ausharren am Wort bis ans Ende kennzeichnet das Verlangen nach Gottes Wort» [16].

Anmerkungen. [1] PH. J. SPENER: Pia Desideria (1675), hg. K. ALAND (1940). – [2] P. FISCHER: Goethe-Wortschatz (1929) 248f.; vgl. G. NIGGL: ‹Fromm› bei Goethe. Eine Wortmonographie (1967). – [3] TRÜBNERS dtsch. Wb., hg. A. GÖTZE (1940) 2, 453. – [4] KANT, Akad.-A. 6, 184. – [5] HEGEL, Werke, hg. GLOCKNER 14, 50. – [6] a. a. O. 15, 31. – [7] F. SCHLEIERMACHER, Der christl. Glaube (²1830/31) 7, § 3. – [8] a. a. O. 16, § 4. – [9] S. KIERKEGAARD, Werke, dtsch. hg. E. HIRSCH (1950-1966) Abt. 16/2, 221 (7, 455). – [10] a. a. O. Abt. 20, 178 (10, 171). – [11] Abt. 16, 119 (7, 358). – [12] NIETZSCHE, Musarion-A. 3, 223. – [13] a. a. O. 13, 330. – [14] R. OTTO: Das Heilige (⁶1921) 9ff. – [15] P. TILLICH: Religionsphilos., Werke (1959ff.) 1, 281. – [16] D. BONHOEFFER 4 (1961) 541.
U. THEISSMANN

Frustration (Versagung). Der psychologische F.-Begriff nahm seinen Ausgang vom psychoanalytischen Terminus ‹Versagung›. Er wurde mit ‹frustration› ins Englische übersetzt. Als Anglizismus hat sich ‹F.› später im deutschen psychologischen Sprachgebrauch durchgesetzt. Der Terminus fand darüber hinaus Eingang in die Soziologie, Philosophie und schließlich in die Gesellschaftskritik.

Die allgemeine und vorwissenschaftliche Bedeutung von ‹F.› als Vereitelung und Versagung ist im Kern auch der wissenschaftlichen Definitionen erhalten geblieben. Dabei meint ‹Vereitelung› mehr das Verhindern einer Handlung, das Zunichtemachen einer Absicht, ‹Versagung› eher die Verweigerung eines Strebens oder Wunsches. In beiden Akzentuierungen ist gesagt, daß zielgerichtetes Verhalten sein Ziel aufgrund auftauchender Widerstände nicht erreicht. Der Vereitelungsaspekt der F. bietet sich mehr für die objektive und äußerliche Behinderung, der Versagungsaspekt eher für subjektive und soziale Beeinträchtigungen an.

Entsprechend ist in der Psychoanalyse vorwiegend von ‹Versagung› die Rede. FREUD geht es um die Versagung der Befriedigung libidinöser bzw. aggressiver Triebe, um den ‹Triebverzicht›. Die aus Versagung resultierende innere Spannung kann sich zur Versagungsangst (F.-Angst) steigern, die sich unter Umständen neurotisch chronifiziert. Zumindest konstatiert Freud, «daß in allen untersuchten Fällen von Neurose das Moment der Versagung nachweisbar war». Andererseits ist «Triebverzicht» Voraussetzung sozialer Anpassung und Organisation [1]. Die individuell verschiedene Fähigkeit, frustrierende Umstände ohne Beeinträchtigung der Anpassung zu ertragen und zu verarbeiten, wird von S. ROSENZWEIG als ‹F.-Toleranz› bezeichnet, deren operationale Formulierung als «Ausmaß, in dem ein Organismus zu Aufgaben zurückkehrt, bei denen er eher Mißerfolg als Erfolg hatte», zum Konstrukt der F.-Schwelle geführt hat [2].

Angeregt durch die Untersuchungen LEWINS [3] haben amerikanische Psychologen den Versuch gemacht, ‹F.› als Kategorie für die allgemeine Psychologie zu gewinnen. Nach ROSENZWEIGS F.-Theorie kommt es zu F. «immer dann, wenn ein Organismus ein mehr oder minder unüberwindliches Hindernis auf dem Weg zur Befriedigung irgendwelcher vitaler Bedürfnisse antrifft» [4]. Eine entsprechende Reizsituation wird als ‹Stress-Situation› bezeichnet. Ein aktives Bedürfnis ohne Befriedigungsobjekt ergibt den Fall primärer F. Unter sekundärer F. ist die interferierende Behinderung des zur Befriedigung führenden Handels zu verstehen. Die empirische Psychologie untersucht aus methodischen Gründen vorwiegend sekundäre F. Auch N. R. F. MAIER [5] unterscheidet zwischen F.-Situation und frustriertem Organismus. Erstere liegt vor, wenn a) ein Lebewesen mit einem unlösbaren Problem konfrontiert ist, das b) eine Reaktion darauf zwingend macht, ohne Ausweichmöglichkeiten zu bieten, und wenn c) das Lebewesen stark motiviert ist zu reagieren. Fixierung und Stereotypisierung des Verhaltens gegenüber dem Problem lassen die F. des Organismus erkennen. Als weiteren F.-Effekt setzen DOLLARD u. Mitarb. Aggression [6] an. Die F.-Aggressions-Hypothese legt dem Psychologen nahe, «daß er immer dann, wenn er eine Aggression beobachtet, die Möglichkeit erwägt, daß der Organismus oder die Gruppe eine Enttäuschung erlebten, und dann, wenn er eine Verletzung individueller oder sozialer Gewohnheiten feststellt, unter anderem immer auch nach einer Aggression Ausschau halten soll» [7]. Die F.-Aggressions-Hypothese ist zur Erklärung der Entstehung von Vorurteilen bemüht worden, doch führt nicht jede F. zu Aggressionen. Nach ROSENZWEIG sind drei Klassen von «Ich-Abwehr-Reaktionen» auf F. zu unterscheiden: a) extrapunitive: die Schuld an der F. wird einem anderen zugeschoben (Aggressivität, Projektion); b) intrapunitive: die Person macht sich selbst für die F. verantwortlich (Schuldgefühle, Selbsthaß); c) impunitive Reaktionen setzen für ein Versagen keine Schuld an (Wiedergutmachungsversuche, Verlegenheit, Resignation als mögliche Auswirkungen). Nur der erste Abwehrmechanismus, zu dem noch Verschiebung hinzutreten müßte, könnte die Entstehung mancher Vorurteilsformen verständlich machen [8]. BARKER, DEMBO und LEWIN [9] fassen die im Verhalten beobachtbaren Wirkungen der F. als Regression auf; die allgemeine Konzeption der Regression als Entdifferenzierung gestattet die Anwendung dieser F.-Regressions-Hypothese auf Individuen und Gruppen.

In der experimentellen Psychologie ist der F.-Begriff vielfältig operationalisiert worden. Man geht dabei von der impliziten Annahme aus, jede Operation, die ein Lebewesen an der Ausführung einer Reaktion hindere, wirke frustrierend, sei es in Form der Unterdrückung eines einer bestimmten Reaktion erfahrungsgemäß vorangehenden Reizes, der Unterdrückung einer Reaktion oder der Schaffung einer Konfliktsituation. Aufgabe der Forschung bleibt es, solche frustrierenden unabhängigen Variablen zu den abhängigen Variablen (F. als Zustand eines Lebewesens) in Beziehung zu setzen.

Anmerkungen. [1] S. FREUD, Werke 11, 357. – [2] S. ROSENZWEIG: Further comparative data on repetition-choice after success and failure as related to F. tolerance. J. genet. Psychol. 66 (1945) 75-81; vgl. hierzu auch A. J. YATES: F. and conflict (London 1962). – [3] R. BARKER, T. DEMDO und K. LEWIN: Regression, retrogression, and development. Univ. Iowa Stud. Child. Welf. 18 (1941). – [4] S. ROSENZWEIG: An outline of F. theory, in: J. McV. HUNT: Personality and the behavior disorders 1 (New York 1944) 380. – [5] N. R. F. MAIER: F.: The study of behavior without a goal (New York 1949). – [6] J. DOLLARD u. a.: F. and aggression (New Haven 1939). – [7] N. E. MILLER, R. R. SEARS, O. H. MOWRER, L. W. DOOB und J. DOL-

LARD, zit. H. THOMAE: Motivation menschl. Handelns (1965) 205. – [8] G. W. ALLPORT: The nature of prejudice (New York 1958). – [9] R. BARKER, T. DEMBO und K. LEWIN, a. a. O. [4].

Literaturhinweise. J. DOLLARD u. a. s. Anm. [6]. – R. LAWSON: F.: The development of a sci. concept (New York 1949). – N. R. F. MAIER s. Anm. [5]. – S. ROSENZWEIG s. Anm. [4]. – A. J. YATES s. Anm. [2].
C. F. GRAUMANN

Fühlen, intentionales. ‹i.F.› ist ein von SCHELER eingeführter Begriff, der sachlich aus der Lehre von der Eigenständigkeit des Emotionalen [1] und der Intentionalität des Bewußtseins entwickelt ist.

Das Emotionale – neben Rationalem und Volitivem eigenständiger Bereich der geistigen Natur – hat nach Scheler teil an dessen Intentionalität. Während das zuständliche (sinnliche) *Gefühl* nur mittelbar durch nachträgliche Beziehungsakte auf Gegenstände bezogen werden kann, ist das i.F. (oder intentionale Gefühl – der Sprachgebrauch ist nicht immer einheitlich) ursprünglich eine vom Ich aus gegenständlich gerichtete oder auf das Ich zukommende unzeitliche ‹Bewegung›, in der etwas ‹gegeben› (nicht ‹konstituiert›) wird und ‹zur Erscheinung› kommt [2]. Dieses fühlende ‹Erfassen von› ist ein wirkliches *Transzendieren*, und seine Gesetzmäßigkeiten begründen ein dem rationalen und volitiven gleich ursprüngliches *emotionales Apriori* [3]. Von wesentlicher Bedeutung ist die Ausrichtung des i.F. auf Gefühle und auf Werte. Im ersten Fall konstituiert sich eine Phänomenologie des emotionalen Lebens, bei der vor allem Wesen und Formen des Nachfühlens, Einfühlens, Mitfühlens und Miteinanderfühlens im Vordergrund stehen; im zweiten Fall führt die Untersuchung des *funktionalen* Wertfühlens (Erfassen des Wertes), der emotionalen Akte des Vorziehens und Nachsetzens (Erfassen der Wertrangstufen), des Liebens und Hassens (Erweiterung und Verengung des jeweils zugänglichen Wertreiches) und ihrer *kognitiven* Funktion sowie die Erforschung der apriorischen Gesetzmäßigkeiten auf der Akt- und Wertseite zur Grundlegung einer materialen Wertethik und einer Religionsphänomenologie [4].

Das i.F. findet sich – teils terminologisch, teils inhaltlich aufgegriffen – bei einigen Phänomenologen (A. REINACH, D. V. HILDEBRAND, A. PFÄNDER), besonders bei N. HARTMANN; auch hier in Verbindung mit den Begriffen Transzendenz und Apriorität sowie differenziert als ‹Fühlunghaben› mit dem Aktvollzug fremder Personen und als ‹apriorisches Erfassen› von Wertwesenheiten und Wertstrukturen; im Gegensatz zu Scheler kommt allerdings eigentliche Werterkenntnis erst «in der Reflexion auf diese Akte» zustande [5]. In der Folgezeit verliert der Begriff im gleichen Maße an Bedeutung, in dem einerseits die Intentionalität vorwiegend auf Wahrnehmungs- und Urteilsakte eingegrenzt (HUSSERL) oder als existentielles ‹In-die-Welt-Hineinleben› (SARTRE) interpretiert wird, andererseits das Emotionale als in Vorstellungen oder Strebungen fundiertes (F. BRENTANO, A. MEINONG, O. KRAUS, PH. LERSCH, F. GROSSART) bzw. als im einheitlichen geistigen Akt aufgehobenes Moment (S. BEHN, J. HESSEN u. a.) verstanden wird. In der neueren Wertethik und Wertphilosophie tritt die Möglichkeit einer intuitiven Wertschau durch i.F. zurück hinter der Frage nach der Werterkenntnis und nach dem Verhältnis von Sollen und Wert.

Anmerkungen. [1] B. PASCAL: Pensées, hg. BRUNSCHVICG Frg. 277. 281-283; H. LOTZE: Mikrokosmos (^{6}1923) 1, 272-275. 278; 3, 607f. – [2] M. SCHELER: Ethik. Jb. der Philos. 2 (1914) 106. 109; Ges. Werke 2 (^{5}1966) 261-263. 269f., 342; 5 (^{4}1954) 283; 6 (^{2}1963) 39; 10 (^{2}1957) 370. – [3] Wesen und Formen der Sympathie (^{5}1948) 49; Idealismus–Realismus. Philos. Anz. 2 (1927/28) 262; Ges. Werke 2 (^{5}1966) 82. 260f. – [4] Wesen und Formen der Sympathie (^{5}1948); Der Formalismus in der Ethik ... Ges. Werke 2; Vom Ewigen im Menschen. Ges. Werke 5. – [5] N. HARTMANN: Grundzüge einer Met. der Erkenntnis (^{2}1925) 535-537; Ethik (1926) passim; Das Problem des geistigen Seins (^{3}1962) 138. 156f. 159. 167f.
W. HARTMANN

Führer. Man kann, wie es M. SCHELER tut [1], ein «allgemeines soziologisches F.-Gesetz», demzufolge jede Gruppe in eine an Zahl kleine «Führerschaft» und eine an Zahl große «Gefolgschaft» zerfällt, tief in das Wesen des organischen Lebens überhaupt hineingesenkt sehen – das deutsche Wort ‹F.› zählt zu den jüngsten Begriffen des allgemeinen und philosophischen Sprachschatzes. Aber auch seine griechischen und lateinischen Entsprechungen haben (trotz HERAKLIT [2], PLATONS ἡγεμόνες [3] und des JOACHIM VON FLORIS ‹dux universalis› [4]) in der jahrtausendealten Diskussion der Staatsphilosophie keine bedeutende Rolle gespielt; die Auseinandersetzungen vollzogen sich vielmehr um Begriffe wie ‹Herrscher›, ‹Regierung›, ‹König›, ‹Fürst›, ‹Despot›, ‹Tyrann›.

KANT erblickt die Voraussetzung des «schwersten Problems» nicht darin, daß der Mensch ein Tier ist, welches einen F., sondern welches einen «Herrn» nötig hat [5]. Bei HEGEL kommt das Wort nicht vor; in den Lexika sind bis gegen 1900 allenfalls Bedeutungen wie ‹Fahn-Juncker› oder ‹Berg-F.› [6] angegeben. Das Auftauchen der allgemeinen Bedeutung des Wortes ‹F.› ist also offenbar selbst ein Symptom tiefgreifender sozialer Wandlungen, nämlich des Unterganges der traditionellen Herrschaftsformen und der Infragestellung des Begriffs ‹Herrschaft› überhaupt. Ohne die Tendenz zur «Minimisierung der Herrschaft» in der Demokratie [7] und ohne die anarchistische und kommunistische Doktrin von der künftigen Herrschaftslosigkeit wäre das ‹F.-Problem› vermutlich nie aufgetaucht. Ganz unübersehbar ist dieser Zusammenhang im Werke von R. MICHELS, wo das Führertum zwar als fundamentales Kennzeichen aller Gesellschaften erscheint, aber doch ganz im Horizont der verlorenen «demokratischen Illusionen» gewertet wird [8]. Wenn Michels immerhin zugesteht, daß in dem Prinzip der Demokratie selbst eine gewisse Milderung der «oligarchischen Krankheit» enthalten sein könnte, so ist dieser engere Begriff, der den «F.» dem «Herrscher» entgegensetzt und zu dem sich Ansätze bereits bei MARX und BAKUNIN nachweisen lassen, unter anderem von F. OPPENHEIMER entwickelt worden.

Bei M. WEBER findet sich sowohl der engere wie der weitere Begriff. Da er ‹Führertum› und ‹Herrschaft› ausdrücklich identifiziert, ist für ihn jeder ein F., der die «Chance» hat, für Befehle bei einer angebbaren Gruppe von Menschen Gehorsam zu finden [9]; auf der anderen Seite gilt bloß eine der drei Typen der Herrschaft, nämlich die «charismatische», als «eigentliches» Führertum. Nur auf der Grundlage *dieses* engeren Begriffes kann Weber Termini wie «führerlose Demokratie» oder «kleinbürgerliche F.-Feindschaft aller Parteien» bilden [10]. Hier ist der F. mithin nicht etwas anderes als der Herrscher, sondern die höchste und zugleich ursprünglichste Erscheinungsform des Herrschers.

Eine vergleichbare Doppeldeutigkeit ist im *nationalsozialistischen* und *faschistischen* F.-Begriff zu konstatieren, der einerseits das Führertum den überlieferten Herrschaftsformen, wie etwa der Monarchie, aber auch der Diktatur, schroff entgegensetzt [11], es aber andererseits für die genuine Form der Herrschaft erklärt. – Eindeutig speziell und damit *epochal* ist der Begriff verstanden, wenn LENIN und STALIN von der «führenden Rolle» der kommunistischen Partei sprechen oder die Partei wohl gar als «F.» bezeichnen. – Mit negativer Akzentuierung – F.-Naturen als die «ersten Angestellten innerhalb des Geschäftsganges der bedingungslosen Vernutzung des Seienden im Dienste der Sicherung der Leere der Seinsverlassenheit – hat der späte HEIDEGGER einen epochalen Begriff des Führertums gebildet [12].

Anmerkungen. [1] M. SCHELER: Vorbilder und F., in: Schriften aus dem Nachlaß 1 (²1957) 260f. – [2] HERAKLIT, bei DIELS, Frg. der Vorsokratiker 12 B 49. – [3] PLATON, Resp. 485 a. – [4] J. v. FLORIS, Conc. 4, 31-5, 88. – [5] KANT, Idee zu einer allg. Gesch. in weltbürgerl. Absicht. Akad.-A. 8, 23. – [6] So ZEDLERS Universal-Lex. 9, 2233 s. v.; HERDERS Konversationslex. (³1904) s. v. – [7] M. WEBER: Wirtschaft und Gesellschaft 1/1 (⁴1956) 157. – [8] R. MICHELS: Zur Soziol. des Parteiwesens in der modernen Demokratie (²1925) 374f. – [9] WEBER, a. a. O. 122. – [10] z. B. Polit. Schriften (²1958) 532. – [11] Vgl. HITLERS Reichstagsrede vom 7. 3. 1936, in: M. DOMARUS: Hitler 1 (1962) 596. – [12] M. HEIDEGGER: Vorträge und Aufsätze (1954) 96.

Literaturhinweise. TH. GEIGER: Art. ‹Führung›, in: Handwb. Soziol., hg. A. VIERKANDT (1931) 136-141. – C. A. GIBB: Art. ‹Leadership›, in: Handbook of soc. psychol., hg. G. LINDZEY 2 (1954). – E. K. FRANCIS: Art. ‹Führung›, in: Staatslex. 3 (⁶1959) 613-618. – R. VIERHAUS: Faschistisches Führertum. Hist. Z. 198 (1964) 614-639. – W. BERNSDORF: Art. ‹Führung (F.)›, in: Wb. Soziol., hg. W. Bernsdorf (²1969) 313-319.   E. NOLTE

Führungssystem ist ein von A. GEHLEN verwendeter Begriff, der später unter dem Einfluß von M. HAURIOU vorwiegend ‹idée directrice› genannt wird. 1940 kennzeichnet GEHLEN eine dreifache Leistung der F.: Sie liefern «einen *abschließenden Deutungszusammenhang* der Welt», «*Normen der Handlungsformierung*» und vertreten gegenüber der «Ausgesetztheit» des Menschen in der Welt die «*Interessen der Ohnmacht*». Diese «Deutungsordnungen» und «Weltorientierungen» sind «die Formen, *in denen eine Gemeinschaft sich feststellt und im Dasein hält*» [1]. Weltorientierung, Handlungsformierung und Überwindung der Ohnmachtsgrenzen werden anthropologisch begründet und «folgen eindeutig aus der Gesamtverfassung des Wesens Mensch in seiner Welt» [2]. Die Frage nach der Entstehung von F. wird abgeblendet, es genügt nämlich «die Einsicht in die Notwendigkeit ihres Entstehens aus der Handlungs-, der Deutungs- und der Antriebsphantasie. Wir fragen, nachdem es solche Systeme gegeben hat und zum Teil noch gibt, was sie *leisten*» [3]. Von 1950 ab gibt Gehlen am Ende seines Hauptwerks [4] eine «Exposition einiger Probleme des Geistes». CARL SCHMITT vermittelt den Einfluß von HAURIOU, der wiederum den Begriff der «idée directrice» CLAUDE BERNARD verdankt. GEHLEN hält an der Bezeichnung ‹F.› fest, verweist aber nun darauf, daß «ein F. (‹idée directrice›) stets das einer *Institution* ist» und «wissenschaftlich und objektiv nur in bezug auf die gesellschaftlichen Institutionen verstanden werden kann, in denen es lebt» [5]. Nach der Rezeption Haurious schiebt sich zwischen die einst als direkt behauptete Beziehung von F. und biologisch vorgeprägter menschlicher Konstitution die Institution. Durch die Schöpferkraft des ideativen Bewußtseins [6], das die Institutionen prägt, wird die «idée directrice» anthropologisch gefaßt. Die Frage nach der Entstehung der Institutionen bleibt weiter ungestellt, denn es «sind utilitaristische Theorien über Institutionen dann, wenn alles darauf ankommt, sie aus dem Chaos der Meinungen herauszuhalten, selbst destruktiv, schon weil sie die Frage zugleich aufwerfen und offenlassen, wer denn die Zwecke der Gesellschaft auszusprechen berechtigt ist» [7].

Anmerkungen. [1] A. GEHLEN: Der Mensch. Seine Natur und seine Stellung in der Welt (¹1940) 448-450; letzte A. (⁸1966). – [2] a. a. O. 467. – [3] a. a. O. 460. – [4] Der Mensch (¹1950) 412ff. – [5] Der Mensch (⁷1962) 383. – [6] a. a. O. 394. – [7] Urmensch und Spätkultur. Philos. Ergebnisse und Aussagen (²1964) 66.

Literaturhinweise. M. HAURIOU: La théorie de l'institution et de la fondation. Essai de vitalisme social, in: Cahiers de la Nouvelle Journée (La cité moderne et les transformations du droit) 4 (1925) 1-45 und 89-128; dtsch. Die Theorie der Institution und zwei andere Aufsätze, hg. R. SCHNUR (1965). – G. RENARD: La théorie de l'institution. Essai d'ontologie juridique (1930). – C. SCHMITT: Über die drei Arten des rechtswiss. Denkens (1934). – A. GEHLEN s. Anm. [1. 4. 5]. – H. SCHELSKY: Über die Stabilität von Institutionen, bes. Verfassungen. Kulturanthropologische Gedanken zu einem rechtssoziol. Thema, in: Auf der Suche nach Wirklichkeit (1965) 33-55. – A. GEHLEN s. Anm. [1. 7]; Moral und Hypermoral. Eine pluralistische Ethik (1969). – F. JONAS: Die Institutionenlehre A. Gehlens (1966).   W. LEPENIES

Fulguration ist bei LEIBNIZ Metapher für creatio continua: «Alle erschaffenen oder abgeleiteten Monaden sind [Gottes] Erzeugungen und entstehen sozusagen durch ständige F.en der Gottheit von Augenblick zu Augenblick» [1]. Schöpfung ist kein einmaliger Akt, sondern ständige (immerwährende), freie, mit seinem «Blick» identische, Sein setzende (par une maniere d'emanation [2]) und zugleich erhaltende Wirksamkeit Gottes. F. präzisiert die Metapher «Emanation», indem sie Vielfalt, Plötzlichkeit, Schnelligkeit und lichtende Funktion des Existenz schaffenden göttlichen Denkens zeigt, dem als Erwirktes die perspektivische, den Erwirkenden je verschieden in sich spiegelnde Ganzheit der Monaden entspricht.

Die Blitz-Metapher ist vorgebildet bei J. BÖHME (der «Blitz» ist ein wesentliches Moment in der Selbst-Gebärung Gottes: er entlädt sich aus dem Gegensatz von «freier Lust» und «Begierde» in Gott und entfaltet diesen einerseits in das «Freudenreich» – im Blitz «urständet das Leben» –, andererseits in das «höllische Reich» [3]) und in den *Chaldäischen Orakeln* (die die erste Materie formenden Ideen entspringen dem göttlichen Intellekt wie «unerweichbare Blitze» [4], die für die neuplatonische Schöpfungsmetaphorik bedeutsam geworden sind (δημιουργίας σύμβολον ὁ κεραυνός [5]). Diese wiederum ist durch die entmythisierende Umdeutung des «blitzenden Zeus» in eine das Erwirken von welthaft Seiendem und die Herrschaft über dieses Seiende erläuternde philosophische Metapher durch KLEANTHES [6] und HERAKLIT [7] vorbereitet.

Wirkungsgeschichtlich bedeutsam ist sowohl die leibnizsche als auch die böhmesche Komponente der Blitzmetaphorik geworden. GOETHE stellt gegen den auch von HERDER abgelehnten leibnizschen Terminus ‹F.en.› die «Manifestationen unseres Gottes», die die «Organisation» der Natur bestimmen und erklären [8]. J. H. FICHTE versteht die Wirksamkeit des plotinischen Einen als lichthaften «Emanations»prozeß: «Sic Deus perpetua *circumfulguratione* (ut novo hoc verbo utar: περιλάμψει) praeditus cogitandus est; et haec est illa generatio per emanationem, qua mundus creatus est»; er sei analog zu den leibnizschen «continuae Divinitatis fulgurationes» zu begreifen [9]. Den Begriff des Absoluten oder Göttlichen identifiziert SCHELLING in den ‹Aphorismen zur Einleitung in die Naturphilosophie› mit dem «All», welches das absolut teillose Ganze der Ideen ist, das sprechende, sich selbst offenbarende und erschaffende «Wort» Gottes. Idee ist demgemäß nicht abstrakter Allgemeinbegriff, sondern die «ewige Wahrheit» alles Besonderen in Gott. Gottes Sein ist unendliche Position von sich selbst durch Reflexion oder reine

Selbstaffirmation. Deshalb denkt er sich selbst im All der Ideen als *absolutes* All. Durch den in der Selbstaffirmation bedingten kreativen Akt des Absoluten werden nicht «Dinge» gesetzt, die «wahrhaft für sich wären»; «die Dinge wahrhaft, d. h. in ihrem Wesen betrachtet, sind [vielmehr] selbst nur Ausstrahlungen, oder in Leibnizens Bild zu reden, F.en der unendlichen Bejahung, die, wie sie nur in ihr und mit ihr sein können, ebenso auch in sich selbst sind» [10]. Dies heißt aber auch, daß die konkreten Dinge, die durch das Zusammenwirken der Potenzen im Prozeß der Schöpfung entstehen, immer von der ursprünglichen Einheit umfaßt und bestimmt bleiben, wie fern sie auch dieser Einheit stehen mögen: Ein «Schein der Gottheit geht durch jedes Ding, oder, um einen leibnizschen Ausdruck zu gebrauchen, jedes Ding ist wenigstens eine coruscatio divinitatis» [11]. Der kreative und das Geschaffene konservierende Akt Gottes ist ein kontinuierlicher oder ewiger, «ein stetes ruhiges Wetterleuchten aus unendlicher Fülle» [12]. F. wird deshalb sowohl zum Index dafür, daß der Gott im Prozeß sich selbst nicht verliert; als auch dafür, daß er in seinem Wesen dem endlichen Bewußtsein äußerlich bleibt: er bleibt unendliches *Subjekt*, «das selbst nicht mehr objektiv wird». Sein Verhältnis zum endlichen Bewußtsein ist (als eines nie-Objekt-werden-könnenden Subjekts) ausschließlich das der *Manifestation*; es zeigt sich ihm als das, was es im Anfang schon war. Trotz seiner Transzendenz ist es so zugleich *im* endlichen Bewußtsein als Grund der Möglichkeit absoluter Erkenntnis innerhalb der Dimension des Endlichen: «F.en jenes Höchsten, ... Erscheinungen, in denen das menschliche Selbst sich als Werkzeug oder Organ jenes Höchsten verhält» [13]. Als derartige F.en oder Manifestationen des Göttlichen erweisen sich im Bereich menschlicher Bewußtseinstätigkeit: (Dicht-)Kunst, Religion und Philosophie.

Im Anschluß an Böhme versteht F. v. BAADER den Blitz als theologische und kosmologische Metapher, in der die Selbstkonstitution und kreative Manifestation Gottes deutlich werden soll. ‹Blitz› ist Übergangsmoment in einem ternarischen Prozeß von Finster zu Feuer und Licht: Im Finsterfeuer ist ein zur freien Offenbarung Strebendes noch gehemmt, der Blitz hebt diese in Gott bestehende Hemmung oder Spannung auf, er bricht «kämpfend» durch, «explodiert» gleichsam und erreicht im Licht seine Erfüllung [14]; in der Transformation von Widerständigkeit in Freiheit ist er «Vater des Lichtes»: er setzt «Wesen, d. h. prima materia», in der er sich als sich «faßlich machendes Licht kund gibt» [15].

Bislang letztes ‹Wetterleuchten› dieser Tradition ist HEIDEGGERS schon von Böhme vollzogene [16] etymologisierende Gleichsetzung von Blitzen und Blicken. Blitzen ist jähes Sichlichten (Lichtung). Dem Wort und der Sache nach aber ist es mit «blicken» identisch. «Einkehr des Blitzes der Wahrheit des Seins ist Einblick» [17]. Einblick in das, was ist, ist also «*Einblitz*». Dieser Einblick als Einblitz ist ebensowenig wie das Wesen der Sprache die Sprache des sprechenden Menschen ist, *menschlicher* «Einblick», sondern vielmehr das Ereignis selber, «als welches die Wahrheit des Seins zum wahrlosen Sein [welches derart ist unter der Herrschaft der Technik als des Sein-verstellenden «Gestells»] sich verhält und steht» [18]. Der (Ein-)Blitz des Seins verweist allerdings auf das in der «Gefahr» der Epoche der Seinsvergessenheit «Rettende». Den ersten Zeugen der Blitzmetapher, Heraklit, stellt Heidegger selbst in den Dienst am Ereignis des Seins, indem er in ihm als den «Blitz» versteht, der im anfänglichen Denken aufblitzte, jedoch «jäh verlosch» [19], der aber durch das Leitwort λόγος, welches im Sinne Heideggers das Sein des Seienden denkt, zur Erinnerung in den Grund von Metaphysik provoziert.

Anmerkungen. [1] LEIBNIZ, Monadol. § 47. – [2] Met. Abh. § 14; Theodizee §§ 382. 385f. – [3] BÖHME, Mysterium magnum III, 25; IV, 6. – [4] Oracula Chald., hg. KROLL 11, 4. 18-21. – [5] PROCLUS, In Tim. I, 112, 9f.; II, 246, 29. 256, 25; DAMASCIUS, Dubitationes et solutiones de primis principiis, hg. RUELLE I, 315, 21ff. – [6] KLEANTHES, Frg. 537. SVF I, 122, 6. – [7] HERAKLIT, Frg. B 64, Frg. der Vorsokratiker, hg. DIELS, 1, 165, 1. – [8] J. G. HERDER: Gott (1787). Werke, hg. SUPHAN 16, 525; GOETHE, Brief vom 28. August 1787, Ital. Reise. Hamburger A. 11, 389. – [9] J. H. FICHTE: De philosophiae novae Platonicae origine (1818) 26. – [10] F. W. J. Schelling, Werke, hg. K. F. A. SCHELLING 7, 162; vgl. 165. – [11] a. a. O. 12, 117. – [12] 7, 162. – [13] 10, 117. – [14] F. v. BAADER, Werke (1850–1860) 2, 35. 39. – [15] a. a. O. 41. – [16] J. BÖHME, De tribus principiis 16, 5ff. – [17] M. HEIDEGGER: Die Technik und die Kehre (1962) 43. – [18] a. a. O. 44. – [19] Vorträge und Aufsätze (1954) 229.　　　　　W. BEIERWALTES

Fülle (griech. πλήρωμα), im nicht-gnostischen, hier nicht weiter zu verfolgenden Sprachgebrauch soviel wie Vollmaß, Ausfüllung, begegnet als Terminus technicus vorzugsweise im Bereich der valentinianischen Gnosis. Er besagt dort soviel wie die Gesamtheit der Äonen außerhalb der Schöpfungswelt [1]. – Die in diesem Begriff sich ausdrückende Denkstruktur ist ein konstitutiver Bestandteil aller genuin gnostischen Systeme, auch derer, die das Wort πλήρωμα nicht verwenden. Für diese Denkstruktur ist zweierlei maßgebend: 1. der gnostische Gottesbegriff, der eine dynamische Unendlichkeit meint [2], die sich selber erfassen und damit begrenzen muß, wenn sie überhaupt faßbar werden soll [3]. Das geschieht, indem der gnostische Gott sich selbst in einer zweiten, meist weiblich gedachten Hypostase gegenübertritt. Die sich wiederholenden Selbsterfassungen schaffen das Pleroma, das aus zu Syzygien verbundenen Äonenpaaren besteht. 2. Das Pleroma ist scharf abgegrenzt gegen die Welt der Schöpfung, des Werdens, der Geschichte. – Das Wort πλήρωμα scheint bei der Rezeption christlicher Begriffe in die Gnosis eingedrungen zu sein. Erfüllung der heilsgeschichtlichen Verheißungen im Neuen Testament [4] wird uminterpretiert in Frucht des übergeschichtlichen Pleromas [5]. – In der zweiten Hälfte des 3. Jh. ist der technische Gebrauch von πλήρωμα so geläufig geworden, daß die Gnostiker selbst sich als «Kinder der F.» bezeichnen können [6]. – Bei PLOTIN begegnet der gnostische Gebrauch von πλήρωμα nicht. Der Plotinsche Seinsmonismus läßt die scharfe Abgrenzung gegen die Welt des kosmischen Werdens nicht zu. JAMBLICHOS, PROKLOS und DAMASKIOS kennen das Wort, ohne damit den technisch gnostischen Sinn zu verbinden. – In welchem Verhältnis die kabbalistische Lehre von den 10 innergöttlichen Sephiroth zu gnostischen Pleroma-Vorstellungen steht, hat bisher nicht befriedigend geklärt werden können. Auffallend ist, daß im Buch Bahir (12. Jh.) sogar das Wort in hebräischer Übersetzung (ha male) auftaucht [7]. Diese jüdische Tradition vermittelte dem abendländischen Denken über J. BÖHME und SCHELLING bis zu den russischen Sophiologen SOLOVJEV und BULGAKOV die Verbindung zu gnostischen Vorstellungen, die es zu ermöglichen schienen, das philosophische Problem der Weltgeschichte aus dem innergöttlichen Pleroma heraus zu durchdringen und zu lösen [8].

Anmerkungen. [1] IRENÄUS, Adv. haer. I, 2. 3. – [2] So schon im NT 1. Kor. 2, 10; Apok. 2, 24; Act. 8, 10. – [3] IRENÄUS, a. a. O, [1] I, 1. 1. – [4] Eph. 1, 10; Gal. 4. 4. – [5] IRENÄUS, a. a. O. [1]. I,

2, 6. – [6] Pistis Sophia c, 138. – [7] GERSHOM SCHOLEM: Ursprung und Anfänge der Kabbalah (1962). – [8] W. SOLOVJEV, Werke 3 (1954) 326ff.; S. BULGAKOV: Kosmodizee, in: Östliches Christentum, hg. BUBNOFF/EHRENBERG 2 (1925) 223.

Literaturhinweise. R. REITZENSTEIN: Poimandres (1904). – GILLES QUISPEL: Gnosis als Weltreligion (1951). – H. JONAS: Gnosis und spätantiker Geist 1. 2 (1954); Ergh. zu 1 (1964).

W. ULLMANN

Fundamentalismus heißt zunächst die amerikanische Variante eines in der Theologie des 19. und 20. Jh. verschiedentlich zutage tretenden antimodernistischen Affekts. Der als Verfallserscheinung interpretierten Säkularisierung, für die Darwinismus und naturwissenschaftliches Denken verantwortlich gemacht werden, wird in der quer durch alle Denominationen laufenden fundamentalistischen Bewegung das Prinzip der verbalinspirierten heiligen Schrift entgegengestellt (vgl. The Five Points of Fundamentalism: absolute Irrtumslosigkeit der Bibel, Jungfrauengeburt, stellvertretendes Sühnopfer, leibliche Auferstehung und Wiederkunft Christi) [1]. – Die divergierenden Richtungen und Gruppierungen des F. suchen sich über Bibelkonferenzen, die ihren Höhepunkt in der World Bible Conference von Philadelphia (1919) haben, eine gemeinsame Basis zu schaffen in der Absicht, «einen unablässigen Krieg gegen jede Form des Modernismus zu führen» [2]. Im Kampf um «Rechtgläubigkeit» kommt es jedoch innerhalb der Denominationen zu Ketzerprozessen und Kirchenspaltungen. Der F. verschärft zudem die im amerikanischen Konservatismus der Jahrhundertwende vorherrschende Ablehnung des Darwinismus, so daß in einigen Staaten der USA Gesetze gegen die unterrichtliche Behandlung der Evolutionslehre erlassen werden (vgl. den «Affen-Prozeß» von Dayton, Tennessee 1925). – Die theologische Kehre, die sich unter dem Einfluß der Säkularisierungsdebatte, der Arbeiten von R. NIEBUHR und P. TILLICH [3] und der ökumenischen Diskussion anbahnte, ließ die Kontroverse zwischen F. und Modernismus zurücktreten [4]. – In Anlehnung an diesen Begriff amerikanischer Kirchengeschichte bezeichnet man im Blick auf theologische Erörterungen in Deutschland und Skandinavien mit ‹F.› eine unreflektierte Verhärtung gegen die kritisch-historische Exegese und die Tendenz, die Dogmatik gemäß solcher Frontstellung anzulegen [5].

Anmerkungen. [1] The fundamentals: A testimony to the truth, hg. A. C. DIXON/R. A. TORREY (1909-1912). – [2] J. F. NORRIS, zit. Die Christl. Welt 38 (1924) 91. – [3] Vgl. P. TILLICH: Systemat. Theol. 1 (³1956) 9ff. – [4] H. KRÜGER: Art. ‹F.›, in: Evang. Kirchenlex. 1, 1407f. – [5] Vgl. S. E. AHLSTROM: Art. ‹F.›, in: RGG³ 2, 1178f.

Literaturhinweise. J. W. JOHNSON: Fundamentalism versus modernism (New York 1925). – S. G. COLE: The hist. of fundamentalism (New York 1931). – N. F. FURNISS: The fundamentalist controversy 1918-1931 (New Haven 1954). – O. W. HEICK: Amer. Theol. in Gesch. und Gegenwart (Breklum 1954) 95ff.

CHR. GREMMELS

Fundamentalontologie. Unter F. versteht M. HEIDEGGER [1] die «Ausarbeitung der Seinsfrage überhaupt» [2]. «Die Ontologien, die Seiendes von nicht daseinsmäßigem Seinscharakter zum Thema haben, sind ... in der ontischen Struktur des Daseins selbst fundiert und motiviert, die die Bestimmtheit eines vorontologischen Seinsverständnisses in sich begreift. Daher muß die F., aus der alle andern erst entspringen können, in der *existenzialen Analytik des Daseins* gesucht werden» [3]. Es zeigt sich, «daß die ontologische Analytik des Daseins überhaupt die F. ausmacht» [4]. «Die Herausstellung der Seinsverfassung des Daseins bleibt aber gleichwohl nur *ein Weg.* Das *Ziel* ist die Ausarbeitung der Seinsfrage überhaupt» [5].

Anmerkungen. [1] M. HEIDEGGER: Sein und Zeit (⁹1960). – [2] a. a. O. 436. – [3] 13. – [4] 14. – [5] 436.

Literaturhinweis. O. PÖGGELER: Der Denkweg Martin Heideggers (1963) 46-66.

P. PROBST

Fundamentalphilosophie ist in der Philosophie des 19. Jh. ein häufig (auch als Buchtitel) verwendeter Begriff, um die Grundlagendiskussion des philosophischen Erkennens zu kennzeichnen. Dabei sind zwei nahezu konträre Bedeutungen des Wortes zu unterscheiden.

1. ‹F.› (philosophia fundamentalis) wird gleichbedeutend mit ‹Ontologie› im Sinne von CHR. WOLFF (zum Teil als Rückübersetzung von ‹Grundwissenschaft›) gebraucht, so schon bei L. BARBIERI (1734), F. T. CANZIUS (1744). Von hier her ist das Wort in scholastischen und rationalistisch-metaphysischen Richtungen des 19. Jh. zu finden, beispielsweise bei F. X. BIUNDE (1838) und J. PÜLLENBERG (1856) [1]. Sehr einflußreich waren die ‹Fundamente der Philosophie› (1855/56) von J. BALMES (span. Filosofia fundamental 1846, frz. Philosophie fondamentale 1852). In Auseinandersetzung mit *Kant, Fichte* u. a. nennt er eine transzendentale Begründung der Philosophie eine «Chimäre» [2], bekennt sich demgegenüber ausdrücklich zum «Dogmatismus» [3] und begründet entsprechend die Philosophie in einer Theorie der Gewißheit des gesunden Menschenverstandes.

2. Demgegenüber läßt sich eine transzendentalphilosophische Verwendung des Begriffes verfolgen, in welchem Sinne er sehr wahrscheinlich von W. T. KRUG zum ersten Male in seiner ‹F. oder urwissenschaftliche Grundlehre› (1803) gebraucht worden ist [4]. Krug konzipiert mit ihr eine aus transzendental-methodischer Konsequenz jeder philosophischen Disziplin vorangehende Methoden- und Prinzipienlehre und knüpft damit ausdrücklich an die durch Kant, Reinhold, Fichte, Schelling u. a. aufgeworfene Problemsituation der Transzendentalphilosophie an: «Die F., als erster Teil der Philosophie, ist die Wissenschaft von der Möglichkeit der Philosophie selbst. Sie untersucht daher die Prinzipien der philosophischen Erkenntnis überhaupt und stellt diejenigen Grundsätze auf, welche für alle übrigen philosophischen Wissenschaften gültig, und von welchen diese abhängig sind ... Sie ist folglich auch das Organon für alle übrigen Teile der Philosophie» [5]. ‹F.› in diesem Sinne wird synonym mit ‹Grundlehre, Erster Philosophie, Archologie, Archimetrie, Protologie, Elementarphilosophie und Transzendentalphilosophie› [6]. Dagegen ist sie gerade der Ontologie («philosophia prima sensu relativo») und der Metaphysik als derivativen Disziplinen gegenüberzustellen [7]. Im Resultat bestimmen die fundamentalphilosophischen Untersuchungen die Philosophie als «Wissenschaft von der ursprünglichen Gesetzmäßigkeit der gesamten Tätigkeit unseres Geistes oder von der Urform des Ich ... oder von dem, was in unserem Gemüte a priori bestimmt ist» [8]. In dieser oder ähnlicher methodischer Bedeutung findet sich der Terminus ‹F.› u. a. bei G. W. GERLACH (1825), J. I. TAFEL (I, 1848), F. C. BIEDERMANN (1857), H. M. CHALYBAEUS (1861), J. ARNAU E IBANEZ (Valenzia 1889).

In den gegenwärtigen Diskussionen wird mit ‹F.› die Problematik des Anfangs der Philosophie gekennzeichnet, wie sie sich seit Descartes der neuzeitlichen Philosophie stellt. Mit Blick auf Hegel wird hierbei der Standpunkt der Unmittelbarkeit (Descartes, Fichte, Husserl), der Standpunkt der Vermittlung (Kant,

Dilthey, Gadamer) und der dialektische Standpunkt (Hegel) unterschieden. Der Standpunkt der Vermittlung trifft sich im Ergebnis mit einer gegenwärtig starken «antifundamentalistischen» Strömung gegen die ganze fundamentalphilosophische Fragestellung. HEIDEGGERS «Fundamentalontologie» ist als Versuch zu betrachten, ihr philosophisches Thema (Explikation des Sinnes von Sein) ohne fundamentalphilosophische Radikalbegründung allein durch zirkelhaft-fortschreitende Vermittlung aus dem daseinsmäßigen Seinsverständnis heraus zu erreichen. Gegen die fundamentalphilosophische Idee einer apodiktischen Selbstbegründung wendet sich heute besonders der «Kritische Rationalismus», wie er von K. R. POPPER [9], H. ALBERT [10] u. a. vertreten wird. Gegen den philosophischen «Fundamentalismus» [11] wird erkenntnistheoretisch geltend gemacht, daß der hier gesuchte «archimedische Punkt» [12] der Erkenntnis nur durch willkürlichen Abbruch einer deduktiven Begründungskette erreicht werden kann. Dagegen schreiben W. KAMLAH und P. LORENZEN der Sprache die Funktion zu, eine Vermittlung der Unmittelbarkeit des Anfangs zu leisten: «In gewisser Weise wird sich ein solcher Anfang ‹inmitten› der Sprache mit dem Versuch, trotz allem ‹von Grund auf› neu zu beginnen, verbinden müssen und verbinden lassen, so daß auch die Frage nach dem Anfang als die Frage nach solchem Sowohl-als-auch neu zu stellen ist» [13]. Demgemäß erhält die ‹logische Propädeutik› den Rang einer F.

Anmerkungen. [1] Vgl. F. KIRCHNER/C. MICHAELIS: Wb. der philos. Grundbegriffe (⁶1911) 306. – [2] a. a. O. 1, 31. – [3] a. a. O. 1, 17. – [4] Vgl. W. T. KRUG, Allg. Handwb. der philos. Wiss. nebst ihrer Lit. und Gesch. (²1833) 2, 102; vgl. K. H. L. PÖLITZ: Enzyklop. der gesamten philos. Wiss. (1807) 1, 20. – [5] W. T. KRUG: F. (1818) 299f.; vgl. 30ff. – [6] Vgl. W. T. KRUG: Hb. der Philos. und der philos. Lit. (1820) 1, 24. – [7] Vgl. F. a. a. O. [5] 299. – [8] 259f.; vgl. 310f. – [9] Vgl. K. R. POPPER: Logik der Forsch. (²1966); Conjectures and refutations (London 1963). – [10] H. ALBERT: Traktat über krit. Vernunft (1968). – [11] a. a. O. 11. 46. 70. 75. – [12] 9. – [13] P. LORENZEN: Log. Propädeutik (²1968) 17.

Literaturhinweise. E. CORETH: Das fundamentalontolog. Problem bei Heidegger und Hegel. Scholastik 29 (1954) 1-23. – L. LANDGREBE: Der Weg der Phänomenol. (1963, ²1967). – D. HENRICH: Anfang und Methode der Logik. Hegelstudien Beih. 1 (1964) 19-36. – M. BRELAGE: Stud. zur Transzendentalphilos. (1965). – H. F. FULDA: Das Problem einer Einl. in Hegels Wiss. der Logik (1965); Über den spekulativen Anfang, in: Subjektivität und Met., Festschrift W. Cramer (1966) 109-127. – K. LORENZ und J. MITTELSTRASS: Die Hintergehbarkeit der Sprache. Kantstudien 58 (1967) 187-208. – E. HEINTEL: Die beiden Labyrinthe der Philos. Systemtheoret. Betrachtungen zur F. des abendländ. Denkens 1 (1968). – H. WAGNER: Hegels Lehre vom Anfang der Wiss. Z. philos. Forsch. 23 (1969) 339-348. – H. GLOCKNER: Fundamentalphilos. Betrachtungen. Kantstudien 60 (1969) 267-288. – C. F. GETHMANN: Log. Propädeutik als F.? Kantstudien 60 (1969) 352-368. – K. SCHRADER-KLEBERT: Das Problem des Anfangs in Hegels Philos. (1969).

C. F. GETHMANN

Fundamentaltheologie wird teilweise synonym mit ‹Apologetik› gebraucht. Die F. erarbeitet Voraussetzungen und Grundlagen der katholischen Theologie, vor allem die rationalen Glaubwürdigkeitsgründe für den Offenbarungsanspruch der glaubenverpflichtenden Kirchenlehre [1]. Anstelle bloßer Glaubensverteidigung (Apologie, 1. Petr. 3, 15) wurde seit dem 19.Jh., auch unter Einfluß des idealistischen Systemdenkens (SCHLEIERMACHER, J. S. v. DREY [2]) Darstellung der Glaubensgründe erstrebt, wodurch das Wort ‹Apologetik› meist durch ‹F.› ersetzt wurde. Traditioneller Lehraufbau: Demonstratio religiosa (philosophische Gotteserkenntnis und Möglichkeit einer Wortoffenbarung Gottes), demonstratio christiana (konkret-geschichtliche Offenbarung, in Christus zentrierend), demonstratio catholica (Kirche als deren Sachwalterin), welcher Teil häufig einen apologetischen und einen dogmatischen Abschnitt (Kirchliches Lehramt, Schrift, Tradition u. a.) umfaßt [3]. Die deutsche Theologie (beeinflußt von Aufklärung und Idealismus) verstand unter ‹F.› nur «die systematische Rechtfertigung der einen wahren Religion, Offenbarung und Kirche *auf Grundlage der natürlichen Erfahrung und Vernunft*» [4]. Neuerdings (K. RAHNER, G. SÖHNGEN) wird Vertiefung der F. im Sinn einer theologischen Wissenschaftslehre vorgeschlagen [5].

Anmerkungen. [1] Vaticanum 1. DENZINGER/SCHÖNMETZER 3019. 3009. – [2] Vgl. J. S. v. DREY: Kurze Einl. in das Studium der Theol. (1819); Die Apologetik als wiss. Nachweisung der Göttlichkeit des Christentums (1838-1847). – [3] Vgl. A. MICHEL: Fondamentale ou générale théol. Dict. Théol. cath. 6 (Paris 1920) 514-523. – [4] A. SEITZ: Art. ‹Apologetik›. Lex. Theol. u. Kirche (= LThK) 1 (1930) 552. – [5] K. RAHNER: Aufriß einer Dogmatik. Schriften 1 (1962) 29-34; Art. ‹Dogmatik›. LThK 3 (²1959) 446-454; ‹Formale und Fundamentale Theol.› LThK 4 (²1960) 205f.; G. SÖHNGEN: F. LThK 4 (²1960) 452-459; H. VORGRIMLER: Die ‹apologetische› Thematik der F. im besonderen. LThK 4², 459f.

Literaturhinweise. K. RAHNER: Hörer des Wortes. Zur Grundlegung einer Religionsphilos. (²1963). – A. LANG: F. 1. 2 (³1963); Die Entfaltung des apologet. Problems in der Scholastik des MA (1962). – A. DARLAP und H. FRIES, in: J. F. FEINER/M. LÖHRER (Hg.): Mysterium salutis 1 (1966). – A. KOLPING: F. 1 (1968); 2 (1971) mit Lit.

A. KOLPING

Fundamentum in re ist sachliche Grundlage für die *distinctio rationis* (s. d.).

O. MUCK

Fundierung (Fundierungsverhältnis). Der Begriff der F. wird von E. HUSSERL in den ‹Logischen Untersuchungen› formal in folgender Weise definiert: Wenn ein α wesensgesetzlich zu seiner Existenz eines μ bedarf, so daß es nur mit μ zusammen in einer umfassenden Einheit existieren kann, so ist α durch μ fundiert [1]. Die F. kann gegenseitig und einseitig sein. Im Falle der einseitigen F. vermag das Fundierte nicht ohne das Fundierende zu sein, wohl aber umgekehrt [2]. – Im *späteren* Denken Husserls gelangt der Begriff der F. zu weitreichender Anwendung [3]. Er betrifft hier 1. die Ordnung der Konstitutionsstufen [4] und 2. das Verhältnis verschiedenartiger intentionaler Akte und ihrer noematischen Korrelate zueinander [5]. Alle höherstufigen und komplexen Akte und Gegenständlichkeiten sind in ursprünglichen, einfachen Grundakten und Gegenständen fundiert: z. B. die kategoriale Anschauung in der schlichten sinnlichen Wahrnehmung [6], die logisch-prädikativen Urteile in vorprädikativer Erfahrungsevidenz, alle Akte des Wertens und Wollens letztlich in Erfahrung von schlicht sinnlich beschaffenen Substraten (Urdoxa) [7].

Anmerkungen. [1] E. HUSSERL: Log. Untersuchungen 2/1: Untersuchungen zur Phänomenol. und Theorie der Erkenntnis (⁵1968) 261ff. – [2] a. a. O. 264f. – [3] Vgl. A. DIEMER: Edmund Husserl. Versuch einer systematischen Darstellung seiner Phänomenol. (²1965) 90ff. – [4] E. HUSSERL: Log. Untersuchungen 2/2: Elemente einer phänomenol. Aufklärung der Erkenntnis (⁴1968) 147ff. 152ff. – [5] DIEMER, a. a. O. [3] ebda. – [6] HUSSERL, a. a. O. [4] 144ff. 152ff. – [7] Erfahrung und Urteil (³1964) 21f. 53f.

P. JANSSEN

Fungieren. Die Lebendigkeit der transzendentalen Subjektivität im Vollzug ihrer intentionalen Erlebnisse bezeichnet E. HUSSERL im Hinblick darauf als ‹F.›, daß solche Vollzüge die «Funktion» der transzendentalen Konstitution haben [1].

Anmerkungen. [1] E. HUSSERL: Ideen zu einer reinen Phänomenol. und phänomenol. Philos. 1. Buch. Husserliana 3 (Den

Haag 1950) 212ff.; vgl. E. FINK: Studien zur Phänomenol. 1930-1939 (Den Haag 1966).
K. HELD

Fünklein, Seelenfünklein. ‹Fünklein› (Seelenfünklein, lat. scintilla animae) ist ein von der Mystik des 13. Jh. geprägter Begriff. Er begegnet zum erstenmal in den Chaldäischen Orakeln, die das gottverwandte Organ der Seele ψυχεῖος σπινθήρ nennen [1]. ORIGENES kennt F. geistlicher Erkenntnis, die in die Seele geworfen werden [2], wie schon SENECA davon spricht, daß gleichsam gewisse F. des Heiligen auf die Erde gesprungen seien, womit man gern erkläre, daß die Menschen göttlichen Geistes seien [3]. Der Ezechielkommentar des HIERONYMUS, der eine über den drei platonischen Seelenteilen liegende «scintilla conscientiae» aufzählt [4], ist für den scholastischen Syneresis-Begriff, für den oft auch ‹scintilla› gebraucht wird, wichtig: «scintilla rationis», «scintilla conscientiae», z. B. von THOMAS VON AQUIN: Der Funke des Gewissens ist das Höchste, das im Urteil des Gewissens gefunden wird [5]; die «scintilla rationis» dagegen ist «quaedam modica participatio intellectualitatis respectu eius, quod de intellectualitate in angelo est» (der Funke des [menschlichen] Verstandes ist eine gewisse bescheidene Teilhabe an [geistiger] Erkenntniskraft im Vergleich zu der eines Engels) [6]. Von «scintilla animae» freilich wird im Zusammenhang mit der Syneresis nicht gesprochen. Bei ECKHART finden sich viele Aussagen über «eine Kraft in der Seele», die Gott in seiner Blöße nimmt. Sie ist keine «potentia animae», ist von allen Namen frei [7] und wird oft «vünkelîn» genannt [8]. Diese Kraft ist gottverwandt, «ungeschaffen und unschepflich» [9], während die Seele mit ihren Kräften geschaffen ist [10]. Eckhart spricht jedoch auch davon, daß das Seelen-F. geschaffen sei, wobei er es als «Synderesis» beschreibt [11].

Bei MECHTHILD VON MAGDEBURG sendet Gott «ein klein vunke ... an die kalten sele, ... das des menschen herze biginnet ze brennede und sin sele ze smelzende», um aus dem irdischen einen himmlischen Menschen zu machen [12]. TAULER nennt Eckharts Namen, als er vom Funken spricht, der hoch fliegt, bis er in dem Grund ruht, in dem er in seiner Ungeschaffenheit war [13]. Nach SEUSE kehrt sich ein vernünftiger Mensch durch das Seelen-F. wieder ins Ewige hinauf, aus dem es geflossen ist [14]. Für J. BÖHME ist «das Leben der Creatur anders nichts als ein F. vom Willen Gottes» [15]. ANGELUS SILESIUS fordert den Menschen auf, in seinem Herzen dem F. der Gnade Raum zu geben [16]. Auch im Pietismus z.B. bei SPENER, FRANCKE, G. ARNOLD und im ‹Herrnhuter Gesangbuch› ist vielfach von dem F. die Rede, das im Herzen brennt und zu Gott zurückkehren will [17].

Anmerkungen. [1] De orac. chald. (Croll 1894) 26. – [2] ORIGENES, In cant. cant. 1, II, 164, 14. – [3] SENECA, De otio V 5. – [4] HIERONYMUS, MPL 25, 22ff. – [5] THOMAS VON AQUIN, De ver. 17, 2 ad 3. – [6] II Sent. 39, 3, 1. – [7] MEISTER ECKHART, Pr. 10. Dtsch. Werke 1, hg. J. QUINT (1958) 171f.; Werke, hg. FR. PFEIFFER (1857) 193, 33f. – [8] Bei PFEIFFER, a. a. O. 39, 7f. 89, 18. 109, 12f. 110, 26. 193, 32f. u. ö; vgl. bei QUINT, a. a. O. 332 Anm. 4. – [9] Bei PFEIFFER, a. a. O. 193, 17f. – [10] Proc. Col. I n. 137. – [11] Pr. 20 a bei QUINT, a. a. O. [7] 332f. – [12] Offenbarung der Schwester MECHTHILD VON MAGDEBURG oder Das fließende Licht der Gottheit, hg. G. MOREL (1869, ²1963) 187; vgl. G. LÜERS: Die Sprache der dtsch. Mystik des MA im Werke der Mechthild von Magdeburg (1926) 182ff. – [13] J. TAULER, Pr. 64, hg. VETTER (1910) 347ff. – [14] H. SEUSE, Dtsch. Schriften, hg. K. BIHLMEYER (1907, Neudruck 1961) 192, 10f. – [15] J. BÖHME, Sämtl. Schr., hg. W.-E. PEUCKERT (1956-1960) 17, 736; vgl. 9, 239f. – [16] ANGELUS SILESIUS, Cherubinischer Wandersmann (1657) V, 349. – [17] Beitr. zur Gesch. A. H. Franckes, hg. G. KRAMER (1861) 35, 295; vgl. A. LANGEN: Der Wortschatz des dtsch. Pietismus (1954) 334.

Literaturhinweise. G. LÜERS s. Anm. [12]. – F. MEERPOHL: Meister Eckharts Lehre vom Seelen-F. (1926). – H. EBELING: Meister Eckharts Mystik (1941). – H. HOF: Scintilla animae (1952). – B. SCHMOLDT: Die dtsch. Begriffssprache Meister Eckharts (1954). – S. UEDA: Die Gottesgeburt in der Seele (1965).
P. HEIDRICH

Funktion

I. Der Ausdruck ‹F.› wird heute in der Mathematik häufig synonym mit ‹Abbildung› gebraucht und als eine *Zuordnung f* verstanden, durch die jedem Element einer Menge A genau ein Element einer Menge B zugewiesen wird. Die Menge A heißt dann der *Definitions-* oder *Argumentbereich* oder die *Urbildmenge* von f, die Menge der bei der Zuordnung getroffenen Elemente von B heißt der *Wertebereich* oder die *Bildmenge* von f. Je nach der Situation werden F. auch als *Transformationen, Funktionale, Operatoren, Folgen, Familien, Felder* usw. bezeichnet. Ist x ein *Argument* von f, also zu A gehörig, so schreibt man für den *Wert* oder das *Bild* von x kurz $f(x)$.

Man kann den Begriff der F. logisch schärfer fassen und damit den ihm zugrunde liegenden Begriff der Zuordnung explizieren, indem man entweder auf *Terme* oder auf *Relationen* bzw. *Relationsbedingungen* zurückgeht. Im ersten Falle geht man aus von einem Ausdruck (Term) $t(x)$, der bei Einsetzung eines Namens für ein Objekt aus einer Menge A in einen Namen für genau ein Objekt aus einer Menge B übergeht, und versteht unter der zu $t(x)$ gehörigen F. das auf der Grundlage der *Termäquivalenz*

«für alle x aus A gilt $t_1(x) = t_2(x)$»

gebildete *Termabstraktum*, welches durch $[x \to t(x)]$ oder in ähnlicher Weise symbolisiert wird, so daß also gilt
$$f = [x \to t(x)].$$
Im zweiten Sinne geht man auf *Bedingungen* oder *Formeln* in zwei Variablen $\mathfrak{B}(x, y)$ und die diesen jeweils zugehörige Erfüllungsmenge $\{(x, y) \mid \mathfrak{B}(x, y)\}$, also die Menge aller geordneten Paare (x, y) mit $x \in A$ und $y \in B$, für die $\mathfrak{B}(x, y)$ erfüllt ist, zurück. Eine solche Paarmenge, die man als Bedingungs- oder *Formelabstraktum* auffassen kann, heißt zweistellige Relation. Ist die Relation *rechtseindeutig*, d. h. folgt aus dem simultanen Bestehen von $\mathfrak{B}(x, y_1)$ und $\mathfrak{B}(x, y_2)$ stets $y_1 = y_2$, so nennt man sie gemäß der zweiten Auffassung eine F., so daß jetzt
$$f = \{(x, y) \mid \mathfrak{B}(x, y)\}.$$
Zwischen den Term- und Formelabstrakta besteht nun allerdings eine umkehrbar eindeutige Entsprechung, die für die eine Richtung durch den Übergang vom Term $t(x)$ zur Formel $y = t(x)$ (*F.-Gleichung*) angegeben und für die andere Richtung mit Hilfe der Bildung von sogenannten *Kennzeichnungstermen* möglich ist [1]. Zwischen Termen und F. einerseits bzw. Formeln und F. andererseits muß in jedem Falle unterschieden werden, was in der Geschichte des F.-Begriffs erst sehr spät beobachtet worden ist.

Wenn ‹F.› etwas Spezielleres bezeichnen soll als ‹Abbildung›, so geschieht die Einschränkung meistens in der Weise, daß die Menge B als die Menge der reellen oder der komplexen Zahlen vorausgesetzt ist. Bis in die zweite Hälfte des vorigen Jh. war dabei auch A im allgemeinen eine Menge reeller oder komplexer Zahlen, insbesondere ein reelles Zahlenintervall. Die Geschichte der F.-Lehre war in dieser Beschränkung auf das engste verwoben mit dem *Problem des Kontinuums* und entsprechenden kinematisch-physikalischen Interpretationen der Variablen x und y als sogenannten «veränderlichen Größen», wie sie uns in NEWTONS «*Fluenten*»

Funktion

begegnen, die im heutigen Sinne aber selbst schon als F. (Zustands-F., Koordinaten-F. usw.) anzusehen sind [2].

Vorläufer der mathematischen F.-Lehre sind die französischen *Nominalisten*, unter ihnen vor allem NICOLAUS VON ORESME, der zur Behandlung der Zu- und Abnahme der Aristotelischen Qualitäten die Methode der *graphischen Darstellung* durch eine Kurve über den Punkten einer Geraden entwickelt und durch ihre Anwendung bereits ein wichtiges Resultat der Kinematik GALILEIS vorweggenommen hat [3]. Der hier sich bildende *geometrisch* orientierte F.-Begriff setzt sich über GALILEI, CAVALIERI zunächst bis zu BARROW, dem Lehrer Newtons, fort.

Auf der Grundlage der Buchstabenrechnung und Gleichungslehre VIETAS und der analytischen Geometrie von DESCARTES tritt dann seit NEWTON eine *rechnerisch-termmäßige* F.-Auffassung in den Vordergrund, die deutlich von JOHANN BERNOULLI und vor allem von L. EULER vertreten wurde: Eine F. ist ein *analytischer Ausdruck* [4].

Der *Terminus* ‹F.› (functio) kommt wohl zum erstenmal im Briefwechsel zwischen LEIBNIZ und JOHANN BERNOULLI vor. Zunächst gebraucht ihn LEIBNIZ 1694 als Bezeichnung für Längen von Strecken, die, wie Abszisse, Ordinate, Tangente, Normale, Krümmungsradius usw., von einem veränderlich gedachten Punkt einer Kurve abhängen. 1698 gebraucht ihn BERNOULLI in dem angegebenen Sinne.

Man war im 18. Jh. der Meinung, mit dem, was zu dieser Zeit als analytischer Ausdruck angesehen wurde, nur «curvae continuae» erfaßt zu haben. Diese Auffassung wurde jedoch um 1800 durch die Untersuchungen vor allem FOURIERS erschüttert. Im Bemühen, wieder unabhängig zu sein von den Darstellungsmitteln, hat darauf DIRICHLET 1837 *reelle F.* als *eindeutige Zuordnungen* von reellen Zahlen zu den reellen Zahlen eines Intervalls definiert [5], was in ähnlicher Fassung 1834 auch schon durch N. J. LOBATSCHEWSKI geschehen war [6]. Dies ist in gewissem Sinne eine Rückkehr zum syntaktisch vagen geometrischen F.-Begriff, aber ohne Bindung etwa an (intuitive) Stetigkeitsvoraussetzungen.

Auf der Grundlage dieses sehr allgemeinen DIRICHLETschen F.-Begriffs konnten im 19. Jh. die noch 1870 von HANKEL [7] beklagten Lücken in den Grundbegriffen der Analysis durch genaue Präzisierung solcher Begriffe wie *Stetigkeit, Differenzierbarkeit, Analytizität, Integrierbarkeit* einer reellen F. ausgefüllt werden, was vor allem mit den Namen CAUCHY, RIEMANN und WEIERSTRASS verbunden ist. Diese Mathematiker haben ferner auch grundlegend zur Schärfung der fundamentalen Begriffe der *komplexen F.-Theorie* beigetragen, RIEMANN insbesondere zur Ausschließung der Mehrdeutigkeit bei der sogenannten analytischen Fortsetzung gewisser komplexer F. durch Einführung neuer Existenzgebiete, der RIEMANNschen Flächen.

Die Entdeckung neuer mathematischer Rechenobjekte, wie Quaternionen, Vektoren usw., drängte zusammen mit allgemeinen mengentheoretischen Erörterungen zu stärkerer Verallgemeinerung des F.-Begriffs. Die eingangs vorgestellte Fassung im Sinne des modernen Abbildungsbegriffs findet sich erstmals 1887 bei DEDEKIND systematisch dargelegt [8]. Bei CANTOR kommt die volle Allgemeinheit nur im Zusammenhang mit seiner Definition der Kardinalzahlpotenzen vor, bei der er auf alle «*Belegungen*» einer Menge A mit den Elementen einer Menge B zurückgreift und von «Belegungs-F.» spricht [9]. Der Einbau der Dedekindschen Abbildungstheorie in die Relationentheorie geschieht 1895 durch E. SCHRÖDER [10].

Eine eigentümliche Stellung nimmt der F.-Begriff in der Ontologie FREGES ein. Der Bereich des «Objektiven» zerfällt nach ihm in «Gegenstände» und «F.», wobei letztere durch das Merkmal der «Ergänzungsbedürftigkeit» gekennzeichnet sind. Zu den Ausdrücken, die F. darstellen, gehören nach ihm z. B. auch «$x^2 = 4$» oder «x eroberte Gallien». Ihre möglichen Werte sind die *Wahrheitswerte* «wahr» oder «falsch» [11]. RUSSELL spricht hier – was die Ausdrücke selbst anbelangt – von *Aussage-F. (propositional functions)* [12]. Im Sinne einer (von FREGE beachteten) genauen Unterscheidung von Ausdruck und F. ist die im deutschen Sprachgebrauch vorherrschende Bezeichnung ‹*Aussageform*› angemessener.

Anmerkungen. [1] Vgl. P. LORENZEN: Differential und Integral (1965). – [2] Vgl. I. NEWTON: Methodus fluxionum et serierum infinitarum. Opuscula, hg. J. DE CASTILLON 1 (Lausanne/Genf 1744); vgl. ferner die modernen Analysen in: K. MENGER: Calculus, a modern approach (Boston u. a. 1955). – [3] Vgl. ANNELIESE MAIER: Zwei Grundprobleme der scholastischen Naturphilos. (1951); Die Vorläufer Galileis im 14. Jh. (1949); An der Grenze von Scholastik und Naturwiss. (^{2}1952). – [4] Vgl. L. EULER: Introductio in analysin infinitorum (1748). – [5] P. G. L. DIRICHLET: Über die Darstellung ganz willkürlicher F. durch Sinus und Cosinusreihen. Ges. Werke 1 (1890) 135ff. – [6] N. J. LOBATSCHEWSKI: Über die Konvergenz trigonometrischer Reihen. Wiss. Schr. Univ. Kasan 2 (1834). – [7] H. HANKEL: Untersuchungen über die unendlich oft oszillierenden und unstetigen F., ein Beitrag zur Feststellung des Begriffs der F. überhaupt (1870). – [8] R. DEDEKIND: Was sind und was sollen die Zahlen (^{1}1887, ^{2}1961). – [9] G. CANTOR: Ges. Abh. (Nachdruck 1932) 297. – [10] E. SCHRÖDER: Algebra und Logik der Relative (1895). – [11] Vgl. G. FREGE: F., Begriff, Bedeutung, hg. G. PATZIG (1962). – [12] B. RUSSELL: The principles of math. (^{2}1937) 13.

Literaturhinweise. O. TOEPLITZ: Die Entwicklung der Infinitesimalrechnung (1949). – K. MENGER s. Anm. [2]. – P. SUPPES: Axiomatic set theory (New York u. a. 1960). – H. G. STEINER: Mengen, Abbildungen, Strukturen. Fischer-Lex.: Mathematik 1 (1964). – P. LORENZEN s. Anm. [1]. – J. SCHMIDT: Mengenlehre I (1966).

H. G. STEINER

II. HERMANN COHEN beruft sich in seiner ‹Logik der reinen Erkenntnis› [1] auf die neue Bedeutung, die der Begriff ‹F.› in der mathematischen Theorie der Gleichungen bekommen habe [2]: er bezeichne «seit *Leibniz* das Gesetz der gegenseitigen Abhängigkeit zwischen zwei veränderlichen Größen». Er sei durch die Infinitesimalrechnung [3] zum zentralen Begriff der mathematischen Methodik geworden [4] und müsse auch in der Logik als «Kategorie» ausgezeichnet werden [5], und zwar als solche der «Erzeugung des Zusammenhangs der einzelnen Glieder und Schritte, in dem die F. sich erfüllt», – genauer: «Der Befugnis zu dem Vollzug dieses und nur dieses Zusammenhangs» [6]: «y läßt sich als $f(x)$ denken» [7]! Diese «Unterwerfung» von y unter x «ist ein viel genauerer Ausdruck der Abhängigkeit» als die, von der man gewöhnlich spricht. Nur in dieser Bedeutung kann die Kategorie der F. in der mathematischen Naturwissenschaft zur Kategorie der Kausalität werden, nämlich «die der Substanz entsprechenden Bewegungen bedeuten» [8].

Enger an die Terminologie KANTS – der unter «F. des Verstandes» «die Einheit der Handlung, verschiedene Vorstellungen unter einer gemeinschaftlichen zu ordnen» versteht [9], also in allen Begriffen [10], Urteilen [11], Schlüssen [12] und Ideen [13] überhaupt –, hält sich P. NATORP. Er nennt jene apriorischen Formen der Synthesis die «Grundfunktionen des Denkens» und als deren «Urfunktion» die «Auseinanderlegung» als «Reihensetzung» [14]; in und mit ihr entspringt das Verfahren (die Methode) der gegenständlichen Bestimmung, der Konstitution objektiven Seins überhaupt, so daß auch «gerade das konkreteste Sein» als eine «F.» (Setzung, Leistung) des Denkens [15], als «Sein der Beziehung» (logische Relation) [16] verstanden werden muß. Die (Kantische) Kategorie der «Relation» ist schon «eine bestimmte Art» der «Funktionalbeziehung» überhaupt [17]. In der ‹Philosophischen Systematik› [18] unterscheidet Natorp drei Stufen der «Entwicklung des Logischen»: die der «Struktur», der «F.» und des «Gehalts», und behandelt die «F.-Logik» als solche gesondert [19] im Sinne einer «Bewegungslehre der logischen Prinzipien» [20].

Bei ERNST CASSIRER wird ‹F.› dagegen wieder zum Grundbegriff der Logik. Schon die frühe Schrift ‹Substanzbegriff und F.-Begriff› [21] lehnt die traditionelle Abstraktionstheorie ab und führt den «Begriff» auf die F. der «Reihenbildung» zurück. «Die Identität dieser erzeugenden Relation, die bei aller Veränderlichkeit der Einzelinhalte festgehalten wird, ist es, die die spezifische Form des Begriffs ausmacht» [22]. So bildet «die Allgemeingültigkeit eines Reihenprinzips das charakteristische Moment des Begriffs» [23]. Unter der Bezeichnung der «symbolischen Form» bzw. «F.» wird diese Auffassung später auf alle geistigen «Dimensionen» ausgedehnt [24] und der «Primat des F.-Begriffs» vor dem Klassen- und Substanzbegriff aufrecht erhalten [25]. «Ausdrucks-, Darstellungs- und Bedeutungs-F.» sind in «phänomenologischer» Sicht die aufeinander folgenden, einander übersteigenden, aber zugleich bewahrenden «Phasen» der geschichtlichen Selbstverwirklichung des Geistes in Sprache, Mythos, Kunst und Wissenschaft [26].

Anmerkungen. [1] H. COHEN: Logik der reinen Erkenntnis (¹1902; zit. ²1914). – [2] a. a. O. 276. – [3] Vgl. Das Prinzip der Infinitesimalmethode (1883). – [4] a.a.O. [1] 277. – [5] a.a.O. 278; vgl. 280. – [6] a.a.O. 281. – [7] a.a.O. 283. – [8] a.a.O. 285; vgl. Ethik des reinen Willens (¹1904, ⁴1923) 170f. – [9] KANT, KrV B 93. – [10] Proleg. § 39. – [11] KrV B 94; Proleg. §§ 21-22. – [12] KrV B 361. 364. 378. – [13] KrV B 436; da «Form» und F. gleichbedeutend sind, auch in Raum und Zeit als Formen der Synthesis apriori! – [14] P. NATORP: Die Philos. Ihr Problem und ihre Probleme (³1921) 46. 47. 48. – [15] a. a. O. 33f. – [16] a. a. O. 35. – [17] Die logischen Grundlagen der exakten Wiss. (³1923) 67. 207ff. – [18] Philos. Systematik, hg. H. NATORP (1958). – [19] a. a. O. §§ 88-93. – [20] a. a. O. 315. – [21] E. CASSIRER: Substanzbegriff und F.-Begriff (1910) V. VII. 18. – [22] a. a. O. 20. – [23] a. a. O. 26. – [24] Vgl. bes. Philos. der symbolischen Formen 1-3 (1923, 1925, 1929). – [25] a. a. O. 1, 10. 262; 2, 545f.; 3, 335. 340ff. 351ff. 430. – [26] Vgl. auch: Zur Logik des Symbolbegriffs (1938); jetzt in: Wesen und Wirkung des Symbolbegriffs (1956).

Literaturhinweise. M. STAUB: Die Umwandlung des Substanzbegriffs zum F.-Begriff in der Marburger Schule (1914). – Ernst Cassirer, in: Philosophen des 20. Jh., hg. P. A. SCHILPP (1966).
H. NOACK

III. ‹F.› (Anpassung; funktionale Abhängigkeit des Bewußtseins) hat als zentraler Begriff des amerikanischen «Funktionalismus» (functional psychology) die Bedeutung, daß die Bewußtseinsvorgänge a) eine F. der Umwelt und b) eine F. der physiologischen Prozesse und Bedürfnisse des Organismus sind. Das Bewußtsein kann demnach allein aus sich selbst nicht zureichend erkannt werden, sondern nur unter Berücksichtigung seines «Außen», seines «Unten» und damit seines «Wozu».

Der funktionalistische Ansatz wird zum ersten Mal konsequent durchgeführt in den beiden Lehrbüchern von W. JAMES ‹The Principles of Psychology› (1890) und ‹Psychology› (1892). James wendet sich hier gegen «die alte rationale Psychologie» (der metaphysischen Tradition), deren Grundfehler er darin sieht, «daß sie die Seele zu einem absolut geistigen Wesen stempelte, ausgestattet mit besonderen Vermögen, ... fast ohne Bezugnahme auf die Besonderheiten der Welt, mit der diese Tätigkeiten zu tun haben». Demgegenüber will James davon ausgehen, «daß unsere inneren Fähigkeiten im voraus den Bildungen der Welt, in der wir weilen, *angepaßt* sind» [1]. Diese Anpassungstheorie (adaptation, adjustment) des Funktionalismus leitet sich von SPENCER sowie vom Darwinismus her, steht dem Pragmatismus und Behaviorismus nahe und erhält bei J. DEWEY die inhaltliche Bestimmung der Prägung durch das «social environment», die für die amerikanische Pädagogik und Ideologie folgenreich wurde. Neben der funktionalen Abhängigkeit des Psychischen von Umwelt und Problemsituationen, die nur durch adäquate Anpassung zu bewältigen sind, macht James als zweite «Arbeitshypothese» geltend, «daß die geistige Tätigkeit gleichmäßig und absolut eine *F.* der Gehirntätigkeit sein muß» [2] (im verallgemeinerten Sinne dann F. des Gesamtorganismus). Der «Funktionalismus» als Schule wurde besonders von J. R. ANGELL (1869-1949) in Chicago ausgebildet; er verstand sich als Überwindung des auf WUNDT zurückgehenden «Strukturalismus» und seiner Methode der bloß immanenten, nicht teleonomen Analyse der «Bewußtseinsvorgänge in ihrem eigenen Zusammenhang» [3].

Anmerkungen. [1] W. JAMES: Psychol. (New York 1892 u. ö.; zit. dtsch. 1909) 3. – [2] a. a. O. 6. – [3] W. WUNDT: Grundzüge der physiol. Psychol. 1 (1874, ⁶1908-1911) 2.

Literaturverzeichnis. J. R. ANGELL: The relations of structural and functional psychol. to philos., in: Decennial Publ. Univ. Chicago FS 3/2 (1903) 53-73; The province of functional psychol. Psychol. Rev. 14 (1907) 61-91. – C. A. RUCKMICH: The use of the term function in engl. text-books of psychol. Amer. J. Psychol. 24 (1913) 99-123. – H. A. CARR: Functionalism, in: C. MURCHISON (Hg.): Psychologies of 1930 (Worchester, Mass. 1930) 59-78.
R. HEEDE

IV. Im herrschenden soziologischen Sprachgebrauch bezeichnet der F.-Begriff Leistungen unter dem Gesichtspunkt ihres Beitrags zur Erhaltung eines sozialen Systems. Diese Begriffsfassung knüpft nicht an den mathematischen F.-Begriff an, sondern an den gemeineuropäischen Sprachgebrauch, der sich bis ins Mittelalter zurückverfolgen läßt und unter F. die einem Teil im Rahmen eines Ganzen obliegende Verrichtung versteht. In diesem Sinne hatte SPENCER dem Begriff der F. im Rahmen seiner Theorie fortschreitender Differenzierung und Integration grundsätzliche Bedeutung zugewiesen [1]. Für die weitere Entwicklung war bestimmend, daß der F.-Begriff an zwei Stellen ohne diese inzwischen überholte Evolutionstheorie und ohne Anlehnung an biologische Grundvorstellungen übernommen wurde: bei DURKHEIM und in der angelsächsischen *Ethnologie*.

DURKHEIM versteht unter F. den «objektiven Zweck» einer sozialen Institution [2]. Mit dieser teleologischen Definition war eine Distanzierung vom subjektiven Wollen der beteiligten Menschen, nicht aber eine wertfreie Konzeption erreicht; sie blieb daher umstritten. Die angelsächsische *Ethnologie* hatte mit Hilfe der funktionalen Analyse ältere, rein deskriptive oder sozialdarwinistisch-evolutionäre Forschungsansätze überwinden können, indem sie die beobachteten Phänomene auf ihre F. für die Integration sozialer Systeme hin untersuchte [3]. Eine Zusammenfassung dieser beiden heterogenen Auffassungen findet sich in der strukturell-funktionalen Theorie von PARSONS [4], die den F.-Begriff auf die Bestandsprobleme von Aktionssystemen bezieht.

Inzwischen ist die funktionale Methode und die in ihr vorausgesetzte Systemtheorie zur wichtigsten Forschungskonzeption der Soziologie avanciert. Die heftige Kritik von neopositivistischer Seite, die dem Funktionalismus besonders die Unklarheit seiner Systemkonzeption, Wertvorurteile und mangelnde empirische Kontrolle vorwirft [5], hat diesen Aufstieg nicht hindern können. Es scheint, daß die eigentümlichen Unschärfen, welche die Kritik mit Recht aufgedeckt hat, unentbehrlich sind, wenn es gilt, Handlungssysteme von sehr großer Komplexität zu erforschen. Alle Einzelaspekte des heutigen Funktionalismus, die Unbestimmtheit der Systembestandsformel, das Interesse für latente und nicht nur für manifeste, für negative und nicht nur für positive F., für Erhaltung ebenso wie für Wandel, und seine vergleichende Grundorientierung an «anderen Möglichkeiten» deuten darauf hin, daß die Erweiterung des Fassungsvermögens für Systemkomplexität das noch verborgene Motiv ist, das im Begriff der F. wirksam wird.

Anmerkungen. [1] H. Spencer: The principles of sociol. 1 (London/Edinburgh ³1885) bes. 435ff. – [2] E. Durkheim: Les règles de la méthode sociol. (Paris ⁸1927). – [3] Vgl. insbes. B. Malinowski: The functional theory, in: A sci. theory of culture and other essays (Chapel Hill 1944) 145-176; A. R. Radcliffe-Brown: On the concept of function in soc. sci, in: Structure and function in primitive soc. (Glencoe, Ill. 1952) 178-187. – [4] T. Parsons: The soc. system (Glencoe, Ill. 1951); Die jüngsten Entwicklungen in der strukturell-funktionalen Theorie. Köln. Z. Soziol. 16 (1964) 30-49. – [5] Vgl. z. B. E. Nagel: Logic without met. (Glencoe, Ill. 1956) 247ff.; C. G. Hempel: The logic of functional analysis, in: Symp. on sociol. theory, hg. L. Gross (Evanston, Ill./White Plains, N.Y. 1959) 271-307.

Literaturhinweise. K. Davis: The myth of functional analysis as a special method in sociol. and anthropol. Amer. sociol. Rev. 24 (1959) 757-772. – N. Luhmann: F. und Kausalität. Köln. Z. Soziol. 14 (1962) 617-644. – K. E. Bock: Evolution, function, and change. Amer. sociol. Rev. 28 (1963) 229-237. – B. Steinbeck: Einige Aspekte des F.-Begriffs in der positiven Soziol. und in der krit. Theorie der Ges. Soz. Welt 15 (1964) 97-129. – D. Martindale: Functionalism in the soc. sci. (Philadelphia 1965). – W. W. Isajiw: Causation and functionalism in sociol. (London 1968).

N. Luhmann

Funktionalisierung ist die Einrichtung von Seinszuständen im Hinblick auf spezifische Funktionen. Funktionalisierte Zustände finden die Grenzen ihrer Variation und damit ihr Bestandsprinzip nicht in sich, in ihrem «Wesen» oder ihrer «Substanz», sondern in der Funktion, der sie zugeordnet sind. Sie sind in doppeltem Sinne nicht durch sich selbst, sondern durch anderes bestimmt: einmal durch die Funktion, der sie dienen; zum anderen durch die funktional äquivalenten Möglichkeiten, gegen die sie ausgewechselt werden können, z. B. durch die Kosten der Alternativen. In seinen Konsequenzen durchdacht und auf die Welt angewandt [1], würde dieser Begriff eine Gegenontologie herausfordern, die den Bestand der Welt nicht mehr auf das Sein des Seienden, sondern auf die Verfügbarkeit anderer Möglichkeiten in Systemen gründet. Zu solcher Radikalität dringt die geläufige Begriffsverwendung jedoch nicht vor. Sie spricht von F. nur im Hinblick auf Teilbereiche einer an sich noch ontologisch verstandenen Welt, und deshalb bleibt ihr der Begriff suspekt.

Anmerkung. [1] E. Cassirer: Substanzbegriff und Funktionsbegriff (²1923); H. Rombach: Substanz, System, Struktur 1 (1965); 2 (1966).

N. Luhmann

Funktionalismus ist ein Sammelname für eine Reihe psychologischer Positionen, die den ersten selbständigen amerikanischen Beitrag zur Entwicklung der einzelwissenschaftlichen Psychologie darstellen [1]. All diesen Positionen gemeinsam ist die kritische Absetzung vom ‹Strukturalismus›, also der von Wundt geprägten deutschen Elementenpsychologie in der Version von Titchener. Als Anreger des funktionalistischen Ansatzes können Darwin, Galton und Spencer gelten. Unmittelbare Vorläufer der funktionalistischen Psychologie sind James, Dewey und Bentley. Der Begriff ‹F.› wurde von Titchener zum Zwecke der Heraushebung seiner Gegenposition des ‹Strukturalismus› in die psychologische Wissenschaftssprache eingeführt [2].

Aufgabe der Psychologie ist in funktionalistischer Sicht nicht der analytische Aufweis von Elementen des Bewußtseins und ihrer Beziehungen zueinander, sondern die Erforschung der ‹Funktion› von Erlebens- und Verhaltensgegebenheiten bei der Anpassung des Organismus an die Umwelt im Dienste des Überlebens. Auch das Bewußtsein wird dabei – in Anlehnung an James – als ein ‹Organ› aufgefaßt, das der Anpassung des Individuums an komplexe Situationen dient. Der pragmatische Grundzug im Denken des F. führte dazu, daß in immer höherem Maße die Anwendung psychologischer Erkenntnisse auf praktische Lebenssituationen versucht wurde. So wurden hier die ersten amerikanischen Beiträge zur Entwicklung von Testverfahren, mit denen individuelle Begabungsunterschiede diagnostizierbar sein sollten, geliefert (J. McK. Catell, Thorndike). Die Erforschung der Entwicklung als eines kontinuierlichen Anpassungsprozesses wurde als wesentliche Aufgabe der Psychologie gesehen (G. S. Hall). Im ganzen ist der F. nicht so sehr durch die Konstruktion festgefügter theoretischer Konzeptionen gekennzeichnet, als durch einen gewissen Eklektizismus: Es wurden theoretische Ansätze und empirische Befunde verschiedenster Herkunft unter funktionalistischen Gesichtspunkten lose zusammengeordnet. Dabei hat der F. die einzelwissenschaftliche Absetzung der Psychologie von ihrer philosophischen Mutterdisziplin und die Bevorzugung experimenteller Verfahren mit dem zurückgewiesenen Strukturalismus gemeinsam.

Der Programmatiker des neuen F. war J. R. Angell (1869–1949) [3], ein Schüler von James. Er war der Gründer der Chicago-Schule des F., deren bedeutender Repräsentant H. A. Carr (1873–1954) [4] wurde. Ein anderes wichtiges Zentrum des F. war die Columbia-Universität, wo R. S. Woodworth (1869–1962) seine «dynamische Psychologie» entwickelte [5]. Aber auch viele Forscher, die nicht an eine bestimmte Schule zu binden waren, sind dem F. verpflichtet, wie etwa die bedeutenden Lernpsychologen Underwood und McGeoch.

Der historische F. kann als durch den Behaviorismus überwunden gelten. J. B. Watson, der Begründer des amerikanischen Behaviorismus, richtet seine Kritik gleichermaßen gegen den Strukturalismus wie den F., da in beiden Ansätzen Bewußtseinstatsachen als wissenschaftliche Daten zugelassen seien, während nach Watsons Auffassung nur Verhaltensdaten als intersubjektiv kontrollierbar dem Anspruch einer wissenschaftlichen Psychologie genügen [6]. Heute, da man immer mehr dazu kommt, den orthodoxen Behaviorismus auch nur als ein Entwicklungsstadium zu betrachten, durch das die Psychologie «hindurchgegangen» ist, erfährt auch der F. nach und nach eine andere Wertung. Der Behaviorismus selbst wird dabei nur als eine Variante des F. angesehen und funktionalistisches Denken im weitesten Sinne als ein Charakteristikum der modernen Psychologie überhaupt betrachtet. Der moderne F. ist nicht mehr einzelnen psychologischen «Schulen» zuzuordnen, wie die Aufsplitterung in Schulen generell als ein in der Geschichte der Psychologie allmählich überwundenes Stadium gelten muß.

Gegenstand moderner funktionalistischer Forschung in der Psychologie ist das zielgerichtete menschliche Handeln in seinen personalen und situationellen Bedingtheiten. Als hervorragendes Beispiel für eine funktionalistische Konzeption dieser Art kann die «transaktionale» Wahrnehmungstheorie gelten, wie sie in Princeton von AMES, ITTELSON, CANTRIL und anderen entwickelt wurde [7]. Ebenso ist der «probabilistische F.», wie er von BRUNSWIK vertreten wurde, als ein nachbehavioristischer F. genereller Art zu verstehen [8].

Anmerkungen. [1] W. JAMES: The principles of psychol. (New York 1890). – [2] E. B. TITCHENER: The postulates of a structural psychol. Philos. Rev. 7 (1898) 449-465. – [3] J. R. ANGELL: The province of functional psychol. Psychol. Rev. 14 (1907) 61-91. – [4] H. A. CARR: Psychol., a study of mental activity (New York 1925). – [5] R. S. WOODWORTH: Dynamic psychol. (New York 1918). – [6] J. B. WATSON: Psychol. as the behaviorist views it. Psychol. Rev. 20 (1913) 158-177. – [7] W. H. ITTELSON: Perception and transactional psychol., in: S. KOCH: Psychol.: A study of a sci. 4 (New York 1962). – [8] E. BRUNSWIK: Perception and the representative design of experiments (Berkeley/Los Angeles 1956).

Literaturhinweise. J. DEWEY: Psychol. (New York 1886). – M. H. MARX und W. A. HILLIX: Systems and theories in psychol. (New York 1963) Kap. 5: Functionalism. – E. R. HILGARD und G. H. BOWER: Theories of learning (New York ³1966) Kap. 10: Functionalism. K. HOLZKAMP

Funktionär. Der Begriff des F. (frz. fonctionnaire; engl. functionary) ist erst in neuerer Zeit, vor allem in der politischen Soziologie, thematisiert und diskutiert worden. Seine Geschichte ist jedoch wesentlich älter und geht auf das 18. Jh. zurück.

TURGOT spricht 1770 wohl zum ersten Mal von den «fonctionnaires publics» [1]. Er gebraucht das Wort, um ganz allgemein öffentliche Funktionsträger – speziell Personen im Dienst der Administration – zu benennen. Der Zusammenhang mit lateinisch ‹functio› (Amtsobliegenheit) ist hier noch deutlich. Zugleich bringt der Begriff die im Absolutismus unter Ablösung der feudalen Privilegien vollzogene Trennung von Amt und Person, d. h. die Austauschbarkeit der Amtsinhaber im Interesse der Leistung, terminologisch zum Ausdruck. Dieser frühe Bedeutungszusammenhang bleibt – mit wechselnder Akzentuierung – ständig erhalten.

Eine weite Verbreitung scheint der Begriff zunächst nicht gefunden zu haben. In DIDEROTS ‹Encyclopédie› ist er noch nicht enthalten, ebensowenig in zeitgenössischen deutschen Wörterbüchern.

Im Zusammenhang mit den Ereignissen der Französischen Revolution nimmt E. BURKE 1791 den Begriff mit einem politischen Gehalt auf. In kritischer Absetzung von den Vorstellungen der französischen Republikaner beschreibt er deren Versuch, die etablierte politische Hierarchie dadurch aufzulösen, daß der König durch einen «first functionary» ersetzt wird [2]. Dieser ist eine «creature of election» [3] und daher gezwungen, «to obey the orders which [the] majority may make» [4]. Zu der Bestimmung des eine Funktion ausführenden Organs (Turgot) kommt hier wesentlich das Moment der Interessenvertretung hinzu. Diese Aufnahme und Umdeutung des Begriffs in der Revolution ist Resultat zweier Faktoren: 1. Die Aufweichung des stabilen mittelalterlichen Sozialgefüges führt notwendig zur Etablierung von neuen Formen der Repräsentation der erwachten Klasseninteressen. 2. Das Streben nach Lösung vom Überkommenen hat auch eine Bereinigung der Terminologie zur Folge, in der royalistisch anmutende Begriffe so weit wie möglich durch neue ersetzt werden [5]. Zugleich mit der Politisierung ist auch – vor allem von konservativer Seite (Burke) – der polemische Gebrauch des Begriffs gegeben.

BALZAC [6] nimmt 1836 die erweiterte Bestimmung des F. auf, indem er ihn vom ‹employé› unterscheidet. Letzterer ist «un homme ... qui n'est pas libre de quitter sa place, ne sachant faire autre chose qu'expédier». Daher endet «l'employé [où] commence le fonctionnaire». Der mit einem bestimmten Maße an Eigenverantwortung ausgestattete F. ist nicht mehr nur ausführender Funktionsträger.

Trotz dieser Bedeutungserweiterung und der stärkeren Etablierung des Begriffs im öffentlichen Leben (1865 wird der F. in den Artikeln 231 und 233 des französischen ‹Code pénal› behandelt [7]) bleibt seine inhaltliche Festigung aus. Entgegen der Unterscheidung Balzacs setzt H. TAINE 1877 den F. mit dem ‹salarié› auf eine Stufe und kennzeichnet ihn als jemanden, «[qui] doit ses heures de bureau et quand il voudra quitter son poste, il ira prier ses chefs de l'hôtel de ville pour obtenir un congé d'eux» [8].

Im modernen Verständnis ist ‹F.› ein politischer Begriff. Er wurde vor allem in der Arbeiterbewegung – als Ausdruck des erwachten Klassen- und Interessenbewußtseins – und dem seit der 48er Revolution aufkommenden Parteiwesen relevant [9]. Hieraus resultiert die moderne Bestimmung des F. als «Beauftragten einer im Dienste ihrer Interessen organisierten Gruppe mit der Aufgabe der bestmöglichen Förderung dieser Interessen» [10]. Dabei ist der F. nicht nur ein eine Funktion ausführendes Organ des Interessenverbandes (wie der, dann mit ‹Apparatschik› gleichzusetzende, F. in totalitären Systemen), sondern er besitzt eigene Machtmöglichkeiten, indem er die Interessenbildung des Verbandes von sich aus beeinflussen kann. In dieser Bestimmung wird der moderne F. – weit entfernt vom «fonctionnaire» Turgots – zur «organisatorischen Crux der meisten Massenverbände», die sich vor das Problem des nicht-funktionierenden Funktionärs gestellt sehen [11]. Der moderne F. ist das Produkt einer Gesellschaft, die ihre statische Struktur in eine dynamisch-pluralistische verwandelt hat; ihre Interessengruppen zu vertreten, ist die Aufgabe des F.

Anmerkungen. [1] A. R. J. TURGOT, Oeuvres, hg. E. DAIRE/H. DUSSARD (Paris 1844) 2, 43. – [2] E. BURKE, Works (London 1887) 4, 323. – [3] ebda. – [4] a. a. O. 322. – [5] The Oxford dict. of Engl. etymology (Oxford 1966) Art. ‹functionary›. – [6] BALZAC, Oeuvres (Pléiade, Paris 1950) 6, 1068. – [7] Vgl. Grand dict. universel du 19e siècle, hg. P. LAROUSSE (Paris 1865) Art. ‹fonctionnaire›. – [8] H. TAINE: Les origines de la France contemporaine 3: La révolution. Oeuvres (Hachette, Paris o. J.) 1, 280. – [9] Vgl. Hb. der Soz.-Wiss. (1965) 4, 190. – [10] J. MESSNER: Der F. (1961) 25. – [11] O. STAMMER: Polit. Soziol., in: GEHLEN/SCHELSKY (Hg.): Soziol. (1955) 293.

Literaturhinweise. J. SCHULTZ: Der F. in der Einheitspartei (1956). – J. HÖFFNER: Machtgruppen in der modernen Gesellschaft, in: Die Kirche in der Welt 9 (1957) 329ff. – J. MESSNER s. Anm. [10]. – A. NAU: Gestalt und Bedeutung des F., in: Die neue Gesellschaft 8 (1961) 189-197. G. SCHLÜNDER

Funktionskreis. Der F. ist ein zentraler Begriff der Umwelttheorie J. V. UEXKÜLLS: a) Als *methodisches Werkzeug* ermöglicht er dem Forscher die Rekonstruktion fremder Umwelten. «Die F. der Tiere beginnen mit den Merkmalseigenschaften der Objekte, erstrecken sich durch die Innenwelt des Körpers und treten mit den Effektoren wieder an das Objekt heran. Dadurch wird das Objekt einerseits zum Merkmalsträger, andererseits zum Wirkmalsträger für das Tier» [1]. Diese Beziehungen von Subjekt und Objekt werden am übersichtlichsten durch das Schema [2] des F. erläutert:

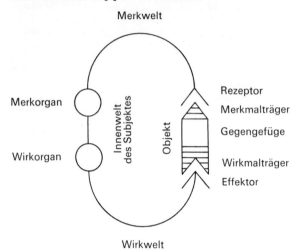

«Bildlich gesprochen greift jedes Tiersubjekt mit zwei Gliedern einer Zange sein Objekt an - einem Merk- und einem Wirkgliede. Mit dem einen Glied erteilt es dem Objekt ein Merkmal und mit dem andern ein Wirkmal. Dadurch werden bestimmte Eigenschaften des Objekts zu Merkmalträgern und andere zu Wirkmalträgern» [3]. Da Merkmal und Wirkmal in jedem F. einander fest zugeordnet werden, sind jedem Tier seine Handlungen vorgeschrieben. Im Ablauf des F. verändert das Wirkmal das Merkmal, worauf das veränderte Merkmal ein neues Wirkmal hervorruft usw., bis die Handlung abgelaufen ist. So wird z. B. in dem F. der Beute das zunächst optische Merkmal der gesehenen Beute durch das Wirkmal des Zubeißens zu dem Merkmal der getasteten und geschmeckten Beute. Schließlich wird mit dem Verschlingen der Beute das Merkmal vernichtet. Damit ist dieser F. abgelaufen. «Dies drückt man am besten kurz so aus: Das Wirkmal löscht das Merkmal aus» [4]. Jedes Tier ist in eine bestimmte Anzahl von F. eingeschaltet, die nacheinander ablaufen. Es gibt die F. der Nahrung, des Mediums, des Geschlechtspartners usw.

b) *In der Theorie* werden die F. als allgemeine biologische Grundschemata aufgefaßt, die für alle Lebewesen gelten. Nach ihnen verwirklicht sich die übersubjektive Planmäßigkeit der lebenden Natur; denn sie ordnen die verschiedenen Umwelten einander «kontrapunktisch» so zu, daß das Subjekt einer Umwelt zum Objekt einer anderen Umwelt wird und umgekehrt. So wird z. B. in der Umwelt des Hundes der Hase zum Objekt «Beute», während gleichzeitig in der Umwelt des Hasen der Hund zum Objekt «Feind» wird.

In dem Konzept des F. finden sich bereits wichtige Gedanken vorweggenommen, die später durch die Kybernetik mathematisch formuliert worden sind.

Anmerkungen. [1] J. v. UEXKÜLL: Umwelt und Innenwelt der Tiere (1921) 218. – [2] J. v. UEXKÜLL und G. KRISZAT: Streifzüge durch die Umwelten von Tieren und Menschen (1934, ²1956) 27. – [3] a. a. O. 26f. – [4] 27. TH. VON UEXKÜLL

Furcht und Mitleid. Das Begriffspaar ‹F.› (φόβος) und ‹M.› (ἔλεος) dient in der Poetik des ARISTOTELES neben ‹Katharsis› zur Bezeichnung der Wirkung der Tragödie [1]. Es steht aber bei Aristoteles schon in einer festen Tradition griechischer Poetik, die uns zuerst faßbar ist gegen Ende des 5. Jh. v. Chr. in dem Enkomion auf Helena des Sophisten GORGIAS, der die Wirkung der Dichtung auf den Zuhörer unter anderem durch (φρίκη περίφοβος καὶ ἔλεος πολύδακρυς («mit Furcht verbundener Schauder und tränenreiches Mitleid», besser: «Jammer») [2] bestimmt. Diese sophistische Theorie ist aufgegriffen und in philosophische Zusammenhänge eingeordnet bei PLATON, zunächst im ‹Ion›, wo der Rhapsode Ion als Symptom für φόβος das Beben des Herzens und das Aufrechtstehen des Haares, als Symptom für ἔλεος die Tränen in den Augen der Zuhörer angibt [3], dann in der ‹Politeia›, wo diejenigen Teile der Dichtung für die Erziehung der Wächter ausgeschieden werden, die φόβος und ἔλεος erregen, da sie eine Stärkung der Affekte und damit eine Störung der seelischen Verfassung bewirken [4]. ARISTOTELES erläutert in der Poetik im einzelnen, wie und wodurch F. und M. in der Tragödie erreicht werden soll (vor allem durch die Mittel der Handlungsführung) [5]; er kennt F. und M. aber auch im Bereiche der Rhetorik und gibt hier folgende Definitionen: ἔστω δὴ φόβος λύπη τις ἢ ταραχὴ ἐκ τῆς φαντασίας μέλλοντος κακοῦ φθαρτικοῦ ἢ λυπηροῦ («F. ist ein Schmerz oder eine Verwirrung auf Grund der Erscheinung eines bevorstehenden vernichtenden oder schmerzhaften Übels») [6] und: ἔστω δὴ ἔλεος λύπη τις ἐπὶ φαινομένῳ κακῷ φθαρτικῷ καὶ λυπηρῷ τοῦ ἀναξίου τυγχάνειν («M. ist ein Schmerz bei der Erscheinung eines vernichtenden oder schmerzhaften Übels, das einen unverdient [nicht im rechten Maßverhältnis] trifft» ...) [7]. Vor allem M. hatte in der attischen Gerichtspraxis und -theorie schon vor Aristoteles einen festen Platz. Aus all dem geht bereits hervor, daß ‹F.› und ‹M.› nicht völlig adäquate Wiedergaben für φόβος und ἔλεος sind. φόβος heißt ursprünglich ‹Gescheuchtwerden› (bei HOMER vor allem in φέβομαι und φοβεῖσθαι greifbar) und steht trotz einer gewissen Bedeutungserweiterung auf die allgemeine F. hin unserem ‹Schrecken› näher, und ἔλεος gehört in den Bedeutungsbereich des Jammerns, Klagens und der Rührung, während unser (christlich gefärbtes) ‹M.› über lateinisch ‹*compassio*› auf griechisch συμπάθεια, aber nicht auf ἔλεος führt. Man wird daher im Zusammenhang der Wirkung der Dichtung in der griechischen Poetik besser von «Schrekken» oder «Schauder» und «Jammer» sprechen [8]. Die beiden Begriffe haben von der aristotelischen Poetik aus über die Jahrhunderte eine starke Nachwirkung gehabt, die reich an zum Teil produktiven Mißverständnissen ist. CORNEILLE [9] deutet die Stelle in dem Sinne, daß der Zuschauer mit dem tragischen Helden M. empfindet und sich dann daraus die F. für ihn selbst ergibt, es könne ihm ähnlich gehen. Hier steht, wie auch bei LESSING [10], der sich ausdrücklich gegen die Übersetzung von φόβος durch ‹Schrecken› wendet [11], im Widerspruch zu dem eindeutig paratraktischen Gebrauch der beiden Begriffe bei Aristoteles [12], das «M.» an erster Stelle, dem die «F.» als «notwendiges Ingrediens des M.» untergeordnet ist, in Gedanken an das humanitär-philanthrope Trauerspiel, das das M. als Positivum festhält, indem es den Affekt in die philanthrope Regung umwandelt und so die humanitäre M.-Bereitschaft im Sinne der Menschenliebe erzeugt [13]. Bei GOETHE [14] schließlich ist F. und M. in den objektiven Verlauf der Handlung verlegt; das Geschehen als solches wird als jammervoll und fürchterlich gesehen, während Aristoteles eindeutig die Wirkung auf den Zuschauer im Blick hatte: «Wie konnte Aristoteles in seiner jederzeit auf den Gegenstand hinweisenden

Art, indem er ganz eigentlich von der Construction des Trauerspiels redet, an die Wirkung, und was mehr ist, an die entfernte Wirkung denken, welche eine Tragödie auf den Zuschauer vielleicht machen würde?» [15].

Anmerkungen. [1] ARISTOTELES, Poet. 6, 1449 b 24-27. – [2] GORGIAS, bei DIELS/KRANZ 82 B 11 § 9. – [3] PLATON, Ion 535c. – 4 Resp. III, 387 b ff.; vgl. dazu M. POHLENZ, Nachr. Ges. Wiss. Göttingen philos.-hist. Kl. (1920) 172; Nachdr. in: Kleine Schriften 2, 466. – [5] ARIST., Poet. 13, 1452 b 28ff.; 14, 1453 b 1ff. – [6] Rhet. II, 5, 1382 b 21f. – [7] Rhet. II, 8, 1385 b 13f. – [8] Vgl. W. SCHADEWALDT: F. und M.? Hermes 83 (1955) 129ff. Nachdruck in: Hellas und Hesperien (1960) 346ff. – [9] CORNEILLE, Discours de la tragédie (1660). Werke, hg. MARTY-LAVEAUX 1 (Paris 1910) 53. – [10] LESSING, Hamburgische Dramaturgie 74.-78. Stück; dazu M. KOMMERELL: Lessing und Aristoteles (¹1940, ³1960). – [11] LESSING, a. a. O. 75. Stück. – [12] Vgl. dagegen W. H. FRIEDRICH: Sophokles, Aristoteles und Lessing. Euphorion 57 (1963) 14. – [13] LESSING, a. a. O. [10] 76. u. 77. Stück und Brief an *Nicolai* vom 2. 4. 1757. – [14] GOETHE, Nachlese zu Aristoteles' Poetik. Sophien-A. 1, 41f. 247-251; vgl. auch bei E. GRUMACH: Goethe und die Antike (1949) 2, 776-778. – [15] GOETHE, a. a. O. 1, 41f. 248.

Literaturhinweise. W. BURKERT: Zum altgriechischen M.-Begriff (1955). – W. SCHADEWALDT s. Anm. [8] – M. POHLENZ: F. und M.? Hermes 84 (1956) 49ff. – W. H. FRIEDRICH s. Anm. [12] 4ff. – Vgl. auch Lit. zu Art. ‹Katharsis›. H. FLASHAR

Fürwahrhalten. Der Terminus ‹F.› gehört zu den substantivierten Infinitiven, die im ausgehenden 18. Jh. – zum Teil im Umkreis des Wolffschen Philosophierens, wie etwa ‹Bewußt-Sein› – Eingang in die «höhere», d.h. zugleich philosophische Literatur finden. Bedeutungsmäßig gehört ‹F.› zu einem Begriffsfeld, das sich auf die Geltung und Gewißheit der Erkenntnis und insofern auf Wahrheit bezieht; dieses Feld ist im allgemeinen durch die Trilogie «Glauben, Meinen, Wissen» abgegrenzt.

So heißt es etwa bei WOLFF in einer Übersetzung eines Cicero-Zitates («... pro vero habere ...»): «Wenn ich es vor wahr halte, das ist, wenn ich dencke, es sey geschehen; so glaube ich es» [1]. Der Terminus begegnet gelegentlich auch in G. F. MEIERS Vernunftlehre [2], ohne daß ihm hier eine besondere Bedeutung zukommt. Erst KANT behandelt dann den Begriff in seiner heutigen Form ausführlich: In der ‹Logik› ist das F. das subjektive Korrelat zur Wahrheit: «Wahrheit ist *objective Eigenschaft* der Erkenntniß, das Urtheil, wodurch etwas als wahr *vorgestellt* wird; die Beziehung auf einen Verstand und also auf ein besonderes Subject ist subjectiv das F.». An ihm werden dann drei «Arten oder Modi» unterschieden: «Das Meinen ist ein *problematisches*, das Glauben ein *assertorisches* und das Wissen ein *apodiktisches* Urtheilen» (sc. F.) [3]; genauer ist das Meinen «das F. aus einem Erkenntnißgrunde, der weder subjectiv noch objectiv hinreichend ist», das Glauben ein solches «aus einem Grunde, der zwar objectiv unzureichend, aber subjectiv zureichend ist», das Wissen schließlich ein solches «aus einem Erkenntnißgrunde, der sowohl objectiv als subjectiv zureichend ist» [4]. Das subjektive und das objektive Geltungsmoment wird in der ‹Kritik der reinen Vernunft› noch näher spezifiziert: «Die subjective Zulänglichkeit heißt *Überzeugung* (für mich selbst), die objective *Gewißheit* (für jedermann)» [5].

In der Folgezeit nimmt das subjektive Moment mehr und mehr zu; auch die anderen Termini können variieren. So sind etwa bei FRIES Wissen, Glauben und Ahnung die drei Arten der Überzeugung; das F. ist neben dem Fürfalschhalten eine Form der ‹Assertion›: «Die beyden Formen der Assertion sind also F. und Fürfalschhalten und daher die beyden reinen Formen der Antwort: Ja und Nein, je nachdem der Verstand das Urtheil gegründet oder ungegründet findet» [6]. Nach GEYSER nehmen wir bei der Folgerung an, «daß der von uns abgeleitete Satz in der Tat in jenem Wissen, woraus wir ihn abgeleitet haben, enthalten, d. h. mitgegeben sei. Der Akt dieses Annehmens wird darum am passendsten als F. bezeichnet. Dieses F. ist, wenn wir es logisch betrachten, entweder zutreffend oder nicht zutreffend». Psychologisch gesehen sei das F. vor allem durch die Modalität der Festigkeit und Sicherheit bzw. der Unsicherheit und des Schwankens charakterisiert [7]. Nach W. WUNDT stützt sich alles F. «auf Zeugnisse, die schließlich auf irgendwelche Tatsachen der Erfahrung zurückführen»; das subjektive F. bezeichnet er als Glauben, das objektive als Meinung oder Vermutung [8]. Für BOLZANO schließlich gilt: «Ein Glauben, das einen niedrigeren Grad der Zuversicht hat, pflegt man ein F. oder auch ein Meinen zu nennen» [9].

In der modernen logischen und erkenntnistheoretischen Literatur kommt der Terminus so gut wie nicht mehr vor.

Anmerkungen. [1] CHR. WOLFF: Vernünftige Gedanken von den Kräften des menschl. Verstandes (²1754) 145. – [2] Vgl. G. F. MEIER: Vernunftlehre (²1762) §§ 208. 215. – [3] KANT, Akad.-A. 9, 65f. – [4] a. a. O. 66ff. – [5] KrV B 850. – [6] J. F. FRIES: System der Logik (²1819) 167. – [7] J. GEYSER: Abriß der allg. Psychol. (1922) 110. – [8] W. WUNDT: Allg. Logik und Erkenntnistheorie (³1906) 397f. – [9] B. BOLZANO: Wissenschaftslehre (Neudruck 1930) 3, § 321; vgl. F. BRENTANO: Psychol. vom empirischen Standpunkt (1925) 2, 89. A. DIEMER

Futurabilien (engl. future contingents; frz. futurs contingents). Im Anschluß an ARISTOTELES [1] unterschied die Schulphilosophie zwischen *futura necessaria* («Morgen wird eine Seeschlacht entweder stattfinden oder nicht stattfinden») und *futura contingentia* («Morgen wird eine Seeschlacht stattfinden»). Nach einer weithin akzeptierten mittelalterlichen Interpretation lehrte Aristoteles, die futura contingentia seien zwar entweder wahr oder falsch, aber weder *determiniert* wahr noch *determiniert* falsch. In das ‹determiniert› im hier verwendeten Sinne kann man u. a. einschließen, daß, modern ausgedrückt, auf Grund der vollständigen Kenntnis der Geschichte des Universums bis zur Gegenwart über den Wahrheitswert des Satzes entschieden werden kann. Einen neuen Interpretationsvorschlag, wonach Aristoteles den F. einen dritten, neutralen Wahrheitswert zuerkennen wollte, hat dann J. ŁUKASIEWICZ im 20. Jh. gemacht.

Anmerkung. [1] ARISTOTELES, De interpretatione c. 9.

Literaturhinweise. J. ŁUKASIEWICZ: Philos. Bemerkungen zu mehrwertigen Systemen des Aussagenkalküls. C.R. Soc. Sci. Lett. Varsovie, Cl. III, 23 (1930) 51-77. – L. BAUDRY: La querelle des futurs contingents (Paris 1950). – A. N. PRIOR: Three-valued logic and future contingents. Philos. Quart. 3 (1953) 317-326. – R. TAYLOR: Action and purpose (New York 1965). – N. RESCHER: Truth and necessity in temporal perspective, in: R. GALE (Hg.): The philos. of time (New York 1967). N. RESCHER

Futurologie ist ein 1943 von O. K. FLECHTHEIM geprägter Terminus für die systematische und kritische Behandlung von Zukunftsfragen. Wie alt das Interesse des Menschen an der Enträtselung der Zukunft ist, bezeugen eschatologische, chiliastische und utopische Zukunftserwartungen. Diese sind in der modernen dynamischen Kultur immer mehr durch wissenschaftlicheres Zukunftsdenken verdrängt worden. Mit dem Siegeszug des Humanismus, Protestantismus und Rationalismus, der Wissenschaft, Technik und Industrie trat so im Abendland der Philosoph an die Stelle des Propheten. Schon die Naturrechtssysteme von H. CONRING, PUFENDORF und

THOMASIUS zielten auf eine «Politik der Zukunft». Auch der Aufklärung des 18. Jh. ging es um die Bestimmung des Menschen in dieser Welt. Von der Zukunft des Menschengeschlechts handeln gleicherweise LESSING und HERDER, KANT und FICHTE. Auch die junge Sozialwissenschaft ist – als Sozialphilosophie nicht minder denn als politische Ökonomie – durchgehend gegenwartskritisch und zukunftsbezogen. So spannt sich der Bogen futurologischer Bemühungen von dem Junghegelianer CIESZKOWSKI über FEUERBACH mit ihrer «Philosophie der Tat» bzw. «der Zukunft», über LIST mit seiner «Wissenschaft der Zukunft» und MOSES HESS bis zu MARX mit seiner «klassenlosen Gesellschaft». Von den besonders zukunftsorientierten Soziologen und Philosophen des 20. Jh. seien nur erwähnt SPENGLER und TOYNBEE, TEILHARD DE CHARDIN und E. BLOCH sowie vor allem K. MANNHEIM mit seiner Gegenüberstellung von vergangenheitsbejahender Ideologie und zukunftsbesessener Utopie.

Heute kann man drei Aspekte der F. unterscheiden: Zukunftsforschung im engeren Sinne (Prognosen, Projektionen usw.), Zukunftsgestaltung (Programmierungen, Planungen usw.) und Zukunftsphilosophie (Methodologie, Ethik usw.). Zur F. gehören somit etwa Voraussagen über Bevölkerungsbewegung, Konjunkturablauf, Absatz usw., die Planung der Wirtschaft, der Bildung, der Städte usw., aber auch Analysen bedeutender sozialer und politischer Probleme ebenso wie die Kritik und Synthese philosophischer Zukunftsentwürfe. So gesehen, könnte die F. als die Philosophie des Zukünftigen eine «Äternitologie» (der Ausdruck stammt von A. HUXLEY) der unveränderlichen Phänomene und eine Geschichtsphilosophie des Vergangenen ergänzen. Als Zukunftsphilosophie steht die F. mit ihrem Bemühen um eine «Aufhebung» der Utopie und Synthese von Theorie und Praxis durch Hereinnahme von Elementen der wissenschaftlichen Prognostik und der praktischen Planung durchaus innerhalb der deutschen philosophischen Tradition. Als Planungswissenschaft (SCHELSKY) verdankt sie den kommunistischen Experimenten manche Anregung. Die Prognostik ist vor allem in den USA entwickelt worden, wo Dutzende von Institutionen («Denkfabriken», wie z. B. Rand Corporation, Hudson Institute, Institute for the Future) kurz-, mittel- oder langfristiges Forecasting mit Hilfe u. a. von Statistik, Computern, Kybernetik, Simulation und Spieltheorie betreiben. Neuerdings bemühen sich in Deutschland die Gesellschaft zur Förderung von Friedens- und Zukunftsforschung in Hannover, eine Gesellschaft für Zukunftsfragen in Hamburg und das Zentrum für Zukunftsforschung in Berlin um die Bewältigung der Zukunft. Es bilden sich auch verschiedene Lager heraus, insbesondere eine mehr neo-konservativ-technokratische Richtung einerseits, eine mehr humanistisch-demokratische Richtung andererseits.

Im Mittelpunkt der F. sollten stehen die Eliminierung des Krieges und die Institutionalisierung des Friedens, die Beseitigung von Hunger und Elend wie die Stabilisierung der Bevölkerungszahl, der Kampf gegen Ausbeutung und Unterdrückung wie die Demokratisierung von Staat und Gesellschaft, die Beendigung des Raubbaus an der Natur und ihr Schutz vor dem Menschen, der Kampf gegen Entleerung und Entfremdung und das Bemühen um die Schaffung eines neuen homo humanus. Die Art und Weise der Lösung dieser Fragen wird mit darüber bestimmen, in welcher Zukunft der Mensch leben wird. Schematisch seien für den Rest des Jahrhunderts und für das dritte Millenium drei Modelle unterschieden: das Ende der Menschheit oder zumindest der modernen Zivilisation als Folge verheerender Kriege, die Herausbildung eines bürokratisch-technokratischen, Rüstung und Raumfahrt forcierenden Neo-Cäsarismus, schließlich die Geburt einer solidarischen Weltföderation, die das Vorausdenken und -planen von Frieden, Wohlfahrt und Kreativität zu ihrem Programm erheben würde.

Literaturhinweise. R. F. BEHRENDT: Dynamische Gesellschaft (1963). – O. K. FLECHTHEIM: Eine Welt oder keine? (1964); Hist. and futurology (1966); F.-Möglichkeiten und Grenzen (1968); F. – Der Kampf um die Zukunft (1970). – B. DE JOUVENEL: Die Kunst der Vorausschau (1967). – R. JUNGK und H. J. MUNDT (Hg.): Modelle für eine neue Welt (1964ff.). – K. STEINBUCH: Falsch programmiert (1968). – A. BUCHHOLZ: Die große Transformation (1968). – A. BAUER u. a.: Philos. und Prognostik (1968). – R. JUNGK und J. GALTUNG (Hg.): Mankind 2000 (1969). – G. PICHT: Mut zur Utopie (1969). – W. D. MARSCH: Zukunft (1969). – *Zeitschrift:* Futurum, hg. O. K. FLECHTHEIM (1968ff.).

O. K. FLECHTHEIM

ARTIKELVERZEICHNIS

Da (das)
Daimonion
Dämonen
Dämonisch, das Dämonische
Dämonismus
Dämonologie
Dankbarkeit
Dann und nur dann, wenn – so
Darstellung
Darstellungsformen
Darstellungsprinzip
Darwinismus
Dasein
Daseinsanalyse
Daseinsfeld
Dauer
Deduktion
Deduktion, transzendentale
Definierbar
Definit, Definitheit
Definition
Definition, bedingte
Definition, induktive
Definition, operationale
Definition, rekursive
Definitionsschema
Defizienz
Degeneration
Deismus
Dekadenz
Dekas
Demiurg
Demokratie
Demokratie, christliche
Demonstrabel/probabel
Demut
Denkart, Denkungsart
Denken
Denken, appellierendes
Denkform
Denkgesetz
Denkökonomie
Denkprojekt
Denkpsychologie
Denominatio
Denotation
Deontologie
Dependenzgesetze
Depersonalisation
Depression
Desappropriatio, expropriatio (sui)
Desiderium naturale
Designator
Designatum
Desintegration
Désintéressement
Despotie, Despotismus
Destruktion
Determination
Determination, Determinanten, außerkausale, überkausale
Determinismus/Indeterminismus
Deutung
Devotio moderna

Dezision, Dezisionismus
Dharma
Diagnose
Diakrisis/Synkrisis
Dialekt
Dialektik
Diallele
Dialog, dialogisch
Diametral
Dianoetisch/ethisch
Dianoiologie
Diätetik
Dichotomie
Dichterweihe
Didaktik
Differentia numerica
Differenz
Differenz, ontologische
Differenzierung
Dihairesis (Division)
Dikäologie
Dike
Diktatur
Dilemma
Dilettantismus
Ding
Ding an sich
Dingmystik
Direkte Aktion
Disciplina, doctrina
Disjunkt
Disjunktion
Disjunktor
Diskriminationslernen
Diskussion
Disposition
Dispositionsbegriff
Dissoziation
Distanz/Distanzlosigkeit, ästhetische
Distanz, soziale
Distanzierung
Distinctio formalis
Distinctio rationis
Distinctio realis
Distinktion
Divination
Docta ignorantia
Dogma
Dogmatismus
Dogmenkritik
Doketismus
Domestikation
Dominant/rezessiv
Doppelnatur
Doppelte Wahrheit
Doxa
Drama
Drang
Dreieinigkeit, Dreifaltigkeit
Drei-Stadien-Gesetz
Dressur
Du
Dualismus
Dummheit
Durchdringung
Dyas

Dynamik
Dynamis
Dynamismus

Ebenbild
Ebenmerklich
Ecclesia spiritualis
Egoismus
Egologie
Egotismus, Egoismus, Egomismus
Egozentrismus
Ehre
Ehrfurcht
Ehrgeiz
Ehrlichkeit
Eid
Eidetik
Eidololiogie
Eidolon, Eikon, Bild
Eigendünkel
Eigenname
Eigennutz
Eigenpsychisch
Eigenschaft
Eigentlichkeit/Uneigentlichkeit
Eigentum
Eigenwelt
Eigenwert
Eigenwille, Eigensinn
Eigenzeit
Einbildung, Einbildungskraft
Eindruck
Eine (das), Einheit
Einfachheit, einfach/zusammengesetzt
Einfachheit, Prinzip der
Einfall
Einfalt
Einfluß
Einfühlung
Einfühlungsästhetik
Einheit der Wissenschaft
Einheit und Vielheit der Wesensform
Einigung
Einkehr
Einordnung
Einsamkeit
Einsicht, einsichtig
Einsprechung
Einstellung, Attitüde
Einströmen
Einwelttheorie/Mehrwelten-theorie
Einzelimplikation
Einzelne (der)
Einzelurteil
Einzige (der), Einzigkeit
Eitelkeit
Ekel
Eklektizismus
Ekpyrosis
Ekstase
Ektypus
Elan vital

Eleatismus
Elektronengehirn
Element
Elementarerlebnisse
Elementarteilchen
Elenchus, Elenktik
Eleutheronomie
Elimination
Elite
Emanation
Emanzipation
Emblem, Emblematik
Emergenzphilosophie
Eminenter
Empeiria (Erfahrung)
Empfindlichkeit (sensibilité)
Empfindnis
Empfindsamkeit
Empfindung
Empfindungszeit
Empiriokritizismus
Empiriomonismus
Empirischer/intelligibler Charakter
Empirismus
Empirismus, logischer
Empyreum
Encheiresis (naturae)
Endelechie
Endhandlung
Endlich
Endlich/unendlich
Endzweck
Enérgeia, Sprache als
Energie
Energiewechsel
Engagement
Engellehre
Engramm
Enkyklios Paideia
Ensoph
Entäußerung
Entelechie
Entfremdung
Enthusiasmus (Inspiration, Begeisterung)
Enthymem
Entlastung
Entmythologisierung
Entropie
Entsagung
Entscheidung
Entscheidungstheorie
Entschluß
Entspannung
Entweder–Oder
Entwicklung
Entwicklung, schöpferische
Entwicklungsmechanik, -physiologie
Entwicklungspsychologie
Entwurf
Entzauberung
Entzweiung, entzwein
Environmentalismus
Enzyklopädie
Enzyklopädismus

Epichirem
Epigenesis
Epigone
Epigramm
Epikureismus
Epiphanie
Epiphänomen
Episteme (Wissenschaft)
Episyllogismus/Prosyllogismus
Epoché
Epoche, Epochenbewußtsein
Epopteia
Epos
Erbauung
Erbsünde (peccatum originale)
Erdgeist, Erdgeister
Ereignis
Erfahrung
Erfahrung, Analogien der
Erfahrung, innere
Erfahrungswissenschaft
Erfahrung, transzendentale
Erfolgsethik
Erhaben, das Erhabene
Erhebung
Erinnerung
Eristik
Erkennen, Erkenntnis
Erkenntnis, abstraktive/intuitive
Erkenntnismetaphysik
Erkenntnistheorie, Erkenntnislehre, Erkenntniskritik
Erkennungsschwelle
Erklären, Erklärung
Erlaubt
Erläuterungsurteil
Erleben, Erlebnis
Erlebnis, intentionales
Erlebnisstrom
Erleuchtung
Erlösung
Erlösungswissen
Ermahnung
Ernst
Ernstfall
Ersatzbildung
Erscheinung
Erschlossenheit, erschließen
Erste Philosophie
Erstheit, Zweitheit, Drittheit
Erwählung
Erwartung
Erweckung
Erweiterungsurteil

Erziehung
Erziehung des Menschengeschlechts
Es (das)
Eschatologie
Eselsbrücke
Esprit de finesse/esprit de géométrie
Essay
Esse commune, esse subsistens
Essentialismus
Essentifikation
Essenz, essentia
Establishment
Etatismus
Ethik
ethisch
Ethizismus
Ethnozentrismus
Ethologie
Ethos
Etwas
Etymologie
Eubulie
Eudämonismus
Euhemerismus
Euphorie
Europa, Abendland
Eusebiologie
Euthanasie
Evidenz
Evokation
Evolutionismus, kultureller
Evolutionstheorie
Ewigkeit
Ewigkeit der Welt
Exakt/unexakt
Exegese, pneumatische
Exhaustion und Variation
Existentialismus
Existentialurteil
Existentiell
Existentificatio
Existenz, existentia
Existenzanalyse
Existenzaussage
Existenzerhellung
Existenziale Interpretation
Existenzialien
Existenzphilosophie
Exklusion
Exoterisch/esoterisch
Expansion des Universums
Experiment
Experimentalphilosophie
Experimentum crucis

Experte
Explikation
Explizit/implizit
Expropriation
Extension/Intension
Extensionalitätsthese
Extramundan
Extrapolation/Interpolation
Extravertiert/introvertiert
Extremalprinzipien
Extremismus

Faktenaußenwelt/Fakteninnenwelt
Faktizität
Faktorenanalyse
Fall, Abfall
Fallibilismus
Falsifikation
Familie, Ehe
Fanatisch, Fanatismus
Farbe
Farbenlehre
Faschismus
Fatalismus
Fatum
Faulheit
Fechnersches Gesetz
Fehlleistung
Fehlurteil
Feld, Feldtheorie
Feld, sprachliches
Feng-shui
Fernstenliebe
Fernwirkung (actio in distans)
Fertigkeit
Fest
Fetischismus
Feudal, Feudalismus
Fiat
Fideismus
Fiduzialglaube
Figur
Figur, dichterische
Fiktion
Finalnexus
Finit
Finitismus
Fixierung
Fleisch
Fließgleichgewicht
Flos substantiae
Folgerung
Fons vitae
Formales System
Formalisierung

Formalismus
Formaliter
Formalstufen
Formanalyse
Form des Urteils
Formgeschichte
Form, innere
Form, logische
Form und Inhalt
Form und Materie
Formwechsel
Fortpflanzung
Fortschritt
Frage
Freidenker
Freigebigkeit
Freiheit
Freirechtslehre
Fremd, Fremdheit
Fremderfahrung
Fremdich
Fremdpsychisch
Fremdwelt
Freund/Feind
Freundschaft
Friede
Friede, ewiger
Friedensforschung
Friesianismus
Fromm, Frömmigkeit
Frustration
Fühlen, intentionales
Führer
Führungssystem
Fulguration
Fülle
Fundamentalismus
Fundamentalontologie
Fundamentalphilosophie
Fundamentaltheologie
Fundamentum in re
Fundierung (Fundierungsverhältnis)
Fungieren
Fünklein, Seelenfünklein
Funktion
Funktionalisierung
Funktionalismus
Funktionär
Funktionskreis
Furcht und Mitleid
Fürwahrhalten
Futurabilien
Futurologie

AUTORENVERZEICHNIS

Anton H. 157-59
Axelos Chr. 4f.

Ballauff Th. 1030f.
Bandau I. 953f.
Bartsch H.-W. 539f. 973f.
Baumgartner H. M. 643-62
Beer O. F. 299f.
Behler E. 423-25 844-48 878f.
Beierwaltes W. 416f. 712-17 1130-32
Bergius R. 261
Bernath K. 933
Bertalanffy L. von 959
Bien G. 50f. 132-44
Biser E. 1114-17
Bister W. 860
Blankenburg W. 22f.
Bloching K. H. 1122f.
Böhle S. 719f.
Bormann C. v. 60-102 541-44 636-43 977-1030
Brachfeld O. 317-19
Bredow G. v. 273f.
Brinkmann H. 255
Brockhaus K. 266
Buck G. 329f.
Büttemeyer W. 215-18

Černý L. 746-49
Claesges U. 421f. 454f. 595f. 623f. 967
Claessens D. 269f. 538f.
Cramer K. 702-11

Dahm H. 946f.
Debus J. 194-96 255f.
Dehmel H. 293-95
Diemer A. 683 1149f.
Dierse U. 132-44 410-13 427-30 438f. 503f. 887-94 948f. 968-71
Dreier W. 903f.
Dreitzel H. P. 443-45

Echternach H. 838-44
Eisenblätter W. 732f.
Eisler (red.) 226
Elze M. 275-77 849f. 862
Emmel H. 407-10 455f.
Engelhardt P. 118-30
Engelmeier M.-P. 823f.
Engländer H. 147f. 237-39 561f.
Ewert O. 360 396f.

Fahrenbach H. 114 852f. 886
Flasch K. 249-51 367-77 815f.
Flashar H. 1147-49
Flechtheim O. K. 1150-52
Foppa K. 103f. 107f. 109-12
Forsthoff E. 758f.
Franzen W. 146f. 506f. 977-1030

Frese J. 196-207 208f. 211f. 219-21 223 326-28 898-901
Frey G. 155-57 850 868-70 875 879
Fuchs H.-J. 116-18 131f. 314-17 334-37 342-45
Funke G. 476f. 809-11 812-15 935-37

Gabriel G. 35-42 43 113f. 130 333 876
Gaiser K. 865-67
Gawlick G. 44-47 1062f.
Georgulis K. 480f. 506f.
Gethmann C. F. 683-90 727-29 1034f.
Goldammer K. 607f. 945f.
Gollwitzer H. 824-28
Goerdt W. 475f.
Görlich Chr. F. 389-94
Graumann C. F. 337-39 1125-27
Grawe Ch. 282-85
Greiffenhagen M. 448f.
Gremmels Chr. 1133
Grimm T. 452 933
Gritschke H.-K. 454 834f.
Groothoff H. H. 733-35
Gründer Karlfried 503f.
Gründer Konrad 23-25
Guggenberger A. 856-60

Hadot P. 361-67 599 854-56
Hager F. P. 1-4 48f. 232 242-44 302 453f. 588-93
Halbfaß W. 313f. 414f. 829-32
Hartig J. 164
Hartmann K. 432 500 850-52 862-65
Hartmann W. 1127f.
Hasenjaeger G. 29f.
Heede R. 729f. 894f. 1141f.
Heftrich E. 951
Heidrich P. 405-07 434-36 635f. 1137f.
Heinrichs J. 226-29
Heintel E. 377-83
Heinz-Mohr G. 159 394f.
Held K. 314f. 711f. 832-34 1102f. 1136f.
Hermann Alf 828f.
Herring H. 251-53 724-26
Hödl L. 285-87
Hofmann Hasso 159-61 245-47 262 723f. 1104f.
Holtkemper F.-J. 818f.
Holzhey H. 617-19
Holzkamp K. 1143-45
Homann K. 348-58
Homann R. 627-35
Hossenfelder M. 594f.
Huber W. 1119-22

Hüllen J. 436f.
Hülsmann H. 114 342 967f.
Huning A. 400-05

Jammer M. 494-99 923-26 933-35
Janssen P. 421-23 711 1104 1136
Jüssen G. 256 259-61

Kähler E. 730f.
Kambartel F. 609-17
Kambartel W. 14 908-10 949-51
Kambylis A. 232f.
Kaulbach F. 300f. 384-88
Kauppi R. 878
Keller-Hüschemenger M. 1123f.
Kerstein G. 267 480
Kimminich O. 1117-19
Kirchhoff R. 14
Klafki W. 233-35
Klein J. 28f.
Knauss G. 619f.
Kohlenberger H. K. 189-93
Koller H. 503
Koehler O. 295
Kölling Ursula 959f.
Kolping A. 1135f.
König H. 108f. 474f. 880-83
Körner S. 31 489-91 731f. 848f.
Kraft V. 334 400 478 895
Krapiec A. 977-1030
Kratzer A. 540f.
Krawietz W. 1098-1102
Kremer K. 445-48 682 726f.
Krings H. 643-62
Krückeberg E. 248f.
Krummacher H.-H. 601-04
Kudlien F. 162f.
Kuhlen R. 59-102 150-55 230f. 244 828 870-75
Kurdzialek M. 478-80

Lanczkowski G. 5 272f. 304 585f. 823 940
Landwehrmann Fr. 875f.
Langewellpott C. 901f.
Lenk H. 693-701
Lepenies W. 885 1129f.
Lieberg G. 938f.
Lohff W. 104
Lorenz K. 27f. 951 960-62
Lötzsch F. 951-53
Luhmann N. 1142f.
Lumpe A. 439-41

Mackenthun W. 902f.
Mahlmann Th. 487-89 740-43
Maier H. 51-56
Mainberger G. 43f.
Mainzer K. 964-67

Malsch W. 163f. 910f.
Marquard O. 724
Martini F. 599-601
Mau J. 247f.
Maurach G. 478-80
Meier H. G. 104-07
Melsen A. G. M. van 441f.
Menne A. 11 229 261 407 425 427 702 733 852 861 865 972f. 1102
Mey H. 621-23
Mittelstädt G. 879f.
Most O. J. 148-50
Muck O. 235f. 270-72 1136
Mühle G. 557-60 562-64
Müller A. 167-75 434 525-28 584f. 624-26 1105-07
Müller Kurt 415f.
Müller W. H. 358-60
Muñoz Delgado V. 56f. 112f.

Neumann O. 464-74 690
Nieke W. 277-79 297-99 432f. 586-88 812 878 883f.
Nieraad J. 11f.
Nitschke A. 1107f.
Noack H. 1140f.
Nobis H. M. 5-9 31-35 302f. 443 500-03 507-09 580f. 876f.
Nolte E. 912f. 1128f.

Oberschelp W. 388f.
Oeing-Hanhoff L. 60-102 175-84 681f. 749-51 977-1030
Ott K. A. 745f.

Pauleikhoff B. 115
Perpeet W. 397-400
Pesch O. H. 1083-88
Peters K. 328f.
Pflug G. 437 560f.
Pieper Annemarie 806-08
Piepmeier R. 456-64 735-39
Pinomaa L. 224-26
Plamböck G. 303f.
Pongratz L. J. 265f.
Prinz W. 662-81
Probst P. 1 236f. 339 564 862 1133f.

Rabe Hannah 339-42 877f.
Red. 30f. 42 43 207f. 211 212-15 221 23 224 261 293 441 443 452 477f. 808f. 848f. 954 957-59 971 1104

Reimann H. L. 942-45
Reiner H. 9-11 310-13 319-23 324f. 332 333f. 431f. 541 547f. 624 701f. 809 811 815 819-23 916-18 1063f.
Rensch B. 14f. 44 280f. 836-38 1031f.
Rescher N. 1150
Riedel M. 596-99
Risse W. 164-67
Ritter J. V 262-65 565-72 759-95 1032-59
Ritz E. 509-25
Rodi F. 323f.
Rodríguez-Lores J. 209-11 215-19
Roloff D. 330-32
Romberg R. 147 481-87 795-805
Rossa K. 922f.
Rothschuh K. E. 499f.
Röttgers K. 184-89 193f. 504-06
Rücker S. 47f.
Rudolph W. 811f. 835f.
Ruhnau J. 913-16

Sandkühler H. J. 753
Saner H. 861f.
Schalk F. 573-77 582-84
Schepers H. 528-38 577-79 593f. 743-45 853
Schiefele H. 739f.
Schlünder G. 1145f.
Schlüter D. 305 334 452f. 971
Schmidt E. A. 229f.
Schmidt K. 449-52
Schmithausen L. 161f.
Schneider H. 751-53
Schneider U. 870-75
Schnelle H. 439
Scholtz G. 406f.
Schönpflug U. 290-93 548f. 919-22 954-57
Schott E. 717f. 947f. 957
Schrimpf G. 256-59
Schulte-Sasse J. 267-69
Schütte K. 954 963f.
Schütz W. 57-59
Schwarz H. 492-94
Schweizer H. R. 895-98
Schwenk B. 325f. 720
Schwinger R. 972 974-77
Seidel Ch. 150-55 253-55 940-42 1108-14
Seidenfaden F. 971f.
Siebel W. 939f.

Sinn D. 608f.
Sommer M. 306-10
Spaemann R. 904-08 1088-98
Specht R. 395f.
Sprondel W. M. 564f.
Steiner H. G. 1138-40
Steiner J. 289f.
Stenius E. 975
Sternschulte K. P. 755-58
Strohal R. 417-21
Stückelberger A. 287-89 433f. 437f.
Sünkel W. 231f.

Theissmann U. 12-14 425-27 718f. 1124f.
Theunissen M. 109 295-97 550 720-23 1103f.
Thieme H. 59f.
Tonelli G. 626f.
Traxel W. 329
Trede J. H. 346-48
Trier J. 816-18 929-33
Trill B. 690-92
Tsouyopoulos N. 150-55
Tugendhat E. 726

Uexküll Th. v. 342 345f. 1146f.
Ullmann W. 49f. 280 962f. 1132f.

Verschuer O. v. 281f.
Vollrath E. 753-55

Waldenfels B. 442f. 643
Warnach W. 1064-83
Weinert F. 503
Weizsäcker C. F. v. 867f.
Wellek A. 130f. 239-42
Wewetzer K.-H. 886f.
Weyand K. 491f. 550-57
Wickler W. 481
Wieland W. 26f.
Wienbruch U. 15-22
Winckelmann Johs. 144-46
Windfuhr M. 581f.
Winkler E. 572f.
Witte W. 305f. 918f. 926-29
Wöhler K. 544-47
Wolf Erik 244f.
Wrzecionko P. 604-07

Zabel H. 279f.
Zillober K. 1059-62

ZUR FORMALEN GESTALTUNG

1. Text

Titel. In Doppel- und Mehrfachtiteln werden die Stichwörter, wenn sie Gegensätze bezeichnen, durch Schrägstrich, wenn sie einander ergänzen, durch Komma getrennt.

Die *Anfangsbuchstaben Ä, Ö, Ü* (nicht aber *Ae, Oe, Ue*) der Titelstichwörter sind alphabetisch wie *A, O, U* behandelt worden.

Abkürzungen. An Stelle des Titelstichworts tritt bei Substantiven der Anfangsbuchstabe mit Punkt; Adjektive werden nicht abgekürzt. Sonst sind im Text nur allgemein gebräuchliche Abkürzungen verwendet.

Auszeichnungen. Namen von Autoren, die Gegenstand eines Artikels sind, werden, wenn sie in einem Gedankenzusammenhang zum erstenmal vorkommen, in KAPITÄLCHEN, die übrigen Hervorhebungen *kursiv* gesetzt. Namen der Verfasser von Untersuchungen zum Gegenstand des Artikels werden nicht ausgezeichnet.

Anführungszeichen und Klammern. In *einfachen* Anführungszeichen ‹ ... › stehen Werktitel, Teil- und Kapitelüberschriften sowie metasprachlich verwendete Ausdrücke. In *doppelten* Anführungszeichen « ... » stehen Zitate (ausgenommen griechische und in runden Klammern beigefügte Übersetzungen von griechischen und lateinischen Zitaten).

In *eckige* Klammern [...] sind Einfügungen des Artikelautors in Zitate sowie Anmerkungsziffern gesetzt.

2. Anmerkungen und Literaturhinweise

Um den Text zu entlasten, sind die Belegstellen (mit Ausnahme der biblischen) in den Anmerkungen zusammengefaßt.

Beziehen sich mehrere aufeinanderfolgende Anmerkungen auf denselben Autor und/oder dasselbe Werk, wird der Verfassername bzw. der Werktitel nicht wiederholt.

Wenn sich eine spätere auf eine frühere, nicht unmittelbar vorhergehende Anmerkung bezieht, wird in der Regel die Nummer der früheren Anmerkung wiederholt:

[1] F. KLUGE: Etymol. Wb. dtsch. Sprache (¹¹1963) 8. – ... [4] KLUGE, a. a. O. [1] 432.

Zitierweisen. Sie folgen dem für Epochen, Autoren und Werke üblichen wissenschaftlichen Gebrauch, doch werden Sigeln, die nur dem Fachmann bekannt sind, mit wenigen Ausnahmen (vgl. Abkürzungsverzeichnis Nr. 1) vermieden oder von Fall zu Fall neu eingeführt:

[1] DESCARTES, Werke, hg. ADAM/TANNERY (= A/T) 10, 369. – [2] Vgl. A/T 7, 32.

Zitiert wird nach der systematischen Gliederung der Werke und/oder nach Ausgaben bzw. Auflagen:

a) Nach Gliederung: [1] PLOTIN, Enn. II, 4, 15 = ‹Enneaden›, Buch 2, Kapitel 4, Abschnitt 15. – [2] THOMAS VON AQUIN, S. theol. I/II, 20, 2 = ‹Summa theologiae›, Pars I von Pars II, Quaestio 20, Articulus 2.

b) Nach Ausgaben: [1] PLATON, Phaid. 88 d 3-5 = ‹Phaidon›, S. 88, Absch. d (Paginierung nach der Ausgabe von HENRICUS STEPHANUS, Paris 1578), Zeilen 3-5 (nach der Ausgabe von IOANNES BURNET, Oxford ¹1899-1906). – [2] KANT, Akad.-A. 7, 252, 3 = Gesammelte Schriften, hg. (Königl.) Preuß. Akad. Wiss. (ab Bd. 23 hg. Dtsch. Akad. Wiss. zu Berlin), Bd. 7, S. 252, Z. 3.

c) Nach Auflagen: [1] KANT, KrV A 42/B 59 = ‹Kritik der reinen Vernunft›, 1. Aufl. (1781), S. 42 = 2. Aufl. (1786), S. 59.

d) Nach Gliederung und Ausgaben: [1] ARISTOTELES, Met. II, 2, 994 a 1-11 = ‹Metaphysik›, Buch 2 (α), Kap. 2, S. 994, Sp. a, Z. 1-11 (nach Arist. graece ex rec. IMM. BEKKERI, Berlin 1831). – [2] JOHANNES DAMASCENUS, De fide orth. II, 12. MPG 94, 929ff. = ‹De fide orthodoxa›, Buch 2, Kap. 12 bei J. P. MIGNE (Hg.), Patrologiae cursus completus, Ser. 1: Ecclesia graeca, Bd. 94, S. 929ff.

Interpunktion. Nach Autorennamen steht ein Doppelpunkt, wenn eine ausführliche bibliographische Angabe folgt, ein Komma, wenn das Werk abgekürzt zitiert ist.

Die Zeichensetzung in *Stellenangaben* folgt weitgehend altphilologischem Gebrauch und entspricht folgenden Regeln:

Kommata trennen in Angaben nach Gliederung Buch von Kapitel und Kapitel von Abschnitt, in Belegstellen nach Ausgaben Band von Seite und Seite von Zeile (vgl. oben a) Anm. [1] und b) Anm. [2]).

Punkte bedeuten in Stellenangaben ‹und›; sie stehen z. B. zwischen Kapitel und Kapitel bzw. Seite und Seite:

[1] ARIST., Met. V, 19. 20 = Buch 5 (Δ), Kap. 19 und 20. – [2] KANT, Akad.-A. 7, 251. 265 = Bd. 7, S. 251 und 265.

Strichpunkte sind gesetzt, wenn auf eine untergeordnete Gliederungseinheit (Abschn., Art.) eine übergeordnete (Buch, Teil, Kap.) folgt:

THOMAS, S. theol. I, 14, 11; 44, 3; 55, 2 = Pars I, Quaestio 14, Art. 11; (Pars I) Quaestio 44, Art. 3; (Pars I) Quaestio 55, Art. 2

oder wenn die nächste Stellenangabe einem anderen Band bzw. Werk entnommen ist:

HEGEL, Werke, hg. GLOCKNER 11, 52; 10, 375 = Bd. 11, S. 52; Bd. 10, S. 375.

Literaturhinweise. Die Angaben sind normalerweise chronologisch, gelegentlich auch nach sachlichen Gesichtspunkten geordnet und entsprechen den üblichen Regeln, doch wird der Erscheinungsort nur bei fremdsprachigen Publikationen genannt.

Zeitschriften und andere Periodika werden nach dem von der UNESCO empfohlenen ‹Internationalen Code für die Abkürzung von Zeitschriftentiteln› zitiert (Abdruck in: World med. Periodicals, New York ³1961, XIff.; vgl. dazu Abkürzungsverzeichnis Nr. 2). Wie auch bei mehrbändigen Werken steht in den Stellenangaben die Bandzahl vor, die Seitenzahl nach dem Erscheinungsjahr.

ABKÜRZUNGEN

1. Sigeln für Ausgaben, Buchtitel, Lexika und Sammelwerke

Eisler⁴	R. EISLER: Wörterbuch der philosophischen Begriffe 1–3 (⁴1927–1930)
KpV	Kritik der praktischen Vernunft (¹1788)
KrV	Kritik der reinen Vernunft (¹1781 = A, ²1787 = B)
KU	Kritik der Urteilskraft (¹1790, ²1793)
Lalande¹⁰	A. LALANDE: Vocabulaire technique et critique de la philosophie (Paris ¹⁰1968)
LThK²	Lexikon für Theologie und Kirche, hg. J. HÖFER/K. RAHNER 1–10 (²1957–1965)
MEGA	MARX/ENGELS, Hist.-krit. Gesamt-A.: Werke, Schriften, Briefe; Abt. 1–3 (Frankfurt a. M./Berlin/Moskau 1927–1935), nicht vollständig erschienen
MEW	MARX/ENGELS, Werke 1–39 (Ostberlin 1956–1968)
MG SS	Monumenta Germaniae historica inde ab anno Christi 500 usque ad annum 1500. Auspiciis Societatis aperiendis fontibus rerum Germanicarum medii aevi. Ed. GEORGIUS HEINRICUS PERTZ. Unveränd. Nachdruck Scriptores T. 1–30 (Stuttgart/New York 1963/64)
MPG	J. P. MIGNE (Ed.): Patrologiae cursus completus, Series I: Ecclesia graeca 1–167 (mit lat. Übers.) (Paris 1857–1912)
MPL	J. P. MIGNE (Ed.): Patrologiae cursus completus, Series II: Ecclesia latina 1–221 (218–221 Indices) (Paris 1841–1864)
RGG³	Religion in Geschichte und Gegenwart 1–6 (³1957–1962)
SVF	Stoicorum veterum fragmenta collegit IOANNES AB ARMIN 1–4 (²1921–1923)

2. Periodika (Beispiele)

Abh. preuß. Akad. Wiss.	Abhandlungen der (königl.) preußischen Akademie der Wissenschaften (Berlin)
Arch. Begriffsgesch.	Archiv für Begriffsgeschichte (Bonn)
Arch. Gesch. Philos.	Archiv für Geschichte der Philosophie (Berlin)
Arch. Hist. exact Sci.	Archive for the History of Exact Sciences (Berlin/Heidelberg/New York)
Bl. dtsch. Philos.	Blätter für deutsche Philosophie (Berlin 1927–1944)
Dtsch. Vjschr. Lit.wiss.	Deutsche Vierteljahresschrift für Literaturwissenschaft und Geistesgeschichte (Stuttg.)
Dtsch. Z. Philos.	Deutsche Zeitschrift für Philosophie (Berlin)
Filosofia	Filosofia (Turin)
German.-roman. Mschr.	Germanisch-romanische Monatsschrift (Heidelberg)
Gött. gel. Anz.	Göttinger Gelehrte Anzeigen
Hermes	Hermes (Wiesbaden)
Hist. Z.	Historische Zeitschrift (München)
J. Hist. Ideas	Journal of the History of Ideas (Lancaster, Pa.)
J. symbol. Logic	Journal of Symbolic Logic (Providence, R.I.)
Kantstudien	Kantstudien (Berlin, NF Köln)
Mind	Mind (Edinburgh)
Mus. helv. (Basel)	Museum Helveticum (Basel)
Philos. Rdsch.	Philosophische Rundschau (Tübingen)
Philos. Jb.	Philosophisches Jahrbuch (Freiburg i. Br.)
Proc. amer. philos. Soc.	Proceedings of the American Philosophical Society (Philadelphia)
Rech. Sci. relig.	Recherches de Science Religieuse (Paris)
Rev. Mét. Morale	Revue de Métaphysique et de Morale (Paris)
Rev. philos. Louvain	Revue philosophique de Louvain
Rhein. Mus. Philol.	Rheinisches Museum für Philologie
Sber. heidelb. Akad. Wiss.	Sitzungsberichte der Heidelberger Akademie der Wissenschaften
Studia philos. (Basel)	Studia philosophica. Jb. Schweiz. philos. Ges.
Tijdschr. Philos.	Tijdschrift voor Philosophie (Löwen/Gent/Utrecht)
Z. philos. Forsch.	Zeitschrift für philosophische Forschung (Meisenheim/Glan)

3. Häufig verwendete Abkürzungen

A	KrV¹	Ges.	Gesellschaft	Pr.	Predigt
A.	Ausgabe	Gesch.	Geschichte	Proc.	Proceedings
a | b ...	Seitenteiler	griech.	griechisch	Prol(eg).	Prolegomena
a.	articulus			Prooem.	Prooemium
a. a. O.	am angegebenen Ort	H.	Heft	prot.	protestantisch
Abh.	Abhandlung(en)	Hb.	Handbuch	Ps.	Psalm
Abschn.	Abschnitt	hg.	herausgegeben	Ps-	Pseudo-
Abt.	Abteilung	hist.	historisch	Psychol.	Psychologie
Adv.	adversus			publ.	publiziert
ahd.	althochdeutsch	idg.	indogermanisch		
Akad.	Akademie	Inst.	Institut, institutio	q.	quæstio
Amer.	American	int.	international	Quart.	Quarterly
Anal.	Analyse, Analytica	Intr.	Introductio	quodl.	quodlibetalis, quodli-
Anm.	Anmerkung(en)	ital.	italienisch		betum
Anz.	Anzeiger				
Aphor.	Aphorismus	J.	Journal	r	recto (fol. 2r = Blatt 2,
Arch.	Archiv(es)	Jb.	Jahrbuch		Vorderseite)
Art.	Artikel	Jg.	Jahrgang	Rdsch.	Rundschau
Ass.	Association	Jh.	Jahrhundert	Red.	Redaktion
AT	Altes Testament			red.	redigiert
		Kap.	Kapitel	Reg.	Register
B	KrV²	kath.	katholisch	Relig.	Religion
Beih.	Beiheft	KpV	s. Sigeln	Res.	Research
Ber.	Bericht	krit.	kritisch	Resp.	Res publica = Politeia
Bespr.	Besprechung	KrV	s. Sigeln	Rev.	Revue
Bibl.	Bibliothek	KU	s. Sigeln	Rez.	Rezension
Biol.	Biologie			RGG	s. Sigeln
Bl.	Blätter	Lalande	s. Sigeln	roy.	royal(e)
Br.	Brief(e)	lat.	lateinisch	russ.	russisch
Bull.	Bulletin	Leg.	Leges = Nomoi		
		Lex.	Lexikon	S.	Summa
c.	caput, capitulum,	lib.	liber	Sber.	Sitzungsbericht(e)
	contra	ling.	lingua	Sci.	Science(s)
cath.	catholique	Lit.	Literatur	Schr.	Schrift(en)
ch.	chapitre, chapter	log.	logisch	s. d.	siehe dort
Chem.	Chemie	LThK	s. Sigeln	Slg.	Sammlung(en)
conc.	concerning	LXX	Septuaginta	Soc.	Société, Society
corp.	corpus			Soziol.	Soziologie
C. R.	Compte(s) rendu(s)	MA	Mittelalter	span.	spanisch
		Math.	Mathematik	Stud.	Studien
Dict.	Dictionnaire,	Med.	Medizin	Suppl.	Supplement(um)
	Dictionnary	Med(it).	Meditationes	s. v.	sub voce (unter dem
disp.	disputatio	MEGA	s. Sigeln		Stichwort)
Diss.	Dissertatio(n)	Met.	Metaphysik	SVF	s. Sigeln
dtsch.	deutsch	MEW	s. Sigeln		
		MG SS	s. Sigeln	T.	Teil
ebda	ebenda	Mh.	Monatshefte	Theol.	Theologie, Theologia
eccl.	ecclesiasticus	mhd.	mittelhochdeutsch		
Ed.	Editio	MPG	s. Sigeln	UB	Universitätsbibliothek
Einf.	Einführung	MPL	s. Sigeln	Übers.	Übersetzung
Einl.	Einleitung	Ms.	Manuskript	Univ.	Universität
Eisler	s. Sigeln	Mschr.	Monatsschrift		
engl.	englisch	Mus.	Museum	v	verso (fol. 2v = Blatt 2,
Ep.	Epistula				Rückseite)
Erg.Bd.	Ergänzungsband	nat.	naturalis	Verh.	Verhandlungen
Eth.	Ethica	NF	Neue Folge	Vjschr.	Vierteljahresschrift
etymol.	etymologisch	nhd.	neuhochdeutsch	Vol.	Volumen
evang.	evangelisch	NT	Neues Testament	Vorles.	Vorlesung
fol.	folio			Wb.	Wörterbuch
Frg.	Fragment	p.	pagina	Wiss.	Wissenschaft(en)
frz.	französisch	Philol.	Philologie	Wschr.	Wochenschrift
		Philos.	Philosophie		
G.	Giornale	Phys.	Physik	Z.	Zeitschrift
gén.	général(e)	post.	posteriora	Zool.	Zoologie
gent.	gentiles	pr.	priora	Ztg.	Zeitung

HÄUFIG VERWENDETE ZEICHEN

1. Symbole der Junktoren- und Quantorenlogik (Aussagen- und Prädikatenlogik)
(vgl. Art. ‹Aussagenlogik›, ‹dialogische Logik›, ‹indefinit›, ‹Prädikatenlogik›)

Zeichen	Gesprochen	Name
a) Kopulae		
ε	ist (hat)	(affirmative) Kopula
ε′	ist (hat) nicht	(negative) Kopula
b) Logische Junktoren		
¬	nicht	Negator
∧	und	Konjunktor
∨	oder (nicht ausschließend, lat. vel)	Adjunktor
→	wenn ..., so (dann) ...	(Subjunktor) Implikator
↔	genau dann wenn ..., so (dann) ...	(Bisubjunktor) Biimplikator
c) Logische Quantoren		
⋀x	für alle x gilt	Allquantor
𝔸x	für alle x gilt (wobei der Variabilitätsbereich von x indefinit ist)	indefiniter Allquantor
⋁x	es gibt mindestens ein x, für das gilt	Existenzquantor
𝕍x	es gibt mindestens ein x, für das gilt (wobei der Variabilitätsbereich von x indefinit ist)	indefiniter Existenzquantor
d) Folgerungssymbole		
≺	impliziert (aus ... folgt ...)	Zeichen für den Folgerungsbegriff der dialogischen Logik
⊫	aus ... folgt ...	Zeichen für den semantischen Folgerungsbegriff

---

2. Regel- und Kalkülsymbole (vgl. Art. ‹Kalkül›)

⇒ es ist erlaubt, von ... überzugehen zu ...
⇔ es ist erlaubt, von ... überzugehen zu ... und umgekehrt
⊢ ist ableitbar
$=_{df}$ ⎫
⇆   ⎬ nach Definition gleich
:=   ⎭

3. Relationssymbole

= gleich
≠ nicht gleich
≡ identisch
≢ nicht identisch
∼ äquivalent
< kleiner
≤ kleiner oder gleich
> größer
≥ größer oder gleich

4. Symbole der Modallogik (vgl. Art. ‹Modallogik›)

◊ es ist möglich, daß
□ es ist notwendig, daß

5. Symbole der Syllogistik

S Subjekt
P Prädikat
a affirmo universaliter (ich bejahe universell)
i affirmo partialiter (ich bejahe partiell)
e nego universaliter (ich verneine universell)
o nego partialiter (ich verneine partiell)

6. Symbole der Mengenlehre (vgl. Art. ‹Mengenlehre›)

∅ leere Menge
∈ Element von
∉ nicht Element von
⊆ enthalten in
∪ vereinigt (Vereinigung von ... und ...)
∩ geschnitten (Durchschnitt von ... und ...)